中国历史研究院
Chinese Academy of History

新时代历史理论研究前沿丛书

第一卷

唯物史观与历史研究

夏春涛 主编

中国社会科学出版社

图书在版编目(CIP)数据

新时代历史理论研究前沿丛书：全五卷/夏春涛主编.—北京：中国社会科学出版社，2023.7
ISBN 978 – 7 – 5227 – 1831 – 6

Ⅰ.①新… Ⅱ.①夏… Ⅲ.①史学理论—文集 Ⅳ.①K0 – 53

中国国家版本馆 CIP 数据核字(2023)第 074447 号

出 版 人	赵剑英
责任编辑	吴丽平　刘　芳　张　湉
责任校对	胡安然　吴焕超
责任印制	李寡寡

出　　版	中国社会科学出版社
社　　址	北京鼓楼西大街甲 158 号
邮　　编	100720
网　　址	http://www.csspw.cn
发 行 部	010 – 84083685
门 市 部	010 – 84029450
经　　销	新华书店及其他书店

印刷装订	北京君升印刷有限公司
版　　次	2023 年 7 月第 1 版
印　　次	2023 年 7 月第 1 次印刷

开　　本	710×1000　1/16
印　　张	131
字　　数	2156 千字
定　　价	798.00 元(全五卷)

凡购买中国社会科学出版社图书，如有质量问题请与本社营销中心联系调换
电话：010 – 84083683
版权所有　侵权必究

加快构建新时代历史理论
研究"三大体系"
（代序）

一

五卷本《新时代历史理论研究前沿丛书》终于问世了！这是历史理论研究所建所后首次推出的集体研究成果，是《史学理论研究》改刊三年来刊发优秀论文的集中呈现，从一个侧面反映了我们的建所思路和成长轨迹。

历史理论研究所的建所方案经过多方论证、再三斟酌，最终由中央审定。该所名为历史理论研究所，不是史学理论研究所，如此取舍是含有深意的。一是突出强调了唯物史观的指导地位，强调要旗帜鲜明地坚持唯物史观。我们所说的历史理论主要指马克思主义历史理论，即唯物史观，本所下设九个研究室，马克思主义历史理论研究室排列第一。二是解决了概念之争。顾名思义，历史理论指阐释客观历史本身的相关理论，史学理论指历史学发展过程中形成的相关理论，两者内容有交叉，但主体不一。关于"历史理论""史学理论"概念的异同、大小，学界看法并不一致。研究所名称的确定给出了明确答案，即"历史理论"概念大于或优先于"史学理论"概念。我们要与中央保持一致，有不同意见可以保留，仍可以深化思考，但不必拘泥于概念之争。[①]

历史理论研究所诞生于新时代，是应运而生。中国历史研究院由六个

[①] 目前，"历史理论""史学理论"两个概念实际上仍在交叉使用。例如，历史理论研究所所刊名为《史学理论研究》，2022年9月完成换届选举的全国性学术团体名为"中国史学会史学理论分会"，这是延续历史，而变更名称洵非易事，须走较为繁杂的报批程序。学界时下召开的相关学术会议大多仍约定俗成，冠名为"史学理论研讨会"。我们似应在概念使用上力求统一，避免辨扯不清的困扰。

研究所组成，除中国社会科学院原有的五个相关研究所外，历史理论研究所是唯一新建的研究所。中央为什么要专门成立历史理论研究所？我想，这大体可以从三个方面来理解。

一是在全社会牢固树立正确历史观。

新中国诞生给中国历史学带来的最大变化是明确了唯物史观的指导地位，确立了人民的主体地位，澄清了若干重大理论问题，尤其是科学解答了历史学为谁著书立说这一根本性、原则性问题，进而为研究工作树立了正确导向，极大地推动了新中国历史学的繁荣发展。改革开放以来，历史学在蓬勃发展的同时，也面临挑战——随着社会经济成分、组织形式、就业方式、利益关系和分配形式的多样化趋势的发展，以及东西方各种思想文化的碰撞、交汇，我国社会思想呈现出多样、多元、多变的特点，唯物史观遭冷落、质疑和冲击的现象日渐显现出来。有人矫枉过正，出于对过去一度盛行的极"左"思潮的抵触心理，说了一些过头话。也有人蓄意挑战主流意识形态，不时发出一些噪音杂音，随意涂抹、肆意歪曲历史尤其是中共党史，借谈论历史来否定现实，散布错误的历史观，形成历史虚无主义思潮，产生恶劣影响。

历史观涉及对是非、正邪、善恶、进步与落后的评判，与价值观密不可分。否定历史发展的主题主线、主流本质，颠倒是非、正邪、善恶、荣辱，就会使人丧失对历史的敬畏之心，模糊对方向、道路等原则问题的认识，导致价值观扭曲。价值观一旦混乱，我们这样一个大党大国就会成为一盘散沙，社会上道德失范、诚信缺失现象就会滋蔓，乃至乱象丛生，其后果将是灾难性的。一言以蔽之，历史虚无主义思潮一旦泛滥，就会肢解我们的自信，消磨我们的意志，腐蚀我们的精神。党的十九大报告明确提出"引导人们树立正确的历史观、民族观、国家观、文化观"。[①] 由此观之，加强历史理论研究，巩固唯物史观的指导地位，引导人们树立正确历史观尤其是正确党史观，已是刻不容缓。坚持以唯物史观为指导，是坚持正确的政治方向、学术导向、价值取向的重要前提，是当代中国历史研究区别于欧美国家历史研究的根本标志。

---

① 习近平：《决胜全面建成小康社会夺取新时代中国特色社会主义伟大胜利——在中国共产党第十九次全国代表大会上的报告》，人民出版社2017年版，第43页。

二是以史为鉴，为当代中国发展进步提供学术尤其是理论支持。

改革开放以来，经济学、法学、政治学、社会学等学科基础理论研究与应用对策研究并重，积极参与当代中国的社会变革与发展，成为万众瞩目的显学。历史学与时俱进，也取得累累硕果，但相比之下，总体上参与有限、发声有限。这与历史学本质上属于基础理论研究有关，也与其研究滞后有关。平心而论，我们的历史研究存在两个缺陷，不能很好地顺应大势。其一，与现实脱节。有人自诩"清高"，搞所谓"纯学问"，有意识地远离现实、回避政治。其实，历史是一条奔腾不息的河流，不可能抽刀断水；昨日中国是今日中国的延续和发展。研究历史，不能就历史论历史，不能也不可能脱离现实，遑论历史学原本带有鲜明的意识形态属性。其二，重考证、轻理论，研究呈现"碎片化"、条块分割。有人专注细枝末节研究，研究题目小、研究范围窄，死守自己的"一亩三分地"，一谈到理论或现实问题便张口结舌，茫然莫知置对。考据是治史的基本功，没有考证便无信史可言，但不能"只见树木不见森林"，不能无视或忽视宏观理论思考。

中国特色社会主义已进入新时代，当代中国正进行着伟大的理论与实践创新，迫切需要历史学发挥鉴古知今、资政育人的作用。"明镜所以照形，古事所以知今。"[1] 新中国的前途为什么是社会主义而不是资本主义？为什么说中国特色社会主义是实现中华民族伟大复兴的必由之路？为什么说中华民族伟大复兴的历史进程不可逆转？以中国式现代化全面推进中华民族伟大复兴，如何深刻领会中国式现代化的中国特色和本质要求？中国式现代化道路的原创性贡献是什么？回答此类重大理论问题，都必须从历史上来追根溯源。当代历史学若想真正成为显学，具有生命力、体现影响力，就必须顺应时代需要，力戒那种选题无足轻重、搞烦琐考证、内容空洞的学究式学院式研究，有意识地加强历史与现实的对话，积极回应重大现实问题，立时代之潮头，通古今之变化，发思想之先声。[2] 这也是我国

---

[1] 《三国志》卷59《吴书·孙奋传》，中华书局1982年版，第1374页。
[2] "立时代之潮头，通古今之变化，发思想之先声"语出习近平总书记致中国社会科学院中国历史研究院成立的贺信，是党中央对广大历史研究工作者提出的殷切希望，而我们做得远远不够，应努力争取更大作为。西方学界很重视研究、思考那些宏大理论问题，重视提出新概念新表述，以迎合本国的内外政策。举凡"历史终结论""文明冲突论"等，均为融合政治学、历史学等学科作出的新概括新阐释，弗朗西斯·福山和他的老师塞缪尔·亨廷顿都是西方名噪一时的历史哲学家。

加快构建新时代历史理论研究"三大体系"（代序）

史学的一个优良传统。司马迁以"通古今之变"相期许写《史记》，司马光为资政著《资治通鉴》，均具有鲜明的现实关怀。北宋大儒张载"横渠四句"有云："为天地立心，为生民立命，为往圣继绝学，为万世开太平。"[①] 身处新时代，我们的胸襟应当不比古人逊色，理应具有强烈的使命和担当意识。

三是加快构建新时代中国历史学"三大体系"。

目前，我国经济总量稳居世界第二，日益走近世界舞台中央，为维护世界和平、促进共同发展做出巨大贡献，而历史学的发展总体上与我国综合国力和国际地位还不太相称，未能居于国际学术界中央，在国际上的声音还比较小。笔者1994年在哈佛大学访学时，哈佛—燕京学社主任、明清小说研究专家韩南（Patrick Hanan）教授在交谈时善意地表示："谈到人文和社会科学方面，目前世界上重要的学术思想主要来自英、美、德、法等西方国家。然而在将来，重要的学术思想同样很有可能来自中国、日本等国家。"比照现实，我们做得远远不够。

历史研究是一切社会科学的基础，历史理论则是历史研究的指南和灵魂。中国历史研究院中国历史学学科体系、学术体系、话语体系研究中心设在历史理论研究所。[②] 党的二十大报告在阐述"推进文化自信自强，铸就社会主义文化新辉煌"时，再次郑重强调"加快构建中国特色哲学社会科学学科体系、学术体系、话语体系"。[③] 加快构建新时代中国历史学学科体系、学术体系、话语体系，必须加快构建新时代历史理论研究的学科体系、学术体系、话语体系。要继续以开放胸怀加强中外学术交流与合作，既"请进来"，更要"走出去"。要以我为主，努力提出具有原创性、主体性的学术思想，努力打造自己的学术特色和优势。要增强学术自信，摒弃学术上的"崇洋"心理，对西方的后现代主义史学、公民社会理论以及

---

① 张载：《张载集》，章锡琛点校，中华书局1978年版，第396页。
② 该中心成立于2019年6月，至今已多次开展活动：2019年11月，与中国社会科学院国际中国学研究中心联合举办"'海外中国学研究'学科建设研讨会"；2020年11月，主办"'中国历史学话语体系建设'学术研讨会"；2021年9月，参与承办"社科论坛"（史学·2021）"新时代中国历史学'三大体系'建设国际学术研讨会"。另以"研究中心"成员名义相继发表学术论文10篇，《中国历史学"三大体系"建设研究》一书正在策划出版中。
③ 习近平：《高举中国特色社会主义伟大旗帜为全面建设社会主义现代化国家而团结奋斗——在中国共产党第二十次全国代表大会上的报告》，人民出版社2022年版，第43页。

全球史、"新清史"、新文化史、情感史研究等，我们要有鉴别和取舍，决不能被别人牵着鼻子走，决不能邯郸学步、鹦鹉学舌。特别是中国史研究，其学术根基、学术中心理应在中国。我们要有这种自信、底气和气魄，主动引领学术潮流、推进学术创新，积极掌握学术话语权。

总之，历史理论研究所是时势的产物。新时代是历史学可以也必须大有作为的时代，是历史理论研究受到空前重视、享有前所未有发展机遇的时代。我们要把握机遇，乘势而上。

二

按照中央审定的建所方案，历史理论研究所下设九个研究室，依次是：马克思主义历史理论研究室、历史思潮研究室（又称"理论写作组"）、中国史学理论与史学史研究室、外国史学理论与史学史研究室、国家治理史研究室、中华文明史研究室、中国通史研究室、中外文明比较研究室、海外中国学研究室。排在前面的四个研究室，其名称均有"理论"二字。从中国社会科学院层面讲，本所是唯一一个以"理论"二字命名的研究所。这种定位是荣誉，更是一种使命和责任。

这九个研究室即九个学科，构成完整的历史理论研究学科体系，史学理论研究仅是其中的一个分支，在学科设置上真正实现了各历史学科的融合。我将其特点概括为"打通古今中外，注重大历史、长时段研究"。[①]

马克思主义历史理论研究室排列第一，是学科建设的重中之重。其主旨是以唯物史观为指导，加强理论思考与研究，以总结历史经验、揭示历史规律、把握历史趋势。党的十九届六中全会审议通过的《中共中央关于党的百年奋斗重大成就和历史经验的决议》堪称历史理论研究的典范：作为科学历史观，唯物史观科学诠释了人类社会发展规律和历史现象，以此为指导来总结百年党史所形成的历史观便是正确党史观；以3.6万字来总结百年党史，进行长时段、贯通式研究与思考，生动体现了大历史观。唯物史观被确立为指导思想后，究竟给中国历史学带来哪些深刻变化？对中国历史进程产生哪些深刻影响？在极"左"思潮泛滥的年代，我们在理解

---

① 参见《史学理论研究》2019年第3期"卷首语"。

和运用唯物史观上存在哪些偏差？这一历史很值得好好总结。2021年，本所申报的《中国马克思主义史学家口述访谈录》《中国马克思主义历史理论发展史研究》，分别被列为国家社科基金重大专项课题、重点课题。

　　从事马克思主义历史理论研究，须具备相应的理论素养，用马克思主义中国化的最新理论成果——习近平新时代中国特色社会主义思想来指导研究，努力做到既不丢老祖宗，同时又能讲新话。对唯物史观及时做出新阐释新概括是一个具有战略意义的重大课题。坚持唯物史观与发展唯物史观是辩证统一的关系，发展是最好的坚持。马克思主义深刻改变了中国，中国也极大丰富和发展了马克思主义。与时俱进是马克思主义的理论品质，党的百年奋斗史就是一部不断推进理论创新、实践创新的历史，坚持理论创新是党百年奋斗的十条历史经验之一。从毛泽东、邓小平、江泽民、胡锦涛到习近平，在唯物史观上都是坚持与发展、继承与创新相统一。譬如，"五种社会形态"理论是唯物史观的一个最基本观点，我们党将之作为指南而不是教条，科学分析中国具体国情，据此提出新的原创性理论作为科学决策的遵循：创立新民主主义革命理论，指出近代中国的社会性质是半殖民地半封建社会，其前途是社会主义；创立中国特色社会主义理论体系，指出我国正处于并将长期处于社会主义初级阶段；习近平同志提出"新发展阶段"说，进一步发展了社会主义初级阶段理论。党带领人民筚路蓝缕攻坚克难，跨越资本主义发展阶段，成功走出中国革命和中国特色社会主义这两条新路，使中国阔步走向繁荣富强，与我们党创造性地运用"五种社会形态"理论密不可分。"理论是灰色的，而生活之树常青。"需要进一步思考的是，唯物史观诞生在大机器生产时代，而现在已处在后工业时代，是大数据、人工智能时代，由此引发的变化是深刻的、全方位的，生产力、生产关系的内涵必然会随之发生变化。再如，人民是历史的创造者，这是唯物史观的基本原理。人民在我国的主体地位始终没有变也不能变，而"人民"概念的内涵以及当代中国阶级、阶层的构成，与过去相比确已发生深刻变化，江泽民同志敏锐注意到这一新变化，在2001年"七一"讲话中分析指出我国已出现六个新的社会阶层。[①] 在百年

---

① 他们是民营科技企业的创业人员和技术人员、受聘于外资企业的管理技术人员、个体户、私营企业主、中介组织的从业人员、自由职业人员。参见江泽民《在庆祝中国共产党成立八十周年大会上的讲话》，人民出版社2001年版，第31页。

光辉历程中，我们党是如何既坚持唯物史观，同时又丰富和发展了唯物史观，赋予其新的历史内涵？就此进行系统总结和研究对推进理论创新大有裨益。

历史思潮研究室的旨趣是关注历史思潮演变，及时就当下社会上的热点话题做出回应，释疑解惑，正本清源，宣传、阐释正确历史观，解析、批驳历史虚无主义错误思潮。该研究室又名"理论写作组"，写理论文章是主业，带有时效性，出手要快。要加强两方面素养。一是理论素养。建所之初，我分析了研究队伍存在的短板，其中一个短板是"只会讲老话（马克思主义基本原理），不会讲新话（马克思主义中国化最新成果），甚至是老话讲不好、新话不会讲"。补短板须加强理论学习，我们专为本所青年学习马克思主义中国化经典文献开列了书单。二是专业素养。宣传要以研究为依托，以深厚的学术积淀作为支撑，深入才能浅出。再就是要注意两点：其一，严格区分政治原则问题、思想认识问题、学术观点问题，既敢于斗争，又要把握好分寸，不能无端上纲上线。其二，善于用学术话语来表达政治话语。写理论文章不是贴标签、喊口号、表决心，不能居高临下板着面孔说教，要具有感染力和说服力，努力收到春风化雨、润物无声的社会效果。2021年，本所申报的《历史虚无主义思潮解析和批判》被列为国家社会科学基金重大专项课题，计划写三卷。

中国史学理论与史学史研究、外国史学理论与史学史研究是中国社会科学院的传统优势学科。近二三十年来，这种优势在不知不觉中削弱，研究成果萎缩，研究队伍青黄不接，由盛转衰趋势明显。这也是全国范围内带有普遍性的现象。这两个学科被列为本所重点学科，须尽快止跌回升。从学术史角度看，这两个领域是块"熟地"，以往研究虽已取得骄人成绩，名家辈出、成果丰硕，但毋庸讳言，仍存在不足。一是深耕式、开拓创新性的研究相对较少，粗放式、低水平重复的研究较多。一些著述偏重于介绍、描述，缺乏思想性。二是有些学者画地为牢，专注中国古代史学理论或外国史学理论研究，唯物史观被边缘化。其实，我们研究中外史学理论，主旨是推陈出新，通过兼收并蓄、博采众长，致力于丰富和发展当代中国的马克思主义历史理论。要着力在古为今用、洋为中用上下功夫。本所新近申报了两个国家社会科学基金重大专项课题，分别是《"中国之治"的历史根源及思想理念研

加快构建新时代历史理论研究"三大体系"（代序）

究》以及六卷本《西方历史理论发展史》课题。①

与历史思潮研究相似，国家治理史研究属于新兴学科。本所的国家治理史研究室是国内首个专门的研究机构。党的十八届三中全会提出推进国家治理体系和治理能力现代化这一重大战略课题。提高国家治理体系和治理能力现代化水平是实现中国式现代化的题中应有之义，其途径之一是总结、反思我国古代漫长的治国理政实践，从中获取有益借鉴。《中国历代治理体系研究》是我们在建所当年承担的首个重大项目，属中国历史研究院交办课题。我们随即组成课题组，设立中央与地方、行政与监督、吏治与用人、礼治与法治、思想与文化、民本与民生、边疆治理、民族治理、宗教治理、环境治理、基层秩序 11 个子课题，用三年多时间完成近一百万字的书稿撰写，结项评审等级为"优秀"。目前书稿已完成第三次修订，处在出版前的审稿阶段。

中国通史研究室、中华文明史研究室、中外文明比较研究室、海外中国学研究室，均有别于通常的专题或专史研究，要求研究者是通才，具有大历史视野和世界眼光，学养深厚、思辨能力强，能登高望远，深入思考、科学解读一些前沿性重大问题，以便从中汲取历史智慧，增强历史自觉，坚定文化自信、道路自信。例如，通过深入研究中华文明的发展历程、特质和形态，为今天的人类文明新形态建设提供理论支持——倘若按照西方"文明三要素"标准，中华文明仅有 3300 年历史；我国于 2002 年启动的中华文明探源工程提出了文明定义和认定进入文明社会标准的中国方案，实证了我国百万年的人类史、一万年的文化史、五千多年的文明史。这是很了不起的学术贡献，为相关研究提供了范例。本所这四个研究室起步晚、起点低，缺乏学术积累，须苦修内功、奋起直追。

概括地说，历史理论研究所在学科设置上打通古今中外，实现了各相关历史学科的融合发展，体现了前沿性、战略性、理论性。基于这一学科布局，要努力做到"两个结合"：基础理论研究与应用对策研究相结合，历史研究与现实问题研究相结合。"三大体系"建设是一个整体，学科体系相当于学科的顶层设计，学术体系是学科体系的支撑，话语体系是学术

---

① 2022 年 11 月 30 日，全国哲学社会科学工作办公室公示了国家社会科学基金中国历史研究院重大历史问题研究专项 2022 年度重大招标项目立项名单。本所申报的《"中国之治"的历史根源及思想理念研究》《西方历史理论发展史》获得立项。

体系的外在表达形式，而贯穿其中的核心要素是人才。说到底，学科靠人来建设，学术带头人有权威、形成研究梯队，推出一批高质量、有影响的研究成果，就构成学术体系，支撑起学科建设；权威学者及论著所阐释的成系统的观点、思想、理论等，被学界奉为圭臬，便构成话语体系。因此，衡量"三大体系"建设之成效，关键看是否出成果、出人才。这无捷径可走，从个人角度讲，归根到底靠潜心治学。从研究所角度讲，加快构建新时代历史理论研究"三大体系"、引领全国历史理论研究，除组织实施课题、主办各种专题学术研讨会、积极利用中国史学会史学理论分会这一平台开展活动外，另一重要途径是办好所刊《史学理论研究》。

三

《史学理论研究》创刊于1992年，原由中国社会科学院世界历史研究所牵头主办，2019年第3期起，正式转为历史理论研究所所刊。为顺应振兴新时代历史理论研究的需要，我们举全所之力办刊，依据中央核准的建所方案成立专门的编辑部（以前是研究室兼职编稿），并果断改季刊为双月刊；在办刊风格上与历史理论研究所的学科布局和建所思路对接，在论文选题上精心策划，在栏目设置上推陈出新，并致力于制度化、规范化管理和运作。一分耕耘，一分收获。改刊后，该刊论文转载量、转载率和综合指数排名均显著提升。以2021年论文转载量为例，合计《新华文摘》5篇（2篇全文转载），《中国社会科学文摘》5篇，中国人民大学复印报刊资料24篇。

这套五卷本《新时代历史理论研究前沿丛书》主要从改刊三年来发表的论文中编选而成。遗憾的是，限于主题和篇幅，不少优秀论文未能一并辑录。这五卷按主题编排，依次是《唯物史观与历史研究》《马克思主义史学与史家》《中国史学理论与史学史》《外国史学理论与史学史》《历史理论研究的新问题·新趋向》，集中体现了我们的建所及办刊思路，展示了全国学界同仁的最新研究成果。

在建所半年后举办的中国社会科学院暑期专题研讨班上，我在历史学部发言时坦陈："建所了，牌子挂起来了，并不代表立刻就能按照上级要求发挥应有的作用，两者之间存在很大距离。我们要做的，就是百倍努

力，尽量缩小这个距离，缩短这个周期。"现在回想起来，不免有几分感慨。这一路走来，激励、支撑我们砥砺前行的是一种精神。姑妄言之，可称为"建所精神"，其内涵为"团结，务实，奋进"六字。

建所第一步，是把近代史研究所、古代史研究所、世界历史研究所的三拨人整合在一起，接着是面向社会招聘人员。我们起始就强调，新所要树立新风气，大家共同营造风清气正的环境。近四年来，本所没有人事纠葛，没有意气之争，大家有话好好说，有事好商量，形成合力。"兄弟同心，其利断金"，是为团结。本所核定编制80人，应聘者纷纷。我们一开始就明确，进人不是"拉壮丁"，不能一味追求数量，应首重质量，宁缺毋滥。至于学科布局，我们意识到，在人员不足、人才匮乏情况下，九个研究室不可能齐头并进，应有所侧重；具体到每个具体学科，不求四面开花，应集中力量找准突破口，争取逐渐形成自己的研究特色和优势。是为务实。我们在建所之初仅有两人，连公章都没有，千头万绪，一切从零开始。我们起始就确立"边建所、边搞科研"的工作思路，迎难而上。本所是中国社会科学院最年轻的研究所，至今建所不到四年，在职人员平均年龄不到40岁，朝气蓬勃。目前，我们已大体完成建所任务，搭建起作为一个研究所的完整架构，科研稳步推进并取得显著成绩。本所综合处兼具科研处、人事处、党办、办公室的职能，在岗人员仅五人，爱岗敬业，表现出色。是为奋进。建所不易，亲身参与建所是荣幸更是责任，大家很辛苦，同时又很享受这个过程，展现出好的精神面貌。

有了这种精神，历史理论研究所未来可期。新时代是历史理论研究大有作为的时代，曾有一位前辈学者感叹：历史理论研究的春天到来了。让我们以此共勉，抓住机遇，不负韶华，不辱使命，加快构建新时代历史理论研究"三大体系"。

夏春涛
2023年3月6日

目录
CONTENTS

第一篇　唯物史观相关理论解读

马克思"世界历史"理论与19世纪　　　　　　　　于　沛 / 3

"长时段"理论与马克思的唯物史观　　　　　　　李学智 / 20

马克思恩格斯关于历史文献重要论述的当代启示　　张乃和 / 34

马克思划分社会形态的多重维度　　　　　　　　　杨文圣 / 50

对马克思国家理论的再解读　　　　　　　　　　　吴　英 / 60

第二篇　唯物史观与阶级分析方法

阶级理论与马克思主义史学　　　　　　　　　　　赵庆云 / 77

坚持和发展立足于历史实际的阶级分析方法　　　　李　斌 / 90

阶级分析方法仍是认识历史、把握历史的科学方法　王　广 / 101

阶级分析是理解20世纪中国革命的重要取径　　　　夏　静 / 116

第三篇　唯物史观与五种社会形态理论

立足中国社会形态演变　坚持五种社会形态理论　　王伟光 / 129

马克思主义揭示的历史发展规律　　　　　　　　　乔治忠 / 139

社会形态更替的"五形态"论与

"三形态"说　　　　　　　　　　　　　吕薇洲　刘海霞 / 151

目 录

"五形态"论与"三形态"说论争辨析　　　　　　谭　星 / 163
试论中国封建社会的主要特点
　　　中国社会科学院历史理论研究所"中国封建
　　　　社会的主要特点"课题组 / 172

第四篇　马克思主义社会形态理论与中国早期社会性质研究

夏商国家社会形态及其相关问题　　　　徐昭峰　赵心杨 / 187
殷商社会性质问题讨论的回顾与反思　　　　　　任会斌 / 202
由臣、隶等低贱阶层说周代的社会性质　　　　　宁镇疆 / 212
夏商周三代社会形态为封建社会说　　　　　　　谢乃和 / 221
闻道与问道：中国古代社会形态问题研究的思考　李学功 / 233

第五篇　唯物史观与百年党史

中国共产党引领中华民族伟大复兴　　　　夏春涛　陈　甜 / 243
中国共产党对唯物史观的创造性运用和发展　　　罗文东 / 256
百年大党理论创新的历史进程与辉煌成就　　　　金民卿 / 267
三个"历史决议"与中国共产党对历史经验的总结　蔡青竹 / 283
坚持唯物史观和正确党史观的典范
　　　——学习党的十九届六中全会《决议》　　　曹清波 / 301

第六篇　唯物史观与历史虚无主义解析

历史虚无主义思潮的产生背景、主要特征及其危害　夏春涛 / 313
"魔鬼"还是"天使"：帝国主义侵华"有功"论辨析
　　　　　　　　　　　　　　　　　　　　　　左玉河 / 326
驳中国非社会主义论　　　　　　　　　　　　　吴　英 / 332
中国优秀传统文化不容否定　　　　　　　　　　高希中 / 340
因果解释的迷失：历史虚无主义的方法论基础批判　韩　炯 / 352

第七篇　唯物史观与太平天国研究

晚清危局及其出路
　　——洪秀全、曾国藩的认知与抉择　　　　　崔之清 / 365
太平天国：造反者的失败事业　　　　　　　　姜　涛 / 377
历史虚无主义与《太平杂说》　　　　华　强　包树芳 / 387
亦论上帝教不是"邪教"　　　　　　　　　　　吴善中 / 399
唯物史观在中国的早期传播与太平天国史研究的理论转型
　　　　　　　　　　　　　　　　　　　　　顾建娣 / 410
太平军军纪再审　　　　　　　　　　　　　　刘　晨 / 422

第八篇　唯物史观与近代历史人物的评价

唯物史观与民国历史人物评价思考　　　　　　张海鹏 / 435
关于历史人物研究的若干问题　　　　　　　　耿云志 / 446
唯物史观与近代历史人物的评价
　　——以梁启超为中心　　　　　　　　　　郑师渠 / 458
关于客观评价近代商人的几个问题　　　　　　朱　英 / 470

第九篇　唯物史观与多维视阈下的民国学术发展

民国学术之历史定位　　　　　　　　　　　欧阳哲生 / 483
民国学术研究的体制化及其局限性　　　　　　左玉河 / 491
民国时期社会科学理论体系构建的双重路径　　阎书钦 / 498
民国学术的清学传统　　　　　　　　　　　　李　帆 / 505
要重视对民国学人群体的研究　　　　　　　　郑大华 / 512

第一篇

唯物史观相关理论解读

马克思"世界历史"理论与19世纪

于 沛

(中国社会科学院世界历史研究所)

  1859年,英国作家查尔斯·狄更斯在其名著《双城记》的开头写道:这是一个最好的时代,也是一个最坏的时代;这是一个智慧的时代,也是一个愚蠢的时代;这是一个信仰的时代,也是一个怀疑的时代;这是一个光明的季节,也是一个黑暗的季节;这是一个希望之春,也是一个失望之冬……狄更斯虽然形容的是英国从封建社会向资本主义社会过渡时期的茫然和混乱,但同样也完全适合描述19世纪的世界历史。如果说"大航海时代"是近代文明萌生的世纪,那么19世纪则是人类思想觉醒、精神上得到解放的世纪。在19世纪中叶,正像达尔文发现有机界的发展规律一样,马克思发现了人类历史的发展规律。在生产力革命、科技革命和交往革命的推动下,人类社会实现了资本主义从地域性的历史,向"世界历史"的转变。马克思的"世界历史"理论,在实证研究、特别是在19世纪世界史研究的基础上,科学地阐释了近代以来人类历史矛盾运动的规律。而这一切,又都和马克思所献身的争取人类解放的伟大事业紧密联系在一起。这一理论不仅科学地说明了过去,更使人们清醒地把握现实、指引未来。今天,人类仍生活在马克思所揭示的世界历史时代。从历史与现实的结合上探讨19世纪与马克思的"世界历史"理论,以从中获取历史的启迪,汲取历史的智慧,这无疑具有重要的学术价值和积极的现实意义。

一

  在17世纪和18世纪,英国和法国相继完成了资产阶级革命。但这两

第一篇 唯物史观相关理论解读

次革命,"并不是英国的革命和法国的革命;而是欧洲的革命。它们不是社会中某一阶级对旧政治制度的胜利;它们宣告了欧洲新社会的政治制度。资产阶级在这两次革命中获得了胜利;然而,当时资产阶级的胜利意味着新社会制度的胜利,资产阶级所有制对封建所有制的胜利……这两次革命不仅反映了它们发生的地区即英法两国的要求,而且在更大程度上反映了当时整个世界的要求"。[①] 人类的历史,正是在这样的情势下进入了19世纪。处于上升阶段的资本主义,在19世纪迅速向全世界扩张。

19世纪是自由资本主义蓬勃发展、自由资本主义开始向垄断资本主义过渡、资本主义世界体系形成的世纪。这个世界体系的一极是资本主义列强,另一极则是广大的殖民地、半殖民地。资本主义的历史进步作用,表现在极大地发展了社会生产力,但它发展生产力的基础是私有制,资本的目的是获取剩余价值。在19世纪,资本主义国家政治、经济和社会发展的最深刻的变化,是中世纪残留下来的一切阶级,或荡然无存,或走向衰落,资产阶级和无产阶级登上世界历史舞台;资本主义固有的矛盾,即生产社会化与生产资料资本主义私人占有制之间的矛盾上升到主导地位,并随着资本主义的发展日趋激化,资产阶级和无产阶级成为两个根本利益不可调和的对立的阶级。

始于18世纪后半期的英国工业革命,在19世纪初继续得到发展,并从19世纪20年代开始,迅速向欧洲大陆和北美扩展。法国、德国和美国等都发生了工业革命。这不仅促进了社会生产力的迅速发展,逐渐形成了全球性的分工贸易体系,而且引起社会阶级关系的深刻变化。工业革命,确立了资本主义制度的绝对统治地位,加深了工人阶级的贫困化。19世纪30年代后,无产阶级开始从自发的阶级,逐渐成长成一个自为的阶级,西欧的工人运动进入了新的历史阶段。工人阶级迫切需要科学理论指导自己认识世界、改造世界,实现社会主义、共产主义的伟大历史使命。

1848年《共产党宣言》的发表,标志着作为无产阶级的科学世界观和方法论的马克思主义学说的诞生。马克思和恩格斯在1845年至1847年间,还写下了《关于费尔巴哈的提纲》《德意志意识形态》《哲学的贫困》等重要著作,在吸收人类文明优秀成果的基础上,在批判地超越旧思想的过程中

[①] 《马克思恩格斯选集》第1卷,人民出版社2012年版,第442页。

创立了新的世界观，即唯物史观。这体现在下述基本思想中：每一历史时代主要的经济生产方式和交换方式以及必然由此产生的社会结构，是该时代政治的和精神的历史所赖以确立的基础，并且只有从这一基础出发，这一历史才能得到说明；因此人类从土地公有的原始氏族社会解体以来的历史，是一部阶级斗争的历史；资本主义是最后一个剥削社会阶段，无产阶级只有打碎旧的社会制度，消灭剥削阶级，解放全人类，才能彻底解放自己。

马克思的"世界历史"理论，是在创立唯物史观的过程中形成的，其内容是和马克思新的世界观的阐发密切结合在一起的。这里的"世界历史"，不是历史编纂学中与"地区史""国别史"相对应的概念，而是历史哲学中"哲学历史观"的概念。马克思对它的经典表述是："世界史不是过去一直存在的；作为世界史的历史是结果。"① 这就是说，"世界历史"不是原发、自然形成的，而是经历了"从地域性的历史向世界历史"转变的过程。马克思的"世界历史"理论，揭示了各个国家和民族如何由彼此隔绝，进入全面的相互交往、相互依存、相互制约的"世界历史时代"。这个时代的基本特征，是世界上各个国家和民族日渐结合成一个经济、政治和文化存在有机联系的世界性的整体系统。

马克思在创立新的世界观的过程中，提出了"世界历史"理论并非偶然。这是他批判资本主义，建构社会主义、共产主义学说的逻辑基础。马克思认为："无产阶级只有在世界历史意义上才能存在，就像它的事业——只有作为'世界历史性的'存在才有可能实现一样。"② 实现共产主义的重要前提之一，就是地域性的历史转变成为世界性的历史。人的解放程度，与历史完全转变为世界历史的程度是一致的。共产主义社会的基本要素，是世界历史性的个人。在任何一个孤立的、单独的民族或国家内，不可能实现共产主义。显然，马克思的"世界历史"理论，是和他所献身的解放全人类的伟大事业紧密联系在一起的。"历史向世界历史转变"，实际上包括两个阶段，其一是"资本主义开创的世界历史阶段"；其二是从资本主义的世界历史阶段向"共产主义的世界历史阶段"的转变。"资本主义世界历史"的局限性，和"共产主义世界历史的必然性"，决定了从资本主义

---

① 《马克思恩格斯选集》第2卷，人民出版社2012年版，第710页。
② 《马克思恩格斯选集》第1卷，人民出版社2012年版，第166页。

第一篇　唯物史观相关理论解读

走向共产主义，是人类历史发展不可逆转的进步趋势。

从解放全人类的伟大事业出发，马克思自大学时代直至逝世前的最后几个月，都不曾脱离对世界历史的研究，世界历史研究是他毕生从事科学研究的重要内容之一。马克思曾有如下编年史摘录，分别是：克罗茨纳赫笔记中关于法国和德国的两个编年史；巴黎笔记中关于古罗马的简短编年史；1857年1月关于俄国的编年史；1860年6月关于欧洲历史的编年史；1879年《印度史编年稿》；1879—1882年《马克思古代社会史笔记》，以及1881—1882年的《历史学笔记》等。此外，马克思的历史研究，也体现在其他著作中，如《1848年至1850年的法兰西阶级斗争》（1850）、《路易·波拿巴的雾月18日》（1852）等。马克思的这些世界历史研究表明：马克思的学说，是历史的与逻辑的相结合、相统一的学说。

马克思正是通过实证性的历史研究，在历史与逻辑相结合的基础上，对唯物史观的基本原理进行了丰富、完善、阐释和验证，对"世界历史"理论亦是如此。例如在《德意志意识形态》中，马克思第一次描述了人类社会历史的发展趋势。即部落所有制、古代公社所有制和国家所有制、封建的或等级的所有制、资本主义所有制和未来的共产主义所有制。如果说《德意志意识形态》对社会形态的论述，主要是通过哲学意义上的阐释，是针对费尔巴哈的哲学人本主义、黑格尔的思辨哲学，和青年黑格尔派的英雄史观，做出历史唯物主义的回答，那么，马克思在《历史学笔记》等对世界历史的研究中，则主要是通过对奴隶制的、封建制的和资本主义的经济形态做深入的实证研究，深化了对社会形态理论的认识，使其得到更完整、更准确、更科学的表述。

马克思"世界历史"理论形成的重要理论来源之一，是黑格尔的历史哲学。普列汉诺夫在论及马克思与黑格尔的关系时说："谈论现代社会主义起源问题的人们，常常对我们说：马克思的哲学是黑格尔哲学的合乎逻辑的和必然的结果。这是正确的，但这是不完全的，很不完全的。马克思的承继黑格尔，正像丘比特的承继萨茨尔奴斯一样，是贬黜了后者的王位的。马克思的唯物主义哲学的出现，是人类思想史上绝无仅有的一次真正的革命，是最伟大的革命。"[①] "世界历史"这一概念始于黑格尔，"黑格

---

① 《普列汉诺夫哲学著作选集》第2卷，生活·读书·新知三联书店1962年版，第507页。

尔第一次——这是他的伟大功绩——把整个自然的、历史的和精神的世界描写为一个过程，即把它描写为处在不断的运动、变化、转变和发展中，并企图揭示这种运动和发展的内在联系。"① 但是，黑格尔并没有解决他向自己提出的问题，因为黑格尔历史观的核心内容，是社会历史的虚幻的联系。他把人类的历史理解成神意、神的理性的实现，结果人类生动丰富的历史变成了神秘的历史，人类改造客观物质世界的历史成了精神活动史。

马克思"世界历史"理论的主旨，是实现现实的人和人类的解放。这一理论的基础或前提，是资本主义大工业"首次开创了世界历史"。② 就像反对对自然界所做的虚幻的认识一样，马克思同样反对对于社会历史的虚构。社会历史和自然界一样，有其不以人的意志为转移的客观联系，虽然这些联系是十分复杂和隐蔽的，但却是客观存在的。毋庸讳言，黑格尔的世界历史理论为马克思"世界历史"理论的形成，提供了方法论上的借鉴，如世界历史的整体观、发展观等。但是，马克思通过对世界历史从古到今的研究，找到了人类历史的真正基础，以及历史矛盾运动的根本动力。马克思正是在批判地研究、改造黑格尔历史哲学的过程中，逐渐形成了他的"世界历史"理论，这也标志着马克思从唯心主义转向唯物主义、从革命民主主义转向共产主义。

二

马克思"世界历史"理论的创立，是在唯物史观的基础上展开的。他在扬弃黑格尔的世界历史思想时指出："历史向世界历史的转变，不是'自我意识'、世界精神或者某个形而上学幽灵的某种纯粹的抽象行动，而是完全物质的、可以通过经验证明的行动，每一个过着实际生活的、需要吃、喝、穿的个人都可以证明这种行动。"③ 历史向世界历史转变的根本动力，首先是现实的人在物质世界中所创造的社会生产力的普遍发展。

大航海时代，从15世纪一直延续到18世纪。15世纪末16世纪初的"新航路开辟"，揭开了历史向世界历史转变的序幕，它促进了世界各地的

---

① 《马克思恩格斯选集》第3卷，人民出版社2012年版，第793页。
② 《马克思恩格斯选集》第1卷，第194页。
③ 《马克思恩格斯文集》第1卷，人民出版社2009年版，第541页。

第一篇 唯物史观相关理论解读

联系,结束了各民族彼此孤立、彼此隔绝的历史,加速了"世界历史"的形成。"世界历史"形成的过程,既是日益腐朽的封建社会内部革命因素成长、加速封建社会崩溃的过程,也是资产阶级的经济、政治力量不断壮大,为资本主义世界市场的形成创造必要条件的过程。15世纪,西欧的一些城市最早出现了资本主义生产关系的萌芽。生产力的发展和行会之间的分工导致商人阶层的出现。资本主义时代是从16世纪开始的,从这时到始于18世纪中叶的英国工业革命,是封建制度瓦解、资本原始积累和资本主义手工工场发展的时期。

19世纪中叶,英国工业革命基本完成,并在世界迅速扩展,资本主义进入"大工业"发展阶段。正是资本主义的大工业,"使每个文明国家以及这些国家中的每一个人的需要的满足都依赖于整个世界,因为它消灭了各国以往自然形成的闭关自守的状态。"[①] 继英国之后,美国在19世纪50年代、法国在60年代末、德国在70年代末、俄国在80年代末,先后完成了工业革命。一般认为,16世纪到19世纪中叶,是资本主义的"自由竞争"历史发展阶段,也是资本主义开创世界历史的阶段。在自由资本主义时期,资本主义生产关系适应生产力发展的要求,处于上升时期,曾经起过进步的历史作用。在工业革命推动下,社会生产力有了惊人的发展,"以英国为例,从1770年到1840年,每个工人的日生产率平均提高20倍。因此,英国工业生产得以迅猛增长。英国原棉消耗量从1800年的5200万磅,增加到1840年的45590万磅。生铁产量1720年为25000吨,1840年增至139640吨。煤产量1770年为260万吨,1836年增至3000万吨。工业革命期间英国建成了纺织、钢铁、煤炭、机器制造和交通运输五大工业部门。到19世纪50年代取得了世界工业和世界贸易的垄断地位"。[②] 以19世纪中叶的英国为例,可以清楚地看到,历史向世界历史转变的动力,首先是社会生产力的发展。正是资本主义大工业,使资产阶级在它的不到100年的阶级统治中所创造的生产力,比过去一切世代所创造的全部生产力还要多,还要大。

19世纪科学技术的进步,为资本主义的现代化生产奠定了坚实的科学

---

① 《马克思恩格斯选集》第1卷,第194页。
② 吴于廑、齐世荣主编:《世界史·近代史编》下,高等教育出版社2001年版,第24页。

8

基础。科学与技术越来越密切地结合,对社会生产力的空前发展具有极其重要的作用。"在马克思看来,科学是一种在历史上起推动作用的、革命的力量。任何一门理论科学中的每一个新发现——它的实际应用也许还根本无法预见——都使马克思感到衷心喜悦,而当他看到那种对工业、对一般历史发展立即产生革命性影响的发现的时候,他的喜悦就非同寻常了"。① 蒸汽、煤气、水力等强大的动力;自动纺棉机等机器、机车、铁路、电报等,都是人类所创造的人类头脑的器官,都是物化的智力。这一切使整个资本主义社会的基础发生了革命性的变化。马克思基于对这些事实的研究,得出了科学是生产力,而且是直接的生产力,生产力包括科学的结论。

1856年4月,马克思出席了流亡在伦敦的外国革命者为纪念宪章派报纸《人民报》创刊4周年而举行的宴会。他在演讲时谈到了欧洲1848年革命,以及无产阶级的历史使命,还谈到了法国早期工人运动活动家、革命家巴尔贝斯、拉斯拜耳,以及后来成为巴黎公社领袖之一的布朗基等。马克思说:"这个社会革命并不是1848年发明出来的新东西。蒸汽、电力和自动纺机甚至是比巴尔贝斯、拉斯拜耳和布朗基诸位公民更危险万分的革命家。"因为"这里有一件可以作为我们十九世纪特征的伟大事实,一件任何政党都不敢否认的事实",即在19世纪"产生了以往人类历史上任何一个时代都不能想象的工业和科学的力量"。② 马克思既然认为科学是摧毁旧社会的"更危险万分的革命家",那么,科学在历史向世界历史转变中的革命性作用,则与之是完全同等的。

19世纪70年代,以电力的发现和运用为标志的第二次科学技术革命,使资本主义经济发展从以轻工业为中心,逐步发展到以重工业为中心。发电机、电动机,以及远程输变电技术等新能源、新技术的应用,使电力和电气技术在国家经济中所发挥的作用越来越大。第二次科学技术革命,使人类从"蒸汽时代"进入"电气时代"。电动机排挤了蒸汽机,从而消除了机器体系的局限性,"电气化"成为19世纪后半叶的重要标志。电力炼钢技术、电焊、电钻、电灯、电话和无线电通讯技术等发明和技术的出

---

① 《马克思恩格斯选集》第3卷,第1003页。
② 《马克思恩格斯选集》第1卷,人民出版社2012年版,第775页。

现，催生了电力、电器、石油、化工、汽车等新兴工业部门，并得到迅速发展。19世纪70年代以前，工业中唯一的动力机械是蒸汽机，随着电气时代的到来，它逐渐被电动机取代。电力能源的发展，使电力工业部门在国家经济体系中的地位愈加重要，发电、输电、变电、配电，以及用电等，使"电力"迅速成为一个庞大的新兴工业部门。一些原有的旧的工业部门，也在第二次科学技术革命的推动下得到发展，其中最突出的是钢铁工业。冶炼技术的改进，使钢的质量提高，而且产量持续增长。"从1868—1900年，英、法、捷、德4国的钢产量由24万吨，增加到2355万吨"。① 19世纪80年代后，欧美资本主义国家钢产量急剧增长，"1880—1900年间，英国的钢产量从370万吨增加到600万吨，德国从150万吨增加到740万吨。美国从1875年的40万吨激增至1900年的1000万吨"。② 这一切正如恩格斯所描述的，"这实际上是一次巨大的革命"，"电的利用将为我们开辟一条道路……生产力将以此得到极大的发展"。③ 这次"巨大的革命"，首先对"世界历史"的形成具有重大的革命性意义。

第二次科学技术革命使生产率以数十倍甚至成百倍地提高，生产社会化的程度也得到极大的提高。欧美主要资本主义国家垄断资本的形成和垄断组织的出现，是其主要表现。与此同时，资本主义世界经济体系的整体化趋势得到极大的加强。科技革命给人类社会带来了根本性的、革命性的变革，使越来越多的人认识到，塑造未来的是科学。在第二次科学技术革命的推动下，"工业化的浪潮逐渐从欧美中心地带向远离中心的边缘国家和地区扩散。面对不可阻挡的世纪工业化浪潮的冲击，几乎所有欠发达的落后国家都做出了不同程度的回应。有的审时度势，成功地实现了经济转型，并由此步入了先进的工业化国家行列，加拿大、澳大利亚、新西兰和南非等国家即是；有的囿于特定的历史条件，走上了依附型的工业化道路，拉丁美洲的一些国家属此类型。长期以来遭受殖民主义入侵之害，已沦为半殖民地半封建或有沦为之虞的亚非落后国家，为了富国强兵、救亡图存，则走上了一条被扭曲了的、非自主型的工业化道路，中国、朝鲜、

---

① 武寅主编：《简明世界历史读本》，中国社会科学出版社2014年版，第412页。
② 王斯德主编：《世界通史·工业文明的兴盛》，华东师范大学出版社2009年版，第194页。
③ 《马克思恩格斯选集》第4卷，人民出版社2012年版，第556页。

泰国、土耳其、埃及、摩洛哥、埃塞俄比亚等国属此列"。① 无论欠发达的落后国家，在第二次科学技术革命到来后，做出怎样的回应，但一个不争的事实是，始于15世纪大航海时代的历史向世界历史的转变，在19世纪的后30年，它的第一个阶段，即"资本主义开创的世界历史阶段"已经实现。这里作为"世界历史"的"世界"，不仅仅是强调地理范围的不断扩大，更是强调在现实生活中，人类社会已经成为一个有机的统一整体。

三

历史向世界历史转变的动力，除了社会生产力的普遍发展，以及先进的科学技术在社会生产领域中的广泛应用外，另一个重要的动力就是"交往"的普遍发展。在19世纪初的英国，发生了一场交通和通讯革命，这场革命在广泛传播现代文明成果的同时，有力地推动了大众传播媒介和其他信息产业的发展，世界进入密集型的社会交往时代。这场革命，被马克思称为"交往革命"。"交往革命"是一个广义的概念，包括电报、蒸汽动力轮船、内陆运河、火车、公路、现代报刊、邮政厅和巨大的工业城市本身。1850年时，英国已经建成的铁路达九千六百多公里。蒸汽机车和铁路的出现，是和形成中的资本主义世界市场，和资本主义大工业的产生与发展联系在一起的，因而赋予了"交往"以新的社会内容。也正是在这个意义上，凸显出"分工，水力特别是蒸汽力的利用，机器装置的应用，这就是从上世纪中叶起工业用来摇撼世界基础的三个伟大杠杆"，② 马克思重视交往革命，还在于现代交往媒介所具有的强大的"用时间消灭空间"、在全球范围内越来越即时地实现人际交往的功能。"它表明，社会生产力已经在多么大的程度上，不仅以知识的形式，而且作为社会实践的直接器官，作为实际生活过程的直接器官被生产出来。"③

正是生产力的发展，使各个民族之间最初的交往，渐而形成经常性的交往。马克思"交往理论"的内容十分丰富，包括物质交往、精神交往，内部交往、外部交往，直接交往、间接交往，个人交往、普遍交往，地域

---

① 王思德主编：《世界通史·工业文明的兴盛》，第200页。
② 《马克思恩格斯文集》第1卷，人民出版社2009年版，第406页。
③ 《马克思恩格斯文集》第8卷，人民出版社2009年版，第198页。

第一篇 唯物史观相关理论解读

交往和世界交往，以及交往形式、交往方式、交往关系、生产和交往的关系等。资本主义生产与交往的发展，"各个相互影响的活动范围在这个发展进程中越是扩大，各民族的原始封闭状态由于日益完善的生产方式、交往以及因交往而自然形成的不同民族之间的分工消灭得越是彻底，历史也就越是成为世界历史"。① 在马克思看来，交往是人的社会存在形式，它和生产力一样，是时代更迭的动力。

马克思的交往理论，在《1844年经济学—哲学手稿》《关于费尔巴哈的提纲》《德意志意识形态》《共产党宣言》《1857—1858年经济学手稿》《资本论》，以及马克思关于东方社会的理论、《给查苏利奇的信》《历史学笔记》等文献中都有阐述。马克思的交往理论，是他的社会发展理论的重要内容之一。在《德意志意识形态》中，马克思写道，"生产本身又是以个人彼此之间的交往（Verkehr）为前提的。这种交往的形式又是由生产决定的"，"各民族之间的相互关系取决于每一个民族的生产力、分工和内部交往的发展程度"。② 马克思在这里使用的"Verkehr"（交往）在德语中的词义，除"交往""交通""交际""往来"之外，还有"贸易""交换""流通"等意。总之，"Verkehr"这个术语"含义很广。它包括单个人、社会团体以及国家之间的物质交往和精神交往"。③ 1846年12月28日，马克思在给俄国自由派著作家巴·瓦·安年科夫的信中阐释"交往"的涵义时说："为了不致丧失已经取得的成果，为了不致失掉文明的果实，人们在他们的交往（commerce）方式不再适合于既得的生产力时，就不得不改变他们继承下来的一切社会形式……我在这里使用'commerce'一词是就它的最广泛的意义而言，就像在德文中使用'Verkehr'一词那样。"④ "commerce"来自拉丁语的"communis"（分享）一词，除包括"Verkehr"一词的涵义外，还有信息、传播、通讯和联络等涵义。

马克思笔下的"交往"，不是指个人之间的交往，而是指具有世界意义的"世界历史性"的交往。正因为如此，这种交往才能不断扩大世界视野，真正克服"狭隘地域"的局限，使地域性的个人为世界历史性的个人

---

① 《马克思恩格斯选集》第1卷，第168页。
② 《马克思恩格斯选集》第1卷，第147页。
③ 《马克思恩格斯文集》第1卷，第808页注释186。
④ 《马克思恩格斯选集》第4卷，人民出版社1995年版，第532—533页。

所代替，也只有在这种情况下，现实生活中的人的自由和发展才是真正可能的。因为在封闭的历史环境中，任何人都无法了解和汲取人类其他先进的文明成果。马克思交往理论的要点是：

其一，马克思交往理论中"交往范畴"的界定，一方面，它指的是人们之间的交往活动；另一方面，指的是人们之间的交往关系。"交往是在一定历史条件下的现实中的个人以及诸如阶级、民族、社会集团、国家等共同体之间在物质、精神上互相约束、互相作用、彼此联系、共同发展的活动及其形成的相互关系的统一……马克思的交往范畴标志的是在一定历史阶段的物质活动中，人与人之间的物质交往关系以及由这种关系决定的人的一切社会关系的总和。"① 马克思的交往范畴，建立在唯物史观的理论基础之上，物质交往是最基本的交往活动，并决定着精神交往及其他一切交往活动。

其二，社会生产力的发展水平，直接制约着交往的水平。孤立、封闭、隔绝，总是和落后的社会生产力水平联系在一起的；交流、交往、开放，往往是和先进的社会生产力水平联系在一起的。人类有诸多的交往形式，但主要是物质交往和精神交往两种形式。人类的历史首先是生产力发展的历史，"这个历史随着人们的生产力以及人们的社会关系的越益发展而越益成为人类的历史。"② 在这里，"社会关系的越益发展"，首先是"交往"的发展。"美洲的发现，绕过非洲的航行，给新兴的资产阶级开辟了新天地。东印度和中国的市场、美洲的殖民化、对殖民地的贸易、交换手段和一般的商品的增加，使商业、航海业和工业空前高涨"，③ 资本主义的发展，使物质生产和精神生产都成为世界性的。正是资本的膨胀和扩张，使各个民族的历史越来越成为"世界性"的历史。

其三，从人类历史发展的进程中，可以将人类历史划分成"部落所有制""古代公社所有制和国家所有制""封建的或等级的所有制""资本主义所有制""共产主义"社会制度。在各种所有制更迭的过程中，交往具有决定性的意义。人类的历史进程已充分表明，只有随着生产力的普遍发展，人们之间的这种普遍交往才能建立起来。社会生产力的发展，客观上

---

① 范宝舟：《论马克思交往理论及其当代意义》，社会科学文献出版社2005年版，第22—23页。
② 《马克思恩格斯选集》第4卷，第532页。
③ 《马克思恩格斯选集》第1卷，第401页。

改变着人们的交往，这种"改变"的内容之一，就是作为"交往主体"的人的能力的改变。这不仅表现在人如何适应不断进步的具体的劳动形式和劳动内容上，同时也表现在作为世界历史性的人的素质的全面提高上。

其四，交往革命，主要有两大阶段。第一阶段是工业革命带来了交通的变革，尤其是铁路的出现，使物质流动的速度大为增加。恩格斯说："中国的铁路建设可能开放；这样，这最后一个闭关自守的、以农业和手工业相结合为基础的文明将被消灭。"① 第二阶段是海底电缆的开通，产生了电报，这预示着信息社会的到来。"机车、铁路、电报……它们是人的手创造出来的人脑的器官；是对象化的知识力量。"② 交往的动力是科学和知识的力量，是人的智力和创造能力的发展。

"交往"是唯物史观的一个重要范畴，也是马克思"世界历史"理论的重要内容之一。社会是一个有着多维结构的复杂的系统，交往在经济、政治和思想文化结构形成的过程中起着十分重要的作用。历史向"世界历史"转变的过程，也是在生产力普遍发展的基础上，世界性的交往建立起来的过程。马克思从最初系统阐释"世界历史"理论时起，就表现出他鲜明的世界历史性的理论视野。他在《1844年经济学—哲学手稿》中写道："整个所谓世界历史不外是人通过人的劳动而诞生的过程，是自然界对人来说的生成过程。"③ 学界对这里的"世界历史"的内涵虽有歧义，但它无论是作为"人类诞生以来的总体的历史"，还是作为"狭隘的民族地域性历史转变为整体发展的世界历史"，都不可能脱离人类的交往。在"世界历史意义"上存在的人，不仅为人的全面发展创造了条件，而且直接促进了人的全面发展。

四

对生活在21世纪的人们来说，"19世纪"已经成为实实在在的"过去"，即已成为历史。但是，历史不会消失，更不会消失得无影无踪，而总是以这样或那样的方式"活"在当下，影响到未来，19世纪的历史也

---

① 《马克思恩格斯文集》第10卷，人民出版社2009年版，第550页。
② 《马克思恩格斯选集》第2卷，人民出版社2012年版，第784—785页。
③ 《马克思恩格斯全集》第3卷，人民出版社2002年版，第310页。

如是。继18世纪尼德兰革命、英国资产阶级革命、美国独立战争、法国大革命等资产阶级政治革命之后，19世纪首先以英国工业革命为标志，宣布了人类工业社会的诞生，进一步确立了欧美资产阶级革命后的阶级统治。工业社会或工业文明的诞生，使社会财富迅速增长，同时也使社会结构发生了急剧的变化，其直接后果是工人运动、社会主义运动的兴起，以及马克思主义学说的诞生。

物换星移，今天距19世纪中叶已经过去一百七十多年了，历史的风雨使世界政治、经济和文化的深刻变化难以言尽，但马克思主义学说却真理永驻，我们今天仍然生活在马克思所揭示的"世界历史时代"。马克思"世界历史"理论是历史的产物，不能脱离19世纪具体的历史条件和历史环境来理解；同时这一理论也是发展着的理论，而不是必须背得烂熟并机械地加以重复的教条。如何从这一理论出发，去认识当前发生的独特而复杂的问题，"我们只能在我们时代的条件下去认识，而且这些条件达到什么程度，我们就认识到什么程度"。[①] 如果说"历史向世界历史转变"的第一个阶段，即"资本主义开创的世界历史阶段"在19世纪后30年已经完成，那么接下来的则是从资本主义的世界历史阶段，向"共产主义的世界历史阶段"的转变过程。如何认识"资本主义的世界历史"的局限性，和"共产主义世界历史的必然性"，如何理解从资本主义走向共产主义，是人类历史发展不可逆转的进步趋势，这既是时代提出的重大理论问题，更是生活提出的尖锐的现实问题。

当前，人类社会正处在大发展、大变革、大调整时期。世界多极化、经济全球化、社会信息化、文化多样化深入发展。马克思主义关于"世界历史"的思想，"现在已经成为现实，历史和现实日益证明这个预言的科学价值。今天，人类交往的世界性比过去任何时候都更深入、更广泛，各国相互联系和彼此依存比过去任何时候都更频繁、更紧密。一体化的世界就在那儿，谁拒绝这个世界，这个世界也会拒绝他"。[②] 经济全球化只是世界历史进程中的一个阶段，可以理解为客观的历史过程的内容之一。全球化是"世界历史"发展的合乎逻辑的和必然的结果，而不是资本主义主导

---

① 《马克思恩格斯文集》第9卷，人民出版社2009年版，第494页。
② 习近平：《在纪念马克思诞辰200周年大会上的讲话》，《人民日报》2018年5月5日。

和参与的资本主义全球化。那种认为全球化的最终指向只能是"经济和政治的自由主义的最后胜利",即建立资本主义的一统天下,不过是西方霸权主义、强权政治的顽固表现。

经济全球化促进了垄断资本国际化,促进了跨国公司的发展和在全球的扩张,这些在一定程度上扩大了资本主义生产关系对生产力的容量,扩展了后者的发展空间,为资本主义国家提供了更加广阔的活动舞台,资本主义所固有的矛盾有所缓解,甚至使其表现出某种生命力或发展潜力,但并没有从根本上消除资本主义生产社会化和生产资料私人占有这一基本矛盾,也没有改变以雇佣劳动为基础的资本主义剥削制度的本质。诚然,资本主义必然灭亡,社会主义必然胜利,即"两个必然"理论,是马克思主义学说的核心。但马克思通过对1848年欧洲革命后欧美资本主义历史发展的总结,在1859年1月提出"无论哪一个社会形态,在它所能容纳的全部生产力发挥出来以前,是决不会灭亡的;而新的更高的生产关系,在它的物质存在条件在旧社会的胎胞里成熟以前,是决不会出现的",[①] 即"两个决不会"理论,它是对"两个必然"理论的重大补充。只有将"两个必然"和"两个决不会"辩证统一在一起认识,我们才有可能对马克思"世界历史"理论有准确的理解。在世界历史时代,如果说资本主义是全球化的历史起点,那么,共产主义则是全球化的历史终点。因为共产主义的前提是社会生产力的高度发展,是人类社会普遍的密切的联系和交往。在"旧社会"内部形成"新社会"因素的过程中,资本主义充当了历史发展的不自觉的工具。全球化正在为实现共产主义,创造着必要的物质条件和社会条件。

20世纪末,苏联解体东欧剧变后,美国学者福山在《历史的终结及最后之人》中写道:"黑格尔和马克思都曾相信,人类社会的发展是有终点的,会在人类实现一种能够满足它最深切、最根本的愿望的社会形态后不再继续发展。这两位思想家因此断言,会有'历史的终结'阶段。黑格尔将'终结'定位于一种自由的国家形态,而马克思则把它确定为共产主义社会。历史的终结并不是说生老病死这一自然循环会终结,也不是说重大事件不会再发生了或者报导重大事件的报纸从此销声匿迹了,确切地讲,

---

[①] 《马克思恩格斯文集》第2卷,人民出版社2009年版,第592页。

它是指构成历史的最基本的原则和制度可能不再进步了,原因在于所有真正的大问题都已经得到了解决。"① 在这里,福山至少在两个方面的认识都是错误的。首先,"西方的自由民主制度"是否意味着"历史的终结",这种观点在东、西方都遭到批评,笔者不再赘述;其次,所谓马克思关于"共产主义社会"的分析,认为一旦共产主义实现,历史便终结了,这是福山对马克思主义的歪曲。马克思说:"大体说来,亚细亚的、古希腊罗马的、封建的和现代资产阶级的生产方式可以看做是经济的社会形态演进的几个时代。资产阶级的生产关系是社会生产过程的最后一个对抗形式……但是,在资产阶级社会的胎胞里发展的生产力,同时又创造着解决这种对抗的物质条件。因此,人类社会的史前时期就以这种社会形态而告终。"② 由此并不能得出共产主义是历史的终结的结论。恰恰相反,马克思的观点是,作为"世界历史"发展前景的共产主义,是消灭了剥削制度的真正的人类社会的开始。

马克思"世界历史"理论的基本观点之一,是"每一个单个人的解放的程度是与历史完全转变为世界历史的程度一致的"。③ 人只有彻底改变孤立的民族性和地域性而与现代文明交融,完全成为"世界历史性"的个人,才有可能实现人的自由全面发展。此外,人的自由全面发展离不开必要的物质条件和物质基础。在实现共产主义之前,即"人的自由全面发展"尚是人们追求的理想时,人们可以清楚地看到在世界历史的条件下,首次出现了人的"独立性"。这种独立性相对于以往人的"依附性",无疑是历史的巨大进步。

共产主义社会是实现人的自由全面发展的社会,因此,人的自由全面发展是共产主义的本质特征之一,是人类获得彻底解放的重要标志。因为"自由"不是一部分社会成员享有,而是属于社会成员整体。这里需要强调的是,"人的自由全面发展"是有条件的,"只有在共同体中,个人才能获得全面发展其才能的手段,也就是说,只是在共同体中才可能有个人自

---

① [美]弗朗西斯·福山:《历史的终结及最后之人》,黄胜强、许铭原译,中国社会科学出版社 2003 年版,第 2—3 页。
② 《马克思恩格斯选集》第 2 卷,第 3 页。
③ 《马克思恩格斯选集》第 1 卷,第 89 页。

由"。① 代替资产阶级旧社会的将是"一个联合体",而且在这个联合体中,"每个人的自由发展是一切人的自由发展的条件"。② 无论是"共同体",还是"联合体",在这里所指的都是"共产主义社会"。世界历史形成,不仅是实现共产主义的前提,同时也是人的解放和人的自由全面发展的前提。

2018年,习近平总书记在纪念马克思诞辰200周年大会讲话时指出:学习马克思的重要内容之一,就是要学习和实践马克思主义关于世界历史的思想。我们要站在世界历史的高度审视当今世界的发展趋势和面临的重大问题,同各国人民一道努力构建人类命运共同体,③ 即建设一个持久和平、普遍安全、共同繁荣、开放包容、清洁美丽的世界。人类命运共同体思想,继承了马克思"世界历史"理论的价值立场,是在新的历史条件下,对马克思"世界历史"理论的丰富和发展。"人类命运共同体"体现了马克思主义"人的解放"的主题,指明了为争取人类解放而奋斗的目标和方向,既立足现实又指向未来,既高扬理想又不脱离现实,是在现时代践行共产主义的崇高理想。共产主义是社会发展的必然,遥远并不等于渺茫,它已存在于历史和现实之中,作为制度,共产主义的第一阶段,即社会主义已成现实。20世纪90年代初以来,世界社会主义发展虽然遭遇严重挫折,但中国特色社会主义实现了社会主义从传统到现代的成功转型,已经显示出社会主义的持久生命力和光明前途。

我们也清醒地认识到:"无产阶级解放所必须的物质条件是在资本主义生产过程中自发地产生的。"④ 作为一种所有制形式的资本主义的发展状况,我们也要实事求是地进行认识和分析;既要看到资本主义历史发展过程中否定它自身的因素,也要看到伴随着它灭亡的旧因素而出现的新因素。但是,历史发展的规律是不可抗拒的。"历史规律是一定历史条件下的人们在以物质生产活动为基础的实践活动中形成的本质的、内在的联系及其必然趋势。"⑤ 它的客观必然性与自然规律一样,不以人的意志为转

---

① 《马克思恩格斯选集》第1卷,第199页。
② 《马克思恩格斯文集》第10卷,第666页。
③ 习近平:《在纪念马克思诞辰200周年大会上的讲话》,人民出版社2018年版,第22页。
④ 《马克思恩格斯文集》第10卷,人民出版社2009年版,第438页。
⑤ 商逾:《历史规律的作用机制》,山东人民出版社2008年版,第13页。

移。社会主义已经并正在改变着中国和世界的面貌。中国特色社会主义，是科学社会主义的理论逻辑，和中国社会发展的历史逻辑的辩证统一，它是社会主义并走向共产主义。资本主义的历史进步性和它的历史短暂性的辩证统一，最终决定了资本主义向新的更高级的社会形态，即共产主义的过渡。共产主义是世界历史性的事业，必然是一种世界历史性的存在，它作为"世界历史"矛盾运动的一个新阶段，必将在全世界实现。

（原载《史学理论研究》2019年第3期）

"长时段"理论与马克思的唯物史观

李学智

(天津师范大学历史文化学院)

布罗代尔以其巨著《菲利普二世时代的地中海和地中海世界》享誉史坛，其"长时段"理论即是在此书的写作过程中"构思"而成的。[①] 1958年，布罗代尔在《经济、社会和文明年鉴》发表《历史和社会科学：长时段》一文，对"长时段"这一观察、解释人类历史的理论，进行了全面、深入的阐述。布罗代尔的"长时段"理论所包含的地理历史结构主义与历史时间的多元化思想，对历史学乃至整个社会科学研究均具有高度的启发性，从而奠定了其年鉴学派第二代学术领袖的地位。

布罗代尔的"长时段"理论在中国学界影响很大，有关论述颇多，而其与马克思唯物史观的相合与相左，尤令人关注。[②] 笔者以为，布罗代尔

[①] 该书原是布罗代尔的博士论文（1947），1949年出版。布罗代尔晚年自述："在构建我的《地中海》时，我的方法是依照不同的速度、不同的时期性质，来区分历史时间的……我所提出的'长时段'，是我碰到几项大困难之后才构思出来的。我在写《地中海》之前，没想到过长时段这个概念。"参见赖建诚《布罗代尔的史学解析》，浙江大学出版社2009年版，第5页。

[②] 年鉴学派的代表人物都承认"马克思主义理论是他们的新史学理论和方法的来源之一"（张广勇：《法国史学的新视野——〈法国史学对史学理论的贡献〉中译本导言》，[法]保罗·利科：《法国史学对史学理论的贡献》，王建华译，上海社会科学院出版社1992年版，第3页）。国内学界对"长时段"理论亦多给予积极评价，例如，张芝联认为，"从重视历史连续性的角度来看，布罗代尔强调'结构'的长期影响无疑是正确的"（张芝联：《费尔南·布罗代尔的史学方法》，《历史研究》1986年第2期）。张和声认为，布罗代尔"以'长时段'理论为武器打破了旧史学的藩篱，其存在的问题是，"马克思在解释世界的同时更强调改造世界，而布罗代尔的表述往往更侧重面对历史的重负人类无可奈何的困境"（张和声：《历史学的藩篱与历史的樊笼——读布罗代尔》，《史林》2007年第1期）。不过，长时段理论与马克思唯物史观所存在的差异，国内学界似尚未给予应有的关注。

的"长时段"理论无疑比西方同时代的其他社会历史理论更接近唯物史观的科学真理,但在某些问题的认识上与马克思唯物史观仍存在着相当大的差异。年鉴学派另一位学者勒高夫虽称"马克思主义是一种长时段的理论",但是其关于长时段理论与唯物史观关系的认识,亦有令人难以接受之处。兹就此略述管见,就教于学界师友。

一 "长时段"与马克思的"社会模式"

布罗代尔认为,"长时段是社会科学在整个时间长河中共同从事观察和思考的最有用的河道",而马克思是长时段理论最先的实践者,"马克思的天才,马克思的影响经久不衰的秘密,正是他首先从长时段出发,制造了真正的社会模式……马克思主义是上个世纪中最强有力的社会分析;它只能在长时段中恢复活力和焕发青春"。[①] 布罗代尔所指的马克思的"社会模式",即是指马克思关于人类社会中各种结构以及社会形态的理论。从布罗代尔上述话语看,他对于马克思的这些社会历史理论是了解且赞成的。布罗代尔把长时段理论的首创权归于马克思,显示了他在学术上的坦诚。但是,赞成并不等于正确理解,把长时段的首创权归于马克思,此长时段并不一定就是马克思的长时段。为了便于分析,有必要先将布罗代尔的长时段理论做一番梳理。

布罗代尔认为,历史上的"事件是短促的时间……生活的各种形式——政治、经济、社会、文学、机构、宗教乃至地理(一阵风或一场风暴)都有一种短时段。乍眼看来,历史似乎是这类反复无穷的小事(有的引人注目,有的默默无闻)的群体……但这一群体并不构成科学思考所能加工的全部历史实在……短时间是最任性和最富欺骗性的时间"。而价格曲线、人口增长、工资运动、利率波动等"事态""周期"及"循环周期"性的现象则被布罗代尔视为中时段,其时间可以是10多年,25年,甚至50年,以及经济学家的所谓"百年趋势"。布罗代尔认为,"这些时段显然不具有绝对的价值",但它们为长时段"指引了方向和提供了第一

[①] [法]费尔南·勃罗代尔:《历史和社会科学:长时段》,承中译,《史学理论》1987年第3期。布罗代尔此文最初发表于1965年。

把钥匙"。① 布罗代尔认为，对于认识长时段历史"更加有用"的是结构。"'结构'是指社会上现实和群众之间形成的一种有机的、严密的和相当固定的关系"，结构"在长时段问题中居于首位"。布罗代尔明确提到的有地理结构、经济结构、思想文化结构等。

布罗代尔对这些结构做了进一步的论述。首先，地理结构"限制"人类社会的例子"最易接受"，"在几百年内，人们困守"于一定的气候、植物、动物以及地形（如山区）和海陆位置等地理结构，难以改变。思想文化结构也具有"稳定性和残存性"，在罗马帝国拉丁文明的变迁和延续下，"13至14世纪民族文学诞生前，杰出知识分子的文明曾经有过相同的题材，相同的类比，相同的陈词滥调"，"拉伯雷时代法国人的思维工具，即在拉伯雷以前和以后的长时期内曾左右着生活方式、思想方式和信仰方式的一系列概念"。关于经济结构，布罗代尔认为，虽然"周期、循环周期的结构危机掩盖了体系"，在1750年前"长达四五个世纪的长时段中，尽管发生了种种显而易见的变化，经济生活却保持一定程度的连续性。这四五个世纪具有共同的和不变的特点"。结构"是十分耐久的实在。有些结构因长期存在而成为时代相传、连绵不绝的恒在因素：它们妨碍着或左右着历史的前进。另有一些结构较快地分化瓦解。但所有结构全都具有促进和阻碍社会发展的作用。"对布罗代尔的长时段理论有了较完整的了解之后，它与马克思唯物史观存在的重要差异即显现无遗。

在马克思的唯物史观中，确实是有长时段的结构：经济结构、政治结构以及思想文化结构。但是，其最重要、真正的长时段是社会形态（或社会经济形态），特定的经济的、政治的以及思想文化的结构构成某一社会形态。马克思指出："人们在自己生活的社会生产中发生一定的、必然的、不以他们的意志为转移的关系，即同他们的物质生产力的一定发展阶段相适合的生产关系。这些生产关系的总和构成社会的经济结构，即有法律的和政治的上层建筑竖立其上并有一定的社会意识形式与之相适应的现实基础。物质生活的生产方式制约着整个社会生活、政治生活和精神生活的过程……社会的物质生产力发展到一定阶段，便同它们一直在其中运动的现

---

① ［法］费尔南·勃罗代尔：《历史和社会科学：长时段》。以下所引布罗代尔语未注明者均出自此文。

存生产关系或财产关系（这只是生产关系的法律用语）发生矛盾。于是这些关系便由生产力的发展形式变成生产力的桎梏。那时社会革命的时代就到来了……大体说来，亚细亚的、古希腊罗马的、封建的和现代资产阶级的生产方式可以看做是社会经济形态演进的几个时代。"①

根据马克思的论述，人类社会中有经济结构、政治结构及思想文化结构等，这些结构不是孤立地存在和发挥作用的，这诸种结构之间存在着紧密相联的依存关系，并共同组合成一个有机的整体即人类社会。人类社会面临的首要问题是生存和发展。要生存，就得从事物质生产活动，人类于是从原始的采集、狩猎，逐渐发展出游牧、农耕以及手工业等不同类型的生产活动以及生产的组织形式（生产关系），并发展至现代工业化生产。物质生产活动是人类社会存在和发展的基础，物质生产活动的能力、水平及其组织形式（生产关系），形成社会的经济结构，并决定着政治、思想文化等结构的性质和状况。诸种结构组合成某种社会形态。在社会发展过程中，经济结构也会受到政治、思想文化等结构的影响。从人类社会已经走过的历程来看，如此形成的每个社会形态都是一个长时段。马克思之所以在阐述人类经历过的几种社会形态时间或使用"社会经济形态"一词，即是强调经济结构在形成某种社会形态中的基础性、决定性作用。在人类社会发展过程中，由于物质生产力的不断进步，推动原有的经济结构发生变化，新的经济结构逐渐形成，并或早或迟引发政治、思想文化等结构的变革，这些变化不断积累且达到一定程度时，将使整个社会形态发生变化。于是，人类社会历史进入了下一个长时段的社会形态。

社会形态是布罗代尔所谓长时期"左右着生活方式、思想方式和信仰方式的一系列概念"的最为深刻的背景，是解释种种社会现象的最具说服力的深层原因，实际上，某种社会形态，才是具有影响或制约作用的真正的"长时段"，才是"从事观察和思考的最有用的河道"。用人类社会中单独某一结构的制约解释历史现象，不免过于简单薄弱而说服力不足，难以拨开事件、人物及各种社会现象之上笼罩着的重重云雾。人类有史以来所曾经历的每种社会形态，其存在的时间均有数百年、上千年以至更长时间。在马克思那里，确有"长时段"，但这个长时段主要不是布罗代尔的

---

① 《马克思恩格斯选集》第2卷，人民出版社2012年版，第3页。

诸种"结构",而是诸种结构组成的某一社会形态。这是布罗代尔的长时段与马克思唯物史观的重要区别所在。

在马克思那里,这诸种结构之间是一种紧密联系和相互依存的关系,而非如布罗代尔长时段的诸种结构那样,各为一体,相互间缺乏内在的联系。在马克思的唯物史观看来,由一定发展水平的物质生产活动与生产关系共同组成的经济结构是"社会历史的决定性基础",[①] 经济结构是某一社会形态中最为重要的基础性结构并影响着其他诸种结构的性质和状况,例如个体农耕时代无法形成现代代议政治和自由竞争观念。恩格斯对唯物史观关于社会经济结构与其他诸种结构之间的关系有精辟的阐述:"人们首先必须吃、喝、住、穿,然后才能从事政治、科学、艺术、宗教等等;所以,直接的物质的生活资料的生产,从而一个民族或一个时代的一定的经济发展阶段,便构成基础,人们的国家设施、法的观点、艺术以至宗教观念,就是从这个基础上发展起来的,因而,也必须由这个基础来解释,而不是像过去那样做得相反。"[②]

布罗代尔的长时段理论与马克思唯物史观观察和解释历史的出发点和归宿点均不相同。唯物史观从人类的物质生产实践活动出发,阐明经济结构对于人类形成某种社会形态的基础作用,科学解释了组合成社会形态的诸种结构之间的内在相互联系。布罗代尔强调长时段各种结构"促进和阻碍社会发展的作用"或"世代相传、连绵不绝的"的制约、影响,认为"对历史学家来说,接受长时段意味着改变作风、立场和思想方法,用新的观点去认识社会"。长时段理论对于深入认识及理解人类历史确有帮助,但是布罗代尔的这些长时段结构都是孤立地存在的,并不见各种结构之间有何内在的联系,尤其是布罗代尔始终未能说明形成长时段各种结构的原动力是什么。把这种"长时段"的首创权归于马克思,将其与唯物史观关于社会结构、社会形态的长时段混为一谈,在学理上是存在问题的。

布罗代尔曾明确表示,"与其说社会体系(术语本身就很含糊),还不如说社会经济体系……我们可以按照奴隶制、农奴制、领主制、商人(资本主义诞生前的资本家)的次序对这些社会经济体系分门别类。这样一

---

① 《马克思恩格斯文集》第10卷,人民出版社2009年版,第667页。
② 《马克思恩格斯全集》第25卷,人民出版社2001年版,第594页。

来，我们又回到了马克思的用语，仍然站在马克思的一边"。但是布罗代尔将马克思关于社会经济形态演进"大体说来"的进程的表述，曲解为"任何社会将严格地按顺序从一个结构向另一个结构过渡"，而表示"不同意"。[①] 这表明他对于马克思关于社会经济形态及其演进论述的认识有欠深入，理解不够准确。唯物史观关于人类社会形态和社会的经济结构、政治结构及思想文化结构等及其相互关系的论述，是马克思的社会历史理论超越前人的重要贡献，是唯物史观的核心内容，布罗代尔的长时段理论与其存在着重要的区别。

二 地理结构与马克思唯物史观的地理环境学说

布罗代尔在其长时段的诸种结构中，最重视的是地理结构。他认为，要打破长时段各种结构的限制是极其困难的，而"最易接受的例子似乎是地理限制。在几百年内，人们困守一定的气候、植物、动物和文化，以及某种缓慢形成的平衡，脱离开这种平衡，一切都会成为问题。例如在山区，山民有按季节易地放牧的习惯；在沿海地带，海上活动总是集中在某些条件比较优越的地点。城市的建立，道路和贸易的畅通，文明地域的范围，都是惊人的持久和固定。""可以设想，要打破某些地理格局、生物现实、生产率限度和思想局限（精神框架也受长时段限制），这是何等困难的事。"布罗代尔关于地理环境对人类社会生活具有重要"限制"的观察，以及这种"限制"体现于人类"放牧的习惯""城市的建立""贸易"等物质生产活动领域的论述，确应给予肯定。其实，唯物史观也十分重视地理环境对人类社会生活的影响，马克思恩格斯曾批评唯心史观"把人对自然界的关系从历史中排除出去了，因而造成了自然界和历史之间的对立"[②]，认为人类与自然界的关系是历史本身的重要内容。恩格斯进一步指出："在经济关系中还包括这些关系赖以发展的地理基础和事实上由过去沿袭下来的先前各经济发展阶段的残余。"[③] 恩格斯在这里的阐述很明确，

---

① ［法］布罗代尔：《15 至 18 世纪的物质文明、经济和资本主义》第 1 卷，顾良、施康强译，生活·读书·新知三联书店 2002 年版，第 668 页。
② 《马克思恩格斯文集》第 1 卷，人民出版社 2009 年版，第 545 页。
③ 《马克思恩格斯选集》第 4 卷，第 648 页。

第一篇　唯物史观相关理论解读

地理环境是包括在作为社会历史决定性基础的经济关系之中的，是经济关系赖以发展的基础。

如何认识地理环境因素在经济关系中的作用和发挥的影响呢？唯物史观将地理环境视为人类物质生产活动的参与者，是劳动过程的要素之一。恩格斯指出，"政治经济学家说：劳动是一切财富的源泉。其实，劳动和自然界在一起才是一切财富的源泉，自然界为劳动提供材料，劳动把材料转变为财富"。[1] 马克思则进一步指明劳动过程所包括的三个要素："有目的的活动或劳动本身，劳动对象和劳动资料。"[2] 马克思恩格斯这里所说的劳动资料和劳动对象，指的是地理环境中的土地、矿藏、森林、河流及各种动植物等因素。作为劳动资料或劳动对象的这些地理环境因素，当然会影响到生存于其中的人类社会的物质生产活动。地理环境中的土地、矿藏、森林、河流及各种动植物等因素，一方面提供了人类物质生产所需的资料，另一方面也对生产活动的类型及方式产生着"限制"，这些限制对社会经济关系进而对人类文明的其他方面产生影响。马克思恩格斯指出，"任何历史记载都应当从这些自然基础以及它们在历史进程中由于人们的活动而发生的变更出发"。[3] 在最初的人类文明形成的过程中，地理环境对成长于其中的人类共同体的物质生产活动具有决定性的影响，并进而决定那个人类文明的类型及其发展进程。

马克思在论述人类文明初期劳动分工和产品交换问题时指出："不同的共同体在各自的自然环境中，找到不同的生产资料和不同的生活资料。因此，它们的生产方式、生活方式和产品，也就各不相同。"[4] 人类从事物质生产活动以求得生存和发展，但人们不是随心所欲地去从事物质生产活动，特别是在古代人类文明形成的过程中，人们只能凭借其生存的地理环境所提供的条件，形成自己的物质生产的类型和具体的内容及方式。[5]

---

[1] 《马克思恩格斯文集》第9卷，人民出版社2009年版，第550页。
[2] 《马克思恩格斯文集》第5卷，人民出版社2009年版，第208页。
[3] 《马克思恩格斯选集》第1卷，第147页。
[4] 《马克思恩格斯全集》第44卷，人民出版社2001年版，第407页。
[5] 例如，生活在大河流域的人们，因其自然条件，往往主要从事农耕，多成为农业民族（如古埃及、古巴比伦、古代中国等）；生活在草原、高原地带的人们，因其自然条件，主要从事畜牧业，多成为游牧民族（如在中东地区、蒙古高原、青藏高原等）；而生活于地中海沿岸的古希腊人、腓尼基人，则因其自然条件，在主要从事农业的同时，手工业、商业也比较发达。

此外，恩格斯在对古代欧洲大陆与美洲两个大陆的自然条件和社会历史发展状况进行比较时指出：欧洲大陆与美洲大陆在可供人类利用的动物、植物资源方面存在着很大的差异，[①]自然地理条件的这些差异，使这两个大陆形成了不同的物质生产活动的类型，"两个半球上的居民，从此以后，便各自循着自己独特的道路发展，而表示各个阶段的界标在两个半球也就各不相同了"。[②]

马克思和恩格斯的以上论述表明，在古代人类文明形成的过程中，地理环境对于人类的物质生产活动和社会生活具有决定性的影响。这种影响主要是地理环境通过作为人物质生产活动要素的劳动对象和劳动材料而实现的。作为劳动对象，地理环境决定了物质生产活动的类型、方式等，并通过影响人类的物质生产活动，进而间接地影响到人类文明的社会政治生活和精神生活。世界各个地区不同的地理环境就使成长于其中的各个古代人类文明产生了许多差异，呈现出不同的面貌，形成了不同的类型。人类社会历史发展的事实充分地证明了这一点。

同一地理环境，在人类历史发展的不同时期，对人类社会产生的影响不尽相同。这是马克思唯物史观地理环境学说的又一重要思想。马克思指出"外界自然条件在经济上可分为两大类：生活资料的自然富源，例如土壤的肥力，鱼产丰富的水域等等；劳动资料的富源，如奔腾的瀑布、可以航行的河流、森林、金属、煤炭等等。在文化初期，第一类自然富源具有决定性的意义；在较高的发展阶段，第二类自然富源具有决定性的意义。"[③] 在人类文明初期，地理环境中可以直接为人类提供生活资料的那些因素，如动物、植物、土壤等，比金属、煤炭、石油等矿藏这些"劳动资料的富源"，对人类的生存和发展有着更直接的影响；而到了人类社会发展的较高阶段，这类富源的影响就让位于"劳动资料的富源"了。例如，在人类发展的初期，土壤的状况、地面上的植物、动物等这些地理环境因素，对于生存其中的人们的物质生产活动和生活面貌有着直接的、重要的

[①] 欧洲大陆"差不多有着一切适于驯养的动物和除一种以外一切适于种植的谷物"；而在美洲大陆，在适于驯养的哺乳动物中，只有羊驼一种，并且只是在南部某些地方才有，而在可种植的谷物中，也只有玉蜀黍。《马克思恩格斯选集》第4卷，第20页。

[②] 《马克思恩格斯选集》第4卷，第32页。

[③] 《马克思恩格斯选集》第2卷，第239页。

第一篇 唯物史观相关理论解读

影响，并会影响到这一人类共同体的发展进程。而当人类社会发展到石油成为物质生产重要资料的阶段，这些在地下沉默了千万年的自然富源，就对这一地区的经济发展乃至社会生活产生巨大的影响。

地理环境随着人类物质生产能力的发展，在人类历史发展的不同时期对人类社会影响的强度和广度是各不相同的。一般来说，地理环境随着人类物质生产力的发展对人类社会影响的强度在下降，而广度则在上升。一方面，当人类在某种地理环境中的物质生产活动取得重大进步，特别是进入现代工业社会以后，借助先进的交通工具和通信手段，就不再"困守"于某种地理环境，而可能使其成为实现发展的有利因素。例如，先进的船舶制造及航海技术，使人们在海上活动的范围得以扩大，不再"总是集中在某些条件比较优越的地点"，而扩展到远洋、极地，且贸易的道路、城市的地点及文明的区域，也都会发生巨大的变化。铁路、高速公路的修筑，把偏远地带纳入经济发展的大潮，等等。而另一方面，人类受自然条件制约的广度或范围却在日趋扩大，生产力的不断发展使人类活动的范围伸展到地下、海洋深处、外层空间，"人类的控制力伸展到哪里，人就在哪里受到自然界的制约"。[①] 布罗代尔"地理结构"的问题在于，不能阐明地理环境和人类社会生活是截然有别而又紧密相连为一体的两种事物，对二者关系随着人类社会物质生产能力的进步而发生变化等问题缺乏明确的认识。

所谓地理结构或地理环境是形成人类社会各种长时段现象的"外界自然条件"，与布罗代尔长时段中的其他结构在类别和性质上存在着根本的不同，其各自变迁发展的动力及规律亦截然不同。而布罗代尔所做的"地理格局、生物现实、生产率限度和思想局限"的胪列，将地理格局、生态环境这些自然界的现象、事物与物质生产活动、思想传统等人类社会现象这两种不同类别、性质的事物和现象不加区别地并列在一起，在事实和逻辑上都是不妥当的。某种气候、生态环境是长时期影响社会历史发展或是造成某种长时段社会历史现象的地理环境因素，而非社会历史长时段现象本身。地理环境作为人类社会存在的必要条件，它直接影响人类物质生产活动，特别是在人类早期社会形成的过程中，使生活于不同地理环境中的

[①] 庞卓恒：《唯物史观与历史科学》，高等教育出版社1999年版，第73页。

人类形成不同类型的文明,到目前为止,绝大多数的地理环境都比形成于其中的某一人类文明延续的时间要长得多。布罗代尔强调地理结构对人类活动的限制作用,并把这样一个与其他长时段结构性质上不同的特别因素与其他长时段结构一并引入社会历史研究领域,而对于它在人类社会生活中居于何种地位,与其他各种长时段结构的关系如何等,未进行明确的阐释,这种理论上的疏忽是不应该出现的。

三 勒高夫的误解

与布罗代尔相似,年鉴学派的第三代代表人物雅克·勒高夫也认为,"马克思主义是一种长时段的理论",[①] 但是他关于长时段理论与马克思唯物史观关系的认识,也有谬误之处。勒高夫称:"在许多方面,如带着问题研究历史、跨学科研究、长时段和整体观察等,马克思是新史学的大师之一。马克思关于社会分期学说(奴隶社会、封建社会、资本主义社会)虽然在形式不被新史学所接受,但它仍是一种长时段的理论。即使关于经济基础和上层建筑的概念不能说明历史实在不同层次间的复杂关系,但这里毕竟使用了代表新史学一项基本倾向的结构概念。"[②] 勒高夫于1987年再次表示,"他认为上层建筑本身是个很复杂的系统,并非这么简单地被经济基础所决定"。[③]

这里勒高夫的误解是明显的。首先,关于经济基础与上层建筑的理论是唯物史观中最为重要的基本内容,唯物史观对经济基础与上层建筑之间关系的复杂性有充分的认识和明确的阐述。恩格斯指出:"政治、法、哲学、宗教、文学、艺术等等的发展是以经济发展为基础的。但是,它们又都互相作用并对经济基础发生作用。这并不是说,只有经济状况才是原因,才是积极的,其余一切都不过是消极的结果。"[④] 恩格斯在论及欧洲从封建制向资本主义发展的过程时指出:"社会的政治结构决不是紧跟着社

[①] [法]雅克·勒高夫:《新史学》,顾良译,《史学理论》1987年第1期。
[②] [法]雅克·勒高夫:《新史学》。
[③] 姚蒙:《"历史始终是人类社会在时间中的演进"——法国著名史学家雅克·勒高夫采访纪实》,《史学理论》1987年第2期。
[④] 《马克思恩格斯选集》第4卷,第649页。

会经济生活条件的这种剧烈的变革立即发生相应的改变。当社会日益成为资产阶级社会的时候，国家制度仍然是封建的……在经济关系要求自由和平等权利的地方，政治制度却每一步都以行会束缚和各种特权同它对抗。"①

再者，勒高夫言称，"即使关于经济基础和上层建筑的概念不能说明历史实在不同层次间的复杂关系，但这里毕竟使用了代表新史学一项基本倾向的结构概念"，这里面存在逻辑的谬误。马克思创造并使用经济基础和上层建筑这些关于社会"结构"的概念之时，所谓的"新史学"尚未问世。如果马克思在这个问题上与新史学确实存在如勒高夫所说的一致，那也应该是新史学接受、使用了马克思的结构概念，而非相反。所以勒高夫的如此论说混淆乃至颠倒了马克思与新史学究竟孰先孰后，谁在吸收、借鉴谁的这一基本的事实和逻辑关系。

勒高夫认为：马克思主义"把历史演变看作按一种模式的直线发展，而新史学则认为，精神状态虽然不是推动历史的一个基本原因，但在历史演变中占着中心的地位，新史学强调历史经验的差异性"。② 实际上，唯物史观对人类历史发展进程的曲折与反复有着清醒的认识。唯物史观所总结的人类历史发展规律，旨在阐明人类社会随着物质生产能力的进步，人们的物质生活水平不断提高，精神生活不断丰富，社会从低级走向高级这一人类社会历史发展的基本趋势与走向，而非所谓的"一种模式的直线发展"。各种地理环境中的不同的人类共同体，其各自前行的路径并不相同，各个人类共同体在其发展过程中亦有各种曲折与反复，但"大体说来"，地球上的人类是经过了"亚细亚的、古代的、封建的和现代资产阶级"的几种社会形态（马克思这里所说的"亚细亚的"是指原始公社制度；"古代的"是指奴隶制度）。这是人类社会历史发展的基本趋势，而非按一种模式的直线发展。

---

① 《马克思恩格斯选集》第3卷，第482—483页。恩格斯晚年特别强调："根据唯物史观，历史过程中的决定性因素归根到底是现实生活的生产和再生产。无论马克思或我都从来没有肯定过比这更多的东西。如果有人在这里加以歪曲，说经济因素是唯一决定性的因素，那么他就是把这个命题变成毫无内容的、抽象的、荒诞无稽的空话。经济状况是基础，但是对历史斗争的进程发生影响并且在许多情况下主要是决定着这一斗争的形式的，还有上层建筑的各种因素。"《马克思恩格斯选集》第4卷，第604页。

② ［法］雅克·勒高夫：《新史学》，《史学理论》1987年第1期。

唯物史观从未将历史看作"按一种模式的直线发展",而是强调人类社会的发展是一个辩证运动过程。恩格斯对人类由原始社会进入文明时代所产生的前进与倒退、上升与堕落,做有精彩的论述。① 唯物史观的创立者如此阐述的人类历史进程难道是一种"直线发展"吗?

恩格斯曾提出警告,人类应保持清醒的头脑,"不要过分陶醉于我们人类对自然界的胜利。对于每一次这样的胜利,自然界都对我们进行报复。每一次胜利,起初确实取得了我们预期的结果,但是往后和再往后却发生完全不同的、出乎意料的影响,常常把最初的结果又消除了"。接着恩格斯举了如下例证:美索不达米亚等地区的居民,将森林砍掉而得到了耕地,但后来这些地方却因此成为不毛之地;阿尔卑斯山南部的意大利人,砍光了松林,毁坏了高山畜牧业的基础,山泉也因此而濒于枯竭,当雨季到来时使洪水凶猛地倾泻到平原之上。②

但是,恩格斯的警告并未得到人们应有的重视。一个半世纪以来,一方面,人类社会的生产能力、科技水平有了极大的提高,人们享受着日益丰富的物质产品和便捷的生活。但另一方面,人类在从事物质生产活动的过程中,严重地损害着自己赖以生存的自然环境,水、空气、土地,这些人类最基本的生存条件均已遭到严重的污染,自然界的生态平衡出现严重的问题,威胁着人类的生存,这已经成为全人类共同面临的重大现实问题。一百多年以来历史发展的事实有力地证实了当初恩格斯所警告的不要陶醉于表面的发展而造成实际的倒退的正确性。

马克思唯物史观给自己提出的任务,"归根到底,就是要发现那些作为支配规律在人类社会的历史上起作用的一般运动规律"。③ 从情形各异、纷繁复杂的人类社会现象中探索其本质,从曲折百转的历史进程中科学地总结出人类社会历史的发展规律,这是唯物史观超越其他各种历史观、历史理论的根本之点。唯物史观创立之前的各种社会历史理论,都未能达到

---

① 恩格斯指出:"这种自然形成的共同体的权力必然要被打破,而且也确实被打破了。不过它是被那种使人感到从一开始就是一种退化,一种离开古代氏族社会的纯朴道德高峰的堕落的势力所打破的。最卑下的利益——无耻的贪欲、狂暴的享受、卑劣的名利欲、对公共财产的自私自利的掠夺——揭开了新的、文明的阶级社会;最卑鄙的手段——偷盗、强制、欺诈、背信——毁坏了古老的没有阶级的氏族社会,把它引向崩溃。"《马克思恩格斯选集》第4卷,第110—111页。

② 《马克思恩格斯文集》第9卷,人民出版社2009年版,第559—560页。

③ 《马克思恩格斯选集》第4卷,第253页。

如此的高度。而此后的各种社会历史理论，即使是在西方赢得赞誉的"新史学"，也令人惋惜地停滞于"精神状态"及"历史经验的差异性"或历史发展的偶然性问题上。唯物史观早已深入社会生活的最深层次，发现了决定"精神状态"的物质实践活动，透过"历史经验的差异性"，探索到人类社会历史共同的发展规律。

关于"精神状态"在历史演变中的作用，恩格斯指出：人们的行动都是怀有自觉的意图和预期的目的的，而直接影响人的行动的因素是各种各样的，有外部因素，也可能有精神方面的动机，如功名心、"对真理和正义的热忱"以及个人的憎恶，乃至"各种纯粹个人的怪想"。但是，在这些精神方面的动机背后的动力是什么，这些精神动机出现的社会历史原因又是什么，旧唯物主义从来没有提出这样的问题，而认为在社会历史中起作用的这些精神的动力就是最终的原因，不去探究隐藏于这些精神动力后面的动力是什么。恩格斯指出："不彻底的地方不在于承认精神的动力，而在于不从这些动力进一步追溯到它的动因。"①

早在布罗代尔提出"长时段"理论约八十年之前，恩格斯就指出，观察历史不要为"短暂的爆发和转瞬即逝的火光"所迷惑。② 布罗代尔可以说是将恩格斯当年的思想作为其"长时段"理论再次加以阐述："爆炸掀起的烟雾充满了当时人们的头脑，但爆炸本身却很短促，火光一闪即已过去"，这些"短时段"的事件"最任性和最富欺骗性"。③ 由此看来，勒高夫既对唯物史观心存误解，或亦未认识到布罗代尔"长时段"的实质所在。

描述"历史经验的差异性"与探寻历史发展规律，可以说是历史研究两个方面或两个层次的工作，二者是逻辑上相连、并非对立的事情。勒高夫所强调的"历史经验的差异性"，只是马克思和恩格斯研究历史、创建唯物史观的起点。从历来为繁芜丛杂的意识形态所遮盖的历史经验的差异

---

① 《马克思恩格斯选集》第 4 卷，第 247—248 页。
② 恩格斯指出："如果要去探究那些隐藏在——自觉地或不自觉地，而且往往是不自觉地——历史人物的动机背后并且构成历史的真正的最后动力的动力，那么问题涉及的，与其说是个别人物，即使是非常杰出的人物的动机，不如说是使广大群众、使整个整个的民族，并且在每一民族中间又使整个整个阶级行动起来的动机；而且也不是短暂的爆发和转瞬即逝的火光，而是持久的、引起重大历史变迁的行动。"《马克思恩格斯选集》第 4 卷，第 255—256 页。
③ ［法］费尔南·勃罗代尔：《历史和社会科学：长时段》，《史学理论》1987 年第 3 期。

性中，去探寻人类社会生活的本质，总结社会历史的发展规律，正是马克思恩格斯的科学研究工作的空前创造性所在。如果只是"强调历史经验的差异性"，而无视人类社会历史中的规律性，且仍坚持精神因素"在历史演变中占着中心的地位"，而轻视物质生产活动对人类历史发展的决定性作用，那么"新史学"比传统史学又能新到哪里去呢？实际上，布罗代尔的"长时段"理论本身也蕴含着要超越"历史经验的差异性"的意味：短时段的"事件"表现的是多样性、差异性，而在长时段中，有一种稳定的、起支配作用的因素，影响乃至决定着社会历史的发展。

综上所述，布罗代尔长时段理论的意义主要在于，提醒人们观察历史不要被短时段的"事件"掀起的烟雾所迷惑，提出并阐述"妨碍着或左右着"历史发展的"世代相传、连绵不绝的恒在因素"，即长时段的各种结构，这对人们深化历史认识，探索历史真相，在历史本体论与方法论方面均具有相当积极的意义。布罗代尔虽将长时段理论的首创权归于马克思，但其长时段理论与马克思唯物史观的社会结构和社会形态的科学理论存在着重要区别。人们对历史发展进程中长时段的各种现象的分析与解释，还须坚持运用马克思唯物史观的历史本体论与方法。

（原载《史学理论研究》2019年第2期）

马克思恩格斯关于历史文献重要论述的当代启示[*]

张乃和

(天津师范大学欧洲文明研究院暨历史文化学院)

我们通常所说的历史文献是指包含有文字信息的史料。在当今大数据时代,历史文献总量呈现爆发式增长,如盖尔学术资源(Gale Scholar)就收录了约1.7亿页文献。如何在大数据时代查找、收集、解读和利用所需历史文献,已引起国内学者的高度关注。[①]"互联网的发达,网上资料的数据库发展迅速,甚至一些手稿也上了网,问题再也不是过去缺乏原始资料的问题,而是要看研究者如何分析资料、如何得出结论的水平了。"[②] 这就要求我们比以往更加重视历史文献学。历史文献学是历史学的重要分支学科,它不仅研究历史文献的产生、保存、传播与利用,而且还研究人们的历史文献思想、理论和方法。然而,这一学科在国内发展不太平衡。中国史学科的历史文献学已获得长足发展,并密切关注着外国历史文献学的进展。[③] 世界史学科的历史文献学研究相对比较薄弱。就笔者所见,国内学

---

[*] 本文是国家社会科学基金重大项目"英国经济社会史文献学专题研究"(项目编号:17ZDA225)的阶段性成果。

[①] 参见梁晨、董浩、李中清《量化数据库与历史研究》,《历史研究》2015年第2期;舒建、陈健赛《"大数据时代下的历史研究"学术研讨会综述》,《中国史研究动态》2016年第4期;汪维真、姬明明《大数据时代的史学因应》,《史学月刊》2017年第3期;包伟民《数字人文及其对历史学的新挑战》,《史学月刊》2018年第9期;李剑鸣《大数据时代的世界史研究》,《史学月刊》2018年第9期;汪朝光《中国世界史研究70年回顾与前瞻》,《社会科学战线》2019年第9期。

[②] 马克垚:《70年砥砺前行的中国世界史学科》,《历史研究》2019年第4期。

[③] 陈晓华:《全球史视野下的中国历史文献学学科建设》,《史学理论研究》2011年第3期。

者对西方古典文献学、校勘学等方面关注较多，也取得了不少重要成就，①但对世界史学科的历史文献思想、理论和方法等问题的关注还不够。② 国外学术界早在 1895 年就成立了国际文献学联合会（The Federation International de Documentation，FID）。③ 为应对大数据时代对历史研究提出的挑战，2007 年柏林—勃兰登堡科学院设立了"欧洲历史文献学"（The European Historical Bibliographies，EHB）项目。④ 2016 年《过去与现在》杂志出版增刊，专题探讨"档案社会史：近代早期欧洲档案保管"问题。⑤ 同时，有学者已经着手建立世界历史档案馆，展开全球历史信息协作与分析工作。⑥

然而，迄今为止，国内外学者较多关注历史文献的查找、收集、解读和利用，却较少关注历史文献思想、理论和方法等方面的问题，更少关注马克思恩格斯关于历史文献的重要论述。正如有学者指出："对于文献学的理论探索，历来有一种偏见，认为文献学研究只有方法，没有理论，也

---

① 参见彭小瑜《近代西方古文献学的发源》，《世界历史》2001 年第 1 期；张强《〈伯罗奔尼撒战争史〉巴黎本中的 H 本》，《社会科学战线》2003 年第 2 期；张强《西方古典著作的稿本、抄本和校本》，《历史研究》2007 年第 4 期；张强《西方古典文献学的名与实》，《史学史研究》2012 年第 2 期；米辰峰《马比荣与西方古文献学的发展》，《历史研究》2004 年第 5 期；陈冬冬、周国林《西方校勘学中的"理校"问题——兼评胡适介绍西方校勘学的得失》，《河南大学学报》2013 年第 2 期。此外，国内还有不少从图书情报与档案学角度探讨一般文献学的论文，恕不一一列举。

② 在这方面，近年来主要有齐世荣的《史料五讲》（首都师范大学出版社 2014 年版）、刘家和的《古代中国与世界》（北京师范大学出版社 2010 年版）以及刘家和主编的《中西古代历史、史学与理论比较研究》（北京师范大学出版社 2013 年版）等。苏联学者柳勃林斯卡娅的《中世纪史料学》（庞卓恒、李琳等译，商务印书馆 2018 年版），是国内正式出版的首部中世纪史料学著作。此外，李剑鸣的《历史学家的修养和技艺》（上海三联书店 2007 年版）、朱孝远的《如何学习研究世界史》（北京大学出版社 2011 年版）、孟广林的《西方历史文献选读》（5 卷本，社会科学文献出版社 2015 年版）等著作，均涉及世界史的历史文献学的一般理论方法问题，但未展开专题研究。

③ W. Boyd Rayward, "The UDC and FID: A Historical Perspective", *The Library Quarterly: Information, Community, Policy*, Vol. 37, No. 3, 1967, pp. 259–278.

④ Kristina Rexova, Bernadette Cunningham, Vaclava Horcakova and Vera Hanelova, eds., *Historical Bibliography as an Essential Source for Historiography*, Introduction, Cambridge Scholars Publishing, 2015, pp. xiii–xiv.

⑤ Liesbeth Corens, Kate Peters and Alexandra Walsham, eds., "The Social History of the Archive: Record-Keeping in Early Modern Europe", *Past and Present*, Supplement, 11, 2016.

⑥ Ahmed Ibrahim Abushouk and Mahjoob Zweiri, eds., *Interdisciplinarity in World History: Continuity and Change*, Cambridge Scholars Publishing, 2016, pp. 91–92.

第一篇 唯物史观相关理论解读

不需要理论。受此影响,多年来文献学的理论建设比较薄弱。"① 本文将尝试解析马克思恩格斯关于历史文献的重要论述及其当代启示,以期推动中国的历史文献学建设,从而加快建设中国特色的历史学学科体系、学术体系和话语体系。

一 理解历史文献的"钥匙"

马克思在1856年2月12日写给恩格斯的一封信中谈到,他在英国博物馆发现了许多历史文献,这些历史文献涉及17世纪末和18世纪最初几十年俄国沙皇彼得一世与瑞典国王查理十二世之间的斗争,以及英国在其中"所扮演的决定性角色"。② 在谈到1717年伦敦出版的两部历史文献时,马克思说它们"当然是一切历史家所熟知的,但是他们没有可以用来理解它们的钥匙"。③ 只有马克思科学地解读和利用这些文献,并撰写了《十八世纪外交史内幕》,他不仅集中阐释了历史唯物主义的外交思想,而且为我们找到理解历史文献的"钥匙"。那么,马克思所说的这把"钥匙"究竟是什么呢?

让我们遵循马克思的脚步来寻找这把"钥匙"。首先,马克思清晰地梳理了这些文献的作者及其时代、版本和主要内容等情况。他把有关的备忘录、条约、信件以及反映历史事件当事人意见的小册子等原始文献视为"主要资料",把有关的历史著作和小册子等次级文献视为重要补充,并使这些文献之间相互印证,形成了完整的历史文献链条。④ 接着,在解读和利用这些文献的过程中,马克思关注了这些文献的形式。在重点引用一些信件时,他不仅指出了这些信件均属于"秘密通信",而且还注意到英国人的信件在谈到俄国及沙皇时"是诚惶诚恐、卑躬屈节和唯唯诺诺的语调",而俄国人则"充满着模棱两可的气味"。⑤ 当然,更重要的是,马克

---

① 周少川:《21世纪以来历史文献学学科建设的内涵与发展向度》,《枣庄学院学报》2019年第4期。
② 《马克思恩格斯全集》第29卷,人民出版社1972年版,第11页。
③ 《马克思恩格斯全集》第29卷,第14页。
④ 《马克思恩格斯全集》第29卷,第11—14页。
⑤ 《马克思恩格斯全集》第44卷,人民出版社1982年版,第267页。

思独辟蹊径,深刻理解这些文献的内容,揭示了历史现象的本质。他指出,这些历史文献不仅反映英俄关系以及欧洲国际关系的历史连续性,而且揭示了其背后的深层原因,即英国商人为维护其自身利益而不惜与沙皇专制的俄国结为同盟,"在'光荣革命'后靠牺牲英国人民大众利益而篡夺了财富和政权的寡头政治集团,当然迫不得已不仅要在国外而且要在国内寻求同盟者。他们找到的国内同盟者,就是法国人所称呼的大资产阶级,即:英格兰银行、放债者、国家债权人、东印度公司及其他贸易公司、大实业家等等。他们是如何细心维护这个阶级的物质利益,可以从他们的全部国内立法看出来,如银行法、保护关税实施法、济贫法等等。至于他们的对外政策,他们则要使它至少看起来具有完全受商业利益支配的外表,由于内阁的这项或那项措施当然总是会符合这个阶级的这个或那个小集团的特殊利益。"① 在这里,马克思从经济社会生活的历史实际出发,运用阶级分析方法,科学地理解了这些文献的丰富内容,揭示了18世纪欧洲外交背后的复杂阶级关系和根本动因。

可见,马克思恩格斯从1844年共同撰写《德意志意识形态》到1856年马克思撰写《十八世纪外交史内幕》,不仅创立了唯物史观,而且还把它作为理解历史文献的"钥匙"。正如马克思1859年初在《〈政治经济学批判〉序言》中所总结的那样,"我所得到的,并且一经得到就用于指导我的研究工作的总的结果,可以简要地表述如下",接着他对唯物史观进行了系统阐述。② 为了进一步检验唯物史观的科学性,马克思经过长期研究,于1867年出版了《资本论》第1卷。马克思在该卷的第一版序言中明确指出,他是以英国为典型实例,以英国的社会统计资料为主要历史文献依据,以科学的客观态度,"把经济的社会形态的发展理解为一种自然史的过程","最终目的就是揭示现代社会的经济运动规律"。③《资本论》第1卷甫一出版,恩格斯就为之撰写书评,指出该书"对于论题的切实的正面叙述","直接丰富了科学。作者在此用崭新的唯物主义的自然史的方法记述了经济关系"。④ 不仅如此,恩格斯还说:"这本书,不管它的倾向

---

① 《马克思恩格斯全集》第44卷,第292—293页。
② 《马克思恩格斯选集》第2卷,人民出版社2012年版,第8页。
③ 《资本论》第1卷,人民出版社2018年版,第8—10页。
④ 《马克思恩格斯全集》第21卷,人民出版社2003年版,第335—336页。

如何，包含着值得所有的人注意的科学研究和实际材料"。这是因为马克思不仅坚持和运用唯物史观进行研究，而且通过科学研究和历史文献来检验和发展唯物史观，"他没有在任何地方以事实去迁就自己的理论，相反地，他力图把自己的理论作为事实的结果加以阐述。这些事实他总是取自最好的来源，而涉及最新形势时，则取自目前德国还不知道的真实的来源，即英国议会的报告"。① 马克思正是以科学的客观态度，以令人信服的历史文献基础来检验和发展理论，这就使理论具有令人信服的科学性和说服力。因此，恩格斯在 1886 年为《资本论》英译版所写的序言中说："毫无疑问，在这样的时刻，应当倾听这样一个人的声音，这个人的全部理论是他毕生研究英国经济史和经济状况的结果。"② 这就是说，马克思正是通过研究英国经济史和经济状况进一步证明了唯物史观的科学性。列宁也指出，"自从《资本论》问世以来，唯物主义历史观已经不是假设，而是科学地证明了的原理"，从而使唯物史观成为"唯一科学的历史观"。③

唯物史观不仅是科学的历史观，而且是科学的方法论。恩格斯指出："我们的历史观首先是进行研究工作的指南，并不是按照黑格尔学派的方式构造体系的杠杆。"④ 恩格斯进一步指出："这种观点认为，一切重要历史事件的终极原因和伟大动力是社会的经济发展，是生产方式和交换方式的改变，是由此产生的社会之划分为不同的阶级，是这些阶级彼此之间的斗争。"⑤ 但是，作为唯一科学的唯物史观并不能代替实际的历史研究本身。因此，恩格斯大力提倡，在唯物史观指导下，"必须重新研究全部历史，必须详细研究各种社会形态的存在条件，然后设法从这些条件中找出相应的政治、私法、美学、哲学、宗教等等的观点"，提倡"下一番功夫去钻研经济学、经济学史、商业史、工业史、农业史和社会形态发展史"。⑥ 唯物史观的创立，对开展科学的历史文献研究从而推动史学发展，具有开创性意义。

---

① 《马克思恩格斯全集》第 21 卷，第 339 页。
② 《资本论》第 1 卷，第 35 页。
③ 《列宁选集》第 1 卷，人民出版社 2012 年版，第 10 页。
④ 《马克思恩格斯文集》第 10 卷，人民出版社 2009 年版，第 587 页。
⑤ 《马克思恩格斯选集》第 3 卷，人民出版社 2012 年版，第 760 页。
⑥ 《马克思恩格斯选集》第 4 卷，第 599—600 页。

马克思恩格斯关于历史文献重要论述的当代启示

　　值得注意的是,《资本论》不仅证明了唯物史观的科学性,而且还是在唯物史观指导下理解历史文献的典范。恩格斯在为《资本论》第1卷所写的书评中,特别指出马克思这部经典著作对科学理解历史文献的贡献。恩格斯说:"我们不能不提请大家注意,他在书中同时向我们提供了大量极有价值的历史材料和统计材料,这些材料几乎毫无例外地来源于各种调查委员会向英国议会提交的正式报告。"① 在英国,议会的委员会制度始于14世纪,到16世纪中叶已基本成型,是调查经济社会状况以及法律状况的重要制度。② 1836年,英国议会对特别委员会进行了改革,委员会成员数量稳定在15名,成员名单向社会公布,委员会成员向证人或专家所提出的问题应以速记的方式确定下来,从而大大提高了委员会报告的准确性和可信度。③ 因此,作为历史文献,即使在西方学界,也都认为英国议会委员会报告文本内容质量很高。④ 马克思恩格斯不仅从形式上而且更从文献内容上高度重视委员会所提供的材料。马克思在《资本论》第1版序言中明确指出,英国"定期指派委员会去调查经济状况",这些委员会"有全权去揭发真相",他们调查的对象有"工厂视察员""医生"及"调查女工童工受剥削的情况以及居住和营养条件等等",因而"内行、公正、坚决"。⑤ 恩格斯也指出:"这样的委员会,——当然,如果有合适的人在里面,——对于人民来说,是认识自己的最好的手段。"⑥ 恩格斯还以英国的调查委员会对工业部门劳动条件的调查为例,具体说明了这一点。⑦ 可见,马克思恩格斯之所以高度重视英国调查委员会的材料,主要是因为这些材料来自人民大众,贴近社会生活实际,具有广泛的代表性,因而具有高度的准确性和可信度。这就是说,马克思恩格斯更加重视历史文献的社会主体性内容,而不是其外在形式和类型。也正是在这个意义上,这些调

---

　　① 《马克思恩格斯全集》第21卷,第359页。
　　② Joseph Redlich, *The Procedure of the House of Commons: A Study of Its History and Present Form*, Vol. Ⅱ, trans. A. Ernest Steinthal, Archibald Constable & Co. Ltd., 1908, p. 203.
　　③ Joseph Redlich, *The Procedure of the House of Commons: A Study of Its History and Present Form*, Vol. Ⅱ, p. 213.
　　④ P. Ford and G. Ford, *A Guide to Parliamentary Papers*, Basil Blackwell, 1956, p. 35.
　　⑤ 《资本论》第1卷,第9页。
　　⑥ 《马克思恩格斯全集》第16卷,第260页。
　　⑦ 《马克思恩格斯全集》第16卷,第261页。

查委员会的文献在马克思恩格斯看来才更加真实、准确、可信。

马克思恩格斯坚持从历史文献形成的主体性源头上严格把握历史文献的准确性和可信度,具有深刻的历史文献本体论意蕴,对我们重新认识中国学者提出的史源学理论无疑具有重要启示。中国学者在理解历史文献时不仅关注文献本身的"书谱",还关注文献责任者的"学谱"。① 欲知其书,必先知其人;欲知其人,必先知其世。正如孟子所言:"颂其诗,读其书,不知其人,可乎?是以论其世也。"② 这与马克思恩格斯关于历史文献的重要论述息息相通。

二 从认识历史文献到认识历史实际

一旦找到了理解历史文献的"钥匙",历史文献的价值就能够被发掘出来,从认识历史文献到认识历史实际的科学历史研究之路也就能打通了。

马克思恩格斯指出认识历史文献的基础性和重要性。马克思指出,认识历史文献是认识历史实际的基础,而认识历史文献有两种不同的路径:一是"使众所周知的材料具有新的意义";二是"提供新的材料,以便对历史作出新的说明"。③ 归根到底,这两种路径都是以认识历史文献为基本依据的。恩格斯在整理和研究有关爱尔兰问题的历史文献时曾致信马克思说:"糟糕的是,并不总是能弄到第一手材料,可以从中搞到比加工过的资料中要多得多的东西,因为加过工的资料把原来简单明了的地方都弄糊涂,弄混乱了。"④ 可见,认识历史文献是基础,也是历史研究者的基本功,尤其是认识原始的历史文献比认识二手文献更重要。

在认识历史文献时,马克思恩格斯尖锐地揭露了不同利益诉求对文献的恶意曲解、误解甚至篡改等错误行为,以及罔顾史实、蓄意编造、捏造甚至臆想历史文献的恶劣做法。马克思指出:"政治经济学所研究的材料的特殊性质,把人们心中最激烈、最卑鄙、最恶劣的感情,把代表私人利

---

① 刘家和:《狷者与狂者的友谊》,《经济社会史评论》2016 年第 2 期。
② 《孟子·万章下》,中华书局 2007 年版,第 236 页。
③ 《马克思恩格斯全集》第 29 卷,第 522 页。
④ 《马克思恩格斯全集》第 32 卷,人民出版社 1975 年版,第 389 页。

益的复仇女神召唤到战场上来反对自由的科学研究。"① 正是由于利益和阶级立场的不同，在英法等资本主义国家，"无私的研究让位于豢养的文丐的争斗，不偏不倚的科学探讨让位于辩护士的坏心恶意"。② 可见，历史文献的认识问题十分复杂，具有很强的社会政治属性。恩格斯也敏锐地注意到这一点。在谈到俄国人撰写的有关1812年战役的文献时，他说："阐述事实的严谨态度被淹没在滔滔不绝的浮夸之中，事件的真相按照民族虚荣心的迫切需要被歪曲，在战场上取得的胜利被作者在纸上取得的更大胜利弄得黯淡无光，而敌人，无论他是谁，都自始至终被竭力贬低。"③ 可见，恩格斯敏锐地注意到俄国人在民族主义情感影响下创作的文献，歪曲了历史实际，掩盖了历史真相。事实上，现代史学研究发现，类似的现象在西欧国家的历史上也不少见，如16世纪法国档案文献中皇家的赦罪书就具有"文学性质"，充满了"虚构的"修饰。④ 这说明，即使是原始的历史文献也不能说是完全信实可靠的，也需要进行科学鉴别和批判。

只有坚持以科学的唯物史观为指导，我们才能对历史文献进行科学鉴别和批判。恩格斯指出："直到现在，关于这个运动的系统的历史只有一个主要的史料来源。这就是所谓的黑书"，"本世纪两个最卑鄙的警棍制造的这本充满故意捏造的拙劣作品，至今还是一切论述那一时期的非共产主义著作的重要史料来源。"⑤ 这部"黑书"是警察当局为了压制共产主义运动而撰写的，其中不仅有从错误立场出发叙述的工人运动史，而且还收录了共产主义者同盟的文件、参加运动的"黑名单"及履历表等，只要坚持正确的历史观，这部"黑书"就成为了"珍贵"的文献。⑥ 不仅如此，恩格斯也注意到错误的历史观对历史文献保存具有严重的不良影响："把重大历史事件看做历史上起决定作用的东西的这种观念，像历史编纂学本身一样已经很古老了，并且主要是由于这种观念的存在，保留下来的关于各国人民的发展的材料竟如此之少，而这种发展正是在这个喧嚣的舞台背

---

① 《资本论》第1卷，第10页。
② 《资本论》第1卷，第17页。
③ 《马克思恩格斯全集》（第2版）第13卷，人民出版社1998年版，第206页。
④ ［美］娜塔莉·泽蒙·戴维斯：《档案中的虚构：16世纪法国的赦罪故事及故事的讲述者》，饶佳荣、陈瑶等译，北京大学出版社2015年版，第3—4页。
⑤ 《马克思恩格斯文集》第4卷，人民出版社2009年版，第226页。
⑥ 《马克思恩格斯文集》第4卷，第592页。

后悄悄地进行的,并且起着真正的推动作用。"① 在这里,恩格斯重申了人民群众是历史创造者的观点,批判了错误的历史观,并着重指出错误历史观对历史文献保存的制约作用。

这就极大地拓宽了历史文献的范围,并推动了对历史文献的科学鉴别和批判工作,从根本上打破了当时以兰克为代表的资产阶级史学的"原始文献崇拜"。被西方视为现代史学鼻祖的兰克提出,史学工作者应是"远距离的旁观者"(lookers-on at distance),应采取"自然的立场"(natural position)去叙述历史。② 由此,开始在西方史学界兴起了"原始文献崇拜"。"兰克四原则",即历史真理的客观性、事实对于观念的优先性、一切历史事件的唯一独特性、政治的中心地位,成为西方现代历史学的基本准则。③ 马克思恩格斯敏锐地看到,这种史学貌似客观和公正,本质上却是以政治为中心服务于资产阶级民族国家的史学,因而,他们十分重视扩大历史文献范围,开展科学的历史文献鉴别和批判。马克思指出:"即使只是在一个单独的历史事例上发展唯物主义的观点,也是一项要求多年冷静钻研的科学工作,因为很明显,在这里只说空话是无济于事的,只有靠大量的、批判地审查过的、充分地掌握了的历史资料,才能解决这样的任务。"④ 恩格斯把巴尔扎克的现实主义作品《人间喜剧》视为重要历史文献:"他汇编了一部完整的法国社会的历史,我从这里,甚至在经济细节方面(诸如革命以后动产和不动产的重新分配)所学到的东西,也要比从当时所有职业的史学家、经济学家和统计学家那里学到的全部东西还要多。"⑤ 可见,只要坚持唯物史观,我们就能够正确认识历史文献,发掘历史文献的真正价值,从而避免陷入"原始文献崇拜"的泥潭。

在实际的历史研究过程中,马克思和恩格斯既重视历史文献资料,也重视现实社会调查资料。马克思曾长期在伦敦"批判地仔细钻研"大量历史文献资料。⑥ 恩格斯曾为撰写《英国工人阶级的状况》,既搜集了"完

---

① 《马克思恩格斯文集》第 9 卷,人民出版社 2009 年版,第 166 页。
② Leopold von Ranke, *History of the Popes*, Vol. 1, Ranke's Introduction, trans. E. Fowler, P. F. Collier & Son, 1901, p. xxiii.
③ Leonard Krieger, Ranke: *The Meaning of History*, The University of Chicago Press, 1977, p. 4.
④ 《马克思恩格斯文集》第 2 卷,第 598 页。
⑤ 《马克思恩格斯文集》第 10 卷,第 571 页。
⑥ 《马克思恩格斯文集》第 2 卷,第 593 页。

整的并为官方的调查所证实的必要材料",又"通过亲身观察和亲自交往来直接了解英国的无产阶级"。① 这是因为"某一个时期的经济史的清晰概况,绝不会在当时就得到,而只有在事后,即在搜集和整理了材料之后才能得到"。② 不仅如此,恩格斯批评了那种面对"史料的矛盾和自己的疑问"时,"死啃书本的学者"进行考证和整理史料的错误做法,即不仅缺乏现实观察和实际交往体验的"阅历",而且依靠"朴素的理性主义"那种错误的理论指导的做法。③ 这是对那种陷入繁琐考证甚至企图以考据学代替历史学做法的尖锐批评。因此,马克思恩格斯不仅重视通过亲身观察和体验所获得的局部真实,而且更重视基于历史文献批判所获得的整体真实,使得从认识历史文献到认识历史实际的过程成为从现象的具体到理性的具体过程。这就从根本上防止了历史研究的碎片化、表面化、片面化。

恩格斯还指出历史文献对认识历史实际的限制和决定作用。"认识就其本性而言,或者对漫长的世代系列来说是相对的而且必然是逐步趋于完善的,或者就像在天体演化学、地质学和人类历史中一样,由于历史材料不足,甚至永远是有缺陷的和不完善的",因而真理和谬误都是在特定的有限范围内才具有绝对意义。④ 这就是说,通过认识历史文献达到认识历史实际的过程,是反复上升的过程,在这个过程中,认识历史文献是基础。在缺乏历史文献的领域,历史就不可能得到认识;随着新的历史文献的出现,历史就会被重新认识。因而,人们的历史认识是随着对历史文献的认识而不断深化的。历史认识的真理是相对性与绝对性的辩证统一,二者统一于人们从认识历史文献到认识历史实际的活动中。

因此,在现代学者看来,马克思主义的历史认识论以认识历史文献为基础,对科学的有效性做出了历史性解释,并在历史唯物主义构建起来的社会发展总框架中赋予其明确的描述性的意义,因而更具有说服力。⑤ 只有在唯物史观指导下,正视因"历史材料不足"而造成的历史认识的"缺陷和不完善",我们才能摆脱后现代史学带来的认识论危机或"历史学终

---

① 《马克思恩格斯文集》第1卷,人民出版社2009年版,第385页。
② 《马克思恩格斯文集》第4卷,第532页。
③ 《马克思恩格斯全集》(第2版)第21卷,人民出版社2001年版,第241页。
④ 《马克思恩格斯文集》第9卷,第96页。
⑤ Jerzy Kmita, *Problems in Historical Epistemology*, D. Reidel Publishing Company, 1988, pp. 30 – 31.

结"的困扰。① 后现代史学的所谓认识论危机或"历史学终结",模糊了历史认识与文学虚构之间的界限,把历史认识的结果和表达形式视为历史研究者主观"建构"的结果。② 实质上,这是历史认识的客观性危机,也就是历史认识的真理性危机,③ 其根源在于违背了唯物史观,割裂了历史认识真理的相对性与绝对性之间的辩证统一关系。

三 历史文献的引用规范

马克思恩格斯非常重视历史文献的引用规范。历史文献的引用规范主要是引文的真实性问题,也就是在引用历史文献时不得随意曲解、更改原文和原意。面对文献引用问题引起的争议,首先应核实并确保引文与原文在文字表述形式上的一致,其次是要保证引文与原文在文字表达内容上的一致。在这方面,马克思恩格斯提供了科学的方法,树立了光辉榜样。

恩格斯明确地总结了他和马克思在引用历史文献时遵循的四项原则。

首先,在引用时需要弄清引文作者的立场。恩格斯说:"我在引用别人的话时,在大多数场合都指出引文作者所属的党派。"④ 即使有时不指出引文作者的党派立场,恩格斯也把立场问题放在首位。这是因为引文作者党派立场不同,他们对社会历史事实的描述就可能有差别,引文内容就可能有偏颇之处。只有站在人民的立场,涉猎不同党派立场的文献,运用科学的唯物史观进行鉴别和批判,才有可能认识到完整的、全面的社会历史实际。否则,"从资产阶级的立场出发,他们甚至连事实都看不到,更不用说这些事实所产生的结果了"。⑤ 这是恩格斯对一些资产阶级代表人物无视工人阶级状况的做法的严厉批评,至今对我们仍具有重要启示意义。

其次,在引用时还需要鉴别引文本身的真实性。恩格斯说:"只有当

---

① 参见[英]彼得·伯克《历史意识的两次危机》,彭刚主编:《后现代史学理论读本》,北京大学出版社 2016 年版,第 314 页;Keith Jenkins, ed., *The Postmodern History Reader*, Routledge, 1997, p.8。
② [英]彼得·伯克:《历史意识的两次危机》,彭刚主编:《后现代史学理论读本》,第 322—329 页;Keith Jenkins, ed., *The Postmodern History Reader*, pp.8-9。
③ 参见张乃和《现代西方史学的客观性危机及其启示》,《社会科学战线》2009 年第 10 期。
④ 《马克思恩格斯文集》第 1 卷,第 387 页。
⑤ 《马克思恩格斯文集》第 1 卷,第 447 页。

我通过亲身观察了解了真实情况或者引文作者本身或文章的声望使我确信所引用的证据真实无误的时候,我才引用托利党人或宪章派的材料。"① 这就是说,实际的观察和调查是判断引文真实性的重要依据;同行以及社会各界对引文作者和引文本身的评价,也是判断引文真实性的依据之一,但恩格斯更重视实际的观察和调查,更重视实践的检验。因为,在马克思恩格斯看来,引文的真实性不仅是指引文形式的真实性,更是指引文内容的真实性。这就在历史文献引用中贯彻了马克思主义认识论,即人的认识来源于实践并接受实践检验的基本原理。

第三,在引用时需要注意引文的价值和说服力。马克思在《资本论》中"引用了许多官方材料来评述工厂主的经营管理制度",从而引起了资产阶级的"愤恨"。② 恩格斯也多次"引用官方文献、议会报告和政府报告",来揭露和批判英国资本主义制度的自相矛盾,同样引起了资产阶级的"愤恨"。③ 在马克思恩格斯看来,在揭露和批判资本主义制度时,不仅要站在人民的立场,重视利用非官方文献,而且更要以官方文献揭露和批判官方当局。在这种情况下,引用官方文献的价值就更加明显,因为它有助于增强文章的说服力和战斗力,从而以鲜明的立场揭露资本主义制度的内在矛盾,达到引导和教育人民大众的目的。因此,在弄清引文作者立场、保证引文真实性的基础上,注意引文的价值和说服力,是马克思恩格斯历史文献论述的重要内涵。

第四,在引用时需要明确引文的目的。恩格斯指出,马克思在撰写《资本论》时使用引文有两种目的。第一种目的是"在大多数场合,也和往常一样,引文是用作证实文中提出的论断的文献上的证据"。④ 在真实性的前提下,引文是用作"简单的例证"。⑤ 第二种目的则不是把引文用作所提出论断的文献依据,而是用作对正文内容事实的补充。这时,马克思并不表明自己是否承认或赞同引文内容,也不管引文内容是否具有普遍性,"这些引证是从科学史上摘引下来并作为注解以充实正文的"。⑥ 这是对引

---

① 《马克思恩格斯文集》第 1 卷,第 387 页。
② 《马克思恩格斯全集》第 29 卷,人民出版社 2020 年版,第 174 页。
③ 《马克思恩格斯文集》第 1 卷,第 409、418、422 页。
④ 《资本论》第 1 卷,第 33 页。
⑤ 《资本论》第 1 卷,第 30 页。
⑥ 《资本论》第 1 卷,第 33 页。

第一篇　唯物史观相关理论解读

文及其作者历史地位的尊重，充分表明了马克思的严谨态度和科学精神。恩格斯指出，即使作为证据或事实补充，引文也会因人们的立场、观点和利益的不同而受到质疑。① 这不仅提醒我们自己在引文时要注意引文的目的，而且在阅读他人的引文时也要注意鉴别和把握其目的。

当时一些资产阶级学者诽谤马克思所谓的"捏造引文问题"，是理解马克思恩格斯有关历史文献引用规范思想的典型实例。恩格斯说："据我所知，马克思的引文的正确性只有一次被人怀疑过。因为马克思逝世后这段引文的事又被重新提起，所以我不能不讲一讲。"② 早在1864年，马克思曾引用当时英国财政大臣格莱斯顿在下院的讲话，并着重引用"财富和实力这种令人陶醉的增长""完全限于有产阶级"这样一句话。③ 1867年马克思的《资本论》第1卷正式出版，其中也引用了上面那句话。④ 然而，到了1872年，德国工厂主联盟的机关刊物《协和》杂志上刊登了一篇匿名（实际上是由路·布伦坦诺撰写）文章《卡尔·马克思是怎样引证的》，公开诽谤马克思所引用的那句话是捏造的。⑤ 这就是一些资产阶级代表人物诽谤马克思的所谓"捏造引文问题"。⑥ 马克思亲自撰写两篇文章予以驳斥。在这两篇文章中，马克思为了证明他所引用的历史文献的真实性，把他所引用的文献与另外两人所引用的同一文献进行对比之后指出，他们三人的引文完全一致，"一字不差"；同时，马克思还比较《泰晤士报》《晨星报》等当时主要报纸的相关报道，并与出版英国议会文件的汉萨德印刷版本进行逐字逐句的对照，最后无可辩驳地证明了他所引用文献形式和内容的真实性。⑦ 在马克思逝世后，剑桥大学一位教授又重提马克思的所谓"捏造引文问题"。恩格斯对此予以坚决驳斥，明确指出："这帮大学教授们所策划的在两大国持续20年之久的整个这场行动，其结果是任何人也不敢再怀疑马克思写作上的认真态度了。"⑧ 1891年，恩格斯为

---

① 《马克思恩格斯文集》第1卷，第385页。
② 《资本论》第1卷，第37页。
③ 《马克思恩格斯选集》第3卷，第4页。
④ 《资本论》第1卷，第751页。
⑤ 《马克思恩格斯全集》第22卷，第160—161页。
⑥ 《资本论》第1卷，第37—44页，第901页注释50，第949页注释103；《马克思恩格斯全集》第22卷，第107—213页。
⑦ 《马克思恩格斯全集》第29卷，人民出版社2020年版，第116页。
⑧ 《资本论》第1卷，第44页。

此专门整理出版了马克思的所谓"捏造引文问题"的详细经过以及所有相关文件。① 这标志着马克思恩格斯在这一问题上获得彻底的胜利。

马克思恩格斯对所谓"捏造引文问题"的坚决驳斥,为我们提供了科学、规范引用历史文献的范例,即文献之间的互证一定要与文献生产者和使用者的社会条件结合起来。只有这样,我们才能既保证引文形式的真实性,又保证引文内容的真实性。

马克思晚年对世界历史的关注,为我们进一步理解其关于历史文献引用规范的重要论述提供了生动的实例。在《马克思古代社会史笔记》中,马克思指出梅茵在引用文献时的问题:"只知道译文,而不知道原文。"② 在马克思看来,依据原文的原始文献更重要。马克思还很重视后人的研究文献,批评梅茵"根本不提爱尔兰作家已经谈到的东西(参看前引哈弗蒂著作),却把下面一点当作自己的发明"。③ 在《马克思历史学笔记》中,"马克思在作摘录时并不是简单地复述他所研读的著作文句。他是一面摘录,一面表达了他对各种历史现象的认识、理解和述评"。④ 其中,马克思阅读格林《英国人民史》的笔记指出,《克拉伦敦条例》为英国"审判立法系统奠定了基础"。⑤ 仅仅为了这一句判断,马克思几乎全文摘录了格林一页多的有关论述。⑥ 在评价罗吉尔·培根时,马克思在全部摘录格林有关培根的论述后,并未囿于格林对培根的评价,而是一再指出,培根是"唯一杰出的例外",是"英国经院哲学中最勇敢的思想家"。⑦ 可见,在引用历史文献时,马克思不仅重视文献形式的真实性,而且更重视文献内容的真实性。

总之,马克思在引用历史文献时,并不局限于历史文献形式本身,而是在保证引文形式真实性的同时,遵循历史文献引用的"四原则",对引文内容进行系统的分析、批判和纠正。

---

① 《马克思恩格斯全集》第22卷,第107—213页。
② 《马克思古代社会史笔记》,人民出版社1996年版,第442页。
③ 《马克思古代社会史笔记》,第477页。
④ 《马克思历史学笔记》,红旗出版社1992年版,"前言",第1页。
⑤ 《马克思历史学笔记》,第203—204页。
⑥ 《马克思历史学笔记》,第251页;John Richard Green, *History of the English People*, Vol. 1, MacMillan and Co., 1877, pp. 167 – 168。
⑦ 《马克思历史学笔记》,第211、226、251—253页。

四 总结与启示

马克思恩格斯虽然未曾专门系统论述过历史文献问题，但他们有关历史文献的重要论述十分丰富，体现了深刻的历史文献思想，形成了完整的历史文献理论和方法，开创了现代科学的历史文献学。马克思恩格斯实现了历史文献学的本体论、认识论、方法论与实践的有机统一，从而奠定了现代科学历史学的基础，从根本上批判了兰克所标榜的"旁观者"立场及其史学原则，揭露了其"原始文献崇拜"的本质，超越了当时资产阶级史学的局限。这对当今我国历史文献学的建设乃至整个历史学的发展均具有重要指导意义。

第一，要以唯物史观为指导，科学地认识历史文献。唯物史观不是一个"套语"，不是一个"标签"，而是研究工作的指南，是理解历史文献的"钥匙"。在实际的历史文献研究工作中，以唯物史观为指导，就是要对历史文献的形式和内容进行唯物的、辩证的分析与批判。从本体论意义上看，历史文献是形式与内容的统一体。认识历史文献既不能偏重历史文献的文字表述形式，也不能偏重历史文献的文字表达内容，而要从形式的真实进一步深入到内容的真实中去，把形式和内容二者有机结合起来；坚持从历史文献形成的主体性源头上严格把握历史文献的准确性和可信度。只有这样才能透过纷繁复杂的历史文献，认识到具有本质规定性的历史实际及其内在规律。

第二，要以唯物史观为指导，全面理解和把握历史文献学的理论体系。历史文献学不仅包括历史文献形式学，而且还包括历史文献内容学，是二者有机统一起来的历史学分支学科。因此，历史文献学不仅要研究历史文献的产生、保存、传播与利用，而且还要研究人们的历史文献思想、理论和方法。我们对历史文献的评价标准和分类原则不应该拘泥于外在形式，而应着重于其实际的社会主体内容。由此出发，我们就能够"按照阐明历史过程这一或那一方面的内容"对历史文献进行科学评价，从而"充分揭示史料内容以及把全部现存史料按各别时期进行划分"，建立"联系到社会关系发展的史料科学分类"。[①] 这就突破了传统历史文献学重形式轻

[①] ［苏］亚·德·柳勃林斯卡娅：《中世纪史料学》，商务印书馆2018年版，第10—11页。

内容的窠臼，为发展历史文献学提供崭新思路。

第三，要以唯物史观为指导，把历史文献学的理论方法与实际的历史研究工作结合起来。历史文献本身并不等同于历史真相，它本身不会说话，只有以唯物史观为指导，坚定地走从认识历史文献到认识历史实际的科学研究之路，历史文献的价值才能够被发掘出来，历史真相才有可能被揭示出来，历史规律才有可能被找到。这就要求我们筑牢历史文献学基础。否则，"有一些学术工作者不甚了解传统的历史资料整理及其成果的重要性，在数字化的'茫茫大海'中，并未建立起来扎实的、系统的历史资料整理的理念和能力，而使自己的研究工作基本上处于从搜索资料到连缀成文的状态，这就缺少了一个从认识历史资料到认识历史的艰苦过程。"① 这就导致许多历史研究成果往往经不起检验。

在当今大数据时代，历史文献学亟待守正创新、与时俱进。正如有学者敏锐指出："来自大数据资源的材料，因其量大和庞杂，在发掘、整理和运用时，还需要花更大力气来做考证和辨析。"② 例如，通过 library genesis 网站免费下载的大量 pdf 格式的电子版书籍，若限于条件未经核对原书就在历史研究中加以引用，就有可能出现误引误用等学术规范问题。这是因为有些书籍的电子版与纸版在文字内容、版权信息甚至书籍页码等方面并不一致。更值得注意的是，数据化文献的检索功能在减轻史学工作者文献阅读负担的同时，也可能使人未通读和理解全文就贸然引用，从而出现断章取义，甚至误解、曲解文献等错误。另外，不同的电子终端设备、阅读软件往往显示的内容和页码有所不同。至于伪造的电子文献，在网络上比比皆是。因此，只有以唯物史观为指导，加快建设科学的马克思主义历史文献学，并进行大量的历史文献整理与研究实践，我们才能在实际的历史研究中准确地理解和运用历史文献，我们的历史研究成果才能经得起检验，我们的历史学才能得到繁荣和发展。

（原载《史学理论研究》2021 年第 2 期）

---

① 瞿林东：《历史资料的整理、研究与学术水平的提升》，教育部社会科学委员会历史学学部编：《史学调查与探索》，北京师范大学出版社 2015 年版，第 36—37 页。
② 李剑鸣：《大数据时代的世界史研究》，《史学月刊》2018 年第 9 期。

马克思划分社会形态的多重维度

杨文圣

（河北师范大学公共管理学院）

  近些年来关于马克思社会形态理论的探讨，主要集中在社会形态的概念、划分标准、划分类型、内在结构、发展规律、历史发展道路以及东方社会发展理论等，其观点相殊，甚至迥异。这些研究主要是以零散的形式就社会形态的某一侧面、某一角度、某一问题发表自己的意见，而缺少对马克思社会形态理论的整体把握，特别是马克思社会形态理论的基本内容是什么这一最基础、最根本的问题却少有人问津。通过对马克思社会形态理论发展史和文本的考察，这一理论的基本内容可以大体归结为社会形态划分理论、社会形态演进理论、社会形态结构理论三个主要方面。其中，社会形态划分理论是从宏观上考察社会历史分期，社会形态演进理论是从动态中探讨社会发展道路，社会形态结构理论是从静态中剖析社会内部构成。从发展史和文本出发，系统研究马克思社会形态理论的基本内容、理论特征，以正本清源，还马克思社会形态理论本来面目，是马克思社会形态理论研究的最为迫切的需要。

  纵观整个人类社会历史发展演变，人们总会发觉它呈现出阶段性发展的态势。而社会发展形态划分理论要回答的就是从宏观上看整个人类社会历史按照某一特定标志划分为多少个相对独立的历史阶段的问题，简言之，社会形态划分理论就是多维度的社会形态划分理论。

  马克思社会形态的划分问题，至今一直是个争论不休的热点问题，主要研究观点有两形态说、三形态说、四形态说、五形态说、六形态说。可以说，这些关于社会形态划分的观点，大多数都能从马克思文本中找到或多或少的依据，这也恰恰彰显了马克思社会形态划分理论的多维性。这些社会形态划分的类型之间并不是绝对排斥的，而是既有差别，又有联系。在这些社会形态的划分类型中，有的是在某一时期某一论著中马克思偶尔提及的非典型的分期类型，有的是贯穿马克思思想始终、马克思着重阐述并不断完善的典型的分期类型。就后者而言，马克思主要提出了三类社会形态划分理论：一是以所有制关系为视角的五种经济社会形态划分理论，二是以人的发展状态为视角的三大社会形态划分理论，三是以生产力为视角的四种社会形态划分理论。

一　经济社会形态划分理论

经济社会形态理论贯穿于马克思思想的始终。早在克罗茨纳赫时期，在《黑格尔法哲学批判》中，马克思就从现实的人出发来研究历史哲学，批判黑格尔的国家学说，提出了家庭、市民社会决定国家政治，私有财产决定国家制度、法的关系的观点，并以此为理论基石，第一次明确将人类社会划分为古代时期、中世纪的专制时期、人获得政治解放的现时代和真正民主制度时期，并对各个历史时期的基本特征做了初步阐述。在《德意志意识形态》中，马克思以分工和分配为依据，阐明了所有制形态演进的顺序："部落所有制"形态、"古代公社所有制和国家所有制"形态、中世纪"封建的或等级的所有制"形态、现代"纯粹私有制"形态，人类社会发展的趋势是未来"无产阶级的占有制"形态。在《雇佣劳动与资本》中，马克思则非常明确地提出"古典古代社会、封建社会和资产阶级社会"依次更替的思想。在《〈政治经济学批判〉序言》中，马克思将经济社会形态划分理论表述为："大体说来，亚细亚的、古希腊罗马的、封建的和现代资产阶级的生产方式可以看做是经济的社会形态演进的几个时代。"[①] 马克思晚年通过对原始氏族社会的深入研究，丰富发展了《政治经济学批判（1857—1858年手稿）》对亚细亚的、古典古代的、日耳曼的三种所有制的原始形式的认识，阐明了私有制产生的原因、过程，说明了私有制不是从来就有的，进而真正揭开了原始社会之谜。同时，马克思用原

---

① 《马克思恩格斯选集》第2卷，人民出版社2012年版，第3页。

始社会取代了"亚细亚生产方式",把它作为人类社会发展序列的第一个形态。至此,原始社会、古典古代社会、封建社会、资产阶级社会和共产主义社会依次更替的理论最终得以形成。

从经济社会形态理论发展的历史轨迹和经济社会形态的内涵可以看出,五形态理论划分的依据是生产关系,特别是所有制关系。按照马克思的理解,原始社会没有私有制,人们采取共产制生活方式。到了原始社会后期,随着生产技术的发展,加上战争的特别需要,父权制家族逐渐取代偶婚制家族,私有制逐渐产生和发展起来,阶级和阶级斗争也不可避免地出现了。这样,从原始古希腊、古罗马的公社所有制形式就派生出以奴隶制为基础的古希腊、古罗马的古典古代社会。古典古代社会里,土地是最主要的生产资料,奴隶制经济是其自然基础,人根本不可能实现自由、平等和全面的发展。随着罗马帝国的衰落,在日耳曼生产方式与罗马奴隶制所创造的生产力以及其内部孕育的封建制因素的共同作用下,日耳曼人在罗马帝国的废墟上建立起西欧中世纪的封建制度。按照马克思的理解,封建社会所有制形式包括农奴制、自由农民的小土地所有制和行会所有制,其中,农奴制是西欧封建社会最主要的所有制形式。在封建社会末期,在行会制度和家庭工业中萌生了资本主义经济。资产阶级社会是以雇佣劳动、生产资料资本家私人占有为主要特征的社会。马克思指出,随着资本主义积累的发展,生产的社会化程度必然越来越高,最终达到资本主义私人占有的生产关系所不能容纳的地步;而无产阶级的贫困化程度也必然达到奋起反抗的地步,到那时资本主义就走完了它的旅程,必然进入新的历史阶段。因此,资本主义必然为社会主义所代替。社会主义是共产主义的第一阶段。未来共产主义社会是消灭私有制、实行公有制的社会,并实行各尽所能、按需分配的原则。可见,原始社会、古典古代社会、封建社会、资产阶级社会和共产主义社会之间存在着依次更替的演进关系。

多年来,国内外学术界否定"五形态理论"的议论此起彼伏。否定"五形态理论"的观点,其使用的主要方法之一就是例证的方法,即用记录、统计的方法列举世界范围的实例来说明五形态依次更替的非普遍性。否定"五形态理论"的学者认为封建制度只在欧洲部分地区实行过,中国和世界绝大多数地区未曾出现过封建制度,所以他们认为"五形态理论"没有普遍意义。事实上,规律是本质的、必然的关系,举例描述表面现象的连续性和重复性以期揭示规律的做法，是非常浮浅和蹩脚的，因为真正的规律绝不是一切个别情况和现象的汇集。要揭示事物本质的、必然的关系，应当依靠科学抽象。如果企图让历史规律与历史现象绝对地吻合，本身就是一种幻想。因此，从方法论视角看，用例证的方法研究社会形态演进是不可取的。

经济社会形态是马克思在社会形态划分中最常用的一种方法，并且经济社会形态的概念又集中体现了社会形态的本质、核心，马克思经常把经济社会形态与社会形态当作同义语代换使用。故而，经济社会形态理论是马克思社会形态划分理论中最基本、最核心的部分。

二　人的发展三形态划分理论

人的发展三形态理论是马克思着眼于人的发展状况，从宏观层面对人类社会发展的一般趋势的科学抽象。三大形态理论始于《论犹太人问题》和《〈黑格尔法哲学批判〉导言》，经过《1844年经济学哲学手稿》和《德意志意识形态》的补充和发展，形成于《政治经济学批判1857—1858年手稿)》和《资本论》。在《德法年鉴》时期，马克思以人的解放为主线，大致把人类历史区分为：前政治解放阶段、政治解放阶段、人的解放阶段。在《1844年经济学哲学手稿》中，马克思揭示了人类社会的发展轨迹为：人的本质未异化的社会、人的本质异化的社会、人的本质真正占有的社会。在《德意志意识形态》中，马克思恩格斯用"共同体"来指称社会形态，从人的发展向度将人类社会划分为自然形成的共同体、虚幻的共同体、真正的共同体三个历史阶段。在《政治经济学批判1857—1858年手稿)》中，马克思以人发展状况为依据，把整个人类社会划分为三大阶段：人的依赖的最初社会形态、物的依赖的第二大社会形态和个人全面发展的第三大社会形态。在《资本论》第一卷中，马克思进一步概括了人的发展的三个历史阶段："人们在自己劳动中的直接的社会关系"阶段、"人们之间的物的关系和物之间的社会关系"[1] 阶段和"自由人联合体"[2]

---

[1]《马克思恩格斯全集》第44卷，人民出版社2001年版，第90页。
[2]《马克思恩格斯全集》第44卷，第96页。

的社会关系阶段。

第一大形态即人的依赖的最初社会形态。马克思把原始社会、古典古代社会、封建社会归结为第一大社会形态,即第一大形态对应的是资本主义以前的生产方式。人的依赖性是第一大形态的主要特征,具体表现为:片面的自给的生产能力、原始丰富而缺乏自主的活动、狭隘的地域性的社会联系、自然的需要、萌发状态的自由个性。

第二大形态是"以物的依赖性为基础的人的独立性"的社会,其主要特征是"形成普遍的社会物质变换、全面的关系、多方面的需要以及全面的能力的体系"。① 这种形态对应的典型形式是资产阶级社会,这是马克思社会形态理论研究的重点。第二大形态中人获得了较大程度的独立性和自主性,但是这种人的独立性不是真正完全的独立,而是以物的依赖性为基础的独立性。随着世界市场的形成和人的交往范围不断扩大,人的社会关系高度丰富化、高度社会化、高度普遍化。然而,在"物的依赖关系"社会,人和人之间的社会关系却颠倒地表现为物和物之间的关系。资本主义时期,随着生产力的发展,人们出现多方面的需要,这种需要是在历史发展中形成的需要,是带有社会性的"普遍需要",是追求货币、追求物质多样性的需要。在第二大形态下,资本主义得人从受制于社会限制的"人身依附"关系中解放出来,从而为人的个性自由发展提供了一定的社会基础。但是"物的依赖关系"本身就意味着人的自由发展受到了新的限制,个性只能是"物役"下的个性。

第三大形态是"个人的自由而全面发展"的社会,也就是人类真正获得解放的"自由王国"。这种形态是在第二阶段基础上发展而来,对应的典型形式是共产主义社会。这一形态是"建立在个人全面发展和他们共同的、社会生产能力成为从属于他们的社会财富这一基础上的自由个性"的社会。在未来"自由人的联合体"中,社会生产力将高度发达,个人可以在社会活动诸领域之间自由流动,并全面地发展自己的能力,使人的自由个性得到充分的发展;人的活动不再是受他人的强制、受物的关系的奴役、依附于机器的片面性劳作,而是完全自主地支配社会生产过程以及自身的生活过程,成为真正自由自主的活动。那时,"人终于成为自己的社

---

① 《马克思恩格斯文集》第 30 卷,人民出版社 2009 年版,第 52 页。

会结合的主人，从而也就成为自然界的主人，成为自身的主人——自由的人。"①

可见，对应五大经济社会形态，人的发展的第一大社会形态一般是指前资本主义社会，包括原始社会、古典古代社会和封建社会，第二大形态主要是指资产阶级社会，第三大社会形态则是指严格意义的共产主义社会。

生产力社会形态理论也是马克思一贯坚持的思想。首先马克思考察了客观生产力即劳动资料在人类社会发展进程中的作用。在《德意志意识形态》中，马克思恩格斯指出："到现在为止我们都是以生产工具为出发点，这里已经表明，对于工业发展的一定阶段来说，私有制是必要的。"② 这表明生产工具的发展是私有制产生、发展、灭亡的基础。在《哲学的贫困》中，马克思提出生产工具不仅是时代生产力水平的标志，而且也是时代生产关系和社会形态发展水平的标志，他指出："手推磨产生的是封建主的社会，蒸汽磨产生的是工业资本家的社会。"③ 马克思清晰地阐明了生产力特别是生产资料对经济社会形态的决定作用，他指出："动物遗骸的结构对于认识已经绝种的动物的机体有重要的意义，劳动资料的遗骸对于判断已经消亡的经济的社会形态也有同样重要的意义。"④ 马克思提出："生产方式的变革，在工场手工业中以劳动力为起点，在大工业中以劳动资料为起点。"⑤ 马克思从劳动资料视角提出了社会历史分期的思想。在《经济学手稿（1861—1863年）》中，马克思明确指出："在以分工为基础的工场手工业（和农业）的场合，机器被用来完成个别过程，而其他过程（尽管和那些用机器来完成的过程也是相连接的）则形成机器生产过程的中断，它们需要人的劳动并不是用来看管某个机械过程，而是为了实现生产本身。在机器时代以改变了的形式重新出现的工场手工业和大农业的情况就是这样。"⑥ 马克思进一步提出："按照制造工具和武器的材料，把史前时

---

① 《马克思恩格斯文集》第3卷，人民出版社2009年版，第566页。
② 《马克思恩格斯选集》第1卷，人民出版社2012年版，第184页。
③ 《马克思恩格斯选集》第1卷，第142页。
④ 《马克思恩格斯全集》第44卷，第210页。
⑤ 《马克思恩格斯全集》第44卷，第427页。
⑥ 《马克思恩格斯全集》第47卷，人民出版社2004年版，第517页。

期划分为石器时代、青铜时代和铁器时代。"① 这样，马克思按照生产工具，将人类社会依次划分为石器时代、青铜时代、铁器时代和机器时代。

同时，马克思也曾经以生产和分配方式为视角，把人类历史区分为"游牧时代""农业社会"和"工业社会"等。在《政治经济学批判（1857—1858 年手稿）》中，马克思论述道："个人的生产行为最初难道不是限于占有现成的、自然界本身业已为消费准备好的东西来再生产他自身的躯体吗……无须改变现有东西的形式（这种改变甚至在游牧时代就已发生了）等等的这样一种状态，是非常短暂的，在任何地方也不能被认为是事物的正常状态，甚至也不能被认为是正常的原始状态。"② 他还指出："在工业社会的这一基础得到充分发展的状态和家长制状态之间，存在着许多中间阶段"。③ 马克思还明确提出了农业社会向工业社会过渡的思想："由封建农业社会到工业社会的转变，以及各国在世界市场上进行的相应的工业战争，都取决于资本的加速发展，这种发展可以不是沿着所谓自然的道路而是靠强制的手段来达到。"④

综上所述，马克思认为，从生产工具方面来看，人类社会依次经历了石器时代、铜器时代、铁器时代、机器时代等；从生产和分配方式来看，人类社会依次经历了游牧社会、农业社会、工业社会等。而生产工具又决定生产和分配方式，因此生产力社会形态理论可以概括为：人类社会大体说来依次经历了以石器为标志的游牧社会，以铜器和铁器为标志的农业社会，以机器为标志的工业社会，并正在迈向以智能工具为标志的信息社会。

三 似自然史的社会形态演进理论

社会形态演进理论不是着重研究各个国家和民族的具体发展道路，而是着重研究各个国家和民族发展道路的多样性与统一性的关系，也就是说社会形态演进理论是要从世界各个国家和民族发展道路的多样性、复杂性

---

① 《马克思恩格斯全集》第 44 卷，第 211 页。
② 《马克思恩格斯全集》第 30 卷，第 485 页。
③ 《马克思恩格斯全集》第 30 卷，第 143 页。
④ 《马克思恩格斯全集》第 46 卷，人民出版社 2003 年版，第 887 页。

中探寻人类社会发展演进的普遍性和一般趋势。笔者认为，最能集中表达马克思社会形态演进理论的性质和特点的就是社会形态的演进"同自然的进程和自然的历史是相似的"思想。

马克思表达了社会形态演进的客观性思想，他指出："问题本身并不在于资本主义生产的自然规律所引起的社会对抗的发展程度的高低。问题在于这些规律本身，在于这些以铁的必然性发生作用并且正在实现的趋势"。①"一个社会即使探索到了本身运动的自然规律，——本书的最终目的就是揭示现代社会的经济运动规律，——它还是既不能跳过也不能用法令取消自然的发展阶段。但是它能缩短和减轻分娩的痛苦。"② 马克思的结论是："我的观点是把经济的社会形态的发展理解为一种自然史的过程。"③ 马克思的这一结论，在法文版《资本论》中译本里的表述为"我的观点是：社会经济形态的发展同自然的进程和自然的历史是相似的"。④ 我们认为，后一种表述更符合马克思的本意。马克思所言"社会形态的发展理解为一种自然史的过程"，并非是说社会形态的发展本身就是一种自然历史过程，而是说社会形态的发展与自然界的发展过程具有相似性，即人类社会形态与自然界一样，其发展过程都具有客观规律性，都是不以个别人的意志为转移的运动过程。

事实上，社会形态演进与自然史相似的理论，是马克思在批判包括古典政治经济学家在内的反历史主义的唯心论思想方法基础上逐渐形成的。在《哲学的贫困》中，马克思批判古典经济学家，"经济学家们的论证方式是非常奇怪的。他们认为只有两种制度：一种是人为的，一种是天然的。封建制度是人为的，资产阶级制度是天然的……以前所以有历史，是由于有过封建制度，由于在这些封建制度中有一种和经济学家称为自然的、因而是永恒的资产阶级社会生产关系完全不同的生产关系"。⑤ 在《哲学的贫困》和"致安年柯夫的信"中，马克思科学表述了生产力和生产关系的辩证关系，较完整地论述了社会发展是一种客观历史过程的思想。他

---

① 《马克思恩格斯全集》第44卷，第8页。
② 《马克思恩格斯全集》第44卷，第9—10页。
③ 《马克思恩格斯全集》第44卷，第10页。
④ 《资本论》，中国社会科学出版社1983年版，第4页。
⑤ 《马克思恩格斯选集》第1卷，第151页。

第一篇　唯物史观相关理论解读

认为，人们不能自由选择自己的生产力，也不能自由选择自己的社会形式。因为社会形式是人们相互作用的结果，当生产力发展到一定状况，就必然产生相适应的交换关系、分配关系和消费关系，即生产关系。而随着物质生产的发展就必然产生相适应的家庭、等级或阶级等与之相适应的社会关系，就会必然产生相适应的政治国家等上层建筑。在《〈政治经济学批判〉序言》中，马克思指出："人们在自己生活的社会生产中发生一定的、必然的、不以他们的意志为转移的关系，即同他们的物质生产力的一定发展阶段相适合的生产关系。这些生产关系的总和构成社会的经济结构，即有法律的和政治的上层建筑竖立其上并有一定的社会意识形式与之相适应的现实基础……随着经济基础的变更，全部庞大的上层建筑也或慢或快地发生变革。"①

根据马克思似自然史的社会形态演进理论的形成和表述来看，我们可以把这一理论概括为以下几个方面。第一，社会形态的演进与自然界的发展相类似，都是一种不为个人的目的和意志所决定的客观发展过程。人的实践活动虽然可以像助产婆一样缩短或者减轻分娩的痛苦，却不能取消自然发展的阶段，因为它只是助产婆，而不是产妇，即人们不能自由地选择生产力，也不能自由选择自己的社会形态。

第二，社会形态发展的总体趋势是一个从简单到复杂、从低级到高级、从有序程度低到有序程度高的不断前进和上升的历史过程。在人类社会发展进程中，个别国家和民族也可能出现由较高社会形态向较低社会形态的倒退，但是依据生产力与生产关系、经济基础与上层建筑之间的矛盾运动原理，人类社会总的前进的发展方向却是不可逆转的。

第三，如果排除外来干涉和特殊国情等因素，各个国家和民族按其自然发展历程，一般都会依次经历原始社会、古典古代社会、封建社会、资产阶级社会和共产主义社会。但是，如果考虑外来干涉和特殊国情等因素，一些国家和民族也可能"缺失"或"跨越"某一种社会形态甚至某几种社会形态。

第四，社会形态之间的过渡是必然的，但是具体过渡形式和实现方式却是多样的。生产力与生产关系、经济基础与上层建筑之间的矛盾运动决

---

① 《马克思恩格斯选集》第2卷，第32—33页。

定了社会形态之间过渡的必然性，但是社会形态之间过渡的具体形式是多种多样的，实现社会形态过渡的方式也是多种多样的，同时，从过渡的进程来看，有快有慢。

总之，似自然史的社会形态演进理论告诉我们，社会形态演进既是统一性的，又是多样性的，是统一性与多样性的辩证统一。社会形态演进的统一性是对人类社会发展的基本次序和总体趋势的抽象概括，社会形态演进的多样性是对各个国家和民族具体发展道路的客观描述，是社会形态演进的统一性的具体表现形式，社会形态演进的统一性存在于社会形态演进的多样性之中。

（原载《史学理论研究》2012年第1期）

对马克思国家理论的再解读

吴 英

（中国社会科学院世界历史研究所）

马克思在探索人类社会历史发展规律、创建唯物史观的过程中，对国家的本质属性及其演进规律做出了深入的解析。尽管他未能为后人留下专门论述国家问题的著作，[①] 但就国家问题的理论阐述屡屡见诸他的各种著述，并且形成了一个较为完整的体系。这就要求我们对马克思国家理论的把握务求全面，以避免发生强调某一方面的论述而不顾其他的偏颇。

但是，多年来，一讲到国家，我们往往简单地将之归结为"阶级压迫的工具"这样一种公式，似乎这是唯物史观天经地义的论断，不容置疑。但这种阐释是对马克思国家理论的片面理解。随着社会的发展和学术研究的深入，这种解读所引发的困惑越来越明显地暴露出来。于是，有些人认为马克思的国家理论存在缺陷，而转信某种西方马克思主义或非马克思主

[①] 马克思在1858年2月22日给拉萨尔的信中，提出了自己的理论研究计划，它分为6本书，分别是《资本论》《土地所有制》《雇佣劳动》《国家》《国际贸易》《世界市场》，但是马克思未能实现撰写一部专门论述国家问题的著作的计划。（参见《马克思恩格斯全集》第29卷，人民出版社1972年版，第531页。）西方学者、甚至一些西方马克思主义者以此为依据断言马克思没有系统的国家理论，像列菲弗尔就指出："如果有人想在马克思的著作中寻找一种国家理论，也就是想寻找一种连贯和完全的国家学说体系，我们可以毫不犹豫地告诉他，这种学说体系是不存在的"。（列菲弗尔：《论国家：从黑格尔到斯大林和毛泽东》，重庆出版社1993年版，第122页。）

义的国家理论;① 也有一些人则回避谈论国家的理论问题,仅在实证层面做具体的考察。所以说,现在人们虽然很少再提及国家是阶级压迫工具的命题,但其中积藏的困惑并未消除,甚至引申出对马克思国家理论、对唯物史观的质疑,乃至舍弃。为此,有必要对马克思的国家理论重新进行解读,阐明其内在机理,以重树人们对唯物史观的信心。

一 "国家是阶级压迫工具"解读带来的困惑

诚然,马克思和恩格斯在不同场合都曾提到"国家是阶级压迫的工具"。像马克思在《法兰西内战》中指出:国家政权"一直是一种维护秩序、即维护现存社会秩序从而也就是维护占有者阶级对生产者阶级的压迫和剥削的权力。"② 恩格斯也多次做出相似的论述,像他为马克思的《法兰西内战》1891年单行本所写的导言中就指出:"国家无非是一个阶级镇压另一个阶级的机器,而且在这一点上民主共和国并不亚于君主国";③ 在《家庭、私有制和国家的起源》中指出:国家"在一切典型的时期毫无例外地都是统治阶级的国家,并且在一切场合在本质上都是镇压被压迫被剥削阶级的机器";④ 在两人共同撰写的《共产党宣言》中指出:"政治权力,是一个阶级用以压迫另一个阶级的有组织的暴力"等等⑤。列宁系统

---

① 在当代西方学术界,国家理论大体分为三大流派,即自由主义的国家理论、保守主义的国家理论和西方马克思主义的国家理论。自由主义国家理论坚持国家的中立性,保守主义国家理论坚持国家职能的最小化,反对国家职能的扩大。西方马克思主义的国家理论与上述两种国家理论的本质区别就在于他们都承认国家与阶级的关系,但在两者究竟是一种什么关系上存在巨大的内部分歧,由此形成四种流派。"工具主义"国家论认为国家并不是相互竞争的利益集团间的中立的仲裁者,而是统治阶级的工具;"结构主义"国家论认为应从经济结构、即生产关系的总和的视角来研究国家问题,并区分出经济、政治和意识形态三种结构,虽然强调经济结构具有最终决定性,但同时认为其他两种结构在一定时期也能成为支配性结构;"调节者"国家论将国家视为调节阶级矛盾、应对社会经济危机的主体,保持相对独立性,通过调节阶级矛盾来维护现有的社会结构;"制度平台"国家论认为国家是一种制度平台,它为社会各阶层和力量提供了活动和斗争的制度平台。这四种观点可以说都抓住了马克思国家理论的某个侧面,但又都失之片面,最关键的是未能从唯物史观的解释体系来分析国家问题。
② 《马克思恩格斯选集》第3卷,人民出版社2012年版,第164页。
③ 《马克思恩格斯选集》第3卷,第55页。
④ 《马克思恩格斯选集》第4卷,人民出版社2012年版,第193页。
⑤ 《马克思恩格斯选集》第1卷,人民出版社2012年版,第422页。

> 第一篇 唯物史观相关理论解读

地发挥了马克思国家理论的这种解读模式,他在专门论述国家问题的《论国家》中指出:"国家是维护一个阶级对另一个阶级的统治的机器";① 在同样是论述国家问题的《国家与革命》中指出:"国家是阶级统治的机关,是一个阶级压迫另一个阶级的机关。"② 苏联理论界对马克思国家理论的解释很大程度上受这种解读模式的影响,而我国理论界则又长期受苏联解读模式的影响。

将马克思国家理论简单地解读为阶级压迫的工具存在以下疑难:一是经典作家文本支持上的疑难。尽管如上所示,马克思和恩格斯都有支持"国家是阶级压迫工具"解读的论述,但同样明显的是,马克思和恩格斯也有许多有关国家必须履行公共职能的论述,他们还特别强调,公共职能的履行是阶级统治的基础。二是理论观点上的疑难,即与唯物史观的完整解释体系相矛盾。我们知道,唯物史观解释体系的切入点是人们物质生活资料的生产,因为它是人类生存的前提。而为了进行物质生活资料的生产,人们需要在生产过程中结成一定的关系,即生产关系,这种生产关系是生产得以进行的必需条件。而为了使现存生产关系得以维系并很好地发挥作用,就有了服务于生产关系(或作为生产关系总和的经济基础)的上层建筑。由此可见,上层建筑的第一要务是要保证和服务于生产的顺利进行;否则上层建筑就会由于未能履行它最基本的职能而失去存在的必要性、合理性与合法性。所以说,国家作为上层建筑的重要组成部分,必须履行为生产服务的公共职能,这是它存在的前提条件。也由此可见,唯物史观的解释体系认为,上层建筑的构成及其存在是基于服务经济基础的需要。那种单纯将国家归结为阶级压迫的工具、而无视它为经济基础的运行、为生产提供职能服务之说,是有违唯物史观解释逻辑的。三是实践检验上的疑难。从历史和现实看,国家的确有维护统治阶级的统治和利益的一面,但同时国家也无时无刻不在履行公共职能、服务于大众,越是到现代,这种倾向越为明显。随着现代社会的发展,国家为公共利益服务的职能是越来越广泛的。第二次世界大战以来,当代西方发达资本主义国家在国家职能方面的最大变化是将福利保障纳入国家职能范畴,为全体国民提

---

① 《列宁选集》第4卷,人民出版社2012年版,第31页。
② 《列宁选集》第3卷,人民出版社2012年版,第114页。

供"从摇篮到坟墓的保障",即所谓的"福利国家制度"。那里的政府着力于建设"服务型政府"。国家的演化,从来不是单纯的阶级压迫工具。四是逻辑判断形式上的疑难。"国家是阶级压迫的工具"是一种全称归纳判断,无法容纳反例存在。一旦有例外状况出现,就使得人们必须做出应对,或者是无视反证的存在,或者是放弃原来的论断寻求新的概括。马克思研究各种历史现象乃是要探析决定这种现象的因果关系,揭示其中蕴涵的规律。他对国家属性的探析,既揭示出在什么特定条件下国家较集中地发挥阶级压迫工具的职能,又揭示出为什么国家履行公共职能的作用乃是它合法存在的基础。

由此看来,"国家是阶级压迫的工具"的解读并未能把握住马克思国家理论的全部内容。当然,这绝非讲国家具有中立的属性。对国家属性的科学理解还必须从马克思、恩格斯有关国家二重性的理论中求解。

二 国家的产生与其本质的二重属性

马克思是在他所创立的唯物史观理论框架下研究国家问题的,这就使他的研究具有了穿透表象、深入本质的深刻洞察力。他曾专门论述过他研究国家问题的独特视角:"任何时候,我们总是要在生产条件的所有者同直接生产者的直接关系——这种关系的任何形式总是自然地同劳动方式和劳动社会生产力的一定的发展阶段相适应——当中,为整个社会结构,从而也为主权和依附关系的政治形式,总之,为任何当时的独特的国家形式,找出最深的秘密,找出隐蔽的基础。"[1] 由此可见,马克思是从生产关系,或更进一步说是从阶级关系,即生产条件的所有者同直接生产者之间的关系的视角来研究国家的。而这种阶级关系无疑是受劳动分工关系所制约,各种劳动分工的演化则是与生产力发展的水平相一致的。[2] 马克思国家理论的因果关系链条乃是:生产力——分工决定的阶级关系——国家的产生及其本质属性。这也是唯物史观有关生产力决定生产关系、经济基础

---

[1] 《资本论》第3卷,人民出版社1975年版,第891—892页。
[2] 《马克思恩格斯选集》第1卷,第68、135页。有关生产关系内部层次关系的分析参见吴英《对唯物史观几个基本概念的再认识》,《史学理论研究》2007年第4期;有关"分工是阶级划分基础"的分析参见吴英《对马克思分工—阶级理论的再解读》,《史学月刊》2004年第5期。

第一篇 唯物史观相关理论解读

决定上层建筑基本原理在国家问题上的引申。

（一）国家的产生

马克思和恩格斯揭示了"生产力的发展水平→分工与阶级关系的形成→国家"之间的因果联系。恩格斯对此有着具体的描述："在每个这样的公社中，一开始就存在着一定的共同利益，维护这种利益的工作，虽然是在全社会的监督之下，却不能不由个别成员来担当：如解决争端；制止个别人越权；监督用水，特别是在炎热的地方；最后，在非常原始的状态下执行宗教职能……这些职位被赋予了某种全权，这是国家权力的萌芽。生产力逐渐提高；较稠密的人口使各个公社之间在一些场合产生共同利益，在另一些场合又产生相抵触的利益，而这些公社集合为更大的整体又引起新的分工，建立保护共同利益和防止相抵触的利益的机构。这些机构，作为整个集体的共同利益的代表，在对每一个公社的关系上已经处于特别的、在一定情况下甚至是对立的地位，它们很快就变得更加独立了，这种情况的出现，部分地是由于职位的世袭（这种世袭在一切事情都是自发地进行的世界里差不多是自然而然地形成的），部分地是由于同别的集团的冲突的增多，使得这种机构越来越必不可少了。在这里我们没有必要来深入研究：社会职能对社会的这种独立化怎样逐渐上升为对社会的统治；起先的公仆在情况有利时怎样逐步变为主人；这种主人怎样分别成为东方的暴君或总督，希腊的部落首领，凯尔特人的族长……最后，各个统治人物怎样结合成一个统治阶级。"① 恩格斯在其他地方更简洁地表述道："社会为了维护共同的利益，最初通过简单的分工建立了一些特殊的机关。但是，随着时间的推移，这些机关——为首的是国家政权——为了追求自己的特殊利益，从社会的公仆变成了社会的主人。"②

这些引述为我们清楚地勾勒出国家是如何产生的：在国家产生以前的氏族社会，履行氏族公共事务的是一些由氏族选举产生的人，他们接受氏族全体成员的监督。也就是说，履行公共职能的人乃是社会的公仆。随着社会共同体规模的扩大，公共事务不断增加，履行公共职能的个人或小集

---

① 《马克思恩格斯文集》第9卷，第186—187页。
② 《马克思恩格斯选集》第3卷，第54页。

团与普通群众的距离不断拉大,公共职能管理者逐渐走向世袭化。于是,脑力劳动(履行公共职能)与体力劳动(直接从事物质生产)的劳动分工被正式确立,并且产生着不同的利益诉求,最终形成了阶级的划分。那些少数履行公共职能的人脱离体力劳动,将社会赋予他们的管理权力私有化;并将管理机构蜕变为压服社会群众的"国家政权",也就是恩格斯所谓的"起先的社会公仆怎样在顺利的条件下逐步变为社会的主人"。由此可见,国家是因履行公共职能的需要而产生。但承担履行公共职能的少数人由此也拥有了相应的权力,他们逐渐演变为特权阶级,享有独占的利益。而为了压制被统治阶级的反抗,统治阶级建构起国家机器,以多重手段直至使用暴力来维护他们特殊的利益。从而形成了履行公共职能和维护统治阶级利益的国家本质的二重属性。由于国家的产生是和阶级的产生密切联系着的,所以,马克思以概括的语言论述道:国家"只是在社会发展的一定阶段上才出现……阶级利益、阶级个性的出现是以经济条件为基础的……这种条件是国家赖以建立的基础,是它的前提。"[1]

(二) 国家本质的二重属性

国家作为上层建筑的一个重要组成部分,它应履行社会公共管理的职能而产生,但同时它又要维护统治阶级的地位和利益;两者是密切相关的。马克思和恩格斯对这两个方面都做出过精辟论述。前面我们已引述过马克思和恩格斯有关"国家是阶级压迫工具"的一些论述,但他们同时也多次论及国家须履行经济的、社会的公共管理职能,而且,履行这种公共管理职能是国家在社会民众中取得合法性存在的必需条件。马克思在《不列颠在印度的统治》一文中写道:"在亚洲,从很古的时候起一般说来只有三个政府部门:财政部门,或对内进行掠夺的部门;军事部门,或对外进行掠夺的部门;最后是公共工程部门。气候和土地条件……使利用渠道和水利工程的人工灌溉设施成了东方农业的基础……所以就迫切需要中央集权的政府来干预。因此亚洲的一切政府都不能不执行一种经济职能,即举办公共工程的职能。"[2] 在《资本论》中,他指出:资本主义生产方式

---

[1] 《马克思恩格斯全集》第45卷,人民出版社1985年,第646—647页。
[2] 《马克思恩格斯选集》第1卷,第762页。

第一篇 唯物史观相关理论解读

下的国家"完全同在专制国家中一样，在那里，政府的监督劳动和全面干涉包括两方面：既包括执行由一切社会的性质产生的各种公共事务，又包括由政府同人民大众相对立而产生的各种特殊职能"。① 马克思由此指出："只有为了社会的普遍权利，特殊阶级才能要求普遍统治"，② 也就是说只有履行公共职能，服务于大众，统治阶级才能取得统治的合法性。恩格斯也有相应的论析，他讲："政治统治到处都是以执行某种社会职能为基础，而且政治统治只有在它执行了它的这种社会职能时才能持续下去。不管在波斯和印度兴起或衰落的专制政府有多少，每一个专制政府都十分清楚地知道它们首先是河谷灌溉的总管，在那里，没有灌溉就不可能有农业。"③ 他还指出："一切政治权力起先都是以某种经济的、社会的职能为基础的。"④ 所以，恩格斯简洁而明确地概括了国家的本质："国家的本质特征，是和人民大众分离的公共权力"。⑤

那么，对于马克思、恩格斯有关国家本质属性的论断，我们该如何全面理解而不致走向偏颇呢？我们认为应兼顾三个要点：其一，国家既然是伴随阶级划分而产生，并为对立阶级中居于统治地位的阶级所掌控，那么国家的行为准则必然是贯彻和体现该阶级的根本利益与愿望，这是确凿无疑的。其二，社会生活的正常运行是统治阶级取得统治合法性的基础。而为了维系社会生活正常运行，统治阶级必然要操控国家机构承担必不可少的社会公共职能，诸如兴建基础设施以保障经济生产的顺利进行，通过多重渠道提供民众维持起码生活需要的必需品以确保有足够的劳动力供给，及兴办教育体系增进民众的生产能力等。这些举措绝非统治阶级的突发"善心"，本质上是为维护统治阶级的根本利益。其三，国家拥有军队、警察以及各种实施专政的机构，其职能在于对外抵御外侮或实行对他国的侵略、掠夺，对内维持社会秩序或震慑民众及至镇压反抗，以维护社会的正常秩序或政治统治和经济剥削。

可见，马克思的国家学说绝非仅仅论及它是阶级的统治工具，它的双

---

① 《资本论》第3卷，第432页。
② 《马克思恩格斯全集》第3卷，人民出版社2002年版，第211页。
③ 《马克思恩格斯选集》第3卷，第559—560页。
④ 《马克思恩格斯选集》第3卷，第563页。
⑤ 《马克思恩格斯选集》第4卷，第132页。

重属性定位是不可或缺的。不仅如此，国家既然是经济基础的上层建筑，那么，它的具体属性以及其职能的具体内涵必然将随经济基础的演化而变化。同时，它也对经济基础产生着反作用，而这种反作用则正是国家履行其双重职能产生的效应。这种反作用是有规律可循的，恩格斯在晚年曾经对此做出概括，他讲："国家权力对于经济发展的反作用可以有三种：它可以沿着同一方向起作用，在这种情况下就会发展得比较快；它可以沿着相反方向起作用，在这种情况下，像现在每个大民族的情况那样，它经过一定的时期都要崩溃；或者是它可以阻止经济发展沿着某些方向走，而给它规定另外的方向——这种情况归根到底还是归结为前两种情况中的一种。但是很明显，在第二和第三种情况下，政治权力会给经济发展带来巨大的损害，并造成大量人力和物力的浪费"。① 鉴于国家权力对于经济基础的反作用因为多重因素影响会发生正向的或负向的效应，而严重的负向效应必然会动摇国家政权的合法性存在。所以，各民族国家都有着政权更迭的历史变迁。

三　公共职能的历史演进

在人类的社会生产实践中，生产力是在持续地发展、进步的。而由于生产力与生产关系的演进，社会的经济基础持续发生着质的演化，同时也牵动它的上层建筑亦步亦趋地发生变化。于是，展现在我们面前的是各民族国家的形态与它所承担的社会职能屡经变迁的历史画卷，并向我们展示了其中的因果奥秘。

（一）国家履行公共职能的程度取决于阶级力量对比

国家履行其公共职能的多寡，取决于不同历史时段、不同国别内的统治阶级与被统治阶级的力量对比；而阶级力量对比则取决于生产力的发展水平及其决定的劳动分工和劳动方式。恩格斯明确地指出了这一点："在现代历史中，国家的意志总的说来是由市民社会的不断变化的需要，是由某个阶级的优势地位，归根到底，是由生产力和交换关系的发展决

---

① 《马克思恩格斯选集》第4卷，第610页。

定的。"① 当阶级力量的对比是统治阶级占据优势地位时，国家履行其公共职能的程度不会高，而更多地充当阶级压迫的工具；当被统治阶级的力量增长，制约统治阶级特权的能力和手段提升，国家会更多地发挥履行公共职能的作用；但也有对立阶级双方的力量大体平衡的时候，此时国家则在发挥阶级矛盾调停人的作用。恩格斯专门提到了这种情况："也例外地有这样的时期，那时相互斗争的各阶级达到了这样势均力敌的地步，以致国家权力作为表面上的调停人而暂时得到了对于两个阶级的某种独立性。"②

可见，国家在统治阶级的掌控下是要在两极间游走，一极是对自身统治合法性的维系，即履行公共职能，以获得被统治阶级对其统治的认同；一极是对自身统治利益的维系，以最大限度剥削和压迫被统治阶级，获得最大可能的利益。而具体到不同的历史时空条件下，国家履行公共职能和充当压迫工具双重属性的结合程度，则取决于阶级力量对比的状况。而从宏观的、长时段的历史演化趋势剖析，一方面是伴随劳动人民物质和精神生产能力的不断提高，会迫使统治阶级掌控的国家机器采用文明的统治方式取代原始的野蛮的统治方式；另一方面，随着生产力的发展，生产方式要求公共部门提供服务的范围日趋扩大，促使国家更多地履行公共职能。

（二）公共职能演化的历史轨迹

从公共职能演化的历史轨迹看，呈现出范围不断扩大、向民生需求贴近的趋势。

这可以分为两个阶段来考察：在前资本主义社会，由于主导的经济生产模式是自给自足的自然经济，单个家庭在小块土地上耕作，国家很少直接干预生产。只是在维持生产进行所必需的公共工程建设上，由国家出面组织实施。这种公共职能范围非常有限，从马克思和恩格斯的论述看，在前资本主义社会，他们提到的仅有公共工程与调解阶级矛盾、维持社会秩序，前者是在需要灌溉的地区进行农业生产所必需的。从中国封建社会的

---

① 《马克思恩格斯选集》第 4 卷，第 258 页。
② 《马克思恩格斯选集》第 4 卷，第 189 页。

历史看，公共职能的履行也屈指可数：兴修水利保证农业生产的进行、设置农官指导和督促生产、灾荒之际的赈济等。可以说，这一阶段国家更多的是扮演着阶级压迫工具的角色。到了资本主义社会，公共职能范围不断扩大。首先，由于在自由市场经济不断扩张下，生产的盲目性使供需不平衡成为一个困扰资本主义经济的永恒命题，带来资本主义周期性的经济危机。而随着企业生产规模的不断扩大，危机造成的损失也越来越严重。这就需要国家对经济领域做出干预。其次，从农业经济转化为工业经济，企业管理和监督的力度加大，在资本家逐利动机作祟下，劳资矛盾日趋尖锐化。这同样需要国家进行干预，制定劳工法保障劳工权益、实施社会救济和社会保障等。再次，随着生产力的发展、国际经济竞争的加剧，企业要求国家为其提供高素质员工，由此医疗和教育等机构被纳入国家服务范围。国家实现了对经济社会的全方位干预。尤其是二战以来，随着西方各发达国家实行福利国家政策，公共职能的履行已经提出为全体公民提供"从摇篮到坟墓"的终生保障目标，履行公共职能的力度进一步得到强化。这可以从2个指标的变化来予以证实。一是政府支出在不断增加，这可从表1的数据明显看出；二是政府用于社会保障的支出在不断增加，这可从表2的数据看出。

表1　　　　西欧、美国和日本政府总支出占现价
GDP的百分比，1913—1999年　　　　（单位:%）

	1913年	1938年	1950年	1973年	1999年
法国	8.9	23.2	27.6	38.8	52.4
德国	17.7	42.4	30.4	42.0	47.6
荷兰	8.2	21.7	26.8	45.5	43.8
英国	13.3	28.8	34.2	41.5	39.7
算数平均值	12.0	29	29.8	42	45.9
美国	8.0	19.8	21.4	31.1	30.1
日本	14.2	30.3	19.8	22.9	38.1

（[英]安格斯·麦迪森：《世界经济千年史》，伍晓鹰等译，北京大学出版社2004年版，第126页。）

表2　　七国集团收入转让占国内生产总值的百分比及平均数　　（单位：%）

七国集团	1960年	1980年	1993年	1960—1993年	1990—1993年
美国	5.0	10.9	13.2	9.1	12.4
日本	3.8	10.1	12.1	7.9	11.5
德国	12.0	16.5	15.8	14.8	15.1
法国	13.5	19.2	23.6	18.3	22.3
意大利	9.8	14.1	19.3	14.7	18.8
英国	6.8	11.7	14.6	10.3	13.3
加拿大	7.9	9.9	16.1	9.9	14.9
合计	7.0	12.2	14.7	10.8	14.0

（［美］尼古拉斯·施普尔伯：《国家职能的变迁》，杨俊峰等译，辽宁教育出版社2004年版，第171页。"收入转让"指用于老龄、病患、家庭补助等及社会援助的社会保障。）

导致国家履行其公共职能产生根本性变化的原因在于：一方面是随着生产力的迅速发展，生产方式要求公共部门提供日益广泛的服务；另一方面则是阶级力量的对比发生着质的变化。在前资本主义社会，统治阶级完全或几乎完全垄断了社会经济管理和资源，被统治阶级除了运用代价高昂的公开反抗手段，就只能寄希望于统治者个人的"善心"。但在资本主义社会，社会阶级间的垂直流动性不断增强，统治阶级对管理和资源的垄断被逐渐削弱。同时，被统治阶级的组织性不断增强，通过有组织的斗争不断争得多种权利，像普选权、参政议政权，等等。以英国为例，英国近现代史上有三次重要的制度变革，每一次都是由于民众力量的成长及其在阶级力量对比中地位的提升而促成。第一次是普选制度的确立，给予普通成年男子以选举权，迫使统治者更多地履行公共职能来服务大众。马克思就曾经把普选权说成是人民"主权意志的内容"。[①]

第二次是福利国家制度的确立。英国能赢得二战的最终胜利，关键在于英国人民的参与和牺牲。在这种背景下，英国政府推行了改善普通百姓生活的改革，确立了世界上第一个福利国家制度。第三次是20世纪90年代以来的"第三条道路"政纲。在社会的阶级构成中，中间阶级所占比重

---

① 《马克思恩格斯选集》第1卷，第537页。

不断提高的情况下，"中产化"成为发达资本主义国家的突出特征。而为了与这种阶级结构的变化相适应，竞争执政党地位的工党率先做出调整，提出"第三条道路"政纲，意在吸引中间阶级的选票，结果在1995年的选举中获得大胜，并已连续执政三届。这些深刻演化都显现出一种趋势，即反映出国家的功能作用明显地在从作为阶级压迫工具的一极向为社会履行公共职能的一极移动。当然，这种公共职能的履行仍然局限于资本的逻辑范畴；超出了这个范畴，统治阶级是决不让步的。哈贝马斯专门研究了当代资本主义的合法化危机问题，他指出："国家对经济过程的缺陷的遏制和成功处理，是国家的合法化的保障；但是国家承担这一任务，又不能直接约束作为资本主义经济运作的核心的私人决策，它最多只能是间接控制，这样国家又难以有效地遏制和成功地处理经济过程中的缺陷，难以完成维持自己的合法化的任务，难以保障群众的忠诚，从而使合法化的消解成为不可避免的事情。"[①] 这个矛盾是无法在资本主义框架内解决的，这也就是资本主义必将向社会主义过渡的内在原因。

（三）国家的消亡

马克思和恩格斯认识到，国家并非一经产生就永续存在，它是一定历史阶段的产物。这是因为，国家既然是伴随脑体劳动分工产生的阶级分化而创立，那么，在生产力高度发达，脑体分工走向消亡、阶级划分已不复存在的时候，国家的政治职能也就不复存在，国家也就走向消亡。不过，那将是一个漫长的历史进程。马克思和恩格斯在《共产党宣言》中阐明："当阶级差别在发展进程中已经消失而全部生产集中在联合起来的个人的手里的时候，公共权力就失去政治性质。原来意义上的政治权力，是一个阶级用以压迫另一个阶级的有组织的暴力……代替那存在着阶级和阶级对立的资产阶级旧社会的，将是这样一个联合体，在那里，每个人的自由发展是一切人的自由发展的条件。"[②] 恩格斯则进一步揭示道："阶级不可避免地要消失，正如它们从前不可避免地产生一样。随着阶级的消失，国家也不可避免地要消失。以生产者自由平等的联合体的基础上按新的方式组

---

① 转引自陈炳辉《西方马克思主义的国家理论》，中央编译出版社2004年版，第181页。
② 《马克思恩格斯选集》第1卷，第294页。

织生产的社会,将把全部国家机器放到它应该去的地方,即放到古物陈列馆去,同纺车和青铜斧陈列在一起。"① 当然,这种消亡不是人为废除的:"那时,国家政权对社会关系的干预在各个领域中将先后成为多余的事情而自动停止下来。那时,对人的统治将由对物的管理和对生产过程的领导所代替。国家不是'被废除'的,它是自行消亡的"。②

代替"国家"这个政治统治机器的"自由人的联合体"就是未来的共产主义社会。在共产主义社会也存在分工,但这种分工已不是可以引发阶级差别的那种脑体分工,而是出于共同体成员的兴趣和自愿;而且因为不存在能力上的本质差别,人们可以随时变换分工的角色。未来共产主义社会肯定也存在公共事务,但与以前社会具有本质不同的是,公共事务的管理不再由少数脑力劳动者所垄断,而是每个人都有能力去从事。所以,到那时对物的管理将替代对人的管理。

四 国家的中国特色

中国正在建设有中国特色的社会主义。社会主义制度的基本建立,意味着国家作为阶级压迫工具的职能已不突出,因而它的国家建构也独具中国的特色。这一具有本国特色的国家政权,首要的是服务于广大人民群众的根本利益需求,而同时只对少数国内外敌对力量实行其专政职能。它已成功地为经济建设保驾护航,促使 GDP 保持了数十年两位数的增长。依据马克思国家理论观点来认识国家的中国特色,重要的有如下几点。

一是,中国是以社会主义为立国纲领,在全体民众中已经不存在不可调和的、完全对立的阶级划分,十几亿人民的政治理念与利益诉求基本相通,对内对外较容易形成合力,有着众志成城的优势。二是,现阶段,它还处于社会主义的初级阶段,国家面临的压倒一切的任务是发展经济、提高人民的生活质量。国家也由此在广大民众中奠定了较坚实的认同基础。三是,为了动员全社会积蓄的潜力,宪法明确保护私有财产,并允许私人资本在一定范围发展;对外,在一定领域,通过建立外资、合资企业等方

---

① 《马克思恩格斯选集》第 4 卷,第 190 页。
② 《马克思恩格斯文集》第 10 卷,第 666 页。

式吸纳境外资本、技术与管理经验，以加速发展自己。四是，建立国家调控的市场机制。由国家垄断关乎国计民生、国家安全的经济领域；同时，放开其他领域，鼓励、支持民间资本建立中小企业，甚至大企业。通过竞争促发展，通过市场调节优化资源配置。五是，国家通过调整分配政策，建立基本生活保障体系，调节贫富差距，缓解社会不同阶层的利益矛盾，逐步实现共同富裕的总体目标。六是，倡导建构和谐的国际关系，力求有较长时段的国际和平环境，以确保国内经济建设顺畅推进。

以上几点明确传达着这样一种认识，即中国特色的国家在于：它具有着天然的对国家认同的群众基础；国家政权主要的能量运用在执行公共职能方面，目标就是发展生产力以实现全体人民的共同富裕。

国家作为上层建筑的组成部分，其作用的发挥决定于经济基础；但它又绝非被动而无所作为。恩格斯曾专门论述过国家对经济基础反作用的三种可能情况。从恩格斯的论述中，我们可以洞悉国家的制度设计与政策制定对经济发展所能发挥的举足轻重的促进或阻碍作用。而其中的关键在于国家能否通过公共职能的履行来调动人民群众的积极性，促使他们在生产生活中寻求提高自身生活的质量与生产的能力。而作为一定历史阶段的统治阶级，为了本阶级的长远和整体利益，往往可能选择通过履行公共职能、创造较为宽松的环境条件以激发群众积极性。他们能否做出较为客观的利益权衡和抉择，也就成为一个国家兴衰的重要根由。

（原载《史学理论研究》2009年第3期）

第二篇

唯物史观与阶级分析方法

阶级理论与马克思主义史学[*]

赵庆云

（中国社会科学院历史理论研究所）

一

20世纪以来，阶级理论对现实社会政治产生了极为深远的影响，也在马克思主义历史研究与解释中居于支配地位，相当程度上塑造了中国马克思主义史学的基本面貌。长期以来在人们心目中，马恩的阶级理论是唯物史观的核心组成部分。近年来，有学者提出阶级理论只是唯物史观的"派生物"，"广义唯物史观除居于基础地位的社会结构理论之外，还包括社会发展理论、阶级观点和无产阶级革命学说。就广义唯物史观本身来说，相对于它的基础和核心部分而言，其他部分的内容都处于从属的地位、次要的地位、派生的地位"，因而阶级观点在唯物史观中"处于推论的地位"。[①] 还有学者提出：曾占据主导地位的阶级斗争史观"从实质上严格说来并不属于唯物史观，因为唯物史观的实质主要是从生产力的发展和物质生产方式的角度来观察和研究历史"。[②]

无可否认，马克思主义唯物史观并非纯粹的书斋之学，唯物史观的创立即缘于当时革命实践与阶级斗争的形势之需要，马克思和恩格斯自始即以阶级斗争为基本线索去观察分析历史与社会现实。马克思在

---

[*] 本文是中国历史研究院"兰台青年学者计划"项目的阶段性成果。

[①] 王学典、牛方玉：《唯物史观与伦理史观的冲突——阶级观点问题研究》，河南大学出版社2010年版，第3—6页。

[②] 蒋大椿：《当代中国史学思潮与马克思主义历史观的发展》，《历史研究》2001年第4期。

第二篇　唯物史观与阶级分析方法

《〈政治经济学批判〉序言》中提到：促使其研究经济问题的最初动因，即为他在编辑《莱茵报》期间所遇到的一系列现实政治斗争问题。《共产党宣言》明确宣称："到目前为止的一切社会的历史都是阶级斗争的历史。但是，我们的时代，资产阶级时代，却有一个特点：它使阶级对立简单化了。整个社会日益分裂为两大敌对的阵营，分裂为两大相互直接对立的阶级：无产阶级和资产阶级……共产党人的最近目的是和其他一切无产阶级政党的最近目的一样的：使无产阶级形成为阶级，推翻资产阶级的统治，由无产阶级夺取政权。"其核心议题无疑是阶级斗争与无产阶级革命。1879年马恩在致倍倍尔、李卜克内西等人的信中说："将近40年来，我们一贯强调阶级斗争，认为它是历史的直接动力，特别是一贯强调资产阶级和无产阶级之间的阶级斗争，认为它是现代社会变革的巨大杠杆；所以我们决不能和那些想把这个阶级斗争从运动中勾销的人们一道走。"[①] 由此可见阶级理论在马克思主义中的关键地位。诚如有学者指出：人为将阶级斗争理论"从唯物史观中'摘'出去，是改革开放之初人们在反思此前几十年阶级斗争扩大化时，在理论上的一种权宜之计，不能完全令人信服。"[②]

西方学者对马克思主义历史理论的分析，也不无启发。萨明（T. Shamin）将马克思主义区分为"系统分析"和"阶级分析"两种分析类型，"系统分析聚焦于劳动和特定的政治经济、生产方式和社会结构的设计分析"；而阶级分析则"主要致力于政治经济学以及表现于历史集团对抗中的利益和集团意识的发展"。[③] 德里克认为，马克思的历史分析包括两种模式："一个阶级对抗决定所有成分的排列并为历史变革提供终极推动力的'两极性模式'（bipolar model），一个视社会为一个动态地相互关联的成分构成的复杂系统的'构造性模式'（structural model）。"马克思本人在他更为"纯粹的"社会历史分析中运用构造性模式，以《资本论》为代表；而在"从迫在眉睫的革命的视角来观察历史时，则更为强调阶级对抗

[①] 《马克思恩格斯选集》第3卷，人民出版社2012年版，第739页。
[②] 王也扬：《"马克思主义观"阅读札记》，《博览群书》2010年第10期。
[③] T. Shamin, "The Third Stage: Marxist Social Theory and the Origins of Our Time", *Journal of Contemporary Asia*, No. 3, 1976, p. 305.

的两极性模式",以《共产党宣言》为代表。①但马克思主义的创设并非只为了解释世界而是为了改变世界,马克思主义史学亦相当程度上着眼于动员广大民众投身革命,具有很强的革命性和实践性,阶级观点、阶级话语成为马克思主义史学的核心要义,自在情理之中。

二

对于阶级斗争理论,我们自须探究马恩经典论述以明其本源,亦应考察中国史家在历史研究中对此理论如何认知和运用。总体来说,史家接受、认知阶级理论,并将之运用于史学研究实践,经历了一个不断发展嬗变的过程,且与政治形势变化密切相关。

李大钊被称为"中国马克思主义史学的奠基人",②也是阶级斗争理论最早的传播者。他在1917年发表于《新青年》的《法俄革命之比较观》《庶民的胜利》《Bolshevism的胜利》,显示其已然初步确立无产阶级的价值立场。不过,他起初欲将无政府主义的互助思想与阶级斗争理论相结合,于1919年7月6日在《每周评论》发表《阶级竞争与互助》,试图以克鲁泡特金的"互助论"调和、补充马克思的"阶级竞争说"。1919年,他在《新青年》上发表《我的马克思主义观》,介绍马克思主义历史论、经济论、社会主义运动论三个组成部分,然后强调:"他这三部理论,都有不可分的关系,而阶级竞争说恰如一条金线,把这三大原理从根本上联络起来。所以,他的唯物史观说:'既往的历史都是阶级竞争的历史。'他的《资本论》也是首尾一贯的根据那'在今日社会组织下的资本阶级与工人阶级,被放在不得不仇视、不得不冲突的关系上'的思想立论。关于实际运动的手段,他也是主张除了诉于最后的阶级竞争,没有第二个再好的办法。"③

唯物史观在中国的最初流布与进化论缠结在一起,19世纪末传入中国的进化论为唯物史观奠定了思想基础,阶级斗争被理解为生存竞争,进化

---

① [美]阿里夫·德里克:《革命与历史——中国马克思主义历史学的起源,1919—1937》,翁贺凯译,江苏人民出版社2018年版,第213—214页。
② 叶桂生:《李大钊的史学思想》,《中国史研究》1979年第4期。
③ 《李大钊文集》下卷,人民出版社1984年版,第50页。

第二篇 唯物史观与阶级分析方法

论成为走向唯物史观的通道。① 李大钊以"阶级竞争"代替"阶级斗争",亦体现了进化论的影响。② 20世纪20年代,一些人将唯物史观理解为经济决定论,进而将具有个人主观意志的阶级斗争予以排斥。如胡汉民强调:唯物史观认为"社会一切形式的变化都属于经济行程自然的变化,以此立经济一元论的历史观。"③ 朱谦之亦将唯物史观视为经济决定论,批评唯物史观"只知历史法则却忘了意志自由一节"。④ 受此影响,李大钊也认为唯物史观的生产力决定论和阶级斗争理论存在矛盾:"盖马氏一方既确认历史——马氏主张无变化即无历史——的原动为生产力;一方又说从来的历史都是阶级竞争的历史,就是说阶级竞争是历史的终极法则,造成历史的就是阶级竞争。"并提出以"团体行动、法律、财产法三个联续的法则"来"补足阶级竞争的法则"。⑤ 可见,李大钊既认识到阶级斗争理论在马克思主义中的重要地位,又对之有所保留。另一位中国共产党早期领导人陈独秀,则意识到过于强调经济决定之弊,注意到人的主观能动性在历史演进中的作用,明确表示唯物史观与阶级斗争理论二者并无矛盾,且可以互相证明;恩格斯关于《共产党宣言》的论述"可以说是把唯物史观和阶级争斗打成一片了",⑥ 并强调,若离开阶级斗争学说,唯物史观就会成为呆板的"自然进化说"。⑦ 事实上,唯物史观当然并非简单的"经济决定论",信奉唯物史观的中国共产党人决非消极等待,在改造社会、创造历史方面反而最为积极有力。

近代以来西力东侵,救亡图存的反帝斗争成为不同政党、不同阶层人们的共同诉求。随着马克思主义在中国知识界影响日广,马克思的阶级斗争理论也被理解为反抗帝国主义压迫、求得民族独立的武器。中国近代的

---

① 陈峰:《"唯物史观"在近代中国的流变》,《近代史研究》2018年第5期;赵利栋:《"五四"前后中国马克思主义传播中的阶级与阶级斗争观念》,中国社会科学院近代史研究所编:《中国社会科学院近代史研究所青年学术论坛2001年卷》,社会科学文献出版社2002年版,第72—73页。
② [日]后藤延子:《李大钊思想研究》,王青等译,中国社会出版社1999年版,第68页。
③ 胡汉民:《唯物史观批评之批评》,《建设》第1卷第5号,1919年12月。
④ 朱谦之:《革命哲学》,《朱谦之文集》第1卷,福建教育出版社2002年版,第361—363页。
⑤ 李大钊:《我的马克思主义观》(《新青年》第6卷第5、6号,1919年5月、11月),《李大钊文集》下卷,第63、67页。
⑥ 《陈独秀文章选编》(中),生活·读书·新知三联书店1984年版,第194—195页。
⑦ 蔡和森、陈独秀:《通信:马克思学说与中国无产阶级》,《新青年》第9卷第4号,1921年8月。

阶级斗争与民族斗争、社会革命与民族革命交互为用。李大钊1921年后更强调阶级斗争中的民族因素，在1924年的一次演讲中，他甚至将人种问题也视为阶级问题，将阶级斗争解释为种族对抗，并提出中华民族须准备"应对世界民族加入阶级战争"。① 1926年，他指出：中国近代史"是一部彻头彻尾的帝国主义压迫中国民族史"，也"是一部彻头彻尾的中国民众反抗帝国主义的民族革命史"。② 他将太平天国革命解释为人民群众"反抗帝国主义武力的经济的压迫的民族革命运动。"③

在政治层面来看，民族革命与阶级革命仍不能完全等同，中国共产党与国民党合作，掀起波澜壮阔的"国民革命"，然而两党对于"国民革命"有不同的理解和诠释：中国共产党的目标不只是革命运动中的民族独立，而是涉及整个社会变革，因而强调阶级斗争。王奇生认为："中共话语中的'国民革命'，实质上是'阶级革命'。"④ 国民党则反对阶级革命、阶级斗争。国共统一战线的内部紧张，埋下后来分裂的种子。

1927年"大革命"失败后，中国共产主义运动处于低潮，而马克思主义却成为中国社会思想中最具活力的潮流。现实中激烈的阶级斗争亦投射于学术。社会史论战中的不同派别均致力于以历史认识为其现实革命策略提供支持，陶希圣及其他"新生命派"虽然运用马克思主义术语，却拒斥马克思的阶级理论，否认阶级斗争在中国历史上的重要性，认为阶级斗争理论不适合中国，究其根本，他们对中国共产党领导的社会革命持反对态度。共产党人则以阶级理论为利器，分析中国的阶级结构，并将阶级分析运用于历史认识和历史解释。

社会史论战之后，唯物史观在史学界影响愈加广泛，阶级斗争理论也一定程度上被非马克思主义学者所接受。如张荫麟1936年在宋史研究中，表现出对"阶级斗争"理论的认同和运用。⑤ 创建"生命史观"的朱谦之

---

① 李大钊：《人种问题》（《新民国杂志》第1卷第6期，1924年6月20日），《李大钊文集》下卷，第769、772页。
② 李大钊：《孙中山先生在中国民族革命史上之位置》（1926年3月12日），《李大钊文集》下卷，第847页。
③ 李大钊：《孙中山先生在中国民族革命史上之位置》（1926年3月12日），《李大钊文集》下卷，第851页。
④ 参见王奇生《革命与反革命——社会文化视野下的民国政治》，社会科学文献出版社2010年版，第75页。
⑤ 参见李政君《张荫麟对唯物史观的认知及其演变》，《齐鲁学刊》2020年第6期。

第二篇　唯物史观与阶级分析方法

也肯定阶级斗争理论的意义,认为马克思的阶级斗争理论能用于解释阶级社会,这是"唯物辩证法之最大贡献"。①

中国共产党领袖毛泽东极其重视阶级斗争问题,视阶级理论为马克思主义理论的核心内容。他在20世纪40年代回忆自己如何成为马克思主义者时说:"我在1920年,第一次看了考茨基的《阶级斗争》、陈望道翻译的《共产党宣言》,和一个英国人作的《社会主义史》,我才知道人类自有史以来就有阶级斗争,阶级斗争是社会发展的原动力……我只取了它四个字:'阶级斗争',老老实实地来开始研究实际的阶级斗争。"②他还明确表示:"唯物史观问题,即主要是阶级斗争问题。"③

革命领袖的提倡和强调,加之现实政治中阶级斗争趋于激烈,马克思主义史家进行历史研究的阶级观念亦趋强化。范文澜在延安撰著的《中国通史简编》,将毛泽东的《中国革命与中国共产党》对于中国历史的基本看法贯彻到通史书写之中,其核心要义可以归结为"阶级观点"。他将剥削阶级与被剥削阶级纳入对立—冲突、矛盾—斗争的模式,以劳动人民为历史的主人、以阶级斗争、农民起义作为历史发展的主线和动力。不仅朝代更替是阶级斗争的必然结果,王莽、王安石变法是为调和阶级矛盾,儒家思想的支配地位、佛教在南北朝的盛行,均从阶级斗争着眼加以解释。

马克思主义史家的历史撰著,以阶级观点为核心和主导,在动员民众投身革命中发挥了不可忽视的作用。但同时还须看到,中国共产党领导的"新民主主义革命"将民族革命与民主革命冶于一炉,通过"民族革命"以获得民族独立成为中共"阶级革命"的重要阶段性目标,民族主体价值亦存在于其"阶级革命"之中;甚至在日本入侵、民族矛盾尖锐化之时,中国共产党与国民党建立抗战民族统一战线,阶级调和、合作的一面——即统一战线——在政治实践中体现出其价值,"阶级斗争的利益必须服从于抗日战争的利益,而不能违反抗日战争的利益",④马克思主义史家历史研究的民族主体价值也得以突显。

---

① 朱谦之:《历史伦理学》,《朱谦之文集》第6卷,第169—170页。
② 《毛泽东文集》第2卷,人民出版社1993年版,第378—379页。
③ 《毛泽东书信选集》,人民出版社1983年版,第602页。
④ 毛泽东:《中国共产党在民族战争中的地位》,《毛泽东选集》第2卷,人民出版社1991年版,第525页。

三

　　时代的紧急召唤和革命的迫切需要，使唯物史观中最具实践性和可操作性的阶级斗争理论受到空前重视。毛泽东的历史观的两个最基本观点为"阶级斗争史观"与"人民史观"。① 在1949年8月14日发表的《丢掉幻想，准备斗争》一文中，毛泽东指出："阶级斗争，一些阶级胜利了，一些阶级消灭了。这就是历史，这就是几千年的文明史。拿这个观点解释历史的就叫做历史的唯物主义，站在这个观点的反面的就是历史的唯心主义。"② 这一简洁明快的言说，将阶级斗争观点提升为区分历史唯物主义与历史唯心主义的根本标志。毛泽东树立了运用阶级分析方法论述中国历史的楷模。他彻底否定近代地主阶级，认为："地主阶级是帝国主义统治中国的主要的社会基础，是用封建制度剥削和压迫农民的阶级，是在政治上、经济上、文化上阻碍中国社会前进而没有丝毫进步作用的阶级。"③ 与此同时，由于在中国共产党领导的新民主主义革命中，农民居功至伟，毛泽东亦特别强调农民的历史作用，指出"农民的力量，是中国革命的主要力量"，④ 强调"在中国封建社会里，只有这种农民的阶级斗争、农民的起义和农民的战争，才是历史发展的真正动力"。⑤ 1963年11月，毛泽东明确提出："阶级斗争是人类自从进到文明时期以来整个历史发展的动力。"⑥

　　由于毛泽东的崇高威望，这一论述对中国马克思主义史学研究有精神定向的作用。中华人民共和国成立之初，人们理解唯物史观的基本要点有二：其一为"承认有阶级的社会底历史是阶级斗争的历史"；其二为"劳动人民是历史的主人"。⑦ 翦伯赞在1950年撰写的《怎样研究中国历史》

---

① 张海鹏：《试论毛泽东的历史观》，《中共党史研究》2004年第5期。
② 毛泽东：《丢掉幻想，准备斗争》，《毛泽东选集》第4卷，人民出版社1991年版，第1487页。
③ 毛泽东：《中国革命和中国共产党》，《毛泽东选集》第2卷，第638页。
④ 毛泽东：《新民主主义论》，《毛泽东选集》第2卷，第692页。
⑤ 毛泽东：《中国革命和中国共产党》，《毛泽东选集》第2卷，第625页。
⑥ 《建国以来毛泽东文稿》第10册，中央文献出版社1996年版，第401页。
⑦ 刘大年：《中国历史科学现状》，《光明日报》1953年7月22日。

第二篇　唯物史观与阶级分析方法

一文中,强调:"我们研究中国历史,应该站在劳动人民的立场,批判那种以帝王为中心的正统主义的历史观点,建立以劳动人民为中心的新的历史观点",具体来说就是要"研究劳动人民的生产的历史和阶级斗争的历史。"[①] 吕振羽在1964年撰写的文章中表示:"在阶级社会的各个历史时代,不论任一时代的任何过程、侧面、任何社会现象、问题的发展、运动过程、变化,离开阶级分析法,都是不可能理解的,不可能揭露其发展规律的。"[②] 中国近代史学科被定位为:"通过对这个时代的阶级、阶级斗争的具体研究分析,揭示出这个时代的历史发展、阶级斗争规律来为当前斗争服务,满足当前斗争需要。"[③] 1959年新中国成立十周年之际,学者们总结道:"历史科学是一门社会科学,是研究生产斗争和阶级斗争而为阶级斗争服务的。由于他是为阶级斗争服务的科学,所以历史科学本身的发展也是和阶级斗争分不开的。"[④]

阶级理论、阶级分析方法的强化和普及,给新中国的马克思主义史学发展带来深刻变革,不仅改变了史学研究者主体立场和价值取向,引导了史学研究视角和研究论题,甚至改变了史家的史料眼光和研究方式,重构了一套新的史学解释体系。可以毫不夸张地说,马克思主义阶级理论很大程度上形塑了新中国马克思主义史学发展的基本面貌。

马克思主义阶级理论给中国史学带来最重要的观念变革,即为眼光向下,以人民大众为历史书写的主体,撰写"劳动人民的历史"。20世纪初,中国新史学就有面向基层和大众的倾向,倡写"民史"的呼声始终不绝。梁启超痛斥君史湮没民史之弊,斥"君史"、倡"民史"成为新史学最为关键的观念变革。但这种提倡多出于政治目的,提倡者"其内心似并未出现真正沿此方向的转变",[⑤] 因而倡议中的"民史"并未得到实质发展,历史研究仍以上层精英为主要对象。真正从实践层面扭转精英史学格局者,当属唯物史观指导下的历史学。1949年新中国成立后,唯物史观的

---

① 翦伯赞:《怎样研究中国历史》,《新建设》第3卷第2期,1950年11月。
② 吕振羽:《关于历史主义和阶级观点问题的争论》,《吉林大学社会科学学报》1981年第2期。
③ 刘大年:《中国近代史诸问题》,《历史研究》1963年第3期。
④ 刘尧庭、张嘉沧、荣铁生、郝立本:《从思想战线斗争看十年来历史科学的发展》,《开封师范学院学报》1959年第2期。
⑤ 罗志田:《近三十年中国近代史研究的变与不变——几点不系统的反思》,《社会科学研究》2008年第6期。

阶级理论将"劳动人民"视为"历史的创造者""历史的主人",历史研究的主体内容与价值取向也因之乾坤颠倒。在阶级观点指引下,马克思主义史学关注的重心下移至底层民众,以民众为中心撰写"劳动人民的历史"具有无可置疑的正当性,被大多数历史研究者所衷心接受,并内化为不言自明的共识。连金毓黻这种旧派学人对此也深有体会,他从事民国史料的整理工作,强调资料整理的"重点放在革命史料的部分上,也就是放在从事生产的工农劳动人民的身上"。①新中国成长起来的学人蔡美彪则强调:"几千年来,奴隶主阶级、资产阶级的知识分子在控制着历史的编写。他们积极以其自己的观点歪曲捏造历史,侮辱劳动人民。这样的历史书便成为剥削阶级毒害人民、维护反动统治的工具。现在情形不同了。在工人阶级作了主人的国家,工人们起来自己动手,依据自己的经历,编写以自己为主人的历史。这是我国史学史上从来没有过的现象。这是历史研究中一个伟大的革命的变革。"②

1958—1966年兴起的"四史运动",着眼于社会底层的工农草根,让千百年来在历史中失语的他们发出自己的声音。如时人所云:"我所读过的一切旧史书,莫不是帝王将相的记功簿和才子佳人的生活史。作为创造世界,创造历史的劳动人民,反而无影无踪。即使偶而有之,也只是被歪曲为'犯上作乱'的'贼盗小人'的形象出现……今天人民的史学刊物,刊登劳动人民的斗争史和翻身史,也让工人农民自己写自己的历史,乃是自古未有的奇迹,是史学还家的创举。"③

由于毛泽东对"农民战争"的重视和强调,农民战争被当作"阶级斗争"在中国的典型表现,"农民战争"与"古史分期"成为"五朵金花"中最重要的两个问题,农民战争史无疑成为马克思主义史学中的"显学"。1954—1957年的近代史分期讨论,经过热烈争鸣,胡绳构建的"三次革命高潮"概念受到较多认同。"三次革命高潮"实质上突出了近代以来表征着民众反抗斗争的太平天国、义和团运动、辛亥革命,突出了人民群众——尤其是农民的反抗斗争,将之作为近代历史发展的根本推动力量。

---

① 金毓黻:《关于整理近代史料的几个问题》,《新建设》1950年第2期。
② 蔡美彪:《重视工人群众的历史研究》,《高研组整风意见》,中国社会科学院近代史研究所档案。
③ 嘎拉增:《读者来信》,《史学月刊》1965年第9期。

第二篇　唯物史观与阶级分析方法

胡绳强调:"把人民的革命斗争看作是中国近代史的基本内容,就能比较容易地看清楚中国近代史中各种政治力量和社会现象。"[1] 邵循正指出:给予太平天国等劳动人民反抗斗争"以足够的地位和分量",就可以阐明"一百多年来中国人民不屈不挠、再接再厉的英勇斗争"。[2]

在阶级观点的导引下,马克思主义史家不仅改变了价值立场,也改变了史料眼光和研究方式。因以往的史学多以"精英"为取向,下层民众留下的史料相当有限。不少马克思主义史家从书斋、图书馆、档案馆转向田野,通过实地历史调查以获取普通民众的史料。社会历史调查兴盛一时,虽然有自上而下的组织推动,实际上主要还是史家主动投身其中,且获得了不可替代、不可忽视的硕果。[3]

如前文所论,唯物史观不同于一般的书斋之学,它是马克思基于革命斗争之需要,而去研究经济问题和历史问题,从中创立的学说,阶级理论确为唯物史观的核心要义之一,阶级分析也确为研究历史的重要理论工具。但若将阶级观点推向极端,则不免产生简单化、教条化的偏颇。在史学研究实践中,人们往往将阶级分析简化为划清历史上的阶级阵线、判断历史人物的阶级属性,或出于所谓朴素的阶级感情,不加区分地对剥削阶级加以谴责,对被压迫阶级加以颂扬。范文澜尖锐地指出:"阶级斗争的情景既是那样复杂,要了解它,不仅要分析各个阶级相互间的关系,同时还得分析各个阶级内部各种集团或阶层所处的地位,然后综观它们在每一斗争中所起的作用和变化。如果只是记住了阶级斗争而没有具体分析,那就会把最生动的事实变成死板的公式。"[4]

1958年"史学革命"中,阶级观念被空前强调,其中最为响亮的口号是"打破王朝体系""打倒帝王将相",亦即从历史叙述中剔除"反动统治阶级"的内容,"建立一个新的人民史体系"。[5] 一些马克思主义史家对阶级理论标签化、教条化的趋向提出批评,并强调唯物史观的一个重要

---

[1] 胡绳:《中国近代史绪论》,《胡绳全书》第2卷,人民出版社1998年版,第230页。
[2] 邵循正:《略谈〈中国近代史稿〉第一卷》,《读书》1959年第2期。
[3] 参见赵庆云《略论十七年间的中国近现代历史调查》,《中共党史研究》2014年第12期。
[4] 范文澜:《关于中国历史上的一些问题》,《范文澜全集》第10卷,河北教育出版社2002年版,第218页。
[5] 北京五十六中历史教研组:《打破王朝体系讲述劳动人民的历史——改编高中中国历史课本的几点体会》,《历史教学》1958年第12期。

观点——"历史主义",力图以之纠偏。华岗说:"我们当论断和评价历史事物时,只能以该历史事变与人物在当时所处的条件为标准,而不能以今天的条件为标准。"① 翦伯赞说:"站在工人阶级的立场上不等于要用今天的,乃至今天工人阶级的标准去衡量历史人物。而是要求我们用工人阶级的历史观点,即历史唯物主义的观点去评论历史人物。"②

由于阶级斗争本身也是一个历史的产物,历史性是阶级存在的根本属性,阶级斗争的内容、性质、方式、特征在不同历史时代也有所不同。研究历史上的阶级斗争,如果离开历史主义原则,就容易古今不分,赋予古人以现代意识。因而,历史研究中运用阶级分析方法,必须置于一定的历史范围之内,避免将阶级观点当作超越时空的空洞教条。范文澜、翦伯赞等人对历史主义的倡导,无疑有其积极意义。但随着现实政治中的阶级斗争之弦愈趋紧张,历史研究中阶级理论简单化、公式化、绝对化的趋向未能得以遏制,甚至将阶级斗争当成人类历史的全部内容,从而给马克思主义史学带来严重损害。

四

改革开放以后,随着政治领域放弃"阶级斗争为纲"的路线,时代主题由革命向建设转换,"阶级"话语受到冷落,③ 史学研究者对阶级斗争、阶级分析也往往持回避态度。但是,阶级社会的阶级分化是不可回避的客观存在,用马克思的阶级理论来观察分析阶级社会的历史、看待历史的运转变迁,仍有其不可替代的价值,前辈马克思主义史家的看法,对我们仍具有启迪意义。

胡绳是马克思主义中国近代史学科体系的重要开创者,他构建的以"三次革命高潮"为标帜的近代史框架以革命为主干,以阶级斗争为主线,在 20 世纪五六十年代有其合理性,但应该承认,这一框架无法涵盖近代中国的丰富历史内容,过于强调阶级斗争,难免会忽视生产力和其他社会

---

① 华岗:《谈谈历史方法》,《文汇报》1948 年 9 月 7 日。
② 翦伯赞:《关于历史人物评价中的若干问题》,《新建设》1952 年第 9 期。
③ 潘毅、陈敬慈:《阶级话语的消逝》,《开放时代》2008 年第 5 期;王奇生:《从"泛阶级化"到"去阶级化":阶级话语在中国的兴衰》,《苏区研究》2017 年第 4 期。

第二篇　唯物史观与阶级分析方法

力量对历史发展的作用。胡绳晚年与时俱进，吸收李时岳等人"现代化叙事"的合理因素，对自己原来的理论框架作了调适。他在《从鸦片战争到五四运动》1997年的再版序言中，对"现代化"问题作了系统论述，明确指出，以现代化为主题来叙述中国近代历史不失为一种可行的思路，而且很有意义。① 他的这些话曾被有的学者解读为对革命史观的彻底否定，对"现代化史观"的全盘接纳，② 这种看法是对胡绳思想的误读。因为胡绳同时强调："以现代化为中国近代史的主题并不妨碍使用阶级分析的观点方法。相反的，如果不用阶级分析的观点和方法，在中国近代史中有关现代化的许多复杂的问题恐怕是很难以解释和解决的。"在帝国主义侵略的压力下，"中国近代史中的现代化问题不可能不出现两种倾向。一种倾向是帝国主义允许的范围内的现代化，这就是，并不要根本改变封建主义的社会经济制度及其政治和意识形态的上层建筑，而只是在某些方面在极有限的程度内进行向资本主义制度靠拢的改变。另一种倾向是突破帝国主义所允许的范围，争取实现民族的独立自主，从而实现现代化。这两种倾向在中国近代史中虽然泾渭分明，但有时是难以分辨的。"要澄清对于近代中国的现代化问题的模糊认识，必须对这两种截然不同的"现代化"加以区分，而"要说清楚这两种倾向的区别和其他种种有关现代化的问题，在我看来都不可能离开马克思主义的阶级观点和阶级分析"。"我写这本书是使用阶级分析的观点和方法。其所以使用这种观点和方法并不是因为必须遵守马克思主义，而是因为只有用马克思主义阶级分析的观点和方法，才能说清楚在这里我所处理的历史问题。"③

胡绳晚年对于"中间势力"的考察，也充分发挥了阶级分析之长。他指出，在新民主主义革命史上，国共两党是矛盾斗争的两极：一极是大地主大资产阶级，一极是无产阶级。这两极之间还存在相当多数的中间势力，他们最后的选择决定了人心向背，进而奠定了革命胜利的基础。"实

---

　　① 胡绳：《〈从鸦片战争到五四运动〉再版序言》，《胡绳全书》第6卷（上），人民出版社1998年版，第8页；胡绳：《关于撰写〈从五四运动到中华人民共和国成立〉一书的谈话》，《胡绳全书》第7卷，人民出版社2003年版，第73页。
　　② 徐晓旭：《胡绳晚年历史观的变化》，《南通工学院学报》2004年第2期；李慎之亦认为胡绳晚年是"尽弃所学而学焉"，参见《回应李普〈悼胡绳〉的信》，《思慕集》，社会科学文献出版社2003年版，第133页。
　　③ 胡绳：《〈从鸦片战争到五四运动〉再版序言》，《胡绳全书》第6卷（上），第4、8—10页。

际上工农、小资产阶级只是革命的可能的基础。就阶级说，它们是革命的，就具体的人说，它们当中大多数在政治上是处于中间状态，不可能一开始就都自动跟共产党走。"① 这些论述透过复杂的历史现象把握本质，体现出阶级分析法的理论穿透力。只要不将阶级理论视为公式、教条，而从历史实际出发恰如其分地把握历史上阶级分化、阶级矛盾、阶级认同等方面的实态，对历史上的阶级进行深入、实证的考察，阶级分析法仍然是我们研究历史极有价值的理论工具。

（原载《史学理论研究》2022 年第 3 期）

---

① 胡绳：《关于撰写〈从五四运动到人民共和国成立〉一书的谈话》，《胡绳全书》第 7 卷，第 45—46 页。

坚持和发展立足于历史实际的阶级分析方法

李　斌

（中国社会科学院郭沫若纪念馆）

阶级观点是马克思主义理论的核心观点，阶级分析方法是唯物史观的重要方法。中国马克思主义史学一直重视阶级分析方法，积累了丰富的经验。在 20 世纪 50—70 年代，受时代氛围的影响，部分史学家对阶级的理解存在误差和偏颇，对阶级分析方法的运用出现了僵化和简单化的倾向。改革开放以来，阶级分析方法在史学研究中有所减弱，部分史学家不再运用阶级分析方法。如何看待阶级观点，在历史研究中合理运用阶级分析方法，仍是一个需要讨论的重要史学理论问题。

一

阶级是马克思主义理论出现之后才明确的概念。马克思在他的著作中没有给阶级下一个明确的定义，从他的论述中可知，阶级是按照人们对生产资料的不同占有方式而划分出的实有的社会集团，这些社会集团不是按照收入的多少，钱包的大小聚集起来的，而是按照对生产资料的不同占有方式凝聚在一起。列宁明确指出："所谓阶级，就是这样一些社会集团，这些集团在历史上一定的社会生产体系中所处的地位不同，同生产资料的关系（这种关系大部分是在法律上明文规定了的）不同，在社会劳动组织中所起的作用不同，因而取得归自己支配的那份社会财富的方式和多寡也不同。"[①] 他还说：

[①] 列宁：《伟大的创举》，《列宁选集》第 4 卷，人民出版社 2012 年版，第 11 页。

"区别各阶级的基本标志,就是它们在社会生产中所处的地位,也就是它们对生产资料的关系。"[1] 这是对阶级最为扼要的定义。"阶级的存在仅仅同生产发展的一定历史阶段相联系",[2] 阶级是历史性的存在,有它产生和消亡的过程。阶级产生于原始公社解体的过程中,主要存在于奴隶社会、封建社会、资本主义社会,而共产主义社会则不会有阶级。

阶级自有阶级社会以来就已经存在,但阶级观点和阶级分析方法是在近代社会才出现的。在马克思主义理论产生之前存在着阶级分析方法的雏形。英国古典经济学家斯密和李嘉图将社会划分为资本家、雇佣工人和土地所有者三大社会集团,法国历史学家梯叶里、米涅等人在研究中也触及到了阶级斗争。但直到马克思、恩格斯才揭示了阶级背后的实质,从而将阶级分析方法作为研究历史和观察现实的主要工具。

马克思主义经典作家高度重视阶级斗争和阶级分析方法。《共产党宣言》第一部分第一段即明确提出:"至今一切社会的历史都是阶级斗争的历史。"[3] 恩格斯在《社会主义从空想到科学的发展》中指出:"以往的全部历史,除原始状态外,都是阶级斗争的历史;这些互相斗争的社会阶级在任何时候都是生产关系和交换关系的产物,一句话,都是自己时代的经济关系的产物。"[4] 毛泽东说得更明确:"阶级斗争,一些阶级胜利了,一些阶级消灭了。这就是历史,这就是几千年的文明史。拿这个观点解释历史的就叫做历史的唯物主义,站在这个观点的反面的就是历史的唯心主义。"[5] 习近平总书记认为:"马克思主义政治立场,首先就是阶级立场,进行阶级分析。"[6] 这些马克思主义经典作家不仅是理论家,也是革命领

---

[1] 列宁:《社会革命党人所复活的庸俗社会主义和民粹主义》,《列宁全集》第7卷,人民出版社1984年版,第30页。
[2] 《马克思致约瑟夫·魏德迈》,《马克思恩格斯文集》第10卷,人民出版社2009年版,第106页。
[3] 马克思、恩格斯:《共产党宣言》,《马克思恩格斯文集》第2卷,人民出版社2009年版,第31页。
[4] 恩格斯:《社会主义从空想到科学的发展》,《马克思恩格斯文集》第3卷,人民出版社2009年版,第544页。
[5] 毛泽东:《丢掉幻想,准备斗争》,《毛泽东选集》第4卷,人民出版社1991年版,第1487页。
[6] 《完善和发展中国特色社会主义制度,推进国家治理体系和治理能力现代化——习近平在省部级主要领导干部学习贯彻十八届三中全会精神全面深化改革专题研讨班上的讲话》,《人民日报》2014年2月18日。

袖,他们对阶级分析方法的运用影响了历史走向。马克思、恩格斯运用阶级分析方法科学指导了欧洲的工人运动;列宁采用阶级分析方法领导了十月革命;毛泽东通过对中国社会各阶级的分析,确定了谁是我们的朋友,谁是我们的敌人,运用统一战线,孤立主要敌人,是新民主主义革命致胜的法宝。所以,我们在历史研究中坚持阶级分析方法,是符合历史实际的,是对历史事实的尊重。

阶级分析方法是中国马克思主义史学的光荣传统。从郭沫若的《中国古代社会研究》到范文澜的《中国通史简编》,无不贯穿着阶级分析方法。林甘泉曾说:"在历史科学领域内,是否承认和坚持马克思主义的阶级观点和阶级分析的方法,就成了历史唯物主义和历史唯心主义的分水岭。"[①]中国马克思主义史学家郭沫若、范文澜、侯外庐、翦伯赞、吕振羽、刘大年、胡绳等人运用阶级分析方法,在对中国阶级社会的社会性质、发展道路、政治斗争、经济制度、土地制度、阶级身份、农民起义、哲学思想、对外关系等方面的研究上都取得了丰硕成果,为我们进一步在历史研究中开展阶级分析奠定了坚实基础。

但毋庸讳言的是,以往的研究也出现了两个误区:一个误区是将历史上丰富复杂的阶级关系简单化,另一个误区是在历史研究中放弃阶级分析方法。阶级的表现形态十分丰富,阶级间的关系也特别复杂,但20世纪50—70年代,有些学者对于阶级和阶级关系的理解过于僵化:将丰富的阶级关系简单化为两大阶级间的二元对立关系;过于强调阶级间的对立和斗争,对于阶级间的同一性和相互依存强调得比较少;过于否定剥削阶级的历史作用,对它们的贡献提得比较少,等等。出现这些偏颇的根本原因在于很多研究不是从历史实际出发,不是从对史料的整理、鉴别、分析和解读出发,而是从后设理论视角去剪裁史料。

改革开放以来,一些史学者不再运用阶级分析方法,在历史人物、历史事件尤其是农民起义评价等方面出现了偏颇。比如一再贬低太平天国运动,认为它给社会带来了巨大动乱,而看不到太平天国起义本质上是农民阶级对地主阶级的斗争,看不到无数农民在地主的压迫下无法生存揭竿而

[①] 林甘泉:《再论历史主义与阶级观点》,《林甘泉文集》,上海辞书出版社2005年版,第305页。

起的历史事实。比如一再抬高曾国藩和李鸿章,而看不到他们作为剥削阶级代言人的一面。比如通过各种历史虚无主义的手段矮化郭沫若等革命文学家和马克思主义史学家,而看不到他们是无产阶级在文化领域的优秀代表,看不到他们在推动社会发展和人类文明上的巨大贡献。事实证明,离开阶级分析方法,我们就看不到历史的本质和发展方向。

二

阶级分析只能建立在大量具体问题的研究之上,不能用现在的阶级概念去比附历史上的阶级情形;历史研究也只有贯彻了阶级分析方法,才能揭示历史本质,充分发挥以史为鉴的功能。

同一历史时期存在着不同阶级,这些阶级之间的关系特别复杂,而且随着利益的分化和重组,阶级间的关系也在不停变动。在欧洲的封建社会,"由于存在着地方分权以及地方和各省的独立地位,由于各省工商业彼此隔绝,由于交通条件恶劣,当时那么多的等级几乎不可能归并成较大的集团。"[1] 这就提示我们将封建社会简单化为地主阶级和农民阶级的矛盾是对复杂历史的遮蔽。只有到了近代社会,随着社会条件的变化,才出现了两大对立的主要阶级。《共产党宣言》指出:"我们的时代,资产阶级时代,却有一个特点:它使阶级对立简单化了。整个社会日益分裂为两大敌对的阵营,分裂为两大相互直接对立的阶级:资产阶级和无产阶级。"[2] 但即便在资本主义社会中的两大对立阶级是资产阶级和无产阶级的情况下,也存在着特殊情况,如1848年的法国已经是资本主义社会,但12月10日农民起义推翻了资产阶级领导的共和国,农民阶级和资产阶级的矛盾就临时性替代了资产阶级和无产阶级的矛盾变成了主要矛盾。

在阶级社会中,对立的阶级既有矛盾双方的斗争性,也有矛盾双方的同一性。农民和地主是相互斗争的,历次农民起义就是矛盾斗争的极端表现,但他们也是相互依存的,没有农民阶级也就不会有地主阶级。资产阶级和无产阶级是相互斗争的,但他们也是相互依存的,没有资产阶级就不

---

[1] 恩格斯:《德国农民战争》,人民出版社2016年版,第35页。
[2] 马克思、恩格斯:《共产党宣言》,《马克思恩格斯文集》第2卷,第32页。

> 第二篇 唯物史观与阶级分析方法

会有无产阶级。恩格斯认为"资产阶级的特点恰恰在于:在它的发展进程中有一个转折点,经过这个转折点之后,它的统治手段每进一步的增加,首先是它的资本每进一步的增加,都只会使它越来越没有能力进行政治统治。'站在大资产者背后的则是无产者。'资产阶级把自己的工业、商业和交通发展到什么程度,它也就使无产阶级成长到什么程度。而到了一定时刻——这种时刻不一定在各地同时到来,也不一定在同一发展阶段上到来——它就开始觉察到:它的这个形影不离的同伴无产阶级已开始胜过它了。"[①] 资产阶级和无产阶级的"形影不离"表明了它们的同一性。斗争性是矛盾的主要方面,同一性是矛盾的次要方面,有时候斗争性隐藏在同一性之下,或者表现为同一性。在中国传统乡村中,地主阶级和农民阶级"在阶级对立之中,又存在一条乡族结合,他们可以齿爵的不同,使得地主阶级和农民阶级之间通过地缘和血缘的乡族结合得有一个缓冲地带,缓和了矛盾,并混淆了阶级关系,把等级森严的阶级对立,披上一层温情脉脉的面纱。同时,在中国封建社会中最能搞乱阶级对立关系,还盛行一种拟制的血缘关系,以扩大宗族势力,掩盖剥削关系。明清社会即将奴仆称为义男、假子、家人,把属于两个不同的阶级成员,混同于家庭成员之中。此外,还流行同姓通谱之俗,几遍天下。"[②] 这是中国封建社会两大阶级间的真实反映,也正是有了这种"温情脉脉的面纱",才有了中国封建社会的超稳定结构。

阶级对立方式颇为多样。以前在研究中国历史上的阶级斗争时过于强调武装斗争,但武装斗争只是矛盾发展到不可调和时采取的极端手段,这不是历史的常态,阶级斗争更多是以武装斗争之外的其它方式进行的。恩格斯在德国工人斗争条件相比于1848年法国街垒巷战"发生了根本的变化"的情况下,称赞德国工人阶级"有成效地利用普选权"是"无产阶级的一种崭新的斗争方式","工人参加各邦议会、市镇委员会以及工商业仲裁法庭的选举;他们同资产阶级争夺每一个职位,只要在确定该职位的人选时有足够的工人票数参加表决。结果弄得资产阶级和政府害怕工人政党的合法活动更甚于害怕它的不合法活动,害怕选举成就更

---

① 恩格斯:《1870年第二版序言》,《德国农民战争》,第8页。
② 傅衣凌:《明清封建各阶级的社会构成》,《中国社会经济史研究》1982年第1期。

甚于害怕起义成就"。① 这提示我们在分析历史上的阶级斗争时得根据具体历史条件分析其采取的斗争形式，不能认为阶级斗争中只有武装斗争，更不能在评价阶级斗争时一味赞扬武装斗争。

在研究阶级利益及由此导致的阶级对立时，马克思提醒道："正如在日常生活中应当把一个人的想法和品评同他的实际人品和实际行动区别开来一样，在历史的斗争中更应该把各个党派的言辞和幻想同他们的本来面目和实际利益区别开来，把他们对自己的看法同它们的真实本质区别开来。"② 中国封建社会的统治者将农民起义者称为盗匪，把对他们的血腥镇压称为保境安民，而这实际上不过是为了维护他们自己的阶级利益，如果由此轻信他们的言论，则没有将他们的言辞和他们的实际利益区别开来。蒋介石在1927年背叛革命后，还在宣扬为实现孙中山遗志继续革命，如果由此以为他领导的国民党代表了民族资本家和中华民族的利益，那也是没有将他们的言辞和他们的实际面目区别开来。

在不同历史时期，阶级对立有紧张和舒缓等不同表现。阶级斗争在20世纪中国曾长期处于社会主要矛盾的位置，中国共产党领导中国人民推翻了三座大山，实现了人民当家做主。历史条件变化了，阶级斗争在社会中的位置也应该有所变化，过于强调阶级斗争只会阻碍社会进步。2017年新修订的《中国共产党章程》指出："由于国内的因素和国际的影响，阶级斗争还在一定范围内长期存在，在某种条件下还有可能激化，但已经不是主要矛盾。"③ 这是实事求是的辩证思考。

同一阶级在不同历史时期的表现形态不一样。中国长期处于封建社会，农民是封建社会的主要阶级。但农民在不同历史时期以不同的面目出现，先后经历了秦汉时期的"自由小农"，魏晋南北朝时期以徒附部曲为表现形式的农奴，北魏隋唐时期以均田户为表现形式的自耕农，北宋以后的契约佃农等不同形式。

同一阶级内部并非铁板一块，它又划分为很多阶层。奴隶社会中的奴隶有家内奴隶和耕作奴隶的区别。封建社会中的农民也有很多阶层，毛泽东在

---

① 恩格斯：《卡尔·马克思〈1848年至1850年的法兰西阶级斗争〉一书的序言》，马克思：《1848年至1850年的法兰西阶级斗争》，人民出版社2014年版，第15页。
② 马克思：《路易·波拿巴的雾月十八日》，人民出版社2015年版，第38页。
③ 《中国共产党章程》，人民出版社2017年版，第7页。

第二篇　唯物史观与阶级分析方法

《中国社会各阶级的分析》中就将中国近代农民分为自耕农、半自耕农、贫农等不同阶层。同一阶级内部的不同阶层有利益攸关之时，但也有相互对立的时候。马克思、恩格斯将未来的希望寄托于无产阶级，这里的无产阶级主要是产业无产阶级，而对于流氓无产阶级，马克思、恩格斯则是深恶痛绝的："流氓无产阶级是以大城市为其大本营的、由各个阶级的堕落分子构成的糟粕，他们是所有能够找到的同盟者中最坏的同盟者。这些社会渣滓极易被人收买，非常厚颜无耻。"① 马克思认为，路易·波拿巴是"流氓无产阶级的首领"，流氓无产阶级组成了秘密宗派十二月十日会，"在这个团体里，除了一些生计可疑的和来历不明的破落放荡者，除了资产阶级中的败类和冒险分子，就是一些流氓、退伍的士兵、释放的刑事犯、逃脱的劳役犯、骗子、卖艺人、游民、扒手、玩魔术的、赌棍、皮条客、妓院老板、挑夫、下流作家、拉琴卖唱的、捡破烂的、磨刀的、补锅的、叫花子，一句话，就是被法国人称做浪荡游民的那个完全不固定的、不得不只身四处漂泊的人群。"② 路易·波拿巴伙同这些人的所作所为只能是开历史的倒车。在1848年的法国，资产阶级中的金融贵族和工业资产阶级是对立的。"在路易—菲利浦时代掌握统治权的不是法国资产阶级，而只是这个资产阶级中的一个集团：银行家、交易所大王、铁路大王、煤铁矿和森林的所有者以及一部分与他们有联系的土地所有者，即所谓金融贵族"，"真正工业资产阶级是官方反对派的一部分"，"金融贵族的专制发展得越纯粹"，工业资产阶级的"反对派态度也就越坚决"。③ 中国近代社会的资产阶级主要分为两部分。"一个是买办资产阶级，是直接为帝国主义国家的资本家服务并为他们所豢养的阶级；一个是民族资产阶级，是同帝国主义联系较少或者没有直接联系的中等资产阶级。"前者"对国家的政治经济文化等方面，都起过严重的破坏作用"，而"民族资本要求摆脱外国资本主义和帝国主义的压迫和羁绊，独立发展民族经济，建立自己的工业体系，繁荣以本国产品为主的国内市场，因此，它在当时来说是进步的，它曾经反映了民族利益，促进了社会生产力的发展，它是旧中国比较进步的生产关系。而民族资产阶级正是当时这个比较进步的生产关系的

---

① 恩格斯：《1870年第二版序言》，《德国农民战争》，第10页。
② 马克思：《路易·波拿巴的雾月十八日》，第64页。
③ 马克思：《1848年至1850年的法兰西阶级斗争》，第26页。

代表。"① 买办资产阶级和民族资产阶级常常产生矛盾，这在中国近代社会表现突出，茅盾的杰出长篇小说《子夜》就十分形象地反映了这一矛盾。

同一阶层内部又可以分为不同的社会集团，这些不同集团的斗争甚至成为某一历史舞台的主要场景。比如从初唐至盛唐，在统治阶层内部就经历了从"关陇集团"逐渐失势和山东地主阶级逐渐得势这一历史发展过程。

个人总是隶属于一定的阶级。马克思、恩格斯认为："个人隶属于一定阶级这一现象，在那个除了反对统治阶级以外不需要维护任何特殊的阶级利益的阶级形成之前，是不可能消灭的。"② 正因为个人属于一定的阶级，所以不能以英雄史观看待历史人物，历史人物总是在既定的历史条件下按照其所属的阶级利益行事，并受到历史条件的制约。"他所能做的事，并不取决于他的意志，而取决于不同阶级之间对立的发展程度，取决于历来决定阶级对立发展程度的物质生活条件、生产关系和交换关系的发展程度。"③ 个人的阶级身份可能会发生变化，不能以出身论阶级。中国传统社会中的农民常常抱着"朝为田舍郎，暮登天子堂"的想法，有极少数人的确能够通过科举制度或者积累军功实现这种想法，当这一想法实现之后，他们就从农民阶级变成统治阶级的一员，从而实现阶级的跨越。《共产党宣言》认为，在阶级斗争接近决战时期，"甚至使得统治阶级中的一小部分人脱离统治阶级而归附于革命的阶级"。④ 这就揭示了个人阶级归属的变化。判断个人属于什么阶级，归根到底是看他是否占有生产资料以及占有什么样的生产资料。在对生产资料的占有方式上，有些方式是比较明显且易于观察到的，有些方式则是比较隐蔽而不易觉察的，这都需要深入的研究和分析。

自发的阶级和自为的阶级是有区别的，自发的阶级是从阶级存在以来就有的，自为的阶级是有阶级意识的阶级。无产阶级是自为的阶级，他们清楚自己的阶级利益和阶级使命。马克思认为："经济条件首先把大批的居民变成劳动者。资本的统治为这批人创造了同等的地位和共同的利害关系。所以，这批人对资本说来已经形成一个阶级，但还不是自为的阶级。

---

① 黄逸峰：《关于旧中国买办阶级的研究》，《历史研究》1964年第3期。
② 马克思、恩格斯：《费尔巴哈》，《马克思恩格斯选集》第1卷，人民出版社2012年版，第199页。
③ 恩格斯：《德国农民战争》，第109页。
④ 马克思、恩格斯：《共产党宣言》，《马克思恩格斯文集》第2卷，第41页。

第二篇　唯物史观与阶级分析方法

在斗争中（我们仅仅谈到它的某些阶段），这批人联合起来，形成一个自为的阶级。他们所维护的利益变成阶级的利益。"① 他们之所以能在斗争中团结起来维护自己的阶级利益，是因为他们有了阶级意识。但并不是工人团体都具有阶级意识，巴黎公社中的布朗基派是多数派，但"绝大多数的布朗基派不过凭着革命的无产阶级的本能才是社会主义者；其中只有少数人通过熟悉德国科学社会主义的瓦扬，比较清楚地了解基本原理。因此可以理解，为什么公社在经济方面忽略了很多据我们现在看来是当时必须做的事情。"② 多数人是凭着"阶级本能"做事，他们还不属于自为的阶级成员。农业短工是工业工人的"人数最多的天然同盟者"，③ 但在绝大多数情况下农民是缺乏阶级意识的，所以农民阶级在绝大多数时间内仅仅是自发的阶级，还不是自为的阶级。马克思曾说："数百万家庭的经济生活条件使他们的生活方式、利益和教育程度与其他阶级的生活方式、利益和教育程度各不相同并互相敌对，就这一点而言，他们是一个阶级。而各个小农彼此间只存在地域的联系，他们利益的同一性并不使他们彼此间形成共同关系，形成全国性的联系，形成政治组织，就这一点而言，他们又不是一个阶级。"④ 这段文字中出现两个"阶级"，前一个"阶级"作"自发的阶级"解，后一个"阶级"作"自为的阶级"解。

通过上述分析，可见阶级和阶级关系都是十分复杂的，需要具体问题具体分析。以前有些研究将阶级做了简单化处理，在奴隶社会只关注奴隶和奴隶主，在封建社会只关注农民和地主，在资本主义社会只关注资产阶级和无产阶级，对于同一阶级及其演变的理解也比较机械，认为同一阶级的利益必然一致，行动必然一致，甚至认为个人的出身决定其阶级属性，这些都没有将阶级的研究放到具体历史语境中具体问题具体分析。近年来，随着全球化进程的加速和经济形态及生产资料占有方式的不断变化，阶级不停分化重组，一些旧的阶级消失了，一些新的阶级诞生了。我们在研究历史时惯用的一些概念和阶级分析方法还不足以完全应对现实，这都需要我们不断发展已有的阶级分析方法。马克思主义理论是在实践中不断丰富和发展的科学理

---

① 马克思：《哲学的贫困》，《马克思恩格斯文集》第 1 卷，人民出版社 2009 年版，第 654 页。
② 《恩格斯写的 1891 年导言》，马克思：《法兰西内战》，人民出版社 2016 年版，第 12 页。
③ 恩格斯：《1870 年第二版序言》，《德国农民战争》，第 11 页。
④ 马克思：《路易·波拿巴的雾月十八日》，第 110 页。

论，马克思主义关于阶级的观点也需要不断丰富和发展。历史是最为丰富的，我们可以不断从文献中获得以前不知道的史实，从而最大限度丰富我们对阶级的认识。历史是不断发展的，我们不仅需要分析已经发生过的历史实事，也需要对不断变化的现实进行分析研判。从历史实际出发，尊重历史事实，从现实需要出发，尊重客观现实，在具体研究中丰富和发展阶级分析方法，这是今天我们坚持阶级分析方法的题中应有之义。

在历史研究中坚持和发展阶级分析方法并不意味着阶级分析方法适用于一切历史领域。历史研究是一切社会科学的基础，是史料最为丰富、成熟度最高的学科之一。以往的历史学家给我们留下了丰富的历史研究方法，我们都要批判地继承，不能眼中只有阶级分析方法。阶级分析方法只是研究阶级社会中的政治斗争、社会关系、经济关系等方面问题时的基本方法，有它的适用范围。基本方法不能代替其它方法，我们不能把所有丰富复杂的历史现象都归结为阶级关系，不能用阶级分析方法研究一切历史现象。

三

在历史研究中进行阶级分析不能没有阶级立场。我们研究历史，进行阶级分析，要站稳人民的立场，阶级分析有利于以史为鉴，总结历史经验，为人民服务。

一定的阶级有一定的特点，站在人民的立场，通过分析这些阶级在历史上的表现，可以总结历史经验，汲取历史教训，少走弯路。对于资产阶级，恩格斯从1848、1871年两次战争中得出经验。在1848年，"工人们经过五天英勇斗争，终于失败。接着，对手无寸铁的俘虏的血腥屠杀就开始了，这样的屠杀自那场导致了罗马共和国覆灭的内战以来还未曾见过。资产阶级第一次表明了，一旦无产阶级敢于作为一个具有自身利益和要求的单独阶级来同它相对抗，它会以何等疯狂的残暴手段来进行报复。"而1871年对巴黎公社的屠杀，"说明一旦无产阶级敢于起来捍卫自己的权利，统治阶级的疯狂暴戾能达到何种程度"。[①] 恩格斯在《德国农民战争》的《1870年第二版序言》中揭示了小资产阶级的特点："至于小资产者、

---

① 《恩格斯写的1891年版导言》，马克思：《法兰西内战》，第6、11页。

第二篇　唯物史观与阶级分析方法

手工业师傅和小店主，他们是永远不变的。他们千方百计地希望跻身于大资产阶级的行列，他们害怕被抛到无产阶级的行列中去。他们彷徨于恐惧和希望之间，在斗争期间会力求保全自己宝贵的性命，而在斗争之后则去投靠胜利者。这是他们的本性。"① 这都是从血与火的战斗中得出的教训，在阶级还没有消灭之前，这样的故事难免不会重演。我们从历史中汲取了教训，在未来的斗争中就会更有经验。

在马克思看来，无产阶级的历史使命是"消灭一切阶级和进入无阶级社会"，② 是形成自由人联合体。要实现这一使命，必须继承迄今为止人类历史上的一切优秀文明成果，包括剥削阶级创造的优秀文明成果。在以前的研究中，我们习惯于认为人类文明都是劳动人民创造的，当然，劳动人民是创造人类文明的主体，像金字塔、云冈石窟、都江堰水利工程等，都是劳动人民智慧的结晶，但我们也不能忽略其它阶级对人类文明的贡献。帝王将相和资本主义代表人物在封建社会和资本主义上升期都有一定的进步作用，应该充分肯定他们的历史功绩。列宁曾说："社会主义学说则是从有产阶级的有教养的人即知识分子创造的哲学理论、历史理论和经济理论中发展起来的。"③ 这提示我们要充分肯定曾属于剥削阶级的历史贡献。习近平总书记多次提到"弘扬和平、发展、公平、正义、民主、自由的全人类共同价值"④，这些"全人类共同价值"中，"民主""自由"就是资产阶级启蒙思想家首先提出来的。习近平总书记还指出："包括儒家思想在内的中国优秀传统文化中蕴藏着解决当代人类面临的难题的重要启示。"⑤ 儒家思想主要是由中国封建地主阶级创造并丰富起来的，这已经成为人类文明的重要宝库。可见，无产阶级的阶级立场并不意味着就要忽略和抹煞其它阶级的贡献，而是要以宽广的胸怀，继承人类历史上的一切优秀文明成果，从而向自由人联合体不断迈进。

（原载《史学理论研究》2022 年第 3 期）

---

① 恩格斯：《1870 年第二版序言》，《德国农民战争》，第 9 页。
② 《马克思致约瑟夫·魏德迈》，《马克思恩格斯文集》第 10 卷，第 106 页。
③ 列宁：《怎么办？》，《列宁专题文集·论无产阶级政党》，人民出版社 2009 年版，第 76 页。
④ 习近平：《在纪念辛亥革命 110 周年大会上的讲话》，《人民日报》2021 年 10 月 10 日。
⑤ 《习近平在纪念孔子诞辰 2565 周年国际学术研讨会暨国际儒学联合会第五届会员大会开幕会上的讲话》，《人民日报》2014 年 9 月 25 日。

阶级分析方法仍是认识历史、把握历史的科学方法

王 广

（中国历史研究院历史文化传播中心、历史研究杂志社）

在人类思想史上，任何一种真正的思想体系，总离不开独具特色的学术话语和方法论支撑。在马克思主义史学宏伟的理论大厦中，阶级观点和阶级分析方法是具有支撑意义的根本观点和根本方法，是体现马克思主义史学的本质、性质和特色的重要内容。列宁指出："必须牢牢把握住社会划分为阶级的事实，阶级统治形式改变的事实，把它作为基本的指导线索，并用这个观点去分析一切社会问题，即经济、政治、精神和宗教等等问题。"[1] 他甚至强调："阶级关系——这是一种根本的和主要的东西，没有它，也就没有马克思主义。"[2] 从思想史上看，马克思主义阶级分析方法为人们正确认识历史、把握历史提供了科学指南；从实践层面看，它为世界范围内的无产阶级革命运动提供了重要的理论指导。阶级分析方法在中国革命实践中也发挥了重要指导作用，成为中国人民夺取新民主主义革命胜利、建立新中国和社会主义根本制度的锐利武器。但在一定历史时期，僵化、教条式的理解和运用阶级分析方法，也曾给党和国家事业发展以及学术研究留下了深刻的历史教训。当前，深化史学理论研究，建构具有鲜明特色的新时代中国史学，需要深入理解阶级分析方法的丰富内涵和历史意义，在史学研究中科学合理地加以运用，让这一重要研究方法焕发出新

---

[1] 《列宁选集》第4卷，人民出版社2012年版，第30页。
[2] 《列宁全集》第41卷，人民出版社2017年版，第102页。

第二篇 唯物史观与阶级分析方法

的时代价值。

一 我国学界看待和运用阶级分析方法的几个阶段

"伟大的思想也有自己的《fata》〔'命运'〕。"① 马克思这一论断同样适用于阶级分析方法。通观马克思主义传入中国以来的学术史,我国学界对阶级分析方法的看待和运用,走过了一段复杂而曲折的发展过程,大体上可以分为四个阶段。

一是从马克思主义传入中国到新中国成立,阶级分析方法成为重要的革命理论指南和学术研究范式。十月革命一声炮响,给中国送来了马克思列宁主义,阶级分析方法也随之传入中国。这一方法以其鲜明的阶级性和理论上的彻底性,逐渐成为以毛泽东为主要代表的中国共产党人在严酷而紧张的革命斗争实践中,分析革命问题、制定斗争策略的重要工具。李大钊在《阶级竞争与互助》《我的马克思主义观》等文章中介绍了马克思的阶级斗争理论。他指出,马克思的"阶级竞争说恰如一条金线",将马克思主义关于过去、现在、将来的三大理论"从根本上联络起来"。② 1921年1月,毛泽东在新民学会长沙会员大会上,从理论的高度简洁明了地概括了世界范围内解决社会问题的五种方法:一是倡导社会改良、主张阶级协调的所谓"社会政策";二是第二国际的"社会民主主义",反对无产阶级举行暴力革命和施行无产阶级专政,主张走议会制民主道路;三是"激烈方法的共产主义(列宁的主义)";四是"温和方法的共产主义(罗素的主义)",主张当时的中国首要问题是兴办教育和发展实业;五是无政府主义。在这些方法中,毛泽东明确指出:"社会政策,是补苴罅漏的政策,不成办法。社会民主主义,借议会为改造工具,但事实上议会的立法总是保护有产阶级的。无政府主义否认权力,这种主义恐怕永世都做不到。温和方法的共产主义,如罗素所主张极端的自由,放任资本家,亦是永世做不到的。激烈方法的共产主义,即所谓劳农主义,用阶级专政的方法,是可以预计效果的,故最宜采用。"③ 黄爱、庞人铨等人于1920年11

---

① 《马克思恩格斯全集》第11卷,第626页。
② 《李大钊全集》第3卷,人民出版社2006年版,第19页。
③ 《毛泽东文集》第1卷,人民出版社1993年版,第2页。

阶级分析方法仍是认识历史、把握历史的科学方法

月21日在长沙成立湖南劳工会,初创时受到无政府工团主义的思想影响。毛泽东在1921年11月21日,即湖南劳工会成立一周年时提出了改组建议,明确讲道:"劳动组合的目的,不仅在团结劳动者以罢工的手段取得优益的工资和缩短工作时间,尤在养成阶级的自觉,以全阶级的大同团结,谋全阶级的根本利益。"他强调:"这是宗旨所在。"[1] 可以说,在中国共产党早期领导人中,毛泽东是最为坚定主张阶级观点和阶级分析方法的。在《中国社会各阶级的分析》这一名篇中,毛泽东直截了当地提出:"谁是我们的敌人?谁是我们的朋友?这个问题是革命的首要问题。"[2] 正是依据阶级分析方法,中国共产党人正确地分析了中国社会的性质和中国革命的动力、依托、对象、任务、途径等一系列问题,走出了农村包围城市、武装夺取政权的新道路,最终取得了新民主主义革命的伟大胜利。在这一过程中,阶级分析方法也成为以郭沫若、范文澜、翦伯赞、吕振羽、侯外庐"马列五老"和李达、艾思奇等马克思主义哲学家为代表的马克思主义学派的重要研究范式,推出了一大批为学科发展奠基立论的经典篇章。郭沫若在《中国古代社会研究》一书的自序中就强调,是书以恩格斯的《家庭、私有制和国家的起源》为"向导",性质"就是恩格斯的《家庭、私有制和国家的起源》的续篇"。[3] 范文澜的《中国通史简编》则运用阶级分析方法,深刻地叙述了残暴的封建统治如何压迫农民阶级以及后者如何被迫起来反抗压迫的历史过程,肯定了农民起义的伟大历史作用。

二是20世纪50—70年代,存在简单化、教条式地理解和运用阶级分析方法的现象,而随着现实形势的发展,这一研究方法逐渐转变为政治和意识形态工具。随着"三大改造"完成和社会主义根本制度的确立,党和国家开始了对社会主义建设道路的艰辛探索。在这一过程中出现的反右派斗争扩大化和"文革"等问题,都与人们对阶级问题和阶级分析方法的错误理解有关。"由于对阶级斗争的形势作了过于严重的估计,把大量人民内部矛盾当作敌我矛盾,把大量思想认识问题当作政治问题,反右派斗争被严重地扩大化了。"[4] 关于"文革"发生的一个重要原因则是:"过去革

---

[1] 《毛泽东文集》第1卷,第6页。
[2] 《毛泽东选集》第1卷,人民出版社1991年版,第3页。
[3] 郭沫若:《中国古代社会研究》,商务印书馆2011年版,第6页。
[4] 本书编写组:《中国共产党简史》,人民出版社、中共党史出版社2021年版,第192页。

第二篇 唯物史观与阶级分析方法

命战争时期积累下来的成功的阶级斗争经验,使人们在观察和处理社会主义建设的许多新矛盾时容易沿用和照搬,把不属于阶级斗争的问题看作阶级斗争,把只在一定范围内存在的阶级斗争仍然看作社会的主要矛盾,并运用大规模群众性政治运动的方法来解决。"① 在这种现实形势的强烈影响下,阶级分析方法脱离了其自身的科学性和学理性,脱离了学术研究的正常范畴。正如有学者指出的,"随着1962年9月中共八届十中全会上重提'阶级斗争',党的政策重新发生'左'的逆转,史学领域强调'阶级分析'的风气日盛,'历史主义'与'阶级观点'的论争成为这一时期史学界探讨的主题",再加上政治领域的深刻影响,一些人"将'革命'等同于'阶级斗争',又将阶级分析方法'唯一化',使马克思主义史学发展陷入僵化困顿"。②

三是从20世纪80年代到21世纪初,存在着回避、远离甚至排斥阶级分析方法的现象,较少有研究提及或运用这一理论方法。党的十一届三中全会冲破长期"左"的错误的严重束缚,果断停止"以阶级斗争为纲"路线,把党和国家的工作重点转移到社会主义现代化建设上来,拉开了改革开放历史新时期的帷幕。这一时期,各个学科都不同程度地引入大量西方学术成果,西方人文社会科学的概念、范式、话语较深地浸染到当代中国学界的研究中。尤其是苏东剧变之后,世界社会主义运动处于低潮期,马克思主义"过时论"、社会主义"失败论"、共产主义"渺茫论"、"历史终结论"等谬说,占据一定的市场。这样,一方面出于对政治记忆和意识形态的回避,另一方面由于西方学术理论尤其是披着学术外衣的资产阶级意识形态的影响,去阶级分析方法成为研究者有意无意的选择。例如,在社会学研究中,"从马克思传统的阶级分析转向韦伯传统的阶层分析,特别是转向以布劳—邓肯模型为基础的地位获得研究,最终,阶层分析全面取代了阶级分析,成为中国社会学关于不平等研究的主导范式。"③ 在历史学研究中,由于后现代主义等多种思潮的复杂影响,历史学的宏大叙事遭到解构,反本质、反规律、"去政治化""去意识形态化"等倾向流行一

---

① 本书编写组:《中国共产党简史》,第205页。
② 杨凤城、付吉佐:《新中国马克思主义史学发展历程研究(1949—1966)——基于对〈历史研究〉的考察》,《现代哲学》2020年第6期。
③ 刘剑:《阶级分析在中国的式微与回归》,《开放时代》2012年第9期。

时，阶级观点和阶级分析方法几乎被束之高阁，少人问津。

四是近十多年来，在包括社会学、经济学、历史学、考古学等多个学科的研究中，出现了重回阶级分析方法、运用阶级分析方法透析理论和现实问题的趋势。这一方面是由于世界范围内社会历史现实的倒逼，2008年金融危机以及近年来新冠疫情的多重影响使得资本主义制度的发展呈现颓势，同时国际垄断资本主导的全球化在世界范围内造成了"再无产阶级化"等现象，这些都使得人们有必要重新审视阶级观点和阶级分析方法的时代价值。另一方面，则是由于马克思主义阶级分析方法内蕴的科学性所致，在资本逻辑和剥削机制仍然发挥掌控作用的现时代，阶级分析方法对社会现实巨大的穿透力、解释力和彻底性是其他学派的思想、观点所无可比拟的。可以说，阶级分析方法的重新出场，有其内在的历史必然性。日本知名马克思主义学者渡边雅男就曾批评过，日本学术界存在着在对马克思阶级理论的整体框架和内容都不清楚的情况下，就进行各种恣意的解释，"只凭自己随意的印象，对（马克思的阶级论）思想的误解、批判、曲解、想象都大笔一挥地肆意独行"。[1] 他深刻指出，"马克思的阶级概念作为社会科学方法的概念，以蕴含丰富的内容而值得夸赞，缺少了这种认识，今后马克思主义学问的发展就会出现危机。"[2] 回观中国学界，在社会学领域，"中国社会学界开始反思中国阶层研究的缺陷和不足，重新发出了回到马克思、回归阶级分析的呼吁"，要求"把阶级分析带回劳工研究的中心"。[3] 在经济学领域，有学者提出经济理论研究同样需要阶级分析方法，否则对国际社会阶级状况、中国如何巩固和发展社会主义等一系列问题就很难作出合理的解释。[4] 在考古学领域，有学者提出，考古学作为重要的人文社会科学，当然应该采用阶级分析方法，它可以促进文明起源的研究、深化对不同历史时期阶级问题的分析、全面认识历史上国家与阶级的复杂关系、帮助人们树立全面而健康的审美观和价值观。[5] 在历史学研

---

[1] ［日］渡边雅男：《马克思的阶级概念》，李晓魁译，社会科学文献出版社、重庆出版社2016年版，第ix页。
[2] ［日］渡边雅男：《马克思的阶级概念》，第 i、ix页。
[3] 刘剑：《阶级分析在中国的式微与回归》，《开放时代》2012年第9期。
[4] 栾文莲：《经济理论研究需要阶级分析方法吗?》，《黑龙江社会科学》2014年第4期。
[5] 贺云翱：《阶级分析方法也是考古学的重要方法论》，《大众考古》2021年第3期。

究中，同样需要重新重视理论、超越碎片化倾向，立足于新的时代方位审视和运用马克思主义阶级分析方法，以深化对重大历史和理论问题的思考。对于学界重回阶级分析方法的趋势和动向，我们要从学理层面予以冷静而深入的分析，不能简单地予以否定，同时要结合新时代的形势和要求，在准确理解阶级分析方法科学内涵的基础上加以承继、运用和发展。

二 阶级分析方法对深化史学研究具有不可替代的重要价值

宋儒朱熹曾云，"事必有法，然后可成"。作为一种重要的史学分析方法和科学工具，阶级分析方法无可替代。马克思主义的诞生是人类思想史上的壮丽日出，其对于史学研究的意义集中体现为，随着唯物史观的创立，"唯心主义从它的最后的避难所即历史观中被驱逐出去了，一种唯物主义的历史观被提出来了，用人们的存在说明他们的意识，而不是像以往那样用人们的意识说明他们的存在这样一条道路已经找到了。"[1] 阶级分析方法是唯物史观的重要内容和研究方法，迄至当今时代，仍然是人们认识历史、把握历史的科学方法。阶级分析方法当然不是史学研究的唯一方法，也不是随处可用、随手套用的灵丹妙药，但它作为一种突出强调从社会历史的深层和宏观结构出发来解释历史的科学研究方法，可以有效廓清在历史发展的本质、规律、动力等一系列重大问题上的迷思。离开了阶级分析方法，我们就只能漂浮于历史的表层而无法进抵历史的深层和本质。

阶级分析方法可以帮助人们科学地揭示历史的本质和规律。一般而言，人们将历史当作过往之事的总集，指对人类社会过去的事件和行动系统的记录、诠释和研究。历史学作为一门学科出现，是近代以来的事情，在此之前则更多地属于"历史编纂"的范畴。亚里士多德在《诗学》中曾比较历史和诗，指出："历史学家和诗人的区别不在于是否用格律文写作，而在于前者记述已经发生的事，后者描述可能发生的事。所以，诗是一种比历史更富哲学性、更严肃的艺术，因为诗倾向于表现普遍性的事，而历

---

[1] 《马克思恩格斯选集》第 3 卷，人民出版社 2012 年版，第 401 页。

史却倾向于记载具体事件。"① 作为过往事件总集的历史，可谓包罗万象，纷纭复杂。那么，其间的本质是什么，有无规律可循？历史究竟是历史人物和事件漫无目的、一团乱麻式的汇编，还是神秘的自在之物在人间的自我展现？如果像兰克史学那样只强调"如实直书"，那只不过是对历史的本质和规律尚未进行理论上的抽象概括之前的经验主义和直觉主义的做法，不啻是黑格尔所谓的"原始的历史"。如果像黑格尔那样，认为历史的本质是"理念"在不同发展阶段和不同环节上的展开，那么所谓历史规律只能是理念外化和运行的规律，但这种规律不过是思维强加给客观历史的头足倒置的想象而已。如果像后现代主义史学那样，认为历史只是语言建构的产物，那么就无所谓历史的本质和规律可言。

　　应该说，只有马克思和恩格斯运用唯物史观和阶级分析方法科学解答了这一问题。他们指出，历史是人的活动，首先是生产活动，"人们首先必须吃、喝、住、穿，然后才能从事政治、科学、艺术、宗教等等"，因此"直接的物质的生活资料的生产，从而一个民族或一个时代的一定的经济发展阶段，便构成基础"。② 人们在生产中形成各种各样的关系，依据是否占有生产资料，便可以将人们划分为不同的阶级。恩格斯在1888年为《共产党宣言》英文版第一章标题"资产者和无产者"加的注释中，明确规定了何为资产阶级、何为无产阶级——"资产阶级是指占有社会生产资料并使用雇佣劳动的现代资本家阶级。无产阶级是指没有自己的生产资料，因而不得不靠出卖劳动力来维持生活的现代雇佣工人阶级。"③ 列宁在社会主义发展史上首次明确界定了阶级概念的含义："所谓阶级，就是这样一些社会集团，这些集团在历史上一定的社会生产体系中所处的地位不同，同生产资料的关系（这种关系大部分是在法律上明文规定了的）不同，在社会劳动组织中所起的作用不同，因而取得归自己支配的那份社会财富的方式和多寡也不同。"④ 不同的阶级具有不同的地位和生活条件，因而具有不同的利益诉求，他们之间的竞争、博弈、斗争就构成了原始社会以来的全部人类历史。

---

① ［古希腊］亚里士多德：《诗学》，陈中梅译，商务印书馆1996年版，第81页。
② 《马克思恩格斯选集》第3卷，人民出版社2012年版，第1002页。
③ 《马克思恩格斯选集》第1卷，人民出版社2012年版，第400页。
④ 《列宁选集》第4卷，第11页。

第二篇　唯物史观与阶级分析方法

各阶级之间的斗争形式可以是直接的，也可以是隐蔽的；可以在直接的政治领域展开，也可以在其他领域通过曲折的形式反映出来，但本质上都是各阶级为了实现自身的经济利益而进行的。与西方自由主义等思想谱系习惯将历史主体理解为单子化的个人不同，唯物史观秉持的是将社会划分为不同阶级的整体主义分析方法。正由于此，列宁强调，"马克思主义提供了一条指导性的线索，使我们能在这种看来扑朔迷离、一团混乱的状态中发现规律性。这条线索就是阶级斗争的理论。"[①] 也就是说，一旦离开了阶级斗争的理论和方法，人们所看到的仍然是呈现为一团混乱的历史，唯有从阶级观点和阶级分析方法入手，才可以从根本上、从社会历史的深层把握住历史的本质和规律。

阶级分析方法可以引导人们更好把握历史发展的动力。根据历史唯物主义基本原理，生产力与生产关系、经济基础与上层建筑的矛盾运动，构成一切历史发展的根本动力。"一切重要历史事件的终极原因和伟大动力是社会的经济发展，是生产方式和交换方式的改变，是由此产生的社会之划分为不同的阶级，是这些阶级彼此之间的斗争。"[②] 这种矛盾运动在阶级社会中突出表现为阶级斗争。不同阶级之间形式多样的博弈、较量、斗争，为社会历史的发展开辟了道路。"至今的全部历史都是阶级斗争的历史，在全部纷繁复杂的政治斗争中，问题的中心仅仅是社会阶级的社会的和政治的统治，即旧的阶级要保持统治，新兴的阶级要争得统治。"[③] 在历史动力问题上，恩格斯还提出了著名的历史合力说。他指出，"无论历史的结局如何，人们总是通过每一个人追求他自己的、自觉预期的目的来创造他们的历史，而这许多按不同方向活动的愿望及其对外部世界的各种各样作用的合力，就是历史。"[④] 也就是说，以往的历史研究者最多考察了历史活动主体的动机，但止步于此，没有更深一层地去探究在主体动机背后隐藏着的动力。旧唯物主义者由此就将行动的动机作为评判历史的标准，而像黑格尔那样的唯心主义者则是从世界之外、从哲学的意识形态给历史输入动力，因此，前者对历史的理解是肤浅的，后者对历史的理解是神秘

[①]《列宁专题文集·论马克思主义》，人民出版社2009年版，第15页。
[②]《马克思恩格斯选集》第3卷，第760页。
[③]《马克思恩格斯选集》第3卷，第722页。
[④]《马克思恩格斯选集》第4卷，人民出版社2012年版，第254页。

的。这些理解都是不符合历史实际的。

恩格斯指出，我们要去探究那些隐藏在历史人物背后并且构成历史的真正的最后动力的动力，要去研究"使广大民众、使整个整个的民族，并且在每一民族中间又是使整个整个阶级行动起来的动机"，① 只有这样，才能真正把握历史的动力和历史的发展脉络。立足于阶级分析方法可以看到，正如恩格斯所言，自从采用大工业以来，在英国是土地贵族和资产阶级这两个阶级争夺统治的要求，成为英国全部政治斗争的中心；在法国阶级斗争是理解中世纪以来法国历史的钥匙；而随着无产阶级登上历史舞台，"这三大阶级的斗争和它们的利益冲突是现代历史的动力，至少是这两个最先进国家的现代历史的动力"。② 中国新民主主义革命的胜利也验证了这一洞见。正是以毛泽东为代表的无产阶级革命家，娴熟地掌握和运用阶级分析方法，分清革命的同志、朋友和敌人，依托工人阶级、农民阶级和最广大人民群众，同帝国主义、封建主义、官僚资本主义展开毫不妥协的斗争，才战胜了自近代以来中国面临的极其强大的敌人，完成了国家独立、人民解放的历史任务，也为社会主义现代化建设的顺利展开奠定了历史基础。

阶级分析方法还可以帮助人们判明历史发展的趋势和走向。历史的长河蜿蜒曲折，但它有没有一个基本走向？不同学派的史学家对这一问题的回答是极不相同的。依据唯物史观和阶级分析方法，这一问题有明确答案，这就是超越资本主义社会，消灭阶级和私有制，实现共产主义和人的自由全面发展。这一结论不是主观设定和善良意志的产物，而是由资本主义社会基本矛盾运动所客观决定的历史规律。阶级是一个历史范畴，它不是从来就有的，而是伴随着原始公有制的解体、分工和私有制的发展而逐渐形成的。梯叶里、基佐、米涅、梯也尔等资产阶级历史学家描述过阶级斗争的历史发展，斯密、李嘉图等资产阶级经济学家对各个阶级进行过经济层面上的分析。在1852年3月5日致约瑟夫·魏德迈的信中，马克思就谈到过这一点，并明确指出，"我所加上的新内容就是证明了下列几点：（1）阶级的存在仅仅同生产发展的一定历史阶段相联系；（2）阶级斗争

---

① 《马克思恩格斯选集》第4卷，第255—256页。
② 《马克思恩格斯选集》第4卷，第256页。

必然导致无产阶级专政；（3）这个专政不过是达到消灭一切阶级和进入无阶级社会的过渡。"① 由此可见，经过阶级社会中必不可免的阶级斗争以及必然由此导致的无产阶级专政，人类历史终将驶入一切阶级和私有制消亡的无阶级社会。

这是历史发展的大趋势，也是其根本走向，其间可能有各种支流、分流甚至逆流，但这一趋势和走向是可以通过科学研究而揭示出来的。马克思曾在1868年3月25日致恩格斯的信中，赞扬毛勒的书是"非常有意义的"，在毛勒研究德国马尔克制度史、乡村制度史、城市制度史的一系列著作中，"不仅是原始时代，就是后来的帝国直辖市、享有豁免权的地主、公共权力以及自由民和农奴之间的斗争的全部发展，都获得了崭新的说明"。② 马克思进一步指出，"在人类历史上存在着和古生物学中一样的情形。由于某种判断的盲目性，甚至最杰出的人物也会根本看不到眼前的事物。后来，到了一定的时候，人们就惊奇地发现，从前没有看到的东西现在到处都露出自己的痕迹。对法国革命以及与之相联系的启蒙运动的第一个反应，自然是用中世纪的、浪漫主义的眼光来看待一切……第二个反应是越过中世纪去看每个民族的原始时代，而这种反应是和社会主义趋向相适应的，虽然那些学者并没有想到他们和这种趋向有什么联系。于是他们在最旧的东西中惊奇地发现了最新的东西，甚至发现了连蒲鲁东看到都会害怕的平等派。"③ 这里，最旧的东西指的是原始公有制，最新的东西指的是无产阶级消灭阶级、消灭私有制的共产主义诉求，人类社会历史经过长时期的螺旋上升式发展，将在一个更高的层面上"从动物的生存条件进入真正人的生存条件"，"完全自觉地自己创造自己的历史"。④ 如莫迪凯·罗什瓦尔德所言，"马克思的哲学作为对过去的研究而超越历史，也作为关于未来的知识而展示历史……所以，马克思主义不只是一种历史理论，而且在历史的塑形中起有一种作用。"⑤ 马克思主义史学不仅能"通古今之

---

① 《马克思恩格斯选集》第4卷，第426页。
② 《马克思恩格斯选集》第4卷，第469页。
③ 《马克思恩格斯选集》第4卷，第469—470页。
④ 《马克思恩格斯选集》第3卷，第671页。
⑤ 《第欧根尼》中文精选版编辑委员会编选：《对历史的理解》，商务印书馆2007年版，第38—39页。

变",而且能判明历史的未来走向,推动和引领历史的创造。其所以如此,就在于对阶级分析方法和唯物史观的坚持与运用。

三 立足新时代更好地坚持、丰富、发展阶级分析方法

背离阶级观点、放弃阶级分析方法,就称不上是马克思主义,也称不上是马克思主义史学理论。当前,深化史学理论研究,建构具有鲜明特色的新时代中国史学,是时代的需要,也是历史研究本身的需要。这就要求我们在深刻理解阶级分析方法丰富内涵的基础上,在史学研究中科学运用这一研究方法,并根据新时代的社会历史实践不断加以丰富、发展,使其焕发出新的时代价值。

一是深入研读马克思主义经典著作,精确掌握阶级范畴的科学内涵。马克思主义经典作家指出,阶级并不神秘,它既不是从来就有的,更不会永世长存,它只不过是同生产发展的一定历史阶段相联系的一种历史的、暂时的现象。从实质和根本意义上来讲,阶级是一个经济范畴,划分不同社会中不同阶级的标准不能是政治、意识形态等其他标准,而只能是经济标准。恩格斯指出,"在每个历史地出现的社会中,产品分配以及和它相伴随的社会之划分为阶级或等级,是由生产什么、怎样生产以及怎样交换产品来决定的",[1] "这些相互斗争的社会阶级在任何时候都是生产关系和交换关系的产物,一句话,都是自己时代经济关系的产物。"[2] 列宁也在这一意义上强调,"区别各阶级的基本标志,就是它们在社会生产中所处的地位,也就是它们对生产资料的关系。"[3] 在当代中国,我们在阶级问题上要始终坚持党中央作出的科学判断。

关于新中国成立以来尤其是改革开放以来国内的阶级状况,我们党早已作出了明确的论断。党的十一届六中全会通过的《关于建国以来党的若干历史问题的决议》深刻指出,"在剥削阶级作为阶级消灭以后,阶级斗争已经不是主要矛盾。由于国内的因素和国际的影响,阶级斗争还将在一

---

[1] 《马克思恩格斯选集》第3卷,第797页。
[2] 《马克思恩格斯选集》第3卷,第796页。
[3] 《列宁全集》第7卷,人民出版社1984年版,第30页。

定范围内长期存在,在某种条件下还有可能激化。既要反对把阶级斗争扩大化的观点,又要反对认为阶级斗争已经熄灭的观点……必须正确认识我国社会内部大量存在的不属于阶级斗争范围的各种社会矛盾,采取不同于阶级斗争的方法来正确地加以解决,否则也会危害社会的安定团结。"[1] 这就明确要求,在阶级尤其是阶级斗争问题上,必须既要反对"阶级斗争扩大化"的观点,也要反对"阶级斗争熄灭论"的观点,一方面要同否定党的领导、攻击我们党和国家的根本制度、敌视和破坏社会主义的思想行为作斗争;另一方面要正确认识和解决人民内部矛盾,不能把人民内部矛盾作为敌我矛盾来对待。2017年新修改的《中国共产党章程》同样指出:"由于国内的因素和国际的影响,阶级斗争还在一定范围内长期存在,在某种条件下还有可能激化,但已经不是主要矛盾。"[2] 当前,在涉及阶级问题的讨论中,必须毫不动摇地坚持我们党作出的这些正确论断。

二是坚持正确的政治立场,运用阶级分析方法更好地为人民做学问。20世纪中期,西方史学中曾出现关注"下层历史"或草根社会史的重要取向,倡导"发现普通人的生活和思想"。[3] 马克思主义唯物史观则始终坚持人民史观,强调人民是历史的创造者,历史是人民群众的事业。早在20世纪20年代,李大钊在《唯物史观在现代史学上的价值》一文中就强调,要"赶快联合起来,应我们生活上的需要创造一种世界的平民的新历史"。[4] 提升新时代的史学研究,必须高度自觉地坚守人民立场,矢志不渝地为人民做学问。这也是坚持阶级分析方法的题中应有之义和必然要求。党的十八大以来,以习近平同志为核心的党中央提出以人民为中心的发展思想,把人民对美好生活的向往作为奋斗目标,把14亿多中国人民凝聚成推动中华民族伟大复兴、实现社会历史进步的磅礴伟力。史学研究应自觉地投身这一时代洪流,为人民述史、为人民立传,对中国的历史、世界的历史,对重大的理论和现实问题进行全面而深入的分析探讨。

在中国特色社会主义新时代,国际背景、国内环境、人民需求、历史

---

[1] 《关于若干历史问题的决议关于建国以来党的若干历史问题的决议》,中央党史出版社2010年版,第115页。
[2] 《中国共产党章程》,人民出版社2017年版,第7页。
[3] 刘北成、陈新编:《史学理论读本》,北京大学出版社2006年版,第269页。
[4] 李守常:《史学要论》,商务印书馆2010年版,第32页。

任务等都发生了深刻变化,"中治西乱""东升西降"成为不可逆转的历史大趋势,但同时也要看到,只要阶级还没有彻底退出历史舞台,只要资本主义国家对社会主义中国的挑衅、分裂乃至侵略等图谋还存在,阶级分析方法就不能弃之不用。尤其要看到,现时代在资本主义生产方式下,国际资本垄断集团以各种方式剥削全世界工人和劳动人民的本质并未发生根本性变化,资本家与工人及广大民众的阶级关系和阶级矛盾也没有发生根本性变化。要深刻说明国际垄断资本集团的剥削本质和运作机理,冲破其所形塑的剥削和压迫机制,解决世界范围内的"再无产阶级化"问题,尤需借助阶级分析方法、旗帜鲜明的人民立场和直抵本质的思想锋芒。这一点恰如渡边雅男所言,"身处新自由主义掌握霸权的现代社会,在直视差别和不平等蔓延的现实,并且从中需要直面个人的无力与绝望时,用具有深层意义的'阶级'来思考这些问题是理所当然的。"[1]

三是发扬科学的探索精神,将阶级分析方法与其他研究方法更好地协调起来。故步自封、排斥异己决不是马克思主义的态度。马克思主义始终强调要以博大的胸襟接受人类文明的一切成果。阶级分析方法所强调的,是从历史发展的本质和根本层面、从社会形态发展和变迁的角度对历史进行分析,它并不排斥其他的史学研究方法。例如阶层分析,马克思和恩格斯都使用过阶层概念,他们在《共产党宣言》中讲到资本主义社会之前的各个历史时代时,明确指出:"几乎到处都可以看到社会完全划分为各个不同的等级,看到社会地位分成多种多样的层次。在古罗马,有贵族、骑士、平民、奴隶,在中世纪,有封建主、臣仆、行会师傅、帮工、农奴,而且几乎在每一个阶级内部又有一些特殊的阶层。"[2] 他们在这里明确认为,在一个阶级的内部还包含着不同的阶层。只不过,按照马克思和恩格斯的理解,当世界历史进入资本主义时代,资本逻辑和商品交换体系席卷了社会生活的每一个领域,它消灭了在前资本主义社会中由于出身、身份、地位、宗教等因素导致的地位划分,结果只能是以是否占有生产资料作为划分阶级的标准。因此,资产阶级时代"使阶级对立简单化了。整个社会日益分裂为两大敌对的阵营,分裂为两大直接对立的阶级:资产阶

---

[1] [日] 渡边雅男:《马克思的阶级概念》,第1页。
[2] 《马克思恩格斯选集》第1卷,第400—401页。

第二篇　唯物史观与阶级分析方法

级和无产阶级"。①

毛泽东同样使用"阶层"概念来探讨中国社会和中国革命问题。在《中国社会各阶级的分析》一文中，毛泽东将当时中国的社会力量具体分为以下几种：地主阶级和买办阶级、中产阶级、小资产阶级、半无产阶级、无产阶级以及游民无产者。其中，小资产阶级包括自耕农、手工业主、小知识阶层——即学生界、中小学教员、小员司、小事务员、小律师、小商人等。毛泽东明确指出，"这个小资产阶级内的各阶层虽然同处在小资产阶级经济地位，但有三个不同的部分"，第一部分是"有余钱剩米的，即用其体力或脑力劳动所得，除自给外，每年有余盛"，第二部分是"在经济上大体上可以自给的"，第三部分则是"生活下降的"。② 对"半无产阶级"，他进一步进行了细致划分。"绝大部分半自耕农和贫农虽同属半无产阶级，但其经济状况仍有上、中、下三个细别。"③ 对其中的"贫农"，根据其受地主的剥削程度，"其经济地位又分两部分"。④ 可见，毛泽东在对当时中国社会各阶级进行分析时，在总体上运用阶级分析方法的同时，又进行了更加细致的阶层划分。

阶级分析和阶层分析二者不仅不相矛盾，反而相得益彰，更精细地反映了那一时代中国的现实状况，并且更加准确地揭示了不同社会阶层的政治态度和对革命的接受程度。范文澜在 20 世纪 50 年代修订《中国通史简编》时也曾明确说："阶级斗争的情景既是那样复杂，要了解它，不仅要分析各个阶级相互间的关系，同时还得分析各个阶级内部各种集团或阶层所处的地位，然后综观他们在每一斗争中所起的作用和变化。如果只是记住了阶级斗争而没有具体分析，那就会把最生动的事实变成死板的公式。"⑤ 这同样表明，要对阶级内部进行具体分析，就需要综合运用阶层分析等多种研究方法，否则就不是彰显而是损害了阶级分析方法的科学性。总体讲来，阶级分析依据的是对生产资料的占有情况，这是最根本的判断标准，因而是一种宏观、概括、一元的分析；而阶层分析可以依据职业分

---

① 《马克思恩格斯选集》第 1 卷，第 401 页。
② 《毛泽东著作选读》上册，人民出版社 1986 年版，第 6—7 页。
③ 《毛泽东著作选读》上册，第 8 页。
④ 《毛泽东著作选读》上册，第 8 页。
⑤ 范文澜：《中国通史简编》（修订本）第 1 册，人民出版社 1955 年版，第 11 页。

工、薪资水平、教育背景、家庭负担、闲暇时间等多个标准进行分类，因而是一种更具体、细致、多元的分析。对这些不同研究方法，我们应当在唯物史观的整体视野内予以补充、协调、统合和发展，更好地建构具有中国特色、中国风格、中国气派的新时代中国史学理论体系。

（原载《史学理论研究》2022 年第 3 期）

阶级分析是理解 20 世纪中国革命的重要取径

夏 静

[中共中央党校（国家行政学院）中共党史教研部]

20 世纪，革命席卷全球——著名的如俄国、中国、南斯拉夫、朝鲜、越南、古巴以及墨西哥的革命。① 可以说，革命是 20 世纪中国历史发展的主线之一。辛亥革命、国民革命、抗日战争作为民族民主革命的重要组成部分，以及新中国成立后的社会主义革命，大体串起了 20 世纪中国革命的链条。中国共产党领导的革命历史是中国现代革命史的主要部分。理解中国共产党如何使用"阶级"话语分析中国革命性质，划分革命敌友，开展革命实践，构成了我们理解中国革命的一条重要途径。而对阶级分析的准确把握，也是在中共党史和中国现代史研究中运用这一方法的基础。

一 "阶级"观念与中国革命

"阶级"是客观存在的，从古希腊先贤到近代空想社会主义者，都以不同的方式对这一事实加以言说。② 19 世纪末 20 世纪初，马克思主义的阶级理论与阶级分析方法传入中国。③ "阶级"也成为理解 20 世纪中国革命

---

① Joseph W. Esherick, "Ten Theses on the Chinese Revolution", *Modern China*, Vol. 21, No. 1, 1995, p. 45; Philip C. C. Huang, "Rethinking the Chinese Revolution: An introduction", *Modern China*, Vol. 21, No. 1, 1995, pp. 45 – 76.
② 陈跃等：《马克思主义阶级分析理论与实践研究》，人民出版社 2015 年版，第 1 页。
③ 王贵仁：《20 世纪上半期唯物史观"阶级观点"中国化论析》，《史学理论研究》2015 年第 4 期。

的关键概念。

20世纪20年代，中国不同政党因"阶级"观念和立场不同而成为不同政治派别，甚至互为敌友，开展各种斗争和政治运动，[1] 如中国共产党的阶级革命、国民党的国民革命、青年党的全民革命。中国共产党旨在"组织无产阶级，用阶级斗争的手段，建立劳农专政的政治，铲除私有财产制度，渐次达到一个共产主义的社会"。[2] 1924年，国民党"一大"决议中共党员以个人身份加入国民党，国共形成"党内合作"关系。中共基于无产阶级的立场诠释和推动国民革命，如彭述之认为，中国工人阶级的任务是领导各阶级的革命势力展开国民革命，消灭帝国主义与军阀，但最终目标仍是无产阶级革命。[3] 瞿秋白强调："国民革命的民族解放运动，本身是中国被压迫剥削的阶级斗争，而且民族解放运动的内部，无产阶级对于资产阶级的阶级斗争是必不可少的。"[4] 国民党方面虽未严格使用阶级分析法，但部分人也有"阶级"观念。中国共产党最初将国民党视为"各阶级联合"的革命政党，就得到国民党内一些人的认同。1926年5月，国民党在《整理党务决议案》中更是提出："本党遵循总理创造之三民主义，负荷领导全国被压迫阶级以完成国民革命之大任。"[5] 国民党进行革命表达时也离不开"阶级"话语，就算是反对阶级斗争的那部分人也不免受到"阶级"话语及观念的影响。[6]

1927年国民党实施"清党"后，国共两党相互指责对方为"反革命"。[7] 国民党方面有鼓吹"要实行国民革命，便要消灭阶级斗争"者。[8] 瞿秋白称，国民党从"革命的各阶级联盟"变成了"反革命的官僚、政客、军阀、工贼、土豪、乡绅的党"，只有开展土地革命，铲除半封建的土地关系及帝国主义的剥削，才是真正的国民革命。[9] 中国共产党决议称，

---

[1] 张文涛：《国民革命前后的阶级观念研究》，人民出版社2021年版，"序言"，第1页。
[2] 《中国共产党第二次全国代表大会宣言》（1922年7月），李忠杰、段东升主编：《中国共产党第二次全国代表大会档案文献选编》，中共党史出版社2014年版，第9页。
[3] 彭述之：《谁是中国国民革命之领导者?》，《新青年》第4期"国民革命号"，1924年12月。
[4] 秋白、郁：《五卅运动中之国民革命与阶级斗争》，《向导》1925年第129期。
[5] 张文涛：《国民革命前后的阶级观念研究》，第213—215、218—219页。
[6] 张文涛：《国民革命前后的阶级观念研究》，"序言"，第3页。
[7] 黄金麟：《革命与反革命：清党再思考》，《新史学》2000年第1期。
[8] 何景尧：《国民革命与阶级斗争》，《新广西旬报》1927年第9期。
[9] 瞿秋白：《中国革命是什么样的革命》，《布尔塞维克》第1卷第5期，1927年。

第二篇　唯物史观与阶级分析方法

现在两个互相仇视而不可调和的营垒相互抗衡：一是资产阶级及军阀的营垒，一是工农的革命营垒；完成民族解放及资产阶级民权革命的任务只能倚靠工农运动。① 1928年7月9日，中国共产党"六大"决议指出，中国目前处于资产阶级民主革命阶段，革命动力只有无产阶级与农民。②

九一八事变后，民族危机日趋严重，时人将"革命"与"抗日"联系起来，称"抗日是革命，不抗日或假抗日都是反革命"。③ 中共坚持阶级斗争，并以此推动民族革命，将豪绅地主、国民党视作帝国主义侵略和压迫中国的工具，认为"只有工人农民和一切劳动者团结与统一才是中国民族对帝国主义的抵抗力量与胜利的保证"，深入开展土地革命即是深入反帝国主义的运动。④ 随着民族危机加深，加之共产国际推动，中国共产党开始考虑实行阶级联合，考虑与工农之外的阶级和其他党派联合抗日，"八一宣言"意味着共产党阶级斗争观念的重要变化。七七事变后，国共停止内战，一致对日。对于双方而言这也意味着各自倡导的"革命"进入一个新阶段。蒋介石称："我们抗战即是为继续完成我们的国民革命。"⑤ 国民党方面认为中国革命的性质是国民革命，其是代表全体国民而非某一阶级的；阶级斗争的路是走不通的。⑥ 中共则将抗战视作民族民主革命的重要阶段。毛泽东认为"抗日与革命是一个东西"，"民族革命与民主革命是同时的"，"是抗日除奸问题，不是单纯的土地革命问题"。⑦ 中共此时采取了温和的阶级政策——抗日民族统一战线政策，推动民族革命战争。

抗战胜利后，中共认为中国的主要矛盾不再是中日之间的民族矛盾，而是中国人民同大地主大资产阶级之间的矛盾。其将国共之间的战争视作

---

① 《中国共产党的政治任务与策略的决议案》（1927年8月21日），中共中央文献研究室、中央档案馆编：《建党以来重要文献选编（1921—1949）》第4册，中央文献出版社2011年版，第469页。
② 《中国共产党第六次代表大会底决议案》，《布尔塞维克》第2卷第2期，1928年。
③ 张国仁：《抗日是革命不抗日或假抗日都是反革命》，《三民主义月刊》第1卷第4期，1933年。
④ 《反日统一战线五大纲领》，《红色中华》1934年第206期。
⑤ 蒋介石：《抗战的回顾与前瞻》（1938年7月9日），秦孝仪主编：《总统蒋公思想言论总集》第15卷，中国国民党中央委员会党史委员会1984年版，第353页。
⑥ 罗敏：《论中国革命的性质、策略与主义》，《文化导报》第4卷第6期，1943年。
⑦ 毛泽东：《目前时局与党的政策》（1940年7月13日），《毛泽东文集》第2卷，人民出版社1993年版，第289—290页。

是中国人民与"大地主大资产阶级的独裁统治"之间的战争,[①] 是"第三次国内革命战争",是人民解放战争。1949年,中国共产党推翻国民党政权,取得了新民主主义革命的胜利。有学者总结,新民主主义革命史就是"中国人民在中国无产阶级及中国共产党领导下进行推翻帝国主义、封建主义以及官僚资本主义在中国的统治而解放自己的历史"。[②]

1949年新中国的成立并非中国革命的终点,中国共产党作为执政党,继续使用"阶级"话语,展开旨在建立无产阶级专政和确立社会主义制度的革命。有学者将1949年视作"全民性社会革命"的开始,有学者认为"革命"不只是政治斗争,也包括社会经济与文化的变革,中国共产党执政后开展的土地改革、社会主义改造,至少与取得政权同样重要。[③] 1956年"三大改造"的完成意味着中国取得社会主义革命的胜利,正式完成了新民主主义社会向社会主义社会的过渡,进入社会主义建设时期。

二 阶级政策与革命实践

阶级分析是中国共产党制定阶级政策、开展革命实践的基础工作。中国共产党对阶级分析和阶级斗争的合理运用,构成其开展阶级革命并取得胜利的关键因素。对中国共产党阶级政策的把握有助于我们理解共产党如何成长壮大并最终战胜国民党。

阶级分析与阶级调查关系到中国共产党对中国社会及革命性质的判断,以及对革命的动力和具体方针策略的认知。[④] 中国共产党领导人陈独秀、恽代英、毛泽东等都尝试用阶级方法分析中国社会。毛泽东在《中国社会各阶级的分析》一文中分析了中国革命敌友,认为"军阀、官僚、买办阶级、大地主阶级以及附属于他们的一部分反动知识界"是革命的"敌人",半无产阶级、小资产阶级是革命的"朋友",工业无产阶级则为革命

---

① 《中央关于在蒋管区发动农民武装斗争问题的指示》(1947年3月8日),中央档案馆编:《中共中央文件选集》第16册,中共中央党校出版社1992年版,第418—419页。
② 胡华主编:《中国新民主主义革命史参考资料》,商务印书馆1951年版,第1—4、19页。
③ Philip C. C. Huang, "Rethinking the Chinese Revolution: An Introduction", *Modern China*, Vol. 21, No. 1, 1995, p. 6.
④ 孟庆延:《"读活的书"与"算死的账":论共产党土地革命中的"算账派"》,《社会》2016年第4期。

的"领导力量"。① 1923年至1933年，毛泽东对乡村展开了广泛的社会调查，以解决革命实践中的具体问题，如"富农"在乡村革命中的具体形态，通过阶级估量制定具体的土地政策，使抽象的阶级概念完成"操作化"过程。②

1927年国共关系破裂后，中国共产党称民族资产阶级已"完全走入了反革命的营垒"，与国际帝国主义勾结，并已与"反动的封建军阀"联盟。③ 中国共产党试图以阶级斗争夺取革命的领导权，在南昌、广州等城市开展武装起义，起义失败后，实行工农武装割据方针，广泛建立根据地，开展土地革命，在根据地实行"靠雇农贫农，联合中农，剥削富农，与消灭地主"的政策。④ 1933年6月开始的查田运动，诚如毛泽东所言，是一个"剧烈的残酷的阶级斗争"。⑤ 查田运动由于缺乏具体的阶级划分标准，中农易成被打击的对象，造成部分群众"逃跑"，加之国民党不断进攻，1934年10月第五次军事反"围剿"失利后，红军被迫进行战略转移。

1935年8月1日，共产国际第七次代表大会通过决议，建议各国共产党在各国内部与"各反帝国主义、反资本主义、反法西斯主义之其他党派，结成联合战线"。⑥ 同日，由中共驻共产国际代表团根据会议精神起草的《中国苏维埃政府、中国共产党中央为抗日救国告全体同胞书》发表，提出组织全中国统一的国防政府和抗日联军。⑦ 中国共产党从最初倡议建立"抗日反蒋"的统一战线，后经共产国际的建议，加之考虑到继续"反蒋"可能刺激"蒋日合作"，因此决定"联蒋抗日"，团结除汉奸之外的一切愿意抗日的阶级和党派，建立广泛的抗日民族统一战线。1936年9月

---

① 《中国社会各阶级的分析》，《革命》1925年第4期，后又被《中国农民》第2期（1926年2月）发表。
② 孟庆延：《理念、策略与实践：毛泽东早期农村调查的历史社会学考察》，《社会学研究》2018年第4期。
③ 《中国共产党的政治任务与策略的决议案》（1927年8月21日），中共中央文献研究室、中央档案馆编：《建党以来重要文献选编（1921—1949）》第4册，中央文献出版社2011年版，第469页。
④ 《现在我们来说苏区的土地革命》，《红色中华》第3期（第二次全苏大会特刊），1934年1月。
⑤ 毛泽东：《查田运动的群众工作》，《斗争》1933年第32期。
⑥ 芳圃：《第三国际第七届大会及其反响》，《外交评论》第5卷第4期，1935年。
⑦ 《中国苏维埃政府、中国共产党中央为抗日救国告全体同胞书》（1935年8月1日），中央档案馆编：《中共中央文件选集》第10册，中共中央党校出版社1991年版，第518—525页。

1日，中共中央发布"逼蒋抗日"的指示。①

为建立抗日民族统一战线，中国共产党调整了阶级划分标准及阶级政策，除了依据生产关系和经济状况划分阶级，还具体分析了阶级内部各阶层对抗日及共产党的态度，进而有针对性地采取打击、孤立或争取的政策。中国共产党着力争取工农之外的小资产阶级、民族资产阶级、大资产阶级加入抗日队伍，在根据地实行减租减息政策，以照顾不同阶级阶层的利益。中国共产党制定政策并不仅仅考虑阶级成分，比如大地主大资产阶级从阶级成分而言是中共革命应打倒的对象而非动力，但其中有部分是支持抗日的，因此要"拉其抗日，打其反共反民主"。② 1944年7月13日，针对晋察冀分局咨询的英美大资产阶级有无革命性的问题，中共中央宣传部指示"多研究实际而少争论名词"，因为目前"敌友我三方均有武装与政权，阶级力量的分合变化极其复杂"，所以不能套用战略策略的简单公式，"但以人民群众（工、农、小资产阶级）为基础，根据各阶级对革命的具体态度，利用矛盾，争取多数，反对少数，对最反动分子各个击破的总方针则绝不会错"。③

抗战胜利后，随着蒋介石撕毁"双十协定"，中国共产党提出联合"全中国的工人、农民、知识分子、爱国青年、爱国妇女、小资产阶级、民族资产阶级、开明绅士及少数民族、海外华侨、一切爱国分子"，建立"全民族的统一战线"，以反对蒋介石发动的内战及其独裁，建立独立、和平、民主的新中国。④ 与此同时，中国共产党决定开展土地改革，通过对农村阶级成分的划定，没收地主土地和再分配土地，改变农村的财产和权力关系。1947年9月13日，全国土地会议通过《中国土地法大纲》，旨在废除地主的土地所有权。⑤ 但划分阶级成分时，由于各阶级之间的界限尤

---

① 《中央关于逼蒋抗日问题的指示》（1936年9月1日），中央档案馆编：《中共中央文件选集》第11册，中共中央党校出版社1991年版，第89—91页。
② 中共中央文献研究室编：《毛泽东年谱（1893—1949）》（上卷），中央文献出版社2013年版，第309页。
③ 中共中央文献研究室编：《毛泽东年谱（1893—1949）》（中卷），中央文献出版社2013年版，第521页。
④ 《中共中央为纪念"七七"抗战发布对时局口号》（1947年7月7日），中央档案馆编：《中共中央文件选集》第16册，第473—474页。
⑤ 《中国土地法大纲》，太岳新华书店1948年版，第3—4页。

第二篇 唯物史观与阶级分析方法

其是同一阶级内各阶层之间的界限不显著、不固定，工作人员时常错误地将剥削者划作劳动者或者相反。基于此种状况，1948年，中共中央依据可能和需要，在各阶级或各阶层之间，规定了劳动收入或剥削收入的相对份量的界限，如人们的阶级成分应当按照其50%以上的收入的性质来决定。①

新中国成立初期，中国共产党继续开展土地革命和阶级斗争。1950年6月23日，毛泽东提出要团结"各民族、各民主阶级、各民主党派、各人民团体及一切爱国民主人士"，以巩固已建立的"革命统一战线"。② 7月，政务院、最高人民法院发布镇压"反革命"活动的指示。③ 8月20日，政务院公布了细致的阶级划分标准《关于划分农村阶级成分的决定》，如规定："向地主租入大量土地，自己不劳动，转租于他人，收取地租，其生活状况超过普通中农的人，称为二地主。二地主应与地主一例看待。"④ 在土改中，浙江某些地区因为忽略经济剥削和生活状况的关系，犯了提升阶级成分的错误，华东局因此提醒，切勿任意提升阶级成分，要避免打击富农、伤害小地主出租者和侵犯中农，让贫农陷入孤立，党和政府陷入被动。⑤ 1951年12月及次年1月，中共中央发起"三反""五反"运动。随着帝国主义、封建主义及官僚资本主义残余在国内被肃清，1952年6月，周恩来在第三次全国统战工作会议上表示，国内主要矛盾变成无产阶级与资产阶级之间的矛盾了。⑥

总体而言，阶级分析是中国共产党制定阶级政策的基础，其阶级政策适应并服务于不同时期的革命任务，但始终注意把握无产阶级和自身在革命中

---

① 《中共中央关于土地改革中各社会阶级的划分及其待遇的规定》，中共太行区党委1948年印，第10—11页。
② 毛泽东：《做一个完全的革命派》（1950年6月23日），中共中央文献研究室编：《建国以来重要文献选编》第1册，中央文献出版社2011年版，第324页。
③ 《政务院、最高人民法院关于镇压反革命活动的指示》，中共中央文献研究室编：《建国以来重要文献选编》第1册，第358页。
④ 《政务院关于划分农村阶级成分的决定》（1950年7月23日），中共中央文献研究室编：《建国以来重要文献选编》第1册，第382—385页。
⑤ 《中共中央批转华东局和浙江省委关于纠正错划阶级成分的指示》（1951年1月22日），当代中国研究所编：《中华人民共和国史编年——1951年卷》，当代中国出版社2007年版，第51—52页。
⑥ 中共中央统战部编著：《中国共产党统一战线史》，华文出版社2017年版，第223、225页。

的优势地位、领导地位。抗战时期，抗日是中国社会的主要任务，中国共产党的阶级分析重点考虑了各阶级阶层对抗日及民主的态度；抗战胜利后，则注意考察对象对和平及人民的态度。新中国成立后，阶级分析依然发挥着重要作用，只是随着阶级斗争扩大化，出现了教条、僵化的现象与问题。

三　阶级分析是一种历史研究方法

阶级分析不仅是一种革命实践，还是一种认识与分析社会的方法论。运用阶级分析法，有助于我们把握中国现代史及中国共产党发展历史的主题主线、主流本质。

一方面，不同时期阶级理论与阶级斗争实践，为研究者提供了一种观察历史的视角，影响着史家的历史认知与历史书写。毛泽东就善于运用阶级分析方法分析历史和现实问题，其《中国社会各阶级的分析》《新民主主义论》等著作具有鲜明的阶级观点。1951年胡乔木著《中国共产党的三十年》、1981年胡绳著《从鸦片战争到五四运动》，就运用了毛泽东的阶级分析方法。[1] 胡绳在分析19世纪的社会状况时指出，毛泽东1927年在《湖南农民运动考察报告》所作的"没有贫农，便没有革命"的论断也适用于封建时代的农民革命，贫民是巨大的革命力量；在分析封建时代的游民时，他引用了毛泽东在《中国社会各阶级的分析》中的"这一批人很能勇敢奋斗，但有破坏性，如引导得法，可以变成一种革命力量"，以及毛泽东在《中国革命与中国共产党》中的"他们缺乏建设性，破坏有余而建设不足，在参加革命以后，就又成为革命队伍中流寇主义和无政府思想的来源"，但在未产生无产阶级的封建时代，农民革命内部的主要社会力量就是贫农、中农、游民和部分地主。[2] 现实中的阶级斗争也影响着史学研究。新中国成立初期特殊的国际国内环境，使党和政府不得不仍绷紧阶级斗争这根弦，"阶级斗争"也成为历史书写的核心概念。[3] 1958年的史学革命实质上是当时"各种政治运动在史学领域的综合反映"。[4]

---

[1]　胡绳:《从鸦片战争到五四运动》（上），人民出版社2010年版，第87—90页。
[2]　胡绳:《从鸦片战争到五四运动》（上），第86—90页。
[3]　赵庆云:《马克思主义史学史视域下的概念研究》，《史学集刊》2021年第4期。
[4]　谷学峰:《1958年"史学革命"研究》，博士学位论文，山东大学，2011年。

第二篇　唯物史观与阶级分析方法

另一方面，在史学研究中不可生搬硬套某一种阶级话语或分析标准，要充分调查研究当时、当地的实际情况——生产关系、阶级状况及其他社会因素影响。中国地域广大，各地发展程度千差万别，不同时期或不同地区的阶级分析标准和实践就存在差异。例如，有学者指出，土改过程中中央制定的统一的阶级分析标准落实到地方层面就会有偏差。① 1948年的冀中，有些干部图省事，不注意调查研究，未注意到村中提高成分的现象，如束鹿旧寨村农会主任称："上级说了不动中农，我们就只好把中农提到上中农里去。"他们为了动中农的土地，从已确定好的中农户里，提出22户，定成上中农；还有些地方基于宗派成见降低党员的成分；深县南邵庄在派别分子操纵下还将6户中农定为地主，而将他们扫地出门。② 如果不注意调查这些情况，就可能做出错误的判断。

革命实践与史学研究之间的距离如何弥合呢？笔者以为，无论革命时期的阶级分析实践，还是史学研究中的阶级分析方法，有两大共性做法值得把握。

第一，阶级分析要有变化和发展的眼光，具体问题具体分析。阶级分析不仅仅是依据生产关系确定阶级成分，并在此基础上判定其政治上的可能性。"阶级"是一个复合结构，同一阶级中包含不同阶层，由于经济实力或立场差异，他们对革命或建设事业的态度各异。如社会主义建设时期，农民中的贫农、雇农、中农、富农等阶层，他们对共产党在农村中的路线、方针的态度各不相同，贫农和下中农积极走向社会主义大道，而富裕中农则可能二心不定。③ 随着经济实力的变化，阶级内部不同阶层的位置也是变化的，如贫农可能上升为中农，中农可能上升为富农。属于特定阶级的人物思想也可能随环境变化而变化，评价历史人物时也必须注意人物思想的变化。④ 再以统一战线研究为例，不同时期，统一战线中的阶级阶层是变动的，敌人营垒变动也极大，研究者应该随时注意研究和分析敌友的变化。⑤ 阶级分析方法讲究实事求是，在历史研究中要善于从动态变

---

① 李里峰：《践行革命：华北土改运动中的阶级划分》，《史学集刊》2021年第3期。
② 孙钰：《定成份中几个错误思想》，《冀中导报》1948年4月5日。
③ 翟士心：《阶级观点和阶级分析方法》，吉林人民出版社1963年版，第61—66页。
④ 阚和庆：《阶级分析法在党史研究中的价值：基于几个重大党史问题的分析》，《理论月刊》2017年第3期。
⑤ 周恩来：《论统一战线》（1945年4月30日），中共中央党史和文献研究院、中共重庆市委编：《中国共产党关于抗战大后方工作文献选编》（二），重庆出版社2019年版，第1090—1092页。

化中客观分析和评判历史人物与历史事件。

第二，阶级分析要注意把握社会发展大势，以是否顺应了历史潮流，作为认识和评价史事和人物的重要标准。中国共产党随时注意研究不同时期的社会主要矛盾，在此基础上开展阶级分析，从而区分敌友、制定正确的方针政策。比如，抗战时期，"抗日"和"民主"是社会发展大势，中日民族矛盾上升为主要矛盾，团结起来抵抗日本侵略成为绝大多数党派和民众的诉求。以此为基准，中国共产党的阶级分析和政策既考虑了阶级成分，也考察了各阶级阶层中具体人物对抗日及民主的态度，实行联合绝大多数阶级阶层、打击汉奸的政策，最大限度地动员一切可以动员的力量抗战。很大程度上得益于抗战时期和解放战争时期对阶级分析的正确运用，中国共产党最终取得了新民主主义革命的胜利。共产党人也善于用阶级分析方法分析历史、评判历史，从而把握历史发展规律。史学研究者在把握社会主要矛盾和任务的基础上，正确运用阶级分析方法，可以避免对历史人物和事件的认识与评价失之偏颇。

结　语

阶级分析作为理解中国共产党的行事逻辑和决策依据，为把握中国现代史的主题主线和主流本质提供了一条重要路径。如有的学者所言，阶级分析是中共政治思想的根基之一，离开阶级分析，中共成立以来的那些核心政治思想和理念就无从形成与发展，以此为指导的革命历史也将难以得到理解。[①] 回顾中国共产党如何使用"阶级"话语分析中国革命和中国社会，开展革命实践，既是为了给中国共产党如何成为百年大党、仍恰是风华正茂提供一种理解视角，也是为了总结中共党史研究和在正确把握中国社会主要矛盾与中心任务后进而制定科学政策提供历史经验，为应对动荡变革期的国际大环境和实现中华民族伟大复兴提供历史智慧。

（原载《史学理论研究》2022年第3期）

[①] 王婧倩：《"百年中共思想史研究的学术展望"座谈会综述》，《中共党史研究》2021年第5期。

第三篇

唯物史观与五种社会形态理论

立足中国社会形态演变 坚持五种社会形态理论

王伟光

(中国社会科学院大学、南开大学)

根据生产力和生产关系、经济基础和上层建筑的辩证关系，不同时期占主导地位的生产关系决定的经济基础的特征不尽相同，与之相符的上层建筑亦表现出相应差异，由此，在人类社会的发展中形成了不同的社会形态。随着生产力的发展、生产关系的不断变化，人类社会的发展依次并将最终经历五种社会形态，即原始社会、奴隶社会、封建社会、资本主义社会，并将经由社会主义社会的过渡最终走向共产主义社会，这就是唯物史观的"五种社会形态理论"，也称之为"五种社会形态说"。五种社会形态理论，是关于人类社会发展演变的学说，是马克思主义对人类历史发展演变一般规律的概括和总结，是马克思主义唯物史观的基本观点和重要组成部分。立足中国社会形态演变，坚持五种社会形态理论，对于正确认识中国社会形态演变的历史，反对和纠正历史唯心主义，特别是历史虚无主义，捍卫马克思主义的指导地位，都有深刻的历史意义和重要的现实价值。

一 五种社会形态理论的形成

五种社会形态理论的形成不是一蹴而就的，也不是马克思、恩格斯在短时间内仓促提出的。这一理论的形成经历了漫长岁月，经过了马克思、恩格斯及马克思主义后继者们的深入思考和科学研究。

第三篇 唯物史观与五种社会形态理论

早在马克思主义创立初期,马克思就形成了关于人类社会五种所有制形式构想的雏形。在1846年马克思、恩格斯合作撰写的《德意志意识形态》一书中,马克思分析了历史上随着生产力的发展和社会分工的差异而出现的五种社会所有制形式:部落所有制、古代公社所有制和国家所有制、封建的或等级的所有制、资产阶级的所有制,以及伴随着生产力的充分发展、在消灭私有制和社会分工后建立的共产主义所有制。[①] 1851年,马克思在《路易·波拿巴的雾月十八日》一书中首次提出了"社会形态"(Gesellschaformation)这一概念,书中写道:"新的社会形态一形成,远古的巨人连同复活的罗马古董……就都消失不见了。"[②] 日本学者大野节夫认为,"形态(Formation)"这一概念应该是马克思从地质学术语中借鉴过来的。地质学中用"形态"一词,表示在地壳发展变化的过程中先后形成的不同岩层单位。马克思将人类社会比拟为具体的岩层形态,形象生动地阐明了人类社会的发展也是由不同历史阶段、不同历史层次和不同社会样态构成的。其后,马克思又数次提及关于社会形态的理论。如在《1857—1858年经济学手稿》中,马克思指出:"家长制的、古代的(以及封建的)状态随着商业、奢侈、货币、交换价值的发展而没落下去,现代社会则随着这些东西同步发展起来。"[③] 在1859年的《〈政治经济学批判〉序言》中,马克思讲道:"大体说来,亚细亚的、古希腊罗马的、封建的和现代资产阶级的生产方式可以看做是经济的社会形态演进的几个时代。资产阶级的生产关系是社会生产过程的最后一个对抗形式……人类社会的史前时期就以这种社会形态而告终。"[④] 1867年,马克思在《资本论》中又充分论证了资本主义将被共产主义取代的历史必然性。

可以看出,从1846年到1867年的二十余年中,马克思基本完成了关于古代的、封建的、资本主义的、共产主义社会形态等概念的界定,但对"古希腊罗马"社会之前存在的社会形态的描述并不十分精准。虽然马克思肯定"古希腊罗马"社会之前还有一个社会形态,但他对这一社会形态的概括却只是初步提到"亚细亚"的社会样态。马克思所指"亚细亚"是

[①]《马克思恩格斯选集》第1卷,人民出版社2012年版,第148—149页。
[②]《马克思恩格斯选集》第1卷,第669—670页。
[③]《马克思恩格斯文集》第8卷,人民出版社2009年版,第52页。
[④]《马克思恩格斯选集》第2卷,人民出版社2012年版,第3页。

什么社会形态，其属性是什么，马克思意指原始社会，尚未明确其科学定义。其后，随着历史科学的发展，特别是1877年美国历史学家摩尔根《古代社会》一书的出版，为原始社会的研究提供了详尽材料。马克思在对此书的摘要和批语中，对原始社会作了进一步研究和科学界定。

马克思逝世后，恩格斯以马克思对《古代社会》的批语为基础，继续深入研究，于1884年在《家庭、私有制和国家的起源》一书中清晰准确地勾勒出人类社会发展"五形态"的历史进程。由此形成了一整套系统的关于人类社会形态演变一般规律的理论，构成五种社会形态说的理论基础。

除五种社会形态外，马克思在《1857—1858年经济学手稿》中还提道："人的依赖关系（起初完全是自然发生的），是最初的社会形态，在这种形式下，人的生产能力只是在狭小的范围内和孤立的地点上发展着。以物的依赖性为基础的人的独立性，是第二大形式，在这种形式下，才形成普遍的社会物质变换、全面的关系、多方面的需要以及全面的能力的体系。建立在个人全面发展和他们共同的、社会的生产能力成为从属于他们的社会财富这一基础上的自由个性，是第三个阶段。第二个阶段为第三个阶段创造条件。"[①] 在此，马克思将人类社会的发展历程分为人的依赖关系、人对物的依赖关系、个人全面发展三个阶段，分别对应自然经济社会、商品经济社会和产品经济社会。这也就是所谓的"人类社会发展的三大经济形态理论"，即"三种社会形态说"。

从本质上看，"三种社会形态说"是马克思依据社会经济形态对人类社会发展历史的划分，也是马克思根据生产力的发展情况划分社会发展形态的观点。总的来看，马克思对第一阶段的划分——"人的依赖关系"，实质上是对自然经济社会特点的概括，涵盖原始社会、奴隶社会和封建社会三种社会形态。这一阶段，生产力水平低下，生产工具落后，生产的直接目的就是满足生产者自身的需求。所以，为克服生产工具落后带来的困难，个人必然会依赖他人和社会组织，如原始社会的个人必须依赖于群体，奴隶社会的奴隶必须依附于奴隶主，封建社会的帮工必然依附于师傅。第二阶段——"人对物的依赖关系"，实质上是指商品经济社会。这一时期，生产力和商品经济得到快速发展，产品交换成为社会生产的主要

[①] 《马克思恩格斯文集》第8卷，人民出版社2009年版，第52页。

目的，人与人之间的关系物化为商品，成为"物化的时代"。这一时期，人的依赖关系转变为物的依赖关系，即商品依赖关系，人依赖于商品。在高度发达的市场经济社会——资本主义社会中，人成为商品、货币、资本的奴隶。第三阶段——"个人全面发展"，也就是产品经济社会。在这一社会中，生产力的高度发展产生了丰富、充足的物质财富，旧的分工和私有制已被消灭，人们摆脱了物及外部关系的束缚，获得了全面发展的外部条件，真正成为物的主人、人自身的主人和社会关系的主人，真正实现了个人自由、全面的发展。这就是马克思主义经典作家所预见的未来的共产主义社会。

由此我们不难看出，不论"三种社会形态说"还是"五种社会形态说"，都是以生产力的发展状况为标准对社会历史阶段的划分；都体现了唯物史观最根本、最核心的要旨——生产力与生产关系的矛盾运动是推动人类社会发展的最根本动力。不论用"三种社会形态说"还是用"五种社会形态说"来划分社会历史的发展进程，其根本依据都是唯物史观的基本原理，都是分析社会形态演变的正确结论，两者的理论基础是一致的，两者是相互包容的。那些制造二者对立，企图以"三种社会形态说"否定"五种社会形态说"的言论，完全扭曲了马克思主义的原貌，违背了马克思主义经典作家的本意。

对于社会历史发展的分期，人们可以根据需要，对同一对象，按照特定的标准，从不同的角度加以划分。例如，以阶级斗争为线索，可以划分为阶级社会、阶级过渡社会和非阶级社会；以生产资料所有制性质为标准，可以划分为原始公有制社会、私有制社会、私有制向公有制过渡的低级形式的以公有制为主体的社会和高级形式的公有制社会。但是，任何的科学划分都应坚持唯物史观的基本观点，都要以生产力发展状况为判定标准，根据社会基本矛盾运动的规律，考察社会经济关系的性质和特征。"五种社会形态说"是马克思对社会形态划分的主线索，是马克思主义社会形态演变一般规律理论的主要内容。

二 明确五种社会形态理论的一般性和特殊性

唯物史观关于人类社会经历了五种社会形态的理论，是对社会形态发展一般规律的概括，是对社会发展本质和历史发展客观规律的抽象概括。五种社会形态理论是从多个国家、民族的发展历史中抽象出来的，是一种总的历史趋势，或者说总的历史规律。它虽源于实际，但并不等于全部的历史实际；更不是机械教条，不等于说明每个民族、国家的社会发展历史都必须完整地、依次经历这五种社会形态。实际上，至今为止还有很多民族和国家也没有从头至尾地、完整地依次经历这五种社会形态。我们必须科学辩证地认识马克思主义五种社会形态理论，正确认识其一般性与特殊性。

五种社会形态理论是马克思主义经典作家在以整体的历史眼光审视人类历史发展趋势和过程而产生的科学认识，他们从世界历史发展的整体性出发，抽象概括了人类社会发展经历了由低级走向高级的五个历史阶段，这是人类社会历史发展的普遍规律。但现实的发展情况并不是单一的、直线的、绝对的，更不是没有特殊性、偶然性的。马克思主义五种社会形态理论并不否定历史发展的多样性、特殊性，不否定社会形态的跨越式发展，也不否定可能出现的某些历史倒退等偶然情况。马克思主义经典作家不仅不满足于对历史发展一般规律的认识，不排斥和否定一些民族、国家社会发展过程中出现的特例和偶然情况，反而在此基础上对不同民族、国家符合一般规律的特殊发展道路进行了更加深入的探索。

马克思主义经典作家在创立唯物史观和科学社会主义理论时，将主要注意力和着眼点放在对西方发达资本主义国家历史的研究之上。随着实践的发展，他们开始注意并研究西方国家和东方国家社会主义革命的不同情况，进而提出了一些非资本主义国家可以跨越资本主义制度的"卡夫丁峡谷"，直接走上社会主义道路可能性的问题。

通过研究东方国家和民族的发展道路，马克思主义经典作家指出，经济文化相对落后的国家，在一定条件下，可以跨越资本主义制度的"卡夫丁峡谷"，不经过资本主义的充分发展，直接通过社会主义革命的方式，走上非资本主义的社会主义道路，实现社会形态的跨越式发展。一般来说，像英国等发达资本主义国家，资本主义的生产方式是走向共产主义的必经之路；但像俄国等经济文化相对落后的国家则可以跨越资本主义的"卡夫丁峡谷"，走向社会主义。

由此可以看出，马克思主义经典作家在阐述资本主义生产力和生产关系的矛盾必然导致社会主义革命这一原理时，不排除在一定条件下某些落后国家可以跨越资本主义的"卡夫丁峡谷"、实现社会主义革命的可能性；也不排除不同民族、国家和地区依据各自的历史条件和具体实际选择特殊发展道路的特殊性。但是，不论国家制度与道路的选择如何特殊，社会制度和社会形态可以跨越，生产力的发展过程决不能跨越。归根到底，社会形态和发展道路的选择取决于生产力与生产关系的矛盾运动、由这种矛盾运动决定的客观环境，以及在客观条件下由人的主体能动性创造出来的主观条件。这一思想是具有世界观和方法论意义的：经济文化相对落后的国家要走上社会主义的发展道路，必须从本国具体实际出发，选择适合本国国情的发展模式，走具有本国特色的社会主义发展道路。

马克思主义经典作家提出的关于非资本主义道路的理论，非但不是对人类社会形态演变一般规律理论的否定，而是对这一理论的进一步修订和完善，丰富并深化了唯物史观和科学社会主义的理论。

三　立足中国实际，坚持五种社会形态理论

研究中国社会形态的发展历史，既要以唯物史观为指导，坚持五种社会形态理论，梳理中国社会形态演变的清晰脉络；又要立足中国历史和中国实际，概括提炼出在普遍规律基础上的中国社会形态演变的特殊性和民族性。

毛泽东在《中国革命和中国共产党》一文中写道："中华民族的发展（这里说的主要地是汉族的发展），和世界上别的许多民族同样，曾经经过了若干万年的无阶级的原始公社的生活。而从原始公社崩溃，社会生活转入阶级生活那个时代开始，经过奴隶社会、封建社会，直到现在，已有了大约四千年之久。"[①] 中国经过了原始社会、奴隶社会、封建社会，民族资本主义工商业也在封建社会晚期有了一定程度的发展，中国资本主义萌芽随之产生并缓慢发展。如果没有外国资本主义的入侵，中国也能在此基础上自发地走向资本主义。正如毛泽东所言："中国封建社会内的商品经济的发展，已经孕育着资本主义的萌芽，如果没有外国资本主义的影响，中

[①]《毛泽东选集》第2卷，人民出版社1991年版，第622页。

国也将缓慢地发展到资本主义。"①

近代，先于中国发展起来的西方资本主义国家，在全世界范围内瓜分殖民地、划分势力范围。西方列强不允许中国继续按照人类社会形态演进的一般规律，独立自主地走资本主义的发展道路，而将中国变为受其剥削与压榨的半殖民地半封建社会。中国的特殊国情决定了中国既不能走发达资本主义国家走过的旧路，也不能直接迈入社会主义社会，而必须要通过新民主主义革命建立新民主主义社会，再经过社会主义革命，走出一条非资本主义的发展道路——中国特色社会主义道路，实现跨越式发展。

只有从社会形态演进层面予以剖析，才能认清中国社会形态演进和历史发展道路的特殊性。当然也绝对不能因为中国社会发展道路的特殊性而否定五种社会形态理论的普遍性，否定马克思主义社会形态演变一般规律理论的科学性，进而否定中国经历了原始社会、奴隶社会、封建社会以至半殖民地半封建社会，经过新民主主义和社会主义革命，进入社会主义初级阶段，最终将向更高社会形态过渡的必然性。

四 认清否定五种社会形态理论的危害性

当前意识形态领域出现了否定"五种社会形态说"、否定唯物史观的错误倾向。具体表现在：有的不承认人类历史发展会经历五种社会形态，不承认"五种社会形态"是人类历史发展的普遍规律，认为"五种社会形态"是马克思主义经典作家凭空臆造出来的，并非科学真理；有的颠倒黑白、混淆是非，宣称"五种社会形态说"并不是马克思、恩格斯提出来的，而是列宁、斯大林等后人编造出来强加给马克思主义经典作家的，意图制造马克思主义后继者与马克思主义经典作家之间对立、矛盾的假象；有的则使用抽象承认、具体否定的伎俩，表面上承认"五种社会形态说"，但具体到判断我国历史与现状时，则说中国并没有完整经过原始社会、奴隶社会和封建社会。

我们必须充分认识否定五种社会形态理论、否定唯物史观的危害性，主要表现在以下三个方面。

---

① 《毛泽东选集》第2卷，第626页。

| 第三篇 | 唯物史观与五种社会形态理论

首先,否定五种社会形态理论,就等于否定共产主义的最高理想和中国特色社会主义的共同理想。五种社会形态理论揭示了人类社会发展的一般规律,揭示了社会主义、共产主义取代资本主义的必然性。这些理论和观点触动了资本主义最敏感的神经,直接撼动了资本主义立命存在的根基。所以,资本主义不承认人类社会发展经历五种社会形态,以此变相否定社会主义、共产主义取代资本主义的历史必然性。资产阶级从不讳言资本主义社会是亘古不变的"千年王国",将资本主义视为永不灭亡、长青永驻的存在;而把社会主义、共产主义说成是虚无缥缈、不可实现的臆想,将其出现视为过眼云烟,从而达到否定科学社会主义学说和摧毁共产党人理想、信念、追求的目的。

其次,否定五种社会形态理论,就等于否定一切历史进步性,就等于否定马克思主义唯物史观是历史进步学说。按照五种社会形态理论,人类社会由低级向高级不断演进,人类历史总体是向上、向前、向进步方向发展的,尽管有暂时的倒退,但历史前进的步伐是不可逆转、不可阻挡的。

最后,否定五种社会形态理论,就等于否定社会革命的伟大意义,从而否定无产阶级革命和无产阶级专政学说。按照唯物史观的观点,新的社会形态代替旧的社会形态是一场伟大的社会革命。当旧的生产关系严重阻碍生产力的发展、旧的上层建筑严重束缚经济基础的发展、改变生产关系和上层建筑成为刻不容缓的事情之时,社会革命就将到来。社会革命表现为代表先进生产力的新兴阶级推翻代表落后生产关系的反动阶级的政治统治,建立新的社会形态。当然社会革命还有另外一个意义,也就是狭义的社会革命,即改革,指在不改变政治制度和社会形态的前提下,通过调整和变革不适应生产力发展的生产关系和上层建筑中的某些环节,推动生产力发展和社会进步。社会革命是具有历史进步意义的,是代表先进生产力、先进阶级利益的。维持旧制度、旧思想、旧习俗的一切反动阶级总是贬低、否定、反对社会革命。

当前,资产阶级及其政客们总是千方百计地反对无产阶级社会主义革命,反对无产阶级专政。在我国具体表现为否定社会主义和共产主义、否定人民民主专政等历史虚无主义的错误观点。更有甚者直接高喊"资本主义万岁",不承认资本主义会被社会主义、共产主义代替的历史必然性,认为中国走资本主义道路才算"修成正果"。须知资本主义社会也是人类社会发展的一个必经阶段，前有封建社会，后有社会主义社会、共产主义社会。实际上，新的社会形态因素——社会主义社会已经在资本主义社会的母体中孕育产生，未来必将取代资本主义，这是不可阻挡的历史潮流。我们可以把一种社会形态的演进发展比作人类个体的生命历程：胎儿在母体中孕育、降生，经过儿童、少年、青年、壮年，直至死亡。作为人类历史的某个社会形态也必然会经历由生到死的过程，这是不可推翻的历史铁律。

除此之外，目前还存在一些历史读物、展览和影视作品，往往只从唯美主义的角度出发展示历史人物和历代文物，罗列王权更替历史，将历史变成精美艺术品的展示史，变成皇亲国戚、才子佳人的个人英雄史……这样一味地"去政治化""去阶级斗争化""去意识形态化"，隐藏了阶级社会和阶级斗争的历史事实，掩盖了社会形态演变的历史真实，抛开了社会基本矛盾运动，抛开了人类社会形态发展的一般规律，严重背离了唯物史观。陈列艺术品，介绍历史文物、展示文明载体，让人们享受美的、艺术的、文明的感受和熏陶，是完全必要的，也是不可或缺的。以往阶级社会的历史在一定程度上表现出王权更替的历史，但其实质绝不能归结为王权更替这么简单。只有把一定的历史事件、历史人物、历史实物放到一定的历史条件下认知，放在马克思主义社会形态演变一般规律的必然性下认知，才是唯物主义历史观的态度。

结　语

恩格斯指出，在唯物史观发现之前，人们对社会历史的一切认识都是在黑暗中摸索。唯物史观从生产工具、劳动分工的发展，认识生产力、生产关系的发展；从所有制的变化，认识上层建筑、意识形态的变化；从社会经济基础的变化，纵观整个社会生产生活的变化，由此形成了科学的关于人类社会演变规律的认识，成为认识和研究人类社会演变基本线索的认识。正是从这个基本线索入手，马克思发现了资本主义剩余价值的秘密，揭示了资本主义不可克服的内在矛盾，阐明了资本主义必然消亡，社会主义、共产主义必胜的道理。

岁月交替，沧海桑田。马克思主义社会形态演变一般规律理论不会因

第三篇 唯物史观与五种社会形态理论

为时代变迁而失去光彩,相反,它依然以其普遍性、科学性和理论性成为当今社会发展的重要指南。五种社会形态理论是马克思主义唯物史观的重要组成部分,是马克思主义经典作家以深邃的历史洞察力深刻剖析人类社会历史发展进程而得出的重要理论硕果,是对人类历史观的伟大贡献。正如习近平总书记所指出的:"历史和现实都表明,只有坚持历史唯物主义,我们才能不断把对中国特色社会主义规律的认识提高到新的水平,不断开辟当代中国马克思主义发展新境界。"[①] 所以,我们必须坚持五种社会形态理论,充分认识这一理论的普遍性与特殊性;同时,必须立足中国历史和中国国情,处理好特殊性与普遍性的关系,进行有中国特色的社会形态演变研究。

(原载《史学理论研究》2021 年第 4 期)

[①] 习近平:《推动全党学习和掌握历史唯物主义 更好认识规律更加能动地推进工作》,《人民日报》2013 年 12 月 5 日。

马克思主义揭示的历史发展规律

乔治忠

(廊坊师范学院)

历史唯物主义是马克思主义学说的重要组成部分，其中对于人类社会历史发展规律的探索和揭示，乃是历史唯物论的核心内容之一。恩格斯《在马克思墓前的讲话》中指出："正像达尔文发现有机界的发展规律一样，马克思发现了人类历史的发展规律。"[①] 实际上，历史发展规律的发现，是马克思与恩格斯合作研究的成果，许多重要的著作，本就是二人共同撰写，当然正如恩格斯的多次申明，一切都是以马克思为主导。事实上，恩格斯本人也具有突出的贡献，特别是在马克思逝世后，恩格斯继续致力于马克思在理论建设上的未竟事业，将历史唯物主义的学说体系进一步系统化，并且做出精辟的表述。

一 多历年所的探索和结论

感受和探索历史变化的规律性，是历史认识和深度思考的自然取向，无论西方和东方的思想家与史学家，很早就有所作为。中国战国时期萌发的历代"五德终始论"，经学中《春秋》公羊学的"三世说"，均有描述历史必然性的思维取向。西方近代的学者在探索历史规律中，取得不少引人瞩目的结论，例如意大利史学家 G. 维科（1668—1744 年）于 1725 年

[①] 恩格斯：《在马克思墓前的讲话》，《马克思恩格斯选集》第 3 卷，人民出版社 2012 年版，第 1002 页。

第三篇　唯物史观与五种社会形态理论

出版了《关于民族共同性的新科学原理》一书，经大加修订，五年后再版，称《新科学再编》，认为人类各民族即使相隔甚远，也具有共同的发展路向，即规律。近代德国具有哲学发达的特色，哲学家康德（1724—1804年），将人类历史视为一个连续进步的过程，认为历史学"考察人类意志自由的作用的整体时，它可以揭示出它们有一种合乎规律的进程"。①黑格尔（1770—1831年）则试图将世界历史描述为分阶段、有规律地向前发展的进程，但把发展动力归结为精神，他说："世界历史无非是'自由意识'的进展，这一种进展是我们必须在它的必然性中加以认识的。"②一般而言，对于历史规律的探求，是历史哲学、历史学处于积极向上发展中一定会深化到的领域。马克思、恩格斯探索历史发展规律，不仅在理论上创造性地建立辩证唯物主义和历史唯物主义学说，而且是进行无产阶级革命思想基础建设的现实需要。

马克思与恩格斯于1846年写成的《德意志意识形态》一书，已经提出唯物史观的基本原理，"我们首先应当确定一切人类生存的第一个前提，也就是一切历史的第一个前提，这个前提是：人们为了能够'创造历史'，必须能够生活。但是为了生活，首先就需要吃喝住穿以及其他一些东西。因此第一个历史活动就是生产满足这些需要的资料，即生产物质生活本身。"③由认定"生产"是"第一个历史活动"出发，顺理成章地就会关注生产力的问题，马克思在1846年的一封书信中指出："人们不能自由选择自己的生产力——这是他们的全部历史的基础，因为任何生产力都是一种既得的力量，是以往活动的产物。"④由于不能自由选择的生产力是"全部历史的基础"，那么个人的意志就不能成为历史发展的决定性因素，每一代人都是在承接前人已然取得的生产力，从事新的生产。生产力"只有在这些个人的交往和相互联系中才是真正的力量"，即人们必须结合成一定的交往关系（又称"交往形式"，后来表述为"生产关系"），才能进行

---

① 康德：《历史理性批判文集》，何兆武译，商务印书馆1991年版，第1页。
② ［德］黑格尔：《历史哲学》，王造时译，上海书店1999年版，"绪论"，第19页。
③ 马克思、恩格斯：《德意志意识形态》，《马克思恩格斯选集》第1卷，人民出版社2012年版，第158页。
④ 马克思：《致帕·瓦·安年科夫》，《马克思恩格斯选集》第4卷，人民出版社2012年版，第408页。

生产，这就导致"一切历史冲突都根源于生产力和交往形式之间的矛盾"。① 马克思、恩格斯对这种矛盾的运动作出描述：

> 在整个历史发展过程中构成各种交往形式的相互联系的序列，各种交往形式的联系就在于：已成为桎梏的旧交往形式被适应于比较发达的生产力，因而也适应于进步的个人自主活动方式的新交往形式所代替；新的交往形式又会成为桎梏，然后又为另一种交往形式所代替。由于这些条件在历史发展的每一阶段都是与同一时期的生产力的发展相适应的，所以它们的历史同时也是发展着的、由每一个新的一代承受下来的生产力的历史，从而也是个人本身力量发展的历史。②

这里已经形成历史唯物论的最核心观点，即生产力是不断进步而发达化，要求生产关系与之适应。生产力与生产关系的矛盾推动社会历史的发展，社会发展主要在于交往形式即生产关系的更新。同时，这段论述也打开探讨历史发展规律的广阔视野，即指出整个历史发展过程是"构成一个有联系的交往形式的序列"，历史发展的同时，个人的能力也得以发展。

此后，唯物史观的理论体系就从这个基础上日益丰富和完善，历史规律的探索和表述也日益缜密和准确。例如：提出"生产方式"的范畴，其含义是一定社会中生产力与社会关系的总和，这个范畴的运用，便于考察社会发展所达到的水平与基础。提出社会"经济结构"或曰"经济基础"以及"上层建筑"的范畴，经济基础是指一个社会内生产关系的总和，因为在社会生产关系不是单一的，多种生产关系需要总和起来研究，但其中必有一种主导型的生产关系。上层建筑是树立于经济基础之上的社会政治、法律、国家体制以及各种社会意识，与经济基础构成又一对推动社会发展的基本矛盾。另一个重要范畴是"社会形态"，内涵近似于经济基础，但融汇有政治制度等上层建筑的因素，用以分析和标示一定时期的社会性质。这类范畴及其相互联系，得自对人类历史客观史实的总结与概括，是马克思主义历史科学的纲维和网络上的纽结，成为揭示历史发展规律关键

---

① 马克思、恩格斯：《德意志意识形态》，《马克思恩格斯选集》第1卷，第196页。
② 马克思、恩格斯：《德意志意识形态》，《马克思恩格斯选集》第1卷，第204页。

性的概念工具。

马克思、恩格斯在《德意志意识形态》中，详细论述了历史发展的五个阶段，只是表述用语尚未成熟：第一阶段为"部落所有制"，① 相当于后来所说的原始社会晚期"父权制"管辖下已临近向社会分化的阶段。这里用"部落所有制"表述奴隶制之前的社会形态，是因为"在1847年，社会的史前状态，全部成文史以前的社会组织，几乎还完全没有人知道"。② 第二阶段是"古代公社所有制和国家所有制"，这种称谓源于对古希腊、古罗马社会的初步研究，是从"公民仅仅共同拥有支配自己的那些做工的奴隶"向私有制转变，从而使"公民和奴隶之间的阶级关系已经充分发展"，③ 总之是奴隶制社会。第三阶段为"封建的或等级的所有制"，同样做了详细的分析，随后又探讨了资本主义社会以及未来共产主义社会的交往形式，这是马克思、恩格斯对五种社会形态演进规律的最初阐释。

马克思在《哲学的贫困》一书中，运用了五种社会形态演进的学说并有所发展，他指出："因为奴隶制是一个经济范畴，所以它总是存在于各民族的制度中。"④ 马克思接着论述了"封建制度"、封建主义和封建的生产，以及取而代之的资产阶级生产关系，⑤ 更展望了工人阶级的革命斗争"将创造一个消除阶级和阶级对抗的联合体来代替旧的市民社会"。⑥ 值得注意的是：距《德意志意识形态》的写作不到一年，他就已经形成了"奴隶制""封建制度"等比较标准的表述社会形态的用语。

马克思在1859年的《〈政治经济学批判〉序言》中，运用上述范畴概要论述了对于历史唯物论和历史规律探讨的结论：

> 人们在自己生活的社会生产中发生一定的、必然的、不以他们的意志为转移的关系，即同他们的物质生产力的一定发展阶段相适合的

---

① 马克思、恩格斯：《德意志意识形态》，《马克思恩格斯选集》第1卷，第68页。
② 恩格斯于1888年为《共产党宣言》所加的注释，参见《马克思恩格斯选集》第1卷，第272页。
③ 马克思、恩格斯：《德意志意识形态》，《马克思恩格斯选集》第1卷，第148—149页。
④ 马克思：《哲学的贫困》，《马克思恩格斯选集》第1卷，第224页。
⑤ 马克思：《哲学的贫困》，《马克思恩格斯选集》第1卷，第151—152页。
⑥ 马克思：《哲学的贫困》，《马克思恩格斯选集》第1卷，第275页。

生产关系。这些生产关系的总和构成社会的经济结构,即有法律的和政治的上层建筑竖立其上并有一定的社会意识形式与之相适应的现实基础。物质生活的生产方式制约着整个社会生活、政治生活和精神生活的过程。不是人们的意识决定人们的存在,相反,是人们的社会存在决定人们的意识。社会的物质生产力发展到一定阶段,便同它们一直在其中活动的现存生产关系或财产关系(这只是生产关系的法律用语)发生矛盾。于是这些关系便由生产力的发展形式变成生产力的桎梏。那时社会革命的时代就到来了。随着经济基础的变更,全部庞大的上层建筑也或慢或快地发生变革……大体说来,亚细亚的、古希腊罗马的、封建的和现代资产阶级的生产方式可以看做是经济的社会形态演进的几个时代。①

这段论述的重点是阐明人类社会发展内在的基本矛盾,即生产力与生产关系、经济基础与上层建筑的矛盾,显示随着生产力的发展,社会的经济基础与上层建筑迟早会发生改变,于是历史不仅是发展的,而且总体上是走向进步的。因此,揭示了人类社会的基本矛盾,也等于指出了历史发展、进步的规律。但是,历史规律的探讨不能就此笼统地结束,必须将悠久、漫长的历史划分为不同的发展阶段,才能把握社会基本矛盾怎样在不同性质的社会内运行,以及其如何促成社会性质的改变。

马克思在这里所讲的"亚细亚的、古代的、封建的和现代资产阶级的生产方式",其中"古代的"意指奴隶制社会,在当时西欧的语境中,"古代"具有古希腊、罗马社会状况和那一时代的双关含义,如果"亚细亚的"生产方式是指奴隶制之前的状况,就正好与《德意志意识形态》中所谓"部落所有制"对应,但问题并不如此简单。"亚细亚生产方式"的概念,源于马克思在19世纪50年代,通过各种资料了解到印度等东方各国,农村公社跨越各个世代长期存在,致使亚洲表面上似乎没有家庭和个人的土地私有制,于是投入认真的研究,写出《1857—1858年经济学手稿》。其中"资本主义以前的生产方式"一节之第一个小标题就提出了

---

① 马克思:《〈政治经济学批判〉序言》,《马克思恩格斯选集》第2卷,人民出版社2012年版,第2—3页。

第三篇 唯物史观与五种社会形态理论

"原始所有制"[①] 的概念,所论述的就是奴隶制社会之前的土地公有制问题,马克思称之为"土地所有制的第一种形式","一旦人类终于定居下来,这种原始共同体就将依种种外界的(气候的、地理的、物理的等等)条件,以及他们的特殊的自然习性(他们的部落性质)等等,而或多或少地发生变化"。[②] 亚细亚的"原始共同体"是以组成农村公社的形式来占有土地,由于公社内的生产是农业与手工业结合一起,遏制了劳动分工和产品交换,所以这种公社的结构很难瓦解,但进入阶级社会后,在外表构架仍旧的景象下,其内里的性质则发生变化,"大多数亚细亚的基本形式中,凌驾于所有这一切小的共同体之上的总合的统一体表现为更高的所有者或唯一的所有者。"这就是说,实际上土地和生产的劳动剩余产品,都是属于专制君主的。"在这种财产形式下,单个的人从来不能成为所有者,而只不过是占有者,实质上他本身就是作为公社统一体的体现者的那个人的财产,即奴隶。"[③] 这种奴隶制却不破坏劳动的社会条件,不改变公社内部生产中的人际关系。在比劳动奴隶的身份、地位有所改善的农奴制社会,亚细亚的农村公社依然可以维持其架构而不解体,因此,"亚细亚生产方式"在字面上,可以是原始社会、奴隶社会、封建社会三个连续性社会形态之中的一种。限于当时的资料不足,马克思在尚未对农村公社运行和发展状况彻底研究的情况下,审慎地用以标示一个历史阶段,留待进一步研究,而将之置于四种已有的社会形态之首,主要还是表达其"原始所有制"初意。

在马克思、恩格斯等人的经典著作中,凡是依次叙述奴隶制、农奴制、资本主义制度,都是基于五种社会演进的历史规律,例如在《资本论》第一卷中谈到劳动者所进行的小生产,指出"这种生产方式在奴隶制度、农奴制度以及其他从属关系中也是存在的",但资本主义社会却令其解体。[④] 因为无阶级剥削的原始社会的存在没有争议,共产主义社会是马

[①] 马克思:《政治经济学批判》,《马克思恩格斯全集》第42卷,人民出版社2016年版,第665页。
[②] 马克思:《政治经济学批判》,《马克思恩格斯全集》第46卷上,第472页。
[③] 马克思:《政治经济学批判》,《马克思恩格斯全集》第46卷上,第493页。
[④] 马克思:《资本论》第1卷,《马克思恩格斯文集》第5卷,人民出版社2009年版,第872页。

克思主义强调的理想境界,无须总是与性质迥异的阶级社会相提并论。

恩格斯按照马克思的委托,承接马克思提供的历史观念和笔记资料,在马克思逝世后转年间,就撰成《家庭、私有制和国家的起源》一书,全面梳理世界各地、各民族从原始社会到阶级社会产生的过程和实况,概括性地指出:"奴隶制是古希腊罗马时代世界所固有的第一个剥削形式;继之而来的是中世纪的农奴制和近代的雇佣劳动制。这就是文明时代的三大时期所特有的三大奴役形式。"① 他在1887年1月写成的《美国工人运动》中,又强调:"在亚细亚古代和古典古代,阶级压迫的主要形式是奴隶制,也就是说,群众不仅被剥夺了土地,甚至连他们的人身也被占有。"② 这里的论断十分明确,即无论东方、西方,历史发展规律在实质和原则上是一致的,在阶级剥削的社会都是依次更迭的"三大奴役形式"。加之,最早的原始社会和未来的共产主义社会,即五种社会形态的演进,即为马克思主义揭示的历史客观规律。

二 以辩证思维看待历史规律

马克思、恩格斯发现了人类历史发展的客观规律,即五种社会形态演进的历史进程。列宁以及20世纪诸多的马克思主义者,继承和发扬这一历史唯物主义学说,使之成为理论建设的精髓和指导革命实践的理念。需要特别引为注意的是,对于"规律"及历史规律,要切实以唯物辩证法的辩证思维予以理解,避免将规律的"必然性"作绝对化、僵化的解读,才能抵御形形色色的挑战与诘难。

---

① 恩格斯:《家庭、私有制和国家的起源》,《马克思恩格斯选集》第4卷,第176页。笔者按:此条引文在1972年版《马克思恩格斯选集》第4卷中,没有"希腊罗马时"5个字。因为"古代"这个词语,在当时的欧洲往往与"古希腊罗马"寓意相关,故1995年版及以后的版本均译成"古希腊罗马时代世界",表示"古希腊罗马那个时代的世界",以达到语义双关。因此,恩格斯这一论断,不应视为仅限于欧洲,而是具有世界历史的普适性。因为这里接续着恩格斯论述的亚洲远古所特有的畜牧业,是导致"第一次社会大分工,在使劳动生产率提高,从而使财富增加并且使生产领域扩大的同时,在既定的总的历史条件下,必然地带来了奴隶制。从第一次社会大分工中,也就产生了第一次社会大分裂,分裂为两个阶级,主人和奴隶、剥削者和被剥削者"。(《马克思恩格斯选集》第4卷,人民出版社2012年版,第192—193页)由此可见,《家庭、私有制和国家的起源》之内,包含着亚细亚生产方式研究得出的结论。

② 恩格斯:《美国工人运动》,《马克思恩格斯选集》第4卷,第273页。

第三篇 唯物史观与五种社会形态理论

马克思在论述资本主义社会时说："我们在理论上假定，资本主义生产方式的规律是以纯粹的形式展开的。实际上始终只存在着近似的情况；但是，资本主义生产方式越是发展，它同以前的经济状态的残余混杂不清的情况越是被消除，这种近似的程度也就越大。"① 他在谈到价值规律时说："总的说来，在整个资本主义生产中，一般规律作为一种占统治地位的趋势，始终只是以一种极其错综复杂和近似的方式，作为从不断波动中得出的、但永远不能确定的平均数来发生作用。"② 列宁指出：历史规律并不意味着历史会单线、机械性地向前发展，"设想世界历史会一帆风顺、按部就班地向前发展，不会有时出现大幅度的跃退，那是不辩证的，不科学的，在理论上是不正确的。"③ 历史规律与一切规律一样，具有普遍性与特殊性的统一，"世界历史发展的一般规律，不仅丝毫不排斥个别发展阶段在发展的形式或顺序上表现出特殊性，反而是以此为前提的。"④ 可见，马克思、列宁都没有把历史规律视为神圣的、僵化的和不容许有丝毫的偏移。历史发展的一般规律，不能将之当作教条来套用在一切具体民族与地区的历史研究，也不能搜寻个别民族与地区历史状况的差异来诘难和否定普遍规律。

客观规律是有层次、分等级的，宇宙有其宏大的演化规律，太阳系有其运行规律，地球这一特殊行星也有其地质时代的变化规律，人类社会依存于自然环境，有着自己的历史发展规律，这诸多的规律有着大小、高低的等级与层次。各种规律之间，存在互相制约或互有推动的作用，一般而言，宏大系统事物的规律往往可以制约较小体量事物的规律。

一个具体的社会系统，拥有多大程度内在发展的必然趋势和必然程序，以及其抗拒外来干扰、贯彻这种必然性能力的程度，可称为系统的有序性。社会系统的有序性至少由三个因素所决定：1. 系统内部结构的完整和严密的程度，如一个政体较完善的民族、国家，其有序性较强；倘若组织松散、充满敌对冲突，则有序性较弱；2. 系统所占据的时空地位的状

---

① 马克思：《资本论》第3卷，《马克思恩格斯文集》第7卷，人民出版社2009年版，第195—196页。
② 马克思：《资本论》第3卷，《马克思恩格斯文集》第7卷，第181页。
③ 列宁：《论尤尼乌斯的小册子》，《列宁选集》第2卷，人民出版社2012年版，第694页。
④ 列宁：《论我国革命》，《列宁选集》第4卷，人民出版社2012年版，第19页。

况，如大的、历史悠久的、地理位置优越的国家，有序性一般较强；3. 系统内部矛盾运动的展开程度与系统的发展水平，如发达的资本主义国家比古代的小农经济国家有序性强。如果一个社会系统的有序性不足以抵抗较强外来因素的冲击，它的自身发展规律就可能被打断，因火山爆发导致米诺斯文化的灭绝，美洲印第安人、非洲多数民族、近代中国的发展趋向被西方入侵势力所改变，都可以这样解释。

需要说明的是，虽然有些具体的发展规律可能被打断，但也不足以否定这种规律，正如无论有多少数量的个人发生夭折，也不应否认人类生命的普遍规律是经过初生婴儿、幼年、青年、壮年、老年直到逝世的几个阶段。这种比拟不是将社会发展降格为人体的生物学进程，而是意在说明比生命历程还要复杂的历史发展，更不能以进程"未完成态"的实例来否定普遍规律性。

历史规律的得出和成立，要在"总体性"和"典型性"的观念上理解。人类社会发展的规律的阐释，是指普遍性发展趋势，是宏观的命题。不能以个别特殊的具体实例，质疑"总体性"的概括，总体性规律不必承担对于每一个具体事例的完全符合。因此，马克思、列宁在叙述规律时常用的词语是"总的说来"，这里不否认个别的例外现象，也不因为存在着例外就去否认总的规律。列宁谈到马克思揭示了资本主义生产中可变资本与不变资本关系的规律时，明确指出："我们强调'总的'一词，是因为无论马克思还是他的学生，始终认为这个规律是资本主义总趋势的规律，而决不是一切个别情况的规律。"①

但是，当对于总规律的"例外"事例被发现数量很多的情况下，将如何对待呢？这需要分别不同的情况，予以具体地分析。

规律可以建立在"典型性"事例之上，尽管"典型性"不一定占全部同类事物中的绝对多数。前所列举的人之生命进程的规律，也可以说明这个问题，因为在现代医学技术全面成熟和普及发展之前，夭折的人数长期超过所有出生人数的一半，但我们仍然可以将人的生命历程总结为历经婴儿、幼儿、少年、青年、壮年、老年直到逝世等若干阶段的规律，何以如此？那是由于完成全部历程的人乃是人生完整的典型，典型性具有总体上

---

① 列宁：《农业中的资本主义》，《列宁全集》第4卷，人民出版社2013年版，第89页。

第三篇 唯物史观与五种社会形态理论

的代表性。社会历史自然比人体生命复杂得多,其典型性民族与地区可以依从这样的标准:1.文化、生产力以及社会组织方式具有明显的先进性;2.对其他民族或地区有很强的影响或干预,力度之大足以部分改变他处的社会结构;3.在一定时期起到引领社会发生跨越发展的作用;4.整个社会经济、社会组织、科学文化、对外关系发展得较为全面,在世界上呈现繁华兴盛状态。近代的西欧率先进入资本主义的大工业阶段,马克思将之作为历史规律探索的主要研究对象,是合理的。

探索人类社会的历史发展,不能将各地区、各民族绝对割裂开来,自人类起源和远古时代,世界各地的人群就有多种联系,近代资本主义的发展,更将整个世界联结为一体。这样,在全球各地、各民族生产力和社会形态的发展仍然极不平衡状态下,处于发展滞后的地区和民族再也难于"按部就班"地独立发展,呈现了突破社会形态原本程序的跨越性事例。不同民族之间政治、军事、经济和文化的碰撞,造成社会发展的显著变动,自上古至于近现代乃屡见不鲜。例如,古代欧洲的日耳曼民族被认为处于"野蛮时代较高阶段"(即原始社会后期)就侵入了发达奴隶制末期的罗马帝国,从而在不同民族的碰撞与融合中,完成社会形态向封建制度的转变。① 这种情况,应当把日耳曼民族及其所碰撞、交融的罗马,作为一个整体来考察,不宜仍将之孤立和分割地看待。中国社会没有经历完整的资本主义制度,那是西方资本主义列强影响和干预了中国的社会。近现代的技术输出和资本输出,可能改变落后地区的社会结构,原先刀耕火种的地区短时间就可能直接实现部分的电气化,不必经历西欧从蒸汽机发明到电力运用的长期探索过程。有些民族和地区在世界化的近现代,一方面饱受殖民主义、资本主义的压榨,一方面生产力与社会结构发生跨越性变动,社会形态于是改变。以近现代世界性整体眼光观察,就不会认为是违背了历史发展规律。

马克思主义揭示的五种社会形态依次演进的历史规律,是从整体世界着眼,有着主轴方向,内部蕴含螺旋式、跨越性运行,以及发生许多波动与不平衡状态的立体发展模式,主轴方向占主导地位,显示辩证的历史进

---

① 马克思等经典作家,都认为日耳曼民族未经过充分发展的奴隶制社会阶段,且分析了原因。而当代学者中,仍有人主张日耳曼民族也经历过奴隶制社会。

步的前程。将五种社会形态演进学说批评为僵化的、单线性的模式,不是误解就是污蔑。

余 论

前述讲到马克思揭示了社会发展的内在动力,即生产力与生产关系的矛盾、经济基础与上层建筑的矛盾,扼要地梳理了五种社会形态演进学说的建设历程。在人类社会基本矛盾的运行与五种社会形态演进规律之间,还有一个层次,就是将社会的历史发展进程划分为三大阶段,即从无阶级的原始公有制社会,到私有制的阶级社会,再发展到公有制的共产主义社会。有的学者将上述"三阶段"说推重为马克思主义对历史规律的最重要表述,甚或认为可以取代五种社会演进之论。

马克思、恩格斯都提到过历史发展的三个阶段,但只是在个别语境下,针对不同问题的随机阐发。例如,提出过关于社会劳动有着未发生异化阶段、劳动异化阶段和劳动异化被扬弃阶段;提到人们的独立性问题,在历史上总结为人的依赖性、物的依赖性和个人全面发展与自由个性社会;也讲过人类社会有原生形态、次生形态和再次生形态等。[①] 这些论述经过理解、发挥,其中有的观点可以贴合于从原始公有制到私有制、再发展到高层次共产主义公有制的三个阶段。恩格斯在论述唯物辩证法的否定之否定规律时,曾举例指出:一切民族都是从土地公有制开始,随着生产力发展,被土地私有制取代,而私有制逐渐成为生产力发展的桎梏,又会被更高水平的公有制所代替。[②] 这里的表述,其实是将三种阶级剥削的社会特点合并一起,作为论述哲学问题的例证,是特殊语境下的简化说法,背后还是以五种社会形态的演进为本。

以上这种历史发展三阶段的表述,比五种社会形态演进的概念笼统,因而被挑剔、质疑之处也似乎大减,但这却不是马克思、恩格斯探索历史发展规律理论之鹄的。第一,马克思、恩格斯对历史发展三阶段的论述很

[①] 参见马克思《1844年经济学哲学手稿》《给维·伊·查苏利奇的复信草稿(三稿)》《1857—1858年经济学手稿》,分别载于《马克思恩格斯全集》第42卷(人民出版社2017年版)、19卷(人民出版社2006年版)、46卷上。

[②] 恩格斯:《反杜林论》,《马克思恩格斯选集》第3卷,人民出版社2012年版,第481页。

少,且结构上也不一致。如,关于人的依赖性、物的依赖性及个人全面发展和自由个性三阶段,显然是以资本主义社会"物"的依赖为中心,前资本主义社会都归入"人的依赖性",这里并不区别有没有阶级的分化,仅以单个人的自由度为标准,不大关乎社会基本矛盾运动与社会形态演变的原理。第二,马克思、恩格斯探讨历史规律,不仅仅是要解释历史,更重要的是改变现实社会,即剖析资本主义社会必将灭亡的机理,指导无产阶级的革命运动。这既需要将资本主义社会形态区别于此前的社会,又需要考察人类如何从原始状态转变阶级分化而又经过那些阶段,才发展到资本主义形态。如果以原始社会之后是私有制社会的笼统认识为满足,不再划分阶级社会的各个阶段,就无法理解资本主义私有制怎么会把生产力高度发展,也不能揭示资本主义社会在经济繁荣状态下已经埋伏下灭亡的归宿。因此,只有五种社会形态演进才是马克思主义对历史规律最深刻、最完整的表述。

历史发展规律的"三阶段"说一度高涨,有其社会背景。中国自20世纪70年代末出现否定奴隶制社会为人类历史发展必经阶段的一大思潮,其波涛汹涌,泡沫飞溅,文章充斥于各主要学术期刊,许多颇具造诣的历史学专家从风而靡。明确主张这种见解的群体,被称之为"无奴学派",其主要特点是否认马克思、恩格斯曾经揭示和主张五种社会形态演进的历史规律,"寸土必争"地将许多民族和地区说成未曾经历过奴隶社会。在此形势下,一些学者为了维护唯物史观,遂推重历史发展"三阶段"之说,放弃五种社会形态演进论,大似有"前军不利,退守坚城"用意。此外,还出现一种所谓"一元多线"的历史发展模式之说,更加错误,等于否认了历史发展具有规律性。

"无奴学派"的文章虽多,实际却是互相承袭,其学术理念百孔千疮,其列举事例支离残碎,对经典著述的引证,大多断章取义,颠倒时代,甚至有移花接木、作伪欺诈行为。史学界早就应当对这股思潮予以批判,从而在思想界拨乱反正。而诸如主张历史发展"三阶段"规律之说,是理论上的一种退却,也应当予以纠正。

(原载《史学理论研究》2021年第4期)

社会形态更替的"五形态"论
与"三形态"说

吕薇洲　刘海霞

（中国社会科学杂志社　中国社会科学院
马克思主义研究院）

社会形态理论在唯物史观乃至整个人类发展史上具有非常重要的地位，正如列宁所说，与达尔文第一次把生物学放在完全科学的基础上一样，马克思"探明了作为一定生产关系总和的社会经济形态这个概念，探明了这种形态的发展是自然历史过程，从而第一次把社会学放在科学的基础之上"。[1] 马克思主义关于社会形态的划分及更替的理论是唯物史观的核心思想，是共产主义学说的重要依据，是共产主义运动赖以立足的理论支撑。马克思、恩格斯究竟有没有提出五种社会形态理论，"五形态"论与"三形态"说的关系如何，社会形态的更替有无规律？这些问题一直是国内外学界关注和争论的焦点。站在"两个一百年"奋斗目标的历史交汇点上，在唯物史观的观照下，分析"五形态"论与"三形态"说的形成发展、内涵特征和相互关系，廓清在该问题上存在的错误认识，具有重要的理论价值和现实意义。

一　马克思的社会形态理论内含
"五形态"论与"三形态"说

作为唯物史观的重要概念，"社会形态"[2] 和"经济的社会形态"[3] 在

---

[1] 《列宁选集》第1卷，人民出版社2012年版，第10页。
[2] 《马克思恩格斯文集》第2卷，人民出版社2009年版，第471页。
[3] 《马克思恩格斯文集》第2卷，第592页。

第三篇 唯物史观与五种社会形态理论

经典著作中经常被交替使用。但是，社会形态除了社会经济制度即经济基础以外，还包括社会的上层建筑，是同生产力发展的一定阶段相适应的经济基础和上层建筑的统一体。[1] 相较其他概念，社会形态更能反映社会的整体性特征。

社会形态有多种划分方法，以生产工具为标志的生产力标准和生产关系标准都可以在马克思那里找到依据。判断一个社会的社会形态要看其占统治地位的生产关系。"在一切社会形式中都有一种一定的生产决定其他一切生产的地位和影响，因而它的关系也决定其他一切关系的地位和影响。"[2] 基于唯物史观的基本原理，马克思从不同视角出发，依据不同标准，对人类社会发展作出了"五形态"和"三形态"的划分，形成了马克思主义社会形态理论的两种基本表述。

一是以生产关系为划分标准的"五形态"论的形成与发展。在《德意志意识形态》中，马克思、恩格斯分析了分工与所有制的关系，指出分工发展的各个不同阶段，也即所有制的各种不同形式，并据此将社会分为"部落所有制""古典古代的公社所有制和国家所有制"，以及"封建的或等级的所有制"等几种形态。[3] 这里不仅提到了前资本主义的三种社会形态，而且集中论述了资产阶级社会，以及通过共产主义革命去"推翻一切旧的生产关系和交往关系的基础"，即在消灭其私有制以后必将建立起来的"共产主义"[4]社会。在《雇佣劳动与资本》中，马克思提出了依据生产关系判定社会形态及其发展阶段的观点。他说："生产关系总合起来就构成所谓社会关系，构成所谓社会……古典古代社会、封建社会和资产阶级社会都是这样的生产关系的总和，而其中每一个生产关系的总和同时又标志着人类历史发展中的一个特殊阶段。"[5] 这"处于一定历史发展阶段上的社会，具有独特的特征的社会"，其实就是由不同生产关系所决定的不同的社会形态。在《〈政治经济学批判〉序言》中，马克思对"五形态"论作了经典表述："大体说来，亚细亚的、古希腊罗马的、封建的和现代

---

[1] 肖前、李秀林、汪永祥主编：《历史唯物主义原理》，人民出版社1983年版，第139页。
[2] 《马克思恩格斯选集》第2卷，人民出版社2012年版，第707页。
[3] 《马克思恩格斯文集》第1卷，人民出版社2009年版，第521—522页。
[4] 《马克思恩格斯文集》第1卷，第574页。
[5] 《马克思恩格斯选集》第1卷，人民出版社2012年版，第340页。

资产阶级的生产方式可以看做是经济的社会形态演进的几个时代。资产阶级的生产关系是社会生产过程的最后一个对抗形式……但是，在资产阶级社会的胎胞里发展的生产力，同时又创造着解决这种对抗的物质条件。"① 虽然马克思没有明确提出"五形态"论，但其论述蕴含了五种社会形态的思想。在《家庭、私有制和国家的起源》中，恩格斯指出，"随着在文明时代获得最充分发展的奴隶制的出现，就发生了社会分成剥削阶级和被剥削阶级的第一次大分裂。这种分裂继续存在于整个文明期。奴隶制是古希腊罗马时代世界所固有的第一个剥削形式；继之而来的是中世纪的农奴制和近代的雇佣劳动制。这就是文明时代的三大时期所特有的三大奴役形式。"② 这实际上是从劳动的奴役方式入手，对原始社会解体后、共产主义实现前的三种社会形态的明确表述。该论著还探讨了阶级的产生、国家的起源和消亡，深刻揭示了人类社会发展的一般规律，推动了社会形态理论的发展。

列宁在《论国家》中，更为详细地讨论了人类社会从父权制原始社会到奴隶占有制社会、农奴制社会、资本权力的社会、最终"消灭一切剥削"和"国家"的社会发展过程。③ 在《论辩证唯物主义和历史唯物主义》一书中，斯大林把人类社会正式概括为"原始公社制的、奴隶占有制的、封建制的、资本主义的、社会主义的"五个发展阶段。④ 斯大林虽未明确指出这里所说的"社会主义"是苏联已经存在的现实社会主义，还是马克思、恩格斯设想的作为共产主义同义语的未来的社会主义，但他把五种基本的生产关系明确排列一起，从中提炼出五种社会形态，这是符合马克思主义创始人思想本意的。也即是说，人类社会历史发展的"五形态"论，是对资本主义社会及其生产关系考察基础上，由马克思、恩格斯提出，列宁和斯大林加以明确和完善的理论学说。

二是以人的发展为划分依据的"三形态"说的提出。马克思主义是关于人的解放的学说，马克思非常重视人的发展与社会发展的关系问题，认

---

① 《马克思恩格斯选集》第2卷，第3页。
② 《马克思恩格斯选集》第4卷，人民出版社2012年版，第192—193页。
③ 《列宁选集》第4卷，人民出版社2012年版，第28—40页。
④ 《斯大林文选》上卷，人民出版社1962年版，第199页。

第三篇　唯物史观与五种社会形态理论

为"历史不过是追求着自己目的的人的活动而已"。① 基于探讨不同时期人的发展程度，尤其是资本主义生产关系中人的发展问题，马克思提出了"三形态"说。"三形态"说在《黑格尔法哲学批判》和《论犹太人问题》中已有提及，在《詹姆斯·穆勒〈政治经济学原理〉一书摘要》中做了初步阐发，通过对"异化的劳动"和"谋生的劳动"的对比分析，马克思指出："过去表现为个人对个人的统治的东西，现在则是物对个人、产品对生产者的普遍统治。"② 这里"个人对个人的统治"和"物对个人、产品对生产者的普遍统治"可视为"人的依附"和"物的依附"思想的萌芽。在《1844 年经济学哲学手稿》中，马克思借助异化劳动概念探讨了人类历史发展的客观规律，指出："封建的土地占有已经包含土地作为某种异己力量对人们的统治。"而在资本主义社会，"工人同自己的劳动产品的关系就是同一个异己的对象的关系。"通过"私有财产即人的自我异化的积极的扬弃"来说明共产主义的历史必然性，即"共产主义……是人向自身、向社会的（即人的）人的复归。"③《1857—1858 年经济学手稿》对"三形态"说作了明确阐述："人的依赖关系（起初完全是自然发生的），是最初的社会形式，在这种形式下，人的生产能力只是在狭小的范围内和孤立的地点上发展着。以物的依赖性为基础的人的独立性，是第二大形式，在这种形式下，才形成普遍的社会物质变换、全面的关系、多方面的需要以及全面的能力的体系。建立在个人全面发展和他们共同的、社会的生产能力成为从属于他们的社会财富这一基础上的自由个性，是第三个阶段。第二个阶段为第三个阶段创造条件。因此，家长制的，古代的（以及封建的）状态随着商业、奢侈、货币、交换价值的发展而没落下去，现代社会则随着这些东西同步发展起来。"④ 在这里，马克思还初步阐述了三大社会形态更替过程中伴随着家长制的、古代的（以及封建的）、现代社会的更替，由于当时还把家长制看作第一个社会发展阶段，所以也就暗示了两种划分方法的并行不悖。在《资本论》中，马克思把三大形态表述为"直接的社会关系""人们之间的物的关系和物之间的社会关系""自由人

---

① 《马克思恩格斯文集》第 1 卷，人民出版社 2009 年版，第 295 页。
② 《马克思恩格斯全集》第 42 卷，人民出版社 1979 年版，第 30 页。
③ 《马克思恩格斯全集》第 42 卷，第 83、91、120 页。
④ 《马克思恩格斯文集》第 8 卷，人民出版社 2009 年版，第 52 页。

联合体",① 进一步完善了"三形态"说。

二 "五形态"论与"三形态"说内在一致且互为补充

作为马克思主义社会形态理论的重要组成部分,无论"五形态"论还是"三形态"说,均能在马克思主义经典文本中找到相应的依据。"五形态"论与"三形态"说基于不同的划分标准,从不同角度和不同侧面说明了社会形态的衔接顺序,两者之间既存在差异性,也具有一致性与互补性。

首先,"五形态"论与"三形态"说存在一致性。无论"五形态"论还是"三形态"说,都立足于对资本主义生产方式及其运动规律的深入考察,聚焦在对"现实的人及其历史发展"②的科学揭示,二者具有内在一致性。在对资本主义进行深刻批判的过程中,马克思、恩格斯发现,"前期历史的'使命'、'目的'、'萌芽'、'观念'等词所表示的东西,终究不过是从后期历史中得出的抽象,不过是从前期历史对后期历史发生的积极影响中得出的抽象。"③ 只有把资本主义置于人类整个历史发展的序列中,深入探讨前资本主义诸社会形态,才能正确解读资本主义的起源,科学探索资本主义的发展趋势。一方面,"五形态"论关于五种社会形态从低级向高级的演进过程,也是"三形态"说中人的依赖性社会向物的依赖性社会和人的全面而自由发展社会的转变过程。换言之,五种社会形态的演进过程也是人逐渐获得解放的过程,从人对自然、对社会、对人的依赖中逐渐解脱出来,最终达到人与自然、人与社会、人与人的真正和谐,实现人真正全面而自由的发展。④ 这一过程从生产关系的角度看,"生产资料的集中和劳动的社会化,达到了同它们的资本主义外壳不能相容的地步。这个外壳就要炸毁了。资本主义私有制的丧钟就要响了。"⑤ 从人的发展角

---

① 《资本论》第1卷,人民出版社1975年版,第90、95页。
② 《马克思恩格斯选集》第4卷,人民出版社2012年版,第247页。
③ 《马克思恩格斯选集》第1卷,第168页。
④ 刘海霞:《论社会形态的衔接顺序》,研究出版社2008年版,第192页。
⑤ 《资本论》第1卷,第831—832页。

第三篇　唯物史观与五种社会形态理论

度看,"一旦社会占有了生产资料……人在一定意义上才最终地脱离了动物界,从动物的生存条件进入真正人的生存条件"。到那时,"对人的统治将由对物的管理和对生产过程的领导所代替"。①

另一方面,"五形态"论与"三形态"说都植根于生产力发展的基础上。基于社会基本矛盾分析的"五形态"论,从生产关系(特别是所有制)的角度考察社会形态的发展。在马克思看来,生产关系的性质和水平归根到底取决于生产力的性质和发展水平。"随着新生产力的获得,人们改变自己的生产方式,随着生产方式即谋生的方式的改变,人们也就会改变自己的一切社会关系。"② 以人的发展程度为划分标准的"三形态"说,把人的独立程度作为社会发展的标志,但它也深刻揭示了人的能力是与作为物质生产方式中最活跃的因素生产力共同发展的。③ 生产力发展的水平决定着劳动成果的占有方式、交换方式和人的发展状况。如果没有分工和生产力的较大发展,就不可能由"人的依赖关系"发展到"物的依赖关系";没有生产力的高度发展和旧式分工的消灭,就不可能由"物的依赖关系"发展到实现"自由个性"和"个人全面发展"。因此,"五形态"论和"三形态"说具有内在的和本质上的一致性。

其次,"五形态"论和"三形态"说具有互补性。"五形态"论对社会形态的划分,是指在世界范围内,人类社会依次经历原始社会、奴隶社会、封建社会、资本主义社会和共产主义社会,而不是具体到每一个国家都必然依次经历这些发展阶段。相较"三形态"说,这种划分更为具体,准确体现了不同社会形态中生产关系的变化。五种社会形态的演进同时也是一个不断打破不同经济主体的封闭状态而向全世界成为一个经济主体转变的过程,"三形态"说以"自然经济、商品经济、产品经济"三阶段交换关系为媒介,直观地反映了两种划分方式的对应关系,是对"五形态"论的一种积极补充。在自然经济的第一阶段即原始共同体阶段,由于生产力水平极端低下,个人劳动直接成为社会劳动的一部分。在生产力有了较大发展的奴隶社会和封建社会,个人仍是不独立的。"正因为人身依附关

---

① 《马克思恩格斯选集》第 3 卷,人民出版社 2012 年版,第 815、812 页。
② 《马克思恩格斯选集》第 1 卷,第 222 页。
③ 吕薇洲:《不同的视角相同的基点——也论三种社会形态和五种社会形态的关系》,《郑州大学学报》1998 年第 1 期。

系构成该社会的基础,劳动和产品也就用不着采取与它们的实际存在不同的虚幻形式。它们作为劳役和实物贡赋而进入社会机构之中。"① 资本主义的产生要以生产者和生产资料的分离为前提,因此也就使个人对共同体的依附关系变成了人对物的依赖关系,从而实现了人的相对独立性。在发达的商品交换制度中,"人的依赖纽带、血统差别、教养差别等等事实上都被打破了,被粉碎了(一切人身纽带至少都表现为人的关系);各个人看起来似乎独立地……自由地互相接触并在这种自由中互相交换。"② 而产品经济阶段,由于全社会就剩下一个经济主体,"社会一旦占有生产资料并且以直接社会化的形式把它们应用于生产……一个产品中所包含的社会劳动量,可以不必首先采用迂回的途径加以确定。"③ 在这样的社会中,个别劳动直接成为社会总劳动的组成部分,而不需要交换作为中间环节。由此可见,"人的依赖"的发展阶段,涵盖了三个生产关系发展阶段,即原始社会、奴隶社会、封建社会。但是,这三个社会形态的生产关系差别很大,在自给程度上也相差甚远。比如,在封建社会,东西方交往和贸易一度很频繁。尤其是封建社会后期,商品经济逐渐发达起来,并为商品经济高级阶段——市场经济准备了条件,促进了资本主义的产生。可见,仅以人的发展程度为依据对社会形态进行划分,表达不出生产关系的差异,从中看不到原始社会、奴隶社会、封建社会中劳动奴役关系的产生和变化,也看不到人与劳动资料的结合方式。

最后,"五形态"论与"三形态"说存在差异性。"五形态"论与"三形态"说在对人类历史发展进行划分时,具有各自的视角,前者立足于与生产力发展相对应的生产关系的变革,后者立足于与生产力相对应的人的依赖关系的变革。④ "五形态"论把生产关系(核心是其所有制关系)作为划分"社会经济形态"的标准,内蕴着社会基本矛盾以及在阶级社会中的阶级关系,是对社会进步和社会性质的深层、本质的科学揭示。它偏重说明"社会形态"发展、更替和演进的内在必然性和动力体系,但没有

---

① 《资本论》第1卷,第94页。
② 《马克思恩格斯文集》第8卷,第58页。
③ 《马克思恩格斯选集》第3卷,第696—697页。
④ 吕薇洲:《不同的视角相同的基点——也论三种社会形态和五种社会形态的关系》,《郑州大学学报》1998年第1期。

对于人的发展作出相应的理论概括。"三形态"说从劳动及其产品占有、交换和使用的视角着眼,更多地反映了人与共同体之间的关系。它高度抽象地揭示了人的发展过程和状况,阐明了人类发展和解放的经济必然性。在"人的依赖关系"的社会发展阶段,由于社会生产力水平低下,个体只能依赖共同体而生存,形成了人对人的依赖关系。原始社会之后,"在奴隶制关系和农奴制关系中……社会的一部分被社会的另一部分当做只是自身再生产的无机自然条件来对待"。①"在这里,我们看到的,不再是一个独立的人了,人都是互相依赖的……都是以人身依附为特征的。"② 在第二大社会形态——"物的依赖"的社会中,人们自己的一定的社会关系采取了物与物的关系的虚幻形式,"事实上,他们当然更不自由,因为他们更加屈从于物的力量"。③ 在第三大社会形态——"自由个性"的社会中,"随着社会生产的无政府状态的消失,国家的政治权威也将消失。人终于成为自己的社会结合的主人,从而也就成为自然界的主人,成为自身的主人——自由的人"。④ 这说明,"个性自由"的社会是由前一个"普遍异化"的社会发展而来的,它保证了个人最全面的发展,成为自由人的联合体。

三 不能以"三形态"说替代"五形态"论

"五形态"论和"三形态"说,都反映了社会历史发展是一种由客观规律支配、而不由人类目的和意志决定的发展过程。然而,一个时期以来,学界出现了贬低和否定"五形态"论的观点,有人甚至重新挑起早在20世纪30年代就已被批驳且有定论的,即当年由一些托派人物提出的我国古代"不存在奴隶社会"、马克思的"五形态"论不适合中国国情的论争;有人借以炒作"封建主义"中的"封建"的语源学考证,搞逆向思维;还有人否认五种社会形态的规律性,认为马克思的社会形态理论是机械的历史决定论。对此,我们需要结合文本和实践进行具体辨析与批驳。

---

① 《马克思恩格斯全集》第 46 卷上,第 488 页。
② 《资本论》第 1 卷,第 94 页。
③ 《马克思恩格斯选集》第 1 卷,第 200 页。
④ 《马克思恩格斯选集》第 3 卷,第 817 页。

第一，对人类历史上是否普遍存在过奴隶社会、封建社会的讨论，是对五种社会形态理论是否成立、唯物史观在当代社会形态研究中有无指导意义的探讨。不同观点之所以对立，很大程度上是缘于对奴隶社会、封建社会的认定标准不同。以封建社会为例，反对者以西方学者关于封建社会的定义——封土封臣、领主农奴、城市乡村的对立、政治上分散等特点——来为西欧之外的地区定性，结果把世界上大多数地区排除在封建社会形态之外。事实上，马克思、恩格斯始终把封建社会作为一种经济的社会形态来看待，而不仅仅是一种单纯的政治制度，在他们看来："一方面是土地所有制和束缚于土地所有制的农奴劳动，另一方面是拥有少量资本并支配着帮工劳动的自身劳动。这两种所有制的结构都是由狭隘的生产关系——小规模的粗陋的土地耕作和手工业式的工业——决定的。"① 封建社会有很多类型，它们既有很多共性，又各具特色。在论及封建制度时，马克思、恩格斯通常会加上一些限定词，比如"旧普鲁士容克封建制度""俄罗斯的前农奴主"，② 马克思还分析了印度的封建化过程，③ 探讨了波兰消灭封建权利、实现民主的方式。④ 这些都表明，他们讲的封建社会并不局限于西欧。另外，马克思晚年根据自己对东方社会研究的新史料，在《给维·伊·查苏利奇的复信》中指出："农业公社既然是原生的社会形态的最后阶段，所以它同时也是向次生形态过渡的阶段，即以公有制为基础的社会向以私有制为基础的社会的过渡。不言而喻，次生的形态包括建立在奴隶制上和农奴制上的一系列社会。"⑤ 这种对于"三形态"说的新表述，并不是基于"人类的依赖关系"，而是基于所有制关系，可以简要表述为"公有—私有—公有"这样一个辩证否定的演进序列。从这种意义上说，它是对"五形态"论的浓缩，而"五形态"论揭示的是人类社会历史发展的普遍规律。

第二，经济的社会形态的演变是一种自然史的过程。社会形态的更替在具体的历史实践中呈现出多样性的特点，有学者却据此否定社会形态更

---

① 《马克思恩格斯选集》第1卷，第150页。
② 《马克思恩格斯选集》第3卷，第33、109页。
③ 《马克思恩格斯全集》第45卷，人民出版社1985年版，第283页。
④ 《马克思恩格斯文集》第2卷，人民出版社2009年版，第24页。
⑤ 《马克思恩格斯选集》第8卷，第836页。

第三篇 唯物史观与五种社会形态理论

替的规律性。譬如，波普尔把规律与趋势截然分开，把可否重复看作历史有无规律的标志，认为"社会运动观念的本身纯粹是一种总体论的思想混乱。没有任何理由让人们相信，社会科学能够为我们实现揭示未来所储藏着的秘密这一古老的梦想"，① 从而否认人类社会发展具有规律性。实际上，正如列宁所指出的："马克思把社会运动看作受一定规律支配的自然历史过程……这种研究的科学价值在于阐明支配着一定社会有机体的产生、生存、发展和死亡以及为另一更高的有机体所代替的特殊规律（历史规律）。"② 在列宁看来："唯物主义提供了一个完全客观的标准，它把生产关系划为社会结构……一分析物质的社会关系……立刻就有可能看出重复性和常规性，把各国制度概括为社会形态这个基本概念……譬如说，划分出一个资本主义国家和另一个资本主义国家的不同之处，研究一切资本主义国家的共同之处。"③ 重复性和常规性就是人类历史发展过程中所体现出来的规律性和普遍性，④ 它既体现为各种社会形态横向分布的普遍性，也体现为社会形态纵向演进不可逆的规律性。生产工具是生产力发展水平的重要标志，人们通过对生产工具的改进增强了征服世界的能力，显示了人的能力的提高和选择范围的扩大。但是，这并非说生产力是可以随意选择的，因为生产工具的变革是一个循序渐进的过程。人们周围的感性世界"是工业和社会状况的产物，是历史的产物，是世世代代活动的结果，其中每一代都立足于前一代所奠定的基础上，继续发展前一代的工业和交往，并随着需要的改变而改变他们的社会制度"。⑤ 这样，生产力的发展就表现为一种自然历史的发展过程了，而它最终决定着经济的社会形态的发展过程，体现了社会形态从低到高、依次更替的规律性。这一过程也是就人类社会整体而言的。正是在这个意义上，马克思指出，"一个社会即使探索到了本身运动的自然规律……它还是既不能跳过也不能用法令取消自然的发展阶段。但是它能缩短和减轻分娩的痛苦。"⑥

---

① ［英］卡尔·波普尔：《开放社会及其敌人》第 2 卷，郑一明等译，中国社会科学出版社 1999 年版，第 148 页。
② 《列宁选集》第 1 卷，第 33—34 页。
③ 《列宁选集》第 1 卷，第 8 页。
④ 参见赵家祥主编《历史唯物主义教程》，北京大学出版社 1999 年版，第 477—478 页。
⑤ 《马克思恩格斯选集》第 1 卷，第 155 页。
⑥ 《马克思恩格斯选集》第 2 卷，第 83 页。

第三,"五形态"论是"规律性"和"多样性"的统一。马克思主义经典作家从形形色色的单一社会机体的结构、功能和发展中去发现其普遍性,从世界历史过程的多样性中归纳出其规律性。在生产关系层面,人类社会循着原始共产主义、奴隶制、封建制、资本主义制度的轨迹前进,将来发展到共产主义。社会形态衔接顺序的这一规律性是就人类社会整体发展进程而言的,而不是指一切民族都要完整地经历以上所有的社会发展阶段。在世界历史的长河中,并不排除某个社会在某个阶段上的"缺失"和"跨越"。① 社会形态发展、更替和演进的共同规律性和表现形式的特殊性,是历史进化的"共性论"和"主线论"与其实现形式"多样性"的统一。如列宁所说,"世界历史发展的一般规律不仅丝毫不排斥个别发展阶段在发展的形式或顺序上表现出特殊性,反而是以此为前提的。"② 一个民族是按其原有的发展顺序依次更替还是实现跨越发展,主要取决于它所处的"历史环境"。这就是说,每一个民族并不一定都要完全靠自己内部的力量来积淀和酝酿出一个新的社会形态,而是可以利用其他社会发达的生产力,实现生产关系的移植。马克思曾提醒我们要注意"第二级的和第三级的东西,总之,派生的、转移来的、非原生的生产关系。国际关系在这里的影响"。③ 原生形式和派生形式的交往可以使落后地区利用自己的后发优势,学习先进国家的科学技术经验,从而跟上世界历史前进的总体进程。以东方社会(或其他地区和民族)的特殊性,来否认人类历史发展"五形态"论是站不住脚的。我们既要像列宁那样看到"东方那些人口无比众多、社会情况无比复杂的国家里,今后的革命无疑会比俄国革命带有更多的特殊性",④ 进而应当深入研究和充分尊重这些特殊性,而不能在理论和实践上简单照搬马克思主义词句。同时,我们又必须承认"这些特殊性当然符合世界发展的总的路线",即"世界历史发展的一般规律",⑤ 坚持和发展包括"五形态"论在内的马克思主义、历史唯物主义的基本原理。马克思的社会形态理论并非僵化的"决定论",正如艾伦·伍德所评价的,

---

① 刘海霞:《社会形态衔接顺序的多样性及其原因分析》,《马克思主义研究》2007年第10期。
② 《列宁选集》第4卷,第19页。
③ 《马克思恩格斯选集》第2卷,人民出版社2012年版,第709页。
④ 《列宁专题文集·论社会主义》,人民出版社2009年版,第359—360页。
⑤ 《列宁专题文集·论社会主义》,第357—358页。

> 第三篇 唯物史观与五种社会形态理论

"马克思与韦伯相比,正是韦伯而不是马克思通过一个直线的、目的论的、以欧洲为中心的历史观来看世界的,对于抛弃这些思想,马克思比任何其他西方思想家做得都要多。"[①]

综上可知,"五形态"论与"三形态"说从不同视角、不同层面揭示了人类社会发展的历史规律,二者内在一致且互为补充,共同构成了马克思主义社会形态理论,共同揭示了人类社会发展的客观规律,以及各个阶段依次更替的历史事实。社会形态更替是"五形态"和"三形态"的辩证统一,不能用"三形态"说代替"五形态"论。马克思主义的社会形态理论,尤其是"五形态"论,在对资本主义生产方式,以及和它相适应的生产关系和交换关系进行详细分析与科学论证的基础上,揭示了资本主义社会产生、发展及其必然被社会主义社会取代的历史必然性。坚持"五形态"论,有助于我们在准确把握历史发展大势的基础上,科学判断我国所处的历史方位和发展阶段,乘势而上开启全面建设社会主义现代化国家新征程。

(原载《史学理论研究》2021 年第 4 期)

---

① Ellen Meiksins Wood, *Democracy against Capitalism——Renewing Historical Materialism*, Cambridge University Press, 1995, p. 146.

"五形态"论与"三形态"说论争辨析

谭 星

(中国社会科学院历史理论研究所)

社会形态理论是历史唯物主义的重要组成部分,自20世纪二三十年代社会形态学说传入中国开始,就曾引起社会形态划分的讨论。近年来有关社会形态理论的研究中,"五形态"论和"三形态"说的争论最为引人注目。①马克思主义将人类社会演进的历史发展过程划分为五种形态还是三种形态,以及能否以"三形态"说取代"五形态"论是争论的核心内容。这些讨论多集中于哲学和马克思主义研究领域,历史学者参与讨论的相对较少。笔者试图通过对"五形态"论和"三形态"说的提出及其传播进行学术梳理,以此为基础论述两者之间的关系,澄清两者自20世纪七八十年代以来的论争,明确五种社会形态理论的科学性、合理性及其在历

---

① 2005年至2006年前后,段忠桥、赵家祥和奚兆永三位学者就这一问题展开了辩论。除了"五形态"论和"三形态"说,在社会形态问题上,近年来也有学者提出了不同看法,有"六形态"说、"四形态"说、"两形态"说等。有学者认为按照马克思的原意,历史上的社会生产方式应该是六种而非五种,应该把亚细亚生产方式作为一种独立的生产方式来研究。因此,相对应的,人类社会有六种社会形态,即亚细亚社会、原始社会、奴隶社会、封建社会、资本主义和共产主义社会。有学者提出以社会大众对公共权力的拥有程度为标准,将社会历史划分为初级民权社会、集权社会、分权社会和成熟民权社会四种形态。有学者认为原始社会、奴隶社会、封建社会、资本主义社会不能直接跟共产主义社会并列,应将这四种社会形态作为"人类社会的史前时期"这一整体与共产主义社会并列,人类社会可分为史前时期和共产主义社会两大阶段。这些社会形态说多属"一家之言",非本文关注重点,仅简单列举。参见吴大琨《关于亚细亚生产方式研究的几个问题》,《学术研究》1980年第1期;石建红、张东《试论社会发展形态的划分问题》,《山西财经大学学报》2005年第5期;高原《马克思社会形态的结构与演进思想研究》,博士学位论文,中共中央党校(国家行政学院),2019年。

第三篇　唯物史观与五种社会形态理论

史研究中的重要地位与作用。

一　"五形态"论与"三形态"说的提出

五种社会形态理论是马克思主义唯物史观的一个基本观点，指的是人类社会由原始社会、奴隶社会、封建社会、资本主义社会，经过社会主义社会的过渡而达到共产主义社会的五种社会形态演变发展的一般规律，并认为这是人类社会历史发展的普遍规律和必然趋势。唯物史观分析社会历史问题时，主张从社会存在出发，相信物质资料的生产方式对一个时代的社会形态起决定性作用，因此划分社会形态发展的标准以生产方式为要。

马克思虽无专著论述社会形态问题，但在不少著述中留下了经典表述。早在《德意志意识形态》的写作时期（1845—1846年），马克思、恩格斯就明确了分阶段对社会发展进行考察的思想，以分工引起的所有制不同形式为标准，将社会划分为"部落所有制""古典古代的公社所有制和国家所有制""封建的或等级的所有制""现代的或手工工场所有制"。① 可以说，这是马克思主义社会形态理论的雏形。

"社会形态"这个概念和术语，是马克思在1851年撰写《路易·波拿巴的雾月十八日》中提出的。② "新的社会形态一形成，远古的巨人连同复活的罗马古董——所有这些布鲁土斯们、格拉古们、普卜利科拉们、护民官们、元老们以及凯撒本人就都消失不见了。"③ 马克思提出"社会形态"的概念，主要是为了表明资本主义社会具有不同于以往任何历史社会的特征，是人类社会发展的新阶段和新形态。马克思在1859年的《〈政治经济

---

① 《马克思恩格斯选集》第1卷，人民出版社2012年版，第148—149、215页。
② "社会形态"的德文为Gesellschaftsformation，与之相近的一个概念为"社会形式"（Gesellschaftsform），马克思对这一术语的使用早于"社会形态"，在1845年的《关于费尔巴哈的提纲》和1847年的《哲学的贫困》中便使用了"社会形式"一词。因为翻译问题曾有学者误以为马克思在《哲学的贫困》中首先创造并使用了"社会形态"概念，2009年出版的《马克思恩格斯文集》中已将相关译文改译为："至于工场内部的分工，它在上述一切社会形式中是很不发达的。"（参见《马克思恩格斯文集》第1卷，人民出版社2009年版，第624页）这一问题得到澄清。刘召峰曾对"社会形态""社会形式"的概念和翻译详加考察，此处不再赘述。参见刘召峰《社会形态、经济的社会形态、社会形式——马克思社会形态理论的核心概念考辨》，《浙江大学学报》2020年第4期。
③ 《马克思恩格斯选集》第1卷，第669—670页。

学批判〉序言》中有一段话被广为引用,"大体说来,亚细亚的、古希腊罗马的、封建的和现代资产阶级的生产方式可以看做是经济的社会形态的演进的几个时代。资产阶级的生产关系是社会生产过程的最后一个对抗形式……人类社会的史前时期就以这种社会形态而告终。"① 这四种社会形态再加上共产主义社会正好是五种社会形态。1884 年,恩格斯在《家庭、私有制和国家的起源》中提出了社会经济形态演进的几个阶段,"奴隶制是古希腊罗马时代世界所固有的第一个剥削形式;继之而来的是中世纪的农奴制和近代的雇佣劳动制。"② 这一文明时代的三大时期加上氏族社会和共产主义社会,即构成完整的人类社会演变形态:原始氏族社会、古代奴隶制社会、中世纪农奴制社会、近代雇佣劳动制(资本主义)社会和未来共产主义社会。

从马克思、恩格斯的这些论述中,可以清楚地看到五种社会形态理论的提出和发展过程,因而"五形态"论是马克思、恩格斯对社会发展形态的科学认识不断深化的理论结晶。

1917 年俄国"十月革命"一声炮响为中国送来了马克思列宁主义,五种社会形态理论也得到广泛传播,并逐渐取得主导地位。③ 在这一过程中,中国对马克思主义社会形态理论的理解很大程度上受苏联的影响,特别是列宁和斯大林对社会形态理论的定义和解释具有较大影响力。列宁将人类社会的发展规律和次序概括为父权制原始社会、奴隶制社会、农奴制社会和资本主义社会。④ 1938 年,斯大林对社会形态的演进给出了更为清晰的论断,"历史上生产关系有五大类型:原始公社制的、奴隶占有制的、封建制的、资本主义的、社会主义的。"⑤ 1939 年,毛泽东在分析中国社会性质时认为中国经历了"原始公社社会""奴隶社会""封建社会",然

---

① 《马克思恩格斯选集》第 2 卷,人民出版社 2012 年版,第 3 页。
② 《马克思恩格斯选集》第 4 卷,人民出版社 2012 年版,第 192 页。
③ 例如,曾在中国产生广泛影响的《联共(布)党史简明教程》旗帜鲜明地持"五形态"论,毛泽东称该书为"一百年来共产主义运动的最高的综合和总结,是理论和实际结合的典型,在全世界只有这一个完全的典型"。参见《改造我们的学习》,《毛泽东选集》第 3 卷,人民出版社 1991 年版,第 802—803 页。
④ 列宁:《论国家》,《列宁专题文集·论辩证唯物主义和历史唯物主义》,人民出版社 2009 年版,第 285—287 页。
⑤ 斯大林:《论辩证唯物主义和历史唯物主义》,《斯大林文集(1934—1952)》,人民出版社 1985 年版,第 222 页。

第三篇　唯物史观与五种社会形态理论

后由于外国资本主义的入侵使中国沦为"半殖民地半封建社会",中国必须经过新民主主义革命,"才能进一步发展到社会主义的社会"。①

中国马克思主义史学家中最早系统接受、论证马克思主义社会形态理论,并据此研究中国历史的是郭沫若。1928年,他以笔名杜顽庶发表了《中国社会的历史的发展阶段》②一文,把中国社会分为原始公社制、奴隶制、封建制、资本制,分别对应西周以前、西周时代、春秋以后和最近百年的历史时期。"五形态"论在此后逐渐成为占主导地位的理论学说,特别是新中国成立后其地位得到巩固。中共中央宣传部理论局1989年组织编写的《马克思主义哲学学习纲要》中关于社会形态演进的表述是:"各个国家和民族在没有外来干涉的情况下,按其自然历史过程,一般都经历大致相同的发展阶段,依次经历原始社会、奴隶社会、封建社会、资本主义社会、共产主义社会(社会主义是它的第一阶段)五个社会形态。"③这是"五形态"论在中国通行的表述。

但是,"五形态"论从20世纪七八十年代逐渐受到"三形态"说的挑战。"三形态"说以人的发展状况为标准,将人类社会分为"人的依赖性"(自然经济社会)、"物的依赖性"(商品经济社会)和"个人全面发展"(产品经济社会)三种社会形态,并认为这三种社会形态依次演进。马克思在《1844年经济学哲学手稿》首次提到人类社会发展阶段的问题,他认为"整个所谓世界历史不外是人通过人的劳动而诞生的过程",④所以人类社会发展的阶段可以通过人的劳动形式来划分,即尚未发生异化劳动、异化劳动占统治地位和异化劳动被扬弃三个阶段。这可以看作是"三形态"说的雏形。马克思在《政治经济学批判(1857—1858年手稿)》中写道:"人的依赖关系(起初完全是自然发生的),是最初的社会形式,在这种形式下,人的生产能力只是在狭小的范围内和

---

① 毛泽东:《中国革命和中国共产党》,《毛泽东选集》第2卷,人民出版社1991年版,第622、626、647页。
② 杜顽庶:《中国社会的历史的发展阶段》,《思想月刊》1928年第4期。该文后作为导论被收录在郭沫若的《中国古代社会研究》一书。参见郭沫若《中国古代社会研究》,商务印书馆2011年版,第25页。
③ 中共中央宣传部理论局:《马克思主义哲学学习纲要》,中共中央党校出版社1989年版,第79页。
④ 《马克思恩格斯全集》第3卷,人民出版社2002年版,第310页。

孤立的地点上发展着。以物的依赖性为基础的人的独立性，是第二大形式，在这种形式下，才形成普遍的社会物质变换、全面的关系、多方面的需要以及全面的能力的体系。建立在个人全面发展和他们共同的、社会的生产能力成为从属于他们的社会财富这一基础上的自由个性，是第三个阶段。第二个阶段为第三个阶段创造条件。"① 这被视为马克思对三种社会形态理论的重要表述。

"三形态"说在中国兴起的原因，一是解放思想、改革开放为学术研究提供了更加宽松的社会环境，二是马克思主义经典著作翻译事业的发展。例如，中共中央编译局重新翻译马克思主义经典著作，其中《政治经济学批判（1857—1858年草稿）》被分为上下册，分别于1979年和1980年出版，收入《马克思恩格斯全集》第46卷上下册，即《经济学手稿（1857—1858年）》。该《手稿》的翻译出版为"三形态"说在中国的流行提供了文本依据。在此背景下，学界开始对马克思主义唯物史观进行新的探索和反思，其中包括对社会形态理论的讨论。"三形态"说由此在中国传播、发展起来，甚至一度形成对"五形态"论的严重挑战。

二 "三形态"说对"五形态"论的辩难

其实，中国学界对马克思主义社会形态理论的讨论，早在20世纪二三十年代的"社会史论战"时期就已初现端倪。1928年，陶希圣在《新生命》杂志上发表了《中国社会到底是什么社会》，拉开了"社会史论战"的序幕。论战初期的核心议题是：中国是封建社会还是资本主义社会，帝国主义势力的入侵是否改变了中国的社会性质。1930年以后，论战的焦点从现实转向历史，"在讨论的内容上更强调历史本身的问题"。② 何干之曾总结这一时期社会史论战的焦点问题："1. 亚细亚生产方法（式）是什么？中国曾否出现过这样的时代？2. 中国有没有奴隶社会？中国奴隶社会与希腊、罗马社会是否完全相同？3. 中国封建社会有什么特性，封建

---

① 《马克思恩格斯文集》第8卷，人民出版社2009年版，第52页。
② [美] 阿里夫·德里克：《革命与历史：中国马克思主义历史学的起源，1919—1937》，翁贺凯译，江苏人民出版社2005年版，第138页。

第三篇 唯物史观与五种社会形态理论

社会的发生发展及其没落是怎样?"① 从这些问题的提出和争论可见当时史学家们对中国历史发展进程的思考,以及他们如何在唯物史观所揭示的人类社会发展的基本图景中理解和解释中国历史。经过这一阶段的"社会史论战",唯物史观和社会形态理论在史学研究中的影响进一步扩大。

20 世纪七八十年代以来,"三形态"说对"五形态"论提出了一些质疑。这些质疑概括起来主要有两点。第一,否认五种社会形态理论的普遍性,即"五形态"论只在西欧部分国家适用,不一定符合世界其他地区特别是中国的历史发展进程。质疑者认为只有西欧部分国家是按照人类社会发展的五种类型依次演进,其他民族或国家的社会发展显然具有跨越性,比如中国就越过资本主义社会直接从半殖民地半封建社会过渡到社会主义社会。另外,奴隶制、封建制等概念不能简单套用至亚洲社会,例如中国是否经历过奴隶制社会还有值得商榷之处,② 印度、阿尔及利亚等地的"公职承包制""荫庇制"与西欧封建制也不是一回事。因此,质疑者不仅认为"五形态"论缺乏充分的事实依据,③ 而且常常援引马克思在《给〈祖国纪事〉杂志编辑部的信》中的一段话作为依据:"他一定要把我关于西欧资本主义起源的历史概述彻底变成一般发展道路的历史哲学理论,④ 一切民族,不管它们所处的历史环境如何,都注定要走这条道路……但是我要请他原谅。(他这样做,会给我过多的荣誉,同时也会给我过多的侮辱。)"⑤

第二,否认五种社会形态理论的原典性,即马克思没有提出过五种社会形态理论。这里的争论点在于讨论马克思的社会形态理论是什么,而不是五种社会形态理论是否成立。在此意义上,持"三形态"说者表示如果

---

① 何干之:《中国社会史问题论战·前记》,生活书店 1937 年版,第 1 页,转引自胡逢祥等《中国近代史学思潮与流派(1840—1949)》中册,商务印书馆 2019 年版,第 816 页。
② 此处的奴隶制社会以奴隶制经济是否在该社会的经济生活中占据主导地位、奴隶制是否稳定或在较长的时间内存在过为标准而非以是否有蓄奴现象为标准。
③ 季正矩:《正确认识马克思的社会形态理论》,《理论视野》2009 年第 7 期;严文波:《马克思社会形态理论刍议——一种基于经典文本的解读》,《学术交流》2017 年第 1 期。
④ 此处的"他"指的是尼·康·米海洛夫斯基(Н. К. Михайловский,1842—1904 年),俄国社会学家、民粹派理论家、文学批评家。他从 1868 年为《祖国纪事》撰稿,后任该杂志编辑;1892 年起,他在《俄国财富》杂志社工作,曾于 1894—1904 年任该杂志主编。
⑤ 《给〈祖国纪事〉杂志编辑部的信》,《马克思恩格斯选集》第 3 卷,人民出版社 2012 年版,第 730 页。

认为马克思曾提过五种社会形态理论,必须拿出文本依据。否则,即便五种形态理论说得通,也不是马克思本人的思想,而是列宁、斯大林或中国某些学者自己的解释和发挥。他们认为马克思本人从未提出过五种社会形态理论。所谓人类社会的发展表现为原始社会、奴隶社会、封建社会、资本主义社会和共产主义社会(社会主义社会是其初级阶段)这五种社会形态的依次更替,是后人对马克思主义社会形态理论的发展,马克思只提出过三种社会形态理论。[①] 他们指责"五形态"论是对马克思主义社会形态理论的"误读"和"曲解",反对把"五形态"论"强加"到马克思、恩格斯身上。

于是,有学者强调"三形态"说更能包含不同地区社会发展的多样性和丰富性,更具普遍性和科学性,更加符合马克思、恩格斯的原意,批评"五形态"论是过时的、僵化的教条主义,主张以"三形态"说代替"五形态"论。

三 "三形态"说对"五形态"论的质疑不成立

首先,我们不能简单、教条地理解"五形态"论,要看到其普遍性和特殊性的对立统一。"五形态"论是马克思、恩格斯基于对欧洲和东方社会的观察提出的理论模型,是一般性的抽象理论,而非对全部具体事实的总汇,它并不否认历史跨越或倒退的可能性。正如林甘泉所说:"人类历史的发展有着共同规律,而这种共同规律是通过各个民族和国家历史发展的多样性表现出来的。"[②] 因此,不能以中国没有经历资本主义社会而否认"五形态"论。社会形态理论把错综复杂的社会关系归结于生产关系,把生产关系归结于生产力水平的高低,指出每一时代的经济生产以及由此产生的社会结构,是该时代政治和精神等上层建筑的历史基础。这是对人类社会发展本质规律的概括,使我们得以用科学的眼光穿越历史的迷雾,抓

---

① 其中,最具代表性的文章为段忠桥的《对"五种社会形态理论"一个主要依据的质疑》(《南京大学学报》2005年第2期)、《马克思提出过"五种社会形态理论"吗?》(《教学与研究》2006年第6期)。

② 林甘泉:《亚细亚生产方式与中国古代社会——兼评翁贝托·梅洛蒂的〈马克思与第三世界〉对中国历史的歪曲》,《林甘泉文集》,上海辞书出版社2005年版,第21页。

第三篇 唯物史观与五种社会形态理论

住每个时代最本质的特征,认识人类历史发展的进程。它所概括出来的人类社会发展的基本规律指明了发展方向和未来,而各国、各地区、各民族的社会发展具有一定的特殊性,这需要在掌握这一基本规律的基础上具体问题具体分析。

其次,从《德意志意识形态》提出的理论雏形,到《家庭、私有制和国家起源》中比较成熟的理论阐述,"五形态"论的发展脉络清晰可见。"马克思恩格斯从来没有在某一单一文本中一次性地、完整地提到社会发展的五种形态。但是却没有充分的根据否认将马克思在不同文本中的思想加以整合,概括出五种社会形态理论的正当性。"[1] 五种社会形态理论是马克思、恩格斯的理论创造,通过对历史事实的大量观察和深刻思考,综合哲学、法学、经济学和人类学的理论资源,他们抽象出这一具有解释力和科学性的理论。马克思主义社会形态理论是发展的而非静止的,它具有开放性和包容性,在实践发展中自我更新。从马克思、恩格斯提出社会形态理论,列宁、斯大林、毛泽东等马克思主义者都在不断地对其进行发展、阐释。特别是斯大林的政治权威使他对五种社会形态理论的表述获得了巨大影响力,但不能据此就认为五种社会形态理论是斯大林提出的而非马克思的创造。

最后,通过对"三形态"说两点质疑的分析和辩驳,可见其对"五形态"论的质疑不成立,因而以"三形态"说代替"五形态"论的主张也就失去了立论基础。一是"三形态"说关注人,以人的发展状况为标准划分人类社会发展阶段,却忽视了以生产力和生产关系构成的生产方式对宏观社会性质的决定性影响。"社会形态,就是与生产力一定发展阶段相适应的经济基础和上层建筑的统一,生产关系各方面的总和即经济基础。经济形态无疑是社会性质考察的重要落脚点。"[2] 如果取消"社会性质",就抽空了马克思主义唯物史观的核心内容,使其"名存实亡"。这正是不能以"三形态"说否定、取代"五形态"论的根本原因。二是相较于"五形态"论,"三形态"说更为笼统,对社会阶段的划分不如"五形态"论具体,"不能更细致地说明社会发展的不同阶段的区别,也不能更精确地

---

[1] 杨学功、楼俊超:《如何理解马克思的三大社会形态理论——兼评学界的几种常见理解》,《教学与研究》2012年第8期。

[2] 任会斌:《殷商社会性质问题讨论的回顾与反思》,《史学理论研究》2021年第2期。

说明社会类型的复杂结构。"① 例如，所谓"人的依赖性社会"或者说自然经济社会，就包括了原始社会、奴隶社会、封建社会三种不同的社会形态，这种划分过于笼统而未能区分出这三种社会形态的具体差异。

马克思主义社会形态理论是唯物史观的基本原理，是"认识社会历史发展的正确理论和有效方法"。②"五形态"论在历史研究中意义重大，例如在中国古史分期问题、中国近代社会性质等重大历史理论问题上，马克思主义史学家借助五种社会形态理论进行历史研究，不仅为我们留下了丰厚的学术遗产，而且有助于改善历史研究中碎片化、淡化理论、远离现实的倾向，为历史研究创造新的学术增长点。可以说，"社会形态研究极大地开阔了史学家们的视野，极大地增强了人们对人类社会发展进程的科学认识"，③ 对于进一步坚定"四个自信"，增强"四个意识"，做到"两个维护"，积极投身全面建设社会主义现代化国家新征程具有积极意义。

（原载《史学理论研究》2021 年第 4 期）

---

① 赵家祥：《五种社会形态划分法和三种社会形态划分法的含义及其相互关系》，《观察与思考》2015 年第 2 期。
② 马克垚：《说封建社会形态》，《历史研究》2000 年第 2 期。
③ 钟哲：《推动社会形态研究走向深入——第二届全国史学高层论坛暨第十四届历史学前沿论坛在成都召开》，《中国社会科学报》2020 年 11 月 20 日。

试论中国封建社会的主要特点[*]

中国社会科学院历史理论研究所"中国封建
社会的主要特点"课题组

  马克思、恩格斯在构建其社会经济形态理论和相关概念时,并未新造出一套名词,而是沿用当时习用的名词并赋予新的科学内涵。马克思、恩格斯的"封建"概念从西义"封建"演化而来,但并没有被西方狭义的"封建"概念所束缚,通过进一步的理论概括,将"封建"视为一种带有普遍意义的生产方式,从而大大超越了西义"封建",成为一个相当重要的理论概念和理论工具,"封建社会"也构成马克思社会形态学说的重要一环。社会形态学说要说明的是人类社会从低级到高级的发展过程,"封建"概念的适用范围并非仅局限于西欧一隅。

  根据马克思的社会形态理论,封建社会是人类社会演进过程中必然经历的一种社会形态。社会形态的核心是与生产力发展状况相适应的生产关系的总和,这是决定社会面貌及其演变的最根本因素。封建社会形态的本质特征在生产力上是自给自足的自然经济,在生产关系上是大土地所有制和小生产的结合,国家和大土地所有者对农民实行剥削。由于自然和人文条件的不同,中西方的封建社会存在着巨大差异,但这只是在同一社会形态下的亚类型而已。

  在长期热烈的争论之中,将战国秦汉至 1840 年鸦片战争这一历史阶段的社会经济形态属性界定为"封建地主制",其社会形态确定为"封建社会",成为学界的主流观点。"封建地主制"的"封建",从生产方式着

---

[*] 本文是中国社会科学院历史理论研究所"中国封建社会的主要特点"课题组的集体成果,由赵庆云执笔。

眼，属于马克思主义的"封建"概念。其核心要义为：肯定这一历史阶段中国与西欧中世纪同为封建社会；中国的封建社会是不同于西欧领主制的另一种类型——地主制。概言之，中国马克思主义史家既关注西欧的封建社会史实，又着力揭示中国封建社会的自身特点，力求达到历史的特殊性与普遍性的有机统一。我们研究认为，中国封建社会主要有六大特点。

一 大土地所有制与农民小生产相结合

中国封建社会以农立国，土地是最基本的生产资料和主要财富，土地所有制是封建制度的基础。1954年侯外庐撰文提出，中国秦汉以来的封建社会土地国有制贯穿始终，土地国有表现为皇族垄断。[1] 此后，史学界对封建土地所有制问题展开热烈讨论。

从土地占有方式上来看，中国封建土地所有制有浓厚的中国特色，封建国家或封建地主阶级占有大量土地，地主阶级大土地所有制与农民小生产相结合是其基本特点。具体而言，封建土地国有制、地主土地所有制、自耕农土地所有制这三种形式相结合，随着社会经济的演进、阶级斗争浪潮的涨落，其配置状况也因时变化。土地国有制与土地私有制既相互对立，又相互转化。整个漫长的封建社会中呈现出一种螺旋向前的运动，其趋向为地主大土地所有制的确立和发展。

同西欧封授世袭的庄园经济相比，中国封建土地所有制的突出特点是土地可以自由买卖。中国历来就有"千年田，八百主""百年田地转三家"的谚语。由于土地"民得买卖"，商人、高利贷者不断转化为地主，中国地主阶级的组成成分变动不居；土地不断集中同时也不断分散。中国封建社会也没有土地占有的等级结构，虽有士与庶的等级划分，但庶人之中既包括地主，也包括农民，统称之为"编户齐民"。

西欧封建社会主导形式为领主制下的庄园经济，土地的最高所有权为封建国王所有，由国王以封建领地方式分封给各级领主，不能买卖。各级领主之间存在着严格的等级隶属关系，从而构成土地按封建品级层层占有

---

[1] 侯外庐：《中国封建社会土地所有制形式的问题——中国封建社会发展规律商兑之一》，《历史研究》1954年第1期。

的格局,故有"没有无领主的土地"之说。

从土地经营形式上看,中国主要体现为土地分散经营,地主尽管占有大量土地,但一般不直接经营,而是分散给农民租种,因而个体小生产性质相当突出。一家一户可以实现生产、消费、再生产的循环。西欧则相对集中经营,农奴不过作为庄园经济的一部分。从剥削形式来看,中国租佃制下的地主对佃农的人身控制较弱,两者关系常处于变动状态,人身依附程度较为松弛;以实物地租为主要地租形态,地主对农民的超经济强制相对缓和。西欧封建社会的农奴则终生被束缚于领地之上,且可以被领主买卖,有较强的人身依附关系。

自耕农是中国封建社会不容忽视的特有阶层。他们兼具劳动者与土地私有者二重性,其所负担的赋税一般少于佃农所缴纳的地租,因此自耕农成为中国封建社会所特有的一个最有能力发展生产的社会阶层。统治者明白此理,所以不断实行占田制、均田制及移民垦荒等抚育自耕农的政策。

中国与西欧封建土地所有制形式的差异,决定了二者统治方式的差异。西欧各国封建君主虽然名义上为政治共主,但各级诸侯实为独立王国,在自己领地上将行政权、军权、司法权、财政权等集于一身。中国的封建地主则将政治权力交给他们的共同政治代表——皇帝及下属各级官僚机构,来实施对农民的统治,由此决定了其独具特色的政治体制。

二 以中央集权为核心的政治体制

中国封建社会的政治体制为中央集权制,这是由中国的地主土地所有制及小农生产方式决定的,自然经济的分散性与封闭性为中央集权提供了广泛的基础。因为中央集权制,单个地主的土地所有权及其地位尽管不稳定,却有利于整个地主阶级、整个政治体制的稳定与延续。

中央集权制始于战国,成于秦汉,这在世界历史上绝无仅有,西方国家直至13—15世纪才开始伴随王权的扩张产生中央集权的趋向。中央集权制以郡县制为基础。自春秋至秦统一六国止,郡县制从无到有,后来居上,因其能有效集中和动员全国力量,遂取代分封制成为安天下的基本国策(秦汉至唐宋仍存在封爵而不治民的制度)。郡县制的出现与定型,是中国社会组织结构一次极其重大的调整。得益于郡县制,中国的国家形态逐步脱离多元化的原氏族部落基础上的邦国而向中央集权模式转型。

中央集权的基本特征为"事在四方，要在中央"，[①] 将国家主要政治权力高度集中到皇帝手中，皇权统揽一切，是最高的、唯一的、绝对的。皇帝将全国划分为若干不同层级的行政区划进行治理，派出专业官僚至各地方行使政治权力。君权之下等级结构森严，明确尊卑等级，严肃伦理秩序，实现对广袤国家的有效治理。

与中央集权密切相关的，是以家族宗法制为核心的封建社会组织结构。以父子为主轴的家庭结构，通过血缘、姻缘关系形成纵横交错的家族，以封建法律、礼教、伦理道德将全体成员聚合成社会政治和经济群体。家族宗法制为中央集权制国家的形成和发展提供了强有力支撑。

在两千多年的封建社会中，中央集权体制不断调节以适应社会时代的变化，呈现出强化之势。中央集权体制的产生与发展，适应了自然经济性质的小农生产方式，亦有军事方面抵御北方大漠南北游牧民族侵掠的需要。中央政府能够强力干预、直接掌控各个地方的政治、经济、军事事务，有效配置各种资源，组织全国的人力、物力和财力从事国防、农业、水利、交通、救灾等领域的基础设施建设，修筑了规模浩大的长城、运河、驿路，促进社会经济的繁荣发展。这是一种集中力量办大事的"举国体制"，也是行政动员和资源整合的高效体制，创造了诸多辉煌的历史业绩。

应该看到，中央集权体制本身存在着中央集权与地方分权的矛盾。中国幅员辽阔，封建地主阶级本身又带有地方性与割据性。中央的权力要贯彻下去，必然要分权给地方，但又不能使地方权力过大，形成尾大不掉的局面。中央集权与地方割据的斗争，成为封建统治阶级内部矛盾的主要表现形式。东汉末年的州牧擅权、唐末的节度使专政，都因中央集权削弱，地方权重、干弱枝强所致。

中央集权的治理体系契合人们对"大一统"的理想追求，有着相当稳固的理念支撑，所以能维持数千年而不衰；还因其有着相当严密完备的制度设计，且总体来说运作良好，对中国的国家统一、民族融合、经济发展、社会进步发挥着极为关键的促进作用。

---

① 王先慎：《韩非子集解》，钟哲点校，中华书局1998年点校本，第44页。

如何看待中央集权制，我们以为不能脱离当时的历史条件而作抽象的价值评判。中央集权体制克服了根源于自然经济而产生的地方离心趋势，使社会生产力得到解放，保障了高度分散的自然经济社会的繁荣稳定，为中国统一多民族国家的形成奠定了基础。若非实行和加强中央集权制，以中国之广土众民，必然出现分裂与动乱，中华民族亦将失去其存在的历史根基。

还须看到，延续两千余年的封建中央集权制，构成现代中国国家治理体制的土壤。新中国成立后建立起一个动员组织能力远超封建时代的集中统一治理体制，在现代化建设的起步阶段居功至伟。无论从历史传统还是从现实国情来看，在中国现代化发展过程中，一个统一的、权威的中央对缩小经济发展差距、维护社会稳定、应对国际挑战均有着无法替代的作用。

三　以官僚制度为核心的治理体系

一个国家要实现大一统的治理格局，必然需要凭借强有力的中央政府和行之有效的官僚系统。与封建时代中央集权的政治体制相适应，中国以官僚制度为核心的治理体系相当成熟，科层式官制、监察制、铨选制、考课制、奖惩制、品秩俸禄制、回避制均得以发展完善。高度发达的官僚制度与中央集权体制浑然一体，成为大一统国家的强大支柱，不仅为封建王朝的社会治理、经济文化发展提供了前提条件，也为后世积累了丰富的文化遗产。

中国的传统官僚制孕育于战国时代。列国争雄的险恶环境迫使各国在社会组织治理方面积极变革，贵族政治亲贵合一的格局被打破，出现文武分职、官职专业化的趋向。秦兼并天下后，立百官之职，从中央到地方基层，各级官吏的设置趋于系统化、制度化，分工明确，考核严格；且推重吏治，以吏为师，使国家官僚机器增强了务实能力。官僚政治的兴起，意味着政治权力等级世袭的终止。

汉代基本因循秦制又有所发展，侧重儒家传统的"儒生"与侧重法家传统的"文吏"的冲突到东汉末以"儒法合流"告终，奠定了士大夫官僚政治的初步形态。① 综观秦汉时期官僚体制，体现出制度化与法律化的特征，强调吏治在国家治理中的作用，力图建立防止权力滥用、膨胀的制衡机制，以加强中央政府对全国政治、经济、司法、文化的统一管理，协调朝廷、官吏与百姓三者间的相互制约关系，推动治道的运用。

魏晋时期逐渐形成门阀政治，政务官由门阀把持，负责具体事务处理的事务官则由"寒门"担任。北朝强调军功以抗衡贵族，士族门阀开始衰落，官僚政治得以发展。隋代废三公府僚，在外朝形成与皇家事务彻底分离的政权机关，摆脱家国一体的体制。唐朝六典的出现及其他形式的文官立法，使封建官僚制度进一步发展。

中国封建时代的官僚制度源于小农生产对社会管理方式的需要，又极大限度地维护了农为邦本。官僚制度一方面依附于君权，但在实际运行中又具有不受君主意志左右的自主性。"皇权"与"相权"互相支持又互相斗争，总体上呈现"皇权"压倒"相权"之趋势。秦汉的三公九卿制度，到唐宋演变为三省六部制。明代因胡惟庸谋反案废掉丞相一职，皇权相权集于皇帝一身。清代设军机处，建立朱批密折制度，皇帝权力进一步加强。

中国历代封建统治者，深知吏治清明对于国家治理的重要性，因而在官吏选拔上力图建立选贤举能的机制。从汉代的"察举""征辟"，到曹魏以后发展为九品中正制。隋唐时期确立了科举制，科举考试日益严密，成为官僚进身的主要途径，使布衣也可能为卿相。科举制打破高级士族对官僚机构的垄断局面，扶植庶族地主及其知识分子，扩大了官僚阶层的社会基础与人才来源，给官僚政治注入了新的活力。吕思勉认为："科举之善，在能破朋党之私。"② 得益于科举制，中国的官僚体制在选人、用人方面相对公平，社会阶层因而富于流动性，官僚政治由此获得相当大的弹性，进而部分化解社会结构的张力。根据美籍华人何炳棣的研究统计，明清社会上层的垂直流动程度甚至现代西方国家亦难企及。③ 不过还需看到，尽管政治权力不再能世袭，"但身份地位却往往可以成为一种'世泽'而

---

① 参见阎步克《士大夫政治演生史稿》，北京大学出版社1998年版。
② 吕思勉：《中国制度史》，上海教育出版社1985年版，第731页。
③ Ping-Ti Ho, *The Ladder of Success in Imperial China: Aspects of Social Mobility*, Columbia University Press, 1962.

传诸儿孙",官僚政治之下,荫子荫孙、子袭父爵也所在多有。①

中国的官僚制度之完备,规范之详密,均为世所少见,对西方世界也产生深远影响。葡萄牙传教士克鲁茨在 1569 年出版的《中国游记》一书中,对中国的科举取士称颂不已。法国启蒙学者伏尔泰和孟德斯鸠也曾称赞中国文官制度。② 孙中山曾明确提出:"现在各国的考试制度差不多都是学英国的。穷流溯源,英国的考试制度原来还是从我们中国学过去的。所以中国的考试制度,就是世界中最古最好的制度。"③

四　形成了深入人心的大一统理念与儒家意识形态

中国幅员广袤,民族众多,自秦统一六国以后,尽管历经朝代更替、风云变幻,却总是"分久必合"。东汉末年由军阀混战而分为三国,唐时由藩镇之乱扩大为五代十国,这两次割据在两千多年的封建社会历程中,只是短期的、变态的,统一则始终成为历史的主旋律。如此庞大的多民族国家数千年绵延不断,中华文明及其疆域版图得以相当完整地继承延续,这在人类历史上亦属仅见。中国之所以能长期维系中央集权制的统一帝国,诚然可以考虑自然条件等因素,但正如费正清所论:中国的地形本身并不利于中央政权的崛起,中国的统一"是人的制度战胜地理条件的结果"。④ 这其中最为重要的思想基础应是"大一统"理念。人们发自内心地期盼统一,厌恶分裂,形成超越了狭隘民族观念的崇尚一统的政治文化心理和价值观念。

数千年来,"大一统"理念根植于中国各民族的心灵深处,渗透于人们的血脉之中,形成一种无形而强大的向心力,奠定了中央集权的思想观念基础,成为多民族统一国家强有力的粘合剂。即使近代帝国主义入侵,

---

① 陈旭麓:《近代中国社会的新陈代谢》,中国人民大学出版社 2015 年版,第 10 页。
② 邓嗣禹:《中国考试制度西传考》,刘海峰编:《二十世纪科举研究论文选编》,武汉大学出版社 2009 年版,第 68—70 页。
③ 《孙中山全集》第 5 卷,中华书局 1985 年版,第 511 页。
④ [美] R. 麦克法夸尔、费正清编:《剑桥中华人民共和国史——革命的中国的兴起:1949—1965 年》,谢亮生等译,中国社会科学出版社 1990 年版,第 16 页。

图谋分裂中国，亦因大一统思想的凝聚力而不能得逞。时至今日，一些西方国家仍企图对我实施"分化"战略，妄图把中国肢解成几大块。这是不了解中国历史，低估了中国人民维护统一的坚强意志，"台独""港独""藏独""疆独"均不得人心。

"大一统"的政治实体形成于秦汉，但其理念可追溯至商周时代。或因当时战乱频仍，人们亟望有一个安定统一的局面，"大一统"理念几乎在春秋战国的各派学说中都得到推崇。孔子作《春秋》，书中寓含着一个最根本、最重要的思想主旨就是"大一统"。孟子也强调"天下定于一"。李斯说秦始皇"成帝业，为天下一统，此万世之一时也"。①

"大一统"理念的影响至为深远，数千年来浸润着中国人民的思想情感。特别值得指出的是，由于华夏民族面临周边少数民族的军事侵扰，与"大一统"观念密切相关的还有华夷之辨的问题。华夷之辨主要凸显了一种开放性的"文化中国"信念，主要强调文化认同而非血统认同，其最终指向的是民族融合、"华夷一统"。由于中华文化具有极为强大的同化力，以武力入主中原的少数民族政权最终又为中华文化所征服。近代以来民族国家的建构，依然以"大一统"为基本指导原则。今日的"中华民族"，正是在"文化中国"信念和"大一统"理念下进行整合的历史产物。

自秦汉时起，中国实现统一文字和度量衡，车同轨、书同文、行同伦，形成一个相当稳定的人们的共同体。"大一统"的政治实体必然要求意识形态上的统一，与中央集权的国家治理体系相适应的，是在各种治道理念竞争中通过逐渐融汇、演化而形成的儒家占据主干地位的意识形态。秦统治者选择的是法家思想，为此不惜焚书坑儒，但严刑苛法激化了民众反抗。汉初统治者吸取秦朝速亡的历史教训，为寻求长治久安之道，汉武帝最终采纳董仲舒等儒家学者的建议，确立"罢黜百家，独尊儒术"的统治方略。经过发展与改造的儒家思想取得独尊地位。儒家文化在制度方面构建了相应的礼法规范，逐步完成治统与道统的统一，实现意识形态结构与政治结构的一体化。魏晋时期正式采用"以礼入法"方式，将礼治的精神贯彻到国家的各项法律制度中，构成封建统治合法性的重要支柱。概言之，并非仅有儒家学术思想和治道理念发挥着单一作用，法家、道家的思

---

① 《史记》卷87《李斯列传》，中华书局1959年点校本，第2540页。

想资源亦被吸纳其中，故而有"阳儒阴法""儒表法里""儒道互补"等说法。

以儒家学说为骨干的封建意识形态，通过丰富、多层次的教化体系而深入人心，融入民众的日常生活，影响人们的思想观念和行为方式，外在规范内化为人们的文化心理积淀，对于安定和凝聚社会、整合社会秩序与人心发挥了至为关键的作用。儒学具有特殊的精致性、渗透性和权威性，十分适合中国封建社会经济结构和政治结构的需要，所以能历久不衰。

儒家思想的影响超越国界，辐射至朝鲜、日本、越南等，渗透到这些国家政治文化生活与民众的日常生活之中，形成东亚、东南亚儒家文化圈。

作为主流意识形态，儒家学说具有两重性，既服务于中国封建社会的统治，同时对封建皇权有所制约。儒家思想中蕴含有"民本"思想，强调"民贵君轻""公天下"，在晚明还生发出反专制的启蒙思想。纵观中国封建社会历史，儒家致力于以贤能政治制约帝王的权势，并真诚地希望其政治主张能够得以实现；帝王的专制权力也一定程度受到儒家道义和价值观的制约。近代以来，一些学者从激烈的反传统出发，将儒学简单批判为维护专制的工具，将整个封建社会的历史描绘为漆黑一团，有失偏颇。改革开放以来，我们的态度转趋理性，意识到儒学仍不乏其思想精华，提出实现传统文化的创造性转化、创新性发展。

但是，儒家思想毕竟打上了封建时代的烙印，诸如森严的等级制、人身依附、任人唯亲等压抑了民族的生机与活力。对于儒家思想，我们应以批判的态度剔除其糟粕，汲取其精华，使之服务于民族复兴的伟大事业。

五　创造了开放包容与璀璨无比的文化

纵观世界历史，尽管出现过多种类型的古老文明，但能够一直延续至今并且没有重大断裂的，则只有中华文明。在两千余年的封建时代，中国曾经有过多次经济繁荣、国力强盛的时期，创造了开放、包容的灿烂文化，成为人类文化发展史上的高峰。

中国是科学先进的古国，造纸术、印刷术、指南针、火药四大发明，在世界科技领域占据十分重要的地位。公元1世纪末造纸术改进后先传到朝鲜和越南，尔后传到日本。隋唐之际发明了雕版印刷术。北宋时期毕昇创造活字印刷术，14世纪传到波斯、埃及。欧洲15世纪才有活字印刷，比中国晚了400年。唐代发明火药，到唐末、五代时已应用于军事。北宋时指南针已应用于航海，这是古代中国对世界航海文明作出的杰出贡献。

天文学方面，东汉天文学家张衡创制的浑天仪是世界上第一架演示天象的仪器，唐朝僧一行第一次测出子午线的长度，元代郭守敬于1276年主持全国规模的天文观测，达到当时世界最先进水平。中医自成体系，博大精深。唐高宗时组织编写的《唐本草》，是世界上第一部由国家编定并颁布的药典，比欧洲早八百多年。明代李时珍著《本草纲目》，是当时世界上内容最丰富、考订最详细的药物著作。

中国的冶炼技术也长期处于领先地位。汉代已开始采用高炉冶铁，南宋最早用焦炭炼铁。制瓷、纺织、染色、漆器、酿造、船舶等制造技术均处于世界领先地位。瓷器在唐朝已高度发展，到宋朝达到高峰。建筑方面也取得辉煌成就。秦朝修建的万里长城逶迤磅礴，西起临洮，东到辽东，堪称人类历史上的奇迹。隋朝开凿的京杭大运河，成为南北交通的大动脉。

中国封建时代还创造了光辉灿烂的文学和异彩纷呈的艺术，唐诗、宋词、元曲、书法、绘画、雕塑，可谓名家辈出，繁星丽天，辉映千古。

封建时代的中国以辽阔的疆域、庞大的经济、先进的科学技术、灿烂的文化，成为世界上综合国力最强大的国家。据统计，1830年中国GDP总量占世界的29%，居首位，而经历工业革命的英国GDP仅占世界的9.5%。[①]

中国封建社会的文化机制在不同时期实现了多元文化的撞击与整合。中原以农耕为主的汉族文明，具有极为强大的同化力，其先进性令各游牧民族的上层人物不能抑制仰慕之心，少数民族或被迫或主动学习汉文化。北方游牧文明既给农耕文明带来挑战，二者也有相得益彰、相辅相成的一面。匈奴、鲜卑等众多游牧民族刚健清新的文化，给中国文化注入了新鲜血液，增加新的活力。长城地带不仅是农耕民族与游牧民族长期对峙的界

---

① 戴逸：《清代中叶以来中国国力的变化》，国家清史编纂委员会、国家清史编纂领导小组办公室编：《清史镜鉴——部级领导干部清史读本》，国家图书馆出版社2008年版，第2页。

标,也是二者之间经济互补文化融合的纽带。民族的大融合就是在农耕文明与游牧文明的张力和引力下,开始一张一弛的运动,形成螺旋式上升的周期性拓展,成为中华文化生生不息之源泉。

封建时代的中国综合国力强盛,故而总体上开放、自信。以汉代中外文化交流为发端,在唐朝达于鼎盛。唐代文化是当时东亚文化的聚焦点,也是世界文化最重要的辐射源之一。辉煌灿烂的唐文化,深为当时世界各国人民所向往。宋元时期,中外文化交流继续大规模展开,科技交流尤为显著。中国文化正是在与域外文化交流互鉴的动态过程中形成和发展起来的。

中国封建时代,以海纳百川、开放包容的胸襟融摄多种文化的精华,创造了璀璨的中华文化,具有巨大的感召力,在世界文明史上熠熠生辉。

六 王朝更替中的社会持续发展

中国封建社会自秦汉至清道光朝延续两千多年,而西欧的封建社会不过延续一千年左右。概而言之,中国封建社会是一个不断发展成熟的整体形态,在各个历史阶段都形成了影响深广的物质文明和精神文明,其科学技术、人口数量、城市规模均曾达到举世无双的地步。

与欧洲相比,中国的封建王朝更替频繁,祚长者二三百年,短命者只有十几年或几十年。"其兴也浡焉,其亡也忽焉",社会大动荡的发生与王朝统治周期高度重叠。在王朝建立之初,统治者理解民间疾苦,鉴于前朝覆灭的教训,对民众多实行轻徭薄赋的经济政策,社会经济得以恢复发展。随着时间推移,政府对民众的汲取加重,吏治日益腐败,土地兼并加剧,社会矛盾激化,官逼民反,农民揭竿而起,王朝进入衰亡的末期,终至以残酷的战乱、惨烈的手段摧毁现存的统治结构,实现政权更迭。

中国历史上周期性王朝易代,其原因不外乎统治阶级内争、外敌入侵、自然灾荒、农民起义,不论何种形式,王朝末期爆发的农民起义均为推动王朝更替的关键力量和工具。中国封建社会中农民起义的规模之大与频率之高,为其他各国所无。王朝不断更替,呈现高频率的周期性震荡,产生巨大的破坏性,广大人民流离失所,社会生产和生活甚至出现暂时倒退;但其整体政治架构却得以复制再生,迟迟未能实现生产方式的突破,未能冲破束缚迈入资本主义的门槛。这一特点是政治、经济与意识形态等诸多因素交织作用的结果，折射出中国封建经济基础与上层建筑所具有的韧性和弹性。

特别值得指出的是，中国封建社会虽长期持续，其中偶有曲折和停顿，但并非停滞不前，而是呈螺旋式上升发展。中国历史发展进程有其内在逻辑与节奏，有其自身运动的方向感。在很长一段时间内，中国封建社会的生产力水平、文明化程度远超中世纪的欧洲。发展到晚明时期，中国社会近代化因素已然大量滋生，到清代前期事实上出现了从传统向近代转型的态势，具体表征为政府对基层社会政治控制的松弛化、商品经济繁荣和资本主义萌芽、反传统观念的兴起与传播。①

近年来，西方学界亦出现对中国"停滞论"的反思和批评，通过学者的重新审视研究，传统社会"经济落后"的图景已被更新。如弗兰克所著《白银资本》强烈反对东方社会发展停滞论。他指出："至少直到1800年为止，亚洲，尤其是中国一直在世界经济中居于支配地位。"②

结　语

社会形态理论是马克思主义唯物史观的基本内容，它科学反映了人类社会历史演进的基本规律。社会形态理论无疑有着相当强的解释力，构成了马克思主义历史解释体系的基本骨骼，依据社会形态理论解释中国历史留下的丰厚的学术遗产。社会形态理论是中西比较、中外会通的理论平台之一，为其他种种史观所不及。

"封建"是一种社会形态，是大土地所有制和小生产的结合，是农民和地主对立的社会，这种社会形态具有普遍性。中国和欧洲是世界史上两个并置的文明系统，中国和西欧都存在过封建社会。两者在其本质与基本面貌相似的基础上各自有其特点，并不完全一致。特别值得强调的是，封建社会形态并非西欧的专利品；中国封建社会存在的时间比西欧漫长，也更为发达完善，如果我们从只有西欧才是封建社会正宗的狭窄眼界中解放

---

① 高翔：《论清前期中国社会的近代化趋势》，《中国社会科学》2000年第4期。
② ［德］贡德·弗兰克：《白银资本——重视经济全球化中的东方》，刘北成译，中央编译出版社2000年版，第20页。

出来，中国封建社会更具典型意义。

　　还需着重指出的是，对"封建"的认识不是单纯的学术问题。鸦片战争至1949年中华人民共和国成立的中国近代史，其社会性质为半殖民地半封建社会，新民主主义革命的任务是反帝反封建，这一基本论断不仅是中国近代史解释体系的基石，也是新民主主义革命路线纲领的逻辑起点。若否定秦汉以来至鸦片战争的中国为封建社会，则近代"半殖民地半封建社会"的定性也就无从谈起。我们认为，任何对于"封建社会"问题的学理分析，还须基于近代中国的新民主主义革命历史实践。

　　"封建社会"这一概念的提出及广泛运用，是唯物史观与中国历史实际相结合的产物，也是历史理论与革命理论相互融会的成果。我们要跳出西方中心论的窠臼，不能削中国历史之足适西欧历史之履。但在承认各民族发展的特殊性之同时，也应看到人类历史发展具有普遍性的一面。如果完全否认中外历史发展的共同性，则只能就事论事，而不能从宏观上探寻历史发展的规律与趋势。我们有必要在马克思主义指导下，坚持运用社会形态理论，从中国历史实际出发，会通中西进行比较研究，寻绎中国历史上社会形态演进的规律，阐释其特殊性、普遍性及其相互联结，以更好地认识中国封建社会，进一步建构与完善中国历史叙事体系和话语体系。

（原载《史学理论研究》2021年第4期）

第四篇

马克思主义社会形态理论与中国早期社会性质研究

夏商国家社会形态及其相关问题[*]

徐昭峰　赵心杨

（辽宁师范大学历史文化旅游学院）

夏商时期是国家形成和发展的初期阶段。夏商国家形态的讨论由来已久，如20世纪30年代郭沫若在《中国古代社会研究》中提出，中国历史可划分为原始公社制、奴隶制、封建制和资本制等几个阶段，影响深远。1949年以后，绝大部分中国学者认同中国历史符合五阶段划分法的观点，争论和分歧集中在划分的时间节点上；也有少数学者不认同中国古代有奴隶社会。后有学者用时代次序分期以避免对社会性质的定性，或将家国同构作为认识中国历史的重要因素；有学者将中国历史分为氏族社会、贵族社会、豪族社会、宗族社会四个时期，并认为夏朝是认同型贵族社会，商朝是事功型贵族社会。[①] 笔者在此基础上，对夏商国家社会形态及相关问题进行探讨，不当之处，指正为盼。

一　夏王朝的国家政体

夏王朝的国家政体既有别于原始社会末期的部落联盟，同时又与西周一统天下实行的分封制和秦以后以郡县制为基础的中央集权制不同。《战

---

[*] 本文是国家社会科学基金一般项目"考古新发现视域下的先秦都城变迁与制度演进"（项目编号：20BKG010）的阶段性成果。

[①] 徐义华：《中国古史分期问题析论》，《中国史研究》2020年第3期。

第四篇　马克思主义社会形态理论与中国早期社会性质研究

国策·齐策四》载:"大禹之时,诸侯万国。"① 当时部族方国林立,夏后氏由于国力强大而成为"诸侯长",② 夏代历史上曾出现过带有鲜明政治、军事色彩的盟会。如《左传·昭公四年》载,"启有钧台之享""夏桀为有仍之会",③ 启、夏桀均以天下共主的身份会盟诸侯。正因如此,有学者称夏代的政权组织形式为早期共主制政体;④ 也有学者称之为族邦联盟,即以夏后氏为主体、包括众多独立族邦在内的族邦联盟。⑤ 其实,我们可以将之综合为共主制下的族邦联盟,其内涵可能会表达得更为全面。《史记·夏本纪》说禹为姒姓,包括夏后氏在内,有13个同姓国。除此之外,还有《帝王世纪》所述的斟灌等,也是夏的同姓国。夏之盟国包括《孟子·滕文公下》述及的葛;《左传·昭公元年》述及的观;《诗·商颂》言及的韦、顾、昆吾等。除这些夏王朝的与国之外,还有东夷诸国和先商等外围方国。

东夷诸国中除早期的有穷氏与夏为敌,并以后羿、寒浞为首先后取代夏王朝约40年之外,其余的东夷诸国大部分时间均与夏修好。这些国家中,有在少康复国活动时给予支持的有鬲、有仍、有虞等国,和曾为"夏车正"的薛等。刘向《说苑·权谋》说,桀有九夷之师,说明大部分东夷诸国是臣服于夏王朝的。文献也有相土佐夏、冥为夏水官及汤为夏伯等记载。这是在夏王朝实力强大、国势强盛时期的政治格局,即所谓的四方朝贡。但在夏末,这种情况发生了改变,据《史记·殷本纪》载,帝孔甲失德导致诸侯反叛,帝桀时愈加恶化。日渐坐大的商族趁机东联东夷,如有施、有仍、有缗、有莘、薛及卞等,⑥ 一举灭掉夏王朝。因此,有学者认为,夏王朝是一个以夏邑为中心的国土不算太大的国家。作为天下共主的夏后氏与夏邑内外的地方政权呈现出颇为复杂的关系,并通过其作用与影响,在其所能控制的范围内,逐步强化不太稳定乃至松散的等级从属关系

---

① 何建章注释:《战国策注释》,中华书局2019年版,第433页。
② 王国维:《殷周制度论》,王国维:《观堂集林》(外二种),河北教育出版社2001年版,第287—303页。
③ 洪亮吉:《春秋左传诂》,李解民点校,中华书局1987年点校本,第659页。
④ 唐嘉弘:《略论夏商周帝王的称号及国家政体》,《历史研究》1985年第4期。
⑤ 周苏平:《中国古代国家形态论纲》,《学术界》1999年第2期。
⑥ 田昌五、方辉:《"景亳之会"的考古学观察》,《殷都学刊》1997年第4期。

和等级秩序。①

从考古发现来看，二里头文化的二里头类型分布面积非常广阔，东至豫东杞县一带，西南至南阳盆地，西近陕西，北达黄河以北的豫西北一带。在这一广大区域内，除与其他类型或文化交界的边缘地带有少量其他文化因素外，二里头文化二里头类型整体的共性极强，文化面貌高度一致。而在这一区域内就分布着夏后氏的同姓诸国及夏的一些重要盟国，如葛、韦、顾、昆吾等，夏王朝对这一区域的控制非常有效。在二里头文化二里头类型之外，还有分布于豫东南的杨庄类型和晋南地区的东下冯类型，属二里头文化的地方类型，它们的文化面貌与二里头文化二里头类型基本一致但也存在一定差异，这些差异既是二里头文化融入了较多当地文化因素的反映，同时也是二里头文化到达该地后与当地土著文化相妥协的结果。这表明夏王朝对这一区域的控制没有二里头类型那么严密，这两个类型的夏文化有一定的独立性和自主性。在二里头文化分布区之外，如主要分布于豫东、山东及苏北地区的岳石文化和豫北、冀南的先商文化与二里头文化的面貌差异极大，根本不是同一文化系统。这表明夏王朝没有控制上述两种考古学文化代表的族属和分布的地区，仅对其施加了必要的文化辐射与影响。可以看出，以二里头类型分布为界，二里头类型的分布区相当于商代的内服之地，也即畿内；二里头类型分布区之外相当于商代的外服之地，即畿外。也就是说，夏代已经产生了内外服制政治制度的萌芽，夏王朝共主制下的族邦联盟实际包括了四个层次：最高一层是夏王及夏后氏集团，这是夏王朝的统治核心，主要分布于夏都二里头及伊、洛河流域；次一层是夏的同姓诸国和一些重要盟国，如葛、韦、顾、昆吾等，这是夏王朝统治的中坚力量，主要分布于伊、洛河流域以外的二里头类型分布区内；再次一层是杨庄类型和东下冯类型所代表的夏的一般盟国，这是夏王朝向外扩张新占领的地区，夏王朝对这些地区实行的是有限控制，这是夏王朝统治的外围力量；最次一层是二里头文化分布区之外、与其相邻并受其影响的夏的外围方国，这是独立于夏王朝之外的既存方国，夏王朝仅是名义上承认了它们的存在。如二里头文化东边的岳石文化、北边的先商文化、西边陕西地区的所谓南沙村类型文化等，它们名义上臣服于夏

---

① 周书灿：《夏代早期国家结构探析》，《中州学刊》2000年第1期。

王朝,但具有完全的独立性,它们与夏王朝仅维持着极为松散的从属关系,历史记载中时叛时服的所谓夏的方国主要就是这些国家。它们之所以能对夏王朝构成极大的威胁甚至能颠覆夏王朝,归根结底就是因为它们是独立于夏王朝之外的另一支族邦联合体,如岳石文化的东夷诸族和先商文化的商族联合体。

二 商王朝的国家政体

在国家政体方面,商王朝承袭了夏王朝的统治方式。有学者认为,殷商王朝实际上是一个以商王国为主体的方国联合体。联合的背景是诸多小国屈从于"大邦殷",随着商王国势力的消长,联合体随之出现了时盛时衰的动荡局面。① 我们将夏代定义为共主制下的族邦联盟,商代由于大部分的族邦已进入国家阶段,故其政体可称之为共主制下的邦国联盟。

商代的政治制度与夏代略同。甲骨文中已有"封"字,是植树于土的象形,它应是土地疆界的一种标志。《周礼·封人》:"封人掌设王之社壝,为畿封而树之。凡封国,设其社稷之壝,封其四疆。造都邑之封域者,亦如之。"② 《说文》:"封,爵诸侯之土也。"③ "分封"一词,从《左传·定公四年》的记载来看,所分主要是民众,而封则为土地,故一般认为西周时期分封制的核心内容是"授民授疆土"。④ 不少学者认为商代存在分封制,⑤ 但笔者认为萌芽于夏而盛行于商的是册封制而非分封制。分封制是建立在最高统治者的王掌握大片领土和民众的情况下,授民授疆土给诸侯以建国,西周之时是为分封。册封制则仅需对方国进行册封,予以认可。夏商时期王掌控的国土面积狭小,仅为王畿之地,无大片领土及民众可以

---

① 周苏平:《中国古代国家形态论纲》,《学术界》1999 年第 2 期。
② 杨天宇译注:《周礼译注》,上海古籍出版社 2004 年版,第 180—181 页。
③ 汤可敬:《说文解字今释》(增订本),周秉钧审订,上海古籍出版社 2018 年版,第 1999 页。
④ 李雪山:《商代分封制度研究》,中国社会科学出版社 2004 年版,第 11 页。
⑤ 董作宾:《五等爵在殷商》,《中央研究院历史语言研究所集刊》第 6 本,1936 年;胡厚宣:《殷代封建制度考》,《甲骨学商史论丛》(初集),齐鲁大学国学研究所 1944 年版;张秉权:《卜辞所见殷商政治统一的力量及其达到的范围》,《中研院历史语言研究所集刊》第 50 本,1979 年;杨升南:《卜辞所见诸侯对商王室的臣属关系》,《甲骨文与殷商史》,上海古籍出版社 1983 年版,第 128—172 页。

分封，只是承认既存方国，给予封号而已，无需"授民授疆土"。商代进一步明确了夏代萌芽的所谓内外服制。《尚书·酒诰》："自成汤咸至于帝乙……越在外服，侯甸男卫邦伯；越在内服，百僚庶尹惟亚惟服，宗工越百姓里居，罔敢湎于酒。"①"乙巳王卜贞，（今）岁商受年。王占曰吉。东土受年。南土受年，吉。西土受年，吉。北土受年，吉。"②这东、西、南、北土即文献及卜辞中所提到的"四土""四方"。商以殷墟为中心的王畿，即内服之地；而"四土""四方"指的是畿外，即外服方国。早商直至晚商，商王朝均存在一个地域广大的直接统治区，或谓之王畿地区。

早商时期以郑洛地区为中心的所谓早商文化二里岗类型即是商王朝统治的主体类型，也即该段的王畿分布区域。中商时期这一地域北扩至豫北冀中南地区，这或与该阶段商王朝的数次迁都有关。晚商时期与中商时期无大的变化，这与晚商时期长期以豫北的殷墟一带为都有关。在王畿之内，商文化高度统一，文化面貌较为一致，主要居住着时王的同姓（包括王族和子族）和异姓姻亲诸多的族邦。③王畿之外，分布着众多封国和方国，这些周边诸侯时叛时服。一般而言，在商王朝国力强盛的时候是臣服的，而在商王朝国力虚弱的时候或不至，或反叛。《史记·殷本纪》载："帝太甲修德，诸侯咸归殷。""（帝纣之时）诸侯多叛纣而往归西伯。"④封国是得到商王朝正式册封的邦国，他们完全臣服于商王朝。这些封国有攸侯、杞侯等侯国，扈伯、微伯等伯国，亚启、亚醜等亚国，子画、子商等子国，妇妌、妇息等妇国。它们主要分布于河南省中北部和山西省中南部，基本位于方国的内侧，呈密集型块状分布。方国可分为两类。第一类是臣属于商王朝的，是商王朝的盟国，与封国一样有为商王朝戍边和率兵勤王的义务，也有朝觐、进贡的义务。这些方国如虎方、兴方、卢方、凤方等。上述封国相当于夏的重要盟国，方国则相当于夏代东下冯类型和杨庄类型分布区内夏的一般盟国，他们具有屏藩的作用保卫王畿，即戍边。第二类是与商王朝存在一定松散同盟关系的方国和敌对方国，这些方国分布在商王朝的臣属方国外围，或者和臣属方国乃至封国犬牙交错。这类方

---

① 李民、王健：《尚书译注》，上海古籍出版社2004年版，第274页。
② 郭沫若：《殷契粹编》，科学出版社1965年版，第579页。
③ 沈丽霞：《夏商周内外服制度研究》，硕士学位论文，河北师范大学，2006年。
④ 《史记》卷3《殷本纪》，中华书局1959年版，第99—107页。

第四篇 马克思主义社会形态理论与中国早期社会性质研究

国在商王朝"四土"外围均有,如北方的土方、召方,南方的危方,东方的人方、方方,西方的基方、巴方等。① 综合学者的研究来看,商王朝畿内封国众多,畿外方国林立,正与文献记载的商代情形相吻合。

三 夏商时期的"共政"贵族政治

《史记·夏本纪》记载的夏的同姓诸侯国,同时出现在《尚书》中的有与夏启争夺王位的有扈氏,帝相依附的斟灌氏、斟寻氏等,这些同姓诸侯国不仅世袭封国,有争夺王位的可能,还是夏王朝最为倚重的统治力量。其他诸侯国不仅也是世官世禄,如《尚书·胤征》中胤侯征伐的羲氏、和氏就是世掌天地四时之官;而且有的还能影响朝政,如帝桀时乱政的昆吾氏。

《史记·殷本纪》记载了两件事:其一是伊尹放逐太甲之事,"帝太甲既立三年,不明,暴虐,不遵汤法,乱德,于是伊尹放之于桐宫。三年,伊尹摄行政当国,以朝诸侯。帝太甲居桐宫三年,悔过自责,反善,于是伊尹乃迎帝太甲而授之政";其二是诸弟子争立之事,"自中丁以来,废适而更立诸弟子,弟子或争相代立,比九世乱"。② 伊尹放逐太甲而摄行政当国,后迎帝太甲而授之政,与西周周公摄政如出一辙。诸弟子争立涉及的父死子继和兄终弟及虽导致商王朝内乱,但均反映了贵族共同参政议政的事实。参政的不仅有大量的商王室成员,如帝纣之时的微子启、王子比干、箕子等王朝诸子、王朝诸妇,还有王朝贵族、贞人集团等,③ 他们与商王构成了商王朝议政、决策的核心。《尚书·盘庚下》训诫的人主要是邦伯、师长和百执事之人,也就是商王朝各诸侯国的诸侯、王公大臣和百官。《尚书·盘庚上》:"故我先王,亦惟图任旧人共政。"④ 即讲商人是"共政"。

据《史记·五帝本纪》载,史前时期的尧舜禹时期实行的是举荐制与禅让制,这一时期公共权力是超越血缘和宗族之上的。夏王朝是在治理洪

---

① 李雪山:《商代分封制度研究》,第113—246页。
② 《史记》卷3《殷本纪》,第99—101页。
③ 王宇信、徐义华:《商代国家与社会》,中国社会科学出版社2011年版,第127—210页。
④ 李民、王健:《尚书译注》,第151页。

水的过程中，在适应社会有序性需求的基础上建立起来的。①但夏王朝的建立，是以血缘世袭制度取代了禅让制，与此相对应，以血缘为纽带的宗族据有了政治上固定的地位。夏商时期的夏后氏和有殷氏成为王室，不管是父死子继还是兄终弟及，王都产生于斯。其他同姓诸侯国也都实行世官世禄制，具有天生的政治地位和权力，②把持了相应的政治权力和地位，构成了夏商时期独特的贵族"共政"政治。

据最新的研究，二里头都邑存在"'井'字形九宫格"布局。在自北至南的祭祀区、宫殿区和手工业作坊区这一核心区外围，均分布有各级居住遗存及与之对应的墓葬遗存，故发掘者认为核心区外围区域可能均为家族式居住区和墓葬区。也就是说，核心区外围不同区域归不同的家族或集团所有，同一区域为同一个家族或集团各个层级人员的集中居住地和墓葬区。③这与晚商都邑殷墟在其宫殿区外围发现的家族墓地和居葬一体的族邑分布格局有异曲同工之处。有学者认为，殷墟"大邑商"的聚落形态主要可划分出王室（王族）生活区和墓葬区、各氏族生活区和墓葬区两大层次，即王邑和族邑层次。④这些所谓族邑主要应是各诸侯国的诸侯、王公大臣和百官及其家族等的聚居地。夏商时期都城依然存在聚族而居、聚族而葬的习俗，这也正是该时期血缘政治极为浓厚的贵族"共政"政治在都城布局上的反映。这与秦汉以后居葬分离、"崇方""尚中"以凸显"皇帝独尊"地位的高度中央集权政治在都城布局上完全不同。这就表明二里头文化和晚商文化在政治结构上是一致的，应是夏商时期贵族"共政"政治的反映。

四 夏商时期并不存在普遍的奴隶制

夏商时期贵族"共政"政治是否存在奴隶社会，是我们需要探讨的。

从 1959—1975 年二里头发掘报告来看，二里头夏都一期没有发现无圹墓。二期发现无圹墓 4 座，其中 2 座为儿童墓，人骨完好；其余 2 座尸

---

① 徐昭峰：《试论社会有序性的需求是夏国家建立的根本原因》，《四川文物》2010 年第 4 期。
② 徐义华：《中国古史分期问题析论》，《中国史研究》2020 年第 3 期。
③ 赵海涛：《二里头都邑聚落形态新识》，《考古》2020 年第 8 期。
④ 郑若葵：《殷墟"大邑商"族邑布局初探》，《中原文物》1995 年第 3 期。

第四篇 马克思主义社会形态理论与中国早期社会性质研究

骨不全，姿势异常，为非正常埋葬。三期发现无圹墓23座，儿童墓5座，尸骨完整；其余18座成人墓均为非正常埋葬。四期发现无圹墓16座，均为非正常埋葬。[1] 从1999—2006年的发掘情况看，清理出土有人骨的遗迹单位61处，其中土坑竖穴墓22座，在地层、灰坑、灰沟中出土完整人骨的全尸葬9处、散乱人骨遗迹30处。其中9处无圹全尸葬可能具有不同于正常埋葬的特殊含义，30处乱葬遗迹多为散乱的肢体、颅骨及体骨残块。[2] 二里头都邑发现的这些非正常埋葬的乱葬遗迹，多尸骨不全，死者可能均为奴隶。但相较于商代，夏代的奴隶数量有限，这应与奴隶的来源有极大关系。一般认为奴隶的来源有二：其一是战俘，这是奴隶的主要来源；其二是本民族分化形成的奴隶，或是破产所致，或是违法获罪，如《尚书·甘誓》："用命，赏于祖；弗用命，戮于社，予则孥戮汝。"[3] 一般认为，"孥"即"奴"，降为奴隶之意。研究表明，本民族分化产生的奴隶不仅时间晚，数量也有限，战争与征服才是形成奴隶社会的前提。[4] 从夏都二里头遗址的发现来看，非正常死亡的奴隶尽数算上，也仅一百多例。这说明夏代不仅算不上奴隶社会，即使有奴隶，数量也极其有限。这正与夏代没有持久频繁的对外征服战争是吻合的。在整个夏王朝时期，对外战争极少，夏初"后羿代夏、寒浞篡位"等夏夷之争，按照文献记载是"因夏人以代夏政"，这相当于内部战争。[5] 夏朝的对外战争主要集中在夏末夏桀之时，《国语·晋语一》载史苏云："昔夏桀伐有施。"[6]《左传·昭公十一年》："桀克有缗，以丧其国。"[7] 夏桀对东夷的战争很快就以夏的灭亡而告终。没有持久频繁的对外征服战争，就没有大量的战俘，也就不可能有大量的奴隶，也就构不成奴隶社会。

商代的情况与夏代不同。商代非正常死亡或作为人牲的现象陡然增

---

[1] 中国社会科学院考古研究所编：《偃师二里头》，中国大百科全书出版社1999年版，第125、245—249、337—341页。

[2] 中国社会科学院考古研究所编著：《二里头：1999—2006》，文物出版社2014年版，第46—50页。

[3] 李民、王健：《尚书译注》，第88页。

[4] 徐义华：《中国古史分期问题析论》，《中国史研究》2020年第3期。

[5] 王克林：《从后羿代夏论二里头二期文化的变化》，《中原文物》2004年第4期。

[6]《国语》，上海古籍出版社1978年点校本，第255页。

[7]（清）洪亮吉：《春秋左传诂》，李解民点校，第694页。

多。早商郑州商城发现一处商代锯制人头骨场地遗址，是二里岗上层一期位于宫殿区内的壕沟遗迹，共发现近百个人头骨。绝大多数的人头盖骨的边沿处都带有明显的锯痕，说明这是一处以锯制人的头盖骨作为器皿使用的场地遗址。这些人头骨多属青壮年男性。在郑州商城还发现相当普遍的祭祀遗迹，都有人牲的发现，如C5.1H171、C9.1H111、C9.1H110，其中C9.1H111有成年人骨架2具、小孩骨架6具；再如郑州商城内东北部"埋石"祭祀遗迹，发现有无随葬器物的单人坑12座、小墓2座，应与祭祀杀殉有关。在郑州商城内西北部、铸铜遗址、铜器窖藏坑等地也发现此类与祭祀杀殉有关的奴隶人骨。[①]

郑州小双桥中商都邑中，发现了为数不少的人牲。发掘报告将其分为3个规模较大的祭祀场，其中人牲集中在Ⅴ区和Ⅸ区祭祀场。00ZXⅨH63丛葬坑，坑内人骨数量58个。00ZXⅤH66丛葬坑个体超过52个，人骨皆为青年男性，尸体遭肢解乃至拦腰斩断。00ZXⅧH18丛葬坑，坑内人骨数量不少于30个。Ⅴ区地层中散乱人骨60多具。这些或为战俘人牲，或为祭祀人牲。[②]

晚商殷墟发现人牲及人殉数量更多。如1001号大墓，墓内人殉加上墓坑东侧人殉共计225人，复原人殉分别达300、400人。在王陵区大墓东区，发现有附属于大墓的小墓1242座，杀人殉葬的共有16种，推测人殉近2000人。1949年后发掘武官村的一座大墓，人殉79人；在大墓东南有殉葬的排葬坑，共殉152人；在排葬坑的南边还有可能属于人祭的散葬坑9个74人，这座大墓总计人殉人祭达305人。小屯宫殿乙组基址总计16个，凡奠基、置础、安门、落成四种典礼仪式，用641人；丙组祭祀基址用97人。在小屯宫殿宗庙区，据不完全统计，人祭多达738人，复原达986人。[③] 不仅如此，在甲骨文中还有数量极大的人祭记载。据对甲骨文卜辞中有关祭祀材料的统计，共用人祭13052人，另外还有1145条卜

[①] 河南省文物考古研究所：《郑州商城：1953—1985年考古发掘报告》，文物出版社2001年版，第476—515页。

[②] 河南省文物考古研究所：《郑州小双桥：1990—2000年考古发掘报告》，科学出版社2012年版，第68—105页。

[③] 胡厚宣：《中国奴隶社会的人殉和人祭》（上篇），《文物》1974年第7期。

| 第四篇 | 马克思主义社会形态理论与中国早期社会性质研究

辞未记人数，即使都以一人计算，全部杀人祭祀至少亦当14197人。①

这说明商代的奴隶数量有了大幅增加，这与商代持续而又频繁的战争有关。商的建立是通过一系列战争完成的。《孟子·滕文公下》："汤始征，自葛载，十一征而无敌于天下。"②《诗·商颂·殷武》云："昔有成汤，自彼氐羌，莫敢不来享，莫敢不来王。曰商是常。"③ 商王朝建立后，商文化不断扩张，早商一期以郑洛地区为中心，兼及晋南和关中东部地区；早商二期，向北抵达邯郸一带，向东据有豫东继而进至江淮西部一带，向南抵达鄂东北的长江沿岸；早商三期，北抵壶流河流域，向东据有了山东西半部和江淮东部。④ 中商开始，商王朝开始了与东夷长达300余年的战争。《后汉书·东夷列传》："至于仲丁，蓝夷作寇。自是或服或畔，三百余年。"⑤ 小双桥遗址含有大量东夷族的岳石文化因素，应为仲丁东征东夷的反映。除此之外，洹北商城也存在部分岳石文化因素，可能是《纪年》"河亶甲整即位，自嚣迁于相。征蓝夷，再征班方"这一事件的反映。⑥ 这场旷日持久的战争以商克东夷、但商又被西周所灭而告终。《左传·昭公十一年》："纣克东夷，而陨其身。"⑦ 考古发现表明，从中商文化第一期开始，商文化占据了原岳石文化分布的豫东、山东中西部地区；中商文化第二期，商文化在山东地区的分布范围持续扩大，苏北地区也被纳入商文化区；中商文化第三期山东的大半被纳入商文化的范畴。晚商时期，商文化在山东地区持续推进，除胶东半岛之外的山东地区尽数纳入商文化的分布范围。⑧ 从晚商的武丁开始，甲骨文资料为我们提供了更多的商王朝与四土，即北方、西方、南方和东方方国的战争，特别是与西方的羌方和东方的人方的战争。⑨

商王朝持续频繁的对外战争带来了大量战俘，从早商到晚商的郑州商

---

① 胡厚宣：《中国奴隶社会的人殉和人祭》（下篇），《文物》1974年第8期。
② 焦循：《孟子正义》，沈文倬点校，中华书局1987年点校本，第434页。
③ 李家声译评：《诗经全译全评》，华文出版社2002年版，第652页。
④ 井中伟、王立新：《夏商周考古学》，科学出版社2020年版，第96—98页。
⑤ 《后汉书》卷85《东夷列传》，中华书局1965年版，第2808页。
⑥ 方诗铭、王修龄：《古本竹书纪年辑证》，上海古籍出版社1981年版，第27页。
⑦ 洪亮吉：《春秋左传诂》，李解民点校，第694页。
⑧ 徐昭峰：《商王朝东征与东夷关系》，《考古》2012年第2期。
⑨ 参见郑杰祥《商代地理概论》，中州古籍出版社1994年版，第157—336页；李雪山《商代分封制度研究》，第188—249页。

城、小双桥、殷墟均发现了大量的人殉和人祭奴隶。根据甲骨文资料，商代的奴隶数量和奴隶涉足的领域都远多于夏代。从考古资料来看，从早商的郑州商城，到中商的小双桥，再到晚商的殷墟，人殉和人祭的数量呈显著递增之势，这可能与商王朝从早至晚对外战争的性质和征伐对象的不同有关。早商时期是商王朝全力扩张时期，该时期商王朝的对外战争具有开疆拓土的性质，不以掠夺人口和资源为目的，而是通过战争占领领土，战俘除部分被杀，部分成为家内奴隶乃至作为祭祀时的人牲外，绝大多数被俘民众仍留在原地被迫臣服并接受商文化，最终成为商的臣民，这些人应是接受了商王朝统治的自由民。

中商时期商王朝对外战争的主要对象是东夷。考古资料显示，在被商王朝占领的原东夷族的岳石文化分布区内均以商文化为主体含有少量的岳石文化因素，反映的就是以商人为主导的商夷共处的一种局面。[①] 这种情况和早商时期商王朝开疆拓土的性质相近。正如有学者所言，中商时期商王朝向海岱地区的扩张，是要在这片新拓展的土地上推行王朝礼制，并迫使土著接受，使之成为商王朝在政治上可以直接控制的"东土"。[②] 而在时为商王朝国都的小双桥，发现了数量众多的祭祀遗存和多因祭祀被杀的人牲，很可能就是战争过程中举行不同形式的祭祀活动的反映。[③] 这些人牲大多数可能是被俘的东夷人。

有学者对中国古代很难形成普遍的奴隶制的论述可谓切中要害。一是一个社会保留大量奴隶用于生产的前提是奴隶会产生大量剩余价值，奴隶主有利可图。古希腊、古罗马之所以能够产生奴隶制，是因为工商业产品的附加值大，奴隶能够产生剩余价值，蓄养奴隶有利可图。中国古代农业生产的收益本身就比较低，生产者能够生产的剩余价值较少。二是中国古代社会以宗族为基本单位，以血缘为基本组织原则，缺乏容纳大量游离人口的空间。三是战争中的失败者，更多的是被中央王朝接纳成为地方势力，成为"王化"之民，[④] 而非奴隶。夏至商代早中期的情况的确如此。

晚商时期商王朝的对外战争则和早中商时期不同。晚商时期商王朝不

---

① 徐昭峰：《夏夷商三种文化关系研究》，科学出版社2013年版，第179—180页。
② 高广仁：《海岱区的商代文化遗存》，《考古学报》2000年第2期。
③ 陈旭：《郑州小双桥商代遗址即隞都说》，《中原文物》1997年第2期。
④ 徐义华：《中国古史分期问题析论》，《中国史研究》2020年第3期。

| 第四篇 | 马克思主义社会形态理论与中国早期社会性质研究

再进行开疆拓土的征服战争,而以维护商王朝的疆土和业已建立的统治、朝贡体系为目的。该时期商王朝的主要战争集中于东南方和西北方。如在东南方,商王朝和东夷诸族基本形成对峙局面;① 西北方,商王朝和鬼方、羌方也基本以陕西、山西交界的黄河两岸形成对峙局面。② 这一时期的战俘有了明显增加,从甲骨文的记载来看,一次人祭动辄上百人,最多可达500人。③ 那么,晚商时期是否形成了普遍的奴隶制?

前已述及,商代的工商业并不发达,而以农业为主,如果存在奴隶制,则奴隶主要普遍存在于农业生产领域。根据甲骨文资料,投入农业生产的主要是众(众人)。例如,整治田地的:

□□卜,贞众作籍不丧……(《合集》④ 8)
王大令众人曰協田,其受年。十一月。(《合集》1)
癸巳卜,宾,贞令众人肆人絆方衰田。(《合集》6)
辛未卜,争,贞曰众人……尊田……(《合集》9)
丁亥卜,令众退田,受禾。(《合集》31969)

参加农作物播种的:

戊寅卜,宾,贞王往以众黍于囧。(《合集》10)
丙午卜,由,贞……众黍于……(《合集》11)
贞,由小臣令众黍。一月。(《合集》12)
丙戌卜,宾,贞令众黍,其受佑。五月。(《合集》14 正)

还有羌,如,"王令多羌衰田"(《合集》33213)。还有仆,如,"王占曰:……有仆在憂,宰在……蔑,亦(夜)焚廩三"(《合集》583 反)。

在甲骨文中,不仅商王有众,王朝官吏和贵族也统领众。众和众人不仅参加商王朝征伐方国的战争,而且与商王朝正规军协同作战;众还戍守

---

① 徐昭峰:《夏夷商三种文化关系研究》,第 199—203 页。
② 李雪山:《商代分封制度研究》,第 185 页。
③ 胡厚宣:《中国奴隶社会的人殉和人祭》(下篇),《文物》1974 年第 8 期。
④ 郭沫若主编:《甲骨文合集》,中华书局 1978—1982 年版,以下简称《合集》。

地方；众人也从事农业生产，参加商王的田猎活动。故学者认为众和众人是被排斥在宗族组织之外的商族平民，① 并非奴隶。笔者比较赞同此说。商代实行的是亦兵亦农的兵役制度，甲骨文中常见"登人""共人"，就是征召兵员；还有"登射""登马""共马"，就是征召射手和马匹，② 这说明商王朝会根据战争的需要征召兵员和马匹。被征召的就是这些商众。有研究者认为，现今能见到的"众人"直接参与农业活动的卜辞数量并不多，但绝不能就此认定"众人"在农业活动中的角色不重要。有些卜辞把"众人"省略了，说明在时人看来，"众人"从事农业生产是很自然的事，一般情况下省略，仅在需要特别强调时才加上"众人"。③ 这种观点非常具有启发性。我们知道，农业生产只有在特殊的耕、播、收获节点才会出现劳动力不足的情况，其他时间不需要额外的劳动力。④ 所以，我们看到，不管是众人，还是羌、仆，出现在甲骨卜辞中从事农业生产时都是耕、播和除草等节点，特别是耕、播、收割时节，因劳动力不足，才组织大批商众从事集体劳动，乃至临时组织奴隶进行农业生产。事实上，临时组织奴隶进行农业生产既不常见，也不安全，因为还需要组织一定的人力防范奴隶的集体反抗或逃亡。由此可见，晚商在农业生产方面并不存在普遍的奴隶制。

晚商时期作为人祭的对象主要是羌、仆、臣、奚、妾、刍等。⑤ 羌，是来自西部的羌方当无异议。"仆"字胡厚宣先生释为像从丮持卜，在室内有所操作之形，疑即"臣仆"之本字。⑥ 仆应为战俘转化的家内奴隶。臣，《说文》解为："牵也，事君也，象屈服之形。"⑦ 学者一般认为臣与仆，都是奴隶的一种名称，笔者认为臣与仆可能存在分工的不同。奚、妾等则指女性家内奴隶。刍乃是商代社会中的畜牧奴隶。⑧

---

① 王宇信、徐义华：《商代国家与社会》，第274—295页。
② 徐昭峰、申颖：《试论夏商西周畿内防御体系的构建》，《中原文化研究》2019年第4期。
③ 王玉：《商代"众人"研究》，硕士学位论文，山东大学，2019年，第36页。
④ 徐义华：《中国古史分期问题析论》，《中国史研究》2020年第3期。
⑤ 胡厚宣：《中国奴隶社会的人殉和人祭》（下篇），《文物》1974年第8期；杨升南：《商代人牲身份的再考察》，《历史研究》1988年第1期。
⑥ 胡厚宣：《甲骨文所见殷代奴隶的反压迫斗争》，《考古学报》1976年第1期。
⑦ 汤可敬：《说文解字今释》（增订本），第421页。
⑧ 杨升南：《商代人牲身份的再考察》，《历史研究》1988年第1期。

第四篇　马克思主义社会形态理论与中国早期社会性质研究

甲骨文中有部分关于"刍"的卜辞：

丁未卜，贞令钺、光有获羌刍五十。(《合集》22043)
甲辰卜，亘，贞今三月光呼来。王占曰：其呼来。气至隹乙，旬又二日乙卯允有来自光，氐羌刍五十。(《合集》94 正)
……氐多羌……(《合集》103)
取竹刍于丘。(《合集》108)
贞，呼取羞刍。(《合集》111 正)

可见，刍的族属为羌人；方国或贵族进致商王朝刍，或商王朝强行征取刍。进致或征取刍的数量多者以百、千计："己丑卜，㱿，贞即氐刍其五百隹六。贞，[即]氐刍，不其五百隹六。"(《合集》93 正)"庚午卜，宓刍示千……"(《合集》32008)进致或征取大量刍的原因何在？作为畜牧奴隶，畜牧对象自然是常见的马、牛、羊。这些马、牛、羊的主要用途又是什么？

[丁酉]卜，[殻]贞，[酒]于河五十牛。(《合集》1052 正)
翌辛亥侑于王亥四十牛。(《合集》672 正)
贞，侑于黄尹十伐、十牛。(《合集》916 正)
燎于河、王亥、上甲十牛，卯十牢。(《合集》1182)
乙亥[卜]，内[贞]，册大[乙]五百牛、伐百。(《合集》39531)
丁巳卜，争贞，降册千牛。不其降册千牛千人。(《合集》1027 正)

从考古发现来看，中商小双桥遗址出土的牲祭主要是牛，晚商殷墟发现最多的牲祭是马。前述晚商时期商王朝根据战争需要还要"登马""共马"，征召马匹。而上述甲骨文中用牛作为牺牲动辄数十、数百，甚至上千头。是故商代需要大量的畜牧奴隶刍从事畜牧以备商王朝乃至各级贵族祭祀用牛、马和战争用马。甲骨文中发现大量与刍有关的记载，应与此有关。同时，西北方的方国特别是羌方善于畜牧，这可能是商王朝长期与羌方进行战争的原因之一，不仅获刍羌，而且获牛马。这是晚商羌奴最多的原因之一，也是人祭羌人最多的原因之一。

商王朝以农业立国，畜牧业并不发达，畜牧乃至战争所获马、牛主要不是为了发展生产，而是为了祭祀和战争。晚商虽然存在一定数量的畜牧奴隶，但也并不能据此说该时期存在普遍的奴隶制。

正如学者所论，因为没有普遍的奴隶制，所以战争中的零散战俘无法吸纳，只好用作牺牲。殷墟等地出现的大量人牲，不能作为中国存在奴隶社会说的证据，反而可以说明当时没有形成奴隶社会。①

综上所述，我们认为，夏王朝的国家政体可称之为共主制下的族邦联盟，商代的政体可称之为共主制下的邦国联盟。萌芽于夏而盛行于商的是册封制而非分封制。夏商时期存在着内外服制，这样的内服、外服是以王畿来划分的。夏商时期的政治制度是独特的贵族"共政"政治。不管是考古资料，还是文献整合甲骨资料，都可证明夏商时期并不存在普遍的奴隶制。

（原载《史学理论研究》2021年第2期）

---

① 徐义华：《中国古史分期问题析论》，《中国史研究》2020年第3期。

殷商社会性质问题讨论的回顾与反思

任会斌

(中国社会科学院古代史研究所)

古史分期是历史研究的重点问题之一，殷商社会性质作为重构中国古史体系学术探索中的重要一环，无疑是关键所在，而社会性质研究的复杂性和特殊性在面对殷商社会时尤为明显。

殷商社会性质研究可追溯至20世纪初的中国社会史论战。论战中，中国有无奴隶社会与"亚细亚生产方式"问题引起激烈讨论，殷商社会性质也成为论争的焦点之一。郭沫若、吕振羽、范文澜、翦伯赞、邓拓等进步的马克思主义学者基本都认为中国古代存在奴隶社会，但就殷商社会性质的意见并不一致。郭沫若是殷商奴隶社会说的坚定支持者，但他最初在1930年出版的《中国古代社会研究》中，认为殷代阶级制度虽已出现，但尚处氏族社会末期。[1] 吕振羽通过对殷商社会内部结构的分析，率先提出商为奴隶社会的观点，[2] 翦伯赞、邓拓等亦持此说。[3] 与此同时，"托派"的李季、胡秋原及"新生命派"的陶希圣、梅思平等皆否定奴隶社会的存在，对殷商社会提出了不同意见：梅思平将夏商称为"原始帝国时期"；[4] 陶希圣则把

---

[1] 郭沫若：《中国古代社会研究》，《郭沫若全集·历史编》第1卷，人民出版社1982年版，第6—310页。

[2] 吕振羽：《中国经济之史的发展阶段》，《文史》创刊号，1934年4月；吕振羽：《殷代奴隶制度研究》，《劳动季报》第1卷第2期，1934年。

[3] 翦伯赞：《殷代奴隶制度研究之批判》，《劳动季报》第1卷第6期，1935年；邓拓：《论中国社会经济史上的奴隶制度问题》，《新世纪》第1卷第3期，1936年。

[4] 梅思平：《中国社会变迁之概略》，陶希圣：《中国问题之回顾与展望》，上海新生命书局1930年版，第117—139页。

中国历史分为所谓"宗法社会""封建社会""资本主义社会",①后又发表《中国社会形式发达过程的新估定》一文,修订殷商为氏族社会;②胡秋原也指出殷代为氏族社会的末期阶段;③李季则认为夏至殷为亚细亚社会。④

殷商是否为奴隶社会是论战中有影响力的论点之一,总体看来,当时的研究公式主义特征明显,概念逻辑也欠清晰,习惯以论代史,政治性过强,"不少论战作品学术含量不是很高,表明论战的参加者们大都是在理论和材料准备不足的情况下仓促上阵"。⑤但诸多参与者也积极以马克思主义概念、理论思考问题,殷商奴隶社会说的提出为后续研究提供了重要意见,具有启发意义。

殷商社会性质的讨论于20世纪40年代有了新的发展。范文澜于《关于上古历史阶段的商榷》中据斯大林所概括的奴隶社会生产力及生产关系的特征指出:"奴隶社会基本条件,考之殷代盘庚之后,无不备具。"⑥翦伯赞也认为殷商应属奴隶制种族国家。⑦郭沫若于此时放弃了之前提出的商"是一个原始公社制的氏族社会"的观点,1941年他在《由诗剧说到奴隶社会》中指出:"我从前把殷代视为氏族社会的末期未免估计得太低。现在我已经证明殷代已有大规模的奴隶生产存在了。"⑧更明确表示:"关于殷代是奴隶社会这一层,近来已得到一般的公认。"⑨后于1952年出版《奴隶制时代》,进一步论证了商周奴隶社会说。⑩侯外庐在《中国古代社

---

① 陶希圣:《中国社会之史的分析》,上海新生命书局1929年版。
② 陶希圣:《中国社会形式发达过程的新估定》,《读书杂志》第2卷,1932年第7、8期合刊。
③ 胡秋原:《略复孙倬章君并略论中国社会之性质》,《读书杂志》第2卷第2、3期合刊,1932年。认为殷商属氏族社会阶段的还有陈邦国(《中国历史发展的道路》,《读书杂志》第1卷第4、5期合刊,1931年)、王伯平(《〈易经〉时代中国社会的结构:郭沫若〈《周易》的时代背景与精神生产〉批判》,《读书杂志》第3卷第3、4期合刊,1933年)等。
④ 李季:《中国社会史论战批判》,上海神州国光社1934年版。
⑤ 张广志:《中国古史分期讨论七十年(上)》,《文史知识》2005年第10期。
⑥ 范文澜:《关于上古历史阶段的商榷》,《群众》第5卷第4、5期,1940年。
⑦ 翦伯赞:《中国史纲》第1卷,五十年代出版社1944年版。
⑧ 郭沫若:《由诗剧说到奴隶制度》,《郭沫若全集·文学编》第19卷,人民文学出版社1992年版,第153页。
⑨ 郭沫若:《屈原研究》,《郭沫若全集·历史编》第4卷,人民出版社1982年版,第60页。
⑩ 郭沫若:《奴隶制时代》,《郭沫若全集·历史编》第3卷,人民出版社1984年版,第4页。

203

第四篇 马克思主义社会形态理论与中国早期社会性质研究

会史论》一书中则深化了殷商氏族社会末期之说（观点在后期有所改变）。① 尹达也指出殷后期的社会本质还是氏族组织。② 此外，胡厚宣利用文献结合甲骨卜辞，指出"惟殷代虽有奴隶，但不能因此即谓殷代为'奴隶社会'"；"众""众人"当是自由公民，"殷代自武丁以降，确已有封建之制"。③ 这一论证，"对于中国古代史分期问题讨论的深入开展和健康发展，无疑是有益的"。④

这一阶段的讨论主要是在为数不多的马克思主义史学家之间进行。受战争影响，讨论缺乏深入探讨和争鸣，但在一定程度上促进了该问题的发展，具有一定的学术意义。

新中国成立至改革开放前30年间，古史分期的研究基本以五种社会形态一元单线演进为理论框架，在肯定中国存在奴隶社会的基础上展开。就殷商社会性质而言，学者对生产力水平、主要生产者身份、土地所有制形态、人殉人祭现象等认识上有所不同，⑤ 原始社会末期说（尚钺、于省吾、赵锡元等）、⑥ 原始社会向奴隶社会过渡说（侯外庐、朱本源、孙海波等）、⑦ 原始社会向封建社会过渡说（童书业、范义田等）、⑧ 奴隶社会说（郭沫若、范文澜、李亚农、日知、田昌五、李埏、邓拓、唐兰、徐喜辰、

---

① 侯外庐：《中国古代社会史论》，人民出版社1955年版。
② 尹达：《关于殷商社会性质争论中的几个重要问题》，《中国文化》第2卷第1期，1940年9月。该文发表后，谢华、叶蠖生等提出不同意见，参见谢华《略论殷代奴隶制度》，《中国文化》第2卷第4期，1940年12月；叶蠖生《从安阳发掘成果中所见殷墟时代社会形态之研究》，《中国文化》第2卷第6期，1941年5月。尹达亦进行了回复，参见尹达《关于殷商史料问题》，《中国文化》第3卷第1期，1941年6月。
③ 胡厚宣：《殷非奴隶社会论》，胡厚宣：《甲骨学商史论丛初集》，河北教育出版社2002年版，第151、78页。
④ 林甘泉等：《中国古代史分期讨论五十年》，上海人民出版社1982年版，第112页。
⑤ 大致有四种主要观点：参见林甘泉等《中国古代史分期讨论五十年》，第215—234页。
⑥ 尚钺：《先秦生产形态之探讨》，《历史研究》1956年第7期；于省吾：《从甲骨文看商代社会的性质》，《东北人民大学学报》1957年第2、3期合刊；赵锡元：《读〈从卜辞论商代社会性质〉》，《史学集刊》1957年第1期。
⑦ 侯外庐：《中国古代社会史论》；朱本源：《论殷代生产资料的所有制形式》，《历史研究》1956年第6期；孙海波：《从卜辞试论商代社会性质》，《开封师院学报》1956年创刊号。
⑧ 童书业：《与苏联专家乌·安·约瑟夫斯维奇商榷中国古史分期问题》，《文史哲》1957年第3期；范义田：《西周的社会性质——封建社会》，《文史哲》1956年第9期。

王玉哲等)。① 限于当时政治环境及主流史学思潮,"非奴说"支持者甚寡,仅有雷海宗、李鸿哲等少数学者,② 相关论点亦多遭批驳。在此背景下,殷商奴隶社会说成为学界主流。

新时期以来,古史分期研究学术化的特征日益明显,在借助马恩经典阐释,继续"三论五说"讨论的同时,学界开始反思五阶段社会形态理论对中国历史的适用性,中国无奴隶社会阶段的观点再次引起学者关注,③社会形态的界定标准及形成条件和途径的认识也逐渐深化。在此背景下,诸多学者开始重视综合研究及社会结构的考察,围绕殷商社会性质提出了许多新的观点。

张广志等人认为殷商是建立在村社基础上的"村社封建制社会"。④ 黄伟成认为商属"贡赋制"早期封建制社会。⑤ 黄现璠则指出夏商为"领主封建制社会"。⑥ 胡钟达认为所谓"奴隶社会、封建社会及亚细亚生产方式"都为广义的封建社会。⑦ 沈长云指出商是在众多酋邦组成的联盟基础上建立起来的,属早期国家性质。⑧ 晁福林从社会经济形态入手,提出了

---

① 郭沫若:《奴隶制时代》,《郭沫若全集·历史编》第 3 卷;范文澜:《中国通史简编》第 1 编,人民出版社 1953 年版;李亚农:《殷代社会生活》,上海人民出版社 1955 年版;日知:《中国古史分期问题的关键何在》,《历史研究》1957 年第 8 期;田昌五:《中国奴隶制形态之探索》,《新建设》1962 年第 9 期;李埏等:《试论殷商奴隶制向西周封建制的过渡问题》,《历史研究》1961 年第 3 期;邓拓:《论中国历史的几个问题》,生活·读书·新知三联书店 1959 年版;唐兰:《关于商代社会性质的讨论——对于省吾先生〈从甲骨文看商代社会性质〉一文的意见》,《历史研究》1958 年第 1 期;徐喜辰:《商殷奴隶制特征的探讨》,《东北师范大学科学集刊(历史)》1956 年第 1 期;王玉哲:《试述殷代的奴隶制度和国家的形成》,《历史教学》1958 年第 9 期。
② 雷海宗:《世界史分期与上古中古史中的一些问题》,《历史教学》1957 年第 7 期;李鸿哲:《"奴隶社会"是否社会发展必经阶段》,《文史哲》1957 年第 10 期。
③ 1979 年,黄现璠发表《我国民族历史没有奴隶社会的探讨》(《广西师范学院学报》1979 年第 2 期)一文,主张中国历史无奴隶社会。张广志、沈长云、胡仲达、晁福林、罗荣渠等学者均发表专著专文提出相同观点,引起很大反响。
④ 张广志、李学功:《三代社会形态:中国无奴隶社会发展阶段研究》,陕西师范大学出版社 2001 年版。
⑤ 黄伟成:《贡赋制是华夏族从野蛮进入文明时代的契机》(上、下),《广西民族学院学报》1981 年第 4 期、1982 年第 1 期。
⑥ 黄现璠:《中国历史没有奴隶社会:兼论世界古代奴及其社会形态》,广西师范大学出版社 2015 年版。
⑦ 胡钟达:《古典时代中国希腊政治制度演变的比较研究》,《内蒙古大学学报》1996 年第 6 期。
⑧ 沈长云、张渭莲:《中国古代国家起源与形成研究》,人民出版社 2009 年版。

第四篇　马克思主义社会形态理论与中国早期社会性质研究

氏族封建制—宗族封建制—地主封建制的文明演进道路，商则属氏族封建制发展时期。① 冯天瑜的意见与此相同："夏、商分封是对氏族邦国群体的承认。夏、商分封可划入'氏族封建'之列。"② 朱凤瀚认为："如果主要的农业生产者不能被证明是奴隶，则商后期社会显然不能划归奴隶社会。"③ 商应为"早期中国"。④ 苏秉琦从考古学角度对早期国家形态进行阶段划分，提出"古国—方国—帝国"的发展模式，夏商周为方国阶段。⑤ 王震中以"新进化论"概念将商称为"王国时期"，⑥"商族社会形态的演进，经历了由中心聚落形态走向邦国（初始国家也即早期国家）形态、再走向王国形态这样一个演进过程"。⑦ 林沄认为商不存在真正的中央权力，可看作是"平等方国"组成的联盟。⑧ 葛志毅则以"王政时代"指称夏商周。⑨ 叶文宪指出商政治制度以封建制为特色，可称之"封建王国时代"。⑩《中国大通史》则把三代称作"宗法集耕型家国同构农耕社会"，认为"中原王朝不存在一个以奴隶制剥削形式为主体的奴隶制阶段"。⑪ 徐义华从考察政治与血缘、国家与宗族关系入手，将中国古史分为氏族社会、贵族社会、豪族社会、宗族社会四期，殷商为"事功型贵族社会"，⑫具有启发意义。

考古学著作多立足于考古材料，避开"奴隶社会"，以"商时期"等朝代概念表述。海外学者虽对相关历史分期问题的认识不同，但基本都否认商为奴隶社会，多以考古分期或断代来表述。

一些支持殷商奴隶社会说的学者，也在研究中深化了相应的理论概念。20 世纪 80 年代白寿彝主编的《中国通史纲要》第四章标题为"商周

---

① 晁福林：《夏商西周的社会变迁》，北京师范大学出版社 1996 年版。
② 冯天瑜：《"封建"考论》（修订本），中国社会科学出版社 2010 年版，第 16 页。
③ 朱凤瀚：《从生产方式看商周社会形态》，《历史研究》2000 年第 2 期。
④ 朱凤瀚：《商周家族形态研究》，天津古籍出版社 1990 年版。
⑤ 苏秉琦：《中国文明起源新探》，生活·读书·新知三联书店 1999 年版。
⑥ 王震中：《中国古代国家的起源与王权的形成》，中国社会科学出版社 2013 年版。
⑦ 王震中：《先商社会形态的演进》，《中国史研究》2005 年第 2 期。
⑧ 林沄：《甲骨文中的商代方国联盟》，《古文字研究》第 6 辑，中华书局 1981 年版。
⑨ 葛志毅：《从政治角度解读先秦社会形态》，《河南大学学报》2003 年第 4 期。
⑩ 叶文宪：《关于重构中国古代史体系的思考》，《史学月刊》2000 年第 2 期。
⑪ 曹大为：《关于新编〈中国大通史〉的几点理论思考》，《史学理论研究》1998 年第 3 期。
⑫ 徐义华：《中国古史分期问题析论》，《中国史研究》2020 年第 3 期。

奴隶制国家"，但其后在多卷本《中国通史》中则以"上古时代"称之，认为"在这个时代，奴隶制并不是唯一的社会形态，我们用'上古时代'的提法，可能更妥当些"。① 金景芳在《中国奴隶社会史》中指出夏商周奴隶制为东方的家庭奴隶制。② 俞伟超也认为夏商周三代为家内奴隶制。③ 田昌五最初认为夏与商前期为父系家族奴隶制，商后期与西周为宗族奴隶制，④ 但后来有所修正，将五帝与夏商周称为族邦时代，商为族邦体系的建立和发展时期。⑤

总之，新时期的殷商社会性质研究，与此前主要在肯定五阶段论的前提下进行不同，大量工作是在寻找符合中国历史发展进程的分期方式中，在历史学范围内，以新理论来阐述商代社会形态。

以上对殷商社会性质近百年来的研究概况作了一些简单回顾。就整体而言，学界可分为"奴隶社会"及"非奴隶社会"两大阵营，殷商奴隶社会说更是长期占据主导地位。事实上，认为中国存在奴隶社会的学者，除少数西周奴隶社会说者外，基本支持殷商为奴隶社会这一观点。

奴隶社会问题无疑是中国古史分期研究的焦点，也是讨论的核心。"如果奴隶社会被否定，古史分期之争也就失去了意义。"⑥ 而中国奴隶社会阶段论争的诸多关键内容，最终均集中于殷商是否属奴隶社会这一问题。⑦ 所以，殷商社会性质探讨对中国古代社会形态与古史分期研究有着重要且直接的影响，历来为国内外学界所关注。

将商定为奴隶社会的理论前提无疑是五阶段社会进化模式。1859年，马克思在《〈政治经济学批判〉序言》中提出："亚细亚的、古希腊罗马的、封建的和现代资产阶级的生产方式可以看做是经济的社会形态演进的几个时代。"⑧ 事实上，马恩虽承认奴隶制是古代社会生产的基础，但多以

---

① 白寿彝：《〈中国通史〉第三卷题记》，《史学史研究》1991年第3期。
② 金景芳：《中国奴隶社会史》，上海人民出版社1983年版。
③ 俞伟超：《古史分期问题的考古学观察（一）》，《文物》1981年第5期。
④ 田昌五：《古代社会断代新论》，人民出版社1982年版。
⑤ 田昌五：《中国历史体系新论》，《文史哲》1995年第2期。
⑥ 孙家洲："古史分期"与"百家争鸣"》，《炎黄春秋》2007年第5期。
⑦ 陈民镇：《奴隶社会之辩——重审中国奴隶社会阶段论争》，《历史研究》2017年第1期。
⑧ 马克思：《政治经济学批判·序》，《马克思恩格斯选集》第2卷，人民出版社2012年版，第3页。

第四篇 马克思主义社会形态理论与中国早期社会性质研究

"(古典)古代社会"来指称人类史前社会之后、封建社会之前的历史阶段。① 在马克思的论著中,把古代社会与奴隶制联系起来的阐述确实极少。在马恩论述的基础上,苏联马克思主义理论家提出了一种人类社会直线递进的发展模式,后被斯大林总结为:"历史上有五种基本类型的生产关系:原始公社制的、奴隶占有制的、封建制的、资本主义的、社会主义的。"② 这一论断突出了经济基础和经济形态要素,是带有强烈意识形态取向的单线社会进化论。它一度被我们视为社会发展的普遍规律,并被应用到古史分期的研究之中,这对殷商社会性质的判断产生了巨大影响:在奴隶社会为人类第一个阶级社会的理论前提下,商于历史进程中的特殊定点,以及存在大量人殉人祭等现象,必然会被界定为奴隶社会。③

卜辞中"众"及人牲、人殉等现象一度成为殷商奴隶社会说的重要证据,但现在看来,均面临很大问题。郭沫若首先据字形,并援引金文等材料指出"众"为奴隶,④ 但争议不断。裘锡圭指出:广义的"众"就是众多的人,大概可以用来指除奴隶等贱民以外各阶层的人;而狭义的"众"相当于周代国人下层的平民。⑤ 历经多年讨论,目前学界基本认可"众"当为庶人和自由人。人牲、人殉曾被认为:"毫无疑问是提供了殷代是奴隶社会的一份很可宝贵的地下材料。"⑥ 但人牲、人殉在阶级社会之前就已出现,且两者不同。人牲是出于宗教祭祀目的的祭品,"是把人作为祭祀时的牺牲而杀掉,是人类生产水平还比较低下,还不能提供更多的剩余产物的时候的一种反映";⑦ "人殉的本质是随葬品,用生前服务死者的人,

---

① 杨文圣:《"奴隶社会"是对马克思原著的误读》,《学术探索》2013 年第 3 期。
② 斯大林:《论辩证唯物主义与历史唯物主义》,《列宁主义问题》,人民出版社 1964 年版,第 649 页。
③ 陈淳:《社会进化模式与中国早期国家的社会性质》,《复旦学报》2006 年第 6 期。
④ 郭沫若:《十批判书》,《郭沫若全集·历史编》第 2 卷,人民出版社 1982 年版,第 38 页。王承祒、李亚农、陈梦家、王玉哲、王贵民、杨升南等学者也持此观点。
⑤ 裘锡圭:《关于商代的宗族组织与贵族和平民两个阶级的初步研究》,《文史》第 17 辑,中华书局 1982 年版。此外,张政烺、斯维至、徐喜辰、陈福林、赵锡元、朱凤瀚、张永山、杨宝成、杨锡璋、晁福林、金景芳、于省吾等学者也反对"众"为奴隶。
⑥ 郭沫若:《奴隶制时代》,《郭沫若全集·历史编》第 3 卷,第 80 页。吕振羽、郭宝钧、李亚农、胡厚宣、杨锡璋、杨宝成、童恩正、杨升南、翦伯赞、尚志儒等赞成人殉、人牲对象为奴隶,持相反意见者主要有于省吾、赵锡元、姚孝遂、张广志、顾德融、黄展岳等。
⑦ 姚孝遂:《"人牲"和"人殉"》,《史学月刊》1960 年第 9 期。

如妻妾、侍卫等陪葬，以便死者在另一个世界依然可以享受到服务"。① 这两者均不能简单视为奴隶主对奴隶的肆意杀害，两种现象与标志经济基础的社会制度并无必然联系。

讨论和判断殷商是否属奴隶社会，须明确奴隶制与奴隶社会不同的内涵与标准：一是具体的制度史研究，二是宏观的社会性质问题。把两者关系密切化或简单化，一度给殷商社会性质的判断造成了很大困扰。"奴隶制始终伴随着文明时代"，② 在各民族历史上长期存在，而"所谓'奴隶社会'也者，乃是以奴隶为生产之基础"。③ 奴隶制是否充分发展，并成为占主导地位的剥削方式，需要具体分析，不能与属于经济社会形态范畴的古代社会概念相等同。也就是说，我们不仅要找到殷商田野中奴隶活动的痕迹，同时也要确定他们在人口构成中的比例，他们是否为主要生产方式的参与者及奴隶制生产关系在社会中的地位，甚至与当时奴隶及奴隶制相关的法律体系和思想意识等。中国古代无疑是存在奴隶的，这在传世及出土文献中均可以得到证明。但存在奴隶和奴隶制不一定就是奴隶社会，此类实例比比皆是。部分羌等外族战俘在商沦为奴隶当是事实，但其在经济领域的比例及性质，目前尚未完全明晰。所以，仅凭现有材料，就断言殷商为奴隶社会，确实会产生太多难以解释的反证。当然，一度过强的理论概念介入限制了不同观点的发出，但在新时期，脱离了传统五阶段单线社会形态说，面对纷纭新说，传统殷商奴隶社会说难免词穷。伴随"殷商非奴"说兴起，支持殷商奴隶社会说的学者也提出"家长奴隶制""家庭奴隶制""家内奴隶制""宗族奴隶制"等所谓东方奴隶社会概念。这些说法的本质内涵基本相同，无非是五种社会形态模式下，借助于"家内奴隶""宗族意识""萌芽状态"等对与西方传统奴隶制特点迥异的东方社会结构奴隶制表现形式的解释。确实，目前殷商奴隶社会说的传统证据链岌岌可危，但是否就可断言殷商非奴隶社会，也不尽然。单就"众"之问题，如学者所言，"众"是否为殷商的主要农业生产者？"众"之外的农

---

① 杨弃、朱彦民：《"人牲""人殉"辨——兼谈安阳后冈圆形葬坑的性质》，《社会科学战线》2018年第12期。
② 恩格斯：《家庭、私有制和国家的起源》，《马克思恩格斯选集》第4卷，人民出版社2012年版，第193页。
③ 王玉哲：《两周社会形态的检讨》，《历史教学》1951年第7期。

第四篇 马克思主义社会形态理论与中国早期社会性质研究

业生产者重要性如何？卜辞所见"臣""妾""仆""奚""刍"等，在一定程度上丧失人身自由，且参与社会生产，他们是否为奴隶？他们在商代社会生产中所占比重如何？[①] 这些问题，都还需要进一步讨论。

回看殷商社会性质研究，囿于问题的特殊性，不应将两大阵营，或不同观点完全对立起来攻伐。新时期以来，如前所言，伴随对传统五阶段理论的反思，学界围绕重建中国古史体系做了大量工作，针对殷商社会性质提出了新的观点。但客观而言，由于前期理论建设不足，材料梳理及实证欠缺，学者大多各抒己见，结论不一；且往往过度依赖理论、概念和术语，而理论、概念和术语在理解上又有弹性和自由度，所以各家很难达成共识。[②] 如近年较有影响力的"早期国家"理论，国内外对"早期国家"的认识本就非常不一致，"（国外）典型早期国家的特征与我国学者所描述的早期国家的特征不仅不相同，而且简直可以说是互相对立"，[③] 事实上，也确实产生了很大的歧义和争论。此外，一些借助考古学进行国家形态研究和文明进程的划分，标准往往过于宽泛，对反映社会本质特征的生产关系有所回避，难以在根本上体现殷商历史的阶段性。

社会形态，就是与生产力一定发展阶段相适应的经济基础和上层建筑的统一，生产关系各方面的总和即经济基础。经济形态无疑是社会性质考察的重要落脚点。了解商代社会性质，完全否定社会经济形态理论是不可取的，并不利于问题的真正解决，但也要注意阶级结构、上层建筑、宗法血缘、文化礼仪、思想意识等方面的分析，此前有些观点或理论不乏有价值的探索和角度，但未被进一步深化研究。对这类工作，学界应有一定关注。

殷商社会性质究竟为何，短时间内尚难有定论。古史分期不是为分期而分期。事实上，早在20世纪初，五种社会形态理论就不是西方史学界唯一的叙述线索。我们要科学理解社会形态理论统一性与多样性的辩证关系，面对马克思主义理论和其他理论，既不能自我设限，又要正本清源。无须把特殊、普遍截然对立，没有必要夸大，也没有必要缩小中国古代社会形态同古代希腊、罗马"典型奴隶制"及欧洲"典型封建

---

① 陈民镇：《奴隶社会之辩——重审中国奴隶社会阶段论争》，《历史研究》2017年第1期。
② 徐义华：《中国古史分期问题析论》，《中国史研究》2020年第3期。
③ 沈长云：《联系实际引进国外人类学理论》，《史学月刊》2008年第1期。

制"的差异性。① 殷商社会性质研究不着急有一非此即彼的概念性结论。就目前看，我们更需要在客观史实基础上的扎实实证研究，避开程式化、概念化的影响，利用文献、考古材料，不拘泥于定量定性，以多学科综合性的研究和国际化视野，客观全面审视殷商文明究竟建立于怎样的经济基础和社会结构之上，将这一问题纳入到科学理性的轨道上来。

还有一点，殷商时段的特殊性决定了必须要充分重视考古学的参与，以往考古学界对该问题的重视和参与都比较欠缺，从考古材料出发对殷商社会形态进行全面分析与理论提升的研究不足，这与考古学重实证、轻理论的学科特点有关。单纯依赖史学界围绕概念做文章是远远不够的，之前卜辞材料、墓葬信息等考古成果在解决此问题的过程中发挥了重要作用，其中聚落形态考古更是探索社会结构、社会关系的重要手段。当然，也要处理好文献与考古中信息对应的问题，国外学者提出避免将考古学文化与传世文献相对应，主张早期中国文明研究应该坚持考古学研究的学科本位意识。这一观点虽失之偏颇，但亦有可借鉴和思考之处。

（原载《史学理论研究》2021 年第 2 期）

---

① 周书灿：《"求同"与"辨异"——以郭沫若、徐中舒中国奴隶社会形态研究为中心的考察》，《浙江社会科学》2014 年第 2 期。

由臣、隶等低贱阶层说周代的社会性质[*]

宁镇疆
(上海大学古代文明研究中心)

周代低贱阶层是考察周代社会性质的重要参照。其中至贱者，甚至是没有人身自由的奴隶，过去学者论周代社会性质常据此指周代为奴隶社会。其实，即便晚至明清，罚没为奴者仍不鲜见，但显然没人说明清是奴隶社会。揆诸经典作家对奴隶社会的界定，奴隶的数量或规模，特别是奴隶在生产关系中所处的角色等因素，都至为关键。具体到这些因素，周代社会显然离经典作家所说的奴隶制有不小的距离，故周代"奴隶社会"说晚近已趋消歇。本文拟通过对周代低贱阶层社会地位的考察，对此再略作蕞议。

周代服贱役者名称杂而不一，或曰臣、或曰仆、或曰庸、或曰妾、或曰牧、或曰皂、或曰隶，还有一些合并的称呼如"臣妾""隶臣""臣仆""隶仆"等，本文所谓的臣、隶只是笼而称之。早期文献包括金文资料中的"臣"是非常多义的，有高等级也有低等级。其中，低等级极贱如"臣妾"者甚至是奴隶。金文资料中，如"用总于公室仆庸、臣妾"（逆钟，《集成》[①] 60—63），"总司我西偏、东偏仆、驭、百工、牧、臣妾"（师簋，《集成》4311），"总司康宫王家臣妾、仆庸"（宰兽簋，《新收》[②]

---

[*] 本文是国家社会科学基金重大项目"出土简帛文献与古书形成问题研究"（项目编号：19ZDA250）的阶段性成果。本文中"周代"主要指"贵族社会"的西周、春秋时段。

[①] 中国社会科学院考古研究所编：《殷周金文集成》，中华书局2007年版，以下简称《集成》。

[②] 钟柏生等编：《新收殷周青铜器铭文暨器影汇编》，艺文印书馆2006年版，以下简称《新收》。

663）。"用讨朕仆、驭、臣妾自气"（霸姬盘），① "总官司康宫王臣妾、百工"（伊簋，《集成》4287），其中"臣妾"为奴隶已是公认的事实。传世文献如《尚书·费誓》"窃马牛，诱臣妾";②《逸周书·文传解》"遇天饥，臣妾、舆马非其有也";③《左传·襄公十年》"臣妾多逃，器用多丧"，④等等。"臣妾"的出场不是与马牛等牲畜，就是与"器用"等工具连称，其地位自可想见。与"臣妾"类似的，还有"臣仆"。《小雅·正月》中"民之无辜，并其臣仆"，⑤ "臣仆"明显不是"民"。毛传解为"古者有罪，役之圄土，以为臣仆"，这明显是获罪而失去人身自由者。另外，单言"臣"也可指贱者之属。著名的曶鼎铭文"寇禾"案中，用来交换的有"众"和"臣"，学者多认为"众"与"臣"的性质还是不一样的，后者地位明显更为低贱。文献中还多见服低贱职事之"小臣"，主人死甚至要以身为殉。⑥ 再者，上述铭文或言"仆庸臣妾"，或言"臣妾仆庸"，或言"仆驭、臣妾"，"臣妾"与"仆庸""仆驭""百工"等性质应该接近，故与之并举的"仆""庸"之类也多属于地位较低的一类人。⑦ 金文资料中虽然同样不乏赏赐"庶人"的记载，但肃卣铭文记载所赐"厥仆六家"的来源是"自择于庶人"，"庶人"且起而抗争的记载说明："仆"这样的身份确实要低于一般所谓的"自由民"。不过，肃卣"仆"既然来源于"庶人"，也说明其与"仆""庸"的区别是相对的。而且，从裘卫盉（《集成》9456）"矩伯庶人"这样的称呼看，"庶人"也是依附性的。

与金文以"臣妾""仆庸"等指称低贱阶层相对，文献中则多见与"隶"相关的贱称。《左传·昭公三年》讲晋国望族"栾、郤、胥、原"等"降在皂隶"，以"皂隶"为极贱者。《左传·襄公十四年》"是故天子

---

① 释文参见裘锡圭《大河口西周墓地 2002 号墓出土盘盉铭文解释》。http://www.gwz.fudan.edu.cn/Web/Show/4277 ［2018－07－14］
② 李民、王健：《尚书译注》，上海古籍出版社 2000 年版，第 416 页。
③ 黄怀信等：《逸周书汇校集注》，上海古籍出版社 2007 年版，第 245 页。
④ 杨伯峻：《春秋左传注》，中华书局 1990 年版，第 981 页。
⑤ 《毛诗传笺》，孔祥军点校，中华书局 2018 年版，第 265 页。
⑥ 参见《左传·成公十年》"（小臣）负晋侯出诸厕，遂以为殉"（杨伯峻：《春秋左传注》，第 850 页）。
⑦ 杨宽通称之为"奴隶"，失之过泛。参见杨宽《西周史》，上海人民出版社 2003 年版，第 289 页。

第四篇 马克思主义社会形态理论与中国早期社会性质研究

有公,诸侯有卿……庶人、工、商、皂、隶、牧、圉皆有亲昵,以相辅佐也","庶人"以下,尤其是皂、隶、牧、圉等显然亦属极贱者。《左传·昭公七年》载"人有十等……王臣公,公臣大夫,大夫臣士,士臣皂,皂臣舆,舆臣隶,隶臣僚,僚臣仆,仆臣台。马有圉,牛有牧,以待百事。"这一段对人群等级分得更细,不排除有理想化的成分。"士"以下,学者谓包含"隶"的"皂"至"台"指各级"奴隶",马牛牧不列等,比"台"更贱。与"皂臣舆,舆臣隶"相应,文献中还时见"舆隶"并称。《左传·昭公四年》"舆人纳之,隶人藏之",杜注:"舆、隶,皆贱官。"① 《吕氏春秋·为欲》"其视为天子者,与为舆隶同""舆隶,至贱也。"② 又有以"隶圉"指称贱者,《国语·周语下》"湮替隶圉",③《左传·哀公二年》"人臣隶圉免。"④ 前面的"庶人、工、商遂",杜注"遂得进仕",唯独"人臣隶圉"要先"免","隶圉"当属"人臣",此"臣"当系"臣妾"之"臣",说明"臣"与"隶"确有相通性。另外,又有"隶仆"一词。《仪礼·大射仪》记有负责清扫侯道(箭道)的"隶仆人",⑤ 其性质也当属于贱役。《周礼·夏官》亦有"隶仆",其职责是"掌王寝之扫除粪洒之事",⑥ 其等级虽属"下士",但就其职掌看,不可能是贵族。《仪礼·既夕礼》负责"涅厕"的则是"隶人",由其名称及职事的相近看,他们都应该属于服贱役的人。又,《周礼》"秋官司寇"下"隶"职尤多,其中如"罪隶""蛮隶""夷隶""貉隶"等,已无属员,当系社会的最底层。可能正是由于"隶"的这种性质,后来秦汉文献,特别是晚近秦汉简牍中尤多以"隶臣""隶臣妾"指称近乎奴隶的阶层,其中的"隶"字又让我们看到这种称谓上的继承性。另外,上举金文中"仆""庸"等又往往与"百工"或"牧"连称,这也证明上举文献中"庶人"以下的"商工皂隶""工商、皂隶、牧圉",地位同样与之接近。⑦

---

① 杨伯峻:《春秋左传注》,第 1236、1017、1284、1249 页。
② 许维遹:《吕氏春秋集释》,中华书局 2009 年版,第 532 页。
③ 徐元诰:《国语集解》,中华书局 2002 年版,第 98 页。
④ 杨伯峻:《春秋左传注》,第 1614 页。
⑤ 彭林译注:《仪礼》,中华书局 2012 年版,第 241 页。
⑥ 杨天宇译注:《周礼译注》,上海古籍出版社 2004 年版,第 457 页。
⑦ 童书业认为"百工"虽与"牧""臣妾"等并举,但仍非奴隶。参见童书业《春秋左传研究》,中华书局 2006 年版,第 283 页。

由臣、隶等低贱阶层说周代的社会性质

周代低贱阶层已如上述，而攸关社会性质的则是这些阶层在社会生产中的角色。过去学者一度认为金文中的授田都是由奴隶耕种，遂指周代是奴隶社会，这一观点不免有些简单化，从论证逻辑来讲主要是对经典作家理论的对标和演绎。杨向奎则认为周代的援田大多由农民耕种，对其社会性质的理解可能就完全不同了。① 如按《左传·襄公九年》的记载："其庶人力于农穑，商工皂隶，不知迁业。"② 从事主要农业生产劳动即"庶人"，明显与低贱的"皂隶"有别。但《国语·晋语一》云："其犹隶农也，虽获沃田而勤易之，将不克飨，为人而已。"③ "隶农"一词，学者谓"此为农业奴隶仅有之一条史料"，④ 说明农业生产并不能完全排除"奴隶"。后来学者据金文资料明确指出，从事农业生产的既有农民，也有"臣妾"这样的奴隶。⑤ 晚近学者又比较关注季姬方尊的"佃臣"，其有"师（长）"有"友"，且从赏赐的牲畜数量看，这些"臣"还相当富裕，因此认为其与脱离农业生产的奴隶性质的"臣"不同，应有一定自由。⑥

然则，周代农业生产的主要承担者，到底是自由民为主还是"奴隶"为主呢？这就不能不提到周初的"封建"，周的"封建"本质上是大地域范围内的拓土、殖民，这一过程会伴随对地区的征服。过去持周代系奴隶社会观点的学者将这种拓土过程中的"被征服者"都称为奴隶，遂有"整个氏族或部族作为奴隶"的认识，如此"奴隶"的量就太大了。⑦ 周的分封很多时候其实只是对土地、民人所有权的重新确认，至于土地上的劳作者和劳作方式，其实并没有大的改变。就像宜侯夨簋赐"宜庶人"，他们在当地本为"庶人"，所有权变更后，他们相对新的主人又是"庸"，但其劳作方式并没有大的改变。它如春秋晚期叔夷钟记齐灭莱之后赏赐莱"仆"250家，从而转为"齐国统治阶级的'庸'"，但究其实，"庸跟那

---

① 参见裘锡圭《西周粮田考》，《裘锡圭学术文集》第5卷，复旦大学出版社2012年版，第193页。
② 杨伯峻：《春秋左传注》，第966页。
③ 徐元诰：《国语集解》，第253—254页。
④ 童书业：《春秋左传研究》，第312页。
⑤ 裘锡圭：《西周粮田考》，《裘锡圭学术文集》第5卷，第193页。
⑥ 李学勤：《季姬方尊铭研究》，《中国史研究》2003年第4期；陈絜：《金文"佃人"身份考》，《华夏考古》2012年第1期。
⑦ 杨宽：《西周史》，第284页。

> 第四篇 马克思主义社会形态理论与中国早期社会性质研究

些统治阶级同族的庶人并无多大不同"。① 文献中所谓"因是谢人,以作尔庸""因时百蛮"等,均当是周人封建过程中所发生的土地及民人所有权的变更(上举裘锡圭文指出"仆"与"庸"多系异族,是非常正确的)。相对于新的主人,他们"庸"的身份有"仆"参照,无疑相对卑贱,但"因"字说明其耕作方式并没有多大变化。考虑到周代封建在广大地域范围内的普遍性,这种名称虽贱但劳作和受奴役方式却无甚改变的情况应该也是普遍的。换言之,这种形式的农业劳动者才是周代农业生产的主力军,而从性质上讲他们显然非"奴隶社会"的"奴隶"。学者早就指出:"西周奴隶皆隶属贵族、官府,大贵族以之分赐属下,奴隶所执似多为家内仆役等事,或有用于农、工、畜牧等业者,要之,在生产上无甚足称也。"② 现在看来,周代奴隶可能并非尽是"家内劳役",他们偶也从事农业生产,但总体上看,说奴隶在生产劳动中不占主要地位,则大致可信。

对于周封建过程中的"谢人""百蛮"之类,我们不能动辄以后世不乏悲情色彩的"亡国奴"视之。一来这些归顺族群中也有高低阶层之分,其上层其实与统治阶级无异;二来即便为征服者服贱役,如隶、仆者,周人通过将其纳入相应的职事或礼俗活动,很好地实现了吸纳和同化。静簋(《集成》4273)有"夷仆学射"的记载,学者指出这些"夷仆"近乎《周礼》中的四夷之隶,经常充当王之守卫,③ 是可信的。《礼记》所见礼仪活动中常有"狄人"身影,性质也近似。清华简《系年》提到被周西迁的秦人"世作周卫",此与金文中所见"戍秦人"相合。秦人作为"周卫",克尽职守的同时(《秦风·无衣》"王于兴师,修我戈矛"),也很早就接受了周文化,春秋时甚至被视为华夏正宗。④ 有的低贱者由于多系君上之服御,随侍左右,故而关系密切,常不免狐假虎威、僭令矫命。《左传·昭公二十年》"内宠之妾,肆夺于市;外宠之臣,僭令于鄙",⑤ 此时低贱者的影响就更不可小觑了。

另外,由《左传》襄公九年"其庶人力于农穑,商工皂隶,不知迁

---

① 裘锡圭:《说"仆庸"》,《裘锡圭学术文集》第 5 卷,第 107 页。
② 童书业:《春秋左传研究》,第 283 页。
③ 裘锡圭:《说"仆庸"》,《裘锡圭学术文集》第 5 卷,第 107 页。
④ 宁镇疆、龚伟:《由清华简〈子仪〉说到秦文化之"文"》,《中州学刊》2018 年第 4 期。
⑤ 杨伯峻:《春秋左传注》,第 1417 页。

业"看,"商工皂隶"与"庶人"一样,都是生产者,或者说都是处于社会底层的被剥削阶级,就此而言,他们并无本质的不同。真正反映他们受奴役程度和性质的,可能就是其中的"不知迁业",即职业的固化,缺少自由。襄公三十一年提到"隶人牧圉",与此并举的是"甸""仆人"等,《左传》说他们"各瞻其事",即各有各的职事。实际上,襄公九年说"庶人力于农穑,商工皂隶,不知迁业"时,也是与"其卿让于善,其大夫不失守,其士竞于教"并举的,同样强调的是各阶层各司其业:低贱者所服事与高贵者所司,都是维护社会运转不可或缺的。就此而言,"庶人"与"皂隶"虽同属被剥削阶级,但"皂隶"也是"庶人"无法替代的。因此在周代,我们并没有发现贵族处心积虑、大规模地把更多"庶人"变为"奴隶"的例子。他们没有这样的动力:无论"庶人"还是臣、隶所业,都是生产劳动,而且彼此无法替代。

大规模地把"庶人"变为"奴隶",不仅有违于周代礼俗,也严重影响生产方式和经济结构。这对于我们理解《周礼》一书的性质也很有启发性。《周礼》一般被视为讲官制的书,但其中的"官"是不宜以后世之"官"来比况的。《周礼》所谓的某某官,更确切地说应该说是某某职、某某事。其书每每"职事"连言,"职"即"事"也。《左传》"人有十等"的记载,从"王臣公"直到最底层的"马有圉,牛有牧"之类,最后总结说"以待百事",这就说明高者如王公大夫之司,低贱者如仆台圉隶之业,本质上都是"事",而且彼此不同,都是社会运转不可或缺的。关于这一点《周礼·考工记》还有"国有六职"的记载:"坐而论道,谓之王公;作而行之,谓之士大夫;审曲面埶,以饬五材,以辨民器,谓之百工;通四方之珍异以资之,谓之商旅;饬力以长地财,谓之农夫;治丝麻以成之,谓之妇功。"[1] 这个记载从社会运转角度把各阶层的职事关联概括得非常明晰。《国语·晋语四》亦云:"公食贡……庶人食力,工商食官,皂隶食职,官宰食加。"[2] 各阶层都有自己赖以取食或生存的营生或职业。《周礼》载以"九职""任万民",其中一曰"三农",第八甚至是"臣妾"。从社会等级角度看,"百工""臣妾"已近乎"奴隶"了。关于

---

[1] 杨天宇译注:《周礼译注》,第598—599页。
[2] 徐元诰:《国语集解》,第350页。

第四篇　马克思主义社会形态理论与中国早期社会性质研究

这一点，还有一个有意思的记载。《左传·昭公二十二年》载王子朝之乱，讲到其纠合的人群时说"王子朝因旧官、百工之丧职秩者"，① 这里的"丧职秩"者还有"百工"。从前举金文中"百工"每与"臣妾"并称看，地位很低。以这样的社会地位，他们有什么不能失去的？脱离了官府作坊的"百工"不是"自由"了吗？关键是百工之业，同样是他们赖以生存的营生，这点都保不住，无异于危及生计。因此，他们才会在王子朝一伙的鼓动下参与叛乱。②

《周礼》一书虽非对周制的完全"写实"，但其对周代社会结构及各职事间关系的描摹，还是非常精当的。③ 从社会运作的角度，我们可以称为"职事共同体"。"共同体"的意义一方面体现在彼此之间相互依存。《左传》《国语》即有"君子劳心，小人劳力"之论，④《孟子》又进一步推阐。⑤ 郭店楚简《六德》篇也有"六职"之说："有率人者，有从人者；有使人者，有事人者；有教者，有学者，此六职也。"⑥ 此"六职"虽与《周礼》所载"六职"有异，但其强调各职事间相互依存的"共同体"精神是一致的。另一方面，贵贱之间这样的尊卑一体，也容易因为职事关联而滋生情感纽带。《左传·文公十年》"宋公违命，无畏抶其仆以徇"；《左传·襄公三年》"晋侯之弟扬干乱行于曲梁，魏绛戮其仆。"主人犯命，其"仆"往往代为受过。襄公三年晋侯听闻魏绛戮扬干之"仆"，怒曰："合诸侯以为荣也，扬干为戮，何辱如之？"明明是其"仆"受"戮"，晋侯却说"扬干为戮"，正昭示此尊卑一体。《小雅·出车》云："召彼仆夫，谓之载矣。""忧心悄悄，仆夫况瘁。"《正月》云："民之无辜，并其臣仆。"⑦ "仆夫""臣仆"之辛劳，同样为主人所顾念。另外，此"职事共同体"还有更深的含义，那就是像社稷安危这样肉食者谋之

---

① 杨伯峻：《春秋左传注》，第1435页。
② 从春秋史看，这还不是孤例。参见杨伯峻《春秋左传注》，第1435—1436页。
③ 周人很早就有职事与社会角色关联的自觉意识，《尚书·立政》即可见端倪，新近清华简《四告》又添新证。
④ 杨伯峻：《春秋左传注》，第968页；徐元诰：《国语集解》，第198页。
⑤ 杨伯峻：《孟子译注》，中华书局1960年版，第124页。
⑥ 单育辰：《郭店〈尊德义〉〈成之闻之〉〈六德〉三篇整理与研究》，科学出版社2015年版，第17页。
⑦ 《毛诗传笺》，孔祥军点校，第220、265页。

事，低贱者也常怀忧患。《左传·定公八年》云："苟卫国有难，工商未尝不为患。"工商阶层对国家有难也感同身受，这就超越等级了。《左传·僖公二十四年》"秦伯送卫于晋三千人，实纪纲之仆"，① 杜注："诸门户仆隶之事，皆秦卒共之。"他们虽是"仆隶"，但维护的却是"纪纲"，即国家制度，此与用"夷仆"充当亲兵一样，隶、仆之类转而成为国家机器的"爪牙"。正因为上述"职事共同体"的存在，特别是低贱者对国家兴亡也每怀忧患，政治伦理上即便是低贱者对王公贵族也是可以劝诫的。《逸周书·芮良夫》："无道，左右臣妾乃违。"② 君王"无道"，低贱如"臣妾"者反对他也是正义的。《左传·襄公十四年》讲对君王的规谏，"大夫规诲，士传言"之外，还有"庶人谤，商旅于市，百工献艺"，"商旅""百工"亦可规谏就颇值得注意。《国语·周语上》的记载也类似，"天子听政"之时，不只"公卿至于列士献诗"，还有"百工谏，庶人传语"，同样有"百工"。"庶人"阶层，其与"百工"等低贱阶层的区别有时也是相对的。如果要准确认识低贱阶层的社会地位，这些因素同样是不能忽略的。

考察周代低贱者的社会地位和生存状态，另一个不可忽视的因素是礼制。周代礼制活动中，常见一些身份低贱者从事贱役。前举《仪礼·大射仪》记有"扫侯道"的"隶仆人"，《既夕礼》甚至还有"涅厕"的"隶人"，可谓极贱。《周礼》中有"隶仆"一职，掌"王寝之扫除、粪洒之事"，当与《既夕礼》的"隶人"或《大射仪》的"隶仆人"接近。《既夕礼》与"隶人"并举的还有"甸人"（金文亦多见），其职为"筑坅坎"，亦当系贱役之属。礼制隆等差，礼制活动中贱者与尊者之间的等级确实森严。不过，上述隶仆人之类虽服贱役，但实际上也参与了礼制过程（这同样是"职事共同体"）。因此，他们既要谙熟礼制的相关规程，相应地也会受到一些礼遇。《仪礼·大射仪》篇"隶仆人"虽服贱役，但同篇也有"司马师受虚爵，洗献隶仆人与巾车、获者……"③ 这说明隶仆人虽服贱役，但同样也会有献酒这样的礼遇。《礼记·曲礼上》："君命召，虽贱人，大夫、士必自御之。"君命有召，虽然传话的是"贱人"，大夫、士

---

① 杨伯峻：《春秋左传注》，第578、928、1567、415页。
② 黄怀信等：《逸周书汇校集注》，第999页。
③ 彭林译注《仪礼》，第249页。

也要亲自出迎。当然这一例主要还在于"贱人"背后的"君",这同样显示了尊卑一体的"职事共同体"。《礼记·曲礼上》记"凡仆人之礼":"若仆者降等,则抚仆之手。""抚仆之手"即"仆"虽"降等",但仍需以如此细致之仪节表达谦让、辞谢,此尤可见礼制虽隆尊卑,但一些基本的精神又体现"无差别级"。《礼记·服问》还记载:"君之母非夫人,则群臣无服,唯近臣及仆、骖乘从服……"为君之母服丧的,包括了近臣,甚至相对低阶层的仆、骖乘也被纳入"从服"。宗法制下的这种类似安排既超越了血缘,也在一定程度上缓和了等级或阶级的对立。《礼记·祭统》甚至有所谓"惠下之道也",即以祭品惠赐"辉、胞、翟、阍者","此四守者,吏之至贱者也"。《祭统》评论:"尸又至尊,以至尊既祭之末,而不忘至贱,而以其余畀之。是故明君在上,则竟内之民无冻馁者矣,此之谓上下之际。"①"至尊"与"至贱"之间的"上下之际",不唯再次昭示"职事共同体",同样也是"礼俗共同体":礼俗活动中对于"至贱"者同样也不乏顾念与体恤。《左传·文公十五年》云:"君子之不虐幼贱,畏于天也。"② 说明这也不单纯是儒家的理想。尤其值得注意的是,礼俗文化崇尚谦恭、卑让,由此也培养了极尽谦让之风气,其极端者甚至不厌以"臣妾"、贱"隶"自况。《礼记·坊记》:"君子辞贵不辞贱。""朝廷之位让而就贱。"甚至贵族交往中对臣仆等也备极谦卑:"敢勤仆人?"③ 这种礼俗文化孕育出来的以卑贱为尚的谦卑礼文之风,恐怕也是"奴隶制"下无法想象的。

本文开头我们提到由于研究的推进,周代奴隶社会说已呈消歇之势,西周封建说转而为更多的学者所支持,具体又有"领主封建制""宗法封建制"等不同,④ 但正如上文所指出的,如欲准确概括周代的社会性质,低贱者服事的"职事共同体"及礼俗环境同样应该得到应有的重视。

(原载《史学理论研究》2021 年第 2 期)

---

① 杨天宇:《礼记译注》,上海古籍出版社 2004 年版,第 33、32、767、644 页。
② 杨伯峻:《春秋左传注》,第 614 页。
③ 杨伯峻:《春秋左传注》,第 1718 页。
④ 罗新慧:《说"西周封建论"》,《学习与探索》2011 年第 3 期。

夏商周三代社会形态为封建社会说[*]

谢乃和

(东北师范大学历史文化学院)

学界以往对夏商周三代社会形态的探讨多聚焦于经济层面,对社会政治与文化形态却少有着墨,或多或少遮蔽了社会形态的完整面貌。三代"封建"不仅从历史事实上形塑了夏商周社会政治、经济和文化形态,而且十分契合经典作家的社会形态理论。缘此,夏商周社会形态为封建社会,不仅是马克思主义理论与中国历史实际相结合的产物,而且颇有助于新时期中国古代社会形态理论本土话语概念体系的建构。

一 "封建"形塑了三代社会政治形态

封建首先形塑了三代社会的政治形态。封建的基本含义是对受封贵族裂土分民的政治行为,其成熟形态出现在西周,即"封建亲戚,以蕃屏周"。[①] 尽管如此,在虞夏以前的氏族时代,早期族邦共同体因征服、兼并和社会治理的需要就已存在"别生分类"[②]式的早期分封现象。如《国语·郑语》记祝融之后有己姓、董姓、彭姓、秃姓、妘姓、曹姓,诸姓之下又分出彭祖、邹、莒、楚等不同邦国,便可视为"别生分类"

---

[*] 本文是国家社会科学基金一般项目"封建制与商周早期国家治理体系研究"(项目编号:20BZS020)的阶段性成果。

[①] 《春秋左传正义》卷15《僖公二十四年》,阮元校刻:《十三经注疏》,中华书局1980年影印本,第1817页。

[②] 《尚书正义》卷3《书序》,阮元校刻:《十三经注疏》,第132页。

> **第四篇** 马克思主义社会形态理论与中国早期社会性质研究

的具体例证。[1] 故《逸周书·尝麦》曰："昔天之初，诞作二（元）后，乃设建典。"[2] 将分封推源至天地生民之初，自有"君"始就已施行"建"典。至夏商时期，这种早期分封仍盛行不衰。《尚书·禹贡》言"锡土姓"，[3]《史记·夏本纪》则说禹之后同姓有 12 国。[4]《殷本纪》谓契"其后分封，以国为姓"有 7 国。[5] 至春秋，时人总结三代封建理论曰："天子建德，因生以赐姓，胙之土而命之氏，诸侯以字为谥，因以为族，官有世功，则有官族，邑亦如之。"[6] 在强调天子、内外诸侯、卿大夫层层"胙土"封建的同时，仍以"赐姓"和"命氏"等仪程保留氏族分土别居自然形成的早期封建政治文化现象。

随着三代早期国家的发展，封建被赋予了更多政治自觉的意涵。从卜辞来看，胡厚宣曾梳理出商代有诸妇之封、诸子之封、功臣之封、方国之封，说明其时已有封建制，[7] 至西周时则已发展成熟。周人"追念夏、商之亡由，旁设出宗子"，[8]"分君亿疆"（史墙盘，《集成》[9] 10175）不仅将封建族群分衍的血缘内核规范化为宗法关系，更将夏商以来封建的政治因素制度化，形成了与宗法制相表里且含括臣僚、服制、爵制等立体式的国家治理制度体系。由夏商以前的早期分封至周代的成熟封建，三代国家治理体系虽不断完善，但仍无法根除各族群分土别居的疏离关系，故封建制可谓是中国古代完全纳入自上而下严密监管体系的郡县时代以前的原初政体。

由封建原初政体形塑的三代社会政治形态的核心是等级化君主体制和多级臣僚形态。在三代尤其是西周封建制之下，天子以授土授民的形式封建诸侯，诸侯又在封略内分赐采邑于卿大夫，形成了"天子建国，诸侯立

---

[1] 徐元诰：《国语集解》，中华书局 2002 年版，第 466—468 页。
[2] 黄怀信等：《逸周书汇校集注》卷 6，上海古籍出版社 2007 年版，第 731 页。
[3]《尚书正义》卷 6，阮元校刻：《十三经注疏》，第 152 页。
[4]《史记》卷 2《夏本纪》，中华书局 1959 年版，第 89 页。
[5]《史记》卷 3《殷本纪》，第 109 页。
[6]《春秋左传正义》卷 4《隐公八年》，阮元校刻：《十三经注疏》，第 1733—1734 页。
[7] 胡厚宣：《殷代封建制度考》，《甲骨学商史论丛初集》，成都齐鲁大学国学研究所 1944 年版，第 31—112 页。
[8] 李学勤主编：《清华大学藏战国竹简》卷 2，中西书局 2011 年版，第 144 页。
[9] 中国社会科学院考古研究所编：《殷周金文集成》，中华书局 2007 年版，以下简称《集成》。

家,卿置侧室,大夫有贰宗,士有隶子弟"层层分封的政治体制。[1] 在臣僚形态上则出现了"王臣公,公臣大夫,大夫臣士,士臣皂"的等级结构。[2] 不仅天子有王臣,诸侯有公臣,而且卿大夫等一般贵族也有家臣,臣僚系统遂有王臣、公臣和家臣之别。故郑玄注《仪礼·丧服传》"君,至尊也"曰:"天子、诸侯及卿大夫有地者皆曰君。"[3] 三代尤其是周代形成了天子君、诸侯君、卿大夫君的等级式君主体制,造就了王臣、公臣、家臣的多级臣僚形态,迥然有别于战国秦汉以降君主集权体制下一元化之臣僚。

由封建形成的等级化臣僚对早期王权承担的不同义务构成了三代政治中的服制形态。服主要指职事,清华简《摄命》周王命贵族摄曰:"毋遐在服,勤祗乃事。"[4] "服"即"事"之谓。服制实质是三代早期王权在各邦族分土别居的国家结构下对一统秩序追求的反映,即以"来享"表示"来王"之意涵。[5] 相传夏代就已出现以九州邦国为基本对象、以王为中心,每五百里向外扩展的同心圆式的甸、侯、绥、要、荒五服体系。[6] 如此整齐划一的服制体系虽可能出于后人构拟,但其中所反映出的九州物产及贡纳情况或有所本。《左传·宣公三年》提到"昔夏之方有德也,远方图物,贡金九牧",[7] 古本《竹书纪年》也说夏后相"七年,于夷来宾",[8] 就皆为夏代贡纳实践。至商代则主要实行内外二服制。《尚书·酒诰》说:"越在外服:侯甸男卫邦伯;越在内服:百僚庶尹、惟亚惟服宗工、越百姓里居。"[9] 将殷代众封建贵族按照职事差异划分为"殷边侯甸"和"殷正百辟"(大盂鼎,《集成》2834)两类。西周在继承商代二服制基础上又有所发展。西周早期矢令方彝(《集成》9901)以"三事令"与"四方令"对言,分别指"卿事寮""诸尹""里君""百工"和"诸侯:侯、

---

[1] 《春秋左传正义》卷5《桓公二年》,阮元校刻:《十三经注疏》,第1744页。
[2] 《春秋左传正义》卷44《昭公七年》,阮元校刻:《十三经注疏》,第2048页。
[3] 《仪礼注疏》卷28,阮元校刻:《十三经注疏》,第1100页。
[4] 李学勤主编:《清华大学藏战国竹简》卷8,中西书局2018年版,第110页。
[5] 《毛诗正义》卷20《殷武》,阮元校刻:《十三经注疏》,第627页。
[6] 《尚书正义》卷6《禹贡》,阮元校刻:《十三经注疏》,第153页。
[7] 《春秋左传正义》卷21,阮元校刻:《十三经注疏》,第1868页。
[8] 方诗铭、王修龄:《古本竹书纪年辑证》,上海古籍出版社2005年版,第7页。
[9] 《尚书正义》卷14,阮元校刻:《十三经注疏》,第207页。

第四篇 马克思主义社会形态理论与中国早期社会性质研究

甸、男",可能已有"邦内甸服"与侯服的划分。随着西周封建的发展,一些被征服的邦族通过褒封或参与盟会等形式获得周王对其原有土地、人口合法性的承认,实则变相地通过授土授民的方式确认了封建关系,如湖北叶家山曾国墓地M2出土的斗子鼎提到的"多邦伯"等皆属此类。① 这些臣服族邦被分别转化为宾服、要服、荒服,② 遂构成了"邦内甸服,邦外侯服,侯卫宾服,蛮夷要服,戎狄荒服"的五服制。③

等级君权体制下臣僚形态的具体等级差别,则构成了三代国家政治中的爵制形态。《孟子》等战国文献对三代爵制有系统的记载,不仅认为三代因封建制而存在公、侯、伯、子、男五等爵,更将其细分为九命以确定各级贵族的"贵贱有别,尊卑有序,上下有差"。④ 以《春秋》《左传》等所见,至迟在春秋时期确实已出现较为规范的五等爵序列。至于三代,尤其是西周爵制尽管存有争议,但由于其时因封建制的施行存有某种内外服贵族的等级差异则无疑义。这种等级差异首先是血缘性的,即在周人封建的同姓、异姓、庶姓贵族之间存在"周之宗盟,异姓为后"的宗法原则,⑤但更重要的是政治性的。如西周封建册命礼仪下,内服贵族因受王册命而获得一定政治身份,并获赐相应的服饰、旌旗等礼器"以昭其度也",⑥ 形成"君子小人,物有服章,贵有常尊,贱有等威"的政治等级秩序。⑦ 外服诸侯同样因册命而形成身份性差别。上引矢令方彝便说"诸侯"中包含"侯、甸、男"三种类型,新见清华简《四告》中也提到"建侯设卫、甸,出分子",⑧ 这些材料都显示周代诸侯包括侯、甸、男、卫等不同身份类型。尽管这些诸侯之间的等级关系尚难明言,但仍可在具体政务处理中发现不同诸侯的等级序列。如西周中期士山盘(《铭图》⑨ 14536)记录了士山经中侯到"䣱""荆""方"宣诏王命、复核三邦之"服",展现出在

---

① 李学勤:《斗子鼎与成王岐阳之盟》,《中国国家博物馆馆刊》2012年第1期。
② 葛志毅:《周代分封制度研究》,黑龙江人民出版社2004年版,第145—146页。
③ 徐元诰:《国语集解·周语上》,第6—7页。
④ 王聘珍:《大戴礼记解诂》卷12《朝事》,中华书局1983年版,第225页。
⑤ 《春秋左传正义》卷4《隐公十一年》,阮元校刻:《十三经注疏》,第1735页。
⑥ 《春秋左传正义》卷5《桓公二年》,阮元校刻:《十三经注疏》,第1742页。
⑦ 《春秋左传正义》卷23《宣公十二年》,阮元校刻:《十三经注疏》,第1879页。
⑧ 黄德宽主编:《清华大学藏战国竹简》卷10,中西书局2020年版,第117页。
⑨ 吴镇烽编著:《商周青铜器铭文暨图像集成》,上海古籍出版社2012年版,以下简称《铭图》。

服制运行中，外服诸侯间存在"周王—方伯—方国诸侯"的等级差异。

综上所论，夏商周三代由于施行早期分封或成熟封建的国家典制，在国家形态上形成了等级式君主体制和多元臣僚形态，进而形塑了服制及爵制等国家具体治理制度体系的等级性特征，而这些正是封建形塑三代政治形态的具体表现。

二 "封建"形塑了三代社会经济形态

封建还塑造了三代的经济形态。封建虽以封建亲戚和封邦建国为主要表现形式，但天然与土地、人口等经济要素相联系，其实质是用政治权力对以土地为代表的生产资料的再分配。从字源上看，"封"为会意字，象植树于土上之形，故"封"的本义与推土植树为界有关。《周礼·大司徒》载"辨其邦国、都鄙之数，制其畿疆而沟封之"，① 正是以封树来确定邦国、都鄙的疆界。在此意义上，"封"引申出疆界、田界的含义，封土为界也即划分土地，故封建必有赐土。孟子有言："诸侯之宝三：土地、人民、政事。"② 以三代尤其是周代封建实例来看，土地人口皆为封建必备要素。如西周早期宜侯夨簋（《集成》4320）记宜侯获封便受赐有"川""宅"等土地和"在宜王人""奠七伯"等人口。而内服贵族封建授土授民之事亦多，到西周晚期大克鼎（《集成》2836）记克获赐仍有埜、渒等田地及附属人口。故《礼记·祭法》言"天下有王，分地建国"，③ 将分土建国之封建推崇为三代王者之通举。

封建形塑的三代经济形态的基础是土地王有、贵族分层占有的所有制。《诗·北山》言："溥天之下，莫非王土；率土之滨，莫非王臣。"④《左传·昭公七年》也说："天子经略，诸侯正封，古之制也。封略之内，何非君土，食土之毛，谁非君臣。"⑤ 可见，周代确有土地属于国有或王有的观念。"王土"除去由王直接控制的甸服土地之外，"其余以均分公侯伯

---

① 《周礼注疏》卷10，阮元校刻：《十三经注疏》，第702页。
② 《孟子注疏》卷14《尽心下》，阮元校刻：《十三经注疏》，第2778页。
③ 《礼记正义》卷46，阮元校刻：《十三经注疏》，第1588页。
④ 《毛诗正义》卷13，阮元校刻：《十三经注疏》，第463页。
⑤ 《春秋左传正义》卷44，阮元校刻：《十三经注疏》，第2047页。

第四篇 马克思主义社会形态理论与中国早期社会性质研究

子男",[1] 以实现"天子有田以处其子孙,诸侯有国以处其子孙,大夫有采以处其子孙"的贵族对土地的分层占有。[2] 土地为王所有、贵族分层占有的情况在商代已出现,如《合集》707 正"呼从臣沚有䤕三十邑……□臣沚……䤕……邑",[3] 说明三十邑经由商王册封实现了贵族占有。这种所有制的典型形态主要出现在西周,周代封建过程实际上也是"王土"的扩展过程,天子以册命的形式来确认与诸侯之间的君臣关系,土地以类似于宜侯矢簋和清华简《封许之命》中"侯于某(地名)"或赏赐物的形式分赐给诸侯,实际上成为诸侯"蕃屏周"职责的一部分,也就成为维系君臣关系的关键因素。从这点来说,周代的"天子建国"或"诸侯立家"并没有改变土地的所有权性质。不过,由封建所造就的贵族土地占有权也蕴含着向贵族土地所有权转变的契机。自西周中期始,在贵族之间出现了交换、赔偿等多种形式的土地转让现象。如卫盉(《集成》9456)、五祀卫鼎(《集成》2832)分别记录了矩伯以数量不等的田产为代价从裘卫处取得瑾璋、皮裘等贵重礼器的"以物易物"形式的土地交易,而九年卫鼎(《集成》2831)则提供了在王朝官员监督下裘卫与邦君厉土田交换的实例。但是,这些土地转让现象无法从根本上动摇西周土地王有制,直到西周晚期仍可见如虞虎鼎(《铭图》2446)"付虞旧疆"等由周王主导的土地改封现象。

封建造就的三代经济形态的核心,是对人口的贵族分层占有。如前引《北山》《左传·昭公七年》所示,周代也有"率土之滨,莫非王臣"的人口王有观念,但授民也是封建的必备要素之一。在三代地广人稀的状况下,人口是贵族赖以生存发展的根本。尤其对西周而言,周族人并不多,由周王封建所建立的内外贵族,获封土地上的主要劳动者和管理者多来自获赐的人口。这些人口经由封建,从王有转变为贵族占有。如昭王时期中鼎(《集成》2785)提到"兹禣人人事,锡于武王作臣。今贶畀汝禣土,作乃采……惟臣尚中臣",即禣人服属周人后,整体成为周王之"臣"。他们被分赐后,人身隶属关系发生了变化,也即中鼎所说,原隶属于周王的

---

[1] 徐元诰:《国语集解·周语中》,第 51—52 页。
[2] 《礼记正义》卷 21《礼运》,阮元校刻:《十三经注疏》,第 1418 页。
[3] 郭沫若主编:《甲骨文合集》,中华书局 1978—1982 年版,以下简称《合集》。

"臣"，经过封建采邑之后，变成了"中臣"，实现了贵族对人口的分层占有。"臣"不仅指如大盂鼎所言"人鬲自驭至于庶人"等农业劳动者，还包括以臣属身份出现的管理者。如，西周中晚之际季姬方尊（《铭图》11811）记季姬获赐的"畎臣"便包括"厥师夫曰丁，以厥友廿又五家"，即包括25家佃臣及管理者"丁"。除基层管理者之外，诸侯的高级臣属也有部分由王赐予，如山东高青陈庄出土的引簋（《铭图》5299），其器主"引"便是由王"申命汝"的命卿。故《周礼》言及邦国建置要"设其参，傅其伍，陈其殷，置其辅"，[①] 由王封建赐予诸侯臣属。

这种贵族分层占有的土地所有制和人身隶属关系造就了三代以贡赋为基本形式的分配制度，主要包括两个层面。一是天子、诸侯、卿大夫等各级君主对社会产品的分配，即地租。孟子曾追溯三代贡纳制度之大概，"夏后氏五十而贡，殷人七十而助，周人百亩而彻，其实皆什一也"，[②] 说的主要是这一层面的产品分配。从孟子之言来看，三代具体的征收方式存在一定差异，但地租皆是各级贵族的主要经济来源。对天子来说，征收的社会产品不仅支持了王室日常所需，还可"以供上帝山川百神之祀，以备百姓兆民之用，以待不庭不虞之患"，[③] 成为国家运转的基本保障。而在由封建所造就的各级君主之间，以天子为代表的上级君主往往要以贡赋的形式确认下级臣僚的服属关系，遂出现了对社会产品的再分配，形成了分配制度的另一个层面，即以天子为核心和以内外服贵族为主要对象的贡纳制度。内服贵族处王畿之内，较之外服诸侯，其职贡带有更多的经济意义。如卜辞所见，商代内服贵族要向王室献"众"等耕作者，提供兵赋，承担多种力役，是王室经济的重要补充。至西周时期，贡纳趋于制度化，西周中期祭公谋父言邦内贵族须"日祭"，[④] 春秋郑子产谓之为"贡重"。[⑤] 而外服诸侯多是"奉国地所出重物而献之，明臣职也"，[⑥] 即通过入贡的经济行为表达服属的政治意涵，不过也要承担王"求财于有方"的部分经济义

[①] 《周礼注疏》卷2《太宰》，阮元校刻：《十三经注疏》，第649页。
[②] 《孟子注疏》卷5《滕文公上》，阮元校刻：《十三经注疏》，第2702页。
[③] 徐元诰：《国语集解·周语中》，第51—52页。
[④] 徐元诰：《国语集解·周语上》，第7页。
[⑤] 《春秋左传正义》卷46《昭公十三年》，阮元校刻：《十三经注疏》，第2072页。
[⑥] 王聘珍：《大戴礼记解诂》卷12《朝事》，第231页。

务,① 故在西周彝铭中常见周王遣使督促贡纳之举。如西周晚期驹父盨盖(《集成》4464)言驹父出使南诸侯,征取南淮夷之"服"。此"服"即南淮夷的贡纳,具体内容当如兮甲盘(《集成》10174)所说的"其帛、其积、其进人",包括布帛、谷物及力役等。

综上所论,封建天然与夏商周三代土地和人口等经济要素相联系,无论从封建本义还是从封建具体进程上说,都具有对生产资料和劳动力再分配的经济性质,由此封建形塑了三代的经济形态,造就了贵族分层占有的土地所有制和劳动力的人身依附关系,也形成了以贡纳为主要形式的内外服贵族有别的分配制度。

三 "封建"形塑了三代社会的文化形态

封建还形塑了三代以"德"为本位的社会文化形态。夏商周封建以"德"为理论依据,"选建明德"是封建的基本准则,② 主要含括"天命有德"和"天子建德"两个方面。"天命有德"是先民在朴素天命观下将早期族群的分土别居视为由天所封建,即"天命多辟,设都于禹之绩"。③ 天所建唯以"德"先,《史记·五帝本纪》言:"自黄帝至舜禹皆同姓,而异其国号,以章明德。"④ 缘此,三代遂有"封建厥福"观念,⑤ 将有德受国视为天降之福。故《诗·大明》言:"维此文王,小心翼翼,昭事上帝,聿怀多福,厥德不回,以受方国。"⑥ 类似记载虽多见于东周时期的文献,但新见豳公盨(《铭图》5677)"天命禹敷土,堕山濬川,乃差地设征,降民监德,乃自作配飨民,成父母,生我王、作臣"的记载表明,这一观念至迟可溯源至西周中期以前。由铭文还可知,"天命有德"不仅指"皇天既付中国民越厥疆土于先王"的天子之封,⑦ 还包括如"(皇天)祚四岳国"⑧

---

① 徐元诰:《国语集解·郑语》,第472页。
② 《春秋左传正义》卷54《定公四年》,阮元校刻:《十三经注疏》,第2134页。
③ 《毛诗正义》卷20《殷武》,阮元校刻:《十三经注疏》,第628页。
④ 《史记》卷1《五帝本纪》,第45页。
⑤ 《毛诗正义》卷20《殷武》,阮元校刻:《十三经注疏》,第628页。
⑥ 《毛诗正义》卷16,阮元校刻:《十三经注疏》,第507页。
⑦ 《尚书正义》卷14《梓材》,阮元校刻:《十三经注疏》,第208页。
⑧ 徐元诰:《国语集解·周语下》,第97页。

"(帝)命皋陶下为之卿事"① 等天命臣属形式的其他贵族之封，即豳公盨所言"生我王、作臣"是也，三代贵族封建之"德"也随之等级化。

商代晚期开始随着早期王权的加强，"上帝作福"往往要通过"人其代之"②的"惟辟作福"来体现，③"天命有德"也逐渐演变成了"天子建德"，即由天子来代行天命依照贵族之"德"来封建。如盘庚在训诫众贵族之后说"予迓续乃命于天"，④ 即由商王将诸贵族之天命接到人间，已经有了天子代天宣命的意味。周初封建中亦可见其踪迹，如清华简《封许之命》载吕丁获封之命，有"册羞折人"之语，即成王将册封吕丁之命进荐于天，换言之即吕丁通过王命获得了天命，由周王以德为据代行天命。故上引《左传·隐公八年》对三代封建理论总结以"天子建德"为始，强调内外贵族之封俱以"德"为先。《逸周书·小开解》言："德枳维大人，大人枳维卿，卿枳维大夫，大夫枳维士。"⑤ 亦指出"德"作为大人（王）、卿、大夫、士逐层封建的理论依据。

三代贵族封建以"德"为必备条件，而封建更是赋予了"德"丰富的内涵。首先，"德"指古族家世传统，多见于氏族时代族群分土别居式的早期封建。《国语·晋语四》言："黄帝以姬水成，炎帝以姜水成，成而异德。"又说"异姓则异德""同姓而同德"之理，⑥ 可见早期之"德"与血缘组织相连，常被视为由天所授，"德"初文中一目向上之形应由此故。周初封建亦追念于此，封陈言"神明之后"，⑦ 便强调胡公作为虞舜之后的家世传统。其次，"德"指祖先之德，主要见于三代尤其是武王伐商后进行的"褒封"。古人认为古圣王之"德"乃"天之所启，十世不替"，⑧ 故祖先之德常为子孙得以封建的依据。如，周武王"追思先圣王，乃褒封神农之后于焦，黄帝之后于祝，帝尧之后于蓟，帝舜之后于陈，大禹之后于

---

① 李学勤主编：《清华大学藏战国竹简》卷5，中华书局2015年版，第110页。
② 《尚书正义》卷4《皋陶谟》，阮元校刻：《十三经注疏》，第139页。
③ 《尚书正义》卷12《洪范》，阮元校刻：《十三经注疏》，第190页。
④ 《尚书正义》卷9《盘庚中》，阮元校刻：《十三经注疏》，第171页。
⑤ 黄怀信等：《逸周书汇校集注》卷3，第225页。
⑥ 徐元诰：《国语集解》，第337页。
⑦ 《春秋左传正义》卷36《襄公二十五年》，阮元校刻：《十三经注疏》，第1985页。
⑧ 徐元诰：《国语集解·郑语》，第465页。

杞",①强调的便是作为受封者先祖圣德。再次,"德"指宗族亲亲尊尊之德,多见于西周时期的宗法封建。如,《左传·定公四年》称西周封建为"选建明德",而《僖公二十四年》则将其称为"封建亲戚",清华简《祭公》则为"惟我后嗣,方建宗子",②可见"选建明德"即选建"亲戚""宗子","明德"也即亲亲尊尊之义。正由于周代这种宗法封建的施行,方有"凡周之士,不显亦世"的宗族繁衍盛况,③更使"孝"和"友"为主的"德"观念渗入国家社会的各个方面。"孝"亲宗族祖先,"友"尊宗族兄弟,核心是敬祖尊宗以为周屏。何尊(《集成》6014)载成王在宗庙"京室"中反复册诰"宗小子"何要以其父考"克弼文王"受天命代商为榜样,帮助成王"共德裕天",即为姬姓宗小子德翼大宗王室保天命之例。复次,"德"指功德,多见于西周时期对功臣的分封。如,曾公畎编钟记曾国获封之由:"淑淑伯括,小心有德,召事一□,遹怀多福,左右有周,□神其圣。"④所言之"德"即曾侯璵编钟所记,"伯适上帝,左右文武,挞殷之命,抚定天下"之功。⑤最后,"德"指政德,多见于周代嗣封或加封,是受封贵族"德"之常态。前述几种"德"的内涵多偏重贵族始封,而贵族嗣封或加封则更看重其政绩,即"政德"。如,逑钟(《铭图》15634—15636)便有"先祖考政德"之言。《诗·江汉》记宣王"锡山土田"加封召伯虎,就因其"肇敏戎公",在军事职责中立下军功之故。⑥清华简《摄命》记周王命摄"夙夕经德,用事朕命",⑦也是令其常怀政德不废王命之意。上述由对天命、祖先的追索转到对现实功业与政德的推崇,彰显三代封建的理论依据——"德"理性化的演变趋势。

　　三代始封贵族得以封建是因为有"德",而其子孙能否"袭封"依然在于"德",而且需要"帅型祖考"之德。一方面,册封者如周王要"仪

---

① 《史记》卷4《周本纪》,第127页。
② 李学勤主编:《清华大学藏战国竹简》卷2,第174页。
③ 《毛诗正义》卷16《文王》,阮元校刻:《十三经注疏》,第504页。
④ 郭长江等:《曾公编钟铭文初步释读》,《江汉考古》2020年第1期。
⑤ 湖北省文物考古研究所、随州市博物馆:《随州文峰塔M1(曾侯与墓)、M2发掘简报》,《江汉考古》2014年第4期。
⑥ 《毛诗正义》卷18,阮元校刻:《十三经注疏》,第573—574页。
⑦ 李学勤主编:《清华大学藏战国竹简》(8),第110页。

刑文王",①效法文王之"德"。《尚书·顾命》记成王之言,"在后之侗,敬迓天威,嗣守文武大训,无敢昏逾",②即要敬畏天命、效法文武。此义为历代周王所遵循,直到两周之际平王册命晋文侯时,还在强调"肇型文、武"。③由于封建是"德"之延伸,更是天降之福,故嗣君有再行封建之事者,往往被时人视为有"德"。《江汉》诗末,召伯虎便称颂宣王"矢其文德,洽此四国"。而因宣王有封建申伯与韩侯之事,故尹吉甫作《崧高》《韩奕》美颂之。④另一方面,对受封者"帅型祖考"的告诫之语也是册封命书中的常见内容。如,《韩奕》言"缵戎祖考",《江汉》也称"召公是似"。又如,师𩰫鼎(《集成》2830)记恭王告诫师𩰫,"用型乃圣祖考,隣明令辟前王,事余一人",要求师𩰫像其先祖考侍奉先王一样侍奉时王。这实际上是对由始封所造就的君臣伦理的再确认。周代实封贵族如此,褒封诸侯袭封亦然。如,乖伯簋(《集成》4331)记:"乖伯,朕丕显祖文、武,膺受大命,乃祖克弼先王,翼自它邦,有共于大命。"周王命乖伯效法祖考之义显明。从这点来说,封建不仅塑造了贵族"帅型祖考"的"德"的传递模式,而且肇端了三代君臣以"德"为核心的政治伦理。

综上所论,"德"是三代封建的内在理据,但因封建的类型不同进而赋予了"德"文化的多重内涵。不唯如此,"德"也缘于封建的施行,由始封君传播至子孙袭封者,袭封者也要通过不断的"帅型祖考"来强化对祖先"德"的认同,三代社会文化也随之带有了以"德"为本位的色彩。

夏商周封建以早期和成熟分封为基本形式塑造了三代政治上的等级式君主和多元臣僚形态,同时以"授土授民"为内容造就了王权所有、贵族分层占有土地与人口的经济所有制,而以"德"为本位的分封理论则形塑了三代的文化形态。缘此,三代可谓是名副其实的封建社会。

不唯如此,夏商周社会形态为封建社会不仅符合三代历史实际,而且也十分契合马克思的社会形态理论。众所周知,马克思关于社会形态问题比较明确地提出了"三形态论",即人的依赖性社会、以物的依赖关系为

---

① 《毛诗正义》卷16《文王》,阮元校刻:《十三经注疏》,第505页。
② 《尚书正义》卷18,阮元校刻:《十三经注疏》,第238页。
③ 《尚书正义》卷20《文侯之命》,阮元校刻:《十三经注疏》,第254页。
④ 《毛诗正义》卷18,阮元校刻:《十三经注疏》,第565—570页。

| 第四篇 | 马克思主义社会形态理论与中国早期社会性质研究

基础的人的独立性社会,以及个人的自由全面发展社会三个发展阶段。①人的依赖性社会是人类社会发展的早期阶段,在这一阶段中不管是生活资料的生产,还是人自身的繁衍及社会制度文化,都"较大程度上受血族关系的支配",②而这种支配在夏商周时期就体现为对"族"的依附关系。不同于西方,三代早期国家并没有对具有父权制性质的氏族组织结构进行质的改造,而是在家族、宗族等氏族组织基础上滥觞国家,在封建进程上则形成了以氏族为基础的夏商氏族封建和以宗族为基础的周代宗法封建的不同历史阶段。③应该说,三代社会史实与马克思关于人类早期社会形态以"人的依赖性"为特质的理论界说若合符契。

总之,夏商周为封建社会说不仅证实了马克思有关社会形态理论的合理性,而且用"封建"这一中国古代传统的概念界说三代社会形态,也颇有助于当下用本土话语体系构建新时代具有中国特色的古代社会形态理论。

(原载《史学理论研究》2021年第2期)

---

① 马克思:《政治经济学批判(1857—1858年草稿)》,《马克思恩格斯全集》第46卷上,人民出版社2016年版,第104页。
② 恩格斯:《家庭、私有制和国家的起源》,《马克思恩格斯全集》第21卷,第30页。
③ 参见晁福林《先秦社会形态研究》,北京师范大学出版社2003年版,第19—40页。

闻道与问道：中国古代社会形态问题研究的思考

李学功

（湖州师范学院湖州发展研究院）

中国自古就有"闻道"与"问道"的传统。综观人类历史，不难发现，文化创新与理论创造其实就是在不间断的"闻道"过程中展开的，也是经由"闻道"的洗礼，进而展开"问道"的探究，逐渐丰富社会认知，升华价值思考。由此出发，中国古代社会形态问题的认识与研究亦可作如是观。

一 闻道到信道：马克思主义社会形态理论

社会形态是指同生产力发展的一定阶段相适应的经济基础和上层建筑的统一体，即一定社会的经济形态、政治形态和思想意识形态的统一体。基于对历史运动一般规律的总结与认识，马克思在1859年初撰写的《政治经济学批判〈序言〉》中将社会形态作了如下的区分："大体说来，亚细亚的、古希腊罗马的、封建的和现代资产阶级的生产方式可以看做是经济的社会形态演进的几个时代。"[①] 不难看出，马克思的社会形态说是将人类社会历史界分为亚细亚—古代—封建—资产阶级四种"社会经济形态"。此前，马克思和恩格斯撰写的《德意志意识形态》将人类社会发展阶段界分为"部落所有制—古代所有制—封建所有制—资本主义所有制"四种所

---

① 《马克思恩格斯选集》第2卷，人民出版社1995年版，第33页。

有制形式。四种形态加上马克思和恩格斯在《共产党宣言》中所宣示的无产阶级为之奋斗的人类理想社会——共产主义社会,即马克思主义社会形态理论,后被学界概括为"五种社会形态"。马克思主义社会形态理论有着极为丰富的内涵,马克思、恩格斯在不同地方亦有不同的阐述,随着时间的推演和后人的研究解读,逐步形成了原始社会—奴隶社会—封建社会—资本主义社会—共产主义社会的经典表述。

马克思主义社会形态理论深刻揭示了人类历史发展的普遍性原理。在历史研究中坚定唯物主义信念,由闻道到信道,在哲学意义上无疑是一次质的飞跃。因此,运用马克思主义经典理论,指导挖掘隐含在历史事实和文献材料中的历史的普遍性,就成为新时代史学工作者的职业素养与要求。研究中不难发现,在历史演进的过程中,人类的剥削方式是"由粗放和自然生成走向制度化",① 由超经济强制逐步过渡到运用经济杠杆,因此采取奴隶制、封建制等剥削榨取方式,是人类很难迈过去的一道坎。② 一如恩格斯所言:"奴隶制是古希腊罗马时代世界所固有的第一个剥削形式,继之而来的是中世纪的农奴制和近代的雇佣劳动制,这就是文明时代的三大时期所特有的三大奴役形式。"③ 当然,在不同地区和不同民族中,这种奴役的表现形式会有不同,所占的比重、地位亦有差别。因此,既要看到普遍中有差异,又要认识到差异中蕴含着普遍性规律。就文明时代的三大奴役形式而言,奴隶制、封建制和近代雇佣劳动制无疑具有普遍性,人类社会无论西东都曾经历和实践。应当说,这是差异中蕴含着普遍性。但是,因地区、国情、民族和发展程度的不同,也会存在某一种生产方式和剥削形式由于量的占比不足,而产生普遍中的差异问题。

二 问道到鉴道:中国古代社会形态的认识

马克思主义社会形态理论对中国史学的影响,既是中国史学之闻道开悟,也是自觉接受唯物史观,运用社会形态理论开山问道与鉴道的过程。

---

① 赵世超:《周代国野制度研究》(修订本),人民出版社2020年版,第306页。
② 参见赵世超《周代国野制度研究》(修订本),第308页。
③ 恩格斯:《家庭、私有制和国家的起源》,《马克思恩格斯选集》第4卷,人民出版社2012年版,第192—193页。

郭沫若、范文澜、吕振羽、翦伯赞、侯外庐等学者把马克思主义唯物史观运用于中国古代史研究，并在诸多研究领域中作出了卓越贡献。特别是马克思主义史学家郭沫若，运用马克思主义社会形态理论剖析中国古代社会性质，写出了具有中国风格、中国气派的《中国古代社会研究》，堪称中国版《家庭、私有制和国家的起源》。

学界对中国古代社会形态的认识，源于20世纪20年代后期开始的社会史论战，起因于如何认识中国革命的性质、任务，是革命年代、阶级斗争需要的产物。大革命失败后，党和国家的前途、命运正处在十字路口，在认识上稍有闪失，在步子上稍有差错，都会造成无可挽回的损失。今天回望过去，当时联共（布）和共产国际内以斯大林为首的多数派、中共中央，在对当时中国社会性质和革命性质的认识上是清醒的、正确的，一批党的理论家和党外进步人士围绕上述关键问题，以及由此引发的对中国古代社会性质的认识，进行的思想理论研究与斗争也是卓有成效的。但时过境迁，进入和平建设年代，古代社会形态研究变成一个学术、学理问题时，就存在着一个由学理层面的问道，到学术操作层面的鉴道问题。这里问题的指向，还在于如何认识普遍中的差异和差异中的普遍性问题。

探究人类社会发展的规律，离不开对共性和个性、统一性和特殊性的认识。在以往古代社会形态问题的讨论中，世界历史发展的同一性、普遍性、一般性原则得到确认，这本是好事。中国被理解为世界的一部分，有利于修正"欧洲中心论"的偏颇。但是，由于讨论中忽视了对普遍中的差异现象的把握，特别是对包括中国在内的广大东方国家，缺乏具体的历史分析，不适当地将西欧历史发展模式奉为经典、样板，出现了"言必称希腊"，研究中过分强调同一性的问题。推究其因，乃在于西欧率先冲破中世纪的黑暗，跨入了工业文明的殿堂。随着先进的欧洲人走向世界，他们也把自己对历史的认识带向了世界，影响了世界，并膨胀成一种世界体系。由于西方民族在近代文明中的特殊地位，使得这一认识体系曾经影响人类达几个世纪之久，并且现在仍起作用。正是在这种认识的支配下，似乎唯有西方道路才是经典的，其他民族的道路都是非经典的，以致人们已习惯于、认同于以西方历史模式为正宗来规范中国历史，削中国历史之"足"，以适欧洲模式之"履"。影响到中国史学界，便有为了同一于西欧这个"先进"，却没有看到普遍中有差异，以及差异中蕴含着普遍性的问题。

第四篇 马克思主义社会形态理论与中国早期社会性质研究

三 症结与问题：族社形态是锁钥

在今天民族主义蔓延、地区低烈度冲突加剧的背景下，天下意识与国族认同以及由此而来的中国"何以家国"的问题，再次成为人们关注与思考的话题。

由于中国国家形成的道路、方式，迥异于希腊、罗马和德意志诸类型，使其文明类型及演化生成的路径备受关注。其中症结与问题所在，便是以农村公社为表征的族社形态。

在原始社会末期至阶级社会早期的相当长的历史时期内，人类社会经历了若干世纪的农村公社阶段，即公有制、私有制并存的一个二重性结构形态阶段。当时，"耕地是不准让渡的公共财产，定期在农业公社社员之间进行重分，因此，每一社员用自己的力量来耕种分给他的地，并把产品留为己有"。[①] 如此，村社既存在土地公有，又有产品的私有，"农业公社国有的二重性使得它只可能是下面两种情况之一：或者是私有成分在公社中战胜集体成分，或者是后者战胜前者。一切都取决于它所处的历史环境"。[②] 不言而喻，马克思实际上指出了村社发展的两种前途。其一，当村社中"私有原则"战胜"集体原则"时，村社便会失去存在的依据，走向解体。这种结局正是文明演进路向中的"古典道路"，即希腊、罗马奴隶社会的道路。其二，由于"历史环境"不同，村社发展的结局也会出现另一种情况，即"后者战胜前者"，公有原则实际上在相当长的历史时期内战胜私有原则。在这种情况下，村社不但不会迅速消亡，反而会长期存在下去，并成为早期阶级社会存在的基础。在这样的社会里，私有关系的发展会受到极大的阻碍，发展缓慢。这种结局是文明演进路向中的另一种更为广泛的结局，即封建主义的结局、道路。出现这种结局的地方正是由于村社组织的顽强存在，才一方面有力地抑制了私有制、奴隶制的充分发展（有奴隶制，但社会占比不高、发展不充分当是事实），而另一方面又为封建榨取方式提供了现成的形式。

[①] 《马克思恩格斯全集》第 25 卷，人民出版社 2001 年版，第 477 页。
[②] 《马克思恩格斯全集》第 25 卷，第 450—451 页。

闻道与问道：中国古代社会形态问题研究的思考

在中国先秦时期，以井田名目出现的农村公社，既是地缘组织，又是血缘组织。家族公社与农村公社实际是合一的，二者是一而二、二而一的关系，即：以血缘的家族组织为躯壳，以"公""私"二重性的村社结构为内容的混合物——族社。在希腊，刚进入国家阶段，血缘纽带就基本断裂；而在中国，血缘的底色却如同胎记一般，始终强固、持久地存留着。可以说，族社是了解、把握古代中国，乃至整个除希腊、罗马古典世界以外的广大地区社会性质的关键所在。

在希腊、罗马，由于村社瓦解的比较彻底，私有制、商品货币关系、贫富分化、劳动者和生产资料的分离、财富在少数人手中的大量集中等，都发育的比较充分，这些都为奴隶劳动的普遍使用提供了必要的经济条件，从而使奴隶制度这种奴役方式成为"优势"和"主导"。包括中国在内的古代东方各国，一开始就与希腊、罗马存在差别，走了一条普遍性方式中有所差异的发展路径。农村公社不仅没有随着阶级社会的到来而消失，反而成为这些地区阶级社会赖以生存的基础。村社的存在，强有力地抑制了私有制、商品货币关系的发展，也限制了贫富分化、劳动者和生产资料的分离、财富的集中等。在这样的经济结构或曰经济形态下，奴隶制的生产方式和奴役方式虽有发展，但很不充分，其生产方式和奴役方式自然不在社会上占主导地位。

在这一问题上，郭沫若可谓颇谙个中三昧。郭沫若是否认中国古代存在农村公社的，他曾指出："如果太强调了'公社'，认为中国奴隶社会的生产者是'公社成员'，那中国就会没有奴隶社会。"[1] 在当时很多学者看来，中国怎么可能没有奴隶社会？其实，奴隶社会形态问题的讨论，并非一定要否定奴隶制奴役形式的存在。作为人类历史上的一种剥削方式，它曾在东西方世界长期存在过。1957 年，谢天佑发表《封建社会的公社形态问题》，立题开篇即站在理论的高度，提出"首先必须从理论上入手"，这种理论的自觉令人印象深刻。尽管时代烙印影响着谢天佑那一辈学者的研究面向，但他能跳脱固化思维，提出古代东方"对西方而言，又是一条道路"的深刻洞见。他认为东方"公社所有制残余保留的更多更久"，认识

---

[1] 郭沫若：《关于中国古史研究中的两个问题》，《郭沫若全集·历史编》第 3 卷，人民出版社 1984 年版，第 221 页。

第四篇 马克思主义社会形态理论与中国早期社会性质研究

到"东方自从原始氏族社会到封建社会未出现过自由的土地私有,仅有的,是公有制的传统"。① 今天在先秦史学界已达成共识:不能再以奴隶社会的有无问题去匡正中国古代历史的实际运动状态。事实是,在族社组织内部,公有原则实际上在相当长的历史时期内战胜私有原则,使得包括中国在内的众多东方国家,在国家萌蘖的初始期即与希腊、罗马道路两分。在中国,进入文明门槛的村社,"公有原则"不仅没有失去存在的依据走向解体,相反,族社一体的社会组织结构形态,有力地支持了公共权力对社会资源的统合,实现了血缘和地缘关系的整合。谢天佑当年的反思经由今天先秦史界许多学者的研究进一步深化:夏商周早期国家时期,特别是"郁郁乎文哉"的周——"监"有夏商二代文明的成果,以族社为基础,以宗法制打通"家""国",以分封制构架国家形式,由此确立了中国家国一体的文明范式。因此,中国人的家国情怀显得特别浓烈,家族意识、伦理观念特别强固。毫无疑问,族社形态是解开问题症结的锁钥。

首先,从既有文献材料看,先秦史籍中不乏土地公有制的史影和踪迹。如,《诗经·周颂》所载《载芟》《良耜》,描写的即是族社成员在公有大田上集体劳作的场景。《载芟》是春籍田而祈社稷,《良耜》是秋报社稷。从诗文分析,劳作者有共同的祖先,劳作者在劳动中的情绪是轻松愉悦的。这样的场景,自非奴隶制的奴役形式,只能是族社成员的集体共耕劳动。诗中的"千耦其耘",与马克思所说的"公社一部分剩余劳动……在贡赋等等形式中表现出来,也在集体的劳动形式中表现出来",② 并无本质的不同。

其次,夏商周三代存在的井田制,其性质就是族社土地所有制。尽管对有无井田制,学界认识多有不同,且孟子的描述也未免过于理想化、图式化,但中国古代确曾存在过这种土地制度。正如不少学者所指出的,孟子井田论中"公田""私田"的划分,同农村公社的土地区分为"共有地"和村社成员的"份地"这一人所共知的事实是相吻合的。

再次,春秋战国时期,古老的井田制度和建立于其上的族社形态逐渐瓦解,但在南方,宋、楚、陈、蔡之地仍存在着族社组织或族社组织的浓

---

① 谢天佑:《封建社会的公社形态问题》,《历史教学问题》1957年第5期。
② 马克思:《资本主义生产以前各形态》,人民出版社1956年版,第6页。

重残余。这方面仍有某些间接史料,足以说明族社制度在古代中国的存在。如,《史记·货殖列传》载:"楚越之地,地广人稀,饭稻羹鱼;或火耕而水耨,果隋蠃蛤,不待贾而足,地埶饶食,无饥馑之患,以故呰窳偷生,无积聚而多贫。"① 试想,"火耕""水耨"、贫富分化不明显、商品交换不发达,这究竟是怎样一种社会生活图景?应当说,它不是别的,而是一幅古朴的族社生活图卷。《孟子·滕文公上》亦载,战国时楚地有位专治神农之言的许行,带着他的一帮弟子到滕国去兜售其政治主张。他主张"贤者与民并耕而食,饔飧而治",认为国君设"仓廪府库"是"厉民而以自养",算不得贤君。许行的这些主张明显带有族社平等、平均的色彩。由此联系到道家的"小国寡民"理想,便有了实在的依据,它并不是老庄等人的凭空臆想,而是两位失意、沦落的老人对日趋没落而仍有留存的族社制度的留恋、褒扬。因为与世隔绝的自给自足小天地般的孤立性,正是族社形态的特征。

最后,从马克思主义经典作家的论述来看,古代东方在文明的初始阶段尚不存在土地私有制。马克思在1853年6月2日致恩格斯的信中写道,东方"一切现象的基础是不存在土地私有制,这甚至是了解东方天国的一把真正的钥匙"。② 后恩格斯复信马克思时亦指出:"不存在土地私有制,的确是了解整个东方的一把钥匙。这是东方全部政治史和宗教史的基础。"③ 马克思和恩格斯进一步指出:"在整个东方,公社或国家是土地的所有者。"④

既然古代中国进入文明阶段之初是一种存在奴隶制奴役方式、但发展不充分的族社组织形态,那么,不妨对族社成员所受奴役剥削的性质作进一步分析。

一是从生产资料的所有制形式来看,毫无疑问,主要生产资料——土地、灌溉设施等公共工程,归王或天子所代表的国家所有,"溥天之下,莫非王土"即是最好的诠释和说明。但即便如此,族社成员的生产资料并没有被全部攘夺,他们还拥有自己的生产工具、室居等。

---

① 《史记》卷129《货殖列传》,中华书局1959年版,第3270页。
② 《马克思恩格斯全集》第49卷,人民出版社2016年版,第417页。
③ 《马克思恩格斯全集》第1卷,第419页。
④ 《马克思恩格斯全集》第26卷,人民出版社2014年版,第185页。

二是从"各种不同社会集团在生产中的地位以及他们的相互关系"的角度考察，在族社形态下，生产资料的所有权和使用权显然是彼此分离的——握有土地所有权的"王"或"天子"这个"最高的地主"，[①] 实际并不直接经营这些土地，不干涉生产过程，而没有土地所有权的族社成员，却"独立地"使用着他们通过自己"所属公社"从国家那里领得的一块"份地"。剥削方式或曰奴役方式，在中国古代，最初则是采用所谓"助"法，即力役地租。

三是从分配形式上看，族社成员除把一部分劳动果实在贡赋和徭役等名目的形式下，按规定份额提供给"最高的地主"外，尚可剩余一部分供自己支配和享用。劳动者无疑已有了相对独立的人格和能够自己支配的经济。这样的劳动者，其所受奴役的形式，只能归属到封建制形态。

如此看来，这样的族社形态应是一种初期封建社会固有的，榨取劳动者剩余劳动的组织形式。一如蔡和森所论："封建的财产是从集产村落社会产生出来的。"[②] 一语中的，颇中肯綮。

（原载《史学理论研究》2021年第2期）

[①] 《资本论》第3卷，人民出版社1975年版，第891页。
[②] 蔡和森：《社会进化史》，东方出版社1996年版，第93页。

第五篇

唯物史观与百年党史

中国共产党引领中华民族伟大复兴

夏春涛　陈　甜

（中国社会科学院历史理论研究所）

为中国人民谋幸福、为中华民族谋复兴是中国共产党人的初心和使命。一百年来，党始终走在时代前列，带领人民披荆斩棘不懈奋斗，历经革命、建设和改革，在艰难险阻中杀出重围，实现马克思主义中国化两次飞跃，走出中国革命和中国特色社会主义这两条新路，引领中华民族从黑暗走向光明、从苦难走向辉煌，迎来从站起来、富起来到强起来的伟大飞跃。历史是最好的教科书。一百年砥砺奋进，一百载春华秋实，历史已经证明并将继续证明：中国共产党是中华民族伟大复兴的主心骨和领路人。

一　推翻三座大山，建立新中国

自鸦片战争起，无数仁人志士为改变中国积弱积贫、落后挨打的处境，作了各种探索与抗争，但均告失败。维新思想家谭嗣同怆然慨叹"四万万人齐下泪，天涯何处是神州"。

中国向何处去？唯有中国共产党作了科学解答，给风雨如晦的旧中国带来光明和希望。正因如此，党的诞生才具有开天辟地的意义。其他方案都行不通，如有人提出实业救国、教育救国、乡村建设等改良方案，虽具有积极意义，但终究治标不治本。蒋介石背叛孙中山先生的三民主义，成为"人民公敌"。帝国主义是使中国坠入半殖民地深渊的罪魁祸首。胡适提出"五鬼闹中华"说，主张通过教育治理贫穷、疾病、愚昧、贪污、扰乱，绝口不提帝国主义侵略，被陶行知讥讽为"捉着五个小鬼，放走了一个大妖精"。中国共产党人以科学、辩证的态度看待西方：既睁眼看世界、积极学西方，又奋起抵御西方列强侵略。方志敏《可爱的中国》一文便强烈谴责帝国主义的种种罪行，疾呼把帝国主义打出中国去，坚信中华民族必能从战斗中获救、有个光明前途。地主阶级（封建主义）、官僚资产阶级（官僚资本主义）代表中国最落后最反动的生产关系，阻碍中国生产力的发展。这三大敌人，后来被喻作"三座大山"。惟有中国共产党看清这一历史逻辑、得出正确结论，指出中国现阶段的社会性质为半殖民地半封建社会；中国革命要分两步走，先进行反帝反封建的新民主主义革命，然后再向社会主义社会过渡，即先革命、再搞建设。

中国革命怎样才能取得胜利？这没有现成答案，靠党自己来摸索。马克思主义经典著作着重论述如何在欧洲资本主义国家进行无产阶级革命，巴黎公社革命、俄国十月革命都是依靠工人阶级在中心城市发起的。而中国是一个农业大国，人口的主体是农民，产业工人在五四运动前夕仅有200万人左右，照搬欧洲经验肯定行不通。党起初在理论上不成熟，作为共产国际的一个支部缺乏独立自主性，以致把马克思主义教条化、把共产国际决议和苏联经验神圣化，犯了"城市中心论"等"左倾"错误，使中国革命遭受严重挫折。毛泽东经过艰辛探索与深入思考，集中全党智慧，创造性地将马克思列宁主义基本原理同中国实际相结合，创立毛泽东思想，实现了马克思主义中国化进程中的第一次历史性飞跃。理论创新带动实践创新，毛泽东的新民主主义理论弄清了中国革命的性质、对象、任务、动力，开辟了以农村包围城市、最后夺取全国胜利这条符合中国国情的革命新路。毛泽东力挽狂澜，给中国革命指明了正确方向，赢得全党和人民群众的爱戴。"东方红，太阳升，中国出了个毛泽东……"这是百姓从心底唱出的领袖颂歌。红太阳就是这样升起来的。

面对势力强大的中外敌人，党百折不挠一往无前，在磨难挫折中成长壮大，成立时仅有50余名党员，1949年9月已有448万余名党员。经过28年艰苦卓绝的斗争，党带领人民历经北伐战争、土地革命战争、抗日战争和全国解放战争，终于推翻"三座大山"，取得新民主主义革命的伟大胜利。毛泽东感叹说："这是值得庆祝的，因为这是人民的胜利，因为这是在中国这样一个大国的胜利。"①

中国革命的胜利、新中国的诞生,彻底结束了旧中国饱受屈辱的历史和一盘散沙的局面,彻底终结了中华民族仰人鼻息的局面,彻底改变了中国人民任人宰割的悲惨命运,实现了国家高度统一、民族独立、人民解放,从而开创了中华民族历史新纪元,为实现中华民族伟大复兴创造了必要前提。

二　全面建立社会主义制度

新中国成立后,走怎样的道路搞建设?党按照既定策略,选择了社会主义。

近代以来,中国内忧外患交织,"内忧"主要表现为民生问题突出,社会矛盾尖锐。人口众多、一穷二白是中国的基本国情,倘若中国走资本主义道路,势必会加剧两极分化现象,酿成更为剧烈的社会对抗与动荡。孙中山先生羡慕西方国家之强盛,同时又对资本主义社会之弊端深感忧虑。1905年,他在《民报》发刊词中慨叹"欧美强矣,其民实困",认为中国不能走这条老路,须另辟新途,故而后来提出新三民主义。中国共产党受俄国十月革命影响,在创立之初就向往用社会主义来改造中国。按照中国革命分两步走的党的既定策略,新中国成立后,建立新民主主义社会,作为迈入社会主义社会的过渡阶段。通过接收帝国主义在华资产、没收官僚资本,新中国建立了社会主义性质的国营经济,在新民主主义经济所占的比重不断上升。因此,新民主主义社会的前途必然是社会主义,而不是资本主义。

向社会主义社会过渡绝非易事,面临复杂形势和严峻考验。旧中国留下的是个烂摊子,民生凋敝,社会混乱,百废待兴。新中国成立时,民主革命的任务仍未全部完成,拥有三亿多人口的新解放区尚未实行土地改革,旧的土地制度严重束缚着生产力发展。城市中为数不少的民族资产阶级和个体工商业者属于私有制。党必须顺应工作重心的转移,尽快学会管理城市、发展经济。军事斗争尚未结束,在乘胜进军、解放全国的同时,

---

① 毛泽东:《论人民民主专政》,《毛泽东选集》第4卷,人民出版社1991年版,第1480页。

为巩固新生的人民政权,还得剿匪、镇压反革命,边建设边打仗。从国际环境看,美国对新中国实行经济封锁,乃至出兵朝鲜、封锁台湾海峡,公然对我国进行武装挑衅。党中央为保家卫国,毅然决定抗美援朝。"沧海横流,方显英雄本色。"党带领人民迅速恢复国民经济,医治战争创伤,同时推进各项民主改革。到1952年底,全国工农业生产总体上超过历史最高水平,并创下不少奇迹。譬如,早在清末就酝酿修建的成渝铁路已搁置近半个世纪,新中国仅用两年时间,就于1952年7月建成通车。

1953年,以实施发展国民经济的第一个五年计划为契机,党中央正式提出过渡时期的总路线:在一个相当长的时期内,逐步实现国家的社会主义工业化,逐步实现国家对农业、手工业和资本主义工商业的社会主义改造。其特点是社会主义工业化与社会主义改造并举;社会主义改造即社会主义革命,"逐步实现"意味着采用循序渐进的和平方式,变革资产阶级所有制和小私有制。"相当长"指多久?党起初设想需要三个五年计划、15年时间,加上此前经济恢复时期的3年,合计18年。随着社会主义改造快速推进,这个过渡期大为缩短,实际仅用7年。在党的领导下,在全国人民共同努力下,通过在第一个五年计划期间大力推进社会主义工业化建设,特别是创造性地全面实行对生产资料私有制的社会主义改造并取得决定性胜利,社会主义经济成分在新中国迅速增长并占据绝对主导地位。1956年9月,与七大间隔11年,中共八大召开。大会郑重宣布:"我国的无产阶级同资产阶级之间的矛盾已经基本上解决,几千年来的阶级剥削制度的历史已经基本上结束,社会主义的社会制度在我国已经基本上建立起来了。"①

全面建立社会主义制度是中国历史上最广泛最深刻的社会变革。刘少奇在八大政治报告中对社会主义改造作了高度评价,将之与新中国成立一并称为我国在这11年内经历的"两次有世界意义的伟大历史事变"。②辛亥革命结束了在中国延续几千年的君主专制制度,但未能改变中国半殖民地半封建的社会性质。直至新中国成立,中华民族大翻身、中国人民大

---

① 《中国共产党第八次全国代表大会关于政治报告的决议》,中共中央文献研究室编:《建国以来重要文献选编》第9册,中央文献出版社2011年版,第292页。
② 刘少奇:《在中国共产党第八次全国代表大会上的政治报告》,中共中央文献研究室编:《建国以来重要文献选编》第9册,第33页。

解放，我国这才从半殖民地半封建社会转变为新社会，建立了人民代表大会制度等社会主义基本政治制度。通过社会主义改造，我国又建立了社会主义基本经济制度，人民在经济上翻身做了主人，延续几千年的阶级剥削制度被消灭，剥削阶级作为阶级已不复存在。经济基础决定上层建筑，这标志着占世界人口四分之一的东方大国正式从新民主主义社会转变为社会主义社会，进入社会主义初级阶段。这就从制度层面落实了中国今后走什么路的问题，确立了全国一盘棋、集中力量办大事等制度优势，为当代中国的一切发展进步奠定了基础，为我国今后避免出现大的阶级对抗性的纷扰动荡提供了制度保障。

近几十年来，我国在发展中出现贫富对比悬殊现象，但没有引发大的民生问题；西方不遗余力地对我国实施"西化"战略，但一再碰壁。这都与我们当年积攒的家底很厚实、共同富裕等社会主义理念深入人心有关。时至今日，无论我国发生怎样的沧桑巨变，坚持社会主义道路始终没有变，并被列为四项基本原则的第一条。公有制是我国基本经济制度的主体，按劳分配是我国分配制度的主体，共同富裕是中国特色社会主义的根本原则，这些都鲜明体现了我国作为社会主义国家的本质。由此可以看出这一制度设计的意义极为重大深远。

三 奋力探索建设社会主义的道路

中共八大郑重宣布：党和全国人民当前的主要任务是集中力量解决先进的社会主义制度同落后的社会生产力之间的矛盾，把我国尽快地从落后的农业国变为先进的社会主义工业国。新中国由此转入全面的大规模的社会主义建设。这反映了全党上下改变落后面貌的迫切心情。但在冷战背景下，资本主义、社会主义两大阵营对峙，新中国起始就遭到西方国家的经济封锁和军事威胁，以致在工业布局上不得不考虑备战。中苏关系破裂后，又骤然面临苏联施加的巨大压力，包括核讹诈。在如此险恶的环境下，新中国处处被人卡脖子，与外国接触的空间有限，能够借助的外力有限，必须独立自主、自力更生。更关键的是，在中国这样一个跨越资本主义发展阶段、社会生产力水平十分落后的东方大国建设社会主义是一个崭新课题，只能靠自己来摸索。

第五篇　唯物史观与百年党史

新中国起初一边倒地学苏联，后来意识到照抄照搬行不通。1956年4月，毛泽东发表《论十大关系》的讲话，强调要以苏联的经验为鉴戒。他肯定了"向外国学习"的口号，强调必须有分析有批判地学，不可盲目地学。1958年5月，中共八大二次会议根据毛泽东的倡议，提出"鼓足干劲，力争上游，多快好省地建设社会主义"的总路线，计划用15年赶超英国。这集中体现了党中央对探索适合中国国情的建设社会主义道路的思考和认识。然而，由于经验和认识不足，急躁冒进，忽视了客观经济规律，继提出社会主义建设总路线后，轻率发动"大跃进"运动、农村人民公社化运动，导致以高指标、瞎指挥、浮夸风和"共产风"为主要标志的"左"倾错误严重泛滥，结果欲速则不达，国民经济陷入困境。党中央着手纠偏，1962年初召开"七千人大会"，在民主气氛中初步总结了"大跃进"的经验教训。可惜这种势头未能延续下去。随着中苏关系交恶，毛泽东和党中央从国际上的反修斗争联想到国内的反修防修问题，担心干部变质、江山变色，对党内、国内的政治形势作出错误判断，以致指导思想上"左"的错误愈益发展，片面强调以阶级斗争为纲，政治运动接连不断，打乱了经济建设节奏。1966年"文化大革命"爆发，演变为一场持续十年的全国性内乱，给党、国家和人民带来严重灾难。

如前所述，在中国这样一个落后的东方大国建设社会主义是崭新实践，在探索中走弯路、遭挫折在所难免。我们不能做事后诸葛亮，采用唯心主义观点，说原本可以一马平川、一帆风顺。这里须澄清两个认识：一是绝不能把十年"文化大革命"的历史等同于新中国前30年的历史；二是绝不能把否定"文化大革命"等同于否定中国共产党。

八大闭幕后，党带领人民奋发图强，掀起全面建设社会主义的热潮，《社会主义好》等歌曲响彻神州大地。雷锋、焦裕禄等优秀党员的涌现，以大寨和红旗渠为代表的改造山河的壮举，大庆油田的开发，"铁人"王进喜"宁肯少活二十年，拼命也要拿下大油田"的奉献精神，在极端困难条件下自主研制、于1964年成功爆炸我国第一颗原子弹，一举打破外国核讹诈，以及周恩来总理在三届全国人大一次会议提出实现"四个现代化"，均集中体现了党和人民的精神风貌及凌云壮志。即便是在"文化大革命"期间，我国仍有亮点。譬如，我国粮食生产保持比较稳定的增长，建成一些新铁路和南京长江大桥，投产了一些技术先进的大型企业，成功进行氢弹试验和人造地球卫星发射回收，成功研制新型抗疟药青蒿素，成功育成并推广籼型杂交水稻，等等。对外工作也打开新局面：我国于1971年恢复在联合国的合法席位，次年促成美国总统尼克松访华、实现中日邦交正常化，从而为后来的对外开放作了很好铺垫。从长时段讲，新中国成立不到30年，在一穷二白基础上建立起独立的比较完整的工业体系和国民经济体系。围绕探索适合中国国情的社会主义建设道路，党取得了一些独创性理论成果。这些均为后来的新探索提供了物质基础和理论准备，创造了有利条件。中共十一届六中全会通过的《关于建国以来党的若干历史问题的决议》讲得很清楚：由于发生"文化大革命"这样全局性的、长时间的严重错误，"使得我们没有取得本来应该取得的更大成就"，"忽视错误、掩盖错误是不允许的，这本身就是错误，而且将招致更多更大的错误。但是，三十二年来我们取得的成就还是主要的，忽视或否认我们的成就，忽视或否认取得这些成就的成功经验，同样是严重的错误。"该《决议》强调，在"文化大革命"中，"党、人民政权、人民军队和整个社会的性质都没有改变"。①

党坚持真理、修正错误，勇于自我革命。正因为有十年浩劫这面镜子，党在随后探索新路时才走得如此坚定和清醒：深刻认识到封闭僵化的老路不能走，也走不通；深刻认识到"左"的危害，乃至特意把"要警惕右，但主要是防止'左'"这句话写进党章，时刻警醒。

四　改革开放，走出中国特色社会主义这条新路

中共十一届三中全会彻底否定"以阶级斗争为纲"的错误理论和实践，作出把党和国家的工作中心转移到经济建设上来、实行改革开放的重大决策，实现具有深远意义的伟大转折。我国由此进入改革开放新时期，踏上民族复兴新征程。

发展是硬道理，要缩小与世界的发展差距，就必须以经济建设为中心。要发展，就必须对内改革、对外开放，不能思想僵化、墨守陈规，不

---

① 《中国共产党中央委员会关于建国以来党的若干历史问题的决议》，中共中央文献研究室编：《三中全会以来重要文献选编》（下），人民出版社1982年版，第797—798、817页。文中32年指建国32年。

能关起门来搞建设。改革开放,必然涉及举什么旗、走什么路的问题。中共十二大响亮提出走自己的路、建设有中国特色的社会主义。中国特色社会主义成为改革开放以来党的全部理论和实践的主题。

走出这条新路极为不易,不时受到"左"或右的干扰。右的声音主要来自党外,鼓噪全盘西化,质疑、否定党的领导和社会主义道路。"左"的声音主要来自党内,思想僵化,排斥改革开放。右容易识别,"左"比较难缠。冲破"左"的思想束缚绝非一蹴而就,围绕废除人民公社、推行家庭联产承包责任制以及在沿海设立经济特区,都引发激烈的姓"社"姓"资"之争。有人甚至错误地认为,改革开放是"引进和发展资本主义",我国和平演变的危险主要来自经济领域。中共十三大正式将"一个中心、两个基本点"确立为党在社会主义初级阶段的基本路线。以改革开放为总方针,可以有效抵御"左"的干扰,避免走封闭僵化的老路;将四项基本原则作为立国之本,可以有效抵御右的干扰,避免走改旗易帜的邪路。这两个基本点相辅相成,支撑起经济建设这个中心。这条基本路线是党和国家的生命线,为我国沿着正确方向探索前进提供了根本遵循。

在跋涉前进中,遇到无数风险挑战。譬如,1989年国内政治风波,"法轮功"邪教组织聚众闹事,李登辉在台湾抛出"两国论",鼓吹"台独"的陈水扁在台湾地区选举中胜出,特大水旱灾害以及突如其来的"非典"疫情、汶川大地震,国际金融危机的冲击,等等。从外部环境看,苏东剧变后,世界社会主义运动陷入低谷,中国作为世界上唯一的社会主义大国难免树大招风。以美国为首的西方国家对我实施西化、分化战略,动辄粗暴干涉中国内政,借台湾、西藏、新疆以及所谓"人权"问题等对我施压;甚至为遏制中国而进行军事挑衅,美国悍然轰炸我国驻南联盟大使馆、中美撞机事件,以及蓄意在钓鱼岛、南海问题上挑事,都证实了这一点。

党紧紧依靠人民,咬定青山不放松。邓小平作为改革开放总设计师,提出了我国现代化建设"三步走"发展战略,着眼于振兴中华民族,一再强调"这就是我们的雄心壮志""我们就是要有这个雄心壮志"。[①] 中共十

---

① 邓小平:《一切从社会主义初级阶段的实际出发》《在武昌、深圳、珠海、上海等地的谈话要点》,《邓小平文选》第3卷,人民出版社1993年版,第251、377页。

五大报告在作世纪之交的回顾和展望时,首先谈到全党的一种共识,即"我们党对中华民族的命运担负着崇高的历史责任。"十六大报告共九次提到"中华民族伟大复兴"概念。十七大报告号召全党始终保持"对实现中华民族伟大复兴的坚定信念"。十八大报告回首近代以来的历史,得出一个结论:"全面建成小康社会,加快推进社会主义现代化,实现中华民族伟大复兴,必须坚定不移走中国特色社会主义道路。"不忘初心,方得始终。十一届三中全会以来,党带领人民接力探索,不断把事业推向前进:以邓小平同志为核心的党的第二代中央领导集体成功开创了中国特色社会主义;以江泽民同志为核心的党的第三代中央领导集体成功把中国特色社会主义推向21世纪;以胡锦涛同志为总书记的党中央在新的形势下成功坚持和发展了中国特色社会主义。

与时俱进是马克思主义的理论品质。思想西化,党和国家就会走上邪路;思想僵化,党和国家就会失去活力。改革开放以来,中国共产党把马克思主义基本原理同中国具体实际和时代特征相结合,不断推进理论创新,相继创立邓小平理论、"三个代表"重要思想、科学发展观,既不丢老祖宗,又讲出新话,系统回答了关乎全局的一系列重大问题,诸如建设什么样的社会主义、怎样建设社会主义,建设什么样的党、怎样建设党,实现什么样的发展、怎样发展。这些理论创新成果构成中国特色社会主义理论体系,党由此实现马克思主义中国化的又一次历史性飞跃,实现了指导思想的与时俱进。理论创新推动实践创新,使当代中国充满生机活力。

从实践层面看,改革最先从经济领域入手、在农村展开,随后转入城市,逐步扩大为涵盖政治、文化等领域的全面改革。中共十五大分别论及经济、政治、文化三大建设。十六届四中全会提出构建社会主义和谐社会的新任务,中国特色社会主义事业总体布局从三位一体扩大为包括社会建设在内的四位一体。十八大论及"大力推进生态文明建设",提出建设美丽中国,从此确立中国特色社会主义经济、政治、文化、社会、生态文明建设五位一体总体布局,致力于更好地推动人的全面发展、促进社会全面进步。对外开放也不断打开新局面,从起初的沿海扩大到沿江沿边,从"引进来"到"走出去",致力于统筹国内国际两个大局。

"日出江花红胜火,春来江水绿如蓝。"短短几十年间,我国取得举世瞩目的发展成就,从而大踏步赶上时代。按照邓小平当年制定的发展战略,我国分三步走,到21世纪中叶基本实现社会主义现代化。截至20世纪末,我国如期实现前两步发展战略目标,人民生活总体上由温饱进入小康。我们告别物资短缺,布、肉、油、糖、粮食等生活必需品凭票供应成为历史——粮票作为最后一种票据于1993年退出市场,成了收藏品。考虑到第三步时间跨度长达50年,中共十六大增设2020年这一时间节点,目标是全面建设小康社会,即建设更高水平的小康社会。十八大正式提出"两个一百年"奋斗目标,2020年目标从"全面建设小康社会"改为"全面建成小康社会"。一字之改,折射出满满的自信,说明我们进入向预设目标冲刺的阶段。"我们唱着东方红,当家作主站起来。我们讲着春天的故事,改革开放富起来。"这是在民族复兴大道上高歌猛进的中国人民从心底唱出的时代欢歌。赶超亚洲"四小龙"曾是人们追求的目标,现在早已是陈旧话题:仅广东一省,其经济总量1998年超过新加坡,接着先后超过香港、台湾,逼近韩国。我国经济总量在改革开放之初位列世界第十一位,2010年超过日本,至今稳居世界第二位。

中国实现跨越式发展,没有像西方国家那样靠发动侵略战争、进行血腥的殖民掠夺,也不像某些国家那样靠出卖资源,而是靠党的坚强领导、紧紧依靠人民,靠改革开放,靠发挥我们制度特有的优越性,靠万众一心、众志成城、埋头苦干。因此,中国走出发展新路、创造世所罕见的发展奇迹,其意义不单体现在国内,还具有世界意义。

五 承前启后,开辟中国特色社会主义新时代

中共十八大召开是一个极为重要的时间节点。标注各文发表时间在百年党史中不足十分之一。把它单列出来论述,是因为这段历史具有特殊的承前启后、继往开来的意义,值得浓墨重彩书写。突出体现在两个方面。

一是从十八大起,新中国成立后出生的党员首次构成新一届中央领导集体的核心和骨干,这在党的新老交替历史上具有重要的标志性、象征性意义。十八大以来,世情、国情继续发生深刻变化,我国面临的发展机遇和风险挑战均前所未有。从国际环境看,当今世界正经历百年未有之大变局,全球经济低迷、贸易摩擦加剧,民族、宗教问题持续发酵。美国推行单边主义、贸易保护主义、霸权主义,搅得世界很不安宁。随着中国国力

持续增强，美国重拾冷战思维，对华敌意陡增；特别是本国新冠肺炎疫情失控后，无底线地甩锅，歇斯底里地对中国进行全方位遏制打压。从国内环境看，改革发展稳定的任务异常繁重艰巨：改革进入攻坚期和深水区，须冲破思想观念的障碍、突破利益固化的藩篱；发展不平衡、不协调、不可持续问题依然突出，经济发展进入新常态，又遭受了新冠肺炎疫情的严重冲击，各种挑战纷至沓来；我国仍处于社会矛盾多发期，维护社会稳定的压力持续增大，包括微信、微博等新媒体飞速发展，噪音杂音增多，互联网成为意识形态领域的主战场。总之，国内外不确定不稳定因素明显增多。事实充分证明，以习近平同志为核心的党中央经受住各种严峻考验，交上了一份人民满意、世界瞩目、彪炳史册的答卷，是一个成熟、坚强有力的中央领导集体。

二是以党的十八大为起点，中国特色社会主义进入新时代。"新时代"是个大的时间概念，包括2050年实现第二个百年奋斗目标，是致力于实现中华民族伟大复兴的时代，是承前启后、继往开来的时代。以习近平同志为核心的党中央攻坚克难、砥砺前行，推动党和国家事业取得历史性成就、发生历史性变革，解决了许多长期想解决而没有解决的难题，办成许多过去想办而没有办成的大事，为开辟新时代做了大量开创性、基础性工作，对未来作了全面擘画，具有重大而深远的意义。

（一）管党治党从"宽松软"转为"严紧硬"。办好中国的事情，关键在党。党高度重视以自身革命带动社会革命。十四届四中全会把新时期党的建设提到"新的伟大工程"高度，明确提出党的建设两大历史性课题，即提高党的领导水平和执政水平，提高党的拒腐防变和抵御风险能力。不过，在十八大之前，管党治党客观上存在"宽松软"一面，手软、下不了决心，以致问题积压，不正之风和腐败现象滋蔓。针对党情发生的新变化，针对新形势下党面临的"四大考验"、须规避的"四种危险"，习近平见微知著，在党的历史上第一次提出"全面从严治党"，以党风廉洁建设和反腐败斗争作为重要内容，强调"全面从严治党永远在路上"。党中央以改进工作作风作为贯彻十八大精神的开局起步，"严"字当头，严厉整治"四风"；以零容忍态度惩治腐败，坚持"老虎""苍蝇"一起打，着力构建不敢腐不能腐不想腐的体制机制，反腐败斗争取得压倒性胜利；把党的政治建设摆在首位，把纪律和规矩挺在前面，推动全党尊崇党章,增强"四个意识",落实"两个责任"。管党治党从"宽松软"转为"严紧硬",成效显著,消除了党和国家内部存在的严重隐患,党内政治生态明显好转,党内政治生活气象更新,党的团结统一更加巩固,进而为事业发展提供了坚强政治保证。

(二)确立"四个全面"战略布局。习近平将实现中华民族伟大复兴喻为"中国梦"。党中央带领全党全体人民积极进行具有许多新的历史特点的伟大斗争。全面深化改革、全面依法治国、全面建成小康社会、全面从严治党,分别是党的十八届三中全会到六中全会的议题。这四个专题,以前都研究部署过,如今加"全面"二字,说明这是站在治国理政战略高度提出来的升级版,体现了党中央对"四个全面"战略布局的整体设计,①有新的重大突破。譬如,三中全会在党的历史上第一次提出"国家治理体系和治理能力现代化";四中全会就全面依法治国提出180余项改革举措,是国家治理领域一场广泛而深刻的革命;五中全会提出创新、协调、绿色、开放、共享五大新发展理念。统筹推进"五位一体"总体布局,协调推进"四个全面"战略布局,坚持稳中求进工作总基调,打开了具有鲜明新时代特色的工作新局面。

(三)明确今后30年发展的具体时间表、路线图。中共十九大以2035年为时间节点,将2020年实现第一个百年奋斗目标后的30年分为两个15年。原先设计到21世纪中叶"基本实现现代化",现在明确到2035年"基本实现社会主义现代化",把时间提前15年。第二个百年奋斗目标的表述是到21世纪中叶,"把我国建成富强民主文明和谐美丽的社会主义现代化强国",五个关键词分别对应五位一体总体布局中的五大建设;实现"强国"目标,也就实现了中华民族伟大复兴。十九届四中全会制定了国民经济和社会发展"十四五"规划,提出了2035年远景目标。

(四)实现党的指导思想的又一次与时俱进。十九大把十八大以来党的理论创新成果概括为"习近平新时代中国特色社会主义思想",将之写进党章、写在党旗上。这一创新理论是中国特色社会主义理论体系的重要组成部分,系统回答了新时代坚持和发展什么样的中国特色社会主义、怎

---

① 2020年后,"四个全面"战略布局依然存在,"全面建成小康社会"改为"全面建设(成)社会主义现代化国家",即致力于实现第二个百年奋斗目标。

样坚持和发展中国特色社会主义这一重大课题,是迈向民族复兴新征程的行动指南,是具有深远影响的当代中国马克思主义、21世纪马克思主义。

(五)各项工作取得历史性成就。2020年,我国统筹疫情防控和经济社会发展取得重大成果,是全球唯一GDP正增长的主要经济体,全年国内生产总值迈上百万亿元新台阶。"十三五"规划圆满收官,全面建成小康社会的目标如期实现,脱贫攻坚战取得全面胜利,现行标准下9899万农村贫困人口全部脱贫,832个贫困县全部摘帽,12.8万个贫困村全部出列。这标志着党在团结带领人民创造美好生活、实现共同富裕的道路上迈出坚实的一大步,困扰中华民族几千年的绝对贫困问题从此画上句号,中华民族伟大复兴向前迈出新的一大步。从国际层面看,我国仅用几十年时间就走完西方国家二三百年才走完的发展历程,打破了西方发展模式是发展中国家惟一选择的神话,为缩小南北差异、解决发展不平衡这一世界性难题贡献了中国智慧和中国方案。近年来,我国对世界经济增长年均贡献率达30%以上,超过美国、日本和欧元区国家的总和。我国倡导构建人类命运共同体,倡议共建"一带一路",在世界产生深刻影响,为世界和平与发展作出新的重大贡献。

百年恰是风华正茂。一百年峥嵘岁月,见证了党带领人民筚路蓝缕不懈奋斗的光辉历程,续写了中华民族自强不息顽强奋进的壮丽史诗。站在"两个一百年"的历史交汇点,展望全面建设社会主义现代化国家新征程,我们豪情满怀。习近平2021年新年贺词说得好:"百年征程波澜壮阔,百年初心历久弥坚。从上海石库门到嘉兴南湖,一艘小小红船承载着人民的重托、民族的希望,越过急流险滩,穿过惊涛骇浪,成为领航中国行稳致远的巍巍巨轮。胸怀千秋伟业,恰是百年风华。我们秉持以人民为中心,永葆初心、牢记使命,乘风破浪、扬帆远航,一定能实现中华民族伟大复兴。"[1] 光荣属于伟大的中国共产党,属于伟大的中国人民。

(原载《史学理论研究》2021年第3期)

---

[1] 《国家主席习近平发表二〇二一年新年贺词》,《人民日报》2021年1月1日。

中国共产党对唯物史观的创造性运用和发展

罗文东
（中国社会科学院世界历史研究所）

唯物史观作为马克思的两个伟大发现之一和马克思主义哲学的重要组成部分，是关于人类社会发展一般规律的科学，是指导共产党人前进的强大思想武器。从某种意义上说，中国共产党的一百年是马克思主义唯物史观在中国有组织地传播和实践、坚持和发展的一百年。在当今世界，人们谈论马克思主义和社会主义的前途命运，就不能不重视和总结中国共产党对唯物史观的创造性运用和发展。这种运用和发展不仅远远超出以往一般人的预料，而且可能超出马克思主义创始人的预料。

一 确立唯物史观为党的哲学根据

中国是世界上唯一没有中断的"文明古国"，在诸多领域达到当时世界文明发展的高峰。然而，1840年鸦片战争以后，中国遭到了西方列强入侵和内部战争，陷入半殖民地半封建社会的深渊。近代以来，发生了太平天国起义、洋务运动、戊戌变法、辛亥革命等，但因缺乏科学理论的指引和先进阶级及其政党的领导最终都失败了。毛泽东在《唯心历史观的破产》一文中指出：在五四运动之前的七十多年中，"中国人没有什么思想武器可以抵御帝国主义。旧的顽固的封建主义的思想武器打了败仗了，抵不住，宣告破产了。不得已，中国人被迫从帝国主义的老家即西方资产阶级革命时代的武器库中学来了进化论、天赋人权论和资产阶级共和国等项思想武器和政治方案，组织过政党，举行过革命，以为可以外御列强，内建民国。但是这些东西也和封建主义的思想武器一样，软弱得很，又是抵不住，败下阵来，宣告破产了。"① 历史证明，要拯救国家危亡，实现民族复兴，必须找到能够指导中国人民完成反帝反封建历史任务的科学理论，必须找到能够领导中国社会变革的新兴阶级和先进政党。

十月革命一声炮响，给我们送来了马克思列宁主义，帮助了全世界的特别是中国的先进分子，用无产阶级的世界观和历史观思考国家命运，最终选择走俄国式的革命道路。作为在中国系统宣传马克思主义的第一人，李大钊从1918年7月到1919年初，连续发表了《法俄革命之比较观》《庶民的胜利》《布尔什维主义的胜利》《新纪元》等颂扬俄国革命的文章，指出：俄国十月革命是与法国18世纪革命"性质自异""不可同日而语"的；"俄罗斯之革命是二十世纪初期之革命，是立于社会主义上之革命。"② 当帝国主义及其走狗把协约国对德国的胜利当作"公理"的胜利大肆宣扬的时候，李大钊针锋相对地提出：欧战不是帝国主义的胜利，而是"社会主义的胜利，是布尔什维主义的胜利，是赤旗的胜利，是世界劳工阶级的胜利，是二十世纪新潮流的胜利。"③ 1919年5月，他为《新青年》主编了"马克思主义研究专号"，刊登了《马克思学说》《马克思学说批评》《俄国革命之哲学的基础》《马克思研究》等文章，集中宣传马克思主义和社会主义。同年9月，李大钊在《新青年》上发表《我的马克思主义观》长篇论文，对马克思主义作了全面介绍，系统论述了唯物史观关于生产力与生产关系、经济基础与上层建筑、阶级斗争与人民作用等基本原理。他指出："唯物史观也称历史的唯物主义"，或称"历史的唯物论"；"人类社会生产关系的总和，构成社会经济的构造。这是社会的基础构造。一切社会上政治的、法制的、伦理的、哲学的，简单说，凡是精神上的构造，都是随着经济的构造变化而变化。""基础构造的变动，乃以其内部促他自己进化的最高动因，就是生产力。"历史上的"政治变动，由马克思解释，其根本原因都在殊异经济阶级间的竞争"，而且"阶级竞争说恰如一条金线"，把马克思主义关于过去、现在、将来的三大理论，即

---

① 《毛泽东选集》第4卷，人民出版社1991年版，第1513—1514页。
② 李大钊：《法俄革命之比较观》，《言治》第3号，1918年7月。
③ 李大钊：《庶民的胜利》、《布尔什维主义的胜利》，《新青年》第5卷第5号，1918年10月。

历史论、资本主义经济论、社会主义运动论"这三大原理从根本上联络起来",从而决定马克思主义"是完全自成一个有机的有系统的组织,都有不能分离不容割裂的关系"。李大钊强调,唯物史观是"时代的产物","是最大的发见","自马氏与昂格思合布《共产者宣言》,大声疾呼,檄告举世的劳工阶级,促他们联合起来,推翻资本主义,大家才知道社会主义的实现,离开人民本身,是万万作不到的,这是马克思主义一个绝大的功绩。"① 1920 年 3 月,在李大钊指导下,邓中夏、罗章龙、刘仁静等 19 人发起成立北京大学"马克思学说研究会"。同年秋,李大钊在北京大学史学系专门讲授唯物史观研究,还开设史学要论、史学思想史等课程。同年 10 月,他又建立共产主义小组,作为传播马克思主义、团结共产主义者的革命组织。这一系列重要活动为中国共产党的建立作了思想上、组织上的准备。

为马克思主义在中国传播做出重大贡献的另一个代表人物是陈独秀。他作为新文化运动的旗手,于 1915 年创办了《青年》杂志,倡导民主和科学。五四前夕,他感觉到:"欧洲各国社会主义的学说,已经大大的流行了。俄、德和匈牙利并且成了共产党的世界。这种风气,恐怕马上就要来到东方。"② 五四以后,他认识到军国主义、资本主义的弊病,共和政治为少数资产阶级所把持,不可能实现多数人的幸福,我们不应当再走欧美日本的错路。1920 年 5 月,陈独秀在上海组织马克思主义研究会,8 月成立共产主义小组,并创办第一份工人周刊《劳动界》,向工人群众宣传马克思主义和社会主义。9 月,他撰文批判无政府主义,阐述无产阶级革命思想。他认为:"马格斯曾说过:劳动者和资产阶级战斗的时候,迫于情势,自己不能不组成一个阶级,而且不能不用革命的手段去占领权力阶级的地位,用那权力去破坏旧的生产方法";"用革命的手段建设劳动阶级(即生产阶级)的国家,创造那禁止对内对外一切掠夺的政治、法律,为现代社会第一需要。"他还断言:"若不经过阶级战争,若不经过劳动阶级占领权力阶级地位底时代,德谟克拉西必然永远是资产阶级底专有物,也就是资产阶级永远把持政权抵制劳动阶级底利器。"③ 11 月,他创办《共

---

① 《李大钊文集》(下),人民出版社 1984 年版,第 51、59、61、50、68、64 页。
② 陈独秀:《纲常名教》,《每周评论》第 16 号,1919 年 4 月。
③ 《陈独秀文章选编》(中),生活·读书·新知三联书店 1984 年版,第 8、10、9 页。

产党》月刊,在创刊宣言中号召人民"举行社会革命,建设劳工专政的国家","跟着俄国共产党一同试验新的生产方法。"因此,陈独秀成为当时很有影响的马克思主义宣传家和中国共产党的创始人之一。

五四运动前后,李达、毛泽东、蔡和森等也大力宣传唯物史观、社会主义等马克思主义理论,完成了思想转变。1918—1919年,李达在日本翻译了《唯物史观解说》《马克思经济学说》《社会问题总览》,并撰写《什么叫社会主义?》《社会主义的目的》等文章在国内报刊发表。1920年他回国参加筹建中国共产党,主编《共产党》月刊。他认为:"马克思社会主义是科学的,其重要原则有五:一、唯物史观;二、资本集中说;三、资本主义崩坏说;四、剩余价值说;五、阶级斗争说。""无产阶级的革命,在颠覆有产阶级的权势,建立劳动者的国家,实行无产阶级专政。"① 1921年5月,李达所译《唯物史观解说》由中华书局出版,书中附有《马克思唯物史观要旨》一文,辑录了马克思《政治经济学批判》序言和恩格斯1888年1月所写《共产党宣言》英译本序言中有关唯物史观的重要论述。蔡和森在法国留学期间,研读大量马克思主义著作,陆续把唯物史观等马克思主义理论介绍到国内。1920年8—9月,他在给毛泽东的信中说:"先要组织党——共产党。因为他是革命运动的发动者、宣传者、先锋队、作战部";"马克斯的唯物史观,显然为无产阶级的思想。以唯物史观为人生哲学、社会哲学的出发点,结果适与有产阶级的唯理派(Idéologic)相反。"② 1921年1月初,毛泽东在新民学会长沙会员新年大会上讨论"改造中国与世界"问题时说,改良主义的社会政策是"补苴罅漏的政策",不成办法;社会民主主义"借议会为改造工具",但总是保护有产阶级的;无政府主义否认权力,"恐怕永世都做不到";"激烈方法的共产主义,即所谓劳农主义,用阶级专政的方法,是可以预计效果的,故最宜采用。"③ 1月21日,毛泽东在给蔡和森的回信中明确指出:"唯物史观是吾党哲学的根据,这是事实,不像唯理观之不能证实而容易被人摇动……党一层,陈仲甫先生等已在进行组织。出版物一层,上海出的《共

---

① 《李达文集》第1卷,人民出版社1980年版,第31页。
② 《蔡和森文集》(上),湖南人民出版社1979年版,第24、27页。
③ 《毛泽东文集》第1卷,人民出版社1993年版,第2页。

产党》,你处谅可得到,颇不愧'旗帜鲜明'四字。"①表达了按照唯物史观创建共产党的意愿和主张。

五四运动以后,马克思主义在中国的传播是全面的、系统的,但唯物史观是首要的、基础的内容。中国的先进分子正是在接受了唯物史观之后,才确立科学社会主义和共产主义的信仰,并且把马克思主义同工农运动相结合,建立统一的共产党组织,从而使中国革命的面貌焕然一新。1921年7月,中国共产党第一次全国代表大会在上海、嘉兴召开,标志着中国共产党的成立和唯物史观在中国传播的胜利。大会确定党的名称为"中国共产党",党的纲领是:"以无产阶级革命军队推翻资产阶级,由劳动阶级重建国家,直至消灭阶级差别。""采用无产阶级专政,以达到阶级斗争的目的——消灭阶级。""废除资本私有制,没收一切生产资料,如机器、土地、厂房、半成品等,归社会所有。"②这表明中国共产党从诞生之日起,就把社会主义和共产主义确定为奋斗目标,就拥有唯物史观这个马克思主义的锐利武器,能够为中国革命和中国社会指明前进的方向,开辟正确的道路。

二 以唯物史观为指导创造历史伟业

中国共产党成立后,就组织开展工农运动,并把"努力研究中国的客观的实际情形,而求得一最合宜的实际的解决中国问题的方案",当作"第一任务"。③ 1922年7月,党的二大坚持和运用唯物史观,分析中国经济政治状况,揭示中国社会的半殖民地半封建性质,确定党的最高纲领是"建立劳农专政的政治,铲除私有财产制度,渐次达到一个共产主义的社会"。党的最低纲领,即当时的奋斗目标是:消除内乱,打倒军阀,建设国内和平;推翻国际帝国主义的压迫,达到中华民族完全独立;统一中国

---

① 《毛泽东文集》第1卷,第4页。
② 《中国共产党的第一个纲领(英文译稿)》,中国社会科学院现代史研究室、中国革命博物馆党史研究室选编:《"一大"前后——中国共产党第一次代表大会前后资料选编》(一),人民出版社1980年版,第9页。
③ 中共中央党史研究室:《中国共产党的九十年》第1卷,中共党史出版社、党建读物出版社2016年版,第42页。

为真正的民主共和国。这就在世人面前破天荒第一次提出了明确的反帝反封建的民主革命纲领。1937年七七事变后,中国共产党根据中华民族同日本帝国主义的矛盾上升为主要矛盾的新形势,积极推动抗日民族统一战线和全面抗战。1939年底,毛泽东撰写了《中国革命和中国共产党》,运用唯物史观对中国社会的性质和矛盾,中国革命的对象、任务、动力、性质和前途等重大问题进行了科学分析。1940年1月,他又发表《新民主主义论》,明确提出了新民主主义革命的理论、纲领和政策,系统解答了"中国向何处去,中国革命怎么搞"的时代课题。他强调:中国革命"决不是也不能建立中国资产阶级专政的资本主义的社会,而是要建立以中国无产阶级为首领的中国各个革命阶级联合专政的新民主主义的社会,以完结其第一阶段。然后,再使之发展到第二阶段,以建立中国社会主义的社会。"[1] 经过28年的浴血奋斗,以毛泽东同志为主要代表的中国共产党人探索出一条农村包围城市、武装争取政权的革命道路,创立了毛泽东思想,领导全国人民推翻了帝国主义、封建主义和官僚资本主义"三座大山",建立了新中国,开辟了中国历史的新纪元。新中国成立前夕通过的具有临时宪法性质的《中国人民政治协商会议共同纲领》规定:"提倡用科学的历史观点,研究和解释历史、经济、政治、文化和国际事务。"这就确立了马克思主义唯物史观在国家生活中的指导地位,标志着近代以来中国史学发展的根本转折和几千年来中国传统史学的伟大革命。

新中国成立后,党中央把唯物史观的基本原理与国民经济恢复和社会主义改造的具体实践相结合,根据社会主要矛盾的变化,正确实行"不要四面出击"的战略策略,及时制定并执行了党在过渡时期的"一化三改"总路线。"一化"是指社会主义工业化,好像鸟之主体;"三改"是指对个体农业、手工业、资本主义工商业的社会主义改造,好像鸟的两翼。二者相辅相成,体现了解放生产力与发展生产力、变革生产关系与发展生产力有机统一的历史唯物论与辩证法。这些伟大创举不仅巩固了新生的人民政权,打赢了抗美援朝战争,而且开辟了一条适合中国国情的社会主义改造道路,确立了社会主义基本制度,实现了中国历史上最广泛最深刻的社会变革。1956年,毛泽东在中央政治局扩大会议上作《论十大关系》的

---

[1] 《毛泽东选集》第2卷,人民出版社1991年版,第672页。

报告，提出把国内外一切积极因素调动起来，为社会主义事业服务的基本方针，主张经济计划应适当调整，更多地发展农业、轻工业，更多地发展沿海工业，降低军政费用比例。党的八大决议指出：党领导人民取得了社会主义改造的决定性胜利，国内主要矛盾已经不再是工人阶级和资产阶级的矛盾，而是人民对建立先进工业国的要求同落后的农业国的现实之间的矛盾，已经是人民对经济文化迅速发展的需要同当前经济文化不能满足人民需要的状况之间的矛盾。党和全国人民当前的主要任务，就是集中力量发展社会生产力，实现国家工业化，逐步满足人民日益增长的物质和文化需要。1957 年，毛泽东又提出要区分社会主义社会不同性质的矛盾，把正确处理人民内部矛盾作为国家政治生活的主题，阐述了"百花齐放，百家争鸣""长期共存，相互监督"的方针。第三届全国人民代表大会宣布建设具有现代农业、现代工业、现代国防和现代科学技术的社会主义强国的宏伟目标，给全国人民极大的鼓舞。虽然出现了"大跃进"、反右扩大化和"文化大革命"等失误，但我国社会主义建设取得了巨大成就。我们不仅建立起独立的比较完整的工业体系和国民经济体系，两弹一星、杂交水稻等重大科技获得成功，恢复在联合国的合法席位，国际地位大大提升，而且积累了在经济文化落后的东方大国进行社会主义建设的经验教训，为新时期开创中国特色社会主义提供了物质基础、理论准备和宝贵经验。

十一届三中全会以后，以邓小平同志为主要代表的中国共产党人总结社会主义建设正反两方面经验，科学分析我国社会主要矛盾，创立了邓小平理论，作出把党和国家工作中心转移到经济建设上来、实行改革开放的历史性决策，实现了新中国成立以来具有深远历史意义的伟大转折。邓小平在党的十二大开幕词中指出："把马克思主义的普遍真理同我国的具体实际结合起来，走自己的道路，建设有中国特色的社会主义，这就是我们总结长期历史经验得出的基本结论。"① 他还制定了"三步走"发展战略，即：第一步实现国民生产总值比 1980 年翻一番，解决人民的温饱问题；第二步到 20 世纪末，使国民生产总值再增长一倍，人民生活达到小康水平；第三步到 21 世纪中叶，人均国民生产总值达到中等发达国家水平，人民生活比较富裕，基本实现现代化，然后在这个基础上继续前

---

① 《邓小平文选》第 3 卷，人民出版社 1993 年版，第 3 页。

进。党的十三大阐述了社会主义初级阶段理论，制定了以经济建设为中心，坚持四项基本原则，坚持改革开放的基本路线。党的十三届四中全会以后，以江泽民同志为主要代表的中国共产党人积累治党治国治军新的宝贵经验，捍卫和发展中国特色社会主义，形成了"三个代表"重要思想。在世界社会主义出现严重曲折的考验面前，确立社会主义市场经济体制的改革目标和基本框架，制定党在社会主义初级阶段的基本纲领，推进党的建设新的伟大工程，成功把中国特色社会主义推向 21 世纪。党的十六大以后，以胡锦涛同志为主要代表的中国共产党人抓住重要战略机遇期，把握社会矛盾凸显的新形势和新的发展要求，形成了科学发展观，在全面建设小康社会进程中推进实践创新、理论创新、制度创新，强调坚持以人为本、全面协调可持续发展，推进党的执政能力建设和先进性建设，形成中国特色社会主义事业总体布局。从 1978 年底到 2010 年，我国经济总量由世界第十一位提升到第二位，人民生活显著改善，综合国力迅速增强。中国还成功举办北京奥运会、残奥会和上海世博会，抗击汶川特大地震等自然灾害，抵御 2008 年爆发的国际金融危机，处置一系列重大突发事件，进一步彰显了中国特色社会主义的优越性和生命力。我们党在实践中不断回答"什么是社会主义、怎样建设社会主义""建设什么样的党、怎样建设党""实现什么样的发展、怎样发展"这些重大历史性课题，都是创造性运用和发展历史唯物主义的结果。

党的十八大以来，以习近平同志为主要代表的中国共产党人全面审视世界百年未有之大变局和中华民族伟大复兴战略全局，深刻回答了新时代坚持和发展什么样的中国特色社会主义、怎样坚持和发展中国特色社会主义这个重大时代课题，形成了习近平新时代中国特色社会主义思想，推动党和国家事业发生历史性变革、取得历史性成就。九年来，以习近平同志为核心的党中央领导全国人民统筹推进"五位一体"总体布局，协调推进"四个全面"战略布局，贯彻新发展理念，构建新发展格局，坚持以党的自我革命推进伟大社会革命，推动中国特色社会主义进入新时代。党的十九大提出中国社会主要矛盾已经转化为人民日益增长的美好生活需要和不平衡不充分的发展之间的矛盾，作出建党 100 周年时全面建成小康社会、到 2035 年基本实现社会主义现代化、到建国 100 周年时建成富强民主文明和谐美丽的社会主义现代化强国的战略安排。十九届四中全会通过了坚持和完善中国特色社会主义制度、推进国家治理体系和治理能力现代化的决定；十九届五中全会又确定了国民经济和社会发展第十四个五年规划和2035年远景目标。正是在党的坚强领导下，全国人民万众一心打好防范化解重大风险、精准脱贫、污染防治的攻坚战，中国经济恢复和发展走在世界前列，社会民生得到显著改善。到2020年国内生产总值首次超过100万亿元人民币，人均国内生产总值超过1万美元，稳居中等偏上收入国家的行列；现行标准下9899万农村贫困人口全面脱贫，全面建成小康社会目标如期实现。这就实现了中国共产党对人民、对历史作出的第一个百年目标的庄严承诺，朝着社会主义现代化强国和中华民族伟大复兴的第二个百年目标又迈出了关键一步。

三 坚持和发展唯物史观的基本经验

列宁深刻指出："没有革命的理论，就不会有革命的运动"；"只有以先进理论为指南的党，才能实现先进战士的作用。"[①] 一百年来，中国共产党正是在唯物史观这一马克思主义先进理论指引下，紧紧依靠和团结带领全国人民进行了新民主主义革命、社会主义革命和建设、改革开放等伟大事业，开创和发展了中国特色社会主义，从根本上改变了中国人民和中华民族的前途命运，谱写了人类发展史上惊天动地、艰苦卓绝的壮丽史诗。中国共产党如何坚持和发展唯物史观创造伟大奇迹呢？笔者试图从以下三方面作简要论述。

掌握历史规律，筑牢信仰之基。唯物史观揭示了人类社会发展的基本规律及其走向社会主义和共产主义的历史趋势，为共产党人树立理想信念奠定了坚实的理论基础。习近平强调："理论上清醒，政治上才能坚定。坚定的理想信念，必须建立在对马克思主义的深刻理解之上，建立在对历史规律的深刻把握之上。"[②] 我们要全面掌握马克思主义的唯物史观，充分认识实现共产主义是由一个个阶段性目标逐步达到的历史过程，把共产主义远大理想同中国特色社会主义共同理想统一起来、同各个时期的社会实

---

① 《列宁选集》第1卷，人民出版社1995年版，第311、312页。
② 习近平：《在庆祝中国共产党成立95周年大会上的讲话》，中共中央党史和文献研究院编：《十八大以来重要文献选编》（下），中央文献出版社2018年版，第348页。

践结合起来，坚定社会主义道路自信、理论自信、制度自信、文化自信，为共产主义事业奋斗终身。我们要牢固树立大历史观，"从历史长河、时代大潮、全球风云中分析演变机理、探究历史规律，提出因应的战略策略，增强工作的系统性、预见性、创造性"，①保持在理想追求上的政治定力，自觉做共产主义远大理想和中国特色社会主义共同理想的坚定信仰者、忠实实践者。

掌握社会矛盾，把稳思想之舵。唯物史观既是科学理论，又是思想方法，它昭示人们，生产力和生产关系、经济基础和上层建筑相互作用、相互制约，支配着人类社会的发展进程。其中，生产力是全部社会生活的物质前提，同生产力发展一定阶段相适应的生产关系的总和构成社会经济基础。生产力决定生产关系，经济基础决定上层建筑，同时生产关系对生产力、上层建筑对经济基础又具有反作用。我们既要把生产力和生产关系、经济基础和上层建筑的矛盾运动作为一个整体来观察，以全面把握人类社会的基本面貌和发展方向，又要认清生产力是推动社会进步的最活跃、最革命的要素和根本标准，以深刻分析社会发展的最终动因和可靠依据。一百年来，中国共产党坚持和运用社会矛盾分析这一唯物史观的要义，正确认识中国社会的性质特点及其矛盾运动，以确定革命、建设、改革各个时期的主要任务和路线方针、战略策略，推动党和人民事业取得一个又一个伟大胜利。特别是新中国成立以来，党带领人民通过调整生产关系激发生产力发展活力，通过完善上层建筑适应经济基础的发展变化，走完了西方几百年的发展历程，创造了世所罕见的经济持续健康发展和社会长期稳定"两大奇迹"。改革开放以来，党中央实行一系列"两手抓"，包括一手抓物质文明建设、一手抓精神文明建设，一手抓经济建设、一手抓法治建设，一手抓发展、一手抓稳定，一手抓改革创新、一手抓惩治腐败等，都是对唯物史观的创造性运用和发展。

掌握群众观点，疏浚力量之源。"求木之长者，必固其根本；欲流之远者，必浚其泉源。"②一个政党，一个政权，要保持生机活力，实现长治久安，就必须始终得到民众的信赖和支持。毛泽东在党的七大上的政治报

---

① 习近平：《习近平重要讲话单行本（2021年合订本）》，人民出版社2022年版，第22页。
② 吴楚材、吴调侯编：《古文观止》（下），江苏人民出版社2019年版，第585页。

告中说：“人民，只有人民，才是创造世界历史的动力。”① 并将这一论断视为唯物史观的精髓。人民是历史的创造者，群众是我们的力量源泉；人心向背关系党的生死存亡，群众路线是根本工作路线。坚持人民主体地位，坚持以人民为中心，坚持一切为了人民、一切依靠人民，把人民对美好生活的向往作为奋斗目标，是共产党人必须坚持的根本政治立场。习近平强调：党和国家的"全部发展历程都告诉我们，中国共产党、中华人民共和国之所以能够取得事业的成功，靠的是始终保持同人民群众的血肉联系、代表最广大人民根本利益。如果脱离群众、失去人民拥护和支持，最终也会走向失败。我们必须把人民利益放在第一位，任何时候任何情况下，与人民群众同呼吸共命运的立场不能变，全心全意为人民服务的宗旨不能忘，坚信群众是真正英雄的历史唯物主义观点不能丢。"② 为人民而生，因人民而兴，与人民风雨同舟、生死与共，始终同人民站在一起，是党战胜一切困难和风险，带领人民创造伟业的根本保证。

1859年，恩格斯满怀信心地说：“只要进一步发挥我们的唯物主义论点，并且把它应用于现时代，一个强大的、一切时代中最强大的革命远景就会立即展现在我们面前。”③ 160多年后，这一预言在当今中国已变成生动的现实。立足中国特色社会主义新时代，展望全面建设社会主义现代化国家新征程，我们比历史上任何时期都更接近实现中华民族伟大复兴、建设更加美好世界的宏伟目标。正如习近平所说：“历史和现实都表明，只有坚持历史唯物主义，我们才能不断把对中国特色社会主义规律的认识提高到新的水平，不断开辟当代中国马克思主义发展新境界。”④

（原载《史学理论研究》2021年第3期）

---

① 《毛泽东选集》第3卷，人民出版社1991年版，第1031页。
② 习近平：《在庆祝中国人民政治协商会议成立65周年大会上的讲话》，中共中央文献研究室编：《十八大以来重要文献选编》（中），中央文献出版社2016年版，第75页。
③ 《马克思恩格斯文集》第2卷，人民出版社2009年版，第597—598页。
④ 习近平：《坚持历史唯物主义不断开辟当代中国马克思主义发展新境界》，《求是》2020年第2期。

百年大党理论创新的历史进程与辉煌成就

金民卿

（中国社会科学院近代史研究所）

中国共产党的百年历史，既是一部成就辉煌的实践奋斗史，也是一部成果丰硕的理论创新史。在建党过程中，早期中国共产党人在艰辛的理论探索中确立了马克思主义的指导地位。在长期的革命建设改革发展实践中，中国共产党人着力把马克思主义基本原理同中国具体实际进行创造性结合，不断推进马克思主义中国化的历史进程，创立并不断丰富中国化马克思主义的理论成果，并把这些理论成果转化为人民群众改造世界的实践。我们新时代条件下学习党的历史，一个至关重要的任务就是要追随党的理论创新进程，学习党的理论创新成果，汲取党的理论创新智慧，更好地为实现中华民族伟大复兴的中国梦而不懈奋斗。

一 创立毛泽东思想的科学体系

中国共产党成立后就高举马克思主义伟大旗帜，确立为中华民族谋复兴、为中国人民谋幸福的初心使命，领导中国人民为国家独立、民族振兴、人民解放而斗争，致力于完成"站起来"的历史任务。但是，要完成这个重大历史任务首先就必须弄清楚：中国人要坚持什么样的马克思主义和怎样坚持马克思主义，中国的具体实际究竟怎么样以及怎样改造中国的具体实际。

第一，在挫折和磨难中形成马克思主义中国化的理论自觉，成功解决坚持什么样的马克思主义和怎样坚持马克思主义这一重大问题。

建党初期和大革命时期,因为对马克思主义缺乏全面正确的理解和运用,中国共产党在理论和实践上出现了重大失误,在国民党反动派背叛革命之时陷于完全被动,大革命运动最终失败。在严重危机面前,八七会议提出要"整顿改编自己的队伍,纠正过去严重的错误,而找着新的道路"。① 由此,中国共产党人开始踏上艰难的"寻路"之旅。但是,因为当时的中央领导把马克思主义严重教条化,把共产国际指示和俄国革命经验高度神圣化,党内先后出现了以瞿秋白、李立三、王明为代表的三次"左"倾错误,特别是王明"左"倾教条主义给党和革命事业带来重大损害,第五次反"围剿"战争失败后,党和红军遭遇严重困难,被迫进行战略转移。

其实,党内并不是没有清醒者,毛泽东就是杰出代表。1930 年 5 月,毛泽东在《反对本本主义》一文中就提出:"我们的斗争需要马克思主义……马克思主义的'本本'是要学习的,但是必须同我国的实际情况相结合。我们需要'本本',但是一定要纠正脱离实际情况的本本主义。"② 这一论断阐明了马克思主义基本原理与中国具体实际相结合这一根本原则,揭示了马克思主义中国化的核心内涵。然而,这一正确观点不仅没有得到中央认可,反而被冠以"狭隘经验论"等污名而被打击。遵义会议上,历经磨难的中国共产党人正确地选择了毛泽东,毛泽东的思想开始逐步在全党得到认同。

1938 年 10 月,在党的六届六中全会上,毛泽东全面阐述了"马克思主义中国化"的内涵和要求:"马克思主义的中国化,使之在其每一表现中带着中国的特性,即是说,按照中国的特点去应用它,成为全党亟待了解并亟须解决的问题。洋八股必须废止,空洞抽象的调头必须少唱,教条主义必须休息,而代替之以新鲜活泼的,为中国老百姓所喜闻乐见的中国作风与中国气派。把国际主义的内容与民族形式分离起来,是一点也不懂国际主义的人们的干法,我们则要把二者紧密地结合起来。"③

这就是说,一定要坚持实事求是的、具体鲜活的、中国化的马克思主

---

① 《中共中央文件选集》第 3 册,中共中央党校出版社 1989 年版,第 290 页。
② 《毛泽东选集》第 1 卷,人民出版社 1991 年版,第 111—112 页。
③ 《中共中央文件选集》第 11 册,中共中央党校出版社 1991 年版,第 658—659 页。

义，反对照搬照抄、抽象空洞的、教条主义的马克思主义，实现马克思主义同中国实际的创造性结合。这就是中国共产党历经磨难后所形成的理论自觉。有了这种自觉，党的理论创新就快速而稳健发展，创立并不断丰富中国化的马克思主义理论。

第二，在开辟新民主主义革命道路的过程中，科学回答重大实践和理论问题，创立并不断丰富毛泽东思想。

要取得中国革命的胜利，必须正确分析中国具体实际即基本国情，"认清中国的国情，乃是认清一切革命问题的基本的依据。"[①] 为此，以毛泽东为代表的中国共产党人，深刻揭示中国社会主要矛盾和基本性质，准确把握中国社会的发展阶段，系统阐述中国革命的性质、特点和基本任务，成功开辟了新民主主义革命道路，在科学回答重大理论的过程中，创立并不断丰富毛泽东思想这一中国化马克思主义的第一个重大理论成果。

大革命时期，他先后创作了《中国社会各阶级的分析》《湖南农民运动考察报告》等文章，初步阐述了中国社会各阶级的状况及不同阶级阶层在革命中的地位、态度和作用，强调无产阶级在革命斗争中的领导权和农民在中国革命中的重要性，触及了新民主主义革命的关键问题，毛泽东思想开始萌芽。

秋收起义受挫后，毛泽东果断转兵井冈山，创建井冈山革命根据地。之后，他又领导开辟中央革命根据地，开展土地革命斗争，开辟了农村包围城市、武装夺取政权的革命道路。他把丰富的实践经验进行理论提升，先后创作了《中国的红色政权为什么能够存在？》《井冈山的斗争》《星星之火，可以燎原》《反对本本主义》等文章，阐述了红色政权存在和发展的原因、条件和作用，人民军队建设与红军作战的战略战术原则，无产阶级政党建设等问题，毛泽东思想的活的灵魂即实事求是、群众路线和独立自主初步形成。

全民族抗战时期，毛泽东思想的发展进入关键时期并日臻成熟。在领导革命实践和批判党内外错误思想的过程中，毛泽东创作了《实践论》《矛盾论》《改造我们的学习》等文章，丰富和发展了马克思主义的认识论和辩证法思想，创立了中国化马克思主义的哲学思想，为系统回答新民

---

① 《毛泽东选集》第 2 卷，人民出版社 1991 年版，第 633 页。

主主义革命问题提供了哲学依据。他先后创作了《中国革命和中国共产党》《新民主主义论》《论联合政府》等文章，深刻揭示了当时中国社会的主要矛盾是中华民族与帝国主义、中国人民与封建主义之间的矛盾，中国社会是半殖民地半封建社会，中国革命是无产阶级领导的、人民大众的、反帝反封建的新民主主义革命，中国革命必须分为两步走，首先取得新民主主义革命的胜利，之后再向社会主义发展。这些重大理论观点回答了长期困扰人民思想的重大问题，形成了新民主主义理论。

与此同时，毛泽东创作了《论持久战》等大量军事著作，解决了创建新型军队的问题，规定了党对军队绝对领导的根本原则，阐述了人民战争的思想和战略战术，创立了毛泽东军事思想；创作了《论政策》关于政策策略的著作，阐明革命斗争中政策和策略的重要意义和丰富内涵，形成了政策和策略思想；发表了《在延安文艺座谈会上的讲话》，形成了思想政治工作和文化工作的丰富思想；撰写了《〈共产党人〉发刊词》《整顿党的作风》等文，创立了毛泽东思想建党学说。这些内容标志着毛泽东思想日益丰富和成熟。

第三，毛泽东思想被确立为党的指导思想，成功实现马克思主义中国化的第一次历史飞跃。

毛泽东的理论创新成果，既"使马克思主义在中国具体化"，又"使中国革命丰富的实际马克思主义化"，①不仅把马克思主义基本原理成功运用于中国实践，而且把中国的独创性经验提升到马克思主义理论的高度，科学回答了关于中国革命和中国共产党的重大问题，建构了系统完整的关于中国革命的科学理论体系，马克思主义中国化的第一次历史飞跃已经实现。

在此基础上，党的七大对毛泽东思想的科学内涵、历史地位和思想价值作出系统概括："毛泽东思想，就是马克思列宁主义的理论与中国革命的实践之统一的思想，就是中国的共产主义，中国的马克思主义。""毛泽东思想，从他的宇宙观以至他的工作作风，乃是发展着与完善着的中国化的马克思主义，乃是中国人民完整的革命建国理论……完全是马克思主义的，又完全是中国的。这是中国民族智慧的最高表现和理论上的最高概括。"② 并从

---

① 《毛泽东文集》第 2 卷，人民出版社 1993 年版，第 534、374 页。
② 《刘少奇选集》上卷，人民出版社 1981 年版，第 333、335 页。

九个方面具体概括了毛泽东思想的内容。

党的七大明确提出,把毛泽东思想作为党的行动指南写入党章,确立了它在全党的指导地位。在毛泽东思想指引下,中国革命进程加速推进,新民主主义革命在全国取得彻底胜利,从根本上扭转了近代以来中国历史发展的趋势,中国人民成功实现了"站起来"的目标,"中国的历史,从此开辟了一个新的时代"。①

二 丰富和发展毛泽东思想

新中国成立、特别是社会主义制度基本确立后,开展大规模的社会主义经济建设,在"站起来"的基础上实现"富起来"的目标,成为摆在中国共产党人面前的重大任务。在此情况下,准确把握中国社会主要矛盾,判断中国社会发展阶段,正确处理社会主义条件下人民内部矛盾,统筹协调社会主义建设中的各种关系,成为中国共产党人必须在实践中摸索、在理论上深思的重要问题。为此,中国共产党着力在新的历史条件下实现马克思主义同中国实际的"第二次结合",艰辛探索符合中国国情的社会主义建设道路,形成了一系列关于社会主义建设的理论成果,丰富和发展了毛泽东思想。

第一,明确提出实现马克思主义基本原理与中国具体实际"第二次结合"的科学命题和重要任务。

20世纪50年代中期,我国社会主义改造基本完成,"取得了社会主义革命的决定性的胜利",② 社会主义制度在中国基本确立。但是,面临着新的任务和问题,毛泽东率先提出要以苏联为戒鉴,独立自主地探索适合中国国情的社会主义建设道路,实现马克思主义与中国实际的"第二次结合"。1956年4月4日,他在中央会议上明确提出:"最重要的是要独立思考,把马列主义的基本原理同中国革命和建设的具体实际相结合……现在是社会主义革命和建设时期,我们要进行第二次结合,找出在中国怎样建设社会主义的道路。"③ 这个思想贯穿在随后的道路探索之中。1962年,

---

① 《毛泽东文集》第5卷,人民出版社1996年版,第348页。
② 《毛泽东文集》第7卷,人民出版社1999年版,第114页。
③ 吴冷西:《忆毛主席——我亲身经历的若干重大历史事件片断》,新华出版社1995年版,第9—10页。

他总结几年来的经验教训后再次强调,"我们必须把马克思列宁主义的普遍真理同中国社会主义建设的具体实际,并且同今后世界革命的具体实际,尽可能好一些地结合起来。"①

在推进"第二次结合"过程中,毛泽东提出了创造性地开展理论探索的任务。"任何国家的共产党,任何国家的思想界,都要创造新的理论,写出新的著作,产生自己的理论家,来为当前的政治服务,单靠老祖宗是不行的……我们已经进入社会主义时代,出现了一系列的新问题,如果单有《实践论》、《矛盾论》,不适应新的需要,写出新的著作,形成新的理论,也是不行的。"②正是有了这种理论自觉,毛泽东等人撰写的党的八大报告、《论十大关系》《关于正确处理人民内部矛盾问题》《读苏联〈政治经济学教科书〉的谈话》《十年总结》《在扩大的中央工作会议上的讲话》等,形成了一系列重要创新思想。

第二,实事求是地分析中国具体国情,为理论创新和制定正确路线方针政策提供总根据。

党的八大对中国的社会性质、发展阶段、主要矛盾、主要任务等作出新的分析判断,形成了比较准确的国情思想:我国的无产阶级同资产阶级之间的矛盾已经基本上解决,社会主义的社会制度在我国已经基本上建立起来了。我们国内的主要矛盾,已经是人民对建立先进的工业国的要求同落后的农业国的现实之间的矛盾,已经是人民对经济文化迅速发展的需要同当前经济文化不能满足人民需要之间的矛盾。党和人民的主要任务,就是要集中力量解决主要矛盾,把我国尽快从落后的农业国变为先进的工业国,大力发展社会主义的社会生产力,"团结国内外一切可以团结的力量,充分利用一切对我们有利的条件,尽可能迅速地把我国建设成为一个伟大的社会主义国家。"③

随后,毛泽东对国情做了进一步的分析,"我国是一个社会主义的大国,但又是一个经济落后的穷国,这是一个很大的矛盾。要使我国富强起来,需要几十年艰苦奋斗的时间";④我国的现实情况是"一穷二白",人

---

① 《毛泽东文集》第 8 卷,人民出版社 1999 年版,第 302 页。
② 《毛泽东文集》第 8 卷,第 109 页。
③ 《刘少奇选集》下卷,人民出版社 1985 年版,第 203 页。
④ 《毛泽东文集》第 7 卷,第 240 页。

口多，底子薄，要赶上发达国家需要几十年乃至上百年的时间。他还作出了我国处于"不发达的社会主义"阶段的判断。[①]

第三，科学分析社会主义建设中的重大关系，创立十大关系理论。

社会主义建设道路探索的关键，就是要处理好建设中各种因素的辩证关系，形成社会主义建设的合力。1956年4月，毛泽东发表了《论十大关系》，全面阐述社会主义建设中的十大关系：重工业和轻工业、农业的关系方面，要在坚持优先发展重工业的前提下，更多地发展轻工业和农业；沿海工业和内地工业的关系方面，要在合理安排工业布局的前提下，更多地利用和发展沿海工业；经济建设和国防建设的关系方面，国防不可不有，但首先要加强经济建设；国家、生产单位和生产者个人的关系方面，三个方面要统筹兼顾；中央和地方的关系方面，应当在巩固中央统一领导的前提下给地方更多的独立性，充分调动中央和地方两个积极性；汉族和少数民族的关系方面，着重反对大汉族主义，但地方民族主义也要反对；党和非党的关系方面，要做到长期共存，互相监督；革命和反革命的关系方面，过去镇压反革命是必须的，现在反革命已经大为减少，今后要少抓少杀；是非关系方面，党内党外都要分清是非，对待犯错误的同志要采取惩前毖后、治病救人的方针，帮助他们改正错误；中国和外国的关系方面，一切民族、一切国家的长处都要学，但要有批判地学习而不能照搬照抄，必须同中国具体实践相结合。这十个方面的关系都围绕着"把国内外一切积极因素调动起来，为社会主义事业服务"的方针展开，着力"调动一切直接的和间接的力量，为把我国建设成为一个强大的社会主义国家而奋斗"。十大关系理论是探索中国社会主义建设道路的开篇之作，对社会主义建设形成了初步而较系统的思路，是把唯物辩证法运用到社会主义建设探索的典范，在中国化马克思主义思想史上具有重要价值。对此，毛泽东后来讲道："一九五六年四月的《论十大关系》，开始提出我们自己的建设路线，原则和苏联相同，但方法有所不同，有我们自己的一套内容。"[②]

第四，创立社会主义基本矛盾和人民内部矛盾学说，丰富和发展马克

[①] 《毛泽东文集》第8卷，第116页。
[②] 《毛泽东文集》第7卷，第23—24、369—370页。

思主义的辩证法理论和科学社会主义学说。

面对社会主义建设中出现的新情况,毛泽东强调:"全党都要学习辩证法,提倡照辩证法办事……运用马克思主义的对立统一学说,观察和处理社会主义社会阶级矛盾和阶级斗争的新问题,观察和处理国际斗争中的新问题。"[1] 在深入研究的基础上,他在1957年2月27日发表《如何处理人民内部的矛盾》的讲话,经过反复修改完善后,于6月19日以《关于正确处理人民内部矛盾的问题》为题正式发表。他围绕如何处理人民内部矛盾这个中心内容,系统阐述了社会主义基本矛盾和人民内部矛盾学说,为探索社会主义建设道路确立了哲学根据和方法论基础。

在社会主义基本矛盾学说方面,他提出:矛盾是普遍存在的,社会主义社会也存在着各种矛盾;社会主义社会的基本矛盾依然是生产力和生产关系、上层建筑和经济基础的矛盾,二者之间既有基本适应的一面,又有不相适应的方面;不适应的方面可以通过社会主义制度本身加以调整和完善,这是社会主义基本矛盾的特点和制度优越性的体现。

在两类不同性质矛盾和正确处理人民内部矛盾方面,他提出:社会主义社会中存在着两类不同性质的矛盾,即敌我矛盾和人民内部矛盾;前者是对抗性的矛盾,后者是建立在根本利益一致基础上的非对抗性的矛盾,二者在一定条件下可以相互转化;解决敌我矛盾要采取专政的方法,解决人民内部矛盾要采取讨论、批评、说服教育等民主的方法;必须正确区分和处理两种不同性质的矛盾,防止人民内部矛盾激化为对抗性矛盾;社会主义改造完成以后,正确处理人民内部矛盾已经成为国家政治生活的主题,处理人民内部矛盾要坚持"团结—批评—团结"的方针,从团结的愿望出发,经过批评和斗争,达到新的团结。

他还根据经济发展、政党关系、文化发展等不同领域中矛盾的特点,提出有针对性的方针政策。例如,在经济发展方面要坚持"统筹兼顾、适当安排"的方针,在共产党和民主党派关系上要坚持"长期共存、相互监督"的方针,在文化科学发展方面要坚持"百花齐放、百家争鸣"的方针。

"第二次结合"过程中的这些理论成果,在丰富和发展毛泽东思想的

---

[1] 《毛泽东文集》第7卷,第200—201页。

同时，为马克思主义中国化的第二次飞跃作了理论准备。当然，由于历史和认识的原因，以及国内外形势变化的影响，社会主义建设道路探索遭遇了重大挫折，马列主义和毛泽东思想被教条化，中国具体实际和时代特征被误判，马克思主义中国化的理论发展受到严重影响，"富起来"的任务没有完成，需要在新的条件下进行新的实践和理论探索。

三　创立并不断丰富中国特色社会主义理论体系

"文化大革命"结束后，探索新的发展道路，坚持和捍卫社会主义事业，成为中国共产党面临的重大任务。为此，科学认识社会主义的本质内涵，正确看待我国的社会主要矛盾和社会发展阶段，探索发挥社会主义制度优越性的现实路径，推进党的建设新的伟大工程，实现适应国情特征和时代要求的科学发展，成为必须科学回答的重大问题。

以邓小平、江泽民、胡锦涛等为代表的中国共产党人，在改革开放和社会主义现代化的历史新时期，紧紧围绕着中国特色社会主义这个根本主题，与时俱进地回答了"什么是社会主义、怎样建设社会主义""建设什么样的党和怎样建设党""实现什么样的发展和怎样发展"等核心问题，创立并不断丰富中国特色社会主义理论体系，成功实现并不断推进马克思主义中国化的第二次历史飞跃。

第一，恢复实事求是的思想路线，提出了四项基本原则，为理论创新营造思想氛围，确立政治准则。

掀起关于真理标准问题的讨论，恢复实事求是的思想路线，营造理论创新的思想氛围。1978年5月11日，《光明日报》刊发《实践是检验真理的唯一标准》一文，关于真理标准问题的讨论迅速展开，并演变成为全国范围内的思想解放运动，为党的十一届三中全会实现历史转折、迈向改革开放新时期作了思想准备。在此基础上，三中全会恢复了实事求是的思想路线，正如邓小平所说："三中全会确立了，准确地说是重申了党的马克思主义的思想路线……实事求是，一切从实际出发，理论联系实际，坚持实践是检验真理的标准，这就是我们党的思想路线。"[①] 三中全会作出了

[①] 《邓小平文选》第2卷，人民出版社1994年版，第278页。

把党和国家的工作中心转移到经济建设上来、实行改革开放的重大决策，实现了具有深远意义的伟大转折，开辟了改革开放和现代化建设的历史新时期。

批判错误观点，廓清思想迷雾，提出四项基本原则，为推进理论创新确立政治准则和思想基础。1979年3月30日，邓小平在理论务虚会上指出，实现四个现代化，必须坚持社会主义道路，坚持无产阶级专政，坚持共产党的领导，必须坚持马列主义、毛泽东思想，这是必须牢牢坚持而不能有丝毫动摇的四项基本原则。四项基本原则是指引着中国特色社会主义发展的根本方向，是理论创新必须遵循的根本原则。

第二，科学评价毛泽东和毛泽东思想，奠定马克思主义中国化第二次历史飞跃的理论前提。

1978年12月，针对有人提出要否定毛泽东，邓小平旗帜鲜明地指出："我们一定要高举毛主席的伟大旗帜。毛主席的旗帜是全党全军全国各族人民团结的旗帜，也是国际共产主义运动的旗帜"，"党中央、中国人民永远不会干赫鲁晓夫那样的事。"[①] 他在三中全会上进一步讲道："没有毛主席就没有新中国，这丝毫不是什么夸张……没有毛泽东思想，就没有今天的中国共产党，这也丝毫不是什么夸张。毛泽东思想永远是我们全党、全军、全国各族人民的最宝贵的精神财富。我们要完整地准确地理解和掌握毛泽东思想的科学原理，并在新的历史条件下加以发展。"[②] 1981年6月，党的十一届六中全会通过的《关于建国以来党的若干历史问题的决议》，实事求是地评价了毛泽东的历史功勋，全面阐述了毛泽东思想的科学内涵和指导思想地位，既纠正了对待毛泽东思想上的教条主义错误，又回击了"非毛化"的错误思想，避免了神化领袖或割断历史的错误，保证了理论创新的过程连续性、发展继承性和体系开放性。

第三，围绕着中国特色社会主义这个根本主题，阐明了理论创新的主题、社会主义的本质、社会主义市场经济体制、社会主义初级阶段等重大问题。

提出中国特色社会主义的命题，确立了新时期理论创新的主题。1982

[①] 《邓小平年谱（1975—1997）》（上），中央文献出版社2004年版，第435页。
[②] 《邓小平文选》第2卷，第148—149页。

年9月,邓小平在党的十二大上提出:"我们的现代化建设,必须从中国的实际出发……把马克思主义的普遍真理同我国的具体实际结合起来,走自己的道路,建设有中国特色的社会主义,这就是我们总结长期历史经验得出的基本结论。"① 这个论断揭示了改革开放和现代化建设的主题,是中国特色社会主义道路开始形成的标志。几十年来,中国共产党人在这个根本主题下不断深化实践和理论创新。

抓住"什么是社会主义"这个枢纽,阐明社会主义的本质内涵。邓小平在改革开放一开始就反复追索什么是社会主义和怎样建设社会主义这个核心问题,要求在这个问题上一定要解放思想。在1992年初的南方谈话中,他对社会主义的本质做了系统概括:"社会主义的本质,是解放生产力,发展生产力,消灭剥削,消除两极分化,最终达到共同富裕。"② 这一科学论断是重大理论创新,把关于社会主义的思想发展到了一个新的高度。

科学判断我国社会发展阶段,创立社会主义初级阶段理论。改革开放后,党继承毛泽东关于不发达社会主义的思想,对我国社会发展阶段问题作出准确判断。1987年8月29日,邓小平提出:"社会主义本身是共产主义的初级阶段,而我们中国又处在社会主义的初级阶段,就是不发达的阶段。一切都要从这个实际出发。"③ 随后,党的十三大指出:"我国正处在社会主义的初级阶段……第一,我国社会已经是社会主义社会。我们必须坚持而不能离开社会主义。第二,我国的社会主义社会还处在初级阶段。我们必须从这个实际出发,而不能超越这个阶段。"④ 1997年,党的十五大进一步论述了初级阶段的具体内涵、基本特征、历史任务,社会主义初级阶段理论更加完善。

围绕"怎样建设社会主义"问题,把社会主义制度优越性和市场经济体制优势结合起来,创建了社会主义市场经济体制,开辟了发挥社会主义制度优越性的新路径,破解了世界社会主义运动中长期没有解决好的难

---

① 《邓小平文选》第3卷,人民出版社1993年版,第2—3页。
② 《邓小平文选》第3卷,第373页。
③ 《邓小平文选》第3卷,第252页。
④ 中共中央文献研究室编:《十三大以来重要文献选编》(上),人民出版社1991年版,第9页。

题。邓小平在南方谈话中指出:"计划多一点还是市场多一点,不是社会主义与资本主义的本质区别。计划经济不等于社会主义,资本主义也有计划;市场经济不等于资本主义,社会主义也有市场。计划和市场都是经济手段。"① 1992年10月,党的十四大正式宣布,我国经济体制改革的目标就是要建立社会主义市场经济体制。1994年,江泽民再次阐明社会主义市场经济的性质和特点,强调中国的市场经济是同社会主义基本制度紧密结合在一起的,是社会主义市场经济,"社会主义"这几个字并非画蛇添足,而是画龙点睛。我们的市场经济是在社会主义制度下搞的,我们的创造性和特色就体现在这里。②

第四,创立并不断丰富中国特色社会主义理论体系,实现并不断推进马克思主义中国化的第二次历史飞跃。

在开创中国特色社会主义的过程中,以邓小平同志为核心的党的第二代中央领导集体紧紧围绕"什么是社会主义和怎样建设社会主义"问题,第一次系统回答了在中国这样的经济文化比较落后的国家如何建设社会主义、如何巩固和发展社会主义的一系列基本问题,创立了邓小平理论。它是贯通哲学、政治经济学、科学社会主义等领域,涵盖经济、政治、科技、教育、文化、民族、军事、外交、统一战线、党的建设等方面的完备的科学体系。党的十五大对邓小平理论的历史地位作出高度评价:马克思列宁主义同中国实际相结合有两次历史性飞跃,产生了两大理论成果,即毛泽东思想和邓小平理论;"马克思列宁主义、毛泽东思想、邓小平理论,是一脉相承的统一的科学体系。坚持邓小平理论,就是真正坚持马克思列宁主义、毛泽东思想;高举邓小平理论的旗帜,就是真正高举马克思列宁主义、毛泽东思想的旗帜。"③

党的十三届四中全会后,以江泽民同志为核心的党的第三代中央领导集体深刻认识世情、国情、党情的变化,创造性地回答了"建设什么样的党、怎样建设党"的问题,创立"三个代表"重要思想,丰富和发展了中国特色社会主义理论体系。党的十六大对"三个代表"重要思想的重要地位作了高度概括:"三个代表"重要思想是对马克思列宁主义、毛泽东思

---

① 《邓小平文选》第3卷,第373页。
② 江泽民:《论社会主义市场经济》,中央文献出版社2006年版,第202—203页。
③ 《江泽民文选》第2卷,人民出版社2006年版,第8、12页。

想和邓小平理论的继承和发展，反映了当代世界和中国的发展变化对党和国家工作的新要求，是加强和改进党的建设、推进我国社会主义自我完善和发展的强大理论武器，是全党集体智慧的结晶，是党必须长期坚持的指导思想。始终做到"三个代表"，是我们党的立党之本、执政之基、力量之源。贯彻"三个代表"重要思想，关键在坚持与时俱进，核心在坚持党的先进性，本质在坚持执政为民。

党的十六大以后，以胡锦涛同志为总书记的党中央顺应国内外形势变化，坚持理论创新和实践创新，创造性地回答了"实现什么样的发展、怎样发展"的问题，创立了科学发展观，深化和丰富了中国特色社会主义理论体系。党的十七大对科学发展观的历史地位、理论内涵、根本要求等作了系统阐述：科学发展观是对党的三代中央领导集体关于发展的重要思想的继承和发展，是马克思主义关于发展的世界观和方法论的集中体现，是同马克思列宁主义、毛泽东思想、邓小平理论和"三个代表"重要思想既一脉相承又与时俱进的科学理论，是我国经济社会发展的重要指导方针，是发展中国特色社会主义必须坚持和贯彻的重大战略思想。科学发展观的第一要义是发展，核心是以人为本，基本要求是全面协调可持续，根本方法是统筹兼顾。

四 创立并不断发展习近平新时代中国特色社会主义思想

经过长期不懈的努力，中国特色社会主义进入新时代，中华民族伟大复兴迎来了前所未有的光明前景；与此同时，当今世界正在经历百年未有之大变局，大的历史时代没有发生根本变化却呈现出许多新的特征。在新时代的条件下，判断当代中国的发展方位和发展阶段，科学研判时代本质和世界发展趋势，揭示中国社会的主要矛盾和任务要求，确定中国发展的战略目标和发展方向，明确党和人民的历史使命，合理制定战略布局和发展步骤，形成和贯彻新的发展思想和发展理念，把握战略机遇和应对风险挑战，成为必须深入探索的重大问题。以习近平同志为代表的中国共产党人，立足新时代中国特色社会主义伟大实践，科学回答了新时代坚持什么样的中国特色社会主义和怎样坚持中国特色社会主义这一重大时代课题，创立并不断发展习近平新时代中国特色社会主义思想，成功开辟了马克思主义中国化理论发展的新境界。

第一，科学判断当代中国的历史方位，深刻揭示社会主要矛盾的变化。

党的十八大以来，以习近平同志为核心的党中央在新中国成立、特别是改革开放以来伟大成就的基础上，取得了新时代改革开放和社会主义现代化建设的历史性成就，推动党和国家事业发生了历史性变革，标志着社会主义中国已经站到一个新的历史方位，这就是中国特色社会主义新时代。新时代"是承前启后、继往开来、在新的历史条件下继续夺取中国特色社会主义伟大胜利的时代，是决胜全面建成小康社会、进而全面建设社会主义现代化强国的时代，是全国各族人民团结奋斗、不断创造美好生活、逐步实现全体人民共同富裕的时代，是全体中华儿女勠力同心、奋力实现中华民族伟大复兴中国梦的时代，是我国日益走近世界舞台中央、不断为人类作出更大贡献的时代"。①

新时代我国社会主要矛盾发生了深刻变化，"已经转化为人民日益增长的美好生活需要和不平衡不充分的发展之间的矛盾"。② 新的矛盾提出新的任务，就是要在继续推动发展的基础上，解决好发展不平衡、不充分的问题，更好满足人民对美好生活的追求，逐步实现全体人民的共同富裕、不断推进人的全面发展和社会全面进步，在全面建成小康社会的基础上开启全面建设社会主义现代化国家的新征程，到 21 世纪中叶全面建成富强民主文明和谐美丽的社会主义现代化强国，实现中华民族伟大复兴的中国梦。

第二，科学判断当今时代本质及其阶段性特征，明确提出世界百年未有之大变局的科学论断。

习近平指出："尽管我们所处的时代同马克思所处的时代相比发生了巨大而深刻的变化，但从世界社会主义 500 年的大视野来看，我们依然处在马克思主义所指明的历史时代。"③ 这就是说，当今时代在本质上依然处于资本主义占统治地位并逐步向社会主义过渡的大时代，"两个必然"依

---

① 《习近平谈治国理政》第 3 卷，外文出版社 2020 年版，第 9 页。
② 《习近平谈治国理政》第 3 卷，第 9 页。
③ 《习近平谈治国理政》第 2 卷，外文出版社 2017 年版，第 66 页。

然是不可逆转的历史趋势。正如习近平所说:"马克思、恩格斯关于资本主义社会基本矛盾的分析没有过时,关于资本主义必然消亡、社会主义必然胜利的历史唯物主义观点也没有过时。这是社会历史发展不可逆转的总趋势。"虽然时代本质没有发生根本改变,但不变之中又有大变,许多新的阶段性特征正在显现。资本主义世界问题重重,"许多西方国家经济持续低迷、两极分化加剧、社会矛盾加深,说明资本主义固有的生产社会化和生产资料私人占有之间的矛盾依然存在,但表现形式、存在特点有所不同。"[①]世界社会主义运动虽然还面临重大挑战,但在"西高东低""资强社弱"的总态势下,"社兴资衰""东升西降"新趋势正快速发展。由此,旧的世界格局和经济政治秩序难以为继,新的全球治理体系和国际秩序建构加速推进,世界进入大发展大变革大调整的重要时期,"当今世界正经历百年未有之大变局"[②]。百年变局之下,社会主义向何处去、人类向何处去等重大时代问题需要人们去认真思考和解决。

第三,深入分析和回答重大时代课题,创立习近平新时代中国特色社会主义思想,形成当代中国马克思主义、21世纪马克思主义。

新时代国际国内的新形势新局面,提出了中国共产党向何处去、当代中国向何处去、世界社会主义运动向何处去、当今世界向何处去等具有本质性意义的重大问题,这些问题集中到当代中国共产党人面前,就是"新时代坚持和发展什么样的中国特色社会主义、怎么样坚持和发展中国特色社会主义"这个重大时代课题,习近平新时代中国特色社会主义思想就是对这个重大时代课题的科学回答。

习近平坚持马克思列宁主义基本原理,坚持毛泽东思想和中国特色社会主义的理论精髓和活的灵魂,立足世情、国情、党情,结合新时代的基本特征和发展要求,从理论和实践的结合上系统回答了新时代坚持和发展中国特色社会主义的总目标、总任务、总体布局、战略布局和发展方向、发展方式、发展动力、战略步骤、外部条件、政治保证等重大基本问题,对经济、政治、法治、科技、文化、教育、民生、民族、宗教、社会、生态文明、国家安全、国防和军队、"一国两制"和祖国统一、统一战线、

[①] 习近平:《在哲学社会科学工作座谈会上的讲话》,人民出版社2016年版,第14页。
[②] 《习近平谈治国理政》第3卷,第537页。

外交、党的建设等各方面作出理论分析和政策指导，创立了习近平新时代中国特色社会主义思想。

习近平新时代中国特色社会主义思想是马克思主义中国化的最新成果，党和人民实践经验与集体智慧的结晶，中国特色社会主义理论体系的重要组成部分，为全党全国人民发展新时代中国特色社会主义事业提供了理论指针和行动指南，是凝聚全党全国各族人民为实现中华民族伟大复兴而不懈奋斗的思想基础，具有鲜明的实践性特点和重大指导意义。随着新时代中国特色社会主义事业的进一步发展，马克思主义中国化也必将迎来新的发展机遇，形成新的重大理论成果。

党的十八大以来，习近平反复强调，要结合当代中国实际和时代特点，推进理论和实践创新，不断把马克思主义中国化推向新的境界。为此，我们既要善于从创新性的实践中提升出新的标识性概念、形成创新性观点，也要善于从党的历史中发掘和汲取党的理论创新智慧。党的百年理论创新不仅积累了丰富成果，而且留下了弥足珍贵的经验，给当代理论创新以极大的启示，我们要倍加珍惜，认真汲取，为推进马克思主义中国化的进一步发展提供丰富滋养。

（原载《史学理论研究》2021年第3期）

三个"历史决议"与中国共产党对历史经验的总结[*]

蔡青竹

(中共浙江省委党校马克思主义研究院、
浙江省重点智库全面从严治党研究中心)

三个"历史决议"是中国共产党人在实践过程中形成的三个最重要、最权威的总结历史经验的文件。1945年,中共六届七中全会审议通过《关于若干历史问题的决议》(以下简称第一个《决议》),在党的历史上第一次以"决议"形式系统总结建党24年的历史,明确了马克思主义中国化的正确方向,为中国革命取得最终胜利打下坚实基础。1981年,中共十一届六中全会审议通过《关于建国以来党的若干历史问题的决议》(以下简称第二个《决议》),着重总结党执政32年的历史,完成了党在指导思想上的拨乱反正,为更好推进社会主义现代化建设注入强劲动力。2021年,中共十九届六中全会审议通过《中共中央关于党的百年奋斗重大成就和历史经验的决议》(以下简称第三个《决议》),在沿用前两个《决议》基本论述和结论的基础上,全面总结党的百年奋斗重大成就和历史经验,重点突出中国特色社会主义新时代,具有重大的现实意义和深远的历史意义。三个"历史决议"均诞生在重大历史关头,是总结历史、开创未来的具有里程碑意义的重要文献。每一次历史的回顾都让党更加成熟,每一次经验的总结都让党的理论和行动更加贴近中国的实际和人民的需求,也更加明

---

[*] 本文是国家社会科学基金项目"智能化趋势下马克思社会结构理论的应对与发展研究"(项目编号:19CKS017)的阶段性成果。

第五篇 唯物史观与百年党史

确前进的方向。通过"历史决议"的形式总结历史经验，体现了我们党重视和善于运用历史规律的高度政治自觉和独特政治优势。

一 均诞生于紧要历史关头，顺应时势

三个"历史决议"都是审时度势、顺应时代发展要求的产物，都是党在紧要历史关头深刻总结和科学运用历史经验的典范之作。从争取民族独立、人民解放到追求民族振兴、人民幸福，再到踏上第二个百年奋斗目标新的赶考之路，党在总结自身历史的过程中获得巨大的前进动力。

（一）中国共产党怀有强烈的历史使命感

历史是最好的教科书。作为有科学理论指引的马克思主义政党，中国共产党自成立之日起就怀有强烈的历史使命感，勇立时代潮头，全面、历史、辩证地看待和分析历史，以史为鉴，在一以贯之的探索实践中积极地运用历史思维、把握历史规律、形成历史自觉，从而真正推动历史进程。

1. 历史使命感要求具有历史思维

所谓历史思维，很重要的一个方面就是从对关键历史阶段和重大历史事件的把握中获得启示。马克思特别关注历史大变动时期的经验和教训，认为这些时期的历史现象具有重要的象征意义，发人深省。他就此写下不少名篇，如《德意志意识形态》对中世纪生产状况近乎白描式的解读，《路易·波拿巴的雾月十八日》对法国阶级斗争历史经验的总结，《法兰西内战》对巴黎公社历史经验的分析，以及《资本论》对资本原始积累的记录，都是对历史的深入考察和研究。

党的三个"历史决议"都是在历史发展的关键时刻酝酿、通过的。第一个《决议》形成于抗日战争取得全面胜利的前夜。当时，共产国际已宣布解散，国民党政府从政治、军事和文化等多个方面向党施压，党亟待解决历史遗留问题，清除党内以王明为代表的"左"倾教条主义影响。第二个《决议》制定于我们党实现伟大转折、我国进入改革开放历史新时期之初。当时，全党同样亟待解决历史遗留问题，从"文化大革命"及其以前的"左"倾思想的束缚中解脱出来，回到正确轨道上，团结一致向前看。第三个《决议》诞生于建党一百周年的重要历史时刻。此时，党和人民已胜利实现全面建成小康社会的第一个百年奋斗目标，正朝着全面建成社会主义现代化强国的第二个百年奋斗目标迈进，亟待全面总结党的百年奋斗史，从而更好地开创未来。在以上三个关键历史节点，党都通过"历史决议"这种权威、郑重的方式，科学回顾历史、深刻总结历史经验，吹响了走向未来、开拓奋进的新的集结号。

2. 历史使命感要求深刻把握历史规律

恩格斯说："历史就是我们的一切。"[①] 在与青年黑格尔派的论战中，马克思、恩格斯把有生命个人的存在及其现实活动确认为一切历史观都应具有的共识性前提。现实的历史之所以可认识、可把握，源于它的物质性和客观性。沿着这条认识线索，马克思主义经典作家从纷繁芜杂的历史现象中提炼出生产力和生产关系这对推动历史发展的根本因素，构成马克思主义政党使命感的深层来源。

中国共产党奋斗的深层动力不是重建天赋人权，不是完善抽象理性，而是服务于生产力的发展要求，服务于推动生产关系与生产力相适应这条最根本的历史进步规律，从而为每一个人的自由全面发展提供真实保障。第一个《决议》运用唯物史观来思考中国革命的规律，指出"半殖民地半封建"的国家性质决定了中国革命的性质，"既区别于旧民主主义又区别于社会主义的新民主主义的革命"；[②] 要解放中国的生产力，就必须进行反帝反封建的斗争。这一时期的根本任务是为生产力的发展创造根本社会条件。第二个《决议》同样着力把握中国社会主义建设过程中生产方式的运行规律，譬如，认识到社会主义改造的完成标志着生产关系在性质上已经与生产力相适应，社会主要矛盾集中到如何促进落后社会生产的进步上。这一时期的根本任务是为生产力的发展提供体制保证。第三个《决议》在更长的时间跨度中把握生产力和生产关系的矛盾变化。从历史发展的主线来看，党百年奋斗最深刻的意义就在于从根本上改变了束缚生产力发展的经济关系和上层建筑；随着生产力的发展进步，人们的基本物质文化需要得到满足，上升为对更加美好生活的追求。这一时期的主要任务是着力解决发展不平衡不充分的问题，按照"两步走"战略，在21世纪中叶把我

[①] 恩格斯：《英国状况》，《马克思恩格斯全集》第3卷，人民出版社2002年版，第520页。
[②] 毛泽东：《关于若干历史问题的决议》，《毛泽东选集》第3卷，人民出版社1991年版，第971页。

国建成社会主义现代化强国。

3. 历史使命感催生一以贯之的历史自觉

唯物史观不仅具有本体论意义上的历史认知功能，更具有推动历史、改造历史的实践属性。中国共产党人如何看待和解决在引领中华民族伟大复兴的不同历史阶段所面临的主要问题？三个"历史决议"就此作了深刻诠释。

通过总结建党以来 24 年历史，尤其是从党的六届四中全会至遵义会议这段历史，党明确了"什么是马克思主义、怎样对待马克思主义"的科学内涵，使全党对中国革命基本问题的认识达到一致，为夺取新民主主义革命胜利指明了方向。通过总结新中国成立 32 年历史，尤其是十年"文化大革命"这段历史，党深化了对"什么是社会主义、怎样建设社会主义"的认识，实现指导思想上的拨乱反正，为开创中国特色社会主义打下牢固的思想基础。通过总结党的百年奋斗史，尤其是总结新时代的历史性成就及新鲜经验，党对"新时代的中国特色社会主义""社会主义现代化强国""长期执政的马克思主义政党"等重大时代课题的认识达到一个新高度。历史已经证明，前两个《决议》都是总结历史、开辟未来的具有里程碑意义的重要文献。而第三个《决议》同样是总结历史、开辟未来的具有里程碑意义的重要文献，其承前启后、继往开来的作用更为突出。

（二）中国共产党有重视总结历史经验的传统

在唯物史观指导下，党把历史看作由低级向高级发展的过程和各种合力相互作用的结果，把自身实践看作是不断直面和解决问题的过程，时时加以总结、调整，把从实践中得出的新鲜经验提升为理论，再用理论去指导新的实践，并在新的实践中进一步加以检验和发展，以达到理论与实践相统一、逻辑与历史相统一。

1. "历史进程"与"思想进程"高度统一

从百年党史来看，重视历史并运用历史唯物主义来分析经验教训，是党的一个优良传统和政治优势。党对自身历史的回顾总结包含党对马克思主义、对马克思主义政党、对中国实际的新认识。

党起初的马克思主义理论水平较为有限，处理复杂问题经验不足，尤其是党内存在"左"的错误倾向，把马克思主义教条化、把共产国际的指示和苏联十月革命经验神圣化,以致在探索实践中遭遇曲折。比如,从六届四中全会起,王明"左"倾教条主义在中央占据统治地位,虽然也批评了立三路线的错误,"但是整个地说来,它却比立三路线的'左'倾更坚决,更'有理论',气焰更盛,形态也更完备了"。① 再如,全面抗战初期,毛泽东在党内的领导地位得到明确,"马克思主义的中国化"命题日渐成为党内共识,但以教条主义为主要形态的主观主义在党内仍有不小影响。又如,毛泽东晚年高度重视防止党员尤其是领导干部的蜕化变质,但他断言资产阶级就在共产党内,把阶级斗争扩大化,从理论到实践都犯了"左"的错误。这些都说明党对中国革命和建设规律的认识有一个不断深化的过程,说明及时总结历史经验教训的极端重要性。

三个"历史决议"都是党在总结历史过程中形成的最宝贵的思想成果。第一个《决议》是成功的开篇之作。它的起草是在延安整风背景下、在毛泽东直接主持下进行的,全党特别是党的高级干部集体学习和研究党史,不少高级干部还参加了《决议》的修改和讨论。《决议》对建党24年来的历史作出正式结论,对"左"倾教条主义影响来了一次大扫除,明确了马克思主义中国化这一正确方向,深刻总结了党的奋斗经验和优良作风,标志着我们党已走上成熟。第二个《决议》着重就如何评价"文化大革命"、如何评价毛泽东的功过是非和毛泽东思想作了科学阐释,并肯定了十一届三中全会以来的新探索、新实践,强调全党要"以符合实际的新原理和新结论丰富和发展我们党的理论",揭示了继续推进理论创新这一重大命题。第三个《决议》更加具有历史的厚重感,以大历史观对党的百年奋斗史进行回顾总结,重点总结新时代的历史性成就和新鲜经验,并科学总结了党百年奋斗的历史意义和历史经验,有不少新概括、新论断、新认识,深刻揭示了过去我们为什么能够成功、未来我们怎样才能继续成功的问题。

三个"历史决议"本身也有一个完善的过程。毛泽东自己说过,第一个《决议》的基本思想是不错的,但关于各个历史问题的叙述不一定完全正确,"还可能有错误"。② 参与第一个《决议》起草和定稿的胡乔木也认

---

① 毛泽东:《关于若干历史问题的决议》,《毛泽东选集》第3卷,第963页。
② 参见胡乔木《胡乔木回忆毛泽东》,人民出版社1994年版,第319页。

为，该文献对历史事实讲得过少。① 出于维护中苏关系的考虑，中华人民共和国成立后在出版《决议》时，对其中的一些表述作了修改，如删去"毛泽东思想"的用语、增加斯大林名字的次数等。② 相比之下，第二个《决议》的历史视野更加开阔，前后写了一年多，对讨论稿一再修订。邓小平用两个"相当"评价文件起草过程，即"相当认真、严肃""相当仔细"。③ 第三个《决议》在时间跨度、视角广度和实践高度上都把总结党史提升到一个新水平。关于我们党前60年的历史，该《决议》的表述与前两个《决议》相衔接，沿用其基本论述和结论，将重点放在新时代。根据党中央部署，在广泛征求意见后，起草组经反复研究推敲，对文稿作了547处修改。

2. 所得出的历史结论在重大关头发挥"压舱石"作用

三个"历史决议"所得出的历史性结论，都是在深刻总结正反两方面历史的基础上得出的，来之不易，弥足珍贵。每一次作出历史结论、统一思想，都在重大历史关头发挥了"压舱石"作用，为开创未来作了很好的铺垫。

前两个《决议》的核心结论都是党在经历起伏曲折后经过深刻反思后得出的。第一个《决议》诞生前，党经历了大革命运动失败、第五次反"围剿"战争失败及皖南事变等，付出了惨痛代价；第二个《决议》问世之前，党先后出现反右派斗争严重扩大化以及"大跃进"运动、人民公社化运动等"左"倾错误，特别是经历了"文化大革命"十年动乱。其实，在这两个《决议》推出之前，党都曾对"左"倾错误进行过斗争和反思，但由于没有从思想方法、思想根源的高度在全党范围内对历史上的大是大非进行深刻总结，导致人们的思想并不统一。"左"的东西总是以这种或那种形式一再出现，造成干扰和困惑。1942年3月，毛泽东在中央学习组的讲话中指出："如果不把党的历史搞清楚，不把党在历史上所走的路搞清楚，便不能把事情办得更好……我们要研究哪些是过去的成功和胜利，

---

① 参见胡乔木《关于民主和专政的问题》，《胡乔木谈中共党史》（修订本），人民出版社2015年版，第93—94页。
② 参见石仲泉《两个〈历史决议〉与党的百年华诞》，《毛泽东思想研究》2021年第4期。
③ 邓小平：《对起草〈关于建国以来党的若干历史问题的决议〉的意见》，《邓小平文选》第2卷，人民出版社1994年版，第307页。

哪些是失败,前车之覆,后车之鉴。这个工作我们过去没有做过,现在正在开始做。"① 起草第二个《决议》的初衷,也是要借此对过去的事情做个基本总结,作出结论,以统一思想,引导人们团结一致向前看。在《决议》起草过程中,邓小平强调,对毛泽东功过和毛泽东思想的评价是最核心的内容,这部分如果写不好,整个决议就失去了意义。他还强调,粉碎"四人帮"以后这段历史也势必要写。② 这两个《决议》,一个彻底解决了关乎中国革命全局的路线问题,一个彻底解决了党和国家在实现伟大历史转折后如何继续向前走的问题,使全党紧紧围绕在毛泽东思想的旗帜下,团结一致开拓未来。

如果说前两个《决议》更多是党对过去所经历曲折的深刻思索,那么第三个《决议》则是成熟自信的党对未来大势的主动把握。党深刻认识到,在中华民族伟大复兴战略全局和世界百年未有之大变局辩证互动的历史背景下,全面总结党的百年奋斗重大成就和历史经验,对于在新征程上更加坚定和自觉地践行初心使命至关紧要。经过一百年风雨磨砺,党在新的历史起点上整装再出发,更需要在对历史的深入思考中认清历史方位、把握历史规律。第一,《决议》基于这一认识逻辑,准确把握党史发展的主流主线、主题本质,梳理出党百年历程的演进脉络和马克思主义中国化三次新飞跃的发展轨迹,突出中国特色社会主义新时代的发展变化,重点总结十八大以来取得的历史性成就和变革。最为宝贵的是,《决议》对习近平新时代中国特色社会主义思想作了新阐述,尤其是作出"两个确立"这一新概括,阐明了坚强的领导核心和科学的理论指导对新时代党和国家事业发展的决定性意义。作出"两个确立"这一新概括并写入《决议》,是十九届六中全会在理论上的一大亮点和突出贡献。第二,从大历史观角度,高度概括党百年奋斗的历史意义,系统总结党百年奋斗的历史经验。这些概括贯通了党百年奋斗的历史逻辑、理论逻辑、实践逻辑,阐释了党与中国人民、中华民族、马克思主义及人类社会发展之间的紧密联系,深刻揭示了党始终掌握历史主动的根本原因。

---

① 毛泽东:《如何研究中共党史》,《毛泽东文集》第2卷,人民出版社1993年版,第399页。
② 参见邓小平《对起草〈关于建国以来党的若干历史问题的决议〉的意见》,《邓小平文选》第2卷,第298—299页。

二 均起到统一思想向前看的作用,指向明确

党自成立之日起,就高举马克思主义大旗,孜孜以求地致力于为中国人民谋幸福、为中华民族谋复兴。不过,实现马克思主义基本原理同中国具体实际的有机结合并不容易,更何况实践无止境、理论创新亦无止境。党始终牢记党是什么、要干什么这个根本问题,高度重视总结历史,积累了宝贵的历史经验,起到凝聚和振奋人心的作用,故而能做到于挫折中奋起、从总结中提高,阔步走向未来。

(一) 总结历史经验教训的主旨

在《德意志意识形态》中,马克思、恩格斯提出了考察历史的基本原则:从现实而非概念、想象出发。因此,中国共产党人在面对历史时,无论教训还是经验,都重在透过现象看本质,强调对事物基本规律的抽象和概括;评价人物和事件不是为了就事论事,更不是为了追究个人责任,而是为了分析产生问题的根本原因,从而真正汲取教训、增长经验。

第一个《决议》的重点是清除"左"的影响,确立马克思主义中国化这一正确方向。毛泽东精辟指出:"我们研究党史,必须是科学的,不是主观主义。研究党史上的错误,不应该只恨几个人。如果只恨几个人,那就是把历史看成是少数人创造的。马克思主义的历史观不是主观主义,应该找出历史事件的实质和它的客观原因。"①《决议》详细剖析以王明为代表的"左"倾错误路线在政治、军事、组织、思想上的表现和危害,分析了产生这些错误的社会根源和思想根源。通过正确路线和错误路线的对比,让全党对党的发展历程和历史问题形成共识。第二个《决议》的主要任务同样是清除"左"的影响,从而回到毛泽东思想的正确轨道上,团结一致向前看。邓小平明确指出,对毛泽东同志晚年的错误不能写过头,要实事求是、恰如其分,不能把许多问题都归结到毛泽东同志的个人品质上;毛泽东同志的错误在于违反了他自己正确的东西;要把毛泽东思想同毛泽东同志晚年所犯的错误区别开来。第三个《决议》的历史背景与前两

---

① 毛泽东:《如何研究中共党史》,《毛泽东文集》第 2 卷,第 406 页。

个《决议》有所不同。用该文献自己的话说,党的十八大以来,"党中央权威和集中统一领导得到有力保证……全党思想上更加统一、政治上更加团结、行动上更加一致","党心军心民心空前凝聚振奋"。① 因此,第三个《决议》主要通过总结成功经验来统一思想、鼓舞人心,把着力点放在党的重大成就和历史经验上,通过全面总结党一百年来团结带领人民所进行的奋斗、牺牲和创造,得出坚持中国共产党领导的历史必然性、坚持走中国特色社会主义道路的唯一正确性,以及新时代在民族复兴历史进程中的标示性意义。

应该看到,党的"历史决议"具有双重内涵。就性质而言,它并非纯粹的叙述性历史研究,而是关于历史问题的论断性政治文件,其重点是阐明党的理论及政治观点,而非纠缠于具体历史事件,不可能面面俱到。就内容而言,它超越一般性的历史研究,对历史问题达到一种认识上的升华,是历史研究、党史研究进一步开展的出发点和重要的指导原则。源于此,我们才能理解,为何第一个《决议》对不同历史阶段的处理会在详略上有所取舍,为何第二个《决议》要增加回顾新中国成立之前28年党史的段落,为何第三个《决议》要把重点放在总结新时代。作为一种独特的政治动员和宣传方式,《决议》在统一思想、深化认识方面的政治功能尤为突出。

(二) 总结历史经验教训的方法

人们对历史的认识、对真理的追求,会随着实践的逐步深入、认识的不断提高、材料的日益丰富而趋于完善。所以,党在把握自身历史时,既充分发挥主观能动性,又避免纠缠于细节,采用从大处着眼的原则,即邓小平所说的"宜粗不宜细"。这种方法是符合历史认识的特点和规律的。

在具体历史事件上,采用实事求是、具体问题具体分析的方法。一是历史的发展的观点。第一个《决议》没有写明"左"倾错误路线在白区和苏区给党造成的具体损失,没有论及人品和宗派问题等。在毛泽东看来,对历史问题要格外谨慎,宁可《决议》有缺点,也不能留下错误。② 与党

---

① 《中共中央关于党的百年奋斗重大成就和历史经验的决议》,人民出版社2021年版,第29、61页。
② 胡乔木:《胡乔木回忆毛泽东》,第312页。

取得的伟大成绩相比,这些错误仅是一些部分的现象,也是难以完全避免的,而且党正是在克服这些错误的斗争过程中更加坚强起来。① 二是矛盾的辩证的观点。唯物史观反对对事物采取"要么是、要么否"的僵化态度。譬如,第一个《决议》对博古等人不是一概否定,认为他们在反帝反封建、土地革命、反蒋战争等问题上的若干观点是正确的。第二个《决议》也持辩证分析的态度,既科学评价了毛泽东的历史地位,又客观指出了毛泽东晚年所犯的错误;既充分论述了毛泽东思想作为党的指导思想的伟大意义,又明确指出对毛泽东言论采取教条主义态度是完全错误的。三是全面的系统的观点。毛泽东曾明确指出:"对于任何问题应取分析态度,不要否定一切。"② 第一个《决议》在阐述中央的领导路线问题,在分析第三次"左"倾路线的错误时,都采用了全面的观点。第二个《决议》把毛泽东一生与他的晚年、毛泽东晚年的错误与林彪及"四人帮"的罪行、毛泽东个人和中央领导集体、"文化大革命"与"文化大革命"时期作了清晰区分,对毛泽东思想所贯穿的立场、观点、方法作了科学概括,从而既旗帜鲜明地清理"左"倾错误,又有力抵御了右的错误思潮。

在历史发展的整体性上,着眼于历史各个阶段的联系,抵制历史虚无主义,正确认识事物的发展方向。在总结教训的基础上,重要的是树立起对历史的整体认识。推出第一个《决议》,旨在使党统一思想,以最终取得新民主主义革命的彻底胜利,所以《决议》是以区分正确路线与错误路线的方式,让全党对中国革命问题有个总的认识。与第一个《决议》集中总结某一时段的历史相比,第二个《决议》在起草过程中吸收陈云同志的意见,打破原先的写作思路,开篇专门回顾了新中国成立以前28年的历史。这其实是提出了要把前后历史联系起来认识的课题。十八大之后,习近平总书记明确提出要正确认识党领导人民进行社会主义建设的总过程,不能人为地将改革开放前后的历史割裂开来。正是基于坚持正确党史观、树立大历史观,第三个《决议》贯通党成立至今的百年历史,核心内容由主要解决历史遗留问题变为主要总结历史上的成功经验,对十八大之前党史的表述与前两个《决议》相衔接,聚焦当下正在做的事情。

---

① 毛泽东:《关于若干历史问题的决议》,《毛泽东选集》第 3 卷,998 页。
② 毛泽东:《学习和时局》,《毛泽东选集》第 3 卷,第 938 页。

(三) 总结历史经验教训的过程

三个"历史决议"的形成过程充分彰显了民主集中制的优势。它们都是在党中央尤其是中央领导集体的核心的统筹下，经严格的组织程序慎重作出的纲领性文件，具有凝聚全党力量、团结一致向前看的重要功能。

凝聚全党力量首先要维护党内团结。有了党内团结，才有迎接各种风险挑战的组织保证。第一个《决议》诞生于革命斗争"以弱搏强"的关键节点，毛泽东把党内团结视为党战胜艰难环境的"无价之宝"。[①] 基于当时各个根据地在地理上的区隔，毛泽东认为应该承认其作为中国社会特殊产物的现实情形，"从团结全党出发是第一，加以分析批评是第二，然后再来一个团结"。[②] 第二个《决议》诞生于历史遗留问题尚未完全解决、党内思想认识存在分歧的敏感时期。出于营造正常、健康的党内政治生态的考虑，对"文化大革命"等的评述不再沿用"路线斗争"概念，体现了实事求是的科学态度，客观上促进了党内的团结统一。第三个《决议》诞生于建党百年的历史时刻。一百年来，党践行初心使命，团结带领人民从胜利走向胜利。《决议》把着力点放在总结党的百年奋斗重大成就和历史经验上，本身就是一个团结鼓劲的文献；特别是在理论上作出"两个确立"新概括，有利于真正把党团结凝聚成为"一块坚硬的钢铁"。

凝聚全党力量还需要集中全党智慧。就组织部署看，党的领导核心极为重视，付出巨大心血。毛泽东始终关注第一个《决议》的起草，后来直接主持，字斟句酌，对文稿作了七次修改。邓小平是第二个《决议》的实际主持人，先后十六七次约见相关负责同志，《决议》的指导思想、框架结构、对重大问题的把握都是由他最终决断的。习近平总书记对第三个《决议》的形成起了决定性作用，亲自担任文件起草组组长，确定写作思路、基本框架和主要内容。《决议》全面吸收了十八大以来党的理论创新成果，通篇融汇了习近平总书记对党和国家事业的新思考、新认识、新谋划。

就起草过程看，均充分发扬党内民主，广泛征询意见，反复讨论修

[①] 毛泽东：《关于共产国际解散问题的报告》，《毛泽东文集》第3卷，人民出版社1996年版，第22页。

[②] 毛泽东：《时局问题及其他》，《毛泽东文集》第3卷，第256页。

改，体现了全党意志。第一个《决议》在正式起草前，已在中央政治局和全党高级干部中进行了数次关于党史的讨论。如此深入充分地讨论党史问题，在党的历史上还是第一次。如果算上正式起草前的讨论准备，第一个《决议》的起草历时近四年。第二个《决议》前后写了20个月，其间经历党内4000人讨论、52位老同志讨论、政治局扩大会议讨论、十一届六中全会预备会讨论，邓小平、陈云对决议内容发表讲话十余次。文件的工作过程稿共有七稿，并在各民主党派和民主人士中征求意见。第三个《决议》的起草历时八个月，包括在党内外一定范围内征求意见，并据此对文件做了547处修改，做到能吸收的尽量吸收。中央政治局常委会召开三次会议、中央政治局召开两次会议，专门进行审议。

从程序看，三个文件都是经党的中央全会审议通过的。第一个《决议》在六届七中全会审议通过，为七大顺利召开奠定思想基础；第二个《决议》在十一届六中全会审议通过，为十二大顺利召开作了很好铺垫；第三个《决议》在十九届六中全会审议通过，为二十大顺利召开打下坚实基础。

（四）总结历史经验教训的立场

三个"历史决议"都是从人民创造历史的伟大实践中汲取营养和智慧。第一，充分尊重人民群众创造历史的主体地位。第一个《决议》充分肯定了党团结带领人民在土地革命中取得的伟大成就，把密切联系群众概括为党的三大优良作风之一。第二个《决议》强调一切巨大成就是党和人民创造性运用马列主义的结果，并把毛泽东思想"活的灵魂"概括为三个基本方面，其一便是群众路线。第三个《决议》把党百年奋斗的历史意义概括为五条，"从根本上改变了中国人民的前途命运"被列为第一条；"坚持人民至上"则被列为党百年奋斗的十条经验之一。第二，以人民利益作为判断对错的标准，得出顺乎事理、合乎民心、贴合实际的结论。正是基于这一态度，才能超越个人恩怨和主观情绪，始终站在党和人民的立场上看待历史问题。从这一思想高度出发，党对革命时期"左"倾错误路线及其深层次社会根源作了深刻剖析，对建设时期阶级斗争扩大化及其复杂的社会历史原因作了深刻解析，对改革开放特别是十八大以来取得的历史性成就作了科学评价。三个"历史决议"说明，一部党的历史就是党与人民群众生死与共、风雨同舟、共同奋斗的历史。

人民的立场就是实践的立场。党选择马克思主义作为指导思想，并不意味着一劳永逸，从此拥有了解决中国问题的"万能钥匙"。党的三个"历史决议"完整呈现了党对马克思主义及中国具体实际的认知在实践中逐步深化的历史过程。由于中西国情的巨大差异，不能把马克思主义原封不动地照搬到中国来，而"左"倾教条主义一度使中国革命遭受严重挫折。党汲取历史教训，深刻认识到马克思主义是指南而不是僵化的教条，中国革命必须走出自己的新路。在社会主义建设时期，党在探索前进中也经历了曲折，出现了急躁冒进以及把阶级斗争扩大化等错误。通过推出第二个《决议》，党在指导思想上完成拨乱反正的历史任务，全力转入改革开放，在搞建设上成功走出了一条新路。第三个《决议》以回望百年路、奋进新时代作为总基调，以大历史观贯通历史、现实和未来，号召全党努力在新征程展现新气象新作为。可见，马克思主义也好，中国具体实际也好，都不是凝固不变的静态概念，而是一个在历史过程中不断发展的认识对象。马克思主义的科学性、社会主义的生命力，都是在实践中不断得到检验和发展。

三　均极大推进了党的事业发展，影响深远

中国共产党的历史是一部丰富生动的教科书。百年党史是一个党带领人民不懈奋斗、接续探索、不断向前的历史进程，历史、现实和未来是贯通的。通过回顾和总结历史，党汲取历史智慧，阔步走向未来。三个《决议》是三个里程碑，清晰勾勒出党砥砺前行、铸造辉煌的奋斗足迹，也忠实记录了中华民族伟大复兴的历史进程。

（一）均极大推进了党的理论创新

一是不断丰富马克思主义中国化的思想宝库，展示出发展中的马克思主义的强大生命力。

党走过的一百年是不断把马克思主义基本原理同中国具体实际相结合的一百年。在面向和解决"中国问题"的百年中，党实现马克思主义中国化的三次历史性飞跃，取得三大重要理论成果，即毛泽东思想、中国特色

社会主义理论体系和习近平新时代中国特色社会主义思想。

前两个《决议》都是围绕毛泽东思想的指导作用和历史地位展开的。第一个《决议》高度评价毛泽东创造性地运用马克思列宁主义基本原理解决中国革命问题的杰出贡献，直接提出了"毛泽东思想"的概念。[①]"毛泽东思想"随后在七大被正式确立为党的指导思想。第二个《决议》通过科学阐释毛泽东思想，将毛泽东晚年的错误与毛泽东思想相剥离，对毛泽东思想的基本内容和贯穿其中的立场观点方法作了全面概括，指出毛泽东思想是马列主义在中国的运用和发展，维护了毛泽东和毛泽东思想的历史地位。

中国特色社会主义理论体系是在改革开放历史新时期逐步构建起来的。在邓小平理论的形成过程中，第二个《决议》起到了承前启后的历史作用。"承前"是指《决议》对于我国探索社会主义建设道路的论述，主要是在邓小平从十一届三中全会到六中全会期间所作的重要论断的指导下形成的；"启后"是指这些思考在《决议》中得到再度雕琢、深化。《决议》首次将十一届三中全会以来逐步确立的社会主义现代化建设正确道路的要点概括为十点，实际上初步提出了在中国建设什么样的社会主义、怎样建设社会主义的重大命题，而这正是邓小平理论所着力解答的问题。[②]

第三个《决议》重新梳理了马克思主义中国化的历史节点，将习近平新时代中国特色社会主义思想从中国特色社会主义理论体系的最新成果明确调整为继毛泽东思想、中国特色社会主义理论体系之后的马克思主义中国化新飞跃。这个定位是基于中国特色社会主义进入新时代作出的科学论断。如果说前两个《决议》分别让毛泽东思想、邓小平理论"呼之欲出"，那么第三个《决议》则是在习近平新时代中国特色社会主义思想已写入党章的情况下，用"十个明确"对其核心内容作出新概括。习近平新时代中国特色社会主义思想蕴含一系列原创性治国理政新理念新思想新战略，是党的十八大以来历史性成就和历史性变革的重要理论结晶。

[①] "毛泽东思想"概念于1943年7月由王稼祥首次提出，六届七中全会通过的《决议》原文也明确出现"毛泽东思想"等表述，但《决议》后来作为附录收入《毛泽东选集》时，被毛泽东本人删除。相关具体情况及原因，参见胡乔木《胡乔木回忆毛泽东》，第325—326页；石仲泉《两个〈历史决议〉与党的百年华诞》，《毛泽东思想研究》2021年第4期。

[②] 夏春涛：《从百年党史看两个"历史决议"的伟大意义》，《毛泽东研究》2021年第3期。

二是有力提升了党总结自身历史经验教训的水平。

为什么要不断地总结历史？因为认识来源于实践，科学认知建立在充分发展的实践基础之上。随着实践的发展，党对历史问题的认识不断深化，总结历史经验的能力不断提高。三个《决议》均代表了当时党思想认识的最高水平。

第一个《决议》可谓延安整风运动的理论结晶。党通过遵义会议改组中央领导中枢，确立了毛泽东在中央领导层的地位，但未及时对历史上的"左"倾错误进行清理、作出结论。在同以王明为代表的"左"倾教条主义作斗争的过程中，毛泽东的思想逐渐成熟，明确提出"使马克思主义在中国具体化"，并发起延安整风运动，号召并组织全党特别是干部认真研究党的历史，整顿学风、党风和文风，由此基本弄清了党史上的是非问题。六届七中全会通过第一个《决议》，对建党以来的历史作出正式结论。在百年党史上，这是第一次系统研究党的历史问题，开创了党运用"决议"的理论和组织权威来统一认识、推进事业的先河。

第二个《决议》延续并发展了真理标准问题大讨论的认识成果。粉碎"四人帮"后，如何尽快摆脱十年内乱造成的危难局面、中国向何处去，成为全党全国人民普遍关心的问题。在邓小平等老一辈革命家的引导和支持下，全国展开真理标准问题大讨论；党的十一届三中全会实现伟大转折，重新确立解放思想、实事求是的思想路线。第二个《决议》正是在此背景下推出的，以解决历史遗留问题，扫除发展的思想障碍。邓小平在十一届六中全会闭幕会上有个评价，认为《决议》"真正是达到了我们原来的要求"，表示"相信这个决议能够经得住历史考验"。[①]《决议》对历史问题作了实事求是的评价，对党的自身建设、党的领导制度和执政方式以及社会主义现代化建设道路等问题的认识，均达到一个新高度。

第三个《决议》是在全党深入开展"四史"尤其是党史学习教育的背景下推出的。"四史"学习教育是在建党百年之际进行的最为重要的教育活动。习近平总书记明确强调，要树立正确党史观，坚持以我们党关于历史问题的两个决议和党中央有关精神为依据，准确把握党的历史发展的主题主线、主流本质，正确认识和科学评价党史上的重大事件、重要会议、

---

① 邓小平：《在党的十一届六中全会闭幕会上的讲话》，《邓小平文选》第2卷，第383页。

重要人物,由此可见前两个《决议》的权威性及重要意义。习近平总书记还在多个重要场合对党史特别是改革开放以来的探索实践作了系统总结和深刻论述,体现了对党史的新认识。第三个《决议》充分体现了这些新认识。《决议》将党百年奋斗的历史经验概括为十条,着实体现了前所未有的思想深度和认识高度。

(二) 均在实践上极大推进了事业发展

一是党中央的权威和集中统一领导得到加强,确保了党的团结统一。

加强政治建设对党极为重要,是党的鲜明特征和政治优势。维护党中央权威和集中统一领导是党的领导的最高原则,为党百年来正反两方面的历史一再印证。

马克思曾经说过,每一个社会时代都需要有自己的伟大人物。邓小平一再强调党中央要有权威,中央领导集体要有一个核心。他在1989年分析指出:"在历史上,遵义会议以前,我们的党没有形成过一个成熟的党中央。从陈独秀、瞿秋白、向忠发、李立三到王明,都没有形成过有能力的中央。"① 中央涣散无力是党在早期屡遭挫折乃至濒临失败的一个重要原因。从遵义会议开始,以毛泽东同志为核心的党的第一代中央领导集体逐步形成。第一个《决议》明确了马克思主义中国化这一正确方向,肯定了毛泽东在其中所作的卓越理论贡献,实际上已经明确了毛泽东在党中央的核心地位。七大选举产生以毛泽东同志为核心的党的第一代中央领导集体,标志着党已成为一个成熟的党。

起草第二个《决议》时,邓小平再三强调要正确评价毛泽东和毛泽东思想,将之视为最重要、最根本的一个原则。《决议》最终也很好贯彻了这一原则,从而在党的指导思想上完成拨乱反正的历史任务。在文件起草过程中,邓小平起了不可替代的指导和主导作用,实际上起了核心作用。他后来分析指出:"任何一个领导集体都要有一个核心,没有核心的领导是靠不住的。第一代领导集体的核心是毛主席。因为有毛主席作领导核心,'文化大革命'就没有把共产党打倒。第二代实际上我是核心。因为

---

① 邓小平:《第三代领导集体的当务之急》,《邓小平文选》第3卷,人民出版社1993年版,第309页。

有这个核心，即使发生了两个领导人的变动，都没有影响我们党的领导，党的领导始终是稳定的。"①

第三个《决议》贯穿全篇的一个重要论断是"两个确立"。"两个确立"深入人心，早已成为常识和共识，正如《决议》所说，"党确立习近平同志党中央的核心、全党的核心地位，确立习近平新时代中国特色社会主义思想的指导地位，反映了全党全军全国各族人民共同心愿。"② 作出这一新概括，写入总结党的百年奋斗史的《决议》，成为历史性结论，其权威性是不可比拟的，对我们党继续奋进新时代具有战略意义和奠基作用。

总之，百年党史充分证明，什么时候全党有坚强的领导核心，党中央的权威和集中统一领导得到加强，党的团结统一就有保证，党的事业就会高歌猛进；反之，就会遭受挫折。三个《决议》的问世，在理论和实践上都极大推进了党的事业。

二是迅速打开新局面，党的事业发生历史性转变。

如第三个《决议》所概括的，党在百年征程上带领人民实现了四个伟大飞跃，三个《决议》在其中起了极为重要的推进作用。一是夺取新民主主义革命伟大胜利，彻底结束旧中国半殖民地半封建社会的历史，实现中国从几千年封建专制政治向人民民主的伟大飞跃。第一个《决议》使全党在思想上、组织上达到空前团结和统一，进而为中国革命取得最终胜利奠定了坚实基础。二是完成社会主义革命和推进社会主义建设，实现中华民族有史以来最为广泛而深刻的社会变革，实现了一穷二白、人口众多的东方大国大步迈进社会主义社会的伟大飞跃。第二个《决议》形成于第二个伟大飞跃到第三个伟大飞跃之间，起到拨乱反正、继往开来的重要作用。三是进行改革开放和社会主义现代化建设，取得举世瞩目的伟大成就，实现了人民生活从温饱不足到总体小康、奔向全面小康的历史性跨越，推进了中华民族从站起来到富起来的伟大飞跃。四是开创中国特色社会主义新时代，党和国家事业取得历史性成就、发生历史性变革，中华民族迎来从站起来、富起来到强起来的伟大飞跃。第三个《决议》系统总结党的百年

---

① 邓小平：《第三代领导集体的当务之急》，《邓小平文选》第 3 卷，第 310 页。
② 《中共中央关于党的百年奋斗重大成就和历史经验的决议》，第 26 页。

光辉历程，重点总结新时代以来所取得的重大成就和历史经验，有利于引导全党进一步坚定信心，以史为鉴，开创未来。

在庆祝中国共产党成立95周年大会上，习近平总书记讲过一番掷地有声的话："一切向前走，都不能忘记走过的路；走得再远、走到再光辉的未来，也不能忘记走过的过去，不能忘记为什么出发。"[①] 三个《决议》均鲜明体现了这一理念。按照大体每30年推出一篇历史决议的节奏，第四个《决议》将在实现第二个百年奋斗目标之时推出。届时，中华民族伟大复兴中国梦将如期实现。这令人无限憧憬。

（原载《史学理论研究》2022年第3期）

---

① 习近平：《在庆祝中国共产党成立95周年大会上的讲话》，人民出版社2016年版，第8页。

坚持唯物史观和正确党史观的典范
——学习党的十九届六中全会《决议》*

曹清波

（内蒙古医科大学马克思主义学院）

党的十九届六中全会全面总结党的百年奋斗史，审议通过《中共中央关于党的百年奋斗重大成就和历史经验的决议》（以下简称《决议》），形成党史上第三个历史决议。这涉及历史观，关乎如何总结历史、如何看待现在、怎样走向未来等大是大非问题。《决议》"序言"开宗明义指出："全党要坚持唯物史观和正确党史观，从党的百年奋斗中看清楚过去我们为什么能够成功、弄明白未来我们怎样才能继续成功。"[1]《决议》本身在这一点上做得很成功，是坚持唯物史观和正确党史观的典范，对历史研究具有重要的指导意义。

一 坚持马克思主义"五种社会形态"理论，深刻揭示中国道路的历史必然性

马克思主义"五种社会形态"理论认为，人类社会发展是有规律可循的，经原始社会、奴隶社会、封建社会、资本主义社会，再经社会主义社会过渡到共产主义社会。从1846年马克思、恩格斯合著《德意志意识形态》，到1880年恩格斯撰写《家庭、私有制和国家的起源》，清晰地勾勒

---

* 在本文的撰写过程中，中国社会科学院历史理论研究所研究员夏春涛全程参与、细心指导，谨致谢忱。

[1] 《中共中央关于党的百年奋斗重大成就和历史经验的决议》，人民出版社2021年版，第2页。

出这一理论的发展脉络和基本内涵。① 它通过考察生产力与生产关系之间的矛盾运动，科学揭示了人类社会发展的普遍规律，是马克思主义唯物史观一个最基本的观点。中国有数千年文明史，其社会形态发展与"五种社会形态"理论相吻合，同时又带有自身的一些独特性。1939年，毛泽东在《中国革命和中国共产党》一文中指出："中华民族的发展（这里说的主要地是汉族的发展），和世界上别的许多民族同样，曾经经过了若干万年的无阶级的原始公社的生活。而从原始公社崩溃，社会生活转入阶级生活那个时代开始，经过奴隶社会、封建社会，直到现在，已有了大约四千年之久。"② 我们党认清近代中国社会性质、探索民族复兴道路，与创造性地学习、运用"五种社会形态"理论密不可分。

然而，近二三十年来，随着历史虚无主义思潮的滋蔓，质疑"五种社会形态"理论的声音多起来了。有人妄言"五种社会形态"理论是列宁、斯大林编造出来并强加给马克思主义经典作家的。一些通史类著作不讲社会形态演变，以王朝更替史、文化形态演变史等作为主线，抹去了历史发展规律。更有甚者，明确否认中国历史上经历过漫长的封建社会，否认近代中国是半殖民地半封建社会。试想，倘若没有封建社会，何来半封建社会？不承认近代中国是半殖民地半封建社会，也就否定了以反帝反封建为主旨的新民主主义革命，进而否定了中国共产党建党、中华人民共和国建国的合法性，否定了中国道路，正所谓"皮之不存，毛将焉附"。坚持马克思主义"五种社会形态"理论，是正确评价党的百年奋斗史的必要前提。

自鸦片战争起，中国深陷民族危机，主权和领土完整受到西方列强粗暴侵犯，中国社会性质发生变化。不认清这一变化，不发现问题之所在，便无法解决危机、找到民族复兴之路。毛泽东思想是马克思主义中国化的第一次历史性飞跃，创造性地提出新民主主义理论，以马克思主义唯物史观为指导分析中国社会，又根据中国具体国情作出新解释，指出近代中国是半殖民地半封建社会，中国革命要分两步走，先进行反帝反封建的新民主主义革命，再进行社会主义革命。我们党的百年奋斗史，所进行的一切

---

① 参见王伟光主编《中国社会形态史纲》，中国社会科学出版社、南开大学出版社2020年版，"代序"。

② 《毛泽东选集》第2卷，人民出版社1991年版，第622页。

理论创新和实践创新,正是按照这一历史逻辑展开的。

党的十九届六中全会审议通过的《决议》据此将党的百年奋斗历程划分为四个时段,清晰地梳理出百年党史的脉络和主线。《决议》明确指出:鸦片战争以后,"由于西方列强入侵和封建统治腐败,中国逐步成为半殖民地半封建社会"。[①] 为挽救民族危亡,中国人民奋起反抗,仁人志士奔走呐喊,进行各种尝试和抗争,但都以失败告终。党领导人民经过28年浴血奋斗,夺取新民主主义革命伟大胜利,建立新中国,实现民族独立、人民解放,"彻底结束了旧中国半殖民地半封建社会的历史",[②] 为实现中华民族伟大复兴创造根本社会条件。接着,党领导人民完成社会主义革命和推进社会主义建设,为实现民族复兴奠定根本政治前提和制度基础;确立社会主义初级阶段基本路线,进行改革开放和社会主义现代化建设,为实现民族复兴提供充满新的活力的体制保证和快速发展的物质条件;开创中国特色社会主义新时代,为实现民族复兴提供了更为完善的制度保证、更为坚实的物质基础、更为主动的精神力量。倘若背离唯物史观,就不可能对百年党史作出科学总结。百年党史深刻揭示了党带领人民走中国路、圆中国梦的历史必然性,无可辩驳地证明只有社会主义才能救中国,中国特色社会主义是实现中华民族伟大复兴的必由之路。我们党将人类历史发展的普遍性与中国历史发展的特殊性相统一,大力推进理论创新,说明马克思主义深刻改变了中国,我们党也以创造性实践极大丰富和发展了马克思主义。

二 坚持人民的历史主体地位,深刻诠释党的根本宗旨和优良作风

人心向背关乎政权存亡、事业成败。在中国共产党诞生之前,各种政治力量、诸多仁人志士尝试改变中国积弱积贫现状,使中国走向富强,但均告失败,其根本原因之一在于忽视和脱离人民,无法真正将民众动员和组织起来。譬如,洪秀全为反抗封建腐朽统治而起兵反清,憧憬建立一个

[①] 《中共中央关于党的百年奋斗重大成就和历史经验的决议》,第3页。
[②] 《中共中央关于党的百年奋斗重大成就和历史经验的决议》,第8页。

第五篇　唯物史观与百年党史

"无处不均匀，无人不饱暖"的太平世界，但同时又严判上下尊卑，推行森严的等级制度，营造新的不平等，乃至未等打下江山就发生内讧，骨肉相残，导致人心离散，自毁长城。"孙中山先生领导的辛亥革命推翻了统治中国几千年的君主专制制度，但未能改变中国半殖民地半封建的社会性质和中国人民的悲惨命运。"[1]"无量头颅无量血，可怜购得假共和"，[2]说明旧民主主义革命已是穷途末路。蒋介石站在人民对立面，残酷杀戮共产党人和一切民主进步人士，被斥为"独夫民贼""人民公敌"，注定走向失败。

中国共产党自诞生之日起，就与人民群众水乳交融。恩格斯在《普鲁士"危机"》一文中明确指出："在十七世纪的英国和十八世纪的法国，甚至资产阶级的最光辉灿烂的成就都不是它自己争得的，而是平民大众，即工人和农民为它争得的。"[3]党以马克思主义作为自己的灵魂和旗帜，信奉唯物史观，坚信人民是历史的创造者，是真正的英雄，是党的根基和血脉所在。党的性质是"两个先锋队"，即党是中国工人阶级的先锋队，同时是中国人民和中华民族的先锋队。党的根本宗旨是全心全意为人民服务，党除了工人阶级和最广大人民群众的利益以外，没有自己特殊的利益，党性与人民性高度统一——这是我们党与一切剥削阶级政党最根本的区别。党的初心和使命是为中国人民谋幸福、为中华民族谋复兴，百年来须臾未曾改变。毛泽东思想活的灵魂有三个基本方面，其一为群众路线，这是党的根本工作路线和生命线。密切联系群众是中共七大概括的党的三大优良作风之一，并得到传承和弘扬。毛泽东郑重强调要居安思危，保持好作风，避免"霸王别姬"这一幕。中央一再告诫全党，密切联系群众是党的最大政治优势，脱离群众是党执政后的最大危险。由此可见，党的先进性和纯洁性是独一无二的，是国内任何其他政治力量都无法比拟的，故而党的历史地位和作用是无可替代的。一百年来，党始终致力于保持自身的先进性和纯洁性，以伟大自我革命引领伟大社会革命。因为赢得人民群众的衷心拥护和支持，党拥有不竭的力量源泉，所以能战胜一切艰难险

---

[1]　《中共中央关于党的百年奋斗重大成就和历史经验的决议》，第3—4页。
[2]　蔡济民：《书愤》，《民立报》1912年9月13日，转引自史远芹主编《中国近代化的历程》，中共中央党校出版社1999年版，第320页。
[3]　《马克思恩格斯全集》第18卷，人民出版社1964年版，第325页。

阻，不断从胜利走向胜利。

《决议》正文前四个部分按时序总结百年党史，深情回顾党与人民群众生死相依、休戚与共、共同奋斗的历史，其中第一部分谈到32字的"伟大建党精神"，末句为"不负人民"。①《决议》第五部分将党百年奋斗的历史意义概括为五条，第一条便是"从根本上改变了中国人民的前途命运"，指出："一百年来，党领导人民经过波澜壮阔的伟大斗争，中国人民彻底摆脱了被欺负、被压迫、被奴役的命运，成为国家、社会和自己命运的主人，人民民主不断发展，十四亿多人口实现全面小康，中国人民对美好生活的向往不断变为现实。"②《决议》第六部分将党百年奋斗的历史经验概括为十条，第二条为"坚持人民至上"，并作了深刻阐述，讲了一番掷地有声的话："党的根基在人民、血脉在人民、力量在人民，人民是党执政兴国的最大底气。民心是最大的政治，正义是最强的力量……只要我们始终坚持全心全意为人民服务的根本宗旨，坚持党的群众路线，始终牢记江山就是人民、人民就是江山，坚持一切为了人民、一切依靠人民，坚持为人民执政、靠人民执政，坚持发展为了人民、发展依靠人民、发展成果由人民共享，坚定不移走全体人民共同富裕道路，就一定能够领导人民夺取中国特色社会主义新的更大胜利，任何想把中国共产党同中国人民分割开来、对立起来的企图就永远不会得逞。"③《决议》第七部分号召全党不忘初心，在新征程上展现新气象新作为，论及五个方面，其一是党群关系，指出："全党必须永远保持同人民群众的血肉联系，站稳人民立场，坚持人民主体地位，尊重人民首创精神，践行以人民为中心的发展思想，维护社会公平正义，着力解决发展不平衡不充分问题和人民群众急难愁盼问题，不断实现好、维护好、发展好最广大人民根本利益，团结带领全国各族人民不断为美好生活而奋斗。"④ 这番话，西方资产阶级政党是认识不到、讲不出来的，更不可能做到。"人民"是《决议》全篇的一个关键词，共出现249次。我们党始终心系人民、赢得民心，自然就立于不败之地，百年来砥砺前行、屹立不倒。

---

① 《中共中央关于党的百年奋斗重大成就和历史经验的决议》，第7页。
② 《中共中央关于党的百年奋斗重大成就和历史经验的决议》，第62页。
③ 《中共中央关于党的百年奋斗重大成就和历史经验的决议》，第66页。
④ 《中共中央关于党的百年奋斗重大成就和历史经验的决议》，第73页。

第五篇　唯物史观与百年党史

三　坚持正确党史观，准确把握党史发展的主题主线、主流本质

　　以唯物史观为指导来研究党史所形成的历史观，就是正确党史观。树立正确党史观是树立正确历史观的题中应有之义。《决议》"序言"明确强调"全党要坚持唯物史观和正确党史观"。习近平总书记在中国共产党第十九届中央委员会第六次全体会议上就《决议》起草情况作说明时，也特意谈到"要坚持正确党史观"。他郑重指出："总结党的百年奋斗重大成就和历史经验，要坚持辩证唯物主义和历史唯物主义的方法论，用具体历史的、客观全面的、联系发展的观点来看待党的历史。要坚持正确党史观、树立大历史观，准确把握党的历史发展的主题主线、主流本质，正确对待党在前进道路上经历的失误和曲折，从成功中吸取经验，从失误中吸取教训，不断开辟走向胜利的道路。要旗帜鲜明反对历史虚无主义，加强思想引导和理论辨析，澄清对党史上一些重大历史问题的模糊认识和片面理解，更好正本清源。"①

　　历史虚无主义思潮的主要特征是错误解读历史，提出颠覆性结论，将原本清晰的历史虚无化、模糊化，借谈论历史来影射现实，意在否定党的领导、反对走社会主义道路。以美国为首的西方国家是始作俑者、幕后推手，一直不遗余力地对我国进行意识形态渗透，实施"西化"战略。他们把"西化"等同于现代化，等同于资本主义化，摆出一副"教师爷"面孔颐指气使地说三道四、指手画脚。早先主要借所谓"人权"问题向我们党和国家发难，蓄意挑拨党群、干群关系。苏东剧变后更加急不可待，抛出大批诬蔑我们党的领袖、抹黑我们党历史的书籍；在民主问题上大做文章，大肆攻击我国政治制度，硬说我们是一党制、不民主，散播"中国崩溃论"蛊惑人心。近年来，又借所谓新疆、香港等问题发难，继续粗暴干涉中国内政，甚至胡诌我们在新疆搞"种族灭绝"，全然不顾新疆维吾尔族人口已比四十多年前翻了一番的这一事实。2020 年末，美国政府竟然发

---

①　习近平：《关于〈中共中央关于党的百年奋斗重大成就和历史经验的决议〉的说明》，《中共中央关于党的百年奋斗重大成就和历史经验的决议》，第 79—80 页。

布新规,限制中共党员及其直系亲属赴美旅行。用这种方式将中共党员污名化,实在匪夷所思,引起舆论哗然。

这一国际大气候影响到国内,对错误思潮滋蔓起了推波助澜的作用。有人无视我们党走过的光辉历程和取得的伟大成就,无视党为国家富强、民族振兴、人民幸福进行的不懈奋斗、付出的巨大牺牲,无视党为实现中华民族伟大复兴建立的不朽功业,无视党为维护世界和平、促进共同发展作出的重大贡献。他们以片面、孤立、静止的观点看待和评价历史,肆意歪曲、割裂、剪裁历史,将我们党在探索中出现的失误、经历的曲折无限放大,对党史上的重大事件、重要会议、重要人物冷嘲热讽。譬如,有人大谈"告别革命论",声称改良是优于革命的历史选择,似乎中国新民主主义革命、社会主义革命都是"多余"的。有人津津乐道所谓"民国范儿",似乎这是一个令人羡慕和留恋的"美好"年代。有人无视中国特色社会主义民主政治的特点和优势,不看主流看枝节,大肆炒作党内存在的腐败现象和不正之风,大肆渲染社会上出现的贫富差距相对拉大等现象,危言耸听,抛出"08宪章"、鼓噪"宪政民主",或胡乱贴标签,胡说当今中国实际上是"国家资本主义""新官僚资本主义""权贵资本主义"。有一段时间,互联网上诋毁、攻击党的言论俯拾即是,从恶意诽谤党的领袖,到肆意轻侮各个时期的人民英雄,对历史毫无敬畏之心,搅得乌烟瘴气。

用具体历史的、客观全面的、联系发展的观点来看待党史,关键是准确把握党史发展的主题主线、主流本质。正如习近平总书记指出的:"改革开放以来,尽管党的工作中也出现过一些问题,但总体上讲党和国家事业发展是顺利的,前进方向是正确的,取得的成就是举世瞩目的。"[①] 历史虚无主义者往往以点带面、以偏概全,甚至胡编乱造、信口雌黄,把我们党的历史、把党的整个干部队伍"妖魔"化,故意泼脏水。这些诳语、过激言论与学术研究无涉,丝毫经不起推敲,毫无说服力可言,但影响恶劣。事实胜于雄辩,概括地说,中国共产党在内忧外患中诞生、在历经磨难中成长、在攻坚克难中壮大,其百年历程彪炳史册,是牢记初心使命、

[①] 习近平:《关于〈中共中央关于党的百年奋斗重大成就和历史经验的决议〉的说明》,《中共中央关于党的百年奋斗重大成就和历史经验的决议》,第80页。

第五篇　唯物史观与百年党史

为实现中华民族伟大复兴不懈奋斗的一百年,是大力推进马克思主义中国化、以理论创新推动实践创新的一百年,是始终走在时代前列、引领历史发展大势的一百年,是在与人民群众患难与共、风雨同舟中不断发展壮大的一百年;中国共产党历史发展的主题是实现中华民族伟大复兴,主线是独立自主走自己的路,主流是始终引领发展进步,本质是与人民心连心、同呼吸、共命运。[①] 这是无可辩驳的。

如标题所示,《决议》着重阐述"党的百年奋斗重大成就和历史经验",作为走过百年峥嵘岁月、世界上最大的马克思主义执政党,我们党怀着喜悦、以胜利者口吻,总结自己的百年历史,体现了百年大党的自信、底气和豪情。《决议》依次回顾党领导人民进行革命、建设、改革的伟大历程,全面总结党为国家和民族建立的丰功伟绩。《决议》第五部分分别阐述党对中国人民、中华民族、马克思主义、人类进步事业、马克思主义政党建设所作的历史性贡献,将党百年奋斗的历史意义概括为五条:从根本上改变了中国人民的前途命运,开辟了实现中华民族伟大复兴的正确道路,展示了马克思主义的强大生命力,深刻影响了世界历史进程,锻造了走在时代前列的中国共产党。这个评价是中肯的、实事求是的。《决议》第六部分总结党百年奋斗的历史经验,概括为十条,即"十个坚持":坚持党的领导,坚持人民至上,坚持理论创新,坚持独立自主,坚持中国道路,坚持胸怀天下,坚持开拓创新,坚持敢于斗争,坚持统一战线,坚持自我革命。这十条经验贯通历史、现在和未来,体现了大历史观;以坚持党的领导开头,以坚持自我革命收尾,首尾呼应谈党建,深刻揭示了我们党过去为什么能够成功、未来怎样才能继续成功的问题。关于"坚持自我革命",《决议》指出:"自我革命精神是党永葆青春活力的强大支撑。先进的马克思主义政党不是天生的,而是在不断自我革命中淬炼而成的。党历经百年沧桑更加充满活力,其奥秘就在于始终坚持真理、修正错误。党的伟大不在于不犯错误,而在于从不讳疾忌医,积极开展批评和自我批评,敢于直面问题,勇于自我革命。"[②] 这番话不回避问题,凸显了党的坦荡胸怀和自信,读来令人动容。《决议》在展望未来时表示:"时代是出卷

[①] 参见夏春涛《从中国近代史看百年党史的主题主线、主流本质》,《近代史研究》2021年第4期。

[②] 《中共中央关于党的百年奋斗重大成就和历史经验的决议》,第70页。

人，我们是答卷人，人民是阅卷人。我们一定要继续考出好成绩，在新时代新征程上展现新气象新作为。"[1] 这番话同样很有感染力。

学习《决议》，最深切的感受之一是党的百年奋斗史可歌可泣，彻底改变了中国，深刻影响了世界，这是主流，是不可置疑的。正如《决议》"序言"所说："党和人民百年奋斗，书写了中华民族几千年历史上最恢宏的史诗。"[2] 这句话画龙点睛，生动体现了唯物史观和正确党史观。总之，《决议》准确把握党史的主题主线、主流本质，科学总结党的百年奋斗历程、重大成就和历史经验，是坚持唯物史观和正确党史观的典范，对深入推进党史、新中国史、改革开放史、社会主义发展史研究具有重大指导意义，是一篇闪耀着马克思主义思想光辉的纲领性文献。

（原载《史学理论研究》2022年第2期）

---

[1] 《中共中央关于党的百年奋斗重大成就和历史经验的决议》，第71页。
[2] 《中共中央关于党的百年奋斗重大成就和历史经验的决议》，第2页。

第六篇

唯物史观与历史虚无主义解析

历史虚无主义思潮的产生背景、主要特征及其危害

夏春涛

（中国社会科学院历史理论研究所）

一

2019年是中华人民共和国成立70周年。历史虚无主义在新中国兴风作浪，是改革开放以后出现的情况。作为一种错误思潮，它屡遭批驳，声名狼藉，但一直没有归于沉寂，仍不时掀起波澜，混淆视听，扰乱人心。历史虚无主义思潮的产生与发展绝非偶然，与世情、国情、党情的深刻变化有着紧密关联。

从世情的变化看，苏东剧变后，世界社会主义运动骤然陷入低谷。西方世界因"不战而胜"而洋洋自得，有人甚至抛出"历史终结论"。中国作为当今世界唯一的社会主义大国，必然树大招风。基于国体与意识形态的本质区别，美国等西方国家继续不遗余力地对中国实施"西化"战略，企图使中国改旗易帜，上演"和平演变"这一幕。中国坚定不移走自己选择的发展道路，综合国力不断提升，改变了旧的世界格局和力量对比。西方势力心有不甘，以致冷战思维抬头，处心积虑地遏制中国，蓄意给中国制造麻烦，在意识形态领域加紧渗透、在传播历史虚无主义言论上做幕后推手，便是其手段之一。

从国情的变化看，随着我国对外开放力度不断加大，不可避免地会与西方思想文化产生交流碰撞。1992年社会主义市场经济体制建立后，国内逐渐出现四个多样化，即社会经济成分、组织形式、就业方式、利益关系

和分配形式的多样化；随之伴生出其他显著变化，例如"80后""90后"年轻人主要在体制外就业，宣传思想工作对他（她）们的覆盖与影响相对有限。人们思想活动的独立性、选择性、多变性、差异性日趋增强，用一元化指导思想统领多样化社会思潮的难度增大。随着信息化迅猛发展，互联网成为信息传播的重要平台，微信、微博等迅速普及。与报刊、广播、电视等传统媒体相比，新媒体具有一些新特点，诸如可以第一时间发声，信息传播异常迅疾；新媒体也是自媒体，人人可以随时随地发声，且身份隐秘；网友可以实时互动，围绕同一个话题各抒己见。这客观上进一步加大了遏制噪音杂音的难度。

从党情的变化看，中国共产党面临"四大考验"（即在执政、改革开放、市场经济、外部环境方面的考验），须规避"四种危险"（精神懈怠、能力不足、脱离群众、消极腐败），同时党员总数及青年党员人数持续增加，管党治党的压力有增无减，党风廉政建设和反腐败斗争的形势十分复杂严峻。中国共产党始终走在时代前列，高度重视自身建设，执政成绩出色。但在中共十八大之前，管党治党客观上存在宽松软的一面，党内不正之风和腐败现象未能得到有效治理，以致在某些地方或部门出现"塌方式腐败"、"系统性腐败"和"家族式腐败"。有人欲借此发泄对现实的不满情绪，但又不敢公然否定写入宪法、作为我们立国之本的四项基本原则，于是便借历史这杯陈酒来浇胸中块垒，含沙射影转弯抹角地攻击和否定党的领导。而有些官员面对错误言论态度暧昧，不当战士当绅士，搞爱惜羽毛那一套，反击不力。

概括地说，历史虚无主义思潮的产生与发展有着深刻的社会根源。西方遏制中国发展的态度不会改变，世情、国情、党情还会继续发生变化，各种不确定不稳定因素仍会存在甚至增加。因此，我们与历史虚无主义的交锋将是长期的。

二

历史虚无主义言论林林总总，在不同时期挑起的话题不尽相同，但其主要特征总体上并无变化，大致可归纳为以下几点。

（一）从谈论话题看，主要集中在中国近代史、中华人民共和国史、中共党史，其特点是否定唯物史观，否定马克思主义的社会形态理论，对相关历史作错误解读，提出颠覆性结论，把原本轮廓清晰、主线明确的历史虚无化模糊化。

（二）从人员构成看，谈论者大多是学术圈子之外的人；即便属于学术界，也以非历史专业的学者居多。在谈及历史时往往以点带面、以偏概全，甚至信口开河。历史学是一门严谨的学问，以求真求实为第一要务，大凡受过严格训练的专业学者，无不重视爬梳史料、考订史实，言必有据，有一份材料说一分话，通常不会讲出那些不靠谱不着调的话。

（三）从言论实质看，表面上在谈论历史，实际上关注的是现实；貌似学术话题，落脚点却是现实政治，纯属借题发挥、指桑骂槐。其形式以短论、杂谈居多，而不是正规的论文或专著，与学术研究根本不沾边，几乎谈不上什么学术性。

（四）从传播途径看，起初为报刊、讲坛、沙龙，后来让位互联网，微信、微博、博客、贴吧、论坛等成为主要平台。网络空间的虚拟性、网民身份的隐匿性，使一些人在言谈时无所顾忌。其相同点是言语偏激，通常语出惊人，乍一发表便引起围观，众人七嘴八舌，迅速形成舆论场。

以中国近代史为例，在香港回归前夕，有人妄言，鸦片战争一声炮响给中国送来了近代文明；香港被殖民一百多年才有今天的繁荣，以中国之大，至少要被殖民300年。为近代中国没有从半殖民地沦落为殖民地大呼遗憾，这是哪门子逻辑？还有人谈到具体细节，说近代开辟租界是中方主动提出的，不少中国人对租界印象不错云云。血腥罪恶的帝国主义侵华史，竟然被描述成田园诗般温情脉脉的西方文明输入史。需要指出的是，基于对"西方中心论"的反思，西方学界兴起全球史研究。这对国内的晚清史研究产生影响，有助于我们拓宽研究视野，但仍须加以辨析。对发展中国家来说，融入全球化、走向现代化是大势所趋，愿景很诱人，但过程很曲折，代价巨大。譬如，中国国门是在清道光年间被西方列强用坚船利炮强行打开的，中国融入全球化是被迫、被动的，是逐步陷入半殖民地深渊的令人痛彻心扉的过程。从世界范围看，血腥的海外殖民掠夺、可耻的贩卖黑奴勾当，乃至20世纪两次世界大战的爆发，哪一幕不是罪恶昭彰？西方资本主义国家主导的全球化绝非单纯的文明输出，并不光彩。

评说历史必然涉及对历史人物的评价。史学界过去在人物研究上存在脸谱化、简单化偏向,对正面人物一味美化,对反面人物大肆口诛笔伐,说了不少过头话。中共十一届三中全会后,史学界努力肃清极"左"思潮影响,做了大量纠偏的工作。然而,有人却揪住过去"左"的观点不放,以"还原历史真相"的名义大搞"翻案",抛弃马克思主义阶级分析方法,大谈抽象的人性,明显矫枉过正。全盘否定洪秀全、一味赞美曾国藩便是一例。南方某中文系教授在 2000 年出版散文集《太平杂说》,斥责洪秀全因科场失意才萌生造反之意,是"野心家""邪教主""暴君""淫棍""有轻度精神病的准皇帝";痛斥太平天国是"'洪'水滔天,鬼魅横行,蛇鼠袭人,万家墨面,文化荡然";认为"将洪秀全这个暴君和邪教主送进坟墓,给太平军造反画上句号,从根本上说,是曾国藩对中国的重大贡献"。照此说法,天安门广场人民英雄纪念碑的第二块浮雕"金田起义"就该被铲毁。这将会造成怎样的震动和思想混乱?事实上,金田起义的根源在于吏治腐败、官逼民反,其正义性不容否定。就连主持广西战事的清钦差大臣赛尚阿也承认:"州县各官,胆大贪婪,任听家丁者十居八九。百姓受其欺凌,终无了期,往往铤而走险……粤西之匪蓄谋已非一日,缘大吏因循、州县逼迫所致。"① 历史上流行于下层社会的民间宗教也是宗教,采用秘密结社形式,在教义、社会功能上瑕瑜互见,因被官府视为威胁统治的异己力量和异端邪说,故被贬斥为"邪教"。中国历史上的旧式农民起义几乎无一不以宗教形式起事。奉曾国藩之意编纂的《贼情汇纂》便指斥太平天国宗教是"邪教",声称"从来叛逆多借邪教倡乱,而粤匪为尤甚也"。倘若照此定性,中国历代农民起义就都被否定了,我们总不能与残民以逞的封建专制统治者坐在一条板凳上吧?再如,袁世凯复辟帝制是倒行逆施、神人共愤之举,而电视连续剧《走向共和》的编剧在回答网友提问时,称袁世凯是他个人特别喜欢的一个人物,赞许袁氏"是一个大才",对"窃国大盗"说不以为然,认为"窃国"二字用得不科学,"怎么能把国家给偷了呢"?这实在令人无语。晚清维新思想家谭嗣同在其所著《仁学》中精辟指出:"二千年来之政,秦政也,皆大盗也"。这说得再清楚不过了。

---

① 《赛尚阿奏报沿途秘访湖南广西会党及官习民情片》,中国第一历史档案馆编:《清政府镇压太平天国档案史料》第 2 册,光明日报出版社 1990 年版,第 79 页。

近些年社会上出现的"民国热"也有类似偏向。网络上津津乐道民国时期大学教授、社会名流的所谓"自由风范""独立精神""风骨",称为"民国范儿"。有个段子被添枝加叶反复炒作,说安徽大学校长刘文典教授因学潮与蒋介石发生言语乃至肢体冲突,在挨了耳光后反踢蒋介石腹部,最终只是换个地方教书。某网站刊发文章,标题赫然为"蒋介石为什么对学者做到'打不还手骂不还口'?"蒋介石政权血腥的白色恐怖与特务政治,包括暗杀李公朴、闻一多教授的暴行,居然在轻描淡写间被一笔勾销,而"礼贤下士""延揽人才"的光环却被无休止放大。有人甚至一本正经地发问:1949年之后,中国为什么出不了学术大师?其弦外之音不言而喻。民国时期特别是"十年黄金期"的社会发展成绩同样被片面夸大。论者对官僚买办资本戕害、挤压民族企业的事实闭口不提,却将1927年至1937年一些民族资本家致力于实业救国、在夹缝中谋发展所取得的业绩一股脑儿归功于南京国民政府。如果民国果真这么好,那中国共产党领导革命、建立新中国的依据和意义何在?难怪有人说革命是"多余"的,渲染革命的所谓"破坏性",要"告别革命"。这难道是对历史的正确解读吗?

革命与改良之争是清末民初的老话题,本无新意,况且在理论与实践两个层面上,历史早已给出正确答案。围绕如何使中国摆脱积弱积贫之困境,当时的知识界和各种政治力量提出了不同方案。实业救国、教育救国、乡村建设等改良方案具有积极意义,但终究属于补苴罅漏,只看到病象、不触及病根。1930年4月,胡适在《新月》月刊第2卷第10期发表《我们走哪条路》一文,提出"五鬼闹中华"说,认为"要铲除打倒的是贫穷、疾病、愚昧、贪污、扰乱五大仇敌",只有用教育才能将之消灭。此说当时就遭人诟病。陶行知揶揄胡适,说他将帝国主义之侵略武断地一笔勾销,"捉着五个小鬼,放走了一个大妖精",可谓一针见血。在关于中国社会性质问题的大论战中,中国共产党领导下的左翼学者在《新思潮》杂志刊文,正确指出中国现阶段既不是封建社会,也不是资本主义社会,而是半殖民地半封建社会。很显然,要从根本上改变中国现状,必须致力于反帝反封建。当时只有中国共产党看清这一历史逻辑,明确提出反帝反封建的政治纲领,并为之不懈奋斗。在狱中写就的《可爱的中国》中,方志敏把祖国喻为"生育我们的母亲",谴责帝国主义践踏中国主权、欺侮中国人民的种种罪行,为江山破碎、国蔽民穷而痛心疾首,指出欲求民族之独立解放,决不是哀告、跪求、哭泣所能济事,必须进行神圣的民族革命战争,把帝国主义打出中国去,"这才是中国唯一的出路,也是我们救母亲的唯一方法";坚信中华民族必能从战斗中获救、有个光明前途,坚信"中国的面貌将会被我们改造一新"。"为有牺牲多壮志,敢叫日月换新天",历史证明,中国革命是时势逼出来的正确选择、首要选择,不是可有可无,不是说"告别"就可以告别的,这个历史过程是不以个人意志为转移的。

再以抗日战争史为例,以国民党军队为主体的正面战场与中国共产党领导的敌后战场缺一不可,共同构成中国抗战之局面。有人却大谈正面战场,轻视或无视敌后战场,无视敌后战场后来逐渐成为中国人民抗战的主战场,无视中国共产党在这场全民族抗战中发挥的中流砥柱作用。

1949年新中国成立后的历史属于当代史,更加敏感。有人将改革开放前后的历史割裂开来、对立起来,用改革开放后的历史时期否定改革开放前的历史时期,或者用改革开放前的历史时期否定改革开放后的历史时期。这显然是错误的。这两段历史固然有重大区别,但本质上是前后衔接、不可分割的,共同构成中国共产党带领人民沿着社会主义道路接续探索奋斗、致力于实现中华民族伟大复兴的光辉历史。在早期探索中,我们因指导思想上"左"的错误的蔓延而走过弯路,经历了曲折,包括"文化大革命"十年内乱那样的严重曲折;同时也取得伟大建设成就,在我国确立了社会主义基本制度,在一穷二白基础上建立起独立的比较完整的工业体系和国民经济体系,成功研制作为大国标志的"两弹一星";外交工作也有重大建树,突出体现在我国于1971年恢复在联合国的合法席位,次年促成美国总统尼克松访华、实现中日邦交正常化。所有这一切,为后来的新探索创造了有利条件,提供了根本制度保障、物质基础和理论准备——正是通过深刻总结历史、审时度势,中国共产党深知老路、邪路都不能走,进而带领人民披荆斩棘砥砺奋进,成功走出中国特色社会主义这条新路,迎来中华民族伟大复兴前所未有的光明前景。

改革开放至今的历史波澜壮阔、可歌可泣。恶意抹黑这段历史的声音主要有两种，一是否定我们走的是社会主义道路，二是散布"中国崩溃论"。

有些西方人胡乱贴标签，说我们搞的是"新官僚资本主义""权贵资本主义""国家资本主义"；国内也有人附和，说我们只是名义上的社会主义。姓"资"姓"社"的争论由来已久，两者其实有着明确分野。这么多年来，中国社会确实变化很大，包括产生新的社会阶层，出现社会经济成分等"四个多样化"，但万变不离其宗。必须看到，无论怎样千变万化，中国共产党全心全意为人民服务的根本宗旨始终没有变，人民在国家的主人翁地位始终没有变，公有制的主体地位始终没有变，马克思主义在意识形态领域的指导地位始终没有变。共同富裕被确立为中国特色社会主义的根本原则；全面建成小康社会，其任务之一是打好脱贫攻坚战，全体人民同步实现全面小康，一个也不能少。而资本主义是一种剥削制度，必然导致两极分化，不可能提出更无法实现共同富裕。正如法国学者托马斯·皮凯蒂在《21世纪资本论》一书中所说，美国等西方国家的不平等程度已达到或超过历史最高水平，不加制约的资本主义加剧了贫富分化。这是西方社会挥之不去的梦魇。中国是世界上最大的发展中国家，在发展中出现问题在所难免，不能因为问题解决得不够快、不尽如人意，就不分主次地怀疑我国的社会主义性质。"中国特色社会主义"是个完整概念，"社会主义"这四个字是定性的。我们仅用几十年时间就走完西方国家二三百年才走完的发展历程，其根本原因之一，在于发挥了社会主义制度的优越性。倘若我们真是在搞资本主义，中国就绝无可能取得今天的发展成就，相反，必然招致灾难性后果。这层意思，邓小平同志早就讲清楚了。

与"国家资本主义"等说法相比，"中国崩溃论"更接近或直接反映了西方的真实心态，无非是说我们没有照搬西方那套政治制度，所以迟早要"崩溃"。眼下美国采用贸易、科技、军事等手段加紧遏制和围堵中国，我们面临的风险挑战明显增大。今年适逢中华人民共和国成立70周年，有人遂跟着起哄，诋毁新中国历史，唱衰中国。也有人感到有点不踏实，流露出些许悲观情绪。"艰难困苦，玉汝于成"。自新中国成立后，我们一直在涉险滩、克难关，一路风雨兼程披荆斩棘，从未被吓倒、被压垮。"中国崩溃论"喊了这么多年，中国非但没有崩溃，反倒是这个说法在国际上成了笑柄。事实胜于雄辩，70年来特别是1978年

第六篇 唯物史观与历史虚无主义解析

以来，无论从哪个方面看，当代中国都是在持续发展进步，并且发展得越来越好，而不是停滞，更不是倒退。根据国家卫生健康委员会近期发布的健康公报，中国居民人均预期寿命2018年为77岁，与1949年的35岁相比，增加了42岁。我国经济总量在改革开放之初位列世界第11位，自2010年起超过日本，稳居世界第二位。近年来，中国对世界经济增长年均贡献率达30%以上，超过美、日、欧元区国家的总和。说中国"崩溃"，无异于睁眼说瞎话。

三

国内发表历史虚无主义言论的人是否都是蓄意反党反社会主义？恐怕不能一概而论。要具体情况具体分析，注意区分政治原则问题、思想认识问题、学术观点问题，把握好尺度和分寸。不过，这类言论随意涂抹、肢解历史，甚至或明或暗地挑战四项基本原则，确实触犯了底线，决不能等闲视之。历史虚无主义思潮危害极大，突出体现在三个方面。

（一）传播错误的历史观，颠覆了历史，否定了现实

这是最大的危害，从根本上否定中国共产党的领导，否定中国特色社会主义道路，属于釜底抽薪。

改革开放对中国学术研究来说也是一个重大转折。思想解放的推进，研究禁区的突破，日益开放的对外学术交流，新研究领域的开辟，新资料的整理出版，使历史研究异常活跃，气象万千。以现代化历程为视角来阐释中国近代史便是一例，客观上丰富和深化了我们对历史的认识——使中国摆脱积弱积贫状况，走向现代化，这当然是一种进步取向。不过，革命史、现代化史这两条线索并非截然对立，而是相辅相成的：现代化为中国革命提供了物质条件、酝酿了阶级基础，革命则是中国迈向现代化的必要前提。在处于半殖民地半封建社会的近代中国，要实现国家富强、民族振兴、人民幸福，首先必须实现国家统一、民族独立、人民解放，也就是进行中国共产党领导的新民主主义革命。否则，现代化终将是镜花水月，正所谓"皮之不存，毛将焉附"。说到底，反帝反封建是中国近代史的主线，这是无可置疑的。因此，坚持中国共产党的领导，坚持走社会主义道路，

这是中国历史发展的必然选择。倘若按照历史虚无主义的逻辑，随意肢解、歪曲历史，否定鸦片战争以来中国历史发展的主线，否定中国革命的正义性、必要性，也就否定了中国共产党执政的合法性。这岂不是历史的大颠倒？

中国共产党是执政党，否定党的领导，也就否定了新中国的历史。现代化绝不等同于西化，近代如此，当代亦如此。我们得出历史结论，强调中国共产党领导是中国特色社会主义最本质的特征，是中国特色社会主义制度的最大优势。而西方却把这说成是我们的最大"缺陷"，有意识地宣传所谓"普世价值"，大肆攻击我国政治制度，说我们是一党制，不民主。国内也有人无视党的执政成就，无视党在从严管党治党上所作的努力、所取得的成效，无视我国社会主义民主政治的优势和特点，片面地以党内存在腐败现象和不正之风为由，肆意诋毁、否定党的领导，提出"08宪章"，鼓噪"宪政民主"。在谈到中共党史时，历史虚无主义者的言论十分露骨。早先是以海外为中心，以书刊形式，大肆攻击污蔑毛泽东、周恩来等党的领袖和开国元勋，如某保健医生在美国出版的回忆录充斥了捏造和谎言。近些年又有新变化，国内互联网上的噪音杂音增多，人民爱戴的党的领袖继续遭到诋毁，各个时期具有标志意义的人民英雄也被恶搞、嘲讽。譬如，有人胡诌一气，说张思德是"烧鸦片时窑塌致死"，抗日英雄群体"狼牙山五壮士"跳崖实际上是"溜崖"，刘胡兰"精神有问题"，董存瑞舍身炸碉堡纯属"虚构"，黄继光堵枪口是因为"摔倒"，邱少云在潜伏中烈火烧身纹丝不动"违背生理学"，雷锋是"自拍狂魔"、日记"造假"，等等。如此诽谤英雄、颠倒英雄形象，是对民族共同记忆、民族精神的亵渎和侵犯，是在肆意抹黑中共党史、中华人民共和国史。中央电视台某节目主持人在酒宴上轻佻放肆地辱骂毛泽东主席这令人瞠目结舌的一幕，正是在这种舆论氛围下发生的。历史虚无主义思潮的影响与危害，由此可见一斑。法院就"狼牙山五壮士"等名誉侵权案作出公正判决，捍卫了法律的尊严，也捍卫了历史的尊严。

中国共产党是中国道路的设计者、领路人和主心骨，否定党的领导，也就否定了中国道路。道路决定命运。中国特色社会主义是党和人民历尽千辛万苦、付出巨大代价取得的根本成就，是实现中华民族伟大复兴的必

第六篇　唯物史观与历史虚无主义解析

由之路。中国道路还具有世界意义，说明广大发展中国家完全可以找到一条不同于西方、适合自己国情的发展道路，从而为缩小南北差异、解决发展不平衡这一全球性难题，贡献了中国智慧、中国方案。历史与现实充分说明，中国特色社会主义是人间正道，除此之外，中国走任何别的路都是绝路、死路。

　　忘记历史就意味着背叛，歪曲、扭曲历史则是十足的背叛和亵渎。不敬畏历史，不珍惜当下，我们就没有未来，好不容易攒下的家底就会毁于一旦。苏东剧变的惨痛历史印证了这一点。苏联解体十年后，两位俄罗斯学者专门写有一书进行反思，分析西方如何以信息为武器进行渗透，对苏联展开心理战，通过抹黑苏共历史在意识形态领域撕开缺口，最终操纵了公众意识，导致苏联走向自我毁灭。[①] 前事不忘，后事之师。我国是拥有近 14 亿人口的发展中大国，中国共产党是拥有 9059.4 万名党员的执政党，这样一个大党大国，人心一旦散乱，势必自乱阵脚，就会出大事。全国一盘棋、集中力量办大事是我国突出的政治优势，而要保持这一优势，就必须统一思想、凝聚共识，就必须在全社会树立正确的历史观，坚决抵御历史虚无主义思潮。中央一再号召全党全体人民坚定"四个自信"，而历史自信是文化自信的题中应有之义。[②] 近一百年来，一代代共产党人壮怀激烈慷慨高歌，带领人民不懈探索与奋斗，继走出中国革命新路后，又成功开辟并拓展了中国特色社会主义这条新路，进而从根本上改变了国家、民族和人民的前途命运，近代以来历经磨难的中华民族迎来从站起来、富起来到强起来的伟大飞跃。"青山遮不住，毕竟东流去"。事实胜于雄辩，历史不容歪曲。对于这段峥嵘岁月、光辉历史，我们要始终怀有敬畏之心。正如习近平同志在庆祝中国共产党成立 95 周年大会上所说："一切向前走，都不能忘记走过的路；走得再远、走到再辉煌的未来，也不能忘记走过的过去，不能忘记为什么出发。"

---

① ［俄］B. A. 利西奇金、Л. A. 谢列平：《第三次世界大战——信息心理战》，徐昌翰等译，社会科学文献出版社 2003 年版，第 49—287 页。

② 五千多年文明历史孕育的中华优秀传统文化是中华民族的"根"和"魂"，须结合时代要求加以继承和创新。而历史虚无主义者通常数典忘祖，否定中华优秀传统文化。

（二）严重扭曲了价值观

史家记述历史，必然臧否人物，须分辨是非曲直。这是中国史学的一个优秀传统。世传孔子编《春秋》，就讲究微言大义，寓褒贬于行文叙事中，即所谓"《春秋》笔法"。孟子遂有"孔子成《春秋》，而乱臣贼子惧"一说。成语流芳百世、盖棺论定或遗臭万年，说的都是这个意思。历史观涉及对是非、正邪、善恶、进步与落后的评判，与价值观密不可分。有什么样的历史观，就有什么样的价值观。历史虚无主义言论从学术层面讲是肤浅的，历史观是错误的，因而价值观是颠倒错乱的。否定历史发展的主线、主流、主旋律，颠倒是非、正邪、善恶、荣辱，就会使人失去对历史的敬畏之心，不知鉴戒，导致价值观扭曲。价值观一旦混乱，必然做事没有底线，为满足私欲不择手段。为官者如此，就会利令智昏，成为两面人，置党纪国法于不顾，弃党性原则如敝屣，以致集政治上变质、经济上贪婪、道德上堕落、生活上腐化于一身，行为龌龊，进而严重污染政治生态、败坏社会风气。时下社会上有些人的价值观很庸俗功利，判断一个人是否成功，主要看两点：做多大官，有多少钱，而不问官是怎么当上的，当得如何；钱是怎么得来的，又是怎么花的。"我爸是李刚"的段子，以及某对富豪父子被一些网民戏称为"国民公公"和"国民女婿"，都反映了这种心态。社会上一旦崇拜或追逐权力、金钱的人多了，道德失范、诚信缺失现象就会滋蔓，乃至黄赌毒屡禁不止。一言以蔽之，历史虚无主义思潮一旦泛滥，就会消磨我们的意志，瓦解我们的精神，腐蚀我们的灵魂。

建党近一百年、新中国成立70年来，我们之所以能攻坚克难砥砺前行，不断铸造辉煌，其中一个重要因素，就在于党和人民有好的精神面貌，有崇高的价值追求，有理想信念作为支撑。1980年12月，即改革开放之初，邓小平同志在中共中央工作会议上引述毛泽东同志"人是要有一点精神的"一语，强调全党要学习和培养大公无私、服从大局、艰苦奋斗、廉洁奉公等精神，并把这些精神推广到全体人民、全体青少年中间去，使之成为中华人民共和国的精神文明的主要支柱。中共十九大报告郑重指出："社会主义核心价值观是当代中国精神的集中体现，凝结着全体人民共同的价值追求。"在新时代走好新的长征路，必须牢牢掌握意识形态领域的主导权和话语权，继续大力培育和践行社会主义核心价值观。要重视在青年特别是青年党员中加强中国近代史、中华人民共和国史、中共党史的学习教育，倡立正确历史观，传承红色基因。

（三）严重败坏了学风

如果说戏说历史类电视连续剧在剧情上无厘头、在典章制度等方面经不起推敲多少情有可原，那么，所谓正剧也出现大量硬伤就说不过去了。例如，太平天国在定都初期推行隔绝男女政策，即便是夫妻同居也是死罪，而电视剧《太平天国》却穿插了许多谈情说爱情节；该剧在公映前的宣传海报甚至以"江山如画，美女如云"为题，当时就引起哗然。清初将京师周边大片区域划为"直隶省"，民国十七年（1928 年）改称"河北省"，该剧写太平军北伐推进到直隶泊头镇，字幕却作"河北"。再如，时下一些博士学位论文在知识点上有不少硬伤，甚至有一些句读错误、错别字，连表述都磕磕绊绊。凡此种种，与随意肢解、涂抹历史之风大作不无关系。率尔操觚、不求甚解、胆大心粗，是两者的共同特征。

例如，前述《太平杂说》的作者承认该书仅是"一个写历史题材的散文集"，同时又自诩该书揭开了太平天国"被冷藏的真相"。作者倡议"隔行论史"，表示"不能论或不想论就短说，杂谈，七嘴八舌"，认为"这对激活学术，大有裨益"。历史是一面镜子，读史使人明智，大众关注、评论历史值得鼓励和提倡，但要以正确的历史观为引导，否则有害无益。至于说短说、杂谈能起到"激活学术"的作用，似乎有点言过其实。求真求实是历史研究的首要前提，论从史出是必须遵循的基本原则。既然是论史，即便做不到充分占有资料、缜密考订史实，至少也得掌握最基本的史料与史实，大体了解史学史和学界最新研究动态。倘若仅读一点史料就贸然下结论，并且先有结论再拼凑史实作为依据，甚至在叙述史实时存在硬伤，所谓论史岂不等同于文字游戏？又有何严肃性、科学性可言？例如，曾国藩为了向清廷邀功，在奏折中捏称洪秀全是在官军猛攻南京时"服毒而死"。《太平杂说》不加分析地信以为真，讥讽洪秀全"在五十岁的盛年服毒自杀"，并且全书重复此说达十次之多。其实，王庆成先生《稀见清世史料并考释》一书先于《太平杂说》出版，辑录了洪秀全长子幼天王洪天贵福被俘后的多份供词（台北"故宫博物院"收藏），明确交待洪秀全是在城破前卧床九日"病死"。① 以杂说、戏说的方式写翻案文章，片面追求轰动效应，语不惊人誓不休，这不但丝毫无助于推动学术进步，反而会混淆视听、败坏学风。此风可以休矣。学风绝非小事。毛泽东同志说过，学风和文风都是党风。

总之，对于历史虚无主义思潮，必须旗帜鲜明、理直气壮地进行抵御，及时予以解析。要因势利导，趋利避害。

（原载《史学理论研究》2019 年第 3 期）

---

① 参见王庆成《稀见清世史料并考释》，武汉出版社 1998 年版，第 522、527、532 页。

"魔鬼"还是"天使":帝国主义侵华"有功"论辨析

左玉河

(中国社会科学院历史理论研究所)

近代中国的历史,是帝国主义侵华并逐步将中国变为半殖民地的历史,也是中国人民反抗帝国主义侵略的革命斗争史。新世纪以来,有人不断重弹帝国主义侵华"有功"论,否定中国人民反帝反封建的民主革命的必然性、正当性与进步性。这种错误论调,是历史虚无主义在中国近代史研究中的重要表现。笔者从中西文明交流的宏观角度,重新审视近代以来的中西文明交流态势,对西方资本主义列强侵略中国及由此带来的所谓西方先进文明问题进行探究,着力弄清西方列强侵华与中国人民反侵略斗争之间的复杂关系,着力弄清西方列强侵华的主观动机与近代文明传播的客观效果之间的复杂关系,从理论上辨析帝国主义侵华"有功"论,纠正历史虚无主义在该问题上的错误。

一 西方近代文明与资本主义相结合的特性

在漫长的中国古代社会,中华各族人民用自己的劳动和智慧创造了光辉灿烂、绚丽多彩的中华传统文明。从人类文明发展的大格局看,中西两种文明各有其独特的发展道路,各有其不同的历史特点,各自形成了自己独特的行为系统、独特的价值观念和不同的发展模式。

从欧洲文艺复兴开始,资产阶级新文化猛烈冲击着占统治地位的中世纪神学体系,教会权威急剧衰落,古希腊罗马古典文明中的理性精神得以复活，逐渐形成了以自由、民主、人权等为核心理念的近代新文明。这种西方近代文明，因与资本主义的生产方式结合在一起，故其本质上是资本主义近代文明。对外殖民扩张、掠夺资源和抢夺国际市场，是近代资本主义的本性。这种本性，决定了欧洲资产阶级必然将资本主义制度推向全世界，按照自己的面目塑造世界的模样，正如马克思在《共产党宣言》中所指出的那样："它迫使一切民族——如果它们不想灭亡的话——采用资产阶级的生产方式，它迫使它们在自己那里推行所谓的文明，即变成资产者。一句话，它按照自己的面貌为自己创造出一个世界。"① 西方近代文明是必然伴随着资本主义的产生而发展的，也是必然随着资本主义向全世界的扩张而广泛传播的。明清以后传入中国的西方文明，正是这种经过文艺复兴和工业革命洗礼而发展的西方近代文明。

既然西方近代文明具有与欧洲资本主义制度密切相联的特性，那么，它就必然伴随着欧洲近代资本主义列强的对外殖民扩张而向全世界传播。西方列强用各种野蛮的掠夺方式将资本主义生产方式向全世界传播，以实现资本主义生产方式对全世界的征服和控制，因此，它是殖民侵略的"魔鬼"和野蛮的侵略者。但欧洲资本主义列强这个令人厌恶和恐惧的"魔鬼"，掌握着当时世界上最先进的科学技术，创造着当时世界上最发达的物质财富和精神产品。西方列强这个侵略"魔鬼"的背后，站立着一位美丽的"天使"——近代文明，因而决定了西方列强既是令人厌恶和恐惧的"魔鬼"——资本主义殖民扩张的野蛮侵略者，同时又是令人羡慕的美丽的"天使"——西方近代先进文明的传播者。"魔鬼"与"天使"、侵略者与传播者的这种双重特性，决定了西方近代文明向东方世界的殖民扩张，不仅猛烈冲击中国传统的社会政治秩序，而且严重挑战中华传统文明的权威，引起中华文明的空前危机。

二　西方列强侵华的客观事实与近代中国人眼中的西方形象

尽管中西文明之间存在着较大的差异，但因两种文明在地域上相隔甚

---

① 《马克思恩格斯文集》第2卷，人民出版社2009年版，第35—36页。

第六篇 唯物史观与历史虚无主义解析

远,基本不会发生冲突。但随着新航路的开辟,欧洲殖民者以强大的西方近代文明为后盾,开始了向全世界扩张。这样,中西文明就像两条原先互不相交的河流,逐渐相交汇流了。

欧洲殖民者携带着先进的洋枪大炮和廉价商品来到中国,这就使中西文明的大规模相遇,是以一场激烈的冲突和震荡的方式来体现的。从鸦片战争开始,西方列强以野蛮侵略的"魔鬼"面目出现在中国人民面前,依靠强大的武力和炮舰政策对中国进行了疯狂侵略,将中国拖入了半殖民地半封建社会的深渊。西方资本主义列强发动的血腥战争、野蛮侵略和疯狂掠夺,给近代中国人以强烈的刺激。在他们看来,这些给自己带来灾难、痛苦和屈辱的西方列强是不折不扣的侵略"魔鬼",是令人痛恨的"洋鬼子"。西方资本主义列强的野蛮侵略,必然激起中国人民的坚决抵抗。从这个意义上说,一部中国近代史就是一部中国人民反抗帝国主义的革命斗争史。忽视西方资本主义列强对中国的野蛮侵略及由此造成的巨大灾难,怀疑中华民族抵抗西方列强侵略斗争的合理性,否定近代中国人民艰苦卓绝的反侵略斗争的客观事实,就是典型的历史虚无主义。这种历史虚无主义,是必须坚决予以批驳的。

西方近代文明伴随着西方资本主义列强野蛮侵略的强势进入,带来了中国固有社会秩序的崩溃和"亡国灭种"的民族危机。在近代中国人眼中,西方列强是给中国带来深重灾难的不折不扣的"魔鬼",但这些令人痛恨的西方资本主义列强,其获胜所凭借的正是包括发达的机器大生产、先进的科学技术等在内的近代工业文明及其成就。西方列强正是凭借着这些强大的资本主义近代工业文明及其卓越成就,取得了对近代中国一系列侵略战争的胜利,展示了西方近代文明的先进性和巨大实力。这就构成了近代中国人对西方认知的另一种图景:西方列强这个令人痛恨和恐惧的侵略"魔鬼"背后,站着一位代表世界先进文明的美丽"天使"。

这样,近代中国人眼中的西方列强的形象,是侵略的"魔鬼"与文明的"天使"并存的双重形象。正因西方列强这个侵略"魔鬼"背后有着强大而先进的近代文明,故中国必须虚心地加以学习效法,实现中国的近代化;必须抵御和消灭西方列强这个侵略"魔鬼",但不能吓跑"魔鬼"背后的文明"天使"。这就是近代中国人面临的复杂处境及必须做出的明智抉择。

既然西方资本主义列强因为掌握了先进的近代文明而强,那么,中国为了自身的强盛并在抵御西方列强侵华战争中获胜,就不得不学习西方近代文明。正如毛泽东在《论人民民主专政》中所说的那样:"要救国,只有维新,要维新,只有学外国。那时的外国只有西方资本主义国家是进步的,它们成功地建设了资产阶级的现代国家。"而学习西方先进的近代文明,并不等于屈服西方资本主义列强的压迫,反而是在反抗西方列强压迫淫威的前提下毅然学习西方先进文明。但西方列强的侵略本性,又打破了中国人学习西方的迷梦,正如毛泽东所言:"帝国主义的侵略打破了中国人学西方的迷梦。很奇怪,为什么先生老是侵略学生呢?中国人向西方学得很不少,但是行不通,理想总是不能实现。"[①] 因此,近代中国人必须处理好学习西方先进文明与抵御西方列强侵略之间的复杂关系。西方列强在近代中国的形象,既有主要是野蛮侵略的"魔鬼"特性的一面,也有不自觉地传播西方近代文明的"天使"特性的一面。如果仅仅看到其作为传播者"天使"美丽的容颜而为之倾倒,因而忘记其作为侵略者"魔鬼"的狰狞面孔,那就是历史虚无主义的倾向。

三 西方列强充当了"历史的不自觉的工具"

西方资本主义列强贪婪的物欲,激发了他们在华投资和拓展市场,驱使着他们在华修筑铁路,开办银行,开通电报,架设电线,开办工厂,甚至直接利用中国廉价的劳动力和原料进行生产,获取高额利润。西方列强追求优裕舒适生活的需要,激发着他们将宗主国资本主义生活方式带到中国。借助于文明传播的辐射效应,鸦片战争后的西学东渐及资本主义生产方式和生活方式最早出现于中国沿海沿江的口岸城市,从通商口岸的租界产生辐射,然后再逐渐向这些口岸城市的周边辐射,进而从东南沿海地区向内陆地区辐射,从中心城市向广大乡村辐射,推动了中国社会的变革,促使近代中国出现了一些带有资本主义性质的近代新式基础设施。

然而,这些带有资本主义性质的近代基础设施,是建立在西方列强对中国的殖民掠夺和残酷压榨之上的。中国人民为建设这些资本主义性质的新式基础设施,付出了高昂的劳动力、资本和资源代价。西方列强将宗主

[①] 《毛泽东选集》第4卷,人民出版社1991年版,第1470页。

第六篇　唯物史观与历史虚无主义解析

国先进的资本主义生产方式和生活方式引入中国，主观上并不是要促进中国的现代化，更不是为了推动中国的发展和进步，而是为了更好地满足其在中国的殖民统治、基本需求和根本利益，更好地满足其优裕舒适的生活需要。至于由此导致的中国近代社会变革并带来某些新式基础设施的客观结果，这是西方资本主义列强始料不及的。因此，西方资本主义列强侵华的主观动机，与西方近代文明传播的客观效果之间，显然存在着巨大的张力。这种巨大的张力，反过来令西方资本主义列强感到恐惧。所以，那种认为西方资本主义列强侵华"有功"的论调，那种忽视其对中国的野蛮侵略及由此造成的巨大灾难的认识，是典型的"倒果为因"。这种"倒果为因"的论调，是必须坚决予以批驳的历史虚无主义论调。

实际上，马克思提出的英国殖民者"双重使命"论，对处理西方列强侵华的主观动机与推动中国现代化的客观效果的关系，提供了可资借鉴的理论指南。马克思指出："英国在印度要完成双重的使命：一个是破坏性的使命，即消灭旧的亚洲式的社会；另一个是重建的使命，即在亚洲为西方式的社会奠定物质基础。"① 破坏性的使命，主要体现在英国殖民者摧毁了印度手工业和自然经济的根基，清除了长期束缚生产力发展的严重障碍，在客观上为印度资本主义发展开辟了道路。重建的使命，主要表现在英国殖民者创建了包括铁路、轮船、电报在内的交通通信设施，兴建了近代工厂，将资本主义近代工厂制度引入印度，使印度开始进入世界资本主义体系。马克思一方面谴责英国殖民统治给印度带来了深重灾难，"不列颠在印度的统治都是肮脏的"，另一方面肯定了英国殖民扩张对印度社会进步带来的客观效果，认为资本主义入侵不自觉地充当了其外在力量的"助产婆"。他指出："英国在印度斯坦造成社会革命完全是受极卑鄙的利益所驱使，而且谋取这些利益的方式也很愚蠢。但是问题不在这里。问题在于，如果亚洲的社会状态没有一个根本的革命，人类能不能实现自己的命运？如果不能，那么，英国不管犯下了多少罪行，它造成这个革命毕竟是充当了历史的不自觉的工具。"② 因此，西方资本主义列强对包括中国在内的东方殖民地国家侵略的卑鄙动机，产生了输入西方近代文明的客观效

---

① 《马克思恩格斯文集》第 2 卷，第 686 页。
② 《马克思恩格斯文集》第 2 卷，第 683 页。

果，他们充当了马克思所说的"历史的不自觉的工具"。

四 先进生产力"归人民所有"方能造福中国人民

西方资本主义列强侵华在客观上带来了资本主义先进的生产力，但这并不意味着必然会给中国带来现代化，因为这种先进的生产力必须掌握在中国人民手中，才能成为实现国家富强和民生幸福的工具，才能真正发挥其应有的进步效能。马克思指出，英国殖民者"既不会使人民群众得到解放，也不会根本改善他们的社会状况，因为这两者不仅仅决定于生产力的发展，而且还决定于生产力是否归人民所有。"① 在近代中国民族不独立和国家主权不完整的情况下，资本主义先进生产力不可能为中国人民所拥有，更不会为中国人民带来真正的福祉。西方资本主义列强带来的先进生产力，只有真正归人民所拥有，才能真正造福中国人民，才能根本改变中国的社会面貌。因此，西方资本主义列强只是客观上刺激了中国民族资本主义的发展，并建立了初步的物质基础设施，而中国要想真正利用这些初步的物质基础设施来彻底改变自己的历史命运，必须首先将这些先进的生产力收归中国所有才有可能。为此，中国必须进行反帝反封建的民主革命以争取民族独立，才能将这些先进的生产力收归中国人民所有，成为造福于中华民族的伟大复兴和中国人民的民生福祉的工具。

马克思指出："只有在伟大的社会革命支配了资产阶级时代的成果，支配了世界市场和现代生产力，并且使这一切都服从于最先进的民族的共同监督的时候，人类的进步才会不再像可怕的异教神怪那样，只有用被杀害者的头颅做酒杯才能喝下甜美的酒浆。"② 只有在中华民族争取国家独立后、中国人民成为国家的主人之后，资产阶级时代所创造的先进生产力才能真正"归人民所有"，变为造福中国人民的物质工具。从这个意义上讲，中国近代反帝反封建的民主革命，具有历史的必然性、正当性与进步性。

（原载《史学理论研究》2019 年第 3 期）

---

① 《马克思恩格斯文集》第 2 卷，第 689 页。
② 《马克思恩格斯文集》第 2 卷，第 691 页。

驳中国非社会主义论

吴 英

（中国社会科学院历史理论研究所）

历史虚无主义者不仅在理论上谬指唯物史观是历史虚无主义，并且在对人类社会历史演进的研究中也采取历史虚无主义态度。他们否定中国共产党领导中国人民进行社会主义革命和社会主义建设的合理性；更在现实社会性质的确认上采取历史虚无主义态度，竟然诬称当前中国的社会性质是资本主义或国家资本主义。对于此种谬说必须予以驳斥，不能任其扰乱视听。

一 现实中国社会的性质是中国特色社会主义

"中国特色社会主义"，顾名思义，是在中国特有的历史文化传统与现实的经济、社会、政治基础上建设的社会主义。它首先是依据马克思创立的社会主义与共产主义理论为治国的基本指导思想。而在如何贯彻这些基本指导思想的施政中又要从中国的客观现实出发，既不能一步到位、又不能无所事事地坐等条件成熟。要在实践中探索、构建符合国情的发展道路。

（一）在中国进行社会主义建设的理论指导思想

在中国建设社会主义，其理论指导自然遵循马克思的社会主义与共产主义理论。简析之，有三大要点。

其一，共产主义的本质特征是消灭脑体分工。脑体分工的消灭，既标志着社会物质财富的极大丰富，又标志着社会阶级与阶层的根本消失。由此，人类社会步入大同社会。马克思首次表述这种思想是在标志唯物史观诞生的著作《德意志意识形态》①中，却被许多研究者讥讽为马克思浪漫主义的空想。但只要对马克思思想发展做一些考察，即可观察到这乃是他一以贯之的观点。马克思在他的晚期著作中就表达了同样的思想。②

其二，社会主义是共产主义的第一个阶段。马克思认为，共产主义社会将分为两个不同的阶段，社会主义是它的第一个阶段。③马克思指明在这个阶段是要在"经济、道德和精神方面"去除资本主义社会的痕迹、为向共产主义社会的过渡准备条件。而如何为向共产主义社会过渡准备条件，则由于不同社会的差异而有所不同。

其三，后发国家向社会主义过渡需要有一个长期的发展阶段。马克思针对俄国1861年农奴制改革后是走资本主义道路还是走社会主义道路的现实问题，通过认真研究，写出了一系列文献。④他首先肯定像俄国这样

---

① 马克思的原话是："当分工一出现之后，任何人都有自己一定的特殊的活动范围，这个范围是强加于他的，他不能超出这个范围：他是一个猎人、渔夫或牧人，或者是一个批判的批判者。只要他不想失去生活资料，他就始终应该是这样的人。而在共产主义社会里，任何人都没有特殊的活动范围，而是都可以在任何部门内发展，社会调节着整个生产，因而使我有可能随自己的兴趣今天干这事，明天干那事，上午打猎，下午捕鱼，傍晚从事畜牧，晚饭后从事批判，这样就不会使我老是一个猎人、渔夫、牧人或批判者。社会活动的这种固定化，我们本身的产物聚合为一种统治我们、不受我们控制、使我们的愿望不能实现并使我们的打算落空的物质力量，这是迄今为止历史发展中的主要因素之一。"《马克思恩格斯文集》第1卷，人民出版社2009年版，第537页。

② 这里指的是马克思为数不多的对未来社会做出描绘的著作《哥达纲领批判》。马克思的原话是："在共产主义社会的高级阶段，在迫使个人奴隶般地服从分工的情形已经消失，从而脑力劳动和体力劳动的对立也随之消失之后；在劳动已经不仅仅是谋生的手段，而且本身成了生活的第一需要之后；在随着个人的全面发展，他们的生产力也增长起来，而集体财富的一切源泉都充分涌流之后，——只有在那个时候，才能完全超出资产阶级权利的狭隘眼界，社会才能在自己的旗帜上写上：各尽所能，按需分配！"《马克思恩格斯文集》第3卷，人民出版社2009年版，第435—436页。

③ 马克思的原话是："我们这里所说的是这样的共产主义社会，它不是在它自身基础上已经发展了的，恰好相反，是刚刚从资本主义社会中产生出来的，因此它在各方面，在经济、道德和精神方面都还带着它脱胎出来的那个旧社会的痕迹……但是这些弊病，在经过长久阵痛刚刚从资本主义社会产生出来的共产主义社会第一阶段，是不可避免的。"《马克思恩格斯文集》第3卷，第434—435页。

④ 这些文献包括：《给〈祖国纪事〉编辑部的信》，《给维·伊·查苏利奇的信》（包括初稿和复信），以及同恩格斯合作为《共产党宣言》俄文版写的序言。

的后发国家是可以跨越资本主义制度的"卡夫丁峡谷"而直接向社会主义过渡的。他指出:"和控制着世界市场的西方生产同时存在,就使俄国可以不通过资本主义制度的卡夫丁峡谷,而把资本主义制度所创造的一切积极的成果用到公社中来"。① 他具体说明了俄国向社会主义过渡的条件,即汲取资本主义的一切积极成果,② 对农村公社进行民主化改造,③ 以及需要有挽救农村公社的革命。④ 由此可见,对后发国家而言,向共产主义社会第一个阶段社会主义的过渡还需要一个同资本主义国家长期共处的过程,并把资本主义国家所创造的社会生产与社会管理等方面的积极成果引入进来。

(二) 中国进行社会主义建设的实际

从上述对指导中国社会主义建设理论的考察中,我们知道,作为后发国家的中国首先需要有一个向社会主义过渡的阶段,然后才能迈向共产主义。中国特色社会主义中的"特色"表现如下。

首先,中国特色社会主义的定位是社会主义的初级阶段。中国特色社会主义建设起步于"国家大、人口多、底子薄"的不利基础。邓小平同志对此有清醒的认识。⑤ 他不厌其烦地警示我们:贫穷不是社会主义,更不是共产主义。所以,"贫穷不是社会主义"就成为中国特色社会主义的一个重要命题! 而以经济建设为中心,坚持发展生产力,则是解决中国贫困落后问题的根本,这被视为适用于长时期的重大战略判断。

其次,中国特色社会主义的根本是坚持社会主义的发展方向。坚持社

---

① 《马克思恩格斯文集》第 3 卷,第 575 页。
② 马克思的原话是:"正因为它和资本主义生产是同时存在的东西,所以它能够不经受资本主义生产的可怕的波折而占有它的一切积极的成果。"《马克思恩格斯文集》第 3 卷,第 571 页。
③ 马克思的原话是:"也许只要用各公社自己选出的农民代表会议代替乡这一政府机关就行了,这种会议将成为维护它们利益的经济机关和行政机关。"《马克思恩格斯文集》第 3 卷,第 575 页。
④ 马克思的原话是:"要挽救俄国公社,就必须有俄国革命……如果革命在适当的时刻发生,如果它能把自己的一切力量集中起来以保证农村公社的自由发展,那么,农村公社就会很快地变为俄国社会新生的因素,变为优于其他还处在资本主义制度奴役下的国家的因素。"《马克思恩格斯文集》第 3 卷,第 582 页。
⑤ 邓小平的原话是:"社会主义本身是共产主义的初级阶段,而我们中国又处在社会主义的初级阶段,就是不发达的阶段。一切都要从这个实际出发,根据这个实际来制订规划。"《邓小平文选》第 3 卷,人民出版社 1993 年版,第 252 页。

会主义发展方向是几代中国共产党领导人坚持的基本原则。像中国特色社会主义的总设计师邓小平曾多次强调要坚持走社会主义道路。① 习近平总书记也一再重申：中国"既不走封闭僵化的老路，也不走改旗易帜的邪路"，而是要坚定地走中国特色社会主义道路。

再次，在同资本主义国家长期共处中借鉴其优秀成果，实现赶超型发展。一是坚持对外开放的政策。在对中国发展历史经验总结的基础上，② 邓小平同志强调："对内搞活，对外经济开放，这不是短期的政策，是个长期的政策，最少五十年到七十年。"③ 二是坚持实行市场经济。为了破除人们有关"计划等于社会主义，市场等于资本主义"的错误僵化认识，邓小平同志不厌其烦地讲："计划和市场都是经济手段"；④ "资本主义与社会主义的区分不在于是计划还是市场这样的问题……不要以为搞点市场经济就是资本主义道路，没有那么回事。计划和市场都得要"。⑤ 当然，中国的市场经济不是西方自由主义的市场经济，而是将政府调控与市场配置资源有机地结合在一起的市场经济。政府以政策规范企业的市场行为，摆正国营企业与民营企业的关系，为各级各类企业提供公平的竞争环境。

最后，以"壮士断腕"的精神来推进中国特色社会主义的建设。中国特色社会主义建设是在持续改革中推进的。而每一项改革举措，都会触动固有的权力结构、触及现存的利益分配格局。因此，在推进、落实的进程中必然会遇到阻力。特别是经过改革开放 40 年的进程后，改革进入攻坚期和深水区。由此，党的十八届三中全会通过的《中共中央关于全面深化

---

① 邓小平的原话是："中国自鸦片战争以来的一个多世纪内，处于被侵略、受屈辱的状态，是中国人民接受了马克思主义，并且坚持走从新民主主义到社会主义的道路，才使中国的革命取得了胜利……如果不搞社会主义，而走资本主义道路，中国的混乱状态就不能结束，贫困落后的状态就不能改变。所以，我们多次重申，要坚持马克思主义，坚持走社会主义道路。但是，马克思主义必须是同中国相结合的马克思主义，社会主义必须是结合中国实际的有中国特色的社会主义。"《邓小平文选》第 3 卷，第 62—63 页。

② 邓小平的原话是："总结历史经验，中国长期处于停滞和落后状态的一个重要原因是闭关自守。经验证明，关起门来搞建设是不能成功的，中国的发展离不开世界……在坚持自力更生的基础上，还需要对外开放，吸收外国的资金和技术来帮助我们发展。"《邓小平文选》第 3 卷，第 78—79 页。

③ 《邓小平文选》第 3 卷，第 79 页。

④ 《邓小平文选》第 3 卷，第 373 页。

⑤ 《邓小平文选》第 3 卷，第 364 页。

第六篇 唯物史观与历史虚无主义解析

改革若干重大问题的决定》郑重宣示：必须以强烈的历史使命感，"敢于啃硬骨头，敢于涉险滩，以更大决心冲破思想观念的束缚、突破利益固化的藩篱，推动中国特色社会主义制度自我完善和发展"。[①] 正是预见改革的深化会更深地触及权力结构、触动既得利益集团，预见到深化改革必不可免地会遇到多重阻力，因此，习近平总书记更提出要以"壮士断腕"的精神来推动改革举措的贯彻落实。

正是由于有科学的理论指导与正确的实践推进，中国特色的社会主义取得了前所未有的成就。曾经处于贫穷状态的中国一跃成长为世界第二大经济体，占全球人口总量1/5的近14亿人口的生活水平有了很大提升。这一奇迹的创造令世界为之叹服！

二 驳中国现实的社会性质非社会主义谬论

历史虚无主义者在虚无中国共产党与中华人民共和国历史的同时，将攻击的矛头指向中国特色社会主义，谬称中国特色的社会主义实质是资本主义。他们提出这种谬论的理由是所谓的中国特色社会主义在马克思的社会主义与共产主义理论中找不到依据，市场经济是资本主义社会的专利，存在多种所有制尤其是私有制，不是社会主义的特征。那么，就让我们仔细地予以辨析。

（一）中国特色社会主义是马克思论证过的跨越资本主义"卡夫丁峡谷"式的社会主义。

历史虚无主义者以马克思论述的向社会主义过渡的理论是针对当时发达的资本主义国家而言的、作为后发国家的中国实行社会主义在马克思那里找不到依据为由，否认现实中国社会是社会主义性质。正如前文所述，马克思有关社会主义与共产主义社会的理论有三层含义：第一层意思是对共产主义社会本质的界定；第二层意思是共产主义社会包含两个阶段，第一个阶段为向第二个阶段过渡准备物质和精神条件，被称为社会主义社会；第三层意思是承认后发国家能够跨越资本主义制度的"卡夫丁峡谷"向社会主义过渡。但这种过渡是渐进的，在具备了必要的条件后方能实现

---

① 《中共中央关于全面深化改革若干重大问题的决定》，人民出版社2013年版，第7页。

这种过渡。由此可见，中国特色社会主义乃是马克思论及的第三层意思，即跨越资本主义"卡夫丁峡谷"的社会主义；乃是在中国共产党领导下，在一个后发国家推动的社会主义革命和建设事业。由此可知，那种认为中国特色社会主义在马克思社会主义与共产主义理论那里找不到依据的观点是不能成立的。

对照马克思划分人类社会历史发展阶段的"三形态"[①] 理论，可以明确地得知，我们现在所处的社会历史发展阶段实质上是社会发展的第二大形态，发达资本主义国家同样也处于这个发展阶段上。而且，从生产力的发展水平衡量，我们还要低于它们。[②] 因此，发展生产力在较长时间内将是我们的第一要务。

（二）市场经济并非区分社会主义与资本主义的依据。中国现行的经济制度是实行政府调控的市场经济的社会主义。

历史虚无主义者以中国实行市场经济为借口，诬称中国目前建构的是资本主义制度，而不是社会主义制度。这种谬论当然不能成立。首先，他们做出这种谬断的前提是认定市场经济是资本主义的专利，只要实行市场经济就是搞资本主义。他们甚至都忘却了，资本主义自1929年经济大危机以来，受凯恩斯经济学影响，政府通过干预走出了经济危机，并取得了第二次世界大战后长达近三十年的经济繁荣。政府干预和计划成为资本主义市场经济不可或缺的组成部分。而同样，社会主义国家依据推进经济发展的需要，不同程度地引入市场经济的改革，取得的重大经济成就，使人们认同社会主义也需要引入市场经济。就连哈佛大学的发

[①] 马克思的原话是："人的依赖关系（起初完全是自然发生的），是最初的社会形态，在这种形式下，人的生产能力只是在狭窄的范围内和孤立的地点上发展着。以物的依赖性为基础的人的独立性，是第二大形式，在这种形式下，才形成普遍的社会物质变换、全面的关系、多方面需求以及全面的能力的体系。建立在个人全面发展和他们共同的、社会的生产能力成为从属于他们的社会财富这一基础上的自由个性，是第三个阶段。第二个阶段为第三个阶段创造条件。"《马克思恩格斯文集》第8卷，人民出版社2009年版，第52页。

[②] 社会演进的第二大形态的基本内涵是：在生产力层面摆脱了手工劳动和小生产的局限，代之以社会化大生产，并向机械化、自动化、智能化和高度人性化、个性化的生产推进；在经济交换关系层面突破了自然经济的局限，代之以普遍的社会物质变换直至全球化的地球村交换；在人际交往关系和个性发展层面摆脱了人身依附关系的束缚，代之以物的依赖性基础上的人的独立性的发展，并为个人全面发展创造条件。这三个层面的推进，都是在为进入第三大形态的共产主义社会准备条件。从这个视角剖析，我们正在建设的有中国特色的社会主义，自然是属于马克思所界定的社会演进的第二大形态，而且是处于第二大形态的较低阶段。

展经济学教科书也指出:"资本主义和社会主义……这两种经济制度都不是纯而又纯的,所有的市场经济都被政府加以管理,而且由于这个原因,这些市场经济有时也被称为混合经济。"① 其实,马克思在他有关后发国家向社会主义过渡所要求的条件中已经暗示了发展市场经济的必要性。像马克思在提到俄国可以直接引进先进技术等时,指出像银行、信用公司等一套交换机构是西方在几个世纪的市场经济发展中形成的,不可能一蹴而就地加以引入。② 而且,就目前中国和西方资本主义国家所处的第二大社会形态而言,马克思将其特征概括为"物的依赖性基础上的人的独立性",而对物的依赖就是对市场和货币的依赖。其次,中国特色社会主义作为社会主义的初级阶段,必须以发展生产力为第一要务,而市场经济通过竞争、通过奖优罚劣、优胜劣汰等手段可以激发个体的创造力和资源优化配置;所以,市场经济将是我们在较长时期中发展生产力的有力推手。当然,我们的市场经济是社会主义的市场经济,它既是在市场上进行普遍交换的经济、又是由社会主义政府进行调控的市场经济,是要最大限度避免出现严重两极分化的市场经济。当然这对政府调控市场的能力提出了更高的要求。

由此可见,以中国特色社会主义实行市场经济为由而否定现代中国的社会主义性质,是毫无依据、根本不能成立的。

(三)在经济制度上实行多种所有制,并不是区别社会主义与资本主义的根据。中国从经济发展的现实需要出发,实行以公有制为主体、多种所有制并存的社会主义。

历史虚无主义者以中国目前在经济上实行多种所有制、包括私有制为由,否定中国是社会主义性质的国家。这种谬论是不能成立的! 首先,马克思认为,所有制是由劳动分工决定的,产生私有制和阶级的是脑体分工,而且只有到了共产主义社会的第二阶段才能真正消灭脑体分工,由此

---

① [美]吉利斯等:《发展经济学》,黄卫平等译,中国人民大学出版社1998年版,第95页。
② 马克思的原话是:"俄国为了采用机器、轮船、铁路等等,是不是一定要像西方那样先经过一段很长的机器工业的孕育期呢? 同时也请他们给我说明:他们怎么能够把西方需要几个世纪才建立起来的一整套交换机构(银行、信用公司等等)一下子就引进到自己这里来呢?"《马克思恩格斯文集》第3卷,第571页。

消灭私有制。①而就目前中国所处的发展阶段还不可能消灭脑体分工、也就尚无条件去消灭私有制。其次,前面已经提到,发展生产力仍将是中国在一个很长时期内的首要任务。而要发展生产力就必须调动最大多数人的积极性,实行多种所有制并存正是为了调动最大多数人的生产积极性,尤其是调动私营、民办、个体、外资经营者的积极性,以此来促进生产力的快速发展,为消灭脑体分工准备物质条件。

当然在这个过程中有一个把握好"度"的问题。在中国特色社会主义推进过程中,一方面要以维护广大人民的根本利益为目标,逐步提高他们的生活水平;另一方面,要着眼于促进经济快速发展的要求制定政策,调动经营者、管理者、创业者的创业积极性。这就要求我们党和政府保持廉洁为民的根本宗旨,又要具有"大智慧",实施积极、创新的决策与具体政策,从而推进中国特色社会主义这一前无古人的建设事业从胜利走向新的更大的胜利。

伴随中国的改革建设事业进入深水区和攻坚期,全面深化改革迎来的将是又一轮社会的深度转型。一些迷信西方"普世价值"的历史虚无主义者,妄图阻挠中国特色社会主义事业的推进,使中国倒退实行他们所向往的资本主义制度。他们惯用的一个手段就是抹黑中国特色社会主义,谬称中国现在实行的是资本主义制度。而从理论的高度厘清中国特色社会主义道路的实质与内涵,以清除那些别有用心者的叫嚣,同时化解民众中存在的各种疑虑,既是明辨是非的需要,也是进一步坚定广大民众的信念、积极投身于中国特色社会主义建设事业的必要之举。

(原载《史学理论研究》2019年第3期)

---

① 有关分工决定所有制,马克思的原话是:"与这种分工同时出现的还有分配,而且是劳动及其产品的不平等的分配(无论在数量上或质量上);因而产生了所有制……分工和私有制是相等的表达方式,对同一件事情,一个是就活动而言,另一个是就活动的产品而言。"《马克思恩格斯文集》第1卷,第536页。"分工的各个不同发展阶段,同时也就是所有制的各种不同形式。这就是说,分工的每一个阶段还决定个人在劳动材料、劳动工具和劳动产品方面的相互关系。"《马克思恩格斯文集》第1卷,第521页。有关脑力分工产生私有制和阶级,马克思的原话是:"分工只是从物质劳动和精神劳动分离的时候起才真正成为分工"(《马克思恩格斯文集》第1卷,第534页);"分工的规律就是阶级划分的基础"(《马克思恩格斯文集》第3卷,第562页)。有关只有到共产主义社会才能真正消灭脑体分工的论述前面已经引用过。

中国优秀传统文化不容否定[*]

高希中

(中国社会科学院历史理论研究所)

历史虚无主义的一个重要表现,就是虚无和否定中国优秀传统文化。这种错误观点既否定了中国历史和文化的根基,又错指了其发展方向,更没有洞见优秀传统文化的重要价值和意义。中华优秀传统文化是我们民族的"根"和"魂",不容否定。随着国家的高度重视和学术本土化大势的形成,在创造性转化和创新性发展中,中国优秀传统文化将焕发新的生机。

一 否定中国优秀传统文化的主要表现

历史虚无主义对中国优秀传统文化的虚无和否定,主要表现为"全盘西化论""全盘否定论"及"价值虚无论"。众所周知,虚无主义起源于西方,主要有两种形态,即存在论的虚无主义和价值论的虚无主义。前者指的是存在的无根基状态,后者指向最高价值的废除;前者否定的是存在的基础性,后者否定的是价值的绝对性。历史虚无主义是虚无主义在历史研究中的表现,它对中国优秀传统文化的虚无,在思想逻辑上与其在西方的渊源一脉相承,即借着"欧洲中心论",主张全盘西化,彻底否定,这是事实的否定,也就是否定中国历史和文化的根基;进而全面否定中国传

---

[*] 本文是国家马克思主义理论研究与建设工程重大项目"历史全视角下的'中国特色'问题研究"(项目编号:2016MZD007)的阶段性成果。

统文化的价值和意义,也就是价值性的否定。

(一)"全盘西化论"。历史虚无主义虚无中国优秀传统文化的一个主要表现就是"全盘西化论"。这最早可追溯至20世纪二三十年代。[①] 这种错误观点全面否认中国传统文化,过分夸大西方文化的普遍性,既没有解决当时救亡图存的中国道路问题,也没有能够解决中国文化的根本出路问题,因而受到各方的批评。1978年改革开放后,"全盘西化论"又有所抬头,并在社会上形成了一股否定、虚无传统文化的思潮。尽管诸多知名学者对这种错误观点进行了批驳,[②]但至今这种错误观点并没有彻底销声匿迹,而是随着网络等新媒体的不断更新而有所蔓延。[③]

应该承认,自1840年鸦片战争以来,随着中国屡被侵略及随之而来的一系列屈辱及救亡图存的抗争,中国开启了向西方学习的大门。时至今日,向西方学习依然有其必要性,但是"全盘西化论"无疑走向了极端。这不但在现实中行不通,而且危及了我们的文化认同、历史认同和民族认同。对中国道路,西方及其文化都不能给予正确的答案,也不能指明未来发展的路向,只有回归中华民族自己的历史和文化根脉去寻求答案。对此,土耳其的发展道路也给予我们深刻警示。

具有伊斯兰文化传统的土耳其,在20世纪20年代起就全面推行西化,努力摆脱它作为伊斯兰国家、亚洲国家的背景,并努力加入欧盟的行列。但是,至今欧盟并没有真正接纳土耳其;而土耳其不论在传统与西化之间,还是在亚欧国际关系之间,都成为一个"无所适从"的国家。[④] 从土耳其这一活生生的实例,我们应该有所借鉴。

(二)"价值虚无论"。与"全盘西化论"和"全盘否定论"相衍生的就是对中国传统文化价值的否定和虚无。这种情况所造成的结果就是人们心灵、道德、价值及精神的危机,主要体现就是"物质享受至上、技术至

---

① 参见王继平《论近代中国的文化虚无主义——中国近代文化思潮剖析之三》,《湘潭大学学报》1997年第4期。
② 张岱年等:《批判民族文化虚无主义建设社会主义新文化——"如何正确对待中国传统文化"学术座谈会发言摘编》,《高等理论战线》1991年第1期。
③ 参见孙丽珍、李泽泉《文化虚无主义的表现、本质及治理》,《红旗文稿》2018年第9期。
④ 楼宇烈:《中国的品格·路在何方》,四川人民出版社2015年版,第30—33页。[美]塞缪尔·亨廷顿:《文明的冲突与世界秩序的重建》,周琪等译,新华出版社2010年版,第124—129页。

上，浮躁、肤浅、浮夸，已经成了社会通病"。① 这种情况不论在当今的世界，还是在当今的中国，绝非危言耸听，因为我们就身处其中，有着切身感受。

与对中国传统文化的"价值虚无论"相比，恰恰西方的历史事实给予了有力说明。西方在近现代的过程中，有两件大事至关重要，那就是文艺复兴和启蒙运动。文艺复兴就是要到西方文化的源头——古希腊、古罗马文化中去汲取营养和力量；而在启蒙运动的过程中，则大量汲取了以中国为代表的东方文化中的人文精神，尤其是儒家思想。西方的近现代文明就是汲取了这两方面的营养和力量创造的，但它并没有割断自己历史，也没有抛弃自己的文化传统。② 这对我们建设美丽、和谐的现代化国家和社会主义新文化提供了借鉴。

（三）"全盘否定论"。与"全盘西化论"相伴随的，就是对中国优秀传统文化的"全盘否定论"。这种观点以"西方中心论"来衡量、阐释中国历史及中国文化，认为传统文化对中国历史没有任何积极意义，必须一扫而后快。更甚者，传统文化被冠以"封建迷信"的恶名。③

儒家的仁爱论、道家的济世观、佛学的慈悲观，与西方的博爱观在内涵上有着程度不同的相通之处，尽管它们的表现形式、使用范围有所不同。难道前三者就是"封建落后"的东西应该全然抛弃，而西方的就是"积极进步"的东西需全面肯定和弘扬？由此可见"全盘否定论"的偏激和错误之处。

即使具体观点暂可不论，"全盘否定论"的最要命之处，在于宣扬了一种关于中国历史和文化"无根性"的错误观点。历史具有连续性，无法与过去彻底割断；传统与现代也有着千丝万缕的联系，也难以彻底决裂。就如同一个人既无法与自己的家族谱系割断，也难以与自己的过去决裂。正如马克思所言："人们自己创造自己的历史，但是他们并不是随心所欲地创造，并不是在他们自己选定的条件下创造，而是在直接碰到的、既定

---

① 许嘉璐：《为了中华为了世界：许嘉璐论文化·中华文化与异质文化》，中国社会科学出版社2017年版，第329—330页。
② 楼宇烈：《中国的品格·路在何方》，第34页；楼宇烈：《中国文化的根本精神》，中华书局2016年版，第288—289页。
③ 参见许嘉璐《卸下镣铐跳舞——中国哲学需要一场革命》，《文史哲》2009年第5期。

的、从过去承继下来的条件下创造"。①

无根之木无源之水的命运可想而知。文化自信是最根本的自信，完全背离本土深厚的文化根基乃至割断自己的悠久历史，无益于我们民族和国家的长治久安。我们不但不能数典忘祖、妄自菲薄，而且更要高度重视，正确认识和继承、弘扬中华民族优秀的文化传统，因为这是"我们最深厚的文化软实力"，②是我们创造现实与未来的根基。

二 否定中国优秀传统文化的错误观点在诸多大势中走向终结

任何事物的产生都有其必不可少的条件，否则愿望归愿望，蓝图归蓝图。否定优秀传统文化的"虚无"观点走向终结也是如此。可以说，近些年来国家领导人、国家政策的支持，以及中国学术本土化大势的形成，为此提供了客观与主观的必要条件。

（一）国家的高度重视。近年来，习近平总书记关于中国传统文化和哲学社会科学的系列讲话，及相关国家政策的出台，和国家历史研究新机构的成立，为克服那些否定优秀传统文化的错误观点提供了必不可少的客观条件。习近平总书记这方面的主要活动及讲话有：

1. 2013年11月，习近平总书记视察曲阜孔子研究院，在儒家文化的发祥地发出弘扬传统文化的号召。③ 2014年9月，出席纪念孔子诞辰2565周年国际学术研讨会开幕式，对儒学的历史意义与当代价值予以更明确的肯定。④

2. 2016年5月，在哲学社会科学工作座谈会上提出构建中国特色哲学社会科学的蓝图，强调"要推动中华文明创造性转化、创新性发展"，并在十九大报告中，再次强调这一问题。⑤

---

① 《马克思恩格斯选集》第1卷，人民出版社2012年版，第669页。
② 习近平：《牢记历史经验历史教训历史警示为国家治理能力现代化提供有益借鉴》，《人民日报》2014年10月14日第1版。
③ 习近平：《汇聚起全面深化改革的强大正能量》，《人民日报》2013年11月29日第1版。
④ 习近平：《在纪念孔子诞辰2565周年国际学术研讨会暨国际儒学联合会第五届会员大会开幕会上的讲话》，《人民日报》2014年9月25日第2版。
⑤ 习近平：《在哲学社会科学工作座谈会上的讲话》，《人民日报》2016年5月19日第2版；《决胜全面建成小康社会夺取新时代中国特色社会主义伟大胜利——在中国共产党第十九次全国代表大会上的报告》，人民出版社2017年版，第41页。

3. 2019年3月4日，在全国政协相关会议上强调，文化艺术界和社会科学界要"为时代明德"，要"坚持用明德引领风尚"。①

习近平总书记倡导"为时代明德"，"坚持用明德引领风尚"，可谓抓住了我国当今社会的一个重大问题，抓住了古今中外历史的一个核心问题，抓住了世界各大文化及文明中的一个轴心问题。如果说强调中国传统文化的创造性转化创新性发展，是对学术界、理论界的要求，那么强调"为时代明德""用明德引领风尚"则是在社会层面的展开，将有助于中国优秀传统文化与社会生活的结合。与习近平总书记讲话相呼应，我们国家的文化政策发生了深度调整，"文化自信"越来越受到重视，特别是中办、国办印发《关于实施中华优秀传统文化传承发展工程的意见》，② 以及其他遏制"西化"的政策措施。另外，2019年1月3日，中国社会科学院中国历史研究院宣告成立，习近平总书记为此发来贺信强调"新时代坚持和发展中国特色社会主义，更加需要系统研究中国历史和文化"。③ 这表明，中国历史研究正在发生结构性变动，正朝着更加本土化的方向发展。可以说，从国家领导人，到国家文化政策的调整，和新的历史研究机构的成立，全方位构建并形成了一股重视中国本土历史和优秀传统文化的强大力量，这为克服否定优秀传统文化的虚无主义等错误观点提供了良好的政治和社会环境。

（二）众多世界性难题的化解需要中国文化提供智慧。在20世纪上半期，由西方发动的两次世界大战，给人类历史带来了深重的灾难，死伤都达千万人乃至数千万人，而且大规模杀伤性武器原子弹也在日本广岛、长崎爆炸。这种教训不可谓不深。由此，不能不反思和反省这种巨大灾难背后的文化问题。早在第一次世界大战之际，斯宾格勒就提出了"西方没落"的观点。④ 之后，汤因比在其历时多年的《历史研究》中指出："西方和西方化国家走火入魔地在这条充满灾难、通向毁灭的道路上你追我

---

① 习近平：《坚定文化自信把握时代脉搏聆听时代声音坚持以精品奉献人民用明德引领风尚》，《人民日报》2019年3月5日。
② 《关于实施中华优秀传统文化传承发展工程的意见》，《人民日报》2017年1月26日第6版。
③ 《习近平致中国社会科学院中国历史研究院成立的贺信》，《人民日报》2019年1月4日第1版。
④ [德] 奥斯瓦尔德·斯宾格勒：《西方的没落》，齐世荣等译，群言出版社2016年版。

赶，因此它们之中任何国家都不可能有眼光和智力来解救它们自己和全人类。"他认为，必须在西方以外寻找使人类生活稳定下来这种新运动的发起者，并将目光投向了中国。①

当今世界面临着众多棘手的问题，例如生态恶化、文明冲突、局部战争、人的物化等。孔汉思、杜维明、许嘉璐等人提出和倡导构建"全球伦理"来解决当今世界中的诸多重大问题，并认为中国传统文化及其智慧将成为人类共同伦理的动力源泉。② 由此可见，由于世界性问题所引发的中外学者对中国传统文化的关注。尽管他们的具体观点还可以讨论，但毕竟说明了中国传统文化对己对人的巨大价值。

中国优秀传统文化中的明德、至善、中道、道法自然等思想，确实是破除战争与和平、科学与人文、物质与心灵等二元对立问题的良方。二元对立是西方文化中比较突出的思想和思维，它的一个重要表现就是排他和斗争。而中国优秀传统文化恰恰崇尚和谐，不尚战争。在中国历史上，佛教、伊斯兰教、基督教等外来文化进入中国，与中土文化融合共生，乃至成为中国文化的重要组成部分。而且在中华大地上从来没有发生过宗教战争，中华民族也"没有对外侵略的传统"。③ 这些都对动荡的现代世界给予文化和智慧的启示。

由此我们不得不再次深刻反省中国优秀文化的被虚无和被否定问题。我们坚信，此类问题将在诸多世界性难题的化解中走向终结。

（三）中国学术本土化大势。近年来，中国学术本土化逐步在学术界展开，这在政治学界、法学界、经济学界、历史学界、社会学界、管理学界、哲学界等众多领域有着明显的表现。④ 可以说，本土化已成为国内学界最引人注目的方向性变动。就史学理论的发展而言，自2012年11月中

---

① ［英］阿诺德·汤因比：《历史研究》，刘北成、郭小凌译，上海人民出版社2005年版，第393—395页。
② ［瑞士］汉斯·昆（孔汉思）：《世界宗教寻踪》，杨煦生等译，生活·读书·新知三联书店2007年版；［瑞士］孔汉思：《世界伦理手册》，邓建华、廖恒译，生活·读书·新知三联书店2012年版；杜维明：《否极泰来：新轴心时代的儒家资源》，北京大学出版社2016年版；许嘉璐：《为了中华为了世界：许嘉璐论文化·200年河东，200年河西，未来康庄》下，中国社会科学出版社2017年版。
③ 《习近平同希腊总统帕夫洛普洛斯会谈》，《人民日报》2019年5月15日第1版。
④ 参见郭震旦《音调难定的本土化——近年来若干相关问题述评》，《清华大学学报》2019年第1期。

第六篇　唯物史观与历史虚无主义解析

共十八大以来,向"中国本土"回归速度加快。历史研究注重"中国本土",构建"中国话语"越来越受到史学界的重视。王学典《把中国"中国化"》是这方面的代表作。① 另外,其他学者对此也多有阐发。例如,于沛指出,文化的传承性与历史的传承性一样,不可割裂。② 瞿林东指出,在学科体系的构建中,继承性与民族性密切联系,脱离了继承性,也就失去了民族性,更谈不上具有中国底蕴、中国特色、中国风格的历史学话语体系。③ 瞿先生进而以对宋人史料笔记的具体研究等成果来支撑自己的论断。④ 乔治忠提出:"当前的史学理论研究,应当打破现代西方史学概念工具的套路,建设具有中国话语指征的史学理论体系,这是历史学界当前的要务"。⑤

由此可见,当前国内诸多学者不仅提出了"回归中国本土""构建中国话语"的概念和命题,而且在具体成果上已有所显现。回归"中国本土",以"中国话语"叙述中华民族自己的历史,都为克服虚无优秀传统文化的错误观点提供了学术土壤和主体推动者。

三　创造性转化、创新性发展是克服否定优秀传统文化错误观点的根本路径

创造性转化创新性发展,是习近平总书记针对近些年来中国社会科学发展和中国传统文化继承中存在的诸多重大问题提出的一个重要概念。不论是中国历史,还是世界历史,每一次重大的质的进步和发展,都离不开文化、思想、知识正向的巨大变革,及其正向的引导。当今,我们正处在中华民族伟大复兴的新时代,是中华民族承上启下的一个极其重要的关键时期,是真正静下心来老老实实对中国优秀传统文化重新认识、

---

① 参见王学典《把中国"中国化"》,上海人民出版社2017年版。
② 于沛:《〈史学理论研究〉三十年:构建马克思主义史学理论新形态的三十年》,《史学理论研究》2017年第2期。
③ 瞿林东:《理论研究与学科体系》,《史学理论研究》2017年第2期。
④ 瞿林东:《"事无纤巨,善恶足为鉴诫"——宋人史料笔记的惩劝作用》,《北京日报》2017年2月6日第15版;瞿林东:《宋人史料笔记撰述的旨趣》,《天津社会科学》2016年第4期。
⑤ 乔治忠:《试论史学理论学术体系的建设》,《中国史研究》2017年第2期。

探讨、汲取和创新的时候了，也是优秀传统文化与时俱进、适应新时代的时候了。

（一）将优秀传统文化创造性圆融于当下的学科体系、学术体系、话语体系建设，在三个体系质的提升中实现创新性发展。这是克服否定优秀传统文化错误观点的学术支撑。

当今，中国特色社会主义进入新时代，迫切需要历史智慧和文化思想的支撑，亟需从中国本土历史和文化中提炼出对我们国家和世界发展有益的现代因素。

第一，有必要对中国传统文化中的一些重要思想、观点、概念、命题等进行提炼，对中国历史的文化背景进行大视野综合概括，从而既在博大的宏观上又在精深的微观中把握中国历史的文化精髓，揭示出中国历史内在的精神气韵。第二，中国文化自古就有文史不分的优良传统，所以有必要加强文史哲、儒释道之间的交流和对话。这有利于深刻把握和体验相关思想、观点、概念、命题等文字背后的深层内涵。第三，充分挖掘历史典籍中体现中国文化的内容，保证内容的详实性和扎实的学术性。中国优秀传统文化的思想、观点、概念、命题等，蕴含在古代经史子集、方志、戏剧等不同体裁的典籍中，亟需我们去耐心、细心、精心挖掘，梳理彰显。

优秀传统文化不但蕴含着中国历史的基因和根脉，而且还蕴含着中国思想、中国史观、中国智慧最为核心的理念。近几十年来，中国本土历史思想和历史理论的缺失已成为制约历史学研究的一个主要瓶颈，而其中一大原因就是中国优秀传统文化的被忽视。哲学社会科学包括历史学三个体系的建设，将对此有质的改变。由此，中国学术从根本上面临着一个质的重要转折，那就是依托中华民族雄厚的文化根基和高度的文化自信，开辟一条本土化的学术道路。正是在这一过程中，那些否定优秀传统文化的错误观点将失去学术土壤和学术空间。

（二）将优秀传统文化中的具体思想和观点，创造性地圆融于个体的生命和群体的生活，在促进个体生命与群体生活质的提升中实现创新性发展。这是克服否定优秀传统文化错误观点的人文支撑。

中国历史研究的一个优良传统是"经世致用"，而中华传统文化最根本、

第六篇 唯物史观与历史虚无主义解析

最突出的特色,就是其人文精神,"观乎人文以化成天下"是典型写照。①近些年来,由于受西方价值观等多种因素的影响,负责保存我们国家和民族记忆的历史学,对现实越来越冷漠,离现实越来越远。应该说,这不是历史学的常态。在中国特色社会主义进入新时代的今天,不论是历史研究,还是传统文化的创造性转化创新性发展,都要走出象牙塔,去关注、关心人们的现实生活。如何圆融现实,关注当下的人生,传统文化中的如下几点值得我们思考和借鉴。

第一,提供个人道德境界不断提升的路径。人兽之别是中国古代提出的一个重要命题,而人兽之别的重要区别就是人具有伦理、道德和价值及其不断地提升。这在《礼记》《孟子》《荀子》等经典中有着生动详细的记载。伦理、道德和价值最初将人和兽区别开来。但到此并没有完结,而是继续提升,踏踏实实去"明德",乃至走向"至善"。由此,个人的人生境界、道德素养日新月异,从凡尘俗子进步为君子,从君子进步为大德,从大德进步为圣贤。由此,中国文化解决了人兽之别,以及个人层次的不断提升和超越问题。尽管世界各大文明都注意到道德伦理问题,但中国文化中的道德伦理更为系统、精细而引起其他国家诸多学者的高度重视。例如,黑格尔曾言:"当我们说中国哲学,说孔子的哲学,并加以夸羡时,则我们须了解所说的和所夸羡的只是这种道德"。②时至今日,这个问题仍然给人们以借鉴。随着当今世界人的物化问题日益严重,中国文化中的道德、伦理、价值的具体思想和观念,必将有益于世人。

第二,确立由个人至家庭、群体、国家、天下等境界提升的不同层次。如果仅仅只是个人的道德的成功,远不能说明中国文化博大精深。除了上述个人道德、境界的提升外,它还由己及人,乃至家、国、天下。其一,由己及人。也就是还要确确实实引导、育化、成就他人,即《论语》所说的"己欲立而立人,己欲达而达人"。③其二,由己到家、群体、国、

---

① 《十三经注疏·周易正义·贲卦》,中华书局1980年版,第37页。
② [德]黑格尔:《哲学史讲演录》第1卷,贺麟等译,商务印书馆1959年版,第136页。
③ 《十三经注疏·论语注疏·雍也》,中华书局1980年版,第2479页。

天下。① 其三，相反相成，行有不得，反求诸己。② 值得注意的是，格物、致知、正心、诚意、修身、齐家、治国、平天下并不是一个单一的过程，而是双向的，不但相辅相成，而且相反相成。也就是自己不成功，出了问题，遇到了困难和挫折，就要反躬自省，不怨天尤人，不一味向外部寻求解决之道。这是除了伦理、道德、价值之外，优秀传统文化给予我们的一个有重要价值的思想和启示，尤其是对当今太注重物质追求的人们和社会。

可以说，传统文化的创造性转化创新性发展，指向人们的人生，不但有量的积累，而且也要有质的提升，这是克服虚无主义等错误观点的源头活水。

（三）将优秀传统文化中的具体思想和观念，创造性地圆融于各个层面的实践，在"知行合一"中实现创新性发展。这是克服否定优秀传统文化错误观点的实践支撑。

中国文化的一个重要特点是"知行合一"，也就是既重知，也重行。如果说将优秀传统文化圆融于各学科的三个体系建设，还在学术"知"的层面的话，那么将其圆融于各个层面实实在在的实践，则是"行"的层面。在中国历史的发展跌宕起伏的进程中，我们清楚地看到中国文化尤其是中国优秀文化所起的重要作用。那是贯穿始终的从来不曾断裂的基因传承，连绵不断的精神命脉。它与不同时代的具体时空人事条件相融合，表现出不同的形式和形态，塑造了中华民族的光辉历史。之所以如此，就是与我们的先人对众多文化思想、理念实实在在的实践和担当有关，尽管其中层次不一，方式各异。

知行合一关注的不仅是学理大道，更注重将学理大道落实得实实在在的行为。当今之所以历史理论或历史思想研究匮乏，就和"知"与"行"的不协调乃至相悖有关；与说得多做得少、唱得多行得少有着密切的关联。其一，就学理而言，知与行辩证统一，能知才能行，行又促进知。其

---

① 这也就是《大学》所彰显的格物、致知、正心、诚意、修身、齐家、治国、平天下。《十三经注疏·礼记正义·大学》，中华书局1980年版，第1673—1679页。
② "行有不得者皆反求诸己"，《十三经注疏·孟子注疏·离娄章句上》，中华书局1980年版，第2718页。

二，就实践而言，只知不行难达真知，还是不知。因为，知要见之于行，需要智慧地圆融种种因缘条件，绝非空言"知"字所能办得。字识得，言说得，但不一定行得。例如，明德、至善，大家都认识，都会读，但行了没有，又行到什么程度，答案当然是仁者见仁、智者见智。

所以，对优秀传统文化，我们这里强调对"知"的落实，也就是实践。在这点上，中国历史乃至世界历史上的大德圣贤给我们树立了榜样。与当代诸多学者不同，他们不仅在阐述思想，而且更重要的是躬身力行。也就是说，他们论君子就先让自己成为君子，论大丈夫就先让自己成为大丈夫，论慈悲济世就先让自己慈悲济世。可以说，大德圣贤是中国优秀传统文化的创造者、继承者和传播者。诸多传统文化的精髓未必见之于文字，而是蕴含在他们的具体行持之中。知行合一无疑对推动中国优秀传统文化的创造性转化创新性发展、克服虚无主义等错误观点提供了坚实的行为支撑。

总之，在中国特色社会主义新时代，我们要充分认识和挖掘中国优秀传统文化的巨大价值，坚决抵制和批判对其否定的虚无主义等错误观点。当然，强调优秀传统文化在当代的重要价值和意义，并不意味着我们是"传统文化决定论"，也并不意味着华夏中心主义的重演，更不是复古主义和妄尊自大。而是在继承历史的基础上创造新的现实和历史，是为了促进思想、文化、社会及我们国家、民族的发展和复兴。对此，华夏中心主义、复古主义不可行，"全盘西化论""西方中心论"更不可行。

反对"全盘西化论"和"西方中心论"，并不否认我们认真学习和借鉴西方或其他国家的优秀思想和学术成果。有容乃大才是雅量，如同当年的大唐，不但能够容纳、融合本土文化，而且能够吸收、融合外来文化，才有了大唐在当时世界上盛极一时的文化和国力。自明清以来，夜郎自大，闭关锁国，已经给我们民族的发展带来太多的苦难，已经留给我们太多的沉痛教训。对此，我们应该铭记，使其成为我们进步的阶梯。但值得注意的是，虽然我们强调积极学习西方或其他国家，但决不是以西方或其他国家为蓝本，也决不能丢弃我们自己的主体意识和历史文化根基。

中国优秀传统文化蕴含着中华民族最核心的价值追求，最顽强的命脉基因，"是中华民族生生不息、发展壮大的丰厚滋养"。① 当今中国特色社会主义进入新时代，我们要从本土的历史和文化中提炼出中国思想、中国智慧、中国话语，探究传统文化的深层价值和新时代中国文化的创新动力，为国泰民安、民族复兴和世界和平提供智力支持和文化支撑。

（原载《史学理论研究》2019年第3期）

---

① 习近平：《深化文明交流互鉴共建亚洲命运共同体——在亚洲文明对话大会开幕式上的主旨演讲》，《人民日报》2019年5月16日第2版。

因果解释的迷失：历史虚无主义的方法论基础批判[*]

韩 炯

（上海财经大学马克思主义学院）

历史虚无主义的哲学起源可以追溯到尼采的价值论虚无主义和海德格尔的存在论虚无主义，两人都秉持虚无主义观点来认识、分析和解释历史现象，否定历史的意义。虚无主义是20世纪西方社会向现代转型中呈现的"时代精神状况"，中国的学术土壤未曾独立孕育出历史虚无主义，但中华民族在走向复兴的进程中遭到其屡屡挑战。

中国当下语境中的历史虚无主义，是指围绕历史人物评价、历史事件性质认定、历史现象分析等论题产生的一种消极、落后、错误的社会思潮和学术思潮。其重点是中国近代史，尤其是革命史，也会向上延伸到古代史和文明史，向下延伸到改革开放史。其要害在于否定中国共产党领导、否定社会主义道路。本文拟从历史因果解释的角度，剖析历史虚无主义的理论进路，以期识别其谬误。

一

现代历史虚无主义思潮的兴起，有着深刻的历史哲学、历史学背景以及社会现实根源。这种最初形成于19世纪后半期的西方并持续展开的精

---

[*] 本文是国家社会科学基金项目"历史虚无主义的方法论基础批判"（项目编号：17BKS168）的阶段性成果。

因果解释的迷失：历史虚无主义的方法论基础批判

神文化现象，是伴随现代资本主义、世界历史、现代化和全球化进程的产物，在20世纪逐渐传入中国。其渊源可溯及新康德主义西南学派对兰克客观主义史学的批判，现象学和阐释学揭示的历史主义，以及科学主义史学的危机。自由主义历史哲学对决定论和目的论的批判，以及新黑格尔主义的观念论都包含价值虚无主义毒素。其主旨在于否定社会历史进步规律，反对因果解释，强调叙事技巧和功能的重要性。从历史学本身的发展看，在对社会科学化的历史学的反拨中崛兴的、以倡导讲故事为主的叙事史和微观史，被一些具有虚无主义价值倾向的研究者误用滥用。尤其是一些史学爱好者和非专业史学家以及非理性主义者，将其虚无主义的价值观念投射到历史研究领域。从社会历史进程和现实环境看，中华民族实现复兴进程中的革命和社会制度变革，颠覆了原有的阶级结构，一部分社会阶层产生强烈的时代断裂感和虚无感；此外，全球化背景下中国社会转型过程中部分利益集团的政治社会诉求，谋求在历史领域中实现。受市场经济观念和资本意识驱动，肆意"消费"历史的主观愿望也会外在显现为热衷于传播历史虚无主义的实际活动。近年来，学界关于历史虚无主义的批判，有力地阻击了其在历史学、政治学和文学等学科领域的蔓延态势。

历史虚无主义，按其作伪方式看，一类是嘲讽、戏谑、调侃、恶搞、污蔑重要历史人物。例如诋毁"狼牙山五壮士"、抗美援朝英雄、甚至古代民族英雄等。总体上，这类手法粗鄙、方式简单，很难入专业历史学者的法眼，这些谬论所指的"历史"，似乎与历史知识关系不大。较之于历史学者为之献身的、承载"高贵梦想"的客观历史和历史知识，历史虚无主义者更多的是借用"历史"名义编就的"史话"，或勉强可以归入"历史文艺作品"。其所谓的历史书写只是承载虚无主义价值观的一种媒介，或者是表达政治诉求的一种通道。另一类历史虚无主义研究，会诉诸相对完整的历史叙述和分析，其政治意图和价值立场包藏在"学术反思""理论再探讨"的外衣之下。具体可分为两类：虚无简单历史事实和虚无复合或复杂历史事实。前者以揭秘、解秘、探秘、还原真相、重返现场为噱头，虚构、伪造和炮制档案、名人日记、回忆录，诋毁领袖英烈的形象等，如炮制"中苏联盟密约"、伪造毛泽东诗词、虚构邓颖超日记，等等。后者如解构整风运动、长征或抗美援朝等具有重大历史意义的事件，割裂改革开放前后历史时期的内在必然联系，否定中国革命、建设和改革的规

第六篇 唯物史观与历史虚无主义解析

律,妄图重构或解构党的历史和民族历史的宏大叙事。① 上述两类历史虚无主义都不容小觑。针对历史虚无主义伪造的单一历史事实,可以通过考辨事件的时间、地点、人物、史料文献等相关信息,去伪存真澄清真相;然后分析该历史事实出现的原因和经过,在此基础上给出相对合理的价值评判。第二类历史虚无主义的意识形态和伦理价值观更隐蔽、更模糊,认识对象本身的复杂性、综合性增添了驳斥的难度,必须借助专业史学知识和史学理论展开辩驳。

一般认为,机械决定论或历史决定论抹杀了人的历史活动的现实意义和价值,容易导致形而上学意义上的历史虚无主义。另外,抛弃科学的历史因果解释中的决定论,会抹杀历史选择行为和选择结果在历史意义上的差别,其内含的多元折中主义和相对主义,不可避免地会开启历史事实和历史价值虚无主义的通道。

历史虚无主义在当下的泛滥,与理论界探讨科学的历史因果解释受阻滞后一度主张摒弃历史因果规律有关。就西方史学理论界而言,自从新康德主义以降,理论界和史学界倾向于把历史因果解释看成仅仅适用于自然科学,或者支撑单线决定论的方法论"罪魁",排除在历史科学方法之外,而更倾向于接受历史"移情式"解释(即历史理解)。1942年爆发的"亨普尔争论",重新提出"历史研究要不要因果法则"的问题。结果,争论持续长达三十多年后,无论是"覆盖律"模式,还是"归纳—统计"模式,都无法满足历史因果规律所要求的揭示"普遍无例外的联系"。在这种情况下,主张摒弃因果解释、用语言和文本的修辞解释功能取而代之的叙事主义历史因果观(后现代主义)乘虚而入。在其肆虐一段时间并渐趋式微后,有学者喊出"超越历史理解法"。② 在实践史学中,爱德华·卡尔的因果主张,即先找出可能的原因,然后区分不同原因的重要性程度,最后确定可视为"必要条件"及"充分条件"的原因,成为西方主流史界的基本观念。但这种因果观暴露的多元折中的局限性,遭到分析马克思主义

---

① 韩炯:《历史事实的遮蔽与祛蔽——现时代历史虚无主义理论进路评析》,《毛泽东邓小平理论》2013年第3期。

② Paul A. Roth, "Beyond Understanding: The Career of the Concept of Understanding in the Human Sciences", in Stephen P. Turner and Paul A. Roth, eds., *The Blackwell Guide to the Philosophy of the Social Sciences*, Blackwell Publishing Ltd., 2003, p. 311.

史学家的批判。①

二

下面结合具体实例，说明历史虚无主义在历史解释方面是如何跌入理论误区的。

谬误之一，以合意的"历史细节"编织叙事情节，伪造历史真实。

历史虚无主义者往往会抓住党史和国史上我们所犯的局部或个别错误，用拼凑碎片化事实编织起形式上看似完整的历史叙事，达到以偏概全、"伪造历史"的目的。20世纪末，一部志在改变延安整风运动"全貌至今尚混沌不明"的著作在境外出版。② 平心而论，该书对整风运动过程提供了不少细节描述，这是其自矜"实证研究"之处。但作者把整风运动诠释为完全按照个人意志展开的首尾连贯的"权谋政治"的历史叙事，反而暴露出其用"细节"伪造"全貌"的缺陷。首先，叙事完全偏离和舍弃整风运动的基本内容和主体逻辑。整风运动是中国共产党党内开展的学习运动，是中国共产党加强自身作风、党风和文风建设的重要举措，总体上表现为以思想改造和增进团结为目的。有外国学者认为，它是一种让犯错误者进行自我批评（公开或书面检讨、悔过）的"心理体操"。从词频统计看，以主流史学中提到较多的"理论联系实际"为关键词，其在这部45万多字的著作文本中出现次数为0；"大生产"仅1次，"实事求是"一词出现6次，"调查研究"17次，不少用法明显带有贬义。作为全书主题的"整风运动"只出现178次，作为整风运动历史背景的关键词"抗战"出现192次。作者对整风运动的偏颇定位可见一斑。其次，叙事情节的展开逻辑，不符合历史实际进程。例如，如果承认整风运动是"一场马克思主义的学习和教育活动"，那么其源头就应从追溯党内马列主义"学习竞赛"的历史开始。相反，该书作者将起点追溯到赣西南清肃AB团，而且

---

① S. H. Rigby, "Historical Causation: Is one Thing more Important than another?", in Robert M. Burns, ed., *Historiography: Critical Concepts in Historical Studies*, Vol. II, Routledge, 2006, pp. 195–210.

② 参见高华《红太阳是怎样升起的：延安整风运动的来龙去脉》，香港中文大学出版社2002年版。

第六篇　唯物史观与历史虚无主义解析

把后者的实际时间提前数月,这亦见其编织故事的虚构能力。此外,"抢救"活动持续不到十天时间,却被视为长达两年多的整风运动的特定阶段,而且是高潮阶段,这完全出于作者叙事的主观需要和将它界定为"肃反"性质的需要。如此安排,反见作者思想深处挥之难去的"肃反"研究情结。再次,历史解释未能涵盖各方面的事实。该书作者一方面把毛泽东定为"作为极'左'的肃反政策的始作俑者",用"肃反"作为线索,去挖掘、夸大中意的"事实",改变某些重要事件的性质,把所谓"洗党""肃托""反 AB 团""抢救"等牵强地串联起来;另一方面,罔顾整风运动期间毛泽东阻止整风向错误方向蔓延的事实,如有关苏联肃反的痛苦反思,以及关于"一个都不杀、大部都不抓"的指示等。这类有意识地"屏蔽""过滤"和"虚无"不符合自己价值观的"事实"和话语,强行塞入合意的"细节事实"的方法,看似提供了"真实"的历史图景,实际上却一叶障目,根本上混淆了历史虚构与历史真相。针对此类刻意用拼凑碎屑事实遮蔽历史大势的叙事性解释方法,哲学家们贬之为"用全部的历史细节伪造历史"。历史虚无主义者所犯的错误正在于用"头脑中臆造的联系来代替应当在事变中指出的现实的联系,把历史(其全部和各个部分)看作观念的逐渐实现,而且当然始终只是哲学家本人所喜爱的那些观念的逐渐实现。"[①]

谬误之二,肆意揣度历史人物的行为动机,歪曲历史真相。

从历史虚无主义者构建的叙事链看,其对具体环节的解释同样是脆弱的和经不起检验的。历史虚无主义者习惯于用多种多样的原则,如"理性选择"原则、"趋利避害"原则、"人性"原则、"常理"原则等,根据历史结果推测历史人物的动机,其中有些动机与其说是历史人物的动机,毋宁说是虚无主义者的思想动机和价值观念在历史人物身上的投射。仍以上述著作自矜的"分析性论述"为例。该书作者认为,"发动整风的目的和为推行其意图施展的基本策略本身就蕴含整风运动逐步升级的内部动因"。且不说对整风运动升级的外部动因为何避而不谈,单就其基于有理论缺陷的心理揣度法解释毛泽东的整风运动意图,在事实判断、成因判断和价值判断上都无法成立。从事实判断看,根据新解密的档案,1940 年 3 月 17

[①] 《马克思恩格斯文集》第 4 卷,人民出版社 2009 年版,第 301 页。

因果解释的迷失：历史虚无主义的方法论基础批判

日季米特洛夫发给毛泽东的电报以及共产国际执委会干部给季米特洛夫的备忘录共同显示，即将召开的中共七大，"推荐人选中的绝大多数都是毛泽东的追随者，而那些在莫斯科看来不宜担任责任重大的工作的人都是共产国际执委会所认为的王明的支持者"。[①] 这对于该书作者给出的毛泽东具有借整风运动"彻底肃清国际派的影响"的主观意图的判断，无疑构成反例。从成因判断看，该书作者用心理揣度法解释中共七大人选名单的确定原则和目的，"体现了毛泽东大权独揽的目的"，明显难以令人信服。例如，用打击报复心理解释凯丰、邓发未进入中央委员："遵义会议翻历史旧账""与王明过从甚密""对毛泽东略有微词"。用掩饰野心来解释保留整风运动对象的中央委员的资格：王明、博古"名列中央委员三十三人中的倒数第一和第二"，徒有虚名；犯过错误的经验派同志入选，是为了"显示公正、宽大"。再如，用"任人唯亲"来解释提拔运动中有贡献者现象；用"暂时用不着"解释出力甚多者未被提拔的现象，显示忘恩负义。实际上，暂时撇开这种解释模式的局限性不论，完全可以从相反的角度解释做出这类人事安排的行为动机，如保留王明、博古中央委员的地位，源于毛泽东的心胸宽广，为了"治病救人"而非整人；重用犯过错误的周恩来等人，源于不计前嫌、任人唯贤；坚决拿下忠诚顺从但制造冤狱的康生，源于公正无私，不包庇纵容亲信。相比之下，后一种更符合事实的逻辑。

该书上述解释的方法论谬误在于，心理揣度法建立在不可靠的"意图—行为"解释模式上，而其解释的经验原则可以是"理性人行理性事"的"常理"，也可以是"反其道（理）而行之"的"反理"，因而为任意解释留下太多自由空间，容易成为随心所欲塑造的"象鼻子"。况且，该模式无法解释具有整体性、长期性、结构性和复杂性的历史事实，例如显然我们无法用拿破仑的个人动机去解释法兰西帝国的兴衰。尤其是，该解释模式能否发挥科学的解释效果，根本上依赖于解释者的社会历史观是否科学。其实，如何用杰出人物的思想动机去解释重大历史的变革，"问题涉及的，与其说是个别人物，即使是非常杰出的人物的动机，不如说是使

[①] 转引自〔俄〕亚历山大·潘佐夫《毛泽东传》（下），卿文辉等译，中国人民大学出版社2015年版，第505—507页。

第六篇 唯物史观与历史虚无主义解析

广大群众、使整个整个的民族,并且在每一民族中间又是使整个整个阶级行动起来的动机。而且也不是短暂的爆发和转瞬即逝的火光,而是持久的、引起重大历史变迁的行动。探讨那些作为自觉的动机明显地或不明显地,直接地或以意识形态的形式,甚至以被神圣化的形式反映在行动着的群众及其领袖即所谓伟大人物的头脑中的动因——这是能够引导我们去探索那些在整个历史中以及个别时期和个别国家的历史中起支配作用的规律的唯一途径。"①

谬误之三,用反事实推理的虚拟因果联系,替代现实中因果必然性联系。

历史虚无主义者惯用的一种手法是,通过抽象的假设来回溯历史原因,夸大历史主体社会行为的选择性和自由度,呈现历史现实的不确定性,来否定历史因果必然性。例如,虚无主义者声称"革命是否必要或必然?'假如'史学在这里派上了用场。它展示的是历史并非宿命,是人在主动创造历史,人有选择的可能。政治领导人于此负有重大责任";并宣称"没有革命'一定要发生'的逻辑",这种论调演化成为否定近代一切革命合法性的"告别革命"论,其实质是否定共产党执政历史合法性。剖析"告别革命"论的理论动机,不难看出,就是"'解构'本世纪的革命理论和根深蒂固的意识形态最有效的方法和形式"。②从思想来源看,历史虚无主义者鼓吹的"告别革命"论,建立在对中国近代社会形态特殊性的误解上,也是中国共产党"制造革命"论等错误论调的必然延伸。从历史检验和历史评价看,历史虚无主义者假设近代中国"革命不必发生",已经预设"革命是历史的非常态事件""中国只有和平—改良—建设才有出路"的方案,这对当时深受压迫、追求翻身的亿万劳动人民来说,无疑是根本不具有现实可能性的。且不说近代改良方案已被历史证明屡屡失败,退而言之,继续选择改良方案,只能是让亿万中国人看不到任何民族复兴希望的"最糟糕的"历史选择。

从方法论原则看,假设史学,用一种虚拟的、难以证明的因果逻辑关系替代真实发生的事件内部的因果必然性。其理论基础是反事实推理,即

---

① 《马克思恩格斯文集》第 4 卷,第 304 页。
② 李泽厚、刘再复:《告别革命》,香港天地图书有限公司 2004 年版,第 25、24 页。

通过比较已发生的事实（及其结果）与未发生的事实（及其后果）的差异，探究虚拟的因果关系，逼近对真实因果关系的认识。一般形式如下："如果（历史主体）当时做出不同于实际的行为选择，那么如今就会或者就不会……"反事实假设留下了通向幻想的通道，而且其寻求的因果联系，并非必然性的因果关系，它只是表征了社会事件之间的一般相关性。再者，该方法论在否定一种可能性时却提供了多种可能性，以多元论和个体主义来对抗整体主义。在实践应用中，离开对社会机制运行状况的考察，其宏观研究容易陷入抽象推演；离开对个体所处的社会局势的考察，其微观研究容易陷入意图—行为模式隐含的行为结果的偶然性和不确定性。"反事实假设法"，更为真实地显示出在因果性上的折中和在实践中"不作为"的犹疑，最终滑向历史虚无主义。不可否认，反事实假设法有助于拓宽历史思维、丰富对历史可能性的认识，但其根本在于加深对现实中发生的事实的理解。历史虚无主义者不能也不愿遵循反事实推理的适用原则和逻辑要求，而是痴迷于去假设和虚构看似可能实则不可能的历史。有些关涉历史人物的"假如"命题，例如流传甚广的毛泽东与罗稷南围绕"假如鲁迅还活着"的秘密谈话，其中的记忆误置本身，亦不能排除特殊情境下对其中信息有意无意的加工。①

三

历史虚无主义者大都承认，基于不同的事件"选择"而连接出来的历史构图，并非没有高下之别，但这种差别在他们看来只限于连接者的技巧和手法的高低差异。至于关涉历史整体的结论和判断，则是"公说公有理，婆说婆有理"式的一笔历史糊涂账。上述困境出现的要害正在于，要么忽视和否定历史事件之间的客观的内在因果联系，要么把历史事件间的相关性同等程度地看待，不顾它们之间的"离散"程度，结果，凡是多少有些瓜葛的相关人物事件都被作为历史要素按照一定故事情节组织起来，都冠以"历史记忆""历史再现"之名。自然，"历史"真相就完全被淹

---

① 陈晋：《"鲁迅活着会怎样？"——罗稷南1957年在上海和毛泽东"秘密对话"质疑》，《党的文献》2018年第5期。

第六篇 唯物史观与历史虚无主义解析

没在历史书写者五花八门的"历史叙述"活动和历史文本读者的野蛮肆意解读活动当中。整体意义上的历史及其内含的人和社会的发展规律由此遭到彻底的解构和否定,客观历史更是无从谈起。

历史是现实的前身,但不是所有的过去都等同于历史,只有重新嵌入或者与当下人们的现实生产生活、思考劳作等实践活动发生一定的"现实的联系"、打上人的烙印之后,才成为"历史事实"。历史事实只是在社会现实中构成并通过社会现实而显现出来。因此,历史事实的客观性归根结底不过是社会现实的客观性。而且历史学的功能不仅在于厘清历史事实,更在于对历史事实的意义和价值进行解释。其解释方式不是直接给出价值判断,而是透过变化过程中"现实的人"的多样社会联系,去探究其本质性的联系。如果我们承认"人们的存在就是他们的现实生活过程",[1] 而他们的"现实生活过程"就是人们的生活实践过程,明白"现实"是"实存与本质的统一",那么,一个自然的推论是,历史科学的全部研究,就是基于对不同历史时期人们的社会生产生活状况的研究,去揭示其中的本质性联系,即通过对人们过去的实践活动以及活动中结成的诸多关系的研究,去探索其中的因果必然性联系。换言之,就是揭示一定的社会发展规律,其最高目标是揭示出人类社会历史发展的总规律。历史事实之间的因果联系,是影响和决定历史现象生成、发展、演变的主导关系,是描绘历史构图的关键和主干。历史事实之间的因果联系不是历史事件发生序列中简单的先后关系,也不是历史事件(或事物)之间的相互共生关系,而是历史现象中关涉的历史活动主体由于其各自特性决定在特定条件下必然做出相应的反应、带来相同或相近结果的因应关系。

唯物史观关于历史因果解释的精深理论和实践运用,并未得到足够的重视和研究,至今难以形成一致认可的、理想的因果解释模式;但因果逻辑在历史认识和历史书写中的重要作用,不能由此忽视。若要相对准确地描绘出历史的构图,廓清历史现象的真实面貌,仍然离不开对历史事实之间因果关系的求索。非因果联系在一定程度上影响历史现象生成变化,它有助于丰富我们对历史现象的认知,给我们带来丰富的情感体验,但不具有决定性的作用,不能帮助我们把握历史的整体面貌,更遑论揭示出研究

---

[1] 《马克思恩格斯选集》第1卷,人民出版社2012年版,第152页。

对象的生成发展变化的规律，或者发现历史真理。

"历史不能选择，现在可以把握，未来可以开创。"[1] 站在新时代的制高点上反思和反观人类历史，我们更应坚持唯物史观科学的历史因果规律，珍惜经过人民必然选择而取得的中国特色社会主义理论和实践成就，与历史虚无主义的错误思潮进行持续不懈的斗争。

（原载《史学理论研究》2019年第3期）

---

[1] 习近平：《为实现民族伟大复兴、推进祖国和平统一而共同奋斗》，中共中央党史和文献研究院编：《十九大以来重要文献选编》（上），中央文献出版社2019年版，第747页。

第七篇

唯物史观与太平天国研究

晚清危局及其出路
——洪秀全、曾国藩的认知与抉择

崔之清

（南京大学历史学院）

一 朝廷及精英阶层对晚清危局之认知

乾隆后期伊始，清朝由盛转衰，及至嘉道年间，出现内外交困的危局。期间，嘉庆朝的川楚陕白莲教起义和道光朝的鸦片战争，集中暴露了清廷在内外战争中的腐朽、虚弱和低能，说明清朝国家机器已经不堪应对重大和突发性危机。对此危局，朝廷及朝野士大夫出现了不同认知，而且，随着危机深化和焦点转移，精英阶层也发生新的分化，其认知和应对方略因此显示不同的时代特征。

其实，身居权力顶层的皇帝及朝廷中枢对危局并非麻木愚钝。他们承担治国理政大任，基本知悉和掌握涉及国内外情势的重要资讯，更需要应对和处理纷至沓来的各类常规或突发事件，因此能体验和感受到吏治、财政、灾荒、军事、民变、海陆边疆等领域存在诸多隐患、风险和危机，进而察觉和意识到国势的衰变。从大量上谕、奏疏中，我们不难发现多领域爆发危机的案例。就大案而言，嘉庆帝即位初期，就亲自处理白莲教起义与和珅巨贪案，曾下罪己诏，深刻反省称："当今大弊，在因循怠玩四字，实中外之所同。朕虽再三告诫……奈诸臣未能领会，悠忽为政，以致酿成汉、唐、宋、明未有之事。"[①] 他意识到朝廷正面临会党武装反清的空前危

---

① 曹振镛等修：《大清仁宗睿皇帝实录》卷274，嘉庆十八年癸酉九月庚辰，中华书局2008年版，总第15553页。

局,却仅将原因归结为积重难返的吏治大弊。道光帝沉痛反省鸦片战争惨败,严旨追究和惩处失事官员,但仅仅将战败原因归结为前线文武贪生怕死、欺瞒朝廷。晚年,在查处925万多两户部库银亏短案后,他又连续下诏各省清仓查库,结果无不亏短。因此,道光帝对国势衰微的危局具有比其父更加深切的体会。但他们都认定危局根源是官风败坏、官员犯罪,并非朝廷体制弊病,更非皇帝错咎。因此,他们认为只要惩处犯罪官吏,澄清吏治,严守祖宗法度,就会复归太平盛世。鸦片战争以后,道光帝渴盼天下太平,中枢遂配合粉饰,"上之则有宰相风示意旨,谓水、旱、盗贼不当以时入告,上烦圣虑。国家经费有常,不许以毛发细故辄请动用"。①这种上下欺瞒、讳灾讳盗、粉饰太平的做法,导致各地反抗事件频发,势将酿成全国性反清起义。

官场虽然弥漫昏聩贪腐风气,但朝野有识之士却在不同程度上感知和体认到清朝面临的内外危局。其中,龚自珍堪称典型。他高度关注和揭露各领域长期沉积的弊端,敏锐察觉清朝已陷入生存危机,并发出警示称:"各省大局,岌岌乎皆不可以支月日,奚暇问年岁?"②为此,他主张"更法",试图推动因循守旧的朝廷走上全面改革之路。但龚自珍人微言轻,只是书生议政,根本不可能得到朝廷任何回应。他极度失望,预言"山中之民,有大音声起,天地为之钟鼓,神人为之波涛矣",③最先发出即将爆发大规模民众反清起义的警讯。

与思想家龚自珍不同,一批经世派官员长期任职地方,亲身体验和应对各种弊政,也感受到国势中衰。他们势单力薄,认识有限,只能在地方推行零散的兴利除弊的改革,对挽救危局并未产生实质和整体效果。随着经世派实力增长,他们逐渐形成松散的政治势力,通过多种渠道参政议政,不断扩大其政治和社会影响。他们多数出身寒门,科举入仕,比较体察中下层社会的现实状况,对危局的认知相对务实和深刻,但并未进入权力中枢,也受自身政治立场和功利的制约,故而难以从总体和全局上认知危局,也未能达到龚自珍的认知深度。

---

① 龙启瑞:《上梅伯言先生书》,《经德堂文集》卷3,参见《清代诗文集汇编》编纂委员会编《清代诗文集汇编》第655册,上海古籍出版社2010年版,第297页。
② 龚自珍:《西域置行省议》,《龚自珍全集》,上海人民出版社1975年版,第106页。
③ 龚自珍:《尊隐》,《龚自珍全集》,第88页。

二 曾国藩、洪秀全对晚清危局之认知

曾国藩、洪秀全都生长于晚清，出身于农村，在家长教化和督责下，自幼接受儒学启蒙教育，立志攀登仕途。但是，洪秀全四次科考失意，就决意走上反清起义之路，从此改变了自己的人生道路。曾国藩虽屡试不中，却坚持参加科考，终于如愿以偿，实现了跻身朝堂的美梦。可见，他们原本人生目标相同，堪称科举入仕的同路人。曾、洪对人生目标和道路抉择发生由同而异的变化，源自他们对清朝统治和时局的认知出现根本对立。

（一）曾国藩的危局认知

与洪秀全的农民父祖不同，曾国藩祖父力行耕读兴家，父亲自幼走读书科考之路，却屡遭失利，遂寄望子承父志，亲自调教，并将曾国藩送至衡阳双桂书院、长沙岳麓书院接受教育，最终实现入仕目标。任京官12年间，他系统研学儒学义理、典章制度、经济实学、历朝史籍、诗词古文，任事勤勉，深受肯定，遂从七品小官跃升至二品大员，成为朝中年轻才俊。曾国藩致函祖父自夸道："湖南三十七岁至二品者，本朝尚无一人。"[①] 每次升迁，他对皇上"天恩高厚"都增加了新的体认，忠君更加理性自觉，仿效圣贤、治国齐家平天下的志向也愈加坚定。当他进入翰林院时，就致信诸弟宣示其宏大志向："君子之立志也，有民胞物与之量，有内圣外王之业，而后不忝于父母之生，不愧为天地之完人。"[②] 因此，他严格律己，周旋各方，实心办差，成为朝中稀缺的义理型经世派能员，并得到朝野官绅认可。曾国藩认定，在咸丰帝即位、太平军兴的危难时刻，就是他力挽狂澜、效忠报恩的大好机会。于是，他连续上疏，揭举朝廷弊政和危局，提出应对和改革方略。奏疏涉及吏治、兵制、司法、田赋、货币、财政、治安等方面，比较全面地体现了经世派的改革思路和举措，也反映了他兼任礼、兵、工、刑、户诸部侍郎期间的参政心得。其中，《备陈民间疾苦疏》直击朝廷忌讳的敏感议题，堪称经世派高官对危局认知的

[①] 《致澄弟沅弟季弟》，《曾国藩全集》（修订版）第20册《家书之一》，岳麓书社2011年版，第133页。

[②] 《致澄弟温弟沅弟季弟》，《曾国藩全集》（修订版）第20册《家书之一》，第34页。

经典之作。

曾国藩认为,当前危局的要害是民心涣散。其原因是:"……外间守令或玩视民瘼,致圣主之德意不能达于民,而民间之疾苦不能诉于上。"民间普遍存在三大疾苦:1."银价太昂,钱粮难纳";2."盗贼太众,良民难安";3."冤狱太多,民气难伸"。"此三者,皆目前之急务",① 若能破解,即可挽回危局,重建康乾盛世。此疏虽然直击地方弊政之重症,但仍落入皇上圣明、朝廷正确、罪在地方的俗套,论述逻辑并无新意。

其实,曾国藩对皇帝及朝廷也颇多不满。他在《应诏陈言疏》中批评道光帝以"镇静"取才的政策,造成官员"大率以畏葸为慎,以柔靡为恭"。他认为"京官之办事通病有二:曰退缩,曰琐屑。外官之办事通病有二:曰敷衍,曰颟顸"。他还痛批京官尸位素餐,粉饰太平,"十余年间,九卿无一人陈时政之得失,司道无一折言地方之利病……科道间有奏疏,而从无一言及主德之隆替,无一折弹大臣之过失"。② 此疏几乎完全否定了道光后期的官场生态。他甚至对当朝的咸丰帝也有微词,不惜冒险呈上《敬陈圣德三端预防流弊疏》,规劝皇上自制自律,率先垂范,扭转官场风气,挽救全国危局。③

可见,曾国藩意识到清朝已深陷全局性危机。中下层民众苦于地方暴政肆虐,民怨沸腾、民心涣散。他对比康熙帝成功逆转凶险危局、道光帝却难以脱困振作的事例,认为失败的症结是人才政策失误,导致官场风气和吏治普遍败坏。地方守令滥施暴政,阻断下情上达渠道,致使皇帝、朝廷不悉下情,德政不能落实到基层民众,从而酿成官逼民反的危局。因此,亟待咸丰帝除弊图新,实行新政,力挽危局,振兴大清。曾国藩对危局的分析解读颇具深度,奏疏因此震动朝野。咸丰帝上谕表示宽容嘉纳,经世派同僚群起赞扬。曾国藩则自居忠臣,致书家人,称此疏"恐犯(咸丰帝)不测之威,业将得失祸福置之度外矣"。④ 其实,曾国藩对内忧的认知远不及龚自珍的论述全面深刻,对外患的认知更加盲目肤浅,明显落后

---

① 《备陈民间疾苦疏》,《曾国藩全集》(修订版)第1册《奏稿之一》,第40—43页。
② 《应诏陈言疏》,《曾国藩全集》(修订版)第1册《奏稿之一》,第5—8页。
③ 参见《敬陈圣德三端预防流弊疏》,《曾国藩全集》(修订版)第1册《奏稿之一》,第23页。
④ 《致澄弟温弟沅弟季弟》,《曾国藩全集》(修订版)第20册《家书之一》,第190页。

于魏源"师夷长技以制夷"的经典论述,也未能超出嘉庆帝罪己诏的认知水平。与洪秀全的反清论述比较,双方则截然对立而鲜有交集。

(二) 洪秀全的危局认知

洪秀全父祖世代务农,他是家中第一位上学读书、尝试科举入仕的子弟。但是,洪秀全只具有启蒙和自学的儒学知识,与曾国藩相比,缺乏系统深厚的儒学功底。而且,他身处广州近郊,受到天地会"反清复明"思潮和西方基督教的双重影响,对满族皇帝及朝廷的忠诚度不高,故而在科考连次失利时,就对清廷极度失望,由此催生改朝换代的反清思想。之后,洪秀全选择性地移植基督教义,创立新的宗教,撰写了传教文章《原道救世歌》《原道醒世训》《原道觉世训》;起义后,以东、西王名义发布三篇诰谕,宣示太平天国起义的宗教和政治纲领。纵向检视这些文献,表明洪秀全对晚清危局的认知经历了从隐晦到公开、从宗教到政治的话语转换与升级过程。

据洪仁玕回忆,洪秀全萌生反清意识后,密切关注现实局势,经常与同道亲朋"谈经论道,终夜不倦","时论时势则慷慨激昂,独恨中国无人,尽为鞑妖奴隶所惑矣"。① 他向洪仁玕阐明自己的反清论述称:

> 每年化中国之金银几千万为烟土,收华民之脂膏数百万回满洲为花粉,一年如是,年年如是,至今二百年,中国之民富者安得不贫?贫者安能守法?不法安得不问伊黎省或乌隆江或吉林为奴为隶乎?兴言及此,未尝不拍案三叹也。②

以东、西王名义发布的诰谕更揭露了清廷暴政给广大民众带来的深重苦难:

> 凡有水旱,略不怜恤,坐视其饿莩流离,暴露如莽,是欲我中国之人稀少也。满洲又纵贪官污吏,布满天下,使剥民脂膏,士女皆哭

---

① 洪仁玕:《英杰归真》,夏春涛编:《中国近代思想家文库·洪秀全洪仁玕卷》,中国人民大学出版社2015年版,第279页。
② 洪仁玕:《英杰归真》,夏春涛编:《中国近代思想家文库·洪秀全洪仁玕卷》,第279页。

第七篇 唯物史观与太平天国研究

泣道路,是欲我中国之人贫穷也。官以贿得,刑以钱免,富儿当权,豪杰绝望,是使我中国之英俊抑郁而死也。凡有起义兴复中国者,动诬以谋反大逆,夷其九族,是欲绝我中国英雄之谋也。①

与曾国藩绝对效忠清朝相反,洪秀全彻底否定了清朝统治的合法性和正当性。他认定,清朝是造成民族压迫、经济掠夺、水旱灾害、民众贫穷、官吏贪腐、司法不公、人才绝望、英雄罹难的罪恶之源,也是酿成当前危局的罪魁祸首。在他看来,这不只是清朝危局,而是中国面临的危局,也是人民和民族的苦难。因此,洪秀全决心寻求真理,努力探索走出危局、救国救民的道路。

在宗教和文化领域,洪秀全与曾国藩的论述更极端对立。洪秀全推崇上帝信仰,撰写《原道觉世训》,宣传"皇上帝乃是真神也",号召凡人崇拜上帝。但"自秦汉至今一二千年,几多凡人灵魂被这阎罗妖缠捉磨害",误拜各类偶像。"皇上帝乃是帝也",历朝皇帝竟然"僭越于其间……敢称帝者……只见其妄自尊大,自干永远地狱之灾也"。②更影射咸丰帝为当代阎罗妖,"最作怪多变,迷惑缠捉凡间人灵魂,天下凡间我们兄弟姊妹所当共击灭之,惟恐不速者也"。③东王和西王发布《奉天诛妖救世安民谕》,更点名痛批,"今满妖咸丰,原属胡虏,乃我中国世仇。兼之率人类变妖类,拜邪神,逆真神,大叛逆皇上帝,天所不容,所必诛者也"。④此谕中被公开列为必诛的民族和宗教公敌咸丰帝,却正是曾国藩效忠图报的圣主。

与洪秀全针锋相对,曾国藩奉诏组建湘军,出征参战,发布《讨粤匪檄》。该檄文称:

粤匪窃外夷之绪,崇天主之教……举中国数千年礼仪人伦、诗书

---

① 《东王杨秀清西王萧朝贵发布奉天讨胡檄布四方谕》,太平天国历史博物馆编:《太平天国文书汇编》,中华书局1979年版,第105页。
② 洪秀全:《原道觉世训》,夏春涛编:《中国近代思想家文库·洪秀全洪仁玕卷》,第31页。
③ 洪秀全:《原道觉世训》,夏春涛编:《中国近代思想家文库·洪秀全洪仁玕卷》,第28页。
④ 《东王杨秀清西王萧朝贵发布奉天诛妖救世安民谕》,太平天国历史博物馆编:《太平天国文书汇编》,第107—108页。

典则，一旦扫地荡尽，此岂独我大清之变？乃开辟以来名教之奇变！我孔子、孟子之所痛哭于九原……今天子忧勤惕厉，敬天恤民，田不加赋，户不抽丁。以列圣深厚之仁，讨暴虐无赖之贼，无论迟速，终归灭亡，不待智者而明矣。①

前文曾述，曾国藩上疏指出道光、咸丰父子德才有瑕，但在讨伐洪秀全的檄文中，却隐瞒世人，宣扬清朝"列圣"，表扬"今天子""敬天恤民""深厚之仁"；对官府暴政和官逼民反的危局只字不提，却历数太平天国的种种罪孽；并将起义原因说成洪秀全等"用夷变夏"、发动了"开辟以来名教之奇变"，绝非只是针对"我大清之变"，等等。曾国藩这番说辞意在掩盖即将引爆的官民、贫富、满汉、中外四大矛盾叠加的危局，动员汉族地主士绅及群众追随湘军，参与卫道，助饷助剿，保全家产，报效朝廷。

事实表明，曾、洪的阶级和民族站位对立，利益和目标追求相殊，造成双方对清朝危局的认知产生本质差异。洪秀全兼具士农双重社会心态，能够以士人的视野，比较理性地观察和思考农民的苦难与诉求，敏锐感知和触及四大社会矛盾交互激化的现状。他认定，清朝皇帝和朝廷是危局的制造者，绝不可能改恶从善，故而寄望清廷自行改革弊政，藉以化解矛盾、挽救危局、拯救苦难的中国和民众，是绝对行不通的。曾国藩则相反，他秉持忠君报国的理念，心怀改善和强化清朝统治的愿望，观察和分析朝廷危局，其认知程度比同僚固然全面深刻，但并未逾出经世派的认知范畴。与洪秀全相较，他只关注吏治败坏、政策缺失所引发的多种弊政和危局，其认知焦点局限在官民矛盾，从不涉及清帝皇权和朝廷体制，也淡化和回避了现实存在的贫富、满汉、中外三大矛盾。因此，他认为，清朝危局绝非不治之症，完全可以自行整治和修复。

三　洪秀全、曾国藩拯救危局的道路抉择

在中国历史上，历代王朝面临严重危局时，为拯救危局，往往出现不同的道路抉择。一般而论，若朝廷能够掌控抉择主动权，善于利用国家政

---

① 曾国藩：《讨粤匪檄》，《曾国藩全集》（修订版）第14册《诗文》，第140—141页。

权，自上而下推动兴利除弊的改革，自行缓和社会矛盾，可能成功缓解和拯救危局，实现延续王朝的目标。若朝廷拒绝改革，或改革失败，各种社会矛盾交互激化，引起社会动乱，危局遂恶性发展，转化为乱局，朝廷因此丧失抉择主动权。同时，下层民众为寻求生存，被迫自行抉择，兴起自下而上的反抗暴政的起义风潮。此时，统治集团内部发生分裂，某些势力乘机崛起，镇压或利用下层起义，实现各自的政治野心。洪秀全和曾国藩则是在晚清特定的历史场景中借鉴了过往拯救危局的历史案例，上演了新的历史活剧。

洪秀全的抉择是，利用宗教，发动起义；废弃偶像，崇拜上帝；推翻清朝，创建新朝。其斗争矛头直击咸丰帝及满族权贵。东王和西王发布的诰谕宣示，"特诏四方英俊，速拜上帝，以奖天衷……兴复久沦之境土，顶起上帝之纲常。其有能擒狗鞑子咸丰来献者，或有能斩其首级来投者，或又有能擒斩一切满洲胡人头目者，奏封大官，决不食言""况尔四民人等，原是中国人民，须知天生真主，亟宜同心同力以灭妖""尔等凡民亟早回头，拜真神，丢邪神，复人类，脱妖类，庶几常生有路，得享天福"。① 洪秀全设想，只有武装起义，夺取政权，实现王朝、宗教、文化、社会、国民的革故鼎新，才能最终建成《礼运篇》描述的大同世界，"行见天下一家，共享太平"。② 他关注历代农民起义和天地会的"反清复明"活动，分析其成败得失和经验教训，如肯定刘邦、朱元璋的胜利，否定黄巢、李自成起义；肯定和继承天地会"反清"目标，但废弃陈旧的"复明"目标及各种陈规陋习。他借鉴传教聚众的起义案例，传播上帝信仰，秘密动员、组织民众和建立基地，完成起义准备。金田起义后，宣布建国登基，开创新朝。建都天京后，制定《天朝田亩制度》，拟定太平天国未来的土地制度，内容涉及政治、经济、民生、社会、司法、军事等领域的制度和政策。但该文件印数极少，曾国藩幕府多方搜求未能如愿，被俘太平天国官员也未见过。看来，洪秀全等人可能决定在推翻清朝后实施《天朝田亩制度》，故而未曾向官民公布颁行。

可是，长期战乱，新朝覆亡。虽然《天朝田亩制度》的土地制度终未

---

① 《东王杨秀清西王萧朝贵发布奉天讨胡檄布四方谕》，太平天国历史博物馆编：《太平天国文书汇编》，第107—108页。
② 洪秀全：《原道醒世训》，夏春涛编：《中国近代思想家文库·洪秀全洪仁玕卷》，第27页。

实行，但这一制度却体现了广大贫苦农民最迫切的经济诉求。外国传教士可能最早从太平天国高层获得赠本，[①] 1854年9月9日，有人在《北华捷报》发表评论称："这个样本是异常可嘉的……起义政府制定的条文对整个社会中的每个成员都表现出关心。它的最基本的原则是保护他们的人民的安康，这使得那些欧洲所谓文明政府为自己的疏忽而感到羞愧。"[②] 评论高度肯定文件条文关心每个社会成员，显然包括下层贫苦群众，凸显新朝施政最基本的原则是保护人民安康，这一点连欧洲列强也相形见绌。由此可见，实现改朝换代不是洪秀全拯救危局的终结目标，更宏伟的理想目标则是建设"无处不均匀，无人不饱暖"的太平世界。洪秀全不仅宣示要推翻旧王朝，铲除中国内忧外患危局的祸源，而且设想在新朝治理下，推行新制新政，旨在实现大同社会。就实践层面而言，由于各种主客观因素，他既未能推翻清朝，更无法实现未来的理想目标。从主观因素考察，起义后，洪秀全等人逐渐背离理想和初心，急切建立新朝，称王建制，以政教合一的形式和话语复制了旧朝体制和制度，他们也迅速转化为新朝权贵，致使太平世界和大同社会的理想都成了具文。

洪秀全向人民宣示了新世界的美好愿景，行动上却疏离贫苦民众，深陷旧世界的泥淖。如何看待和解释洪秀全理想和实践的巨大落差，也成了学界争议的热点。笔者认为，历史人物的理想与实践存在落差是正常现象，洪秀全并不例外。我们既不能忽视洪秀全的思想、实践的严重缺失，片面强调和高估其理想，美化和拔高这位起义领袖；也不能以今律古，聚焦和夸大洪秀全的时代局限和个人错谬，甚至重复清方的诬枉不实之词，否定洪秀全反清反侵略的坚定意志和实践，歪曲和抹煞其救国救民的理想和抱负，甚至恶意妖魔化这位起义领袖。

同时代的曾国藩，在道光朝因迅速升迁，对皇帝与权臣穆彰阿感激涕零，从无疏奏指摘朝政。咸丰帝即位，穆彰阿失势，他才连续上疏，批评道光朝政，吁请咸丰帝认清形势，吸纳朝臣改革建言，立即推行新政，兴利除弊，拯救危局。但是，这些治标举措，其起点和归宿都是维护和加固清朝皇权及当时体制。至于曾国藩自诩"将生死祸福置之度外"、规劝皇

[①] 类似例证有，太平天国戊午八年（1858年）十一月给英国全权特使额尔金的赠本。
[②] 转引自南京大学历史系太平天国史研究室编《太平天国史新探》，江苏人民出版社1982年版，第29页。

第七篇　唯物史观与太平天国研究

帝补强圣德的奏疏,已被精心磨光了棱角,通篇充斥迂回委婉的话语。即便如此,咸丰帝对这份涉及圣德的条陈,反应却异常强烈,将奏折掷之于地,"立召见军机大臣,欲罪之",后经几位权臣哀求,曾国藩才幸免于罪。① 接着,咸丰帝又改变态度,刻意发布长篇上谕,针对曾折,详加辩驳:

> 曾国藩条陈一折,朕详加披览。意在陈善责难,预防流弊,虽迂腐欠通,意尚可取。朕自即位以来,凡大小臣工章奏,于国计民生、用人行政诸大端有所补裨者,无不立见施行;即敷陈理道、有益身心者,均留置左右,用备省览;其或窒碍难行,亦有驳斥者,亦有明白宣谕者,朕欲求献纳之实,非沽纳谏之名,岂得以"毋庸议"三字付之不论也?所奏除广西地利兵机已令查办外,余或语涉过激,未能持平;或仅见偏端,拘执太甚。念其志在进言,朕亦不加斥责……自维藐躬德薄,夙夜孜孜,时存检身不及之戒……朕深思为君之难,诸臣亦当思为臣之不易,交相咨儆,庶坐言起行,国家可收实效也。②

皇帝坚决否认曾国藩微词影射,声称自己一向从谏如流,从无"以'毋庸议'三字"拒谏之事,并反批曾国藩过激、拘执,还显示包容大度,"不加斥责"。其实,咸丰帝即位后,根本不想纳谏改革,除了罢降穆彰阿、耆英,原班高官仍盘踞朝廷,朝政未见改善。曾国藩对此深感失望,遂萌生退意。1849 年,为准备庆贺其父次年 60 寿辰,他致信诸弟,决定"乞假归省":"吾近于宦场,颇厌其繁俗而无补于国计民生。惟势之所处,求退不能……即思决志归养,以行吾素。"③ 可见,在催生咸丰"元年新政"的心愿破局后,曾国藩已心灰意冷,遂作出新的抉择:远离朝廷,归养尽孝。及至 1852 年其母去世,曾国藩获假返家丁忧,得以实现两年前的抉择。看来,他不能在朝兼济天下,只好回乡修身齐家,做湖南一流乡绅。

---

① 朱孔彰:《中兴将帅别传》卷 1,岳麓书社 2008 年版,第 6 页。
② 贾桢等修:《大清文宗显皇帝实录》卷 32,咸丰元年四月壬午,中华书局 2008 年版,总第 1768—1769 页。
③ 《致澄弟温弟沅弟季弟》,《曾国藩全集》(修订版)第 20 册《家书之一》,第 176 页。

可是，曾国藩的乡绅梦又遭破灭。当时，太平军正围攻省城长沙，攻防战局旷日持久，湖南秘密会党纷纷起事响应，全省动荡，曾国藩等在籍高官被列为重点打击目标。乡绅梦难圆，战乱迫使曾国藩必须作出新的道路抉择。但身为在籍文官，如何应对战乱，也是新的人生命题。经过一番犹豫徘徊，曾国藩决定告别乡绅梦，作出墨绖从戎、组建湘军的重大抉择，由此改写了他的人生，也书写了拯救危局、延缓清廷寿命的晚清史。

促成曾国藩作出新的抉择的原因主要有五条：1. 忠君报国的政治立场。曾国藩返乡前后，曾家已经与湘乡官府合作，组建团练武装，防范太平军侵扰，镇压地方动乱，保卫县境治安。2. 保护乡绅地主阶级利益。湘军所到之处，以保护乡梓动员当地乡绅、地主、士人加盟，带领农民参战。3. 个人政治欲望。他素怀治国平天下的宏大抱负，刻意塑造内圣外王、古今完人的高大上形象，并为此努力学习和任事，其学问、人品、官品之口碑甚佳，领导力和执行力得到朝野肯定，在湖南官绅学界素有威望。返乡归养，实属事出无奈。他在等待新的机遇，以便再度出山，建功立业，展现德才，实现抱负。郭嵩焘即以此激励曾氏接受诏命，墨绖从戎。4. 湖南提供了有利条件。湖南是经世派重镇，曾国藩多年结交经营，形成声气相投、关系亲密的拥曾势力。有些官绅已经组建乡土武装，参与战事。一旦曾国藩登高呼唤，他们便迅速响应结集，组成凝聚力极强的精英团队，追随曾氏从征，打造地方军事集团，抱团谋取功名利禄。5. 朝廷的指示和支持。咸丰帝诏命曾国藩出任湖南团练首领，为其新抉择搭建了合法平台。两任巡抚都认真落实诏命，敦请和促成曾国藩出山建军，为曾氏提供了人、财、物的保障。当时，还有安徽等省也诏命在籍高官帮办团练，却基本未能成功，除了任事者智慧、能力不足外，地方官府不愿支持也是重要原因。于是，经过多方考量精算，曾国藩决意抓住新机遇，作出新抉择：夺情从军，"以身许国，愿死疆场"。①

湘军草创始初，曾国藩就迫不及待地令其开赴各地，镇压会党。此时，他凶相毕露，绝口不提以往上疏所言民众反抗、"盗贼众多"源于官吏暴政，竟将会党起事原因说成地方官吏苟且偷安、不敢杀人所致。他奏称：湖南会党众多，"有司……相与掩饰弥缝，以苟且一日之安……积数

---

① 《致澄弟》，《曾国藩全集》（修订版）第20册《家书之一》，第585页。

第七篇 唯物史观与太平天国研究

十年应杀不杀之人而任其横行"。为此,他决心大开杀戒,誓言要杀尽这些数十年逃过屠刀的会众,"臣……欲纯用重典以锄强暴","(虽)得残忍严酷之名亦不敢辞"。① 于是,他先在长沙试刀,"诛戮不过数十人,而远近为之震慑。风声所树,其效立见",② 接着,在湘南各县清剿数月,每次杀戮则以百人计数。之后,湘军将杀戮推向沿江各省,所到之处,血雨腥风。太平天国最终失败,曾国藩则如愿以偿,封侯拜相,被其门徒贴上清朝"中兴第一名臣""一代完人"的标签。洪秀全却被打翻在地,被构陷为十恶不赦、祸害中国的一代罪魁。但是,虚构和颠倒的评价难以掩盖真实的历史。从当时中外正义人士的记载,到后世谭嗣同、孙中山等仁人志士的评判,及至 20 世纪 20 年代以来学界不断深入的研究,逐渐还原了历史真相,对曾、洪的历史地位与作用也作出了较为客观公允的定位和评价。但自 20 世纪 90 年代伊始,随着"告别革命"论的提出,再度泛起扬曾贬洪的声浪,其论述却是重复晚清官方的基调。

史实表明,对晚清出现内忧外患的危局,洪秀全的认知比曾国藩的更深刻,论述更全面真实。他拯救的对象不是清朝,而是中国,其道路是发动自下而上的武装起义,推翻清朝,创建新朝,再进行制度变革,建设饱暖均匀的太平世界,最终达成大同社会的理想目标。曾国藩则竭尽心力效忠与拯救清朝,并视朝廷为中国。他先是积极建议皇帝推行体制内改革,缓解社会矛盾,拯救危局;但皇帝无心改革,遂消极返乡归养;终因捍卫其阶级利益和清朝生存而奉诏建军出征,走上镇压反清起义的不归路。洪秀全虽败犹荣,他所开辟的反清起义道路被孙中山借鉴、继承和实践,最终完成倾覆清朝、建立民国的历史使命。曾国藩虽然镇压了太平天国等反清起义,清朝也在湘淮新贵的参与下推行了洋务新政,但并未缓解各种固有矛盾,也无力拯救持续深化的危局,最终被自下而上的反清起义风暴所摧毁。

(原载《史学理论研究》2021 年第 1 期)

---

① 《严办土匪以靖地方折》,《曾国藩全集》(修订版)第 1 册《奏稿之一》,第 72 页。
② 郭嵩焘:《致李玉阶》,梁小进主编:《郭嵩焘全集》第 13 册,岳麓书社 2018 年版,第 374 页。

太平天国：造反者的失败事业

姜 涛

（中国社会科学院近代史研究所）

一 大是大非："造反有理"还是"造反无理"？

2006年，在国家清史编纂委员会举办的太平天国专题研讨会上，章开沅先生作了"从清史编纂看太平天国"的发言。在论及太平天国的是非功过时，他重申了"造反有理"的著名论断：

> 是非能上历史台面的都是大是大非。就大是大非而言，问题非常清晰，即所谓"造反有理"……太平天国从总体来说仍属"官逼民反"，实乃民族矛盾与社会矛盾交相激化的结果。民众奋起反抗清朝的暴虐统治，仅此一点即可肯定其为"是"。①

究竟是"造反有理"还是"造反无理"，这确实是大是大非的问题。章开沅明确持"造反有理"说。而"造反有理"的论断，追根溯源，最初为毛泽东于1939年提出。是年12月21日，毛泽东在延安各界庆祝斯大林60寿辰大会上讲话时指出：

> 马克思主义的道理千条万绪，归根结底，就是一句话：造反有理。几千年来总是说：压迫有理，剥削有理，造反无理。自从马克思

---

① 章开沅：《从清史编纂看太平天国》，《清史研究》2007年第1期。

第七篇　唯物史观与太平天国研究

主义出来，就把这个旧案翻过来了，这是一个大功劳。这个道理是无产阶级从斗争中得来的，而马克思作了结论。根据这个道理，于是就反抗，就斗争，就干社会主义。①

毛泽东的这篇讲话，没有收入《毛泽东选集》，但在斯大林诞辰70周年前夕（1949年12月20日）重新发表于《人民日报》。上引有关对反动派"造反有理"的著名论断，更于17年后的1966年为人们所熟知。②

毛泽东有关"造反有理"的论断，言简意赅，旗帜鲜明。这一论断是否确为马克思主义的精要概括，见仁见智，这里不作辨析；但它无疑是对"富于革命传统"的中国数千年历史的深刻认识和极好总结。

发端于秦汉、兴盛于唐宋、烂熟于明清的中国传统时代，前后历时二千余年。这是中国中央集权的专制王朝时代。在中国传统时代，"谋反"是"十恶"之首。清王朝肇兴之初，曾多次大赦天下，但"谋反"等"十恶"均不在赦免之列，即所谓"十恶不赦"。

太平天国对清王朝的"造反"，不仅有谋划，且付诸行动，公然揭帜，建立起与清王朝对峙十余年的全国性政权。这于清王朝而言，当然是大逆不道之举。前些年，有人热衷于将太平天国的宗教称作"邪教"，企图借此否定太平天国。其实，所谓"邪教"只是中国历代王朝贬斥民间宗教的政治性用语，而"谋反"性质之严重，远非"邪教"所能及。清王朝在嘉庆初年镇压白莲教起事时，即确定"但治从逆，不治从教"的原则，业已注意到两者的区别。后来在镇压天理教起事时，嘉庆帝更强调"但诛叛匪，不诛邪教……其平日虽系习教，而此次并不谋逆，亦不深究"。③

清初天主教传入中国时，也曾被官方目为邪教，但鸦片战争之后，随着天主教的弛禁，整个基督宗教在中国已合法化。太平天国的宗教源于西洋的基督教。曾国藩在其著名的《讨粤匪檄》中，对太平天国竭尽诬蔑攻击之能事，但在提及其宗教时，也只是说其"窃外夷之绪，崇天主之教"。

---

① 毛泽东：《在延安各界庆祝斯大林六十寿辰大会上的讲话》，《新中华报》1939年12月30日，又载于《人民日报》1949年12月20日。
② 1966年6月9日，《人民日报》于第6版发表短评《汉弗莱的哀叹》，引述了毛泽东有关"造反有理"的论断。
③ 《清仁宗实录》卷282，嘉庆十九年正月丙寅。

毛泽东对于中国历史上的农民"造反"是极为赞许的。同在1939年12月，他在《中国革命和中国共产党》一书中，对中国传统时代的农民起义、农民战争作了如下分析：

> 中国历史上的农民起义和农民战争的规模之大，是世界历史上所仅见的。在中国封建社会里，只有这种农民的阶级斗争、农民的起义和农民的战争，才是历史发展的真正动力。因为每一次较大的农民起义和农民战争的结果，都打击了当时的封建统治，因而也就多少推动了社会生产力的发展……当时的农民革命总是陷于失败，总是在革命中和革命后被地主和贵族利用了去，当作他们改朝换代的工具。这样，就在每一次大规模的农民革命斗争停息以后，虽然社会多少有些进步，但是封建的经济关系和封建的政治制度，基本上依然继续下来。[①]

这就是说，农民们的"造反"，虽然不免成为地主和贵族野心家改朝换代的工具，但还是有其进步的历史意义。

太平天国对于清王朝的"造反有理"，有其具体的历史条件。也正如前引章开沅所说，"太平天国从总体来说仍属'官逼民反'，实乃民族矛盾与社会矛盾交相激化的结果"。

二 清王朝走向了反面

清王朝以少数民族入主中原，从马背上得天下，有其强悍的统治风格。它以武力东征西讨，于乾隆中叶（18世纪50年代）平定西域准噶尔部，最终完成了对中国的统一，而其对于知识分子的思想禁锢也十分严密。在号称盛世的康熙、雍正、乾隆三朝，为镇压汉族知识分子中的不满情绪，清朝统治者不惜屡兴文字之狱。乾隆朝的社会经济乃至文化的繁荣均已超越康雍两朝，而其文字狱和禁毁书之严苛，也有过之而无不及。乾隆朝因文字而获罪的多为下层知识分子，罪名大多是影射讥讪，触犯圣

[①] 《毛泽东选集》第2卷，人民出版社1991年版，第625页。

第七篇 唯物史观与太平天国研究

讳,措辞不当,实际上并无鲜明的反清思想。这实质上是统治阶级对下层人民反抗的预防性反应。"罪名的真实性并不重要,重要的是用严厉的惩处使社会慑伏"。① 清人龚自珍有诗云:"避席畏闻文字狱,著书都为稻粱谋。"② 这正是对当时知识界共同心态的真实写照,也是对所谓"太平盛世"的莫大嘲讽。

中国历史上的各个朝代,一般都经历了兴盛衰亡的不同发展阶段。而作为各朝代通病的吏治腐败问题,亦于其衰亡阶段表现得更为突出。清王朝由盛而衰的转折点大致是在乾隆末年。吏治问题,尤其是官场贪腐窝案,则在其后的嘉庆年间变得愈益突出。新晋官场者,大多默认其潜规则,甘心或被迫同流合污;少数以清白自矢者,则不为官场所容,甚或招致杀身之祸。这方面最为突出的典型,为发生于嘉庆十三年(1808年)的江苏山阳知县王伸汉因冒赈而毒杀查赈委员李毓昌案。在皇帝亲自过问下,案情真相被查明。毒杀委员的山阳知县被处斩,包庇他的淮安知府被处绞,两江总督以下多位要员被革职。嘉庆帝为此感慨"吏治败坏已极",指斥贪腐官吏"行为竟同盗贼"。③

到了道光年间,周天爵更提出"贪与廉皆不能办事"的著名论断。据记载,道光十年(1830),周天爵迁任陕西布政使。在陛见召对时,皇帝问他:"今之督抚贪廉何如乾隆朝?"他即向皇帝直言:乾隆朝的大吏们"处一官,一官之事皆振作,是贪与廉皆能办事也";而道光朝的官员,"清谨者但拘文法循资格,中下者更堕废苟且,是贪与廉皆不能办事也"。道光帝为之"动容称善"。④

所谓"贪与廉皆不能办事",正是一个王朝走向衰亡的最为明显的标志。

鸦片战争失败后,中国的国内危机进一步加深。社会各阶级之间,尤其是官民之间的矛盾进一步激化。各级官府,首先是州县的所谓"亲民之官",变本加厉地敲诈勒索,把战费与赔款的负担转嫁到广大纳税者,尤

---

① 戴逸:《乾隆帝及其时代》,中国人民大学出版社1992年版,第24—25页。
② 龚自珍:《咏史》,《龚自珍全集》,上海人民出版社1975年版,第471页。
③ 参见《清仁宗实录》卷215,嘉庆十四年七月己巳;卷216,嘉庆十四年八月丁丑。
④ 李滨:《中兴别纪》卷9,太平天国历史博物馆编:《太平天国资料汇编》第2册,中华书局1979年版,第154页。

其是贫苦农民头上，致使他们的生活陷入绝境。道光二十三年（1843年），即鸦片战争后不久，两江总督耆英向皇帝汇报说："官与民，民与兵役，已同仇敌……吏治日坏，民生日困，民皆疾视其长上。一朝有事，不独官民不能相顾，且将相防。困苦无告者，因而思乱。"①

道光二十八年（1848年），广东学政戴熙进京陛见道光帝，说他沿路所见，"盗贼蜂起，民不聊生"。道光三十年（1850年）春，内阁侍读学士董瀛山向刚即位的咸丰帝奏称："邪教、盗匪，在在皆有。"②

咸丰元年底（1852年初，此时太平天国业已揭帜），时任内阁学士兼署刑部左侍郎的曾国藩更进一步把"民间疾苦"归结为三条：一曰银价太昂，钱粮难纳；二曰盗贼太众，良民难安；三曰冤狱太多，民气难伸。这三条都与吏治的良否、民心的向背有关，而以第三条最为突出。署理刑部事务的曾国藩特意点出"令人闻之发指"的众多冤狱，其用心所在，不难体察。③

差不多与此同时，天地会所张贴的《万大洪告示》则痛心疾首地宣称："天下贪官，甚于强盗，衙门污吏，何异虎狼""富贵者纵恶不究，贫贱者有冤莫伸""民之财尽矣，民之苦极矣！我等仁人义士，触目伤心，能不将各府、州、县之贼官狼吏尽行除灭，救民于水火之中也"。④

各地民众的造反起事，终于汇成了以太平天国为中心的波澜壮阔的人民大革命。

三　洪杨革命：以农民为主体的民众造反

太平天国揭帜起义之前，天地会乃是最活跃的秘密社会组织，并在中国南方取得了支配地位。天地会兴起于乾隆年间，其历史较太平天国起事

---

① 《道光朝留中密奏》，中国史学会主编：《中国近代史资料丛刊·鸦片战争》（三），神州国光社1954年版，第469—470页。
② 徐珂：《清稗类钞·谏诤卷》，中华书局1986年版；《清文宗实录》卷7，道光三十年四月丙寅。
③ 曾国藩：《备陈民间疾苦疏》，《曾文正公全集·奏稿》卷1，光绪二年（1876年）传忠书局版。
④ 荣孟源：《中国近代史资料选辑》，生活·读书·新知三联书店1954年版，第115—116页。

之前的"拜上帝会"① 长远得多,其别称则有三合会、添弟会等,分支甚多,分布极广,其组织形式也颇具生命力。但由于其各山堂互不统属、成员多为江湖游民的特点,天地会的起事始终不能突破"随起随灭,随灭随起"的格局。

以洪秀全与杨秀清为首的拜上帝会领导核心,是根本瞧不上天地会的。洪仁玕口述、巴色会教士韩山文笔录的《太平天国起义记》,记载了洪秀全的有关议论,他说:三合会(天地会)的宗旨在"反清复明",这种主张在康熙年间还是不错的,但如今已过去二百多年,我们可以仍说反清,但不可再说复明了。我们可以恢复汉族山河,当开创新朝。三合会又有种种恶习,如新入会者必须拜魔鬼邪神及发三十六誓,又以刀加其颈而迫其献财为会用。他们原有的真宗旨如今已变为下流卑污无价值了。

拜上帝会将清朝官军和天地会武装都贬斥为"妖",并采取了"待等妖对妖相杀尽意"然后举事的策略。

拜上帝会有信仰,有纪律。它的兴起,离不开洪秀全、冯云山宣扬敬拜上帝,更离不开杨秀清、萧朝贵假借天父天兄下凡,组织发动武装起义。拜上帝会最初的四人核心中,洪秀全从《劝世良言》中获知拜上帝教义,又曾去广州传教士教堂研习过《圣经》,是会众心目中最具人望的"洪先生";冯云山为洪秀全同窗书友,也是其敬拜上帝信仰的忠实追随者,热心在紫荆山区宣传布道;杨秀清家境贫寒,父母早逝,本人不识字,但性格坚韧倔强,机警过人,是拜上帝会的中坚人物;萧朝贵是杨秀清在紫荆山内的近邻,也是其密友,他在拜上帝会内部核心地位的取得,则是因为杨秀清与其妻杨宣娇结拜为兄妹。在太平天国文献《天兄圣旨》中,洪、冯、杨、萧四人的称呼,乃是依结拜兄妹的年齿为序,分别为二兄、三兄、四兄及妹夫。

从其出身来看,洪、冯出生于务农的小康之家,杨、萧则以耕山烧炭为业。他们和拜上帝会的其他成员,都是有家室并有正当职业的农民。

但清朝当局及时人对洪杨等人身世的认知却十分离奇。如清方情报官员张德坚所撰《贼情汇纂》,记叙洪秀全的身世为:素无赖,日事赌博,

---

① 按:"拜上帝会"一语,源自《太平天国起义记》英文原版所附汉字,实乃时人对洪秀全、冯云山等宣扬敬拜上帝而形成的宗教团体的他称,太平天国自身文献并无"拜上帝会"之说。

多蓄亡命，以护送烟土洋货为生。所记杨秀清身世亦大致与洪秀全同，且叙其结党护送商货而得洪秀全信任云云。① 相关记载显然得自传闻，且附会了天地会某些成员的污浊行径。

拜上帝会于庚戌年（1850年）发动的武装起义，是切切实实的农民起义。其会众毁家纾难，阖家或举族投军，实行战时共产主义，有其现实的原因。拜上帝之人多为客家农民，庚戌年间广西多地爆发大规模的土客械斗，这是拜上帝会不得不实行武装团营以自保的外部因素；而广大拜上帝之人所憧憬的地上天国，则是其团营起义的内部动力。

拜上帝会团营之初，曾有天地会武装前来投营，但除罗大纲留下外，其余几股如大头羊（张钊）、大鲤鱼（田芳）等，都因受不了拜上帝会严苛纪律的约束而先后叛降清朝。

拜上帝会在庚戌年十月初一日于金田公开揭帜起义并取得胜利之后，于同年十二月初十日（1851年1月11日）热烈祝贺了洪秀全的38岁寿辰，并宣布以次年为太平天国辛开元年（改地支"亥"为"开"）。之所以建国号为太平天国，显然是因其为太平天王所治理的国家。② "太平"者，治之至也，反映了自古以来中国人民对安定的理想社会的追求，"天国"（the kingdom of heaven）之称，则源于基督教之《圣经·新约》。③

太平天国在占领永安后，进一步完善了以杨秀清为正军师的军师负责制，并以天王洪秀全的名义褒封杨秀清、萧朝贵、冯云山、韦昌辉、石达开为东西南北翼五王，明确宣布所封各王，"俱受东王节制"。杨秀清作为太平天国的最高军事统帅，取得了一人之下、万人之上的尊崇地位。太平天国起义也因而被世人称为"洪杨之乱"或"洪杨革命"，甚至被附会为"洪杨劫"。④ 张德坚的《贼情汇纂》，也郑重其事地将洪秀全与杨秀清并称"首逆"。

---

① 张德坚：《贼情汇纂》卷1，《中国近代史资料丛刊·太平天国》（三），第43、45页。
② 太平天国将"國"写作"囯"，内中为"王"，含王居中治理天下之意。
③ 按：《圣经·旧约》（太平天国称《旧遗诏圣书》）中无"天国"之说，《新约》（太平天国称《新遗诏圣书》或《前遗诏圣书》）则多处提及。如《马太福音》第3章第2节（和合本）："天国近了，你们应当悔改。"
④ 古人认为每60年便会发生一次丙午、丁未之厄，也即以这两年为灾祸之年。天干的丙、丁和地支的午都属火，为红色，而未在生肖上是羊，于是丙午、丁未之厄又被称作"红羊劫"。太平天国的兴起并不在这两年，但因其主要领导人姓氏的谐音，亦被附会作"洪杨劫"。

洪杨两位首领并列，是太平天国的特有现象。的确，没有洪秀全便不可能有太平天国的宗教信仰，甚至也不会有"太平天国"的国号；但如果没有杨秀清，洪秀全尽管有做"天下真主"的野心，充其量也只能继续当一名基督教的布道士。

多年后，太平天国后期的军事统帅李秀成在回忆起杨秀清时，仍充满了敬意。他说，杨秀清在家种山烧炭时，"并不知机"，但自从敬拜上帝之后，"件件可悉，不知天意如何化作此人"。他衷心赞许道："东王佐政事，事事严整，立法安民……严严整整，民心佩服。"[①]

如从丁未年（1847年）洪秀全于广州西去桂平紫荆山算起，直到丙辰年（1856年）天京事变爆发为止，洪杨整整联手了十年。这十年是太平天国（包括其前身拜上帝会）事业日益发展壮大、不断取得胜利的十年。可惜由于"逼封万岁"的鲁莽之举，杨秀清本人及其数万部属付出了惨重的生命代价，太平天国也几乎陷入灭顶之灾。天京大变乱之后，原有的领导层几乎凋零净尽。集"主"与"军师"权力于一身的洪秀全，沉湎于宗教的幻想之中而不能自拔。只是由于清王朝陷于第二次鸦片战争的泥淖之中，加之洪秀全的族弟洪仁玕历尽艰辛从香港来到天京，洪秀全又任用了陈玉成、李秀成等一班新人，才使太平天国有了重新振作的迹象。

清王朝在咸丰帝死后，一面维持了"中外和好"的局面，一面更加倚重曾国藩的湘军集团。曾氏所扶植的李鸿章淮军集团也乘势而起。在清王朝勾结外国侵略势力共同镇压下，太平天国终于在甲子十四年（1864年）遭到了失败。太平天国的英雄们为此而抱终天之恨。

四　历史不会忘记他们

章开沅先生认为：农民战争如果说有功，主要是破坏，反抗就是破坏。太平天国的14年可以说是与战争相伴始终。在这样的情况下，我们很难要求他们在浴血奋战之余营造偏安于江南的局部盛世景象。[②]

我要在此补充强调的是：太平天国于晚清社会的最大贡献，乃是在

[①] 罗尔纲：《增补本李秀成自述原稿注》，中国社会科学出版社1995年版，第104、135页。
[②] 参见章开沅《从清史编纂看太平天国》，《清史研究》2007年第1期。

其占领地区相当彻底地破坏了清王朝的地方统治秩序，摧垮了已成社会痼疾的旧有官僚体制，使得曾国藩、左宗棠的湘军集团，乃至后起的李鸿章淮军集团，轻易地清除了他们的政治对手，从而在一定程度上革新了吏治。

太平天国不仅有"破"，只要条件允许，他们同样有"立"，也即建设性贡献。据记载，清军重新占领苏州后，时任江苏巡抚李鸿章对阊门外所建题为"民不能忘"的汉白玉牌坊耿耿于怀，责问："阊门外白石牌坊何以建于伪忠王耶？"他得到的答复是：牌坊为担任乡官者所捐建，建牌坊乃是因为太平天国的"减粮"政策。① 这使他深受刺激。正是在李鸿章主政期间，苏州等地终于成功减赋，解决了数百年积重难返的一大弊政。

与历史上"成功转型"的刘邦、朱元璋等辈不同，太平天国在相当程度上保留了农民造反者以兄弟姊妹相称的朴素情怀。张德坚的《贼情汇纂》里，即收有"小弟杨秀清立在陛下暨小弟韦昌辉、石达开跪在陛下"，向"我主二兄"启奏的"本章"。而天王洪秀全在答复的"御照"中，称杨、韦、石等人为"胞"，也即同胞兄弟。直到太平天国后期，以幼主名义发布的诏书中，依然称陈玉成、李秀成等臣下为"叔"。

以捍卫纲常名教自诩的曾国藩在其《讨粤匪檄》中回避了太平天国反抗满清王朝的问题，却对太平天国的所谓天下之人皆为兄弟姊妹的说法大张挞伐，将其曲解诬蔑为违反人伦而必须加以讨伐的滔天大罪，并认为孔子孟子也要为此痛哭于九原。具有讽刺意味的是，曾氏发表这篇檄文的90年后，也即日本帝国主义发动全面侵华战争的时期，日本侵略者在其占领区大肆宣讲鼓吹曾国藩虽功高权重但无意于反清，因而"主张抗日者必遗臭万年"，又下令各学校向学生详细解释曾氏的《讨粤匪檄》，以此作为对坚持抗战的国共两党的声讨。② 这足以引发我们的深思。

太平天国是中国近代民主革命的先驱，是旧式农民战争所能达到的最高峰。早在占领南京之初，它即有纲领性文件《天朝田亩制度》问世；而在其后期，更有洪仁玕的《资政新篇》。如果说前者还只是面向过去，后

---

① 参见沧浪钓徒《劫余灰录》，《太平天国史料丛编简辑》（二），中华书局1962年版，第149页。

② 参见雯雯《一个"良民"在沦陷区的见闻与感受》，"抗战文献数据平台"公众号，https://mp.weixin.qq.com/s/HPiOe_wM08Kyl3KVZGss0A［2018-04-12］。

者则完全是着眼于现实与未来。曾国藩的谋士赵烈文在上海得见《资政新篇》，惊叹"其中所言，颇有见识"，"观此一书，则贼中不为无人"。①

太平天国虽然是造反者的失败事业，但农民英雄们所建立的功勋，历史是不会忘记的。

（原载《史学理论研究》2021 年第 1 期）

---

① 赵烈文：《能静居日记》，罗尔纲、王庆成主编：《中国近代史资料丛刊续编·太平天国》第 7 册，广西师范大学出版社 2004 年版，第 79 页。

历史虚无主义与《太平杂说》

华 强 包树芳

(国防大学政治学院 上海应用技术大学马克思主义学院)

历史虚无主义是带有强烈政治色彩和政治企图的社会思潮,历史虚无主义者以偏概全,打着所谓考证和还原历史真实面貌的旗号,歪曲近现代中国革命历史,表达和宣传自己的政治倾向。历史虚无主义的实质就是历史唯心主义,其要害是否定历史唯物主义。在中国近代史研究领域,历史虚无主义思潮不断泛起,其中太平天国研究是重灾区。

一 《太平杂说》引发学术争鸣

21世纪初,上海某文学家将他在各地报刊杂志发表的有关太平天国的随笔、杂文等35篇汇编成册,取名《太平杂说》(以下简称《杂说》),在天津百花文艺出版社出版。作者认为曾国藩镇压太平天国为中国作出了重大贡献。他说:"将洪秀全这个暴君和邪教主送进坟墓,给太平军造反划上句号,从根本上来说,是曾国藩对中国的重大贡献。"[①] "洪秀全为首的太平军造反,也造成了中华民族一次历史性大灾难。仅苏、浙、皖、赣、闽五省,人口过量死亡就多达七千万。中国当时最富庶的地区,经济受到极惨重的打击。太平军所到之处,文化受到无法弥补的破坏。"[②] 该文

---

① 潘旭澜:《太平杂说》,百花文艺出版社2000年版,第264页。
② 潘旭澜:《洪秀全的真实面目》,《炎黄春秋》2005年第2期。

学家认为洪秀全是魔鬼。此后，他陆续发表数篇丑化太平天国的文章，其思路和观点是《杂说》的延伸和放大。

《杂说》出版后，夏春涛等许多学者撰文予以批评，并指出历史虚无主义在学界的一个重要影响就是严重败坏了学风。"例如，前述《太平杂说》的作者自称该书仅是'一个写历史题材的散文集'，同时又自诩该书揭开了太平天国'被冷藏的真相'"。①《杂说》对太平天国所谓"冷藏的真相"的揭露可归纳为三点：一是上帝教是典型的政治邪教；二是洪秀全是为人暴虐、嗜血成性的魔鬼；三是《天朝田亩制度》《资政新篇》毫无进步意义。

2003 年，笔者在《探索与争鸣》发表《如何"还原"历史人物的"本来面目"——兼评当前影视历史人物的塑造》，对当时流行的历史虚无主义观点提出看法。《探索与争鸣》决定在杂志上辟专栏开展讨论，相继发表了争鸣双方不同观点的文章。笔者在《探索与争鸣》先后发表《评价历史人物应坚持历史唯物主义》《也谈对太平天国的两个纲领及洪秀全的评价——与潘旭澜先生商榷》，该文学家在《探索与争鸣》发表《还洪秀全的历史真面目》《再论〈天朝田亩制度〉与〈资政新篇〉》《关于洪秀全答"商榷"者》。此外，杂志还发表了彭学涛、方之光、毛晓玲、史式、黄敏兰等作者的争鸣文章。中国太平天国史研究会针对《杂说》在《光明日报》集中发表一组文章，其中笔者发表的文章是《近代中国农民起义的点滴思考》。《杂说》引发的学术争鸣围绕着三点所谓"冷藏的真相"展开。

二 要掀起巨大的风暴必须让群众披上宗教的外衣

《杂说》称太平天国上帝会是"邪教"，洪秀全是"邪教主"。

邪教是什么？邪教是一个对他人进行精神控制、实施危害社会行为的极端团体，其特征是以传播宗教教义、拯救人类为幌子散布谣言，对社会、个人造成危害。邪教主往往自称具有超自然力，以秘密结社控制群众，宣扬世界末日，达到种种不可告人的目的。

---

① 夏春涛：《历史虚无主义的产生背景、主要特征及其危害》，《史学理论研究》2019 年第 3 期。

历史虚无主义与《太平杂说》

世界上有形形色色的宗教，极端的宗教组织认为非本教即邪教。邪教与宗教虽一字之差，却有着很大的差别。宗教倡导信徒服务社会、造福人类、维护社会和谐。邪教则蛊惑成员仇视社会、危害社会，制造社会末日。对照上述邪教的定义和特征，太平天国绝不是什么邪教。

《杂说》之所以认为太平天国是邪教，是因为上帝会成立之初借用了"降僮"仪式。广西农村，特别是偏远的农村，在封建社会盛行"降僮"一类的宗教迷信活动。回顾中国和世界历史上的农民起义，几乎都借用了形形色色的宗教。古今中外的社会运动和政治运动为什么不约而同地披上宗教外衣？恩格斯有一个很好的回答，他说："当时任何社会运动和政治运动都不得不采取神学的形式，对于完全受宗教影响的群众的感情说来，要掀起巨大的风暴，就必须让群众的切身利益披上宗教的外衣出现。"① 因此，一个多世纪前，太平天国利用"降僮"作为发动革命的手段，没有什么奇怪，不能因为利用了"降僮"就成了"邪教"。

夏春涛《天国的陨落——太平天国宗教再研究》一书以"太平天国宗教'邪教'说辨正"作为结束语。李文海概括说："《天国的陨落》在回顾了历史之后指出，从宗教角度来说，作为从正统宗教分化出来的异端教派，民间教门为了减缓传播时所遇到的阻力，在创建初期通常以正统宗教相标榜，因而遭到后者的排斥，贬之为邪。这种围绕'正''邪'的纷争反映了正统宗教对民间教门的打压立场。"② 清政府称太平天国是邪教，根源在此。

太平天国在清代不仅被称为邪教，而且被称为"匪"和"寇"。孙中山最早为太平天国正名说："曾国藩、胡林翼、左宗棠、李鸿章等练湘军、淮军，以与太平天国相杀，前后十四年……彼曾、胡、左、李诸人是何心肝，必欲使其祖国既将存而复亡，使其同胞既将自由而复为奴隶乎？"③

民国时期，蒋介石下令将太平天国正名为"民族解放运动"，称"太平天国之战争，为十九世纪东方第一之大战。太平天国之历史，为十九世

---

① 恩格斯：《路德维希·费尔巴哈和德国古典哲学的终结》，人民出版社2018年版，第46页。
② 李文海：《为什么不能把太平天国的上帝教看作"邪教"——夏春涛〈天国的陨落〉评介》，《中华读书报》2006年6月28日。
③ 孙中山著、胡汉民编：《总理全集》第1集（上册），民智书局1930年版，第312—313页。

纪在东方第一光荣之历史"。① 国民党中央随后颁布《禁止诬蔑太平天国案》，禁止在一切书籍、杂志、报刊、教材、读物上攻击太平天国。

三 洪秀全向西方国家寻找真理

1949年6月，毛泽东说："洪秀全、康有为、严复和孙中山，代表了在中国共产党出世以前向西方寻找真理的一派人物。"② 从新中国成立到改革开放，太平天国研究成为一门显学，国内外涌现出一批太平天国史研究专家。

历史虚无主义者基于自身的政治立场和思想方法，以片面和静止的观点看待历史人物和历史事件。正如毛泽东所形容的："他们对于现状，对于历史，对于外国事物，没有历史唯物主义的批判精神，所谓坏就是绝对的坏，一切皆坏；所谓好，就是绝对的好，一切皆好。"③《杂说》对洪秀全的评价就是这样，认为洪秀全是"一个高高在上、疑心特重、脱离实际、缺乏领导能力的天王，一个丧失现实感导致军心民心分崩离析的极端利己主义者，一个真正的孤家寡人"。④

《杂说》怀疑洪秀全是否称得上向西方国家寻找真理的代表人物。谈真理不能脱离具体的时代。19世纪40年代，在闭关锁国的中国，寻找到西方主张博爱的上帝，寻找到西方主张平等的基督教，这对洪秀全而言就是真理。洪秀全以平等为号召，宣传"天下多男子，尽是兄弟之辈；天下多女子，尽是姊妹之群"，在南中国掀起革命风暴。茅家琦评价说："洪秀全从《劝世良言》中找到了西方基督教宣传的上帝，在动员和组织千百万农民投入反对清王朝封建统治的斗争方面确实起了很大作用。"⑤

《杂说》指斥洪秀全说："他自造的那个'天'终于不能靠了，他只能黯然地走向死亡，从而导致太平军迅速地覆灭。正是他的死亡，中国才结束了长期的战乱，将近代史极其沉重的一页翻过去。"⑥ 作者对洪秀全的

---

① 蒋介石、白崇禧、于右任：《太平天国诗文钞》，商务印书馆1935年版，"序"。
② 《论人民民主专政》，《毛泽东选集》第4卷，人民出版社1991年版，第1358页。
③ 《毛泽东选集》第3卷，人民出版社1991年版，第832页。
④ 潘旭澜：《太平杂说》，第220页。
⑤ 茅家琦：《基督教、儒家思想和洪秀全》，《南京大学学报》1979年第2期。
⑥ 潘旭澜：《太平杂说》，第220页。

丑化全然不顾历史真相。

太平天国起于乱世。清朝经康乾盛世转变到衰世和乱世，龚自珍预感到革命风暴即将来临，山中之民有大声起，天地为之钟鼓，神人为之波涛。容闳认为，当时如无洪秀全，中国亦必不能免于革命。太平天国在南中国爆发，为什么迅速得到老百姓的呼应？李秀成说，广西百姓追随太平天国，"各实因食而随，此是真言也"。① 是清政府的横征暴敛，加上灾荒连年、鸦片泛滥，导致广西社会极端贫困化，百姓无以为食。

历史虚无主义者否定洪秀全，也否定历史上的农民起义和农民领袖。《杂说》认为"不加分别地从根本上肯定'农民起义'、'农民革命'，是历史研究一大误区"。② 站在统治者立场上，洪秀全和历史上的农民领袖犯上作乱，十恶不赦。清王朝为了镇压太平天国前后开支军费4.2亿多两白银，造成清王朝财政空虚。太平天国起义敲响了清王朝的丧钟，洪秀全去世不到半个世纪，清王朝落下历史帷幕。中华人民共和国诞生后，历史研究工作者以唯物史观为指导重新研究全部历史，把被地主阶级颠倒了的历史颠倒过来。

反对历史虚无主义的侵蚀和渗透是一场尖锐而复杂的意识形态斗争。在纪念毛泽东诞辰120周年座谈会上的讲话中，习近平总书记指出："对历史人物的评价，应该放在其所处时代和社会的历史条件下去分析，不能离开对历史条件、历史过程的全面认识和对历史规律的科学把握，不能忽略历史必然性和历史偶然性的关系。"③《杂说》没有将洪秀全"放在其所处时代和社会的历史条件下去分析"，将孙中山已经颠倒过来的太平天国历史重新颠倒到清政府的立场上，称太平天国和洪秀全为"匪""寇""贼"，并标榜为"全新视角"，这就是"还洪秀全的历史真面目"吗？

四 人口过量死亡七千万是谬说

《杂说》称太平天国时期"仅苏、浙、皖、赣、闽五省，人口过量死

---

① 罗尔纲：《李秀成自述原稿注》，中华书局1982年版，第81页。
② 潘旭澜：《太平杂说》，第17页。
③ 中共中央文献研究室编：《十八大以来重要文献选编》（上），中央文献出版社2014年版，第693页。

亡就多达 7 千万"。虽然这个观点是引用，但由于《杂说》的出版发行，流毒甚广。历史虚无主义者常常以七千万乃至 1.6 亿过量人口死亡之说撰文攻击太平天国。所谓太平天国过量死亡人口多达七千万完全是谬说，1.6 亿更是天方夜谭。

太平天国立国 14 年，中国除正常的局部水涝旱灾外，并没有特大的灾情和瘟疫，竟然仅五省人口就死亡七千万，平均每年死亡人口达 500 万，为什么研究太平天国的众多学者在太平天国汗牛充栋的资料中没有看到，在冷兵器时代，太平天国时期中国死亡人口竟然超过两次世界大战的总和，能够让人相信吗？[①]

太平天国兵锋触及 18 个省，但政权控制范围在苏、浙、皖、鄂、赣、闽数省，因为太平军旋进旋退、旋占旋失，后期相对稳定的控制范围主要是江浙皖三省。就是江浙皖三省，太平天国也没有全部控制，例如江苏，太平天国控制范围主要在长江以南，长江以北多为清政府控制。

太平天国当时治下的人口有多少呢？《北华捷报》对太平天国控制的江浙皖三省人口曾经有个统计："对这三个为太平军所盘踞的省份，本报也同时保有可靠的材料，如将太平军从南方入侵这几省前的居民人数大致计算一下，则江苏的人口应为 37，843，501 人，安徽为 34，168，059 人，浙江为 26，256，784 人。拿总数来说，大约为一万万人。"[②] 这个统计应当是太平天国占领南京前的数据。

以上统计的是江浙皖三省总人口。太平天国占领南京后实际控制的人口是多少呢？英国人呤唎在其所著《太平天国革命亲历记》中说："太平天国所控制的疆域极为辽阔……自扬子江的西北向东南一带伸展，其间距离或宽或窄，自二百英里至二百五十英里不等，面积在九万平方英里以上，人口约四千五百万。"[③] 自称"太平军上校"的呤唎曾在太平天国服役数年，与李秀成过从甚密，所说人口数据应该有一定根据。据此，我们知道太平天国时期江浙皖三省总人口为一亿，而太平天国实际控制人口为

---

① 参见华强、蔡宏俊《太平天国时期中国人口损失问题》，中国社会科学院近代史研究所政治史研究室、苏州大学社会学院编：《晚清国家与社会》，社会科学文献出版社 2007 年版，第 64 页。

② 《太平天国管辖地区、人口与军事力量》，上海社会科学院历史研究所编译：《太平军在上海——〈北华捷报〉选译》，上海人民出版社 1983 年版，第 337 页。

③ 呤唎：《太平天国革命亲历记》，上海人民出版社 1997 年版，第 251 页。

4500万，《杂说》所称过量死亡人口七千万从何而来？

历史的真相是，古代历来战乱"小乱避城，大乱避乡"。太平天国时期，兵锋所至，各地逃亡和迁徙人口远多于死亡人口，如无锡"邑城克服后，计民居什不存一"，① 大量人口逃亡了。太平天国时期人口过量死亡有两个节点，一是1853年太平军占领南京及周边城市；二是1864年淮军与常胜军由上海破苏州、无锡、常州，一路烧杀抢掠至南京。这两个节点是死亡人数最多的时候。

以太平天国时期人口减少最严重的太平天国都城天京为例，太平军攻占南京前人口260万，战后人口仅三万，是不是有250多万人死于太平军之手？不是。时人资料记载："惟念江南未破城时，查户口清册，有二百六十余万之众，破城后死难者十之三，被贼杀者十之一，迫而为兵四出者十之五，逃散者十之一，此时所存三万余人。"② 由此可见，南京城破时死亡人口为4/10，逃亡人口为6/10。死亡人口中，死难者占3/10，死于太平军的占1/10。

那位得出过量死亡就多达七千万研究结论的专家指出："太平天国期间中国人口的过量死亡并非都是太平军所致。许多史料显示，在这场空前的浩劫中，死于清军之手的人口绝不亚于死于太平军之手。"③ 1864年，淮军与常胜军在苏、锡、常攻城略地，杀人无算。史料记载，"各处烧杀抢掠，亦多有为溃败官军所为者，不尽属贼也。又官军败贼及克服贼所据城池后，其烧杀劫夺之惨，实较贼为尤甚。此不可不知也"。④ 除了清军，杀人如麻者更有土匪、溃兵等，"真贼实为数无多，皆由逃兵、溃勇先肆焚掠，居民死亡相枕籍"。⑤

清军与土匪等对城市的破坏也远超太平军。太平军占领苏州前，清军

---

① 《纪无锡县城失守克服本末》卷4，中国史学会主编：《中国近代史资料丛刊·太平天国》（五），神州国光社1952年版，第267页。
② 《张继庚遗稿》，中国史学会主编：《中国近代史资料丛刊·太平天国》（四），神州国光社1952年版，第773页。
③ 周武：《太平军与江南社会变迁》，《社会科学》2003年第1期。
④ 李圭：《思痛记》卷上，中国史学会主编：《中国近代史资料丛刊·太平天国》（四），第474页。
⑤ 谢家福：《燐血丛钞》卷1，苏州博物馆编：《谢家福日记》（外一种），文物出版社2013年版，第239页。

下令烧毁房屋:"在叛军未到以前的数星期内,满清官吏下令烧毁苏州护城河与城墙之间及城郊的一切房屋。这种方法被视为有效守卫苏州所必须采取的,因此许多经营商业的街道和房屋都化为灰烬。"① 资料记载,"大部分烧毁的房屋是在叛军来到以前被满清军队烧掉的,而叛军所烧的一小部分只是为了自卫。居民自杀而死的远比遭兵燹而死的多。虽然叛军也有暴行,但比起满清的军队总要好一些"。② 无锡的情况与苏州类似,清军攻占无锡后发现"邑城克服后……城中则贼毁其二,土匪毁其一,留防勇丁之所毁,殆不啻什之六也"。③

《杂说》所称太平天国时期人口过量死亡问题,据以上史料分析,一是死亡人数远远没有七千万;二是过量死亡人口不是全由太平天国造成的,土匪、地痞、流氓,特别是清军杀人对社会的破坏远超太平军。

至于《杂说》称"中国当时最富庶的地区,经济受到极惨重的打击",这种说法也不确。太平天国曾禁止过商业,但很快改变了这一政策。资料记载,太平天国恢复商业后,天京商业街"有杂货、玉玩、绸缎、布疋、米油、茶点、海味各店,其店皆有贼文凭,称天朝某店,不准私卖……浆人徇开浆园,男女均集,贼嫌混杂,分男店女店。又有天朝鱼行,天朝腴行,腴行是肉店"。④

1863年,英国传教士卢卫廉访问天京,撰文投《香港日报》,记叙他在天京所见:"南京城外商业兴旺。古老的城垣里面,田地耕种良好,四乡也一样。小麦、大麦、大豆均极富饶。城内的居民,生活显然较扬子江沿岸诸城的居民生活优裕。新的商店和优美的房屋正在建筑中。居民一般衣着良好。妇女们来来往往从事南方妇女所做的日常工作,老人们带领儿孙玩耍。"⑤

---

① 《英国档案馆所藏有关太平天国的史料》,王崇武、黎世清辑译:《太平天国史料译丛》,神州国光社1954年版,第128页。
② 《英国档案馆所藏有关太平天国的史料》,王崇武、黎世清辑译:《太平天国史料译丛》,第138页。
③ 《纪无锡县城失守克复本末》卷4,中国史学会主编:《中国近代史资料丛刊·太平天国》(五),第267页。
④ 张汝南:《金陵省难纪略》,中国史学会主编:《中国近代史资料丛刊·太平天国》(四),第716页。
⑤ 卢卫廉:《致〈香港日报〉编辑书》,转引自崔之清、陈蕴茜主编《太平天国战争全史》第1卷,南京大学出版社2002年版,"前言",第6—7页。

除天京外，苏州、杭州、常州、无锡、常熟等地商业也十分繁荣，丁葆和《归里杂诗》记太平天国治下的杭州武林门外"十里长街列市廛"；苏州成为"百货云屯，流民雨集，盛于未乱时倍蓰"。① 此类记载甚多，不赘叙。

五 两个纲领是太平天国的伟大创造

中国历史上虽曾出现过"均田免粮"等口号，却从来没有出现过完整的土地纲领，《天朝田亩制度》是中国历史上第一件关于平均分配土地的完整的纲领。该文献的核心是"凡天下田，天下人同耕"，其意义在于彻底否定地主对土地的所有权，最终建立一个"有田同耕，有饭同食，有衣同穿，有钱同使，无处不均匀，无人不饱暖"、② 兵农合一、军政合一、政教合一的社会。

太平天国定都天京后，长期处于清江南大营和江北大营夹击之中，《天朝田亩制度》实际上没有得到实行。因洪秀全颁布《减赋诏》，许多地区的农民赋税减低近一半。1860年即太平天国庚申十年，洪秀全布告苏福省："朕格外体恤民艰，于尔民应征钱漕正款，令该地佐将酌减若干。尔庶民得薄一分赋税，即宽出无限生机。"③ 1861年，李秀成攻杭州，占领西兴，免除了百姓债务，当时民谣曰："长毛到西兴，债务都零清。长毛到西兴，光棍好成亲。"④《庚癸纪略》记吴江一带"伪监军提各乡卒长给田凭，每亩钱三百六十。领凭后，租田概作自产，农民窃喜，陆续完纳"。⑤《李秀成自述》记"苏州百姓应纳粮税，并未足收，田亩亦听其造纳，并不深追"。⑥

《天朝田亩制度》对中国的土地政策产生重大影响是不言而喻的。自

---

① 王韬：《上当事书》，《弢园文录外编》卷6，中华书局1959年版，第84页。
② 太平天国历史博物馆编：《太平天国印书》（全2册），江苏人民出版社1979年版，第407页。
③ 《天王诏旨》，中国社会科学院近代史研究所《近代史资料》编译室：《太平天国资料》，知识产权出版社2013年版，第3页。
④ 肖青：《太平天国时期的民歌》，《光明日报》1958年3月17日。
⑤ 《庚癸纪略》，中国社会科学院近代史研究所《近代史资料》编译室：《太平天国资料》，第104页。
⑥ 罗尔纲：《李秀成自述原稿注》，第121页。

称"洪秀全第二"的孙中山提出"耕者有其田",其主张与太平天国"凡天下田,天下人同耕"的主张是一致的。中国共产党在根据地制定土地政策,要求没收地主土地,无偿分配给农民,与《天朝田亩制度》一脉相承。

《资政新篇》是太平天国另一个重要纲领。洪仁玕向天王洪秀全提出《资政新篇》,一个传教士说,天王对于引进欧洲的进步事物,诸如铁路、蒸汽机等类东西极为赞成。经洪秀全批准,《资政新篇》作为太平天国的纲领正式推出,表明《资政新篇》不仅是洪仁玕的主张,更是代表中国农民阶级要求发展资本主义的一个纲领性文件。

自古以来"要想富,先修路",《资政新篇》提出"行车马之利……先于二十一省通二十一条大路,以为全国之脉络,通则国家无病焉。通省者阔三丈,通郡者阔二丈五尺,通县及市镇者阔二丈,通大乡村者阔丈余"。[①] 太平天国在那个年代就计划将全国的大路通到省郡县,一直到乡。《资政新篇》还提出"兴各省新闻官""兴银行""兴邮亭""兴医院""兴跛盲聋哑院""兴鳏寡孤独院"等,即使以今天的眼光看,《资政新篇》也是非常进步的。《资政新篇》问世后,外籍传教士称"革命军确有进步及改革之能力与趋向(观其新历之推行可为证明),此为清朝所绝不能有所表示者"。[②]

《杂说》称:"洪仁玕1859年提出的《资政新篇》,有较多方面的设想,是因为他的突然到来并被倚重才出现的,在太平军中全无思想基础,更无实施可能,握有大权的诸王连看都不看,不过是一纸空文。"[③] 此说违背历史事实。太平天国诸王彼此间有矛盾,一个传教士在天京访问洪仁玕,洪仁玕对他诉苦,"欲改革各事如何困难,天王如何不听人言,各王如何不尊重其威权……彼欲实行改革而事事均受各王之牵制"。[④] 李秀成看不起甚至厌恶洪仁玕,对他的《资政新篇》不屑一顾,但太平天国许多高级官员都具有"向西方学习"的意识,以李秀成为最。

[①] 《资政新篇》,太平天国历史博物馆编:《太平天国印书》,第686页。
[②] 《英国政府蓝皮书中之太平天国史料》,中国史学会主编:《中国近代史资料丛刊·太平天国》(六),上海人民出版社1957年版,第917页。
[③] 潘旭澜:《太平杂说》,第2页。
[④] 《天京游记》,中国史学会主编:《中国近代史资料丛刊·太平天国》(五),第956页。

近代中国军队的近代化不是始于淮军,而是太平军。李秀成主导成立的洋枪队早于淮军,当时"苏州城中可能有 3 万支外国枪,叛军中四分之一的兵士佩戴步枪和来福枪,忠王的一千名卫队完全佩来福枪"。李秀成成立的洋枪队,人数最多时达到 2000 人,聘请外国军官以西式军法操练,"在苏州的外国人总计不过 120 人,不论外国军官或外国士兵都同样受到太平军极好的招待"。① 洋枪队设有"洋炮馆",负责洋炮的修理及管理事宜。李秀成的军队还拥有缴获的一艘铁甲船,可以说是近代中国海军的雏形。李秀成被俘后念念不忘军队近代化,临刑前建议曾国藩往广东购买三四千斤的洋炮、炮架、炮弹和洋枪,由中国匠人仿造。曾国藩以红笔批示:此条可采。②

除了李秀成重视学习西方文明,太平天国高级将领对引进西方文明十分感兴趣的还有陈玉成、罗大纲等。太平天国攻占镇江,英军舰长费士邦到镇江访问,防守镇江的罗大纲对他表示欢迎。据载,费士邦"得受太平军领袖们的友善的欢迎,称他为兄弟,并告诉他说:将来外国人可以随便使用汽船、铁路、电线及其他西洋机器而无碍"。③

《资政新篇》在太平天国时期没有得到实现,原因是实行资本主义需要一个相对稳定的和平环境,而始终处于戎马倥偬状态的太平天国缺乏这样一个环境。《资政新篇》问世后仅仅五年,太平天国就失败了,中国社会与资本主义的蓝图失之交臂。

《天朝田亩制度》是太平天国主张废除中国两千多年以来土地和财产私有制,要求平分生产资料和生活资料的纲领性文件。《资政新篇》是太平天国主张学习西方列强"邦法",移植资本主义生产关系,实现"与番人并雄"的现代化大纲。《天朝田亩制度》和《资政新篇》一个面向历史,一个面向未来,尽管两个纲领性文件存在种种不足和缺陷,但不可否认这是太平天国的伟大创造。

《杂说》没有充分占有大量历史资料,陷入历史虚无主义而不能自拔。

---

① 《英国档案馆所藏有关太平天国的史料》,王崇武、黎世清辑译:《太平天国史料译丛》,第 73 页。
② 《李秀成亲供手迹》,岳麓书社出版社 2010 年版,第 148 页。
③ 晏玛太:《太平军纪事》,简又文译,中国史学会主编:《中国近代史资料丛刊·太平天国》(六),第 925 页。

习近平总书记指出:"历史虚无主义的要害,是从根本上否定马克思主义指导地位和中国走向社会主义的历史必然性。"① 太平天国历史研究必须旗帜鲜明地反对历史虚无主义,以历史事实戳中历史虚无主义的要害,与历史虚无主义思潮进行不懈的斗争。

(原载《史学理论研究》2021年第1期)

---

① 中共中央党史研究室:《历史是最好的教科书——学习习近平同志关于党的历史的重要论述》,中共党史出版社2014年版,第8页。

亦论上帝教不是"邪教"

吴善中

(扬州大学社会发展学院)

伴随着历史虚无主义在 20 世纪 80 年代中后期悄然兴起,一股否定太平天国及其领导人洪秀全的思潮也重返史坛。除了重新捡拾起太平天国破坏论之外,其丑化和否定太平天国的一个重要观点就是太平天国上帝教是"邪教"、洪秀全是"邪教主"。[①] 太平天国以上帝教起家,又以上帝教立国,可以说,上帝教是太平天国历史和思想的生命线。对上帝教的认识与理解,关乎对太平天国运动的认识和评价。歪曲太平天国运动的革命性质,否定太平天国运动的合理性、进步性,就必然会确定上帝教的邪教性质。历史虚无主义者武断地认定上帝教是"邪教",他们的观点能成立吗?答案是否定的。

一 邪教是一个价值概念

邪教是当今一个世界性的社会问题。"邪教"这一词汇,已经随着它在世界各地所制造的各种怵目惊心惨案,成为家喻户晓、老少咸知的名词了。为了更好地治理或打击邪教犯罪,法国、俄罗斯、比利时和中国等国家专门对邪教进行立法打击,取得了很好的治理成效。但也有一些国家,如美国,虽然其国内邪教猖獗,其不仅没有就邪教立法,反而对其他国家

[①] "上帝会"系冯云山创建的宗教组织的名称,诸多原始记载均可证实,斑斑可考。过去流行"拜上帝会"说,属以讹传讹。参见夏春涛《"拜上帝会"说再辨正》,《福建论坛》2009 年第 2 期。

的邪教立法横加指责，认为是侵犯宗教自由。这固然有政治因素的考量，但也与对邪教概念和本质的认识有关。

依据其是否蕴含定是非、明优劣、寓褒贬等价值为标准，概念可分为中性概念和价值概念。邪教不是一个中性概念，而是价值概念。① 一般认为，一个宗教组织在教义上和行为活动上具有反政府、反社会、反人类、反科学性质，即可判定为邪教。而所谓反政府、反社会、反人类、反科学，虽然要基于事实层面的考量，厘清"反"的事实，但其毕竟是人们的一种评价性的认识，这种认识包含着明显的价值标准。其中，政治标准又往往成为历代统治阶级判断一种宗教是否是邪教的主要标准。

在中国古代，判断是否"邪教"的话语权掌握在历代统治阶级手中。判断标准主要是政治标准，即是否威胁封建政府统治和统治集团利益。为了有效治理邪教，统治阶级有针对性地制定了严苛的法律，如《大清律例》。虽然这些法律未明确"邪教"的判定标准，只是规定了较详细的惩治措施，但从大量的"邪教"判例来看，治理目标的重点是放在惩治"邪教"组织的"叛逆""谋反"等反政府行为上。因为在封建政府看来，倡立邪教，传徒滋事，"非叛逆而情同叛逆者也"。② 因此规定："除实犯反逆及纠众戕官、反狱、倡立邪教传徒惑众滋事案内之亲属仍照律缘坐外，其有人本愚妄书词狂悖，或希图诓骗财物，兴立邪教……比照反逆及谋叛定罪之案。"③ 即使有的邪教初期少有政治动机，仅仅有一些统治者所认为的"社会危害性"，诸如烧香聚众、夜聚晓散、说经念咒、传徒敛钱等集群聚众行为，也为统治者所不容。例如，清乾隆三十九年（1774年）十月初三河南巡抚何煟在折中说："邪教善于煽惑而易于聚众，外托其劝人为善，而包藏祸心，一遇水旱灾荒，即乘机滋蔓，所以名为邪教，实皆叛逆。"④

太平天国的上帝教也被清统治集团定为"邪教"。由于上帝教实脱胎于基督教，所以起初不少清廷人士称上帝教为"天主教"。如曾国藩在

---

① 刘正峰、周新国：《邪教的法律治理》，社会科学文献出版社2012年版，第1页。
② 薛允升：《读例存疑》卷25，"刑律贼盗上"，清光绪刊本，第5页。
③ 薛允升：《读例存疑》卷25，"刑律贼盗上"，第4页。
④ 《宫中档乾隆朝奏折》第37册，台北"故宫博物院"1985年版，第121—124页。

《讨粤匪檄》中，痛心疾首地说太平天国"窃外夷之绪，崇天主之教"，[①]表示要誓死捍卫封建的伦理纲常，与太平军决一死战。金田起义期间与太平军作战的姚莹，对上帝教的源流梳理得较切合实际："此次粤贼情形本分二种：一为会匪，乃广东人，习天主教传染而来，其党沿及粤西、湖南、贵州各省，实繁有徒，几于遍地皆是，盖合天主教、青莲、添弟诸会，混而为一。粤西现在名为上帝会……此种匪徒，其心受染已深，牢不可破，最为可恶。"的确，除基督教外，上帝教还有其他源头，上帝教实际上是洪秀全、冯云山等人有机糅合了基督教、粤东粤西的斋教（青莲教）等民间宗教，甚至包括天地会的会党文化而形成的一个新的教门。由于在文化上不认可基督教，并且长期以来，斋教等民间宗教和天地会具有浓烈的反叛行为，所以姚莹认为，新出笼的上帝教"有心为逆"，"最为可恶"。[②]

较早明确称太平天国上帝教为"邪教"的，是曾国藩的幕僚张德坚。秉承曾国藩旨意，张德坚等人早在清咸丰五年（1855年）就编纂成《贼情汇纂》，其中专门列有"贼教"卷。曾国藩、张德坚认定上帝教是"邪教"：

> 自古草窃之徒，多借邪教以倡乱。自季汉张角之后，如宋贝州妖人王则，明蒲台妖妇唐赛儿，近之白莲教、八卦教，莫不假托鬼神，煽惑愚民，以为渊丛之聚。逮人众势炽，以威胁人，或不专恃其教，可知邪教实为乱阶……若今之粤匪则大不然，初或借邪教为倡乱之资，既寓诡计于邪教之中，更逞其私智，懈我将帅，惊我兵士，惑我人民。[③]

与判定白莲教、八卦教等民间宗教是"邪教"一样，统治者定太平天国上帝教为邪教，从根本上说，是其政治立场决定的。为了维护封建政权的统治，捍卫封建伦理纲常，就必须镇压惩治一切"谋逆""谋反"的反叛意识和行为。即使一些温和的"吃斋念经""运气打坐""做会度亡"

[①]《讨粤匪檄》，《曾国藩全集》（修订版）第14册《诗文》，岳麓书社2011年版，第140页。
[②]《太平天国革命时期广西农民起义资料》编辑组：《太平天国革命时期广西农民起义资料》（上），中华书局1978年版，第174页。文中"天地"被避改为"添弟"。
[③] 中国史学会主编：《中国近代史资料丛刊·太平天国》（三），上海人民出版社、上海书店出版社2000年版，第249—250页。

等宗教活动，由于可能存在集群聚众行为，也被视为潜在性的破坏统治秩序、危及统治政权，从而被认为具有严重的社会危害性。

当然，"邪教"是一个价值概念，除了体现在它是统治阶级基于政治立场而使用的概念，因而是一种价值评价外，更体现在正统或自视为正统的宗教对一些非正统宗教（新兴宗教）的攻讦上。据学者研究，中文语境中"邪教"一词的出现，最早可追溯到后秦时期僧人鸠摩罗什翻译的《维摩经》。约公元一—二世纪，从部派佛教中析出了大乘佛教，大乘佛教贬斥原始佛教及其他佛教宗派为"邪教"。① 这里"邪教"的"邪"，是"不正"的意思；"邪教"，即是"旁门左道""野狐禅"。我们从历史上各宗教派别的"正""邪"纷争中，更可以看出邪教概念的价值属性。

邪教概念的价值属性，决定了不同的时代、不同性质的政权、不同的宗教派别，有各自不同的"邪教"观。"在某一个文化体系中属于'正教'的宗教，到了另一个不同质的文化体系中，有可能被视作'邪教'，如在近代中国，西方来华基督教就曾与中华本土宗教（儒、佛、道等）互视为邪教；被某个阶级奉为'正教'的，有可能被另一个敌对的阶级视为'邪教'，如清代太平天国农民起义军奉拜上帝教为'正教'，而清朝封建统治阶级则斥之为'邪教'。"② 判断一个宗教或自称宗教的组织是否属邪教，从根本上来说，取决于特定历史条件下判断主体的阶级属性及其所认定的该宗教组织的社会功能和价值取向。

二 上帝教"邪教"说驳议

历史现象总是在惊人地重复。一百多年后的今天，与清朝统治阶级隔空呼应，学界竟然又有人提出太平天国上帝教为"邪教"。

2000年百花文艺出版社出版的潘旭澜著《太平杂说》，较早推出洪秀全是"邪教主"的说法。他说："将洪秀全这个暴君和邪教主送进坟墓，给太平军造反画上句号，从根本上来说，是曾国藩对中国的重大贡献"；"洪秀全的'天'，是以中国传统文化的渣滓为主，掺和少许外来文化的荒

---

① 刘正峰、周新国：《邪教的法律治理》，第11页。
② 蔡少卿、孔祥涛：《试论当代邪教的几个特点》，《江苏社会科学》1997年第6期。

亦论上帝教不是"邪教"

诞因素,完全按照个人需要制造出来……建造地上的天堂……让他自己统治和占有天下。可见它是建立超级奴隶主王朝的邪教的基本理念"。①《太平杂说》是一本杂记、随笔类的短篇杂文集。对于为什么说太平天国宗教是"邪教"、洪秀全是"邪教主",限于文体和学识,他并没有展开论证,只是信口开河、随意发挥而已。倒是太平天国史专家史式发表《让太平天国恢复本来面目》一文,②对照他所认为的正统宗教和"邪教"区别标准,认为上帝教是"邪教"。史式认为衡量"邪教"标准有以下5点:1."邪教则常以世界末日来吓人,并许诺信教可以逃避灾祸,进入天国";2."邪教都会装神扮鬼";3."邪教都需要敛财";4."邪教是一种半公开半秘密的组织,为了保证自身的生存和发展,无不对入教者加以严格控制";5."邪教的教主都是淫棍,年轻的女教徒都是他们的猎物"。作者信誓旦旦地宣称:"以这5项标准来衡量,太平天国(上帝教)正是不折不扣的邪教。"③

在这里,史式自己订立了判断"邪教"的五条标准。在史式看来,似乎符合这五条,就可判断为"邪教"了。我们这里暂不讨论邪教与正统宗教的主要异同点、不同时代邪教"犯罪"的认定及其构成要件,能否脱离当时具体历史条件和社会关系而仅以这五条抽象标准来讨论上帝教就是邪教等问题,仅从事实辨正和事实评价的角度,分析史先生的观点。

说"邪教则常以世界末日来吓人,并许诺信教可以逃避灾祸,进入天国",这是从教义上来区分正统宗教与邪教。夏春涛所著《天国的陨落——太平天国宗教再研究》精辟指出,"上帝""魔鬼""天堂""地狱"这四个概念构成上帝教教义的中心环节。其中,"上帝"是上帝教的核心概念,敬拜上帝为"独一真神"是上帝教的最基本教义;而"魔鬼"是上帝的对立面,一切异教邪神,阎罗妖、蛇魔、东海龙妖都是"魔鬼";"天堂""地狱"则是上帝赏善罚恶的场所。④史式说"邪教则常以世界末日来吓人,并许诺信教可以逃避灾祸,进入天国",是在指责"天堂""地

---

① 潘旭澜:《太平杂说》,百花文艺出版社2000年版,第264、218—219页。
② 后文所引史式说法均见该文。
③ 史式:《让太平天国恢复本来面目——为金田起义150周年而作》,《开放时代》2001年第1期。
④ 夏春涛:《天国的陨落——太平天国宗教再研究》,中国人民大学出版社2006年版,第52页。

狱"等上帝赏善罚恶场所的邪教性。

上帝教宣扬的"世界末日",信奉上帝教可以"逃避灾祸,进入天国",并不是用来"吓人"、骗人的,而是渊源有自。

上帝教的"天堂""地狱"及"世界末日"等概念来源于基督教。学者早就指出:"基督教告诉人们说,天堂、地狱分别是上帝赏善罚恶的场所……上帝教也以天堂、地狱作为上帝实施赏罚的场所,但评判的标准包括宗教、道德、政治三种,凡拜邪神、行邪事、与太平天国为敌者将坠入地狱,反之,则升入天堂。此外,上帝教沿袭了基督教天堂永福、地狱永苦的说法。至于天堂、地狱的具体景象,上帝教也直接从基督教吸收了一些素材。"[1] 上帝教当然也吸收了基督教"世界末日""末日审判"的说法。依照基督教说法,基督复临时,要对那些不拜上帝、冥顽不化的世人施加空前灾难,进行"末日审判",将他们丢入燃烧着火、硫磺的"火湖",永远受罚。洪秀全借用了这些说法,其《天父诗》第271首:"草对弯弯直上天,不对走下永火湖";第490首:"跟主不上永不上,永远不得见太阳。面突乌骚身腥臭,喙饿臭化烧硫磺。"[2]

当然,上帝教"天堂""地狱"观及"世界末日"的说法,不仅仅是源自基督教,中国传统佛教的"极乐世界""十八层地狱"和道教的"神仙天界""阴曹地府",以及佛道两教的"劫变""劫数"等观念对其也有影响。

"天堂""地狱""世界末日"和"劫变"等观念,不仅存在于基督教、佛教等正统宗教的教义中,同时也广泛存在于世界各地的宗教信仰中,不能将其作为判定正统宗教、邪教的标准。

史式又说"邪教都会装神扮鬼""邪教都需要敛财""邪教的教主都是淫棍",这是从宗教行为上来分辨正统宗教和邪教。他指斥上帝教"装神扮鬼",主要是针对1837年洪秀全"天酉异梦"和1848年东王杨秀清、西王萧朝贵"代天父、天兄传言"而言的。对"代天父天兄传言",过去学者们均认为是受到了广西民间"降僮"巫习的影响;对洪秀全的"异梦",我们早年曾认为其中"处处透出了道教的色彩",认为只有多年受到

---

[1] 夏春涛:《天国的陨落——太平天国宗教再研究》,第96页。
[2] 周志初、华国樑、吴善中:《太平天国与道教》,《扬州师院学报》1989年第3期。

传统道教的浸淫，洪秀全才能做出这么一个梦。① 近年，基督教史专家周伟驰认为，"天父天兄下凡"，源于洪秀全"自行解经（圣经），从圣经中都得到了什么根据来判断杨秀清、萧朝贵等人的言行是符合（基督教）教义的"。并且，通过对基督教、上帝教经典的文本对勘，周伟驰认为"先知传言""神灵附体""战妖""赶鬼""超升""升天""异梦""异象"等内容，"在基督教当中本来就有。从基督教内部逻辑来看，上帝教的这些因素并不是什么新鲜的东西"。② 的确，作为一种不先进不科学的意识形态，不仅是基督教和上帝教，世界上任何宗教不可能不包含迷信和异端、妖魔和鬼怪，都会有一些装神扮鬼、神人交通的宗教行为，区别只在于时代不同、手段不一、程度差异。关键在于，神人交通、装神扮鬼的迷信行为，其行为人的目的和动机是什么，其社会作用和影响是什么。

"邪教都需要敛财"，以"敛财"为标准区分正统宗教与邪教，也是有问题的。"敛"，科敛也，带有贬义。史式先生说正统宗教"能够公开募化，或有经费来源，邪教必须自筹经费，否则无法发展"。且不说这种说法是否符合事实，"自筹经费"就是邪教行为无论如何也说不通。其实，正统宗教也好，邪教也好，为了保证宗教组织的运行、宗教活动的开展，都需要有经费保障。正统宗教的"公开募化"，不就是"自筹经费"吗？问题不在于经费的来源渠道，而在于筹集经费的手段和目的。史式还指责太平天国"入（拜上帝）教者把全部财物交公"的圣库制度，实际上，正如学者所指出的，圣库制度是洪秀全"天父上帝人人共，天下一家自古传"社会宗教理论的逻辑发展，"废除私有财产，平均分配生活用品的圣库制度，严申一切战利品缴归圣库，严禁私藏金银财物，从而吸引了大量无衣无食者投身起义，并在维护军纪、保障供应方面发挥了积极作用"。③ 说洪秀全等领导人通过圣库制度达了个人"敛财"目的，是不能令人信服的。

与其他否定太平天国运动的研究者一样，潘旭澜《太平杂记》、史式《恢复太平天国本来面目》等论著总是乐于以天王洪秀全的所谓宫闱秘事说事。史式认定洪秀全是一位"淫棍"，并以此作为判定上帝教是邪教的

---

① 中国史学会主编：《中国近代史资料丛刊·太平天国》（二），第470、498页。
② 周伟驰：《太平天国与启示录》（修订本），中国社会科学出版社2016年版，第59页。
③ 夏春涛：《天国的陨落——太平天国宗教再研究》，第448页。

根据。作为太平天国的领导人,洪秀全的家庭、宫闱生活确实有值得非议之处。例如,从金田起义起,他就拥有众多嫔妃,为人脾气暴烈经常打骂嫔妃,这些自有事实根据。但世间所津津乐道的那些太平天国宫闱秘事,均出自封建文人之手,低级趣味,哗众取宠,其中有不少捏造、污蔑成分。记载太平天国宫闱秘事较多的笔记、杂录,如汪堃《盾鼻随闻录》、沈懋良《江南春梦庵笔记》,早被罗尔纲先生判定为"伪书";即使如张德坚的《贼情汇纂》,有关这方面相应记载也多有夸大、渲染。使用这些材料要谨慎。太平天国出版的《天父诗》500首,是天王宫廷嫔妃们的"教科书",多涉及太平天国宫闱制度、天王的宫闱生活。老一辈的太平天国史专家吴良祚先生指出:"我们从《天父诗》所反映的天王私生活,可知洪秀全一方面学起封建帝王的臭架子,选了这么多妃嫔来服侍他,表现了一定的享乐思想和落后性;但清方记载极言丑诋他私生活如何纵欲腐化……却是彻头彻尾的污蔑,是没有根据的。"[①]

史式还套用现代邪教对教徒的人身控制来否定上帝教,说"太平天国军民不分,全民皆兵,入教者都成了圣兵。以教规——《十款天条》作为军律,对内控制之严,堪称空前绝后"。说太平天国"全民皆兵"、《十款天条》作为军律是一种"人身控制"因而是邪教,这倒是史式的一个空前"创见"。作为一支有明确推翻清朝统治政治目的的军队,太平军采取全家全村入教、全家全村入伍这一"全民皆兵"军队组织方式,既是形势所然,又是战事所逼。太平天国实行军政合一、政教合一组织体制,太平军既是军队组织,又是宗教团体,"全民皆兵"、《十款天条》作为军律之一种,自是题中应有之义,它们都是实现政治目标的有效途径和手段,而非"人身控制"。

史式的以上五点论证,破绽颇多。问题关键还不在此。研究邪教,一定要坚持唯物史观,要历史、辩证地看问题,不能片面、孤立地就宗教而研究宗教,而要把宗教放在当时当地的历史条件下,综合分析其与社会各方面的关系,其所产生的历史背景和历史作用。否则,孤立、抽象地列出与当代邪教几个相似点来随意比附的话,任何一种宗教,都有可能被误判为邪教。

[①] 吴良祚:《关于"天父诗"》,《历史研究》1957年第9期。

三　上帝教是太平天国农民自己的宗教

太平天国"其兴也勃焉，其亡也忽焉"，它的兴盛与衰败，与上帝教有莫大关系。

在前期，洪秀全通过上帝教，为太平天国运动树立起斗争的旗帜，确立了打击目标，描绘了天国的愿景。在凝聚人心、动员组织群众参加革命方面，上帝教发挥了重要作用，催生了革命高潮的到来。

恩格斯谈16世纪德国农民战争时指出："反封建的革命反对派活跃于整个中世纪。革命反对派随时代条件之不同，或者是以神秘主义的形式出现，或者是以公开的异教的形式出现，或者是以武装起义的形式出现。"①这同样适合于中国。洪秀全等人撷取基督教的主要教义，结合自身的文化背景以及个人的独到体验，创立了上帝教。起初，上帝教以"异教的形式出现"，是一种温和的救世的宗教，试图以道德说教的手段来拯救世风日下的人心世道。但两广地区日趋尖锐的社会矛盾，日益高涨的革命形势，使得洪秀全、冯云山等人逐渐确立了反清志向，相应地，流布于该地区的上帝教革命色彩日渐浓厚，最终"以武装起义的形式出现"。

上帝教为太平天国确立了革命对象与革命目标。革命对象就是上帝的对立面——"魔鬼"。宗教层面的"魔鬼"主要指上帝以外的一切邪神偶像；政治层面的"魔鬼"，就是活着的"生妖"，其头子是清咸丰皇帝，也包括那些不敬上帝的"妖徒鬼卒"——即清各级官员和士兵。革命目标是横扫"罪地"（北京），推翻清朝统治。

上帝教还为广大太平军将士描绘了一幅美好的天堂愿景。上帝教的天堂观原本出于基督教，但洪秀全等人对之进行了革命性改造，提出了"上到小天堂"的口号。基督教的"天堂"，《圣经》中多处言及，以洪秀全早就熟读的《圣人约翰天启之书》（今译《启示录》）为例，其第21章说："当时我看新天新地，因初之天与初之地过去，后未有海，太平矣。我约翰看见圣城新也路撒冷，自上帝来，由天而降，齐备如新娘修饰为丈夫也。我闻天上大声云：'上帝之堂今在人间。且上帝偕之住，其将为其

---

① 恩格斯：《德国农民战争》，人民出版社1975年版，第31页。

民；然上帝偕之在，而为其上帝也。上帝将拭去诸目泪，并无死亡、忧闷、泣哭、疼痛，因先事已过矣.'"基督教的这个"天堂"，就是耶稣复临时重建的"上帝的国"。出于构建上帝教教义的需要（也有误读误解因素），洪秀全将之搬到了天京。洪秀全在这段话旁批曰："在地如在天，约翰所见是天上大天堂，天上地下一样。新也路撒冷，今天京是。上帝基督下凡，带朕暨幼主作主，创开天朝天堂，上帝天堂今在人间，验矣。"① 将基督教所言的"天堂"，当作了天上的"大天堂"；而将天京称作地上的"小天堂"，即"天朝天堂"，是人间的美好天堂。

"上到小天堂"，金田起义前后就成为宣传动员村民参加太平军的口号。洪秀全在1851年颁布的几通《天王诏旨》中一再承诺："同见小天堂威风""俟到小天堂，以定官职高低"。② 这帖兴奋剂颇见成效。谭熙龄《紫荆事略》记紫荆山区人们"拜上帝会，则必家属子女俱，产业贱售。或问其故，则曰：我太守也，我将军也，岂汝辈耕田翁耶？其妻妾亦笑谓戚邻曰：我夫人也，我恭人也，岂汝辈村妇女耶？闻者叹其狂……官军与之战，动曰：行将取江南矣，岂畏尔官军耶？"③ 上帝教的"小天堂"口号凝聚了人心，鼓舞了斗志，激发了将士们对美好未来的无限憧憬，从而使太平军过关斩将，一路高歌猛进，势如破竹，直下天京。

但宗教毕竟是一种落后的意识形态，是"精神鸦片"。宗教可以宣传革命、鼓动革命，催生革命取得阶段性胜利，但终究会成为革命运动的"催命符"。定都天京以后，上帝教开始成为统治者谋取特权的工具。"代天父传言"的东王杨秀清，利用"传言"权力处罚部属，折辱天王。1856年发生的天京事变，原因之一就是太平天国特殊的教权、政权结构。天京事变后，天京流传着"天父杀天兄，江山打不通"民谣，这几乎宣告上帝教的破产。

洪秀全等人通过上帝教，演了一出太平天国天上人间的悲喜剧。"当时任何社会运动和政治运动都不得不采取神学的形式；对于完全由宗教培

---

① 罗尔纲、王庆成主编：《中国近代史资料丛刊续编·太平天国》第2册，广西师范大学出版社2004年版，第367页。
② 太平天国历史博物馆编：《太平天国印书》（上），江苏人民出版社1979年版，第120、122页。
③ 太平天国历史博物馆编：《太平天国资料汇编》第10册，凤凰出版社2018年版，第4463页。

育起来的群众感情说来,要掀起巨大的风暴,就必须让群众的切身利益披上宗教的外衣出现"。① 上帝教是太平天国农民自创的宗教,它符合农民"群众的切身利益",是农民群众自己的宗教。只要承认太平天国运动的必然性、合理性,也就必须认可上帝教产生和存在的合理性、正当性。不可否认,作为农民小生产者的宗教,其中不免充斥着迷信和落后的说教,但这些也为其他宗教所共有。上帝教是太平天国农民表达自己政治诉求、政治理想的宗教,它不是邪教。

(原载《史学理论研究》2021年第1期)

---

① 恩格斯:《路德维希·费尔巴哈和德国古典哲学的终结》,《马克思恩格斯全集》第28卷,人民出版社2018年版,第364页。

唯物史观在中国的早期传播与太平天国史研究的理论转型

顾建娣

(中国社会科学院近代史研究所)

唯物史观在中国的传播和运用引起了中国社会和学术研究的巨大变革。在其早期传播过程中，学者们即尝试运用这一理论去解释历史上的农民起义、特别是太平天国运动，由此打开了太平天国史研究的新路径，促进了太平天国史研究的理论转型。这一转型对客观公正地评价太平天国的史事和人物具有重要意义，但对这一转型，学术界尚未予以充分关注。本文不揣浅陋，试对此进行探究。

一 唯物史观在中国的早期传播概述

马克思主义最初是作为一种西方先进思想，被介绍到中国，后来与中国革命实践相结合，成为指导中国革命的理论，并中国化为毛泽东思想。其传播历程经历了从介绍、摘译的零星传播到全译、全集的系统传播。中国人撰著的系统研究论著的出版，标志着马克思主义在中国传播的基本完成。

清末江南制造局编译的《西国近事汇编》即已出现介绍社会主义学说的内容。1899年，英国传教士李提摩太在《万国公报》上节译介绍《共产党宣言》。清末资产阶级维新派和革命党也介绍马克思主义学说，如梁启超在《新民丛报》上发文介绍《共产党宣言》中的科学社会主义；同盟会机关报《民报》发表过多篇介绍马克思及其学说的文章。庚子事变后的留日学生则以日文马克思主义著作为底本,向国内翻译介绍马克思主义。

俄国十月革命的胜利及五四新文化运动的发展,扩大了马克思主义在中国的传播,使中国的先进知识分子看到了劳工的力量。1918年,李大钊发表《庶民的胜利》《布尔什维主义的胜利》等系列文章,阐述自己的马克思主义观和对劳工运动的重视。他认为,20世纪的群众运动"必挟雷霆万钧的力量"摧毁一切历史上残余的东西,比如皇帝、贵族、军阀、官僚、资本主义等,预言"今后的世界,变成劳工的世界"。[①] 1919年7—8月,毛泽东在《湘江评论》发表《民众的大联合》一文,阐述人民群众的作用,提出由各行各业的小联合发展到民众的大联合以改造国家和社会的策略思想。

列宁著作也随十月革命被介绍到中国。1920年11月7日,《共产党》第一号刊登《列宁的历史》《为列宁》《列宁的著作一览表》,集中介绍列宁及其重要著作。列宁提出中国是一个"半殖民地""半封建的农业国",这一论断对中国共产党认识中国社会的性质、中国共产党第二次全国代表大会确定反帝反封建的民主革命纲领,以及第一次国共合作的实现,都有重要意义。

马列主义经典著作开始传播时多以转引节译的形式出现。例如,陈溥贤翻译了河上肇《马克思的唯物史观》,连载在1919年5月5—8日的北京《晨报》副刊"马克思研究"专栏上。该文节译了《共产党宣言》第一节和《〈政治经济学批判〉序言》。1919年12月,胡汉民在《建设》杂志发表《唯物史观批评之批评》一文,节译了《神圣家族》等八部马克思主义原著和恩格斯两封关于历史唯物主义的通信,是当时节译最全的版本。

随着传播的深入,马列主义经典著作的中文全译本开始出现。1920年8月,陈望道翻译的《共产党宣言》由上海社会主义研究社出版,这是《共产党宣言》第一个正式出版的中文全译本。大革命失败后,蒋介石加强了对共产党的军事和文化围剿,中国革命迫切需要正确的理论指导。中国共产党人大量翻译出版了马列主义经典著作和研究著作,中文全译本成为主要传播形式。如1929年,恩格斯《家庭、私有制和国家的起源》(杨

---

① 中国李大钊研究会编注:《李大钊全集》第2卷,人民出版社2006年版,第263、256页。

贤江译,上海新生命书局出版)、《哲学的贫困》(杜竹君译,上海水沫书店出版)第一个中文全译本出版;1930—1932 年,《资本论》的中文全译本陆续出版。① 阐述马克思主义的教材也大量翻译出版。如 1932 年 9 月,李达等译的《辩证法唯物论教程》② 出版,对中国理论界产生了重大而深远的影响。1921 年,陈独秀、李达创立人民出版社时,曾计划翻译出版《马克思全书》《列宁全书》,但直到 1953 年中央编译局成立后,马列主义经典作家全集的翻译出版工作才真正全面展开。

除了介绍经典著作,传播者们也阐述了对待马克思主义的态度。李大钊认为,马克思学说是"时代的产物","不可拿这一个时代一种环境造成的学说,去解释一切历史",或者"整个拿来,应用于我们生存的社会"。③ 施存统认为,马克思主义本身"并不是一个死板板的模型","只要遵守马克思主义的根本原则",不必拘泥"枝叶政策"。④

中国共产党人还积极将马列主义与中国实践相结合。1926 年,李达在湖南现代丛书社出版了《现代社会学》,系统论述了唯物史观基本原理,并分析了中国社会的问题、性质及中国革命的任务、前途等重大现实问题。1926 年 3 月,毛泽东发表《中国社会各阶级的分析》,对当时中国社会的阶级进行划分,分析了各阶级所代表的生产关系、在革命中可能的态度,确定了中国革命的对象、同盟军和领导者,强调内外环境的变化会导致阶级群体的分化,应适时地调整政策,以取得革命的最终成功。1927 年 3 月,毛泽东发表《湖南农民运动考察报告》,指出共产党人对待农民运动应站在前头领导,而不是在后面指手画脚地批评,更不是站在对立面反对。

1937 年,李达《社会学大纲》出版,⑤ 标志着马克思主义在中国的传播基本完成。该书是第一部由中国人撰著的系统研究马克思主义著作,不仅系统阐述了马克思主义哲学,还有理论上的发挥和超越,如认为"未来的新社会中,生产力、生产方法与生产关系虽都是平等的,而生产力与生

---

① 马克思:《资本论》第 1 卷第 1 篇(第 1 分册),陈启修译,上海昆仑书店 1930 年版;马克思:《资本论》第 1 卷第 2 篇(第 2、3 分册),潘东周译,北平东亚书局 1932、1933 年版。
② 西洛可夫等:《辩证法唯物论教程》,李达、雷仲坚译,上海笔耕堂书店 1932 年版。
③ 李大钊:《我的马克思主义观》,中国李大钊研究会编注:《李大钊全集》第 3 卷,人民出版社 2006 年版,第 35 页。
④ 存统:《马克思底共产主义》,《新青年》9 卷 4 号,1921 年 8 月。
⑤ 1935 年北平大学法商学院作为讲义首次印行,1937 年 5 月由上海笔耕堂书店出版。

产关系的矛盾依然存在"。① 1938年10月,毛泽东在中共六届六中全会上提出"马克思主义中国化"的口号和任务,理论界随后开展了一场"学术中国化"的讨论。1939年12月,毛泽东发表《中国革命和中国共产党》,分析了中国的社会矛盾和革命对象、任务、动力及性质。这是马克思主义中国化的典范之作。毛泽东思想由初步形成走向成熟,有力指引了中国的理论研究和革命实践。

二 太平天国史研究的理论转型

唯物史观在中国的传播,经历了学习、接受和运用的过程。同样,以唯物史观指导太平天国史研究,也有一个学习、接受和运用的过程。在这一过程中,不是所有的学者都能立即自愿地接受唯物史观的指导。因此,太平天国史研究的理论转型,大致可分为三个阶段,即民族史观指导时期、民族史观和唯物史观并存时期、唯物史观指导时期。

唯物史观未应用于历史研究之前,中国传统史学研究方法盛行考据,对历史的解释则以王朝正统史观为主。清末反满和变革封建统治的要求使得历史书写也出现了变化。梁启超流亡日本期间,于1901年和1902年分别在《清议报》《新民丛报》发表系列文章,提出资产阶级"新史学",反对正统论,提倡国史、民史;清末革命党人为反清排满需要,抨击成王败寇说,宣扬民族革命史观,将太平天国运动的兴起归因于满人统治者对汉族的压迫统治,称太平天国运动是抵抗满人统治的民族革命,太平天国将士是"英雄""先烈"。清末流传很广的刘成禺《太平天国战史》和黄世仲《洪秀全演义》皆从这一角度进行书写。

辛亥革命推翻了清朝统治,清末革命党对太平天国性质的解释成为民国官方主流论调。这一时期出版的太平天国史书籍也秉持这一史观。凌善清《太平天国野史》(上海文明书局1923年版)是在抄本《洪杨纪事》的基础上增删而成,而《洪杨纪事》又据张德坚《贼情汇纂》编撰。《太平天国野史》全书共20卷,将抄本中对太平天国的蔑称一概删改,如将

---

① 李达:《中国产业革命概观》,宋俭、宋镜明编:《中国近代思想家文库·李达卷》,中国人民大学出版社2015年版,第503页。

"首逆伪天王洪秀全"改为"本纪","贼文告"改为"文告","伪文字"改为"文字","篡窃"改为"革命"等。李法章《太平天国志》是一部太平天国人物志,在"自叙"中,作者誓革成王败寇之"陋习",坚守反满兴汉的民族革命立场。王钟麒《太平天国革命史》同样抨击成王败寇说,将太平天国的起事原因解释为"客帝临朝","盗憎""中原故族"。①

马克思主义者和先进知识分子接受马克思主义后,开始尝试用其指导中国的人文社会科学研究。以唯物史观指导历史研究,最早从李大钊开始。1920 年,李大钊发表文章认为唯物史观之前的历史解释都是唯心史学,为权势阶级服务;将历史发展归结于"天意所存"而忽视"人力所造",这种做法是"陈腐而且陋劣"的;唯物史观传播后,高等教育机关里的史学教授几无人不受影响,而"热心创造一种社会的新生"。②

1924 年 9 月 3 日,中共主办、在上海创刊的《向导》周报刊登四篇义和团专题评论文章。这些文章一致认为义和团运动是由帝国主义侵略引起的反帝民族革命运动,其中蔡和森的《义和团与国民革命》将义和团运动与太平天国运动、辛亥革命相比较,认为"洪杨李秀成等皆耻求助于外人——侵略者,正是洪杨革命的卓越"。这大概是首次以唯物史观评价太平天国。1926 年,毛泽东在《纪念巴黎公社的重要意义》中指出,太平天国不是满汉战争,而是农民和地主的阶级斗争。③ 研究太平天国史的指导理论开始呈现民族革命史观和唯物史观并存的局面。

运用唯物史观研究太平天国史,国外学者早于国内。因此,国内学者运用唯物史观撰写太平天国史论著时,难免受到国外论著的影响。据学者研究,李一尘和张霄鸣的太平天国史论著都受到波兰学者拉狄克(Karl Radek)《太平天国革命运动》的影响,尤其张霄鸣一书所受影响更大。④

1930 年,李一尘出版了《太平天国革命运动史》。该书多引用外文书籍中的相关论述,从经济方面分析了太平天国发生的时代背景,认为中国

---

① 李法章:《太平天国志》,华新书社 1923 年版,第 140 页;王钟麒:《太平天国革命史》,商务印书馆 1929 年版,第 1 页。
② 李大钊:《唯物史观在现代史学上的价值》,中国李大钊研究会编注:《李大钊全集》第 3 卷,第 221 页。
③ 中共中央文献研究室编:《毛泽东文集》第 1 卷,人民出版社 1993 年版,第 35 页。
④ 王庆成:《太平天国的历史和思想》,中华书局 1985 年版,第 617 页;李孝迁:《拉狄克与中国左派史学》,《史学月刊》2014 年第 6 期。

经济"需要一种革命来改变生产关系,以加速生产力之前进";太平天国革命的发生,是汉人与满人的冲突、民众与政府冲突的表现,外交的失败加重了这种冲突;认为分析19世纪前半期中国经济及社会制度能得出太平天国革命运动,分析20世纪初期的中国经济及社会制度也能得出目前的中国革命运动。该书批评了对于太平天国的两种评价,一是认为太平天国只是"一种无意义的骚动,仿佛……一种暴乱抢杀行为";二是"歌颂太平天国的功德,或者是以英雄伟人看待太平天国的领袖们"。作者认为,太平天国是"一个伟大的进步的带着资产阶级民主性的农民革命",其伟大在于推翻了中国经济上的封建制度,消灭地主私有土地,其土地政策是战时土地共产主义。该书根据经济状况将对立双方分成两大营垒:革命营垒以破产农民、贫苦绅士为主,农民"是被封建地主、商人和高利贷者以及官僚的三角联盟"压迫剥削的阶级,是革命的主要动力;反革命营垒以将死亡的清政府、官吏、地主、商人、富绅为主。该书又将绅士分成三个营垒:革命的组织者与指导者、消沉者、反革命者;认为革命失败源于封建势力和外国资本的压迫。[①]

张霄鸣《太平天国革命史》的体例、结构、观点与李一尘著作大同小异,但也有自己的特点。在分析两大营垒时,反对将各营垒固定不变的机械论,而是运用唯物辩证法,分析各营垒中阶级阶层的纷争变动;将革命失败的原因总结为七条,如"没有中坚有力的领导阶级""没有密切的联系全国革命力量""没有急速的颠覆反革命的中心势力""革命队伍中之内讧""帝国主义帮助地主和商人向革命进攻"等。最后号召"革命的战士们"完成太平天国未完成的任务,与帝国主义"英勇斗争","肃清残余的封建势力,尤其是土地问题",但要根据社会经济发展情况去解决,不能实行"原始经济的农村公社的共产制度"。[②]

李一尘和张霄鸣都以专门篇幅论述"太平天国的民族主义",强调太平天国的反满政策,但全篇以唯物史观和唯物辩证法为指导,从经济角度分析太平天国革命发生的原因、敌对双方的阶级成分、政策制度和失败原因,虽因资料局限,有史实错误,但为太平天国史研究打开了一扇唯物史

[①] 李一尘:《太平天国革命运动史》,大光书局1930年版,第63—77、2—4、131—138、104、88页。

[②] 张霄鸣:《太平天国革命史》,神州国光社1932年版,第125、270—271页。

第七篇 唯物史观与太平天国研究

观的窗,对后来的研究产生了重要影响,书中用语如"没有中坚有力的领导阶级"也常被后来论著借鉴。1933年上海光明书局出版的李鼎声《中国近代史》,其太平天国内容多参考张霄鸣之作。

此后,受抗战影响,以唯物史观解释太平天国史的论著不断出版,特别是在延安、抗战后方和上海公共租界。如1937年延安解放社出版了张闻天编著的《中国现代革命运动史》,1937年上海真理出版社出版了李群杰的《太平天国的政治思想》,1944年上海中华正气出版社出版了朱谦之的《太平天国革命文化史》,1945年4月25—30日的延安《解放日报》第4版连载了范文澜的《太平天国革命运动》。

同时,坚持民族革命史观的论著也一直存在。以简又文的《太平军广西首义史》(商务印书馆1944年版)和萧一山的《清史大纲》(商务印书馆1945年版)最为典型。

新中国成立后,唯物史观取得了理论主导地位,学习马列主义、毛泽东思想成为潮流和必需。通过学习,学者们的认识逐渐统一到马列主义、毛泽东思想上来,反唯物史观遭到批判,单纯的民族革命史观遭到摒弃。太平天国史研究的理论转型至此才最终完成。

三 运用唯物史观研究太平天国史引起的争论

运用唯物史观这一新理论研究太平天国史,不可避免会引起争论。争论主要表现在两个方面:一是研究太平天国史的方法论之争,二是支持何种抗战建国的道路之争。

李一尘和张霄鸣等人的论著,被批为只重理论,不重史料,是"绝无确凿的和充分的事实为根据的空论",因其引用原始资料较少,多采用国内外论著中的论述支持自己的观点。李群杰支持李一尘、张霄鸣,在《太平天国的政治思想》一书中,开宗明义声明自己"是以研究'理论'为主标的……谋理论与实践之一致",认为"研究运动史而抹煞它领导运动的理论,是盲目的史家……我本着为学术而努力的坚定信念,奋力前进,务给妄断天国革命运动为'盲目蠢动'者以事实的答覆"[①]。他们被称为史

[①] 李群杰:《太平天国的政治思想》,上海真理出版社1937年版,第5页。

唯物史观在中国的早期传播与太平天国史研究的理论转型

观派。

因对唯物史观的理解不同,学者各自得出的结论也有差异。比如,太平天国运动的性质是什么?李一尘、张霄鸣认为是"反封建的资产阶级性的农民革命";李群杰认为是"接受了资本主义影响的反封建剥削的革命运动",是"根本企图改造政治制度之民主主义政治运动",不是"反对满清的狭义民族主义运动";叶青认为是"市民性的农民革命或农民性的市民革命";朱谦之认为是"农民之土地共产革命""民族之政治制度革命""宗教之文化教育革命"。①这些争论终未达成共识。因缺乏对唯物史观的准确把握,更缺少对太平天国运动前后中国社会经济状况的系统研究,这些争论多为概念之争,对研究和理解中国近代史作用有限。一种社会形态,其内部各种因素的发展并非整齐划一,不同地区和行业的发展也不平衡,所以,只抓住社会发展的某一方面就断定太平天国的性质,显然不够客观全面。

罗尔纲师事胡适,注重对太平天国史料的搜集和史实的考订。在《太平天国史纲》(商务印书馆1937年版)自序中,他评价道,"最近太平天国史的研究,又多成为一种理论的解释,内容羌无故实,迹有近于宣传";历史家的任务是"求真""传信",不要为"时代的观念"所持。简又文支持罗尔纲所论,认为史观派"无非是师前辈革命党人之故智——借题发挥,以太平史为煽动的工具"。②萧一山、谢兴尧等人也强调史料,注重考证。他们被称为史料派。

朱谦之主张两派取长去短,认为史料考订和史料解释"两者缺一不可"。要注意史料之解释,但"只知有史料的解释,而不知从事史料的搜集、直接应用原始材料",是"迁就事实,来完成空洞的理论"。③他在撰写《太平天国革命文化史》时,即力求将史料和史观相结合。他还力赞彭泽益的《太平天国革命思潮》是二者并重。

关于支持何种抗战建国的道路之争,尽管争辩双方都承认太平天国是

---

① 李群杰:《太平天国的政治思想》,第18、90—91页;叶青:《序言》,李群杰:《太平天国的政治思想》,第2页;朱谦之:《太平天国革命文化史》,中华正气出版社1944年版,第68、91、123页。
② 简又文:《太平军广西首义史》,商务印书馆1944年版,第17页。
③ 彭泽益:《太平天国革命思潮》,商务印书馆1946年版,"朱谦之序",第1页。

反满的民族革命，都用进化论来解释社会进步，但谁是社会发展的推动力量？是个人、英雄，还是人民？这根本上是如何看待人民在历史上的地位和作用问题。对这个问题的回答，直接关系到抗战后国共两党以何种"主义"建国的道路选择。

陈恭禄在《中国近代史》中认为，"洪氏侥幸成功，不过以暴易暴，而其狂妄之思想，摧残文化，祸犹未可知也"；所谓"太平天国实行共产，其言殊不确实"，"其人殆共人产，而不与人共产也"；"二十四年中之悲惨战史，除人民流离、死亡而外，别无有意识之结果"。蒋廷黻认为太平天国仍是"旧社会走循环套"，其失败"证明我国旧式的民间运动是不能救国救民族的"。他们都肯定曾国藩等人对中国近代化的贡献。以古论今，对于抗战建国的道路选择，陈恭禄认为，不管是以武力还是独裁，当下急务是将"中央权力达于各省"。蒋廷黻认为只有"三民主义"是民族"惟一复兴的路径"，只要"追随总裁，谨守总理遗教，必能找到光明的出路"。①

简又文明确反对马克思主义，认为以人口过剩、土地集中、帝国主义侵略来解释太平天国起因，都没有根据，李一尘等人的著作是"无根据的空论"，太平军与湘军的战争是"农民打农民"，太平军的"破坏力及毁灭力""仅亚于现今日本侵略之一役耳，其前盖无匹也"。他主张"生命中心说"，赞同"民生史观"。②

李群杰反对称太平天国"盲目蠢动"，认为"市井上虽然有些搜集在教本里的太平'信'史，但十九是虚伪的"，所指即为陈恭禄著《中国近代史》《中华民族革命史》《中华中国近百年史资料》等书。他力证太平天国运动在政治制度、思想文化等方面比其他农民起义进步，上帝会"内在"的革命性，比从前任何秘密会社都进步，政治旗帜也比任何一次运动都鲜明。范文澜驳斥了蒋廷黻的"循环套"论，认为自"太平革命"揭开了"民主主义革命序幕"，旧式农民起义面目为之大变，这个革命起了"民主革命先驱者"的作用，而曾国藩是"反革命的汉奸刽

---

① 陈恭禄：《中国近代史》（上），上海古籍出版社2017年版，第132、155、188页；陈恭禄：《中国近代史》（下），上海古籍出版社2017年版，第691页；蒋廷黻：《中国近代史大纲》，青年书店1939年版，第54、125、141页。

② 简又文：《太平军广西首义史》，第5、15—18页。

子手"。① 该书运用毛泽东《中国革命和中国共产党》《新民主主义论》的话语体系，肯定了农民在民主革命中的主力军作用，拥护共产党的新民主主义建国主张。

以上这些分歧其实是唯物史观在传播过程中与其他思潮的论战在太平天国史研究领域的反映。史料派与史观派之争，有"问题与主义"之争的影子。1919年7月20日，胡适在《每周评论》发表《多研究些问题，少谈些主义》，对马克思主义观点提出异议，推行其实用主义哲学。8月17日，李大钊发表《再论问题与主义》，认为应该"一面宣传我们的主义，一面就种种问题研究实用的方法，好去本着主义作实际的运动"。② 在现实中，要根本解决一切问题，必须用阶级斗争学说去联合工人运动。经过激烈辩论，"问题与主义"之争最终以马克思主义者的胜利而结束。而史学界对于史料和史观应该结合运用，最终也不再有争议。

从梁启超批判二十四史是帝王将相史，到进步知识分子喊出"劳工神圣"的口号，再到共产党发动工农运动，从历史理论到革命实践，民众力量都得到了空前重视。抗战建国的"主义"之争，其实是要不要人民当家作主的政权之争，是建设社会主义国家还是资本主义国家的道路之争，是唯物史观传播过程中"社会主义论战"的反映。1920年11月6日，张东荪在《时事新报》发表《由内地旅行而得之又一教训》，公开反对社会主义。他认为中国只有实行资本主义才能开发实业，增强富力，解决大多数人的生活。梁启超为之声援，认为中国没有劳动阶级，应先有资本阶级，再有劳动阶级，社会主义运动才有凭借。马克思主义者则坚持中国只能走社会主义道路。李大钊发表《社会主义下之实业》一文，认为中国"欲振兴实业，非先实行社会主义不可"，实行"平民专政"，可将"散漫"资本"强制搜集起来"大办实业；中国劳动力供过于求，有很多游手好闲之人，若实行"不工作者不得馒包"，必能成为有用的劳动者；实行社会主义可以消灭"掣肘实业"的强大的官僚势力。张东荪、梁启超反社会主义的本质是主张改良，反对革命。马克思主义者则论证了革命的必要性。李达认为在中国"要采用劳农主义的直接行动，达到社会革命的目的"。

---

① 李群杰：《太平天国的政治思想》，第10页；范文澜：《中国近代史》上编第1分册，华北新华书店1947年版，第73、143、392页。
② 李大钊：《再论问题与主义》，《每周评论》第35号，1919年8月17日。

陈独秀强调，中国不能实行"欧美已产生危机的资本主义"，"只有劳动阶级胜利，才能救济中国的危急及不独立"。这次社会主义论战让"知识阶级中表同情于资本家的与表同情于劳动者的两派"，旗帜鲜明地"各为其主"。① 在史学领域，这"两派"的对立也表现得很明显，对太平天国的不同评价就是现实态度的真实反映。

其他论调，如主张"民生史观"，主张人性论、反对阶级斗争等，在戴季陶主义中都有体现。讲求民生有其积极意义，但戴季陶主义不主张反对帝国主义、封建主义，模糊阶级界限，纯粹从生物学观点谈人类生存，完全无视人类生存的社会环境和历史条件，抽象地强调人性至上，最终走向唯心主义。湘军和太平军本质上确实都是农民，但因他们分属不同的阶级阵营，使得他们自身也被赋予了不同的阶级利益色彩，士农工商兵等职业人群也各有自己的阶级属性。因此，抛开阶级利益谈抽象的"农民打农民"，无视阶级属性谈抽象的职业归属，都是唯心论的，不符合历史实际。

在争论过程中，持唯物史观的学者为了反驳对手，证明太平天国运动比历史上的其他农民起义进步，对太平天国的宗教理论、经济制度、文化制度等常有不同程度的美化，对后来的太平天国史研究也产生了不良影响。

余　论

在唯物史观传播过程中，革命与改良、社会主义与资本主义、马克思主义与各种非马克思主义的论战一直没有停止。实践证明，马克思主义与中国革命实践相结合的道路是适合中国国情的道路，是使中国走向独立、富强的唯一正确的道路。各种各样的错误思潮尽管在历次论战中都败北，但并没有消失，在某些时候还会沉渣泛起。改革开放后国际国内环境的变化，引起思想文化领域的波动，出现了否定甚至妖魔化太平天国的声音。比如，说太平天国运动除了破坏还是破坏，太平天国宗教是"邪教"，太平军与湘军的战争是神权与人权之战，等等。这些言论背后的主张其实是

---

① 李达：《讨论社会主义并质梁任公》，宋俭、宋镜明编：《中国近代思想家文库·李达卷》，第35、24页；陈独秀：《社会主义批评》，任建树主编：《陈独秀著作选编》第2卷，上海人民出版社2009年版，第344页。

否定社会主义道路，否定中国革命和共产党政权，否定农民在革命中的积极作用。这些论调在唯物史观面前，根本不值一驳，但因其引起思想混乱，又不得不驳。1990年，朱东安发表《太平天国"推行神权政治"说质疑》，从理论、论证和史实等方面对"神权政治"说进行批驳。文章认为，在如何对待外国侵略、封建剥削以及如何实现中国工业化的问题上，太平天国和曾国藩代表了两个阶级、两条路线，太平天国不是要推行神权政治，而是要中国独立富强。太平天国革命是中国民族民主革命的序幕，它的意义在于提出了什么问题，指出了什么方向，比前人增加了什么新内容，给后人以什么启示。2002年，夏春涛发表《太平天国宗教"邪教"说辨正》，强调不能沿用封建社会的正统观念，将"邪教"视为历史上民间秘密宗教的代名词。太平天国领导者受历史条件的制约，借宗教起事，无可厚非，不能否定其正义性，也不能以后世眼光苛求前人。太平天国的宗教实践有其成功、积极的一面。①

像唯物史观在传播过程中常常遭遇质疑、反对一样，在太平天国史研究领域，以非唯物史观解释太平天国的论调也会反复出现。学者只要秉着"实事求是"的原则，在充分占有史料的基础上，正确运用唯物史观的分析方法去辨析，就能立于不败之地，而不会为错误思潮所迷惑。

（原载《史学理论研究》2021年第1期）

---

① 朱东安：《太平天国"推行神权政治"说质疑》，《历史研究》1990年第5期；夏春涛：《太平天国宗教"邪教"说辨正》，《山西大学学报》2002年第2期。

太平军军纪再审*

刘 晨

（北京大学历史学系）

太平军的军纪优劣，影响民心向背和战争成败，关系战争问责和太平天国评价等重要问题。面对史料中俯拾皆是的负面描述，我们应该充分考虑历史现象的复杂面相，抛开"非此即彼""非正即邪"的历史窠臼，以史料和史实考辨为基础，走出全面肯定或全盘否定的学术怪圈，理性地审视太平军的军纪。

一 《江南铁泪图》所绘

太平天国战争时期，无锡绅士余治离乡避难，感江南难民流离之苦，将沿途见闻绘图辑成《江南铁泪图》，并赴江北劝赈募捐，其中有两幅图反映了太平军军纪之败坏。[①]

图1原书注云："贼拥众自卫，到处掳人，以麻绳穿辫发，如鱼贯然，牵连以走，逃逸无从；不能走及不肯走者均遭惨死，而更甚者乘黑夜睡梦

---

* 本文是国家社会科学基金项目"清代群体性事件与官方治理研究"（项目编号：20CZS038）的阶段性成果。

① 《江南铁泪图》始刻于同治三年（1864年），同治十一年（1872年）苏州宝文斋刻字铺重刊。本文所录据北京大学图书馆古籍部藏重刻本。《江南铁泪图》是当时人据当时事绘当时景，为现存鲜见系统的战时图像资料。"铁泪图"之称，据余治自释："江南被难情形，较他省尤甚，凡不忍见不忍闻之事，怵心剧目，罄笔难书，所谓铁人见之亦当堕泪。"该书收录的42幅图形象系统地反映了太平天国在江南地区的政治、经济、文化和社会政策，以及战时江南社会和民众生活的一般状况。

中来，谓之'摸黑'，一一捉去，更无可逃。""摸黑"一说确有其事，乃客家俗语，孙鼎烈记无锡事："逾年，贼途径渐习，每昏黑四出掩袭，谓之摸黑。"[①]"以麻绳穿辫发"也有类似记载："贼虏人不论多少，或五六人，或七八人，必以各人之辫发作一束，使前行，不走则杀却。"[②]

图1　掳人入伙密布天锣

采自余治（寄云山人）：《江南铁泪图新编》，同治十一年（1872年）刻本，北京大学图书馆古籍部藏，第4页b—5页a。

图2反映了太平天国以"贡役"制［即向民众"征贡"和太平军"打先锋"（掳掠）"派大捐"］为核心的农村政治。从图绘内容看，船上

[①] 孙鼎烈：《纪粤寇难》，太平天国历史博物馆编：《太平天国史料丛编简辑》（二），中华书局1962年版，第170页。
[②] 范其骏：《庚申楔湖被难日记》，《补述》，稿本，上海图书馆藏。

进贡乡民尚有喜悦之情，乡官局门口有太平军拱手出迎（实际不合太平天国礼制，太平军视拱手作揖磕头为妖礼），形容和蔼，并非剑拔弩张。归庆枏《让斋诗稿》"诗注"也记："出视伪示，虽云士农工商各安其业，名为安民，其实在每都每图有献，即不抄扰也。前日入城进物，一概全收……留吃饭而出。"① 这是民众对太平天国贡役政治主动响应的一面。

图 2　逼勒贡献丑类诛求

采自余治（寄云山人）：《江南铁泪图新编》，第 15 页 b—16 页 a。

《江南铁泪图》与太平天国同时期，劝捐区域又是与江南仅一江之隔的江北，社会现状为当时人共睹，绘述内容须有基本如实之原则，否则便失去宣传的可信度。但因作者立场敌视太平天国及著书目的是"劝济江南难民"，所绘场景必有丑化太平军和过分渲染以博取世人同情之处，尚需

---

① 归庆枏：《让斋诗稿·九月杂咏》，抄本，太平天国历史博物馆藏，第 39 页。

观者甄别。

前举二图均意在反映太平军军纪败坏，其中呈现的太平军形象却有所不同。那么，太平军的军纪实态到底如何？

二　军纪流变

太平军的军事纪律有明确的文本规定，如前期颁行的《行营规矩》《行军总要》；现存太平天国安民布告几乎均包含宣明军纪的内容。可见严明军纪的原则是始终如一的。太平军的军纪实态却表现为两类截然不同的军事实践：一是军纪严明，深得民众拥戴；一是军纪败坏，"打先锋""掳人""屠灭"等行为增多，引起民众敌视，引发民众反抗。

但比较容易观察到的是，太平军的军纪实态具有明显的时间差异、地域差异和主政将领的个体差异。

太平军军纪下滑有很明显的阶段性，即1860年（咸丰十年）前的军纪优于1860年后。1860年之后太平军军纪实态又可分为两个阶段，以1862年（同治元年）春夏为界。沈梓《避寇日记》记同治元年七月有自太平军中逃出的"士兵"口述："贼号令故严，有不如令者率枭首示众，故兵符发兵者，克期辰刻，则寅刻必至。余在贼所二年所见皆然，今则不尔矣。调兵失期者，或一日二日三日不等，甚有屡调不至者，营门斩首累累，而逃亡失期如故。以是知贼势已去，大约无厌之矣。"结合同年五月嘉兴秀才江梦兰对时局的阐述，"去年看来，长毛正在上锋，尽可做得；今年看来，长毛日衰，做不得也"，可发现太平军军纪优劣与战局顺逆密切相关，[①] 1862年后太平天国形势急转直下，军队违纪现象愈加突出。

从主政将领和地域差别看，在陈玉成、李秀成等主力部队，以及他们能够直接掌控的辖区内，仍然保持了相对良好的军纪。由于李秀成等重视与民休息，推行轻徭薄赋的政策，主要由李秀成部将据守的苏南地区，驻守太平军的军纪就比浙江李世贤、皖南杨辅清等部好得多。

太平军军纪实态的阶段差异与太平军的扩招有关。后期有大量散兵游

[①] 沈梓：《避寇日记》，罗尔纲、王庆成主编：《中国近代史资料丛刊续编·太平天国》第8册，广西师范大学出版社2004年版，第124、140页。

勇、枪船民团、无赖游民加入太平军,仅李秀成、李世贤兄弟手下就有百万之众。《避寇日记》称"盖贼兵甚众,伪天王兵调齐共八百万,即嘉兴伪听王兵亦有百万,与官军实众寡不敌也"。① 数字可能言过其实,但后期太平军数量激增是事实。太平军还直接收编了部分天地会队伍为"花旗军",还有台州"十八党"、诸暨"莲蓬党"、余姚"十八局"等。这些新兵纪律松懈,不服管束,常有烧杀掳掠之事。文人方芬记录了两广花旗军在浙江金华自相攻杀而殃及无辜百姓的场景:"雀鼠争雄未肯降,五花旗帜舞猖狂。频驱士女充军数,尽废田园作战场。两广锋交黄石岭,八方火起白沙庄。村墟寥落成乌有,一望无垠百里长。"②

这么多的兵员,一是掳人所得,一是招兵所得。被掳士兵军纪自难保证,招募的士兵心态也具有投机性,"其志在子女、玉帛、酒食、鸦片者无论矣"。台州6县投太平军者多达13万人,其中太平县有万余人,他们加入太平军的一个重要动机是维系生活,"非真乐为贼用也,惟欲掠取财物,乘间逃回耳"。③ 在秀水陡门,有一太平军士兵在饭馆中谈论太平军衣食不足:"长毛做不得,不如行乞。我从头子在杭打仗一月矣,不曾吃得一顿饱饭,至今日方得果腹,且又死生不测。"④ 主动投入太平军的人大多抱着"当兵吃粮"心态,而技能、纪律极差,加之太平军将领疏于管教,"新兄弟"的作风极难靠自觉性得到优化。

当然,后期太平军数量暴增制约了军纪的约束力,太平军将领的监管不可能面面俱到。而愈至时局艰难,太平军将领严明军纪的主观意志也愈会松懈。尽管"打太平先锋"⑤ 和"私自打贡"的行为受到太平天国法令

---

① 沈梓:《避寇日记》,罗尔纲、王庆成主编:《中国近代史资料丛刊续编·太平天国》第8册,第141页。

② 方芬:《书诗志恨六十首》,中国社会科学院近代史研究所近代史资料编辑室编:《近代史资料》总75号,中国社会科学出版社1989年版,第87页。

③ 叶蒸云:《辛壬寇纪》,罗尔纲、王庆成主编:《中国近代史资料丛刊续编·太平天国》第5册,第372页。

④ 沈梓:《避寇日记》,罗尔纲、王庆成主编:《中国近代史资料丛刊续编·太平天国》第8册,第73页。

⑤ "打过先锋地方复至劫掠,贼谓打太平先锋",参见蓼村遁客《虎窟纪略》,《太平天国史料专辑》(《中华文史论丛》增刊),上海古籍出版社1979年版,第30页。"太平先锋"的另一种解释是只征集军用物资而不打仗,曾含章《避难记略》载:"贼之焚杀掳掠曰打先锋。不杀人放火,而但掳物,曰太平先锋。每以此胁人,谓钱粮不清,将打先锋也。"参见罗尔纲、王庆成主编《中国近代史资料丛刊续编·太平天国》第5册,第342页。

的限制，普遍征兵制也因"募兵""招兵"方式的运用被弱化，但此类违纪行为始终存在。仅靠良性施政者的主观作为约束军纪，短期内难以奏效，很难消弭太平军与民众间的隔阂。如果一支军队的军纪单纯倚靠统军将领的宽严之策维系，缺乏完善系统的教育、训练和奖惩规制，那它表现出差异性并不令人意外，而决定太平军前后军纪形态差异的根源在于后期太平天国各自为政、立政无章的涣散政局。①

太平军的军纪问题是太平天国军政当局处理、改善与民众关系亟待解决的问题。可惜太平天国没能成功组建一支纪律严明、作风如一的军队，这是它作为旧式农民起义的严重局限，也是历代农民起义军共有的现象。

三　兵燹之责

在评价太平军军纪时，既要正视其军纪的不良表现，同时也要看到太平军军纪实态有它积极的一面。只有全面、客观地认识太平军军纪，才能得出公允的结论，区分兵燹之责。

（一）太平军有严明军纪的主观意识和实际行动

以补充兵源一事为例，太平军在习惯性掳人的同时，也坚守募兵制。英国驻沪领事密迪乐（T. T. Meadows）观察到："太平军早已放弃他们在1853 年实行的普遍征兵制，此举曾引发民众对太平军到来的恐慌，现今他们以自愿从军的方式来补充太平军的战斗力量。"② 1854 年，太平军在安庆等地招募乡勇，"其乱民从者甚多"。③ 1861 年，李秀成在湖北"招兵"，一次即得 30 万人。④ 林大椿《粤寇纪事诗》有《招兄弟》一首，注明

---

① 曾国藩和李鸿章都观察到"各贼不能相统，此贼所踞，难免彼贼劫掠"（《曾国藩李鸿章奏为苏松太岁征浮额积弊太深请比较近年完数酌中定额等事》，同治二年五月十一日，军机处录副奏折 03—4846—045，中国第一历史档案馆藏）。

② 《英国议会文书中有关太平天国的史料》，罗尔纲、王庆成主编：《中国近代史资料丛刊续编·太平天国》第 10 册，第 154 页。

③ 《瑛兰坡藏名人尺牍墨迹》，中国社会科学院近代史研究所《近代史资料》编译室主编：《太平军北伐资料选编》，知识产权出版社 2013 年版，第 174 页。

④ 《忠王李秀成自述》，罗尔纲、王庆成主编：《中国近代史资料丛刊续编·太平天国》第 2 册，第 373 页。

"贼目下乡招兵,择其无室家者则纳之"。① 贯穿太平天国始终的掳人现象实是早期普遍征兵制的贻害,但太平天国在原则上奉行募兵制,各地有不同程度的执行却是事实,否则单纯依赖掳人很难维系一支庞大有力的战斗队伍。

太平天国还准许民众以合法形式约束太平军违纪行为。在许多太平军安民文告中均有准许民众依法抗争的内容,如"业已严禁该兵士等一概不准下乡滋扰,倘有不遵,准尔子民捆送来辕,按法治罪""不准官兵滋扰以及奸淫焚杀。倘竟有不遵约束之官兵,准尔四民扭送该县,以凭究办""如有官员兵士以及不法棍徒吓诈生端,许该民人扭赴来营,以凭讯究,决不宽贷""倘有不法官兵下乡奸淫掳掠、无端焚烧者,准尔民捆送卡员,按依天法,轻则枷号杖责,重则枭首游营"等。② 在实践中,有的将领对违纪者能做到严惩,对受害民众一般也能做到安抚。当然,准许合法抗争不代表支持和鼓励此类行为。1860年秋,常熟王市田村农夫数人捉住抢劫奸淫的太平军士兵,请乡官捆缚入城问罪,而负责接待的将领却以"新到长毛,不服约束,且言那〔哪〕一朝不杀人,不放火,使百姓自行躲避"之语敷衍。③ 不过,太平天国对民间以合法形式监督和纠正弊端行为持许可态度,这反映了太平天国地方行政有向良性统治方式转型的可能。

(二) 内战的其他主体负有相当责任

战争本身即意味着灾难和伤痛,战争的破坏性不能完全归咎于太平军一身,内战双方均有责任。太平天国战争是一场内战,应该充分考虑太平军兴的正义性。清王朝吏治腐败,官逼民反,连咸丰帝也惊呼"各州县土匪尽授伪职,乡民率皆从逆"。④ 只要数百万太平军民投身起义的动机具有

---

① 林大椿:《粤寇纪事诗》,太平天国历史博物馆编:《太平天国史料丛编简辑》(6),中华书局1963年版,第446页。
② 罗尔纲、王庆成主编:《中国近代史资料丛刊续编·太平天国》第3册,第94、118、144页;《忠诚一百六十二天将林彩新伤青岩四民急散团练痛改前非劝谕》,太平天国历史博物馆编:《太平天国文书汇编》,中华书局1979年版,第159页。
③ 汤氏:《鰌闻日记》,罗尔纲、王庆成主编:《中国近代史资料丛刊续编·太平天国》第6册,第321页。
④ 《寄谕和春等著恩赐前赴全椒堵剿并催征钱粮以资军饷》,中国第一历史档案馆编:《清政府镇压太平天国档案史料》第15册,社会科学文献出版社1994年版,第466页。

正义性，太平天国就不能被完全否定。

在明确战争给民众造成伤痛的同时，也应全面分析交战主体各方的作为，如清军、团练、土匪、外国雇佣军等。总体来看，太平军的军纪较清军为优。简又文以"清军暴行实录"为题系统列举了诸多史料。① 曾国藩认为"大抵受害于贼者十之七八，受害于兵者亦有二三"，曾氏显然心存包庇，却难得地承认了清军"行军之害民"同样应为战争灾难负责。据留美归国的容闳在太平军中之访察，丹阳的一位秦姓太平军将领认为"自苏至此，运河两旁荒凉之况"的责任有三方："一为张玉良军队退败时所焚烧，一为土匪所抢掠，一则太平军之自毁。"② 此说相对公允。1860 年春，刑部主事王柏心致函曾国藩，内称因清军军纪败坏导致民众大量投"贼"。③

北京大学图书馆古籍部藏金念劬《避兵十日记》，主要记录太平军到来前夕苏州、昆山等地败兵溃勇的劣迹。金氏自苏州逃难昆山途中没有见到太平军，却几乎无日不受溃兵骚扰。他评述道：

> 国初扬州有十日记，备载屠戮之惨，令人不忍寓目。予不特未遭戕害，并未亲见逆匪，徒以败兵溃勇为贼前驱，遂至琐尾流离，不堪言状。癸丑在甘泉，乙卯在丰县，皆曾逼近贼氛。然彼时但知贼匪为害，其次则土寇乘机窃发，初不意败兵贻患一至于此。乃不数年而时局一变，以积年豢养御暴之人，一旦尽反而为暴人，皆有急不能避之势。
>
> 行李非舟不行，败兵见有舟楫掠取无遗。舟子闻风远遁，近城无一苇可避者。居多财物尽济盗粮，积尸城河为满。我朝二百年深仁厚泽，所为休养生息者悉遭糜烂于其中，是则败兵之罪实浮于贼。予此记不曰"避寇"而曰"避兵"纪实也。④

金氏"败兵之罪实浮于贼"的观点是结合自身长期观察和切身体验所

---

① 简又文：《太平天国典制通考》下册，香港简氏猛进书屋 1958 年版，第 1411—1566 页。
② 容闳：《西学东渐记》，徐凤石等译，生活·读书·新知三联书店 2011 年版，第 49 页。
③ 江世荣编注：《曾国藩未刊信稿》，中华书局 1959 年版，第 314 页。
④ 金念劬：《避兵十日记》，《琐言》，稿本，北京大学图书馆古籍部藏。

得,符合实际。当时皖北、豫西百姓中流传着"贼过如篦,兵过如洗"的歌谣。时人有云:"然官兵卒不肯歼灭长毛,其作为与长毛大略相等,所至奸淫劫掠,大为民害,且与长毛表里相比合。"①

此外,还有团练、乡勇和土匪的"害民"之举。他们造成的破坏不比清军少,如桐城百姓对当地团练局恨之入骨,"皆欲食其肉而寝处其皮"。②清政府也承认,团练为祸实是"靖乱适所以致乱"。③ 至于土匪,像1853年太平军进军安庆,皖北各地"土匪蜂起,肆行劫抢,千百成群……拒捕杀人,良民惊扰"。④太湖地区的"枪船"武装是苏浙地区"团练"的一类特殊类型,因其具有严重的社会危害性,"数千亡命,恃众横行,睚眦杀人,戕官拒捕","日则横刀过市,骚扰闾阎,夜则十百成群,四出劫掠,抢孀逼醮,掳人勒赎,恣所欲为",⑤ 普通百姓以"枪匪"称之,清政府和太平天国均将其定性为"匪"。⑥ 土匪还常冒用太平军之名为害四方。在常熟,"凡乱世土匪之恶,不可胜言。每有聚众恃强,口造谣言,身冒长毛,哄到巨宅,假势骇人,叫哗雷动"。⑦ "盖贼掳过后,尚有烬余,又经土匪取后,虽至贱之物亦无不尽也。土人恨之,每呼曰短毛"。⑧ 桐乡乌青镇有"不逞之徒,乘间窃发,土棍枪匪皆冒长毛名目,持械吓逐",结果造成居民惊恐逃避,"溺死、跌死、践踏死、劫杀死者,盈千盈百"。⑨在社会失控时期,土匪、盗贼的破坏性极大,浙江黄岩民间就流传着"长

---

① 沈梓:《避寇日记》,罗尔纲、王庆成主编:《中国近代史资料丛刊续编·太平天国》第8册,第60页。
② 方海云:《家园记》,"咸丰三年九月十七日记事",抄本,安庆图书馆藏。
③ 《寄谕讷尔经额著派员迅缉保定伙党并饬地方官毋得以团练借词科派》,中国第一历史档案馆编:《清政府镇压太平天国档案史料》第5册,社会科学文献出版社1992年版,第452页。
④ 《工部左侍郎吕贤基奏报皖省股匪蜂起拟暂驻宿州剿办折》,中国第一历史档案馆编:《清政府镇压太平天国档案史料》第5册,第264页。
⑤ 李光霁:《劫余杂识》,中国史学会主编:《中国近代史资料丛刊·太平天国》(五),神州国光社1952年版,第311页。
⑥ 清廷平定太平天国后立即着手剿灭枪船,谕令左宗棠、李鸿章等消灭湖州、苏州"划船土匪"(《清穆宗实录》卷112,同治三年八月癸未,中华书局1987年影印本,第47册,第491页)。
⑦ 汤氏:《鳅闻日记》,罗尔纲、王庆成主编:《中国近代史资料丛刊续编·太平天国》第6册,第311页。
⑧ 曾含章:《避难记略》,罗尔纲、王庆成主编:《中国近代史资料丛刊续编·太平天国》第5册,第352页。
⑨ 皇甫元塈:《寇难纪略》,排印本,桐乡市图书馆藏,第11—12页。

毛如篦，土匪如剃"① 的歌谣。

所以太平军的军纪实态具有对立统一的历史面相，如太平天国历史地位之评价，绝对不能偏执一端泛泛而谈；完全褒赞或全盘黑化，均不合历史实际。太平天国的最终失败，归根结底，是敌我之间综合实力悬殊所致。军纪问题是其自身诸多失误和自我削弱过程中的一项要素。

这就不难理解，《江南铁泪图》中的两幅图虽然都是意在控诉太平军军纪之坏，却描绘了不一样的太平军神态、形象。或是作者无心之笔，或是如实刻画，两张图作在其他史料旁证下，给后人留下一个相对真实的太平军形象。一方面，我们应正视太平军有"打先锋""掳人"和"屠灭"的不良表现，以及给民众带来伤痛、引起民众敌视和反抗的事实。这是使太平天国渐失人心、战局趋于败坏乃至最终败亡的一个要素。另一方面，也应看到太平军有严明军纪的主观意识和实际行动，才会较长久地维系一支规模庞大的军队并坚持斗争十数年，但其军纪实态表现出明显的前后期时间差异、地域差异和主政将领的个体差异。同时，战争的破坏性不能完全归咎于太平军，战争的其他主体亦负有相当责任。总体上看，太平军的军纪优于清军、团练等。在评价太平军军纪时，应看到它复杂多重的历史面相。

(原载《史学理论研究》2021年第1期)

---

① 陈钟英等修、王咏霓等纂：《黄岩县志》卷38《杂志·变异·土寇始末》，光绪三年（1877年）刊本，第27页b。

第八篇

唯物史观与近代历史人物的评价

唯物史观与民国历史人物评价思考

张海鹏

（中国社会科学院近代史研究所）

一 评价民国人物的几个基本原则

马克思主义的唯物史观，既是世界观，也是方法论。唯物史观不是一般的历史观，而是看待历史的总的观点，是分析历史的总的方法。唯物史观告诉我们，研究历史，要找出历史的规律性的认识，要找出历史的前进的方向，要看到历史的本质，不要被历史的许多表面现象所迷惑。怎样用唯物史观指导民国历史人物研究，是一个大题目。我没有深入研究，谈一点个人想法，请学者批评驳正。

民国时期很短暂，从1912年到1949年，只有38年，如果从历史上的朝代角度看，那只是一个短暂的"朝代"。1949年至今，中国现代的历史已经走过了70多年，中华人民共和国的历史也已经超过了70年。我们今天有信心说，民国历史只是近代中国历史上的一个过渡时代。我们分析和评价民国历史人物，这是一个角度。

我们不能因为民国历史短暂而轻视它。我们也不能用旧朝代的观点看民国历史。民国是推翻清朝皇帝制度后建立的，按照中华民国《临时约法》，它试图在中国建设一个资产阶级共和国，虽然不很成功，孙中山后来也对它很不满，但民国在本质上与封建帝制的旧朝代是有区别的。民国是从清朝灭亡到中华人民共和国成立之间的过渡时代。没有民国，就不可能有中华人民共和国。中华人民共和国不可能直接从清朝产生。人民民主专政的共和制国家不能直接接续封建时代，只能直接接续资产阶级共和国

第八篇 唯物史观与近代历史人物的评价

的民国时代。

这个认识，我以为是在讨论民国历史人物评价时，必须明确的历史前提。

我在思考中国近代史的规律性进程时，提出了近代中国经历从"沉沦"到"谷底"再到"上升"的基本规律。我认为这是观察110年近代中国历史的基本线索之一。从1842年《南京条约》签订到1901年《辛丑条约》签订，是近代中国历史不断"沉沦"的时期。从《辛丑条约》签订到1920年，是近代中国"沉沦"到"谷底"的时期。经过了五四运动的洗礼，经过了中国共产党"一大"和中国国民党"一大"，近代历史明显出现了"上升"趋势。"上升"趋势最明显的标志，一是中国共产党成立，中共"二大"明确了反帝反封建的基本目标；二是国民党"一大"召开，实现了联俄联共扶助农工三大政策，明确了反对帝国主义反对封建主义的新三民主义。国共合作明显推动了中国历史前进。但是"上升"的道路不是顺情直遂的，"上升"中也有曲折，有时是"上升"与"沉沦"相交织的。在我看来，十年内战时期是"上升"与"沉沦"的交织，并且"沉沦"因素略占优势；八年抗战时期主要是"上升"因素起作用；解放战争时期又是"上升"与"沉沦"相交织，"上升"因素起了主导作用。这三个时期有一个核心问题：反帝。坚持反帝，代表着"上升"；放弃反帝，代表着"沉沦"。十年内战时期，蒋介石及其所代表的国民党政府坚持"攘外必先安内"的方针，放弃了反帝，它代表的是"沉沦"的力量；中共在极为艰苦的条件下仍旧坚持反帝反封建，它代表的是"上升"的力量。抗战时期，蒋介石及其国民党政府虽有动摇，仍坚持了反帝（抗日），这代表着"上升"；中共始终坚持抗日民族统一战线，推动蒋介石及国民党政府抗战，中共主导了抗战时期的"上升"趋势。所以说，抗战时期的总的趋势是"上升"的。解放战争时期，蒋介石及其政府在美国支持下，反对和平、发动内战，要消灭中共主导的人民革命力量；中共坚持和平，反对内战，赢得了全国民心，也赢得了内战，赢得了全国的和平。显然，这个时期代表"上升"趋势的只有中共及其领导下的人民。要强调一句，"上升"时期虽有曲折，但"上升"的历史趋势谁也改变不了。民国时期恰恰处在"谷底"后期，以及从走出"谷底"转到"上升"的时期。在思考民国历史人物评价的时候，应该参考这个基本规律。民国时期虽然短暂，道路曲折，活动在这个时期的历史人物存在着各种面相。

中国近代史的历史主题是反帝反封建，近代中国面临着民族要独立、国家要富强的历史任务。这是中国近代史学界的共识。民国时期是近代中国历史组成部分，分析民国时期的历史人物，也要放在这个框架下来认识。当然可以主张现代化视角，用这个视角看历史人物，也与国家要富强的历史任务相契合。但是，只强调国家要富强，忽视民族要独立的观点是不可取的，也就是说，把民族独立和国家富强分割开来是不可取的。主要的原因是它不符合历史史实。评价民国历史人物只强调国家富强的一面，忽视民族独立的倾向是不可取的。

以上所述，反映了民国历史人物评价的几个基本观点或者标准。其一，是历史前进的观点和历史发展的观点。顺应历史前进的人物、推动历史前进的人物，在历史上的评价，一般来说，应该是正面的，应该是肯定的。由于民国时期是历史的过渡时期，本身存在着曲折性、反复性，有的曾经起过推动历史前进作用的人，在某个时期又起过相反的作用。在评价这样的历史人物时，就要分析，这个人是推动历史前进的作用大呢，还是拉历史后退的作用更大些。如果推动历史前进的作用更大些，我们就要基本上肯定他；如果拉历史后退的作用更大些，我们就要基本上作出否定的评价。

其二，历史联系的观点，即把握历史事实的全部总和，从全部总和的认识中联系具体的事实。用今天的话说，就是建立宏观与微观的联系。任何一个个别事实都可以建立某种观点，如果这个个别事实不与历史的全部总和相联系，那样的个别事实是没有价值的。我们不拒绝"碎片化"，也就是历史细节，只要这种"碎片化"或者历史细节是与全部事实的总和相联系的，就是好的，否则，这种碎片化的东西真好像断了绳索的一串铜钱一样，洒在地下，让人看不出所以然来；像断了线的风筝一样，渺然飘去，无所踪迹。这就是说，评价民国历史人物，要拿他一生的主要业绩与历史发展的总趋势连接起来。符合这个历史总趋势的就要肯定，不符合这个历史总趋势的就要否定。总之，要做出具体分析。

其三，阶级的观点，阶级的分析方法。这在讨论民国历史人物的时候，也是不可忘记的。近代中国的历史主线或者历史主题是反帝反封建，这是无可否认的。凡是站在反帝反封建一边的历史人物，就是革命的，或

第八篇 唯物史观与近代历史人物的评价

者就是支持革命、同情革命的，换句话说，就是站在人民大众一边，站在历史的正义一边；站在帝国主义、封建主义一边的，就是反革命的，或者不革命的，换句话说，就是站在人民大众对立面的，就是站在历史的非正义一边，是开历史倒车的。用阶级观点看问题，还要指出，要分别旧民主主义革命和新民主主义革命的联系与区别。投身旧民主主义革命的人，一般是要肯定的；投身新民主主义革命的人，更是要肯定的。我们注意到，有的投身旧民主主义革命的人，接着又投身新民主主义革命，这是完全符合历史发展方向的人。有人在旧民主主义革命中有贡献，在新民主主义革命中持反对立场，这就需要做出分析。

我们看民国人物，不能只看国民党方面的人物，还要看共产党方面的人物，还要注意第三方面的人物。第三方面的人，有的依靠国民党而走向失败，有些跟着共产党走向胜利。民国方面的人物，除了政治、军事方面，还有经济、科技，还有思想文化、学术、艺术等方面的人物，我们都要依他们各自的表现，看他们是站在历史前进的方向，还是逆历史前进方向，判定他们是历史前进的正能量，还是负能量。

我个人以为，评价民国时期的历史人物，只要掌握了上面几个基本点，就是把握住了唯物史观的基本原理。

二 几个民国人物的评价

结合几个民国历史人物的评价，谈一点看法。

孙中山，领导了旧民主主义革命，在新民主主义革命初期起到了推动作用。孙中山一生虽然不无缺点，但是从政治角度而言，他基本上是一个应该全面肯定的人物。孙中山的三民主义学说，大体上分为筹划辛亥革命的旧三民主义和提倡国共合作的新三民主义，他的思想是在前进的。如果从理论的角度来批评，孙中山三民主义学说漏洞还是不少的。所以，孙中山的三民主义，在不同历史时期，往往被不同政治立场的人所利用。

袁世凯，在推动清末新政方面起了促进作用，客观上对中国的社会进步有好处，但清末新政的主观目的是挽救封建朝廷的统治。袁世凯在判定革命势力难以阻挡时，在促成宣统皇帝退位上起到了一定作用。但是，他在就任中华民国大总统后，违背自己赞成共和的誓言，镇压革命派，妄自称帝，是严重的历史倒退行为。辛亥革命打开的历史进步的闸门，被袁世凯复辟帝制的行为打乱了。"无量头颅无量血，可怜购得假共和"，是革命党人事后的反思。辛亥革命本来可以作为近代中国"上升"的标志，被袁世凯的称帝抹黑了，导致了民国初期的混乱局面。如果没有称帝行为，袁世凯大体上还可以作为一个推动历史前进的人来评价。因为有了称帝，袁世凯只能是一个拉历史倒退的人物，是一个被历史否定的人物。

溥仪，清政府被推翻时，只有6岁，很难要求他个人对历史负责任。但是，他作为清朝最后一个皇帝，我们没有任何理由肯定他。1932年他在日本胁迫下建立"满洲国"，成为"康德皇帝"，配合日本帝国主义肢解中国，是中华民族的历史罪人。考虑到他在中华人民共和国成立后被改造成为新人，政治态度有根本转变。盖棺定论，可以给他一个稍微好一点的评价，但那时他已经不是民国人物了。

黎元洪。我觉得从辛亥以来百年历史的角度，评价历史人物黎元洪有必要说三句话：第一句话，黎元洪在担任湖北军政府都督以后乃至担任中华民国副总统、大总统期间，对于近代中国的历史进程而言，有大功无大过。第二句话，在此期间，无论是对湖北革命党人，还是对袁世凯的认识，都有过错误，但是对于坚持和维护共和而言，都是小过。第三句话，在武昌起义后成为全国瞩目的政治家，他未能做好思想准备和必要的历练，在治国理政上，他不是一个成功的政治家，不能成为一个治理转型期大国的有作为的政治领袖。

对黎元洪来说，他拥护共和、坚持共和、维护共和，最重要的表现是反对袁世凯称帝和反对张勋复辟。黎元洪无法反对袁世凯称帝，但他可以坚持自己民国副总统的立场。这在中华民国刚刚建立的时候，是一个向前看还是向后看的问题；是坚持民国副总统，还是接受洪宪帝制的"武义亲王"，这是一个历史大关节，是一个历史转折点。这是涉及推动历史向前进，还是拉历史倒车的大问题。我们评价历史人物，就要看在历史的大关节点上，是坚持历史前进的方向呢，还是向后看，走历史的回头路。在这里，黎元洪和袁世凯，代表了两个不同时代的人，一个是新时代的代表，另一个则是旧时代的代表。新时代的代表为历史所肯定，旧时代的代表为历史所唾弃！

蒋介石，无疑是近代中国历史上一个非常重要的历史人物，在民国历

第八篇 唯物史观与近代历史人物的评价

史上起过十分复杂的历史作用。他 1924 年受孙中山之命担任黄埔军校校长,开始在政治上崭露头角。1925 年起,投入东征、北伐,著有战绩,成为晋升之阶。1927 年至 1949 年,统治中国 22 年,是民国时期在国家负责人岗位上时间最久的领导人。1949 年后,长期主持中国台湾政务,直到 1975 年去世。作为民国历史人物,在蒋介石生前或者身后,因政治立场不同而各异,全盘肯定者有之,全盘否定者亦有之。在今天,不仅在中国大陆,就是在中国台湾,也是众说纷纭。总的趋势是,随着时间的推移和各种档案史料的公开,学术上的研究,逐渐走向客观。这是社会发展的正常现象,也是学术发展的正常现象。对蒋介石的评价,我考虑可以分成四个阶段。

第一,大革命时期,国共合作高举反帝除军阀的旗帜,以北伐扫除北洋军阀时期的混乱局面,谋求中国的统一,是符合历史前进方向的,任何党派和个人适应了这个方向,就是进步的,顺应历史潮流的。蒋介石在这个时期是站在历史前进的方向,对历史是有贡献的。1924—1925 年,他支持过共产党。孙中山在世时,他发表过很多"左"倾的言论。他在日记里写过,中国共产党、中国国民党都是革命党。他仿照俄国革命,把中国国民党称作布尔什维克,要起领导作用。既然都是革命党,就应该携手并进"打倒列强除军阀",但是到了 1926 年 3 月中山舰事件,他的态度就起了变化。他是用左派的面目掩盖了中右派的实质。他利用广东湖南农民运动的胜利气势支撑了他东征北伐的成功。他担心共产党的实力越来越壮大,他的反共面目逐渐暴露,1927 年 4 月就对中共反目,发动反革命政变,夺取了国民革命的完全的领导权。南京政府建立后,他又花了十年时间妄图"剿灭"中共。如前所述,十年内战,他完全放弃了反帝方向,致力于对内消灭敌对势力,主要是消灭共产党。他在这个时期的"努力",是完全违背历史发展方向的。

第二,抗日战争时期,是从中华民族的全体利益出发,还是从党派的利益出发?凡是从中华民族全体的利益出发,坚决抵抗日本帝国主义的侵略,挽救民族危亡,争取中华民族独立自由发展前途的党派和个人,就是符合历史前进方向的,是进步的,是符合历史潮流的。蒋介石在局部抗战期间,积极反共,消极抗日,他提出"攘外必先安内"的方针,是错误的;在全面抗战期间,抗战第一,反共第二,虽然把抗战坚持到底,但他不积极支持共产党抗日，不积极支持发动人民群众抗日，还存在破坏抗日民族统一战线的行为，发动了几次反共高潮，以皖南事变达到顶峰。可以说：在全面抗战期间，蒋介石功略大于过。

第三，经过八年艰苦抗战，赢得了抗战胜利，人民盼望和平，是组织各党联合政府，走和平民主建国的路，还是坚持走一党专政、个人独裁的路？只有坚持联合政府主张、实现和平民主建国的党派和个人，才符合全国人民的利益，符合历史前进的方向。蒋介石在这个时期，用重庆谈判、政协会议掩盖他的反共面目，不接受全国人民的和平愿望，坚持反共路线，调兵遣将，一意孤行地发动反人民的内战，要消灭共产党。发动内战是丧失民心的，结果许多中间党派和知识界人士都站到中共一边。共产党用并不精良的武器，靠千百万老百姓支持，在战场上消灭了远多于自己的国民党军队。不仅共产党没被消灭，由于丧失民心，蒋介石、国民党得不到民众拥护，无法在大陆立足，残部败走台湾。在这个时期，蒋介石没有起到推动历史前进的作用，而是逆历史潮流的。

第四，在中华人民共和国成立后，在美国干预下形成海峡两岸暂时分离的局面，是坚持一个中国，坚持中国统一的方向，还是放弃一个中国原则，走台湾分裂的路，这也是评价蒋介石的一个重要原则。蒋介石坚持了民族立场，抗拒了美国"台湾地位未定"的政策，也坚持了一个中国原则。蒋介石的这个立场是可取的，同时，他坚持"反共复国"的立场也存在。

1949年10月中华人民共和国成立，是一场国内大革命的结果，国民党政府被彻底推翻，残余力量逃到（台湾地区习惯于用"播迁"来掩饰）台湾地区，相当于中国历史上的南明残余势力。从国际法来说，由于国内革命发生，中华人民共和国成立，中华民国被推翻。中华人民共和国完全继承了中华民国的历史遗产，包括属于它的土地和人民以及一切属公物件。这就像中华民国当年推翻清朝政府一样，民国继承了清朝的土地和人民以及一切属公物件，尽管当时台湾还在日本统治下。1945年日本战败，按照《开罗宣言》《波茨坦公告》，日本退出台湾，台湾回归中国。1949年后，尽管还有曾经代表过中国的一些人打着"中华民国"的旗号盘踞在中华人民共和国的一小块土地上，而且得到了美国等国家的支持，还在联合国占据着新中国应有的地位，但是从法理上说，在台湾的那股势力已完

第八篇 唯物史观与近代历史人物的评价

全丧失了代表中国的权力。中华民国的法统被国内人民大革命完全推翻了，中断了。

对这个客观事实，蒋介石心里清不清楚呢？他是清楚的，尽管他口里不这么说，日记里也不这么写。支持蒋介石的美国人（不管是共和党人还是民主党人）对这一点清不清楚呢？也是清楚的，甚至比蒋介石更清楚。这里仅举一个例子来说明。"旧金山和约"谈判取得基本共识后，美国安排日蒋之间"议和"，日本政府服从美国对华政策并从自身需要出发，不承认台湾"政权"代表全中国，在与台湾当局签订的"和平条约"中明确规定该条约只适用于台湾"政权"控制的地区。这是所谓"吉田书简"的基本精神，这个所谓精神，又是美日两国之间一致认同的。但是，蒋介石并不认同这一点，而是坚持"台湾当局"代表全中国。蒋的这个想法实际上是一个虚幻的想法，在对日谈判中面对美、日的压力，不能不接受日台条约"适用范围"问题，不能不在"适用范围"这个现实面前低头，不能不承认自己不能代表全中国，乃至在文字表述上有所乞求。

回到人物评价上来，蒋介石及其一伙占据中华人民共和国的一小块土地，抗拒统一，虽然他坚持"一个中国"的立场，那个立场却不是中华人民共和国的立场。这是应该给他正面的评价呢，还是负面的评价？

1949年以后，按照中华人民共和国的历史主题性来说，他已经不是民国人物了。虽然他在台湾还挂着"中华民国"的招牌，按照中国历史的正统论，那个"中华民国"已经是伪的了。

我认为，从盖棺论定来说，如果简单地以功过论，蒋介石过大于功。有人评价蒋介石，有大功，有大过，给人以功过平分的印象，似乎很公正。不唯别人，我过去也有过这种想法。如果用唯物史观来衡量，这种两分法是形而上学的，缺乏辩证法思维，缺乏对蒋介石一生综合地分析，不能从历史发展趋势的角度去分析人物。貌似客观公允，其实是不够客观，不够公允的。有人拿毛泽东说蒋介石抗战期间躲在峨眉山，抗战后要下山摘桃子的比喻，批评毛泽东的说法不科学，在这种语境下对比毛与蒋，正面为蒋介石评功，这是欠妥的。蒋介石、国民党在1938年武汉失陷以后是否消极抗战，是否发动反共高潮，是否不坚持抗日民族统一战线，其答案是有大量历史事实做根据的。1938年以后，蒋介石、国民党在重庆大后方，共产党、八路军在抗敌前线，抗战胜利后，却不准许八路军就近收复失地，只能由国民党独占胜利果实，把它比喻为下山摘桃子，不是很形象吗？

汪精卫，跟着孙中山从事推翻清朝专制统治的活动，是有贡献的。在国民党"一大"前后，也是有贡献的。关键是，九一八事变后，他凛于日本的强大，丧失了民族自信心，组织"低调俱乐部"，反对民族抗战，全面抗战开始不久就投降日本，在南京建伪政府，为日本帝国主义分裂中国效劳，大大削弱了中国人民的抗日力量。他是历史不可饶恕的罪人。

毛泽东，也是民国历史人物，他一生一半跨在民国时期，另一半跨在社会主义时期。在民国时期，他是推动新民主主义革命的主要历史人物。虽然在共产党内几起几伏，但是他始终站在历史前进的方向一边，力挽狂澜，推动历史的前进。他个人虽然有缺点，对历史的具体判断不一定十分精准，但对历史的宏观把握是很到位的，他是无愧于历史的。新中国的样态，中华人民共和国的样态，中国共产党的样态，基本是按他的思想来确定的。他对近代中国的历史贡献，超过了孙中山。如果加上社会主义时期，毛泽东的评价可以三七开，也可以二八开。他的历史功绩是彪炳史册的。

陈独秀，是一个比较悲剧性的人物。他在清末从事反清运动。在新文化运动和五四运动中是开风气之先的人物，是领导人物，是中共第一任领导人。他在推动国共合作中是有贡献的。但是，中共还在初期发展中，与资产阶级政党国民党的合作缺乏经验，又无法反驳共产国际依据自己的经验发出的一系列指示，在国共合作后期犯了错误。在中共发展的初期，这种错误几乎是不可避免的。他完全可以留在党内，与广大党员和人民群众一起，继续奋斗。但是，他秉性刚烈，受不得夹板气，个人英雄主义严重，由失败滑到怀疑马克思主义，走上托洛斯基道路，这个错误是严重的，也是令人扼腕叹惜的。抗战期间他坚持抗日立场，虽愿意回到中共，又不愿意检讨错误。总而言之，他在新文化运动、五四运动和中共建党初期的贡献还是要肯定的。

周佛海，是中共"一大"代表，后来投入国民党，再后来投降日寇，成为汪精卫的左右手。此人当然不可正面评价。

张国焘，是中共早期领袖人物，在中共发展初期起到了重要作用。虽然在党内错误不断，个人英雄主义强烈，在红军长征后期犯了分裂党、分裂红军的严重错误。如果留在党内，检讨错误，继续奋斗，犹不失为一个正面人物。关键时期走错了一步，投降国民党，背叛中共，成为一个不可挽救的人物，一个不可正面评价的人物。

张澜，旧民主主义革命的积极参与者，民国成立后反对袁世凯称帝。1941年成立中国民主政团同盟（中国民主同盟前身），张澜任主席，积极靠拢中共，支持抗日民族统一战线。抗战胜利后，他反对国民党发动内战、独裁。1947年与中共一起，拒绝参加伪国民大会，民主同盟旋被国民党政府宣布非法。1948年宣布响应中共五一口号，积极参与筹建中华人民共和国的活动，1949年成为国家领导人。这是一个从旧民主主义革命到新民主主义革命时期都积极投身的人士，是推动中国历史前进的人物之一。董必武、吴玉章也是这样的人，区别只在于，董、吴二位在进入新民主主义革命时，信仰了马克思主义，成为中共的创党人物。

郭沫若，是民国时期左翼文化人的代表。国共合作时期，他是积极的参加者。十年内战时期，他被迫逃亡海外，埋头从事中国历史研究，在运用唯物史观指导历史研究方面，做出了表率。抗战时期，他回国参加抗战，成为国内文化战线的领导者。作为民国时期的左翼文化人，他是一个完全值得肯定的人物。

陈寅恪，出身官宦家庭，祖父陈宝箴曾任清末湖南巡抚。他是历史学家、大学教授、唐史专家。他在历史大势上信任共产党，不愿意跟着国民党去台湾。终生研究历史，不信仰马克思主义。记得2006年3月我在胡佛研究所看中国驻纽约前总领事张歆海档案时，看到陈寅恪在香港写给张歆海的长信，表示生活困顿，对前途极悲观。这大概是他选择留在大陆的思想因素吧。像陈寅恪这样的知识分子，愿意留在大陆，跟着共产党，尽管不信马列主义，还是一个值得正面评价的人。

三 余韵

评价民国历史人物，要立足整个民国历史时期，既要评价国民党人，也要评价共产党人，还要评价其他政治身份的人士，也包括学术界人士。评价标准基本是一样的。不要以为，只有国民党人才是民国人物。极少数人在网络上赞美民国时期的知识分子，形成所谓"民国热"，那只是一种虚幻的外表，不反映真实的情形。

虽然民国时期是从"谷底"走到"上升"的时期，但民国时期毕竟还是半殖民地半封建社会，评价民国历史人物，要正确拿捏这个历史时期的定位。如果用对民国时期历史人物的评价来"借古讽今"，这种取向是不可取的。中华人民共和国成立以来所取得的成就、对中国历史的贡献、各种人物的成长，等等，都是民国时期不可企及的。

（原载《史学理论研究》2020年第6期）

关于历史人物研究的若干问题

耿云志

(中国社会科学院近代史研究所)

历史是由人创造出来的。要研究历史，就不能不研究人，研究那些创造历史活动中有所作为、发生影响的历史人物。所以，无论古今中外，写历史的书，无不以大量的篇幅谈论人物，中国历史学经典就是明证。比如《史记》，司马迁在书中设本纪、世家、列传，都是讲人物的。以后的官修史书也都与此大同小异。近代以来，历史书写方式有很大变化，但写人物，仍是所有历史书写者都避不开的。近几十年来，因思想解放，许多禁区被突破，历史上各种各样的人物都进入史学家的视野。于是历史人物的传记、年谱大量出版，历史人物的日记、书信等大量地被发掘出来，成为历史研究的重要素材。

专门研究历史人物，已是历史研究的一大主题。即使不是专门研究人物，你也无法回避一些重要人物的生平事业。如你研究近代经济史，不能回避搞洋务实业的盛宣怀、搞大生纱厂的张謇、搞铁路的著名工程师詹天佑，如此等等。搞近代政治史就更不用说了。搞军事史、教育史、思想史、文学艺术史，等等，无一例外，都要和历史人物打交道。所以对历史人物的研究，是历史研究极为重要的内容。

下面，根据我几十年来从事近代史研究的经验，略谈谈我对历史人物研究的一些体会和心得。我想从五个方面来谈。

一 历史人物生活的背景

(一) 时代及地域的背景

在一定意义上可以说，人，是他的生存环境的产物，包括自然环境和人文历史环境。

近代的大幕拉开以前，中国人自以为是天下唯一的文明大国，完全不知道世界上还有其他的与中国相若的，甚至高出中国的文明。一旦大幕拉开，突然发现还有许多跟我们一样发达甚至更为发达的人类文明。而且这些文明的国家、民族，正以各种中国人闻所未闻、见所未见的文明的产物——大炮、军舰、远距离射击目标的步枪等来攻击我们，强迫我们打开国门，设置口岸，签订不平等条约，甚至赔款割地。这真是数千年未曾有的大变局。这时，清朝统治在内部也早已现出因腐败而造成的种种危机。于是，这一代中国人都生存于空前严重的内忧外患之中。凡略能读书看报、稍有公共观念的人，便不能不面对这一大变局而产生某种应对的心理和态度。一些人为危迫的环境所激，切望以急风暴雨式的手段改变现状。另一些人，可能倾向于针对现存的问题做逐步的改革，以求消除危机，走上向前发展之路。还有一些人，则因与现存制度有密切的联系，希望维护现存秩序。这三种政治取向是研究晚清历史的人所熟知的。我们研究这一时期的人物，都跳不出这个范围。

到了民国年间，仍然有三种政治力量在社会大舞台上较量。因为没有哪一种力量取得绝对优势，民国政治一直没能走上轨道稳定地运行。极端保守的力量以为，既然共和民国不能救中国，那就复辟帝制好了。袁世凯的复辟与清朝皇帝的复辟，都曾表演过，都失败了。激进的力量则主张以暴力的手段，打破现存秩序，建立新的社会秩序。革命党，先是孙中山的革命党，后来的共产党，都是如此。还有一些人，包括一部分晚清时期过来的改革派，以及大多数工商业者、自由职业的知识分子，等等，他们主张在共和国体之下，循名责实，用和平改革的手段逐渐达到真共和的地步。

我们研究近代史上的人物，必须对上述的基本背景有清晰的认识，才能更好地把握该人物所处的历史地位。

以上是就整个国家的背景而论的。还有地域的背景也很重要。古代人非常重视一个人的郡望（或称地望）。我们国家幅员广大，各地域，其地理、历史、风俗、人情，很有差别。我们这里无法详细分析各地域的差别，只想强调一下，与近代史关系至为重要的一种地域差别，那就是，南方珠江口岸与长江口岸所带动起来的近代化运动造成的人文优势。从清末以来历次发生的革命运动、改革运动，几乎都是从这两个地域发生出来的。看一看历次革命运动、改革运动的领袖人物、骨干分子,其绝大多数都出于这两个地域:珠江流域的两广,长江流域的江、浙、江西、安徽、两湖和四川。北方虽然也出现一些相当重要的人物,但多半是因某种机缘与南方领袖分子有所接触,真正"无文王亦兴"者,甚为少见。

(二) 家族与家庭的背景

家族和家庭在中国社会结构中历来占有十分重要的地位。一个人成长的第一个既定环境就是家族与家庭。社会发展程度越低,社会公共教育发展的程度越低,家族和家庭环境对一个人的影响越大。我们举两个明显的例子,康有为和孙中山。康后来成为改革派的领袖,而孙是革命派的领袖,家庭环境的影响是很明显的。康有为出生在南海县一个官宦之家。他的曾祖父曾做过福建按察使,他的祖父做过连州训导,并死于任上。他的父亲,则做过江西补用知县。他的一个从叔祖做过广西布政使,一度护理广西巡抚。这样一个家庭,可谓"世受国恩",很难与之断然决裂。但国家深处危机之中,不能不有所改变,以图救国救民于水火。所以,康有为走上追求改革的政治道路。孙中山出生于香山县一个临近香港、澳门的村庄中的一个农民家里。这一带,广泛流传着太平天国起义的故事,听惯了这些故事的孙中山,少年时,即以洪秀全第二自命。他目睹民不聊生、国家危亡的现状,颇想继承洪秀全的事业,来一番改天换地的革命运动,推翻清朝另建新国。他成为兴中会、同盟会的领袖。

当然,不能把家庭背景对一个人的成长所产生的影响绝对化了。比如说,若康有为的改革主张始终得不到皇帝的赏识,再加以许多事情刺激他,逼迫他往激进的路上走,恐怕也难以保证他不滑向革命的路。又比如,若孙中山给李鸿章的上书,得到李鸿章的激赏,把他留在身边,那也许就没有创办兴中会和同盟会的事了。历史不能假定。我们这里只是要说明,不可把家庭出身及其影响绝对化。只要这些影响没有遇到更为强大的其他影响给予抵消,甚或令其反转。那么,这种家庭影响就是十分重要而不可忽视的。

(三) 教育的背景

一个人所受教育,与他一生的思想、事业关系甚大。我们研究一个历史人物，不可不注意他的教育背景。

一般说来，近代中国历史上的人物，其所受教育都经过由旧式教育到新式教育的两段历程。旧式教育就是家塾、村塾、书院之类；新式教育就是学堂，包括小学、中学、职业学校、大学，有的还出国留学。

旧式教育并非都是一样的，不同的学塾、不同的书院，乃至不同塾师、经师，其对学生的教育旨趣会有很大的区别，所产生的影响自然不可同日而语。试设想，若梁启超在学海堂终其学业，他可能一生只是一个做旧学问的学者。但他中途离开学海堂，跑到康有为的万木草堂，听那大海潮音，作狮子吼的一派改革者的呼唤，于是，他走上了改革中国政治的道路，同时又成为贯通新旧、兼采中西的学者。

经历过由旧式教育到新式教育的完整过程，从而成为新思想、新文化引领者的代表人物，在各个领域都出现过一些。例如自然科学界的丁文江，人文社会科学界的胡适，教育界的蒋梦麟，等等。其中，胡适可能最具有代表性。

胡适生长在徽州绩溪，徽州古为新安郡。新安曾是朱熹讲过学的地方，其影响极为深厚，向有"东南邹鲁"之称。同时，这里又是清代考据学大为兴盛的地方，以致蔡元培、梁启超都曾误会胡适是著名考据学者"绩溪三胡"之后。胡适幼年在家乡接受了九年旧式教育，对于传统儒学，对于考据学的治学精神与方法，肯定是寝馈多年有所心得。他在应官费留美考试时，能做出一篇得满分的考据文章，绝非偶然。

胡适14岁到上海入新式学堂，他先后学习过的梅溪学堂、澄衷学堂、中国公学，都是当时很有名的学校。在上海读书的六年，使他成功地从旧式教育转到新式教育。这期间，他的英文打下很好的基础，又因主编过一份刊物，受到白话文的良好训练。而梁启超的《新民丛报》，则为他打开了新的知识与学问的世界。有了这样的基础，胡适于1910年到美国留学，可以说，他具备了去理解和接受一个新世界，以及它蕴蓄千百年的一套不同的思想和文化所需要的条件。

胡适在美留学七年，是他有意识地为自己的一生事业做准备的过程。他和绝大多数那个时代受教育的中国青年一样，目睹国家危难立志报国。只是其选择的途径不同。他不赞成激烈的暴力革命，他主张通过和平改革，为新社会造就新的基础。他认为，暴力革命固然可以由建立新政权而

第八篇　唯物史观与近代历史人物的评价

改造社会，但这个改造过程还是避不开一步一步地改革，以造就新社会的基础。从他的这个基本观念出发，整个留学期间，他都有意识地为自己积蓄能力，为将来造就中国的新社会、新国家做准备。也是基于此，当他学成归国的时候，打定主意，要为国家的政治改革建立思想文艺的基础。他与北京大学以及《新青年》的陈独秀等人相携，从文学革命、推广白话文入手，掀起一场以思想革命为中心的新文化运动。胡适一生的事业都是从这场运动出发的。从此可以清楚地看出，所受教育，对一个人的一生，具有何等重要的作用。

二　准确把握住人物一生的追求

一个人一生的追求是贯通一个人一生思想、活动的中心，没有这个中心，就像没有灵魂一样；有了它，就是一个有灵魂的人，一个生动、鲜活的人。

但要准确抓住这个中心，谈何容易！必须相当全面地了解人物一生的思想活动，仔细作出分析，发现可以贯通其一生的基本线索。这时，才有可能充分理解这个人物一生的根本追求是什么。有鉴于此，要研究一个人物，最好是在占有充分材料的基础上，先编出一个年谱，然后再动手写他的传记。当年梁任公先生去世，十分崇敬梁先生的丁文江就先动手搜集材料，编出一部《梁任公先生年谱长编初稿》来。至今学界都公认，这部年谱长编极具学术价值。可惜，此年谱初稿刚刚完成不久，丁文江先生就病逝了。否则我们本可以看到一部非常好的梁任公先生的传记。

梁任公先生一生的追求就是建立起一个实行宪政的国家。他经常说，一个国家，有无君主，是否共和，并不重要，重要的是能否实行宪政。能实行宪政，有君主也仍是现代国家。不能实行宪政，虽名为共和，仍够不上现代国家。为什么呢？因为宪政是一切依宪行事。他解释说，在宪政之下，人各有权，权各有限。你贵为君主，也必须在宪法规定的范围内行事。你贱为平民，你也拥有宪法规定属于你的权力。历史的经验告诉我们，威胁一个国家正常运行的，从来不是百姓不守法，而是官员不守法、统治者不守法。只有行宪政，才能真正把官员、统治者关进笼子，让他们不敢不守法。关键是要有这个笼子，这个笼子就是经过人民认可的宪法，和保障宪法能够实施的一套设施。没有这个笼子，指望官员守法，指望统治者守法，那是不可能的。

与梁任公相反，袁世凯一生追求的，只有权力。他十几岁随嗣父到当差之地读书时，就帮助打理各事，从中了解官场各种情形。22岁，凭借父辈的关系，进入军界。凭他熟谙官场规矩，又确有办事能力，从此一路攀升。到1895年，竟获得主管小站练兵的重要使命，从此有了自己经营的军事力量。以后陆续升任巡抚、直隶总督兼北洋通商大臣。以后又进入军机处，因丁未政潮而一度被免。不久再度出山，再度被免。清朝末年，旦夕危亡的险象，稍有识者都看得出，以袁世凯的聪明，他当然非常清楚。他1909年再度被免之后，回老家做洹上钓翁，为韬晦之计，心营目注，觊觎新的机会，向最高权力进逼。

辛亥革命爆发，袁氏看到了机会。这时，无计求活的清皇室，想招回袁世凯，帮助解难。袁的几位好友也劝他抓住机会，赶紧出山。于是，袁世凯被任命为内阁总理大臣，总揽军政大权。他派人率领由他训练起来的新军攻打革命军占据的武汉。当时革命营垒处于群龙无首的状态。孙中山在海外奔走各国，天真地希望得到西方列强对于革命党的承认，不肯回国。黄兴到武汉支应一阵，感到力不从心，离开武汉。袁世凯的军队顺利打下汉阳之后，革命军形势甚危。但富于心计的袁世凯却没有乘胜追击，而是停下来与革命党和立宪派联合的南方势力举行谈判。

这里必须注意，此时的袁世凯，已不满足于在一人之下、万人之上的位置，他要猎取国家最高权力。他此时如果乘胜追击，消灭革命军，可以挽救清朝，他自己不过成为清皇室的一大功臣。如果他居功而逼使清朝皇帝退位，那他将背上叛臣的恶名。他以不败之军事实力，与南方谈判，进可以要挟南方势力答应对自己有利的条件，退可以借南方势力，逼使清朝皇帝退位。他左右逢源，其结果是南方势力答应，只要清朝皇帝退位，袁世凯宣誓赞成共和，就推举袁世凯做临时大总统，一切都合乎袁世凯的如意算盘。袁世凯就任临时大总统之后，围绕着大总统的任期、连选连任的方式、继任总统的选出方式等问题所做的一切努力，都是为了保住他的最高权力。为此，他后来竟至走上复辟帝制之路。

所以，我觉得，要写袁世凯的传记，必须抓住他一生都在追求权力，直至国家最高权力，这是贯穿他一生思想活动的中心。

第八篇 唯物史观与近代历史人物的评价

三 关注重要的人际关系

一个人的思想的形成、其事业的成败利钝，都和他的人际交往有重大关系。胡适的一生是最好的例证。胡适的文学革命思想是在美国读书时，在与朋友们相互讨论与辩论中酝酿出来的。胡适尝说，他的新诗创作，在美国读书时是得任鸿隽、杨杏佛、朱经农、梅光迪和陈衡哲几位朋友的帮助和激励；在北京时，是得沈尹默、钱玄同和刘半农等几位朋友的切磋。没有这些朋友，就不会有他的新诗创作，也就不会有白话新诗的尝试成功。至于文学革命的发动和取得成功，更是许多朋友努力奋斗的结果。胡适在其他方面取得的成功、发挥的影响，没有一项不曾得到朋友的赞助。他在推动北大改革方面，深得蔡元培的赞助和支持，以及蒋梦麟、陶孟和等人的助力。他在学术事业上的成功，得到他的朋友（如鲁迅、周作人、钱玄同、丁文江、唐钺、高一涵等）和他的学生们（如顾颉刚、傅斯年、俞平伯等）的大力支持。胡适最懂得朋友的重要，所以他说"此身非吾有，一半属父母，一半属朋友"。人们都知道，民国时期有一句广为人知的口头禅，叫做"我的朋友胡适之"，可见其交友之广。

大凡作出一番事业的人，都有一批得力的朋友和帮手，如袁世凯身边和麾下文有徐世昌、武有段祺瑞等一干人马。这些人，在他取得灭亡前的清廷军政大权，以及随后攫取民国大总统的地位时，都起了很大的作用。而当袁世凯谋划帝制复辟时，最重要的文臣武将——徐世昌和段祺瑞，都离开了他，可见其复辟活动是如何的不得人心，注定必归失败。梁启超从事维新运动时，上有老师康有为，左右有谭嗣同、徐勤等一班干将。海外流亡时期，谋划自立军起义、搞立宪运动，更有一大批朋友和门生帮他拓展事业。晚年从事讲学时，又有更多的朋友和门生帮助他。有些人和他本无师生关系，但感其人格魅力，自愿以门生自居，如丁文江、徐志摩，等等。

所以，研究历史人物，要特别关注他的人际关系。找到这些关系，了解相关人物的主要经历、与研究对象交结的重要事实，了解其对研究对象的思想、活动及其事业之成败产生何种影响。近年来许多报纸、刊物都做成数据存储，又有许多人物的日记、书信发表出来，为我们研究人物的人际关系提供很大便利，应可以使历史人物的研究更有广度和深度。

四　突出重大史实，做必要的心理分析

研究一个人物，要突出他一生中至关重要的一些大事，这是很自然的，不会有异议。所谓大事，因个人具体情况不同，所处历史地位不同，不可同日而语。有些大事可能是关乎整个国家民族的，有的只关乎一个地区、一个小社会，甚或只涉及一个具体单位、一个团体。但不管哪种情形，此事件对于研究对象而言，必定是对其思想、事业产生重大影响者，否则不足以称为大事。

一个人面临重大事件的时候，往往需要做出抉择，有的是政治的抉择，有的是事业方向的抉择，有的是关乎身家命运的抉择。而一个人在做重大抉择的时候，一定会有一个很深刻、很复杂的心理过程。正因为如此，所以我强调必须抓住这些重大史实，并做必要的心理分析，以便呈现出历史人物的真实面貌。

我在前面讲袁世凯的时候，讲到他在清朝灭亡前的最后关头出山，担任了掌握军政大权的内阁总理大臣一职。这是一个重要的抉择。因为此前，他本在军机处的要害位置，光绪、西太后死去，醇亲王载沣为其弟光绪帝报仇，把当年背叛光绪的袁世凯赶出军机处，令其"回里养疴"。按常理，袁世凯会怨恨清朝廷，不会在其面临危亡的时候出手相救。但袁世凯追求的是权力，在他看来，这恰是攫取权力的大好机会。所以，他决定出山，接任内阁总理大臣。但是，他南下与革命军作战却又面临一次选择：是一鼓作气，打败革命军，为清王朝还魂续命，做一个有大功之臣，还是做其他的打算。事实上，他是做了其他的打算。这里不再重复。

胡适也可作为一个适当的例子。他一生也曾多次面临在重大历史关头进行抉择的情况，我们这里只将1929年到1931年"九一八"事变期间，胡适所面临的重大历史事件和他所做的抉择，以及1960年前后在台湾雷震案的风波中胡适所做的抉择，作为实例，加以说明。

先说前一个。

这要从1927年，胡适游历欧美之后，经日本回国一事谈起。胡适于是年4月24日到达日本横滨。当时"四一二"事变刚刚发生，国内朋友纷纷劝胡适暂不要回国。原来，这时的国内，南方与北方在政治上大异其

第八篇 唯物史观与近代历史人物的评价

趣,而对胡适却都取不欢迎的态度。在北方,因为胡适赴欧途经莫斯科时,对苏俄印象颇佳,在给国内朋友的信中颇有赞扬苏俄的词句。这些信在报刊上发表出来,北方认为他有亲俄之嫌。更重要的是,胡适的两个重要的朋友,一个李大钊,一个高仁山,都是共产党,已遭到杀害。而且,在枪杀高仁山的官方报道中还特意把胡适的名字牵扯进去。显然,北方容不下胡适。在南方,国民党人还没有忘记胡适支持陈炯明批评孙中山,以及他进故宫见宣统皇帝和参加善后会议的老账,再加上他的好友丁文江曾为军阀孙传芳做上海总办。但比较起来,南方毕竟比北方要多一点新鲜空气,而且胡适的大部分师友都在南方。所以,胡适在日本停留三个多星期,经过观察、思考,发表一篇拥护蒋介石清共政策的谈话之后,回国到上海暂时定居下来。将近一年的欧美之游,回归祖国之后,胡适发觉,国内政治并没有取得什么实质性的进步。国民党正竭尽全力地建立他们的党国体制,没有什么民主,更没有什么人权保障。他们毫不留情地打击异己,"反革命"的帽子满天飞。在此种情况下,胡适相继发表《人权与约法》《我们什么时候才可有宪法?》《知难,行亦不易》《新文化运动与国民党》等几篇文章,相当严厉地批评国民党,结果招致国民党的大力围剿。在与国民党内一些朋友沟通之后,胡适决定暂时熄火停战,并于次年秋冬,离开上海,回到北京大学教书。

"九一八"事变为胡适与国民党政权建立良好关系提供了契机。日本的威胁使任何有良知的中国人都要思考如何应对日本侵略的问题。政府、党派、团体,乃至个人都一样。1931年11月,恰好新一届太平洋学会的年会在中国上海举行,胡适以东道国首席代表充任大会主席。在沪期间,国民党人士曾与胡适有接触。当时报纸新闻报道说,蒋介石接见了胡适与丁文江。鲁迅曾以这个新闻为材料对胡适与丁文江大大攻击了一番。实际上并没有蒋介石接见这回事。然而,有迹象表明,曾有国民党官方人士与胡适有所接触,我们从胡适回北平后接到的陈叔通的信可以证实这一点。陈在信中说:"太平洋学会,公速北还,绝无痕迹之好机会,保留独立发言之地位。"[①] 可见,接触带有秘密性质,以便保住胡适独立发言之地位。

[①] 《敬致胡适》,中国社会科学院近代史研究所中华民国史研究室编:《胡适来往书信选》(中),社会科学文献出版社2013年版,第460页。

胡适回北平不久，联络社会各界人士组织起"自觉爱国会"的团体，其宗旨与国民党当局的对日方针很协调。一年后，胡适在武汉与蒋介石见面。从此，胡适与国民党高层之间建立起可以互相沟通的良好关系。从这时起，直到1949年，在对日、对共产党这种大政方针方面，胡适与蒋介石及其政府有基本共识。蒋介石对胡适也很欣赏，很愿意借重他在海内外、特别是在美国的良好声望。

蒋介石国民党的政权退居台湾后，由于胡适对蒋介石国民党期望过殷，不时批评国民党的专制行为，引起蒋氏大不满。到1960年因胡适的朋友雷震筹建反对党，蒋介石乘胡适在美国的机会，下令逮捕雷震，加之以"通共""叛国"的罪名。蒋介石想以此达到双重目的，一则镇压岛内反对势力，二则钳制胡适之类自由主义人士的批评。实际上，胡适曾已预见到蒋介石将要对雷震及其筹建的反对党施以严厉取缔措施，曾多次劝告雷震低调行事。但该发生的事还是发生了。自"九一八"事变后，胡适确定要做"国家的诤臣""政府的诤友"，在大政方针问题上，不与官方立异，但也终不肯放弃独立发言的地位。他在美国，对新闻界，对朋友发言，均强调他可以证实，雷震是"爱国反共人士"。他回到台湾，一下飞机，仍然重复他这句话。后来，雷震被判刑收监，胡适始终未曾去监狱探望。对此，台湾一部分人士，包括胡适所创办的《自由中国》杂志社的几位年轻后辈，都表示不满，认为胡适太软弱。其实，根本问题不是强硬与软弱的问题，而是对自由民主的根本信念上，胡适与这些人有所不同。在雷震案爆发前，胡适曾两度谈论自由与容忍的问题，并强调容忍比自由还更重要。他认为争自由是一个长期而曲折的过程，自由的力量需要不断地积累，自由与反自由的斗争不是轻易一拼可决的。所以，有时候容忍比自由还更重要。胡适的政治哲学其价值如何是另一问题，我们从重大政治关头胡适与政府当局之间的微妙关系，可探知胡适在处理其基本信仰与行为弃取之间做权衡时的心理过程。他始终坚持自己对自由民主的追求，但也不因争取自由民主而与在他看来是唯一尚有可塑余地的统治当局决裂。

五　阶级分析与人物评价

常常有人说，阶级和阶级斗争是马克思主义最重要的基本观点。这是

第八篇 唯物史观与近代历史人物的评价

不正确的,是对马克思主义的无知。马克思本人曾郑重地指出,阶级与阶级斗争不是他的发现。在他之前,许多资产阶级学者就指出这一点了。他的贡献是在于指出,阶级斗争必然导致无产阶级专政。这里我们只谈阶级分析的问题。

过去很长一个时期,由于许多人不曾真正了解马克思主义,常常把阶级分析抽象化、教条化。往往只追求给一个人戴上"××阶级"的帽子,就满足了。我觉得,阶级分析最重要的是要说明两点:一是在切实把握研究对象的出身、教育、思想及其生平活动的基础上,把人物放到当时社会结构中的适当位置上,呈现出它是属于统治阶级、压迫阶级,还是属于被统治阶级、被压迫阶级;二是在全面把握研究对象的基础上,明确了解当时社会发展的基本趋势,从而判断这个人物是属于推动社会进步的力量,还是阻碍社会进步的力量。

这两点,既是对历史人物做阶级分析的核心内容,也是进行历史人物评价的基本依据。至于一个人物,是属于统治阶级和压迫阶级中的哪一个阶层,是属于被统治阶级、被压迫阶级中的哪一个阶层,那是次一层次的问题。自然这一层次的问题也不容忽视。历史是活动的整体,各个阶级,各个阶层都在活动。所谓历史是各种力量的合力造成的就是这个意思。在实践中,我们看到常常有些历史书籍,只写某一种力量的活动,而把其他力量的活动视同无物,或最多只是带上几笔。这样的书写,显然不足以反映历史的真相和历史的全貌,给人呈现的,像是"半身不遂"的历史。在这样书写的历史中,人们看到的只是历史中的一部分,或大半部分力量在活动,而其他的力量是僵死的,甚至是基本看不见的。我们应当提倡全光谱地反映国家、社会、民族的历史,要真实地全面地书写历史的活动。

有人担心,全光谱地书写历史,那些推动历史进步、创造新社会的革命和革新的力量就不突出了。这是历史研究者对自身无力的哀叹。我认为,历史上革命的和革新的社会力量,本来就是最活跃,最富于创造力的力量。只要历史家有眼光、有识力、有才具,应该能够把这种真实的历史再现出来。有人以为,历史上,那些革命和革新的社会力量,是靠历史书写者特别努力,才成为历史中突出显现光彩的,那是极大的谬误。

我强调说,不可把阶级和阶级分析抽象化、教条化,就是要求具体问题具体分析。不能说一个人是属于统治阶级的,他就一定只能是阻碍社会进步的；一个人属于被统治阶级，他就一定是推动社会进步的。历史上许多在各领域做出有益贡献的人物，是出身于统治阶级的。例如思想家、学者、艺术家，等等。即使是统治者本身，其有些作为，也很可能是有益于社会发展进步的。反过来，被统治阶级其反压迫的斗争，无疑是应该充分肯定的。但是其中某些人的某些具体行为，就未必是有益于社会发展和进步的。如某些农民起义军的过分杀戮行为和破坏历史文化的行为，等等。历史学家要有敢于担当的精神，历史是什么样的，就应该把它写成什么样；历史人物是什么样的，就应该把他写成什么样。决不能为某种需要而改变历史和历史人物的本来面貌。只有真实的历史，能给我们提供有益的经验和教训，只有真实的历史经验与教训，能提升我们的智慧。只有能从历史中得到智慧的人，才能够更有能力应对未来。

（原载《史学理论研究》2020 年第 6 期）

唯物史观与近代历史人物的评价
——以梁启超为中心

郑师渠

(北京师范大学历史学院)

    人是历史活动的主体，故历史人物的研究及其评介，从来都是史学研究的重要内容。近代中国是过渡时代，风云跌宕；近代历史人物的思想也都带有一定的过渡性质。这给近代人物的评价带来了复杂性。在这方面，梁启超具有典型性。他是近代著名的维新思想家、政论家与学者，从 22 岁开始参与甲午后的维新运动起到 56 岁去世，一生经历了从戊戌变法到国共合作的国民大革命，即从旧民主主义革命到新民主主义革命初期的历史大变局，几乎无役不与，且"流质多变"。也唯其如此，是非留于后世，迄今难得定论。事实上，随着他 1929 年去世，见智见仁，不同的评价就出现了。其时的国民政府出于党派的恩怨，不仅拒绝了蔡元培等人关于褒奖梁启超的提议，而且刻意加以贬抑，在社会上制造了某种政治压力。"自梁先生之殁，舆论界似甚为冷淡"。[①] 人们甚至将参加他的追悼会视同畏途。有人邀一位国民党员的朋友一同去参加追悼会，其夫人不满说："梁启超是研究系的人，是腐化的分子，你若能担保我丈夫的名誉，不发生危险，便同意他到追悼会！"[②] 所以，其时发表的许多回忆、纪念与评论

---

    ① 张其昀：《悼梁任公先生》，夏晓虹编：《追忆梁启超》，中国广播电视出版社 1997 年版，第 120 页。

    ② 雪林：《由梁任公的追悼会而联想到嚣俄的葬仪》，《生活》第 4 卷第 25 期，1929 年，第 268 页，转引自雷平、周荣《"繁华落尽未成空"：梁启超逝世后之时评》，《五邑大学学报》2019 年第 2 期。

的文章，几乎清一色只谈任公的学术，而于其政治事功，则噤若寒蝉。同时，在解放前，学界有关梁启超的研究成果，以回忆性、纪念性的文章为主，总共也不过"大小数十篇文章"。① 所以，对梁启超的深入研究与不同意见间的更多讨论，实始中华人民共和国成立之后，尤其是改革开放以来。据统计，中华人民共和国成立71年来发表的相关学术论文近万篇，2014年有人甚至评论说，"近年来的梁启超研究已日渐成为学界的一门显学"。② 同样，2018年，迄今最为完备的20卷本《梁启超全集》的出版，也反映了这一点。

刘大年说："评价历史人物没有一个现成的公式。假定有那样的公式，我想仍然是马克思主义的学说。"③ 中华人民共和国成立以来，中国史学界坚持马克思主义唯物史观指导，虽因受"左"的思潮影响，曾不免于失误；但这无损于唯物史观在指导包括梁启超在内近代历史人物的研究与评价上所显示出的理论魅力；相反，在今天返本清源的新时代，将愈显其思想的光华。

一

古人云"知人论世"，意指知人与论世密不可分，欲知人必须先了解对象所处特定时代的背景。这与恩格斯下面的一段话有相通之处："主要的出场人物是一定的阶级和倾向的代表，因而也是他们时代的一定思想的代表，他们的动机不是来自琐碎的个人欲望，而正是来自他们所处的历史潮流。"④ 缘此，可以说，中国史学界依据唯物史观所努力构建的关于近代中国社会发展规律的认知，首先为科学研究与评价梁启超及近代历史人物，提供了前提条件。

马克思主义的历史唯物主义发现，人类历史前进的动力是生产力的发

---

① 陈匡时：《关于对梁启超的评价问题简介》，《学术月刊》1960年第2期。
② 席志武：《新视野、新史料、新方法：梁启超研究的新进展——读夏晓虹〈梁启超：在政治与学术之间〉》，《社会科学论坛》2014年第11期。
③ 刘大年：《亚洲历史评价》，《刘大年全集》第3卷，湖北人民出版社2019年版，第74页。
④ 《恩格斯致斐迪南·拉萨尔》，《马克思恩格斯选集》第4卷，人民出版社2012年版，第440页。

第八篇　唯物史观与近代历史人物的评价

展，生产力与生产关系的矛盾，这在阶级社会则集中表现为体现这种矛盾的阶级斗争。新中国的马克思主义史学据此探讨近代中国社会的发展，得出了以下的认识：由于西方资本主义的侵略，鸦片战争后近代中国陷入了半殖民地半封建社会，传统社会结构瓦解，中国产生了资本主义，无产阶级、资产阶级作为新的阶级，先后登上政治舞台。此种社会结构的变动，不仅深刻地影响了近代政治、经济与文化的发展，而且也决定了近代中国社会必然的历史走向：由资产阶级领导的旧民主主义革命走向由无产阶级领导的新民主主义革命，中华人民共和国成立后，最终走上社会主义的道路。所以，1961年，刘大年在《我们要熟悉中国近代史》一文中，这样强调说："在帝国主义侵略的条件下，中国社会内部产生了新的阶级，原有的阶级的面貌也发生了新的变化，中国资本主义是在这时出现的。中国工人阶级是在这时成长起来的。各阶级在不同时间里的地位，各阶级相互间的关系、阶级斗争的发展，都极其错综复杂。而这些斗争、这些发展，自然又是遵循一定的逻辑，有其客观的规律的。"[①]

应当说，这是合乎历史实际的科学与正确的结论；今天国人所以坚持"道路自信"，归根结底，是立足于此。因之，也不难理解，此种"论世"，即对近代中国社会发展规律的宏观把握，为学界研究和评价梁启超等近代历史人物，提供了重要的理论参照与正确的认知前提。这可举刘大年为例。1958年，他在《人民日报》发表了《戊戌变法六十年》一文，正是从这一认知的前提出发，对康有为、梁启超诸人领导的戊戌变法运动作了如下的评价：甲午战后，"挽救民族危亡，发展资本主义，成了社会生活提出的两个最根本、最迫切的问题"。由于农民斗争处于低谷，中国工人阶级尚处于早期，是一个"自在"的阶级，"于是，寻求这两个问题的答案的责任，不得不暂时地由资产阶级维新派这个不成熟的力量承担起来。中国资产阶级发动政治运动便从戊戌变法开始"。康、梁领导的只能是一场改良主义的运动，这是由中国资本主义产生和中国资产阶级的特点决定的。"这一点是很清楚的：维新运动并不因为是一个改良运动而减弱了它的爱国主义性质"。不仅如此，他还强调，维新运动虽是昙花一现，但是作为资产阶级思想启蒙运动，它为其后60年来中国社会的进步

---

① 刘大年：《我们要熟悉中国近代史》，《刘大年全集》第3卷，第153页。

与发展，开辟了思想先路，康、梁"维新派是有功绩的"。① 刘大年对康、梁发动维新运动的历史地位作了高度的评价。当时有人评论说，"对于戊戌政变以前梁启超政治思想总的评价，目前史学界的看法已经是一致了的。这个看法刘大年同志在去年纪念戊戌变法六十年的论文中已有了表述"。② 实际上，即便在今天看来，刘大年的上述评价也是完全正确的。这反映了在唯物史观的指导下，新中国史学提高到了一个全新的境界：在把握历史发展规律的基础上，去理解历史人物的命运和评价其成败得失。

为了更好理解此一评价具有的历史穿透力，不妨将之与蒋廷黻的观点加以比较。蒋在他的《中国近代史》中说：近代中国的出路在西化，在朝的李鸿章等"少数先知先觉者"因"物质改革已遭时人的反对"，故不敢再进到政治改革，"革新的领袖权慢慢的转到在野的人的手里"。"甲午以后，康有为觉得时机到了，李鸿章所不敢提倡的政治改革，康有为要提倡，这就是所谓变法运动"。康有为只到过香港、上海，看到的江南制造局及教会译的书，也无非初级天文地理格致等书，"但他是个绝顶聪明的人，能举一反三，因小以知大，自是于其学力中别开一境界"。③ 在蒋廷黻的眼里，戊戌变法运动之所以能发生，原因在于主张"西化"的"领袖权"由"在朝"的李鸿章手里转到了"在野"的康有为手里，而且后者较前者胆大，且"绝顶聪明"，懂得"举一反三，因小知大"。将戊戌变法这一影响深远的近代重大历史事件的发生，仅仅归于个别当事者个人的动机与胆识，全然看不到鸦片战争以来，在西方资本主义冲击下，中国社会经济结构发生了变动及其对上层建筑产生的影响。这显然属于历史唯心论。与上述刘大年从唯物史观出发作出的历史判断相比，无疑失之于肤浅，"知人""论世"，两不足道。

不过，需要指出的是，历史总是具体的，主观上坚持唯史观的指导是一回事，事实上是否正确地做到这一点，又是另一回事。遗憾的是，1959年"反右"之后，学界在评价梁启超的问题上，受"左"思潮影响愈趋明显。同年的一篇题为《建国十年来关于梁启超的评价问题》的述评文章，虽然肯定了刘大年在前一年发表的《戊戌变法六十年》中的观点，但同时

---

① 刘大年：《戊戌变法六十年》，《刘大年全集》第3卷，第139—143页。
② 陈匡时：《关于对梁启超的评价问题简介》，《学术月刊》1960年第2期。
③ 蒋廷黻：《中国近代史》，岳麓书社1986年版，第58、79页。

第八篇 唯物史观与近代历史人物的评价

也已透露出了"左"的倾向来势汹涌。

述评的作者写道:"戊戌变法维新的失败,宣告了改良主义的破产。中国社会亦随着革命形势的高涨而急剧地向前推进。代表着地主—资产阶级利益的梁启超却固守着改良主义营垒,转向堕落与反动,长期地猛烈地反对过资产阶级领导的旧民主主义革命,和工人阶级及其政党中国共产党领导的新民主主义革命。"① 这种"左"的倾向以教条主义的态度对待马克思主义,尤其是将近代不同阶级间的分野与博弈绝对化,看不到历史发展是多化样的统一,而将近代历史发展简单归结为革命与反革命、进步与后退、是与非的二元对立。其集中表现之一,就是将戊戌后的梁启超贴上"堕落与反动"的标签,加以全盘否定。明白了这一点,便不难理解,何以陈旭麓1961年在一次学术讨论会上说了一句"梁启超思想变化的表征虽多,但万变不离其宗的是他的改良主义思想体系",就立即遭到了一位与会者的训斥,说:"戊戌政变后的梁启超,已无改良主义思想之可言,只是全然的反动!"② 此后,越演越烈,人们对于马克思主义唯物史观的理解,愈益偏离其本意,史学研究成了政治性批判,失去了学术的含量。

直到改革开放,情况才得以根本改观。随着拨乱反正,思想解放,学界对梁启超的评价渐归学术常态。1984年,李华兴在《近代史研究》发表《近代中国的风云与梁启超的变幻》长文,参照马克思、恩格斯对1842年至1845年间德国思想界的描绘,肯定梁启超是近代中国思想界的"英雄"和"思想勇士";尽管群星熣灿,旋起旋灭,却各领风骚。他说:"梁启超在风云变幻的近代中国,大部分时间能与历史同步前进;正是立宪之志,鼓舞梁启超在戊戌时期奔走呼号,在辛亥前夕推进立宪,在帝制复辟时期奋臂而起;正是新民之道,驱使梁启超在二十世纪初成为最有影响的资产阶级启蒙宣传家,晚年还能在教育和学术领域成绩斐然。忽视了这一面,就很难正确评价梁启超在中国近代史以及思想文化史上的地位和作用。自然,事物都有它的两重性。物换星移,在阶级分野如此鲜明、历史步伐如此快速的近代,梁启超坚持爱资产阶级的国家,要资产阶级的宪政,搞点滴改良的新民之道,于是进入无产阶级领导的新民主主义革命时

---

① 陈匡时:《关于对梁启超的评价问题简介》,《学术月刊》1960年第2期。
② 陈旭麓:《近代史思辨录》,广东人民出版社1984年版,第291页。

代，也就不能不在政治上落伍，为历史潮流所抛弃。"[1] 我们今天重读此文，依然可以感受到当年学术春风扑面和学者心态之宽松与自信。改革开放40多年过去了，如今学界对梁启超的评价早已不再脸谱化，而是愈趋多元化。人们虽然指出了他囿于改良主义的思想体系，戊戌后渐趋落伍；但这并不影响他们依然对他在多方面做出的历史贡献表示敬意，因而其评价也更加接近于历史的真实。这说明，对于近代历史人物的评价，在廓清"左"的迷雾后，重新又回到了唯物史观指导的坦途。

然而，仍需指出，在思想解放的潮流之下，也存在着极少数人反对史学研究坚持马克思主义指导，倡言历史虚无主义，非理性的一面。曾经风行一时的所谓"告别革命"论，就集中表现了这一点。究其命意，即在于颂扬改良而否定革命，由此引出匪夷所思的所谓"重新评价历史"的"翻案"风，贬抑革命派，拔高改良派，歪曲历史，不一而足。有人甚至替袁世凯复辟帝制寻找历史的"合理性"：辛亥革命推倒皇权，中国社会因失去了权威主义的重心，陷于瓦解、混乱；袁复辟帝制正是为了重建权威主义，恢复社会重心，故其心可恕。由"左"又转到了"右"：无原则地抬高改良主义与改良派，对梁启超等近代历史人物人的评价实异化成了对中国革命道路的否定。这同样已离学术甚远了，又成了另类的政治性批判。不过，上述非理性的喧嚣，在党的十八大后，逐渐风流云散了。

故上述正反面的事实一再证明：坚持唯物史观及其阐明的关于近代中国社会发展规律的科学认知，是推动梁启超及其他近代历史人物研究与评价不断深化的前提条件。

二

马克思主义的历史唯物论体现了理论与方法相统一。所以，在近代历史人物的评价上，它不仅可以在"论世"，即把握社会发展大势的宏观层面上，为研究者提供广阔的视野；而且在"知人"，即具体分析的层面上，也具有重要的方法论指导意义。以下，不妨以评价梁启超为例，举其荦荦大者。

---

[1] 李华兴：《近代中国的风云与梁启超的变幻》，《近代史研究》1984年第2期。

第八篇 唯物史观与近代历史人物的评价

第一，列宁说："在分析任何一个社会问题时，马克思主义理论的绝对要求，就是要把问题提到一定的历史范围之内。"① 这个原则，人多耳熟能详。但是，就具体问题而言，所谓"提到一定的历史范围之内"，不单是指要了解特定的时代背景，同时还强调应有开阔的视野。真做到位，并非易事。在很长一段时间里，人们所以仅仅依据梁启超在《欧游心影录》中有批评"科学万能论"和主张东方文明要去"救济"西方文明的话，便认定他欧游归来后，反对新文化运动，复古倒退。这其中的一个重要原因，就在于未能将视域拓展到欧洲，注意战后欧洲现代社会思潮的变动，因而发生了误读。欧战创深痛钜，欧人开始反省自身的文明，其现代社会思潮因之发生了深刻的变动。除了马克思主义主张社会革命论外，一些人则主张反省现代性。他们认为，自启蒙运动以来，人们逐渐形成了"机械的人生观"，相信"理性万能"、物质至上，结果便造成了人的精神家园荒芜，物欲横流，尔虞我诈，终酿成欧战的发生。他们主张尊重人的内心世界，重建精神家园。非理性主义的反省现代性思潮，肇端于尼采倡言"重新估定一切价值"，而20世纪初强调精神生活和生命创化的柏格森生命哲学风靡一时，则是其趋向高涨的重要标志。反省现代性思潮虽有自己的误区，但究其实质，乃反映了西人对于资本主义文明的反省，实开了当今后现代主义的先河。梁启超批评的所谓"科学万能论"，就是指"理性万能论"；对于他关于东方文明当去"救济"西方文明的浪漫说法，虽不足训，也无须过于拘泥。重要在于，他敏锐感知到了西方现代社会思潮的变动，皈依战后欧洲新兴的"现代思想"——反省现代性。理解这一点，是理解晚年梁启超思想乃至于20世纪初中国思想界的变动，必须把握的重要一环。梁启超依然是一位西方文化的热心传播者，只是较前不同，由于站立在了反省现代性新的思想基点上，他重新审视中西文化，提出了发展民族新文化的主张，从而构成了对于新文化运动的良性制衡。显然，评说此期的梁启超，不能局限于新文化运动前后的中国社会背景，还必须将西方现代社会思潮的变动，同样纳入研究者的视域。如此，对梁的评价就会有新的境界。笔者在《梁启超与欧战》一文中曾这样写道："晚年的他不仅没有倒退，而且依

---

① 《论民族自决权》，《列宁全集》第25卷，人民出版社2017年版，第232页。

然站在了时代的前列,尽管他称不上是这个新时代的引领者。由于梁启超是研究系的首领,他在此期政治上的积极作用被低估了。作为真诚的爱国者,他在国家与民族面临危难之际,始终申明大义并作出了自己独有的贡献,是应当看到的;他站在反省现代性新的思想支点上,对新文化运动发挥了制衡的作用,扩大了后者的内在张力,从而助益其内涵愈趋深化。如果我们注意到,反省现代性思潮在中国的传播,实际上成为了李大钊、陈独秀诸人最终归皈依马克思主义必要的思想铺垫,那么,我们对于梁启超的许多思想主张,就不应再作简单的理解了。对于这一点,似乎学界尚未认真予以关注……当然,梁启超虽然对于俄国革命与社会主义思潮深表同情,但他始终难以逾越改良的范畴,这影响了他的视野,即缺乏对战后世界尤其中国社会发展更为深刻的观察与把握……低估了战后中国社会正在酝酿着的深刻巨变,因为其时正有一班年轻人已在着手创建中共,关乎中国命运开天辟地的历史话剧即将揭幕。"①

第二,恩格斯说:"判断一个人当然不是看他的声明,而是看他的行为;不是看他自称如何如何,而是看他做些什么和实际是怎样一个人。"② 这是恩格斯在总结1848年到1849年德国革命失败教训,批判资产阶级背叛革命时说的话,意在强调看一个人,听其言还需观其行,要提防言行不一的伪君子。人们也多从这个角度引用这句名言;但是,实际上它还同样观照着另一种情况:对一个人自谦的话,同样也需要客观分析,听其言而观其行。这在不惮自我反省的梁启超身上,尤其显得重要。他常说自己"不惜以今日之我去反对昔日之我",政治上如此,学问上也是如此,陷于前后矛盾。有论者即因之强调他"流质多变""善变",甚至断言:"其为人之行动,稍失于反覆无常,未免缺操守,失人望。"③ 在早年"左"的思潮影响下,更有人作这样的引伸:"梁启超这个人的思想,是最难研究的。难就难在他大活动于一个空前变化的过渡时代,著作最多,无所不谈,思想既极复杂,而又成为一个经验丰富,天下闻名的政客,最惯于也最长于玩弄政客手法,经常披着许多漂亮外衣,喜说两面话,真假主客混在一起。我们一不小心,便会上了他的大当,或者

---

① 郑师渠:《梁启超与欧战》,《历史教学问题》2014年第5期。
② 《德国的革命和反革命》,《马克思恩格斯选集》第1卷,人民出版社2012年版,第644页。
③ 王森然:《梁启超先生评传(节录)》,夏晓虹编:《追忆梁启超》,第24页。

第八篇　唯物史观与近代历史人物的评价

终感摸不到他的头脑。"① 其实,这也是一种误读。梁启超在《清代学术概论》中谈到上述的不足时,紧跟着便有这样一段话:"启超与康有为最相反之一点,有为太有成见,启超太无成见。其应事也有然,其治学也亦有然。有为常言:'吾学三十岁已成,此后不复有进,亦不必求进。'启超不然,常自觉其学未成,且忧其不成,数十年日在旁皇求索中。故有为之学,在今日可以论定;启超之学,则未能论定。然启超以太无成见之故,往往徇物而夺其守,其创造力不逮有为,殆可断言矣。"② 这固是自谦,但何尝不可以说是自得！如果说,这仅是在学术观点的层面上回应批评;那么,在一次讲学中,有学生当面问他怎样看待时论对自己多变的批评时,他的从容回答,就是从政治层面上作出了明确回应:"但我是有中心思想和一贯主张的,决不是望风转舵,随风而靡的投机者。""我的中心思想是什么呢？就是爱国。我的一贯主张是什么呢？就是救国。我一生的政治活动,其出发点与归宿点,都是要贯彻我爱国救国的思想与主张,没有什么个人打算。""顾亭林说得好:天下兴亡,匹夫有责。假如国之不存,还谈什么主义、主张呢？还谈什么国体、政体呢？总之,知我罪我,让天下后世批评,我梁启超就是这样一个而已。"③ 质言之,所谓"流质多变""善变",只是表象,未必就是任公的弱点;相反,在很大程度上,恰是他的长处。如上所述,陈旭麓以为梁启超变中有常,就是改良主义的思想体系;李华兴则强调爱国是其不变的初衷,这才是更本质和公允的观察。此其一。

梁启超也常反省自己因"学问欲极炽",兴趣点常转移,结果造成所得不深,甚至对女儿说"吾学病爱博,是用浅且芜"。④ 一些论者对此缺乏具体分析,往往以偏概全,给梁启超贴上了为学"肤浅""有量无质"的标签,大失公道。例如,梁漱溟说:"任公学术上的成就,量过于质","其一生所为学问除文学方面(此特重情感)外,都无大价值,不过于初学有启迪之用"。⑤ 胡适也说,"他的影响甚大而自身的成就甚微。近几日

---

① 蔡尚思:《四论梁启超后期的思想体系问题——读陈旭麓同志的"辛亥革命后的梁启超思想"》,《学术月刊》1961 年第 12 期。
② 梁启超:《清代学术概论》,汤志钧、汤仁泽编:《梁启超全集》第 10 集,中国人民大学出版社 2018 年版,第 281 页。
③ 李任夫:《回忆梁启超先生》,夏晓虹编:《追忆梁启超》,第 417—419 页。
④ 梁启超:《清代学术概论》,汤志钧、汤仁泽编:《梁启超全集》第 10 集,第 281 页。
⑤ 梁漱溟:《纪念梁任公先生》,夏晓虹编:《追忆梁启超》,第 265 页。

我追想他一生著作最可传世不朽者何在，颇难指名一篇一书"。① 其实，这里需要指出两点：一是梁启超当年写作大量的作品，是出于宣传民主政治与传播西方学说的现实需要，是通俗读物，原非学术著述。若要求它"深"，还能成就当年的梁启超吗？缪凤林评论说：论梁的贡献，民国前的"宣传较浅薄，而影响最大"；晚年"讲学较宏博，而收效最微"，② 可谓一语中的。实则，梁自己已经回答了这一点："平心论之，以二十年前思想界之闭塞萎靡，非用此种卤莽疏阔手段，不能烈山泽以辟新局。就此点论，梁启超可谓新思想界之陈涉。虽然，国人所责望于启超者不止此。"③ 既成思想界的陈涉，何"浅"之有！二是梁启超虽被称为百科全书式的学者，却不容贬之为"杂家"。作为学问家，他的成就集中于史学，早年的《中国学术思想变迁之大势》《中国历史上的民族研究》等及晚年《清代学术概论》等著作，都是公认的学术精品。不仅如此，他开近代史学的先河，更功不可没。缪凤林说，任公"实开史学界无数法门"。④ 陈旭麓也说，他"特别是为中国资产阶级的史学建立了一个体系"。⑤ 于新史学有开山之功，学术精品迭出的梁启超，却被人冠以"浅薄""有量无质"的评价，岂非咄咄怪事！此其二。

1920年初，梁启超游欧归来，又自检讨说，此行一事无成，助益外交未达到目的，"自己学问，匆匆过了整年，一点没有长进"。郑振铎是敬仰任公的，但竟简单相信了他的话，评论说："在这一年中，真的，他除了未完篇的《欧游心影录》之外，别的东西一点也没有写；而到了回国以后，所著作，所讲述的仍是十几年前《新民丛报》时代，或第一期的著述时代所注意、所探究的东西，一点也没有什么新的东西产生。此可见他所自述的一年以来'一点没有长进'，并不是很谦虚的话。"⑥ 如上所述，欧游归来，晚年任公跃上了反省现代性新的思想支点，展现了新的境界；其《欧游心影录》不仅风行南北，且成了记录欧战后东西方思想变动的绝佳

---

① 《胡适全集》第31卷，日记，1929年2月2日，安徽教育出版社2003年版，第328页。
② 缪凤林：《悼梁卓如先生（1873—1929）》，《史学杂志》第1卷第1期，1929年3月，转引自夏晓虹编《追忆梁启超》，第115页。
③ 梁启超：《清代学术概论》，汤志钧、杨仁译编：《梁启超全集》第10集，第281页。
④ 缪凤林：《悼梁卓如先生（1873—1929）》，夏晓虹编：《追忆梁启超》，第260页。
⑤ 陈旭麓：《近代史思辨录》，第290页。
⑥ 郑振铎：《梁任公先生》，夏晓虹编：《追忆梁启超》，第82页。

第八篇　唯物史观与近代历史人物的评价

记录，如何能说他"一点没有长进""一点新的东西也没有产生"！至于下面张其昀站在国民党立场说的话，带着明显的偏见，自然更不足道了：梁启超"战后亲至伦敦、巴黎实地考察，究属走马看花，其所窥见之欧洲，殆属皮相之见，其轻视西洋文明，与《新青年》派之轻视中国文明，诚所谓过犹不及"。①

第三，列宁说："出色地坚持哲学史中严格的历史性，反对把我们所了解的而古人事实上还没有的思想的'发展'强加于古人。"② 所谓"严格的历史性"，不仅指研究者当具实证精神，实事求是，不能作过度解读，将个人的意志强加给古人；同时，也是包含了这样的史德诉求：保持"情感"中立，不能因自己的情绪影响对历史人物的客观评价。但是，遗憾的是，在梁启超的评价上恰恰存在这种倾向。1943年梁漱溟发表《纪念梁任公先生》，就是一个例子。他年轻时既无引以为傲的学历，籍籍无名，蔡元培不拘一格，将之引入北京大学教授印度哲学，确是反映其知人之明。后来梁氏终因发表《东西文化及其哲学》一书而名满天下，故蔡于他有知遇之恩。而梁漱溟因其父在梁启超民初归国后，曾"四次往访不得一见，两次投书亦无回答"，③ 受到了怠慢，不免存有心结。值得注意的是，这篇纪念梁启超的文章，却采取了将蔡、梁二人处处加以对比的写法，扬蔡而抑梁，明显流露出了个人的恩怨情绪。他说：二人虽同是伟大，"然而其所以伟大却各异，不可马虎混同"。梁启超小蔡八岁，成名却远早于蔡；但他"缺乏储蓄深厚之致"，故其思想"亦不能绵历久远"，"他给中国社会的影响，在空间上大过蔡先生，而在时间上将不及蔡先生，亦由此而定"。④ 平心而论，蔡、梁皆有大贡献于社会，但一定要说前者的影响将远胜后者，却不足信。至少从现在看，事实正相反。1973年，即在发表此文33年之后，已入耄耋之年的梁漱溟重拾旧文，又写下了《写在〈纪念梁任公先生〉一文之后》，虽称梁启超能反省自己依傍军阀的"罪恶"，"卒自悔悟是有良心不昧者"，与康有为、杨度"悍然作恶者"不同，"自有

---

① 张其昀：《悼梁任公先生》，夏晓虹编：《追忆梁启超》，第121页。
② 《黑格尔〈哲学史讲演录〉一书摘要》，《列宁全集》第55卷，人民出版社2017年版，第208页。
③ 梁漱溟：《纪念梁任公先生》，夏晓虹编：《追忆梁启超》，第263页。
④ 梁漱溟：《纪念梁任公先生》，夏晓虹编：《追忆梁启超》，第260页。

可原恕";但仍以严厉的口吻,斥其"情感浮动",终是"学问上不能深入的人",一生学问,"都无大价值"。① 较之前文,话说得更重,无异于将任公一笔抹杀了。可见其心结,老而弥深!张荫麟恰成相反的例子。他17岁时曾大胆批评过梁启超的学术观点,后者不仅不生气,反而称赞他是天才,并成了忘年交。因之,任公对他而言,同样有知遇之恩。也因是之故,他对别人批评梁启超的意见,不免做了不明智的袒护。例如,梁启超于民国后两度入阁,多遭人诟病,但张荫麟却说:"任公入民国来政治营构之无成,非尽关人事,亦有天焉。"又如,为强调梁启超著述的成就,他这样说道:"若《欧洲战役史论》,元气磅礴,锐思驰骤,奔砖走石,飞眉舞色,使人一展卷不复能自休者。置之世界历史著作之要,以质而不以量言,若吉朋、麦可莱、格林、威尔斯辈,皆瞠乎后矣。曾试自操史笔之人,读此等书而不折心者,真无目耳。"② 将《欧洲战役史论》说成世界名著,甚至认为读此书而不为倾倒者,是有眼无珠!这明显是情绪化了,没有可信度。梁、张评价的对象都是同时代关系密切的师友,坚持"严格的历史主义"自属不易;但是,就是面对不曾谋面的历史人物,如龚书铎先生所言,研究时间长了也会产生某种"感情"与"偏爱"。③ 故"卓绝地坚持""严格的历史性",固是我们评价近代历史人物必须信守的底线,但真要做到,又谈何容易!

著名史学大家何兹全先生曾于2003年预言说:唯物史观现在被人冷落了,但它"仍然是最先进的历史科学的理论",不用多久,"会复兴,为历史学家再接受。时间会多久,不好说,十年、二十年吧!"④ 先生的预言何其准确!今天唯物史观对中国史学的指导地位已然恢复,且愈加强固,相信在它指导下,近代史人物的研究与评价将展现新的繁荣局面。

(原载《史学理论研究》2020年第6期)

---

① 梁漱溟:《写在〈纪念梁任公先生〉一文之后》,夏晓虹编:《追忆梁启超》,第265页。
② 张荫麟:《跋〈梁任公别录〉》,夏晓虹编:《追忆梁启超》,第139页。
③ 龚书铎、董贵成:《50年来的中国近代思想史研究》,《近代史研究》1999年第5期。
④ 何兹全:《我所经历的20世纪中国社会史研究》,《何兹全文集》第1卷,中华书局2006年版,第601、602页。

关于客观评价近代商人的几个问题

朱 英

(华中师范大学中国近代史研究所)

近三十年来，近代商人与商会的研究受到史学界重视，相关研究成果越来越多。但对于如何客观评价近代商人，仍存在一些似是而非的结论，值得商榷与探讨。由于近代中国在很长时期工商不分，不仅工商业者自称为商，社会舆论往往也将工商业者统称为商人，所以本文所称之商人实际是指工商业者。另外，本文并非针对学术界评价单个商人的观点与结论进行商讨，而是在整体上就若干较为常见的说法谈一点不同意见，敬请学界同仁批评指正。

一 近代商人有无政治思想和政治追求

近代商人长期饱受批评与指责的一个重要原因，是说他们缺乏政治思想与政治追求。绝大多数论著认为商人只专注身家财富增长，唯一的追求是利润。他们害怕社会动荡，故而不关心政治变革，在政治运动中趋于保守软弱。就表面情形而言，对商人的这一批评似乎并不为错，但也不乏可商讨之处。

追根溯源，对商人不关心政治的批评并非始于当今学术界，其实早在近代即已有之。民国元年工商部在京召集全国临时工商会议，各地商会以及其他工商团体均派代表出席，并在开幕式上邀请梁启超、杨度等社会名流发表演讲。梁启超在演讲中除阐述发展实业必须解决资本、组织、人才三大问题，还特别强调政治与实业有着极为密切的关系，举凡"政治不良之国，产业必永无发达之一日"。前清由于专制体制的限制与约束，人民无权过问政治,现为共和国体,人民可以而且应当参与政治,以尽国民之责。梁启超还直言不讳地指出:"中国工商界最大之病,莫过于安分守己之一语,以为安分守己即是一人之道德,不知己之范围有宽有窄。中国工商界之人,现已范围过窄,以为一身而外皆非己有,不知一团体一社会一国家,皆一己与焉……守社会之己,国家之己,公司之己,则其社会也国家也公司也,未有不发达者。中国从前政治种种腐败,皆因不知此理。"因此,工商业者应该关心政治改良,"奋起其监督政府之能力,而活动于政治范围之中"。① 梁启超批评工商界存在的最大弊端为"安分守己",其实就是批评工商业者不关心政治。

梁启超所说之工商界最大之病莫过于"安分守己",如若换一个在近代商界十分流行而广受批评的说法,即是"在商言商"。学术界通常认为,"在商言商"从字面上理解,就是只专注于商事,不过问政治,这是商人缺乏政治责任感的典型话语。确实,商人在许多场合都曾毫不隐讳地主动声称其"在商言商"的态度与立场。例如在反对"二次革命"时,上海商界领袖就曾多次表示"商人在商言商",以维护实业、发达商务为唯一宗旨,"赣省变起,商业受害",所以"沪上商界均不赞同"。② 故而革命党人创办的《民立报》公开批评商人这一眼光短浅的举动,并非全无依据。

然则不应忽略的是,从清末至民国,近代商人也有积极参与一些政治活动的表现。尤其需要注意的是,对待同一政治事件,各地商人常常有不同的态度与行动,需要进行区域与个案考察,否则就会得出失之片面的结论。例如在清季国会请愿这一政治运动中,一方面确有商人与商会表示:"商会应办商务,他事不应办,国会事重,商人不够资格,更不能办。"有的还声称商会"不但不必办国会,商界以外之事均可不办"。③ 如果仅仅以此为依据,很容易得出商人不关心也不参与国会请愿运动的结论。但另一方面,也有许多地区的商人与商会积极参与了国会请愿运动。上海华商联

---

① 《梁启超君演说》,工商部编:《工商会议报告录》第 1 编,"开会式及演说",1913 年印行,第 23 页。
② 上海市工商业联合会编:《上海总商会议事录》(一),上海古籍出版社 2006 年版,第 121 页。
③ 天津市档案馆等编:《天津商会档案汇编(1903—1911)》下册,天津人民出版社 1989 年版,第 2361、2360 页。

第八篇 唯物史观与近代历史人物的评价

合会办事处曾向各地商会发出《为国会事公告海内外华商联合请求书》，多方阐明商人应"尽立宪国民之义务"，参与这场政治运动。此一呼吁得到许多地区商人与商会的响应，1910年6月立宪派发起第二次请愿，商会也选派代表参加。不仅如此，请愿代表还"承数十万商民之委托"，向清政府提交三份敦请速开国会请愿书。由此表明商人并非全都不关心政治问题和不参加政治活动。

另有论著认为近代商人只是偶尔关心和参与政治活动，此系商人之"变态"表现，其"常态"行为则是信奉"在商言商"原则，而"变态"表现不足以说明商人有政治思想和政治追求。所谓"变态"与"常态"之说，其实并不十分准确。如果类似表现只有为数很少的一二次，我们或许可以称之为"变态"行为，但如果持续发生则显然不宜视之为"变态"。揆诸事实，不难发现在民国时期商人和商会关心并参与政治活动的表现并不少见。1913年5月全国商会联合会发起调和党争，被视为"商人维持政局，为吾国韧举"。[①] 到20世纪20年代，商界中的有识之士已意识到："在商言商之旧习，已不复适用于今日。吾商民对于政治，必须进而尽其应尽之责任。"[②] 有的还提出处此危急之秋，"倘仍在商言商，置国事于不问"，商人将"无立足地矣"。[③] 1921年上海商会提出废督裁兵主张，同年10月全国商会联合会与全国教育联合会在上海举行全国商教联席会议，公开发表对内对外宣言，并向各省议会及各公团发起召开"国是会议"。次年5月，"国是会议"在上海总商会议事厅隆重举行。无论商教联席会议还是"国是会议"，讨论的议题都是包括政治在内关乎国家前途命运的重大事项。1923年6月，直系军阀曹锟发动政变，上海总商会公开否认政府有代表国家的资格，组织民治委员会应对非常时局，"更显出上海商人对政治的真态度"。[④] 抗战胜利后，全国商会联合会又曾主动发起一场自称为"参政运动"的抗争行动，其主旨是力争工商界获得更多立法委员和国大

[①]《商会联合会调和两党纪事》，《中国商会联合会会报》第1年第1号，"纪事"，1913年10月，第6页。

[②] 穆藕初：《花贵纱贱之原因》，《上海总商会月报》第3卷第2号，"言论"，1923年2月，第6页。

[③]《上海县商会开临时会员大会通告》，《申报》1923年6月25日。

[④]《总商会今日大会》，《民国日报》1923年6月23日。

代表名额，产生了较广泛的社会影响。

由上可知，近代商人对于政治有着双面态度与表现，一面是标榜"在商言商"，不关心政治；另一面又常常在商言政，参与政治。一体两面才是"商人政治"的常态，两面合一则构成了近代商人的政治性格特征。因此，评价近代商人是否具有政治思想与政治追求，不能只看到其中的一面而忽略另一面。① 同时还应注意，商人并非政治人物，不能苛求他们必须具备如同政治家那样的政治思想与政治追求，而且"商人政治"的特点，与促进工商业发展和保护自身利益的经济诉求紧密相联。

二　不宜简单贴上大商人与中小商人标签并作出不同评价

就商业资本和规模而论，当有大商人与中小商人之分。一般情况下大商人多指批发商，"即以向制造家购得货物而转批售于零售商之商人为大商人，而以零售商，即指直接以货物供给顾客之商店而言者为小商人"。② 但长期以来，学术界一直习惯于根据近代商人与帝国主义和封建主义的联系以及政治态度，将其划分为大商人和中小商人两个不同群体，并以此为依据作出否定或肯定的评价。这种贴标签式的简单方式实际上存在着较多不实之处，也值得认真反思与商讨。

20世纪80年代，国内史学界对近代工商业者普遍使用的是资产阶级这一概念，辛亥革命与资产阶级在当时也是近代史研究中最重要的领域之一，成果十分显著。但当时的相关论著即普遍将资产阶级划分为上层和中下层，实际上类似于大商人与中小商人之分。认为上层在经济方面与帝国主义和封建主义存在着较密切的联系，因而反帝反封建的态度与行动都趋于保守妥协，其最为突出的表现是反对革命，支持立宪，成为资产阶级立宪派的阶级基础。中下层则由于在经济上受到帝国主义和封建主义的压迫，故具有反帝反封建的一面，同情并支持革命，成为资产阶级革命派的阶级基础。在当

---

①　在讨论这个问题时还需注意外部政治势力，以及"人事"对商人团体或单个商人的影响，参见冯筱才《名实·政治·人事——关于民初上海商人团体史研究的几点思考》，《近代史研究》2006年第4期。

②　郑保华：《大商人与小商人》，《烟兑月刊》第1卷第5期，1939年。

第八篇 唯物史观与近代历史人物的评价

时,是否支持革命,则是对资产阶级不同阶层给予肯定和否定评价的重要标准。近些年来,史学界出现了不见资产阶级名称的资产阶级研究这一新趋向,除了个别学者外,绝大多数都不再使用资产阶级这一概念,而是代之以商人或是工商业者概念,但依然在很大程度上继续沿用了分别类似于资产阶级上层和中下层的大商人与中小商人之划分与评价。

认为资产阶级上层支持立宪、中下层支持革命这种贴标签式的结论,显然并不客观,与史实也不无出入。上海工商界若干上层人物,如李平书、李云书、王一亭、沈缦云、叶惠钧、虞洽卿、朱葆三等,在武昌起义之前已由支持立宪转为支持革命,上海光复后成立沪军都督府,他们当中许多人都在都督府担任了重要职务。而资产阶级中下层支持革命的结论,至今也难以找到足够的具体事例予以证实。尽管我们不能以上海工商界若干上层人物支持革命的行动,就简单地断定资产阶级上层都支持革命,但却可以说明资产阶级上层都反对革命的标签式结论,是很值得商榷的。

如果追寻源头,同样不难发现对资产阶级上层和中下层,以及对大商人和中小商人贴上不同政治标签,并相应做出不同评价的做法,与20世纪20年代轰轰烈烈开展的国民革命运动有着密切关联。在国民革命初期,国民党曾大力开展民众运动,其中包括商民运动。1926年1月,国民党"二大"通过《商民运动决议案》,确定了商民运动的基本方略。该决议案将商人划分为"不革命者"和"可革命者"两大类别。买办、洋货业、中外合办银行等大商人,与帝国主义存在密切关系,系"不革命者",广大中小商人则是"可革命者"。在当时特定的革命年代中,"不革命者"即意味着反革命,所以对其策略是"揭发其勾通帝国主义者之事实,使彼辈不敢过于放恣作恶,更引起其他商人对于彼辈之仇视"。对于可革命之中小商人,则尽量"使之参加政治运动……以打破商民在商言商不问政治心理",促使他们成为革命的商人。另外,该决议案还认定商会和商团等旧式商人团体,均为不革命的大商人所控制,"受帝国主义者和军阀之利用,作反革命之行动"。因此,必须"号召全国商民打倒一切旧商会","在本党政府下不准重新设立商团"。[①] 同一时期中国共产党第三次中央扩

[①] 《商民运动决议案》,中国第二历史档案馆编:《中国国民党第一、二次全国代表大会会议史料》上册,江苏古籍出版社1986年版,第388—393页。

大执行委员会通过的决议案中，也有《商人运动决议案》，其内容大同小异，同样认为中小商人多倾向革命，并强调商人运动的对象主要就是动员中小商人，组织中小商人反对大商人的妥协卖国与反革命行为。很显然，出于推动革命发展的需要，在国民革命初期国共两党都为大商人和中小商人打上了政治标签，而学术界后来在很大程度上有意无意受此影响，也长期认定资产阶级上层反对革命，中下层支持革命，现在迫切需要打破这种政治标签，依据史实重新予以全面考察和深入研究。

除此之外，多年以来史学界对近代上层商人的另一个否定性评价，是普遍认为上层商人长期垄断了商会这一重要工商团体的领导权力，导致商会不能维护中小商人的利益。尽管商会的领导人从表面上看是通过投票选举的方式产生，但无论是清末的总理与协理，还是民国时期的会长与副会长，实际当选者几乎都是工商界的上层商董，中小商人无一人获此殊荣。而上层商人之所以能够长期控制商会的领导权，主要是凭借其强大经济实力和人脉资源，并多方运动排挤中小商人，从而得遂私愿。就相关史实而言，近代各级商会的领导人确实都是由当地实力雄厚且声望素孚的上层商董担任，基本上没有中小商人。但是，对这种现象也需要客观看待，不能简单地因此而指责上层商董并予其否定评价。

首先，上述批评预设了一个实际上并不存在的前提，这就是上层商董都处心积虑觊觎商会领导职务，事实却并非如此。尽管商会是近代工商各业联合组成的重要工商团体，具有"登高一呼，众商皆应"的巨大号召力，能够出任商会领导人也就意味着成为当地工商界领袖，但其实多数上层商董却并不愿意担任商会领导人。根据台湾学者李达嘉对清末民初历届上海商会当选领导人的具体考察，我们得知几乎所有当选者都曾力辞不就。其提出的主要理由，一是才识有限，不能胜任；二是自身业务经营繁忙，无暇他顾；三是身体状况不佳。第一条理由当然是自谦的表示，第二三两条则是不愿就任的实际原因。虽然多数当选者在商会全体理事一再劝说下勉强上任，但也不乏最终未就任而不得不改选他人的事例，而且这种情况并非仅限于上海商会。[①]

[①] 李达嘉：《上海商会领导层更迭问题的再思考》，《"中研院"近代史研究所集刊》2005年第49期。

其次，当选商会领导人者均为具有较高社会威望和影响力的上层商董，应该是一种比较正常的现象。商会的重要功能除联络各业、调查商情之外，还包括"通官商之邮"，需要经常与官府沟通联络，有时为保护工商业者利益不得不多方与官府斡旋甚至是抗争。无论是工商界内部的联络，还是与官府斡旋与抗争，都需要有威望有影响力的上层商董出面担纲，才能获得较好的效果。如果是由名不见经传的中小商人出面，既无威望又无影响力，不仅官府不会予以重视，恐怕在工商界内部也难以服众。所以，通过投票选举的商会领导人均为上层商董是预料之中的结果，这种现象不仅在近代商人社团中普遍存在，即使是现今也概莫能外，并不影响商会维护整个商人群体的利益。

需要附带说明的是，近代史学界虽将近代商人划分为大商人和中小商人，并对中小商人给予肯定性评价，但实际上长期以来却一直是对大商人研究多，对中小商人研究少。其主要原因，大概是由于有关大商人的史料较多，也较易搜集，而有关中小商人的史料极为少见。今后亟需加大力度挖掘中小商人史料，开展相关研究。笔者最近查阅《申报》，发现九一八事变后该报的读者通信栏目，有许多不知名的中小商人和店员来信，就抗日救国提出自己的看法，并向编者请教遇到的各种疑惑，利用这一史料开展相关研究，对于弥补抗战期间中小商人研究的薄弱肯定有所帮助。

三 如何客观看待抵制洋货运动中商人的表现

自1905年全国规模的抵制美货运动之后，抵制洋货一直是广大民众在反帝爱国运动中采取的一种重要斗争手段，尤其抵制日货几乎贯穿整个民国时期。在抵制洋货运动中商人扮演着重要角色，商会则发挥了不可或缺的作用与影响。史学界早期对抵制洋货运动的研究，大多对商人有所忽略，后来虽有所肯定，但仍强调商人在抵货运动中软弱与妥协的一面，并多有批评与指责。一是谴责在抵货运动中仍有一部分奸商不顾民族大义，暗中私进私售洋货，牟取暴利；二是批评商人在抵制洋货运动中不能始终如一坚持到底，遭遇经济损失与其他压力后即趋于妥协，致使抵货运动最终无法达到预期目标。

无庸讳言，在历次抵制洋货运动中确有一部分商人乘机牟利。他们利用洋货受到抵制，价格下降，私进私售洋货。这种"只为个人图利，不顾国家存亡"的行为无疑有损民族大义，当时即受到社会舆论的批评和爱国人士的指责。在"九一八"事变后的抵制日货运动中，激进的爱国市民通过《申报》读者来信栏目，"有主查得后将货焚毁者，有主将该奸商拘禁者，有主令游行以示辱者，最激烈者，主张明杀或暗杀"。① 该栏目编辑则在回复中并不赞同以各种违反法律的激进方式处罚私进私售日货的商家，尤其不能"明杀或暗杀"。② 在相关学术论著中，虽然没有类似对待私进私售洋货商人的激烈看法，但如果一味强调商人私售洋货，破坏抵货运动，忽略多数商人积极参与抵货运动，也存在片面之处。

在历次抵制洋货运动中，绝大多数商人都积极投身其中，宁愿承受暂时的经济损失，显示出与其他社会阶层同样的爱国热忱。他们当中既有大量的中小商人，也不乏上层商董。例如曾担任上海商务总会总理的曾铸（字少卿），以极大勇气领衔发起抵制美货运动，署名电告清朝商部"众商拟相戒不用美货，暗相抵制"，并通电全国各埠商会请予响应，"以伸国权而保商利"。③ 随后抵制美货运动在全国勃然兴起，曾铸在面临来自清政府压力与各方质疑时又向国人阐明："政府虽欲阻止，恐亦无从措辞。阻止之道，充其量不过阻止开会而已，不能强令人人定用美货也。"④ 当个人生命安全遭遇威胁时，他更是坚定地表示"为天下公益死，死得其所"。曾铸的这种表现赢得舆论与各界的普遍称赞，被誉为"二十世纪中国商界第一伟人"。一介商董在抵制美货运动中能有如此慷慨激昂的爱国之举，难道不应予以充分肯定？因此，既充分肯定多数商人在抵制洋货运动中的积极表现，同时也指出仍有一部分商人私售洋货，才是对抵制洋货运动中商人表现的客观评价。

近代中国抵制洋货运动连绵不断，时人统计仅抵制日货运动至1931年即多达9次。但是，每次抵制日货运动虽产生了积极的作用与影响，却未能完全达到预期目标。对此，当时的商界人士也有所反思与检讨："已

---

① 《五告读者通讯诸君》，《申报》1931年12月8日。
② 《问私售日货的奸商可否枪毙》，《申报》1931年10月28日。
③ 苏绍柄编辑：《山钟集》，上海鸿文书局1906年版，第27—28页。
④ 《曾少卿声明未允展期不用美货来函》，《申报》1905年7月7日。

往之屡告失败，言之实堪痛心，则今后之如何规划，益觉有妥谋改善之必要。"① 而相关论著则大多认为历次抵制洋货运动之所以失败，其主要原因一方面是由于私进私售洋货的奸商从中破坏，另一方面是因为参加抵制洋货运动的商人大多不能坚持到底，他们不愿蒙受自身经济损失，在抵制持续一段时间之后，强烈要求商会同意将封存的洋货贴上印签准予销售，由此使抵制洋货运动无形消解。总之，商人应对抵制洋货运动的失败承担主要责任。

将抵制洋货运动的失败原因完全归咎于商人，这恐怕也不是全面客观的结论。其实，抵制洋货运动最终难以达到预期目标，是由多方面因素造成的，商人只是其中的因素之一。遭受抵制的列强国家，无论是英美还是日本，都无不采取种种手段向中国政府施加强大压力，要求阻止甚至是镇压抵制洋货运动。中国政府则屈从于压力，要求各级官员明里暗里阻挠抵制洋货运动的深入进行。抵制洋货运动虽属民间性质的爱国行动，但不仅得不到官方的支持与保护，而且受到多方阻挠，自然难以长期坚持从而完全达到预期目标。不能否认私进私售洋货的奸商，对抵制洋货运动的顺利开展产生了恶劣的影响，但这样的奸商并非商界中的多数，应该只是一小部分人。诸多爱国商家对这样的奸商也十分痛恨，予以谴责，商会也积极配合相关抵制洋货的团体查禁私进私售行为。因此，私进私售的奸商固然可恨，但并不足以致使整个抵制洋货运动趋于失败。在类似奸商存在的情况下，多次抵制洋货运动依然获得了迅速发展，也证明其影响并没有大到想象的那种程度。

至于参加抵制洋货运动的商人为何不能将抵制行动坚持到底，直至完全达到预期目标，也需要予以全面的分析，做出客观的评价。平心而论，抵制洋货作为一场全民爱国运动，与国家主权与民族危亡紧密相联，关系到各阶级各阶层的共同利益，如能达到目标全民将共同受益。但在抵制洋货运动中承受严重经济损失的却只有商人，其他阶级和阶层则几乎没有什么经济损失。而且在历次抵制洋货运动中，无论是国家还是社会从未见有弥补商人严重经济损失的任何举措。1933 年 6 月，曾有一位爱国的洋货业商人致函《商人公论》杂志，述说自"九一八"事变后即坚持不再进售日

---

① 周才良：《抵制日货商店店员应负之责任》，《申报》1931 年 12 月 29 日。

货,结果亏损严重,已达破产关门地步,"因此苦闷极了"。① 在当时的商人中这是非常普遍的现象,始终无人帮助解决。时论已经意识到,商人是抵制洋货运动中的重要角色,但不应使其"独捐其大利而受大害也,皆当各尽其能力而分任"。② 我们不能要求商人在没有任何援助的情况下,长期承受经济损失,正如同不应"迫使一小部分人牺牲自己眼前的利益去承担全民族的久远的历史责任"。③ 否则,近代由商人扮演重要角色的抵制洋货运动,注定是难以长久坚持的行动。

(原载《史学理论研究》2020年第6期)

---

① 《商人的苦闷》,《商人公论》第12期,1933年6月15日。
② 《论十八日商务总会各大商签允不定美货事》,《时报》1905年7月23日。
③ 王冠华:《爱国运动中的"合理"私利:1905年抵货运动夭折的原因》,《历史研究》1999年第1期。

第九篇

唯物史观与多维视阈下的民国学术发展

民国学术之历史定位

欧阳哲生

（北京大学历史学系）

民国学术史研究之所以引起人们重视，缘起于 20 世纪 90 年代学术界出现的"国学热"和由思想史转向学术史的抉择。在这股热潮的推动下，胡适、陈寅恪、钱穆这些沉寂一时的大师级学者受到学界的追捧，他们的作品成为畅销书籍不胫而走，回归传统、复原历史成为学术演进的新动力。时经近三十年，今天我们再来关注民国学术史，真是别有一番滋味在心头，历史是学术前行的基础，但进步毕竟以超越为标志。因此，我们现行的民国学术史研究须站在新的制高点上，以超越前代为前行目标。

一代有一代学术。民国学术之所以自成为一个单元，其根据在于它拥有区别于前之清代学术、后之中华人民共和国学术的精神特征、学术制度和学术风貌。清代学术是中国传统学术的高峰，人们常以朴学、汉学、考据学赅而括之。晚清随着经世致用思潮的兴起和西学的大力引进，新学开始兴起。新中国学术则与社会主义政治制度、意识形态的建立密切联系在一起，前三十年带有浓厚的"苏式"色彩，学术研究受到意识形态的约制；以改革、开放为主导的新时期四十年摆脱苏联模式，大力引进西方学术，在改进既有学术机制的基础上形成一套既不同于僵化的"苏式"学术制度，又有别于相对自由的西方学术机制，它以国家规划、社会需要与学者意愿相结合，其学术形态自成一格。

民国历史不过三十七年。政治上以共和制翻开中国新的历史篇章。文化学术则以新文化运动终结了传统的儒学意识形态，将晚清出现的从传统向现代的文化转型确立为正统。虽然清末登台的名流学者，诸如康有为、

> **第九篇** 唯物史观与多维视阈下的民国学术发展

严复、章太炎、梁启超、刘师培、罗振玉在民初学界仍拥有重要影响力，但已不在学术前沿。代之而起的是蔡元培、王国维、胡适、赵元任、杨树达、陈寅恪、陈垣、顾颉刚、冯友兰、汤用彤、金岳霖、郭沫若、傅斯年、李济、余嘉锡、柳诒征、蒋廷黻、李剑农、萧公权、王世杰、钱端升、陶孟和、何廉这样一批学者，他们成为新学术的领军人物。从晚清起步的学术转型成为不可移易的趋势，大学废除经科，打破传统经史子集的图书门类分法，全面引进西方的学科体系，建构新的学科研究框架，中国近代的哲学、历史学、文学等人文学科之划分和研究范式次第登场。新型大学为提升学术水准，建立了一批新的学术研究机构，闻名于世者有北大研究所国学门、文科研究所、清华国学研究院。1928年中央研究院设立历史语言研究所，学术研究进入国家体制。新知识群体为自身的发展，以弘扬人文、发展科学为职责，创办学术刊物，设立学位制度，评聘学术职位，奖励学术著作，确立现代学术体制。传统学术在新观念的烛照下焕发新的活力，有着历史考证传统的中国史学，凭借发掘大量新的历史材料，即人们称道的"四大发现"（殷墟的甲骨文、汉代居延汉简、隋唐敦煌文物、明清大内档案），出现超越清代乾嘉汉学的势头。新知识群体受到新文化运动的激励，大力拓展中国传统学术研究范围，将小说史、戏曲史、民俗、歌谣研究这些为士大夫不屑一顾、不登大雅之堂的"流俗"作为研究对象；西方的学科观念与中国的传统学术交融互动，产生了一批新人文的经典性学术成果，在文学史领域有王国维的《宋元戏曲史》、鲁迅的《中国小说史略》，在哲学领域有胡适的《中国哲学史大纲》、冯友兰的《中国哲学史》、金岳霖的《知识论》，在历史学领域有顾颉刚为代表的"古史辨"、郭沫若的《中国古代社会研究》等。有人称这是中国学术新的诸子百家时期，有人视之为中国学术发展的又一高峰。从学术变迁的角度看，我们认为，这是中国学术从传统向现代转型的时期，亦即中国现代学术形态的生成时期。

民国学术呈现出不同于清代学术的历史形态。它以引进西方学术制度为主导，以现代学科体系为架构，以新型的大学、研究院为学术单位，以生产新学术成果为导向，从此中国学术进入一个迥异于传统学术的历史新阶段。由于民国历时短，加上社会动荡，政局不稳，学术运转时常处在非正常的情境，学术生产受到各种非学术因素的干扰，其学术成果的总量自然有限。

民国学术是中国传统学术向现代学术转型的历史时期，传统学术的历史底蕴对这一转型构成制约。这首先表现在知识结构上。尽管这一时期中国学术已按西方学术制度做学科化处理，形成新的学科体系，但传统文化仍是新文化人的主要知识来源，在文史哲这些人文学科领域尤其如此。传统学术的"通识"特征对新文化人纵横驰骋于不同学科提供着强有力的知识资源的支持。同时，由于学科分科体系初步形成，传统文本常常成为多学科的经典文本素材，新学术的大家身跨文史哲多学科的现象也不乏有之。从中国现代学术的演变来看，传统学术遗产浸润民国学人，成为他们据以傲视后来者的一大优势。

民国学人对西学趋之若鹜，西学成为他们战胜传统学术的有力武器。但西学毕竟是初期引进，宏观现代学术的建构，虽然在体系上、制度上，它整体替代了传统学术体系、学术制度，但若微观透视，对民国学人的西学素养又不可估价过高。除了个别留学西洋归来的"海归"在西学素养上与西方学者能够展开对话，绝大部分留学生尚只停留在学习、介绍的层次，高水平的西学成就远谈不上。

民国学术与政治的关系密切。政治是时代的中心，政治冲击学术，政治冲淡学术，政治约制学术，学术因此常常变得无所适从。学人与政治的关系极其复杂，大致可分为三种类型：参政的学者型官僚、议政的公共知识分子、与政治保持距离的一介书生。即使后一种选择，与政治也难脱干系，有着某种"剪不断、理还乱"的历史关系。

梁启超定义近代中国为"过渡时代"，民国学术史也是如此。这种过渡期的学术特征主要体现在中西新旧的结合。由于西方文化是强势话语，结合的价值取向往往是以西贬中，以新胜旧。传统学术受到了极大贬损，传统学术资源的开掘受到限制。作为传统学术主干的经学意识形态基本上被解构。

鉴于民国学术的上述情形，葛剑雄先生的看法可备一说："如果在中国内部进行阶段性比较，则除了个别杰出人物外，总体上远没有超越清朝。而今天的总体学术水平，已经大大超越了民国时期。"[1] 从传统学术的

---

[1] 葛剑雄：《被高估的民国学术》，《文汇报》2014年10月17日。

视角看,民国毕竟是传统文化的衰落时期,因此传统学术的表现在这时期明显受到了相当的抑制,就这一点而言,民国学术确不如清代乾嘉汉学,但与后来身陷传统文化断裂层的新一代学人相比,其古典遗传又要丰厚。从外来学术的引进看,虽然大力输入西学,但因是初期引进,就不免粗制浅薄,与西方有关的学科建设基本上停留在译介、模仿和撰著教科书层次,在这个意义上,当代学术当然又是后来居上。胡适、陈寅恪在时人的眼中,也许是以西学、新学见长;而在今人看来,他们又可能遭遇相反的评断,人们会更推崇他们的所谓国学根柢和成就。

中国传统学术自古有修治学术史的传统。先秦有《荀子·非十二子》《韩非子·显学》,汉代有司马迁的《史记·论六家要指》《孔子世家》《老子韩非列传》,班固的《汉书·艺文志》《儒林列传》,都是较早的学术史文字。以后各种有关历朝历代学术史的文字著述不断有之。明末黄宗羲的《明儒学案》《宋元学案》更是学术史的鸿篇巨制。清代纪昀主纂的《四库全书总目提要》,对中国传统各种学术专著加以部勒,对各学术流派的发展脉络分门别类加以述评,堪称中国传统学术的一大总结。近人梁启超的《清代学术概论》《中国近三百年学术史》和钱穆的《中国近三百年学术史》被视为总结清代学术的经典之作。遗憾的是,有关民国学术史的研究,迄今未见有分量的通论性学术专著问世。出现这一情形,与民国学术的分科制度的形成有密切关系。人们已习用新的专业学科眼光探讨学术史,传统的学案体或通论性的学术史著作已被扬弃。梁启超式的《清代学术概论》这样的经典制作似成绝响。

开展民国学术史研究,其目的主要是清理这一时期的学术成果,发掘这一时期丰富的学术矿藏,为中国人文学术继往开来提供具有借鉴价值的历史文献。

研究民国学术史,需要解决的主要问题包括:通过描述民国学术进程和学术格局,勾勒这时期学术发展的脉络和基本走向;将学术史研究置于广阔的思想文化背景和社会政治环境中去考察,探讨它们的互动关系;注重考察民国学术的渊源流变和师承关系,它们形成的学术传统和学术范式;全面考察中国学术从传统向现代形态的转变,对推动这一转型的内部革命动力和外来学术的刺激给予全面地透视;重新检讨民国学术的评价体系,对当时学术评价机制和学术界的基本取向做一通盘考察,以期能较全面地反映这时期的学术面貌和学术工作实绩；注意从价值层面考察这时期学人们所形成的学术精神和学术品格，展现他们独特的精神气质和人格魅力；注意对在这时期产生重要影响的学术机构、社团和刊物的评介，多层面地表现民国学术发展的纷呈局面；评介这时期中国学人为传播中华文化所做的工作及其与外国汉学家的互动关系，对民国学术的内外关系做出全新的说明。

民国学术史是一项跨学科性的综合研究，主要涉及史学、哲学、文学、社会学、法学、政治学、经济学多学科的研究。总结这一时期学术史的既有论著，从体裁和内容上看，主要有三大类：第一类是学术专门史之类的研究，诸如各学科的专门史，如史学史、哲学史、文学史、翻译史等分支的研究。较早者有胡适的《五十年来的中国文学》，蔡元培的《五十年来的中国哲学》，周予同的《五十年来中国之新史学》、顾颉刚的《当代中国史学》、贺麟的《当代中国哲学》等，著者既是历史活动的主体，又是历史过程的叙述者，他们的论述自然与个人的学术倾向和立场密切相关；当代这类体裁的著作，有吴泽主编的《中国近代史学史》，张岂之主编的《中国近代史学学术史》，冯友兰的《中国哲学史新编》（第六、七册）等，他们主要是探讨某一学科的发展史，属于学术史的学科史门类研究。第二类是具体人物的个案研究，或学术派别、学术刊物、学术机构、学术思潮的专题研究。如刘起釪著《顾颉刚先生学述》（中华书局1986年版）、郑师渠著《在欧化与国粹之间：学衡派文化思想研究》（北京师范大学出版社2001年版）、陈以爱著《中国现代学术研究机构的兴起——以北大研究所国学门为中心的探讨》（江西教育出版社2002年版）、卢毅著《整理国故运动与中国现代学术转型》（中央党校出版社2008年版）、郑家建著《清华国学研究院述论》（海峡文艺出版社2010年版）等，以及《近代国学大师丛书》（百花洲文艺出版社）等有关近代学术大师的个案研究丛书，对近代学术发展产生重要影响的一些期刊（如《国学季刊》、《学衡》、《历史语言研究所集刊》）、派别（如"古史辨"）的专题研究，都属此类。第三类是传统学术在近代研究，如近代经学、佛学、诸子学、国学等领域的研究。现今的民国学术史研究论著，多为人物个案研究和学科史研究，这些著述从不同角度、某一侧面反映了这时期学术发展的情形，构成我们民国学术史进一步研究的重要基础。

第九篇　唯物史观与多维视阈下的民国学术发展

研究民国学术史，具有不同于传统学术史的特点：在体例上，它既不同于传统的学案式体例或今人的个案研究，只局限对某家某派的学术思想和活动逐一论述，也不同于通行的史学史、哲学史，只限于对某一学科的发展作系统的评介，而是将民国学术置于广阔的文化思想背景和社会政治环境中去考察，对这一时期学术变迁的外部氛围和内部流变做全方位的深度透视。

在思路上，以民国学术为研究对象，自然有意评述民国学术的独特地位。从学术形态上看，民国学术既不同于此前的清代学术，属于传统学术的范畴，又不同于此后的社会主义时期的学术文化，它构成新的相对独立的学术单位。在整个中国学术史发展中，民国学术是中国从传统向现代转型的过渡期，有承先启后的作用。抓住民国学术转型这一特征，设置一些与学术转型相关的重大问题进行研究，在追溯民国时期学术发展的渊源流变的基础上，力求对学术转型过程中的种种问题给予深入的探讨。

在观念上，民国学术史应与以往过于强调中国现代学术形态的形成是受西方文化影响的"殖民"性质不同，亦与近年国学研究中某些单纯强调现代学术的传统起源说的倾向有别。它既应重视这时期学术转型过程中西学输入有关的"影响"研究，同时有意凸显传统学术在现代新学术产生过程中的"支援"作用，以及"内据"的性质。从而对中国现代学术的发生做一比较客观、全面的解释。

在方法上，研究民国学术史需坚持历史唯物主义的实事求是原则，对具体人物和学术成果的分析评判以实证为依据，强调有一分证据说一分话，有七分证据不说八分话，除了充分利用学者本人的文集、书信、日记这些"本证"外，还应注意发掘新的材料，充分吸纳各种"旁证"，如报刊、档案、回忆录。注意吸收和借鉴新的史学方法，如解释学的方法和历史语言学的方法，改善研究工具，使这项研究不是"炒冷饭"，而是返本开新，推陈出新。

在内容上，现今的研究多涉及学术史的局部，欠缺总体性的系统考察；对民国学术的渊源流变和它在中国学术从传统向现代转型过程中的地位和作用，欠缺较为全面的研究；对民国学术史上的一些重要问题，如新学术群体的崛起、新学术机构的建设、近人对清代学术的清理和总结、近人中国传统学术观念的变迁等，尚欠缺有力的研究，这些都有待人们去弥补。

　　研究民国学术史应该清理的基本问题包括：一、民国学人对中国传统学术史的认识及其总结。二、晚清传统学术的变异与中国近代学术转型的机缘。三、新学科框架的建构。诸如传统的分科体系，西方的科学观念与学科观念的传入，清末民初引进的西方学科体系与中国传统学术的对应关系，西方科学观念对中国传统学术的解构等问题。四、西学的输入，西学译介主体的转换（从外人到国人）与中西学术交流中"格义"方式的转换。五、社会转型与时代对新学术的呼唤。转型时期民国学术与政治的复杂关系，民国学人"学术独立"品格的养成。六、从晚清到民国，学人（以江藩、罗振玉、章太炎、梁启超、王国维、胡适、顾颉刚、钱穆诸人为代表）对清代学术遗产的清理与总结。七、新学术范式的诞生以及民国学人对新学术范式的争论和检讨。如文学领域的王国维的《宋元戏曲史》、胡适的《红楼梦考证》，历史学领域的梁启超的《中国历史研究法》、郭沫若的《中国古代社会研究》，哲学领域胡适的《中国哲学史大纲》、冯友兰的《中国哲学史》等。八、新学术机构的建设，新学术社团的出现。如北大文科研究所，清华国学研究院和中研院史语所等新学术研究机构的成立及其学术工作的开展。九、"整理国故"之观念的由来及其成绩。从《国粹学报》的国学研究到《古史辨》的历史研究，民国学人对"整理国故"的检讨。十、民国历史学的新发展。诸如新史料的发掘，新史学方法的传输，新史学体裁的出现，史学研究范围的扩大，传统史学的继续发展等问题。十一、哲学学科的设置与发展。如北大哲学门的设立，中国哲学史研究对象的确立与书写，西方哲学理论的译介与研究，逻辑学研究的开展。十二、民国文学研究的新发展。如"文学革命"带来的文学观念变革，中国文学史的书写与研究，中国古典文学史料的发掘与拓展，西方文学理论与作品的译介。十三、以辜鸿铭、胡适、林语堂等为代表的中国学人对中华文化的传播和译介。十四、外人与民国学术的互动及其影响。如罗素、杜威、泰戈尔等人在华的演讲活动及其影响，以及欧美、日本汉学家与中国学术界的交流及其互动关系。十五、民国学术的历史地位及其估价。

　　民国学术史研究已有相当雄厚的文献基础。新时期整理出版的大型民国学术史方面的资料有：《民国丛书》（上海书店）、《中国现代学术经典丛书》（河北教育出版社）、《民国学术经典丛书》（东方出版社）、《国学丛书》（华东师大出版社）、《民国学术文化名著》（岳麓书社）、《中国近代思想文库》（中国人民大学出版社）、《近代国学文献汇编》（国家图书馆出版社）、《民国时期国学期刊汇编》（巴蜀书社），这些都为研究民国学术史提供了必备基本资料来源。

  客观地描述民国时期人文学术和社会科学的演进，再现民国学人为推进中国学术所做的艰巨工作，清理他们为我们留下的文化遗产，是当代中国学术向前推进所应做的一项基础性工作。我们相信，通过开展民国学术史课题的研究，不仅有助于人们更清晰、更细致、更客观地理解民国时期的学术发展状况，而且将会对推进当今的学术发展和精神文明建设，产生积极的作用。

（原载《史学理论研究》2020年第1期）

民国学术研究的体制化及其局限性

左玉河

(河南大学中国近现代社会转型研究中心)

中国在近代学术制度转型过程中，效仿西方逐渐建立起一套现代意义上的学术体制。这套现代学术体制，是以大学和研究机构为中心，包括新式学会、学术期刊、现代出版业、近代图书馆、现代基金会和学术评议会诸多要素在内的学术研究、学术交流、学术评估、学术奖励及学术资助制度。学术研究的体制化及由此带来的学术研究职业化，是民国时期学术研究的基本特色和主要趋向。中国现代学术体制的创建及其职业化趋向，为民国时期的学术发展提供了必要的制度基础和体制保障，同时也带来了学术研究功利化、肤浅化和庸俗化等弊端，影响着民国学术的正常发展。

一 学术体制对民国学术发展之制度保障

民国时期的学术研究活动，是在近代以来创建的现代学术体制规范下进行的。现代学术体制为民国学术研究提供了基础性的制度保障。古代中国的学术研究是一种体制化不甚发达的学术研究，很大程度上依赖于学者个人的学术兴趣和学术爱好。近代以来，随着专业化的学术研究机构及新式学术社团的相继建立，学术研究逐渐成为探求知识的职业化活动。学术研究者逐渐从政治体制中剥离出来，成为相对独立的专门从事知识生产及其传播的职业学者。这些职业学者有独立的学术追求，有自主的学术理念，有独特的学术研究方法，与传统"学而优则仕"的读书人迥然不同。近代以来建立起来的现代大学体制、研究院所体制和学会制度，以及图书馆、出版、基金会等学术文化设施,从制度上保障了民国学术研究的开展。相对独立的现代大学、研究机构的创建,使学术研究逐渐摆脱政治束缚而日趋独立,现代学者日益脱离对政府的直接依附。尤其是学术与政治界限之日趋明晰,传统中国的官学一体化格局被根本突破,与"政界"对应之相对独立的"学界"逐渐形成。

不仅如此,中国现代学术体制还有效地保证了民国学术研究活动的正常运转,为民国学术研究之持续发展提供了制度性保障。民国时期的知识生产和知识传播,不仅是学者们的个体性行为,而且是在现代学术体制中按照现代学术规范所进行的社会化活动。民国时期社会化的学术研究活动,得到了中国现代学术体制强有力的制度支撑。大体说来,民国时期的学术研究,主要是由掌握了专业知识的职业学者承担的。职业学者是在相对独立的专门研究机构进行知识生产和传授的,他们从事学术研究有着较为可靠的资金和设备保障,他们的学术成果往往通过学术会议和学术报刊的平台进行交流,其成果有着统一而相对公正的学术标准加以评估并得到相应的奖励。集中于学术研究机构及学术共同体内的职业学者,以学术期刊及学术年会为媒介,相互间频繁地进行学术交流和思想砥砺,从而加快了民国时期知识生产和知识传播的速度。近代以来知识生产日益专业化和学术研究日趋精深化的趋向,推动着民国学术研究向前所未有的深度发展。因此,现代学术体制不仅保障了民国学术研究的正常运转,而且使民国学术得到了迅速推进。总体上看,民国时期学术发展的历程与中国现代学术体制的创建过程是同步的,是伴随着现代学术体制的逐步建立而演化推进的。民国时期在各个研究领域出现了众多的大师级学者,产生了许多有深刻影响的研究成果,显然与近代以来创建的现代学术体制所发挥出来的制度保障密切相关。现代学术体制为民国时期大师级学者的出现,以及有影响的学术成果的产生提供了制度保障。

正因近代以来的学术研究是体制化的学术研究,故传统读书人那种依据个人兴趣而从事的自由研读之风在民国时期日趋衰落,民国学者难以离开现代学术机构而仅凭个人兴趣进行学术探讨,他们的学术活动逐渐被纳入中国现代学术体制之内进行。现代学术体制是民国学者从事学术研究的基础平台,大学及学术研究机构成为民国学者容身的主要场所。正因现代大学、专业研究院等学术机构日益成为中国现代学术研究中心,故民国学者多将谋求到条件较好的研究机构从事学术研究，作为自己的职业选择。顾颉刚从苏州到北京，再从北京到广州，复从广州到燕京大学任教之经历，便较为典型地体现了这一点。

为了谋求学问上的进步和追求知识之理想，顾颉刚从苏州来到当时的学术中心北京。正是在北京大学研究所国学门这种现代学术机构中，顾氏利用充裕的研究时间与丰富的研究资料，取得了丰硕的研究成果。然而，现代职业化学者不能不考虑生计问题，不能不"为稻粱谋"，不能不解决"为知识而知识"所必需之生活问题。由于顾氏任教的北京大学欠薪甚多，难以维持其最基本的生活，故他不得不离开北京，到其他学术研究机关："不幸北大欠薪过多，无法维持我的清苦的生活，不得不应厦大之聘而违了不出北京的素愿……我这时到厦大，并不是要求得意，乃是在北京无法维持我艰苦的生活，暂一出避而已。"① 很显然，现代学术体制下之职业学者，面临着"求知识"与"稻粱谋"之间的巨大张力。

离开北大而主持厦门大学国学院的顾颉刚，生计问题暂时得以解决，但付出的代价是承担大量而繁重的行政事务，耽误了大量学术研究之宝贵时间，多少改变了其"求知识"之初衷。故其抱怨说："到了厦大以后，为组织研究院，学术会议，事务会议，天天开。我受职务的规定，不得不天天到，费去许多可以做研究工作的时间，已不堪其恨。"为了金钱及改善生存状况而牺牲宝贵的研究时间，对职业学者来说是一件很痛苦的事情。从厦门国学院到中山大学后，顾颉刚因功课事务繁忙，更是难有充裕时间从事专门之学术研究，故内心异常痛苦："自从回粤之后，功课事务纷至沓来，也没有做成一篇研究文字。去年还有两册笔记，今年竟无一字了。"② 他感叹道："照现在这样的做下去，不到五年，我是一个落伍者了，我完了，我除了做学阀之外再没有别的路了！"他怨恨自己"已为名缰利锁所因禁了！"③

1928 年春，燕京大学邀请顾颉刚前去专门从事学术研究。顾氏认为："我觉得这是很合我的宿志的，我一定要把所有的时间供我从容的研究，才可使我心安理得地过生活。所以便答应了。"此时蔡元培主持的中央研

---

① 耿云志、欧阳哲生编：《胡适书信集》（中），北京大学出版社1996年版，第531页。
② 耿云志、欧阳哲生编：《胡适书信集》（中），第532页。
③ 耿云志、欧阳哲生编：《胡适书信集》（中），第538页。

究院，亦欲聘其到院做专门研究。中央研究院显然是比燕京大学条件更好的学术研究机构，故顾氏婉转回绝了燕京大学而接受中央研究院之聘请。但顾氏离开中山大学之举，引起了傅斯年的不满，两人间裂痕无法弥缝，"差不多看我似叛党似的。"顾、傅矛盾之背后，很大程度上是职业化学者"探求知识"与"为稻粱谋"间的冲突。顾氏在中山大学有着优厚的薪水，有着令人羡慕的地位和学术名声，为什么仍然要离开呢？这是因为在他看来，广州的学术研究环境，根本无法与北京大学及中央研究院相比。他总结说："我若是要名要利，则中山大学所以待我，孟真所以为我设法者确已不薄，我应当感激不已，却之不去。不幸我的目的不在名利而在别的。我便不能因有饭吃了故而舍弃我的真生命。"顾氏之"真生命"便是从事纯正的学术研究，而不是追逐名利。他向胡适之倾诉，表达了其回归学术研究中心之迫切心情："我这几年的烦闷，愤怒，希望，奋斗，我有一中心问题，便是想得到一个研究的境地。除了这件事，什么名，什么利，都不在我心上。"① 顾氏所谓"想得到一个研究的境地"，实际上就是一个能够保证其专心治学之现代学术研究机构："这研究的境地，中山大学给我也好，中央研究院给我也好，燕京大学给我也好，我毫无成见。如果有一个地方能够供给我，我便用整月整年的功夫研究我心中蓄积的几个问题，并按日程功的读书，增加我的常识。"②

在学术研究日益体制化的境况下，民国学者的学术研究难以远离学术研究中心及学术研究机构。顾颉刚迫切需要现代学术体制所提供之"研究的境地"，迫切渴望进入现代学术中心以从事专门化的学术研究，从一个侧面反映了现代学术体制对民国学者进行学术研究之极端重要性。

二 体制化对民国学术的消极影响

尽管体制化为民国学术研究提供了基础性的制度保障，对民国学术发展有推进之功，但体制化及由此出现的学术研究职业化，同样带来了学术研究功利化和学风浮躁等消极影响，严重影响着民国学术的正常发展。

---

① 耿云志、欧阳哲生编：《胡适书信集》（中），第535页。
② 耿云志、欧阳哲生编：《胡适书信集》（中），第537页。

近代以来中国创建的现代学术体制，使学术研究趋于职业化，社会职业与研究志业日益分途而进。在中国传统读书人那里，道德文章合二为一，职业与志业须臾不离。民国时期的学术研究，出现了明显的职业化趋向。学术研究者逐渐成为现代学术体制中的专业化的职业学者，不是将学术研究仅仅作为一项神圣的事业和志业，更多的是将其视为一种谋取生活资料的社会职业。对于民国多数学者而言，以学术研究为社会职业的现象日益普遍，而将做学问视为神圣志业的选择则显得相当艰难。因为他们必须首先将学术研究视为社会职业，优先考虑如何谋取生活资料以养家糊口，然后才能谈得上将学术研究作为高远的理想和志业。故在中国现代学术体制之下，民国时期的职业学者为生计而奔波之现象显得格外突出。

民国学术研究逐渐职业化后，职业学者研究学问之目的既然首先在于解决生计问题，那么大学教授"为稻粱谋"而敷衍者便日趋普遍，自然影响了其对"纯粹学术"之追求。有人指出："吾国自开办学堂以来，最良之教师，亦不过云教授有方而已，若曰研求真理，则相去甚远。"[①] 从事学术研究之职业学者因为难以维持其基本的生计，很难去追求所谓"纯粹学术"，遂不得不牺牲学术研究而趋向于"为稻粱谋"。这种状况，遂使民国学术研究不可避免地出现功利化及学风浮躁等弊端，至于由此引发的现代大学中教授与学生关系疏离的现象，也是很自然的事情。作为职业化的知识传授者及生产者，大学教授首先考虑的是自己从事学术研究所得到的收入待遇和经济回报，实际上是以自己掌握的专门化"知识"换取生活资料以谋生，带有明显的"知识买卖"色彩。因此，民国大学体制下出现的师生间情感隔膜并导致学风浮躁等弊端，显然是学术研究体制化及职业化的必然结果。

现代学术体制中的民国学者，多数已经不像传统读书人那样以弘道、传道为学术理想，而是以探索知识和传授知识为现实目标，其著书立说首先考虑的是"为稻粱谋"，故必然导致其治学风气的实用、功利、浮躁和浅薄。时人谢国桢尖锐地指出："窥今日学风，造成之因，实由经济之压迫，莘莘学子其唯一之目的，希早有以自见。得一罕见之书，中秘之本，纂辑排比，暝搜夕抄，不数日而成巨帙，一跃而为专门之学者，经济问

---

① 《理科研究所第二次报告》，《北京大学日刊》第6号，1917年11月22日。

题,庶乎可以解决矣。"① 民国时期逐渐形成的快捷化的成果发表机制和商业化的传播体制,对当时的功利浮躁之学风也起了推波助澜的作用。时人潘光旦抨击说:"肤浅之病,不仅于短篇之作品见之,其较大之编译品亦未能免。近年来各书坊之出品中,有所谓百科小丛书、常识丛书、新时代丛书及各种百科全书等,其内容大都浅率简陋,鲜有可以称为著作者。"② 不仅潘氏有此议论,蒋梦麟对于当时学术界、出版界学术品位低的情况也做了揭露,并敬告学者当忠实于学术:"读者试观今日之出版物中,有明明抄袭而成也,则美其名曰著;明明转译自日文,而曰译自英文、法文或德文。夫对于金钱不忠实,不可以为商;对于行为不忠实,不可以为人;对于知识不忠实,其可以言学术乎?"③ 学风趋于功利浮躁,必然影响民国学术的正常发展。

在近代中国商业化冲击和商业资本运作之下,学术商业化和功利化日趋严重,民国学界确实出现了不少思想肤浅、学术水平低下之作。潘光旦指出:"哲学家与教育家既倡之于前,著作家与出版家自必从而和之于后,自此非浅易之文不作,否则将无读众;非通俗之书不印行,否则将无买主,而读众与主顾之多寡,一视浅易之程度而差,诚以不如此不足以顺合潮流也。夫一端有浅率易与之读者,一端有惟利是图之出版界,而居其间者复有多数专恃稿费为生活之学问家与借稿费为补助之学生,从而扩大其供求;求供之间,一推一挽,而知识介绍事业乃若水之走坂,愈趋而愈下矣。"④ 朱自清亦分析道:"从前人著述,非常谨慎。有许多大学者终生不敢著书,只写点札记就算了。印书不易,版权也不能卖钱,自然是一部分的原因;但他们学问的良心关系最大……现在我们印书方便了,版权也能卖钱了,出书不能像旧时代那样谨严,怕倒是势所必至;但像近些年来这样滥,总不是正当的发展。早先坊间也有'大全''指南'一类书,印行全为赚钱;但通常不将这些书看作正经玩意儿,所以流弊还少,现在的

---

① 谢国桢:《近代书院学校制度变迁考》,沈云龙主编:《近代中国史料丛刊》续编第66辑,文海出版社有限公司印行,第40页。
② 潘光旦:《近年来之知识介绍》,潘乃穆等编:《潘光旦文集》第2卷,北京大学出版社1994年版,第8页。
③ 蒋梦麟:《和平与教育》,《教育杂志》第11卷第1期,1919年第1期。
④ 潘光旦:《近年来之知识介绍》,潘乃穆等编:《潘光旦文集》第2卷,北京大学出版社1994年版,第9页。

'概论''大纲''小史'等等,却被青年当作学问的宝库,以为有了这些就可以上下古今,毫无窒碍。这个流弊就大了,他们将永不知道学问为何物。"① 在知识产品商业化潮流下,民国学术研究出现肤浅化和庸俗化,是非常自然的事情。

总之,民国时期的学术研究,是在现代学术体制中进行的专门化研究。学术研究逐渐成为一种以知识生产和知识传授为谋生手段的社会职业,学术研究者逐渐成为职业学者,并被吸纳到现代大学、专门研究机构、新式学术团体、专业图书馆、科学实验室及学术期刊构成的现代学术体制之中。这套日趋完善的现代学术体制,为民国时期职业学者的生存发展及其学术研究提供了必要的制度保障。既然身处现代学术体制内的职业学者是学术研究的主要承担者,那么,体制内的学术研究便自然成为民国学术研究的主流,建制化的学术研究机构因而成为民国学术研究中心。作为传统学术研究中心之书院被现代大学及学术研究机构取代后,那些仍然创办书院及聚集于书院中从事学术研究者(如章太炎、唐文治、马一浮等),因未能进入现代大学及研究所等现代学术研究机构中,难以被体制内主流学术所认同,故处于民国学界之边缘地位。由此可见,学术研究的体制化和职业化不仅规范着民国学者的学术活动,而且制约着民国学术的正常发展。

(原载《史学理论研究》2020 年第 1 期)

---

① 朱自清:《论青年读书风气》,朱乔森编:《朱自清全集》第 4 卷,江苏教育出版社 1996 年版,第 333—334 页。

民国时期社会科学理论体系构建的双重路径

阎书钦

（天津师范大学历史文化学院）

建设具有中国特色的社会科学，是当前中国学术界的一项重大使命。为此，应深入了解中国近代社会科学理论体系构建的内在规律。虽然晚清学人对西方现代社会科学理论有初步了解，但中国近代社会科学理论体系的系统性构建始于民国时期。这亦是中国学界利用本土资源，对西方学术潮流回应的结果，其进程表现为双重路径：一是科学观念普适化，各派学者在将科学观念普及于社会科学研究的同时，又基于各自的学术理念，对科学观念提出不同的理解，尤其马克思主义学者运用唯物辩证法，全面深化了科学观念；二是社会科学中国化，学界在将西方社会科学研究范式引入中国的同时，又融会、创新西方范式，形成中国自身的研究范式，进而以引自西方和中国自创的研究范式研究中国问题。其中，前者是后者的前提，换言之，社会科学中国化亦即民国学界以外来或自创的科学范式研究中国问题的过程。

一　科学观念普适化

民国学界科学理念盛行，存在明显泛科学化倾向，"人文学科"和"社会科学"间的区隔并不明显，不仅将社会学、经济学、政治学等视作科学，亦将哲学、历史学等划入科学范畴。虽然一些文化保守主义者曾试图运用以人的心理和精神解释社会现象的西方人本主义理论挑战科学的权威,但在民国学界并不占主流。而且文化保守主义者对科学的社会功用的质疑并不坚决,例如,在1923年科学与玄学论争中,张君劢等只是试图限制科学的适用范围,认为科学难以解释人的心理或精神现象,仍承认一部分社会现象的科学适用性。在民国学界看来,社会科学即以科学实证方法研究社会现象。他们注意到,西方科学实证方法源于自然科学,19世纪中叶,法国学者孔德(A. Comte)提出"社会物理学"概念,认为科学方法亦可用来研究社会现象,成为社会科学理念之缘起。

民国学界对社会科学的科学性做了大量探讨。诸论者深受欧美科学实证论影响,肯定社会现象存在因果关系与法则。1930年7月,胡一贯在《社会科学概论》一书中表示,"研究社会现象的学问,既能成为科学,则社会现象之间,当然有法则的存在了。"[①] 1933年4月,杨幼炯在《社会科学发凡》一书中声称,"社会现象既是宇宙现象之一,当然是有一定的相当的规律可寻。"[②] 所以,大家强调,对于社会现象的研究必须运用科学方法。自五四新文化运动将科学观念泛化为普适性观念后,将科学方法由自然科学扩展到社会科学,成为民国学界共识。1923年2月,张慰慈在《政治学大纲》一书中认为,自然科学方法同样可以应用于社会科学,由于西方运用研究自然科学的方法研究社会现象,"十九世纪欧洲各国竟成了一个创造社会科学的时代。"[③] 孙本文于1935年1月在《社会学原理》一书中也表示,"凡自然现象、社会生活,一切发展的史迹与现状,无不可为科学的材料。"[④] 显然,民国学界对社会科学科学性的认识是以自然科学为标杆的。1928年7月,郭任远在《社会科学概论》一书中主张,社会科学应"自然科学化"。[⑤] 陶孟和则于1930年3月在《社会科学是科学吗》一文中认为,"社会现象"与"自然现象"同为"自然"的一部分,研究"人类或社会"亦应采用与自然科学一样的方法。[⑥] 人们之所以如此强调社会科学的科学性,亦缘于当时的社会需求。中国近代社会在西方文

---

① 胡一贯:《社会科学概论》,中央陆军军官学校政治训练处1930年版,第8页。
② 杨幼炯:《社会科学发凡》,大东书局1933年版,第30—31页。
③ 张慰慈:《政治学大纲》,商务印书馆1927年版,第20—21页。
④ 孙本文:《社会学原理》上,商务印书馆1947年版,第20页。
⑤ 郭任远:《社会科学概论》,商务印书馆1929年版,第89—90页。
⑥ 陶孟和:《社会科学是科学吗》,北平社会调查所编:《社会科学杂志》第1卷第1期,1930年3月。

| 第九篇　唯物史观与多维视阈下的民国学术发展

明冲击下形成的巨大社会转型和严重社会危机，需要以一种新型的社会科学认知模式解析中国社会问题。1934年3月，陈端志在《现代社会科学讲话》一书中即注意到，在中国各种意识形态相激荡的形势下，社会科学成为一种"救世法宝"。① 中国社会变革对社会科学的巨大需求促进了人们对社会科学科学性的认知。

在民国时期，马克思主义社会科学理论成为倡导科学观念的生力军。日益兴盛的马克思主义社会科学理论既与同时期科学观念息息相关，又通过倡导唯物辩证法深化了科学观念。如果说马克思主义作为一种理论体系在中国的传播始于1919年五四运动以后，而马克思主义社会科学研究则兴起于20世纪20年代中期，至30年代臻于壮大，涌现出一大批马克思主义社会科学论者和论著，被时人称作"新兴社会科学"或"新社会科学"。这既是中国共产党理论宣传的结果，亦与一些左翼论者的自发学术努力有关。致力于构建马克思主义社会科学理论体系的论者大致包括三类人员：瞿秋白、萧楚女、杨剑秀、柯柏年、曹伯韩等中国共产党理论宣传工作者；高尔松、陈豹隐、沈志远、李平心等脱离中国共产党组织但仍信仰马克思主义的论者；邓初民、王亚南等虽未加入过中国共产党但倾向马克思主义的论者。他们是科学观念与方法的积极倡导者。1926年11月，萧楚女在《社会科学概论》一书中指出："人事界亦可与自然界一样，用科学的方法研究它的过去与现在，以推知它的未来。"② 杨剑秀在《社会科学概论》一书中问道：社会现象既然存在因果法则，"为什［么］会不能成立为科学？"③ 他们以唯物辩证法和唯物史观为基本方法，主张基于唯物史观经济基础理论分析社会问题，构建起系统的革命式社会科学理论体系。在中国共产党领导武装斗争的同时，马克思主义社会科学理论亦在同时期中国学界产生相当大的影响。这或许是我们认知中国新民主主义革命胜利必然性的另一个视角。

如果做宏观考察，民国时期致力于构建社会科学理论的论者明显分为三大阵营。除上面提到的马克思主义派之外，还有学院派、国民党派。从20年代初开始，留学欧美的学者大量回国，形成具有欧美教育背景的学者

---

① 陈端志：《现代社会科学讲话》卷头语，生活书店1934年版，第1—2页。
② 萧楚女：《社会科学概论》，中央军事政治学校政治部1926年版，第2页。
③ 杨剑秀：《社会科学概论》，现代书局1932年版，第10页。

群体。例如，在社会学界，有陶孟和、孙本文、吴景超、潘光旦、吴文藻、吴泽霖、杨开道、应成一、费孝通等；在政治学界，有张慰慈、陈之迈、浦薛凤、钱端升、萧公权、杭立武等。由于学术理念和政治立场的差异，马克思主义派、学院派、国民党派论者阐述的社会科学范式存在多重歧异。这既表现在他们面临的西方各国学术的纷杂，亦表现在其对西方学术的取舍与创新的各异。在社会科学分科问题上，学院派与国民党派论者以欧美分科为样板，强调社会学的基础地位；马克思主义论者则强调以唯物辩证法和唯物史观为核心的哲学的基础地位，质疑社会学的独立性，或将社会学等同于唯物史观。对于社会现象的因果法则，非马克思主义论者由社会现象复杂性和研究者主观性，强调社会现象因果法则比自然现象低弱和难以把握；马克思主义论者则指出，社会现象虽存在人的意志与行为，但其中蕴含的因果法则亦是客观的。各派论者虽一致主张以科学方法研究社会科学，但非马克思主义论者多将科学方法理解为归纳法、演绎法等逻辑方法和观察法、实验法、比较法、统计法等实证方法，而马克思主义论者则主张，科学方法除上述一般方法外，必须以唯物辩证法为核心。

二 从引介西方范式到社会科学中国化

民国时期社会科学范式基本仍为西来。诸学者大多致力于向中国引介西方社会科学范式。美国社会学范式受到人们高度关注。哥伦比亚大学教授乌格朋（W. F. Ogburn）于1922年出版《社会变迁》（*Social Change*）一书，将以鲍亚士（F. Boas）为代表的美国文化人类学文化分析方法应用于现代社会研究，创立美国文化社会学。美国社会行为分析理论以芝加哥大学社会学系为重镇，代表者有派克（R. E. Park）、蒲其斯（E. W. Burgess）、汤麦史（W. I. Thomas）等。他们摒弃以往注重研究人们内在心理的倾向，将研究重点置于人们外在行为。美国文化社会学和社会行为分析理论得到孙本文等留美归国学者的大力宣扬。以社会行为研究为基础，芝加哥大学学者又创立以都市社区研究为特色的人文区位学。他们将芝加哥城区划分为若干区域，结合不同区域的社会环境，考察不同区域人们行为的异同，从而发现不同区域的社会问题。吴景超作为芝加哥大学社会学系毕业生，将这种研究方法介绍到中国。20世纪初，美国学界构建起系统的社区研究方法。除芝加哥大学都市社区研究方法外,衣阿华州立学院教授何桑(H. B. Hawthorn)、密歇根州立学院教授白德菲(K. L. Butterfield)、威斯康星大学副教授葛尔宾(C. J. Galpin)等提出一系列农村社区研究方法。英国学者马林诺斯基(B. Malinowski)和布朗(R. Brown)通过研究非洲、大洋洲初民社会,形成功能派文化人类学文化分析方法。吴文藻、杨开道、费孝通等燕京大学学者将美国社区理论和英国功能派文化人类学文化分析方法引入中国。美国政治学研究范式对民国学界影响同样不容小觑。张慰慈于1923年2月出版的《政治学大纲》主要参考美国学者基特尔(R. G. Gettell)《政治学导论》(*Introduction to Political Science*)。高一涵于1930年2月出版的《政治学纲要》不少内容参考美国学者高纳(J. W. Garner)《政治科学与政府》(*Political Science and Government*)。在政治学研究对象问题上,诸学者接受西方理论,将国家视作政治学研究对象,形成科学国家学观念。为了说明国家问题,人们又重点介绍西方一元主权论和多元主权论。

民国学界对西方范式多持融会与创新态度,在此基础上,形成诸多自身范式。孙本文于1928年至1930年主编社会学丛书,又于1935年1月出版《社会学原理》,将美国文化社会学、社会行为分析理论熔于一炉,提出将社会行为置于社会文化环境中进行分析,构建起完整社会学理论体系。燕京大学学者将英国功能派文化人类学文化分析方法植于美国社区研究方法之中,形成颇具燕大特色的社区研究方法。吴景超将芝加哥大学都市社区研究方法与哈佛大学教授格来斯(N. S. B. Gras)在《经济史入门》(*An Introduction to Economic History*)一书中阐述的都市经济构成理论相结合,于1937年2月出版《第四种国家的出路》,提出系统的工业化理论。邱致中于1934年6月出版《都市社会学原理》,借鉴美国学者安迪生(N. Anderson)、林德门(E. C. Lindeman)《都市社会学》(*Urban Sociology*),试图构建新的都市社会学理论。在政治学界,诸学者对西方理论亦不乏补正与创新。萧公权即指出英国学者拉斯基(H. J. Laski)多元主权论的内在矛盾,在《拉氏政治思想之背景》一文中申明,拉斯基既主张国家与其他社团共同拥有主权,又认为其他社团不可能挑战国家权威,两个观点相互矛盾。[①] 显然,民国学者在引介

[①] 萧公权:《拉氏政治思想之背景》附录一,杭立武:《政治典范要义》,商务印书馆1947年版,第66—67页。

西方范式的同时,又对这些西来的范式进行融会贯通与补充,甚至提出批评,其中不乏创新之处。

学术中国化是民国学界普遍关心的问题。在人们看来,所谓学术中国化,既包括在融会西方范式的基础上,结合中国实际,进行理论创新,更包括将引自西方和中国自创的学术范式应用于中国历史和现实问题研究。孙本文于1931年2月在中国社会学社第二届年会上提出建设"中国化的社会学",既系统引介欧美重要社会学学说与方法,又以欧美社会学学理研究中国问题。① 1940年12月,吴文藻在《社会学丛刊总序》中也提出,欲实现社会学"彻底的中国化",需将社会学理论与中国实际相验证。② 1927年10月,孙本文在《中国文化区域之研究》一文中倡导运用美国文化区域理论研究中国现代文化区域。③ 吴景超在《第四种国家的出路》一书中系统阐述以都市工业为中心的中国经济发展问题,成为30年代倡导中国工业化的领军者。费孝通等在全面抗战时期撰写的《禄村农田》《易村手工业》《玉村农业和商业》,成为研究中国农村社区的代表性成果。在政治学界,陈之迈于1945年12月至1946年9月分三册出版的《中国政府》、萧公权于1945年12月出版的《中国政治思想史》,均是研究中国政治的经典作品。马克思主义政治学者亦强调运用政治学理论研究中国革命问题。1946年7月,邓初民在《新政治学大纲》一书中申明,马克思主义"新政治学"应成为中国革命人民"新的斗争武器"和"新的战术战略"。④ 以社会科学理论研究中国问题,充实了民国时期社会科学研究,使民国学界初步实现了社会科学中国化。

综上所述,民国学界构建的社会科学理论强调以科学方法研究社会现象。其中,马克思主义社会科学理论以唯物辩证法深化了此种科学观念,换言之,马克思主义社会科学理论是真正的科学理论。同时,民国时期社会科学理论的构建存在由引介西方范式,到融会、创新西方范式,形成中

---

① 孙本文:《中国社会学之过去、现在及将来》,中国社会学社编:《中国人口问题》,世界书局1932年版,第18—19页。
② 吴文藻:《社会学丛刊总序》,[英]马林诺斯基(Bronislaw Malinowski):《文化论》(*What Is Culture*),费孝通译,商务印书馆1947年版,第1—3页。
③ 孙本文:《中国文化区域之研究》,孙本文《文化与社会》,东南书店1930年版,第31—36页。
④ 邓初民:《新政治学大纲》自序,生活书店1946年版,第1—2页。

国自身范式，再研究中国问题的发展过程。这亦是社会科学中国化的过程。民国时期社会科学理论体系的构建对当今中国社会科学研究不乏启示意义。当今社会科学研究不仅要持开放心态，与世界整体研究全面接轨，更要结合中国情况，进行自身理论创新，还要为中国社会发展提供理论支撑。尤其是，中国社会科学研究必须以马克思主义为根本理论指导。

（原载《史学理论研究》2020年第1期）

民国学术的清学传统

李 帆

(北京师范大学历史学院)

在民国时期人文学术的演进史上，中国古典学术一直充当具有强大影响力的角色，特别是与民国距离最近的清代学术。甚至可以说，对于民国人文学术的建立和发展，清学实际起着奠基作用。这不仅体现在清季民国学者非常重视对清代学术史的研究和总结上，还体现在民国学术的学风与方法上，而且民国年间居史坛主导地位的新历史考证学实际也是继承和更新清学的产物。

一

众所周知，在中国学术发展史上，清代是承前启后的重要时期。一方面，中国古典学术演进至此，已是绚烂至极，在清代学者的进一步努力下，有了集大成的辉煌成就；另一方面，晚清中国面临着数千年未有之大变局，西方列强挟其船坚炮利之优势，把一个与中国固有文明截然相异的文明强行输入中国，西学借此大举进入，与中国古典学问相遇，双方相激相荡，相通相融，促使中国学术在面貌上发生了根本改变，无可选择地走上新途。这两种情形已然昭示，与其他时代相比，清代学术实具不可替代的关键地位，对其加以系统梳理和总结，从学术史的角度深入研究，显然至关重要。

在对清代学术的总结方面，清季民国之时的学人最有发言权，因他们多系清学之子，自身学术从清学中衍生出来，对清学的利弊得失具有切身体验与感悟，同时又生逢西学涌入、正统学术衰微之际，最想从对清代三百年学术的回顾与总结中，获取更新学术的资源，从而使中国古典学术适应新的时代，走上向现代学术转化的道路。于是，章太炎的《訄书·清儒》《清代学术之系统》，刘师培的《近儒学术统系论》《清儒得失论》《近代汉学变迁论》，梁启超的《论中国学术思想变迁之大势·近世之学术》《清代学术概论》《中国近三百年学术史》，罗振玉的《本朝学术源流概略》，钱穆的《中国近三百年学术史》，侯外庐的《近代中国思想学说史》，以及王国维、胡适等人的相关论述，先后纷纷问世，对于奠定清学史研究的学术根基起了巨大作用。

对于清季民国时期的清学史论述，有学者曾归纳出几个研究范式，如章太炎的"反满说"、梁启超与胡适的"理学反动说"、钱穆的"每转益进说"、侯外庐的"早期启蒙说"等。① 实际上，不论哪种范式，都与立说者立说时所处语境和所持立场息息相关。章太炎、刘师培曾是清末著名的革命党人、民族主义者，立志排满复汉，其学术论说必然具有浓烈的民族主义情怀；梁启超、胡适是在五四新文化运动的大背景下建构"理学反动说"的，并将之和考据学具有"科学精神"的说法相配合；钱穆是因不满意梁启超的论述才著《中国近三百年学术史》，并以宋学为导向，用"继承与发展"的观点重释清学史；侯外庐则基于马克思主义唯物史观，以社会史为基础，结合社会思潮，对清学之兴起提出自己的主张。由此类推，作为政治上认同前朝、视"民国乃敌国"的罗振玉，以"遗老"立场书写的《本朝学术源流概略》，似也代表了一类清学史论述，虽谈不上是一种范式，但也丰富了民国时期的清学史研究类型。

既然清学史的研究范式都是基于研究者的立说语境和立场，那么清季民国之时的清学史论述就不仅仅是单纯的学术史总结了，其所承担的功能很大程度上是要服务于现实需求。事实也正是如此。清季章太炎、刘师培、梁启超的清学史著述是这方面的一个显例，不同的政治立场、思想体系与学派背景使得他们笔下的清代学术各呈千秋并各成体系，同时他们皆关注学术的当下情状，能把从清学中汲取的有助于学术更新的因素与西学新知相结合，贯彻于自身的学术实践，力图由此建立起中国近代学术。民

---

① 陈居渊：《20世纪清代学术史研究范式的历史考察》，《史学理论研究》2007年第1期。

国之时梁启超、胡适、钱穆、侯外庐等人的清学史论述同样如此，也是基于民国学术的现状与问题，力求从清学的演进脉络中，发掘出有助于现实学术发展的要素。只不过由于学术背景、学术环境、学术主张的差异，各人对清代学术的不同面相各有侧重，具体评价亦有区别，甚至大相径庭。不过无论如何，这些不同视角的总结，均为构成民国学术底色之作。

二

正由于清季民国的学者研究清学史有应对西方学术体系进入中国，希冀从对清代三百年学术的回顾与总结中，获取更新学术的资源，使中国学术能够适应新的时代的用意，故学者们在对清学的解读和评价上，不时有和西学比附之处，尽力从清学中寻找适应近代社会与学术发展的因素。

众所周知，清学的核心是考据学，如何看待考据学，是撰写清学史的关键所在。在这方面，于清季和民国两个时期都有清学史著述问世的梁启超的看法较有代表性。在1904年发表的《论中国学术思想变迁之大势·近世之学术》中，梁启超认为考据之学"敝中国久矣"，学者"销其脑力及其日力于故纸之丛，苟以訑死而已"，[①]丧失了经世致用之志。如此评价，否定的态度是很明显的。梁启超一生以多变、善变著称，在对考据学的评价上也是如此。进入民国后的1920年，梁氏在《清代学术概论》里再论考据学时，态度发生了根本变化，不再指斥它的种种弊端，反而认为考据学之"无用"体现出更纯正的学术精神，"凡真学者之态度，皆当为学问而治学问……为学问而治学问者，学问即目的，故更无有用无用之可言。"[②] 这样的说法，显示梁启超对于清学的评判标准发生了变化，清季批评考据学的无实无用，此时则又赞赏考据学的为学问而学问，从致用转向了求真。若从中西学术思想史的角度考察，很显然古希腊以来的求真理念、为学术而学术的精神，恰是中国学术传统中相对缺乏的。不断浸润西学的梁启超，在已经历了新文化运动洗礼的1920年，以西学标准看待考

[①] 梁启超：《论中国学术思想变迁之大势》，《饮冰室合集》第1册，中华书局1936年版，1989年影印本，《饮冰室文集》之七，第92页。

[②] 梁启超：《清代学术概论》，朱维铮校注：《梁启超论清学史二种》，复旦大学出版社1985年版，第40页。

据学,自然会得出肯定性的结论。

不仅是对清代考据学按西学标准笼统肯定,梁启超等人还把考据学与西方科学联系起来,引入科学视角评估以戴震为代表的考据学,试图从中寻求一条既与西方接轨、又能保持中国传统的学术更新之路,从而为民国学术开出新途。在《清代学术概论》里,梁启超一再强调清代考据学与西方科学相近,将之视为自己论清学史的一大特色。他将戴震考据学及其求真求实的精神视为西方科学精神在中国的翻版,只是"惜乎此精神仅应用于考古,而未能应用于自然科学界,则时代为之也。"戴学诸公之所以成就巨大,"一言以蔽之曰:用科学的研究法而已。"① 即认为从精神到方法,考据学皆能与科学相媲美。胡适对清代考据学与科学之关系的看法与梁启超惊人地相似,他认为:"中国旧有的学术,只有清代的'朴学'确有'科学'的精神。"清学宗师戴震是深通此"清学的真精神"的。② 经由梁、胡两人的共同努力,以戴氏考据学为代表的清代学术近于科学的说法,在当时广为流传并产生了相当深远的影响,进而对民国学术发展和学风建设起到导向性作用。

梁启超、胡适以科学精神、科学方法为尺度来解释与评估清代考据学,其目的是想在中国学术传统里发掘出西方式的科学精神与科学方法,以利于中国学术的现代转型。很显然,这是特定时代的特定做法。相对于西方科学的广泛性和在自然、社会各个领域的探索精神,仅在经史领域用力的清代考据学,确难与之相提并论,侯外庐先生曾明确表达过此类见解。③ 但在科学不甚发达、中西学术交融互动仍为主流的民国之时,梁启超、胡适这样的比附之论,也不失为发展新式学术的一个路径。实际上,民国学术后来的发展表明,此一路径是走得通的。

三

五四后的民国学术中,考据学在文史学科仍占据着重要地位甚至是主导地位。有学者将民国时期的考据学称为新历史考证学,也有学者称之为

---

① 梁启超:《清代学术概论》,朱维铮校注:《梁启超论清学史二种》第31、37页。
② 胡适:《清代学者的治学方法》,《胡适文存》一集,黄山书社1996年版,第285、300页。
③ 参见侯外庐《近代中国思想学说史》上册,生活书店1947年版,第370—372页。

新汉学,尽管称呼不同,但都公认这方面成就巨大,甚至是当时历史学科最主要的成就之一。当然,奠定其学术根基的仍是清代考据学。

一般认为,新历史考证学的出现,是王国维成功地运用"二重证据法"于1917年著成《殷卜辞中所见先公先王考》之时,其形成则在五四新文化运动之后。新历史考证学的兴起,既基于20世纪初四大新史料——殷墟甲骨文、汉晋简牍、敦煌文书、内阁大库档案的发现,又得益于新史学思潮和新文化运动的推动。梁启超在清季倡导新史学时,已疾呼史家要革除因袭附会之积弊,奋发独立思考之精神,在研究中扩大史料范围,"上自穹古之石史,下至昨今之新闻,何一而非客观所当取材者。"① 强调新史家在自觉树立求真求实理念的前提下,从事严密的历史考证。这样的主张,为新历史考证学的出现奠定了思想基础。在此后的新文化运动中,新文化的倡导者们是把"科学"作为一种精神和思想方法来追求的,具体到历史学科,便是主张以科学、实证方法为武器,通过历史考证,实现史学研究上的求真求实目标。胡适明确提出"我们应该尽力指导'国故家'用科学的研究法去做国故的研究",② 并以"研究问题,输入学理,整理国故,再造文明"十六个字,③ 作为建设新学术的纲领,对于新历史考证学的发展起到重要推进作用。梁启超、王国维、胡适、陈垣、顾颉刚等史学大家虽在不少方面理念有异,但在学术实践中,都以求真求实为治史目标,对于中国历史的诸多方面,开展了科学、细密的考证工作,发前人所未发,树立起新历史考证学的学术典范。在他们的带动下,运用新观念和新方法探讨传统学问、开展实证性研究成为学术界的共识,全国许多大学相继成立旨在以科学方法研究传统文史之学的机构,如北京大学、清华大学、燕京大学、辅仁大学、厦门大学、齐鲁大学、东南大学、东北大学等皆是如此。傅斯年1928年组建的中央研究院历史语言研究所,则成为新历史考证学的骨干力量。这些机构基本上都以审查史料、扩大史料、比较研究为方法,研究人员分工配合,有组织地开展对于中国传统文史之学的考证研究,经多年积累,取得巨大成就,使得新历史考证学成为民国学术的一面旗帜。

---

① 梁启超:《新史学》,《饮冰室合集》第1册,《饮冰室文集》之九,第10页。
② 胡适:《论国故学——答毛子水》,《胡适文存》一集,第321页。
③ 胡适:《新思潮的意义》,《胡适文存》一集,第527页。

第九篇 唯物史观与多维视阈下的民国学术发展

所谓"新"历史考证学,自是要区别于"旧",区别于清代考据学。那么,"新"在何处呢?西学因素的引入,西方史学思想和方法的影响,恐怕是关键所在。清季民国之时,欧洲实证主义史学、兰克史学,美国实验主义的哲学方法,等等,都陆续进入中国,对中国史坛影响甚巨。它们的具体主张各异,但亦有共同特点,即皆强调严格审查史料或材料、重视实证或实验,与清代乾嘉学者无征不信、广参互证的治学精神与方法,不无可相参照之处。实际上,胡适所言"大胆的假设,小心的求证"的十字治学箴言,既是对杜威实验主义哲学方法的极简概括,也是基于对乾嘉学者研究方法的继承,他将之用作整理国故和考证史实的基本出发点,也就表明了新历史考证学的中西兼容的特点。虽然标榜的是"新",但其源头仍为"旧",没有清代考据学作根基,民国学者大概也很难一下子把实证史学、兰克史学、实验主义等引为知音,毕竟内因是决定事物变化的更主要的因素。当然,此时他们评价清代学者的研究方法是用了近代眼光,以西式的是否合于科学来做标准,如胡适就认为钱大昕、王引之、俞樾等人能取得成就,是"因为他们用的方法无形之中都暗合科学的方法",但他们是"不自觉的","我们若能用自觉的科学方法加上许多防弊的法子,用来研究国故,将来的成绩一定更大了。"[1] 顾颉刚是胡适的学生,受到胡适倡导的实验主义方法的影响,但中国传统的辨伪、疑古思想,特别是清代考据家崔述等人对他的影响更大,他所创立的"古史辨派"更多是渊源于清学传统而来。傅斯年创建历史语言研究所,倡导科学史学,发扬兰克史学精神,视搜集史料为第一要务并标榜"不偏不倚"的客观主义态度,但仍服膺顾炎武、阎若璩等人的考据学,把"保持亭林、百诗的遗训"列为史语所治学的第一条宗旨,因为他们以毕生精力搜集、考订、辨正史料,"不著史而成就了可以永远为法式的辨史料法。亭林、百诗这样对付历史学和语言学,是最近代的:这样立点便是不朽的遗训。"[2] 可见傅氏心目中的新历史考证学,根基还在于清代考据学。只不过在吸收清代学者之长处的同时,他主张还要进一步扩张研究的材料和研究的工具,这自然是现代历史学对于科学的史学研究的要求。

---

[1] 胡适:《论国故学——答毛子水》,《胡适文存》一集,第322页。
[2] 傅斯年:《历史语言研究所工作之旨趣》,《中央研究院历史语言研究所集刊》第1本第1分,1928年10月。

可以说，以新历史考证学为代表的民国人文学术，在精神和方法上都与清代学术一脉相承，很多学术论题，像梁启超、王国维、陈寅恪、陈垣、胡适、顾颉刚、傅斯年、钱穆等大师所做的具体考证工作，不少都是清代学者所提出而未完成的学术命题。尽管有学者认为："近代学人所指称的清代学者的治学方法，很大程度上是他们用后来的一般科学常识观念观察理解的认识，未必合于清代学术的本相。"① 但这并不妨碍清学对民国学术有重要影响的基本判断的形成，即使民国学者对清学的估价可能有误解的成分，可大家共同关注于此，反恰说明清学的巨大魅力和现实价值所在。

（原载《史学理论研究》2020 年第 1 期）

---

① 桑兵：《分说：近代学术的清学纠结》，桑兵、关晓红主编：《近代学术的清学纠结》，上海人民出版社 2019 年版，第 56 页。

要重视对民国学人群体的研究

郑大华

(湖南师范大学历史文化学院)

我们研究民国思想文化，离不开对民国学人群体的研究。学人群体的大量出现，是民国时期思想文化界独有的风景。清末多是政治团体，而很少学人群体，如保皇会、政闻社等各式的立宪政团体，兴中会、华兴会、光复会、同盟会等各式各样的革命团体，这都是政治团体，就是国粹派，也是一身而二任，既是政治派别，又是学人群体。而到了民国时期，除政治团体外，大量的学人群体出现，学术界通常都把这些学人群体称之为"什么什么派"，如"新青年派""东方文化派""现代评论派""甲寅派""学衡派""新月派""独立评论派""新路派""村治派""中国农村派""战国策派""新观察派"，如此等等，大约有二三十种之多。为什么在民国时期会出现这么多学人群体呢？笔者认为有以下几方面的原因：

首先，新式知识分子群体的形成和壮大，尤其是留学欧美学成归国者成为民国学人群体的主要组织者和参与者。据李华兴主编的《民国教育史》的估计，清末至民国我国官费或自费到欧美日本留学的学生至少在10万人以上（有学者估计是30万人）。[①] 除极少数滞留未归外，这10多万留学生绝大多数学成后都回到了国内。1937年的《清华同学录》，收录留学生1152人，其中学成归国者1131人，回国率高达98%以上。[②] 我们上面谈到的那些"什么什么派"，基本上都是以留学生为中坚形成的。与清末

---

① 李华兴主编：《民国教育史》，上海教育出版社1997年版，第750页。
② 参见汪一驹《中国知识分子与西方》，枫城出版社1978年版，第170页，转引自王奇生《中国留学生的历史轨迹》，湖北教育出版社1992年版，第180页。

的保皇会、政闻社、同盟会等政治团体的成员比较，民国时期学人群体的成员有以下不同特征：清末政治团体的成员大多是1880年以前出生的，和那时的中国人一样，他们出生后接受的是传统教育，学习的是儒家四书五经，其中不少人还考取过进士、举人、秀才的功名，后因时代的变化，他们顺时而为，通过种种方式（如短期的出国留学，或上国内新式学堂，或自学），学习了一些西学，掌握了一些西学知识，但程度十分有限，没有也不可能对西学有系统深入的了解。故他们属于新旧过渡时期承上启下的一代，带有明显的"新旧杂糅"特色。这就决定了他们既与传统的士大夫不同，或多或少已具有近代知识分子的一些思想取向和特质，如认同和接受了西方的进化观、进步观、国家观、国民思想，以及立宪或共和的政治制度，但又和传统的士大夫一样，是"通才"而非"专家"，尤其是经济上还无法做到真正独立。

民国时期的学人群体多为1890年后出生的学者，其成长过程遇到了科举制的废除和清王朝的被推翻，新式的学校教育已取代传统的私塾和书院教育，读书的目的也已不再是获取功名。他们中的不少人除了在国内接受新式的学校教育外，还留学欧美接受过西方的高等教育，对西方学术文化比较了解并有自己的研究领域和社会职业，可称为真正意义上的近代知识分子。陈谦平对"独立评论派"学人群体的分析显示："在32位社员和主要撰稿人中，有31人留学过欧美，占总人数的96.87%，其中留学美国者27人，占87%，19人获得博士学位，留学欧洲4人，1人获得博士学位；6人是理工科教授，26人是人文社会学科教授，其中政治学9人，经济学5人，史学4人，文学和教育学各2人，哲学、法学、社会学、心理学各1人。"[①]

其次，民国时期的民族矛盾和社会矛盾更加复杂，中外文化之间的交流呈现出新的时代特征，加速了新式知识分子群体及学人群体的结合。不同的阶级、阶层和政治势力围绕"中国向何处去"这个根本问题，提出了自己的方案，并展开过激烈而复杂的政治和思想斗争。这为民国时期学人群体的大量出现提供了不竭的思想动力。以思想文化为例，笔者曾在《民

[①] 陈谦平：《抗战前知识分子在自由理念上的分歧——以〈独立评论〉主要撰稿人为中心的分析》，李金铨编：《文人论政：知识分子与报刊》，广西师范大学出版社2008年版，第148页。

国思想史论》一书中指出，1840年鸦片战争之前，中国的思想文化比较单一，主要是封建主义文化；1840年鸦片战争后，中国产生了新的资本主义思想文化；民国建立后，又产生了中国无产阶级的新民主主义思想文化。

毛泽东在《新民主主义论》中指出，民国时期存在着三种性质不同的思想文化：帝国主义文化、半封建文化和新民主主义文化。毛泽东以五四运动为标志，将中国新文化分为"新民主主义文化"和"旧民主主义文化"两部分，"旧民主主义文化"是由资产阶级领导的、属于世界资产阶级文化革命的一部分；"新民主主义文化"是由无产阶级领导的、属于世界无产阶级文化革命的一部分；"殖民主义文化"是日寇侵略中国东北三省后而出现的、以灭绝中国文化为目的、更具有反动性和落后性的文化。多种性质的思想文化的存在，决定了民国时期的思想文化斗争比之清末乃至整个晚清也都更加尖锐、激烈和错综复杂。依据马克思主义唯物史观的基本观点，社会存在决定社会意识，民国时期思想文化斗争的错综复杂实际上是民国时期政治斗争尖锐激烈的反映。民国时期的新式知识分子，从各自不同的政治立场和思想文化取向出发，对错综复杂的民族矛盾、阶级矛盾、中西文化冲突进行冷静思考，对"中国向何处去"的问题进行积极探索，从而提出了精彩纷呈、各具特色的方案。为了充分表达自己的方案并产生广泛的社会影响，这些新式知识分子以创办同仁刊物的方式，结合成民国时期不同的思想和学术性学人群体。

再次，民国报刊业的发达，为新式知识分子结合成志趣相投的学人群体和自由表达自己的主张提供了极大便利。中国近代的报刊，是鸦片战争以后才开始创办的，是西方近代文化传入中国的产物。徐松荣的研究显示："1898年到1911年，国内先后创办的比较知名的报刊达200种以上。其中上海最多，达80种以上，杂志多于日报；其次是北京、广州、武汉、天津、长沙，北京、广州都在30种以上。"[①] 中国报刊业的快速发展是在民国时期，尤其是在五四运动以后。据《第二届世界报界大会记事录》的记载，1921年全国有报纸1134种。[②] 此后，报刊的发展更是空前。据相关资料统计，民国时期报刊业非常发达，仅中国共产党创办的报刊就有4505

---

① 徐松荣：《维新派与近代报刊》，山西古籍出版社1998年版，第166页。
② 戈公振：《中国报学史》，中国新闻出版社1985年版，第287页。

种；全国报刊达到6万种左右。

为什么民国时期报刊业这么发达？笔者觉得其中比较重要的原因，是由于民国时期有着相对宽松的办报办刊环境，有着自由创办报刊的空间。民国时期报刊业的发达和相对宽松的办报办刊环境，为民国学人们结合成思想志趣相投的学人群体提供了基本条件，而民国时期知识分子相对优厚的经济收入，使他们有能力以自筹资金的方式创办同人刊物，从而形成一个个学人群体。如《新青年》之于"新青年派"学人群体，《现代评论》之于"现代评论派"学人群体，《新月》之于"新月派"学人群体，《战国策》之于"战国策派"学人群体，《观察》之于"观察派"学人群体，如此等等。

最后，人际关系和社会网络也是形成民国学人群体的重要原因。我们前面讲到，民国时期维系学人群体的纽带是共同的思想取向或学术旨趣。但为什么一些具有相同思想取向和学术旨趣的新式知识分子或学人并没有结合成一个学人群体？比如，独立评论派无疑是自由主义的学人群体，但并非所有自由主义新式知识分子或学人都是这一群体的成员。所以，除了思想取向和学术旨趣外，其人际关系和社会网络也是形成学人群体的重要因素。我们以"学衡派"学人群体为例，分析民国时期的学人群体是怎样形成的。"学衡派"学人群体的形成始于《学衡》杂志的创办，而《学衡》杂志的创意始于梅光迪。梅光迪是1911年考取清华官费留学生赴美的，初入威斯康辛大学，1913年转入西北大学文学学院学习，1915年春毕业。是年夏，与胡适、任鸿隽等留美同学在绮色佳城度假，彼此讨论中国文字与文学问题，两人发生激烈争论。不久，因柯瑞恩介绍，得读白璧德的《现代法国批评大家》，惊为圣人复生，遂入哈佛大学研究院，专攻文学。作为白璧德的第一位中国门生，梅光迪完全接受了乃师的新人文主义学说，并以此为理论依据继续就中国文字与文学问题与胡适展开论战，最后将胡适"逼上梁山"，公开举起"文学革命"的大旗。1917年胡适学成归国，投身新文化运动并"暴得大名"，成为新文化派的主要代表人物后，仍留在美国的梅光迪也在积极的"招兵买马，到处搜求人才，联合同志，拟回国对胡适作一全盘之大战"，一决雌雄。不久，经原清华同学施济元的牵线搭桥，梅光迪结识了也在哈佛留学、同为白璧德弟子的吴宓。1919年10月，梅光迪学成归国，先任南开大学英文系主任，翌年，应留学美国西北大学时的同学、时任东南大学副校长刘伯明的邀请,转任东南大学英文系教授。

在东南大学,梅光迪先后结识了和他一样对新文化运动持批评态度的胡先骕(留美,东南大学生物系主任)、柳诒徵(曾游学日本,东南大学历史系教授)、邵祖平(东南大学附中国文教师)等人,并与上海中华书局约定,由梅氏等人编辑一份名为《学衡》的月刊,交由中华书局印刷发行。他还通过刘伯明征得东南大学校方同意,聘请远在美国的吴宓回国任东南大学英语系教授。1921年秋,吴宓入东南大学英语系任教。此时,《学衡》杂志已由刘伯明、梅光迪等人发起,并主持筹办。吴宓到校后,即接手具体的编务工作,并在他的寓所召开了第一次也是唯一的一次全体社员大会。出席会议的除吴宓、梅光迪和刘伯明外,还有胡先骕、萧纯锦(留美,东南大学经济系主任)、徐则陵(留美,东南大学历史系主任)、马承堃(暨南大学教授)、柳诒徵、邵祖平,共8人,除马承堃,其余7人都是东南大学的老师。会议决定了杂志的体例,分为通论、述学、文苑、杂俎、书评和附录6门,并推定梅光迪、马承堃、胡先骕、邵祖平分别为通论、述学、文苑、杂俎各门的主任编辑,吴宓为杂志的总编辑兼干事,具体负责杂志的编务及日常事宜。后来虽然又陆续增补柳诒徵、汤用彤为干事,缪凤林为副总编辑,但实际上编务工作自始至终都是由吴宓1人承担。

经过几个月的筹办,1922年1月《学衡》第1期由中华书局印刷发行。从1922年创刊到1933年停刊,据不完全统计,《学衡》共发表文章四百多篇,先后为《学衡》撰文者(包括译文)达百人以上,其中撰稿较多者有柳诒徵(55篇)、吴宓(42篇)、缪凤林(24篇)、景昌极(23篇)、王国维(20篇)、胡先骕(18篇)、张荫麟(14篇)、刘永济(12篇)、林损(12篇)、汤用彤(8篇)、郭斌龢(8篇)、刘伯明(7篇)、孙德谦(7篇)、徐震堮(6篇)、梅光迪(5篇)、胡稷咸(4篇)、吴芳吉(4篇)、王恩洋(4篇)、李思纯(3篇)、刘朴(3篇)、陈柱(3篇)、叶玉森(3篇)、杨成能(3篇)等。这些人既是《学衡》杂志的主要作者,也是学衡派学人群体的中坚力量。

考察这些学人的资料,可以发现这样三个特点:第一,他们大多是留美学生,如刘伯明、梅光迪、吴宓、胡先骕、汤用彤、刘朴、张荫麟、郭斌龢等都曾留学过美国，其中不少人还是白璧德的学生。第二，他们大多是东南大学和清华学校的师生，更确切地说，前期主要以东南大学为主，总编辑兼干事吴宓转任清华国学研究院主任后，则变为东大和清华并重。第三，他们大多是大学教授，有的还是学贯中西的著名学者。如王国维是著名的国学大师，清华国学研究院的四大导师之一，在国内外享有崇高的学术地位；刘伯明、梅光迪、吴宓、胡先骕、汤用彤等是东南大学教授，其中刘伯明是著名哲学史家，梅光迪、吴宓是西洋文学史家，吴氏还是著名的红学家和中国比较文学的开山者，胡先骕是著名的植物学家，中国植物学会首届会长，柳诒徵是著名的史学家，他撰写的《中国文化史》直到现在还非常有名，汤用彤是佛学史专家。吴芳吉是西北大学教授，著名的诗人。缪凤林和张荫麟分别是东北大学和清华大学教授，历史学家。如此等等。以上这三个特点，实际上反映的是"学衡派"学人群体形成的人际关系和社会网络。我们要研究"学衡派"学人群体，就必须对它的人际关系和社会网络进行深入的研究。

（原载《史学理论研究》2020 年第 1 期）

中国历史研究院
Chinese Academy of History

新时代历史理论研究前沿丛书

第二卷

马克思主义史学与史家

夏春涛 主编

中国社会科学出版社

加快构建新时代历史理论
研究"三大体系"
（代序）

一

五卷本《新时代历史理论研究前沿丛书》终于问世了！这是历史理论研究所建所后首次推出的集体研究成果，是《史学理论研究》改刊三年来刊发优秀论文的集中呈现，从一个侧面反映了我们的建所思路和成长轨迹。

历史理论研究所的建所方案经过多方论证、再三斟酌，最终由中央审定。该所名为历史理论研究所，不是史学理论研究所，如此取舍是含有深意的。一是突出强调了唯物史观的指导地位，强调要旗帜鲜明地坚持唯物史观。我们所说的历史理论主要指马克思主义历史理论，即唯物史观，本所下设九个研究室，马克思主义历史理论研究室排列第一。二是解决了概念之争。顾名思义，历史理论指阐释客观历史本身的相关理论，史学理论指历史学发展过程中形成的相关理论，两者内容有交叉，但主体不一。关于"历史理论""史学理论"概念的异同、大小，学界看法并不一致。研究所名称的确定给出了明确答案，即"历史理论"概念大于或优先于"史学理论"概念。我们要与中央保持一致，有不同意见可以保留，仍可以深化思考，但不必拘泥于概念之争。[①]

历史理论研究所诞生于新时代，是应运而生。中国历史研究院由六个

---

① 目前，"历史理论""史学理论"两个概念实际上仍在交叉使用。例如，历史理论研究所所刊名为《史学理论研究》，2022年9月完成换届选举的全国性学术团体名为"中国史学会史学理论分会"，这是延续历史，而变更名称洵非易事，须走较为繁杂的报批程序。学界时下召开的相关学术会议大多仍约定俗成，冠名为"史学理论研讨会"。我们似应在概念使用上力求统一，避免辨扯不清的困扰。

加快构建新时代历史理论研究"三大体系"（代序）

研究所组成，除中国社会科学院原有的五个相关研究所外，历史理论研究所是唯一新建的研究所。中央为什么要专门成立历史理论研究所？我想，这大体可以从三个方面来理解。

一是在全社会牢固树立正确历史观。

新中国诞生给中国历史学带来的最大变化是明确了唯物史观的指导地位，确立了人民的主体地位，澄清了若干重大理论问题，尤其是科学解答了历史学为谁著书立说这一根本性、原则性问题，进而为研究工作树立了正确导向，极大地推动了新中国历史学的繁荣发展。改革开放以来，历史学在蓬勃发展的同时，也面临挑战——随着社会经济成分、组织形式、就业方式、利益关系和分配形式的多样化趋势的发展，以及东西方各种思想文化的碰撞、交汇，我国社会思想呈现出多样、多元、多变的特点，唯物史观遭冷落、质疑和冲击的现象日渐显现出来。有人矫枉过正，出于对过去一度盛行的极"左"思潮的抵触心理，说了一些过头话。也有人蓄意挑战主流意识形态，不时发出一些噪音杂音，随意涂抹、肆意歪曲历史尤其是中共党史，借谈论历史来否定现实，散布错误的历史观，形成历史虚无主义思潮，产生恶劣影响。

历史观涉及对是非、正邪、善恶、进步与落后的评判，与价值观密不可分。否定历史发展的主题主线、主流本质，颠倒是非、正邪、善恶、荣辱，就会使人丧失对历史的敬畏之心，模糊对方向、道路等原则问题的认识，导致价值观扭曲。价值观一旦混乱，我们这样一个大党大国就会成为一盘散沙，社会上道德失范、诚信缺失现象就会滋蔓，乃至乱象丛生，其后果将是灾难性的。一言以蔽之，历史虚无主义思潮一旦泛滥，就会肢解我们的自信，消磨我们的意志，腐蚀我们的精神。党的十九大报告明确提出"引导人们树立正确的历史观、民族观、国家观、文化观"。① 由此观之，加强历史理论研究，巩固唯物史观的指导地位，引导人们树立正确历史观尤其是正确党史观，已是刻不容缓。坚持以唯物史观为指导，是坚持正确的政治方向、学术导向、价值取向的重要前提，是当代中国历史研究区别于欧美国家历史研究的根本标志。

---

① 习近平：《决胜全面建成小康社会夺取新时代中国特色社会主义伟大胜利——在中国共产党第十九次全国代表大会上的报告》，人民出版社2017年版，第43页。

二是以史为鉴，为当代中国发展进步提供学术尤其是理论支持。

改革开放以来，经济学、法学、政治学、社会学等学科基础理论研究与应用对策研究并重，积极参与当代中国的社会变革与发展，成为万众瞩目的显学。历史学与时俱进，也取得累累硕果，但相比之下，总体上参与有限、发声有限。这与历史学本质上属于基础理论研究有关，也与其研究滞后有关。平心而论，我们的历史研究存在两个缺陷，不能很好地顺应大势。其一，与现实脱节。有人自诩"清高"，搞所谓"纯学问"，有意识地远离现实、回避政治。其实，历史是一条奔腾不息的河流，不可能抽刀断水；昨日中国是今日中国的延续和发展。研究历史，不能就历史论历史，不能也不可能脱离现实，遑论历史学原本带有鲜明的意识形态属性。其二，重考证、轻理论，研究呈现"碎片化"、条块分割。有人专注细枝末节研究，研究题目小、研究范围窄，死守自己的"一亩三分地"，一谈到理论或现实问题便张口结舌，茫然莫知置对。考据是治史的基本功，没有考证便无信史可言，但不能"只见树木不见森林"，不能无视或忽视宏观理论思考。

中国特色社会主义已进入新时代，当代中国正进行着伟大的理论与实践创新，迫切需要历史学发挥鉴古知今、资政育人的作用。"明镜所以照形，古事所以知今。"[①] 新中国的前途为什么是社会主义而不是资本主义？为什么说中国特色社会主义是实现中华民族伟大复兴的必由之路？为什么说中华民族伟大复兴的历史进程不可逆转？以中国式现代化全面推进中华民族伟大复兴，如何深刻领会中国式现代化的中国特色和本质要求？中国式现代化道路的原创性贡献是什么？回答此类重大理论问题，都必须从历史上来追根溯源。当代历史学若想真正成为显学，具有生命力、体现影响力，就必须顺应时代需要，力戒那种选题无足轻重、搞烦琐考证、内容空洞的学究式学院式研究，有意识地加强历史与现实的对话，积极回应重大现实问题，立时代之潮头，通古今之变化，发思想之先声。[②] 这也是我国

---

① 《三国志》卷59《吴书·孙奋传》，中华书局1982年版，第1374页。

② "立时代之潮头，通古今之变化，发思想之先声"语出习近平总书记致中国社会科学院中国历史研究院成立的贺信，是党中央对广大历史研究工作者提出的殷切希望，而我们做得远远不够，应努力争取更大作为。西方学界很重视研究、思考那些宏大理论问题，重视提出新概念新表述，以迎合本国的内外政策。举凡"历史终结论""文明冲突论"等，均为融合政治学、历史学等学科作出的新概括新阐释，弗朗西斯·福山和他的老师塞缪尔·亨廷顿都是西方名噪一时的历史哲学家。

史学的一个优良传统。司马迁以"通古今之变"相期许写《史记》，司马光为资政著《资治通鉴》，均具有鲜明的现实关怀。北宋大儒张载"横渠四句"有云："为天地立心，为生民立命，为往圣继绝学，为万世开太平。"① 身处新时代，我们的胸襟应当不比古人逊色，理应具有强烈的使命和担当意识。

三是加快构建新时代中国历史学"三大体系"。

目前，我国经济总量稳居世界第二，日益走近世界舞台中央，为维护世界和平、促进共同发展做出巨大贡献，而历史学的发展总体上与我国综合国力和国际地位还不太相称，未能居于国际学术界中央，在国际上的声音还比较小。笔者1994年在哈佛大学访学时，哈佛—燕京学社主任、明清小说研究专家韩南（Patrick Hanan）教授在交谈时善意地表示："谈到人文和社会科学方面，目前世界上重要的学术思想主要来自英、美、德、法等西方国家。然而在将来，重要的学术思想同样很有可能来自中国、日本等国家。"比照现实，我们做得远远不够。

历史研究是一切社会科学的基础，历史理论则是历史研究的指南和灵魂。中国历史研究院中国历史学学科体系、学术体系、话语体系研究中心设在历史理论研究所。② 党的二十大报告在阐述"推进文化自信自强，铸就社会主义文化新辉煌"时，再次郑重强调"加快构建中国特色哲学社会科学学科体系、学术体系、话语体系"。③ 加快构建新时代中国历史学学科体系、学术体系、话语体系，必须加快构建新时代历史理论研究的学科体系、学术体系、话语体系。要继续以开放胸怀加强中外学术交流与合作，既"请进来"，更要"走出去"。要以我为主，努力提出具有原创性、主体性的学术思想，努力打造自己的学术特色和优势。要增强学术自信，摒弃学术上的"崇洋"心理，对西方的后现代主义史学、公民社会理论以及

---

① 张载：《张载集》，章锡琛点校，中华书局1978年版，第396页。
② 该中心成立于2019年6月，至今已多次开展活动：2019年11月，与中国社会科学院国际中国学研究中心联合举办"'海外中国学研究'学科建设研讨会"；2020年11月，主办"'中国历史学话语体系建设'学术研讨会"；2021年9月，参与承办"社科论坛"（史学·2021）"新时代中国历史学'三大体系'建设国际学术研讨会"。另以"研究中心"成员名义相继发表学术论文10篇，《中国历史学"三大体系"建设研究》一书正在策划出版中。
③ 习近平：《高举中国特色社会主义伟大旗帜 为全面建设社会主义现代化国家而团结奋斗——在中国共产党第二十次全国代表大会上的报告》，人民出版社2022年版，第43页。

全球史、"新清史"、新文化史、情感史研究等，我们要有鉴别和取舍，决不能被别人牵着鼻子走，决不能邯郸学步、鹦鹉学舌。特别是中国史研究，其学术根基、学术中心理应在中国。我们要有这种自信、底气和气魄，主动引领学术潮流、推进学术创新，积极掌握学术话语权。

总之，历史理论研究所是时势的产物。新时代是历史学可以也必须大有作为的时代，是历史理论研究受到空前重视、享有前所未有发展机遇的时代。我们要把握机遇，乘势而上。

二

按照中央审定的建所方案，历史理论研究所下设九个研究室，依次是：马克思主义历史理论研究室、历史思潮研究室（又称"理论写作组"）、中国史学理论与史学史研究室、外国史学理论与史学史研究室、国家治理史研究室、中华文明史研究室、中国通史研究室、中外文明比较研究室、海外中国学研究室。排在前面的四个研究室，其名称均有"理论"二字。从中国社会科学院层面讲，本所是唯一一个以"理论"二字命名的研究所。这种定位是荣誉，更是一种使命和责任。

这九个研究室即九个学科，构成完整的历史理论研究学科体系，史学理论研究仅是其中的一个分支，在学科设置上真正实现了各历史学科的融合。我将其特点概括为"打通古今中外，注重大历史、长时段研究"。[①]

马克思主义历史理论研究室排列第一，是学科建设的重中之重。其主旨是以唯物史观为指导，加强理论思考与研究，以总结历史经验、揭示历史规律、把握历史趋势。党的十九届六中全会审议通过的《中共中央关于党的百年奋斗重大成就和历史经验的决议》堪称历史理论研究的典范：作为科学历史观，唯物史观科学诠释了人类社会发展规律和历史现象，以此为指导来总结百年党史所形成的历史观便是正确党史观；以3.6万字来总结百年党史，进行长时段、贯通式研究与思考，生动体现了大历史观。唯物史观被确立为指导思想后，究竟给中国历史学带来哪些深刻变化？对中国历史进程产生哪些深刻影响？在极"左"思潮泛滥的年代，我们在理解

[①] 参见《史学理论研究》2019年第3期"卷首语"。

| 加快构建新时代历史理论研究"三大体系"（代序）

和运用唯物史观上存在哪些偏差？这一历史很值得好好总结。2021年，本所申报的《中国马克思主义史学家口述访谈录》《中国马克思主义历史理论发展史研究》，分别被列为国家社科基金重大专项课题、重点课题。

　　从事马克思主义历史理论研究，须具备相应的理论素养，用马克思主义中国化的最新理论成果——习近平新时代中国特色社会主义思想来指导研究，努力做到既不丢老祖宗，同时又能讲新话。对唯物史观及时做出新阐释新概括是一个具有战略意义的重大课题。坚持唯物史观与发展唯物史观是辩证统一的关系，发展是最好的坚持。马克思主义深刻改变了中国，中国也极大丰富和发展了马克思主义。与时俱进是马克思主义的理论品质，党的百年奋斗史就是一部不断推进理论创新、实践创新的历史，坚持理论创新是党百年奋斗的十条历史经验之一。从毛泽东、邓小平、江泽民、胡锦涛到习近平，在唯物史观上都是坚持与发展、继承与创新相统一。譬如，"五种社会形态"理论是唯物史观的一个最基本观点，我们党将之作为指南而不是教条，科学分析中国具体国情，据此提出新的原创性理论作为科学决策的遵循：创立新民主主义革命理论，指出近代中国的社会性质是半殖民地半封建社会，其前途是社会主义；创立中国特色社会主义理论体系，指出我国正处于并将长期处于社会主义初级阶段；习近平同志提出"新发展阶段"说，进一步发展了社会主义初级阶段理论。党带领人民筚路蓝缕攻坚克难，跨越资本主义发展阶段，成功走出中国革命和中国特色社会主义这两条新路，使中国阔步走向繁荣富强，与我们党创造性地运用"五种社会形态"理论密不可分。"理论是灰色的，而生活之树常青。"需要进一步思考的是，唯物史观诞生在大机器生产时代，而现在已处在后工业时代，是大数据、人工智能时代，由此引发的变化是深刻的、全方位的，生产力、生产关系的内涵必然会随之发生变化。再如，人民是历史的创造者，这是唯物史观的基本原理。人民在我国的主体地位始终没有变也不能变，而"人民"概念的内涵以及当代中国阶级、阶层的构成，与过去相比确已发生深刻变化，江泽民同志敏锐注意到这一新变化，在2001年"七一"讲话中分析指出我国已出现六个新的社会阶层。[①] 在百年

[①] 他们是民营科技企业的创业人员和技术人员、受聘于外资企业的管理技术人员、个体户、私营企业主、中介组织的从业人员、自由职业人员。参见江泽民《在庆祝中国共产党成立八十周年大会上的讲话》，人民出版社2001年版，第31页。

光辉历程中，我们党是如何既坚持唯物史观，同时又丰富和发展了唯物史观，赋予其新的历史内涵？就此进行系统总结和研究对推进理论创新大有裨益。

历史思潮研究室的旨趣是关注历史思潮演变，及时就当下社会上的热点话题做出回应，释疑解惑，正本清源，宣传、阐释正确历史观，解析、批驳历史虚无主义错误思潮。该研究室又名"理论写作组"，写理论文章是主业，带有时效性，出手要快。要加强两方面素养。一是理论素养。建所之初，我分析了研究队伍存在的短板，其中一个短板是"只会讲老话（马克思主义基本原理），不会讲新话（马克思主义中国化最新成果），甚至是老话讲不好、新话不会讲"。补短板须加强理论学习，我们专为本所青年学习马克思主义中国化经典文献开列了书单。二是专业素养。宣传要以研究为依托，以深厚的学术积淀作为支撑，深入才能浅出。再就是要注意两点：其一，严格区分政治原则问题、思想认识问题、学术观点问题，既敢于斗争，又要把握好分寸，不能无端上纲上线。其二，善于用学术话语来表达政治话语。写理论文章不是贴标签、喊口号、表决心，不能居高临下板着面孔说教，要具有感染力和说服力，努力收到春风化雨、润物无声的社会效果。2021年，本所申报的《历史虚无主义思潮解析和批判》被列为国家社会科学基金重大专项课题，计划写三卷。

中国史学理论与史学史研究、外国史学理论与史学史研究是中国社会科学院的传统优势学科。近二三十年来，这种优势在不知不觉中削弱，研究成果萎缩，研究队伍青黄不接，由盛转衰趋势明显。这也是全国范围内带有普遍性的现象。这两个学科被列为本所重点学科，须尽快止跌回升。从学术史角度看，这两个领域是块"熟地"，以往研究虽已取得骄人成绩，名家辈出、成果丰硕，但毋庸讳言，仍存在不足。一是深耕式、开拓创新性的研究相对较少，粗放式、低水平重复的研究较多。一些著述偏重于介绍、描述，缺乏思想性。二是有些学者画地为牢，专注中国古代史学理论或外国史学理论研究，唯物史观被边缘化。其实，我们研究中外史学理论，主旨是推陈出新，通过兼收并蓄、博采众长，致力于丰富和发展当代中国的马克思主义历史理论。要着力在古为今用、洋为中用上下功夫。本所新近申报了两个国家社会科学基金重大专项课题，分别是《"中国之治"的历史根源及思想理念研

究》以及六卷本《西方历史理论发展史》课题。①

与历史思潮研究相似，国家治理史研究属于新兴学科。本所的国家治理史研究室是国内首个专门的研究机构。党的十八届三中全会提出推进国家治理体系和治理能力现代化这一重大战略课题。提高国家治理体系和治理能力现代化水平是实现中国式现代化的题中应有之义，其途径之一是总结、反思我国古代漫长的治国理政实践，从中获取有益借鉴。《中国历代治理体系研究》是我们在建所当年承担的首个重大项目，属中国历史研究院交办课题。我们随即组成课题组，设立中央与地方、行政与监督、吏治与用人、礼治与法治、思想与文化、民本与民生、边疆治理、民族治理、宗教治理、环境治理、基层秩序11个子课题，用三年多时间完成近一百万字的书稿撰写，结项评审等级为"优秀"。目前书稿已完成第三次修订，处在出版前的审稿阶段。

中国通史研究室、中华文明史研究室、中外文明比较研究室、海外中国学研究室，均有别于通常的专题或专史研究，要求研究者是通才，具有大历史视野和世界眼光，学养深厚、思辨能力强，能登高望远，深入思考、科学解读一些前沿性重大问题，以便从中汲取历史智慧，增强历史自觉，坚定文化自信、道路自信。例如，通过深入研究中华文明的发展历程、特质和形态，为今天的人类文明新形态建设提供理论支持——倘若按照西方"文明三要素"标准，中华文明仅有3300年历史；我国于2002年启动的中华文明探源工程提出了文明定义和认定进入文明社会标准的中国方案，实证了我国百万年的人类史、一万年的文化史、五千多年的文明史。这是很了不起的学术贡献，为相关研究提供了范例。本所这四个研究室起步晚、起点低，缺乏学术积累，须苦修内功、奋起直追。

概括地说，历史理论研究所在学科设置上打通古今中外，实现了各相关历史学科的融合发展，体现了前沿性、战略性、理论性。基于这一学科布局，要努力做到"两个结合"：基础理论研究与应用对策研究相结合，历史研究与现实问题研究相结合。"三大体系"建设是一个整体，学科体系相当于学科的顶层设计，学术体系是学科体系的支撑，话语体系是学术

---

① 2022年11月30日，全国哲学社会科学工作办公室公示了国家社会科学基金中国历史研究院重大历史问题研究专项2022年度重大招标项目立项名单。本所申报的《"中国之治"的历史根源及思想理念研究》《西方历史理论发展史》获得立项。

体系的外在表达形式,而贯穿其中的核心要素是人才。说到底,学科靠人来建设,学术带头人有权威、形成研究梯队,推出一批高质量、有影响的研究成果,就构成学术体系,支撑起学科建设;权威学者及论著所阐释的成系统的观点、思想、理论等,被学界奉为圭臬,便构成话语体系。因此,衡量"三大体系"建设之成效,关键看是否出成果、出人才。这无捷径可走,从个人角度讲,归根到底靠潜心治学。从研究所角度讲,加快构建新时代历史理论研究"三大体系"、引领全国历史理论研究,除组织实施课题、主办各种专题学术研讨会、积极利用中国史学会史学理论分会这一平台开展活动外,另一重要途径是办好所刊《史学理论研究》。

三

《史学理论研究》创刊于1992年,原由中国社会科学院世界历史研究所牵头主办,2019年第3期起,正式转为历史理论研究所所刊。为顺应振兴新时代历史理论研究的需要,我们举全所之力办刊,依据中央核准的建所方案成立专门的编辑部(以前是研究室兼职编稿),并果断改季刊为双月刊;在办刊风格上与历史理论研究所的学科布局和建所思路对接,在论文选题上精心策划,在栏目设置上推陈出新,并致力于制度化、规范化管理和运作。一分耕耘,一分收获。改刊后,该刊论文转载量、转载率和综合指数排名均显著提升。以2021年论文转载量为例,合计《新华文摘》5篇(2篇全文转载),《中国社会科学文摘》5篇,中国人民大学复印报刊资料24篇。

这套五卷本《新时代历史理论研究前沿丛书》主要从改刊三年来发表的论文中编选而成。遗憾的是,限于主题和篇幅,不少优秀论文未能一并辑录。这五卷按主题编排,依次是《唯物史观与历史研究》《马克思主义史学与史家》《中国史学理论与史学史》《外国史学理论与史学史》《历史理论研究的新问题·新趋向》,集中体现了我们的建所及办刊思路,展示了全国学界同仁的最新研究成果。

在建所半年后举办的中国社会科学院暑期专题研讨班上,我在历史学部发言时坦陈:"建所了,牌子挂起来了,并不代表立刻就能按照上级要求发挥应有的作用,两者之间存在很大距离。我们要做的,就是百倍努力，尽量缩小这个距离，缩短这个周期。"现在回想起来，不免有几分感慨。这一路走来，激励、支撑我们砥砺前行的是一种精神。姑妄言之，可称为"建所精神"，其内涵为"团结，务实，奋进"六字。

建所第一步，是把近代史研究所、古代史研究所、世界历史研究所的三拨人整合在一起，接着是面向社会招聘人员。我们起始就强调，新所要树立新风气，大家共同营造风清气正的环境。近四年来，本所没有人事纠葛，没有意气之争，大家有话好好说，有事好商量，形成合力。"兄弟同心，其利断金"，是为团结。本所核定编制80人，应聘者纷纷。我们一开始就明确，进人不是"拉壮丁"，不能一味追求数量，应首重质量，宁缺毋滥。至于学科布局，我们意识到，在人员不足、人才匮乏情况下，九个研究室不可能齐头并进，应有所侧重；具体到每个具体学科，不求四面开花，应集中力量找准突破口，争取逐渐形成自己的研究特色和优势。是为务实。我们在建所之初仅有两人，连公章都没有，千头万绪，一切从零开始。我们起始就确立"边建所、边搞科研"的工作思路，迎难而上。本所是中国社会科学院最年轻的研究所，至今建所不到四年，在职人员平均年龄不到40岁，朝气蓬勃。目前，我们已大体完成建所任务，搭建起作为一个研究所的完整架构，科研稳步推进并取得显著成绩。本所综合处兼具科研处、人事处、党办、办公室的职能，在岗人员仅五人，爱岗敬业，表现出色。是为奋进。建所不易，亲身参与建所是荣幸更是责任，大家很辛苦，同时又很享受这个过程，展现出好的精神面貌。

有了这种精神，历史理论研究所未来可期。新时代是历史理论研究大有作为的时代，曾有一位前辈学者感叹：历史理论研究的春天到来了。让我们以此共勉，抓住机遇，不负韶华，不辱使命，加快构建新时代历史理论研究"三大体系"。

夏春涛
2023年3月6日

目录
CONTENTS

第一篇　中国马克思主义史学

植入与生长：在探索中前进的中国马克思主义史学理论

　　　　　　　　　　　　　　　　　　　张艳国 / 3

唯物史观与民国时期的马克思主义史学　　胡逢祥 / 17

文化抗战视野下的中国马克思主义史学贡献

　　　　　　　　　　　　　　　王继平　董晶 / 35

唯物史观与新中国马克思主义史学的理论发展

　　　　　　　　　　　　　　曹守亮　曹小文 / 46

当代中国史学界对唯物史观的理论认知与思考历程

　　　　　　　　　　　　　　吴浩　蔡敏敏 / 60

第二篇　中国马克思主义史家

新中国史学的初建：郭沫若与中国马克思主义史学主导地位的确立

　　　　　　　　　　　　　　　　　　　张越 / 83

范文澜与中国通史撰著　　　　　　　　　赵庆云 / 103

吕振羽与中国马克思主义史学方法论的构建　陈峰 / 119

马克思主义史学家对"通史家风"的批判继承
　　——以20世纪上半叶吕振羽、范文澜和翦伯赞的
　　中国通史编纂与理论为中心　　　　　徐国利 / 138

目 录

侯外庐的治史路径	兰梁斌 /	153
罗尔纲：道德文章第一流	夏春涛 /	164
论章开沅史学思想的特质	马 敏 /	172
王庆成与改革开放以后中国近代史研究的大转型	虞和平 /	194

第三篇　西方马克思主义史学

20 世纪美国马克思主义史学的几个问题	王加丰 /	219
二战后美国马克思主义史学及其特点	王立端 /	224
马克思主义在英国的史学源流：史学思潮、代际传承及历史进程	梁民愫 /	238
民主德国的马克思主义史学	孙立新 /	248
意大利马克思主义史学片述	陈 新 /	251

第四篇　西方马克思主义史家

英国马克思主义史学家群体的史学观念与实践——以英国共产党历史学家小组为中心	初庆东 /	259
罗德尼·希尔顿的中世纪社会研究	刘耀辉 /	273
E. P. 汤普森的史学思想研究	姜 芃 /	290
佩里·安德森的史学思想评介	国恩松 /	308

第一篇

中国马克思主义史学

植入与生长：在探索中前进的中国马克思主义史学理论[*]

张艳国

（江西师范大学历史文化与旅游学院）

中国马克思主义史学理论建设,[①] 源于五四新文化运动时期马克思主义在中国广泛深入的传播，马克思主义理论特别是唯物史观理论与方法在中国史学界深深扎根，顽强生长，成为中国学者进行历史研究的指导思想，催生了中国马克思主义史学理论学科建设和话语体系建设的宏大科学文化实践和探索历程，特别是在改革开放新时期开辟的中国特色社会主义伟大实践中，取得了丰硕成果。中国马克思主义史学理论在与世界文明交流互鉴中赢得学术尊重并发展壮大。马克思主义传播、植入中国思想界，成为中国社会变革的指导思想，生长为现代中国主流意识形态文化，贯穿中国思想文化历程一百年的这种"史学参与",[②] 正好与马克思主义中国化的历程相伴相生，与中国新民主主义革命、社会主义建设和中国特色社会主义建设事业的轨迹同步相连。对此进行历史回顾和理论总结，对于在新时代借鉴历史经验，推进中国马克思主义史学理论建设创新发展，具有重要的学术意义和实践价值。

---

[*] 本文是国家社会科学基金重点项目"新时代文化创新的内在逻辑与实践路径研究"（项目编号：18AKS011）的阶段性成果。

[①] 关于史学理论与历史理论概念的使用，史学界在内涵大小和使用范围上还存在一些观点差异。一般认为，历史理论是个大概念，适用范围大，话语面宽，而史学理论主要是指历史学的理论，即历史学的学科理论形态。参见夏春涛《2019年历史理论研究综述》，《史学理论研究》2020年第2期。

[②] "史学参与"一词，最早为章开沅先生所用。参见章开沅、刘家峰《参与的史学与史学的参与论纲》，《江汉论坛》2001年第1期。

一 传播：中国史学研究在唯物史观旗帜下

唯物史观在中国开始传播，是近代西学东渐的产物。在19世纪90年代，中国人在"新学"的报刊上，慢慢知道了马克思和恩格斯的名字，他们创立的唯物史观理论首先为那时思想界的"先进中国人"所接受，成为他们救国救民、探索中国发展道路的理论依据。五四新文化运动时期唯物史观理论日益受到知识界重视。这正如时任北京大学教授的李大钊所说："晚近以来，高等教育机关里的史学教授，几无人不被唯物史观影响，而热心创造一种社会的新生。"[①] 其时，学者教授追慕唯物史观，一方面说明学习和传播唯物史观是一种思想"时髦"，当时人们的思想先进性体现在学习、跟进和传播唯物史观上；另一方面，也说明了唯物史观思想影响力的巨大性和深刻性，人们在思想方法上希望换一种理论和方法认识学术、认识社会，以唯物史观为指导，探索中国历史研究的"新路"。确立唯物史观在中国历史研究领域的指导地位，这在史学界及思想界都具有革命意义。

李大钊、蔡和森、瞿秋白、郭沫若等人是五四新文化运动时期最具代表性、最早一批马克思主义史学家。他们的代表作，如《由经济上解释中国近代思想变动的原因》《唯物史观在现代史学上的价值》《史学要论》《社会进化史》《近代的基督教》《中国资产阶级的发展》《中国革命史之新篇》《中国古代社会研究》等，体现了在历史研究中以唯物史观为指导的学术宗旨。他们一边传播唯物史观，一边运用唯物史观研究历史、研究社会、研究革命问题。他们身上有着所处时代的历史特点，就是那个时代的彻底革命精神和"大破大立"的革命勇气。他们努力担负"一身二任"的使命，既要完成前人"史界革命"的未竟事业，[②] 又要运用马克思主义的理论、立场、方法和话语构建新的历史体系，对社会发展作出符合历史规律、实事求是、科学准确的前瞻性判断。从鸦片战争到五四新文化运动

[①] 李大钊：《唯物史观在现代史学上的价值》，《李大钊文集》下，人民出版社1984年版，第365页。

[②] 梁启超：《新史学·中国之旧史》，《饮冰室合集·文集》第4册，中华书局2015年版，第7页。

时期，中国历史由下行的"谷底"，到出现上行的曙光，① 深藏着马克思主义在中国传播的理论效能。譬如，瞿秋白在《帝国主义侵略中国之各种方式》（1923）中运用唯物史观分析中国革命与世界革命、中国革命与人类前途的关系，认为"只有俄国社会革命的发展，中国国民运动的奋起，世界无产阶级与各殖民地劳动平民携手……方能得世界经济的发达，人类文明的再造"。② 在那时，人们对科学理论的渴望，就像久旱盼甘霖一样迫切。李大钊指出，我们必须依靠唯物史观"创造一种世界的平民的新历史"③。中国马克思主义史学理论从筚路蓝缕开始就具有运用历史智慧解决实际问题的理论品格和思想光芒，这与李大钊、瞿秋白等开拓者的敏锐眼光密不可分。除了已有的研究成果，他们提出问题、启发问题，值得后人尊重和尊敬。

对于确立唯物史观在中国史学界的指导地位来说，新文化运动之后兴起的"中国社会史论战"功不可没。追求科学理论指导，首先在于运用科学理论指导。中国共产党成立以后，领导中国工人阶级和劳苦大众进行革命，需要明确革命的对象、任务和依靠力量，"谁是我们的敌人？谁是我们的朋友？这个问题是革命的首要问题"。④ 要弄清楚这些问题，为中国革命领航定向，最根本的是要弄清中国近代社会的性质。这既是一个理论问题，也是一个紧迫的革命实践问题。要从学术研究的角度进行科学分析，得出科学结论。应该说，在大革命失败以前，中国共产党对中国社会性质的认识是深刻的、清晰的，也是准确的。一方面，党内汇聚了像陈独秀、李大钊、瞿秋白、毛泽东、李达、蔡和森等一批学者型的革命者，他们善于运用马克思主义理论特别是唯物史观分析中国社会状况；另一方面，有俄国十月革命经验的成功借鉴和共产国际对中国革命的理论指导，如列宁的帝国主义理论和殖民地理论。但是，大革命失败以后，在如何认识中国近代社会性质的问题上，不断出现错误，从理论上干扰了中国共产党领导

---

① 这里借用刘大年先生（1915—1999）关于中国近代历史发展的"下降线"与"上升线"概念。刘大年：《中国近代史诸问题》，人民出版社1965年版，第68—69页。
② 瞿秋白：《帝国主义侵略中国之各种方式》，《瞿秋白选集》，人民出版社1985年版，第39页。
③ 李大钊：《唯物史观在现代史学上的价值》，《李大钊文集》下，第365页。
④ 《毛泽东选集》第1卷，人民出版社1991年版，第3页。

中国革命。这是一个十分紧要的重大原则问题。从学术研究的角度看，关于中国历史发展问题、中国近代社会性质问题，一直存在，这是老问题；从讨论这些问题的时代和实践来看，它又是新问题。[①] 说它新，新就新在它是实践产生、呼唤理论回答的问题：中国近代社会性质是资本主义的，还是封建主义的，或者是半殖民地半封建社会？中国共产党领导的社会革命是属于资产阶级民族民主革命范畴的，还是无产阶级社会主义革命范畴的？中国革命的前途何在？究竟是资本主义的还是社会主义的？难道要等待中国资本主义发展成熟后再来进行无产阶级社会主义革命吗？科学认识中国社会性质，直接关涉"中国革命是资产阶级革命呢，还是资产阶级性的民权革命，或已转变到无产阶级社会主义革命？这一根本问题将决定今后革命之一切战术与策略"[②]。在中国社会性质问题上的种种错误论调都对正在开展的中国革命实践带来挑战和冲击，革命者不能坐视不管，必须给予回应以正视听。论战取得了积极的成果。一方面，中国共产党最广泛地组织学者专家参与讨论辩论，促使进步知识分子运用马克思主义理论认识中国历史发展、分析中国近代社会性质、研究中国革命的前途，促进了马克思主义在中国的进一步广泛传播；另一方面，进步的知识分子运用唯物史观理论和方法分析研究中国历史问题、中国现实问题和中国前途问题，彰显了马克思主义真理的巨大力量。这是"革命的社会科学工作者运用马克思主义研究中国社会和历史的一次重要实践"[③]，促进了唯物史观理论与方法同中国问题研究的对接和融合，促进了中国社会史研究，[④] 并且在中国社会史研究中开辟了新领域，如"亚细亚生产方式"问题、中国社会史上奴隶制和封建制的分期问题、中国社会史上的诸阶段划分问题、中国社会的"停滞"问题、资本主义萌芽问题等，[⑤] 都取得了新成就。"中国社

---

① 蔡和森：《中国革命的性质及其前途》，《蔡和森文集》，人民出版社1980年版，第783页。
② 蔡和森：《中国革命的性质及其前途》，《蔡和森文集》，第783页。
③ 高军：《中国社会性质问题的论战》，高军编：《中国社会性质问题论战（资料选辑）》上，人民出版社1984年版，第26页。
④ 1940年，吴泽在《中国历史简编·序》中说："国民大革命后，曾经引起过一度革命理论的论争，中国社会性质问题，从而中国社会史问题的研究，随着开展起来"。吴泽编著：《中国历史简编》，新中国书局1949年版，第1页。
⑤ 吕振羽：《著者序》，《中国社会史诸问题》，生活·读书·新知三联书店1961年版，第9页。

会性质论战以前所未有的激烈程度开展起来，并由此引发了中国社会史大论战，中国的马克思主义史学在论战中得以形成。"①

中国共产党在全国各地建立革命根据地，取得局部执政权，掀起了新民主主义革命时期马克思主义在中国广泛深入传播并与中国革命相结合的高潮。在延安时期，中国共产党高度重视运用马克思主义理论研究中国历史，要求改变近百年史和古代史"在许多党员的心目中还是漆黑一团"的面貌，②通过"改造学习运动"，以唯物史观为指导，全面研究中国的历史，终于确立了唯物史观理论与方法在中国史学界的话语权。话语权是思想主导权、主动权和领导权的根本体现。以毛泽东亲自组织专家如范文澜、尹达等编写《中国革命和中国共产党》（1939）为标志，在唯物史观指导下研究中国历史特别是近代史、中共党史的核心概念、理论体系得到确立；此后一些重要的历史观点又在《新民主主义论》（1940）等著作中得到深化和推进。《中国革命和中国共产党》与《新民主主义论》这两篇重要文献，对中国共产党关于历史研究的理论话语形成起到了至关重要的作用，是我们研究分析中国马克思主义史学理论发展形态的重要资料。一是在当时提出的一些观点和概念，比如"关于中国封建社会的主要矛盾说、中国封建社会发展动力论、中国近代社会发展阶段论、中国近代社会'两个半'性质论、中国革命性质论、中国革命前途论、中国革命地位论等，对于中国现代史学建设影响至为深远"③。二是开展中国古代社会、中国通史研究，形成了中国古代社会史理论、中国通史理论体系。范文澜将唯物史观运用到中国通史研究与编撰中，迅速成为那时最有影响的马克思主义史学家，"将范著通史（《中国通史简编》）称之为马克思主义中国化的历史论著代表，应该当之无愧"④。尹达则将恩格斯研究家庭、私有制和国家起源的理论、方法运用到中国上古史资料分析之中，充分吸收最新考古成就，出版了《中国原始社会》，成为与郭沫若《中国古代社会研究》并称的重要史学著作。

---

① 李红岩：《中国近代史学史论》，中国社会科学出版社2011年版，第10页。
② 《毛泽东选集》第3卷，人民出版社1991年版，第797页。
③ 张艳国：《中国马克思主义史学理论在探索中前进》，《中国社会科学报》2019年9月27日第4版。
④ 赵庆云：《范文澜与中国通史撰著》，《史学理论研究》2017年第4期。

总之,唯物史观从开始传播到确立在中国历史研究中的指导地位,是马克思主义在中国传播并与中国问题研究相结合的产物,是马克思主义中国化借用史学研究这一重要平台取得的重大文化成果,是唯物史观指导历史研究并内化为中国史学理论的宝贵思想历程。

二 生根：唯物史观与中国历史结合催生史学理论

作为文化建设发展的重要内容,研究历史、系统整理历史资料、对国民进行爱国主义教育和历史普及教育,全面提升国民历史文化素质水平,这是国家政权发挥文化功能的体现。1949年中华人民共和国成立,为中国史学继续沿着五四新文化运动开辟的中国马克思主义史学道路前进,提供了国家力量保障和充分的社会条件基础。

在中国共产党成立28周年之际,中国新史学研究会在北京成立,这对于倡导加强用唯物史观研究历史,是一个良好的开端和全新气象。会议"简章"强调,"学习并运用历史唯物主义的观点和方法,批判各种旧史观,并养成史学工作者实事求是的作风,以从事新史学的建设工作"[1],应该成为新中国史学的前进方向和目标导向。1951年,郭沫若以中国史学会主席的身份,在大会主题报告中指出,大多数史学研究者"由唯心史观转向唯物史观,这就是头一个值得我们欣慰的一件事"[2]。郭老的报告连同吴玉章副会长发表的题为《历史研究工作的方向》的讲话,在中国现代史学史上,特别是在中国马克思主义史学发展史上,具有标志性意义。吴玉章强调,"我们研究历史要用马克思的唯物史观来研究","这样才能真正认识到人类社会发展的规律";他号召历史研究要坚持马克思主义唯物史观的理论指导地位,要形成实事求是、言之有物、言必己出的好学风、好文风。[3]这与五四时期李大钊、延安时期毛泽东强调的运用唯物史观指导研究中国历史,具有思想的内在一致性、历史的传承性和实践的指导性。

---

[1] 中国史学会秘书处编:《中国史学会五十年》,海燕出版社2004年版,第4页。
[2] 郭沫若:《中国历史学上的新纪元》,中国史学会秘书处编:《中国史学会五十年》,第6页。
[3] 吴玉章:《历史研究工作的方向》,中国史学会秘书处编:《中国史学会五十年》,第9—11页。

思想自觉是行为自觉的依据，其效果来自思想的深处，就有研究范式、工作方式的转型和研究成果的变化。从转型来看，以著名史学家陈垣为代表，他说："过去我们这些人只凭兴趣，不顾需要；只愿单干，不愿集体；只爱专门，不爱普及；只重材料，不重理论；只顾自讲，不求人懂；只讲往古，忽略现代；只愿研究，不愿教课；只重著作，轻视讲义。"① 从转变的实际效果来看，以史学家张维华为代表，他说，学习马克思列宁主义著作多了，也就不再有"读天书"之感，"逐渐体会到用马克思列宁主义研究历史，确实是个广阔的途径，能使历史研究的面貌为之一新"②。应该承认，这种思想转变带来的研究范式和工作方式转变，正是运用唯物史观理论与方法造成的。爱国史学工作者以极大的政治认同、思想自觉和主体能动性接受和运用唯物史观，如果不是这样，就不能理解迅速出现和形成学习马克思主义理论、史论结合、论从史出的大好局面。如果不从史学家主体自觉角度看问题，不从史学家主体发自内心地"追赶时代"和"在新时代有所作为"的追求来看，就不能从史学工作者身上发现时代转变所造成的学风、文风和史学家风格的根本性转变。

新中国史学特别是"十七年史学"体现了马克思主义史学理论鲜明的实践特点和时代特征。它既强调"史"，即中国历史的实际、中国历史的特点；又强调"论"，即以唯物史观为指导，进行新的理论概括和总结；并将两者有机统一、结合起来，形成具有中国文化内涵的历史理论和史学理论。③ 这主要表现如下。

第一，在中国通史体系拟定和理论阐发上，以唯物史观为指导，体现了鲜活的中国历史内容和民族特色，范文澜编著的《中国通史简编》、郭沫若主编的《中国史稿》、翦伯赞主编的《中国史纲要》、侯外庐主编的《中国思想通史》等堪称优秀代表。范老在介绍"简编"的理论体会时，说他在九个方面增加了"新的观点"：一、劳动人民是历史的主人；二、阶级斗争论是研究历史的基本线索；三、在生产斗争中的科学发明；四、汉族社会发展史的阶段划分；五、汉族封建社会的分期；六、初期封建社

---

① 陈垣：《要作一个又红又专的史学工作者》，《历史教学》1958年第4期。
② 张维华：《张维华自传》，《晋阳学刊》编辑部编：《中国现代社会科学家传略》第6辑，山西人民出版社1985年版，第238页。
③ 吴晗在《光明日报》1962年1月4日《如何学习历史》中有精辟的论述。

会开始于西周；七、自秦汉起中国成为统一国家的原因；八、历史上的爱国主义；九、历史上战争的分类。① 对此，有研究者评论："这些问题的理论阐述，标志着范文澜独具特色的马克思主义通史理论体系的形成，也反映出范文澜作为一个马克思主义史学家在理论方面逐步成熟。"② 翦伯赞主编的《中国史纲要》，至今都受到专家好评，不是偶然的。③ 刘大年先生总结郭沫若、范文澜、翦伯赞等史学家的经验，认为其成功之处在于他们坚持唯物史观理论与方法，实现"科学研究与革命行动"的完美结合和有机统一。④

第二，强化理论研究，形成唯物史观指导专题研究的创新格局，把握规律性，突出理论性。特别是在新中国"史学十七年"，史学界先后围绕中国古代史分期、中国封建土地所有制形式、中国封建社会农民战争、中国资本主义萌芽和汉民族形成五个重大问题，取得了重大理论创新成果，被中国现代史学史称为"新中国史学的五朵金花"⑤。此外，还围绕亚细亚生产方式、中国封建社会长期延续的原因、中国古代民族关系、爱国主义与民族英雄、历史发展动力和历史人物评价等问题，进行了长时间的深入讨论，取得了一系列重要成果。这是中国社会史论战之后在新中国史学发展序列上的学术传承，是已经开展相关问题研究以来继续运用唯物史观理论与方法在专门领域研究的深化、细化和强化。侯外庐在《中国古代社会史论·自序》中指出，本书就是要"确定亚细亚生产方式的意义"；但要弄清这个问题，就要由多年的研究、思考入手，试图揭示中国古代社会的性质和发展阶段，了解"亚细亚古代社会的规律"。⑥ 时代催生问题意识，时代推动研究问题得到解证。这些研究成果，通过专题研究论文集的形式被固化下来，至今被史学界当作那个时代进行专门问题研究的代表作。例

---

① 范文澜：《关于中国历史上的一些问题》，《范文澜历史论文选集》，中国社会科学出版社1979年版，第76页。
② 张剑平：《新中国史学五十年》，学苑出版社2003年版，第148页。
③ 王学典：《翦伯赞学术思想评传》，北京图书馆出版社2000年版，第42页。
④ 刘大年：《范文澜历史论文选集序》，《范文澜历史论文选集》，第16页。
⑤ "新中国史学的五朵金花"之名，本是史学界借用庆祝新中国成立十周年的献礼电影《五朵金花》中的概念，表彰史学界在新中国取得的最有代表性的成果，较早为时任北京大学图书馆馆长、历史教授向达（1900—1966）所用。肖东发、陈光中：《燕南园50号的向达先生》，《北京大学校报》2003年3月23日。
⑥ 侯外庐：《中国古代社会史论》，人民出版社1955年版，第1页。

如《历史研究》编辑部编《中国古代史分期问题讨论集》《中国近代史分期问题讨论集》《汉民族形成问题讨论集》《中国历代土地制度问题讨论集》，中国人民大学中国历史教研室编《中国资本主义萌芽问题讨论集》上下；景珩、林言椒编《太平天国革命性质问题讨论集》；《历史研究》编辑部编《中国的奴隶制与封建制分期问题论文选集》、南开大学历史系中国古代史教研组编《中国封建社会土地所有制形式问题讨论集》上下、史绍宾编《中国封建社会农民战争问题讨论集》；《历史研究》编辑部编《关于历史人物评价等问题的讨论》第1辑。现在看来，当时的研究可能在理论或者方法上、资料掌握或者在论点提炼上，有这样或者那样的不足，甚至是毛病或者失误，但是，当时的探索对于后来的发展弥足珍贵。首先是遵循唯物史观，"努力学习运用马克思列宁主义的理论作为自己研究的准则"[1]，这样就有了理论灵魂；其次是运用，将理论与科研实践、与中国历史资料结合起来，形成新的研究范式和话语体系；再次是发展，史识创新，提升了历史研究的理论层次。因此，这批"史论结合"并"以点带面"的研究成果，在今天都值得珍视。

总之，运用唯物史观理论和方法重新研究中国历史，既要解决实际问题，又要在理论上有科学性和说服力，形成与社会发展要求、社会主流意识形态相一致的研究范式和话语体系。从这个时段的代表性成果来看，唯物史观理论与方法所起的带动作用是显而易见的，对中国马克思主义史学理论的形成和发展起到了积极的推动作用。当时的史学家认为，"在这短短的几年中，所得到的收获是超越了前代几十年的总成绩的"[2]。

三 成长：建设中国特色的史学理论体系

推进历史学科创新发展，在任何时候都不能忽视史学理论，更不能随意丢弃史学理论；必须扎实构建中国特色、中国风格、中国气派的马克思主义史学理论体系。

党的十一届三中全会开辟了改革开放和中国特色社会主义建设新时

---

[1] 中国人民大学中国历史教研室编：《中国资本主义萌芽问题讨论集》上，生活·读书·新知三联书店1957年版，第4页。

[2] 中国人民大学中国历史教研室编：《中国资本主义萌芽问题讨论集》上，第2、4页。

期，为推进史学理论研究提供了历史契机。历史学家黎澍率先撰文，高度肯定重新确立正确的思想路线，使史学研究"逐步回到了马克思主义的轨道"上，并指出：坚持唯物史观，把马克思主义作为"研究工作的指南，而不是教条"，"必须从研究对象的实际情况出发，而不能从理论原则出发。不能用印证马克思主义理论的现成结论，代替对历史的具体分析和研究"。[①] 历史学家郑天挺也高度评价改革开放给史学界带来的新面貌新趋势，认为"一九八零年是中国历史学界繁荣的一年"，其判断依据是，史学研究者打破了思想束缚，"深入思考，以追求真理，详细占有材料，广泛联系实际，坚持实事求是，从而形成了新风气"，"历史既然是科学，就有它的科学方法、科学规律和科学发展。要研究历史发展的规律性，就离不开马克思主义理论的指导。当然，从实际成果看，这方面我们做得还不够，还要刻苦地继续努力"。[②] 解放思想，追赶时代，要不忘本来，坚持唯物史观的理论与方法；立足原来，坚持用中国历史事实说话；走向未来，坚持中国马克思主义史学理论创新发展。

建设高水平、走向世界的中国马克思主义史学理论学科体系，这在改革开放之初就已成为史学界共识。研究者认为，"应该继续加强（历史学）理论建设"，"在史学理论和历史理论的研究上花更大的气力"。[③] 他们具有一种时不我待的奋发朝气。进入改革开放新时期以来，史学理论学科建设一直是历史学的首要热点和第一视点。理论研究与实证研究、专业建设与学科建设、队伍建设与科研平台建设、国际国内学术交流、学术研究与理论普及等互动紧密，各方面成果可圈可点。1987年，中国社会科学院组织专业力量，创办了专业刊物《史学理论》（后更名为《史学理论研究》）。全国大多数哲学社会科学综合刊物、高校文科学报积极发表史学理论文章，史学理论研究频繁出现成为关注的学术热点。特别是《史学理论研究》在团结史学理论研究者、有计划地展开研究讨论、组织发表高质量

---

① 黎澍：《一九七九年的中国历史学》，《中国历史学年鉴（1979）》，生活·读书·新知三联书店1980年版，第4页。
② 郑天挺：《一九八〇年的中国历史学界》，《中国历史学年鉴（1981）》，人民出版社1981年版，第1—2页。
③ 肖黎：《中国历史学四十年序》，肖黎主编：《中国历史学四十年》，书目文献出版社1989年版，第5页。

的最新研究成果等方面，起到了集结队伍、凝聚力量、促进中国马克思主义史学理论学科发展和学术繁荣的突出作用。该刊对自己的学术作用和期刊特色有一个明确、准确的定位，"《史学理论研究》是一本以马克思主义为指导的专门研究历史学领域各种理论、方法论问题的学术刊物，是一本探讨有关客观历史过程和有关历史认识以及史学本身发展中各种重大问题的理论刊物，是一本推动历史学与其他社会科学学科以及自然科学相互渗透融合，促进跨学科研究的交叉性学科的专业刊物"；该刊对自己肩负的学术使命和责任担当有清醒的认识，"建设和发展我国的马克思主义史学理论。这是时代赋予我们的十分迫切重要而又异常艰巨的任务，也是我们办好刊物的根本方向"。[①] 在中国史学会的支持下还成立史学理论研究分会。2019年初成立的中国社会科学院历史理论研究所，是中国历史研究院唯一新建的研究所，旨在加强历史理论研究，下设马克思主义历史理论、中国史学理论与史学史、外国史学理论与史学史、历史思潮、中国通史、国家治理史、中华文明史、中外文明比较、海外中国学九个研究室；在学科设置上打通古今中外，注重大历史和长时段研究。该研究所的成立，对于学术界重点聚焦马克思主义历史理论研究，加强中国马克思主义史学理论学科建设，都将产生深远影响和积极作用。一些高校也成立史学理论研究机构；从国家社科"六五"规划开始，专门设立史学理论研究选题，支持史学理论学科建设，各种大型史学理论丛书、若干史学理论专著、教材得以快速出版。由此，大专院校历史专业教师、科研院所史学研究人员更加关注史学理论研究和学科建设，逐步形成一支稳固的、跨学科的、专兼职相结合的、老中青相支撑的专业队伍。这支队伍传承了自五四新文化运动以来注重运用唯物史观理论与方法的优良传统，将马克思主义理论与中国历史实际相结合，既在具体的历史问题研究中坚持史论结合、论从史出，提升理论思维水平；又围绕史学理论的基本问题，持续深入地展开专门研究。"如果说，史学理论是关于史学自身反省的学科的话，那末，它在80年代的起步正预示着中国历史学将出现一次新的变革。"[②] 总之，新时期史学理论建设呈现出整体推进、向上提升的发展状态。

[①] 《史学理论研究》编辑部：《发刊词》，《史学理论研究》1992年第1期。
[②] 瞿林东、赵世瑜：《史学理论》，肖黎主编：《中国历史学四十年》，第5页。

第一篇 中国马克思主义史学

由历史学若干知名专家集中编写的"马克思主义理论研究和建设工程重点教材"《史学概论》，对于推动新时期史学理论研究和学科体系构建起到积极作用。该书力求体现出中国特色、中国风格和中国气派，以此为中国史学工作者所必备的学术气质，而且也在一定程度上反映了当前中国史学发展前沿的面貌。① 这当然是难能可贵的，因为它揭示了中国史学理论学科建设的志向和目标，我们有理由将它视为中国史学前进的方向。当然，严格地说，史学概论并不等同于史学理论。但是，由于《史学概论》的研究、编写发生在中国史学理论研究重新启动的重要时刻，因此，它极大地推进了"史学理论"学科体系建设。

新时期40年来史学理论建设的重大收获，主要体现在以下各个方面。

第一，十分重视并开展历史学研究对象、性质和任务的讨论。研究对象、学科性质、史学功用等问题，在学科理论中具有引领性地位和作用，"无论如何是一个无法回避、必须切实回答的问题"②，是"一个关系到历史研究工作应当从哪里出发和向哪里前进的问题"③。从理论意义上和研究操作的把握上讲，历史学的研究对象，"是把人类社会的变化作为一个动态的过程来考察，把人类历史的发展作为一个整体来解析"，历史学特定的研究对象以及内容和知识体系，体现了历史学的学科个性和学科功能。④

第二，关注并厘清史学理论与唯物史观、史学概论的联系与区别，重视唯物史观指导，认真吸取史学概论养分，促进史学理论建设。明确史学理论自身的学科归属和属性十分重要，否则，就不能"独立地"进行史学理论学科构建，并形成自己的话语体系。这诚如研究者所揭示的："除了史料以外，历史学还必须要有理论。……历史学所需要的理论应该是统率史料的，是统率和指挥整个史学研究的。但历史学的理论又必须与史学研究密切结合，是属于历史学本身层次的，而不是和史学研究相脱离的，从别的层次外加上去的。过去我们把属于哲学层次的历史唯物主义等同于史学理论，这是把'指导'和'等同'相混淆了。历史唯物主义必须指导史

---

① 本书编写组：《史学概论·前言》，高等教育出版社、人民出版社2009年版，第1页。
② 刘大年：《论历史研究的对象》，《历史研究》1985年第3期。
③ 黎澍：《一九七九年的中国历史学》，《中国历史学年鉴（1979）》，第6页。
④ 张艳国：《论历史学的学科个性及其相关问题》，《史学理论》1989年第3期。

学研究，但不能因此就取代史学理论，不能否认历史学有自己本身的理论"。①

第三，紧扣历史发展的过程，科学揭示具有发展规律特点的历史过程，将过程论与规律论结合起来。恩格斯在《反杜林论》中指出，与"18世纪的纯粹形而上学的、完全机械的唯物主义"不同，"同那种以天真的革命精神简单地抛弃以往的全部历史的做法相反，现代唯物主义把历史看作人类的发展过程，而它的任务就在于发现这个过程的运动规律"②。围绕历史进程，探寻历史发展规律，才能聚焦"历史规律究竟是什么样的东西？这个概念的内涵和外延是什么？它与一般的广义的规律的关系如何？"这些问题在中外学术界都被认为挑战性极强，但每前进一步，都意义重大。③

第四，聚焦历史发展过程中的主体活动，把历史活动者看成鲜活的各有个性的实践主体和创造主体。有了人、人群和人类，就有了历史；历史是人民群众的事业，是人民群众活动的舞台。经过历史创造者问题的两次讨论④，人们关于历史主体的认识更加清晰。人民群众、杰出历史人物与每一时代的社会实践活动进行互动，也就有了生动丰富的历史内容，形成了物质资料的生产、精神创造和精神消费，创造了科学、艺术和宗教知识体系。当然，这里的物质实践活动是第一位的，起决定作用的。"直接的物质的生活资料的生产，从而一个民族或一个时代的一定的经济发展阶段，便构成基础。"⑤ 这样看来，历史学最根本的性质是人学，不是资料之学。只有书写人民的历史，历史才有人文精神和时代精神，历史才有人类发展创造的不竭智慧。

第五，将历史学家与历史学的关系纳入史学研究的视野，从理论上确立史学家主体论，构建"良史"理论模型。历史学建设，主要是专业史学工作者的本职工作。职业历史学家的史德、史学、史才、史识和职业素养

---

① 陈启能：《史学理论：历史学的理论反思——序〈唯物史观与史学理论〉》，《江汉论坛》1997年第1期。
② 《马克思恩格斯选集》第3卷，人民出版社1995年版，第363—364页。
③ 王和、周舵：《试论历史规律》，《历史研究》1987年第5期。
④ 王学典：《二十世纪后半期中国史学主潮》第6章，山东大学出版社2000年版。
⑤ 《马克思恩格斯选集》第3卷，第776页。

情怀、社会责任感、历史使命感,决定了历史学的精神面貌、道德情操和学术水准。加强史学家队伍建设,就是最根本的史学建设;关注史学家主体的史学意识、史学认识和史学思想,就是最关键的基础工作。有研究者从近代以来中外史学史发展的经验中揭示出:"历史学家的主体意识水平直接决定着历史研究水平。"① 这是很有道理的。

  此外,关于史学史的研究理论和方法、史学方法论等问题,都是史学理论学科体系和话语体系建设的重要内容。这些重大问题在新时期中国史学研究中得到重视,并取得了一系列成果,令人鼓舞。

  中国当代马克思主义史学理论建设,植根于千百年来传统史学的优良传统,植根于百十年来马克思主义在中国传播的文化资源,植根于数十年来中国社会主义建设事业的伟大实践。史学工作者在每一历史时代都不懈怠、不动摇,取得了丰硕成果和长足进步,这是百年来一代又一代中国马克思主义史学家辛勤耕耘的成果。改革开放以来中国马克思主义史学理论体系和话语体系建设在方方面面的收获,确立了中国马克思主义史学理论在当代世界文化交流、互鉴中的良好形象与历史传承,这在中国近现代史学发展史上是一项了不起的成就。

(原载《史学理论研究》2020 年第 4 期)

---

① 于沛:《历史认识:主体意识和主体的创造性》,《历史研究》2003 年第 1 期。

唯物史观与民国时期的马克思主义史学

胡逢祥

(华东师范大学历史学系)

唯物史观对中国现代史学的深巨影响，前人论之甚多，但仍有一些问题值得探讨。近年来，有学者针对过去的论述多局限于中共红色史家范围，以致不恰当地缩小了唯物史观在民国学术界影响版图的缺陷。本文认为只有扩大其在现代史坛实际运作的考察面，才有助于复原这一学术史真貌。一些学者对20世纪20年代胡汉民、戴季陶等传播唯物史观和其后冯友兰、陶希圣及食货派等运用唯物史观的学术实践作了考察。[①] 这样的思考，确有见地。本文将循此思路，在这方面作进一步的补充和展开，同时亦欲对其间出现的某些模糊观念，有所厘清。不当之处，敬祈方家指正。

一 民国学术生态中的马克思主义与唯物史观

马克思主义作为一种科学理论，固然有其基本的原理和体系。但在传入中国之初，却往往因人们接受或理解程度的不同而产生歧义，甚至示人以不同的形象。当其于19世纪末进入国人的视线时，首先以其强烈的社会政治革命倾向，得到了革命党人和无政府主义者的关注。唯最初二十年间，各类报刊对之的介绍多属零星片断，直至五四运动前后，才稍趋于系统化，并将唯物史观逐步引入社会学、史学和哲学等学术研究领域。但即

---

① 相关论述，可参见陈峰的《〈食货〉新探》(《史学理论研究》2001年第3期)、李田贵和赵学琳的《二十年代国民党人对马克思主义的传播》(《当代世界社会主义问题》2003年第4期)、王学典的《现代学术史上的唯物史观——论作为"学术"的马克思主义》(《山东社会科学》2004年第11期)和《唯物史观派史学的学术重塑》(《历史研究》2007年第1期)等。

使在这时，从事马克思主义著作正面译介和研读的人员构成仍颇复杂，其中既有共产党人，也有早期无政府主义者、国民党高层理论家（如胡汉民、戴季陶），甚至加入中国共产党后不久就自行脱党并在抗战中成为汉奸的陈公博、周佛海等人，或者可以说，其学术队伍的阵营是不清晰的。这个事实，一方面显示了马克思主义自身对社会各界的理论感召力，同时也表明当时国内思想界不少人士对其性质尚处于辨识的过程中。至于一般社会对之的认识，自然更为滞后，以致1926年北京"三一八惨案"后，北洋政府段祺瑞竟将徐谦、李大钊、李煜瀛、易培基、顾孟余五人一并指为"假借共产主义，啸聚群众，率暴徒闯袭国务院"而下令通缉。[①]

大革命失败后，随着国共分裂，马克思主义、非马克思主义和反马克思主义的政治界限日渐分明。不过在学术领域，其明确分野似乎要来得更晚些。在此后展开的中国社会性质和社会史论战中，政治立场不同的论战各方都不同程度地在学理上举起过唯物史观，用以证实自己的观点或反驳对方，便说明了这点。当然，也正是这场论战，才使各方的学术立场及其相互间的区分度变得明晰起来，并形成了旗帜鲜明的中国马克思主义史学阵营。与其他学术派别相比，该阵营的基本特征在于：从人员结构看，这是一支以共产党人为核心、以改造社会为目标的革命史学队伍；在学术取向上，不仅始终坚持以唯物史观指导历史研究，还十分注重学理观与世界观的统一、学术实践与社会实践的统一，公开倡导学术研究应关怀现实，使之发挥服务现实和推动社会进步的作用。在论战中，他们一再强调："对于未来社会的待望逼迫着我们不能不生出清算过往社会的要求。"[②] 其根本指向，"是为解放民族之一现实的任务上的问题"[③]。翦伯赞在对此进行理论总结时还表示："我们要使主观的斗争配合着客观的形势——即历史的必然——的发展，尤其要以中国历史发展的原理指导这一现实的民族解放斗争，然后才能使这一斗争更顺利地获得最后的胜利。因此，现在来研究中国社会形势发展史的问题，决不是一种经院式的无病呻吟；反之，

---

① 李书华：《七年北大》，原载台湾《传纪文学》第6卷第2、3期，1965年2月、3月。见王世儒、闻笛编：《我与北大》，北京大学出版社1998年版，第167页。
② 郭沫若：《中国古代社会研究·自序》（1929年9月20日），人民出版社1954年版。
③ 吕振羽：《给陶希圣的关于历史唯物主义的信》，《食货》第1卷第9期，1935年。

而是一个最迫切的政治任务。"① 这一治学理念，实际上成为中国马克思主义史学的一种传统。

有人主张，既然马克思主义史学的基本特征就是运用唯物史观治史，那么，判别现代史上个人或团体是否属该阵营的基本依据，就是其否在学术研究中运用了此史观。盖狭义唯物史观（指马克思主义有关经济基础和上层建筑关系的理论）的学理乃广义唯物史观（包括了马克思主义的全部基本学说）之基础与核心，后者涉及的社会发展理论、阶级观点和无产阶级革命等学说只是作为前者的推论和应用结果而存在的。故在评判唯物史观史学时，不妨将"学术上"的马克思主义与政治的或"实践"的马克思主义作适度的分离和切割，从比较单纯的学理角度加以考察。这样做的出发点也许不错，可惜只是一厢情愿。须知马克思主义原本就是一种党性或阶级性很强，亦即具有明确政治指向（实现社会主义革命和共产主义理想）的学说，在社会革命年代尤其是如此，离开了这一点，也就不成其为马克思主义了。马克思本人为此就特别强调过："我的新贡献就是证明了下列几点：（1）阶级的存在仅仅同生产发展的一定历史阶段相联系；（2）阶级斗争必然要导致无产阶级专政；（3）这个专政不过是达到消灭一切阶级和进入无阶级社会的过渡。"② 恩格斯也特别强调了唯物史观在"实践"上的意义，称其"不仅对于理论，而且对于实践都是最革命的结论"，只要"把它应用于现时代，一个强大的、一切时代中最强大的革命远景就会立即展现在我们的面前"。③ 对于马克思主义理论的整个体系，我们固然可以作一些理论上的逻辑结构或层次分析，却不宜将其理论的各主要组成部分人为地切割开来，这样做，既有违马克思主义经典作家的本意，也不符合中国现代马克思主义史学史的实际，至少是将这一过程作了过于简单化的处理。

实际上，在新民主主义革命时期，人们所说的马克思主义史学或史家，通常是指较完整意义上接受马克思主义的世界观，即不仅将其作为学

---

① 翦伯赞：《历史哲学教程》，河北教育出版社2000年版，第195页。
② 马克思：《致约·魏德迈（1852年3月5日）》，《马克思恩格斯全集》第28卷，人民出版社1973年版，第509页。
③ 恩格斯：《卡尔·马克思〈政治经济学批判〉》，《马克思恩格斯选集》第2卷，人民出版社1995年版，第38页。

术事业的指导思想,还以此指导人生实践,并立志将社会改造和革命,实现社会主义乃至共产主义作为其终生奋斗目标的一批史家。这也是不少人在谈到马克思主义史家时,往往十分强调其具有"学术家和革命行动家兼而为之"的时代特征之原因。

诚然,此期也有一些学者在史学实践中接受并运用了唯物史观的学理,并取得了相当成就,其中有的后来还进一步转变为马克思主义者。但也有不少人始终只愿将其作为一种学术研究的理论或手段看待(如社会史论战中的部分学者),或仅是其参用的多种观念和方法中的一部分罢了。这些学者,也许会在对唯物史观学理的认识上达到一定的层次,但不可否认,其对马克思主义的整体认识和接受程度,显然与前者不同。应当看到,唯物史观固然是马克思主义的核心理论之一,但不是全部。由于他们中的不少人在学理上并不赞同其中的阶级斗争和社会主义等学说,更无意于将此类理论付诸当下的实践,有的还对此持坚决的反对态度,因而才在学术和社会实践中对此采取了回避或反对的姿态。显见,其与通常所说马克思主义史学间的分歧,恐非"学术"和"实践"间的差异所能解释。也就是说,这些人对于唯物史观的理论或部分观点,虽然接受了,并且愿意施诸学术研究,但对其整个思想体系却并不认可。故尽管可将他们运用唯物史观进行的学术活动纳入马克思主义学说在中国的实际影响范围进行考察,却仍不宜将其与通常所指的现代中国马克思主义史家视为一体。

如果细细考察,还可发现,马克思主义、唯物史观、"共产"或共产党这些概念在民国时期学术生态中的境遇不尽相同。对于"共产革命"或共产党,无论是北洋政府还是国民党政府,都视之为洪水猛兽,必欲扑灭之而后快。而比较单纯的"学术"马克思主义和唯物史观,处境似乎要好一些。且不说社会史论战中许多学者公开打出唯物史观的旗号相互争鸣,20世纪30年代的大学里,一些教师仍可公开讲授马克思的学说。据侯外庐回忆,当时"在张学良统治下的北平,一段时间内,不论组织集会,还是宣传马克思主义,只要限于学校范围内,多少还有那么一点自由。即使有时把人抓去,也会较快地释放"。乃至1932年暑假后蒋介石派其侄儿蒋孝先率宪兵三团到北平,试图对中共组织实施严厉镇压而逮捕侯外庐后,民国大学校长雷殷致电法学院院长白鹏飞,请其帮助救侯外庐的理由依然是:"侯玉枢君,前在哈法大任教,对马克思学说颇有研究,但尚未运动宣传情事，闻因讲演受嫌被捕，请公加意营救。"而这一时期山西军阀阎锡山为标榜自己统治地区的"开明"和"民主"，也曾允许一些进步人士在当地有条件地讲授马克思主义哲学和政治经济学。1933年秋，侯外庐从北平出狱到山西，还由阎锡山的绥靖公署付给薪水而专事《资本论》的翻译。① 可见其时的国统区，唯物史观和马克思的学说在军阀纷争形成的地区政治不平衡中，仍保持着一定的生存和传播空间。抗战中，在国共合作的新形势下，国民党当局虽未放弃"溶共、防共、限共、反共"的根本方针，但在某些公开场合，特别是高校和学术领域，不得不做出一点"松动"的姿态。如1939年国民党当局杀害新四军干部，制造"平江惨案"后，溆浦县国民党部书记长找到正在民国大学任教的翦伯赞，试图以此威胁其勿再宣传马克思主义。翦伯赞却理直气壮地说："这里是大学，是讲学的地方，和你们县党部不一样。你们那里只准讲'三民主义'，这里各种学说都允许讲。"又说："我讲马克思主义已经很久了，并不是什么秘密。我在南京住了多年，一贯是讲马克思主义的。我在长沙、沅陵都讲马克思主义，难道到了你们贵溆浦，就不允许我讲马克思主义了吗？你们不要以为谁讲了马克思主义，就有多大的问题，就大逆不道！你们要明白，这是学术！""上海、北平的大学教授，讲马克思主义的多得很，难道都是共产党？都要抓起来？"说得对方语塞而退。② 这些情况，正有助于我们从另一个侧面认识那个时代"学术"和"实践"（政治）的马克思主义间存在的差异。

综上可见，全面认识马克思主义对民国时期史学发展的影响，至少应从两个层面加以把握：一是马克思主义史学队伍的成长及其活动；二是唯物史观在各史学实践领域的表现。前者为中国马克思主义史学的核心和主体力量，后者则标示着该史学思潮在学术界的实际影响力。

二 左翼民主人士与中国马克思主义史学的建设

当然，提出从两个不同层面考察马克思主义对民国史学的影响，并不

---

① 侯外庐：《韧的追求》，生活·读书·新知三联书店1985年版，第42、49页。
② 见张传玺《翦伯赞传》，北京大学出版社1998年版，第70页。

意味着将马克思主义史学阵营与中共史学家的活动直接画等号。这是因为,在整个中国现代马克思主义史学的建设过程中,除了中共红色史家外,事实上也活跃着一批党外左翼人士和学者,这些人大多受过马克思主义理论的熏陶,不仅学术上始终奉唯物史观为主导,其整个世界观和改造社会的目标及实践也与共产党人基本一致,只是由于他们的非中共或民主人士身份,在这方面的建树往往易遭人忽视,因而很有必要在这里特别提出来彰显一下。

这些人中,较有代表性的可举出李平心、宋云彬、张健甫、曹伯韩、陈竺同、汪士楷等一长串名字。诸人在这方面的贡献很少有人提及,以致长期默默无闻。为引起大家的注意,以下就所见资料,对这些史家及其学术活动略作梳理。

宋云彬(1897—1979),字佩韦,浙江海宁人。1921年起,先后在杭州多家报馆任编辑。1924年加入中国共产党,1926年秋至黄埔军校任政治部编纂股长。抗战爆发后,应邀赴武汉参加郭沫若主持的军委政治部第三厅工作。1938年12月到桂林,参与创办文化供应社,先后任编辑、出版部主任和总编辑,并在桂林师范学院讲授中国近代史。在桂林期间,除为报刊写作时评外,颇留意搜读中国近代史资料,[①] 接连发表了《怎样研究中国近代史》(《青年生活》1940年第1卷第1期)、《四十年来宪政运动的回顾》(《国民公论》1940年第3卷第6号)、《章太炎的学术思想及其影响》(《文化杂志》1941年创刊号)、《辛亥革命前的中国文化运动》(同前1941年第1卷第3号)、《五四时代的反儒家运动》(同前1942年第2卷第2号)等文。后经数年努力,于1948年写成《中国近百年史》(香港新知1948年版)一部。

张健甫(1898—1955),原名幄筹,另名怀万、云汉,化名江汉波,湖南平江人。1925年加入中国共产党。1929年10月,以江西中共省委巡视员身份赴赣西农村根据地。次年,因在攻打吉安和土地政策上与赣西特委负责人发生意见分歧,这本是党内不同意见的正常争论,但在当时却被

[①] 其《桂林日记》屡屡出现的有关阅读左舜生编《中国近百年史资料》,借阅李圭《鸦片事略》,参考陈恭禄和李平心著《中国近代史》,接受约稿编写《鸦片的故事》和《中华民国的故事》等,都表明了这点。参见宋云彬《红尘冷眼》,山西人民出版社2002年版。

上纲为"取消主义"和"富农路线",遭到严酷打击和开除党籍的处分,[①]从此被迫离党,转入文教界。1935年参加上海文化界救国会。抗战初,先加入由钱亦石带队的第八集团军战地服务队,后辗转至桂林广西地方建设干部学校主讲中国近代史,主编《广西教育》,并参与文化供应社的工作。1940年6月,继杨东莼任干校代教育长,直至该年底干校停办。著有《中日关系简史》(上海黑白丛书社1937年版)、《近六十年来的中日关系》(上海生活书店1938年版)和《中国近百年史教程》(文化供应社1940年版)等。

曹伯韩(1897—1959),原名典琦,湖南长沙人。1921年加入社会主义青年团,1924年加入中国共产党。旋任中共湘区执行委员会宣传部长,主编《战士》周刊。"马日事变"后,到上海中共中央组织局宣传科工作。1930年被国民党当局逮捕,判刑六年。出狱后与党组织失去联系,在上海参与救国会和左翼文化运动。抗战全面爆发后,辗转于长沙、武冈、桂林、香港、昆明、重庆等地,从事抗日救亡的文化教育工作。在桂林期间,先后任文化供应社专任编辑和桂林师院教师。编著有《中国现代史常识》(石火出版社1939年版)、《中国近百年史十讲》(华华书店1942年版)。[②]

陈竺同(1893—1955),原名经,字啸秋,浙江永嘉(今温州鹿城区)人。1915年毕业于浙江省立第十师范学校,后赴南京支那内学院进修。1925年参与创办瓯海公学。1927年加入中国共产党,大革命失败后脱党,流亡日本,入东京帝国大学研究院,专攻墨经与因明的互证及印度婆罗门思想传入中国史。1930年归国,执教于复旦大学和中国公学。1934年,应广西省立师专校长杨东莼邀,赴桂林任教,旋复返沪。抗战初,回家乡温州师范任教。1938年秋,辗转任教于广东省立文理学院、中山大学,后

[①] 《刘士奇同志给曾觉非同志的信——党内斗争与开除江含波的党籍(附:前委开除江汉波党籍决议)》,见江西省档案馆、中共江西省委党校党史教研室编:《中央革命根据地史料选编(上)》,江西人民出版社1982年版,第573—574页。又,本文有关张健甫的简历,系稽《平江县志》(国防大学出版社1994年版,第739页)、周天度和孙彩霞编《救国会史料集》(中央编译出版社2006年版,第580页)、唐瑜《二流堂纪事》(生活·读书·新知三联书店2005年版,第225页)、《红尘冷眼·桂林日记》等多种资料而来。

[②] 关于曹伯韩简历,长沙县志编纂委员会编《长沙县志》(生活·读书·新知三联书店1995年版)中有较完整记载,可参看。

任桂林师院史地系主任，专长于少数民族史和中外交通史研究。著有《日本势力下二十年来之满蒙》（署名陈经，上海华通书局1931年版）《中国文化史略》等。①

汪士楷（1894—1959），又名泽楷、杜竹君、万武之等，湖南醴陵人。1919年赴法勤工俭学，1922年加入"旅欧中国少年共产党"（后改为旅欧中国共产主义青年团），为邓小平入团介绍人。次年转为中共党员，旋赴莫斯科东方大学学习。1924年归国。大革命时任中共安源地委书记、豫陕区委书记、湖北省委组织部长、中共江西省委书记、国民革命军第二集团军政治部组织处长等职。1929年底，因追随陈独秀路线，与彭述之等同被开除出党。后在北平中国大学等校任教。抗战时期，到桂林师范主讲西洋史。②

这些人，早年都加入过中国共产党，后虽因各种原因脱党，但对马克思主义的信仰却始终未改。如汪士楷离开党组织后，仍积极从事马克思主义经典著作的翻译，先后出版了《哲学之贫困》（1929）、《马克思恩格斯政治论文集》（1930）等中译本。③ 1933年前后，与李达、吕振羽、黄松龄等"红色教授"同任教于北平中国大学，讲授"社会主义思想史"和"国际关系"等课程。④ 平时，"他从不隐讳自己的马列主义立场、观点，在（桂林）师院授西洋史课程时，从来就是以历史唯物主义的观点忠实传授"。⑤ 讲课时，"总是从社会经济发展变化情况讲到政治、文化教育，进一步从政治、文化教育的兴衰，再讲到它们对经济基础的影响、阐明各个

---

① 关于陈竺同简历，一些回忆资料在生卒、履历方面时有出入，此处主要依据《温州市志》（中华书局1998年版，第699页），并参稽王中《忆陈竺同先生》（《瓯海文史资料》第5辑，瓯海区文史资料委员会1994年版）、周梦江《怀念陈竺同老师》（《温州读书报》2009年1月13日）、陈钧贤《革命教育家陈啸秋》（《温州文史资料》第9辑，浙江人民出版社1994年版）等而成。

② 关于汪士楷生平，可参考刘晓农《细说汪泽楷二三事》（《党史天地》2000年第9期）和中国人民政治协商会议湖南株洲市委员会文史资料研究委员会编辑出版的株洲名人系列史料《劳人·汪泽楷》等。按：1949年湖南解放前夕，汪泽楷还利用其和国民党将领陈明仁的私人关系，在策动程潜和陈明仁起义方面作出了积极贡献。

③ 邹秉国、罗慧敏：《汪士楷教授对中国革命的历史贡献》，刘可风主编：《岁月如歌：中国财经政法大学校友回忆录》，湖北长江出版集团2008年版。

④ 吴泽：《我的治学历程》，《吴泽文集》卷一，华东师范大学出版社2002年版，第4页。

⑤ 张毕来：《一生无长物，举世少知音——忆故友汪士楷教授》，张谷、魏华龄主编：《桂林文史资料》第36辑《国立桂林师范学院实录》，漓江出版社1997年版，第172页。

历史时期社会经济、政治与文化教育的相互联系"。① 其他几位在大革命失败后，也都没有消沉，而是积极参与各种社会进步活动。抗战中，他们先后聚集到桂林，与谭丕模、杨荣国等中共党员的学术活动互相呼应，共同为民族救亡运动奔走呼号，并能注意在实践中不断提高马克思主义的理论水平。据宋云彬日记，在桂林文化供应社期间，他每周日都要参加社内举办的"读书会"，和曹伯韩、张健甫、千家驹、萧敏颂、傅彬然、张铁生等一起讨论诸如辩证法、封建主义、图腾主义（指氏族社会）、思维与存在关系、形而上学与唯物辩证法等理论问题。② 而他们的史学活动，同样坚持了唯物史观的基本立场。

如宋云彬的《东汉之宗教》，在基本史实的叙述上，虽多取梁启超、章太炎、皮锡瑞、王国维、郭沫若和周予同诸家之说参稽而用之，但在宏观理论的分析上，则力图以马克思主义的阶级斗争学说作出解释，强调"宗教和教育是有密切关系的，在阶级对立依然存在着的社会，宗教每做了支配阶级的武器，而教育就是使用这一武器的一种方法"。而儒家思想体系实即"封建社会支配阶级的心理，所以历代帝王都利用他以宰制天下"。而"无论何种宗教，他常随着社会每个进展的阶段上而有所变迁。例如原始共产社会的犹太教，一经耶稣的改革，便成为奴隶社会的信仰；再经繁琐哲学家的沟通，便成为封建制度的护符；三经马丁·路德的个人主义的改革，便成为今日资本社会的武器。儒家也是这样"。③ 其对明代王阳明学说的评价，同样反映出这一特点，如指出："我们如果承认人类社会所以组织的根本条件，是物质的生产与生产的手段时，那么，像王守仁那样以一心创化天地万物，把社会的本身只看作虚灵的心理的东西，不能不说他是世界的倒置，把世界建立在头脑上了。"又说王学之所以兴起，乃在适应了"当时社会之转变的方向，遂取得大众的接受，获得在社会中存立的根据，于是'朱学时期'便不得不在这时候归于终结。然而王学没有救得明朝的危亡，其末流且流于荡佚礼法，于是王学便又随社会的转变

---

① 何勇、岑寂：《忆汪士楷教授》，张谷、魏华龄主编：《桂林文史资料》第36辑《国立桂林师范学院实录》，第174—175页。
② 见宋云彬《红尘冷眼·桂林日记》。
③ 宋云彬：《东汉之宗教》，商务印书馆1931年版，第2、1、9页。

而失去他在社会中存立的根据,便又归于终结"。① 陈竺同撰写《中国文化史略》,也旨在揭示"社会一切发展,都与人类生产发展保持着一定的关系,文化发展自然不是例外"。在他看来,文化就大的方面讲,包含了社会经济、政治和精神生活,但其中物质生产活动"是占着基础的地位",艺术、习惯、思维"都与政制互相影响,而为生产力所决定,而具有反作用的力量"②。全书力求运用唯物史观的原理,结合史书记载和金石学以及田野考古资料,吸取现代社会学与考古学的方法观念,按标志古代生产工具和生产力发展水平的石器、陶器、铜器、铁器等阶段,以及渔猎、畜牧、农业、商业等社会经济的演进次序,去解释两汉以前的中国文化史,虽然内容比较简单,但在当时,却是一种崭新的文化史研究思路。

与当时国内学院派史学的偏重古史研究不同,从关心时局和积极参与社会变革的立场出发,他们最为关注的是贴近现实的当代史研究,希望从中探究百年来中国社会变局的因果得失,以为社会进步所用。如面临日本军国主义咄咄逼人的侵华态势,陈竺同与张健甫抗战前就分别撰写了《日本势力下二十年来之满蒙》与《近六十年来的中日关系》③ 等论著,对其近代以来侵占台湾、向东北等地渗透殖民等种种侵华行为作了揭露,并分析了日本作为后起资本主义国家在帝国主义时代对外侵略扩张的特点,意图唤起国人的抗日救亡意识。

他们还编著了多部中国近代史著。其中较有影响的是张健甫的《中国近百年史教程》和宋云彬的《中国近百年史》。

张著原为广西地方建设干部学校必修课讲义,曾于1939—1940年讲授两年。凡鸦片战争、太平天国运动、边境纠纷与藩属的丧失、中日战争的前因后果、从戊戌变法到八国联军、辛亥革命的成功与失败、从鲁案二十一条到五四运动、中国国民党改组与北伐、从九一八事变到七七全面抗战、一百年中国历史的回顾与前瞻等十讲,其中有关中日关系的三讲(即第四、七、九诸讲),系在其《近六十年来的中日关系》的基础上写成。是书于史实叙述虽较前人无明显突破,但颇能从社会经济形态的变化出发,围绕近代中国

---

① 宋云彬:《王守仁与明理学》,商务印书馆1931年版,第106—107页。
② 陈竺同:《中国文化史略》,第17、18页。按:此书写成于1943年,1944年由桂林文化书店出版。此处所引为1950年文光书店版《基本知识丛书》本。
③ 此书出版虽在1938年,然据其序,则完成于1937年"七七"事变前。

"由纯封建的农业社会降而为半殖民地半封建的社会"这一主线展开。在他看来，鸦片战争后，中国问题已"与世界问题息息相关，国际间的任何事件，都可影响中国的安危，左右中国的政局，明白地说，中国已为国际势力所支配，所以研究近百年中国历史是不能脱离国际范畴的"。① 并依据这一认识，在第十讲第一节"一百年中国社会的变质及历史的分期"中，结合国际和国内局势的互动，将近百年的中国史按其向半殖民地的转化过程，以及国内反帝反封建民主革命运动的发展，分鸦片战争到甲午战争、甲午到1914年第一次世界大战爆发、1914年到1921年华盛顿会议、1921年到"九一八"事变、1931年到1937年抗战爆发等五个阶段作了考察，从而在一定程度上加强了各讲所述事件的内在联结度和历史演变的整体脉络感。该书于1940年正式出版后，颇受欢迎，两年之中再版六次，后又多次重印。

宋著凡十四章，约40万字，记事起鸦片战争，迄抗战后国共谈判破裂。其书虽稍晚出，然叙事更详，观点更鲜明，特别是正面展示了大量有关中国共产党革命活动的史实。诚如作者所说："现在坊间出版的中国近代史，大都是在抗战前编写的，没有把轰轰烈烈的抗战史写进去；并且为了避免触犯当道，对于大革命前后的史事的叙述，往往转弯抹角，很少能秉笔直书。这本书总算弥补了这个缺点。"② 如张健甫的《中国近百年史教程》在论及1924—1927年大革命时，就迫于当时形势，刻意回避了孙中山确定的联俄、联共、扶助农工的三大政策和北伐中国共合作的情况。宋云彬则不仅在书中对中国共产党的成立及其领导的早期工人运动、第一次国共合作的过程及其分裂作了较完整叙述，还对中共处理"西安事变"的方针、国共合作和抗日民族统一战线的形成，特别是在第十三章第五节"抗战八年的解放区"中，对抗战时期中共在敌后发动人民群众抗击日寇的巨大贡献、解放区不断扩大，及其内部的各项政权建设、财政经济和农工商业各项政策的实施、推广文教事业的成就，乃至延安的整风均作了正面报道，并附带提供了大量相关统计数据。其余各章叙事也都较翔实而规范。③

---

① 张健甫：《中国近百年史教程》，香港文化供应社1946年版，第1、359页。
② 宋云彬：《中国近百年史·序》，香港新知书店1948年版。
③ 此书记事也存在一些疏误之处，经人指出，作者曾作了自我批评和解释，可参看陈昌勃《评〈高中本国史〉上册》和宋氏本人《我对于〈高中本国近代〉的几点说明》（均见《人民日报》1950年9月6日）。

应当说，这在当时公开出版的中国近代史通论性著作中是十分少见和难能可贵的。

此外，他们编著的史书还有一个共同特点，即注重面向社会大众。如曹伯韩的《中国现代史常识》和《中国近百年史十讲》系针对初中教学和一般读者而写，前者选取鸦片战争至抗战时期发生之大事，分十八课讲述，每课后附有"习题"，作者自称"没有着重在分析，而是着重了事实的叙述"①，其实叙事也相当简略；后者叙事稍详，且自谓"内容力求简单，解释则不避烦琐，一定要使得读者对每一史实的意义完全了解透彻"②，但为了契合当时人们的文化水平，仍然保持了简要通俗的风格。即使是作为地方干部学校教材的张健甫《中国近百年史教程》，亦颇注意于此。其编例颇取法于"纲目体"，每节正文叙事简明，而后附"参考"甚详，内容为补充原始材料，追溯事件原委，并作进一步评析，颇便读者在学习中依据自己的程度循序而进。应当看到，他们这样做，乃是出于对现代文化建设的一种自觉。宋云彬在《中国文学史简编》中便一再提到中国近代文化的大众化和平民化发展趋势，认为：自20世纪20年代中期起，"文学为大众服务"已日渐成为新文学运动的一致目标，至1930年乃有"文学大众化"口号的提出。③ 也正因如此，尽管这些人自身的文史根底相当深厚，但他们作文编史，从不故作摇曳之态，而是从启发更多民众了解历史真相着眼，始终坚持了大众化、平民化的道路。他们的史学活动，虽不若同时重庆地区郭、吕、翦、侯等那样声势夺人，却与之桴鼓相应，共同推进了中国马克思主义史学的发展。

三　唯物史观的传播与民国史风的转换

新文化运动以后，随着"科学"和"民主"潮流的涌起，实证论一度在教育界和学术界独领风骚，史学界也由此形成了考证史学独盛的局面。但自20世纪20年代末起，随着唯物史观在学术界的传播和影响不断扩大，学风渐起变化。按照某些人的看法，中国思想界在20世纪30年代前

---

① 曹伯韩：《中国现代史常识·序》，石火出版社1939年版。
② 曹伯韩：《中国近百年史十讲·前记》，华华书店1942年版。
③ 宋云彬：《中国文学史简编》，文化供应社1945年版，第137页。

期，几乎已是"马克思主义、唯物史观独步天下的时代。上海的新书店，如雨后春笋，出现很多，都是出版马克思主义、唯物史观的书。老书店，如商务，如中华，都一时黯然无色。学术界、思想界、史学界一些有影响的学者，如胡适等，一时都只能退避三舍"。① 乃至"大多数'新作家'的脑后，都隐隐的蹲立着一个普罗革命的神像，前期所高唱的那套'实事求是'、'为知识而知识'的自由派科学谈，到此时乃一贬而被斥为一种布尔乔亚免避现实麻醉人生的丑技。革命——普罗革命——必须是一切写作的目的"。② 在史学界，这种风气的转换，不仅突出地表现在社会史论战和"食货派"倡导的中国社会经济史研究，从其时颇为流行的一些史学概论中也不难看到。

如20世纪30年代中期，李则刚就在所著《史学通论》中明确肯定了唯物史观对于建立历史科学所起的关键作用，认为："这完全以经济的关系来解释历史，从历史的本身寻找揭示历史的原素，既不是神学的史观，也不是唯心论的史观，使历史哲学成为科学的，遂为历史学辟一个新局面。"并从理论上反驳了各种历史学不能成为科学的理由，指出："自辩证法与自然科学结合以来，历史的经济一元论阐明以后，历史的科学基础更为巩固。"③ 在安庆高级中学任教期间，他的这些观点给学生以很大启发。其学生严耕望晚年犹忆及："在高中三年中，我由于李先生的引导与长庆（指其同班同学董长庆——引者）的联系，看了不少社会科学书籍，也略涉一点为唯物史观的理论，对于我后来的史学观念，影响也极大。"④

又如吕思勉1923年发表的《白话本国史》，贯穿全书的历史观尚是进化论，但在抗战时期写就的《历史研究法》中，已注意到唯物史观的重要价值，称："马克思以经济为社会的基础之说，不可以不知道……以物质为基础，以经济现象为社会最重要的条件，而把他种现象看作依附于其上

---

① 何兹全：《我所认识到的唯物史观和中国社会史研究的联系》，北京师范大学史学理论与史学史研究中心举办"唯物史观与21世纪中国史学研讨会"参会论文，打印稿，2001年11月23日。
② 林同济：《第三期的中国学术思潮》，原载《战国策》第14期，1940年11月1日。收入温儒敏等编《时代之波》，中国广播电视出版社1995年版，第320—321页。
③ 李则刚：《史学通论》，商务印书馆1935年版，第71、135页。
④ 严耕望：《钱穆宾四先生与我》，《治史三书》，上海人民出版社2008年版，第236—237页。

的上层建筑,对于史事的了解,实在是有很大的帮助的。但能平心观察,其理自明。"并据此解释了近代科技和物质文明对人类社会组织、观念、交通乃至整个文化变动的巨大影响,以为"近代西洋科学及物质文明的发达,实在是通于全世界划时期的一个大变"①。

即使是对唯物史观持有保留看法的陆懋德,在其《史学方法大纲》中也指出:"今日之研究社会科学者,已多趋于唯物派一途。"只是认为,唯物和唯心史观,"二者当参用而不可偏用。如偏于心理,则流于虚玄论之病;如偏于物质,则流于机械论之病"。因在历史发展过程中,心理和物质之作用,恒相互影响,"经济状况能改变人的意识,而人的意识亦能改变经济状况",故不可执一而论。不过,他仍肯定:"盖历史的变化,甚为复杂。取用任何一种原因,皆不能解释圆满,而经济状况有最大的决定,自当承认。"②顾颉刚亦表示:"近年唯物史观风靡一世,就有许多人痛诋我们不站在这个立场上作研究为不当。他人我不知,我自己决不反对唯物史观。我感觉到研究古史年代、人物事迹、书籍真伪,需用于唯物史观的甚少,无宁说这种种正是唯物史观者所亟待于校勘和考证学者的借助之为宜;至于研究古代思想及制度时,则我们不该不取唯物史观为其基本观念。"③

与此同时,唯物史观的一些基本原理,也被不同程度地引入了他们的历史研究或史书编写之中。

如吕思勉在1923年出版的《白话本国史》中对上古的"尧舜禅让"传说,原来断定这"实在是儒家的学说,并非实有其事",理由是"世界究竟是进化的,后世总比古人好。譬如'政体',断没有后世是'专制',古时候反有所谓'禅让'之理"。④而其在后来编写的《中国社会史》⑤中,却承认了古代曾经历过"原始共产之世",其时"力作皆以为群,相

---

① 吕思勉:《历史研究法》,《史学四种》,上海人民出版社1981年版,第39—41页。
② 陆懋德:《史学方法大纲》(1943),1980年北京师范大学史学研究所资料室印本,第84、85页。
③ 顾颉刚:《古史辨》第四册序(1932),上海古籍出版社1981年版,"顾序"第22页。
④ 吕思勉:《中国史》(即《白话本国史》),中国华侨出版社2010年版,第11—12页。
⑤ 本书系吕氏生前讲稿,分农工商业、财产、钱币、饮食、衣服、宫室、婚姻、宗族、国体、政体、阶级、户籍、赋役、征榷、官制、选举、兵制、刑法十八专题论述。其中国体、政体、宗族、阶级、婚姻五专题曾以单行本行世。全书至1985年方由上海教育出版社以《中国制度史》为名出版,但对原稿有较大删改。2007年上海古籍出版社据原稿排印,并复其原名为《中国社会史》。

养亦惟群是待。故老弱疾病之民，亦皆有以食之；死亡迁徙之事，则必有以协助之。""原始部落共产之制，随世运之进步而逐渐破坏。其所由然，则以社会组织之改变，由于私有制之产生，私利之心日盛也。"对于尧舜禅让，他虽仍抱有疑问，但也提到上古时君位继承，"亦有群族所奉，出于公推，不必即为一族之长者，此即选君之制。然人情恒私其子孙，所选者权力既大，选之者不复能制，则坏毁旧法，以传其所欲传之人矣"①。可见对唯物史观的某些观念已有所采纳。

李则刚的《始祖的诞生与图腾》则参考美国民族学家摩尔根（L. H. Morgan，1818—1881）《古代社会》的理论，结合传统典籍的记载，对中国原始氏族社会的图腾制度作了探索，认为旧籍有关上古的记载，固然包含着不少荒诞不经的传说，但其中也存有一些历史的真实影子。"吾人知道图腾制度为各民族必经的阶段，始祖诞生的传说，势必与图腾发生关系，既与图腾发生关系，势必有'玄鸟生商'一类的故事产生。吾人倒因为传说的存在，得知社会发展的真象，不能不致谢于保存传说之人。惜传说究以'文不雅训'之故，存留至今者甚少。但是吾人仅就现存的传说研究，似乎已足证明中国古代社会确也经过图腾制度。"② 不仅如此，他还在安徽大学和安徽学院，通过"中国文化史"和"历史形态的研究"等课程，对马克思主义的社会历史形态理论作了探讨和阐述。③

陈寅恪和冯友兰对唯物史观的态度，亦颇耐人寻味。陈氏不仅在《王观堂先生挽词序》中流露出接近唯物史观的倾向，称："夫纲纪本理想抽象之物，然不能不有所依托，以为具体表现之用；其所依托以表现者，实为有形之社会制度，而经济制度尤其最要者。故所依托者不变易，则依托者亦得因以保存。吾国古来亦尝有悖三纲违六纪无父无君之说如释迦牟尼外来之教者矣，然佛教流传播衍盛昌于中土，而中土历世遗留纲纪之说，曾不因之以动摇者，其说所依托之社会经济制度未尝根本变迁，故犹能藉之以为寄命之地也。近数十年来，自道光之季，迄乎今日，社会经济之制度，以外族之侵迫，致剧疾之变迁；纲纪之说，无所凭依，不待外来学说之掊击，而已消沉沦丧于不知不觉之间；虽有人焉，强聒而力持，亦终归

---

① 吕思勉：《中国社会史》，上海古籍出版社2007年版，第48、49、320页。
② 李则刚：《始祖的诞生与图腾》（1935），上海文艺出版社1988年影印本，第76—77页。
③ 参见李修松编《李则刚遗著选编》，安徽大学出版社2006年版。

于不可救疗之局。"① 还在《隋唐制度渊源略论稿》中以此考察并解释了其时国家制度层面变化的原因，指出："唐代之国家财政制度本为北朝之系统，而北朝之社会经济较南朝为落后，至唐代社会经济之发展渐超越北朝旧日之限度，而达到南朝当时之历程时，则其国家财政制度亦不能不随之以演进。"②

冯友兰虽被视为中国现代新儒家代表人物，但从20世纪20年代起就对社会主义学说有所关注，其1924年所著《人生哲学》，即称社会主义"比资本主义的社会制度为较优"③。在1931—1934年出版的《中国哲学史》中，对唯物史观已有所取，如论及先秦诸子哲学发达的原因时，认为春秋以后，"政治制度、社会组织，及经济制度，皆有根本的改变"，由此引起思想界之动荡变化。至西汉中叶，此种变动渐止，新社会秩序日趋稳定，诸子争鸣局面亦因之结束。④ 1933—1934年欧游归国后，对唯物史观的理解更进一层，深信"一切社会政治等制度，都是建筑在经济制度上。有某种经济制度，就要有某种社会政治制度。换句话说：有某种所谓物质文明，就要有某种所谓精神文明。这都是一套的"。又说：若用唯物史观看历史，就"不能离开历史上的一件事情或制度的环境，而单抽象的批评其事情或制度的好坏……再就历史演变中之每一阶段之整个的一套说，每一套的经济社会政治制度，也各有其历史的使命"。⑤ 其《新事论》对中西社会与文化的讨论，尤有不少地方依据了唯物史观的基本原理，指出：中西方的强弱及其文化差别，实因两种不同生产方式，即"以家为本位"和"以社会为本位"的生产制度决定，中国现在所经之时代，正是"自生产家庭化底文化转入生产社会化底文化之时代"⑥。这些新见在哲学史研究中的阐发，使之博得了该时期"辩证唯物论"思潮代表的名声。⑦

当然，这些学者对唯物史观的认识，都有一定的局限或保留。以吕思

---

① 陈寅恪：《王观堂先生挽词并序》，《寒柳堂集·寅恪先生诗存》，上海古籍出版社1980年版，第6—7页。
② 陈寅恪：《隋唐制度渊源略论稿》（1939—1940），上海古籍出版社1982年版，第145页。
③ 冯友兰：《人生哲学》，《冯友兰文集》卷一，长春出版社2008年版，第376页。
④ 冯友兰：《中国哲学史》，重庆出版社2009年版，第18、25页。
⑤ 冯友兰：《秦汉历史哲学》，《冯友兰文集》卷十，长春出版社2008年版，第54页。
⑥ 冯友兰：《新事论》（1940），《民国丛书》第五编本，上海书店1996年影印本，第56—57、72页。
⑦ 郭湛波《近五十年中国思想史》即称冯氏自欧游"归国后，思想为之大变，代表'辩证唯物论'的思潮，但是融会贯通而自成体系，非同流俗趋时者可比"。山东人民出版社1997年版，第154页。

勉的史学思想而论，最为突出的基调仍是一种广义的文化史观；陈寅恪对社会经济的重视，理论来源也并不出于一端，实际上还包含着由古代良史关注"食货"一脉而来的影响等；而在冯友兰当时的学术研究中，唯物史观也只是其博采各种现代学理和方法的一个方面。然即便如此，这些史家的思想活动，已足证唯物史观在一些主张以多元理论或方法治史的学者心目中之地位，并从中透露出其广泛的影响力和在时代史风转换中的作用。

余论：科学理性的传统依然值得大力弘扬

民国时期，马克思主义史学之所以能冲破种种政治压制和阻碍，由弱转强，不断壮大，从根本上说，乃是唯物史观自具的科学性和理论感召力所致。唯其如此，才能吸引和激励越来越多的人甘愿前赴后继，甚至冒着生命危险，去接受并加以传播。当然，这也是马克思主义史家刻苦钻研，坚持科学理性的精神，在与各种不同观点和学派的思想交锋中，不断发展和完善自己的结果。

马克思主义史学在中国的发展，曾遭遇过不少反对或质疑之声，但应看到，这当中既有来自敌对阵营的政治性攻击和曲解，也有正常的学术争议和批评，而审慎对待后者，从中吸取教益，正是马克思主义史学得以良性发展的前提。如社会史论战，虽然开创了运用唯物史观研究中国历史的广阔途径，学术上仍暴露出一些明显的弱点，以致当时就遭到朱谦之、周予同等人的批评，认为其不免"理论多而事实少"，往往"拿着马克思的公式来解决中国社会上之复什问题"[1]，"致结果流于比附武断"[2]。对此，马克思主义史家并未拒之不理，而是同样作出了理性的回应。何干之就承认其中确包含着"许多幼稚、空疏、不够的地方"[3]。侯外庐认为："这场论战有一个最大的缺点，就是对于马克思主义的基本理论没有很好消化，融会贯通，往往是以公式对公式，以教条对教条。"[4] 李平心也指出："近

---

[1] 朱谦之：《中国史学之阶段的发展》，《现代史学》第2卷第1、2期，1934年5月25日。
[2] 周予同：《五十年来中国之新史学》，《学林》第4辑，1941年2月。
[3] 何干之：《中国社会性质问题论战》，《何干之文集》卷1，北京出版社1993年版，第214页。
[4] 侯外庐：《韧的追求》，第224—225页。

第一篇 中国马克思主义史学

十年中国历史学界渐渐腾涨了清算旧史观的科学新潮,一般新历史学者企图用科学方法重新整理中国近代史;但无可讳言的,一种公式主义的积习严重妨碍了中国新史学的发展。最明显的例子,就是有些人离开中国特殊的历史条件和民众实践,机械地背诵新史观的公式,按照西洋社会史的模型来解说中国近代史;他们不能也不愿理解历史的一般规律在特殊状态中的具体展现,结果,为中国人民创造出来的生动历史场面,为中国近代民族生活所显示出来的无数历史特点,是给那种干枯无味的教条主义所荫蔽了。"[①] 因此,他们急切地希望通过自己的努力,改进现状,把其推向更高的建设层次。1938年10月毛泽东在中共六届六中全会报告中向全党发出了"马克思主义中国化"的号召,由此在思想界引发了"学术中国化"的讨论后,这一问题更引起了马克思主义史家的普遍重视。在讨论中,嵇文甫认为:"世界上任何好东西,总须经过我们的咀嚼消化,融合到我们的血肉机体中,然后对于我们方为有用。"而"所谓'中国化',就是要把现代世界性的文化和自己民族的文化传统有机地联系起来。所以离开民族传统,就无从讲'中国化'。"[②] 有的还提出,应从传统的经史子集等"有学术价值的文献中,去研究出我民族对于宇宙观、人生观、哲学、科学思想、史学、政治原理、教育原理等等范畴,其研究是怎样发展下来的,其中有些什么好的东西必须由我们接受下来"[③]。正是这种精神,促使马克思主义史家在抗战的播迁中,克服重重困难,展开了多方面的学术探索,在中国通史、学术思想史和近代史等领域取得了一系列开创性的研究成果,从而为中国马克思主义史学的建设和未来发展奠定了坚实的基础。

上述科学理性及与其他学派开展平等学术对话的精神,即使在马克思主义已成为我国主流意识形态的今天,依然值得我们继承和发扬。真正的科学研究,只有在与不同学派、不同观点的相摩相荡和学术交锋中,才能更好地展示各自的长处,互相取长补短,不断完善和发展自我。

(原载《史学理论研究》2014年第1期)

---

① 李平心:《中国现代史初编·自序》,香港国泰出版公司1940年版。
② 嵇文甫:《漫谈学术中国化问题》,《理论与现实》第1卷第4期,1940年2月。
③ 潘梓年:《新阶段学术运动的任务》,《理论与现实》创刊号,1939年4月5日。

文化抗战视野下的中国马克思主义史学贡献

王继平　董　晶

（湘潭大学马克思主义学院）

抗日战争时期是中国史学，尤其是马克思主义史学发展的一个重要阶段。关于它的研究，学术界已有相当丰富的成果，大多是从中国史学史或中国马克思主义史学史的角度切入的。[①] 抗战时期的中国史学发展，是文化抗战的重要组成部分，是文化领域反对日本帝国主义对华侵略的斗争形式；马克思主义史学工作者在抗日战争中提出和阐释了文化抗战的思想，积极践行文化抗战，并通过对中国通史的撰述和边疆史地、民族史的研究，以及对民族英雄人物的褒扬，凝聚和弘扬中华民族精神。

---

①　关于抗战时期中国史学的研究论著有：田亮的《抗战时期史学研究》（人民出版社 2005年版）将抗日战争时期的史学分为马克思主义史学、"禹贡"学派史学、新考据学派史学、文化民族主义史学、"战国策派"史学五个流派，对每个学派史学进行了总体梳理和比较，尤其对马克思主义史学流派进行了较为深入的探讨。洪认清的《抗战时期的延安史学》（安徽大学出版社2006 年版）探讨了延安学风和延安史学的特点及毛泽东与延安史学等问题。于文善的《抗战时期重庆马克思主义史学研究》（中国社会科学出版社 2013 年版）考察了抗战时期重庆马克思主义史学形成的机制与理论方法，总结分析了中国马克思主义史学发展过程中的成就和失误。符静的《上海沦陷时期的史学研究》（社会科学文献出版社 2010 年版）论述了上海沦陷时期的史学研究状况，将沦陷时期的上海史学分为宣扬"合作""和平"的亲日史学、坚持抗日的爱国史学和在夹缝中生存的史学，从沦陷区的角度描述了抗战时期史学研究的状态。此外，还有一批有代表性的论文，如陈国生与郑家福的《抗战时期西南地区的史学研究》（《史学史研究》1998 年第 3 期）、陈前的《论抗日战争时期马克思主义史学的迅速发展》（《中共党史研究》2005 年第 3 期）、田亮的《抗战史学与民族精神——作为抗战文化的史学及其历史贡献》（《抗日战争研究》2007 年第 4期）、牛润珍与杜学霞的《略论抗日战争时期中国史学的学术趋向》（《中共党史研究》2005 年第6 期）、谢辉元的《抗战时期国统区的马克思主义史学家群体》（《史学月刊》2015 年第 8 期）、李政君的《唯物史观与抗战时期的中国通史书写》（《北京党史》2017 年第 4 期）、康华的《论延安时期马克思主义史学理论的发展》（《理论学刊》2018 年第 1 期）等。

一　文化抗战与马克思主义史学队伍的聚集

　　文化领域的抗战，即文化抗战，是中华民族伟大抗战斗争的重要组成部分。它是指新闻出版、文学艺术、教育、自然科学和人文社会科学等领域的爱国人士进行的抗战活动，其主要方式，一是文化领域的爱国人士参军参战，直接投身抗日工作；二是以文化为武器，支援抗战，如组织战地服务团、各种文艺团体，以戏剧、音乐、舞蹈、美术等形式，进行抗战宣传鼓动；三是文化工作者著书立说，构建抗战的理论和唤起抗战的舆论，服务于抗战大局。文化抗战的组织形式，是中国共产党领导的抗日民族文化统一战线。在统一战线的旗帜下，文化界组织了各种文化抗战团体，如北平文化界救国会、陕甘宁边区文化界救亡协会、中华全国文艺界抗敌协会、中华木刻界抗敌协会、中华全国漫画家抗敌协会、中华戏剧界抗敌协会等。

　　在全民族抗战爆发后，马克思主义史家沈志远、郭沫若等就文化抗战的概念、意义和范畴进行了阐释。1937 年 9 月 17 日，沈志远发表《文化的抗战与抗战的文化》一文指出，文化抗战的"文化"是指"意识的上层建筑而言：政治觉悟、思想、学术、文艺、戏剧、教育、新闻、出版等等方面"，"文化抗战是全民抗战中的一面，而且是极重要的一面"，文化界人士应该"觉悟到自己在争民族生存的神圣抗战中的重大任务"，投身于文化抗战之中。因此，"所谓文化抗战，就是这种种方面动员起来以加强和推进全民抗战的阵势，它须跟军事、政治、经济、外交各方面的抗战紧密地配合起来，以促成真正的最后胜利"，"我们文化人，在这个全面抗战的时期中，应该动员全部力量，拿抗战的文化以实行文化的抗战"。[①]

　　沈志远还阐释了文化抗战的内涵和范畴，即文化抗战的四个重要环节或主要方面的工作：一是"唤起民众，启发民众的政治觉悟"，这是"有决定意义的一环"，目的是"提高大众的文化水准"，"首先是启发大众的政治意识，使他们不但立即认识国家和民族的意念，而且须理解此次抵抗

[①] 沈志远：《文化的抗战与抗战的文化》，叶波澄编：《抗战言论集》第 1 辑，现代出版社 1937 年 11 月再版，第 280、281、287 页。

日本侵略的意义和自己的责任";二是"思想的抗战",即要批判"唯武器论""等待主义""失败主义""唯军事论",以及"左倾的高调主义和阿Q主义"等错误思想,"创造思想统一的阵容,实行抗战时期大众的思想武装";三是"教育的抗战和抗战的教育",即:在学校教育中加强"抗敌救亡教育""普遍实施抗敌救亡的政治训练"、修订教科书、增强学生的民族意识、实行抗战的社会教育;四是"新闻的抗战也是文化抗战之重要的一环","报纸应当号召推动组织和指导民众的抗敌救亡运动"。①

1941年8月,郭沫若发表了《四年来之文化抗战与抗战文化》一文,对四年来的文化抗战与抗战文化进行了总结,进一步阐释了文化抗战的范畴,其主要内容与沈志远的表达是一致的。1. 在思想上,严厉打击"投降"理论如"唯武器论""三月亡国论"等,提高本民族的自尊心与坚定对抗战胜利的自信心。2. 文化界各部门都直接动员起来,大部分文化工作者离开了大都市,一批又一批的文艺工作者、新闻记者,涌上了前线;工作队、宣传队、漫画队、孩子剧团、慰劳队、服务团,一队复一队地走向军队,走向农村。兵营、战壕、广场和田野都成了课堂,抗战话剧、抗战电影和救亡歌曲成了武装同志与人民大众生活的一部分。补习教育与识字运动也成为一种潮流。3. 各种杂志、小册子、通俗读物等大量出版,阐发了抗战建国必胜必成的信念,讲述了可能遇到的各种困难与障碍。书报供应社、文化服务社等更努力于报章杂志的流通与输送,大大提高了一般民众对抗日战争意义与任务的了解与认识。4. 重要文化资产的迁移珍藏,如文物、教育机构的迁移。②

中国共产党十分重视文化领域的抗战。1931年抗战爆发后,中国共产党就号召和领导进步文化界进行抗战。由于当时党的工作重心是武装斗争和根据地建设,党领导的文化抗战活动主要在国统区,以学生爱国运动和文化界人士组建抗日团体为主。1937年全民族抗战爆发后,随着抗日民族文化统一战线的形成,文化抗战进入高潮。

抗日民族文化统一战线建立后,马克思主义史学工作者也迅速团结在

---

① 沈志远:《文化的抗战与抗战的文化》,叶波澄编:《抗战言论集》第1辑,第282、284—286页。

② 郭沫若:《四年来之文化抗战与抗战文化》,曾健戎编:《郭沫若在重庆》,青海人民出版社1982年版,第309—310页。

第一篇 中国马克思主义史学

抗战旗帜下，以各种方式投身于抗战之中。20世纪30年代初，中国马克思主义史学队伍已经初步形成。全民族抗战爆发后，在抗日民族文化统一战线中，形成了一支实力雄厚充满活力的马克思主义的史学研究队伍。其力量主要聚集在延安和重庆这两个国共两党的政治文化中心，为文化抗战的开展奠定了基础。1937年3月，张闻天组织建立了"中国现代史研究委员会"，以求对中国革命史进行研究。1939年2月，延安马列学院成立了历史研究室。1941年10月，中央书记处成立了由毛泽东、王稼祥等五人组成的历史委员会。中共中央对历史研究的重视，吸引了包括国统区在内的各地进步史学家奔向延安，范文澜、吕振羽、何干之、吴玉章、荣孟源等一批文化人士纷纷落脚延安，形成了延安的马克思主义史学队伍。在重庆，"一些革命的史学家们来到大西南，他们以国民政府的文化工作委员会（文工会）作为合法的活动阵地，并以重庆为中心，在西南地区形成了一支掌握马克思主义世界观与方法论的史家队伍"。① 这支队伍包括郭沫若、翦伯赞、侯外庐、杜国庠、华岗、胡绳等一大批史学家，他们创办了《读书月报》《群众》等刊物，成立了"新史学会"。马克思主义史学工作者团结爱国、进步史学家，在"新史学"的旗帜之下，投身于文化抗战之中。②

二　马克思主义史学工作者的文化抗战

马克思主义史学工作者积极投身于抵抗日寇文化侵略的抗战之中，并将马克思主义史学研究的成果运用到伟大的抗战斗争实践中，成为文化抗战的指导和主力，为文化抗战做出了重要贡献。

在思想领域，马克思主义史学工作者在"唤起民众"、促进民族意识觉醒、批判错误的历史观点方面发挥了重要作用。为厘清抗战时期各种错误思想，沈志远先后发表了《彻底抗战与领导民族》（《文化战线》1937年第2期）、《思想上的正路与邪路》（《中华公论》1937年8月号）、《抗战中的思想问题》（《文化战线》1937年第6期）等文章，艾思奇也发表

---

① 洪认清：《中国共产党与马克思主义史学理论创新》，厦门大学出版社2013年版，第177页。

② 侯外庐：《韧的追求》，生活·读书·新知三联书店1985年版，第123页。

了《不能放松思想的岗位》(《文化战线》1937年第1期),认为"启发民众的政治觉悟"、牢固树立抗战思想是文化抗战最重要的工作。沈志远在《思想上的正路与邪路》一文中,批判了"冒险主义""等待主义""失败主义"三种"思想上的邪路",提出必须树立"足以促进扩大和加强抗敌阵势而造成御侮救亡之胜利前途的""正确的思想之路"。① 在《抗战中的思想问题》一文中,他批判了"唯军事论"及"左倾的高调主义和阿Q主义"等论调,指出必须加强思想上的抗战,因为"全面抗战中包括的方面是很多的,思想的抗战便是其中的一面,而且是极重要的一面"。②

对于配合日本帝国主义侵略的"中国社会停滞论"的所谓史学思潮,以及呼应国民党专制独裁思想的"史学研究",马克思主义史学也做出了回应与批判。1939年,日本史学家秋泽修二出版了《支那社会构成》一书,他在书中提出了中国社会具有停滞性的观点,认为这种停滞性是中国社会"一以贯之"的"特有"属性,造成了中国的落后,"为欧美列强将支那半殖民地化提供了可能的根本条件"。而日本的侵略,"是给支那社会带去了光明……皇军的武力,把支那社会'亚细亚式'停滞性的政治的支柱——军阀统治,从支那的主要区域清扫了出去。这样,由于和前进的、自立的日本的结合,就为支那社会特有的停滞性的最后克服,并获得真正自立的道路——东亚协同体实际如此——开辟了道路"。③ 这种所谓的历史研究实际上是为日本帝国主义侵略寻找历史根据。针对这种"侵华史学",马克思主义史学工作者进行了坚决的批判。吕振羽撰写了《关于中国社会史的诸问题》《"亚细亚生产方式"和所谓中国社会的"停滞性"问题》《创造民族新文化与文化遗产的继承问题》等文章,李达撰写了《中国社会发展迟滞的原因》,吴泽撰写了《中国社会历史是"停滞"、"倒退"的吗?》,华岗发表了《评侵略主义的中国历史观》,蒙达坦、罗克汀、王亚南等人也发表文章,运用马克思主义唯物史观的观点,对秋泽修二的观点进行驳斥,阐明中国社会发展与人类社会发展的一般性和特殊性,揭露了秋泽修二的"史学研究"为日本帝国主义侵略服务的本质。此外,马克思

---

① 沈志远:《思想上的正路与邪路》,《中华公论》1937年8月号。
② 沈志远:《抗战中的思想问题》,《文化战线》1937年第6期,1937年10月。
③ [日]秋泽修二:《支那社会构成》,东京白杨社1939年版,第4—5页,转引自王向远《日本对中国的文化侵略:学者、文化人的侵华战争》,昆仑出版社2005年版,第145页。

第一篇 中国马克思主义史学

主义史学工作者对于"战国策派"宣扬的极端的民族主义、国家主义也进行了批判,指出他们所宣扬的"一个固定的元首制度""全民族所绝对拥护的领袖"的观点,[①] 其本质是为蒋介石"一个主义""一个领袖"等反共的专制主义进行的辩护。[②] 这些思想批判对于澄清人们对历史的认识、增强抗战信心发挥了重要作用。

在抗战教育领域,马克思主义史学工作者以历史教育和普及的形式,培养民众的民族自尊心,激发民众的民族精神,发挥为抗战服务的史学功能。抗战教育承担着"一切文化教育事业均应使之适合战争的需要"和"以民族精神教育新后代"的任务,[③] 而历史教育正是培养民族精神的最好课程。在抗日根据地,马克思主义史学成为进行干部教育、国民教育的重要内容。《中共中央关于在职干部教育的决定》规定:政治科学、思想科学、经济科学、历史科学都必须在马克思主义的基本理论统领下,与中国历史特别是党的历史的学习结合起来。八路军也非常重视历史教育,要求所有的战士和干部学习历史,特别是学习中国近代革命史和近代世界革命史,充分了解中国革命的任务、性质和动力,以及中国革命运动的历史。[④] 在延安和抗日根据地的中小学中,普遍开设历史课程,对学生讲述民族英雄与革命烈士的史迹,进行爱国主义教育。[⑤]《陕甘宁边区暂行中学规程》规定,高中、初中每学年均开设历史课。[⑥]

以通俗形式讴歌民族英雄、弘扬民族正气、凝聚民族精神,也是马克思主义史学在文化抗战实践中的重要贡献。民族英雄是民族利益的代表,是民族精神的体现。抗战时期,马克思主义史学工作者对民族英雄的研

[①] 雷宗海:《建国——在望的第三周文化》,雷海宗:《中国文化与中国的兵》,商务印书馆1940年版。
[②] 胡绳:《是圣人还是骗子》(1944年6月),胡绳:《理性与自由——文化思想批评论文集》,华夏书店1946年版,第57—58页;汉夫:《"战国"派对战争的看法帮助了谁?——斥林同济"民族主义与廿世纪"一文》,《群众》第7卷第14期,1942年7月。
[③] 中共中央文献研究室、中央档案馆编:《建党以来重要文献选编(1921—1949)》第15册,中央文献出版社2011年版,第618—619页。
[④] 萧向荣:《八路军的文化教育工作》,《中国文化》第1卷第4期,1940年6月。
[⑤] 《红色档案 延安时期文献档案汇编》编委会编:《红色档案:延安时期文献档案汇编·陕甘宁边区政府文件选编》第11卷,陕西人民出版社2014年版,第32页。
[⑥] 陕西师范大学教育研究所编:《陕甘宁边区教育资料·中等教育部分》(上),教育科学出版社1981年版,第25页。

究，凝聚了民族精神。他们采取通俗的笔法，以广大民众为对象，发挥史学作品最直接的教育作用。范文澜的《大丈夫》喻民族英雄为顶天立地的大丈夫，以充满感情的笔触描写了张骞、卫青、霍去病、李广、文天祥、岳飞、戚继光、史可法等25位英雄人物的爱国事迹，歌颂了他们崇高的民族气节和为国捐躯的英雄气概。《大丈夫》得到了广大读者的欢迎，一版再版，激励了无数热血青年和民众，唤起了民族正气。此外，华岗的《汉代的伟大思想家——王充》、吴晗的《明太祖》、邓广铭的《岳飞》等著作，也以爱国的情操、感人的笔触，讴歌了王充、朱元璋、岳飞等英雄人物，激起了人们的抗日斗志。历史剧虽然不等同于历史，但其受众更为广泛，影响也十分深远。郭沫若和阳翰笙即以历史为题材，创作了影响巨大的一批历史剧。郭沫若的《屈原》《虎符》《高渐离》《棠棣之花》《孔雀胆》《南冠草》，阳翰笙的《李秀成之死》《天国春秋》《草莽英雄》《槿花之歌》等，一经上演，便获得了巨大成功，激励无数人投身于抗日救亡的伟大斗争之中。

在文化抗战中，通过对中国通史、边疆史地和民族史的研究与撰述，马克思主义史学从理论上阐释了正确的国家观、民族观，弘扬民族精神，为文化抗战贡献了精神力量。马克思主义史学工作者的通史著作，彰显了中华民族的整体意识，主张中国通史是一部中华民族各民族平等、共同创造中国历史的民族团结史、进步史。吕振羽在《简明中国通史》中开宗明义地指出："我的写法与从来的中国通史著作，颇多不同。最重要的是：第一，把中国史看成同全人类的历史一样，作为一个有规律的社会发展的过程来把握……第三，尽可能照顾中国各民族的历史和其相互作用，极力避免大民族主义和地方民族主义的观点渗入。"① 在"中国民族的构成"一节中，吕振羽更明确地提出了各民族平等、共同创造中国历史的观点："今日中国境内的各姊妹民族，不管她是如何落后的或少数的民族，原则上，却都是中国民族平等构成的部分。"② 翦伯赞批判了以大汉族主义为主导的历史观，提出应以中华民族的视域来研究和撰述中国通史："研究中国史，首先应该抛弃那种以大汉族主义为中心之狭义的种族主义的

---

① 吕振羽：《简明中国通史》（上），民主与建设出版社2018年版，"序"，第3页。
② 吕振羽：《简明中国通史》（上册），东北书店1949年版，第14页。

立场","把大汉族及其以外之中国境内的诸种族,都当作中国史构成的历史单位。"① 吕振羽的《简明中国通史》指出,汉民族的形成,也是在漫长的历史进程中,与各民族共同融合而形成的,"汉族便是原来华族的发展,是中国各兄弟民族中人口最多的民族。过去光辉灿烂的中国文化,主要也是由华族——汉族所创造的。自然这并不能否认国内其他各兄弟民族的作用"②。抗战时期马克思主义的中国通史的作者们,对于中国历史上各民族平等、互相融合、共同发展的史实的描述,摆脱了长期以来的大汉族主义的民族观和历史观,发挥了唤醒中华民族共同体意识的作用。

对边疆史地和民族史的研究,也是抗战时期马克思主义史学关怀中华民族共同家园、弘扬民族精神的体现。近代以来由于帝国主义侵略所造成的边疆危机,中国史学界对于边疆史地给予了极大的关注。抗战军兴,边疆史地研究形成热潮。据统计,仅关于边疆史地的期刊就达180种之多,占抗战时期全部6000余种期刊的3%。③ 比较著名的刊物有:《边政公论》《边政导报》《边事研究》《西南边疆》《新西康》《边疆研究通讯》《新西北》《中国边疆》等。这一时期边疆研究的内容相当广泛,地域涉及西南、西北、东北及东南(台湾),领域涉及边疆历史、地理、文化、民族、经济建设和开发。在民族史研究方面,马克思主义史学也给予了高度关注。延安中央研究院中国历史研究室专门设立了民族组,研究民族问题。李维汉撰写的《回回民族问题》是中国史学界第一部以马克思主义民族理论研究中国民族问题的专著。吕振羽撰写的《中国民族简史》是中国史学界应用马克思主义关于民族和社会形态的理论撰写的第一部民族史专著,重点考察和论述了中国各民族的起源、发展的历史阶段及各自的历史贡献,凸显了马克思主义史学对边疆问题的深切关注,对唤醒民众的民族意识、边疆危机意识有重要作用。

三 马克思主义史学在文化抗战中的地位

马克思主义史学在文化抗战中,以其重要的贡献确立了它在指导文化

---

① 翦伯赞:《历史哲学教程》,河北教育出版社2000年版,第1页。
② 吕振羽:《简明中国通史》(上),第12页。
③ 据丁守和等主编《抗战时期期刊介绍》(社会科学文献出版社2009年版)统计。

抗战中的地位，即为文化抗战的指导思想提供了历史依据，论证了马克思主义中国化的历史合理性，同时，马克思主义史学也在文化抗战中繁荣发展。

之所以说马克思主义史学为文化抗战指导思想提供了历史依据，是因为中国共产党领导的文化抗战的指导思想是新民主主义文化理论，而该理论是毛泽东基于对中国历史的深刻认识提出的。毛泽东从中国历史出发，论证了鸦片战争以来的中国是半殖民地半封建的社会，其经济政治形势发生了相应的变化，从而使中国革命的性质也呈现出阶段性特征，即中国革命又分为旧民主主义革命和新民主主义革命。五四运动以来，中国无产阶级已经成为革命的领导阶级，而且中国革命已经与世界社会主义革命相联系，因此，新民主主义革命就是无产阶级领导下的人民大众的反帝反封建革命。[①] 建立在新民主主义经济政治基础上的文化，则是人民大众的反帝反封建的文化，即抗日的文化。抗战的文化属于新民主主义文化范畴，新民主主义的文化理论是文化抗战的指导思想。新民主主义文化理论的建构，基于20世纪20年代末以来马克思主义史学关于中国社会史特别是中国社会性质论战的成果。郭沫若的《中国古代社会研究》、李达的《中国产业革命概观》，以及抗战初期马克思主义史学家对中国封建社会及半殖民地半封建社会的研究，为新民主主义经济政治文化理论提供了历史依据。

马克思主义史学以唯物史观为指导，深入研究中国历史和社会的发展及其规律，推动了马克思主义中国化的理论创造和实践活动，论证了马克思主义中国化的历史合理性。在理论上，体现在对中国历史发展体系的理论建构和叙述范式构建上，这就是以唯物史观为指导建构的中国通史体系。吕振羽的《简明中国通史》、范文澜的《中国通史简编》、翦伯赞的《中国史纲》等通史著作，以马克思主义关于社会发展的理论为指引，从历史事实出发，建立了中国从原始社会、奴隶社会、封建社会到半殖民地半封建社会的理论体系；建构了生产力决定生产关系、经济基础决定上层建筑、文化是经济政治的反映的历史叙述范式。在实践上，马克思主义史学的重要贡献是编写教材、讲授课程，参与中国共产党的干部历

---

① 《毛泽东选集》第2卷，人民出版社1991年版，第647页。

史教育，帮助广大干部特别是高级干部认识中国的历史、认识马克思主义与中国实际相结合的重要性，从而为马克思主义中国化提供了思想养料。

文化抗战促进了中国马克思主义史学的繁荣发展。中国马克思主义史学是随着历史唯物主义的传播而逐步形成并发展起来的。抗日战争时期，中国马克思主义史学作为独立学科得以进一步成熟。其标志一是应用唯物史观构建中国历史的研究范式，即建立中国马克思主义史学理论体系，这一构建过程是在文化抗战中完成的。正如金灿然所说，抗战时期的中国史学关键在于历史唯物论的中国化，即运用历史唯物论的基本原理分析研究中国历史资料，使中国历史学成为真正的科学。[①] 因此，抗战时期的中国马克思主义史学理论逐步取代了以梁启超《中国历史研究法》为代表的资产阶级新史学的理论体系，形成了一批结合中国历史实际阐释马克思主义史学理论的著述，如吴玉章的《研究中国历史的方法》、翦伯赞的《历史哲学教程》、吴泽的《中国历史研究法》、吕振羽的《怎样研究历史》等。二是构筑了一个关于中国历史的科学认识体系，即对于中国社会历史发展阶段的认识体系，论证了中国从原始社会、奴隶社会、封建社会到半殖民地半封建社会的历史进程，探索其发展规律，构建了以社会性质即社会形态演变为标准的中国历史发展的认识体系，由此出现了一批高质量的中国通史著作。在专门史和思想史研究方面，也取得了重要成绩，吕振羽的《中国社会史诸问题》、尹达的《中国原始社会》、吴泽的《中国原始社会史》、郭沫若的《青铜时代》和《十批判书》、何干之的《近代中国启蒙运动史》、嵇文甫的《晚明思想史论》、范文澜的《中国经学史的演变》等著作，都是将社会史、思想史研究置于历史唯物主义的理论与方法语境之中。这些研究成就在一定程度上反映了文化抗战中马克思主义史学繁荣发展的状况。

抗战时期的马克思主义史学和史学工作者，以高度的文化自觉和史家的责任感，积极投身抗战之中，成为文化抗战伟大事业中的重要组成部分。他们的抗战实践和研究撰述，不仅为唤醒中华民族共同体意识和凝聚

---

① 金灿然：《中国历史学的简单回顾与展望》，李孝迁编校：《中国现代史学评论》，上海古籍出版社2018年版，第291页。

中华民族精神，为抗日战争的胜利做出了重要贡献，而且为马克思主义史学的不断发展奠定了重要基础，影响和激励着一代又一代马克思主义史学工作者紧扣时代主题、勇担历史使命，在马克思主义史学的发展道路上奋力开拓、上下求索。

（原载《史学理论研究》2021年第3期）

唯物史观与新中国马克思主义史学的理论发展

曹守亮　曹小文

（中国社会科学院当代中国研究所　天津师范大学历史文化学院）

20世纪20年代以来，以唯物史观为指导的中国马克思主义史学不断扩大影响，在三四十年代与实证主义史学、相对主义史学已成鼎足之势，到新中国成立后成为史学界的主流。在60年的发展进程中，新中国史学一方面以唯物史观为指导，取得了前所未有的进步；另一方面也走过一些弯路，遭遇过一些失误和挫折。深入研究唯物史观与新中国马克思主义史学的相互影响，认真总结其中的经验教训无疑是很有意义的。

一　新中国初期史学界学习唯物史观的热潮与中国马克思主义史学的理论初创

对旧史学进行改造成为新中国初期中国历史学的重要任务，为此，中国史学界做了大量工作。1949年，《学习》杂志创刊；1951年，《新史学通讯》和《历史教学》《文史哲》杂志创刊；1954年《历史研究》创刊，这些杂志在促进唯物史观的广泛传播方面发挥了重要作用。从50年代初开始，学术界翻译了马克思、恩格斯、列宁、斯大林的大量著作，《马克思恩格斯全集》《列宁全集》《斯大林全集》和《毛泽东选集》等著作相继出版。中国新史学研究会于1949年7月1日正式成立，该研究会以"学习并运用历史唯物主义的观点和方法，批判各种旧历史观，并养成史学工作者实事求是的作风，以从事新史学的建设工作"①为宗旨。中国史学会于1951年7月举行正式成立大会，著名历史学家郭沫若任主席，吴玉章、范文澜为副主席。1950—1954年，中国科学院历史研究所、近代史研究所成立，与此同时，一些地方性史学研究机构也纷纷建立。1952年全国高等学校的院系调整对这一时期马克思主义史学的发展产生了重要影响。"在院系调整以前，有些资产阶级的教授们还是妄图霸占大学历史学的讲坛，拒绝马克思主义历史学进入大学"，经过调整，"马克思列宁主义历史学进入了大学和研究机关，并且取得了支配地位。在全国各地的历史学研究机构和各高等学校的历史系中，一般都插上了马列主义的旗"。②中共中央于1953年成立的"中国历史问题研究委员会"则把"学习马恩列斯关于历史唯物主义的基本著作"作为重要任务之一。《苏联共产党（布）历史简明教程》和艾思奇的《辩证唯物主义和历史唯物主义》《大众哲学》等书在这一时期被多次再版和重印。

学术界还开展了一系列的知识分子改造运动和思想批判运动，这些运动虽存在一定程度的过火倾向，但对清理封建思想和资产阶级意识形态、强化对马克思主义唯物史观的学习，发挥了重要作用。新中国成立初期学术界掀起的唯物史观学习运动，不仅使马克思主义史学家有了新的进步，而且也使得一批非马克思主义的史学家开始学习马列主义，并且尝试运用唯物史观指导自己的学术研究。他们中有一部分人转变为马克思主义史学家，如陈垣、白寿彝、任继愈等即是其中的代表。中国马克思主义史学正是在对唯物史观的学习和对旧史学改造的过程中逐步确立了主导地位。马克思主义史学之所以能够在20世纪下半叶成为中国史学的主流，首先是其科学性所决定的。③

在接受和学习唯物史观的背景下，从20世纪50年代初期到60年代中期，中国史学界就许多重大历史理论问题展开了热烈讨论。影响较大的讨论包括：中国古史分期问题、农民起义和农民战争问题、资本主义萌芽问题、封建土地所有制问题、汉民族形成问题、历史主义与阶级分析观点的

---

① 中国史学会秘书处编：《中国史学会五十年》，海燕出版社2004年版，第4页。
② 翦伯赞：《历史科学战线上两条路线的斗争》，《翦伯赞史学论文选集》第三辑，人民出版社1980年版，第13页。
③ 林甘泉：《新的起点：世纪之交的历史学》，《历史研究》1997年第4期。

关系问题、中国封建社会长期延续问题、亚细亚生产方式问题、历史人物评价等。在这些争鸣中，整个史学界呈现出生机勃勃的喜人景象。虽然当时参与者的研究水平参差不齐，对一些问题的认识最终未能达成共识，但参加讨论的各方为了说明问题，不遗余力地学习马克思主义唯物史观的理论，努力发掘中国历史的新材料，并进行重新阐述，这些都为唤起人们对马克思主义理论的学习热情，深化人们对其科学性的认识，起到了强有力的推动作用，从而为马克思主义史学指导地位的确立奠定了坚实的基础。对此，有评价指出：20 世纪五六十年代，"历史学界对中国历史上的一系列重大问题全面地展开了讨论、商榷、辩难，使人们对中国历史有了全新的认识，其成就、功绩之大，在中国史学发展史上前所未有"①。指导思想的改变与大量研究成果的取得，一方面标志着中国马克思主义史学确立了主导地位；另一方面也填补了许多中国历史研究中的空白，将中国马克思主义史学推向前进。

在对重大历史理论问题深入探讨的同时，这一时期的马克思主义史学家对一些史学理论问题的认识也达到了一个新高度。比如对史料的认识。中国马克思主义史学家在批评"史料即史学"观点的同时，也深化了对史料在历史研究中地位和作用的认识。胡绳在 1956 年就批评了把马克思主义唯物史观与史料研究对立起来的观点："轻视史料学家的工作是错误的。因为历史发展的科学规律的认识必须建立在丰富的确实的史料的基础上，所以在有的情况下，史料学的研究成果，甚至对于解决某个历史问题起着决定性作用。决不能把马克思主义的历史研究和史料工作看做互相对立的。史料学家也需要学习马克思主义，把辩证唯物主义和历史唯物主义的观点和方法同史料学上的知识专门结合起来，那就更能提高史料工作的水平。"②尚钺在 1957 年提出要以唯物史观的严肃科学性分析史料，认为这是马克思主义史学区别于其他史学的重要特征之一。他认为："运用史料还要严肃地掌握阶级性，马列主义告诉我们：历史科学就是严肃的党性科学，所以必须掌握阶级观点，因为不严肃掌握阶级观点，就要犯大的原则上的错误，同时我们搞历史的人是知道的，过去历史记录权不掌握在人民

---

① 瞿林东：《历史学的理论成就与中国史学史研究的发展》，《中国社会科学报》2009 年 7 月 23 日。
② 胡绳：《社会历史的研究怎样成为科学》，《胡绳集》，中国社会科学出版社 2003 年版，第 156 页。

群众手里，掌握在奴隶主阶级手里，掌握在封建主阶级手里，掌握在资产阶级手里，因此我们运用过去史料，要不严格地批判地来看这些史料，就很容易落到地主阶级和资产阶级那个迷魂阵里边去。"[1] 将理论与史料研究结合起来，以及史料的阶级性分析等思想都丰富了对于史料的认识。

当然，唯物史观主导地位的确立在当时也并不是轻而易举的，而是经过了与旧史学和错误倾向反复斗争才确立下来的。生吞活剥、照搬照抄成为这一时期学习唯物史观过程中不可忽视的问题。比如有些文章一般都引用马克思列宁主义经典作家的词句，却很少联系中国的历史实际。当时就有学者对此提出了批评："洋洋数万言，仔细一看，不知他们说的是中国呀还是罗马、希腊或者别的国家，也许放在哪里都可以用。把中国两个字扣去，可放到古代罗马上，也可以放到希腊上，因为马列主义是普遍真理么。"[2] 1963年3月13日，翦伯赞对新中国成立以来北京大学学习唯物史观的情况进行了系统总结：在充分肯定学习成绩的基础上，指出仍有"少数的同志对于马列主义理论的学习有些放松，甚至有忽视马列主义理论的倾向"，并且深入分析了三种忽视马列主义理论学习的情况。[3] 此时，史学界存在的对唯物史观囫囵吞枣式的学习，机械、教条主义的运用是应该批评的，人们对唯物史观的学习和认识一般是注解式的，从不对唯物史观的正确性和合理性产生疑问，因而在此基础上所作的反省和总结也多是学习唯物史观的态度和方法。由此可见，对于唯物史观的学习和运用是一个长期的过程，即使在马克思主义占据了意识形态主导地位之后，也还需要人们锲而不舍地为之付出艰辛努力，不断提升研究和运用唯物史观的境界和水平。

二 唯物史观与20世纪80年代中国马克思主义史学的理论成就

新时期以来，人们开始反省历史学的过去和现状，禁不住发出"史学

---

[1] 尚钺：《关于研究历史中的几个问题》，《尚钺史学论文选集》，人民出版社1984年版，第33页。
[2] 尚钺：《关于研究历史中的几个问题》，《尚钺史学论文选集》，第23页。
[3] 翦伯赞：《巩固地确立马列主义、毛泽东思想在教学与科学研究中的指导地位》，《翦伯赞史学论文选集》第三辑，第133页。

危机"的呼声,这在史学界迅速形成了一股强有力的"史学危机"思潮。这股思潮的出现无疑对史学界产生了重大影响,一方面它有利于更好地将史学界"拨乱反正"工作推向深入,另一方面也反映出当时史学界存在的一些简单化和矫枉过正的倾向。1980年4月8日,时任中国社会科学院院长的胡乔木,在中国史学会第二次代表大会开幕式上强调了学习马克思主义理论的重要性,他指出正是由于对马克思主义理论掌握得不够所以导致很大的片面性和很多的武断。[①] 学术界在对这股思潮给予批评的同时也对唯物史观进行了重新学习和研究。

第一,20世纪80年代初,在总结新中国马克思主义历史学的理论基础上,探索历史研究的"中间环节""中间层次",促进了对唯物史观地位和作用的深入认识。有的学者在1983年就指出,"我们必须重新学习马克思主义历史理论,必须在系统地全面掌握和运用马克思主义历史理论上下工夫"[②]。应该说这里提出的马克思主义的历史理论是一个比较宽泛的概念,既包括唯物史观的基本原理,还包括马克思主义的经典作家研究历史所形成的具体观点和理论。随着新中国史学研究的深入,人们对史学理论形态又有了新的认识。"抽象与具体、理论与实践这两极之间,越是缺乏中间层次,上升的难度也就必然越大。这种现象的存在,是否表明,在具体的历史资料和抽象的理论观点之间,还需要加强乃至增添某些中间环节,以减少种种失误的可能呢?"[③] 对此,有的学者指出:"中间环节的缺少带来很多弊病,或用理论公式剪裁历史,或把历史往理论模式里充填等情况,盖源于此。""相对历史唯物主义的抽象理论,中介理论包含更丰富的内容,具有更多的规定性,因而是具体的理论,相对更为具体的历史实际,中介理论则又是抽象的。"[④] 这里,通过对"中间层次""中间环节"的分析,不仅认识到历史理论的重要性,认识到基本理论和史料之间的"中间层次""中间环节"是历史研究所必需的,而且也深化了对唯物史观的认

[①] 胡乔木:《关于史学工作的几个问题》,《胡乔木与中国社会科学院》,人民出版社2007年版,第378页。
[②] 瞿林东:《重新学习马克思主义历史理论》,《史学史研究》1983年第2期。
[③] 《历史研究》编辑部编:《建国以来史学理论问题讨论举要》,齐鲁书社1983年版,第3页。
[④] 关捷、戴文柏:《史学概论与史学理论——史学理论建设中的一个问题》,中国社会科学院历史研究所史学史研究室编:《历史科学的反思》,中州古籍出版社1987年版,第182页。

识。随着研究的深入，史学界对一般历史研究中的"中间层次""中间环节"作了"历史理论"和"史学理论"的界定和区分，这更体现了这一研究的新进展，这为后来历史理论和史学理论学科的发展开辟了道路。①

第二，"史学概论"研讨与编写热潮的出现是马克思主义的历史认识论繁荣发展的具体表现。史学界出现的编写和讨论历史学概论的热潮，主要表现形式是对历史认识论和史学概论学科理论的探讨，实质上也可看作对唯物史观的重新认识和解读。1984年，宁可对历史认识问题给予了系统阐述。"历史认识是主体和客体相互作用的产物，它的核心问题是如何使主观的历史认识同客观历史过程一致起来，如何正确地科学地反映客观历史"，"它要回答的问题不是客观历史是什么，而是怎样才能正确地阐明客观历史。简言之，它不是直接研究历史的规律，而是研究如何探寻历史的规律，也就是研究历史认识的规律和方法。"② 葛懋春对历史认识作了深入探讨，"研究历史认识，不仅应当从本体论、认识论方面研究主体和客体之间的关系，而且应当从方法论方面，即从如何以正确的方法反映历史客观规律方面研究主体和客体之间的关系。这就是历史认识中认识论与方法论相统一的问题。只有两方面都得到正确说明，历史认识才算得到解决"。③ 对历史认识研究的深化有力促进了史学界对史学概论学科地位的思考。葛懋春主编的《历史科学概论》和白寿彝主编的《史学概论》比较典型地反映出20世纪80年代初期史学界对唯物史观的探索情况，可视为这一阶段代表性的著作。从历史唯物主义和历史科学的关系看，历史科学概论是历史唯物主义和历史科学的中介、桥梁、过渡环节，其研究对象除唯物史观之外，还包括在"历史科学研究中实际遇到的带有普遍意义的方法论问题"④，相当于马克思主义史学的认识论⑤。总之，通过对史学概论和

---

① 陈启能：《历史理论与史学理论》，《光明日报》1986年12月3日；瞿林东：《史学理论与历史理论》，《史学理论》1987年第1期。
② 宁可：《什么是历史科学理论——历史科学理论学科建设探讨之一》，中国社会科学院历史研究所史学史研究室编：《历史科学的反思》，第14页。
③ 葛懋春、项观奇：《关于历史科学概论的对象、体系之浅见》，中国社会科学院历史研究所史学史研究室编：《历史科学的反思》，第57页。
④ 葛懋春、项观奇：《关于历史科学概论的对象、体系之浅见》，中国社会科学院历史研究所史学史研究室编：《历史科学的反思》，第59页。
⑤ 关捷、戴文柏：《史学概论与史学理论——史学理论建设中的一个问题》，中国社会科学院历史研究所史学史研究室编：《历史科学的反思》，第187页。

历史认识等问题的研究，使得这一时期史学界对历史认识的研究取得了重大突破，甚至有的学者认为，直到今天仍未被超越。[①] 因而，这不仅奠定了 20 世纪 80 年代的历史认识论研究在中国当代史学史上的地位[②]，而且对唯物史观的认识也更加全面和系统。

第三，唯物史观指导下的历史理论研究取得了突破性进展。白寿彝主编的《中国通史·导论卷》结合中国历史的实际对唯物史观的基本原理作了系统阐述，是这一时期学习和研究唯物史观的重要理论著作之一。[③]《中国通史·导论卷》在阐发历史发展的地理条件问题、人的因素和科学技术与社会生产力的关系问题、国家和法的问题以及关于社会意识形态、生产关系和阶级关系问题、中国与世界的关系问题上，"既有对历史唯物主义原理的深入阐述，又有中国历代史家对相应理论问题的认识，还有如何运用马克思主义历史唯物主义原理去探索中国历史的整体论断。从而既体现了同一理论问题在认识史上的发展过程，又显示出马克思主义历史唯物主义理论在认识史上的新阶段，还使马克思主义历史唯物主义原理同中国历史具体实际有机结合起来"[④]。同时该书在附录中提出的中国历史上的 346 个重要问题，则充分体现出编者在唯物史观指导下探索中国历史理论的领域和方向。该书的最大特色，"就在于坚持用马克思主义的基本原理分析问题，以对中国历史实际的新概括，去丰富马克思主义历史理论宝库"[⑤]。

三 20 世纪 90 年代以来，中国史学对唯物史观认识的新境界

20 世纪 90 年代，中国史学有了长足的发展，但受东欧剧变的影响，

[①] 王和：《〈历史研究〉五十年论文选·序言》，中国社会科学出版社 2005 年版，第 4 页。
[②] 参见张剑平《新时期历史认识论研究的新成就》，瞿林东主编：《史学理论与史学史学刊》2007 年卷，社会科学文献出版社 2007 年版，第 95—106 页。
[③] 白寿彝主编：《中国通史·导论》，上海人民出版社 1989 年版；陈其泰：《理论方向和开拓精神》，《群言》1990 年第 1 期；高敏：《读白寿彝先生主编之〈中国通史〉导论卷》，《史学史研究》1990 年第 1 期；吴怀祺：《马克思主义社会形态理论与新时期的通史编纂——再读多卷本〈中国通史·导论〉卷》，《史学史研究》1997 年第 2 期等文章。
[④] 高敏：《读白寿彝先生主编之〈中国通史〉导论卷》，《史学史研究》1990 年第 1 期。
[⑤] 陈其泰：《理论方向和开拓精神》，《群言》1990 年第 1 期。

学术界对唯物史观的质疑有所抬头。在纷繁复杂的思潮中，当属以否定唯物史观及其指导地位的历史虚无主义思潮影响最大。为了厘清人们思想中的困惑和误区，中国马克思主义史学对唯物史观进行了更为自觉的反省和深入的研究，提升了人们对唯物史观的认识水平。

首先，是对唯物史观在史学研究中的地位和作用有了更为辩证的认识。对这一问题的认识，中国马克思主义史学经历了曲折的发展历程，既有成功的经验又有深刻的教训。改革开放前，史学界在相当大的程度上存在着一种用唯物史观替代具体的历史理论的简单化倾向。改革开放后，一方面人们拓宽了对唯物史观研究的深度和广度，讨论的问题既包含唯物史观的基本理论问题，又包括以前很少涉及的所谓"禁区"或"敏感问题"，人们对唯物史观在史学研究中指导地位的认识更为科学；另一方面，一些人对唯物史观的地位和作用也提出了质疑，甚至有少数人以"拨乱反正""正本清源"为名，极力宣扬西方的意识形态，鼓吹全盘西化，唯物史观又一次面临着严峻考验。对此许多学者表达了自己的认识，提出了相应的对策。瞿林东指出："纠正对于唯物史观的简单化、公式化的搬用，并不是由此证明唯物史观的根本原则不可以用来指导研究历史，更不是证明研究历史必须脱离唯物史观的指导。所谓'拨乱反正'、'正本清源'，最终要明确什么是'正'、什么是'源'，并把这个'正'、这个'源'坚持下去。"[①] 还有学者强调：马克思主义史学工作者应当"对新的实践进行理论概括，不断丰富唯物史观的概念、方法和理论范畴，使其随着社会的进步而进步，随着科学的发展而发展。只有这样，马克思主义史学工作者才能正确回应唯物史观所面临的严峻挑战，真正做到坚持唯物史观的指导"。[②] 对唯物史观在历史研究中地位和作用的认识充分显示出中国马克思主义史学进一步走向成熟。

其次，步入 21 世纪，人们对唯物史观具体内容的认识更加理性化和学术化。2004 年 4 月，中共中央组织实施的马克思主义理论研究和建设工程启动。李长春在讲话中指出马克唯物史观与新中国马克思主义史学的理论发展，"正处于承前启后，继往开来，与时俱进的重要时期"，今天进行

[①] 瞿林东：《中国史学：20 世纪的遗产与 21 世纪的前景（论纲）》，《中国史学的理论遗产》，北京师范大学出版社 2005 年版，第 208 页。

[②] 本刊记者：《坚持唯物史观指导繁荣中国历史科学——中国社会科学院史学理论座谈会侧记》，《史学理论研究》2003 年第 1 期。

第一篇　中国马克思主义史学

马克思主义研究和建设就是要回答"哪些是必须长期坚持的马克思主义基本原理,哪些是需要结合新的实际加以丰富发展的理论判断,哪些是必须破除的对马克思主义的教条式的理解,哪些是必须澄清的附加在马克思主义名下的错误观点,用科学的态度对待马克思主义"。[1] 这成为"新时期马克思主义史学理论研究的又一重要推动力"[2],"更加明确地指出了中国哲学社会科学发展的正确方向,已经发挥出并将继续发挥出巨大的理论力量和学术力量"。[3] 唯物史观不再被看作一字不可更改的"圣经",而是被当作与时俱进的开放的理论体系,这在事实上说明,人们对唯物史观的认识已经达到一个新的认识水平。这一时期,强调社会生产力对历史发展的推动作用已成学术界的共识,阶级和阶级斗争理论不再是高高在上的,而是被放在一个较为恰当的位置。这一时期中国史学已不再局限于经典文献的个别章句及其诠释,而是把唯物史观作为一个开放的、不断发展的理论体系,并以唯物史观为指导,从历史实际出发,实事求是地研究和解决问题,体现了一种发展和创新的精神,更体现出一种构建中国特色马克思主义史学理论体系的自觉意识。朱佳木的《坚持和发展唯物史观与构建社会主义和谐社会》和《加强对唯物史观的理论研究是史学理论工作者的历史使命》两文[4]则在一定程度上体现了唯物史观研究的新趋势和方向。这一时期针对学术界对唯物史观的种种不同声音[5]也达成了一种共识:"从学术发展的角度看,存在对它(指唯物史观——引者注)各种形式的挑战是正常的。作为一个科学的理论体系,唯物史观是不可超越的,也不畏惧这些挑战,正确地回应这些挑战,是马克思主义理论丰富、发展的前提。"[6] 这在相当程度上表明,对唯物史观的重新审视和深入研究应当成为中国特色马克思主义史学理论的重要内容。

---

[1] 新华社:《中央实施马克思主义理论研究和建设工程工作会议召开》,《光明日报》2004年4月29日。
[2] 于沛:《马克思主义史学理论研究的丰硕成果》,《人民日报》2009年7月17日。
[3] 瞿林东:《历史学的理论成就与中国史学史研究的发展》,《历史研究》2009年第5期。
[4] 朱佳木:《坚持和发展唯物史观与构建社会主义和谐社会》,《历史研究》2007年第2期;朱佳木:《加强对唯物史观的理论研究是史学理论工作者的历史使命》,《中国社会科学院院报》2007年9月4日。
[5] 参见刘方现《近年来围绕唯物史观的争鸣》,《历史教学》2005年第3期。
[6] 中国史学会秘书处编:《中国史学会五十年》,第440页。

再次，史学界对唯物史观的基本原理进行了深入探索。瞿林东认为人们坚持唯物史观是因为它的真理性优势，并从四个方面论述了唯物史观怎样推动了20世纪中国史学的发展。（一）唯物史观要求研究整体历史；（二）唯物史观告诉人们历史是个有序的自然发展过程，而对历史规律的探讨才成为可能；（三）唯物史观要求人们用辩证的观点、方法看待人类社会历史的发展；（四）唯物史观最鲜明地提出了人民群众对于推动历史发展的巨大作用。① 李文海考察了唯物史观给史学带来的巨大转变。（1）把历史从过去主要描述政治兴衰、王朝更替的所谓"相斫书"，转变成把社会作为一个生产力与生产关系、经济基础与上层建筑矛盾统一的有机整体进行研究的历史过程；（2）把历史发展从过去看作"分久必合，合久必分"的循环往复过程，转变成看作一个不以人的意志为转移、由低级向高级发展的有客观规律可循的历史过程；（3）把历史从过去的"帝王将相的家谱"，转变成以人民群众的生产斗争和阶级斗争为主体，同时也充分重视杰出人物的作用的各种社会合力共同进行的创造性活动；（4）对于思想、文化等精神活动和精神成果，改变了过去从观念到观念、就精神论精神的研究方法，把社会意识看做社会存在的反映，把思想、观念、意识的产生、发展和变化，同社会的物质生活条件紧紧地联系起来。② 此外，宁可、林甘泉、漆侠、庞卓恒等学者均对唯物史观及其具体内容给予了新探索。改革开放以来，尤其是20世纪90年代以来，史学界对唯物史观进行了新的诠释和开掘，既充分肯定了马克思主义唯物史观的科学性和在历史研究中的指导地位，又与时俱进地丰富和发展了唯物史观的重要内容和多重含义。把握唯物史观的精髓，把马克思主义基本原理与中国历史研究实际相结合，使新时期马克思主义史学具有了鲜明的中国特色和时代特点。

四 21世纪以来唯物史观指导下中国马克思主义史学理论的新进展

新世纪以来，中国史学以唯物史观为指导，不断进取，在既有的研究

---

① 瞿林东：《唯物史观与中国史学发展》，《南开学报》2002年第2期；《关于坚持唯物史观的几点思考》，《高校理论战线》2002年第6期。

② 李文海：《坚持唯物史观，认识和把握中国国情——学习华岗史学思想的一点体会》，《安徽史学》2004年第1期。

领域取得了丰硕成果，同时也开辟了一些新领域，产生了许多新的学术增长点。这主要表现为新的研究领域的拓展、研究方法的创新、学科理论体系的构建等方面。

首先是环境史和生态史研究的兴起。现代学科意义上的环境史学在中国学术界迅速崛起，并不断扩大影响的事实表明环境史学正日益成为中国历史学繁荣发展的学术增长点。如何加强中国的环境史研究和学科建设，是当前中国史学界值得认真思考和对待的一个问题。中国环境史研究一方面使学术界摆脱了以往批判"地理环境决定论"所留下的阴影，在反思"地理环境决定论"缺陷的同时，探讨地理环境对社会历史发展进程的影响。另一方面是借鉴国外学界的学科理念、研究方法，赋予"环境"新的丰富内涵，从人与自然的双向、动态关联层面上直接展开环境史研究。后者注重考察人类活动对环境演变的作用，以及环境变迁对人类生产、社会生活乃至人类发展前景的影响。[1] 中国环境史学的真正建立应该以唯物史观对环境的辩证认识为指导，以中国历史上具体的环境问题为研究的基本对象，借鉴外国环境史学的研究，形成中国自己的特色，进而把中国环境史放在全球环境史的阐述框架中，形成"中国的世界环境史学派"[2]。环境史学在一定程度上正体现了马克思主义关于地理条件与人类社会关系的辩证思想，建立中国马克思主义环境史学在相当程度上为中国环境史学指明了进一步发展的方向。

其次是社会经济史研究领域的拓展。美国著名历史学家伊格尔斯在总结20世纪历史学的发展道路时，指出20世纪中叶社会史研究模式已成为重要的研究模式。[3] 无疑，这一研究旨趣在中国当代史学界也更加鲜明地表现出来。区域经济史、民俗个案、民间宗教、道德信仰、特定群体、政府与民间的博弈以及特定制度和职业的研究分析等最具典型性。此外，关于中国历史上的"三农"问题、社会保障、灾害救助、疾病预防等问题的研究，也丰富了新社会经济史研究的内容。这种新社会史的研究理路，已经为史学界相当的史学工作者所接受，并且已经取得了可观的成果，显示

---

[1] 参见陈新立《中国环境史研究的回顾与展望》，《史学理论研究》2008年第2期。
[2] 包茂宏：《环境史：历史、理论和方法》，《史学理论研究》2000年第4期。
[3] 杨雁斌：《世纪之交的史学盛会——记"20世纪的历史学"国际学术研讨会概览》，《国外社会科学》2001年第5期。

出历史学研究发展的一个充满生机与活力的发展趋势。中国社会史学科研究的目标,就是以本学科的理论方法提出解释中国社会历史变迁的一般性理论,从而为人们认识及探索人类社会历史变迁提供具备一定普遍意义的、可资借鉴的知识成果。① 进入新世纪以来,社会史与政治史的关系成为众多社会史研究者重新思考的重大理论问题。② 从社会史的视角多方面地、自下而上地开展中国革命史研究,必将进一步丰富人们对中国革命史的认识。③ 这种新革命史框架的建构无疑为唯物史观与中国社会史研究实际的进一步结合提供了广阔的空间。

再次是中国边疆史地研究的新进展。近代以来,外国列强的入侵使中华民族的国家观念、边疆意识空前觉醒,形成了中国近代史学史上著名的边疆史地学派。20世纪五六十年代,史学界针对边疆问题进行了较为系统和深入的研究,取得了不少成果。至于形成边疆史地学这样一门专业性比较强的学科,则是进入新时期以来的事,其标志是1983年中国边疆史地研究中心的成立。进入21世纪,中国边疆学获得迅速发展,展现出良好的发展势头,其中一个重要的表现是,重视学科理论和基础理论建设。"中国边疆理论问题包括陆疆、海疆与边界的理论问题,通过中西理论的比较、历史与现实的贯通以及理论与实际的结合,探索中国边疆历史发展与统一多民族国家形成的规律,形成以马克思主义为指导的、有中国特色的边疆学理论体系。"④ 构建系统的边疆学理论体系是新世纪这一课题研究者的新目标。

复次是中华人民共和国史研究的兴起。中华人民共和国史的研究最早可以追溯到20世纪50年代,严格意义上的共和国史研究是从1978年中共十一届三中全会后开始的。1981年中共十一届六中全会通过的《关于建国以来党的若干历史问题的决议》在很大意义上可以看作对共和国史的集体探研,具有重大的政治意义和学术意义。经中共中央书记处批准,中共中

---

① 李长莉:《社会史研究瓶颈如何突破》,《中国社会科学报》2009年10月15日。
② 赵世瑜、行龙、常建华:《走向多元开放的社会史——中国社会史研究30年的回顾与前瞻》,《光明日报》2009年3月24日。
③ 常利兵、马维强:《对中国社会史研究理论与方法的反思与展望》,《光明日报》2008年11月23日。
④ 马大正:《思考与行动——以边疆研究深化与边疆中心发展为中心》,《中国边疆史地研究》2001年第1期。

第一篇 中国马克思主义史学

央宣传部部署，编辑出版了大型共和国史研究丛书《当代中国》，该书历时十余年，先后有十余万学者、干部参加编纂。该书按照部门、行业、省市、专题分为150卷，约1亿字、3万多幅图片，在一定程度上可以看作共和国史研究的奠基之作。薄一波撰写的《若干重大决策与事件的回顾》（中共中央党校出版社1991、1993年版）分上、下两卷，共分43个专题，分别论述了1949—1966年间党和国家有关经济和社会发展的一些重大决策的形成过程，以及一些重大事件的来龙去脉。这部书是将个人的回忆和档案材料结合起来进行研究的产物，被誉为"在我国党内是一个重大的创举"。共和国史研究的基础性史料不仅包括大量的已出版的共和国主要领导人的选集、文集、文稿、年谱、日记、传记、回忆录和口述史，而且还包括一些地方档案、田野调查史料、社会调研报告等。此外，中央还设立了专门从事编纂和研究共和国历史的机构——当代中国研究所，并批准成立了全国性的学术团体——中华人民共和国国史学会，创办了专门学术杂志《当代中国史研究》和国史学术年会制度。共和国史研究逐渐成为21世纪中国马克思主义史学的重要分支学科，展现出蓬勃发展的良好势头。

最后是全球史研究蓬勃发展。中国的全球史研究受到了国际史学界的影响，同时也得到了中国学者的重视，获得了长足的发展。有的学者把从"由分散到整体发展"的角度探究，即具备用"整体史"或"全球史"的观点研究人类历史的做法，称作整个中国世界史研究的第三个发展阶段。[①] 有的学者批评了以往的世界史研究中"以民族国家为单位考察世界历史"的研究思路，倡导努力"开创有中国特色的全球史研究和教学体系"[②]。还有的学者提出让各个国家、各种背景、各种文化传统的史学家，都来参与世界史和全球史的研究工作，只有这样才能建立一个真正的世界历史体系。[③] 毋庸讳言，倡导以唯物史观为指导结合中国历史学研究的实际构建全球史，是其中的一个重要发展趋势，由此必然会出现一个使全球史更加

---

① 王玮：《"全球史观"和世界史研究》，《郑州大学学报》（哲学社会科学版）2004年第1期。
② 本特利、刘新成等：《探讨：如何在互动中建构世界历史》，《光明日报》2009年2月23日。
③ 参见马克垚《困境与反思："欧洲中心论"的破除与世界史的创立》，《历史研究》2006年第3期；于沛《全球史：民族历史记忆中的全球史》，《史学理论研究》2006年第1期。

丰富多彩、全球史研究更加欣欣向荣的新局面。①

新时期以来的中国马克思主义史学在对指导思想运用问题的反思、新问题的发掘、新研究领域的拓展，以及研究方法的借鉴与创新等方面有了长足的发展。这些新发展均是建立在多学科交叉融合发展的基础上的，同时，又对历史学的基本理论，尤其是唯物史观作出了新认识。这也展现出唯物史观及其指导下的中国马克思主义史学所具有的鲜活生命力和时代意识。"中国马克思主义史学理论的发展道路，是运用唯物史观的普遍原理探索中国的历史实际并不断前进的道路，是坚持革命性与科学性相结合正确方向的道路，是勇于摒弃错误、不断向更高的理论高峰攀登的道路。"②

（原载《史学理论研究》2010年第1期）

---

① 参见于沛、郭小凌、裔昭印、林中泽、程美宝、吴晓群、陈新等在《学术研究》2005年第1期《全球史观对中国史学的影响》笔谈中发表的对于全球史观的看法。

② 陈其泰：《传统思想的精华何以通向唯物史观》，《史学理论与史学史学刊》2007年卷，社会科学文献出版社2007年版，第80页。

当代中国史学界对唯物史观的
理论认知与思考历程*

吴 浩 蔡敏敏

(上海大学历史系 浙江财经大学东方学院)

  1949年中华人民共和国成立以来，唯物史观始终居于我国史学研究的理论指导地位，成为中国史学不断发展的重要推动力量。史学界不仅高度重视唯物史观的理论指导，而且同样重视对唯物史观的理论思考。[①] 特别是20世纪70年代末以来，史学界一度成为唯物史观理论研究的重镇，几次重大讨论都由史学界率先发起。长期以来，史学界对新中国成立以来马克思主义史学的发展历程进行了较为深入、清晰的梳理，但对马克思主义史学的理论指导——唯物史观的理论认知与思考历程尚缺少专门、全面、完整的梳理。[②] 笔者根据目前史学界比较通行的时段划分，将当代中国史学界对唯物史观的理论认知与思考历程划分为"新中国十七年"、"文革"时期、20世纪80年代、20世纪90年代、21世纪以来五个阶段，以此全面深入考察中国史学界对唯物史观理论研究做出的贡献。

---

  * 本文是国家社会科学基金重大项目"十九世纪美国工业化转型中的农村、农业和农民问题研究"（项目编号：18ZDA211）的阶段性成果。

  ① 本文界定的史学界是一个较为宽泛的概念，既包括大多数的专业史学研究者，也包括少数积极参加由史学界发起的理论讨论，或是在史学期刊就唯物史观理论问题发表文章并引发史学界共鸣的其他领域的研究者。

  ② 既有研究成果主要是对某一时段或某一问题的梳理，代表性文章包括李振宏《近五年来国内史学理论研究热点问题述评》，《史学理论研究》2004年第1期；刘方现《近年来围绕唯物史观的理论争鸣》，《历史教学》2005年第3期；吴英《唯物史观与历史研究——近三十年探讨的回顾和展望》，《历史研究》2008年第6期；仲伟民、孙竞昊《新时期以来唯物史观理论研究述评》，《史学理论研究》1995年第3期；徐思彦《关于历史创造者问题的讨论》，《历史研究》1986年第2期；艾力云《历史发展动力问题讨论述评》，《史学月刊》1980年第1期。

一 "新中国十七年"唯物史观基本
理论及史学界的认知

　　1949年中华人民共和国成立后,人文社会科学打破了过去长期存在的学术藩篱,迅速建立起以唯物史观为指导的全新学术体系。然而,由于马克思、恩格斯生前没有专门发表过系统、全面论述唯物史观基本原理的专著,故在新中国成立之初,国内盛行的唯物史观很大程度上受苏联版唯物史观与国内政治环境的影响。这一点主要体现于唯物史观本体论涉及的三个基本理论问题上。

　　第一,就社会形态演进的动力问题而言,阶级斗争被视为历史发展根本动力或真正动力。马克思与恩格斯创立的唯物史观重视阶级斗争,认为"它是历史的直接动力","现代社会变革的巨大杠杆"。[①] 在他们看来,"直接动力"或"巨大杠杆"作用同样从属于生产力发展的根本动力。由于他们生前并未对阶级斗争理论做出专门系统的阐释,且相关论述大多与现实斗争紧密相连,因此,这些阐释容易被误读。特别是在俄国革命实践中,出于斗争的需要,"直接动力"或"杠杆作用"被解读为"历史唯一的实际动力""历史的真正动力"。[②] 同样,新民主主义革命时期的激烈斗争与新中国成立初期面临的严峻形势,也在一定程度上契合了阶级斗争决定历史发展的观点。加之,苏联对中国革命的影响,这些理论观点被广泛接受。1957年反右斗争扩大化后,阶级斗争观点得到进一步强化。1962年8月,北戴河会议最终确定了"以阶级斗争为纲"的错误路线。这些深刻影响了学术界对唯物史观阶级理论的认知。

　　第二,就社会形态演进动力背后人的作用问题而言,人民群众被视为历史的唯一创造者。马克思与恩格斯没有关于"历史创造者"的系统阐释,只是在个别文本中有"人们自己创造自己的历史"的类似表述。[③] 从他们的原文表述看,"人们"是包括"杰出人物"在内的所有现实的人。然而,在后来的革命实践中,这一思想往往与阶级斗争理论密切关联,并

[①] 《马克思恩格斯文集》第3卷,人民出版社2009年版,第484页。
[②] 《列宁全集》第13卷,人民出版社1987年版,第263页。
[③] 《马克思恩格斯文集》第10卷,人民出版社2009年版,第669页。

不可避免地造成理论观点的取舍与倾斜。在俄国革命中，这句话被最终解释为"人们自己创造自己的历史，但人们即人民群众的动机是由什么决定的……马克思对这一切都注意到了"①。由此，"人们自己创造自己的历史"演变为"人民才是历史的创造者"。②

第三，就社会形态演进的路径问题而言，原始社会、奴隶社会、封建社会、资本主义社会、社会主义社会严格依次演进的"五种社会形态"理论，被视为人类社会发展的普遍规律。马克思、恩格斯并未明确、系统地提出过这一理论。列宁在1919年7月11日的"论国家"演讲中，以较为明确的语言初步阐释了这一理论。③ 但是，真正系统、完备地阐明这一理论，并使之在苏联乃至包括中国在内的整个马克思主义学界被奉为经典理论的是斯大林。他在1938年出版的《联共（布）党史简明教程》中亲自撰写了第四章第二节"论辩证唯物主义和历史唯物主义"，明确提出："历史上有五种基本类型的生产关系：原始公社制的、奴隶制占有制的、封建制的、资本主义的、社会主义的。"④

由于特殊的历史与现实原因，上述苏联对唯物史观基本原理的解释，以及中国共产党在革命时期出于实际斗争需要提出的个别具体论断，深刻地影响了国内学术界。新中国成立后，列宁、毛泽东的相关著作与文章，《联共（布）党史简明教程》和其他苏联版唯物史观的著作，成为中国知识分子学习唯物史观的必修读本。这从根本上塑造了他们对唯物史观的理论认知。就史学界而言，不少研究者并未对唯物史观进行深刻研究与反思，而是自觉地全部接受并运用其指导研究。因此，这一时期的史学研究在唯物史观的指导下取得诸多公认的重大成果的同时，也不可避免地烙上了教条主义的印迹。这一点在中国古史分期与资本主义萌芽、中国古代农民战争问题的讨论中表现得尤为明显。如在古史分期与资本主义萌芽问题上，各派学者的理论出发点均是强调社会形态严格依次演进的"五种社会

---

① 《列宁专题文集：论辩证唯物主义和历史唯物主义》，人民出版社2009年版，第337页。
② [苏]马约洛夫：《论人民群众在历史上的决定性作用》，千山译，新知识出版社1956年版，第12页。
③ 《列宁专题文集：论辩证唯物主义和历史唯物主义》，第285—287页。
④ 联共（布）中央特设委员会编：《联共（布）党史简明教程》，中共中央马克思恩格斯列宁斯大林著作编译局译，人民出版社1975年版，第137页。

形态"理论：前者的讨论均承认中国与西方社会一样必然经过奴隶社会与封建社会；后者的讨论都承认中国原本会像西方社会一样从封建社会过渡到资本主义社会，只是外来侵略打断了这一进程，故中国的封建社会也一定会孕育出资本主义萌芽。在中国古代农民战争问题的讨论中，各派学者的理论出发点都承认阶级斗争的存在，认为农民与地主阶级的阶级斗争是历史发展的根本动力。

二 "文革"时期唯物史观基本理论及史学界的认知

"文革"时期，"左"倾错误发展到极致。作为人文社会科学研究指导理论的唯物史观，受到极"左"思潮与政治路线的深刻影响，出现严重扭曲。

第一，就社会形态演进的动力问题而言，阶级斗争被视为历史发展的唯一动力。"文革"时期，阶级斗争的作用被无限扩大和绝对化。虽然这一时期的唯物史观教材依然肯定社会基本矛盾是社会发展的动力，但更加强调："历史的真正动力是阶级之间的革命斗争。"[①] 这一点"不仅表现在社会形态更替的质变过程中，而且还表现在同一社会形态的量变过程中"。[②] 与此同时，强调生产力是社会发展根本动力的观点，被批判为反对"无产阶级专政下继续革命"的"唯生产力论"。由此，"阶级斗争与阶级观点是历史唯物主义的根本观点"。[③] "阶级斗争，而且只有阶级斗争，才是阶级社会发展的动力"[④]，成为唯物史观最核心原理。是否承认这一点，被视为唯物史观与唯心史观"两种历史观的重大分歧之一"。[⑤]

---

① 河北人民出版社编：《学习马克思主义批判修正主义》（三），河北人民出版社1972年版，第6页。
② 贵州大学哲学系汇编：《马克思主义哲学（历史唯物论部份）》，贵州大学哲学系1974年印，第60页。
③ 南宁市高等院校的部分哲学课教师编写：《历史唯物主义辅导教材（初稿）》，1974年印，第50—51、69页。
④ 山东大学政治系《哲学通信》编写组：《哲学通信（历史唯物主义部分）》，山东人民出版社1973年版，第84页。
⑤ 南宁市高等院校的部分哲学课教师编写：《历史唯物主义辅导教材（初稿）》，第65页。

第二，就社会形态演进动力背后人的作用而言，"只有人民群众才是创造世界历史的动力"，被进一步解释为"历史是奴隶们创造的"①。1970年8月31日，针对林彪、陈伯达在九届二中全会上散布的"天才论"，毛泽东在《我的一点意见》中提出了要分清"是英雄们创造历史，还是奴隶们创造历史"的问题。毛泽东的本意并非忽视英雄人物的历史作用，而是强调较之英雄人物，奴隶们在创造历史的活动中发挥了主导作用，决定了历史发展的方向。然而，在随后的"批林批孔"运动中，"奴隶们创造历史"被片面解读为"奴隶们是历史的唯一创造者"，并作为唯物史观基本原理被写入教材。②

第三，就社会形态演进路径而言，原始社会、奴隶社会、封建社会、资本主义社会、社会主义社会严格依次演进，依旧被视为"一条不以人们的意志为转移的历史发展的客观规律"③。

就史学界而言，这一时期的历史学丧失了作为一门独立学科的基础，沦为政治斗争的工具。④ 由此，唯物史观基本理论不仅没有得到反思，反而遭到严重扭曲，继而作为理论指导被充分纳入服务于政治斗争的"史学研究"中。这一点在"文革"时期盛行的"儒法斗争史"中表现得尤为明显。首先，"儒法斗争史"全面贯彻了"阶级斗争是社会发展的唯一动力"的理论指导。作为"影射史学"的重要组成部分，它完全服务于"批林批孔"的政治斗争，将代表新兴地主阶级、主张革新的法家与代表没落奴隶主阶级、主张守旧的儒家之间的"复辟与反复辟斗争"，作为春秋社会以来中国历史发展的主要内容。⑤ 在此过程中，法家代表了更先进的生产方式，其政策在很大程度上推动了中国历史的发展。其次，"阶级斗争，特别是奴隶与农民开展的阶级斗争是历史发展的唯一动力"，"奴隶是历史的唯一创造者"也成为"儒法斗争史"的理论基础。"儒法斗争史"在"尊法批儒"的同时，指出法家发挥的历史进步作用同样要取决于劳动人

---

① 辽宁大学哲学系哲学教研室编写：《历史是奴隶们创造的——马克思主义哲学通俗讲话》，辽宁人民出版社1973年版，第1—2页。
② 山东大学政治系《哲学通信》编写组编：《哲学通信（历史唯物主义部分）》，第152—156页。
③ 张景贤：《中国奴隶社会》，中华书局1974年版，第86页。
④ 《历史研究》编辑部短评：《为巩固无产阶级专政而研究历史》，《历史研究》1974年第1期。
⑤ 石仑：《论尊儒反法》，《学习与批判》1973年第1期。

民的革命斗争。正是"奴隶造反农民起义""推动了法家的产生与他们对儒家的斗争"①，因此，"法家只有顺应这一历史发展的潮流，才能起到一定的进步作用"②。最后，"五种社会形态"严格依次演进的原理，也在一定程度上构成"儒法斗争史"的理论基础。"儒法斗争史"强调奴隶制向封建制转化过程中的"儒法斗争"，使得奴隶社会成为社会发展的必经阶段。由此，任何反对中国存在奴隶社会的声音都被批为修正主义。③

三 20世纪80年代史学界对唯物史观的理论思考

1978年，随着十一届三中全会的召开，中国进入社会主义现代化建设新时期。史学界开始打破思想禁锢，对于深受苏联教条主义与"左倾"思潮影响的社会形态演进的动力、社会形态演进动力背后人的作用、社会形态演进的路径三个重大理论问题展开深入反思。

（一）社会形态演进动力问题的讨论

史学界对唯物史观的理论反思，首先是从阶级斗争的历史作用开始的。1979年，戴逸、刘泽华与王连升、戎笙分别发表文章，指出阶级斗争无法解释全部历史，农民战争也无法涵盖整个中国封建社会的历史，因此，阶级斗争与农民战争并不是主导历史发展的唯一动力。④ 三篇文章发表后，很快在全国引发了一场关于历史发展动力的讨论。从讨论结果看，大多数学者在"阶级斗争并不是历史发展的唯一动力"这一点上达成共识，分歧主要在于"历史发展的根本动力或最终动力是什么"，进而形成了几种代表性观点。（1）生产力或生产斗争是社会发展的根本动力或最终动力说。（2）生产力与生产关系的矛盾是历史发展的根本动力说。（3）人

---

① 汪世华、牟国相、罗蜀贤、胡昭曦：《奴隶造反农民起义推动了历史上的儒法斗争》，《四川大学学报》1974年第2期。
② 梁效：《农民战争的伟大历史作用——学习〈中国革命和中国共产党〉的一点体会》，《历史研究》1974年第1期。
③ 张景贤：《中国奴隶社会》，第1页。
④ 戴逸：《关于历史研究中阶级斗争理论问题的几点看法》，《社会科学研究》1979年第2期；刘泽华、王连升：《关于历史发展的动力问题》，《教学与研究》1979年第2期；戎笙：《只有农民战争才是封建社会发展的真正动力吗？》，《历史研究》1979年第4期。

的实践是推动历史发展的最终动力说。这一观点认为当生产关系和生产力、上层建筑和经济基础比较适应时,人们改造自然界的实践活动是主要动力。反之,变革生产关系和上层建筑的社会实践就成为主要动力。①(4)阶级斗争是历史发展的根本动力说。这一观点认为,生产力不能单独推动历史发展,生产力与生产关系、经济基础与上层建筑的矛盾只有通过阶级斗争才能解决。②(5)历史发展由各种动力构成的"合力"最终推动说。一些学者认为在阶级社会,当生产力与生产关系基本适应时,"合力"中的主要动力是生产斗争,反之主要动力就是阶级斗争。③ 也有学者认为在"合力"中,生产力是历史发展的最后动力,阶级斗争、生产斗争、科学实验、社会革命是构成历史发展的直接动力。④

从前述讨论来看,虽然史学界并未就根本动力问题达成共识,但思想的长期禁锢被打破。首先,阶级斗争不再被视为社会发展的唯一动力,而是与科学文化、思想斗争等一样作为动力对历史发展起作用。其次,史学界加深了对历史发展动力复杂性的认知,逐渐由过去的动力"一元论"延伸至动力"多元论",进而提出"合力"说。最后,史学界提出了与之密切相关的新的思考论题——历史发展动力背后人的作用,以及历史发展根本动力推动下的社会形态演进路径。

(二)历史创造者问题的讨论

20世纪80年代中期,随着对于历史发展动力问题讨论的不断深入,史学界对唯物史观的反思开始触及动力背后人的作用,即"谁是历史创造者"问题。1984年,黎澍发表文章,对长期盛行的"人民群众是历史的创造者"提出异议,认为这一理论来自苏联。实际上,人民群众在历史上"居于被奴役的地位",仅仅是历史的物质条件的创造者,并非全部历史的创造者。⑤ 黎澍的文章,随即引发了一场关于历史创造者的讨论。从讨论

---

① 蒋大椿:《历史的内容及其前进的动力》,《近代史研究》1983年第2期。
② 刘大年:《关于历史前进的动力问题》,《近代史研究》1979年第1期;苏双碧:《略论历史发展的动力问题》,《社会科学研究》1979年第3期。
③ 宋士堂、李德茂:《关于历史前进的主要动力及其转化问题》,《近代史研究》1980年第2期;杨生民:《略谈历史发展的动力问题》,《教学与研究》1979年第4期。
④ 庞卓恒:《马克思主义关于历史动力的理论及其现实意义》,《中国社会科学》1980年第5期。
⑤ 黎澍:《论历史的创造及其他》,《历史研究》1984年第5期。

结果来看，多数学者在"历史是由人民群众与杰出人物、剥削阶级在内的所有人共同创造的"这一点上基本达成共识，分歧在于"谁是创造历史的主体"，主要存在以下几种观点：（1）人民群众的生产活动不仅是创造历史的前提，而且是创造历史的主体活动；①（2）人民群众是历史创造的主体，但同时也应该肯定英雄人物在历史创造中的重要作用；②（3）在生产力与社会发展的不同阶段，人民群众与英雄人物在创造历史方面发挥着不同的作用。③

对于历史创造者问题的讨论，是对历史发展动力问题讨论的继续深入。虽然分歧依然存在，但这场自由的讨论在很大程度上冲破了过去长期强调的"人民群众是历史的唯一创造者"的教条主义唯物史观原理：一方面，人民群众作为创造历史的主体地位得到明确；另一方面，杰出人物甚至剥削阶级的历史作用得到客观认识。这一认知的形成对于历史发展动力讨论中尚未完全得到清算的"农民战争是封建社会历史发展的唯一动力"的理论完成了最后一击。

（三）社会形态演进路径问题的讨论

"五种社会形态"严格依次演进的路径，长期被视作唯物史观揭示的人类社会发展的普遍规律。20世纪80年代，在历史发展动力问题讨论的推动下，史学界越来越感受到这一理论难以解释中国乃至世界历史发展中的诸多问题，由此展开了深入讨论与反思。

1981年，胡钟达发表了《论亚细亚生产方式兼评五种生产方式说》，开启了对这一问题的讨论。④ 在讨论中，学者们主要围绕三个问题进行深入反思。

第一，"五种社会形态"理论是否由马克思、恩格斯本人创立。一些学者认为，马克思只是在《〈政治经济学批判〉序言》中对西欧社会经济形态演进的大致顺序作出了归纳，这一理论是斯大林和苏联理论界对马克

---

① 艾力农：《人民群众是历史的创造者——与黎澍同志商榷》，《理论月刊》1985年第6期；薛志诚：《历史究竟是谁创造的》，《杭州大学学报》1987年第1期。
② 蒋大椿：《关于历史创造者的理论考察》，《世界历史》1985年第11期；王学典：《关于"历史创造者"问题的讨论》，《文史哲》1988年第1期；郭瑞祥：《关于"人民群众是历史的创造者"——兼与黎澍同志商榷》，《历史研究》1986年第3期。
③ 吴江：《关于〈论历史的创造及其他〉的信——致黎澍同志》，《历史研究》1985年第4期。
④ 胡钟达：《论亚细亚生产方式兼评五种生产方式说》，《中国史研究》1981年第3期。

思与恩格斯相关阐释错误理解的产物。① 一些学者明确反对上述观点。吴泽、张鸿雁认为马克思在《资本主义生产以前的各种形式》中,就对"五种社会形态"理论进行了明确论证。② 宋敏认为马克思与恩格斯形成完整"五种社会形态"理论,应该是在 19 世纪 70 年代末阅读了摩尔根的著作,进而对原始公社制形成真正认识之后。③ 项观奇认为恩格斯在马克思逝世后出版的《家庭、私有制和国家的起源》中,提出"三大奴役形式"——奴隶制、农奴制、近代雇佣制,标志着"正式从世界范围里提出五种生产方式的规律"。④

第二,"五种社会形态"理论能否揭示人类社会发展的普遍规律。一些学者认为这一理论存在严重缺陷。杨生民、王加丰指出这一学说忽视了各民族、地区、国家的横向联系,以及自然条件、地理环境对人类历史发展的影响,并没有从最终决定社会发展的生产力出发,而是将生产关系公式化为五种所有制与奴役方式,难以解释相同生产力可以形成不同生产关系与社会形态的现象。⑤ 袁林指出这一学说存在两点逻辑缺陷:(1) 阶级剥削压迫形式的不同,只适用于作为区分奴隶制、封建制、资本主义的标准,不适用于原始社会、共产主义社会;(2) 忽视中间社会形态的存在。⑥ 与此同时,一些学者提出异议,但与之前的认识不同,他们承认"五种社会形态"是人类社会发展的一般规律和共同历史进程,但具体到每一国家和地区的社会发展可以存在一个或多个社会发展阶段的跨越或缺失。⑦ 吴

---

① 胡钟达:《论亚细亚生产方式兼评五种生产方式说》,《中国史研究》1981 年第 3 期;朱本源:《马克思的社会形态更替理论是科学假说》,《历史研究》1989 年第 1 期;刘佑成:《用马克思的社会发展理论重新划分社会形态》,《史学理论》1988 年第 3 期;吴大琨:《关于亚细亚生产方式研究的几个问题》,《学术研究》1980 年第 1 期;李永昌:《马克思主义社会形态理论的几个问题》,《史学理论》1988 年第 3 期。
② 吴泽、张鸿雁:《论五种社会形态的运行规律》,《历史教学问题》1987 年第 5 期。
③ 宋敏:《论马克思主义五种社会形态理论的确立》,《吉林大学社会科学学报》1985 年第 3 期。
④ 项观奇:《论五种生产方式理论的形成》,《历史研究》1987 年第 6 期。
⑤ 杨生民:《论五种生产方式说的理论失误、内部矛盾与依次更替》,《北京师范学院学报》1989 年第 1 期;王加丰:《论采集、农耕、现代化三大社会形态》,《史学理论》1988 年第 4 期。
⑥ 袁林:《五种社会形态说的逻辑缺陷与马克思恩格斯的社会形态演化思想》,《史学理论》1988 年第 3 期。
⑦ 伍新福:《试论马克思主义"五种社会形态"学说的几个问题》,《求索》1983 年第 2 期;侯绍庄:《怎样理解五种生产方式学说——兼与胡钟达先生商榷》,《贵州民族学院学报》1987 年第 4 期;谢本书:《人类社会历史上大体经历了五种生产方式》,《史学理论》1988 年第 4 期。

泽、张鸿雁认为没有完整经过五种社会形态的国家与地区，往往受到了更加先进的国家与地区文化的影响。①

第三，关于马克思本人的社会形态理论的讨论，主要围绕着马克思的社会形态发展观是"单线"还是"多线"，以及这一社会形态理论的具体内容展开。一些学者坚持"多线论"的观点。马欣、陈剩勇指出马克思认为由于不同的自然与历史条件相互作用，亚细亚的、封建的、古代的社会形态都产生于原始公社。②罗荣渠认为唯物史观的历史发展观是"一元多线历史发展观"，即在生产力发展的"一元"决定基础上，受到复杂的自然与社会经济因素影响，社会形态的演进路径是多样的。③一些学者坚持"单线论"。例如，1981年《世界上古史纲》编写组发表的《多线说还是单线说》在批判"东西方历史发展二元论或双线说"的基础上，坚持把马克思的社会形态发展观归结为"一元或单线的"。④林志纯、廖学盛认为："马克思、恩格斯在《德意志意识形态》一书中第一次提出的历史分期，是从世界历史发展的角度提出的，包括从原始社会经过古代、中世纪至近代的各个不同阶段……这种分期是把世界历史的发展……看作一元发展，而不是多元发展；看作单线的，而不是多线的。"⑤

关于马克思社会形态理论的具体内容，一些反对"五种社会形态"理论的学者提出了新认识。胡钟达认为马克思的社会经济形态发展学说分为三个层次：（1）原始共产主义社会—阶级社会—共产主义社会；（2）原始共产主义社会—阶级社会第一形态—阶级社会第二形态—社会主义和共产主义社会；（3）阶级社会第一形态划分为奴隶社会和封建社会。他认为第一层次和第二层次"都是经过严密的科学论证的"，第三层次"只能认为是科学上的假说"。⑥庞卓恒、刘佑成强调马克思在《〈政治经济学批判〉

---

① 吴泽、张鸿雁：《论五种社会形态的运行规律》，《历史教学问题》1987年第5期；伍新福：《试论马克思主义"五种社会形态"学说的几个问题》，《求索》1983年第2期。
② 马欣：《论马克思的"四种生产方式"说与古史分期》，《中国人民大学学报》1987年第2期；陈剩勇：《社会五阶段演进图式：向唯心史观的复归——世界各文明圈社会经济结构透视》，《史学理论》1988年第4期。
③ 罗荣渠：《论一元多线历史发展观》，《历史研究》1989年第1期。
④ 《世界上古史纲》编写组：《多线说还是单线说》，《世界历史》1981年第5期。
⑤ 志纯、学盛：《怎样理解马克思说的"亚细亚生产方式"？》，《世界历史》1979年第2期。
⑥ 胡钟达：《再论五种生产方式说》，《历史研究》1986年第1期。

（1857—1858 年草稿）》中提出的人的依赖关系、物的依赖关系、人的全面发展的"三形态"理论，从因果必然关系的角度提示了人类社会必经的历史阶段。①

作为社会发展动力问题讨论的深化，对于社会形态演进路径问题的思考出现了"单线论"与"多线论"、"五种社会形态"与"三形态"理论的争论。实际上，从后知者的视角来看，这些不同的观点之间并非简单的相互否定关系，而是根据马克思、恩格斯的认识各自从不同的侧面对唯物史观的社会形态理论提出新的思考。坚持"单线论""五种社会形态"理论的学者，在继续沿用这一术语的同时，实际上对高度强调五种社会形态严格依次演进的苏联版"五种社会形态"理论做出了重大纠正。这一点主要体现为他们在坚持这一理论代表了人类社会整体发展的普遍规律的同时，强调具体到个别国家与民族，允许出现一个或多个社会形态的跨越或缺失，从而使得这一理论的解释力能够充分涵盖历史发展的普遍性与多样性。"多线论"支持者则把这种具体的特殊情况作为社会形态演进的多种路径，包容在马克思根据生产力与人的个体发展而提出的"三形态"理论中，使之具有丰富的解释力。因此，两种不同的认识殊途同归，都体现了史学界对唯物史观社会形态理论的深入思考与丰富发展。

四 20 世纪 90 年代史学界对唯物史观的理论思考

20 世纪 90 年代，史学界对唯物史观的理论思考陷入了"沉寂"：一方面围绕唯物史观形成的热烈讨论几乎"戛然而止"；另一方面新的理论热点与讨论并未出现。究其原因，主要有两点：一是 90 年代初期的东欧剧变带来巨大思想冲击；二是随着学术交流深入，西方社会科学理论与史学思潮大量涌入国内，在很大程度上影响了史学界对唯物史观的认知。在此背景下，一些学者对唯物史观的解释力与科学性产生了怀疑，还有一些学者选择"沉淀"下来，利用一段较长的时间细心观察，静心思考。

---

① 庞卓恒：《社会主义商品经济的充分发展是走向共产主义不可逾越的历史阶段》，《天津社会科学》1986 年第 4 期；刘佑成：《用马克思的社会发展理论重新划分社会形态》，《史学理论》1988 年第 3 期。

总体而言，这一时期史学界对唯物史观的理论研究，主要集中于对社会形态演进路径问题讨论的延续，以及部分学者对唯物史观基本概念与原理的重新解读。

第一，在社会形态演进路径问题的探讨上，一些学者继续对"五种社会形态"理论提出批评，坚持"三形态"理论更加接近于马克思关于人类社会发展规律的概说。张雅琴认为马克思在《〈政治经济学批判〉序言》中提出了"社会经济形态演进的几个时代"，其中的"社会经济形态"应该译为"经济社会形态"。实际上，马克思只是列出资本主义在欧洲起源时抽象出来的几种"经济形式"。它们隶属于马克思"三形态"理论中的第二大社会形态（以物的依赖关系为基础的社会）。① 段忠桥与张雅琴的观点比较相近，但在对"三形态"学说的理解上持有不同观点，认为亚细亚的、古代的、封建的生产方式属于第一大形态（以人的依赖关系为基础的社会），资本主义社会属于第二形态。②

与此同时，一些学者继续坚定支持"五种社会形态"理论。宋敏批评了意大利学者翁贝托·梅洛蒂提出的"五种社会形态"理论是斯大林创立的"传统的单线图式"的观点，认为这一理论是马克思、恩格斯晚年在阅读了摩尔根的著作后共同创立的具有普遍意义的历史发展模式。③ 伍新福认为胡钟达提出的三个层次学说不符合马克思的本意。"五种社会形态"理论是马克思与恩格斯随着研究不断深入创立的科学原理，揭示了人类社会由低级向高级发展的规律。④ 吴泽、杨际平指出"五种社会形态"理论是人类社会发展的普遍规律，并不是说每个民族、国家或地区都会毫无缺失地依次经历这五种社会形态，在外部因素的影响下，社会形态的演进会存在有条件、有规律的跨越式发展。吴泽进一步将人类历史上五种社会经济形态的演进分为渐变与突变（跨越性）两种形式：前者由内因（生产力与生产关系的矛盾及其政治表现）引起；后者有可能是内因引起的，也可能是内因与外因（民族关系、战争征服及由此引起的国家兴亡、王朝更

---

① 张雅琴：《"三形态说""五形态说"辨析》，《史学理论研究》1994年第1期。
② 段忠桥：《马克思的三大社会形态理论》，《史学理论研究》1995年第4期。
③ 宋敏：《论五种生产方式与亚细亚生产方式》，《社会科学战线》1990年第3期。
④ 伍新福：《关于"社会形态"讨论中的几个问题——再与胡钟达先生商榷》，《求索》1991年第1期。

迭）共同作用引起的。①

第二，个别学者对唯物史观基本概念与原理作出新的解读。庞卓恒认为根据马克思与恩格斯的本意，唯物史观是关于"现实的人及其历史发展规律的科学"。生产力作为社会发展的根本动力，不能等同于生产工具，而是"人的物质生产实践能力"。由此，生产力决定生产关系、经济基础决定上层建筑的规律，实际上就是现实的人们的物质生产实践活动和与之相应的物质生产实践能力的发展，必然推动所有制、生产关系、阶级关系或社会形态，以至一切的政治法律制度、思想体系、文化价值观念、道德和习俗等交往形式从低级向高级发展的规律，而非五种社会形态的依次演进。②

通过"五种社会形态"与"三形态"理论之争，可见双方分别从不同侧面加深了对唯物史观社会形态理论的思考。与 20 世纪 80 年代的研究相比，"三形态"理论与"多线论"研究更加细致深入，既有"回到马克思"对基本概念的重新考察，也能把"三形态"与马克思提及的几种具体生产方式充分联系起来进行论证。坚持"五种社会形态"理论的学者在延续 20 世纪 80 年代的思考路径的同时，对"五种社会形态"演进中渐进与跨越两种形式及原因的分析，丰富了这一理论的内涵与解释力。

五　21 世纪以来史学界对唯物史观的理论思考

经历了 20 世纪 90 年代的"沉淀"与"思考"后，面对 21 世纪纷繁复杂的国际国内形势与前所未有的重大理论与现实问题，史学界对唯物史观展开了更加深入、全面的思考，由此围绕唯物史观的讨论再次复兴，且无论在广度还是深度上都实现了新的突破。

（一）关于唯物史观科学属性的探讨

进入 21 世纪，史学界有人提出"唯物史观能否科学地解释历史与现实中的新问题"。2001 年，蒋大椿的《当代中国史学思潮与马克思主义历

---

① 吴泽：《社会形态发展规律的几个基本理论问题》，《探索与争鸣》1990 年第 6 期；杨际平：《史论四题》，《厦门大学学报》1991 年第 2 期。
② 庞卓恒：《唯物史观与历史科学》，高等教育出版社 1999 年版，第 1—16、37—47 页。

史观的发展》（以下简称"蒋文"），开启了对该问题的讨论。一些学者认为传统唯物史观的理论指向是社会环境，忽视了作为社会主体的人及其实践活动的中介条件，故其基本原理存在严重缺陷，应该代之以"唯物辩证的以实践为基础的系统史观"或人的实践作为中介范畴的"实践人类学范式"的新马克思主义唯物史观。①

一些学者对此提出异议，认为蒋文所指的传统唯物史观理论的缺陷来自苏联版的唯物史观，不能以此否定马克思创立的唯物史观的科学性。唯物史观并不能被"超越"。②对于蒋文提出的取代传统唯物史观的"唯物辩证的以实践为基础的系统史观"，王锐生、马捷莎、陈先达指出马克思的唯物史观本身就是唯物辩证的，实践、人与价值的关注、系统论思想在其中都可以找到。③郭小凌对蒋文关于唯物史观科学属性的判断提出不同认识：一方面他认为"尽管唯物史观的一些基本原理需要随着社会的发展而发展……在当代，它的核心原理与它的一些辅助原理仍然是一种有效的历史认识方法"；另一方面，他认为传统唯物史观也并非如吴英、庞卓恒所言"是经苏联人倒手的、受到严重歪曲或误读的理论范式"，而是来自马克思主义奠基人。④

（二）关于唯物史观基本概念与原理的探讨

21世纪以来，史学界对本体论范畴的唯物史观理论问题的探讨出现了新变化。"回到马克思"，重新解读唯物史观的基本概念成为共同的研究出

---

① 蒋大椿：《当代中国史学思潮与马克思主义历史观的发展》，《历史研究》2001年第4期；周祥森：《客观世界与文本世界的交锋——对新理论形态的马克思主义历史观评论的评论》，《史学月刊》2004年第3期；张立达：《评蒋大椿和吴英、庞卓恒围绕唯物史观的理论争鸣》，《史学月刊》2003年第3期。

② 吴英、庞卓恒：《弘扬唯物史观的科学理性——与蒋大椿先生商榷》，《历史研究》2002年第1期；王锐生：《唯物史观：发展还是超越？》，《哲学研究》2002年第1期；马捷莎：《"超越"还是"回复"——与〈当代中国史学思潮与马克思主义历史观的发展〉一文商榷》，《社会科学辑刊》2002年第4期；陈先达：《论唯物主义历史观的本质与当代价值》，《高校理论战线》2002年第5期。

③ 王锐生：《唯物史观：发展还是超越？》，《哲学研究》2002年第1期；马捷莎：《"超越"还是"回复"——与〈当代中国史学思潮与马克思主义历史观的发展〉一文商榷》，《社会科学辑刊》2002年第4期；陈先达：《论唯物主义历史观的本质与当代价值》，《高校理论战线》2002年第5期。

④ 郭小凌：《论唯物史观及其历史命运》，《史学理论研究》2003年第1期。

发点。在此基础上，过去没有深入讨论的唯物史观基本原理，如社会存在决定社会意识、社会基本矛盾原理得到重新解析。

1. 社会存在与社会意识的概念和原理。蒋文认为传统唯物史观的社会存在指"社会物质生活条件"；社会意识指"由各种作品及其表现出来的政治的、法律的、哲学的、宗教的等理论、观点，以及与之相应的政治社会机构，还有科学、文学、艺术作品等"。"离开社会主体的人及其实践活动"，社会存在决定社会意识，社会意识反作用于社会存在的原理根本不存在。由此，他重构了二者的概念与原理，认为社会存在包括"物质经济环境因素存在""政治环境因素存在""精神文化环境因素存在"，社会意识就是"一个时代的社会历史主体的人，在认识和改造世界的各种实践活动中正在反映和生长着的意识和思维运动"。通过社会主体的人及其社会实践，社会存在与社会意识可以相互决定。① 一些学者同意蒋文的观点。他们认为在传统唯物史观中，社会存在与社会意识之间缺少了人的社会实践这一中介环节。只有通过这一环节，社会存在和社会意识才可以发生互动式的相互决定。②

另一些学者对此提出不同观点。一是在概念界定方面，吴英、庞卓恒、陈先达、马捷莎认为，蒋文批评的社会存在与社会意识的定义并非来自马克思，马克思将"社会存在"界定为"人的实际生活过程"。③ 二是关于社会存在决定社会意识的原理，吴英、庞卓恒、陈先达认为马克思实际上是指"人的实际生活过程决定社会意识"。④ 马捷莎认为蒋文关于社会存在与社会意识相互决定的观点，实际上是"一种无结果的循环论"。⑤ 王

---

① 蒋大椿：《当代中国史学思潮与马克思主义历史观的发展》，《历史研究》2001年第4期。
② 周祥森：《客观世界与文本世界的交锋——对新理论形态的马克思主义历史观评论的评论》，《史学月刊》2004年第3期；张立达：《评蒋大椿和吴英、庞卓恒围绕唯物史观的理论争鸣》，《史学月刊》2003年第3期。
③ 吴英、庞卓恒：《弘扬唯物史观的科学理性——与蒋大椿先生商榷》，《历史研究》2002年第1期；陈先达：《论唯物主义历史观的本质与当代价值》，《高校理论战线》2002年第5期；马捷莎：《"超越"还是"回复"——与〈当代中国史学思潮与马克思主义历史观的发展〉一文商榷》，《社会科学辑刊》2002年第4期。
④ 吴英、庞卓恒：《弘扬唯物史观的科学理性——与蒋大椿先生商榷》，《历史研究》2002年第1期；陈先达：《论唯物主义历史观的本质与当代价值》，《高校理论战线》2002年第5期。
⑤ 马捷莎：《"超越"还是"回复"——与〈当代中国史学思潮与马克思主义历史观的发展〉一文商榷》，《社会科学辑刊》2002年第4期。

锐生认为虽然观念先于行动，并作为意志支配行动，但观念的根源仍然来自实践。①

2. 社会基本矛盾的概念与原理。蒋文认为传统唯物史观的生产力，是"一个含义不一的混乱概念"，生产力诸要素都不能决定生产关系。生产力决定生产关系的原理"在人类历史实际进程中根本就不存在"。物质生产实践活动只是人类历史发展的现实基础，只能推动物质生产力的发展，只有生产力要素以外的社会支配力量的经济与政治实践才能创造出新的生产关系。② 一些学者大致认同蒋文的观点，认为物质生产实践（内在的包括生产力）只为人们从事其他活动和历史变革规定了某种可能性和限定性。只有经过作为社会历史主体的人的社会实践，特别是以革命方式进行的社会政治实践活动，生产关系和经济的社会形态才会发生根本性变革。③

另一些学者对此持有不同观点。首先，关于基本概念，吴英、庞卓恒认为生产力等同于生产工具，生产关系等同于生产资料所有制的观点均来自苏联版唯物史观。根据马克思的界定，生产力是"人们的物质生产能力"，生产关系是直接生产者和生产条件所有者之间的管理和被管理、支配和被支配关系，包括劳动分工关系、产品分配与交换关系、消费关系，乃至生产资料所有权关系等。④ 马捷莎认为生产力是"人类改造、利用和保护自然的能力"，"是沟通人类与自然之间关系的桥梁，是人类实践活动水平的指示器"。⑤ 王锐生认为"生产力就是人的实践活动的既得力量、以往活动的产物和实践能力的结果"。⑥ 其次，关于生产力决定生产关系的原理，吴英、庞卓恒认为这一原理是科学的因果必然性规律，实际上就是劳

---

① 王锐生：《唯物史观：发展还是超越?》，《哲学研究》2002年第1期。
② 蒋大椿：《当代中国史学思潮与马克思主义历史观的发展》，《历史研究》2001年第4期。
③ 周祥森：《客观世界与文本世界的交锋——对新理论形态的马克思主义历史观评论的评论》，《史学月刊》2004年第3期；张立达：《评蒋大椿和吴英、庞卓恒围绕唯物史观的理论争鸣》，《史学月刊》2003年第3期。
④ 吴英、庞卓恒：《弘扬唯物史观的科学理性——与蒋大椿先生商榷》，《历史研究》2002年第1期；庞卓恒：《古代史分期大讨论：一大成就和一大教训》，《史学理论研究》2019年第4期。
⑤ 马捷莎：《"超越"还是"回复"——与〈当代中国史学思潮与马克思主义历史观的发展〉一文商榷》，《社会科学辑刊》2002年第4期。
⑥ 王锐生：《唯物史观：发展还是超越?》，《哲学研究》2002年第1期。

动者的物质生产能力的提高势必增加社会剩余产品，进而引起社会分工，以及社会公共职能的变化，引起阶级关系和利益的变化，从而产生新的生产关系。① 最后，对于蒋文所指创造新的生产关系的"社会支配力量"，吴英、庞卓恒承认其在人类历史发展中的重要作用，但认为它并非如蒋文所言是"生产力要素之外"的力量，因为这一力量恰恰是由于生产力的发展引起社会公共职能的复杂化，从而导致脱离直接生产劳动而专事履行公共职能的少数人和完全委身于劳动的大多数人之间的脑体分工的出现造成的。②

蒋文还对经济基础决定上层建筑的原理提出异议，认为"'经济基础'与'上层建筑'之间的关系，离开人主要是当时占支配地位的社会力量的历史实践活动，也都是不存在的"，"是一种关于社会构成的带有艺术性的形象说法，体现了马克思主义历史理论发展的一个阶段，现在应当结束其使命"。③ 对此，吴英与庞卓恒指出，"把生产关系单纯归结为生产资料所有制关系，而且把生产资料所有制关系直接等同于经济基础；再把生产资料所有制关系归纳为……'五种基本生产关系'，进而把社会历史发展规律归结为'五种生产方式依次更迭的规律'"是苏联版唯物史观。④ 王锐生认为马克思仅仅将其限于经济与非经济领域（主要指政治与精神领域）之间贯彻社会存在决定社会意识的唯物主义原则。⑤ 关于蒋文所指经济基础与上层建筑关系的"艺术性的说法"，王锐生指出这"只是为了说明没有经济做基础来支撑，观念形态之类东西是难以为继的"。⑥ 马捷莎认为马克思用"建筑"比喻社会结构中的政治法律制度及意识形态，用"基础"来比喻决定政治制度和意识形态的经济制度，是为了更形象地阐释他的理论。⑦

---

① 吴英、庞卓恒：《弘扬唯物史观的科学理性——与蒋大椿先生商榷》，《历史研究》2002年第1期。
② 吴英、庞卓恒：《弘扬唯物史观的科学理性——与蒋大椿先生商榷》，《历史研究》2002年第1期。
③ 蒋大椿：《当代中国史学思潮与马克思主义历史观的发展》，《历史研究》2001年第4期。
④ 吴英、庞卓恒：《弘扬唯物史观的科学理性——与蒋大椿先生商榷》，《历史研究》2002年第1期。
⑤ 王锐生：《唯物史观：发展还是超越？》，《哲学研究》2002年第1期。
⑥ 王锐生：《唯物史观：发展还是超越？》，《哲学研究》2002年第1期。
⑦ 马捷莎：《"超越"还是"回复"——与〈当代中国史学思潮与马克思主义历史观的发展〉一文商榷》，《社会科学辑刊》2002年第4期。

(三) 关于唯物史观社会形态理论研究的延续与创新

21世纪以来,唯物史观的社会形态演进路径问题依然受到史学界重视:一方面对于"五种社会形态"理论的反思得到延续;另一方面深入唯物史观社会形态演进理论,对相关概念进行梳理,挖掘以前理论研究中未被关注的中观与微观问题成为新的研究取向。

1. 对于"五种社会形态"理论的继续反思。《历史研究》2000年第2期刊登的《社会形态与历史规律再认识》的一组"笔谈"文章,提出了几点认知,在当时学界产生了一定影响。第一,"五种社会形态"理论并非马克思与恩格斯的原创,而是由斯大林创造的。第二,马克思在《〈政治经济学批判〉序言》提及的几种社会形态演进,只是对西欧历史的一般描述,他明确反对将这一描述作为历史发展的普遍规律。第三,从实际历史来看,除了西欧以外,"五种社会形态"理论并不适用于中国与世界其他地区。[①] 一些学者则继续坚持"五种社会形态"理论。林甘泉、于沛、卢钟锋、李根蟠等认为这一理论是由马克思、恩格斯提出的人类社会发展的普遍规律,但就包括中国在内的不同国家的具体发展道路而言,社会形态演进可以存在"越次"更替的特殊性,这取决于具体的历史条件。[②]

2. 对于"单线论"与"多线论"的深化。于沛认为"单线论"与"多线论"都混淆了"社会形态发展的一般规律"与"社会形态演进的具体道路"两个概念。社会形态演进的具体道路有两种:一种是"依次演进",一种是"跨越式演进",两者是普遍性与特殊性的关系。[③] 魏光奇提出"单线论"与"多线论"统一的观点:一方面,马克思将"社会经济形态"设定为一个抽象的、超民族的主体,将"生产资料与劳动者的分

[①] 何兆武:《社会形态与历史规律》,《历史研究》2000年第2期;田昌五:《中国历史发展体系的新构想》,《历史研究》2000年第2期;马克垚:《说封建社会形态》,《历史研究》2000年第2期。

[②] 邹兆辰、江湄:《正确看待马克思主义史学的历史发展——访林甘泉研究员》,《史学月刊》2000年第1期;于沛:《关于马克思对东方社会性质及发展道路研究的再思考》,《史学理论研究》2006年第3期;卢钟锋:《马克思的社会形态学说与历史发展阶段性问题》,《中国史研究》2010年第2期;李根蟠、张剑平:《社会经济形态理论与古史分期讨论——李根蟠先生访谈录》,《史学理论研究》2002年第4期。

[③] 于沛:《关于马克思对东方社会性质及发展道路研究的再思考》,《史学理论研究》2006年第3期。

离"视为它的进化目标,据此认为"亚细亚的""古代的""封建的"和"现代资产阶级"生产方式的单线演进,是这一主体前后相续的发展阶段;另一方面,在看待各民族经验性历史发展时,马克思持"多线论"立场,认为它们分别具有自己独特的民族特性和历史发展道路。①

3. 对于唯物史观的社会发展观的重新解析。隽鸿飞认为马克思对人类历史发展存在双重理解:一方面,从人的本质及其生存方式出发,将人类历史的发展进程划分为人与人相互依赖、人与物相互依赖和人的自由自觉三个阶段;另一方面,根据不同民族具体的历史发展进程,提出东西方存在两种不同的社会发展道路。②何爱国认为马克思主义发展史观,是一种"人物辩证关系的发展史观",高度关注物的发展与人的发展之间的辩证关系,终极关怀是人的发展,但其实现建立在物的充分发展基础上。③王占阳认为人类社会的发展存在两种基本形式:依靠自身创造力实现的原生性社会发展与通过文明传播和接受外来先进文明实现的派生性社会发展。长期以来,唯物史观被彻底误读为"单纯原生论的唯物史观",应重视派生性社会发展观。④

4. 对于封建主义概念的重新解读。一些学者在反思唯物史观社会形态理论时,力图"溯本清源",重新解读关于封建主义的定义。冯天瑜、侯建新认为马克思将封建主义严格限定为西欧的前资本主义诸种形式之一,由此,西欧的封建主义不能涵盖中国的传统社会。⑤侯树栋进一步指出列宁将封建主义的含义与适用范围扩大为大土地所有制和大土地所有者对小农的剥削,继而影响了苏联与中国学者的认识。⑥李根蟠的观点与此完全不同,他认为马克思、恩格斯使用的"封建"概念,最初来源于"西欧的封土封臣",但他们抽取了其中的普遍性,将其重新界定为人类社会

---

① 魏光奇:《承继黑格尔:马克思社会经济形态演进理论的深层结构》,《河北大学学报》2003年第1期。
② 隽鸿飞:《马克思历史理论的双重内涵及其文化学意义》,《史学理论研究》2004年第3期。
③ 何爱国:《人的依赖、独立与自由发展:马克思主义发展史观解读》,《史学理论研究》2007年第3期。
④ 王占阳:《马克思恩格斯派生性社会发展观研究》,《史学月刊》2004年第1期。
⑤ 冯天瑜:《马克思的封建观及其启示》,《马克思主义与现实》2009年第6期;侯建新:《"封建主义"概念辨析》,《中国社会科学》2005年第6期。
⑥ 侯树栋:《论三大封建主义概念》,《北京师范大学学报》2008年第6期。

演进序列中的一个社会形态。①

21世纪以来,史学界对于唯物史观社会形态理论的思考呈现出延续与创新的特点。首先,就对"五种社会形态"理论思考的延续而言,虽然分歧依然存在,但实际上争论双方的观点并不矛盾,只是针对的对象发生了错位。正如前文所指出的,"五种社会形态"理论的坚持者并非坚持斯大林创造的严格依次演进的"五种社会形态"理论,而是在沿用这一术语的同时对其进行重大纠正,提出作为世界整体演进趋势规律的同时,这一理论允许出现对具体社会形态的跨越,并对跨越的条件作出了具体分析。从这一角度而言,当下中国的"五种社会形态"理论无疑是对唯物史观的重要发展。其次,关于超越"单线论"与"多线论",或"单线"与"多线"统一论,唯物史观的社会发展观的思考,同样体现了史学界对唯物史观社会形态理论认知的进一步加深、丰富与发展,可见史学界高度关注唯物史观社会形态理论对历史发展统一性与多样性的解释力。最后,关于封建主义概念的争论,依然是如何认识历史发展的统一性与多样性的问题。争论双方分别从不同侧面触及封建社会形态的共性及其在不同国家与民族中的差异。其实,史学界在继续坚持封建社会形态概念的同时,应该充分注意中西封建社会具体形式的差异。

结　语

新中国成立以来,史学界对唯物史观基本原理的认知与思考,无论从广度还是深度上都取得了重大突破。首先,就广度而言,史学界完成了对从本体论到认识论与方法论的整个唯物史观体系的深入思考。21世纪以前,史学界的认知与思考主要集中于唯物史观本体论范畴下社会形态演进的动力及动力背后的历史创造者问题、社会形态演进的路径等基本理论。21世纪以来,史学界的思考还延伸至唯物史观认识论与方法论范畴的重大理论问题——唯物史观能否科学地解释历史与现实中的新问题。其次,从深度而言,过去曾经普遍接受却未充分讨论的基本原理与概念被重新解读,如社会存在与社会意识、社会基本矛盾的概念与原理,重新认识唯物

---

① 李根蟠:《略谈马列主义的封建观和社会形态观》,《史学月刊》2008年第3期。

史观的社会形态理论，以及重新解析唯物史观的社会历史发展观，重新梳理马克思关于封建主义的概念，可见史学界对这些问题的认知与思考在不断深化。

当代中国史学界对唯物史观的认知与思考虽然不断得到拓展与深入，但当前关于唯物史观的理论研究仍然面临不断被边缘化的严重挑战。这一方面因为唯物史观的不少原理依然未被讲透彻，一些历史与现实的重大问题在唯物史观指导下尚未得到科学合理的解释；另一方面因为不断涌入的史学新思潮与历史观，对唯物史观的误解与挑战尚未得到令人信服的回应。当然，除了这些问题外，唯物史观的研究课题与研究层次仍需进一步开拓与提升。因此，推进唯物史观的理论研究依然任重道远，需要史学工作者付出更加艰辛的努力。

（原载《史学理论研究》2020年第5期）

第二篇

中国马克思主义史家

新中国史学的初建：郭沫若与中国马克思主义史学主导地位的确立[*]

张 越

（北京师范大学历史学院）

1949年中华人民共和国成立前后，中国马克思主义史学居于史学界主导地位已成必然之势。重建新中国的历史研究格局、深化中国马克思主义史学的学术内涵、规划渐成主流的中国马克思主义史学的研究方向，都成为新的历史条件下中国史学所面对和亟待解决的问题。郭沫若作为中国马克思主义史学的创立者之一、新中国学术文化思想领域的核心人物，是制定新中国史学发展多项举措的主要决策者之一，对中国马克思主义史学的进一步发展产生了重要影响。笔者在已掌握资料的基础上，择其要者略加论述，希望能够初步阐明新中国史学初建时期的基本情况，明确郭沫若在新中国成立之初马克思主义史学主导地位确立过程中所主持、决策或参与的一些重要事宜，亦借以澄清以往的某些不实之说。

一 组建史学会：规划新中国史学的研究方向

1949年2月25日，郭沫若"与李济深、沈钧儒、马叙伦、章伯钧等一行35人，乘'天津解放号'专车于中午12时抵达北平"。[①] 7月2日，全国文联第一次代表大会在北平隆重召开，而在此前一天的7月1日，在

---

[*] 本文是教育部人文社会科学重点研究基地重大项目"中国马克思主义史学的发展历程及重大问题研究"（项目编号：19JJD770004）的阶段性成果。

① 林甘泉、蔡震主编：《郭沫若年谱长编（1892—1978年）》第3卷，中国社会科学出版社2017年版，第1270页。

| 第二篇 | 中国马克思主义史家

北京饭店成立了以郭沫若为首的、标志着中国马克思主义史学居于主导地位的全国性新的历史学学术组织——中国新史学研究会筹备会。① 郭沫若、范文澜、邓初民等30余人参加了在北京饭店举办的筹备会成立会议，郭沫若、范文澜、邓初民、向达、陈中凡等人在会上发言，通过了筹备会的组织规程和《中国新史学研究会暂行简章》。筹备会常委会推选郭沫若任主席，吴玉章、范文澜任副主席，侯外庐、杨绍萱任秘书，并选出郭沫若、吴玉章、范文澜、邓初民、陈垣、侯外庐、翦伯赞、向达、吴晗、杨绍萱、吕振羽11人为筹备常务委员会委员。②《中国新史学研究会暂行简章》强调研究会的宗旨是"学习并运用历史唯物主义的观点和方法，批判各种旧历史观，并养成史学工作者实事求是的学风，以从事新史学的建设工作"。③ 新中国正式成立之前，在其他学科的研究会筹建之前，就召开中国新史学研究会的筹备会，除了具备必要的客观条件外，新政权对历史学的重视是不可忽视的原因，而这次会议也从形式上确立了郭沫若作为新中国史学"第一人"的地位。

1951年7月28日，中国史学会成立大会在北京召开。中国史学会的主席是郭沫若，副主席是吴玉章和范文澜。常务理事七人：白寿彝、邵循正、陈垣、吴晗、翁独健、尹达、翦伯赞。理事会共43人，后补理事九人。④ 根据林伯渠的建议，"中国史学会"在称谓上去掉了原"中国新史学研究会"中的"新"和"研究"等字，对此，郭沫若解释说，由于"大家都已转向到新的方向，所以在史学的研究上面已经没有什么新旧的

---

① 蔡美彪指出："1946年（应为1949年——引者）6月，新政治协商会议（新政协）筹备会在北京召开。7月1日，史学界人士率先组织了中国新史学研究会筹备会。随后，相继筹建了中国新政治学研究会、中国新法学研究会、中国新哲学研究会和中国新经济学研究会"。蔡美彪：《范文澜与中国史学会》，《中国史研究动态》1994年第1期。
② 《中国新史学研究会筹备会昨在平成立》，《人民日报》1949年7月2日。
③ 《中国新史学研究会暂行简章》，《人民日报》1949年7月2日。
④ 《中国史学会》，张篷舟、张仪郑编《1955人民手册》，大公报社1955年版，第417页。另据傅振伦所记："解放后，重新组织（中国史学会——引者），当选理事46人，后补理事9人，得票最多者：郭沫若、吴玉章、范文澜各169票，徐特立168票，郑振铎167票，陈垣163票，向达裴161票，陈寅恪161票，翦伯赞157票。候补有侯外庐、汤用彤、裴文中各156票，陈翰笙151票，陶孟和149票，潘梓年147票，邓初民、嵇文甫、翁独健各145票，叶蠖生144票，徐炳昶142票，邵循正141票，白寿彝140票，马衡、金毓黻各139票。"傅振伦：《七十年所见所闻》，华东师范大学出版社1997年版，第120页。其中当选理事的人数、"向达裴"等，均疑有误。

新中国史学的初建：郭沫若与中国马克思主义史学主导地位的确立

区别，已经无须在史学会的上面挂上一个'新'字"。①范文澜也说，有了郭沫若所指出的"六种转向"，"我们改变学会的名称就有理由有内容了"。②

两年前的中国新史学研究会筹备会入选的筹备常务委员会委员有11人，除陈垣和向达二人之外，另外九人都是中国马克思主义史学资深史学家或者是作为共产党党员的学者，研究会筹备会主席郭沫若、副主席吴玉章和范文澜，都是马克思主义史学家。新成立的中国史学会，主席和副主席人选与此前的筹备会完全一致，在入选中国史学会的43位理事中，有马克思主义史学背景者占一半以上，但是有一个明显的变化是，史学会更多地吸收了非马克思主义史学家，筹备会常务委员会委员的总人数是11人，史学会的常务理事的总人数是7人，在后者的总人数少于前者的情况下，其中非马克思主义史学家的人数不仅没有减少反而增加了一名（筹备会常务委员是陈垣和向达两人，史学会常务理事是陈垣、邵循正和白寿彝三人），并且史学会的秘书是向达。这种状况表明，以郭沫若、范文澜等人为主的马克思主义史学家阵营，在新中国成立后，更多地从全国史学发展的角度来考虑新旧史学家的整体关系，有意识地团结更多的非马克思主义史学家。有学者认为，"从此，中国史学界形式上实现了统一"，而这样的调整和统一，"无疑最有利于学术研究的正确发展及其社会功能的实现"③。中国史学会的成立，本身就是新中国成立之初史学界在形式上实现统一的举措，以便于中国马克思主义史学研究的全面展开。

当然，受到掌握话语权的马克思主义史学家重视的"旧史家"能够入选，也是经过各种考量的。如1949年底由新史学研究会筹备会负责召集编纂的《中国近代史资料丛刊》，陈垣、邵循正、白寿彝都是总编辑委员会成员，邵循正负责其中的《中法战争》和《中日战争》、白寿彝负责《回民起义》的编纂工作，这都说明陈、邵、白等人获得了认可，进而成为史学会常务理事。无论是新史学研究会筹备会，还是中国史学会第一届理事会，民国时期著名史学家顾颉刚、吕思勉、冯友兰、柳诒徵、雷海

---

① 郭沫若：《中国历史学上的新纪元》，《进步日报》1951年9月29日。
② 范文澜：《史学会已有的成绩与今后的努力》，中国史学会秘书处编：《中国史学会五十年》，海燕出版社2004年版，第12页。
③ 桑兵：《二十世纪前半期的中国史学会》，《历史研究》2004年第5期。

第二篇　中国马克思主义史家

宗、郑天挺等人均未入选,不仅这些学者本人颇有疑惑,他人亦感意外。如顾颉刚在 1949 年 7 月 11 日的日记中写道:"北平成立新史学研究会,在南方之伯祥、寿彝皆在,而无予名,予其为新贵所排摈矣。"① 夏鼐在中国史学会成立当天的日记中记下中国史学会理事候选人名单时称:"北大有向达、罗常培、汤用彤、唐兰,而无郑天挺(系主任);清华有邵循正、吴晗,而无雷海宗、周一良。其他如顾颉刚、柳诒徵等人亦皆除外"。②

中国史学会的成立大会由范文澜主持,郭沫若、吴玉章、范文澜、陈翰笙等人在会上发言。郭沫若在会上以《中国历史学上的新纪元》为题致辞,他提出史学发展规划要实现六个方面的转变,即由唯心史观转向唯物史观、从个人兴趣出发的历史研究转向从事集体研究、从名山事业的研究态度转向为人民服务的态度、从贵古贱今的偏向转向注重近代史的研究、从大汉族主义转向注重研究各少数民族的历史、从欧美中心主义的思想转向注重研究亚洲历史。③ 今天,我们回顾郭沫若当年为新中国史学所规划的这些"转变",尽管在当时就存在着这样那样的问题,④ 但是从发展情况来看,不得不说郭沫若的期望是很有远见的。

事实上,此后中国史学的发展,或主动或被动地主要是在这六个方面发生了变化。由唯心史观转向唯物史观是马克思主义史学居于主导地位并掌握话语权后的必然变化。从个人兴趣出发的历史研究转向从事集体研究、从名山事业的研究态度转向为人民服务的态度指的是研究形式和研究

---

① 顾颉刚:《顾颉刚全集·顾颉刚日记》卷 49,中华书局 2011 年版,第 484 页。
② 夏鼐:《夏鼐日记》卷 4 (1946—1952),华东师范大学出版社 2011 年版,第 412 页。直到 1980 年中国史学会召开第二次代表大会,当年没有进入史学会理事会的郑天挺以最多票数当选为中国史学会常务理事,次年接任主席团执行主席,这样的变化实为中国史学近 30 年变迁的一个缩影。
③ 郭沫若:《中国历史学上的新纪元》,《进步日报》1951 年 9 月 29 日。
④ 在中国史学会成立大会上,郭沫若致辞后,范文澜在发言中说:"郭老所指出的六点转向,个人觉得,主要是要我们大家向那些个方向去转。所以重点在'转向'两字。到底我们转向了多少呢?是大部分转过去了呢?还是才转了一部分呢?这一点是值得注意的……如果还没完全转过去的,希望以更大的努力来完成这个转向"。范文澜:《史学会已有的成绩与今后的努力》,中国史学会秘书处编:《中国史学会五十年》,第 12—13 页。几年后郭沫若在答北京大学历史系师生的一封信中说:"当时为了鼓励大家,所说的多少是出于自己的期待。照今天的情况看来,史学界的转向速度并不那么快。"郭沫若:《关于厚今薄古问题》,《人民日报》1958 年 6 月 11 日。这说明新中国成立后的史学转向,包括史学研究本身的转向和史学家本人治学路数的转向,并非如想象的那样顺利。

态度方面，当今的各种集体研究项目，似乎能从这里的"集体研究"中找到一点影子。更重要的是后面三个"转变"，用今天的话说，大概就是重视近代史研究、重视统一多民族国家历史的研究、重视世界史研究。新中国历史学经过70年的曲折发展，在三个方面不仅已经取得了大量研究成果，而且其学术价值和现实意义显得更为重要、更加突出。

中国近代史研究一直是新中国成立以来最活跃的研究领域之一，中国近代史学科发展迅猛，从"十七年"时期关于近代史分期等一系列问题的讨论，到改革开放后对近代史研究"范式"等问题的争论，再到21世纪以来对晚清民国历史研究内容的拓展，中国近代史研究紧扣现实而前行。"从贵古贱今的偏向转向注重近代史的研究"准确地预测到近代史研究的发展趋向。

西方的各种民族理论和斯大林的民族理论都难以正确解释中国历史上的民族问题，于是在"十七年"时期出现了关于"汉民族形成问题"的争论以及许多关于中国历史上民族问题的讨论。改革开放以后，统一多民族国家的解释模式得到更多的认同，但是需要史实和理论上的论证与构建，21世纪以来，中国历史上的民族问题更受重视，含有学术研究、现实诉求的各种观点层出不穷，与之相近的文明起源与国家形成等问题持续成为研究热点。郭沫若所提示的重视研究少数民族的历史，有效揭示了统一多民族国家历史研究具有的学术和现实的深远意义。

中国的世界史学科经过70年的发展，无论在学科规模还是在研究水平上都取得了明显进展，世界史学科也成为与中国史和考古学并列的一级学科，当时提出的"从欧美中心主义的思想转向注重研究亚洲历史"已经发展为今天的在世界史研究中发出中国学者的声音、探索中国学者的世界史解释模式等新的学术追求。中国史学会成立之初就设立了亚洲史组，此后外交部成立了国际关系研究所，下设亚非研究室。厦门大学成立了南洋研究所，暨南大学和中山大学先后成立了东南亚研究所。新中国成立后的十几年间，在亚洲史、非洲史、拉美史受到重视的同时，世界古代史、世界中世纪史、西欧近现代史、美国史都逐渐开展起来。郭沫若强调的对外国史研究的转向虽然有着明显的时代痕迹，却难掩其提倡中国的世界史研究的前瞻性。从这个意义上说，郭沫若在20世纪50年代对中国史学未来发展的规划，在70年后的今天并未过时，其与后来中国史学发展大势的契合度颇高，彰显出一代史学大家的深刻洞察力。

二 创办《历史研究》:提倡历史研究 应史料与理论并重

新中国成立初期,之前的专业学术杂志大多停办,史学研究成果较多地发表在《学习》《新建设》等综合性刊物上。专门性的历史学杂志仅有天津的《历史教学》(1951年1月初创刊)、河南大学的《新史学通讯》(1951年1月底创刊)和山东大学的《文史哲》(1951年5月创刊)三种。此外,《进步日报》的《史学周刊》(1951—1952年)①和《光明日报》的《史学》(1953年创办),也是当时为数不多的史学类报刊。《历史教学》和《新史学通讯》以普及马克思主义理论、向大学和中学历史教师解答唯物史观史学在教学和研究中出现的问题为主。《文史哲》含文学、史学、哲学三个领域。《光明日报》的《史学》专刊由北京大学史学系等几个单位轮流编辑。严格说来,这些报纸杂志并非由最具权威性的学术机构主办的,很难集中体现历史学研究高水平的成果,也难以起到有效引领史学研究趋向的作用。

郭沫若及时提出了创办一份以发表高水平历史研究成果为宗旨的权威史学刊物的动议。范文澜在1951年7月28日中国史学会成立大会的发言中提出:"郭老曾经指示我们,要我们主办一个史学刊物。我们估计力量实在还很不够,所以一直到今天没有把郭老的期望付诸实行。"②因为种种原因,此事一直没有得到实质性的进展。向达指出,史学界"没有一种比较全面的历史科学刊物",当时几种史学刊物如《历史教学》《新史学通讯》《文史哲》等,"都为它们本身的条件所限制,还不能成为全面性的历史科学刊物",他认为"在无组织、无领导、未能建立自由讨论和批评与自我批评的情况下沉闷的空气,窒死了历史科学工作者的热情,其不能出版全面性刊物,乃是势所必至"。③

---

① 1949年2月,天津的《大公报》改版为《进步日报》,1952年底停刊。《进步日报》的《史学周刊》的情况见朱慈恩《〈进步日报〉"史学周刊"与新中国成立之初的历史学》,《南阳理工学院学报》2012年第5期。

② 范文澜:《史学会已有的成绩与今后的努力》,中国史学会秘书处编:《中国史学会五十年》,第13页。

③ 方回(向达):《解放四年来新中国的历史科学发展概况》,《反对资产阶级社会科学复辟》第3辑,科学出版社1958年版,第244页。

新中国史学的初建：郭沫若与中国马克思主义史学主导地位的确立

1953 年，中共中央成立了中国历史问题研究委员会。据刘大年回忆："1953 年 10 月间，当时的中宣部副部长兼中国科学院副院长陈伯达，在文津街科学院召开会议，讨论科学院增设两个历史研究所，出版历史刊物和其他与加强历史研究有关的事项"，在这次会议上，"经过讨论，决定出版《历史研究》杂志，组织一个编委会，由郭沫若作召集人，具体工作指定我和尹达负责"。①《历史研究》杂志的创办动议，是与中科院增设历史研究所同时提出的，郭沫若是创办《历史研究》的核心人物，也是杂志编委会的召集人。

20 世纪 50 年代影响广泛的"百花齐放、百家争鸣"方针的提出，与《历史研究》的创办有一定的渊源关系。②林甘泉曾重申此事："《历史研究》的出版，及其编委会成员的组成，体现了新中国史学家强大的合力。在《历史研究》创刊初期，贯彻'百家争鸣'的方针，是这个刊物给我留下的最深印象。"③这件事对《历史研究》的创刊有很深刻的影响，"百家争鸣"至少在《历史研究》办刊的头几年得到了较为充分的体现。"历史问题研究委员会明确了'百家争鸣'的办刊方针后，郭老对编辑部的成员有过设想。"编委会成员主要是由中国史学会主持编纂的《中国近代史资料丛刊》总编辑委员组成的。④编委会成员当然是以范文澜、吕振羽、侯外庐、刘大年、尹达、胡绳等马克思主义史学家为主，白寿彝、向达、陈垣、陈寅恪、季羡林、汤用彤等史学家也名列其中，可以看出是综合考虑

---

① 刘大年：《〈历史研究〉的创刊与"百家争鸣"方针的提出》，《历史研究》1986 年第 4 期。
② 刘大年说："这个方针是毛泽东同志为创办《历史研究》提出的，我记得那是在两年多以后的 1956 年 1 月中央召开的知识分子问题会议上。康生在怀仁堂举行的大会上发言，回顾那几年的思想理论工作。其中举的一个事实，是说陈伯达提出了'百家争鸣'问题。坐在附近的陈伯达很快递上一个条子，康生照念了。内容是：'百家争鸣'不是我提出的，是中国科学院办历史刊物，我向毛主席请示方针时，毛主席提出的。""'百家争鸣'方针，第一次毕竟是毛泽东同志对创办历史刊物提出的。就这一点而言，它是《历史研究》的光荣。现在和将来，刊物都有责任保持这个光荣。"刘大年：《〈历史研究〉的创刊与"百家争鸣"方针的提出》，《历史研究》1986 年第 4 期。
③ 林甘泉说："为什么毛泽东以《历史研究》为突破口，提出学术问题要'百家争鸣'？……毛泽东对中国古代社会历史的分期是很关心的，他对不同的分期意见都很注意，偶尔也提及自己的看法。但他有一个原则：这个问题应该由历史学家根据占有的史料和研究，通过深入的讨论来求得共识。历史问题的认识不能由任何一个人（特别是不能由政治家）来作出结论，一锤定音……陈伯达向他请示办《历史研究》的方针，他强调要'百家争鸣'，意思也就是要鼓励不同意见的争论。"林甘泉：《在〈历史研究〉创刊初期的日子里》，《中国社会科学报》2014 年 1 月 8 日。
④ 刘潞撰文说："正式的编委人选，是他（刘大年——引者）和尹达参考当时中国史学会主编的《中国近代史资料丛刊》总编辑委员名单和其他因素确定的。'其他因素'主要有二：一是历史问题研究委员会提到的一些人；一是科学院于 1950 年成立的顾问性质的有关专门委员会的委员。"刘潞：《刘大年忆郭沫若》，《百年潮》1998 年第 4 期。

第二篇　中国马克思主义史家

了学者的学术资历、党内党外、研究领域、所在部门（如《中国近代史资料丛刊》总编辑委员、历史问题研究委员会、中科院顾问委员会等）、年龄段等多种因素而确定的，这样的组合，也体现出"百家争鸣"的思路。

　　刊名究竟是"史学研究"还是"历史研究"一直没有定论，后来由"郭老书写了'历史研究'四个字，这才定下来"①。在《历史研究》的发刊词中，郭沫若对使用"历史研究"为刊名提出了一点解释："我们取名为'历史研究'，用意也就在于把范围放宽一些，以展开历史研究的工作。'提倡用科学的历史观点，研究和解释历史'，这就是我们所遵守的原则。"②郭沫若原拟由刘大年任《历史研究》主编，但是刘大年觉得他是研究近代史的，而古代史的时间长、稿子多，建议由尹达任主编，此事经由郭沫若、范文澜、陈垣、尹达和刘大年五人讨论后确定：主编是尹达，副主编是刘大年。③《历史研究》创刊号于1954年2月正式出版。

　　郭沫若撰写了《历史研究》创刊号的发刊词《开展历史研究，迎接文化建设高潮——为〈历史研究〉发刊而作》，文中对传统史学的评述是："在长期的封建社会中，我们也产生了不少的历史学家，特别是像司马迁那样伟大的人物……是值得我们尊敬的"，然而"他们的史观是唯心史观"。他对近百年来的近代史学的评述是："外来的侵略势力和内在的封建

---

①　刘大年：《郭沫若关于〈历史研究〉的六封信》，《刘大年全集》第3卷《中国历史学的思考》，湖北人民出版社2019年版，第317页。

②　郭沫若：《开展历史研究，迎接文化建设高潮——为〈历史研究〉发刊而作》，《历史研究》1954年第1期。

③　刘大年曾详述此事的原委："原来正副主编是直到创刊号快要付印的时候，才由郭沫若召集范文澜、陈垣、尹达、刘大年共五人举行的一次会议上确定的。在那以前，郭老心目中一直以为我就是主编。开会头天晚上，我去找范文澜同志，告知第二天会议内容。我提出刊物主编由尹达担任，我做副主编。理由是古代史时间长，稿子多，近代史时间短，稿子少，尹达是搞古代史的，做主编适合。范老完全赞成。其实我思想上主要考虑的是郭、范对古代史分期意见不同，刊物要百家争鸣，不同的意见进行讨论，难免涉及郭、范关系。尹达和郭老在一个所工作，他担任主编，处理这方面的问题，可以避免引起别的议论。但这个考虑不好说出来，后来证明也是不必要的。第二天上午，在文津街科学院院长办公室开会。最后一项议程是我提出请决定正副主编。郭老立即断然说：'主编当然是你啰！'我把头一天对范说的话讲了一遍。谁知郭老毫无思想准备，他顿时怫然作色，提高嗓门说：'那我就不管了！你们自己去解决吧！'陈垣老不表态，范老说了一句：'还是尹达同志当主编吧！'于是就散会了。郭老当然并不是对尹达有什么看法。尹是1953年冬由北大调至科学院的，我则原先就在科学院工作，一开始就参加了筹备成立两个历史研究所和刊物的工作。郭当时对我们熟悉的程度不同，实情如此。"刘大年：《郭沫若关于〈历史研究〉的六封信》，《刘大年全集》第3卷《中国历史学的思考》，第319页。

势力相勾结，使得中国社会因而被迫陷入了半封建半殖民地的泥坑里。这在观念形态上的反映，便是由封建社会的唯心史观转变为买办阶级的唯心史观。'全盘接受，全盘西化'，便是这种观点的最后结晶"。对于当前的历史学，郭沫若强调要坚持唯物史观，加强爱国主义历史教育，提高民族自信心。这些看法，都是中国马克思主义史学在当时那个时期对历史研究的基本认知。值得重视的是，郭沫若在这里着重指出了马克思主义史学研究中理论与史料的关系问题，他认为："任何研究，首先是占有尽可能接触的材料，其次是具体分析，其次是得出结论。"从中可以看出郭沫若对马克思主义史学研究过程中史料所占重要地位的强调，"只要是认真能够实事求是地做到这其中的任何一步都是有价值的工作。认真能够实事求是的人，他的立场、观点和方法，必然会逐渐地和马克思列宁主义接近而终于合辙"①。郭沫若所强调的"详细的材料""新出的材料"和"首先是占有尽可能接触的材料"针对的是一直以来马克思主义史学研究中存在的教条化问题，也指向了正在展开的关于许多历史理论问题的激烈争论的局面及参与讨论者各自所持的观点。

《历史研究》的"征稿启事"也反映了杂志对材料和考证的重视程度，"考证"与"史料的介绍"是该刊的主要内容之一。② 有学者统计，在1958年之前《历史研究》杂志发表的文章中，考证性论文占据着重要位置，如1957年的第1、4、12期的篇首文章均是考证性论文。只是随着"厚今薄古"口号的提出，史料考证类文章及擅长史料考证的学者开始受到冷落。经过研究者量化分析而得出的《历史研究》发表的考证性论文在那几年数量颇多、历史考证研究与唯物史观史学在50年代的部分时期形成了融合与交流之势等结论，都是值得重视的。③

单从《历史研究》创刊号来看，除了郭沫若写的发刊词外，一共刊发了七篇论文，在内容上大体有三类。第一类是历史理论方面的，有胡绳的

---

① 郭沫若：《开展历史研究，迎接文化建设高潮——为〈历史研究〉发刊而作》，《历史研究》1954年第1期。
② 《历史研究》创刊号"征稿启事"：（一）历史科学理论的阐发；（二）有关中外历史的学术论文；（三）重要历史事件的考证；（四）重要史料的介绍；（五）国内外史学界重要论著的评论或介绍。
③ 盖志芳：《〈历史研究〉（1954—1966）研究》，博士学位论文，山东大学，2010年。

第二篇 中国马克思主义史家

《中国近代历史的分期问题》和侯外庐的《中国封建社会土地所有制形式的问题——中国封建社会发展规律商兑之一》，这两篇重头文章的作者都是资深的马克思主义史学家，两文均引发了对中国近代史分期问题和中国封建土地所有制问题的长期讨论，学术影响深远。第二类是两篇中观层次的研究论文，包括陈寅恪的《记唐代之李武韦杨婚姻集团》和王崇武的《论元末农民起义的社会背景》。前文是陈寅恪命汪篯向中科院方面表达他对就任历史所二所所长一职的态度时附带的两篇学术论文之一，用扎实的史料阐述李武韦杨婚姻集团的组成及变迁，延续了陈寅恪一贯的治史风格。后文则是曾以史料考证见长的明史专家王崇武在新中国成立后尝试以唯物史观治史的研究成果，王崇武此前长期在民国时期的中央研究院史语所研究明史，以历史考证见长，而《论元末农民起义的社会背景》从选题到具体内容已异于考证风格，其着力点非材料考证而是理论分析，重在"说明元末社会从阶级剥削到民族压迫的复杂情况，藉以指出农民起义的必然性"①，是一篇在理论概念运用、分析方法等方面更接近中国马克思主义史学话语体系的论文。《历史研究》创刊号发表王崇武治史转型的研究成果，其意图很明显。第三类是具体的史料考证类研究，分别是浦江清的《屈原生年月日的推算问题》、朱德熙的《寿县出土楚器铭文研究》和冯家昇的《元代畏兀儿文契约二种》。浦江清曾任清华大学国学院时期陈寅恪的助教、民国时期清华大学中文系教授；朱德熙是古文字和语言学专家，民国时期清华大学中文系教授，院系调整后任北京大学中文系教授；冯家昇是辽史、语言学、考古学专家，曾在燕京大学、北京大学和北平研究院史学研究所从事教学或研究工作。

在《历史研究》创刊号的七篇文章中，两篇讨论马克思主义史学中的重大历史理论问题、一篇研究农民战争问题，均为中国马克思主义史学语境中的问题；另四篇都是史料考证类论文，篇数反而更多。再从论文作者看，七篇论文的七位作者中有五人在民国时期是非马克思主义史学家，包括所谓"史料派"的最重要学者之一陈寅恪，而马克思主义史学家仅侯外庐和胡绳两位。这表明，至少在《历史研究》的创刊号上（包括《历史研究》的前几期），是体现了郭沫若所说的"任何研究，首先是占有尽可能

---

① 王崇武：《论元末农民起义的社会背景》，《历史研究》1954年第1期。

接触的材料"的历史研究的基本原则,也反映出《历史研究》的"'详细的材料'或新出的材料,也都是我们所欢迎的"用稿方针。

三 邀聘陈寅恪：陈寅恪的拒绝与接受

1948年12月15日,陈寅恪从北平飞抵南京,后经上海至广州。两个多月后(1949年2月),郭沫若乘专列抵达北平。一去一来之间的背后,是新旧政权即将更迭和史学主流面临转换的可预期前景。

1950年中国科学院聘请各学科的"专门委员",陈寅恪为历史考古组之"专门委员",同年中科院成立学术评审委员会,评审委员计21人,其中史学领域仅有陈寅恪和范文澜两人,可见中科院对陈寅恪的重视程度。[①]1951年7月28日成立的中国史学会,陈寅恪是理事会成员之一。目前尚无材料证实,陈寅恪入选史学会理事一事是否经过陈寅恪本人的首肯。1953年9月中国科学院计划成立三个历史研究所,陈寅恪被提名为历史研究二所所长,中国科学院院长郭沫若和副院长李四光分别写信给陈寅恪转达此事,陈寅恪拒绝就任。众所周知,1953年11月下旬,时为北京大学史学系副教授也是陈寅恪学生的汪篯,携郭沫若、李四光的信赴中山大学面见陈寅恪,陈拒绝就任历史二所所长之职并口述"对科学院的答复",与汪篯的见面也不甚愉快。[②]

这个"答复"是"陈寅恪口述,汪篯记录"的,[③]看得出陈寅恪口述此"答复"时的心情很不好,他除了反复强调"我的思想,我的主张完全见于我所写的王国维纪念碑中","我认为研究学术,最主要的是要具有自由的意志和独立的精神","独立精神和自由意志是必须争的,且须以生死力争"。陈寅恪还提到了郭沫若:"郭沫若在日本曾看到我的(挽)王国维诗","郭沫若是甲骨文专家,是'四堂'之一,也许更懂得王国维的学说",但是他在此处话锋一转:"那么我就做韩愈,郭沫若就做段文昌,

---

[①] 赵庆云:《创榛辟莽:近代史研究所与史学发展》,社会科学文献出版社2019年版,第29页。

[②] 陈寅恪:《对科学院的答复》,《陈寅恪集·讲义及杂稿》,生活·读书·新知三联书店2002年版,第464—465页。

[③] 陈寅恪:《对科学院的答复》,《陈寅恪集·讲义及杂稿》,第465页。

第二篇　中国马克思主义史家

如果有人再做诗,他就做李商隐也很好。我(写)的碑文已流传出去,不会湮没。"①

"我就做韩愈,郭沫若就做段文昌"之说,涉及唐朝历史的一个史实。唐宪宗年间,宰相裴度节度各路兵马,李愬夜袭蔡州,平定了淮西藩镇势力。作为裴度行军司马的韩愈,奉诏撰写《平淮西碑》铭记此事。此后,李愬之妻、唐安公主之女魏国夫人韦氏,不满韩愈所书"多叙裴度事","诉愈文不实",致使宪宗下令磨去"韩碑",由翰林学士段文昌重新撰写《平淮西碑》(段碑)。李商隐写的《韩碑》一诗中言:"句奇语重喻者少,谗之天子言其私。长绳百尺拽碑倒,粗砂大石相磨治。公之斯文若元气,先时已入人肝脾。汤盘孔鼎有述作,今无其器存其辞。"陈寅恪自喻他写的王国维纪念碑将会如"韩碑"那样"先时已入人肝脾",虽"今无其器存其辞"而"不会湮没",把郭沫若比作段文昌,其意则不言自明。

郭沫若对陈寅恪的如此比附作何感想、有何反应不得而知,但是事隔不到两个月,1954年1月16日,郭沫若因筹办《历史研究》杂志再次致函陈寅恪,邀请其出任杂志编委,陈寅恪于1月23日复函:"沫若先生左右:一九五四年一月十六日手示敬悉。尊意殷拳,自当勉副。寅恪现仍从事于史学之研究及著述,将来如有需要及稍获成绩,应即随时函告并求教正也。"② 信中可见,他欣然接受了《历史研究》编委之名,而且还表示了交流学术成果的意向。③ 此前陈寅恪使汪篯以《对科学院的答复》拒绝就任二所所长之职的同时,还命汪携其两篇新作、四首诗一并返回北京复命,这两篇论文就是《记唐代之李武韦杨婚姻集团》和《论韩愈》,在随后出版的、由郭沫若主持的《历史研究》创刊号和第二期上先后发表。此事原委基本清楚(遗憾的是无法得见郭沫若、李四光邀请陈寅恪任二所所长的信函)。

1949年后中国历史学科建设的核心,就是以历史研究贯彻马克思主义

---

① 陈寅恪:《对科学院的答复》,《陈寅恪集·讲义及杂稿》,第463—465页。
② 蒋天枢:《陈寅恪先生编年事辑》,上海古籍出版社1981年版,第146页。
③ 林甘泉说:"郭沫若1954年1月16日致陈寅恪的信,是在陈寅恪拒绝担任历史二所所长之后发出的。这时《历史研究》编委会的名单已经中央批准,其中就有陈寅恪。这个名单要在1954年2月份出版的《历史研究》创刊号上刊载,所以郭沫若赶在创刊号出版之前给陈寅恪写信,告知他被邀请为编委的消息。陈寅恪随即在1月23日复信表示同意担任编委,语气是相当诚挚的。"林甘泉:《在〈历史研究〉创刊初期的日子里》,《中国社会科学报》2014年1月8日。

新中国史学的初建：郭沫若与中国马克思主义史学主导地位的确立

为理论指导方针。陈寅恪作为民国时期极具影响力的学者，一直奉行"独立之精神、自由之思想"的学术理念，以"不宗奉马列主义，并不学习政治"为由而不接受中科院历史所二所所长之职，实在是其学术风格使然。另外，陈寅恪以"身体不好"的原因拒绝北上、科学院方面仅派陈的学生汪籛去邀请未免有些草率等也是直接原因。① 以陈寅恪的学术资历和威望、他的性格和所处的实际生活状况而言，他直言不接受二所所长之职，自有他人所不具有的底气和实际情况，因此，在充分理解陈所做出的选择之余，恐怕也不一定非要用陈寅恪的选择去要求或评价其他"旧史家"的选择。

事实上，陈寅恪不久又接受了中国科学院社会科学学部委员一职。1954年4月，中国科学院开始组建学部委员会，陈寅恪被提名为学部委员，因为此前陈寅恪拒任历史二所所长，此时提名他为学部委员便在中科院领导层产生了一些不同意见。时任中科院党组书记的张稼夫回忆道："在这个工作中，矛盾最尖锐的是研究隋唐五代史的历史学家陈寅恪，他是这个学科的权威人士，不选进学部委员会不行，他下边一班人也会有意见。若选他进学部委员会，他却又一再申明他不信仰马克思主义。"最后，此事上报高层，"我们只好请示毛主席，毛主席批示：'要选上'。这样，陈寅恪就进了哲学社会科学的学部委员会"。② 由于陈寅恪在此前已经有拒任历史二所所长的前车之鉴，为慎重起见，此事由时任中共中南局宣传部副部长、与陈寅恪私交甚好的杜国庠出面联系陈并征求其意向，杜国庠9月初致函张稼夫称"陈寅恪先生已答应就委员职"③。得此消息后，郭沫若于9月底致函陈寅恪说："获悉尊体健康，并蒙慨允担任中国科学院社会科学学部委员，曷胜欣幸"，函告其两篇文章已在《历史研究》上发表，并表示""《历史研究》编辑工作缺点颇多，质量亦未能尽满人意，尚祈随

---

① 蔡美彪说："汪籛见到陈寅恪，第一天谈得还比较好，后来陈寅恪就问他：'你们请我当所长，对我的著作有什么看法？'……汪籛则锋芒毕露，刚入党，很自负，所以就对陈先生著作评论起来。这是不应该的，叫你去请陈先生，本来范老交待的，要讲党的政策，要讲党尊重知识分子。而汪籛刚刚参加过北大的思想改造，就从'左'的方面理解，跟陈寅恪讲，我们主张历史研究要为政治服务，要用马克思主义作指导，按照马克思主义的观点，您研究唐代关陇集团，应该做阶级分析等等。这下把陈先生讲火了，说既然这样，为什么还要我当所长？！"王维江：《"不是治学方法问题"——蔡美彪访谈》，《史林》2013年增刊。
② 张稼夫述：《庚申忆逝》，束为、黄征整理，山西人民出版社1984年版，第131页。
③ 刘大年：《杜国庠致张稼夫（1954年9月4日）》，《刘大年全集》第11卷《书信（下）》，第362页。

时指教，以期有所改进。尊处于学术研究工作中有何需要，亦望随时赐示，本院定当设法置备"。① 郭与陈的关系，或可从该信中展现一二。②

陈寅恪欣然接受郭沫若请他担任《历史研究》杂志编委的请求，又应允杜国庠代中国科学院邀请其出任中国科学院哲学社会科学部委员，说明他对新政权的学术研究本身是持支持并合作态度的，他所不能接受的是政治完全左右学术研究。当时"学者不愿意担任行政职务，不只陈寅恪一人，范文澜也是一个。那时院长是郭沫若，范文澜谢辞了副院长"。③ 上面提及《历史研究》主编之职，刘大年也是主动提议由尹达担任，他自己任副主编。陈寅恪不接受历史二所所长一职，在当时并没有引起太多波澜。郭沫若看了陈寅恪写有"我就做韩愈，郭沫若就做段文昌"等激愤之语的《对科学院的答复》后，在给负责筹建历史一、二所和《历史研究》杂志的刘大年的信中，除了一句"汪篯同志的报告看了"之外，④ 并无其他表示。⑤ 陈寅恪拒任历史二所所长之事，在几十年后引起极大关注，各路人士多有不同解读，若干流行的议论中不乏"过度阐释"之嫌。⑥

---

① 刘大年：《郭沫若关于〈历史研究〉的六封信》，《刘大年全集》第 3 卷《中国历史学的思考》，第 318—319 页。

② 1949 年后陈寅恪与郭沫若的关系，参见谢保成《"龙虎斗"与"马牛风"——记郭沫若与陈寅恪的交往兼驳余英时》，《郭沫若学刊》1999 年第 4 期。

③ 王维江：《"不是治学方法问题"——蔡美彪访谈》，《史林》2013 年增刊。范文澜一度还想辞去近代史所所长，他在 1953 年 11 月给吕振羽的信中说："到科学院两年多，虽然有不少条件是好的，却缺乏工作时间这个必要条件，写几千字的稿子，往往要断断续续做好几个星期，甚至几个月不能写一篇稿子。我精神上感到痛苦，如果明年还是这种情况的话，我想向上级调动工作，离开科学院，求一比较能得到工作时间的地方，因此我经常想到您那里去。"他甚至说："特别是最近一年多，没有正式做工作，我心里急躁得很，长此下去，我将不能完成党交给我的任务。如果这样，我将死不瞑目。"《范文澜来信（一）1953 年 11 月 15 日》，《吕振羽全集》第 10 卷，人民出版社 2014 年版，第 671 页。

④ 《郭沫若来函（1953 年 12 月 14 日）》，《刘大年全集》第 11 卷《书信（下）》，第 33 页。

⑤ 林甘泉：《代序："嘤其鸣矣，求其友声"》，林甘泉主编：《文坛史林风雨路——郭沫若交往的文化圈》，浙江人民出版社 1999 年版，第 24 页。

⑥ 刘大年回忆说："（汪篯从广州回来以后写的关于与陈寅恪见面结果的报告）内容我已经毫无记忆，只记得汪口头汇报说，陈提出请毛、刘二公允许他不讲马列主义。汪带回陈的两篇文章、四首诗。文章很快发表在《历史研究》上。诗是给北大教授邓之诚的，有'会议''经史''文章'等题目，反映出作者对共产党很不了解。其中多用古今掌故，包括梅兰芳最初演戏的戏园名称等，由翦伯赞注释后刊登在中宣部的内部刊物上。周恩来总理很快知道了汪报告的内容，在政务院的一次会议上讲，像陈寅恪这样的老一辈知识分子不了解共产党是正常的。他愿意留在大陆，不去台湾，是一位爱国主义者，我们要团结。"《刘大年全集》第 11 卷《书信（下）》，第 363 页注。

四　再论古史分期：重启重大历史理论问题的讨论

1950年2月17日，因《十批判书》改版重新出版，郭沫若写就《蜥蜴的残梦——〈十批判书〉改版书后》一文，文中对之前关于儒家和法家"批判"中的个别错误进行了订正，说明对《诗经·小雅·信南山》中"中田有庐，疆场有瓜"的解释，并照录曾参加安阳小屯及侯家庄殷王陵墓发掘的考古学家郭宝钧于1月29日写给郭沫若介绍当年发掘情况的书面答复。郭沫若说："前中央研究院在安阳小屯及侯家庄曾发掘到殷代宫殿遗址及殷王陵墓……这些资料都不曾发表，遗物已全部搬往台湾，一时无由考见。我曾经请求参加发掘的郭宝钧先生把大概的情形叙述一下，承他以书面答复了我。我并征得了他的同意，把他的叙述附录在这儿。"郭沫若据郭宝钧的书面答复，更认为殷周时期的社会性质是奴隶社会的观点"的确是铁案难移"。文章还顺带反驳董作宾对其因甲骨文而断定殷代是奴隶社会观点的批评，同时申明《十批判书》并非"抬举了先秦儒家"，"在今天依然有人在怀抱着什么'新儒家'的迷执，那可以说是恐龙的裔孙——蜥蜴之伦的残梦"。[①] 这是他自1947年后首次撰写古史分期问题的文章，即使《蜥蜴的残梦》并不是一篇严格意义上的学术论文，它只是作者对若干史料的一些新认识的说明，并借此重申殷周是奴隶社会的观点，但是仍然可以看出，古史分期问题作为中国马克思主义史学中的重要问题，在郭沫若心中的地位。

在郭沫若写罢《蜥蜴的残梦》一个多月后的3月19日，郭宝钧在《光明日报》上发表了《记殷周殉人之史实》一文。关于这篇文章，郭沫若后来曾经有过说明："关于殷代殉人的情形，最初是由郭宝钧先生在中国科学院的一次座谈会上提出的。参加那次座谈会的除郭宝钧外，有丁瓒、王冶秋、裴文中、徐炳昶、苏秉琦诸位先生"，"听了那次报告，我当

---

① 郭沫若：《蜥蜴的残梦——〈十批判书〉改版书后》，《奴隶制时代》，新文艺出版社1952年版，第65—72页。

时便认为是殷代奴隶社会的绝好证据,怂恿报告者把它写出。因而便有一月二十九日他(指郭宝钧——引者)给我的一封信。这信我已经收录在拙著十批判书的改版书后"。① 以上当是郭宝钧在《光明日报》所发文章的前因,后果便是"其后宝钧先生在三月十九日《光明日报》的'学术'副刊上发表了《记殷周殉人之史实》一文,日期署的是三月八日。但内容和给我的信,大体上是一致的,只是有了些细节上的却也相当重要的改变"②。对照《蜥蜴的残梦》中录下的郭宝钧1月29日给郭沫若的书面答复和郭宝钧发表在3月19日《光明日报》上的《记殷周殉人之史实》一文,后者较之前者除了增删几句话即郭沫若所谓"细节上的改变",并且作为公开发表的文章,后者在个别字句上进行了一点技术处理外,两文的内容几乎完全相同,可证实郭宝钧发表的《记殷周殉人之史实》一文,就是他给郭沫若的书面答复。

  问题的关键正在于"有了些细节上的却也相当重要的改变"。郭沫若在《蜥蜴的残梦》中转录的郭宝钧写的书面答复中有"此皆三千年前残暴社会下之牺牲者(推想奴隶居多,近身者或亲信)"③的话,郭沫若非常重视郭宝钧提供的材料和这个推断,"应该感谢郭宝钧先生,他所提供的这项资料是非常重要的。关于殷代的社会制度,好些朋友一直到现在都还采取着很慎重的态度,不敢断定为奴隶社会。有了这项资料,我认为是毫无可以怀疑的余地了"④。可以说,作为亲临发掘现场的考古学家,郭宝钧在书面答复中所给出的"推想奴隶居多"的观点,给了郭沫若持有的殷周为奴隶社会的认识以更大的信心。⑤ 然而,在《光明日报》发表的《记殷

---

① 郭沫若:《申述一下关于殷代殉人的问题》,《奴隶制时代》,第78页。
② 郭沫若:《申述一下关于殷代殉人的问题》,《奴隶制时代》,第78页。
③ 郭沫若:《申述一下关于殷代殉人的问题》,《奴隶制时代》,第69页。
④ 郭沫若:《申述一下关于殷代殉人的问题》,《奴隶制时代》,第69页。
⑤ 这一时期,郭沫若曾多次提及民国时期中央研究院在安阳等地发掘的殷人陵墓资料大多未曾发表便被搬往台湾而在古史研究中无法使用这些资料的遗憾。中国科学院成立后,郭沫若积极推动筹建考古研究所,1950年8月1日考古所成立,成为中科院建院初期成立的第一批研究所之一,10月派出由夏鼐任团长、郭宝钧任副团长的考古发掘团赴河南辉县开展考古发掘。《夏鼐日记》中对郭沫若关心考古工作事宜多有记述。王兴:《"良师益友":〈夏鼐日记〉中的郭沫若》,《廊坊师范学院学报》(社会科学版)2015年第1期。先前的北平研究院史学研究所和中央研究院历史语言研究的考古人才大多留在大陆固然是考古所很快成立并迅即开展田野发掘的重要条件,笔者推测,应该也与郭沫若等人希望尽快地得到更多的考古学材料以用于古史研究不无关系。

周殉人之史实》一文中，郭宝钧不仅删掉了"推想奴隶居多，近身者或亲信"这12个字，反而在最后一段加上了"此一段史实，对于古代史研究，究能说明何事，所殉之人，是否皆奴隶，是否皆从事生产之奴隶，作者未敢进一步推断"①，即公开对殷墟墓葬中被殉葬之人是否为奴隶提出怀疑，而不是先前的肯定性推断。对于郭宝钧的变化，郭沫若大为疑惑：郭宝钧"给我的信大约是受了我的意见的影响，故说'推想奴隶居多'。发表的文章，自然是经过了一番考虑，或许又是受了别人意见的影响，故'未敢进一步推断'。"②我们无从知道郭宝钧因何将给郭沫若的书面答复公开发表在《光明日报》上，也不清楚他为什么将私人间的书面答复中对殷代墓葬中所殉之人身份的推测从"奴隶居多"变为公开发表时的"未敢进一步推断"，但是这个改变正是郭沫若证实其古史分期观的关键点之一，这促使郭沫若在郭宝钧文发表的当天就写下《读了〈记殷周殉人之史实〉》，两天后发表在《光明日报》上，文中用郭宝钧提供的材料论证"这些毫无人身自由，甚至连保全首领的自由都没有的殉葬者，除掉可能有少数近亲者之外，必然是一大群奴隶"，"如此大规模的殉葬，毫无疑问是提供了殷代是奴隶社会的一份很可宝贵的地下材料"，"这一段史实，正说明殷代是奴隶社会"，郭沫若明确表示："在我的理解中，殷周都是奴隶社会，而奴隶社会的告终应该在春秋与战国之交"。③"自20世纪40年代以来，西周封建论在马克思主义史学家中占多数，因此郭论一出，立即在史学界引起强烈反响"，该文被认为"拉开1949年后古史分期大讨论序幕"④。

作为中国马克思主义史学的重大历史理论问题之一，古史分期问题从唯物史观史学产生之时就成为争论的焦点，"这问题要清理起来应该清理得更远，远到我们开始用科学的历史观点来研究中国古代史的初期"⑤。

---

① 郭宝钧：《记殷周殉人之史实》，《光明日报》1950年3月19日。
② 郭沫若：《申述一下关于殷代殉人的问题》，《奴隶制时代》，第79页。
③ 郭沫若：《读了〈记殷周殉人之史实〉》，《光明日报》1950年3月21日。郭沫若发表此文之后，又曾与郭宝钧面谈两次："关于在发掘中所看到的周代的殉葬情形，为了把它弄得更明确起见，我最近和发掘者郭宝钧先生面谈过两次。我请他扼要地写一点出来，他给了我这一封信。我征得了他的同意，把它公开出来。"郭沫若：《发掘中所见的周代殉葬情形》，《奴隶制时代》，第138页。1951年8月24日郭宝钧致函郭沫若介绍在河南辉县发掘情况（信中对殉人身份问题未再发表看法），郭沫若于次日即写短文《发掘中所见的周代殉葬情形》，文中仍全文收录了郭宝钧的这封信，发表在《奴隶制时代》一书中。
④ 王学典主编：《20世纪中国史学编年（1950—2000）》上册，商务印书馆2014年版，第3页。
⑤ 郭沫若：《申述一下关于殷代殉人的问题》，《奴隶制时代》，第79页。

| 第二篇 | 中国马克思主义史家

1937年郭沫若从日本回国之前,他的《中国古代社会研究》中的古史分期观和其他相关文章,就在社会史论战和论战之后引起了极大争议,各派学者的批评意见层出不穷,吕振羽、翦伯赞等马克思主义史学家也多有异议。1937年以后,中国马克思主义史学阵营逐渐明确,郭沫若的古史分期观虽有变化,但是古史分期问题的争论并未停息。[①] 在民国时期的中国马克思主义史学阵营中,郭沫若的古史分期观尽管影响甚大,但赞同者并不在多数,以马克思主义史学家的"五老"而言,郭沫若之外的其他"四老"的古史分期观都与郭不一致,这不能不说是郭沫若数次调整并努力证实自己的古史分期观点的一个主要原因。1949年以后,中国马克思主义史学居于主导地位,"由唯心史观转向唯物史观"位于郭沫若提出的史学六个方面转向之首,[②] 将马克思主义史学研究引向深入,在学术层面加强对中国马克思主义史学的学科建设,是摆在所有马克思主义史学家面前的主要问题,而古史分期问题又是其中的核心问题。无论是从新的形势下充分展开马克思主义史学研究的大处着眼,还是从进一步论证完善自己的古史分期观点而言,在新中国成立后再次形成对于古史分期问题的热烈讨论当是郭沫若所希望看到的。为改版的《十批判书》而写的《蜥蜴的残梦》一文以古史分期问题为中心,就说明了他对这个问题的重视程度,郭宝钧文章的发表,使郭沫若在繁忙的政务之余更为重视古史分期研究。从1950年至1951年间,郭沫若先后写了多篇讨论古代社会性质的文章和书信,如《中国奴隶社会》(1950年6月10日)、《申述一下关于殷代殉人的问题》(1950年6月24日)、《关于周代社会的商讨》(1951年6月17日)、《关于奴隶与农奴的纠葛》(1951年7月8日)、《发掘中所见的周代殉葬情形》(1951年8月25日)、《几封讨论古代研究的信》(1951年4—7月)等,多数文章发表在《新建设》《光明日报》《人民日报》等报刊上。

讨论首先发生在对郭沫若和郭宝钧关于殷周殉人身份认识的不同观点中。郭沫若在回应文章《申述一下关于殷代殉人的问题》中强调:"中国的奴隶社会究竟始于何时?谨慎一点的人今天还敢说:因为材料不够。终于何时呢?也众说纷纭。我自己很想把春秋和战国之交作为奴隶制与封建

[①] 于沛主编:《马克思主义史学思想史》第4卷,中国社会科学出版社2015年版,第90—95页。
[②] 郭沫若:《中国历史学上的新纪元》,《进步日报》1951年9月29日。

制的分水岭",文中再一次说明他的古史分期观倾向于"战国封建论"。①

1951年5月范文澜的《关于〈中国通史简编〉》一文发表在《新建设》杂志上,文章重点是指出了"对本书缺点的初步认识",也总结了《中国通史简编》"许多写法在旧类型的历史里从来没有过"的特点,对此,范文澜着重论证了其"从西周起到秦统一定为初期的封建社会"的观点,主要论据包括商周墓葬中殉葬人的考古资料。②嵇文甫在此前一期的《新建设》发表了《中国古代社会的早熟性》,文中说:"周代奴隶制度的发达,有郭沫若先生从金文中找出的许多例证",但是,"中国的'文明'是早熟的,它当氏族制度尚有活力的时候,早就建立起'国家'……周代奴隶制度尚停留在一种低级形态下,不要说殷代,更不要说夏代了"。③郭沫若则在《新建设》发表了同范文澜和嵇文甫商榷的文章《关于周代社会的商讨》,文章开篇就指出:"范文澜先生说西周是封建社会,近在《关于中国通史简编》(《新建设》四卷二期)的检讨中揭出了'一点最简单的理由'。我想就那些'理由',同范先生和研究古史的学者们来讨论一下",他从"人殉的征引"、"诗经的征引"以及"古代社会的早熟性"等方面提出了与范、嵇的商榷意见。④看得出,此时的郭沫若不仅自己究心于古代社会性质和古史分期问题,而且希望通过讨论的形式引起马克思主义史学居于主导地位语境下的中国史学界的更多关注。

在讨论的过程中,郭沫若意识到:"关于中国奴隶社会这个问题,应该从全面来作一个总解决,即是从生产方式到意识形态来作一个全面的清理。"⑤1952年2月,他完成了三万余字的长文《奴隶制时代》,"从生产方式到意识形态"详细论证了他的新的古史分期观点:把奴隶社会的下限定在春秋战国之交,确定了其著名的"战国封建说"。他以《奴隶制时代》为书名,收入了这个时期撰写的讨论古代社会性质的文章,于1952

---

① 1950年到1951年,郭沫若对于"战国封建制"并未思考成熟,1950年4月26日他在北京大学的讲演中,还是将秦代划为奴隶社会。1952年2月18日郭沫若在《奴隶制时代·后记》中写道:"我在这里要负责声明,那篇演讲录应该作废。那篇演讲录里面并没有什么新的东西,有的却只是把秦代也划入了奴隶社会的不正确的见解而已。"
② 范文澜:《关于〈中国通史简编〉》,《新建设》第4卷第2期,1951年5月。
③ 嵇文甫:《中国古代社会的早熟性》,《新建设》第4卷第1期,1951年4月。
④ 郭沫若:《关于周代社会的商讨》,《新建设》第4卷第4期,1951年7月。
⑤ 郭沫若:《申述一下关于殷代殉人的问题》,《奴隶制时代》,第85—86页。

年 6 月由上海新文艺出版社出版。①

　　至此，古史分期问题的讨论内容已经从论证自己的古史分期见解发展到对他人观点提出商榷意见，从认识殷墓殉人的身份扩展到讨论殷周、春秋战国、秦汉等时代的社会性质问题，从讨论古史分期问题延伸到与古史分期问题密切相关的中国封建土地所有制、中国资本主义萌芽、中国封建社会长期延续、亚细亚生产方式等问题，大批学者因此而聚拢在讨论中，他们中有资深的马克思主义史学家，更有一大批曾经的非马克思主义史学家，还有考古学家、古文字学家和其他相关领域的学者以及青年学者。以郭沫若为主导人物开启的古史分期问题讨论热潮，在数年间便形成了以"西周封建说""战国封建说"和"魏晋封建说"为代表的十几种分期观点，并延伸形成了以"五朵金花"为代表的对中国马克思主义史学重大历史理论问题的讨论热潮。

（原载《史学理论研究》2020 年第 2 期）

---

　　① 谢保成认为："如果说《奴隶制时代》一书出版之前，辩论主要是'西周封建说'与'战国封建说'的对垒的话，那么该书的问世，便使争论扩展到春秋战国乃至秦汉的社会性质上了"。谢保成：《郭沫若学术思想评传》，北京图书馆出版社 1999 年版，第 129 页。

范文澜与中国通史撰著

赵庆云

(中国社会科学院近代史研究所)

范文澜(1893—1969)是著名的马克思主义史学开拓者之一，被誉为"新史学宗师"。他穷半生之功潜心于中国通史撰著，在同时代史家中并不多见。所著《中国通史简编》观点新颖，视野开阔，规模宏伟，风格独特，运用马克思主义理论观点系统叙述中国历史，同时又体现出浓厚的民族特色，堪称里程碑式的著作。无须讳言，范文澜的通史叙事有鲜明的时代印痕，但不可否认的是，他开创了一个全新的中国通史体系，其地位不可抹杀。

一

范文澜，初字芸台，改字仲沄，出生于浙江绍兴山阴县的一个书香门第，自幼接受传统经史教育。1913年考入北京大学文预科，次年考入北大文本科国学门，受业于国学名家黄侃和陈汉章，攻读中国文学、文字学、语言学。毕业前还就教于经学名家刘师培。当时的志趣是"追踪乾嘉""笃守师法"，以专精训诂考据为己任。1917年夏毕业后，被时任北大校长的蔡元培聘为私人秘书，是年11月离开北大，先后在沈阳、汲县、上海等地工作。如蔡美彪先生所言："他是新文化运动以前在北大学习传统国家的最后一班学生，并且是公认的高才生。"[1] 1922年9月，范氏应天津南开学校校长张伯苓之邀，赴南开中学任国文教员，后兼南开大学教

---

[1] 蔡美彪:《旧国学传人新史学宗师——范文澜与北大》,《学林旧事》,中华书局2012年版,第15页。

授，讲授中国文学史、文论名著（包括《文心雕龙》《史通》《文史通义》）和国学要略。1925年由天津新懋印书局出版《文心雕龙讲疏》，得到学界名流梁启超的赞赏，梁氏为此书作序曰："展卷诵读，知其征证详核，考据精审，于训诂义理，皆多所发明，荟萃通人之说，而折衷之，使义无不明，句无不达，是非特嘉惠于今世学子，而实有大勋劳于舍人也"。① 此书出版后很快受到学界重视，范氏也自此崭露头角，赢得了学术声誉。大约在1926年下半年，范文澜应顾颉刚之约加入"朴社"。② 并出版《诸子略义》《群经概论》《水经注写景文钞》《正史考略》等著作。这些著作常引录北大黄侃、陈汉章、刘师培诸先生的讲论，继承北大国学传统，可谓"当年北大国学的集其大成的继承人"③。

早在1925年，范文澜已然逐渐开始由书斋学者向"左"倾革命者转变。④ 他走上街头，投身五卅反帝游行，开始阅读宣传新思潮的书籍。1926年开始阅读布哈林著的《共产主义ABC》，对马克思主义有了初步了解；并于同年加入中国共产党，积极从事革命活动。1927年5月天津警察当局派人拘捕范文澜，得张伯苓协助避走北平。党的地下组织被破坏，范氏随即失掉党的组织关系。但他仍参加中共地下组织领导的左翼作家联盟、社会科学家联盟等进步组织。1930年9月以"共党嫌疑"被北平宪兵司令部逮捕，由蔡元培和其他大学教授联名营救，两周后获释。1932年范氏受聘为北平大学女子文理学院国文系教授兼主任，次年出任院长。他的住所成为北平地下党组织与左派人士的秘密联络点。1934年8月，范氏再次以"共党嫌疑"被逮捕，解往南京警备司令部拘押。时任中央研究院院长的蔡元培出面交涉，由北大及北平各大学教授24人联名保释，1935年1月出狱。⑤ 此后，他的"学风与文风为之一变"。1936年出版《大丈

---

① 梁启超：《〈文心雕龙讲疏〉序》，《范文澜全集》第三卷，河北教育出版社2002年版，第4页。
② 此据叶毅均之说，见叶毅均《范文澜与整理国故运动》，待刊。另有《范文澜同志生平年表》(《范文澜历史论文选集》，中国社会科学出版社1979年版，第350页)认为范氏1925年入朴社；《顾颉刚年谱》(中华书局2011年增订本，第146页)则记范氏于1927年入朴社。
③ 蔡美彪：《旧国学传人新史学宗师——范文澜与北大》，《学林旧事》，第19页。
④ 对于范文澜的思想转变，叶毅均有深入探讨。详参叶毅均《为何成为马克思主义史学家？——范文澜学术思想前传》，博士学位论文，台湾"清华大学"历史研究所，2017年。
⑤ 《范文澜同志生平年表》，《范文澜历史论文选集》，第354—355页。

夫》一书，描述历史上 25 位民族英雄的壮烈事迹，激励民族精神。此书"在范文澜的著作生涯是一个转折"，"为尔后《中国通史简编》一书的编写，开拓了先路"。①

1936 年 8 月，范文澜赴河南大学文学院任教，并参加抗日救亡运动。1938 年 6 月开封沦陷，他先后在遂平县办抗日训练班，并投笔从戎，直接参加新四军的抗日游击战争②，辗转活动于嵖岈山、竹沟、信阳等地，被誉为"文武双全的民族英雄"③。在此期间，他"孜孜不倦地、夜间伏在小灯下读《联共党史》和《斯大林选集》，认真圈点，还写了许多札记"。④ 1939 年 9 月，他重新加入中国共产党。10 月初，中共中央中原局书记刘少奇决定让他转移至延安。1939 年 11 月，范文澜携带刘少奇致毛泽东的亲笔信，自河南奔赴解放区政治中心延安。几经周折，于 1940 年 2 月到达延安，⑤ 任马列学院历史研究室主任。时中共中央正准备全党整风，毛泽东号召研究中国历史实际和革命实际，范文澜即奉毛泽东之命主持编写《中国通史简编》，以满足干部学习之需。当时党内史学家不乏其人，为何此前主要从事经学、古典文学研究的范文澜被毛泽东看中而委以撰写通史之重任？这或许与范氏身兼"新""旧"不无关系，他有深厚的旧学功底，又有对新学的精到领会，并在实践中服膺马克思主义。如齐思和所言："范先生对于中国旧学是一位博通的学者，而对于唯物辩证法又有深刻的研究，所以由他来领导这个研究工作是最合适的了。"⑥ 也有学者指出，范文澜之通史撰著，得力于其早年的经学训练者甚多。⑦ 此外，范文澜与毛泽东在精神气质层面的契合也不可忽视。许冠三认为："范文澜的史学思想是最具中国特色的历史唯物论，它和马克思主义史学的关系，亦

---

① 蔡美彪：《范文澜治学录》，《学林旧事》，第 27 页。
② 《范文澜同志生平年表》，《范文澜历史论文选集》，第 356—357 页。
③ 朱瑞熙、徐曰彪：《范文澜》，刘启林主编：《当代中国社会科学名家》，社会科学文献出版社 1989 年版，第 104 页。
④ 王兰西：《抗战初期的范文澜同志》，转引自《范文澜同志生平年表》，《范文澜历史论文选集》，第 359 页。
⑤ 朱瑞熙、徐曰彪：《范文澜》，刘启林主编：《当代中国社会科学名家》，第 104 页。另有《范文澜同志生平年表》（《范文澜历史论文选集》，第 360 页）所记范文澜至延安时间为 1940 年 1 月。
⑥ 齐思和：《近百年来中国史学的发展》，《燕京社会科学》1949 年第 2 卷。
⑦ 周文玖：《范文澜的经学与史学》，《史学史研究》2014 年第 4 期。

如毛泽东思想之于马克思主义。"① 毛泽东发动延安整风，着力反对教条主义，倡导马克思主义中国化，范文澜则为马克思主义史学中国化的积极践行者。

范文澜组织研究室人员佟冬、尹达、叶蠖生、金灿然、唐国庆等人着手编撰，具体分工为：范文澜负责第一编；佟冬、尹达、范文澜负责第二编；叶蠖生、金灿然、唐国庆、范文澜负责第三编。这种集体合作并非易事，领衔者需要具备相当的资历和权威。范氏此时虽然已在主流学界有一定声望，但毕竟到延安未久，历史研究室资历较老的杨绍萱、谢华就拒绝参与。关于撰写过程，各人回忆略有出入。叶蠖生回忆："在不长的时间内，大家都陆续交了初稿。但因为事先并未讨论出写作大纲，各人的作品不仅文风各异，而且处理历史的观点也各有己见，要加以统一相当困难，这使范老很为难。只有金灿然一人严格按照范老要求，只作材料札记，不作条理论述，范老认为这对他还有点帮助。既然无力统一初稿，范老就决心由他个人独力编写。"② 佟冬的回忆则是："大家编出资料长编后，交给范文澜同志统一修订。"③ 自叶、佟二人的回忆来看，范文澜最初设想是仿效司马光撰《资治通鉴》的做法，让其他人仅作资料长编，而由他来统一撰写。但实际上除金灿然外，其余各人并不止于编纂资料，而着手撰史并有所论述，以致文风、观点各异。即范氏所言："稿子是齐了，有的太详，有的太略，不甚合用，组织上叫我索性从头写起。"④ 可见此次分工协作、集体撰著的尝试并不太成功，最终的写作基本仍为范文澜独力完成。

范文澜充分展现了其深厚的国学功底及对马克思主义理论的运用，于1940年8月至1941年底撰成约60万字的书稿，1941年5月由延安新华书店出版上册，1942年出版中册，出版后风行一时，广受欢迎，十年间先后有8种版本刊布。⑤ 此书出版时题署"中国历史研究会编"，实际上"是由

---

① 许冠三：《新史学九十年》，岳麓书社2003年版，第446页。
② 叶蠖生：《我所了解的中国历史研究室》，《延安中央研究院回忆录》，湖南人民出版社1984年版，第71页。
③ 佟冬：《我的历史》，《中国当代社会科学家传》第4辑，书目文献出版社1983年版，第83页。
④ 范文澜：《关于〈中国通史简编〉》，《新建设》1951年第4卷第2期。
⑤ 蔡美彪：《范文澜著〈中国通史简编〉的前前后后》，《河北学刊》1999年第2期。

范文澜独立写成,学术界也公认为他的代表作"①。

《中国通史简编》作为中国通史的典范之作,自出版时起便广受瞩目,1949年以后更是成为中国马克思主义史学的扛鼎作之一。但《中国通史简编》撰著于革命战争时期,延安资料匮乏;且以全新的视角、观点来撰通史,缺乏既有专题研究成果的凭借,只能自辟蹊径;加之以不到两年时间仓促撰成,难免因陋就简。进入北京后研究资料条件大为改善,范文澜作为延安史学的领军人物,对于撰写中国通史期许颇高,对《中国通史简编》自然不能满意。1951年,范文澜在中宣部机关所作讲演中对《中国通史简编》作了措辞颇为激烈的自我检讨。笔者得见其关于《中国通史简编》检讨手稿两种。

第一,原拟题目为《反历史的〈中国通史简编〉》,后改为《反马克思主义的〈中国通史简编〉》,最后改为《割裂历史的〈中国通史简编〉》。第二,题为《关于〈中国通史简编〉的检讨》的手稿。范文澜的自我批评过于严苛,将《中国通史简编》说得几乎一无是处。时任中宣部部长的陆定一在看过《〈中国通史简编〉自我检讨》的列印稿后给范回信曰:"文澜同志:你的文章,略有修改……我想,如果能在文章中把你的通史的'光明面'也提出一些,或者写在后头,则可以更为完备些。"② 此讲演纪录后以《关于〈中国通史简编〉》为题发表于《新建设》1951年第2期。范氏着重检讨了两点:一曰"非历史主义的观点",二曰"在叙述方法上缺乏分析,头绪紊乱"。③ 范文澜同时向学界广泛征求意见。笔者从有关文献中曾得见夏鼐、郭宝钧、安志敏等考古学家对《中国通史简编》中涉及考古的内容所提意见之手稿,其中夏的意见3页,郭的意见3页,安的意见13页。唐长孺1950年对《中国通史简编》作了细致校读,手稿《〈中国通史简编〉校记》达160页,所提意见颇为具体细致。④ 于此可见,范文澜对于通史写作乐于听取学界意见,孜孜以求其学术的完善,这也是范著通史能够为学界所公认的缘由之一。

范文澜将修订《中国通史简编》(后实际上为重写)作为首要工作全

---

① 蔡美彪:《学林旧事》,第29页。
② 据泰和嘉成2013年5月拍卖《范文澜手稿十六种》,笔者曾应邀看过此手稿原件。
③ 范文澜:《关于〈中国通史简编〉》,《新建设》1951年第4卷第2期。
④ 据泰和嘉成2013年5月拍卖《范文澜手稿十六种》,笔者曾应邀看过此手稿原件。

力投入。他以华北大学历史研究室人员为班底,于 1950 年 5 月率先创立中国科学院近代史研究所这一国家级史学机构,并在所内设立"通史简编组"以全力从事《中国通史简编》之修订。① 他自己也无疑将工作重心放在修订《中国通史简编》上,除此之外,他还要求所内同仁"深入钻研",要为"古代史、少数民族史、世界史、苏联史"等方面的研究做准备,② 体现出他的宏大眼光和精到见解,即将中国历史放在古今历史和世界历史的范围内去观察和研究。这一构想后来因种种原因未能实现,不过,近代史所的通史组一直以来研究力量颇强。1958 年的"史学革命"强调"厚今薄古"的研究导向,在近代史所内部,也曾有人指责范文澜潜心撰写中国通史为"关起门来写书",不能为当前的政治服务。③

  范文澜为撰写通史倾注全部心力。中国科学院建院之初,中宣部曾提名范氏为中国科学院副院长,他执意辞谢不就。④ 1953 年 11 月 15 日,范氏致函吕振羽,表示中国科学院琐事太多,"长此下去,我将不能完成党交给我的任务。如果这样,我将死不瞑目";并表示:如果中国科学院不能给予充分的工作时间写书,就"决心离开科学院"而调东北人民大学。⑤ 1959 年后,他患心脏病,医生劝他休息,他却感到时不我待,坚持带病工作。⑥ "文革"开始后,工作不得不中断。1968 年 7 月 20 日,毛泽东派人表达对范文澜继续撰写通史的支持。范氏非常兴奋,在病中仍以坚强的毅力着手安排,计划五年内完成全书。⑦ 他为撰写中国通史可谓呕心沥血,惜乎天不假年,其通史撰著未竟全功。1953 年完成全书"绪言"和第一编(战国以前)之修订。1957 年 6 月完成第二编(秦汉至隋统一)。1965 年 4 月完成第三编(隋唐五代十国部分),总计约 110 万字。出版时虽题为"修订本中国通史简编",但实际上并非简单"修订"的,而是重新撰

---

  ① 最初 5 人,分上古、中古、明清 3 个小组修改《中国通史简编》。《中国科学院近代史研究所近况》,《科学通报》1950 年第 4 期。后改称"通史组",人员有所增加。
  ② 李瑚:《李瑚日记》,1952 年 9 月,未刊手稿。
  ③ 近代史所档案:《整风补课群众意见之三》(1958 年)。
  ④ 刘大年:《〈历史研究〉的光荣》,《刘大年史学论文选集》,人民出版社 1987 年版,第 596 页。
  ⑤ 朱政惠:《吕振羽学术思想评传》,北京图书馆出版社 2000 年版,第 313 页。
  ⑥ 蔡美彪:《〈中国通史〉的编写情况和体会》,《中学历史》1985 年第 5 期。
  ⑦ 蔡美彪:《回忆范老论学四则》,《历史教学》1980 年第 1 期。

写，1978年再版时书名改题为《中国通史》。

二

运用马克思主义学说来研究中国历史，并非范文澜首创。郭沫若曾率先用马克思的理论研究中国古代社会；社会史论战中也产生了一些专论，但多缺乏历史材料的搜集与论证而失之空洞。范文澜以马克思主义唯物史观为指导，将毛泽东《中国革命与中国共产党》一文对于中国历史的基本看法贯彻到整个中国通史的书写之中。其在理论观点上确实"集中了当时革命者的许多智慧"[①]，同时通过丰富的史实来说明各个社会阶级的真实状况。毛泽东对《中国通史简编》高度评价曰："我们党在延安又做了一件大事。我们共产党人对于自己国家几千年的历史有了发言权，也拿出了科学的著作了。"[②] 将范著通史称为马克思主义中国化的历史论著代表，应该当之无愧。

立场、观点鲜明，背后贯穿着强有力的理论框架，是范著通史的一大特点。延安时期撰写的《中国通史简编》（下称《简编》）已然体现出前后一贯、逻辑自洽的系统性。根据唯物史观的基本原则，经济基础决定上层建筑，因而《简编》颇为重视经济史，用相当大的篇幅阐述生产力的发展水平和经济状况；论述大的政治形势及思想文化变动时，亦往往着眼于寻绎经济因素，从经济结构的变化来加以说明。据范文澜自己的总结，《简编》与"旧的以封建地主阶级或资产阶级观点来写的历史书"的本质区别体现在：其一，以劳动人民为历史的主人。其二，按照一般社会历史发展规律划分中国历史的段落。以社会形态理论划分历史分期，是中国马克思主义史学的一大特色，并展开了颇为热烈的论争。范文澜是"西周封建说"的代表人物，1940年初即在《中国文化》第一卷第三期发表《关于上古历史阶段的商榷》，明确提出赞同"西周是封建社会"，并予以详细论证。《简编》即以西周为中国封建社会之始，并将封建社会分成三个时期：从西周起至秦统一为初期封建社会；秦至南北朝为封建社会的第二阶

[①] 戴逸：《时代需要这样的历史学家》，《近代史研究》1994年第1期。
[②] 佟冬：《我的历史》，《中国当代社会科学家传》第4辑，第83页。

段；隋唐至鸦片战争为封建社会第三阶段。其三，强调阶级斗争和农民起义的重要作用。其四，注意收集生产斗争的材料。① 这几点确为《简编》的特色所在，而其中最为关键的核心要义可以归结为"阶级观点"。将剥削阶级与被剥削阶级纳入对立—冲突、矛盾—斗争的模式，以劳动人民为历史的主人，以阶级斗争、农民起义作为历史发展的主线和动力，皆为阶级观点的体现。在《简编》的论述中，不仅朝代更替是阶级斗争的必然结果，王安石变法是为调和阶级矛盾而采取的措施，儒家思想的支配地位、佛教在南北朝的盛行，均从阶级斗争中寻求解答。

范著《简编》以"阶级观点"为核心，以底层劳动人民为本位立场来系统叙述中国历史，大力论述农民起义及其政权的正面意义和推动历史发展的作用，打破王朝体系和帝王将相中心的书写，对于以往的传统历史书写无疑具有相当强的冲击甚至颠覆意味。范文澜的北大同门金毓黻曾批评《简编》曰："似此力反昔贤之成说，而为摧毁无余之论，毫无顾忌。"② 《简编》在延安出版后，因其影响力的扩散，国民党官方颇为恼怒，对《简编》更予以严禁。1942年2月9日，中央图书杂志审查委员会认定《简编》"完全以派系私利为立场，曲解史实，强调阶级意识，足以淆惑听闻，动摇青年之信念，应即予查禁"。③ 1947年上海新知书店将《简编》在上海出版，国民党党报《中央日报》即于1947年7月17日刊登社论《介绍一部历史奇书》，攻击《简编》为"一部亡国主义的宣传品"。其"罪状"一是宣扬农民暴动，二是说明中国从来就没有统一。中国永远是割据纷争的，没有组织的国家，这样就"替共产党割据称雄寻出历史的根据"④。

近代以来的通史书写，其背后总有撰著者的立场，包含着意识形态立场，体现着时代观念。换言之，通史书写或多或少都与政治有所关联，对历史的看法，往往折射出著者对现实的观照与对未来的期许。自然不能以一般学院派的纯学术著作来看待范著《简编》。上海新知书店1947年6月

---

① 范文澜：《关于〈中国通史简编〉》，《新建设》1951年第4卷第2期。
② 金毓黻：《静晤室日记》第8册，辽沈书社1993年版，第5869页。
③ 《国民党中央图书杂志审查委员会查禁范文澜著〈中国通史简编〉有关函件》，《中华民国史档案资料汇编第五辑·第二编·文化（一）》，江苏古籍出版社1992年版，第627页。
④ 俞筱尧：《范文澜与〈中国通史简编〉》，《新文化史料》1986年第2期。

26日在《大公版》为《简编》登载的广告中明确宣示：此书主要目的"在于了解社会发展的基本法则，了解中华民族与整个人类社会共同的前途，顺利地推动社会向一定的目标前进"；其最大特点在于"为创造历史而研究历史"。① 无须讳言，《简编》诞生于特殊的政治环境，与现实政治紧密关联，旨在为中共的革命实践和革命意识形态提供历史论证，其本身具有颇为鲜明的党性与革命性。不过从总体上来说，《简编》无疑又是遵循基本学术规范、具有相当科学性的学术研究，不同于一般的政治宣传。在"致用"与"求真"之间保持平衡，这也是它能有持久不衰的魅力与影响力之原因所在。

国民党报纸社论所着力批判的两点，体现出当时国、共两党在意识形态上的尖锐对立，但实际上国民党报纸所论均止于政治批判，未能从学理层面着眼，因而基本是偏颇的。

其一，范著《简编》确实将农民起义置于关键的地位，农民战争、农民起义占有不小的叙述比重，还说"凡历史上的治，都是农民起义造成的，所有的乱都是地主造成的"，并提出"让步政策"理论来加以论证。② 但他对农民起义的具体论述大体仍能从历史实际出发，而非移史就观，强事实以就理论，不加区别地一味揄扬。

按照经典论述，农民阶级与地主阶级的矛盾是封建社会的主要矛盾，"地主阶级对于农民的残酷的经济剥削和政治压迫，迫使农民多次地举行起义，以反抗地主阶级的统治。"③ 范著《简编》则着眼于历史事实，明确指出，汉代王莽派大兵"到处掳掠烧杀，比强盗凶恶得多，中产人民也不能安居生活，"农民起义因此势不可免。④ 隋末朝廷"课天下富家买军马，富家十之八九因此破产。……除去贵族官吏和大地主，凡是中小地主以至贫民，几乎全数破产，一致要求起义"。起义军的首领也有"不少是贵族官吏和地主"⑤。总体来说，范文澜对农民起义无疑持肯定态度，也不

---

① 转引自华昌泗：《回忆范文澜〈中国通史简编〉在沪出版前后》，《书的记忆》，上海书店出版社2008年版，第186页。
② 范文澜：《中国通史简编》（上册），华北新华书店1948年版，第12、13页。
③ 毛泽东：《中国革命与中国共产党》，《毛泽东选集》（第2卷），人民出版社1991年版，第625页。
④ 范文澜：《中国通史简编》（上册），第221页。
⑤ 范文澜：《中国通史简编》（下册），华北新华书店1948年版，第457页。

无美化、拔高；但对其阴暗面也未刻意回避。以黄巢起义为例。《简编》叙述曰：黄巢"当了皇帝建立政权以后，人民不得耕种他不管，人民饥寒他不管，士兵们吃树皮他也不管；他却模仿地主阶级的腐化生活，他的部下，也都去做官、夸功、享乐、淫乱"。①

其二，对于中国历史上的统一与分裂问题，《中央日报》社论的攻击亦颇为片面。因中国历史上的割据纷争为客观存在之事实，总不能避而不谈。《简编》对此问题，总体说来还是能够从史实出发，平实论述，且对于分裂往往作出负面评价。例如对于南北朝时期的割据纷争造成的"落后低级的生活，残暴嗜杀的恶性"，破坏了千百年来"发育滋长的经济和文化"，书中有尖锐中肯的批评。②

从长时段的历史角度观察，统一的多民族共存的中国，是经由各民族长期的共同融合、辛勤创造而形成，其间既有长时期的统一，也有短时间的分裂，统一与分裂的关系需要具体分析，不能一概而论。范文澜在撰写《简编》时对此有所斟酌考虑。细察文本，范氏在叙述五代十国时有这样一段话："正当中原混战大破坏的时候，南方诸国战争稀少，一般处在和平状态中，人口增加，文化和经济都向上发展。尤其是南唐吴越两国，占领长江中下游，战争最少，人民得从事开发，造成全中国最富庶的地区。唐朝军政费用，极大部分取给给江淮财赋，到五代时却获得七八十年的休息。虽然这些休息是极有限度的，统治者一样剥削农民，奢侈浪费，可是比较唐朝到底减轻了不少。""南方诸国的割据，对人民有减轻负担发展生产的意义。"③ 这是书中唯一对"割据"有些正面看法之处，但显而易见，范氏的这段话是颇为谨慎、节制的，也有史实支撑，并非不顾事实。对于五代十国，他同时还有负面的看法，认为"军阀混战给与人民极端痛苦的灾害"；"五代统治者对人的残害，比前代更进一步"。这一部分论述的小标题即有"生产力的摧残""租税的苛暴""盐法的严厉""商业的阻滞"等。④ 概而言之，范文澜在《简编》中主要还是用具体史实阐述分裂、割

---

① 范文澜：《中国通史简编》（下册），第579、577页。
② 范文澜：《中国通史简编》（上册），第300页。
③ 《中国通史简编》（《民国丛书》第一编74，据1947年版影印），上海书店出版社1989年版，第343—345页。
④ 《中国通史简编》（《民国丛书》第一编74），第324—329页。

据给人民生活带来的苦难和对生产力发展带来的阻碍，反映其劳动人民和生产力主体论。南京《中央日报》社论所攻击的——《简编》肯定"分裂"以"替共产党割据称雄寻出历史的根据"——实有欲加之罪的意味。

值得指出的是，新中国成立前范文澜在《简编》中对于统一和分裂尚未从整体上做出评判。1949年中华人民共和国成立后，他明确提出："统一是立国的生命，分裂是衰亡的根源，历史上无数事实证明了这一规律。"① 此语有当时强调大一统之时代背景，其锋芒实指向当时割据台湾一隅的国民党。

还需注意的是，受浙东学派影响，范著《简编》有些汉族中心的意味。如许冠三所指出，《简编》"其论述从头到尾都是以汉族历史为主体"；"整个发展阶段的区划，固然是以汉族社会为准，封建社会的分期，亦同样以汉族社会为准"。② 此即刘大年所批评的"没有完全摆脱封建传统思想的束缚"。③ 而同为马克思主义史家的翦伯赞所著《中国史纲》，则对"今日中国境内"的各少数民族多有着墨，每个部分都列出专节叙述少数民族的历史。④ 同时也需看到，因范文澜强烈的民族思想，使其通史叙述中呈现出民族、阶级两个维度之间的紧张，体现了一定的丰富性。⑤

1949年之后，政治层面强调民族团结、民族平等，范文澜对汉族本位思想亦有所反思，并做出相应调整。在修订《简编》时特别强调应注重少数民族的历史，指出"没有少数民族史的研究，中国历史几乎无法避免地写成汉族史"；提出"秦以后，中国扩大为当时国境内各族所共称的祖国。……中国为各族统治阶级和被统治阶级所共有"，"伟大的中华人民共和国成立以后，国内各民族都成了相互敬爱的兄弟民族，各族的祖先也就成了各族的共同祖先——伯祖和叔祖，因此，一族的成就，也是各族的成就；一族的灾祸，也是各族的灾祸"。⑥ 在1949年后的修订中，范文澜强

---

① 《中国通史简编》（修订本）第三编，人民出版社1965年版，第19页。
② 许冠三：《新史学九十年》，岳麓书社2003年版，第453页。
③ 刘大年：《范文澜历史论文选集·序》，中国社会科学出版社1979年版，第13页。
④ 《中国史纲》之《史前史·殷周史》1944年由重庆五十年代出版社出版；《秦汉史》1946年由重庆大呼出版公司出版。
⑤ 笔者就范文澜的中国近代史书写中的"民族""阶级"之间的紧张关系有所论述。详参赵庆云《"三次革命高潮"解析》，《近代史研究》2010年第6期。
⑥ 范文澜：《关于中国历史上的一些问题》，《范文澜历史论文选集》，第77、71、73页。

调民族平等，着眼于撰写中国各民族共同的历史。他特意培养研究突厥史、蒙古史以及研究南诏史、吐蕃史的专家学者，参加《简编》的修订写作，以弥补少数民族史研究之薄弱环节。新编通史对匈奴、鲜卑等建立过政权的少数民族均"按现存史料的多寡"，特立专节叙述其活动；对"吐蕃国""回纥国""南诏国"特立专章，3章共达9万字。① 在通史著作中以如此篇幅叙述一个时期少数民族的状况，可谓前所未有。

三

现代史学与传统史学存在一个重要区别，即在于不从"全面"着手。在科学主义的支配之下，近代以来史学呈现由笼统论述向专题研究转化的趋势，通史撰著须以专题研究为基础渐成学界共识。傅斯年认为："通史非急速可讲，须各家治断代史专门史稍有成绩，乃可会合成通史。"② 齐思和指出："只有细密的分工才能有可靠的收获，现代史学是建设在专题研究之上的。"③ 梁启超强调："专史没有做好，通史更做不好。若是各人各做专史的一部分，大家合起来，便成一部顶好的通史了。"④ 范文澜亦明确表示："通史的工作是这样艰难的，要认真做好通史，就必须全国史学工作者很好的组织起来，分工合作，或研究断代史，或研究专史，或研究少数民族史……，或研究某一专题，局部性的研究愈益深入，综合性的通史也就愈有完好的可能。以局部性的深入来帮助综合性的提高，以综合性的提高来催促局部性的再深入，如此反复多次，庶几写出好的通史来。"⑤

范文澜所言，当为通史撰著之最理想情形，实际上却往往难以做到。专题研究达到何种程度方可进行通史撰著，可能也难一概而论。新中国成立后范氏可以凝聚研究力量，集众人之力而修订撰写通史。其基本做法是，由通史组的各位助手提供资料长编或初稿，范氏在此基础上分析概

---

① 范文澜：《中国通史简编》（修订本第三编），第1—2页。
② 钱穆：《八十忆双亲师友杂忆》，台北东大图书公司1983年版，第149页。
③ 齐思和：《近百年来中国史学的发展》，《燕京社会科学》1949年第2卷。
④ 梁启超：《中国历史研究法补编·绪论》，《中国历史研究法》，岳麓书社2010年版，第129页。
⑤ 范文澜：《关于中国历史上的一些问题》，《范文澜历史论文选集》，第77页。

括，融会贯通，撰写成书。其助手阵营可谓强大，诸如金毓黻、聂崇岐、王崇武、张遵骝、蔡美彪、余元庵、王忠、卞孝萱等人，均为在某专题领域有精深研究的专家，在集体协作撰写通史中可以充分发挥其所长。范文澜曾对通史组同仁说："我的短处是不专，我没有专长的学问；因为不专，所以做通史的工作也就很肤浅，补救的办法，是依靠你们的专。"① 这自然不无谦虚之意，但亦为肺腑之言。张荫麟、钱穆、吕思勉所著通史，皆独力为之。范氏仿效司马光著《资治通鉴》的这种通史撰写模式，在近代以来颇显独特。新中国成立后郭沫若主编的《中国史稿》或略近之，但仍有所不同。郭氏主编此书，基本置身事外，而由尹达实际主持。② 翦伯赞对此种做法不无异辞，撰写《跋〈宋司马光通鉴稿〉》一文指出："不管参加集体的成员怎样强，如果主编置身事外，那么写出来的书，也不过是一床最好的百衲被，如果要使集体写作的书变成一个完整的连针线的痕迹都看不出来的锦绣文章，那主编就必须对全书的体例以及各段落之间的联结、贯通负起责任。"③ 1961年5月《中国史稿》书稿完成后付诸学界讨论，周予同直言不讳提出批评："从头到尾看，有考古学家写的、有文学家写的、有史学家写的……，显得杂乱。通史应当通，前后成一体。集体创造不是拼凑，而是整体。在中国史书中《资治通鉴》是集体写成的，而由司马光一手贯通。"④ 相比之下，范文澜对《中国通史简编》真正是亲力亲为，大体做到了在各人提供资料的基础上，由他最后总其成，从而保证了全书论述的逻辑性和风格的一致性。

通史无疑应以"通"为目标。范文澜对通史之"通"有深刻体认。他认为：第一要直通，第二要旁通，最后要会通。所谓"直通"，就是要具体划分出中国社会发展的各个阶段，提炼出贯穿古今的一条基本线索。所谓"旁通"，就是寻绎社会历史各个现象的有机联系，研究社会的一切思想和各种趋向。所谓"会通"，即为直通与旁通的结合。⑤ 换言之，任何历

---

① 蔡美彪：《范文澜论学四则》，《学林旧事》，第193页。
② 翟清福：《关于郭沫若主编〈中国史稿〉的一些情况》，《社会科学学报》（《北京农业工程大学学报》增刊），总第7期（1990年）。
③ 翦伯赞：《学习司马光编写〈通鉴〉的精神——跋〈宋司马光通鉴稿〉》，《人民日报》1961年6月18日。
④ 据近代史所档案：《"中国历史"（初稿）讨论会简报（六）》。
⑤ 范文澜：《关于中国历史上的一些问题》，《范文澜历史论文选集》，第76—77页。

史现象都有纵向时间上的发展变化，以及横向空间上的相互联系。一方面，历史是不可割断之流，不能拘囿于古代、近代之界分。范氏指出："研究古代史的人，说我只读有关古代史的东西就可以，不必读近代史……这样想，就是自己坐'禁闭'。"① 另一方面，历史现象绝非孤立，而是相互联系、相互依赖、相互制约的。因此必须研究历史现象之间的相互联系，运用唯物史观的基本原理，分析政治运动、思想趋向背后的物质生产力状况。

范文澜早年受汉学熏陶，治学务求实证。延安整风运动"实事求是"的思想路线对他也有深刻触动，使他更增进了对教条主义的警醒。他的通史撰著以唯物史观为指导，着力于在研究实践中运用唯物史观的立场、观点和方法去辨识历史事实，寻绎历史规律。他特别强调："学习马克思主义要求神似，最要不得的是貌似。学习理论是要学习马克思主义处理问题的立场、观点和方法。学了之后，要作为自己行动的指南。""貌似是不管具体实践，把书本上的马克思主义词句当作灵丹圣药，把自己限制在某些抽象的公式里面，把某些抽象的公式不问时间、地点和条件，千篇一律地加以应用，这是伪马克思主义，是教条主义。"② 范氏无疑重视阶级分析方法，但他坚决反对将阶级分析教条化、绝对化。他强调："阶级斗争的情景既是那样复杂，要了解它，不仅要分析各个阶级相互间的关系，同时还得分析各个阶级内部各种集团或阶层所处的地位，然后综观他们在每一斗争中所起的作用和变化。如果只是记住了阶级斗争而没有具体分析，那就会把最生动的事实变成死板的公式。"③

具体分析、实事求是，是马克思主义的精髓所在。范氏的通史书写，强调中国历史发展的特殊性。他明确指出："各民族历史发展的规律性，一定是要通过各民族的特点以不同的形式表现出来，决不能削一个民族的历史之足去适别个民族之履。"④ 他尖锐批评尚钺所著《中国历史纲要》

---

① 范文澜：《历史研究中的几个问题》，《范文澜历史论文选集》，第216页。
② 范文澜：《历史研究中的几个问题》，《范文澜全集》第10卷，河北教育出版社2002年版，第387—388页。
③ 范文澜：《关于中国历史上的一些问题》，《范文澜历史论文选集》，第23页。
④ 范文澜：《看看胡适的"历史的态度"和"科学的方法"》，《范文澜全集》第10卷，第309页。

"用西欧历史作蓝本","依西欧历史的样来画中国历史的葫芦",是在"削中国历史之足,以适西欧历史之履",而"中国和西欧到底是两个地方,各有自己很大的特殊性。把西欧历史的特殊性当作普遍性,把中国历史的特殊性一概报废,只剩下抽象的普遍性"。① 有此思想基础,范著《中国通史简编》注重挖掘中国历史的特殊性,着力于从中国历史实际出发展开论述,"全书很少引用马克思主义经典作家的文句,绝少教条式的空泛议论,而是具体分析具体事物,夹叙夹议,显示出中国历史的特点"。②

正因为力戒教条主义,范文澜能树立自我,不迷信权威。1957年他在北大历史系的讲演中指出:"我们应该把'我'大大恢复起来,对经典著作也好,对所谓'权威'说话也好,用'我'来批判它们,以客观存在为准绳,合理的接受,不合理的放弃……我们要谦虚,但不是依草附木,我们要谨慎,但决不是吓得动也不敢动。我们要的是有批判精神的、能独立思考的谦虚和谨慎。"③ 范文澜在1954年发表《试论中国自秦汉时成为统一国家的原因》,提出秦汉以来的汉族已具有斯大林所说的民族特征,是在独特的社会条件下形成的独特民族,这也是自秦汉时起中国成为统一国家的主要原因。④ 进而引发学界对"汉民族形成问题"的热烈讨论。⑤ 范氏的观点挑战了斯大林的权威论断,在当时可谓离经叛道,受到一些人的严厉指责。但他坚持自己的看法决不动摇。1956年5月5日,陆定一在会上讲道:"范(按:指范文澜)的汉民族形成文甚好。听说反对者多,是由于斯大林的教条。"⑥ 随着时间推移和学术发展,他的这一观点日益被学界认同。章学诚讲撰著通史须"独断于一心",范氏写史有自己的定见,对自己的学术观点充满自信,确实很好地诠释了"独断于一心"。

1949年以前范文澜的研究,努力体现马克思主义唯物史观的指导;1949年以后范文澜的研究,在唯物史观已经成为史学研究指导理论时,同时也强调研究的科学性。在不同的时空环境下,范文澜都追求理论指导和

---

① 范文澜:《历史研究中的几个问题》,《范文澜历史论文选集》,第215页。
② 蔡美彪:《范文澜治学录》,《学林旧事》,第30页。
③ 范文澜:《历史研究中的几个问题》,《范文澜历史论文选集》,第219—220页。
④ 范文澜:《试论中国自秦汉时期成为统一国家的原因》,《历史研究》1954年第3期。
⑤ 相关文章见历史研究编辑部编《汉民族形成问题讨论集》,生活·读书·新知三联书店1957年版。
⑥ 《刘大年全集》第8卷,湖北人民出版社2019年版,第150页。

科学研究的高度统一，体现了真正的马克思主义史学大家的风范，《中国通史简编》及其修订便是其研究成果的突出代表。

正因为范文澜研究、撰写历史不是从教条出发，而是从史实出发，由史实而推导历史的逻辑发展，其在延安时期所著《中国通史简编》非唯受革命者推重，亦得到当时主流学界的肯定。齐思和认为："中国社会史之唯物辩证法的研究，到了范文澜先生编著的《中国通史简编》才由初期的创造而开始走进了成熟时期。"① 据说傅斯年对此书亦有赞誉之词。② 可见只要不囿于特定的立场，当可充分估量范氏通史书写的学术价值。

由于时代变迁和研究发展，今天我们已然超越范著通史的一些观点和看法，对他的著述也有各种不同评价，但我们不能抹杀范文澜运用唯物史观，站在底层劳动人民立场写史的独特价值。范文澜撰著通史的理念与实践，仍能为我们今天的通史编纂提供借鉴；他对"通古今之变，成一家之言"的不懈追求，他在通史撰著中对"直通""旁通""会通"的追求及其贡献，也理应得到我们的长久敬意。

(原载《史学理论研究》2017 年第 4 期)

---

① 齐思和：《近百年来中国史学的发展》，《燕京社会科学》1949 年第 2 卷。
② 蔡美彪：《学林旧事》，第 250—251 页。

吕振羽与中国马克思主义史学方法论的构建[*]

陈 峰

(山东大学儒学高等研究院)

现代史学的重要特征之一是注重方法论的探究，20世纪中国史学的主要流派莫不如此。方法论甚至成为区分不同流派的界标。胡适是宣扬所谓科学方法最力的学者，被推为"方法学派"的领袖。[①]但胡适同样重视材料，认为方法的核心是证据、材料，材料能够限制方法。实则，稍后异军突起的马克思主义史学强调方法论的重要性，比胡适有过之而无不及。此派代表翦伯赞申言："没有正确的方法，不但不能进行历史之科学的研究，即从事于史料之搜集与整理亦不可能。"[②]吴泽也说：研究古史"方法论的正确更为重要；目前中国史研究方法问题实重于史料问题"。[③]显然，对马克思主义史学而言，方法具有优先性、至上性，方法论建设乃当务之急，重中之重。

众所周知，在中国马克思主义史学方法论的构建方面，翦伯赞的建树最为卓著。[④]但与翦伯赞同为马克思主义史学元老的吕振羽同样不可忽视。在中国马克思主义史学的构建过程中，吕振羽略晚于郭沫若而早于翦伯赞。吕振羽不但对史前史、殷周史、思想史、民族史、通史都有开拓性贡献，对马克思主义史学方法论也有创始之功。被时人誉为"青年史学家中

---

[*] 本文是国家社会科学基金重大项目"多卷本《20世纪中国史学通史》"（项目编号：17ZDA196）的阶段性成果。
① 许冠三：《新史学九十年》，岳麓书社2003年版，第153页。
② 翦伯赞：《略论搜集史料的方法》，《中华论坛》第2卷第3期，1946年10月。
③ 吴泽：《中国历史研究法》，峨嵋出版社1942年版，第107、120页。
④ 详见王学典《翦伯赞与中国历史科学的理论建设》，《历史研究》1990年第3期。

的一颗巨星，新史学体系建设的领导者"的吕氏，[①] 素重历史研究的方法论。他指出："不能应用正确的方法论的人们，即使其对所谓国学有较深的素养，也无法对史料达到正确的选择、搜集与认识的。像章太炎先生、黄季刚先生以至顾颉刚先生等，便是一些显例。"[②] 吕振羽的《史前期中国社会研究》开篇即讨论"关于历史方法论上的几个问题"，《中国政治思想史》以"研究的方法"为先导，《中国民族解放运动史教程》首列"研究方法"15 条。1936 年的《史学新论》和 1940 年的《本国史研究提纲》两篇文章，一"破"一"立"，为唯物史观指导下的中国史研究奠定了方法论基础。或许是没有一部像李大钊《史学要论》、翦伯赞《历史哲学教程》那样的标志性著作，也或许是在史前史等领域的声光过于显赫造成对其他方面的遮蔽，吕振羽在马克思主义史学方法论建设上的作为一直没有得到细致的梳理和应有的评价。[③] 本文即尝试稍稍弥补这一缺憾。

一 新史学的科学方法——史的唯物论

马克思主义史学不同于以往任何史学形态而自成一个独立的体系，其创制的史学方法论也是独一无二的。史学方法论的构建首先面临的是历史学的科学性问题。民国学界对于历史是否成为一种科学存在较大争议，而马克思主义学者毫不犹豫地将历史学视为科学。马克思主义学者对历史学科学性的认识处于特定的话语系统之内，与学院派的论证逻辑大相径庭。学院派主张的科学性是与"为学术而学术"的理念，客观冷静、超然中立的态度立场联系在一起的。而马克思主义学者强调历史学的科学性、现实性和实践性的统一，不执迷于学术的纯粹性、独立性。吕振羽说："历史

[①] 王直夫：《从〈殷周时代的中国社会〉说到〈史前期中国社会研究〉》，《文化批判》第 4 卷第 3 期，1937 年 7 月。

[②] 吕振羽：《评佐野袈裟美的〈中国历史读本〉》，《中山文化教育馆季刊》第 4 卷第 3 期，1937 年 7 月。

[③] 以往学界关于吕振羽史学的研究论著，如刘茂林、叶桂生《吕振羽评传》（社会科学文献出版社 1990 年版），朱政惠《吕振羽学术思想评传》（北京图书馆出版社 2000 年版），戴开柱《吕振羽早期思想与实践研究》（湖南师范大学出版社 2007 年版），对吕振羽的史学方法论均有所涉及，但缺乏专门、系统的考察。钟觉民《论吕振羽对中国历史科学理论和方法论建设的重要贡献》（《邵阳师专学报》1991 年第 4、6 期）一文虽系少有之专论，可惜侧重于 1949 年之后，对其 1949 年之前的创始性贡献阐述不够。

研究的任务,在究明历史自身的运动和发展过程的规律性,把握其现实的动向以及构成历史动力的诸契机与其主导从属的关系,去指导人类社会生活之现实斗争的方向,提高对历史创造的作用——加强指导原则和实践动力,同时,适应现实的要求,科学的批判的继承过去人类文化的优良成果——民族文化的优良传统的承袭,世界文化的优良成果的吸取。所以历史是科学,是'一切科学的基础',是人类生活斗争的机器。"① 历史学的使命就是发现规律并依据规律指导现实、规划未来。

与主张科学的史学应远离现实截然相反,吕振羽特别强调历史学的实践性。"历史是人类生活的实践过程。历史科学的研究,也是充满着实践的内容的。"② 历史学家并非只依靠正确的史学方法就能认识现社会的客观动向,而是要"通过历史创造任务的实践工作,把自己的生活溶化于群团的实践生活,使方法与实践相互渗透,才不致曲解历史和历史的动向。从而对人类实践的创造的路线、方向和目标,才能尽着指导的作用"③。"历史并不是一种学究的工作,而是一种和实践不能分离的理论的探究。我们在严重的当前情势下,为着解决现实,不能不彻底的正确无误的把握现实,所以我们应该从历史的追究上来把握现阶段,确证现阶段之唯一的动向。"④ 实践成为历史科学性必不可少的条件。史学不再是无补于当世的名山事业,而成为活生生的现实生活的一部分。

抗战时期,在民族危亡的生死关头,这种与现实、实践高度相关的历史学被赋予空前的意义。吕振羽说:"抗战建国中的民族革命的战略和策略,都要根据历史作决定,依靠历史作指南;当前一切实际问题,只有历史给予正确的解答,能指示我们实践的方向。"⑤ 中国社会史研究尤其重要,"中国社会之史的发展形势,对民族解放最现实的政治要求,有着基本的决定作用。从而对中国史之歪曲的乃至欠严谨的解释与论断,便能给现实的民族解放运动以最恶劣之影响。因此,一部较系统而正确的中国社

---

① 吕振羽:《本国史研究提纲》,《读书月报》第2卷第4、5期,1940年6、7月。
② 吕振羽:《中国民族解放运动史教程》,《吕振羽全集》第2卷,人民出版社2014年版,第290页。
③ 吕振羽:《谈史学》,《学生杂志》第20卷第6期,1940年6月。
④ 吕振羽:《史学新论》,《晨报·历史周刊》创刊号,1936年10月3日。
⑤ 吕振羽:《本国史研究提纲》,《读书月报》第2卷第4、5期,1940年6、7月。

会通史的建设,愈成了最迫切、最现实的要求。"① 这意味着,学术工作的必要性、合理性导源于现实生活的需要,学术发展不只遵从自身的逻辑,更要听命于时代的召唤。

吕振羽的认识体现出马克思主义的史学观。这种认识与中国传统的经世致用观念、实用理性特质相契合。历史学不是只专注于过去,而是过去、现在与未来的统一。先驱者李大钊曾将史学的功用定位于造就个人"脚踏实地的人生观""乐天努进的人生观"②,还处在 20 世纪 20 年代科学与人生观论战的启蒙语境之下。吕振羽的认识则体现了 20 世纪 30 年代革命救亡语境中的认识,更能凸显马克思主义史学的基因和特质。

具体而言,现时代的历史学之所以能成为一门科学应归功于辩证唯物论的注入。唯物史观是科学的方法论。吕振羽指出:"史的唯物辩证法,不啻是我们解剖人类社会的唯一武器,史的唯物论,是唯一的历史学方法论。"③"研究历史的科学方法,不是实验主义或经济史观等所能胜任;但也不是广泛的应用一般方法论的辩证唯物论,而是史的唯物论——虽然,史的唯物论,并不是外在于辩证唯物论的东西,而正是辩证唯物论应用到历史研究上的独特的方法。"④"我们握住这付工具来解剖中国社会发展的过程,一切问题都不难迎刃而解"。史的唯物论亦可指导史料考辨,"不惟搀杂在真史中的伪的成分能够分别出去,即伪史中的真的成分,也不难分别出来,供正确的引用"⑤。

归根结底,马克思主义史学的科学性来源于唯物史观对社会历史规律的洞察,正如李大钊所说:"马克思所以主张以经济为中心考察社会的变革的原故,因为经济关系能如自然科学发见因果律。这样子遂把历史学提到科学的地位。"⑥ 吕振羽指出:"如果人类社会发展法则的一般性不能得到确立,便可使我们对古代中国社会经济,甚至各种史的研究不能前进一步。"从人类早期社会的研究来看,"莫尔甘,恩格思,卢森堡,以及其他

---

① 吕振羽:《日本法西斯蒂的中国历史观与三民主义的中国革命》,《中苏文化》孙中山先生逝世十五周年纪念特刊,1940 年 3 月。
② 李大钊:《史学要论》,《李大钊史学论集》,河北人民出版社 1984 年版,第 246 页。
③ 吕振羽:《史前期中国社会研究》,人文书店 1934 年版,第 7 页。
④ 吕振羽:《中国民族解放运动史教程》,《吕振羽全集》第 2 卷,第 289 页。
⑤ 吕振羽:《史前期中国社会研究》,第 7 页。
⑥ 李大钊:《史学要论》,《李大钊史学论集》,第 201 页。

伟大的社会学者，考古学者，古生物学者，人种学者，土俗学者，语言学者们各方面的努力，根据事实研究的结果，指示出史前期人类活动的一幅轮廓画，并求得其一般的共同的社会特征。再加其他历史唯物论的历史家们，对人类社会历史发展过程的研究——无论从全人类之总括的或从各民族之各别的研究——所得出的结论，不惟证明了人类社会发展法则的共同性，在其过程中各个阶段上所表现的特征的一般性，而且证实了人类社会的发展法则，完全符合了辩证法的发展法则。"① 这就是说，科学的历史研究必须依据已发现的社会历史规律，否则只能处于前科学、非科学的阶段。历史运动过程本身的性质和特点决定了研究主体认识历史的方法，方法论由本体论转化而来，这就造成了马克思主义史学中历史观与方法论的高度整合。

　　社会史论战以来，随着唯物论的风行，从经济角度分析社会历史的观念已经深入人心，但往往流于形式主义和机械论，从而在方法论上误入歧途。吕振羽超越时流之处正在于重视对于辩证法的运用，致力于辩证法与唯物论的结合。他说："我们要想正确的认识一个时代的社会的本质，必须从其运动的发展的全过程以及当时反映的各种现象作辩证的考察；易言之，只有从现象之全体的联结上，从其发展的运动的根基上，去阐明其独特的形态和法则。"② 吕振羽特别强调社会下层基础和其上层建筑的辩证统一。"从下层基础的正确把握，便能正确的把握那与之相适应的上层建筑诸形态，反之，能正确的理解上层建筑诸形态，也能正确的反证那作为其根基的下层基础"。③ "历史自身有着妥适性，社会下层基础和上层建筑的政治形态、意识形态，都是相互妥适着的。后二者受决定于前者，但又作用于前者；同时，政治形态，也对意识形态起着相对的支配作用，意识形态也相对的作用于政治形态。把后二者与前者孤立起来，就是唯心史观，把前者从后二者孤立起来，就是经济史观。"④ 这种辩证的认识体现出一种系统的、动态的思想，较之机械的经济决定论，无疑是一种成熟和进步。⑤

---

　　① 吕振羽：《史前期中国社会研究》，第6页。
　　② 吕振羽：《殷周时代的中国社会》，不二书店1936年版，第6—7页。
　　③ 吕振羽：《史学新论》，《晨报·历史周刊》创刊号，1936年10月3日。
　　④ 吕振羽：《中国民族解放运动史教程》，《吕振羽全集》第2卷，第290页。
　　⑤ 可参看艾思奇《辩证法唯物论怎样应用于社会历史的研究》，《解放》周刊第126期，1941年3月。

第二篇 中国马克思主义史家

在一般性与特殊性的关系上,吕振羽也秉持辩证观点,并将"对历史发展之一般性和特殊性之矛盾统一的法则的把握"视为"新史学研究法的基本任务"①。他说:"世界史的各部分,都有其共同的一般的发展法则;各别国家,各别民族的历史,又都有其独立的特殊性。一般被决于生产方法,即生产力和生产关系之矛盾斗争的统一;特殊性,则由各别不同的地理环境等条件所给予的。但若过分夸张地理环境的作用,就要陷入地理史观的错误。一般性是主要的,特殊性是从属的。"②特殊性的存在并不能导致历史发展法则的一元性变为多元性。吕振羽曾批评陶希圣"企图重新创造一历史发展法则之各别性——多元性的理论",最终却"辗转于历史循环论的泥沼中,在儒家所画定的圈圈中徜来徜去"③。基于对历史发展普遍性高于特殊性的认识,吕振羽采取了由一般到特殊的研究路径。其《史前期中国社会研究》一书首先依据摩尔根和恩格斯、库斯聂的描述,确立"古代社会特征的一般",包括"工具演进和生产方法的一般""家系制度和社会制度之演进的诸形态",再分析中国的"野蛮时代""母系氏族社会""男系本位的氏族社会"以及"由氏族到市区之转变"。

历史学的科学性又与阶级性密切相关。在民国学界,许多人将唯物史观、唯物辩证法作为世界最先进的科学理论的同时,也有人对其历史理论质疑。一些从英美归国的学者宣称,"恩格斯的《家族私有财产及国家之起源》,莫尔甘的《古代社会》,在欧美已经丧失其科学的价值,而成了历史的神秘小说了"④。中央大学社会系主任黄文山说,"这种在欧美已不为人们注意的东西,在中国则自郭沫若,吕振羽以至某某等诸先生,却奉为经典"⑤。对于马克思历史学说已然落伍的指责,吕振羽的回应是:这些"布尔乔亚的学者""所看见的欧美,只是欧美的布尔乔亚"⑥。这就是说,他们认为马克思主义落后是因为他们是资产阶级学者,资产阶级学者是不可能认识到作为无产阶级学说的马克思主义的科学性、先进性的。无产阶

---

① 吕振羽:《怎样研究历史》,《中学生》战时半月刊第42期,1941年4月。
② 吕振羽:《中国民族解放运动史教程》,《吕振羽全集》第2卷,第289页。
③ 吕振羽:《史前期中国社会研究》,第5页。
④ 转引自吕振羽《史学新论》,《晨报·历史周刊》创刊号,1936年10月3日。
⑤ 黄文山对摩尔根人类学理论的批评,参见《阶级逻辑与文化民族学》,《新社会科学季刊》第1卷第4期,1935年3月。
⑥ 吕振羽:《史学新论》,《晨报·历史周刊》创刊号,1936年10月3日。

级立场是历史学科学性的前提和保障。

二 中国社会史研究方法论批判

中国马克思主义史学崛起于20世纪二三十年代的社会史论战。马克思主义史学方法论的构建即以对论战的总结反思为基础和出发点。何干之说，"各位参战的朋友，对于历史方法的了解，大多数是在水平线之下，结果，问题往往不能好好地提出来，问题提了出来，又不能好好的讨论下去，常常陷入混乱的状态中"。① 吕振羽是社会史论战的重要参与者，在其投身论战之初、1934年出版的《史前期中国社会研究》一书中已经透露出从事方法论检讨的意图。他指出："在中国，在历史研究这一范畴里，问题最纠纷的，莫过于'亚细亚的生产制'、'奴隶制'、'商业资本制'这三个问题。"吕振羽认为，"就这些'别开生面'的议论一一加以分析，简直可以写成一部《历史方法论批判》的书来"。② 吕振羽对关于上述三个问题的观点作了简要剖析，又在《中国社会史诸问题》一书中进行了集中检讨。他这里所说的历史方法论主要指"历史运动法则"、特定的社会形态论，实则属于历史本体论的一部分。而下面所要重点展示的是吕振羽在另一层次的史学方法论方面的认识和思考。

对1927年后学界以唯物史观探究中国社会史的工作，吕振羽评价道："对中国社会史之重新检讨，而引起对史学研究的一度革命。这，在史学上曾获得其重要的进步。同时在这期间，在考古学，以至人类学，土俗学，语言学等诸方面，也均显示其研究的新动向。凡此在适应于中国社会史之现实的过程上，在学术史，获得其划时代的意义。但是在另一方面，作为和现实斗争相适应的意识形态的斗争之此一时期的史学论争，却未曾达到其可能获得的成绩。""这时期的史学，还只能算是有辩证唯物论的倾向，并不能说就产生了辩证唯物论的史学体系。"③ 吕振羽对造成这种局面的原因进行了全面反思，其方法论构建主要是通过对唯物史观派内部的清理整治完成的。

---

① 何干之：《何干之文集》，中国人民大学出版社1989年版，第198页。
② 吕振羽：《史前期中国社会研究》，第13—14页。
③ 吕振羽：《史学新论》，《晨报·历史周刊》创刊号，1936年10月3日。

吕振羽观察到,"一般的历史研究者＝自认为辩证论的所谓'历史家'们,大抵不是在如实的履行着实验主义的方法论,便又走入机械论的歧途"。①"就方法论方面说,虽然大家都披上一件史的唯物论的袈裟,一若标示出史的唯物论,即能证明其正确与前进似的。而其实,不是属于机械论的经济唯物论,便是属于观念论的实验主义"。② 唯物史观必须同时克服实验主义和机械论才能成为正确的方法论。因此,实验主义和机械论成为吕振羽的两大批判对象。

在吕振羽看来,研究历史不可依赖实验的方法,因为"历史是关于社会科学的范畴,我们不能应用实验室里的方法去研究,而是要应用抽象的、思维的科学方法。但历史又是最具体最现实的东西,所以历史家不应凭他的头脑,去虚构图表,而要运用抽象的、思维的科学方法,根据历史的事象去把握其规律性"。③ 不过,吕振羽批判的矛头指向的不是标榜实验主义的胡适派,而主要是唯物史观派阵营内部的实验主义倾向。吕振羽深感实验主义流传之广:"我们的那班自号辩证唯物论的中国史研究者(自然,那不过是一些冒牌的半截的货色),却都在如实的履行着十足的实验主义的方法。"④ 实验主义本是胡适派的学术招牌,此时却成为陶希圣等社会史研究者的标签。陶希圣是中国社会史研究的先驱和主将,当时北大、清华、燕京、师大、中大的中国社会史课程全由他一人包办,⑤ 俨然成为社会史领域的头号人物。吕振羽却批评陶氏"反对把前驱者所发现之历史运动法则、历史学方法论,应用到中国史的研究上;只允许从中国社会的本身零星探求"⑥。这就接近于胡适派重事实、重求证的实验主义。

吕振羽曾撰著《中国政治思想史》与陶希圣的《中国政治思想史》唱对台戏,自然对陶著甚为不满,斥其"自始只从政治原因上去解说其所谓政治思想,并没有半点唯物辩证法的气味,只是半实验主义化身的绝对唯心主义"⑦,"最大的错误在玩弄形式逻辑,把社会的性质在政权的表层形

---

① 吕振羽:《史前期中国社会研究》自序,第2页。
② 吕振羽:《史学新论》,《晨报·历史周刊》创刊号,1936年10月3日。
③ 吕振羽:《谈史学》,《学生杂志》第20卷第6期,1940年6月。
④ 吕振羽:《史前期中国社会研究》,第27页。
⑤ 杨堃:《论"中国社会史"问题》,《现代知识》第2卷第5期,1948年1月。
⑥ 吕振羽:《史前期中国社会研究》,第9页。
⑦ 吕振羽:《中国政治思想史》初版序,生活·读书·新知三联书店1955年版,第6页。

式下隐蔽起来，把人类的意识形态和其社会生活实践的矛盾统一性，拿所谓政权的形式去隔断起来，从而把它们孤立起来。结果也便只有流于'奇迹'夸张之一途"。① 吕振羽指出："若是把各种现象从其当时社会存在的一联的象征中孤立起来去考察，甚而把各种动的因素，均一一作为静止的僵化的东西去排列，或则故意把某一方面特别去加以夸张，那便无可避免的要陷入如次的一种实验主义的泥沼中去：是＝是、非＝非、甲即是甲（同一律）、甲不是非甲（矛盾律）；甲不是乙，或甲是非乙（排中律）。实验主义之无法接近问题的本质，便在这里。"② 这里的实验主义均指形式逻辑。

在其他场合，吕振羽将非辩证的观点都划为实验主义。他说："自号'辩证唯物论'的'历史家'的血液中的实验主义的成份，最根本的，便是他们不了解因历史的连续发展的中断而引起向前飞跃的形式，以及'突变'和历史的质的变化的联系＝旧质的死灭和新质的代起的辩证法，以及阶级的实践的历史作用；反之，他们却认为在'渐变'的连续过程中能完成历史的质的变革作用。另一方面，他们也不了解在历史的渐变的过程中，亦曾在引起部分的突变；同时，在新质的代起之后，依旧有部分的旧质保持其连续的发展。"③ "以残余作为主要，以局部概括全部"，也是一种实验主义的错误。④

可以发现，吕振羽所批评的实验主义的概念颇为宽泛，似乎不符合辩证唯物论者一概被归入其中。他认为冯友兰的《中国哲学史》是应用实验主义研究方法的著作。⑤ 甚至郭沫若也一度被归于实验主义一途。吕振羽认为郭氏由殷代兄终弟及的事实遂断定商代为母系社会，完全在追随着实验主义者而不自知。⑥

另外是关于机械论的批判。"热心去批判实验主义"的李季被吕振羽作为机械论的代表。李季、叶青"虽然也自认在应用史的唯物论，但在其

---

① 吕振羽：《中国政治思想史》，第3—4页。
② 吕振羽：《殷周时代的中国社会》，第6—7页。
③ 吕振羽：《殷周时代的中国社会》，第8页。
④ 吕振羽：《殷周时代的中国社会》，第7页。
⑤ 吕振羽：《中国社会史诸问题》，华东人民出版社1954年版，第29页。
⑥ 吕振羽：《殷周时代的中国社会》，第8页。

第二篇　中国马克思主义史家

实际应用上，却纯属机械论的，只肯看见一些经济现象，完全忽视了政治，从而意识形态所给予下层基础以及其相互上的反作用，从而他们完全不懂得阶级和其领导者对于历史的创造作用。易言之，他们完全不懂得社会下层基础和其上层建筑之辩证的统一，而是如实看作死的化石的外在对立的东西。从而对于他们所注视的经济构造，也便成了化石般的东西而无法说明了"。① 李季还被吕振羽冠以"经师"之名。李季把神话传说中的人物和神话传说的本身，都一律当作历史的事实来看待，主观构造出一个亚细亚生产方法和奴隶制混血儿的殷代奴隶社会制度，是"经师式的理论"②。其他学者更将李季视为中国社会史研究方法论的代表，指其论作为"洋八股"③。

除实验主义和机械论外，公式主义也是吕振羽所反对的一种倾向。他认为，"'公式主义'与'历史原理论'之不能解决问题，由于其拿公式和原理去概括具体的活的历史，而不是从活生生的历史本身的具体性去映证进步的正确的理论"④。社会史论战中的另一个活跃角色王宜昌甚至公开标举"公式主义"，坚称"研究中国社会史，永远是要从'搬家主义'和'公式主义'出发的"⑤。吕振羽则力矫其偏：在王君脑子里的历史发展的公式，是单一的西欧希腊罗马日耳曼的历史的形式，王君所知道的也只是西欧的古代和中古史的现象形式，并不曾懂得其活的内容。他进而提出，"我们研究中国史，拿它和世界史作比较的研究是重要的；但在从这方面去了解历史的活的规律，并不是从这方面去'搬家'和套死'公式'。从正确的历史方法论出发，才能够正确的去运用一切史料；只注重'公式'而不去注重史料，那么写出的仍不外是自己的脑筋，而不是活的具体的历史本身"⑥。"应力避抽象的原理式的叙述，而要尽可能去发现活的历史的

---

① 吕振羽：《史学新论》，《晨报·历史周刊》创刊号，1936年10月3日。
② 吕振羽：《中国上古及中世纪经济史》，《吕振羽全集》第2卷，第48—49页。
③ 黄文山：《对于中国古代史研究的方法论之检讨》，《新社会科学季刊》第1卷第3期，1934年11月。
④ 吕振羽：《日本法西斯蒂的中国历史观与三民主义的中国革命》，《中苏文化》孙中山先生逝世十五周年纪念特刊，1940年3月。
⑤ 王宜昌：《评吕振羽的中国奴隶社会论》，《思想月刊》第1卷第2期，1937年1月。
⑥ 吕振羽：《是活的历史还是死的公式？——答王宜昌君》，《文化动向》第1卷第3期，1937年4月。

具体面貌"。① 在当时应用唯物史观研究中国历史的学者中，公式主义自觉不自觉地存在着，几成一种痼疾。吕振羽的反省批判可谓切中要害。

三 "建设科学的中国史的体系"

在吕振羽那里，对中国社会史论战中暴露出的问题进行检讨批判只是一种手段，"建设科学的中国史的体系"才是马克思主义新史学的目的，吕振羽对"建设科学的中国史的体系"的方法和途径作了重要揭示。总体而言，"不但需要对'史的唯物论'有高深的素养，而且需要对中国的所谓国学，有较深的素养，才能正确的去运用全部史料"。关于"史的唯物论"即理论的素养，"从纯研究的方面来说，也至少要同时对一般社会科学尤其是经济学和世界史有相当的素养，才能进行去认识'史的唯物论'；若说到认识的正确程度，那而且不是单单坐在研究室里的人们所能达到的，必须要从实践上去寻求，即从理论与实践之统一性上去寻求，才有可能"。②

吕振羽一再强调与世界史做比较研究的必要性。"研究中国史，最好先从世界史作一比较的研究；从世界史的比较研究上，去把握历史的一般合法则性；从一般的合法则性的基础上，同时去把握中国史的特殊性。"③ 在吕氏看来，论战学者共同犯的一个错误是"大家多在有意或无意的没有把中国史作为世界史的一个部分去研究"④。主要存在以下两种情形：一是只看见历史自身构成的内在的矛盾，而完全无视由地理环境诸条件所造成的外在矛盾诸关系，只注意到一般性而无视其特殊性，不知这两种矛盾关系对于每个民族的历史有其辩证法的统一的作用。从而把中国史公式化，以致丧失活的中国史的本来面目。二是只看见由地理环境诸条件所造成的外在矛盾诸关系，即由此所给予每个民族历史的特殊性，而无视作为其历史发展之决定的根基的内在矛盾诸关系，而陷入地理史观的迷途，走入史的多元论的歧路。甚而公然提倡史的多元性，否认历史的规律性，把中国

---

① 吕振羽：《本国史研究提纲》，《读书月报》第 2 卷第 4、5 期，1940 年 6、7 月。
② 吕振羽：《评佐野袈裟美的〈中国历史读本〉》，《中山文化教育馆季刊》第 4 卷第 3 期，1937 年 7 月。
③ 吕振羽：《中国民族解放运动史教程》，《吕振羽全集》第 2 卷，第 290 页。
④ 吕振羽：《史学新论》，《晨报·历史周刊》创刊号，1936 年 10 月 3 日。

史置于一般世界史的规律之外，作为"谜"一样的东西。① 可见，吕振羽提倡对中国史与世界史进行比较研究，从世界史中发现一般性，再由这种一般性出发去认识中国史的特殊性。

可贵的是，此时吕振羽已经萌生对西欧中心论的反思。他批评道：以往研究者把古代希腊罗马社会构成的全部面貌，当作奴隶制的一般面貌；把中世纪日耳曼社会构成的全部面貌，当作封建制的一般面貌。依据这种标本或典型，到世界其他各国历史中去寻找奴隶制或封建制阶段。应当从一般性的基础上认识特殊，把握一般性和特殊性之矛盾的统一。中国历史的发展过程，在世界史一般发展的基础上，渗透了独有的特殊性，特别是封建制时期比较长。② 有感于《读书杂志》上许多论文将世界史上的一般问题作为中国史的特殊形态去夸张，暴露出世界史知识的匮乏，吕振羽曾致信建议陶希圣主编的《食货》半月刊开辟"世界史料"栏目。③

涉及世界史研究就不能回避外国学者尤其是苏联等国马克思主义学者的研究成果。据时人观察，"最近欧洲学者之以唯物辩证法的见地来研究中国社会经济史者极多，尤以苏联学界为盛"④，域外作品成为中国马克思主义学者建设本土史学的主要资源。起初，吕振羽对国外学者的成果颇为推重，在《中国上古及中世纪经济史》讲义、《殷周时代的中国社会》中曾援引沙发诺夫、波特卡诺夫、波克罗夫斯基、山川均、伊豆公夫等人的作品。及至抗战中后期，在"学术中国化"潮流的影响下，吕振羽认识到，苏联、日本的史学家对中国社会史研究的结论未必都正确，而且由于文字和生活传统的隔膜，有时还不及中国新历史家的结论正确；而中国学术界的一部分人却宁肯相信波克罗夫斯基、波特卡诺夫、约尔科、森谷克己、早川二郎、佐野袈裟美等人，甚至误信马扎亚尔、沙发洛夫、波格丹诺夫、秋泽修二、威特福格等人的说法，而不肯相信中国新历史学家的意见。⑤ 这显示出中国马克思主义史学从最初的依傍外人到追求自

---

① 吕振羽：《史学新论》，《晨报·历史周刊》创刊号，1936 年 10 月 3 日。
② 吕振羽：《本国史研究提纲》，《读书月报》第 2 卷第 4、5 期，1940 年 6、7 月。
③ 吕振羽：《对本刊的批评与贡献（通信）》，《食货》半月刊第 1 卷第 8 期，1935 年 3 月。
④ 石决明：《外国学者关于中国经济史之研究与主要文献》，《中国经济》第 2 卷第 10 期，1934 年 10 月。
⑤ 吕振羽：《中国社会史诸问题》，第 170—171 页。

主的转变。

　　1936年，吕振羽一度认为："在中国的社会史论战上所形成的一切错误，大皆渊源于波格达诺夫主义，以及渗入波克罗夫司矶学派中的波格达诺夫主义的血液的流毒"，论战时期史学研究未能获得应有的成绩，"不能不归咎于那作为其时史学理论之指导的波克罗夫司矶理论的错误，未能发生正确的领导作用"。苏联方面在彻底清算波克罗夫斯基学派之后确立了更高阶段的史学原理，具有"最高的决定的指导的作用"。目前应该根据这种原理来"建设科学的中国史的体系"①。1940年，吕振羽又指出：在1935年前的史学论争中，即使进步的历史学者，"也多少都受着波克罗夫斯基学派的影响，从而在论争中不能充分发挥科学的力量"，"波克罗夫斯基学派对新的历史科学自亦有其不少的成就，然同时也有着不少的缺点和错误，特别是其经济史观与大民族中心主义的倾向，对历史之抽象性的叙述和了解，无力把活生生的历史的具体性复现出来。自从对波克罗夫斯基学派实行过清算后，历史科学才重新整备了全副武装。"② 中国史研究应当建立在批判波克罗夫斯基学派之后新的起点上。③

　　曾在中国社会史研究上做出重要贡献的沙发诺夫的《中国社会发展史》、森谷克己的《中国社会经济史》，在吕振羽看来都未能达到圆满的结论，都是相对失败的。吕振羽对"根据最新史学知识写成的"日本学者佐野袈裟美的《中国历史读本》进行了专门批评，④指明其大量因袭郭沫若《中国古代社会研究》中的观点和材料。国外史学家即使拥有较正确的方法论，而"关于中国史料的搜求与考证上便成了问题"。因此，中国社会通史的完成，应该"在先进国史学家的协助之下，由中国史学研究者来担任"。⑤ 一度在中国马克思主义史学成长期发挥过重要引导作用的

---

① 吕振羽：《史学新论》，《晨报·历史周刊》创刊号，1936年10月3日。
② 吕振羽：《日本法西斯蒂的中国历史观与三民主义的中国革命》，《中苏文化》孙中山先生逝世十五周年纪念特刊，1940年3月。
③ 具体可参看陈启能：《三十年代苏联对波克罗夫斯基的批判》，《世界历史》1987年第2期；朱慈恩：《波克罗夫斯基与中国史学》，《俄罗斯研究》2012年第3期。
④ 何干之：《近代中国启蒙运动史》，生活书店1937年版，第16页。
⑤ 吕振羽：《评佐野袈裟美的〈中国历史读本〉》，《中山文化教育馆季刊》第4卷第3期，1937年7月。

苏联日本史学已成为国内学者批判超越的对象。① 此时，在中国史研究的其他领域，学院派学者也在进行扭转尾随外人的局面，夺回学术话语权的尝试。20 世纪 40 年代，本土化已成为中国学术发展的一种趋势。

对史料问题的认识和处理是马克思主义史学方法论的重要一环。在社会史论战中，各派学者几乎无一例外地将正确的理论方法视为研究工作的先导，而吕振羽较早意识到史料问题的重要性。他说："史料的缺乏，最足以限制我们对一个时代难以达到正确的理解。关于史料的选择，这问题亦至属重要。若是我们不注意历史材料的真伪，无条件地去应用，则依此做出的结论，仍不过是观念论者的结论。"② 他甚至认为："在研究的技术上，方法和材料同样重要的。没有正确的方法，便不能正确地处理材料；没有充分的材料，便不能说明历史活的具体的内容。"③ 史料问题成为马克思主义史学不可忽略的一项重要工作。

论战时期的学者在史料问题上曾存在重大不足。李季、王礼锡"对于历史材料，不但毫未去考证过，而且毫未用工夫去作过系统的搜求；仅在利用陶希圣先生等人的现成的搜集。他们只知搬运其陷于错误的一般社会学理论，来代替具体的历史研究，致连篇累牍的论争，彼此只是'断章取义'地在反复搬运马、恩、伊诸大师的阶段的文句，完全不曾接触到历史的具体事实与其活现的面目。因而在他们所写出的，并不是作为世界史之一部分的中国的历史，而完全是一种死的一般社会学的抽象的公式"。而陶希圣等虽然注意史料问题，但"并没有担负考证、选择、收集和应用史料之任务的能力。因之他们所搜集的史料，便不免是片面的，不可完全信赖的。而且，实际上，他们也止于在无条件地接受实验主义者顾颉刚先生等人的考证结果。从而历史材料在他们的眼前堆积得愈多，便愈使他们的脑筋没有应付的能力，只看见历史上的一些现象在循环，而构成其历史循环与进化论的理论"。④

对于顾颉刚、陶希圣等人的史料考证和搜集工作，吕振羽主张，不能完全否认其作用，也不能无条件接受。他不反对推翻"堆砌而成的古史"，但同时不否定其经过科学的渗滤后仍有史料价值。"疑古家对古史辨伪和

---

① 详参李孝迁《域外汉学与中国现代史学》，上海古籍出版社 2014 年版，第 191—196 页。
② 吕振羽：《中国社会史》，《吕振羽全集》第 2 卷，第 197 页。
③ 吕振羽：《中国民族解放运动史教程》，《吕振羽全集》第 2 卷，第 290 页。
④ 吕振羽：《史学新论》，《晨报·历史周刊》创刊号，1936 年 10 月 3 日。

史料整理工作，虽有着相当成绩，却没有替我们解决问题。"① 新的科学领域中的史料考证与搜集才开始萌芽。郭沫若"虽然在方法论上想力求正确，在史料的搜集和考证上也不肯随便了事——尤其在考证方面，由他已展开了科学的端绪"。但由于郭沫若的哲学和一般社会科学理论素养不够，世界史知识不足，"所以不但在历史理论上形成其许多幼稚的错误，而其所考证的史料，也便不能确然无误"②。这就是说，史料考证整理工作必须在一定的方法论指引下才能收其效、毕其功。

吕振羽认识到，进行史料整理和选择是"一个繁重的工作"③。在史料方面，不只是搜集和选择，还同时要从事整理考证工作。要把握历史的全部事象，对史料的占有是特别重要的，要经过搜集、选择或考证的过程。在搜集上，起码要达到能表征全部历史事象的程度，不能凭部分去概括全部；在选择上，要从全部史料所说明的历史基本特征出发，不能拿残余当主要；在考证上，一方面要分别真伪，避免误解，另一方面不能完全抹杀伪书的史料价值。④ 可见，吕振羽的史料观也体现出辩证思想。

在对史料的考证整理上，吕振羽不但从方法论上阐述，还在具体研究特别是史前史研究中加以运用。他认为，研究中国史前社会是一种冒险的尝试，"问题在于历史材料的不充分，和既有材料之难于正确引用"⑤。《史前期中国社会研究》的取材，以仰韶各期的出土物为正料，各种古籍中的神话传说式的记载为辅料。吕振羽首重出土古物，认为"只有用作发掘的锄头才不说假话"，"只能仗地下发现的古物来做主人"⑥。他广泛参考了当时中央研究院的安阳发掘报告，王国维、郭沫若、李济、董作宾、安特生、徐中舒等关于金石甲骨的研究文字，以及周口店、鄂尔多斯、龙山等地的考古资料。吕振羽还多次向山东省图书馆馆长王献唐借阅其收藏的金石史料。⑦ 他利用这些材料，将中国历史的开幕时代提前到殷代以前

---

① 吕振羽：《本国史研究提纲》，《读书月报》第2卷第4、5期，1940年6、7月。
② 吕振羽：《史学新论》，《晨报·历史周刊》创刊号，1936年10月3日。
③ 吕振羽：《本国史研究提纲》，《读书月报》第2卷第4、5期，1940年6、7月。
④ 吕振羽：《怎样研究历史》，《中学生》战时月刊第42期，1941年4月。
⑤ 吕振羽：《史前期中国社会研究》，第1页。
⑥ 吕振羽：《史前期中国社会研究》，第276、296页。
⑦ 详见张书学《王献唐与吕振羽的学术交往及其在现代史学上的意义》，《东方论坛》1996年第3期。

的原始时期，在《殷周时代的中国社会》一书中认为殷墟遗物是殷代"铁一般的史料"①。吕振羽的史前史、上古史研究明显受到了王国维"二重证据法"的影响，充分利用考古材料，从而超越了勇于"辨古书"而怯于"辨古史"的疑古派。

吕振羽用以探研史前史的材料有三类：地下出土的实物、现代民俗学的实地调查以及古书中的神话传说，他认为："只有史的唯物论者，才能正确无误去利用神话传说。"②"那些散见于各种记载中的神话传说的来源，我们虽不敢完全确定，但它们能代表一个时代的真际意义，是我们敢于确定的。"③吕振羽综合运用传说材料与地下遗物，揭示出上古神话背后隐藏着的人间世界。吕振羽对传说材料的大胆使用招致一些人的批驳，最激烈者当数戴家祥。他认为吕振羽对尧舜禹时代、殷、西周社会性质的判断，"徒据古代传说，故虽反覆辩论"，"令上古史迹，大起混乱矣"，"其取材之滥，识见之差，不敢恭赞一词"，"作者未有著述修养，欠缺国学根柢"。④戴氏几乎将吕振羽的学术尝试一笔抹杀，未免过于苛责了。

大致来说，吕振羽持一种接近于史观为体、史料为用的思想。他主张："我们须树立新史学的考据学，对已有史料去进行系统的考证。"⑤这一任务"是青年科学者的集团的责任"⑥。在郭沫若对甲骨文金石文的考释和吕振羽对散在古书中的神话传说的整理这些先行探索之后，20世纪40年代唯物史观派对史料和考证普遍重视起来，成为"中国马克思主义史学走向其自身的全面建设的开始，为其不断成熟与壮大创造了良好的条件"⑦。虽然新中国成立后吕振羽仍一再强调马克思主义史学是在与其他流派的不断斗争过程中成长起来的，⑧但其实，马克思主义史学方法论的成熟同时得

---

① 吕振羽：《殷周时代的中国社会》，第2页。
② 吕振羽：《中国民族解放运动史教程》，《吕振羽全集》第2卷，第290—291页。
③ 吕振羽：《史前期中国社会研究》，第135页。
④ 戴家祥：《书评：史前期中国社会研究》，《政治经济学报》第3卷第2期，1935年1月。
⑤ 吕振羽：《殷周时代的中国社会》，生活·读书·新知三联书店1962年版，第6页。此前版本皆无此处引语。
⑥ 吕振羽：《史学新论》，《晨报·历史周刊》创刊号，1936年10月3日。
⑦ 张越：《试析20世纪40年代中国马克思主义史学家对史料和历史考证方法的重视》，《史学集刊》2006年第2期。
⑧ 吕振羽：《第二次国内革命战争时期历史哲学战线上的马克思主义与伪马克思主义的斗争》，《哲学研究》1959年第5期。

益于对其他学派方法和成果的扬弃,其史料观即是一个显例。

结　语

　　吕振羽自开始投身马克思主义史学研究就一直关注和探索方法论问题,通过清算实验主义和机械论,构建起一套唯物论与辩证法相融合的史学方法论。实验主义在中国的代言人胡适说:"实验主义只是一种方法,只是研究问题的方法。他的方法是:细心搜求事实,大胆提出假设,再细心求实证。"① 胡适标举的实验主义方法只是治学的一般规范和技术,与唯物史观不处于同一层面。况且胡适、顾颉刚等很少涉足社会史研究,与马克思主义史学未形成正面对抗。被吕振羽视为实验主义代表的是最早发起社会史论战也最早反思论战的陶希圣。在《读书杂志》将论战推向高潮之际,陶希圣却抽身而退,提出:"我希望论中国社会史的人不要为公式而牺牲材料","我希望短篇论文减少,多来几部大书,把唯物史观的中国史在中国学术界打下一个强固的根基"。② 陶希圣还指出:"如果把方法当结论,虽不是机械主义,却易陷于公式主义。历史的研究必须顾到历史的事实。实验主义不尊重确定的理论或思想,公式主义不尊重事实或材料。"③ 陶希圣既反对公式主义又反对实验主义,只把唯物史观当作一种方法,而不是一种主义,或可称为实证的唯物史观。吕振羽也认为,陶氏主编的《食货》半月刊"以方法论的探讨与史料的搜集"并重是"完全正确而必要的"④。尽管吕振羽不满于陶希圣在《食货》上不提倡学者之间的相互批评驳难,回避消极的"破"的工作,但并没有根本冲突,存在学术上求同存异的可能。然而吕振羽倾向于将学术上的分歧归因于"政治的成见在横梗着",⑤ 后来二人在政治上渐行渐远,以致势同水火,学术上因之分道扬镳,冰炭难容。

---

　　① 胡适:《我的歧路》,《胡适文存二集》卷三,亚东图书馆1924年版,第99页。
　　② 陶希圣:《中国社会形式发达过程的新估定》,《读书杂志》第2卷第7、8期合刊,1932年8月。
　　③ 李秉衡:《方法与材料》陶希圣附注,《食货》第1卷第9期,1935年4月。
　　④ 吕振羽:《对本刊的批评与贡献(通信)》,《食货》第1卷第8期,1935年3月。
　　⑤ 吕振羽:《史学新论》,《晨报·历史周刊》创刊号,1936年10月3日。

第二篇　中国马克思主义史家

机械论、公式主义才是辩证唯物论的头号大敌和心腹之患，是马克思主义史学上升途中必须克服的主要弊病。"史的唯物论的研究"的"宿将"、[①]"素以马氏学专家闻名"的李季，[②] 是这方面的代表。"古史辨"派后进童书业称李季的研究方法"是类推的方法，以史观学说为依据，以比附推断为步骤，而以求合为目的"，"脑子里存有一个社会进化阶段的公式，一切的研究，都以证明那公式为目的"[③]。机械论将唯物史观简化为经济史观、经济一元论，片面强调单一因素，僵化地、静态地看待历史；唯公式是从，为公式而抹杀事实，必然取消历史的系统性、多样性、复杂性，导致走向自身的反面。唯物论遭人误解，被人误用，症结多在于此。因此，吕振羽对机械论和公式主义及时而深刻的批判，对马克思主义史学方法论的形成和完善至关重要。

与中国马克思主义史学方法论的另一位构建者翦伯赞相比，吕振羽的探索仍不失其独特的作用和意义。二人的相同之处在于对马克思主义史学方法论的一些关键性问题都有所阐述，而且立场非常接近。二人都是通过对中国社会史论战进行全面的批判和清算而确立正确的方法论，均强调辩证法的重要性。但吕振羽比翦伯赞先行一步，翦伯赞在一定程度上是吕振羽的追随者。[④] 吕振羽对史学方法论的阐述，哲学化、抽象化程度不及翦伯赞，但与史前史、上古史研究结合紧密。20世纪30年代的翦伯赞"努力于历史战线上的毒性理论之肃清"，[⑤] 以破为主，少有立的著述；吕振羽则偏于立的工作，以具体研究示范方法论，"比较正确地运用辩证唯物论"，"比较灵活地运用史的唯物论"。[⑥] 翦伯赞的消极批判与吕振羽的积极建设构成马克思主义史学方法论的两翼。翦伯赞的《历史哲学教程》可以视为当时此派史学方法论的集大成之作，而吕振羽的探索为其提供了必不可少的基石。

1949年之前，中国马克思主义史学方法论基本构建成型，而且达到相

---

① 礼锡：《论战第二辑序幕》，《读书杂志》第2卷第2、3期合刊，1932年3月。
② 张季同：《评李季的〈我的生平〉及〈胡适中国哲学史大纲批判〉》，《读书杂志》第2卷第10期，1932年10月。
③ 童书业：《给李季先生的一封信》，《东南日报》1946年12月12日。
④ 王学典：《翦伯赞学术思想评传》，北京图书馆出版社2000年版，第53—57页。
⑤ 翦伯赞：《"商业资本主义社会问题"之清算》，《世界文化》创刊号，1936年11月。
⑥ 翦伯赞：《历史哲学教程》，新知书店1946年版，第17页。

当的成熟度。这从翦伯赞的《略论中国史研究》和华岗的《中国历史的翻案》中可以看得很清楚。方法论的成熟推动了中国马克思主义史学的学术化、精致化。1949年后，随着马克思主义史学的主流化，辩证唯物论成为历史研究的主导性方法论，居于独尊地位，实证派的方法论则沦为被改造的对象；同时，在"一边倒"政策的影响下，苏联史学模式再度发挥其示范作用。中国马克思主义史学方法论的建设开始进入一个新的阶段。

（原载《史学理论研究》2018年第1期）

马克思主义史学家对"通史家风"的批判继承
——以20世纪上半叶吕振羽、范文澜和翦伯赞的中国通史编纂与理论为中心[*]

徐国利

（上海财经大学人文学院历史系）

　　重视通史编纂是中国史学的优良传统，体裁多样、数量庞大的通史著述是中国历史文化得以绵延长存的知识载体和文化支撑。各类中国通史的编纂既是20世纪上半叶中国现代史学取得的主要成就之一，又充分展现了传统史学的现代转型和发展。在各史学流派中，马克思主义史学家特别重视中国通史研究与编纂。在抗日战争及解放战争时期，用马克思主义历史唯物论[①]为指导编纂中国通史，给民众提供系统的历史知识，批驳各种非马克思主义史观，推动中国革命发展，成为马克思主义史学家的重要任务。为此，他们编纂了诸多中国通史并产生了重要影响。其中，吕振羽、范文澜和翦伯赞的学术成就影响很大，原因即在于以马克思主义历史唯物论对"通史家风"作了较好的批判继承。

　　何谓"通史家风"？清代史家章学诚说："以夫子义则窃取之旨观之，固将纲纪天人，推明大道，所以通古今之变而成一家之言者，必有详人之所略，异人之所同，重人之所轻，而忽人之所谨，绳墨之所不可得而拘，类例之所不可得而泥，而后微茫秒忽之际，有以独断于一心。及其书之成也，自然可以参天地而质鬼神，契前修而俟后圣，此家学之所以可贵

---

[*] 本文是国家社会科学基金一般项目"多维视角下传统史学与中国现代新史学关系研究"（项目编号：12BZS002）的阶段性成果。

[①] 当时一般将马克思主义历史唯物主义称为马克思主义历史唯物论。

也。"① 可见，"通史家风"是指中国史学重视通史编纂和推求历史大道的优良传统，具体说是指司马迁所开创的"通古今之变，成一家之言"的通史"家学"，即史学家必须撰写出能揭示历史本质和发展规律的通古今之作，即纲纪天人和推明大道的通古今之作，从而实现以史学经世致用的宗旨。所谓"批判继承"，是指他们既以马克思主义历史唯物论批判传统"通史家风"的编纂理论、编纂内容和通史理论（主要是历史观）的封建性和落后性，又对其积极合理成分加以继承发展。他们对"通史家风"的批判继承体现了中国马克思主义史学的实践理性精神。史学界对20世纪上半叶马克思主义史学家"通史家风"有一定研究，但缺乏专门和整体性研究，对"批判继承"的内涵及理论分析缺乏研究。拙文拟对此问题作进一步探讨，不当之处尚祈指正。

一 吕振羽《简明中国通史》对"通史家风"的批判继承

吕振羽为中国马克思主义史学作出诸多开创性贡献，有学者称其"作出始创性贡献的马克思主义史学领域"至少有九个方面，② 其中便包括《简明中国通史》的编纂。20世纪30年代前期，吕振羽开始系统研究中国社会史并计划编纂通史性的《中国社会史纲》。1934年，他相继撰成《史前期中国社会研究》和《殷周时代的中国社会》，这是其计划编写《中国社会史纲》的第1册和第2册。1940年，他总结中国社会史研究心得，陆续发表《本国史研究提纲》《对德凡先生的简单答复》和《创造民族新文化与文化遗产的继承问题》等文章，阐述中国通史编纂的重要意义、基本方法和主要内容。这年秋天，他开始撰写《简明中国通史》。次年2月，此书上册完稿并出版，成为最早出版的马克思主义中国通史，下册则完成于1948年2月。这部著作明确将司马迁开创的通史传统称为"通史家法"。

《简明中国通史》以马克思主义历史唯物论来建构中国通史编纂体系

---

① 章学诚：《文史通义新编》，仓修良编，上海古籍出版社1993年版，第169—170页。
② 蒋大椿：《吕振羽史学的始创性贡献》，《湘潭大学学报》1997年第2期。

和书写内容,并批判古代通史的封建性和落后性。关于这部通史的体系建构,吕振羽说:"原先拟分为原始公社制、奴隶制、初期封建制、专制主义的封建制、半殖民半封建制各篇;旋为迁就读者传统的历史观念,改成年代记的叙述法。但从内容上去看,阶段的脉络仍是很明白的。"① 关于此书写作方法和内容,他说:"我的写法与从来的中国通史著作,颇多不同;最重要的,第一,我是把中国史作为一个发展的过程在把握。第二,我注重于历史的具体性,力避原理原则式的叙述,和抽象的论断。第三,我尽可能照顾中国各民族的历史和其相互作用,极力避免大民族中心主义的观点渗入。"② 全书的主要内容和特点是:第一,先考察社会经济的发展变化,进而分析政治制度及政权的变迁和文化意识形态的变化,最终说明中国历史不同阶段的发展。第二,贬斥封建统治者对劳动人民的压迫和剥削,关注人民群众和讴歌他们的历史功绩,重视阶级斗争的历史推动作用。第三,弘扬爱国主义精神,对民族英雄大加讴歌;破除大汉族主义思想影响,客观描写历史上各民族间的关系和少数民族的历史贡献,宣扬民族融合与团结。第四,发扬马克思主义史学服务革命和现实的精神,旨在服务民族抗战和民族解放战争。

另一方面,《简明中国通史》对"通史家风"的优秀遗产予以肯定和继承。第一,以记载帝王将相还是人民群众为标准来评价传统通史,据此称《史记》为中国通史树立了"家法"。他称赞司马迁的《史记》"在中世的史学上是有成就的。他虽然还没设想去发现历史的规律;但却写了《游侠列传》和《日者列传》等。'游侠'就是代表农民的墨学行动派的残留,'日者'则是由各阶层失业下来而沦为流氓的集团。特别是他写了《平准书》,他从社会各种人民的生活情况及其对比上,从统治阶级的政策和对人民的剥削情况上,去说明其时的经济,以至政治的成败。这在两千多年以前,是很不容易的。"③ 他批评司马光没有继承这种"家法","在中国历史的研究上,史学开山司马迁,已知道把'日者'、'游侠'、'货殖'等排入'列传',虽则他还没有设想去探究历史的规律性。到司马光作《资治通鉴》,便一反其前人'家法',庸俗地作成

---

① 吕振羽:《简明中国通史》上册,东北书店安东分店 1949 年版,"序"。
② 吕振羽:《简明中国通史》上册,"序"。
③ 吕振羽:《简明中国通史》上册,第 203 页。

王家的年谱。"① 把司马迁重视人民历史的书写视为传统史学的"家法"，表明他是将此视为中国通史的优良传统并加以继承。第二，重视中国通史体裁的史学成就。《简明中国通史》重视对通史著述的评介。例如，他称杜佑的《通典》"可说是其时社会通史的一种编纂"。② 他对两宋通志体史书介绍较详细，称通志体中对历代经济、政治和文化分类编纂的有马端临的《文献通考》和郑樵的《通志》，对历朝的改良政策都加以赞扬，可以说是中间阶层的史家；连同唐杜佑的《通典》，名为"三通"；王应麟的《玉海》，体例同于《通考》等。③ 第三，充分发掘和肯定传统的通变理论，即历史发展规律理论的积极性和进步性。他表彰王夫之《读通鉴论》的历史进化思想，说："王船山的《读通鉴论》，首先应用其进化论的历史方法；在中国，试图使历史研究成为科学的一个部门，这还是第一次——虽然，他所应用的方法，和欧美资产阶级的史学方法一样，还是不彻底的。"④ 关于章学诚，他说章氏虽然提出了史学、史识、史法和史意的范畴，然而，"只有'史意'是历史方法论的意义，……首先他认为历史的过程，是有着一种'当然'和'所以然的'规律（道）的。……他的'史意'即系一种环境决定论的历史方法论。这在当时，是有进步意义的。但是他没有把王船山的历史进化论接受过去，其环境决定论的内容，仍不免贫乏。"⑤ 明清时期，"通史家风"的发展主要表现在通史理论方面，王夫之和章学诚对此均有重要理论贡献。吕振羽对其思想的充分肯定表明他重视对该理论的批判性继承。第四，弘扬"通史家风"的经世致用精神。关于此书撰写的原因和宗旨，他在1959年版的《简明中国通史·后记》中解释说："当时正在抗日民族革命战争的相持阶段，国民党的汪精卫派已公开投降日寇，以蒋介石为首的顽固派一面正大肆宣传'尊孔读经'的复古主义，一面又在疯狂地进行反共反人民和妥协投降的阴谋勾当，并通过其历史教学和研究去散布这类毒素；日寇也不断进行政治诱降的宣传活

---

① 吕振羽：《本国史研究提纲》，《中国社会史诸问题》，华东人民出版社1954年版，第179页。
② 吕振羽：《简明中国通史》下册，生活·读书·新知三联书店1948年版，第427页。
③ 吕振羽：《简明中国通史》下册，第558—559页。
④ 吕振羽：《简明中国通史》下册，第825页。
⑤ 吕振羽：《简明中国通史》下册，第825—826页。

动和其军事的侵略行动相结合。针对这种情况，本书便以宣传爱国主义，坚持团结抗战，反对妥协投降为主要任务。"[1] 该书热情歌颂中华民族创造的灿烂文明，充分肯定人民的历史创造作用，旨在弘扬爱国主义，鼓舞人民的革命意志。

吕振羽能自觉地批判继承"通史家风"，是因为他明确主张要珍重中国文化遗产，批判性吸收其积极进步和有生命力的因素。1940年6月，他谈到中国马克思主义史学的任务时，便把"适应现实的要求，科学地批判地继承过去人类文化的优良成果——承袭民族文化的优良传统，吸取世界文化的优良成果"[2] 作为任务之一。10月，他发表《创造民族新文化与文化遗产的继承问题》一文，说："新民主主义的民族新文化，是通过反封建文化的斗争过程去创造的；但这不是把'民族固有文化''抹杀'，而是'扬弃'旧文化。民族新文化并非凭空创造，而是从旧文化的母胎中产生出来的，是中国民族文化发展过程中一种继起的历史形态——与社会经济发展过程相适应。所以说，我们要珍重民族文化遗产，批判地继承其优良传统，吸收其积极的、进步的、有生命力的因素。"[3] 这里深刻论述了如何正确认识民族文化遗产与创造民族新文化的原因、意义和方法。具体到中国史，便要以马克思主义历史唯物论为指导来继承中国历史文化的优良传统，"所以通过最进步的世界观，重新认识自己民族的历史，在今日，有其迫切的必要。要不然，我们的新文化运动就不能大步前进。"[4]

《简明中国通史》的批判性表现在以马克思主义历史唯物论批判中国古代通史的唯心史观、封建正统论、帝王将相史观和非进化史观；批判以政治史和大汉族主义为中心的历史书写方式。其继承则表现在肯定司马迁所开创的书写人民历史的通史"家法"；肯定以"三通"为代表的通志体重视政治、经济和文化史的编纂思想；肯定王夫之对历史规律的探讨；弘扬通史的经世致用精神等方面。

---

[1] 吕振羽：《吕振羽全集》第5卷，人民出版社2014年版，第716页。
[2] 吕振羽：《中国社会史诸问题》，第177页。
[3] 吕振羽：《创造民族新文化与文化遗产的继承问题》，《中国社会史诸问题》，第150页。
[4] 吕振羽：《创造民族新文化与文化遗产的继承问题》，《中国社会史诸问题》，第151页。

二 范文澜《中国通史简编》对"通史家风"的批判继承

时至1940年，抗战的任务十分艰巨，对中国通史的需求十分迫切。中共中央宣传部请范文澜与马列学院几位专家共同编写一本十几万字的《中国通史》。《中国通史简编》最终由范文澜独自完成。上、中两册于1941年、1942年在延安出版；原计划下册编写近代部分，后来未续写。《中国通史简编》首次建构起一个完整的马克思主义中国通史体系，是新民主主义革命时期最有影响的马克思主义中国通史，在1949年10月前，共出版过七种版本。①

《中国通史简编》以马克思主义历史唯物论为指导来划分中国通史分期和确立书写内容，并对旧通史的封建性和落后性予以批判。首先，按照马克思社会形态理论划分中国历史发展阶段，把古代史分三大段编写：第一编为"原始社会至中央集权的封建制度底成立——远古至秦"；第二编为"中央集权的封建国家成立后对外侵略到外族的内侵——秦汉至南北朝"；第三编为"封建经济的发展到西洋资本主义的侵入——隋统一至清鸦片战争"。这种中国通史分期法基本奠定了马克思主义中国通史的历史分期模式。其次，以社会物质生产和经济生活为基础来考察社会发展，重视经济生产、经济制度及政治斗争的书写。最后，把人民作为历史主人来写，视人民为历史创造者；重视阶级斗争及农民战争在中国历史发展中的推动作用等。《中国通史简编》对中国古代通史的封建性和落后性予以批判，说："……第二，这类书连篇累牍，无非记载皇帝贵族豪强士大夫少数人的言语行动，关于人民大众一般的生活境遇，是不注意或偶然注意，记载非常简略；第三，我们要探求中国社会循着怎样的道路向前发展，而这类书却竭力湮没或歪曲发展的事实，尽量表扬倒退停滞阻碍社会发展的功业"，因此，"我国广大读者需要的首先是从广泛史料中选择真实材料，组成一部简明扼要的，通俗生动的，揭露统治阶级罪恶的，显示社会发展法则的中国通史"。②

---

① 范文澜：《中国通史简编》上，河北教育出版社2000年版，"前言"，第9—11页。
② 范文澜：《中国通史简编》，《民国丛书》第1编74，本书据新知书店1947年版影印，"序"，上海书店出版社1989年影印版。

第二篇　中国马克思主义史家

同时,《中国通史简编》又对"通史家风"做了诸多继承和发展。陈其泰说:"范文澜继承了中国古代史家的优良传统,他又站在新的时代高度。怀抱崇高的使命感和责任感,完成了杰出的著作,堪称是为'通史家风'又一次谱写出华彩乐章!"① 此书对"通史家风"的继承发展主要表现在三方面。第一,"通史"之"通"的思想。1953年,他在《关于中国历史上的一些问题》中用马克思主义对中国通史写作必须做到直通、旁通和会通作了阐发。所谓直通,"就是要精确地具体地划分出中国社会发展的各个阶段",列宁指出人类社会发展的一般规律是从原始社会到奴隶社会、封建社会和资本主义社会,"列宁称这些发展阶段为'基本的事情'和'基本范围'。研究中国历史,不能描绘出这个范围,就无法掌握贯穿古今的一条基本线索"。所谓旁通,"就是社会生活中各个现象不是孤立的,它们互相有机联系着,互相依赖着,互相制约着"。根据马克思主义社会经济形态发展以社会矛盾决定社会各阶级生活和生产条件的理论,这就要求人们研究一定时期的历史,不要选择某一"主导"思想或解释这个思想时所抱的主观和武断态度,"而要研究当时社会的一切思想和各种趋向。最后归因于物质生产力状况的根源"。所谓会通,"就是社会一直在向前运动,而运动在每一阶段上,都结合着许多矛盾。"根据毛泽东《矛盾论》有关矛盾的普遍性或绝对性的原理,"社会自始至终的矛盾运动就是直通,社会在一定阶段内,当时一切事物的发展趋向,对直通说来,就是旁通。如果可以这样了解的话,那么,直通与旁通的意义只是社会发展所包含的两个方面,两个方面的综合就是会通"。② 此文虽写于1953年,但实为其长期从事中国通史研究和编纂的理论总结,是对"通史家风"所作的马克思主义继承发展。第二,历史分期的"通古今之变"意识。《中国通史简编》以马克思社会形态理论把中国古代史划分为三大段。但是,他将中国历史视为统一多民族国家形成和发展的历史,既重视揭示其发展的历史阶段性,又强调其发展的统一性。有学者说:"在历史分期上的独立见解,可以说是在理论意义上反映了范老的'通史家风',是对古代'通史家风'的重大发展。……他论中国古代史分期,讲得很详细;论中国近

---

① 陈其泰:《范文澜学术思想评传》,北京图书馆出版社2000年版,第417页。
② 范文澜:《范文澜全集》第10卷,河北教育出版社2002年版,第266—267页。

代史分期，也讲得很详细，这从一个方面反映了他在'通古今之变'上的长期追求。"① 他还自觉将中国古代史与近代史发展相联系。书中第七、八章揭示了明代封建制度高度发展、清代闭关统治及社会停滞、明清社会矛盾及阶级斗争的发展与西方资本主义侵入，是导致中国近代走向半殖民地半封建社会的决定因素，旨在说明："近代中国的苦难命运，革命的性质，和各阶级的地位，都是由上述各种因素决定的，具有深刻的历史必然性。这样，古代史与近代史真正贯通起来，成为名实相符的'通史'。"② 第三，赋予以通史经世的新的时代内涵。该书"序"论及撰写宗旨和任务时说："我们要了解整个人类社会的前途，我们必需了解整个人类社会过去的历史；我们要了解中华民族的前途，我们必需了解中华民族过去的历史；我们要了解中华民族与整个人类社会共同的前途，我们必需了解这两个历史的共同性与其特殊性。止有真正了解了历史的共同性与特殊性，才能真正把握社会发展的基本法则，顺利地推动社会向一定目标前进。"③ 此书的经世致用精神灿然显现。

范文澜高度肯定清代浙东史学的价值，称清代浙东学派的旨趣主要有三点："一是强调经世致用，主张学术要切于人事，反对空言'义理'；二是怀有强烈的民族意识，重视表彰民族气节，并重视记载当代史；三是贯通经史、博综文献。"④ 其中，博通和经世思想均与通史思想有关，由此不难想见传统通史观对他的深刻影响。受此影响，范文澜在早期史著《正史考略》中便对《史记》及通史颇多赞许。他谈到《史记》通史笔法的后世影响时说："自迁综古今为书，至梁武帝敕群臣撰《通史》六百二十卷，上自太初，下终齐室。元魏济阴王晖业著《科录》二百七十卷，其断限亦起自上古，终于宋年，惟《科录》取其行事尤相似者，共为一科，其体小异。二书俱不传。郑樵《通志》又准梁武《通史》而为之。皆《史记》之支派也。"⑤ 他称赞八书的博通，"史迁创制八书，朝章国典，于焉备录，

---

① 瞿林东：《范文澜史学风格的几个特点》，《安徽师范大学学报》2010年第3期。
② 陈其泰：《范文澜学术思想评传》，第230页。
③ 范文澜：《中国通史简编》，《民国丛书》第1编74，第1页。
④ 陈其泰：《范文澜学术思想评传》，第12页。
⑤ 范文澜：《范文澜全集》第2卷，河北教育出版社2002年版，第16页。

《史通》书志篇所谓'语其通博,信作者之渊海'是也。"① 可见,早年所受浙东学术的熏陶和早期学术上的博通取向对范文澜后来撰写中国通史产生了重要影响。

《中国通史简编》对"通史家风"既有批判,也有继承。其批判主要表现在用马克思主义社会发展形态理论划分中国社会历史发展阶段;从经济基础考察政治和文化的变革,强调阶级斗争,特别是农民战争对历史发展所起的推动作用;批判帝王史观,提倡人民史观等。其继承主要表现为继承"通史"之"通"的思想;发展历史分期的"通古今之变"意识;继承传统通史经世致用的精神,赋予其时代新内涵等。

三 翦伯赞及其《中国史纲》对"通史家风"的批判继承

翦伯赞早有撰写中国通史的宏大计划。正如有学者指出,"伯赞在撰写中国通史方面雄心之大,欲直追司马迁。他于1933年就决定独自撰写一部中国通史,但直到1942年才真正动笔。这部通史总题曰《中国史纲》,计划分八卷",其中1—6卷分别为《史前史·殷周史》《秦汉史》《魏晋南北朝史》《隋唐五代史》《宋辽金元史》和《明清史》(至鸦片战争),7—8卷为《近现代史》;第三卷至新中国成立前仅写成20余万字初稿,此后未完成。② 《中国史纲》的一、二卷分别于1944年、1946年出版。此书虽只写出两卷,却是一部影响很大的马克思主义中国通史。它既批判了传统通史观和方法论,又充分肯定了司马迁《史记》的通史理论和成就。与其他马克思主义史学家相比,翦伯赞对"通史家风"的批判继承更具历史哲学色彩。

翦伯赞研究传统通史的突出特点是强调历史哲学层面的批判性继承。1938年5月,他在谈到历史哲学的任务和现代中国通史编纂的问题时说,"历史哲学的任务,便是在从一切错综复杂的历史事变中去认识人类社会之各个历史阶段的发生发展与转化的规律性,没有正确的哲学做研究的工

---

① 范文澜:《范文澜全集》第2卷,第18页。
② 王学典:《翦伯赞学术思想评传》,北京图书馆出版社2000年版,第36页。

具,便无从下手。……由于历史哲学在中国历史科学的领域上,没有展开其更高的发展,所以中国的历史家,至今还不曾写出一部正确的中国通史"。① 可见,他认为建立科学的历史哲学是撰写中国通史的充分必要条件。因此,在撰写《中国史纲》前他便结合中外历史特别是中国史对马克思主义历史唯物论作了阐发,写出了著名的《历史哲学教程》,并于1938年8月出版。此书的重要内容之一便是深入批判中国古代通史的错误史观和方法论。首先,批判中国古代玄学史观的主观性和超现实性,不能从社会经济基础出发研究历史,无法以之为指导写出客观和真实的中国历史。他说,古代历史观经历了神学史观和玄学史观阶段,玄学史观的根本错误在于它所说的历史是超现实和观念的,持此史观的史家,"先天地在一切之前,已深信事实为观念的化身,于是观念就构成一个包罗全部的历史法则,而且以之建立与诸事实间的关联,决定历史本身的特征。像这样反科学的历史理论,在当时,甚至在现在,构成了一个完整的强有力的体系。自然像这样的历史也不是真实的历史,而是超现实的,观念的历史。"② 中国封建史学也是如此,从司马迁的《史记》到杜佑的《通典》、郑樵的《通志》和马端临的《文献通考》,"他们虽然已经在历史学上应用初步分类的逻辑学,但主要的出发点,是以玄学为根据的。虽然,司马迁诚不愧为中国史学的开山,他开始打破帝王家谱式的历史叙述法,不但以锐利的眼光注视着社会经济方面而写成其有名的《货殖列传》,并且同时为'游侠'、'日者'作'列传'。可惜他未能进一步地以社会经济作为全部中国历史事实的根基对中国历史展开其全面的研究,也未能从社会各阶层与各阶级间之相互的矛盾上去指出历史运动的法则;依旧只从政治的表层形式去说明历史,所以在究极上,他和杜佑等人一样,并没有逃出玄学史观的旋涡,都是以儒家伦理主义,贯穿中国的历史。"③ 其次,封建史学不能理解历史的关联性,无法揭示历史发展的一贯行程,只能以王朝的更替作为历史演变的主干,这在其开创者司马迁和班固那里便有充分表现。他称司马迁的史学虽有一定进步性,已能从社会各方面追述历史,"但也由于他带有神学的色彩与主观主义,诚如他在《报任安书》所云:'欲以究天人

---

① 翦伯赞:《历史哲学教程》,河北教育出版社2000年版,"序",第5页。
② 翦伯赞:《历史哲学教程》,第44—45页。
③ 翦伯赞:《历史哲学教程》,第44页。

之际，通古今之变，成一家之言。'所以终于只是以观念的连续，代替了具体历史事实的关联。所谓《史记》，仍是以帝王的'家谱'作为历史的主干。"① 也就是说，这种主观主义的史学不能揭示历史发展规律。班固的"断代为史"则使这种错误史观和纂史方法模式化，"以帝王世系为历史的中心，中国的'廿四史'完全都是如此。……因此，人们便只看见表面上朝代的交替，而看不见其本质上，即经济基础上之一贯的连续。因而要想在从古到今的这一类历史中，洞察中国历史发展之一贯的行程与其具体的面目，实在是需要加一番整理与再编制才有可能。"②

到20世纪40年代中期撰写《中国史纲》时，翦伯赞开始转而发掘中国通史理论方法的积极合理成分，这集中反映在1945年发表的《论司马迁的历史学》一文中。此文称《史记》是中国史学的一座丰碑，大力表彰其通史理论和编纂的成就。当时正是翦伯赞全力撰写《中国史纲》期间，这表明他力求要继承司马迁所确立的"通史家风"，欲使《中国史纲》"直追司马迁"。具体表现在三方面。第一，赞扬司马迁开创纪传体的史学贡献，称《史记》用此方法记述的历史实为一部中国通史，"司马迁的不朽，就是因为他开创了这种前无先例的崭新的历史方法"③。他认为纪传体虽割裂了历史，但因司马迁所处的时代客观上没有为其提供系统的史料，司马迁主观上实是以纪传来串联历史使之系统化，"晚近历史的研究，已经进入科学的阶段，对于纪传体的历史方法，当然不能满足。实际上，这种古典的方法，有一个最大的弊病，就是要把历史割裂为无数的碎片，令人只看见个别人物的活动，看不见人类社会的历史之全面的运动。此种弊病，虽有八书、十表，亦不能完全补救。虽然，在司马迁当时，他并不是用纪传体割裂历史；反之，而是连串历史。因为在当时，并没有整然有系统的历史著作，摆在司马迁的面前，让他去任意割裂；只有片断零碎的史料，散见于古典文献之中，等待他去编纂。纪传体的历史方法，就是为了连串这些零碎的历史资料而开创出来的。"④ 所以，《史记》实为一部中国通史，"司马迁之运用纪传体的方法，是何等的活泼！他就是用这样的方

---

① 翦伯赞：《历史哲学教程》，第96页。
② 翦伯赞：《历史哲学教程》，第96—97页。
③ 翦伯赞：《史料与史学》，北京出版社2005年版，第125页。
④ 翦伯赞：《史料与史学》，第137页。

法，写成了一部有名的《史记》。即因他在纪传与纪传之间，建立了一些无形的关系，所以《史记》，拆开看，是许多个人的历史；合拢来看，简直是一部汉武以前的中国通史。"① 第二，"八书"在记述和揭示社会经济基础、政治制度和文化生活的演变上有"承敝通变"的重要价值。司马迁解释"八书"时说："礼乐损益，律历改易，兵权、山川、鬼神、天人之际，承敝通变，作八书。"翦伯赞据此说："由此可知八书之作，可以说是补纪传之敝。因为纪传人自为篇，割裂了社会文物制度一贯发展的系列，看不清社会文物制度'承敝通变'的大势。于是别为八书，揭事为题，类聚而条分，原始而要终。有了八书，则自社会经济基础（平准、河渠）、政治制度（礼、乐、律、历）以至天文（天宫）宗教（封禅）的演变过程，莫不提纲挈领，粲然大备。所以我说，八书是《史记》的总论。"②细看《中国史纲》第一、二卷的篇章结构和内容可以明显感受到其宏阔的历史视野，重视政治、经济和文化间关系的分析和历史规律的探寻。第三，传承《史记》的文学艺术笔法。《中国史纲》不仅深具哲理，且文字优美，笔锋常带激情，是现代中国通史文史结合的典范，出版后轰动一时，具有持久的学术影响。侯外庐晚年回忆说："他的作品能做到寓科学性、党性于优美而流畅的诗一般的文字语言中。"③ 总之，翦伯赞对司马迁中国通史观的表彰即是一种继承。因此，称他"欲直追司马迁"可谓实至名归！这正是他继承"通史家风"的学术内涵和鲜明特色所在。

　　翦伯赞对"通史家风"的批判继承有浓厚的历史哲学色彩，这是由其"史论结合"的治史原则决定的。他在谈到如何处理历史方法与历史事实的关系时说："所谓历史方法，就是从千头万绪的历史事实中，找出那一种贯通于他们之中的原理原则，使一切历史的事实，都在这种原理原则之前，得到正确的说明。这种原理原则不是用人类主观的思维，可以想得出来的，而是从无数具体的历史事实中抽象出来的。因此要找出历史发展的原理原则，还是要记得'历史事实'。多记'历史事实'，是研究'历史方法'之基本前提。研究历史的方法就是从历史事实中发见历史发展的原

---

① 翦伯赞：《史料与史学》，第145—146页。
② 翦伯赞：《史料与史学》，第134页。
③ 张岂之主编：《侯外庐著作与思想研究》第1卷，长春出版社2016年版，第109页。

理原则;再用这种原理原则去说明历史的事实。"① 这里所说的历史方法实是历史哲学。所谓将历史方法与历史事实相结合,就是把历史理论指导与历史实证研究相结合,即史论结合。这种治史原则在《中国史纲》中有鲜明表现,具体说就是用历史唯物论来解读丰富多样的史料,进而书写中国历史。例如,第一卷运用历史唯物论分析各种考古资料及人类学、民俗学资料,从而客观揭示出中国原始社会及中国早期文明史。他在"序"中自信地说:"这本书,我虽不敢说,已经把殷周及其以前的古史,从神话的霉锈中洗刷出来,但至少他已使这一段古史,显出了他本来的面目。一言以蔽之,从神的历史还原为人的历史。"②

翦伯赞对中国传统通史理论方法的批判主要集中为史观的主观主义、观念论和超现实性;不能从社会经济基础出发研究历史,无法揭示历史发展的普遍联系及其规律;以帝王世系写历史,使历史成了帝王之"家谱"等。其继承发展主要是对司马迁《史记》通史观念、编纂方法和文史合一文风的进一步发展等。

结　语

吕振羽、范文澜和翦伯赞以马克思主义历史唯物论为指导批判继承"通史家风",开辟了中国通史撰著的新道路,产生了广泛和深远的影响。这三位史学家对"通史家风"的批判继承及通史撰著具有鲜明特点,在中国现代通史撰著中卓然成派,体现了中国马克思主义史学的实践精神。他们为传统通史的现代转型和发展做出了重要贡献,同时也存在一些具体的学术问题。

这三位史学家对"通史家风"的批判继承虽有各自特点,但更有普遍特征。吕振羽把司马迁重视人民历史的书写视为中国古代通史的"家法",发掘古代史家历史进化论的思想成就,《简明中国通史》重在继承这两方面的传统。范文澜运用马克思主义历史唯物论对传统的通史观、通古今之变和"通"史致用作了新解释,提出了马克思主义中国通史理论方法,写

---

① 翦伯赞:《中国史论集:合编本》,中华书局2008年版,第4页。
② 翦伯赞:《中国史纲》第1卷,五十年代出版社1944年版,第6页。

出了第一部完整的马克思主义中国通史，建构了马克思主义中国通史编纂范式。翦伯赞既批判中国古代通史的玄学史观、主观主义、帝王中心论和断代为史的方法，又称赞司马迁创立的纪传体及通史成就，称《史记》为中国史学树立了丰碑，《中国史纲》主要体现为对《史记》思想和书写风格的传承。他们对"通史家风"的批判继承的共同特征，即以马克思主义历史唯物论来批判继承"通史家风"。具体而言，就是用马克思主义历史唯物论划分中国社会历史发展阶段，将中国古代史划分为原始社会、奴隶社会和封建社会，从经济基础来揭示政治、经济和文化等社会诸要素的关系和社会历史发展规律；否定旧通史以政治史及军事史为主的写法，将历史书写内容扩大到政治、经济和文化等领域；批判帝王史观，把人民群众视为历史创造者，主张写人民群众的历史；将人民群众的生产斗争和阶级斗争视为历史发展的动力，强调阶级斗争、特别是农民战争的历史推动作用；主张历史学的科学性与革命性的统一，倡导通史的经世致用精神，所著中国通史有鲜明的革命性和现实性，推动了中国民族民主革命的发展。

在中国现代史学家中，还有不少史学家在继承"通史家风"和中国通史编纂上也取得重要成就，其中，钱穆、吕思勉和张荫麟最有影响。钱穆将中国现代新史学的建设视为新中国通史的编纂，强调通史编纂必须贯穿"通识"观，写出有"通识"意识和"通变"思想的新中国通史，《国史大纲》就是这种思想的结晶。他对"通史家风"以传承和发展为主，彰显了文化保守主义史学的鲜明特征。吕思勉用进化论史观和现代社会史理论，对以"理乱兴衰"和"典章经制（制度）"为主旨和模式的传统历史编纂理论加以改造，去除其偏重政治史的弊端，把政治上"理乱兴衰"的记述和文化上"典章经制"的记载相结合，写出影响极广的《白话本国史》和《中国通史》。他对"通史家风"的批判继承是"旧瓶装新酒"式的。张荫麟致力于整合中西史学理论方法来建构中国通史撰述新模式，借鉴传统长编考异法编纂通史，发挥中国通史重视人物地位和文学艺术化书写的传统，写出现代中国通史的经典之作《中国史纲》，展现了中西兼容的风格。不过，他们对"通史家风"的继承和发展基本是史学家个体行为，未能如马克思主义史学家形成一个有相同理论指导、共通编纂体系和基本内容的学派。从这个意义上说，马克思主义史学家对"通史家风"的批判继承与中国通史编纂成就，为传统通史的现代转型和发展做出了重要贡献。

不过，在"通史家风"的批判继承及通史撰著中，也存在一些不足之处，其表现就是对"通史家风"合理性的认识和肯定不够，在有些方面批判和否定过多，对中国历史的研究存在非历史主义倾向。他们将传统史观视为封建的、唯心的和主观的予以否定，对其历史价值的认识不足；将中国历史写成人民遭受压迫剥削和起而抗争的历史，认为只有人民的生产斗争和阶级抗争才是历史发展的动力，轻视或贬低了统治阶级相应的历史地位和作用；过于强调经济基础决定上层建筑，对政治和文化的内容关注不够等。具体而言，吕振羽的《简明中国通史》在全面书写中国历史、辩证看待阶级斗争的作用等方面还可以进一步深入挖掘。范文澜的《中国通史简编》有很强的现实性和斗争性，同时也呈现出非历史主义的倾向，对中国历史的解释和描述简单化。翦伯赞《中国史纲》的学术性虽然很高，但偏重对经济构造和社会关系的描述，而对政治制度、政治活动和文化教育的书写则比较薄弱。

（原载《史学理论研究》2019 年第 2 期）

侯外庐的治史路径*

兰梁斌

（西北大学历史学院）

目前学术界对侯外庐史学成就和学术思想的研究成果比较突出，近年来代表性的成果和观点有：方光华主编的《侯外庐学术思想研究》着重总结侯外庐的中国思想史研究方法与成果；[①] 张岂之指出，侯外庐将中国思想史置于中国社会史研究的基础上，开创侯外庐学派，对推动马克思主义史学中国化做出了重要贡献；[②] 瞿林东认为，侯外庐强调史学工作者的修养，提出在搜集材料的基础上发现规律性，注重在人才培养中发扬民主及马克思主义史学民族化等重要论述，对史学理论和历史学科建设有重要意义。[③] 张岂之主编的33卷本《侯外庐著作与思想研究》的出版，使侯外庐的著述得到系统整理，为深入总结侯外庐留下的史学遗产奠定了坚实的基础。[④] 笔者因参与该书的校对整理，故希望在史料整理成果的基础上，从马克思主义理论与史料关系的视角，深入探讨侯外庐历史研究的道路、原则、方法和特点等治史路径，以深化侯外庐史学思想的研究。

---

* 本文是国家社会科学基金项目"侯外庐与20世纪中国史学研究"（项目编号：18XZS003）的阶段性成果。

[①] 方光华主编：《侯外庐学术思想研究》，生活·读书·新知三联书店2015年版。

[②] 张岂之：《侯外庐先生中国思想史研究的特色与贡献》，《光明日报》2016年1月6日。

[③] 瞿林东：《侯外庐在史学理论与学科建设上的贡献》，《北京师范大学学报》2016年第5期。

[④] 侯外庐的著作，除《中国古代社会史论》《中国思想通史》等得到较好的整理外，其他大量著作、时政评论、书信序跋、史学理论和方法方面的论文等多散落于全国多处档案馆、图书馆及私人收藏中，有逐渐散佚的风险。2010年以来，在张岂之主持下，力图全面收集、校勘整理出版侯外庐著述，2016年由长春出版社出版了33卷本《侯外庐著作与思想研究》。本文在写作中利用了此次学术整理的成果，但在注释中仍尽量按原刊物和出处进行注释，以保持史料的原始信息。

第二篇 中国马克思主义史家

一 在唯物史观指导下形成独特的治史路径

五四时期,唯物史观传入中国,推动了中国史学的进步。侯外庐在李大钊的影响下,通过阅读布哈林的《唯物史观》逐渐接受马克思主义,确立了科学的理论基础。李大钊强调"搞理论应从马克思恩格斯的原著入手"①,并抱憾中国没有完整的《资本论》译本,这对侯外庐产生了较大影响。侯外庐决心以翻译《资本论》为起点,真正确立马克思主义世界观和对历史发展必然规律的信念。1927 年,侯外庐赴巴黎大学求学,聆听了布格莱讲授的唯物史观课程,精读了《剩余价值学说史》,并将主要精力集中于翻译《资本论》上,最终于 1937 年完成了《资本论》第一卷的翻译工作。侯外庐翻译《资本论》的最大收获,是接受了唯物史观、社会形态及亚细亚生产方式理论,奠定了扎实的马克思主义理论基础。

大革命失败后,中国思想界围绕着"中国向何处去"的问题展开论战。郭沫若的《中国古代社会研究》将唯物史观基本原理引入中国古代社会研究,第一次提出中国古代同样存在奴隶社会,证明了马克思主义关于人类社会史一般规律的普遍意义,对侯外庐产生了深刻影响。侯外庐正是受到郭沫若的影响才开始转向史学研究的,并把郭沫若看作指引他"学习和研究中国历史的老师"②。他后来在回顾自己研究古史的经历说:"一是步着王国维先生和郭沫若同志的后尘,二是继承亚细亚生产方式论战的绪统。"③ 通过对中国社会史论战的观察,侯外庐发现这场论战存在两大缺点:一是缺乏马克思主义的基本理论素养;二是缺乏可信的史料作为依据。为了克服这两大缺点,他自觉地追求从马克思主义理论与扎实史料结合的科学路径来推进中国历史研究。1934 年,他撰写了第一篇史学论文《中国古代社会与老子》,正式将自己的学术重心转向历史研究。从 1935 年夏开始,他"用马克思主义的观点和方法解释中国的社会史与思想史"④,先后撰写了《社会史导论》《中国古典社会史论》等论著,逐渐探

---

① 侯外庐:《韧的追求》,生活·读书·新知三联书店 1985 年版,第 14 页。
② 侯外庐:《韧的追求》,第 224 页。
③ 侯外庐:《中国古代社会史论》,河北教育出版社 2000 年版,"自序",第 4 页。
④ 侯外庐:《韧的追求》,第 67 页。

索出有独特个性的中国历史研究的科学路径。

侯外庐研究中国历史的突出特点，是自觉地将自己从研读《资本论》等经典著作中掌握的马克思主义理论方法，贯彻到探究中国历史具体问题上，并在具体研究中提炼出有规律性的原则，形成自己独特的治史路径。他说："依据马克思主义的理论和方法，特别是它的政治经济学理论和方法，说明历史上不同社会经济形态发生、发展和衰落的过程；物质生活的生产方式制约着整个社会生活、政治生活和精神生活的过程；以及经济基础与上层建筑、意识形态之间的辨（辩）证关系，是我五十年来研究中国社会史、思想史的基本原则和基本方法。"[1] 侯外庐运用唯物史观的基本理论，从事中国社会史和思想史研究，形成了自己独特的治史路径。

第一，对社会史和思想史展开平行研究，以社会史研究为前提解释思想史。侯外庐是从研究中国社会史开始步入史学领域的，《中国古代社会与老子》和《中国古典社会史论》都着眼于探究奴隶社会史。他的社会史研究关注社会经济形态，强调社会史必须从研究经济学开始，而研究社会经济形态的基本路径，是依据生产力和生产关系的特殊结合关系引起的生产方式支配地位的变化，来判定一个时代的社会形态、社会性质，进而研究这个时期的历史特点。他指出："研究历史，首先要知道生产方式，根据生产方式来区别某一社会的经济构成，因为生产方式决定着社会性质。反之，如果不应用政治经济学的理论和方法，研究特定历史时代生产力和生产关系的变化以及由此引起的生产方式的变化，就难以自然史的精确性去判明这一时代的社会性质，揭示历史的规律性，历史研究也就失去了最基本的科学依据。"[2]

侯外庐坚持从生产方式入手研究中国社会经济形态的发展演变。在研究奴隶社会过程中，他始终坚持弄清楚马克思著作中的"亚细亚生产方式"理论，谨守考证辨伪的治学方法及将马克思主义关于古代发展规律与中国古代散沙般的资料相结合等基本研究原则。[3] 在对封建社会的研究中，他强调以法典化作为断定历史分期的标准，将中国封建化过程划在战国末

---

[1] 侯外庐：《我是怎样研究中国思想史的》，《历史教学问题》1982年第4期。
[2] 侯外庐：《侯外庐史学论文选集》上册，人民出版社1987年版，"自序"，第9页。
[3] 侯外庐：《中国古代社会史论》，"自序"，第4—7页。

至秦汉之际。① 依据马克思关于土地私有权缺乏"可以作为了解全东方世界的真正的关键"的观点,分析中国自秦汉以来封建社会土地国有制的问题,认为皇族垄断的土地国有制形式是中央专制主义的经济基础。他通过分析所有权、占有权和使用权的差异,提出封建社会土地为皇族地主(国家)所有,其他阶层并无所有权,仅有占有权或使用权的土地国有制的观点。②

正是在对中国社会史进行系统研究的基础上,侯外庐对中国思想史的研究独辟蹊径,开辟出社会史与思想史相结合的研究路径。社会思想是社会存在的反映,社会思想产生的根源必须从社会存在中探究。侯外庐研究思想史的突出特点,是将思想史研究建立在社会史基础上,对思想史进行社会史的解释。他注重考察每种思想学说与历史时代的联系,坚持在社会史研究基础上考察社会思潮的变化和理解时代特点,认为"社会历史的演进与社会思潮的发展是相一致的"③,故努力探究社会历史的演进与社会思潮的发展之间的互动关系。将社会史和思想史结合起来平行研究,以社会史为前提解释思想史,是侯外庐治史路径的重要特点之一。

第二,强调社会经济发展和思想史演变的辩证关系。社会经济的发展固然支配着思想的发展变化,但思想意识的生产属于社会分工的特殊部门,因而思想本身具有相对的独立性,这种独立性集中表现在思想的继承性上。侯外庐指出:"任何一个时代的任何一种思想学说的形成,都不可能离开前人所提供的思想资料。应当说,思想的继承性是思想发展自身必不可少的一个环链。"④

侯外庐还批判了庸俗进化论将人类的进化看成是直线向前的简单化观点,强调思想发展的曲折性和复杂性。他认为:"正象历史向前发展中总会出现曲折反复一样,人类认识的长河也不会是直线前进的。因此,在思想史上并非所有新的范畴、概念都是趋近客观真理的思想变革,有的甚至还可能是它的反面。"⑤ 考察思想史上新旧概念范畴的交替,关键在于具体

---

① 侯外庐主编:《中国思想通史》第 2 卷,人民出版社 1957 年版,第 3 页。
② 侯外庐:《中国封建社会土地所有制形式的问题》,《侯外庐史学论文选集》上册,第 238 页。
③ 侯外庐:《史林述学》,《文史哲》编辑部编:《治学之道》,齐鲁书社 1983 年版,第 140 页。
④ 侯外庐:《史林述学》,《文史哲》编辑部编:《治学之道》,第 141 页。
⑤ 侯外庐:《侯外庐史学论文选集》上册,"自序",第 12 页。

分析不同历史条件下思想家的实际思想内容,深刻认识思想发展的曲折性和复杂性,不能简单地认为后代的思想一定是先进的。历史上相互对立的学派在批判对方的过程中,往往会或多或少地吸收对方的思想来丰富自己。思想家的思想中存在着理想与现实、言辞与实质内容的矛盾,言辞往往掩盖了思想的真实内容。他指出:"统治阶级的著作家往往以思想的普遍性形式来掩蔽本阶级的狭隘利益;而代表被压迫阶级的进步思想家则往往借用对历史的回忆或是对未来的憧憬,表示他们对于黑暗世界的抗议。"① 因此,要具体分析思想家早中晚期思想的发展过程及他们的阶级立场、政治观点与思想内容之间的矛盾。

二 实现马克思主义中国化是侯外庐治史路径的重要表现

研究历史仅有科学理论指导远远不够,还必须将科学理论与丰富史料紧密结合。在抗战时期"马克思主义的中国化"运动中,侯外庐提出要结合中国历史丰富的材料,将马克思主义关于人类社会发展的普遍规律理论中国化,并总结了中国社会发展的特殊规律。他指出,马克思、恩格斯创立的理论虽为研究中国历史提供了"金钥匙",但不能生搬硬套,因为马克思、恩格斯主要是以西欧历史作为论述基础的,所以经典理论需要继续在中国引申和发展。② 正是在这种灵活的理论运用意识的指导下,侯外庐将马克思主义理论运用到具体的中国历史研究中,提出了许多创新性观点。

第一,强调要从马克思、恩格斯的经典著作出发,准确理解理论原意,避免教条地运用理论。侯外庐在评论中国社会史论战时指出:"论战有一个最大的缺点,就是对于马克思主义的基本理论没有很好消化,融会贯通,往往是以公式对公式,以教条对教条……即缺乏马克思主义的基本理论修养而高谈线装书里的社会性质,是跳不出梁启超、胡适'整理国故'的圈套的。而要提高自己的理论修养,就应当先把外文基础打好,从

---

① 侯外庐:《史林述学》,《文史哲》编辑部编:《治学之道》,第143页。
② 侯外庐:《史林述学》,《文史哲》编辑部编:《治学之道》,第147页。

第二篇 中国马克思主义史家

经典著作的原著中掌握观察问题的理论和方法。"[①] 他通过翻译和研究《资本论》掌握了唯物史观,为其历史研究奠定了科学的理论基础。他强调:"防止把马克思主义基本原理教条化和庸俗化。如同不能简单地给每一种思想体系贴上某个经济范畴的标签一样,绝不能简单地给每一种哲学体系贴上'唯物论'或'唯心论'的标签。"[②]

第二,在理论运用过程中应将史料作为基本的立脚点,并借鉴考据学成果,准确解读史料,避免空谈理论。《中国古典社会史论》的写作动机萌发于社会史论战时期,当时学界存在忽视史料、公式化应用理论、形式上占有史料、缺乏正确的方法处理史料等问题。为避免这样的问题,侯外庐"力求把马克思主义同中国古代史料结合起来,作统一的研究。一方面是为了使历史科学中关于古代社会规律的理论中国化,另一方面,也是为了使经典作家关于家族、私有财产、国家等问题的研究成果,在中国得到引申和发展"。[③] 故此,侯外庐充分利用王国维等研究甲骨文的成果。在研究亚细亚生产方式时,侯外庐把"马克思关于亚细亚生产方式问题的思想,同中国古代社会的历史材料结合起来做进一步的研究",建立在殷墟卜辞等史料的解读和与"古典的古代"的比较基础上,最后得出结论:"中国古代从氏族或农村公社进入文明社会的路径,与西方不同。"[④] 他在撰写《中国古代思想学说史》时,立足于"掌握和运用马克思主义理论来研究问题,分析问题"的基础上,"严格进行对文献的考订与审查","实事求是地究明'古人用语的实在所指'","使观点与材料统一起来,实事求是地分析各种历史问题"。[⑤]

侯外庐等人在编纂《中国思想通史》的过程中,除坚持社会存在与意识形态之间的辩证关系的原则,把思想家及其思想放在一定的历史范围内分析研究之外,从丰富的中国史料出发是其始终坚守的另一个原则。他在撰著过程中阅读大量原始材料,辨别真伪,确定时代,校正文字上的讹误衍夺,甚至动手辑集已经遗佚的著作,尽可能采用精校本子。要在史料考

---

① 侯外庐:《韧的追求》,第 224—225 页。
② 侯外庐:《我是怎样研究中国思想史的》,《历史教学问题》1982 年第 4 期。
③ 侯外庐:《韧的追求》,第 117 页。
④ 侯外庐:《韧的追求》,第 232、233 页。
⑤ 侯外庐:《韧的追求》,第 266、269 页。

证辨伪等方面下功夫,不可随意选择取舍史料,应充分利用学界整理的出土文字资料和实物资料,注意文字古今含义的差异。"历史科学要求实事求是的研究,不能有一丝一毫的渲染,以免失之毫厘,谬以千里。"①

第三,在普遍规律指导下探寻中国历史的特殊规律,是侯外庐实现马克思主义中国化的重要途径。"研究古代社会,要依据古代国家发展的一般规律,同时也要研究各个类型的特殊规律,只有对具体的事物作具体的分析,才能找出中国古代社会发展的客观规律。"② 在对中国文明起源进行研究时,侯外庐承认恩格斯论人类社会的一般规律适用于中国的同时,也注重研究中国的特殊规律,"研究古代,不可把'古典的'和'亚细亚的'看成一件东西,在一般的历史规律上,我们既要遵循着社会发展史的普遍性,但在特殊的历史规律上,我们又要判别具体的社会发展的具体路径。"③

正确处理理论的普遍性和特殊性之间的关系,是侯外庐治史路径的重要特点。离开特殊性,普遍性将不复存在,但看到普遍性,也不应忽视特殊性,这突出体现在其对亚细亚生产方式的研究上。侯外庐通过对史料的详细分析,认为东方的亚细亚生产方式,并不是古典的、封建的、近代的三种社会形态之外的特殊形态,它与古典的古希腊古罗马处于同样的阶段,都属于进入文明社会的奴隶社会阶段。它也并不是一个过渡阶段,因为一切文明社会都存在过渡期。亚细亚的古代与古典的古代是"同一个历史阶段的两种不同路径"④,不同的是亚细亚生产方式支配的东方,受地理环境、宗教等因素的影响,比古典的古代成熟早若干世纪,内部的具体路径和特点不同,"'古典的古代'就是从家族到私产再到国家,国家代替了家族;而'亚细亚的古代'则是从家族到国家,国家混合在家族里面,就是所谓的'社稷'"⑤。中西方古代经历了同样的社会发展阶段,这是普遍规律,但中西方在文明起源的具体路径上并不相同。侯外庐强调探寻中国历史的特殊规律,是为了"应用马克思主义历史科学的理论和方法,总结

---

① 侯外庐:《我是怎样研究中国思想史的》,《历史教学问题》1982 年第 4 期。
② 侯外庐:《韧的追求》,第 240 页。
③ 侯外庐:《中国古代社会史论》,"自序",第 6 页。
④ 侯外庐:《关于亚细亚生产方式之研究与商榷》,《侯外庐史学论文选集》上册,第 56 页。
⑤ 侯外庐:《韧的追求》,第 235 页。

中国悠久而丰富的历史遗产"①。故此，他特别注重发掘唯物主义和反封建正统思想的优良传统。如在研究汉代思想史时，他批判经学中的唯心主义，认为汉代经学是反映封建统治阶层意志的"正宗神学"，"把自然的天合同于宗教的'天'，用曲解自然规律的手法来为封建秩序辩护"②。司马迁思想中虽包含循环论内容，但他是"中国古代朴素的唯物主义伟大思想家之一"③。

强调学术研究贵在自得、自省，科学探索的精神和自我批判的勇气密切结合，是侯外庐不拘泥理论，实现马克思主义中国化的重要保障。在经典理论的理解、社会史和思想史的研究中，侯外庐从不人云亦云，而是将史料与理论相结合，提出独到的学术观点。他在亚细亚生产方式等问题上与同时代的马克思主义史学家郭沫若等有分歧，但这既不影响他们之间的友谊，也不影响他们对中国历史走向的总体判断和对近代中国半殖民地半封建社会的理解。侯外庐认为通过批评，能够启发思考，提高学术水平。他清醒地意识到："不敢自谓我们的研究就没缺点和错误，而是出于学术工作的责任心，不得不对一些突出问题有所指陈。"④ 他在坚持自己的学术见解的同时，愿意接受批评，充分反映了马克思主义史学家崇高的学术品格。

三 "理论与实际的统一"治史路径的启示

"理论与实际的统一"是侯外庐对自己治史路径的高度概括，也是他毕生史学研究的追求，对于当今学界具有重要启示。

首先，"理论与实际的统一"，运用马克思主义才能科学揭示中国历史发展的规律。乾嘉学派及古史辨派，虽然在史料考证上取得了重要成就，但都不能科学揭示中国历史发展的规律。侯外庐的史学成就是在马克思主义指导下取得的。他强调理论学习的重要性，指出史学界关于历史分期问

---

① 侯外庐：《韧的追求》，第327页。
② 侯外庐：《中国封建社会前期的不同哲学流派及其发展》，《侯外庐史学论文选集》上册，第371页。
③ 侯外庐：《司马迁著作中的思想性和人民性》，《侯外庐史学论文选集》上册，第390页。
④ 侯外庐：《韧的追求》，第328页。

题、农民战争问题、资本主义萌芽问题等重大历史问题的研究和讨论，都是和大家共同学习与研究历史唯物论及政治经济学是分不开的，"经验证明，不重新学习历史唯物论，不注重学习政治经济学，并由此注重研究社会经济史，历史科学是不可能向前发展的。"① 他认为，历史研究从实际出发，具体掌握材料是对的，但不能忘记原则性、规律性，"脱离了正确理论指导"，就"脱离了正确的方向"。无论是调查研究，还是通晓史料，如果没有科学的理论进行指导，就可能"掉到史料堆里为史料而史料，为考据而考据，像清朝的乾嘉学派那样"。② 他强调："我在历史研究中所注重的研究方法，相当程度取决于我对马克思的唯物史观理论的形成和发展过程的认识。"③

侯外庐在李大钊影响下走向对于马恩原著的研究，并在郭沫若影响下力图做马克思亚细亚生产方式的"理论延长工作"。④ 他对亚细亚生产方式进行的深入解释及取得的突出成绩，得益于对马克思主义经典著作的研读。任继愈指出："侯外庐先生最早翻译了马克思的《资本论》，他对马恩著作下过功夫，他是从源头上接触马克思主义较早的一位史学家。他的学术优势是从第一手原著入手，他所受联共（布）教科书的影响较迟，也较少。因此，他的著作中教条主义、形而上学的缺点也较少。"⑤

其次，"理论与实际的统一"，涵盖马克思主义理论与史料的有机统一，是侯外庐实现马克思主义中国化的基本路径。侯外庐强调："要从马克思主义那里找研究历史的立场、观点和方法，绝不是要我们把马克思主义的个别词句当成抽象的公式和套语，去任意剪裁中国历史和世界历史，也不是要我们用马克思主义的个别词句去代替对于历史实际的具体研究。"⑥ 要避免唯理论是从的窠臼，就要在理论指导下充分占有史料。侯外庐在强调理论指导的重要作用的同时，认为研究任何问题都必须详尽占有

---

① 侯外庐：《提倡科学上的诚实态度》，《中国史研究》1979 年第 3 期。
② 侯外庐：《关于学习历史的方法》，张岂之主编：《侯外庐著作与思想研究》第 24 卷，长春出版社 2016 年版，第 853、841、843 页。
③ 侯外庐：《韧的追求》，第 91 页。
④ 侯外庐：《韧的追求》，第 230 页。
⑤ 任继愈：《马克思主义史学家侯外庐先生》，张岂之主编：《中国思想史论集》第 2 辑，广西师范大学出版社 2003 年版，第 22—23 页。
⑥ 侯外庐：《实事求是，搞好史学研究工作》，《历史教学》1979 年第 1 期。

材料，没有材料做支撑，纯粹搬弄一些抽象概念，主观任意地虚构理论不仅违背科学的研究态度，而且最终也做不出任何成绩。"马克思和恩格斯一向反对的另一种科学研究工作上的轻率态度，就是有些人对历史事例和实际问题不下苦功搜集和占有材料，不进行独立的艰苦的研究，只是一味图省事地把历史唯物主义的原理变成套语，套在他们所研究的事物上。他们以为只是历史唯物主义的套语来把自己贫乏的历史知识尽快地构成系统，然后就可以自豪地去欣赏自己的功业。"①

侯外庐认为，马克思主义史学内部存在的教条主义和经验主义，也都没有正确处理好理论与史料的关系。马克思主义认为理论与史料的正确关系是："从实际出发，是要以事实为根据，而不是离开事实去空想，这是我们的基本要求。但同时，它也包含另一方面的意思，那就是要站得高一些，思想性要强一些，要用马克思主义观点鸟瞰全局，全面地掌握历史规律。"② 在史学研究中，理论和史料是相互依存的，没有理论指导，史料是零散的，缺乏抽象和概括，没有史料基础，理论就会成为空洞的概念，没有生命力，因此，"正确的方法应该是理论与实际的统一"③。这是侯外庐治史的基本路径。他将其概括为："掌握大量史料，并且对史料经过仔细审查，然后用马列主义观点分析材料，得出符合实际的科学结论来。"④

最后，"理论与实际的统一"，要求将马克思主义理论与抗战建国等现实需要相统一。侯外庐从来不做为考据而考据的书斋式的学术研究，而是与现实革命斗争的需要相结合，从历史研究中找到并论证中国未来的出路。他指出："伟大的抗战建国时代，正是中国学术开足马力的前进时代。学术研究缓慢地落后于抗战军事，这是一个大遗憾。"⑤ 所以，要使理论的研究适应"现在和将来的中国民族和社会的需要"⑥。毛泽东提出了"马

---

① 侯外庐:《在严格要求下从事科学研究工作》,《红旗》1961年第19期。
② 侯外庐:《关于学习历史的方法》,张岂之主编:《侯外庐著作与思想研究》第24卷,第840页。
③ 侯外庐:《关于学习历史的方法》,张岂之主编:《侯外庐著作与思想研究》第24卷,第840页。
④ 侯外庐:《怎样造就社会科学研究人才》,《文汇报》1980年6月28日。
⑤ 侯外庐:《中国学术的传统与现阶段学术运动》,《理论与现实》第1卷第1期,1939年4月。
⑥ 编者:《创刊献辞》,《理论与现实》第1卷第1期,1939年4月。

克思主义的中国化"命题后，马克思主义者和进步知识分子发起了"学术中国化"运动。侯外庐在《理论与现实》创刊号发表《中国学术的传统与现阶段学术运动》一文予以积极回应。他鉴于中国马克思主义者很少对中国数千年历史进行研究的现实，提出"我们要批判地接受中国文化古代的优良传统"[1]，强调要用马克思主义批判地总结中国的历史遗产。因此，侯外庐提出的"理论与实际的统一"治史路径，不仅强调理论与史料的统一，更是理论与革命斗争的现实需要的统一，彰显了中国马克思主义史学学术性和革命性统一。

总之，侯外庐主张的"理论与实际的统一"治史路径，对当代中国历史研究仍有重要启示。坚持唯物史观，从原著出发掌握理论，坚持马克思主义与史料、现实的双重统一，重视中国历史的实际和特殊性，反对唯理论是从，实现马克思主义理论中国化和民族化，批判地继承中华优秀传统文化等，与建构中国特色、中国风格、中国气派的历史学学科体系学术体系话语体系高度契合，在当前和未来的史学研究中大有可为，需要认真研究、继承和发展。

（原载《史学理论研究》2021年第5期）

---

[1] 侯外庐：《中国古代思想学说史》，文风书局1946年版，"自序"，第1页。

罗尔纲：道德文章第一流

夏春涛

（中国社会科学院历史理论研究所）

罗尔纲与20世纪同龄，1956年被评为一级研究员，是国内太平天国史研究的学科带头人、一代宗师，对晚清兵志、金石、训诂、《水浒传》版本等也有精深研究。作为享誉海内外的学术大师，罗老一生著述近1100万字，已辑为《罗尔纲全集》，2011年由社会科学文献出版社出版。在71载治学生涯中，罗老有两大转折：一是起初服膺乾嘉考据之学，中年欣然接受唯物史观；二是年近六旬时，如愿加入中国共产党。这两大转折深刻影响了罗老随后的治学及人生。

欣然接受唯物史观

罗老1930年从上海中国公学毕业后，受聘为胡适的学术助手，帮着整理其父胡铁花的遗稿。手稿字迹潦草、东涂西改，不易辨认，数次找人抄录均不了了之。罗老历时9个月做成了，接着编纂蒲松龄《聊斋全集》，从此养成伏案工作时忍耐、小心的好习惯。胡适将传统的乾嘉考据之学与西方实验主义相融合，提倡"大胆的假设，小心的求证"。罗老朝夕过从、耳濡目染，从胡适《醒世姻缘传考证》《辨伪举例》两文中学到其考据方法，尝试写就了一部《春秋战国民族史》。罗老与太平天国翼王石达开同为广西贵县（今贵港）人。关于未来的研究方向，胡适认为研究中国上古史，可靠的史料有限，而近代史史料比较丰富，也比较易于鉴别真伪。于是，罗老听从其建议，在而立之年走上研究太平天国史的道路。

罗老治史重视辨伪、考信，同时也零星接触到唯物史观，追求进步、重视思辨，在新兴的太平天国史研究中独树一帜。1934年，陈独秀在狱中读到罗老《太平天国广西起义史》书稿，特意托人约他来南京晤谈。当时，学界的主流观点认为太平天国是"民族革命"。1937年春，罗老出版第一本学术专著《太平天国史纲》。该书根据史料考订，否定了清末官私著述对太平天国的诸多污蔑之词，明确指出"太平天国革命的性质，是贫农的革命"。不料，胡适为此面斥罗老"学时髦""专表扬太平天国"，没有写太平天国的破坏性，"有失史家的公正"。师生二人的观点出现明显分歧，尽管胡适在日记中赞许"此书叙事很简洁，是一部很可读的小史"。

1948年春，罗老在南京治病，用他的话说，"那时候，广大知识分子已经看到长夜即将过去，黎明就在眼前"。新中国成立后，确立了唯物史观的指导地位，明确了人民的主体地位，科学解答了历史学为谁著书立说这一原则问题，为研究工作树立了正确导向。罗老张开双臂拥抱新社会，积极参加相关学术活动和理论学习。据他自述，他在空闲时自学，"整天读马列主义书籍"；后又参加政协组织的学习，每次领到文件后，"晚上都在家细心学习，查对报纸"，并根据学习体会写出书面发言。1954年11月，罗老在《学习改变了我的人生观》一文中说，学习"根本改变了我的灰色的人生观，把我在思想改造当中没有解决的问题解决了"。他认为学习才不致脱离政治、脱离群众，还会给工作带来强大动力。接受唯物史观使罗老的认识达到新高度。他于1955年刊发《试说考据在历史学研究工作中的地位和作用》一文，次年又为出版《太平天国史记载订谬集》等7本论文集写了"跋"，其核心观点是强调对史实的考据必须以马克思主义为指导，唯有如此，才能全面地、联系地看问题，从本质看问题，从矛盾对立之中看问题。

萧一山、郭廷以、简又文、罗尔纲同为国内在太平天国史研究领域卓有建树的第一代学者。新中国成立前夕，萧、郭、简移居台湾或香港，唯有罗老留在中国大陆。太平天国史研究在新中国受到空前重视，成为显学，罗老因而拥有更为广阔的学术平台，成为新中国该研究领域的奠基者和领军人物。因为扎根大陆，罗老守住了治学之根，以大规模搜集、编纂史料为例，离开大陆是无法进行的。截至1961年，罗老通过在图书馆摸底筛查，牵头发掘太平天国资料达1200万字，其收获是空前的。简又文在学术研究上也有贡献，但他明确反对运用马克思主义来研究历史，主张站在"客观"立场从事研究，进而错误地认为太平军与湘军之战是"农民打农民"，并得出太平天国"大破坏"论，称太平天国的破坏性及毁灭力仅亚于日寇侵华，"其前盖无匹也"。这就限制了他的学术成就。正如罗老《说考据》一文所分析的："资产阶级标榜的客观主义是掩盖阶级斗争，为资本主义服务。只有马克思主义才能够揭露阶级斗争，发掘出阶级斗争的历史事实，看出历史的真相。"罗老既精于考证，又接受唯物史观，重视运用阶级分析方法、站在人民立场进行研究，开辟了学术新天地，其学术成就自然也就超越同侪。

罗老毕生研究太平天国，但又不刻意为尊者讳，有意扭转学界过去一味美化太平天国的偏向。进入改革开放新时期后，有人把洪秀全和太平天国"妖魔化"，一味美化曾国藩和湘军，形成一股社会思潮。罗老对此颇不以为然。太平天国是近代中国人民反帝反封建斗争的一次尝试，尽管仅是一次失败的尝试，无力超越旧思想和旧制度，但它的兴亡轨迹对后来者起了积极的激励和警示作用。天安门广场上人民英雄纪念碑的第二块浮雕为金田起义，这代表了党和政府对太平天国的高度评价。罗老在85岁高龄写出《太平天国史》，计88卷154万言，1991年由中华书局出版，被誉为新中国太平天国研究的总结性成果。该书"序论"开篇即云："历史科学的根本任务之一，是要正确说明人民群众在历史上的地位和作用。因此，本书开宗明义第一章就首先要向读者说明人民群众是创造太平天国的历史的动力这一大旨。"

收入《罗尔纲全集》的著述，大多系罗老在1949年后完成。王庆成研究员在为《罗尔纲全集》写的序言中赞叹说："罗先生是中国和全世界研究太平天国的最杰出者，著作等身，又享九十七龄大年，对社会、对学术作出了最大限度的贡献。我们怀念罗先生，同时也感谢罗先生。"张海鹏研究员则在序言中指出："他进入近代史所时，已经53岁了。他努力学习马克思主义，在学习中把马克思主义与中国历史文化传统相结合，在史学研究中多有开拓，多有创新。总结全文，我们可以概括地得出一个结论：马克思主义开拓了罗尔纲史学研究的新生命。"祁龙威教授在纪念罗老的文章中亦云，"时代的车轮把罗先生的学术推前了一大步"。诚哉斯言。

光荣加入中国共产党

罗老一生经历清末、民国、新中国三个时期,目睹祖国之沧桑巨变,内心世界随之发生变化,最终光荣加入了中国共产党。

据罗老《生涯六记·改造记》记述,在上海求学时,他深受梁启超《中国历史研究法》和胡适的影响,"在学术思想上深深地种下客观主义的根苗"。此外,通过上《庄子》课程,"中了这部阐说无物我,无是非,无爱憎,无生死,甚至宇宙的存在亦被否定的虚无哲学的毒,它麻醉了我当时的痛苦,把我从幻灭的泥坑拖到虚无的深渊去,在我的思想上形成了虚无的世界观与悲观厌世的人生观"。这与罗老当时生活困顿、为补贴家用拼命写作有关。基于这种心境,罗老有意识地远离政治,奉行"中间路线"。

家乡解放后,罗老被选为贵县人民代表,有生以来第一次参加政治会议。随后来到南京,参加筹办纪念太平天国起义一百周年展览,参与筹建太平天国纪念馆。罗老说,他在工作中逐渐改变了人生观,获得新认识,"逐渐地在理论上认识清楚了压根儿没有什么超政治、超阶级,每一个人不是站在人民的立场,就是反人民的立场。我从前所走的所谓超政治、超阶级的中间路线,是中了资产阶级的毒"。1951年1月,纪念太平天国起义一百周年展览在南京天朝宫殿遗址展出,历时两个月,观众达90多万人次。罗老整天在会场为观众解答问题。他感慨说:"这是我第一次站在广大群众面前为人民服务,人民也教育了我。"又说:"从政治学习与工作当中,经过穷年累月的艰苦努力,逐渐懂得马克思主义的立场、观点、方法,使我运用考证方法时得到马克思主义的指导,以解决问题。"

1955年1月4日,在参加全国政协二届一次全体会议后,罗老在《光明日报》发表《两个人生》一文,就新中国成立前后自己的表现作了对比:"这是如何不同的两个人生啊!一个是灰冷的、虚无的、无可奈何的人生;一个是热爱的、满怀信心的乐观的战斗的人生。两个不同的人生绘出了中国两个不同的时代……到了今天新时代,在毛泽东光辉的照耀下,只要你要求进步,就连同我这样的一个活死人,也恢复了青春,充沛了生命的活力。"他在南京主持筹建太平天国纪念馆凡5年,该馆成立揭牌时功成身退,对馆长一职坚辞不就,返回北京工作。

1958年5月,57岁的罗老如愿加入中国共产党。他依旧无意仕进,淡泊名利,做人低调,但从此多了一份责任心和奉献意识。时值中共江苏省委拟把太平天国纪念馆扩建为太平天国历史博物馆,商洽借调罗老回南京工作。罗老面见近代史研究所范文澜所长,表示听从组织安排,愿意回南京协助工作,不当馆长;今后工作都是为人民服务,一定扫除旧社会遗留的"名利"观念的坏影响。范老听了,很高兴。

罗老说到做到,言行一致。国民经济陷入严重困难时期,全国都在过紧日子,罗老对领取一级研究员的高薪感到不安,主动提出降薪。他在南京前后工作14年,出差一直自掏腰包,不花公家一分钱。他主持编纂出版数百万字文献资料,每种资料还写了序言,一律署"太平天国历史博物馆编",不肯署自己的名字,也不肯拿稿费,执意将其作为博物馆经费。馆方只好存入银行,待罗老1964年返京工作后寄还,又被退回。1986年,罗老又将《困学丛书》稿酬全部捐给广西贵县图书馆,以表示对家乡发展的关切。而罗老在生活中十分俭朴,从不讲排场,从不端架子。据罗老回忆,他4岁就被母亲带着学做事,7岁上学后帮着种菜、养鸭等。后来成了知名学者,回家乡时,仍在家清扫厕所、挖掘阴沟,母亲则笑着站在一边看。罗老说:"我一生劳动,喜爱劳动,以劳动为光荣。我不曾有负我母亲的好教育。"1956年,近代史研究所党支部书记周超接罗老来京治病,嗣后笑着告诉罗老:"那天见到你,使我吃了一惊,以为见到了一个拉大板车的哩。"1984年,《人民日报》记者在采访罗老后写道:"乍见到罗老,我心中一怔:这位和本世纪同龄的大学者,却很像农民,已届高龄仍在操心劳作的农民!"罗老因此博得"布衣学者"雅号,在学界有"一代宗师、布衣学者"之美誉。

"打破砂锅璺(问)到底"

太平天国史研究已持续近一个世纪,之所以能保持数十年繁荣、形成严谨之风气,研究之深入、成果之丰富在中国近代史领域蔚为大观,与学科带头人罗老的倡率密不可分。

罗老治学极为严谨,认为"打破砂锅璺(问)到底"正是乾嘉学派治学的好态度。他在《我是怎样走上研究太平天国史的路子的?》一文中说:"我研究太平天国史,首先是做辨伪、考信的工作。做这种工作,必须忍耐、小心、一丝不苟,必须'打破砂锅璺(问)到底'。这些习惯,应该说是我一生工作的基本功。"罗老这种治学态度突出体现在他对忠王李秀成"自述"的注释上。

当年忠王李秀成掩护幼天王自天京(今南京)突围,不幸在郊外被俘,后在囚笼中写下5万余字,结合自身经历详述太平天国兴亡始末。曾国藩处死李秀成后,将其亲供删改,印成不足3万字的《李秀成供》一册,即世传"九如堂本";其亲供手迹则一直秘而不宣,留下许多猜想。1944年,广西通志馆秘书吕集义在湘乡曾氏故宅获见这一秘本,便据九如堂本与之对勘,补抄被曾氏删除的5600余字,并摄影16页。罗老于1931年开始注释《李秀成供》,此时改以吕氏补抄本和照片4张作为底本作注,写成《忠王李秀成自传原稿笺证》一书,1951年由开明书店出版,轰动一时。1956年,有学者撰文质疑,认为从内容上看,李秀成不应向曾国藩乞降;经法医鉴定,其笔迹不同于《李秀成谕李昭寿书》的笔迹,据此断言李秀成供述系曾国藩伪造。罗老根据书家"八法"之说,将这两件文书的字迹逐一拆开比较,判定两者笔迹表面相异而实际相同,断言李秀成"自述"确系真迹。这种别开生面的考证方法很有启发意义。1962年,曾国藩的曾孙曾约农将秘藏的李秀成亲供原稿交台北世界书局影印出版,题签《李秀成亲供手迹》,印证了罗老的结论。罗老遂第三次调整版本,1982年由中华书局出版《李秀成自述原稿注》。祁龙威教授感叹说:"在我国学术史上,注释史籍的名家不少,如裴松之注《三国志》,胡三省注《资治通鉴》等等。但在版本方面遭到如此曲折,还是没有过的。"罗老在该书"前言"自嘲地写道:"四十九年来,好似乌龟爬行一样一点一滴地去作注。有些注真正是'踏破铁鞋无觅处',到费尽九牛二虎之力找到了,却又自笑无知。"该书出版后引起较大反响。有位青年来信说,他看了《李秀成自述原稿注》"前言",感动得流了泪,表示要学作者历经49年,好似乌龟爬行一样去钻研学问。另有一名读者来信说,读后希望罗老多出力作,"去照亮更多的人"。

嗣后,罗老继续留心搜集史料,随时补注,1995年由中国社会科学出版社出版其增补本。该书从太平天国制度、避讳字、特殊称谓、人物等12

个方面详加训诂,另从事实、时间等 10 个方面订正原文错误或补充其缺略,事实考证与名物训诂并重,注释多达 700 条,注文是原文 4 倍多,堪称精湛。例如,李秀成是被两个民人拿获解送湘军大营的,曾国藩用朱笔将原稿"是以被两国[个]奸民获拿"改为"遂被曾帅追兵拿获",其对清廷之欺骗一目了然。再如,李秀成多次提到曾与绰号"冲天炮"的清军将领李金旸交战。关于冲天炮其人其事,郭廷以《太平天国史事日志》、简又文《太平天国全史》均语焉不详。罗老经长期钩稽史料,终于将其生平考订清楚,指出此人系天地会出身,叛投官府,被忠王生俘后获释,走归南昌自首,曾国藩担心其凶悍难制而将其处死。罗老对太平天国史料所下功夫之深、考订史实贡献之大,学界无人能出其右。正是基于"打破砂锅璺(问)到底"般的执着,罗先生推出了这一当代考证学的经典之作。罗老穷半个多世纪之力注释李秀成"自述",从青春一直注到白首,在史学界传为佳话,是十年磨一剑、甘坐冷板凳之治学精神的典范。

学问大　胸襟也大

罗老悉心奖掖后学、诲人不倦,在圈内是出了名的。他心无旁骛,唯一的业余爱好是欣赏京剧,据说在京居住几十年,一直没有游览过长城。罗老平素深居简出,惜时如金,不喜应酬,但对求教者几乎来者不拒,为此耗费大量时间和心血。国内研究太平天国的第二代学者,无不以能拜见罗老、得其亲炙为荣;凡接触过罗老者,均自视为罗老的私淑弟子。据钟文典教授回忆,他向罗老请教时,罗老不仅作了完善回答,还指出相关问题,甚至数次抄录十余页资料寄来。1986 年夏,笔者随祁龙威教授拜访罗老,有幸一睹大师风范。罗老穿布衣布鞋,一口乡音,精神矍铄,很有亲和力。国内太平天国史研究之所以成果丰硕、繁盛一时,罗老厥功至伟,起了传帮带和凝聚人心的作用。

罗老虚怀若谷,从善如流。他早已名满学界,但从不以权威自居,倡言"为学要有大无畏追求真理的精神,要有承认错误的勇气"。《安徽史学》1984 年第 1 期刊发了《太平天国的科举考试"始自辛开元年在广西永安州时"吗?》一文,对罗老观点质疑。罗老撰写订正旧说的一文寄给该刊,并专门致函编辑部,针砭了自古文人相轻、同行成仇的现象,建议在文前加一按语,"以纲为'的'(有的放矢),论述著者承认错误是对人民负责的应有态度,而提意见的同志则应有与人为善的态度,为百家争鸣提倡一种好风气"。此事经媒体报道后,一时传为美谈。

笔者对此有亲身感受。1987年春,我拜读到罗老一文,文中征引《天父诗》第237首:"看主单准看到肩,最好道理看胸前;一个大胆看眼上,怠慢尔王怠慢天。"据此论证"洪秀全的私生活是极顶严肃的"。我当时正在读硕士学位,懵懵懂懂给罗老写信,认为夫权意识严重的洪秀全实际上是在教训后宫"非礼勿视",《天父诗》第197首可作注脚:"起眼看主是逆天,不止半点罪万千;低头垂眼草虔对,为得丈夫敬倒天。"孰料罗老很快亲笔回信说:"拙文《谈治学》系急就篇,所引《天父诗》第237首确如尊论,系夫权表现,虽然纲引此文时目的在于说洪秀全不是荒淫之主,但对此点也应有所说明,这实是疏漏,蒙指出十分感谢!"并赞许我就如何深化太平天国研究提出的肤浅看法,表示"极佩卓见""望努力攀登"。这使我汗颜不已,更受到鞭策。真正的大学者不仅学问大,胸襟也大;不仅学问好,人品也好。罗老就是这样的人。

罗老从小体弱多病,一生都在与疾病较量,《生涯六记·抗病记》对此记述甚详。他能取得如此学术成就,颐养天年,除坚毅、乐观等因素外,与其高尚人品也有很大关系。茅家琦教授感叹说:"无私无畏,心中无一点私心杂念,是先生一生事业和成就的精神基础。"李文治先生亦云:"关于《抗病记》,对我启发也大。看来人之长寿与一个人的品德不无关系。"因为胸怀坦荡,罗老活得从容淡定,这显然有助于延年益寿。

"桃李不言,下自成蹊。"罗老德学双馨,赢得人们真心爱戴。罗老驾鹤西去后,郭毅生教授写有一副挽联,额题"道德文章第一流",上联为:"金田起义何日?着佃交粮何时?军师制、伪降考,探微索隐,阐发幽迹。卓见永垂翰苑,晚生痛悼太平天国学一代宗师。"下联为:"洪门创始奚年?水浒真义奚在?金石门、考据学,旁征远引,雅博宏通。巨著长留人间,八方缅怀中国近代史传世名家。"道出人们共同心声。罗老是一名真正的学者、长者,也是一名令人敬重的共产党员。

(原载《中国社会科学报》2022年3月15日)

论章开沅史学思想的特质*

马 敏

（华中师范大学中国近代史研究所）

新中国史学已走过了七十多个年头，其间史学人才辈出，既有从民国时期过渡而来的老一辈历史学者，如陈垣、吕思勉、陈寅恪、顾颉刚等；也有老一代马克思主义历史学者，如郭沫若、范文澜、翦伯赞、侯外庐、吕振羽等。[①] 其间，还有一批在民国时期出生和受教育，但基本是在新中国成长起来的中生代马克思主义历史学家。这批人在新中国史学中起着承前启后、继往开来的重要作用，尤其在改革开放时期，在历经磨难、沉浮之后，正是他们承担了重振中国史学的重任，在各自的领域中均有重要的建树，培养了大批中青年史学家。

史学是在不断的传承与创新中发展的。时至今日，当这些新中国曾经的新锐史学家们作为一个群体即将谢幕之际，应该是时候来认真总结他们的史学思想，观察自梁启超倡导"新史学"以来，他们在中国史学的发展历程中究竟占有何种历史地位，对新中国史学，尤其是改革开放以来的史学究竟有何贡献，其史学思想对更新一代史学家的成长究竟有何启示。

在中生代马克思主义史学家群体中，已辞世一年的章开沅无疑具有一定的代表性。作为笔者的业师，他曾不止一次对弟子们讲过，如果一定要在史学家中划个派，他无疑属于马克思主义派史学家，因为他们这些人当

---

* 本文是国家社会科学基金中国历史研究院重大历史问题研究专项（项目编号：21@WTG005）的阶段性成果。

① 关于中国马克思主义史学的发展历程，参见赵庆云《20世纪中国马克思主义史家与史学》，北京师范大学出版社2019年版；李红岩《中国马克思主义史学思想概说》，《史学理论研究》2016年第1期；赵国华《中国马克思主义史学论析》，《史学理论研究》2017年第3期。

年投笔从戎参加革命就是因为信奉马克思主义，长期以来指导其历史研究的基本思想就是唯物史观和辩证法，但这并不妨碍他自己在长期的史学实践中广纳博采，吸收中国史学和西方史学的精华，熔铸为自成一格的史观。在笔者看来，除却多方面具体的历史研究和学术贡献不论，① 就最基本的史观而言，章开沅史学思想中，有四个独具一格的观念或特质值得提炼与总结，即："别识心裁"的史识、"贯穴熔铸"的通识、"学者人格"的史德和"因诗悟史"的史感。这些最为基本的史观或特质正是释读章开沅史学思想及其丰硕史学成果的一把钥匙。以下分述之。

一 "别识心裁"与史识

在《史学寻找自己》这篇短文中，章开沅特别提到清代史家章学诚力排众议，对郑樵及其《通志》所作的高度评价："郑樵生千载而后，慨然有见于古人著述之源，而知作者之旨，不徒以词采为文，考据为学也。于是遂欲匡正史迁，益以博雅；贬损班固，讥其因袭。而独取三千年来，遗文故册，运以别识心裁。盖承通史家风，而自为经纬，成一家言者也。"② 所谓"别识心裁"，即治史者对历史的领悟和裁断，或曰独立思考的能力，也就是通常所说的"史识"。关于"史识"，唐代刘知幾有"史才三长"之说："谓才也、学也、识也。"③ 其中，"史才"是指治史的才具、技艺和方法，"史学"是指所掌握的历史知识和史料，"史识"则指修史的识见和判断力。对史学家而言，三者皆十分重要，但最难能可贵的可能还是"史识"。史家只有具备较高的"史识"，具有洞察历史真相的"眼力"，方能成为"成一家之言"的大家。

当代中国史学家中，章开沅所表现出的特质之一，便是具有过人的"史识"。这种"史识"，首先体现为他对史学研究方向的深刻洞察力和把

---

① 章开沅治学领域十分宽广，大体涉及辛亥革命史、民族资产阶级研究（包括张謇研究、商会史研究）、近代思想文化史、中国早期现代化史、中国教会大学史与南京大屠杀史六个方面。此外，他在史学理论与方法上也有许多深入的思考和精辟见解，在中国史学的学科建设、人才培养等方面亦作出了突出贡献。
② 章学诚：《文史通义》卷5《内篇五·申郑》，叶瑛校注，中华书局1985年版，第463页。
③ 《旧唐书》卷102《刘子玄传》，中华书局1975年版，第3173页。

握力，即所谓治史的"眼力"。

在史学研究中，章开沅往往总能先人一步，高屋建瓴地发现和指出最有价值的研究方向和研究领域，从而将弟子们引导到学术的前沿，取得具有创新性的学术成果。如华中师范大学中国近代史研究所同仁擅长的辛亥革命史研究、早期资产阶级研究、商会史研究、早期现代化史研究、教会大学史研究等领域，均系章开沅最早开创，并全力开拓，然后弟子们相继加入、跟进，最终形成成果迭出、蔚为壮观的大好学术局面。对此，章开沅曾形象地比喻为学术的"会餐"："觉得自己的一生好像一只忙忙碌碌的老鸡，成天到处啄啄扒扒，如发现什么谷粒、昆虫之类，便招呼小鸡前来'会餐'。1979年在东京大学搜集宫崎滔天和梅屋庄吉的档案文献，1980年在苏州市档案馆勘察苏州商会档案的史料价值，1991年在耶鲁大学神学院图书馆检阅中国教会大学史档案的收藏状况，都为本所中青年教师的学术成长起了若干导引作用。而经过他们不懈的协同努力，便出现了商会史研究、教会大学史研究等新领域的开辟。"[①] 不难看出，每次"会餐"的结果，都为他所在的学术单位开辟出一片全新的学术领域，影响所及，不仅仅是该单位的年轻学者，而且在一定程度上对中国的近代史研究起到了开风气之先的作用。

学者有多种多样，有的专注于埋首耕耘自己擅长的领域，学术成就斐然；有的则在做好自身学问的同时，关注面更为宽广，志趣更为远大，更善于为所在的学术群体谋集体之未来，开辟新的天地。如前者可称被为"战术型学者"，后者则可被称为"战略型"学者。就其在多个学术领域的开创之功而言，就其在培养学生方面取得的成就而言，章开沅正是中国"战略型"学者中的出类拔萃者，也可称得上是当代中国近现代史领域真正的"领军人物"之一。

其次，章开沅"别识心裁"的"史识"，还表现在他对许多历史问题的认知上，往往有自己独特的学术见解，常常令人耳目一新，茅塞顿开。读章开沅的著作、文章，常能体味到其思想的火花和睿智的思辨，直抵历史的深层和本质，能够切实地感受到一种历史理性的张力。

在多种场合，章开沅都曾反复强调，治学切忌人云亦云，一定要有自

[①] 章开沅：《我的人生追求》，《实斋笔记》，东方出版中心1998年版，第12页。

己独立的见解。以辛亥革命史研究而论,20世纪80年代初当一些人怀疑"辛亥革命史研究得差不多了,很难再深入了"的时候,他高瞻远瞩地指出,辛亥革命史研究,"从总体上看,还远远没有达到完全成熟的水平。就局部而言,可能在政治方面颇有水平的成果较多;但就整体而言,经济、文化领域的研究非常不足,薄弱环节以至空白地区很多,还有大量工作需要我们努力去做"。① 他还指出,要将辛亥革命史的研究引向深入,就必须加强对辛亥革命时期社会环境的研究,实现从"革命"向"社会"的转向,从社会结构的变迁来研究"革命",从而逐渐形成其构建"社会历史土壤学"的理论构想。"社会历史土壤"是与"自然土壤"相对应的一个概念。"自然土壤"由自然地理的环境、气候、资源、土性等自然因素构成,"橘逾淮而北为枳",便是自然土壤对植物生长的影响。"社会历史土壤"由文化和社会结构等要素所构成,既包含传统政治制度、经济制度等制约,也包含人的素质和文化修养等方面制约,"先进的西方科技、设备和企业组织,引进到衰老的大清帝国以后,却成为如此扭曲的形象,而结出的也只能是苦涩的果实",这里面就有一个"社会历史土壤"问题。②"社会历史土壤学"的核心思想,"就在于举凡研究历史人物与事件,必须深入考察和探讨孕育人物与事件的社会历史土壤,也即研究当时的具体社会环境"。③ 落实到关于辛亥革命期间社会环境研究,即是要对当时的社会存在"以全面的切实的注意",特别是要加强"对于近代中国社会的经济结构和阶级结构的研究"④。其中便包括对商会、商团、体育会、教育会、救火会、市民公社等新式社团组织的研究,章开沅视这类社团组织为社会的"细胞",认为"如果多注意考察一些类似这样的社会'细胞',并且认真地加以剖析,将有助于我们对辛亥革命时期的资产阶级进行更确切的估量。"⑤ 章开沅的这些独到见解,不仅廓清了对辛亥革命史研究意义的不

---

① 章开沅:《辛亥革命史研究如何深入》,《章开沅演讲访谈录》,华中师范大学出版社2009年版,第212页。
② 有关"社会历史土壤",章开沅有时亦称"社会文化土壤"或"社会历史文化土壤",参见章开沅《离异与回归——传统文化与近代化关系试析》,湖南人民出版社1988年版,第143页。
③ 朱英:《章开沅与辛亥革命和中国资产阶级研究》,《史学理论研究》2017年第4期。
④ 章开沅:《要加强对辛亥革命期间社会环境的研究》,《辛亥革命与近代社会》,天津人民出版社1985年版,第205页。
⑤ 章开沅:《辛亥革命史研究中的一个问题》,《历史研究》1981年第4期。

正确认识,而且为今后几十年间辛亥革命史研究的不断深入奠定了坚实的基础。

又如,当有些人简单地以为近代教会大学只是西方帝国主义侵华的工具,不值得研究时,章开沅则以客观的历史态度和敏锐的学术眼光指出:"过去人们曾经将中国教会大学单纯看做是帝国主义文化侵略的工具,殊不知它也是近代中西文化交流史的重要组成部分……教会大学校园内连绵不断的中西文化的碰撞与融会,便属于中西文化交流较高与较深的层次。我们深信,教会大学史研究的进展,必将对近代中西文化交流的探讨产生促进的作用。"[1] 可以说,正是他的这一深刻论断,打消了当时许多人的顾虑,促进了其后中国教会大学史研究这一学术分支的崛起。

章开沅不仅在一些学术研究的大关节上头脑清醒、预判准确,而且在一些具体的学术论断上也常常新见迭出,令人印象深刻。比如关于传统文化与近代化之间关系的问题,早在20世纪80年代末中国新一轮现代化启动之时,章开沅即用"离异与回归"高度概括了传统文化与近代化之间"剪不断、理还乱"的相互依存、相互转换的辩证关系。他认为,传统文化与近代化之间的动态关系,是"从离异开始,以回归终结;离异之中经常有回归,回归之中继续有离异"。[2] "这里的离异,首先表现为向西方近代文明的模仿、学习与趋近;这里的回归,则主要表现为从传统文化中寻求本民族的主体意识,以求避免被先进的外国文明同化。"[3] 在近代化和现代化过程中,通过"离异"而学习西方,扬弃传统中不合时宜的因素是绝对必需的,但并不意味着现代化可以脱离传统而发展,一个民族的现代文化,只能从本民族传统文化中"生长"出来,而不可能凭空产生。我们的任务,应该是"努力发掘经过长期筛汰的中国文化价值系统中的生命活力,使之适应现代生活并为当代文明的发展服务"。[4] 因此,在根本意义上,"我们应该既超越西方文化又超越传统文化,根据现实生活与未来发展的需要营造新的价值体系。当然这种新的价值体系并非无根无源、无依无傍,但它既非传统文化价值体系的简单继承,更非西方文化

---

[1] 章开沅:《章开沅演讲访谈录》,第259页。
[2] 章开沅:《离异与回归——传统文化与近代化关系试析》,第219页。
[3] 章开沅:《离异与回归——传统文化与近代化关系试析》,第1页。
[4] 章开沅:《离异与回归——传统文化与近代化关系试析》,第224页。

价值体系的盲目抄袭。它既有择善而从、兼容并包，更应该有自己的新的开拓与创造"。① 这些论断，可以说既中肯又理性，对我们今天处理好传统文化与现代化的关系，真正走出一条中国特色现代化道路不无启迪。

顺便说一句，《离异与回归：传统文化与近代化关系试析》一书，篇幅虽然不大，不到 16 万字，但写作于章开沅在拨乱反正之后学术精力最为旺盛，思想最为活跃、成熟之时，其构思之巧，视野之广，见解之深，文笔之美，实堪称其代表作之一，值得反复阅读，细细品味，从中可以发现在中西文化相互激荡中近代思想文化演变、发展的真实历史轨迹。

二 "贯穴熔铸"与通识

章开沅之所以具有过人的"史识"，能够在史学研究中不断创获和开新，除有章学诚强调的作为"著书者之心术"的崇高"史德"外，关键还在于他长期对史家"通识"意识的强调和主动修为。在他看来，"别识心裁"的"史识"与"贯穴熔铸"（梁启超语）的"通识"密不可分，如章学诚所言，郑樵之所以能够"运以别识心裁"，关键还在于其"盖承通史家风，而自为经纬"。② 通识虽系史识之一种，但又高于一般的史识，故值得拈出另论，史家"贵在通识"。

近代史学名家梁启超在谈及专门史与通史（普遍史）的关系时，有一段十分精到的论述："专门史多数成立，则普遍史转易致力，斯固然矣。虽然，普遍史并非由专门史丛集而成。作普遍史者须别具一种通识，超出各专门事项之外而贯穴乎其间。夫然后甲部分与乙部分之关系见，而整个的文化始得而理会也。"③ 章开沅认为，梁氏所谓"通识"，是就通史（普遍史）而言，但同样适用于整个史学研究。"据我切身体会，专则易入，通始能出。若无深入的专门研究作为基础，所谓通识则如水无源，如木无本。但史家如缺乏通识，亦易流于支离破碎，乃至成为饾饤之学。"④

在提倡史家"贵在通识"上，章开沅完全是身体力行的。他的治学给

---

① 章开沅：《离异与回归——传统文化与近代化关系试析》，第 228 页。
② 章学诚：《文史通义》卷 5《内篇五·申郑》，第 463 页。
③ 梁启超：《中国历史研究法》，上海古籍出版社 1998 年版，第 38 页。
④ 章开沅：《贵在通识》，《实斋笔记》，第 336 页。

人最突出的印象,便是淹贯赅博、气象宏大,既讲"横通",也讲"纵通",还讲中外古今相通,往往是全史在胸、全局在胸,然后阐精抉微,言人所未言。在他看来,史学的使命如司马迁所言,就在于"究天人之际,通古今之变,成一家之言"。如果不能通古今之变,就不能或很难成一家之言。"古与今都是客观存在,通的任务便落在历史学家的身上,也正因为如此,史学便成为把过去与现在及未来连接起来的桥梁。"① 就历史"纵通"而言,章开沅力主"大历史观",提倡学习法国年鉴学派的史学主张,从历史的长时段来把握和研究具体的历史事件。比如,在纪念辛亥革命 100 周年之际,章开沅便率先提出辛亥革命史研究要"盘点三百年,三个一百年"的观点,给人以极大启发。他认为:"应该了解孙中山辛亥革命之前的一百年,特别是辛亥革命怎么来的,孙中山的纲领怎么来的,它都是有依据的。同时还要盘点辛亥革命后的一百年。还要研究从现在开始,往后的一百年。"② 这"三个一百年",实际上就是要从历史的"过去""当下"与"未来"三个长时段中,观察辛亥革命的形成、发展及其影响的全貌和全过程,从而全面深化我们对于辛亥革命的认识。在历史人物研究中,章开沅亦主张不应就事论事,因人论人,而必须将人物放到大的历史时代背景之中,作通盘的、全面的考察,从社会变迁和人物相互关系的角度深入剖析历史人物的个性特征。如对张謇的研究,章开沅认为张謇乃是"过渡性时代、过渡性社会中的一个过渡性人物",终其一生,"以一个农家子弟经过科举成为士人群体的成员,又从士人群体向商人群体转变,进入新兴资产阶级的行列"③。只有在从一个群体向另一个群体的流转变迁过程中,才能准确把握张謇的性格特征及其随时代而沉浮的多面人生。正是由于能够从社会转型的宏阔视角对张謇进行细致入微的深入研究,章开沅有关张謇的传记著作方能成为近代人物研究的一部典范之作,"堪称最丰富最有吸引力,因为我们可以感受到他几乎是在与这位人物共命运同呼吸"④。

---

① 章开沅:《贵在通识》,《实斋笔记》,第 334 页。
② 章开沅:《辛亥革命需探索上下三百年》。https://news.ifeng.com/c/7fYzxv4BHbZ [2022 – 06 – 08]。
③ 章开沅:《开拓者的足迹——张謇传稿》,中华书局 1986 年版,"自序",第 3 页。
④ 参见巴斯蒂《章开沅教授与张謇研究》,《章开沅先生九秩华诞纪念文集》,华中师范大学出版社 2015 年版,第 19 页。

尽管提倡要注重"纵通"的大历史观，但章开沅并没有忽视对历史细节的描写，只是不赞同那种割裂历史联系而刻意追求细节的"碎片化"做法。他认为，历史研究的对象是整个社会运动，历史发展是一个前后连续的过程，然而无论是整体或过程，都由成千上万的细节组成，"无细节即无历史；然而组成历史的细节毕竟有主次与层次之分，随意撷拾罗列的细节仍然难以重现真实的历史情景"，细节研究必须能进能出，以小见大，见微知著，这才能形成以实证为基础的真知灼见。因此，必须将严肃的细节研究同刻意追求的"碎片化"区别开来，处理好整体研究与细节研究、宏观研究与微观研究的辩证关系。①

在历史的"横通"与"会通"方面，章开沅不仅提倡要多做区域性、全球性的比较研究，从空间上拓展我们的历史视野，注意将辛亥革命放到世界史的大范围中来考察，"把中国史当作世界史的一部分来研究"，加强同法国大革命及菲律宾、越南、印度等国民族独立运动的比较研究，而且主张要注意历史学科内部及历史学科与其他学科的横向沟通、相互渗透，尽可能地借鉴社会学、人类学、经济学、政治学乃至科技的方法，"史学不是静止地、消极地等待其他学科来渗透，它会主动走近、嫁接许多学科有用的理论与方法，而这正是历史学蓬勃生机之所在"。②

结合"纵通"与"横通"的"通识"观，章开沅提出，为推动中国近代史学科发展，中国近代史研究者必须"走出中国近代史"，做到"上下延伸"和"横向会通"。"上下延伸是从时间上走出中国近代史，横向会通是从空间上走出中国近代史，而走出又都是为了回归中国近代史，中国近代史毕竟是我们研究的主体。只有把中国近代史置于更为绵长的多层次多向度的时间里和更为广阔的多层次多维度的空间里，我们的研究才有可能进入一个更高的境界。"③他进一步分析，现今治学，许多人之所以既难以做到连接古今的"纵通"，也很难实现跨学科、跨专业的"横通"，

---

① 章开沅：《重视细节，拒绝"碎片化"》，《近代史研究》2012年第4期。关于章开沅对历史研究"碎片化"问题的观点，参见张艳国《章开沅先生关于中国近代史研究"碎片化"问题的理论贡献》，《江汉论坛》2015年第7期。
② 章开沅：《序言》，乐正：《近代上海人社会心态（1860—1910）》，上海人民出版社1991年版，第3页。
③ 章开沅：《走出中国近代史》，北京出版社2020年版，第41页。

关键还在于格局太小，一叶障目，急功近利，过度追求学问的速成、快效。对此时弊，章开沅批评道："现今治学又多失之于功利主义太重，著述往往异化成为晋升手段，或过于急切追求社会时尚，通识之意亦唯少数学者言之，而言者谆谆，听者藐藐，通识通才之难得更甚于往昔！但今后史学之发展，仍然呼唤通识与通才，有抱负的年轻历史学者需要继续朝这个方向努力。"① 章开沅还指出，我们的历史教育长期以来也多少存在缺乏"通识"的问题，需要重视和不断改进。"1949 年以来，我国高校史学教育受苏联影响颇深，专业分工过细，课程设置单调，教学内容与教学方法都比较划一而呆板，所以很难形成严格意义的通识，80 年代以来，始注意历史学科内部之中外古今相通，与历史学科同其他相关学科之相互渗透。"②

值得注意的是，在"贯穴熔铸"的"通识"内涵上，章开沅的思考某种意义上已超越了史学本身，而上升到一种人生、哲理和智慧融通的高度。他提出，现在的史学家要想提高史识，深化对历史的理解，"一定要关心当前人类一些重大的问题，关心当前人类文明的深层危机问题，不能做一个浑浑噩噩的史学家"。史学有自己独立的品格，史家有自己独立的人格，"学术研究不应该仅仅是上级提出一个什么口号，下级就跟着研究什么东西，而是自己应该密切地关注整个历史的走向，以及当前人类面临的一些重大问题，甚至包括太空问题、宇宙问题，都应该考虑，这样才是一个真正的史学家"。"作为一个史学工作者，你的思想境界，你的事业，你的关注，特别是一种终极关怀达到了什么程度，这才决定了你作为史学家的价值的大小。"③

比如对章太炎"俱分进化论"的理解和认识，如果不上升到对世界和人类终极关怀的意义上，便很难理解章太炎那种具有超前性的历史思维。与许多人认为章太炎发表《俱分进化论》是其思想倒退的表现相反，章开沅认为章太炎并非全盘否定进化论，而是阐明了一种涉及范围更广的进步文明观。"《俱分进化论》所包含的忧患意识，已经不再是传统士大夫那种古老忧患意识的简单重复。它突破了宗庙社稷、王朝统系的狭窄框架，也

---

① 章开沅：《贵在通识》，《实斋笔记》，第 337 页。
② 章开沅：《贵在通识》，《实斋笔记》，第 337 页。
③ 李平生：《章开沅教授与中国近现代史写作》，《章开沅演讲访谈录》，第 28、29 页。

超越了忧国忧民、愤世嫉俗的固有格局，而是把自己的视野与思路引向更为广阔的空间与更为长远的时间。它关心的不仅仅是自己的民族与国家的命运，而是整个文明、整个人类，乃至人类栖息于其上的地球、地球运行于其中的宇宙的发展前景。"[1] 若干年后，结合中国发展的实际进程以及面临的许多生态与社会的复杂问题，再回过头来看，不得不佩服章开沅当初敏锐的学术判断。换言之，尚在改革开放之初，人们的物质生活并未充沛之时，章开沅便较早地意识到了章太炎所言"俱分进化论"的忧患意识对中国经济发展所具有的警示意义：就道德言，"善亦进化，恶亦进化"；就经济、文化和物质生活的发展而言，"乐亦进化，苦亦进化"，随着知识与科技水平的提高，善恶、苦乐亦将不断同步增长。这就告诫我们，不可盲目迷信进化和经济增长，更不可将进化和增长视作绝对的信仰。任何事物都有两面性，与物质生活提高相伴随的，很可能是挥之不去的"现代病"，是对环境的污染和破坏，是道德的滑坡。如果不是站在更高的整体人类文明进化史的高度，融通过去、现在与未来，是很难具有这样通透的史学认识的。

由此可见，真正意义上的"史识"和"通识"，乃是建立在"天人合一"、悲天悯人的人类终极关怀上的，是来源于历史又超脱于具体历史的大关怀、大觉醒、大智慧，只有达到这样的思想至境，方能真正做到"究天人之际，通古今之变"，实现史学研究的终极价值。在《我的学术生涯》一文中，章开沅曾满怀深情地表露过他心目中的"大历史观"："由于人所共知的原因，过去我所损失的时间已经太多，剩下的时间又未免太少。现在，我只能做一点力所能及的工作，例如《贝德士文献研究系列》之类，别无更为宏大的抱负与规划。但我内心深处却抱持着一个宏愿，那就是努力把人类历史作为一个整体，用全人类和大史学的观念和方法研究历史，不断以此自勉并寄希望于年轻一代。"[2]

三 "学者人格"与史德

史识、通识与史德密不可分。如果说，见识、明理和通达还是在

---

[1] 章开沅：《〈俱分进化论〉的忧患意识》，《章开沅学术论著选》，华中师范大学出版社2000年版，第216页。

[2] 章开沅：《我的学术生涯》，《实斋笔记》，第10页。

"学"的范畴,史德更多强调是内心的修为,是史识与通识的内在基盘。朱熹讲:"心不定,故见理不得。今且要读书,须先定其心,使之如止水,如明镜"。① 要真正做到明理,就必须反求诸己,先定其心,先静其气。形而上的人文精神自有其超乎世俗功利的一面,这就是为知识而知识、为学术而学术的知识传统和学术传统,它可被称为学者的不可或缺的学术修养或学术良心。有此修养和良心,正直的知识分子方可做到襟怀坦荡,客观公正,心定气闲,不急功争利,孜孜以求学术的"真经"。

明乎此,也就不难理解章学诚在史家诸多品质中,为何独重"史德"。章氏说:"能具史识者,必知史德。德者何?谓著书者之心术也。夫秽史者所以自秽,谤书者所以自谤,素行为人所羞,文辞何足取重……而文史之儒,竞言才、学、识,而不知辨心术以议史德,乌乎可哉?"② 对那些"心术"不正且"好名"的著书者,章氏是不屑一顾的。他指出:"好名之人,则务揣人情之所向,不必出于中之所谓诚然也。且好名者,必趋一时之风尚也……必屈曲以徇之,故于心术多不可问也……故好名者,德之贼也。"③

由此可见,史德实乃做学问之基本前提,做人比做学问还要重要。为学之人必须明辨做人与做学问之间的"浅"道理,做学问从做人始,立言之先,须先立其德。

章开沅也最为强调治史者首先要讲史德,史学要有自己独立的科学品格,史学家要始终保持自己独立的学者人格,具有刚直不阿的学人风骨。"史魂即史德,用现代话语来表达,就是这个学科固有的独立品格。而与此相对应的,就是以史学为业者必须保持独立的学者人格。"④ "头既然长在自己身上,理应属于自己。就史学家而言,这就意味着必须秉笔直书与独立思考,而不应总是'唯书唯上'(借用陈云语)。"⑤ 在他看来,史学在本质上是一门求真的学问,"真实是史学的生命,求实存真是历

---

① 朱熹:《朱子语类》卷 11《学五·读书法下》,朱杰人等主编:《朱子全书》第 14 册,上海古籍出版社、安徽教育出版社 2002 年版,第 333 页。
② 章学诚:《文史通义》卷 3《内篇三·史德》,第 219—220 页。
③ 章学诚:《文史通义》卷 4《内篇四·针名》,第 445 页。
④ 章开沅:《史学寻找自己》,《实斋笔记》,第 309 页。
⑤ 章开沅:《"头是×姓物"》,《实斋笔记》,第 322 页。

史学家无可推卸的天职，因此也就更需要孟子所提倡的大丈夫刚直的浩然之气。"[1] 而事实上，章开沅最令人钦佩的，就是不管环境如何变化、际遇如何沉浮，他始终能保持赤子之心和刚正不阿的学者人格。一位国外学者曾告诉笔者，章开沅给他留下的最突出印象就是始终能坚持自己的学术见解，有一股浩然之气。这也是大多数人的印象和评价。对自己的弟子，章开沅则常以楚图南给戴震纪念馆的两句题词相赠："治学不为媚时语，独寻真知启后人。"这里面既包含了他对人生的追求，同时也是对后辈的勉励。照笔者肤浅的理解，这两句话的含义，一是要求后辈在做人上，要有独立的人格，襟怀坦荡，一身正气，孜孜以求学术的"真经"；二是要求在治学上，应有自己的独立思考和独立追求，以最终形成独立的学术风格，展现自己的独特个性。唯其如此，方能成为章开沅所讲的那种"不忘根本"，既能"铁肩担道义"，又能"妙手著文章"的"真正的史学家"。

德为育人之本。教师的职责不仅在于知识的传授，更在于人品的培养。好的老师教给学生的往往不仅是做学问的方法，更是做人的道理。"桃李无言，下自成蹊"，老师的良好风范和道德操守无形之中一定会影响学生。这种春风化雨、润物无声的人格魅力可以说是"师道"的最高层次，也是教师最神圣的义务。在这方面，章开沅作出了最好的表率，是那种能够启迪心智、"授人以渔"的"大先生"，他传授给弟子们的不仅是治学之道，而且也是为人之道、处世之道、生活之道。

养成独立的学者人格之所以重要，关键便在于如此才能像章学诚所说的，"辨心术以议史德"，通过"笔削谨严"而达到"别识心裁"，真正做到"成一家之言"，有自己的独立见解，有创新性学术思维，产生值得流传的学术成果。"要究，要通，才能有所成；也只有抱持一家之独立品格，才能究有所明，通有所识，而不至于人云亦云地'炒现饭'。"[2] "文章千古事，得失寸心知"。做学问既需心无旁骛地坚守，又需毫无私心地秉笔直书，这就要求史学家必须永远保持一份超越世俗的纯真与虔诚。章开沅指出，真正的史学家与真正的科学家、艺术家一样，都具有超越世俗的纯

---

[1] 章开沅：《治学不为媚时语》，《实斋笔记》，第313页。
[2] 章开沅：《史学寻找自己》，《实斋笔记》，第309页。

第二篇 中国马克思主义史家

真与虔诚,"工作对于他们来说,奉献更重于谋生,其终极目的则在于追求更高层次的真、善、美。唯有如此真诚,才能不趋附、不媚俗、不作违心之言……而现今专事剪刀浆糊、电脑拼接,剽窃之法日巧,附会之智愈工,以出书多而且快自炫之徒,对此能无愧怍"?① 真正优秀的史学著作,是人类文明的瑰宝,经得起时间的打磨和历史的检验,永远不会多余,也永远不会过时。这便是真诚的历史学者终生追求的学术永恒。"尽管史学在社会暂时受到冷落,但历史学者千万不可妄自菲薄,必须保持学者的尊严与良知,以高品位的学术成果争取社会的理解与支持。我深信,除非是史学自己毁灭自己,只要还有一个真正的历史学家存在,史学就绝对不会灭亡。何况当今真正的史学家何止一个,有的是一批乃至一大批。"② 这种史家的自觉,在一些西方史学家看来,便是所谓"历史的公正"。马克·布洛赫认为,有两种形式的公正无私,一是学者的,一是法官的。两者的基本共同点是忠于事实,但学者只限于观察事实并作出解释,而法官则必须依照法律作出裁决。学者的公正表现为尊重"与其最偏爱的观点相悖的事实";法官的公正则表现为尊重证据而不管内心倾向于何方。从历史学家的良心和道德出发,必须坚持和维护历史评判的公正,但事实上要真正做到这一点,又是十分困难的,如马克·布洛赫所言:"我们对自己、对当今世界也未必有十分的把握,难道就这么有把握为先辈判定善恶是非吗?"③ 尽管进行历史评判困难而复杂,但史学家的使命就是要求历史之公正,并以学者独立人格与学科的独立品格保证历史公正的实现。对此,章开沅指出,"求实求真是历史公正的基础,努力贴近并维护历史真实应是史学家的职业道德。因此,由于史学家不可能生活在真空,他所厕身于其中的社会有许多现实因素对其工作产生影响或干扰,诸如社会心态、文化趋势、意识形态、权势干预、金钱诱惑、人际关系等等,他们需要有极大的勇气与毅力才能维护史学的自主与尊严。"④

坚持历史的公正,一个绕不过去的话题就是史学与政治的关系。章开

---

① 章开沅:《治学不为媚时语》,《实斋笔记》,第 312 页。
② 章开沅:《治学不为媚时语》,《实斋笔记》,第 313 页。
③ [法]马克·布洛赫:《历史学家的技艺》,张和声、程郁译,上海社会科学院出版社 1992 年版,第 102 页。
④ 章开沅:《历史的公正(续)》,《实斋笔记》,第 318 页。

沉认为，史学家与政治家在主观上是想友好相处的，"因为一般说来，他们不仅有共同的目标，而且还有许多共同利益，大家毕竟都是生活在同一国土上与社会中"。① 但是，史学毕竟是一门具有独立品格的学科，应有独立研究的空间，"希望保持史学本色，尽可能避免泛政治化"。② 史学家并非不想与政治家保持一致，但有其独特的、适合于本学科的方式，这就是培根所说的，"真正的同意乃是各种自由的判断通过恰当的考验而归于一致"。③ 由此，章开沅指出，"我相信，只要加强相互沟通，增进彼此理解，政治家与史学家之间一定能够建立良性的互动关系，而那将是我们民族很大的福气。"④ 学者人格中还有一点十分重要，这就是史学家要有对现实的忧患意识和参与意识，有一份历史的担当。其实，某种意义上，这也是历史上儒家"入世"传统的体现，即作为一个儒者，应像宋代大儒张继所说的那样，勇于做到"为天地立心，为生民立命，为往圣继绝学，为万世开太平"。⑤

"参与的史学与史学的参与"是章开沅近些年常讲的话题，也在一定意义上体现了他的史观。这种史观强调历史学家要有强烈的参与意识和社会责任感，不仅要书写历史，还要参与创造历史，融入历史，为人类正义事业和社会发展作出自己的贡献。章开沅认为，"面对当代人类文明的严重缺失，历史学家不应该保持沉默，更不应该无所作为。我们必须和其他人文科学、社会科学乃至广大科技专家中的有识之士一起，共同纠正现今文明的缺失，并且用自己的学术精品，用自己的智慧与热情，营造健康向上的使人类免于继续沉沦的精神文明。"⑥ 历史学家究竟怎样参与现实生活呢？章开沅的答复是主要用自己的史学成果来参与，"历史学家不仅应该积极参与现实生活，而且应该成为把现实与过去及未来连接起来的桥梁，应该用自己的研究成果丰富与影响现实生活，并且与人民一起追求光明的未来"。⑦ 章开沅

---

① 章开沅：《史学与政治》，《实斋笔记》，第319页。
② 章开沅：《史学与政治》，《实斋笔记》，第319页。
③ 章开沅：《史学与政治》，《实斋笔记》，第319页。
④ 章开沅：《史学与政治》，《实斋笔记》，第321页。
⑤ 章锡琛点校：《张载集》，中华书局1978年版，第395页。
⑥ 章开沅：《参与的史学与史学的参与论纲》，《江汉论坛》2001年第1期。
⑦ 章开沅：《现代化研究与中国近现代史研究——寻求历史与现实的契合》，《章开沅学术论著选》，第30—31页。

所提出的"参与史学",发人深省。史学要寻找到自己的出路,不被社会所冷淡。第一,应该自强和自省,在社会发展中明确自己的定位和责任。这就要求史学家不能困守学术的象牙塔,而要主动走出书斋,关心社会,参与社会,通过自己的社会活动和学术成果来影响历史的进程(尽管可能是微不足道的),直接或间接地创造历史。任何对现实社会生活的冷漠、逃避和事不关己的清高态度,对一个成熟和正直的历史学家而言都是不足取的。第二,仍需提倡"古为今用"(不是简单的影射史学或为我所用),加强古与今的对话,在我们的史学成果中打通古今,以史为鉴,真正使史学成为构筑过去、现实与未来的桥梁。所谓参与历史,"亦即走进历史,理解历史,把自己重新体验并赋予生命的真正历史奉献给人类"。[1]"抽刀断水水更流",历史发展是一个连续的过程,过去、现在与未来之间并没有截然的界限,因此,许多史学研究课题来自对现实问题的关注,应勇于从历史角度解读现今社会发展急需解决的问题。参与的史学只有在史学的参与中才能得到实现。

四 "因诗悟史"与史感

史与诗本属完全不同之范畴,诚如史家与诗人恰为两种气质不同之人群:一严谨,一浪漫;一重证据,一恃想象。但这截然的两端,似乎又有内在的联系。钱锺书曾以"诗具史笔"与"史蕴诗心"归纳之,谓:一般"只知诗具史笔,不解史蕴诗心"。[2] 对此,汪荣祖有精辟的评论:"故诗与史本质有异,而两者复有互惠之谊,既可会同,又不可尽通,岂不值得玩味?"[3]

对史与诗二者的关联,章开沅亦有自己的解释与认知。他指出,"诗人不一定是史学家,正如史学家也不一定是诗人。但诗中有史、史中有诗,即非史诗佳作,昔人诗词中亦富有史识、史感者,读之可以增添治史悟性。"[4]

---

[1] 章开沅:《走出中国近代史》,第34页。
[2] 钱锺书:《谈艺录》,中华书局1984年版,第363页。
[3] 汪荣祖:《史学九章》,生活·读书·新知三联书店2006年版,第196页。
[4] 章开沅:《因诗悟史》,《实斋笔记》,第305页。

就"诗中有史"言,史学名家陈寅恪以"以诗证史""以史释诗"著称于世,开辟了"诗史互证"的治学新径。其《元白诗笺证稿》一书,即自如穿行于诗与史之间,成为打通史学与文学两个领域的典范之作。作为近代史学者,章开沅虽不常用"以诗证史"的方法,但因自年少便于古诗词浸淫甚深,也偶有以诗证史的佳作,最具代表性的当推《跋乌目山僧癸卯诗三首——1903 年的国内革命思潮》。这篇文章从革命僧人黄宗仰的三首诗《〈驳康书〉书后》《〈革命军〉击节》《饯中山》生发开去,抽丝剥茧,旁征博引,由诗而及人、及事(黄宗仰同章太炎、邹容、孙中山三人的交往),进而剖析其背后所隐藏的海外革命运动与国内革命运动之间的关联,以及江浙地区何以成为 20 世纪初期革命思潮狂飙突起的策源地,可谓匠心独运、发人深省,以独特的视角和新颖的笔触阐释了佛教界同辛亥革命的关系[1],读之令人击节。

不过,在对"诗中有史"的理解和运用上,章开沅更看重的似乎还是如何"因诗悟史",自诗中去捕捉史识与史感,尤其是后者。

究竟何谓"史感"?看似有些虚无缥缈,难以捉摸,但实为史学上一重要范畴。章开沅认为,"史感就是对历史的感觉(或称实感)",或者说是史家对历史情境的体察。史感的获得在很大程度上受史家自身禀赋、资质以及素养、灵气、积累等综合因素的影响,非一朝一夕或仅凭下苦功可得,"史感并非与生俱来,许多史家治史十几年乃至几十年,却始终未能捕捉到真正属于自己的史感。尽管他们经常讲什么'一切依时间、地点、条件为转移',但历史在他们的笔下往往是枯燥的史料堆积或者竟是抽象的理论图谱。这里既有思维(研究)方法问题,也有资质禀赋和学术素养问题"[2]。

面对历史,什么是有(史)感,什么是无(史)感?章开沅以古诗词为例,对此作了生动说明。唐代孟浩然《与诸子登岘山》一诗:"人事有代谢,往来成古今。江山留胜迹,我辈复登临。水落鱼梁浅,天寒梦泽深。羊公碑尚在,读罢泪沾襟。"此诗妙在于不着痕迹中对历史时间的感悟,极富史识与史感。"浩然诗句之佳在于'代谢'、'往来',有此两词,

---

[1] 章开沅:《跋乌目山僧癸卯诗三首——1903 年的国内革命思潮》,《章开沅学术论著选》,第 280—302 页。

[2] 章开沅:《浅谈高阳的史识与史感》,《鸿爪集》,上海古籍出版社 2003 年版,第 52 页。

历史遂有生命,时间顿成鲜活,表现为运动中之延绵。"与孟诗之侧重时间感悟不同,宋代苏东坡《题西林壁诗》则以空间为视角,尽显对变幻莫测之历史空间的感悟,诗云:"横看成岭侧成峰,远近高低各不同。不识庐山真面目,只缘身在此山中。"章开沅点评道:"而欲识庐山真面目,又必须横看、竖望、远眺、近观、俯瞰、仰视,然后才能经过比较、分析,综合成为比较切近真实的总体形象。我常爱说'治史犹如看山',即系脱胎于东坡此诗。""识山固然不易,识史恐怕更难。"史感不仅来自对历史现象的横看与侧看、远视与近观,更在于对其内在本质和规律性的把握。①此外,章开沅认为,南宋辛弃疾词《南乡子》中"千古兴亡多少事,悠悠,不尽长江滚滚流",与孟诗"人事有代谢,往来成古今"寓意相同,"均为通晓世事,看透人生,富有历史哲理之言"。通篇洋溢史感,"传达了不以人的情意为转移的永恒信息"②。

由此观之,由诗而得之史感,所涉及的不仅仅是诗中所反映的史实,或隐藏于诗句背后的历史线索,而更多的是蕴含其中的历史哲理、历史感悟,是如同电光石火般能够撩拨、触动读者心扉的史之灵感。唐代陈子昂《登幽州台歌》云:"前不见古人,后不见来者!念天地之悠悠,独怆然而涕下。"所传达的便是这种能够穿越时空的深沉、凝重的史感,"作者把自己置于历史延绵的长河之中,而又超越于世俗庸众之上,因而呈现出卓绝千古的孤寂,令读者心灵为之振撼。这是此诗得以长期流传的重要原因之一"③。

"诗中有史"或"诗具史笔",大致可作上解。那么,"史中有诗"或"史蕴诗心"又当作何解呢?章开沅将此问题仍归结于"史感"范畴,进行了较为深入的探讨。

如果说,"诗中有史"多半是从诗人和文史结合的角度来讲,那么,"史中有诗"或"史蕴诗心"则更多是从史家和史学范围来探讨,是对史家和史学更高层次的要求。治史者本身是否具有史识、史感,恰是良史与庸史之别。那种缺乏识见和才情底蕴的史书,大抵只能归于清代章学诚所言"史纂""史考"一类,而入不了史学主流。章学诚有言:"整辑排比,

---

① 章开沅:《因诗悟史》,《实斋笔记》,第 305—306 页。
② 章开沅:《因诗悟史》,《实斋笔记》,第 307 页。
③ 章开沅:《因诗悟史》,《实斋笔记》,第 307 页。

谓之史纂；参互搜讨，谓之史考；皆非史学也。"① "至于辞章家舒其文辞，记诵家精其考核，其于史学，似乎小有所补；而循流忘源，不知大体，用功愈勤，而识解所至，亦去古愈远而愈无所当。"② 真正的史学，必有史识，必在"求义"，而史识有不同层次，"求义"也有境界高低，只有将深邃的史识与浓郁的史感相结合，才能称之为良史。章开沅以高阳的历史小说为例，申论了史识与史感的关系，指出："高阳的史识之所以容易被读者理解和认同，又是由于他有敏锐而浓郁的史感，或许可以说他的史识产生于史感并寓于史感之中。"③

由此可见，对史家言，史感既关涉对史料的把控能力，对史事的理解能力，更关涉历史想象力、表现力，是优秀史家必不可少的核心素质。有史感方为良史，有史感方能求史之诗意、诗心，发掘出蕴含于历史深处的真与美，书写出"诗般之史"（poetic history）。"惟史蕴诗心，始称佳史……盖史蕴诗心关涉到史笔叙事，创意之流畅与美感，真与美之结合。"④ 是否能写出有诗意的历史，实际上也体现了史家精神境界的高低，"精神境界不仅是美的本原，也决定着对宇宙、社会人生认识的深浅高低。王国维所谓学者必须领悟宇宙、人生方可成高格出佳句，说的虽是诗词创作，但对史学研究亦有启发意义"。⑤

那么，作为史学家如何才能涵育和提升自身的史感，追求"史中有诗""史蕴诗心"的佳境呢？

章开沅认为，首先史感来源于多方面的综合性因素，关键还在于全面提升自身的史学素养，不断积累人生经验与学养水平。尤其要借助于哲学的理论思维与文学的想象能力，不断改善思维格局与认知方法，真正做到"知人论世"。高阳即是一个极好的例子。"高阳由于家世、学养与史识三方面的原因，不仅对晚清的政局有总体的把握，而且极为熟悉掌故，又勤于考订史料，把众多人物与许多细节都写得栩栩如生，使读者仿佛置身于

---

① 章学诚：《文史通义》卷5《内篇五·浙东学术》，第524页。
② 章学诚：《文史通义》卷5《内篇五·申郑》，第463页。
③ 章开沅：《浅谈高阳的史识与史感》，《鸿爪集》，第52页。
④ 汪荣祖：《史学九章》，第200页。
⑤ 章开沅、[日]池田大作：《世纪的馈赠：章开沅与池田大作的对话》，湖北人民出版社2011年版，第30页。

百年以前的晚清社会之中。"①

其次,一定要学会"设身处地"地同古人对话,从这种跨越时空的"对话"中获取史感。章开沅格外强调历史研究中"对话"的重要性,认为历史研究者应与研究对象对话,今天需要与往昔进行对话,"必须通过潜在无声的对话与历史人物沟通以形成理解","这也就是马鲁所说的'像今天朋友了解朋友那样去了解过去的人',布洛赫所说的'理解才是历史研究的指路明灯',以及李贽所说的'与古人为友'、'与其人会晤'"。②历史研究的本质就是同古人、昔日不断进行对话、沟通,达成理解的过程。古今皆然,中外同理。

要想无碍地与古人沟通、对话,又必须摆正身段,或如西方所说的"同情之理解",或如中国所说的"设身处地",总之,要想方设法进入昔日的世界、古人之心灵。章开沅认为,在这层道理上说得最为深透的还是一代史学大师陈寅恪。陈氏强调,学者必须"神游冥想,与立说之古人处于同一境界,而对于其持论所以不得不如是之苦心孤诣,表一种之同情,始能批评其学说之是非得失,而无隔阂肤廓之论"。章开沅慨叹:"此语非深得史学神髓且具有深厚学术素养者不能发。"③

而真要想同古人处同一境界,窥见前人的思想,就必须如同布洛赫所讲,"自己的思想就应当让位"。这里的"让位",并非说要完全摒除个人的价值判断,而是通过换位思考,设身处地去客观评说历史。章开沅解释道,"所谓让位,即设身处地,把自己设想成处于当时的历史环境,根据确凿史料分析前人思想与行为的成因与后果,这样才有可能窥见其心灵深处的奥秘"。④ 为此,史学家必须排除种种干扰,进入一种"虚静"的状态,与古人形成超越时空的无声对话,亦即思想与感情的沟通。"古之学者颇重虚静,今之学者与历史人物对话也需要虚静。唯虚始能承受,始能容纳新知,用我们法国同行的话来说,就是要把自己的思维暂时从头脑中退出去,而把古人的思维让进来。静是一种心境,外在的环境可能匆迫烦扰,但学者的内心必须平静如水,超然物外而又沉潜于学,如此才可以有

---

① 章开沅:《浅谈高阳的史识与史感》,《鸿爪集》,第53页。
② 章开沅:《对话与理解》,《实斋笔记》,第323—324页。
③ 章开沅:《因诗悟史》,《实斋笔记》,第308页。
④ 章开沅:《对话与理解》,《实斋笔记》,第325页。

所悟解。"① 也唯有达于此种虚静状态,治史者方能真正进入历史场景之中,激活自己的史感,思接千载,视通万里,真切地感受到历史的千姿百态,而不"以己度人",以偏概全,优游于历史长河之中,体验探幽索奇的喜悦。

史感的养成还同历史原生态观念密切相关。"历史原生态"是章开沅史观中的另一个重要概念。这一概念最先来自章开沅对最近几十年间商会史研究何以取得重要进展的思考,他认为,其中关键相当程度上应归功于对"原生态"商会资料的整理与运用。由此他更推而广之,将"原生态"一词运用到整个历史研究之中,倡导要加强对"历史原生态"的研究。大致有两层意思:一是要充分运用原生态的史料,注意史料的完整性。"我们提倡对于一些重要的史料必须读原文、读原本,文本是必不可少的,尤其要考虑文本的完整性,必须知道这些材料是从哪儿来的、背景是什么。"② 二是要重视对历史作客观的解释,追求研究对象的原生态。"历史研究的本身首先是求真求实,历史的真实就是历史对象的原生态,尽可能地不做不着边际的评论,不带任何偏见,保持价值中立……历史事件、历史人物的原生态,就是其本来面貌,就是它们的真实面相。"③ 在史感建立与历史原生态关系上,只有用原生态的史料去还原原生态的历史,自觉走进原生态的史境(historical contexts),切实感受到扑面而来的历史气息,才能产生与众不同历史感悟,获得历史的灵感,从而写出有血有肉的鲜活历史。这乃是许多成功史学家的切身体会。如章开沅提到,他当年撰写《辛亥革命与江浙资产阶级》这篇论文时,便得益于到江浙许多地方去亲身感受历史的氛围,"通过对当年的文件、报纸、画报、历史遗迹等这些内容的观看,使自己有所感悟……我感受到了那种气氛,仿佛已经进入晚清社会"。④ 如此自然能写出有着浓郁史感的精彩论文。

史感又并非史家一人的独自感受。史感之建立,既要入乎其内,与古人对话;又要出乎其外,与读者、听者交流,因此,它本质上是双向的:既要感动自己,还要能打动别人,这就涉及史学的文字表述与传播问题。

---

① 章开沅:《广义的对话》,《实斋笔记》,第 333 页。
② 章开沅:《走进历史原生态》,《走出中国近代史》,第 163—164 页。
③ 章开沅:《走进历史原生态》,《走出中国近代史》,第 165 页。
④ 李平生:《章开沅教授与中国近现代史写作》,《章开沅演讲访谈录》,第 32 页。

第二篇　中国马克思主义史家

针对一些史学文章行文佶屈聱牙、晦涩不通的问题，章开沅指出，著史也须注重文风、强调文采，发乎情而行于文，加强对读者的感染力。为什么有些史学文章使人觉得很优美，是因为它们除史识以外，更有一种由置身历史情境而生发的史感，以及能将此种史感倾情表达出来的文笔。在历史书写中，诚然是内容大于形式，但形式本身，包括行文风格与文字技巧亦不容忽视，只有文采与史识、史感达于高度统一，方能展现史学之美。"形式和内容是密不可分的，但作为一种形式的追求、形式的改进又是非常重要的。形式不是一个简单的包装，应该跟内容形成一个有机的结合，产生一种内在的美，产生一种魅力，这种魅力来自其内心。"① 显然，"史中有诗""史蕴诗心"，亦包括历史叙事与书写的诗意表现。独特的风格与文采，最能够引导读者去感受历史的无穷魅力。"马迁史记疏荡而有奇气；温公通鉴，庄严信美；吉本的罗马衰亡史行文恣肆，结构宏伟；米什莱之法兰西史，使往事复苏，中古重生，均称可以咏歌之史，具有诗之美。"②

读章开沅的史学文章，亦常慨叹于其文笔之优美，无论谋篇布局、遣词造句，均极讲究，极洗练，富有历史的诗意，给人以美的享受，恰如其分地表达了其史识与史感。他将此归功于长期以来十分注重史学与文学的结合，并希望史家多读文学之书，不断磨炼、提升自己的文字表达能力。如其所言："我除了阅读一些历史著作之外，还阅读了很多其他的文学作品"，"如果没有刻苦的追求、刻苦的磨炼，就不可能运用自如地用文字表达自己的思想"。③

结　语

以上并不完全的概括和论述，初步探讨了章开沅持之以恒的史学追求及其史学思想的特质。这些特质说到底还是根源于他对史学境界的追求，即他近年来常讲的"追求圆融"。"圆融"的观念来自佛学，对史学研究而言，"圆融"可以是陈寅恪点明的"神游冥想，与立说之古人处于同一境界"；也可以是王国维强调的"入乎其内，故有生气；出乎其外，故有

---

① 李平生：《章开沅教授与中国近现代史写作》，《章开沅演讲访谈录》，第30页。
② 汪荣祖：《史学九章》，第200—201页。
③ 李平生：《章开沅教授与中国近现代史写作》，《章开沅演讲访谈录》，第31、30页。

高致"的佳妙境界，但总体而言，仍是对真善美的追求。求真、求善、求美乃史学的最高境界和终极追求。只有在对历史真善美的不懈追求中，我们才能像章开沅揭示的那样，发掘出"蕴藏于史事之深处的大智慧"，"惟大智慧之发现始能出良史出大家"①。

章开沅曾言："历史是已经画上句号的过去，史学是永无止境的远航。"② 在中国史学的远航中，只有系统总结自梁启超提倡"新史学"百余年来的史学航程，厘清其中的发展轨迹，梳理各史学流派的史学主张，方能融百家之所长，创立特色鲜明的当代"中国历史学派"，为中国史学未来发展探索前行的道路。这其中就包括通过"重读章开沅"，重读所有那些在新中国史学发展中留下鲜明个人印记的大师、巨匠们的著述，总结他们的治学方法与治学经验，在传承创新中延续中国史学的学脉。

（原载《史学理论研究》2022 年第 4 期）

---

① 章开沅：《境界——追求圆融》，《史学月刊》2004 年第 6 期。
② 章开沅：《治史偶感》，《章开沅学术论著选》，第 92 页。

王庆成与改革开放以后中国近代史研究的大转型

虞和平

（华中师范大学中国近代史研究所）

王庆成于1928年出生，2003年退休，2018年逝世。他于1951年从南京大学社会学系毕业，随即到中央宣传部理论处工作。1959年调至中国科学院哲学社会科学部（中国社会科学院前身），任《新建设》杂志历史编辑组组长。1975年借调到《文物》杂志工作。1977年12月调入中国社会科学院近代史研究所（以下简称"近代史研究所"），历任研究室副主任、主任、副所长、所长。学术上擅长太平天国史研究，系该领域著名专家，早年以业余时间从事研究，于1956年开始发表专业文章，调入近代史研究所以后在《历史研究》《近代史研究》等刊物上连续发表重要文章，先后出版太平天国研究专著三种。1986—1990年担任国家哲学社会科学"七五"规划中国近代史学科组组长，积极倡导中国近代城市史、中国近代化（现代化——下同）等新学科的研究。晚年从事社会经济史研究，发表重要文章数篇。

从王庆成的学术生平可以看出，他经历了改革开放以后中国历史学拨乱反正、推陈出新的重大转型时期。在这一不平凡的变革时期，中国历史学界出现了一批不平凡的杰出学者，他们不仅个人的学术研究取得了突出的创新成果，而且在不同程度上引导和推动了中国史学的创新发展，王庆成可谓其中的一个杰出代表，对中国近代史研究的创新发展发挥了具有转型意义的推动作用。

王庆成与改革开放以后中国近代史研究的大转型

一 对太平天国史研究的拨乱反正和承前启后

　　王庆成的研究专长是太平天国史,其主要成果与"文化大革命"结束后对太平天国史研究的拨乱反正相伴相生。太平天国史是中国近代史中的一个传统热门领域,在民国时期就已有不少学者进行研究,新中国成立后又是中国近代史"八大事件"中最受学界重视的一个事件,在"文化大革命"时期成为中国近代史中被"四人帮"歪曲利用最为严重的一个领域。"文化大革命"结束以后,史学界立即展开了对"四人帮""影射史学"的批判和清算。1978年对太平天国史方面的拨乱反正率先成为热点,这一年的《历史研究》发表相关文章七篇,约占中国近代史学科所发文章总数(19篇)的37%,其中王庆成一人发表了两篇,即《关于"天父天兄天王太平天国"》《太平军内部对建都问题的论争及其影响》。这两篇文章以纠偏补缺的纯学术研究,纠正"文化大革命"时期的相关歪曲和偏执论调。王庆成在第一篇文章的结尾中指出:"洪秀全是伟大的历史人物,他作为太平天国反封建反侵略斗争的领导人而对历史有杰出贡献。但他不是没有自己的弱点。'相当长的时期以来,人们一直用迷信来说明历史,而我们现在是用历史来说明迷信'(马克思:《论犹太人问题》)。改号改政不是什么两条路线斗争的大事,对改号改政的态度不是什么评价太平天国人物的标准;相反,我们应该按照历史原貌而对改号改政给予认识和评价。没有接受'改政'的陈玉成而为太平天国尽忠到底,很早就遵制遵改的陈炳文却终于向清朝呈递投降禀帖,而且在禀帖上盖上'天父天兄天王太平天国'的官印,'改政'之不能检验太平天国人物的功罪,不是很明显的吗?"[①] 这里,他首先提出并自行对洪秀全做出了实事求是的研究。

　　1980年3月,王庆成在《人民日报》发表《太平天国研究中的新问题》一文;1981年第3期又在《历史研究》发表《太平天国研究的历史和方法》一文。这两篇文章指出了"四人帮"垮台后太平天国研究中出现的对一些重要问题的新探讨,以及仍然需要进一步澄清和深入研究的问题,并特别强调了以下两点。

---

① 王庆成:《关于"天父天兄天王太平天国"》,《历史研究》1978年第9期。

第一，对历史事件的研究不能脱离其所处的时代，主张进行对历史事件及其社会环境进行整体研究，把事件史研究拓展到时期史研究。对于这一点，王庆成论及了三层意思。首先，在评论有关太平天国是封建政权还是革命政权的不同观点中论及了时代性的问题，他说："这些不同的看法，大都是从太平天国的思想意识、政治制度、土地政策等方面来立论，都注意到了太平天国在这些方面的封建性因素。太平天国革命是在刚刚走向半封建半殖民地的社会中发生的，它在各个方面从开始就带有封建性，是不言自喻的。"① 这就是说，太平天国虽是一次反清的革命运动，但它不能完全超越历史条件的局限，要把这一历史事件放到其所处的初入近代这一时代环境中进行研究。

其次，在对民国时期及新中国成立之初，有关太平天国起义性质是农民战争、资产阶级性的农民革命、市民革命的三种说法的评论中，论及了历史研究要切合历史环境的问题。他指出："研究这样的问题，需要对太平天国本身的思想、政策的性质、作用、后果作实事求是的分析，同时还应对当时中国整个社会的性质有切合实际的认识。列宁说：'在全部社会经济带有资本主义性质的条件下，任何反对中世纪制度的农民革命都是资产阶级革命。'根据列宁的这一意见，认为太平天国是一次农民革命而具有资产阶级革命的性质，似乎需要切实地研究当时中国的全部社会经济是否带有资本主义的性质，或在什么程度上带有这种性质。这是一个很大的科学问题，当然不是从名词、概念方面所能解决的。"②"所以，对太平天国的研究来说，凡是太平天国所由产生的和对它的斗争起了影响的当时各种社会因素，如经济、地理、文化、民族、民俗、心理、宗教、法律、人口等等，都应该在我们的视野之内，用历史唯物主义的理论加以研究。"③ 于此，王庆成强调对太平天国性质的研究，不能只从名词和概念出发进行演绎、解释，而是既要研究太平天国本身的所作所为，更要研究其所处时代的全部社会经济状况，即整个时代环境。

最后，从太平天国研究而论及近代全部重大事件研究，提出历史"土壤"之说，将事件和时期相融合，从而将事件史研究的视野扩大到时期

---

① 王庆成：《太平天国研究中的新问题》，《人民日报》1980年3月6日。
② 王庆成：《太平天国研究的历史和方法》，《历史研究》1981年第3期。
③ 王庆成：《太平天国研究的历史和方法》，《历史研究》1981年第3期。

史。他认为:"要具体地理解太平天国及其斗争,就不能只限于研究这些斗争本身,而必须同时研究这些斗争所由产生的整个社会和社会生活。两个过程、三个高潮、八大事件的中国近代史体例,突出了中国一百多年来反帝反封建斗争的重大事件,但如果只重视这些事件本身而忽略了产生这些事件的土壤,忽略了当时社会的结构和大多数人的生活和思想,那末,对大事件的性质和面貌的认识也难以把握其具体的历史特点……我们只有既研究大事件,又研究整个的社会和生活,才能真正了解历史是我们的昨天和前天。"① 在此,王庆成从太平天国史研究论及了整个近代史主轴和重大事件研究,提出了必须重视研究这些事件产生的"土壤",即包括社会结构、社会生活和思想等主要元素在内的整个社会环境。这就突破了以往就事件论事件的研究方式,进而将事件史研究推进到时期史研究。王庆成的这一主张是很前卫的,与当时正在主编《辛亥革命史》的章开沅所强调的要"研究辛亥革命的时代背景和社会环境",② 乃至提出"社会历史土壤学",③ 可谓是不谋而合,异曲同工。此后,从时期史的范畴研究事件史逐渐成为史学界之共识。

第二,对历史人物的研究不能概念化、脸谱化。王庆成在关于太平天国领导人研究的评论中说:"相当长的一段时期以来,对于历史人物的研究,尤其是对于太平天国人物的研究,作出某种政治鉴定,例如是否'叛徒'、是否'野心家'、是'变节'还是'变节行为'等等,似乎被当作了这种研究的目的和内容。戚本禹所传布的这种恶劣影响,往往使历史人物的评价纠缠于这些政治概念的争论,从而降低了科学研究的性质。"④ 他们把"生动、丰富的历史现象,变得极度的贫乏,脸谱化、简单化、公式化"。⑤ 王庆成在批判戚本禹、梁效、罗思鼎这种把"历史问题变成了政治问题"的"恶劣手法"的同时,还提出了历史人物研究应该实事求是,从具体人物的具体处境和作为出发,应该研究"人物怎样和为什么参加了某

---

① 王庆成:《太平天国研究的历史和方法》,《历史研究》1981年第3期。
② 章开沅:《〈辛亥革命与近代社会〉自序》,《章开沅文集》第11卷,华中师范大学出版社2015年版,第361页。
③ 章开沅:《我的史学之路》,《章开沅文集》第11卷,第342页。
④ 王庆成:《太平天国研究中的新问题》,《人民日报》1980年3月6日。
⑤ 王庆成:《太平天国研究的历史和方法》,《历史研究》1981年第3期。

一历史过程,他对此过程起了什么作用,为什么起这样的作用,等等"。①

王庆成指出的这种人物研究的概念化、脸谱化现象,在"文化大革命"期间最为突出,在"文化大革命"前后的一段时间里也有不同程度的存在。这一现象不仅存在于太平天国人物研究中,也存在于其他历史人物研究中,如在资产阶级人物和辛亥革命人物研究中,对人物的戴帽、摘帽、分界、划线以及相应的概念化定性和评判是当时研究的主要路径和内容。因此,王庆成实事求是研究历史人物的主张,不仅对太平天国人物研究具有拨乱反正的意义,而且对其他方面历史人物的研究也具有纠偏拓新的功效,如对太平天国人物洪秀全、杨秀清、李秀成的研究;对辛亥革命人物黄兴、宋教仁、黎元洪的研究;对资产阶级人物张謇、郑观应、虞洽卿的研究,类皆如此。

王庆成在进行上述拨乱反正工作的同时,也展开了自己对太平天国史的新研究。他于1985年1月出版了《太平天国的历史和思想》一书。该书由他当时研究太平天国史的论文集结而成,所涉内容包括史事考释、思想源流、宗教方式、人物辨识和研究方法,旨在对太平天国研究"别开蹊径"。② 该书开拓创新的价值,可以从太平天国研究的先辈权威学者罗尔纲的评介中见之。罗尔纲说:该书有"下列几个特点:(一)对有关太平天国的一些重要问题提出了新的见解。例如关于洪秀全早期思想及其发展、关于金田起义的事实和过程、关于建都问题的论争及其影响、关于太平军的编制制度、关于儒家墨家同太平天国上帝的关系等等,本书都在独立研究的基础上提出了新的看法……对推动太平天国研究的深入发展无疑起了积极的作用"。"(二)开阔了太平天国研究的领域,提出了一些新的问题如宗教问题、民族问题等,特别是关于太平天国的宗教……扩大了对太平天国、对洪秀全研究的范围……他不是单纯地就宗教谈宗教,而是力图通过对太平天国宗教的分析来认识太平天国的思想和历史。""(三)重视理论思维,重视学习马克思主义理论以指导历史研究。"罗尔纲又重点指出:作者"有细微的功夫,又在理论锻炼上有一定的修养,因而他研究问题既观察入微,同时又能从微知著。如本书《圣神风、圣神电及其他》一篇,

---

① 王庆成:《太平天国研究的历史和方法》,《历史研究》1981年第3期。
② 王庆成:《我和近代史研究所》,中国社会科学院近代史研究所编:《回望一甲子:近代史研究所老专家访谈及回忆》,社会科学文献出版社2010年版,第566页。

他抓着'圣神风'、'圣神电'这些别人忽视的微细的地方,然而也正是反映太平天国历史的重大地方,进行分析,进行有关的联系研究,丝丝入扣地指出了太平天国的重大历史,特别是后期的历史,便是其中最精密的一篇"。①

此外,研究太平天国史的外国学者也非常看重此书。如书中《论洪秀全的早期思想及其发展》一文,"当时以魏斐德(Frederick Wakeman)为首的美国明清史研究访华团,在其专刊中对该文作了详细介绍;英国研究太平天国史专家柯文南(Charles Curwen)将该篇译为英文在 Randitions 发表"。② 后来他们二人也成了王庆成的学术知交。

王庆成的研究虽然立足于太平天国,但其创新思路及于整个中国近代史。他不仅在拨乱反正的基础上创新了太平天国史研究,起到了明显的承前启后作用,而且其研究思路和方法对近代史研究的众多领域具有启发意义和先导价值,发挥了实实在在的积极影响。

二 对中国近代经济史和社会史学科的推进

王庆成在开拓创新太平天国史研究的同时,也大力拓展和提倡中国近代经济史和社会史研究。近代经济史研究虽然早已有之,但主要从属于经济学或政治史领域,前者如中国社会科学院经济研究所、上海社会科学院经济研究所从宏观经济学的范畴进行纯经济史研究;后者如帝国主义经济侵略、土地制度和生产关系、地主阶级和资产阶级的反动性和软弱性等,以论证近代中国的半殖民地半封建性质。从历史学角度进行经济史研究者甚少,在历史研究中处于可有可无的边缘和点缀状态。鉴于此,时任近代史研究所所长的刘大年于 1981 年发表文章,指出中国近代经济史是整个近代史研究的基础,如果要把历史研究真正建立在唯物主义基础上,就必须认真研究经济史,近代经济史研究是当前深入研究近代史的最重要课题和突破口,③ 强调了近代经济史研究对深入研究近代史的重要性和必要性。

---

① 罗尔纲:《序》,王庆成:《太平天国的历史和思想》,中华书局 1985 年版,第 2 页。
② 王庆成:《我和近代史研究所》,中国社会科学院近代史研究所编:《回望一甲子:近代史研究所老专家访谈及回忆》,第 567 页。
③ 刘大年:《中国近代史研究从何处突破》,《光明日报》1981 年 2 月 17 日。

随后，便决定在近代史研究所开展近代经济史研究，成立经济史研究室，并将这一任务交给了王庆成。

1982年8月近代史研究所经济史研究室正式成立，王庆成任室主任，担起了在近代史研究所开创近代经济史学科的重任。对于近代史研究所来说，成立经济史研究室基本是白手起家。当时近代史研究所的经济史研究力量极为薄弱，老一辈研究人员中仅有樊百川一人专攻近代经济史，从翰香研究明清经济史，但他们两位因另有任务不参加经济史研究室的工作，其余就只有刚涉足于这一领域的笔者和另一位年轻人。王庆成在接受这一任务后，立即进行部署：一是陆续调入几个对经济史有兴趣、有研究的人员和硕士研究生；二是求助于中国社会科学院经济研究所经济史研究室，邀请宓汝成时常指导，并在1983年3月至1984年6月王庆成出国访问期间代理研究室主任；三是摸底探路，即摸清近代经济史研究的已有状况，探索本研究室的研究方向和领域。如此三管齐下，经济史研究室的工作很快步入轨道。特别是第三方面的工作对研究室日后工作的布局和发展颇有筑基意义。

王庆成虽然当时尚未研究经济史，但他在太平天国史领域已取得了杰出的成就，有丰富的历史研究经验，深知应该如何开展创建一个新学科的研究工作，应该怎样培养研究人员。他指教笔者说，经济史研究在我们研究所虽然是一个新的领域，但是在学术界已有不少学者做出了优秀的成果，特别是本院经济研究所和上海社会科学院经济研究所的多位前辈，都是成绩斐然的，我们要做出成绩来、做出特点来，不是一件容易的事情，先要全面了解和学习前辈们的研究成果，然后选择我们的研究方向和课题。他还认为，近代史研究所的经济史研究作为历史研究的基础学科，必须要有自己的特色。选择什么特色和方向，则必须从已有的研究状况中寻踪觅迹。因此，他首先布置全室人员编写《中国近代经济史论著目录和提要，1949—1985》一书，以便摸清新中国成立以来近代经济史研究的基本情况，自己亲自负责，后因出国访问才请宓汝成代为负责，具体编写工作由笔者执行，包括选文、分类、摘要、统稿。该书最后由王庆成审阅定稿，于1989年由上海社会科学院出版社出版，全书分23个领域、68个类别，收集论文提要298篇、论文目录2158条、著作目录235条。这种基础性的学术探源工作，在当时是极其罕见的，也是创始性的，它虽然不是正式的学术研究，但是对推出学科建设和培养年轻研究人员具有非常重要的奠基作用，后来也成为硕士、博士研究生的必修功课和必由路径之一。

从经济史研究室的建设来说，这项工作可以说具有筑基、开路之功效。该项摘编工作由研究室多位人员按类分工进行，由此使参与者对自己所分编类别的研究状况有比较全面系统的了解，为自己后续研究的定向、选题打下了较好的学术基础。同时，通过分类编写目录和提要，理清了已有研究所涉及的领域和问题，对研究的布局分工颇有帮助。1985 年 7 月王庆成任副所长，次年从翰香继任经济史研究室主任，对研究室各成员的研究工作进行了基本规划，涉及工业、农业、手工业、现代化、经济制度、资产阶级等领域，基本奠定了研究室的学科布局。就笔者个人而言，在这项工作中收益巨大，在此基础上写成了《中国近代经济史学的历史和现状》一文，当时被同行学者誉为有关中国近代经济史学产生发展过程研究的一篇最系统的文章，由此笔者基本上掌握了近代经济史研究的过去和现状、重点和弱点、成见和新见，也基本选定了自己的研究方向——资产阶级和近代工业。

上述学术摸底工作，为经济史研究室选定学科方向提供了重要依据。借鉴以往研究成果的结构和分布，从作为近代史研究的基础和本室研究特色两个角度出发，王庆成和研究室成员都认为本室的研究方向定为近代社会经济史比较好。其具体定位是，从研究方法的角度来说，主要以历史学和政治经济学相结合，以历史学为主；从历史学的角度来说，要重视经济与政治的互动关系，如经济与民生、阶级、政治之间的互联互动；从近代史研究所经济史研究特色的角度来说，要注重以往研究的薄弱环节，如阶级、制度、工业化、农村经济。总的来说，就是不仅要研究经济发展的现象，更要研究经济现象背后的社会制约因素及其互动关系。在此之前，由于中国近代经济史主要被作为宏观经济学的一部分来对待，研究对象主要是部门、行业、企业、财政，本经济史研究室选定近代社会经济史作为研究方向，在当时可谓是先树一帜。后来，社会经济史日益受到经济史学界的重视。

王庆成担任近代史研究所副所长后，个人的组织编制仍在经济史研究室，对经济史研究室的研究工作仍然十分关心并给予大力支持。他先帮助从翰香申报国家社会科学基金"近代华北农村研究"项目，后又指导笔者申报"商会与中国早期现代化"项目,均获得成功。这两个项目,使经济史研究室形成了两个研究重点,特别是"近代华北农村研究"项目(后来以《近代冀鲁豫乡村》为名出版),由于研究室的大多数成员参加了这个课题,从而培养了多位这一领域的研究人才。这两个项目在1993年出版成书以后,在国内外史学界产生了较大反响;1999年二书均获得"国家社会科学基金优秀成果奖"三等奖,一室同时获两项国家级奖实属罕见。

除了选定和支持近代社会经济史研究之外,王庆成还在近代史研究所和经济史研究室积极提倡社会史研究。社会史正式复兴于1986年,是年1月冯尔康发表《开展社会史的研究》一文,[①] 接着乔志强等人先后发文提倡社会史研究;同年,首届中国社会史学术研讨会在天津举行。当时,王庆成也十分重视社会史研究,1988年在他接任所长之时,便在全所会议上提倡开展社会史研究,还曾有过成立社会史研究室的动议。王庆成的这一倡议很快引起所内不少研究人员的响应,相继选择社会史研究或从社会史角度研究政治、文化问题,提出了一些新的研究方向;除了社会经济史之外,又有文化史研究室开辟社会文化史研究、政治史研究室提出社会政治史研究,成为近代史研究所的新品牌。

王庆成还身体力行从社会经济史和社会史方向指导自己的博士研究生。他从1988年开始招收博士研究生,先后共招生七人,他们的博士论文题目是:夏春涛《太平天国宗教》、穆益斌《清中期白莲教起义和太平天国起义——思想和行为的比较》、常宗虎《南通现代化(1895—1938)》、朱谐汉《太平天国后期的江南农村社会研究》、朱从兵《铁路与社会经济——广西铁路研究(1885—1965)》、刘悦斌《薛福成外交思想研究》、宾长初《广西近代圩镇研究》。这七篇博士论文中,有四篇属社会经济史范畴,有两篇属社会史范畴,有一篇属于外交史,均在所涉领域具有程度不等的开创性价值。于此可见王庆成将社会经济史和社会史研究倡导寓于博士生指导之中的用意,可谓是用心良苦。

为了开拓和促进中国近代史的研究,王庆成还发起了译介国外相关名著,以供国内相关研究者参考和借鉴的工作。他于1986年组织编委会,选译"外国学者有影响的学术著作,侧重于在研究领域、研究方法等方面

[①] 冯尔康:《开展社会史的研究》,《百科知识》1986年第1期。

有参考借鉴意义的专著"出版,命名为"中国近代史研究译丛"。由于笔者一直参与该译丛的事务工作,先当秘书,后来当编委、副主编、并立主编,当时的一些编务资料都由笔者保管。据笔者所知,该译丛从 1987 年起陆续交由中国社会科学出版社出版,到 1999 年先后出版了(美)魏斐德的《大门口的陌生人》、(美)孔飞力的《中华帝国晚期的叛乱及其敌人》、(美)费维恺的《中国早期工业化》、(英)杨国伦的《英国对华政策(一八九五——一九〇二)》、(美)陈锦江的《清末现代企业与官商关系》、(美)施坚雅的《中国农村的市场和社会结构》、(日)滨下武志的《近代中国的国际契机:朝贡贸易体系与近代亚洲经济圈》七种。此后至 2009 年,又陆续出版(美)K.E.福尔索姆的《朋友·客人·同事:晚清幕府制度研究》、(美)芮玛丽的《同治中兴:中国保守主义的最后抵抗(1862—1874)》、(美)R.J.史密斯的《十九世纪中国的常胜军:外国雇佣兵与清帝国官员》、(日)久保亨的《走向自立之路:两次世界大战之间中国的关税通货政策和经济发展》、(以色列)谢艾伦的《被监押的帝国主义:英法在华企业的命运》、(日)古田和子的《上海网络与近代东亚:19 世纪后半期东亚的贸易与交流》六种。此外,还有已经选定但因各种原因未能出版的著作,如(日)坂野正高的《近代中国外交史研究》、(澳)颜清湟的《华工与官员:清季中国对海外华人的保护》、(美)墨菲的《外来者们:西方列强在印度和中国的经历》、(加)陈志让的《中国与西方:1815—1937 年的社会文化与比较研究》、(美)周锡瑞的《义和团运动的起源》、(法)白吉尔的《中国资产阶级的黄金时代(1911—1937)》、(法)卫青心的《清末五口通商与传教自由(1844—1860)》或《法国对华传教政策》七种。① 另有推荐备选的柯文著《在中国发现历史》、费正清著《中国:传统与转变新解》《中国沿海的贸易与外交》、史华慈著《寻求富强:严复与西方》、瞿同祖著《清代地方政府》、王业键著《1750—1911 年中华帝国的土地税》、周锡瑞著《改良与革命:辛亥革命在两湖》、张馨保著《林钦差与鸦片战争》八种。就王庆成的这一规划而言,这无疑是一个规模相当大的译丛,可惜由于出版社方面进行经济效

---

① 《"中国近代史研究译丛"编委会致中国社会科学出版社函》,1990 年 3 月 24 日,笔者自藏。

益"改革",出版事项遇到困难,最终付之出版的只有13种著作,其他未能出版的著作后来大多转为其他出版社组织的译丛出版。

该译丛出版的数量虽然不多,但其意义不可低估。从上述已经出版和已选、备选的这些国外学者的著作可以看出,王庆成以此开拓和促进我国近代史,尤其是近代社会经济史和社会史研究的用意是很明显的。这些著作基本可以归类为三个方向,最多的是社会经济史,其次是社会史,最少的是中外关系史。此外,该丛书是改革开放后出版的第一套翻译丛书,在促进中外学术交流上具有开创性意义。这些译著的出版也在实际中对中国近代社会经济史和近代史的研究产生了一定的积极影响。

三 为中国近代史学科开辟新天地之一:城市史研究

王庆成在近代史研究所提倡和推进新研究领域的同时,还努力推进整个近代史学科的创新。据王庆成自述:"我在研究所任职期间,全国成立社会科学基金会和全国社会科学规划委员会,中国近代史曾为其中的单独一组,我任组长。中国近代史研究的范式,过去都是以鸦片战争、太平天国、洋务运动等事件为主轴;我所做的最主要的一件工作,是对近代史学科的建设提出了新的构想,提出中国近代史应重视对近代农村、城市、边疆、文化、华侨、近代化等问题的研究。这一与原范式大不同的构想,得到了'中国近代史学科规划组'的赞成,'七五'规划即以此为主要内容。我相信,这为当时中国近代史学科开辟了新的天地。"① 这里所说的是1986年的事情,也是国家社会科学基金会成立和资助学术研究的第一年,其中的学科评议工作主要由中国社会科学院主持,王庆成受命负责近代史学科组的工作,自然具有较大影响力,所提出的这些建议也非常新颖合时,获得了评议组专家们的赞同,并得到一一落实。王庆成这些新构想的提出和落实,有力地推动了中国近代史研究在领域、方法乃至体系上的大转型,特别在近代城市史、近代化(现代化)两个方面,发挥的推动作用尤为明显。

---

① 王庆成:《我和近代史研究所》,中国社会科学院近代史研究所编:《回望一甲子:近代史研究所老专家访谈及回忆》,第569—570页。

在近代城市史研究方面，可谓是有培育新学科之功。1986年，国家社会科学基金会中国近代史学科组，将上海、天津、重庆、武汉四个城市研究课题列入国家重点研究项目，引起了史学界的巨大反响，城市史研究在中国开始快速兴起。对此，这几个课题的主持者或参与者，都作出了肯定评价。如上海城市史课题参与者，后来成为著名专家的熊月之说："这几个规划项目，标志着中国史学界对城市史的高度重视，开创了新时期中国近代城市史研究的先路。此后，中国史学界关于单体城市史的研究，如雨后春笋。"① 天津城市史课题参与者，后来成为著名专家的刘海岩说："作为'七五'期间国家社会科学重点研究项目的上海、天津、重庆、武汉四个近代城市史研究课题的相继完成和出版问世，一批较有水平的城市史论著的出现，愈来愈多的学者对近代城市史发生兴趣并从各个角度参与研究，这些都表明，近代中国城市史研究有了长足的发展，并逐渐成为近代中国史学研究的一个热点。"② 重庆城市史课题组成员，后来成为著名专家的何一民说："中国近代城市史研究作为一种学术潮流的兴起是以1986年国家'七五'社会科学重点研究项目——上海、天津、重庆、武汉四个近代新兴城市的研究开展为起点。"③ 改革开放以来，国家社会科学基金课题对中国城市史学科的兴起和发展起到了重要的引导和培育作用。④ 武汉城市史课题主持人、著名专家皮明庥说：在近代城市史研究上，"解放后三十多年，这一领域亦为视野所不及，在近十年来，我国才着手城市史的学科构建……特别是国家'七五'哲学社会科学规划中，将沪、津、汉、渝近代城市研究列为重点项目……成为城市史学科形成的催化剂，推动城市史研究工作走向活跃"。⑤ 从这四位自1986年以来一直从事城市史研究的著名学者的评价来看，国家"七五"社科规划设立"中国近代城市史研究"项目，对中国城市史学科建设起到了"开创""引领""培育"和"催化"的重要作用。

---

① 熊月之、张生：《中国城市史研究综述（1989—2006）》，《史林》2008年第1期。
② 刘海岩：《近代中国城市史研究的回顾与展望》，《历史研究》1992年第3期。
③ 何一民、曾进：《中国近代城市史研究的进展、存在问题与展望》，《中华文化论坛》2000年第4期。
④ 何一民、杨洪勇、郭明攀：《中国城市史研究课题的进展及趋势——基于2011~2019年国家社科基金课题立项数据的分析》，《城市史研究》第44辑，社会科学文献出版社2021年版。
⑤ 皮明庥：《城市史研究略论》，《历史研究》1992年第3期。

城市史研究"走向活跃"的一个主要表现，是四个课题组轮流组织的近代城市史学术讨论会的连续举行。首先，1988年9月上海城市史课题组所在的上海社会科学院率先举办"近代上海城市研究国际学术讨论会"，参加这次会议的，除了上述几个课题组的成员之外，还有来自国内和美国、法国、日本、澳大利亚的八十余位学者。会议讨论的内容包括"近代上海的工人运动、学生运动、工业、金融、资产阶级、市政与警察、帮会与娼妓、市民社会生活与文化心态、上海与西方等专题"；[①] 同时还举行了四个课题组的座谈会，交流编写工作状况，并商定以后继续每年由其他三个课题组轮流主办一次城市史研究学术讨论会。笔者随同王庆成参加了这次会议，他在会上发表热情洋溢的讲话，指出开展城市史研究对开拓近代史研究的重要性和必要性，以及如何开展城市史研究等。[②] 此后，在1989—1991年，由重庆、武汉、天津城市史研究课题组相继举行第一、第二、第三届"近代中国城市研究学术讨论会"。第一届会议于1989年11月在四川大学召开，"由四川大学城市研究中心和《近代重庆城市史》课题组主办。参加会议的有上海、北京、天津、武汉、重庆、昆明、成都、广州等城市从事地方史、近代史和城市史的有关专家和学者60余人。"会议以近代城市研究为中心议题，就城市史研究的基本内容和基本线索、近代城市化和城市近代化、近代城乡关系、近代城市的发展模式及特点等问题展开讨论。[③] 这届会议与上海会议相比，参会的国内学者来源更加广泛，议题含有更强的专业性和学科性。后续的第二、第三届会议，规模与第一届相仿，议题则进一步深化，如由武汉课题组所在的武汉市社会科学院等在宜昌举行的第二届会议，"围绕城市史研究的对象及方法，近代中国城市发展线索，上海、武汉、重庆等大中城市发展演变的特点，中国城市化道路等问题"，[④] 展开讨论。

---

① 张仲礼等：《上海史研究的首次国际学术盛会——近代上海城市研究国际学术讨论会综述》，洪泽等主编：《上海研究论丛》第4辑，上海社会科学院出版社1989年版，第388页。
② 王庆成：《对发展中国近代史研究的看法——在"上海城市研究"国际学术讨论会的发言》，洪泽等主编：《上海研究论丛》第4辑，第329—333页。
③ 何一民、谢放、王笛：《近代中国城市研究学术讨论会综述》，《四川大学学报》1990年第1期。
④ 《全国第二届城市史讨论会》，武汉年鉴编纂委员会主编：《武汉年鉴（1991）》，武汉大学出版社1991年版，第308—309页。

与此同时，随着这几个课题的进行，培养了一批城市史研究人才和专门研究机构。诚如何一民所言："80年代中期以前，中国近代城市史研究不受重视，研究者寥寥无几，没有专门的研究机构和学者。1986年后情况发生了比较大的变化，研究中国近代城市史的人逐渐增多，并形成了以上海、天津、重庆、武汉四个课题组为基础的四个研究近代城市史的基地，形成了一支较有实力的研究队伍，各课题组的一些中青年教师和科研人员通过十余年的努力，逐渐成长起来，成为中国近代城市史研究的骨干和中坚，其中不少人已成为颇有成就的教授和研究员。"[①] 在机构方面，1988年即有四川大学以重庆城市史研究课题组为基础成立的"四川大学城市史研究中心"；1990年，天津社会科学院历史研究所以推进天津城市史研究课题为契机，创办了中国第一家《城市史研究》刊物；武汉市社会科学院将原来的"历史研究所"更名为"城市历史与文化研究所"，以课题组骨干涂文学为所长，后来涂文学调到江汉大学工作后又成立"江汉大学城市研究中心"。在人才方面，不仅这四个课题的主持人都一举成为中国近代城市史研究的第一代著名专家，而且有更多的第二代专家通过参与课题研究逐渐成长起来。由此可见，随着这四个城市史课题的设立和研究工作的展开，带动城市史研究的队伍逐渐扩大，人才逐渐成长，学科逐渐建立。

1993年，上列四个城市史课题的研究成果均已全部出版，意味着中国近代城市史研究和学科建设告一段落。由于笔者一直跟随王庆成参与一些城市史研究的活动，也很有兴趣，力图挤入这一行列；又在王庆成的领导下一直参与《中国历史学年鉴》近代史部分的组稿和编辑工作，于是奉命为《年鉴》写了一篇有关几年来城市史研究的述评文章。笔者的体会是：这四个课题的设立和研究，不仅直接推进了这四个城市史的整体性研究，"同时也带动了其他城市史的研究，如北京、广州、大连等城市史研究已有著作问世，有些城市已开始有比较全面的城市史研究，至于某个专题方面的城市史研究论著则涉及更多的城市。不仅单个城市史研究的对象逐渐扩大，由通商口岸城市和大城市向其他类型城市和中小城推进，而且开始

---

① 何一民、曾进：《中国近代城市史研究的进展、存在问题与展望》，《中华文化论坛》2000年第4期。

着手于群体城市史、区域城市史和城市间的联系和比较研究。这几年的研究成果和动向表明,中国近代城市史研究已成为中国近代史研究中的一个热门和新颖的学科,并基本形成了学科体系"。① 这虽是笔者的一己之见,但也反映了这几年来中国近代城市史研究发展的总体状况,亦为多数同行所认同。

对于王庆成在中国近代城市史研究和学科建设上的推动作用,天津城市史课题主持人罗澍伟曾说:"在整个课题的研究过程中,我们应当感谢中国社会科学院近代史研究所所长王庆成教授,是他率先倡导应在中国近代史学科中加强城市史研究,每当我们在研究工作中遇到难点而畏惧不前的时候,总是他循循善诱,为我们鼓起勇气。"② 罗澍伟所言可能有谦虚客气的成分,但也反映了王庆成对该项课题的倡导、支持和帮助。

四 为中国近代史学科开辟新天地之二:近代化研究

在近代化研究方面,王庆成可以说有为近代史增辟主题之功。王庆成在主张设立近代城市史研究国家课题的同时,也主张设立中国近代化(现代化)研究的课题,1986年设立了两个课题,一个是北京大学罗荣渠主持的"世界现代化进程研究",另一个是华中师范大学章开沅主持的"中外近代化比较研究"。这两个课题的设立一石激起千层浪,在中国史学界,尤其是中国近代史学界引起了强烈反响,迅速掀起了一个近代化研究高潮。首先是这两个课题组及所在单位率先行动起来,1986年11月,世界史学界先行作出反应,举办了中国大陆第一次有关现代化的专题学术讨论会,"由《历史研究》编辑部、北京大学历史系、中国人民大学历史系、世界近代史研究会等单位联合发起,在安徽省黄山市召开了'世界近代史上资本主义国家现代化与资产阶级历史作用'学术讨论会。全国近四十个有关单位的代表参加了会议。"会议以"现代化概念""现代化的标准"

---

① 虞和平:《中国近代城市史》,《中国历史学年鉴(1995)》,生活·读书·新知三联书店1995年版,第183—195页。

② 罗澍伟主编:《近代天津城市史》,中国社会科学出版社1993年版,"后记",第783页。

"政治现代化和经济现代化的关系""资产阶级在历史上的地位"等为主要议题。① 随后,中国近代史学界也开始行动,于 1987 年 5 月在武汉举行第一次近代化专题讨论会,名为"对外经济关系与中国近代化国际学术研讨会",由华中师范大学、中国近代经济史丛书编委会、《历史研究》编辑部联合举办,来自美国、日本、中国内地及香港地区的近八十名学者参加会议,围绕着"中国近代化的内涵和起始时间""中国近代化过程中的内部和外部因素""对外贸易与中国近代化""中外投资与中国近代化"等问题展开讨论。②

紧接着,这两个课题之外的近代史学界密集举行各种类型、各个方面的有关近代化的学术研讨会。例如,1987 年 6 月在苏州举行的"近代中国与中国近代化青年史学工作者讨论会","围绕中国近代化道路这个主题,就中国近代化道路的特点与规律、传统文化与中国近代化、西方文化与中国近代化以及农民阶级与中国近代化等问题展开了热烈的讨论";③ 8 月在南京举行的"张謇国际学术研讨会",主要议题是张謇在中国近代化中的地位和作用;④ 9 月在武汉举行的"中国走向近代的文化历程学术讨论会",第一个议题是"中国传统文化和现代化问题"。⑤

此后,近代化的研究视角和范式逐渐涉及中国近代史传统体系结构中最重要的"八大事件"和"三次高潮"。如 1988 年 11 月,在广东南海、新会举行的"戊戌变法研究国际学术讨论会",会议的主题是"戊戌维新运动与中国近代化"。⑥ 1989 年在上海举行的"五四运动与中国现代化学

---

① 海林:《"世界近代史上资本主义国家现代化与资产阶级的历史作用"讨论会纪要》,《历史研究》1987 年第 1 期;《世界近代史上资本主义国家现代化与资产阶级历史作用讨论会在安徽省黄山市召开》,中国史学会《中国历史学年鉴》编辑部编:《中国历史学年鉴(1987)》,人民出版社 1988 年版,第 288—289 页。

② 《对外经济关系与中国近代化国际学术研讨会在武汉举行》,中国史学会《中国历史学年鉴》编辑部编:《中国历史学年鉴(1988)》,人民出版社 1988 年版,第 264—266 页。

③ 《近代中国与中国近代化青年史学工作者讨论会在苏州举行》,中国史学会《中国历史学年鉴》编辑部编:《中国历史学年鉴(1988)》,第 272 页。

④ 《张謇国际学术研讨会在南京举行》,中国史学会《中国历史学年鉴》编辑部编:《中国历史学年鉴(1988)》,第 289—290 页。

⑤ 《中国走向近代的文化历程学术讨论会在武汉举行》,中国史学会《中国历史学年鉴》编辑部编:《中国历史学年鉴(1988)》,第 298—299 页。

⑥ 《戊戌变法研究国际学术讨论会在广东南海—新会举行》,中国史学会《中国历史学年鉴》编辑部编:《中国历史学年鉴(1989)》,人民出版社 1990 年版,第 307 页。

术讨论会",①虽然会议内容涉及现代化不多,但会议名称明显突出了"现代化"这一导向。在山东东营举行的"第五届洋务运动史学术讨论会","围绕着'洋务运动与中国近代化'这一主题进行认真的探讨",涉及"中国近代化早期的特点""中国近代化的内涵、分期、途径、特点以及洋务运动在中国近代化进程中的作用等问题"。②1990年举行的中国太平天国史研究会成立暨第一届学术年会,着重讨论三个问题,其中一个是"太平天国与中国近代化的关系"。③同年,青岛举行的"义和团运动90周年学术讨论会",第一个议题是"义和团与近代化的关系"。④在桂林举行的"中法战争史学术讨论会",讨论了"中法战争与中国近代化、中法战争与洋务运动"问题。⑤在山东威海举行的"甲午战争史学术讨论会",第一个议题是"甲午战争与中国近代化问题"。⑥在广州举行的"中国近代史开端150周年国际研讨会"上,"近代化问题"成为三个主要议题之一,讨论的内容"包括近代化的内涵与道路,近代化理论与中国近代史研究,近代史开端与近代化的关系,时空差异对近代化开端的影响,鸦片战争、太平天国、洋务运动及若干历史人物对近代化的影响,以及城市化、城市经济及行会组织的近代化等分支的研究",这些讨论"主要侧重于三个方面,一是近代化与近代史进程的关系……二是近代化与资本主义化的关系……三是近代化与西洋化的关系"。⑦1991年10月,由中国史学会和湖北省社会科学界联合会在武汉举行的"辛亥革命与近代中国——纪念辛亥革命80周年国际学术讨论会",其中一个议题是"关于辛亥革命时期的社

---

① 《五四运动与中国现代化学术讨论会在上海举行》,中国史学会《中国历史学年鉴》编辑部编:《中国历史学年鉴(1990)》,生活·读书·新知三联书店1990年版,第294页。
② 《第五届洋务运动史学术讨论会在山东东营举行》,中国史学会《中国历史学年鉴》编辑部编:《中国历史学年鉴(1990)》,第318—320页。
③ 《太平天国史研究会第一届学术年会在南京举行》,中国史学会《中国历史学年鉴》编辑部编:《中国历史学年鉴(1991)》,生活·读书·新知三联书店1991年版,第359—360页。
④ 《山东省举行义和团运动90周年学术讨论会》,中国史学会《中国历史学年鉴》编辑部编:《中国历史学年鉴(1991)》,第367—368页。
⑤ 《中法战争史学术讨论会在桂林召开》,中国史学会《中国历史学年鉴》编辑部编:《中国历史学年鉴(1991)》,第372—373页。
⑥ 《甲午战争史学术讨论会暨山东省甲午战争史研究会成立大会在威海举行》,中国史学会《中国历史学年鉴》编辑部编:《中国历史学年鉴(1991)》,第380页。
⑦ 《中国近代史开端150周年国际研讨会在广州举行》,中国史学会《中国历史学年鉴》编辑部编:《中国历史学年鉴(1991)》,第389—390页。

会经济与近代化"。①

  在史学界众多的近代化学术活动和具体学术研究中王庆成很少直接参与，但他一直关注和重视这一近代史研究的新方向。1987年6月王庆成赴日本参加由日本国际文化会馆主办的"中日近现代史和二十一世纪"学术讨论会，他作为特别评论员作题为"19世纪中国的近代化问题"的发言。可惜这一发言没有正式发表，也没有留下文稿，在日本方面也找不到有关资料，但在这样的会议上讲中国的近代化问题，将中国近代化问题与21世纪相关联，无疑表明他对这一问题的重视。1990年近代史研究所为纪念建所40周年，王庆成作为所长负责筹办了"近代中国与世界"国际学术讨论会，参会论文中有五篇文章以"近代化"为主题，特别是名誉所长刘大年的主旨发言题为"中国近代化的道路与世界的关系"，②这无疑点明了此次会议的要义所在。这表明王庆成和近代史研究所也已进入近代化研究的潮流之中。

  更为重要的影响是近代化研究的开展为中国近代史研究开辟了第二个主题或主线。在近代化研究正式启动之前，中国近代史只有反帝反封建一个主题，改革开放之后虽在洋务运动研究中提出过"沉沦"和"上升"（"反动"和"进步"）两条主线之说，但没有获得多数近代史研究者的认同，分歧很大。近代化研究正式启动之后，情况发生了变化，逐渐以反帝反封建和近代化两个主题说取代"沉沦"和"上升"两条主线说，越来越多的研究者赞同将近代化作为中国近代史的第二个主题。

  1987年8月在湖南桑植举行的"中国近代史体系体例学术讨论会"上，以湘潭大学徐泰来为主的一些与会学者首次提出"中国近代史的基本线索是资本主义的近代化"。③1988年年初，徐泰来发表文章正式提出这一观点，认为"中国近代史的主题就是资本主义近代化以及围绕近代化所展开的一系列斗争"，"中国要近代化，但不要殖民地化；而外国列强则要

---

  ① 《编辑说明》，中华书局编辑部编：《辛亥革命与近代中国——纪念辛亥革命80周年国际学术讨论会文集》，中华书局1994年版。
  ② 刘大年：《中国近代化的道路与世界的关系》，中国社会科学院近代史研究所科研组织处编：《走向近代世界的中国——中国社会科学院近代史研究所成立40周年学术讨论会论文选》，成都出版社1992年版。
  ③ 《中国近代史体系体例学术讨论会在湖南桑植召开》，中国史学会《中国历史学年鉴》编辑部编：《中国历史学年鉴（1988）》，第285—286页。

使中国殖民地化,而不允许中国独立的近代化。这就是中华民族与外国资本主义侵略者矛盾的核心内容。"① 他在改革开放后率先兴起的洋务运动历史作用大讨论中一直支持和采用"进步"和"上升"之说,到这次会议进而提出近代化"主题"之说。1989年,在湖南大庸市举行的"中国近代史宏观研讨会"上,一个主要的议题是中国"近代化问题","较多的同志认为,中国近代历史的主线是资本主义的近代化,有的同志更多地强调资本主义近代化独立进行的意义,有的同志则提出独立和近代化是近代历史的主旋律"。② 可见,持近代化主线说者有所增加,并开始提出"独立和近代化"两个并列"主旋律",但是尚不足以动众。

到1990年,在近代史研究所举行的"近代中国与世界"国际学术讨论会上,时任中国社会科学院院长的胡绳和近代史研究所名誉所长的刘大年发表了重要的主旨报告,对近代化与近代史主题的关系作了权威性的论述。胡绳在会议开幕式上作题为《关于近代中国与世界的几个问题》的讲话,并于10月17日在《人民日报》发表。他指出:"在近代中国前面摆着两个问题:即一、如何摆脱帝国主义的统治和压迫,成为一个独立的国家;二、如何使中国近代化。这两个问题显然是密切相关的。"刘大年也在开幕式上作题为《中国近代化的道路与世界的关系》的主旨报告,并发表于同年的《求是》第22期。他提出:"近代世界的基本特点不是别的,就是工业化,也就是通常所说的近代化。适应世界潮流,走向近代化,是中国社会发展的必然趋势。"资本主义世界"从自己的利益需要出发,把资本主义生产方式传播到了中国,使中国出现了向近代化道路上起步的某些条件和可能"。但是,中国人当时最紧迫的是要"去推倒阻止中国走近代化道路的帝国主义、封建主义大山,而不可能是如何去实施近代化"。他们两人的讲话指出了如何看待中国近代化的三个基本原则:一是历史基本趋势,即近代中国走向以工业化为主的近代化是历史发展的必然趋势;西方资本主义生产方式的传入使中国出现了走向近代化的某些条件和可能。二是面临两个问题,即近代中国既面临着反抗列强侵略实现国家独立的问题,也面临着如何争取近代化的问题。三是需要区分主次,即近代中

---

① 徐泰来:《关于中国近代史体系问题》,《湘潭大学学报》1988年第1期。
② 《中国近代史宏观研讨会在湖南大庸召开》,中国史学会《中国历史学年鉴》编辑部编:《中国历史学年鉴(1990)》,第306页。

国的主要任务是取得反帝反封建斗争的胜利，为近代化和现代化的实施扫清障碍。他们两人以其文章论述的精辟性、学界地位的崇高性、讲话场合的重要性和发表刊物的权威性，对近代化研究的深入产生了巨大的影响。此后，他们两人继续关注近代化与近代史的关系问题，"两个主题"的主张更趋明确，① 使越来越多的研究者认同他们的主张，采用这一主一次两个主题研究中国近代史。

1993年，罗荣渠主持的"世界现代化进程研究"和章开沅主持的"中外近代化比较研究"这两个国家社会科学规划课题都如期完成和出版。为了总结这两个课题的研究成果及其对中国近代化研究的影响，《中国历史学年鉴》编辑部邀请章开沅撰写了一篇"特稿"。章开沅在文中说："中国大陆历史学界正式参与现代化研究，是从80年代中期开始的。当时首先承担国家社会科学'七五'规划此项课题的有两家"，即他和罗荣渠承担的两个课题。其言下之意，就是说这两个课题的设立标志着中国学界的近代化（现代化）研究的正式开启。而且，这两个课题，"前者由世界看中国，后者由中国看世界，正好可以互相参照，互相补充"，② 既可以构成全景式的中国近代化研究，也可以发挥全方位的学术影响，足见课题设计者的深谋远虑。这种影响力的具体表现，除了上述已列举的相关学术会议之外，还在于其所取得的众多成果，不仅各有最终成果的代表作，③ 而且还分别出版了两套丛书。罗荣渠的课题，已陆续出版"世界现代化进程研究丛书"五种（后来增至12种）；④ 章开沅的课题，"陆续出版了近十本'中外近代化比较研究丛书'"。⑤ 其影响力所至，"除了上述两个课题组之外，还有许多历史学者，特别是中国近现代史学者，也从不同角度，不同程度地参与了现代化研究"。这是由于"现代化研究开展以后，必然

---

① 参见虞和平：《改革开放以来中国近代史学科创新》，《晋阳学刊》2010年第6期；徐秀丽主编：《过去的经验与未来的可能走向——中国近代史研究三十年（1979—2009）》，社会科学文献出版社2010年版。
② 章开沅：《现代化研究与中国近现代史研究——寻求历史与现实的契合》，中国史学会《中国历史学年鉴》编辑部编：《中国历史学年鉴（1995）》，生活·读书·新知三联书店1995年版，第1页。
③ 罗荣渠：《现代化新论》，北京大学出版社1993年版；章开沅、罗福惠主编：《比较中的审视：中外早期现代化比较研究》，浙江人民出版社1993年版。
④ 董正华：《罗荣渠和他的现代化研究》，《思想理论教育导刊》1997年第11期。
⑤ 章开沅、罗福惠主编：《比较中的审视：中国早期现代化研究》，"序言"，第1页。

| 第二篇 | 中国马克思主义史家

要为中国近现代史研究引进一套比较完整的社会发展指标体系……其中有些问题，是我们过去不甚重视，甚至完全没有研究的。近十年来，与经济史、文化史研究迅速进展相伴随，还有城市史研究、商会与绅商研究、学堂学生群体史研究、教会大学史研究、留学运动史研究、大众传播媒体史研究、社会心态变迁史研究等等史学分支学科的崛起，这些都与历史学者对现代化研究的关注与投入有关"。① 在此，章开沅从学术发展逻辑的深度，如实地总结了由两个国家课题设立而催发的近代化研究对中国近代史各个方面的联动影响。

由此可见，在这两个课题执行期间，近代化的研究视角和范式已经渗透到中国近现代史研究的多个领域，亦引起了近代史学界的广泛关注，在当时影响之大无出其右者。其实，王庆成对中国近代化研究的设计有一种全盘性的考虑，是一套以近代化为主体的组合拳，在提倡这两个近代化研究课题的同时也提倡近代城市和农村研究，而城市研究的中心线索是近代城市化和城市近代化，农村研究的重点也是农村和农业的近代性变迁，这无疑都是近代化研究的一个方面，或专题研究、微观研究。王庆成旨在通过设立各类课题，以达多方共振，交互作用，共同推进中国近代史研究的开拓创新，使之与时俱进，更好地为中国的现代化建设服务。

结　语

由上可见，王庆成在改革开放后的学术活动集中在两个方面，一个是他个人进行的学术研究，另一个是他为开拓近代史学科的出谋划策。两方面的交相作用，使他在改革开放后的中国近代史研究大转型中发挥了独到的重大作用。其中后者的作用比前者更大，除了上文已陈述的城市史和近代化两个最为突出的成就之外，他还提倡创新农村史、边疆史、文化史和华侨史的研究，也起到了不同程度的推动作用，这也是他比其他创新者具有更大影响面的独特之处。王庆成之所以能做出这样的筹划，发挥这样的作用，与他能较好地掌握和运用马克思主义理论，紧跟时代需要，开放思

---

① 章开沅：《现代化研究与中国近现代史研究——寻求历史与现实的契合》，中国史学会《中国历史学年鉴》编辑部编：《中国历史学年鉴（1995）》，第 2—4 页。

想，重视国际学术交流扩大视野直接相关。他倡导的这些新研究领域，至今仍是近代史学科中的热门分支学科和主要研究方向。

改革开放后中国近代史的这种大转型，虽然从根本上来说是时代发展使然，但是从人为方面说是以王庆成为代表的这批率先与时俱进、锐意开拓创新的杰出学者促成，他们的这种贡献和精神值得我们崇敬，值得我们学习和发扬。王庆成等这一辈史学大师们在改革开放后的学术创新之路可以概括为：以马克思主义为指导，以时代需要为导向，以国立课题为引领，以重要机构为依托，以面向世界为借鉴，以振兴中国史学为目的。这一路径，对实现已经到来的再一次史学大转型，建立新时期有中国特色的中国历史学不无益处。

（原载《史学理论研究》2022 年第 5 期）

第三篇

西方马克思主义史学

20世纪美国马克思主义史学的几个问题

王加丰

（浙江师范大学历史系）

一 20世纪美国马克思主义史学思想的整体评价问题

在这个问题上，我们看到了一些不同的评价。一般说来，国外学者似乎对其评价不太高。比如英国著名的马克思主义史学家汤普森就认为：美国未必有严格系统的马克思主义史学。大卫·蒙哥马利（David Montgomery）"无疑继承了马克思主义的传统"，但赫伯特·古特曼（Hebert Gutman）"更多的是受马克思主义影响，接近马克思主义，而不能称为马克思主义者"。从赵世玲的一篇采访中，我们看到，加拿大学者布赖恩·帕尔默强调西方的学术环境对马克思主义史学的发展极为不利。他指出："当代，马克思主义有权存在，但这一生存权来之不易。在这种环境中，西方马克思主义总是处于不安定之中，总是屡受攻击，总是相当'狭隘'。正由于此，马克思主义内部各'流派'从未有机会成长壮大。"马克思主义在北美史学界的"有限影响"，就可"证实"这一点。20世纪末，受苏联解体的影响，一些人还纷纷离开了马克思主义。

国内学者的某些评价可能偏高。如程洪先生认为："马克思主义学派在美国的史学理论界仍是最主要的派别之一。"罗凤礼先生的评价也许较为公正。他说："50年代美国史学界对于马克思主义理论一概排斥，是60年代的激进史学浪潮冲破了禁锢，不少激进史学家开始自称为马克思主义者。不管他们存在哪些缺点或不足，他们坚持自下而上的史学，重视工人阶级及其他下层人民在历史中的作用，有时甚至能够应用阶级斗争观点说

第三篇 西方马克思主义史学

明某些历史现象,这些都说明他们确实接受了一些马克思主义的思想和理论。从 70 年代后期开始,甚至有些不被认为是马克思主义者的史学家也对马克思的史学理论产生了兴趣。"

上述几种评价都事出有因。汤普森是从英国的角度来看问题的,美国马克思主义史学在某些方面无法与英国相比。另外,他采用的马克思主义史学标准相当严格,许多有关的学者被排除不计了。而布赖恩·帕尔默的谈话发生在苏联崩溃之初,该事件对西方马克思主义者的打击很大,尽管像他这样的人能坚持自己的信仰,但黯淡取代乐观是一定时期的现象。

造成前面差异的,还有一个重要原因。国内一些学者更多的是从马克思主义普遍影响的角度来看问题的,必然得出较为乐观的结论,有的国外学者也看到了这一点。美国历史协会主席伯纳德·贝林在 1981 年底向该协会所作的致辞中说:"我们认为,历史极大地受到基本经济结构或'物质'结构以及人们对此所作出的反应的制约,从这个意义上说,我们都是马克思主义者;但如果教条地认为,仅凭这些力量和这些反应就足以解释人类事务的进程,那么我们很少有人是马克思主义者。"

可见,马克思主义对美国史学的影响,一方面要看美国的马克思主义史学家的成就,另一方面还要看它对美国非马克思主义史学家的一般性的影响。这样来看,马克思主义对美国史学的影响还是相当大的。这里涉及的是这样一种重要现象:受马克思主义影响的人很多,但在相当大的程度上接受马克思主义的人却不多,真正信仰马克思主义的人更少,大部分人都是在他们认为合理的范围内适当吸收了一些马克思主义的基本观点,并使之与其他思潮或理论融合,构成自己的理论体系。总之,任何低估或高估马克思主义对当代美国史学影响的做法都是不对的,应该具体情况具体分析。这就涉及划分美国马克思主义史学家的标准问题。[①]

---

① 以上引文:罗凤礼、程洪的文章及赵世玲对布赖恩·帕尔默的采访,分别见《史学理论丛书》编辑部主编的《八十年代的西方史学》和《当代西方史学思想的困惑》,这两本书由中国社会科学出版社 1990 年和 1991 年出版;汤普森的话转引自梁民愫《中国史学界关于西方马克思主义史学研究的回顾与前瞻》一文,《史学理论研究》2001 年第 4 期;伯纳德·贝林的演说,见王建华等译《现代史学的挑战——美国历史协会主席演说集(1961—1988)》,上海人民出版社 1990 年版,第 393 页。

二 划分美国马克思主义史学家的标准问题

从上面的情况看,划分马克思主义史学家的标准不能太严格,否则够得达到这个标准的史学家极少;但另一方面,又不能太宽,否则一些与马克思主义没有多大关系的学者也可能成为"马克思主义史学家"。这一点在实践上非常难以把握。美国马克思主义史学的标准问题可能比西欧国家的要复杂一些。我指的是这样一种情况:有一些世界级的学者,在多个学科中影响很大,与马克思主义也有较深的渊源,如沃勒斯坦、巴林顿·摩尔等,其部分成果也可看成是历史著作,如果将其排除在马克思主义历史家之外,是不公平的。但若真正把他们看成是马克思主义史学家,乍看起来又似乎有些不妥。不过,我还是倾向于把他们纳入马克思主义史学家的范畴里面来,只是在有些问题上要具体对待。下面,我试把美国的马克思主义史学家分成几类,供对该问题感兴趣的同志参考。

1. 严格意义上的马克思主义史学家是共产党员与史学家的统一。这个标准在20世纪50年代以前大体是合适的,因为那时自称为"马克思主义史学家"是要作出巨大的牺牲,没有对马克思主义的忠诚是做不到的。美国共产党领袖威廉·福斯特出版过不少历史著作(大概与他的写作班子的帮助分不开),可以当之无愧地接受这样的称号。大体处于同时代的专门研究黑人历史的阿普特克等也是。

2. 20世纪60年代兴起的一批左派史学家中,不少人自称为马克思主义者,大体上也可纳入马克思主义史学家的范围。但他们一般不是共产党员,他们的出现与西方马克思主义的传播、美国60年代的民权运动和反战运动有关。如何看待这部分历史家的著作和思想值得我们注意。他们中有少数人确实可被称为马克思主义史学家,如上面汤普森承认的大卫·蒙哥马利,但这样的人很少。我国哲学界或经济学界有一个说法非常好——西方马克思主义哲学或西方马克思主义经济学,指的都是西方发端于30年代,兴旺于60年代的那个学术流派。历史学也可接受这个概念,即把这些人称为"西方马克思主义史学家"。这个概念指的是这样一些人:通常能用马克思主义的某些基本原理来认识世界和历史,但不一定是共产党员,也不一定加入革命或马克思主义的团体,与社会主义国家也不一定有什么特别联系，对马克思主义的某些基本观点会持批评态度，或在一些重大问题上不一定持马克思主义的立场等。这些人是西方在新的历史条件下产生的马克思主义史学家，是当代西方马克思主义者的一部分。就美国来说，这些人就是美国的马克思主义史学家，包括一些专门或附带地研究马克思的历史思想的学者，如威廉姆·肖。

3. 那些能在某种程度上做到以马克思主义的基本原理来研究历史的学者，也可承认或根据其不同时期的不同著作部分承认他们为马克思主义史学家。历史上总有一些左派人士，他们以历史为武器与资本主义统治作斗争，像杜波依斯这样的学者，他去世前还加入了共产党，他的一些历史著作，特别是晚年的著作，大体上可以看成是马克思主义史学著作。还有杰克·方纳（他被当作美国共产党员而受到迫害，但我尚未弄清他是不是共产党员，也许他应该放在第一类里）。但总体上讲，杜波依斯的大部分生涯不能算是一个马克思主义者，只能说他接受了马克思主义的影响。本着这样的理解，我们在分析他们的著作时，还是要具体分析他们的历史观点中马克思主义和非马克思主义的成分。

4. 美国学术界有几个影响相当大的人物，如斯威齐、沃勒斯坦、巴林顿·摩尔，还有当代的艾里克·方纳，他们或称自己为马克思主义者，或不一定这样称呼，有的人的学术兴趣横跨几个领域，在历史学领域也有重要建树，把他们纳入这里的研究范围，可以更全面地理解马克思主义在美国史学界的影响。

三　美国马克思主义史学研究的重点

1. 黑人史、劳工史和美国共产党史。这是美国马克思主义史学成果最为丰硕的领域，一般而言也得到了当今美国史学界的承认。黑人史与劳工史既互相重叠又互相交叉，因为黑人大多是劳工。黑人史中对奴隶制的研究特别有成就。劳工史还可细分为一般的工人史、工会史、工人运动史、工人生活史等。在20世纪50年代及其以前，劳工史研究以工会、工人运动等为主，60年代以后，劳工史研究着重转向工人的日常生活和斗争，称为新劳工史。这类研究的学者中老一辈的以福斯特、阿普特克和菲利普·方纳为代表，新一代的有开头提到的大卫·蒙哥马利、赫·伯特·

加特曼，还有吉诺维斯及像罗宾·D. G. 凯利（Robin D. G. Kelley）这样的后起之秀。

2. 高度关注社会发展规律和社会演变过程。西方20世纪下半叶两场关于资本主义起源的大讨论，均有一些美国著名的学者参加，后一次还是由美国的布伦纳教授发起的。按照二十多年前美国左派学者编的一部介绍美国左派学术著作的说法，美国马克思主义史学最有成就的领域之一，是专注重大历史变迁的研究。他们关注三大历史变迁：封建主义向资本主义过渡；美国向公司资本主义（corporate capitalism）过渡；从资本主义向社会主义过渡。[①]

其中最有成就的是第一种过渡。除了参加上述两次大讨论的学者，沃勒斯坦、巴林顿·摩尔都独立地提出了这种过渡理论，对世界学术界产生了深远影响。附带说一下，沃勒斯坦的《现代世界体系》"被认为属于新马克思主义的作品"[②]。

3. 马克思主义史学的基本问题。总的说来，美国史学界缺乏系统的马克思主义史学理论的阐述，所谓的新马克思主义者在采用马克思主义的基本原理来研究历史和人类社会时，各取所需，取其一点而不计其余或根据自己的想法试图改造马克思主义的一些基本理论。某些著述也颇有影响。1978年威廉姆·肖出版了《马克思的历史理论》（重庆出版社1989年版），该书的价值在于让我们知道了西方马克思主义分析学派是如何分析马克思主义的一些基本概念的，其中一些结论也值得我们思考。此类著作此后引发了大量讨论，涉及一些马克思主义历史思想的基本概念和一些重要的历史问题，特别是欧洲向资本主义过渡之类的问题。到21世纪初，有人提出要重新整合这些讨论成果，如不久前大卫·莱伯蒙写的《历史的终结？历史唯物主义理论中的能动作用和变化的问题》就进行了这方面的尝试。[③]

（原载《史学理论研究》2007年第2期）

[①] Bertell Ollman and Edward Vernoff eds., *The Left Academy*, Marxist scholarship in American Campuses, McGraw—Hill Book Company, New York, 1982, pp. 216-232.
[②] 何兆武、陈启能主编：《当代西方史学理论》，上海社会科学院出版社2003年版，第481页。
[③] David Laibman, The End of History? The Problem of Agency and Change in Historical Materialist Theory, *Science & Society*, Vol. 70, No. 2, April 2006.

二战后美国马克思主义史学及其特点

王立端

(福建三明学院政治法律系)

美国的马克思主义史学始于20世纪20年代末,但成为一种学术思潮并在史学界产生重大影响却要到二战以后,特别是在60—70年代由大众民主运动促成了马克思主义史学热潮的兴起。一方面,W. Z. 福斯特(W. Z. Foster)、P. S. 方纳(P. S. Foner)、H. 阿普特克(H. Aptheker)等传统马克思主义史学家对美国革命、美国内外政策、工人运动史和黑人史领域的探讨取得了丰硕的成果。另一方面,马克思主义同社会史相结合,赫伯特·古特曼[1](Herbert G. Gutman)、大卫·蒙哥马利[2](David Montgomery)、尤金·吉诺维斯[3](Eugene D. Genovese)、埃里克·方纳[4](Eric Foner)等新马克思主义史学家开辟了社会生活史、劳工史、黑人史

---

[1] 古特曼的主要著作:*Slavery and the Numbers Game* (1975), *Work, Culture, and Society in Industrializing America: Essays in American Working-Class and Social History* (1976), *The Black Family in Slavery and Freedom, 1750 - 1925* (1976), *Power & Culture: Essays on the American Working Class* (1978), *The New England Working Class and the New Labor History* (1987).

[2] 蒙哥马利的主要著作:*Beyond Equality: Labor and the Radical Republicans* (1967), *Workers' Control in America* (1979), *The Fall of the House of Labor* (1987), *Citizen Worker: The Experience of Workers in the United States with Democracy and the Free Market during the Nineteenth Century* (1993).

[3] 吉诺维斯的主要著作:*The Political Economy of Slavery* (1965), *The Political Economy of Slavery* (1969), *In Red and Black: Marxian Explorations in Southern and Afro-American History* (1971), *Roll, Jordan, Roll: The World the Slaves Made* (1974), *From Rebellion to Revolution* (1979), *Fruits of Merchant Capital* (1983), *The Southern Tradition* (1994), *The Southern Front* (1995).

[4] 埃里克·方纳的主要著作:*Free Soil, Free Labor, Free Men* (1970), *Tom Paine and Revolutionary America* (1976), *Politics and Ideology in the Age of the Civil War* (1980), *Nothing But Freedom* (1983), *Reconstruction: America's Unfinished Revolution* (1988), *Freedom's Law makers* (1993), *The Story of American Freedom* (1998), *Who Owns History?* (2002).

等下层人民史研究的新领域，采用了新的研究方法，撰写了一系列精彩的马克思主义历史著作；伊曼纽尔·沃勒斯坦（Immanuel Wallerstein）在宏观历史研究方面创立了世界体系理论。80年代末90年代初以后，由于东欧巨变，史学界受到右翼政治和社会思潮的影响，美国的马克思主义史学逐渐沉寂下来。[1]

一

战后美国的新马克思主义史学是否构成一个流派？布赖恩·帕尔默在谈到北美的马克思主义历史研究时认为，"那仅仅是少数人的工作……在北美并不存在强有力的马克思主义'流派'，只有一些马克思主义倾向与方向的松散的聚合体"。[2] 但是，也有学者认为，马克思主义学派在美国的史学理论界仍是最主要的派别之一。[3]

到20世纪60年代末和70年代，确实是形成了美国的马克思主义史学热潮，以致不同派别的学者都怀着不同的目的标榜自己是"马克思主义"或运用了马克思主义。如果我们不拘泥于学术流派思想体系的完整性或严密性，也不局限于学术流派的组织结构，仅从当代美国史学发展过程中其

---

[1] 国内学术界对美国的新马克思主义史学家尤金·吉诺维斯的研究文章有：吕庆广：《美国奴隶制史学家尤金·吉诺维斯》，《世界历史研究动态》1989年第6期；赵世玲：《吉诺维斯：西方马克思主义与美国奴隶制研究》，《八十年代的西方史学》，中国社会科学出版社1990年版。对埃里克·方纳的研究有：王希：《方纳：一个并非神话的故事》，[美] 埃里克·方纳著，王希译：《美国自由的故事》，商务印书馆2002年版；《自由：一个尚未结束的美国故事——读埃里克·方纳的〈美国自由的故事〉》，《美国研究》2002年第2期；李剑鸣：《对美国自由的一种历史阐释——评埃里克·方纳的〈美国自由的故事〉》，《世界历史》2004年第1期。对伊曼纽尔·沃勒斯坦世界体系理论的研究较多，专著有：王正毅：《世界体系论与中国》，商务印书馆2000年版。路爱国、吴英、贾敏仁、江华等做了大量的研究和介绍，发表了很多文章，在此不一一罗列。对古特曼等人的介绍也散见于西方史学论著和文章中，何兆武、陈启能主编《当代西方史学理论》，上海社会科学院出版社2003年版。陈其：《西方新马克思主义史学及其启示》，学说连线网，http://www.xslx.com,2002.2.1。本文力图把当代美国的新马克思主义史学作为一个松散的学派看待，以管窥当代西方马克思主义史学的发展轨迹。

[2] 赵世玲：《西方马克思主义史学的发展现状——访加拿大学者布赖恩·帕尔默教授》，史学理论丛书编辑部编：《当代西方史学思想的困惑》，中国社会科学出版社1991年版，第328—329页。

[3] 程洪：《近年美国史学理论研究的若干特点》，史学理论丛书：《八十年代的西方史学》，中国社会科学出版社1990年版，第82页。

| 第三篇 | 西方马克思主义史学

史学理论与方法跟马克思主义史学理论与方法的关联性来看，美国的马克思主义史学家在不同的程度上接受了社会历史发展的经济和物质根源的解释；他们坚持"自下向上看"的史学研究方法，重视工人阶级及其他下层民众在社会历史发展中的作用；他们运用阶级和阶级斗争的观点解释某些历史现象等等，从中我们可以看出美国马克思主义史学发展一条清晰可辨的脉络，这里既有经典马克思主义史学的传承发展，也有当代西方新马克思主义史学的学术理路，在这个意义上探讨美国的新马克思主义史学恰恰反映了美国史学多元化的特征。

战后美国马克思主义史学的发展与繁荣有以下几方面的原因。

一是反击美国"例外论"。资产阶级史学家广泛传播美国工人运动"例外"论，他们甚至认为美国的种族多样性和产业工人的移民渊源破坏了工人阶级的阶级意识，马克思主义在美国不适用。马克思主义学者必须对此做出回应。古特曼驳斥了这种观点，认为移民及其子女组成了19世纪后期美国工人的大多数，他们所带来的观念、价值和团结一致没有阻碍工人阶级意识的形成，相反决定性地形成了全国性的工人阶级文化及其劳工运动。他把劳工史和移民史与家庭史结合在一起，证实了美国工人的经历是如何不同而不是"例外"。[①]

二是60年代大众民主运动的推动。60年代是美国战后极其严重的社会大动荡时期，黑人民权运动进入高潮，使得青年知识分子对黑人文化和历史发生了浓厚的兴趣；女权运动、学生运动、反战运动此起彼伏，使传统的主流价值观面临极大的挑战；自由主义和新左派的观点成为当时学术界的主要思潮；新左派关注下层普通民众，与法国年鉴学派和英国马克思主义史学遥相呼应，推动着美国的马克思主义史学与社会史相结合，新社会史在美国应运而生；新社会史使许多默默无闻的普通民众进入历史研究的主题，黑人史、劳工史的研究从此面貌焕然一新。在谈到《奔腾吧，约旦河，奔腾吧!》时，吉诺维斯说无论如何反种族隔离的斗争影响了我的著作。[②]正是激进民主运动和左翼思潮，推动着一批马克思主义学者怀着浓重的现

[①] H. G. Gutman, *Power & Culture：Essays on the American Working Class*, edited by Ira Berlin, Pantheon Books, 1987, Introduction, p. 39.

[②] E. D. Genovese, *The Southern Front：History and Politics in the Cultural War*, University of Missouri Press, 1995, p. 8.

实关怀情愫，通过对美国历史的重新解读，还原美国历史之真相，从而促进了马克思主义史学的发展。

三是英国、意大利马克思主义史学的影响。美国的新马克思主义史学就其学术渊源来说受到英国、意大利马克思主义史学的影响。E.P. 汤普森构建的社会文化分析模式，埃里克·霍布斯鲍姆的总体史观，意大利葛兰西的"文化领导权"理论，这些来自大洋彼岸的新思想和新观念促使美国的马克思主义史学家在历史研究过程中重新定向，寻找新的研究视角，寻求新的突破。汤普森的成就激励着古特曼去书写美国工人阶级形成的历史；吉诺维斯在理论上与汤普森和葛兰西一脉相承，在研究美国南部奴隶制时坚持社会文化分析模式，坚持阶级斗争的研究视角。

四是其他社会科学学科的影响。吉诺维斯在美国南部奴隶制研究中受宗教社会学的影响，认为来自宗教社会学的理论是必不可少的，确信自己受到马克斯·韦伯的影响。[①] 沃勒斯坦虽然不是布罗代尔的学生，但他赞同布罗代尔对历史的"长时段"研究和跨学科综合研究方法，在世界体系理论的思想渊源和分析方法方面深受布罗代尔年鉴学派的影响。

五是美国的新马克思主义史学家自身的经历也深深地影响了他们的研究方向。古特曼在一次访谈中谈到他在年轻时候和早期的政治活动中就开始关心工人阶级的历史。[②] 大卫·蒙哥马利在纽约等地当过十年的机械工，是国际机械师协会（the IAM）等三个工会组织的活跃分子，他深深植根于劳工运动，这样的经历使他倾心于解决美国工人阶级的历史和现实问题。尤金·吉诺维斯读高中时就开始信仰共产主义，并以党的组织者而出名。60年代，他反对美国出兵越南，反对种族主义，对黑人民族主义给予相当高的评价。他把马克思主义作为历史研究的指南，试图通过对南部奴隶制的研究，捍卫马克思主义历史解释的优势。

美国的新马克思主义史学在激进史学中独树一帜，成果丰硕，具有以下几方面的特点。

一是坚持"自下向上看"的历史研究视角。美国的新马克思主义史学家把他们的研究视角转向了被传统史学所忽视的社会下层群体，他们重视

[①] E. Genovese, *The Southern Front: History and Politics in the Cultural War*, p. 10.
[②] H. G. Gutman, "Interview with Herbert Gutman", in *Power & Culture: Essays on the American Working Class*, p. 329.

普通人的生产生活，重视普通人在社会历史创造中的作用。古特曼把地方社区的普通工人群体，特别是来自不同族源的移民工人作为研究对象，认为移民不是在工业化浪潮打击下孤立无援的流浪汉，移民带来的前工业化文化没有被改造和被破坏，只是他们的传统文化发生了转型，其中家庭是这种文化转型的载体，是"文化适应"和政治稳定的源泉，移民也为新世界及其居民做出了重要的贡献。吉诺维斯发现"不理解奴隶就不能理解奴隶主"①，同时又坚持自上而下地研究历史，以此揭示历史的全貌。

二是重视文化研究。古特曼研究了在工人阶级形成和再形成过程中文化传统的作用，特别是他追溯了移民工人前工业化文化的欧洲渊源，以文化和社会的互动来解释工人群体的信仰和行为，解释工人阶级的形成；不仅如此他还研究了美国南方黑人奴隶前现代文化的非洲源流，认为奴隶群体以家庭为纽带传承着他们的经验和文化，并用传统文化作为武器以反对奴隶主阶级。吉诺维斯认为社会阶级不只是一个经济实体，还要从文化的角度重新思考阶级的概念，比如奴隶主使奴隶信仰基督教，以期更好地支配奴隶，而奴隶则运用基督教作为反对奴隶主阶级统治的工具。

三是重视地区和地方社区的研究。美国的新马克思主义史学家关注地区和地方研究，并进一步延伸到社区、工作场所和家庭，通过普通工人群体的生产生活经历来揭示工人和雇主的斗争、工人和政府的关系，揭示工人阶级及其阶级意识的形成和再形成。古特曼和多纳尔德·贝尔（Donald H. Bell）在《新英格兰的工人阶级和新劳工史》中，试图从一个地区性的工人阶级生活的微观研究出发，进行美国劳工和社会史的综合；虽然只是集中在新英格兰一个地区，但这里思考的不仅是美国工人，也是美国工业事实上的大熔炉。② 有必要指出的是，美国的马克思主义史学家在劳工史中研究地区和地方社区是在总体史观的指导下进行的，从中可以看出他们力图将宏观考察和微观分析结合在一起的特点。

四是拓宽史学研究领域，充分利用社会科学其他学科的理论和方法。古特曼把劳工史引入了历史研究的中心地带，而且和地方史、社区史、家庭史、移民史结合起来，更完整、更准确地阐释了工人阶级的形成过程；

---

① E.D. Genovese, *The Southern Front: History and Politics in the Cultural War*, p. 8.
② H.G. Gutman, Donald H. Bell, *The New England Working Class and the New Labor History*, University of Illinois Press, 1987, Introduction, p. xvi.

沃勒斯坦的资本主义世界体系研究则开创了宏观研究领域。不仅如此，这些马克思主义史学家还广泛应用跨学科和多学科的研究方法解释历史和现实问题，在他们的研究中使用经济学、社会学、人类学、文化学、宗教学、语言学等社会科学的理论和方法，如古特曼应用社会学方法展开对社区和家庭的研究，他尤其关注社区中工人的语言、词汇的重要性，并在对黑人工人运动领导人戴维斯的研究中使用了大量戴维斯自己的评论和书信内容，显示出语言学的影响。

二

赫伯特·古特曼是美国新劳工史的创始人之一，在黑人史、奴隶制史、社会史方面也是成就显著，他对美国新史学的形成和发展产生了巨大的影响，帕尔默称他的著作孕育了整整一代北美学者。[①] 他的《工业化时期美国的工作、文化和社会》（1976）是研究工人阶级史的典范之作，开辟了美国劳工史编撰的新时代。通过他的著作，我们可以对美国马克思主义史学在工人阶级史方面的研究成果有一个具体的了解。

在工人阶级史研究中，古特曼遵循"自下向上看"的历史研究方法，将劳工史变成工人大众的历史。他把研究重心从工会大厦转移到地方社区，关注工会运动之外普通工人群体的日常生活和斗争，以揭示工人阶级的主动性。古特曼说："工会已经写得太多了，但是却很少注意工人大众本身和劳工组织与工人所处社区的关系。"[②] 他要研究工人本身的日常社会生活，在考察19世纪70年代大危机时就阐述了"成千上万男女劳工和纽约机修工人的日常生活"，不是把他们看成"'劳动力'产品或统计资料，而是作为活生生的人"，作为他们自己生活的创造者。[③] 古特曼研究了工业城镇布莱伍德后发现在地方社区中最重要的关系不是工人和雇主的关系，而是工人本身之间、工人和邻居们之间的关系，在他看来，"其他社会阶级"在理解工人阶级生活的特点和工人同雇主的斗争中是最根本的。在研

[①] 赵世玲：《西方马克思主义史学的发展现状——访加拿大学者布赖恩·帕尔默教授》，史学理论丛书编辑部编：《当代西方史学思想的困惑》，中国社会科学出版社1991年版，第328页。

[②] H. G. Gutman, *Power & Culture*: *Essays on the American Working Class*, Introduction, p. 11.

[③] H. G. Gutman, *Power & Culture*: *Essays on the American Working Class*, Introduction, pp. 7 – 8.

究矿工和非矿工之间的关系中,他看到"其他社会阶级"——"镇长、郡长、治安法官、商人"站在工人一边,在矿工同矿主斗争的过程中起了重要的作用。在以后的研究中,他把"其他社会阶级"看成是工人阶级的组成部分,从对他们的社会追述中发现其植根于工人阶级,因此表明它不是跨阶级的联合,而是体现了工人阶级本身的复杂性。古特曼的分析使他从传统的经济决定论中解脱出来,认识到镀金时代的历史不是工业化的残酷行进,相反,是个体男女的行动形成了事件的过程。[1] 可见古特曼强调普通工人的经历,表明工人阶级有能力改变自己,是自己历史的创造者。

不仅如此,古特曼还把劳工史从国家层面转移到了地区和地方,转移到了社区、工人的工作场所和生活娱乐场所。当他研究了几个地方的小城镇后发现,整个阶级、整个国家都没有进入历史学家的视野,因为传统劳工史认为镀金时代的工会运动,即有组织的工人运动非常之弱,而古特曼看到的却是长时间的罢工和企业停产;传统史学中的大多数人认为企业家拥有社会和政治力量,工人则是孤立无援的牺牲品,而古特曼对帕特森进行研究后发现工人是帕特森人口的多数,有值得骄傲的工人出版物,有大量活跃的工会组织,是"世界产业工人"组织的堡垒,1913 年大比尔·海伍德亲自领导了丝织业的移民工人罢工,造成了城市瘫痪和美国的丝织业歇业。通过研究帕特森从汉密尔顿的世界到海伍德法案期间工人群体的经历,可以发现工人阶级是在为权利而斗争的过程中自我形成的。古特曼还把关注点延伸到工人的工作场所,如对意大利人罢工破坏者和对黑人工人运动领导人戴维斯的研究发现,工人群体的共同利益和共同意识产生于他们的工作场所。

最重要的是古特曼研究了美国工人阶级的形成和再形成,揭示了传统文化在工人阶级及其阶级意识形成中的作用。在《工业化时期美国的工作、文化和社会》中他考察了美国工人阶级形成和再形成的过程,强调了前工业化传统文化——新教信仰和共和主义的政治传统在工人阶级形成中的作用。不同于以往史学家关注新教和新兴工业资产阶级的联系,古特曼探讨了卡尔文教和工人阶级的关系,认为"前工业社会已经培养起来的特

---

[1] H. G. Gutman, *Power & Culture*: *Essays on the American Working Class*, Introduction, p. 15.

殊宗教信仰,并没有随着工业化的到来而消失"①。他揭示了美国工人转向新教信仰的过程,并以此寻求他们所声称的"权利的合法概念",这些概念使工人形成了自己的世界;工人和雇主虽然都信仰新教,但他们各自对新教含义的理解是不同的,雇主试图用新教唤起工人对其统治合法性的承认,而工人则从新教中寻找抵制和反抗的武器,比如工人把自己看成是耶稣的信仰者,因为耶稣基督是一个木匠,跟他们一样是被压迫者,耶稣的形象激励着工人,可以说对基督的想象和话语表达充满了劳工运动的语言。美国工人发现新教传统认可了他们的激进评论和对现存秩序的不满。②古特曼强调共和主义的政治传统,认为工人将美国革命时期承继下来的政治、社会和经济理念转变为早期资本主义文化,其中最重要的就是他们承继了独立战争时期革命家确立的人人生而平等的政治理念,在杰克逊时期他们把这种共和主义的政治理念重新形成为一种独特的激进的社会平等观念,以反对与19世纪资本主义相联系的社会不平等;在工会的形成、罢工、合作社、工人出版物和地方政治活动中,这种经工人群体重新定义的共和主义政治理念促使工人努力抑制工业资本主义力量的增长。总之到1840年在日常的生产生活和反对新兴工业资产阶级的过程中,工人群体的共同经历造就了一种独立的与资本主义相对立的本土化意识形态,标志着美国工人阶级的形成。③

对于1840年到20世纪初美国工人阶级的再形成,古特曼认为只关注本地白人男性劳工和工厂工人是难以理解的,必须考察移民及其子女、非裔美国人在美国工人阶级演变中的作用。古特曼考察了大中城市、地区和地方城镇工资劳动者的构成,认为1840年后大多数美国工人是移民及其子女,其中本地出生的白人工人只占工人阶级的极少部分,移民及其子女、黑人占工资劳动者总数的75%以上。因此随着移民的流入美国工人阶级有一个再形成过程。④ 不仅如此,古特曼从社会文化的角度考察美国工

---

① H. G. Gutman, "Work, Culture and Society", in *Industrializing America*: *Essays in American Working-Class and Social History*", Alfred A. Knopf 1976, p. 84.

② H. G. Gutman, "Work, Culture and Society", in *Industrializing America*: *Essays in American Working-Class and Social History*", pp. 79 – 117.

③ H. G. Gutman, *Power & Culture*: *Essays on the American Working Class*, pp. 381 – 382.

④ H. G. Gutman, *Power & Culture*: *Essays on the American Working Class*, pp. 386 – 392.

第三篇　西方马克思主义史学

人阶级的再形成,他以1875年弗吉尼亚市矿工的社会生活记录为例,指出新年到来之际,德国移民在体育场唱歌跳舞,而意大利和法国移民一起在沙龙聚会;2月份中国移民在过春节时,意大利和爱尔兰移民也在进行年度慈善聚会。因此文化的多样性甚至文化的冲突并没有阻止工人阶级的团结。① 他把传播福音的新教、共和主义的政治传统、工作范式、交际和休闲等作为联系工人的纽带和工人进行斗争的武器,特别是共和主义的政治理念被古特曼用来阐释宾夕法尼亚西部地区矿工和矿主之间的斗争,矿工(常常是移民)把他们的共和主义政治理念和潜在的本土主义混在一起,把自己看成是"美国意义"上的市民,享有和矿主同等的权利,以此区别于被矿主招来破坏他们罢工的意大利人。所以,不同族源的工人群体承继了共和主义的政治传统,"市民的权利"的话语体系成为工人阶级团结战斗的共同意识。古特曼探讨了工人阶级复杂的族源关系。对美国矿业工人组织的建立者、黑人工人理查德·L.戴维斯的研究表明,尽管他处在黑人矿工、白人矿工和矿主这样一种复杂的三角关系里,却赢得了黑人和白人矿工的尊敬,被选为工会执行委员会的成员,因此是工人群体的共同遭遇使黑人和白人工人团结一致,为了维护他们的共同利益同矿主展开了激烈的斗争。古特曼对戴维斯的研究,否定了学术界对"黑人史"和"劳工史"的传统划分,在这里不仅看到了种族主义的胜利,还看到了许多矿区的工会里既有"新""老"移民,又有本地矿工,既有黑人矿工,也有白人矿工,可见工人阶级有着复杂的族源关系。② 古特曼认为不同族源的工人群体带着他们的原初文化进入了急剧变化的美国社会,他们为维护自己的传统文化和工作习惯同雇主展开了持续不断的斗争,以抵制雇主为促进现代化工业发展而制订的工作规程、劳动纪律和劳动时间,正是在这种抵制和斗争的过程中形成了工业化期间美国工人群体的亚文化。所以,古特曼是从文化和社会之间的相互影响来解释工人阶级群体的信仰和行为,并揭示了前工业化传统文化在工人阶级形成中的作用。

古特曼在工人阶级史研究中做出了许多原创性的贡献。蒙哥马利称

---

① H. G. Gutman, *Power & Culture: Essays on the American Working Class*, pp. 386–393.
② H. G. Gutman, "Work, Culture and Society", in *Industrializing America: Essays in American Working-Class and Social History*, p. 124.

"在地方层面上社会冲突研究的剧增,是被古特曼的作品极大地激发起来,导致在美国的社会和政治史中对劳工骑士团作用的重新解释"和工人运动研究中"持续的创新和富有见地的评论"。[1] 但他也认为古特曼过于强调美国工人阶级的种族构成,而忘记了本地美国工人也成长于内战后美国的工业化环境,并对美国的工会运动进行了领导。[2] 由于他重视文化研究,也被人指责是"文化主义者"。无疑,古特曼深受英国马克思主义史学家,尤其是 E. P. 汤普森的影响,他从拒绝"经济决定论"出发,从社会文化的角度运用阶级斗争的话语体系解读美国工人阶级的形成和再形成,把工人群体的阶级斗争置于"工业化"这一坚实的资本主义经济发展的背景之中,表明他尽管拒绝"经济决定论",但并不反对历史的经济分析,只是他更侧重于从社会文化的角度揭示工业化时期美国的阶级关系变化。他从工人群体的文化传承中、从社会发展的历时性来理解他们的信仰和行为,这无疑是在强调社会历史主体——工人阶级在历史创造中的主观能动作用,强调作为社会意识的文化传统的相对独立性;他强调文化传统在工人阶级形成中的作用,也就是强调马克思主义关于社会意识的反作用原理。应该说,古特曼在马克思主义的阶级斗争话语体系里揭示了工人阶级不仅有为经济利益进行的斗争,更有为维护他们的传统文化价值观念进行的斗争,不仅有经济层面的斗争,也有社会意识层面的斗争,这样的分析并没有脱离历史唯物主义的范畴。

三

吉诺维斯是一位最杰出的奴隶制史学家,他不仅研究美国南方的奴隶制,还把它和西半球其他地区的奴隶制进行比较;他不仅研究奴隶主创造的世界,更研究了奴隶创造的世界;他虽然否定了"经济决定论",但并不反对对奴隶制史进行经济研究,尤其是他对南方黑人文化研究的原创性成果,可谓独树一帜,为史学界所青睐。

---

[1] 见 August Sartorius von Waltershausen, *The Workers' Movement in the United States*, *1879 – 1885*, edited by David Montgomery, Cambridge University Press, 1998, Introduction, p. 2.

[2] 见 Gregory S. Kealey, *Workers and Canadian History*, McGill-Queen'University Press, 1995, p. 117.

在吉诺维斯看来，美国南方的奴隶社会首先是奴隶主创造的世界，他试图站在奴隶主的角度理解他们的所作所为，通过引入"家长制"的概念看清统治阶级是怎样进行统治的。在《奴隶主们创造的世界》中吉诺维斯认为现代奴隶制问题的产生是与资本主义的发展密切相关的，奴隶制问题首先是一个阶级问题，要把种族问题放在"新世界不同的经济政治联系"中来考察。对奴隶主阶级的分析，不能简单地根据它所依附的生产关系进行，而是要根据独特的阶级关系或它所支配的阶层之间的关系来解释；不仅如此，还要分析法律、道德、宗教和在殖民地生活中的制度继承，否则就不能解释奴隶制的特殊历史或奴隶主的历史，因而非裔美洲奴隶社会中的最重要问题只有通过对统治阶级进行分析开始才能得以解决。基于这样的认识，吉诺维斯比较了美国南方奴隶制和西半球其他地区的奴隶制，认为美国南方奴隶主创造了一个以"家长制"为特征的奴隶社会，奴隶主把奴隶看成是自己的子女，对他们负有供养和保护之责，他们把主奴关系看成是一种家庭事务。赞同奴隶制的争论标志着奴隶主阶级自我意识的形成和统治阶级的成熟。奴隶制种植园构成了奴隶主阶级社会生活的全部，代表了奴隶主阶级的生活方式，因此废除奴隶制就意味着奴隶主阶级生活方式的废除和奴隶主阶级的覆灭。所以奴隶主阶级决定了南方社会的性质，那是一种独特的前资本主义形态。

深化对奴隶创造的世界——黑人文化和黑人社区的研究是吉诺维斯最重要的贡献。在《奔腾吧，约旦河，奔腾吧！》中，吉诺维斯探讨了黑人的宗教、伦理和风俗习惯等内战前南方奴隶的文化事象，认为黑人文化是在奴隶制那种特殊的逆境中铸就的，它既有丰富的非洲文化遗产，也吸收了白人基督教文化。比如黑人的宗教信仰，他们喜欢在自己的教堂里以自己的方式做礼拜，他们也以自己的方式解释《圣经》和体验圣灵，他们对基督教本身的信仰并不是那么纯粹，在他们的解释中加入了很多非洲宗教和黑人的民间文化。黑人宗教成为黑人原始民族意识觉醒的基础，也是黑人抵抗奴隶制的锐利武器。吉诺维斯应用葛兰西的"文化领导权"理论，认为在种植园"家长制"的文化氛围中，奴隶接受了主人的文化价值观念，从而使得奴隶主可以维持他们的权威。但是奴隶也在创造自己的世界，也就是他们创造了黑人文化，吉诺维斯详细分析了奴隶的葬礼、巫术、命名实践、婚姻家庭和性观念等,认为黑人文化渗透到白人文化中,最后以非裔美国人的文化面目出现,成为美利坚民族文化的组成部分,丰富了美利坚民族文化的内涵。此外吉诺维斯还研究了奴隶的社区,栩栩如生地刻画出一系列黑人群像——家仆、工头、工匠、自由黑人、黑白混血儿,他认真研究了黑人家庭,探讨了夫妻关系,描述了奴隶的生活条件与娱乐。[①] 尽管吉诺维斯强调了"家长制"模式下主奴关系的和谐,但他也研究了奴隶的反抗斗争,尤其是他认为黑人的斗争其实也是一场文化战争,随着黑人民族文化的形成,黑人的民族意识日益增强,正是黑人在美国的独特经历铸造了兼具文化特性和政治特性的非裔美国人。

与吉诺维斯从奴隶主的角度和主奴关系的互动中看待奴隶阶级不同,古特曼认为合适的奴隶历史的起点应该从奴隶制以前的历史时期开始,为此他追溯了黑人文化的前现代非洲文化渊源,从黑人自身的角度历时性地探讨了黑人家庭和黑人奴隶阶级的形成。在《奴隶制和自由制度之下的黑人家庭》中,他考察了1750—1925年间非裔美国人的家庭、家庭结构和早期黑人文化的发展,通过黑人的婚姻和性行为、命名实践、文化信仰和黑人家庭的适应能力来研究美国内战前后非裔美国人的家庭变迁,比如在命名方式上,从19世纪开始奴隶的名字以家长的名字为基础,以表明他们从过去主人的身份认同中分离出来。奴隶的子女一般都在父亲的名字之后加子女的名字,这几乎占了50%,或者采用叔伯或祖父的名字,这表明奴隶家庭和附带扩大的亲属组织之间存在着血缘纽带,这种命名实践有助于把奴隶和他们最初的家庭联系起来,因而也揭示奴隶个人和社区的关系。古特曼研究了奴隶文化中的婚姻和性道德标准,认为奴隶同样存在性行为规范,这种规范起到了挑战白人压抑性行为的作用;在奴隶社区,父母和同胞兄弟姐妹的关系具有重要作用,即使奴隶被卖离他们的种植园,也会维系自己的血缘纽带,奴隶的血缘纽带比婚姻纽带更牢固。古特曼利用种植园记录的奴隶名单构建了家庭树,揭示了奴隶的亲缘关系,认为奴

---

① 赵世玲:《吉诺维斯:西方马克思主义与美国奴隶制研究》,史学理论丛书编辑部:《八十年代的西方史学》,中国社会科学出版社1990年版,第322页。

隶的家庭线索支配了一代又一代奴隶先前的知识、技能和物质占有的变迁，奴隶家庭维系了生机勃勃的黑人文化，不同的婚姻规则和性行为、不同的家庭角色和命名实践证明了黑人文化的独立性。古特曼从文化传统的角度追溯了黑人文化的前现代非洲文化渊源，从殖民地开拓时期到独立战争在南卡罗来纳、北卡罗来纳、马里兰、弗吉尼亚各地普通非裔美国人奴隶的家族文化的起点各不相同，这些非裔美国人奴隶群体在再生产自身的同时传播着一种独特的但又是不断变化的文化，比如奴隶要求他们的子女称呼比他们年长的奴隶为"叔叔""婶婶"，这种传统在非洲就存在，而在奴隶制种植园，这种称谓使虚拟的亲属和准亲属网络关系扩大了奴隶的社会联系，使互惠的观念深入进奴隶群体。古特曼认为文化是奴隶同奴隶主展开斗争的武器，黑人奴隶运用传统、习惯和风俗反对统治他们的奴隶主，在这种阶级斗争的共同经历中以传统文化为纽带使分散的奴隶群体发展成为一个阶级。所以，在1720—1750年之间非裔美国人奴隶通过掌握他们的共同经历和非洲文化遗传而使自己成为一个阶级，其中亲属网络的扩大起了重要的作用。[1]

吉诺维斯和古特曼虽然都研究美国南部的奴隶制，但在这个问题上展开了激烈的辩论。古特曼认为吉诺维斯建立的"家长制"模式，是从主人的角度来看奴隶制的，是想建立一种"想象的和杰出的阶级关系"，这种对奴隶制的静态描述使他忽视了阶级的形成，因为阶级关系和意识形态只是在奴隶制后期才能被描述。他反对从奴隶主的角度来写奴隶制史，认为合适的奴隶历史的起点应该从奴隶制以前的历史时期开始，也就是奴隶和主人斗争的历史要和对自由非洲人的认识一起研究。吉诺维斯认为在家长制模式下，奴隶接受了主人的价值观念，古特曼认为没有证据显示发生过这样的事、它是怎样发生的又是何时发生的。[2] 吉诺维斯也指责古特曼没有把家庭关系放在社会关系的更大的联系中考察，没有看到充满活力的互动关系，奴隶在这种互动关系中创造了他们的世界。其实古特曼并没

---

[1] H. G. Gutman, "The Black Family in Slavery and Freedom", in *Power & Culture: Essays on the American Working Class*, p. 377.

[2] H. G. Gutman, "Interview with Herbert Gutman", in *Power & Culture: Essays on the American Working Class*, pp. 353 – 354.

有否认主人的影响,他还是看到了黑人奴隶及其后代借用主流白人的文化,从而发展出一种独特的黑人文化的事实。确实,他们的争论指出了各自分析模式的不足,吉诺维斯的"家长制"模式没有历时性地考察主奴关系的发展变化,存在很大的局限性;同样地,古特曼没有把奴隶阶级的文化放在社会关系体系里进行全面考察也有其局限性。但毫无疑问,他们的研究成果具有很多原创性的贡献,激发了此后奴隶制史研究的热潮。

(原载《史学理论研究》2007年第1期)

马克思主义在英国的史学源流：
史学思潮、代际传承及历史进程[*]

梁民愫

（上海师范大学历史系）

20世纪是马克思主义的世纪，也是马克思主义历史学曲折发展与蓬勃兴盛相互交织的世纪。马克思主义作为一种庞大的理论思想体系和经验的社会批判方式，已经成为20世纪后马克思主义思潮的重要思想资源。在西方各个主要国家，后马克思主义思潮也在新的社会环境与思想条件下，重新寻找回归马克思主义的历史思考方式、理论转换路径与现实实践途径。因此，在马克思诞辰200周年之际，梳理英国马克思主义历史学派的史学传承与思想渊源，蠡测新、老两代英国马克思主义史学家群体的历史思想与史学成就，管窥学派的历史演进、学术历程及史学遗产，对于系统反思与深入理解后马克思主义时代的史学思想体系，具有一定的时代意义和深远的史学价值。

一 变动世界中的英国马克思主义史学思潮

马克思主义的历史行程，就是面对人类自身创造的世界历史及人类史的演变，马克思恩格斯经典作家系统创立的寻求解释世界与改变世界的理论纲领论说、思想体系传播及实践途径发展的历史。19世纪40年代最重要的历史事件和思想现象，就是根植于当时社会历史环境的马克思主义理

---

[*] 本文是国家社会科学基金项目"新左派历史语境中E.P. 汤普森史学研究的文化史转向"（项目编号：17BSS006）的阶段性成果。

论，特别是马克思主义历史理论的产生与形成。马克思主义理论体系是科学共产主义的重要组成部分，而以历史唯物主义与唯物辩证法为核心的历史理论则成为马克思主义历史学的重要理论前提和核心观念基础。20世纪30年代，随着资本主义世界性政治危机与经济体制危机的突然爆发，西方社会由此产生了深刻的社会发展危机，各种社会思潮与学术思潮空前涌现，其中西方马克思主义史学思潮的产生和影响也迅速扩大。英国历史学家巴勒克拉夫曾从多方面分析了经典马克思主义史学对西方史学及史学家的深刻影响，认为20世纪50年代中期之后，无论是反马克思主义思潮及其代表性人物，还是马克思主义历史学家及其同盟者，大多认同马克思主义史学认识论和历史方法论，正视马克思主义思潮的挑战。[①] 英国马克思主义历史学家霍布斯鲍姆曾经写道："马克思主义一直是现代世界思想乐章的重要主题之一，由于它动员社会力量的能力而成为20世纪历史上一种至关重要的存在，在某些时期成为一种决定性的存在。"[②] 在马克思主义理论影响下，欧美各国史学界逐渐形成了各自的马克思主义史学家阵营，产生了相应的史学组织与学术机构，随着历史时间的流逝与观念规范的风行，甚至形成了颇具规模的学术流派。第二次世界大战初年到20世纪五六十年代这个时期，英国、法国、意大利、德国、加拿大和美国等欧美国家的马克思主义史学也颇有影响，西方马克思主义历史学成为一股独特的文化思潮，影响着西方及国际新史学的实践发展和未来前景，因而日益受到中西学界的重视。然而，从学术史角度看，"许多研究从经典传统内部为马克思主义辩护，当然一些富有争议的研究则从后马克思主义立场为马克思主义辩护；但是，很少有研究去追溯后马克思主义的思想历史，或者确定后马克思主义在后现代世界中的位置"。[③]

从观念层面讲，如何界定英国马克思主义史学流派，怎样确定学派史学思潮的内部特质和基本内涵，其理论属性的学科规定性和逻辑意义表现

---

① ［英］杰弗里·巴勒克拉夫：《当代史学主要趋势》，杨豫译，北京大学出版社2006年版，第34页。
② ［英］埃里克·霍布斯鲍姆：《如何改变世界：马克思和马克思主义的传奇》，吕增奎译，中央编译出版社2014年版，前言，第2页。
③ ［英］斯图亚特·西姆：《后马克思主义思想史》，吕增奎、陈红译，江苏人民出版社2011年版，第4页。

在哪些方面，这是需要讨论与优先阐明的问题。当然，学科意义上的历史学派及其学科领域的形成问题，有着自身的基本设定、规范标准和文化意义，英国文化学者约翰·斯道雷认为定义学科可依据三个标准："第一，有自己的研究对象；第二，有支撑考察研究对象的方法的基本假设；第三，有学科本身的历史。"① 这种学科属性的判断依据也适合英国马克思主义史学思潮与史学文化研究的学科规范。这里主要试图强调英国马克思主义史学思潮的理论传承与思想来源。英国马克思主义史学思潮的形成最初指向两个相关因素：一是经典马克思主义理论传统的承继与嬗变，二是西方新史学思潮和史学文化语境的变动与转向。英国马克思主义史学思潮与西方新学术思潮间始终保持着一种交互影响的错综复杂关系。

首先，英国马克思主义史学思潮深受经典马克思主义的理论谱系、思维传统及历史唯物主义方法的影响，这个方面决定了英国马克思主义史学的理论属性。经典马克思主义理论体系深刻影响到欧美各国的社会科学领域及理论学术界，因此，西方许多国家都有自己的马克思主义史学家群体，然而独具特色且构成学派的，恐怕无有超越英国马克思主义史学思潮及其流派者，英国马克思主义史学群体及其历史编纂的成就最大，也得到国际学术界与思想界的广泛赞誉。学者甚至认为，英国马克思主义史学派与英国经验主义史学派并称为20世纪英国史学思潮中最重要的两大史学流派。② 其次，在全球化背景与20世纪西方史学的整体流变过程中，英国马克思主义史学思潮是内容丰富、视野宽阔的西方史学思想体系的题中之义或重要组成部分。学术流派的思想渊源决定了英国马克思主义史学的学科属性。英国马克思主义史学流派及史学思潮的形成与嬗变，正是在西方新史学研究取向的重新定向与经典马克思主义史学谱系的双重语境中发生和确立的，由此学派史学思潮内含的科学性、主题视域和学理目标逐渐彰显。在一定程度上，作为西方马克思主义史学的主流意识流派，英国马克思主义史学思潮的理论属性、学科基础、史学特性、治史实践和方法路径，都反映了历史过程的客观实际与史学发展的内在逻辑。英国马克思主

---

① John Storey, "Cultural Studies: An Introduction", in John Storey, ed., *What is Cultural Studies? A Reader*, Arnold, 1998, p. 1.
② 陈晓律：《20世纪英国史学的两大流派：读安娜·格林与凯瑟琳·特鲁普主编的〈20世纪史学〉》，陈晓律主编：《英国研究》（第2辑），南京大学出版社2011年版，第99—108页。

义历史学派的形成奠定于特定历史条件与深厚学术渊源，其史学思潮的生成则是西方世界的新史学思潮与史学文化语境共同塑造的思想产物。

因此，就史学思潮的理论属性与史学派别的研究领域而言，英国马克思主义史学流派涉猎诸多专业领域与学术兴趣的过程，其实也是在当代马克思主义和历史研究的结合领域中，英国新左派知识分子及马克思主义者把他们普遍遵循及共同表现的马克思主义理论传统视域下的多样性和统一性的史观取向、治史目标，通过历史学的不同实践途径，逐渐汇集而构筑为一个值得重视的学术共同体及多元学术领域的过程。综合史学宗旨与史学实践来看，这种具有共性特征的史学现象、史学观念及价值取向，共同汇聚为英国马克思主义史学潮流，可统称为英国马克思主义史学思潮。英国马克思主义史学家的典型著作文本和重要治史活动，比如，希尔顿的底层民众史与封建主义社会动力理论研究；萨维尔的新劳工与经济社会史研究；希尔的英国革命史与英国资本主义社会研究；萨缪尔的工人阶级文化史与民众主义理论研究；基尔南的他者文化与帝国主义研究；威廉斯的文化唯物主义理论与思想文化史研究等，都体现了融个性化与共性化于一体的历史分析视角和史学认识途径。在新社会史研究领域，英国马克思主义史家深入扭转了西方传统史学思潮忽视普遍大众历史的史观偏见与实践误区，从学理逻辑、历史经验与史学真实方面，充分肯定底层历史的社会反抗潜能及史学研究范式，突出强调了普通民众作为历史主体角色的创造性、能动性和历史意义。在经历对多种历史理论和史学思潮的批判性及继承性基础上，英国马克思主义史学家群体客观上构建了英国特色的马克思主义史学理论体系及史学实践形态。

恰如后文所述，作为新、老两代史学家群体共同构成的英国马克思主义史学流派，其史学思想及史学实践形态在一定程度上都表现出英国马克思主义史学思潮的基本理论属性与学科属性：其一，这些英国马克思主义者都在不同程度上，采取各种手段，以马克思主义经典著作为重点译介对象，也试图重新解释欧陆马克思主义经典著作，把这些理论体系视为学派的思想知识源泉与学术传统基因。他们重视英国马克思主义史学渊源及演化脉络中所蕴含的马克思主义理论思维和本质属性，同时注重拓展英国马克思主义史学自身的学术脉络、理论阐释和实践路向。其二，特别是第一代英国马克思主义史学群体的开拓性贡献，他们在特定社会文化背景和英国文化传统的学术视野中,侧重阐释经典马克思主义者或文化马克思主义者对英国马克思主义史学可能产生的效应,力图再现"文化"思潮在英国马克思主义史学思潮中的历史性表达与现实性张力,彰显英国马克思主义史学思潮的英国文化传统与社会历史特质。

任何史学思潮都是社会文化与社会思潮的相应投影,也会随着社会生活与社会变迁而变换,史学思潮的核心价值一般则无不外化为史学家个体著述的公开出版与学派史观取向的集体表达。通过研究可以发现,在学术思潮与社会文化、道德教化和史学功能方面,英国马克思主义史学家群体的历史著述及其马克思主义传统无疑反映了特定历史时代的史学思潮与社会思潮,在一定程度上引领了社会生活、文化思想和历史演进的基本趋向。

二 英国马克思主义史学家群体的代际传承及史观取向

英国马克思主义历史学派试图把马克思主义理论传统与英国乃至西方新史学传统有机结合起来,英国马克思主义史学思潮的形成也许是 20 世纪国外马克思主义研究中最值得重视与集中讨论的一个重要领域。从历史的长时段视野看,英国马克思主义史学渊源及史学形态肇始于以 20 世纪 30 年代马克思主义思潮的复兴与挫折、发展与转向为表征的曲折历程之中。到了 20 世纪六七十年代,英国马克思主义史学家及新社会史研究成为西方学术潮流中颇具活力的史学领域之一。在全球化与史学现代化的进程中,在社会运动与政治实践领域,虽然 20 世纪英国马克思主义在本质上并未获得英国共产党组织机构的动力依托,也没能成为一股重要而可供选择的政治力量,但是,抛开特定历史时期英国社会政治与文化生活的深刻影响,英国马克思主义史学家群体却充分运用相对宽松的政治环境,依据紧凑严密的历史理论、思想逻辑与学科范式,借助跨学科资源与翔实的史料,在许多领域和研究实践中游刃有余,取得了丰硕的学术成就。最终,马克思主义史学思潮的涌现,对英国社会文化思潮的形成与发展产生了重要而深远的影响。

从学派的源流与历史演变的角度看,作为 20 世纪西方马克思主义史

马克思主义在英国的史学源流：史学思潮、代际传承及历史进程

学思潮中最活跃的学术流派之一，英国马克思主义史学流派在英国史坛也曾经居于重要地位，走过了一条曲曲折折的非凡道路。它发轫于20世纪三四十年代，直到90年代初冷战结束的时期，该学派发展随着学术环境变化和社会历史演变而呈现了兴衰沉浮的历史轨迹。同时，历经20世纪大部分时段的英国马克思主义史学思潮及价值观念体系呈现了阶段性变化。从英国马克思主义历史学派基于史学研究取向和学术思想观念的阶段性分野看，大致以1956年为界标，可划分为老、新两代马克思主义史学家群体及代表性史学家。在20世纪三四十年代社会思潮、社会运动和学术语境的交互影响背景下，多布、希尔顿、希尔、汤普森、霍布斯鲍姆、威廉斯、霍加特、基尔南、萨维尔、鲁德和多萝西·汤普森等大批具有共产党员身份的马克思主义史学家构成老一代马克思主义史学家阵营，或又称第一代新左派史学家。他们通常也被赋予老"左派"史学家称号，既作为英国著名马克思主义史学家受到关注，又作为新左派理论家及思想家倍受重视。

在史学思想的学理逻辑角度上，文本与语境是紧密关联的。学派史学家的学术思想与他们生活时代的社会政治环境和理论资源谱系是密不可分的。在20世纪30年代以来特殊的国内思想传统与国际学术背景中，英国第一代马克思主义史学家群体从理论上抵御了自由主义理论的约束，批判了庸俗马克思主义的消极影响，坚持把马克思主义和唯物史观作为历史书写与史学编纂的指导理论。在史学实践领域，这些典型史学家普遍能够采取"自下而上"的史学观念，注重普通农民、底层工匠和工人阶级的历史经验、道德情感与行动价值，撰写社会底层的边缘历史，构筑整体社会史的文化景观。无论是霍布斯鲍姆倡导的新劳工史研究，还是希尔推崇的社会革命史研究范式及显著成就，都成为英国马克思主义史学最初且有影响的学术增长极。第一代英国马克思主义史学家群体同时致力于发掘英国激进民主政治传统的历史理论资源，尝试消解西方学界传统"左"派和"右"派史学家曾经共同遵行的宏大历史叙事模式。他们试图在恢复底层社会的微观历史及普通大众作为历史创造与史学建构的叙述对象、叙述逻辑及历史地位的同时，强调通过史学认识主体的史学著述，以历史反思的态度，采取参与社会实践的著史方式，大力弘扬马克思主义史学思潮的影响力，彰显史学家在社会民主、政治平等和道德正义等领域的历史意识、

第三篇 西方马克思主义史学

历史情怀与史观取向。

随着 20 世纪五六十年代特殊国际政治环境和复杂学术氛围的变化，英国马克思主义历史学派成员之间政治立场严重分化，造成后来称为"两代人"的史学家群体在史观取向上的差异性表现。后来者即为英国史学界涌现的一批新生代史学家，他们或脱离共产党组织，或以非共产党员身份却仍然以遵循马克思主义理论传统的马克思主义史学家自居，有的被称为第二代新左派史学家，核心成员是霍尔（Stuart Hall）、萨缪尔（Raphael Elkan Samuel）、安德森（Perry Anderson）、奈恩（Tom Nain）、布莱克本（Robin Blackburn）和罗博瑟姆（Sheila Rowbotham）等新左派知识分子及马克思主义者。

20 世纪五六十年代后，以佩里·安德森为核心的新生代马克思主义史学家的史学实践和学术思想也值得深入认识与反思。总体上，伴随着 1962—1963 年新左派政治运动实践由规模兴盛时期走向七八十年代的逐渐衰落时期，逐渐脱去激进政治外衣后，新、老两代英国马克思主义者及新左派史学家退守学术文化领域，立足社会生活本源，在学派渊源与理论立场上，却热衷于与马克思主义史学宗旨保持若即若离的关联。由于亲身体验了苏联社会主义实践的挫折和西方自由主义的理想幻灭的双重悲剧，在社会运动和史学实践中，第二代马克思主义史学家群体往往在主观意图上更为谨慎，事实上却试图寻求比老一代左派史学家更加激进的新左派运动方式与社会历史解释模式，因而必然招致损誉参半的政治命运，为英国社会的历史进程积累一定的实践教训。然而安德森认为，20 世纪 50 年代以后兴起的英国新左派运动的意义非凡："新左派的浮现无疑标志着一种自工业革命以来就蕴藏于英国社会的社会批判传统得以复兴，这是一种至今仍然持续的传统复兴。"[1] 他曾经积极参与英国新左派社会运动，试图为改变政治现实与社会思潮状况而研究历史。自 20 世纪 60 年代起，安德森的《国民文化的构成》《当前危机的起源》《英国马克思主义的内部争论》，奈恩的《工党剖析》，汤普森的《英格兰的特性》和《理论的贫困及其他论文》等著作相继问世，推动了英国学术文化的大众取向及社会思潮的缓慢变化。从史学书写的学术范式与政治实践的互证角度看，第二代英国马

---

[1] Perry Anderson, "The Left in the Fifties", *New Left Review*, I/29, 1965, p.17.

克思主义史学家及新左派史学家更具理论化的历史表现力,更加积极地参与了核裁军运动、1968年学潮、20世纪70年代女权运动等社会政治运动,并将史学成果与时政结合起来,恢复社会主义政治中的道德维度,追求更能够体现民主特性的社会主义实践,构建理想社会的宏伟蓝图。

英国第二代马克思主义史学家及新左派史学家还深刻反思了主导英国史学界的经验主义与民粹主义,提出了一系列重大理论命题,并与以汤普森为首的第一代左派学者及马克思主义史学家进行激烈的结构主义与人道主义之间的论战。[1] 比如在史学实践上,安德森认为正是英国马克思主义理论体系的总体缺失症结,从根本上导致其史学著述不能充分为当代社会主义运动提供现实的思想策略。[2] 在某种程度上,英国马克思主义与新左派之间存在紧密的代际关联,也正是通过一些理论论题和历史问题的交锋与论争,两代英国知识分子共同塑造了英国马克思主义史学流派及两代史学家群体的完整形象。[3] 英国马克思主义史学思潮形成演变和群体史家研究领域变化的基本趋向与前进动因,离不开以下两个史学主体及其史学实践的合力驱动:一是,受到西方新史学潮流的外在引力和学科转向的内在推动,其中诸如以多布、汤普森、霍布斯鲍姆等代表的新社会史学思潮及其"文化转向"显现了其重要意义,这种重要性表现为史学观念及史学研究从社会经济史传统借助社会文化史途径,通向整体社会史取向等范式变革的"实践转向"。二是,诸如安德森、布莱克本、罗博瑟姆等第二代英国马克思主义史学群体的史学理念与实践进路,能够更为主动地采取应对历史运动和社会思潮变化时的历史理论内省与史学实践自觉。无论是安德森有关社会文化、阶级意识与社会形态的历史认识论析,还是布莱克本新左派视野下社会历史的主体性思考,甚至罗博瑟姆致力于女性主义史学叙事领域的历史考察,都孕育了英国马克思主义史学思潮及其社会文化意义的新动向。

从史学意识与现实关怀的角度看,当代英国马克思主义史学流派及知识分子群体,作为人文学者特别是历史学家所从事的历史书写与学术研

---

[1] Lin Chun, *The British New Left*, Edinburgh University Press, 1993, pp. 116–127.
[2] Perry Anderson, "Socialism and Pseudo-Empiricism", *New Left Review*, I/35, 1966, pp. 34–39.
[3] Madeleine Davis, "The Marxism of the British New Left", *Journal of Political Ideologies*, No. 3, Vol. 11, 2006, pp. 335–358.

究，必然会集中对人类共同命运的深切关怀和深刻反思上，推出颇具影响力和富有生命力的史学著述及精神产品。而英国马克思主义史学的研究范式、核心概念和史观取向，无疑促进了英国当代史学思潮和西方新史学思潮的演进路径及史学转向。比如，从史学研究与史学批评的角度看，作为独立性的史学主体或创造性的史学群体，借助生命体验、学术阅历、知识思想与史学认知等因素共同凝聚而成英国马克思主义学术共同体，从根本上必然创作出史学精神新形态的史学想象和史学著述。由此，英国马克思主义历史学派的历史书写与史学认识彰显了某些明确而独特的史学思潮动向。

实际上，纵使英国马克思主义历史学家经历了不同的人生轨迹与社会实践，也拥有不同的现实关怀、文化背景与学术实践，甚至英国马克思主义史学家多数都经历了从左派激进主义转向共产主义，在特殊历史时代终于脱离共产党组织阵营，但是他们的史学研究取向与思想精神境界，仍然表现出那些年代英国史学进程中激进知识分子及马克思主义史学家群体所推崇的历史理论观照和时代精神探求，仍然坚守马克思主义传统及历史唯物主义史观取向。如此，无论是体系规范的理论探讨，还是内涵丰富的经验研究，他们基本都未脱离社会与现实，否则在战后西方新史学潮流中，英国马克思主义史学家的历史书写也就不会引起其他史学家的观念共鸣与人们的同情共感。

英国马克思主义历史学派及史学思潮具备一种特定的生成系统与内在机制，本质上，特定社会的史学与现实的文化是互为里表的，史学文化思潮与社会文化思潮是互动共生的，英国两代，特别是第二代新左派及马克思主义史学家主观上试图把个体化的学术理想献给英国史学，而客观上把新马克思主义史学的理论困境、思想现实及实践方式留给了生活世界和社会领域。就史学流派形成的内在逻辑而言，时代与史家、史家与思想之间互为倚重，学术与政治、历史与社会之间也相互关联，英国马克思主义史学家群体所处的历史时代条件、史家人生际遇与社会文化演变之间的关系无疑非常紧密，这些因素共同构成了英国马克思主义史学的衍生机制与历史语境，塑造了史学家群体的生存状态，促进了学派史学思潮的发展演化及阶段性的动态趋向。

综上所述，英国马克思主义史学思潮是马克思主义历史学的重要组成部分，经典马克思主义理论是英国马克思主义历史学派的理论源泉，唯物史观既是这个学术群体积极推崇与追求新史学精神的行动指南，也是史学家个体在史学研究中批判继承与推动学科理想、努力克服与超越史观瓶颈的实践向导。任何历史学派的学术成长与精神世界的生成都是复杂多样性的特殊蓝本，因此揭示这个史学家群体的人生哲理及其史学价值方面的思想内涵也是一项十分复杂的思想工程。因此从长时段的角度，重视对英国马克思主义史学进程的动态考察，可以反映英国马克思主义史学群体的代际转换、身份认同及史观取向，呈现英国马克思主义史学思潮的史学谱系与历时脉络。由此看来，从全球视野出发，在英国马克思主义史学思潮的观念化、理论化、实践化诸种史学专业化与职业化的历史进程中，甚至，在反思西方史学重新定向的史学现代化历程中，选择性地探讨学派代表性史家的典型史观、历史著述的成书环境及史学文化背景，分析其历史观念和史学思潮特性，揭示其重要学术旨趣，阐释其对社会文化思潮的当下价值，就显得尤为具有现实意义。

（原载《史学理论研究》2018 年第 1 期）

民主德国的马克思主义史学

孙立新

（北京师范大学历史学院）

1990 年，民主德国被联邦德国"整体合并"，德国统一社会党的执政及其社会主义实践失败了。由于这一失败，民主德国的历史科学，特别是其马克思主义史学也被攻击为"德国统一社会党的统治工具"和"马克思主义教条"而被全盘否定。这种做法是十分片面和武断的，它不仅忽略了原民主德国马克思主义史学的学术价值，而且也忽略了这一史学流派内部的观点差异。因此，有必要通过深入研究，对原民主德国马克思主义史学作出具体分析。

德国统一社会党二战后以马克思列宁主义为指导思想，依靠苏联的支持，致力于建立"反法西斯主义的、民主的制度"。1949 年民主德国成立后，德国统一社会党成为执政党，提出了进行"有计划的社会主义建设"的任务。为了配合党和国家建设，增强国民爱国主义精神和社会主义热情，德国统一社会党从一开始就十分重视历史教学和研究工作，并在这一工作中努力贯彻马克思列宁主义。它相继在党校、中央机关、地方院校和科学院建立了许多历史教学和研究机构，出版了大量马克思列宁主义经典著作，开展了广泛的对马克思列宁主义历史理论的讨论，并组织历史学家编写了诸如《德国历史教科书》《德国工人运动史》《德国统一社会党史》以及大型《德国通史》等集体著作。通过这些措施，马克思主义史学在民主德国得到了确立，并在历史教学和研究中占据了主导地位。

然而，在历史研究中却不同程度地存在着公式化、概念化的倾向。例如为了论证民主德国的合法性，一些作品脱离历史实际，极力突出 1525 年农民战争、奥古斯特·倍倍尔和威廉·李卜克内西领导的工人运动、十一月革命等事件在德国历史上的地位，突出德国共产党和工人阶级在反法西斯斗争中的重要作用，强调德国历史积极的"进步"内容，认为民主德国是德意志人民优良革命传统的唯一继承者。到20世纪70年代末，德国统一社会党又提出了一种"遗产—传统"观，片面主张把普鲁士德国历史上一切有价值的因素都当作传统加以保护和发扬，民主德国是深深扎根于德国历史之中的，尤其是一切进步力量为了自由和社会进步而进行的几百年斗争的历史之中，"它同一切美好事物有着连续性，同德国历史上一切反动势力彻底决裂了，许多代有创见的人的遗训在德意志民主共和国已经变成了现实"。这样，民主德国史学从理论上否定了纳粹主义曾有广泛社会基础这一事实，妨碍了对纳粹产生的社会和思想根源进行深入研究。而对"遗产—传统"历史观的片面理解，往往会妨碍对狭隘民族主义进行批判性的分析。

还应当看到，一些历史学家对马克思主义采取了教条主义态度。他们不重视史料研究，忽略历史现象的复杂性，而是机械地套用马克思列宁主义词汇，抽象地谈所谓历史理论问题，把历史唯物主义看成是超历史的一般社会理论，把历史发展规律简化为几条公式。12卷本的《德国历史教科书》仍然以政治史为中心，缺乏丰富多彩的社会文化内容，就是在考察德国工人运动史时也仅仅着重于研究和论述工会、政党和革命的组织活动和政治活动。

尽管如此，民主德国的史学研究还是取得了一定成就。历史学家编辑出版的马列主义经典著作为国际社会科学提供了珍贵的思想遗产，受到了广泛关注。他们对政治与历史科学、党性与客观性、阶级斗争与阶级分析、历史发展的根源和动力、社会形态的形成和发展顺序等历史问题的讨论也曾经引起国际学术界的关注。不仅如此，民主德国历史学家对军国主义、帝国主义、法西斯主义和国家垄断资本主义的揭露和批判也有一定的深度。他们对德国工人运动史的研究虽然有某种片面性，但仍极大地丰富了人们的历史知识。

特别是有不少颇具批判精神的马克思主义史学家较早就认识到前面提到的种种缺陷，不仅大胆地提出批评，而且还力图在自己的史学实践中加以克服。他们坚持历史唯物主义原则，但又不受教条主义的束缚，而是从史料出发，实事求是地编纂历史。约阿希姆·施特雷桑德撰写的《德国史学研究》（第1卷1963年出版，第2卷1965年出版），弗里茨·克莱因、维利巴尔德·古彻和约阿希姆·佩措尔德合著的《第一次世界大战中的德国史》（1968年）、瓦尔特·马尔科夫的《法国革命研究》（1973年）、汉斯·施莱尔的《魏玛共和国资产阶级历史编纂》(1975年)、恩斯特·恩格尔伯格的《俾斯麦传》(第1卷1985年出版,第2卷1990年出版)都是功力深厚的历史佳作,获得了国际史坛的公认。

20世纪70年代以后,长期被当作"资产阶级的"而遭到拒绝的社会史研究也在原民主德国马克思主义史学家当中悄然兴起。莱比锡历史学家哈特穆特·茨瓦在1978年出版了《关于作为阶级的无产阶级构成——工业革命期间莱比锡无产阶级结构研究》一书,用大量经验史实证明了马克思主义阶级概念的可靠性。他根据从莱比锡市档案馆查找到的数百份出自1827年到1867年的记载,对数千名工人的生活状况作出了细致入微的描述。茨瓦还成功地从经验方面重构了选择教父教母的历史景观,清楚地显示了普通市民的朋友圈和社会关系。茨瓦坚定地以马克思主义者和社会主义者自诩,他的社会史研究不是对马克思主义的背离,而是一种革新,同样在国际上引起了巨大和积极的反应。

1980年,德高望重的老马克思主义学者于尔根·库岑恩斯基发表了多卷本《德意志人民日常生活史》的第一卷。这部书同样包含有激发新马克思主义历史编纂的因素,它把注意力转向了劳动人民的日常生活。库岑恩斯基相信法国年鉴学派的日常生活史同马克思主义的日常生活史一样,都是要"把握人们吃什么,穿什么,住得怎样,什么时间休息和睡觉,如果病了怎么办,在什么样的圈子里谈婚论嫁,是否从一个地方移徙到另一个地方或者长久地生活在某地,孩子与父母的关系是怎样的,人老了又会发生什么事情"。库岑恩斯基的著作表明,从马克思主义的立场观点出发完全能够展现丰富多彩的历史画面。黑尔加·舒尔茨撰写的《黑麦价格与帝王的危机》(1988年)也是一部社会史杰作。这是一部对18世纪柏林面包师编年史的编辑整理。在书中舒尔茨完全摆脱了公式化的教条主义概念,从宏观史学转向了微观史学,详细探讨了个人生活的具体情况,揭示了重大社会背景下个体的宿命。

民主德国的社会史家以各自独特的方式与教条主义保持距离,摆脱了教条主义和公式化的预先规定,他们的著作对于坚持和发展马克思主义史学研究无疑具有重要启发意义。

(原载《史学理论研究》2007年第2期)

意大利马克思主义史学片述

陈 新

(复旦大学历史学系)

马克思主义与意大利史学的际遇,有着一段曲折的历程。我们大致可以将 20 世纪 70 年代前的意大利马克思主义史学分为两个阶段,即拉布里奥拉时代和葛兰西时代。

1. 拉布里奥拉时代(1895—1944)

19 世纪末,在欧洲各国,有许多马克思主义者都着力将这种思想与社会实践相结合。拉布里奥拉(Antonio Labriola,1843—1904)就是其中的一员,被恩格斯称为"一位严肃的马克思主义者",他在意大利宣扬马克思主义。拉布里奥拉的作品众多,其中可以给史学以直接启迪的作品有《历史哲学问题》(1887),但这还不是一部真正意义上的马克思主义作品。1895 年至 1897 年间,拉布里奥拉撰写了《唯物史观论丛》,以一名真正的马克思主义者的身份宣扬唯物史观,强调人类的存在方式决定了人类的意识,同时也强调哲学与历史的统一。按照这样的原则,拉布里奥拉将人类的社会生活分成四个层次:(1)劳动力和劳动工具;(2)社会经济结构;(3)阶级、法律、国家和道德;(4)艺术、宗教和科学。从这种层次区分中,我们很容易看到物质存在作为人类社会生活的基础对于意识的存在,如道德、艺术和科学等起着决定性的作用。意大利著名思想家克罗齐(Benedetto Croce,1866—1952)曾在 1895 年至 1900 年期间对马克思主义有着浓厚兴趣,并写了一系列有关马克思主义的论文。[①] 那时,他受到的直接影响便来自导师拉布里奥拉。克罗齐描述在 1895 年 4 月第一次接

---

① 这些论文后来收集在他的作品《历史唯物主义与马克思主义经济学》(*Materialismo storico ed economia marxistica*, Palermo, 1900)一书中。

触到拉布里奥拉有关唯物史观的作品时说:"我读了又读,感觉到心灵一次次燃烧了起来。我对这些思想和问题无法释怀,它们在我的心中扎下来,膨胀着。"[1] 不过,正如卡塞塔所说,马克思主义对克罗齐来说不过是一种瞬间的政治情感,而不是一种政治生活的真正承诺。

19、20世纪之交,意大利马克思主义通俗化另一位的代言人是经济学家劳里雅(Achille Loria,1857—1943),他的作品《社会的经济基础》和《当代社会诸问题》中呈现的历史观是:"一切历史都是阶级斗争史。"克罗齐批评劳里雅对马克思的歪曲,认为历史唯物主义并非一种有关人、现实和历史的整体性哲学观念,而不过是一种历史解释的方式。克罗齐说道:"历史唯物主义……既不可能是一种新的、先验的历史哲学观念,也不可能是一种历史思想的新方法,它只是历史解释的一种方式。"[2] 克罗齐通过逻辑推导指出,马克思宣扬的未来是一个无阶级社会,因而阶级斗争并不是历史发展的内在规律,即阶级斗争理论与对历史的经济解释只具有相对价值。这显然是以历史主义思想对马克思主义中某些观念进行的评论。克罗齐忽略了马克思主义本身蕴涵的历史主义因素,而是固执地认为,马克思想要把经济力量及其影响视为社会生活中唯一的要素,这样,他只要证明社会生活中除了经济因素之外还存在着知识、艺术和伦理等要素,马克思主义就不值一驳了。

这个时期,马克思主义开始与意大利史学接触,其中有拉布里奥拉对马克思主义的热情宣传、劳里雅的单一化解释或歪曲,以及克罗齐的研究和激烈批评,这些多少反映出马克思主义进入意大利史学并非一帆风顺。

2. 葛兰西时代(1944—1968)

葛兰西(Antonio Gramsci,1891—1937)是意大利共产党的奠基人之一。1926年,意大利法西斯政府将他投入狱中直至1937年去世。他在狱中待了十一年,留下了大量有关历史的手稿。1948年后,葛兰西的手稿陆续发表,开始在知识界产生影响。因而,所谓的"葛兰西时代",在时间上,是二战后受其作品影响的那个时期。

---

[1] 转引自 Ernesto G. Caserta, "Croce and Marxism", in *Journal of History of Ideas*, Vol. 44, No. 1, p. 141。

[2] Benedetto Croce, *Materialismo storico ed economia marxistica*, p. 80, 此文转引自 Caserta 英译文, 见 "Croce and Marxism", p. 142。

意大利马克思主义史学片述

葛兰西本人作为一名坚定的马克思主义者，早年深受拉布里奥拉和克罗齐思想的影响，但他却没有像克罗齐那样将马克思解释成经济决定论。在葛兰西那里，马克思主义被称为"实践哲学"，哲学与历史的统一是通过实践来实现的。葛兰西在阐述实践哲学的同时表达着他的历史观，而这种历史观首先是他运用历史主义来思考社会现实的结果。在《狱中札记》中，葛兰西认为，"在事实上，每一个实在的历史阶段都要在尔后的阶段中留下自己的痕迹，而后者在某种意义上成为前者的最好的文件。历史发展的过程是时间上的统一，因此现在的东西在本身中包含着一切过去的东西"[1]。认识到现实和世界的历史性，或者说历史地认识现实和世界是葛兰西区别于意大利同一时期思想家的特征。基于这样的认识，葛兰西认为马克思主义，即实践哲学"是绝对的'历史主义思想的绝对的世俗化和此岸性，一种历史的绝对的人道主义，人们正是必须沿着这条路线追踪新世界观的这种新线索"[2]。

对于马克思主义中提及的意识形态，葛兰西有自己的独特见解。他认为，意识形态并不是经济基础的一种消极反映，相反，它是一种建构集体认同的积极要素。他倡导知识分子与大众的结合，将大众提升到一种可以接受政治进步的层面。意识形态通过知识进行权力支配的运作，因而，如果能够了解教育与知识传播的方式，人们也就能够分解统治阶级的意识形态，推动社会革命的进行。葛兰西阐述知识的教育和传播与意识形态的关系，直接引导着他的继承者开辟历史研究的新领域，这一点在史学家德·马蒂诺那里表现得尤其明显。

在第二次世界大战结束之后到 20 世纪 60 年代之间的意大利史学界，马克思主义者与唯心主义者存在着激烈的冲突，这不难理解，但青年马克思主义史学派由于同时受到苏联影响，热衷于政治史，对经济史与社会史倒是忽略了，更不用说去认真考虑经济、社会和政治之间的关系。[3] 这一时期，马克思主义在哲学界的代表有德拉·沃尔佩（Galvano Della Volpe，1895—1968），他在强调历史主义和唯物主义的同时，以经验主义和归纳

---

[1] [意] 葛兰西：《狱中札记》，葆煦译，人民出版社 1983 年版，第 91 页。
[2] [意] 葛兰西：《实践哲学》，徐崇温译，重庆出版社 1990 年版，第 161 页。
[3] 参见 Claudio Pavone, "Italy: Trends and Problems", in *Journal of Contemporary History*, Vol. 2, No. 1, *Historians on the Twentieth Century*. Jan., 1967, p. 53.

第三篇 西方马克思主义史学

法来解释马克思的思想,认为马克思主义是一种面向事实的理论,在方法论上更类似于自然科学方法论,从而使得马克思主义与具体事实及历史可能建立起更为直接的联系。

在具体的史学实践之中,马克思主义的主要代表则是进入学术成熟期的德里奥·坎蒂莫里(Delio Cantimori,1904—1966)和埃涅斯托·德·马蒂诺(Ernesto De Martino,1908—1965),而葛兰西思想又为他们提供了直接的精神引导。

坎蒂莫里的主要研究领域是16世纪意大利的宗教生活及激进共和主义。他早年受德国思想家布克哈特和梅尼克影响颇深,甚至在20世纪20年代接触过法西斯主义。在法西斯主义给他带来一种幻灭感之后,坎蒂莫里最终选择了同样来自德国文化的马克思主义。他把马克思主义视为一个"真理系统",同时也是法西斯主义的一剂解毒药。[1] 坎蒂莫里是《资本论》的意大利文译者。他像葛兰西那样,将马克思主义看成是一种解释历史、社会和政治生活的有效方式,而实践马克思主义本身也是一场战胜资本主义的政治斗争。在坎蒂莫里眼中,马克思主义只可能与具体的历史结合在一起,因为马克思的思想本身也是历史的、有条件的和具体的,这样,马克思主义与历史学的结合就具有了天然的关联。

另一位马克思主义史学家是德·马蒂诺,他研究宗教史,同时也是一位杰出的音乐人类学家,主要作品为《懊悔之地》(1961)。[2] 马蒂诺早年受教于克罗齐。在二战期间,他与其他意大利马克思主义学者一样,坚定地保持反法西斯的政治立场。战后,马蒂诺加入意大利共产党,长时间在意大利南部做工农组织工作。这期间,与社会基层的接触令他对民众中流行的宗教音乐有了更为直接的了解,他以一种独特的方式,将葛兰西的实践哲学思想与精神分析学、人类学、存在主义、现象学思想结合在一起,进行着一种颇具反思性的批判的人类学研究。他还研究宗教与音乐之间的关系。在克罗齐那里,这样的研究对象是马克思主义无法涉及的,然而,马蒂诺将这个主题放到南部意大利现实社会生活这个具体情境之下,从人

---

[1] 参见 Eric Cochrane, John Tedeschi, "Delio Cantimori: Historian", in *The Journal of Modern History*, Vol. 39, No. 4 Dec., 1967.

[2] 参见 Tullia Magrini, "The Contribution of Ernest o de Martino to the Anthropology of Italian Music", in *Yearbook for Traditional Music*, Vol. 26. (1994), pp. 66 – 80.

与人之间社会经济地位、存在方式等角度来进行解释和理解。1949 年，他在《关注民间的历史，下层世界》一文中指出："从科学的角度考虑，西欧人种学研究中的自然主义反映出，资产阶级社会在实际的政治层面将民间的、下层的世界当成一个物的世界，而不是人的世界，当成一个自然世界，混同于可以征服和剥削的自然。"① 这种观点，便是来源于葛兰西有关资产阶级压迫下层阶级的意识形态霸权的讨论。

葛兰西时代为意大利史学研究留下了丰厚的遗产。葛兰西和马蒂诺等人为文化人类学和历史学研究提供的理论与实践，有助于 20 世纪 70 年代之后微观史学的兴起。索德斯认为，这种影响表现在以下六个方面，如：(1) 关注意大利自身；(2) 关注"南部问题"；(3) 注重研究巫术、民间宗教、节日和仪式；(4) 关注下层团体的社会史；(5) 历史研究与政治考虑之间的公开联系；(6) 在理论上强调阶级结构、文化复杂性，并且在阶级斗争中运用意识形态和象征主义分析方式。② 我们不妨也将此视为马克思主义对史学领域的影响，它的实现，正是因为将葛兰西倡导的意识形态分析充当了马克思主义与文化或历史之间的桥梁。可见，自葛兰西时代开始，马克思主义既没有停留在被曲解为经济决定论的层次上，也没有被教条式地用来指导意大利的具体史学实践。相反，意大利马克思主义史学家超越了克罗齐式的偏见，重新确立了自己的路标。

（原载《史学理论研究》2007 年第 2 期）

---

① 转引自 George R. Saunders, "Contemporary Italian Cultural Anthropology", in *Annual Review of Anthropology*, Vol. 13 (1984), pp. 447–466.

② George R. Saunders, "Contemporary Italian Cultural Anthropology", in *Annual Review of Anthropology*, Vol. 13 (1984) p. 456.

第四篇

西方马克思主义史家

英国马克思主义史学家群体的史学观念与实践
——以英国共产党历史学家小组为中心[*]

初庆东

（华中师范大学历史文化学院）

在 20 世纪世界史学发展的谱系中，英国马克思主义史学以其庞大的阵容、丰硕的成果、强烈的现实关怀而具有重要地位。学术界已有的研究大多聚焦英国马克思主义史学的主要代表人物，如埃里克·霍布斯鲍姆、爱德华·汤普森、克里斯托弗·希尔、罗德尼·希尔顿、约翰·萨维尔、拉斐尔·萨缪尔、维克托·基尔南等，但对英国马克思主义史学家群体的研究比较薄弱，这导致我们无法把握英国马克思主义史学的全貌，也无法了解英国马克思主义史学的总体特征。与此同时，已有的研究关注的时间节点以 20 世纪五六十年代到 80 年代为主，较少关注英国马克思主义史学的早期发展，这就无法回答英国马克思主义史学家群体的形成问题。[①] 随着对英国共产党档案的整理与数字化，囊括众多英国马克思主义史学家的学术组织——英国共产党历史学家小组（后文简称"史学家小组"）愈益

---

[*] 本文是国家社会科学基金青年项目"英国马克思主义历史学的起源与形成研究（1931—1956）"（项目编号：17CSS004）的阶段性成果。

[①] 国外学界的代表性成果主要有：Harvey J. Kaye, *The British Marxist Historians: An Introductory Analysis*, Polity Press, 1984; Harvey J. Kaye, *The Education of Desire: Marxists and the Writing of History*, Routledge, 1992. 国内学界的相关研究，参见梁民愫《中国史学界关于西方马克思主义史学研究的回顾与前瞻》，《史学理论研究》2001 年第 4 期。

受到学界的关注。① 史学家小组是二战后英国马克思主义史学家的"大本营",是英国马克思主义史学的"孵化器",培育了一批杰出的、具有世界影响的史学家。这些史学家运用马克思主义理论重新解释英国历史,确立了马克思主义在英国学术界的合法地位。鉴于学界对史学家小组的研究比较薄弱,本文尝试利用有关史学家小组的档案等原始资料,聚焦史学家小组的创立及其史学观念与实践,透视作为一个整体的英国马克思主义史学家的群体特征,以求教于方家。

一 "人民阵线"运动与史学家小组的创立

1946 年史学家小组的创立是英国马克思主义史学形成的关键时刻,其核心成员是来自 20 世纪 30 年代和 40 年代早期的一批激进学生。这些学生成为共产主义者,在很大程度上是因为"人民阵线"的影响。② 人民阵线是在 1935 年召开的共产国际第七次代表大会上正式提出的。1935 年 8 月 2 日,共产国际领导人季米特洛夫在大会报告中系统阐述了人民阵线政策。季米特洛夫指出,为反抗法西斯,共产国际必须建立无产阶级的联合阵线,在此基础上建立更广泛的人民阵线。他特别强调意识形态和文化工作的重要性,他指出:"我们必须展开意识形态的斗争,这种意识形态在表述上必须清晰和通俗易懂,而且是经过深思熟虑后能够切合广大人民群众的民族心理特点的。"③ 在季米特洛夫看来,共产主义者必须重视历史,不能任由法西斯篡改历史和愚弄民众,这就需要团结一切进步的历史学家,

---

① E. J. Hobsbawm, "The Historians' Group of the Communist Party", in Maurice Cornforth, ed., *Rebels and Their Causes: Essays in Honour of A. L. Morton*, Lawrence and Wishart, 1978, pp. 21 – 47; B. Schwarz, "The People in History: The Communist Party Historians' Group, 1946 – 1956", in Richard Johnson, et al. eds., *Making Histories: Studies in History Writing and Politics*, Hutchinson, 1982, pp. 44 – 95;杨子政:《英国共产党历史学家小组及其"思想的战役"》,《成大西洋史集刊》2005 年第 13 期;程祥钰:《从"人民阵线"到"考德威尔论争"——英国共产主义历史学家小组的危机与突围》,《马克思主义与现实》2012 年第 2 期;初庆东:《苏共二十大与英国共产党历史学家小组的嬗变》,《史学理论研究》2012 年第 2 期;初庆东:《"思想的战役":英国共产党历史学家小组的历史书写》,《光明日报》2018 年 7 月 16 日。

② Dennis Dworkin, *Cultural Marxism in Postwar Britain*, Duke University Press, 1997, p. 10.

③ Georgi Dimitrov, "The Fascist Offensive and the Tasks of the Communist International in the Struggle of the Working Class against Fascism", *Marxists Internet Archive* [2019 – 01 – 05].

将当前的反法西斯斗争与人民的革命传统联系起来。英国共产党总书记哈里·波立特在共产国际第七次代表大会上强调:"我们必须看到学生、知识分子、作家、医生、科学家和教授是我们宝贵的盟友,工人阶级可以获得他们的支持。"① 会后,英国共产党积极贯彻人民阵线政策,吸纳知识分子成为党员,一大批科学家、作家、艺术家和历史学家先后加入英国共产党。史学家小组的创立就是人民阵线时期共产主义文化滋养的硕果。

史学家小组的成员大都是在20世纪30年代求学时期加入英国共产党的,故而有学者认为这一时期是史学家小组成员在思想上和政治上的形成期②,例如,霍布斯鲍姆和基尔南当时在剑桥大学三一学院,希尔顿和希尔当时在牛津大学贝里奥学院,萨维尔当时在伦敦经济学院。汤普森积极参加剑桥大学的学生活动,1939年加入英国共产党。他们加入英国共产党是因为他们认识到只有革命才能改变世界,苏联的成功为此提供了例证。当法西斯政权崛起之时,他们为保持自由和民主以及建立一个社会主义世界而奋斗。他们认为马克思主义是腐朽堕落的资产阶级思想的替代品。③ 基尔南在回忆共产党的这种吸引力指出:"资本主义已处于其最后阶段似乎是不言自明的了;问题是它是否会在自身的崩溃中将文明一同拉下水……共产党是20世纪的方舟。"④ 这批历史专业的大学生,热心关注社会现实,深深服膺于马克思主义理论,致力于改造被资产阶级意识形态所腐蚀的历史知识。在人民阵线运动营造的"红色十年"中,英国左翼知识分子在艺术、文学、电影、戏剧、科学、史学等众多领域做出了令人瞩目的成就。

但在二战之前,人民阵线运动处于主流政治的边缘,它的地位由于战争的爆发而发生了改变。⑤ 英国人民在战争中为求生存而进行的集体斗争,

---

① Margot Heinemann, "The People's Front and the Intellectuals", in Jim Fyrth, ed., *Britain, Fascism and The Popular Front*, Lawrence and Wishart, 1985, p. 162.

② Harvey J. Kaye, "Fanning the Spark of Hope in the Past: the British Marxist Historians", *Rethinking History*, Vol. 4, No. 3 (2000), p. 283.

③ Dennis Dworkin, *Cultural Marxism in Postwar Britain*, p. 12.

④ [新西兰]斯科特·汉密尔顿:《理论的危机:E. P. 汤普森、新左派和战后英国政治》,程祥钰译,上海人民出版社2018年版,第31页。

⑤ Dennis Dworkin, *Cultural Marxism in Postwar Britain*, pp. 15–16.

> 第四篇　西方马克思主义史家

创造了空前的统一和团结，甚至可能部分地和短暂地打破了阶级壁垒。战时的经历让人民相信在和平时期社会将被重建，这种信念帮助工党在 1945 年大选中获胜，这种成功又让人们满怀期待，希望战后的改革将创造一个更加平等的社会。与此同时，英国人民对斯大林、苏维埃和英国共产党的认识也发生了变化，英国共产党愈益得到人们的认可，1942 年，英国共产党的党员数量增加至 65000 人，创历史最高水平。战后英国共产党有理由对未来持乐观态度，但这种乐观情绪很快就消失了。因为工党政府深孚众望，并没有按照它的社会主义和共产主义支持者所希望的那样，开启一个新时代。工党政府并没有打算实现社会平等，而且亲美反苏的外交政策使共产主义者成为国家的"内部敌人"。无怪乎，汤普森批评工党政府在背后出卖了他们。①

在冷战时期，英国共产党与左翼知识分子处境艰难，日益受到孤立与排斥，这与在人民阵线旗帜下团结一致的情形迥异。② 史学家小组就是在这样剧烈反差的境况中建立起来的。史学家小组中最积极的成员都来自人民阵线，史学家小组成立的目的也是延续人民阵线的传统，应对冷战的挑战。他们宣称要建立进步历史学家联盟，将自身与激进的民主和劳工史学传统紧密地联系在一起，以继承韦伯夫妇、哈蒙德夫妇、科尔（G. D. H. Cole）和托尼等人所代表的进步史学传统为骄傲。这就可以理解为什么史学家小组由修订莫尔顿（A. L. Morton）《人民的英国史》而组建。《人民的英国史》是英国第一部运用马克思主义理论撰写的史学著作，对英国激进民主传统的历史进行了梳理。该书对英国马克思主义史学的发展有筚路蓝缕之功，为英国马克思主义史学家群体的成长提供了知识养分。希尔将莫尔顿视为研究 17 世纪激进宗教政治组织的先驱，多萝西·汤普森认为她是通过莫尔顿的书开始接触史学研究的。③

1946 年 6 月 29—30 日，史学家小组成员在工人音乐学会召开第一次会议，商讨《人民的英国史》的修订问题，以及未来的工作。会上，道娜·托尔（Dona Torr）等人同意就《人民的英国史》的修订提供建议，而

---

① David Renton, "Studying Their Own Nation without Insularity? The British Marxist Historians Reconsidered", *Science & Society*, Vol. 69, No. 4 (Oct. 2005), p. 567.
② Dennis Dworkin, *Cultural Marxism in Postwar Britain*, p. 15.
③ Harvey J. Kaye, *The Education of Desire: Marxists and the Writing of History*, pp. 120 – 121.

希尔、霍布斯鲍姆等人则同意为《人民的英国史》的每章制作参考书目。①考察史学家小组会议的记录,史学家小组比较活跃的成员还包括莫里斯·多布(Maurice Dobb)、乔治·汤姆森(George Thomson)、乔治·鲁德(George Rudé)、约翰·莫里斯(John Morris)、贝蒂·格兰特(Betty Grant)等人。史学家小组成立时共有22名成员,到1954年有63名成员,1955年有60名成员,1956年有46名成员。② 史学家小组的人数虽然变化较大,但其核心成员基本固定,大体可根据年龄划分为两代人:老一代以托尔、多布、莫尔顿为代表,年轻一代以霍布斯鲍姆、希尔、希尔顿、鲁德、莫里斯、格兰特等人为代表。

在组织结构上,史学家小组隶属英国共产党全国文化委员会,是英国共产党内最富活力和最引人关注的文化组织。③ 在史学家小组的成立大会上,根据希尔的建议,为方便讨论起见,根据历史断代划分为古代史、中世纪、16—17世纪和19世纪四个分组。会议选举成立史学家小组委员会,希尔担任史学家小组的主席,达芙妮·梅担任史学家小组的秘书。④ 到1950年,史学家小组的分组增加至八个,新增历史教师、历史学生、地方史、东方学家四个分组。1953年9月,中世纪分组解散,16—17世纪分组也成明日黄花。⑤ 1956年,随着赫鲁晓夫的"秘密报告"在英国共产党党内的发酵和匈牙利事件的影响,希尔、汤普森、萨维尔等史学家小组成员纷纷退出英国共产党,史学家小组遭受重创,十年辉煌戛然而止。⑥

---

① Minutes of the Historian's Conference, June 29th – 30th, 1946, CP/CENT/ CULT/05/11. 档案取自英国共产党档案馆,网址为 http://www.communistpartyarchive.org.uk/,注释格式依据档案原文,下同不赘,特此说明。

② The first Committee of the Historians Group, Oct. 26, 1946, Committee minute book, 1946 – 1951, CP/CENT/ CULT/05/11; Correspondence, etc., of Edwin Payne, 1953 – 1958, CP/CENT/CULT/07/09.

③ E. J. Hobsbawm, "The Historians' Group of the Communist Party", p. 27.

④ Minutes of the Historian's Conference, June 29th – 30th, 1946, CP/CENT/CULT/05/11.

⑤ David Parker, ed., *Ideology, Absolutism and the English Revolution: Debates of the British Communist Historians*, 1940 – 1956, Lawrence & Wishart, 2008, pp. 246 – 247.

⑥ 初庆东:《苏共二十大与英国共产党历史学家小组的嬗变》,《史学理论研究》2012年第2期。

二 "争夺思想领域控制权的斗争"与史学家小组史学观念的形塑

史学家小组是在冷战的背景下开展史学研讨活动的,而冷战时期两个阵营的思维模式使史学家小组选择站在苏联阵营一边,不加批判地维护苏联和斯大林。[①] 阵营的选择,就意味着史学家小组肩负着政治与学术双重使命。时任史学家小组主席的希尔在1948年发表的《马克思主义与历史学》一文中认为研究历史是为了改变未来。[②] 霍布斯鲍姆也指出:"历史是马克思主义的核心……对我们和党来说,历史已经将我们的斗争放到它的议程上,并且保证我们最后获得胜利。"[③] 换言之,史学家小组的史学研究是英国共产党政治活动的组成部分,是为英国共产党服务的。史学家小组相信他们所进行的是一场"争夺思想领域控制权的斗争"。"争夺思想领域控制权的斗争"这个概念,根据1948年英国共产党第二十次全国代表大会的界定,是"在人们的意识之间进行的阶级斗争"[④]。在1949年英国共产党第二十一次全国代表大会的报告中,英国共产党再次强调在"争夺思想领域控制权的斗争"中理论的重要性。报告要求每位党员同志都要在"争夺思想领域控制权的斗争"中发挥作用,特别是在哲学、科学和历史学等领域的党员同志要积极参与意识形态斗争,反对敌人的宣传,传播共产主义和社会主义。[⑤] 由此可见,进行"争夺思想领域控制权的斗争"是英国共产党在战后的纲领性方针,其目的是争夺意识形态的主导权,这就特别需要哲学家、科学家和历史学家等专家学者,在各自领域中积极运用马克思主义理论,与资产阶级的腐朽观念作斗争。

---

① Dennis Dworkin, *Cultural Marxism in Postwar Britain*, p. 21.
② Christopher Hill, "Marxism and History", *Modern Quarterly*, New Series, Vol. 3, No. 2 (Spring 1948), p. 64.
③ E. J. Hobsbawm, "The Historians' Group of the Communist Party", p. 26.
④ George Thomson, et al., *The Battle of Ideas: Six Speeches on the Centenary of the Communist Manifesto*, Communist Party of Great Britain, 1948, pp. 5 - 6.
⑤ James Gardner, "The Battle of Ideas and the Importance of Theory", Report of the 21st National Congress of the Communist Party, November 1949, Marxists Internet Archive [2019 - 01 - 07].

英国马克思主义史学家群体的史学观念与实践

历史学在"争夺思想领域控制权的斗争"中具有至关重要的地位。①在史学家小组看来,为反对美国的资本和军事侵略,维护国家独立,他们必须在"争夺思想领域控制权的斗争"中赢得胜利,摆脱美国对英国的文化威胁。② 为此,史学家小组必须发挥史学的功用,将专业的史学研究与政治斗争有机结合起来,实现理论与实践的统一。③ 正是在这一过程中,史学家小组不断形塑其史学观念,从而建构起英国马克思主义历史学的大厦。

1950年3月,希尔顿根据全国文化委员会的决议,要求史学家小组围绕和平运动撰写文章,因为开展和平运动是现阶段党的工作重点,同时要求史学家小组评估参加富布莱特项目的美国教师对任教学校的影响,最后要求史学家小组在工人运动和专业史学家中宣传苏联史学。④ 全国文化委员会作为史学家小组的领导机构,其决议显然是在贯彻英国共产党的意志,自然带有十分明显的政治色彩。那么,史学家小组是如何看待其工作和角色的呢？1950年7月,史学家小组委员会讨论了史学家小组工作的政治重要性。史密斯（J. Smith）认为史学家小组的工作主要涵盖两个方面：一是关于理论问题的"纯粹"的史学研究,例如从一个社会向另一个社会过渡的问题；二是"应用"性史学研究,指的是对当前的斗争直接有用,或者为党了解总的形势服务等。史密斯要求史学家小组成员更多地关注和研究"应用"性史学,并要求史学家小组委员会对其成员进行更为明确的政治领导。希尔顿认为史学家小组这两方面的工作是相互联系的,史学家小组的任务是为把各位同志变成对党和工人运动有利的力量提供指导。希尔顿明确指出,"争夺思想领域控制权的斗争"可以通过直接方式和间接方式并行不悖地进行。⑤ 这表明史学家小组学术研究的出发点与落脚点都在"争夺思想领域控制权的斗争"上。

针对美国对英国的文化威胁,希尔顿建议史学家小组挖掘英国的历史

① Christopher Hill, R. H. Hilton and E. J. Hobsbawm, "Past and Present. Origins and Early Years", *Past and Present*, No. 100 (Aug., 1983), p. 3.
② Alastair MacLachlan, *The Rise and Fall of Revolutionary England*, Macmillan Press, 1996, p. 110.
③ Dennis Dworkin, *Cultural Marxism in Postwar Britain*, p. 24.
④ Eighteenth Meeting of the Historians' Committee, Mar. 4, 1950, CP/CENT/CULT/05/11.
⑤ Twenty-second Meeting of the historians' committee, July 18, 1950, CP/CENT/CULT/05/11.

|第四篇| 西方马克思主义史家

传统,以此摆脱美国的影响。① 希尔顿撰文指出,英国资产阶级已经成为帝国主义美国的附庸,因此必须动员民众起来反对资产阶级的卖国行为。那么,如何动员民众呢?希尔顿认为史学家小组要纠正资产阶级编写的历史教科书中愚弄人民的内容,恢复和传播英国人民的历史——人民反抗压迫和人民作为创造者的历史。希尔顿号召"教师与作家们在各自范围内尽最大努力纠正被歪曲的历史","必须阐明过去的斗争经历如何有助于理解当前的政治问题,激发工人的自豪感"。希尔顿指出,史学家小组要维护国家独立、争取和平和推进社会主义,就必须尽可能广泛地传播我们理解的历史,宣传普通人民辉煌而富有斗争性的历史。② 希尔顿的这篇文章全面总结了史学家小组的史学观念,既指出了资产阶级史学的缺陷及其对历史的歪曲,也指明了史学家小组历史书写的方式与目标。

与希尔顿的建议相呼应,史学家小组委员会在 1951 年 10 月的报告中指出,史学家小组厘清历史知识的目的是为英国共产党的社会主义斗争提供武器,为英国共产党的日常工作提供可资借鉴的资料。③ 与之相似,霍布斯鲍姆也认为史学家小组所进行的工作,首先要满足英国共产党宣传与教育的需求,其次是挖掘工人运动史和发挥更广泛的教育作用。④ 这得到了全国文化委员会的肯定。全国文化委员会肯定史学家小组在恢复英国文化传统和政治传统方面贡献卓著。⑤ 毫无疑问,史学家小组的工作以政治宣传与学术研究两种方式发挥作用。作为马克思主义史学家,史学家小组成员首先必须用马克思主义重新解释历史,与反动的历史理论做斗争,并广泛地宣传他们的史学解释;其次,他们的历史研究还要与工人运动相联系,不仅要挖掘工人阶级光荣的斗争传统,而且要使英国共产党掌握这些历史知识,从而克服党的宗派主义和孤立感;最后,在冷战的氛围中,他们继续践行人民阵线的传统,联合马克思主义史学家以及支持他

---

① Minutes of 29th Meeting of the Historians' Committee, Apr. 13, 1951, CP/CENT/CULT/05/12.
② Rodney Hilton, "The Historians' Group and British Tradition", CP/CENT/CULT/08/02.
③ Secretary's Report to Aggregate, Oct., 1951, CP/CENT/CULT/09/05.
④ Minutes of 37th Meeting of the Historians' Committee, Dec. 9, 1951, CP/CENT/CULT/05/12.
⑤ Minutes of 40th Meeting of the Historians' Committee, Mar. 16, 1952, CP/CENT/CULT/05/12.

们的史学家。① 史学家小组积极发挥历史研究的政治功用，以夺取思想领域控制权。

三 史学家小组的史学实践

史学家小组成员汤姆森在谈及党内知识分子的工作时指出："仅仅接受马克思主义的原则还不能成为一位马克思主义者。这些原则必须要付诸行动。我们必须要像共产主义者一样生活……积极投身党的生活……使我们的学术研究成为党的生活的组成部分。"② 因此，史学家小组的史学研究具有强烈的现实关怀，这符合马克思主义的传统。马克思认为："人的思维是否具有客观的真理性，这不是一个理论的问题，而是一个实践的问题。人应该在实践中证明自己思维的真理性，即自己思维的现实性和力量，自己思维的此岸性。"③ 根据马克思的论断，实践是检验真理的唯一标准，研究者应该通过实践检验其理论的正确与否，进而去改造世界。这得到史学家小组的响应，正如同托尔所言，马克思主义是一种激进的、革命性的"实践"，它"不仅关注对过去和现在的理解，更关注对未来的创造；它的目标是认识世界并改造世界"④。这些主张被贯彻到史学家小组的史学实践中。

为宣传工人运动与社会主义革命，史学家小组选择了一些具有特定政治意涵的历史事件进行周年纪念，例如1848年革命一百周年纪念、1649年英国革命三百周年纪念、1905年革命五十周年纪念等。为传播马克思主义史学，史学家小组注重历史教科书的编纂，纠正被资产阶级歪曲的历史。同时，史学家小组举办了一系列暑期学校和学术会议，涉及历史唯物主义、英国资本主义史、马克思主义理论、激进主义、共产主义等主题。此外，史学家小组组织成员汇编史料，出版"制造历史"系列，梳理英国

---

① "The Communist Party Historians' Group: A Statement on the Present Position," CP/CENT/CULT/09/05. 1952年，史学家小组成员联合非马克思主义史学家创办《过去与现在》（Past and Present）杂志，就是受到人民阵线传统的影响。这份杂志存续至今，已成为英语世界最富活力的历史期刊。
② George Thomson, "On the Work of Party Intellectuals", Communist Review, July 1946, p. 12.
③ 《马克思恩格斯选集》第1卷，人民出版社2012年版，第137—138页。
④ Alastair MacLachlan, The Rise and Fall of Revolutionary England, p. 87.

第四篇 西方马克思主义史家

资本主义发展的历史。①

运用马克思主义理论重新解释英国历史，是史学家小组最为核心的工作。史学家小组在成立初期便确定了"关键历史问题"，包括资产阶级的自由和民主概念、革命的概念、罗马天主教和教皇、帝国主义、"西方文明"的观念、历史编纂学等内容。② 史学家小组还发起或参与众多涉及英国历史解释的历史事件的讨论。例如，古代史组和中世纪组讨论了古代的衰落与向封建主义的过渡、参与了《资本主义发展研究》所引发的有关封建主义的本质与崩溃的讨论和多布—斯威齐辩论；16—17 世纪组讨论了绝对主义、英格兰农业问题、英国资产阶级革命与意识形态、科学与清教主义、宗教改革等问题；19 世纪围绕英国工人运动中改良主义的本质与根源、改良主义与帝国、国家机器在近代的发展等问题展开讨论。③

史学家小组的史学实践具有明确的议题与诉求，这与史学家小组参与"争夺思想领域控制权的斗争"的角色和定位是相吻合的。纵观史学家小组的史学实践，其核心议题是 16 世纪和 17 世纪英国的国家形成问题和英国资本主义的起源问题，也就是英国革命和英国从封建主义向资本主义过渡的问题。④ 这与多布《资本主义发展研究》一书的影响密切相关。⑤ 多布在书中运用马克思主义理论阐释了资本主义起源和发展的历史。更为重要的是，多布描述了欧洲经济（主要是英国）从封建主义阶段向资本主义阶段的过渡。在多布看来，这种过渡代表了从一种生产方式向另一种生产方式的转变。多布将封建主义界定为建立在阶级关系之上的一种生产方式，封建主义的衰落是因为生产力与生产关系之间的冲突。取代封建主义的是资本主义。多布认为资本主义起源于 16 世纪的英国，并将 17 世纪的英国革命作为资本主义发展最初阶段的结果，标志着一个新的社会的出

---

① 托尔任总主编，希尔、戴尔、莫里斯、杰弗里斯任分卷主编，丛书包括 M. Morris, *From Cobbett to the Chartists: Nineteenth Century* (1948); J. B. Jefferys, *Labour's Formative Years* (1948); E. J. Hobsbawm, *Labour's Turning Point* (1948); C. Hill and E. Dell, *The Good Old Cause* (1949)。
② Seventh Meeting of Committee of Historians Group, Apr. 10, 1948, CP/CENT/CULT/05/11.
③ E. J. Hobsbawm, "The Historians' Group of the Communist Party", pp. 36 - 38.
④ Raphael Samuel, "British Marxist Historians, 1880 - 1980: Part One", *New Left Review*, No. 120 (3 - 4, 1980), p. 27.
⑤ E. J. Hobsbawm, "The Historians' Group of the Communist Party", p. 23.

现。① 多布将英国内战置于资本主义形成史中进行考察，认为英国内战是一场阶级斗争，这就使得英国内战在史学家小组的讨论中具有关键地位。

史学家小组对英国内战的关注，还缘于内战与当前政治的高度相关。在史学家小组看来，17世纪的英国内战与20世纪的第二次世界大战之间，有许多可供参照比较之处：英国民众投入第二次世界大战的目的并非只是击败法西斯主义，而是为了创建一种更公平的社会秩序。如同"以武力获得自由"的思想启发了内战时期克伦威尔所领导的"新模范军"中的基层官兵。此外，两个时期的地缘政治也是相似的：内战时期英国面临在清教阵营与西班牙（天主教）阵营之间的抉择，第二次世界大战后英国面临在社会主义阵营与帝国主义阵营之间的选择。在希尔看来，前者是进步的、爱好和平的和反帝国主义的，后者则是反动的、好战的和反民主的。② 希尔通过叙说英国内战中英国选择清教阵营而成功地粉碎天主教反动势力，以此呼吁英国现在应该站在社会主义阵营一边。

为了证明英国共产党支持苏联的政策是正确的，史学家小组运用马克思主义理论重新解释英国内战，反对辉格派和费边派史学家对英国内战的传统解释。辉格派史学家承认内战在英国历史发展中的决定性地位，也不否认内战的性质是革命的，但他们强调这场"革命"是由非革命性的因素所引发。在他们看来，内战是宪政和议会政府逐步取得统治地位的过程。③ 例如，伽第纳（Samuel Rawson Gardiner）认为英国内战是一次"清教革命"，"革命"的结果是一系列宪政体制的调整和宗教自由，而非彻底的社会转型；"革命"的参与者是为了议会民主与宗教宽容，而不是为了阶级利益；"革命"的领导者是克伦威尔，他代表着"现代世界中典型的英国人"，而不是革命者或资产阶级的战士。④ 辉格派的另一位代表人物屈威廉（G. M. Trevelyan）认为英国内战与法国革命极不相同，因为"法国革命是两个社会的战争"，而英国内战"是两个政党的战争"。他进而指出："法国革命是为满足人类的需求与愿望。但在英国，革命的激情并非来自

---

① Maurice Dobb, *Studies in the Development of Capitalism*, Routledge, 1946, chs. 1 – 3.
② Alastair MacLachlan, *The Rise and Fall of Revolutionary England*, p. 110.
③ Alastair MacLachlan, *The Rise and Fall of Revolutionary England*, pp. 26 – 27.
④ J. S. A. Adamson, "Eminent Victorians: S. R. Gardiner and the Liberal As Hero", *The Historical Journal*, Vol. 33, No. 3 (Sep., 1990), pp. 641 – 657.

第四篇　西方马克思主义史家

阶级的物质利益。我们的爱国者生活富裕，他们崇尚自由、宗教或忠诚，虽然他们各有目的，但绝不是阶级贪婪的侍女。"① 在辉格派的解释中，英国内战关乎宪政与宗教自由，而与阶级没有关联，这自然成为强调阶级斗争的马克思主义史学家批判的对象。与之相比，费边派史学家则沉醉于渐进主义传统之中，沉溺于历史的幻想，为工党的政策背书。② 面对辉格派和费边派史学家对英国内战的解释，史学家小组认为"坏的历史"导致"恶的政治"，而坏的历史植根于被建构起来的"和平渐进的英国发展道路"③。有鉴于此，史学家小组必须重新检视英国内战的历史，发掘其革命与阶级斗争的意涵，接续有利于工人运动的英国激进政治传统。

为此，曾在苏联学习过的希尔在1940年出版了一本小册子《1640年英国革命》。希尔在小册子中开宗明义地指出，其目的是对17世纪的历史事件提供一种不同于我们大多数人在学校被教授的解释。简言之，希尔认为1640—1660年的英国革命与1789年的法国大革命一样，是一场伟大的社会运动。在希尔看来，英国革命将封建旧秩序推翻，使国家权力掌握在新阶级手中，为资本主义更自由地发展提供了条件。希尔指出，内战是一场阶级战争，查理一世的专制统治受到教会和保守贵族等反动势力的支持，而议会最终击败国王，是因为议会获得工商业阶级、富裕农民、进步乡绅，以及更广泛的人民大众的热烈支持。④ 希尔的观点在党内引发了激烈争论，持不同意见者以于尔根·库辛斯基（Jürgen Kuczynski）为代表。库辛斯基认为资产阶级革命早在英国内战之前就已经发生，他不同意希尔将英国革命视为资产阶级革命的看法，他认为英国内战只是封建贵族领导的一场反革命。⑤ 尽管库辛斯基得到帕尔默·杜特（Palme Dutt）等人的支持，但希尔获得了英国共产党建党元老托尔的赞赏，从而使希尔对英国革命的解释成为英国共产党所认可的正统。

因为《资本主义发展研究》的出版，以及为纪念英国革命爆发三百周

---

① G. M. Trevelyan, *England under the Stuarts*, Methuen, 1965, pp. 186 – 187.
② Alastair MacLachlan, *The Rise and Fall of Revolutionary England*, p. 85.
③ Christopher Hill, "The English Bourgeois Revolution", *World News and Views*, March 13, 1948, p. 110; Arthur L. Morton, *The Story of English Revolution*, Lawrence & Wishart, 1948, pp. 6 – 7.
④ Christopher Hill, *The English Revolution 1640*, Lawrence & Wishart, 1940.
⑤ David Parker, ed., *Ideology, Absolutism and the English Revolution: Debates of the British Communist Historians, 1940 – 1956*, pp. 31 – 47.

年做准备，马克思主义史学家们再次就英国革命展开讨论。希尔继续捍卫自己的观点，这可从他为《1640年英国革命》第三版所写的"前言"中一窥究竟。希尔对第三版仅做了一些轻微（slight）的改动。基尔南对希尔和多布的观点持有异议，他对马克思主义者僵化地划分封建主义与资本主义，以及将英国内战作为资本主义的开端等做法表示不满。[1] 基尔南质疑希尔等人夸大了革命对资本主义发展的作用，他认为资产阶级革命是一个渐进的过程。在他看来，资产阶级革命在任何国家都有不同的递进阶段，就英国而言，1485年是一个阶段，1835年是另一个阶段，而1642年是一系列跳跃中最大的一个而已。[2] 希尔批评基尔南错误地认为资产阶级革命是逐阶段上升的。在希尔看来，"资产阶级革命不像竖立的阶梯那样逐级向上。国家在任何一个时期要么是资产阶级性质的，要么就是封建性质的"[3]。希尔进一步指出，基尔南的论断暗中否定了关于英国内战的马克思主义解释传统，支持了资产阶级对内战的解释。希尔对基尔南政治不正确的指责使得争论无法继续。1948年史学家小组在《共产主义评论》（Communist Review）上发表文章《都铎与斯图亚特时期英国的国家与革命》，文章采纳了希尔等人的看法。至此，马克思主义史学家群体内部关于英国内战的争论遂告一段落。

史学家小组出于政治考量，在英国革命问题上压制了不同看法，支持了所谓的"革命性"正统。正如霍布斯鲍姆所言，在有关英国革命的争论中，他们预设了必定"正确"的结论。[4] 在冷战的特殊年代里，这些争论有利于传播英国马克思主义史学家对于历史的解释，这也是史学家小组践行"争夺思想领域控制权的斗争"政策的集中体现。

结　语

在20世纪30年代"人民阵线"运动中成长起来的一代左翼知识分子

---

[1] Dennis Dworkin, *Cultural Marxism in Postwar Britain*, p. 36.
[2] David Parker, ed., *Ideology, Absolutism and the English Revolution: Debates of the British Communist Historians, 1940–1956*, pp. 138–140.
[3] David Parker, ed., *Ideology, Absolutism and the English Revolution: Debates of the British Communist Historians, 1940–1956*, p. 133.
[4] E. J. Hobsbawm, "The Historians' Group of the Communist Party", p. 31.

| 第四篇 | 西方马克思主义史家

在二战后满怀建立新社会的憧憬,却撞上了"冷战的围墙"。他们选择支持苏联和斯大林,选择服务英国共产党和传播马克思主义。其中,左翼历史学家团结在史学家小组周围,运用马克思主义理论解释英国历史,为英国共产党作为激进政治传统的继承者而辩护,做出了令人瞩目的成就。正是在史学家小组的基础上,享誉世界史坛的英国马克思主义史学流派形成并获得发展。

史学家小组为英国马克思主义史学家提供了马克思主义理论滋养与史学专业训练。从史学家小组走出来的史学家毫不讳言史学家小组对他们的影响,他们将自己后来的史学成就归因于他们在史学家小组所接受的史学训练。汤普森盛赞史学家小组是"一种理想的知识分子从事研究的模式"[1],霍布斯鲍姆认为史学家小组是"一种真正的合作团体,其成员通过持续的交流发展了高度个人化的研究"[2]。希尔称他在史学家小组的岁月是其学术生涯中最令人兴奋的时刻。[3] 这些史学家对史学家小组的肯定评价,使我们在研究他们史学思想的形成时不能忽视史学家小组对他们的深刻影响。与此同时,史学家小组的政治使命也决定了它对英国马克思主义史学家的限制,这在一定程度上不利于学术的自由发展。史学家小组对英国共产党建党之后的历史三缄其口,对有异议的成员予以党内批评,支持正统的学术观点。可以说,在1956年危机之前史学家小组较好地调和了政治与学术的关系,但随着危机的爆发,史学家小组开始意识到政治与学术的抵牾,这种张力最终导致了史学家小组的分裂。

(原载《史学理论研究》2019年第2期)

---

[1] [美]西达·斯考切波:《历史社会学的视野与方法》,封积文等译,上海人民出版社2007年版,第222—223页。
[2] E. J. Hobsbawm, "The Historians' Group of the Communist Party", pp. 43 – 44.
[3] Dennis Dworkin, *Cultural Marxism in Postwar Britain*, pp. 25 – 26.

罗德尼·希尔顿的中世纪社会研究*

刘耀辉

(重庆师范大学历史与社会学院)

罗德尼·希尔顿是英国马克思主义史学家,专攻中世纪社会经济史,尤其在中世纪晚期英格兰乡村社会研究上成就卓著。希尔顿在一系列作品中着重探讨了封建主义的本质、农村社会和农业经济、农村"封建社会"的阶级关系、农民反抗和起义、封建社会的动力、封建主义的危机及其向资本主义的过渡,也对中世纪城镇和妇女问题做出研究。希尔顿是底层史学的倡导者,强调劳动群众在历史进程中的积极作用,他的研究实践拓宽了英国史学研究的领域,促进了新社会史的发展。国外学界对罗德尼·希尔顿史学成就的讨论,主要涉及封建主义和英格兰农民问题、从封建主义向资本主义过渡问题及农民的分化,以及希尔顿的生平和学术成就。[①] 国内史学界对英国马克思主义史学颇为重视,近年来也出版和发表了不少优秀成果,不过对罗德尼·希尔顿的关注和研究有待加强,目前所见的专门

---

* 本文是国家社会科学基金项目"英国马克思主义史学家群体研究"(15BSS002)阶段性成果。

① Harvey J. Kaye, *The British Marxist Historians: An Introductory Analysis*, Macmillan, 1995, Chapter 3; S. R. Epstein, "Rodney Hilton, Marxism and the Transition from Feudalism to Capitalism", *Past and Present*, Vol. 195, Issue supplement 2, 2007, pp. 248 – 269; Terence J. Byres, "Differentiation of the Peasantry under Feudalism and the Transition to Capitalism: In Defence of Rodney Hilton", *Journal of Agrarian Change*, Vol. 6, No. 1, 2006, pp. 17 – 68; Terence J. Byres, "Rodney Hilton (1916 – 2002): In Memoriam", *Journal of Agrarian Change*, Vol. 6, No. 1, 2006, pp. 1 – 16; Christopher Dyer, "Introduction: Rodney Hilton, Medieval Historian", *Past and Present*, Vol. 195, Issue supplement 2, 2007, pp. 10 – 17; Eric Hobsbawm, "The Historians Group of the Communist Party", in M. Cornforth, ed., *Rebels and Their Causes*, Lawrence and Wishart, 1978, pp. 21 – 47; E. J. E. Hobsbawm, "Hilton, Rodney Howard (1916 – 2002)", *Oxford Dictionary of National Biography*. http://www.oxforddnb.com/view/article/76982 [2018 – 04 – 18].

研究，主要涉及希尔顿的封建主义和农民研究以及他关于英格兰农奴制发展及其衰落的探析。[①] 本文结合已有研究成果和希尔顿的一些主要作品，尝试对他的学术成就和贡献做出述评。文章首先结合时代背景介绍罗德尼·希尔顿的生平与主要著作，然后分析他在农村经济和农民问题、封建社会的阶级关系、从封建主义向资本主义过渡以及城市研究等领域的成就，最后对他的学术贡献做简要分析。

一

罗德尼·霍华德·希尔顿（Rodney Howard Hilton，1916—2002），1916年11月17日出生于兰开夏郡米德尔顿，祖父和外公曾是织工，都参与了当时的政治活动，父母均为上帝一位论者（Unitarian）和独立工党的积极分子。希尔顿的父亲最初也是织工，后来成为一家合作社的管理者。可以说，他的家庭与兰开夏郡工人阶级的历史紧密结合在一起。[②]

1935年，希尔顿进入牛津大学贝利奥尔学院学习，第二年加入共产党学生支部。在该学院，他遇到了中世纪史学家加尔布雷斯和理查德·萨瑟恩，以及研究17世纪英国史的马克思主义史学家克里斯托弗·希尔。在加尔布雷斯和萨瑟恩的影响下，希尔顿从劳工史转向中世纪史研究，重点关注地主—农民关系。大学期间，希尔顿积极参加劳工俱乐部和共产党组织的活动，很快成为主要人物之一。在20世纪30年代晚期的动荡岁月中，他也努力从事研究工作。1940年，希尔顿取得博士学位，论文主题为"中世纪后期莱斯特郡庄园经济的发展"。

第二次世界大战爆发后，希尔顿应征入伍。1940—1946年，希尔顿在北非、叙利亚、巴勒斯坦以及意大利等地服役。他的政治立场促使他经常

---

① 国内学界关于罗德尼·希尔顿的讨论和研究成果主要如下：庞卓恒：《让马克思主义史学弘扬于史坛——访英国著名马克思主义史学家希尔顿》，《史学理论》1987年第3期；刘雅宁、梁民愫：《底层社会视野与封建主义研究——罗德尼·希尔顿史学思想探论》，《江西师范大学学报》2006年第6期；刘雅宁：《罗德尼·希尔顿的史学思想探论》，硕士学位论文，江西师范大学，2007年；张广智主编：《史学之魂：当代西方马克思主义史学研究》，复旦大学出版社2011年版，第3章第5节；孙义：《罗德尼·希尔顿英格兰农奴制研究评析》，硕士学位论文，哈尔滨师范大学，2015年。

② E. J. E. Hobsbawm, "Hilton, Rodney Howard (1916-2002)".

与当地人民和共产党员来往。作为一位历史学家，他能够切身观察农民，并且在战后保持了对中世纪近东的兴趣。希尔顿的学生克里斯托弗·戴尔指出，希尔顿似乎不愿意过多提及二战期间的军旅生涯，不过，这种经历显然对他产生了深远影响。[①] 1946年，希尔顿受聘于伯明翰大学（1982年退休）。希尔顿于1956年退党之后，在1963年获任伯明翰大学中世纪社会史教授，60年代晚期担任历史系主任，1977年当选英国人文社会科学学院院士。

1946年，希尔顿与霍布斯鲍姆、维克托·基尔南以及克里斯托弗·希尔等人主张成立"共产党史学家小组"。据霍布斯鲍姆的回忆，小组的成立"源自一次与莫尔顿的《人民的英国史》修订版有关的会议"[②]。在小组中，除了他们之外，活跃分子还包括莫里斯·多布、爱德华·汤普森、乔治·鲁德、A. L. 莫顿、约翰·萨维尔、多萝西·汤普森、唐娜·托尔、约翰·莫里斯和马克斯·莫里斯等人。事实上，"共产党史学家小组"的成员不仅局限于后来取得巨大成功的史学家。[③] 霍布斯鲍姆指出，除了大学和中学教师之外，它是一群年纪通常较大之人的集合，他们除了党员身份和热心于马克思主义和历史研究之外，不再具有其他的共同点。根据霍布斯鲍姆的表述，该小组不是一个宗派组织，而是一个真正合作性组织，其成员通过不断相互交流从事自己的工作；它也不是以某位教师或著作为中心建立起来的"学派"；即使那些备受尊敬的成员也不具有权威地位，而且其他人也不会那么对待他们。[④] 可以说，"共产党史学家小组"主要是一个成员地位平等的学术性组织，希尔顿是该小组中"唯一专门研究中世纪的成员"[⑤]。

剑桥大学经济学家莫里斯·多布的《资本主义发展研究》（1946）对小组产生了重要影响。霍布斯鲍姆声称："多布的《资本主义发展研究》

[①] Christopher Dyer, "Rodney Hilton", The Guardian, June 10, 2002. http://www.guardian.co.uk/news/2002/jun/10/guardianobituaries.humanities［2018-02-10］

[②] Eric Hobsbawm, "The Historians Group of the Communist Party", p. 21.

[③] 关于"共产党史学家小组"更详细的介绍，比如小组成员概况和分组情况等，参见初庆东《英国共产党历史学家小组研究（1946—1956）》，硕士学位论文，南京大学，2012年。

[④] Eric Hobsbawm, "The Historians Group of the Communist Party", pp. 25, 32-33, 43-44.

[⑤] Christopher Dyer, "Introduction: Rodney Hilton, Medieval Historian", p. 12.

阐述了我们主要的和核心的问题……为我们提供了理论框架。"① 在希尔顿看来，尽管多布使用了大量非马克思主义的二手材料，但是，他的这部原创性作品"讨论了一个非常重要的主题"，"对资本主义进行了马克思主义阐释"，多布也提出了一些假设来解释重大的历史发展，力图探究社会—政治形态之"主要动力"的本质，并且揭示那些摧毁封建主义的各种力量。② 希尔顿后来依据大量一手材料对多布提出的"主要动力"和破坏性力量做出了进一步分析。

1952 年，《过去与现在》创刊。希尔顿是杂志创始人之一，长期与杂志保持紧密关系，并且对杂志风格产生了很大影响。③ 希尔顿本人为杂志撰写了许多文章，参与和促进了对一些问题的讨论，这些作品引起了广泛关注。他也鼓励一些学者为杂志撰稿，其中不乏英国之外的人。此外，他还评审了上千份稿件。④ 尽管杂志的创立与共产党史学家的努力联系在一起，不过，杂志也接纳"共产党史学家小组"之外的史学家和非马克思主义者，比如，第一任编委会中有柴尔德、琼斯、巴勒克拉夫以及贝茨和奎因等人。约翰·莫里斯一开始主张用《马克思主义历史研究通讯》（Bulletin of Marxist Historical Studies）作为杂志名，不过这个建议很快被否定了。《过去与现在》是马克思主义史学家和非马克思主义史学家在共同关注历史研究和历史讨论的基础上进行合作的平台。⑤

1956 年，希尔顿出于对英国共产党僵化立场的不满和对斯大林一些做法的反感，选择退出英国共产党（20 世纪 80 年代重新加入）。希尔顿退出英共并不意味着他放弃了马克思主义信仰。他的学生克里斯托弗·戴尔指出，在 1956 年之后，希尔顿"坚持马克思主义的历史解释传统"，"专注于马克思主义思想"，同时以开放的姿态迎接知识的新发展，并且受到像马克斯·韦伯这样的非马克思主义思想家的影响。⑥

---

① Eric Hobsbawm, "The Historians Group of the Communist Party", pp. 23, 38.
② Rodney Hilton, ed., *The Transition from Feudalism to Capitalism*, Introduction, New Left Books, 1976, pp. 10 – 12.
③ Chris Wickham, "Rodney Hilton", *History Today*, Vol. 52, 2002, pp. 6 – 7.
④ Peter Coss, "R. H. Hilton", *Past and Present*, No. 176, 2002, p. 7.
⑤ Christopher Hill, R. H. Hilton, and E. J. Hobsbawm, "Past and Present: Origins and Early Years", *Past and Present*, No. 100, 1983, pp. 4 – 5.
⑥ Christopher Dyer, "Introduction: Rodney Hilton, Medieval Historian", p. 11.

罗德尼·希尔顿的中世纪社会研究

希尔顿倾其一生关注中世纪英格兰社会和农民问题,在这些领域发表了大量论文和出版了一些很有影响力的著作。① 他是《农民研究杂志》编委会成员,2001 年开始担任新创刊的《农业变化杂志》的编委。2002 年,希尔顿去世。2003 年 9 月,伯明翰大学举办了纪念这位著名中世纪史学家的学术研讨会,题为"罗德尼·希尔顿的中世纪(400—1600)",后来出版了论文集《罗德尼·希尔顿的中世纪:一些历史主题的探究》。② 这部文集探讨了五大主题:领主—农民的关系、农民社会、城市发展、反叛以及从封建主义向资本主义的过渡。这本文集体现了希尔顿倡导的研究方法,即从总体上(包括心态和思想文化)来研究中世纪社会的影响。

二

英国马克思主义史学家是"自下而上的历史"(或底层史学)的有力倡导者和实践者,他们结合英国的实际,通过借鉴、吸收和创造性运用马克思主义理论,考察社会下层的生活和经验,强调他们在历史进程中扮演的积极角色。作为马克思主义史学家和底层史学的代表人物之一,希尔顿非常注重劳动群众在历史上的作用,尤其关注中世纪英国农村经济和农民问题。他指出,在世界历史上,从亚洲到美洲,从古代到现代,随处可见地主阶级对处于屈从地位的农民的剥削,然而,农民长期未受到史学家应有的重视。希尔顿在一系列作品中考察了农民的社会和经济状况以及他们的抗争活动,指出农民在中世纪社会扮演了重要角色,推动了社会的发

---

① 这方面的著作主要有:《14—15 世纪莱斯特郡庄园经济发展》(*The Economic Development of Some Leicestershire Estates in the Fourteenth and Fifteenth Centuries*, Oxford University Press, 1947);与费根(H. Fagan)合著的《英格兰 1381 年起义》(*The English Rising of 1381*, Lawrence and Wishart, 1950);《中世纪社会》(*A Medieval Society: The West Midlands at the End of the Thirteenth Century*, John Wiley, 1966);《中世纪英格兰农奴制的衰落》(*The Decline of Serfdom in Medieval England*, Macmillan, 1969);《农奴争得自由》(*Bond Men Made Free: Medieval Peasant Movements and the English Rising of 1381*, Viking Press, 1973);《中世纪晚期英格兰的农民》(*The English Peasantry in the Later Middle Ages: The Ford Lectures for 1973 and Related Studies*, Clarendon Press, 1975);1984 年与特雷弗·阿什顿(Trevor Aston)合编出版的文集《英格兰 1381 年起义》(*The English Rising of 1381*, Cambridge University Press, 1984)。

② Christopher Dyer, Peter Coss, and Chris Wickham, eds., *Rodney Hilton's Middle Ages: An Exploration of Historical Themes*, Oxford University Press, 2007.

第四篇　西方马克思主义史家

展。他的研究成果可以归纳如下。

第一，界定农民概念的内涵。在中世纪社会，绝大多数人是农民，因此，要想对这种社会有一个透彻的了解，就得考察农民问题。在《中世纪晚期英格兰的农民》第一章（题为"作为一个阶级的农民"）中，希尔顿探讨了农民这个词的内涵。[①] 他首先考察了各种论述农民问题的文献，以及它们对农民做出的定义和理论分析。这类作品可分为两大类，第一类是史学家的研究，第二类是人类学家和社会学家的研究。史学家对农民的研究缺乏批判性，只是全盘接受"社会的自我评价（统治阶级知识分子的评价）"，社会学家和人类学家的研究缺乏一种历史维度，也难以令人满意。希尔顿提出，"我主张把农民定义为一个阶级，由它自身在社会物质需求的生产中的地位决定，而不是把它定义为一个由尊严或荣誉来决定的身份群体"。这种界定有助于概括农民的共同特征。他认为农民有五大必不可少的要素：（1）他们占有（即便不拥有）赖以为生的农业生产工具；（2）他们以家庭（主要通过家庭劳动力）为单位经营土地；（3）他们通常结合在比家庭更大的单位（村庄）内，村庄拥有或多或少的共同财产和集体权利（取决于经济的特征）；（4）辅助性工人如农业工人、工匠或建筑工人也是农民的组成部分；（5）他们通过生产出超过自己生活和经济再生产所需的产品，来供养各个阶级和各种制度，比如地主、教会、政府和城市。[②]

第二，探讨中世纪英国和欧洲农民受到的压迫及其反抗活动。在欧洲中世纪社会，农民是主要劳动者，社会物质财富的创造者。在英国封建制度于 12 世纪确立之后，农民就生活在封建领主的剥削和压迫之下。农民为了生存，就得租种领主的土地，由此就得缴纳实物或货币地租，还得服劳役。此外，农民还得承担各种税负。农民遭受的压迫十分沉重，他们没有动力，也没有资金来进行再生产，导致封建社会生产力受到束缚，效率低下，最终，领主与农民之间的矛盾日益激化，引发阶级对抗甚至农民起义，造成封建主义的危机。[③]

希尔顿强调指出，欧洲农民的反抗具有悠久的传统。根据 9 世纪初法

---

① R. H. Hilton, *The English Peasantry in the Later Middle Ages*, pp. 3–13.
② R. H. Hilton, *The English Peasantry in the Later Middle Ages*, pp. 12, 13.
③ 张广智主编：《史学之魂：当代西方马克思主义史学研究》，第 112—118 页。

国阿基坦王国国王丕平一世时期的一条法律条文的记载,一所修道院地产上的隶农因不满所服的劳役和所缴纳的地租而来到国王面前申辩;9世纪末期,在意大利北部米兰地区,一所修道院院长与大约40位教会地产的佃户就地租和劳役产生了纠纷。① 不过,中世纪的早期农民运动一般局限于单个村子的范围,目的在于对村子与领主之间不平衡的关系进行细微的修改,而不是彻底改变或废除这种关系,农民运动获得的最大成绩,是富农领导下的某种形式的自治。相较之下,中世纪晚期农民运动的一大特点就是其地理范围扩大了,许多村庄都卷入其中,对既存的社会和政治关系具有颠覆性的口号也得到了宣扬或至少隐含在农民的各种活动中。另外,中世纪晚期农民运动更大程度的广阔性还体现在思想观念和社会心态领域。②

希尔顿多次在欧洲农民运动的背景下探讨英国的1381年农民起义。《1381年之前的英格兰农民运动》(1949)一文分析了这场大起义之前农民阶级的状况。希尔顿指出领主—农民关系的剥削性质,讨论了农民对领主压迫的反抗,认为农民"不但在反抗经济压迫,也在争取更广泛的人权"。③ 在与费根合著的《英格兰1381年起义》(1950)一书导论中,希尔顿阐明了写作意图:首先,纠正以前史学研究对这场农民反抗运动的偏见,重新阐释被压迫者的动机和目的;其次,以往对引发这次起义的危机做出的分析,是不充分的或错误的,因此有必要予以重新评价。希尔顿进而指出,这场反叛并不是突然和偶然发生的,而是许多复杂而相互关联的对抗导致的结果,其中领主和农奴之间的矛盾是最根本的。④ 在《农奴争得自由:中世纪农民运动与英格兰1381年起义》一书第二部分中,希尔顿从起义的主要事件、一般背景、反叛发生的地域、反叛者的社会构成、叛乱者的同盟军以及组织和目的等方面,比较详细地分析了这场反抗活动。⑤ 希

---

① R. H. Hilton, *Bond Men Made Free: Medieval Peasant Movements and the English Rising of 1381*, Routledge, 2003, pp. 65–66.

② R. H. Hilton, *Bond Men Made Free: Medieval Peasant Movements and the English Rising of 1381*, p. 95.

③ R. H. Hilton, "Peasant Movements in England before 1381", *The Economic History Review*, Vol. 2, No. 2, 1949, p. 135.

④ R. H. Hilton, H. Fagan, *The English Rising of 1381*, Introduction, pp. 9–10, 13.

⑤ R. H. Hilton, *Bond Men Made Free: Medieval Peasant Movements and the English Rising of 1381*, part II.

第四篇 西方马克思主义史家

尔顿还在后来编辑的一本相关文集的导言中,再次强调这场运动并非民众不满的突然爆发,而是地主和佃农之间长期斗争的一个高潮。①

第三,考察农民阶级的分化及其意义。在英国封建化过程中以及封建制度建立之后,农民不断出现分化。1947 年,希尔顿出版了博士论文《14—15 世纪莱斯特郡庄园经济的发展》。在这本著作中,他对农民的社会分化做出了重要分析,认为这种分化是推动英格兰乡村向充分的资本主义转变的重要力量之一。在希尔顿看来,农民的分化是 14—15 世纪英格兰乡村最重要的发展之一。② 一小群富裕农民(英格兰资本主义农场主的先驱)的增长,必定与租赁的发展联系在一起,而竞争激烈的土地占有形式,又与更加自由的土地市场紧密联系在一起。向资本主义农场的转变,有待富有农民租赁更多庄园地产。这无疑需要时间。但是,他们的力量日益壮大,以及与封建领主阶级进行斗争的可能性,都有助于这种转变。因此,英格兰向资本主义转变的特有本质是一种来自下层、来自封建主义内部的"农民资本主义"。③ 这样一来,英格兰乡村出现了两大重要阶级:资本主义性质的农场主和农业无产阶级。当然,这种两极分化经历了很长时间。

1965 年,希尔顿发表了两篇文章,即《英格兰的自由与隶农制》以及《封建社会的地租与资本形态》,1969 年出版了《中世纪英格兰农奴制的衰落》。在这些作品中,他继续分析封建英格兰农民分化问题及其对资本主义发展的意义。在 1978 年的《封建主义的危机》一文中,他再次强调农民的社会分化,指出富农阶层在 15 世纪末期已经与其他农民分离,并积极追求自身的利益,这一阶层也将在稍后资本主义发展过程中扮演重要角色。④ 希尔顿对农民分化之重要意义的论述得到伦敦大学学者特伦斯·拜勒斯的赞同,后者在一篇探讨希尔顿与"过渡"问题的文章中指出,"如果不讨论封建社会农民事先的分化进程,我们就无法理解在英格兰发生的过渡的本质"⑤。

---

① R. H. Hilton, T. H. Aston, eds., *The English Rising of 1381*, Introduction, p. 3.
② Rodney Hilton, *The Economic Development of Some Leicestershire Estates in the 14th and 15th Centuries*, pp. 94 - 95. 转引自 Terence J. Byres, "Rodney Hilton (1916 - 2002): In Memoriam", p. 5.
③ Terence J. Byres, "Rodney Hilton (1916 - 2002): In Memoriam", p. 5.
④ Rodney Hilton, "A Crisis of Feudalism", *Past and Present*, No. 80, 1978, pp. 15 - 17.
⑤ Terence J. Byres, "Differentiation of the Peasantry Under Feudalism and the Transition to Capitalism: In Defence of Rodney Hilton", p. 68.

在1974年发表于《农民研究》杂志上的《中世纪农民——何种教训?》一文中,希尔顿进一步指出,中世纪英格兰乡村并不是"平等的社会",当时存在明显的阶层分化:富农和中农与贫农或无地农民之间的区分。富农逐渐转变为正在出现的资产阶级的构成要素,他们是扩张和积累的代理人,贫农命中注定成为乡村和城市无产阶级大军的组成部分。[①]

希尔顿不但讨论中世纪农民经济和农民反抗活动,还探讨了农民阶级的意识和文化。希尔顿表示:"尽管在中世纪社会,被剥削阶级的观点没有在当时浪漫主义的、法律的、哲学的和历史的文献中得到表达,但这并不意味着它没有自己的表达方式",有些低级牧师不但是农民出身,同时也很同情他们的期待,而一些政治歌谣和反抗诗也能体现农民的心声。[②]在农民是否具有自己"独立自主的文化"这个问题上,希尔顿认为,中世纪农民的文化并没有脱离统治阶级的文化,不过,领主与农民之间确实存在文化上的差异。尽管统治阶级的观念被灌输给农民,但是我们不要误以为农民会原封不动地接受领主向他们说教的社会秩序,统治阶级的意识形态并不能完全决定农民的世界观。在《中世纪社会》一书中,希尔顿指出了一种更为复杂的农民世界观。他甚至认为,中世纪农民发展出了一种消极的阶级意识,即对"土地贵族",有时对所有富人的憎恨。在英国1381年农民起义中,出现了一种积极的阶级意识,反抗者认识到农民和其他生产者的相互利益,在某种程度上形成了长期的政治行动方案。[③]

三

克里斯托弗·戴尔指出,阶级冲突和从封建主义向资本主义过渡之类的观念贯穿着希尔顿的作品。[④] 事实上,关于封建主义向资本主义过渡问题的讨论,由剑桥大学马克思主义经济史家莫里斯·多布的《资本主义发

---

① Terence J. Byres, "Rodney Hilton (1916 – 2002): In Memoriam", pp. 10 – 12.
② R. H. Hilton, H. Fagan, *The English Rising of 1381*, pp. 82 – 83.
③ Harvey J. Kaye, *The British Marxist Historians: An Introductory Analysis*, pp. 90 – 92.
④ Christopher Dyer, "A New Introduction", in R. H. Hilton, *Bond Men Made Free: Medieval Peasant Movements and the English Rising of 1381*, p. viii.

展研究》（1946）一书引发。① 这场争论首先发生在美国马克思主义经济学家保罗·斯威齐和莫里斯·多布之间，后来又扩展到马克思主义者与非马克思主义者之间。1950 年，斯威齐在《科学与社会》杂志发表了评论《资本主义发展研究》的文章。他批评多布把封建主义等同于农奴制，认为封建主义是一种保守的、静止的制度，强调外部力量尤其"远距离贸易"对封建主义瓦解所起的作用。多布随后做出回应，指出，一方面，斯威齐夸大了封建主义的静止性和长途贸易的作用，另一方面，斯威齐忽视了作为封建社会主要动力的阶级斗争之作用。② 多布—斯威齐之争也吸引了英国马克思主义史学家希尔顿、希尔、霍布斯鲍姆以及日本、法国和意大利的历史学者的注意。③

希尔顿积极参与关于"过渡"问题的讨论。1953 年，他在《科学与社会》上发表了一篇文章回应斯威齐，④ 后来还编辑了相关文集，即《从封建主义向资本主义的过渡》（1976），并且撰写了导论。⑤ 有论者指出，希尔顿在四十多年时间几乎独自一人为多布的"过渡理论"建立了坚实的经验基础，他为这场争论确定的许多参数，一直沿用至今。⑥ 希尔顿在《从封建主义向资本主义过渡》（1953）一文第一部分、《封建主义与资本主义的起源》（1976）、《封建主义的危机》（1978）以及其他作品中，对诸多相关问题做了讨论。

第一，关于封建主义的本质。希尔顿认为有必要对"封建主义"一词做出界定。他指出，马克思在使用这个术语的时候，用它来描述一种社会制度，其主要特征就是军事性土地贵族对社会其余人员（主要是农民）的

---

① 相关中文资料参见程汉大《多布与封建主义向资本主义过渡问题的讨论》，《山东师范大学学报》1990 年第 4 期；罗峻《莫里斯·多布的经济史思想探析》，硕士学位论文，江西师范大学，2013 年，第 27—33 页；[美] 罗伯特·布伦纳《多布论封建主义向资本主义的过渡》，王瑞雪、王葳蕤译，《江海学刊》2012 年第 2 期。

② Paul M. Sweezy, Maurice Dobb, "The Transition from Feudalism to Capitalism", Science & Society, Vol. 14, No. 2, 1950.

③ 他们的讨论文章参见 R. H. Hilton, ed., The Transition from Feudalism to Capitalism。

④ R. H. Hilton, Christopher Hill, "The Transition from Feudalism to Capitalism", Science & Society, Vol. 17, No. 4, 1953.

⑤ 这篇导论同年又以《封建主义与资本主义的起源》为题发表在《历史作坊》杂志上。Rodney Hilton, "Feudalism and the Origins of Capitalism", History Workshop, No. 1, 1976, pp. 9 – 25.

⑥ S. R. Epstein, "Rodney Hilton, Marxism and the Transition from Feudalism to Capitalism". http://www2.lse.ac.uk/economicHistory/pdf/WP9406Epstein.pdf [2018 – 10 – 22].

罗德尼·希尔顿的中世纪社会研究

支配。希尔顿还指出,把封建主义视作一种生产方式是十分必要的。从马克思主义出发,封建生产方式的本质在于地主与处于从属地位的农民之间的剥削关系。在这种关系中,超出农民生存所需的剩余(直接劳动或实物或货币地租)以强制性方式转移到地主手中。[1] 希尔顿肯定了布洛赫在封建主义研究领域的贡献。在希尔顿看来,布洛赫力图撰写欧洲封建主义的"整体史",他不是马克思主义者,也没有明确提出一种阶级分析法,但是他的研究也关注领主与农民的关系问题;在《法国农村史》(1931)中,他强调农民与土地和领主的关系;在《封建社会》(1940)中,也关注领主与农民的关系,尽管很大程度上聚焦于领主与封臣的关系。[2]

第二,关于封建主义的动力。希尔顿指出,在最初的辩论者当中,除了斯威齐,其他人都拒绝如下观点,即封建生产方式是静止的和自我长存的,无法创造它自身转变的前提条件,因此需要外部力量来打破它的平衡。为了回应批评,斯威齐抛出了一个问题:封建生产方式的主要动力是什么?在原始社会解体和资本主义社会开始之前的时代,社会发展的必要前提条件,就是超出生存需要之外的剩余产品的增长。而剩余产品的增加又取决于生产力(工匠和农民的生产工具和技艺)的发展。反过来,生产力的发展依赖剩余产品的规模和使用。为了理解生产力与剩余产品之间的辩证关系所引起的生产方式(封建制度)的兴衰,就有必要考虑生产关系。[3] 在封建社会,这是指主要阶级即领主与农民之间的关系。封建社会生产方式的主要特征,就是生产工具的主人(地主)想方设法把直接生产者的所有剩余产品据为己有。当然,在欧洲封建主义发展的不同时期,直接生产者会有所变化,经济制度的一些方面也会有所改变,地主的剥削方式也会不一样。不过,有一点是肯定的,即统治阶级以各种方式让封建地租(强行夺取的直接劳动者的剩余)最大化。[4] 希尔顿认为,农民剩余劳动或剩余产品向统治阶级的转移,是技术进步和封建组织得以改善的根本原因。这也构成了简单商品生产、领主现金收入、国际奢侈品贸易和城市化的基础。农民对领主转移剩余的反抗,对于农村地区的发展、自由占有

---

[1] Rodney Hilton, "Feudalism and the Origins of Capitalism", pp. 24, 22.
[2] Harvey J. Kaye, *The British Marxist Historians: An Introductory Analysis*, p. 75.
[3] R. H. Hilton, Christopher Hill, "The Transition from Feudalism to Capitalism", pp. 342 - 343.
[4] R. H. Hilton, Christopher Hill, "The Transition from Feudalism to Capitalism", pp. 343 - 345.

权（free tenure）的延长和地位的提高、农民和工匠经济的解放（为了商品生产的发展和资本主义企业家的出现）来说，显得至关重要。① 简而言之，领主与农民围绕地租展开的斗争，成为中世纪社会的"主要动力"②。不过，在社会发展动力问题上，希尔顿拒绝经济基础单一决定论，也反对过度强调阶级冲突而忽视经济因素的做法。在他看来，一种社会形态的各个方面是相互依存的。真正的马克思主义者不应当接受单一决定论，而要认识到各种因素的相互关联，同时要优先考虑社会阶级关系的物质基础。③

第三，关于城镇的起源。希尔顿认为，早在3世纪危机之际，城镇生活就在收缩，以农奴劳动为基础的自给自足的地产开始支配罗马帝国的社会结构。东西方贸易也在收缩，因为西方的黄金支付能力变得越来越小。事实上，阿拉伯人并没有切断东西方贸易，相反，他们还会支持这种往来。中世纪低水平的市场生产仅仅是罗马帝国以来经济发展的一种延续而已。10世纪末期，商品生产发展的一些重要迹象出现了。地方性市场开始扩展为城镇，城镇生活的发展是由封建社会内部各种社会和经济力量的发展带来的，而不是外部影响（流动的商人）造成的。因此，在希尔顿看来，那种把欧洲封建主义经济中贸易和变化的复兴归因于长途贸易的看法，是站不住脚的。他进而指出，封建社会经济发展（与地租斗争和封建主义政治上的稳定联系在一起）的特点体现为社会剩余产品总量的增加。这才是商品生产发展的基础，这也意味着在自然经济时期，有更多剩余可以用来交换。因此，10世纪或11世纪中世纪市场中心和城镇的扩张，基本上以简单商品生产为基础。④

四

希尔顿的中世纪社会研究不但考察农民社会和"过渡"问题，还十分

---

① Rodney Hilton, "Feudalism and the Origins of Capitalism", p. 22.
② R. H. Hilton, Christopher Hill, "The Transition from Feudalism to Capitalism", p. 345.
③ 转引自 Brian Manning, "A Voice for the Exploited", *Socialist Review*, Issue 265, 2002。http://www.socialistreview.org.uk/article.php? articlenumber = 8063［2018 - 02 - 11］
④ R. H. Hilton, Christopher Hill, "The Transition from Feudalism to Capitalism", pp. 341 - 342, 347.

关注中世纪的城市。他强调中世纪城市与封建制度的紧密联系，指出这种城市是封建社会的有机组成部分。中世纪城镇是许多学者，尤其那些关注西方城市化早期发展和中世纪经济的学者的研究主题。对于寻求市场制度起源的人来说，这种城镇具有特别的吸引力，因为它具有持续积累和劳动分工的能力。尽管我们很难把后中世纪时期资本主义的兴起回溯到城市经济，不过，资本主义的各种价值和制度都源自中世纪欧洲的商业城镇。与众不同的是，希尔顿从另类视角对中世纪城镇做出了探讨。①

希尔顿早在20世纪60年代就开始关注中世纪城镇，1967年发表了《论中世纪城市不动产问题》一文，1975年出版的《中世纪晚期英格兰的农民》第五章题为"作为农民社会之组成部分的小城镇"。希尔顿后来又发表了一系列相关文章，主要有：《英格兰封建社会的城市》（1979）、《领主、市民与小贩》和《小城镇与城市化》（1982）、《黑死病之前的英格兰小城市社会》（1984）、《中世纪市镇与简单商品生产》（1985）、《低层次的城市化》（1996）。希尔顿城市研究的重要著作是1992年出版的《中世纪英法城镇比较研究》。② 我们现在主要分析这部作品的内容。

《中世纪英法城镇比较研究》考察了11—14世纪英法两国市镇在中世纪社会中的地位，旨在对英法两国城市进行比较分析。他考察了两国城市呈现出的差异性：法国人口众多，相应地，大城市也更多，英国小市镇更多；法国城市网络基于主教城市，而英国大多数大型城镇都是皇家自治市；法国城市有时候包含了一些拥有明确权限的核心居住区，英国不存在这种情况；英国城镇受商人支配，而法国城市统治者是律师或皇室官员，等等。③ 尽管存在这些差异，不过，两国城市的特权大体上相似：城市市民人身受到法律保护，不受专横的封建司法权的压制；城市法庭使用简化的法律程序；城市不动产的占有是免费的；城市市民不受领主欺诈；财产安全，不会被任意夺取；城市具有不同程度的金融自主权，市民通常享有征收各种税收的权利（这些权利原属王室的或封建领主的官员）；城市享

---

① Paul M. Hohenberg, "Review of English and French Towns in Feudal Society by R. H. Hilton", *The Journal of Economic History*, Vol. 56, No. 3, 1996, p. 710.
② R. H. Hilton, *English and French Towns in Feudal Society*, Cambridge University Press, 1992.
③ David Nicholas, "A Review of English and French Towns in Feudal Society by R. H. Hilton", *The Economic History Review*, New Series, Vol. 46, No. 4, 1993, pp. 827 – 828.

有不同程度的政治和行政自主权。[1]

希尔顿的意图在于讨论中世纪城市与控制乡村的封建制度的关系：城镇在多大程度或以什么方式远离封建社会或反对它呢？它们在多大程度上意欲破坏它？希尔顿坚信封建主义对中世纪史学家来说是一个有用的概念，他在讨论时，超越了领主—附庸关系，强调封建主义是一种社会形态，在这种社会中，英法城市就是从中世纪早期城市化的起步中发展而来的。希尔顿力图表明，与以往人们所承认的传统观点不同相比，中世纪城镇与封建结构有着更多共同之处，城市资产阶级的价值或行为并不是反封建的，市镇的利益通常并不与封建社会相冲突。[2] 希尔顿得出结论：中世纪城市不是资本主义的孤岛，"不是封建社会中充满敌意的因素，而是其不可分割的组成部分"[3]。克里斯托弗·戴尔指出，希尔顿在城市史阐释方面扮演了一个重要角色，他是在封建主义背景下来论述城市问题的，而不是将城市当作现代社会的开端。[4]

希尔顿对城镇做了界定，并讨论了其中存在的封建因素。在他看来，一个城镇有别于一个村庄之处，在于前者拥有一个永久性市场以及城镇居民不需要生产自己的生活资料即农产品（他们主要致力于制造业和贸易），他进而指出，"不管大小……职业上的异质性乃城镇的本质特点"[5]。希尔顿认为，城镇不仅仅对教会和封建精英的一些成员造成威胁，它们也是一种必要之物，为他们提供奢侈品，也提供重要的收入之源，因为城镇主人通常也是封建主，尤其是教会人士。在希尔顿看来，城镇通常受到封建利益的统治和支配，商人或工匠常常与封建社会某个阵营结盟来获利。希尔顿还表示，城镇社会内部缺乏团结：商人利益与封建利益经常相互一致而不是相互冲突；这两个精英群体会联合起来以税收形式剥削城镇下层和乡村人口。[6] 从社会层面来看，即便小城镇也不是同质性的，贫困工人和城

---

[1] R. H. Hilton, *English and French Towns in Feudal Society*, p. 128.

[2] Lorraine Attreed, "A Review of English and French Towns in Feudal Society by R. H. Hilton", *Speculum*, Vol. 69, No. 1, 1994, p. 174.

[3] R. H. Hilton, *English and French Towns in Feudal Society*, p. 18.

[4] Christopher Dyer, "Rodney Hilton".

[5] R. H. Hilton, *English and French Towns in Feudal Society*, p. 6.

[6] Constance Berman, "A Review of English and French Towns in Feudal Society by R. H. Hilton", *Albion: A Quarterly Journal Concerned with British Studies*, Vol. 25, No. 4, 1993, p. 659.

镇寡头之间存在阶级冲突，这类似于农民与地主之间的矛盾。希尔顿由此表明，中世纪城镇是中世纪社会的组成部分。希尔顿在《中世纪英法城镇比较研究》的文末总结道："强调城镇与封建经济和社会结构的紧密性，并非为了忽视城市的一些特色。我们必须注意，如果没有认识到城市作为其组成部分的社会形态的具体特征，那么我们就无法理解这些特色。"①

希尔顿对中世纪城市做出的论述，也引起了一些争议和反驳。他强调城市与封建社会的一致性，认为市镇对封建精英（国王、教俗贵族）的不满无关紧要，因为他们分享着如此之多的价值和目的。他的这种观点遭到了质疑。有论者指出，希尔顿的这种看法掩盖了许多城镇为了从它们主子那里获得基本的统治、司法和经济特权而展开的反抗活动，也忽略了市镇与地方权贵之间存在的紧张而敌对的关系。② 希尔顿还受到其他批评，比如低估了城乡差异的重要性。在中世纪城镇，尽管财富不是身份的唯一基础，不过，与乡村社会相比，它在城镇中扮演了更重要的角色。同样，与农业经济相比，城市的市场参与度和货币化程度更明显。简而言之，中世纪城镇既是封建社会的一部分，同时又与这种社会的主要规范格格不入。③ 此外，还有其他一些批评意见：希尔顿的讨论主要局限于英格兰和法国北部，很少涉及法国南部、低地国家和意大利地区，而且证据主要来自英国文献资料，对法国的探究主要依靠二手文献。④ 他的分析也不够重视法律，而英格兰普通法和法国罗马法传统对法人团体（如行会）的权限有着不同规定。⑤

希尔顿在《中世纪英法城镇比较研究》的"序言"中表示，他对中世纪社会和经济史的考察，主要关注农业和农民，而不是城市问题；而他本人对城市史的研究，以小市镇而不是大城市为主。此外，他宣称自己还忽

---

① R. H. Hilton, *English and French Towns in Feudal Society*, p. 154.

② Lorraine Attreed, "A Review of English and French Towns in Feudal Society by R. H. Hilton", p. 175.

③ Paul M. Hohenberg, "Review of English and French Towns in Feudal Society by R. H. Hilton", pp. 710, 711.

④ 希尔顿在"导论"中提前对这些批评意见做了回应。R. H. Hilton, *English and French Towns in Feudal Society*, Introduction, pp. 1 – 2.

⑤ Steven A. Epstein, "Review of English and French Towns in Feudal Society by R. H. Hilton", *The American Historical Review*, Vol. 98, No. 5, 1993, p. 1589.

略了城市史的许多方面:城镇内部普遍的和具体的经济发展,国际性和地区性贸易模式;城镇与它们的农村腹地的经济联系;城市体制的和政治的发展,等等。① 尽管存在诸多不足,不过希尔顿的分析补充和丰富了中世纪城镇研究,以一种重要而新颖的视角探究了包括城镇在内的中世纪社会和封建主义的本质。

五

罗德尼·希尔顿的研究在史学理论和方法论方面为我们提供了启示和借鉴。

首先,他的史学思想和实践推动了新社会史的发展。二战以来,社会底层在历史发展进程中扮演的积极角色受到更多关注,许多史学家开始目光"向下",关注人民群众对历史的推动作用。在二战前后兴起和繁盛起来的英国马克思主义史学流派,在这方面尤为引人注目。作为英国马克思主义史学的重要代表人物之一,希尔顿也抛弃了以往那种只关注精英和政治、法律制度的研究路径,着力考察中世纪欧洲大陆和英格兰农民阶层的经历及其历史贡献。在《英国1381年起义》一书导论中,希尔顿和合作者批评此前研究这一主题的学者,表示自己要重建未受到充分记载的被压迫者而不是压迫者的动机和目的。希尔顿的研究不但出于历史关怀,也出于现实考虑:不但为了纠正和重新评估起义的历史,也是为了向英国人民"呈现他们为大众自由而战斗的传统的一个部分"。② 后来,在《中世纪社会》一书中,希尔顿重申了自下向上研究历史的必要性,"较之于自上而下来看待社会,自下向上的视角可以让我们更准确地了解整个社会和国家"。③

其次,在当今欧美史学研究呈现"碎片化"趋势之际,希尔顿的整体史研究显得尤为重要。希尔顿指出,史学家必须从总体上把握人类社会,"应当研究一个社会的社会、经济和政治层面的相互关系"。④ 他本人关于

---

① R. H. Hilton, *English and French Towns in Feudal Society*, p. xi.
② R. H. Hilton, H. Fagan, *The English Rising of 1381*, Introduction, pp. 9, 10.
③ 转引自 Harvey J. Kaye, *The British Marxist Historians: An Introductory Analysis*, pp. 85-86。
④ R H. Hilton, "Capitalism——What's in a Name?", *Past & Present*, No. 1, 1952, p. 38.

英格兰农奴制的研究，就结合了政治、经济与人口以及文化等方面的因素。

第三，希尔顿坚持理论和实际的密切结合。他强调史学研究要致力于大量的档案研究，要始终对假说进行严格检验。正是这种埋头于档案材料的工作，使得他的作品具有重要的权威性和广泛而持久的影响，"希尔顿坚实的档案研究为他建构解释和概括框架提供了权威性，这种框架说服、启发以及深深影响了许多并不赞同他的政治观点的学者"。① 希尔顿对那些与实践相脱节的理论心存疑虑，"作为一个接受历史唯物主义基本原理的人"，"我更多地关注对实际的历史进程的解释，而不是纯粹理论领域的争论"。②

第四，希尔顿的研究促进了马克思主义理论的发展。希尔顿对中世纪社会和经济的诸多方面做出了探讨，"他在这方面的独特贡献在于带来了一种马克思主义视角"，"但是他并不是教条地使用马克思主义，而是以经验研究检验理论"。③ 例如，一方面，他运用阶级斗争理论来探讨中世纪社会，认为中世纪社会变化和发展的"主要动力"是领主和农民之间的阶级斗争，同时也不否定经济力量的重要作用。另一方面，与克里斯托弗·希尔、爱德华·汤普森以及霍布斯鲍姆等人一样，希尔顿也反对简单的经济决定论。尽管希尔顿的大多数作品对中世纪封建主义进行政治—经济研究，不过，他并没有把领主与农民之间的斗争简化为经济关怀，而是强调史学家应当关注法律、政治、艺术和宗教等领域。他明确指出，"如果封建主义和资本主义仅仅被当作经济史的不同阶段，那么它们就是不可理解的。我们必须从整体上来考察社会及其运动，否则的话，我们就无法正确评价社会的经济基础与它的观念和制度之间的冲突与不平衡发展所具有的意义"。④

通过把马克思主义理论应用到英国的历史和社会现实，通过理论与实践的紧密结合，希尔顿深入分析了英国社会乃至世界其他地区的诸多问题。他与英国其他马克思主义史学家的努力，推动了英国史学和国际史学的繁荣，也进一步发展了马克思主义史学理论。

（原载《史学理论研究》2019 年第 1 期）

---

① Chris. Wickham, "Rodney Hilton", p. 6.
② 转引自 Brian Manning, "A Voice for the Exploited"。
③ Christopher Dyer, "A New Introduction", p. viii.
④ R H. Hilton, "Capitalism——What's in a Name?", p. 42.

E. P. 汤普森的史学思想研究

姜 芃

(中国社会科学院世界历史研究所)

爱德华·帕尔默·汤普森（Edward Palmer Thompson）是当代英国最著名的马克思主义史学家之一，也是引起颇多争议的一位人物。正如美国专门研究英国马克思主义史学流派的学者哈维·凯伊（Harvey J. Kaye）所说："历史学家、政论家和政治活动家汤普森，或许是英国马克思主义史学家中最广为人知但又是最有争议的人物。"[1] 这一点并不奇怪，汤普森本人复杂的经历：从参加英国共产党到脱党；从批判斯大林主义到推崇"人道主义的马克思主义"，他的极富成效的史学研究和史学理论探索：从反对教条主义和公式化到强调历史主体——人的作用，从对唯物史观的新理解到史学研究领域的极大拓宽，从对史学旧传统的背离到为创建"新史学"做出的贡献，所有这一切，不仅在持不同立场、有不同背景的人中间会引起迥然不同的反响，而且由于事物本身的复杂性，即使在持相同立场的人中间（譬如马克思主义者中间），也必然会见仁见智、意见各异。恩格斯曾经说过："真理和谬误，正如一切在两极对立中运动的逻辑范畴一样，只是在非常有限的领域内才具有绝对的意义。"[2]

那么，对汤普森的史学思想和史学研究究竟应该怎样评价？他是否坚持和发展了唯物史观？由于汤普森注重文化研究，常被称为文化的马克思主义史学家，对此应作何评价？与前人相比，他提出了哪些新的理论和方法？他的贡献体现在哪里？对他有关文化方面的史学理论和方法应该如何

---

[1] Harvey J. Kaye, *The British Marxist Historians: An Introductory Analysis*, Polity Press, Cambridge, 1984, p. 167.

[2] 恩格斯：《反杜林论》，《马克思恩格斯选集》第 3 卷，人民出版社 1972 年版，第 130 页。

看待？这些问题正是本文试图进行初步探讨的。

一

要考察汤普森的史学思想，不能把他看成是孤立的个人来进行，而是要把他的史学理论探索和研究实践放到他所处的时代、环境和与周围人的关系中去考察。如果离开这些，就很难作出恰当的评估，就很难弄清他思想的发展由来。

E. P. 汤普森生于1924年，最初受教于肯特伍德美以美教派创办的公学，后来进剑桥大学攻读文学，又转为历史。受其兄弗兰克·汤普森的影响，早在1940年他在剑桥攻读历史期间，便参加了英国共产党。与他的许多同时代人一样，他的学业为战争所中断。第二次世界大战期间，他在陆军服役，并在意大利和法国参加过反法西斯战斗。战争刚一结束，他便返回剑桥继续他的学业。在此期间，他曾志愿参加过南斯拉夫和保加利亚战后重建和修筑铁路的工作。战后初期，他对英国共产党和党内历史学家小组的活动是持积极态度的。1956年，国际共产主义运动内部发生了激烈论战，英国共产党内部也因为意见分歧而出现了分裂。汤普森与另外一些历史学家，如罗德尼·希尔顿（Rodney Hilton）、克里斯托弗·希尔（Christopher Hill）等人一起脱离了英国共产党。但是，脱党并不意味着汤普森抛弃了社会主义和马克思主义，他曾多次谈到他对马克思主义和社会主义的坚定信仰。[①] 本文并不想从政治上对他做出全面评价，仅想就他的史学思想，特别是有关文化史的研究做些探讨。然而，政治与学术思想是有联系的，1956年国际上发生的事件与他的脱党无疑是他学术思想转变的契机。从政治方面来说，表现为对斯大林主义的批判，在学术思想上，表

[①] 汤普森说："我并没有简单地在斯大林主义和一切共产主义机构和组织之间划等号；没有宣布一切共产主义运动都受到这种影响和致命的伤害，没有拒绝在政治上与那些必要的和清醒的共产主义运动结盟……没有混淆斯大林主义作为一种理论，一种特殊的形式和实践，与作为一种共产主义群众运动的历史和社会存在之间的界限。"见 E. P. Thompson, *The Poverty of Theory & Other Essays*, Merlin Press, London, 1978, p. 190. 汤普森还说过，资本主义的发展在实现"人类的本性"方面已经明显地暴露出它的局限性，因此，必须通过革命来超越这种局限，这只能是社会主义的逻辑。参见《致拉赛克·克拉科夫斯基的公开信》（"An open Letter to Leszek Kolakowski", 1973）《理论的贫困及其他》，第357页。汤普森对马克思主义的信仰在本文的第二部分将谈到。

现为对共产主义运动内部教条主义、思想僵化和机械唯物论等的批判。应该指出,汤普森在对上述问题的有些批判是过头的,甚至是错误的。但是,仅就汤普森的史学思想来说,这一转折对他却是至关重要的,使他在马克思主义史学研究中迈出了新的步伐。

要了解汤普森的史学思想并对他作出恰当的评价,必须从分析这个转折开始,第一,尽管50年代中期的风云变幻使汤普森颇受震撼,但从总的方面说,他并没有放弃马克思主义和社会主义信仰。

第二,50年代中期的转折使汤普森深深地感受到教条主义、公式化、僵化对马克思主义和社会主义事业的危害。作为一名历史学家,他尤其痛感这些有害倾向在史学研究领域中的恶劣影响。马克思主义经典作家不止一次地强调指出,他们的学说不是僵死的教条。马克思主义本来就是一个博大精深、内容宏富、不断发展充实和开放的理论体系,在它指导下的历史科学也应该是丰富多彩,尽可能深刻全面地反映生动的现实生活的一门科学。无论是在苏联还是西方的马克思主义史学中,教条主义和公式化的倾向把生动的历史变成了干巴巴的说教,这种做法不仅损害了历史科学,而且损害了马克思主义本身,不仅会使历史失去光彩,也会使现实失去光彩,它会影响我们对自己的生活环境形成深刻、全面的认识。汤普森之所以在50年代中期发生思想转折,其中一部分原因就是对苏联和西方史学中教条主义和公式化的极度不满,痛感必须摆脱这种束缚,寻找新的出路。

第三,我们在肯定汤普森所作的努力及他取得的成绩的同时,也应该看到,他在自己实践的过程中,不可避免地也会走弯路,犯错误。他要突破旧传统,但有时会矫枉过正,会失之偏颇;他要提出新的观点,寻觅新的途径,但有时也会走弯路,有的提法、有的命题难免引起争议。常常会有这种情况,正确和谬误往往连在一起。从总体上来说,汤普森并没有背离马克思主义,他的错误正是在探索前进中出现的。

另外,还应看到一点,汤普森作为一个英国人,一个西方的马克思主义史学家,深受西方文化传统的影响。对这种根深蒂固的影响,我们应作具体分析。50年代中期,当汤普森与所谓的马克思主义的教条主义旧传统决裂的时候,他不仅在组织上脱离了共产党,而且认为所谓自由意志的共产主义与他称之为斯大林式的共产主义相对立。他说:"在斯大林主义发展到顶峰之后,在1956年的布达佩斯事件和1968年的布拉格事件之后,我们还能说没有以左的面孔出现的敌人吗?"因此,他声称自己是"经验的,自由的,道德的人道主义者"①,或是"社会主义的人道主义者""人道主义的马克思主义者"②等等。

从这里,我们看到,尽管汤普森是为了与他竭力反对的极"左"的错误做法划清界限,因而强调"人道主义""道德",但是,他的某些提法是过头的,他对斯大林时期苏联社会主义建设的成败得失缺乏辩证的恰当的历史分析,对斯大林采取全盘否定的态度也是不正确的。另外也应该看到,汤普森深受西方,尤其是英国文化传统的影响,毫无疑问,这种深厚的民族传统不能不给扬普森的马克思主义信仰打上特定民族的烙印。

马克思并不笼统地反对"人道""民主""自由""人性"这些提法,但是却反对在自己的旗帜上只写上这些抽象的口号。汤普森对这些资产阶级惯用的口号缺乏分析,不能不说是他局限性的表现。难怪汤普森虽然也曾多次谈到对社会主义的信仰和对国际共产主义的赞同,但在如何实现社会主义和坚持社会主义这一点上,却对无产阶级政权的权威作用避而不谈。不过也应该指出,汤普森的这种局限主要反映在他的政治观点上。但他毕竟不是一个政治家。作为一个历史学家,他的主要活动领域是历史研究。学术虽在一定程度上受政治的影响,但毕竟与政治还不是一码事。汤普森的学术观点受到西方资产阶级文化传统的一定影响,但比起他的政治观点来,还没有那么鲜明。汤普森虽然提出了一些口号,但他并不是资产阶级人道主义者,他没有抹杀阶级斗争,只是反对那种把阶级斗争看成是人类社会发展的唯一动力,完全抛弃道德选择和人性概念的做法。③

总之,以上几点可以帮助我们从总体上来认识评估汤普森的史学思想和理论探索及其历史贡献。下面,我们做些具体的介绍和分析。

---

① 汤普森:《理论的贫困或谬误的太阳系仪》("The Poverty of Theory or an Orrery of Errors"),载 E. P. Thompson, *The Poverty of Theory & Other Essays*, p. 189.
② [英]汤普森:《社会主义的人道主义》,转引自 Bryon D. Palmer, *The Making of E. P. Thompson*, New Hogtown, 1981, pp. 48, 49.
③ 参见 Bryon D. Palmer, *The Making of E. P. Thompson*, p. 49.

| 第四篇 | 西方马克思主义史家

二

对汤普森来说,一个首要的问题是处理好史学与理论的关系,尤其是马克思主义理论与史学的关系。他既主张史学应由马克思主义指导,又反对把马克思主义教条化,从而使历史简单化的做法。他首先把历史学与哲学区别开来。他说:"历史不是制造伟大理论的工厂……它的任务只是发现、解释和理解它的对象,即真正的历史。"① 他认为,哲学的任务是抽象,虽然哲学理论对各种学科都有指导意义,但是,它的理论并不能代替其他任何一个学科的理论,必须分清二者的区别。汤普森这样形容那种把哲学理论等同于其他学科理论,并从哲学理论出发去生搬硬套的做法。他说:"哲学对于每一个科学文化的新领域来说,不应该像一个沿街叫卖的推销员,向人们提供虚假的、似乎在各地可以普遍通行的银行券,它应该像一个清醒的兑换机构那样来行使职权。"② 所谓兑换,可以理解为哲学对其他学科的指导意义和关联。

从哲学与历史学的关系,汤普森又论述到马克思主义理论与史学的关系。他主张用马克思主义为指导来研究历史,公开声称自己是马克思主义史学家。但是,他反对那种从马克思的著作出发,用历史知识为马克思的语录作注脚,又回到马克思的某些结论的做法。汤普森的这个基本观点无疑是正确的。恩格斯曾不止一次地强调:"如果不把唯物主义方法当作研究历史的指南,而把它当作现成的公式,按照它来剪裁各种历史事实,那末它就会转变为自己的对立物。"③ 要真正做到以马克思主义为指导并不是一件轻而易举的事。汤普森没有停留在一般地论述马克思主义与史学的关系上,而是针对马克思主义史学的实际发展进行了论述。他说,马克思主义史学的出现至今已有半个多世纪,早已成为一个国际性的史学流派,这个流派中的许多史学家,包括一些非常优秀的史学家在研究中使用着马克思主义历史传统中的一些概念,如剥削、阶级斗争、意识形态和把封建主义、资本主义看成是生产方式等,他们以为这就是马克思主义理论,其

---

① E. P. Thompson, *The Poverty of Theory & Other Essays*, p. 46.
② E. P. Thompson, *The Poverty of Theory & Other Essays*, p. 47.
③ 《马克思恩格斯选集》第4卷,人民出版社1972年版,第472页。

实，这仅仅是一些概念。而在他们自己几十年的研究实践中，其实并没有任何理论。在这个意义上，汤普森指出，"历史学家没有理论，马克思主义的历史学家也没有理论，历史理论必然是区别于马克思主义历史理论的其他东西。"①

汤普森认为，在研究历史的过程中，从来没有什么固定的马克思主义理论模式。他说："马克思主义史学不是一个作为实体而出现的马克思主义理论的伴随物，或者说它处于理论的某种附属状态，相反，如果对于所有的马克思主义者来说存在着共同实践的场所的话，那必然只能是马克思本人分析问题时赖以存在的场所即历史唯物主义，这是所有马克思主义理论的起点，也是归宿。"② 汤普森还说过，除了历史唯物主义，还有辩证法，这也是共同实践的场所，但辩证法不是一种法则，不能将其束之高阁，也不能死记硬背，它是一种思想习惯，是很具体的东西，只能在分析和实践中才能学到。可见，汤普森认为，对马克思主义史学家来说，有需要共同遵循的东西，或者说共同实践的场所。这就是历史唯物主义和辩证法。但这并不是现成的理论模式，更不是可以代替历史研究的具体理论结论。也就是说马克思主义历史学家应该站在马克思本人分析、研究问题的起点，通过自己的研究去发现真理，而不是沿袭马克思的某个结论。从这个意义上来说，不管是马克思主义的，还是非马克思主义的历史学家，在从事具体的历史研究之前，都没有事先拟定好的现成理论。

历史唯物主义也就是汤普森说的马克思主义历史理论，这同他所说的历史理论是有区别的。历史唯物主义并不能提供具体的历史理论（实际上指结论），因为它主要是一种方法论，因而可以帮助、指导一个历史学家去进行历史研究，去探索具体的历史理论。汤普森认为，在这点上，历史唯物主义胜过其他的理论。他说："适合于调查历史的范畴是历史范畴，历史唯物主义由于在详细说明这些范畴时所表现出的和谐一致和在说明它们处于一个总体概念中表现出的相互关联，因而同其他解释系统区分开来。"他还说："这个总体概念不是已经完成的理论体系，也不是一个虚构的模式，它是一种发展着的知识……这种知识的发展既发生在理论上，也

---

① E. P. Thompson, *The Poverty of Theory & Other Essays*, p. 14.
② E. P. Thompson, *The Poverty of Theory & Other Essays*, p. 12.

发生在实践中。"① 换句话说，归根结底汤普森认为，历史是研究发展过程的学科，它不仅调查"是什么"，还调查"为什么会是这样"。而调查只有在理论和实践的对话中才能完成。这就是历史学的逻辑，或者说历史学的方法论。基于这种精神，汤普森向世人宣布：他对历史的探索始终属于马克思主义传统的范围内，如相信马克思的假说，采取某些中心概念并把这些概念运用于研究之中。但是，这种探索的目的并不是去发现一个有限的概念系统，并断言世界上永远也不会有这样一个有限的体系。② 在汤普森看来，马克思提供的是方法，是概念范畴，是假设，并不是超历史的理论体系或具体的结论。

三

汤普森注重历史研究实践，反对把理论原则作为研究的出发点。他推崇经验主义的研究方法。这种研究方法在英国由来已久。从培根、洛克开始，经验主义不仅是一种哲学思潮，而且也是一种自然科学和社会科学的研究方法。英国史学采用了这种方法，并由一代又一代的史学家一脉相承地沿袭下来。汤普森继承了这种方法。他把自己的工作看成是经验范围之内的历史唯物主义的实践。他说："历史本身是经验唯一可能的实验室，我们唯一的经验知识是历史逻辑。如果想用经验来表示一个不确定的类似概念，我们会发现根本不可能。历史永远不可能提供同一经验的条件。"他又说："尽管在把某些国家的发展进行比较时，我们可能会观察到某些类似的经验，但我们永远也不可能回到这些实验室，把我们的条件强加于它，并把这些经验重演一遍。"③ 这样，汤普森就把历史看成了是一门经验的科学，认为只有通过具体的历史研究，通过具体的历史经验才能检验理论，而不是相反。

汤普森认为，历史研究的过程是一种不断对话的过程。他认为形成知识有两种对话：第一种是社会存在与社会意识之间的对话，这种对话给人们以经验；第二种是以论证的理论体系为一方，以研究对象的研究特性为

---

① E. P. Thompson, *The Poverty of Theory & Other Essays*, p. 50.
② 参见 E. P. Thompson, *The Poverty of Theory & Other Essays*, p. 167.
③ E. P. Thompson, *The Poverty of Theory & Other Essays*, p. 47.

另一方的二者之间的对话。① 关于第一种对话,他坚持社会存在与社会意识之间的对话是双向的,② 既承认社会存在是第一性的,也承认社会意识的反作用。他认为对于历史学家来说,这种对话产生的经验是非常重要的,不可缺少,它包含着智力和情感的反映。③ 但汤普森所说的历史研究是一种对话,主要指前面讲的第二种对话。这种对话是以被接受的,但理由尚不充分的,或者是在观念上有根据的概念或假设为一方,以新的或引起争论的证据为另一方的二者之间的对话。④ 说得明确些,就是史学家尚待证实的观点(或概念、假说)与历史证据之间的对话。这种对话是一个无止境的过程。历史学家始终要关注研究那些特殊的历史经验,用经验去检验理论,不仅如此,还要用历史去"重建理论妙"⑤。汤普森在这里强调的是历史研究的起点始终都要放在具体的历史实践经验上,而不是理论上。

根据这一观点,汤普森批判了阿尔图塞的结构主义。他说,在实践上,由于历史唯物主义的成功,使有些人陷入一种概念上的懒惰。必须明白,用概念方式来调查社会,这是我们强加给对象的,并不是对象本身固有的。阿尔图塞的荒谬之处在于他建立了一个理想的理论结构模式,这个模式是封闭的、循环的。他把它看成是一个永久的、一劳永逸的模式,这样做的结果就是把理想的范畴、结构置于物质和社会存在之上,而不是让二者继续对话。⑥ 其结果必然导致理论的教条化、研究的公式化和对象的简单化。

汤普森强调在研究中必须从历史事实出发,而不是从理论原则出发,这无疑是符合马克思主义的。恩格斯曾经说:"不论在自然科学或历史科学的领域中,都必须从既有的事实出发"⑦,"原则不是科学的出发点"。⑧ 汤普森同时强调历史研究是一种理论范畴、假设与历史证据之间永无止境

---

① 参见 E. P. Thompson, *The Poverty of Theory & Other Essays*, pp. 32 – 33.
② 参见 E. P. Thompson, *The Poverty of Theory & Other Essays*, p. 9.
③ 参见 E. P. Thompson, *The Poverty of Theory & Other Essays*, p. 7.
④ 参见 E. P. Thompson, *The Poverty of Theory & Other Essays*, p. 43.
⑤ Interview with E. P. Thompson, *Visions of History*, Manchester University Press, 1983, p. 16.
⑥ 参见 E. P. Thompson, *The Poverty of Theory & Other Essays*, pp. 13, 22, 34.
⑦ 《马克思恩格斯选集》第 3 卷,第 469 页。
⑧ 《马克思恩格斯选集》第 3 卷,第 74 页。

的对话,突出了两者之间相互作用的辩证关系。

四

汤普森史学研究的最大特色是注重文化史。前面提到,汤普森把历史学看成是唯一经验的科学。但是,他所说的经验是各种各样的,包括了人类生活的各个方面,尤其以往常常被忽视的文化因素。他说:"对于历史经验,我们应去重新考察那些日常生活和社会生活赖以构成,以及社会意识形态得以实现并获得表现的复杂和详尽的系统,这些系统包括:家族关系、习俗、看得见和看不见的社会准则、权威和服从、统治与抵抗的象征性方式、宗教信仰和千年王国的冲动、行为举止、法律、宪法和意识,简言之,所有这些包括了全部历史进程的遗传学(genetics),所有这些在某一点上汇成人类共同的经验。而每一种经验对于总体都发挥着自己的作用。"[①] 当然,与经济因素相比,汤普森并不认为这些因素更重要。他认为,上述这些系统与政治经济学的系统并非处于同样重要的地位,还是社会存在决定了社会意识。但是,通过对这些文化因素的研究,却是朝着全面理解整个历史进程的目标前进了。[②] 汤普森对文化因素的重视在许多方面体现出来,从而大大开阔了研究的视野,并赋予许多问题(包括争论的问题)以新的思考,这在关于工业革命时期工人生活水平问题的争论中表现得很清楚。这场争论由来已久,开始于19世纪30年代。一个半多世纪以来,对此问题大体上持两种意见,一为乐观派,即认为工业革命使工人生活水平提高了;另一派为悲观派,认为工业革命为资产阶级带来财富,反而使工人生活水平下降了,或者没有明显改善。在争论中,各有各的根据,加之有些统计数字不全或有些因素根本无法统计,结果争论至今也无定论。汤普森参加了这场争论,但他另辟蹊径,重视工人文化方面的研究,主张研究那些不可以用数字来统计的事物,如食物质量、住房条件、健康状况、家庭生活、闲暇、工作训练、教育、娱乐、劳动强度等。他认为,争论所涉及的不仅是生活水平问题,还有生活方式。生活水平是可以

[①] E. P. Thompson, *The Poverty of Theory & Other Essays*, pp. 170–171.

[②] E. P. Thompson, *The Poverty of Theory & Other Essays*, p. 171.

用数字统计的，而生活方式却要依靠"文学的证据"[1]，他认为，正因为在生活水平上，统计学家提出的证据总是说明工人生活水平提高了，而文学家、社会学家和历史学家提出的证据总是说明工人生活水平下降了，才使这一问题变得如此混乱，始终争执不休。有鉴于此，他主张保留两种表面看来似乎矛盾的看法，即从1790年到1840年这50年间，一方面，工人平均物质生活标准有轻微改善；另一方面，工人的劳动强度、不安全感以及生活的痛苦感受的确增强了。[2] 由于汤普森注重那些不可统计的因素，把生活水平和生活方式区分开来，换句话说，亦就是从文化方面来考察问题，从而得出了与别人不同的结论，或者可以说是一种更全面的辩证的结论。

五

为了反映丰富多彩的历史，汤普森不仅主张经验的历史研究、突出文化史的研究，而且还主张突出人在历史中的作用。他反对那种只研究生产方式、历史的发展规律，不研究人的活动的见物不见人的历史。他说，现在有一种方法随处可见，即把生产的发展看成是一部机器发动的内因，人只是尾随其后。他认为，虽然不能说这样的方法是错误的，但这不够，应该用其他方面的研究加以补充。他还说："无疑，人类活动不能脱离隐秘的起决定作用的力量，也不能逃脱那些决定性的限制"，但是，它却能打开通向目标的大门，使自己获得自由。[3] 可见，汤普森未否定客观规律及其对人类活动的制约作用，他只是反对忽视人在客观规律的制约下对历史的创造作用。为了说明历史规律与人的关系，汤普森打了一个生动的比方。他说，社会好比是一场复杂的球赛，社会中的个人是受球赛规则制约的球员，历史学家则好比是观众。球赛规则被规定之后，我们就可以设计和确定每一个球员在球赛中的角色和作用了。但球员是球赛的执行者，是

---

[1] E. P. Thompson, *The Making of the English Working Class*, New York: Pantheon Book, 1964, p. 211.

[2] E. P. Thompson, The Poverty of Theory & Other Essays, p. 161. E. P. Thompson, *The Making of the English Working Class*, p. 212.

[3] 参见 E. P. Thompson, *The Poverty of Theory & Other Essays*, p. 161.

生动的个人,是球赛积极的参与者。我们并不能因他们受球赛规则制约而说球员被球赛化了。他认为,球员主动参加球赛,具体发挥作用和被球赛化是两个不同的概念,有着根本区别。用同样的方法来看待历史规律和历史发展中人的关系,则反映了是否承认历史上的男男女女仍是自己历史的主人的问题。①

汤普森认为,在历史发展中有人的意志的介入,在某种程度上,历史是由人们计划着向前发展的。② 这是一个不容忽视的事实。而人的因素表现在许多方面:意志、规则、组织、计划、目的等等,这些都表现为非经济的因素,或者说文化方面的因素,这也是为什么汤普森对文化方面的研究感兴趣的原因之一。他认为,这方面的研究以前被人们忽视了,在结构主义或者教条主义那里,历史研究只剩下了空洞的规律、结构,丧失了历史的主体,也使历史失去了特色。这样做的结果是毁掉了历史学科本身。

总的说来,汤普森对人的因素的强调,表现为注重历史上非经济因素的研究,对历史多样性的探讨,以及对大众文化的研究,而不是对个别精英人物个性或偶然意志的研究;而且,就其对人的因素的强调程度来说,并没有达到否定经济基础作用的地步。所以,他的观点应该被看作马克思主义范围之内的探讨。

六

为了进一步说明汤普森史学思想和历史研究的特点,尤其是文化研究的特点,我们不妨对他的具体研究作些分析,以便加深了解。这里最好的例子就是他对阶级和阶级意识问题的研究。

《英国工人阶级的形成》一书是汤普森对阶级和阶级意识问题进行研究的全部成果。这部书从社会生活的各方面探讨了英国工人阶级自18世纪末至19世纪初的状况,即英国工人阶级形成的过程。汤普森的这部力作可以说是他以自己的方式来解释阶级问题的尝试。他说:"我希望这本书将被看成是对理解阶级问题所作的一个贡献。"③

---

① 参见 E. P. Thompson, *The Poverty of Theory & Other Essays*, pp. 152–153.
② 参见 E. P. Thompson, *The Poverty of Theory & Other Essays*, p. 161.
③ E. P. Thompson, *The Making of English Working Class*, Preface, p. 11.

汤普森反对把阶级看成是一种"结构",或者一种"范畴"的做法,他认为这样做会把阶级关系变成一种静止的理论模式,从根本上否定了阶级的产生是一个历史过程这一历史事实。通常,在这种结构式的设想中,某一阶级被规定为整个社会结构中一个确定的组成部分,被看成是某一固定的角色。问题只是去确定它在何种条件下去扮演自己的社会角色,以及它的苦情在什么程度上得到说明和引导。[1]

汤普森认为,不应该事先就有一个理论上的模式,然后把它强加于事实上。他以历史学家的眼光来探讨阶级形成的过程,提出阶级是一种历史现象,无论从最初的物质经验方面来说,还是从意识方面来说,它都是由一系列性质各异和似乎毫无关联的事件所组成的一个统一事物。他说:"我强调阶级是一种历史现象,是在人类关系上实际发生的一件事情。"[2]他还说:"工人阶级何时出现,几乎可以用数学般的精确来加以确定。"[3]

为了探讨阶级出现这一历史事实,汤普森遵循经验主义的原则,去研究形成为英国工人阶级的那些众多个人的生活经历。他认为阶级的出现是某些人共同经验的结果,当一些人感觉到并清醒地认识到他们之间利益的一致,并反对另一部分与自己利益不同的人的时候,阶级便形成了。他认为阶级的经验主要是由客观所处的生产关系决定的。但是,仅此还不够。因为在生产中所处地位的不同,于是产生了不同的经验,出现了不同经验的对抗,这就是阶级斗争。在阶级斗争中,工人形成了自己的独立意识,只有在这时,才能说工人阶级形成了。因此,阶级斗争开始于阶级完全形成之前,而不是阶级形成之后。这是一个历史的渐变的发展过程。汤普森在这一问题的研究中,贯彻了经验主义的方法,"把简单的阶级分析变成了阶级斗争的分析"[4]。

我们看到,在阶级的形成主要是由生产关系所决定这一点上,汤普森与传统的马克思主义看法并没有多大区别。但是,他认为,仅此一点是不够的,不能说产业革命发生了,大工厂出现了,工人阶级就形成了。事情的发展没有那么简单,还必须研究工人阶级意识的形成。他认为阶级意识

---

[1] E. P. Thompson, *The Making of English Working Class*, Preface, pp. 9, 10.
[2] E. P. Thompson, *The Making of English Working Class*, Preface, p. 9.
[3] E. P. Thompson, *The Making of English Working Class*, Preface, pp. 9, 10.
[4] Harvey J. Kaye, *The Brithish Marxist Historians: An Introductory Analysis*, pp. 201-202.

第四篇 西方马克思主义史家

是这样一种方式：用文化上的词汇来运用（handle）那些在生产关系上所取得的共同经验，这些文化词汇是指传统、价值体系、观念和制度形式等。① 在阶级形成的条件上，汤普森认为，除了经济上的因素之外，还应有文化上的因素。汤普森强调"阶级和阶级意识不能分离，不能认为它们是两个分开的实体，也不能认为阶级意识是在阶级出现以后产生的，必须把确定的经验和在观念上运用这种经验看成是同一的过程"。②

汤普森的研究使人感到，英国工人阶级意识的形成不仅是经济上生产地位的反映，同时也是工人对各种文化传统、价值体系、思想观念通过接触、取舍、批判或继承而形成新的文化的发展过程。正如伊格尔斯所说的那样，汤普森强调在阶级形成"过程中传统思想方法作用的重要性，但不将其视为先定的因素，而是组成部分。他告诫人们，要提防低估政治和文化传统的连续性'"的做法。伊格尔斯认为，汤普森没有把自己所批评的"见解归咎于马克思"，而他自己"的分析基本上是辩证的复杂表述"③。本文认为，伊格尔斯的评价是中肯的。汤普森对工人阶级意识和英国工人阶级形成的研究颇有新意，这一方面是由于他研究调查了大量的有关历史事实；另一方面也显然受到卢卡奇《历史和阶级意识》④ 一书的影响。这本书在 20 年代发表后曾轰动一时。30 年代，卢卡奇本人对其中的唯心主义倾向进行了自我批评。到 50—60 年代，西方出现了"马克思热"，此书重新受到高度重视，特别是在批判教条主义式地对待马克思主义的种种做法中，许多知识分子不同程度上受到卢卡奇的影响。汤普森，甚至霍布斯鲍姆受这本书的影响是显而易见的⑤，如这本书强调了人及其意识在历史中的作用，研究了是否所有阶级都具有同样内在结构的阶级意识等，上述两位学者也都研究了类似的问题。但是，应该看到，卢卡奇是政治理论

---

① E. P. Thompson, *The Making of English Working Class*, p. 10.
② E. P. Thompson, *The Poverty of Theory & Other Essays*, p. 109.
③ ［美］格奥尔伊·伊格尔斯：《欧洲史学新方向》，赵世玲、赵世瑜译，华夏出版社 1989 年版，第 187—188 页。
④ ［匈］卢卡奇：《历史和阶级意识：马克思主义辩证法研究》，王伟宏、张峰译，华夏出版社 1989 年版。
⑤ 霍布斯鲍姆在《关于阶级意识的笔记》和《英国工人阶级文化的形成》等文章中都集中探讨了阶级意识问题。不仅是工人阶级的意识，还有农民和封建主的意识等，其中受卢卡奇影响的痕迹是明显的。

家,他的着眼点是现实政治;汤普森是历史学家,他遵循经验主义原则,只从历史事实中去寻找答案。汤普森采用了卢卡奇的一些概念,如"阶级意识""实践经验",也特别强调人的作用和阶级意识的作用,但是,他并没有否定人们客观所处的经济地位是阶级划分的主要基础,他所强调的是要提醒人们在注意经济因素的同时也要注意文化因素。总的来说,汤普森对卢卡奇的借鉴是部分的、有条件的,这和卢卡奇的唯心主义还不是一回事。

七

汤普森的《英国工人阶级的形成》一书于 1963 年出版。以后,在欧美史学界产生了深远影响,也引起了颇多争议。在劳工史方面,工人文化成为 20 世纪六七十年代最流行的主题;在马克思主义史学研究方面,文化因素开始占有举足轻重的地位。到了 80 年代,整个西方的新史学都有转向文化史研究的势头,在这一发展转向的里程碑中,汤普森的《英国工人阶级的形成》一书显然被认作是一部经典。注重文化研究是汤普森史学著作中最突出的特点。那么,在汤普森的观念中文化究竟占据什么位置?它与经济基础的关系如何?是否违背了历史唯物主义的一元论?西方对汤普森的评价褒贬不一。英国史学家理查德·约翰逊认为:"经济方面的阶级关系在《英国工人阶级的形成》中并没有完全消失,它们的某些力量被以一种更加扩大和松散的关系概念维持着,即认为阶级是人类在历史发展中所组成的集团。有时,一种更发展了的生产关系概念似乎即将出现。但是,总的说来,《英国工人阶级的形成》一书仍把生产关系看成是人类关系的本质,而不是通过各种其他关系来构造这种本质。"[①] 约翰逊上述这段话对汤普森的评价非常形象,他认为汤普森以一种特别"扩大"和"松散"的"关系概念"来维持经济上的阶级关系,有时似乎要发展成一种新的生产关系理论了,就要出圈儿了,可是最终还是返回到马克思主义的原理上来。但是,约翰逊认为,汤普森把"经验"一词用得太多了,而且也太广泛。他说:"经验被他用来说明客观决定性的全部内容,而且表达了

---

① Richard Johnson, "Three Problematics: Elements of a Theory of Working-Class Culture", *Working Class Culture*, Routledge, 1979, p. 222.

经济和文化的替换作用或是相互关系。"① 显然，这是他对汤普森把"经验"一词运用于经济、政治和文化等一切领域，并认为"经验"就等同于客观世界的做法提出的批评。

美国史学家哈维·J. 凯伊为汤普森的经验学说作辩护。他说："作为一名历史唯物主义者，在社会存在与社会意识的关系上，汤普森断言经验要随着社会存在的变化而改变，而且从经验对现存的社会意识发生影响这个意义上说，它是决定性的，它提出新的问题并为更复杂的心智活动提供了许多材料。"凯伊认为，汤普森的经验学说是唯物主义的。他解释说，汤普森之所以明确申明在经验过程中存在对意识具有决定作用，正是因为他看到西方许多马克思主义者过分强调了意识形态的作用。② 可见，凯伊认为，汤普森对"经验"一词的运用恰到好处，它不但及时反映了客观世界的变化，而且为人类的精神生活提供了素材。

加拿大史学家布赖恩·D. 帕尔默说得更加明确，他甚至对理查德·约翰逊提出的批评针锋相对地予以还击，完全支持汤普森。他说：《英国工人阶级的形成》"不是'文化主义的'，它从经济结构和政治范畴的概念中发展出来，去调查经验、意识和阶级、民主的需要和理想。在调查社会的经济内容、文化和政治生活方面，或许很多工作已经做过，但是，并不需要去改变汤普森的论点和重点。"③ 他不同意约翰逊关于汤普森是与多布分裂的说法，认为汤普森没有同多布、马克思和他们的分析范畴割裂，相反，他正是从他们的分析范畴出发，在一个特定的和已经被清晰理解的生产方式的基础上探讨阶级的发展过程和社会关系的，对于约翰逊对汤普森的"经验之说"所提出的疑义，帕尔默也予以反驳，他认为汤普森的工作是探讨经验王国，属于唯物主义范畴，是马克思主义工程的继续。④

对于经济基础与上层建筑的关系，汤普森本人有明确的阐述。在《民俗学、人类学和社会史》一文中他写道："从一种更全面的系统和更全面的社会生活领域来共同表达生产关系的特性，要比任何单纯强调经济是第

---

① Richard Johnson, "Three Problematics: Elements of a Theory of Working-Class Culture", *Working Class Culture*, p. 222.
② Harvey J. Kaye, *The Brtish Marxist Historians: An Introducoory Analysis*, p. 210.
③ Bryo D. Palmer, *The Making of E. P. Thompson*, pp. 111 – 112.
④ 参见 Bryo D. Palmer, *The Making of E. P. Thompson*, pp. 113, 122.

一性的概念更好一些。"接着,他反问道,这样做是否还有可能维护社会存在决定社会意识的理论呢?他的回答是肯定的。但是,他认为真正做到这一点就要抛弃经济决定论的狭隘概念而回到生产方式的"完全概念"上来。这种完全的概念包括人们所介入的不以自己的意志为转移的阶级关系。而"阶级是经济的,也是文化的形式:它不可能给予任何一方以理论上的优先权。正是通过文化和经济的方式,决定论为自己开辟道路"。①

通过"阶级"这一汤普森曾花大力气从社会生活各个方面加以叙述的历史事实,他阐述了自己关于经济和文化关系的论点,他要抛弃的是狭隘的经济决定论,是单纯追求经济是第一性的,意识是第二性的这种孰先孰后的观点,而追求一种统一的共时性的认识体系。

在历史研究中,经济和文化、存在和意识的统一表现在何处?是怎样体现的呢?汤普森把二者的统一归结为经验。他认为社会存在与社会意识之间的统一或者用他的话来说是"对话"是通过"经验"来实现的,所以,历史的发展变化,也就是人们经验的变化。他说:"生产方式和生产关系的变化,实际是人们经验的变化。"②"经验产生于物质生活,经验被以阶级的方式所构成,因此,社会存在决定了社会意识。"③ 接着,汤普森解释了经验所包含的内容。他说:人们不仅以思想的方式体验他们自己的经历,他们也以感情、准则规范和价值的方式体验自己的经历。④ 这样,汤普森就把整个社会的文化也包容到"经验"当中去了。

通过以上的介绍,我们可以认为,汤普森并没有否定经济的决定性作用;他也没有像西方一些文化派那样过分夸大文化的作用,以至于滑向唯心主义的多元论。但是,他的"经验"的概念实在是太广泛了,有时"经验"被说成是社会存在与社会意识之间进行对话的媒介,有时经验又成了纯粹文化的内容。此外,他还扩大了"社会存在"这一概念的内涵,使它包容经济、政治和文化等,这就在理论上造成一定混乱,使他自己的历史

---

① E. P. 汤普森:《民俗学、人类学和社会史》("Folklore, Anthropology and Social History"),《印度历史评论》(*Indian Historical Review*) 1977 年第 3 期,第 247—266 页。转引自 Harvey J. Kaye, *The Brithsh Marxist Historians*: *An Introductory Analysis*, p. 206.
② 转引自 Harvey J. Kaye, "The Brithsh Marxist Hissoriams" *An Introductory Analysis*, pp. 206.
③ E. P. Thompson, *The Poverty of Theory & Other Essays*, p. 171.
④ E. P. Thompson, *The Poverty of Theory & Other Essays*, p. 171.

理论也不能自圆其说。

汤普森注重文化研究,一方面是由于他力图改变马克思主义史学传统中过分注重经济研究的状况(当然他并不反对这种研究),而追求一种全面的历史研究;另一方面,也由于他本人对文化的浓厚兴趣所造成。汤普森最初是攻读文学的,他的父亲和哥哥都是诗人,汤普森深受家庭的影响,他的初衷也是做一名文学家或诗人。即使在汤普森成为历史学家之后,他的诗人气质仍是非常浓厚的。这表现在许多方面,在他的历史著作中经常引用诗歌,他所写作的历史著作也常常含有一种激情。特别是在给自己的历史著作命名时,汤普森经常使用一些文学上的形象化词汇,如《辉格派与狩猎者》《维廉·莫里斯:从浪漫主义到革命者》及《18世纪英国民众的道德经济》[1]等,这与通常大部分历史学家所采用的那些明确说明著作内容的标题形成鲜明对照。他的许多标题使人初看起来觉得莫名其妙,非得读完了他的著作,才能明白为什么如此。英国历史学家亨利·艾贝拉弗(Henny Abelove)考察了汤普森之所以把他的力作命名为"形成"的原因。他说,maker是英国人对诗人的旧称呼,making则意味着诗歌的写作和创造。汤普森用"形成"(making)来为他的历史著作命名,显然既把他的历史著作看成是史诗,又把他自己比作诗人。[2]

在70年代,汤普森在谈到他历史写作的意图时也明确表达了他对文化方面的兴趣。他关注法律、惩罚仪式、道德、价值体系等非经济方面对历史的约束力。他希望自己能开辟一个领域,这是非经济范畴的探索,是用人类学的方法和概念进行的探索。他希望自己能做出独特的贡献。他并不反对进行经济方面的研究,认为经济和文化是一个统一的整体。他说,他有许多同志和朋友,如约翰·撒维尔(John Saville)、埃里克·霍布斯鲍姆等,他称赞他们中有的人在经济史方面已经做出了成绩,而他本人则关注文化的历史。他觉得他们是一个集体,在从事着一项共同的事业。而他所做的只是这项事业的一部分,是他自己最拿手的一部分。[3]

汤普森是至今尚健在的一位历史学家,他所生活的时代是一个充满巨

---

[1] *Whigs and Hunters*(1975)、*William Morris: From Romantic to Revolutionary*(1977)、*The Moral Economy of the English Crowd in the Eighteenth Century*(1971).

[2] 参见 Harvey J. Kaye, *The British Marxist Historians: An Introductorg Analysis*, p.171.

[3] *Interview with E. P. Thompson*, *Visions of History*, pp. 21–22.

变和风云变幻的历史时期。他既经历了反法西斯战争的艰难和胜利,目睹了社会主义运动在全世界范围内所取得的辉煌成功;又经历了国际共产主义运动的分裂,并目睹了社会主义制度在苏联和东欧所遇到的巨大挫折。他信奉马克思主义,坚持在历史研究中用马克思主义的方法来分折问题,又受到西方马克思主义哲学思潮和其他许多思潮的影响。他参与了 60 年代西方知识分子对马克思主义进行重新理解和解释的过程;在 70 年代;他又对知识分子的这种脱离群众运动和诡辩的方式进行了批评。[①] 他抽象、笼统地谈论民主、自由和人道主义的社会主义,却又没有取消阶级斗争。他重视文化的作用,又并不否定经济的作用……总之,汤普森是一位思想丰富的历史学家,一位敏感的、能对世界上重大政治事件和社会思潮及时作出反映的思想家,一位随着时代的变化不断改变和修正自己认识的人。对于这样一个复杂的人物,一个生活在风云变幻的时代的活着的人,我们不能简单地用"是"或"否"来绝对地下结论,而需要针对他的每一个具体思想进行具体分析,需要结合他所处的历史条件和社会环境进行历史的分析。

(原载《史学理论研究》1992 年第 2 期)

---

① *Interview with E. P. Thompson*, *Visions of History*, p. 10.

佩里·安德森的史学思想评介

国恩松
（南京大学历史系）

佩里·安德森（Perry Anderson，1938— ）是英国马克思主义历史学家、新左派理论家和政论家。安德森1938年生于伦敦，青年时代他主要靠自学掌握了9门外语，这为他以后从事学术研究奠定了良好的基础。1962年5月，年仅24岁的佩里·安德森担任了《新左派评论》（*New Left Review*）的编辑工作。他出色的编辑工作使得这份杂志成为欧美新左派运动的重要理论刊物之一。佩里·安德森与汤姆·奈恩、罗宾·布莱克班一起成为该刊的思想核心。在担任该刊的主编多年以后，安德森于1992年移居美国，现任教于美国加州大学洛杉矶分校历史系。

安德森是一名严谨而又博学的学者。自60年代开始其学术工作以来，到目前已经完成多部学术论著。其中两部史学著作：《从古代社会向封建社会的过渡》（1974年）、《专制主义国家系统》（1974年），得到学术界很高的评价。其他重要作品有《西方马克思主义探讨》（1976年）、《英国马克思主义内部的争论》（1980年）、《历史唯物主义的轨迹》（1983年）、《交锋地带》（1992年）以及论文集《英国问题》（1992年，其中收录了安德森从1968年到1991年间发表的6篇重要的政论文章）。安德森的学术成果反映了新一代西方马克思主义学者关于历史与现实、理论与实践的积极思考。安德森的著作有很强的理论色彩，在当代英国马克思主义史学、新左派运动和西方马克思主义思潮研究中占有重要地位。

一 对西方两大历史过渡时期的研究

安德森主张在历史唯物主义理论指导下对历史特别是政治史进行研究。他的史学思想主要是通过对历史过渡阶段社会形态和国家结构的研究阐发的。

安德森对政治史研究的关注有着理论的和历史编纂学的深刻考虑。他认为，尽管在所有先进的资本主义国家中都形成了马克思主义史学流派，却不能说马克思主义史学已经成为一种完善的理论体系，历史唯物主义并未得到彻底的贯彻，把马克思主义的历史观与马克思主义政治经济学相结合的努力还不够。[①] 安德森在史学研究中努力加强对政治史的研究。他认为，国家及其发展是历史发展的中心问题也是历史唯物主义研究的中心问题，它比其他一切问题更加牵涉到统治阶级的利益。国家问题是深刻理解和把握整个政治学说以至整个马克思主义理论体系的关键。马克思主义强调经济基础在历史发展中起决定作用，但这并不意味着政治在历史发展中没有重要意义。"阶级之间的现世斗争最终通过社会政治领域的斗争而不是经济和文化领域来最终解决。换句话说，只要阶级继续存在，唯有建设国家或破坏国家才能实现生产关系的根本转变。"[②] 安德森计划写作的4卷本欧洲史就是以国家为中心展开的。我们今天看到的《从古代社会到封建社会的过渡》《专制主义国家系统》只是其中前两卷，尚未问世的三、四卷将分别探讨资产阶级革命后建立起来的国家和当代资本主义国家的政治结构。

安德森重视政治史研究，这其中也体现了他对马克思主义史学研究对象和史学方法与其他著名的英国马克思主义史学家对于历史研究任务的不同理解。众所周知，自从第二次世界大战以来，伴随着年鉴学派的兴起和社会史研究的发展，史学界普遍出现向左转的倾向，这是对于19世纪以来保守的政治史研究的批判和冲击。以爱德华·汤普森、希尔、霍布斯鲍姆、希尔顿为代表的一批英国马克思主义史学家在史学活动中非常强调研

---

① 参见［英］安德森《西方马克思主义探讨》，人民出版社1981年版，第10—11、138页。
② ［英］安德森：《专制主义国家系统》（*Lineages of the Absolutist State*），伦敦1974年版，第11页。

第四篇 西方马克思主义史家

究革命史和下层人民的历史,如爱德华·汤普森的《英国工人阶级的形成》《辉格党与狩猎者》、希尔的《革命世纪》《翻天覆地》、希尔顿的《囚徒之释》等都采取了一种"自下而上"写历史的基本角度,这几乎构成迄今英国马克思主义史学流派的一个主导方向。安德森在史学研究中指出,"从下而上"研究历史并非英国马克思主义史学的全部内容,"从下而上"研究历史这一基本倾向掩盖了英国马克思主义史学研究领域中的缺陷,需要重视政治史的研究。由于西方马克思主义史学家对于政治史领域的某种程度的忽略,导致了他们在这一领域的成果甚少。国际史学界围绕欧洲和整个世界范围内从封建主义向资本主义过渡问题曾经展开两次大讨论,许多马克思主义史学家都参与了讨论,[①] 但是,从两次大讨论发表的文章和著作来看,研究的重点集中在经济领域而且局限在农业中,重视关于封建主义的瓦解和资本主义兴起的原因,对于从封建主义向资本主义过渡的政治方面和社会方面的问题更没有触及,表现出一种脱离和忽视政治研究的倾向。[②] 马克思主义史学家在过渡研究中,过分强调经济决定作用以至于对经济领域以外的问题很少注意,而事实上,缺乏政治角度来讨论历史过渡问题,单纯从农业劳动者人身束缚的解除和收益的增减进行分析是无法全面分析和把握宏大的社会形态转变的历史过程的。安德森揭示了马克思主义历史编纂学中的这种倾向性缺点,他严肃地指出:"今天,当'自下而上'写历史已成为区别马克思主义者和非马克思主义派别的一个口号,并且在我们理解过去中获得很大进展之时,无论如何必须记起历史唯物主义的一个基本自明之理,阶级之间的现世斗争最终通过社会政治领域的斗争而不是经济和文化领域来最终解决。换句话说,只要阶级继续存在唯有建设国家或破坏国家才能实现生产关系的基本转变。一部'自上而下的历史'即关于阶级统治的历史一点也不比'自下而上的历史'逊色:没有它,后者最终只是单面的历史。"[③] 在对欧洲两个历史过渡时期的研究中,安德森从与其他马克思主义史学家不同的视角比较中成功地探讨了政

---

① 指1946年由英国学者莫里斯·多布的《资本主义发展之研究》一书出版后引发的国际学术界关于从封建主义向资本主义过渡的第一次大讨论,以及1976年由美国学者布伦纳发表的《前工业欧洲农村的阶级结构和经济发展》这一论文所引发的第二次对这一课题的国际大讨论。
② 沈汉:《欧洲从封建社会向资本主义社会过渡研究》,南京大学出版社1993年版,第5页。
③ [英]安德森:《专制主义国家系统》,第11页。

治领域的变动情况。正因为这样,他的著作受到历史学家和政治学家的共同关注和广泛引证。

在《从古代社会到封建社会的过渡》和《专制主义国家系统》两书中,安德森运用历史唯物主义方法考察了欧洲两大历史过渡阶段中社会形态、国家结构以及欧洲东西分裂的总体历史。安德森以国家产生的早期阶段——古典时代的希腊罗马到近代2000多年的历史为背景,对国家进行宏观历史考察。

安德森首先考察了封建主义这一新生产方式在欧洲的起源与发展,接着分析了中世纪的国家结构。他认为中世纪国家的典型特征是它建立在等级社会基础之上,封建领主主要通过超经济强制手段——劳役、各种捐税、租税等形式在全国各领地内实施,它在司法领域内使经济剥削和政治权威相结合。采邑制下的封建依附关系使早期中世纪时代成为一个等级社会,居于塔顶的是封建君主,下面是各级教俗封建主如男爵、大小主教、修道院长、下层教士等,农奴和平民居于最下层。这一制度造成了政治权力的分散,国家功能被垂直分解,每一层次上的政治经济关系紧密结合,主权的分配成为封建生产方式的构成要素。在等级分权封建制度之下,君主只是封建领主,是领地的主人而非国家主权的化身,他的权威只存在于司法和意识形态之中,不足以与整个贵族集团斗争。同时,国家内部缺少公共机构,地方行政机构极不健全,国家权威仅限于解释和执行现存法律的司法职能。

在对封建主义的起源和中世纪国家结构分析之后,安德森指出,东欧与西欧历史差别的形成(以易北河为界)与封建主义的起源在同一时代发生。东欧缺乏古代社会、城市文明和奴隶制生产方式的遗产,它的封建主义的产生是西欧影响的结果。① 西欧封建主义的兴起以及北欧扩张使封建生产方式对东欧的影响主要表现在社会结构和上层建筑方面,其中,西欧经济社会制度和基督教会是影响东欧政治结构和国家制度的两大决定性因素。但是,真正成为欧洲发展分水岭的是14世纪后期爆发的封建总危机,只有到此时,东欧和西欧之间才产生根本性差异。封建总危机标志着封建

---

① [英]安德森:《从古代社会向封建社会的过渡》(*Passages from Antiquity to Feudalism*),伦敦1974年版,第229—230页。

主义发展机能的丧失,此时,推动欧洲经济发展长达300年的垦荒运动由于受到地形和社会结构的限制而停滞下来,生产力停滞,人口锐减,整个社会一片萧条。危机对东欧的打击更大,封建主义在东欧尚未得到充分发展,整个社会更加黑暗,人民反抗斗争此起彼伏,东欧统治阶级还同时面临着西欧的军事压力,因此,封建总危机使东欧出现了"再版农奴制"和庄园制的反动。实际上,"时代错位"造成了欧洲的东西差别:东欧处于与西欧不同的历史背景之中,封建主义在东欧起步较晚,当西欧封建主义充分发展最终发生危机时,东欧封建主义依然在向已经在西欧失去生机的封建经济秩序转变。东欧走的是一条在西欧已经结束的发展道路。欧洲封建总危机造成了两种截然不同的经济后果:西欧废除农奴制和补偿金,东欧出现再版农奴制和庄园制的反动。①

对专制主义国家系统的研究是安德森学术研究的一个重点。从14世纪末庄园制在欧洲遭到废除到18世纪末资本主义生产方式建立为止,其间约4个世纪是君主专制时期,中央集权的国家权力充分发展。但是,这一问题始终未得到马克思主义史学家的充分重视。安德森指出这一历史研究的薄弱环节,提出应当全面地考察整个欧洲专制主义谱系。他指出,专制国家有众多、重复的起端和个别迟滞的尾声,各国的发展情况基本一致,却并非一条连续的直线。专制主义既有复杂的连续,又有中断,更有地区间的转移和替代。在《专制主义国家系统》一书中,安德森着重分析了专制主义国家的成因、性质和国家结构,并对欧洲各专制主义国家进行了比较。

安德森认为,14—15世纪间欧洲经济和社会的长期危机标志着中世纪后期封建生产方式面临的困难,其直接后果便是专制主义国家的兴起,英、法、西班牙等国出现的中央集权制的君主制取代了中世纪社会等级制。②他从工具主义观点出发分析了专制主义国家的成因,认为"专制主义实质上是封建统治重新分配的工具,它意图把农民大众禁锢在传统的社会地位上,无视或反对他们通过各种方式取得的成就"③。安德森特别强调国家这种"重新分配"的职能。他认为,专制主义国家引入常备军、官僚

---

① [英]安德森:《从古代社会向封建社会的过渡》,第264页。
② [英]安德森:《从古代社会向封建社会的过渡》,第15页。
③ [英]安德森:《从古代社会向封建社会的过渡》,第18页。

制度、国税制、法律（法典），采取与前代政治统治不同的形式，这些政治形式的变化对国家行为有不同的含义，在农奴制解体后封建统治集团对农民的镇压是第一位的。另一方面，农民的反抗、西方整体经济中商业和手工业资本的压力共同塑造了贵族阶级的权力轮廓。君主专制的独特形式来自上述"双重决定"。安德森认为，对于专制主义时期生产力与生产关系的最佳表述是：社会经济生活条件的强大革命与政治结构的相应变化并非结伴而行，政治秩序仍然是封建的，但社会越来越资产阶级化。

欧洲君主专制的形成并非一帆风顺，专制国家的形成过程也是各国君主政治权威的上升和国家统一并举的过程，经过玫瑰战争、百年战争、卡斯提尔内战的洗礼，英、法、西班牙等国的君主制同时得到加强。君主专制体系内包含着多重矛盾。随着采邑制的解体和中世纪领地观念的削弱，领主对农奴的人身控制的松弛，各级附庸对其领主的依附性减少，君主为维护统治却更加"绝对专制"，政治和司法的强制加剧，走向集权化、军事化的高峰，专制国家成为加强王权的工具，其政治功能除镇压社会下层农民和市民的反抗外，也制约着贵族等级内部个人和集团的反抗。有些时候贵族的反抗甚至相当激烈，17世纪是欧洲范围内贵族广泛反抗的时代，如法国福隆德运动、英国内战、三十年战争，它们都反映了贵族同君主之间的矛盾。

安德森认为，专制主义的国家结构仍然是封建主义的。专制国家仍由封建贵族统治，封建法律关系犹存，封建土地所有制依旧占据统治地位。从统治阶级来看，这一时期社会经济和政治上的统治阶级是封建贵族。贵族集团在中世纪结束后的几个世纪里经历了复杂深刻的变化，但贯穿君主专制阶段的始终，它一直掌握着国家政权。专制主义国家建立在贵族的社会优势之上，君主与贵族共同拥有政权维护自身利益，通过军队、司法、财政和官僚的建设强化政权力量。但是另一方面，它又不得不面对现实，承认生产关系领域封建因素衰落和资本主义生产关系形成这种多元化的社会内容，允许资产阶级拥有财富，对农民和市民的人身控制放松，剥削方式相应发生变化，以货币地租取代实物地租和劳役地租，使商品生产关系得到发展。但是，多元化现象的出现并未改变封建社会的本质特征。农奴制虽已废除，但整个国家范围内的封建生产关系未变，城镇化水平不高，乡村中超经济强制、人身依附关系仍然盛行，生产者与生产工具结合的自

第四篇 西方马克思主义史家

然经济从未消失。

实际上,只要贵族土地财产阻碍了土地自由市场和劳动力的自由流动,即只要劳力不能同社会条件相分离而成为劳动力,乡村生产关系就只能是封建性的。专制主义实质上是封建统治重新分配的工具,它力图把农民大众推回到他们传统的社会地位上去,专制国家从来不是贵族和资产阶级之间的调停人,更不是新生资产阶级反对贵族的工具,它是受到威胁的贵族的新的政治保护伞。[①]虽然这一时期的政治制度发生了巨大变化,但是经济制度的根本未变。正如英国马克思主义史学家克里斯托弗·希尔所言:"专制君主是一种与以前封建王国君主制截然不同的封建君主形式,但统治阶级未变,正如共和制、君主立宪制、法西斯专制可以是资产阶级的国家制度一样。"这种贵族政权新形式是由近代早期社会过渡阶段农奴制解体和商品生产交换的扩大共同决定的。这个时期的军队、官僚制、法律、外交、财政都具有资本主义以前的社会制度的特征,它仍然是统治整个国家机器的、影响其命运的复杂的封建聚合体,专制主义国家的统治是资本主义过渡时代封建贵族的统治,它的结束将意味着封建贵族统治的危机——资产阶级革命的到来和资本主义国家的建立。

通过对东欧和西欧专制主义国家的比较研究,安德森指出:东欧专制主义虽然在时间上与西欧几乎同时发生,但两者在体系上完全不同,西欧专制是接受了补偿金的封建阶级重新调整的政治工具,它是在日益增长的商品经济背景下对农奴制消失的补偿;东欧专制主义国家是刚刚废除传统村社自由的封建阶级的代表机构,它是统治阶级强化农奴制的手段。东欧庄园制的反动意味着必须通过暴力从上而下移植新世界,暴力因素在东欧社会关系中始终占据相当大的比重。[②]与西欧相比,东欧的资本主义远未萌芽,商品经济并不发达,但独特的地理、人口条件和西欧日益加剧的军事压力,导致了东欧专制主义的提前形成。随着东欧专制的形成,欧洲大陆形成了一个完整的世界性国家体制。这一国际体制的建立,并未证明东欧、西欧的"同质"性。相反,它代表了两个截然不同的历史系统,各有其发展的轨道,其结果也可想而知。西欧、西班牙、英国、法国君主被从

---

① [英]安德森:《从古代社会向封建社会的过渡》,第18页。
② [英]安德森:《专制主义国家系统》,第195页。

下而上的资产阶级革命所推翻,而意大利、德意志君主被从上而下的资产阶级革命所削弱,东欧的君主和俄国沙皇被无产阶级革命所推翻。①

安德森把对国家结构的考察纳于历史过渡阶段这一大背景下。他特别注意对超经济强制的研究,并形成了自己的观点。安德森认为,欧洲专制国家是一种过渡型的国家形态,它处于封建关系衰落和资本主义关系迅速发展时期,这一时期的国家权力仍然属于封建贵族,所有制经济关系的法律规定也依旧是封建主义的,专制主义国家包含着深刻的内在矛盾。中央集权国家具有深刻的局限性,"(它)缺乏有效工具统治国家,如无法克服的组织问题,缺乏统一市场的经济,没有现代运输的方式,乡村基本封建关系的隔绝状态犹存。尽管君主卓有成就,但垂直型政治集权的社会基础并不完备"②。因而,"前资本社会的生产方式一直是由推行超经济强制的阶级统治的政治——司法工具指定的"。③ 在这里安德森提出了一个理论问题,必须建立封建主义政治经济学理论体系。安德森认为,"在前资本主义社会,血亲关系、宗教法律或国家这些上层建筑必定加入生产方式的组织结构。原则上,不能将它们从经济关系中排除,它们直接渗透在剥削剩余产品的内部关系之中……最终,前资本主义生产方式的规定也离不开政治、司法、意识形态上层建筑,它们一起参与决定了超经济强制的形式。司法、财产、主权的形式既依赖于社会形态又表现社会形态的特性。因此,我们必须对司法政治因素进行审慎、精详的分类以区别前资本主义社会形态中,它在哪些方面是经济基础、在哪里成为上层建筑。"④ 接着,安德森提出研究政治权力工具的"维"(dimensions)的概念,"出现在专制主义之中的维的历史转变决不应忽视"⑤。这种维的理论考察方法,既包括对有形的结构、功能的维(如国家机构、司法机关等)的研究,也包括对无形的非结构、非功能的维(如权力形态、思想意识等)的研究,既包括共时性的横向的国家、社会的结构研究,也包括历时性的国家机构、职能在不同社会阶段连续发展的研究。实际上,在历史发展过程中,在不同社

---

① [英]安德森:《专制主义国家系统》,第430页。
② [英]安德森:《专制主义国家系统》,第89页。
③ [英]安德森:《专制主义国家系统》,第543页。
④ [英]安德森:《专制主义国家系统》,第403—404页。
⑤ [英]安德森:《专制主义国家系统》,第19页。

第四篇 西方马克思主义史家

会经济形态相互更迭的连续发展中,在社会发展的重大转变时期,都存在着国家职能和权力的转变、增生和发展问题,社会经济生活和社会冲突的复杂化使这种国家职能的发展成为必然。安德森在研究国家结构和机能时,特别强调作为上层建筑的"超经济强制"的作用。安德森认为:"把封建的特征只概括为大地产和小农的结合而忽略其上层建筑如主权分割、封土制、封臣制等是不行的。因为前资本主义形态都通过超经济强制而运行,这些政治、法律的上层建筑已成为前资本主义生产方式的本质结构,它们已经直接结合在剥削剩余价值的链锁之中,因此不可能不通过其政治、法律等上层建筑来确定这种生产方式的性质。"[①] 安德森强调超经济强制在封建社会的重要性,认为封建剥削、封建生产只有通过政治暴力才能进行,这时的小生产者生产不发达,经济不独立,随着小生产者独立性的加强,封建社会中的超经济强制便逐渐减弱,封建主义开始走向解体。安德森批评了西方学者用资本主义经济理论研究封建经济中资本主义起源的理论偏颇,提出要建立封建社会的政治经济学理论体系来解释世界范围内的封建社会问题。安德森对国家的发展进行了唯物主义的历史考察,并从国家史的角度对国家进行了分析,在这方面作出的尝试值得注意。

安德森的两卷历史著作以历史唯物主义理论为指导,并努力使历史与理论相结合。安德森指出:"已经成为有影响的学术群体的马克思主义历史学家,不重视本身工作所提出的理论问题",而"马克思主义哲学家致力于理清或解决历史唯物主义的基本理论问题,却疏于研究由历史学家提出的经验性问题"[②]。"我们应把整个马克思主义文化中编史工作与理论之间不恰当的被忽略关系问题提出来。……马克思主义编史工作的进展,对马克思主义理论的发展有着潜在的极端重要性。"[③] 安德森本人在研究中既重视历史考察,又注重理论探讨。对于马克思主义学者关注的阶级斗争和阶级意识问题,安德森认为它们产生于生产关系生产方式之间的矛盾并参与解决这一矛盾,"一种生产方式内结构性危机的解决一直依赖于阶级斗争的直接参与,危机把所有来自不同社会层面的社会阶级纳入历史总体

---

① [英] 安德森:《专制主义国家系统》,第 403 页。
② [英] 安德森:《专制主义国家系统》,第 7 页。
③ [英] 安德森:《西方马克思主义探讨》,第 138 页。

内。"① 但是，"在历史过渡阶段，没有一个阶级能够立即理解它自身历史地位的逻辑，要使它懂得主权统治的必要性，长时间的迷茫困惑是必不可少的。"② 在这里安德森实际上分析了由生产关系和生产方式的矛盾产生的"阶级意识"的复杂性质，既有历史考察，又有理论探讨。类似的从理论层次来把握分析历史现象的例子在他的著作中还有很多，限于篇幅，这里无法一一列举。

但是，我们应当看到，在对专制主义国家进行研究时，安德森批评马克思、恩格斯夸大了国家相对自治权的作用，实际上他本人忽略或缩小了国家相对自治权的作用。安德森认为专制国家与西欧贵族阶级的关系决定了专制国家的性质和作用。专制国家为封建贵族这一个特殊阶级的利益服务，即专制国家成为封建贵族手中的工具，国家为封建贵族整体的利益服务。实际上，在这一阶段，贵族虽然是统治阶级，但贵族集团内部存在着巨大的利益冲突和斗争，这种冲突中孕育着社会转型的新因素——资产阶级和资产阶级化贵族的产生，国家的相对自治权给予这批新生力量以保护。但是，安德森恰恰忽略了这一点，忽视了专制主义国家对于西欧资本主义发展的保护作用，未能充分重视资产阶级和专制主义国家的关系。对于与此相关的阶级结构内部和阶级之间的利益关系，以及专制国家的运行、决策机制也缺乏足够重视，所有这些问题都需要深入探讨。

二 对英国工人运动史和资产阶级革命史的看法

自50年代后期起，佩里·安德森、汤姆·奈恩同以爱德华·汤普森、霍布斯鲍姆、希尔等为代表的学者围绕如何估价英国工人运动等问题展开了争论。

安德森和奈恩等人认为英国工人运动在宪章运动以后偃旗息鼓了。"在英国，一个因循守旧的资产阶级造就了一个服从于它的无产阶级……

---

① ［英］安德森：《专制主义国家系统》，第198页。
② ［英］安德森：《专制主义国家系统》，第55页。

第四篇　西方马克思主义史家

英国工人阶级落入了与英国资本主义相结合的陈腐的上层建筑的密网之中","这个运动在宪章运动后崩溃了。随后开始了英国工人运动史上的长久的休眠,欧洲最富于反抗性的工人阶级成了最麻木不仁和温驯的工人阶级。"① 安德森认为,英国文化明显缺乏当代西方马克思主义的传统,必须引进其他国家马克思理论家的著作以弥补这种不足。"英国式社会主义完全失败了,因为它不能在20世纪产生任何形式的群众社会主义运动或有影响的革命政党。"安德森基于对20世纪英国工人运动的悲观主义看法,转向倡导"国际主义"②。1963年后《新左派评论》的编辑,便是这种国际主义思想指导下的产物,其中安德森起了举足轻重的作用。安德森认为:"对我们而言,英国是20世纪重要国家中唯一一个未能产生任何广泛的社会主义运动或重要的革命政党的国家,这是一个中心的历史事实。我们再也不想挖掘过去,去搜集进步的或其他历史传统,来给英国文化的经验主义或政治宪政主义增光,……失望把我们赶出英国去寻找开发更广阔的文化天地,结果就有了国际主义这一理论园地。国际主义信念的基础是:如果说历史唯物主义在19世纪中期诞生时至少汇集了3个不同国家的思想体系,即德国哲学、法国政治学和英国经济学的话,那么它在20世纪中期自由而有效地发展也必须靠同样程度乃至更激进地去突破国界。总之,我们不相信马克思主义是一国的事。"③ 而且,安德森认为,就马克思主义理论本身的发展逻辑而言,(由于)"随着社会主义在一国胜利的理论在苏联的实现,继之以共产国际的不断官僚化,以及欧洲共产主义在第二次世界大战期间和以后最终采取了民族主义的观点,对马克思主义的探讨的主要结构就发生了根本的变化。现在,这种探讨不仅越来越远离政治斗争,而且越来越不具有国际性。"④ 这样就使得马克思理论的国际主义化尤显重要。"只有当历史唯物主义摆脱了任何形式的地方狭隘性,它才能发挥其全部威力。"⑤ 安德森在分析英国近代历史进程时以资产阶级大革命

---

① [英]奈恩:《群众和政治》,《新左派评论》(*New Left Review*) 第120期,第76页。
② [英]安德森:《英国马克思主义内部的争论》(*Arguments Within English Marxism*),伦敦1983年版,第131—156页。
③ [英]安德森:《英国马克思主义内部的争论》,第149页。
④ [英]安德森:《西方马克思主义探讨》,第89页。
⑤ [英]安德森:《西方马克思主义探讨》,第120页。

以后的法国为参照,从而对英国工人运动得出了悲观结论。①

继对工人运动进行研究之后,安德森转入对资产阶级革命的研究,②这也是他计划写作的欧洲史第 3 卷的中心内容。安德森认为资产阶级革命的历史按编年史顺序应当包括:16 世纪尼德兰革命,17 世纪的英国内战,18 世纪的美国独立战争、法国大革命,19 世纪的美国内战、德国统一运动,意大利复兴运动和明治维新③。至少有 4 个前提因素可以作为这些历史事件的共性:一是资本主义因素在封建机体内产生,新旧两种经济形态处于共存状态,封建生产方式的某些特征使一定程度的资本积累和商品的扩大流通在其经济秩序内正常进行。在这种情况下,贵族与资产阶级相互妥协。二是在封建社会向资本主义社会的过渡中,社会阶级的繁杂性与模糊性。三是资产阶级作为一个社会阶层并不具备相对的内部一致性,它构成一种性质上更为复杂的结构。四是资本主义生产方式要求民族国家保证其在既定区域的稳定再生产。国际的竞争关系从外部给资产阶级革命以压力。④ 同时,安德森认为这些资产阶级革命之间有着某些相互关联乃至共同的特征:早期的资产阶级革命中,"农业资产阶级"起领导作用,如英国的乡绅、德国的容克、美国的种植园主和农场主;革命进程中,下层阶级的参与和各种激进运动并存;民族的冲突和商业的扩张;革命的政治后果上并未立刻产出现代国家;所有这一切都是资产阶级革命的共同特征。安德森在对资产阶级革命的考察中,区分了近代资本主义生产关系和阶级关系成熟以前和成熟以后的资产阶级革命的差异,认识到资产阶级革命架构下存在着许多典型化事件,也广泛存在阶级关系以及政治制度方面的非典型化特征。安德森揭示了在各国资产阶级革命中起作用的这些错综复杂的历史因素,并作了探讨,虽然这些研究尚显粗糙,但仍不失某种启发意义。

---

① 英国著名的马克思主义史学家爱德华·汤普森反对安德森的看法,他主张全面地估计宪章运动以后英国工人运动的历史。汤普森指出,宪章运动的结束标志着英国工人运动的斗争方式发生了重大的转变,工人运动发展到一个重要转折点,它突出地表现为工人运动离开了暴力的革命方式,转而采取以普选权为中心的政治民主和经济目标的合法斗争。相比之下,汤普森对宪章运动以后工人运动的发展情况所作的分析更为客观,也全面一些。

② [英] 安德森:《资本主义革命概念》("The Notion of Capitalist Revolution", in *English Questions*),伦敦 1992 年版,第 107 页。

③ [英] 安德森:《资本主义革命概念》,第 110 页。

④ [英] 安德森:《资本主义革命概念》,第 111 页。

三 安德森对马克思主义史和60年代以后西方政治的思考

安德森在担任《新左派评论》主编、从事学术研究的同时,从未脱离现实运动,始终关注着世界范围内政治和文化的发展情况。

安德森关注马克思主义理论的发展和欧洲工人现实运动的命运,也非常关注西方马克思主义思潮的流变。他在《西方马克思主义探讨》和《历史唯物主义的轨迹》二书中指出,1918年以来欧洲思想界中流行的"西方马克思主义",实际上是第一次世界大战后欧洲资本主义先进地区无产阶级革命失败的产物,它是在社会主义理论和工人阶级实践愈益分离的情况下发展起来的。安德森考察了从经典马克思主义者马克思和恩格斯,第二代理论家考茨基、普列汉诺夫到列宁、卢森堡、托洛茨基,以至当代卢卡奇、葛兰西、萨特,直至结构主义、后结构主义、法兰克福学派几代理论家的思想发展轨迹后指出,西方马克思主义最终与经典马克思主义发生了断裂,它在形式上发生了转移,由政治学转向哲学、美学,由对认识论的探讨转为对方法论的探究;它的研究主题发生创新,由对研究经济基础转向对上层建筑尤其是文化的关注。安德森指出,当代西方马克思主义思潮的变化表现出一个显著特征,即社会主义理论与无产阶级革命实践相脱离。在《逆流中的文化》一文中,安德森用同样的笔触分析了英国著名进步知识分子的变化历程和英国左派政治文化的演变。安德森考察了安东尼·吉登斯[①]、迈克尔·曼[②]、杰克·古迪[③]、

[①] [英] 吉登斯(Anthony Giddens, 1938—)英国社会学家,曾就学于赫尔大学、伦敦经济学院和剑桥大学。1963—1970年在霍斯特大学任教,1970年以后在剑桥大学英王学院教授社会学,晚近被任命为伦敦经济学院院长。著有《资本主义和现代社会理论》(1971年)、《发达社会的阶级结构》(1973年)、《社会理论的中心问题》(1979年)、《当代对历史唯物主义的批评》(1981年)等著作。

[②] [英] 迈克尔·曼(Michael Mann, 1942—)英国社会学家,曾任教于伦敦经济学院,后迁居美国,现任教于美国加州大学洛杉矶分校社会学系。代表作为3卷本的《社会权力的起源》(剑桥大学出版社)。

[③] [英] 杰克·古迪(Jack Goody)曾与E. P. 汤普森等人合著《家庭和继承权:1200—1800年西欧乡村社会》(剑桥大学出版社);并著有《欧洲家庭和婚姻的发展》(剑桥大学1983年版)。

雷蒙德·威廉斯[①]、特里·伊格尔顿等几代知识分子在不同领域不断变化的理论观点，重点研究他们之间的意识形态分歧及其相继摒弃左派思想、退出马克思主义、社会主义和政治行动主义的原因。[②] 安德森指出，西方马克思主义的局限和英国左派文化的式微，除了受战后资本主义民主制的发展以及国际共产主义运动衰退的影响外，还在于它缺乏切实可行的社会主义战略。"发达国家的左派普遍缺乏现实的战略思想，即不能阐明超越资本主义民主过渡到社会主义民主的具体可行的前景。继西方马克思主义之后的马克思主义及其前辈共有的东西是'战略的贫困'，而不是'理论的贫困'。"[③] 为此，必须解决好结构与主体的关系问题，"结构与主体的关系问题是马克思主义的中心问题，两者相互依赖，不能偏废任何一方。结构与主体关系的实质是组织什么样的力量去推翻资本主义社会的经济、政治结构，马克思主义只有不懈地寻找能够改变现在客体结构的有效策略的主体力量，才能实现社会主义战略。"

当代资本主义社会和政治的走向是政治学家和历史学家共同关注的问题，也是考察西方历史发展的一个焦点问题。安德森认为，二战以来的资本主义社会发生了巨大而深刻的变化，这表现在许多方面。在经济上，50年代和60年代的西方资本主义世界出现大规模的经济增长，"在这类生产方式的发展方面实际上已经开创了一个新的阶段，明显地打破了经典著作上有关衰退或危机即将来临的预言，提出了供科学分析的崭新问题"。与此同时，第二次世界大战的后果使普选权基础上的代议制民主第一次在资产阶级统治的历史上建立起来，这种民主在所有主要的资本主义国家——德国、日本、法国、美国、英国、意大利——被当作国家结构。这种政治秩序是颇为新颖的。资产阶级的历史并未终结，它渡过两次世界大战并取得经济、政治制度上的发展，在文化变革和发展方面也同样表现出来。在对资本主义发展的研究中，马克思主义者要用发展的眼光重新审视马克思

---

① [英]雷蒙德·威廉斯（Raymond Williams, 1921—1993）剑桥大学文学教授，著有《文化和社会》（1958年）、《漫长的革命》（1961年）、《文化和社会》（1958年）、《乡村和城市》（1973年）、《马克思主义和文学》（1977年）等文学和政治著作。

② [英]安德森：《逆流中的文化》（"A Culture in Contraflow"，《新左派评论》第180期3—4期号，第41—48页；第182页7—8期号，第137页。

③ [英]安德森：《当代西方马克思主义》[原书名为《历史唯物主义的轨迹》（*In the Tracks of Historical Materialism*）]，余文烈译，东方出版社1989年版，第30页。

第四篇 西方马克思主义史家

以后历史发展的事实，而不能拘泥于经典理论的教条。①

安德森认为，20 世纪 60 年代以来，西方发达国家的社会条件再度发生了变化。从 60 年代中期到 70 年代中期，资本主义世界重新出现危机，发达资本主义社会的经济稳定繁荣消失，各国出现大规模的学生造反运动、广大工人阶级战斗精神的复苏。在西方发生了诸如 1968 年法国的五月风暴、1969 年的意大利产业工人斗争、1974 年的英国矿工罢工和葡萄牙工人起义等一系列阶级斗争和社会动荡，使马克思主义理论和群众实践重新结合成为可能。然而由于西方传统左派的"无动于衷"而使社会主义运动的重新发展丧失了良机。80 年代以来，新社会运动（New Social Movement，安德森称之为"自然主义"——作者注）作为民主社会主义和保守主义等传统政治社会运动的挑战者，已经在欧洲以及世界各国灿然崛起。"未来更强大的文化挑战将来自自然主义，这种迹象现在已遍布我们周围——它们的各种变化或许正笼罩着地平线。"② 新社会运动包括和平运动、生态运动、妇女运动、黑人运动等。他们提出世界和平、环境保护、性、种族和民族等问题，围绕这些问题把群众组织起来，并在事实上形成对当代资本主义社会的冲击，但是这些运动的领导者绝大多数是资产阶级或小资产阶级，他们的构成主体也不是工人阶级。关于新社会运动与社会主义运动的关系，安德森认为，新社会运动对工人运动提出了重大挑战，"自然与历史这两个概念的结合向作为批判理论的马克思主义提出另一个较之结构与主体关系更大的难题。"③ 但是，新社会运动和社会主义运动并非对立，新社会运动的批判矛头主要指向现代资本主义社会的弊端，它的政治追求是社会平等、正义，从而使它有可能成为社会主义力量的同盟军。"妇女运动和生态运动分别提出了人们所能想象到的既深远又根本的问题——性之间的关系和人与自然的关系，它们与马克思主义主要关心的阶级之间的关系相交叉，而不是其中一方面，但是马克思主义却可随时与它们结合，实现短期的实践目标。"④ 实际上，新社会运动不仅涉及全人类的共同命运这一全新的社会课题，同时也涉及社会主义道德伦理。关于新

---

① ［英］安德森：《西方马克思主义探讨》，第 62—63 页。
② ［英］安德森：《当代西方马克思主义》，第 114 页。
③ ［英］安德森：《当代西方马克思主义》，第 116 页。
④ ［英］安德森：《当代西方马克思主义》，第 148 页。

社会运动的性质,安德森认为,"这种(新社会运动与现存秩序)冲突的潜在后果超出了劳动和资本的对立,但它的实际根源仍紧紧盘结于这种对立之中"①。安德森认为当前新社会运动使左派力量的复兴再次成为可能,"两者(和平运动和妇女运动)都不等同于社会主义,但当条件适宜时,在每一种情况下,通往(任何)一者的路线都要通过另一者,不消灭阶级就不可能实现性平等,正如不粉碎资本就不可能消除核战争一样。和平运动和妇女运动就其实际命运而言,不能长期与工人运动的力量相脱离……但它确实对工人运动施加了新的任务。当前马克思主义必须寻找能够改变现存客体结构的有效策略的主体力量。"② 在此同时,安德森认为社会主义运动是不可替代的,"只有作为任何工业社会直接生产者的现代集体劳动者的工人,才具有那样的作用——因为工人独特的阶级职能,或他们在整个资本主义机器大生产过程中的结构地位,只有他们才能使这个生产过程瘫痪,或对之加以改造;就像只有他们,由于其潜在的凝聚力,人数众多,而能够形成有组织的决心与资产阶级国家进行决战的队伍的中坚力量"③。因而,安德森对国际工人运动充满信心。他指出,虽然"西方工人阶级当前正处于混乱之中,处于自工业革命以来定期发生的标志工人阶级历史特点的、意义深远的重新组合的阵痛之中;但是工人阶级比上一次大萧条时期更加不容易被挫败和击溃,而且,它的盛况还在后头"。④

对于东欧剧变以来国际学术界重提关于"文明""市民社会"这类话语的潮流,安德森重申了葛兰西的"文化霸权论",并用之分析西方学者的"文明冲突论"(亨廷顿)、"意识形态终结论"的政治内涵。安德森认为,在政治制约下的文化斗争中,"文明不仅是信仰体系,而且是权力体系"⑤,国家权力和精英势力使得那些地位较低者逐渐驯服于体现了地位较高者的支配权的习惯做法。安德森认为当前既不表明意识形态终结了,也不表明资本主义终结了乌托邦,而是资本主义的乌托邦式观念,即把资本主义视作一种平和的稳定秩序的观念终结了。在关于时代的阐释中,"市

---

① [英]安德森:《当代西方马克思主义》,第135页。
② [英]安德森:《当代西方马克思主义》,第136页。
③ [英]安德森:《当代西方马克思主义》,第130页。
④ [英]安德森:《当代西方马克思主义》,第150页。
⑤ [英]安德森:《文明及其内涵》,《读书》1997年第11期。

民社会"导向了右翼理论,而左派学者詹明信赢得了左派对后现代术语的控制权,这个原本自足的或非政治性的并与现存秩序有共生关系的术语,被革命左翼用惊人的智慧、能量改变了意愿。"在这个抗拒革命的霸权时期,人们所熟悉的每一个左翼的航标看起来都沉没在自波旁王朝复辟以来所未曾有过的狂喜的反动浪潮之下,左翼在种种历史变迁中,却终于获得了理论上的胜利。"[1] 安德森认为虽然左派尚未在国际范围内形成与多国资本主义争夺霸权的势力,但是它仍然在向前继续发展,"我们的困境不是选择资本主义还是多样化的资本主义文明,而是(在)要资本主义还是要文明(中作出选择)?"[2] ——这正是安德森对左派力量的鼓励和对社会主义前景的乐观愿望。

(原载《史学理论研究》1998 年第 4 期)

---

[1] [英] 安德森:《文明及其内涵》,《读书》1997 年第 12 期。
[2] [英] 安德森:《文明及其内涵》,《读书》1997 年第 11 期。

新时代历史理论研究前沿丛书

第三卷

中国史学理论与史学史

夏春涛 主编

中国社会科学出版社

加快构建新时代历史理论
研究"三大体系"
（代序）

一

五卷本《新时代历史理论研究前沿丛书》终于问世了！这是历史理论研究所建所后首次推出的集体研究成果，是《史学理论研究》改刊三年来刊发优秀论文的集中呈现，从一个侧面反映了我们的建所思路和成长轨迹。

历史理论研究所的建所方案经过多方论证、再三斟酌，最终由中央审定。该所名为历史理论研究所，不是史学理论研究所，如此取舍是含有深意的。一是突出强调了唯物史观的指导地位，强调要旗帜鲜明地坚持唯物史观。我们所说的历史理论主要指马克思主义历史理论，即唯物史观，本所下设九个研究室，马克思主义历史理论研究室排列第一。二是解决了概念之争。顾名思义，历史理论指阐释客观历史本身的相关理论，史学理论指历史学发展过程中形成的相关理论，两者内容有交叉，但主体不一。关于"历史理论""史学理论"概念的异同、大小，学界看法并不一致。研究所名称的确定给出了明确答案，即"历史理论"概念大于或优先于"史学理论"概念。我们要与中央保持一致，有不同意见可以保留，仍可以深化思考，但不必拘泥于概念之争。[①]

历史理论研究所诞生于新时代，是应运而生。中国历史研究院由六个

[①] 目前，"历史理论""史学理论"两个概念实际上仍在交叉使用。例如，历史理论研究所所刊名为《史学理论研究》，2022年9月完成换届选举的全国性学术团体名为"中国史学会史学理论分会"，这是延续历史，而变更名称淘非易事，须走较为繁杂的报批程序。学界时下召开的相关学术会议大多仍约定俗成，冠名为"史学理论研讨会"。我们似应在概念使用上力求统一，避免辨扯不清的困扰。

研究所组成，除中国社会科学院原有的五个相关研究所外，历史理论研究所是唯一新建的研究所。中央为什么要专门成立历史理论研究所？我想，这大体可以从三个方面来理解。

一是在全社会牢固树立正确历史观。

新中国诞生给中国历史学带来的最大变化是明确了唯物史观的指导地位，确立了人民的主体地位，澄清了若干重大理论问题，尤其是科学解答了历史学为谁著书立说这一根本性、原则性问题，进而为研究工作树立了正确导向，极大地推动了新中国历史学的繁荣发展。改革开放以来，历史学在蓬勃发展的同时，也面临挑战——随着社会经济成分、组织形式、就业方式、利益关系和分配形式的多样化趋势的发展，以及东西方各种思想文化的碰撞、交汇，我国社会思想呈现出多样、多元、多变的特点，唯物史观遭冷落、质疑和冲击的现象日渐显现出来。有人矫枉过正，出于对过去一度盛行的极"左"思潮的抵触心理，说了一些过头话。也有人蓄意挑战主流意识形态，不时发出一些噪音杂音，随意涂抹、肆意歪曲历史尤其是中共党史，借谈论历史来否定现实，散布错误的历史观，形成历史虚无主义思潮，产生恶劣影响。

历史观涉及对是非、正邪、善恶、进步与落后的评判，与价值观密不可分。否定历史发展的主题主线、主流本质，颠倒是非、正邪、善恶、荣辱，就会使人丧失对历史的敬畏之心，模糊对方向、道路等原则问题的认识，导致价值观扭曲。价值观一旦混乱，我们这样一个大党大国就会成为一盘散沙，社会上道德失范、诚信缺失现象就会滋蔓，乃至乱象丛生，其后果将是灾难性的。一言以蔽之，历史虚无主义思潮一旦泛滥，就会肢解我们的自信，消磨我们的意志，腐蚀我们的精神。党的十九大报告明确提出"引导人们树立正确的历史观、民族观、国家观、文化观"。[①] 由此观之，加强历史理论研究，巩固唯物史观的指导地位，引导人们树立正确历史观尤其是正确党史观，已是刻不容缓。坚持以唯物史观为指导，是坚持正确的政治方向、学术导向、价值取向的重要前提，是当代中国历史研究区别于欧美国家历史研究的根本标志。

---

① 习近平：《决胜全面建成小康社会夺取新时代中国特色社会主义伟大胜利——在中国共产党第十九次全国代表大会上的报告》，人民出版社2017年版，第43页。

二是以史为鉴，为当代中国发展进步提供学术尤其是理论支持。

改革开放以来，经济学、法学、政治学、社会学等学科基础理论研究与应用对策研究并重，积极参与当代中国的社会变革与发展，成为万众瞩目的显学。历史学与时俱进，也取得累累硕果，但相比之下，总体上参与有限、发声有限。这与历史学本质上属于基础理论研究有关，也与其研究滞后有关。平心而论，我们的历史研究存在两个缺陷，不能很好地顺应大势。其一，与现实脱节。有人自诩"清高"，搞所谓"纯学问"，有意识地远离现实、回避政治。其实，历史是一条奔腾不息的河流，不可能抽刀断水；昨日中国是今日中国的延续和发展。研究历史，不能就历史论历史，不能也不可能脱离现实，遑论历史学原本带有鲜明的意识形态属性。其二，重考证、轻理论，研究呈现"碎片化"、条块分割。有人专注细枝末节研究，研究题目小、研究范围窄，死守自己的"一亩三分地"，一谈到理论或现实问题便张口结舌，茫然莫知置对。考据是治史的基本功，没有考证便无信史可言，但不能"只见树木不见森林"，不能无视或忽视宏观理论思考。

中国特色社会主义已进入新时代，当代中国正进行着伟大的理论与实践创新，迫切需要历史学发挥鉴古知今、资政育人的作用。"明镜所以照形，古事所以知今。"① 新中国的前途为什么是社会主义而不是资本主义？为什么说中国特色社会主义是实现中华民族伟大复兴的必由之路？为什么说中华民族伟大复兴的历史进程不可逆转？以中国式现代化全面推进中华民族伟大复兴，如何深刻领会中国式现代化的中国特色和本质要求？中国式现代化道路的原创性贡献是什么？回答此类重大理论问题，都必须从历史上来追根溯源。当代历史学若想真正成为显学，具有生命力、体现影响力，就必须顺应时代需要，力戒那种选题无足轻重、搞烦琐考证、内容空洞的学究式学院式研究，有意识地加强历史与现实的对话，积极回应重大现实问题，立时代之潮头，通古今之变化，发思想之先声。② 这也是我国

---

① 《三国志》卷59《吴书·孙奋传》，中华书局1982年版，第1374页。

② "立时代之潮头，通古今之变化，发思想之先声"语出习近平总书记致中国社会科学院中国历史研究院成立的贺信，是党中央对广大历史研究工作者提出的殷切希望，而我们做得远远不够，应努力争取更大作为。西方学界很重视研究、思考那些宏大理论问题，重视提出新概念新表述，以迎合本国的内外政策。举凡"历史终结论""文明冲突论"等，均为融合政治学、历史学等学科作出的新概括新阐释，弗朗西斯·福山和他的老师塞缪尔·亨廷顿都是西方名噪一时的历史哲学家。

史学的一个优良传统。司马迁以"通古今之变"相期许写《史记》，司马光为资政著《资治通鉴》，均具有鲜明的现实关怀。北宋大儒张载"横渠四句"有云："为天地立心，为生民立命，为往圣继绝学，为万世开太平。"① 身处新时代，我们的胸襟应当不比古人逊色，理应具有强烈的使命和担当意识。

三是加快构建新时代中国历史学"三大体系"。

目前，我国经济总量稳居世界第二，日益走近世界舞台中央，为维护世界和平、促进共同发展做出巨大贡献，而历史学的发展总体上与我国综合国力和国际地位还不太相称，未能居于国际学术界中央，在国际上的声音还比较小。笔者1994年在哈佛大学访学时，哈佛—燕京学社主任、明清小说研究专家韩南（Patrick Hanan）教授在交谈时善意地表示："谈到人文和社会科学方面，目前世界上重要的学术思想主要来自英、美、德、法等西方国家。然而在将来，重要的学术思想同样很有可能来自中国、日本等国家。"比照现实，我们做得远远不够。

历史研究是一切社会科学的基础，历史理论则是历史研究的指南和灵魂。中国历史研究院中国历史学学科体系、学术体系、话语体系研究中心设在历史理论研究所。② 党的二十大报告在阐述"推进文化自信自强，铸就社会主义文化新辉煌"时，再次郑重强调"加快构建中国特色哲学社会科学学科体系、学术体系、话语体系"。③ 加快构建新时代中国历史学学科体系、学术体系、话语体系，必须加快构建新时代历史理论研究的学科体系、学术体系、话语体系。要继续以开放胸怀加强中外学术交流与合作，既"请进来"，更要"走出去"。要以我为主，努力提出具有原创性、主体性的学术思想，努力打造自己的学术特色和优势。要增强学术自信，摒弃学术上的"崇洋"心理，对西方的后现代主义史学、公民社会理论以及

---

① 张载：《张载集》，章锡琛点校，中华书局1978年版，第396页。
② 该中心成立于2019年6月，至今已多次开展活动：2019年11月，与中国社会科学院国际中国学研究中心联合举办"'海外中国学研究'学科建设研讨会"；2020年11月，主办"'中国历史学话语体系建设'学术研讨会"；2021年9月，参与承办"社科论坛"（史学·2021）"新时代中国历史学'三大体系'建设国际学术研讨会"。另以"研究中心"成员名义相继发表学术论文10篇，《中国历史学"三大体系"建设研究》一书正在策划出版中。
③ 习近平：《高举中国特色社会主义伟大旗帜 为全面建设社会主义现代化国家而团结奋斗——在中国共产党第二十次全国代表大会上的报告》，人民出版社2022年版，第43页。

全球史、"新清史"、新文化史、情感史研究等，我们要有鉴别和取舍，决不能被别人牵着鼻子走，决不能邯郸学步、鹦鹉学舌。特别是中国史研究，其学术根基、学术中心理应在中国。我们要有这种自信、底气和气魄，主动引领学术潮流、推进学术创新，积极掌握学术话语权。

总之，历史理论研究所是时势的产物。新时代是历史学可以也必须大有作为的时代，是历史理论研究受到空前重视、享有前所未有发展机遇的时代。我们要把握机遇，乘势而上。

二

按照中央审定的建所方案，历史理论研究所下设九个研究室，依次是：马克思主义历史理论研究室、历史思潮研究室（又称"理论写作组"）、中国史学理论与史学史研究室、外国史学理论与史学史研究室、国家治理史研究室、中华文明史研究室、中国通史研究室、中外文明比较研究室、海外中国学研究室。排在前面的四个研究室，其名称均有"理论"二字。从中国社会科学院层面讲，本所是唯一一个以"理论"二字命名的研究所。这种定位是荣誉，更是一种使命和责任。

这九个研究室即九个学科，构成完整的历史理论研究学科体系，史学理论研究仅是其中的一个分支，在学科设置上真正实现了各历史学科的融合。我将其特点概括为"打通古今中外，注重大历史、长时段研究"。①

马克思主义历史理论研究室排列第一，是学科建设的重中之重。其主旨是以唯物史观为指导，加强理论思考与研究，以总结历史经验、揭示历史规律、把握历史趋势。党的十九届六中全会审议通过的《中共中央关于党的百年奋斗重大成就和历史经验的决议》堪称历史理论研究的典范：作为科学历史观，唯物史观科学诠释了人类社会发展规律和历史现象，以此为指导来总结百年党史所形成的历史观便是正确党史观；以3.6万字来总结百年党史，进行长时段、贯通式研究与思考，生动体现了大历史观。唯物史观被确立为指导思想后，究竟给中国历史学带来哪些深刻变化？对中国历史进程产生哪些深刻影响？在极"左"思潮泛滥的年代，我们在理解

---

① 参见《史学理论研究》2019年第3期"卷首语"。

加快构建新时代历史理论研究"三大体系"（代序）

和运用唯物史观上存在哪些偏差？这一历史很值得好好总结。2021年，本所申报的《中国马克思主义史学家口述访谈录》《中国马克思主义历史理论发展史研究》，分别被列为国家社科基金重大专项课题、重点课题。

从事马克思主义历史理论研究，须具备相应的理论素养，用马克思主义中国化的最新理论成果——习近平新时代中国特色社会主义思想来指导研究，努力做到既不丢老祖宗，同时又能讲新话。对唯物史观及时做出新阐释新概括是一个具有战略意义的重大课题。坚持唯物史观与发展唯物史观是辩证统一的关系，发展是最好的坚持。马克思主义深刻改变了中国，中国也极大丰富和发展了马克思主义。与时俱进是马克思主义的理论品质，党的百年奋斗史就是一部不断推进理论创新、实践创新的历史，坚持理论创新是党百年奋斗的十条历史经验之一。从毛泽东、邓小平、江泽民、胡锦涛到习近平，在唯物史观上都是坚持与发展、继承与创新相统一。譬如，"五种社会形态"理论是唯物史观的一个最基本观点，我们党将之作为指南而不是教条，科学分析中国具体国情，据此提出新的原创性理论作为科学决策的遵循：创立新民主主义革命理论，指出近代中国的社会性质是半殖民地半封建社会，其前途是社会主义；创立中国特色社会主义理论体系，指出我国正处于并将长期处于社会主义初级阶段；习近平同志提出"新发展阶段"说，进一步发展了社会主义初级阶段理论。党带领人民筚路蓝缕攻坚克难，跨越资本主义发展阶段，成功走出中国革命和中国特色社会主义这两条新路，使中国阔步走向繁荣富强，与我们党创造性地运用"五种社会形态"理论密不可分。"理论是灰色的，而生活之树常青。"需要进一步思考的是，唯物史观诞生在大机器生产时代，而现在已处在后工业时代，是大数据、人工智能时代，由此引发的变化是深刻的、全方位的，生产力、生产关系的内涵必然会随之发生变化。再如，人民是历史的创造者，这是唯物史观的基本原理。人民在我国的主体地位始终没有变也不能变，而"人民"概念的内涵以及当代中国阶级、阶层的构成，与过去相比确已发生深刻变化，江泽民同志敏锐注意到这一新变化，在2001年"七一"讲话中分析指出我国已出现六个新的社会阶层。[①] 在百年

---

① 他们是民营科技企业的创业人员和技术人员、受聘于外资企业的管理技术人员、个体户、私营企业主、中介组织的从业人员、自由职业人员。参见江泽民《在庆祝中国共产党成立八十周年大会上的讲话》，人民出版社2001年版，第31页。

光辉历程中，我们党是如何既坚持唯物史观，同时又丰富和发展了唯物史观，赋予其新的历史内涵？就此进行系统总结和研究对推进理论创新大有裨益。

历史思潮研究室的旨趣是关注历史思潮演变，及时就当下社会上的热点话题做出回应，释疑解惑，正本清源，宣传、阐释正确历史观，解析、批驳历史虚无主义错误思潮。该研究室又名"理论写作组"，写理论文章是主业，带有时效性，出手要快。要加强两方面素养。一是理论素养。建所之初，我分析了研究队伍存在的短板，其中一个短板是"只会讲老话（马克思主义基本原理），不会讲新话（马克思主义中国化最新成果），甚至是老话讲不好、新话不会讲"。补短板须加强理论学习，我们专为本所青年学习马克思主义中国化经典文献开列了书单。二是专业素养。宣传要以研究为依托，以深厚的学术积淀作为支撑，深入才能浅出。再就是要注意两点：其一，严格区分政治原则问题、思想认识问题、学术观点问题，既敢于斗争，又要把握好分寸，不能无端上纲上线。其二，善于用学术话语来表达政治话语。写理论文章不是贴标签、喊口号、表决心，不能居高临下板着面孔说教，要具有感染力和说服力，努力收到春风化雨、润物无声的社会效果。2021年，本所申报的《历史虚无主义思潮解析和批判》被列为国家社会科学基金重大专项课题，计划写三卷。

中国史学理论与史学史研究、外国史学理论与史学史研究是中国社会科学院的传统优势学科。近二三十年来，这种优势在不知不觉中削弱，研究成果萎缩，研究队伍青黄不接，由盛转衰趋势明显。这也是全国范围内带有普遍性的现象。这两个学科被列为本所重点学科，须尽快止跌回升。从学术史角度看，这两个领域是块"熟地"，以往研究虽已取得骄人成绩，名家辈出、成果丰硕，但毋庸讳言，仍存在不足。一是深耕式、开拓创新性的研究相对较少，粗放式、低水平重复的研究较多。一些著述偏重于介绍、描述，缺乏思想性。二是有些学者画地为牢，专注中国古代史学理论或外国史学理论研究，唯物史观被边缘化。其实，我们研究中外史学理论，主旨是推陈出新，通过兼收并蓄、博采众长，致力于丰富和发展当代中国的马克思主义历史理论。要着力在古为今用、洋为中用上下功夫。本所新近申报了两个国家社会科学基金重大专项课题，分别是《"中国之治"的历史根源及思想理念研

究》以及六卷本《西方历史理论发展史》课题。①

与历史思潮研究相似，国家治理史研究属于新兴学科。本所的国家治理史研究室是国内首个专门的研究机构。党的十八届三中全会提出推进国家治理体系和治理能力现代化这一重大战略课题。提高国家治理体系和治理能力现代化水平是实现中国式现代化的题中应有之义，其途径之一是总结、反思我国古代漫长的治国理政实践，从中获取有益借鉴。《中国历代治理体系研究》是我们在建所当年承担的首个重大项目，属中国历史研究院交办课题。我们随即组成课题组，设立中央与地方、行政与监督、吏治与用人、礼治与法治、思想与文化、民本与民生、边疆治理、民族治理、宗教治理、环境治理、基层秩序11个子课题，用三年多时间完成近一百万字的书稿撰写，结项评审等级为"优秀"。目前书稿已完成第三次修订，处在出版前的审稿阶段。

中国通史研究室、中华文明史研究室、中外文明比较研究室、海外中国学研究室，均有别于通常的专题或专史研究，要求研究者是通才，具有大历史视野和世界眼光，学养深厚、思辨能力强，能登高望远，深入思考、科学解读一些前沿性重大问题，以便从中汲取历史智慧，增强历史自觉，坚定文化自信、道路自信。例如，通过深入研究中华文明的发展历程、特质和形态，为今天的人类文明新形态建设提供理论支持——倘若按照西方"文明三要素"标准，中华文明仅有3300年历史；我国于2002年启动的中华文明探源工程提出了文明定义和认定进入文明社会标准的中国方案，实证了我国百万年的人类史、一万年的文化史、五千多年的文明史。这是很了不起的学术贡献，为相关研究提供了范例。本所这四个研究室起步晚、起点低，缺乏学术积累，须苦修内功、奋起直追。

概括地说，历史理论研究所在学科设置上打通古今中外，实现了各相关历史学科的融合发展，体现了前沿性、战略性、理论性。基于这一学科布局，要努力做到"两个结合"：基础理论研究与应用对策研究相结合，历史研究与现实问题研究相结合。"三大体系"建设是一个整体，学科体系相当于学科的顶层设计，学术体系是学科体系的支撑，话语体系是学术

---

① 2022年11月30日，全国哲学社会科学工作办公室公示了国家社会科学基金中国历史研究院重大历史问题研究专项2022年度重大招标项目立项名单。本所申报的《"中国之治"的历史根源及思想理念研究》《西方历史理论发展史》获得立项。

体系的外在表达形式，而贯穿其中的核心要素是人才。说到底，学科靠人来建设，学术带头人有权威、形成研究梯队，推出一批高质量、有影响的研究成果，就构成学术体系，支撑起学科建设；权威学者及论著所阐释的成系统的观点、思想、理论等，被学界奉为圭臬，便构成话语体系。因此，衡量"三大体系"建设之成效，关键看是否出成果、出人才。这无捷径可走，从个人角度讲，归根到底靠潜心治学。从研究所角度讲，加快构建新时代历史理论研究"三大体系"、引领全国历史理论研究，除组织实施课题、主办各种专题学术研讨会、积极利用中国史学会史学理论分会这一平台开展活动外，另一重要途径是办好所刊《史学理论研究》。

三

《史学理论研究》创刊于1992年，原由中国社会科学院世界历史研究所牵头主办，2019年第3期起，正式转为历史理论研究所所刊。为顺应振兴新时代历史理论研究的需要，我们举全所之力办刊，依据中央核准的建所方案成立专门的编辑部（以前是研究室兼职编稿），并果断改季刊为双月刊；在办刊风格上与历史理论研究所的学科布局和建所思路对接，在论文选题上精心策划，在栏目设置上推陈出新，并致力于制度化、规范化管理和运作。一分耕耘，一分收获。改刊后，该刊论文转载量、转载率和综合指数排名均显著提升。以2021年论文转载量为例，合计《新华文摘》5篇（2篇全文转载），《中国社会科学文摘》5篇，中国人民大学复印报刊资料24篇。

这套五卷本《新时代历史理论研究前沿丛书》主要从改刊三年来发表的论文中编选而成。遗憾的是，限于主题和篇幅，不少优秀论文未能一并辑录。这五卷按主题编排，依次是《唯物史观与历史研究》《马克思主义史学与史家》《中国史学理论与史学史》《外国史学理论与史学史》《历史理论研究的新问题·新趋向》，集中体现了我们的建所及办刊思路，展示了全国学界同仁的最新研究成果。

在建所半年后举办的中国社会科学院暑期专题研讨班上，我在历史学部发言时坦陈："建所了，牌子挂起来了，并不代表立刻就能按照上级要求发挥应有的作用，两者之间存在很大距离。我们要做的，就是百倍努

力，尽量缩小这个距离，缩短这个周期。"现在回想起来，不免有几分感慨。这一路走来，激励、支撑我们砥砺前行的是一种精神。姑妄言之，可称为"建所精神"，其内涵为"团结，务实，奋进"六字。

建所第一步，是把近代史研究所、古代史研究所、世界历史研究所的三拨人整合在一起，接着是面向社会招聘人员。我们起始就强调，新所要树立新风气，大家共同营造风清气正的环境。近四年来，本所没有人事纠葛，没有意气之争，大家有话好好说，有事好商量，形成合力。"兄弟同心，其利断金"，是为团结。本所核定编制80人，应聘者纷纷。我们一开始就明确，进人不是"拉壮丁"，不能一味追求数量，应首重质量，宁缺毋滥。至于学科布局，我们意识到，在人员不足、人才匮乏情况下，九个研究室不可能齐头并进，应有所侧重；具体到每个具体学科，不求四面开花，应集中力量找准突破口，争取逐渐形成自己的研究特色和优势。是为务实。我们在建所之初仅有两人，连公章都没有，千头万绪，一切从零开始。我们起始就确立"边建所、边搞科研"的工作思路，迎难而上。本所是中国社会科学院最年轻的研究所，至今建所不到四年，在职人员平均年龄不到40岁，朝气蓬勃。目前，我们已大体完成建所任务，搭建起作为一个研究所的完整架构，科研稳步推进并取得显著成绩。本所综合处兼具科研处、人事处、党办、办公室的职能，在岗人员仅五人，爱岗敬业，表现出色。是为奋进。建所不易，亲身参与建所是荣幸更是责任，大家很辛苦，同时又很享受这个过程，展现出好的精神面貌。

有了这种精神，历史理论研究所未来可期。新时代是历史理论研究大有作为的时代，曾有一位前辈学者感叹：历史理论研究的春天到来了。让我们以此共勉，抓住机遇，不负韶华，不辱使命，加快构建新时代历史理论研究"三大体系"。

夏春涛
2023年3月6日

目 录
CONTENTS

第一篇　中国史学理论及其方法

古代史分期大讨论：一大成就和一大教训　　庞卓恒　/　3
"史学理论"刍议　　陈启能　/　8
论史学理论与史学史之间的关系　　乔治忠　/　13
阐释学对历史研究的启示　　晁天义　/　22
中西比较视域中的宋代史学近世化：基于历史观
　与史学方法的考察　　邓　锐　/　53

第二篇　中国古代史学批评的深层探讨

为什么要研究史学批评　　瞿林东　/　73
"实"与"信"：中国古代史学批评的"求真"指向　　陈安民　/　86
"考索之功"与史学批评　　刘开军　/　99
中国传统史学理论与明代史学批评的互动关系　　朱志先　/　108
史学批评与史学话语体系的构建　　邹兆辰　/　119

第三篇　中国史学理论研究的新进展

当代中国新史学发展趋向问题刍论
　——立足于近代社会史研究的讨论　　王先明　/　129

目 录

量化历史与新史学
　　——量化历史研究的步骤和作为新史学的价值
　　　　　　　　　　　　　　　　　林 展　陈志武 / 145
让图像"说话"：图像入史的可能性、路径及限度　王加华 / 166
从理解文化到重视感受
　　——社会文化史研究的回顾与反思　　　　　韩晓莉 / 189
关于概念史研究的几点思考　　　　　　　　　　方维规 / 207
70 年来中国史学史研究的进展　　　　　　陈其泰　张 峰 / 217

第四篇　近代史家及其史学思想

"以考古经世"：唯物史观与历史语言研究所
　　时期夏鼐的考古学研究　　　　　　　　　刘春强 / 233
清理与重构：吕思勉的神话研究　　　　　　　　李 娟 / 252
新考据派史家胡适、傅斯年的宋学观与方法论述评　徐国利 / 267
1940 年前后顾颉刚古史观念转变问题考析　　　　李政君 / 287
早期中国史学史研究范式论略
　　——以蒙文通为考察中心　　　　　　陈 勇　宫 陈 / 309
近代学术转型中的子史关系
　　——以国粹派"诸子亦史"说为中心　　　　宁腾飞 / 328

第一篇

中国史学理论及其方法

古代史分期大讨论：一大成就和一大教训

庞卓恒

（天津师范大学历史文化学院）

林甘泉、田人隆、李祖德合著的《中国古代史分期讨论五十年（一九二九——一九七九年）》是一份珍贵的秉笔直书式的历史记录。其中的下编《建国以来的中国古代史分期讨论（一九四九——一九七九年）》更是对新中国经历的第一波历史大讨论的极其详尽的历史记录，对我们总结新中国历史学的成就和教训具有特别的意义。

以鄙人粗浅之见，我们从1949年以来的古代历史分期大讨论中应该记取的主要有一大成就和一大教训。这一大成就和一大教训就存在于学者们提出的三大分期论说即西周封建论、春秋战国封建论和魏晋封建论之中。

一大成就主要表现在三大分期论说都在不同程度上把关注的焦点聚焦在直接生产者的身份、地位的变化上。如西周封建论者注意到西周没有像殷商那样大规模的人殉，表明直接生产者地位有了提高；西周的农事诗描写农夫在田间劳动时妻子"或来瞻女，载筐及筥，其镶伊黍"等，表明农夫已有自己的经济。春秋战国封建论者则着重指出，春秋战国之际直接生产者从井田制的束缚中解放出来，成为个体生产者，是一大社会变革。魏晋封建论者注意到董仲舒建议"除奴婢专杀之威"，王莽规定奴婢为私属，不得买卖，以及汉光武颁布赦免释放奴婢的有关法令，说明汉代存在着奴婢被专杀、买卖和奴隶身份固化的制度，而统治阶级人物出面主张废除对奴隶"专杀之威"，禁奴隶买卖之制，则表明奴隶制在走向灭亡。我认为这实际上是中国史学家们在隋唐以前的古代历史中发现了三次"亚阶段性的社会变革",而且是在生产力决定生产关系、经济基础决定上层建筑意义上的规律性的"亚阶段性的社会变革"。

这需要从马克思的生产力、生产关系和经济基础、上层建筑的概念说起。

马克思说过生产工具是生产力发展程度的"指示器",但从未说过生产工具就是生产力。他多次说过生产力就是生产者生产能力,就是劳动生产率。需要特别注意的是,马克思这里说的直接生产者的劳动生产率,并不是单纯从经济效益上说的,而主要是从直接生产者的生产能力发展程度和由此决定的他们同生产条件所有者的关系上说的。例如李悝说"今一夫挟五口,治田百亩,岁收亩一石半,为粟百五十石";孟子说"夏后氏五十而贡,殷人七十而助,周人百亩而彻,其实皆什一也";晁错说"今农夫五口之家,其服役者不下二人,其能耕者不过百亩,百亩之收,不过百石"。这是属于马克思说的"生产条件所有者"阶级的人士对当时农业劳动者的劳动生产率的估计,从中可以隐约地看到那时生产条件所有者对劳动者身份、地位的看法和态度,从而估量到他们之间可能存在的社会关系,也就是马克思所说的生产关系;从中还可以约略推知生产条件所有者掌控的国家势必用哪些政策和制度治理劳动阶级。我们看到,当时许多分期论者正是这样做逻辑推论和史实举证的。例如,持西周封建论的学者特别注意到,西周时再也见不到殷商时期那样大规模的人殉了,表明直接生产者的身份地位有了重大变化,反映在意识形态上就是"民本"思想滥觞;在治国理念上出现"敬天保民"观念和相应的政治举措。持春秋战国封建论的学者特别注意到,井田制的瓦解使直接生产者从原始性集体协作劳动解放出来,从而引发生产关系、阶级关系乃至国家制度的重大变化;反映到意识形态领域,出现诸子百家争鸣,各家论说竞争短长,同时也有一个一致的倾向,就是看重"人"的地位,如儒家主张"仁""泛爱众",道家主张"慈",墨家主张"兼爱",名家的惠施更是主张"泛爱万物,天地一体"。持魏晋封建论的学者特别注意到,直到西汉时期,许多地方还没有牛耕,如《淮南子·主术训》说"一人耒而耕,不过十亩,中田之获,卒岁之收,不过四石";《盐铁论·未通》篇说"民耒而耕,负檐而行,劳罢而寡功";《史记·货殖列传》提到武帝时指出"江南之地,火耕水耨"。在生产力水平如此低下的背景下,奴隶问题在两汉时期还是重大的社会问题，当时统治阶级众多人士发出禁止"专杀"、买卖奴隶的呼声，说明直到那时奴隶制才遭到如此强烈的谴责和禁绝的呼吁。诸如此类的论证逻辑和史实举证大都是经得住检验的研究成果。因此我们可以说，三大分期论者实际上发现了隋唐以前中国古代历史中生产力决定生产关系、经济基础决定上层建筑的规律性表现的三个亚阶段性的社会历史变革时期。虽然这三个社会历史变革时期的变革内涵还有待深入发掘，怎样给它们一个科学的命名也还需仔细斟酌，这三个变革时期的粗略轮廓毕竟已经呈现在人们面前了。

然而，也正是从这里，我们应该记取一个重大教训，就是不从马克思原著全面理解马克思揭示的规律和原理，而是人云亦云地相信某些被认为简单明了的论断就是"规律"或"原理"，而那些"规律"或"原理"就连各派分期论者彼此之间也无法互相说服，更无法令"圈外"学者首肯了。由此产生了一个极其严重的后果，就是到20世纪90年代以后，几乎再也见不到人们谈论唯物史观的历史分期了。相反，我们在众多出版物中见到了许多同样既不能互相说服也无法令"圈外"人信服的分期主张。如按"中性"的描述性词语"上古时代、中古时代"或"古国、方国、帝国""古国、王国、帝国"分期，此类主张看起来是意在摆脱教条式的"奴隶制、封建制……"分期的束缚，可以理解，但由此淡化或弱化了按生产力决定生产关系、经济基础决定上层建筑这个普遍规律的标准进行分期，不能不令人遗憾。还有人主张用"皇权专制主义""皇权时代""共和时代"之类的称呼作为划分历史时代的标尺。这就完全抛开了按生产力决定生产关系、经济基础决定上层建筑这个普遍规律的客观标准进行分期了。

在这样的情况下，中国的历史学怎么能承担起"总结历史经验，揭示历史规律，把握历史趋势，加快构建中国特色历史学学科体系、学术体系、话语体系"（《习近平致中国社会科学院中国历史研究院成立的贺信》）的历史重任呢？

要从根本上扭转这种倾向，我们必须重新学习唯物史观，重新学习生产力决定生产关系、经济基础决定上层建筑这一根本原理，澄清将近百年来对这一原理的种种误解、误释，清除笼罩在它身上的重重迷雾，让它的科学光芒真正焕发出来，照亮人类的过去、现在和未来的方向。

例如，什么是生产力？什么是生产关系？过去的一些教科书和论著往往把生产力归结为生产工具，把生产关系归结为生产资料所有制，结果是，用到中国古代史分期上时，持西周封建论的学者发现西周时候的生产工具同殷商时候并无多大差别，就说生产力决定生产关系不适合用来区分从奴隶制到封建制的转变；而持战国封建论的学者强调铁制工具是从奴隶制向封建制转变的决定性因素，而战国则正是中国铁器时代的开始。当对此持不同意见的学者指出，没有证据表明战国时期已经普遍使用铁制工具时，持战国封建论的学者就说将来可能会有更多的铁器出土！这样怎么能服人呢？

其实，马克思从未把生产力归结为生产工具。他说过生产工具是人生产能力的"测量器"，但从未说过它就是人的生产能力本身。相反，他多次说过，生产力就是生产效率，就是劳动生产率。他说过，"劳动生产力是由多种情况决定的，其中包括：工人的平均熟练程度，科学的发展水平和它在工艺上应用的程度，生产过程的社会结合，生产资料的规模和效能，以及自然条件"①。可见，"生产资料的规模和效能"只是影响"劳动生产力"的一个因素。他也从来没有把生产关系单纯归结为所有制，而是概括为直接生产者和生产条件所有者之间的管理和被管理、支配和被支配关系，财产所有制关系只是其中一个方面。就历史上出现过的众多的财产所有制关系来说，他也从来没有把其中的"奴隶制、农奴制……"前后更迭说成普遍规律或一般规律，只是大体上把人类社会形态从低级向高级演进概括为"人的依赖关系""物的依赖基础上的人的独立性"关系和"自由人联合体"这样三个大的社会形态或三个大的阶段，其中，奴隶制、农奴制和家长制等都被归结为第一大阶段或第一大形态，因为它们有着共同的手工操作小生产的生产力决定"人的依附关系"成为社会生产关系的基本特征这个基本的共同性质。他反复强调这只是最一般的抽象概括，绝不能当作到处适用的药方或公式。例如，他明确指出，奴隶制和农奴制"不适用于例如东方的普遍奴隶制；这仅仅是从欧洲的观点来看的"。②他还指出，他在《资本论》说到的资本主义起源的历史必然性"明确地限于西欧

---

① 《马克思恩格斯文集》第5卷，人民出版社2009年版，第53页。
② 《马克思恩格斯全集》第30卷上，人民出版社1995年版，第489页。

各国"①。

总之，唯物史观揭示的历史发展的根本规律是生产力决定生产关系、经济基础决定上层建筑的规律。

马克思指出："社会的现实财富和社会再生产过程不断扩大的可能性，并不是取决于剩余劳动时间的长短，而是取决于剩余劳动的生产率和进行这种剩余劳动的生产条件的优劣程度。事实上，自由王国只是在必要性和外在目的规定要做的劳动终止的地方才开始；因而按照事物的本性来说，它存在于真正物质生产领域的彼岸。像野蛮人为了满足自己的需要，为了维持和再生产自己的生命，必须与自然搏斗一样，文明人也必须这样做；而且在一切社会形式中，在一切可能的生产方式中，他都必须这样做。这个自然必然性的王国会随着人的发展而扩大，因为需要会扩大；但是，满足这种需要的生产力同时也会扩大。这个领域内的自由只能是：社会化的人，联合起来的生产者，将合理地调节他们和自然之间的物质变换，把它置于他们的共同控制之下，而不让它作为一种盲目的力量来统治自己；靠消耗最小的力量，在最无愧于和最适合于他们的人类本性的条件下来进行这种物质变换。但是，这个领域始终是一个必然王国。在这个必然王国的彼岸，作为目的本身的人类能力的发挥，真正的自由王国，就开始了。但是，这个自由王国只有建立在必然王国的基础上，才能繁荣起来。工作日的缩短是根本条件。"② 马克思在这里从生产能力发展史的角度把人类从原始野蛮状态一直到共产主义社会的发展过程，归结为从必然王国过渡到自由王国的过程。我们的历史科学按照马克思提示的这个总线索，通过中国历史和世界历史的深入、具体的研究，把中国人民和世界各国人民怎样通过生产斗争和阶级斗争，一步一步地从必然王国向自由王国迈进的历史足迹揭示出来，帮助人们既认清自己从哪里来，又能看到正在向何处去，这是一项多么值得奉献此生的事业。

（原载《史学理论研究》2019 年第 4 期）

---

① 《马克思恩格斯全集》第 25 卷，人民出版社 2001 年版，第 475 页。
② 《马克思恩格斯文集》第 7 卷，人民出版社 2009 年版，第 928—929 页。

"史学理论"刍议

陈启能

（中国社会科学院世界历史研究所）

一

2019年是中华人民共和国成立70周年。70年来，我国在各条战线、各个领域、各个方面都取得了举世瞩目的成就。其中，社会人文科学领域也是如此。下面，我们着重谈谈其中的一个"学科"即"史学理论"。

"史学理论"作为历史学科的一个专业、一个分支"学科"，是在20世纪80年代提出并得到确立的，因此，这是一个"新学科"。它在成立以后获得很大的发展。毫无疑问，这是新中国成立70年来历史学取得的一大成就。

关于"史学理论"的定义，在初期的讨论中已经得到确定。例如陈启能提出：历史理论"是指客观历史过程的理论问题，譬如历史发展的动力、历史的统一性和多样性、历史人物的评价……"，而史学理论"则是指同历史学有关的理论问题"[1]。研究中国史学史的专家瞿林东也同意这种观点，认为历史理论与史学理论的划分同样适用于中国史学。[2] 应该说，在20世纪80年代提出的这种划分，在世界各国是很少见到的，也有可能是独一的。

这里的第一个问题是，在我国"历史"和"史学"是互有联系却又各

---

[1] 陈启能：《历史理论与史学理论》，《光明日报》1986年12月3日。
[2] 瞿林东：《史学理论与历史理论》，《史学理论》1987年第1期。

自独立的两个"词"。这样要区分开就比较容易。不像在有些语言里，两者是同一个"词"，要区分开就比较困难。最明显的就是英语。在英语里，"历史"和"史学"都是同一个词"history"。这个"history"，有时当"历史"讲，有时当"史学"讲。那么如何区分呢？只能靠上下文的联读，从内容上来区分，也就是靠读者的解读。这就大大削弱了文字本身提供信息的功能。举个例子：譬如史学史，在这里就应是 history of history。这对缺少史学知识的读者来说，就会感到不解。这是什么意思？历史的历史？

至于具体到"史学理论"和"历史理论"，就更困难了。只有用加字的办法。如"历史理论"就用 theory of history，而"史学理论"就用 theory of historical science，而这显然不是妥当、方便的办法。

要明白上述概念的意义和区别，其困难不仅在文字上，而且在内容上。应该说，在20世纪80年代，我国提出"史学理论"概念时，西方还没有使用。当时比较接近的是"历史哲学"，可是两者并不是一回事。大体说来，"历史哲学"既对作为整体的历史过程进行抽象的研究，以阐明历史过程的变化发展及其规律；又探讨历史知识的性质，研究历史学家在探索和思考历史过程中使用的程序和范畴，与史学理论有相似之处。但实际上并不如此，因为从西方史学发展的实践来看，在以前很长时间里，历史哲学对历史学的冲击和影响不是很大。原因是西方的历史哲学基本上是由哲学家从事的，脱离历史研究的具体要求较远，因而历史学家不大感兴趣。简言之，"历史哲学"属于哲学学科，它是从更高的、更抽象的层次对历史和史学进行反思，而且大多是哲学家从事的工作。

不妨再看看苏联的史学。苏联自20世纪60年代起，就开始强调研究"历史方法论"（методология истории）。学者们为此进行了热烈的讨论，并进行了许多新的研究尝试。科瓦利钦科建立了计量史学学派，在当时影响很大。古列维奇详细介绍了法国年鉴学派和他们提出的理论与方法。巴尔克等主张改革此前史学中的一些陈旧的范式和概念，如"形态"应代以"文明"等。但总的情况是，当时苏联史学界的讨论和革新由于政治形势的动荡未能充分展开。

在西方上述问题的解决是普遍使用另一个词"historiography"，以区别于"history"。也就是用"history"一词指代历史，而用"historiography"

一词指代历史学。"historiography"一词我国原译为"历史编纂学",现在已主要译作"史学"或"历史学"。苏(俄)的史学中,虽然依然保留историческая наука的用法,但是истортография已用得越来越频繁了。

在出现了专有名词后,史学史和史学理论就表述得很清楚了,分别是history of historiography 和 история историографии,theory of historiography 和 теория историографии。但习惯上总是把史学史和史学理论放在一起,成为:history and theory of historiography 和 история и теория историогпафии。

这里需要强调指出的一点是,不论在西方,还是苏(俄),这种用法的出现都晚于我国,大致在20世纪末。

二

"史学理论"概念提出后,我们同时就付诸行动进行研究。需要强调指出的是,关于历史学研究必须加强理论建设的指导思想,早在20世纪80年代就由中国社会科学院明确提出了,院长胡绳就指示历史研究所、近代史研究所和世界历史研究所都必须立即成立史学理论研究室,而世界历史研究所成立的是外国史学理论研究室。三个研究所的理论研究室必须首先加强马克思主义理论的研究和指导,并在此指导下加强各自的业务研究。

世界历史研究所的外国史学理论研究室成立于1986年。从1987年起就编辑出版了《史学理论》季刊。我实际主持杂志的编辑工作。我们编辑部决心要把杂志办得有特色、有新意、有声势、有影响。杂志的"代发刊词"指出:"改革的时代,必然是创新的时代,探索、开拓、创新,便是我们时代的精神","要改革,必须要开放,要开放,就要'引进',要吸收和借鉴国外一切有用的东西。"①

《史学理论》在这样的办刊方针指引下,除专题论文外,设置了不少栏目,如"圆桌会议""专访""理论沙龙""信息之窗""书讯与简讯""专题研究"等。有些栏目很受读者欢迎,如"圆桌会议""专访"等。"圆桌会议"每期都选一个有新意的题目,邀请有关专家来座谈,有时特

---

① 《时代·历史·理论——〈史学理论〉代发刊词》,《史学理论》1987年第1期。

意邀请持有不同意见的学者参加。它不是出个题目请学者们笔谈，而是面对面的讨论。这样的讨论才生动活泼，才可能有交锋并产生火花。"专访"栏目是编辑部专门邀请身在国外的或出国访问的学者对外国著名史家进行访谈，因此很受欢迎。其他如"专题研究"栏目等也都获得好评。在"专题研究"栏目中，我们有时会就某一专题同时发表两篇持不同意见的作者的争鸣文章。

刊物的这些做法受到广大读者的欢迎。在有一期杂志的"读者评刊"中不少读者反映了这种心情。如有的读者说："人是有个性的。刊物也应当有自己的特色。从这点上说，《史学理论》是成功的。"也有读者说："在全国众多刊物中，《史学理论》是具有自己特色的好刊物。这个特色就是'新'，具有新观念、新视野，浓厚的时代特征。"

除了办刊物外，我们还与其他单位合作举办全国性的史学理论研讨会，从1984年开始，开始是一年一次，每次讨论一至两个专题，影响不小。后来还成立了全国性的史学理论研究会。这些措施都推进了史学理论研究的发展。

《史学理论》杂志在1990年到1992年期间停刊两年。在停刊期间，我们编辑出版了三本书：《八十年代的西方史学》《从叙事史的复兴看当代西方思想的困惑》和《福尔摩斯的符号学——皮尔士和福尔摩斯的比较研究》。三本书的出版虽然也受到一定的好评，但毕竟不能代替一本杂志的作用和影响。于是我们接下来全力争取重新出版有关史学理论的专业杂志。最后，在院领导的支持下，在不少友人的帮助下，经过努力，终于解决了这个问题。1992年《史学理论研究》杂志终于得以出版。

三

经过《史学理论》杂志的努力，特别是各高等院校教师们的推动，"史学理论"作为一门专业，影响已日益扩大。不少大学陆续开设了"史学概论"一类的课程。

"史学理论"影响的扩大，说明历史学这门古老的实证性的学科重新发挥出它理论上的特性。历史学无疑是一门实证学科，并不是专门的理论性学科。这是没有疑问的。但实证学科并不是不讲理论的。

我们没有必要去考察历史学在我国和西方的发展以及它与理论之间的关系。这里只需要指出一点，就目前来说，至少在西方和苏（俄）史学中确实可以看到有一种重视理论的趋向。这是值得我们重视的。

应该看到，历史学自然需要重视史料，需要建立扎实的史料基础，但这绝不是全部。要看到，理论才是历史学的命脉。当然，这个理论应该不是从外部强加给历史学的。历史学从本质上说，应该是一门理论性的学科。这并不是说，需要干巴巴的理论说教，而是说历史研究和历史著作都必须要说明问题，不仅要知其然，而且要知其所以然。因此，从事历史研究的人必须要注意学习理论，学会理论思维，具有更多的理论素养。

我们应当重视的是，理论才是历史学的命脉。

（原载《史学理论研究》2019年第4期）

论史学理论与史学史之间的关系

乔治忠

(廊坊师范学院)

当前,在历史学科教学与研究的专业分类中,史学理论与史学史共同组成一个二级学科。这是随机拼凑还是反映二者之间具有密切的联系?值得史学界同仁认真思考。笔者认为:厘清史学理论与史学史之间的关系,乃是史学理论研究与学科建设的一个既重要、又迫切的问题。

一 区分历史理论与史学理论:一道理念的门槛

新中国建立后,十分重视历史学的理论问题,强调马克思主义指导所有的历史研究工作,因而在研讨历史理论问题上,主要取向是如何理解与贯彻唯物史观。20 世纪 60 年代之前,历史理论与史学理论未分畛域,学术界也不太重视史学史学科,因此谈不上思考史学理论与史学史之间有何种关系。1961 年,中国史学史的教学与研究重新得到重视,教育部委任北京师范大学白寿彝先生与华东师范大学吴泽先生,分别主持编写中国古代史学史和中国近代史学史教材。各个学术单位和诸多学者也热烈地讨论了史学史的学科性质、研究对象、学术宗旨等理念问题。但当时,连"史学理论"这个概念也很少出现,因而仍不会思考史学理论与史学史存在什么关系这样的问题。

改革开放以后,思想活跃,"史学思想""史学理论"这一类词语大量出现于论著之中,但词语的内涵却是将历史观念与史学思想(对于历史学的认识）混在一起的。同时，在"史学理论"这个概念的运用上，也是包含着历史理论在内，甚或主要谈论的是历史观念问题。反之，在论述"历史观""历史理论""历史哲学"标题下的文章，却罕有将对于历史学的认识囊括其中。这种反差显现出概念、范畴的含混、不成熟和非标准的状况。

混淆历史理论和史学理论两个概念，是以混淆"历史"与"史学"为起点，这大部分要归因西方史学影响中的消极因素。"历史"与"史学"概念上混沌难分，初因西方语言上的缺陷加之中文翻译的未臻确切，后又缺乏认真辨析。这一现象早有学者提出批评，如著名法律史专家杨鸿烈指出："中外学者们都很随便的把'历史'与'史学'混为一谈。"① 延及现代西方史学的一些流派，则有着故意混淆概念以授其欺之倾向。如意大利学者克罗齐有"一切真历史都是当代史"的论断。他阐释所谓"真"历史，是"历史包容的事实引起历史学家精神的震颤"②，于是"根据我的精神需要重构它们"，惟经过了"重构"，才能够成为"真历史"，它是与"现在生活的兴趣相联系"③，而且还必须是"思想的生活的兴趣"④。按照一般的、正常的通行概念，以精神和思想"重构"历史，应当属于一种历史认识或一种历史撰述，但克罗齐混淆了历史与历史认识这两个不同的概念，其模糊的表述中隐藏着清晰的目的，就是要挤去历史客观性的存在空间。

上述杨鸿烈的著述虽然提出要分辨什么是历史、什么是史学，但其论断也落入了误区。他将"历史"定义为"历史是一种很客观而有系统的、叙述人类在过去所有的行动的记录"，⑤ 而"史学"则说成是研究历史的理论及方法。⑥ 这都应归在历史学的范畴之内，还是没有人类社会之客观史事的位置。杨鸿烈的论点，是参考了大量西方史家的观点而得出的，可见西方现代主观主义史学思想对中国史学界的影响由来已久，根深蒂固。

---

① 杨鸿烈：《史学通论》第一章"绪论"，商务印书馆1939年版，第1页。
② ［意］克罗齐：《历史学的理论和历史》，田时纲译，中国社会科学出版社2005年版，第5页。
③ ［意］克罗齐：《历史学的理论和历史》，第6页。
④ ［意］克罗齐：《历史学的理论和历史》，第25页。
⑤ 杨鸿烈：《史学通论》第一章"绪论"，第16页。
⑥ 杨鸿烈：《史学通论》第一章"绪论"，第30页。

不明明白白地厘清历史与史学二者的区分，就容易在不知不觉中接受西方一些史学流派的错误观念，导致消解或忽略人类社会历史的客观性，夸大史家思想认识、主观意志在历史学上的作用。克罗齐所谓的"一切真历史都是当代史"、柯林伍德的"一切历史都是思想史"等偏颇命题，都由此产生。我们史学界不少学者赞许过上述命题，均属于疏离了马克思主义的认识论原则，忘记了史学乃是对于客观历史的能动反映，忘记了史学不等于历史也不能取代历史。

在中国古代，早已明确了史学是一种专门的学问。例如，南朝刘宋政权于元嘉年间，"上留意艺文，使丹阳尹何尚之立玄学，太子率更令何承天立史学，司徒参军谢元立文学"[1]。与"史学"的概念相对应，以"事实"一词来表述客观的历史。如西晋的地理学家裴秀批评一些地理书籍"不合事实，于义无取"[2]；北宋史学家范祖禹批评"后之为史者，务褒贬而忘事实，失其职矣"[3]。此处的"为史者"指从事史学活动的人，"事实"即史实，这就将史学与客观史事区分开来。因此，按照中国传统概念体系和思路，本不容易混淆史学与客观历史的区别，但近代从国外引入"历史"的概念，固然可以很方便地用于学术表述，却不经意间也造成"历史"中附入了"史学"的意蕴。许多近代的高等学校纷纷建立了"历史系"，其中就隐含着史学与历史两个概念的含混。只有北京大学定名称为"史学系"，显示了词语使用得准确和明晰，但由于没有做理论上的申述，其影响十分有限。

在思想认识上，厘清历史与史学、历史理论与史学理论在概念上的不同，认清它们在研究对象和学术属性上的区别，才可能探讨史学理论与史学史之间的关系，这是研究者需要迈过的第一道门坎。缺少这一步，就不能在此项学术理念问题上登堂入室。南开大学教授杨翼骧先生自20世纪50年代末，就在中国史学史课程中将"历史观点"与"史学思想"并列而区别之，其论述今存于《中国史学史手稿存真》一书。[4] 他在70年代末80年代初的课程中，仍坚持这个见解并且详细论述，强调历史观是对于社

---

[1] 《南史》卷75《雷次宗传》，中华书局1975年版，第1868页。
[2] 《晋书》卷35《裴秀传》，中华书局1974年版，第1039页。
[3] 范祖禹：《唐鉴》卷6《太宗四》，《丛书集成初编》，商务印书馆1936年版，第45页。
[4] 杨翼骧：《中国史学史手稿存真》，国家图书馆出版社2013年版，第8—9页。

会历史本身的看法，而史学思想乃是对于史学的认识。当历史观点形成系统，即为历史理论；"史学思想"之系统化、抽象化，即为史学理论。区分"历史观"与"史学思想"，在逻辑上必然导致区分历史理论和史学理论。

1986年年底，陈启能先生在《光明日报》率先发表文章，旗帜鲜明地指出历史理论与史学理论的区别，认为"近年来我国史学界对理论问题的研究虽然相当活跃，但却有一个很大的不足，那就是所讨论的问题大都属于历史理论的范围，而很少涉及史学理论"[①]。瞿林东先生对此很快做出响应，更细致地论述了"史学理论与历史理论是两个既互相联系又互相区别的领域"。这种区分史学理论与历史理论的观点，如实地反映了历史学学术的构成及分野，对于二者的研究都十分有益，也能够更好地探索史学理论与历史理论之间的关系。从学理上讲清了这个关键的问题，迈过史学理念上的这一道门坎，后续的研究导向是否得宜，还须特别地加以注意。

二 区分历史理论与史学理论的后续探讨

厘清历史理论与史学理论研究对象的不同，对于学术研究具有推进作用，但也可能步入误区。根据学术界随后的理论探讨取向，大致呈现出四种情况。

第一，史学理论研究开拓了新的探索空间，这是因为历史学科内基本理念的进一步明晰，有助于对史学理论的认知结构做出更完善的探索，从而集中力量解决学术上最迫切最艰难的问题。典型的实例就是历史认识论成为理论界、史学界研讨的热点，提出不少具有参考价值或激发论辩的观点，从正反两方面推进史学理论的研究。许多关注史学理论建设的学者，投入历史认识论的学术研究。1987年，在四川举行了专门研讨历史认识论的全国学术研讨会，会上不同学术见解之间进行了热烈的论辩。[②] 此后，史学界对于历史认识论继续争鸣与研讨，各抒己见。除大量论文发表于报纸、期刊之外，还出版了多种专题著述，也推动了各个大学"史学概论"

[①] 陈启能：《历史理论与史学理论》，《光明日报》1986年12月3日。
[②] 参见史岩《1987年（第四届）全国史学理论讨论会综述》，《社会科学研究》1987年第6期。

课程的改进与教材的编写，形成一定的兴盛局面。由于历史认识论是一新开拓的论题，在许多有争议的问题上难以很快取得共识。这是十分正常的，这表明有关认识需要进一步研究与整合。例如关于历史认识主体性的探讨、关于什么是"历史事实"的讨论，既是开展历史认识论研究所促成的新议题，也蕴含着西方现代史学流派的影响，颇具理论思维的启发作用。当然会出现一些偏颇议论，但学术界对错讹观点的拨正订讹，也很有成效。这可以从《历史认识的客观性问题研究》[①]一书和《对当前历史观念两个问题的分析》《论历史事实的概念及其理论误区——关于重建客观史学理论基础的反思》[②]等论文中，略有体验。

第二，历史理论的研究进一步深化。这里包含史学理论研究对于历史理论研究的促进作用。例如关于"历史学是不是科学"的论辩，本身属于史学理论的问题，但无可避免地涉及历史发展规律之有无的历史理论。20世纪90年代后期，由于西方现代、后现代主观主义史学流派的影响，学术界产生了否定历史学能够成为科学的思潮，并且将历史学归入与文学作品类同的人文学科。许多学者对此种挑战也予以回应，坚持了马克思主义唯物史观的基本原则。例如庞卓恒先生在文章中认为，"那些被认为能够否定历史必然性或历史规律的结论，都不过是出于对唯物史观所说的历史必然性或历史规律的误解或曲解"，从而指出"唯物史观和唯物史观指导下的历史学是科学"[③]，这种历史科学的品格会不断地升华。刘泽华、乔治忠《论历史研究的抽象性认识》虽然是讨论历史认识论的文章，但是，在讨论"必然性抽象"之时，文章指出，"历史必然性抽象认识的主要目的，在于认识历史规律。承认历史发展具有客观规律，便会顺理成章地承认历史学是一门成体系的科学；透过大量的历史偶然性得出对历史规律的抽象性认识，是历史科学的关键性任务"。文章首次提出"对历史必然性的抽象，必须结合于社会系统及其层次的分析"，较小、较弱的社会系统在

---

① 袁吉富：《历史认识的客观性问题研究》，北京大学出版社2000年版。
② 李杰：《对当前历史观念两个问题的分析》，《历史研究》2008年第1期；卓立：《论历史事实的概念及其理论误区——关于重建客观史学理论基础的反思》，《史学月刊》2014年第5期。
③ 庞卓恒：《历史学是不是科学——与何兆武先生商榷》，《史学理论研究》1997年第3期；庞卓恒等：《唯物史观及其指引的历史学的科学品格》，《历史研究》2008年第1期。

"历史上存在着某些必然的发展趋势被打断、发展程序被改变的现象"①。这些符合唯物史观的观点，都是在史学理论研究中得出，可见厘清历史理论与史学理论的区分，对历史理论的研究也具备很明显的促进作用。

第三，西方现代主观主义的史学也意识到历史理论与史学理论的区分，但却用"思辨的"历史哲学指代历史理论，用"分析的或批判的"历史哲学指代史学理论。这种概念模糊、蹩脚，导致在混淆概念、迷乱视线中消解历史事实的客观性，甚至放逐对历史事实、历史规律的研讨，进而取消整个历史哲学。所谓"历史哲学由思辨向分析的转移"的命题，就是要摈弃对于历史理论的关注。史学界不少学者盲目信从其中的种种说法，并且接受其蹩脚的词语和概念，因而陷入误区，很值得警惕。厘清历史理论与史学理论之区分，决不是割断二者的密切关系，更不能以后者取代前者。历史理论与史学理论，社会价值观上总是具有一致性，二者都应当在唯物辩证法的指导下进行研究，这既是基本的原则也是根本的研究方法。

史学理论研究要防止割断和消解历史理论而走向主观主义、相对主义。措施之一是，在历史认识论的探讨中，应充分重视抽象性认识的研究，这是历史认识论理念的最高层次和不可或缺的组成部分。李杰先生的文章指出："抽象认识的取消也就意味着规律性认识的取消。"② 然而，遗憾的是，迄今为止，仅仅有笔者与刘泽华先生合写的《论历史研究的抽象性认识》一文发表于1988年第11期《红旗》杂志，而且在各种史学论文索引、目录中，也大多皆将之漏略，此为迄今历史认识论研究的较大缺失。

区分史学理论与历史理论之后，还需要探讨史学理论与史学史研究之间的关系，这是第四种研讨方向，但至今尚未正式开展，亟须引起关注。对此，我们留待下文论述。

三　史学史应是当今史学理论研究的基础

区分了历史理论与史学理论的研究对象及学科属性，使深入探索史学

---

① 刘泽华、乔治忠：《论历史研究的抽象性认识》，《红旗》1988年第11期。
② 李杰：《对当前历史观念两个问题的分析》，《历史研究》2008年第1期。

理论与史学史之间关系具备了条件。马克思主义的历史理论即历史唯物主义，是在辩证唯物主义原则和方法指导下，结合对人类社会历史发展状况的研究而创立的。建设马克思主义的史学理论，当然也应以马克思主义哲学为指导原则，而其基础就应当是立足于对历史学长期发展状况的研究。换言之，史学理论的基础，乃是系统性史学史研究的可靠成果。

　　史学理论所要概括的对象是所有的史学发展状态，即中国史学史与外国史学史的总和。追溯源流，世界上不是所有地区、所有民族都会原发性产生历史学；原发性产生历史学，并且能够持续发展者，只有两支，即中国的传统史学，以及古希腊、古罗马发源的西方史学。"中国于各种学问中，惟史学为最发达；史学在世界各国中，惟中国为最发达。"① 中国史学史的研究拥有最富饶的资源，中国史学史的研究成就也比其他国家更为深入，史学理论研究决不可对占世界史学史半边天的中国史学史熟视无睹。

　　在中国，系统的史学理论著述出现于史学史学科建立之前。唐代刘知幾的《史通》即为体系完整的史学理论专著。但《史通》之所以能够撰成，一是刘知幾投身于多次纂修史书的实际活动，二是因为他多年以来对历代史籍的研读和批评，积累了大量的资料，因而《史通》全书充满对于史籍批评的语句，甚至使后人往往将之误会为史学批评著作。这就是说，当时虽然没有正式的中国史学史学科，但刘知幾本人进行了相当于史学史研究的工作。清朝乾嘉时期的章学诚，同样是在进行纂修方志的实践以及研究和批评各种史籍的基础上，提出许多史学理论性的创见。时至近现代，史学遗产积累极其丰富，不能苛求每一位史学理论的研究者都全面地研究史学史，而且中国史学史学科、外国史学史学科也已形成了可观的具体成果与学科体系，史学理论研究自然应当将史学史学科论列的可靠知识作为总结概括的素材和发论立言的基础，② 使史学理论研究的论断不脱离历史学发展进程的实际状况。

　　如前所述，西方自古代就缺乏明晰的、有所区别的历史与史学概念。属于史学理论性质的专著产生得极晚，但散篇论述不乏涌现。古罗马时期学者卢奇安（Loucianos，约125—约192）的《论撰史》一文，即为相当

---

① 梁启超：《中国历史研究法》，上海古籍出版社1987年版，第10页。
② 这里所说的"史学史学科"的内容，应当按梁启超所云，包括"最近史学的趋势"。参见梁启超《中国历史研究法补编·史学史的做法》，上海古籍出版社1987年版，第297页。

精彩的史学理论论述。文章指出："历史必须努力尽它的本分——那就是写出真实——至于美不美，那是无关宏旨的。"① 这篇文章的主旨是论述史家撰史必须遵循如实叙述的原则，反对和讥讽那些随意发挥、大肆夸张、失实的所谓史著。文章反复引述希罗多德、修昔底德、色诺芬等著名史家的事例。作者特别推重修昔底德，认为"修昔底德是我们崇高的典范"②，同时也点名或不点名地批评了许许多多记述失实的史家。由此可见，作者对以往古希腊、古罗马的史学进行过精细的阅读和研究，其主张绝非无根之谈。

但是，检视西方现代、后现代诸多的史学理论流派，他们或者从某种哲学观念推衍发挥，或是借助修辞学等手段创建特别术语以及新奇命题，缺乏确切的史事依据，充分展现了主观主义色彩。这些"史学理论家"绝大多数从未参与过历史研究，对于西方史学史也只是略知皮毛，对于中国史学史则全然不解，依赖于观念上的推演而构建理论。当然，从哲学上进行的推衍也可能提出一些值得参考的问题，但整体上势如虚风飘雾，没有根基。加之他们的哲学思想也不正确，故谬说充斥。例如，无论是中国还是西方，历史学自古及今的发展已经将中西历史演化的大骨干、大框架、大事件基本清理明晰，遗留的难题仅占少数，而且是在进一步破解之中。但后现代史学流派却肆口否认历史学研究已然揭示了的历史真实性，一概用所谓主观"书写"、一时"文本"的概念予以抹杀。这种议论，违背了一般读史人的常识，罔顾史学史上的事实，十分武断。

马克思主义史学理论的建设，也需要建立在史学史研究的基础上，不能仅仅用马克思主义哲学理论来推衍，否则难以解决史学理论上的某些难题。例如，关于历史认识正确与否的检验标准，不少著述直接套用辩证唯物主义认识论的"社会实践是检验真理的之唯一标准"原理，但又说不明白，结果在"社会实践"之外，又补上一两个诸如"史料"、社会"活化石"等检验标准，这就突破了真理检验标准的"唯一"性，庞杂而自乱阵脚，不能回击西方史学流派所谓历史认识无可检验的诘难。从中国史学史

---

① ［古希腊］卢奇安：《论撰史》，缪灵珠译，章安祺编订：《缪灵珠美学译文集》第1卷，中国人民大学出版社1998年版，第191页。

② ［古希腊］卢奇安：《论撰史》，缪灵珠译，章安祺编订：《缪灵珠美学译文集》第1卷，第204页。

揭示的史学发展过程考察，自古以来史家群体在史学活动中考订、研讨、论辩，历史发展主线、社会构架、诸多大事等均已厘清并且反复做了检验。其中至今还查不清、有争议问题，仍在探索，随时有成功的结论呈现；即使有难以达成共识的回答，也无伤大体。

据此可以得出如下结论。

史学界共同进行的历史学学术实践，是检验历史认识的唯一标准。①

以具体的实践来检验具体的认识，不照搬一般化哲理性"社会实践"的概念，这完全符合马克思主义的认识论原则。

史学理论与史学史研究，还具有学术宗旨汇合而一的内在联系。揭示史学发展的规律，是史学史学科的一大研究任务，这使史学史研究提高到理论层次；史学理论的研究任务之一，也要求探索史学发展的规律。因此，探索史学发展规律，应当是史学理论与史学史结合在一起的研究过程，由此更加显示出二者密不可分的关系。史学史是对历来史学发展的写实性、评议性总结，史学理论是对历来史学发展的高度抽象性的概括，在唯物辩证法的视野中具有天然的联系，史学史研究成为史学理论研究的基础，二者又有学术宗旨的契合性。将史学史与史学理论结合一起的探索，必将会打开学术研究的新局面，具有史学史探讨和史学理论创新的广阔前景。

（原载《史学理论研究》2020年第1期）

---

① 关于这个历史认识的检验标准，笔者曾在大学史学概论课程中多次讲述，这里暂不展开，有待撰写专题论文。

阐释学对历史研究的启示[*]

晁天义

(中国社会科学杂志社)

19世纪以来,因在很大程度上受近代自然科学认识论、方法论的刺激和影响,古老的历史学焕发新的活力,一时展现出前所未有的繁荣景象。然而围绕认识论和方法论两大核心理论问题的对立,也折射到百余年来的历史研究中。所谓认识论上的对立,是指以客观主义、实证主义为代表的一方,与以后现代主义为代表的一方,就历史认识客观性、历史学性质等问题发生的争论。所谓方法论上的对立是指,由于对自然科学方法的崇拜,人们在历史研究中忽视或贬抑人文学科方法的价值,导致传统的史学方法论发生撕裂。历史学界的争论分歧日剧,甚至有分裂为壁垒森严的两大阵营之嫌,增添了人们对历史学科发展前途的担忧。

那么,面对这样的纷争与对立,究竟有没有一条可取的化解之道呢?笔者发现,在中西方历史上具有各自悠久传统和丰富资源的阐释学(或称"诠释学""解释学""释义学"),[①] 在众多中国学者数十年来的不懈推动下,目前正在成为我国哲学社会科学及人文社会学科各领域关注的焦点。我们知道,18世纪以来,经过施莱尔马赫、狄尔泰、海德格尔尤其是伽达

---

[*] 本文是国家社会科学基金后期资助项目"先秦史跨学科研究的理论与实践"(项目编号:18FZS006)的阶段性成果。

[①] 关于阐释学的名实之辨,参见潘德荣《西方诠释学史》,北京大学出版社2013年版,第1—4页;洪汉鼎《编者引言:何谓诠释学》,洪汉鼎主编:《理解与解释:诠释学经典文选》,东方出版社2001年版,第1—7页。张江教授认为,综合中西方相关学术传统可知"阐释学"一词最能准确反映这门学科的本质和任务。参见张江《"阐""诠"辨——阐释的公共性讨论之一》,《哲学研究》2017年第12期。笔者赞同张江教授的观点。

默尔等人的努力，阐释学在西方逐渐发展为一个成熟的学科门类，建立起一套理解和解释文本原意、作者原意的认识论和方法论，以及处理"精神科学"研究领域主客体关系的理论体系。中西方学术史的不少经验表明，这套认识论和方法论为包括文学、语言学、艺术学、宗教学、法学等在内的诸多学科注入了活力，对这些学科的发展产生了积极影响。在很大程度上，历史研究同样具有"精神科学"的特征，面临的无非也是如何妥当处理研究主体与历史客体之间关系，正确地获得史料、理解和解释史实，并最终获得理想认知结果（包括揭示历史事实、阐发历史意义、总结历史规律等）的问题。这种在研究对象、研究路径、研究目标上的高度一致性，使历史学同样有可能从阐释学中获得破解自身理论难题的重要启示。①

一　历史研究面临两大问题

（一）客观主义与相对主义的对峙

19世纪被人们称为"历史学的世纪"，这个时期兴起的各种史学流派呈现繁荣发展的趋势，确立了现代历史学科的一系列规范，并围绕这些规范形成诸如注重历史事实、强调历史认识客观性等特质，以及复原历史真相、探讨历史因果关系、总结历史规律等诸多研究目标。

19世纪历史学繁荣的一个典型代表是以兰克为代表的客观主义史学。按照极端的客观主义史学家的想法，历史研究的目的是"如实直书"，即按照历史的本来记载和书写历史。至于个人情绪、主观好恶、价值预判

---

① 阐释学在中西方各有历史悠久、内涵丰富、特色鲜明的学术传统。在中国古代，围绕"五经""诸子"等传统经典，先秦至明清时期两千余年间诸多研究者开展了大量阐释实践，积累了丰富的阐释成果。比如公羊学家关于《春秋》"微言大义"的阐释，将中国古代的历史本体论推到颇高水平。有学者指出，中国古代不仅有经典阐释学，同时在本土化的佛教、传统文人写意画及传统哲学中，也存在类似于西方的哲学阐释学资源（参见班班多杰《中国古代没有哲学阐释学吗？》，《中国社会科学报》2019年9月24日）。中西方阐释学既不乏各自独到之处，又具有广泛共通性。鉴于当代历史研究的基本范式深受西方学术传统影响，面临的问题也与此紧密相关，本文主要从西方学术角度讨论阐释学对历史研究的启示。这种做法绝不意味着忽视或否定中国传统阐释资源对历史研究的价值。相反，对于这笔重要的学术遗产，很有必要加以深入研究、专门总结。我们并没有采用"西方阐释学"这个概念，因为这种做法容易给人以单纯凸显西方阐释学价值的错误印象，并隐含着将作为统一学科的阐释学人为割裂的风险。实际上，对历史研究具有积极启示价值的，并不是西方阐释学的特产，而是中西方阐释学中的共同因素。除专门说明外，本文均是在以上意义上使用"阐释学"这一概念的。

等，均在严肃历史研究工作的摒弃之列。历史学家应该做的，首先便是竭泽而渔，穷尽史料，这种信仰推动了此后一系列普遍的史料崇拜意识，如中国学者所谓的"史学便是史料学"，"上穷碧落下黄泉，动手动脚找东西"，等等。在他们看来，只有在此类史料积累工作完备之后，才谈得上"客观历史"的编撰，否则一切免谈。

在客观主义史学看来，认识历史客体的过程就是研究者不带偏见地让客体呈现在研究者面前或笔端的过程。这种"反映论"的认识论，尽管没有否认研究者的主体性，但却在极大程度上忽略了不同主体间的差异。或者说，通过对主体的要求（抛弃"前见"），这种理论假设所有的认识主体都具有相同的特点，用形象的比喻来说就是认为研究者"千人一面"。既然"千人一面"，那么只要研究者不断努力，随着条件的成熟，自然就能把握历史的"最后真相"。由于这种"最后真相"是通过一套严谨的科学程序和手段获得的，因此必然是唯一的、确定的。最后真相或绝对真理的获得，就意味着研究过程的终结。这就是客观主义史学（在很大程度上也是实证主义史学）认识论的基本逻辑。

这种逻辑的"科学性"看上去似乎无可挑剔，但遗憾的是，一旦客观主义史学家将这条"科学"认识论准则照搬到历史研究中时，他们无论在理论还是实践上都注定要遭受重挫。首先，从理论上讲，如果说历史认识的目标就是获得认识结果的最后唯一性、确定性，而且假如我们最终真的如愿以偿实现了这一目标的话，这种实现其实同时就意味着历史认识的终结。也就是说，这种研究在"实现"历史认知终极目标的同时，其实也终结了历史学自身。这是因为，历史学的任务既然已经宣告完成，那么也就没有存在的价值了。其次，让我们看一下两代客观主义史学家在实践中是如何遭遇"终极的历史（Ultimate History）"理想从形成到破灭的过程的。爱德华·卡尔在讨论"历史学家和历史学家的真实"这个主题中曾引用了以下例证。1896年，《剑桥近代史》第一版的编辑者阿克顿曾信心满满地宣称：由于每一个人都有可能熟悉最新的文献和国际研究的最新成果，因而即使他们那代人不能达到终极的历史（Ultimate History），但这样的目标毕竟是可以期望的。他说："既然我们可以得到所有的材料，解决每一个问题也已成为可能，在历史研究这条道路上以不同的方式到达我们的目的，因此，我们可以抛弃传统的历史（Conventional History）。"然而几乎整整60年之后，这项工作的后继者乔治·克拉克爵士在《剑桥近代史》第二版总导论中对这种"终极的历史"的信念就表示了怀疑和失望："晚近历史学家对这种看法并不抱有幻想……既然全部历史判断都涉及不同的人和不同的观点，而且此人的观点与彼人的观点又各有千秋，因此，并不存在'客观的'历史事实。"①

短短数十年间，抱有同样信仰的学者对于历史认识"终极性""客观性"的态度竟然发生一百八十度大转弯。这一方面固然是由于人们发现研究者的立场决定了认识结论的不断变化：不同的人（甚至同一个人在不同时期）对同一历史问题的看法往往相去甚远。另一方面，也是因为研究者发现，我们其实无论如何都不可能做到对一件历史事实的绝对把握。卡尔曾颇具讽刺意味地说，那种传统的客观主义理想其实是一种"异端思想"，它的结果或者是造就收藏家，或者是制造疯子，这种理想不但不可能实现，相反只能败坏历史学科本身。他说："任何屈服于这种思想的人要么把历史当作一件不好的工作加以放弃，沉溺于集邮或其他爱好古董的方式，要么积劳成癫，在疯人院终其天年。"②

材料的积累并没有帮助人们实现"终极的历史"，相反却增加了人们的失望情绪。有学者将客观主义史学的这种窘态比作"像狗追逐自己的尾巴一样，尽在原地打圈圈"③。由此可见，客观主义史学的理想从理论上将导致历史认识乃至历史学科的终结，而从实践上来说同样会导致历史学科走向末路。原本试图借助科学的力量实现繁荣的历史学，最后竟然走向自己的反面，这无疑是客观主义史学创立者始料未及的。尽管如此，这却是19世纪历史学的遗产在20世纪初期以来遭遇的普遍难题。

当以客观主义为代表的传统史学在理论与实践方面进退失据之时，相对主义认识论乘虚而入。20世纪初期以来，以追求历史认识客观性为标志的研究路径面临一系列新的挑战。其中最为严峻的挑战，便是有人认为19世纪曾被人们奉为圭臬的历史客观性追求其实是虚妄不实的、幼稚的。美国历史学家贝克尔和比尔德两人对历史客观性的批判以及对历史相对主义

---

① ［英］E.H.卡尔：《历史是什么？》，陈恒译，商务印书馆2007年版，第87、88页。
② ［英］E.H.卡尔：《历史是什么？》，第97页。
③ ［英］杰弗里·巴勒克拉夫：《当代史学主要趋势》，杨豫译，上海译文出版社1987年版，第11页。

的鼓吹，在当时就引起极大反响，前者的名言是"人人都是他自己的历史学家"，后者则讽刺客观主义史学的追求不过是"高尚的梦想"而已。①围绕历史认识有无客观性这一问题，两种看法的对立在20世纪30年代末的美国充分展现出来：一方是以贝克尔和比尔德为代表的"相对主义者"，另一方则是以亚瑟·O. 洛夫乔伊和莫里斯·曼德尔鲍姆为代表的客观主义历史哲学家。②在相对主义者看来，每个研究者都是具有主动性的认识主体，他们之间存在着极大的个体差异。因此，研究者势必会将自己的知识结构、价值观、意识形态、主观好恶乃至研究预期等因素带入研究过程，并投射到作为客体的研究对象之上。这种带入和投射，既不可避免，也无须避免。结果是，所有的历史认知都由人们根据主体需要有意无意构建而成。

20世纪70年代，后现代主义进一步将对历史认识客观性的质疑推向极端。海登·怀特认为，尽管19世纪的众多历史学流派（包括从事理论阐释和具体研究者）都号称要追求"客观""真相""规律""事实"，然而隐藏其后的却是模式化的意识形态内核。他认为，当时最主要的四种"意识形态蕴涵模式"是无政府主义的、激进主义的、保守主义的、自由主义的，与四者相应的则是相对固定的情节化模式（即"浪漫式的""悲剧式的""喜剧式的""讽刺式的"）和论证模式（"形式论的""机械论的""有机论的""情境论的"）。③

在海登·怀特看来，19世纪的那种历史研究并不像研究者所标榜的那样复原了历史，探寻了真相，或者揭示了规律。相反，它们在本质上与文学创作并没有区别，只是出于自觉或不自觉的意识形态需要，按照特定而有限的情节化模式和论证模式，将历史材料组织起来而已。他甚至直言不

---

① 20世纪30年代，美国历史学家西奥多尔·克拉克·史密斯在《美国历史学评论》发表文章，将客观主义史学家所主张的不带私利地探索客观历史真相的追求称为"高尚的梦想"，并对比尔德引诱历史学家偏离这一追求的做法加以抨击。比尔德当即写了《高尚的梦想》一文作为回复，认为这种理想其实只是一种空想。显然，前者所谓"高尚的梦想"是一种褒扬，后者则是在讽刺的意义上使用这一概念的。参见［美］彼得·诺维克《那高尚的梦想："客观性问题"与美国历史学界》，杨豫译，生活·读书·新知三联书店2009年版，第355—357页。

② 参见［美］彼得·诺维克《那高尚的梦想："客观性问题"与美国历史学界》，第342—381页。

③ 参见［美］海登·怀特《元史学：十九世纪欧洲的历史想像》，陈新译，彭刚校，译林出版社2004年版，第38页。

讳："我在《元史学》中想说明的是，鉴于语言提供了多种多样建构对象并将对象定型成某种想像或观念的方式，史学家便可以在诸种比喻形态中进行选择，用它们将一系列事件情节化以显示其不同的意义。"① 基于这种理由，论者将客观主义史学的追求比作"不可实现的理想"："到19世纪时，历史学越来越被一种追求明晰性、字面意义和纯粹逻辑上的一致性的不可实现的理想所束缚……在我们自己的时代中，专业史学家没能使历史研究成为一门科学，这表明那种理想是不可能实现的。"② 因此，史家在研究过程中并非真正"鉴空衡平"，也非"千人一面"，而是带有前见和个性的。既然这样，又怎能反映历史真实，客观主义的追求岂不正是一个"高尚的梦想"？

历史认识客观性之争，由此成为20世纪历史认识论乃至整个史学理论研究最热门的话题之一。③ 有人曾将这场辩论比作中世纪早期的战争：一方是作为"智识领域的蛮族"（intellectual barbarians）的后现代主义者（代表了相对主义观点），另一方则是守卫历史科学之城的传统史学家（代表了客观主义观点）。④ 尽管如此，这场热闹的拉锯战却注定是没有任何积极成果的。这是因为论战双方在认识主体与认识客体的关系上各持完全极端的看法，他们将所有心思用于攻击对方的弱点，然后将自己的观点推向极致。客观主义的弊端固然昭然可见，问题是，后现代主义者岂不是同样走向理论的自我否定吗？这一争论所引发的更严重后果，是半个多世纪以来历史学的理论与实践越来越明显地分裂为两个相互对峙的阵营。有学者生动地评论说："一方在理论上不可一世，冲着对面的在方法上的保守主义者阵营指手画脚，后者当然也寸土不让地予以回击；而两者之间横亘着一片死寂，使双方老死不相往来。"⑤ 客观主义与相对主义"老死不相往来"，导致两者在对历史研究的前提和志趣的认识方面最终分道扬镳。对于客观主义来说，其结果是固守19世纪以来的传统，画地为牢，走向保

---

① ［美］海登·怀特：《元史学：十九世纪欧洲的历史想像》，"中译本前言"，第4页。
② ［美］海登·怀特：《元史学：十九世纪欧洲的历史想像》，"中译本前言"，第4—5页。
③ 参见［英］理查德·艾文斯《捍卫历史》，张仲民、潘玮琳、章可译，广西师范大学出版社2009年版；［英］基思·詹金斯《论"历史是什么？"——从卡尔和艾尔顿到罗蒂和怀特》，江政宽译，商务印书馆2007年版。
④ 参见［英］理查德·艾文斯《捍卫历史》，第8—9页。
⑤ 参见［英］理查德·艾文斯《捍卫历史》，第10页。

守主义并窒息了历史学；对于相对主义而言，结果则是由否认历史认识的客观性进而走向取消历史学。客观主义固然由于理论与实践上的矛盾导致历史学的没落；后现代主义来势汹汹，踌躇满志，然而它所秉持的相对主义认识论也陷于自相矛盾的境地。

由此可见，无论是客观主义还是相对主义，它们在历史研究的理论和实践中只有一个结果，那就是导致历史认知的终结。只不过两者的实现手段不同：前者所标榜的"终极确定性"或使新的历史认知不再可能，或在实践中不可实现，从而导致历史研究的终结；后者宣布历史认知完全没有客观性，从而导致历史研究、历史学科没有存在的价值。看似相反的两种观点，最终竟然得出同样的结论，这真是一个巨大的讽刺！

（二）方法论的分裂

方法论的分裂，是19世纪以来人文科学、社会科学领域的重大事件之一。自古以来，人类认识世界的手段从方法论角度可以分为两类，即实证主义的方法和阐释学的方法。前者强调通过经验观察，认识和说明世界的因果关系；后者强调通过内在体现，理解和解释世界的意义。在古希腊时期，亚里士多德将他所了解的物种的认知形式划分为两大类，即"知识"与"智慧"，也就是"纯粹科学"和"实践智慧"。从此，纯粹科学与实践智慧也即知识与智慧的区分，就使得古代学术在方法论上形成两门不同的辅助学科，即逻辑学与修辞学。① 这种由学科不同而引发的方法论划分，后来得到进一步发展，纯粹科学演变成近代自然科学；实践智慧则演变为近代的人文科学或精神科学。狄尔泰认为，两个学科对应于两种不同的研究方法："自然需要说明，人则必须理解。"②

---

① 参见洪汉鼎《实践哲学修辞学想象力——当代哲学诠释学研究》，中国人民大学出版社2014年版，第10—11页。

② 转引自潘德荣《西方诠释学史》，第290页。用"理解"这个概念代表精神科学认识的方法，而用"说明"这个概念代表与自然科学相关的归纳逻辑的方法，这种做法较早可以从19世纪德国历史学家德罗伊森那里找到依据。德罗伊森说："历史方法的特色是以研究的方式进行理解的工作。""我们的问题不是说明。解释，不是以前事来说明后事，更不是用历史条件下必然的结果来说明一件演变出来的事。解释是将呈现在眼前的事赋予意义；是把呈现在眼前的资料，将它所蕴涵的丰富的因素，无限的、打成了结的线索，松开，拆清。经过解释的工作，这些交杂在一起的资料、因素，会重新变得活生生，而且能向我们倾诉。"（[德]德罗伊森：《历史知识理论》，[德]耶尔恩·吕森、胡昌智编选，胡昌智译，北京大学出版社2006年版，第10、33页）

实际上，说明方法与理解方法在人类认识世界的早期实践中并非截然对立，而是互为补充的。以历史学为例，无论是在中国还是西方，古人很早就开始力图通过关于人类既往活动的记忆、记载、整理认识世界，甚至试图从中总结经验教训，获悉人类历史的某些规则性特征。无论是从司马迁到司马光，还是从希罗多德到吉本，无不将通过历史的记载和书写，进而实现对历史的理解和阐释，视为自然而然的工作。司马迁的研究纲领是："究天人之际，通古今之变，成一家之言。"显然，他的研究中既有基于史料考证、因果分析和事实归纳的"说明"，也有基于文本理解、人物评价和历史价值阐发的"解释"，两种方法同时使用、相得益彰，并没有被僵硬地割裂开来。

然而随着近代以来自然科学的发展，方法论上的这种统一局面逐渐被破坏。代之而起的，是人们对说明的方法（实证主义方法）青眼有加，而对理解的方法予以轻忽甚至鄙薄。这种观点由17世纪的英国科学哲学家、"实验科学的鼻祖"弗朗西斯·培根开其端，19世纪的约翰·穆勒（密尔）、① 巴克尔等人接其踵，影响十分巨大。培根认为，人类追求和发现真理的道路只有两条：

> 一条道路是从感官和特殊的东西飞越到最普遍的原理，其真理性即被视为已定而不可动摇，而由这些原则进而去判断，进而去发现一些中级的公理。这是现在流行的方法。另一条道路是从感官和特殊的东西引出一些原理，经由逐步而无间断的上升，直至最后才达到最普通的原理。②

在这段话中，近代学者对说明方法的崇拜表现得淋漓尽致。在培根看来，理解方法没有遵循必要的观察和实验程序，因此得出的结论具有很大的猜测性、或然性。相反地，说明方法则通过逐级的概括和证明，因而由

---

① 穆勒本人就有将说明方法应用于包括历史学在内的"精神科学"（或称"道德科学"）中的宏伟理想。比如他曾宣称："只有把经过适当扩展和概括的物理科学方法运用于道德科学，才能改变后者的滞后状况。"（[英]约翰·斯图尔特·密尔：《精神科学的逻辑》，李涤非译，浙江大学出版社2009年版，第1页）

② [英]培根：《新工具》，许宝骙译，商务印书馆1997年版，第12页。

第一篇 中国史学理论及其方法

此得出的结论具有真理性。

在培根之后,说明方法经过在自然科学领域的反复实践,最后经过19世纪英国自然哲学家约翰·穆勒的总结而形成一套完备的体系。后者提出的"穆勒实验五法",对说明方法如何实现由具体到一般,由假设到确定性因果关系予以了说明。简言之,这种方法主张在排除研究者主观因素的前提下,通过观察尤其是可以不断重复的实验,发现现象之间的因果关系。按照波普尔的看法,判断一项研究是否科学的标准是它是否具有可证伪性。观察和实验所发挥的功能,就是对假设或结论进行证伪。

说明方法在自然科学领域的成功在人文科学领域引起极大的震动,包括历史学在内的不少"精神科学"都试图将这种方法引入研究实践。发表于1958年的以下这段文字,生动描述了时人的这种认识:

> 曾经有一度,在哲学和自然科学之间并不存在明显的界限,但由于十七世纪自然科学取得的长足进步,这种局面已经改变。然而,众所周知,社会科学还没有发生这样的革命,或者至少至今为止它才处于发生的过程之中。社会科学或许尚未发现自己的牛顿,但诞生这样一位天才的条件却已经被造就了。如果我们想要取得某些显著的进步,那么首先我们就必须要遵循自然科学的方法而不是哲学的方法。①

说明方法对历史学的影响更是明显,柯林武德曾生动地将自然科学比作近代历史学的"长姊",认为后者的各种研究方法是在前者方法的"荫蔽"下形成的;这种"荫蔽"一方面有利于历史学的发展,另一方面又妨碍了它的发展。② 事实上,正是在自然科学成就的感召下,19世纪诸多历史学流派都将说明方法视为利器,期望借助它实现整理历史材料、还原历史真实、揭示历史规律的远大理想。英国历史学家巴克尔力图将说明方法引入历史研究,他说:"我希望在历史学或者其它类似的领域也取得同样的成功,而这些学科本身已经受到不同类型自然科学的深刻影响。在自然

---

① [英]彼得·温奇:《社会科学的观念及其与哲学的关系》,张庆熊、张缨等译,上海人民出版社2004年版,第1页。
② 参见[英]柯林武德《历史的观念》,何兆武、张文杰译,商务印书馆1997年版,第319页。

界中，那些看似不规则和反复无常的事件已经获得了解释并且被认为与某种固定不变的普遍法则相适应……"①巴克尔坚信，即使是历史上那些看起来随机、无规则的事件（比如谋杀、自杀、结婚）的发生也有规律可循，也可以通过说明方法取得类似于自然科学的客观结论。他举例说：

> 在所有的罪行中，谋杀罪被认为是最随机、最无规则的罪行……事实上，谋杀是有规律性的，它与诸如潮汐、季节的变化等特定的环境因素具有相关一致性……
>
> 更加令人惊奇的是，在众所熟知的罪行中，没有比自杀看起来更具有完整的独立性和个体性的了……自然而然地，人们会认为自杀与普遍法则无关，或者认为要想在一件古怪、孤立、难以控制的事件中找到规律是不切实际的……但是，我们所掌握的所有证据都指向一个伟大的结论，它毫无疑问地在我们的头脑中打下印记，即自杀仅仅是一种普遍的社会行为……在一个给定的社会中，某些特定的人一定会自己动手结束自己的生命……
>
> 不仅是犯罪的人被这种一致性所决定，甚至那些在每个年度结婚的人也不仅仅是被个人的脾气和愿望所决定，也同时被大量的普遍性的事实……被固定的、明确的生活状况所决定……与其说这与个人的感觉相关，不如说与普通大众的收入水平相关。②

这显然是一种类似自然科学的观察研究方法，它的本质与实验相同，即通过寻找或创造理想的观察环境，并利用"穆勒实验五法"等推理方式确定不同因素之间的因果关系。关于这种研究方法的有效性，我们只要看看涂尔干（又译作"迪尔凯姆"）发表于1897年的《自杀论》就可以充分相信。③涂尔干的研究可以理解为是对巴克尔史学方法论的实践，而且大量证据表明这一方法在历史研究中的确具有很广的使用前景。④

---

① 转引自 Burns, R. M. Pickard, H. R.《历史哲学：从启蒙到后现代性》，张羽佳译，北京师范大学出版社2008年版，第175页。
② 转引自 Burns, R. M. Pickard, H. R.《历史哲学：从启蒙到后现代性》，第176页。
③ [法]埃米尔·迪尔凯姆：《自杀论》，冯韵文译，商务印书馆2010年版。
④ 参见晁天义《实验方法与历史研究》，《史学集刊》2016年第6期。

第一篇 中国史学理论及其方法

在说明方法获得声誉的同时,一部分哲学家致力于为历史研究中理解方法的合理性辩护。新康德主义历史哲学家李凯尔特在界定自然科学与文化科学(即历史学)之间的区别时,曾借用一个比喻强调自然科学研究的特点,即自然科学"缝制"(研究)的"衣服"(结论)对每一件事或每一个人(如"保罗"和"彼得")都是适用的。他说:"如果自然科学'按照每个人的体形'进行工作,那它就必须对自己所研究的每个对象构成新的概念。但这是与自然科学的本质相违背的。"这是说自然科学以追求一般性结论为目的,因此适用于采用说明方法。相反地,包括历史学在内的"文化科学"的研究目的却是追求特殊性,因此就需要采用理解的方法:

> 有一些科学,它们的目的不是提出自然规律,甚至一般说来也不仅仅是要形成普遍概念,这就是在最广泛的意义上而言的历史科学。……历史学不愿像自然科学那样采用普遍化的方法。对于逻辑学来说,这一点是具有决定性意义的。①

这种为理解方法争取名誉的论说,一方面固然起到了为历史学等"文化科学""精神科学"立法,并为理解方法找到用武之地的作用,但另一方面也导致了严重的问题。那就是将说明方法与理解方法教条地对应于自然科学与文化科学,认为说明方法只适用于自然科学研究,而理解方法只适用于"文化科学"研究。这种区分客观上破坏了人类研究方法论原有的统一局面,加深了两种方法之间的对立和割裂。

总之,说明方法与理解方法由最初的使用目的不同,至近代演变为效率高下之别,最后演变为被僵硬地对应于不同学科门类。对于历史学而言,方法论分裂的结果是:崇信说明方法可靠性的学者,坚持用类似自然科学的方法开展研究,这就是客观主义、实证主义的研究理路;而崇信解释方法可靠性的学者,则坚持用体验、体悟的方法开展研究。历史学由此被一分为二,不同的历史研究方法相互对立,原有的方法论统一局面被破坏。

---

① [德] H. 李凯尔特:《文化科学和自然科学》,涂纪亮译,杜任之校,商务印书馆1986年版,第42、50—51页。

二　阐释学对历史认识论的启示

在阐释学中，"前见""视域融合"及"效果历史"是涉及阐释活动开端、进程及结果的三个重要概念，三者既有紧密联系又有不同内涵，对于我们理解阐释学并进而破解历史研究中的认识论僵局具有重要参考价值。

（一）"前见""视域融合"与"效果历史"

先看阐释学的"前见"理论。肯定前见的价值，是阐释学的重要思想之一。按照阐释学理论，理解者在解释文本原意或作者原意时，势必带着特定的"前见"（或称"先见""先有""先把握"）。理解者的"前见"不可能被摒弃。海德格尔说："解释向来奠基于先见（Vorsicht）之中，这种先见从某种可解释状态出发对先有中所获得的东西进行'切割'。……任何解释工作之初都必然有这种先入之见，作为随着解释就已经'设定了的'东西是先行给定了的，这就是说，是在先有、先见和先把握中先行给定了的。"[①] 伽达默尔同样指出："一切理解都必然包含某种前见。""如果我们想正确地对待人类的有限的历史的存在方式，那么我们就必须为前见概念根本恢复名誉，并承认有合理的前见存在。"大多数人对前见的轻视或忽略，源于启蒙运动因推崇理性而引起的误解。[②] 一个无法否认的事实是，每一个有理解能力、认识可能性的人，必然是在一定的文化背景、知识结构、价值预期乃至个人偏好等因素的基础上开始他对世界的认知的。

阐释学认为，"前见"不仅不可能被排除，甚至必须得到保留，因为它是促使解释和理解得以开展的积极因素。伽达默尔说："因为人类理性太软弱，不能没有前见去行事，所以，曾经受到真实前见的熏陶，乃是一种幸福。"[③] 在作为"前提条件"的前见的帮助下，理解者才有可能形成

---

① ［德］马丁·海德格尔：《理解和解释》，陈嘉映、王庆节译，洪汉鼎校改，洪汉鼎主编：《理解与解释：诠释学经典文选》，第119—120页。
② 参见［德］汉斯-格奥尔格·伽达默尔《诠释学》Ⅰ《真理与方法——哲学诠释学的基本特征》，洪汉鼎译，商务印书馆2010年版，第383、392页。
③ ［德］汉斯-格奥尔格·伽达默尔：《诠释学》Ⅰ《真理与方法——哲学诠释学的基本特征》，第387页。

对文本（包括历史事实）的认识，从而走近认知对象。① 因此，"'前见'其实并不意味着一种错误的判断。它的概念包含它可以具有肯定的和否定的价值"②。由此可见，问题的关键在于正确地利用前见，而不是做无谓的否定或排斥。

由"前见"，自然而然引申出阐释过程中的"视域融合"。伽达默尔认为，前见为理解者提供了特殊的"视域"（Horizont），视域包括从某个立足点出发所能看到的一切。研究者只有将自己置于特定的历史性视域之中，才有可能理解作为传承物的某个对象。因此，理解者的任务就是扩大自己的视域使之与其他视域相交融，这就是"视域融合"（Horizontverschmelzung），理解的过程其实就是视域的融合过程。③ 因此，文本的意义既不可局限于原作者的意图或文本的原意，同时也非任由理解者或解释者按其所需随意地阐释。这是因为，理解者并非仅从自身视域出发去理解文本意义而置文本视域于不顾，也不可能为了复制与再现文本原意而将认识者的前见舍弃。视域融合，就是这种既包含理解者或解释者的前见和视域，又与文本自身的视域相融合的理解方式。④

按照"视域融合"理论，任何一项认知中既不能否定认知主体的主动性，也不能否定认知客体的客观性。认识的过程就是认识者作为主体的视域，同认识对象作为客体的视域相互融合的过程；相应的，认识的结果就是两种视域发生融合的共同产物，这就是"效果历史"。也就是说，真正的历史对象是自己和他者的统一体或一种关系，在这种关系中同时存在着历史的实在及历史理解的实在。⑤

需要指出的是，"视域融合"理论强调认识主体的能动性，这与马克思主义认识论是完全一致的。马克思主义认为认识是一个反映的过程，但

---

① 参见［德］汉斯－格奥尔格·伽达默尔《诠释学》Ⅰ《真理与方法——哲学诠释学的基本特征》，第421页。
② ［德］汉斯－格奥尔格·伽达默尔：《诠释学》Ⅰ《真理与方法——哲学诠释学的基本特征》，第384页。
③ ［德］汉斯－格奥尔格·伽达默尔：《诠释学》Ⅰ《真理与方法——哲学诠释学的基本特征》，第427—428、433页。
④ 参见洪汉鼎《实践哲学修辞学想象力——当代哲学诠释学研究》，第87页。
⑤ 参见［德］汉斯－格奥尔格·伽达默尔《诠释学》Ⅰ《真理与方法——哲学诠释学的基本特征》，第424页。

不是对客观世界的消极、被动的反映。相反地，人的认识是在实践的推进下，在反映基础上进行能动创造的过程，是主体与客体双向作用、相互构建的过程。① 阐释学的"视域融合"概念，可以说是从理解和解释的角度重新表述了马克思主义认识论关于主客体之间"双向作用、相互构建"复杂关系的主张。澄清这点，对于进一步理解阐释学如何帮助我们破除历史认识论困境具有重要意义。

（二）历史研究中的"前见""视域融合"与"效果历史"

历史认识论研究之所以形成尖锐对立，重要原因之一在于客观主义者与相对主义者对"前见"的看法不同。在客观主义者看来，历史学家在开展研究之前，要竭力避免将前见带入研究，以免这种因素影响研究过程和结论的客观性、科学性。如前所述，这种看法在很大程度上是受近代自然科学的影响。按照这样的思路，"历史学者都得学会克服个人偏见与当前的利害，以便求得往事的真相"②。

"摒弃前见"，看上去是一个再合理不过的要求和理想了，似乎任何一个严肃的历史研究者都没有理由对此加以质疑。然而事实却是，这种要求和理想既经不起推敲，也不可能实现。任何一名历史研究的从业者在接触任何一项选题之前，必然带有自己特定的出发点和立场。没有这种出发点和立场，一个人就像双脚离地、孤悬半空，连自如活动的能力也会失去，更不用说有所作为了。要求一个人在研究开始的一瞬间"抛弃"或"掏空"这种前见，无异于让他失去记忆，失去判断，脑中一片空白。伽达默尔说："谁因为他依据于他的方法的客观性并否认他自己的历史条件性而认为自身摆脱了前见，他就把不自觉支配他的前见的力量经验为一种 vis a tergo（从背后来的力）。凡是不承认他被前见所统治的人将不能看到前见光芒所揭示的东西。"③ 刻意地"抛弃"或"掏空"立场，反倒会造成更

---

① 参见王伟光主编《认识世界的目的在于改造世界》，人民出版社、中国社会科学出版社2014年版，第26—27页。
② ［美］乔伊斯·阿普尔比、林恩·亨特、玛格丽特·雅各布：《历史的真相》，刘北成、薛绚译，中央编译出版社1999年版，第59页。
③ ［德］汉斯-格奥尔格·伽达默尔：《诠释学》Ⅰ《真理与方法——哲学诠释学的基本特征》，第509页。

第一篇 中国史学理论及其方法

执着的、更深的偏见。幸好这既是不现实的,也是不可能的。

实际上,即使那些标榜"鉴空衡平""不持立场",被尊奉为典范的客观主义史学大师也必然持有前见。以兰克为例,请看他以下这段话:

> 一切行为都证明了他(指上帝——引者注)的存在,每个行动都要呼唤他的名字,但是最重要的,在我看来,是整个历史的连通性。它(历史的连通性)竖立在那里,就像一个神圣的符号。就我们而言,但愿我们能破译这个神圣的符号!正唯如此,我们要敬奉上帝。正唯如此,我成了一名教士。正唯如此,我们成了教师。①

兰克是一名历史学家,然而他首先是一名基督徒、一名普鲁士公民、一名教师。史学家的这种种身份,必然自觉不自觉地投射到他的历史研究过程中,哪怕是以扭曲的形式。另外,从兰克留下的某些带有理论色彩的文字中,可以看出他并没有要放弃主观性,放弃"对过去做判断"的意思。比如他说:"天分就是预感,是与本质的直接移情。我嗅出了精神的轨迹。……事物是从精神中产生的,其中包括认知者。在这种认知理论里,最大的主观性就是最一般的真理。"② 由此可见,长期以来人们心目中的兰克形象,不乏误解和主观想象的成分。难怪有学者曾批评说:"兰克避免做出道德判断,总是表现出不偏不倚的中立态度,但联系其背景来看,则是根深蒂固的保守的政治判断。"③

历史研究中不可能真正摒弃"前见","假定这种对自己的无视,乃是历史客观主义的天真幼稚"④。20世纪60年代以来,后现代主义者正是抓住了19世纪包括兰克客观主义史学在内的诸多历史研究范式在理论与实践中的矛盾,因此他们的批评让传统历史学家一时难以招架。比如说,前文讲到海登·怀特所提出的"无政府主义的""激进主义的""保守主义

---

① 转引自〔美〕彼得·诺维克《那高尚的梦想:"客观性问题"与美国历史学界》,第36页。
② 参见〔美〕彼得·诺维克《那高尚的梦想:"客观性问题"与美国历史学界》,第36页。
③ 〔美〕彼得·诺维克:《那高尚的梦想:"客观性问题"与美国历史学界》,第35页。
④ 〔德〕汉斯-格奥尔格·伽达默尔:《诠释学》Ⅰ《真理与方法——哲学诠释学的基本特征》,第423页。

的""自由主义的"四种意识形态蕴含模式，其实就是典型的"前见"。这种为客观主义所极端贬抑，又为后现代主义大力推崇的"前见"，正是阐释学传统中长期以来强调的理论资源。从这个意义上讲，阐释学承认后现代主义中的某些合理性因素。然而需要指出的是，阐释学的前见理论并没有笼统地为相对主义站台，而是旨在肯定认识主体的能动作用。宋人苏轼《题西林壁》一诗，有助于我们理解视角的转换如何破除后现代主义与客观主义关于历史认识客观性问题的对峙和困局：

> 横看成岭侧成峰，远近高低各不同。
> 不识庐山真面目，只缘身在此山中。

该诗的前两句说，由于观察者视角（前见）的不同，庐山在不同人眼中呈现不同面貌。同样的道理，每个人都带着自己既定的价值观、知识结构、认识水平、意识形态看待同样一件事物，得出的结论便可能有相当大的差别。对于历史研究而言，当历史学家用自己独特的前见去考察和分析同一个历史客体时，研究结果也必然各不相同。质言之，认识结果的不同，是由观察者的主体性与观察对象的主体性共同决定的。该诗后两句是说，由于置身于庐山之中，因此观察者不可能得到关于"庐山真面目"的认识。作者似乎是在暗示：要想得到纯粹的"庐山真面目"，就只有置身"庐山"之外；因为唯有如此，方才有可能获得一个广域视角下的"庐山全景"。就此而言，作者的观点与客观主义史学有些类似，因为他追求的是那个"唯一的真相"或"绝对的确定性"。然而问题在于，在阐释学看来："身在此山外"其实也是一种前见，故而由此获得的也无非是另一种认识（不过或许更客观、更全面些）。但凡是一个观察者，他在接触外物之前一定带有某种特定的出发点或特定的预设。人不能超出这种出发点和预设，正如不能超出人之为人的本性一样。

非常有趣的是，英国历史学家爱德华·卡尔曾举过一个类似的例子，可以加深我们对这个问题的认识。他说，我们不能因为观察者从不同角度看到一座山呈现不同形状，就断言山或者有许多形状，或者山根本没有形状。显然，卡尔的矛头直指相对主义认识论，但同时承认不同解释的合理性。他的结论是："并不能因为解释在建构历史事实中起着必要的作用，也不能因为现有的解释不是完全客观的，就推论说这一解释同另一解释一样好，就推论说历史事实在原则上并没有服从客观解释的义务。"① 从这个意义上看，我们通常视为贬义的"盲人摸象""坐井观天"就不是纯粹消极的，而是具有一定积极意义的。反观人类认识世界的历史，不正是在"盲人摸象""窥豹一斑""一叶知秋""摸着石头过河"的过程中不断逼近真理的吗？世界上没有一种完备自足、毫无缺陷的认识视角，因此也不会有一劳永逸、绝对正确的认知结果。

　　历史研究主体的视域与历史客体视域之间形成交融，最终形成历史认识结果的过程，构成了类似一问一答、永无休止的对话。如果我们用字母 A 表示历史认识的主体，用字母 B 代表历史认识的对象。那么，历史认识就是 A 与 B 两种不同主体视域相互融合的过程；而历史认识的结果既不可能是纯粹的 B（这是客观主义史学的观点），也不可能是纯粹的 A（这是相对主义史学的观点），而只能是 AB。作为认识结果的 AB，尽管既不是 A 也不是 B，然而却同时既分有了 A，也分有了 B。这种看似的诡辩，其实是一种辩证法。伽达默尔说："我们所论证的问和答的辩证法使得理解关系表现为一种类似于某种谈话的相互关系。……期待一个回答本身就已经预先假定了，提问题的人从属于传统并接受传统的呼唤。"② 对于历史研究而言，视域融合的过程和结果，既不是客观主义所理想的"如史直书"，也不是后现代主义所主张的"主观构建"，而是一种"效果历史"。试用三原色配色表为例说明。如果我们将研究者甲的视域比作红色，将研究者乙的视域比作蓝色，而将研究对象丙的视域比作绿色的话，那么，甲认识丙的结果，就是：（红）+（绿）=（黄）。与此不同，乙认识丙的结果，则是：（蓝）+（绿）=（青）。青或黄的这个认识结果，就是效果历史。我们当然知道，在实际研究中，研究者之间的差距通常绝不至于像红色与蓝色这样夸张——他们之间的关系可能更类似于同一颜色下的不同色差而已。这就是何以不同研究者对于同样历史对象的认识结果虽然有分歧，但绝不至于毫无对话余地可言的原因所在。三原色的例子过于机械，似不足以完全反映历史认识的复杂过程，但其中所体现的阐释学视域融合的基本原理却是相同的。

---

① ［英］E. H. 卡尔：《历史是什么？》，第 112 页。
② ［德］汉斯-格奥尔格·伽达默尔：《诠释学》Ⅰ《真理与方法——哲学诠释学的基本特征》，第 533 页。

（三）化解了主体与客体的对立

作为一门古老的学科，对历史的真实、事实与真理确定性的追求，是历史学科与生俱来的品质与特征。既然如此，阐释学的"前见""视域融合""效果历史"理论在为研究主体赋予更多能动性的同时，是否可能为相对主义和任意解释打开方便之门呢？这的确是阐释学上的一个重要话题。实际上，正是鉴于西方学界出现的许多不严肃现象，为了确定阐释的基本规范，防止阐释实践中的相对主义倾向，张江教授近年来从多个方面划定阐释的边界，说明阐释的有限性与无限性之间的辩证关系。[①] 这些讨论，对于我们深入思考历史研究的理论和实践问题具有十分重要的参考价值。作为在与实证主义斗争过程中成熟起来的一门学科，阐释学对科学主义的警惕、对绝对主义的批判，的确容易让人们产生误解，似乎它有鼓吹相对主义之嫌。毫无疑问，对于历史学这门自古以来就强调事实、重视认识的客观性和结论的确定性的学科而言，阐明这个问题具有特殊意义。实际上，如果我们认真思考的话，就会发现阐释学的"前见""视域融合""效果历史"理论是在反对客观主义和相对主义的两条战线上同时"作战"，或者说它试图在两种极端道路之间"允执厥中"，其目的既不是维护客观主义也不是放纵相对主义。阐释学的目的和实际结果，是化解主体与客体的对立。

首先，阐释学在认识论上力求走一条"中间道路"。如果说此前的客观主义史学家强调的是客体向研究者"客观呈现"的必要性，而相对主义者强调研究者主观性的重要意义的话，阐释学则同时重视这两个因素。一方面，从批判客观主义史学的角度，阐释学肯定了研究主体视域的创造性："有些历史学家试图让自己抛弃他们的主观性是完全无意义的。特别是在历史解释方面，认为历史学家的任务是通过单纯的重复他的源泉所包含的东西就够了，认为惟一真实的历史就是这些源泉所具有的历史，这乃是天真的想法。"[②] 另一方面，从批判相对主义的角度，阐释学认为"富有意义的形式"

[①] 参见张江《强制阐释论》，《文学评论》2014年第6期；张江《论阐释的有限与无限——从π到正态分布的说明》，《探索与争鸣》2019年第10期。

[②] [意]埃米里奥·贝蒂：《作为精神科学一般方法论的诠释学》，洪汉鼎译，洪汉鼎主编：《理解与解释：诠释学经典文选》，第135页。

作为解释的对象，本质上是"精神的客观化物"，因此便具有独立自主性："富有意义的形式必须被认为是独立自主的，并且必须按照它们自身的发展逻辑，它们所具有的联系，并在它们的必然性、融贯性和结论性里被理解；它们应当相对于原来意向里所具有的标准被判断……"① 这句话的意思是说，解释的结果并不简单地取决于理解者一方，研究对象作为客体，不会无原则地迎合研究者的主观性。伽达默尔甚至认为，所谓相对主义其实是客观主义的一种偏见。事实上，真理也有其相对性，超出一定条件之后，它便不再是真理，因此并没有什么"绝对知识"存在。②

其次，阐释学认为前见并不是率性的、流动不定的、毫无规矩的臆测和恶作剧。表面上似乎是"前见"在影响着人们的认识，事实却是人生活在前见的传统当中，而前见并不会随着人的主观意志随意形成或改变。伽达默尔说："即使见解（Meinungen）也不能随心所欲地被理解。……诠释学的任务自发地变成了一种事实的探究，并且总是被这种探究所同时规定。……谁想理解，谁就从一开始便不能因为想尽可能彻底地和顽固地不听文本的见解而囿于他自己的偶然的前见解中——直到文本的见解成为可听见的并且取消了错误的理解为止。"③ 在这点上，前见理论与唯物史观的认识达成高度一致："人们自己创造自己的历史，但是他们并不是随心所欲地创造，并不是在他们自己选定的条件下创造，而是在直接碰到的、既定的、从过去承继下来的条件下创造。一切已死的先辈们的传统，像梦魇一样纠缠着活人的头脑。"④ 人们的前见正是这种"直接碰到的、既定的、从过去承继下来的条件"，这种条件是一种传统，而不是人们臆造的结果。也就是说，"其实历史并不隶属于我们，而是我们隶属于历史。……因此个人的前见比起个人的判断来说，更是个人存在的历史实在"⑤。

---

① ［意］埃米里奥·贝蒂：《作为精神科学一般方法论的诠释学》，洪汉鼎译，洪汉鼎主编：《理解与解释：诠释学经典文选》，第131页。

② 参见洪汉鼎《诠释学：它的历史和当代发展》，中国人民大学出版社2018年版，"前言"，第3页。

③ ［德］汉斯-格奥尔格·伽达默尔：《诠释学》Ⅰ《真理与方法——哲学诠释学的基本特征》，第381—382页。

④ 马克思：《路易·波拿巴的雾月十八日》，《马克思恩格斯选集》第1卷，人民出版社2012年版，第669页。

⑤ ［德］汉斯-格奥尔格·伽达默尔：《诠释学》Ⅰ《真理与方法——哲学诠释学的基本特征》，第392页。

再次，在研究过程中，历史学的独特优势可以促使不利的前见通过视域融合得到鉴别和淘汰，从而保证了研究的客观性。既然是"前见"，当然既包括含有正确成分的前认识，也包括含有局限性甚至谬误的前认识即偏见、成见。这些偏见和成见，只有通过具体的阐释过程才可能得到扬弃。伽达默尔说："占据解释者意识的前见（Vorurteile）和前见解（Vormeinungen），并不是解释者自身可以自由支配的。解释者不可能事先就把那些使理解得以可能的生产性的前见（die ProduktivenVorurteile）与那些阻碍理解并导致误解的前见区分开来。"① 在这个过程中真正起作用的，正是历史的因素，亦即历史距离或时间距离。时间距离"不仅使那些具有特殊性的前见消失，而且也使那些促成真实理解的前见浮现出来"。"时间距离常常能使诠释学的真正批判性问题得以解决，也就是说，才能把我们得以进行理解的真前见（die wahre Vorurteile）与我们由之产生误解的假前见（die falsche Vorurteile）区分开来。"② 只有从某种历史距离出发，才可能达到客观的认识，这正是历史研究的使命与优势所在。

最后，我们还是要追问：对主体价值的肯定，会不会复活历史认识中的极端相对主义，导致认识结论鱼目混珠？或者说，既然阐释学主张认知结果在很大程度上取决于主体因素，那么是否意味着"一千个读者便有一千个哈姆雷特"？是否意味着认识的边界是无限的，因此也是没有规范的呢？伽达默尔对此予以坚决否认："我所进行反思的对象是科学本身的过程及其客观性的限制，这种限制可以在科学过程本身中观察到（但没有被接受）。承认这种限制的创造性意义，例如创造性的前见形式，在我看来无非是一种科学正直性的要求，而哲学家必须担保这种科学正直性。对于使人们意识到这一点的哲学怎么可以说它鼓励人们在科学中非批判和主观地进行工作呢？"③

如前所述，客观主义史学在追求自身理想的过程中所遭遇的种种困境表明，所谓绝对的历史客观性只是一个永远不可能实现的"梦想"。事实

---

① ［德］汉斯－格奥尔格·伽达默尔：《诠释学》Ⅰ《真理与方法——哲学诠释学的基本特征》，第418页。
② ［德］汉斯－格奥尔格·伽达默尔：《诠释学》Ⅰ《真理与方法——哲学诠释学的基本特征》，第422—423页。
③ ［德］汉斯－格奥尔格·伽达默尔：《诠释学》Ⅱ《真理与方法——补充和索引》，第573页。

> 第一篇 中国史学理论及其方法

上永远不会有那样一个时刻：研究者做到内心空空如也，穷尽所有史料，真正"复原"历史的"本来面貌"。真实的历史一旦发生，就永远消失在过去的时间长河中，至于那些为历史学家所思考、所书写的历史，其实都是一种或多或少带有我们主观构建色彩的历史。在这个意义上，"历史真实"与"历史事实"其实是不同的。我们所能认知的，只是历史的事实而已。①

视域融合理论解决了研究过程中客观性与主观性的辩证关系问题，保证了认识的不断推进。如有学者所说："一方面是客观性的要求……另一方面，客观性要求只能由于解释者的主观性，以及他对他以一种适合于所说对象的方式去理解的能力的先决条件有意识才能达到。这就是说，解释者被呼吁从他自身之内重新构造思想和重新创造思想，使它成为他自己的，而同时又必须客观化它。"② 这就是说，既要尊重研究对象的客观性，也要保持研究者的主观性。看上去这似乎是不可能实现的任务，然而，正是这种矛盾和张力，化解了传统客观主义与相对主义之间的对立。③ 因此，无论是对于客观历史真相的认识，还是对历史规律的揭示，都是一个不断逼近，但永远不会结束的过程。

总之，阐释学认识论既维护了历史研究的客观性，同时又防止了认识论中的独断主义。研究者既不可能绝对客观地"复原"历史真实，也不可能完全疏离历史事实本身。其结果，必然是使研究者的视域，同研究对象的视域发生交融汇合。从这个意义上讲，任何一项历史研究都是一个史家与过去永无休止的对话过程（如爱德华·卡尔所说）。历史研究由此形成一个循环往复的过程：文本对阐释者造成影响，改造阐释者的观点，而阐释者也将自己的认识带入理解当中，改造了对文本的印象。如是往复，避免了客观主义与相对主义的恶性循环，促使认识不断深化。

---

① 参见晁天义《试论历史事实》，《南京社会科学》2009年第4期。
② ［意］埃米里奥·贝蒂：《作为精神科学一般方法论的诠释学》，洪汉鼎译，洪汉鼎主编：《理解与解释：诠释学经典文选》，第130页。
③ 参见［意］埃米里奥·贝蒂《作为精神科学一般方法论的诠释学》，洪汉鼎译，洪汉鼎主编：《理解与解释：诠释学经典文选》，第130页。

三　阐释学对历史研究的方法论意义

阐释学对历史研究的意义，也体现在方法论方面。简言之，就是阐释学理解和解释文本的主要方法——阐释学循环——提供了除实验方法之外的另一条检验假设、逼近真理的认识手段。阐释学循环，从方法论角度解决了人文社会科学研究何以可能的问题，为古老的解释方法赢得了名誉，弥合了 17 世纪以来日渐严重的方法论分裂，恢复了人类认识世界方法论的统一性。

（一）阐释学循环

人类对客观世界（包括自然与社会）的认识不可能一蹴而就，也不会有一个真正意义上的终点。近代以来，在关于自然现象的研究中，人们主要遵循的是一套经验论的归纳方法。这一方法的一般思路，是从个别到一般、由部分到整体；部分的认识被视为整体认识的基础，认识的途径乃是由部分向整体的单向运动过程。在培根、穆勒等人的努力下，归纳方法逐渐发展成为具有严格规范的实验方法，一方面保证了人们提出对诸现象之间因果关系的假设，另一方面利用实验的可重复性对假设加以验证。正是实验方法中的这种可重复性、可证伪性，保证了自然科学领域诸多斐然成就的取得。

然而，对于那些一次性的、不可重复的研究对象（比如历史客体）而言，实验方法就很难得到严格意义上的实施。尽管历史学家可以从大量史料中获得蛛丝马迹，提出某种假设，但是绝对不可能让历史重演，以便验证这种假设的可靠性。显而易见，传统的实验方法在这里要得到实施，在没有任何变通的情况下，基本上是不可能的。既然如此，我们关于历史的认识结论是否只是一个个流于猜测的假设，而不可能具有可证伪性呢？如前文所说，正是这样一个关于说明方法不能在历史研究中适用的现实，导致 19 世纪以来的历史研究中出现方法论分裂。

在这方面，作为阐释学基本方法的阐释学循环扮演了类似自然科学中实验方法的角色，为假设的验证提供了可能性。所谓阐释学循环，是说人们理解文本的过程并不像自然科学研究中那样是一个单向地、由部分走向整体的过程，而是存在多个不同层面的双向互动过程。这个双向互动过程没有确定的开端，也没有绝对的终点，而是一种周而复始的循环。阐释学认为，理解过程中主要的三种循环是：(1) 语词（部分）和文本（整体）之间的循环；(2) 文本（部分）与历史语境（整体）之间的循环；(3) 研究主体与历史传统之间的循环。

其中，循环 (1) 即语词（部分）和文本（整体）之间的循环是说，单个的语词只有置于文本的整体之中才能被正确理解。同时，被正确理解的语词复又深化了对文本整体的理解。只有在阐释的循环中，才有可能剔除那些不准确的认识，揭示文本的真正含义。然而，仅仅依靠这种语词与文本之间的循环，还是不够的。因为它忽视了文本所赖以产生的社会背景的作用，因此可能导致理解中的主观随意性。施莱尔马赫认为，为了解决这个问题，就需要一个更大范围的循环对假设加以验证，这就是循环 (2) 即文本（部分）与历史语境（整体）之间的循环。这个循环的作用，在于通过历史语境制约和克服理解的主观性。前文说过，"前见"是我们认识的依据，也是展开认识过程中的陷阱。那么，如何在认识过程中有效地避免主体意识滑入主观任意性呢？伽达默尔认为，这个问题还需要通过一个新的理解循环来解决，这就是循环 (3) 即研究主体和整个历史传统之间的循环。有学者认为，循环 (3) 的实质是当代与历史传统之间的循环。在这样一个循环中，历史和当代融为一个整体，构成了"效果历史"运动。①

"循环"是理解的基本特征之一。因此，阐释学的任务体现在方法论上，就是在周而复始的循环中清除研究者"前见""前判断"中不合理的东西，以及对假设进行检验，以达到正确的理解。这种对不合理认识的清除，正好起到了类似自然科学研究中实验方法的作用，即通过重复同样的过程对结论加以验证和批判。在笔者看来，这是阐释学循环对历史研究提供的最重要的方法论启示。德国历史学家德罗伊森说："个别的（das Einzelne）只能在整体（das Ganze）中被理解，而整体也只能借着个别的事物来理解。"② 理解就是不断地从整体到部分，再从部分到整体的过程。从解

---

① 潘德荣：《西方诠释学史》，第 314 页。以上关于阐释学循环的内容，参见该著第 311—314 页。
② ［德］德罗伊森：《历史知识理论》，第 11 页。

释学看，传统不是固定的，而是通过理解中的选择、批判而不断变化的，历史研究也是如此。

（二）历史研究中的阐释学循环

关于上述第三个循环即研究主体与历史传统之间的循环对历史研究的价值，以我们对中国古代社会宗教情绪的考察为例。就我们所知，在不同的民族和国家中，宗教的发展和发达程度是不同的。宗教文化发达与否、宗教情绪浓烈与否，直接影响着一个社会中民众的价值取向和日常行为。我们从大量古籍中得到一个初步认识，即与西方社会相比，中国古代的宗教文化并不是很发达，中国古人的宗教情绪也相对淡漠。这种认识是否准确呢？其实我们在做出这一判断的时候，已经不自觉地将观察者自身的立场（也就是阐释学所说的"前见""前判断""前把握""前理解"）带入其中。也就是说，研究者的这一假设，已经不自觉地立足于今日中国人对宗教文化的感受和理解了。我们认识到，当下中国社会民众对宗教文化的一般看法，其实正是从古代延续而来的。由于自身成长的环境，就算我们竭尽全力去加以想象，也很难以切身经历去理解宗教给人心灵、生活带来的影响。我们意识到，当下的多数中国人在涉及一种宗教信仰的时候，更多考虑的是这种宗教是否可以给我们的现实生活带来益处，而不是能否带来心灵的宁静。正因为如此，我们对许多宗教的热情态度就是"靡不有初，鲜克有终"，信仰的高涨因现实的期望而兴起，最后却以实际利益的落空而告终。以上可以说是从古籍材料到现实生活的第一个理解的循环。

然而这种认识是否准确呢？这就需要将这种认识重新带入古代社会的视域下加以理解。我们由此进入第二个循环阶段。在这个阶段我们可能从先秦古籍中发现早在前诸子时代及诸子时代，人们就对天地鬼神抱有一种"怪异"的态度。比如说，《诗经》不同时期的篇章中既有对上天和祖先的崇敬、歌颂，也有冷漠甚至斥责。《左传》成公十三年有"国之大事，在祀与戎"之说，《道德经》中又有"天地不仁，以万物为刍狗"的话，《荀子》认为"天行有常，不为尧存，不为桀亡"，而《庄子》则视"寿、富、多男子"为人生主要理想。凡此种种看似矛盾的记载，都说明中国古人对宗教的确抱持复杂的态度。一方面，他们受早期认识水平的局限，以及出于维护政治统治和宗族权威的目的而信仰天地鬼神；另一方面，现实的利益又促使他们对这种超自然的权威性和可靠性不断提出质疑,宗教信仰随之不断遭到冲击。因此,自上古以来,中国人的宗教信仰就带有强烈的现实主义特征。这种结论是否完全准确呢?一定不是。可以想象,宗教信仰的现实主义特征一定会在不同时期、不同社会阶层中有差异化的表现。要解释这些差异,我们就必须进入下一个循环,即将第二阶段的认识结论再次带入当下社会加以思考……如此往复,没有绝对的终点。

可以看出,每一次的循环,其实都是一次对于此前假设的检验。如果这些假设通过了检验,我们就接受它;如果假设部分通过检验,我们就用新的材料修正它,得到更加完善的假设;如果假设完全没有通过,我们就只能放弃它,另求他解。科学的研究过程,本质上就是对假设不断地加以检验、批判和扬弃,并由此取得认识进步的过程。由视域切换带来的循环往复,就如波普尔所说的自然科学研究中的"证伪"一般。正是在不断的循环理解中,我们的认识得到深化,对古代宗教文化的把握必然日趋客观、准确。通过这个案例可以看出,历史研究完全可以通过这种循环深化认识,淘汰误解,不断逼近真理。

实际上,阐释学循环早在19世纪五六十年代就曾得到一些西方历史学家的关注,只不过在历史学界众口一声要向自然科学学习的浪潮中,这种方法没有得到应有的重视。比如说,德国历史学家德罗伊森就告诫人们在研究中要"绕着圈子转",因为这样做"有把我们心智向前推进的功能"。他说:"毫无疑问的是,只有在我们理解了一件事的发生过程时,我们才算理解这件事。可是,我们之所以注意某件事的发生过程,实际上我们已经先有了对眼前存在的事情(das Seiende)深入的认识。我们用演化的方式再端视这个眼前的事情,只是我们理解这件事的一种方式,只是一种形式。演化过程的注意,目的是为了理解眼前存在的事。如此说来,我们好像绕着圈子转,可是这个循环的圈子即使不能改变外界的事物,却有把我们心智向前推进的功能。因为我们首先见到的,只是目下的某件事;后来,我们又能把它当作一件演化出来的事情来掌握;我们有双重的方式去理解、掌握一件事。"① "绕着圈子走"并不是恶性循环,而是有收获的检验和推进。

---

① [德]德罗伊森:《历史知识理论》,第31—32页。

历史研究的过程，乃是主体与客体之间无休止的循环和互动。有的历史学家将这种循环和互动称为"对话"①。可见，历史研究的过程，既不是像客观主义史学家所误解的那样，将客观的事实反映到"千人一面"的历史学家脑中或笔下，也不是任由意志的碎片随意流播，造成无数或隐或现的影子。

（三）阐释学循环的方法论启示

19世纪以来，包括客观主义、实证主义等诸多史学流派的繁荣的背后却是方法论的分裂和对立。在当时，虽然始终有一批历史哲学家（如新康德主义历史哲学家狄尔泰、李凯尔特、文德尔班等）试图为包括历史学在内的"精神科学"探讨一条独特的方法论之路，但在实证主义思潮的挤压下，这种尝试其实并未成功，其结果是历史学界日甚一日的方法论分裂。

如前所述，这种分裂的一种极端表现，是将说明方法与理解方法分别对应于不同的学科领域：认为前者适用于那些以探讨规律为目标的学科领域，而后者则适用于以理解个性为志趣的学科领域。② 由于这种将研究方法与学科领域僵硬对立的错误理解，历史学被迫在说明方法与理解方法二者当中选择其一。这种对方法的选择，很大程度上又引起关于历史学性质的争论，即视历史学为一门"科学"还是一门"艺术"的争论。19世纪末20世纪初，有人试图将两种方法勉强地嫁接在一起，以便同时满足两方面的需要。这种不自在的结合，意味着将历史学家的工作分为前后两个阶段：一是搜集和准备资料阶段，二是解释资料和表述成果阶段。前一阶段以实证主义为主，后一阶段中，历史学家的直觉本能和个性起主要作用。③ 显而易见的是，这种结合并没有从根本上解决历史学方法论问题，其实只是机械地将两种研究方法拼接在一起，其结果是促使方法论的分裂

---

① 参见［英］E. H. 卡尔《历史是什么？》，第114—115页。

② 比如文德尔班就曾宣称："无论是心理学还是自然科学，它们在确认、收集和研究各种事实时，所持的观点、所抱的目的只是在于探究这些事实所服从的一般规律性。……与此相反，有许多号称精神科学的经验学科，其目的却在于对一种个别的、规模或大或小的、仅仅一度发生于一定时间内的事件作出详细的陈述。……前者是关于规律的科学，后者是关于事件的科学。前者讲的是永远如此的东西，后者讲的是曾经如此的东西。"（转引自 Burns, R. M. Pickard, H. R.《历史哲学：从启蒙到后现代性》，第248页）

③ 参见［英］杰弗里·巴勒克拉夫：《当代史学主要趋势》，第7页。

第一篇 中国史学理论及其方法

演变为学科本身的分裂。

阐释学循环方法的成功,对我们应对历史方法论及其引起的历史学内部分裂具有重要启示。启示之一,是阐释学循环提供了一种可以与实验方法相媲美的研究策略。早在19世纪人文主义与实证主义的争锋当中,一部分哲学家就宣称精神科学的研究虽然不能使用自然科学的实验方法,但这并不意味着它在价值上比自然科学逊色。这种与自然科学一争高下的雄心壮志值得嘉奖,但那个时代其实并没有可靠的方法支撑起这种雄心壮志。由于阐释学循环方法的成熟,这种情况便可以得到根本改变。这是因为,面对实验方法的挑衅,精神科学或者说人文社会科学(包括艺术学、法学、宗教学等)可以通过理解的循环,保证这些学科的认识逼近真理。关于这点,伽达默尔总结道:

> 在精神科学的认识中,认识者的自我存在也一起在发挥作用,虽然这确实标志了"方法"的局限,但并不表明科学的局限。凡由方法的工具所不能做到的,必然而且确实能够通过一种提问和研究的学科来达到,而这门学科能够确保获得真理。①

这就是说,认识世界、获得真理的途径并非只有自然科学中惯用的实验方法一种,除此之外,阐释学循环同样可以从那些无法进行直接实验的人文社会科学研究对象中获得真理。阐释学方法恢复了人文学科方法论的荣誉,同时结束了实证主义方法自17世纪以来一家独大的霸权地位。

启示之二,阐释学循环作为一种成熟的研究方法,与自然科学的方法并不一定相互对立和排斥,而是有可能一起被用于历史研究。19世纪的不少哲学家试图将说明的方法对应于自然科学,将解释的方法对应于人文科学,借此在两者之间划定一条不可跨越的鸿沟。比如李凯尔特关于两种方法、两个学科关系之所谓"保罗和彼得的衣服"的比喻,是为了给历史学等文化科学及其相应的方法论提供辩护。对于一个面临自然科学方法论严峻挑战的学科代言人而言,这种强调差异、刻意割裂的做法是可以理解

---

① [德]汉斯-格奥尔格·伽达默尔:《诠释学》Ⅰ《真理与方法——哲学诠释学的基本特征》,第689页。

的。然而这种割裂充满了那个时代的偏见，渗透着情绪化和人为化色彩，其实并不符合事实本身。实际上，无论对于自然现象还是人类社会的研究而言，采取何种方法乃是取决于我们的研究目的，而不是研究对象。对此，李凯尔特其实已有清醒的认识。他说：

> 在一种情况下，无限众多的对象被纳入普遍概念的体系之中，这个体系对这些无限众多的对象之中的任何一个事例都同样有效，它把经常重复出现的事物表述出来。反之，在另一种情况下，是以这样方式去理解特定的、一次性的一系列现实，即把每个单一事物的特殊性和个别性表述出来，把那些在任何地方都不是重复出现的事件纳入叙述之中。从课题的这种区别中，必然会产生某些在逻辑上互不相同的思维方法和思维形式。①

历史研究中也面临许多"经常重复出现的事物"，而不只是有"那些在任何地方都不是重复出现的事件"；同样的，自然科学研究中也面临"那些在任何地方都不是重复出现的事件"，而不只是有"经常重复出现的事物"。因此，如果历史研究者关注的是"经常重复出现的事物"，目的在于总结并得出一般性的规律认识，他就应该采用说明方法（包括实验等所谓"自然科学方法"）；相反，如果历史研究者关注的是"那些在任何地方都不是重复出现的事件"，目的在于得出关于这些事件特性、价值、意义的认识，他就应该采用解释方法（包括阐释学循环等所谓"文化科学方法"）。对于自然科学的研究而言，道理也是同样的。研究目标的转移，可以导致研究方法的"跨界"，这是李凯尔特的理论所不能允许的。事实上，他已意识到这种方法论僭越的可能性，但他的目的是要预防这种僭越。李凯尔特说："历史方法往往侵占自然科学的领域，而自然科学方法也往往侵占文化科学的领域；这样一来，我们的问题便大大地复杂起来了。因此，必须再一次强调指出，我们在这里只想指出两个极端，科学工作就是在它们之间的中间领域内进行的。"② 他甚至承认："普遍化的理论可能成

---

① ［德］H. 李凯尔特：《文化科学和自然科学》，第53页。
② ［德］H. 李凯尔特：《文化科学和自然科学》，第92页。

| 第一篇 | 中国史学理论及其方法

为历史学的一门重要的辅助科学。要在这里划一条界限,这从原则上说是不可能的。很可能,在将来的历史科学中,自然科学的、亦即科学的普遍化方法形成的概念在叙述一次性的和个别的事件方面,将比现在发挥更大的和更加成功的作用;而在现在,这些概念所引起的麻烦多于它们所起的促进作用。"[1] 作者在"防微杜渐"的同时,其实为历史学的发展指出了一条多元的方法论之路。尽管如此,论者还是坚称,不论历史学家在多大程度上利用了普遍化的科学方法,后者对于历史学来说决不能具有奠基性的意义,因为"历史学作为一门科学所要作的并不是把任何事物和现象的个别性当作它们的纯粹的类别性加以叙述"[2]。

说明的方法无疑可以用于历史研究,19 世纪以来的客观主义史学、实证主义史学乃至马克思主义史学对此都已经给出确凿无疑的答案。至于解释方法的成功,更可以由近百年来阐释学取得的一系列重要成就作为证明。因此,以上李凯尔特关于两种方法、两种学科的教条式划分,其实生动体现了新康德主义历史哲学家面对实证主义强大攻势展示出的一种高度警惕和过激反应。在他们看来,为了防止自然科学的侵袭、保护历史学科的合法性,最好的办法就是将历史学的篱笆扎得越来越牢,最好能密不透风。这是一种处于弱势地位的学科及其方法论所采取的过分防卫姿态。时至今日,这种姿态应该放弃了。

以上由方法论区分进而演变成学科领域的僵硬对立,对 20 世纪以来的学术发展造成极大的负面影响。随着阐释学方法的成熟,以往被人们轻视的人文科学方法恢复了它的功用和尊严。在这种情况下,在整个人文社会科学界破除成见,实现方法论的重新统一成为可能。伽达默尔在《真理与方法》的第二版序言中指出:"以前文德尔班和李凯尔特提出的'自然科学概念的构成界限'这一问题在我看来是不确切的。我们所面临的问题根本不是方法论的差别,而只是认识目标的差异。"[3] 这就是说,采用何种研究方法,取决于研究者想达到何种目的。打破方法论的藩篱,走向学科融合,同样符合阐释学的基本要求。

---

[1] [德] H. 李凯尔特:《文化科学和自然科学》,第 63 页。
[2] [德] H. 李凯尔特:《文化科学和自然科学》,第 63 页。
[3] [德] 汉斯-格奥尔格·伽达默尔:《诠释学》Ⅱ《真理与方法——补充和索引》,第 553 页。

显而易见，在以实验方法为代表的说明方法，以及以阐释学循环为代表的理解方法共同走向成熟的前提下，我们有望恢复人类认识世界的方法论的统一。这就是，不要僵硬地把某种方法对应于某个学科，而是根据研究目标采取相应的方法。正是在这个意义上，笔者认为为了探讨历史中的因果关系，历史学者甚至有可能采用一种间接的实验方法，[①] 正如为了获得关于历史事实的价值、意义的判断，我们需要采用阐释学方法一样。让说明方法与理解方法在历史研究中各司其职、互为补充，共同推动历史研究的进步，这是一种既符合逻辑也符合事实的可取之策。

综上可知，阐释学为19世纪以来逐渐面临认识论困境及方法论对立的历史研究提供了重要启示。在应对这种困境和对立方面，阐释学大体坚持一种"中间道路"。这就是，既肯定了客观主义、实证主义对历史认识真理性、确定性的追求，同时又汲取了后现代主义认识论对主体性的重视。通过"前见""视域融合""效果历史"的系列理论，既有效防止了历史认识中的独断论和绝对主义话语霸权，保证了认识的开放性、多元性，也防止了否定历史认识客观性的极端相对主义和虚无主义。在方法论方面，阐释学循环提供了具有可操作性的鉴别和检验假设的手段，产生了堪与以实验为典型的说明方法相媲美的效果，为古老的理解方法注入了活力，恢复了名誉，从而维护了人类认识世界方法论的统一。

人类认识和解释世界的手段，由最初的统一，随着17世纪以来日甚一日的学科专业化浪潮逐渐走向分裂，直至产生当下严重的学科和方法壁垒。在某种程度上，阐释学理论正是对近代以来认识论、方法论分裂现状加以批判和否定的成果。阐释学既体现了对客观主义的警惕，也体现了对相对主义的抵制。经过这样一次否定，古老的人文科学、自然科学方法论实现了再次统一，然而是在更高层面的统一。人类漫长历史上的认识论、方法论，经过了一个正—反—合的发展演进过程。

最后需要指出的是，对于历史学这门自古以来就将真实性、客观性放在首位的学科而言，在汲取阐释学理论经验的过程中，应保持一种学科自觉。也就是说，既要对阐释学的养分保持一种开放心态，也要意识到历史阐释相对于文学阐释、艺术阐释的特点。只有这样，才能在将制约这门学

[①] 参见晁天义《实验方法与历史研究》，《史学集刊》2016年第6期。

> 第一篇　中国史学理论及其方法

科的桎梏一扫而净的同时，保留必要的张力，维护自身学科的独立性。总的看来，如何立足当代中国历史研究的理论与实践，在坚持唯物史观的前提下努力汲取中西方阐释学的丰富资源，加快构建具有中国特色的历史阐释学，这项任务需要引起历史学界的足够重视。①

（原载《史学理论研究》2020 年第 3 期）

---

① 近年来，我国学者已在构建具有中国特色的历史阐释学方面进行了积极探索。比如于沛教授就主张将张江教授近年提出的"强制阐释""公共阐释"理论引入历史理论研究领域，探讨历史阐释问题。他认为，从中国史学发展理论与实践的结合上看，历史阐释至少应是理性的阐释、创造性的阐释、辩证的阐释（参见于沛《历史学与历史阐释》，《历史研究》2018 年第 1 期）。

中西比较视域中的宋代史学近世化：
基于历史观与史学方法的考察*

邓 锐

（陕西师范大学历史文化学院）

近代以来，中西比较成为一种重要的史学研究视角。① 这些比较或以欧洲中心论为背景，或在反欧洲中心论时仍不自觉地从欧洲文化模式出发，从而陷入用殖民者的模式反殖民的怪圈。后殖民主义启发了一种新的

---

* 本文是教育部重点研究基地重大项目"中国古代历史教育与文化传承"（项目编号：16JJD770007）的阶段性成果。

① 1887 年兰克（Rank）的手稿誊写者里斯（Lugwig Riess）受聘日本东京大学，讲授"史学方法论"，成为亚洲引进西方近代史学的标志性事件。10 年后，内藤湖南在京都大学讲授东洋史，反对日本学界以兰克史观否定中国文化的观点，在中西比较背景中提出"唐宋变革论"等观点。宫崎市定更径直"以北宋时代为东洋的文艺复兴期"（参见［日］宫崎市定《东洋的文艺复兴和西洋的文艺复兴》，《宫崎市定论文选集》下卷，商务印书馆 1965 年版，第 34—68 页）。内藤等人将中国历史划分为"上古—中世—近世"的三阶段论颇似西方源于文艺复兴时期彼得拉克（Petrarch）的"古典时代—中世纪—当代"三阶段论。此后，从与西方比较的角度看待东亚的近世化与近代化问题成为重要的史学视角。之后，中西比较视域下的中国史学研究不断发展。胡适指出了中西比较对于"国学"研究的重要意义和方法（胡适：《〈国学季刊〉发刊宣言》，欧阳哲生编：《胡适文集》第 3 卷，北京大学出版社 1998 年版，第 5—17 页）。胡适也从方法论层面试图统一西方实验主义与中国考证学传统（参见余英时《中国现代思想史上的胡适》，《中国思想传统的现代诠释》，台北联经出版公司 1985 年版，第 527 页）。由此，胡适开辟了一条科学主义的对中西史学一致性的探讨路径。中国史学近代的科学化过程中不可避免涉及中西比较（参见王晴佳《中国史学的科学化——专科化与跨学科》，罗志田主编：《学术与社会·史学卷》，山东人民出版社 2001 年版，第 581—712 页）。杜维运以明确的比较史学方法撰述《中国史学史》，所以其《史学方法论》重视通过比较史学建立世界史学（杜维运：《史学方法论》，台北三民书局 1986 年版，第 3、4 页；杜维运：《中国史学与世界史学》，商务印书馆 2010 年版，第 201—220 页）。以西方科学史学为参照，重视并考察中国史学的价值，改变了带有西方中心论色彩的中西史学比较研究。

第一篇 中国史学理论及其方法

中西比较模式,即将欧洲文化模式"地方化"[1]。由此,可将中国与西方作为两个相对独立区域加以比较。中国史学的近代化固然表现为"西化",但西方的牵引方向与中国史学固有理路相近,是"西化"得以快速完成的深层原因。已有学者注意到中国史学近代化的内在依据存在于自身而非外来影响。[2] 通过中西史学比较及对二者一致性的发现,有助于更深刻地理解中国史学近代化的特点与史学自身的发展理路。[3]

一 发现宋代史学的近世化特征

学界普遍认为,中国史学的近代化以梁启超发表《中国史叙论》和《新史学》为标志,是"西学东渐"过程中的一种现象。[4] 诚然,中国在 20 世纪前半期通过效仿西方的学科体制、史学理论与方法而完成了史学近代化。但如果跳出单线进化论的视域,对已经显现的西方史学近代化历程进行反思,就可以看出西方史学的近代化要素并非西方史学的独创发明,而是超地理范围的、作为意识形态与文化现象的史学自身理路的西方显现。[5] 具有普遍性的史学近代化要素的历史起源在中国要早于西方。梁启超以来,学界普遍以传统史学为"旧史学",很难看到其中曾经产生的史学近代化要素。而正是这些要素为 20 世纪中国史学快速接受西方史学影

---

[1] Dipesh Chakrabarty, *Provincializing Europe: Postcolonial Thought and Historical Difference*, Princeton University Press, 2000, pp. 3 – 16.

[2] 白寿彝主编,陈其泰著:《中国史学史》第 6 卷《近代时期(1840—1919):中国近代史学》,世纪出版集团、上海人民出版社 2006 年版,第 371 页;谢贵安:《中国史学史》,武汉大学出版社 2012 年版,第 506 页。

[3] 史学毕竟是相对独立的学术文化现象,其分期不必与历史相一致,参见张越《论中国近代史学的开端与转变》,《史学理论研究》2017 年第 4 期。西方学界对近代历史的开端没有定论,对史学近代化的开端却基本达成一致,普遍关注文艺复兴时期史学发生的变化。本文是专论中国史学的近世化,不涉及中国历史近代化问题。

[4] 在"欧风美雨"的时代,梁启超着力以西方史学改造中国传统史学,因而重视批判、反思传统史学而不重视对传统史学中的近代化要素进行整理,在当时学界具有代表性,反映的是一种西方中心论与单线进化论的思想路径。此路径以西方社会与文化为普遍性历史道路,无法看到史学发展的多元化道路,更难以产生探索中国传统史学中近代化要素的问题意识。

[5] 史学近代化是史学内在理路的一种表现,在中国和西方具有共性,但因为文化和历史差异而表现为一种维特根斯坦(Ludwig Josef Johann Wittgenstein)意义上的"家族相似性"(Family Resemblance)。中国史学的近代化因为受到西方的直接影响和日本的间接影响,所以既有受到外部影响的一面,也有自发的一面。关于前者的史学理论与史学史讨论很多,但关于后者的讨论尚有待开展。

中西比较视域中的宋代史学近世化：基于历史观与史学方法的考察

响提供了思想准备。这些史学近代化要素的起源阶段可以被看成中国传统史学的"近世化"阶段，即带有近代化特征的前近代时期。

由于对中国原生性史学近代化要素的认识长期受到遮蔽，所以在重新认识中国史学近代化时又不得不以西方史学近代化为参照系。但在将西方史学传统区域化的比较视域中，这仅仅意味着将西方史学近代化作为一种业已显现的、据以认识史学近代化因素的线索，既不以之为单线进化论意义上的普遍道路，也不以之为中国史学的评判标准。

应当看到，无论中国还是西方的史学近代化要素，都不可能突然产生，必有其历史渊源。西方史学一般将史学近代化要素的起源追溯至文艺复兴时期。中国的史学近代化要素实际上源于宋代。中国宋代与欧洲文艺复兴时期类似，是一个"需要巨人并且产生了巨人的时代"，出现了一批"学识、精神与性格方面的巨人"①。恩格斯注意到文艺复兴时期自然研究、社会观念与科技发展的巨大变革。② 这正是史学近代化要素产生的背景。宋代也出现了类似的神学观念突破、自然认识发展与技术进步。③ 宋代的中国与文艺复兴的欧洲都以回归千年之前的古典文化为形式要求而产生观念变革，从而引发了史学形态的转向。这一情形在中国发生的时间更早，但中国史学质变意义上的近代转型却晚于西方，显示出中西历史发展的不对称性、不确定性与多元性。这是因为历史受到复杂社会因素的影响，不可能像时间一样均匀发展，更不必然呈现为线性发展。因此，需要对中西史学依据其特征作类型化比较，注意到中西文化发展脉络中的同类现象不一定发生在相同的时间段，不能按物理时间做机械比较。④ 历史的这种特

---

① 恩格斯：《自然辩证法》，人民出版社 2018 年版，第 6 页。
② 恩格斯：《自然辩证法》，第 10—11 页。
③ 如果就史学近代化要素的社会经济基础而言，学界的"唐宋变革论"讨论揭示出了宋代的一些变化，但不能完全对应史学近代化。史学的近代化，以宋代商品经济发展、具有自身文化需求的市民阶层的兴起和印刷技术为基本条件。宋代商品经济是否是资本主义经济萌芽及其未能实际发展出资本主义经济，并不影响其自身作为时代的经济基础而对当时的上层建筑产生影响。
④ 杜维运注意到中西史学比较无法太精确，西方中世纪是史学的黑暗时期，而中国则是魏晋至唐宋的黄金时期，这种比较困境即由机械比较所致。参见杜维运《中西史学比较的困境与美境——兼评后现代主义》，《变动世界中的史学》，北京大学出版社 2006 年版，第 39—47 页。所以杜维运根据史学特征来比较中西史学，在西方史家认为"中国史学与欧洲一四五〇年至一七五〇年间史学，盖在伯仲之间"的基础上，提出文艺复兴史学探究史事真相的意识在中国上古时代已经形成。参见杜维运《中国史学史》第 1 册，商务印书馆 2010 年版，第 24—26 页。

第一篇　中国史学理论及其方法

性也表现为历史与史学有时未必严格对应。为了尊重关于中国历史的既有分期观念,本文以宋代为史学的近世化时期。此时期理性化历史观、政治功利主义等一些既有史学要素实现了辩证法意义上的"质变",开始显现为近代化史学要素,使宋代史学出现重大转向,① 是20世纪史学近代化要素的原生性部分的起源时期。

为了发现中国史学的近世化,需要对照已经得到明确的西方情况。在西方,史学是学术文化的重要组成部分,特别是19世纪欧洲历史学一改古典时代以来的低下地位,强势勃发。历史主义与主张历史单线进步的启蒙思想合流,孕育出一种从历史连续性中探讨历史因果关系的学术理路。从维科(Giambattista Vico)到黑格尔的历史进化论和达尔文的生物进化论成为西方史学近代转型在历史观层面的指挥棒。此观念之养成非一日之功,必有其先导;历史观之造就新史学也须得有史学方法产生。史学近代转型可循迹至文艺复兴。彼得拉克之历史三段论引导了之后史学家探讨人类历史阶段与变化,而文艺复兴时期的博古学(antiquarius/antiquitates)与文献学(philology)则为近代史学提供了有别于叙事传统的历史考证方法。②

正如余英时所言,学术文化发展有其"内在理路"(inner logic)。不同地域的主要文明往往在大体相同时间段产生类似文化要素是一种表现。雅思贝尔斯(Karl Jaspers)注意到了世界主要文明的"轴心时代"③,堺屋太一注意到世界大范围内中世纪终结的必然性和近代精神的萌发。④ 宋代出现类似欧洲的大变革与近代化要素的增长,从一定角度反映出中西文化

---

① 史学的近世化时期是传统史学开始显现近代化要素的时期,同时也是一定程度上保持传统史学连续性的时期。历史发展很少出现断崖式转变,新要素的显现与发展往往在旧传统的连续性中实现。文艺复兴曾被视为一种与中世纪的"断裂",但从约翰·赫伊津哈(Johan Huizinga)到彼得·伯克等人的研究则显示出其与中世纪的连续性。关于"唐宋变革论"的讨论争执不下,也有一个类似原因,即历史的变革与连续往往是辩证统一的,一种单一视域往往只能看到辩证过程中的一个方面。对中西史学近代化的考察,并不与史学传统连续性的认识相矛盾,反而以承认连续性为前提。

② 王晴佳:《西方史学如何完成其近代转型?——四个方面的考察》,《北京大学学报》2016年第4期。

③ [德]卡尔·雅思贝尔斯:《历史的起源与目标》,魏楚雄、俞新天译,华夏出版社1989年版,第7—9页。

④ [日]堺屋太一:《知识价值革命》,生活·读书·新知三联书店1987年版,第142—152页。

发展的共同内在理路，而史学则是其重要方面。

西方史学的近代化突出表现为冲破中世纪神学的束缚而走向专业化，重点是在历史观与史学方法上的转型。宋代史学出现了大致类似的趋向且时间早于欧洲，堪称史学近代化的前导，绝非西方史家曾认为的那样缺少变化。[1] 从近代以来的史学观念来看，中国古代史学应包括史部、经部和子部、集部中的若干部分。因此对宋代史学近世化的讨论，不应局限于"史部"。

二 历史观的近世化

欧洲文艺复兴时期和中国宋代都在历史观方面出现了重要的近代化要素。前者是对基督教传统产生怀疑，要复兴古典文化；后者是对汉唐经学传统产生怀疑，要直承孔孟之道。

第一，欧洲文艺复兴时期在历史观方面最引人注目的变化在于其不同于以往的历史阶段论，宋代也有类似现象。在文艺复兴之前，欧洲人已经开始从宗教的角度用"黑暗"与"光明"来划分时期，人文主义者则借用"黑暗"这一隐喻（metaphor）来指代完全无视古典文化的历史时期。[2] 彼得拉克最早从人文主义的角度赋予"黑暗"的隐喻以新内涵，薄伽丘（Boccaccio）、菲利波·维拉尼（Filippi Villani）和吉贝尔蒂（Ghiberti）等人进一步予以发展，用"黑暗时代"（Dark Ages）一词形成一种历史划分（periodizon）。[3] 后世看来，这便自然形成了历史的三阶段论：中世纪是抛弃古典文化的"黑暗时代"（Dark Ages），之前的阶段是古典时代，之后便是古典文化复兴（rebirth）的当代。历史阶段的划分意味着彼得拉克超越了"古今不分"（anachronism）的观点，这是近代史学的理论基点。[4] 这种历史阶段论根源于人文主义者对古典时代的向往。

---

[1] Leonard Krieger, Ranke, *The Meaning of History*, The University of Chicago Press, 1977, p. 101.
[2] Franco Simone, "La Coscienza della Rinascita negli Umanisti", *La rinascita*, Vol. 2, 1939, pp. 838 – 871; Vol. 3, 1940, , pp. 163 – 186.
[3] Theodore E. Mommsen, "Petrarch's Conception of the 'Dark Ages'", *Speculum*, Vol. 17, No. 2, 1942, pp. 226 – 242.
[4] 王晴佳、李隆国：《外国史学史》，北京大学出版社2017年版，第152页。

第一篇　中国史学理论及其方法

　　与人文主义者因向往古典时代而产生历史三阶段论类似，宋儒也发挥了韩愈的道统说形成历史三阶段论，打破了之前在儒家思想中占据主导地位的历史循环论。①

　　韩愈发挥《孟子·尽心下》所述儒家传承，宣扬儒家道统，将历史阶段划分为孟子之前的儒道传承时代和孟子之后的儒道"不得其传"的时代。② 韩愈与弟子李翱发挥孟子的心性之说，使心性论成为儒家正统的标准。宋初孙复重道统，有宋代"逾唐而跨汉……思复虞、夏、商、周之治道于圣世"的提法。③ 石介作《三朝圣政录》亦有以宋初为治世而为后世立法之意图。二程发挥韩愈之说，标榜"道学"，即后人所谓"理学"，以接续儒学正统自居，有意无意间带来了较明确的历史阶段划分。因为二程继承了韩愈、李翱的心性论，因而其历史阶段划分也以心性为标准。程颐强调孔子作《春秋》是"人道备矣，天运周矣"的黄金时代的绝响，此后历史进入一个新时代，"圣王既不复作……顺天应时之治不复有"。但《春秋》是存留"先王之道"的"百王不易之大法"④，从逻辑上来说，当时复兴先王之道的道学正在带来一个复兴时代。程颐对此直言不讳，他依据心性标准，认为孟子死后是一个"天下贸贸焉莫知所之，人欲肆而天理灭"的漫长历史时期；而程颢则开辟了一个新的历史时期，"先生生千四百年之后，得不传之学于遗经，志将以斯道觉斯民"⑤。程颐还明确称"自三代而后，本朝有超越古今者五事"⑥，提升宋代的历史地位。信奉二程者明确认为"自孟轲没，圣学失传，学者穿凿妄作，不知入德。（明道）先生杰然自立于千载之后，芟辟榛秽，开示本原"⑦。由此，宋代开始了一种以儒学正统是否存在为标准的历史阶段划分。孟子之前儒家之道得以传承，为一阶段；孟子死后道统不得其传，类似人文主义者眼中的"黑暗时

---

　　① 孟子已有"五百年必有王者兴"的观念，董仲舒总结和确立了"三统"说与"五德"说，形成了将历史看成若干类型的循环的历史观。虽然这种历史循环论带有变易和进步色彩，但从历史阶段划分类型的角度看，并没有针对整体实际历史进行历史主义的反思和划分。
　　② 韩愈：《韩昌黎文集校注》卷1《原道》，上海古籍出版社1986年版，第18页。
　　③ 孙复：《孙明复小集·寄范天章书二》，《文渊阁四库全书》本。
　　④ 程颢、程颐：《二程集》第2册《河南程氏文集》卷8《春秋传序》，王孝鱼点校，中华书局1981年版，第583页。
　　⑤ 程颢、程颐：《二程集》第2册《河南程氏文集》卷11《程伯淳墓表》，第2027页。
　　⑥ 程颢、程颐：《二程集》第1册《河南程氏遗书》卷15《伊川先生语一》，第159页。
　　⑦ 程颢、程颐：《二程集》第1册《河南程氏遗书·附录·门人朋友叙述并序》，第329页。

代";而程颢倡明道学,又开始了一个道统复兴的新阶段。这样,一个"历史三段论"便渐渐清晰起来。

理学的发展进一步推动了这种"历史三段论"。至南宋,朱熹首发"道统"之义,更深刻地将道统与心性结合起来,带动了群儒争言道统。朱熹认为"盖自上古圣神继天立极,而道统之传有自来矣"。这个统序从"伏羲、神农、黄帝、尧、舜"这些"上古圣神"开始,"圣圣相承",孔子以下传至孟子,"及其没而遂失其传焉"。此后便是程颐所谓黑暗时代:"吾道之所寄不越乎言语文字之闲,而异端之说日新月盛,以至于老佛之徒出,则弥近理而大乱真矣。"直至二程才重新接续道统。朱熹强调,二程之所以能够接续道统是因为子思所作《中庸》:"幸此书之不泯,故程夫子兄弟者出,得有所考,以续夫千载不传之绪;得有所据,以斥夫二家似是之非。"① 另外,朱熹也推崇周敦颐在道统中的地位,云"惟(濂溪)先生承天畀,系道统"②,称其在道统中的位置是"上继孔颜,下启程氏"③。此论仍然是出于心性论,故称"濂溪先生周公心传道统,为世先觉"④。朱熹不但基本确立了道统统序,也带动了理学中人和反对理学的学者对这种历史阶段论进行归纳。像朱熹的弟子陈淳便接受了朱熹的道统谱系,又归纳复兴道统而开辟新时代者为周敦颐、二程与朱熹"四先生",称"道统之复续,实有赖于四先生"⑤;又称"惟四先觉,前后一心,道统攸归,百世师表"⑥,言外之意"先觉"将启发后知,成一新时代。这样,"圣王孔孟传道—道统中绝—四先生继统开辟"的历史三段论便完成了。

理学的反对者也受其影响而讨论历史阶段划分。事功学派代表陈亮在与朱熹辩难时提到理学的"三代"与"汉唐"的历史分期。⑦ 陈亮不赞成

---

① 朱熹:《四书章句集注·中庸章句序》,中华书局1983年版,第14—15页。
② 朱熹:《晦庵先生朱文公文集》卷84《书濂溪光风霁月亭》,朱杰人、严佐之、刘永翔主编《朱子全书》第24册,上海古籍出版社、安徽教育出版社2002年版,第3984页。
③ 朱熹:《晦庵先生朱文公文集》卷86《奉安濂溪先生祠文》,朱杰人、严佐之、刘永翔主编《朱子全书》第24册,第4038页。
④ 朱熹:《晦庵先生朱文公文集》卷99《(知南康榜文)又牒》,朱杰人、严佐之、刘永翔主编《朱子全书》第26册,第4582页。
⑤ 陈淳:《北溪大全集》卷23《答李公晦三》,清抄本。
⑥ 陈淳:《北溪大全集》卷49《祭四先生》。
⑦ 陈亮:《陈亮集》卷28《又甲辰秋书》,邓广铭点校,中华书局1987年版,第340页。

理学家"察其心"以否定汉唐的说法,① 而推崇汉唐功业,② 也形成了类似的历史三段论。陈亮赞成"三代"与"汉唐"为两个不同的历史阶段,"大概以为三代做得尽者也,汉唐做不到尽者也"③。他也认为宋初为一个新的历史阶段,"我国家二百年太平之基,三代之所无也"④。这样还是形成了"三代—汉唐—宋初"的历史三段论。从历史阶段划分的角度来看,陈亮和朱熹等理学家的分歧只是在于划分标准是主心性与主事功的不同,而历史分期则基本相同。这样的历史三段论在司马光等人的历史著述中都有所表现。

第二,文艺复兴产生了西方"今胜于古"的历史进步观念的萌芽,宋代也出现类似情形。强调发展或进步是西方史学最重要的特征,⑤ 也是中国近代史学引入的核心观念。强调"末日审判"的中世纪无法想象历史进步,即使上溯到古典时代,因为希腊与罗马的政治衰落,史家也普遍对进步抱持消极态度。而文艺复兴时期,人们从新的角度审视历史,产生了"时代差异意识",成为现代史学早期的最重要特点。⑥ 人文主义者通过对时代差异的比较,认为自己所处的"现代"比之前的黑暗时代进步,从而为现代历史进化论开辟了道路。中国的情况略有不同,在宋代以前法家与儒家已经产生了一些历史进步的思想观念,⑦ 典型者如何休的"衰乱—升平—太平"之"三世"说。但它并不是实际历史考察的结论,也不是整体性的历史反思,甚至不符合实际历史的发展趋势,仅仅是"借鲁史以明义"⑧。

基于空前的政治大一统与文治武功,唐代儒家开始显示出"今胜于

---

① 朱熹:《晦庵先生朱文公文集》卷36《答陈同甫》,朱杰人、严佐之、刘永翔主编《朱子全书》第21册,第1583页。
② 陈亮:《陈亮集》卷28《又甲辰秋书》,第340页。
③ 陈亮:《陈亮集》卷28《又书》,第348页。
④ 陈亮:《陈亮集》卷1《上孝宗皇帝第一书》,第2页。
⑤ [英]彼得·伯克:《西方历史思想的十大特点》,王晴佳译,《史学理论研究》1997年第1期。
⑥ Peter Burke, *The Renaissance Sense of the Past*, Edward Arnold Press, 1965, p. 1.
⑦ 荀子主张"法后王",法家发展出韩非的历史进步思想,秦朝认为自己达到了历史巅峰,在刻石文中要求"顺承勿革"。但法家在汉代之后失去了正统地位,其历史观被儒家所取代。
⑧ 吴怀祺主编,汪高鑫著:《中国史学思想通史·秦汉卷》,黄山书社2002年版,第437—452页。

古"的文化自信，①但尚未提出整体性历史结论，因而也未能在古今对比中产生"今胜于古"的历史阶段论。宋儒完成了这一历史任务。其历史三阶段论与文艺复兴的历史三阶段论相似，都认为当下的时代好于之前的时代，并且都以复兴古代文化作为进步评判的依据，从而表现出相似的局部进化论。朱熹以《中庸》为复归儒学正统的依据，虽然颇为主观，但已贴近历史。二程大力提倡《中庸》，因此以二程为道统接续者也能自圆其说。陈亮虽然反对理学的历史评价标准，但在进步观念方面，他甚至走得更远，认为宋初二百年是"三代之所无"。

第三，文艺复兴、宋代史学都推动了人文主义②的发展，突出表现为提升人在历史中的作用而弱化神的作用。马基雅维利（Niccolò Machiavelli）和圭恰迪尼（Francesco Guicciardini）等史学家都在历史观和历史叙述方面强烈表现出这种颠覆中世纪史学的特点。马基雅维利的突出特点是在历史观方面不再把神意视作人世的主宰，转而积极向古人寻求解决之道。圭恰迪尼的人文主义精神不仅表现在历史观方面，而且更突出地表现在历史叙述中。他摆脱中世纪的传统而在历史叙述中以古典观点作为原则，直接摘抄西塞罗的《论演说》，并将其置于《意大利史》中，指明是他写作的指导原则；而在具体写作中，他采用了更接近罗马史学的编年叙述方式，从而使《意大利史》成为对李维（Titus Livius）《建城以来罗马史》、塔西佗（Tacitus）《历史》与《编年史》的效仿与接续。

宋代史学在历史观和历史叙述方面也发生了类似的转向。

首先，宋儒摆脱了汉代以降的神学氛围，将决定历史兴衰的力量归纳为"道""天理"。董仲舒以"天人感应"说对天人关系作神秘化的解释，西汉诸儒也用《洪范》中的"五行"观念解说自然与社会现象，东汉更兴

---

① 参见邓锐《权力与心态："元感上书"与长安三年经学派系分立考论》，《求是学刊》2019年第5期。
② "人文"一词在东西方的起源不同，但本质上都是在人与其他事物的关系中以"人"为中心的一种思维方式与文化。《贲·彖辞》之"观乎天文，以察时变；观乎人文，以化成天下"。"人文"与"天文"相对，表示与人切近者。现代汉语之"人文主义"由翻译英文"humanism"而来。"humanism"主要是通过文艺复兴时期人文主义者追溯古罗马文化而形成。古罗马人形成了一套关于人的学问，最早由西塞罗表述为"humanitas"。人文主义通过考证古典拉丁文文本重新建立起了这套"人性研究"的学问，即当时所称"studia humanitatis"。19世纪英文"humanism"一词被发明出来指代"studia humanitatis"，随后又被用来形容文艺复兴时期在人神关系中提升了人的地位的主张。

第一篇 中国史学理论及其方法

起谶纬神学,由此造成了以天人关系说为基础的神意史观。汉代今文经学"进一步堕落成为僧侣主义",古文经学虽然具有一些异端思想但也"不能从无神论观点去批判神学"①。因为汉学形态中的师法、家法束缚,经学无法挣脱神学传统,致使神意史观延续了千年之久。② 与欧阳修一同编修《新唐书》的刘羲叟即继承了这种历史观,其"著书十数篇,视日月星辰以占国家休祥多应也"③。欧阳修"力破汉儒灾异五行之说"④,成为经学天人关系论的分水岭。他通过重新阐释灾异,使天人关系论人文化。欧阳修认定"六经之所载,皆人事之切于世者"⑤,指责"三传"以来的《春秋》灾异说是附会。⑥ 二程也认为汉儒讲"事应"是推灾异太过,⑦ 因而把灾异纳入天理范畴,认为"天人之理,自有相合。人事胜,则天不为灾;人事不胜,则天为灾。人事常随天理,天变非应人事"⑧。汉儒所说的"天"具有人格神的特征,二程所说的天则更接近于一种自然法则。至此,宋儒以灾异为警戒、但追求"人事胜"而不重探求神意的历史观成形。到了理学勃兴的时代,程公说总结这一天人观,一方面强调灾异的警戒作用,"为之戒惧,虽微不敢忽而已";另一方面又贯穿欧阳修、二程以下的反神秘主义宗旨,"不指言事应,谨之至也"⑨。

其次,宋代的历史叙述也深具人文主义特点。一方面,经学的天人观使宋代的历史撰述同步表现出人文转向。汉儒的神学化历史观反映在史学上,突出表现为班固作《汉书》,设《五行志》,专记天人感应的"咎征"。历代正史基本都继承了此种做法。欧阳修既破汉儒之说,认为史书严格对应天人是"为曲说以妄意天",因此他自己修史"著其灾异,而削

---

① 侯外庐主编,张岂之等编著:《中国思想史纲》上册,中国青年出版社1980年版,第152—155页。
② 汉代经学神学化之后即兴起了去神秘化思潮,成为宋代经学变古的历史准备。但是,在宋代之前,这种历史观始终不能颠覆汉学思想进而成为时代思想的主流。宋代是儒学理性主义与人文主义真正实现质变的突破时代。
③ 王称:《东都事略》卷65《刘羲叟传》,齐鲁出版社2000年版,第539页。
④ 欧阳修:《欧阳修全集》附录卷2《先公事迹》,李逸安点校,中华书局2001年版,第2627页。
⑤ 欧阳修:《欧阳修全集》卷47《居士集·答李诩第二书》,第669页。
⑥ 欧阳修:《欧阳修全集》卷60《居士外集·石鹢论》,第881页。
⑦ 程颢、程颐:《二程集》第1册《河南程氏遗书》卷22下《伊川先生语八下》,第304页。
⑧ 程颢、程颐:《二程集》第2册《河南程氏外书》卷5《冯氏本拾遗》,第374页。
⑨ 程公说:《春秋分记》卷24《书六·五行书》,《文渊阁四库全书》本。

其事应云"①。司马光也持类似态度，申明《资治通鉴》删去"妖异止于怪诞"者，只收"妖异有所儆戒"者，②并且在编纂《资治通鉴》时采取了只书灾异不著事应的做法。朱熹基本也是如此，重视灾异的"谴告警动之意"③，但以立足人事的态度加以谨慎著录。其拟定《资治通鉴纲目凡例》，专立《灾祥》一项，规定叙事规则。④另一方面，宋代的历史叙述也具有强烈的复兴先秦儒学正统时代史学的旨趣。宋代《春秋》学之盛，不仅在天人关系说等方面重塑了《春秋》学，更影响了众多史家用比圭恰迪尼更加彻底的方式效仿《春秋》的历史叙述方式，使得编年体振兴、"《春秋》笔法"流行。⑤宋代历史观的变化又引起史学方法的变化，从而使得历史研究的面貌得以改变。

三 史学方法的近世化

中西历史观的变化带来新的历史研究探索，史学方法是其中的重要方面。

第一，欧洲文艺复兴时期和中国宋代都在印刷术的促进下出现了历史考证的兴起，后者还在中国重视史学的传统背景下出现了史学考证风气。文艺复兴时期的博古学（antiquarius/antiquitates）与文献学（philology）等为近代史学提供了有别于叙事传统的历史考证方法，印刷术的普及又推动了历史考证的发展。博古学虽然与历史学存在张力，但为后者带来了考证风气，也促成史家对实物史料的重视，⑥由此文艺复兴史学开始区别于以叙述为特征的传统史学。博古研究风气使人文主义者的兴趣从实物形态扩展到文字记述，文献学的考证发展起来，作为古史研究支撑手段的碑铭学

---

① 《新唐书》卷34《五行志一》，中华书局1975年版，第873页。
② 司马光：《资治通鉴释例·温公与范内翰论修书帖》，《文渊阁四库全书》本。
③ 《宋史》卷429《朱熹传》，中华书局1985年版，第12764页。
④ 朱熹：《资治通鉴纲目》附录1《凡例》，朱杰人、严佐之、刘永翔主编《朱子全书》第11册，第3497页。
⑤ 关于宋代历史叙述效仿《春秋》的做法，参见汪高鑫《中国经史关系史》，黄山书社2017年版，第297—306页；邓锐《宋代的〈春秋〉学与史学》，《学习与探索》2012年第8期；邓锐《〈春秋〉书法对宋代史书褒贬的影响》，《安徽史学》2009年第6期等。
⑥ 王晴佳：《西方史学如何完成其近代转型？——四个方面的考察》，《北京大学学报》2016年第4期。

也得到发展,"把古物收集变成了考古学"①,从而强化了历史考证。彼得拉克开创了人文主义者对古典文本的考证传统,发展至洛伦佐·瓦拉,人文主义的历史观和文献考证更清晰地结合在一起。② 印刷术的普及带来手稿错误被扩大的情况,③ 由此校勘成为必要,这极大地推动了历史考证的发展。印刷术推动了知识社会化的进程,使得学者承担起"发现新知"的责任。④ 特别是因为印刷过程中版本的重要性,使得文本考证的风气兴盛起来。"统一原著的不同手稿对关键词有着不同的解释,因此,人们不得不发展'校勘'技术。"⑤

欧洲考证聚焦于古典文本,中国考证聚焦于经学文本。唐中期以后,刘知幾和啖赵学派的"疑古惑经"风气开始发展,趋于形成新的历史考证体系。宋代校勘的发展与印刷繁荣密切相关。⑥ 宋代将五代以来的"镂板之学"与经史新风相结合,在经学义理化的发展趋向中推动了考证的发展。

北宋初年,最引人瞩目的一个学术现象是官方倡导的经学与相关书籍的普及和大规模印刷,"镂板藏于太学,颁于天下"⑦。孔颖达的《五经正义》得以普及,继而又校订各经义疏印刷,称为镂板之学。宋代印本逐渐取代写本,突显了版本的重要性,"世既一以板本为正,而藏本日亡,其讹误者遂不可正"⑧。宋人认为"镂板已多,傥许攻乎异端,则亦误于后学"⑨,因此注意镂板的控制,尤其是应"先为勘校"⑩,寄望"一其文字,

---

① 张广智:《西方史学史》,复旦大学出版社2010年版,第103页。
② [美]唐纳德·R.凯利:《多面的历史:从希罗多德到赫尔德的历史》,陈恒、宋立宏译,生活·读书·新知三联书店2003年版,第264—265页。
③ O. Pedersen, "The Decline and fall of the theorica Planetarum", *Studia Copernicana*, 16 (1978), pp. 157–186.
④ [新西兰]史蒂文·罗杰·费希尔:《阅读的历史》,商务印书馆2015年版,第190页。
⑤ [英]彼得·伯克:《文艺复兴》,梁赤民译,北京大学出版社2013年版,第36页。
⑥ 张舜徽:《论宋代学者治学的广阔规模及替后世学术界所开辟的新途径》,张君和编:《张舜徽学术论著选》,华中师范大学出版社1997年版,第197—200页。
⑦ 孙复:《孙明复小集·寄范天章书二》,《文渊阁四库全书》本。
⑧ 叶梦得:《石林燕语》卷8,明正德杨武刻本。
⑨ 《宋大诏令集》卷191《政事四十四·诫约属辞浮艳令欲雕印文集转运使选文士看详诏》,中华书局1962年版,第701页。
⑩ 洪迈:《容斋随笔·容斋四笔》卷2《抄传文书之误》,孔凡礼点校,中华书局2005年版,第651页。

中西比较视域中的宋代史学近世化：基于历史观与史学方法的考察

使学者不惑"①。唐代颁行《五经正义》，"所宗之注不同，所撰之疏亦异"②，对选定的注本即使有错也不纠正。到北宋大规模雕版印经时，这些千年流传过程中累积的经学文本中的错误与矛盾也进一步突显出来。于是有"端拱校《五经正义》"以供雕版印刷。③ 这次大规模的校勘并没有解决经学版本的问题，又有"咸平勘经"。勘经也带动了史籍校勘，出现"淳化校三史""嘉祐校七史"等。④ 宋代学者甚至因印刷普及而忧虑作为历史考证重要内容的音韵训诂之学，感慨："嗟夫！小学放绝久矣。自是其复兴乎！"⑤ 可见，以经学定本为核心的印刷促进了历史文献考证的发展。

宋初的校勘活动，虽然运用传统校雠学和小学解决了一些经学文献的问题，但因为官方印刷，导致整个经学体系乃至背后的治经路径都被固定化。而一般性校勘对千年积累的经学的内在矛盾无能为力。家法、师法的门户之见与相互抵牾，还有不能适应时局的陈旧说法，都使得传统经学文献在宋儒眼中显现出不能容忍的弊端。尤其是人文主义历史观的兴起，使得宋儒眼中的义疏包含了大量"怪异惑乱"之说。因此，宋初镂板之学的盛行带来了新的解经方法和考证经学文本的观念与方法的发展。

为了消除经学文献的历史谬误并适应时局，新的历史考证方法就成为必需。就像文艺复兴后期的校勘技术引起了"评论时期"⑥，宋代的文献考证也扩大为带有评论性质的历史考证和史学考证。宋真宗时，邢昺修《论语注疏》"因皇侃所采诸儒之说刊定而成"，已"稍传以义理"，后世视之为汉学向宋学的"转关"⑦。因为笺注义疏之学经过千年的矛盾与谬误积累，已积重难返，无法由传统的经学考证方法加以解决，再加上按照传统考证方法能够贯通群经以定"诸经板本"者寥寥，因此"传以义理"就成为一种可能的解决方案。在技术性校勘之外，宋儒发展起了基于疑古惑经精神的新历史考证体系。这一工作最终由理学完成。理学重构了经学的历史考证形态：一方面改变了经学原典的体系，使"四书"学凌驾于"五

---

① 程俱：《麟台故事》卷2中《校雠》，《十万卷楼丛书》本。
② 皮锡瑞：《经学历史·经学统一时代》，中华书局2004年版，第203页。
③ 王应麟：《玉海》卷43《艺文》，《文渊阁四库全书》本。
④ 李焘：《续资治通鉴长编》卷43《真宗·咸平元年》，中华书局2004年版，第908页。
⑤ 魏了翁：《经外杂抄》卷1《新编许氏说文解字五音韵谱后序》，《文渊阁四库全书》本。
⑥ [英]彼得·伯克：《文艺复兴》，第115页。
⑦ 永瑢等：《四库全书总目》卷35《四书类一》，商务印书馆1965年版。

经"之上；另一方面也使经学考证时的引征范围打破了家法、师法藩篱，解经可任意出入各家。唐代"宁道孔圣误，讳闻郑、服非"的"迁经就传"倾向被彻底改变。①

宋代的历史考证风气也催生了有意识的史学考证。宋代历史文献学有多方面的成就，②其中不乏史学考证。首先，宋代出现配合修史的史学考证作品。典型者如吕夏卿著《唐书直笔》，"于《新唐书》最有功"③。他考证"《春秋》义例"，以之为《新唐书》的编纂规则，又考证《旧唐书》与《新唐书》记述方式，对它们提出批评。其次，宋代出现了一批对史学作品进行"纠谬"与"刊误"的作品，也包含大量史学考证。吴缜的《新唐书纠谬》考证《新唐书》，"不可谓无裨史学也"④。吴仁杰的《两汉刊误补遗》在张泌《汉书刊误》，余靖《汉书刊误》（为印刷而作⑤），刘敞、刘攽、刘奉世《三刘汉书标注》等《汉书》刊误名著辈出的情况下推陈出新，不但考证《汉书》，也考证之前考证《汉书》之作。再者，宋代还出现了专门的史学汇考作品。高似孙著《史略》，接续《史通》专门考评史著，汇评各类体裁的史书。值得注意的是，《史略》在同一卷中将"史评"与"史赞"分列为两个条目，⑥表明作者已有区别历史评论与史学批评的意识，反映出宋代的史学考证风气。

另外，宋代产生的金石学也具有一定的重视实物材料考证的倾向，与欧洲的碑铭学类似。宋代金石学既重视文献内容的研究，也有重视形态的研究，⑦并且研究范围不局限于金石，还包括古钱、古印等较大范围。⑧金石学从开创时起便自觉以历史研究为旨归，重视考史，形成了文物与文献的双重价值论。⑨欧阳修著《集古录》，"载夫可与史传正其阙谬者"⑩，将

---

① 《旧唐书》卷102《元行冲传》，中华书局1975年版，第5693页。
② 瞿林东：《中国史学史纲》，北京出版社1999年版，第485—490页。
③ 《宋史》卷331《吕夏卿传》，第10658—10659页。
④ 永瑢等：《四库全书总目》卷46《史部二·正史类二》，第411页。
⑤ 程俱：《麟台故事》卷2中《校雠》。
⑥ 高似孙：《史略》卷4，《古逸丛书》影宋本。
⑦ 崔文印：《宋代的金石学》，《史学史研究》1983年第2期。
⑧ 傅振伦：《宋代的金石学》，《史学月刊》1983年第1期。
⑨ 白寿彝主编，吴怀祺著：《中国史学史》第4卷《五代辽宋金元时期·中国古代史学的继续发展》，世纪出版集团、上海人民出版社2006年版，第207—213页。
⑩ 欧阳修：《欧阳修全集》卷42《居士集卷四十二·集古录目序》，第600页。

金石材料引入历史研究；吕大临著《考古图》等，明确实物材料对于文献和历史研究的价值，云："以意逆志，或深其制作之原，以补经传之阙亡，正诸儒之谬误"[1]；赵明诚进一步指出金石材料相对于历史文献的优越性，"史牒出于后人之手，不能无失，而刻词当时所立，可信不疑"[2]。此外，宋代对金石材料的兴趣与欧洲"博学时代"的博古学家类似，也显示出宋人超越了历史循环论的倾向，而走向对"（历史）变化"的关注。[3]

第二，文艺复兴史学和宋代史学都出现政治功利转向。在欧洲，马基雅维利和圭恰迪尼等人掀起了人文主义政治史学的浪潮。他们均具有担任行政官员的身份，积极投身现实的政治活动；他们的史著都注重政治功利；都向往古代政治而希望能恢复之。这些特点与中国主张政治功利的史家相似。

从身份角度来说，宋代的"文治"与科举发展造就了一大批像司马光、欧阳修、李焘及李心传等身在行政系统而重视史学政治功用的史学家。这是中国士大夫"学而优则仕"传统发展出的一种现象。唐代杜佑著《通典》，标示了身居庙堂的士大夫开始更加自觉地以史学实现政治功利的倾向。宋代则将这一风气推向空前的高潮，实现了史学的政治功利主义转向，具有质变意义。

从史学的政治功利取向来说，事功学派是典型，但义理化学术甚至理学内部也不乏政治功利主张。事功学派强调经世致用，服务现实政治。像吕祖谦"愿将实学酬天造"而主张功利，[4] 开浙东事功学派风气。他把掌握历史知识、熟悉文献掌故和讲天理纲常、提倡修身养性统一起来，[5] 从而使义理与事功成为统一体。他撰《大事记》深究历史，又撰《大事记通释》与《大事记解题》与之相辅，以"畜德致用"[6]。稍后，陈亮欲"考古今沿革之变，以推极皇帝王伯之道，而得汉、魏、晋、唐长短之由"[7]，

---

[1] 吕大临：《考古图后记》，陈俊民辑校：《蓝田吕氏遗著辑校·文集佚存》，中华书局1993年版，第592页。
[2] 赵明诚：《金石录·序》，刘晓东、崔燕南点校，齐鲁书社2009年版，第1页。
[3] Thomas H. C. Lee, "New Directions in Northern Sung Historical Thinking（960 – 1126）", in Q. Edward Wang, Georg G. Iggers, *Turning Points in Historiography: A Cross-Cultural Perspective*, The University of Rochester Press, 2002, pp. 59 – 88.
[4] 吕祖谦：《东莱集》卷1《恭和御制秋日幸秘书省近体诗》，《文渊阁四库全书》本。
[5] 吴怀祺：《吕祖谦的史学》，《史学史研究》1992年第2期。
[6] 吕祖谦：《大事记解题》卷1《周敬王三十九年庚申》，《文渊阁四库全书》本。
[7] 陈亮：《陈亮集》卷1《书疏·上孝宗皇帝第一书》，第9页。

因而多发史论。永嘉学派更是注重经史，史著颇丰。①

即使是义理化之学甚至理学一系，在民族政权对峙的竞争中也注意政治功利，突出表现为正统论。欧阳修开宋代正统论重视大一统功业之风，提出"王者大一统"和"君子大居正"两个正统标准，② 并把大一统的功业标准置于居正的道德标准之上。《资治通鉴》把"九州合为一统"作为评判正统的唯一标准，认为不如此则皆与"古之列国无异"③。朱熹的正统论也主张"只天下为一"的政治功利标准。④

从史学的政治目标而言，宋代史学主流希望恢复"三代"之治，与马基雅维利等人复兴古罗马政治的希望相似。就实现路径而言，事功学派主要希望通过"多识前言往行，考迹以观其用"的历史考察来实现，⑤ 而理学派则主要希望通过"心传"来完成。

总之，文艺复兴时期和宋代的史学在观念与方法方面具有相类的近代化要素，表现出一种东西方"文艺复兴"时代的文化一致性。中西史学经由对古代传统的"复兴"，在延续传统史学的同时，开始向着19、20世纪近代化史学形态转向，从而开启了一个史学从传统走向近代形态的辩证发展的新历程。19世纪兰克在建立近代史学的过程中，着眼于对马基雅维利等文艺复兴史家及其史著的批判，进而产生了其史学的基本原则与方法。在中国史学的近代化过程中，存在一个由经而史的对传统进行转换的过程。⑥ 廖平发挥经学宋学形态的义理与思辨特征，而以今古文融合路径奠定了统一中西的历史哲学，其历史阶段论形态源于宋儒；理学专家的康有为也在反思、改造甚至否定理学的过程中以今文经学路径引入西方观念，表现出宋学变古式的怀疑与否定精神；章太炎以古文经学路径由朴学转入"信史"之学，从清代到近代经学的"信史"观念的一个重要源流即宋儒

---

① 鲍永军：《论永嘉事功学派的史学思想》，《史学史研究》2003年第2期。
② 欧阳修：《欧阳修全集》卷16《居士集·正统论上》，第267—269页。
③ 司马光：《资治通鉴》卷69《魏纪一》，中华书局1956年版，第2187页。
④ 黎靖德：《朱子语类》卷105《通鉴纲目》，中华书局1986年版，第2636页。
⑤ 吕祖谦：《丽泽论说集录》卷1《大畜》，《文渊阁四库全书》本。
⑥ 参见汪高鑫、邓锐《今文经学与史学的近代化——以康有为、崔适、梁启超和夏曾佑为考察中心》，《史学史研究》2009年第4期；汪高鑫《古文经学与史学的近代化——以章太炎、刘师培为考察中心》，《中国社会科学院研究生院学报》2011年第2期。

中西比较视域中的宋代史学近世化：基于历史观与史学方法的考察

重视考证而提出的"《春秋》谨一言而信万世"等观念。① 一方面，宋代史学的近代化要素经过清代考据学形态的扬弃，在由经而史的接引西学过程中从思维、精神、观念等多个方面起到了一定作用。② 另一方面，宋儒所奠定的理性主义、人文主义、怀疑精神与考证风气，是近代经史之学能够快速接受西方近代史学形态的重要文化原因。如果没有原生性的史学近代化要素的土壤，中国近代史学接受西方影响的过程会非常曲折。

中西史学的近代化并不是在 19、20 世纪一蹴而就的，其中若干重要近代化要素的历史起源表现出一定的一致性，可以经由中西比较发现宋代史学的近世化特征。20 世纪 70 年代左右，后现代主义兴起，历史的一致性理念陷于崩塌，连续性理念也备受冲击。经过 19 世纪的历史哲学与 20 世纪的"小叙事""间断性研究"的洗礼，当代史学理应在多元化发展中生发出新的一致性思路。区域化比较研究中所揭示的中西一致性与史学的连续性或可有所贡献。更重要的是，这种比较可以加深对中国史学的认识。"后殖民主义"揭示出很长时间内非西方世界的"去殖民化"，是以殖民者的心态和模式来反殖民化的。德里达（Jacques Derrida）和福柯（Michel Foucault）等人倾向于把包括中国在内的非西方地区的近代文化看成西方霸权影响的结果，非西方区域也往往认可此类观点。学术文化史内在一致性理路的研究发现，可以跳出以西方视域探索中国文明的中心化研究方式。经由比较可以看到，在与西方史学发生接触之前，宋代史学产生了与文艺复兴时期欧洲相似的史学近世化特征，且时间上要早于欧洲，实为中国史学原生性的近代化要素的起源阶段。因此，中国史学的近代化在一定程度上是出于学术自身的内在理路而非西方霸权的影响。应当考虑跳出西方视域以反对"西方中心论"，把中国史学的近代化看成一个史学在近代化发展中受到西方冲击而加速并改变了外部形态的过程，而非全盘西化的结果。基于此，或可在中西史学一致性的基础上探讨建立起一种兼具中国特殊性与原生普遍性的中国史学话语体系。

（原载《史学理论研究》2020 年第 1 期）

---

① 欧阳修：《欧阳修全集》卷 18《居士集·春秋或问》，第 311 页。
② 考据学在儒家史学中具有连续性的传统，在史学近代化过程中起到了重要作用。参见王晴佳《考据学的兴衰与中日史学近代化的异同》，《史学理论研究》2006 年第 1 期。

第二篇

中国古代史学批评的深层探讨

为什么要研究史学批评

瞿林东

（北京师范大学历史学院、史学理论与史学史研究中心）

自 20 世纪 80 年代以来，在我的研究领域中，史学批评是一个重要方面；在我指导的博士研究生中，也有在史学批评研究领域确定学位论文的。北京师范大学史学理论与史学史研究中心还和兄弟单位合作，举办全国性的"史学批评与史学文化"研讨会。2020 年由我主编的《中国古代史学批评史》（7 卷本）将在湖南人民出版社出版。这部著作作为教育部重点研究基地北京师范大学史学理论与史学史研究中心的重大项目，被列为国家"十三五"重点图书，并得到国家出版基金的资助，受到多方面的关注和支持。趁着这部著作出版的机会，我想就为什么要研究史学批评这个问题，讲几点认识。

一 史学批评是一种思考

史学家面对历史，面对前人撰写的历史著作，面对当代社会和当世的史学活动，必定会产生种种思考；而由于阅历、学识、禀赋的不同，他们关于史学思考的对象与重点自亦有所不同，因而思考所得也会有所不同。

唐代史学家刘知幾在讲到他少年时代读书的状态时这样写道：

> 洎年登弱冠，射策登朝，于是思有余闲，获遂本愿。旅游京洛，颇积岁年，公私借书，恣情披阅。至如一代之史，分为数家，其间杂记小书，又竞为异说，莫不钻研穿凿，尽其利害。加以自小观书，喜

谈名理，其所悟者，皆得之襟腑，非由染习。故始在总角，读班、谢两《汉》，便怪《前书》不应有《古今人表》，《后书》宜为更始立纪。当时闻者，共责以为童子何知，而敢轻议前哲。于是赧然自失，无辞以对。其后见《张衡》《范晔集》，果以二史为非。其有暗合于古人者，盖不可胜纪。始知流俗之士，难与之言。凡有异同，蓄诸方寸。①

刘知幾回忆中所谓"自小观书，喜谈名理，其所悟者，皆得之襟腑，非由染习"云云，说的正是独立思考。他关于《汉书·古今人表》的批评，不为时人认可，但却在张衡、范晔的论著中寻得了"知音"，从而进一步增强了独立思考的信心，促使他走上史学批评的治史之路。也正如他所说，《史通》这部书，因其"多讥往哲，喜述前非。获罪于时，固其宜矣"②。可见，史学批评在当时还不能为世人所理解。

元代史学家马端临在史学批评方面的思考不仅显得深刻，而且颇具宽容之心，这是他与刘知幾稍有不同之处。如他评论司马光《资治通鉴》时说道：

至司马温公作《通鉴》，取千三百余年之事迹，"十七史"之纪述，萃为一书，然后学者开卷之余，古今咸在。然公之书详于理乱兴衰而略于典章经制，非公之智有所不逮也，编简浩如烟埃，著述自有体要，其势不能以两得也。③

这里，一方面指出《资治通鉴》在内容上的"不足"之处，另一方面又指出这种"不足"之处是由"著述自有体要"所决定，而非司马光才能、智慧不够所造成的。又如他评论杜佑《通典》时这样写道：

唐杜岐公始作《通典》，肇自上古，以至唐之天宝，凡历代因革之故，粲然可考。……有如杜书纲领宏大，考订该洽，固无以议为

---

① 刘知幾：《史通·自叙》，浦起龙通释本，上海古籍出版社2009年版，第268页。
② 刘知幾：《史通·自叙》，第271页。
③ 马端临：《文献通考·自序》，中华书局2011年版，第1页。

也。然时有古今，述有详略，则夫节目之间，未为明备；而去取之际颇欠精审，不无遗憾焉。①

在这里，马端临把对《通典》的高度肯定和"不无遗憾"二者和谐地融合起来，这是因为"时有古今，述有详略"的缘故，并非杜佑才力不至。

上引马端临评论《资治通鉴》和《通典》的两句话，即"著述自有体要，其势不能以两得也""时有古今，述有详略"，表明史学批评者对历史撰述及历史撰述者，都有深入的思考和理解，凸显出史学批评者的深厚涵养。

然而，随着学术的发展，史学家的深入思考及其对史学批评提出了新的、更为深刻的认识。清代史学家钱大昕在考察古代"正史"时，指出：

> 史非一家之书，实千载之书，袪其疑，乃能坚其信，指其瑕，益以见其美。拾遗规过，匪为齮前人，实以开导后学。……桑榆景迫，学殖无成，惟有实事求是，护惜古人之苦心，可与海内共白。②

这一段话可以看作一个史学批评者真诚的"自白"。文中关于"疑"与"信"、"瑕"与"美"、"前人"与"后学"的关系的揭示，足见其思考之深刻、认识之辩证；其中尤其强调一个"信"字，突出追求信史的精神；加之"实事求是"的治学态度和"护惜古人之苦心"，等等，可以称得上史学家关于史学批评的思考所达到的最高境界。

二 史学批评是一个动力

史学批评作为一种思考，总的看来，重在对过往史学成就积累的反思。同时，我们还要看到，史学批评也是一个动力，即推动史学在现有的成就基础上产生新的成果，这是着眼于史学的未来。

---

① 马端临：《文献通考·自序》，第1—2页。
② 钱大昕：《廿二史考异》，上海古籍出版社2014年版，"书首"，第1页。

第二篇　中国古代史学批评的深层探讨

在中国史学上，司马迁的《史记》是一个伟大的首创，是中国史学上的一座不朽的丰碑。《史记·太史公自序》这样写道：

> 罔罗天下放失旧闻，王迹所兴，原始察终，见盛观衰，论考之行事，略推三代，录秦汉，上记轩辕，下至于兹，著十二本纪，既科条之矣。并时异世，年差不明，作十表。礼乐损益，律历改易，兵权山川鬼神，天人之际，承敝通变，作八书。二十八宿环北辰，三十辐共一毂，运行无穷，辅拂股肱之臣配焉，忠信行道，以奉主上，作三十世家。扶义俶傥，不令己失时，立功名于天下，作七十列传。凡百三十篇，五十二万六千五百字，为《太史公书》。序略，以拾遗补艺，成一家之言，厥协《六经》异传，整齐百家杂语，藏之名山，副在京师，俟后世圣人君子。①

这段序文全方位地概括了当时中国三千年历史的辉煌历程，读来令人惊叹不已：一则为历史的魅力所感染，二则因司马迁深邃的历史思想而受到启示。

然而，即使这样一部宏伟的历史著作，它也会受到后人的批评。东汉时期的班彪、班固父子便是较早批评《史记》的史学家。班彪对《史记》有一个全面的评论，他写道：

> 孝武之世，太史令司马迁采《左氏》《国语》，删《世本》《战国策》，据楚、汉列国时事，上自黄帝，下讫获麟，作本纪、世家、列传、书、表凡百三十篇，而十篇缺焉。迁之所记，从汉元至武以绝，则其功也。至于采经摭传，分散百家之事，甚多疏略，不如其本，务欲以多闻广载为功，论议浅而不笃。其论术学，则崇黄老而薄《五经》；序货殖，则轻仁义而羞贫穷；道游侠，则贱守节而贵俗功：此其大敝伤道，所以遇极刑之咎也。然善述序事理，辩而不华，质而不野，文质相称，盖良史之才也。诚令迁依《五经》之法言，同圣人之

---

① 司马迁：《史记》卷130《太史公自序》，中华书局1959年版，第3319—3320页。

是非，意亦庶几矣。①

从总的方面看，班彪肯定司马迁《史记》"善述序事理，辩而不华，质而不野，文质相称，盖良史之才也"；同时指出司马迁在文献利用上存在"甚多疏略"，尤其是"其论术学"，与自己的信念、观点有很大差别。尽管如此，班彪本意仍在于继续司马迁《史记》的撰述，并按照自己的主张有所改变，即"今此后篇，慎核其事，整齐其文，不为世家，唯纪、传而已。《传》曰：'杀史见极，平易正直，《春秋》之义也'"②。但是，班彪续写《史记》的计划并未完全实现，而其子班固却在批评《史记》的基础上，开辟出历史撰述的另一新天地。

班固对于司马迁《史记》的评论，继承了班彪的基本看法，但也略有不同：一是接受了扬雄、刘向的评价，认为《史记》一书，"其文直，其事核，不虚美，不隐恶，故谓之实录"③。这是肯定之处。二是强调指出，"汉绍尧运，以建帝业，至于六世，史臣乃追述功德，私作本纪，编于百王之末，厕于秦、项之列"④。这是否定之处。而其认识的本质在于如何看待西汉一朝历史在整个中国历史上的位置。正是由于班固不认可把西汉的历史"编于百王之末，厕于秦、项之列"，而要突出"汉绍尧运"的思想，这就合乎逻辑地改变班彪续写《史记》的主旨，从而致力于撰写《汉书》的计划。这就是："起元高祖，终于孝平王莽之诛，十有二世，二百三十年，综其行事，旁贯《五经》，上下洽通，为春秋考纪、表、志、传，凡百篇。"⑤值得重视的是，这是中国史学上第一部皇朝史。

上述事实表明，班彪、班固父子对《史记》的批评，在很大程度上成为他们或续写《史记》或撰述《汉书》的动力之一。而班固《汉书》的面世，自亦成为中国封建社会时期皇朝史的开山和后世历代史学家撰写"正史"的典范。

我们注意到，类似班彪、班固父子这种情况，从史学批评开始而推动

---

① 范晔：《后汉书》卷40上《班彪传上》，中华书局1965年版，第1325页。
② 以上所引班彪语，参见范晔《后汉书》卷40上《班彪传上》，第1327页。
③ 班固：《汉书》卷62《司马迁传》，中华书局1962年版，第2738页。
④ 班固：《汉书》卷100下《叙传下》，第4235页。
⑤ 班固：《汉书》卷100下《叙传下》，第4235页。

第二篇 中国古代史学批评的深层探讨

新的历史撰述诞生者,还可举出唐初李大师、李延寿父子。李延寿是唐初史学家,他除参与唐初史馆多种撰述外,还独力撰成《南史》八十卷、《北史》一百卷。李延寿在《北史·序传》中说明他父亲李大师的"著述之志",这也是他撰写《南史》《北史》的原因,李延寿这样写道:

> 大师少有著述之志,常以宋、齐、梁、陈、魏、齐、周、隋南北分隔,南书谓北为"索虏",北书指南为"岛夷"。又各以其本国周悉,书别国并不能备,亦往往失实。常欲改正,将拟《吴越春秋》,编年以备南北。……家本多书,因编缉前所修书。贞观二年五月,终于郑州荥阳县野舍,时年五十九。既所撰未毕,以为没齿之恨焉。①

如此看来,李延寿撰《南史》《北史》,是为了"追终先志",完成父亲李大师的未竟之业。而李大师的"著述之志",首先是源于他不赞成"南书谓北为'索虏',北书指南为'岛夷'"这种南北分隔、互相诋毁的作法;其次是"各以其本国周悉,书别国并不能备"以致"往往失实"的情况。基于这两点认识,李大师决定仿照东汉赵晔所撰《吴越春秋》一书,"编年以备南北",写成一部包含南北朝历史的编年体史书。李大师的这一"著述之志",是隋唐统一政治局面的反映,是中国史学家思想中"大一统"思想和"天下一家"历史观的要求。

李延寿用16年时间,以纪传体撰成《南史》八十卷、《北史》一百卷。其《南史》以南朝四部正史即《宋书》《南齐书》《梁书》《陈书》为基础,《北史》以北朝四部正史即《魏书》《北齐书》《周书》《隋书》为基础,各以"通史"的体例编次而成。对《南史》《北史》,李大师作了这样的概括:

> 起魏登国元年,尽隋义宁二年,凡三代二百四十四年,兼自东魏天平元年,尽齐隆化二年,又四十四年行事,总编为本纪十二卷、列传八十八卷,谓之《北史》;又起宋永初元年,尽陈祯明三年,四代一百七十年,为本纪十卷、列传七十卷,谓之《南史》。凡八代,合

---

① 李延寿:《北史》卷100下《序传下》,中华书局1974年版,第3343页。

为二书，一百八十卷，以拟司马迁《史记》。①

从《南史》《北史》的编次结构来看，李延寿没有依照父亲李大师所设想的"编年以备南北"写成一部编年体史书，而是"以拟司马迁《史记》"即按纪传体"通史"体例写成南、北二史。② 值得注意的是，《南史》《北史》以互见法把二者适当联系起来，如《南史》中有关于北朝重要史事与人物时，即注明"语见《北史》某卷"，反之亦然。这种"互见法"始见于司马迁《史记》，后世史家多有继承、发展。

《南史》《北史》不仅改变了《宋书》《南齐书》《魏书》南北互相诋毁的作法，而且尽力做到叙事中肯的要求，实现他父亲李大师的"著述之志"的基本原则。《南史》《北史》的成就，受到宋代史学家司马光的高度评价。他指出：

> 光少时惟得《高氏小史》读之，自宋迄隋并《南北史》，或未尝得见，或读之不熟。今因修南北朝《通鉴》，方得细观，乃知李延寿之书亦近世之佳史也。虽于示字旁加几祥诙嘲小事无所不载，然叙事简径，比于南、北正史，无烦冗芜秽之辞。窃谓陈寿之后，惟延寿可以亚之也。③

这表明，从李大师对南、北正史的批评，到李延寿撰成《南史》《北史》，正是凸显史学批评推动史学发展的又一有力例证。

在中国封建社会中，最高统治者对某种史书的批评，往往也成为新的史书产生的动因之一。如：汉献帝对班固《汉书》的批评，促使荀悦《汉纪》的产生；隋文帝对魏收《魏书》的批评，推动了魏澹《魏书》的出现；唐太宗对十八家晋史的批评，获得了房玄龄等人所撰《晋书》的修成与传世，等等。当然，史学批评推动史学发展，需要有相应条件的配合，如修史机构、史家群体的合作、家学传承及其他必备的物质条件；否则，

---

① 李延寿：《北史》卷100《序传》，第3345页。
② 章学诚《文史通义·释通》指出："李氏《南·北史》，薛（居正）欧（阳修）《五代史》，断代而仍行通法者也。"（章学诚：《文史通义》，叶瑛校注本，中华书局1994年版，第374页）
③ 马端临：《文献通考》卷192《经籍考·正史类》，第5582页。

史学批评也只能停留在思想的层面,难以转化为新的史学成果。但是,如果各种条件都可以提供而单单缺少史学批评提出的见解和憧憬,史学发展也会因此而受到影响,足见史学批评的重要。

三 史学批评是一条路径

这里说的路径,是指通往理论研究的路径。中国史学史研究表明,史学上有关理论问题的提出以至于理论著作的产生,多与史学批评有所关联。

刘知幾《史通》一书,这部具有鲜明的理论色彩的史学批评著作,深刻地揭示了史学批评与理论阐发的内在联系。刘知幾在讲到他为何撰写《史通》的心境时这样写道:"虽任当其职,而吾道不行;见用于时,而美志不遂。郁怏孤愤,无以寄怀。必寝而不言,嘿而无述,又恐没世之后,谁知予者。故退而私撰《史通》,以见其志。"①刘知幾辞去史职而撰《史通》,那么他的"道"和"志"是什么呢?他对《史通》一书的内容和要义作了这样的概括:

> 若《史通》之为书也,盖伤当时载笔之士,其义不纯。思欲辨其指归,殚其体统。夫其书虽以史为主,而余波所及,上穷王道,下掞人伦,总括万殊,包吞千有。……夫其为义也,有与夺焉,有褒贬焉,有鉴诫焉,有讽刺焉。其为贯穿者深矣,其为网罗者密矣,其所商略者远矣,其所发明者多矣。②

这段话表明,《史通》一书的内容十分广泛,包括"王道""人伦"及史学批评的各个侧重点,不论是纵向的"贯穿",还是横向的"网罗",都有所"商略"和"发明",无不显示出作者的渊博和锐气。《史通》全书不仅显示出犀利的批评锋芒,而且在许多篇中都蕴含着理论上的真知灼见,如《采撰》《叙事》《直书》《曲笔》《鉴识》《探赜》《摸拟》《书

---

① 刘知幾:《史通·自叙》,第270页。
② 刘知幾:《史通·自叙》,第271页。

事》,等等。

不仅如此,刘知幾的"史才三长"说,也是因史学批评而提出的。他在回答郑惟忠之问时指出:

> 礼部尚书郑惟忠尝问子玄曰:"自古已来,文士多而史才少,何也?"对曰:"史才须有三长,世无其人,故史才少也。三长:谓才也,学也,识也。……自敻古已来,能应斯目者,罕见其人。"①

这一段批评文字不是针对史书而发,而是由批评"史才"而起,可谓千古名对。"史才三长"说千余年来,历代史家视为箴言,或鼓励自己,或评论他人,不绝于时。清代史家章学诚补充"史德"②,近人梁启超合称"史家的四长"③,影响所及,直至于今。

再说宋代史学家吴缜撰《新唐书纠谬》一书,在批评《新唐书》的过程中,提出在历史撰述中的"事实""褒贬""文采"各自的作用及其相互关系的认识,也是史学理论上的建树。吴缜认为:

> 夫为史之要有三:一曰事实,二曰褒贬,三曰文采。有是事而如是书,斯谓事实。因事实而寓惩劝,斯谓褒贬。事实、褒贬既得矣,必资文采以行之,夫然后成史。至于事得其实矣,而褒贬、文采则阙焉,虽未能成书,犹不失为史之意。若乃事实未明,而徒以褒贬、文采为事,则是既不成书,而又失为史之意矣。④

吴缜的这些论述,阐释了"事实""褒贬""文采"三者之间的关系,而尤其强调了"事实"的重要性,实则也是强调信史原则,凸显出对三者关系的辩证看待。以今天的眼光来看,吴缜所论实为历史撰述三原则,对当今的历史研究、历史撰述仍有重要的参考价值。

---

① 刘昫等:《旧唐书》卷102《刘子玄传》,中华书局1975年版,第3173页。
② 章学诚:《文史通义》卷3《史德》,第219页。
③ 梁启超:《中国历史研究法补编》,《饮冰室合集》第12册《专集》之99,中华书局1994年版,第13页。
④ 吴缜:《新唐书纠谬·序》,《丛书集成初编》,中华书局1985年版,第3页。

第二篇 中国古代史学批评的深层探讨

中国古代史学批评家既能以辩证的思维看待历史撰述中诸要素之间的关系,亦能以这种辩证思维看待不同性质史书的长短优劣。明代史学家王世贞对国史、野史、家史三类史书的总体价值作这样的评价:"国史人恣而善蔽真,其叙章典、述文献,不可废也;野史人臆而善失真,其征是非、削讳忌,不可废也;家史人谀而善溢真,其赞宗阀、表官绩,不可废也。"① 这里说的"蔽真""失真""溢真",不仅表明三类史书在性质上的不同,而且也暗含着三类史书的撰述者身份、地位的差别,这显然是从广泛的阅读中概括出来的、具有普遍意义的认识;同时,又指出了三个"不可废",则反映了批评者具有辩证思维和理性精神,在史学批评方法论上是一个重要成果和理论创新。

在中国古代史学上,从史学批评走向更全面、更深刻的理论创造,当以清代史学家章学诚为代表。他的《文史通义》是这方面代表作。《文史通义》兼评文与史,而以评史为主。

章学诚评史,以"史意"为其宗旨。他说:"吾于史学,盖有天授,自信发凡起例,多为后世开山,而人乃拟吾于刘知幾。不知刘言史法,吾言史意;刘议馆局纂修,吾议一家著述:截然两途,不相入也。"② 他甚至把"史意"视为《文史通义》的思想核心,指出:"郑樵有史识而未有史学,曾巩具史学而不具史法,刘知幾得史法而不得史意,此予《文史通义》所为作也。"③ 可见,"史意"是贯穿《文史通义》一书的主旨。这主要表现在以下各点。

一是继承、发展前人之论,倡言"六经皆史"④,以说经而评史,进一步沟通经史关系。

二是以"圆神""方智"判定史学之"两大宗门"⑤:"圆神"反映史家思想上"抉择去取","方智"表明史家所据文献的"赅备无遗"。

三是重视"史德"与史家"心术",指出:"能具史识者,必知史德。

---

① 王世贞:《弇山堂别集》卷20《史乘考误一》,中华书局1985年版,第361页。
② 章学诚:《章氏遗书》卷9《家书二》,《章学诚遗书》,文物出版社1985年版,第92页。
③ 章学诚:《章氏遗书外编》卷16《和州志一·志隅自叙》,《章学诚遗书》,第552页。
④ 章学诚:《文史通义》卷1《易教上》,第1页。
⑤ 章学诚:《文史通义》卷1《书教上》,第49页。

德者何？谓著书者之心术也。"① 由"史德"而论及"心术"，这是章学诚在史学上的重要贡献。那么什么是"心术"呢？章学诚写道：

> 盖欲为良史者，当慎辨于天人之际，尽其天而不益以人也。尽其天而不益以人，虽未能至，苟允知之，亦足以称著述者之心术矣。②

这里说的"天"，当指客观存在而言；"人"，当指作史者的主观意识。合而言之，即撰写史书的人不要掺杂个人的好恶，虽然难以做到，但应当有这样的自知和要求，也就可以说是懂得著书者之"心术"的要义了。

四是总结中国史学上的"通史家风"。章学诚举出四种不同的史书体裁的著作，指出：

> 梁武帝以迁、固而下，断代为书，于是上起三皇，下讫梁代，撰为《通史》一编，欲以包罗众史。史籍标通，此滥觞也。嗣是而后，源流渐别。总古今之学术，而纪传一规乎史迁，郑樵《通志》作焉。统前史之书志，而撰述取法乎官《礼》，杜佑《通典》作焉。合纪传之互文，而编次总括乎荀（悦）、袁（宏），司马光《资治通鉴》作焉。汇公私之述作，而铨录略仿乎孔（逭）、萧（统），裴潾《太和通选》作焉。此四子者，或存正史之规，或正编年之的，或以典故为纪纲，或以词章存文献，史部之通，于斯为极盛也。③

在总结这四部通史特点著作的基础上，章学诚进一步赞扬郑樵的《通志》，他在《文史通义·申郑》篇中这样写道："郑樵生千载而后，慨然有见于古人著述之源，而知作者之旨，不徒以词采为文，考据为学也。于是遂欲匡正史迁，益以博雅，贬损班固，讥其因袭，而独取三千年来，遗文故册，运以别识心裁，盖承通史家风，而自为经纬，成一家言者也。"④这里说的"通史家风"，是对司马迁提出"通古今之变"的撰述宗旨以来

---

① 章学诚：《文史通义》卷3《史德》，第219页。
② 章学诚：《文史通义》卷3《史德》，第220页。
③ 章学诚：《文史通义》卷4《释通》，第373页。
④ 章学诚：《文史通义》卷5《申郑》，第463页。

所作的系统的总结；所谓"家"，即史学家"成一家之言"的"家"。这是对中国史学传统在思想上和方法上的一个重要的论述。

五是指出中国史学在理论表述上的特点，即"未尝离事而言理"。元朝史学家胡三省在谈到经史关系时写道："世之论者率曰：'经以载道，史以记事，史与经不可同日语也。'夫道无不在，散于事为之间，因事之得失成败，可以知道之万世亡弊，史可少欤！"① 这里说的"道"，是否可以理解为道理、原则。胡三省明确表明：史中有道，或道在史中，道与史不可截然分开。章学诚则进一步明确指出："六经皆史也。古人不著书，古人未尝离事而言理，六经皆先王之政典也。"② 正是"未尝离事而言理"这句经典式的概括，揭示出了中国古代史家在理论表达方式或表现形态上的特点，从而启发并推动了人们对中国史学的理论遗产的发掘与阐述。

六是提出了学术批评的方法论原则。唐代史学家杜佑认为，在讨论、评价历史问题时，不可"将后事以酌前旨"，因为这是"强为之说"的作法。③ 用今天的话语来说，这是一种历史主义观点的表述方式。章学诚在论学术批评的方法时，有一段完整的表述，认为："不知古人之世，不可妄论古人文辞也。知其世矣，不知古人之身处，亦不可以遽论其文也。"④ 这话的意思是：不了解其人所处的大环境即历史条件，不可轻易评论其人之文；同时，不了解其人在大环境中的遭际，也不可贸然评论其人其文。这是把历史主义方法论的主要含义都讲到了。

综上，我们可以更清晰地看到，章学诚的史学批评使他走向理论研究、理论创获之路，而《文史通义》在史学理论方面所达到的高度，无疑是中国古代史学理论的最高成就。

总结以上所论，若问"为什么要研究史学批评？"概括说来，就是：史学批评是一种关于史学的思考，即它是怎样的，它为什么是这样的；史学批评是一种动力，它在继承、批评前人论著的基础上，推动新的历史撰述的面世；史学批评也是一条通往史学理论研究的路径，史学理论的成果也在史学批评中不断积累起来。由是言之，史学批评使人们更深

---

① 胡三省：《新注资治通鉴序》，《资治通鉴》，中华书局1956年版，第24页。
② 章学诚：《文史通义》卷1《易教上》，第1页。
③ 杜佑：《通典》卷31《职官十三·王侯总叙》，中华书局1988年版，第850页。
④ 章学诚：《文史通义》卷3《文德》，第278—279页。

入地认识史学,更深入地认识史学的发展,更深入地认识史学理论的生成与积累,进而更深入地洞察中国史学上那些史学批评家们的学术胸襟与史学情怀。

(原载《史学理论研究》2020年第2期)

"实"与"信"：
中国古代史学批评的"求真"指向

陈安民

(西南大学历史文化学院)

光绪三十四年（1908），清廷官方性质的《学部官报》公布了"审定中学暂用书目"约两百种，并为之各撰"提要"以述评各书内容、史源与优缺点。与中国传统的"提要"撰述相比，此处的范畴运用与批评模式并无本质不同。唯值得注意的是，在关于山西大学堂所编《西史课程》的"提要"中，出现了"泰西史家最重批评"一语。[①] 这一论断反映了一个事实：近世中国史家言史学批评，多了一个难舍难离的参照系，那就是西方史家的史学批评。比较的审视，自然有世界视野的获得，当然也免不了文化的焦虑，不过恰恰也是一种自我反思的动力。在此，拟在西方古典史学批评的参照下，谈谈中国古代史学批评的观念根基，以见"最重"二字是否合乎实际。

一 以"求真"理念统摄史学批评

学界今日所言"史学批评"之"批评"，系指分析和评判，既有正面的鉴赏和阐述，又有反面的否定和辩难。[②] 其核心含义，与学术界惯用的

---

① 《审定书目·书目提要·西史课程三册》，《学部官报》第 57 期，光绪三十四年五月二十一日。
② 瞿林东：《关于中国古代史学批评史的几个问题》，《北京师范大学学报》2018 年第 5 期。

"批判"大致相同。① 对于中国古代史学批评的对象与构成体系,学界各有大同小异的划分。如有学者以三层次论,即"史料来源、记载真实性、准确性,史书编纂、修史制度、叙事艺术,史家素养、史学思想、学术宗旨"等。② 虽然这些批评所涉各有侧重,但服务于历史研究的求实、求信,则是其一以贯之的根本理念,此点不待烦证。这里要特别指出的是,以"史学批评"四字概述中国古代史学的相关评论与驳议活动,既合乎中国史学固有之传统,亦与"泰西"古典史学批评的理路合辙。

揆诸中国和"泰西"史学批评之实际,"批评"与"求真"确系相生相成。卢奇安(Lucian,约120—180后)在西方古典史学批评的集大成之作《论撰史》中指出,夸夸其谈的史著"为有批判力的读者(τοὺς δικαστικῶς, in the spirit of judges)所不取,更不能逃过吹毛求疵的批评家(νὴ Δία συκοφαντικῶς, of fault-finders)的非难;这些批评家……当场挑出你的伪币,只接受够成分够重量的真金。我们编撰历史,就要时刻把他们放在心上"。作者于此,侧重的是通过细致而严肃的否定性批评而获取真相。不过,这仅仅是批评的消极一面,即首先讨论"历史家应该避免甚么,必须清除甚么缺点",进而所要讨论的,则是"应该采取甚么正路走上康庄大道"③。全文的总体理路是既有否定之驳难,又有正面之阐扬。中国古代史家的史学批评,其基本的论述理路亦与此相同,"实事疾妄""匡正""商榷"之语是其明证。"祛其疑,乃能坚其信,指其瑕,益以见其美。拾遗规过,匪为訾前人,实以开导后学。"④ 钱大昕这段话,堪称对于史学批评理路的经典表述。否定性的驳难,承担着基本的纠谬功能,最能体现中国古代史学批评的精神。"曲笔""疏谬""不实""非才""失真"等表述,是此类概念的代表。不过,正面揭示奥义、阐述意蕴的批评

---

① 蒋重跃:《关于〈韩非子〉中三组概念的矛盾——例说传统学术思想的批判性研究》,《国学刊》2019年第1期。
② 刘开军:《学术宗旨与史学批评——关于中国古代史学理论的一个考察》,《江海学刊》2018年第3期。
③ Lucian, VI. 10; 6, *How to Write History*, translated by K. Kilburn, Loeb Classical Library, Harvard University Press, 1959. [古希腊] 卢奇安:《论撰史》,缪灵珠译,章安祺编订:《缪灵珠美学译文集》第1卷,中国人民大学出版社1998年版,第191—192、190页。文中希腊语、拉丁语释义和译文修订之处由罗俊睿提供,谨致谢忱!
④ 钱大昕:《廿二史考异·序》,上海古籍出版社2004年版,第1页。

第二篇 中国古代史学批评的深层探讨

亦不可或缺。"事文义""良史""实录""信史""直书"等概念的生成与丰富,更多的是正面提炼的成果。当然,史学史的实际情况绝非真伪、高下的截然相分,史学批评也就自然是肯定与否定兼而有之。章学诚在刘知幾"才学识"论与孟子"事文义"论的基础上提出"史德"范畴,便是扬弃的典型。正是在对于是非杂糅者的持续批评中,历史研究之求真获得了后出转精的发展,史学理论的范畴与体系随之逐步丰富、深化和提升。

中国古代史家和"泰西"同行的史学批评皆指向史学的求实求真,与他们对史学本质的规定相一致。在卢奇安看来:"历史只有一个任务或目的,那就是实用($χρήσιμον$, useful),而实用只有一个根源,那就是真实($ἀληθοῦς$, true)。"[①] 这一认识,在"实质主义"居于主导而否定历史知识可靠性的知识氛围中显得尤为可贵。它也深度契合于中国古代史学之优良传统和根本特质,即"求真"与"致用"的统一。否则,致用就不成其为"史学"之用了。[②] 从这一意义上讲,史学批评,正是助力"求真"的手段;"求真",又正是指导史学批评的根本理念。

需要说明的是,今日广泛使用的"求真"一语,并非中国古代史学批评与理论体系构建中的最高范畴。大致与其相似的指涉,人们所惯用的,乃"实录"之"实"、"信史"之"信"、"直书"之"直"等。与前两者一样,"真"运用于史学也可以追溯到先秦时期,如《韩非子·显学》篇所讲孔墨的"真尧舜"问题。[③] 唐人刘知幾在《史通·辨职》篇言:"必于史职求真,斯乃特为难遇者矣。"[④] 这是"求真"连用的较早实例,指求得合乎职责要求的史官。此后,明人王世贞的"蔽真""失真""溢真"之论也颇有影响。[⑤] 但总体上讲,"真"并未像前三者那样获得创造性的概念生成和最高认可。依据有二,一是有逻辑关系的从属层次问题,二是所

---

① Lucian, VI. 9, *How to Write History*. [古希腊]卢奇安:《论撰史》,第191页。
② 瞿林东:《论史家的角色与责任和史学的求真与经世》,《社会科学战线》1996年第2期。
③ 韩非著,陈奇猷校注:《韩非子新校注》卷19《显学》,上海古籍出版社2000年版,第1124—1125页。
④ 刘知幾:《史通》卷10《辨职》,浦起龙通释本,上海古籍出版社2009年版,第261页。
⑤ 王世贞:《弇山堂别集》卷20《史乘考误》,魏连科点校,中华书局1985年版,第361页。

"实"与"信":中国古代史学批评的"求真"指向

获得的理论阐述的明晰度不同。司马迁提出"考信于六艺"之后,刘勰于《文心雕龙·史传》篇言"贵信史",吴缜予以理论性的说明,崔述又径直以《考信录》名书。在为《考信录》所撰《提要》中,崔述所考前人致误的类型之一乃记忆失真之弥缝。① 二级标题所用之"真"与书名之"信"显然并非同级。班固以"实录"评价司马迁其人其著,文学理论家刘勰继而以之作为"史传"的标志,刘知幾亦以之追评南董,皇帝文诰如《修晋书诏》等也以此要求诸家撰述,历代官方史学的核心之作更径直以"实录"命名,乾嘉考据学者宣言"实事求是"。刘知幾《史通》之《直书》篇,其下有"真伪相乱"一语,② 二者的逻辑层级又自不待言。不过,细究起来,"直书"与"实录""信史"亦有明显的差异。从《史通》之《直书》《曲笔》《惑经》等篇来看,刘知幾所言"直书"更多侧重于史家不避强御、如实记载恶行的品德与过程而言,求得"实录"或"信史"乃最终的目标。近人言"实录"论是刘知幾"基本的史学理论"③,不无这方面的考虑。

因而,从语汇的角度讲,与西方史学"求真"的最佳匹配可能应属"求实""求信"。但就中西古代史学之"求真"观念而言,不宜说同等看待"求真"与"直书"乃"比附"④的结果。今日史学学科意义上的"求真",乃"追求对于已往历史进程的正确论述"⑤。以之统摄中国古代史学批评所求之"真"是符合实际的。班固由批评而赞赏司马迁:"有良史之才,服其善序事理,辨而不华,质而不俚,其文直,其事核,不虚美,不隐恶,故谓之实录。"⑥ 刘知幾批评孔子修《春秋》为贤者讳,认为史官执简宜类于明镜照物、虚空传响,"苟爱而知其丑,憎而知其善,善恶必书,斯为实录"⑦。吴缜强调"有是事而如是书""事得其实";又定义信

---

① 崔述:《考信录提要》卷上《释例》,顾颉刚编订《崔东壁遗书》,上海古籍出版社1983年版,第8页上栏。
② 刘知幾:《史通》卷7《直书》,第180页。
③ 施丁:《刘知几史学要论》,《史学理论与史学史刊》2002年卷,社会科学文献出版社2003年版。
④ 卓立、杨晶:《从"直书"到"求真"——清季民初"新史学"知识论转型的观念史考释》,《天津社会科学》2018年第4期。
⑤ 刘家和:《史学的求真与致用问题》,《学术月刊》1997年第1期。
⑥ 班固:《汉书》卷62《司马迁传》,中华书局1962年版,第2738页。
⑦ 刘知幾:《史通》卷14《惑经》,第374页。

| 第二篇 | 中国古代史学批评的深层探讨

史:"必也编次、事实、详略、取舍、褒贬、文采,莫不适当,稽诸前人而不谬,传之后世而无疑,粲然如日星之明,符节之合,使后学观之而莫敢轻议,然后可以号信史。"① 如果说前两者更多表现出一种不带入主观情感的符合论历史真理观,那么后者的"信史",又多了融贯论视阈的审视(与前人"不谬"且后学"莫敢轻议")。从西方古典史学来看,希罗多德、修昔底德、塔西佗等人的追求亦大致同此。如修昔底德明确说:"在探讨古代历史时,我们应该用最准确的事实(ἀλήθεια,truth),最明显的证据来进行研究。"并且特别强调,他自己从坚实证据中所得的"事实真相"不同于诗人的夸大,也不同于散文编年史家"缺乏证据的"结论。② 后世学者常以亚里士多德论诗歌比历史更真实,证明希腊哲学普遍主义对于个别性历史知识的敌视。一则可能忽略了亚里士多德的原意,③ 二则也夸大了史学家所求之真与亚里士多德式的"真理观"的差别。亚里士多德说:"凡以不是为是、是为不是者这就是假的,凡以实为实、以假为假者,这就是真的(ἀληθές,true)。"④ 如是界定,一则肯定实际事物本身的存在,一则强调认识、理解、叙述的真假对错。后者的关键,则在于符合前者与否。因而这样的真理观被称为符合论。很明显,西方古典史家所追求的史学"真实",与亚里士多德言"真"的内在逻辑也并无二致。尽管现代西方有关"真"的界说层出不穷,然而并未在根本上证伪符合论的真理观。⑤ 因此我们以"真"统摄表达中国古代史学批评所求之"实"与"信",符合自身实际,也合乎西方古典史学批评的理想。在二者那里,通过史学批评以求真的实在论信念是根深蒂固的。

---

① 吴缜:《新唐书纠谬·新唐书纠谬原序》,《景印文渊阁四库全书》,台湾商务印书馆1986年版,第621页下栏、620页上栏。
② Thucydides, *History of the Peloponnesian War*, Ⅰ.21, translated by C. F. Smith, Loeb Classical Library, Harvard University Press, 1919.[古希腊]修昔底德:《伯罗奔尼撒战争史》,徐松岩译注,上海人民出版社2017年版,第71页。
③ 杨共乐:《〈诗论〉中的"ἱστορία"不是指普遍意义上的古代希腊历史学》,《陕西师范大学学报》2015年第3期。
④ Aristotel, *Metaphysics*, 1011b26, translated by Hugh Tredennick, Loeb Classical Library, Harvard University Press, 1933.[古希腊]亚里士多德:《形而上学》,吴寿彭译,商务印书馆1959年版,第79页。
⑤ 林定夷:《关于实在论的困惑与思考——何谓"真理"》,中山大学出版社2016年版,第1、8页。

二 以批评明确史学戒律

中国古代史学批评贡献于史学求真、理论构建的全局性成果,可能当属"事文义"论。个中精义,学界多有卓论,此处仅补白与本文主旨相关的两点。一是中国古代史学批评家既充分重视言语与文字在"所指"上的限度,然而却未走向文本主义,依然强调"事"本而"文"末;更未如道家那样,走向将叙事之美与历史真实对立的极端(渊源于《老子德经》第八十一章言"信言不美,美言不信"①),反而非常严肃地讨论了史文表述的审美问题。二是不同于杜预、吴缜、朱熹、四库馆臣等以"褒贬"释"义",章学诚将"义"视为在宏观历史哲学之下的事实选择与编撰匠心。他说:"史之大原,本乎《春秋》。《春秋》之义,昭乎笔削。笔削之义,不仅事具始末,文成规矩已也。以夫子'义则窃取'之旨观之,固将纲纪天人,推明大道。所以通古今之变,而成一家之言者,必有详人之所略,异人之所同,重人之所轻,而忽人之所谨,绳墨之所不可得而拘,类例之所不可得而泥,而后微茫杪忽之际,有以独断于一心。"② 有学者指出,这样的"义"即"孔子的历史编纂学理论体系"和"研究纲领"③。基于如是之"义"的史学批评,往往指涉事关全局的历史真实,进而改变历史研究和撰述的面貌。如班固批评司马迁置今王于"百王之末",为了突出当代而断代为史,这是因古今关系的不同认识,改变了历史编纂的时间断限;李大师、李延寿父子不满割据对立时期的历史编纂而"编年以备南北"、明人批评元修三史"各以正统"而改作宋史、清人又批评陈邦瞻《宋史纪事本末》以宋为尊等,这是民族本位眼光与多民族一体视角的差异重塑了历史编纂的空间范围;马端临评价杜佑《通典》和司马光《资治通鉴》的差异乃"编简浩如烟埃,著述自有体要"④,这是编纂目的和体裁结构影响内容重心。凡此,皆反映了在"义"这一层面的差异影响了甚至决定着历史事实的选择与解释。

---

① 朱谦之:《老子校释》,中华书局1984年版,第310页。
② 章学诚:《文史通义》卷5《答客问上》,叶瑛校注本,中华书局1985年版,第470页。
③ 朱本源:《孔子史学观念的现代诠释》,《史学理论研究》1994年第3期。
④ 马端临:《文献通考》卷首《自序》,中华书局1986年版,第3页上栏。

第二篇 中国古代史学批评的深层探讨

当然，无论是褒贬论者还是章学诚等，"事"与"义"之间的张力都是他们所特别注重的。郑樵被考据派讥讽，章学诚虽从"别识心裁""通史家风"的角度加以申论，但史实根基不稳，终是硬伤。愈是高明的体系，愈当立论坚实。尽管吴缜对于"义"的理解较章学诚狭隘，但他特别强调"事实"之"明"对于"为史之意"的根基地位，这仍然是不可动摇的信条。厘清、维护这一信条，正是中国古代史学批评所特别着力之处。

其一，强调为史当善恶必书，力戒主观好恶。史之求实，有赖于史家之主观努力。历史之事作为特定时空的产物，欲为他者和后人知晓，首先必有待史家录存。在古代中国，由于各类史官的存在，言与事、天子与诸侯、内廷与外朝都有相应的记录机制。问题在于，历史的创造者，尤其是行为多可议之处者，往往阻碍史家纪实。董狐书"赵盾弑其君"，被孔子誉为"书法不隐"的"古之良史"①。南史氏闻齐太史因记"崔杼弑其君"而尽死，仍然不畏强权、不惧牺牲，执简前往。② 刘勰在《文心雕龙·史传》中概述这一优良传统为"直归南董"，西魏史家柳虬题以"直笔于朝"③。及至刘知幾予以史学史和理论的总结，或以"直书"称之而正面赞誉、弘扬，或以"曲笔"名之而反面批评、鞭挞。虽然刘知幾的反思对象兼及"当时之简"和"后来之笔"，但是他所特别注重者还是南董精神。他说："史之为务，厥途有三焉。何则？彰善贬恶，不避强御，若晋之董狐，齐之南史，此其上也。"④ 相形之下，编次、勒成不朽之作的左丘明与司马迁只能退居次席。他之所以如此表彰"南董之志"，一则源于他对尽可能多地留存历史真相之意义的高度重视，所谓当时草创者须"资乎博闻实录"；二则源于他对历史上大量曲笔现象的痛恨。非高扬"书法不隐"的直书精神，史学就肩负不了"记功司过，彰善瘅恶"的使命。今人将此视为"史学批评的根本原则"⑤，依据也正在于此。刘知幾强调史家之

---

① 杨伯峻编著：《春秋左传注·宣公二年》，中华书局2009年版，第662—663页。
② 杨伯峻编著：《春秋左传注·襄公二十五年》，第1099页。
③ 令狐德棻等：《周书》卷38《柳虬传》，中华书局1971年版，第681页。
④ 刘知幾：《史通》卷10《辨职》，第261页。
⑤ 瞿林东：《中国古代史学批评纵横（外一种）》，《瞿林东文集》第2卷，北京师范大学出版社2017年版，第34页。

"实"与"信"：中国古代史学批评的"求真"指向

牺牲精神是极有见地的。中晚唐时期，韩愈修史因畏惧"人祸""天刑"而流露出退缩的情绪，随即招致柳宗元的批评，便是无奈的验证。刘知幾又曾分析直笔不易、曲笔盛行的社会根源和个体原因，所谓"古来唯闻以直笔见诛，不闻以曲词获罪……故令史臣得爱憎由己，高下在心，进不惮于公宪，退无愧于私室"①。政治环境为曲笔留下了土壤，给直笔设置了障碍。故于职责之外，刘知幾又强调史家修养。他在论"才学识"之后总结道："犹须好是正直，善恶必书，使骄主贼臣，所以知惧。"② 意图通过史家主体的个人品德震慑作恶者以解决问题，当然勉为其难。

如何看待史家主体与研究客体的关系？班固赞赏司马迁"不虚美，不隐恶"。刘知幾所提倡的理想状态则是要如明镜照物、虚空传响一般彻底摒弃主观。这一理想，人们常将之与近代客观主义史学鼻祖兰克所言"如实直书"并提。实际上，同样注重历史借鉴的罗马史学家撒路斯提乌斯、塔西佗、政治家西塞罗和理论家卢奇安等人也有类似论述。西塞罗曾旗帜鲜明地指出："有谁不知道，历史的首要原则是不可有任何谎言，其次是不可有任何不真实（Veri, true），再次是写作时不可偏袒，不可怀怨？"③ 被誉为"暴君的鞭子"的塔西佗，声言自己"下笔的时候既不会心怀愤懑，也不会意存偏袒"④。卢奇安说："历史家务使自己的头脑有如一面明镜（κατόπτρῳ, mirror），清光如洗，纤尘不染，照见人脸，丝毫不爽；这样，他才能如实反映出生活的现实。"⑤ 其间的追求之高和信心满满，于此可见。同样曾经深深介入政治事务的撒路斯提乌斯，归隐山林后决心撰述罗马历史，也强调他"之所以特别对这一工作抱有信心"，是因为这时"个人已经不再有所希求，不再有所恐惧，不再有派系的偏见。因此下面我便简要地并且尽可能忠实地叙述一下喀提林的阴谋事件"⑥。这一自我反

---

① 刘知幾：《史通》卷7《曲笔》，第185页。
② 刘昫等：《旧唐书》卷102《刘子玄传》，中华书局1975年版，第3173页。
③ Cicero, II. 15. 62, *De oratore*, Loeb Classical Library, Harvard University Press, 1942.［古罗马］西塞罗：《论演说家》，王焕生译，中国政法大学出版社2003年版，第249—251页。
④ ［古罗马］塔西佗：《塔西佗〈编年史〉》，王以铸、崔妙因译，商务印书馆1981年版，第2页。
⑤ Lucian, VI. 50, *How to Write History*.［古希腊］卢奇安：《论撰史》，第206页。
⑥ ［古罗马］撒路斯提乌斯：《喀提林阴谋》，王以铸、崔妙因译，商务印书馆1994年版，第110页。

思,有独特的体验,相对就要诚实和谦虚得多。章学诚针对刘知幾史才三长论,区分"文士之识"与"史识"而提出"史德"说,进而指出:"盖欲为良史者,当慎辨于天人之际,尽其天而不益以人也。尽其天而不益以人,虽未能至,苟允知之,亦足以称著述者之心术矣。"① 看到了如实直书的理想而又正视难以脱离自身主观局限的实际,故强调此理想存乎于心、时时谨记则可,显然比简单地排除主观来得深刻与合乎实际。撒路斯提乌斯"尽可能忠实"的境界庶乎近此,普鲁塔克对希罗多德之"恶意"的严苛批评则陈义过高。

其二,强调"阙疑""史"不可如"文"之"造言设事"。有坚实的史料依据,是为史学之"信";而没有史料或史料不可靠之时,则"阙疑",亦为史学之"信"。崔述针对诸子"造言设事以诬圣贤"而汉儒不察、宋儒未辨继而"《外纪》《皇王大纪》《通鉴纲目前编》益广搜杂家小说之说以见其博,而圣贤之诬遂万古不白"的情形指出,"若徒逞其博而不知所择,则虽尽读五车,遍阅四库,反不如孤陋寡闻者之尚无大失也"②。虽然结论走向了另一个极端,但他于此看到了"博"与"所择"的张力,有关不同性质的文献尤其是子部、集部所录能否作为史料的思考尤具启发。"造言设事"一语,实际上隐隐地与中国史学很早便确立起的一个原则相对立,即"阙疑"。孔子"多闻阙疑,慎言其余"的告诫,③为中国史学批评所借鉴,逐步发展出"阙疑"这一戒律。《穀梁传》针对《春秋》系陈桓公"卒于二日",认为这是"信以传信,疑以传疑"之义。④ 刘勰批评"传闻而欲伟其事,录远而欲详其迹"的做法都是不顾"实理"的"爱奇"表现,申言"文疑则阙,贵信史也"⑤。顾炎武释孔子"所闻异辞":"虽得之于闻,必将参互以求其信。信则书之,疑则阙之。"⑥ 崔述表述得更为明确:"凡无从考证者,辄以不知置之,宁缺所疑,

---

① 章学诚:《文史通义》卷3《史德》,第220页。
② 崔述:《考信录提要》卷上《释例》,顾颉刚编订《崔东壁遗书》,第3页上栏。
③ 杨伯峻译注:《论语译注·为政篇第二》,中华书局2009年版,第19页。
④ 徐正英、邹皓译注:《春秋穀梁传·桓公五年》,中华书局2016年版,第73页。
⑤ 刘勰:《文心雕龙·史传》,黄叔琳等:《增订文心雕龙校注》,中华书局2000年版,第207页。
⑥ 顾炎武:《日知录》卷4"所见异辞",陈垣:《日知录校注》,安徽大学出版社2009年版,第253页。

"实"与"信"：中国古代史学批评的"求真"指向

不敢妄言以惑世。"① 反观西方古典史学，证据意识亦极为明确，但在消极不语以成信方面，则与中国古代史学的认识尚有差距。希罗多德说："就我本人而言，我的职责是报道我听说的一切，但我并没有义务相信其中的每一件事情。"② 虽然有此声明，且在实际撰述中也常存异闻以备考，但客观上却存在一种即使对于己所不信者也有闻必录的局面。修昔底德说："人们不愿意付出辛劳去寻求真理（ἀλήθεια, truth），而是一听到什么故事就相信它。"③ 实际上就有批评前者"爱奇""轻信"的意思。然而，即使以"求真"著称的修昔底德，全书也有约四分之一的篇幅系演说词。其中有些是他亲耳所听到的，有些则是通过各种渠道所获。鉴于"单凭一个人的记忆是很难逐字逐句地记载下来"，他的惯用手法是拟撰："一方面使演说者说出我认为各种场合所要求说的话，另一方面当然要尽可能保持实际所讲的话的大意。"④ 如此广泛拟撰演说词的做法，在近现代饱受批评。诚如有学者所指出的："西方史学家写史大用修辞学的方法，于虚空中想象，自然谈不到所谓阙疑了。"⑤ 戒"虚空想象"而"阙疑"，应当成为史学不可逾越的界限。

不过，纵然中国有严密的史官制度，某些史家也相当慎重，但"言"的入史依然难以与"演说词"的使用划分出实质的区别，理论家的思考也有待解之处。章学诚说："记言记事，必欲适如其言其事，而不可增损……记言之法，增损无常，惟作者之所欲，然必推言者当日意中之所有，虽增千百言不为多。苟言虽成文，而推言者当日意中所本无，虽一字之增，亦造伪也。"⑥ 这样的论述，实际上也给虚构言辞留下了空间。因为，如何具体界定是否合乎"当日意中之所有"或"所本无"又会是仁智之见。前人批评、质疑某些史著中有关人物心理活动、宫寝对话、决策内

---

① 崔述：《考信录提要》卷上《释例》，顾颉刚编订：《崔东壁遗书》，第10页上栏。
② ［古希腊］希罗多德：《历史》Ⅶ. 152. 3，徐松岩译注，中信出版社2013年版，第516页。
③ Thucydides, *History of the Peloponnesian War*, Ⅰ. 20. 3. ［古希腊］修昔底德：《伯罗奔尼撒战争史》，徐松岩译注，第70—71页。
④ Thucydides, *History of the Peloponnesian War*, Ⅰ. 22. 1. ［古希腊］修昔底德：《伯罗奔尼撒战争史》，徐松岩译注，第71页。
⑤ 杜维运：《中西古代史学比较》，东大图书公司1988年版，第33页。
⑥ 章学诚：《章学诚遗书》卷14《与陈观民工部论史学》，文物出版社1985年版，第126页上栏。

第二篇　中国古代史学批评的深层探讨

幕等方面的描写，其隐微也在于此。

正是在这样的批评中，逐步厘清并强化着史与文的差别。已有学者将文史差异放到学科分野中审视，广泛讨论了文史分类的意见和目录学家的图籍划分依据，这里仅就中国古代史学批评中的相关思考略作补白。刘知幾在《史通》之《载文》《浮词》《曲笔》《探赜》《杂说下》等篇，广泛批评中不乏理论思考。他说："自战国已下，词人属文，皆伪立客主，假相酬答。至于屈原《离骚》辞，称遇渔父于江渚；宋玉《高唐赋》云梦神女于阳台。夫言并文章，句结音韵。以兹叙事，足验凭虚。而司马迁、习凿齿之徒，皆采为逸事，编诸史籍，疑误后学，不其甚邪！"又批评"嵇康撰《高士传》，取《庄子》、《楚辞》二渔父事，合成一篇。夫以园吏之寓言，骚人之假说，而定为实录，斯已谬矣。"① 所谓"事每凭虚，词多乌有"者，远不止上述。② 他对寓言、假说与实录的界限有着清晰而立场坚定的区分。顾炎武曾批评以"史传"的标准衡量"本无其事"的文赋："古人为赋，多假设之辞，序述往事，以为点缀，不必一一符同也。"③ 自然，"一一符同"则是"序述往事"的要求，"假设之辞"最好慎用。这一思考，保持了对证据不足情况之下历史想象、历史推理等的警惕。文史之别，哲学家亚里士多德（亚里斯多德）是从普遍性与个别性上加以区分，由此得出诗之"真"要比史著更可靠。④ 这样的认识是从知识论的角度思考二者的特性差异，当然有其深刻性，为我们传统的史学批评所不及。不过，西方古典史家和史学批评家对于何者更"真"的界定，与亚里士多德恰恰相反。文可以虚构而史则需指实，这在修昔底德、西塞罗、卢奇安的论述中至为明确，与中国古代史家的观点并无二致。

如上的简要梳理表明，中国古代史学批评与史学求真有着密不可分的关系，并与西方古典史学有着同多于异的理念。约而言之：第一，中国古代的"实录"与"信史"理念，其基本内核合乎亚里士多德符合论式的真理观。求得"实"与"真"，正是中西史学批评的根本目标。虽然批评有

---

① 刘知幾：《史通》卷 18《杂说下》，第 486、487 页。
② 刘知幾：《史通》卷 7《曲笔》，第 183 页。
③ 顾炎武：《日知录》卷 19《假设之辞》，陈垣：《日知录校注》，第 1077 页。
④ ［古希腊］亚理斯多德：《诗学》1451b，罗念生译，人民文学出版社 1962 年版，第 28—29 页。

肯定有否定，不过通过纠谬以揭示历史真实是中西史学批评的基本理路，也是重心所在。第二，对于如何求得"事实之明"，中西史学批评都强调史料与证据的重要性、执笔者的客观公正与不偏不倚。为了获取可靠而全面的证据，强调史家的"书法不隐"，由此生成"直书"与"曲笔"等范畴。由"史学三长论"而提升的"史德"论，进一步深化了对于史家主客观关系的认识。唯在演说词和载言方面，西方古典史家的大量运用和中国史家的谨慎节制形成了鲜明的对比，凸显了中国古代史家在"阙疑"方面的贡献。不过实际情况也不容乐观，章学诚等人在理论的思考上亦仍有含混未明之处。第三，中国古代史家在批评中逐渐厘清了文史之别，强调史学之"事"不容"假说"，"事每凭虚、词多乌有"实乃大忌。西方古典史家对于历史之"真"与诗歌之"真"的定性并不同于亚里士多德，可与中国古代史家的认识遥相呼应。

如果以上认识没有大谬，那么从观念的层面讲，"泰西史家最重批评"一语也就失去了古典史学批评的依据。如果从批评对象的角度而言，审视近代开端至1908年以前的西方史学批评，最能体现其批判精神的无疑是"圣经学"和宗教文献学的诞生。不过，处于类似经典地位的经学在中国古代并非不可批判，统治者钦定的"正史"与官修史书亦是史学批评的对象。如果从代表作的厚重和知识体系的角度看，《文史通义》之后的19世纪，相对于西方"批判的历史哲学"的提出和著作、学派的层出不穷，中国史学批评方逐步落后。在此之前，我们不宜妄自菲薄。如果从方法的层面审视，乾嘉考据学所达到的水平与兰克史学亦在伯仲之间。如果将"最重"之"重"理解为重视程度，则更难成立。与西人一样，中国古代史家既勇于批评别人，也敏于自我批评；既对史学的后出转精表露出一种谨慎的积极乐观，又对自己批评之作中留存的罅隙有着清醒的警觉。明确经世的司马光声言"岁月淹久，其间抵牾，不敢自保"[①]，被认为"钻故纸堆"的乾嘉考据学者如钱大昕也明言"自知盘烛之光，必多罅漏，所冀有道君子，理而董之"[②]。有学者讲，不经过批判的历史哲学的洗礼，思辨的历史哲学就是空中楼阁。这话所反映的道理诚然不错，但是在中国史学史的长

---

① 司马光：《资治通鉴》卷末《进书表》，中华书局1956年版，第9608页。
② 钱大昕：《廿二史考异·序》，上海古籍出版社2004年版，第1页。

第二篇 中国古代史学批评的深层探讨

河中,要找到一个没有批评他者与自我反思而盲目撰述的学者,何其难哉。西人所谓:"中国史学的发展,永远没有突破通往真历史的最后障碍——希望窥探往事的真相,不顾由此引发与利用过去的时贤冲突。中国人追逐博学,然永远没有发展批判史学(critical historiography)。"[①] 这样的认知,同样失误于对中国史学批评史欠缺了解。相比之下,"提要"作者虽也低估了中国古代史学批评的成就,但其心态则要谦逊得多。

(原载《史学理论研究》2020 年第 2 期)

---

① J. H. Plumb, *The Death of the Past*, the Macmillan Press, 1969, pp. 12 – 13. 转引自杜维运《中国史学与世界史学》,商务印书馆 2010 年版,第 18—19、38—39 页。

"考索之功"与史学批评

刘开军

(四川师范大学历史文化与旅游学院)

章学诚论学,有一句名言:"高明者多独断之学,沉潜者尚考索之功,天下之学术,不能不具此二途。"① 章学诚强调"考索之功",虽有其"乾嘉语境",但此说对于开拓史学批评研究的新局面,仍不无启迪意义。

一 文献考索与批评史的扩充

经过多年摸索,史学批评研究已经在理论上和撰述上积累了一些有分量的成果。尤其是杨翼骧、乔治忠、朱洪斌编纂的《增订中国史学史资料编年》,龚书铎、瞿林东主编的《中华大典·历史典·史学理论与史学史分典》,在文献爬梳与汇辑方面有开拓之功。但已有的史学批评研究仍存在一个突出的现象,即不同论著间征引的史料高度相似或重复,如孔子关于董狐的评论、班彪的《前史略论》、刘勰的《文心雕龙·史传》、刘知幾的《史通》、王世贞的《史乘考误》、章学诚的《文史通义》等。对此,当然要辩证看待。一方面,这些文献出现频率较高,是因为它们被认为最能反映中国史学基本面貌与学术精神,不妨反复出现;另一方面,它提醒研究者反思,只有这些"典型"文献才是构筑中国史学批评史的"基石"吗?我们是否忽略了另外一些有意义的文献?假如文献的搜集尚有较大遗漏,那么所谓"典型性"能否名副其实?凭借相对单一的史料构建的学术

---

① 章学诚:《文史通义》卷5《答客问中》,叶瑛校注本,中华书局1985年版,第477页。

图景很难是全面的,甚至可能遮蔽了某些至关重要的史学面相。虽说文献的丰富不一定等同于思想的高明,但史料的多样与广博无疑有助于提高认识的水平。毋庸讳言,在理论范式尚未取得实质性突破的前提下,史料的陈陈相因已成为史学批评史撰述的一个瓶颈。

如果上述认识没有太大偏差的话,那么下大力气做文献考索的工作就势在必行。这里以清代史学批评史研究为例,略作申述。长期以来,人们之所以对清初史学批评的认识,集中于顾炎武、黄宗羲、王夫之三大家,就或多或少地受制于史料占有的局限性。比如胡承诺(1607—1681),在通行的史学理论与史学史、史学批评史著述中很少被提及。倒是日本汉学家内藤湖南讲授中国史学史时曾关注了他。但内藤湖南只见到了胡承诺的《绎志》,所以他说:"要想了解此人的见解除了今日所存这部书之外,我们没有其他依据。"① 他着重概述《绎志·史学篇》的内容要点,因为胡承诺"关于历史内容的就是这一篇"②。《史学篇》的确是一篇有价值的文献,如论作史之法:"史家所载但以治乱兴衰及言行大节为主。此外,行文之美不过先之以首事,后之以终义,错以合异,缘以辨理而已,不屑屑为前人作年谱、家传也。"③ 然而胡承诺的传世著述并不止《绎志》一种,还另有《读书说》《石庄先生诗集》(含《菊佳轩诗》《檄游草》《青玉轩诗》《颐志堂诗》)。《读书说》中有一篇《史籍》,也是一篇言之有物的批评文献,却长期被忽略。文中,胡承诺讨论史家记事的原则、皇权对历史撰述的制约及其危害:"史籍之书,所以继往开来。世代不能无治乱,君举不能无得失,犹山川不能无险阻,昼夜不能无明晦。若为善之事则详,为恶之事则略,是古今不相续,而人世有断绝矣。人君恶史氏之不讳,故置总裁官以盖藏其恶,又时时观史以箝制其直词,既无古来列国皆有史书之例,以相参考。故柱下之史不过颂美称德,盖有不入学人之目者。以其嘉言懿行虽多,而诚实不足也。所以易世之后,遂以史籍为可有可无之

---

① [日]内藤湖南:《中国史学史》,马彪译,上海古籍出版社2008年版,第243页。
② [日]内藤湖南:《中国史学史》,第246页。按:道光年间的唐鉴和民国时期的支伟成也都称胡承诺的《读书说》和《菊佳轩诗集》"今皆无传"(《清学案小识》卷3《翼道学案·天门胡先生》,商务印书馆1935年版,第80页;《清代朴学大师列传》,岳麓书社1986年版,第22页)。关于胡承诺著述的存世情况,唐鉴谬于前,内藤湖南与支伟成误于后,限制了他们对胡承诺的研究。
③ 胡承诺:《绎志》卷14《史学篇》,同治十一年(1872)浙江书局重刊本。

书，而前代之史绝不属意，然则史事不几绝哉！"① 胡承诺所论，展示出在他的思想世界中，史学发展与皇权强化之间存在着多么尖锐的对立关系。它提示人们思考清初史家的批判精神和古代史学的政治生态困境。

清代史学批评史上的被遗忘者当然不止胡承诺一人，还有陈遇夫（1658—1727）。陈遇夫有《史见》一书，其中《项羽本纪论》《前汉书论》《后汉书论》《五代史论》《删史》《经传》诸篇都与史学批评息息相关。陈遇夫关于"史权"的理解，显示出他在这个传统的议题中，仍具有独特的认识。他分析"史权"之于伦常的意义是："无所慕而为善，无所畏而不为不善，惟贤者能。自中材以下，视利害相去千百，鲜不易虑，所恃史官以名赏罚之，使易世而后，览贤人君子之行，莫不掩卷叹息，徬徨不忍去，而于小人之覆国者，如见秽物，若将浼焉。故虽小人亦有所惮，而自爱其身后之名。盖史之权足以维纲常、扶名教如此。"② 史之赏罚对"中材以下"的规劝作用，赋予了"史权"强大的社会功能。如若因考索不勤而遗漏了这段关于"史权"的论述，也就意味着遗失了古代"史权"论上的重要一环。

陈遇夫所撰《删史》一文，也久不为研究者注意。然观其所论，实为中国古代史学理论史上的一个大问题——史家叙事与史文繁简。尽管陈遇夫以为可删者未必皆当，如他主张《宋书》《南齐书》《梁书》《陈书》《魏书》《北齐书》《周书》七史可删，观点武断。但《删史》中确有许多精彩的论断。如在史书载文方面，陈遇夫明确提出当载"有用之文"。何谓"有用之文"？"诏令以定民志，兴行善俗；奏疏策议，明先王之教，切于国计民生，谓之有用之文。"这条关于"有用之文"的论述，在时间上就早于乾嘉时期的赵翼。③ 陈遇夫还从史书传信的角度出发，指出太古之史，文献无征，史家"偏以荒远无考之故，而张大其辞"，故"牛首蛇身"一类无稽之谈可删，显示出对待历史记录和神话传说的理性态度。最后陈遇夫解释之所以要删削诸史，是因为唯有"芟其烦芜，归于大雅。读者不苦于浩繁，而善恶劝戒之旨，灿然可按，则上之朝廷，可以资治，下

---

① 胡承诺：《读书说》卷1《史籍》，光绪辛卯（1891）三余草堂藏板。
② 陈遇夫：《史见》卷1《前汉书论》，商务印书馆1937年版，第5页。
③ 一般认为，"多载有用之文"是赵翼《汉书》研究上的一大创见（《廿二史札记》卷2"《汉书》多载有用之文"条，王树民校证，中华书局1984年版，第29—31页）。

而学士大夫,亦得援古证今,不至蹈不学无术之讥。其于立身治人,亦庶乎有所补也"①。这番资治朝政、修养学识的史学功能观在古代自属正大之论。难怪清末的伍崇曜说:"刘知幾撰《史通》,于历代诸史,攻击不遗余力。卷内《删史》一则,实已尽其概。"②伍崇曜认为一篇《删史》可与一部《史通》媲美,显然夸张了些,但他认识到《删史》的史学批评价值,却是独具慧眼。

综合这些论述,大体可见两位被遗忘的清代学人的史学见解。将胡承诺和陈遇夫写入史学批评史,找到他们在批评史上应有的位置,其意义不只是在目录上多了两位批评家,而是表明,我们在史学批评文献上做出拓展,并努力扩充了史学批评史的内容。

二 史源考索与批评史的改写

引入史源学精神研究史学批评,意义何在?一是可以确定一种观点或论述的早期提出者是谁,进而在思想编年上给它一个较为准确的定位;二是梳理思想的缘起与流变,传播与接受,可对思想做历史的考察;三是在史源考辨中,发现思想生成中某些有意义的细节,借此探寻史学之演进与嬗变。将这三点认识贯穿于研究的始终,中国史学批评史撰述当有新的创获。

史学批评研究从不回避有争议的问题。陈寿"索米"作史之说,流传广远。刘知幾叱责史家曲笔时,已将之作为重点批判的对象,说:"班固受金而始书,陈寿借米而方传。此又记言之奸贼,载笔之凶人,虽肆诸市朝,投畀豺虎可也。"③此后,"索米"说渐次流传,至宋朝时已成为人们评论陈寿及其《三国志》时绕不开的一个话题。尽管还有晁公武对此表示怀疑,认为陈寿"求丁氏之米不获,不立仪、廙传之类,亦未必然也"④。但陈振孙已然接受了"乞米作佳传,以私憾毁诸葛亮父子,难乎免物议

---

① 以上引文见陈遇夫《史见》卷1《删史》,第10、12页。
② 陈遇夫:《史见》卷末《伍崇曜跋》。
③ 刘知幾:《史通》卷7《曲笔》,浦起龙通释本,上海古籍出版社2009年版,第183页。
④ 晁公武:《郡斋读书志》卷5《三国志》提要,孙猛校证,上海古籍出版社1990年版,第181页。

矣"的说法。① 此后,"索米"说有愈演愈烈之势。降至清代,陆次云尖刻地讽刺陈寿索米如同魏收纳金一样,"遗臭千秋"②。虽然朱彝尊、潘眉、王鸣盛等人竭力为陈寿翻案,无奈"索米"之说久已深入人们脑际。施闰章即说陈寿"索米见诋,抑又甚焉"③。牛运震干脆说:"寿以索米不遂,不为二丁立传……皆实事,不必托或云,致涉传疑之辞。"④ 面对如此呶呶不休的争议,人们不禁要追问:"索米"说究竟从何而起？考寻历代诸家所说,语焉不详者随声附和,可以勿论。偶有言明者,则以唐初所修《晋书》的记载为史源。且看《晋书》是怎样写的:"或云丁仪、丁廙有盛名于魏,寿谓其子曰:'可觅千斛米见与,当为尊公作佳传。'丁不与之,竟不为立传。"⑤ 尽管"索米"说在南北朝时期已经出现,⑥ 但唐初史官对此事的可信度是拿捏不准的,冠以"或云"二字,显系传闻之词。陈寿"索米"不过是一种捕风捉影的疑辞罢了。这倒也印证了人们对于《晋书》一贯的看法:"好采诡谬碎事,以广异闻。"⑦ 但"索米"说却在传播过程中,不断被征引和强化,几乎成为一种常识,被用来怀疑甚至诋毁、丑化一代良史。在这个过程中,史学家追求信史、憎恶曲笔的心理,可能起到了推波助澜的作用。

书目提要是人们研究史学批评史常用的一类史料。运用史源学的方法加以考察,往往会有意外的收获。周中孚所著《郑堂读书记》是一部享有盛名的清代私人书目提要。提要中的一些评论性文字常被人们援引,用以品评四部典籍。问题在于,《郑堂读书记》中有不少没有注明出处、表面看上去属于周中孚的评论,实非周氏原创。比如《郑堂读书记》关于《资治通鉴》的提要云:

---

① 陈振孙:《直斋书录解题》卷4《三国志》提要,上海古籍出版社1987年版,第100页。
② 陆次云:《尚论持平》卷2《魏书》,《续修四库全书》第1136册,上海古籍出版社1996年版,第201页。
③ 施闰章:《施愚山先生学余文集》卷25《修史议》,《清代诗文集汇编》第67册,上海古籍出版社2010年版,第219页。
④ 牛运震:《读史纠谬》,齐鲁书社1989年版,第246页。
⑤ 《晋书》卷82《陈寿传》,中华书局1974年版,第2137页。
⑥ 参见《周书》卷38《柳虬传》,中华书局1971年版,第681页。
⑦ 《旧唐书》卷66《房玄龄传》,中华书局1975年版,第2463页。

> 君实名德笃学，所引以自助者，若刘贡父攽、刘道原恕、范淳父祖禹，又极天下之选，故能成此巨编，专取关国家盛衰，系生民休戚，善可为法，恶可为戒者，洵不愧资治之称。此天地间必不可无之书，亦学者必不可不读之书也。①

这段话讲得颇有水准，却是抄自王鸣盛的《十七史商榷》。② 至于本条提要中评论胡三省及其史注"诚《通鉴》之功臣，史学之渊薮矣"③，也源于《十七史商榷》。④ 这种情况并非偶然。《郑堂读书记》有关《金史》的评论有这样一段文字，"按《金史》原有成书，修史时又参以刘京叔《归潜志》、元遗山《野史》，故文笔最简洁。然亦有过于简略者"云云，"至其书法之直笔，则有可取者。凡本朝人修前代史，其于前代与本朝交涉者，必多回护，乃元人修《金史》，如《完颜陈和尚传》叙大昌原之战，陈和尚以骑四百破元兵八千，《杨沃衍传》野猪岭德安寨之战，力破元兵，《禹显传》扼龙猪斧（'斧'当作'谷'——引者注）攻元兵，获元帅韩光国等，皆直叙不讳，此犹存古法也"⑤。提要中加了一个"按"字，看似周氏见解，实则语出赵翼的《陔余丛考》。⑥ 倘若不察史源，将赵翼的评论视为周中孚的心得，不仅于事实不符，于赵翼不公，而且以此构建清朝嘉道年间的史学批评史，岂非大谬！史实已成问题，又遑论思想和见解呢。

更有甚者，周中孚撰《南汉书》提要虽主要是抄撮梁廷柟的自序而成，但他为了表达自己的汉学倾向，不惜与梁廷柟的原意发生偏离。梁廷柟的原话是：

> 欲从久远残缺之余捃拾网罗，挂漏诚不能保。自兹以往，当以续

---

① 周中孚：《郑堂读书记》卷16《资治通鉴》提要，上海书店出版社2009年版，第298页。
② 参见王鸣盛《十七史商榷》卷100"《资治通鉴》上续《左传》"条，上海书店出版社2005年版，第932页。
③ 周中孚：《郑堂读书记》卷16《资治通鉴》提要，第298页。
④ 参见王鸣盛《十七史商榷》卷100"《通鉴》胡氏音注"条，第937页。
⑤ 周中孚：《郑堂读书记》卷15《金史》提要，第288—289、289页。
⑥ 参见赵翼《陔余丛考》卷14"《金史》"条，河北人民出版社1990年版，第209—210页。

得更为补编，使其事实燎然，共知兴霸之由与败亡之故，著千古炯戒，不独资考证、广异闻已也。①

梁廷楠坦陈史料搜集难免挂漏，但他作史的旨趣"不独资考证、广异闻"，而是要"共知兴霸之由与败亡之故，著千古炯戒"。结果周中孚偏偏夸赞《南汉书》"捃拾网罗，绝少挂漏，足以资考证而广异闻"②，至于梁廷楠真正关心的兴衰之故和历史鉴戒，却只字不提。若非追溯史源，不易发现周中孚这个关键的改动——学术立场在史源采择上留下的一道深深的划痕。举此一例，当可引起研究者的警惕之心。通过史源考索，只要证据充分，批评史不妨改写。

三　从考索走向独断

"考索之功"之于史学批评的重要性已如上述，然而我们又须清醒地认识到，事物总有正反两面。倘若一味推崇"考索之功"，却可能掉进知识的"陷阱"，不自觉地流于琐碎与窒碍。事实已经证明，"考索之功"并不能解决史学批评研究必然遭遇的全部问题。一个证据，就是有关《史记》的评价。王允说《史记》不过是一部"谤书"③，而裴松之又为司马迁辩解："不隐孝武之失，直书其事耳，何谤之有乎？"④ 宋人沈括则另有考虑，认为所谓"谤"，"正是迁之微意"⑤。此类问题，就不是"考索之功"所能回答的了。"考索之功"解决了史学批评"是什么"的问题，它能呈现出批评家围绕哪些问题展开过怎样的评论、商榷或者论争，甚至批评史上一些不易知晓的细节，但却无法理解和评估"为什么"这样批评、这种批评"怎么样"。当它面对宏观架构与理论问题时，就显得力不从心了。

---

① 梁廷楠：《南汉书》，广东人民出版社1981年版，第5页。
② 周中孚：《郑堂读书记》卷26《南汉书》提要，第446页。
③ 范晔：《后汉书》卷60下《蔡邕传》，中华书局1965年版，第2006页。
④ 陈寿：《三国志》卷6《魏书·董卓传》裴松之注，中华书局1982年版，第180页。
⑤ 沈括：《补笔谈》卷1《辩证》，《梦溪笔谈校证》，胡道静校证，上海古籍出版社1987年版，第908页。

| 第二篇 中国古代史学批评的深层探讨

进而言之,"批评"本身只是一种表象,而在"批评"的背后往往隐藏着认识的分歧、立场的差异、观念的对立。说到底,史学批评是有关史学的思想表达与学术诉求,最终将指向史学理论。这才是史学批评史的学术灵魂之所系。它要靠研究者赋予,而唯有具"独断之学"者才能担负起这样的使命。东晋葛洪关于《史记》有一段名论:"司马迁发愤作《史记》百三十篇,先达称为良史之才。其以伯夷居列传之首,以为善而无报也;为《项羽本纪》,以踞高位者非关有德也。"① 刘知幾对此不以为然,反驳道:"迁之驰骛今古,上下数千载,春秋已往,得其遗事者,盖唯首阳之二子而已。然适使夷、齐生于秦代,死于汉日,而乃升之传首,庸谓有情。今者考其先后,随而编次,斯则理之恒也,乌可怪乎?……又迁之纰缪,其流甚多。夫陈胜之为世家,既云无据;项羽之称本纪,何必有凭。必谓遭彼腐刑,怨刺孝武,故书违凡例,志存激切。"② 那么,如何看待葛洪揣测司马迁、刘知幾又批评葛洪这一连锁反应,就成为史学批评研究必须面对的问题。二十余年前,瞿林东撰写《中国古代史学批评纵横》,对此事的评论堪称"独断之学"的典范:"葛洪之说,并非全无根据。一则司马迁'发愤'著史,在《史记·太史公自序》和《报任安书》中都有明言。二则《史记·伯夷列传》中,司马迁针对'天道无亲,常与善人'的说法,确实讲过'余甚惑焉,倘所谓天道,是邪非邪!'但是,葛洪把这二者直接联系起来,以寓'善而无报'之意以自喻,那无疑是曲解了从而也贬低了司马迁著史的崇高目标。刘知幾从客观历史和史书编次两个方面批评葛洪,所驳甚是。至于刘知幾批评葛洪所谓'项羽列于本纪,以为居高位者非关有德也'的说法,可谓是非参半。所谓是者,刘知幾认为司马迁并不是以此来'怨刺'汉武帝。所谓非者,刘知幾认为司马迁以项羽列为本纪,正是他的'纰缪'之一,又'何必有凭'呢。这是他拘于史例而不察司马迁著述之深意所致。"③ 这样写出来的史学批评史,不是批评事件的简单编年或资料的随意堆积,也不是浮光掠影地发一些隔靴搔痒的评论,而是既明辨是非,又分析缘由,掘发出"批评"的隐曲与意蕴,做到了"批评之批评"。

---

① 葛洪:《西京杂记》卷4《司马良史》,中华书局1985年版,第25页。
② 刘知幾:《史通》卷7《探赜》,第196页。
③ 瞿林东:《中国古代史学批评纵横》,中华书局1994年版,第157页。

要之，史之为学，立足于考索，又以独断为归宿。在这个问题上，史学批评也不能例外。"独断之学"排斥人云亦云，摒弃耳食之论。当然，独断不是武断，也不是偏执，更不是骄矜。还是章学诚说得好，它是高明者的"别识心裁"①，是以史家之才情与学识去裁量和审视那些进入了历史语境的人与事、情与思。

（原载《史学理论研究》2020年第2期）

---

① 章学诚：《文史通义》卷5《申郑》，第463页。

中国传统史学理论
与明代史学批评的互动关系[*]

朱志先

(湖北科技学院人文与传媒学院)

在明代史学批评史上，传统的史学理论、批评理念、批评方法是一笔无形的宝贵财富，为明代学者进行史学批评提供理论指导和方法借鉴，尤其刘知幾所撰《史通》对明代的史学批评影响深远。同时，明代大量的史学批评实践，一定程度上又推动史学批评理论向更高水平发展，形成一种良性互动关系。恰如瞿林东先生所言，"从史学自身的意义上说，甚至可以认为，中国古代史学批评史造就了中国古代史学理论"[①]，"史学批评中总是会闪烁出史学理论的火花，而史学理论中则往往包含着史学批评的内容，它们是相辅相成的关系"[②]。鉴于此，笔者拟从传统史学理论与明代史学批评的互动关系着手，考察两者之间是怎样进行互动，怎样成为中国古代史学批评史上一道靓丽风景的。

一 权舆准的：传统史学理论对明代史学批评的影响

中国传统史学理论蕴含着丰富的内容，不同历史时段特色各异，诸

---

[*] 本文是教育部人文社会科学研究青年项目"明代史学批评研究"（项目编号：12YJC770079）的阶段性成果。
[①] 瞿林东：《史学批评怎样促进史学发展》，《人文杂志》2016年第10期。
[②] 瞿林东：《谈中国古代的史论和史评》，《东岳论丛》2008年第4期。

如经与史、文与质、繁与简、直书与曲笔、会通与断代、心术与名教、《春秋》笔法、实录、褒贬、信史、史权、史法、史意、史才、史德、良史等，这些理论似无形的指挥棒成为学人评判史家、史著及史学现象的标尺。明代史学评点兴盛，体现撰述理念的《春秋》笔法、史家素养的良史之才、史著水平的史家优劣等史学理论对明代学人产生莫大影响。

讲求属辞比事的《春秋》笔法，借助微言大义彰显其褒贬善恶的价值判断，逐渐成为著史及评判史著的一种范例。明代学者在面对华夷之辨及孰为正统的境遇下，《春秋》褒贬义例自然成为其评价史家史著的法宝。孙应鳌评丘濬《世史正纲》时言"持义当，其于取法《春秋》，以明人心之旨"①；何瑭称《通鉴纲目前编》"取法于《春秋》《纲目》，其用心可谓劳矣"②；陈邦瞻赞誉谢陛《季汉书》，"得《春秋》之遗意"，使"正论始尽伸，借渎不复容矣"③；李义壮言柯维骐《宋史新编》"击异以统同，纲举目随"，得"春秋之旨也"④。王洙《宋史质》序言中亦称"史者《春秋》之教也，论《春秋》者曰明三王之道"⑤。邵经邦甚至言"夫所贵乎良史者"，"其大要须存《春秋》之义，锱铢不可爽也"⑥。孙应鳌、何瑭、陈邦瞻、李义壮、王洙、邵经邦俱以《春秋》之义为标准，对相关史著予以批评。尤其是谢陛在《季汉书》受到批评时，他盛誉自己的著作，"欲于列传之史，接踵范氏春秋之义，比肩习氏，奚不可哉？陈寿有知，固当心服地下矣"⑦。

在中国传统史学话语体系中，"良史"是评判史家主体及史学著述的重要标准，"塑造了古代史学的学术品格和史家的精神范式"，影响深远。⑧明代学者即以"良史"作为批评史家史著的标准之一。徐火加勃称《季汉

---

① 丘濬：《世史正纲》卷首《刻世史正纲序》，《四库全书存目丛书》史部第6册，齐鲁书社1996年版，第150页。
② 许诰：《通鉴纲目前编》卷首《何瑭序》，《四库全书存目丛书》史部第6册，第636页。
③ 谢陛：《季汉书》卷首《季汉书序》，《四库全书存目丛书》史部第30册，第7页。
④ 柯维骐：《宋史新编·序》，《续修四库全书》第308册，上海古籍出版社2002年版，第313页。
⑤ 王洙：《宋史质·叙略》，台北大化书局1977年版，第2页。
⑥ 邵经邦：《弘简录·读史笔记》，《续修四库全书》第304册，第182页。
⑦ 谢陛：《季汉书》卷首《季汉书自序》，第14页。
⑧ 尤学工：《"良史"与中国古代史学话语体系》，《四川师范大学学报》2018年第6期。

第二篇 中国古代史学批评的深层探讨

书》"降魏为传,又著五十八论,真良史才也"①;吴应箕认为姚允明《史书》"非具良史才,又积岁覃精,行坚志特者,乌睹有是哉?"②唐世济赞誉沈朝阳《通鉴纪事本末前编》"素臣之业,良史之遗也"③;余铎称赵弼《雪航肤见》"为良史直笔,无庸喙矣"④;钱谦益言钱岱《两晋南北史合纂》"举要钩玄,或笔或削,盖称良史"⑤。

中国史学史发展的历程中,自《史记》《汉书》产生以后,史家们逐渐有意识地把众史放在一起,着眼于撰述体例、史料采择、叙事之美等评析史家史著优劣,进而形成一定的史学理论。这种辨析异同、褒贬史学的理论,推动了明代史学批评的多元发展。如文德翼《皇明法传序》言"郑端简《吾学》一编,洁体选言,庶几太史流亚;他则传者,惟陈氏《通纪》一书而已","钱塘高叟备取十五朝行事而汇集之,其为书大氐仿陈氏《通纪》而续之。然剡精铲采于叟之功为多"⑥。李贞《史窃序》言"二百年来,业班马者毋虑数十家,惟郑端简晓《吾学编》与吾邑陈明府建《通纪》为最,然近代事未之详也"⑦。薛应旂《宪章录序》言"迩来见《通纪》仿编年而芜鄙,《吾学编》效纪传而断落,遂不辞衰惫,尽出旧所录者,摘什一于千百,汇为斯编,与经世者共之"⑧。无论文德翼、李贞、薛应旂赞誉抑或诟病《吾学编》和《皇明通纪》,史家褒贬之下,它们既是众人仰慕的对象,亦是学界批判的靶子。陈懿典在评价马维铭《史书纂略》时,对唐顺之《左编》、李贽《藏书》、邓元锡《函史》进行比较:"《左编》之作以二十一史为主,而旁搜稗史以成是编。近又有李卓吾之

---

① 徐勃:《笔精》卷6《季汉书》,沈文倬校注,陈心榕标点,福建人民出版社1997年版,第225页。
② 姚允明:《史书》卷首《姚伯子史书叙》,《四库全书存目丛书》史部第150册,第5页。
③ 沈朝阳:《通鉴纪事本末前编序》,《通鉴纪事本末前编》,《四库未收书辑刊》第1辑第15册,北京出版社2000年版,第351页。
④ 赵弼:《雪航肤见》卷首《雪航肤见序》,《四库全书存目丛书补编》第94册,齐鲁书社2001年版,第233页。
⑤ 钱岱:《两晋南北史合纂》卷首《两晋南北史合纂序》,《四库未收书辑刊》第2辑第16册,第6页。
⑥ 高汝栻:《皇明通纪法传全录》卷首《皇明法传序》,《续修四库全书》第357册,第3—4页。
⑦ 尹守衡:《皇明史窃》卷首《史窃序》,《四库禁毁书丛刊》史部第64册,北京出版社2000年版,第10页。
⑧ 薛应旂:《方山薛先生全集》卷13《宪章录序》,《续修四库全书》第1343册,第180页。

《藏书》、邓潜谷之《函史》，并行于世。然《左编》有义例，而无议论；《藏书》则本《左编》写，独见而为品骘；《函史》外篇以缵八书诸志，内篇以君典臣谟缵本纪、列传。读者于《左编》则苦其端绪之多，于《藏书》则警其褒贬之怪，于《函史》则便其代各为系，而尤疑其挂漏之未免"①，而《史书纂略》与《左编》《藏书》《函史》相比，"虽相类，而用意周密，尤为过之"②。沈朝阳在评介其父沈越《皇明嘉隆两朝闻见纪》时，更是与陈建《通纪》、薛应旂《宪章录》、王世贞《国朝纪要》、郑晓《吾学编》、高岱《鸿猷录》等逐一予以比较，评其高下。③查继佐评析明代实录、《皇明通纪》《吾学编》《皇明史概》《皇明书》时，指出："《国初实录》时或有爱憎，且存忌讳。《通纪》略矣。《吾学编》太质，以四六横纵故事，情未挚。《史概》信而芜，史料勤细，故良备，然似酷仿太史公文法。《明书》非自见之笔。嗟乎！难矣。"④陈懿典、沈朝阳、查继佐在批评史著时，非常灵活地运用史学褒贬的理论，依据体例、史料、繁简、叙事等标准对相关史著予以批评，纵横捭阖中展现了传统史学理论对明代史学批评实践的影响。

二 史学审美：《史通》对明代史学批评的影响

刘知幾《史通》是中国史学发展史上第一部系统的史学理论著作，其间包含有丰富的史学批评理论。《史通》在史学自身的构成上，主要从五个方面展开论述，即史学渊源、流别、史学社会功用、史书编撰要求、史学主体修养和史学批评主旨。⑤对于为何要展开史学批评，刘知幾指出，只有通过对相关著述进行合理的批评，"辨其流"，"通其义"，明其"指归"，究其"本源"，才能使后人明晰其著述之旨。⑥况且，"明月之珠不

---

① 陈懿典：《陈学士先生初集》卷1《史书纂略序》，《四库禁毁书丛刊》集部第78册，第626页。
② 陈懿典：《陈学士先生初集》卷1《史书纂略序》，第627页。
③ 沈越：《皇明嘉隆两朝闻见纪》卷首《自叙》，《四库全书存目丛书》史部第7册，第255页。
④ 沈起：《查继佐年谱》，汪茂和点校，中华书局1992年版，第115页。
⑤ 瞿林东：《论刘知幾〈史通〉关于史学构成的思想》，《苏州大学学报》2016年第3期。
⑥ 刘知幾：《史通》卷7《探赜》，浦起龙通释本，上海古籍出版社2009年版，第194页。

第二篇 中国古代史学批评的深层探讨

能无瑕,夜光之璧不能无颣"①。任何著述都有优点和缺憾,只有采取客观的态度,才能更好地去认识、去批评。

《史通》蕴含着浓厚的批评意识和积极的批评态度,深深地吸引着大批明代学者去研读、批评,②乃至去继承和发展。像杨慎、于慎行、焦竑、何乔新、何良俊、詹景凤、袁黄、胡应麟③、陈文龙、朱明镐等,他们的评史文章一定程度都受到刘知幾《史通》的影响,具体体现在史家修养、史书繁简、史书体裁、史馆修史、评历代史书等方面。④ 以《史记》为例,刘知幾在《史通》大部分篇章里,对《史记》都有所批评,属于解剖式的细致分析,涉及《史记》的篇章结构、叙事风格及文字表述等。这是刘知幾对《史记》进行编辑技术层面的批评。⑤ 刘知幾此种评判理论亦可谓史学审美式批评,⑥ 对明代学人影响甚大。

在篇章结构方面,刘知幾认为史书的篇章结构,类似于国家的律令,只有规范的结构才能使历史史实更好地展现出来。⑦ 诸如《尚书》《春秋》"以日月为远近,年世为前后,用使阅之者雁行鱼贯,皎然可寻",《史记》"错综成篇,区分类聚",《汉书》秉承《史记》,"于其间则有统体不一,名目相违,朱紫以之混淆,冠履于焉颠倒,盖可得而言者矣"⑧。因此,刘知幾对史书的结构编次论之较多。对于司马迁将项羽纳入本纪,刘知幾认为"诸侯而称本纪,求名责实,再三乖谬"⑨,"夫史之篇目,皆迁所创,岂以自我作故,而名实无准"⑩。对于史书编纂中名实是否相符的现象,明人亦论之较多。胡应麟称"史迁列羽纪也,班氏

---

① 刘知幾:《史通》卷7《探赜》,第196页。
② 参见朱志先《明代学者〈史通〉批评研究》,《华中国学》2018年春之卷。
③ 按:王嘉川在《胡应麟论刘知幾》中指出,"胡应麟应该是明代对刘知幾史学理论继承与发展的突出代表",并且胡应麟在继承刘知幾史学理论的基础上,又予以"补弊救偏"和"批评指责"。参见王嘉川《胡应麟论刘知幾》,《史学月刊》2006年第4期。
④ 参见杨艳秋《刘知幾〈史通〉与明代史学》,《史学史研究》2002年第4期。
⑤ 周文玖:《刘知幾史学批评的特点》,《史学史研究》2007年第2期。
⑥ 按:瞿林东先生在论析刘知幾的史学审美思想时,指出有叙事之美、史职之美、史学体裁之美、文章与文词之美、序例与论赞之美。参见白寿彝主编,瞿林东著《中国史学史》第3卷,上海人民出版社2006年版,第268—271页。
⑦ 刘知幾:《史通》卷4《序例》,第81页。
⑧ 刘知幾:《史通》卷4《编次》,第94页。
⑨ 刘知幾:《史通》卷2《本纪》,第34页。
⑩ 刘知幾:《史通》卷2《世家》,第38页。

列羽传也,各有当焉"①。郝敬言项羽灭秦,分封诸侯,"已擅天下为帝王,为之本纪,非过也"②。凌稚隆认为《汉书》中各种合传,"虽不标立别名如儒林、循吏例,而同传之意自见",因班固采取以类相从的原则,使具有相同特征的人物群体归于一传,从篇章结构的角度讲颇得立传之法。③

在叙事风格方面,刘知幾讲求叙事之美。"夫史之称美者,以叙事为先"④,而"国史之美者,以叙事为工,而叙事之工者,以简要为主"⑤。刘知幾指出,为史之美在于叙事,讲求文辞雅致,讲求简明扼要。明代学人受其影响,以注重叙事之美的方式批评史著者较多。何良俊称范晔《后汉书》"简而不漏,繁而不芜,亦可称名史,故世以与班固书并行,似不为过";《三国志》"称为秽史,然其叙事简严质实,犹不失史家体格";《晋书》成于众人之手,"最为冗杂"⑥。何良俊是从叙事繁简的角度评析《后汉书》《三国志》及《晋书》。杨慎就史文繁简问题,批评宋、元时期为文冗杂,像《宋史》"览之数过,亦不知其首尾"⑦。王圻则从叙事审美的角度,认为《史记》"疏荡",《汉书》"跌宕""有旨趣",《后汉书》"无文气"⑧。王世贞在评析班固的行文时,指出班固叙事,"虽不得如化工肖物,犹是顾恺之、陆探微写生。东京以还重可得乎?陈寿简质,差胜范晔,然宛缛详至,大不及也"⑨。王世贞在形容班固叙事之美时,以顾恺之、陆探微的写生比拟之,并且和范晔、陈寿进行比较,字里行间透露出其对班固为文的赞美之辞。

在作史态度方面,刘知幾赞誉"肆情奋笔""仗气直书"及"善恶必

---

① 胡应麟:《少室山房笔丛》卷13《史书占毕一》,上海书店出版社2001年版,第134页。
② 转引自杨燕起等编《历代名家评〈史记〉》,北京师范大学出版社1986年版,第346页。
③ 凌稚隆:《汉书评林》第1册,明治新刻东京印刷会所版,第26页。
④ 刘知幾:《史通》卷6《叙事》,第152—153页。
⑤ 刘知幾:《史通》卷6《叙事》,第156页。
⑥ 何良俊:《四友斋丛说》卷5《史一》,上海古籍出版社2012年版,第35页。
⑦ 杨慎:《升庵集》卷52《辞尚简要》,《景印文渊阁四库全书》第1270册,上海古籍出版社1987年版,第450—451页。
⑧ 王圻:《史评·诸史优劣》,《稗史汇编》卷98,北京出版社1993年版,第1437页。
⑨ 凌稚隆:《汉书评林》第1册,第20页。

书"①；著史时，应"爱而知其丑，憎而知其善，善恶必书，斯为实录"②。明代学者在评判史著时，常常以直书、实录为准的。陆深称"史之为义也，不掩恶，不虚美。美者因其美以美之，虽有其恶不加毁也。恶者因其恶而恶之，虽有其美不加誉也"③；杨慎曰"国史亦难信，则在秉笔者之邪正也"④，"史官直书时事以垂久远，其职分也"⑤。焦竑亦认为"夫记德之史，褒功之诏，传信于天下，史氏职也"⑥，而郑晓《吾学编》等书"多载懿行，而巨憝宵人幸逃斧钺，史称梼杌，义不甚然"，应"善恶并存"⑦。陆深、杨慎、焦竑赞成刘知幾的观点，亦认为著史者应直书其事，并以此来评判史家优劣。

三　守先待后：明代史学批评推动传统史学理论的进一步发展

在中国古代史学发展史上，明代官修史书衰落，私人撰史兴盛，史评风气浓厚。史家不仅对历代正史予以评判，对当代史家、史著、史学现象亦是批评甚多。尤其是明代中叶以后，士人渐趋活跃，"或专讲心学；或放浪形骸；或放言高论，批评时政，一时风气丕变。其影响到史学，是激烈的史论出现。史学家以激昂之笔，褒贬人物，品评史事，千古史权，握于其手"⑧。对于此种现象，仓修良先生以"再度以褒贬为中心的明代史学"来概括其特征。⑨ 在史学批评的实践中，明代学者不仅以传统的史学理论为准的进行批评，同时，又丰富了史学理论的内容，推动史学理论向更高层次发展。

---

① 刘知幾：《史通》卷7《直书》，第180页。
② 刘知幾：《史通》卷14《惑经》，第374页。
③ 陆深：《史通会要》下《丛篇一》，《俨山外集》卷26，《景印文渊阁四库全书》第885册，上海古籍出版社1987年版，第150页。
④ 杨慎：《升庵集》卷47《野史不可尽信》，第373页。
⑤ 杨慎：《升庵集》卷2《丁丑封事》，第12页。
⑥ 焦竑：《澹园集》卷25《少司农王公传》，中华书局1999年版，第355页。
⑦ 查继佐：《明书》（罪惟录）列传卷18《焦竑》，《二十五别史》，齐鲁书社2000年版，第2535页。
⑧ 杜维运：《中国史学史》第3册，商务印书馆2010年版，第683—684页。
⑨ 仓修良：《中国古代史学史》，人民出版社2009年版，第433—489页。

在史书撰述及史学批评中，史家修养起到很重要的作用，历代学者对此论之甚多。①刘知幾称史家应"仗气直书"及"善恶必书"。元代揭傒斯言修史者，"有学问文章，而不知史事者不可与；有学问文章知史事，而心术不正者不可与。用人之道，又当以心术为本也"②。王祎称"公是公非，记善恶以志鉴诫，自非擅良史之才者，其孰能明公议，以取信于万世乎！故人主极天下之尊，而公议所以摄人主，公议极天下之正，而史官又所以持公议者"③。余继登称史官修史，"捃摭故实，备册书明示将来，用垂法戒。非一人之书，而天下之公也。非一时之书，而万世之公也"④。胡应麟认为史家的素养，"才、学、识三长足尽史乎？未也。有公心焉、直笔焉，五者兼之，仲尼是也"⑤。对于史家的素养，由刘知幾所言董狐直笔，揭傒斯讲求史家心术，王祎指出良史应秉持公议，余继登认为修史应有万世之公的意识，而胡应麟则认为修史者才、学、识之外，更应兼备公心与直笔。此种对史家修养要求的变化，实际是史家继承他人研究的基础上，在大量史学实践中感悟所得。⑥其实，在胡应麟之前，薛蕙对修史者已提出了四种要求，即史家应"深于道德""通于政教""明于人情""精于文艺"，唯有如此，才具备良史的资格。⑦

有关明代史学存在状态的经典概述，当属王世贞所论。其言曰："国史人恣而善蔽真，其叙章典、述文献，不可废也；野史人臆而善失真，其征是非、削讳忌，不可废也；家史人谀而善溢真，其赞宗阀、表官绩，不可废也。"⑧王世贞归结明代官修国史因"人恣"而"蔽真"，私修野史因"人臆"而"失真"，私撰家史因"人谀"而"溢真"。明代以来，学者们

---

① 参见瞿林东《心术与名教：史学批评的道德标准和礼法原则》，《文史知识》1991年第11期。
② 《元史》卷181《揭傒斯传》，中华书局1976年版，第4186页。按：明代王文禄《海沂子》中亦言："或问修史，海沂子曰：心术正，上也；文次之；学次之。"见王文禄《海沂子》卷3，《四库全书存目丛书》子部第84册，齐鲁书社1995年版，第363页。
③ 王祎：《王忠文集》卷15《唐起居郎箴》，《景印文渊阁四库全书》第1226册，第323页。
④ 余继登：《修史疏》，陈子龙：《明经世文编》卷437，中华书局1962年版，第4779页。
⑤ 胡应麟：《少室山房笔丛》卷13《史书占毕一》，第127页。涂山《明政统宗·凡例》中亦言"论史之为职要，秉天下之公心以裁天下之公典"。涂山：《明政统宗》，《四库禁毁书丛刊》史部第2册，第107页。
⑥ 参见毛春伟《明代学者论历史撰述中的"心术"与"公议"》，《求是学刊》2010年第5期。
⑦ 薛蕙：《约言》，《四库全书存目丛书》子部第84册，第294页。
⑧ 王世贞：《弇山堂别集》卷20《史乘考误一》，中华书局1985年版，第361页。

在评价明代修史状况时，多会直接或间接引用王世贞此论。卫承芳《明政统宗叙》言："明无史，非无史也，夫人而能为史也。夫人而能为史，何以无史？弇州氏言之矣：'国史之人恣，野史之人臆，家史之人谀。谀者可以益小人，恣者不免诬君子。臆者可以乱一时耳目之实，恣者不免殽万世斧衮之公。'"① 卫承芳是直接引用王世贞之论来支撑自己的观点。

更多的是间接引用王世贞有关国史、野史、家史的论点，或是因袭其说而未予以注明。如祝世禄称："夫家史兴而善失真，美而溢者也；野史兴而善涉谬，传而误者也；稗史兴而善入讹，琐而鄙者也……至弇州以论著高，一代国故家乘，异同亡所不订，阙疑无所不考，沾沾命世。"② 张岱言："第见有明一代，国史失诬，家史失谀，野史失臆，故以二百八十二年总成一诬妄之世界。"③ 陈登云则言"世之以纂述自号者，其弊多端"，表现为"挟隙而多诬""轻听而多舛"及"好怪而多诞"④。祝世禄、张岱属于对王世贞观点的间接引用，而陈登云则属于因袭王世贞之说。王世贞关于国史、野史、家史的论断备受明代学者关注，说明此论对明代修史状况的批评颇有道理。实际上，王世贞此说亦是在明代众多批评实践中延伸而来，经过不断积淀，最终形成在理论方面的经典概括。在王世贞之前，郑晓、杨慎等学者对明代国史失职、野史不真，已有论析。郑晓称，"我朝虽设修撰、编修、检讨为史官，特有其名耳。《实录》进呈，焚草液池，一字不传。况中间类多细事，重大政体，进退人材，多不录"⑤，"国朝小说书数十种中，亦有浪传不足信者。惟《野录》中一事极可恶……好事者为《野录》，遂妄言耳"⑥。杨慎指出"历代皆有国史，而往往不无舛漏。于是岩穴之士，网罗散失，捃摭逸事，以为野史可以补正史之阙。然野史不可尽信"⑦。按：郑晓、杨慎有关明代国史、野史修撰中存在弊端的论述，要早于王世贞，不管王世贞在著述中是否参依过郑晓、杨慎之说，至少可以说明王世贞的史学批评理论并非空穴来风，应该源于明代史学批评

---

① 涂山：《明政统宗·叙》，第93—94页。
② 黄光昇：《昭代典则·序》，《续修四库全书》第351册，第2—3页。
③ 张岱：《琅嬛文集》卷1《石匮书自序》，浙江古籍出版社2013年版，第3页。
④ 吴瑞登：《两朝宪章录》卷首《自序》，《续修四库全书》第352册，第496页。
⑤ 郑晓：《今言》卷2，中华书局1984年版，第56页。
⑥ 郑晓：《今言》卷1，第15页。
⑦ 杨慎：《升庵集》卷47《野史不可尽信》，第373页。

的实践之中。

结　　语

明代中叶以后，文学复古运动兴起，由评点《史记》《汉书》进而演进到对相关正史的批评。随着官修实录的流出，私人撰史层出不穷，水平高下不一，明代学者纷纷著书立说对此现象予以评论。而中国传统史学理论的流播，尤其是《史通》为明代史学批评提供了很好的理论参照，有力推动了明代史学批评实践的多元发展。

明代学者在前人的理论基础上，对于如何展开批评，纷纷提出自己的理论思考。焦竑言，"学道者当尽扫古人之刍狗，从自己胸中辟取一片乾坤，方成真受用，何至甘心死人脚下"[1]。即作为学者应该具有批评意识，但这种批评不能像刘知幾"多轻肆讥评，伤于苛刻"[2]，"凡作议论文字，须令核实无差忒乃可"[3]。鉴于"论人之著作，如相家观人"，焦竑指出欲客观评析他人著述，应"得其神而后形色气骨可得而知"，"不得其神，未可论其法，不知其人，未有能得其神者"[4]。当世人对班马异同众说纷纭、莫衷一是时，徐孚远指出其中的玄机："夫构文之家重神简，征实之家采事迹，此二者所为折衷也。"[5] 钱谦益进而认为对于班马优劣，应"得古人作史之指要"[6]，"读班、马之书，辨论其同异，当知其大段落、大关键，来龙何处，结局如何"[7]。钱氏主要从作史的角度，指出在辨析班马异同时，应把握古人作史的要领，不能仅满足于讨论《史记》《汉书》的文辞，不仅要知其然，还应知其所以然，这样对班马异同的评判在理论上更上一个层次。

明代大量的史学批评实践拓展了史学理论的内容，使其变得更加丰富

---

[1] 焦竑：《焦氏笔乘续集》卷2《支谈上》，《焦氏笔乘》，中华书局2008年版，第287页。
[2] 焦竑：《焦氏笔乘》卷3《史通》，第124页。
[3] 焦竑：《焦氏笔乘》卷1《二疏赞误》，第18页。
[4] 焦竑：《澹园集》卷22《题词林人物考》，第284页。
[5] 杨燕起等编《历代名家评〈史记〉》，第25页。
[6] 钱谦益：《牧斋初学集》卷83《书史记项羽高祖本纪后二则》，上海古籍出版社1985年版，第1751页。
[7] 钱谦益：《牧斋有学集》卷38《再答苍略书》，上海古籍出版社2009年版，第1310页。

多彩。诸如《史通》中言及六家、二体，剖析不同史著之差异。焦竑在参阅正史时，发现同一作者之著述，亦有体例不同之现象。他以李延寿所作《南史》《北史》、欧阳修《唐史》《五代史》为例，提出"史笔纪载不同""史法之异"的观点。[①] 对于明代实录中，只有三品以上的官员才能立传，焦竑则希望修国史时，应该"贵贱并列，不必以位为断"，"善恶并列，不必以人为断"[②]。胡应麟以著者为例，对历代正史予以评判，提出"圣人之史""贤人之史""文人之史""乱人之史""小人之史"及"夷人之史"的观点。[③] 陈深《诸史品节·凡例》中言，"批评亦有三品"，即佳品、神品、妙品。[④] 明代史学批评实践为传统史学理论的凝练与升华提供了很好的试验场，使史学理论呈现出纷繁色彩。

中国传统史学理论与明代史学批评之间的良性互动，明代学者批评他人著述及被他人所批评，这种学术自觉一定程度上也促进了明代史著的繁荣发展，"不仅表现在史书编撰，更表现在对史学理论问题的思考和对历史的批判，表现在实学精神下对史学经世之旨的强调和对史学严肃性的坚持"[⑤]。并且，"在这不断地自我批评和自我克服之中，涌现出了一批优秀的史家和史著，把明代史学的发展逐步推向了高潮，为明清之际出现的史学高峰，奠定了思想和学术的基础"[⑥]。

（原载《史学理论研究》2020 年第 2 期）

[①] 焦竑：《焦氏笔乘续集》卷6《史法之异》，《焦氏笔乘》，第455页。
[②] 焦竑：《澹园集》卷5《修史条陈四事议》，第30页。
[③] 胡应麟：《少室山房笔丛》卷13《史书占毕一》，第127页。
[④] 陈深：《诸史品节·凡例》，《四库全书存目丛书》史部第132册，第3页。
[⑤] 瞿林东主编：《中国史学史》，高等教育出版社2019年版，第252页。
[⑥] 向燕南、张越、罗炳良：《明清时期（1840年前）·中国古代史学的嬗变》，白寿彝主编：《中国史学史》第5卷，上海人民出版社2006年版，第78页。

史学批评与史学话语体系的构建

邹兆辰

（首都师范大学历史学院）

　　史学批评是伴随史学发展过程中出现的经常现象。历代史家根据当时社会和学术发展的需要，在继承前人的著史理念、体例、方法进行史学撰述时，往往还会对前代学人的著作进行整体的或局部的评论，提出或褒或贬，或有褒有贬的论述。也有少数史学评论家从史学发展的整体角度对前人的历史著述进行总结性评论，提出一些问题。这种现象一直贯穿在中国史学发展史中，但长期以来史学史并没有形成一个学科，缺乏对于史学批评现象进行系统性的总结、研讨，直到改革开放以来的新时期，由于史学史学科的发展，当代中国史学家才能对古代史学批评进行学理性的探讨。

　　发现并提出史学批评的问题，需要对中国史学发展有系统深入的研讨，对史学史有深厚的学识积累，还需要有敏锐的学术反思精神，能够对史学批评的各种现象进行理论性的思考。瞿林东先生从1964年起跟随白寿彝先生研读中国古代史学史，在教学科研实践中，从集中关注唐代史学扩展到整个中国古代史学，撰写了通贯性的中国史学史著作。在长期读史过程中，深刻地察觉到中国史学史上这样一种现象，他强烈感受到这种现象是推动中国古代史学发展的一种动力，有必要认真加以梳理，于是他以"史学批评"的名目，开始对其进行了持续、系统研究。从1991年1月起，他在《文史知识》上开辟了中国古代史学批评的专栏，连续发表系列文章，并于1994年汇集为由中华书局出版的《中国古代史学批评纵横》一书。此后二十年里，他始终致力于对中国古代史学批评问题的探索，陆续发表了一系列重要论述，于2016年又由重庆出版社出版了《中国古代史学批评纵横》(增订本)。2017 年北京师范大学出版社出版的《瞿林东文集》(第二卷)即《中国古代史学批评纵横》中的几十篇文章,也都在不同层次上涉及史学批评问题。此外,瞿林东先生自 2016 年起主持的教育部重大项目"中国古代史学批评研究"已经结题,并于 2020 年推出多卷本《中国古代史学批评研究》,将会把中国古代史学批评研究推向新的高潮。瞿先生开创的中国古代史学批评研究,成为中国古代史学史研究的重要新领域,同时史学批评的研究也推动了史学理论问题研究的深入,成为促进史学理论与史学史学科发展的学术增长点。

只要仔细阅读瞿先生有关史学批评问题的系列论述,我们不难发现,揭示出史学批评这个范畴,并且由此视野展开对中国古代史学史的新的研究具有重大的学术价值。

第一,有关史学批评的研究揭示出中国古代史学中的史学批评这一现象,抓住了对史学发展中具有影响力的一些关键点进行新的探索。于是,这样一部贯穿史学批评的史学史就成了在撰史理念与方法方面相互关联、继承、发展,同时又存在不同意见论争的活生生的学术发展史。

汉代史学家司马迁开创了纪传体史学著作的先例,写出了名垂千古的史著《史记》,其书中就涉及了对《春秋》的高度评价。而司马迁的著作到了东汉时,史家班彪、班固父子就以他们的标准,批评了《史记》的缺陷。班彪指出,"迁之所记,从汉元至武以绝,则其功也";但他又批评说:"至于采经撫传,分散百家之事,甚多疏略,不如其本,务欲以多闻广载为功,论议浅而不笃。"① 他的儿子班固也批评说:"其是非颇缪于圣人,论大道则先黄老而后六经,序游侠则退处士而进奸雄,述货殖则崇势利而羞贱贫,此其所蔽也。"② 但同时他们父子又称赞司马迁"善述序事理,辩而不华,质而不野,文质相称,盖良史之才也"(班彪);"善序事理,辨而不华,质而不俚,其文直,其事核,不虚美,不隐恶,故谓之实录"(班固)。而且,他们父子都有继承司马迁的事业继续编纂汉代史书的志向。《汉书》就是班固继承《史记》的体例完成的首部断代史著作,也可以将它看成在史学批评基础上对史书编纂的新开拓。

---

① 《后汉书》卷 40 上《班彪传上》,中华书局 1965 年版,第 1325 页。
② 《汉书》卷 62《司马迁传》,中华书局 1962 年版,第 2738 页。

再仔细观察,这种史学批评现象确实贯穿在整个史学史上。唐宋时期,是中国史学的繁荣发展时期,也是史学批评发展的新时期。唐代产生了对中国史学发展进行全面总结、反思的著作——刘知幾的《史通》,反映了史学批评的新水平。宋代出现了欧阳修、宋祁主编的《新唐书》,它本身就是对五代后晋时期由刘昫主持编纂的《旧唐书》的一种否定,因为该书"芜杂不精",从此《旧唐书》很少流传。但《新唐书》不久也遭到批评。宋代出现了吴缜《新唐书纠谬》这样的著作,针对《新唐书》存在的问题,提出了事实失实、事有可疑、自相违舛等二十类460条问题。而且,吴缜还提出了作史的三原则:事实、褒贬、文采。不过吴缜的《新唐书纠谬》到了清代也引起了乾嘉学者的不同声音的批评,钱大昕批评它于地理、官制、小学等方面多有未达,而章学诚则基本上予以肯定。

总之,瞿林东先生的史学批评论著给我们勾勒出中国古代史学批评的生动全貌,它赋予中国史学史一个新的生命力,这样史学史不再是单纯依赖历史文献而对于过去历史著作的僵死叙述,它"活"了起来,成为在史学批评中发展、律动的生气勃勃的史学发展现象。

第二,瞿林东先生关于史学批评问题的各种论述涉及内容非常广泛,涵盖了史学史的诸多问题,并且形成了体系,初步构成了一个史学批评的范畴。他的系列文章揭示了在中国古代史学发展史上,有关作史宗旨、史学功用、治史方法、史书编纂、史家修养等的一系列范畴。它们大多是在史学批评中酝酿和提出的,如良史,信史,直笔与曲笔,会通与断代,叙事,史论,论史,史法,史意,史才、史学、史识、史德,体裁与体例,书法,事实,褒贬与文采。他曾说过:从史学自身的意义上说,甚至可以认为,中国古代史学批评史造就了中国古代史学理论。[①] 对此,我们可以公正地说,自从有了史学批评问题的探讨,中国古代史学理论和方法问题的研究大大地活跃起来了。

第三,史学批评的研究使当代史学工作者与古代史家有了对话的条件,通过这种对话便能延续中国史学的这一优良传统,在史学批评中推动当代史学的发展。

历史学本身就是历史学家与历史事实之间连续不断的相互作用的过

---

① 参见瞿林东《史学批评怎样促进史学发展》,《人文杂志》2016年第10期。

程,是现在与过去之间的不断的对话。史学史不应是已经终结的史学的历史,当今的史学家在参与这场对话的过程中,不仅可以认识过去的史学现象,也可以起到推进当代史学发展的作用。我们看到"中国古代史学批评纵横"这一命题本身就包括与古人对话的意思,其中也包括对史学批评者们的观点的质疑与批评,除了肯定他们正确的批评外,也指出他们的批评有欠公正或观点有局限之处。例如,瞿林东《关于章学诚史学批评的一点批评》一文就是这种对话的一篇代表作。他指出,章学诚因在史学理论领域有多方面"颇有新意"的论述,成为中国古代史学理论的总结者,章学诚的这种学术地位,并不会因其学说有逻辑上的瑕疵和思想上的局限而有所改变。但是,我们过去研读《文史通义》,比较关注它在某一具体方面的精辟论述并为之赞叹,而较少考察章学诚在这一方面的论述同另一方面的论述是否协调,是否完全符合逻辑。例如瞿林东在这篇文章中,对章学诚所说"唐、宋至今,积学之士,不过史纂、史考、史例;能文之士,不过史选、史评。古人所为史学,则未之闻矣"的观点提出质疑。在章学诚看来,只有像司马迁、班固那样,继承"《春秋》家学"的史著才堪称"史学"。如此看来,司马光的《资治通鉴》、袁枢的《通鉴纪事本末》、郑樵的《通志》等历史著作,还达不到"史学"的标准。瞿先生还认为,章学诚提出"六经皆史",自是一个积极的论断,多得后人赞许;但他在讨论历代史学发展时,多以"六经"为准则,史学演变的结果,都以回归"六经"为至善,这样一来,章学诚对于史学的许多论述就不能自觉地从发展、进步的观点进一步展开,而囿于"六经"的范围。

第四,史学批评问题的提出虽然是史学史的范畴,但其影响力不仅在于史学史,而是涉及整个史学研究。因为史学批评的问题涉及治史宗旨、编纂原则、编纂体例、治史方法、史家修养等一系列问题,它所提出的原则、理念、方法,尽管是从古代史家论著中提出的问题,但对于今天的史学研究仍然具有十分重要的参考、借鉴价值。

当前,为了发展新时代中国特色的历史学,必须在加强史学的学科体系、学术体系、话语体系的建设上做更多的工作。在建构具有中国特色的史学话语体系方面,我们的历史研究必须大力倡导采用具有中国文化传统、语言风格的概念和术语。当然,我们也要吸收西方史学的有益学术成果作为借鉴和参考,丰富史学的话语体系,但我们不可能照抄、照搬西方史学的话语体系,也没有一个完整的话语体系可以供我们利用。因此在这个过程中,上面提到的中国古代史学批评范畴所运用的一些概念、术语可以在构建中国史学的话语体系中发挥积极的作用。

首先,史学批评范畴所产生的概念、术语不是后人空想出来的,也不是外国学术概念的翻版,它们来自中国重要的史家、史著,有着深厚的学术底蕴。

如"良史"说,不仅出现早,而且延续到整个史学史。最初出自孔子说董狐"古之良史也,书法不隐"①;此外,如班彪说司马迁《史记》"善述序事理,辩而不华,质而不野,文质相称,盖良史之才也"②;班固说司马迁"自刘向、扬雄博极群书,皆称迁有良史之才"③。"史才、史学、史识"说出自刘知幾。他说:"史才须有三长,世无其人,故史才少也。三长,谓才也,学也,识也。"④ "史德"说出自章学诚。他说刘知幾所谓才、学、识"未足以尽其理","能具史识者,必具史德。德者何?谓著书者之心术也"⑤。"史法"和"史意"这对范畴也是来自章学诚。他说,人们把他比拟为刘知幾,岂"不知刘言史法,吾言史意"⑥。"事实、褒贬、文采"说出自吴缜。他在《新唐书纠谬·序》中写道:"为史之要有三:一曰事实,二曰褒贬,三曰文采。有是事而如是书,斯谓事实。因事实而寓惩劝,斯谓褒贬。事实、褒贬既得矣,必资文采以行之,夫然后成史。"⑦ "会通"与"断代"优劣说出自郑樵。他说:"会通之义大矣哉!"会通之义,一是重古今"相因之义",二是重"古今之变"。因此,郑樵推崇司马迁的《史记》,批评班固"断代为史,无复相因之义;虽有仲尼之圣,亦莫知其损益,会通之道,自此失矣"⑧。对于这些概念、术语,瞿林东先生从20世纪90年代起,就一个个进行过专文的探讨,可以说基本上涵盖了史学批评的基本内容,后来又有更多的学者进一步进行过论述,

---

① 《左传·宣公二年》,杨伯峻注本,中华书局1996年版,第662—663页。
② 《后汉书》卷40上《班彪传》,中华书局1965年版,第1325页。
③ 《汉书》卷62《司马迁传》,中华书局1962年版,第2738页。
④ 《旧唐书》卷106《刘子玄传》,中华书局1975年版,第3173页。
⑤ 章学诚:《文史通义》卷3《史德》,叶瑛校注本,中华书局1985年版,第219页。
⑥ 章学诚:《文史通义·家书二》,古籍出版社1956年版,第333页。
⑦ 吴缜:《新唐书纠谬·序》,《丛书集成初编》,中华书局1985年版,第3页。
⑧ 郑樵:《通志总序》,《通志略》,上海古籍出版社1990年版,第1—2页。

第二篇　中国古代史学批评的深层探讨

这就为我们今天探讨构建新时代中国史学的话语体系初步奠定了基础。今后，我们在研讨过程中或许会发现一些新的概念，但上述这些概念、术语无疑已经成为史学批评范畴的核心内容。

其次，这些史学批评者的概念、术语，思想内容深刻，语言简明精炼，体现了中国的语言风格。

古代史学批评者们所提出的概念、术语都是史家们经过深入思考提出的，对它们都有相应的论证。如刘知幾在提出他的"史才须有三长"即才、学、识的观点以后，进一步解释说："夫有学而无才，亦犹有良田百顷，黄金满籯，而使愚者营生，终不能致于货殖者矣。如有才而无学，亦犹思兼匠石，巧若公输，而家无楩柟斧斤，终不果成其宫室矣。"①刘知幾这里的论述非常生动。他没有给史学、史才下一个简短的定义，但是，他的这种比喻能够让人理解史才和史学的内涵与它们的关系，因而多为后人所引用。章学诚在说明他的"史德"的观点时，撰写了《史德》一篇，更明确了"才、学、识"的含义。他说："史所贵者义也，而所具者事也，所凭者文也。""非识无以断其义，非才无以善其文，非学无以练其事。"但章学诚指出，刘知幾所说的才、学、识，"未足以尽其理"，因此他提出"能具史识者，必知史德。德者何？谓著书者之心术也。夫秽史者所以自秽，谤书者所以自谤，素行为人所羞，文辞何足取重"②。德、学、才、识的概念，到了近代被梁启超赋予了新的含义，早已被中国广大史学工作者所熟知和认可。

最后，通过对史学批评范畴的探索，有助于今天史学话语体系的构建。

古代史学家这些关于史学批评所运用的概念、术语，为我们今天研究史学话语体系的构建提供了丰富的思想内容。但由于当时社会环境的影响，它们往往也有自身的局限性。若把它们作为当代史学的话语，还需要将其放在当代史学的语境下，注入当代科学的思想，赋予其理论内涵，克服其原有的局限性，这样才能使其为构建新时代史学的话语体系服务。

令人欣慰的是，近30年来，随着史学界对史学批评问题重视程度的提高，许多学者已经开始注意对于史学批评范畴的研究。他们对于史学批

---

① 《旧唐书》卷106《刘子玄传》，第3173页。
② 章学诚：《文史通义》卷3《史德》，叶瑛校注本，第219页。

评的意义、史学批评范畴的内涵和史学批评的诸多概念进行了深入的探讨，对于史学批评在史学史上各个时代的体现也进行了系统的挖掘，扩展了不同时代的内容，积累了丰厚的学术成果。1997年，瞿林东先生第一位博士生江湄的毕业论文就选择了对史学批评范畴问题的研究。此后，罗炳良、白云等学者持续就史学批评范畴问题进行了整体的探讨。罗炳良的文章阐述了史学批评的意义，说明了史学批评与一般史学评论的区别，指出"在史学批评的实践中，通过对研究对象的高度概括和本质反映，就会形成规定史学批评的评价类型和学术规范，确定史学批评的统一标准和基本原则，这就是史学批评范畴"①。

史学批评范畴中的具体问题也引起了学者们的重视。刘开军从"史德"范畴的演进谈到史学批评的深化。他说，在史学批评范畴体系中，"史德"属于基本范畴。如刘勰提倡"素心"，李延寿则重视"良直"，刘知幾倡言"史识"，曾巩则论说"道德"，这样就形成了对于史家品质的一种规劝和评论。元末揭傒斯提出"心术"说，较之"良直"则更加抽象，具有学理上的意义。到清中期，章学诚正式提出"史德"说，并较系统地阐释了"史德"的内涵与修养方法。但是，必须指出，章学诚关于"史德"的观点仍然未能摆脱"名教"的羁绊，我们必须认识到其局限。②舒习龙则从历史编纂学的角度论及"史德"问题。他认为，中国古代史家的"史德"观由最初的"素心""公心"与"直笔""求真"等，到章学诚强调慎辨主观与客观，尊重客观，不以主观强加于客观以及"史德在于心术"，完成了中国古代史德观念的建构。③

"史才"的范畴也受到当代学者的重视。谢贵安认为，"史才"在中国古代具有三种既相互关联又有所区别的概念，一是指史家修史的才能，二是史学主体的综合素质（才、学、识、德），三是指史学人才。由于"史才"最基本的含义是修史才能，为史学工作者职业身份确定的标志，因此它也成为包括史学"三长"及"史德"在内的史学主体综合素质的代称，并进而指代史学主体本身。④

---

① 罗炳良：《中国古代史学批评与史学批评范畴》，《郑州大学学报》2009年第1期。
② 刘开军：《"史德"范畴的演进与史学批评的深化》，《天津社会科学》2014年第2期。
③ 舒习龙、陈舒玉：《史德的演进及其对中国历史编纂的影响》，《河北学刊》2015年第2期。
④ 谢贵安：《评中国古代史学的"史才"论》，《史学史研究》2003年第3期。

第二篇　中国古代史学批评的深层探讨

周文玖撰文论述了"直书"和"名教"两个范畴，认为在中国古代史学批评中，"直书"和"名教"是两个重要的标准。这两个标准是相辅相成而又相互制约的，是矛盾统一体的两个方面，二者统一于传统史学的"史义"之中。①

朱露川论述了史学批评中的"良史"现象与"良史"论。她认为：在中国古代史学的长期发展过程中，"良史"是人们常用的概念并形成了较为稳定的内涵，成为中国古代史学批评的重要范畴。从其由来和含义看，"良史"指优秀的史家和价值高的史书，有时也指史家的修史志向。不同时期人们的"良史"观带有时代特征。唐人的"良史"观，有丰富的内涵：一是修史活动中明确"良史"标准；二是指出"良史"难得；三是在学术辩难中凝练"良史"的特点。这反映了唐人鲜明的"良史"意识，是中国古代史学批评史上"良史"观发展的一个重要阶段。②

有的学者还谈到了史学批评范畴的其他问题，如白云还探讨了"文与质""文与史""曲与直""创与循""名与实""简与烦"等问题，刘开军还探讨了"史权"问题。

当代学者对史学批评范畴的讨论内容是十分广泛的，许多学者特别是青年学者提出了一些富有新意的见解，是值得重视的。由此可见，自从20世纪90年代瞿林东先生开始论述史学批评问题并提出重视史学批评范畴的研究以来，对于史学批评范畴的研究已经成为当代史学工作者学术研究的一个重要话题。当然，这里还需要梳理、选择、规范含义并形成一个较完整的史学批评范畴的内容体系。随着这些概念、术语被深入地研究和运用，史学批评范畴的内涵也会逐渐明确，这无疑会对构建新时代中国马克思主义史学的话语体系发挥积极作用。有中国特点、中国风格的史学话语体系的构建不会一蹴而就，但它的构建不可能脱离中国史学发展的实际，同时也必然要从中国史学工作者耳熟能详并高度认可的话语中充分吸收营养和借鉴，这是毫无疑义的。

（原载《史学理论研究》2020年第2期）

---

① 周文玖：《直书、名教和传统史学批评的特点》，《河南师范大学学报》2008年第6期。
② 朱露川：《浅论古代"良史"的三种含义》，《历史教学问题》2015年第6期；朱露川：《试论唐人的史学批评与"良史"观念》，《人文杂志》2016年第10期。

第三篇

中国史学理论研究的新进展

当代中国新史学发展趋向问题刍论
——立足于近代社会史研究的讨论

王先明

（南开大学历史学院）

新时期以来的史学发展所取得的成果，世所共见。在深刻的内在反省和高度对外开放交流的促动下，历史学发展在开拓创新中形成了鲜明的时代特色，表现在新领域、新视角、新理论、新方法甚至新话语等方面，实际上意味着中国史学研究进入了一个新的历史阶段。无论是宏观性研究，还是微观性探讨，史学研究的新成果层出不穷。在张海鹏主编的《中国历史学30年（1978—2008）》（中国社会科学出版社2008年版）和曾业英主编的《当代中国近代史研究（1949—2009）》（中国社会科学出版社2014年版）等史著中，已经对史学的基本状况进行了总结和展示。这提示我们，新时期以来的历史学取得的成就更突出地体现在新领域的开拓与新体系的构建方面。

如何确切地定义"新史学"，是颇多争议的一个问题。[1] 从20世纪初梁启超标举这一旗帜开始，百年来学人多有论议，旨义所在并不相同，其内涵、外延颇多差异。[2] 就本文而言，拟超脱概念本身之纠结，主要立足

---

[1] 许冠三：《新史学九十年》，岳麓书社2003年版，"自序"第1页。
[2] 它既用以指称20世纪初梁启超的"新史学"及其传承的史学走向，也特指20世纪80年代以来史学发展的新走向、新态势，甚至还被用以指称新世纪以来的所谓"新社会史""新文化史""新革命史""生态环境史""医疗社会史"以及具有后现代主义特征的"新新史学"之类。例如，"在中国现阶段，社会史也好、文化史也罢，包括新兴的生态环境史、医疗疾病史、女性史、概念·文本·叙事的所谓'后现代史学'等，都是新史学的重要组成部分"。梁景和主编《中国社会文化史的理论与实践续编》，社会科学文献出版社2015年版，第142页。夏明方：《导论：历史的生态学解释——21世纪中国史学的新革命》，《新史学》第6卷"历史的生态学解释"，中华书局2012年版，第2—3页。

于问题聚焦和学术辨析的操作性加以适当限定,本文的"新史学"话语特指新时期以来史学演进的新走向或新态势。因此,在这一时段相继兴起或交替出现的史学研究的新领域、新方向或新范式(如社会史、文化史、环境史、医疗社会史、区域史以及新社会史、新文化史、新革命史)等,均在讨论范围内。

一

20世纪80年代,史学界的理论思考进入极为活跃的时期。学界对一些重大的理论问题如马克思主义史学的历史命运、中国社会形态问题、中国传统社会的基本问题等进行了深入讨论。学术思想的活跃与相对宽松的开放学术环境,共同创造了理论与方法多样化的学术生态环境。"历史发展动力论"和"历史创造者"的大讨论,成为中国史学界的一个重要风向标。在批判"文化大革命史学"的同时,学界对以阶级斗争为主线、以"革命运动"为主导内容的史学理念进行了深刻反思。同时,面对"以经济建设为中心"的时代任务的提出,面对社会生活的新变动,中国历史学如何确立自己在新时期应有的地位和实现自身的学术价值等问题,就成为学界必须关注但又并非能够即刻解决的课题。正是在这种特定历史条件下,人们感受到了"史学危机"的存在和由此而生成的学术压力。

20世纪80年代之初,"史学危机"成为学界普遍关注的焦点问题。[①]这个最初源起于大学生和青年学者的问题,迅速变成社会热议的论题,整个史学界都卷入了这场讨论。事实上,学界虽然争议热烈,在基本问题上却并没有获得多少学术意义上的认同,但也不能不承认史学本身面临着不容回避的时代挑战和寻求新突破的巨大压力的问题。各种创新和努力就在"史学危机"深沉的压力下萌动了。在这个大背景下检视新史学的发展走向,我们应当关注以下两点。

第一,"史学危机"无疑是新时期史学转向的历史前提。在思想突破禁锢的特定条件下,史学界率先在史学理论和史学价值方面进行反思,有关"史学危机"的讨论以及对于史学价值和现实功用的反省及重新定位,

---

[①] 邹兆辰、江湄、邓京力:《新时期中国史学思潮》,当代中国出版社2001年版,第35页。

就成为新时期史学发展道路探讨的前提。与"史学危机"讨论同时兴起的，是"三论"热、历史发展合力论和"历史创造者"的争鸣，是对文化史与社会史的倡导，社会史不过是当时众多寻求突破的努力之一而已。

第二，从整个20世纪发展长程来看，社会史与文化史的兴起不能定位于新兴学科，也不是新开拓。准确地说是"复兴"。早在20世纪30年代，社会史与文化史就已经兴起并一时蔚为风尚。其中，以社会史为题的专著甚多，计有陶希圣的《中国社会之史的分析》、熊得山的《中国社会史研究》、朱其华的《中国近代社会史解剖》、易君左的《中国社会史》。还有关于社会史的各方面专题、断代的著作及史料集的出版，如邓拓的《中国救荒史》、黄现璠的《唐代社会概略》、北平研究院史学研究所编《社会史料丛编》、萧一山编《近代秘密社会史料》、瞿宣颖编《中国社会史料丛钞》等。此外，1902年梁启超继上年在《清议报》上发表《中国史叙论》之后，又在《新民丛报》上发表了著名的长文《新史学》。其后在"中国文化史叙论"中，梁启超将其知识体系划分为三部29篇，其第二部即为社会组织篇、饮食篇、服饰篇、宅居篇、考工篇、通商篇、货币篇、家事及田制篇；第三部宗教礼俗篇等。显而易见，"社会组织"以及衣、食、住、行与社会风俗等，完全属于"社会史"研究的内容，尽管梁氏将其"结构"在"文化史"体系之内。尽管"新史学"体系中还没有提出"社会史"理论范畴，但其研究内容或研究视野却体现着社会史的理念。其间，中国文化史的代表性学者有柳诒征、梁漱溟、陈序经等人。20世纪30年代中国社会史和文化史研究曾经达到一个新的高度。

如此看来，20世纪八九十年代以复兴的社会史和文化史来摆脱史学危机，借以重新构建新时期历史学的学术追求，不仅是基于现实的考量，也不仅源于西方学术理论的冲击，更为根本性的原因恐怕还是中国历史学学科内在发展的必然走向。蕴积在现代中国历史学科构建中的社会史和文化史学术统系及要素，在特定历史条件下的再度萌生和勃兴，只是一个时间问题而已。

就历史学研究的着力点而言，社会史的开拓导致整个史学发展态势的变向：以往以王朝或英雄为中心的历史移向了芸芸众生；以往聚焦在以权力为中心的政治历史叙事开始转向基于百姓日常生活的民生历史；以往的通常以重大历史事件构建的叙事模式转向了对于社会历史问题的解析，等等。史学研究取向的历史性变动,及其选题趋向的社会性聚焦,在某种意义上,体现着中国近代史研究由"革命史"向社会史或者新的整体史的转型。新时期的历史学研究是极具动态性和活跃性的,但如果要在纷繁多变的态势中寻求相对主导性的话,毫无疑问,则非社会史莫属。学术趋向不能脱离时代需求,时代诉求制约和影响着学术的追求。从某种意义而言,《把历史的内容还给历史》就是这一历史逻辑和学术逻辑的现实表达。

社会史研究获得经久不衰的学术活力和研究空间的持续扩展,实得力于学科内容与社会生活的密切关联和学理内涵与社会科学相融互含。社会史研究的论题总是追踪着时代的关切,始终因应着社会的诉求,既不断地扩展着自己的研究领域,也不断地延伸着新的学科方向。进入 21 世纪以来,社会史又以区域史、乡村史的拓展和社会生态史或环境社会史的构建,刷新了自己的学科面貌。从近十年来发表的学术论文和出版的学术著作两大项看,乡村史仍然是学者们相对集中关注的领域,分别占到论文的 30% 以上和著作的 20% 以上,远远高于其他主题内容。2000 年以来近代中国乡村史研究逐步聚集了一批学者,在各自的研究领域和论题上都取得了许多令人瞩目的成果。这一研究态势仍在持续发展,且有更为深入的拓展和提升。[①] 区域社会史以及区域史视野下交通社会史、生态环境史等也是学术研讨中较为集中的主题。进入 21 世纪以来,社会史发展呈现出新的方向,其中以社会生态史或环境社会史的构建最为突出。在全球环境问题越来越严重的情况下,历史学领域对这一论题进行纵向思考和研究的学者也逐渐增长,而环境学和社会史的相互促动融通也应时而行。史学界也清醒地认识到:社会史研究既需要考虑各种社会因素的相互作用,也必须考虑生态环境因素在社会发展变迁中的"角色"和"地位";生态环境不能仅仅作为社会发展的一种"背景",而是社会运动的重要参与变量。问题在于,学界对这些变量之于社会历史的实际影响还缺乏真正的研究,对其运行和作用的机理尚无足够的认识。由此,一个崭新分支即生态史学或环境史学就成为 21 世纪以来社会史发展的新趋向。医疗社会史更多也更直观地与民众生活和健康密切相关,一定意义上凸现了史学致用价值。尤

[①] 王先明:《1986 年以来的中国近代社会史研究评述》,张海鹏主编:《中国历史学 40 年(1978—2018)》,中国社会科学出版社 2018 年版,第 461—462 页。

其在当代疫病突发的现实冲击下，这一新史学的取向愈发引人关注。这些论题的问题意识十分强烈，学术研究空间和学理构建内涵极其丰富，它们的存在和发展预示着近代史乃至整个历史学方向和学科的创新。

二

新时期以来新史学研究实践表明，不同学科间的交叉渗透或跨学科研究似已成为一种惯性态势。跨学科合作越来越深入，"跨学科的交流与联合曾是相互促进与创新的汩汩源泉"①。虽然人们所关注的历史理论的学科来源并不一致，但是，在跨学科研究取向中所造成的"社会学化"问题却未能引起我们的重视。这个问题笔者在20世纪90年代之初就曾提出，②但一些学者对此显然有误解，纠结于所谓"社会学概念引入不是多了，而是不够"的表象上。实际上，这一问题的核心并不在于社会学概念、理论或范畴的引入，也不是引入的多与少的问题。因为史学研究论题复杂，面对不同的问题探讨，移借"他学"的概念范畴根本没有所谓确定的量的标准，多与少的问题显然是伪问题。再者，社会史研究中常用的学科概念，事实上也并非某一专门学科所特有或专享，例如社会结构、社会分层、社会流动等，显然不能将其简单地归属于某一学科，而应该是整体社会科学甚至是整个社会表达的话语概念。因此，社会史理论构建中的"社会学化"问题，特指学术研究中"理论模式"（知识结构）的先行取向，亦即以现成的一种（或几种）既成的理论知识框架，来附加以一定时段的史料、史实，由此搭建一个社会史研究的体系，而相对疏离了对一定时段社会历史本身的深入考究。这种以论带史的惯性以一种新的面貌呈现，且颇成风气，不能不引起反思。

正是基于学科理论构建的必要性，笔者认为这样一种取向存在着比较明显的缺憾。比如，社会史的复兴及其学科构建伊始，实质上包含着对既有的以"革命史""阶级斗争史"为主线的中国近代史研究模式的反思，

---

① ［德］于尔根·科卡：《社会史：理论与实践》，景德祥译，上海人民出版社2006年，第42页。

② 王先明：《中国近代社会史研究的理论思考——兼论历史学的社会学化》，《近代史研究》1993年第4期。

作为新时期史学研究的历史性转向,它并不隐讳自己对既往史学模式的批判性姿态,认为传统的中国近代史研究并不能反映近代中国社会发展的全貌,其结果是"将历史的内容排挤出了历史"。从而,中国近代社会史旨在构建整体的、全面的历史,是能够反映中国社会变迁或社会发展的历史特征的新史学。由此,一个基本的学科构建的前提必然是:中国社会历史的古近之分的标志是什么?显然,作为一种学科或学科方向的中国近代社会史,无法回避的带有学科根本性的问题就是如下的问题。

第一,中国近代社会史划分的标志是什么?任何历史研究都无法回避历史分期问题,它是从根本上影响和制约历史学学科构建的基础性问题。因为"把历史划分为不同的时期,这不是事实,却是一种必要的假设或思想的工具,只要这种划分仍旧能够说明问题便为正当,而它的正当性是建立在解释之上的"①。1840年作为中国古代史和中国近代史的历史分期,体现着自己的学科质性,也秉承着自己的学理宗旨。发生重大历史事件的1840年显然不是简单的年代标记,它包含着特定的历史认知和史观,这是一个关涉中国社会历史理论及其体系构建的重要节点,亦即用以划分中国社会历史古代与近代的标志是什么?既然社会史与事件史或革命史是不同范式的历史体系,又为何以革命史或事件史的历史时间为标志?这一问题体现着社会史之不同于政治史、通史的理论内核。而事实上,这一问题在中国近代社会史学科构建和发展中完全被忽略了。这自然为社会史学理体系构建设置了内在的困境:一方面,社会史的形成原本就具有对"革命史"范式的反思,其主旨是构建"有血有肉"的"全面"的历史,以此超越内容过于干瘪的"革命史";另一方面,作为近代社会史研究起点却又沿袭"革命史"的历史分期。这种学科理论上的矛盾和冲突,无疑构成社会史学科发展的困境。再则,"革命史"范式下的历史分期及其时代标志,有着自己完整而系统的学理体系,逻辑上是自洽的;在其规范之内,理论认知和解说至少在其逻辑范畴内是合理的,是具有学理解释力的。既然社会史是不同于"革命史"的另一种新史学体系,那么古代社会与近代社会的历史分期为什么等同于革命史的分期?

---

① 王先明:《中国近代社会史研究的理论思考——兼论历史学的社会学化》,《近代史研究》1993年第4期。

第二，无论社会史有多少种不同认识和理解，但在学科定位上属于历史学则并无太多争议。因此，如何在历史长程中与政治史、经济史和文化史有所不同地揭示和展现社会历史的演进趋向和独具特征，无疑是其学科构建和学理认知的基本前提，如果这个前提被忽略或被模糊，社会之为史则无以为据。问题是，社会史研究进程中出现的"社会学化"问题，主要在于由此构建的知识体系呈现的内容基本上是一个"历史上的社会"的知识体系；在这一知识架构中，将相关的社会结构、社会生活、社会功能（或其他不同的内容设计）归置在一个特定的历史时段之内分别加以描述，却无法真正说明社会本身演变的历史趋向、时代特征以及各社会要素的内在关系。在既有的丰富的社会史研究成果中，我们可以见到许多精微的具体社会问题研究：人口、家庭、流民、村落、失业、械斗、邻里纠纷等，而社会存在本身及其演变情势却无声无息地被这些具体而细微的"社会问题"所淹没。人们所能真正看到的其实是"社会问题"史研究，而非社会史研究。社会史研究的"社会学化"取向莫甚于此。

我们的历史学研究曾经受到"理论先行"或"以论代史"非正常发展的伤害，我们对此应该保持足够的警觉。颇具吊诡的是，有学者对笔者提出的观点进行诘难。他们强调的基本理据就是："先建立体系然后才能开展研究"是不合研究常规的。但是问题在于，他们所认同和选取的"社会学化"立场恰恰是"先建立理论体系再搞具体研究"的一种取向，只不过是以一种先验的"社会学知识体系"来重新解构历史史料而已。先有一个概念，甚至有了一个想象中的结论，然后再选样式的找材料，加以证明，也就是找一些合乎模式的材料，再把模式套上去。这种学理模式先行或者理论先行的取向，当非历史研究的正途。

另一个值得讨论的问题是关于区域史与区域化取向问题。区域史研究成果的丰富多样和千姿百态，对于近代史研究传统取向的转换、研究问题的深入展开和基本研究格局的改变，具有显而易见的作用。而且，这一研究的路向依然保持着持续长久的影响力。同时，区域史研究中也呈现出一些共性的问题，而且是学科层面上的问题，值得我们进一步思考和讨论。

区域史并不仅仅是时空结构下的历史。如何定义区域史以及如何规范性的开拓区域史研究,笔者曾有过讨论,① 此文不再赘述。在此可引述国际区域史研究的经典以为参证。

其一是布罗代尔,他的《地中海与腓力二世时期的地中海世界》是区域史的经典之作。正如布罗代尔所言:"区域并非研究的框架。研究的框架应是问题。"② 所以,布罗代尔对于"边界"——"不管它们分开的是区域还是学科——几乎没有耐心"。他始终关注事情的全貌,力图将经济、社会、政治与文化纳入一个总体史结构;布罗代尔史诗的主角,不是传统帝国之类的政治单位,也不是诸如腓力二世之类的个体,而是大海本身;在布罗代尔这部经典性区域史著作中,"整体"史或"总体"史学术理念,不是一个简单的区域标准,而是结构整体。③ 从学科理论的规范性和准确度看,笔者认为布罗代尔提出历史时段理论,有助于我们对区域史学科规范的思考。他将历史时间分为三个层次即地理时间、社会时间、个体时间,分别赋之于历史学特质的概念即长时段、中时段和短时段。这是一个蕴含全面的时间空间和经济、文化、制度与人事的历史学范畴,具有学科构建的价值和意义。

其二是滨下武志。他提出的"亚洲经济圈"理论对我们理解区域史研究规范不无启示。从"地域性"到"区域性",再到"全球性"的线索,构成他的"亚洲经济圈"理论和"全球化与东亚区域历史"的独特视角,这种视野以探求历史学规律的"总体史"为目标。这一模式建立的基点提示我们:区域史是一个新的整体史的研究视野和方法,而不是一个研究地域范围的大小或宽狭的问题。如何在研究实践中体现或把握区域史学术规范,滨下武志在华南区域史释义上提出三个基点:第一,狭义的解释是指以广东和广西两省为中心的地域;第二,从与华中地域和西南地域比较的角度来看,华南地域也许可以包括福建、广东以至广西、海南、湖南等省,更多人认为华南地域是指福建、广东和海南等东南沿海的省份,这一观点是建基于历史上的华南沿海各省是通过活跃的贸易活动而成为财富累积的中心;第三,进一步构思的话,也许它并不止于中国的华南地域,而

---

① 王先明:《区域化取向与近代史研究》,《学术月刊》2006 年第 3 期。
② 转引自［英］彼得·伯克《法国史学革命:年鉴学派,1929—1989》,刘永华译,北京大学出版社 2007 年版,第 34 页。
③ ［英］彼得·伯克:《法国史学革命:年鉴学派,1929—1989》,第 36—37 页。

是具有更宽泛的经济、文化、宗族等要素的区域体系。① 滨下武志认为,"地域研究的对象不一定是一个固定的地理范围,它可以是从问题观点引申出来的空间。因此地域研究的范围是因应观点而伸缩。从而,地域研究的研究方法可以单独或同时为论题的政治经济学和国际关系学,以至从长期的历史学方法来进行"②。无论范围的广狭,地域构成的因素是多元的。宗族和乡党、市场和商业网络,甚至广大范围内的贸易和国际关系等,都是我们要充分注意的因素。

作为社会史新趋向的"区域化"研究,也存在着一些令人担忧的问题,即区域化取向和区域选取的随意性和零碎化。对此问题,有学者提出进行"跨区域研究"或"区域比较研究"作为弥补。然而,这仍然未能切中要领。因为,跨区域的区域史研究和区域史比较研究并不具有操作性。在已经失范的学术状态下,"区域"并无限定,完全是研究者个人随意设定的范围,何谓跨区域当然也就无从说起(跨省区、跨县区还是跨国区?区域比较是省区比较,还是华北、江南大区比较,抑或超国界的大区比较?)。如果各自所持学科的研究规范和话语体系相去甚远,信手拈来的人云亦云的"区域史",只会是一种削足适履的病态概念移植,而从根本上无益于研究的科学展开。

如何从学术规范角度来构建整体史意义的区域史?由于区域范围的界定本身就是见仁见智的问题,区域史的实践也就难以在规范的学理层面获得一致认同。正如哈特向所说,区域本身并不是学术研究的现象,这与历史学的"时代"不是一种现象是完全相同的。它仅仅是为研究的现象群所充填的理论上的"框架",是现实中所不存在的抽象的概念。③ 显然,区域史是现代历史学发展进程中的学术构建,它不是历史本体存在(如历史事件、历史人物、历史典章制度等)。正因如此,学术规范的构建尤其关键,否则无法进入真正的学术话语体系,致使所有的研究内容都可标以区域

---

① [日]滨下武志:《漫谈华南研究和资料中心的设立》,《华南研究资料中心通讯》1995年第1期,第1—2页。
② [日]滨下武志:《漫谈华南研究和资料中心的设立》,《华南研究资料中心通讯》1995年第1期,第1—2页。
③ [美]理查德·哈特向:《地理学的性质:当前地理学思想述评》,叶光庭译,商务印书馆1996年版,第458页。

史,而实际上又在消解着真正的区域史。

三

新时期以来的历史学一定意义上是伴随着新理论、新方法的不断涌现和植入而兴盛成长起来的。"大量翻译、引进了西方国家历史学领域的理论研究成果"①,新理论、新方法、新范畴、新话语,前涌后继,层出不穷。20世纪80年代之后,在改革开放的形势下,甚至当代许多自然科学的理论方法(如系统论、控制论和信息论即"三论")受到青年学人的追慕,也出现以此理论书写历史的尝试。②"衡定一个时代历史学的进步可以有多项标准……一个更为本质的大标准,这就是史学观念或史学思想。这是一种深刻的力量,任何一个时代的历史学都是通过观念和思想达成了自己所属时代的史学目标,并因此而形成了史学史上的起伏、变化和进步。"③"可以肯定的是,在社会科学的研究中从来不缺少丰富的理论来了解和揭示自然和社会的关系。"④ 问题在于,我们的历史学学科理论只是"一味忙于求新,忙于引进,来不及消化、来不及思考",并没有在吸纳、继承和创新中形成具有自己时代特色的理论体系,从而未能"引导中国史学产生一个实质性的改变"⑤。近代以来,在西学的强势引力作用下,"社会科学方法治史一经引进,就成为史学界的新动向"⑥。许冠三认为晚近以来之新史学流风所及"有三事最堪留心":一是"所有学派莫不因应于西潮的冲击而生,或以洋为师,或经洋为鉴,连擅用土法的考证史家陈垣也不例外,等而下之的,则挟洋以自重";二是"新史学发展的主流始终在'科学化',历来的巨子,莫不以提高历史学的'科学'质素为职志";三是"各派的宗主虽各有所偏,或重方法,或贵材料,或尊理论,但彼此对

---

① 张海鹏:《当代中国历史科学鸟瞰》,《中国历史学30年(1978—2008)》,中国社会科学出版社2008年版,第5页。
② 邹兆辰、江湄、邓京力:《新时期中国史学思潮》,第39页。
③ 彭卫:《序》,李振宏:《当代史学平议》,社会科学文献出版社2015年版,第1页。
④ [瑞典]杰森·摩尔:《现代世界体系就是一部环境史?——生态资本主义的兴起》,赵秀荣译,《新史学》第6卷"历史的生态学解释",第5页。
⑤ 李振宏:《当代史学平议》,第344页。
⑥ 严耕望:《治史三书》,上海人民出版社2008年版,第147页。

立之情况,实与其历史形象相去甚远","从表面看貌似两极,实则均因国人的科学迷恋而兴,并齐以'科学的史学'相标榜"①。晚近以来的史学发展多染此习尚,竟有束书高阁、游谈无根之流波。

新时期的史学发展进程中形成多种面相,其理论基点和研究方法已经日趋多元。这一发展态势其实蕴含着一个相对趋同的诉求,就是力主解构既有的史学体系或理论诠释构建,当然,有些是"无意"的解构。新时期以来,"学者在理论方法的追求上做足了功夫,西方各种人文社会科学的理论接踵而至,新的研究方法层出不穷,让人目不暇接"②。但是其在学术建树或学科构建的实效方面,却未能取得典范性成果进而建立起属于自己时代的学术高度。有学者尖锐地批评道:30多年来的史学界对西方新理论方法的追求,突出表现不过是借取了几个看似时髦的名词概念,真正的理论方法未学到手,而我们自己的实证主义史学传统和马克思主义史学优势,却基本丢失。③ 我们应该深刻地反思曾经走过的路,在回溯足迹的过程中,思考如何超越新史学发展中"系统性的缺失",有效地规避"理论追求上的浅尝辄止与见异思迁"的流风,通过新史学理论体系和诠释体系的建设,最终获得属于自己时代价值的方向性变革。尤其对于走向新时代的历史学的学术使命而言,系统性的学理诠释体系的构建至关重要。

特别值得关注的是,21世纪以来"新某某史"④的相继推出,划出了一条刻意"求新"的当代史学演进轨迹;逐新风尚一路猛进,虽然其论证内容或有不同,但其思维方式和立论模式却基本一致。某种意义上说,它构成了21世纪以来史学演进的总体趋势。其中,的确也有务实求真的创新性成果的推出,为新时期史学的发展助力颇多;但也出现了一些逐新求异的流风,只是在既成的西方理论框架中添加中国史料,结构出所谓新成果。这些流风所向影响颇大,值得学界认真反思。

刻意标新的各种史学诉求层出不穷,在"新某某史"的标帜下一时蔚

---

① 许冠三:《新史学九十年》,"自序"第3页。
② 杨天宏:《系统性的缺失:中国近代史研究现状之忧》,《过去的经验与未来的可能走向》,社会科学文献出版社2010年版,第120—121页。
③ 杨天宏:《系统性的缺失:中国近代史研究现状之忧》,《过去的经验与未来的可能走向》,第120—121页。
④ 泛指刻意以新文化史、新社会史、新革命史等为旗号的研究趋向,而其内容、理论与方法并无学科层面上的时代性更新。

然成风。这与20世纪80年代社会史和文化史的崛起完全不同，它们毕竟有相对于政治、经济、军事、外交之外的特定研究领域或研究对象，尽管学者对其具体研究对象的内涵、外延有不同认识，但其中心内容是相对确定的——社会史研究社会的历史，文化史研究文化的历史，在这一点上不会有歧义。流风所及的许多"新某某史"研究成果，就研究对象、研究领域或者研究方向而言并无新异之处；其所谓的新，按其提倡者的论证主要是研究方法、理论、研究视角或问题表述的"新"而已，甚至有些研究只是换了一套话语模式：新词、新语、新概念、新样式。然而，史学研究"决不是标新立异，务以新奇取胜，更非必欲推翻前人旧说，别立新说，最主要的是把前人未明白述说的重要历史事实用平实的方法表明出来，意在钩沉，非必标新立异！至于旧说不当，必须另提新的看法，尤当谨慎从事，因为破旧立新，极易流于偏激，可能愈新异，离开事实愈远"①。严格说来，"是学问无新旧"，唯"以事实决事实，不以后世人之理论决事实"②，方为新史学研究之正宗。

一个新的学科或新的研究领域，以及新的研究方向的形成，其前提是具有相对独立的研究对象的存在。学术用语或范畴的形成要遵循语言的基本规则，否则会引起表义的不确切或导致意义的混乱。从许多研究成果看，他们论定的"新"是基于研究理念、方法、视角方面，而这些并不构成新学科、新领域、新方向的要件。就学术研究而言，新方法、新理论、新视角等是可以运用在很大部分学科研究中的（如有学者特别提出的"向下看"视角，国家与社会理论以及"微观深描"等方法，并不是也不可能是"新某某史"的专用的学术范畴），它们同样适用于政治史、经济史乃至事件史（如太平天国史，洋务运动史、义和团运动史）研究。研究理论和方法的趋新意味着工具性或研究手段的变化，却并不能由此形成或构建一个新学科或新领域。

当代"历史学已经达到了转折时期这个事实并不意味着它必定会沿着正确的方向前进，也不意味着它一定有能力抵制住诱惑，避免误入歧途"③。毋庸讳言，新视角、新方法、新范畴的形成及其运用几乎是整个当

---

① 严耕望：《治史三书》，第21—22页。
② 许冠三：《新史学九十年》，第78页。
③ [英]杰弗里·巴勒克拉夫：《当代史学主要趋势》，杨豫译，上海译文出版社1987年版，第330页。

代新史学发展的基本态势,它实质上就是当代史学新趋向的核心要素。"为旧历史学转向新历史学开辟道路"的恰恰是这些新方法、新视角和新范畴的运用。吴承明先生对史学方法的评判十分切实而明智:"我主张史无定法……不同问题可用不同方法;同一问题也可用多种方法来论证",一切理论都可视为方法论,而"任何单一理论或单一模式解释历史都不行。这就是'史无定法'的基本含义"①。因此,无论什么新方法、新视角、新理论,它们从不属于也不可能专属于"新某某史"的特殊领域。学术概念和学术范畴应该在严谨、准确、规范和科学的前提下精确凝练。倘若从更为严谨的学理层面上推敲,这些问题是否值得三思呢?

四

马克思深刻地指出:"历史什么事情也没有做,它'并不拥有任何无穷无尽的丰富性'……创造这一切拥有这一切并为这一切而斗争的,不是'历史',而正是人,现实的、活生生的人。历史并不是把人当作达到自己目的的工具来利用的某种特殊人格。历史不过是追求着自己目的的人的活动而已。"② 检视历史学发展的行程,笔者体会到,在一味追逐求新的风向引导下,新史学的发展似乎正在疏离史学求真的学科特质。"从科学的观点看,学者只应问一学之真伪是非,而不问它的新旧。"③ 以求真为宗旨,原本就是史学学科的立身之所在,刘家和曾指出:"中西史学都是力求在'求真'与'致用'的张力中来确保自身的学术地位的。"④ 梁启超倡导"新史学"之构建,其史学义例"有不少是一成不变的,其中信得最早持得最坚的是存真","他更进而以'忠实于客观'为'史家第一件道德'"⑤。要而言之,史学之求真可分四个方面。

其一是考订史料之真实。史料是史学研究的基石,是人们认识、解释

---

① 转引自王学典、陈峰《二十世纪中国历史学》,北京大学出版社 2009 年版,第 216—217 页。
② 《马克思恩格斯全集》第 2 卷,人民出版社 1985 年版,第 118 页。
③ 许冠三:《新史学九十年》,第 104 页。
④ 董立河:《中国古典史学中的"求真"问题》,《史学史研究》2016 年第 4 期。
⑤ 许冠三:《新史学九十年》,第 2—3 页。

和重构历史所必需的材料。史料可以分为直接史料和间接史料,或称为一手史料和二手史料。史料有真伪之别,亦常存真伪相混之事。所有史料都是人的活动的遗存,与人本身密切相关。人始终受到利益的制约和影响,因此史料本身也当然地受限于各种利害关系,即使不是刻意伪造史料。单就主体之"意"而言,其对史料真伪的影响之大,不可不给予高度关注。历史研究的对象是已经过往的客观实在,史学研究者既不能直接进入历史情境,也就无法直接面对自己的研究对象。他们只能通过史料、史实(文献的或实物的)去进行学术研究,形成自己的历史认识。历史资料的形成非常复杂,其间冒名作伪、以假乱真者有之,传抄中笔误脱漏者有之,保存流转中错乱佚失者有之,历代传注者凭臆已断、妄改致误者有之……撇开历史资料所反映的历史真实性不谈,单就资料本身,要看清它的真实面目也显得非常不易。这就催生了旨在求得史实之真的辨伪学、校勘学、辑佚学、版本学、考据学和史料学的成熟。① 因此"根穷材料来历,辨析其源流异同,判别其是非优劣,本是中国旧传统,亦是西学新风格,乃治史者应有之事"②。辨别史料之伪求得其真,是史学求真的根基。荣孟源在《中国国民党第一次全国代表大会宣言的真伪》考订中发现,真本中的"调整粮食之产销"与"伪本"的"调查粮食之产销",虽仅一字之差,却致"意义全非"③。因此,历史研究要求得历史之真,首先得辨析史料之真。

其二是揭示史实之真相。史料学只是历史科学中的一门学科,史料学不等于历史学。只搞史料的考订、编排,最多能把一个个的个别史实弄清楚,而不能找出各种史实之间的互相联系,真正呈现历史真相。正如列宁所指出的那样,他们至多是积累了片断收集来的未加分析的事实。历史史实纷繁复杂,史实不可能脱离人们的利害关系而独立存在,因此,史实本身就是一个选择的结果,肯定或否定一个史实意味着揭示或掩盖一个真相。"史学应当实事求是","阐明历史真相"是历史学家的责任,这既是历史学的学科准则,也是中国史学秉笔直书的传统品格。尽管史学研究在不同时期有着不同的学术流变,呈现着不同的特色,但揭示史实之真相却

---

① 李振宏、刘克辉:《历史学的理论与方法》,河南大学出版社2008年版,第61页。
② 许冠三:《新史学九十年》,第80页。
③ 荣孟源:《历史笔记》,中国社会科学出版社1983年版,第368页。

是史学之所以为史学的基本特质。无论是胡适所说"整理国故，必须以汉还汉，以魏晋还魏晋，以唐还唐，以宋还宋"，还是顾颉刚之《古史辨》的疑古辨伪，其要义都在于辨伪求真，"各还他一个本来面目"[①]。

其三是构建史学之真知。"就其实质来说，事实与档案并不构建历史；它们本身也不为'历史是什么'这个烦人的问题提供现成的答案。"[②] 历史学在不断追求真知的过程中，将那些具有普遍意义的规律性知识和那些被千百次研究实践证明了的成功的经验进行科学抽象，构建史学的学识真知，以指导人们的认识活动和实践活动。历史并非一个天然存在选择的体系，它不过是借助于史实和史料，从大量的因果关系中构建的解释知识体系，从而赋予这些因果关系以历史意义。史学研究构建历史的同时，也是构建史学知识体系。任何一种历史都要求相应的渊博学识。人类社会历史的发展是错综复杂的，人们对它的认识受到时代的制约和条件的限制，史学的知识体系和知识结构是时代的产物，不能脱离时代而存在。"我们只能在我们时代的条件下进行认识，而且这些条件达到什么程度，我们才能认识到什么程度。"[③] 就史学而言，每一次重大的变革都意味着其知识体系的变革，也意味着史学知识体系在不断求真过程中的自我完善。不断扬弃伪识和构建真知，是史学社会功能的体现。辨伪求真与实事求是，是史学学科知识体系构建的内在价值。

其四是洞悉历史之真理。处理史料以了解史实，须通过解释始能达成。历史如果没有解释就不成其为历史，而只是史料。史学研究的终极目标或者其学科魅力之所在，就在于对人类历史发展规律的不竭探求和获取。20世纪初，新史学的旗手梁启超率先提出，20世纪之"新史学"是超越"帝王家谱"式旧史学的时代产物，其要义在于从叙述人群进化之现象中求得"公理""公例"；新史学应该立足于探求历史演进的学理之真。"历史进程是受内在的一般规律支配的"，"在表面上是偶然性在起作用的地方，这种偶然性始终是受内部的隐蔽着的规律支配的"，历史学的终极追求就在于"发现这些规律"[④]。所以马克思指出："我们仅仅知道一门唯

[①] 胡适：《〈国学季刊〉发刊宣言》，转引自李振宏《当代史学平议》，第242页。
[②] [英] E. H. 卡尔：《历史是什么?》，陈恒译，商务印书馆2007年版，第102页。
[③] 《马克思恩格斯选集》第4卷，人民出版社1995年版，第337、338页。
[④] 《马克思恩格斯选集》第4卷，第247页。

一的科学，即历史科学。"① 恩格斯 1895 年 3 月致康·施米特的信中说："一个事物的概念和它的现实，就像两条渐近线一样，一齐向前延伸，彼此不断接近，但是永远不会相交。两者的这种差别正好是这样一种差别，由于这种差别，概念并不无条件地直接就是现实，而现实也不直接就是它自己的概念"②。

在新时代的剧烈变动中，在不断创新的学术追求中，始终坚持历史学求真的宗旨，是我们必须坚守的学科原则。只有如此，才能真正达致"历史研究是一切社会科学的基础，承担着'究天人之际，通古今之变'的使命"③ 的学科地位。

（原载《史学理论研究》2020 年第 3 期）

---

① 《马克思恩格斯选集》第 1 卷，人民出版社 1995 年版，第 66 页。
② 《马克思恩格斯选集》第 4 卷，第 744 页。
③ 《习近平致第二十二届国际历史科学大会的贺信》，《人民日报》2015 年 8 月 24 日。

量化历史与新史学
——量化历史研究的步骤和作为新史学的价值[*]

林 展 陈志武

(中国人民大学清史研究所
香港大学经济管理学院与亚洲环球研究所)

当代新史学的发展,引发了"史料之革命",扩展了史料的范围,形成了多元的史料体系,进而也引发了历史资料的"大爆炸"[①]。这一发展的最近表现是历史数据库的大量出现。不少文章对数据库在历史研究中的价值进行了多角度的介绍,[②] 但是很少有学者讨论如何有效利用这些历史数据库,特别是如何基于结构化历史数据库开展研究,这不利于真正发挥历史数据库的价值,也不利于史料革命的进一步深化。量化历史在如何利用大规模数据库方面,已经形成了较为完善的分析方法,但史学理论中对这些方法和具体实施步骤的介绍还比较少。[③] 本文希望在量化历史研究步骤及其对历史研究的价值这两方面提出一些初步的想法,抛砖引玉,推动学界提供更多这方面的讨论。

---

[*] 本文是国家社会科学基金重大项目"清末民国社会调查数据库建设"(项目编号:15ZDB041)的阶段性成果。

[①] 徐善伟:《当代西方新史学与"史料之革命"——兼论中国新史学史料体系的重构》,《史学理论研究》2010年第2期。

[②] 相关介绍参见梁晨、董浩、李中清《量化数据库与历史研究》,《历史研究》2015年第2期;夏明方《大数据与生态史:中国灾害史料整理与数据库建设》,《清史研究》2015年第2期。

[③] 对量化历史发展过程、价值和前景的介绍,参见陈志武《量化历史研究告诉我们什么》,《量化历史研究》2014年第1期;陈志武《量化历史研究的过去与未来》,《清史研究》2016年第4期;陈志武《量化历史研究与新知识革命:以财富差距与消费差距的历史研究为例》,《北京大学学报》2018年第4期。

第三篇 中国史学理论研究的新进展

一 量化历史的含义及与新史学的关系

量化历史研究是交叉学科，是用社会科学理论和量化分析方法来研究历史。量化历史研究目的是发现历史的规律，即人类行为和人类社会的规律。在量化历史研究中，称这些规律为因果关系，量化历史研究的过程，就是发现因果关系的过程。理解量化历史研究的含义，一般需要结合三个角度，即社会科学理论、量化分析方法、历史学。

理解量化历史的第一个角度，是其广泛借鉴社会科学的理论。社会科学包含经济学、金融学、管理学、政治学、法学、社会学、人类学、教育学及心理学等。就研究涉及的领域而言，量化历史包含对政治、经济、思想文化、环境等历史的方方面面的量化分析。上述不同的研究领域，一个共同的特征就是需要收集数据，通过量化分析的方法来回答特定的问题，进而来理解人类行为和人类社会。基于数据的研究通常也称为经验研究（empirical analysis）。

社会科学理论是关于人类社会某些特征的一组系统化的论断，或者是对于真实世界的系统化解释。这些理论有两个重要的特征：一是可以引申出可检验的假说或推测；二是随着支持这些假说或推测的经验证据越来越多，理论的可靠性程度也越高。[1]

理论对于历史研究的价值，在于为分析、理解历史提供了一个基准和框架。这一框架能够帮助研究者从纷繁复杂的历史史料中快速梳理出一个研究的起点、参照系或者靶子，成为理解历史的重要工具。历史资料错综复杂、千头万绪，而人的认知能力有限；如果缺乏理论分析框架，既不便于认知历史规律，也不利于历史研究成为一门代际累进的学科。

理解量化历史的第二个角度是量化分析方法，这包括统计学、计量经济学、人工智能等领域的方法。量化方法不是一个静止的概念，而是处于不断发展中，随着相关学科知识的进步、计算机技术的发展，新的量化方法不断出现，能够处理的数据量越来越多、效率越来越高，发现的结论也

---

[1] Janet Buttolph Johnson, H. T. Reynolds, Jason D. Mycof, *Political Science Research Methods*, CQ Press, 2016, p. 54.

会越来越可靠。起初,历史研究中的"量化方法"很简单,差不多就是"用数据说话",加上图表和一些普通的统计指标,比如均值、方差和相关系数,[1] 但如今,不止如此。限于篇幅,本文仅选择三个角度来介绍量化方法,一是对历史现象的度量,二是寻找历史现象的相关性,三是发现历史对象之间的因果关系。为了发现历史规律,通常需要进行因果关系的分析,对历史现象的度量和寻找历史现象的相关性是寻找因果关系的步骤或起点,通常也可以作为一个单独的研究。这里的量化分析方法是大多数社会科学共同使用的方法,与自然科学实验方法的逻辑也是一致的。目前在社会科学中,经验研究方法正在从统计推断(statistical inference)向因果推断(causal inference)转变,这种转变被安格里斯特和皮施克称为经验研究的"可信性革命(credibility revolution)"[2]。这场革命的核心是基于随机试验的思想来获得因果关系,即规律性认识。

需要强调的是,量化方法的本质是高效率地处理大规模信息,从中获得规律认识。其基于众多现实问题而产生,已发展成为一个内容丰富的学科,有些部分变得非常专业和高深,如何将不同的量化工具与历史研究有效结合起来,发挥量化方法的优势,需要不断尝试和探索。

理解量化历史的第三个角度是其与历史学的关系,这在陈志武之前的研究中已有讨论,两者的关系"体现在量化方法不是要取代传统历史研究方法,而是对后者的一种补充,是把科学研究方法的全过程带入历史领域。整理考证史料、注重文献是历史学研究的传统,量化史学同样注重对历史文献的考证、确认,这一点没有区别"[3]。正如本文开篇提到的,由于新史学带来了史料革命,让史料规模爆炸式增长,这让定性方法面临挑战,而量化方法则可以较好地应对这一挑战。但仅有量化并不够,量化分析需要建立在扎实的定性研究基础之上,需要与历史学定性方法相结合,理解史料的历史背景,否则不管采用什么研究方法,得出的结论都不会可靠。只有与历史学的已有研究深度融合,量化历史才能更好地实现自身的

---

[1] 陈志武:《量化历史研究的过去与未来》,《清史研究》2016 年第 4 期。
[2] Joshua D. Angrist, Jrn-Steffen Pischke, "The Credibility Revolution in Empirical Economics: How Better Research Design Is Taking the Con out of Econometrics", *Journal of Economic Perspectives*, Vol. 24, No. 2, 2010, pp. 3–30.
[3] 陈志武:《量化历史研究的过去与未来》,《清史研究》2016 年第 4 期。

价值。

一项合格的量化历史研究需要同时达到上述三个学科分支的要求。这也意味着，一项好的量化历史研究并不容易实现，需要细致的工作和艰辛的努力。

由量化历史的概念，可知其是新史学的重要组成部分，尽管新史学有不同的含义，也处在不断发展变化的过程中，但在对新史学的不同解释中，一般都强调尽可能结合人文社会科学的知识和方法来研究历史。随着人文社会科学研究方法的量化程度大大提高，量化分析已经在社会科学研究中唱主角，在人文学科中的影响也越来越大。

二 量化历史的研究步骤

《量化历史研究的过去和未来》一文介绍了科学研究的基本流程。这一流程大致分为五个步骤：第一是提出问题和假说；第二是寻找史料和数据；第三是对数据进行量化分析，寻找因果关系；第四是对发现的因果关系进行解释和寻找作用机制；第五是论文的写作。但该文没有对这些步骤的具体操作展开论述。① 在此，我们以对"韦伯假说"的相关量化分析为中心，结合其他成果，讨论量化历史研究过程中的主要步骤，限于篇幅，仅针对前四个步骤，论文写作在此不作介绍。

我们用来作为示范的例子是围绕《新教伦理与资本主义精神》展开的量化历史研究。这是马克斯·韦伯影响最大的著作之一，根据"谷歌学术"的统计，被引用超过三万次。在该书中，他认为新教地区有更为繁荣的经济，新教伦理对经济有重要的促进作用。虽然该书通常被认为是定性研究，但却建立在大量的统计数据之上，比如在书的开篇，韦伯就提出了下列基于统计数据的发现：

> 在一个各种宗教信仰混杂之处，只消一瞥其职业统计，往往便会发现一个屡见不鲜的现象，此一现象在天主教的报章和文献及德国的天主教会议席上一再引发热烈的讨论，那就是：在近代企业里，资本

---

① 陈志武：《量化历史研究的过去和未来》，《清史研究》2016年第4期。

家与企业经营者,连同熟练的上层劳动阶层,特别是在技术上或商业上受过较高教育训练者,全都带有非常浓重的基督**新教**的色彩。①

由此开始,韦伯进一步提出了新教伦理与经济发展之间的关系,这被认为是关于文化与经济发展最重要的论断,即新教伦理越强的地方,经济可能越繁荣。② 在余下部分,为表述方便,我们暂时称之为"韦伯假说"③。

韦伯假说隐含了新教伦理可能影响经济发展的途径,一是新教徒工作更为努力,二是新教徒储蓄更多,进而投资更多,从而提高了长期的生产率。上述两种途径使得新教伦理推动了资本主义发展。

直到今天,韦伯的著作依然是不同学科的必读书,影响很大。但这只是解释资本主义经济发展的观点之一。对于这一观点,是否应该接受?如何来检验?如果基于史料,正如韦伯所发现的,新教徒数量越多的地方,经济发展更好,如此就能断定新教伦理推动了资本主义发展吗?对上述问题的回答,构成了一项典型的量化历史研究。

这一研究由两位经济学家贝克尔(Becker)和沃斯曼(Woessmann)完成。他们利用19世纪普鲁士④452个县(郡)级政区的调查数据,发现新教徒占比越高的地区,经济发展确实越好(比如有更高的人均所得税收入、教师收入,更大的非农业部门规模),这与韦伯的发现一致。但是,当他们将各地平均识字率的差别和新教徒占比的差别放到一起时,发现后者的影响消失了。他们认为,新教之所以推动了经济增长,主要是由于马丁·路德呼吁所有人自己去阅读《圣经》并直接跟上帝对话,从而(意料之外地)提高了读写能力,推动了人力资本的提升。因此,是人力资本,

---

① [德]马克斯·韦伯:《新教伦理与资本主义精神》,康乐、简惠美译,上海三联书店2019年版,第8—9页。黑体字为原文所加。
② Daron Acemoglu, Simon Johnson, and James A. Robinson, "Institutions as a Fundamental Cause of Long – Run Growth", in Philippe Aghion, Steven N. Durlauf, eds., *Handbook of Economic Growth*, Vol. 1a., Elsevier B. V., 2005, pp. 385–472.
③ 当然,《新教伦理与资本主义精神》讨论的内容很多,涉及很多不同的观点,我们这里的讨论只集中于新教伦理是否推动了经济增长这一判断。
④ 普鲁士是新教发源地,是韦伯观察新教伦理与资本主义发展的地区,也是韦伯的家乡,基于这一地区的历史考察韦伯命题再合适不过了。

而不是新教的思想伦理，推动了经济的增长。①

下面，我们结合贝克尔和沃斯曼的研究和其他的量化历史研究，对量化历史研究的步骤进行详细说明。

（一）提出问题与假说

量化历史研究的第一步是提出问题和假说，在介绍这些之前，需要先了解什么是变量和度量。

1. 变量与度量

变量是指可能变化的对象。比如每个地区的气温、降雨量，每个地区的人均收入水平等。这些变量与定性研究中的"影响因素""结果"等概念接近，都是从对人类社会的观察中抽取出来的考察对象，为了表述方便，称之为变量。

在对韦伯假说的检验中，贝克尔和沃斯曼发现，普鲁士地区的教徒中大概有 2/3 是新教徒，1/3 是天主教徒，每个地区新教徒数据之间存在较大的差别，因而可以用来检验韦伯假说。而在识字率方面，普鲁士的 452 个县级政区，差别也很大，比例跨度从 37.4% 到 99.3%。

给变量赋予一个数字，就是变量的度量。有些同时还需要一个计量单位。比如，温度是多少摄氏度，身高是多少米。这里包含三个要素，即度量的对象（即变量本身），度量的数值和度量的单位。清晰的度量对于量化历史研究非常重要。

就度量的类型而言，可以分为直接度量和代理度量。直接度量是指度量的指标与要度量的变量之间是一致的，比如粮价，是多少两白银一石，这样的度量就是直接的，这要求变量本身的含义是确定的，能够找到一个单一的值来衡量。

代理度量是指在没有直接度量的情况下，对关心的变量进行测量。用来度量的值与实际关心的变量之间往往不完全等同。代理变量（proxy variable）是与希望分析但无法度量的变量高度相关的变量。比如什么是新教伦理，可以从不同的角度去讨论，但从实证研究的角度，需要有一个度

---

① Sascha O. Becker and Ludger Woessmann, "Was Weber Wrong? A Human Capital Theory of Protestant Economic History", *The Quarterly Journal of Economics*, Vol. 124, No. 2, 2009, pp. 531 – 596.

量，无法度量则难以验证。由于没有一个对新教伦理直接度量的指标，解决的办法是引入代理变量的概念。

在韦伯假说中，贝克尔和沃斯曼用来衡量新教伦理的代理变量是一个地方新教徒的比例。这里隐含的假定是新教徒越多的地方，平均而言，新教伦理的影响应该越大。衡量经济发展水平的是一个地区的收入税。之所以用收入税，是因为该税种基于一个人一年的收入水平来征收。因此，人均收入税越高的地区，平均而言，人均收入也越高。

代理度量与直接度量之间可能存在差别，所以需要通过一些办法来验证代理度量的可靠性。验证的办法是使用一些其他指标作为代理度量。比如，除了人均收入税的多少，贝克尔和沃斯曼还选择了男性小学教师的平均工资和当地非农就业的百分比作为经济发展的代理变量。如果不同的代理度量指标都指向同一个类似的结果，结论就更可信。

2. 问题和假说

在前面提到的韦伯假说中研究的问题是，新教伦理是否导致了资本主义的增长。相对于研究问题，假说则更进一步，认为新教伦理导致了资本主义增长。假说是对人类行为和社会规律的一个猜测（猜想）。这个猜测是对关心的变量关系的一个明确表述。比如儒家文化阻碍了创新，儒家文化减少了社会冲突，大运河导致商业革命，等等。由于是假说，其可能会被数据所证伪。

上面的假说，基本上涉及两个变量，比如，韦伯假说中，涉及新教伦理和资本主义经济发展。与社会科学中经验研究一样，在量化历史研究中，把希望解释的对象叫做被解释变量、因变量或 Y 变量，把用来解释的对象叫做解释变量、自变量或 X 变量。下面为了表述方便，分别称为被解释变量和解释变量。韦伯假说中的被解释变量是资本主义经济发展，解释变量是新教伦理。影响资本主义发展的因素很多，这些因素和新教伦理共同影响了资本主义发展，为了发现新教伦理这一单一因素的作用，需要把其他影响因素的效果也揭示出来，排除出去。这些其他的影响因素，一般称之为控制变量。

假说被提出之后，研究的路线图也就形成了。一个假说需要证明解释变量如何影响被解释变量，因此首先需要对被解释变量和解释变量进行度量，然后通过量化方法寻求两者之间的关系，以及对这种关系进行解释。

第三篇 中国史学理论研究的新进展

一篇量化历史研究的论文,通常会关注一个被解释变量和一个解释变量,这样做的目的是使论述更为集中,重点去探索两个变量之间的因果关系。[①] 这样做,并非简化历史,而是分析复杂历史的可行方式。一个研究中的被解释变量,在其他研究中可能成为解释变量或控制变量。同样,一个解释变量可能成为被解释变量或控制变量。通过对同一个问题进行多个角度的量化分析,会有效增加对复杂历史的认识。这也是考虑到人的认知能力有限,为集中注意力而做的折中,这样做不是不考虑其他影响因素或解释变量,而是在分析中尽可能包括各种解释变量或控制变量,但在写作中有所侧重。

一个好的假说是研究质量的重要保障,好的假说需要含义明确、有一般性、可以被证明或证伪。含义明确包含两层含义,一是被解释变量和解释变量必须是具体的,能够找到一个指标来进行度量。比如什么是资本主义萌芽,就是一个模糊的概念,无法通过一个具体的指标进行度量。二是必须清晰说明二者的关系,即解释变量是如何影响被解释变量的,这也是下文将介绍的作用机制。

所谓一般性,是指假说不能只陈述个案。比如,旱灾导致了明朝的灭亡。由于明朝灭亡只发生了一次,这个假说难以被验证,但是可以修改为一个一般化的假说,即旱灾发生频率越高的朝代,其存续的时间越短,或旱灾增加朝代崩溃的概率。一个假说可能来自常识、来自统计数据、来自理论与其他研究或者来自历史材料的描述。

即使在定性研究中,也存在大量的假说,只是由于研究者没有特意强调,不容易被人察觉。传统的历史研究,避免带着问题阅读史料,从而希望避免"以论带史"。那么量化历史研究先提出问题和假说,再去收集整理史料的好处是什么?

量化历史首先提出问题的好处,一是可以方便跟已有文献的对话,确定自己的贡献在哪里。史料可能证实也可能证伪提出的问题或假说,只要史料的收集既全面又公允不偏,就不存在研究方法上的问题;如果证伪,已有的观点被推翻,更容易形成重要的发现。实际上,越是重要的假说,讨论的角度越多,一般也会有越多的竞争性假说。比如,朝代的灭亡,到

---

① 对一些已有研究不足的探索性论文,通常会将不同的变量放在一起进行初步分析。

底是因为旱灾、鼠疫，还是因为农民战争，等等。定性研究的特点在于，常常会有很多的假说在一起讨论，这帮助我们知道了更多的历史细节，但也不利于将复杂的历史条分缕析，将其中包含的规律一个个揭示出来。二是便于跟不同学科的交流，回答不同学科的重要问题。比如贝克尔和沃斯曼对韦伯假说的研究，虽然是讨论的普鲁士的情况，但其基本问题是文化如何影响经济发展，研究者可以在这一问题之下，讨论基督教在中国的发展对中国经济的影响，儒家文化对经济的影响，这不仅有利于在这些重大问题中提供中国经验、中国故事，也有利于知识的积累。三是可以基于要验证的假说，从被解释变量、解释变量和控制变量的角度，高效率地组织史料。史料如大海，如无问题视角，极易淹没其中。最后需要指出的是，量化历史在研究开始就提出问题和假说，但不是预设结论，而是猜测，这个猜测可能被史料证实，也可能被证伪。

（二）理解史料与数据

在提出问题和假说之后，我们需要寻找史料来建立数据库，即需要找到被解释变量、解释变量、控制变量等度量指标和数据。

在拿到相关的史料和数据之后，量化方法并非像很多批评所说的那样，对数据和史料拿来就用，而是先从不同的维度对它们的质量进行检验。这里的检验，主要是基于历史史料学的基本要求，由于这方面已经有众多教科书，此处不做介绍。下面主要讨论从量化历史的角度，如何理解史料，重点是史料的代表性问题。

在历史研究中，拿到的史料往往是关心的研究对象的一部分，只能够基于拿到的史料去开展研究。尽管随着历史大数据时代的到来，有时候可以拿到关于研究对象的全部史料，但这样的情况还比较少见。基于研究对象的部分信息对研究对象的特征进行分析，是统计学研究的核心之一。这里就涉及总体、样本和随机抽样的概念。

在统计分析时，把研究对象的全体称为总体，每一个研究对象称为个体，把从总体中抽取的一部分个体称为样本。比如，如果研究中国历史上的皇帝，那么，所有皇帝就是一个总体。如果只使用清朝的皇帝，那么就是一个样本。

什么对象是总体，取决于研究问题。如果希望知道清代中国的命案率,如果是以省为分析单位,那么每个省在每一年的命案率就是一个总体。如果只分析其中的一个或几个省,就是样本。如果只分析乾隆朝的命案,也是一个样本。前者是基于空间、后者是基于时间的抽样。

对于历史研究而言,基于空间和时间的抽样是非常常见的。一个典型的历史研究常常会限定地域和时期,比如清代中后期江南经济研究。对时间和地区做这样的限定,是为了方便集中论述,避免将不同时期、不同地区的史料混用。抽样方法有其特有的优势,也是目前历史研究中常用的方法,但从实证研究、发现规律的角度看,这样的研究方法却可能会带来选择性偏差,研究结果不一定带有普遍性。

选择性偏差是指由于选择的样本不是随机抽取的(比如,专挑对研究结论有利的时期和地区),所以不能够基于这些样本的特征推断总体的特征。随机抽取是指保证总体中每个样本被抽中的概率都是一样的。例如,不能够基于江南的经济发展水平去推断整个中国的经济发展水平。这样的选择性偏差非常明显,也很容易被察觉,但历史研究中,还有大量不容易察觉到的选择性偏差问题。例如传统经济史研究中的"选精""集粹"问题,其实质就是一个基于样本推断总体的问题。[①]

具体而言,如果我们希望知道北宋整个朝代的年均亩产量,那么北宋所有土地上每一年的亩产量就是一个总体。由于不知道这个总体的规模有多大,我们不妨做一个假定,假设北宋耕地有 7 亿亩,平均每块耕地面积为 70 亩,那么耕地数量就有 1000 万块,再假设是一年一熟制,北宋总共存续了 167 年,那么理论上,北宋亩产量的观察值应该有 16.7 亿个,因此要精确地知道宋代的亩产量这个总体几乎不可能。如果研究者拿到了 16700 个北宋亩产量的历史记载,那么这 1 万多个亩产量占全体亩产量的比例约为十万分之一。我们自然要问,这十万分之一的样本能否推断总体呢?

这样的挑战不仅仅在经济史,在其他历史学分支同样会出现。比如,如果想知道民国时期中国人的民族观念,假设只考虑 16 岁以上的人,那么总体数量可能在两亿人以上。如果拿到了 2000 个当时中国人民族观念

[①] 李伯重:《"选精"、"集粹"与"宋代江南农业革命"——对传统经济史研究方法的检讨》,《中国社会科学》2000 年第 1 期。

的调查或者其他记载，能否基于这 2000 人来推断两亿中国人的民族观念？这里还需要假定一个人在一生中的民族观念变化不大。

由于研究者拿到的史料通常是样本，但希望了解的是总体，如何由样本推断总体就成为历史研究的挑战。这种挑战在定性和定量研究中都存在，尽管定性研究中不用这套术语，但不代表这个挑战不存在。定量研究的好处在于，可以明确地展示出这种挑战，同时利用已有的量化方法克服这种挑战。

基于总体和样本的理解，可以知道，历史大数据或增加数据量，并不必然会解决"选精"与"集粹"的问题。利用样本信息来推断总体的信息，是统计学中统计推断（statistical inference）的重要内容。应对选择性偏差，基于非随机抽样的样本来推断总体的特征，是量化分析方法特别是计量经济学分析方法的核心关注之一。

（三）相关分析和因果分析

在提出问题和收集数据之后，第三步是量化分析。量化分析方法主要有三类。第一是对数据进行描述统计，主要包括数据的来源、处理过程，观察值也即样本量的多少，每个变量的统计特征，比如平均值、方差、最小值和最大值等。描述统计主要针对单个变量进行分析。这一方法比较简单，在历史学研究中较常见，不赘述。第二是相关性分析，主要分析方法包括画散点图、画地图、计算相关系数等。这一方法主要用于分析两个变量之间的关系。第三是因果关系分析，通常使用多元回归分析的方法，重点是处理内生性问题和发现作用机制。

1. 相关关系

当我们提出假说时，实际上就提出了一个相关关系，也就是两个变量的数值之间的变动关系。相关关系分为三种，分别指正相关、负相关和不相关。

正相关是指两个变量朝相同的方向变动，比如新教徒数量越多的地区，经济发展水平越高。负相关是指两个变量往相反的方向变动，比如儒家文化越发达的地方，发生暴力冲突的次数会更少。不相关是指两个变量的变动没有关联。韦伯在《新教伦理与资本主义精神》中开篇就提到他所发现的相关性。这种相关性构成了这一专著的起点和基石。展示相关关系的方式主要是画散点图、画地图和计算相关系数。散点图是用二维坐标展示同一个观察对象两种不同特征度量值关系的图。横轴标示一个变量的数值，纵轴标示另一个变量的数值。每一组数值对应散点图中的一个点，点的位置由两个变量的数值决定。通常，自变量标示在横轴，因变量标示在纵轴。如果两个变量之间不是解释与被解释的关系，可以将变量标记在任意坐标轴。画地图的方法，使得相关性在空间上的分布很直观地展示出来。从贝克尔和沃斯曼的文章所画的地图中，可以看到新教徒数量越多的地方，人均收入税确实越多。当然，这也从一个角度说明，如果只考虑某些特定的区域，比如普鲁士东北部地区，结果可能会是完全相反的。这正是考察大样本和考察个案所带来的差别。散点图和地图图示方法可以直观展示两个变量的相关关系，但并不精确，且也难以对不同组变量之间的相关性进行比较。解决办法是计算相关系数。相关系数描述两个数值变量之间线性相关关系的方向和强度。数值介于 -1 到 1 之间，符号的正负表示正相关和负相关，等于 0 时表示不相关。相关系数绝对值越大，表示相关性越强，反之，则越小。

2. 因果关系

韦伯显然没有满足于只是发现新教徒数量与经济发展之间的相关性，而是继续追寻背后的因果关系。

因果关系的基本含义是改变一个变量的值，就可以使另一个变量的值改变。由于与相关关系类似，两个变量都有变动关系，人们常常将相关关系误读为因果关系。但相关关系不等于因果关系；相关关系中可能隐含有因果关系，也可能没有，一般需要进一步证明。在相关关系中，改变其中一个变量的数值不一定会引起另一个变量数值的改变。因果关系是指若一个事情发生，另外一个事情必然发生。当然，有一个重要的前提条件是给定其他条件不变。这一思想最早来自约翰·穆勒（John Stuart Mill）的差异法（Method of Difference），即通过"比较某现象出现的场合和不出现的场合，如果这两个场合除一点不同外，其他情况都相同，那么这个不同点就是这个现象的原因，两种情况的差异就是这个原因的因果效应"[1]。

---

[1] Paul W. Holland, "Statistics and Causal Inference", *Journal of the American statistical Association*, Vol. 81, No. 396, 1986, pp. 945 - 960. 这段话的翻译转引自赵西亮《也谈经济学经验研究的"可信性革命"》，《经济资料译丛》2017 年第 2 期。

学界早已注意到，在定性研究中，本身就隐含了众多的因果推断，甚至在每一页上都有一个隐含的函数关系，即我们这里讨论的因果关系。比如"春秋战国之际，随着铁农具和耕牛的使用日渐广泛，农业产量不断提高；每个王朝中后期，随着土地兼并现象日趋剧烈，农民阶级与地主阶级之间的矛盾日益尖锐"①——尽管传统史学者不做基于大样本的统计分析、检验（也不用量化历史研究的术语），但这些典型的史学论断中，包含了许多因果关系结论，或者说，只要有这种论断，就是在下因果关系结论。由于通常情况下，历史学家没有明确意识到其中包含的某种函数关系，更难以想到在可能的条件下用量化方法检验。这使得这些论断，即使经过一定史实检验，陈述的时候也显得缺乏说服力，或者仅凭直觉或少量个案做出，经不住计量检验。②

导致相关关系不等于因果关系的问题，一般也称为内生性（endogeneity）问题。造成内生性问题的主要原因，一种是遗漏变量，一种是反向因果。遗漏变量是指有一个变量在研究过程中没有被考虑到，一旦这个变量被考虑进来，就能够解释为什么之前观察的两个变量之间存在相关关系。比如在韦伯假说中，一旦考虑到人力资本这个变量，就会看到新教徒数量与经济发展水平之间没有了相关关系。这时候的人力资本，就是一个遗漏变量（当然，因为新教鼓励教徒自读《圣经》，所以每个新教徒需要从小读书，因此人力资本更高）。反向因果是指因果关系的影响方向与预判的是相反的，或者存在互为因果的情况。比如，在韦伯假说中，就可能存在经济发展潜力越大的地区，越可能选择新教。这时候就不能得出结论说是新教徒越多的地方，经济越发展。

既然因果关系是研究的目的，因果推断在定性研究中也很常见（只是定性研究很难处理好因果关系的论断问题），那么，如何来进行因果推断呢？我们首先介绍自然科学和医学中进行因果推断的方法，接着介绍量化历史研究中使用的方法。

在自然科学中，可以通过重复试验来解决这一挑战。通过将影响实验结果的其他因素都控制住，考察一个因素变动带来的影响。在医学中，一

---

① 庞卓恒主编：《西方新史学述评》，高等教育出版社1992年版，第404页。
② 庞卓恒主编：《西方新史学述评》，第404—405页。

般要通过大样本双盲对照试验发现因果关系。其背后的原理就是实验方法。以医学中对药物有效性的验证为例,在什么情况下,才能够说一种药物对于某种疾病有效? 在新冠感染治疗案例中,一种药物对某位美国患者有明显的疗效,是否就可以下判断说这种药物是有效的呢? 这里面至少存在两个问题需要解决,首先是这个患者不仅仅只服用了这种药物,可能也服用了其他的药物(包括不同饮食),或者是使用了其他的治疗方式,到底是哪一种药物或治疗方式起作用,需要区分开,但是我们只能观察到多个因素共同起作用的结果。其次是某些疾病即使是不吃药,有些人也能自愈,因而就有可能遗漏掉患者会自愈这个影响因素。为了证明某种药物的作用,通常需要做大规模随机对照试验。

历史不能够做试验,但研究者发现,在某些情况下,历史可以很好地充当实验室。在量化历史中,一般称之为(准)自然试验,即依靠历史事件模拟随机对照试验,将历史对象分为对照组和处理组。贝克尔和沃斯曼对于韦伯假说的检验,就是利用准自然试验的方法,这也是目前量化历史研究中最为常用的方法。[1]

在经济学、政治学等社会科学领域,经验研究正在经历研究范式的转变,即从统计推断向因果推断转变。这也被认为是经济学经验研究的"可信性革命"[2]。可信度革命是指在经验研究中,基于随机化试验的思想,通过良好的识别策略,发现因果关系。基于历史自然实验的思路,实证研究方法有工具变量法、差分方法、断点回归方法等。[3]

3. 回归分析

上述发现因果关系方法的实现,都需要通过回归分析。回归分析是一种统计方法,通过建立统计模型,用一个或多个解释变量来解释被解释变量。回归分析可帮助人们理解,当任意一个解释变量发生变化而其他变量保持固定时,被解释变量将如何变化。

---

[1] 关于历史自然试验的介绍,参见 Davide Cantoni and Noam Yuchtman, "Historical Natural Experiments: Bridging Economics and Economic History", *NBER Working Paper Series*, February 2020, 26754; Jared Diamond and James A. Robinson, eds., *Natural Experiments of History*, Harvard University Press, 2010。

[2] Joshua D. Angrist and Jrn-Steffen Pischke, "The Credibility Revolution in Empirical Economics: How Better Research Design Is Taking the Con out of Econometrics", pp. 3 - 30.

[3] 这些方法在常见的高级计量经济学教材中都有详细介绍,限于篇幅,在此不展开介绍。

回归分析是展示变量相关性的一种重要方法，同时也是因果推断的基础和最重要的工具之一。回归分析与相关分析不一样，回归需要选择解释变量与被解释变量，而相关系数不需要。回归分析可以处理两个以上变量的相互关系，一个被解释变量和多个解释变量，以及多个控制变量。

由于历史现象通常是多个因素共同作用的结果，也就是说，通常涉及两个以上的变量（即历史现象是一个多变量函数）。因此，在量化历史研究中，多元回归分析是最为常用的方法。多元回归分析能够帮助我们在保持其他影响因素不变的情况下，考察一个特别的因素对于历史结果的影响，即特定的自变量对因变量的影响。

还是以韦伯假说为例，我们能够观察到的是不同地区的经济发展水平，但影响经济发展水平的因素很多，基于目前经济增长理论的研究，直接原因有技术、物质资本、人力资本等，而根本原因则有制度、地理、文化、土质、产业结构、海外关系，等等。这么多的影响因素共同作用，影响了一个地区的经济发展。我们如何将新教伦理的因素与其他因素分离出来呢？如果我们观察到一个县（郡），新教徒的数量很多，但经济发展较慢，能否就说新教伦理对于经济增长起到了反向的作用，即新教徒数量越多，经济发展越差呢？或者没有影响呢？这里面可能遗漏掉另外的因素，比如存在一个因素，使得经济发展变慢，这时候新教徒伦理的作用就被掩盖掉了。具体来说，假如新教伦理平均可以让经济增长快1%，但另外一个因素可以让经济增长慢2%，最后，我们虽然看到一个地区新教徒数量很多，但是经济增长可能是负的，出现这样的问题，正是因为遗漏了重要的其他影响因素造成的。多元回归分析正是将重要的影响因素都尽可能考虑到并将不同因素的影响剥离开的方法。

吴承明很早就介绍了回归分析方法在经济史研究中的应用,[①] 但当时的回归分析基本是用手计算，差不多只能做单变量回归，样本数量不能太大，所以，回归分析的作用不大。随着计量经济学的兴起，尤其是计算机速度和成本的变化，今天的回归分析已经变得非常发达。回归分析成为社会科学中的主流分析方法，在人文学科中的使用也越来越多。

随着量化分析方法的不断改进，针对不同的数据类型，不同的研究设

[①] 吴承明：《中国经济史研究的方法论问题》，《中国经济史研究》1992年第1期。

计，分别有对应的回归分析方法来处理。对这些方法的详细介绍，最好是参考计量经济学或统计学的专门书籍。

一项量化历史研究通常需要进行很多的回归分析，贝克尔和沃斯曼文章中的回归表格就有十个。这是因为需要将不同的影响因素考虑进来，需要考察是否有遗漏变量、反向因果的问题，以及对结果的可靠性程度，也要从不同的维度进行检验。

（四）作用机制分析

通过上面步骤建立因果关系后，我们还需要知道为什么这种因果关系会发生，也就是解释变量是如何影响被解释变量的。

机制是指解释变量如何影响被解释变量，其产生影响的原因是什么。在对"韦伯假说"的论证中，贝克尔和沃斯曼发现新教徒数量与资本主义经济增长之间是正相关的关系，即新教徒数量越多的地方，经济增长越快，其中起到作用的机制是新教徒的识字率更高，而不是新教伦理。

机制研究是量化分析的核心组成部分，其价值在于揭示发现的因果关系是如何起作用的，其原理在哪里，也是对因果关系的进一步支撑。

正如当我们知道某种药能够治疗某种疾病时，我们还需要知道这种药是如何治疗这种疾病的。比如青蒿素能够治疗疟疾，但是到底是如何起作用的。今天的药物研究，需要说明某种药物的有效成分是如何在分子层面起作用的，即具体是如何帮助治疗疾病的。以2020年新冠感染为例，需要说明药物的有效成分作用在病毒的哪个成分上面，让病毒难以复制或死亡。

与此类似，我们对于在人类社会中发现的因果关系，也需要知道其作用机制是什么。作用机制的途径，通常也是来自于理论、其他学者的研究、常识与史料，在研究过程中，通常会出现多种可能的作用机制，因而需要对每一种可能的作用机制进行验证。验证的方法，仍然是依靠多元回归分析。

对于作用机制的分析，一般需要从三个方面进行。第一，起作用的机制变量。比如，人力资本必须与解释变量高度相关；比如，新教伦理越高的地方，人力资本应该越高。第二，需要说明机制变量与被解释变量高度相关，即人力资本越多的地方，经济发展状况更好。第三，需要说明，当同时考虑作用机制变量和解释变量之后，解释变量的解释力变小或消失，即系数在统计上显著性下降或不显著；而机制变量有很强的解释力，即系数统计上显著。在回归分析中，就是显著性下降或消失。也就是说，当不同的解释出现的时候，最好的办法是使用"赛马模式"，将不同的解释变量放到同一个多元回归模型中进行分析。贝克尔和沃斯曼通过将识字率加入到回归分析中，发现新教徒数量的系数在统计上不再显著，表明新教徒数量对于经济发展的影响消失。而这时识字率的系数显著为正，表明新教徒占比对于经济发展的影响主要来自识字率。

三　量化历史作为新史学的价值

量化历史是新史学的重要组成部分，陈志武在之前的研究中已经从新知识革命的角度介绍了量化历史对于知识创新的价值，通过不同案例说明量化历史不仅仅是验证已有的常识，也带来新知识、新认知。[①] 本文所引用的案例也表明量化方法在知识创造、解决争议、纠正错误认识等方面的优势。接下来，笔者侧重从历史学研究面临的挑战出发，介绍量化历史作为新史学对于历史学研究的价值。

基于前文提出的量化历史研究步骤和方法，我们认为量化方法对历史学的价值主要体现在如下方面。

（一）应对历史大数据的挑战，帮助分析复杂的历史

历史学建立在史料的基础上，随着大规模史料的出版、公开、数据库化，研究者已经注意到，历史大数据时代和"数字人文时代已经到来"[②]。

历史大数据包含两层含义。第一是接近全样本，也就是可以掌握研究对象的总体。比如关于清代官员的信息，由于有缙绅录和地方志，清代中后期绝大多数官员的信息都能够得到还原。根据前述样本与总体关系，随着历史学家掌握总体，统计推断带来的挑战会下降，但因果推断的挑战依然存在，需要应用最新的量化方法来应对。

[①] 陈志武：《量化历史研究与新知识革命：以财富差距与消费差距的历史研究为例》，《北京大学学报》2018年第4期。

[②] 黄兴涛：《当代中国历史学的时代使命》，《历史研究》2019年第1期。

第二是数据量巨大,这又表现在两个方面,首先是由于引入定性变量和代理变量,可以将海量的历史资料转为数据。比如,仅清代刑科题本档案就有近65万本。不仅仅是清代,即使是很早以前的历史,也蕴藏着海量的数据。以考古墓葬为例,仅仅是香港大学"中国考古数据库"所收录的先秦已经发掘的遗址数量,就接近6万个。

其次是数据之间的关联。数据库的潜能不仅仅是在每一个单独的数据库本身,更为重要的是不同数据库之间的关联和匹配。举例来说,可以将缙绅录中近500万个官员的记录与《清实录》、清代档案中的官员行为记录匹配起来。缙绅录数据本身就是历史大数据,如果与官员的行为记录匹配起来,其数据量将达到数亿级别。在相关数据可得的情况下,依靠计算机,这样的匹配可以在很短的时间内就完成。当越来越多的信息匹配起来之后,我们有机会建立起关于复杂历史的更为真实的图景。

历史大数据出现之后,使用定性方法显然难以将这么多的数据做一个整体分析,从中得出经验性的认识,但量化分析方法却可以较好地应对这种挑战。因为数据量的加大很大程度上只是对计算机计算能力提出了更高的要求,而量化分析的基本原理没有发生大的变化。量化分析中的多元回归分析可以有效应对数据库匹配之后带来的多变量分析的挑战。实际上,本文介绍的量化历史研究,都是在对多个历史数据进行匹配的基础上开展的。

量化方法在应对历史大数据挑战的同时,也有助于分析复杂的历史。历史的复杂性体现在很多方面,梁启超早就注意到:"然因果关系至复赜而难理,一果或出数因,一因或产数果,或潜伏而易代乃显,或反动而别证始明,故史家以为难焉。"[①]

量化方法是处理复杂性的有效方法,其办法主要是将历史现象拆分成不同的因果关系。比如,新教改革无疑是非常复杂的历史现象。量化历史对新教改革的研究,大体可以分为两组研究,一是新教改革的原因,二是新教改革的后果,包括短期和长期的后果等。本文介绍的贝克尔和沃斯曼是研究新教改革后果的量化历史研究之一,贝克尔等学者对新教改革研究

---

① 梁启超:《中国历史研究法 中国历史研究法补编》,四川人民出版社2018年版,"自序",第7页。

提供了一个详细的综述，涉及量化历史研究达50多项。①

上述研究的特点均是使用历史大数据，分析因果关系。看起来每篇文章的结论都可以用一两句话进行概括，但其结论经过了上述四个量化分析步骤，可靠性程度大大提升，也大大增加了我们对新教改革这一复杂历史的认识。

（二）识别历史的长期影响，形成贯通性认识

历史的长期影响，② 是人们关心历史的重要原因。今天很多重要的社会结构性特征，都与历史有关。比如，儒家文化对今天中国人的影响。那如何识别出历史的影响呢？实际上，在量化历史研究中，这是很大一批文献，一般称之为"遗产（legacy）"研究。

一个例子是科举制度的长期影响。科举制度在中国持续了1300多年，1905年被废除，这样的制度对于今天的中国人是否产生了持续的影响，如果有影响，是通过什么渠道产生的？陈婷（Chen Ting）等结合历史上的科举数据、今天的统计数据和大量微观调查数据，对此进行了分析，他们发现，科举制度即使废除了，那些历史上出进士较多的地区，今天平均的受教育年限更长，对教育的重视程度更高。具体来说，在排除其他影响因素的情况下，明清时期一个府每万人中每多增加一个进士，到2010年时人均受教育年限要多增加0.7年。之所以产生这样的影响，主要是由于对教育观念的重视。③

量化方法对历史长期影响的分析，也有助于形成贯通性的认识。历史研究强调"通古今之变，成一家之言"，通史的训练是历史学中非常重要和基础的部分。历史学最重要的特征之一是历史的时间性，即考虑人类社会长时段的规律。

尽管强调时间性和打通断代是历史学研究的重要诉求，但中国悠久的

---

① Sascha O. Becker, Steven Pfaff, and Jared Rubin, "Causes and Consequences of the Protestant Reformation", *Explorations in Economic History*, Vol. 62, 2016, pp. 1 - 25.
② Nathan Nunn, "The Importance of History for Economic Development", *Annual Review of Economics*, Vol. 1, No. 1, 2009, pp. 65 - 92.
③ Ting Chen, James Kai - sing Kung, and Chicheng Ma, "Long Live Keju! The Persistent Effects of China's Civil Examination System", *The Economic Journal*, Vol. 130, No. 631, 2020, pp. 2030 - 2064.

历史留存下来的史料汗牛充栋，要从中对某些历史特征进行长时段的描述，具有挑战性。这种挑战，梁启超有过生动的表述，他说："中国历史可读耶？二十四史、两《通鉴》、九通、五纪事本末，乃至其他别史、杂史等，都计不下数万卷，幼童习焉，白首而不能殚，在昔犹苦之，况于百学待治之今日，学子精力能有几者？"①

这种困难，通过简单的量化分析，就可以得到缓解。基于时间序列数据和面板数据，② 不仅可以快速地对历史时期非常重要的历史事件进行长时段的描述、与世界其他地区已有的研究进行对比，更重要的是，这有助于改善知识创造和积累的方式，以后的学者，将可以在此基础上做进一步的推进，而不需要从头开始阅读史料。这方面的早期探索包括竺可桢对五千年气候变化的研究，③《历代战争年表》④ 等。在此基础上，如何建立起气候变化与战争之间的因果关系，则是量化方法擅长的事情。这正是龚启圣和白营的工作，他们研究了游牧民族在什么情况下更有可能攻打中原。⑤

（三）推动历史学与社会科学的交流与对话

史学被认为是一切社会科学的基础，应该成为社会科学理论创新的源泉，但从各个社会科学的实际情况看，史学还没有起到应有的作用。

量化历史直接从问题和假说出发开始研究，这些问题和假说也是不同社会科学关注的问题。如果假说得到证实，由于历史提供的实验室，使得理论被接受的可能性和可靠性得到增强，基于中国历史的例子也可以很好地融入社会科学理论之中。如果假说和理论被证伪，则会更好地推动理论的修改，形成重要的理论创新，这正是社会科学真实的发展过程。当然，

---

① 梁启超：《中国历史研究法 中国历史研究法补编》，"自序"，第7页。
② 时间序列数据由一个或多个变量在不同时间点的观测值构成，比如历史上每50年的人口数量。一组观察对象在不同时间的观察值汇集一起，就构成了面板数据，比如历史上每个府每月的粮价。
③ 竺可桢：《中国近五千年来气候变迁的初步研究》，《考古学报》1972年第1期。关于这一历史时期气候变化数据的重建，参见葛全胜、方修琦、郑景云《中国历史时期温度变化特征的新认识——纪念竺可桢〈中国过去五千年温度变化初步研究〉发表30周年》，《地理科学进展》2002年第4期。
④ 中国军事史编写组：《中国历代战争年表》，中国人民解放军出版社2003年版。
⑤ Ying Bai and James Kai‑sing Kung, "Climate Shocks and Sino‑nomadic Conflict", *Review of Economics and Statistics*, Vol. 93, No. 3, 2011, pp. 970–981.

历史的作用在这里，不仅仅是社会科学理论的实验室，对于理论的证实和证伪，可以从不同的角度增进对历史的认识。比如，诺贝尔经济学奖得主米尔顿·弗里德曼等人通过对1867—1960年美国货币史的量化历史研究，推导出了著名的货币层次理论及货币供应理论，是对经济学理论的重要贡献。[①]

结　语

随着历史大数据时代的到来，如何高效率地处理大规模史料并从中获得规律性认识，是当代历史学面临的新挑战。量化方法经过数十年的发展完善，已经在应对大规模数据库、发现因果关系方面走在了前面。将量化分析方法和历史大数据结合起来，是新史学的重要内容，也是一种必然趋势。本文对典型量化历史研究的步骤进行了详细说明，并介绍了其在应对历史学挑战方面的价值。除此之外，量化方法的类型还很多，留待将来再做介绍。

强调量化历史研究的优势，并非意味着这些优势能够自动实现，或者很快就能够实现，一项好的量化历史研究需要很多条件的配合，也需要大量坚实的工作。而量化历史研究作为一个新兴的领域，仍然处于不断完善的过程之中。

在使用量化历史研究方法的过程中，也需要注意其适用的条件，任何一种方法都有其适用的范围和局限，一项研究的发展也需要学术共同体的监督和批评。量化方法作为"史无定法"中方法的一种，在历史大数据时代，其作用将越来越大。

（原载《史学理论研究》2021年第1期）

[①] 陈争平：《大数据时代与经济史计量研究》，《中国经济史研究》2016年第6期。

让图像"说话":
图像入史的可能性、路径及限度[*]

王加华

(山东大学儒学高等研究院)

一 "图像转向"与图像入史的勃兴

图像是人类把握世界的一种重要方式,在传播知识与表达意义方面,具有文字无法替代的重要功用与价值。对此,南宋史家郑樵曾说过:"图谱之学,学术之大者。""天下之事,不务行而务说,不用图谱可也。若欲成天下之事业,未有无图谱而可行于世者。"[①] 因此,不论对国家治理、社会发展还是学术研究而言,图像都是极其重要的。图像虽然具有非常重要的作用,但长期以来,除艺术史等个别学科外,图像在学术研究中并未得到应有的重视。具体到历史学来说,文字一直都是传统研究的主体。历史学家们"宁愿处理文本以及政治或经济的事实,而不愿意处理从图像中探测到的更深层次的经验"。"即使有些历史学家使用了图像,在一般情况下也仅仅将它们视为插图,不加说明地复制于书中。历史学家如果在行文中讨论了图像,这类证据往往也是用来说明作者已通过其他方式已经做出的结论,而不是为了得出新的答案或提出新的问题。"[②] 也就是

---

[*] 本文是国家社会科学基金重大项目"中国古代农耕图像的搜集、整理与研究"(项目编号:20&ZD218)的阶段性成果。

① 郑樵:《通志》卷72《图谱略第一·索象》,浙江古籍出版社1988年版,第837页。

② [英]彼得·伯克:《图像证史》(第2版),杨豫译,北京大学出版社2018年版,第2、3页。

说，图像基本只是作为文字资料的辅助和补充而被关注与应用。即使一再引用郑樵观点、反复强调图像优势与重要性的郑振铎，在其编印的《中国历史参考图谱》（共24辑）中，也无意识地将图像降低成作为文字补充的"插图"。

进入20世纪后，随着电影、电视、摄影等技术的发展与普及，尤其是近几十年数字传媒技术的迅猛发展，我们步入了史无前例的读图时代，读图日益成为一种流行与风尚。在此背景下，出现了一种明显的图像转向（Pictorial Turn），[1] 图像逐渐成为备受关注的学术话题，影响遍及哲学、文学、历史、考古、艺术、美学、人类学、民俗学等人文科学领域。受西方学术界的影响，[2] 约从2000年开始，图像亦成为中国学术研究的热门话题，2010年以后更呈现出大放异彩的态势。[3] 而受此时代与学术背景的影响，除美术史等学科外，图像入史、以图证史也越来越受到中国历史学及相关学科的广泛关注，出现了"形象史学""图像史学"等研究热潮，[4] 并随之出现了《形象史学研究》（《形象史学》）《中国图像史学》等专业研究刊物。图像何以能够入史、图像如何入史、图像入史的陷阱与误区等问题，亦引起越来越多的关注与讨论。

作为图像研究的重要问题之一，对图像如何入史等问题，目前学界已有一些探讨。如英国艺术史家哈斯克尔对西方文艺复兴以来"图像对历史想象的影响"问题的讨论，对不同时代的学者们（如瓦萨里、温克尔曼、

---

[1] W. J. T, Mitchell, *Picture Theory: Essays on Verbal and Visual Representation*, University of Chicago Press, 1994, pp. 11 – 35；[美] W. J. T. 米歇尔：《图像理论》，陈永国、胡文征译，北京大学出版社2006年版。该中译本将Pictorial Turn译为"图像转向"。不过，尹德辉认为，这是一个"毫无疑问"的误译，"图画转向"的译法才更为准确（尹德辉：《图像研究的历史渊源与现实语境》，《百家评论》2015年第6期）。

[2] 虽然中国图像研究在很大程度上受到西方学术界的影响，不过从已有的研究实践来看，我国与西方学界在对"图像"外延的认知上似有一些不同。大体言之，西方学界所言之"图像"，包含"图"（平面的，如绘画）与"像"（立体的，如雕塑、建筑等），而我国则主要是指"图"，相对很少涉及"像"。

[3] 尹德辉：《图像研究的历史渊源与现实语境》，《百家评论》2015年第6期；彭智：《图像理论及其本土化径向——2010年以来国内图像研究述评》，《中国文艺评论》2018年第8期。

[4] 刘中玉：《形象史学：文化史研究的新方向》，《河北学刊》2014年第1期；蓝勇：《中国古代图像史料运用的实践与理论建构》，《人文杂志》2014年第7期等。"形象史学"与"图像史学"虽名称不同，但其内涵并没有本质区别，即：都是以历史时期的"图"与"像"（如石刻、壁画、木器、绘画等历史实物、文本图像、文化史迹）作为研究资料与主题的研究模式。

黑格尔、布克哈特、赫伊津哈等）从事图像研究的传统做了细致入微的梳理。① 英国历史学家彼得·伯克在《图像证史》一书中系统地梳理了西方史学界图像研究的理论与历史，全面论述了包括工艺品、画像、雕塑、电影、广告在内的各类图像是如何被作为历史证据加以运用的，以及存在的"陷阱"与不足等问题。诸多国内学者基于彼得·伯克《图像证史》的研究理念与基础，从不同层面对图像证史的概念含义、实践运用、价值意义、理论建构、有效性、存在误区等问题做了相关探索与讨论。②

不过，纵观已有研究可以发现，基于某类图像或具体案例基础上的讨论与分析较多，专门的理论性探讨相对较少；多数研究更强调图像资料对于历史研究的价值意义及运用中存在的误区与不足，而对图像何以能够入史（合理性）、如何入史（具体路径）等问题的探讨还有欠缺；在研究理念上，将图像作为补充文字资料之不足的观念仍占主流。但事实上，图像入史的路径要宽泛得多，不论形式主义、资料学意义还是图像学意义上的图像研究，都是图像入史、以图论史的重要路径与方法，而图像入史也绝不是一个局限于历史学学科内的方法与实践。有鉴于此，笔者将在已有研究的基础上，对图像何以入史、如何入史、使用限度以及如何规避等问题略作探讨与分析。

二　图像入史的合理性

图像为何可以入史、证史？这与图像本身的性质直接相关：一方面，从历史记载或历史学意义上说，图像同文字一样，都是历史信息的承载者与记录者；另一方面，从事实存在层面上来说，图像本身往往也是历史事实或进程的组成部分。因此，将图像入史是完全可行的。

---

① ［英］弗朗西斯·哈斯克尔：《历史及其图像：艺术及对往昔的阐释》，孔令伟译，杨思梁、曹意强校，商务印书馆2018年版。
② 曹意强：《可见之不可见性——论图像证史的有效性与误区》，《新美术》2004年第2期；葛兆光：《思想史研究视野中的图像》，《中国社会科学》2002年第4期；李公明：《当代史研究中的图像研究方法及其史学意义》，《社会科学》2015年第11期；叶原：《警惕图像研究中的"预设规律"》，《美术观察》2018年第9期；孙英刚：《移情与矫情：反思图像文献在中古史研究中的使用》，《学术月刊》2017年第12期；蓝勇：《中国古代图像史料运用的实践与理论建构》，《人文杂志》2014年第7期。

（一）图文同源与同功

同作为传统历史学主要证据的文字一样，图像也是历史信息的承载与记录者。首先，从历史生发性的角度来说，图、文具有共同的起源。不论中外，都曾存在图文一体的时代，早于文字产生的岩画、陶器纹样等即其典型表现。因为这些图画绝不仅是一种图像形式，也是原始先民表达思想情感、生产生活等各方面情态的载体，和语言文字一样有叙事功能。"人类曾经历过漫长的没有文字的历史时期，当社会发展到一定历史阶段，开始出现用物件、符号、图画等原始方法来记载事情，其中以图画记事为多……它被刻划在树皮、岩石、骨头或皮革上，写实地或示意地表现物体、事件、动作或个别场面，如事件发生的年代、各种野生动物的形象、狩猎和放牧、部落之间的战斗。"[1] 因此，"岩画中的各种图像，构成了文字发明以前原始人类最初的'文献'"[2]。此后，随着人类文明的日益发展，在原始图像的基础上产生了文字，并逐渐发展成为一种具有独立形态的表意形式。以汉字为例，作为一种表意文字，汉字构造的基础即在于"象形"，体现出明显的由图像演变而来的特质，具体如日、月、山、川等字的早期形态，望形即可知其义。所谓"象形者，画成其物，随体诘诎，日月是也"[3]。从这一角度来说，文字（书）与图像（画）是同源的。对此，唐代画论家张彦远曾说："庖牺氏发于荥河中，典籍图画萌矣。轩辕氏得于温、洛中，史皇、仓颉状焉。奎有芒角，下主辞章；颉有四目，仰观垂象。因俪鸟龟之迹，遂定书字之形……是时也，书画同体而未分，象制肇创而犹略……是故知书画异名而同体也。"[4]

图像与文字，作为不同的表达形式，各有优势。"语言（其文本形式即文字——引者注）的本性是指涉事物或表达思想……图像的本质是视觉直观。"[5] 也就是说，图重表形，文重表意。"无以传其意，故有书；无以

---

[1] 盖山林：《从图画记事谈阴山岩画》，《黑龙江文物丛刊》1984年第2期。
[2] 陈兆复主编：《中国岩画全集》，辽宁美术出版社2007年版，"序言"，第3页。
[3] 许慎：《说文解字》卷15上，中国书店出版社1989年版，第500页。
[4] 张彦远：《历代名画记》卷1《叙画之源流》，俞剑华注释，上海人民美术出版社1964年版，第2—3页。
[5] 赵宪章：《传媒时代的"语—图"互文研究》，《江西社会科学》2007年第9期。

见其形，故有画。""宣物莫大于言，存形莫善于画。"① 当然，二者并非决然分立，而是存在着非常紧密的联系。"图，经也，书，纬也，一经一纬相错而成文"，"见书不见图，闻其声不见其形；见图不见书，见其人不闻其语"②，只有图、文相合，才能声形兼备。

相较于文字，图像重在表形，最大特点在于直观明了。"从自然环境、历史人物、历史事件、历史现象，到建筑、艺术、日常用品、衣冠制度，都是非图不明的。有了图，可以少说了多少的说明，少了图便使读者有茫然之感。"③ 因此，图像可弥补文字表达之不足，古人所谓"记传所以叙其事，不能载其容，赋颂有以咏其美，不能备其象，图画之制可以兼之也"④。故而，图像也是记载历史的重要方式与手段。事实上，中国早期的诸多典籍，确实都是图、文相合的。夏商周及秦汉时期，所谓"图书"包括图画与文字两部分。尤其是有关山川神怪崇拜内容的文献，大多数都是图、文相结合，如《山海经》《楚辞》《淮南子》等，其中的许多文字都只是对天体、山川、神怪之图的说明。只是魏晋以后，这些文献中的图都丢失了，只剩下文字流传至今。⑤ 正因为图也是承载信息的重要手段，所以按郑樵的说法，早期学者治学都是图、文并重的："古之学者为学有要，置图于左，置书于右，索象于图，索理于书，故人亦易为学，学亦易为功。"⑥ 只是秦汉之后，这种图、文相合的情况开始发生变化，图逐渐从文献记载中"剥离"出去。郑樵认为，其始作俑者乃汉代的刘向、刘歆父子：

歆、向之罪，上通于天。汉初典籍无纪，刘氏创意，总括全书，分为《七略》，只收书不收图。《艺文》之目，递相因习，故天禄、兰台、三馆、四库内外之藏，但闻有书而已。萧何之图，自此委地。后

---

① 张彦远：《历代名画记》卷1《叙画之源流》，第2、4页。
② 郑樵：《通志》卷72《图谱略第一·索象》，第837页。
③ 郑振铎：《〈中国历史参考图谱〉序、跋》，郑尔康编：《郑振铎艺术考古文集》，文物出版社1988年版，第435页。
④ 张彦远：《历代名画记》卷1《叙画之源流》，第4页。
⑤ 江林昌：《图与书：先秦两汉时期有关山川神怪类文献的分析——以〈山海经〉、〈楚辞〉、〈淮南子〉为例》，《文学遗产》2008年第6期。
⑥ 郑樵：《通志》卷72《图谱略第一·索象》，第837页。

之人将慕刘、班之不暇，故图消而书日盛。①

当然，之所以"图消而书日盛"有更深层次的原因，绝不能将责任全部推到刘氏父子身上。不过，此后这确实成为一种趋势与潮流，到魏晋南北朝时期，图像已完全被文字"征服"，所谓"今莫不贵斯鸟迹而贱彼龙文"②。鸟迹，文字也；龙文，图像也。当然，这主要是从文献媒介角度来说的，并不代表图像在各个层面完全被"驱逐"出去，因为不论在艺术创作还是社会生活中，仍存在着繁盛的图像传统。③ 另外，图像也并非从载体媒介中被完全"清除"出去，在地方志等文献中仍然断续有存，在经籍志中也有著录，④ 亦有郑樵这样的拥趸与支持者。

（二）图像语境与历史呈现

以上我们从文献媒介的角度，从内容层面对图像的历史记载功能做了简单论述。另外，我们说图像是历史信息的承载者，还因为图像有自身的发展历史，有具体的创作、展示、传播、运用等语境。图像自身发展史，主要是指图像本体"风格"的发展与演变，具体如构图、形式、线条、色彩等，这也正是传统艺术史研究重点关注的内容。"每个时代有每个时代的风格，不同地域有不同地域的风格，每个艺术家不同阶段有不同阶段的风格。"⑤ 风格并不是凭空产生的，其与历史时代、社会语境、创作者个人经历等紧密相关。按图像学家潘诺夫斯基的观点，艺术作品的形式是无法与内容分离的，即使是赏心悦目的线条、色彩等，也都承载着多样化的意义。⑥ 也就是说，即使单纯的"风格"本身，也是一种历史信息。

每一幅或一套图像都不是凭空产生的，总有其特定的赞助人、创作者、创作动机、时空背景、艺术风格、传播路径、功能用途、社会反响等。虽然并非每一幅图像都会存在或涉及上述全部要素，但都有其历史与

---

① 郑樵：《通志》卷72《图谱略第一·索象》，第837页。
② 姚最：《续画品》，中华书局1985年影印本，第4页。
③ ［英］柯律格：《明代的图像与视觉性》，黄晓娟译，北京大学出版社2016年版。
④ "宋齐之间，群书失次，王俭于是作《七志》以为之纪，六志收书，一志专收图。"郑樵：《通志》卷72《图谱略第一·索象》，第837页。
⑤ 谈晟广：《图像即历史》，《中国美术报》2016年3月28日。
⑥ ［美］潘诺夫斯基：《视觉艺术的含义》，傅志强译，辽宁人民出版社1987年版，第302页。

社会"语境"却是可以肯定的。为此,韩丛耀提出了图像的"三种形态"与"三个场域"理论。三种形态,即技术性形态、构成性形态与社会性形态;三个场域,即图像制作的场域、图像自身的场域和图像传播的场域。所有图像,都处于三种形态之中,亦都存在于三个场域之中,正是在此基础之上,图像才有意义。① 这些形态和场域,亦是图像所承载或折射的历史信息。正如葛兆光所说:"图像也是历史中的人们创造的,那么它必然蕴涵着某种有意识的选择、设计和构想,而有意识的选择、设计与构想之中就积累了历史和传统,无论是它对主题的偏爱、对色彩的选择、对形象的想象、对图案的设计还是对比例的安排,特别是在描摹图像时的有意变形,更掺入了想象,而在那些看似无意或随意的想象背后,恰恰隐藏了历史、价值和观念。"②

(三) 作为历史事实的图像

与上述图像的三种形态、三个场域紧密相关,之所以说图像即历史,"还在于它很可能本身就是发生过的历史事件、仪式的组成部分"③。也就是说,图像是历史事实或社会进程的组成部分。一幅图像被创作出来,总是出于某种特定的目的或功用,即使那些文人画家、职业画家创作的作品,也绝非如他们自传所说的那样,纯粹出于个人爱好或为抒发胸臆而作,实际上背后包含了经济利益、社会交往等多方面的考量与目的需求。④至于各种出于政治或仪式目的创作而成的图像作品,则更体现出其历史构成性的一面。如,创作于五代十国时期的《韩熙载夜宴图》,是宫廷画家顾闳中奉南唐后主李煜之命,潜入韩熙载宅邸据实创作而成的作品,后主欲借此"观察"韩氏之日常,以决定是否重用此人。⑤ 因此,《韩熙载夜宴图》本身就是当时南唐政治运作、君臣关系的组成部分与画面体现。又如,南宋以来各种版本的体系化耕织图,并非如传统研究认为的那样在于

---

① 韩丛耀:《中华图像文化史·图像论》,中国摄影出版社2016年版,第26—30页。
② 葛兆光:《思想史研究视野中的图像》,《中国社会科学》2002年第4期。
③ 孙英刚:《移情与矫情:反思图像文献在中古史研究中的使用》,《学术月刊》2017年第12期。
④ [美] 高居翰:《画家生涯:传统中国画家的生活与工作》,杨宗宪等译,生活·读书·新知三联书店2012年版。
⑤ 张朋川:《〈韩熙载夜宴图〉图像志考》,北京大学出版社2014年版。

图录、传播生产技术，而是中国古代重农、劝农传统的产物，目的在于社会教化并带有强烈的政治目的和象征意义，本质上就是一种如同籍田礼那样的重农、劝农之"礼"[1]。再如，各种寺庙壁画及仪式活动中的水陆图绘、神像符码等，"本身正是在此类场所中所行仪式的重要组成部分"[2]，承载着人们对神灵的想象，在信仰实践中扮演着至关重要的角色。[3] 由此，作为历史事实或进程的一部分，图像自然也就具有了入史、证史的性质与功能。

三 图像入史的路径与方法

图像即历史，承载着丰富的历史信息，是历史事实或社会进程的重要组成部分，因此将图像作为证据或者发声主体来研究历史是完全可行的。具体来说，图像入史的路径与方法是多维的，下面我们即针对这一问题展开相关讨论与分析。

（一）以图证史

以图证史，也就是用图像证史。曹意强认为，"图像证史"概念包含三个层面的含义：一是概括往昔学者运用图像等解释历史的研究实践；二是肯定图像作为一种"合法"史料并以之证史的价值；三是建构一种具有自身特性的批评理论与方法。从研究实践的层面来说，他认为"图像证史"的内涵并没有得到恰当的理解，因为流行的做法是用文字描述已知的图像，或以图像去图解从文献中已获知的历史事件，仅仅将图像当作文字的"插图"[4]。我们在此讨论的"图像证史"，主要就方法与路径层面而言，即究竟应该如何用图像来解读与证实历史。

"绘画经常被比喻为窗户和镜子，画像也经常被描述为对可见的世界

---

[1] 王加华：《教化与象征：中国古代耕织图意义探析》，《文史哲》2018年第3期。
[2] ［英］柯律格：《明代的图像与视觉性》，第27页。
[3] 李生柱：《神像：民间信仰的象征与实践——基于冀南洗马村的田野考察》，《民俗研究》2014年第2期。
[4] 曹意强：《"图像证史"——两个文化史经典实例》，《新美术》2005年第2期。

或社会的'反映'。"① 以图证史的第一个层面，是将图像作为一面镜子，将图像自身的内容作为直接证据，对历史时期的社会生活、物质生产等直观历史事实进行描述与说明。这是以图证史最基础的层面，也是目前有关图像证史研究实践中最主要的路径。如，以出土的汉画像石资料为基本依据，对汉代的农业生产状况、建筑形制、生活服饰等进行描述与分析；② 以《清明上河图》为图像例证，对北宋开封城的城市建设、经济活动、社会生活、风俗习惯、医药卫生等各方面状况进行描述与分析；③ 对《韩熙载夜宴图》所反映的五代时期生活方式、家具、服饰等的研究与考辨，④ 等等。通常来说，这一研究路径更多地利用了具有写实性、具象性、叙述性等特征的图像，内容多集中于故事传说、历史人物、生活画面、生产场景、宗教活动、街市景象等。这类图像，往往是出于某种实用性目的创作的，与主要为"艺术"而创作的图像，如文人画，有明显不同。正如彼得·伯克所说的那样："对重现普通民众的日常生活，图像有着特殊的价值。""把图像当作服饰史的证据时，它的价值十分明显。"⑤

以图证史的第二个层面，是将图像置于具体历史与社会语境中，通过对其创作动机、创作过程、传播应用等内容的描述与分析，再现其周围的多彩世界，从而达到间接证史的目的。黄克武认为，对视觉（图像）史料的研究通常有两种观点，即"映现"与"再现"。映现的观点认为，图像能忠实地捕捉并记录历史的瞬间，有助于展现文字史料无法呈现的过去，将图像资料视为文字资料的补充与辅助；再现的观点认为，图像的生产与消费并非中立性的，涉及观看的角度与选择，与其说是像镜子那样反映现实，毋宁将其视为一种文化产品，注重探讨这一产品生产、销售、消费的

---

① [英]彼得·伯克：《图像证史》，第36页。
② 蒋英炬：《略论山东汉画像石的农耕图像》，《农业考古》1981年第2期；王怀平：《汉画像中的图式物质资源——以建筑、服饰、农耕为例》，《安徽农业大学学报》2019年第6期。
③ 宋大仁：《从清明上河图看北宋汴京的医药卫生》，《浙江中医杂志》1958年第10期；杜连生：《宋〈清明上河图〉虹桥建筑的研究》，《文物》1975年第4期；周宝珠：《试论〈清明上河图〉所反映的北宋东京风貌与经济特色》，《河南师大学报》1984年第1期；马华民：《〈清明上河图〉所反映的宋代造船技术》，《中原文物》1990年第4期。
④ 高宇辉：《〈韩熙载夜宴图〉中的"生活方式"研究》，《学术评论》2019年第4期；徐小兵、温建娇：《〈韩熙载夜宴图〉中的衣冠服饰考》，《艺术探索》2009年第2期。
⑤ [英]彼得·伯克：《图像证史》，第115页。

过程，从而解读其背后的文化符码与象征意涵。① 如前所述，每一幅图像都不是凭空产生的，都是由人创作完成的，都有特定的存在形态和存在场域。图像本身既承载着特定的功能与意义，其形态和场域亦是现实存在与历史真实。从这一角度来说，任何图像都有其历史意义，都有反映历史的可能性，即使那些看似非常单纯的风景图像背后，也可能蕴含着丰富的权力关系。② 因此，从理论而非实际操作的角度来说，那种认为"不是所有图像都能证史"的观点是不正确的。而之所以有学者持这样一种观点，是因为"图像的真实性、可选择性以及操作性等环节都有出现歧义的可能，所有这些问题一起构成了操作过程中隐含的陷阱"③。这种观念实质上仍将图像视为文字资料之补充，并没有把图像作为真正关注的"主体"。因为从图像"主体"的角度来说，既然每幅图像都有具体的时空背景、创作者和创作动机，那么我们关注的重点就不应该是真假的问题，而应该是为何造假（若存在"造假"的话）的问题。一幅图像反映的情景可能是不真实的，但"造假"背后的动机、心态等，却也是历史的真实，由此也就"可以在研究'失真'的过程中接近另外的'真实'"④。基于此，"歪曲现实的过程本身也成为许多历史学家研究的现象，为如心态、意识形态和特质等提供了证据"⑤。

图像的存在场域和语境分析亦可为图像证史提供可能，因此对历史研究来说，图像不仅可以通过画面的细节描绘等提供直接、形象的证据，还可以从其存在语境的角度间接地为历史研究提供有意义的线索，激发历史学家的合理想象。"想象那些文字所不能及的社会及文化心理、那些只能用想象填补的历史空白……我们可以对视觉艺术进行特殊的技巧解读，对历史情境进行重构。""它可以将我们引领到某个特殊的历史情境中，让我们在特殊的情境中勾勒出特定历史和文化完整结构。"⑥ 因此，"历史学家对图像的使用，

---

① 黄克武主编：《画中有话：近代中国的视觉表述与文化构图》，"中研院"近代史研究所2003年版，"导论"，第iv—v页。
② 参见［美］W. J. T. 米切尔《风景与权力》，杨丽、万信琼译，译林出版社2014年版。
③ 黄鹤：《图像证史——以文艺复兴时期女性的性别建构作为个案研究》，《世界历史》2012年第2期。
④ 陈仲丹：《图像证史功用浅议》，《历史教学》（上半月刊）2013年第1期。
⑤ ［英］彼得·伯克：《图像证史》，第36页。
⑥ 陈琳：《图像证史之证解》，《东南学术》2013年第2期。

不能也不应当仅限于'证据'这个用词在严格意义上的定义，还应当给弗朗西斯·哈斯克尔所说的'图像对历史想象产生的影响'留下空间和余地"①。如，以《清明上河图》为切入点，结合其具体图像描绘、创作者生平、时代背景等，对其再现的北宋社会政治形势等进行深入讨论与分析；②结合历代体系化耕织图创作的具体语境，对其背后蕴含的中国传统政治运作模式、王朝正统观、时空观、绘画观念转变等进行讨论与分析。③

（二）以史解图

除以图证史外，图像入史的另一条路径在于以史解图。所谓以史解图，简单来说，就是运用相关文献记载对图像为何如此（如风格特征、画面呈现等）进行解释与说明。具体来说，以史解图在于通过已知的历史知识和历史语境对图像进行分析与说明，然后在此基础上反过来加深对图像背后的历史事实与思想观念的认知，而这本质上也是一种图像入史及对历史的认识与解读。一定程度上，这一路径与由图像引发历史想象、进而展开研究类似。不过，与以图证史直接以图像证史或通过引发历史想象而重构历史情境来证史不同的是，以史解图在路径方向上是完全相反的，即：先由语境到图像，再由图像到语境，故在此我们可将其称之为"反向"证史。下面我们以两个个案为例，对以史解图这一研究路径略做说明。

一是赵世瑜对云南大姚县石羊镇文庙明伦堂彩绘石刻的研究。这一幅被称为《封氏节井》的石刻画，画面内容既有李卫来滇赴任，在洞庭湖遇难，石羊显圣相救之事；也有明末清初孙可望部将张虎屯兵石羊，杀白盐井武举人而欲娶其妻封氏为妾，封氏投井自尽之景。但洞庭湖远在湖南，与云南大姚相距甚远，为何当地的石羊神会跑到洞庭湖显圣呢？这个虚构的、似乎与本地生活无关的故事，为何会被置于画面顶端，显示出非同一般的地位呢？为何整幅石刻图像以"封氏节井"命名呢？通过对明末清初

---

① [英]彼得·伯克：《图像证史》，第10页。
② 余辉：《清明上河图解码录》，商务印书馆（香港）有限公司2016年版。
③ 王加华：《显与隐：中国古代耕织图的时空表达》，《民族艺术》2016年第4期；王加华：《谁是正统：中国古代耕织图政治象征意义探析》，《民俗研究》2018年第1期；王加华：《观念、时势与个人心性：南宋楼璹〈耕织图〉的"诞生"》，《中原文化研究》2018年第1期；王加华：《教化与象征：中国古代耕织图意义探释》，《文史哲》2018年第3期。

历史、云南楚雄及大姚地方史,以及土主信仰、当地井盐生产发展史的考察,可以发现,将整幅石刻命名为"封氏节井"其实是一种误解。这幅石刻实际上是为凸显盐业生产在当地社会中的重要性,由当地井盐灶商捐献的,因为"无论王朝更迭,无论官军盗匪,他们前来石羊的目的都是盐"。故无论李卫遇险获救还是封氏投井之事,都是为了凸显"盐"这一主题。①

二是为何中国古代体系化耕织图描绘的总是江南。作为后世体系化耕织图"母图"的南宋楼璹《耕织图》,是以山多田寡、旱田居多的南宋於潜县(今杭州市临安区於潜镇)为地域基础绘制而成的,但在具体场景描绘上却都是较为平整的水田、桑园及水稻种植等比较典型的江南景观,并且越到后世的明清时期,画面中的江南特色就越明显。为何会如此呢?只要考察一下唐宋以后江南地区在整个传统中国政治、经济、文化等方面的重要地位与象征隐喻作用,也就一清二楚了。②

以上我们从直接、间接、反向三个方面对图像入史的路径做了具体分析与说明。就与文字证史的关系来说,图像证史可有如下四个方面的功能:印证文字已证明之历史、弥补或补充文字材料之不足、为文字证史提供切入点、证明文字无法证明之历史。③ 就目前已有的研究实践来说,绝大多数还停留在第一、二层面上。今天,若想进一步发挥图像在历史研究中的价值与作用,在具体的研究实践中就必须要向另外两个方面努力开拓。但是,我们也不能为了改变传统史学不重视图像的研究倾向,为了强调图像研究的独特性与重要地位,而忽略甚至"看不起"图像在印证、弥补或补充文字材料方面的作用。曹意强认为:"更为重要的是:图像应充当第一手史料去阐明文献记载无法记录、保存和发掘的事实,或去激发其他文献无法激发的历史观念,而不仅仅充当业已从文献记录中推演出来的史情之附图,即作为已知事实的图解而不是提出独特问题的激素。""这种'图像证史'实际失去了实践意义。"④ 这种看法有其合理性,但从长远来

---

① 赵世瑜:《图像如何证史:一幅石刻画所见清代西南的历史与历史记忆》,《故宫博物院院刊》2011年第2期。
② 王加华:《处处是江南:中国古代耕织图中的地域意识与观念》,《中国历史地理论丛》2019年第3期。
③ 陈仲丹:《图像证史功用浅议》,《历史教学》(上半月刊)2013年第1期。
④ 曹意强:《"图像证史"——两个文化史经典实例》,《新美术》2005年第2期。

看，实际上可能会对图像作为史料的价值及图像入史的开展起相反的作用。因为，暂且不论有多少图像具有"阐明文献记载无法记录、保存和发掘的事实"的能力，这种认知背后的核心理念，实际上仍旧隐含的是这样一种观念与看法：仍然将图像视为文字资料的辅助与补充，是一种特殊的资料形态，并没有将其放到与文字平等的地位上。因此，"必须要有一部分美术史研究者来做这一项工作：通过研究图像来得到与历史学家（历史学家以文献为第一手的资料）相同或者不同的结论，而这种结论的得出是建立在以图像为第一手资料，而不是仅仅作为佐证和研究对象"[①]。这一观点，不仅适用于美术史研究，对历史研究来说也同样适用。故而，图像入史不能仅是证明文字无法证明之历史，而是要将其全方位、多层面地入史，充分发挥图像在证史方面的全部功用与价值。

（三）图像入史的"内"与"外"

纵观目前国内外与图像有关的"史"的研究，大体可分为三种思路。一是强调形式主义的研究，即直接针对图像本体诸问题进行探讨，如构图、形式、线条、风格、色彩等。这一思路主要集中于传统艺术史研究领域，如以沃尔夫林、李格尔等为代表的形式主义艺术史研究，[②] 美国艺术史家高居翰有关中国绘画史的研究就基本在这一思路内展开。[③] 二是将图像作为直接的资料与证据，强调图像对于补充或弥补文字史料的价值与意义，如法国年鉴学派史家阿利埃斯对中世纪儿童史的研究、谢江珊对宋代女性形象的研究等。[④] 三是图像学的研究思路，[⑤] 将图像作为可发声的主体，将其置于具体的历史存在语境中，强调由图像引发、再现的社会诸层

---

① 冯鸣阳：《图像与历史——美术史写作中的"图像证史"问题》，《美与时代》（下半月）2009年第6期。
② 温婷：《形式主义艺术史视野中的李格尔与沃尔夫林》，《东南大学学报》2014年第2期。
③ ［美］高居翰：《隔江山色：元代绘画》，宋伟航等译，生活·读书·新知三联书店2009年版；［美］高居翰：《江岸送别：明代初期与中期绘画》，夏春梅等译，生活·读书·新知三联书店2009年版；［美］高居翰：《山外山：晚明绘画（1570—1644）》，王嘉骥译，生活·读书·新知三联书店2009年版。
④ ［法］菲力浦·阿利埃斯：《儿童的世纪：旧制度下的儿童和家庭生活》，沈坚、朱晓罕译，北京大学出版社2013年版；谢江珊：《宋代的女性形象及其生活——以图像史料为核心》，硕士学位论文，上海师范大学，2014年。
⑤ 陈怀恩：《图像学：视觉艺术的意义与解释》，河北美术出版社2011年版。

面，以此解读其背后的文化符号与象征意涵等。① 若再进一步归纳整理，这三种研究思路又可分为两类，即：对图像本体与外围，或者说形式与内容的研究。其中，对本体或形式的研究重在关注图像的构图、色彩、风格等信息，重在强调文本；对外围或内容的研究重在关注图像的内容呈现及其背后丰富多彩的社会信息，重在强调语境与意义。

图像的"本体""形式""文本"主要是艺术史，尤其是传统艺术史研究重点关注的话题。作为一门现代学科，艺术史兴起于19世纪末的欧洲。中国现代艺术史学（美术史学）的出现则相对较晚，约兴起于20世纪初，是我国近现代美术教育事业、海外美术史研究传统及近代中国"新史学"和"史学革命"运动等多方影响的结果。② 20世纪艺术史研究最普遍的方法就是以沃尔夫林、李格尔等为代表的形式分析法。这一研究分析法主张抛开一切上下文、意义、情境之类的外在问题，将作品本身作为关注的核心对象，重在讨论艺术作品的线条、色彩、构图等形式特质。他们认为，左右艺术风格变化的既非艺术家，也非其他社会法则，而是不变的艺术法则，因此社会背景、艺术家生平等无益于理解作品本身。③ 不过，随着20世纪初以瓦尔堡、潘诺夫斯基等为代表的图像学研究的兴起，这一状况开始发生改变。与传统的艺术史学重在关注形式不同，图像学重在关注图像的内容与意义，认为图像不论是题材、主题、形式、风格、内容，还是整体内容表现与细节呈现，都蕴含着丰富的意义。图像学方法可谓是当前艺术史研究中影响力最大的方法之一，也广泛拓展到历史学、文艺学、美学等学科领域。而随着图像学研究影响的日渐扩大，以及读图时代的来临与图像转向的出现，亦有越来越多的学科与学者转到与图像有关的"史"的研究中来。这其中的许多学者，由于缺乏美术学背景与知识储备，或者虽有美术学背景但缺乏相应的美术实践活动，只能针对图像的外围展开研究，而对作品本体及其艺术价值的关注并不多。这对传统的形式主义艺术史研究产生了极大冲击，也招致了一

---

① 曾蓝莹：《图像再现与历史书写——赵望云连载于〈大公报〉的农村写生通信》，黄宗智主编《中国乡村研究》第3辑，社会科学文献出版社2005年版，第152—230页；余辉：《清明上河图解码录》；[英]柯律格：《明代的图像与视觉性》；王加华：《教化与象征：中国古代耕织图意义探释》，《文史哲》2018年第3期。
② 孔令伟：《"新史学"与近代中国美术史研究的兴起》，《新美术》2008年第4期。
③ 曹意强：《图像与语言的转向——后形式主义、图像学与符号学》，《新美术》2005年第3期。

些学者的不满。李倍雷指出，这是对美术史研究趋向的偏离，是当前中国美术史学研究的一个重大缺陷。①

　　传统的艺术史研究与当下历史学等学科中流行的图像证史研究确有一些不同。首先，艺术史研究更关注那些有名望的作品，即那些"最精彩的天才作品"，而对日常图像的关注不多；更关注某类作品的源头或者说代表；更关注风格异乎常规的特例，而不太关注"俗套"②。而图像证史，却并不受这些方面的限制。其次，也是更为重要的，即研究任务的不同。艺术史"要求研究者通过对图像外围研究后直接针对图像本体诸问题进行研究，研究图像的影响与受影响之间的关系要素，以及研究在时间和空间结构所形成的一种相关联的图像关系群的原因，从而诠释构成图像（或称为美术作品）的历史与联系"③。而图像证史，则往往并不关注图像本体的内容，强调的是运用图像资料来证明历史事实或引发历史想象，即再现历史。因此，陈仲丹认为，艺术史并不等于图像史学，其只是一个利用图像较多的学科；艺术史与图像史学更像是姊妹关系，研究领域可互相融通，理论上也可互相借鉴。④

　　不过，今天随着图像学方法的广泛传播与运用，以及传统美术史研究对人类学、考古学等方法的借鉴，当下的艺术史研究也越来越不像传统的艺术史了，"渐渐离开'虚'越来越远，倒是离'实'越来越近，褪去了它'艺术'的那一面，剩下的是'历史'的这一面"⑤。事实上，不论我国还是西方学界，目前大量有关图像入史的讨论，都是在新艺术史范畴内展开的。即使对图像史学探讨产生了巨大影响的《图像证史》中所举的例子，也多属于艺术史的探讨，而不是历史的探讨。⑥ 因此，从图像入史的

---

① 李倍雷：《图像、文献与史境：中国美术史学方法研究》，《新疆艺术学院学报》2011 年第 4 期。
② 葛兆光：《思想史家眼中之艺术史——读 2000 年以来出版的若干艺术史著作和译著有感》，《清华大学学报》2006 年第 5 期。
③ 李倍雷：《图像、文献与史境：中国美术史学方法研究》，《新疆艺术学院学报》2011 年第 4 期。
④ 于颖：《图像史学：学科建立的可能性》，《文汇报》2016 年 8 月 5 日。
⑤ 葛兆光：《思想史家眼中之艺术史——读 2000 年以来出版的若干艺术史著作和译著有感》，《清华大学学报》2006 年第 5 期。
⑥ 赵世瑜：《图像如何证史：一幅石刻画所见清代西南的历史与历史记忆》，《故宫博物院院刊》2011 年第 2 期。

角度来说，不论艺术史研究还是图像证史研究，本质上都是图像入史的一种方式，仅存在内（形式与本体）、外（内容与意义）之别。另外，图像本身即历史，图像的本体、风格等不能完全脱离历史与社会语境，也就是说，形式在一定程度上也有再现历史的功能；用图像证史，若不了解图像的本体形式与程式风格，以图证史也可能会出现误读与错误。因此，图像研究的内与外其实是一体两面、紧密相关、不可分离的。从这一层面来说，艺术史研究也是在图像证史，艺术史也就是图像史学。

四 图像入史的限度与规避

当今有一句流行的网络用语——"无图无真相"，认为没有图片就不能真正了解事情的真相。但是，随着图像合成等技术的迅速发展，我们发现即使有图也不一定有真相。因为和文字一样，图像也存着诸多"造假"（作伪）的可能。古代社会虽然没有如今天这般发达的图像处理技术，但也不代表所有的图像都是客观真实的。另外，受图像重在表形、叙事性较差及古代重文字、轻图像传统的影响，在我们将图像作为考察、认识历史的方式与手段时，也存在诸多陷阱与误区。因此，要想更合理地开展图像入史研究，就必须尽可能地规避这些陷阱与误区。如何才能尽可能地避免这些陷阱与误区呢？加强图像考证，对图像本体及其存在语境做全面、准确的把握，进而在此基础上进行合理阐释，或许是最为理想的途径。而在此过程中，如何处理好图像文献与文字文献间的关系至关重要。

（一）"本体"描述与分析

作为一种具有艺术性质的作品，图像有其自身的形式特质，如线条、色彩、材质、构图等，也就是图像本体或形式层面的内容。而就图像本体来说，它的一个重要特点就是程式化。所谓程式，就是"一种强化秩序条理的形式表现手法，它经过改造加工，提炼概括出物象的典型特征，然后进行集中、简化和固定，将形制定型化"[1]。它是各门艺术都有的、具有一定规律性和相对稳定性的艺术语言。因此，图像的"生产"，除受创作者

---

[1] 王菊生：《造型艺术原理》，黑龙江美术出版社2000年版，第340页。

个人性格、经历及社会语境的影响外，还会受艺术程式的影响。

受图像程式化等因素的影响，"即使是最逼真的历史画，它所再现的历史事实，不论画家尽多大的努力去消除个人的主观干预，也不可避免地会因他所采用的表现手段而使之变形，甚至扭曲"①。对中国传统绘画来说，其主流艺术风格经历了由写实向写意发展的过程，尤其是宋元之后的文人画。这极大地影响了图像对客观事物的反映，以致约翰·巴罗批评中国绘画为"可怜的涂鸦，不能描绘出各种绘画对图像的正确轮廓，不能用正确的光、影来表现它们的体积"②。而这一绘画风格的转变，恰恰就是一种大的程式化体现。具体到不同的图像种类来说，其程式化特征之所以能一直延续（当然并非一成不变），一个技术层面的重要原因是"粉本"的存在。所谓粉本，也即"古人画稿"③。早在汉代，画像石图像的雕造就有粉本存在，民间雕刻艺人在制作画像石时就是以一定的绘画样本作为依据的。④ 此后，随着中国绘画艺术的发展，在各种类型的绘画创作中粉本的使用也越来越普遍，寺观壁画、宗教绘画、佛传故事画等皆有粉本。与此同时，粉本的运用还由绘画广泛传播到其他艺术创作中，"画出来的'样'不仅可以用来充当作画底本，而且还可以充当雕塑的范例、建筑的工程图、工艺美术的设计图"⑤。不仅绘画、雕塑、工艺设计等图像形式，也都存在相对稳定的程式化特征。

因此，鉴于图像本体与程式的重要性，在运用图像进行历史研究时，"布局、构图、线条、色彩等方面的综合往往是一个避绕不开的问题"⑥。也就是说，图像入史研究，首先要做的就是对图像本体内容的探讨与分析。可惜的是，由于相关知识的缺乏，绝大多数历史学者在针对图像问题展开研究时都忽略了这一内容。正如哈斯克尔所说："他经常忽视了笔触的雅致、描绘的精微、色彩的和谐或混乱，忽视了对现实那富有想象力的置换以及所有精湛的技艺。"但是，实际上，"正是这些技艺从根本上影响

---

① 曹意强：《"图像证史"——两个文化史经典实例》，《新美术》2005 年第 2 期。
② 柯律格：《明代的图像与视觉性》，第 4 页。
③ 夏文彦：《图绘宝鉴》卷 1，商务印书馆 1930 年版，第 3 页。
④ 郑立君：《从汉代画像石图像论其"粉本"设计》，《南京艺术学院学报》2008 年第 4 期。
⑤ 张鹏："'粉本'、'样'与中国古代壁画创作——兼谈中国古代的艺术教育》，《美苑》2005 年第 1 期。
⑥ 叶原：《警惕图像研究中的"预设规律"》，《美术观察》2018 年第 9 期。

了他一直试图解说的那些图像的本质"①。如此,很可能就会出现误读的问题。如,阿利埃斯在研究欧洲中世纪儿童史时,通过当时绘画中儿童没有自己的特定服装这一细节,提出了中世纪没有"儿童"概念这一结论。批评者认为,这实际上是一种程式化的艺术表现,因为当时的儿童与成年人一起作为画家的模特时,必须穿正装。也就是说,这完全是一种艺术表现的需要,而非实况的再现。② 再如,被认为比较准确地描绘了不同时代的耕织操作流程、具有技术传播作用的体系化耕织图,也具有强烈的程式化特征:后世绝大部分耕织图,基本皆以南宋楼璹《耕织图》为底本,临摹、创作或再创作而成。③ 这种耕织图亦有专门的粉本,明代李日华曾说:"歙友程松萝携示《耕织图》,就题其后。此宋人作《耕织图》粉本也。"④ 因而,所谓耕织图的技术传播作用根本就是一种"幻象"⑤。因此,对图像入史研究来说,搞清楚图像的本体性特征是非常重要的。这也就对图像研究者提出了更高要求:"从事'图像证史'者,首先必须具备艺术史家'破译'图像风格与形式密码的功夫,否则只能'望图生义',随意曲解,陷入图像证史的重重误区而难以自拔。"⑥ 当然,我们也要避免走向另一个极端:虽然"通过分析各种图像个案,归纳出图像程式,有助于研究者掌握某一历史时期图像的基本面貌",但也要警惕图像研究中的预设规律,不能先入为主地认为某种程式或格套就代表了某种特定含义。⑦

(二)语境重建与意义阐释

图像重在表形,文字重在表意。与文字表达相比,图像表达具有直观、形象、生动等特点,表面看来似乎更为客观与真实,尤其是瞬间成像的照片图像。但是,正如美国纪实摄影家刘易斯·海因所说:"照片不会

---

① [英]弗朗西斯·哈斯克尔:《历史及其图像:艺术及对往昔的阐释》,第3页。
② 李源:《图像·证据·历史——年鉴学派运用视觉材料考察》,《史学理论研究》2010年第4期。
③ 王加华:《处处是江南:中国古代耕织图中的地域意识与观念》,《中国历史地理论丛》2019年第3期。
④ 李日华:《六砚斋三笔》卷1,沈亚功校订,中央书店1936年版,第32页。
⑤ 王加华:《技术传播的"幻象":中国古代〈耕织图〉功能再探析》,《中国社会经济史研究》2016年第2期。
⑥ 缪哲:《以图证史的陷阱》,《读书》2005年第2期。
⑦ 叶原:《警惕图像研究中的"预设规律"》,《美术观察》2018年第9期。

说谎,但说谎者会拍照片。"① 因此,作为一种人为作品,图像完全有造假或作伪的可能。更为重要的是,即使再逼真的图像,也并非所描绘事物本身,只能是其形象的表现,"这就给图像带来了一个重要的特征——去语境化"②。与此同时,受艺术程式与基本只能表现某个瞬间场景的影响,③去语境化的图像在内容呈现上还可能会被进一步削弱与歪曲。总之,受上述各种因素的影响,在利用图像进行历史研究时,不可避免地会出现一系列问题。

一是"想当然",比如看到耕织图对水稻种植与蚕桑生产技术环节的描绘,就认为其是在记载与传播先进生产技术;二是误读或过度阐释。之所以如此,与研究者总是带着自己的知识背景、以所知来解读所见直接相关。图像具有启发历史想象的重要作用与功能,因此人们在观看图像时很容易将其与自己已有的知识背景联系起来,产生一种先入为主的认识与解读,甚至是没有多少根据的过度阐释与解读。比如,有些研究者对《清明上河图》中某些画面的解读:城门口飞奔的马匹,隐喻了官民之间的矛盾;船与桥要相撞,象征着社会矛盾到达了顶峰;独轮车及串车苫布上面有类似草书的字迹(是否是字迹尚不清楚),反映了当时政治斗争的残酷和对文化艺术的破坏;汴河两岸的酒馆,反映了当时酒患严重,等等。④这是典型的过度阐释。另外,不同研究者会有不同的知识背景和问题关注点,面对同一幅图像,也可能会产生完全不同的理解和看法,尤其是对那些充满隐喻性的图像。如,对《清明上河图》中"清明"的理解,就有清明节、政治清明、开封城外东南清明坊等不同解读。⑤ 总之,虽然图像表面上看起来形象又直观,但针对图像的多意性或过度解读,往往比文字资料要丰富多彩得多。

图像的误读或多意性解读,与研究者总是带着自己的已有认知来理解图像直接相关,但实际上,"研究者不是历史图像设定的观众",因此就不

---

① 转引自[美]玛丽·华纳·玛瑞恩《摄影梦想家》,金立旺译,中国摄影出版社2016年版,第20页。
② 龙迪勇:《图像叙事:空间的时间化》,《江西社会科学》2007年第9期。
③ 刘斌:《图像时空论:中西绘画视觉差异及嬗变求解》,山东美术出版社2006年版。
④ 余辉:《清明上河图解码录》,第38—39、154—179页。
⑤ 余辉:《清明上河图解码录》,第26—28页。

能带着自己的知识背景去做"自作多情的解释"①。如何才能规避图像历史研究的相关误区呢？加强图像考证，回归图像创作、传播的具体历史语境，在此基础上对图像进行合乎逻辑的解读，是唯一的途径。如前所述，每一幅图像都有特定的创作者、创作动机、创作过程、存在与传播方式等历史语境，只有在这一特定语境中我们才能真正明白每一幅图像的具体价值与意义。因此，在将图像作为证据进行历史分析前，就要加强对图像创作与存在语境的考察和了解，尽可能全面地重建、复原画面背后的丰富信息。对此，哈斯克尔非常明确地说：

> 在历史学家能够有效利用一条视觉材料之前，不管（这材料）多么无关紧要，多么简单，他都必须弄清楚自己看到的是什么、是否可信、是何时出于何种目的被制作出来，甚至还要知道当时人们是认为它美还是不美。在任何一个时代，艺术所能传达的东西总是受控于特定社会背景、风俗传统和种种禁忌，对于这一切，以及造型艺术家在表现个人想象时所能采用的技术手段，他都必须有所了解。②

总之，图像分析必须要结合具体的图像语境来进行，"不能见到莲花、大象，就说是佛教；看到凤凰、嘉禾就说是祥瑞"③。当然，并非所有图像都能重建、复原其背后的详细历史语境信息，但至少不能做脱离实际、不合逻辑的强行解读。

（三）图文相合，以图入史

作为一种重要的信息载体与表达形式，图像虽然有形象、直观等优势，但在对复杂、深奥信息的承载及叙事性方面，却远逊于文字，而去语境化、易被误解等特性，又进一步加重了其表达"劣势"。正如东汉王充所言："人好观图画者，图上所画，古之列人也。见列人之面，孰与观其

---

① 孙英刚：《移情与矫情：反思图像文献在中古史研究中的使用》，《学术月刊》2017年第12期。
② ［英］弗朗西斯·哈斯克尔：《历史及其图像：艺术及对往昔的阐释》，"导言"，第2页。
③ 孙英刚：《移情与矫情：反思图像文献在中古史研究中的使用》，《学术月刊》2017年第12期。

言行？置之空壁，形容具存，人不激劝者，不见言行也。古贤之遗文，竹帛之所载粲然，岂徒墙壁之画哉！"① 因此，当文字从图像中分离出来并日渐成熟之后，文字成为最主要的信息表达载体，图像则退居次要地位。事实上，即使对图像持有极高评价的郑樵，在《通志》中也并没有收录任何图像。不过，曹意强认为，这并非郑樵自相矛盾，而是因为他深刻认识到图像存在的种种弊端。从郑樵的自传推测，他应该曾为《通志》制作了大量插图，但考虑到后人传承时易于走样，会引起极大的误解，故忍痛放弃了。②

图像是否可以单独证史呢？从信息承载的角度来说当然没有问题，比如历史时期留下来的一幅有关古代中国某个城市结构与布局的地图，但从历史书写与知识传播的角度来说，将图像作为单独主体来叙说历史可能是行不通的，尤其是对非具象层面以及整体、宏大、复杂的历史叙述来说。"尽管历史图片是图录历史的关键，但离开文字说明，它就不能独立地、完整地表释历史。通过简明准确地说明文字，死的历史图片才能够栩栩如生地展现历史画面。"③ 如法国文艺理论家、史学家丹纳（1828—1893年）在去意大利游历之前，曾发誓要抛开文献记载，单独以图像为证书写一部意大利史，但在考察过程中他发现这完全就是黄粱美梦，不得已只好修正了自己的计划，将视觉遗物与文献记载相结合展开研究。④ 即使在今天，图像早已大行其道、人们越来越将注意力投向图像的读图时代，若没有文字介绍的辅助，仅凭图像来书写历史仍是不可行的。与此同时，由于图像去语境化的特征，故在解读时极易出现各种陷阱与误区。因此，我们必须要加强对图像背后相关信息的考察与了解，而这更离不开文献记载的帮助：一方面，文字文献是历史记载的主要形式，要想进行图像考证，就必须依赖相关文献记载；另一方面，图像去语境化、叙事性差的特征也使其不可能对自身背后的存在语境做具体记载与描述。即使传统的美术史研究，自始至终看似都在围绕图像讨论问题，以图像作为先决条件，似乎并没有过分依赖文字文献，但其背后却是以文字资料记载的已有观念为基础

---

① 王充：《论衡》卷13《别通篇》，上海人民出版社1974年版，第208页。
② 曹意强：《可见之不可见性——论图像证史的有效性与误区》，《新美术》2004年第2期。
③ 朱诚如：《从〈图录丛刊〉论图像史学的勃兴》，《中华读书报》2007年5月16日。
④ 曹意强：《"图像证史"——两个文化史经典实例》，《新美术》2005年第2期。

让图像"说话":图像入史的可能性、路径及限度

与前提的。① 这种研究思路使图像证史不可避免地陷入悖论之中:因为文献材料缺乏,我们求助于图像;但对于图像的理解,却需要更多的文献。②

总之,要开展图像入史研究,就必须要加强图像与文字间的合作,"图像证史与文字考证的结合才是真正可取、可行的研究思路"③。相比之下,离开了图像,文字却仍然可以单独证史、叙史。因此,从这一层面来说,图像在历史研究中更多只是文字资料辅助的说法是有其合理性的。

结　语

以上我们对图像入史的合理性、如何入史以及图像入史过程中存在的问题和具体对策等做了讨论与分析。可以发现,图像同文字一样,也是历史信息的重要承载者,能再现历史的诸面向,因此图像入史、通过图像来研究历史是完全可行的。就图像入史的路径与方法来看,可以是多角度、多层面的:以图证史,既可将图像作为直接证据,亦可将图像置于具体的历史与社会语境中,通过对其周围世界的多彩再现,达到间接证史的目的;以史解图,则是通过相关文献记载对图像何以如此进行解释与讨论,从而达到反向证史的目的。此外,对图像"本体"风格的描述与分析,同对图像所蕴含内容的探讨与解析一样,本质上也是图像入史的一种重要途径与方式。当然,由于图像本身存在的问题与缺陷,比如重在表形、叙事性差等,以及由此导致的历史书写重文字、轻图像传统的影响,在图像入史的过程中也不可避免地存在诸多陷阱与误区,如想当然、过度阐释等。因此,图像入史,一要重视对图像"本体"的描述与分析,二要强调对图像存在语境的探讨与考证,而在此过程中,最重要的是要处理好图像与文字间的关系,加强图像与文字的合作。今天,随着读图时代的来临与学术研究图像转向的大趋势,图像入史、图像史学必将成为史学研究的一个重

---

① 冯鸣阳:《图像与历史——美术史写作中的"图像证史"问题》,《美与时代》(下半月) 2009 年第 6 期。
② [美] 巫鸿:《东夷艺术中的鸟图像》,郑岩、王睿编:《礼仪中的美术:巫鸿中国古代美术史文编》上册,郑岩等译,生活·读书·新知三联书店 2005 年版,第 27 页。
③ 李根:《图像证史的理论与方法探析——以卡罗·金兹堡的图像研究为例》,《史学史研究》2013 年第 3 期。

要内容和话题。但是,我们必须注意,图像入史研究绝不应该只是一个局限于历史学学科内部的理论、方法与实践,而是一个需要多学科合作的综合研究体系。

(原载《史学理论研究》2021年第3期)

从理解文化到重视感受
——社会文化史研究的回顾与反思[*]

韩晓莉

(首都师范大学历史学院)

从 20 世纪 80 年代末"社会文化史"这一提法出现以来,国内社会文化史研究已走过 30 多年的发展历程。在这一过程中,学界围绕社会文化史的理论探讨一直没有停止。[①] 作为多学科交叉融合的产物,社会文化史展现出巨大的潜力,也存在着研究的困惑。在这种情况下,对社会文化史的研究进路进行回顾和反思,不仅有助于厘清社会文化史从何处来、向何处去的问题,也是寻求研究突破和创新的必要步骤。有鉴于此,本文尝试从理论方法层面梳理社会文化史的发展脉络,总结国内研究者在中西学术交流中的积累,以期对社会文化史研究的深入开展有所助益。

---

[*] 本文是北京市社会科学基金项目"20 世纪以来北京娱乐文化生活与社会变迁研究"(项目编号:17LSB004)的阶段性成果。

[①] 2016 年之前的相关理论成果多收录于梁景和主编《中国社会文化史的理论与实践》,社会科学文献出版社 2010 年版;梁景和主编《中国社会文化史的理论与实践续编》,社会科学文献出版社 2015 年版;李长莉、唐仕春主编《社会文化史 30 年》,中国社会科学出版社 2017 年版。2016 年之后的相关成果有左玉河《寻求意义:深度解释与社会文化史研究的深化》(《河北学刊》2017 年第 2 期)、张立程《从微观史、日常生活史到社会文化史》(《河北学刊》2017 年第 2 期)、陈廷湘《从"革命史观"到"社会文化史观"——中国近代史解释体系的演变与趋向》(《四川大学学报》2018 年第 5 期)、左玉河《改革开放 40 年来的中国近代文化史研究》(《广东社会科学》2018 年第 6 期)等。

一 理解文化：社会文化史研究的基础

无论是对传统文化史、西方新文化史，还是对国内的社会文化史而言，"文化"无疑是最重要的概念，研究者对"文化"的不同理解决定了他们各自的研究取向和学术追求。社会文化史的"文化"定位是文化史研究者在反思自身研究，吸收和借鉴社会史、新文化史成果的基础上确立起来的。

在中国，"文化"一词古已有之，意指文德教化，与今天我们所熟悉的"文化"相去甚远。近代意义上的"文化"是晚清西学传入的舶来品。梁启超被认为是最早融合中西观念对文化作出权威解释的学者和文化史研究的开拓者。针对中国传统史学的弊病，梁启超呼吁学界开展文化史研究并提出了他的文化概念。"文化者，人类心能所开积出来之有价值的共业也"，"文化是包含人类物质精神两面的业种业果而言"，其中物质方面包括"衣食住及其他工具等之进步"，精神方面则指"言语、伦理、政治、学术、美感、宗教等"①。梁启超从广义和狭义两个方面阐述文化，内容十分宽泛，但就他对"业种"和"业果"的解释来看，他更关注精神层面的狭义文化。这与梁启超希望以文化史补旧史不足，借研究振奋民族精神的学术追求有关，而这也为此后的中国文化史研究奠定了基调。

梁启超之后，不少以"文化史"命名的著作相继问世，这些著作普遍表现出重精神轻政治的倾向。关注精神文化，体现了20世纪上半叶中国学者在西方文化史观影响下，打破王朝史观束缚、探索中国社会内在发展机制的努力，符合当时社会发展的需要。中华人民共和国成立后，随着意识形态对学界影响日深，在以阶级斗争解释中国几千年文明史的主流话语下，文化史一度受到批判和否定，进而被诸如文学史、哲学史、思想史、美学史等专业史所分割，中断了围绕"文化"的理论建构。理论的滞后使得20世纪80年代随"文化热"风潮复兴的文化史研究尽管涌现出大量分门别类的研究成果，却也遭遇了综合性和深入程度不足的尖锐批评。1984年，朱维铮在呼吁重建中国文化史学科时指出，最大的问题在于如何进行

---

① 梁启超：《什么是文化》，《饮冰室合集》（39），中华书局1989年影印本，第97—104页。

综合性研究，如何解决理论上的巨大困难。① 这个理论上的巨大困难就包括如何认识"文化"的问题。有学者坦言，"文化史实在不好写，因为'文化'一词的笼统含义使得文化史几乎无法确定自己的材料、线索、主题的'边界'"②。直到20世纪90年代中后期，仍有研究者提出这方面的问题。"由于'文化'是一个内涵不确定的概念，文化史研究的对象因此具有一种不确定性"，"相当一部分文化史的论著，或满足于文化现象的一般性描述，未能透过文化的'显形'去把握内在的'隐性'；或把文化史变成一个无所不包的大拼盘，盘中盛入思想史、艺术史、政治史、法律史、民俗史、宗教史等等等等，唯独缺少文化史研究亟需的整合性思维和眼光，缺少'文化精神'这一至关紧要的内核"③。然而，在新的社会历史环境下，无论是回归20世纪初以思想、观念为主的精神文化研究，还是继续扩大条块分割式的专业史考察，都难以回应社会发展对文化研究的需求。在寻求突破的过程中，一些文化史研究者开始把视线转向同时期复兴的社会史，希望通过学科间的互补突破研究瓶颈。

1988年，刘志琴率先呼吁将社会史研究所关注的生活方式、传统观念、思维方式、行为模式等内容纳入文化史研究的范畴内，开展"社会的文化史"研究，通过学科之间的交融实现共同发展。④ 1990年全国第三次社会史会议上，有学者正式把社会文化史作为一门新学科提了出来。此后，研究者从各自的研究经验出发，表达了对社会文化的理解。李长莉认为，社会文化是物质文化和精神文化之间的中间层，意指人与人之间、人与社会之间的生活方式及其观念，并主要通过社会组织、制度、道德、风俗习惯、娱乐方式、传播方式、语言文字等方面表现出来，而社会文化史的研究目的就是要通过对上述生活方式和观念的考察，揭示人类社会活动体现的精神面貌。⑤ 1998年，刘志琴在《近代中国社会文化变迁录》的总序中提到，社会文化是个新型的知识系统，中外学者可以沿袭传统或发挥

---

① 朱维铮：《中国文化史的过去和现在》，《复旦学报》1984年第5期。
② 葛兆光：《文化史：在体验与实证之间》，《读书》1993年第9期。
③ 周积明：《中国文化史研究的反思》，《史学理论研究》1998年第3期。
④ 史薇（刘志琴）：《复兴社会史三议》，《天津社会科学》1988年第1期。
⑤ 李长莉：《社会文化史：历史研究的新角度》，李长莉、唐仕春主编：《社会文化史30年》，第9页。

创造,进行长久的讨论。从刘志琴对社会文化史研究对象的概括可以看出,她所理解的社会文化包括大众文化、生活方式和社会风尚等方面。① 刘志琴、李长莉对社会文化的认识建立在社会文化史是一门有着专门研究对象和研究领域的学科基础上,认为社会文化强调的是文化史与社会史交叉的社会生活方式和观念的部分。研究者正是通过对社会文化的界定进一步明确社会文化史的学科定位。

2001年,黄兴涛从研究视角和方法的角度对社会文化史作了新的解释。他认为,社会文化史是对文化现象的社会考察或探究,对社会生活的文化提炼和抽象。② 此后,不断有研究者表达对社会文化史是史学研究新视角、新方法观点的认可。一时间,社会文化史究竟是新学科还是新视角成为一个热点问题。事实上,这两个观点并不是非此即彼的对立关系。在研究对象和内容上,社会文化史确实与传统文化史各有侧重,而在研究视角和方法上,社会文化史明显借鉴了社会史自下而上的视角和跨学科的方法,表现出重新解释历史的学术抱负。2003年,李长莉结合两方面的观点,对社会文化史作了全面界定。"广义来说,可以视为是一个学科领域的划分,即凡属社会文化交织领域如风俗习尚、教育、宗教、文化传播、生活方式、大众文化、民众观念等,以及它们之间的相互关系都属此范围。狭义来说,强调其社会与文化相结合的研究视角,即社会生活、大众文化与观念的联系,及大众文化和精英文化的互动关系。"③

无论是研究领域还是研究视角,学者们对社会文化史的理解都体现了他们对"文化"的深刻认识。在这里,和"社会"相联系的"文化"既有别于思想、哲学等观念层面的精英文化,也不限于以衣食住行分类的物化文化,研究者看重的是与日常生活相关的,隐藏在人们社会行为后面的,由民族心理、社会意识、社会观念、民众心态等构成的精神因素。社会文化史考察的就是这些精神因素的变迁及其与社会的互动。"社会文化"的提出体现了研究者对文化史研究偏重精英文化、支离割裂、片面简单等

---

① 刘志琴:《青史有待垦天荒》(代序),刘志琴主编:《近代中国社会文化变迁录》,浙江人民出版社1998年版,第2页。
② 黄兴涛:《也谈"社会文化史"》,转引自黄兴涛《文化史研究的省思》,《史学史研究》2007年第3期。
③ 李长莉:《社会文化史的兴起》,《天津师范大学学报》2003年第4期。

问题的反思。

社会文化史研究在国内兴起时,新文化史已取代了社会史成为西方史学的主流。新文化史勃兴于20世纪70年代,是西方史学研究在后现代观念影响下"文化转向"的结果。新文化史也是从重新认识"文化"开始的。20世纪70年代,人类学的文化理论引起了西方史学研究者的兴趣。其中,克利福德·格尔茨(Clifford Geertz)关于文化的解释尤其影响广泛。格尔茨的文化概念是一个符号学的概念,"它(文化)表示的是从历史上留下来的存在于符号中的意义模式,是以符号形式表达的前后相袭的概念系统,借此人们交流、保存和发展对生命的知识和态度"[1]。按照格尔茨的文化理论,人类的一切活动、任何事物都可以看作文化的符号,研究者要做的就是分析这些符号背后的意义。这不仅拓宽了文化的外延,使文化从指代精英文化的单数名词变成了一个几乎无所不包的复数名词,而且赋予了文化塑造和改变社会形态的力量。在吸收人类学文化理论的基础上,以林·亨特(Lynn Hunt)为代表的西方史家重新定义了"文化",并明确了新文化史的方向。林·亨特认为,新文化史"探讨方向的焦点是人类心智","文化就驻在心智之中,而文化被定义为解释机制和价值系统的社会贮藏地","文化史研究者的任务是往法律、文学、科学、艺术的底下挖掘,以寻找人们借以传达自己的价值和真理的密码、线索、暗示、手势、姿态"。她进一步指出,"文化会使意义具体化,因为文化象征始终不断地在日常的社会接触中被重新塑造"[2]。正是在这样的文化定位下,新文化史展现出不同于之前历史研究的"新"特点,有学者将其概括为三个方面,即"自下而上的角度和以小人物为中心的论述";"强调文化本身的自主性,不把文化看做是某个时代社会关系和经济活动的反映或表现";"不重视探究和揭橥历史现象的因果关系,也不认为历史活动有其根本的一致性(如历史会走向进步等等)"[3]。

到20世纪90年代,西方新文化史的研究成果陆续被介绍到国内。对文化的共同关注,使新文化史受到了国内文化史研究者的重视,而这时新

---

[1] [美]克利福德·格尔茨:《文化的解释》,韩莉译,译林出版社1999年版,第109页。
[2] [美]乔伊斯·阿普尔比、林恩·亨特、玛格丽特·雅各布:《历史的真相》,刘北成、薛绚译,中央编译出版社1999年版,第198页。
[3] 王晴佳、李隆国:《外国史学史》,北京大学出版社2017年版,第394页。

文化史已经从"一切皆文化"的扩张阶段进入到"超越文化转向"的反思阶段。引进时间的相对滞后也让国内研究者能够全面、理性地看待新文化史的创新与不足，在选择性借鉴中深化社会文化史研究。

毫无疑问，新文化史的文化理论丰富了国内研究者对文化的理解。何晓明就认为，新文化史不仅考察外在的作为人类文明精华的大写的文化，也考察人类用以理解其内隐的生活意义与价值的表达方式即小写的文化，可以更全面地描述社会文化生活。① 张昭军指出，欧美新文化史对文化理论的重视扩大了对文化的理解，是文化史焕发新机的法门所在，这对中国近代文化史学科建设不乏启示。② 梁景和在说明社会文化史的概念及研究对象时，首先引用了新文化史家林·亨特对文化的定义。③ 另外，新文化史对文化能动性的强调使文化不再只是一种被描述的现象，而成为决定社会发展的重要力量，这也激励国内研究者对文化的研究由静态转向动态，从被动变成互动。黄兴涛正是受此启发，在"社会的文化史"基础上，提出了"文化的社会史"研究取向，将两种历史"关系"实态的揭示，即文化内部各门类和各因素之间互动的关系形态，文化与外部社会政治、经济因素的互动关系形态，看作体现文化史研究深度和特色的内容。④

与西方新文化史在后现代思潮下颠覆社会史模式不同的是，中国的社会文化史仍是现代化史学范式下研究的深化，是文化史与社会史交叉融合的产物。因此，在吸收新文化史合理内核的同时，国内研究者也对新文化史表现出的文化泛化和文化决定论提出批评。"作为一种治学范式，历史学家自然可以从文化的角度来诠释历史，诠释世界，不过由于太注重文化分析、太青睐文化的作用，新文化史家也陷入物极必反的窠臼，导致了'过度诠释'与'文化决定论'或化约主义流弊的产生。"⑤ 在中国史家看来，"文化还是存在其自身界限的"，"那种认为文化无所不包的论调无疑是荒唐的"⑥，"泛文化观念导致'文化'一词成为掩饰庸俗趣味的学术外

---

① 何晓明、王艳勤：《文化史研究向何处去》，《学术月刊》2006 年第 6 期。
② 张昭军：《关于中国近代文化史研究对象的确定问题》，《史学史研究》2007 年第 3 期。
③ 梁景和：《关于社会文化史的几个问题》，《山西师大学报》2010 年第 1 期。
④ 黄兴涛：《文化史研究的省思》，《史学史研究》2007 年第 3 期。
⑤ 张仲民：《新文化史与中国研究》，《复旦学报》2008 年第 1 期。
⑥ 黄兴涛：《文化史研究的省思》，《史学史研究》2007 年第 3 期。

衣，给对文化一知半解者以可乘之机，甚至给怀疑、贬损文化史者提供口实"①。

"文化"一词从产生之初起就是一个内涵广泛的模糊概念，不同时期的中外学者通过界定文化、赋予文化新意涵，确立各自的研究方向，表明学术立场。尽管社会文化史与文化史渊源深厚，但研究者对文化的理解并不相同，可以说，社会文化史的文化是对传统文化史所忽略部分的补充和彰显，也是文化史向社会史领域的拓展和深化，它体现了研究者对新时期社会问题、价值观念的思考。同样，西方新文化史与中国社会文化史虽然都表现出对大众文化的关注，对文化能动性的强调，但社会背景、学术追求的不同还是让它们在文化的定位上存在差异。因此，社会文化史研究者在吸收借鉴新文化史文化理论的同时，也对其文化观点保持着理性批判的态度。正是在继承、借鉴甚至批判的过程中，研究者加深了对文化的认识，奠定了社会文化史研究深入开展的基础。

二 阐释意义：社会文化史研究的深化

自文化史复兴以来，就不断有学者发出文化史研究应从现象描述转向意义阐释的呼声，社会文化史的兴起也可以说是对这种呼声的回应。当然，在这一过程中，人类学文化解释理论的引入也给了本土学者不少灵感和启发，使社会文化史和西方新文化史在研究路径上表现出某种趋同之势。

1990年，冯天瑜、何晓明、周积明所著的《中华文化史》甫一出版就受到学界肯定，很重要的一点就在于该书打破了当时文化史研究普遍存在的史料堆砌、现象描述的窠臼，是"系统地、史论结合地、历史与逻辑统一地探索中华民族文化发展规律的创制"②。学界对这部著作的极高评价也从一个侧面说明当时学人对文化史重描述轻分析、重介绍轻论证问题的反思。正是因为有这样的反思，社会文化史在兴起之初就提出，要运用资料归纳分析与抽象理论分析相结合的方法，力求通过社会现象来透视其文

---

① 罗检秋：《从"新史学"到社会文化史》，《史学史研究》2011年第4期。
② 潘伯祥、郭齐勇：《〈中华文化史〉读后》，《中国社会科学》1992年第6期。

化内涵，即人们的精神状态。①

社会文化史强调理论性和抽象性，但当研究者将视线从精英思想、上层文化转向社会生活、习俗风尚、大众观念这些传统文化史较少涉及的领域时，研究仍要从描述开始。1998年出版的三卷本《近代中国社会文化变迁录》是最早以社会文化一词命名的专著，在学界有着广泛影响力。该书以报纸、档案、文集等为主要资料来源，以时间为线索，对近代中国社会生活、习俗风尚、大众文化、社会思潮等进行了系统的描述，被认为是具有工具书意义的社会文化史著作。此后，梁景和的《近代中国陋俗文化嬗变研究》、李长莉的《晚清上海社会的变迁——生活与伦理的近代化》、忻平的《从上海发现历史——现代化进程中的上海人及其社会生活》、孙燕京的《晚清社会风尚研究》等一大批学术论著相继问世，宣告社会文化史进入蓬勃发展时期。这些研究虽各有侧重，但也表现出共同的特点，那就是注重考察文化事项背后的社会因素，将社会生活、习俗观念等置于社会变迁的背景下进行全景式的展现。这种宏观整体的研究是必要也是重要的，却难免存在对一些具体社会现象的文化解释无法深入的问题，需要研究者从微观角度作出更多努力。在这方面，人类学的文化解释理论和新文化史的微观史研究为社会文化史研究者提供了新思路。

格尔茨在其代表作《文化的解释》一书中，不仅从符号学角度重新定义了文化，而且也给出了文化分析的具体方法，即深度描述。格尔茨认为，"对文化的分析不是一种寻求规律的实验科学，而是一种探寻意义的解释科学"②，"是从以极其扩展的方式摸透极端细小的事情这样一种角度出发，最后达到那种更为广泛的解释和更为抽象的分析"③。研究者应通过田野工作中的访问、观察、记录，从行为者的眼光来描述全部概念，"把他们置于他们自己的日常系统中"④。他同时指出，这种描述具有微观特点。格尔茨的"深度描述"在新文化史研究中得到了贯彻，运用该理论开展的微观史研究成为新文化史的代表。

---

① 李长莉：《社会文化史：历史研究的新角度》，李长莉、唐仕春主编：《社会文化史30年》，第11页。
② [美] 克利福德·格尔茨：《文化的解释》，第5页。
③ [美] 克利福德·格尔茨：《文化的解释》，第27页。
④ [美] 克利福德·格尔茨：《文化的解释》，第18页。

深度描述和新文化史的微观史研究引起了国内学者的极大兴趣。罗检秋认为，新文化史借助深度描述、文史结合的微观叙事方式值得社会文化史借鉴，"与发扬中国史学的优良传统本质相同"①。韩晓莉则将深度描述看作"如何从文化现象和社会生活的考察中找到其中隐含的意义或关系"这一问题的答案。② 到 2010 年，微观史与深度描述已经成为当时中国社会文化史研究的一种趋向。③ 不仅如此，文化人类学的田野调查法也引起了研究者的重视。梁景和在探讨社会文化史理论和方法的文章中，用相当篇幅详细介绍文化人类学田野调查的步骤，希望社会文化史学者从中受到启发。④ 从社会文化史追求意义的角度来看，这种启发不仅在于扩大资料收集的渠道，更在于通过"参与观察"和"深度访谈"，使研究者获得历史的现场感，作出更接近历史真实的解释。

当不少研究者选择以微观史和深度描述作为突破口时，"碎片化"似乎又成为社会文化史的新隐忧。所谓"碎片化"是指论题细小琐碎且缺乏内在关联和意义阐释而使研究呈现出零散、断裂、不完整趋势。新文化史也曾遭遇"碎片化"的质疑。不过，对受后现代思潮影响，反对揭示共性、规律的大叙事，追求个性和细节描述的新文化史家来说，这似乎不是个问题。王晴佳总结，新文化史崇尚"小的就是好的"，研究者并不特别注意事件的大小，也不特别在乎该事件是否能说明问题，他们更看重叙述的文学性和生动性，新文化史的做法就是仅仅"叙述"，不做解释。⑤ 这样的总结也道出了新文化史和社会文化史在研究取向上的最大不同。中国史家以"述往事，思来者"为己任，透过历史现象去探求现象产生的根源，挖掘其背后的历史意义，为当下及未来社会发展提供借鉴是中国史家素有的志趣。伴随中国社会现代化转型而兴起的社会文化史也是研究者对当代社会问题深切关怀的体现，因此，研究"既不能全无价值判断，也不能完

---

① 罗检秋：《从"新史学"到社会文化史》，《史学史研究》2011 年第 4 期。
② 韩晓莉：《从文化史到社会文化史——兼论文化人类学对社会文化史研究的影响》，《华东师范大学学报》2009 年第 1 期。
③ 李长莉：《交叉视角与史学范式——中国"社会文化史"的反思与展望》，《学术月刊》2010 年第 4 期。
④ 梁景和：《关于社会文化史的几个问题》，《山西师大学报》2010 年第 1 期。
⑤ 王晴佳：《新史学讲演录》，中国人民大学出版社 2010 年版，第 61 页。

全排斥有意义、有启发的'宏大叙事'"①。

为了避免研究的"碎片化",社会文化史研究者从理论方法层面提出了不少建议,比如,文化的"深描"应该有对包括政治、经济、文化在内的整个社会背景的把握和分析;② 研究者要有整合意识,既要把"碎片"与更深层次的社会要素结合起来,也要把多种"碎片"连缀成一体,形成对社会生活更全面深刻的理解;③ 通过联系论、网络论、整体论、建构论及选择"中观问题"等方法,使微观研究的"碎片"连接成宏观研究的"珠串"和"网络",等等。④ 近两年,比较引人关注的是左玉河提出的"深度解释"。他在分析了文化人类学的深度描述理论与历史研究重心的差异后,主张用历史学的"解释"概念来代替人类学的"描述"概念,以深度解释来深化社会文化史研究。左玉河将社会文化史研究分成三个层次,即用白描(浅描)的方法将社会生活的表象呈现出来,回答并解决"是什么"的问题;用浅层解释的方法,说明社会生活表象的直接原因和表层意义,回答并解释"为什么"的问题;用深度解释的方法,揭示社会生活现象背后隐藏的文化内涵及文化意义,回答并解释"怎么样"的问题。⑤

从深度描述到深度解释,体现了中国学者以历史学为本位,对社会文化史理论的本土化探索,逐层递进的研究路径也有助于解决社会文化史研究中的"碎片化""描述性"和"无意义"等问题。不过在具体研究中,仍有几个方面值得关注。

首先,应注意把握深度解释的"度",避免深度解释成为过度解释。新文化史兴起后,研究者对文化能动性的过度强调曾引起学界对新文化史诠释过度、想象泛滥的批评。与作为社会史对立面出现的新文化史不同的是,中国社会文化史是文化史向社会史转向的结果,是对传统史学研究重视政治、经济因素,忽视文化因素的纠正。在社会文化史的解释体系中,文化是与政治、经济等因素一样,影响社会变动的诸因素之一,社会文化

---

① 罗检秋:《从"新史学"到社会文化史》,《史学史研究》2011 年第 4 期。
② 韩晓莉:《从文化史到社会文化史——兼论文化人类学对社会文化史研究的影响》,《华东师范大学学报》2009 年第 1 期。
③ 梁景和:《关于社会文化史的几个概念》,《晋阳学刊》2012 年第 3 期。
④ 李长莉:《中国社会文化史研究:25 年反省与进路》,《安徽史学》2015 年第 1 期。
⑤ 左玉河:《寻求意义:深度解释与社会文化史研究的深化》,《河北学刊》2017 年第 2 期。

史的深度解释是要探寻文化因素如何以及在多大程度上影响社会进程，而非将文化视为决定性因素来解释社会的一切变化。

其次，社会文化史的深度解释应该是展现社会多元性的解释。阐释意义可以说是历史研究者的共同追求，与政治史、经济史透过政治、经济现象挖掘社会发展的内在脉络和规律不同的是，社会文化史是以社会生活为对象，是对社会生活与其内在观念形态之间互动关系的探索，社会生活的丰富，社会问题的多样以及人们观念感受的差异都应该体现在社会文化史的深度解释中。正如有学者指出的，中国改革开放带来的社会高速发展与前所未有的复杂化催生了社会文化史，而社会文化史也应使中国近代解释呈现出多元化的鲜明特征。[1]

最后，社会文化史的深度解释并不意味着"碎片"研究没有意义。为了避免受到"碎片化"的质疑，很多研究者倾向于选择具有普遍意义的大论题，从宏观整体的角度对文化内涵进行解释，宏观整体的研究自然有其重要价值，但如果没有足够的"碎片"支撑，这些研究也可能是空洞单一的，或是对已有结论的重复。社会生活的多样决定了社会文化史的意义阐释离不开对"碎片"的整合。研究者首先要做的是尽可能收集社会生活的"碎片"，然后借助理论提升和逻辑概括实现深度解释。正是从这个角度，王笛提出，"到目前为止，中国学者研究的'碎片'不是多了，而是还远远不够"[2]。

如何实现对意义的深度解释是见仁见智的问题，需要研究者在研究实践中不断摸索。左玉河提出深度解释的意义在于，它给社会文化史研究者提供了一种方法论上的指导，体现了研究者理论探索的自觉。近年来，已有不少研究者在这方面作出努力，取得了重要进展，比如刘志琴提出的礼俗互动的研究视角；梁景和对"生活方式""社会生活"概念的重新解读和"生活质量"概念的引入；黄兴涛关于"文化的社会史"与"社会的文化史"并重的倡导；李长莉就"碎片化"问题主张的"实证"与"建构"相结合的研究路径，等等。正是因为有这些理论方法的探讨才推动社会文化史研究在追寻意义的道路上走得更远。

---

[1] 陈廷湘：《中国近代史解释体系的演变》，《河北师范大学学报》2018年第5期。
[2] 王笛：《不必担忧"碎片化"》，《近代史研究》2012年第4期。

三 重视感受：社会文化史研究的拓展

社会文化史研究兴起之初，为表示与传统文化史、思想史的区别，研究者强调社会文化史是运用分析与比较的方法进行的综合性研究，是对文化现象背后精神因素的概括和总结，但这并不意味着研究者放弃了对社会生活细节和人们心灵世界的探寻。事实上，改变原有研究中条块分割、干巴枯燥的状况，还历史以血肉，为文化注入情感正是研究者在对文化史反思中形成的共识。

1993 年，葛兆光针对传统文化史研究缺少精神内核，建议开展体验的文化史研究，他认为文化史研究在"求真"的同时，也要关注人们面对大千世界时心灵深处的焦虑和困惑，只有这样才能实现今人与古人的双向沟通，进行相互理解的"潜对话"①。尽管体验文化史在当时并没有真正开展起来，但葛兆光指出了文化史未来可能出现的一种研究取向。周积明在 1998 年发表的关于文化史的反思文章中，不仅赞同葛兆光的观点，而且大声疾呼已经到了思考"体验研究"与"实证研究"辩证统一的时候了。② 作为社会文化史的开创者，刘志琴将社会文化史的兴起看作是对 20 世纪初梁启超提出的"历史饥饿"所留下空缺的填补，填补的重要内容就包括普通人日常生活中的七情六欲和所思所想。③ 2003 年，李长莉在总结社会文化史兴起十年来的成果时，认为心态史是最能体现社会文化史学科方法创新的几个类别之一。④ 可以说，在从文化史到社会文化史的探索中，研究者从一开始就将普通人的心态和感受置于视野内。只不过，对注重实证研究的中国史家来说，将研究对象的心灵世界和感受体验呈现出来是一项颇具挑战性的工作，它要求研究者突破原有的思维方式，掌握新的分析方法。因此，尽管认识到研究的广阔空间，但有分量的研究成果并不多见。

20 世纪 80 年代以后，随着后现代思潮和新文化史的兴起，西方史学

---

① 葛兆光：《文化史：在体验与实证之间》，《读书》1993 年第 9 期。
② 周积明：《中国文化史研究的反思》，《史学理论研究》1998 年第 3 期。
③ 刘志琴：《青史有待垦天荒》（代序），刘志琴主编：《近代中国社会文化变迁录》，第 3—5 页。
④ 李长莉：《社会文化史的兴起》，《天津师范大学学报》2003 年第 4 期。

研究出现了从宏大叙事到微观研究,从理性到感性的转向,并由此引起了史学观念和方法上的创新。就具体研究而言,与揭示历史现象的因果关系相比,研究者更倾向于描述现象背后人们的心态和感觉。进入21世纪,感觉史、情感史渐成西方史学界的热门议题。西方感觉史、情感史的兴起是研究者对现代化范式中理性主义思维"反叛"的结果,虽然这样的研究存在着零散、缺乏共同主题、过度想象的问题,但也确实直击了现代史学研究理性有余而感性不足的痛处,"给历史研究带来了不少新意和挑战"[①]。

在寻求本土研究突破和西方史学潮流的冲击下,国内研究者也日益表现出对普通人感受体验的重视,并尝试进行理论方法上的探索。2007年,由杨念群主编的《新史学》第一卷出版,该卷以"感觉·图像·叙事"为主题,颇有新文化史的味道。杨念群以《中国史学需要一种"感觉主义"》一文为引言,号召研究者增强对历史细节的感受能力,贴近更加鲜活的"感觉世界"[②]。杨念群"感觉主义"的提法曾引发学界争论,也受到不少质疑和批评,但他所表现出的理念创新和以同理心体会被研究者心态感受的努力对社会文化史研究不无启发意义。2014年到2016年,梁景和连续发文,将"生活质量"的概念引入到社会文化史研究中,提出从客观生活质量和主观生活质量两个方面探讨历史上群体与个体的生存状态和生活感受。[③] 为了实现对包括生活满意度和主观幸福感在内的主观生活质量的考察,梁景和在传统史学研究方法外加入了感受想象的研究方法。[④]

在进行理论方法探讨的同时,国内学者对"生活"也有了更多看法,进而带来了研究视角的转移。社会文化史研究中,社会生活一直是研究的重要内容,社会生活既包含群体的社会生活,也包含个体的社会生活。不过,在实际研究中,研究者更倾向于探讨群体的生活状态和生活方式,通过对诸如衣食住行、婚丧嫁娶、闲暇娱乐等方面的考察,分析社会生活与

---

① 王晴佳:《当代史学的"情感转向":第22届国际历史科学大会和情感史研究》,《史学理论研究》2015年第4期。
② 杨念群主编:《新史学》第1卷,中华书局2007年版,第6页。
③ 梁景和:《生活质量:社会文化史研究的新维度》,《近代史研究》2014年第4期;梁景和、武婵:《炽盛与深化——社会文化史研究的五年历程(2010—2014)》,《山西师大学报》2015年第3期;梁景和、杜峰:《生活质量:社会文化史研究的新领域》,《史学理论研究》2016年第2期。
④ 梁景和:《生活质量:社会文化史研究的新维度》,《近代史研究》2014年第4期。

其内在观念形态之间的互动关系。这样的研究虽然体现了社会文化史的特点,却也容易出现"见社会不见人"、以共性代替个性的问题。近年来,随着研究视角的下沉和中西学术交流的增多,"日常生活"开始出现在社会文化史研究中,并大有与"社会生活"并立之势。

2012 年,常建华从社会生活研究偏重社会,社会文化研究偏重文化的角度,认为生活史研究应当从"社会生活"向"日常生活"转变,日常生活应是社会文化史的基础。① 如果说常建华含蓄地指出了"社会生活"的研究局限,那么李金铮则通过对"日常生活"的界定明确了新时期的研究突破。在李金铮看来,"日常生活是人类尤其是普通民众惯常的经历和感受",研究者应重视个人的生活经历和心灵感受,实现见史见人的目标。② 这一观点也引发了学界共鸣,余新忠提出要在"具象而个性的日常生活中发现历史","从个体经验和体验出发,从具体的历史语境出发,去细细体味'日常'中的复杂、多元面貌"③。李俊领将"捕捉"当事人的感受、体验、心理与情感等信息看作日常生活研究的目标之一。④ 梁景和等在梳理学人的成果后认为,"感受"极可能是未来社会文化史在理论方法探索方面的关键词,而"感受史"则有望成为未来社会文化史研究的重要组成部分。⑤

目前,社会文化史视角下的日常生活研究尚属起步阶段,研究者对个人感受体验的探讨虽有限,却也不乏积极的尝试。如朱英通过对《秦润卿日记》的解读,展现了上海"钱业巨子"秦润卿在抗战期间忧愁、无奈又勉力支撑的心路历程;李秉奎依据两部沦陷区青年的日记,还原了沦陷区普通人的生存艰辛和内心痛楚;郑善庆借助民国知识分子留存的大量日记、文集,勾勒出抗战爆发后留守北平的知识分子犹豫、徘徊、愤懑、自

---

① 常建华:《日常生活与社会文化史——"新文化史"观照下的中国社会文化史研究》,《史学理论研究》2012 年第 1 期。
② 李金铮:《众生相:民国日常生活史研究》,《安徽史学》2015 年第 3 期。
③ 余新忠、郝晓丽:《在具象而个性的日常生活中发现历史——清代日常生活史研究述评》,《中国社会科学评价》2017 年第 2 期。
④ 李俊领:《日常生活:社会史研究的对象、视角与跨学科对话》,《徐州工程学院学报》2017 年第 5 期。
⑤ 梁景和、冯峰:《社会文化史行进的四重维度》,《河北学刊》2017 年第 2 期。

谴、谨慎、敏感的复杂心态，以及战后不被理解的苦痛，等等。① 从已有研究来看，研究者依据的多是日记、文集、书信等传统文献资料，不同之处在于，与资料记载的客观史实相比，他们更看重隐藏在字里行间的感性元素，并尝试用严谨的分析论证与合理的推测想象相结合的方式，将研究对象的内心感受呈现出来。

社会文化史研究者对普通人感受体验关注度的提升与西方史学新思潮的引入有很大关系，但这并不意味着社会文化史出现了与西方史学类似的从理性到感性的转向。事实上，在借鉴新文化史成果的同时，国内研究者也对中西学界研究取向的差异有着清醒认识，对新文化史出现的过度想象和诠释保持着警惕，这使得社会文化史的感受研究有着不同于新文化史的本土特色。

第一，社会文化史关注的"感受"不是一时的感官刺激或短暂的心灵波动，"而是一种比较稳定、比较深刻的主观体验或体会"②，它更接近于心态史或心灵史的范畴，或者可以看作心态史的延伸。研究者之所以对感受作出上述界定，在某种程度上也是为了区别于侧重描述感官体验的新文化史的感觉史。西方史学界出现的"感觉转向"和"情感转向"与后现代观念的深化和内化有直接关系。在中国学者看来，重视感官、批判理性、追求选题新颖和描述生动的新文化史"丢弃的是原来史学经世致用的部分"，这无异于一种自杀行为。③ 另外，中西文化传统的差异，也让研究者对一些新文化史的论题持谨慎态度。罗检秋就认为，"'新文化史'看重的感观史、情绪史在中国或许不如欧美重要，诸如疯癫、气味、搞笑之类的论题也未必契合中国实际"，如果缺少文化史的诠释和分析，一些看似新颖的议题"近乎猎奇求异，低级趣味"④。梁景和在谈到感受研究时也指出，无限复杂丰富的身体感受和心灵感受是由无限的因素决定的，由此可

---

① 朱英：《抗战期间一位上海商人的日常生活——基于〈秦润卿日记〉的考察》，《安徽史学》2019年第2期；李秉奎：《抗战时期沦陷区城市青年的生存与心态——以北平、上海两位青年的日记为例》，《河北学刊》2018年第6期；郑善庆：《何以自处：北平留守知识分子的心态与境遇》，《北京社会科学》2016年第4期。

② 梁景和、杜峰：《生活质量：社会文化史研究的新领域》，《史学理论研究》2016年第2期。

③ 王晴佳：《新文化史的兴起与史学的转向》，《河北学刊》2017年第2期。

④ 罗检秋：《从"新史学"到社会文化史》，《史学史研究》2011年第4期。

以引发出无限的问题来供社会文化史深入研究。① 概言之，和感受本身相比，社会文化史研究者更热衷对感受背后意义的阐释。

第二，社会文化史对感受的重视是对以往研究中忽视感性因素的纠正，是理性认识的补充而非取代。社会文化史兴起之初，研究者将研究对象确定为人类历史上的整体社会生活，追求对某一历史时期社会的整体性精神面貌作出描述和解释，② 这使社会文化史表现出抽象性、理论性和"群体研究"的特点。进入21世纪后，随着研究的深入以及新文化史研究成果的引进，社会文化史研究者意识到偏重理性认识和整体研究的欠缺和不足，于是，日常生活、生活质量、个体经历、感受体验等突出感性因素的内容逐渐受到研究者的重视。由此也可见，社会文化史研究者重视感受并不是出于对理性认识的否定和批判，而恰恰是对它的丰富和补充。

第三，社会文化史的感受研究仍是以历史学为本位，以史料为基础的实证研究。情绪、情感、感受都属于人类心灵世界的内容，一般不会在文字资料中直接留存下来。因此，无论是新文化史家还是社会文化史研究者，都不得不在传统史学研究方法外运用推测和想象来描述研究对象的感受体验。当然，这样的推测和想象都离不开对史料的把握和解读，区别在于，新文化史家把想象置于比传统史学方法更重要的位置，这也让新文化史受到想象泛滥和文学式虚构的质疑。对于如何在历史研究中加入想象的问题，国内学者有着不同的看法。最早倡导开展体验文化史研究的葛兆光并不否认想象对史学研究的意义，但他同时强调，想象要有证据，有边界，"必要的证据和大量可靠的证据，这是我们确定历史想像合理性的基础，没有证据的想像，只是幻想和瞎想，特别是它必须符合学术规范，符合学术规范的证据、逻辑加上适当的想像，才可以成立"③。在提出要重视感受研究后，社会文化史研究者也通过不断阐释史料与想象的关系表明立场。比如李金铮在主张开展对日常生活中的个体经历和感受体验的研究时指出，研究者应搜集和利用人的心态和行为的资料，以历史人所处的时代

---

① 梁景和、冯峰：《社会文化史行进的四重维度》，《河北学刊》2017年第2期。
② 李长莉：《社会文化史：历史研究的新角度》，李长莉、唐仕春主编：《社会文化史30年》，第12页。
③ 葛兆光：《大胆想像终究还得小心求证——关于文史研究的学术规范》，《文汇报》2003年3月9日。

考量他们的所思所想和需要解决的问题，而非以当代人的想象来判断哪些是最重要的。①梁景和等在将感受史视作社会文化史研究方向的同时也再三提醒研究者，"唯一的凭借是史料，决不能空穴来风，凭空设想"，"虽然历史研究可以运用一种想象的方法，但这种想象是有根有据的推测和设想，千万不可任其性情，否则就会背离史学，误入歧途"②。换句话说，尽管研究者需要借助一定的推测和想象来呈现研究对象的心灵世界，但求真求实仍是其最终目标。

重视感受，关注人的心灵世界已成为新时期社会文化史拓展的重要方向，这其中既有国际史学潮流的推动，也是本土研究的客观要求，更多源自研究者对中国社会现代化转型中各种问题的反思。正因如此，社会文化史的感受研究始终强调问题意识和史学规范，并不是对新文化史"感觉转向"或"情感转向"的简单效仿或盲从。由于刚刚起步，社会文化史的感受研究也存在着诸多不足，如还没有代表性的典范之作；对于怎样运用感受的视角解读史料，尚缺乏理论或学理的探索；学界也还缺少对感受史和心态史、心理史异同的分析阐释，等等，这些都需要研究者进一步深入思考和总结。

当然，社会文化史的拓展并不只在感受研究方面，也表现在论题、视野、方法、时段等多个维度。就论题而言，目前研究者探讨的问题早已超出此前设定的范围，扩大到社会语言、社会记忆、公共空间、节庆仪式、身体文化、阅读文化等领域，并随着研究者对文化理解的深入和对社会问题的关注，不断有新的论题补充进来，使研究保持蓬勃之势。在警惕"碎片化"的过程中，社会文化史家逐渐强化了联系观点和整体思维，这让他们在深入日常生活的同时，并未忽视对影响中国历史进程的重大问题的思考。近年来，将政治史、革命史的热点问题置于社会文化史视野下重新检视渐成风气，反映了社会文化史视野的延伸和影响力的扩大。论题的丰富往往伴随着方法的创新，而方法的创新又会为研究带来新的生长点，比如有研究者用话语分析法考察近代以来新名词概念在中国的传播，用符号象征法探寻节庆仪式的演变，用感受想象法分析不同人群的生活质量，其中

---

① 李金铮：《众生相：民国日常生活史研究》，《安徽史学》2015年第3期。
② 梁景和、冯峰：《社会文化史行进的四重维度》，《河北学刊》2017年第2期。

不乏有影响的成果。可以说,方法的创新正成为社会文化史的灵感和力量来源。至于时段方面,主要体现在研究时段的贯通和后延。对于这一拓展趋势,李长莉指出,"相对于政治的断裂性,社会文化则更具连续性,因而,一些研究近代社会文化史的学者,沿着近代以来社会文化变迁的轨迹而延伸到了1949年后的当代阶段"[①]。目前来看,改革开放以来民众的情感体验、生活质量、价值观念的变化似乎正引起越来越多研究者的兴趣。

综上,社会文化史已走过30年的发展历程,从对社会文化的探讨,到深度解释的提出,再到对普通人感受体验的重视,研究者在不断的自内反思和自外借鉴中积蓄力量。在史学研究日趋全球化的今天,社会文化史研究者更需保持反思和借鉴的精神,坚守求真求实的史家职责,从中国本土研究的实际出发,加强学科间的交融,选择性地吸收和借鉴外来成果,继续推动社会文化史研究的深化和拓展。

(原载《史学理论研究》2020年第6期)

[①] 李长莉:《中国社会文化史研究:25年反省与进路》,《安徽史学》2015年第1期。

关于概念史研究的几点思考

方维规

(北京师范大学文学院)

  1990年代是德国概念史开始走向世界之时，尤其是以科塞雷克（Reinhart Koselleck, 1923—2006）为代表的史学概念史播撒四方，引起很大反响。对科塞雷克的国际接受极大地推动了概念史的国际化。概念史代表作之一八卷本《历史基本概念——德国政治/社会语言历史辞典》（1972—1997）[1] 的研究模式能否在德国之外经受检验并得到运用，是（史学）经典概念史国际化的一个重要参数。概念史研究在诸多国际平台和国别项目的强劲势头，基本上都以科氏研究方法为坐标。

  世界上各种概念史实践，不只满足于移植德国的概念史范式，而是审慎地借鉴德国方法，新的思考也在不断渗入概念史追求，并从不同研究视角提出新的问题，概念史还在逐渐适应不同地域的语境。中国学界刚开始关注概念史之时，就有学者提出这一研究方法在中国的可行性问题。而我以为，尽管"橘逾淮而为枳"[2] 不可避免，但概念史探求是有意义的。迄今的不少研究成果，已能让人看到概念史方法在中国的孕育力。关键是要使之适应中国水土，让逾淮之橘生长出甘美之枳。

  近年来，概念史方法在中国学界越来越受到相关学者的关注，对具体概念的实证研究也取得了可喜的成就。尽管如此，不少人似乎对概念史的

---

[1] *Geschichtliche Grundbegriffe, Historisches Lexikon zur politisch - sozialen Sprache in Deutschland*, 8 Bde, hrsg. von Otto Brunner, Werner Conze, Reinhart Koselleck, Klett - Cotta, 1972 - 1997.

[2] 参见贺照田《橘逾淮而为枳？——警惕把概念史研究引入中国近代史》，《中华读书报》2008年9月3日。

基本追求还只停留于概念；对于存在的问题，也不甚了了。因此，对不少方法论疑难问题的思考越来越显示出其迫切性，另有诸多概念史理论问题也有待进一步思考。本文仅从三个方面做一些简要论述。

一 概念史与看似精确的量化分析

有一种莫大的误会，想当然地把概念史化约为文字工作，以为在科技发达的今天，概念史可依托于数据库的数据统计，从新名词或关键词在某个历史时期的出现频率来判断概念的产生、发展和流行程度，由此辨别其重要性。这种做法看似精确，但很容易引发诟病和非难，把它同计量史学相勾连。毋庸置疑，借助数据库检索，极大地方便了资料的披览，能够快捷地获取相关数据，极大地提高了研究效率。然而，这只是研究工作的第一步，即材料的收集，与从前做卡片没有质的区别。换言之，数据库只是辅助工具，尽管它的效用大大超越了卡片功能，但也不是"非我莫能为也"。

在历史语义学领域，依靠电脑的技术支持和统计方法，早已见于法国圣克劳高师的"政治词汇实验室"[①] 所发展的"词语统计学"，即借助电脑来对"18世纪与法国大革命"的政治词汇进行量化研究。在汉语历史语义学领域，金观涛、刘青峰自1997年着手创建的"中国近现代思想史专业数据库（1830—1930）"具有开创意义，他们后来在中国台湾政治大学"中国近现代思想及文学史专业数据库，1830—1930"的基础上，持续开展数字人文学探索，即追求人文研究与数字方法（词汇检索和分布统计）的结合。应该说，随着电脑技术的不断发展和日益改进的统计方法，数据库的能量已经今非昔比，其搜索和处理资料的优势也使实证研究颇为受益。然而，若以为仅依托于庞大数据库就能从事历史语义学研究，那只能是幻想。中心概念的设定和对概念架构及概念网络的探索，特别是对数据的解析，绝非电脑本身能够处理的，分析和提炼才是重中之重。冯天瑜的《"封建"考论》（2006）和黄兴涛的《重塑中华：近代中国"中华民

---

① Laboratoire de Lexicométrie et de Textes Politiques de l'Ecole Normale Supérieure de Saint‐Cloud.

族"观念研究》(2017),在这方面可谓深得要领。

  计量史学之缺陷是显而易见的,即过度依赖电脑,企图通过计量资料来发现和验证历史,以显示客观性和精确性,仿佛电脑之外无他物。然而在人文科学中,仅堆积数据,将历史现象简化为具体指标,往往反而不客观、不可信,这就可能招致方法论上的质疑。若将概念史与计量法混为一谈,倚重词语的使用频次,罗列诸多图表,分析走势的曲线,很可能发现不了历史"真相",甚至会把人引入歧途,得出似是而非的结论。殊不知一个概念或关键词的重要性或关键发展,常常不在于频繁使用,而是取决于被论辩、被争夺的强度,或在某个历史时期和关键时刻的多义性和争议性,或在观察和解释社会、政治状况时的不可或缺。① 而当这个概念已经"家喻户晓",人云亦云,也就是达到走势图中的峰值时,只能表明其传播的深度和广度,却很可能已经失去锐气,无须多加思索,在很大程度上也已失去对概念史有用的认识价值。概念史关注的是一个(重要)概念的生成、常态或者非连续性、断裂和变化,关注变化的转折点、衔接点、关节点,而这些都是计量分析无法胜任的。很多历史现象,尤其是对人的心理和思想的研究,单靠计量是无能为力的,精神现象很难用数量来概括。要发现数据背后的深层含义及其多层次关联,不仅要披沙拣金,更需要历时和共时的宏观视野。

  我们应该看到,不少同概念史有关的问题尚未说清,一些关键点始终没有得到条分缕析。新近国际学界的方法论探讨,很少在根本上改变早已有之的观点。一直存在争议的问题,首先涉及概念史的研究对象(概念、含义、词语、术语),究竟何为词语和概念的关系?这个问题远比我们想象的要复杂得多。为了确认概念、对立概念、相近概念、平行概念等,只要抓住主要词语就已足够?② 尽管某个词语因其汇聚了政治和社会语义的关联成分和语义关联从而成为概念,但是一个概念可能(在历史发展中)有多种表达亦即不同用词,并且"含义即用法"(维特根斯坦),这就不

---

① Reinhart Koselleck, "A Response to Comments on die Geschichtliche Grundbegriffe", *Hartmut Lehmann and Melvin Richter, The Meaning of Historical Tenors and Concepts. New Studies on Begriffsgeschichte*, Occasional Paper No. 15, German Historical Institute, Washington D. C. , 1996, pp. 59 – 70.
② 参见方维规《概念史八论:一门显学的理论与实践及其争议与影响》,《东亚观念史集刊》第 4 期(2014 年)。

是单纯的统计数据和图表能够解决的问题。以现代汉语中对应西方相关概念的"民主""经济"为例,曾有"不计其数"的理解、译词和用法。

在概念史理论思考中,另有一些问题也至关紧要:何为确立语言和事物之间关系的前提条件?语言在多大程度上介入事物的塑形?如何在语言和概念介质中挖掘历史?概念史研究对象与隐喻和话语的关系又是什么?围绕《历史基本概念》而展开的一些方法论讨论,无疑比这套辞书中的条目更具启发性,可是科塞雷克晚年还是称之为纯粹的方法论争辩之沙丘,说他自己的研究受到"理论枷锁"的制约。[1] 显然,概念史理论与实践的关系还不很明晰,不少概念史研究是实证研究,没有或几乎没有涉及其理论前提。有人认为,概念史的理论短板并没有改变的必要,理论缺陷甚至是其强项。注重实证的概念史并不需要出彩的纲领,而是踏实的考证。另有人以德国的哲学概念史[13卷《哲学历史辞典》(1971—2007)[2]]为例,说它并未依托于特定的概念理论和方法,主要是在实践中摸索着找到了自己。还有一种主张是,不要恪守一种方法,而是汇总不同的方法实践。可是倡导多元方法,在某种程度上也意味着放弃专门的概念史方法论思考。

二 概念史与新文化史

概念史在得到国际认可的同时,也在很大程度上受到文化研究转向的影响。新近的不少研究表明,文化研究对概念史兴趣浓厚,而其研究对象和方法亦能反作用于概念史。有人甚至不无夸张地认为,文化研究视角在一定程度上挪移了概念史的整个考察层面:从科学转向知识,从审美转向艺术品,从理论转向实践和技艺,从词语转向其他媒介。换言之,晚近的文化研究不仅在方法论层面,也在研究对象上改变了概念史研究。文化研究重点关注的是,究竟如何理解语言与非语言、物质与含义、物与词之间

---

[1] Reinhart Koselleck, "Hinweise auf die temporalen Strukturen begriffsgeschichtlichen Wandels", in *Begriffsgeschichte, Diskursgeschichte, Metapherngeschichte*, hrsg. von Hans Erich Bdeker, Wallstein, 2002, S. 31.

[2] *Historisches Wrterbuch der Philosophie*, 13 Bde, hrsg. von Joachim Ritter, Karlfried Gründer, Gottfried Gabriel, Schwabe, 1971–2007.

的界线。① 文化研究的发展还能让人看到,文化史与思想史(intellectual history)之间的界线越来越模糊,或曰"两者之间的边界越来越相互跨越"②。这种杂糅在新近的研究中颇为突出,尤其是当代不少思想史研究亦关注具有文化意义的物质现象。

与传统史学或老式"新史学"的研究取向相比,新文化史注重查考历史中的文化因素和文化层面;研究对象和研究领域从以往偏重政治、经济、社会或军事等,转换到社会文化范畴。新文化史强调人的身份、意识和心态等,而不是社会结构、社会组织、社会权力、经济基础等。以新文化史为标志的文化转向,是一种全方位的史学风气的转变。具体可以理解为三重转变:第一,在西方史学主流中,出现了从社会史向新文化史的转向;第二,在文化史学内部,发生了从传统文化史向新文化史的转向;第三,在史学其他分支领域中,也表现出由轻视文化向重视文化、采取文化分析的转向。

虽然文化研究亦寻求社会视角与文化视角的融通,但摆脱了传统思想史的德国概念史,以结构史为基础,注重对具体历史和社会语境中语言运用的钩稽,这在研究重心上与新文化史有着明显区别。不过,若考察文化史在英美的发展,人们可以发现思想史与文化史的对接努力,两个研究方向的代表人物都很强调语言亦即概念研究的重要性,这在观念史领域的学者那里尤为突出。例如格拉夫敦(Anthony Grafton)在其综述《观念史杂志》的历史以及新的发展方向的文章中,最后也论及概念史(科塞雷克)研究取径。③ 伯克的《什么是文化史》,④ 虽然只字未提概念史,但是间或也能看出概念史旨趣,例如他在描述概念意涵的国际传输、接受和变化时所论及的翻译作为文化史的方法。⑤

---

① Ernst Müller, "Einleitung: Bemerkungen zu einer Begriffsgeschichte aus kulturwissenschaftlicher Perspektive", in *Begriffsgeschichte im Umbruch?* (*Archiv für Begriffsgeschichte*, Sonderheft), hrsg. von E. Müller, Meiner, 2005, S. 12 – 13.

② [英]彼得·伯克:《什么是文化史》,蔡玉辉译,杨豫校,北京大学出版社2009年版,第154页。

③ Anthony Grafton, "The History of Ideas: Precept and Practice, 1950 – 2000 and Beyond", *Journal of the History of Ideas*, Vol. 67, No. 1 (Jan., 2006), pp. 1 – 32.

④ Peter Burke, *What Is Cultural History?*, Polity Press, 2004.

⑤ [英]彼得·伯克:《什么是文化史》,第155—156页。

对概念史研究具有重要意义的是关于资料来源、数据提取方法以及历史研究之理论前提的各种讨论。对概念史具体实践的一个常见批评,也是针对资料来源的选取和使用。此时,批评常会指向研究所依托的文献不够周全、未查考不应被忽略的史料和视角,而且批评还会来自不同的知识背景。其实,这类批评中外都一样,就连科塞雷克亦即《历史基本概念》也未能幸免。应该说,这类批评往往是有建设性意义的,能够让人看到已有研究的不足之处和改进可能性。尤其对新文化史来说,已有概念史研究很可能成为其非议对象。总的说来,新文化史家更注重大众心态、传播、接受和通俗史料,这些自然也是概念史本当顾及的历史之维。然而,不同的研究或研究取向,有其特定的问题意识、学术旨趣和追求。例如年鉴学派热衷于日常生活史,书写社会史及文化史更是年鉴学派第三代史家的希求,这就必然有其重点关注的史料。面面俱到是许多人的追求,却是概念史迄今未能解决的问题。原因很多,其中之一便是史料不可悉数,即便一个研究团队也可能望洋兴叹,只能有的放矢。尽管史料永远是史学之本,且多多益善,但大包大揽还不是当下能够做到的,或许也很难驾驭,能够或应当做到的是对能够说明问题的史料的合理使用和精当解读。此时最不可取的是因噎废食。

仅从新文化史的视角出发,以往不少概念史研究在很大程度上注重精英文化和经典文本,未能放下身段看民众的做法是无法忍受的。但问题是,概念史能轻而易举地与文化史融合吗?连带出的另一个问题是:能否完全站在文化史的立场上判断概念史的得失?我的回答是否定的,且以新文化史的重量级人物福柯为例。他热衷于人类学和社会学主题与方法,喜于关注各种非传统、非经典的话题与关系,并重新定义史学边界:注目于看似无联系之物之间的联系。显然,福柯走的不是德国经典概念史那条路,评判的标准亦当有别。

若从1980年代算起,新文化史已经走过40年岁月。尽管新文化史的成就不容置疑,但它正在逐渐式微,已有学者看到明日黄花,呼吁"超越文化转向"。这有其实际原因:晚近的文化研究对"语言论转向"进行泛化和极端化处理,强调所有文化之表征形式的认识论意义。[1] 新文化史所

---

[1] Ernst Müller, Falko Schmieder, *Begriffsgeschichte und historische Semantik. Ein kritisches Kompendium*, Suhrkamp, 2016, S. 628.

暴露出的问题，主要体现在两个方面：其一，过分夸大文化因素，许多研究给人留下唯文化论的印象，大大忽略了社会、政治、经济等因素；其二，滥用"文化"概念，即所谓"一切皆文化"。可是，若无福柯那样的哲学素养、视野和眼光，不少文化研究过于琐碎，说得严重点是鸡零狗碎：葡萄酒的文化史、① 巧克力的文化史、② 教室的文化史、③ 时装的文化史、④ 口红的文化史，⑤ 还有那些未必谁都敢于启齿的文化史，而且不厌其烦。⑥ 毫无疑问，对于文化史来说，这些著作自有其价值；但对讲究关键概念或基本概念的概念史来说，包罗万象的新文化史却是难以承载之重。

进入21世纪以后，源自德国的"概念史"这一跨学科研究方向又一次重整旗鼓，见之于人文科学的不少领域。倡导概念史的所有尝试，都旨在为失去后劲的文化研究寻找出路。各种尝试的共同点是，探求概念史在新的理论语境中的适用性和实用性。⑦ 面对强势不再但余威尚存的新文化史，这里的一个核心问题是，人文科学的文化研究改建，是否和如何对历史语义学范畴和方法产生影响，并在多大程度上关乎概念史的跨学科性质。

三　概念的翻译难题

概念史虽在理论问题上还存在不少分歧，却依然如此富有魅力。我们或许可以说，概念史基础理论尚未解决的问题，可在实际研究中继续探究。研究者可根据具体材料，尽量贴切地考证具体历史语境中语言与世界

---

① John Varriano, *Wine*: *A Cultural History*, Reaktion Books, 2011.
② Maricel E. Presilla, *The New Taste of Chocolate*, *A Cultural & Natural History of Cacao with Recipes*, Ten Speed Press, 2001.
③ Sjaak Braster, Ian Grosvenor and Maria del Mar del Pozo Andrés, eds., *The Black Box of Schooling*: *A Cultural History of the Classroom*, Peter Lang, 2011.
④ Bonnie English, *A Cultural History of Fashion in the 20th and 21st Centuries*: *From the Catwalk to the Sidewalk*, Bloomsbury, 2013.
⑤ Meg Cohen and Karen Kozlowski, *Read My Lips*: *A Cultural History of Lipstick*, Chronicle Books, 1998.
⑥ 参见 Eve Ensler, *The Vagina Monologues*, Virago, 2001; Naomi Wolf, *Vagina*: *A New Biography*, Virago, 2012; Emma L. E. Rees, *The Vagina*: *A Literary and Cultural History*, Bloomsbury, 2013。
⑦ 参见方维规《"鞍型期"与概念史——兼论东亚转型期概念研究》，《东亚观念史集刊》第1期（2011年）。

的关系。厘清历史的认识价值，自然亦可成为具体研究的任务，甚或是从事相关研究的重要动因。或许正是放弃寻觅通用的理论，抛开具体研究之可能的概念史理论依据，才使研究展示出勃勃生机。人们得以悉心辨析材料、推究事源，发现和解决问题。不是偏要将具体研究与哪个宏大理论相勾连，更无必要服从后现代理论，尽管后现代对"宏大叙事"的批判功不可没。

纵使后现代、后殖民理论不断批判欧洲中心主义，就连时代分期也是西方设定的（现代、后现代等），但从历史上来看，西方是现代发展的起点，在全球史考察中，似乎也只能以西方概念为出发点。换言之，虽说欧洲概念基于欧洲经验，但只要还没有其他与之抗衡的概念体系形成普世性，我们就不得不以欧洲概念为基准。当然，不能把欧洲概念看作唯一标准，也不排除欧洲之外的经验和概念。一方面是概念史的国际化，一方面是历史形成的各种语言差异和特征，二者之间的张力是无法回避的。与不同的语言打交道，势必面对不同的政治和文化差异。

伴随着概念史的国际化，以及跨国或全球视野的拓展，一种现象愈发明显：在思想与概念的国际传输中，不少概念在被译为其他语言时，时常找不到完全对应的概念词语，双语词典中的译词只不过是大致符合。汉译西文是很典型的事例，即使新造词语也很难真正胜任。关于跨文化误解和"不可译性"（untranslatability）问题，国际学界已经争论了很长时间。为了进一步说明"不可译性"及其后果，我想暂且避开中西天差地远的传统知识文化体系与迥然不同的语言结构之间的翻译困难，选择一个不难理解的事例，即同一文化圈中的翻译问题来做例证。

直到19世纪，欧洲不同疆域中的多语种文化现象是常态，源于一种外语（如拉丁语、法语）的"外来词"，常会以模糊的词义进入本土语言，这在近代早期的许多文献资料中很常见。吸纳外来语词，极可能出现语义偏移或一知半解的现象。外来词起初那种言之不详的含义，自然会带来多种用法。比如一个外来词的贬义内涵，可能会改变本土语言中某个相近词语的意思，进而引发原先未有的语义分辨。一个很能说明问题的例子是德语中的法语词"bourgeois"（资产者，富有市侩），该词最迟在马克思使用之后的贬义内涵，使德语词"Bürger"（市民，公民，中产者）获得了不带主客观色彩的褒义蕴涵。又如马丁·路德用德语词"Bund"（同盟）翻译《圣经·旧约》词语"berith"，使得原先的世俗概念"Bund"获得了宗教色彩，这一隐含意义进入19世纪之后还相当明显。①

博尔赫斯曾有名言：辞典的编纂显然基于一种还未被证实的假设，认为世界上的各种语言是由相互对应的同义词组成的。②应该说，这种假设并不令人信服。在不同语言中，真正对应的同义词其实只是很小一部分。再以欧洲为例：欧洲国家有着大体相似的文化和语言源流，但各种语言的固有特色，亦即不对应之处，常使译者大伤脑筋。例如英、法、德之"环境"概念"environment""milieu""Umwelt"，并不能简单对应，它们各有不同的政治意涵。又如"启蒙（运动）"或"自由主义"等一直被看作表示欧洲共同经验和价值观的概念，其实在欧洲语言之间很难完整对译，或只为了标准化才翻译的。看似相同的概念背后，是不同社会各自特有的经验和期待。欧洲疆域内的语言互译况且如此，世界上诸多语言之间的翻译难度可想而知。我们知道，19世纪末20世纪初，东亚汉字文化圈内的概念传输中也有类似状况，即字形相同的概念，含义未必相同或完全吻合。

按照帕洛嫩的说法，"翻译"概念对科塞雷克概念史方法具有中心意义，且有不同意义指向：过去的词义与现在语言运用之间的中介；事物史的概念体现；文本的深度挖掘和阐释；不同语言之间的翻译。③照此理解，翻译就不再只是文本概念，而是宽泛地表示物质和文化的含义表述。全球视野中的历史语义学是复杂的、跨地域的考析，要求学者具有优异的语言和文化感受力及判别力。此外，对于西方范畴的翻译，绝非纯粹的学术问题，往往带有政治倾向，这就会有含义流失和新增意涵。在聚焦于交往过程、知识传输和翻译之时，这样的考证亦能钩稽各种关系和交流中微妙的等级关系和先入之见。

倘若比较不同的语言共同体，探讨其相互间的翻译活动，那么，语言运用、概念形成和"事物史"之间的关系就更为复杂了。因此有学者认

---

① Reinhart Koselleck, "Hinweise auf die temporalen Strukturen begriffsgeschichtlichen Wandels", in *Begriffsgeschichte, Diskursgeschichte, Metapherngeschichte*, hrsg. von Hans Erich Bdeker, Wallstein, 2002, S. 43 – 44.

② Jorge Luis Borges, "Translation", *Twenty – four Conversations with Borges : Interviews by Roberto Alifano 1981 – 1983*, Lascaux Publishers, 1984, p. 51.

③ Kari Palonen, *Die Entzauberung der Begriffe. Das Umschreiben der politischen Begriffe bei Quentin Skinner und Reinhart Koselleck*, LIT, 2004, S. 241 – 244, 330 – 332.

为，与其预设和比较对应概念的相似性，毋宁探索对应的历史经验与社会状况，查考不同语言是如何把相应的经验、问题和期待转变为概念的。① 而在概念史之国际化过程中出现的挑战，无疑是史学研究中最有意义的研究课题之一。②

（原载《史学理论研究》2020 年第 2 期）

---

① Margrit Pernau, "Gab es eine indische Zivilgesellschaft im 19. Jahrhundert? Überlegungen zum Verhltnis von Globalgeschichte und historischer Semantik", in *Traverse* 3 (2007), S. 51–66.
② Willibald Steinmetz, "Vierzig Jahre Begriffsgeschichte – The State of the Art", in *Sprache-Kognition-Kultur. Sprache zwischen mentaler Struktur und kultureller Prgung*, hrsg. von Heidrun Kmper und Ludwig M. Eichinger, Walter de Gruyter, 2008, S. 177–178.

70 年来中国史学史研究的进展

陈其泰　张　峰

（北京师范大学历史学院　西北大学历史学院）

自 20 世纪 20 年代梁启超提出"史学史"，中国史学史学科至今已走过了近百年的历程。民国时期，中国史学史的研究尚属草创阶段，1949 年中华人民共和国成立之后，中国史学史学科才获得了全面发展。此时，唯物史观成为学术研究的指导思想，一大批史学工作者自觉运用马克思主义的理论、方法研究中国史学的遗产，不仅在中国史学史领域结出了累累硕果、提升了这门学科的科学化水平，而且壮大了学术共同体、开启了中国史学史研究的新时代。

一　发展历程

从中华人民共和国成立至今，中国史学史已走过了 70 年的历程，宛如一条流淌不息的长河，有缓有急，从而使得这 70 年的中国史学史研究呈现出阶段性特点。

（一）"十七年"：探索与奠基阶段

新中国成立后的十七年，是中国史学史学科的探索与奠基阶段。这一时期，中国史学史在课程设置、学科理论建设、史家史著研究、学术刊物创办等方面，都比民国时期有了很大的发展。20 世纪 50 年代的教学改革已将史学史列为高校历史系的选修课，但课程的设置始终受到教材的限制。1961 年，在教育部召开的文科教材会议上，周扬同志明确提出了编写中国史学史教材的要求。此次会议之后，广大史学工作者在唯物史观的指导下，就中国史学史研究的对象、范畴、任务、目的、内容、分期、意义等关涉学科建设的基础理论，以及中国史学史教材编写的原则和方法展开了广泛而热烈的讨论。中国史学史在20世纪八九十年代获得迅速发展，在一定程度上得益于这一时期学界对史学史学科理论的探讨。

与此同时，也有不少学者侧重从实践层面推动中国史学史学科的发展，对司马迁与《史记》、班固与《汉书》、刘知幾与《史通》、杜佑与《通典》、司马光与《资治通鉴》、章学诚与《文史通义》等名家名著，都有较为集中的探讨。此外，白寿彝开始摸索中国史学史教材的编纂，并于1964年内部印行了《中国史学史教本》上册；刘节也于此时编写了《中国史学史讲稿》。值得一提的是，白寿彝于1961年创办了《中国史学史参考资料》，刊发学界关于中国史学史问题的讨论、研究与资料，成为史学史研究者共享学术信息的家园。

"文化大革命"十年，中国史学史研究虽然基本处于停滞状态，但是二十四史除了"前四史"已在"十七年"间出版之外，其他二十部正史均是在这一时期整理完成并出版的。这为改革开放之后中国史学史研究的深入开展，提供了资料上的基础。

（二）1978—1999：开拓奋进阶段

改革开放到世纪之交，是中国史学史学科的开拓奋进阶段。这首先表现在白寿彝、吴泽、尹达、杨翼骧等老一辈学者开始招收、培养中国史学史方向的硕士生、博士生，扩大了史学史研究的队伍与规模。其次，北京师范大学成立了史学研究所，华东师范大学成立了中国史学研究所，中国社会科学院成立了史学史研究室。这些机构后来成为史学史研究的重要平台。再次，《中国史学史参考资料》于1979年复刊，易名为《史学史资料》，1981年又更名为《史学史研究》，并公开向国内外发行，为中国史学史研究者提供了论文发表、学术交流的平台，推动了学科的深入发展。最后，1985年3月，白寿彝召集全国各地40多位史学史研究者在北京师范大学举行史学史座谈会。会议"总结了成绩和存在的问题"，"展望了史学工作、尤其是史学史工作的广阔前景"，同时，与会学者还建议成立

"全国史学史研究会"和编纂一套《史学史丛书》。① 因此,这次会议具有总结过去、展望未来,凝聚全国史学史研究力量,开展大型史学史研究课题的意义。

当然,衡量和反映这一时期中国史学史发展水平的主要在于中国史学史论著的撰述。这20年间,共出版中国史学史论著数十种,按其性质可以分为四类。一是通史性中国史学史专著,如刘节的《中国史学史稿》(1982年)、尹达的《中国史学发展史》(1985年)和瞿林东的《中国史学史纲》(1999年)等论著。二是理论性中国史学史专著,以白寿彝的《中国史学史》第一册(1986年)最具典型。三是学科拓展性中国史学史论著,侧重从新的视角拓展中国史学史研究的路径。四是文集性中国史学史论著。如陈光崇的《中国史学史论丛》(1984年)、白寿彝的《中国史学史论集》(1999年)等论著,兼具理论的高度和史料的厚度,至今仍具有重要的参考价值。

(三) 2000—2019:蓬勃发展阶段

进入21世纪以来,中国史学史研究百花齐放,进入一个蓬勃发展的黄金时期。2000年,白寿彝主编的《中国史学史教本》出版。这部面向21世纪的教材,扭转了过去高校历史系缺乏中国史学史权威教材的局面,对于完善高校课程体系、培养史学史人才具有积极意义。同年,在北京师范大学成立的史学理论与史学史研究中心,被教育部批准为全国普通高等学校人文社会科学重点研究基地。中心创办的《史学理论与史学史学刊》,为中国史学史学人研究成果的发表又开辟了新园地。尤其是,以中心为平台,每年召开一次学术研讨会,会议主题往往结合学科发展而拟定,具有鲜明的时代性,如史学比较、史学批评、历史教育、历史知识的社会化、中外史学交流、中国少数民族史学、史学遗产与民族精神等,反映了史学史研究的多元趋势。同时,史学史研讨会还发挥了联系国内外学人、聚拢研究力量的作用。

这一时期,中国史学史研究的进展,主要体现在多卷本中国史学史的编纂方面。白寿彝主编的《中国史学史》(2006年)、谢保成主编的《中

---

① 凌晨:《史学史座谈会纪事》,《史学史研究》1985年第2期。

国史学史》（2006 年）、杜维运撰述的《中国史学史》（2010 年）和谢保成独撰的《增订中国史学史》（2016 年）等多卷本中国史学史的出版，突破了原有专著对中国史学粗线条的勾勒，折射出中国史学史研究的逐步深入与细化，标志着学科体系已趋于成熟。

二　理论探索对学科发展的有力推进

学科的发展有赖于理论的支撑，中国史学史亦不例外。新中国成立之后，史学史研究者大多熟练地掌握了马克思主义基本理论，能在这一科学理论指导下从事新的理论探索，进而为中国史学史学科的发展不断增加活力和推动力。

（一）中国史学史研究的任务和范围

中国史学史研究的任务和范围，是中国史学史学科最核心的范畴，因此对于它的理论探讨，一直是学界关心的议题。白寿彝在《谈史学遗产》（1961 年）和《中国史学史研究任务的商榷》（1964 年）两篇文章中，已经谈到中国史学史研究的任务与范围。到 20 世纪 80 年代，白寿彝又进一步丰富了原有的观点，提出"史学的任务是研究人类社会发展过程及其规律。它的范围可以包括历史理论、史料学、编撰学和历史文学"；而中国史学史除了研究"中国史学发展的过程及其规律"之外，还应该研究"中国史学本身的发展，中国史学在发展中跟其他学科的关系，中国史学在发展中所反映的时代特点，以及中国史学的各种成果在社会上的影响"①。朱维铮认为，中国史学史的研究结构应包括历史编纂学史、历史观念史和中外史学交流与比较三个交叉重叠的系统。② 他在前人研究的基础上，又增加了"中外史学交流与比较"的内容，使得中国史学史研究的任务与范围臻于完善。学界关于中国史学史研究任务和范围的探讨，摆脱了民国时期"要籍解题"式的研究模式，对之后中国史学史研究的路径产生了深远影响。

---

① 白寿彝：《中国史学史》第 1 册，上海人民出版社 1986 年版，第 11、29 页。
② 朱维铮：《史学史三题》，《复旦学报》2004 年第 3 期。

（二）中国古代历史理论研究

将历史理论作为史学史研究的范畴加以探讨，始于白寿彝。之后，瞿林东从理论与实践的双重维度对中国古代历史理论与史学理论进行了考察，他认为中国有历史理论和史学理论之分，历史理论"是人们在研究宏观历史过程中积累和概括出来的理论，如历史发展的阶段性、规律性、统一性，历史发展的趋向，以及对重大历史现象和众多历史人物的评价的原则与方法，等等"；史学理论"是人们在研究史家、史书、史学思潮、史学流派等史学活动和史学现象过程中积累和概括出来的理论，如史学的目的、史家的修养、史书的编著、史学发展的阶段性和规律性、史学在社会实践中的作用，等等"①。概念的界定有助于厘清中国古代历史理论研究的对象，这对于促进中国古代历史理论研究的繁荣至关重要。

（三）从文化视角研究史学

近代以来各个学科门类的出现和明确划分，促进了各门科学趋于精密和系统化。但伴随而来的缺点是过分强调学科之间的界限，削弱了学科之间本身固有的联系，限制了人们的视野。20世纪80年代以来兴起的文化史研究，恰恰注重对社会生活、时代思潮、民族心理、文化价值相互间的联系开展宏观的整体性考察。受此启发，陈其泰首次提出"从文化视角研究史学"的理念和方法，主张对史学和文化双向考察：一方面，结合各个时代的文化走向、社会思潮、价值观念，考察历代优秀史著如何跳动着时代的脉搏，具有什么样的宝贵价值；另一方面，通过对一个时期史学著作的研究和分析，又丰富了对传统文化的总体认识。陈其泰认为，这种"整体性考察"的思路，突破了就史学论史学的局限，正好弥补以往我们史学史研究的不足。②视角的转换，使他对于中国史学史上名家名著的探讨，均能结合社会思潮、文化走向、价值观念、民族心理与优秀史著的内在价值提出较有系统的新看法。

---

① 瞿林东：《史学理论与历史理论》，《史学理论》1987年第1期。
② 陈其泰：《史学与中国文化传统》，华夏出版社2018年版，第4页。

(四) 近现代史学思潮与流派研究

为了深化中国史学史研究的内涵，20 世纪 80 年代以来，一些学者试图运用"思潮"与"流派"的理论方法统摄近现代史学的研究。胡逢祥、张文建的《中国近代史学思潮与流派》界定了"学术思潮"与"学术流派"的概念，认为"学术思潮为一定时期社会上带有普遍性的治学倾向"；学术流派"即某一学科的研究者中，因相同的学术志趣或师承关系而自然形成的具有独特治学观点、方法、风格的学术群体"。学术思潮与流派"两者既有联系又有区别。一定的学术思潮往往会派生出相应的学术流派，流派的发展，有时也会形成为学术思潮"①。胡逢祥等人 2019 年出版的《中国近现代史学思潮与流派（1840—1949）》继承了之前的观点，又因研究时限的延长，进一步拓展了现代史学思潮与流派的研究内容及范围。②学术界对近现代史学思潮与流派的理论探讨，旨在突破原有以史家、史著为基点的研究模式，采用一种全局的视野考察近现代中国史学的发展，进而做出符合学术发展实际情况的研究。

(五) 正确评价"十七年"史学问题

对于新中国成立后的史学，学术界存在这样一种认识：新中国成立后前 30 年"基本上是'泛政治化史学'时期，以农民战争研究为代表的研究体系使中国史学完全政治化"③。这种观点完全抹杀了"十七年史学"的成就。陈其泰对此提出商榷，认为十七年史学具有三大品格：一是坚持以唯物史观基本原理与中国实际相结合的正确方向；二是在历史文献大型工程的整理上，体现了史学工作者的科学精神和奉献精神；三是当错误倾向袭来的时候，正是坚持唯物史观指导的史学家，抵制了教条化错误的倾向，并捍卫了历史学的科学性和尊严。④ 之后，陈其泰又从通史、断代史、

---

① 参见胡逢祥、张文建《中国近代史学思潮与流派》，华东师范大学出版社 1991 年版，第 14、15、16 页。
② 参见胡逢祥等《中国近现代史学思潮与流派（1840—1949）》，商务印书馆 2019 年版，第 14—21 页。
③ 《展望新世纪中国史学发展趋势》，《光明日报》2001 年 10 月 2 日。
④ 陈其泰：《建国后十七年史学"完全政治化"说商榷》，《学术研究》2001 年第 12 期。

专史研究的成就,对重大历史问题认识的推进,整理出版大型历史文献的巨大成绩,学科建设取得的显著进展等四个方面对新中国成立后十七年的史学成就进行了实事求是的理论评价。①

(六) 创造性地阐释传统史学的精华

中国传统史学之发达,举世公认。习近平总书记强调:"要把跨越时空、超越国度、富有永恒魅力、具有当代价值的文化精神弘扬起来。"② 陈其泰认为,站在当今时代高度,史学工作者应该自觉地以唯物史观为指导,对中国传统文化进行创造性的阐释。例如,《史记》这部古代史学名著,如从历史编纂学这一视角对其杰出成就进行重新审视,就能够得出具有中西学理融通意义的新概括。司马迁继承了先秦编年体史书体裁年代线索清晰、叙事简洁的优点,克服了其记载范围不够广阔、一事前后隔越数卷的缺点,而创立了"五体"结合的纪传体体裁,容量广阔,诸体配合。在内容上,贯彻了"通古今之变"的指导思想,从五帝时代一直写到汉武帝。本纪是全书的纲领,记载政治、经济、军事等各项大事,其余各篇表、书、世家、列传都围绕本纪展开,作为对本纪的补充。各个部分互有分工,而又有机结合,使全书成为一个整体,因而被后代史家称为著史之"极则"③。以此为视角,对于《尚书》《国语》《汉书》《史通》《文史通义》等史学名著,均能做出新的探索。

三 贯通研究与断代研究相结合

对中国史学从整体发展的脉络进行贯通性研究和从局部层面进行深入细腻的考察,是长期以来人们从事中国史学史研究的两种范式。

自朱杰勤的《中国古代史学史》(1980年)出版之后,贯通性的中国史学史著作犹如雨后春笋地涌现出来,刘节的《中国史学史稿》、尹达的《中国史学发展史》、白寿彝的《中国史学史》第一册、瞿林东的《中国

---

① 参见陈其泰《中国现代史学发展史上的重要篇章——正确评价建国后十七年史学成就》,《北京行政学院学报》2012年第1期。
② 《建设社会主义文化强国着力提高国家文化软实力》,《人民日报》2014年1月1日。
③ 陈其泰:《唯物史观与创造性阐释传统学术精华》,《中国史研究》2018年第2期。

第三篇 中国史学理论研究的新进展

史学史纲》等论著，书写的时间跨度贯通整个古代，或延续至今，反映了作者研究中国史学史的视野和自成体系的认知。2006年，白寿彝主编的六卷本《中国史学史》和谢保成主编的三卷本《中国史学史》同时出版。前者秉持了白寿彝《中国史学史》第一册的撰写理念，同时又尽力吸收学界的新成果，反映了当时中国史学史研究的最高水平。后者延续了尹达编纂《中国史学发展史》的思想，只是弱化了按照社会性质划分中国史学史阶段的做法，代之以时代的演进为书写脉络。2010年，杜维运的三卷本《中国史学史》出版。此书最大的特色在于"以浩瀚广阔的眼光，用比较史学的观点，将中国史学与西方史学相比较，而置中国史学于世界史学之林"[1]。2016年，谢保成又撰成三卷四册的《增订中国史学史》，"采取按时间跨度和史书系列相结合的框架，叙史家、史书、史学、史法演进、修史制度等基本内容，分析发展演变趋势，贯通前后，直至20世纪中期"[2]。除此之外，乔治忠的《中国史学史》（2010年）、谢贵安的《中国史学史》（2012年）、瞿林东主编教材《中国史学史》（2019年），也各具特色，反映了贯通性中国史学史研究的最新进展。

中国断代史学史的研究，近些年来成为一些学者专攻的领域，颇受学界重视。从现有的成果来看，每一朝代的史学都有专著论述，作者所考察的范围和关注的领域，较之通史性中国史学史又有所拓展。这方面的代表作有：戴晋新《先秦史学史稿》（2000年）、许殿才《秦汉史学研究》（2012年）、胡宝国《汉唐间史学的发展》（2003年）、逯耀东《魏晋史学及其他》（1998年）、谢保成《隋唐五代史学》（1995年）、瞿林东《唐代史学论稿》（1989年）、燕永成《南宋史学研究》（2007年）、罗炳良《南宋史学史》（2008年）、周少川《元代史学思想研究》（2001年）、钱茂伟《明代史学的历程》（2003年）、杨艳秋《明代史学探研》（2005年）、傅玉璋等《明清史学史》（2003年）等。这些断代史学史论著，是作者长期深耕某一时期史学的结果，其中不乏真知灼见，有些研究模式对于撰著贯通性中国史学史亦不无启发。从整体而言，这些成果虽然关注的时代不同，但是却可将先秦至清代时期的史学串联起来，形成中国断代史学史研究的系列。

---

[1] 杜维运：《中国史学史》，商务印书馆2010年版，第2页。
[2] 谢保成：《增订中国史学史》，商务印书馆2016年版，第7页。

四 研究领域的拓展

20世纪80年代,随着中国史学史研究的逐步开展与深化,白寿彝提出要对中国史学中的历史理论、史料学、历史编纂学、历史文学进行研究,同时"写某一方面的专著,如史学思想史、历史文献学史、史料学史、史书体制流变史之类"[1]。这里提出的一些研究方向,后来大多被史学界拓展为中国史学史研究的新领域,甚至构建成为史学史的分支学科。

(一) 古代历史理论与史学理论

瞿林东长期从事中国古代历史理论与史学理论研究,先后发表了《中国古代史学理论发展大势》(1992年)和《中国古代历史理论发展大势》(2011年)两篇专文,对中国古代史学理论与历史理论研究做出了阶段性的划分,同时对每一阶段的特点予以了评析。1998年,他的《史学志》一书从历史理论与史学理论两个维度出发,讨论了中国史学上的天人关系、古今之变、"成败兴坏之理"、关于多民族国家之历史认识、英雄与时事等历史理论问题;阐发了历史意识与史学意识、古代史学理论的基本范畴、史学的社会功能、史学批评的标准和方法论等史学理论问题。[2] 值得关注的是,2011年,瞿林东主编的三卷本《中国古代历史理论》出版。在该书的"导论"中,作者首次系统地论述了中国古代历史理论的研究对象、范围、特点和发展大势,奠定了中国古代历史理论分支学科的基础。

(二) 史学思想史

吴怀祺侧重从史学思想史的视角研究中国史学史。1992年,他出版了《宋代史学思想史》一书。在这部断代史学思想史中,作者对史学思想史的概念与研究对象、研究方法进行了解读,认为史学思想史既要"考察史学思想和哲学思潮的关系",又要"考察史学思想的渊源流变";从事史学思想史的研究,则需要"研究史学思想各个部分之间的辩证关系",同时

---

[1] 白寿彝:《中国史学史》第1册,第194页。
[2] 参见瞿林东《史学志》,上海人民出版社1998年版,第187—363页。

"要结合有关的著作研究"[①]。以宋代的史学思想史为切入点,作者又将研究的视域拓展到整个中国史学,于1996年出版了《中国史学思想史》。继此之后,吴怀祺组织学者对中国史学思想进行贯通性与专题性研究,先后于2005年和2012年出版了十卷本的《中国史学思想通史》和六卷本的《中国史学思想通论》;时隔六年,他将这两部论著合刊再版,形成16卷本的《中国史学思想会通》,构建了较为完整的中国史学思想研究体系。

(三) 经史关系研究

"六经"是中国传统文化的源头,在封建社会中长期成为政治指导思想和学术指导思想,因此,重视考察各个时代的经史关系,是深化史学史研究的路径之一。1997年,陈其泰出版了《清代公羊学》,将经学史的内容纳入史学史的考察视野。与此同时,吴怀祺对《周易》与中国史学发展的关系做出了探讨,于2004年出版了《易学与史学》一书。作者把易学与史学关联起来考察,目的"不是以史证易","而是想以易解史学,通过易学与史学关系的研究,说明中国古代史学发展的独特的路径"[②]。汪高鑫的《中国史学思想通史·经史关系论卷》(2011年)和《中国经史关系史》(2017年)两部专著,论说经史的联结,梳理经史关系的变动,解析经史的因缘关系,推进了经史关系研究的新发展。

(四) 史学批评史

中国古代"史学的进步、发展,或隐或显,总伴随着史学批评"[③]。瞿林东从1991年1月起,开始在《文史知识》发表有关中国古代史学批评史的学术论文,并于1994年推出《中国古代史学批评纵横》一书。该书的出版,引起了学术界对史学批评范畴、性质、作用、学术标准、方法等问题的深度讨论,强化了对史学批评内涵的认识。此后,白云的《中国古代史学批评史论纲》(2010年)和刘开军的《晚清史学批评研究》(2017年)分别从贯通与断代两种视野论述中国史学批评史,深化了对于中国史学史的研究。

---

① 参见吴怀祺《宋代史学思想史》,黄山书社1992年版,第23—27页。
② 吴怀祺:《易学与史学》,中国书店出版社2004年版,第2页。
③ 瞿林东:《中国古代史学批评纵横》,中华书局1994年版,第133页。

（五）历史编纂学史

与西方史学相比，历史编纂是中国史学最为优长和最具特色之所在。陈其泰从20世纪80年代便致力于中国历史编纂学史的研究，发表了大量与此相关的论文，并于2011年结集出版《历史编纂与民族精神》一书。作者在该书中，对构建中国历史编纂学学科体系、发掘杰出史家的编纂思想对于推进史学史研究的意义、古代设馆修史的功过得失、历史编纂的理论自觉等宏观问题，以及近三百年"新综合体"的探索、20世纪史学民族风格成就举要等重要个案，均进行了极具深度的论述。2018年，作者主编出版了五卷本《中国历史编纂学史》。全书240余万字，是第一部中国历史编纂学通史著作，上起先秦时期，下迄20世纪末，系统论述了中国历史编纂学的发展道路和内在规律；彻底摆脱以往把历史编纂视为单纯技术性问题的看法，和孤立对待、只从表层着眼的路数，因而该书构建的中国历史编纂学话语体系，裨益于推动中国学术走向世界。①

（六）官方史学研究

官方史学与私家史学是中国传统史学的两大干流。长期以来，学术界对官方史学关注较少。刘节较早注意到了官方史学的价值，在《中国史学史稿》（1982年）中用大量篇幅介绍不同时期的史官制度、史馆制度和官修史书的成就。1991年，杨翼骧与叶振华发表《唐末以前官修史书要录》一文，对唐末之前的官修史书进行了研究。1993年，乔治忠的《清朝官方史学研究》出版，成为首部断代官方史学研究的系统之作。继此之后，他又出版了《中国官方史学与私家史学》（2008年）、《清代官方史学与私家史学相互关系研究》（2016年）、《增编清朝官方史学之研究》（2018年）等论著。陈其泰于2003年发表了《中国古代设馆修史功过得失略论》、《设馆修史与中华文化的传承》等文章，在对官方史学弊病检讨的同时，对其取得的成就予以了充分肯定。谢贵安长期专注于实录研究，先于2007年出版了《中国实录体史学研究》一书，后于2013年出版了对宋、明、清各朝实录及已佚实录的研究论著。其他，如岳纯之的《唐代官方史学研

---

① 陈其泰主编：《中国历史编纂学史》，国家图书馆出版社2018年版，第2—4页。

究》（2003年）、王盛恩的《宋代官方史学研究》（2008年）、王记录的《清代史馆与清代政治》（2009年）、杨永康的《明代官方修史与朝廷政治》（2015年）、刘永祥的《民国时期国史馆的变迁》（2015年）等论著的出版，对于促进官方史学研究的繁荣、丰富中国传统史学研究的内涵，均具有重要意义。

五 近现代史学史研究方兴未艾

在新中国成立之前，对近现代史学史的研究极为薄弱。新中国成立后，尤其是20世纪80年代以来，中国近现代史学史除了个案研究层出不穷外，整体研究方兴未艾，呈现出三大趋势。

一是贯通研究备受关注。对近现代以来中国史学发展的趋势、成就、规律开展综合性、贯通性考察，始终是学界关注的课题。在此方面，白寿彝的《谈谈近代中国的史学》（1983年）、吴泽主编的《中国近代史学史》（1989年）、陈其泰的《中国近代史学的历程》（1994年）、蒋俊的《中国史学近代化进程》（1995年）、林甘泉的《二十世纪的中国历史学》（1996年）、瞿林东主编的《20世纪中国史学发展分析》（2009年）、王学典和陈峰合撰的《二十世纪中国历史学》（2009年）、瞿林东的《20世纪中国史学散论》（2010年）等论著，关注近现代以来社会发展与时代变革在史学领域的投影，进而从宏观上梳理史学演变的脉络与发展的特点。

二是专题研究形式多样。为了推进中国近现代史学研究的深入，不少学者侧重从近现代史学的某一个方面切入，进而深化对近现代史学的认识。例如俞旦初的《爱国主义与中国近代史学》（1996年）、张广智主编的《20世纪中外史学交流》（2007年）、李孝迁的《西方史学在中国的传播（1882—1949）》（2007年）和《域外史学与中国现代史学》（2014年），注重从中外史学交流的视角探讨近现代中国史学的复杂景象；又如陈以爱的《中国现代学术研究机构的兴起》（2002年）、刘龙心的《学术与制度》（2007年）、尚小明的《北大史学系早期发展史研究（1899—1937）》（2010年）等论著，着重从学术研究机构、学术制度和高校等视角解析中国近现代史学发展的新动向。这些研究，开辟了新的学术增长点，促进了中国近现代史学史研究不断推陈出新。

三是断代研究自成体系。选择中国近现代史上某一特殊时期，综论其史学成就、考镜其史学流变，是新中国成立后史学工作者研究中国近现代史学史的又一倾向。如王学典的《二十世纪后半期史学主潮》（1996 年）、张剑平的《新中国史学五十年》（2003 年）、田亮的《抗战时期史学研究》（2005 年）、张越的《新旧中西之间——五四时期的中国史学》（2007 年）、谢保成的《民国史学述论稿（1912—1949 年）》（2011 年）等论著，对近现代某一时期的史学做出了颇具新意的纵深研究。如果将这些系列著作合而观之，则构成展现 20 世纪中国史学发展的巨幅画卷。

六 资料建设和研究方法的创新

资料建设是学科发展的保障，新中国成立 70 年来，史学界在中国史学史的资料建设方面取得了丰硕成果。1980 年，吴泽、袁英光等选取了新中国成立后的 48 篇中国史学史论文，编成两册《中国史学史论集》（1980 年）予以出版。杨翼骧耗时多年编成的《中国史学史资料编年》（1987—1999 年），将先秦至元明时期的史家、史著、史学活动等重要史学事迹按年编入，兼具史料性与学术性，成为史学史研究者的必读之书。其后，乔治忠与朱洪斌一方面对杨书进行修订、增补，另一方面又续编了清代卷，并将此四册合而刊之，名为《增订中国史学史资料编年》（2013 年）。龚书铎、瞿林东主编的《中华大典·历史典·史学理论与史学史分典》（2007 年）共分三册，600 余万字，内容上起先秦、下迄清末，涵括"历史理论总部""史学理论总部"和"史学史总部"三大部分，是新中国成立后中国史学史资料建设的又一重大工程。其他，如吴泽、杨翼骧主编的《中国历史大辞典·史学史卷》（1983 年），陈光崇主编的《中国史学史论文、著作索引》（1983 年），杨翼骧审定、乔治忠和姜胜利编著的《中国史学史研究述要》（1996 年），张越编的《史学史读本》（2006 年），乔治忠主编的《中国史学史经典精读》（2014 年），王学典主编的《20 世纪中国史学资料编年》（2014 年），王东、李孝迁主编的《中国近代史学文献丛刊》（12 种 14 册，2018 年）等资料性论著，都为中国史学史学科的建设打下了坚实的基础。

关于中国史学史研究的方法，学术界在坚持唯物史观指导的前提下，试图采用多元视角对中国史学发展的历程予以审视,尤其是20世纪80年代以来,不少学者引介外国年鉴学派、新文化史、接受史学、传播史学、后现代主义等理论与方法,为中国史学史研究注入了新鲜的血液。同时,随着现代科技的发展,学术网站检索系统与史料数据库的建设,正在潜移默化地改变着人们研究史学史的方式;中国史学史呈现的跨学科研究趋势,在为史学史研究带来新的发展机遇的同时,也对中国史学史研究者的素养提出了很大的挑战。

(原载《史学理论研究》2019年第4期)

第四篇

近代史家及其史学思想

"以考古经世"：唯物史观与历史语言研究所时期夏鼐的考古学研究[*]

刘春强

（聊城大学马克思主义学院）

夏鼐（1910—1985年）是中国近代考古学的奠基人之一，为新中国考古事业的发展做出了突出贡献。胡乔木评价夏鼐是"当代中国考古学人才的主要培育者、考古工作的主要指导者和考古学严谨学风的主要缔造者"[①]。唯物史观是夏鼐考古学研究和工作的指导思想。王仲殊、王世民、姜波等学者指出，新中国成立后夏鼐努力运用唯物史观指导考古学；[②] 高翔将夏鼐与郭沫若、胡绳、侯外庐、范文澜等历史学家称为"宣传和运用唯物史观研究历史、服务现实的马克思主义史学大家"[③]。学界对夏鼐运用唯物史观研究历史的认识，多依据新中国成立后的史实。事实上，夏鼐运用唯物史观研究历史，是其民国时期长期学术研究的延续和发展。此一问

---

[*] 本文是聊城大学科研基金项目"青年夏鼐的学术思想转变研究"（项目编号：321021902）的阶段性成果。

[①] 胡乔木：《痛悼卓越的考古学家夏鼐同志》，《人民日报》1985年6月30日。

[②] 参考王仲殊《夏鼐先生传略》（《夏鼐文集》第1册，社会科学文献出版社2017年版），王仲殊、王世民《夏鼐先生的治学之路》（《夏鼐文集》第1册），姜波《夏鼐先生的学术思想》（《华夏考古》2003年第1期）等论著。

[③] 高翔：《新时代史学研究要有更大作为》，《人民日报》2019年11月4日。

第四篇　近代史家及其史学思想

题学界以往虽有关注，仍有尚待开掘的空间，① 具有较高的学术和思想价值。

中央研究院历史语言研究所时期，是夏鼐考古学思想形成时期（1934—1949年），② 这一时期他的考古学研究为新中国成立后建构马克思主义考古学体系奠定了基础，在其学术思想发展中具有关键地位。本文依托《夏鼐日记》和夏鼐的中英文论著等为主要史料，以史语所时期夏鼐的考古学研究为研究对象，以唯物史观的运用为线索，探究唯物史观在夏鼐经世思想转变中的地位、夏鼐对考古学文化的传播和发展的贡献以及其如何运用唯物史观进行考古学研究等问题，一方面可以助益对夏鼐学术思想的认识，另一方面有助于深化马克思主义中国考古学体系建构的历史考察。

一　从"剖析当前的社会"到"以考古经世"：唯物史观与夏鼐的思想转变

夏鼐出生于一个温州商人家庭，时代变迁、家庭环境及地域文化，孕育了其经世致用之思想。③ 夏鼐曾立志以学术报国的方式，从事"剖析当

---

① 关于夏鼐学术思想研究的成果较多，其中关于民国时期夏鼐治学风格的代表成果有王世民的《傅斯年与夏鼐》（布占祥、马亮宽编：《傅斯年与中国文化："傅斯年与中国文化"国际学术研讨会论文集》，天津古籍出版社2006年版）、汤惠生的《夏鼐、苏秉琦考古学不同取向辨析》（《中国社会科学》2017年第6期）、尹媛萍的《从〈夏鼐日记〉看夏鼐与蒋廷黻的一段学术因缘》（《清华大学学报》2013年第5期）、宋广波的《从〈日记〉看夏鼐的学术人生》（《中国文化》2011年第2期）等。学界从唯物史观角度对史语所时期夏鼐的研究则较为薄弱，其中王世民是学界最早使用未曾出版的《夏鼐日记》的学者，他在《傅斯年与夏鼐》一文中注意到夏鼐早年学习马克思主义学说，然未系统探究。另外，陈星灿《紧跟世界学术潮流的夏鼐先生》（《中国文物报》2011年8月5日）一文提及夏鼐与柴尔德的学术传承问题，但未深入探讨。受王、陈两位学者的启发，笔者在《承续永嘉精神：夏鼐早年治学的心路历程及其学术风格》（《史学月刊》2020年第2期）一文中对北平求学时期夏鼐治学唯物史观面相有所阐述，但未探讨唯物史观与夏鼐考古学研究的关系。

② 民国时期，夏鼐的考古学习、研究大体经历了三个阶段共计15年，即通过留学考试后在史语所实习（1934年10月到1935年7月）、留学英国伦敦大学（从1935年10月到1941年1月）、中央博物院和历史语言研究所时期（1940—1949年）。15年间，夏鼐的考古学习、工作皆与史语所有紧密的关系，因此这段时期统称为"历史语言研究所时期"，以下简称"史语所时期"。

③ 刘春强：《承续永嘉精神：夏鼐早年治学的心路历程及其学术风格》，《史学月刊》2020年第2期。

前的社会"的"十字街头"事业,①实现"干一番事业"的雄心壮志。②夏鼐在燕京大学、清华大学求学时期,正是中国社会史论战进行得如火如荼之时,马克思主义学说成为夏鼐学术研究的指导思想。

从1930年到1934年留学出国前,《夏鼐日记》所显示的阅读书目、期刊近280种,其中社会科学类,尤其关于社会主义性质的书籍占了很大比例。夏鼐曾阅读过马克思、恩格斯、考茨基、拉斯基、列宁等的著作,比如马克思、恩格斯的《共产党宣言》、马克思的《资本论》、恩格斯的《家庭、私有制和国家的起源》、拉斯基的《共产主义论》、列宁的《帝国主义》、斯大林的《列宁主义》等。③

唯物史观形塑了夏鼐的学术立场、政治思想以及研究路径。第一,唯物史观培养了夏鼐的学术立场。夏鼐的日记记录了大量学术评论,彰显了他的唯物立场。在批评张东荪的学说时,夏鼐言:"张东荪的唯心论哲学,自然以唯物论的立场去批评为最宜,这立场一站稳,批评自易见出色。"④他还认为潘光旦在"支配阶级还是封建式的地主"的中国提倡西方资本主义社会的优生学,是在"维护旧有的门阀制","保守性质更是显著",可谓"新时代的怪物"⑤。夏鼐关于潘光旦及其优生学的定性可以再讨论,但他自觉运用阶级观点分析社会现象和学说的方法则反映了他对马克思主义学说的积极态度。

第二,马克思主义的社会革命观念影响了夏鼐的政治思想。在中国社会史论战背景下,夏鼐批判了奥本海末尔的"外来民族征服说",坚定地认为中国社会具有内在演变和自我革新能力,甚至"革命仍是这突变所未可免的手段"⑥。夏鼐认为,国民政府已经腐朽不堪,成为"社会前进的障碍物",挽救中国的方式只有"社会革命"⑦。

---

① 《夏鼐日记》卷1,1934年10月4日,华东师范大学出版社2011年版,第265页。
② 夏鼐:《论永嘉学派》,《夏鼐文集》第5册,第5页。据《夏鼐文集》编者,此文写作于夏鼐高中部毕业前夕,未曾发表,文集第一次公布了此史料。
③ 《夏鼐日记》卷1,第19—425页。
④ 《夏鼐日记》卷1,1931年7月31日,第63页。
⑤ 《夏鼐日记》卷1,1931年1月17日,第25页。夏鼐评价潘光旦学说的日记还可参见《夏鼐日记》卷1,1931年5月7日、5月8日,第411、46页。
⑥ 夏鼐:《奥本海末尔的历史哲学》(1933年),《夏鼐文集》第5册,第111—112页。
⑦ 《夏鼐日记》卷1,1931年9月1日,第69页。

第四篇　近代史家及其史学思想

第三，唯物史观建构了夏鼐中国近代史研究的社会史路径。受唯物史观史学影响，①夏鼐认为，考据一统天下的局面是史学界"嗜古成癖"的畸形发展，中国近代史研究才是中国史学发展的未来方向，并以此实现自己的学术抱负。②考据史学的史料考证固然重要，但"考据并不是史学最终的目的"③，史学研究要体现系统性。④夏鼐认为，真正的历史研究一定要以历史哲学为灵魂。⑤那么，研究历史应该具备什么样的历史哲学呢？夏鼐认为唯物史观在阐释社会内部演变问题上具有较强的解释力。⑥在中国近代史研究中，夏鼐逐渐形成了以唯物史观贯通历史研究的学术范式，并运用社会史研究路径完成了本科毕业论文《太平天国前后长江各省之田赋问题》，为其"洞察当前的社会"奠定了学术基础。在该文中，夏鼐揭示出清朝国家与社会已经形成一种腐败联盟，"粮吏，长官，地绅，三位一体，结合成一个利害相同的大同盟，来压榨农民的血汗"⑦。他的研究进而呈现了官、吏、绅、大户、自耕农等阶层的利益纠葛图景，论证了清政府田赋改革的社会史发展趋势，得出田赋改革推动了经济的恢复和发展之结论。⑧该研究揭示了危机时期"官民互动—政治改革—经济恢复和发展"的传递机制，将马克思主义的反作用分析方法通过社会史研究具体化。

1934年，夏鼐通过庚款留学考试，从此踏上了考古学研究道路。唯物史观通过什么路径指导考古研究以实现其经世的目的、"考古何以经世"是夏鼐不得不考虑的重要问题。在史语所实习时期，夏鼐在与李济、傅斯年、梁思永及史语所学人交往中获得了重要信息，比如史语所对柴尔德"考古学文化"学说的重视，这些信息给予夏鼐以唯物史观研究考古学的路径启示。1930年代，史语所的工作重心虽在论证中国文化的龙山文化源头，⑨但还没有解决仰韶文化的来源问题。关于中国文化的起源问题，李

---

① 张越在学界相关研究基础上将马克思主义史学与唯物史观史学区分开，在研究对象范围上后者包括前者。参见张越《20世纪中国史学中的唯物史观史学》，《史学理论研究》2015年第1期。
② 夏鼐：《中国近代史研究的资料·译者附言》（1933年），《夏鼐文集》第5册，第187页。
③ 夏鼐：《编后》，《清华周刊》1933年第39卷第3期。
④ 《夏鼐日记》卷1，1932年1月7日，第91—92页。
⑤ 《夏鼐日记》卷1，1933年7月27日，第183页。
⑥ 夏鼐：《奥本海末尔的历史哲学》，第111—112页。
⑦ 夏鼐：《太平天国前后长江各省之田赋问题》（1935年），《夏鼐文集》第5册，第267页。
⑧ 夏鼐：《太平天国前后长江各省之田赋问题》（1935年），第317—320页。
⑨ 《夏鼐日记》卷1，1935年2月7日，第292页。

"以考古经世"：唯物史观与历史语言研究所时期夏鼐的考古学研究

济曾告诉夏鼐说：中国考古学研究的目的是要"以全人类的观点来观察中国古代文化在世界中的位置"①。要确立中国文化在世界上的位置，需要熟悉世界各地考古学研究，并且还要掌握人类学、民族学、语言学等社会科学理论，以与诸文明进行比较、综合研究。事实上，史语所考古组除了梁思永是考古学科班出身，其他学人并不能熟练掌握世界考古学发展动态和考古学方法，其中比较考古学则为中国急需的方法论。②

当夏鼐选择出国留学方向时，李济、梁思永根据史语所的学术规划曾希望他先打下人类学的理论功底，并建议赴爱丁堡大学随柴尔德学习。通过学习西方考古学方法，以"有利于将来返国后作比较研究"③。李济、梁思永建议夏鼐师从柴尔德学习考古学文化，确实给了夏鼐一个学术路径的启示。20世纪二三十年代，柴尔德通过比较各史前人类文明，以马克思主义为指导研究考古学文化，推动了世界考古学新的转向，在国际学界产生了广泛、深刻的影响。考察夏鼐的日记，经由李济、梁思永的建议，夏鼐第一次接触到柴尔德的考古学思想并系统阅读了柴尔德已出版的著作，如《青铜时代》《欧洲文明的曙光》《史前时代的多瑙河》《远古的东方》等著作。此后，夏鼐一生都在关注、学习柴尔德的考古学思想，并以柴尔德发展的考古学文化指导中国的考古学研究。

史语所实习时期，夏鼐关于考古学研究现状的把握主要通过读书，而阅读书目也主要从史语所借出，《夏鼐日记》记录了他从李济处借书及在史语所读书的一些片断。④ 可以说，史语所购入了柴尔德已出版的几乎所有著作，史语所学人不仅李济、梁思永注重柴尔德的考古学方法，而且傅斯年也曾借鉴柴尔德的考古学文化研究方法。在《中国上古史与考古学》手稿中，傅斯年使用柴尔德的"都市革命说"概念以研究殷墟文化，他认为后者为"大都市文化之完满结合体"⑤。

由上可见，史语所考古组对于未来中国考古学发展方向有一个基本规

---

① 《夏鼐日记》卷1，1935年1月4日，第285页。
② 李济：《〈城子崖发掘报告〉序》（1934年），张光直主编：《李济文集》卷2，上海人民出版社2016年版，第207页。
③ 《夏鼐日记》卷1，1935年3月15日，第301页。
④ 《夏鼐日记》卷1，1935年1月4日、2月7日、3月9日，第285、292、298页。
⑤ 傅斯年：《中国上古史与考古学》，"中研院"史语所藏"傅斯年档案"，1—807。

划，即要汲取社会科学理论进行比较、综合的方法。傅斯年对夏鼐中国社会经济史研究的积极评价，暗示了其并没有否定唯物史观史学的学术价值。因此，夏鼐后来能够进入史语所，与史语所的这一学术规划有很大关系。

夏鼐认为，从"洞察当前的社会"到"以考古经世"，自己的思想经历了"生命史"上的第一次转折。① 此后，夏鼐将考古学研究作为自己的终生事业，并通过考古学研究为中国文明复兴提供知识支撑，以实现经世致用的学术初心。初心的坚守，既体现在传承经世思想，也表现在新史学路径的延续和发展。柴尔德的"考古学文化"，则为夏鼐开拓以唯物史观指导考古学研究的学术路径提供了样板示范。

二 内外因的主辅相合：考古学文化与夏鼐考古学思想的唯物基础

夏鼐以唯物史观为指导的治学风格，形成于中国近代史研究时期，发展于考古学研究时期。虽然史语所实习时期，夏鼐洞察了以唯物史观指导考古学的价值，但还未形成考古学的这一研究路径。留学英国时期，在欧洲考古学的语境中，柴尔德为欧洲"考古学文化"的代表人物，注重运用唯物史观指导考古学，对夏鼐考古学思想的形成起了示范指导的作用。

柴尔德的"考古学文化"学说，代表了世界考古学发展新方向。自留学英国之后，夏鼐时刻关注柴尔德的研究动态，以把握世界考古学的发展趋势。1935年，柴尔德赴苏联学习马克思主义考古学，发展了"考古学文化"，在学术界引起了强烈反响。同年，夏鼐也选修俄语，② 以关注苏联考古学的现状。夏鼐还曾于1938年10月10日，到英国皇家学会听柴尔德的讲演"印度与西方"③。在博士学位论文写作期间，夏鼐写信给柴尔德教授请教，询问关于串珠研究的学术建议。④ 另外，夏鼐的日记记录了大量对

---

① 《夏鼐日记》卷1，1934年9月26日，第263页。
② 《夏鼐日记》卷4，1950年2月12日，第286页；夏鼐：《陈请梅贻琦校长准予延长留学年限的信函》（1936年4月11日），《夏鼐文集》第4册，第442页。
③ 《夏鼐日记》卷2，1938年10月10日，第229页。
④ 《夏鼐日记》卷2，1938年11月10日，第232页。

柴尔德的高度评价。他写道:"Man［《人类》］及 JRAI［《皇家人类学会通报》］中批评 Childe: New Light of the Most Ancient East［柴尔德:《远古东方新探》］,摘录于书眉。此书颇佳,今日开始阅读。"① 夏鼐对柴尔德通过组织考古学资料进行综合研究的能力称赞有加。② 为了考察柴尔德综合研究的科学性,夏鼐还以考古实物验证柴尔德的论断和思想。③ 由此可见,夏鼐非常欣赏柴尔德的考古学研究,积极吸收其"考古学文化"学说。直到新中国成立后,夏鼐仍然继续关注柴尔德的思想发展。

柴尔德早年投身社会主义运动,进入考古学领域后运用唯物史观从事学术研究,"将考古学文化作为史前人群活动的证据而加以综合性的全面陈述,将大量考古资料转变为大家易于理解的内容和历史过程,并运用唯物主义观点对史前文化的发展过程提出一种尝试性的解释"④。"考古学文化",是柴尔德运用马克思主义理论研究考古学的重要成果,《欧洲文明的曙光》集中表达了这一思想。英国考古学家丹尼尔（Glyn Daniel）认为,柴尔德的《欧洲文明的曙光》"给史前考古学的发展建立了一个新的起点"⑤,从此之后,"考古学文化成为所有欧洲考古学家的一个研究工具"⑥。《欧洲文明的曙光》一书并没有清晰定义何谓"考古学文化",而重在使用这一概念来组织和诠释考古资料。在《史前期的多瑙河》一书中,柴尔德为判断"考古学文化"制定了一个标准,他认为,"考古学文化"要通过"总是反复共生的某些遗存的类型——陶器、工具、装饰品、葬俗、房屋式样"来判断。⑦ 在考古学文化研究中,柴尔德将生产力的重要因素——技术变革置于当时的社会、政治背景下考察,注重史前社会的聚落形态和葬俗研究,以重建生产这些遗迹的社会,体现了考古学思想的唯物史观面相。他还试图概括所能推断的每个主要文化的生活方式,尽可

---

① 《夏鼐日记》卷2,1936年5月1日,第37页。
② 《夏鼐日记》卷2,1936年5月5日,第38页。
③ 《夏鼐日记》卷2,1936年5月6日、1936年6月25日,第38、50页。
④ 陈淳:《为史前考古学带来一场变革的杰出论著——柴尔德经典代表作补读》,《南方文物》2008年第3期,第23页。
⑤ ［英］格林·丹尼尔:《考古学一百五十年》,董其煦译,文物出版社1987年版,第242页。
⑥ ［加］布鲁斯·G. 特里格:《考古学思想史》,陈淳译,中国人民大学出版社2010年版,第187页。
⑦ V. Gordon Childe, *The Danube in Prehistory*, Oxford University Press, 1929, pp. v – vi.

能涵盖经济、社会、政治结构和宗教信仰。"考古学文化"因此扬弃了地质学色彩的考古学,建构了欧洲史前文化的复杂镶嵌图。在《史前期的多瑙河》中,他绘制了一幅详细表格,展示了多瑙河流域所有已知考古学上史前文化的时空分布。①

受"考古学文化"学说的影响,夏鼐认为考古学研究的重心在于揭示人类文化的整体面貌。在《考古学方法论》一文中,夏鼐认为"分布图"是考古学研究的重要工具,特别强调"分布图"在"审定古物遗迹之时代前后程序"上的重要地位。他说:"此种分布图,不但可以窥见某一文化之分布区域,且有时亦有获知其内涵之各文化元素,孰为土著,孰为外来。"②"考古学文化"因注重文化的地域差异,成为夏鼐考古学研究的重要思想。新中国成立后,随着考古发掘大规模展开,中国各地域文化特色逐渐呈现出来,如何给考古遗迹命名成为一个问题。1959年,夏鼐在《关于考古学上文化的定名问题》一文中借鉴了柴尔德的"考古学文化"概念,专门提出"考古学上文化的定名问题"以引起考古学界的讨论。夏鼐说:"像英国的进步的考古学家柴尔德所说的:一种文化必须是有一群具有明确的特征的类型品。这些类型品是经常地、独有地共同伴出。"③正如后来研究者所观察,夏鼐考古学思想中明显具有柴尔德的"影子"④。

柴尔德"考古学文化"思想的形成得益于传播说理论在人类学、考古学领域的发展。⑤然而,传播说理论也对考古学研究产生了负面影响,导致了泛传播论思想的流行。泛传播论为埃利奥特·史密斯(Elliot Smith)开创,由其门徒佩里(Willian James Perry)等人继续发展起来,被称为埃及中心泛传播论学派。该派把欧洲和其他地方的所有文化都看作埃及的"太阳之子"在寻找造物主时带到世界各地去的。⑥对于史密斯的《文化传播》之弊病,夏鼐在日记中说:"氏为主张 diffusion theory [传播论]之极有力分子,但其理论,似仍难使人折服,文化之传播为一事实,但是否

---

① V. Gordon Childe, The Danube in Prehistory, p. 7.
② 夏鼐:《考古学方法论》(1941年),《夏鼐文集》第1册,第47页。
③ 夏鼐:《关于考古学上文化的定名问题》(1959年),《夏鼐文集》第2册,第162页。
④ 陈星灿:《紧跟世界学术潮流的夏鼐先生》,《中国文物报》2011年8月5日。
⑤ [英]格林·丹尼尔:《考古学一百五十年》,第244页。
⑥ [英]格林·丹尼尔:《考古学一百五十年》,第243页。

"以考古经世"：唯物史观与历史语言研究所时期夏鼐的考古学研究

人类文明完全发源于埃及，殊成问题，而传播之所及，是否远及美洲亦殊不可必，但此书仍不失为佳著。"① 夏鼐看到了传播说能够揭示人类文化交流互鉴的事实，但也非常警惕这一理论可能存在的流弊，因为该学说的极端化不利于呈现人类不同文明的独立发展能力。

在近代史研究中，夏鼐曾批判了奥本海末尔"一种族对其他种族的征服"的国家起源说，而这一学说即是对传播说理论的继承和发展。夏鼐认为，马克思主义的唯物史观有助于揭示人类历史发展的内在演变规律，而文明的内在演变才是人类历史发展的主要动力。② 事实上，夏鼐虽然重视"分布图"方法在文化传播中的价值，但更加注重文化的自身发展，他认为，"文化之传播，未必皆有一地理上之中心地区，向四周播散，最好能获得证据，知一古物在某处有其发展过程各阶级之标型（Types），而在另一处则仅有其最发展一阶级之标型"③。"各阶级"和"一阶级"之前后区分说明了他更加重视"一古物"所代表的社会结构、生产关系的整体文化面貌。因此，夏鼐认为考古学的最后任务是"综合工作"，要注重揭示人类各地文化的独立发展和交流。④

夏鼐认为，考古学研究的目的是"重行恢复古人之生活概况，使吾人皆能明了人类过去生活也"。如何重建"古人之生活概况"？考古学研究者要通过综合研究呈现过去人们的"生产技术及工具、衣食住行之状况，与外族交通情形等等"⑤。与史学研究相似，考古学也要注重古代人民的社会生活史，要展现百姓生活方式的内在演化过程，这一研究思路是夏鼐早年唯物史观史学在考古学中的延续和发展，进而奠定了新中国成立后其建构马克思主义中国考古学体系的基础。新中国成立后，夏鼐借鉴苏联考古学概念，主张考古学要在马克思列宁主义指导下，他写道，"根据实物的史

---

① 《夏鼐日记》卷2，1936年3月12日，第20页。
② 夏鼐：《奥本海末尔的历史哲学》，第100页。
③ 夏鼐：《考古学方法论》，第47页。
④ 夏鼐：《考古学方法论》，第48页。
⑤ 夏鼐：《考古学方法论》，第48页。

料来研究人类的历史的过去"，"恢复古代社会的全貌"①。夏鼐考古学思想的前后继承演变由此可见一斑。

从理论回到现实，夏鼐认为人类历史实践中文化交流与内在演变是融合发展的，其中本土文化的演化发展才是主要动力。夏鼐在其博士学位论文《古代埃及珠子的考古价值》中试图通过实证研究解答这一理论问题，以呈现人类文明的交流互鉴和多元性发展。他认为珠子的形状并不完全受"商业传播"的影响，而是取决于"合适的材料"，因而珠子的形状在古代"独立出现"的可能性较大。夏鼐希望通过串珠研究揭示地方文化的内在演变规律和本土性特征。② 因此，传播理论对文化传播的揭示是有限度的，传播说强调外因推动文化的发展，而外因则必须结合内因才能起作用，这一马克思主义基本原理提醒研究者要充分认识到各文化自身具有独立发明的创造力。

夏鼐从柴尔德的"考古学文化"学说中获得了运用唯物史观从事考古学研究的路径启示，并在理论上发展了考古学文化，更加重视文明自身演化能力的理论探索。在阐释人类文明发展动力问题上，夏鼐对内因与外因主辅关系的认识，奠定了其考古学思想的方法论基础。在其博士论文《古代埃及串珠研究》以及中国史前考古学研究中，夏鼐实践了这一考古学思想。

三　尝试构建人类文化的多元体系：唯物史观在考古学研究中的运用

"以考古经世"是夏鼐"干一番事业"的学术抱负。在民族危机的时代背景下，考古学研究要论证中国文明的本土性和开放性，以发掘中国文化的价值，为民族复兴提供学术支撑。受"考古学文化"学说的影响，夏鼐探寻出唯物史观与考古学研究的结合路径，成为此学说在中国的重要传

---

① 夏鼐：《田野考古序论》（1953 年），《夏鼐文集》第 1 册，第 50—51 页。此后，《考古学通论讲义一》（1953 年）、《中国考古学的现状》（1953 年）、《考古学通论讲义之二》（1955 年）、《考古调查的目标和方法》（1955 年）、《田野考古方法》（1956 年）等考古学通论著作皆延续和丰富了这一思想。

② 夏鼐：《古代埃及珠子的考古价值》（1943 年），颜海英译，《夏鼐文集》第 3 册，第 566 页。

"以考古经世"：唯物史观与历史语言研究所时期夏鼐的考古学研究

播者和发展者。而这一时期，夏鼐构建和实践自己的考古学思想主要涉及埃及考古学和中国考古学两个领域，前者为后者奠定了思想和理论基础，两个领域的研究皆关注人类文化交流与独立发明的问题，以构建人类文化的多元体系。其中，埃及考古学研究，是世界尤其英国考古学界学术环境下的产物，体现了他对世界学术发展前沿问题的把握。

（一）"考古学文化"视角下的古埃及串珠研究

《古代埃及串珠研究》是夏鼐改学历史考古学之后的重要成果。师从格兰维尔后，夏鼐开始系统学习埃及考古学。此时第二次世界大战临近，伦敦大学为安全保存文物而打包转运，夏鼐作为研究生参与埃及串珠的整理打包任务。夏鼐由此机缘，结合以往掌握的关于串珠的考古学知识，对古代埃及串珠的历史问题产生巨大兴趣，并通过初步探讨与思考看到了这批古代埃及串珠的学术价值，遂在格兰维尔的指导下以古代埃及串珠为核心史料着手博士论文的写作。

在夏鼐之前，皮特里（Petrie）、布伦顿（Brunton）等考古学家已就串珠进行过相关研究，夏鼐的一大创新在于研究视角。夏鼐研究串珠的切入点，是通过技术特征来考证串珠的历史时间。技术能够反映生产力的发展水平，进而有助于揭示人工制品的年代，这是"考古学文化"学说的重要内容，其代表人物即为柴尔德。在柴尔德主要研究专著中，技术变革皆是其考察不同地域和民族经济、社会、文化变迁的重要学术概念，他曾先后提出"新石器时代革命论""城市革命"等学说，在考古学界产生了重要影响。在串珠研究准备阶段，夏鼐曾就古代埃及串珠问题请教过柴尔德。[①] 可以说，夏鼐借鉴了"考古学文化"学说的学术方法和视角从事埃及串珠研究，以与前辈学人对话。古代埃及串珠研究的权威皮特里认为，该研究视角是他们这一辈学者未曾想过的，他说："1880年我开始从事发掘时，还没有登记的制度。那时还不认识发现物组合的重要性。"[②] "发现物组合"就是"考古学文化"学说中的"反复共生的某些遗存的类型"方法。在"考古学文化"学说影响下，夏鼐对古埃及上千条串珠进行了信息统

[①] 《夏鼐日记》卷2，1938年11月10日，第232页。
[②] 夏鼐：《皮特里致夏鼐信》（1940年），《夏鼐日记》卷2，1940年6月15日，第306页。

> 第四篇 近代史家及其史学思想

计,还保存了后来遗失文物的大量考古学信息,比如墓葬、聚落形态。斯蒂芬·夸克评价夏鼐卡片索引具有"原始资料的巨大价值",他说,"夏鼐的记录拓展或是改写了我们对早期发掘情况的认识,而以往这种认识却在很大程度上成为构建埃及考古和历史的依据"①。

在串珠研究中,夏鼐面临的首要问题是如何对不同年代、不同类型的大量串珠进行科学分类。前辈研究者如恩格尔巴赫(Engelbach)、布伦顿、赖斯纳(Reisner)等大多依据"分类者的想像",对埃及珠子进行"抽象的想象排比",因此珠子的形态变成"一种抽象的集合概念"②,而不是根据研究对象进行分类,更没有注重珠子制作技术的时代性特征。与欧洲考古学家在串珠研究中的形而上学思想不同,夏鼐研究中的唯物倾向更为明显,他对串珠的分类更为注重珠子的材质和技术因素。在珠子分类上,皮特里也曾以材质作为分类的首要原则,但夏鼐的分类更为彻底,他在"材质组"中强调技术因素。他写道:"我认为材质应该根据珠子制造过程中采用的技术程序来归类。"因此,夏鼐将珠子分为七类即:玻璃、硬石、表面上釉的石头、金属、可塑材料、其他、软石。"除了第六组,各组材料性质相似,大多由同类工匠生产,制成的珠子其形态也反映了材质性质及涉及的工艺。"③这样,夏鼐摆脱了前人的抽象想象,他能根据工匠的生产技术将串珠的分类标准建立在唯物基础上,从而考察珠子所反映的古代埃及不同时期的生产力发展水平和文化特征,为断定珠子的年代奠定了基础。

在"考古学文化"学说影响下,夏鼐以技术作为断定年代的根据,他希望通过考察古代埃及串珠制作技术认识古代埃及各地方文化的发展动力。通过对古埃及法雍、梅丽姆德和塔萨三个新石器文化的串珠研究,夏鼐认为三个地方都独立使用自然材料生产各自的串珠,材料的选择暗示三地文化的某种特殊性,比如法雍地区使用鸵鸟壳、天河石和火山灰,梅丽姆德地区使用骨头、板岩和黏土以及塔萨地区使用骨头和皂石。这三个地

---

① [英]斯蒂芬·夸克:《夏鼐先生与古埃及串珠研究》,颜海英译,莫润先校,《考古》2014年第6期。
② 夏鼐:《古埃及串珠研究:分类原则》,艾婉乔译,《南方文物》2015年第4期,第2页;还可参考[英]斯蒂芬·夸克《夏鼐先生与古埃及串珠研究》,第103页。
③ 夏鼐:《古埃及串珠研究:分类原则》,艾婉乔译,《南方文物》2015年第4期,第3页。

区串珠的制作技术非常原始，并没有外来影响的因素，反映了三地的生产力发展水平和文化原始性。正是因为这些串珠没有更多成熟的形制和复杂的技术，也没有任何特殊形制或技术，因此这才是新石器串珠的技术特色。某些串珠类型与北非卡普萨文化和巴勒斯坦Narurian文化是平行发展的，[1]并非以古代埃及为中心向外传播。夏鼐对古埃及文化的研究，有一个对话者即柴尔德。夏鼐说："把这一结论与柴尔德观点进行比较非常有趣，后者的观点是建立在对埃及新石器文化各方面综合研究的基础上。柴尔德说：'法雍、梅丽姆德和塔萨新石器文化在很多方面是不同的，但是它们可能是一个早期文化的不同分支，仅仅由于地域不同而有了区别。'"[2]与柴尔德观点不同，夏鼐的研究显示，古埃及法雍、梅丽姆德和塔萨三个新石器文化是本土文化的独立发展。因此，夏鼐认为古代埃及有着自己丰富、多样的本土原始文化；古代埃及的文化与周边文化在诸多方面是平行发展的。该研究的成果，一方面有助于扭转欧洲考古学家将古代埃及作为世界文化中心之偏见，另一方面则彰显了古埃及不同地方文化具有独自发明的能力。回国后，夏鼐对中国史前文化的实证研究丰富了其考古学思想。

（二）以文化系统说阐明中国文化的多样性

1941年回国后，夏鼐先任职于中央博物院，后因西北科学考察一事被史语所调走，与向达、阎文儒一同赴西北进行科学考察，事实上，"（夏鼐）实以一人之力代表史语所在甘肃从事先驱性的工作"[3]。这次科学考察继承了劳榦、石璋如参与的第一次西北科学考察活动。[4] 石璋如在致傅斯年的信中言："安特生所挖者都是墓地，不能窥出与其他文化的关系，究竟是纯彩陶文化或另有其它堆积也是急待解决的问题。齐家期如果真早于

---

[1] Nai Xia, *Ancient Egyptian Beads*, Social Sciences Academic Press & Springer, 2014, pp. 73 – 74.
[2] Nai Xia, *Ancient Egyptian Beads*, p. 74.
[3] 李东华：《从往来书信看傅斯年与夏鼐的关系》，《徐苹芳先生纪念文集》（下册），上海古籍出版社2012年版，第685页。
[4] 抗战时期，中央研究院先后参与组织过两次西北地区的科学考察活动。1942年7月到1943年7月，中央研究院参与组织了第一次科学考察，考察团的名称为"西北史地考察团"，主要参加人员有向达、劳榦、石璋如等学者。第二次考察团的名称是"西北科学考察团"，时间是1944年3月到1946年年初，主要参加人员为向达、夏鼐及阎文儒三人。

一切，这个问题太有趣了。"① 后来夏鼐关于齐家文化的研究成果回应了这一问题，集中批判了安特生的甘肃史前文化六期说。安特生根据甘肃地区缺乏地层关系的实物资料，将中国新石器时代划分为齐家、仰韶、马厂、辛店、寺洼、沙井六期。②

《齐家文化墓葬的新发现及其年代的改订》一文，以批判安特生的齐家期文化为切入点。安特生在仰韶文化的研究中，通过发掘和利用人类学的材料，呈现了仰韶文化的面貌，因此把仰韶村的文化遗物名之为"中华远古之文化"③。然而，由于缺乏足够的考古学资料，安特生对齐家期文化的认识存在诸多问题。西北科学考察为夏鼐批判安特生提供了重要考古学资料。夏鼐言："新发现的结果，不仅对于齐家文化时代的埋葬风俗及人种特征方面，供给新材料；并且意外地又供给地层上的证据，使我们能确定这文化与甘肃仰韶文化二者年代先后的关系。"④ 夏鼐运用地层学、埋葬风俗、人种特征等方法，呈现了齐家文化的社会结构，提出了齐家文化晚于仰韶文化的观点，否定了安特生齐家文化早于仰韶文化的结论。

夏鼐对安特生的批判，不仅表现在提出齐家文化晚于仰韶文化的观点，还指出齐家文化另有来源，属于不同于马家窑文化的另一系，进而提出了其考古学理论研究的"文化系统说"⑤。他写道：

> 总之从陶器方面来研究，齐家陶与仰韶陶是属于两个系统，我们不能说齐家陶是由仰韶陶演化而来的，也不能说仰韶陶是由齐家陶演化而来的。当时的情形似乎是这样的：齐家文化抵达陇南的时候，甘肃仰韶文化的极盛时代已过去了。在有些地方，齐家文化便取而代之；在另外一些地方，齐家文化并没有侵入，当地的仰韶式的文化仍

---

① 《石璋如、劳榦致傅斯年信》(1942年9月26日)，转引自邢义田《行役尚未已，日暮居延城——劳榦先生的汉简因缘》，《古今论衡》2002年第8期。
② [瑞典]安特生：《甘肃考古记》，乐森译，《地质专报》1925年甲种第5号。
③ [瑞典]安特生：《中国远古之文化》，袁复礼节译，《地质汇报》1923年第5号；陈星灿：《试论中国考古学的人类学传统》，《云南社会科学》1991年第4期。
④ 夏鼐：《齐家期墓葬的新发现及其年代的改订》(1948年)，《夏鼐文集》第2册，第3—4页。
⑤ 王仲殊、王世民认为史语所时期夏鼐"第一次提出中国史前时期的文化系统问题"，该观点对研究夏鼐思想具有重要启示。参见王仲殊、王世民《夏鼐先生的治学之路》，《夏鼐文集》第1册，第21页。从夏鼐学术思想延续角度看，夏鼐的"文化系统说"，试图从考古学理论上解决中国文化的内在演变和外来影响问题，具有重要理论价值，需要学界系统阐释。

保守旧业，但各地逐渐各自演变，并且有时候与齐家文化相混合，相羼杂。这个假设对于目前所知道的事实，可以解释得较为满意。①

夏鼐的研究指出，考古资料证实马家窑文化与齐家文化虽然年代上有先后但不同源，属于不同的文化系统，有着各自的演化路线。其中，甘肃仰韶文化是阳洼湾的本土文化，齐家文化是外来文化，两种文化在地理空间上存在于甘肃阳洼湾，说明齐家文化的"侵入"影响了阳洼湾地区的本土文化。

夏鼐在研究齐家文化中提出的文化系统说凝聚了"考古学文化"学说和唯物史观史学的理论思想，是夏鼐考古学理论的关键内容。这一学说一方面在思想上坚持了文化自我演化的本土性特征；另一方面则吸收了文化传播学说，从而呈现中国文化的多样性，有助于瓦解安特生的甘肃史前文化线性分期说。在名词使用上，夏鼐也倾向于使用"齐家文化""仰韶文化"或"马家窑文化"等表现文化性质的名词，而不使用"齐家期""仰韶期"等体现线性"分期"性质的名词。区分"文化"和"分期"概念，同样是文化系统说的体现，这一思想引导了新中国成立后关于"考古学上文化的定名问题"的讨论。② 夏鼐的文化系统说，在同时写成的《临洮寺洼山发掘记》得到更为充分的发挥。

《临洮寺洼山发掘记》一文通过地层学、类型学方法确证了寺洼文化晚于马家窑文化（即甘肃仰韶期），③ 依据汉代以后寺洼地区少数民族使用铁器这一史实判定寺洼文化早于汉代。④ 该文的另一重点是呈现了马家窑文化与寺洼文化属于完全不同的文化系统。⑤ 在描述寺洼文化的轮廓时，他写道：

---

① 夏鼐：《齐家期墓葬的新发现及其年代的改订》，第12页。
② 夏鼐：《关于考古学上文化的定名问题》（1959年），第158—165页；另可参考张婷《中国考古学中考古学文化定名问题产生的缘由和探索》，《华夏考古》2019年第3期。
③ 夏鼐：《临洮寺洼山发掘记》（1949年），《夏鼐文集》第2册，第27页。
④ 夏鼐：《临洮寺洼山发掘记》（1949年），《夏鼐文集》第2册，第72页。
⑤ 夏鼐：《临洮寺洼山发掘记》（1949年），《夏鼐文集》第2册，第41页。关于马家窑文化的命名，夏鼐说："马家窑文化便是安特生所谓'甘肃仰韶文化'，但是它和河南的仰韶文化，颇多不同，所以我以为不若将临洮的马家窑遗址，作为代表，另定一名称"（见该文第23页脚注2）。在仰韶文化来源没有科学确证之前，夏鼐倾向于以遗址作为命名的标准，即称仰韶期文化为马家窑文化，客观上否定了"中国文化西来说"。

第四篇 近代史家及其史学思想

> 现在试作寺洼文化的分析。由于山羊角及陶器底部谷物印痕的发现,我们知道当时已采用农业和畜牧。陶制或石制的弹丸,也许是作狩猎用的,自然也可能是作玩具的。衣服方面,由于纺轮的发现,可见已有纺织品;大概冬天还利用兽皮来御寒。陶业很发达。……埋葬方法,有火葬后盛于罐中的和全尸平放仰卧的两种。后者较为普遍,且有时是乱骨一堆,或许有"第二次埋葬"的风俗,不必都由于后世的扰乱。①

夏鼐通过从生活资料(如山羊角、陶器底部谷物印痕及弹丸)、生产工具(如纺轮)、消费资料(如陶业)、民俗文化(如埋葬方法)等方面发掘反映生产力发展水平的考古学信息,试图通过重建寺洼文化中的农业、畜牧业、陶业、狩猎等经济结构,还原寺洼人民生活方式的历史语境。因此,夏鼐不是在描述考古遗存,而是在重建生产这些遗存的社会,尤其关注史前民众是如何生活的,从而展示寺洼文化的内在演变。② 正是通过对寺洼文化的考古学研究,夏鼐坚信寺洼文化表现出不同于马家窑文化的文化特征。临洮寺洼山墓葬的发现,说明了寺洼文化是"由外界侵入洮河流域的外来文化"③。

那么,寺洼文化的来源是什么?夏鼐主要根据葬俗、陶器类型学以及历史文献进行分析,虽然不能得出确凿证据,其文化系统说却指明了寺洼文化研究的方向。夏鼐根据寺洼期墓葬情况,从葬俗角度分析了寺洼文化的本土性和外来文化之关系。寺洼期的葬俗有三种:"二次埋葬制""全尸仰卧平放葬""火葬"三种,夏鼐倾向于认为"三种同时并存"④。葬俗同时存在,说明了寺洼文化有葬俗的变化。这种变化可能是文化传播和社会自身演化的结果。不过,夏鼐更加倾向于文化的自身演化,他说:"我们知道有些民族对于葬俗相当的保守,历数千年而不变,古代埃及便是一个

---

① 夏鼐:《临洮寺洼山发掘记》(1949 年),《夏鼐文集》第 2 册,第 71 页。
② 夏鼐:《考古学方法论》,第 48 页。
③ 夏鼐:《临洮寺洼山发掘记》(1949 年),《夏鼐文集》第 2 册,第 72 页。
④ 夏鼐:《临洮寺洼山发掘记》(1949 年),《夏鼐文集》第 2 册,第 45 页。

"以考古经世"：唯物史观与历史语言研究所时期夏鼐的考古学研究

佳例。"① 通过考察历史文献，夏鼐相信寺洼文化与历史上的氐羌有关。② 如果寺洼文化是外来文化，而寺洼文化在陶鼎陶鬲上具有汉文化因素，如何解释这一现象？夏鼐认为，寺洼文化只是"吸收"而不是"移植"汉文化因素。③

关于齐家文化、寺洼文化、马家窑文化的考古学研究，夏鼐运用自己的文化系统研究思路瓦解了安特生的甘肃史前文化六期线性进化的学说，其研究呈现更加多元、丰富的空间文化格局。马家窑文化是洮河流域的本土文化，后来发展为辛店文化。齐家文化和寺洼文化皆是洮河流域的外来文化，且是两种不同源文化。沙井文化与寺洼文化也是不同的文化系统。④ 因此，安特生甘肃史前文化六期说，作为以分期为核心的史前文化，至少被肢解为四个不同文化系统的考古学文化图景。马家窑文化作为阳洼湾本土文化，与其他至少三个外来文化系统，在甘肃地区相互竞争，呈现交流互鉴的文化格局。然而，作为仰韶文化代表的马家窑文化的来源是什么？因考古资料的缺乏，夏鼐没有解决这一问题。依据其文化系统说为核心的考古学理论，即使仰韶文化具有外来性质，也必然经过本土化，最终演化为具有地域性特征的文化系统。

在中国文化的内在演变和外来影响问题上，夏鼐与史语所同仁的学术见解是相通的，比如史语所为殷商文化努力寻找中国文化源头，通过山东城子崖发掘，发现了龙山文化。后来，梁思永又发掘了后冈，发现了仰韶、龙山和殷商文化的三层叠压，证明了殷商文化源头为龙山文化。⑤ 然而，夏鼐的研究则表现出更为系统化、理论化的考古学路径。夏鼐认为，史语所的考古学研究，虽然有实事求是的科学态度，但因没有大量的考古资料作基础，又使用形式主义的方法，所以不能"建立一个站得住的中国上古史新体系"⑥。也就是说，史语所考古组虽然抓住了核心问题，却没有理论体系建构的意识。张光直对李济没有留下考古学理论著作表示遗憾，

---

① 夏鼐：《临洮寺洼山发掘记》（1949年），《夏鼐文集》第 2 册，第 46—47 页。
② 夏鼐：《临洮寺洼山发掘记》（1949年），《夏鼐文集》第 2 册，第 47 页。
③ 夏鼐：《临洮寺洼山发掘记》（1949年），《夏鼐文集》第 2 册，第 74 页。
④ 夏鼐：《临洮寺洼山发掘记》（1949年），《夏鼐文集》第 2 册，第 72—73 页。
⑤ 李济：《〈城子崖发掘报告〉序》（1934年），第 209 页。
⑥ 夏鼐：《五四运动和中国近代考古学的兴起》（1979年），《夏鼐文集》第 1 册，第 397 页。

他写道:"李先生在资料里抓到了许多关键性的问题,但他并没有很明白地指点出来这许多问题之间的有系统、有机的联系。很可惜的是,李济先生没有给我们留下一本考古理论、方法论的教科书。"① 张光直指出了史语所考古学研究理论创新的缺失。史语所以抓第一手史料为主要特征,然而没有历史哲学来贯通历史学、考古学研究,因此在建构中国的考古学体系上尚有不足,这正是夏鼐的努力方向。

史语所时期,夏鼐将理论的"肃清"工作作为考古学研究的首要任务,② 其对考古学家安特生的批判说明了这一点。在唯物史观史学和"考古学文化"学说的影响下,夏鼐运用内外因主辅相合的方法,以阐释中国文明的发展动力——探索中国经济、文化、社会结构等内在演变规律以及与外来因素之关系——为问题意识,构建其考古学理论的方法论基础和核心问题。在中国史前考古学研究基础上,夏鼐提出的"文化系统说",是以唯物史观为指导进行理论探索的重要成果,代表了史语所考古学研究的新路径。

结　　论

史语所时期,是夏鼐考古学思想的形成期。夏鼐分享了史语所中国文化原始问题的研究议题,融入了史语所的学术共同体,继承了史语所重视史料的学术传统,③ 同时也开拓出不同于史语所的考古学研究路径。夏鼐以唯物史观为指导思想从事考古学研究,提出了"文化系统说",形成了自己的考古学思想。夏鼐学习和运用唯物史观的来源有二:一是北平求学时期,受中国社会史论战的影响,集中学习马克思主义学说,形成了中国近代史研究的社会史路径;二是留学英国时期,夏鼐受西方马克思主义考

---

① 张光直:《对李济之先生考古学研究的一些看法》(1984年),张光直编:《李济文集》卷1,第19—20页。
② 《夏鼐日记》卷2,1936年7月5日,第52—53页。
③ 学界关于夏鼐传承史语所传统的研究成果较多,代表性成果有唐际根的《中国考古学的"傅斯年特征"》(布占祥、马亮宽编:《傅斯年与中国文化:"傅斯年与中国文化"国际学术研讨会论文集》)、徐苹芳的《中国现代考古学的引进及其传统》(《中国文物报》2007年2月9日)、陈洪波的《中国科学考古学的兴起:1928—1949年历史语言研究所考古史》(广西师范大学出版社2011年版)、李东华的《从往来书信看傅斯年与夏鼐的关系》等。

古学家柴尔德的影响,继承和发展了"考古学文化"学说。那么,夏鼐的史学研究是不是可以被称为"马克思主义史学"?在当时的历史语境下,夏鼐并不认为自己的史学研究属于马克思主义史学,并有意识地与后者有所区分。在批评马克思主义史学的代表尹达时,夏鼐写道:"阅尹达(即刘燿)之《中国原始社会》。以刘君攻考古学,故对于考古学上之材料,认识较真切,对于龙山文化尤多新材料,以马列主义为□□,故有时不免陷入幼稚。"① 新中国成立后,夏鼐将这段记录修改为"以马列主义为主导思想,故有时颇多新见解"②。这一修正行为可以说明,史语所时期的夏鼐还不是马克思主义者,当然也不是公开的"左"派学者。

事实上,夏鼐的学术思想反映了学院派知识分子的特色。夏鼐学习和运用唯物史观的重心在学术研究,与马克思主义史学在基本点上是相通的。同时,在政治思想上,夏鼐关心政治而不参与政治,他批判国民政府的腐朽,同情中国共产党的社会革命。然而,在关系个人命运的政治抉择上,这一学术和思想状况影响了夏鼐的选择。1948年,当史语所迁往台湾时,夏鼐拒绝了傅斯年的邀请,他在日记中写道:"时局已如此,谁还再走死路。"③ 这一政治选择,是夏鼐长期学术研究、思想发展的自然延续。夏鼐相信中国共产党能够领导中国实现中华民族的复兴。此后,夏鼐积极推动新中国考古事业的发展,努力建构马克思主义中国考古学体系,逐渐成长为马克思主义历史学家。

夏鼐自觉承续经世致用的传统文化,始终将人生定位与国家、民族大局紧密融合。从"洞察当前的社会"的"十字街头"的事业,到为实现中华文明复兴的"以考古经世",夏鼐的思想转变彰显了其"干一番事业"的学术抱负和时代使命。夏鼐成长为马克思主义历史学家的个案,具有现代知识分子读书报国的典范意义。

(原载《史学理论研究》2020年第3期)

---

① 《夏鼐日记》卷4,1947年7月24日,第135页。
② 《夏鼐日记》卷4,第135页脚注①。
③ 《夏鼐日记》卷4,1949年5月4日,第238页。

清理与重构：吕思勉的神话研究*

李 娟

（兰州大学历史文化学院）

历史由一个个历史事实组成，站在历史认识论的角度，所有历史事实"都是一种思维过程的结论"，[①]是一种知识。一切历史知识都不是简单地从过去"搬运"而来，而是要经过重重的选择、判断和表述。换言之，它们都是历史学家思维的结果。因此，历史知识也同其他知识类型一样，不仅有生产、传播和接受的环节，也存在新旧迭代的过程。这种过程不仅是简单的新旧、真伪交替，更折射出背后深刻的知识体系的变化。旧知识总是镶嵌在某种更稳固的思想体系之中，以"常识"的面貌出现；新知识之所以能取而代之，与其说在于新知识本身，不如说在于新知识所依托的全新思想体系对旧体系的颠覆。此外，并非所有新知识都能获得广泛的认可并进入常识系统，这其中还牵涉学者、受众和社会的选择互动等复杂的知识社会学问题。

中国是一个很早就摆脱了神话的国家，神话与史实的区别"到汉以后始分了开来"，造成神话在记载上"斩然中绝"[②]。仅有的一些神话，在经历哲学化和历史化的过程后也变得相当贫乏，无法形成完整的神话体系。

---

* 本文是国家社会科学基金重大项目"20 世纪的历史学和历史学家"（项目编号：19ZDA235）的阶段性成果。

① [英] W. H. 沃尔什：《历史哲学导论》，何兆武、张文杰译，北京大学出版社 2008 年版，第 72 页。

② 顾颉刚：《我的研究古史的计画》，《顾颉刚全集》1《顾颉刚古史论文集》卷 1，中华书局 2010 年版，第 295 页。

清理与重构：吕思勉的神话研究

20世纪初，在西方学术思潮和诸多社会政治因素的影响下，对神话的新型研究在中国兴起。除了诸如茅盾、鲁迅等以文学留名的学者涉足其中，以顾颉刚为代表的诸多新式历史学家也用功颇深。尤其是后者，以"层累地造成的古史观"为基本原则，以"疑古"和"辨伪"为工具，形成了所谓的"古史辨派神话学"，主要学者有杨宽、童书业等人。[①] 吕思勉也是其重要代表，其神话研究大体集中在《读史札记》《先秦史》《吕著中国通史》之中。

时至今日，历史学对上古神话的研究越来越倚重考古材料，而书写、传播中国神话故事的责任则多由文学家承担，另有为神话研究提供理论支持的神话学，三者分工不同，互为倚仗，共同建构着作为中华民族文化认同重要部分的上古神话。从近代史学发展角度来看，这种研究领域的分工，恰好是近现代中国史学区分"事实"和"价值"的过程，而这两者的分离则是近代历史科学的核心特征。吕思勉的神话研究正是该"驱魅"过程的一个缩影，它不仅是简单的史实清理和重构，更彰显了背后新旧思想体系的迭代。本文尝试从这一角度，分析吕思勉神话研究的特点及意义。

一 新旧三皇五帝系统

神话在何处终结，历史就从何处开始。于中华文明而言，神话与历史最为杂糅之处，莫过于三皇五帝。在此之前，盘古开天辟地，为神话无疑；在此之后，夏商周世系更迭，至于共和元年，已有确切纪年，实为历史无疑。唯有三皇五帝这一段，是神话故事和历史事实交错之地，也是价值观念和历史知识竞争之所。因此，对于20世纪重新研究、整理国史的新史家们来说，作为历史开端的三皇五帝具有重大研究意义，吕思勉的神话研究也基本以三皇五帝为核心展开。

与此相关的史料有两个特点：一是很多材料被古代士大夫们认为"言不雅驯"而遭到删节和篡改，二是关于三皇五帝排序及世系的讨论多见于经学中。[②] 因此，要从这些神话传说中"披沙拣金"，将三皇五帝的历史轮廓勾

---

① 参见刘锡诚《顾颉刚与"古史辨"神话学——纪念〈古史辨〉出版80周年》，《长江大学学报》2006年第4期。
② 吕思勉：《吕思勉全集》第18册《历史研究法》，上海古籍出版社2015年版，第48页。

第四篇　近代史家及其史学思想

描出来，首先面临同经学三皇五帝解释系统的竞争，同时，提出新解释意味着新的史料判断标准和底层逻辑。正是在这两套系统的竞争中，吕思勉逐渐提出了近代中国历史学作为一门独立学科所必需的研究规范和边界。

通过爬梳材料，吕思勉认为传统思想中存在多种三皇五帝的说法，[①] 而且三皇五帝的传说早就产生了。到了汉代，儒生把这些传说和制度设计（改制）、总体的世界观（天人）杂糅在一起，弄得愈发神秘。故此，吕思勉总结道："三皇五帝之名，旧有之矣，托诸天地人，盖儒家之义也。"[②] 此外，无论是三王、九皇、六十四民，都是董仲舒一派为"三通说"打造的理论，本身具有强烈的政治目的，[③] 不属于严格意义上的历史学，是古人为华夏文明"设定"的历史起点，其意义不在陈述事实，而是通过对上古"黄金时代"的浪漫想象，按照某种逻辑编排上古历史，以达到昭示历史规律、定位当下、预言未来的现实目的。

为了厘清华夏历史开端的这段故事，吕思勉对这些神话人物和事迹进行了历史考证，吸收当时已经传入中国的社会发展进化理论，将三皇五帝划分为三皇和五帝两个历史阶段。"吾国开化之际，可征者始于巢、燧、羲、农"，即三皇时代。[④] 这些称谓都不是特指，而是"德号"或"地号"，前者为功业，后者指居地。德号不专属于某人，而是"代表社会发展开化的某阶段"，或者发明巢居、取火、佃渔和耕稼的某些先进部族。居地则由于古代地名往往和部族名称相混，且部族多有迁徙，因此具体地点已不可考，只能大体推知起于今天山东东南部。[⑤] 到了五帝时代，历史记载相对多了一些，吕思勉提出五帝时代的主要历史线索有三：一是部族相争，先是炎黄二族相争，[⑥] 随后是黄帝与共工二族相争；二是尧舜禹的

[①] 吕思勉总结"三皇异说有六，五帝异说有三"。参见吕思勉《吕思勉全集》第9册《读史札记（上）》，第26—27页。

[②] 吕思勉：《吕思勉全集》第9册《读史札记（上）》，第27页。

[③] 参见吕思勉《吕思勉全集》第9册《读史札记（上）》，第24—26页。

[④] 吕思勉：《吕思勉全集》第3册《先秦史》，第44页。

[⑤] 吕思勉：《吕思勉全集》第2册《吕著中国通史》，第251页。

[⑥] 吕思勉提出，"蚩尤、炎帝一人，阪泉、涿鹿一役"。参见吕思勉《吕思勉全集》第3册《先秦史》，第50页。这种观点早有争论，夏曾佑在《中国古代史》中指出，应遵从《史记》的看法，将其分为二人，先后与黄帝战。参见夏曾佑《中国古代史》上册，吉林出版集团股份有限公司2017年版，第14页。目前学界主要有炎帝族说、东夷族说、苗蛮族说、古吴族说和中原土著部族说等。参见金荣权《蚩尤与炎黄之战》，《信阳师范学院学报》2019年第5期。

禅让；三是治水。这些历史线索中包含着吕思勉对上古历史发展的几个基本认识：中华民族文明兴起于东方；上古并非"黄金时代"，而是部落频繁相争的蛮荒时代；大禹之后文明逐步西迁。需要指出的是，吕思勉的这些研究结论只是近代以来对于上古神话的众多研究成果之一，并非全然无误、无争议的结论，但讨论吕思勉研究成果的合理与否，并非本文的研究重点，因此并不展开。[①] 这些线索和观点的提出，一方面源于吕思勉对史料的细致爬梳和考证，另一方面也是一种历史学新思维模式介入的结果，下面将就这两个方面进行深入讨论。

二 神话史料的三种清理

吕思勉勾勒出的三皇五帝时期的基本轮廓，与传统儒家学术系统中的形象截然不同，明显更加接近近代历史科学的要求。需要指出的是，近代以来的中国新史学与传统学术有着千丝万缕的关系，吕思勉也是在重新解释古代文献的基础上，完成了重新建构上古历史的工作。这项工作总体而言，就是对经学和各类古书进行史学化、史料化处理，大体可以分为两个方面：一是清理，二是重构。

本文为研究之便将清理工作分为三类，以强调清理工作的三个不同侧重点。当然，在实际研究中，这三类往往彼此纠缠交叠。

第一类是针对那些并非刻意造成的史实错误。如，有关舜逝世地点的记载，《礼记》记舜崩于苍梧之野，《孟子》记舜崩于鸣条，《史记》载舜崩于苍梧之野而葬于零陵。吕思勉认为，首先，《孟子》和《史记》在这一问题上都引用了《尚书》的说法，因此都应该包含苍梧、鸣条这两个因素，可能后来在传抄过程中出现了省漏；其次，前人认为鸣条靠近南岳，所以顺带认为舜的陵墓就在湖南零陵，但古人以安徽霍山为南岳，南岳衡山是后来才有的说法；最后，根据中华民族起于东南的基本原则，鸣条在

[①] 相关的总结性论文，参见汪楠《20世纪上半叶中国神话学史》，博士学位论文，东北师范大学，2011年；叶庆兵《〈史记·五帝本纪〉系列人物神化史化考论》，硕士学位论文，山东大学，2017年；田桂丞《中国神话学百年神话观研究》，硕士学位论文，淮北师范大学，2016年；谭佳《中国神话学研究七十年》，《民间文化论坛》2019年第6期。

第四篇 近代史家及其史学思想

安徽和湖南这两种说法都是后起之说,其应该在古代兖州境内。[1] 不论吕思勉的这番考证正确与否,对于这一类史实性错误,古往今来学者们的考证方式基本相差不大,而且尽管在古书中频繁出现,但在吕思勉看来这些并非致命的问题,都可以通过对各类史料(包括考古材料)的爬梳和逻辑推理进行清理。

第二类清理工作则要棘手得多,因为它针对的是那些后世出于各种原因进行的附会,与上一类史实错误相比,具有极强的"刻意性"。如,后世所谓陕西黄帝陵、黄帝登仙处、黄帝都城陈仓、黄帝登崆峒山等。吕思勉认为黄帝出于东方,最远到河南,绝不可能到秦陇一带。这些附会皆因"帝王之所信,则无冢者可以有冢,而祠祭且因之而起矣"[2]。这一类清理工作之所以更加棘手,不仅因为"处处牵引地理",冒充史实的姿态与其他史料混杂一处,更是由于为统治者所力主,又与民间信仰及文化糅为一体,成为民族集体记忆的一部分,时至今日仍有大量的拥趸。这一类清理工作,对于史家而言,最重要的是尽可能不再以讹传讹,尽可能扩大自身清理工作的影响力,等待集体记忆的慢慢变化。因此,从根本上而言,也并非绝无可能之事。此外,这种附会也并非毫无价值,关于这一点内容将在后文讨论。

相比前两类清理工作,第三类清理工作针对的并非事实性错误,而是传统史学的一些基本逻辑,尤其是通过某种观念系统或者史事类比,将价值观附加其上以达到"以史为鉴"的目的,而这也让原本就存在夸张、变形、残缺的神话变得更加云遮雾绕。清末民初史学发展中的一个重要环节,就是区分古代文献中的"价值"和"事实"[3]。上古神话材料中的这些"价值",作为后人对神话合理化、道德化而附着其上的云雾,也正是吕思勉神话研究的重点考证对象。

例如,关于尧舜禹的禅让故事。这一故事的基本梗概虽然比较清晰,但在法家、儒家和魏晋时期却有着截然不同的意义。《史记》继承《尚

---

[1] 吕思勉:《吕思勉全集》第9册《读史札记(上)》,第55页;吕思勉:《吕思勉全集》第3册《先秦史》,第65页。
[2] 吕思勉:《吕思勉全集》第9册《读史札记(上)》,第38页。
[3] 这一过程在相当程度上展现了当时知识分子的纠结和困境。参见王汎森《从经学向史学的过渡——廖平与蒙文通的例子》,《历史研究》2005年第2期。

书》，将禅让揭示为尧舜心系天下，故传位给更加德才兼备的人。禹的儿子启本就颇具人望，加上之前选定的皋陶逝世，益辅佐禹的时日很短，于是禹崩后，启为人心所向，继承帝位。根据这一叙述可知，在儒家认知中，禅让凸显了上古贤王大公无私的高尚情操，是立德不立嫡的表率，是构成儒家政治道德的重要组成部分。这便呈现出一个解释循环：上古帝王皆"圣王"，以天下为先，故行禅让，而禅让反过来又证明了上古帝王为"圣王"。在这一套逻辑中，"圣王"既是起点也是终点。但是，这段故事在法家思想中的意义却截然不同。《韩非子》中的《说疑》和《五蠹》两篇就提出两种看法：前者认为古代禅让其实都是争夺帝位的权力斗争故事；后者认为古代君王其实是个苦差事，所以禅让是将重担转移给他人。吕思勉认为这两种解释皆是寓言，"一以著奸劫弑臣之戒，一以明争让原于羡不足之情，皆借以明义，非说史实也"①。这两种解释都是禅让故事放在法家权力观念下的产物，以昭示法家对权力和社会发展的理解，并非史实。

儒家和法家对禅让的解释，均是将其作为各自观念系统中的一个例证，分别证明"以德化民"或"以法为治"的政治主张，均可视为"画鬼捉鬼"的循环论证。魏晋时期对禅让故事的质疑，则更为复杂、深刻。据《晋书》，汲冢出土的竹书记载："夏年多殷；益干启位，启杀之；太甲杀伊尹；文丁杀季历；自周受命，至穆王百年，非穆王寿百岁也；幽王既亡，有共伯和者摄行天子事，非二相共和也。"② 更有舜囚禁尧和丹朱的说法。③ 又有《三国志》注引《魏氏春秋》记载，魏文帝即位时对群臣说："舜禹之事，吾知之矣。"④ 这种说法更不免让人心生联想，似乎进一步坐实了禅让乃权力斗争的观点。吕思勉首先否认了汲冢竹书的真实性，认为汲冢出土文物可能确有其事，但并没有实物流传后世，因此无法断定其真假。接着指出，汉魏之际权力更迭，有董卓和司马懿篡权，时人便推今及古，认为尧舜禹之间的权力更迭也是如此。而古今迥异，不能因为后世有董卓、司马懿之流，就推测上古尧舜禹时代也是纷争若此，但也不能说上

---

① 吕思勉：《吕思勉全集》第3册《先秦史》，第66页。
② 《晋书》卷51《束皙传》，中华书局1974年版，第1432页。
③ 参见《史记》卷1《五帝本纪》正义引《括地志》，中华书局1959年版，第31页；刘知幾撰，浦起龙通释《史通通释》卷13《疑古》，上海古籍出版社2009年版，第357页。
④ 《三国志》卷2《魏书·文帝纪》，中华书局1978年版，第76页。

古帝王皆是"天下为公者"。魏晋时期文献造假成风，士大夫以自身所处的政治环境认为两汉儒者拘谨虚伪，甚为可恶，于是"好为非尧舜、薄汤武之论"，又有汲冢出土书籍一事，便将自己的这种看法附和其上。① 因此，魏晋时期对禅让故事的解释，表面上是通过当时新出土的汲冢竹书提出的，实际上是通过古今史事的类比完成的。这种类比与当时的政治现实和士大夫的政治心态密切相关，颇可说是"借他人酒杯，浇自己块垒"，很明显无益于我们了解上古禅让制度的真实情况，是历史研究者需要引以为戒的思维方式。

克罗齐曾言"一切真历史都是当代史"②，为我们指出了史学研究的一个重要特征，即由于研究者本身是所属时代的产物，只能从自身和时代出发理解历史，历史研究就不可避免地会被笼罩在个人和所属时代的气息之中。按照这种理论，无论儒家、法家，还是魏晋时期的士大夫，对于禅让故事的历史解释都具有合理性。吕思勉的批评，实际上正是针对传统史学中这种"当下主义"分量失衡的问题。或者说，在吕思勉看来，历史学自有其伦理和操守，历史中有一些东西不会随着研究者的视角转变，也不容人随意解释和更改。正是对于这一点的坚守，吕思勉走出了经学神话体系，但也由于对这一点的坚守，让吕思勉的神话研究陷入了另一重"当下主义"，关于这一点将在后文加以论述。此外，无论是"画鬼捉鬼"的循环论证，还是上述类比逻辑，恰恰是传统史学构建历史解释的重要方式，也是近代科学历史学需要极力反思和澄清的内容。

三　神话史料的三种重构

重构主要针对包含有用信息的材料。吕思勉指出，这一工作的大原则是：尽管汉宋之学、古今文之学各有优劣，"然因治古史而取材，则一切古书，皆无分别"③。然而，这并不意味着历史学家仅仅将古书中的材料原样录出，就达到了治史的要求。相反，将某种材料"史学化"和"史料

---

① 吕思勉：《吕思勉全集》第3册《先秦史》，第63页。
② ［意］贝奈戴托·克罗齐：《历史学的理论和实际》，傅任敢译，商务印书馆2005年版，第2页。
③ 吕思勉：《吕思勉全集》第3册《先秦史》，第13页。

化"的本质,是将其剥离出原来的知识体系,放置在另一种体系中进行重新解读,这便是第一种重构工作。

以禅让故事为例。吕思勉在1923年出版的《白话本国史》中断定,这"实在是儒家的学说,并非实有其事"。因为"世界究竟是进化的,后世总比古人好。譬如'政体',断没有后世是'专制',古时候反有所谓'禅让'之理"①。而在稍后编成的《中国社会史》中,他承认古代曾经历过"原始共产之世",上古的君位继承,"亦有群族所奉,出于公推,不必即为一族之长者,此即选君之制"②。最后,在1939年到1941年写作的《吕著中国通史》中,吕思勉提出:

> 尧、舜、禹的相继,乃王位而非君位,这正和蒙古自成吉思汗以后的汗位一样。成吉思汗以后的大汗,也还是出于公举的。前一个王老了,要指定一人替代,正可见得此时各部族之间,已有较密切的联系,所以共主之位,不容空阙。自夏以后,变为父子相传,古人谓之"家天下",又可见得被举为王的一个部族,渐次强盛,可以久居王位了。③

可见,吕思勉对古代禅让问题的观点存在从否认到承认的转变,这反映了学者本身所处时代史学观念的急剧变化。不过,从更加根本的层面上来看,这一转变实则从一开始就以历史进步观念为支撑,并最终将这段故事放置在人类从"共主"到"家天下"的普遍发展进程中进行解释,背后支撑的原则是"社会普遍发展史",即"人类本性是相同的,在相类似的环境中,会产生类似的文化"④。这种解释抹平了禅让具有的特殊性和道德价值,也就取消了上古统治者的"圣"和禅让所具有的"德",区分了"事实"和"意义",从而拥有了似乎更加接近近代科学历史学的面貌。⑤

---

① 吕思勉:《吕思勉全集》第1册《白话本国史》,第22—23页。
② 吕思勉:《吕思勉全集》第14册《中国社会史》,第259页。
③ 吕思勉:《吕思勉全集》第2册《吕著中国通史》,第252—253页。
④ 吕思勉:《吕思勉全集》第2册《吕著中国通史》,第10页。
⑤ 这种从人类整体和社会普遍发展思考历史的方式,在近代曾非常流行。如,茅盾对中国神话的梳理,也是从原始先民"心智共通说"出发,导出世界神话普同的结论,再归纳其他民族的神话模式,"复原"中国上古神话体系。参见苏永前《中国上古神话体系重建的方法论反思——以茅盾的人类学方法为例》,《兰州大学学报》2015年第1期。

第四篇 近代史家及其史学思想

此外，这种诉诸人类社会普遍发展过程的解释体系，还产生了另一个重要推论，即由于抹平了"圣王"和"常人"之间的差异，代之以抽象的"人"，由此普通人的日常经验或常识在材料判断中就具有了非常重要的价值。如，传说中黄帝有"九功"，《尚书序疏》认为这些并非都是黄帝之功。吕思勉认为，《尚书序疏》的这种说法尽管"为强伸《伪序》文籍起于伏羲时，虽不足论，然就《系辞传》文义论之，自为平允。然黄帝以降，文物日臻美备，则可知矣。此史事之传者，所以至黄帝而较详也"①。吕思勉之所以认为《尚书序疏》的说法较为"平允"，并非依赖于某些更为坚实的证据，而是依赖于人的一般常识，即所谓的"九功"关乎社会文明发展的各个方面，绝不可能是一人所创，甚至不可能是一代人所创，应该是逐渐发展完成。但是，古书多有"黄帝创九功"之说，也从侧面证明了黄帝之后社会发展日益完善，自此以后的史事也越来越详细。

第二种重构涉及材料的"历史化"，即将这些史料本身放在历史发展的背景中进行讨论，尤其是那些后人鉴于当时情形而进行的附会，尽管不实，也是"一大发明"②。如，《大戴礼记·五帝德》中的五帝是黄帝、颛顼、帝喾、尧、舜，郑玄于黄帝、颛顼之间加入少昊。吕思勉指出，此番操作正是为了按照"土金水木火"的顺序让汉为尧后，承火德。但这样一来五帝成六人，于是《伪古文尚书》从三皇中剔除燧人，以黄帝入三皇，五帝仍为五人。③ 因此，这段材料虽无助于落实三皇五帝的客观情况，却有助于我们理解汉代学术系统的若干细节及其与现实之间的关联。这种重构借助了历史背景和历史事件之间的阐释循环，也就是说，汉代对自身的政治和历史定位是"为尧后"，在这种大背景下就可以完美解释古文学家以"黄帝入三皇""少昊补五帝"的具体行为。反过来，古文学家的这种行为，也能反映汉代政治思想的基本氛围。在历史大背景和具体事件这两个方向上，只要有一个取得新突破，就有可能带动该领域历史知识的新一轮变化，这也是近现代历史知识迭代的重要途径。这种解释循环有一个重要前提假设，即整个社会或时代作为一个意义整体涵盖一切个体（人或事），即不存在超然于整体背景之上，无法通过社会背景进行解释的个体。

---

① 吕思勉：《吕思勉全集》第 3 册《先秦史》，第 52—53 页。
② 吕思勉：《吕思勉全集》第 12 册《论学丛稿（下）》，第 1036 页。
③ 吕思勉：《吕思勉全集》第 3 册《先秦史》，第 41 页。

所以，历史主体看似还是一个个特殊个体，但其实已经转变成了"整体中的个体"，具有了更加抽象的意义。同时，这种个体和整体之间的双向互动，让我们对历史的理解永远处于可变化、可深入的状态。正是这一点，让这种逻辑推演不同于"上古圣王"与"画鬼捉鬼"的逻辑。

第三种重构涉及被"过度历史化"的材料。吕思勉在研究中发现，传统学术除了喜欢美化上古时代以外，还喜欢将神话传说中的人物、地点落实下来，也就是神话的"历史化"，但这种"历史化"有些情况下"过度"了。对这类内容，只能采取消极重构的方式，即只保留现有材料支持下的可能性结论，使神话回归神话。如，传说人物少昊，吕思勉认为"则古代，今山东省，确有一少昊其人，谓为子虚乌有者，武断之论也"。但古文学家硬说少昊就是黄帝之子青阳，就很荒谬了。① 根据吕思勉的考辨，此种说法是因为《周书》（即今《逸周书·尝麦》）称"少昊清"名"质"。因质、挚同音，古文学家由此"定少昊之名为挚"，于是刘歆在《考德》中自造出"清，黄帝之子青阳也，名挚"。吕思勉据此怀疑今本《左传》中称"少皞挚"，是因为"挚"字本为左氏学者为《左传》作的注解，在后来的流传中误入正文里了。② 吕思勉承认历史上也许真有少昊此人，但古文学家"少昊—挚—青阳"的论证过程，只是因为发音近似，缺乏坚实的证据，因此并不认可。但少昊到底是什么人，已经不是历史学能够解决的问题了。吕思勉看似并没有重构什么，只是让少昊的身份回归苍茫，但这种不是重构的重构恰恰说明，以吕思勉为代表的近代历史学家对历史学的边界有着清醒的认知。

综上所述，吕思勉对神话的重构，是在史料批判的基础上，借助进步史观支撑下的普遍社会发展理论和日常经验完成的。加上清理工作中对神话的道德价值色彩及类比逻辑的擦除和反思，基本上区分了神话中的"事实"和"价值"，勾描出了以三皇五帝为线索的上古历史的发展脉络。通过这些工作，既可以看出传统考据学方法在吕思勉史学研究中的重要作用，更能看出相较于传统史学，他的基本假设和判断原则已经发生了变化，"现在社会学家的成说"取代经学成为史学家的重要判断依据，③ 这也

---

① 吕思勉：《吕思勉全集》第3册《先秦史》，第54页。
② 吕思勉：《吕思勉全集》第3册《先秦史》，第53—54页。
③ 吕思勉：《吕思勉全集》第13册《中国社会变迁史》，第421页。

意味着历史知识的一次重要迭代。有意思的是，吕思勉对神话中历史知识的迭代，表面上是考据学的成果，实则是通过将"旧知识"放在社会发展观的全新体系中经历"陌生化"，再转变为"新知识"的结果。这些新知识如果可以进入常识系统，也就进一步巩固了其所生发的社会发展论，帮助其成为更具社会话语权的知识体系，从根本思维方式上颠覆"旧常识"。

四　新知识与旧常识

上古神话包含着传统学术赋予的价值，逐渐成为传统知识系统和文化认同的重要组成部分。也就是说，这些神话及意义构成了一种集体记忆和常识，如圣王三皇五帝、尧舜禹禅让以天下先、大禹治水拯救苍生，等等。这些常识同传统学术构建的思想体系紧密编织在一起，难以动摇。从思想上而言，清末民初中国社会之大变局就是从颠覆常识开始的。神话构建的常识，在传统社会未必没有人提出怀疑，王充就在《论衡》中有大量讨论，参见《论衡》中的《书虚》《感虚》等篇。[①] 但因其大多是质疑细节或提出另一种假设，并无涉于传统学术的基本逻辑，也就谈不上颠覆。但是，近代以来的新史学却借助"赛先生"的西风，尤其是社会发展史和进化论学说，动摇了传统史学的基础，代之以"科学研究"的全新面貌。在这个新系统中，旧常识或被抛弃，或经历"陌生化"从而进入新一轮常识化的进程。更宽泛地说，这种新知识取代旧常识的过程，不仅发生在史学领域，更是整个近代中国思想界经受的一场风暴，吕思勉的神话研究也只是其中的一部分。

这种新旧知识迭代的过程，存在一表一里两条线索。从表面上看，是西来的社会发展学说取代了传统经学思想。吕思勉借此将上古神话中的史事重新解释为人类早期历史发展阶段，分离了其中蕴含的"事实"和"价值"。而从内里来看，则是以"统属性"思维模式取代"关联性"思维模式，是对以"有机整体式"为逻辑推理依据的传统历史思维方式的颠覆。[②] 统属性强调以事物的本质作为分类标准，强调实体与形质的静态属性；关

[①] 王充撰，黄晖校释：《论衡校释》，中华书局2018年版。
[②] 参见萧延中《中国思维的根系：研究笔记》，中央编译出版社2020年版，第40—42页。

联性则以功能为分类标准,着眼于事物内部的动态功能与相互关系。李约瑟极力强调这种"关联性思维"决定了中国传统文化的特质,① 这种思维模式形成了中国传统思想的"有机整体论",即宇宙观、社会论、道德观和政治论连成一片,"以宇宙秩序比拟社会秩序,以社会组织决定个人地位","形成一个各部分相互紧密衔接的统系"②。而且这种整体和关联本身就是真理,除此以外,再无某种更为超越和终极的源头能阐释这种真理。

这种思维模式下沉到日常生活,则强调人人都是社会组成部分,都要服务社会。这既是"为公"(政治),也是"为私"(道德),故而"对社会人际关系的解释要远远超越对自然现象的探索"③。张东荪认为,这种思想的产生是由于存在从文化上加紧社会团结的趋势。④ 在这种思想的影响下,传统史学产生了强调人人关系、天人关系的历史书写。正如江湄所说:"中国传统史学特别重视探讨人在一定历史处境下的责任与能力,一般用'人意'与'时势'的关系来表示……这样一套历史观的重大关切,在于'人'在给定的历史处境下,如何抉择、如何行动才是合乎'道'的,合乎'道'的大意是既问心无愧,又对当下的现实最负责任最有用,同时又是自己力所能胜任的,这样在道德上才算是最恰当的。"⑤ 因此,历史人物或事件必然被赋予某种政治或道德价值,其意义甚至凌驾于事实本身之上。

如果以这样的思路反观吕思勉的神话研究,就能够清晰地看到他有意识地剥离上古神话的这种"有机整体论",用以"社会发展史"为表现的"统属性思维"代替"价值与事实混杂"的"关联性思维"。吕思勉首先将宇宙和社会分割开来,社会发展便不再具有某种宇宙论的意义,然后以"抽象同质"人类群体代替"具体特殊"人类个体。第一点很好理解,吕思勉借此反驳"上古圣王"和"五德始终"等解释体系,驱除了笼罩在上

---

① [英]李约瑟:《中国古代科学思想史》,陈立夫等译,江西人民出版社1990年版,第375页。
② 张东荪:《知识与文化》,商务印书馆1946年版,第101页。
③ 萧延中:《中国思维的根系:研究笔记》,第383页。
④ 张东荪:《思想与社会》,商务印书馆1946年版,第181页。
⑤ 江湄:《在后现代视野下重新审视中国传统史学的思想价值》,《学术研究》2008年第3期。

古神话传说中的神秘色彩，但如此还不足以让事实确立，还需要重新建立证据判断原则。传统经学的证据判断原则就在其价值观念体系之中，在否定了传统经学的解释体系后，吕思勉等近代历史学家选择以"社会发展学说"为历史证据判断原则，其核心是以"抽象的人类群体"作为历史社会发展的中心。梁启超指出，"历史者，叙人群进化之现象而求得其公理公例者也"，"夫所贵乎史者，贵其能叙一群人相交涉、相竞争、相团结之道，能述一群人所以修养生息、同体进化之状，使后之读者，爱其群善其群之心，油然生焉"①。梁启超甚至认为历史研究就是要揭示人类社会的进化法则。

吕思勉的神话研究并没有走那么远，却有了具体的应用和阐发。第一，消弭圣人和普通人之间的界限。如，否认存在近乎神明的上古圣王，因此三皇五帝只是部落首领，大禹治水不在九州而"只限于一隅"的事实才得以确立。② 第二，既然不存在超人般的圣人，那么普通人的日常经验就成了重要的判断依据。如，在大禹治水方法的问题上，根据《禹贡》《山海经》《诗经》可知，治水的基本方法是"湮防"而非"疏导"，吕思勉认为这才是更为可信的，因为"于古则湮防本最易知之法；亦且疆域狭小，无从知水之源流……所习知者，沟洫疏治之法耳"③。根据普通人的日常经验，掌握河流的来龙去脉，并不是一件容易的事，在蛮荒上古就更不可能了。后世人们治水技术发达了，重疏导而轻湮防，如此才附会大禹疏导洪水有功，而鲧和共工湮防无功。其实，他们的治水方式都以湮防为主，也都没有消除水患。大禹之后，文明西迁，水患渐消，后世便将治水的种种功绩叠加到了大禹头上。此外，上古多水患，且"古帝形貌，皆象龙蛇"，更有许多日常生活经验，"如食之主于鱼与植物也；衣之用麻丝，且其制宽博也；人所聚处曰州；其宫室则以上栋下宇，革陶复陶穴之风也；币之多用贝也"④，都证明"文明肇启，实在江海之会也"⑤。第三，既然历史的主体是"人类群体"，那么"个人权力博弈"的传统历史叙事

---

① 梁启超：《新史学》，商务印书馆 2014 年版，第 87 页。
② 吕思勉：《吕思勉全集》第 3 册《先秦史》，第 57—58 页。
③ 吕思勉：《吕思勉全集》第 3 册《先秦史》，第 61 页。
④ 吕思勉：《吕思勉全集》第 3 册《先秦史》，第 28 页。
⑤ 吕思勉：《吕思勉全集》第 9 册《读史札记（上）》，第 5 页。

就必然让位给社会发展史。如,由于否认了法家和魏晋时期对禅让"权力博弈论"的解释,才能将尧舜禹的禅让"还原"为社会发展从"共王"到"家天下"的过程。需要补充的是,这种传统"个体权力博弈"历史观念的糟糕之处,在于承认朝代的更迭并没有产生新的社会和新的人,而这正是近代新式知识分子所要极力避免的。也许正因如此,近代历史学才最终选择用随生产力和生产关系变化发生的社会矛盾,取代了个人之间由于利益争夺而发生的权力博弈,并将其作为历史发展变化的核心动力和历史解释的基本线索。

因此,吕思勉的神话研究,尽管表面上保留了传统考据史学的皮相,但内里却通过"统属思维"塑造的"同质人类群体"概念,加上社会从低到高的发展逻辑,取代了"关联性思维"下事实、政治和道德夹缠不清的解释体系。吕思勉的神话研究只是中国近代学术发展史的一个侧影,非但没有提出完整的上古神话系统,在《吕著中国通史》中甚至将诸多研究成果简化为"古代的开化"一章。相比杨宽《中国上古史导论》中的"分化说"和"东西民族神话系统融合说"①,以及茅盾的"北、中、南"神话系统和以"帝俊为中心的诸神系统"②,吕思勉的研究显得过于简单和碎片化。不过,也正是吕思勉在神话研究上的克制,才体现了他作为近代历史学家是如何在与传统思想及西方学术观念的交锋和融合中,逐渐清理出自己的边界,形成自身的话语体系和判断标准。吕思勉最终的学术诉求是建构中国通史,而神话作为历史的开端,虽然只是很小的一部分,却是一套历史叙述中最重要的部分,因为开端确定了研究的基调和时间的畛域。正因如此,吕思勉的神话研究尽管不专不博,却仍具有重要的研究意义。如果将视野放大,可以发现,此后随着考古学和生物学的新发现,对于中国历史的开端产生了种种新的说法,这种从神话传说到考古生物的研究视野的转移,本身也正是中国历史知识迭代的一种体现。

最后仍需指出的是,站在今天的立场回望,吕思勉奉行的人类社会发展观念,也是在具体社会历史背景中的一种选择。正如茅盾在讨论盘古神话时说:"这便是中国神话的第一页,若照兰氏的各民族开辟神话的方式

---

① 参见杨宽《中国上古史导论》,上海人民出版社2016年版,第45—76页。
② 参见玄珠《中国神话研究ABC》,《民国丛书》第4编第59册,上海书店1929年版。

看来，中国的开辟神话与希腊、北欧相似，不愧为后来有伟大文化的民族的神话！"① 这种东西方相似性或同步发展，一方面帮助构建了中国的神话体系，另一方面也承担着安抚当时知识界焦虑情绪的功能。吕思勉同样认为："现在文化前途的改变，乃是整个社会组织的改变，并非一枝一节的问题。这个问题，乃中国与西洋之所同，而非中国之所独。具体言之，即是中国与西洋，以及全世界的各民族，都要携手相将，走上一条新的径路。"② 可见，这种选择反映了在中国近代社会转型过程中知识分子的现实诉求和心态。可以说，这也是"一切真历史都是当代史"的一种印证。吕思勉曾批评，在解释禅让问题上，儒家、法家和魏晋学者都犯了"当下主义"分量失衡的错误，但由于他本人对社会发展学说的深信不疑，也滑入了同样的误区。正如乔治忠批评的那样："《读史札记》在考述炎帝与黄帝之争中，不言其人其事是否可信，而得出'炎、黄之际，为世变升降之会'的看法，貌似撇开争议转而思考上古传说之更宏大的社会意义，但炎帝、黄帝是否真是上古人君以及所处的时代尚无着落，能够断言为'世变升降之会'吗？"③ "当下主义"不一定是历史学的原罪，因为它体现出历史与当下的持久张力，但它的确是历史学家需要警惕的问题，因为"并非过去的一切都需要势不可挡地导向我们为自己的故事选择的终点"。所以，作为历史学家，不仅要谨慎地拿捏"故事的结局和展开过程之间的选择感"④，也需要不断反思前人的研究成果及其背后的思想体系和论证方式，由此实现历史作为一门知识体系的不断自我更新。

（原载《史学理论研究》2022 年第 1 期）

---

① 茅盾：《神话研究·神话杂论》，百花文艺出版社 1981 年版，转引自乐黛云、陈惇主编《中外比较文学名著导读》，浙江大学出版社 2006 年版，第 58 页。
② 吕思勉：《吕思勉全集》第 2 册《吕著中国通史》，第 228 页。
③ 乔治忠：《〈吕思勉读史札记〉的史识与启迪》，《学术研究》2018 年第 3 期。
④ ［美］林·亨特：《历史学为什么重要》，李果译，北京大学出版社 2020 年版，第 140 页。

新考据派史家胡适、傅斯年的宋学观与方法论述评

徐国利

(上海财经大学人文学院历史系)

宋代学术(简称宋学)是中国传统学术发展的重要阶段和一个高峰,对元、明、清和中国近代以来的学术发展产生过直接和重大影响。中国现代各学术流派及学者曾从不同视域出发,对宋学加以研究评判,甚至以此为方法论资源来建构中国现代新学术。在史学界,新考据派史家所做贡献颇多。新考据派史家的主将胡适和傅斯年从进化史观的角度,以近现代科学方法论和史学观为依据对宋学加以评判。虽然两位史家对宋学评述的侧重点不同,胡适主要是集中在对宋代理学、主要是朱子学及宋代功利主义方面,傅斯年的评述则包括宋代理学和史学两大方面。但是,他们的研究有一个共同特点,即着力发掘其中的科学精神和科学方法,以之作为中国学术现代转型的传统资源,体现了鲜明的工具理性色彩,为中国现代学术的建立做出了重要贡献。但是,他们否认道德理性在宋学中的地位和作用,无视其对中国现代学术转型和建构的重要作用,是一种唯科学主义和西方文化中心论,存在严重的理论缺陷。同时,他们所倡导的历史进化或历史方法与马克思的唯物史观及其历史主义方法也不能相提并论。探讨他们宋学研究的得失对中国当代学术发展具有重要启示。学术界对这一问题缺乏研究,[①] 故拙文对此作一初步探讨。

[①] 通过检索"中国学术期刊网"和大型中文数据库"读秀",我们发现,学术界仅有少量著述探讨了梁启超、章太炎、刘师培、胡适、钱穆和陈寅恪等中国现代史家的宋学史研究。有关胡适、傅斯年宋学研究的专门著述尚未发现。

第四篇 近代史家及其史学思想

一 胡适：现代科学方法论和精神视域下的宋学

胡适终生以传播和建立中国现代学术的科学方法论为己任，其倡导的"大胆的假设，小心的求证"方法论对中国现代学术发展具有重大影响。他评述宋学时，便站在现代科学方法论的角度，称宋学的主要贡献是提出了科学方法论，由此成为中国现代学术的开端；他还对宋代功利主义学者加以阐扬，体现了实用主义的价值取向。

首先，宋学提出的科学方法论，开启了中国现代意义的学术。胡适运用学术进化论的方法，以现代科学为标准，充分肯定了程朱理学"格物致知"的科学方法论意义，称其开中国现代学术和思想的先河；这种科学方法论奠定了清代学术的基础，清学与宋学实为一脉相承的演进关系。

胡适以科学方法的发现和建立为主线，将中国思想史分为三个时期，认为宋学提出"格物致知"的科学方法揭开了中国现代学术的序幕。中国思想史的古典时期，从公元前第一个千年直到汉代，"这是中国思想史上最有创造性、最有原始性的固有思想时代"；从两汉统一进入分裂时代，即"中古时代"；第三个时期是现代期，从公元1000年（北宋初期）开始，可称为"中国文艺复兴阶段"，"公元第十一世纪之所以能成为一个中国的'革新世纪'，便是这个时代里发生对这种荒谬的［中世纪迷信的］一种反抗"[①]。他说，宋代思想家、政治家披心沥血恢复佛教东传以前中国文化、思想和制度的复古运动虽然行不通，但是他们在思想上却有创新，其中最重要的便是在儒家经典《大学》中"发现了一种新的科学方法"——"格物"，"'格'至也；'物'犹事也。穷至事物之理；欲其极处无不到也。""这就是培根所说的'新工具'；也就是笛卡尔所提倡的'方法论'。'现代'的中国哲学家要寻找一种新逻辑、新方法。"[②]他虽然从尊德性、道问学的角度概括了宋代理学的方法论成就，称这场伟大的"新儒学"运动对道德、知识最好的表达，"便是程颐所说的：'涵养须用

[①] 胡适：《胡适的自传》，葛懋春、李兴芝编：《胡适哲学思想资料选》（下），华东师范大学出版社1981年版，第274、278、279页。

[②] 胡适：《胡适的自传》，葛懋春、李兴芝编：《胡适哲学思想资料选》（下），第281页。

敬,进学则在致知。'后世学者都认为'理学'的真谛,此一语足以道破"①。不过,最有价值的还是宋儒将"格物致知"这一"道问学"方法论从《大学》中提出来,这样,"方才算是寻得了中国近世哲学的方法论"②,由此开中国现代科学的先河。他又说:"程颐、朱熹一派认定格物致知的基本方法。大胆的疑古,小心的考证,十分明显的表示出一种'严刻的理智态度,走科学的路'。这个风气一开,中间虽有陆、王的反科学的有力运动,终不能阻止这个科学的路重现而大盛于最近的三百年。"③

同时,胡适又批评了宋学的非科学性,称其缺乏科学实验室的态度(实证的方法)和历史的态度(历史的方法)。第一,宋儒运用"格物致知"时缺乏假设。科学方法包括假设和实验两部分,"没有假设,便用不着实验。宋儒讲格物全不注重假设……没有假设的解释,也不用实验的证明。这种格物如何能有科学的发明?"④ 第二,宋儒不明校勘而流于空疏。他说:"宋儒注重贯通,汉学家注重校勘训诂。但是,宋儒不明校勘训诂之学,故流于空疏,流于臆说。"⑤ 第三,宋儒缺乏历史的态度。他说:"宋明儒者的毛病在于缺乏历史的态度。他们的思想富于自由创造的成分,确有古人所不曾道过的;但他们不认这是他们自己的创见,却偏要说这是古经的真义。这并不是他们有心作伪欺人,只是缺乏历史的眼光,不知不觉地把他们自己的创见误认作千余年前孔子、孟子的真谛。"⑥

其次,宋学和朱子学精神被清学继承,两者是一脉相承的关系。胡适从进化史观出发,对汉唐以来至清代的儒学发展作了考察,称清代汉学实为一种"新宋学","宋儒排斥汉唐,然而宋儒实在是毛公、郑玄、王弼、王肃和嫡派儿孙。清儒又排斥宋儒,然而顾炎武、戴震、钱大昕也实在是朱熹、黄震、王应麟的嫡传子孙(章学诚已能见及此)。所以从历史上看来,宋学只是一种新汉学,而清代的汉学其实只是一种新宋学!"⑦ 在谈到

---

① 胡适:《胡适的自传》,葛懋春、李兴芝编:《胡适哲学思想资料选》(下),第282页。
② 胡适:《清代学者的治学方法》,《胡适文存》第1集,黄山书社1996年版,第281页。
③ 胡适:《读梁漱溟先生的〈东西文化及其哲学〉》,《胡适文存》第2集,黄山书社1996年版,第179页。
④ 胡适:《清代学者的治学方法》,《胡适文存》第1集,第282页。
⑤ 胡适:《中国哲学史大纲》,东方出版社1996年版,第23页。
⑥ 胡适:《费经虞与费密》,《胡适文存》第2集,第50页。
⑦ 胡适:《费经虞与费密》,《胡适文存》第2集,第53页。

程朱理学、陆王心学和清代朴学之间演变的关系时，他说："程朱的归纳手续，经过陆王一派的解放，是中国学术史的一大转机。解放后的思想，重新又采取程朱的归纳精神，重新经过一番'朴学'的训练，于是有清代学者的科学方法出现，这又是中国学术史的一大转机。"① 胡适晚年把清代考据学的形成视为宋代以来学术累积的产物，由此形成的以历史工具来校勘旧典籍，"便是批判的治学方法的起源"，其学术即是"'考据学'或'考证学'"②。上述观点表明，在胡适看来清学实是对宋学的继承，两者是一脉相承的关系。这种观点超越了清代汉宋对立的观点，与近代梁启超等"清学是对宋学反动"的观点则有同有异。梁启超说，"吾言'清学之出发点，在对于宋明理学一大反动'。夫宋明理学何为而招反动耶？学派上之'主智'与'主意'，'唯物'与'唯心'，'实验'与'冥证'，每迭为循环。大抵甲派至全盛时必有流弊，有流弊斯有反动，而乙派与之代兴。乙派之由盛而弊，而反动亦然。然每经一度之反动再兴，则其派之内容，必革新焉而有以异乎其前。""以复古为解放"的清学，"所以能著奏解放之效者，则科学的研究精神实启之"③。可见，在他看来，宋明理学是主意、唯心和冥证的，即没有科学研究精神，清代学术则是主智、唯物和实验的，充满科学研究精神。在这点上，梁启超和胡适是相同的，都以是否具有现代科学精神来评价宋学和清学，并以此充分肯定清学。然而，两人亦有不同，梁启超没有像胡适那样发掘出程朱理学治学的科学精神，故他说清学是对宋学的"反动"，而非如胡适所说的"继承"。应当说，胡适的观点更客观和全面。

在论及宋学与清学关系时，胡适在同时期还提出了中国近世哲学的清代"消歇"说，即"中国近世哲学的遗风，起于北宋，盛于南宋，中兴于明朝的中叶，到了清朝，忽然消歇了。清朝初年虽然紧接晚明，但已截然成了一个新的时代了。自顾炎武以下，凡是第一流的人才，都趋向做学问的一条路上去了；哲学的门庭大有冷落的景况"④。这种观点似乎与清学与宋学是一脉相承的观点相矛盾。笔者以为，这主要是由于胡适在不同的文

---

① 胡适：《清代学者的治学方法》，《胡适文存》第 1 集，第 285 页。
② 胡适：《胡适的自传》，葛懋春、李兴芝编：《胡适哲学思想资料选》（下），第 129 页。
③ 梁启超：《清代学术概论》，东方出版社 2012 年版，第 7 页。
④ 胡适：《戴东原的哲学》，上海古籍出版社 2014 年版，"引论"，第 1 页。

章中所强调的主题不同和语境差异所致,本质上并不矛盾。胡适的"消歇"说主要是指宋明理学以性理为对象的理学,即相当于现代哲学意义的"近世哲学"在清初"消歇"了,而非指程朱理学所开创的"格物致知"的科学方法,故他将清初反理学的学术思想运动称为"'反玄学'的运动"①。因此,他在同文中论及宋代与清代经学的特点时说,"经学"并非清朝独有的学术,但清朝的经学却有独到长处,"宋朝的经学重见解,多新义而往往失经的本义。清朝的经学有四个特点:(一)历史的眼光;(二)工具的发明;(三)归纳的研究;(四)证据的注重。因为清朝的经学具有这四种特长,所以他的成绩最大而价值最高"②。质言之,宋学的精华,即以程朱理学为代表的宋代经学(理学)所提出的科学方法和精神被清代经学发扬光大了,故清学实际就是"新宋学",两者一脉相承;而宋学的糟粕,即哲学意义的谈天说性言理的理学则被清学遗弃了,亦即"消歇"了。易言之,清学在批判性地继承宋学所开创的科学治学的基础上达到了中国传统学术发展最科学的阶段,取得了最大的成绩。

胡适高度评价了理学集大成者朱熹的中国学术思想史地位,称其"影响近代思想最大最深"③,朱熹的科学批判性、怀疑精神和治学方法论为清代学术奠定了基础,"从某些方面来说,朱子本人便是一位科学家。他对古代典籍深具批判能力。朱熹也是研究古音韵的急先锋。他开始怀疑'书经'中大部都是伪作;平时对古籍的处理也完全不拘泥于传统;每每使用新方法,另创新论。所以从这一方面来说,我国自十七世纪其后凡三百年的学术研究,实在并不是反对朱熹和宋学;相反的,近三百年来的学者,实是承继了朱子治学的精神。这也是崭新的观点!"④ 事实上,宋明理学对胡适的学术成长起了重要作用。他说,自己留美时转学哲学的原因之一便是,"中国古代哲学的基本著作,及比较近代的宋明诸儒的论述,我在幼年时,差不多都已读过。我对这些学科的基本兴趣,也就是我个人的文化背景"⑤。与胡适有忘年之交的史家唐德刚说:"胡适之先生一辈子所最佩

---

① 胡适:《戴东原的哲学》,第1页。
② 胡适:《戴东原的哲学》,第7页。
③ 胡适:《读梁漱溟先生的〈东西文化及其哲学〉》,《胡适文存》第2集,第179页。
④ 胡适:《胡适的自传》,葛懋春、李兴芝编:《胡适哲学思想资料选》(下),第283页。
⑤ 胡适:《胡适的自传》,葛懋春、李兴芝编:《胡适哲学思想资料选》(下),第51页。

服的'现代'学者,便是'我们徽州'的朱子了。他认为朱熹是近六百年来,影响我国学术思想最大的思想家和学问家。"①

胡适信奉实验主义(实用主义)。实验主义强调思想和知识在实际生活中的运用,即思想和知识的功利性。胡适在介绍杜威实验主义时说:"思想起于应用,终于应用;思想是运用从前的经验,来帮助现在的生活,更预备将来的生活。"②胡适从功利观出发,高度肯定了北宋主张政治事功、反对空谈义理的思想家李觏。

李觏的功利观是对程朱理学重义轻利思想的反动。胡适对此十分赞赏,称他"是王安石的先导,是两宋哲学的一个开山大师","李觏是一个实用主义家。他很光明昭著的提倡乐利主义","大胆的提倡霸国与强国","注重富国利民"③。其根本主张是"贤圣之君,经济之士,必先富其国","也就是王安石新法的根本主张","我们可以说,李觏是颐宁元丰新法的哲学家,他的政治哲学是新法的学理的背景"④。胡适认为,李觏的功利观本质上是根据自然的,"礼制法度都是人为的谋乐利的工具,但不是违背人情的天然趋势的。人事的制度乃是谋天然的本能的正当发展的唯一法门。礼制若违反了人情,就不能存在了"⑤。

不过,胡适反对狭义的功利观。他在谈到国故研究时说,做学问不应先存狭义的功利观,"当存一个'为真理而求真理'的态度",对于国故学应尽力用科学方法去研究,"不当先存一个'有用无用'的成见"⑥。可见,胡适不是无原则地赞同学术功利观,而是对学术"求真"与"致用"的关系有着辩证的认识。

二 傅斯年:近代科学观和史料观视角下的宋学

傅斯年曾提出著名的"史学便是史料学"思想,主张用科学方法来搜

---

① 胡适:《胡适的自传》,葛懋春、李兴芝编:《胡适哲学思想资料选》(下),第289—290页。
② 胡适:《实验主义》,葛懋春、李兴芝编:《胡适哲学思想资料选》(上),第78页。
③ 胡适:《记李觏的学说——一个不曾得君行道的王安石》,《胡适文存》第2集,第21—23页。
④ 胡适:《记李觏的学说——一个不曾得君行道的王安石》,《胡适文存》第2集,第24页。
⑤ 胡适:《记李觏的学说——一个不曾得君行道的王安石》,《胡适文存》第2集,第28页。
⑥ 胡适:《论国故学——答毛子水》,《胡适文存》第1集,第321页。

集、整理和编辑史料。他大体是从理学和史学两方面对宋学加以评判的。不过,他对宋学的评判前后有明显的变化,然而,其评判的立场和方法却是相同的,即现代科学观、进化论和史学观。他高度评价了宋代史学,称其开中国近代史学之先河。

首先,傅斯年对宋学的认识有一个转化过程。他早年将宋学与清学对立起来,对宋学评价很低,对清学评价很高。1919年4月,他在《新潮》杂志一卷四号发表《清代学问的门径书几种》一文,此文论述清学与宋学的关系及宋学。他说,清代学问"只是宋明学问的反动,很像西洋Renaissance时代的学问,正对着中世的学问而发","清代学问是中国思想最后的出产品。在汉朝以后,出产的各种学问中,算是最切实最有条理的……宋朝学问的原动力是佛道两宗。谈起心性来,总是逃禅;谈起道体来,必要篡道……至于影响清代学问的原动力,不消说得是经籍的古训了。何以经籍的古训能引起清代的学问呢?这是宋明学问的反动了"①。为什么呢?这可以戴东原的"以理为学,以道为统,以心为宗;探之茫茫,索之冥冥,不若反求诸六经"为证。因此,宋学与清学是对立的两极,"宋明的学问是主观的,清代的学问是客观的;宋明的学问是演绎的,清代的学问是归纳的;宋明的学问是悟的,清代的学问是证的;宋明的学问是理想的,清代的学问是经验的;宋明的学问是独断的,清代的学问是怀疑的。这就方法上而论,彼此竟是绝然不同,所以彼此的主义,竟是完全的相左。仔细看来,清代的学问,很有点科学的意味,用的都是科学的方法"②。由此可见,这时的傅斯年认为宋学缺乏科学性,清学与宋学之间没有继承关系,清学是对宋学的反动。

然而,1940年傅斯年在其代表作《性命古训证》一书中,对宋学及其与清学关系的认识却发生了大转变。他提出一个独到观点,即,程朱理学实为"尊德性"与"道问学"的二本论,但程朱理学更重"道问学",为"物学",与王阳明的"心学"(尊德性)根本不同。因此,程朱理学虽然受到清代朴学的攻击,然而,朴学实与其立场相近;程朱理学在中国思想史上有承上启下的伟大贡献。

---

① 傅斯年:《清代学问的门径书几种》,《傅斯年全集》第1卷,湖南教育出版社2003年版,第227—228页。

② 傅斯年:《清代学问的门径书几种》,《傅斯年全集》第1卷,第228页。

第四篇 近代史家及其史学思想

傅斯年在谈到理学演变时说:"理学者,世以名宋元明之新儒学,其中程朱一派,后人认为宋学正统者也。正统之右不一家,而永嘉之派最露文华,正统之左不一人,而陆王之派最能名世。陆王之派,世所谓心学也,其前则有上蔡,渊源程门,其后则有泰州龙溪,肆为狂荡,公认为野禅矣。程朱深谈性理,以为'如有物焉,得于天而具于心'(戴震讥词),然其立说实为内外二本,其教则兼'尊德性'与'道问学',尤以后者为重,故心学对朱氏备致不满之词……然则清代汉学家自戴震以降攻击理学者,其最大对象应为心学,不应为程朱。然戴氏之舍去陆王力诋程朱则亦有故。王学在明亡后已为世人所共厌弃,程朱之学在新朝仍为官学之正宗。"[①] 基于这种认识,他指出朱子学实为"物学",与清代朴学立场相近,朴学的重要经学问题都得自宋儒,"试看格物致知在《大学》之道之系统中居诚意正心之前,即等于谓是修道之发轫。朱子将此根本之地说得如此,则准以王学称心学之例,朱学称'物学'自无不可。(朱子之究心训诂,名物,礼数,一如清代朴学家,'物学'之采色极重。朱子门人及其支裔诚多舍此但讲性命者。然东发、深宁竟为清代朴学之远祖。此不磨之事实也。清代朴学家之最大贡献,语学耳[兼训诂音声],至于经学中之大题,每得自宋儒……)清代朴学家之立场,岂非去朱子为近,去孟子为远乎?"[②] 他称赞程朱的二层性论在中国思想史上有承上启下的伟大贡献,"程朱之学兼受陆王及戴氏之正面攻击者,为其二层性说。是说也,按之孟子之义,诚相去远矣,若求其思想史上之地位,则是绝伟大之贡献,上承孔子而详其说,下括诸子而避其矛盾。盖程朱一派之宗教观及道德论皆以此点为之基地"[③]。

傅斯年重视程朱的"道问学",将其核心解读为"物学",强调其重要的学术地位和贡献,轻视"尊德性"在理学发展和学术史上的地位。由此可见,他对宋学认识和评价虽然发生了根本性转变,但是评判的理论依据和方法却是相同的,即都是以现代科学方法论为标准;问题只在于,他早年没有发现宋学所谓的科学精神及其对清代学术的重要影响。

其次,在史学方面,傅斯年提出了"近代中国的语言学和历史学,开

---

① 傅斯年:《性命古训辩证》,《傅斯年史学论著》,上海书店出版社2014年版,第450页。
② 傅斯年:《性命古训辩证》,《傅斯年史学论著》,第455—456页。
③ 傅斯年:《性命古训辩证》,《傅斯年史学论著》,第456页。

创于赵宋，近三百年来成绩很大"的新观点。[①]他运用"史学即是史料学"的理论对宋代史学加以评析，指出其在史料考据和整理上运用了和西方相同的方法，在史学方法上取得了和西方语言学、史学类似的成就，开中国近代史学发展之先河。

傅斯年高度肯定宋代史学尤其是司马光等在史料考订和整理上的成就，称其比西方领先几百年。他说，中国详述史料比较（按，即史料的校勘）最早的一部书是司马光的《通鉴考异》，"这里边可以看出史学方法的成熟和整理史料的标准。在西洋则这方法的成熟后了好几百年；到十七八世纪，这方法才算有自觉的完成了"[②]。此书有史料学方法论的意义，"官府记载与野记之对勘工夫，最可以《通鉴考异》为例。此书本来是记各种史料对勘的工夫者，其唐五代诸卷，因民间的材料已多，故有不少是仿这样比较的。因此书直是一部史料整理的应用逻辑，习史学者必人手一编"[③]。另外，宋代史学开创了清代和近代史学以纸质文献与金石文献比勘互证方法的先河，这一治史方法和成就在清代达到了高峰。他说，"以金文证经典虽为较近之事，然以石文校史事，宋朝人已能为之。如欧阳永叔《集古录跋尾》，其中颇有胜义"，"北宋人的史学分析工夫到这个地步，所以才能有《唐书》、《通鉴》那样的制作。到了近代顾亭林、朱竹垞等，以石文校史书，时有精论，而钱竹汀'乃尽……出其上，遂为古今金石学之冠'。（见《集古录跋尾·王昶序》）廿一史之考异，金石文之跋尾，皆同一意义之工作"[④]。他在谈到1928年创立的中央研究院历史语言研究所的治史宗旨和方法时，盛赞由司马光开创、为清代钱大昕等史家所确立的治史方法能与西方近代实证派相比拟："本所同人之治史学，不以空论为学问，亦不以'史观'为急图，乃纯就史料以探史实也。史料有之，则可因钩稽有此知识，史料所无，则不敢臆测，亦不敢比附成式。此在中国，固为司马光以至钱大昕之治史方法，在西洋，亦为软克、莫母森之著史

---

① 傅斯年：《中国古代文学史讲义》，上海古籍出版社2012年版，第9页。
② 傅斯年：《史学方法导论》，《傅斯年讲史学》，凤凰出版社2008年版，第2页。
③ 傅斯年：《史学方法导论》，《傅斯年讲史学》，第25页。
④ 傅斯年：《史学方法导论》，《傅斯年讲史学》，第17—18页。

立点。"①

傅斯年还认为宋代史学已有近代西方语言学和史学的性质。他说,近代史学便是史料学,便是语言学,两者不可分离,因为,"本来语言即是思想,一个民族的语言即是这一个民族精神上的富有"②。易言之,只有通过对文献史料中语言文字的考订、训诂和解释,才能理解和掌握史料所包含的历史思想信息,进而还原客观的历史。他说,欧洲"历史学和语言学发达甚后",中国却"发达甚早",司马迁"能那样子传信存疑以别史料,能作八书,能排比列国的纪年,能有若干观念比十九世纪的大名家还近代些"③。到宋代,语言学和史学获得了大发展,欧阳修的《五代史》根本不是客观的史学,而《集古录》"下手研究直接材料,是近代史学的真工夫";欧阳修的《五代史》,朱熹的《纲目》是代表中世古世的思想的,但司马光作《通鉴》,"'遍阅旧史,旁采小说',他和刘攽、刘恕、范祖禹诸人都能利用无限的史料,考定旧记,凡《通鉴》和所谓正史不同的地方,每多是详细考定的结果……宋朝晚年一切史料的利用,及考定辨疑的精审,有些很使人更惊异的。照这样进化到明朝,应可以有当代欧洲的局面了,不幸胡元之乱,明朝人之浮夸,不特不进步,或者退步了"④。

综上所述,傅斯年对宋代理学与史学在总体上予以高度肯定,称其开启此后中国经学与史学发展道路。原因即在于宋学具有科学性,为此后中国学术发展提供了科学方法论,奠定了中国学术科学化发展的方法论基石。

三 胡适、傅斯年宋学评判的科学观和方法论

通过梳理胡适和傅斯年有关宋学的论述,可见他们研究的重点和具体方法虽有差异,但都是以近现代科学的进化史观和方法论为视域的。他们希望通过对宋学中科学精神和方法论资源的发掘和阐释,为包括中国现代

---

① 傅斯年:《〈史料与史学〉发刊词》,《傅斯年全集》卷3,湖南教育出版社2003年版,第335页。
② 傅斯年:《历史语言研究所工作之旨趣》,《傅斯年讲史学》,第180页。
③ 傅斯年:《历史语言研究所工作之旨趣》,《傅斯年讲史学》,第180—181页。
④ 均见傅斯年《历史语言研究所工作之旨趣》,《傅斯年讲史学》,第181页。

新考据派史家胡适、傅斯年的宋学观与方法论述评

学术的建立提供科学方法论。在他们看来,近代西方所形成的科学理论与方法具有普适性,科学方法无中西之分,无新旧之别。

首先,他们都从近现代进化史观出发,将包括宋代前后的学术思想史视为不断进化的历史,这种进化虽有曲折,但总趋势是向前发展的。胡适把中国传统学术分为三个发展时期:先秦到汉代的古典时期是有思想创造性和活力的时期;从东汉分裂到宋代以前的中古时代是黑暗和倒退期;自宋学始开启了中国近代学术先河,直到清代达到高峰和最具科学精神。傅斯年认为程朱理学在中国学术史上有承上启下的伟大贡献,其"道问学"("物学")的思想实与清代朴学立场相近,为清代学术发端。他在阐释清代学术演变时,称其胚胎期于宋代,从宋代至清代是相反相成的学术演进思想史;清代学术的第五期结束后,将进入近代这一"中国近代文化转移的枢纽"新时期。[①]

那么,中国学术进化的本质和动力是什么呢?那就是科学观和方法论,尤其是现代意义的科学观和方法论。他们均以此来评判宋学在中国学术史上的地位和意义,一部中国学术思想史就是一部科学精神和方法逐步确立和曲折演进的历史。在经学上,他们对程朱理学,特别是朱子学的评价,或以其"格物致知"的科学方法论(胡适),或以其"道问学"("物学")的科学方法论(傅斯年)作为评判标准,或称其开启了中国现代学术发展之路,或称其有学术思想史上承上启下的伟大贡献。在史学上,傅斯年则以"史学便是史料学"的近代史学观来衡量宋学史学,认为近代中国史学"开创于赵宋,近三百年来成绩很大",并把从宋代司马光到清代钱大昕的治史方法与西方近代的兰克和蒙森的著史相比拟。

胡适和傅斯年所说的科学观和方法论实质上是西方近代以来所建立起来的,主要包括进化论和方法论两个方面。

在进化论方面,他们认为进化论是近代科学的产物,并以之考察学术的发展,形成了一种学术进化观。胡适说,实验主义两个根本观念中的"历史的态度"就是达尔文进化论的产物,"这种新哲学完全是近代科学发达的结果。十九世纪乃是科学史上最光荣的时代,不但科学的范围更扩大了,器械更完备了,方法更精密了;最重要的是科学的基本观念都经过了

[①] 傅斯年:《清代学问的门径书几种》,《傅斯年全集》第1卷,第230—231页。

一番自觉的评判,受了一番根本的大变迁。这些科学基本观念之中,有两个重要的变迁,都同实验主义有绝大的关系。"其中第二个便是达尔文的进化论,实验主义哲学家开始将达尔文的进化观念应用到哲学上,"进化观念在哲学上应用的结果,便发生了一种'历史的态度'(The Genetie method)……这就是要研究事务如何发生,怎样来的,怎样变到现在的样子"①。傅斯年也把达尔文的进化论视为根本方法,说:"近代的历史学只是史料学,利用自然科学供给我们的一切工具,整理一切可逢着的史料,所以近代史学所达到的范域,自地质学以至目下新闻纸,而史学外的达尔文论,正是历史方法之大成。"② 因此,古今四方的学术"都是演进的状况,都有相成相连的关系"③。

在方法论方面,胡适与傅斯年所说的具体内容不尽相同。胡适推崇的科学方法论主要是实验主义,特别是杜威的实验主义。他说,哲学就是方法论,近代科学方法论的最新成就便是实验(实用)哲学,尤其是杜威的实用主义哲学,"杜威是现在实验主义的领袖","杜威在哲学史上是一个大革命家。为什么呢?因为他把欧洲近世哲学从休谟(Hume)和康德(Kant)以来的哲学根本问题一齐抹煞,一齐认为没有讨论的价值"④。实验主义有两个根本观念,"第一是科学试验室的态度,第二是历史的态度。这两个基本观念都是十九世纪科学的影响。所以我们可以说:实验主义不过是科学方法在哲学上的应用"⑤。他往往又把科学方法概括为"大胆的假设,小心的求证","科学的方法,说来其实很简单,只不过'尊重事实,尊重证据'。在应用上,科学的方法只不过'大胆的假设,小心的求证'"⑥。实际上,"大胆的假设,小心的求证"是"科学实验室态度"的具体展开,两种说法并不矛盾。他说,实验主义作为科学方法论对史学同样适用,历史科学和实验科学的不同,"只是历史科学里的'证据'无法复制。历史科学家只有去寻找证据;他们不能〔用实验方法〕来创制或重

---

① 胡适:《实验主义》,葛懋春、李兴芝编:《胡适哲学思想资料选》(上),第46、50页。
② 傅斯年:《历史语言研究所工作之旨趣》,《傅斯年讲史学》,第180页。
③ 傅斯年:《清代学问的门径书几种》,《傅斯年全集》第1卷,第232页。
④ 胡适:《实验主义》,葛懋春、李兴芝编:《胡适哲学思想资料选》(上),第67页。
⑤ 胡适:《实验主义》,葛懋春、李兴芝编:《胡适哲学思想资料选》(上),第50页。
⑥ 胡适:《治学的方法与材料》,《胡适文存》第3集,第93页。

造证据"①。

　　傅斯年的方法论主要是"史学便是史料学"的近代史学观，这种史学观实质是一套搜集、整理和编纂史料方法论体系，是借鉴德国兰克学派等实证史学思想的产物。其"史学便是史料学"的命题主要包括三层意思，亦即史学研究依次递进的三个步骤：第一，史学的进步依赖史料的发现与扩张。他说："可见史料的发见，足以促成史学之进步，而史学之进步，最赖史料之增加。"② 又说，"新史料之发见与应用，实是史学进步的最要条件"③。这实是史学研究的第一步工作，即不断地发现和搜集各种史料；只有这样，才能促使史学的发展和新史学的出现。第二，史学便是史料的整理和比较研究，以还原和呈现历史事实。他说，"史学便是史料学……史料学便是比较方法之应用"；而整理史料的方法，"第一是比较不同的史料，第二是比较不同的史料，第三还是比较不同的史料"④。这实是史学研究的第二步工作，即，通过对各类史料进行比较，校勘其真伪，考订其史实，最终还原和呈现历史事实。第三，史学只是史料编纂学。他说："近代史学，史料编辑之学，虽工拙有异，同归则一，因史料供给之丰富，遂生批评之方式，此种方式非抽象而来，实由事实之经验。"⑤ 这实为史学的第三步工作，即在史料搜集、校勘和考订工作完成后，对最能反映历史真实性的史料加以编纂，史学的工作和任务至此完成。在傅斯年看来，只有具备这些内涵和操作程序的史学才算得上是近现代科学意义的史学。

　　胡适、傅斯年之所以用科学方法论为唯一标准来评骘宋学及其得失，是因为在他们看来，近代以来西方建立起来的包括进化论、科学方法论在内一整套科学理论和方法具有普适性，无东西之分，无新旧之别。虽然中国宋代以来的学术已经具有科学精神与方法，但是与近代现科学精神与方法相比，又存在很大的差距和不足，需要加以现代性的发展，只有这样才能促成中国现代学术的真正建立。

　　胡适说，科学方法无东西之分，"科学的法则只是把常识上的法则纪

---

① 胡适：《胡适的自传》，葛懋春、李兴芝编：《胡适哲学思想资料选》（下），第198页。
② 傅斯年：《史学方法导论》，《傅斯年讲史学》，第21页。
③ 傅斯年：《史学方法导论》，《傅斯年讲史学》，第22页。
④ 傅斯年：《史学方法导论》，《傅斯年讲史学》，第2页。
⑤ 傅斯年：《中西史学观点之变迁》，《傅斯年全集》第3卷，第156页。

第四篇 近代史家及其史学思想

律化而已……事实上治学方法，东西双方原是一致的"①。中国传统学术原本就有科学方法，"'考据'或'考证'的意义便是'有证据的探讨'。我说有证据的探讨一直就是中国传统的治学方法；这也是一切历史科学［所共用］的治学方法"②。在谈到杜威实用主义方法论时，他说，"在那个时候，很少人（甚至根本没有人）曾想到现代的科学法则和我国古代的考据学、考证学，在方法有上有相通之处。我是第一个说这句话的人"③。另外，他却说中国学术缺乏西方近代的科学精神和方法，如，"中国人作史，最不讲究史料。神话官书，都可作史料，全不问这些材料是否可靠。却不知道史料若不可靠，所作的历史便无信史的价值"④。可见，在他看来，即便像宋学和清学这样具有科学精神和方法的中国传统学术，与西方近现学术和科学相比，依然存在各种严重不足和弊病。因此，胡适试图通过输入西方现代科学方法论，在发掘和继承宋学等传统学术中现代性资源的基础上来建立中国现代学术，故他有时将用科学方法研究国学的事业称为"新汉学"，并视之为中国现代学术的革命。他晚年曾说，自己一生的学术是从事国故整理工作，目标就是要在中国现代学术界来一场"哥白尼的思想革命"⑤。

傅斯年则说方法无新旧之分："所谓方法，无所谓新旧……一时代有一时代的变迁，一时代有一时代的进步，在转换的时候，常有新观念新方法产生。"⑥东西方学术发展道路是相同的，而中国在历史上曾长期处于领先地位。他说："论到语言学和历史学在中国的发达是很引人寻思的。西历纪元前两世纪的司马迁，能那样子传信存疑以别史料，能作八书，能排比列国的纪年，能有若干观念比十九世纪的大名家还近代些。"⑦在谈到宋代司马光《通鉴考异》的史料比较整理成就时，他说："这里边可以看出史学方法的成熟和整理史料的标准。在西洋则这方法的成熟后了好几

---

① 胡适：《胡适的自传》，葛懋春、李兴芝编：《胡适哲学思想资料选》（下），第110页。
② 胡适：《胡适的自传》，葛懋春、李兴芝编：《胡适哲学思想资料选》（下），第198页。
③ 胡适：《胡适的自传》，葛懋春、李兴芝编：《胡适哲学思想资料选》（下），第109页。
④ 胡适：《中国哲学史大纲》，第12页。
⑤ 胡适：《胡适的自传》，葛懋春、李兴芝编：《胡适哲学思想资料选》（下），第262页。
⑥ 傅斯年：《考古学的新方法》，《傅斯年史学论著》，第159页。
⑦ 傅斯年：《历史语言研究所工作之旨趣》，《傅斯年讲史学》，第180—181页。

年；到十七八世纪，这方法才算有自觉的完成了。"① 宋学虽然具有近代科学的精神和方法，但是，与完全运用近代科学方法的近代西方的学术相比又落后了许多。不仅是宋学，即便是他所说的最具科学精神的清学也无法与西方相比，所以，应当在继承清代学术的基础上，吸收西方近代方法论来建立中国现代学术。他一方面把清代朴学的治学方法作为史语所的第一条宗旨，说："我们宗旨第一条是保持亭林百诗的遗训……正因为我们觉得亭林百诗在很早的时代已经使用最近代的手段，他们的历史学和语言学都是照着材料的分量出货物的。"② 另一方面又强调中国现代学术必须是超越"正统汉学"的"科学的东方学"③。

四 胡适、傅斯年方法论的工具理性特征和理论得失

宋学是中国学术发展史上的重要阶段，中国近现代学术发展与之有着直接的承继关系。胡适和傅斯年作为中国现代学术科学化的领军人物，希望通过对宋学科学精神和方法论资源的发掘，阐释其蕴涵的现代性价值，为中国现代学术的建立提供历史依据和理论证明，学术贡献至巨。然而，他们以之评判宋学的科学方法论，本质上是科学性的工具理性思维，均将价值理性，特别是道德理性排除在外，有着极大片面性；他们忽视了价值理性对中国现代学术建立的重要作用，是唯科学主义和西方中心主义的，存在严重的弊病。同时，他们倡导的历史进化观及历史的方法与马克思的唯物史观及其历史主义方法也不能相提并论。充分认识其得失对当代中国学术发展和话语体系建构有着重要的启示。

胡适、傅斯年对宋学及中国传统学术科学性和方法的发掘具有重大学术价值，使人们清楚认识到科学方法与精神是宋代以来中国传统学术发展的重要动力和宋学等中国传统学术所具有的科学性及现代价值，为客观和全面书写宋代及整个中国传统学术史别开生面。他们还身体力行，将所发掘的宋代等中国传统学术的科学精神及方法与西方近现代科学精神及方法

---

① 傅斯年：《史学方法导论》，史学方法导论，第2页。
② 傅斯年：《历史语言研究所工作之旨趣》，《傅斯年讲史学》，第184页。
③ 傅斯年：《历史语言研究所工作之旨趣》，《傅斯年讲史学》，第188页。

第四篇 近代史家及其史学思想

相整合，力求为中国现代学术的现代建构提供坚实和系统的科学方法论，贡献卓著。胡适传播的实用主义方法论在中国现代学术界产生了广泛和深远影响，傅斯年提出"史学便是史料学"思想及其创立"科学东方学"史学活动泽及中国现当代史学。然而，他们的宋学观及方法论又存在极大片面性和严重弊病。他们以科学观及其方法为唯一标准来评判宋学和中国传统学术及其得失，是典型的"工具理性"主义。

"工具理性"与"价值理性"是德国社会学家马克斯·韦伯提出的关于人的社会行动的基本概念。他认为，人的社会行动的发生在于它值得去做或有意义，它包括工具理性的、价值理性的、情绪的、传统的四种类型。人作为理性的动物，工具理性和价值理性的行动是最重要的。所谓工具理性，"它决定于对客体在环境中的表现和他人的表现的预期；行动者会把这些预期用作'条件'或者'手段'，以实现自身的理性追求和特定目标"①。可见，工具理性不看重行动本身的价值，而看重行动能否成为达到目的的有效手段和选择的手段是否最有效率，因此又称"功效理性"或"效率理性"；它关注的是客观世界。所谓价值理性，"它决定于对某种包含在特定行为方式中的无条件的内在价值的自觉信仰，无论该价值是伦理的、美学的、宗教的还是其他什么东西，只追求这种行为本身，而不管其成败与否"②。可见，价值理性只看重行为的"绝对价值"，即行为自身的价值，而不计较手段和后果；它关怀的是人文世界，尤其是道德精神世界，亦称为道德理性。

两种理性是东西方文化都具有的。不过，西方文化，特别是西方近代以来的文化，本质上是工具理性主导下发展起来的，其表现就是科学主导了社会和历史的发展，使西方实现了近现代化。美国学者说："在三个世纪中，机械论世界观成了西方文化的哲学意识形态，工业化与自然资源的开发相结合，开始从根本上改变了人类生命的特征和质量。通过大众科学教育，通过经验哲学和自然宗教的常识化，还通过制造业的科学化理性化趋势，17世纪建立起来的政治官僚机构、医疗和法律体系、力学科学、方

---

① ［德］马克斯·韦伯：《经济与社会》第1卷，阎克文译，上海人民出版社2010年版，第114页。

② ［德］马克斯·韦伯：《经济与社会》第1卷，第114页。

法和哲学，逐步被体制化为西方世界的生活方式。"① 工具理性的运用对社会进步和人类发展具有重大意义，"一般地说，工具理性兴起对于任何一个国家的社会现代化进程来说都是必要的，当一个社会的基本发展目标确定之后，张扬并运用工具理性便至关重要……工具理性的发展及其应用不仅带来了社会器物层面的变化，创造了以往任何时代都不可比拟的物质成就，彻底改观了社会面貌和人们的生活，还创造了巨大的精神财富，丰富和繁荣了人类的思想文化，改变了人们的思维方式和精神面貌"②。但是，在西方近现代历史发展中，人们片面强调工具理性，甚至主张唯工具理性论，结果导致对工具理性的过度依赖，以致价值理性被遮蔽，给人类社会发展带来严重的问题和危机。从 19 世纪晚期开始，西方一些思想家，如尼采就开始批判西方工具理性文明。进入 20 世纪，这种批判越来越强烈，韦伯较早地注意到工业社会中工具理性过于张扬的倾向。到当代这种批判已经是一股强大的思潮，如，法兰克福学派霍克海默、阿多尔诺、马尔库塞和哈贝马斯，存在主义哲学家海德格尔和后现代思想家对此都有深刻批判。

而以儒家文化为主体的中国传统文化更看重价值理性范畴的道德理性，质言之，中国历史文化是在人文道德理性精神的主导下发展起来的。进入近代以来，由于受到西方的全面冲击，中国开始了大踏步学习西方的进程，其表现就是追求以工具理性为内核的科学和民主的近代化；在看待中国传统文化上，主要表现为西方历史文化中心论和全盘西化论。

胡适和傅斯年以近现代科学观和方法论对宋学及中国学术史的评判和书写无疑是以工具理性为主导的，本质上是一部西方科学观视域下的宋学及中国学术史，其中，中国传统道德理性和人文精神被轻蔑地排除了。在哲学层面，他们对宋学的肯定是只见其科学精神和方法，即"道问学"的方面；宋学崇尚道德理性"尊德性"的精神和传统，不是被视为陈腐的垃圾扫除了，就是被视为工具理性的附属物而失去了独立地位，是极为片面的。在史学层面，傅斯年只是肯定他们在史料搜集、考订和编纂上的所谓科学成就，批评司马光、范祖禹、欧阳修等宋代史学家追求史学义理化和

---

① ［美］卡洛林·麦茜特：《自然之死——妇女、生态和科学革命》，吴国盛、吴小英等译，吉林人民出版社 1999 年版，第 320 页。
② 陈新夏：《唯物史观与人的发展理论》，江苏人民出版社 2013 年版，第 200—201 页。

第四篇　近代史家及其史学思想

崇尚气节的特点和贡献，甚至称这种史学不是客观的史学，而是停留在中世古世，则是错误的。他们对中国现代学术及史学的建构是以工具理性的科学方法论为唯一方法。在他们看来，科学万能，可以解决包括伦理道德和人文精神在内的一切问题，这是十足的"唯科学主义"。海外中国学家郭颖颐说："唯科学主义［形容词是唯科学的（Scientistic）］可定义为是那种把所有的实在都置于自然秩序之内，并相信仅存科学方法才能认识这种秩序的所有方面（即生物的、社会的、物理的或心理的力面）的观点。"① 由于唯科学主义是西方近代科学发展的产物，因此以它为方法和价值来看待和评判中国历史文化和建构现代化的各种思想和实践均是一种西方中心论，在理论和实践上必然导致"全盘西化"论。如胡适说："我很不客气的指摘我们的东方文明，很热烈的颂扬西洋的近代文明。"②"所以我主张全盘的西化，一心一意的走上世界化的路。"③ 傅斯年也说："觉得欧美的东西都是好的，固然是荒谬极了；但是极端的崇外，却未尝不可。人类文明的进化，有一步一步的阶级，西洋文化比起中国来，实在是先了几步，我们只是崇拜适于我们的文化……因为中国文化后一步，所以一百件事，就有九十九件比较的不如人，于是乎中西的问题，常常变成是非的问题了。"④

事实说明，在中国现代学术的建立和发展中，这种片面崇尚工具理性的唯科学主义和全盘西化论存在严重的弊病。因为，人文学科特别是史学包括事实层面的认识和价值层面的理解，事实层面的认识必须要有科学的认识方式，但是建立在事实认识基础上的道德情感理解却需要人文的价值判断。如，史学既是科学，又是艺术。被誉为民国"天才史家"的张荫麟便说："史学应为科学欤，抑艺术欤？曰兼之……惟以历史所表现者为真境，故其资料必有待于科学的搜集与整理。然仅有资料，虽极精确，亦不成史。即更经科学的综合，亦不成史。何也？以感情、生命、神彩［采］，

---

① 郭颖颐：《中国现代思想中的唯科学主义（1900—1950）》，江苏人民出版社2005年版，第15页。
② 胡适：《介绍我自己的思想》，《胡适文存》第4集，黄山书社1996年版，第458页。
③ 胡适：《充分世界化与全盘西化》，《胡适文存》第4集，第400页。
④ 傅斯年：《答余裴山》，《新潮》第1卷第3号，《新潮》（合编影印本）第1册，上海书店出版社2015年版，第554页。

有待于直观的认取，与艺术的表现也。"① 中国现代史家陈寅恪基于人文价值理性，对宋学作出了截然不同于胡傅二人的评判。他说，中国文化和学术在宋代达到顶峰，"宋贤史学，今古罕匹"②。究其原因，不仅在于司马光的长编考异法为后世中国史学提供了基本的方法论，更在于宋代学术崇尚民族气节，"欧阳永叔少学韩昌黎之文，晚撰五代史记，作义儿冯道诸传，贬斥势利，尊崇气节，遂一匡五代之浇漓，返之淳正。故天水一朝之文化，竟为我民族遗留之瑰宝。"③ 可见，陈寅恪评判中国学术史和文化发展，是将工具理性与道德理性相结合，且尤为强调道德理性的作用。他说，中国现代学术的复兴不是清代汉学的发扬，而是新宋学的建立，"惟可一言蔽之曰，宋代学术之复兴，或新宋学之建立是已"④。以钱穆和柳诒徵为代表的中国现代新儒学史家则更为系统地阐述了中国传统道德理性的价值及其在中国现代学术建立中的决定作用，同样对宋代史学和文化予以高度评价，认为清代学术片面追求考据，不讲义理，是中国史学发展的衰退。⑤ 在这些史家眼中，由于研究视域和立场的转换，宋学与清学在中国学术史上的地位和作用与胡傅两人是大相径庭的。

此外，胡适和傅斯年在研究和评判宋学等中国传统学术，虽然采用了历史进化观，倡导历史的眼光或历史的方法，但是他们并未像马克思唯物史观及其历史主义那样，将包括宋学在内的中国传统学术发展放置于社会存在和历史发展的环境中作考察和分析。他们对宋学等传统学术的分析往往仍限于就学术思想谈学术思想，因而未能对宋学等传统学术的历史真相、发展原因和价值意义做出更真实的叙述和更客观的评价。在这方面，中国马克思主义史学家侯外庐的《中国古代思想学说史》《中国近世思想学说史》和集大成之作《中国思想通史》对宋学及此后中国学术与思想所做的阐述，特别是其"中国早期启蒙说"，无疑更为客观和深入。侯外庐

---

① 张荫麟：《论历史学之过去与未来》，陈润成、李欣荣编：《张荫麟全集》中卷，清华大学出版社2013年版，第935页。
② 陈寅恪：《隋唐制度渊源论稿》，生活·读书·新知三联书店2009年版，第148页。
③ 陈寅恪：《赠蒋秉南序》，陈寅恪：《寒柳堂集》，上海古籍出版社1980年版，第162页。
④ 陈寅恪：《邓广铭〈宋史职官志考证〉序》，陈寅恪：《金明馆丛稿二编》，第277页。
⑤ 相关论述详见徐国利：《新儒学视野下中国传统史学的阐释与建构——柳诒徵的中国传统史学观述评》，《中国史研究》（韩国）第93辑，2014年12月；徐国利：《中国现代文化保守主义史家对传统史学的新书写——以钱穆前期的传统中国史学研究为例》，《河北学刊》2014年第4期。

运用了唯物史观的思想史研究方法,即从社会史入手来研究思想学术史。他晚年曾回顾和总结说:"对中国思想史的研究,我以社会史研究为前提,着重于综合哲学思想,逻辑思想和社会思想(包括政治、经济、道德、法律等方面的思想)。"① 有学者指出:"侯外庐在中国现代学术史上,第一次对中国思想学术史提出了熔社会史与思想史于一炉的系统的解释。他所勾勒的中国思想发展史,既有思想的演变,又有历史感,富有深刻的理论魅力,建立了一个现代人视野下的、历史与逻辑高度统一的中国古代思想世界。"②

中国当代人文社会科学正在努力建构中国话语体系。笔者以为,我们既要充分肯定胡适、傅斯年发掘宋学及中国传统学术的科学精神与方法的学术价值及其为建构中国现代学术体系所作的重大贡献,也要看到其忽视价值理性的片面性和严重弊病;我们应当充分认识其他现代史家对传统学术道德理性和人文精神加以弘扬的学术价值,积极吸收其中的合理因素,把工具理性和道德理性统一起来,将科学精神与人文关怀密切结合。同时,我们还要认识到胡适、傅斯年所倡导的学术进化史观及其历史方法的局限性,继承和发扬侯外庐等马克思主义史家运用唯物史观的理论和方法研究中国思想史的丰富遗产。只有这样,我们才能真正建构起富有中国特色和话语权的当代中国人文学术。

(原载《史学理论研究》2017 年第 2 期)

---

① 侯外庐:《侯外庐史学论文选集》,人民出版社 1987 年版,"自序",第 11 页。
② 方光华主编:《侯外庐学术思想研究》,生活·读书·新知三联书店 2015 年版,第 107 页。

1940年前后顾颉刚古史观念转变问题考析

李政君

（中国社会科学院历史理论研究所）

顾颉刚提出"层累地造成的中国古史"说，对20世纪中国史学观念的更新具有深刻影响。不过，它也因"破"字当头的鲜明特点，而引起了极大的争议。自1923年至今，反对者或批评顾颉刚"破"的鲁莽灭裂，或寻找其由"疑"转"信"、由"破"转"立"的证据。受此影响，一些赞同者也努力发掘其寓"立"于"破"的旨趣，阐发其对上古史"建设"的价值。因此，顾颉刚古史观念的变与不变，成为研究者关注的重要问题。然而，在相关讨论中，对于"疑古""信古""破坏""建设"等概念的理解，却出现了脱离"古史辨"时代语境的现象。

目前，学界已有不少关于20世纪30年代顾颉刚古史观念"转变"的说法。[①] 这些"转变"说法分散于各自著述中，显得有理有据，但若将之相互比较则不难发现，如此频繁的转变，出现在同一时期同一个人身上，似乎不尽合理。而且，在20世纪30年代大部分时间里，顾颉刚的古史研

---

① 如杨向奎以1930年《五德终始说下的政治和历史》为据，认为顾颉刚"恢复到今文学派康有为的立场"（杨向奎：《论"古史辨派"》，顾潮编：《顾颉刚学记》，生活·读书·新知三联书店2002年版，第77页）；冯峰从现代考古学兴起对"古史辨"影响的角度，认为1930年前后顾颉刚古史研究的关注点，从上古史实转向了"上古观念史"（冯峰：《从〈古史辨〉前三册看"古史辨"运动的一个转向》，《史学史研究》2007年第2期）；德里克在讨论中国社会史论战时，提出20世纪30年代顾颉刚在治学方法上出现了向马克思主义史学的转变（［美］德里克：《革命与历史：中国马克思主义历史学的起源，1919—1937》，翁贺凯译，江苏人民出版社2008年版，第8—9页）；彭明辉依据顾颉刚的沿革地理研究，提出20世纪30年代其古史观出现了从"破坏"到"建设"的转变迹象（彭明辉：《历史地理学与现代中国史学》，东大图书股份有限公司1995年版，第143—164页）。

究仍处于领域拓展状态,这种拓展主要是基于"古史辨"的需要,其中虽出现某些具体调整,但并不足以说明其古史考辨的宏观旨趣发生了根本性转变。

大致以 1940 年前后为界,这是探讨其古史观念变与不变的关键节点。对此,也有两位重要史家提出"转变"说法:一是许冠三认为,20 世纪 40 年代以后,顾颉刚开始"由辨伪向考信过渡","由破多于立徐徐移往破立兼顾,《史林杂议》便是反映此一转移的中介作品"①;二是余英时认为,以 1939 年撰写《浪口村随笔》为界,顾颉刚治史"从绚烂归于平淡,论学文字转向'谨严精湛'"②。那么,此类变化是否出现在 1940 年前后顾颉刚的古史研究中?这不仅关系到对顾颉刚个人古史观念的理解,更关系到学界争论已久的"古史辨"的学术评价问题。因此,本文拟对此问题略作申述,不足之处,请方家指正。

一 《浪口村随笔》的原初形态及其修订发表的思想背景

许冠三和余英时提出 1940 年前后顾颉刚古史观念转变说法,都以《浪口村随笔》为主要依据。因此,我们首先需要考察这份史料的有效性。

1939 年顾颉刚旅居昆明北郊浪口村时,确实撰写了题为"浪口村随笔"的读书笔记,并在 1940—1941 年,将其中一部分修订后发表于《责善半月刊》中。但这些笔记和后来正式出版的《浪口村随笔》一书并不相同。后者虽以 1939 年笔记为基础,但如顾颉刚自述,"始写于昆明,重理于成都,又续附于苏州"③,到 1949 年才在上海油印,早非原初形态。因此,我们今天常见的《浪口村随笔》一书,不宜作为考察 1940 年前后顾颉刚古史观念的主要证据。

那么,1940 年前后《浪口村随笔》的原初形态如何?它能否证明顾颉刚古史观念存在变动?在《顾颉刚全集》中,共有两部《浪口村随

---

① 许冠三:《新史学九十年》,岳麓书社 2003 年版,第 200、207 页。
② 余英时:《未尽的才情——从〈日记〉看顾颉刚的内心世界》,联经出版事业股份有限公司 2007 年版,第 33—34 页。
③ 顾颉刚:《顾颉刚读书笔记》卷 16,中华书局 2011 年版,第 11 页。

笔》，分别载于《顾颉刚读书笔记》卷四和卷十六。卷四所收即为1939年部分笔记，共三册，其中部分条目后来虽有修订，但大致保持了原貌，我们可据之窥测其原初形态。

首先，通览全部《顾颉刚读书笔记》可见，顾颉刚在一定时期内所记内容，多有一个大致相同的主题，即他在相应时期研究或关注的学术问题。1939年《浪口村随笔》则不具此特点，它更多表现出主题分散，而材料出处一致。如该笔记第一册"女子远丈夫"条以下，依次为"县公""秦谶""诅""长鬣""取他国器作己器""劳心劳力""明器""常隶""相术""皇天后土""史官氏礼""四国""晋所以大"等。① 这些条目所引材料全部出自《春秋》经传，但讨论的并不属同一主题。

其次，就各条笔记形态而言，大多也是抄录原始材料后，略附简单的解释说明。如"大司马固谏"条：

> 僖八年《传》"宋公疾，大子兹父固请曰……（按：原文如此）"此足以证"大司马固谏曰"非公子固，即司马目夷也。②

"'伐'之客、主"条：

> 《公羊》僖十八《传》："《春秋》伐者为客，伐者为主。"此不注音，简直太糊涂了。③

有些则直接记录一时的想法，如"春秋初期事之茫昧"条：

> 子颓之乱，齐桓公不讨，《春秋经》不书，恐是当时东方诸侯不曾知道。春秋初期实在还是一个茫昧时代，大家拿着一部残存的《春秋经》瞎猜。自晋文公霸后，《左氏》书中始有详细之记载，不必费心思摸索矣。④

---

① 顾颉刚：《顾颉刚读书笔记》卷4，第81—85页。
② 顾颉刚：《顾颉刚读书笔记》卷4，第118页。
③ 顾颉刚：《顾颉刚读书笔记》卷4，第118页。
④ 顾颉刚：《顾颉刚读书笔记》卷4，第116页。

更简单的例如"工官"条:"公冶、漆雕诸氏,皆先世之为工官者。""许、曹班次"条:"许虽男爵而班在曹上,可见伯亦有甚小者。""八索"条:"'八索'二字,似仅见昭十二年《左传》及《郑语》"①。

以上可见,1939年《浪口村随笔》多是顾颉刚读书过程中的随想随记,原初形态应如其自述"仅述所疑而止,未遑考核以归于一是"②,自然也就谈不上所谓"谨严精湛"。至于以这些不成系统的文字,证明顾颉刚古史观念发生转变,似乎也不适宜,至少从中仍可看出顾颉刚对战国秦汉时期古史学说的批判,如《浪口村随笔》第二条就是"古文家造伪之原动力"③;再如上引"春秋初期事之茫昧"条,也明显偏向"疑"的方面。

1940年,顾颉刚开始整理《浪口村随笔》,并将之陆续发表在《责善半月刊》中。这是该笔记第一次修订。修订后的文字,确实体现出余英时所说"谨严精湛"的特点,虽然"谨严精湛"并无客观标准。但是,该特点能否作为顾颉刚治学特点整体性转变的标志,值得思考。

首先,就《责善半月刊》办刊旨趣而言,该刊属齐鲁大学国学研究所,创刊于1940年,以刊发短小的札记为主,意在示初学者以门径,以札记训练其沉潜之功。如顾颉刚在《责善半月刊·发刊词》中所说:

> 从学者初至,恒谓志学未逮,只缘不知所以入门……惮于个别指点之烦,鉴于借题示范之急,故为此刊以诱导之……斯刊固唯是不成报章之七襄尔。④

《责善半月刊》宗旨既如此,则刊发于其中的《浪口村随笔》系列札记,用意自然相同,如《浪口村随笔》的"序言"中所说:

> 责善半月刊将出版,义不当诿文责,而操觚实难,聊就是记钞出若干,冠以题目,分期登载……欲讽同学诸子,俾知读书时当如此留

---

① 顾颉刚:《顾颉刚读书笔记》卷4,第89、98、103页。
② 顾颉刚:《浪口村随笔》,《责善半月刊》创刊号,1940年3月。
③ 顾颉刚:《顾颉刚读书笔记》卷4,第74页。
④ 顾颉刚:《发刊词》,《责善半月刊》创刊号,1940年3月。

心,亦当如此用力,相期毋懈于平日而已。①

既然发表《浪口村随笔》的目的是示初学者以门径,则其文字工整,表现出"谨严精湛"特点,当属情理之中。这与顾颉刚整体的治学风格是否发生改变,直接关联不大。

其次,就《责善半月刊》中所发顾颉刚读书笔记内容看,以该刊第一卷前三期为例,第一期依次为:《旻天》《华山》《梁州名义》《书社》《贵族与平民之升降》《常隶》《隶农》《焚书》《女子服兵役》《蜚廉之时代》《虞幕》《蚩尤之善恶》《玉皇》《纸制明器》;第二期:《春秋书法因史官而异》《朱圉》《要服荒服》《宦士宦女》《郑商》《西汉都会户口》;第三期:《爨文》《邓隆》《甘肃密宗四大喇嘛传》《白教活佛》。可见,顾颉刚整理发表在《责善半月刊》上的《浪口村随笔》,并不限于中国古史问题,更无一贯主题。1940年前后的《浪口村随笔》也就不足以证明顾颉刚古史观念的变或不变。

最后,就1940年前后顾颉刚的心态而言,《浪口村随笔》发表于抗战时期,在此时顾颉刚的眼里,一切事务脱离常轨,中国学术命脉能否延续,成为一个亟待关注的问题。如1940年他在《齐大国学季刊》新第一卷第一期《后记》中所说:

> 自七七事变发生以来……吾国数千年来之学术命脉,行有中绝之虞。学问事业,为一国文化之所寄托,民族思想之所钟寓,失此而不讲,其损失之重大,又何减于土地之沦丧乎?……本刊在此艰苦之期,所以继续出版者,其意即在乎此。②

1941年,顾颉刚赴重庆主持《文史杂志》,对此,他也说:

> 我们在这时候来办这个杂志,并不是有什么闲情逸致,我们只是认为:战事不知何日终了,我们不知再可活几天,如果我们不把这一

---

① 顾颉刚:《浪口村随笔》,《责善半月刊》创刊号,1940年3月。
② 顾颉刚:《后记》,《齐大国学季刊》新第1卷第1期,1940年11月。

第四篇 近代史家及其史学思想

星星的火焰传衍下去，说不定我们的后人竟会因此而度着一个长期的黑暗生涯……这文化的蜡炬在无论怎样艰苦的环境中总得点着，好让孑遗的人们或其子孙来接受这传统。①

可见，维系中国学术命脉，是 1940 年前后顾颉刚主编各种刊物的一个重要动机。这一点，在他对《责善半月刊》的解题中也有体现：

方今敌寇凶残，中原荼毒，我辈所居，离战场千里之遥，犹得度正常之生活，作文物之探讨，苟不晨昏督责，共赴至善之标，俾在将来建国之中得自献其几微之力，不独无以对我将士，亦复何颜以向先人！故取是为名，愿我同学咸铭之于心焉。②

既然维系中国数千年学术命脉不致中绝的动机如此强烈，那么，意在引导、培养学术新人的《浪口村随笔》，在文字风格上力求"谨严精湛"，也属情理之中。这种变化，可以从一定程度上反映顾颉刚对民族危机的应对，但与其古史观念是否变动直接关联同样不大。

总之，今天我们常见的《浪口村随笔》一书，经顾颉刚多次修订，到 1949 年才出版，不能作为考察其 1940 年前后古史观念的证据。实际上，即便是 1949 年的《浪口村随笔》，六部分中仍有两部分是"衍《古史辨》之绪"③。至于 1939 年撰写的《浪口村随笔》，则多是"仅述所疑而止，未遑考核以归于一是"的随想随记，所讨论问题也不足以证明顾颉刚的古史观念出现变动。1940—1941 年修订发表的部分，虽在文字上表现出所谓"谨严精湛"特点，但文字风格本身与古史观念并无必然联系，而且，这一特点的出现，受到特殊的时代背景和思想动机影响，并非其古史观念改变所致，二者不属同一层面。因此，考察 1940 年前后顾颉刚的古史观念到底有没有变动，我们还需参照其同时期的其他著述。

---

① 顾颉刚：《文史杂志复刊词》，《宝树园文存》卷 2，中华书局 2011 年版，第 347 页。
② 顾颉刚：《发刊词》，《责善半月刊》创刊号，1940 年 3 月。
③ 顾颉刚：《顾颉刚读书笔记》卷 16，第 11 页。

二　顾颉刚对古史"层累"观念的坚持

因为境况改变而偏离先前学术轨迹，是抗战时期较为普遍的现象。当时学者出于现实需要而改变，多属暂时而非永久的。我们可以通过这些改变，考察抗战对当时学者的影响，但不应以此证明他们放弃或否定了自己先前的学术立场与观点。"七七事变"后，顾颉刚将绝大部分精力转移到抗战宣传和边疆民族问题，给人一种日渐远离了古史考辨的印象。但这种工作重心的转移，发生在两个不同领域之间，而非古史研究内部，因而，并不意味着他放弃或改变了先前的古史观念。1940年前后顾颉刚的古史观念是否改变，我们应以其古史研究相关文字为据。

首先，从顾颉刚未写完的《古史辨》第七册"序"看，其古史观念并未改变。该"序"写于1940年2月，正是顾颉刚修订发表《浪口村随笔》时期，因而也可为上述《浪口村随笔》不宜证明1940年前后顾颉刚古史观念发生改变而提供佐证。

在这篇序文中，我们可以明显感受到顾颉刚带上了几分情绪。他不仅批评"骂'顾颉刚说禹为虫'，'《古史辨》太过火了'"的人是"贵耳贱目"，而且在学理分析中也表达了长期被误解的压抑之情：

> 我曾在《古史辨》第三册《自序》中说："我深知我所用的方法（原注：历史演进的方法）必不足以解决全部的古史问题；但我也深信我所用的方法自有其适当的领域，可以解决一部分的古史问题，这一部分的问题是不能用他种方法来解决的。"现在这第七册出版，这类的论文合编在一起，大家看了可以想想，研究传说的演进是不是只能用这一种方法？[①]

要了解顾颉刚当时的心境，有必要对他此前的境遇略作回溯。"层累"说的核心观念是：中国旧有古史系统是在后世古人特别是战国秦汉间人有

[①] 顾颉刚：《古史辨》第七册"序"，《顾颉刚古史论文集》卷1，中华书局2011年版，第145—146页。

选择地传承与弥缝中，逐渐层累叠加而成。"古史辨"的主要目的，就是要打破这一陈陈相因的旧系统，为建设客观、可信的新古史扫清尘障。"古史辨"初兴之时，除了极个别的学者，如柳诒徵提出了一些无关宏旨的苛责外，① 即便是偏于保守的刘掞藜、胡堇人等，都不否认旧有古史系统应当打破，他们所争论的，主要是应"破"到何种程度。② 换句话说，无论赞同与否，当时的争论基本都是围绕打破旧古史展开，大体保持在"层累"说的范畴之内。

但是，到1930年前后，随着现代考古学在中国的发展，和唯物史观社会史研究的兴起，中国上古史研究的焦点，逐渐转向了如何建设可信的上古史，不再是如何打破旧古史。围绕"层累"说、"古史辨"的主要争议，也随之从批评其疑古过激，逐渐转向责难其方法、材料不敷建设新古史之用。这中间存在一个对象转换问题，实际已越出了"层累"说"扫清尘障"的主旨，多少有些"求全之毁"。

对此，顾颉刚在《古史辨》第二、三册序言中（分别写于1930年、1931年）曾有明确回应。如在破坏与建设问题上，他说："古史的破坏和建设，事情何等多，哪里可由我一手包办。"③ 在方法方面，如前所引："我深知我所用的方法（历史演进的方法）必不足以解决全部的古史问题；但我也深信我所用的方法自有其适当的领域。"④ 在材料问题上，他说："书本上的材料诚然不足建设真实的古史……但若要考明尧、舜、禹的故事在战国、秦、汉间的发展的情状，书本上的材料还算得直接的材料，唯一的材料呢。我们先把书籍上的材料考明，徐待考古学上的发见，这不是应当有的事情吗？"⑤ 但这种自我澄清，并未得到学界谅解。在方法方面，

---

① 柳诒徵曾发文批评顾颉刚不懂"《说文》之谊例"，但从文章内容看，他似乎并不了解顾颉刚等人讨论的问题是什么，随后便被顾颉刚、钱玄同、魏建功、容庚等人所反驳。参见柳诒徵《论以〈说文〉证史必先知〈说文〉之谊例》、顾颉刚《答柳翼谋先生》、魏建功《新史料与旧心理》、容庚《论〈说文〉谊例代顾颉刚先生答柳翼谋先生》等文，均收入顾颉刚编著《古史辨》第1册，上海古籍出版社1982年影印本，第217—264页。
② 参见刘掞藜的《读顾颉刚君"与钱玄同先生论古史书"的疑问》和《讨论古史再质顾先生》，胡堇人的《读顾颉刚先生论古史书以后》，均收入顾颉刚编著《古史辨》第1册，第82—92、151—186、92—96页。
③ 顾颉刚：《古史辨》第二册"自序"，《顾颉刚古史论文集》卷1，第94页。
④ 顾颉刚：《古史辨》第三册"自序"，《顾颉刚古史论文集》卷1，第104页。
⑤ 顾颉刚：《古史辨》第二册"自序"，《顾颉刚古史论文集》卷1，第94页。

1933年胡适《评论近人考据老子年代的方法》一文，基本否定了"历史演进方法"，亦即顾颉刚所说"我所用的方法"的可靠性，而且，该文的主要批评对象之一就是顾颉刚。① 在材料方面，直到1937年卫聚贤仍批评说，《古史辨》"多在书本子上找材料，闹来闹去，没有什么结果"，"这是他不知考古之故"②，显然是对顾颉刚的自我澄清置若罔闻。学界的不谅解，导致顾颉刚论学存在一个非常明显的特点，即在考辨古史的同时，不断地进行自辨。这一点，在他为各册《古史辨》所写序言及其他古史著述的序跋中，有明显体现。至少在顾颉刚自己看来，当时学界对"层累"说、"古史辨"的批评，始终存在误解，即便他屡屡自我澄清，也无济于事。

同时，我们也应看到，《古史辨》第三册《自序》中所说"适当领域"内分量较重的论文，在当时尚未出现。例如，杨宽的《中国上古史导论》到1938年才写成，顾颉刚独著或与人合著的《三皇考》《禅让传说起于墨家考》《夏史三论》等，均是1936年完成，而《鲧禹的传说》1939年才完成。所以，顾颉刚当时的自我澄清，主要在说理层面，缺乏研究成果的支撑。

因此，到1940年，当他看到以考辨夏以前传说人物为主题、收录上述论文的第七册《古史辨》目录时，便在《序》中一吐长久以来被误解、被批评的压抑，说出了诸如"贵耳贱目"等带有情绪的话。在类似"现在这第七册出版……大家看了可以想想，研究传说的演进是不是只能用这一种方法？"等话语中，我们能够看出的是他对"历史演进方法"的坚持，而不是转变。

在古史研究材料问题上，同样如此。在《古史辨》第二、三册《自序》中，顾颉刚就批评那些认为舍考古材料不足以言古史的观念，是对过去"只取经书而不取遗物"观念的"阳违而阴袭"。在《古史辨》第七册《序》中，他继续申说：

---

① 胡适：《评论近人考据老子年代的方法》，《胡适全集》第4卷，安徽教育出版社2003年版，第114—139页。
② 卫聚贤：《十年来的中国考古学》，中国文化建设协会编：《抗战前十年之中国》，龙田出版社1980年影印本，第637页。

第四篇　近代史家及其史学思想

固然，要建设真古史必须借重田野考古工作的发现。但这工作的结果只能建设史前的历史系统……却不能建设有史时期的古史传说的系统……我们要建设其古史传说的系统，经子乃占极大部分的材料。能有新材料可用，我们固然表示极度的欢迎，就是没有新材料可用，我们也并不感觉缺望，因为我们自有其研究的领域，在这领域中自有其工作的方法在。①

这里我们可以看出的同样是顾颉刚对古史"层累"理念、方法自有其适用领域的坚守，而不是改变。

在此需略作说明的是，《古史辨》第二、三册《自序》相关说法，常被有些学者解读为顾颉刚主动"收缩"研究范围或"调整疑古运动的方向"②。在顾颉刚的著述中，确实出现过"收缩范围"的字眼。不过，我们不应忽略的一个事实是，20世纪二三十年代，随着现代考古学、唯物史观社会史研究的兴起，整个上古史研究的视角、领域是在不断扩张的，相形之下，顾颉刚所自守的领域，才会显出"收缩"的表象，但与初提"层累"说时相比，实际发生变化的并不是顾颉刚。自1923年以来，他的研究重心始终都是对旧有古史学说的考辨，不但没有"收缩"，反倒是为了考辨古史、古书的真伪、年代等问题，进一步拓展到沿革地理等领域。

总之，从《古史辨》第七册《序》来看，1940年前后，顾颉刚的古史观念并未出现根本转变。

其次，从顾颉刚的古史研究成果看，其古史观念也未改变。除《古史辨》第七册《序》外，1940年前后，顾颉刚还发表了与童书业合著的《鲧禹的传说》（1939年），以及独著的《古代巴蜀与中原关系说及其批判》（1941年）等论文。这些论文是考察其古史观念的重要材料。

《鲧禹的传说》讨论鲧、禹由"天神"演变为"伟人"的可能，认为

---

① 顾颉刚：《古史辨第七册序》，《顾颉刚古史论文集》卷1，第146—147页。
② 许冠三曾有"缩小研究范围，集中精力于东周以下的若干专题"说法（《新史学九十年》，第202页）。王汎森征引许书观点提出了顾颉刚因受傅斯年影响"决定调整疑古运动的方向"一说（王汎森：《傅斯年：中国近代历史与政治中的个体生命》，生活·读书·新知三联书店2012年版，第131页）。张京华有"略带有些自守的倾向"说法，但认为这"只是他（顾颉刚）学术自守的最低'下限'"（张京华：《古史辨派与中国现代学术走向》，厦门大学出版社2009年版，第187—188页）。

这一传说由西方九州之戎的活动区域逐渐传到中原,其故事情节因战国时势的激荡而发生转变:鲧、禹本是各自独立的人物,受墨家尚贤、禅让说的影响,才与尧、舜等人发生了联系。① 此文和《三皇考》《夏史三论》等文同属一个系列,都是对古史人物来源的考辨,都符合顾颉刚在"古史辨"之初提出的"打破古史人化的观念"②。这显然是古史"层累"理念的延续。

《古代巴蜀与中原关系说及其批判》意在拆解巴蜀与中原自开天辟地以来就有不可分割关系的旧说,认为古蜀国的文化是独立发展,它与中原文化的融合是战国以来的事。此文实际可以视为"层累"理念在区域古史研究中的实践,文中更明确提出:"从前人搭架得很像样的一个历史系统,现在给我们一分析之后,真是个'七宝楼台,拆卸下来,不成片段'……这是在'求真'的目的之下所必有的收获,大家不必替它惋惜。历史是一个破罐头,罐已经破了,无论用什么好的泥土补上去,总是补的而不是原的。破处让他破着","没有彻底的破坏,何来合理的建设!"③ 因此,1940年前后顾颉刚的古史研究中,依旧遵循着中国古史"层累"造成的基本理念。

最后,从顾颉刚的治学计划看,其古史观念也未改变。如前所述,抗战时期,很多学人因为境况改变而偏离了先前学术轨迹,顾颉刚也不例外,他甚至一度以为古史考辨的志业不得不就此搁浅,如其自述:"抗战军兴,三年来如沸如汤,我自己也以为只得停止了。"④ 不过,当1939年他在童书业的信中看到第七册《古史辨》拟目,得知《古史辨》"在上海销路甚好",便立即表示"有自编古代地理考证文字为一册之意"⑤。此后,他又表示"继续由我或请他人编纂,希望在我世中能出至二十册"⑥。

---

① 顾颉刚、童书业:《鲧禹的传说》,《顾颉刚古史论文集》卷1,第499—552页。
② 《三皇考》见《顾颉刚古史论文集》卷2,第1—242页;《夏史三论》见《顾颉刚古史论文集》卷1,第553—611页。"打破古史人化的观念",见顾颉刚《答刘胡两先生书》,《顾颉刚古史论文集》卷1,第203页。
③ 顾颉刚:《古代巴蜀与中原关系说及其批判》,《顾颉刚古史论文集》卷5,中华书局2011年版,第343—344、292页。
④ 顾颉刚:《古史辨》第七册"序",《顾颉刚古史论文集》卷1,第147页。
⑤ 顾颉刚:《顾颉刚日记》第4卷,1939年3月1日,中华书局2011年版,第204页。
⑥ 顾颉刚:《顾颉刚日记》第4卷,1939年6月30日,第245页。

到 1943 年,他在《日记》中更拟定了各册《古史辨》要讨论的主题,摘引如下:

> 拟编《古史辨》:第八册——古地理;第九册——《春秋》三传、《国语》;第十册——三礼、制度;第十一册——民间传说;第十二册——《尚书》;第十三册——诸子(三);第十四册——天文历法;第十五册——研究古史之方法论、辨伪史;第十六册——禹及他种神话;第十七册——《竹书纪年》、《史记》……古史籍;第十八册——古器物。①

可见,1940 年前后,续出"古史辨"始终是顾颉刚关心的问题,此其一。其二,从这一主题清单看,如果顾颉刚的计划得以付诸实践,那后续的"古史辨"仍是围绕古书、古史与神话传说展开,亦即顾颉刚古史研究的重心,在短期内不会有较大转变。顾颉刚曾自述:"《古史辨》是出不完的,只要中国古史方面有问题在讨论,就有续出《古史辨》的可能。《古史辨》不是一人的书,也不是一世的书,而是一种问题的讨论的记录。"② 按照这种说法,"古史辨"的主题和顾颉刚的研究重心,不是没有转变的可能,但从他拟定的各册"古史辨"主题看,这种转变要等到"层累"说范畴内的问题辨明结清之后。

三 顾颉刚对中国古史"层累"造成叙述体系的调整

"层累"说是对传统中国古史学说形成过程的认知,这一认知是动态性的,随着古史研究的进展,顾颉刚对这一动态过程的叙述,是有可能调整的,但调整并不意味着对"层累"的否定。比如对禹的来源的认知,在 1923 年《与钱玄同先生论古史书》中,他认为禹是动物,出于九鼎;③ 同

---

① 顾颉刚:《顾颉刚日记》第 5 卷,1943 年 3 月 7 日,中华书局 2011 年版,第 38 页。
② 顾颉刚:《古史辨》第七册"序",《顾颉刚古史论文集》卷 1,第 147 页。
③ 顾颉刚:《与钱玄同先生论古史书》,《顾颉刚古史论文集》卷 1,第 183 页。

年，在《讨论古史答刘胡二先生》中，就改称"禹是南方民族神话中的人物"①；到20世纪30年代《州与岳的演变》和《九州之戎与戎禹》等文中，他又认为禹是西方戎族的宗神。②但是，无论具体观点如何改变，顾颉刚都没有改变禹的神格，没有给禹以人王的身份，亦即顾颉刚并没有改变"打破古史人化的观念"，没有越出他提出的推翻非信史的四个"打破"③。我们所说顾颉刚古史观念的不变，即就此层面而言，并非说他任何具体观点都不曾改变。

1940年前后，顾颉刚对中国古史"层累"造成的叙述体系，确有一次较大调整，但其基本古史观念，并未因此改变。这在他当时编撰的云南大学《中国上古史讲义》（以下简称云大"讲义"）中，有明显体现。

首先是"有史时代"的提前。在云大"讲义"中，顾颉刚明确提出商朝为中国"有史时代的开头"：

> 不知什么时候，在渤海和黄海的西岸上住着一种文化较高的人民，因为他们后来建都在商丘，所以称他们作"商人"；因为他们的国家后来成为东方最大的王国，作诸小国的共主，所以称他们的全盛期为"商朝"。这是我们的有史时代的开头，我们该得大大地注意。④

这一说法的重要性在于，20世纪20年代"古史辨"初起之时，顾颉刚和胡适曾提出过"东周以上无史"说法。如胡适《中国哲学史大纲》中曾说："以现在中国考古学的程度看来，我们对于东周以前的中国古史，只可存一个怀疑态度。"⑤顾颉刚在《古史辨》第一册《自序》和《自述古史观书》中也提出"把伪史和依据了伪书而成立的伪史除去，实在只有二千余年，只算得打了一个'对折'"，"照我们现在的观察，东周以上只

---

① 顾颉刚：《讨论古史答刘胡二先生》，《顾颉刚古史论文集》卷1，第230页。
② 《州与岳的演变》和《九州之戎与戎禹》两文参见顾颉刚《顾颉刚古史论文集》卷5，第43—74、118—139页。
③ 四个"打破"，见顾颉刚《答刘胡两先生书》，《顾颉刚古史论文集》卷1，第202—204页。
④ 顾颉刚：《中国上古史讲义》（云南大学），《顾颉刚古史论文集》卷3，中华书局2011年版，第468页。
⑤ 胡适：《中国哲学史大纲·导言》，商务印书馆2011年版，第16页。

好说无史"等说法。① 这些说法是 20 世纪 20 年代顾颉刚疑辨旧有古史学说、构建古史"层累"叙述体系的起点；也是让他备受学者诟病、背上"抹杀"古史罪名的重要原因。②

那么，顾颉刚为何会在 1940 年前后将中国的"有史时代"提前？这和当时的考古发现有关。在"层累"说提出后的十数年中，中国考古学取得了较快发展：在史前考古活动中，中国史前文化的丰富内涵被逐渐揭示出来，改变了 1920 年以前中国"无石器时代"的认知；③ 在历史考古活动中，1928 年史语所开始的殷墟发掘，很快便证明了商朝的存在，处于铜器时代，否定了在此前学界较具影响力的商代可能处于石器时代的推测。④ 因此，到 1940 年前后顾颉刚编纂云大"讲义"时，就把"有史时代"提前到商朝。他说："因为他们始创文字，记出了他们的事迹，所以我们称商朝为有史时代的开头。"⑤

将中国的"有史时代"提前到商朝，对于最初以东周为信史起点构建起来的古史"层累"的叙述体系而言，显然是一次重要调整。而这一调整，又是吸收考古学成绩的结果，书中大量征引李济、傅斯年、董作宾、郭沫若、徐中舒等学者利用考古新材料研究古史的著述，即为明证。⑥ 因此，面对考古学的发展，顾颉刚并未固执于"东周以上无史"说，而是践行了早前"先把古史缩短二三千年……等到金石学，考古学发达上了科学轨道以后，然后再用地底下掘出的史料，慢慢地拉长东周以前的古史"的主张。⑦

---

① 顾颉刚:《古史辨》第一册"自序",《顾颉刚古史论文集》卷 1，第 37 页；顾颉刚:《致王伯祥：自述古史观书》,《顾颉刚古史论文集》卷 1，第 176 页。
② 李扬眉《"疑古"学说"破坏"意义的再估量——"东周以上无史"论平议》(《文史哲》2006 年第 5 期) 一文，对"东周以上无史"说的内涵及相关批评，有较为客观深入的分析。
③ 陈星灿:《中国史前考古学史研究（1895—1949）》，生活·读书·新知三联书店 1997 年版，第 107 页。
④ 李济:《安阳的发现对谱写中国可考历史新的首章的重要性》,《李济文集》卷 4，上海人民出版社 2006 年版，第 503—509 页。
⑤ 顾颉刚:《中国上古史讲义》（云南大学）,《顾颉刚古史论文集》卷 3，第 473 页。这里需略作说明的是，在云大"讲义"之前，顾颉刚在燕京大学《春秋史讲义第一编》（1933 年）和《春秋史讲义》（1936—1937 年）已经肯定了商朝"有史"，但相对而言，云大"讲义"叙述更为系统。
⑥ 详见《中国上古史讲义》（云南大学）各章注释。
⑦ 胡适:《自述古史观书》，顾颉刚编著：《古史辨》第 1 册，第 22 页。

其次，关于夏朝存在与否的问题。云大"讲义"第一章为"中国一般古人想象中的天和神"，第二章为"商周间的神权政治"。这种篇章布局说明，顾颉刚依然不相信在经传典籍中作为黄金时代的夏朝的存在。不过，他并不反对在传说中夏朝存在的历史时期内，中国疆域内曾存在一定程度的文明。云大"讲义"并未过多涉及夏的历史，不过，在顾颉刚的其他讲义中，涉及了这一问题。例如，在1933年《春秋史讲义第一编》中，他就怀疑仰韶时期文化可能是有关夏朝传说的来源。[1] 到1942年，他把这份讲义改写为《中国古代史述略》，其中，将考古发现的信息称为"科学的古史"，以区别"传说的古史"[2]。1945年《春秋史要》又将之区别为"史前时期"和"历史时期"[3]。但无论"科学的古史""史前时期"具体说法如何改变，顾颉刚都认为，夏的历史茫昧无稽，只能依靠考古发现来建立，而仰韶文化很可能就是传说中夏文化的遗留。如《中国古代史述略》对"茫昧的夏王国"的论述，就是先指出：根据文献材料可以知道"夏王国的政治中心在河南，他们的势力范围大部分在山东，小部分在河北、山西，他们享有了黄河流域的下游和济水流域的全部"，至于其种族来源、如何发展等问题，"没法回答"。然后，又将仰韶文化与传说中的夏朝相比较，认为"这十余年来新石器时代末期遗物的大发现，或者就是给我们看一部夏的历史"[4]。

顾颉刚观点的对错姑且不论，仅从他这种尝试中我们可以看出，随着考古学的发展，他对与传说中夏朝相应的历史时期内曾存在一定程度的文明，是持肯定态度的，但他依然不相信作为黄金时代的夏朝的存在。由此我们也可看出，在"疑古"和"考古"问题上，顾颉刚并非如有些论者所说，有意排斥考古学成果。他区分"传说的古史"和"科学的古史"，主要是不愿将二者强为牵合、混为一谈：传说的古史，可以考证自当相信，不可相信自当扫除；科学古史的建设，则应以考古发现为主，考古发现不足则当阙疑，而不应用古史传说补齐。

---

[1] 顾颉刚：《春秋战国史讲义第一编》，《顾颉刚古史论文集》卷4，中华书局2011年版，第112—120页。
[2] 顾颉刚：《中国古代史述略》，《顾颉刚古史论文集》卷4，第413—416页。
[3] 顾颉刚：《春秋史要》，《顾颉刚古史论文集》卷4，第423—424页。
[4] 顾颉刚：《中国古代史述略》，《顾颉刚古史论文集》卷4，第415—416页。

第四篇 近代史家及其史学思想

最后，顾颉刚在将"有史时代"提前的同时，也将古史成伪时代提前，这一点足以证明其古史观念没有根本改变。云大"讲义"在介绍中国古代政治历史之前，先以两章的篇幅介绍了商周间政治思想的转变。大意如下：商周间盛行神权政治，上帝具有无上权力，人王则主要代上帝管理人间事务，要受上帝与祖宗的监督。但是，殷周革命让周公产生了"天命不永存"的意识，于是提出"德治"以维护统治，即政权能否维系在于统治者是否"敬德"①。这一观点并非顾颉刚原创，而是取自郭沫若《先秦天道观之进展》，但顾颉刚在此说基础上，进一步引申到古史成伪问题上。他认为：正是周初"德治"观念在后世的宣传鼓吹，才"使得我们的古代名人个个受了德的洗礼，许许多多的古史也涂上了德的粉饰"，如禹征三苗故事，由《墨子·非攻》中的杀伐，转变为《伪古文尚书·大禹谟》中的感化等。"德治"观念发展到战国，就逐渐形成了五百年必有王者兴的道统，古史人物也随之逐渐被修饰成千篇一律的形象。例如文末所说：

> 我们现在，一想到古帝王，总觉得他们的面目是一例的慈祥，他们的政治是一例的雍容，就为他们的故事都给德治的学说修饰过了，而德治的学说是创始于周公的……二千数百年来的思想就这样的统一了，宗教文化便变作伦理文化了。②

可见，顾颉刚把周初"德治"思想的产生，当成了古史成伪的重要因素。我们之所以说这是把古史成伪时代提前，是因为在顾颉刚此前的论述中，中国古史的成伪时代主要集中于战国秦汉间。1935 年《战国秦汉间人的造伪与辨伪》，就把伪古史的成因归纳为有意造伪和无意成伪，有意造伪以战国诸子托古改制和汉代学者通经致用最为明显，无意成伪则由前人好古与整齐故事的习性造成，它们集中出现在战国和汉代两个时期。③ 因此，云大"讲义"把古史人物被修饰为千篇一律形象的原因，追溯至"德

---

① 顾颉刚：《中国上古史讲义》（云南大学），《顾颉刚古史论文集》卷 3，第 452—467 页。
② 顾颉刚：《中国上古史讲义》（云南大学），《顾颉刚古史论文集》卷 3，第 466 页。
③ 参见顾颉刚《崔东壁遗书序一》，《顾颉刚古史论文集》卷 7，中华书局 2011 年版，第 51—110 页。《战国秦汉间人的造伪与辨伪》经王煦华续作后，改题《崔东壁遗书序》，收入《顾颉刚全集》时，又改题《崔东壁遗书序一》。

治的创立和德治学说的开展",实际也就是把中国古史的成伪时代提前到了周初。

综上所述,随着中国考古学的发展,顾颉刚在1940年前后不仅调整了"东周以上无史"说,将中国的"有史时代"提前到商朝,肯定了传说中夏朝存在的历史时期内中国疆域内曾存在一定程度的文明,而且将中国古史的成伪时代提前到了周初"德治"思想的产生,并继续以之分析中国旧有古史学说中的"层累"现象。因此,1940年前后,顾颉刚调整了中国古史"层累"造成的叙述体系,但这一调整,并没有否定他对"层累"造成的基本判断。

四 1940年前后顾颉刚治学阶段的转变

为何这一调整会出现在1940年前后?我们认为,这是顾颉刚治学阶段自然演变的结果。

"层累"说是试图从根本上颠覆旧有中国古史系统,这一工作的繁难艰深学界早有论述。为了推进这一工作,顾颉刚不仅计划遍读魏晋以前的古书,作"春秋战国秦汉经籍考",而且,还要研究古器物学、民俗学以及沿革地理等。为此,20世纪二三十年代,顾颉刚不断地开辟着新的研究领域。今天看来,他在古史、民俗等领域辗转探索,对中国学术发展可谓贡献良多,但就其个人而言,研究领域的不断迁转,却造成他提出的很多观念未能及时阐明,很多问题未能细致清理。例如:(1)掀起"疑古"思潮的"层累"说,实际只是顾颉刚在一封随意性较大的信中提出的,而他打算撰写的严谨、系统的学术论文"层累地造成的中国古史",却始终未能写成;(2)辨伪之初,顾颉刚便要作"《尧典》著作时代考",到1931年,虽大致写成,但"以牵涉问题尚多,拟暂缓发表",结果直至去世都未能发表;(3)意在说明中国旧有古史系统定型于汉代的《五德终始说下的政治和历史》一文,实际只是"半成品",发表部分24节,计划撰写而未能完成部分也是24节,同样始终未能完成;(4)本欲"把二三千年中造伪和辨伪的两种对抗的势力作一度鸟瞰"的《崔东壁遗书序》,只写成《战国秦汉间人的造伪与辨伪》,待续部分同样始终未能完成,直到去世后,才由王煦华续成;(5)《三皇考》《夏史三论》《鲧禹的传说》诸文，虽属完整，但完成时已到了 20 世纪 30 年代后期，而且是得益于杨向奎、童书业等人的协助，如果没有杨、童协助，他能否从容写成，仍是问题。除此之外，还有重要著述《州与岳的演变》《九州之戎与戎禹》等，意在揭示"州""岳"等中国古代核心地理观念的源流，并借此考订《尚书·尧典》诸篇的年代，都没有离开"层累"命题，但其中不少重要观念，同样未得展开论述。如《州与岳的演变》"前记"中说："仓促编成，前后多不相关照……如果这三年以内能让我多读些书，三年以后又有整段时间给我作研究，那么这正式的论文当可于五年中贡献于读者之前了。"①而四年之后，等来的却是"问题既复杂，材料尤多而且乱，非短时间所能整理就绪，将来有暇必当重撰"②。

可见，20 世纪二三十年代顾颉刚在古史、民俗等领域辗转探索，开辟之功固多，但对自己提出的重要观念、命题的彻底解决，却多是等待"将来有暇"。而顾颉刚意识到不应再等待"将来"的转折点，正出现在 1940 年前后。例如，1939 年 6 月 30 日，《顾颉刚日记》中写道：

> 近日在床无事，或中夜忽醒，每思年已如许，苟学不确立，便将终身无成矣。述作之事，预计如下……如均能完成，则我易箦时当含笑而逝，否则死了口眼也不闭的。③

"预计"内容包括"撰著"和"编辑"两类，"撰著"又分"古史论文集""古史材料集"等，"编辑"分"古史辨""辨伪丛刊""古籍汇编"等。可见，顾颉刚是要清理、总结既有考辨成果，以"确立"自己的学问系统。也就是说，这一时期，顾颉刚在治学方面，开始产生了从领域拓展转向清理、总结阶段的意识。

但是，20 世纪 40 年代的中国，并未给顾颉刚从容治学的环境，而随着时间的推移，其"苟学不确立，便将终身无成"的担忧，也表现更加强烈。到 1948 年，他在兰州大学开设"上古史研究"课程，讲义开篇就提出："三十年来所致力的，大半偏于零碎问题的考据与研讨"，"这次来兰

---

① 顾颉刚：《州与岳的演变》，《顾颉刚古史论文集》卷 5，第 43 页。
② 顾颉刚：《九州之戎与戎禹》，《顾颉刚古史论文集》卷 5，第 139 页。
③ 顾颉刚：《顾颉刚日记》卷 4，1939 年 6 月 30 日，第 244 页。

大，想把三十年来研究的心得，作一番系统的讲述与检讨"①。在致其夫人张静秋的信中，他更称之为"苦处"，说道：

> 我一生勤学，而始终没有建立学问的系统。所以然者何？在三十多岁的时候，觉得来日方长，深恐建立越早就越脆弱，所以只作专篇论文，并未构成一大的系统。自从三十九岁遭遇了九一八事变，要起而救国，精神就分散在民众读物上。抗战之后，东奔西走……无法从事学问……自九一八到现在，已经十八年了，年纪愈长，就觉得平生所学愈有系统化的必要。这次兰大授课，就要实现这个愿望。②

可见，自1940年前后顾颉刚意识到"苟学不确立，便将终身无成"后，清理、总结既有成果，以"建立学问的系统"的思想，贯穿了整个20世纪40年代。

需略作说明的是，这里并不是说直到1940年前后顾颉刚才有了"建立学问的系统"的愿望或计划，而是说顾颉刚明确意识到已经有必要把这种愿望或计划付诸行动，不能再等待"将来有暇"，是在1940年前后。"建立学问的系统"的愿望他早已有之，比如20世纪20年代在回应学界对古史讨论结果的追问时，他就表示"我并不是没有把我的研究构成一个系统的野心……我到老年时一定要把自己的创见和考定的他人之说建立一个清楚的系统"，但当时他觉得"现在还谈不到此"③。

那么，这里的"建立系统"是否如有些学者所理解，是由"破坏"转向了人们一般所说的"古史建设"？或者说，在这一转变过程中，顾颉刚是否改变对旧有中国古史乃"层累"造成的基本认知？

首先，就上述1939年日记中"预计"的"述作之事"看，顾颉刚将"撰著"类中的"古史论文集"和"古史材料集"视为"学问本业"，其中，"古史材料集"又是"古史论文集"的基础，所以，"古史论文集"是其一生学问的重中之重。对此，他说：

---

① 顾颉刚：《上古史研究》，《顾颉刚古史论文集》卷7，第275页。
② 顾颉刚：《致张静秋》（1948年8月22日），《顾颉刚书信集》卷5，中华书局2011年版，第249页。
③ 顾颉刚：《古史辨》第一册"自序"，《顾颉刚古史论文集》卷1，第3页。

第四篇　近代史家及其史学思想

此为予精力之所集中，亦为本行职业，当将已发表诸篇……逐渐修改，使各单篇能成一个大系统。尤以前所拟作之"古史四考"（帝系考，王制考，道统考，经学考）"古籍四考"（尧典考，禹贡考，王制考，月令考）为其中心。①

拟作"古史四考"的想法，是顾颉刚在《中国上古史研究讲义》（燕京大学）、《古史辨》第二册《自序》、第四册《序》中逐渐提出的。作"古史四考"的目的，如其自述："这四种，我深信为旧系统下的伪史的中心；倘能作好，我们所要破坏的伪史已再不能支持其寿命。"② 1939 年日记中仍视之为"学问本业"之"中心"，可见其古史观念并未改变。

其次，就 1948 年兰州大学"上古史研究"课程看，顾颉刚自述其旨趣道：

我这次所讲分两部分，一部分是古史的材料，把古书分析，认识其真伪与先后，作研究的凭借；一部分是古史上的学说，中国古史之所以难研究，即为史实与学说的混杂，弄不清楚，造成了许多纠纷，如今我把战国秦汉间的许多学说的头绪理了出来，使人懂得这是诸子百家的臆想，不是真的史实，然后一部真的"中国古代史"可以出现。这是我一生工作的归宿，必有了这归宿，方如"百川朝宗于海"似的，为古史学立一个究竟。③

可见，顾颉刚此时的研究重心仍是扫除"诸子百家的臆想"，至于我们一般所说的"古史建设"则是"然后"的事。

前述顾颉刚对中国古史"层累"造成叙述体系进行调整的云南大学《中国上古史讲义》，正是在这一背景下出现。既然顾颉刚要清理、整合多年疑辨古史的具体成果，以考定结论，建立系统，那他吸收古史研究的新成果，对先前论断作出调整，当属情理之中。这种调整并不意味着顾颉刚基本古史观念的改变。事实上，对于云南大学和兰州大学两部讲义在其学

---

① 顾颉刚：《顾颉刚日记》卷 4，1939 年 6 月 30 日，第 244 页。
② 顾颉刚：《古史辨》第四册"序"，《顾颉刚古史论文集》卷 1，第 109 页。
③ 顾颉刚：《致张静秋》（1948 年 8 月 29 日），《顾颉刚书信集》卷 5，第 254 页。

术演进历程中的定位，顾颉刚是有明确论述的，如1949年油印《浪口村随笔·序》所说：

> 予自毕业大学，立志从事古史，迄今垂三十年，发表文字已不止百万言，而始终未出一整个系统……年已老大，苟不早从考索之功进于独断之学……则此生终有一大事未了……两大学中所讲（按：即云南大学和兰州大学），特粗引其绪，至于确然立一系统，示后学而无疑，其事尚远。①

由此亦可看出，从1939年云南大学《中国上古史讲义》到1948年兰州大学《上古史研究》，都是顾颉刚治学阶段转向"建立学问系统"的结果。序文中所说"从考索之功进于独断之学"，正是这一转变的主要特征，也是上述诸多调整的根源所在。但无论"考索"还是"独断"，其背后的核心观念都是中国古史"层累"造成说，这一点是不曾改变的。

结　　语

大致在1940年前后，顾颉刚治学开始进入一个新的阶段，即有意识地清理、整合先前考辨古史的成果，"使各单篇能成一个大系统"，"建立学问的系统"，亦即其自谓"从考索之功进于独断之学"。在这一背景下，他吸收当时古史研究的新成果，对中国古史"层累"造成的叙述体系进行了调整，如将中国的有史时代和古史的成伪时代提前等。这些都是顾颉刚古史研究中的变动，但这些变动都是其治学阶段自然演进的结果。无论叙述体系如何调整，学问系统如何构建，他对中国旧有古史系统乃"层累"造成的基本观念，始终是没有改变的。

学界常有论者见到顾颉刚的著述中出现类似"建立系统"的说法，便称其古史研究转向"建设"。这是对"建设"概念的泛用，容易造成对顾颉刚古史观念的误解。在围绕顾颉刚及其"古史辨"的相关问题上，"疑古""信古""破坏""建设""重建"等概念，都有大致固定的内涵：

---

① 顾颉刚：《浪口村随笔·序》，《顾颉刚读书笔记》卷16，第12页。

"疑古""信古""破坏"等，针对的是旧有古史系统、古史学说；"建设""重建"等针对的则主要是客观、可信的新古史。1940年前后，顾颉刚所要建立的系统，是"层累"观念下的系统，不同于当时语境下的"建设"或"重建"。

同时，我们讨论顾颉刚古史观念转变与否时，常将之置于"疑"与"信"、"破坏"与"建设"等二元对立的框架中。这些框架，可以适度采用，但不宜简单套用。在"古史辨"的语境中，"疑古"与"信古"可以视为对立关系，但"疑古"与"建设"则不同。"疑古"并不意味着不能"建设"新古史，而"建设"新古史，也不意味着不能坚持"层累"观念。事实上，在"古史辨"之后从事中国上古史研究的多数学者中，是承认"层累"现象的存在的，只是程度或有不同，这二者之间应属前后相继的关系。如果不明确这些概念在当时语境下的内涵及关系，那在今天的讨论中，很容易造成"破坏"与"建设"对立不相容的认识，甚至出现类似顾颉刚由"疑"转"信"的说法。

（原载《史学理论研究》2019年第4期）

早期中国史学史研究范式论略
——以蒙文通为考察中心[*]

陈 勇 宫 陈

(上海师范大学都市文化研究中心 复旦大学历史学系)

晚清民国以降,随着西学东渐,传统学术受到西方近代科学理念的强烈影响,长期奉守的四部之学逐渐向分科治学过渡,中国学术呈现出"历史缩短,空间变大,史料增多"等特征。[①] 在此背景下,如何将传统的学术内容置于西方的学科框架之下而不至于方凿圆枘、传统学术应怎样向近代学术转型、在这一转型过程中应如何认识史学等问题相继被提出,这些问题的提出促使具有近代意义的学科——中国史学史诞生。自20世纪20年代梁启超等学人首倡发凡,中国史学史学科已经走过一个世纪的发展历程,对于这一百年史学史学科研究范式的转变,学界也在不断进行总结和反思。有学者撰文指出,自20世纪初中国史学史成为一门专史以来,其研究范式经历了两次大的转变。第一次以梁启超《中国历史研究法补编》提出的研究框架为代表,其后数十年间,国内相关研究大多不出此范围;而从实践层面看,其重心集中在历史编纂学和文献学方面。第二次大的格局变化,发生在20世纪60年代初,经过这一时期对史学史研究对象、任务等理论的深入讨论,研究风格也随之转换,特别是大大强化了对历代史学思想,包括史家政治思想、学术思想和历史哲学的研究,由此形成了以史学思想、史料学和编纂学为基本内容,以史学思想为核心的研究范式。

---

[*] 本文是国家社会科学基金重大项目"20世纪的历史学和历史学家"(项目编号:19ZDA235)的阶段性成果。

[①] 葛兆光:《预流的学问:重返学术史看陈寅恪的意义》,《文史哲》2015年第5期。

第四篇 近代史家及其史学思想

20世纪90年代后期起，随着史学史研究视野的进一步拓宽，史学史研究呈现出新的特点，其研究范式有待进一步总结。① 关于中国史学史学科成长历程的梳理与反思，学界已有不少研究成果。② 过往的研究大多聚焦在一些公开出版的著作及以史学史研究为主要治学取向的学人身上，但事实上，在20世纪三四十年代，有一部分学人曾在大学讲堂讲授中国史学史。囿于各种原因，这些讲授内容未能及时刊布，影响相对有限，因而这一群体在我们的考察回顾中并未被充分关注，蒙文通即为其中之一。本文以蒙文通的史学史研究为考察中心，聚焦早期中国史学史研究的发展历程，尤其是前辈学人对中国史学史书写范式的探索，希望能为当下的中国史学史研究提供一些思考。

一

我们"如果想明白一个时代学术所发生演进的关系，必须考察这个时代前后的来因去果，而找出他们相互的影响与感应，这是历史的因果律所指示吾人的"③，史学的发展其实就是社会变迁在学术领域的投射。钱穆有言："一时代之学术，则必其有一时代之共同潮流与其共同精神，此皆出于时代之需要，而莫能自外。逮于时代变，需要衰，乃有新学术继之代兴。"④ 自19世纪后期海通以还，伴随着西力东侵，整个中国社会面貌发生了前所未有的改变，与之相应，中国近代史学亦呈现出一种与传统史学截然不同的发展样态。⑤

从宏观上观察整个近代中国史学，我们大致可以有如下认识：中国近

---

① 参见胡逢祥《关于改进中国史学史研究范式之我见》，《史学月刊》2012年第8期。
② 较有代表性的论著，如瞿林东《中国史学史：20世纪的发展道路》（《北京师范大学学报》1999年第2期）、胡逢祥《历史学的自省：从经验到理性的转折——略评20世纪上半叶我国的史学史研究》（《华东师范大学学报》2004年第1期）、周文玖《中国史学史学科的产生和发展》（北京师范大学出版社2002年版）、张越《中国史学史学科的发展路径与研究趋向》（《学术月刊》2007年第11期）、牛润珍《20世纪中国史学史著作述评》（《中国史研究动态》2001年第8期）等。
③ 诒荪：《晚近中国史学界之一瞥》，《桐声》1926年第1期。
④ 钱穆：《两汉经学今古文平议》，商务印书馆2001年版，"自序"，第4页。
⑤ 关于中国近代史的开端是否与中国近代史学的开端同步的问题，学界已有讨论，参见张越《论中国近代史学的开端与转变》，《史学理论研究》2017年第4期。

代史学的演进主线,一言蔽之,即重新认识中国历史。揆诸前史,自 19 世纪末 20 世纪初,西方观念进入中国,使得传统士人在治史方面或主动或被动地增加了一个参照系,历时性为共时性所代替。在对标的过程中,中国史学得以逐步迈向现代之途。梁启超、邓实、马叙伦、陈黻宸等人于 20 世纪初就中国有史无史问题展开论争,由此衍生出观点对立的新旧史学之分,此后中国近代史学在重新认识史实与重新认识史学上呈现出多元并进的发展态势。首先,就史实层面而言,近代史家开始有意识地对中国历史进行重新审视,从编纂方法、撰史体例、通史内容等方面进行全面反思。诚如汤志钧所言:"近代史学,研究的范围也扩大了,由研究中国史而研究世界史,由研究内地史而研究边疆史,由研究以汉族为主的历史而研究少数民族史,由研究政治史而研究社会史、文化史,由研究古代史而研究当代史,由注意文献资料而注意考古发掘,等等。视野更加广阔,领域日益扩张。至于传统的编年、纪传、纪事本末体,以至专记典章制度的史书,也卷帙繁多,品类丰富。"① 职是之故,整个 20 世纪,新型中国通史著作的编写与出版蔚然兴盛。其次,就史学层面而论,正是由于对传统史学遗产的清理与反思,直接促成了作为一门学科专史的中国史学史的诞生。在重新认识中国历史的主线下,我们可以观察到两条推进路径:其一是传统史学的近代化,意在打通古今;其二是域外史学的本土化,意在沟通中西。而整个近代史学正是在古今中西交错的大环境下发展壮大的。

中国史学史应当如何书写?怎样研究?主要包含哪些内容?纵览 20 世纪前半期的各类中国史学史作品,对于上述问题的回答,大抵不外两种:第一种是以梁启超及其后学为代表的"横通式"写法,第二种是以蒙文通为代表的"纵通式"写法。

"横通式"写法,即在厘清传统史学发展进路的基础上拎出若干关键节点,如史家、史书、史学发展趋势等专题进行阐释,分门别类,每一专题有始有终。这一写法颇类似于分类组合,内在逻辑是希望通过小专史的叠加组合成一部大通史。1926 年,梁启超在清华大学讲授中国历史研究法课程时,将史学史划分在文物专史的框架之下,认为"这不是能拿断代体

---

① 汤志钧:《序》,胡逢祥、张文建:《中国近代史学思潮与流派》,华东师范大学出版社 1991 年版,第 1 页。

来做的；要想满足读者的要求，最好是把人生的活动事项纵剖，依其性质，分类叙述"①，强调在研治史学时尤其要注意史官、史家、史学的成立及发展和最近史学的趋势等四方面内容。事实上，早在梁氏之前，就已有学者有意识地对史学进行思考整理，其中较有代表性的是李大钊和朱希祖。李大钊自 1920 年受聘为北京大学教授，开始在课堂上以唯物史观为指导讲授中国史学和社会发展，相关讲义集结出版为《史学要论》。这是我国第一部用马克思主义观点写成的史学理论著作，对中国马克思主义史学的开创作出了重要贡献。不过，该书在当时的实际影响力，尤其是对早期中国史学史研究书写范式的影响还十分有限，这与民国时期包括唯物史观在内的马克思主义理论未能在史学界占据主导地位有关。朱希祖曾在北京大学讲授史学专题课程，相较于李大钊而言，朱氏的风格较为传统，更多关注的是史家、史官、史籍等要素。抗战时期，朱希祖的女婿罗香林建议将这些课堂讲义整理出版，遂有《中国史学通论》问世。朱希祖自陈，该书原定名为《中国史学概论》，内容主要是论述中国传统史书体裁的发展流变，并就各类体裁的优劣展开议论，从这个角度讲"谓之通论亦可"②。朱氏对于中国史学史的关注范围与梁启超有很大程度的重合，两人分别形成了各具特色的史学史研究思路，并影响到他们的门人弟子。③

1929 年梁氏去世后，众多学生秉其志向，开始投入到中国史学史的研究撰述中，其中用力最勤者当属姚名达。梁启超在其《中国历史研究法补编》中对中国史书众多、史学资源丰富但缺乏有志于专门从事史学研究者的现象颇为感慨，认为这是"很奇怪的一种现象"。针对乃师之叹，姚名达曾有所回应："民国十四年九月，名达初到清华研究院受业于先生，即有著《中国史学史》之志，曾向先生陈述；至今二年，积稿颇富，惟一时尚不欲草率成书耳。"④ 为了推动这门学科的发展，姚名达进行了深入思考，在其师思路的基础上，将史学史的研究细化为九个步骤：

---

① 梁启超：《中国历史研究法》（外二种），河北教育出版社 2000 年版，第 294 页。
② 朱希祖著，周文玖选编：《中国史学通论》，商务印书馆 2015 年版，"自序"，第 3 页。
③ 关于梁启超与朱希祖及其后学对中国史学史研究思想的比较，参见王传《论民国时期中国史学史的学科建设与著述特点》，《河北学刊》2020 年第 1 期。
④ 梁启超：《中国历史研究法》（外二种），第 327 页。

1. 专家的研究；2. 史书的解题；3. 史学论文的抄集；4. 史学年表的撰著；5. 史学家传记的撰述；6. 史官制度及史学起源的考究；7. 史学术语的研究；8. 中国史学辞典的编纂；9.《中国史学史》的撰著。①

依照如上步骤，姚名达把一部完备的《中国史学史》分为中国史学通史、中国史学年表、中国史学论文总集、史学家列传、史学大辞典、史籍考六个组成部分，这显然是在执行梁启超所提倡的写法的细化。继姚氏之后，在课堂上曾多次讲授中国史学史的董允辉在其讲义中也提道："兹编所述，特取旧日所谓史部中之正史、编年、别史、杂史、史评诸类，各顺年代，叙其作家事迹，著书经过，藉明当时学术之风气耳。……要之，本书则偏重'史家'、'史学家'之叙述。其对'史官'，只略考诸古书所记而已。若史官能兼史家者，仍详述之也。……得四大编为：（一）史官，（二）史家，（三）史学之成立及发展，（四）最近史学之趋势，亦梁氏启超生前所拟目也。"②

20世纪40年代先后出版了三部史学史著作，我们都能从中看到明显的梁氏痕迹。如金毓黻即自述其著作"谨依刘、章之义例，纬以梁氏之条目，粗加诠次，以为诵说之资"③。王玉璋的《中国史学史概论》在写作思路上基本根据梁启超所划定的研究范畴而略有增减，在具体的史料利用方面则更多地借鉴了金毓黻。王氏一书分为五章，"第一为史官，第二为史学名著述评，第三为历史体例，第四为历史哲学，第五则为近代史学之新趋势"④，此书基本可视作梁、金二者的结合之作。相较而言，魏应麒的著作则在保持梁氏风格的同时，有了进一步突破。他的作品分为上下两部分，上部主要围绕中国传统史学的特征与价值、中国史书的类别分类及在中国传统学术发展过程中所处的位置、中国古代的史官制度等方面进行阐述；下部则综观整个中国古代史学的发展情形，尤其关注不同史家的治史

---

① 罗艳春、姚果源选编《姚名达文存》，江苏人民出版社2012年版，第31页。
② 董允辉：《中国史学史初稿》，陈功甫等撰、王传编校：《中国史学史未刊讲义四种》，上海古籍出版社2016年版，第283—284页。
③ 金毓黻：《中国史学史》，商务印书馆2010年版，"导言"，第1页。
④ 王玉璋：《中国史学史概论》，商务印书馆1944年版，"自序"，第3页。

理论与方法，对不同体裁的史书进行了比较考察。可以看出，魏书的上半部分依旧未能跳脱梁氏体例的范围。

上述三书甫一问世即受到学界关注。作为率先公开出版的总结中国史学的著作，评论者在肯定他们筚路蓝缕、勇敢尝试之功的同时，也对书中的缺憾有所评论。就王玉璋著作而言，学界认为，"是书为中学生作，乃一好读物，以之作大学教科书，其内容尚嫌不足"①。而魏应麒所作《中国史学史》"条理尚为清晰，编制亦称平妥。惟采人成语过多，己所发明甚少，虽无大谬，亦鲜精彩"②。相比之下，金毓黻的著作获得了更多好评，但也有学者指出，既然书名为史学史，则应"俾读者了然于二千年来史学演变之大势，及今后改良之途径"，而是书"作者过重故实，而忽略史学，仅言纂修经过，鲜及体例得失，史学之义，似犹未尽也"③。除此之外，"本书有个地方值得补充的，第一，是中国的历史哲学。历史哲学虽不能视为史学的正宗，但既谈史学史，似乎对于这一方面也不应该或缺的。中国的历史哲学有许多极有价值的，本可以重写一本中国历史哲学史，而史学史不略为叙述，也似乎是美中不足"。④ 事实上，同辈学人在研究中国史学史过程中对上述问题已经有所注意，尤其是针对如何凸显传统史学之"义"，以及如何看待历史哲学在史学发展过程中的作用。以蒙文通为代表的学者即进行了讨论，并逐渐形成了与梁启超等作法相区别的"纵通式"研究范式。

二

所谓"纵通"，即以时间为轴线，以王朝更替为叙述线索，对每朝每代史学的发展情形作系统考察，这种写法的代表人物即蒙文通。⑤ 在蒙氏给柳诒徵的信中写到，1934年秋他在北京大学任教时拟开中国史学史一门

---

① 止行：《图书介绍：〈中国史学史概论〉》，《图书季刊》新第4卷第3、4期合刊，1943年。
② 珊：《书评：〈中国史学史〉（魏应麒著）》，《汉学》1944年第1辑。
③ 齐思和：《书评：〈中国史学史〉（金毓黻著）》，《燕京学报》1947年第32期。
④ 陈定闳：《评金毓黻著〈中国史学史〉》，《中央周刊》第8卷第43期，1946年。
⑤ 需要说明的是，本文所论"横通式"与"纵通式"的分类并非截然断为两橛。事实上，无论在哪一本史学史著作中，一般都可以看到两种写作思路的共存。这里只是从整体角度进行观察，依据主要叙述大致做如是划分。

课程，由此开始了对史学史撰写的思考。① 抗战全面爆发后，蒙文通返回成都，任教于四川大学历史系，因讲授中国史学史课程的需要开始撰写讲义。一年左右，讲稿初成。三四十年代初，部分篇章以论文的形式发表在《重光月刊》《华文月刊》《国论月刊》等杂志上。这是民国时期较早完成的一部中国古代史学史著作，可惜当时未公开出版。

作为一门专史的中国史学史，从整体着眼，它的内涵与外延应涵盖三个方面：首先是如何认识史学（包括含义与功用两个角度），其次是如何研究史学史（包括研究范畴与研究思路），再次是如何对中国传统史学进行分期。在蒙文通看来，"史者，非徒识废兴、观成败之往迹也，又将以明古今之变易、稽发展之程序。不明乎此，则执一道以为言，拘于古以衡今，宥于今以衡古，均之惑也"②。蒙氏认为，晚周时期的各家学说对于既往历史的记载与描述言各有差，所以，在此之上得出的历史借鉴与管理经验亦各不相同，这背后反映的是对于历史发展规律认识的不同。也就是说，蒙文通认为，历史不仅是表面史迹的呈现，更应当透过史实表面看到历史发展背后的因果变化，唯其如此，才能于古今发展中探求历史演变规律，借以指导当下，有所裨益。蒙氏这一观点在近代极具代表性。清季民国以降，受西方科学思潮影响，中国古代史学中的资鉴致用传统与近代科学的探求规律思维交互合流，促使学者在治史过程中不仅仅追求单纯的学术探索，更体现出较强的现实关怀意味。

如上所言，蒙文通重视"纵通式"的写法，主张以时间推演来叙述史学的发展变迁大势，但并非包罗全部、无所不写，而是有所选裁，显示出自身的特色。蒙氏认为，"做学问要敢抓，能抓大问题、中心问题，不要去搞那些枝枝节节无关大体的东西，谨防误入洄水沱"③。他还引用孟子"观水有术，必观其澜"的古训来强调研究历史要站位高远，视野开阔。蒙氏认为治史如观澜，要想把波澜壮阔的江水看清，就必须对其改变流经

---

① 蒙文通：《致柳翼谋（诒徵）先生书》，蒙默编：《蒙文通全集》第 2 册，巴蜀书社 2015 年版，第 480—482 页。该文的署名时间为 1935 年，据王承军考证应为 1934 年。参见王承军《蒙文通先生年谱长编》，中华书局 2012 年版，第 125—128 页。
② 蒙文通：《中国史学史》，蒙默编：《蒙文通全集》第 2 册，第 360 页。
③ 蒙文通：《治学杂语》，蒙默编：《蒙文通学记》（增补本），生活·读书·新知三联书店 2006 年版，第 1 页。

第四篇 近代史家及其史学思想

方向的转折处有一清楚掌握,而"读史也须能把握历史的变化处,才能把历史发展说个大概"①。所以,蒙文通无论是分析整个历史发展走向还是具体到某一时段的史学发展时,他都能找到转折变化之处,详加阐释。在他看来,"譬之长江大河,放乎东海,虽首尾相属,然其曲折易向固已百变而曲折者,乃正在其相属者也"②。是故,蒙氏研求史学,要在观其流变,于关键处着眼,细致考察,纲举则目张。至于其余细枝末节,或是在他看来并未对史学发展全局走向起到关键作用的内容,一概省略。正是在这取舍之间,其个人治史学史的识见得以凸显。

循此思路,蒙文通在考察中国史学时指出,中国传统史学有晚周先秦、汉魏六朝、两宋三个繁荣时期。他说:"窃以中国史学之盛,有三时焉。曰晚周,曰六朝,曰两宋,皆思想廓落之会也。体制革新,陈义深远,宏文迭出,名家踵武,虽汉唐盛世,未足比隆。"③他之所以特重这三个时期,即在于这三个时期的史学俱能推陈出新,尤其是在史学学术思想、史书编撰体例、治史观点等方面有所成就并足以引领后世。在蒙氏看来,先秦诸子于历史哲学贡献极大,最不可及;六朝史家治史勤奋,对于史书体裁与体例的创新多有贡献;两宋史家"深于史识"、长于史论,其作品之精华不在具体史事的记载描述而在于史家围绕史事展开的议论见解。相比较而言,六朝史家不善于志书的修撰,即使流传下来的志书也多是缀拾之作而鲜少论断;两宋史家则善于观察历史推演变化,并能由此判断历史发展趋势,所以蒙氏在研究史学发展时"于此三段欲稍详,余则较略"。同时他又指出,不同时代每种学术的发展状况亦各有差别,就史学而言,"恒由哲学以策动,亦以哲学而变异"④。蒙氏认为,中国古代史学的演进趋势从某种意义上可以说是与传统哲学的发展同频共振的,哲学盛而史学兴,哲学衰而史学微。在蒙氏看来先秦时期诸子百家讲学争鸣,学术盛况不可追及,"于时国史、家史,众制并作,灿烂足观"⑤。其后继之两汉,学术气象收缩低迷,学人务求经术,只讲求考证章句,这一现象直

---

① 蒙文通:《治学杂语》,蒙默编:《蒙文通学记》(增补本),第1页。
② 蒙文通:《儒家哲学思想之发展》,蒙默编:《蒙文通全集》第6册,第80页。
③ 蒙文通:《中国史学史》,蒙默编:《蒙文通全集》第2册,第339页。
④ 蒙文通:《致柳翼谋(诒徵)先生书》,蒙默编:《蒙文通全集》第2册,第482页。
⑤ 蒙文通:《中国史学史》,蒙默编:《蒙文通全集》第2册,第339页。

至魏晋以后方才有所转变。六朝时期学界争鸣之风复兴，儒、墨、道、法、名、刑等诸家并起，一扫汉学萎靡之势，这一时期"干、孙之作，号五百年史例中兴，此史学之再盛也"①。到了唐代，宗教学取代史学大放异彩，学术风气趋向保守，史学家如令狐德棻、姚崇等人只长于记注，因袭前规，注疏经文，而不能有所撰述。北宋时期"一排唐人博综之学，研精义理，超绝古今。……逮于南宋，胜义纷陈，此史学之又一盛也"②。至于南宋以后，直至明清，在蒙文通眼中史学发展已经基本趋于沉寂，无甚创造。虽然两汉时期也有班固所编《汉书》、唐代亦曾编修五史，这些史学作品在史料搜集、比较对勘、史实梳理等方面不可谓不优，但在蒙氏看来这些史著都只是简单的"记注"之作，没有倾注史家的史识见地。他特别强调了"记注"与"撰述"之间的区别，并以之为史学良莠的划分标准。

"记注"与"撰述"这组概念本出自章学诚《文史通义·书教下》："《易》曰：'筮之德圆而神，卦之德方以智。'间尝窃取其义以概古今之载籍，撰述欲其圆而神，记注欲其方以智也。"③依章氏之意，"记注"盖指史料的保存与编纂，它只是对过去有关事实的记载，要求尽量做到"赅备无遗"，因而在体例上有一定规制；而"撰述"的目的在于"知来"，成一家言，故在书法体例上往往不拘常格，贵在创新。④蒙文通化用章学诚的观点，以"记注"指代一般的史料汇编整理，以"撰述"指代史家修撰史书，其所看重的仍是史学演进过程中能否出"新"，能否"成一家之言"，能否"示大法于将来"。在蒙氏看来，两汉史学未能如先秦般激荡出辉煌灿烂的思想火花，唐代史学很大程度上受宗教压制且多注疏之作，于思想义理无胜义可陈，至于元明清时期的史学不过是因袭两宋，无所创新，故而上述时期皆一笔带过，省略不谈。

需要指出的是，蒙文通对于"义理"的强调和"撰述"的推崇并非意味着其将史家个人的主观作用置于修史过程中的无上地位，相反，他对于中国古代史学发展过程中过度强调"义法"的负面效应有着深刻的检讨。

---

① 蒙文通：《中国史学史》，蒙默编：《蒙文通全集》第 2 册，第 339 页。
② 蒙文通：《中国史学史》，蒙默编：《蒙文通全集》第 2 册，第 339—340 页。
③ 章学诚著，仓修良编注：《文史通义新编新注》，浙江古籍出版社 2005 年版，第 36 页。
④ 参见朱政惠、陈勇《章学诚的史学批评理论及其借鉴意义》，《史学史研究》2010 年第 1 期。

第四篇　近代史家及其史学思想

在梳理先秦史学时，他指出："《春秋》由大夫家史发展而成为诸子，便是专以理论阐述为中心的作品了。"①即使是《春秋》当中也引用或记载了相关历史事件，但这些史实的功用在其看来并不在于历史记录而在于为其思想理论作佐证。在这一过程中，有些作品为了申说自身理论观点不惜改变史实，强行套用，如此《春秋》一书的史料价值就"大大降低了"。同时，蒙文通还强调，诸子之学是由家史发展演变而来，"诸子之学大盛，史学当然就逐渐衰落了"②。蒙文通一方面肯定《春秋》笔法深邃，于历史背后蕴含思想成果，使得史书作品不再是简单的比年记事，开始从单纯的历史记录迈向历史撰述；另一方面也看到了这种书写模式的弊端——史学家为了充分表达自己的好恶情绪，有时往往不惜牺牲史实，强事实以就我，如此就背离了写史的初衷。

在 20 世纪前半期的史学史撰述及实践中，无论是梁启超及其后学所进行的"横通式"研究，抑或是以蒙文通为代表的"纵通式"研究，他们在书写范式上都表现出徘徊于经史之间的特征。由梁启超等人开创的早期史学史书写模式，大体以史官、史著、史家为撰述主体，带有较重的史部目录学的色彩，蒙文通则在这种撰述模式之外另辟蹊径，注重史学思想、历史哲学的作用。蒙氏治先秦史学，十分注意发掘诸子的历史哲学思想，③他之所以把晚周、六朝、两宋视为中国古代史学的三个繁荣时期，是因为这三个时期"皆思想廓落之会也"。在《中国史学史》第三章"天宝后之文、哲学与史学"一节中，他十分重视学术思想的变动对史学发展的影响：中唐后经学变化带动研究诸子的热潮，子学的研究带来了思想的解放，而思想的解放则引起了文学的革命，经学、子学、文学变革的共同特点是"归于义理"。这与唐前期的学术截然异趣，用蒙氏的话说是"划若鸿沟，隔如胡越"。在这样的学术背景下，"新史学乃萌于是也"④。关于经史关系，蒙文通论述甚多。我们知道，蒙文通治学是由经入史的，他早年随今文经学大师廖平习经学，对儒家义理之学十分推崇，反映在其史学

---

① 蒙文通：《周代学术发展论略》，蒙默编：《蒙文通全集》第 1 册，第 14 页。
② 蒙文通：《周代学术发展论略》，蒙默编：《蒙文通全集》第 1 册，第 14 页。
③ 参见蒙文通《中国史学史》"晚周各派的历史哲学"一节，蒙默编：《蒙文通全集》第 2 册，第 360—365 页。
④ 参见蒙文通《中国史学史》，蒙默编：《蒙文通全集》第 2 册，第 397—398 页。

史的撰述中，表现为对专务考索的乾嘉史学评价甚低，而对评史论事、褒贬人物、"折以义理"的宋代史学大加褒扬。关于此点，曾借读过蒙文通《中国史学史》稿本的金毓黻看得最为清楚，他说："蒙君治史盖由经学入，其治经学，更以《公》《谷》为本柢，故所重者为研史之义理。"① 蒙文通以义理审视史学，表现出以经治史、史哲相照，着眼重点、明其流变，推崇义理、通观达识等研究特点，② 形成了另一种自觉区别于梁启超等人的中国史学史的书写模式，在民国史学史的书写中的确别具一格。

三

清末民初以来，经学衰落，史学勃兴，并由边缘走向中心。蒙文通早年以经学起家，壮年由经入史，成为史学名家，但转入史学后的蒙文通治史则不弃经学。在他看来，经学为中国民族无上之法典，集中国古代文化之大成，这是史学、子学所不能涵盖的。他说："由秦汉至明清，经学为中国民族无上之法典，思想与行为、政治与风习，皆不能出其轨范。虽二千年学术屡有变化，派别因之亦多，然皆不过阐发之方面不同，而中心则莫之能异。其力量之宏伟、影响之深广，远非子、史、文艺可与抗衡。"③ 所以，由经入史的学术背景，使蒙文通踏入史学史这一研究领域时便与当时史学史书写主流范式异趣。自20世纪20年代中国史学史成为一门专史以来，以史官、史著、史家为撰述主体来探究史学发展的书写模式成为主流，蒙文通则"不乐为一二人作脚注"④，在这种主流叙述模式之外另辟蹊径，着眼于经学义理的阐释和史学思想、历史哲学的解读，提出了另一种中国史学史的书写范式，为当时中国史学史的研究开辟了新境。

以蒙氏对宋代史学、清代史学的研究和评论为例。在中国史学史研究中，蒙文通最为究心称扬的是宋代史学，常言"经学莫盛于汉，史学莫精

---

① 金毓黻：《静晤室日记》卷105，1930年9月30日条，辽沈书社1993年版，第4591页。
② 相关研究成果可参见何晓涛《蒙文通与中国史学史》（《四川大学学报》2004年第3期）、张凯《经史分合：民国时期〈中国史学史〉的两种写法》（《社会科学战线》2012年第8期）、宫陈《由经入史，辨异通观——蒙文通与中国史学史》（《绵阳师范学院学报》2017年第12期）等文。
③ 蒙文通：《论经学遗稿三篇·丙篇》，蒙默编：《蒙文通全集》第1册，第310页。
④ 蒙文通：《致柳翼谋（诒徵）先生书》，蒙默编：《蒙文通全集》第2册，第482页。

第四篇 近代史家及其史学思想

于宋"①。在近现代史家中推尊宋代史学的不独蒙氏一人,陈寅恪、金毓黻、钱穆等人也多有论及。与陈氏等人偏重北宋史学不同,蒙文通推尊南宋,他说:"汉代经术以西京为宏深,宋代史学以南渡为卓绝。"② 又说:"余少年习经,好西汉家言。壮年以还治史,守南宋之说。"③ 在南宋史学中他特别推崇浙东史学,他说,北宋史学上"重《春秋》而忽制度"④,政治上"重人治而忽法治"⑤,而浙东史学则集义理、制度、事功于一体。蒙氏曾言:"《经学抉原》所据者制也,《古史甄微》所论者事也,此皆学问之粗迹。制与事既明,则将进而究于义,以阐道术之精微。"⑥ 在蒙氏看来,"制"和"事"只是"学问之粗迹",儒学义理才是"道术精微"之所在。"北宋之言史专于理道之旨,义每狭而浅"⑦;而南宋浙东史家"治史而究乎义理之源"⑧,既重儒家内圣心性之学,又不忘制度、事功,致力于外王治平之业,"道之精粗,政之本末,皆于是乎备"⑨。故言:"浙东之学,以制度为大宗,言内圣不废外王,坐言则可起行,斯其所以学独至而言无弊。"⑩ 显然,浙东史家这种治学风格与以今文学起家、视儒家义理之学为"第一义"的蒙文通深相契合。所以,在其《中国史学史》讲义中,蒙氏对浙东史学的精神再三致意,心有戚戚焉。

对于近代新派学者极为推崇的清代学术,尤其是乾嘉汉学,蒙氏深不以为然。他认为,清人治学每每以细枝末节处的争辩相较,过度究心于名词章句、音韵文字的考订纠讹,宏纲巨目弃而不顾,反而寻其枝叶、较其铢两,过分关注个体局部,以致不能对经典大义有正确深入的理解,肢解了经文义理,离本益远,歧出益迷。因此,他说:"清代学术呢,只是反对宋明理学,说是汉学,其实只是考证而已。史学像赵翼《廿二史劄记》、钱大昕《廿二史考异》,都不能算作史学著作。史学不是史学,经学不成

---

① 蒙文通:《跋华阳张君〈叶水心研究〉》,蒙默编:《蒙文通全集》第 2 册,第 532 页。
② 蒙文通:《跋华阳张君〈叶水心研究〉》,蒙默编:《蒙文通全集》第 2 册,第 532 页。
③ 蒙文通:《跋华阳张君〈叶水心研究〉》,蒙默编:《蒙文通全集》第 2 册,第 535 页。
④ 蒙文通:《中国史学史》,蒙默编:《蒙文通全集》第 2 册,第 409 页。
⑤ 蒙文通:《北宋变法论稿》,蒙默编:《蒙文通全集》第 3 册,巴蜀书社 2015 年版,第 265 页。
⑥ 蒙文通:《古史甄微》,蒙默编:《蒙文通全集》第 3 册,第 16 页。
⑦ 蒙文通:《四库珍本〈十先生奥论〉读后记》,蒙默编:《蒙文通全集》第 2 册,第 494 页。
⑧ 蒙文通:《中国史学史》,蒙默编:《蒙文通全集》第 2 册,第 413 页。
⑨ 蒙文通:《跋华阳张君〈叶水心研究〉》,蒙默编:《蒙文通全集》第 2 册,第 534 页。
⑩ 蒙文通:《四库珍本〈十先生奥论〉读后记》,蒙默编:《蒙文通全集》第 2 册,第 494 页。

经学，诸子不是诸子；一部《十三经注疏》，就是将经、史、文选混在一起，真是不伦不类饾饤之学。"① 这种学问"以言搜讨史料或可，以言史学则相间犹云泥也"②。循此思路，他对清代史学未加申说，一笔带过，且对清代以前的考史之作皆略去不提。

近代以来，经史易位，面对经学日益边缘化的命运，由经入史的蒙文通将经学方法引入史学研究，在史学史研究的内容和叙述模式上别起新途，"取舍之际，大与世殊"③，有了进一步突破。与此同时，蒙文通对清末废科举、兴学校，袭用西方学术分类法，将本来为一整体、自有其对象的经学人为割裂开来，分为文史哲数科的做法也深致不满。他痛切地指出："自清末改制以来，昔学校之经学一科遂分裂而入于数科，以《易》入哲学，《诗》入文学，《尚书》《春秋》《礼》入史学，原本宏伟独特之经学遂至若存若亡，殆妄以西方学术之分类衡量中国学术，而不顾经学在民族文化中之巨大力量、巨大成就之故也。其实，经学即是经学，本自为一整体，自有其对象，非史、非哲、非文，集古代文化之大成、为后来文化之指导者也。"④ 在蒙氏看来，把儒家经学典籍强行分入哲学、史学、文学等西方近代学科当中，其实是对经学的一种巨大破坏，这样做不仅在形式上拆解了经典，更重要的是粉碎了中华传统文化的元神，导致国人价值观念的崩塌。蒙文通的这种看法在当时的时代背景下显得卓尔不群。清末民初以来，中国学界的大方向始终是在西方科学思潮和现代学科法则的深刻影响下发展的，近代以来传统学术的基本走向之一是"经学的蜕变与史学的转轨"。在这种情况下，蒙氏并没有盲从时风，而是对学科的格局进行了主动思考和反省，提出了许多富有价值的见解，值得重视。有研究者指出，在由经入史的时代背景下，蒙文通所扮演的并非仅是一名被动改变学术方向的研究者，更是一名主动思考近代知识体系与学科格局的教育者。蒙文通的史学史研究在由经入史的背景下显示出独到的学科反省意义，他引入儒家义理与制度，将其视作衡量中国史学发展的标尺，侧重以思想为中心讨论史学的发展演变，凸显儒学义理和经史之学，由经入史，

---

① 蒙文通：《国史体系》，蒙默编：《蒙文通全集》第 2 册，第 570 页。
② 蒙文通：《跋华阳张君〈叶水心研究〉》，蒙默编：《蒙文通全集》第 2 册，第 532 页。
③ 蒙文通：《跋华阳张君〈叶水心研究〉》，蒙默编：《蒙文通全集》第 2 册，第 532 页。
④ 蒙文通：《论经学遗稿三篇·丙篇》，蒙默编：《蒙文通全集》第 1 册，第 310 页。

再由史返经，以经学统摄史学，故而在叙述范式与研究重点上都与梁启超首倡发凡的"人物—代表著"的范式截然不同。①

对于早期中国史学史书写的这两种模式，学界已有一些议论和评说。以梁启超及其后学为代表的"横通式"研究，因其书目解题意味过于浓厚而被视为史籍提要；以蒙文通为代表的"纵通式"研究，因其高扬义理，对传统经学过于推重而被指为经书之延伸。有学者指出："近代史学与传统史学有重大区别，中国传统史学与经学有密切联系……而近代史学最重要的特点则是摆脱经学的枷锁。"② 依此而论，蒙文通的史学史著作似乎与近代史学的时代特征不相契合。也有学者反思蒙文通《中国史学史》讲义中经学痕迹过重的问题，认为"蒙文通的史学史著述意识，某种程度上是对梁（启超）、金（毓黻）史学史模式中所存缺失的完善，然而蒙文通过分看重中国古代史学中的经学、义理、名教等理念对史学发展走向产生的作用，以至于多少影响到了对现代史学'学科'性质的新认知，忽略了史学的载体仍旧是史家、史书本身这一基本事实"③。应当说，这种批评和反思有一定道理，当然也有进一步讨论的空间。首先，作为传统学术之首的经学，其拆解、融汇、隐退于近代学科之中的过程贯穿于近现代学术发展的全程，并非短期内一蹴而就；其次，作为新旧交替时期的学人，其知识结构、思维模式、著述取向都不可避免地受到以经学为核心的传统学术资源的影响。换言之，"处在20世纪初的转型阶段，那些先行者所关心和焦虑的，可能更是如何兼容中西、并蓄新旧的问题，他们才刚刚踏上接纳新观念的阶段，还远远不到排斥旧体制的时期"④。所以，对于学科草创时期的这种可贵尝试，我们应更多地给予"同情之理解"，给予这些探索以恰当的肯定。

---

① 参见黄加南《重读蒙文通〈中国史学史〉：旧题由经入史新思索》，《文史杂志》2020年第5期。
② 李朝津：《中国近代民族史学探源》，兰台出版社2014年版，第127—128页。
③ 张越：《再论初创时期的中国史学史学科》，《河北学刊》2020年第1期。
④ 戴燕：《文学史的权力》（增订版），北京大学出版社2018年版，第49页。

四

回顾百年中国史学史之史，我们可以清晰地看到这门学科从无到有、从小到大、从单线到多元、从平面到立体的发展历程。自从梁启超首倡发凡，提出建立一门学科史意义上的史学史框架以来，学界的叙述模式便主要是依据梁氏的意见展开，以史著、史家为主要对象的研究范式居于主流。随着研究的推进和深入，这种史部目录式的研究范式遇到了瓶颈，不断受到学者的批评和质疑。随着20世纪60年代和80年代两次史学史大讨论，史学史的研究内容已由过去侧重史家、史著拓展到历史观、史学思想、史学思潮与流派、史学建制、中外史学交流等众多领域，历史哲学、史学思想已成为史学史研究的应有之义，乃至重中之重。其实，对于这些问题，蒙文通早在20世纪三四十年代就有所思考，对书目解题式的研究范式可能遭遇的困境做出了预判，并对造成这些困境的关键原因给出了某种解决的答案，这体现了他治学的敏锐和识见之精深。当今新的中国史学史研究范式正处在调整、改进和转换之中，有待于做进一步总结。在这种背景下，重温并深入探讨蒙文通在20世纪三四十年代构建的区别于梁启超等人的史学史研究范式，无疑具有补弊救偏的学术意义，并可为当今的中国史学史研究提供启示和借鉴。

如上所言，要深化当下中国史学史研究，我们可从蒙文通等早期中国史学史研究者的著述中汲取养料。通过对其治中国史学史研究方法和特色的考察分析，我们认为，蒙文通的史学史研究还有如下几点可供当下借鉴和思考。

其一，在研究立场上，应坚持民族本位，吸收外来研究成果的同时注重本土学术话语体系的构建。以经史之学为志业的蒙文通对于传统史学一直持有高度的肯定，认为"中国史籍之富，并世诸国，莫能与抗，而究论作史之法，亦以中国为最先"[1]。清末民初以来，中国学界深受西方科学思潮和学科分类的影响。早在20世纪30年代，周容在总结近世史学风气时指出，民国以来是"翻译世界各国史籍最风行的时代，对于欧美史书与史

---

[1] 蒙文通：《中国史学史》，蒙默编：《蒙文通全集》第2册，第381页。

第四篇　近代史家及其史学思想

学理论，皆竞相介绍。……最近三十年的史学可以说是中国新史学运动的启明时期。至于史书的著作方面，多趋重于翻译外史与著述专门史两途"①。随着各类西学思想的涌入，中国思想界的价值判断由"向后看"变为"向外看"，一时各家学说如过江之鲫，学者们在吸收采用的过程中很容易就走向了不加甄别、拿来是从的偏径。在这种情况下，蒙氏没有盲从时风，在治史中并未一味采取西法，而是能从传统文化资源中开掘出新的视角和有用内容，研史学而不废经学，用经学关照史学。蒙氏虽出身旧学，坚守传统本位，但其观念却并不保守，也不拒斥西方学术思想。同时代的其他学人容易走向好新求奇、全盘西化，或唯中是从、唯古为真的两种极端，相较而言，蒙文通的做法则相对客观，能够全面合理地看待西方思想。蒙氏在治史中对西方史学表现出极大的包容，看到了其有益于中国史学革新的一面，认为传统史学欲求进步，必须借鉴西方史学。他指出：

> 自近一二十年来，凡国内刊物，十九皆关史学，而言文学言史学者，其述作又多属考订。在昔风靡一时之文、哲学，结果乃无纯然文、哲方面之伟制，岂以凭虚者难继、而蹈实易攻哉！夫去浮华就征实，不可谓非学界之一大进步也。然中国史册，浩穰无纪，苟惟从事枝节之勘定，而纲领滋晦，则将于何竟其功？况前世治史方法，尤需改辙，非借径于西洋史学难为役，故举纲洁要之作，于今日为更要。夫中国旧为史学之国，由今日之情观之，最近以往，又将为史学迈进之时，而最急切赖资借鉴之西史洁要专书，寥落不可多得，是非一大缺憾欤！②

但同时他也清醒地意识到，西方史学虽有其长，却并非与中国史学的发展实际严丝合缝，在学习采用的过程中要时刻考虑中国的实际情况，不可将其吹捧过高，更不可生搬照抄。例如，对于民国时期风靡学界的"历史法则"之说，蒙文通就看到其理论适应性的问题。他认为，"就经济形态、社会形态以解释历史，以成立所谓历史法则，其为说果坚定不易。然

---

① 周容：《史学通论》，开明书店1933年版，第87—88页。
② 蒙文通：《〈西洋近世史〉序》，蒙默编：《蒙文通全集》第6册，第183页。

就西方史料以成立者，只能谓之西方历史法则，不能即认为世界法则，似未可遽以之适用于东方之历史。况所谓西方法则，尚未得西方学者之普遍承认，则治东方史者，更无迁就此法则之必要。晚近之研习中国史学者，以能袭西方之陈言为名高，而惮于就国史以创立东方法则，削足适履，弊何可讳。盖亦以近世学人，生活动荡，学未充实，不得尽其材也。……其实，中国之历史，自有其特殊性质，不能勉强据欧洲史之方式，即以为中国史之方式也"①。在中西学术交流深度融合的今天，如何在学习借鉴西方研究成果的同时不迷失自我，在积极构建本土学术研究体系的同时不排斥海外有益养分，蒙氏的这种中正平和、实事求是的立场无疑是值得我们学习的。

其二，在实践过程中，应将史学史研究置于社会时代背景下考察，避免片面的文本分析。晚清以来，由于受到社会现实的强烈冲击，学者在读书治学的过程中普遍注重学问与时代之关联，对于学术的致用性与应时性尤为看重，认为"有一代之变，即有一代救变之学，天下之变无穷，而天下之学亦无穷。学术者，所以通时变而为用者也"②。这一思路一直下延，影响到民国史学界的治学风气。蒙文通研究史学史非常看重史学发展与其所处时代之间的关系，在他看来，包括史学在内的任何学术都是所处时代环境的思想结晶，是物质层面在精神领域的投射，所以时代发展对学术兴衰有着方向性的影响。他指出："研究学术史者，以为某一时代有文学、经学、史学、宗教、艺术等，他时代亦如之，排比尤无二致，殊有大谬不然者。盖各种学术因时代之不同，盛衰亦有异。"③ 同时，在分析各类史料时也应关注到其背后的时空因素，尤其是这些因素对史料自身真实性和研究者对于解读史料正确性的影响。诚如其言，"要给予某项史料以恰当的地位，首先是应该分析该史料产生的社会环境。因为任何史料都是一定的社会环境的产物，它必然受到该社会的文化、经济、政治等各方面的制约。在考察产生它的社会环境时，首先就是考察产生它的'时代'和'地

---

① 蒙文通：《〈周官〉〈左传〉中之商业》，蒙默编：《蒙文通全集》第 3 册，第 147—148 页。
② 邓实：《明末四先生学说》（节选），章太炎、刘师培等：《中国近三百年学术史论》，上海古籍出版社 2006 年版，第 345 页。
③ 蒙文通：《我国学术之进展》，蒙默编：《蒙文通全集》第 2 册，第 137 页。

第四篇 近代史家及其史学思想

域'。只有在时代和地域明确以后,才能结合该时代该地域的文化、经济、政治作进一步的分析。在排除了该时代该地域的文化、经济、政治等方面对该史料的歪曲、影响之后,才能使该史料正确地反映历史真象"[①]。

蒙文通强调史学与时代的交互影响关系,其实也是一种用发展的眼光看待历史的思路。蒙氏认为,史学是随着世情而同频共振的,时代变迁,史学亦随之改变。他指出:"世益降,史益变,而儒亦益变。儒史相资于不穷,为变不可极。"[②] 蒙氏这种治史看其发展的眼光与他一直强调的"观其流变""事不孤起,其必有邻"等原则一理相通,其意不仅着眼于史学内部自身的演进逻辑,更考虑到史学发展的外部影响因素,尤其关注如何寻求史学、社会、史家三者的平衡共进,蒙文通在这方面做了深度思考,表现出强烈的现实关怀。

就研究方法而言,我们习惯于通过归纳总结、比较分析等方法对史家作品进行考察,完成其史学思想的呈现。这一过程中对于文本和史事的关照程度往往不均。有一种思路认为作品是个人思想的最好载体,所以在探讨史学思想问题时走向了立足文本,进而局限于文本,最终陷入文本的窘境,将史学思想的探究简化为史学作品之间的文字比较,浮于表面,谈而不透。事实上,文本与史事的张力自本学科创立之时就一直存在。钱穆认为,中国史学是以人为主脑,西方史学则以事为中心,[③] 而史学史则在很大程度上以"书(史著)"为中心。所以,早期的史学史研究者大多以史籍为撰述主体,甚至用"史籍考"之名来替代史学史,令其深深打上了史部目录解题式的印迹。我们的研究若要有所突破,就应该跳出这种只倚重于文本分析的做法。诚然,任何研究史学史的史家都不会否认史学思想的重要性,"无论哪一位史学家,哪一个史学流派,都有一定的思想作指导"[④]。可以说,史学思想始终是史学的核心所在。但是,探究史学思想的路径并非只有分析文本一途,史家的研究著述是一种历史活动,归根到底是史事。如果我们在考察中没有充分把握历史环境与历史活动,就只能流

---

① 蒙文通:《略论〈山海经〉的写作时代及其产生地域》,蒙默编:《蒙文通全集》第2册,第115—116页。
② 蒙文通:《儒学甄微》,蒙默编:《蒙文通全集》第1册,"自序",第151页。
③ 参见钱穆《中国史学名著》,生活·读书·新知三联书店2000年版,第58—59页。
④ 吴泽主编:《中国近代史学史》(修订本),人民出版社2010年版,"前言",第1—2页。

于空疏。孤立平面的总结既无法把握其思想精髓,更有甚者还会造成看朱成碧的错误。归根结底,历史研究的落脚点应是历史本身,而不是以书籍实物为主要载体的史料。而"历史本体就是现实人生"[1],所以史学家在进行史学史的考察过程中仍需要对"历史"有着深刻的了解,也就是对实际客观历史环境有着通透的把握;离开了具体的历史情境我们是不可能也没办法认清史学史的,毕竟史学是建立于历史之上,而史学史又是两者的升华。正如伊格尔斯所说,"一部史学史只考虑到历史学规范内部的因素乃是不可能的"[2],史学史不是孤立的学术,断不能将其隔绝于社会环境与时代风气之外,亦不能将史学史从各种体制机制中抽离出来单独研究。我们对于史学史的学科定位是历史学的反思,所以它的特点体现在反思性、总结性、前瞻性上。按照逻辑的应然,作为历史学之历史,史学史应该对历史研究的既往经验作出总结,并对未来研究趋势予以指导。而这一目的的达成,首先需要我们做的,就是把史学还原于广阔的时代背景之下。由此而言,蒙文通立足文本呈现史家的思想,但又不被文本所拘,注重思想与史学的关系及其史学流派的区分,尤其注重寻求史学、社会、史家三者之间的平衡共进等主张值得当下重视。

(原载《史学理论研究》2021年第1期)

---

[1] 王学典、陈峰:《二十世纪中国历史学》,北京大学出版社2009年版,第8页。
[2] [美]伊格尔斯:《二十世纪的历史学——从科学的客观性到后现代的挑战》,何兆武译,辽宁教育出版社2003年版,第21页。

近代学术转型中的子史关系
——以国粹派"诸子亦史"说为中心

宁腾飞

（河南大学历史文化学院）

在中国传统学术的近代转型中，史学成为学术焦点之一。其中，章学诚的"六经皆史"说及其近代回响，充分体现了"经降史升"的趋向。譬如，罗志田从学术演变的内外理路讨论了经史的易位过程，指出经学从学术中心到边缘，而史学从边缘到中心。[①] 其实，除了经史关系的嬗变外，子史关系也应引起必要的关注。正如白寿彝先生所言，"史同子的关系，这也是一个很重要的问题"[②]。在近代学术转型中，"诸子亦史"说可谓子史关系讨论的一个典型代表。就"诸子亦史"的观念而言，学术界虽有所涉及，然鲜有专门讨论。[③] 基于子史关系的理论意义，本文拟在前人研究的基础上，以国粹派学人的"诸子亦史"说为中心，讨论子史关系及其近代演进，以揭示学术转型中被轻视的一个关键性面向。

一 国粹派"诸子亦史"说的理路与语境

1917年，江瑔在《读子卮言》中写道："近儒谓'《六经》皆史'，

[①] 罗志田：《权势转移：近代中国的思想、社会与学术》，湖北人民出版社1999年版，第302—341页。
[②] 白寿彝：《在第一次全国史学史座谈会上的讲话》，《中国史学史论集》，中华书局1999年版，第408页。
[③] 李孝迁：《刘师培"古学出于史官论"探析》，《社会科学辑刊》2001年第5期。

其实诸子、诗赋、兵书亦皆史也。"① 实际上，江瑔所言并非空谷足音，而是反映了清末民初学术界关于子史关系的新探索。在具体分析"诸子亦史"说之前，有必要考察国粹派学人提出该说的背景。其中，既有学术演化的内在理路，也有思想论争的外在语境。就学术理路言，清代学者对子史关系产生了新的认识，尤以章学诚和龚自珍为代表。就思想语境言，在晚清的今古文之争中，康有为主张孔子和诸子的宗教化，而国粹派则针锋相对地主张孔子和诸子的史学化。这些背景是充分理解国粹派"诸子亦史"说的前提和关键。

古代尤其是清代学者就注意审视诸子与史的学术联系。汉代时，班固就试图建立道家与史官的联系，称"道家者流，盖出于史官，历记成败、存亡、祸福、古今之道"②。唐代编撰的《隋书·经籍志》载："古者，司史历记前言往行，祸福存亡之道。然则杂者，盖出史官之职也。"③ 在清代之前，学者对子史关系的讨论较为零散。在前人基础上，清代学者对子史关系的认识有了深层次的探析。清初，马骕出版《绎史》。从史料来源来看，马骕广泛地采取诸子书籍的相关论述，"在史料上把经、史、诸子平等看待"④。这其实是一种"以子证史"的方法。有学者以为这种以子证史的方法"蕴涵着一种新的史学观念，即诸子亦史"⑤。实际上并非如此。因为以子证史是一种史学方法，而诸子亦史是一种史学观念，二者并不相等。值得特别注意的是，李清为《绎史》所作的序言明确提到了"子亦史"的观念。他说："或曰：以经为史可欤？曰：奚不可！夫唐、虞作史而综为经，两汉袭经而别为史，盖经即史也。或曰：以子为史可欤？曰：奚不可！夫诸志，史也，而错以为经；小学，经也，而错以为子。故子亦史也。"在这段话中，李清不仅主张"经即史"，而且认为"子亦史"。关于前者，学人多有讨论，如南宋的陈傅良，明代的宋濂、王阳明、李贽，清代的章学诚、袁枚、龚自珍等；⑥ 而后者则鲜有讨论。李清还指出，"以

---

① 江瑔：《读子卮言》，华东师范大学出版社2011年版，第24页。
② 班固：《汉书·艺文志》，商务印书馆1955年版，第28页。
③ 《隋书》卷34《经籍三》，中华书局1973年版，第1010页。
④ 陈其泰：《略论马骕的史学成就》，《史学月刊》1985年第2期，第45页。
⑤ 刘仲华：《清代诸子学研究》，中国人民大学出版社2004年版，第136页。
⑥ 周予同：《周予同论经史关系之演变——纪念周先生诞辰百周年》，《复旦学报》1998年第1期。关于经史关系的全面考察，参见汪高鑫《中国经史关系史》，黄山书社2017年版。

第四篇 近代史家及其史学思想

史为史易,以经为史难。以经为史易,以子为史难。"① 所以,相较于"经即史","子亦史"的提出更是难能可贵的,具有非常的意义。

继李清之后,对于子史关系有所讨论的学者是章学诚。章学诚不仅讨论历史观念,还对诸子学有较多研讨。如侯外庐所言,"他可以说是18世纪研究诸子的最有成绩者"②。在此基础上,章学诚对于子史关系也有深刻的讨论。

第一,主张"子出于史"。章学诚在《易教上》提出"六经皆史"的命题。他指出:"六经皆史也。古人不著书;古人未尝离事而言理,《六经》皆先王之政典也。"③ 这导源于章学诚与甄秀才讨论文史关系,④ 其后延伸至经史关系和子史关系等。章学诚的"六经皆史"说晚清以来多得学人垂爱。可是,此说仅是先秦学术系谱的一部分。章学诚在《诗教上》中还重申了"诸子出于六艺"的论断。他说:"战国之文,其源皆出于六艺,何谓也?曰:道体无所不该,六艺足以尽之。诸子之为书,其持之有故而言之成理者,必有得于道体之一端,而后乃能恣肆其说,以成一家之言也。"⑤ 从这段话中可以看出,章学诚不仅承认"诸子出于六艺",还承认诸子"得道体之一端"。在一定程度上,章学诚通过重申诸子与六艺的关系,凸显了诸子学的独特价值。因为这与诸子的"异端"形象判然有别。如果"六经皆史"和"诸子出于六艺"成立,那么就可以顺理成章地得出"诸子亦史"的认识。正如邓实所言,"知六艺之为史,而又知六艺为九流之所共,则九流固同出于史也"⑥。

然而,章学诚并没有明确地提出"诸子亦史"的命题。仅在论述中,发现一条"子出于史"的提法。章学诚在《报孙渊如书》中说:"以为盈天地间,凡涉著作之林,皆是史学,六经特圣人取此六种之史以垂训者耳。子集诸家,其源皆出于史。"⑦ 从中可见,章学诚在"尊史"意识下对于子史关系的论述。

---

① 李清:《绎史·序》,马骕:《绎史》,王利器整理,中华书局2002年版,第2页。
② 侯外庐主编:《中国思想通史》第5编,人民出版社2011年版,第460页。
③ 章学诚:《易教上》,仓修良编:《文史通义新编新注》,浙江古籍出版社2005年版,第1页。
④ 章学诚:《校雠通义通解》,王重民通解,上海古籍出版社2009年版,第178页。
⑤ 章学诚:《诗教上》,仓修良编:《文史通义新编新注》,第45页。
⑥ 邓实:《国学微论》,《国粹学报》1905年第2期。
⑦ 章学诚:《报孙渊如书》,仓修良编:《文史通义新编新注》,第721页。

第二，主张诸子与史互通。"子出于史"是从学术源流的角度论述的，而"子史互通"则是从学术内容的角度论述的。在《论修史籍考要略》中，章学诚专门设定"子部宜择"的准则，称"诸子之书，多与史部相为表里，如《周官》典法，多见于《管子》、《吕览》，列国琐事，多见于《晏子》、《韩非》"①。十年后，章学诚在《史考释例》中对此再次阐发，对于子史关系的认识更为深刻。他认为，"自夫子有知我罪我之言，明《春秋》之所作，而战国诸子，遂以《春秋》为著书独断之总名，不必尽拘于编年纪月，而命名亦曰《春秋》，此载籍之一大变也。然年月纵可不拘，而独断必凭事实，于是亦自摭其所见所闻所传闻者笔之于书，若史迁所叙，铎椒、虞卿、吕不韦之所撰述，虽曰诸子家言，实亦史之流别……法家之有律令，兵家之有武备，说家之有闻见，谱录之有名数，是子库之通于史者什之九也"②。其中，章学诚得出"子库之通于史者十之九也"的认识可谓深刻。民国时期，顾颉刚对此仍然赞叹不已，称赞说："自从章氏出来，说'六经皆史'、'诸子与六经相表里'、'文集为诸子之衰'，拿隔人眼目的藩篱都打破了，教学者从他们的学术思想的异同上求分类，不要在书籍形式上去求分类，这在当时实在是可惊的见解。这不能不看做清代史学特别发达的结果。"同时，他也表示惋惜，因为"那时学者为琐碎的考证束缚住了，不能懂得他的意思，所以那书虽是刻了，竟无声无臭了近一百年"③。

如果说章学诚的"诸子亦史"观念仅在字里行间透露，那么龚自珍对于"诸子亦史"的认识则显而易见。在《古史钩沉论二》中，龚自珍宏观地论述了他的学术观念，主要体现在三个方面：其一是明确的"尊史"意识。在他看来，周代最大的世官就是史官。不仅如此，他还把史与家国存亡联系在一起，认为"史存而周存，史亡而周亡"。其二，五经为周史的大宗。《易》为卜筮之史；《书》为记言之史；《春秋》为记动之史；《风》是史采于民；《雅》《颂》是史采于士大夫；《礼》是史职所掌管的律令。其三，诸子为周史的小宗。他认为，"夫道家者流，言称辛甲、老聃；墨

---

① 章学诚：《论修史籍考要略》，仓修良编：《文史通义新编新注》，第434页。
② 章学诚：《史考释例》，仓修良编：《文史通义新编新注》，第439—440页。
③ 顾颉刚：《致胡适》（1920年10月28日），《顾颉刚全集》第39卷，中华书局2010年版，第284页。

家者流,言称尹佚;辛甲、尹佚官皆史,聃实为柱下史。若道家,若农家,若杂家,若阴阳家,若兵,若术数,若方技,其言皆称神农、黄帝。神农、黄帝之书,又周史所职藏,所谓三皇、五帝之书者是也"①。龚自珍对子史关系的认识已经远远超越了"道家出于史官"的命题,因此,他批评汉代刘向以为仅道家出于史官而不知其余各家也出于史。如此,龚自珍在诸子与史之间建立了普遍性的联系。

从上述可见,"诸子为周史之小宗"的观点是龚自珍构建先秦学术体系的一部分。一方面,他固然建立了诸子与史的学术联系;另一方面,他也把经和诸子并列,提高了诸子学的地位。正如有学者所指出的,"虽则大宗、小宗之称名有异,然皆为'周史'则一,是可见自珍在周史的存续上,是将诸子的地位予以提高。自珍此一诸子学的重估,有其重要的学术史意义"②。龚自珍的这些认识被国粹派学人所汲取,成为"诸子亦史"说的重要知识资源。

清代学人尤其是章学诚和龚自珍对于子史关系的考察,为近代国粹派学人建构"诸子亦史"说提供了思路,也奠定了学术基础。章太炎在《清儒》中就称赞章学诚说:"会稽章学诚为《文史》、《校雠》诸通义,以复歆、固之学,其卓约过《史通》。"③ 在邓实的《国学微论》中,章学诚和龚自珍的言论也到处可见。他引用汪中、龚自珍和章学诚的言论,评论道:"三子者,近世所号三通儒也。其学皆能成一家言者,而言若是,是亦可观矣。盖古者一代之兴,必有一代之仪法、文字、典籍,而史官实司其典守。"④ 另外,刘师培的《古学出于官守论》直接引用龚自珍的观点,即诸子学术为周史的支孽小宗。且刘氏认为,"龚氏所言虽未尽当,然推诸子学术,以为皆出于史官,固不易之确论也"⑤。这些论著充分地表明了清代学人对于国粹派的影响。

学术理路之外,国粹派"诸子亦史"说也有其特殊的思想语境,即晚

---

① 龚自珍:《古史钩沉论二》,《龚自珍全集》,上海人民出版社1975年版,第21页。
② 张寿安:《龚自珍学术思想研究》,台湾文史哲出版社1997年版,第68页。
③ 章太炎:《訄书》(重订本),朱维铮校点,《章太炎全集》,上海人民出版社2014年版,第155—156页。
④ 邓实:《国学微论》,《国粹学报》1905年第2期。
⑤ 刘师培:《古学出于史官论》,《刘师培儒学论集》,四川大学出版社2010年版,第153页。

清的经今古文之争及其对于诸子学认识的差异。对于晚清的经今古文之争，学术界多有讨论。有学者指出，章太炎与康有为所展开的今古文之争，并非革命和改良的分别，而是经学的史学化与儒学的宗教化、民族主义与孔教主义的差异。① 这的确抓住了经今古文之争的关键问题。然而，以往学界多关注今古文家对孔子认识的差异。如章太炎的《今古文辨义》《订孔》、刘师培的《孔学真论》《论孔子无改制之事》等。必须指出的是，这种史学化与宗教化的差异不仅仅表现在经学与儒学的认识上，也同样体现在对诸子学的理解上。也就是说，清末诸子学研究存在史学化与宗教化的根本性分歧。

关于康有为的《孔子改制考》，学界多强调其政治思想史意义，而轻视其学术史意义。如果把视角从政治思想史转移到学术史，那么《孔子改制考》的意义绝不仅限于"孔子托古改制"。从学术史来看，《孔子改制考》是一部系统的诸子学著作，对近代诸子学有深远的影响。在《近代中国思想学说史》中，侯外庐明确地揭示了《孔子改制考》与近代学人的关联，认为它在中国学说史、中国古史方面对梁启超、胡适、钱玄同、顾颉刚都有重要的影响。并且，侯外庐指出，"《孔子改制考》一书，在背面上的价值，成为最早的有系统的先秦诸子思想研究"②。侯外庐的这一认识对于我们理解康有为和诸子学之间的联系具有重要的启示。如此，在孔子"托古改制"之外，也应当注意到《孔子改制考》对于诸子论述的宗教化路径及其对于近代诸子学的影响。在《孔子改制考》中，康有为不仅论证了"儒教为孔子所创"，还分析了"诸子并起创教"；不仅研究了"孔子创教改制"，也探究了"诸子创教改制"；不仅考察了"孔子改制托古"，也证明了"诸子创教改制"。

并且，从《孔子改制考》的架构来看，诸子创教改制托古是孔子创教改制托古的前提。其论证逻辑为三段论：诸子创教改制托古；孔子为诸子之一；孔子创教改制托古。关于孔子与诸子的关系，康有为多次引用《论衡》，说明"孔子为诸子之卓""孔子，诸子之杰者也"③。这看似常识的论断，其实蕴含着一个重要的学术信息：康有为把孔子视为诸子之一，而

---

① 刘巍：《中国学术之近代命运》，北京师范大学出版社2013年版，第151页。
② 侯外庐：《近代中国思想学说史》，生活·读书·新知三联书店2014年版，第1091页。
③ 康有为：《孔子改制考》，中国人民大学出版社2010年版，第11、241页。

非超越诸子之外的存在。康有为明确地说"孔子为创教诸子之一人"①。与同时期的廖平言论比较,康有为论断的意义就明显地体现出来。廖平在《知圣篇》中说:"或以诸子皆欲传教,人思改制,以法孔子,此大误也。今考子书,皆春秋后四科流派,托之古人。"②廖平尊孔的意图尤为凸显,如此,孔子与诸子之间则形成了高低贵贱之分。

与康有为的诸子宗教化路径不同,国粹派学人主张诸子的史学化。关于孔子,康有为称"孔子为万世教主"③;章太炎则称"孔氏,古良史也"④。关于诸子,康有为称"周末诸子并起创教"⑤。刘师培则针锋相对地提出"战国诸子之非创教",批评道:"乃近人则谓战国诸子均各自创教,各自改制。""近人"即是康有为。究其缘由,大致有四。一是"诸子之说均有所本";二是"诸子之学均援古书";三是"诸子之学虽地而异","此皆学术之殊科,非关宗教之同异";四是"学术固与宗教不同"⑥。在破的同时,刘师培更注重立,提出"九流出于史"⑦,下文将详细讨论。这种经今古文之间的争论与对立正是理解国粹派"诸子亦史"说的关键所在。因此,国粹派的"诸子亦史"说虽然受到了龚自珍的影响和启发,但是在学说的内涵与旨趣上绝非相同。龚自珍把经学和诸子学纳入史学的范畴之中,这与"尊史"意识固不可分。但是,"尊史"的背后是"循问学之阶,以上达于性道治天下"的"经世"思想。这才是龚自珍学术思想的总纲。⑧因此,龚自珍的"诸子周史之小宗"论的旨趣显然在于"经世"。而国粹派的"诸子亦史"说主要是针对康有为的诸子宗教化而言的。可见,国粹派的"诸子亦史"说表面上与之类似,并存在着思想的延续性。然而,学说的旨趣却是泾渭分明的,不可等而视之。

---

① 康有为:《孔子改制考》,第377页。
② 廖平:《知圣篇》,蒙默编:《中国近代思想家文库·廖平卷》,中国人民大学出版社2014年版,第98页。
③ 康有为:《孔子改制考》,第145页。
④ 章太炎:《訄书》(重订本),《章太炎全集》,第133页。
⑤ 康有为:《孔子改制考》,第10页。
⑥ 刘师培:《论孔子无改制之事》,《刘师培儒学论集》,第261—262页。
⑦ 刘师培:《古学出于史官论》,《刘师培儒学论集》,第152页。
⑧ 张寿安:《龚自珍的学术思想》,第150—154页。

综上所言，国粹派提出"诸子亦史"说的背景有两个方面。一方面，清代学者开始突破四部之学的局限，思考子史关系，提出了"子出于史""子史互通""诸子为周史之小宗"等观点。国粹派吸收了他们对子史关系的思考。另一方面，晚清经今古文之争不仅体现在孔子和儒学方面，也体现在诸子和诸子学层面。康有为把孔子和诸子宗教化，而国粹派学人并不以为然，主张把诸子史学化。

二　国粹派"诸子亦史"说及其内涵

在学术理路和思想语境下，国粹派学人章太炎、邓实、刘师培等皆主张"诸子亦史"说。实际上，诸子学与史学在国粹派的学术体系中占据重要的地位。就诸子学言，国粹派学人所复兴的古学，主要是诸子学。正如邓实所言，"古学虽微，实吾国粹。孔子之学，其为吾旧社会所信仰者，固当发挥而光大之；诸子之学，湮殁既千余年，其有新理实用者，亦当勤求而搜讨之"[1]。就史学言，国粹派学人以历史来造就民族主义的爱国心，以历史作为促进未来文明的利器。章太炎、马叙伦、邓实、黄节等皆有充分论述。[2] 而"诸子亦史"说的形成，将诸子与历史的因素绾合在一起，更加强化和凸显了诸子学与史学的学术价值。虽然"诸子亦史"说是国粹派学人的共识，但是在具体的论证层面，他们并不一致。

其一，章太炎与"诸子亦史"说。章太炎是近代"诸子出王官"论的坚决拥护者。虽然从历史记载层面无法全部证实，但是他依然承认"其他虽无征验，而大抵出于王官"。关于诸子来源，章太炎加以坐实的只有四家，道家和儒家为古史家，墨家和阴阳家为古宗教家。这在《诸子学略说》中有明显的体现。根据"诸子出于王官"，他坚持"道家出于史官"，另据《史记》的记载，认为老子为柱下史。关于老子与史的联系，学界历来争议不大。

章太炎对于孔子与史的论证独具特色。早在《訄书》（重订本）中，

---

[1] 邓实：《古学复兴论》，《国粹学报》1905年第9期。
[2] 郑师渠：《晚清国粹派文化思想研究》，北京师范大学出版社2014年版，第140—141页。

第四篇 近代史家及其史学思想

章太炎就有"订孔"的言论，核心在于孔子为古良史。① 其理由是"辅以丘明而次《春秋》，料比百家，若旋机玉斗矣"②。孔子之所以为良史，主要因由在于删定六艺。此外，章太炎还极力凸显孔子受学于老子，进而强调孔子与史的关系。从孔子方面看，"孔子问礼老聃，卒以删定六艺，而儒家亦自此萌芽"。在文中，老子为"儒家之先导""孔子受学老聃""孔学本出于老"随处可见。从老子方面言，"老子以其权术授之孔子，而征藏故书，亦悉为孔子诈取。孔子之权术，乃有过于老子者"③。因此，从孔子删定六艺、孔子受学于六艺两方面，章太炎证明了孔子亦史。

在《诸子学略说》中，章太炎仅说明了老子、孔子与历史相关，其余诸子则无说明。然而，在晚年时期，章太炎对于子史关系的认识显然出现了范围扩大的趋向，开始突破老子和孔子而涉及其他诸子。1933 年 3 月 15 日，章太炎在无锡国专演讲《历史之重要》。其中，他就重申了"子史互通"。在他看来，"史与经本相通，子与史亦相通。诸子最先为道家，老子本史官也，故《艺文志》称'道家者流，出于史官'。史官博览群籍，而熟知成败利钝，以为君人南面之术。他如法家，韩非之书称引当时史事甚多。纵横家论政治，自不能不关涉历史。名家与法家相近。惟农家之初，但知种植而已。要之九流之言，注重实行，在在与历史有关"④。文中，章太炎在儒家和道家之外，又说明了法家、纵横家、名家等与史的联系，并且得出"子史互通"的认识。

其二，邓实与"诸子亦史"说。1902 年，邓实在《史学通论》中就阐发了史的地位和作用，称"古者，天子诸侯必有国史，皆世其官。官存而史存，史存而国存；官亡而史亡，史亡而国亡。左史记言，史之外无有言焉。右史记事，史之外无有事焉。是故六经者，史之大宗，经亦史也；

---

① 关于《订孔》篇的成立，王汎森曾有专门的讨论，指出其最初动机并非受日本的影响，主要原因在于：（1）与康有为的孔教论辩难；（2）受清代诸子学复兴的影响，相信诸子书籍所记的孔子事迹。详见王汎森：《章太炎的思想》，上海人民出版社 2012 年版，第 177—178 页。
② 章太炎：《訄书》（重刻本），《章太炎全集》，第 133 页。
③ 章太炎：《诸子学略说》，汤志钧编：《章太炎政论选集》（上册），中华书局 1977 年版，第 292 页。
④ 章太炎：《历史之重要》，章念驰编订：《章太炎演讲集》，上海人民出版社 2011 年版，第 351—352 页。

诸子者，史之小宗，子亦史也"①。虽然邓实的核心论述在于神史、君史、民史，但是在史学的总论层面，邓实明显地汲取了龚自珍《古史钩沉论》。在论述的逻辑展开、论述的学术主张上，二者一脉相承。其中，最重要的在于，邓实延续了龚自珍的"经亦史"和"子亦史"的观念。

如果说《史学通论》显现了邓实继承龚自珍"子亦史"的观念，那么，1905年发表的《国学微论》则是邓实对"子亦史"观念的深化和扩展。邓实从老、孔、墨三宗和诸子百家学两方面加以论证。首先，老、孔、墨三家导源于史官。老子为周守藏史，《史记》与《汉书·艺文志》皆有记载。孔子之学导源于史者也较多。因为"孔子之学，周公之学也。六艺皆周公之旧典，守于史官，孔子删订六经，皆得之于史，故因鲁史而作《春秋》"②。墨子为史角的弟子，而且"清庙之守"非巫即史，所以墨子也出于史官。综上，邓实得出结论："老、孔、墨三家皆起于春秋之季，而同导源于周之史官，巍然为神州学术三大宗主。"③另外，值得指出的是，邓实虽未建立起"老子—孔子—墨子"的学术系谱，但是他在介绍老、孔、墨的时候，句首皆指出学术师承。如"孔子，老子之弟子"，"墨子，孔子之弟子"。而老子又是周守藏史，那么老、孔、墨之学，则以史学一脉相承。

其次，诸子百家出于史官。邓实指出，"诸子九流之学，溯其所自，皆出于周官之典守，其与老、孔、墨三宗之同出于史官者，未有异也"④。他的出发点是"诸子出于王官"，然后用"史官"解释"王官"。他说："不特诸子九流之学，同出于古之官守也，且同出于其官守之史官。夫向、歆云道家及术数家出于史……则九流固同出于史也。"⑤表面上看，邓实继承了汉代的"诸子出王官"论。但是就实质状况而言，邓实已经偷梁换柱，用"史官"来替代"王官"，借以提高史的地位。这与刘向、歆的"诸子出于王官"论已经有相当大的差别。另外，他还从"六经皆史"出发，根据诸子为六经之支，而认定"九流固同出于史"。总之，邓实通过

---

① 邓实：《史学通论一》，《政艺通报》1902年第12期。
② 邓实：《国学微论》，《国粹学报》1905年第2期。
③ 邓实：《国学微论》，《国粹学报》1905年第2期。
④ 邓实：《国学微论》，《国粹学报》1905年第2期。
⑤ 邓实：《国学微论》，《国粹学报》1905年第2期。

老、孔、墨和诸子百家出于史官,证明了"史又为周秦诸子学术一大总归"①。如此,邓实的"诸子亦史"说完整地呈现出来。

其三,刘师培与"诸子亦史"说。除了章太炎和邓实,刘师培也是主张"诸子亦史"说的健将。这主要体现在《古学出于史官论》和《古学出于官守论》。在《古学出于史官论》中,刘师培就强调"学出于史"的论断。究其原因,主要有二:一是列国普遍设置有史官;二是史官世袭。也正是因此,史官保存了大量书籍。夏代学术保存于太史终古,商代学术保存于太史辛甲,周代学术保存于太史儋。② 在"学出于史"的认识前提下,刘师培论证了六艺出于史、九流出于史、术数、方技出于史。就九流出于史而言,刘师培说道:"有周一代学权操于史官。迨周室东迁,王纲不振,民间才智之士各本其性之所近,以自成一家言。"③

与章太炎和邓实有异,刘师培的"九流出于史"更多的是"诸子出于王官"论的延伸。刘师培批评《汉书·艺文志》"道家出于史官"的认识,因为在他看来,"九流学术皆原于史,非仅道德一家"。"儒家出于史官""阴阳家出于史官""墨家出于史官""纵横家出于史官""法、名两家亦出于史官""杂家、农家、小说家亦莫不出于史官"④。从论证逻辑来看,寻找具体"王官"与"史"的关系,进而从"诸子出于王官"转变为"诸子出于史"。以纵横家为例,《汉书》记载"纵横家出于行人",而刘师培认为"纵横家出于史官"。因此,重要的是证明"行人"与"史官"的学术联系。论证过程就是根据《周礼·春官·太史》的记载,指出"纵横家出于行人,然会同朝觐,以书协礼事,亦太史之职,则纵横家出于史官"⑤。暂且不论纵横家是否出于行人之官,仅就行人与史官的联系言,这句话就存在曲解之处。其实,刘师培对《周礼》的记载存在误读。据《周礼》的记载,大史执掌之一即"大会同朝觐,以书协礼事"。也就是说,诸侯大会同而朝觐王,大史要依照礼书预习并记录所当行的礼事。⑥

---

① 邓实:《国学微论》,《国粹学报》1905 年第 2 期。
② 刘师培:《补古学出于史官论》,《刘师培儒学论集》,第 155 页。
③ 刘师培:《周末学术史序》,《刘师培儒学论集》,第 36 页。
④ 刘师培:《古学出于史官论》,《刘师培儒学论集》,第 152 页。
⑤ 刘师培:《古学出于史官论》,《刘师培儒学论集》,第 152 页。
⑥ 杨天宇:《周礼译注》,上海古籍出版社 2004 年版,第 376 页。

首先，会同朝觐的主体是诸侯，不是行人。其次，以书协礼事的主体是大史，不是行人。因此，刘师培曲解误读《周礼》的记载，颠倒主次，过度强调"行人"与"史"的相通性，从而强调诸子出于史。

1906 年，刘师培又发表了《古学出于官守论》。在文中，刘师培的论述重点在诸子与官守的关系上。他说："盖古代之时，学贵致用，九流之说，各得其一端，故知诸子之书皆古代官学之遗说也。"① 刘师培的论述不过为"诸子出于王官"论的阐发，并无十分的新意。这与之前的"古学出于史官论"显然重点有别。不过，应当指出，对于"九流之学出于史官"的论断，刘师培并没有质疑。此时，刘师培在"诸子出于王官"论的基础上试图调和其与"九流之学出于史官"的紧张。在调适的框架下，史与诸子的关系发生了微妙的变化。譬如，"儒家兼掌于史""阴阳家兼掌于史""墨家兼掌于史""名家兼掌于史""农学兼于史""法家兼出于史""纵横家兼出于史""兵家兼出于史"②。如此，刘师培对于子史关系的认识发生了微妙的变化：从重视"王官"和"史官"的联系转移到"王官"兼"史官"。

通过考察章太炎、邓实和刘师培的"诸子亦史"说可知，他们在具体的分析论证上存在着众多的差异。从分析路径言，主要有两种：一种是间接路径。因为六经皆史，而诸子出于六艺，所以"诸子亦史"，即史—六经—诸子。另一种是直接路径。学出于史，六经和诸子都出于史，即史—六经、诸子。就其内涵而言，"诸子亦史"说是"六经皆史"的延伸和深化，是"诸子出于王官论"的另一种表述，是"尊史"意识下的诸子学重构。

首先，"诸子亦史"说是"六经皆史"说的学术延伸。章学诚的"六经皆史"说是近代学人理解重构"诸子亦史"的重要前提。《汉书·艺文志》论证了诸子为"六经之支与流裔"③。如果说班固探得了诸子的源流——六经为诸子之源，诸子为六经之流，那么章学诚通过文史校雠探讨的就是六经的源流。章学诚在《校雠通义》中明确地说："后世文字，必

---

① 刘师培：《古学出于官守论》，《刘师培儒学论集》，第164页。
② 刘师培：《古学出于官守论》，《刘师培儒学论集》，第167页。
③ 班固：《汉书艺文志》，第40页。

溯源于六艺。六艺非孔氏之书，乃《周官》之旧典也。"① "诸子出六经"和"六经皆史"的相合就使先秦学术形成了一个完整的谱系：史—六经—诸子。晚清以来，"六经皆史"说得到学术界的追捧和赞扬。在某种程度上，这也为"诸子亦史"提供了知识和思想资源。既然六经为史，并且诸子为六艺之流裔，那么，顺其自然地就会得到"诸子亦史"的结论。这种论证在邓实的著作中显而易见。邓实在《国学微论》中称："向、歆不云乎'诸子者，六艺之支与流裔'，故其序六艺也，先《易》，而《书》，而《诗》，而《礼》《乐》《春秋》，由古以及今（古书排列，六艺皆为《诗》《书》《礼》《乐》《易象》《春秋》，与向、歆、班《志》异）。是其既知六艺之为史矣。知六艺之为史，而又知六艺为九流之所共，则九流固同出于史也。"② 因此，可以说"诸子亦史"说是"六经皆史"说的学术延伸。

其次，"诸子亦史"说是"诸子出于王官"论的另一种表述。"诸子出于王官"论导源于《汉书·艺文志》。大致而言，儒家出于司徒，道家出于史官，阴阳家出于羲和官，法家出于理官，名家出于礼官，墨家出于清庙官，纵横家出于行人官，杂家出于议官，农家出于农稷官，小说家出于稗官；并且，各家学说相灭相生，相反相成。③ 显然，按照《汉书·艺文志》的记载，诸子中仅有道家与史官密切联系。其余诸子则与史官并无关联。对此，刘师培针锋相对地提出："《汉书·艺文志》叙列九流，谓道家出于史官，吾谓九流学术皆原于史，非仅道德一家。"④ 进而提出，儒家出于史官，阴阳家出于史官，墨家出于史官，纵横家出于史官，法、名两家出于史官，杂家、农家、小说家出于史官。刘师培突破了道家与史官的联系，在诸子与史官之间建立了普遍性的关联。那么，这种新解释和"诸子出于王官"论之间存在着怎样的关系？其实，刘师培论证"诸子出于史"不过是"诸子出于王官"论的一种新阐释。实质上，这是一种新瓶装旧酒。以阴阳家为例，刘师培称"阴阳家出于羲和，然羲和苗裔为司马氏作史于周，则阴阳家出于史官"⑤。从中可以看出，刘师培并未否定"阴阳

---

① 章学诚：《校雠通义通解》，第 2 页。
② 邓实：《国学微论》，《国粹学报》1905 年第 2 期。
③ 班固：《汉书·艺文志》，第 25—40 页。
④ 刘师培：《古学出于史官论》，《刘师培儒学论集》，第 152 页。
⑤ 刘师培：《古学出于史官论》，《刘师培儒学论集》，第 152 页。

家出于羲和之官",而是建立羲和与史官之间的联系。这种逻辑同样运用在论证其他诸子出于史官。也就是说,刘师培尝试沟通王官与史官的关联。那么,"诸子出于王官论"就构成了"诸子亦史"说的认识基础和前提。

最后,"诸子亦史"说是近代"尊史"意识下的诸子学重构。无论是章太炎、邓实还是刘师培,都有着强烈的"尊史"意识,并且对"诸子亦史"说的认识重心在于史上。章太炎对于历史的重要性认识,尤为凸显。一方面,历史是应对局势变化的知识资源。他认为,"涉世应变,则专恃历史之力。往日主张排满,实由历史得之"。"历史篇籍虽多,而观览实易。至如《通鉴》,《通考》,不过数百卷书。观之稍悉,处事何患于穷。"① 另一方面,历史也是爱国心的重要源泉。因为"各种科学是世界公共的,独历史各国有各国的。引起爱国心,非历史不可。辛亥革命排满,就是由历史来的,不是由学理来的。人不读历史,则无爱国心"②。刘师培也指出,"史为一代盛衰之所系,即为一代学术之总归"。邓实也呐喊说:"无史则无学矣,无学则何以有国也?"③ 这种强烈的"尊史"诉求彰显得淋漓尽致。也正是如此,他们都在尽力突破"道家出于史官"的论述。邓实批评道:"夫向、歆云道家及术数家出于史,而不云余家出于史,此其自蔽也。"④ 刘师培也批评说:"岂仅道家云乎哉!(案:辛甲以殷史为道家祖,而道家之中,又有《周训》六篇,皆道家出于史官之证。)盖班《志》所言,就诸子道术而分之,非就诸子渊源而溯之。"⑤ 这种批评和突破,不过是为"诸子亦史"说奠定基础,进而把诸子与史完全地建立起一种紧密的联系。正如邓实所言,"周秦诸子,为古今学术一大总归,而史又为周秦诸子学术一大总归"⑥。这样,"尊史"意识下的诸子学重构就建立起来了。

总之,国粹派学人章太炎、邓实和刘师培都主张"诸子亦史"说。章

---

① 章太炎:《在四川学界之演说》,《章太炎演讲集》,第193页。
② 章太炎:《历史的价值》,《章太炎演讲集》,第207页。
③ 邓实:《国学微论》,《国粹学报》1905年第2期。
④ 邓实:《国学微论》,《国粹学报》1905年第2期。
⑤ 刘师培:《古学出于官守论》,《刘师培儒学论集》,第153页。
⑥ 邓实:《国学微论》,《国粹学报》1905年第2期。

太炎提出了"孔子古良史"和"子史互通"的认识；邓实论证了无论是老、孔、墨还是其他诸子皆出于史官；刘师培辨析了王官和史官的联系。他们的"诸子亦史"说包含着三种内涵：一，它是"六经皆史"说的延伸；二，它是"诸子出王官论"的另一种表达；三，它是"尊史"意识下的诸子学重构。

三 "诸子亦史"说的共鸣与意义

"诸子亦史"说是国粹派学人的重要学术主张。但是必须指出的是，"诸子亦史"说并非国粹派学人所独有。在清末民初，除了国粹派学人，主张"诸子亦史"说的学人大有人在。虽然国粹派学人坚持此说较早，并且影响较大，但是这并不意味着之后的学者只是因袭国粹派的意见。因为"诸子亦史"说是一种时代的意见或思潮，它反映了转型时代学术发展的基本趋势。稍后的张尔田、孙德谦、江瑔等皆有类似的学术主张。

1908年，张尔田的《史微》刊印。该书与一般的史学著作迥异，是讨论经学和诸子学问题。可能是效仿《文史通义》开篇的"六经皆史"，张尔田《史微》开篇即"六艺皆史也，百家学术，六艺之支与流裔也"[1]。此应是全书的总纲。"六艺皆史"，本之于《文史通义》；"百家学术，六艺之支与六裔也"，本之于《汉书·艺文志》。表面来看，张尔田的学说主要承继了古代学说。但是，深入考察后，事实并非如此。张尔田已经对之进行了近代阐释，形同而实异。张尔田对"诸子亦史"说的解释如下："故百家学术可一言以蔽之，曰原于百官之史而已。虽然，百家莫不祖史，而史之正宗则有三家，曰道、曰墨、曰杂。道家，天子之术，本出史官；墨家清庙之守，传自史角；杂家亦司史所纪。"[2] 与其他的学者不同，张尔田尤其重视道、墨、杂家与史学的关系，并认为三家是"史之正宗"。另外，从篇目的排序中，也可以管窥张尔田对于道、墨、杂家的重视。《史微》开篇第一篇即是《原史》；分论中前三篇为《原道》《原墨》和《原杂》。在他看来，道家和墨家是诸子百家中最大的两家。因为"二家皆原

---

[1] 张尔田：《史微·原史》，上海书店出版社2006年版，第1页。
[2] 张尔田：《史微·百家》，第13页。

于史,皆以言天立教者也。道家出太史,太史,主知天道者也,故道家以法天为要归;墨家出祝史,祝史,主事天鬼者也,故墨家以顺天为宗旨"①。此外,杂家"与之鼎力自成一子",因为"杂家者,宰相论道经邦之术,亦史之支裔也"②。与国粹派不同,张尔田根据诸子与史的亲疏关系,确立了道、墨、杂家在史学中的"正宗"地位说。他的认识主要是基于历史的固有记载,而非构建王官与史官的联系。

两年后,孙德谦《诸子通考》由江苏存古学堂刊行。在书中,孙德谦不仅阐发了"道家出于史官",更申说了"百家者,则亦原本史官"。他指出:"儒家有《周史六弢》,而《周政》、《周法》、《周制》,非周之史书乎?阴阳家有《宋司星子韦》,子韦者,景公之史也。墨家为清庙之守,是祝史之遗也。《尹佚》二篇为墨学所祖,佚者,周之祝史,尤其明验矣。杂家之《孔甲盘盂》,甲者,黄帝之史。"③ 孙德谦的论述中,并未依从六经皆史和诸子出于六艺的路径,也没有顺从调和"王官"和"史官"的路径,而是从《诸子略》各家所收录的书籍着手,分析诸子与史的关系,从而得出"诸子亦史"的论断。

1917年,江瑔在《读子卮言》中也主张"诸子亦史"说。一方面,他说明"子史互通",认为诸子文献中的书籍,如《周政》《周法》《河间周制》《周训》等皆为"史中之书志"。此外,诸子书籍中有大量以"春秋"命名的作品,如《李氏春秋》《虞氏春秋》《晏子春秋》《吕氏春秋》等,"其曰春秋,尤为史家之名"④。另一方面,江瑔用"近因"与"远因"来表明诸子与史的关系。他批评刘歆和班固"所言皆由其近源言之,而未溯其远源者也"。因为"凡事有因果,由果可以推因。然有近因,亦有远因,推近因而不推远因,不可也"。针对于此,江瑔提出"九流皆出于史官"。究其原因,"班氏所言某家出某官,在后世虽各有专职,而在古代则皆史氏之所司。盖上古设官最简,惟有巫、史二官,各掌其学,为天下万世学术之所从出。惟始则巫、史并重,继则史盛而巫衰,终则史官且夺巫之席,故传巫之学者不足与史敌。降及后代,史职益重,巫道益微,

---

① 张尔田:《史微·原墨》,第31页。
② 张尔田:《史微·原杂》,第36页。
③ 孙德谦:《诸子通考》,华东师范大学出版社2013年版,第118—119页。
④ 江瑔:《读子卮言》,第10—11页。

百官庶职皆史掌之,巫之所司不逮万一。惟政事日繁,而设官亦因日多,虽名目纷歧,实皆由史氏递变而来。然则谓诸子百家之学尽出于史官非诬语也"①。因此,江瑔的认识并非导源于《汉书·艺文志》,而是批驳其学说。他从巫史的历史流变中,寻找到史与诸子的跨时空联系。

以上分析了张尔田、孙德谦和江瑔的"诸子亦史"说。这些关于子史关系的讨论,与国粹派的"诸子亦史"存在一定的差异。譬如,他们的论述中并未凸显章学诚与龚自珍的认识逻辑;他们的论述基于历史的固有记载,更加理性,而非过度阐释王官与史的联系。但是,他们和国粹派学人共同倾向于建构诸子与史的关系,提出"诸子亦史"说。可以说,"诸子亦史"说代表了清末民初诸子学发展中的学术共识。从学术史的角度来看,它具有三方面的意义。

第一,从近代史学来看,"诸子亦史"说扩展了史学的范围,进一步推动史学走向学术中心。在近代中国的学术转型中,史学的中心化是众所周知的事件。但是,一般的讨论大都集中在从经史易位的角度考察,通过经学从中心到边缘来讨论史学从边缘到中心。经史易位的变动的确能清晰地凸显出史学地位的提升。尤其是"六经皆史"说的近代嬗变颇具有代表性。从"六经皆史"到"夷六艺于古史",再到"六经皆史料"的历程,充分体现了经学地位的衰落而最后寄身于"史学"的趋势。②可是,经史的变动只能是史学提升的一部分内容或一个维度。史学的提升也表现在经学之外的方面。1905年,刘师培的《古学出于史官论》颇能代表此种趋向。在该文中,刘师培不仅主张"六艺出于史",而且还主张"九流出于史"和"术数、方技之学出于史"③。此外,在章太炎看来,"史与经本相通,子与史亦相通。诸子最先为道家,老子本史官也,故《艺文志》称'道家者流,出于史官'。史官博览群籍,而熟知成败利钝,以为君人南面之术。他如法家,韩非之书称引当时史事甚多。纵横家论政治,自不能不关涉历史。名家与法家相近。惟农家之初,但知种植而已。要之九流之言,注重实行,在在与历史有关"④。因此,如果说"六经皆史"说及其

---

① 江瑔:《读子卮言》,第28页。
② 刘巍:《经典的没落与章学诚"六经皆史"说的提升》,《近代史研究》2008年第2期。
③ 刘师培:《古学出于史官论》,《刘师培儒学论集》,第151—153页。
④ 章太炎:《历史之重要》,《章太炎演讲集》,第351—352页。

近代回响是第一次提升了史学的地位,那么"诸子亦史"说等则是更进一步扩张了史学的范围和提升了史学的地位。

第二,从近代诸子学来看,"诸子亦史"说增强了诸子学的社会角色,进一步推动近代诸子学的复兴。回顾近代诸子学的复兴,从嘉道时期到光绪的中后期,诸子学的研究者主要还是儒家士大夫,研究内容主要停留在历史文献的技术层面。可以说,此阶段的研究是乾嘉考据学在诸子学研究层面上的扩展。① 也就是说,之前的诸子学研究还主要处于知识层面,尚未触及社会层面。而国粹派学人的诸子学研究显然并不以知识层面为限,而是更加强调其社会层面。邓实说道:"无史则无学矣,无学则何以有国也?"② 正如有学者所言,"史学在近代中国被提升到国与种族(即文化)存亡的高度,实即取代了经学过去曾被赋予而在近代无力承担的社会角色"③。如果史学承担了重要的社会角色,那么在"诸子亦史"说的语境下,诸子学自然也承担着极其重要的社会角色。此后,诸子学研究不仅与民主主义、社会主义、无政府主义等社会思潮相结合,而且以民族复兴为己任,如"中国复兴与诸子学说""墨子教义与中华民族复兴之前途""杨朱教义与复兴中国"等研究层出不穷。④ 另外,从学术演化的角度言,胡适的《中国哲学史大纲》和梁启超的《先秦政治思想史》都是以"史学"的名目出现,可是两书又都以诸子学为研究对象。这两本史学著作对于近代诸子学的深化和发展的贡献绝非一般诸子学著作可比。

第三,从学术转型来看,"诸子亦史"说提供了内生转型的可能性。清末以来,把诸子学纳入中国哲学的学者大有人在。⑤ 譬如,王国维就认为"哲学为中国固有之学"。王国维眼中的中国哲学包括诸子、六经和宋儒言说。⑥ 这主要是受日本汉学界的影响。京都帝国大学狩野直喜就把"支那哲学"解释为包含诸子学与经学的内容。并且日本大学讲授的"支

---

① 史革新:《试论晚清诸子学的兴起》,《史学月刊》2006年第2期。
② 邓实:《国学微论》,《国粹学报》1905年第2期。
③ 罗志田:《权势转移:近代中国的思想、社会与学术》,第338页。
④ 参见宋洪兵编《国学与近代诸子学的兴起》,广西师范大学出版社2010年版。
⑤ 桑兵:《近代"中国哲学"发源》,《学术研究》2010年第11期。
⑥ 王国维:《哲学辨惑》,佛雏编:《王国维哲学美学论文辑佚》,华东师范大学出版社1993年版,第5页。

那哲学"课程也大都如此。① 这其实是代表着诸子哲学化的倾向。这种倾向主要是用西方的"哲学"系统来分析中国固有学问，包括诸子学。如此，诸子学成为哲学的一部分，诸子成为哲学家。陈柱称："然则诸子之学，以今世学术论之，皆哲学家也。"② 以哲学阐释诸子学虽有一定创见，但也偏见迭出。针对于此，刘咸炘就表示反对，称"将诸子者皆谓此中国哲学之第一编也，实则'中国哲学'四字本非妥定之称。"因为西方的哲学偏重于宇宙本体论和认识论，但是"中人于人生社会之原理则讲之甚详"。就先秦诸子而言，"中国周、秦诸子则生于乱世，故其说多为社会问题"。所以，刘咸炘反对使用"哲学"，而是借用庄子的概念"道术"③。章太炎也不以为然，指出"哲学"一名词，已为一般人所通用，其实不甚精当；"哲"训作"知"，"哲学"是求知的学问，未免太浅狭了。④ 而清末民初的"诸子亦史"说恰恰提供了学术转型时期的另一种路径。因为它蕴含着诸子史学化的可能。也就是说，与外生型的哲学化不同，诸子学的转型也可以有内生型的史学化路径。

概而言之，"诸子亦史"说不仅是国粹派学人的主张，也是清末民初时期学界的一种共识。从学术史的角度来看，"诸子亦史"说扩展了史学的范围，提升了史学的地位；增强了诸子学的社会角色，进一步推动了诸子学的复兴；提供了诸子史学化的内生转型路径。

（原载《史学理论研究》2020 年第 1 期）

---

① 严绍璗：《日本中国学史稿》，学苑出版社 2009 年版，第 198 页。
② 陈柱：《诸子概论（外一种）》，华东师范大学出版社 2015 年版，第 173 页。
③ 刘咸炘：《子疏定本》，《刘咸炘学术论集：子学编》（上），广西师范大学出版社 2007 年版，第 15 页。
④ 章太炎：《国学概论》，岳麓书社 2009 年版，第 27 页。

中国历史研究院
Chinese Academy of History

新时代历史理论研究前沿丛书

第四卷

外国史学理论与史学史

夏春涛 主编

中国社会科学出版社

加快构建新时代历史理论研究"三大体系"
（代序）

一

五卷本《新时代历史理论研究前沿丛书》终于问世了！这是历史理论研究所建所后首次推出的集体研究成果，是《史学理论研究》改刊三年来刊发优秀论文的集中呈现，从一个侧面反映了我们的建所思路和成长轨迹。

历史理论研究所的建所方案经过多方论证、再三斟酌，最终由中央审定。该所名为历史理论研究所，不是史学理论研究所，如此取舍是含有深意的。一是突出强调了唯物史观的指导地位，强调要旗帜鲜明地坚持唯物史观。我们所说的历史理论主要指马克思主义历史理论，即唯物史观，本所下设九个研究室，马克思主义历史理论研究室排列第一。二是解决了概念之争。顾名思义，历史理论指阐释客观历史本身的相关理论，史学理论指历史学发展过程中形成的相关理论，两者内容有交叉，但主体不一。关于"历史理论""史学理论"概念的异同、大小，学界看法并不一致。研究所名称的确定给出了明确答案，即"历史理论"概念大于或优先于"史学理论"概念。我们要与中央保持一致，有不同意见可以保留，仍可以深化思考，但不必拘泥于概念之争。[①]

历史理论研究所诞生于新时代，是应运而生。中国历史研究院由六个

[①] 目前，"历史理论""史学理论"两个概念实际上仍在交叉使用。例如，历史理论研究所所刊名为《史学理论研究》，2022年9月完成换届选举的全国性学术团体名为"中国史学会史学理论分会"，这是延续历史，而变更名称洵非易事，须走较为繁杂的报批程序。学界时下召开的相关学术会议大多仍约定俗成，冠名为"史学理论研讨会"。我们似应在概念使用上力求统一，避免辨扯不清的困扰。

研究所组成，除中国社会科学院原有的五个相关研究所外，历史理论研究所是唯一新建的研究所。中央为什么要专门成立历史理论研究所？我想，这大体可以从三个方面来理解。

一是在全社会牢固树立正确历史观。

新中国诞生给中国历史学带来的最大变化是明确了唯物史观的指导地位，确立了人民的主体地位，澄清了若干重大理论问题，尤其是科学解答了历史学为谁著书立说这一根本性、原则性问题，进而为研究工作树立了正确导向，极大地推动了新中国历史学的繁荣发展。改革开放以来，历史学在蓬勃发展的同时，也面临挑战——随着社会经济成分、组织形式、就业方式、利益关系和分配形式的多样化趋势的发展，以及东西方各种思想文化的碰撞、交汇，我国社会思想呈现出多样、多元、多变的特点，唯物史观遭冷落、质疑和冲击的现象日渐显现出来。有人矫枉过正，出于对过去一度盛行的极"左"思潮的抵触心理，说了一些过头话。也有人蓄意挑战主流意识形态，不时发出一些噪音杂音，随意涂抹、肆意歪曲历史尤其是中共党史，借谈论历史来否定现实，散布错误的历史观，形成历史虚无主义思潮，产生恶劣影响。

历史观涉及对是非、正邪、善恶、进步与落后的评判，与价值观密不可分。否定历史发展的主题主线、主流本质，颠倒是非、正邪、善恶、荣辱，就会使人丧失对历史的敬畏之心，模糊对方向、道路等原则问题的认识，导致价值观扭曲。价值观一旦混乱，我们这样一个大党大国就会成为一盘散沙，社会上道德失范、诚信缺失现象就会滋蔓，乃至乱象丛生，其后果将是灾难性的。一言以蔽之，历史虚无主义思潮一旦泛滥，就会肢解我们的自信，消磨我们的意志，腐蚀我们的精神。党的十九大报告明确提出"引导人们树立正确的历史观、民族观、国家观、文化观"。[①] 由此观之，加强历史理论研究，巩固唯物史观的指导地位，引导人们树立正确历史观尤其是正确党史观，已是刻不容缓。坚持以唯物史观为指导，是坚持正确的政治方向、学术导向、价值取向的重要前提，是当代中国历史研究区别于欧美国家历史研究的根本标志。

---

① 习近平：《决胜全面建成小康社会夺取新时代中国特色社会主义伟大胜利——在中国共产党第十九次全国代表大会上的报告》，人民出版社2017年版，第43页。

二是以史为鉴，为当代中国发展进步提供学术尤其是理论支持。

改革开放以来，经济学、法学、政治学、社会学等学科基础理论研究与应用对策研究并重，积极参与当代中国的社会变革与发展，成为万众瞩目的显学。历史学与时俱进，也取得累累硕果，但相比之下，总体上参与有限、发声有限。这与历史学本质上属于基础理论研究有关，也与其研究滞后有关。平心而论，我们的历史研究存在两个缺陷，不能很好地顺应大势。其一，与现实脱节。有人自诩"清高"，搞所谓"纯学问"，有意识地远离现实、回避政治。其实，历史是一条奔腾不息的河流，不可能抽刀断水；昨日中国是今日中国的延续和发展。研究历史，不能就历史论历史，不能也不可能脱离现实，遑论历史学原本带有鲜明的意识形态属性。其二，重考证、轻理论，研究呈现"碎片化"、条块分割。有人专注细枝末节研究，研究题目小、研究范围窄，死守自己的"一亩三分地"，一谈到理论或现实问题便张口结舌，茫然莫知置对。考据是治史的基本功，没有考证便无信史可言，但不能"只见树木不见森林"，不能无视或忽视宏观理论思考。

中国特色社会主义已进入新时代，当代中国正进行着伟大的理论与实践创新，迫切需要历史学发挥鉴古知今、资政育人的作用。"明镜所以照形，古事所以知今。"① 新中国的前途为什么是社会主义而不是资本主义？为什么说中国特色社会主义是实现中华民族伟大复兴的必由之路？为什么说中华民族伟大复兴的历史进程不可逆转？以中国式现代化全面推进中华民族伟大复兴，如何深刻领会中国式现代化的中国特色和本质要求？中国式现代化道路的原创性贡献是什么？回答此类重大理论问题，都必须从历史上来追根溯源。当代历史学若想真正成为显学，具有生命力、体现影响力，就必须顺应时代需要，力戒那种选题无足轻重、搞烦琐考证、内容空洞的学究式学院式研究，有意识地加强历史与现实的对话，积极回应重大现实问题，立时代之潮头，通古今之变化，发思想之先声。② 这也是我国

---

① 《三国志》卷59《吴书·孙奋传》，中华书局1982年版，第1374页。
② "立时代之潮头，通古今之变化，发思想之先声"语出习近平总书记致中国社会科学院中国历史研究院成立的贺信，是党中央对广大历史研究工作者提出的殷切希望，而我们做得远远不够，应努力争取更大作为。西方学界很重视研究、思考那些宏大理论问题，重视提出新概念新表述，以迎合本国的内外政策。举凡"历史终结论""文明冲突论"等，均为融合政治学、历史学等学科作出的新概括新阐释，弗朗西斯·福山和他的老师塞缪尔·亨廷顿都是西方名噪一时的历史哲学家。

史学的一个优良传统。司马迁以"通古今之变"相期许写《史记》，司马光为资政著《资治通鉴》，均具有鲜明的现实关怀。北宋大儒张载"横渠四句"有云："为天地立心，为生民立命，为往圣继绝学，为万世开太平。"① 身处新时代，我们的胸襟应当不比古人逊色，理应具有强烈的使命和担当意识。

三是加快构建新时代中国历史学"三大体系"。

目前，我国经济总量稳居世界第二，日益走近世界舞台中央，为维护世界和平、促进共同发展做出巨大贡献，而历史学的发展总体上与我国综合国力和国际地位还不太相称，未能居于国际学术界中央，在国际上的声音还比较小。笔者1994年在哈佛大学访学时，哈佛—燕京学社主任、明清小说研究专家韩南（Patrick Hanan）教授在交谈时善意地表示："谈到人文和社会科学方面，目前世界上重要的学术思想主要来自英、美、德、法等西方国家。然而在将来，重要的学术思想同样很有可能来自中国、日本等国家。"比照现实，我们做得远远不够。

历史研究是一切社会科学的基础，历史理论则是历史研究的指南和灵魂。中国历史研究院中国历史学学科体系、学术体系、话语体系研究中心设在历史理论研究所。② 党的二十大报告在阐述"推进文化自信自强，铸就社会主义文化新辉煌"时，再次郑重强调"加快构建中国特色哲学社会科学学科体系、学术体系、话语体系"。③ 加快构建新时代中国历史学学科体系、学术体系、话语体系，必须加快构建新时代历史理论研究的学科体系、学术体系、话语体系。要继续以开放胸怀加强中外学术交流与合作，既"请进来"，更要"走出去"。要以我为主，努力提出具有原创性、主体性的学术思想，努力打造自己的学术特色和优势。要增强学术自信，摒弃学术上的"崇洋"心理，对西方的后现代主义史学、公民社会理论以及全

---

① 张载：《张载集》，章锡琛点校，中华书局1978年版，第396页。
② 该中心成立于2019年6月，至今已多次开展活动：2019年11月，与中国社会科学院国际中国学研究中心联合举办"'海外中国学研究'学科建设研讨会"；2020年11月，主办"'中国历史学话语体系建设'学术研讨会"；2021年9月，参与承办"社科论坛"（史学·2021）"新时代中国历史学'三大体系'建设国际学术研讨会"。另以"研究中心"成员名义相继发表学术论文10篇，《中国历史学"三大体系"建设研究》一书正在策划出版中。
③ 习近平：《高举中国特色社会主义伟大旗帜 为全面建设社会主义现代化国家而团结奋斗——在中国共产党第二十次全国代表大会上的报告》，人民出版社2022年版，第43页。

球史、"新清史"、新文化史、情感史研究等,我们要有鉴别和取舍,决不能被别人牵着鼻子走,决不能邯郸学步、鹦鹉学舌。特别是中国史研究,其学术根基、学术中心理应在中国。我们要有这种自信、底气和气魄,主动引领学术潮流、推进学术创新,积极掌握学术话语权。

总之,历史理论研究所是时势的产物。新时代是历史学可以也必须大有作为的时代,是历史理论研究受到空前重视、享有前所未有发展机遇的时代。我们要把握机遇,乘势而上。

二

按照中央审定的建所方案,历史理论研究所下设九个研究室,依次是:马克思主义历史理论研究室、历史思潮研究室(又称"理论写作组")、中国史学理论与史学史研究室、外国史学理论与史学史研究室、国家治理史研究室、中华文明史研究室、中国通史研究室、中外文明比较研究室、海外中国学研究室。排在前面的四个研究室,其名称均有"理论"二字。从中国社会科学院层面讲,本所是唯一一个以"理论"二字命名的研究所。这种定位是荣誉,更是一种使命和责任。

这九个研究室即九个学科,构成完整的历史理论研究学科体系,史学理论研究仅是其中的一个分支,在学科设置上真正实现了各历史学科的融合。我将其特点概括为"打通古今中外,注重大历史、长时段研究"。[①]

马克思主义历史理论研究室排列第一,是学科建设的重中之重。其主旨是以唯物史观为指导,加强理论思考与研究,以总结历史经验、揭示历史规律、把握历史趋势。党的十九届六中全会审议通过的《中共中央关于党的百年奋斗重大成就和历史经验的决议》堪称历史理论研究的典范:作为科学历史观,唯物史观科学诠释了人类社会发展规律和历史现象,以此为指导来总结百年党史所形成的历史观便是正确党史观;以 3.6 万字来总结百年党史,进行长时段、贯通式研究与思考,生动体现了大历史观。唯物史观被确立为指导思想后,究竟给中国历史学带来哪些深刻变化?对中国历史进程产生哪些深刻影响?在极"左"思潮泛滥的年代,我们在理解

[①] 参见《史学理论研究》2019 年第 3 期"卷首语"。

加快构建新时代历史理论研究"三大体系"（代序）

和运用唯物史观上存在哪些偏差？这一历史很值得好好总结。2021年，本所申报的《中国马克思主义史学家口述访谈录》《中国马克思主义历史理论发展史研究》，分别被列为国家社科基金重大专项课题、重点课题。

从事马克思主义历史理论研究，须具备相应的理论素养，用马克思主义中国化的最新理论成果——习近平新时代中国特色社会主义思想来指导研究，努力做到既不丢老祖宗，同时又能讲新话。对唯物史观及时做出新阐释新概括是一个具有战略意义的重大课题。坚持唯物史观与发展唯物史观是辩证统一的关系，发展是最好的坚持。马克思主义深刻改变了中国，中国也极大丰富和发展了马克思主义。与时俱进是马克思主义的理论品质，党的百年奋斗史就是一部不断推进理论创新、实践创新的历史，坚持理论创新是党百年奋斗的十条历史经验之一。从毛泽东、邓小平、江泽民、胡锦涛到习近平，在唯物史观上都是坚持与发展、继承与创新相统一。譬如，"五种社会形态"理论是唯物史观的一个最基本观点，我们党将之作为指南而不是教条，科学分析中国具体国情，据此提出新的原创性理论作为科学决策的遵循：创立新民主主义革命理论，指出近代中国的社会性质是半殖民地半封建社会，其前途是社会主义；创立中国特色社会主义理论体系，指出我国正处于并将长期处于社会主义初级阶段；习近平同志提出"新发展阶段"说，进一步发展了社会主义初级阶段理论。党带领人民筚路蓝缕攻坚克难，跨越资本主义发展阶段，成功走出中国革命和中国特色社会主义这两条新路，使中国阔步走向繁荣富强，与我们党创造性地运用"五种社会形态"理论密不可分。"理论是灰色的，而生活之树常青。"需要进一步思考的是，唯物史观诞生在大机器生产时代，而现在已处在后工业时代，是大数据、人工智能时代，由此引发的变化是深刻的、全方位的，生产力、生产关系的内涵必然会随之发生变化。再如，人民是历史的创造者，这是唯物史观的基本原理。人民在我国的主体地位始终没有变也不能变，而"人民"概念的内涵以及当代中国阶级、阶层的构成，与过去相比确已发生深刻变化，江泽民同志敏锐注意到这一新变化，在2001年"七一"讲话中分析指出我国已出现六个新的社会阶层。[①] 在百年

[①] 他们是民营科技企业的创业人员和技术人员、受聘于外资企业的管理技术人员、个体户、私营企业主、中介组织的从业人员、自由职业人员。参见江泽民《在庆祝中国共产党成立八十周年大会上的讲话》，人民出版社2001年版，第31页。

光辉历程中，我们党是如何既坚持唯物史观，同时又丰富和发展了唯物史观，赋予其新的历史内涵？就此进行系统总结和研究对推进理论创新大有裨益。

历史思潮研究室的旨趣是关注历史思潮演变，及时就当下社会上的热点话题做出回应，释疑解惑，正本清源，宣传、阐释正确历史观，解析、批驳历史虚无主义错误思潮。该研究室又名"理论写作组"，写理论文章是主业，带有时效性，出手要快。要加强两方面素养。一是理论素养。建所之初，我分析了研究队伍存在的短板，其中一个短板是"只会讲老话（马克思主义基本原理），不会讲新话（马克思主义中国化最新成果），甚至是老话讲不好、新话不会讲"。补短板须加强理论学习，我们专为本所青年学习马克思主义中国化经典文献开列了书单。二是专业素养。宣传要以研究为依托，以深厚的学术积淀作为支撑，深入才能浅出。再就是要注意两点：其一，严格区分政治原则问题、思想认识问题、学术观点问题，既敢于斗争，又要把握好分寸，不能无端上纲上线。其二，善于用学术话语来表达政治话语。写理论文章不是贴标签、喊口号、表决心，不能居高临下板着面孔说教，要具有感染力和说服力，努力收到春风化雨、润物无声的社会效果。2021年，本所申报的《历史虚无主义思潮解析和批判》被列为国家社会科学基金重大专项课题，计划写三卷。

中国史学理论与史学史研究、外国史学理论与史学史研究是中国社会科学院的传统优势学科。近二三十年来，这种优势在不知不觉中削弱，研究成果萎缩，研究队伍青黄不接，由盛转衰趋势明显。这也是全国范围内带有普遍性的现象。这两个学科被列为本所重点学科，须尽快止跌回升。从学术史角度看，这两个领域是块"熟地"，以往研究虽已取得骄人成绩，名家辈出、成果丰硕，但毋庸讳言，仍存在不足。一是深耕式、开拓创新性的研究相对较少，粗放式、低水平重复的研究较多。一些著述偏重于介绍、描述，缺乏思想性。二是有些学者画地为牢，专注中国古代史学理论或外国史学理论研究，唯物史观被边缘化。其实，我们研究中外史学理论，主旨是推陈出新，通过兼收并蓄、博采众长，致力于丰富和发展当代中国的马克思主义历史理论。要着力在古为今用、洋为中用上下功夫。本所新近申报了两个国家社会科学基金重大专项课题，分别是《"中国之治"的历史根源及思想理念研

加快构建新时代历史理论研究"三大体系"（代序）

究》以及六卷本《西方历史理论发展史》课题。①

与历史思潮研究相似，国家治理史研究属于新兴学科。本所的国家治理史研究室是国内首个专门的研究机构。党的十八届三中全会提出推进国家治理体系和治理能力现代化这一重大战略课题。提高国家治理体系和治理能力现代化水平是实现中国式现代化的题中应有之义，其途径之一是总结、反思我国古代漫长的治国理政实践，从中获取有益借鉴。《中国历代治理体系研究》是我们在建所当年承担的首个重大项目，属中国历史研究院交办课题。我们随即组成课题组，设立中央与地方、行政与监督、吏治与用人、礼治与法治、思想与文化、民本与民生、边疆治理、民族治理、宗教治理、环境治理、基层秩序 11 个子课题，用三年多时间完成近一百万字的书稿撰写，结项评审等级为"优秀"。目前书稿已完成第三次修订，处在出版前的审稿阶段。

中国通史研究室、中华文明史研究室、中外文明比较研究室、海外中国学研究室，均有别于通常的专题或专史研究，要求研究者是通才，具有大历史视野和世界眼光，学养深厚、思辨能力强，能登高望远，深入思考、科学解读一些前沿性重大问题，以便从中汲取历史智慧，增强历史自觉，坚定文化自信、道路自信。例如，通过深入研究中华文明的发展历程、特质和形态，为今天的人类文明新形态建设提供理论支持——倘若按照西方"文明三要素"标准，中华文明仅有 3300 年历史；我国于 2002 年启动的中华文明探源工程提出了文明定义和认定进入文明社会标准的中国方案，实证了我国百万年的人类史、一万年的文化史、五千多年的文明史。这是很了不起的学术贡献，为相关研究提供了范例。本所这四个研究室起步晚、起点低，缺乏学术积累，须苦修内功、奋起直追。

概括地说，历史理论研究所在学科设置上打通古今中外，实现了各相关历史学科的融合发展，体现了前沿性、战略性、理论性。基于这一学科布局，要努力做到"两个结合"：基础理论研究与应用对策研究相结合，历史研究与现实问题研究相结合。"三大体系"建设是一个整体，学科体系相当于学科的顶层设计，学术体系是学科体系的支撑，话语体系是学术

---

① 2022 年 11 月 30 日，全国哲学社会科学工作办公室公示了国家社会科学基金中国历史研究院重大历史问题研究专项 2022 年度重大招标项目立项名单。本所申报的《"中国之治"的历史根源及思想理念研究》《西方历史理论发展史》获得立项。

体系的外在表达形式，而贯穿其中的核心要素是人才。说到底，学科靠人来建设，学术带头人有权威、形成研究梯队，推出一批高质量、有影响的研究成果，就构成学术体系，支撑起学科建设；权威学者及论著所阐释的成系统的观点、思想、理论等，被学界奉为圭臬，便构成话语体系。因此，衡量"三大体系"建设之成效，关键看是否出成果、出人才。这无捷径可走，从个人角度讲，归根到底靠潜心治学。从研究所角度讲，加快构建新时代历史理论研究"三大体系"、引领全国历史理论研究，除组织实施课题、主办各种专题学术研讨会、积极利用中国史学会史学理论分会这一平台开展活动外，另一重要途径是办好所刊《史学理论研究》。

三

《史学理论研究》创刊于1992年，原由中国社会科学院世界历史研究所牵头主办，2019年第3期起，正式转为历史理论研究所所刊。为顺应振兴新时代历史理论研究的需要，我们举全所之力办刊，依据中央核准的建所方案成立专门的编辑部（以前是研究室兼职编稿），并果断改季刊为双月刊；在办刊风格上与历史理论研究所的学科布局和建所思路对接，在论文选题上精心策划，在栏目设置上推陈出新，并致力于制度化、规范化管理和运作。一分耕耘，一分收获。改刊后，该刊论文转载量、转载率和综合指数排名均显著提升。以2021年论文转载量为例，合计《新华文摘》5篇（2篇全文转载），《中国社会科学文摘》5篇，中国人民大学复印报刊资料24篇。

这套五卷本《新时代历史理论研究前沿丛书》主要从改刊三年来发表的论文中编选而成。遗憾的是，限于主题和篇幅，不少优秀论文未能一并辑录。这五卷按主题编排，依次是《唯物史观与历史研究》《马克思主义史学与史家》《中国史学理论与史学史》《外国史学理论与史学史》《历史理论研究的新问题·新趋向》，集中体现了我们的建所及办刊思路，展示了全国学界同仁的最新研究成果。

在建所半年后举办的中国社会科学院暑期专题研讨班上，我在历史学部发言时坦陈："建所了，牌子挂起来了，并不代表立刻就能按照上级要求发挥应有的作用，两者之间存在很大距离。我们要做的，就是百倍努

力，尽量缩小这个距离，缩短这个周期。"现在回想起来，不免有几分感慨。这一路走来，激励、支撑我们砥砺前行的是一种精神。姑妄言之，可称为"建所精神"，其内涵为"团结，务实，奋进"六字。

建所第一步，是把近代史研究所、古代史研究所、世界历史研究所的三拨人整合在一起，接着是面向社会招聘人员。我们起始就强调，新所要树立新风气，大家共同营造风清气正的环境。近四年来，本所没有人事纠葛，没有意气之争，大家有话好好说，有事好商量，形成合力。"兄弟同心，其利断金"，是为团结。本所核定编制80人，应聘者纷纷。我们一开始就明确，进人不是"拉壮丁"，不能一味追求数量，应首重质量，宁缺毋滥。至于学科布局，我们意识到，在人员不足、人才匮乏情况下，九个研究室不可能齐头并进，应有所侧重；具体到每个具体学科，不求四面开花，应集中力量找准突破口，争取逐渐形成自己的研究特色和优势。是为务实。我们在建所之初仅有两人，连公章都没有，千头万绪，一切从零开始。我们起始就确立"边建所、边搞科研"的工作思路，迎难而上。本所是中国社会科学院最年轻的研究所，至今建所不到四年，在职人员平均年龄不到40岁，朝气蓬勃。目前，我们已大体完成建所任务，搭建起作为一个研究所的完整架构，科研稳步推进并取得显著成绩。本所综合处兼具科研处、人事处、党办、办公室的职能，在岗人员仅五人，爱岗敬业，表现出色。是为奋进。建所不易，亲身参与建所是荣幸更是责任，大家很辛苦，同时又很享受这个过程，展现出好的精神面貌。

有了这种精神，历史理论研究所未来可期。新时代是历史理论研究大有作为的时代，曾有一位前辈学者感叹：历史理论研究的春天到来了。让我们以此共勉，抓住机遇，不负韶华，不辱使命，加快构建新时代历史理论研究"三大体系"。

夏春涛
2023年3月6日

目 录
CONTENTS

第一篇 中国西方史学史研究的回顾与展望

漫谈70年来中国的西方史学史研究　　　　　　　　张广智 / 3
无问西东：浅谈中国西方史学史研究范式的建构　　吴晓群 / 13
社会语境与西方史学史研究　　　　　　　　　　　李宏图 / 22
跨文化的史学史研究范式　　　　　　　　　　　　邓京力 / 30
关于"西方史学史"未来发展的几点思考　　　　　孟钟捷 / 39

第二篇 当代西方历史理论问题再思考

历史理论与史学理论之关系新解　　　　　　　　　顾晓伟 / 51
理论在历史实践中的作用　　　　　　　[美] 阿兰·梅吉尔 / 62
思辨的历史哲学的复兴
　　——当代西方历史理论的最新进展　　　　　　董立河 / 75
前所未有之变革时代的历史理论　　　　[匈] 佐尔坦·西蒙 / 85
文明史叙事与历史规律的探询　　　　　　　　　　韩 炯 / 96

第三篇 西方史学理论研究的新进展

地中海共同体：古代文明交流研究的一种新范式　　李永斌 / 111

目录

当代西方情感史学的由来与理论建构　　　　　　赵　涵　/　127
方法·材料·视野：当代西方史学史研究的新趋向　张一博　/　152
西方物质文化史研究的兴起及其影响　　　　　　肖文超　/　167
西方食物史研究范式及其演变　　　　　　　　　付有强　/　187

第四篇　西方帝国史研究的回顾与反思

历史学"全球转向"影响下的"新帝国史"　　　　刘文明　/　205
从"王朝"到"帝国"的转移
　　——西方学术范式中"历史中国"的意涵变化　李友东　/　216
英帝国史研究的"后殖民转向"　　　　　　　　魏孝稷　/　227
帝国和帝国主义概念辨析　　　　　　　　周　芬　张顺洪　/　240

第五篇　亚非国家历史理论研究的新探索

从"东洋史"到"东亚史"
　　——韩国学界近三十年的历史叙事反思
　　　　　　　　　　　　　　［韩］安洙英　姜伊威　/　259
越南古代史家对本国古史的书写和构建初探　　　成思佳　/　279
历史记忆、历史书写与民族认同
　　——以巴勒斯坦民族主义史学为例　　　　　姚惠娜　/　301
书写"她"的历史
　　——非洲妇女史的兴起与发展　　　　　　　郑晓霞　/　320
"黑色大西洋"：近年来国外学界有关非洲在大西洋史中的
　　地位与作用的研究　　　　　　　　　　　　李鹏涛　/　344

第一篇

中国西方史学史研究的回顾与展望

漫谈 70 年来中国的西方史学史研究

张广智

(复旦大学历史学系)

中华人民共和国成立以来，我国社会发生了翻天覆地的变化，随之中国史学也经历了伟大的变革，这中间也包括中国的西方史学史曲折坎坷的历史进程。回望这一进程，简言之，70 年来中国的西方史学史发展大体呈现出如下几个发展趋势，从中也可以反映出这 70 年中国的西方史学史所取得的主要成就。第一，中国的西方史学史的学科建设大致经历了从萌发、奠立到发展的过程，由"自在的"初级阶段进入了"自为的"全面发展的阶段；第二，在 20 世纪两次引进西方史学高潮的推动下，中国的西方史学史研究从译介、评述再到研究，其总体学术水平在不断地深入；第三，西方史学史编纂的不断拓展。

这篇漫谈式的小文，无法对 70 年来中国的西方史学史进行详细的归纳与总结，只能就以上列出的三点管窥蠡测，略说一二。在此，需要说明的一点是，历史的分期是有紧密联系的，漫谈 70 年，自然会回溯到这之前的史事。

一 从"自在"到"自为"

本节简要地对中国的西方史学史之史做一点梳理。在我看来，中国的西方史学史或可从先贤李大钊说起，他从 20 世纪 20 年代初开始，在北京大学等高校相继开设了"唯物史观研究""史学思想史"等课程，撰写了讲义，其中的《史学思想史讲义》究其内容，实为近代西方史学，可称得上是我国的史学史上首本以马克思主义理论为指导的西方史学史作品，为

第一篇　中国西方史学史研究的回顾与展望

中国的西方史学史学科作出了开创性的贡献。

从此开始,百年来的中国西方史学史大体经历了以下几个大的发展阶段。

第一,萌芽时期(20世纪20—50年代),这几十年以1949年为界,还可分为两个时段。1949年前,即民国时期的中国西方史学史,这一时段比较明显的成绩是30年代前后西方史学著作大量地译成中文,出现了西方史学输入中国的第一次高潮,另一是当时少数学校开设了西洋史学史或外国史学名著选读等课程,它犹如一棵幼苗,正破土萌发,但随后发生的战乱窒息了它的成长;1949年后,苏联史学大步东来,在整个50年代,中国史学出现了一次"路标转换",从引进、吸纳西方资产阶级史学转而引入苏联的马克思主义史学。由于"左"倾思潮的蔓延,我国的西方史学史研究处于停顿状态,学科建设止步不前,论者认为这是中国史学史研究的"沉寂时期",遑论中国的西方史学史研究。总之,在本阶段,国人为这门学科的奠立也做了不少前期性的工作,它的积累为60年代初中国的西方史学史学科的奠立打下了一点基础。这一时期总体上仍处于"自在的"初级阶段。

第二,奠立时期(20世纪60年代前期)。60年代初,国内外形势大变:中苏交恶,"左"倾思潮受阻,重申"双百方针",于是在这段时间内,为国内学界营造了一种良好的求新务实的学术氛围。此时,笔者正在复旦大学历史系读三年级,对这种学术环境有切身的感受。其时,科学思潮勃起,引发了对历史学自身的反省,"史学史热"由此兴起,我国史学界开展了关于史学史问题的大讨论,有力地促进了史学史的学科建设,最终催生了西方史学史这门学科的奠立。从1961年文科教材会议和外国史学史(当时忌讳用"西方"一词,多用"外国史学史",实为"西方史学史")教材会议的召开与立意、从那时前辈历史学家耿淡如、齐思和等为这一学科所作出的贡献、从学科设置和研究生的招生与培养、从西学译介和"批判性研究",更为重要的是对西方史学史这门学科的重要性与它在高校历史系的地位有了一种比较自觉的认识。在此尤其要提到的是耿淡如师在1961年10月发表的《什么是史学史?》[①]一文,在当时还没有一篇对

---

① 耿淡如:《什么是史学史?》,《学术研究》1961年第10期。

史学史旨意阐发的大文，因而耿师此文的问世，对那时史学史大讨论的展开，对我国日后的西方史学史研究和当时的学科建设，均起到了推波助澜的作用。如此说来，上述这些都标志着这门学科在60年代前期已初步建立起来了。

其实，这是一个很短的时段，但于中国的中西史学史研究都是一个十分重要与难忘的时期，回想这段"史学史热"和史学史大讨论的岁月，现在依然会让我们史学工作者感到温暖。我当时是个大三的历史系学生，虽不能够直接参与这场史学史大讨论中去，但作为学生也是见证者。当时耿淡如师奉命主编部颁教材《外国史学史》，1961年底在上海开会，会后耿老邀编写组成员齐思和、吴于廑两位教授来复旦做学术报告，记得那天是座无虚席，精彩纷呈，我们亦有"获得感"，至今两位先生的印象还留在我的脑海中。

第三，发展时期（1978年改革开放至今）。"文化大革命"的动乱，摧毁了正在奠基中的西方史学史，待到改革开放，一切还得从头开始。回望改革开放以来中国的西方史学史，它步入了"快车道"，就前列标志学科奠立的几个方面，都已取得长足进步，尤其对西方史学史学科重要性的认识上升到了一个新水平。中国的西方史学史这门学科终于从"自在的"阶段进入"自为的"阶段。一个中国的西方史学史学科迎来全面快速发展的新阶段。

二　西方史学史研究的不断深入

中国的西方史学史研究的不断深入，其前提离不开西学之引进，首先离不开西方史学原典的汉译。于是，西方史学原典的翻译，便成了中国的西方史学史研究之要务。20世纪五六十年代，西方史学史研究之落后，与当时封闭的外部环境有关，西方史学之引进受到了极大的限制。改革开放，迎来了西方史学引进的第二次高潮。与30年代前后的那次高潮相比，引进的西方史学著作，无论在数量上还是范围上，都要大大地超越了。这里仅举一例，即商务印书馆出版的"汉译世界学术名著"逐一问世，最近又精装一起推出700种，乃是我国出版史和学术史上规模宏大极为重要的学术翻译工程，对于推动哲学社会科学的发展功不可没，同样，对于推动我国的西方史学史研究也居功至伟。从希罗多德的《历史》到费尔南·布罗代尔的《地中海与菲利普二世时代的地中海世界》，从 E. H. 卡尔的《历史是什么》到 G. P. 古奇的《十九世纪历史学与历史学家》等，研究者以此撬开自古迄今的西方史学的大门。

中国西方史学史研究的不断深入，需要时间，它经历了一段不算短的过程。1949 年前，中国的西方史学史，说"研究"还谈不上。1949 年后的十年，曾有过一些批判性的应景时文，批判西方史家与流派，没多少学术价值。60 年代前后，吴于廑的《巴拉克劳夫的史学观点与对欧洲历史的末世观》和《论西方古今的两个"客观"史学家》、齐思和的《欧洲历史学的发展过程》、蒋相泽的《基佐的历史观批判》等陆续发表，为这一时期西方史学史研究填补了空白。

新时期以来，大规模的研究工作，随着译介、评述而日渐展开。改革开放之初，这方面的研究人才短缺，于是在中国学界就出现了一道颇为亮丽的风景线："文化大革命"后，我国老一辈治西方史学史的学者，迎来了"科学的春天"，也迎来了史学史发展的春天，他们虽已步入花甲之年，却个个焕发出年轻人的青春活力，抓紧分分秒秒，说要把十年荒废的时间夺回来，奋发有为，为 20 世纪中国西方史学史研究作出了突出的贡献。从 20 世纪末开始，我国年轻一代的治西方史学史专业的人才茁壮成长起来，他们在中国的西方史学史发展的道路上奔跑。

新时期的中国西方史学史研究，起始是"重评"与"译介"（或"评述"）相向而行。其时学界的思想解放与拨乱反正，有力地推动了对西方史学遗产的重新评估，涉及过去被批判过的西方史家及其流派，如对兰克史学及兰克学派，汤因比与斯宾格勒的文化形态史观，以鲁滨逊为代表的现代美国"新史学派"等。在这一重评的过程中，提高了对西方史学的认知水平，辅之以西学引入的助力，评述文章的纷出，研究水平也随之上升，例如我们对法国年鉴学派的研究之深入，可为之佐证。在我国史学界，"文化大革命"前 17 年对年鉴学派这个当时已成为西方新史学主流的史学几乎是完全陌生的，年鉴学派之东传，大体在改革开放的年代里，他们几代人的作品大多都有中译本问世。对这一学派的研究，当然也是从介绍开始的，这首先应归功于张芝联，1978 年他撰写的《法国年鉴学派简介》（《法国史通讯》1978 年第 1 期）乃新时期介绍与研究年鉴学派的第一篇文章，此后自张文发表后的40年里，我国学界对年鉴学派的关注是中国西方史学史研究不断深入的一个标志，一个"热点"，无论在总体上还是局部上都有诸多成果，涌现出了像姚蒙的《法国当代史学流派》①这样较有深度的专著。在对年鉴学派不断深化的研究中，中国学者的西方史学史研究领域和视野得到了前所未有的开拓，其研究也在不断地深化。

我以为，21世纪以来，中国的西方史学史研究之深入，在以下三个方面逐一展示，取得了不少的成绩，但今后还需继续朝着这些方面努力，做出更深入的研究。

其一，关于马克思主义史学史的研究。自19世纪40年代经典马克思主义史学诞生以来，迄今已经历了整整180年，在世界史学史上留下了丰厚的史学遗产，它的起源与繁衍，它的传播与变异，它的危机与前景，都是值得我们深入探讨的。它将有助于我们更好地认识马克思主义唯物史观的真谛，有助于我们更好地了解马克思主义史学自身的来龙去脉，有助于我们更好地把握它与西方史学（即西方资产阶级史学）之间的关联，即它们之间的相互关系与相互影响，倘如是，则将进一步推动西方史学史研究的深入。就目前我国学界的研究情况来看，于沛主编的六卷本《马克思主义史学思想史》的出版，是值得学界重视的学术成果。现当代西方马克思主义史学的研究，无论就其个体（如E. P. 汤普森、霍布斯鲍姆等）或整体（当代西方马克思主义史学）都有研究成果发表，经典马克思主义史学的研究也有起色，然早期马克思主义史学无人问津，苏联马克思主义史学经验教训的总结还需深化。

其二，关于西方史学史之史。从事史学史的研究，而不关注史学史之史，亦即不知晓这门学科自身的历史，这是说不过去的。在此，我想起了白寿彝在1985年座谈中国史学史之史时说过的话，他说，了解、研究一门学科的已有成就，实际上是对本学科的自我批评。这不是对个人，而是对这门学科已有的成果进行探讨、评论。这是我们史学史研究工作者进行自觉教育的一课。在这里的关键词是"自觉教育"，白先生"自觉教育"这一高度揭示了史学史之史对于这门学科发展和深入的重大意义，这于中西史学史皆然。我从事西方史学史教学与研究多年，对此深有同感，其认

---

① 姚蒙：《法国当代史学流派》，香港三联书店1988年版。

识也是逐步提高的。20世纪90年代初笔者曾撰文《近代以来西方史学反省的历史考察》[①]，以后继续求索，从西方史学史之史的西方学界的古今论述，到探讨西方史学史之史的中国篇，写了近百年来中国的西方史学史研究。行文至此忽然想到这篇小文，也是对新中国成立以来70年西方史学史学科的历史考察，"对这门学科已有的成果进行探讨、评论"，在回顾与反思中，增强了对这门学科"自觉教育"的认知。因此，重视与开展对西方史学史之史的研究，对于今后的中国西方史学史的发展与创新，具有不可估量的意义。

其三，关于中外（西）史学交流史的研究。回顾中外史学交流史，有其久远的历史，19世纪末以来的中外史学交流史，更是绚丽多彩。然传统的史学史研究，不管是中国史学史还是西方史学史，都是只关注史学自身问题的研究，这自然是必要的，但仅仅停留在这一层面是不够的，它还应当研究不同国家或地区之间史学文化的相互交汇与相互影响，即我常用的词汇"影响研究"。可喜的是，中国新时期以来这方面的研究逐步深入，其成果不少，比如鲍绍霖编著的《西方史学的东方回响》（社会科学文献出版社2001年版）、李孝迁的《西方史学在中国的传播（1882—1949）》（华东师范大学出版社2009年版）等论著，属于西方史学的东传史。张广智主持的教育部重大项目"近代以来中外史学交流研究"汇集国内治这一领域的学者，合力完成了这一项目，现已结项并易名为《近代以来中外史学交流史》将由复旦大学出版社出版，其书不只限于"域外史学在中国"，而且也有"中国史学在域外"的篇章，将是首部真正意义上的中外（西）史学交流史的著作。可以预期的是，重视与加深中外（西）史学交流史的研究，将为我们的史学史研究开启一扇新的窗户，成为史学史研究中的一个新的增长点。与此相关的是，新时期中西史学的比较研究也有成就，出了不少成果，在中西史学比较研究中，深化与提高了对西方史学的认识，不再细述了。

此外，标志中国西方史学史研究不断深入的是国人编纂西方史学史的不断开拓与进步。

---

① 张广智：《近代以来西方史学反省的历史考察》，陈启能主编：《当代西方史学思想的困惑》，中国社会科学出版社1991年版。

三 西方史学史编纂的不断拓展

通史类的西方史学史著作，无论是教材还是专著，都是这门学科不断积累的产物，它又在相当大的程度上，反映了某一阶段中国学者在这一领域的研究水平。70年来，前30年还未出现过一本由国人自己编纂的西方史学史，这样的设想还是要等到20世纪60年代初。1961年4月，高教部在北京召开了高等学校教材编选工作会议，会议决定将中国史学史和外国史学史列入历史系的教学计划，并编纂相应的教材。是年底在上海召开外国史学史教材编写会议，决定由耿淡如师任主编，成员有齐思和、吴于廑、蒋孟引、郭圣铭、田汝康等前辈。此后，耿师为这本教材竭尽心力，比如他做了从希罗多德至汤因比的数十万字的资料长编（英俄文资料摘译），真可谓是一册西方史学史的雏形，此项工作因"文化大革命"而中止，是为憾事也。

1984年8月，教育部在成都召开高等学校西方史学史教材编写工作会议，这自然是耿淡如师23年前主持编纂同类书的未竟事业，当然是在新时期历史条件下的一次"学术重组"。新版由张芝联、谭英华任正副主编，其成员有郭圣铭、孙秉莹、杨生茂、朱寰、李雅书、张广达等前辈史家，笔者也忝列其中。启动后，我即开始写作，谭先生已写出了长篇导论，其势头十分看好。但因编写组人员多年迈体衰矣，这一计划也最终没能实现，亦为憾事也。

1996年，国家教委制定了高等教育面向21世纪教学内容和课程体系改革计划，张广智申报的西方史学史项目经专家评审中标，2000年由张广智主著的《西方史学史》以"面向21世纪课程教材计划"面世，后又列入"十五""十一五"国家级规划教材，还被教育部历史学科教学指导委员会定为"推荐教材"，该书第四版已于2018年6月出版。

2011年由张广智主编的六卷本《西方史学通史》问世。该书起自"荷马时代"迄至现当代西方史学发展的历史进程，开中国多卷本西方史学史编纂之先河，被学界评价为"我国史学史研究中的一件大事，将被记录在中国西方史学史研究的史册上"。笔者希望在不久的将来能出现更好的《西方史学通史》取代之，把中国的西方史学史编纂上升到一个新

第一篇 中国西方史学史研究的回顾与展望

阶段。

晚近以来,国家实施"马克思主义理论研究和建设工程",内含编纂各学科的系列教材,外国史学史当然在其中。自2008年陈恒作为首席专家主持这一工程,历经周折,终于在2019年1月出版了这部《外国史学史》。它与一般标为"西方史学史"的书不同,在该书中明显拓宽了区域,不只限于"西方",如古代部分的两河流域、埃及和印度的史学,中古部分的阿拉伯史学,现代部分的亚非拉史学等,在教材中均占有一席之地。编写组成员的视界与识见多有创意,可与现行坊间流传的西方史学史相媲美,以彰显"马工程教材"之风采。

以上四项直接由教育部领导与组织的西方史学史教材编写工作,从20世纪60年代初开始,经一个甲子,历尽坎坷,辛勤劳作,它从一个侧面反映出中国的西方史学史研究之艰辛,这里重温和记录这些内容是为了再出发,更好地前行。

我国新时期的西方史学史(或称外国史学史)无论是编教材还是个人专著,当从1983年开始。1983年,由郭圣铭编纂的《西方史学史概要》出版,在百年来中国的西方史学史之史的历程中,这是一个零的突破,起到了筚路蓝缕、以启山林的推动作用。自此迄至2019年由陈恒主编的《外国史学史》出版,就我个人的孤陋寡闻所见,这种通史性的书大约有20种(包括若干断代的史学史),为新时期日益进步的西方史学史研究,不断地增光添彩。"浓绿万枝红一点,动人春色不须多"(宋·王安石诗句),这里从中摘录几种,以展现新时期中国的西方史学史繁花似锦之景观。

《西方史学史概要》,郭圣铭编著,上海人民出版社1983年版。
《西方史学史纲要》,宋瑞芝等编著,河南大学出版社1989年版。
《外国史学史纲要》,夏祖恩编著,鹭江出版社1993年版。
《西方史学史》,杨豫著,江西人民出版社1993年版。
《外国史学史》,王建娥编著,兰州大学出版社1994年版。
《西方史学史》,郭小凌编著,北京师范大学出版社1995年版。
《西方史学史》,张广智主著,复旦大学出版社2000年初版,2018年第4版。
《西方历史编纂学史》,何平著,商务印书馆2010年版。

《西方史学史》，于沛、郭小凌、徐浩著，高等教育出版社2011年版。

《西方史学通史》（六卷本），张广智主编，复旦大学出版社2011年版。

《外国史学史》，王晴佳、李隆国著，北京大学出版社2017年版。

《外国史学史》，陈恒主编，高等教育出版社2019年版。

上列诸书各有侧重各有特色，不容在此一一评述了，但有一点可以肯定，其总体学术水平呈递进性且在不断地拓展，是"发展时期"的一大亮点。

余　言

行文最后，还得说一些存在的问题或今后努力的方向之类的话，是为"余言"。

放眼当代国际史坛，我们感受到，自己的研究工作与我国作为具有悠久传统和深厚遗产的史学大国地位及其应担负的任务是很不相称的。上述的70年来中国西方史学史之成就与进步，是就纵向而言，即从历史发展的眼光而言的；倘就横向比较而言，在这块西方学界的"世袭领地"上，与国际同行先进相比，还是有很大的差距，如实而言，中国学者研究西方史学，具有相当大的难度，比如语言上的困难，这是不容言说的。更何况面对跋扈的西方文化霸权，守护自己的主体性，又不失全球视野，在这一领域中逐步建立自己的话语权，恪守"西方史学，中国眼光"，需要经历一代又一代的不懈努力，方能奏效，蔚为大观。中国的西方史学史研究才刚刚起步，这是不争的事实。然而，可以期待的是，随着新一代中国的西方史学史人才的鹊起，为日后提供了最有力的学术支撑，不是吗？

历史的经验告诉我们，中国的西方史学史行程，始终存在着或一概排斥或盲目信从的认识，如何正确处理这两者之间的关系，事关中国西方史学史的前途，为此我们必须继续坚持马克思主义及其唯物史观的指引，这是不言而喻的，否则，谈论构建中国特色的西方史学史学科体系、学术体系与话语体系，不也成了一句空言吗？

现实表明，中国的西方史学史学家所从事的学科研究的性质及其自身特点，其学术成果或可成为中国史学家快步迈向世界、与国际同行沟通交流的一种向导，起到一种助力的作用。每每想到这里，中国的西方史学史学家应当比其他学科的历史学家作出更多的贡献，任重而道远，让我们为之而努力吧。

未来的中国西方史学史研究，应如何开拓与创新，这是一个大话题，当聚众共议，方能在理论和实践上找到不断进步的方向，对此我个人已在上面说过一点，就不再复述与延伸了。

山河温润，东风又启新征程。我们进入了新时代，中国的西方史学史研究也将走完百年行程，让我们迈着新时代的步伐再出发，以开创中国西方史学史研究更加璀璨的明天。

（原载《史学理论研究》2019 年第 4 期）

无问西东：浅谈中国西方史学史研究范式的建构

吴晓群

（复旦大学历史学系）

如果将20世纪20年代李大钊编写的《史学思想史》视作中国人编写的第一部近代西方史学史著作，并将其与30年代朱谦之在暨南大学开设"西方史学史"课程这两件事情看作中国西方史学史研究的起步时期，那么，自1949年以来，中国的西方史学史研究经历了两个大的发展阶段：首先是由耿淡如、郭圣铭等老一辈学者筚路蓝缕的开拓阶段，这一时期主要以介绍西方史家的著作、引进西方的史学理论为主。80年代之后，随着国门的打开，中国学者在吸纳西方各种流派不同学说的基础上，大量引进、消化西方史学理论，并逐渐开始以一种中国眼光来审视西方史学及其理论。这两个阶段为今天中国西方史学史的研究和教学打下了坚实的基础，同时也为未来可能的发展方向拓宽了视野。如今，整个世界的面貌以及学术界的问题意识都发生了极大的变化，在这样的时代语境之下，我们的西方史学史研究将如何发展？对此，笔者想在前两个阶段研究的基础上对西方史学史的发展提出一个新的设想和愿景，以此加入到当前有关西方史学史研究范式、理论及方法的讨论之中。

我认为，应该将史学史作为一种新的思想史来进行研究和书写，这样的思想史视角既非纠结于不同的讨论范畴，也不局限于"历史"上已成形的思想，更不是靠跟踪和引进西方的各种研究范式和理论来显示中国史学研究与国际的接轨，它应该是一种以无问西东的姿态，以话语建构的方式来进行的经典与现实、整体与多元、继承与创新之间的对话，从而建构出一种既具有中国学者自身独特性又不失对人类命运终极关怀的史学思考。正是在这一意义上，西方史学史研究，或者说整个史学史研究理应成为一种具有反思性的学科。

一 作为思想史的史学史

何为史学史？普遍认为史学史是关于历史学这门学科的产生、发展及其特征的历史，也可以认为它是从历史编纂思想的角度来阐述对某些具体问题的解释。因此，史学史研究的范畴并不局限于总结和评价史家的写史风格与方式，更要顾及史家心中的问题预设、询问他们形成了什么思想、其思想又是如何产生的等问题，在某种程度上将史家的著述理解为他们对自己那个时代和社会所面临之问题在思想层面上的一种回应。

何为思想史？在此，我们取最宽泛的定义，即柯林武德所说的"它包括人类精神的所有意识行为，因而，一切历史都是思想史。"[①] 换言之，我们既不想纠缠于词语上的辨析，也无意于区分方法论上的高下或是讨论范畴的广狭，因此，无论是"History of Thought"，还是"History of Ideas"，或是"Intellectual History"都可能出现在我们的视域中。何兆武说，"都是由于人类有了思想活动的缘故，人类才有了文明史。在这种意义上，一部人类文明史也可以说就是一部人类的思想史，是人类思想活动（及其表现为行动的）历史。"[②]

正是在这双重的意义上，史学史就不仅是培养历史学家最重要的方式，是历史学家的身份意识逐渐形成和成熟的反映，也是思想家思想观念、批判意识的一种体现，这种培育与养成和反思与批判正是这个学科属性中最重要的面向。它应该蕴育出带有历史学家色彩的思想家和带有思想家属性的历史学家。

事实上，从希罗多德宣称他的历史叙述是一种对人事及其原因的"探究"，到司马迁的"究天人之际，通古今之变，成一家之言"，古往今来，无论中西，历史学家从来都不是书记员，史家组织材料的方式本身就反映

[①] ［英］柯林武德：《历史的观念》（增补版），扬·冯·德·杜森编，何兆武、张文杰、陈新译，北京大学出版社2010年版，第431页。

[②] 何兆武：《何兆武文集：历史与历史学》，湖北人民出版社2007年版，第11页。

了他及他那个时代的思想观念。而史学史作为一门对史家及其观念进行再思考的学问，它也从来都不是仅仅停留在对篇章结构、字词句法的分析之中，探究思想的表达和蕴意才是史学史研究的本意。换言之，史学史在根本上就是史学的思想史。特别是在当今这样一个需要反思的时代，作为一门反思性、批判性的学问，史学史研究更应该起到"鉴往知来"、形塑思想的作用。

在这方面，以《春秋》为中心对孔子历史编纂学进行考察的朱本源为我们提供了榜样。他于20世纪90年代分别发表的《"〈诗〉亡然后〈春秋〉作"论》《孔子史学观念的现代诠释》《孔子的历史哲学发微》等文章中，融文献和理论于一体，运用维柯有关史学起源的理论将孔子的《春秋》与希罗多德的《历史》放在一起，探讨了中国历史学的起源和性质，以及普遍性历史研究的对象、方法和观念等，真正做到了陈寅恪所说的："取外来之观念与固有之材料互相参证"的融贯中西人文科学的研究方法。

同时，思想史研究所具有的两个维度也正是史学史研究的题中之意，一个维度是横向的，即一种思想所存在的共生语境；另一个维度则是纵向的，即强调思想的历时性发展。只有通过这两个向度的结合，我们才能挖掘思想背后的丰富性和意义所在。如果说历史学是把握与理解我们所置身其中的这个世界的一种方式，那么史学史更是一种在具体史家还原局部史实的基础上，去反思和追问其逻辑结构是否恰当的思想方式。这种作为思想史的史学史一方面能够成为拯救"碎片化"的历史知识的一种希望，这里所谓的"碎片化"指的不仅是研究对象的细小琐碎、研究时段的断裂，更是指条块分割的狭窄思维方式和因这种思维方式而带来的"问题碎片化"现象；另一方面能使那些曾在各自的"世界"范围内放之四海而皆准的价值观念有了一个更广阔视域的反思机会。因此，我们既需要一些研究不同时段地域之具体历史问题的历史学家加入到史学史的队伍中来，也需要一些能提供宏大叙事和视野的理论来支撑我们的研究。

二 跨语境的普遍性思考何以可能？

从思想产生的逻辑来看，超越语境的普遍性思考本身就是许多思想家在从事思想活动时的一种根本诉求。当怀特海说"全部西方哲学史就是为柏拉图作注"时,他就是在承认希腊思想超越时空的价值,当孔子的告诫"己所不欲,勿施于人"被汉斯·昆等奉为全人类的普遍价值之一时,那也是在宣告其跨越不同种族、宗教及文化的意义。

对此,史家也有同样的认识。比如,曾任美国历史学会主席的哈佛大学历史系教授入江昭在提及史学的国际化愿景时,指出其目标之一便是"树立人类历史互相关联的观念,探讨对人类具有普遍意义的那些主题"。2009年由本特利等人倡导并拟定的美国历史学会年会的主题即是"让历史著述全球化"。而全球交往日益频繁的现实,也早已在事实上冲破了19世纪以来历史学作为"建构民族国家身份意识"的职能限定,这为我们进行历史思想的跨语境研究提供了现实的基础和可能性。事实上,现在已开始出现这样的一些著作,如2014年美国当代史家林·亨特出版了《全球时代的历史学》、2015年剑桥大学出版社出版了七卷本的《剑桥世界史》,这些著作都力图在书写方式、切入角度和问题意识等方面打破"西方中心论"和以民族国家为视角的史学传统,代之以区域、主题和比较作为其研究路径,认为当代史家需要在全球化的背景下进行史学的研究和写作。在这样的学术思潮下,中国学者也迅速跟进,比如2004年王晴佳在与伊格尔斯合写的论文《文明之间的交流与现代史学的走向——一个跨文化全球史观的设想》中就提出最终可能会出现一种真正意义上的全球史学史的书写方式。随后他又与李隆国合作撰写了《外国史学史》一书。他们在该书的序言中表明了"希求走出西方中心的窠臼"的写作目的,而且书中讨论的内容虽是外国史学史的著作和理论,但明显地他们已不再满足于仅仅是对那些著述的介绍和解释,而是进一步提出了自己的思考和理解。

换言之,当下的现实语境使得史学史研究中的普遍性思考变得迫切和必要。因为从人类文明史的角度来看,我们这个星球上不同的社会和文化系统经过数千年的发展演变,当前正处在前所未见的全球整合或撕裂的时刻,既已形成了你中有我、我中有你的相互依存局面,同时又处于一个动荡不安、彼此不信任的尴尬现状之中。在这个最显著的结构性变动中,为了破解这种全球性困境,势必需要一种能从各种多样性的历史思想的资源中受益,同时也能由此建立并形成新观念的普遍性思考的框架和模式。因为,世界早已不再是希罗多德或司马迁笔下各自为中心的面貌,今天也不是某种中心论能够横扫全球的时代。在吴于廑提出的"整体世界史观"的倡导下，中国的西方史学史研究也应该更加有意识地突破纯粹"西方的"概念，将历史知识的生产置于一种全球交织的观察视角下，重新审视中西史学之间的互动，将西方史学史的空间视角转向更为广阔的整个世界，从而使之更加完整。

当然，要想真正实现跨语境的普遍性思考仍面临诸多难题，其中最大的一个问题恐怕就是人类处境的根本相似性、基本问题的持久性与各自文化的不可通约性、历史语境的差异性并存，如何才能够在这之间找到某种路径？我认为，以问题带动研究，这或许是一种解决方案。比如说，德国哲学家雅斯贝斯提出的"轴心时代"理论不仅在西方学术界引发了大量讨论，许多汉语学术界的历史学家也都从不同的角度进行了一种跨语境的回应，例如许倬云的《论雅斯贝斯枢轴时代的背景》、刘家和的《论古代的人类精神觉醒》，等等。因此，当今天我们在考察"全球化"的问题时，发现它已从一个单纯的经济话题，发展成一个复杂的政治话题，再转变成了一个更为复杂和深刻的思想话题，由此，那些所有促成人们对全球化情境或认同或反对的历史的及当下的因素就都可能成为我们的研究对象。

自然地，这种跨语境的史学史研究对中国的西方史学史研究提出了挑战，它要求我们不能只做欧美史学史和史学理论的搬运工，还要关注中国史学史的传统以及当下中国史学史研究中一些反思性和前瞻性的思考。在将西方话语体系本土化的过程中，要跨越东西方史学史的学科界限，这不仅需要在理论上思考跨语境研究应该具备的视野、方法与问题意识，还需要在实践层面，促成西方史学史和中国史学史研究者的通力协作，由此才能共同开创体现中国史家立场和视角的史学史研究事业，使其成为全球史学发展中不可忽视的力量。

三 "见于异"与"见于同"的对话

目前，学术界常见的西方史学理论中，各自强调"同"或"不同"的观点和学派很多，比如，斯金纳的"语境论"强调的是不断变化的问题以及对那些问题不断变化的答案，而施特劳斯则认定人类思想所面临的根本问题乃是相同的。这两种理论各自揭示了事物本质的一部分，它们对信息的把握往往都只是点上的，还没有形成一个全面系统的东西。但我们认为它们之间又并非完全不相容,实际上,这两种对世界的观察和判断只是视角的不同,因为人类思想史既有一些问题是永恒的、普遍存在的,但同时也会因时因地因人而有所差别。若能将这两种视角结合起来,既看到思想的连续性和整体性,又关注不同思想的个体性和独特性、就能够在两者之间进行对话。

然而,要走到这一步,首先,史学史与其他学科一样,所面对的一个最迫切最实际的问题就是如何看待专业化的必要性及其缺陷的问题:一方面,专业化强调研究的系统性和学术功夫的扎实,因此在具体的研究中,对专业化的要求是必不可少的;另一方面,仅仅强调专业化又是不够的,因为在知识越来越被学科切割的今天,学术活动的一个主要特点就是区隔化和简化论,由此造成了研究的局限和对跨学科议题的忽略,故而需要强调宏大思想视野的整体性思考。不同理论不同关注产生不同的话语方式,并各自基于不同的话语方式形成了各个学派和理论的话语权。对此,我们应该在肯定其各自理论合理性的同时,反思其局限性,不能让学术研究越来越"圈子化",而忽视了作为学术研究初始性的原命题和时代语境所提出的真实问题。

其次,真正具有反思性的研究范式肯定不是纯粹的理论空谈,也不仅是在做理论建设,它还必须根植于具体的个案研究之中。这个问题在中国西方史学史研究中,最明显最直接的表现就是两种不同的思考路径和研究方法,一种是西方著作史的研究路线,另一种是纯粹的史学理论研究路线,这种分化一度曾有要分化成两个学科的趋势。但现在越来越多的学者认识到融合的必要性,也就是说,史学著作史应该反映史学理论的成果,史学理论也应该更加基于对史学著作的提炼。这两者如果能够结合起来,就有可能开辟出一条国人撰写西方史学史的新路子,展现出史学史研究真正的生命力。

换言之,凡参与到这一过程中的学者应该是既勤于个案研究,又乐于理论反思的。比如,张光直、刘家和等学者就在自己的个案研究中体现出通过对自身传统历史文化的考察去回应某个世界性的学术话题的研究路径。前者早在20世纪80年代就以《中国青铜时代》《中国文化与世界文化》等专著或论文集提出一个关于文明起源的新说,认为以中国文明为代表的连续性范式和以西方文明为代表的断裂性范式,都可能是人类文明史发展的不同模式。而后者则在《论中国古代轴心时期的文明与原始传统的关系》一文中以儒家的仁学和礼学的关系为例，回应中国轴心期文明是怎样在批判地继承先前的原始传统中发展的这一问题。当然，要做到这一点就要求个案研究者拥有更宏大的思想关切，而理论研究者则需要更扎实的实际研究经验。这两者之间的话语构建所形成的共识也应该反映在进一步的话语体系之中，这样才能够推动反思性的研究模式始终处于一个动态发展的过程之中。

再次，反思性的研究范式鼓励各学科之间的相互参与与对观，要把史学史与政治史、社会史、文化史等相结合，把史学史与比较研究、全球视野、性别研究等结合起来，让各个分支学科中使用不同观念、方法进行研究的学者共同参与其中。因为，方法和视域的多元化和包容性，才能使我们摆脱某种狭隘的或任何具体的话语体系；不同研究领域学者的共同开拓，才会为我们提供深化史学史研究的新机遇。从而在一个既不同于以往，又不同于东方或西方的视角中把握作为思想史的史学史内在的动力和演进的可能方向。

最后，如何形成中国话语？不同国家地区的学术研究都拥有其自身的特色，体现一定的特殊性。中国的西方史学史也必须有中国的特色，需要一个强大的本国史学背景的支撑；但同时也不能自我局限成一种地方性知识，而应该具有普遍性的追求。这种普遍性追求，既体现为学术交流的开放性，包括积极与其他国家的同行展开对话、相互借鉴，避免出现学术研究的地域性偏颇；也体现为学术贡献的世界性，即中国的西方史学史研究如何为全球史学史研究提供中国视角。对此，以张广智为主的西方史学史研究团队合著的一系列著作的一个指导思想就是力图将世界视域与中国视角相融合，明确提出了"西方史学、中国眼光"这样的学术诉求。

结　语

总之，学科的发展，其背后的研究范式及话语构建都是与时代变迁密切相关的。如何看待和理解学术研究的时代性与现实性，如何使学术研究体现时代声音、回应现实问题等都是需要我们认真思考的问题。

首先，从现在开始，中国的西方史学史研究不应该只建立在一般性了

| 第一篇 | 中国西方史学史研究的回顾与展望

解西方学者的史学观念及理论上,也不应该只关注史家、史著、个案分析、学派解读、观念阐释等,而应该建立在对各类原著更加精细的研读和分析基础上,并且将史学史视作一个反思性、批判性的学问。这是一个根本性的问题,有了这种意识,史家才会去思考史学史应该怎么写,考虑史学史未来是要写成单线的还是复线的,史学史的写作策略需要更进一步地做哪些尝试,等等。当然,具体关于思想史的方法论,从20世纪早期到现在已经出现了许多不同的范式,这些思想史的方法论如何迅速地运用到西方史学史的研究和写作里面,这是值得进一步探讨和尝试的。

其次,在当今的时代语境之下,无论逆全球化的各种言行如何喧嚣于世都不能够否认全球化本身这一客观事实。在以往的研究中,中国的西方史学史关注的都是具有西方文化身份的历史书写者,虽也会涉及其知识和思想的来源,但一般很少考虑将其历史认知作为全球交往的结果来看待。如今,我们需要往前推进一步,一方面,要分辨出西方史学书写过程中的哪些知识是来自西方之外的?它们又是如何被西方书写者本土化的?比如关于雅利安人的概念,是怎么样从西方的中心传到印度,然后在印度又是如何反过来去影响其自我认识的。另一方面,西方史学史研究也不能仅限于西方视角,撰写过程中应该有适度的中国关怀,考察中国特有的历史认识论该如何融入对西方历史著作及其思想的解读中去的,比如我们可以借鉴一个中国古代文本来反思在西方希罗多德研究中已普遍为人们所接受的历史认知模式。这样,我们在拿出成果和西方交流时,他们才可能看到我们独有的价值。然而,在这两方面的工作中,不仅仅意味着要走出各种中心论(无论是"西方中心论"还是"中国中心论",抑或其他的什么中心论)的藩篱,也必须超越中西对照、高下之分、先进与落后等二元对立的思维模式,将我们的视野放在人类作为一个整体的框架中,既从历时的角度也要从横向的纬度来理解其思想发展的历程和未来可能的方向。同时,在探讨有关问题时,如何克服不同传统与理解方式之间的差异,如何才能接纳承认各种关切和批评意见的价值与合理性等,这些问题也是提高研究水平、促成普遍性思考的关键所在。

再次,在建构反思性研究范式的过程中,中国的西方史学史研究要扩展学术视野。第一,我们不能仅仅停留在史的阶段,而要以创造性的思维,从理论的视角构建我们的思想资源,因为历史的分析与理论的阐发彼此相融难分。也不能仅仅关注某几个史学大师或某些史学思潮,更重要的是要把背后的丰富性挖掘出来,这样才能对今后的创新提供有价值的营养,也才能给予我们反思性的力量和资源。第二,需要打破专业化的壁垒,不要因学科分化而局限自己,而是要力争消除这种分化所带来的负面影响,进行更深入的理论及具体研究,这样,未来的研究才可能在跨学科交流中形成真正的学术创新。第三,要注意国际化与本土化之间的张力,对话与交流并不意味着在问题意识和方法论上单向度地向国际学术界靠拢,这种"同质化"的结果带来的必然是自我的消解,难以做到言人所未言。

总之,作为思想史的史学史关涉的就是人类对于自我的理解,这些思想既可以是"历史"上的东西,也更应该是一种清醒的、活生生的当下的思考;同时,哪怕是"历史上"的思想,其思想的对象和根本的诉求也必然是现实的,因为它既是对过往思想的承接,也是面向未来思想的拓展。所以,它不应该只是被塞在各类学科的格子里,而是要贯穿各门学科;它也不应该只是在不同文化的逻辑中不证自明,而是要成为一种可以为人们所共享的精神资源。因此,思想史家的任务就不仅仅是研究和诠释经典文本,还应包括对现实的关怀、剖析,对未来人类发展的合理预设。作为思想史的史学史一定能够为这个宏大的历史叙述形成支撑,因为它应该是一种关乎人类共同体命运的"有思想的学术"。

最后,借用吴经熊在半个多世纪前的一句话结束本文:"我们既非向东,亦非向西,而是向内;因为在我们的灵魂深处,藏蕴着神圣的本体,那是我们真正的家园!"

(原载《史学理论研究》2019年第1期)

社会语境与西方史学史研究[*]

李宏图

(复旦大学历史学系)

在西方史学发展过程中,一个非常重要的特征就是史学研究范式及其转换衰落都与时代的演进、社会发展的阶段息息相关,紧密相连。例如,从20世纪六七十年代开始,个体解放和性别身份认同催生了性别史研究;历史学者在借鉴人类学和语言哲学的资源后,开始解构年鉴学派为主导的结构主义,由此出现了以新社会文化史为代表的新史学,思考象征物,记忆等内容。在当下,随着全球化的推进,全球史开始崭露头角,环境的恶化催生了环境史、医疗卫生史等,因此,这就要求我们用心思考历史研究范式转换和社会变迁之间的关系。犹如思想史研究领域中的"剑桥学派"代表性人物昆廷·斯金纳所说,我们要将自己的研究对象放置在历史语境中,而这一历史语境自然包括一种社会的维度。正是从这一视角而言,处在不同区域和社会发展阶段的历史学家们会有着不同的视野,会在回应那个时代的内在需要中创作出不同类型的历史学作品。这样,从社会语境出发来理解西方史学的发展与变化当是一个重要的视角,也是当下的中国学者在一种差异化的社会空间和时间中能够较好地研究西方史学史的一种重要路径。

今天,对西方史学,特别是一些大师级的史学作品,在时间维度上,我们和西方学者无甚差别,我们大家都同样脱离了原先的时间性和时间维度下的语境,我们都需要重建对这一文本理解的语境。而且,也许社会发

---

[*] 本文是教育部基地重大项目"概念的形成与思想的谱系:西方近代概念史研究(17—19世纪)"(项目编号:16JJD770016)的阶段性成果。

展阶段的时间差会帮助我们形成与西方学者不同的视角和问题意识,从而做出有别于西方学者的研究成果。例如,西方已经越过了工业社会这一社会发展阶段,而我们却正好进入这一阶段;同样,我们和西方又同时进入全球化阶段,因此时代的特性为我们理解这一主题提供了西方学者无法感受和体悟的独特经验。例如,在研究西方近年来情感史的兴起时,对情感史的评析与判断我们也许拥有着得天独厚的有利条件。像同情感相关联的一些概念,例如贫困、苦难、屈辱、战争与革命等,我觉得这些概念和情感始终萦绕在中国人的情感世界中,成为支持中国人心态和记忆,以及转化为社会实践的核心。因此,研究这些依托情感而提炼出来的一些概念与记忆,分析情感和记忆与社会行动之间的关系恐怕是我们的优势所在,并能够更好地评价西方史学所作出的一系列成果。

在中国近代以来,"革命"始终成为我们历史演进的重要主题,同样,在法国历史学发展中,自1789年法国革命后,革命也开始成为史学研究的重要内容,可以说,这一时期的史学研究就是一种革命史学。正如历史学家汤普森所说,19世纪法国史学中压倒一切的思想可以归结为一个词:革命。由此,也诞生了一批伟大的历史学家及其著作。例如梯也尔的《法国第三等级的产生与发展》、米什莱的《法国革命史》、基佐的《法国文明史》、米涅的《法国革命史》,等等。为什么这个时期革命史会成为研究的热点,我想法国思想家托克维尔在《旧制度与大革命》中很好地回答了这一问题。他指出,研究和论述这些问题的时机看来已经到了,今天我们所处的确切地位正好使我们能更好地观察和判断这个伟大事物。我们离大革命已相当远,使我们只能轻微地感受那种令革命参与者目眩的激情;同时我们离大革命仍相当近,使我们能够深入到指引大革命的精神中去加以理解。过不了多久,人们就很难做到这点了;因为伟大的革命一旦成功,便使产生革命的原因消失,革命由于本身的成功,反变得不可理解了。因此,托克维尔试图要把"事实和思想、历史哲学和历史本身结合起来",从而为后世留下自己的痕迹,要立言而非立功。这和司马迁的撰写《史记》的意图多么的相同。因此,如何理解"革命"这一主题以及西方史学中关于革命的论著,我们自然有着丰富的社会性资源。

另外一个案例是记忆史,从80年代开始,法国学者皮埃尔·诺拉组织了来自历史学、政治学、文学、社会学等学科的多达120位学者进行法国记忆史研究，探寻法兰西民族自中世纪以来已经建构的作为民族认同的"记忆之地"。1984年出版第一卷，1992年出齐，法文版共七卷，英文版缩简为三卷。中文译本为"记忆所系之处"（Les lieux de memoire）。该书出版后被称赞为"密特朗时代法国最伟大的文化成就"。在书的序言中，诺拉写道：我采用新的方法来写法国的历史，只有这样的历史才能够回应现在的需要，其中心要点或目标是，在象征层面上来重新解释法国历史，如果把法国定义为一个实体，那它不是别的，完全是象征物的实体。在诺拉那里，记忆概念或这些象征物所包括的范围很广，如国旗、历史遗迹、历史人物、艺术品、地理特征、话语等，这些客体之所以能成为"记忆之地"，是因为它们体现与代表着一个民族和社会的表象意义。通过这本书，诺拉不仅显示了记忆如何与共同体紧密相连和创造了社会认同，而且展现了人们过去的意识如何转化为象征物，随着时间的推移，象征物依然存在，而创造这种象征物的那些特定条件现在都已消失。

在诺拉之后，记忆研究开始兴起，记忆史成为一种历史书写的范式。现在的记忆史已经成为显学，很多学者都开始进行记忆史的研究，从而使记忆史研究呈现出这样一些特点。第一，记忆和历史不再对立，而是结合在一起，成为记忆史的研究。以往记忆和历史在历史研究中是对立的，历史学家从来没有把记忆当作自己的研究对象，认为记忆是一个个体的，是个体自身的回忆，无法成为集体的历史研究对象，由此造成记忆和历史呈现出对立的关系。而诺拉这本著作开辟的记忆史研究，将这两者有机地和紧密地结合在一起。第二，记忆从分散的个体记忆成为一种集体记忆，今天我们研究的记忆都是把集体记忆作为自己的研究对象。从这个意义来讲，集体记忆也不再通过一个群体本身将其一种回忆变成一种记忆，而是通过构建起的象征物来体现，记忆不再是群体的直接回忆，而是通过其所创造的象征物，来展现和思考记忆的存在和意义，来理解一个社会的文化记忆和传统。第三，集体记忆被视为国家民族层面的记忆，就像诺拉的这本书所说，如何定义法国史，如果把法国定义为历史象征的事物，那么就会从另一维度打开法国的历史，从记忆史的视角来重写法国史。第四，当记忆在民族国家的层面展开时，记忆就会被控制操作管理，使集体记忆有可能走向单一化，并失去承载记忆的象征物。也就是说，当集体记忆被看作在国家民族层面来理解时，国家可能会通过毁坏和重建一些象征物来管理与操控记忆。

从记忆史的意义上来说，除了法国之外，例如德国经历了犹太人大屠杀，经历了第二次世界大战，从而发展出了独特的关于记忆史的研究领域和书写范式。对比这些研究范式，可以发现，中国也拥有着更为多样化的记忆性资源，而这些资源除了可以更好地帮助我们理解西方学者发展出的这些研究范式之外，其实还可以发展出不同于他们的对记忆史的书写，构建起富有我们自身特点的记忆史。例如在内容上，除了将象征物作为研究对象之外，还可以关注一些话语符号等表达性内容，这一点我们具有丰富的资源可以挖掘。像在"文化大革命"中很流行的"投机倒把"这一概念，现在很多人都已对它相当陌生，记得我在台湾东吴大学的一次讲座中使用了这个词，台湾的学者也不明白"投机倒把"是什么含义，他们听了觉得很惊讶，怎么会有这样一个概念。经过我解释后，他们才逐渐明白，"投机倒把"是指中国内地在计划经济时代，有人将物品从物价低的地方高价卖到别的地方，在那个批判资本主义、实行计划经济的时代，如果一个人进行投机倒把是要被判刑的。从记忆史的视角出发，像绍兴的鲁迅纪念馆，它的陈列方式就带有鲜明的20世纪50年代"革命性"的特点，当后来鲁迅博物馆拆迁时，这些陈列的物品连同博物馆的建筑都被完全拆掉，非常可惜。其实里面的陈列方式和解说词都应该保存下来。再如，复旦大学所在的杨浦区是中国近代工业的摇篮，可以说中国的第一次工业革命就发生在上海杨浦区。因此杨浦区留下许多发电厂和自来水厂等工厂，但是迄今为止在上海都没有建立起有规模的工业博物馆，特别是劳工博物馆更不存在。庞大的工人阶级曾经在上海出现过，但是没有一种有关他们的记忆和象征物的存在。之所以举这些例子，是想说明，我们本来存在的建筑物，本来存在的陈列方式，话语的表达方式，那样一种隐含着的观念性的表达逻辑，以及承载我们记忆和体现那个时代观念的这些内容大多都消失了。所以，我们必须要重建记忆，把原来的记忆打捞出来，把承载记忆的象征物、符号、话语都陈列出来，由此可以重新发现我们的集体记忆。同样，诺拉只是展现了以民族国家为单位的记忆史研究，除此之外，我们是否可以把这样的集体记忆扩展到超越国家民族的范围，将其变成一个全球性的集体记忆，也就是说，我们不要再以民族国家作为一个单位去思考和研究我们的集体记忆，我们可以超越民族国家，把这种记忆上升为全球的集体记忆,像战争、贫困等,都可以上升为全球性的记忆。

不仅如此,我们还可以挖掘很多史诗级的记忆资源,诸如英雄人物的雕塑、记述传说、红极一时的歌曲等,这些曾经承载过无数国人记忆之物都可以被视为集体性记忆的表达和建构。因此,重思这些"记忆之地",就会发现一些相同的修辞方式,作者会运用一系列的言说,例如场景的描绘、人物的描画、事件的渲染从而达到一定效果,让人们在阅读中接受由作者所建构起来的英雄、崇高、伟大、荣光等观念。值得注意的是,在这里,记忆被建构成集体性的记忆,通过与过去的经历、事件和情感的整合变成了留存于人们头脑中的图像,承载着民族的荣耀与辉煌,以及对未来的期望。正因如此,记忆是对过去的一种管理与操作,它不是要寻找历史的真实,而是关联着如何看待本民族的历史,处理和利用历史,是对过去进行颂扬还是贬低,让人们记住什么和不记住什么,无疑都表达出作者自己的偏好与观念。从现实与历史记忆的相互关系和不停的转换出发,发生在历史及当下的诸多现实将会帮助我们对记忆史、这种由西方学者所创立的史学思潮和史学范式有着更好的理解。

改革开放 40 年来,我们的世界史研究和教学的变化有这样一个最为重要的特征,即从原先政治史一统天下到现在的多元呈现,如社会经济史、环境史、性别史、思想史、新社会文化史、冷战史、文明史和全球史等。回顾过往的成绩不是目的,同样,研究史学史也不只是要通过对史学范式演进的及时跟踪,从而参与到这种史学变革之中,更为重要的是,这种梳理本身也会让我们在理解与反思的同时,前瞻性地提出未来的研究领域和研究范式。可以说,站在中国社会的变革中,以及与全球性的互动中,相比西方学者,我们会带有不同的特质来思考与规划未来的史学发展。那么在现今的时代背景下,如何重思西方史学研究的范式,什么主题会成为未来研究的焦点,怎样推动新的研究范式的形成呢?

在我看来,在全球化时代,文明史研究将会迎来一波浪潮。记得在 20 世纪 90 年代冷战刚刚结束时,美国学者亨廷顿就提出了"文明冲突论",由此引发了一场论战。2010 年,美国著名历史学家尼尔·弗格森出版了《文明》一书。在书中明确指出,世界在经济、社会和地缘政治上都处于全球转变期,我们迫切需要对历史有一个深刻的认识,没有这种认识,我们将可能重复历史的错误。而重新认识历史,就需要在文明的维度来进行。的确，在西方的史学传统中，文明史一直占据着较为重要的地位，19世纪即有法国历史学家基佐写出的《法国文明史》和《欧洲文明史》这样的皇皇巨著，进入20世纪文明史范式成为主导性的历史研究，甚至教学的主题。只要翻捡一下西方各大学的教材，比比皆是冠以"世界文明史"这样的教材，在法国甚至连年鉴学派创始人布罗代尔都在为中学生编写文明史教材，甚至将年鉴杂志也从原先的《经济与社会年鉴》改名为《经济，社会和文明年鉴》，将研究范围扩展到了文明研究，后来他自己也写出了《文明史纲》，以及三卷本的《物质文明，经济与资本主义》一书。当然将文明史研究范式提升到世界性影响的还有英国历史学家汤因比，以及他撰写的《历史研究》。只是最近若干年，文明史研究走向了低潮。在我看来，目前应该重振文明史研究，并将文明史和全球史相结合。

站在全球化的今天，重读或者重思文明史的研究范式，特别是结合中国快速融入全球化的事实，能让我们对文明史更多一份理解。以汤因比的文明史研究为例，为何汤因比要选择文明，而不是国家作为基本的历史研究单位？民族国家是近代历史的产物，法国大革命诞生了民族主义，产生了民族国家，今天的世界都是以民族国家为单位构建起来的，而汤因比却能超越历史写作的固有单位，也超越了一些固有的观念。他告诫我们不要盲目提倡民族主义，要有世界主义的情怀。超越了民族国家之后，整个世界观会有很大变化。比如，他关注到作为人类，人性其实是相通的，不同文明中的人对于善恶的选择是一致的，也有着同样的反思能力，这种反思会帮助人们作出选择，并从灾难中走出来。比如今天的欧盟遇到了危机，人们在反思：是重新选择一种制度，还是优化欧盟的结构和功能。基于人性，我们创造了历史，历史在限制我们的选择的同时，又会激发起我们反思，以及做出更多的选择。历史就是这样在不断演进中发展，人以及人类也得到成长。在文明史的研究中，如何看待不同的文明也成为重要的内容。19世纪欧洲思想家认为欧洲文明以外的文明都是野蛮的，到20世纪，汤因比改变了19世纪文明与野蛮的两分法，提出每个文明都是平等的。所以，汤因比树立了历史写作的好榜样——怎样跳出固有的意识形态和主流价值观，写出具有人类命运终极关怀的历史。这一点上，他应该成为我们崇敬的伟大历史学家，而恰恰在这一点上，我们拥有着丰富的资源来对此进行思考。

再有，在汤因比那里，文明的衰亡与国家的衰亡是两个不同的概念，两者之间有关联，也有差异。如何确保文明体的不断存续和演进，在我们这个有着文明承续和谱系的中华文明中，思考文明的演进和如何选择自然是我们的优势所在。例如，通过对中国近代以来特别是1978年改革开放以来从农业文明进入工业文明这一历史进程的考察，可以更好地理解文明的特性、文明的断裂和延续以及文明转型的方向和速度，从而也可以扩展到其他地区的文明类型，思考不同的文明空间、不同的社会做出了哪些选择从而决定了这些地区和国家的文明特质以及文明的兴衰；并更为深入地思考，要维系文明的演进，并非易事。也就是说，人类文明演进其实并不顺利，汤因比《变革与习俗》一书的副标题就是"我们时代面临的挑战"。文明面临的不仅是技术进步所带来的挑战，实际上，惯常的风俗、习惯也会阻碍变革。因此，汤因比说，人类命运未来的前行与观念的变革、习俗的改造密切相关。这就意味着，在文明的发展中，是固守原先的文明形态，自我封闭和自我囚禁，还是敢于挑战自己，实行开放，不断吸纳世界各种文明的优点和长处，补充和修正自己，将它们作为自身文明发展的动力。因此，中国几千年文明发展的历程提供给我们更多的资源和视角来思考什么是文明、什么是野蛮，文明与国家、文明与文化等关系，以及关乎人类命运发展的一系列基本问题。正是在这种意义上，全球史研究的展开将从目前商品货物、移民、疾病等物质性文明内容转向文化性的文明内容上，思考宗教信仰、文化传统、思想观念与全球化之间的复杂关系，打通全球史和文明史的割裂，实现两者的结合，从而在文化和文明的内涵上阐释民族国家和全球化之间的联系。是民族主义的蓬勃兴起，引发再度民族国家化，还是在国家化的过程中转向全球化。这不仅有助于我们理解全球史这一研究范式，也会为全球史注入了新的内容，开拓新的全球史路径。

自20世纪80年代以来，史学范式在中国的不断转换，其本质还是跟踪西方史学的发展变化，如果用一种贬称的话，就是从"二道贩子"开始，即全面引入西方史学理论和对西方史学史演进进行梳理，这对中国历史研究的发展起到了很好的作用。正是由于从一开始就携带着这一基因，也就始终没有走出西方研究的各种范式。西方热衷于什么，我们就引入什么，对产生这一研究范式的内在机制和社会与文化的语境了解不多。我们只接受结果，对产生结果的社会背景和思想文化还不够了解。而今天，从社会发展阶段的差异性和同步性以及中国自身混合性社会特性出发，也许我们不仅能够更好地理解西方史学的发展演变，更为重要的是，可以让我们更为深入地思考，从时代、社会的变化与历史学研究主体的个人出发，我们可以建构出什么样的西方史学史研究的新范式。在这一意义上，首先并非自信的问题，而是我们的确存在着这样一种丰富而独特的资源，问题就在于我们如何去把握和运用。如果说历史是由历史学家所书写，史学研究范式也是由历史学家所创造的话，那么书写者这一主体和其所处的时代、所接受的时代熏陶，所面对的时代命题就会紧密相关。同样，历史学家怎么来写，怎么来选题，看起来是和个人联系在一起的，但在一定意义上又和社会密切相连。因此，历史与现实、主观与客观、个体与社会相互缠绕在一起。可以说，历史的展开，时代的前行为我们理解原先已经存在的史学范式创造了良好的条件，既不同于以往，又不同于西方学者的独特视角和生活体验使得我们不仅能够较好地理解西方史学研究范式的演进，把握其内在的发展动力，而且也可以书写出一些原创性的高质量的史学研究成果。

（原载《史学理论研究》2019 年第 1 期）

跨文化的史学史研究范式

邓京力

（首都师范大学历史学院）

现代西方传统形式的史学史研究主要是对欧美地区的历史学在不同时期的发展和演变过程的认识。它在观念层面，通常包含对贯穿于历史著述之中的自然、哲学、宗教、社会等思想观念的研究，即表现为西方历史观念或历史思想的演进。而在实践层面，一般包含对各代历史学家及其历史写作的内容、形式与方法，以及史学思潮与流派变迁的研究。但事实上，至迟到18世纪以前在世界范围内就已经形成了多种非西方的（如中国和东亚、印度、伊斯兰的）史学传统。对此，以往西方史学界极少把它们放在史学史谱系当中加以严肃对待，即使在面对近代以来各文明区域间越来越强的史学交流与对话时，也只是简单地将非西方史学视作西方史学与文化的延伸，普遍称作"西方化"的产物。[1]

一 跨文化研究的兴起与范式特征

20世纪后期，两种相互联系的因素逐步改变了上述西方史学史的研究范式。一方面，60、70年代西方国家普遍进入后工业社会以后，其内部产生了一种针对西方文化、西方学术和现代文明的批判性思潮——后现代主义。它对西方文明优越性的质疑及其对西方标准普适性的批判，直接导致了对以西方史学传统为核心建构起来的史学史体系的反思，以及对非西方

---

[1] [美] 格奥尔格·G. 伊格尔斯、[美] 王晴佳：《文明之间的交流与现代史学的走向——一个跨文化全球史观的设想》，《山东社会科学》2004年第1期。

史学传统的态度转变。另一方面,全球化进程的加快使得西方的文化和生活方式迅速传播到全球,一个普遍的、理性化的西方似乎在这一过程中起到支配和统领作用,它戏剧性地改变了非西方国家人们的精神与物质生活,也迫使他们重新思考如何保持自身的文化传统。西方与非西方文化在更高程度和更大范围内展开了新一轮的相互碰撞与交流。历史学家在其中既担负着维护本民族文化认同的使命——建构民族史,又面临着培育全球性视野的责任——建构普遍史。对于史学史的研究而言,不同民族文化的史学传统与历史学科的全球化之间似乎存在着一种张力,而解决的最佳途径是进行历史思想的跨文化研究,即"超越自己文化界限的感知和相互理解",并"促成一种跨文化的交流"。[①] 其最终可能意味着全球史学史的撰写——从跨文化的视角考察史学在全球范围内的变化,揭示各个文明的历史意识所经历的变化及其相互关系。[②]

伴随着全球化浪潮和全球史的兴起,近二十年来的史学史研究正在突破原有的西方中心主义和民族国家范式,而传统的西方史学史研究也正在经历着向以跨文化研究和全球史学史书写为主导的范式的转变。代表了这一研究趋向的史家主要有格奥尔格·伊格尔斯、约恩·吕森、丹尼尔·沃尔夫、彼得·伯克、王晴佳等人。实际上,跨文化研究本身就是为了应对全球化过程中世界多种文化之间大规模交往、深入互动与交融的需求,在一定程度上解决文化互动中的障碍、隔阂、矛盾与冲突方面的问题应运而生的。作为一种新的范式,它为史学史研究带来了诸多新的视角、方法和问题意识,这也构成了其鲜明的范式特征,大致体现在如下几个方面。

其一,在史学史的研究主题上,跨文化范式强调对不同区域和文化传统之间的史学交流与互动进行全方位的考察,注重各种史学源流之间的相互关系与影响。应该说这是跨文化范式与以往传统史学史研究的最大区别所在,它不再将某一种族中心主义视域下同质性的史学发展作为研究的核心内容,而是愈加关注不同空间语境中所形成的非同质性史学之间的联系。对此,吕森主张从历史意识和文化记忆的层面来理解跨文化研究的理

[①] [德]约恩·吕森:《历史思考的新途径》,綦甲福、来炯译,上海人民出版社2005年版,第6页。
[②] [美]格奥尔格·G.伊格尔斯、[美]王晴佳:《文明之间的交流与现代史学的走向——一个跨文化全球史观的设想》,《山东社会科学》2004年第1期。

> 第一篇　中国西方史学史研究的回顾与展望

论基础，认为这是历史学产生的最为普遍的文化土壤。[1] 他还从哲学层面指出，人类对历史的建构无论在其文化内部还是外部，或者是其历史意识形成的同一性与差异性，都表现为一定范围的跨主体性（intersubjectivity）。[2] 这可以说是史学史研究必定是一种跨文化的历史思考的基础所在，因为它需要跨越以不同种族、民族国家、文化传统为基调而形成的历史意识与历史文化，而这些都存在于活生生的、不同类型的主体身上。伊格尔斯认为，就全球史学史的书写而言，西方与非西方史学的关系可以作为一条主线来加以探讨；其间从表面看来，西方史学在全球范围内的史学交流中似乎采取着主动的姿态，产生了重大影响，但这只是一个表象，真实的情况是各个地区在接受这一影响时都对西方的历史观念进行了各自的选择或改造，做出了不同的回应；特别是到后现代阶段，西方史学受到了来自内外两种力量的挑战，即来自其内部的后现代主义的挑战和来自外部（非西方地区，特别是东方）的后殖民主义的挑战。[3] 因此，伊格尔斯以反映不同史学传统在18世纪以后所形成的全球性交流与互动为主线合著完成了《全球史学史》。[4]

其二，在史学史的研究方法上，跨文化范式倡导以全球视野之下的多元比较方法来分析与说明不同史学传统自身的形成、发展及其特性。如要揭示历史思想在全球范围的发展过程，就意味着首先要展示不同区域史学发展的丰富性，总结多元化的史学实践经验，进而才能说明其相互间的复杂关系。因此，进行跨文化的史学比较，用以重新界定不同史学传统的共性与个性，这是解构西方中心主义及其他种族中心主义的史学史体系、建构多元现代性的全球史学史的基础。在吕森主编的《西方的历史思想——一场跨文化的争论》一书中，来自不同国家和地区的学者对彼得·伯克的

---

[1] Jörn Rüsen, "Some Theoretical Approaches to Intercultural Comparative Historiography", *History and Theory*, Vol. 35, No. 4, 1996, p. 9.

[2] Jörn Rüsen, "Introduction: Historical Thinking as Intercultural Discourse", in Jörn Rüsen ed., *Western Historical Thinking: An Intercultural Debate*, Berghahn Books, 2002, p. 3.

[3] ［美］格奥尔格·G.伊格尔斯、［美］王晴佳：《文明之间的交流与现代史学的走向——一个跨文化全球史观的设想》，《山东社会科学》2004年第1期。

[4] Georg G. Iggers and Q. Edward Wang with the assistance of Supriya Mukherjee, *A Global History of Modern Historiography*, Pearson Education Limited, 2008. 中译本参见《全球史学史：从18世纪至当代》，杨豫译，北京大学出版社2011年版。

主题论文《全球视野下的西方历史思想：十个命题》进行了集中讨论。这场学术讨论的主要意义在于它所具有的全球视野和所运用的多元比较方法。其中伯克强调指出，要讨论西方历史思想的独特性必须对其他史学传统有足够的了解，包括中国、日本、伊斯兰、非洲、美洲土著的史学，而且不能先验地认定西方的历史写作在各方面都优于其他史学。因此，他在论述西方历史思想的十大特征时试图将西方的传统和非西方史学进行初步的比较，虽然这种比较在很多时候并不尽如人意。[1] 而这场讨论的结果恰恰表明，所谓西方的概念并不是从来就有的，其本身就是一种历史性的建构；而伯克所论述的构成西方历史思想的每种因素在其他历史文化中都可以找到与之相类似的内容；而当下具有同质性的西方历史思想可能正在解体，作为文化霸权的西方史学特性正在消解，各区域文化之间的特殊性与差异性正在减少，这促使非西方史学的自我意识进一步觉醒。因此，我们很可能正在迎来一场对西方与非西方史学进行跨文化研究的热潮。

其三，在史学价值的评价上，跨文化研究范式试图抛弃西方中心主义的价值判断，包括避免使用带有"西方中心论"色彩的概念、范畴或历史分期方法。同时，力图平等地看待非西方的史学传统与历史话语体系，并注重强调非西方史学的自我建构意识和世界性影响。在现代历史学科发展的谱系中，欧美史学占据了绝对的中心地位，而且大部分内容是有关伟大历史学家及其经典性历史著述的研究。在某些西方史家看来，虽然其他文明也都在不同程度上出现过对历史的认识，尤其像中国在对文献考证和史料批判方法上取得了很大的成就，但却未能产生过如西方意义上的历史意识与历史写作。[2] 因此，沃尔夫曾针对这种现象指出，这类史学史研究暴露出两大问题，一是普遍带有强烈的目的论与线性史观色彩，二是带有"只有西方才能产生真正的历史意识与史学"的预设。[3] 对于前者，我们需要大力探究以往被西方史学史研究者所规避掉的，那些曲折的、多线的、非精英的、非主流的、非现代性的、非西方的历史意识和史学发展状态，并以此来质疑构成现代历史学科发展史的元叙述的合法性。而对于后者，

---

[1] Peter Burke, "Western Historical Thinking in a Global Perspective—10 Theses", in Jörn Rüsen, ed., *Western Historical Thinking: An Intercultural Debate*, pp. 15 – 30.

[2] J. H. Plumb, *The Death of the Past*, Palgrave Macmillan, 2004, pp. 13, 20 – 21.

[3] Daniel Woolf, *A Global History of History*, Cambridge University Press, 2011, pp. 13 – 14.

则需要在跨文化研究的语境下,重新反思是否只有西方、只有现代性才能产生所谓"真正的"历史学。在这种思想的指导下,沃尔夫尝试写作了《全球历史的历史》,并主编完成五卷本的《牛津历史著作史》。①

其四,在认识史学与文化、社会之间的关系问题上,跨文化范式的史学史研究试图将史学的发展置于更为复杂的文化传统、社会环境与制度性安排中加以考察,从而进一步探析全球史学在不同社会历史条件下可能具有的某些内在的共通性。彼得·伯克曾试图解释西方历史思想独特性所形成的根源,将西方史学与西方文化与社会的某些特征联系起来,从西方的宗教、科学、法律、文学、个人主义、资本主义、殖民主义等方面来考察其历史思想独特性的来源。② 对此,伊格尔斯敏锐地指出,伯克忽视了历史书写所产生的社会与制度特征,而将历史思想更多地局限于文化及观念层面。对于中西方史学的差异性,显然应该注意到双方在政治结构上的区别,以及史学在各自的社会语境和制度框架中所具有的不同地位与功能。由此,中西方史学的发展也表现出极为不同的形式特征。③ 在谈及西方历史意识与现代史学的形成时,海登·怀特甚至提出,历史意识是社会再生产的文化手段,它可能产生与特定的社会结构及其生产方式相联系的各种形式,而西方史学的专业化及其史学思想则是资本主义生产方式在文化层面的表现;某些非西方国家在各自现代化的进程中最终采用了西方史学的历史观念,在一定程度上是源于这些非西方社会普遍采用了西方资本主义的生产和生活方式,这客观上也是由于西方资本主义业已发展出一种全球性的、带有高科技特征的经济体系与制度。④ 这些观点表明,跨文化的史学史研究范式并未将眼光仅仅局限于文化范畴,而是把历史思想与历史学科的发展动因深入到社会、制度、经济等领域中进行综合性的探讨。

---

① Daniel Woolf, ed., *Oxford History of Historical Writing*, Oxford University Press, 2011. 中译本参见《牛津历史著作史》第1卷(上、下),陈恒等译,上海三联书店2017年版,其余各卷待出。
② Peter Burke, "Western Historical Thinking in a Global Perspective—10 Theses", in Jörn Rüsen, ed., *Western Historical Thinking: An Intercultural Debate*, pp. 15 – 30.
③ Georg G. Iggers, "What Is Uniquely Western about the Historiography of the West in Contrast to that of China?", in Jörn Rüsen, ed., *Western Historical Thinking: An Intercultural Debate*, pp. 108 – 109.
④ Hayden White, "The Weternization of World History", in Jörn Rüsen, ed., *Western Historical Thinking: An Intercultural Debate*, pp. 115 – 116.

二 世界视域与中国视角的融合

我们发现，近些年来国内史学界也正在兴起对西方史学史进行跨文化研究的诸多尝试。其中以张广智为代表的团队试图将世界视域与中国视角相互融合，对西方史学的发展做出系统性和整体性的研究。①

首先，研究者自觉认识到需要将西方史学置于世界视域下进行联系性考察。一方面，从世界史学发展的总进程看，在空间上对西方与其他地区的史学发展进行跨地域性观察，囊括了犹太史学、基督教史学、穆斯林史学、中国史学等与西方古典史学、中世纪史学、近现代欧美史学之间的关联。另一方面，又特别突出强调了世界史学中的两大支流——中西方史学之间的关系，着重对中西史学的发展和史学思想做出跨文化的比较分析。在此基础上，还提出对于19世纪末以来的中外史学交流史进行深入研究的任务，侧重对中西史学的直接接触史，包括中西史学相互冲突、交融、影响的方面做出系统论述。而中外史学的融会恰恰是20世纪中国史学发展的一个重要特征，表现在历史观、史学理论、史学方法等多个层面。由此，中外史学交流史也为史学史研究提供了新视角、新内容和学科发展的增长点。在这方面已取得了大量研究成果，限于篇幅不再赘述。这些无疑集中体现了研究者的一种中国视角——有意识地以跨文化的研究方式重新审视中西史学、中外史学之间的互动。最后，研究者还强调从中国马克思主义史学的立场出发，以唯物史观为指导，发挥中国史家的主体意识，力求把握西方史学发展的全过程及其规律性，吸收和借鉴西方史学的有益成果。同时，又重视西方史学与马克思主义史学之间的关系研究，注意反思马克思主义史学的继承与发展问题，关注二战后西方马克思主义史学的变化及其对国际史坛的影响。应该说，国内的西方史学史研究也正在不断突破原有的研究框架，表现出主动回应国外史学史的新趋势，并从自身的立

---

① 这方面的研究成果主要参见张广智主著《西方史学史》（第四版），复旦大学出版社2018年版；张广智主编：《西方史学通史》六卷本，复旦大学出版社2011年版；张广智主编：《史学之魂：当代西方马克思主义史学研究》，复旦大学出版社2011年版；张广智：《超越时空的对话：一位东方学者关于西方史学的思考》，北京师范大学出版社2008年版；张广智主编：《20世纪中外史学交流》，北京师范大学出版社2007年版。

> **第一篇** 中国西方史学史研究的回顾与展望

场出发试图融合世界视域与中国视角,尝试进行自主性的跨文化研究。

我们注意到,2007年《历史与理论》杂志组织过一场有关"中国与西方的历史思想"的专题讨论。[①] 其间,来自不同国家和地区的史学家分别从西方或欧洲、东亚与印度的视角,运用跨文化的研究范式探讨了黄俊杰所提出的中国历史思想的独特性问题,并与西方历史思想进行了广泛的比较。这场讨论应该说是将世界视域与中国视角相互融合的一次成功尝试,较为充分地体现了跨文化的史学史研究的范式特征。其中提出的一些代表性观点和取向值得我们做进一步的思考。

其一,讨论者着重强调"种族中心主义"仍然根植于当代社会和文化的各个领域之中,目的是维护某种文化霸权,但却造成了全球性跨文化交流的障碍和诸多难题。在史学研究中,西方学界至今仍然存在着大量对中国史学以及非西方史学的误解,存在着以西方史学的标准来否定非西方史学的价值,这是跨文化的史学史研究所无法回避与必须反思的问题。其二,讨论反映出人类的历史思想在很大范围内具有某些逻辑上的普遍性,任何文化都无法将某种历史思想完全据为己有。通过跨文化的史学比较发现,传统观点认定的所谓中西史学的差异可能更多的是历史思想中的某些因素进行了不同方式的组合或各有侧重的选择,而需要进一步揭示的是某种史学传统在其产生的时代与社会之中所处的地位、制度背景、文化与道德的影响力,对孕育和发展这种历史思想的具体社会与文化条件做出系统的比较研究。其三,对于中国历史思想的独特性需要加以历史地看待,因为传统史学在历史意识、时间观念等方面一直处于变化之中,而近代以来的中国史学又受到西方的冲击,中国史家也不断地在反思自身的历史编纂传统。同样,对于西方史学亦是如此,需要注意到各个时期历史思想的不同变化及其内部的矛盾性与差异性。其四,当今无论讨论中西方或其他任何模式的历史思想的特性时,往往需要考虑到这种思维模式的建构性,而

[①] 以下所述观点均参见 "Forum: Chinese and Western Historical Thinking", *History and Theory*, Vol. 46. No. 2, 2007, pp. 180-232. 其中包括 Chun-Chieh Huang, "The Defining Character of Chinese Historical Thinking"; Jörn Rüsen, "Crossing Cultural Borders: How to Understand Historical Thinking in China and the West"; F.-H. Mutschler, "Sima Qian and His Western Colleagues: On Possible Categories of Description"; Q. Edward Wang, "Is There a Chinese Mode of Historical Thinking? A Cross-Cultural Analysis"; Ranjan Ghosh, "India, Itihasa, and Inter-historiographical Discourse"。这个专题讨论的中译文可参见《史学理论研究》2013年第2、3期。

非一味地假设其存在的内生性。这就要求将历史思想及其构成的诸种因素放置在跨文化的多维视角之下,进行多重的审视,从而对所谓独特性或普遍性形成的具体条件做出不同路径的探索。

可见,在跨文化的史学史研究中,世界视域与中国视角得以交叉互动,原有的西方史学史或中国史学史研究都受到来自多方面的挑战与冲击,愈来愈突破固有的框架。既表现出从其他地域的史学传统观察与解构西方史学的特性及其演变的祛魅性,又表现出从中国史学自身的传统与立场审视西方史学遗产的自觉意识。

余 论

综上所论,我们或许可以说当前的史学史研究已经形成了一种"跨文化的转向",它标志着在近二十年来国际史学界对历史思想与历史书写传统的认识发生了基础性的转变。这种转变势必会对未来史学史学科的发展产生深远的影响,催生出新的观点、新的范式,乃至新的学派。[①] 这里,我们姑且称之为跨文化的史学史研究范式。

诚然,跨文化研究与全球史之间有着密切的关联,但又在某些方面表现出自身的特点。它尤其强调了一种跨语境的多维度比较,尝试引入多重的"他者"来审视"自我"或"本体",从而达到解构文化中心主义或种族中心主义的目的。它又常常通过跨越空间的远距离对话与交流,来摆脱原生文化形态的束缚,也更容易摆脱传统宏大叙事的影响,形成一种跨国的学术交往与国际合作研究。同时,它往往还需要超长时段视野之下的整体观察,以此来克服对不同史学传统的片断性或碎片化认识,达成总体性的综合研究效果。在跨文化的史学史研究中,任何一种历史话语都无法自说自话,而需要被置于不同文化传统的多重语境中进行重新的考量和审视,这就要求有更多不同学术背景与文化立场的学者加入,这显然为中国学者提供了一个发展的契机。

另外,跨文化的史学史研究为中国史家建构自身的史学史体系提出了

[①] Q. Edward Wang and Georg G. Iggers, eds., *Turning Points in Historiography: A Cross-Cultural Perspective*, The University of Rochester Press, 2002, p.5.

一系列新问题，当然这不仅涉及中国的西方史学史研究，也涉及中国史学史的研究。诸如，如何展现在中国视角之下全球史学的发展状态，如何看待不同史学传统的产生、发展及其相互关系，如何认识中国史学从古至今在历史话语世界中的表现、影响及与其他史学传统之间的相互关系和交互作用。对于国内史学史研究而言，不仅急需在理论上思考跨文化研究所应具备的视野、方法与问题意识，更急需在实践层面，促成外国史学史和中国史学史研究者的通力协作。这就要求我们进一步跨越中外史学史的学科界限，共同开创体现中国史家视角的史学史研究事业，使其成为全球史学发展中不可忽视的力量。

（原载《史学理论研究》2019年第1期）

关于"西方史学史"未来发展的几点思考

孟钟捷

(华东师范大学历史学系)

"西方史学史"一直是华东师范大学历史学系的重要课程。这一传统由郭圣铭初创,中间经历王晴佳、郭海良等学者的承续,目前由包括笔者在内的一批青年学人继续推进。[①]

当然,在目前历史学新一轮发展热潮的影响下,"西方史学史"无论作为一种学科方向,还是一门本科必修课程,都已面临着诸多挑战:如有关"公共阐释"的讨论对历史书写的既有理论及实践提出了质疑,尤其关注了历史学家在研究进程中的主体意识,[②]并在此基础上对历史书写的整体性产生了更为浓厚的探究兴趣;再如全球交往日益频繁的现实,在事实上冲破了19世纪以来历史学作为"建构民族国家身份意识"的职能限定,特别引起了历史书写反思的"全球转向",进而冲破了"西方史学史"在

[①] 根据研究,在1950年教育部制定的《高等学校课程草案》中,"西方史学史"已被列入历史系选修课程范围。参见王应宪《民国时期西洋史学史课程检视》,《史学史研究》2015年第3期。据笔者与华东师范大学历史学系的一些老教师访谈得知,至迟在1960年,郭圣铭已开设《西方史学史》课程。1962年,郭圣铭曾参加上海市高教局组织的"外国史学史"与"近代现代资产阶级史学流派资料选辑"讨论会。上海档案馆所藏会议档案,档案号:B243-2-951。20世纪80年代初,郭圣铭再次开设"西方史学史",直到1985年由王晴佳接手。王晴佳去美国后,这门课由郭海良承担,他从1988年一直上到2016年退休。此后由在德国获得史学史博士学位的范丁梁承担。2018年,因范丁梁去德国进修,笔者与一批同事共同承担了这门课程。

[②] 最近值得关注的研究参见于沛《阐释学与历史阐释》,《历史研究》2018年第1期;陈新:《史家与读者——论历史认识中的主体》,《复旦学报》2018年第2期。

研究空间上的自我限定;①或如公众不断强化的"历史热",一下子把非职业历史书写行为的影响力及其问题推到了研究前台,通俗历史作品开始被置于象牙塔内的解剖台上,史学史的研究对象得到了拓展。②

鉴于此,笔者以上述三种挑战为导向,首先勾勒"西方史学史"未来发展的三种方向:以整体为导向、关注全球交织、面向公众需求;随后在此基础上对"西方史学史"在整个历史学本科培养体系中的地位提出一些不成熟的想法,以求教于方家。

一 整体导向

在传统研究和教学中,"西方史学史"一般关注史家、史著、学派和史观四大要素。这四大要素之间的联系,同样也是研究者的关注对象。然而,这些要素与历史书写的其他方面之间是否存在相关性以及存在怎样的相关性,却很少得到细致梳理,大多研究仅仅涉及学理本身,却对更大范围内的社会变迁之影响缺少笔墨。究其根本而言,在过去,人们更多把史学史研究的对象界定在历史书写的成果而非行为本身。

相反,倘若把史学史视作历史书写的历史来看待,那么历史书写作为一种"集研究、书写和传播为一体的历史知识生产行为",它应该得到更为整体化的关注。笔者的同事范丁梁将之总结为如下一连串问题:"谁,在何种前提下,出于何种目的,通过何种手段,生产了怎样的历史知识,并产生了怎样的社会效应?"③

这样一种"知识考古学"式的研究,将有助于我们把史学史的问题关

---

① 目前全球史学史的研究主要有:[美]格奥尔格·G. 伊格尔斯、[美]王晴佳:《全球史学史:从18世纪至当代》,杨豫译,北京大学出版社2011年版;[美]格奥尔格·G. 伊格尔斯、[美]王晴佳、[美]苏普利娅·穆赫吉:《21世纪初期的历史学——一个批判性的回顾》,《历史教学问题》2018年第3期;Daniel Woolf, *A Global History of History*, Cambridge University Press, 2011. 最后一本著作的评述可参见邓京力《从西方史学史到全球史学史——评〈全球历史的历史〉》,《史学理论研究》2014年第3期。
② 笔者也曾做过这一方面的研究,参见孟钟捷《魏玛德国"历史传记之争"及其史学启示》,《历史研究》2017年第3期。
③ 范丁梁从德国社会学家尼可拉斯·卢曼(Niklas Luhmann)的"观察"(Beobachtung)理论出发,把史学史总结为"对历史研究之活动和成果的反思"。范丁梁:《西方史学史教案》,未刊本。

怀置于社会文化史的整体视角之下,即把史家作为一个社会人,将史著视作史家面向社会问题所做出的公共阐释,让学派转变为社会交往网络,史观则是社会文化观念的一种反映。

在这一方面,西方学者已经做出过一些尝试。例如德国史学家斯特凡·贝格尔(Stefan Berger)主编了一本名为《书写民族》的论文集。他邀请了六大洲九位历史学家,对19世纪以来世界上多个国家与地区的历史书写行为加以反思。在编者看来,这一时期虽然是各地确立现代历史科学的过程,但更应得到关注的是不同的"民族历史叙述"是如何在社会变迁中得以呈现、相互竞争、成为主流并实现普及的。他这样写道:"历史曾是建构民族与民族认同的一种关键因素。任何地方的民族创立者都赞同,他们的民族必须拥有一段历史——如果这段历史更长、更宏伟,则更好。创造民族的历史意识,被[人们]广泛地视作把真正的民族感嵌入广大民众心目中的最为重要之前提。同样,民族的种族化与神圣化也只能出现在历史与传统的背景中。但是,历史被用来创造民族认同一事,究竟是如何发生的?究竟在何时发生?究竟在何种情况下发生?究竟由谁促成?"[①]

以巴西为例。只有在了解巴西独立前后与葡萄牙之间的紧密关系后,人们才能理解君主派历史学家弗朗西斯科·阿道弗·德·瓦尔哈根(Francisco Adolfo de Varnhagen)为何穷尽一生之力在其多卷本的巨著《巴西通史》(*História Geral do Brasil*,1854—1857年)中不断颂扬葡萄牙的英雄们怎样让巴西"变白"的历程。他列举了历史上的许多出生于巴西的白人英雄,描述这些英雄与那些威胁葡萄牙统治的外国列强做斗争的光荣行动,强调了君主制和天主教传统的重要性,特别赞赏了殖民精英们的特权。这一行动正好与欧洲的种族主义思潮合拍,为一种所谓"文明化"的历史逻辑提供依据。作者从来不掩饰自己对土著人生活方式的蔑视之情,还争辩说,倘若考虑到废奴将对民族产生的经济毁灭性影响,那么奴隶制应该得

[①] 贝格尔在导论中提出了一连串问题:"历史被用来创造民族认同一事,究竟是如何发生的?究竟在何时发生?究竟在何种情况下发生?究竟由谁促成?在世界的不同地区,方法是否完全不同?是否存在一种有关民族历史的欧洲式宏观叙述,随后其他民族的所有叙述都是从中复制而来的?"参见 Stefan Berger, ed., *Writing the Nation: A Global Perspective*, Palgrave Macmillan, 2007, p. 1。

以保留下来。

但与此同时,历史学家们又不得不面对着巴西由三个种族(白人、黑人、印第安土著)共同组成且相互融合的现实。伴随着政治体制的转型,共和派历史学家胡安·里贝罗(João Ribeiro)在《巴西史:高等课程》(*História do Brasil, Curso Superior*,1900年)中做出了另一种历史解释。他集中展示了巴西与葡萄牙的各种差异,如君主制与共和制、奴隶劳动制和自由劳动制等。他本人是废奴主义共和运动的激进派,致力于把混合种族的起源视作"共和精神的建构之举"。他认为三种族通过民主的方式混合成为新种族,进而构成了"政治革命的物质基础"。到20世纪30年代,这样一种所谓"种族民主"的历史观念出现在学校教科书、爱国主义宣传册、文化作品、音乐等各种文化形式内,成为流行一时并延续至今的公共阐释。当然,在现实生活中,上述所谓"种族关系乐园"的形象不过是一种虚幻而已,巴西土著居民或非裔黑人的生活状况并未得到彻底改善,他们是21世纪初文盲人口的主要来源,也是各种暴力行动的最大的受害者群体。[1]

在上述例证中,史家、史著、史观既不是孤立存在的,也并不能仅仅被置于历史学的发展轨道上得到观察。世代更迭、政治变革、社会转型等因素所产生的影响,远远超过了历史学界内部的学术讨论。历史书写的目的,早已超越了兰克所言的"如实直书",更多地体现为积极建构"想象的共同体"、努力提供一种公共阐释的实践自觉。在"西班牙中心观"和"土著中心观"的交锋中,我们看到了完全不同的社会文化意识。它们各自服务于完全相异的政治体制和价值观,即便它们都致力于回答"我是谁"这样的身份认同问题。如此,人们对于这些历史书写的研究,需要以整体为导向,将其视作一种历史知识的生产行为来加以通贯描述,方能从中既发现这种历史知识的社会缘起,同时也能重估它的文化价值。

二 全球交织

"西方史学史",顾名思义,是一种主要针对"西方"历史书写的学科

---

[1] Eliana de Freitas Dutra, "The Mirror of History and Images of the Nation: The Invention of a National Identity in Brazil and Its Contrasts with Similar Enterprises in Mexico and Argentina", in Stefan Berger, ed., *Writing the Nation: A Global Perspective*, pp. 84 – 102.

方向。在既往实践中,所谓"西方",大致覆盖欧美大国。① 这些历史知识之间存在差异,彼此之间也有交叉,却都被视作"西方文化"的组成部分。研究者虽然也曾关注过一些西方史观的全球扩展,② 但一般不会把西方史学史的学科边界扩大到欧美之外,甚至较少关注东欧国家,也未曾把一些历史认知视作全球交往的结果。

与此相对,近年来不断兴盛的全球史却已多少颠覆了我们的传统观念,特别是知识流动的空间被证明在历史上并未局限于民族国家甚或地区文化之内。在18世纪的欧洲启蒙运动中,来自东方的知识(即便是一些被曲解的认识)被大量地运用于历史比较和现实批判中。即便在19世纪西方帝国持续扩张的背景下,中心区与边缘区之间的知识联系通常也不是单向度的,如一些研究所揭示的那样,帝国边缘区的文化认知也有可能反馈到核心地带,印度有关"雅利安人"的讨论便是在此意义上对伦敦人的帝国臣民的身份认同产生了影响。③ 在此背景下,如何把现代历史知识的生产进程置于一种全球交织的观察视角下,有可能成为未来西方史学史研究和教学的新方向。

正是在这一点上,德国学者多米尼克·萨克森迈尔(Dominic Sachsenmaier,中文名"夏德明")于2011年完成的著作《全球视角下的全球史:在一个建立联系的世界中之理论与方法》拥有着特别意义。这位出身汉学的全球史学家试图描述全球史书写中的"内在多样性",以便为"多元世界的全球史"提供一种平等交往的知识平台。④ 他发现,在美国和德国这些"西方"国家,凡是积极投身于全球史研究的历史学者大多专长于非欧历史的研究。而在中国,首先关注全球史研究的,基本上来自世界史学科。这一点表明,有关"他者"的认识,在很大程度上已成为推进全球历史书写的基础动力。不仅如此,在他的描述中,对于全球历史的认知,各

---

① 以最新出版的六卷本《西方史学通史》(复旦大学出版社2012年版)为例,除了英、法、德、意、美外,中世纪部分零星涉及穆斯林史学,当代部分覆盖荷兰、比利时。

② 如张广智:《希罗多德史学的东方形象——以近十年中国学者的相关论著为中心》,《甘肃社会科学》2014年第3期;李孝迁:《兰克史学在晚清的传播》,《安徽史学》2009年第3期。

③ 参见 Tony Ballantyne, "Knowledge, Empire, Globalization", in Stephen Howe, ed., *The New Imperial Histories Reader*, Routledge, 2009, pp. 231 – 237。

④ Dominic Sachsenmaier, *Global Perspectives on Global History: Theories and Approaches in a Connected World*, Cambridge University Press, 2011, p. 232。

国都表现出全球导向与地方导向之间的纠缠。为此,突破知识等级制与地方意识,方有可能创设"全球性的、历史性的全球史研究"。①

与萨克森迈尔的当下观察不同,揭示西方历史知识生产中的全球性因素,则更具有挑战性。它一方面要求把西方史学史的传统空间视角转向更为广阔的世界,关注中东欧、南欧、北欧等这些通常被忽视的区域,以便把所谓"西方"的空间内涵加以完整化;另一方面则推动把西方史学的发展置于更为互动的东西关系或南北关系的演进中加以考察,回答诸如非西方的历史观是否以及如何影响了19世纪欧洲文明史观的形成、西方的历史认知被非西方挪用后的成果是否以及如何反过来促成了西方世界的认知转向等问题。在这一方面,我们或许还能进一步发展萨义德的"理论旅行"理论(traveling theory),② 去考察某些关键历史概念的回返路径。

三 公共面向

尽管16世纪让·博丹(Jean Bodin)和拉·波普利尼埃尔(La Popelinière)的著作一般被视作西方史学史的源头,但系统性的西方史学史研究则出现在19世纪历史学职业化进程完成之后,傅埃特(Eduard Fueter)的《近代史学史》和古奇(G. P. Gooch)的《十九世纪历史学与历史学家》都出现在20世纪初。正因如此,这些著作大多关注那些学院派史家、史著及其史观,忽视了那些在公众中产生过重大影响力的非职业历史书写者的贡献。在整个20世纪,这样一种研究倾向都被作为西方史学史研究的重要传统,得以传承并被普及到其他国家和地区。

然而,"何谓职业历史学家?谁把自己称作职业历史学家?谁把别人称作职业历史学家?"③ 这样一种职业与非职业之分,或者职业与大众之分,不过是19世纪历史学职业化进程以后的结果,并不是一种绝不能更改的金科玉律。在此之前,历史书写者并没有明确的职业身份,因此我们

---

① Dominic Sachsenmaier, *Global Perspectives on Global History. Theories and Approaches in a Connected World*, p. 245.
② Edward W. Said, *The World, the Text, and the Critic*, Harvard University Press, 1983, p. 157.
③ [德]斯特凡·贝格尔:《职业历史学家与大众历史学家》,孟钟捷译,《新史学》第11辑"职业历史学家与大众历史学家",大象出版社2013年版,第81页。

很难用所谓客观性、真实性这些现代历史科学的职业规则来要求希罗多德、修昔底德等古典学者。[1] 在此之后，伴随大众媒体的快速发展，知识生产的大众化趋向也提醒我们绝不可忽视象牙塔之外的历史书写。

由此，西方史学史的研究范围至少可在以下三方面加以拓展。首先，19世纪以来职业历史学家对于通俗历史书写的观念及实践之变化。以德国为例，在历史主义学派的早期代表那里，历史书写从来都是连接科学和艺术的一门学科。如兰克（Leopold von Ranke）那样的"职业历史学家"并没有有意去区分读者的类型，但他的这种"美学性历史书写"[2] 也得到了普通大众的欢迎，他的几本专著被再版了4—6次。[3] 与此类似，蒙森（Theodor Mommsen）的《罗马史》在书市中同样大受欢迎，到20世纪初已出现第10版，其本人还获得了诺贝尔文学奖。[4] 然而到魏玛共和国时期，职业历史学家已远离公共生活，他们的作品不再受到民众关注，也缺乏政府的支持。这种情况到20世纪末后才出现一些变化。大量经过职业训练的历史书写者进入各种公共历史文化机构中，反过来推动了高校历史教育研究的公共转向。为公共历史传播培养人才，成为历史学科的又一定位，并促成了一些公众史学硕士生项目的出现。[5] 当然，其他国家的情况并不完全相同。[6] 这便为西方史学史的研究提供了一个新视角。

其次，非职业历史书写者的史观、史著及其影响。正如前文所言，职业与非职业之分，不过是一种人为结果，并不能掩盖那些未经大学历史学

---

[1] 具有反思性批判的国内研究，参见吴晓群《西方古典史学的建构性特征》，《史学史研究》2014年第1期。

[2] Wolfgang Hardtwig, „Historismus als ästhetische Geschichtsschreibung: Leopold von Ranke", in *Geschichte und Gesellschaft*, 23. Jahrgang, H. 1, 1997, S. 99 – 114.

[3] Ulrich Muhlack, „Leopold von Ranke: *Die römischen Päpste, ihre Kirche und ihr Staat im sechzehnten und siebzehnten Jahrhundert*; *Deutsche Geschichte im Zeitalter der Reformation*", in Volker Reinhardt, Hg., *Hauptwerke der Geschichtsschreibung*, Stuttgart, 1997, S. 503 – 510, 此处是S. 506、510。

[4] Martin Nissen, *Populäre Geschichtsschreibung. Historiker, Verleger und die deutsche Öffentlichkeit (1848 - 1900)*, Köln 2009, S. 114.

[5] 参见孟钟捷《公众史学学科建设的可行路径——从德国历史教育学改革模式谈起》，《天津社会科学》2013年第3期；孟钟捷：《德国的公众史学》，《历史教学问题》2014年第3期。

[6] 参见朱联璧《英国的公众史学》，《历史教学问题》2014年第2期；肖琦：《法国的公众史学》，《历史教学问题》2014年第4期；赖国栋：《谁拥有过去——兼谈法国公众史学的发展》，《江海学刊》2014年第2期。

科训练，却在公共生活中拥有巨大影响力者的实际贡献。笔者曾以魏玛时期一位历史传记作家埃米尔·路德维希（Emil Ludwig）为例，分析了这种类型的非职业历史书写者如何挑起一场史学之争。事实上，公众的历史意识在很大程度上并不完全是由学院派历史学家及其作品所决定的。公共历史文化的各种表现，如历史小说、历史电影、历史绘画、历史游戏等，都在不同程度上塑造着普通人的历史认知，甚至其效果远远超越了历史学家们。倘若西方史学史的研究能够超越那些人们耳熟能详的杰出历史学家，延伸到那个时代普通人更为熟识的非职业历史书写者及其作品，并进一步分析这些人及其作品中的书写逻辑、历史意识、社会反响，则无疑能够帮助我们更为清醒地认识到象牙塔内外的历史认知传播网络，更为准确地捕捉当时代的公共历史文化特征。

最后，把不同时期的公共历史文化现象也纳入西方史学史的研究领域。史学史是一种社会文化史，每一种史学观念既是社会文化观念的结晶，其表现也会成为塑造社会文化观念的途径之一。就此而言，挖掘每一种公共历史文化现象背后的历史元素及其变化轨迹，将有助于我们进一步理解史学的社会价值。例如，在 1871 年德意志帝国成立后，有关设立"色当日"的争论反映了普鲁士学派的历史观念在社会层面上的延伸及其受到的阻碍。[1] 与此类似，2005 年布罗克豪斯大百科全书上有关"德累斯顿大轰炸"的叙述，透露出联邦德国史学界的第二次世界大战反省意识并未在所有相关事件中成为共识。[2] 相反，当 11 月 11 日成为所有欧洲国家纪念第一次世界大战结束的纪念日时，我们可以认为，有关一战的历史认知大致上在欧洲不再引起更多争议。同样，当"新时代"（neue Zeit）这种时间意识被概念化为历史时间的分期，即"近代"（Neuzeit）时，人们

---

[1] "色当日"指的是普法战争的决定性战役之纪念日。1871 年后，普鲁士希望将之作为德意志帝国的国庆日，但南方诸邦都表示反对。相关争论可参见 Jörg Koch, "Der Sedantag", in Jörg Koch, *Von Helden und Opfern. Kulturgeschichte des deutschen Kriegsgedenkens*, Darmstadt, 2013, S. 51 - 64。

[2] 发生在 1945 年 2 月 13—14 日的"德累斯顿大轰炸"是当代德国二战记忆之争中的关键事件之一。在 2005 年的布罗克豪斯大百科全书的"德累斯顿"条目中，这一幕被夹杂在 19—20 世纪上半叶的艺术发展与 1945 年后的城市发展之间，过滤了德累斯顿在二战期间的其他作用。"Dresden", in *Brockhaus Enzyklopädie in 30 Bänden*, 21., völlig neu bearbeite Auflage, Band 7, Leipzig Mannheim 2005, S. 285 – 286.

也能够发现普遍性的社会意识被提炼为历史观念的一般性历程。①

四 地位重置

鉴于上述三种发展方向，再加上当下大学的课程改革风潮，"西方史学史"在史学人才培养体系中的地位也的确到了可以重置的时机。

在传统史学人才培养体系中，必修课一般包含三大板块：（1）通史类：即中外通史，抑或增加中外文化史、中外制度史、中外思想史；（2）史料类，即中外史料导读；（3）理论与方法类：即中外史学史、史学理论、田野考察。这三大板块分别对应着史学人才的三类能力：通贯认识、解读分析、反思运用。在此之外，各校会根据自身学科特点，提供不同类型的选修课。在此框架下，"西方史学史"通常只有2个学分，既存在教学时间有限的问题，也无法与其他板块进行有效沟通。

对此，笔者的想法是：是否有可能进行板块整合，把"西方史学史"置于一个更新的培养方案内？

在未来的史学人才培养体系中，必修课与选修课不再截然分离，而是根据特性被归类于不同课群中。这些课群包括：（1）中国史；（2）世界史；（3）历史书写。每个课群下都包含一定数量的必修课和选修课。培养方案将确立每个课群所必需的学分。如此，学生将面临不同课程的组合。每种组合代表着学生兴趣的一种趋向。当然，各院系可以提供一些组合模式，来引导学生形成比较合理的知识与能力结构。

在"历史书写"的课群（共6学分）中，我们可设立三类课程：（1）"历史书写的理论与方法"（必修课，2个学分），主要针对历史上的各种历史认识论和方法论；（2）"各国历史书写的回顾与反思"（选修课，每个1学分，需要2学分），主要针对中外各国的历史书写，内容涵盖职业与非职业史家、史著与史观，可调动所有教师参加，以提供更多选择；（3）"公共历史书写的分析与实践"（选修课，每个1学分，需要2学分），主要针对当下公共历史书写的形式与特点加以分析，并与校外公共

---

① Reinhart Koselleck, *Vergangene Zukunft. Zur Semantik geschichtlicher Zeit*, Frankfurt am Main 1979, S. 4.

历史文化机构合作，为学生提供各种实践岗位。在此课群下，必修课只有1门，选修课可能超过10门，学生满足培养方案的课程数量只须选择5门，其中4门还是1学分的小课程。

如此一来，现行的"西方史学史"作为一门独立课程似乎面临消解的危险。但从其内容而言，它不仅不会消失，反而能够在新的培养体系中得到扩展。第一，它将获得更多师资力量的支持。原本做国别和地区史研究的教师，如今可以在"各国历史书写的回顾与反思"中提供更具实践导向的研究心得。第二，它将把西方视野扩展至全球。有关史学史演进的全球共性问题都可以在"历史书写的理论与方法"中得到呈现，而"各国历史书写的回顾与反思"则可以提供一种比较视野。第三，它将联系理论与实践，在"公共历史书写的分析与实践"中帮助学生更好地认识史学的社会意义。第四，最为重要的是，它将吸引更多学生，通过这种组合式培养方案，自觉进入历史书写的反省研究中。

总而言之，在耿淡如、郭圣铭、张广智等老一代学者的努力下，"西方史学史"度过了步履艰难的初创期，目前已进入百花齐放的快速成长期。如何与国际接轨，如何在历史书写的反省与实践中发出中国学人的声音，则是摆在我们面前的现实挑战。以整体为导向、关注全球交织、面向公众需求，最终从学科培养体系的革新中重置地位，是否能够作为"西方史学史"在学科建制和课程建设上下一步改革的目标，有待学界同仁的共同探讨和努力。

（原载《史学理论研究》2019年第1期）

第二篇

当代西方历史理论问题再思考

历史理论与史学理论之关系新解

顾晓伟

（中山大学历史学系）

历史（history）一词，在西文语境中包含两个层次，一个是作为时间进程的历史，一个是作为历史书写的历史学。人们一般把前者称之为历史（history），将后者称之为史学（historiography）。由此，关于前者的理论或哲学就是所谓的历史理论或历史哲学，而关于后者的理论或哲学就是所谓的史学理论或史学哲学。为了防止语义上的含混，也有学者指出可以用简化的"metahistory"一词来表示关于历史进程的本体论或形而上学（metaphysics of history），用简化的"historiology"一词表示关于历史认识和历史书写的知识论或逻辑学（epistemology of historiography）。[1] 如此来看，历史理论与史学理论之间的关系就泾渭分明了。但实际上，历史理论与史学理论之间的关系并非那么截然分立，而是经历了一个由合到分，再到当前重新整合的过程。本文通过梳理西方历史哲学的发展历程，希求对历史理论与史学理论的关系作出探析。

一

黑格尔在《历史哲学》一书中曾明确区分了德语"历史"（Geschichte）一词的两层含义：一为过去发生的事情或活动事迹（res gestae），一为

---

* 本文是国家社会科学基金重大项目"20世纪的历史学和历史学家"（项目编号：19ZDA235）的阶段性成果。

[1] 参见［日］佐藤正幸《历史认识的时空》，郭海良译，上海三联书店2019年版，第16—43页。

第二篇 当代西方历史理论问题再思考

有关过去所发生事情的叙述或探究（historia rerum gestarum）。① 在开篇讨论世界历史的概念时，黑格尔总结了以往"考察历史的方法"，这个部分无疑是属于史学理论范畴。虽然《历史哲学》的主体部分是探究时间进程的历史，考察绝对的自由精神在世界历史舞台上的发展过程，但是，"哲学的世界历史"这个概念也隐含着黑格尔关于历史认识的逻辑学思考。正如黑格尔所言：

> 历史在我们的语言中既统一了客观的方面，也统一了主观的方面，既是指 Historiam rerum gestarum（对已发生的事情的叙述或描写），也是指 Res gestas（已发生的事情）本身，既是指各有千秋的历史故事，也是指事情、事迹和事件本身。我们必须将这两种意义统一看作是比一种外在的偶然性更高的类型；我们必须这样来看，即历史故事是同时与原本的历史事迹和事件一起表现出来的；正是一种内在的、共同的基础，使它们统合在一起。②

正是黑格尔在逻辑学上信守"思维"与"存在"的统一，坚持"主观"与"客观"的辩证统一，所以说，黑格尔虽然区分了历史与史学、历史理论与史学理论，但他并没有将两者割裂开来，而是将其看作是一种内在的辩证统一。

众所周知，一方面，随着历史学的职业化和专门化，兰克式的职业历史学家更倾向于到图书馆和档案馆里去收集第一手的史料和考证史实，不再奢望一上来就用先验的理论概念对整体历史进行综合和概括。另一方面，随着新康德主义哲学的兴起，像文德尔班、李凯尔特这样批判的历史哲学家只对历史认识的形式问题感兴趣，从而就将历史进程的质料问题悬置起来存而不论。而且，克罗齐和柯林武德这样的新黑格尔主义历史哲学

---

① ［德］黑格尔：《世界史哲学讲演录（1822—1823）》，刘立群等译，商务印书馆 2014 年版，第 11 页；Georg Wilhelm Friedrich Hegel, *Lectures on the Philosophy of World History*, Vol. I, *Manuscripts of the Introduction and the Lectures of 1822–1823*, edited and translated by Robert F. Brown & Peter C. Hodgson, Oxford University Press, 2019。

② ［德］黑格尔：《讲演手稿 II（1816—1831）》，沈真等译，商务印书馆 2019 年版，第 172 页。

家也只是探讨关于历史思维的历史认识论问题。例如，柯林武德所说的"一切历史都是思想的历史"，严格来说，就是"一切史学都是思想的史学"。在《历史的观念》一书中，柯林武德并没有像黑格尔那样讨论实质的历史进程，而是探讨了历史学这一思维形式在西欧不断发展壮大的过程。①

不管怎样，黑格尔与柯林武德之间仍然存在连续性。回到柯林武德来说，他关于历史哲学内涵的思考先后经历几个不同的阶段。如果从1926年在牛津大学开设"历史哲学讲座"而撰写《历史哲学讲稿》为起点，到1928年《历史哲学纲要》发表为止，柯林武德在此期间明确模仿康德的批判哲学，试图探讨"历史认识是如何可能"的知识论问题，以此来完成一部"历史理性的批判"。② 在《历史哲学纲要》一文的前言中，柯林武德将黑格尔的历史哲学称之为形而上学的历史哲学，"旨在建构一种关于历史事实的性质和结构的理论"，而将克罗齐的历史哲学称之为方法论的历史哲学，"作为逻辑或知识论的一个特殊分支"。然而，柯林武德并没有以此将历史学的知识论或史学理论与历史的形而上学亦即历史理论割裂开来，而是试图通过"历史的观念性"（the ideality of history）这一概念来弥合两者之间的鸿沟："当方法论视角的历史哲学与历史的观念性学说结合起来的时候，所有反对形而上学历史哲学的理由都消失了……有关历史思想之必然形式的方法论上的理论，也是一种有关历史事实之必然形式的形而上学理论。"③

1935年，柯林武德继任牛津大学温弗莱特形而上学教席教授之后，进一步开启了对历史的形而上学思考。在1936年写作的《历史哲学讲稿》中，柯林武德再次总结了历史哲学的多层次内涵。一方面，历史哲学家思考历史学家的思维过程，却不像心理学家那样仅仅关注历史学家的思想；另一方面，历史哲学家也思考历史学家的研究对象，但不像历史学家那样仅仅关注过去发生的事件。易言之，心理学家只关注历史学家的思想，而

---

① 参见［英］柯林武德《历史的观念》（增补本），何兆武、张文杰、陈新译，北京大学出版社2010年版。
② 相关讨论参见顾晓伟《论柯林武德的历史理性批判——以〈历史哲学讲稿〉（1926—1928）为中心》，博士学位论文，复旦大学，2013年。
③ ［英］柯林武德：《历史的观念》（增补本），第418页。

> 第二篇　当代西方历史理论问题再思考

不关心历史学家的研究对象之存在问题,历史学家只关注过去的事件,而往往不反思他自己的思想。与之相比,历史哲学家的重心则放在探讨历史学家的思想与历史学家的研究对象之间的关系上,这就兼顾和统一了两者。柯林武德认为:

> 哲学家就其思考历史的主观方面而言,就是一个认识论学家,就其思考历史的客观方面而言,就是一个形而上学家;但是这种说法,由于提示他的工作的认识论部分和形而上学部分是可以分别对待的,将是危险的,而且它也会是一个错误。哲学不能把认识过程的研究和被认识的事物的研究分别开来。这种不可能性直接来自哲学是第二级的思想这一观念。①

由此可见,柯林武德跟黑格尔一样,他并没有割裂历史理论与史学理论,只是强调自己要进行狭义的历史哲学即史学理论的研究。在他看来,所谓狭义的历史哲学是指"一种特殊的探讨",旨在研究"由有组织的和系统化的历史研究之存在而造成的哲学问题"。② 借助对狭义的历史哲学的研究,柯林武德进一步宣称广义的历史哲学是从历史性的角度来审查过往的一切哲学,从而将历史哲学的新康德主义阶段推进到新黑格尔主义阶段。

不过,黑格尔和柯林武德统合历史理论和史学理论的思想遗产并没有得到有效的继承。虽然斯宾格勒、汤因比、雅斯贝尔斯等人仍在尝试对人类的整体历史进行宏大的思辨和综合,"但是他们的缺点通常是都带有浓厚的形而上学观念的局限,缺乏严密的、科学的、语义学的与逻辑学的洗练……20 世纪初,由于自然科学上各种新发现和新理论百花怒放,旧的意义上的自然哲学就悄然让位给了所谓科学的(或分析的)哲学,于是思辨的历史哲学体系也就随之而日益让位于批判的(或分析的)历史哲学之势"。③ 总而言之,自黑格尔以来,对历史理论的关注逐渐转移到对史学理论的关注上来,而且存在着将两者彻底分离开的趋势。

---

① [英]柯林武德:《历史的观念》(增补本),第 4—5 页。
② [英]柯林武德:《历史的观念》(增补本),第 7 页。
③ 何兆武:《从思辨到分析:历史理性的重建》,北京大学出版社 2020 年版,第 9—10 页。

二

随着英美世界分析的历史哲学的强势崛起,历史哲学的研究就不再对标古老的形而上学,而是要对标最新的科学哲学或科学理论。分析哲学运动的旗手罗素曾激烈地批判黑格尔的辩证逻辑,倡导用最新的数理逻辑来改造以往的形式逻辑体系。牛津大学的逻辑实证主义者艾耶尔在《语言、真理与逻辑》一书中发起"拒斥形而上学"的宣言,声称只有两类有意义的命题:一类是逻辑或纯粹数学的"分析"命题,一类是经验中可证实的"事实"命题。"一个句子,当并仅当它所表达的命题或者是分析的,或者是经验上可以证实的,这个句子才是字面上有意义的。"除此之外,关于非经验的价值世界、意志自由、人有不死的灵魂、超验的上帝等形而上学命题都是毫无意义的。在艾耶尔看来,所谓的分析命题只能是类似 A = A 这样的"重言式的命题",这里的条件是百分百的"同一",而不是黑格尔意义上的辩证"统一"。[①]

在此意义上,分析的历史哲学主要是"运用语言与逻辑分析手段",从语词、句子和命题出发,来讨论历史知识的性质问题。阿瑟·丹图的《分析的历史哲学》正是运用这种进路讨论历史哲学的典范之作,并由此将分析的历史哲学与实质的历史哲学对立起来。丹图指出:"关于历史所可能的最大尺度的史学描述,就是关于全部过去的描述,它区别于对整个历史的描述,后者向我们展示的是一个(实质的)历史哲学的个例。"根据丹图的逻辑分析,正当的历史学只描述已然发生的事情,而实质的历史哲学则试图预言尚未发生的未来。由此,丹图将"看待历史整体的这一方式"斥之为"神学式的""智力的怪物",认为实质的历史哲学即历史理论完全是"不合法的"。[②] 我们可以看到,第二次世界大战后英美世界的史学理论逐渐成了分析哲学运动的跑马场,完全沦为语言和逻辑分析的游戏。职业历史学家也同样把整体历史分解为各个不同的部分进行研究,沉浸在细小的专题研究上,不敢越雷池半步去建构关于人类历史的宏大叙事。

[①] [英]艾耶尔:《语言、真理与逻辑》,尹大贻译,上海译文出版社2006年版,第1—2页。
[②] 参见[美]阿瑟·丹图《叙述与认识》,周建漳译,上海译文出版社2007年版,第21、11—20页。

第二篇　当代西方历史理论问题再思考

但是，20世纪70年代，随着西方社会实践发生巨大变化，历史学家也呼吁进行史学实践和史学理论的双重变革。海登·怀特在《当前历史哲学的政治学》一文中批判了波普尔、亨佩尔、德雷等分析派历史哲学家，认为他们在"正当的历史学"（straight history）与"元史学"（metahistory）之间作出的区分，本身就是"承载意识形态的"。在怀特看来，历史书写隶属于广义的社会实践的一部分："马克思正确地看到，如果不改变受众的社会习惯，我们就无法修改看待历史的方式，反之亦然。"由此，我们应"开始考虑把欧洲历史哲学的努力作为合法的哲学活动给予更多的同情"。① 正是基于这种考量，怀特在《元史学：十九世纪欧洲的历史想象》一书中，重新复活了英美分析派历史哲学家所批判和清算的欧陆历史主义传统，认为"史学的可能模式与思辨历史哲学的可能模式相同"，因为作为一种历史话语，任何历史著作都包含审美和道德的维度，其基础是一种历史诗学。②

无论如何，思辨的历史哲学即历史理论又重新回来了，"人类总会在某种有关历史总体进程的理论框架中理解过去、认识当下和展望未来。思辨的历史哲学是人们观察和认识世界不可剔除的先见，也是历史学家整理历史经验的必要理论前提。"③ 实际上，人们对于人类整体历史意义的追求从未停止过，正如阿维泽·塔克尔指出的："由哲学家如伯林和波普尔以及历史学家如朗格诺瓦和瑟诺博司驳斥的历史哲学，可以从政治学的角度来解释其在1989年后的再度出现。历史哲学将会继续在具有宗教倾向和认识论无涉的人群中流行，因为它要告诉我们的命运——我们从哪里来，到哪里去，以及它所意味的所有东西。"④ 换而言之，每当发生重大的社

---

① Hayden White, "The Politics of Contemporary Philosophy of History", *Clio*, Vol. 3, No. 1, 1973, pp. 43, 47, 53.

② ［美］海登·怀特：《元史学：十九世纪欧洲的历史想象》，陈新译，译林出版社2004年版，第4页。怀特为了替思辨的历史哲学的合法性辩护，不惜将其与分析的历史哲学所着重探讨的认知维度对立起来，也造成了很多无谓的论争。例如，吕森就曾指出历史文化，"既包含宗教的、道德的、教育的、政治的、修辞的内容，也出现在所有的艺术类型中；它始终也包含一种认知的成分，它重在弄清楚'事情原本是怎么回事'。"参见［德］吕森《思考历史的新途径》，綦甲福等译，上海世纪出版集团2005年版，第16页。

③ 董立河：《思辨的历史哲学及其对于历史学的价值》，《中国社会科学评价》2017年第3期。

④ Aviezer Tucker, *Our Knowledge of the Past: A Philosophy of Historiography*, Cambridge University Press, 2004, p. 17.

危机和变革的时刻，历史理论就会应运而生，而近十年来的全球史和大历史在职业历史学家群体中的再次复兴，恰恰是历史学家自觉地应对全球化的社会实践及其带来的各种全球性危机的一种社会参与行动。①

当然，历史理论或思辨的历史哲学的回归，并非简单地重复古典历史哲学的老路，而是在新的情境中重塑历史与史学、历史理论与史学理论的原初关联。近年来，西方史学理论界对此有着各种路径的尝试和努力，诸如对历史时间和历史经验问题的深入讨论，就是在丰富和拓展历史的形而上学的多样化内涵。2019 年，匈牙利历史哲学家佐尔坦·西蒙出版《前所未有之变革时代的历史和史学：面向 21 世纪的理论》一书，提出"准实质的历史哲学"（Quasi-Substantive Philosophy of History）和"准表达的历史经验"（Quasi-Expressed Historical Experience）的概念，可谓是沟通历史与历史学、历史理论与史学理论的一次非常有益的尝试和总结。②

西蒙的理论主要建立在对莱因哈特·科泽勒克的"集合单数"的历史概念和弗朗索瓦·阿赫托戈"当下主义"的批评与反思上。科泽勒克在对历史时间的语义学分析中，提出了"经验空间"（Erfahrungsraum）和"期待视域"（Erwartungshorizont）两个元史学范畴，以此来讨论"作为时间进程的历史"。在科泽勒克看来，"经验空间"指向的是过去的时间经验，而"期待视域"则指向未来的时间经验。我们的历史时间经验或历史意识就是在"经验空间"（过去）与"期待视域"（未来）之间的张力中塑型人类事务随时间的变化。作为一名历史学家，科泽勒克重点考察了西方近代社会转型的历史时间经验，他认为在 1750—1850 年的过渡时期内，经验空间与未来期待之间的关系发生了巨大的变化，过去与未来的差异不断扩大，由此形成了一个"集合单数"（collective singular）的现代历史概念，其表现形式就是启蒙运动的"进步观念"以及现代的历史哲学。③

阿赫托戈在《历史性的体制：当下主义与时间经验》一书中也明确指

---

① 张旭鹏：《历史理论在西方史学中的回归》，《中国社会科学报》2021 年 1 月 4 日。
② Zoltán Boldizsár Simon, *History in Times of Unprecedented Change: A Theory for the 21st Century*, Bloomsbury Academic, 2019.
③ 参见 Reinhart Koselleck, *Futures Past: On the Semantics of Historical Time*, trans. Keith Tribe, Columbia University Press, 2004；黄艳红：《欧洲历史中的过去和未来——简析科泽勒克和阿尔托格的历史时间研究》，《史学理论研究》2014 年第 4 期。

第二篇　当代西方历史理论问题再思考

出："从博须埃到马克思，中间还有伏尔泰、黑格尔和孔德，还有后来的斯宾格勒和汤因比。这些建构的驱动力来自对未来的探究，不管支撑他们的假设前提如何不同（但大体上倾向于某种循环论或线性视角），从根本上说，他们都试图把握过去与未来之间的关系，都试图发现和确定这种关系，进而控制它们，以便进行理解和预见。"① 在阿赫托戈看来，这些思辨的历史哲学或历史理论构成了法国大革命以来的现代历史性体制。不过，随着二战后局势的新变化，人们关于未来愿景的乌托邦出现了危机，导致启蒙运动以来的进步观念被质疑，未来不再可期，反而被构想为一种焦虑和威胁。当下主义（presentism）则逐渐成为过去、现在与未来之间进行扭和的主导历史性体制，法国在20世纪80年代以来形成的记忆和遗产浪潮正是当下主义时间经验的表征。"我们从'一种在记忆的连续性中认识自己的历史'走向了'一种将自己投射在历史的断裂中的记忆'。这就是今天记忆的本质，它'不再是应该从过去汲取的、为人们期望中的未来做准备的东西；而是让当下呈现给自己的东西'。"②

综合上述讨论，西蒙总结道："历史哲学，在其经典的现代意义上，解释了人类事务随时间的变化……职业历史研究的工作似乎完全一样：解释人类事务随时间的变化。"③ 这也就是说，当我们把历史看作是运动（movement）和变化（change）的概念化，亦即"时间进程的历史"时，现代思辨的历史哲学和职业历史学家就能够共享一个本体论或形而上学的前提。不过，现代思辨的历史哲学在解释人类事务随时间而发生的变化时，不可避免地预设了一个不变的实质（substance）。比如说，黑格尔就把"自由精神"当作了一种不变的本体论主体，虽然这个实体经历了时间的变化，但其本质在过去、现在和未来都没有发生任何变化。

在西蒙看来，这是思辨的历史哲学和进步观念在二战后遭到质疑和摒弃的根本原因，也可以说是造成欧洲中心主义乃至种族中心主义的渊薮，因为它已经不能够适应和解释新的历史变化。战后的核战争、人为造成的

---

① ［法］弗朗索瓦·阿赫托戈：《历史性的体制：当下主义与时间经验》，黄艳红译，中信出版社2020年版，第xxiii页。
② ［法］弗朗索瓦·阿赫托戈：《历史性的体制：当下主义与时间经验》，第124页。
③ Zoltán Boldizsár Simon, *History in Times of Unprecedented Change: A Theory for the 21st Century*, p. 33.

气候变化、人工智能和生物技术等重大技术事件和生态危机的发生，使得人们的未来预期被逐渐构想为一个前所未有的变化（unprecedented change），这将意味着一个全新的本体论主体（比如"后人类"）的诞生，我们所知的人类可能会彻底改变甚至灭绝。在此意义上，西蒙提出了"准实质的历史哲学"的观点：

> 准实质的历史哲学是这样一种历史哲学：它假定了一种运动、一种机制、一种模式，或者任何情况下都有的一种总体方案，以此来解释人类事务随时间的变化，就像实质的历史哲学所做的那样。与此同时，它仅仅是准实质的，因为它放弃了过去、现在和未来之间引人注目的发展连续性，它缺乏一个作为展开的本体论主体的适当实体。①

换言之，现代思辨的历史哲学所发明的历史概念将人类事物的变化塑型为一个单一不变的主体的连续性发展，也即是科泽勒克阐述的"集合单数"的历史，而面对21世纪史无前例的大变局时代，西蒙则尝试以"断裂单数"（disrupted singular）的历史予以替代，从而让人类不断变化的事务与不断出现的新主体相一致。西蒙就此修正了科泽勒克的概念框架，声称："过去不可能仅仅是一个经验的空间，因为它不再涉及同一个本体论主体的经验，而这个本体论主体是在未来的一方存在。过去是一个'他们'的经验，这个'他们'绝不是其形成过程中的'我们'。同样，未来也不能形成一个期待的视域，因为它根本不涉及过去主体的预期投射，未来是另一个先前不存在的主体的诞生。"②

在讨论完"历史变革"（historical change）之后，西蒙并没有就此止步，而是继续讨论"史学变革"（historiographical change）。"如果西方社会构想历史变迁的方式本身已经发生变化，那么我们构想史学变迁的方式

---

① Zoltán Boldizsár Simon, *History in Times of Unprecedented Change: A Theory for the 21st Century*, p. 45.
② Zoltán Boldizsár Simon, *History in Times of Unprecedented Change: A Theory for the 21st Century*, p. 57.

就不能保持不变。"① 换言之，历史变革与史学变革就是一枚硬币的两面，两者是相辅相成的统一体。与"准实质的历史哲学"对应的是"准表达的历史经验"，"这种准表达是史无前例的史学印记，就像前所未有的事件催生了新的历史主体一样，史无前例的史学印记催生了新的历史书写模式"。② 在此意义上，西蒙从历史现象学的视角探讨了"历史经验"朝向"历史书写"转换和运作的机制和模式，旨在化解当前西方史学理论界面临的困境，进而架起沟通历史与史学、历史理论与史学理论之间鸿沟的桥梁。

毫无疑问，西蒙的准实质历史哲学继承了现代思辨的历史哲学的思想遗产，并作了当代改造。③ 如果我们将其与黑格尔和柯林武德的历史哲学进行对勘的话，也会产生一种既陌生又熟悉的历史感。诚然，西蒙对于前所未有之大变局时代的时间经验的概念化，很大程度上源自欧洲发生的特殊性事件，但他对于"历史变革"和"史学变革"的理论反思无疑具有更广泛的启发意义。

三

通过考察和梳理西方历史哲学的发展历程和脉络，我们可以看到，基于"历史"一词的双重含义，西方的理论反思倾向将历史理论与史学理论区分开来。然而，在针对历史与史学、历史理论与史学理论之间关系的问题上，却出现了截然不同的思考路径和发展阶段。总体而言，大陆传统的历史哲学家认为历史理论与史学理论是可区分但不可分割的统一体，有什么样的历史理论就必然有什么样的史学理论，反之亦然，有什么样的史学理论就必然有什么样的历史理论。相对而言，英美传统的历史哲学家不仅认为历史理论与史学理论要完全区分开来，而且试图将历史理论排除在历

---

① Zoltán Boldizsár Simon, *History in Times of Unprecedented Change: A Theory for the 21st Century*, p. 106.
② Zachary Riebeling, "Strange Futures, New Subjects", *History and Theory*, Vol. 60, No. 2, 2021, p. 391.
③ Frank Ankersmit, "The Thorn of History: Unintended Consequences and Speculative Philosophy of History", *History and Theory*, Vol. 60, No. 2, 2021, pp. 187–214.

史哲学的合法讨论的范围之外。

近年来，西方历史哲学发展的一个新趋向是在不断地纠偏英美分析的历史哲学带来的困境，在新的时代语境和历史变化中重新探讨历史理论与史学理论的原初关联，从而复兴了历史理论的合法性和正当性。

综上所述，我们既要看到历史与史学、历史理论与史学理论的区别，又要看到历史与史学、历史理论与史学理论的联系。一方面，这种区分的好处在于，历史不能简单地等同于史学，反过来说，史学也不能简单地等同于历史。在某种意义上，两者属于不同的范畴。然而，在史学实践当中，我们往往会有一种把史学等同于历史的实在论幻象和冲动，这实际上是把历史学家当作了一面能够直接映射历史实在的镜子，把历史学家所使用的语言当作了一种能够直接通达历史实在的透明媒介。正是分析传统的史学理论在逻辑和语言分析层面的深入研究，才使得我们走出镜像的朴素实在论，使得我们认识到历史学家的主体性是不可消解的，历史学家使用的语言也是不透明的。相反，那些忽视这些问题而径直认为历史学不需要任何史学理论的看法恰恰是一种"掩耳盗铃"。

另一方面，这种区分的坏处在于，它造成了历史与史学就此永远分离的不良效果，就像我们将男人与女人分开之后，男女之间就有别而授受不亲了。换言之，历史与史学之间的关系不应该是静态非此即彼的零和关系，而应该是动态相克相生的辩证关系。正如《易经》所言："穷则变，变则通，通则久。"在形而上之"道"的意义上来说，历史与史学总是"变"与"常"的统一体。时间进程的新变化，催生了历史书写的变革，反过来说，历史书写的新突破，则概念化了时间进程的历史。历史理论与史学理论之间的关系也可作如是观。我们不可能只在史学理论上谈论历史学家的思维方式，而不在历史理论上讨论历史学家的研究对象所指向的历史实在和过去本身，我们也不可能只在史学理论上谈论历史学家所使用的语言，而不在历史理论上讨论历史学家的语言所指向的历史实在和时间经验本身，反之亦然。身临前所未有之大变局的新时代，我们探讨历史理论问题已迫在眉睫。

（原载《史学理论研究》2021年第6期）

理论在历史实践中的作用

[美] 阿兰·梅吉尔[*]
(美国弗吉尼亚大学历史系)

传统上,历史学家始终对理论持高度不信任的态度,认为它就像是历史学家巢中的一只布谷鸟。这种情况直到19世纪早期德国所谓的历史学科学化之后才有所改变,其时历史学和哲学之间的边界比以往更加严格。当历史学开始作为一门声称自己是科学的学科出现时,哲学也旋即被认为是历史学的竞争者。众所周知,兰克对黑格尔及其他哲学家进行了批评,认为他们将各种先验的理论强加在历史世界复杂的现实之上。在兰克看来,黑格尔与费希特、谢林等哲学家一起,向人们展示了历史学家所不应做的事情。[①]

当兰克对黑格尔及其他哲学家提出批评意见时,他不只是在一场当地的学术权力争论中发挥了作用。他对哲学的批评,其实也是兰克时代以来历史学家经常对哲学提出的批评。兰克对黑格尔思考历史世界的方法的评论,大体上等同于对理论的批评。这里的理论是指一种取向,它要么从某些关于人类存在的普遍主张是真实的这一假设出发,试图证明这些普遍主

---

[*] 本文译者张旭鹏,中国社会科学院历史理论研究所研究员。
[①] 沃尔夫冈·哈特维格对18世纪末19世纪初德国历史学的科学化进行了有益的叙述,参见 Wolfgang Hardtwig „Die Verwissenschaftlichung der Geschichtsschreibung und die Aesthetisierung der Darstellung", in Reinhart Koselleck, Heinrich Lutz and Jörn Rüsen, eds., *Formen der Geschichtsschreibung*, Deutscher Taschenbuch Verlag, 1982, pp. 147 – 191. 对兰克与黑格尔关系的权威研究,参见 Ernst Simon, "Ranke und Hegel", *Historische Zeitschrift*, Beiheft 15, Oldenbourg, 1928.

张何以能够阐明和解释人类存在的特殊性；要么试图从历史存在的特殊性中找到证据，来证明这些普遍主张的真实性。

兰克认为，哲学家往往采取第一种立场，第二种立场则在一些历史学家中更为常见。一个典型的例子是19世纪的实证主义者亨利·托马斯·巴克尔（Henry Thomas Buckle），他希望从对英国历史的经验研究中，得出对人类世界运转的科学归纳。① 然而，这两种立场是重叠的，因为，即使是最高级的普遍原则，在某种程度上也是从对世界的观察中产生。另外，研究者声称他们的归纳完全来自经验研究，这一点也经不起严肃的认识论上的探究，因为所有的经验归纳都依赖于那些可行的、有时并非来自经验的假设。总之，具有历史倾向的哲学家黑格尔和具有归纳特点的历史学家巴克尔之间的距离，并不像人们最初想象的那么大。

实际上，在许多历史学家看来，将理论强加于历史之上的黑格尔与并不那么坦率地声称从历史中获得理论的巴克尔之间几乎没有区别。从历史学的角度来看，黑格尔与巴克尔以及其他所有让理论"过于接近"历史的人都犯下了同样的错误。历史学家对理论的怀疑有其缘由，因为他们担心理论可能会让历史学家偏离他们正确的任务，也就是不再将对过去的再现建立在相关证据的基础上。总之，他们看到了理论与历史之间的冲突。我必须要补充的是，这是一种深层次的冲突，因为理论是一种超越特定语境的归纳之物，而历史学家的目标是描述、解释和阐明特定的历史语境。人们将如何理解这种冲突？我们又能够提供什么样的解决方案？

一

首先我想指出的是，我们不应也确实不能无视历史与理论之间的传统界限。人们很明显有一种再现人们视之为"我们的过去"的意愿——换言之，人们渴望在某种程度上从思想和情感上接近"我们失去的世界"。② 这种意愿有着深刻的生存论基础（existential basis），海德格尔等哲学家曾对

---

① Henry Thomas Buckle, *History of Civilization in England*, 2 Vols., D. Appleton, 1865.
② 参见 Peter Laslett, *The World We Have Lost*, Scribner's, 1965。当然，我们失去的历史世界实际上是多元的而非单一的。

第二篇 当代西方历史理论问题再思考

此进行过探讨。[①] 这里重要的是下述事实,即与过去建立联系的意愿,已经并将继续创造教授和学习历史的需求。这种需求不仅为历史反思提供了出发点,而且为历史学提供了生存所需的物质支持——不论它是由国家提供,还是由私人捐赠提供。对历史的生存论需求——黑格尔称之为"对历史的流俗理解",[②] 让历史学家有可能,如果他们愿意的话,拓展他们的历史认识,超越当前需求和预测的封闭领域。

关于历史与其生存论基础的关系,我只想指出其中一个非常消极的方面。不论是在公共生活还是在私人生活中,一个惯例是,过去距离现在越远,它就越像是一个空白的屏幕,或至多只是一组模糊的图像。现在的人们因而很容易将自己的愿望投射到这些已经模糊的过去之上,而投射的过程也受到下述事实的推动,即政治利益往往与对过去的普遍假设和特殊主张联系在一起。但是,由于过去被定义为"已死的和已逝的",它无法再接受人们的观察和检验。对过去的再现,因而很容易受到当前立场的歪曲。人们需要找到一种平衡,避免将历史神话化,并防止深陷其中。

历史学就是,或者更准确地说,就应该是这种平衡。19 世纪和 20 世纪的史学成就,让我们获得了大量知识。比如,年鉴学派扩大了历史研究的范围,历史学家在理解和解释第三帝国与大屠杀时采用了多种方式。我们也可以通过思考过去两个世纪中对历史再现的滥用来获得知识。纵观历史再现的历史可知,当存在一个能够自主运行的学术共同体,且其职能就是去执行这一任务时,历史一般可以得到最好地再现。

当然,历史学家与任何人一样,都置身于社会之中,历史学因而也不能完全从它与周边社会秩序的关系中超脱出来。因为我们已知,历史再现这一学术活动与单个的历史学家、历史学家群体、更普遍的社会秩序以及国家,都有着深刻的联系。尽管如此,历史再现还是具有一种相对的自主性,它在某种程度上支配着它要遵循的真实再现过去的规则和惯例,而这些规则和惯例在过去的几个世纪变得愈发清晰。历史学家的任务与阐明一种理论类型或"建模"的诸种表现这样的任务相结合,有可能会让历史学家远离这些规则和程序,从而存在着有损于历史表述的风险。总之,这就

[①] 关于历史的生存论根源,参见 Martin Heidegger, *Sein und Zeit*, 11 unveränderte Aufl., Niemeyer, 1967, pp. 372 – 404。

[②] Martin Heidegger, *Sein und Zeit*, p. 378.

是历史反对理论的基本论点。

不过,我在本文中的观点是,理论对于历史实践必不可少。但这里有两个警告。首先,理论还不足以让一个新手成为历史学家。理论文献本身无法教会新手如何研究和撰写历史,原因很简单,因为理论不是历史。要想在胜任专业的层次上学会研究历史,新手需要进行具体的研究和写作。但新手很少能够完全独自地完成这项工作,几乎可以肯定的是,他们需要以前走过同样道路的人提出内行的批评。其次,只有当一个人了解他所讨论的"X"时,他才能判断"有关 X 的理论"的恰当性。① 同样,如果不知道怎样才能更好地研究和撰写历史,将成为历史学家的新手就会很难甚至不可能在他们所遇到的理论框架中,区分什么是有用的,什么是无益的。比如,在 20 世纪 80 年代和 90 年代初,历史学家有时会以一种完全不加批判的方式使用米歇尔·福柯的著作。② 如果没有历史研究方面的前期经验,人们很难区分哪种历史方法是有价值的,哪种历史方法又是有害的。

虽然理论本身并不能让一个初学者成为历史学家,但这并不是将理论排除在历史实践之外的理由。首先,有什么可能的理由将理论完全排除在历史之外?正如我所指出的,历史学家对理论的一个常见的偏见是,理论因提出了普遍的主张而凌驾于现实之上,因为它没有考虑到现实世界的特殊性。从本质上来说,这就是兰克反对黑格尔及其同事的原因。但是,请注意,相对于理论而言,任何对历史研究自主性的辩护都假定历史研究具有一种连贯和统一的模式。试想一下,除了一套所有历史学家都应当遵循的方法和路径外,还有什么能够把这种研究模式凝聚在一起呢?换句话说,那些坚持历史应当具有自主性观点的人,都隐含地预设了一个正确研究历史的普遍的,因而也是理论的主张。因此,以理论提出普遍的主张为由而对之加以责难,将因为否认了历史本身具有自主性背后的哲学假设,而陷入一种践言冲突(performative contradiction)的矛盾之中。

---

① 马克思在《关于费尔巴哈的提纲》第二条中指出:"人的思维是否具有客观的真理性,这不是一个理论问题,而是一个实践问题。"参见 Karl Marx and Friedrich Engels, *Werke*, Vol. 3, Dietz, 1962, p. 5。

② 参见 Allan Megil, "The Reception of Foucault by Historians", *Journal of the History of Ideas*, Vol. 48, No. 1, 1987, pp. 117 - 141。

第二篇　当代西方历史理论问题再思考

当然，对这一论点的一个反驳是，所谓"历史"实际上是一种不具有内在一致性的研究模式，它随着思想风气的变化而变化，没有将之凝聚在一起的基本的核心理念。不可否认，历史学的风尚确实发生了变化。但是，如果要对历史研究作出清醒的思考，我们需要区分这种研究的可变方面和更持久的方面。历史研究和撰述的某些方面是可以选择的，也就是说，它们可以被正当地视为一种选择的问题。比如，历史学家可能会选择关注不同的对象，历史学家在讨论这些对象时还可能会有着不同的目的，历史学家在处理这些对象时还可能会选择不同的方法、不同的写作风格和表现方式。

但是，这种多样性意味着什么？我认为我们没有理由说，在浩如烟海的历史著作中，只有少数关注正确对象、拥有正确目标和遵循正确方法的著作才是合理的。我认为，我们必须接受，多样性在历史研究中是合理的，也确实是可取的。只有当一个集中控制的研究计划委员会将一种对象、目的或方法强加于历史学时，人文科学的知识生产才会受到损害。同时，如果认为所有对历史知识作出贡献的努力都同等合理，那也是不正确的。任何一位历史学家，如果他参与过对教授这门或那门历史课新教员的公开招聘，或参与过对同事获得终身教职或晋升的评价，他都会知道，不同候选人的工作质量是不同的。

我们说"质量上存在差异"，是以一个可以判断质量的评价标准为前提的。不可否认，历史研究中存在着政治考量。毕竟，所有的历史研究的特点在最深层次上都由该研究的生产者所栖身或坚持的"生活形式"（forms of life）决定的。对特定生活形式的欣赏往往会带来历史著作的生产，这些著作就是这种欣赏的衍生物。即使仅仅是生活在这一个国家而不是另一个国家这样的事实，也会对所生产的历史产生微妙的影响。换句话说，从广义上讲，一切历史都是政治的，也就是说，所有的历史都与产生它的政治有联系。不过，历史作为一门学科对知识的有组织贡献的可能条件，并不仅仅是政治的。

总之，如果历史是一门学科，即一种具有内在一致性的研究模式的话，那么它必须具有某种普遍性，既贯穿在这种研究模式之中，也能证明历史的（相对）自主性是合理的。换句话说，历史必须有一个理论维度。这是赞成历史离不开理论的最简明和最一般的理由。

二

为了更具体地探讨理论在历史中的作用，我们可能会问，哪些特定的理论类型或流派，与研究和撰写历史有关。但这种发问没有实际意义，因为在不同的理论流派之间进行选择，有着沦为某种思想上的选美比赛的风险。在这个过程中，所作出的决定是武断的，缺乏充分的理由，而且深受时尚的左右。因此，与其专注某些可能有助于历史研究和撰述的特定理论或理论流派，还不如关注理论在历史研究和撰述中可能发挥的特定作用。我认为，理论在历史研究和撰述中具有三种作用：认识论上的作用、批评的（更准确地说，自我批评的）作用和思辨的作用。接下来我将对这三种作用逐一予以概述。

首先，理论在历史研究中具有认识论上的作用，能够帮助历史学家避免他们在理解过去时犯下错误。我在《历史知识与历史谬误》一书的多个章节中都强调了理论的这一作用。[①] 不过，"历史"与"认识论"之间的联系在历史学的许多领域中都受到了抵制。历史编纂中存在一个悠久的"技艺"（craft）传统，它拒不接受任何像"哲学理论"这样可疑的东西，认为它们并不能够帮助人们理解历史。研究英国都铎王朝的著名历史学家杰弗里·艾尔顿（Geoffrey Elton，1921—1994 年），就主张历史是一门"技艺"。1967 年，艾尔顿出版了一本备受关注的为史学新人提供建议的著作《历史的实践》，指出："对历史知识的真实性或历史思想的性质这类问题的哲学关注只会阻碍历史实践。"他坚持认为，只有勤奋地研究相关史料，并结合对历史这门学科技艺方法的掌握，才能获得研究历史的能力。[②]

甚至连柯林伍德也在《历史的观念》一书的方法论部分，即被奇怪地冠以"后论"（Epilegomena）的部分中指出，要获得有益的历史研究的知识，唯一的方式是通过实践学会如何像历史学家那样争论。[③] 这一以及类似的明显的反理论论调可能有助于《历史的观念》在 20 世纪五六十年代

---

① Allan Megill, *Historical Knowledge, Historical Error*, University of Chicago Press, 2007.
② G. R. Elton, *The Practice of History*, 2nd edn., Blackwell, 2002, p. 1.
③ R. G. Collingwood, *The Idea of History*, Oxford University Press, 1994, p. 263.

第二篇　当代西方历史理论问题再思考

成为英语世界历史学家的标准读本。但是,在长达 130 页的后论中,柯林伍德也确实认为,理论,即他自己的关于如何开展最佳的历史研究的理论对历史学家十分重要。柯林伍德声称,他在"后论"中阐述的原则和实践构成了历史研究唯一正确的方式。无可否认,一些历史学家在教授"历史方法"的课程时,是以一种脱离认识论的方式在使用"方法"一词,用它来指研究和撰写历史的各种"让人感兴趣的方法",最好是让人感兴趣的新方法。但柯林伍德对方法的理解显然是认识论的,且明显是单数的。所以,声称存在各种不同的且相互竞争的认识论,就等于否定了认识论的观念。

因此,我们可以正确地制定各种(普遍的)历史研究原则。比如,在所有其他条件相同的情况下,"历史遗迹"比"证词"更有效,"原始"证据比"二手"证据更有效。这些都是像艾尔顿这样的反理论的、以"技艺"为导向的历史学家阐述和捍卫的理论原则。我们也可以为历史研究制定那些以"技艺"为导向的历史学家所没有阐述的理论原则。比如,"外展推理"(abductive inference)和"最佳解释推理"(inference to the best explanation)规则,它们适用于证据非常不确定的情况。[1] 也有一些涉及历史研究中因果关系陈述的规则,有时会被具有"文化史"取向的历史学家所忽视。在大多数情况下,这些规则是非常初级的:它们通常只是一种形式化的有益思维。但我们必须记住的是,一门学科的初级因素总是存在于这门学科最重要的组成部分之中。所以,说某种东西是初级的,并不是说它毫无价值。

其次,理论在历史研究和撰述中具有自我批评的作用。也就是说,理论可以帮助历史学家关注他们自己未阐明的关于人类世界性质的假设。这一作用与理论的认识论作用有关,但与之亦有不同,因为这里的重点不是历史再现与可能支持这些再现的证据之间的关系,而是历史再现与历史学家关于世界性质的假设之间的关系。请注意,与大多数其他专业学科相比,历史学是用普通语言而不是技术术语写成的。历史学家对普通语言的使用是该学科植根于社会秩序所普遍接受的观点的一个标志,历史就是在

---

[1] 参见 Allan Megill, *Historical Knowledge*, *Historical Error*, Chapter 6, "A Case Study in Historical Epistemology: What did the Neighbors Know about Thomas Jefferson and Sally Hemings", pp. 125 – 150。

这样的社会秩序中写成，历史撰述的最终对象也是该社会秩序的成员。一般而言，历史学家从普遍接受的众多概念中借用他们的概念，但对这些概念不做任何深入的分析或批评。毕竟，历史只是历史，而不是政治理论或哲学。

我们可以将这些普遍接受的语言和概念统称为"偏见"。[①] 没有这些"偏见"，历史就不能存在。原因有以下三点：第一，任何历史都必须是某种事物的历史。历史通常是过去的某个人类群体的某些方面的历史。但我们不能通过观察物证来简单地回答"这是一个人类群体吗？"这样的问题，因为一个历史群体的构成也包含着过去和现在的人类的感知和信念。比如，只有当多数人相信法国在历史上的存在，"法国史"才有可能。但实际上，历史学家可以将法国作为一个国家出现之前，甚至法语出现之前的历史事件和存在物包含在"法国史"之内。第二，历史学家在撰写历史时要能够区分过去的有意义之物和无意义之物，而历史意义对于这样或那样的人类群体来说永远是一个有意义的问题。换句话说，撰写历史的条件之一是历史学家坚信在某个时间和地点书写某个历史主题是有意义的。历史必须植根于"偏见"的第三个原因涉及如下事实，即在我们对过去的理解中，没有无可置疑的确定性，也没有坚实的认识论基础。因此，历史学家对过去的描述中的那些不可避免的裂缝，将由实际上也必须由历史学家在大多数情况下所不予思考的各种社会、政治和其他类型的假设来填补。

由于历史植根于"偏见"而这些"偏见"通常是当前占主导地位的社会政治体制的"偏见"，这就需要理论能够而且应当在历史研究和撰述中发挥自我批评的功能，但往往不尽如人意。正是因为历史不能不带"偏见"地书写，所以需要对历史中的一切"偏见"进行批判性的审视。在史学史上，我们常常不得不等待代际和政治变革，才能对历史学家的强烈和未经检验的"偏见"提出质疑。比如，从内战结束直到20世纪，大多数美国南部史学都表现出对南方"败局注定"及与之相关的种族主义完全不

---

① 我在这里沿用了阐释学哲学家伽达默尔的术语，他继海德格尔之后强调，没有偏见的起点，任何理解都是不可能的。众所周知，他是在中性而不是贬义的意义上使用"偏见"一词的。参见 Hans-Georg Gadamer, *Wahrheit und Methode: Grundzüge einer philosophischen Hermeneutik*, Mohr, 1960。

| 第二篇 | 当代西方历史理论问题再思考

加批判的态度。20 世纪 50 年代之后，这种史学模式才开始发生重大变化。①

这确实是一个漫长的等待。但出于上述原因及其他原因，史学与现实世界之间类似的不加批判的关系无疑在历史学家中广泛存在。理论能够而且应该发挥作用，帮助历史学家更好、更快地去审视他们从给定的社会背景中不加批判地接受的那些假设。如上所述，这些假设对于撰写历史著作虽然有用，可当它们被不加批判地应用于历史表述中时，这些表述就很容易变成对社会秩序的辩护。

以认识论为导向的理论在揭示历史学家未阐明的因而也是未经证实的"偏见"上大有裨益，但它却不足以完成这项任务。第一，以认识论为导向的理论关注的是再现与证据之间的关系，而不是深嵌于再现之中的未经阐明的"偏见"。第二，一部历史著作即使符合相对较高的证据标准，也有可能充满不合理的"偏见"。② 我们还有其他理论资源可以帮助完成这一任务。需要再次注意的是，理论的本质特征是普遍性。理论的本来含义就是一种超越特殊语境的推断。因此，较之历史，任何一种以人类的行为和苦难为对象的理论，不论是法律的、政治的、伦理的、文化的抑或其他，都有可能成为对历史学家有用的激励，推动他们尝试去超越产生于特定时间、地点和承诺的"偏见"。

再次，理论具有思辨的作用，它作为新的历史主题和方法的来源，能够促进历史的研究和撰述。这一作用不同于理论的认识论和自我批评的作用，它让理论更加"积极"而不是更具"批判"意义。19 世纪晚期以来的史学史提供了许多在历史研究和撰述中思辨性地运用理论的例子。大约在 1890 年之后，马克思的理论对历史学家的工作产生了众所周知的影响：

---

① 范恩·伍德沃德的著作直接挑战了美国史和美国南部史的南方视角，参见 C. Vann Woodward, *The Strange Career of Jim Crow*, Oxford University Press, 1955。

② 比如，艾尔顿在其多部著作中都认为，16 世纪 30 年代的英国，发生了一场官僚化的"政府革命"，但这一观点遭到其他历史学家的普遍驳斥。艾尔顿看上去是以一种相当不加批判的方式假定了现代历史中存在着一种官僚化的趋势，但他所掌握的 16 世纪有限的材料却不能证明其正确性。当然，在证据处理中的错误与不合理的偏见影响之间进行区分，并不总是一件容易的事。参见 G. R. Elton, *The Tudor Revolution in Government*: *Administrative Changes in the Reign of Henry VIII*, Cambridge University Press, 1953. 对艾尔顿的职业生涯，特别是"政府革命"之争公正平允的评价，参见 Robert H. Landrum, "A Eulogy for Geoffrey Elton (1920 – 1994)", *The Historian*, Vol. 59, No. 1, 1996, pp. 113 – 123。

理论在历史实践中的作用

主要是由于马克思的影响，历史学才开始认真关注阶级和经济生活的结构方面，尽管这一进展速度缓慢。在此之前，专业史学关注的主题几乎全部是政治性的，方法上则是叙事性的。大约在1920年之后，马克斯·韦伯的官僚制、合理化、等级和领袖魅力等观念成为思想型的历史学家的共同话题。20世纪五六十年代，诸如现代化这样的社会科学理论和回归分析（regression analysis）等统计方法对历史学产生了重要影响。此后，克利福德·吉尔茨对"意义之网"的强调，福柯对权力、性和统治的关注，布尔迪厄的"象征资本"（symbolic capital）观念以及他对文化由实践构成的主张，在历史学家中赢得了大量追随者。[①]

理论在其最普遍的意义上等同于对概念化的坚持。保罗·维纳（Paul Veyne）在《如何书写历史》一书中强调了比较视角——也是一种理论视角——如何让历史学家能够看到他们在其他情况下看不到的对象。维纳指出，只有当历史学家采取一种比较思维，观察到法国人对待死者的方式不同于古代罗马人，而中国人又有另外一种对待死者的方式时，他才能意识到存在一个普遍的范畴，即丧葬习俗，其中每一个国家的习俗都是一个特殊的实例。从最基本的层面来看，这是一个理论思考的例子，不是因为它试图阐明一个普遍的理论，而是因为它揭示了特殊性中的普遍性。我们以这种方式，对法国的丧葬习俗有了更多的了解，因为我们也思考了古代罗马和中国的丧葬习俗。[②] 这有助于我们理解我们自己的文化对待死者的方式。

然而，我必须指出的是，理论在历史研究和撰述中的第三个作用存在一种危险，即历史学家会过于认真地对待上面提到的这些理论，并认为它们是绝对正确的。因此，在历史研究和撰述中，也需要有一个对理论进行自我批评的时刻。在这里，我在前述讨论过的第一种意义上的理论，即试图概括和归纳历史研究的良好实践的那种理论，又回归其自身。有人可能会说，以认识论为导向的理论需要作为纠正以思辨为导向

[①] 参见 Clifford Geertz, *The Interpretation of Culture: Selected Essays*, Basic Books, 1973; Michel Foucault, *Surveiller et punir: naissance de la prison*, Gallimard, 1975; Pierre Bourdieu, *Esquisse d'une théorie de la pratique*, Droz, 1972; Pierre Bourdieu, *La distinction: critique sociale du jugement*, Minuit, 1979。

[②] 参见 Paul Veyne, *Comment on écrit l'histoire: essai d'épistémologie*, éditions du Seuil, 1971。

的理论的一种手段而加以使用。如果历史学家在认识论上负责的话,他们就不能满足于一种"自上而下"、由因及果和理论驱导的方法。总而言之,如果让理论的使用在历史研究和撰述中保持合理性的话,就需要用理论来反对理论。

三

到目前为止,我已经讨论了理论在历史中能够且应当发挥的三种作用,即认识论的、自我批评的和思辨的。与这三个作用相对应的,是理论能够且应当对历史作出三大贡献,即让历史更加准确、更具批评性、更有原创性和启发性。不过,在理论的第三个作用亦即思辨的作用中,我们将从理论能对历史作出贡献的问题转移到另一个问题:历史能对理论作出什么贡献?

当历史学家称一段特殊的历史"具有启发性"时,他们通常的意思不仅是指这段历史在专业上是无可挑剔的,比如它解决了一个真实的历史问题,它建立在充分的史料基础上,组织良好,写作清晰等;而且认为这段历史成功地涉及某个具有原创性和给人带来惊喜的史学领域。过去的历史著作大多具有这一特性,比如雅各布·布克哈特的《意大利文艺复兴时期的文化》和约翰·赫伊津哈的《中世纪之秋》。[1] 晚近也有很多类似的著作,但它们不似布克哈特和赫伊津哈的经典著作,虽面对来的研究亦不显过时。

然而,历史著作也可以提供另一种不同的启发性。当一部历史著作不仅对过去的特定主题,而且对不受时代影响的人类社会、政治和文化生活的某个方面提出令人惊讶的洞见时,就会产生这种启发性。布克哈特和赫伊津哈的著作无疑提供了这种洞见,不仅让读者改变了他们对文艺复兴或中世纪晚期的看法,而且改变了对人类生活更一般的看法。就这一点而言,这就不再是理论对历史的贡献,而是历史对理论的贡献。当然,这类著作是否真的对得到阐明的理论产生影响,也取决于偶然性,比如,过去

---

[1] Jacob Burckhardt, *Die Cultur der Renaissance in Italien: ein Versuch*, Schweighauser, 1860; Johan Huizinga, *Herfsttij der Middeleeuwen: studie over levens-en gedachtenvormen der veertiende en vijftiende eeuw in Frankrijk en de Nederlanden*, H. D. Tjeenk Willink, 1919.

的情况与现在的问题之间出人意料的关联性,以及以理论为导向的读者对历史和历史著作的关注程度。

历史与理论之间应当存在某种相互关联的关系,这一点并不让人感到奇怪。毕竟理论虽然希求提出普遍的主张,但它只能通过参考经验实在的特定领域来完成这一任务。如果所讨论的理论涉及人类,就意味着它必须涉及人类的现实。历史的一个典型特征是,它试图代表那个现在已经降格为过去的人类现实的广阔领域。因此,历史既可以作为理论的试验台,也可以作为理论的温床。举一个我当前感兴趣的例子,如果人们想了解当今世界的边界,却把比较的范围局限于1816年以来,那将是一个严重的错误,尽管当前的边界体制诞生于那个时代,诞生于法国大革命的熔炉之中,且得到国际承认。因此,作为一组比较案例,若要充分理解现在的边界,那就肯定要理解更早的、更不确定的和更含混不清的边界"体制"。

最后我必须指出的是,在这种利用历史为理论作出贡献的情况中,也存在着一个潜在的危险。正如人们所说,历史学家在某种程度上正变得"以理论为导向",但他们对理论的关注可能会削弱他们对历史的再现,因为这种理论关注有可能偏离历史学家的中心任务,即描述、解释和阐明特定的历史性过去。我们来看一下20世纪最著名的以理论为导向的历史著作,即托马斯·库恩的《科学革命的结构》。这部著作的导言的第一句话非常清晰地阐述了他的理论意图:"历史如果不被我们看成是轶事或年表的堆砌的话,那么它就能对我们现在所深信不疑的科学形象产生一个决定性的转变。"[1]

库恩的这部著作首次出版后,仅在英国一地就卖出100万册,并被译成多种语言,对我们如何思考科学产生了巨大影响。撇开库恩著作在科学哲学和科学社会学上的优缺点问题不谈,我只想指出,人们有充分的理由认为,库恩在这部著作中对理论的执念损害了他对科学史的记述。我并不认为这是一个会引起争议的观点。相反,库恩著作的评论者经常注意到这一问题,他们对科学史深感兴趣,对库恩的其他著作评价更高,认为它们

---

[1] Thomas S. Kuhn, *The Structure of Scientific Revolutions*, 2nd edn., University of Chicago Press, 1970, p.1.

更具历史性,没有科学随时间而变的理论。①

最后,我们在这里或许可以阐明一条经验法则,即如果历史以对理论作出贡献为目的,要么是服务于新理论的产生,要么是作为理论的例证,就很有可能造成对过去扭曲的再现,即一种在认识论上有问题的历史再现。② 另外,历史再现虽然涉及概念层面,比如历史学家承认"丧葬习俗"是人类实践的一个一般范畴,但如果其重点明确地放在再现过去这一任务之上,而不是去生成理论或作为理论的例证,那么它就不太可能受到理论的扭曲。这就是为什么尽管历史需要理论,但仍然要对理论进行反思的原因之一。

(原载《史学理论研究》2021 年第 6 期)

---

① 对库恩科学理论的历史维度的一个早期批评,参见 Stephen Toulmin, "Does the Distinction Between Normal and Revolutionary Science Hold Water?", in Imre Lakatos and Alan Musgrave, eds., *Criticism and the Growth of Knowledge*, Cambridge University Press, 1970, pp. 39-48。就其著作的历史维度而言,库恩的《哥白尼革命:西方思想发展中的行星天文学》和《黑体理论的量子不连续性》比《科学革命的结构》更受人称赞。参见 Thomas S. Kuhn, *The Copernican Revolution: Planetary Astronomy in the Development of Western Thought*, Harvard University Press, 1957; *Black-Body Theory and the Quantum Discontinuity, 1894-1912*, University of Chicago Press, 1978。

② 当我说对过去"扭曲的再现"时,我的意思并不是说存在某种理想的过去,故而无法对之予以准确的再现。相反,我认同安克斯密特的观点,即各种历史记述实际上不是在与过去进行比较,而是相互比较。参见 Frank Ankersmit, *Narrative Logic: A Semantic Analysis of the Historian's Language*, Nijhoff, 1983。

思辨的历史哲学的复兴
——当代西方历史理论的最新进展*

董立河

(北京师范大学历史学院)

一

2017年，在一篇有关库卡宁（Jouni-Matti Kuukkanen）后叙事主义史学哲学的论辩文章中，安克斯密特注意到，在海登·怀特（Hayden White）发表《元史学》三四十年之后，历史哲学家们又开始谈论一种新的范式："根据许多理论家的观点，叙事主义范式现在也转而受制于回馈递减法则。他们指出，在过去的十年里，历史哲学从叙事主义所关注的我们如何书写过去的问题，转向了我们如何与过去联系起来的'存在论的'（existentialist）问题。"[①]

在安克斯密特看来，这一新的范式之所以被冠以"存在论的"，是因为我们与过去的关系，可以被认为是人类个体或集体存在的一个方面。该范式研究的其他方面的问题，包括"记忆""遗忘""大屠杀""（历史）经验""在场""（历史）时间""转型正义""过去的用途""我们与过去的对话""作为'他者'的过去""死者的权利""有关过去的人类学研究

---

* 本文是教育部人文社会科学重点研究基地重大项目"古代中国与西方史学重大理论问题比较研究"（项目编号：20JJD770001）的阶段性成果。

① Frank Ankersmit, "Forum Debate on Jouni-Matti Kuukkanen's Postnarrativist Philosophy of Historiography: Introduction", *Journal of the Philosophy of History*, Vol. 11, No. 1, 2017, p. 2.

方法",等等。① 直面过去,必然会面对当下和未来。思考我们与过去实在的关系问题,属于历史本体论范畴,有时也被称为历史理论或历史观,也就是西方传统的思辨的历史哲学。在这种历史哲学范式转换的背景下,我们就可以理解《历史与理论》杂志近来发起的有关"历史性未来"的集体讨论。

这场讨论的发起者是匈牙利学者佐尔坦·西蒙和爱沙尼亚学者马雷克·塔姆。他们拟定了一个集体研究项目,"旨在探索那些构成了我们当前历史状况的历史性未来的各种形态"。② 根据他们所制定的议程表,在未来两年甚至更长的时期内,从2021年第1期开始,《历史与理论》每期都会推出有关这一项目的相关研究成果。在题为《历史性未来》的"开题"文章中,他们简要介绍了开展这个项目的时代背景、研究内容和预期目标。安克斯密特等历史哲学家随即就其中涉及的问题作出了回应。

西蒙和塔姆引证近二十年来不同领域有关未来的种种著述,向人们展示了一幅既光明灿烂又似乎阴霾重重的未来图景。③ 一方面,人类正在积极努力,争取更美好的未来。比如,先进的医疗技术有望消除绝症;超人类主义(transhumanism)将通过生物技术克服我们的身体局限,新开发的人工智能可望不断增强我们的心智能力;科学家们正在开创新的太空时代,展望多星球的未来;生态主义者精心设计地球系统,使其更加宜居和舒适。另一方面,也正是这样的努力,似乎同时在开启灾难性未来。比如,先进技术非但没有为一个更加平等公正的社会铺平道路,反而可能成为社会崩溃的前兆;我们的认知能力无法预测的超级智能可能会做出自己

---

① Frank Ankersmit, "Forum Debate on Jouni-Matti Kuukkanen's Postnarrativist Philosophy of Historiography: Introduction", p. 2. 另外,这一新的范式有时也被包括安克斯密特本人在内的一些理论家称为"后叙事主义""后语言"或"后—后现代主义"。参见董立河《后—后现代史学理论:一种可能的新范式》,《史学史研究》2014年第4期。

② Zoltán Boldizsár Simon and Marek Tamm, "Historical Futures", *History and Theory*, Vol. 60, Issue 1, 2021, p. 2.

③ 这类著述主要包括 N. Katherine Hayles, *How We Became Posthuman: Virtual Bodies in Cybernetics, Literature, and Informatics*, University of Chicago Press, 1999; Francis Fukuyama, *Our Posthuman Future: Consequences of the Biotechnology Revolution*, Farrar, Strauss and Giroux, 2002; Nicholas Agar, *Humanity's End: Why We Should Reject Radical Enhancement*, MIT Press, 2010; J. Benjamin Hurlbut and Hava Tirosh-Samuelson, eds., *Perfecting Human Futures: Transhuman Visions and Technological Imaginations*, Springer VS, 2016; Rosi Braidotti, *Posthuman Knowledge*, Polity, 2019; Eva Horn and Hannes Bergthaller, *The Anthropocene: Key Issues for the Humanities*, Routledge, 2020,等等。

的决定；生物工程和基因组编辑很容易被误用，从而复活古老的优生学信念；先进的技术也可以用来创造出超越和淘汰我们的非人类；我们对自然过程的干预和改造，非但没有设计出一套宜人的地球系统，反而正在引发一场人类所导致的第六次物种灭绝，并可能使地球再无力承受人类的生活。①

如何理解这种新奇的未来图景？这是西蒙和塔姆需要解决的核心问题。为此，他们引入了"历史性未来"（historical futures）的概念。首先，他们认同科泽勒克（Reinhart Koselleck）和斯特利（David J. Staley）等人的观点，认为历史性思维（historical thinking）是理解未来的基础。我们知道，历史性观念自18世纪诞生以来，一直是西方人思考过去、当下和未来的重要认知工具。"在现代历史性的理解观念中，未来通常是由过去的条件和限制塑造的，尽管过去也不断地受到未来的形塑……换句话说，我们有关过去的概念来源于我们对未来的想法；没有未来的概念，我们所知道的历史是不可能的。"② 如果把"当下"（这是"历史性思维"的当然维度）考虑在内，这其实是说，在现代的时间观念中，过去、当下和未来之间存在相互影响相互渗透的辩证关系：人们根据过去，看待当下；立足当下，回顾过去；根据未来，看待过去和当下。

不难理解，在现代历史性观念中，无论未来是进步的、发展的，甚至是衰落的，总归与过去是相联系的，二者与当下共同构成了一个连续的统一体。根据过去和当下的状况，人们往往能够"脑补"出一幅虽算不上清晰却也可理解的未来图景。但是，自20世纪中期以来，出现一些现代头脑难以想象的未来前景。"新的未来不再是过去和未来之间的联系，而是越来越脱节（disconnective），也就是说，不再与过去相连。"③ 在西蒙和塔姆看来，这些新的未来仍然是历史性的，属于"历史性未来"，因为它们与过去并非全然没有关系。只有在与过去的事态、条件和生活世界的比较

---

① Zoltán Boldizsár Simon and Marek Tamm, "Historical Futures", p. 6.
② Zoltán Boldizsár Simon and Marek Tamm, "Historical Futures", p. 7; Zoltán Boldizsár Simon, "History Begins in the Future: On Historical Sensibility in the Age of Technology", in Stefan Helgesson and Jayne Svenungsson, eds., *The Ethos of History: Time and Responsibility*, Berghahn, 2018, pp. 192-209.
③ Zoltán Boldizsár Simon and Marek Tamm, "Historical Futures", p. 7.

中，这些新的未来才展现出其奇异之处。这当然是一种与现代历史性观念不同的历史性概念。

西蒙和塔姆承认，这样的"历史性未来"的概念与科泽勒克关于"经验空间"（space of experience）与"期待视域"（horizon of expectation）相互作用的理论相关联。[①] 但他们认为，在科泽勒克那里，无论未来的期待与过去的经验相差多远，它们终究是一个连续的统一体。因此，科泽勒克的时间概念终究属于现代性范畴，无法对新兴的未来做出恰当的描述，因为它需要未来想象与过去经验之间的"脱节"或"中断"（disruption）。[②] 根据西蒙和塔姆的观点，人类世未来（Anthropocene futures）和科技未来（technoscientific futures）就预示着未来与过去的脱节。

二

"人类世"（Anthropocene）是一个地质学术语，最先是由诺贝尔奖获得者荷兰气候学家克鲁岑和海洋科学家施特默在2000年提出。在一份发表于2000年的简短声明中，他们说："考虑到……人类活动在各方面包括全球范围内对地球与大气层重大且日益增大的影响，对我们来说，建议使用'人类世'一词来称呼当前的地质时代，以强调人类在地质学和生态学中的中心作用，似乎更为合适。"[③] 随后，在刊发于2002年的一篇短文中，克鲁岑对这个概念进行了定义："过去三个世纪以来，人类对全球环境的影响不断升级。由于这些人为排放的二氧化碳，全球气候在未来的几千年里可能会与自然运行严重背离。将'人类世'一词归于这个在许多方面以人类为主导的地质时代似乎是合适的，它补充了'全新世'（Holocene）亦即过去一万至一万两千年的温暖期。人类世可以说开始于18世纪后期，当时对极地冰中空气的分析显示，全球二氧化碳和甲烷浓度开始上升。这

[①] Reinhart Koselleck, "'Space of Experience' and 'Horizon of Expectation': Two Historical Categories", in *Futures Past: On the Semantics of Historical Time*, trans. Keith Tribe, Columbia University Press, 2004.

[②] Zoltán Boldizsár Simon, *History in Times of Unprecedented Change: A Theory for the 21st Century*, Bloomsbury Academic, 2019, pp. ix - xi, 56 - 57, 62.

[③] Paul J. Crutzen and Eugene F. Stoermer, "The Anthropocene", *IGBP (International Geosphere-Biosphere Programme) Newsletter*, Vol. 41, 2000, p. 17.

个时期正好与1784年詹姆斯·瓦特设计蒸汽机相吻合。"① 在西蒙和塔姆看来,在人类世未来,人类对地球的人为改造,将可能引发地球生态系统的突变,从而出现一个不再能够维持人类生存的全新状态。②

科技未来是一种超人类(transhuman)或后人类(posthuman)的未来。纳米技术如果能够使我们给物质编程,那么,世界本身就会发生彻底的改变,现实生活也会得到极大的延展,未来一定会从根本上不同于当下。未来的世界很可能不再是由与过去相同的物质构成的,甚至未来的"我们"也可能是由与过去的"我们"不同的物质构成的。人类越来越可能成为"生物文化的造物"(biocultural creatures),嵌入一种自然和文化纠缠难分的世界本体中。随着各种改造和增强人类机能的新技术的发明和发展,人类在认知和生理上的生物学局限将得到克服,未来有可能到处是机器超级智能和大脑仿真等替代性生命体。这些未来都无法在现代历史性思维框架内得到理解,因为在现代人的头脑中,未来的前景是人类社会的日臻完善,而不是一个超人类社会的突然出现。③

最能体现未来与过去脱节或中断的是"奇点"(singularity)概念。根据塔扬迪耶(Apolline Taillandier),这个概念是由科幻作家兼计算机科学家文奇于1987年提出,并由工程师科兹维尔推广的。④ 奇点理论家们认为:"计算机能力的增长趋势将在不久的未来继续加速。这将最终引发一场智力失控,人工智能(AI)的指数级增长将导致具有自我完善能力的超人类智能机器的发展,从而引发前所未有的技术和社会颠覆。前所未有的、不可控制的变化将导致历史上的一个转折点,所有原来的社会规范将

---

① Paul J. Crutzen, "Geology of Mankind", *Nature*, Vol. 415, Jan. 2002, p. 23; Dipesh Chakrabarty, "The Climate of History: Four Theses", *Critical Inquiry*, Vol. 35, No. 2, 2009, p. 209. 2019年5月21日,在国际地层委员会会议上,34名专家组成的人类世工作小组(The Anthropocene Working Group, AWG),以85%的赞成票(29票)通过了以20世纪中期为起点定义"人类世"的决议,将"人类世"列为最新的地质年代,并决定于2021年向国际委员会递交提议。
② Zoltán Boldizsár Simon and Marek Tamm, "Historical Futures", p. 7.
③ Zoltán Boldizsár Simon and Marek Tamm, "Historical Futures", p. 8.
④ Vernor Vinge, *True Names ... and Other Dangers*, Baen Books, 1987; Ray Kurzweil, *The Singularity Is Near: When Humans Transcend Biology*, Viking, 2005; Apolline Taillandier, " 'Staring into the Singularity' and Other Posthuman Tales: Transhumanist Stories of Future Change", *History and Theory*, Vol. 60, Issue 2, 2021, p. 223.

变得过时。"① 另外，西蒙和塔姆也指出，根据地球系统科学（ESS）的研究和预测，地球系统从过去状态到未来状态的一些转变，也可以被称为前所未有的变化，特别是那些与气候"临界点"（tipping points）和"地球边界"（planetary boundaries）的超越有关的突变。也就是说，一旦跨越这些临界点或边界，地球系统很可能会急剧过渡到一种全然不同的状态。②

另外，根据西蒙和塔姆的定义，"历史性未来是对过去的理解（apprehensions of the past）和预期的未来（anticipated futures）之间的多元过渡关系"，它追寻的是，"从分散在时空中的不同的社会、人类、科技和自然文化活动的当下观点来看，从过去到未来预期会发生怎样的变化"。③ 也就是说，对历史性未来的探索，就是立足当下、回顾过去、展望未来。对过去的回顾，也不单单是专业历史学"有关过去的知识"（knowledge of the past），而是包括历史学在内的各种领域"对过去的理解"。因而，对未来的展望，亦即历史性未来，是复数的或多元的，不仅包括上述人类世的未来和科技的未来，也包括其他社会和文化领域的未来。当然，对历史性未来的探索，既不局限于我们这个时代的新的历史性未来，也包括过去的旧的历史性未来。总之，西蒙和塔姆呼吁对历史性未来的各种形态进行跨学科和跨方法论的集体研究，从而形成对我们当前复杂历史困境的全面理解。

对"历史性未来"的探索，与近年来西方思想界有关时间问题的争论密不可分。西蒙和塔姆所说的"历史性"（historicity）观念包含过去、当下和未来，它不仅受到科泽勒克的"时间经验"和"期待视域"概念的影

---

① Apolline Taillandier, "'Staring into the Singularity' and Other Posthuman Tales: Transhumanist Stories of Future Change", p. 223; Zoltán Boldizsár Simon, *History in Times of Unprecedented Change: A Theory for the 21st Century*, p. 83.

② Zoltán Boldizsár Simon and Marek Tamm, "Historical Futures", p. 16. 关于"临界点"，参见 Timothy M. Lenton, et al., "Tipping Elements in the Earth's Climate System", *PNAS*, Vol. 105, No. 6, 2008, pp. 1786 – 1793; Marten Scheffer, "Foreseeing Tipping Points", *Nature*, Vol. 467, September 2010, pp. 411 – 412; Timothy M. Lenton and Hywel T. P. Williams, "On the Origin of Planetary-Scale Tipping Points", *Trends in Ecology & Evolution*, Vol. 28, No. 7, 2013, pp. 380 – 382。关于"地球边界"，参见 Johan Rockström, et al., "Planetary Boundaries: Exploring the Safe Operating Space for Humanity", *Ecology and Society*, Vol. 14, No. 2, 2009, pp. 1 – 33。

③ Zoltán Boldizsár Simon and Marek Tamm, "Historical Futures", p. 13.

响，也与其他学者特别是阿赫托戈（François Hartog）的时间性理论相关联。[①] 在其有关"历史性的体制"（regimes of historicity）和"当下主义"（presentism）的学说中，阿赫托戈分析了西方各个历史时期对过去、当下和未来这三个时间维度的不同配置情况。[②] 在他看来，以法国大革命为时间节点，之前是过去居主导地位（中世纪体制），之后是未来占支配地位（现代体制），而从20世纪80年代开始，则出现了以当下为主导的时间观念（当下主义体制）。受到阿赫托戈的启发，西蒙和塔姆倡导一种多少具有未来主义色彩的时间观念。但是，与阿赫托戈的现代时间体制不同的是，西蒙和塔姆所说的"历史性未来"并非以未来为主导，而是以未来为导向，以当下为视角，以过去为参照，并体现了三者之间相互作用的辩证关系。

对历史性未来的探索是一种思辨的历史哲学的旨趣。正如安克斯密特所言："把过去、当下和未来贯通起来，将其作为一个统一的历史过程来加以把握，这从来都是过去思辨的历史哲学的典型特征。"[③] 在西方思想史上，这种对历史过程总体性的思考和阐释具有悠久的传统。从犹太基督教的神学历史观，到启蒙以来的理性和进步的历史观，再到20世纪斯宾格勒、汤因比等人的文明史观，历史思辨家们都是在对过去、当下和未来的时间框架中，讲述人类面向未来的终极命运的宏阔故事。而且，这些思辨的历史观念都是在人类历史发生重大变化的背景下产生的。同样，当前人类正在经历的"前所未有的变化"，以及有可能很快到来的奇点式事件，也重新激发了人们对自己生存意义的忧思和焦虑。这场由西蒙和塔姆发起的有关历史性未来的讨论，其实是这种有关人类终极意义的广泛思考在史学理论领域的一种反映。

三

这场有关历史性未来的争论刚刚开始，我们不清楚将来会出现何种结

[①] Zoltán Boldizsár Simon and Marek Tamm, "Historical Futures", p. 12.
[②] François Hartog, *Regimes of Historicity: Presentism and Experiences of Time*, trans. Saskia Brown, Columbia University Press, 2015.
[③] Frank Ankersmit, "The Thorn of History: Unintended Consequences and Speculative Philosophy of History", *History and Theory*, Vol. 60, No. 2, 2021, p. 188.

第二篇　当代西方历史理论问题再思考

果。不过,目前看来,这种思辨的历史哲学的兴趣似乎不大可能昙花一现,"人类世""超人类主义"和"前所未有的变化"等术语,可能会成为西方史学理论新的"关键词"。从已经展开的相关讨论来看,这种新的思辨的历史哲学相较于同时代和现代的体系,我认为存在以下三个主要特征。

第一,历史性。"历史性未来"这个概念本身就蕴含这一特征。面对现代性无法想象的历史巨变,构建新的时间框架和历史理论,仍然需要以现代历史观为参照。历史性思维是贯穿西蒙和塔姆近年来理论思想的一条红线。他们一直都在通过回顾过去的历史观念,来思考当前的历史困境和未来前景。安克斯密特则是自觉地通过梳理过去的思辨体系,在黑格尔"理性的狡计"(the cunning of reason)概念的基础上,阐发了其有关"意想不到的后果"(unintended consequences)的新思想。[①] 对新的历史性未来的探讨,很可能会引发人们对过去的思辨的历史哲学的再思考。

第二,实证性。西方传统的历史理论大多是出于一种形而上学的构想,而非完全基于经验的历史事实,因而具有较强的臆测性,是真正意义上的"思辨的"历史哲学。而当前这种对历史性未来的新思考,虽然也属于思辨的历史哲学,但主要是以地质学、气象学和各种前沿科技成果为基础的,这一点从西蒙和塔姆等人的参考文献就可以看出。这样一来,思辨的历史哲学常常遭人诟病的"预测性",就极大地增强了其科学性和可信度。

第三,跨学科性。与第二点相关,当前对历史性未来的研究设想,本源自于其他学科特别是自然科学的启发,同时也希望人文社会科学工作者加入讨论,以激荡出一些新颖的甚至是意想不到的思想浪花。在跨学科趋势日益增强的今天,西蒙等人的这种学术雄心是值得肯定和令人敬佩的。

那么,这种以未来为导向的思辨的历史哲学或历史理论,对于以过去为研究对象的历史学有何意义呢?这既涉及理论和实践之间关系的一般问题,也关涉新的"历史性未来"概念究竟对历史书写产生何种影响的问题。黑格尔说过,哲学作为有关世界的思想,要等到现实过程完成之后才

---

① Frank Ankersmit, "The Thorn of History: Unintended Consequences and Speculative Philosophy of History", pp. 198–204.

会出现，密纳发的猫头鹰要等到黄昏降临才会起飞。① 的确，我们知道，历史哲学，无论是历史本体论还是历史认识论，都是对历史过往或历史书写"后思"的结果。同时，在马克思那里，哲学也是迎接黎明的高卢雄鸡。② 单就我们现在讨论的思辨的历史哲学来说，它是一种历史观，也就是对于历史本体的"观点"，其眼光所到之处，往往能够照亮原本幽暗的历史地带。再具体到我们这里探讨的话题，历史性未来的观念一旦形成，它必定会影响我们看待和书写过去的方式。

通过对人类世和科技未来前景的讨论，我们的目光会从人类世界转向动物、植物、机器、人工智能、地球系统的变化等超人类世界，转向超人类世界与人类世界的关系。如此一来，"后人类史学""超人类史学"等新的书写形式就有了存在的理由和价值。③ 并且，我们可能会因此而重新审视和修正过去，改写自己的历史，赋予其新的意义。我们可能会看到一个以前难以想象的过去和当下，从而更全面地理解我们的历史困境。正如安克斯密特所言，"只有当你向后抚摸你的猫或狗的皮毛时，你才能看到其下面的皮肤，并据此判断你的宠物的健康状况。同样，只有从未来的角度来审视过去和当下，我们才能看清我们所处的人类世的真相。"④

人类是一种历史性的生物。任何一种理性的人类存在，无论个人抑或集体，都是在某个过去、当下和未来的时间框架中生活和思考，追求着人生的意义，讲述着生存的故事。任何一个时代，也都有其独特的思辨的历史哲学的诉求。因此，严格说来，其实并不存在思辨的历史哲学的"复兴"，因为它从未消亡。只不过，当前，面对"百年未有之大变局""前所未有之变化"，人们空前需要更新时间观念，重讲宏大叙事，以寄托人

---

① [德]黑格尔：《法哲学原理》，范扬、张企泰译，商务印书馆1979年版，第13—14页。
② 《马克思恩格斯文集》第1卷，人民出版社2009年版，第18页。
③ Ewa Domanska, "Posthumanist History", in Marek Tamm and Peter Burke, eds., *Debating New Approaches to History*, Bloomsbury Academic, 2018, pp. 327 - 338; Marek Tamm and Zoltán Boldizsár Simon, "More-Than-Human History: Philosophy of History at the Time of the Anthropocene", in Jouni-Matti Kuukkanen, ed., *Philosophy of History: Twenty-First Century Perspectives*, Bloomsbury Academic, 2020, pp. 198 - 215. 国内学界关于超人类史学的介绍和思考，参见《史学集刊》2019年第1期《"后人类史学"的探索和展望》的专栏文章。
④ Frank Ankersmit, "The Thorn of History: Unintended Consequences and Speculative Philosophy of History", p. 213.

类温情的价值，安顿自己焦虑的心灵。于是，一些理论家再度显示出对宏阔历史观念的热情。他们呼唤一种新的思辨的历史哲学，并希望它能够同历史研究联起手来，一起迎接生态和科技前景所隐含的挑战，共同应对摆在我们时代面前的紧迫问题。对此，我们乐见其成，也将持续关注。

（原载《史学理论研究》2021年第6期）

前所未有之变革时代的历史理论

[匈] 佐尔坦·西蒙[*]
(德国比勒费尔德大学历史系)

一

历史理论是对人类以及与人类有关的事务随时间变化的解释与描述。自启蒙运动晚期以来,各种古典历史哲学所阐述的非常现代的历史观念,都是从概念上去表达这种变化,而这种变化创造了将每一个特定主题"历史化"的可能性。然而,到20世纪中叶,历史理论的进展变得寸步难行,它对历史变化的解释也变得声名不佳。原因在于,从这一时期的历史哲学中衍生出一种特定的观念,即历史的变化将朝着某种方向展开,所有的历史事件因此都具有某种意义和目的。对古典历史哲学进行批判有其合理之处,但因对其一特定表达方式感到不满就放弃它的总体规划,却是19世纪犯下的最重大的思想错误之一。

时至今日,历史理论的可行性问题依然充满争议。一方面,你会发现,像《史学理论手册》这样的代表该领域制度化共识的著作,仅限于探讨历史撰述产生的历史认识问题。在该书的导言中,主编之一南希·帕特纳表达了她对历史哲学,以及任何试图勾勒"一种历史理论"努力的轻视,认为这样的历史理论与"以历史哲学的陈旧方式解释或预测世界事件的过程的某种统一体系"有关。[①] 另一方面,你也会发现,对于历史前景

---

[*] 本文译者张旭鹏,中国社会科学院历史理论研究所研究员。
[①] Nancy Partner, "Foundations: Theoretical Framework for Knowledge of the Past", in Nancy Partner and Sarah Foot, eds., *The SAGE Handbook of Historical Theory*, SAGE, 2013, p. 3.

第二篇 当代西方历史理论问题再思考

的热情也在高涨,比如,大卫·克里斯蒂安对普遍史复兴的预测。作为大历史的创始人,克里斯蒂安的预测显然是将自己的方法建立在一个更一般的趋势之上。① 不过,这并没有削弱下述事实的重要性,即在克里斯蒂安的方法中,将历史作为人类事务的过程而加以理论化并不一定意味着帕特纳所说的"历史哲学的陈旧方式"。克里斯蒂安所预测的历史哲学的复兴,是与当代"科学的"标准和关切点相一致的。

虽然大历史希望成为一种符合这类更新的科学标准的实践,但一些学者更多地将之视为一种尝试,它仍然依赖于旧有的历史哲学的那些让人倍感熟悉的预设。② 正是这一充满矛盾的特点,让大历史完美体现了当前西方史学的总体氛围:一方面,长期主义(long-term)的历史思维确定无疑地回来了;另一方面,它与古典历史哲学设计的现代历史概念中的事物朝着某种方向发展的特点非常相似。在使历史学重新参与到长时段的解释上,古尔迪和阿米蒂奇的《历史学宣言》一书发出了最有力的呼吁,号召人们对此进行更广泛的讨论。③ 不过,在该书问世之际,历史学中重拾长时段的尝试已经非常明显,且不仅仅是以大历史的形式表现出来。比如,长时段的视角也深深地浸透在"深度历史"(deep history)这样的研究路径中。④ 同样,它也体现在历史研究的大数据方法上,该方法力图"创建和分析人类社会活动的全球数据组",以"描绘人类社会长期和全球性的变化"。⑤ 最为重要的是,在历史编纂中,长期主义已经在全球史引人注目的兴起中得到了明确的体现。

作为时代的标志,最能说明问题的可能既不是最近泛滥成灾的各种全球史手册,也不是数量激增的关于任何可实践之物的"全球史"这样的学术著作。当前史学风向中最具表征性的一点是,在过去几十年中,那种以

---

① David Christian, "The Return of Universal History", *History and Theory*, Vol. 49, No. 4, 2010, pp. 6 - 27.

② Ian Hesketh, "The Story of Big History", *History of the Present*, Vol. 4, No. 2, 2014, pp. 171 - 202; Allan Megill, "'Big History' Old and New: Presuppositions, Limits, Alternatives", *Journal of the Philosophy of History*, Vol. 9, No. 2, 2015, pp. 306 - 326.

③ Jo Guldi and David Armitage, *The History Manifesto*, Cambridge University Press, 2014.

④ Daniel Lord Smail, *On Deep History and the Brain*, University of California Press, 2008; Andrew Shyrock and Daniel Lord Smail, *Deep History: The Architecture of Past and Present*, University of California Press, 2011.

⑤ Patrick Manning, *Big Data in History*, Palgrave, 2013, p. 2.

自下而上的方式考察小的、微观的和地方之物的曾经被认为具有开拓性的史学路径,到现在则需要以全球史来衡量。比如,微观史——尽管建立在关注微观和地方的前提下,但实际上总是希望通过研究小问题来回答大问题——最近一直在寻找与占主导地位的全球史路径相联系和兼容的方法。① 与此同时,微观史的努力,也只有从方兴未艾的全球史角度来看,才可能会受到欢迎。人们至少可以在于尔根·奥斯特哈默的《世界的转变:19世纪史》的开篇第一句中找到对这种情况的默认:"一切历史都倾向于成为世界史。"②

通过将这种普遍倾向视为整个学科的特征——这种倾向被认为在所有可能的历史路径、流派和方法中都同样存在——奥斯特哈默赋予全球史一个非常特殊的角色,即成为"一切历史"的主话语。这一点直接引出了当前史学风向的另一个决定性特征,即对全球所表现出的学科态势似乎利用了南希·帕特纳所谓的长期备受质疑的"历史哲学的陈旧方式"的抱负和概念工具。因为,显而易见的是,奥斯特哈默的这一倾向,与古典历史哲学所讲述的一切历史都倾向成为历史本身的终极单一叙事十分相似。对人类事务随时间而变化的一般描述,对历史本身朝着某个方向逐步展开的阐述,其目的是打算将一切历史都汇聚在一个总体框架之中。今天的全球史很容易以同样的方式运作。坦率地说,奥斯特哈默的全球史模式只是众多全球史类型中的一个。其他人可能没有像奥斯特哈默那样明确表示要回归"宏大叙事",③ 但不管他们承认与否,即使是全球史中最传统的类型——通过借助在相互联系、纠葛、交流和迁移中的共有利益来定义自己的方法——也倾向于假定一个一般的参考框架,而这有意无意地依赖从启蒙运

---

① Francesca Trivellato, "Is There a Future for Italian Microhistory in the Age of Global History?", *California Italian Studies*, Vol. 2, No. 1, 2011, Available online: http://www.escholarship.org/uc/item/0z94n9hq [2018-12-27]; Angelika Epple, "Globale Milcrogeschichte: Auf dem Weg zu einer Geschichte der Relationen", in Ewald Hiebl and Ernst Langthaler, eds., *Jahrbuch für Geschichte des ländlichen Raumes/Themenheft: Im Kleinen das Großesuchen: Mikrogeschichte in Theorie und Praxis*, Studien Verlag, 2011, pp. 37-47.

② Jürgen Osterhammel, *The Transformation of the World: A Global History of the Nineteenth Century*, trans. Patrick Camiller, Princeton University Press, 2014, p. xv.

③ Jürgen Osterhammel, *The Transformation of the World: A Global History of the Nineteenth Century*, p. xix.

动时代的史学和历史哲学中继承下来的概念体系。①

这并没有什么特别令人吃惊或困惑之处,因为没有什么比历史哲学的事业更宏大、更深刻、更具全球史的意义。因此,各种长期主义的历史路径使用了它们最熟悉的概念框架,这一事实并不让人感到意外。此外,不让人感到惊讶并不意味着重新利用遭受质疑的概念工具就一切正常。历史哲学变得声名不佳不仅仅事出偶然,西方社会不能放弃长时段的历史思维也不仅仅是巧合。

如果当前关于长时段变化的史学路径不希望回到对"历史哲学的陈旧方式"的依赖,那就必须寻找机会,通过创造新的词汇和新的概念工具,与希望在最普遍的概念层面上对历史变化加以理论化的各种尝试通力合作,进而用一种新的历史哲学扬弃"历史哲学的陈旧方式"。因此,重视历史理论有利于史学实践,但这只是硬币的一面。事实上,不论是对长时段的史学路径来说,还是对作为人类事务发展过程的历史的理论或哲学思考而言,两者之间的相互关注对双方都有益处。尽管历史这门学科已经走上了长时段的轨道,但历史理论和历史哲学在从史学研究转向对史学以及对作为人类事务发展过程的历史的研究中,依然踯躅不决。

二

第二次世界大战后,西方社会逐渐放弃了那种对作为人类事务发展过程的历史予以反思的历史哲学,亦即历史理论。这种源自启蒙时代的历史哲学认为,人类历史的发展是线性的和目的论的,人类的历史进程因而也是有意义的。但在莫里斯·曼德尔鲍姆看来,创建这样一种历史哲学是"一项理论上无效的事业";② 阿瑟·丹图同样认为,对于人类历史予以整体描述,是"不可能做到的"。③ 雷蒙·阿隆在 1938 年出版的《历史哲学

---

① Franz L. Fillafer, "A World Connecting? From the Unity of History to Global History", *History and Theory*, Vol. 56, No. 1, 2017, pp. 3 – 37.

② Maurice Mandelbaum, "A Critique of Philosophies of History", *Journal of Philosophy*, Vol. 45, No. 14, 1948, p. 365.

③ Arthur C. Danto, *Narration and Knowledge: Including the Integral Text of Analytical Philosophy of History*, Columbia University Press, 1985, p. 1.

导论》一书中,也为自己进行了避嫌式的辩护:"这本书的标题有可能会误导读者,使其有可能将这里的历史哲学与19世纪初的那些伟大体系联系在一起,而这些体系在今天却备受质疑。"[1] 卡尔·波普尔甚至得出结论:这种历史哲学将成为极权主义的源头。[2] 在我看来,西方社会正在为放弃这样一种历史哲学而付出代价。不幸的是,几乎没有人提到,对历史哲学的放弃让西方社会丧失了一种历史观,即不再从理论和概念上对人类事务中的变化和新异之处作出解释。更有甚者,这种放弃不仅使西方社会无法对人类事务的变化进行切实可行的解释,而且让西方社会失去了变化的可能。

原因就在于,这种被抛弃的历史哲学具有一种运作功能,它通过将过去、现在和未来共同视为历史,从而将人类事务随时间的变化概念化。当这种历史哲学为未来敞开时,当它假设了一个不同于过去和现在的未来并看到这个不同的未来与过去和现在共同构成了一个过程时,它便创造了人类世界发生变化的可能性,而这种可能性被认为在历史之内发生且作为历史发生。鉴于现代历史观、变化的可能性和对未来的展望以这种方式紧密地联系在一起,放弃历史观很可能意味着放弃太多的东西,意味着放弃变化的可能性,放弃对更加美好的未来的构想。

具体而言,战后对历史哲学的抛弃导致两个重要的思想主题的出现。第一个是"历史的终结"观念。弗朗西斯·福山指出,没有再比自由民主更好的东西,人们完全参与其中并宣称它已经最终实现,因此可以放弃历史。显然,这一观念意味着拒绝进一步变化的可能性。因为,如果我们确实处在历史的尽头,那就意味着不会发生进一步的变化。福山正是这样声称的,尽管他有一个重要的限定条件,即这并不意味着不会发生任何微小的变化,但是"自由民主的理想再无改进之处"。[3] 换句话说,福山的命题将大规模的历史变化视为人类状况的一种"发展改善",而它所依赖的正是它所宣称的终结的历史观念。

第二个是当下主义(presentism)的观念。这一观念由弗朗索瓦·阿赫

---

[1] Raymond Aron, *Introduction to the Philosophy of History: An Essay on the Limits of Historical Objectivity*, trans. George J. Irwin, Beacon Press, 1961, p. 9.

[2] Karl Popper, *The Poverty of Historicism*, Routledge, 1957.

[3] Francis Fukuyama, *The End of History and the Last Man*, The Free Press, 1992, p. ix.

第二篇　当代西方历史理论问题再思考

托戈提出,认为现代世界以未来为导向的历史性体制已经让位于聚焦于当下的历史性体制。然而,当下主义理论在很大程度上是值得怀疑的。首先,它与福山"历史终结论"都坚信,未来不会再发生大规模的历史变化。这不是因为福山所谓的现代的历史观念最终实现了,而是因为它不再有效。阿赫托戈声称,现代的以未来为导向的历史观念已经被另一种以"未来危机"为特征的历史性体制所取代。这种历史性体制"动摇了进步的观念,产生出一种不祥的预感,给我们的当下蒙上了一层阴影"。[1] 尽管阿赫托戈主要关注的是与过去的已经发生了变化的关系,但他所指的"不祥的预感"却关涉对未来的愿景。阿赫托戈认为,这些愿景是围绕"预防性原则"建构的,这会产生另外一种对未来而不是对过去的负债感,以控制和减轻有危害的环境和技术风险。[2] 因此,当下主义的规则源于一种双重负债,它只是将当下延伸到过去和未来。然而,如果我们真的生活在一个"被奴役到现在以至于没有其他观点被认为是可以接受的世界中",[3] 那么,人类事务随时间而发生变化将是不可能的。而如果不能感知这种变化,我们就不会有"历史性"的感觉和对历史的敏感。如果我们真的是当下主义者,我们将拥有一个"非历史性的体制",一个永恒不变的时间体制,就像福山在"历史的终结"中设想的"那样"。

不可否认,我们在许多方面都认为某种历史观、某种关于变化的观念,以及某个关于未来的愿景不再可行。在很大程度上,我们已经不再将人类事务的过程设定为某个单一主题的发展,比如自由、理性或人性。我们已经失去了作为这一主题发展阶段的变化的观念,我们也失去了潜在的能够实现这一发展的未来愿景。但是,我认为,当下的历史性体制并不能对现代历史观构成挑战。也就是说,当前的西方社会并不是处在当下主义阶段,而是处在前所未有的变化时代(in times of unprecedented change),这意味着现在与过去和未来的关系都需要根据这种前所未有的变化来重新考量。

我曾在一系列论文中指出,战后西方社会产生了一种与启蒙运动时期

---

[1] François Hartog, *Regimes of Historicity: Presentism and Experiences of Time*, trans. Saskia Brown, Columbia University Press, 2015, p. 196.
[2] François Hartog, *Regimes of Historicity: Presentism and Experiences of Time*, p. 198.
[3] François Hartog, *Regimes of Historicity: Presentism and Experiences of Time*, p. xiii.

截然不同的关于未来的愿景。① 在启蒙运动时期,对人类和人类社会具有一种内在完美性的展望,在当时将历史构想为朝着期望的目标不断发展的过程,是完全合乎情理的。但是,战后对未来的展望不再承诺去实现任何假定的过去的潜能。相反,在核战争、人为造成的气候变化,以及人工智能、生物工程、超人类主义(transhumanism)等新技术的影响下,战后西方世界不再将未来设想为从过去的状态中逐步发展变化而来的阶段,而是将未来视为会带来前所未有的变化的阶段。

但是,将这些关于未来的愿景归入前所未有的变化这一范畴,究竟意味着什么?究竟在什么意义上,战后出现的核战争危机、人为造成的气候变化和人工智能可以被称作前所未有的变化?从最一般的层面来说,所有这些前景都围绕着我们所知道的人类发生彻底变化甚至灭绝的可能性展开。所有这些对未来的展望都拥有一种终极潜能,并借助人类自身的行为将人类推向一个不可返转的境地。将人类推向不可返转的境地,其标志是一些可以预见的非比寻常的事件。当这些事件发生之后,人类将失去对自身状况加以规划的控制能力。人们所能够预见的非比寻常的事件可以是一场迅速爆发而具有毁灭性的全球核战争;一场因跨过关键的"临界点"而引发的气候灾变;② 或者一场技术奇点之后的"智能爆炸"(intelligence explosion),③ 也就是说,出现了一个比人类更强大的能够自我升级的智能,并能够以快速、加速的方式设计出更强大的智能。

这一切是否会真的发生并不重要。重要的是,所有这些前景都被认为是可能的,并被战后的西方社会认为是可以预见的未来图景。同样,在启蒙运动后期和整个19世纪,将人类事务中的变化形成一种历史观念,主要是基于人类和人类社会是可以达到完美的假设,而不是振振有词地宣

---

① Zoltán Boldizsár Simon, "History Manifested: Making Sense of Unprecedented Change", *European Review of History*, Vol. 22, Issue 5, 2015, pp. 819 – 834; "Why the Anthropocene Has No History: Facing the Unprecedented", *The Anthropocene Review*, Vol. 4, Issue 3, 2017, pp. 239 – 245; "(The Impossibility of) Acting upon a Story That We Can Believe", *Rethinking History*, Vol. 22, Issue 1, 2018, pp. 105 – 125.

② Nancy Oreskes and Erik M. Conway, *The Collapse of Western Civilization: A View from the Future*, Columbia University Press, 2014.

③ David J. Chalmers, "The Singularity: A Philosophical Analysis", *Journal of Consciousness Studies*, Vol. 17, No. 9 – 10, 2010, pp. 7 – 65; Murray Shanahan, *The Technological Singularity*, MIT Press, 2015.

称，社会和人类的完美随着时间的推移已经成为真实。比如，乌托邦社会主义者坚信，这种完美性可以在历史进程中实现，但在现实中，他们为了实现所追求的完美而取得的有目的的成就却遭到质疑。因此，对当代西方历史敏感性的探索，重要的并不在于对未来的展望能够真的实现，而是在于那种被普遍认为可行的对于未来的展望是否存在和能否占据主导地位。

三

如何在这个前所未有的变化时代重塑历史理论，使之既能够解释历史变化，同时又能认真对待战后对思辨的历史哲学或阿瑟·丹图所说的实质的历史哲学（substantive philosophy of history）的批评？实质的历史哲学试图赋予历史整体以意义，尤其是赋予其一种尚未出现的"终极意义"。这种意义属性不仅包括过去和现在，而且涵盖未来。在丹图看来，正是将未来牵扯其中，事情才开始变得大错特错。

这里我尝试提出一种准实质的历史哲学（quasi-substantive philosophy of history）。与实质的历史哲学类似，它假设了一种运动、一种机制、一种模式，或者一种总体方案，用于解释人类事务的变化。但是，由于它放弃了过去、现在和未来之间令人信服的发展上的连续性，它只是准实质的。由于缺乏一种连续发展的时间性和具有自我同一性的主体，准实质的历史哲学不能假定一个有意义和目的的连续过程。相反，它仅限于提供对历史变化的概念性理解，而不提出具体的方案。最后，称这种历史哲学只是准实质的，是因为它甚至并不希望从假定的关于未来的知识中获得对过去的认识。因而，准实质的历史哲学是一种我们手中的可资利用的概念工具，较之实质的历史哲学在目的论和意义构建上的尝试，它更加有益和可行。

为了更好地予以阐明，我将准实质的历史哲学的主要特征归结为如下两点：第一，它将历史再次置于运动之中；第二，它将未来重新引入历史思维之内。同时，它不再认为存在一个统一的历史过程和单一的中心主题。鉴于这两个特征密切相关，我不希望将它们视为易于识别的一般理论的可分离的组成部分。为了清楚起见，我将以两个彼此互相强调的命题的形式来介绍这些特征。

第一个命题是：历史再次处于运动之中，但尚无明确的目标和方向，也没有规定的实质。

历史再次处于运动之中,实际上蕴含着两种观点。第一种观点认为,历史的运动在一段时间里被认为是可能的;第二种观点则认为,历史的运动在一段时间里被认为是不可能的。前者的时间范围介于启蒙运动到第二次世界大战之间。如前所述,在这段时间里,历史运动最典型的方式是线性发展,尽管有时大规模的变化也以有机生命循环的方式得以重现。但是,不论人们假定历史以何种特殊方式运动,运动本身都会受到一种发展的时间性(developmental temporality)的影响。发展运动以历史进程本身的方式呈现出来,在这个进程中,未来从已经被认定的过去的可能性中展现出来,而所有这一切都是从现在的视角加以审视。古典的历史哲学即是根据一种机制或模式,也就是说,根据对人类事务随时间变化的一般描述,来构想这一假定的历史运动。

后者的时间点则是在人们大致理解的战后时期,当时现代的历史观已经被摧毁,未来也被从中剥离。历史静止的最明显的表现,可能来自于"历史的终结"这一幌子下难以尽数的各种变体。尽管丹图等分析哲学家对实质的历史哲学的批判,因否定了历史作为一个整体的合法性而导致历史的静止,但各种"历史的终结"理论还是在沿着不同路线继续前进。它们有两个主要的变体:要么是发展运动成功实现了"历史的终结";要么是历史作为一种发展运动的理念结束于"历史的终结"。不管怎样,两种变体最终都是关于运动的"终结",并因此达到同样的静止状态。

那么在准实质的历史哲学中,历史将如何运动?推动它的力量又是什么?在试图回答这些问题时,我想引述艾柯·鲁尼亚、安克斯密特、让-吕克·南希的观点,因为他们在不同程度上,已经指出了准实质的历史哲学的可能方向。① 安克斯密特和鲁尼亚在他们的最新著作中,都对历史变化重新产生出兴趣。安克斯密特聚焦西方文明的认同的转变,② 鲁尼亚关注的重点则是真正的新事物的诞生。③ 归根结底,两人都对人类事务中最

---

① Zoltán Boldizsár Simon, "History Set into Motion Again", *Rethinking History*, Vol. 19, Issue 4, 2015, pp. 651 – 667.
② Frank Ankersmit, *Sublime Historical Experience*, Stanford University Press, 2005, p. 351.
③ Eelco Runia, *Moved by the Past: Discontinuity and Historical Mutation*, Columbia University Press, 2014, p. 158.

第二篇 当代西方历史理论问题再思考

重大的变化充满兴趣。比如，带来深刻创伤的变化、作为两人都称之为"崇高的"（sublime）的事件的后果的变化、鲁尼亚所说的破坏"我们赖以生存的故事"的变化、①安克斯密特所谓的导致"一个人不再成为自己所是"的变化。②这些人类事务中最重大的变化——其中法国大革命是鲁尼亚和安克斯密特经常提到的范例——打破了连续性，它们不仅与过去发生了分离，而且与变化本身遗留下来的东西发生了分离。鲁尼亚最终想探知的是，非连续性是如何发生并导致意外之物的产生；而安克斯密特追问的是，作为一种共同应对崇高和创伤事件的手段，这种与过去的分离如何产生新的认同。尽管侧重点不同，但两人都试图解释，非连续性和分离缘何产生，而在对之作出解答时，他们都转向了心理学和精神分析。

在安克斯密特看来，人类事务发生重大变化时，往往是西方世界的认同发生了转变。在这种情况下，重大的变化发生在集体层面上。与之类似，鲁尼亚同样认为，让历史运动的关键因素在于集体认同的维度。因为，如果某个"我们"赖以生存的故事被摧毁的话，那么在这些事件中诞生的是一个新的"我们"，进而与旧有的"我们"发生分离。换句话说，在这种情况下产生的是一个新的本体论主体，一个之前不存在的主体。安克斯密特与鲁尼亚所构想的历史运动建立在认同的非连续性变化和转变之上，并因此以一种我所谓的准实质性历史哲学的方式重新参与到对历史整体变化这一问题的思考中。历史运动的机制来自历史的断裂而非延续，这是它与实质的历史哲学的区别。这并不意味着这种历史哲学不能涵盖未来、现在和过去，相反，它不仅要延伸到整个被历史化的过去，还要延伸到遥远的未来。

第二个命题是未来的回归。历史再次运动的事实——即便没有确定的方向——意味着未来的开放，也意味着未来再次进入历史思维当中。

如前所述，历史终结论与当下主义等理论，通过预示历史不再发展或者将历史的参照点从未来转移到当下，展现了西方社会面对未来迷失的最明显的症状。不仅如此，政治乌托邦主义和意识形态在战后也经历了艰难时期，朱迪丝·施克莱的《乌托邦之后：政治信仰的衰落》③ 和丹尼尔·

---

① Eelco Runia, *Moved by the Past: Discontinuity and Historical Mutation*, p. 124.
② Frank Ankersmit, *Sublime Historical Experience*, p. 333.
③ Judith Shklar, *After Utopia: The Decline of Political Faith*, Princeton University Press, 1957.

贝尔的《意识形态的终结》① 堪称代表，这一时期也正好是对实质的历史哲学和进步等相关思想质疑的高峰期。由于这种对未来的丧失感也遍布政治领域，因而具有强烈的误导性。

当然，未来的回归并不意味着它又回到了之前所理解的关于未来的概念形态，即一种对实现过去之潜能的期待。故而，未来的回归的核心问题是，新的未来与古典历史哲学中的未来观念在概念和作用上有何不同。让－吕克·南希对这一问题提出了一个可资借鉴的设想。南希认为，未来不是一个假想的终点，而是一个新的主体、新的共同体诞生之地。南希将未来界定为这个新主体的"到来"（coming），而不是"形成"（becoming）。② 在南希看来，"形成"的过程意味着一个最终指向定论的运动，而"到来"则暗示了运动始终保持开放的状态，因而未来也是开放的。这种开放的未来，或者说处于不断变化的"到来"状态的未来，而不是处于已然固定的"形成"状态的未来，正是准实质的历史哲学希望预见的前景。

在古典的或实质主义的历史哲学中，由于预设了未来是既定的和一成不变的，历史因而将走向一种静止或终结的状态，无法去应对前所未有的变化。作为一种替代性的方案，准实质的历史哲学将未来重新纳入历史意识当中，历史因而再次获得一种方向感，但其目标却不是单一的或固定不变的，从而避免了历史发展的决定论和目的论宿命。身处前所未有的变化时代，我们不仅需要重建以未来为导向的历史意识，而且要让这种未来保持一种开放性，进而才能应对各种重大的变化。这正是面对未来的 21 世纪的历史理论必须要思考的问题。

(原载《史学理论研究》2021 年第 6 期)

---

① Daniel Bell, *The End of Ideology: On the Exhaustion of Political Ideas in the Fifties*, Free Press, 1960.

② Jean-Luc Nancy, *Being Singular Plural*, trans. Robert D. Richardson and Anne E. O'Byrne, Stanford University Press, 2000.

文明史叙事与历史规律的探询*

韩 炯

（上海财经大学马克思主义学院）

从古至今，历史研究的一个重要目的就是考察人类历史和社会演进的规律，揭示其中的普遍性，以便更好地指导人类的现实生活。近年来，探讨历史的规律、动力、价值、主体、目的等问题的历史理论研究在西方学界出现了明显的回归。① 本文将以西方学界的文明史研究为切入点，分析其在 18 世纪兴起时的表现，步入 20 世纪后逐渐衰落的原因，以及进入 21 世纪后的复兴。② 本文认为，西方文明史研究的兴起与衰落，背后体现了西方人对历史规律这一重要的历史理论问题的探究与反思。而文明史研究在近年来再次回归西方学者的视野，则反映了西方学者为了应对西方文明当下所面临的危机，力图重新把握历史规律进而找到解

---

* 本文是国家社会科学基金项目"历史虚无主义的方法论基础批判"（项目编号：17BKS168）的阶段性成果。

① 参见张旭鹏《历史理论在西方史学中的回归》，《中国社会科学报》2021 年 1 月 4 日。

② 文明概念聚讼纷纭，文明史能否成为专门领域，李剑鸣认为受制于文明概念缺乏共识性、研究题材不够确定和丰富、方法论方面缺乏系统性和自主性，而具有"不确定性"（《文明的概念与文明史研究》，《华中师范大学学报》2016 年第 1 期）。其中，关于通论性文明史编纂的局限性（目的论和精英主义的理论陷阱）的解说，颇具启发性，提醒研究者更慎重地对待文明史研究中的理论预设，更加关注实证意义上的文明史研究。经典作家就曾反对脱离"特殊历史形式的"的物质生产去考察一般范畴意义上的历史，并斥之为"'文明'的空话"（马克思：《剩余价值理论》（1861 年 8 月—1863 年 7 月），《马克思恩格斯全集》第 26 卷第 1 册，人民出版社 1972 年版，第 296 页）。吴英曾撰文澄清马克思揭示的文明发展规律的要义（《马克思对文明发展规律的深刻揭示》，《人民论坛》2019 年第 21 期；《马克思的文明理论》，《山东社会科学》2009 年第 6 期）。笔者以为，文明史研究的关键在于，文明观念本身是否科学，能否确保经由"通论性历史编纂框架"（即文明史观）指导下的实证研究，能够揭示出研究对象（包括微观层面上）的历史生成变化的规律。本文只在一般意义上讨论西方学界的文明史叙事中对历史规律的探寻。

决办法的一次尝试。

一

在西方，书写有规律的历史由来已久。在中世纪，"伴随基督教的出现，历史变为真理的历史，同时也就摆脱了偶然和机遇"，历史进而有了"自己的规律"，但不再是自然规律，而是"理性、智慧、天意……天意指导并安排事件的进程，让它们奔向一个目标……历史首次被理解为进步"。历史"不再是……相互发生关系的国家的历史……而是典型的普遍的历史"。① 文艺复兴时期，人文主义者马基雅维利目睹佛罗伦萨动荡不安的历史，认为这受到了某种规律的支配："可以看出，在兴衰变化规律支配下，各地区常常由治到乱，然后又由乱到治。因为人世间事情的性质不允许各地区在一条平坦的道路上一直走下去；当它们到达极尽完美的境况时，很快就会衰弱；同样，当它们已变得混乱不堪，陷于极其沮丧之中、不可能再往下降时，就又必然开始回升。"②

进入18世纪，具有哲学思维的历史学家和具有历史意识的哲学家，把基督教的历史进步观与启蒙时代的理性主义结合起来，坚信人而非神或英雄主宰历史。国家、民族、社会代替教会和王朝，成为历史研究的主要单位，并出现了全面论述人类历史的普遍史。普遍史力图探询人类历史发展的总体规律，伏尔泰被认为是开拓者，因为他是"第一个把历史作为一个整体进行观察的学者，把全世界各大文化中心的大事联系起来，而且包括人类生活的各个重要方面"。③ 这一时期，多数历史学家相信人类历史受规律支配，社会现象有因果联系，关注社会变化的条件、动因，强调必然和一般，忽视偶然和个别。④ 比如，维柯认为各民族历史普遍经历了"神的时代""英雄的时代"和"凡人的时代"，人的"常识"或"共同本性"

---

① ［意］克罗齐：《历史学的理论和历史》，田时纲译，中国社会科学出版社2005年版，第143—144页。
② ［意］马基雅维利：《佛罗伦萨史》，李活译，商务印书馆1982年版，第231页。
③ ［美］J. W. 汤普森：《历史著作史》下卷，孙秉莹等译，商务印书馆1992年版，第90页。
④ 何平：《西方历史编纂学史》，商务印书馆2010年版，第97页。

第二篇 当代西方历史理论问题再思考

是决定社会历史进程的终极原因,历史学家的任务就在于探寻纷纭复杂的历史事实之间的联系和规律。① 德国哥廷根学派提出,世界历史的发展可以划分为古代、中世纪和近代三个阶段,每一个阶段向下一个阶段的演进,都遵循着一定的因果关系。② 苏格兰哲学家卡姆斯勋爵(Lord Kames)在《历史法手册》(*Historical Law-Tracts*)中将人类历史划分为狩猎—采集、畜牧游牧、农耕、商业社会的四阶段,他坚信:"现代工业和商业社会的发展将会使人们更为自由,自由将带来文雅,并推动人类的进步。"③ 卡姆斯的文明比较观念、持续进步观念,以及财产形式转变构成社会演化动因的思想,对亚当·斯密和马克思均产生了一定影响。

不过,启蒙时代的世界历史书写以欧洲文明为制高点,带有明显的种族优越意识,这也使得东方世界的发展模式难以纳入启蒙思想家勾勒的普遍历史规律之中。不仅如此,欧洲文明的意识被有意凸显出来,不但成为描绘不同民族之间差异的范畴,而且被用于描述欧洲扩张所奠定的全球秩序。"文明状态更是所有社会都经历或将经历的历史过程的必然结果。这样,历史不过是一系列发展阶段的演替:从野蛮的狩猎采集者,通过一些可被清晰定义的中间步骤,最终达至一个文明的、所谓'礼貌而富有商业精神的民族'。定义这些阶段的不仅是其经济和政治发展程度,也包括该民族感受世界的独特方式。"④ 同时,资本主义和工业革命激发了人的巨大生产能力,许多历史学家深信本民族生活的时代正处于或即将迎来文明史的高峰阶段。文明史研究也在这一时期得到极大的发展。

法国实证哲学家孔德把文明看作一个体系,认为文明史是一种有规律地发展的能动结构。他把人类精神或一般意义上的人类文明史分为三个阶段,即神学阶段、形而上学阶段和最后的实证阶段。实证阶段的特征是:"人的精神放弃了对绝对观念、宇宙的起源和归宿以及现象的原因的徒劳探求,而专心去研究现象的规律——它们的恒定不变的相继和相似的关

---

① [意]维柯:《新科学》,朱光潜译,人民文学出版社1986年版。
② 于沛主编:《西方史学思想史》,湖南教育出版社2015年版,"导论",第7页。
③ [美]阿瑟·赫尔曼:《苏格兰——现代世界文明的起点》,启蒙编译所译,上海社会科学院出版社2016版,第95、96页。
④ [挪]海尔格·约德海姆、[德]玛格丽特·佩尔瑙:《全球概念史:文明、教化与情感》,杨光烁译,《国际社会科学杂志》(中文版)2015年第4期。

系。"① 与孔德一样，黑格尔也秉持这种抽象的、线性发展的文明史观，并将之推向顶峰。在黑格尔那里，世界历史进程就是文明的进程，世界历史性民族就是"文明民族"，推动文明发展的动力在于"客观精神"或绝对精神。黑格尔进而指出，"日耳曼精神"就是新世界的精神，日耳曼文明因此将成为文明的最高范式，世界文明发展的最后归宿。②

19世纪下半期，民族意识的兴起以及对欧洲之外的文明的深入了解，让一些西方学者开始反思文明的普遍性。德国学者海因里希·吕克特（Heinrich Rückert）在1857年出版的《世界史教程》（Lehrbuch der Weltgeschichte in Organischer Darstellung）中否认存在"唯一的、统一的文化类型"，即普遍文明的可能性，否认历史发展会迈向统一的目的。卡尔·兰普雷希特对特定社会共同体自我意识的文化形式的研究，以及布克哈特的文化史概念，把有关地域文明的研究推进到新高度，而且更重视文明演进中的中断现象。③ 1861年，英国历史学家博克尔（Henry Thomas Buckle，现在通常译为巴克尔）出版《英国文化史》，强调欧洲文明和非欧文明各自遵循不同类型的规律："在欧洲是自然受人类支配，而欧洲以外，是自然支配着人类。"④ 英国哲学家赫伯特·斯宾塞区分了文明民族和非文明民族，指出文明完整的发展周期包括进步、稳定和衰退三个阶段，这为研究文明的非连续性演进提供了理论支撑。⑤

19世纪末20世纪初，理性主义出现危机，尼采等人对西方文明的批判引发了人们对文明的定义以及文明发展的反思。斯宾格勒和汤因比挑战了黑格尔的文明史观，不再将西方文明视为人类历史的终点。在斯宾格勒看来，不论是西方的历史还是其他地区的历史，都孕育在各自独有的文化和文明中，也都会历经起源、生长、成熟和衰败的周期性过程。因此，西方并无凌驾于其他文明之上的特权，"西方的没落"同样体现着历史的必然性。与斯宾格勒类似，汤因比也是从文明的角度考察人类

---

① 转引自庞卓恒、李学智、吴英《史学概论》，高等教育出版社2006年版，第54页。
② ［德］黑格尔：《历史哲学》，王造时译，上海书店出版社2001年版，第338页。
③ 转引自汝信主编《世界文明通论——文明理论》，福建教育出版社2010年版，第158、160、163页。
④ ［英］博克尔：《英国文化史》上册，胡肇椿译，商务印书馆1936年版，第88页。
⑤ 转引自汝信主编《世界文明通论——文明理论》，第169页。

第二篇　当代西方历史理论问题再思考

历史。汤因比强调,每一种文明都是平行和等价的,并无高下之别和优劣之分,人类历史的发展将遵循多线而非单线的逻辑。[1] 受他们影响,西方学者不但摒弃了对文明的普遍主义研究,而且减弱了对历史规律的宏大叙事探询。

20 世纪中期以后,德国哲学家雅斯贝斯的《历史的起源与目标》(*Vom Urspung und Ziel der Geschichte*,德文版 1949 年出版,英文版 1953 年出版),试图延续整体性、普遍性的文明研究思路,反思不同政治和社会制度的文化基础,但难以挽救宏大叙事式微之势。究其原因,在冷战对峙格局下,人们暂时搁置了历史的发展趋势和未来等终极问题,转而关注与现实更密切的文化和政治问题,提倡改良性质的"零碎社会工程",加之 20 世纪 70 年代兴起的后现代主义解构宏大叙事,导致经由文明史对历史规律问题的探讨衰落。只有少数文明史研究,仍然保留宏观视野,推动着区域史和跨国史的研究。比如,布罗代尔在 1963 年指出:"文明只能在长时段中进行研究,这样才能把握一条逐渐呈现的主线——为一群人所共同遵守的某种东西",而且,"任何与普遍性理论密切相关的历史都需要恢复其真实面目"。[2]

20 世纪 90 年代之后,出现不少气势恢宏、视角独特且颇具影响的全球文明史著作。这些著作强调"人类的沟通、交流以及移民",内容大多根据研究主题或专题排序分类,侧重勾勒世界文明之间如何通过贸易、科技、移民、物种传播等由孤立走向联系的历程,但对人的存在及其历史定位以及未来前景问题缺乏一以贯之的解说,因而难以满足读者对总体历史和规律的追求。对于这种情况,有学者指出:"它们无助于缓解我们对超越趣味性见解的简单汇编的强烈需求,我们渴望最终能够识别出全球历史发展的总貌。"[3] 尽管"历史终结论"和"文明冲突论"带来短暂的文明研究回流,但这类"文明话语的侧重点不是互联和互动,而是排他性和对

---

[1] 参见 [德] 斯宾格勒《西方的没落》,吴琼译,上海三联书店 2006 年版;[英] 汤因比:《历史研究》,郭小凌、王皖强译,上海人民出版社 2010 年版。
[2] [法] 费尔南·布罗代尔:《文明史:人类五千年文明的传承与交流》,常绍民等译,中信出版社 2014 年版,第 68、69 页。
[3] 转引自 Björn Wittrock, "The Meaning of the Axial Age", in Johann P. Arnason, Shmuel N. Eisenstadt and Björn Wittrock, eds., *Axial Civilizations and World History*, Brill, 2005, p. 60。

文化特殊性的强调"。①

总之,西方启蒙运动时代开创的以揭示普遍历史规律为目的的文明史研究,因不足以涵盖包括非西方世界在内的地域文明的特殊性,受到力图挑战西方文明中心论的学者们的质疑。此外,第二次世界大战后西方文明衰落的现实和后现代主义对宏大叙事的解构,文明史研究乃至对历史规律的探究日渐式微。而作为全球通史的文明史叙事,过于强调跨文化的互动,对各文明的内部传承以及人类文明总体演进的规律却有所忽视,② 不能不说是一个遗憾。

二

进入21世纪以来,在长时段研究的再次兴起、普遍史的回归等史学实践的影响下,历史学家重燃对文明叙事中历史规律的兴趣。一些学者围绕轴心时代(Axial Age)或轴心文明(Axial Civilizations)进行了重评,为历史规律的探讨提供了一个新的理论平台。对于雅斯贝斯提出的"轴心时代"概念及其特征,研究者提出了一些新的称谓,力图彰显这一概念在研究文明史中的重要价值。比如,凯伦·阿姆斯特朗称之为"大转型"(the Great Transformation),哈贝马斯称之为"世界观革命"(a revolution in worldviews),而约翰·托尔佩则称之为"道德轴心时代"(Moral Axial Age)。③

雅斯贝斯在提出"轴心时代"理论时,主要是想说明世界历史或文明的发展可以在多个不同地方实现突破,而不是只在西方一处实现。再者,有别于19世纪的地域文明研究,雅斯贝斯强调,不同文明之间的内在联系可以形成特有的"文明复合体"。与雅斯贝斯将轴心文明作为历史哲学的思辨构想不同的是,新的研究倡导实证性的历史社会学阐释。比如,伊

---

① [德]塞巴斯蒂安·康拉德:《全球史导论》,陈浩译,商务印书馆2018年版,第69页。
② 参见徐善伟《当代西方全球通史编纂的成就与困境》,《史学理论研究》2020年第5期。
③ 参见 Karen Armstrong, *The Great Transformation: The Beginning of Our Religious Traditions*, Alfred A. Knopf, 2006; Jürgen Habermas, *An Awareness of What Is Missing: Faith and Reason in a Post-secular Age*, Polity, 2010; John Torpey, *The Three Axial Age: Moral, Material, Mental*, Rutgers University Press, 2017。

恩·莫里斯关于东西方文明经济总量的比较研究,① 哈贝马斯关于宗教复兴背景下信仰与知识为主线的谱系学研究,② 罗伯特·贝拉关于轴心时代的宗教和伦理研究,扬·阿斯曼关于文化记忆和神话的研究,③ 彼得·图尔钦关于历史周期以及文化转向研究,④ 等等。上述研究各有侧重,或者试图归纳出多个文明实体的某些共同特征,或者探究个体文明多次转型体现的演进模式,或者强调多个文明的整体性变革的内在动因。最近,有学者甚至提出运用全球比较历史证据来系统评估"轴心时代"理论。⑤

对历史发展根本动力和规律的探究,体现在围绕轴心时代文明"突破"标准的争论上。早在2001年,艾森斯塔特、约翰·阿纳森、比约恩·维特洛克等学者就注意到,"现实世界的高位文化和低位文化之间存在着本体论意义上的区别,存在着低位对高位的有规则的从属关系。"他们的基本共识是,文明观念的"突破"源于人们特定能力的出现,而非一般意义上物种演化的必然结果。"就最基本层面而言,认识转型与围绕人的存在的最基本方面的阐释相关,具体来说,与人的反思性(reflexivity)、历史性(historicity)、能动性(agentiality)相关。""这些能力表现为人类反思世界的能力,以及赋予世界不同景象的表现能力,也就是把此时此地观察到的世界景象想象成另一种情状的可能性的能力。"⑥ 罗伯特·贝拉在《人类进化中的宗教:从旧石器时代到轴心时代》中认为,轴心时代的宗

---

① Ian Morris, *Why the West Rules—For Now：The Patterns of History and What They Reveal about the Future*, Profile Books, 2010; *The Measure of Civilization：How Social Development Decides the Fate of Nations*, Princeton University Press, 2013.

② Jürgen Habermas, *An Awareness of What Is Missing：Faith and Reason in a Post-secular Age*.

③ Robert N. Bellah, *Religion in Human Evolution：From the Paleolithic to the Axial Age*, Harvard University Press, 2011; Jan Assmann, "Cultural Memory and the Myth of the Axial Age", in Robert N. Bellah and Hans Joas, eds., *The Axial Age and Its Consequences*, Harvard University Press, 2012, pp. 366 – 407.

④ Peter Turchin, "Religion and Empire in the Axial Age", *Religion, Brain & Behavior*, Vol. 2, Issue 3, 2012, pp. 256 – 260; "Cultural Evolution and Cliodynamics", *Cliodynamics：The Journal of Quantitative History and Cultural Evolution*, Vol. 5, Issue 1, 2014, pp. 1 – 3.

⑤ Daniel Austin Mullins, Peter Turchin, et al., "A Systematic Assessment of 'Axial Age' Proposals Using Global Comparative Historical Evidence", *American Sociological Review*, Vol. 83, No. 3, 2018, pp. 596 – 626.

⑥ Johann P. Arnason, S. N. Eisenstadt, and Björn Wittrock, eds., *Axial Civilizations and World History*, Brill, Leiden, 2005, pp. 2, 16.

教和伦理是人类整体进化的主要驱动力。[1] 而艾森斯塔特则将文明的突破与社会分工、价值行为规则、社会秩序以及制度定型整合起来，分析跨区域的社会转型，[2] 由此，避免了将现代化等同于西方化、世俗化、文化同质化。多元现代性，进而成为学界最有影响的"文明话语"。[3]

如果将轴心期的文明突破视为一种规范或规则，那么就需要解释一部分古代文明何以未能实现突破。这关乎规律的适用性以及"例外"问题。扬·阿斯曼认为，古代埃及文明未能存续，是因为它未能够提炼出其文化的核心，也未能构建起保持这个文化核心的记忆模式，尽管古代埃及人完成了许多属于轴心文明特征的突破。[4] 此外，如何处理以轴心时代概念为核心的世界历史分期问题，关系到历史发展阶段的连续性与转折性。一个总的趋势是，轴心文明时代被认为存在于全球文明发展进程的多次转型中，而非最初认为的公元前800年到前200年的一次转型中。"第二次轴心突变"可能指伊斯兰教或基督教的出现，也被艾森斯塔特用于指佛教的出现，还被雷米·布拉格（Rémi Brague）用于描述欧洲现代社会的转变。[5] 约翰·托尔佩认为，人类历史发展至今存在三个轴心时代，即道德的轴心时代、物质的轴心时代和精神的轴心时代。[6]

在借助研究轴心期文明发展史，进而寻找普遍历史规律的基础上，一些学者也在思考概率性规律是否更加贴合历史研究的实际。美国生态学家、历史学家彼得·图尔钦为了"寻找解释历史社会运作和动态的一般原则"，试图融合理论模式和大规模长时段的数据分析，利用复杂性科学和文化进化的工具来重建一种统计规律即概率性规律。2009年，图尔钦创办《历史动力学》杂志，并逐步建立一个囊括450多个历史学学会资料的信息数据库，试图对人类社会进行时间和空间上的分析比较，借以预测可能

---

[1] Robert N. Bellah, *Religion in Human Evolution: From the Paleolithic to the Axial Age*.
[2] Björn Wittrock, "The Meaning of the Axial Age", p. 62.
[3] ［德］塞巴斯蒂安·康拉德：《全球史导论》，第124页。
[4] Jan Assmann, "Cultural Memory and the Myth of the Axial Age", in Robert N. Bellah and Hans Joas, eds., *The Axial Age and Its Consequences*, pp. 366–407；金寿福：《古代埃及与轴心时代》，《世界历史评论》第7辑，2017年。
[5] 转引自 Johann P. Arnason, "The Axial Age and Its Interprters: Reopening a Debate", in Johann P. Arnason, S. N. Eisenstadt, and Björn Wittrock, eds., *Axial Civilizations and World History*, pp. 3, 400, 101。
[6] John Torpey, *The Three Axial Age: Moral, Material, Mental*.

来临的政治动荡。2017 年，他又联合历史学家、物理学家和符号学家，成立一个预测人类未来的小组，希望借此帮助人们识别影响社会稳定的结构性危机，并及时采取行动来缓解危机。图尔钦强调，探寻历史规律不是为了"战胜历史"，而是为了让历史学更加蓬勃的发展。他自认为胜出尤瓦尔·赫拉利等大历史学者的地方，就在于他提供了对假说的检验，即将假说"转化为动态模型，从中提取出定量的预测，然后用历史数据进行检验"。[1] 不难看出，统计性概率或概率性规律只是所谓覆盖律模型（covering-law model）的翻版而已。

三

近年来，西方学界对历史规律研究的重新关注，主要是为了解决当下西方文明面临的危机与困境，进而尝试提出一种对西方文明发展规律的新的解释。具体来说，西方文明当前主要存在以下三种危机。

其一，西方文明发展至今，并未创造一个公平、开放、繁荣与自由的世界，反而积弊甚深，甚至积重难返。西方文明的根本性危机来自于资本主义的危机，来自于西方文明内部贫富的两极分化。挪威商学院荣誉教授、《2052：未来四十年的中国与世界》一书作者乔尔根·兰德斯（Jorgen Randers）认为，"到 2050 年，美国和英国社会将分化为两个阶级，少数精英生活美好，但大多数人的生活水平下降，社会平等将消失"，届时"西方所谓民主、自由的社会将会失败，而像中国这样拥有更强大政府的国家将是赢家"。[2] 这种状况刺激更多具有社会责任感的学者关注西方文明中根深蒂固的不平等问题。例如，美国经济史学家福格尔探讨近四百年人类解决饥饿、健康的问题。[3] 法国学者皮凯蒂依据欧美多国的国民账户、收入、财产与纳税等多种系统历史数据，研究资本主义社会不平等的长期

---

[1] Peter Turchin, et al., "Quantitative Historical Analysis Uncovers a Single Dimension of Complexity that Structures Global Variation in Human Social Organization", *Proceedings of the National Academy of Sciences of the United States of America*, Vol. 115, No. 2, 2018, pp. E144 – E151.

[2] 《西方文明可能以何种方式崩溃》，https：//www.guancha.cn/Media/2017_05_23_409708.shtml［2021 – 08 – 23］。

[3] Robert Fogel, *The Escape from Hunger and Premature Death, 1700 – 2100: Europe, America, and the Third World*, Cambridge University Press, 2004.

演化趋势。① 斯坦福大学古罗马史教授沃尔特·沙伊德尔审视了从石器时代到 21 世纪人类面临的经济不平等，认为战争、革命、瘟疫和掠夺型国家崩溃等对国内不平等的矫正作用是短期的。②

遗憾的是，这些学者又都难以正视资本主义制度的根本弊端。如前所述，彼得·图尔钦用他创立的政治压力指数检验并成功预测到美国 2020 年的政治动荡，但他只是直觉性地选取三个变量加以分析，即衡量国家偿债能力的利率、衡量国家动员群众能力的实际工资、衡量精英竞争度的参议院阻挠法案数量，至于三者之间的内在联系或制度上的连结，却无法从根本上予以解释。即便有学者已经充分认识到新的"全球失序"加剧原来的恶性循环，并凸显欧美的政治和文明危机，也无法给出一个更好的解决办法。"而今，对于资本主义而言，没有任何真正的替代选项。面对资本主义及其恐慌，欧洲人唯一想要的是想象范围内的安全和福祉。其想象力的极限是什么？是市场和身份共性本身。"③ 依此而论，西方文明几乎丧失了理性设想未来全球秩序变革的能力。

其二，西方文明的中心地位正在减弱，并由此引发全球秩序的重塑与变革。文明实体本来没有高低优劣之分，但在一段历史时期内，存在发展快慢和先进落后的相对差异，并在事实上形成某种文明的中心地位。进入现代以来，少数西方国家从一开始就把"文明"当成维护自己优势地位、推进和扩张资本主义殖民体系的意识形态话语工具，"地理大发现后，陆续诞生了政治经济学、社会学、人类学、欧洲文明史、国际法等，它们全都不同程度地参与了对文明等级论的塑造"。④ 但是，当西方国家的全球地位发生变化甚至逐渐丧失中心地位时，全球秩序将不可避免地进行重新调整。进入 21 世纪以来，西方正在面临被非西方新兴大国追平或赶超的可能，近代以来形成的"东方从属西方"的局面正在悄然改变。更有西方学

---

① Thomas Piketty, *Capital in the Twenty-First Century*, trans. Arthur Goldhammer, Belknap Press, 2014.

② Walter Scheidel, *The Great Leveler: Violence and the History of Inequality from the Stone Age to the Twenty-first Century*, Princeton University Press, 2017.

③ 《新全球失序凸显欧美文明危机》，http://column.cankaoxiaoxi.com/2018/0808/2306966.shtml [2021-07-12]。

④ 刘禾主编：《世界秩序与文明等级：全球史研究的新路径》，生活·读书·新知三联书店 2016 年版，第 5 页。

| 第二篇　当代西方历史理论问题再思考

者指出，新冠疫情只会加速从以美国为中心的全球化转向更以中国为中心的全球化。① 遗憾的是，根深蒂固的西方文明中心论以及文化精英意识，遮蔽了他们探究全球失序原因的真正方向。如前所述，全球文明史在选择非民族国家范式和非欧洲中心主义视角的同时，过于强调"互动、互联和跨社会结构"的"重要作用"，"将因果解释力让给了它们"，放弃了内源性解释。② 这些著作大多未能全面审视自己文明中究竟哪些因素抑制或激发了绝大多数劳动者改善生产生活条件、发展生产能力的要求。③

其三，西方文明正面临着一系列日益严峻的挑战，如全球公共安全、气候危机和生态灾难、全球治理难题，这些迫使西方学者去思考西方文明的未来发展及人的存在等终极问题。以"人类世"概念的提出为例，这一概念逐渐被科学家和大众接受，意味着有必要把人类置于地球乃至宇宙演进背景下，考察文明与自然之间的关系、不同文明体之间的关系。这类整合人的历史与环境的历史的文明史，要求历史学家关注全局性、长时段的发展演变规律，体现出对"人类社会如何变迁""现代社会为什么变化如此之快"的深刻关怀和社会责任感。人类的历史，本质上是一部人类如何通过自身的生产生活活动调控自然、社会和自身的发展变迁史。依靠经年累月的生产生活创造性活动，人类调控自然、社会和自身的深度广度强度越来越突出。每当人们的实践活动和认识活动触及新的"临界点"时，人类对其创造性后果和破坏性后果的反思也更深入，必然要求确立一种空间和时间更宏阔的历史观。比如，超越"人类"的星球空间和超越"人类世"的历史时间，即典型的"后人类"文明史观。④

此外，自然科学领域的诸多前沿研究成果，如引力波效应、合成生物技术等，也不断冲击着对"人类"和"人类文明"的固有理解。面对前所未有的文明危机，用传统的人性论、文化本质主义或科学技术决定论已经

---

① Nicholas Burns, Joseph S. Nye, and Stephen M. Walt, "How the World Will Look After the Coronavirus Pandemic", *Foreign Policy*, March 20, 2020.
② ［德］塞巴斯蒂安·康拉德：《全球史导论》，第16页。
③ 庞卓恒：《怎样寻求世界历史上先进变落后和落后变先进的根本原因》，《世界历史》2009年第4期。
④ 张旭鹏：《"人类世"与后人类的历史观》，《史学集刊》2019年第1期；Zoltán Boldizsár Simon, *History in Times of Unprecedented Change: A Theory for the 21st Century*, Bloomsbury Academic, 2019, pp. ix – xi.

很难解释文明演进和社会变迁。不少国家倡导加强自然科学与社会科学合作，采用综合性的视角和跨学科的分析方法去分析人类的文明及其发展规律。比如，美国2017年创刊的学术刊物《想象性文化中的进化研究》的首篇文章，即为《关于人性、文化和科学信仰的跨学科调查》。[①]

通过反思西方文明的弊端与危机，西方学者试图重建对历史规律的研究和探索，进而为经历急剧变革、缺乏社会安全感的西方人找回历史发展中的确定性。尽管如此，西方学者对文明史叙事中关于历史规律的探讨，仍然需要重点解决如下两个问题。第一，如何在人类历史与环境历史的整合中弥合人本主义和科学主义的历史观争论。第二，如何在避免单一因素决定论的同时又不陷入多元折中带来的万能和万不能的解释陷阱。对于西方文明史发展规律的探寻，若要求得好的发展，就必须在"终极原因"或"根本动力"的理解和解释上进行一番革新。170多年前，唯物史观创立过程中发动了历史本体论革命，它所揭示的历史规律及其实现方式的理论，仍然不失指导意义。

（原载《史学理论研究》2021年第6期）

[①] Joseph Carroll, et al., "A Cross-Disciplinary Survey of Beliefs about Human Nature, Culture, and Science", *Evolutionary Studies in Imaginative Culture*, Vol. 1, No. 1, 2017, pp. 1–32.

第三篇

西方史学理论研究的新进展

地中海共同体：古代文明交流研究的一种新范式*

李永斌

（首都师范大学历史学院）

近年来，海洋史研究和文明交流互鉴研究成为中国学术研究的热点问题。2018 年度中国历史学研究十大热点就包括"海洋史研究的新拓展与新特征"；2019 年 5 月，以"亚洲文明交流互鉴与命运共同体"为主题的亚洲文明对话大会在北京召开。在这两个学术热点的基础上，还存在不少可以进一步深入挖掘的研究领域。在海洋史研究的新拓展中，地中海史成为一个新的学术热点，但是对于古代地中海史，大多数人还了解不多，学术界也缺少相应的讨论。在文明交流互鉴的研究热潮中，学术界主要关注的还是丝绸之路东段的文明交流，对于前丝绸之路时期亚欧大陆西段的文明交流的关注不多，对地中海文明交流的研究则更少。本文尝试将地中海史研究与文明交流互鉴研究结合起来，考察作为古代文明交流研究新范式的"地中海共同体"的一些相关问题。

一 古代文明交流研究的范式转变

经历了晚期青铜时代文明的普遍崩溃[①]以后，公元前 10 世纪—前 8 世纪，地中海地区的几个主要文明区域又逐渐恢复了生机，各文明之间的交

---

* 本文是北京市教委人文社会科学研究计划重点项目"丝绸之路开通前欧亚大陆文明交流互鉴研究"（项目编号：SZ202010028011）的阶段性成果。

① 关于晚期青铜时代的崩溃，参见 Nancy H. Demand, "The Late Bronze Age Collapse and Its Aftermath", *The Mediterranean Context of Early Greek History*, Wiley-Blackwell, 2011, pp. 193 – 219。

| 第三篇 | 西方史学理论研究的新进展

流互鉴也变得日益频繁。20世纪以来，学术界对这一时期地中海地区文明交流的研究兴趣日增。通过对相关学术史的梳理，我们可以看到，相关的研究大致经历了"比较研究—地中海共同体—网络理论"的范式转变。

比较研究是第一种范式，也是传统的研究范式。由于希腊地区在古典时代的发展及对后世的影响都比较突出，所以学者们的研究往往是以希腊为中心，尤其是希腊与近东地区的比较。20世纪30年代，就有学者关注到希腊与近东地区神话和文学作品中的相似性。[①] 到了20世纪60年代，随着线形文字B的破译，比较研究的领域进一步拓宽。[②] 集大成者是瑞士苏黎世大学德国籍古典学家瓦尔特·伯克特，他于1984年在《海德堡科学院会刊》发表了德文著作《希腊宗教与文学中的东方化时期》。[③] 他以翔实的史料为基础，对诸多具体文化事项进行了细致的考证和比较研究，如迁移的工匠、东方传往西方的巫术和医学、阿卡德文学和早期希腊文学的关系等。1996年，伯克特在意大利威尼斯的卡·弗斯卡里大学举办了四场关于早期东方与希腊相互影响的主题讲座，随后结集成书，该书迅速被翻译为法文、西班牙文、德文、英文和中文。他在书中对《荷马史诗》的东方化特征、东方智慧文学和创世神话、俄耳甫斯与埃及等问题进行了深入细致的比较研究。比较研究领域中另一位成就卓著但也备受争议的是美国康奈尔大学的马丁·伯纳尔。1987年，马丁·伯纳尔出版《黑色雅典娜：古典文明的东方之根》第一卷，随后20年间，又相继出版了第二卷和第三卷。[④] 尽管伯纳尔的激进观点引起了学术界的激烈争论，但也激发了学界对早期希腊文明与东方文明比较研究的热情。[⑤]

[①] 参见 [德] 瓦尔特·伯克特《希腊文化的东方语境：巴比伦·孟菲斯·波斯波利斯》，唐卉译，社会科学文献出版社2015年版，第3页。

[②] Michael C. Astour, *Hellenosemitica: An Ethnic and Cultural Study in West Semitic Impact on Mycenaean Greece*, Brill, 1967.

[③] Walter Burkter„Die orientalisierende Epoche in der griechischen Religion und Literatur", *Sitzungsberichte der Heidelberger Akademie der Wissenschaften*, Philosophisch-historische, H. 1, 1984.

[④] Martin Bernal, *Black Athena: Afro-Asiatic Roots of Classical Civilization*, Vol. I, *The Fabrication of Ancient Greece, 1785 – 1985*; Vol. II, *The Archaeological and Documentary Evidence*; Vol. III, *The Linguistic Evidence*, Rutgers University Press, 1987 – 2006.

[⑤] 相关的主要作品有 M. L. West, *The East Face of Helikon: West Asiatic Elements in Greek Poetry and Myth*, Oxford University Press, 1997; Carolina López-Ruiz, *When the Gods Were Born: Greek Cosmogonies and the Near East*, Harvard University Press, 2010 等。

地中海共同体：古代文明交流研究的一种新范式

第二种研究范式可概括为"地中海共同体"。早在1949年，费尔南·布罗代尔就在《地中海与菲利普二世时代的地中海世界》[1]这部名著中在一定程度上将16世纪后半期的地中海世界作为一个整体加以考察，这一做法实际上已经隐含了"地中海共同体"的观念。他的这种研究方法也逐渐为古代史学者接受和借鉴。明确提出"地中海共同体"（Mediterranean Koine）[2]这一概念的是德国学者斯波尔德和斯登伯格，他们在1993年的一篇论文《阿莫斯与赫西俄德：比较研究的几个方面》中提出了这个概念。[3]美国布朗大学的德国籍学者科特·拉夫劳伯于1998年在芬兰举行的"亚述的遗产"学术研讨会上再次提出这个概念。[4]尽管他们没有深入论述这一概念的内涵和外延，但都有一个基本的观点，即认为古风时代的地中海世界是一个文化上相互交汇的共同体。当然，在正式提出"地中海共同体"概念之前，已有不少学者有了类似的研究和阐释。1987年，美国斯坦福大学古典学教授杨·莫里斯认为，希腊社会在公元前8世纪中期开始发生了结构性转变，这种转变来源于地中海共同体中早期文明发展的过程，在一个较大范围内，人们的观念也开始发生转变，关于神灵、过去、空间组织，都有了相应的新观念。[5]加州大学洛杉矶分校古典考古学家萨拉·莫里斯在1992年出版的《代达洛斯与希腊艺术的起源》中提出，从青铜时代直至古风时代，东部地中海世界都是一个文化"共同体"，其内部的

---

[1] ［法］费尔南·布罗代尔：《地中海与菲利普二世时代的地中海世界》，唐家龙、曾培耿等译，吴模信校，商务印书馆2013年版。

[2] Koine一词出自古希腊语，基本意思是"共同的""一般的"，很多时候专指以阿提卡方言为基础的"共同希腊语"。在一些关于古代文明的论述中，Koine一词也用于指称某种"共同体"。本文所论述的"地中海共同体"，借鉴了社会学领域"共同体"一词的基本含义，即"基于人的本质意志、建立在地缘基础上的传统地域社会"。参见尹广文《共同体理论的语义谱系学研究》，《学术界》2019年第8期。

[3] K. Seybold, J. von Ungern-Sternberg„ Amos und Hesiod. Aspekte eines vergleichs", *Anfänge politischen Denkens in der Antike: Die nahöstlichen Kulturen und die Griechen*, Hrgs. K. A. Raaflaub und E. Müller-Luckner, Roldenbourg, 1993, S. 215–239.

[4] Kurt A. Raaflaub, "Influence, Adaptation, and Interaction: Near Eastern and Early Greek Political Thought", in S. Aro and R. M. Whiting, eds., *Heirs of Assyria: Proceedings of the Opening Symposium of the Assyrian and Babylonian Intellectual Heritage Project Held in Tvärminne, Finland, October 8–11, 1998*, Neo-Assyrian Text Corpus Project, 2000, pp. 51–64.

[5] Ian Morris, *Burial and Ancient Society: The Rise of the Greek City-State*, Cambridge University Press, 1987, p. 171.

相互联系、相互影响是常态,而希腊也是这文化"共同体"的一部分。[1]不过,上述学者并没有对"地中海共同体"这一概念的相关内涵进行明确的界定。除了斯波尔德、斯登伯格和拉夫劳伯等少数几位学者,其他学者谈及这一问题时,通常是说"一个关于地中海的共同体"(a community of Mediterranean),他们并不认为这个共同体是一个特定的实体存在,只不过是借用"共同体"这样一个术语来表达地中海地区从青铜时代开始就存在的密切联系和交往。

2003年,以色列特拉维夫大学历史学家伊莱德·马尔金提出了"网络理论"这样一种新的解释模式,可以算是古代地中海地区文明交流研究的第三种范式。网络概念是后现代和后殖民理论的一个突出内容,这一概念取代了"中心—边缘"分层结构的构想,提出了一种新的地域和人类空间的视角。基于罗斯托夫采夫和亨利·皮朗将地中海视为一个"商路交织而形成的网络"的观点,马尔金借鉴网络概念进一步阐述了这一问题。他认为,公元前11世纪左右到公元前4世纪之间,在希腊大陆海岸、爱琴海、小亚细亚、普罗庞提斯以及黑海、意大利、西西里、法兰西、西班牙和北非所建立的希腊殖民地和它们的领土范围,就类似一种网络。每一个政治共同体,不管是一个城邦还是一个族群,都有自己的"微区",这些微区的各个要素(如城镇、圣所、邻居等)之间又有各种关系。这些政治共同体,尤其是城邦,也形成一种网络。[2]他认为,古代地中海在古风时代(约公元前8世纪—前5世纪)第一次形成了"地中海文明",这个文明主要由各个独立的政治和商业共同体组成,沿着地中海的海岸线散布。在这个由各个沿岸城市和海岛组成的海洋文明的整体网络中,希腊人、埃及人、埃特鲁里亚人和腓尼基人是主要的活跃者,这些族群所形成的各种文明之间,并没有非常严格的文化边界,整个地中海区域形成了一个文明交互的共同体。[3]值得注意的是,虽然马尔金没有明确使用"地中海共同体"

---

[1] Sarah Morris, *Daidalos and the Origins of Greek Art*, Princeton University Press, 1992. 她在《荷马与"近东"》一文中也概括了希腊和东方的密切联系,参见 Sarah Morris,"Homer and the Near East", in Ian Morris and Barry Powell, eds., *A New Companion to Homer*, E. J. Brill, 1997, pp. 599–623。

[2] [以] 伊莱德·马尔金:《网络与希腊认同的兴起》,李永斌译,《全球史评论》2015年第2期。

[3] Irad Malkin, *A Small Greek World: Network in the Ancient Mediterranean*, Oxford University Press, 2011, p. 31.

这个概念，但是他所说的"文明交互的共同体"显然受到了相关学术潮流的影响。

当然，上述三种研究范式之间并没有非常明确的分界线，本文所说的范式转变，主要还是为了研究的方便，基本按研究成果出现的时间顺序，归纳出来三种有比较明确特点的研究方法和理论。其中，比较研究当然是基础，也是基石。只有对基本的、具体的史料进行详细而深入的研究和比较，才能够在此基础上进行相关的宏观理论研究。但是，比较研究侧重于对具体材料的分析，目的在于提供证据，而材料本身并不能提供文明交流的可靠证据，并且比较研究又缺乏在较为宏观的历史背景下的解释框架，一定程度上忽视了交流中的变化和差异性。因此，比较研究在分析材料的基础上所提供的证据也未必准确。马尔金的"网络理论"实际上是"地中海共同体"观念的某种延伸，并在延伸的基础上有所反思，但是总体上来说，并没有超越"地中海共同体"这一概念所探讨的范畴。笔者认为，要从历史学的角度来探讨古代地中海世界的文明交流互鉴，"地中海共同体"或许是可资借鉴的最佳理论范式。本文力图在前人研究的基础上，进一步探讨"地中海共同体"的一般特点和基本特征，并且尝试评估作为一种古代文明交流互动研究范式的可行性和需要进一步讨论的一些问题。

二 不同历史学家笔下的"地中海共同体"

在专门的地中海史研究著作中，关注古风时代地中海世界的作品并不多，但是在有限的笔触中，历史学家还是为我们展现了他们笔下的"地中海共同体"，尽管有的学者并未明确使用这一概念。

英国伦敦大学的佩里格林·霍登和牛津大学的尼古拉斯·珀塞尔于2000年出版了地中海史的扛鼎之作《堕落之海：地中海史研究》。他们力图从微观生态的视角、从人与环境互动的角度来重构地中海的形象。尽管霍登和珀塞尔强调地中海地区存在多种多样的微观生态，但也强调地中海的连通性。地中海复杂的海岸线和数不尽的岛屿、环环相扣的低地、能够频频通行的滩涂与河流,这些地理条件使得交流的体制成为可能。他们强调不同微观生态之间的人们因便利的海上联系而发生的互动,这样就抓住了历史"区域"因联系而形成的这一根本属性。① 具体到古风时代的地中海,霍登和珀塞尔以科莫斯港和扎戈拉为例考察了地中海范围内广泛的文明互动现象。科莫斯位于克里特岛,考古学家在那里发现了克里特岛同腓尼基世界之间重要联系的证据;对当地古代涂鸦的研究表明,不同地区(包括优卑亚和中希腊)的希腊人也在公元前8世纪到达了此地。扎戈拉位于优卑亚岛附近的安德罗斯岛上,扎戈拉出土的考古证据表明,这个定居点在公元前8世纪参与了地中海地区的物资再分配体系。② 霍登和珀塞尔也关注希腊人的殖民活动,他们认为希腊的殖民时代(公元前8世纪—前6世纪)是地中海航海史上互动潜力最为充分的一次大爆发。通过纷繁复杂、无孔不入的海上互动与随之而来的建立殖民城邦习俗的发展,到了公元前5世纪,希腊人自己已将由希腊海外定居点构成的世界视为一个文化和社会的统一体。③ 不过,书中关于希腊殖民时代地中海的讨论并不多,仅仅是将这一时期作为历史长河中的一个小点顺便提及。因此,关于这一时期地中海世界文明交流互动的研究,还有进一步深入研究的空间。

剑桥大学的大卫·阿布拉菲亚在他的名作《伟大的海》中将公元前1000年—公元600年的地中海称之为他的"五个地中海"中的"第二个地中海"。他认为,关于公元前8世纪—前7世纪的地中海,出现了一些新的贸易网络,东方文化被传至西方,最远到了埃特鲁里亚和南西班牙。这些新贸易网的建立,并没有借助大规模的帝国扩张实现,而是由商人团体建立:希腊人有意或无意地在追寻其迈锡尼先人的足迹,将方向转向了西西里岛和意大利;埃特鲁里亚海盗和贸易者出现在刚刚兴起的城市里;更为超前的是,黎巴嫩的迦南商人,也就是希腊人熟知的腓尼基人也出现了,这一族群因为热爱贸易和追逐利润而著称。阿布拉菲亚认为,欲探寻

---

① 夏继果:《20世纪80年代中期以来的地中海史研究》,"作为一个世界史研究单元的地中海世界"学术研讨会资料集,首都师范大学,2019年,第12页。
② [英]佩里格林·霍登、[英]尼古拉斯·珀塞尔:《堕落之海:地中海史研究》,吕厚量译,中信出版社2018年版,第190页。
③ [英]佩里格林·霍登、[英]尼古拉斯·珀塞尔:《堕落之海:地中海史研究》,第191页。

地中海共同体：古代文明交流研究的一种新范式

腓尼基早期贸易帝国的踪迹，最好的途径就是在公元前800年前后进行一次环地中海航行。航行的路线是从推罗、西顿等城市出发，沿着向北的路线，经过塞浦路斯岛、罗德岛及克里特岛，而后穿过广阔无垠的伊奥尼亚海，最终到达南意大利、南撒丁岛、伊维萨岛及南西班牙。在返回推罗的旅程中，腓尼基人会沿着漫长的北非海岸前行。① 阿布拉菲亚对这一时期地中海世界的描述，主要是基于腓尼基等族群的商贸活动而勾勒出的一幅整体图景，在这幅图景中，主要的活跃者还包括希腊人和埃特鲁里亚人。尽管阿布拉菲亚没有提供更多文明交流的细节证据，但是他道出了古风时代"地中海共同体"的核心，那就是基于商贸活动而进行的文明交流。这也为我们在"地中海共同体"视野下研究文明交流及互鉴提供了一个宏观层面的指南。

美国哥伦比亚大学地中海研究中心主任威廉·哈里斯主编的《重新思考地中海》一书中，也有几位学者探讨了古代地中海世界的统一性和流通性。在《地中海与古代历史》一文中，哈里斯并不认同霍登和珀塞尔的理论。他指出，很多学者（包括霍登和珀塞尔）通常仅仅将"地中海"作为"希腊和罗马外加其他一些我们可能偶尔注意到的古代文明"的同义词，② 因此，地中海的统一性就是必须讨论的一个关键问题了。同样，地中海与其他地区相较而言的独特性，以及这种所谓的独特性的意义也是必须讨论的问题。他认为，地中海的统一性问题，实际上是与其独特性问题紧密联系的。哈里斯具体探讨了"古代地中海在何种程度上是一个文化统一体"的问题。他指出，既有一种弱意义上的统一性，也有一种强意义上的统一性。所谓弱意义上的统一性，指的是在相似的气候中，依靠相似的动物和植物，人们的生存方式必然存在相似性和连续性。至少从自然条件来说，这是一个相对集中的区域，有着较为明显的自然属性的边界，这个区域的温度和湿度相对适中，有足够的水来支撑农业和城镇，并且发展水平较为相似。所谓强意义的统一性，指的是当地经济体与更广阔的地中海紧密相连。但是哈里斯对强意义的统一性提出了一系列疑问：如果在任何特定时

---

① ［英］大卫·阿布拉菲亚：《伟大的海：地中海人类史》，徐家玲等译，社会科学文献出版社2018年版，第83—86、93—94页。
② W. V. Harris, "The Mediterranean and Ancient History", in W. V. Harris, ed., *Rethinking the Mediterranean*, Oxford University Press, 2005, p. 2.

间居住在地中海沿岸的许多人是自给自足的渔民、牧民或农民,那么地中海在这个意义上就不是一个整体;如果说地中海区域各经济体相互之间构成了联系,那么构成联系的要素是什么?不仅是沿海贸易、长途贸易、海盗和移民,还有许多其他形式的人类和非人类的活动,包括植物的传播和疾病的传播。① 阿兰·布莱松在《生态学及其他:地中海范式》一文中指出,《堕落之海》所讨论的关键主题——高水平的经济和文化联系,是由地中海独特的生态环境所决定的。布莱松认为,海运在成本和速度方面具有相当的优势,尤其是在重型货物的运输方面具有特殊的优势。从这个意义上讲,人们认识到地中海可能提供了一个特殊的连通空间。这一特点适用于地中海的每一个海岸,尤其是希腊和意大利的半岛,因为它们的海岸线特别长。应当补充的是,地中海中的岛屿也为潜在的连通性提供了额外的补充。在爱琴海空间集中体现了这一特点,因为这里存在着一系列较小的岛屿,并组成了群岛,这些群岛内部的交流为整个地中海区域内的连通空间提供了样本。布莱松指出,地中海地区的流通性大大加快了历史发展的进程。在公元前一千纪,地中海地区财富的集中程度以及思想文化所达到的水平和形式,对于地球上任何其他地区的人来说,都是遥不可及的。②

尽管《堕落之海》《伟大的海》和《重新思考地中海》这几部著作并没有直接论及"地中海共同体",对古风时代的地中海地区的文明交流活动也着墨不多,但讨论的核心问题实际上是一致的,即如何处理地中海世界的碎片化与统一性,实际上也就是在讨论"地中海共同体"作为一个整体研究单元的合法性问题。当然,对这个核心问题的回答是不相一致的,这也反映了地中海史研究长期以来形成的两种不同传统。第一种传统是研究"在地中海的历史",始自罗斯托夫采夫。他强调人的经济活动的主体性,强调地中海范围内的宏观互动,将地中海视为商路交织而形成的网络,而这一网络中的商贸活动非常显著地受到了希腊殖民活动的影响。③

---

① W. V. Harris, "The Mediterranean and Ancient History", pp. 25 – 26.

② Alain Bresson, "Ecology and Beyond: The Mediterranean Paradigm", in W. V. Harris, ed., Rethinking the Mediterranean, pp. 94 – 116;李永斌:《评威廉·哈里斯(编)〈重新思考地中海〉》,《全球史评论》2015 年第 2 期。

③ Michael Rostovtzeff, The Social and Economic History of the Hellenistic World, Vol. 1, Oxford University Press, 1941, p. 92.

罗斯托夫采夫关于地中海是一个统一体的观点得到了亨利·皮朗和阿布拉菲亚的继承。后来的"地中海共同体"概念和马尔金的网络理论，实际上是这一传统的进一步延续。这种传统的突出特点是强调文明交流互动的主体是人以及人的活动。正如阿布拉菲亚所言，人们必须对沿着汇入地中海的这些河流两岸定居的传统社会进行考察，也就是考察这样一类人，他们涉足地中海，最好还是跨海航行的人，在某些情况下，他们直接参与跨文化贸易、宗教及思想的传播，同等重要的是，有些人还参与了海上航海控制权的争夺。[①] 第二种传统来自布罗代尔，布罗代尔虽然也将地中海作为一个整体来考察，但是更强调地中海的多样性和差异性，力图在整合差异性的基础上来探寻地中海的统一性。[②] 这种传统在《堕落之海》中得到了继承，《堕落之海》的研究方法的典型特征是从地中海的具体场景出发，研究人与环境的互动关系及微观生态的形成，进而关注因"连通性"而形成的地中海历史的整体性。[③] 《重新思考地中海》中对于地中海研究的"重新思考"，很大程度上是对布罗代尔模式的"重新思考"，以及对这些"重新思考"的进一步再思考。但是，这些重新思考基本上还是延续了布罗代尔开创的"属于地中海的历史"的研究范式。

通过上述分析，笔者认为，从公元前8世纪前后地中海地区社会历史发展的基本情况来看，完全可以用"地中海共同体"这样一个概念来研究这一时期文明交流互动的情况。尽管很多学者没有直接论及这个概念，但他们所讨论的核心问题与"地中海共同体"关注的核心问题是一致的，那就是地中海的整体性问题。在论及"地中海共同体"的学者中，有人认为地中海是一个"政治和贸易共同体"，有人认为它是一个"文化共同体"。尽管他们的侧重点各有不同，我们还是能够从中归纳出"地中海共同体"的几个一般特点：1. 基于商贸活动而进行的文明交流；2. 因联系而形成的"区域"；3. 统一性与独特性紧密联系；4. 独特的生态环境所决定的高水平的经济和文化联系。在这几个一般特点中，最突出也最基本的特征是基于商贸活动而进行的文明交流。

---

① ［英］大卫·阿布拉菲亚：《伟大的海：地中海人类史》，"序"，第4页。
② ［法］费尔南·布罗代尔：《地中海与菲利普二世时代的地中海世界》第1卷，第20页。
③ 夏继果：《"在地中海"与"属于地中海"：两种不同的治史路径》，《光明日报》2019年2月25日。

三 从阿尔米纳和瑙克拉提斯透视"地中海共同体"

就公元前8世纪—前6世纪的地中海世界而言,商贸活动的主要参与者是希腊人、腓尼基人、埃及人和埃特鲁里亚人。希腊人和腓尼基人在地中海沿岸和黑海沿岸建立了数百个移民定居点,也就是后世学者所习称的"殖民地"。在移民的过程中,以及移民定居点建立以后,商贸活动一直是这一时期地中海世界文明交流的主要形式和载体。这些商贸活动以及在此基础上的文明交流活动也得到了现代考古学的证明。阿尔米纳和瑙克拉提斯是考古学证据较多的两个交流枢纽,我们可以通过这两个遗址及其出土文物来透视"地中海共同体"中的文明交流与互动。

在北叙利亚奥隆特斯河(Orontes)的入海口地区,有一处名为阿尔米纳(Al Mina,阿拉伯语意为"港口")的考古遗址。[1] 考古学家在这里发现了大量古风时代的希腊陶器,希腊陶器的数量甚至占到了该遗址陶器总数量的一半。[2] 此前关于阿尔米纳的学术研究和相关讨论主要集中在希腊与东方的关系方面,但是如果我们把视野放在整个地中海范围内来看,阿尔米纳所体现的希腊与东方的文明交流,尤其是贸易方面的交流,其实也是地中海贸易网络的一部分。在阿尔米纳第九层(时间为公元前750年左右)大量出现的双耳深口酒杯,也出现在地中海西部最早的希腊殖民地皮特库萨(Pithekoussai)等地。[3] 在阿尔米纳第九层和第八层(时间大约为公元前750年—前700年)发现的悬空半圆纹饰双耳阔口陶器来源于优卑亚岛,这种优卑亚陶器在公元前8世纪也广泛分布于色萨利、阿提卡、基克拉迪群岛、克里特和塞浦路斯等地区。在之后的考古层中还发现了来自罗德岛、科林斯、莱斯博斯、开俄斯和雅典等沿海城邦的陶器。

在地中海的商贸活动中,陶器不仅是日常生活用品,还能作为船只的

---

[1] 关于阿尔米纳的考古发掘,参见 Leonard Woolley, "The Excavations at Al Mina, Sueidia [Ⅰ & Ⅱ]", *The Journal of Hellenic Studies*, Vol. 58, 1938, pp. 1 - 30, 133 - 170; "Excavations near Antioch in 1936", *The Antiquaries Journal*, Vol. 17, 1937, pp. 1 - 15。

[2] R. A. Kearsley, "The Greek Geometric Wares from Al Mina Levels 10 - 8 and Associated Pottery", *Mediterranean Archaeology*, Vol. 8, 1995, pp. 71 - 72。

[3] Jean-Paul Descoeudres, "Al Mina Across the Great Divide", *Mediterranean Archaeology*, Vol. 15, 2002, p. 51。

压舱物，因此，不论是低廉的陶罐还是精美的陶瓶，都是受欢迎的产品。此外，古希腊陶器所用的黏土比叙利亚—利凡特地区的更能制作出光滑的陶器；在几何时代，古希腊陶器可以远销西地中海、北非，当然也深受近东地区人们的喜爱。[1]

陶器并不是陶器贸易中唯一的商品，有时陶器里所盛的货物才是真正的贸易商品，比如橄榄油、葡萄酒和香水等。考古学家在阿尔米纳出土的一个陶瓶里发现放满了银币；在阿尔米纳第三考古层中发掘出了大量的叙利亚单柄细颈罐（Syrian lecythi），这种小口高细颈单柄的陶器应该是用来盛放液体的。考古学家的研究证明，这些陶器里盛满了油。它们在同一时间以成百的数量出现，说明是用于贸易而不是日常使用；之所以被留存在仓库，可能是因为突发火灾还没来得及运走。其中很多陶罐有被严重焚烧的痕迹，且有些陶罐已经被嵌入烧得又红又硬的土层里。考古学家的研究表明，可能是陶罐里的油引发火灾，进而导致陶罐被烧。[2]

在阿尔米纳发现的其他物品（尤其是装饰品），也反映了阿尔米纳处在一个复杂的贸易网络体系中。比如，阿尔米纳出土的石板首饰铸模具上出现的短桑葚式吊圆形耳环是叙利亚式的，这种耳环在公元前16世纪流行于后期克里特、塞浦路斯、腓尼基和叙利亚；在黑暗时代，仍然在塞浦路斯和腓尼基时兴；在几何风格时代和早期古风时代，在地中海和近东广泛传播。[3] 在公元前7世纪的叙利亚、塞浦路斯、西里西亚和意大利的墓葬中都发现此种耳环的银制品，金制的此种耳环则出现在公元前7世纪至前6世纪的腓尼基墓葬中。这种短桑葚式吊坠也是后期赫梯女性雕塑饰品中流行的样式。此类装饰也出现在亚述、巴比伦和基泽。[4]

阿尔米纳作为叙利亚沿岸通往近东内陆的港口，成为连接地中海和东方城市的豁口。来自地中海的商旅沿奥隆特斯河谷向东，经过阿尔米纳，

---

[1] John Boardman, *The Greeks Overseas: Their Early Colonies and Trade*, 4th edition, Thames & Hudson, 1999, pp. 153 – 154.

[2] Leonard Woolley, "Excavation near Antioch in 1936", p. 7；李永斌：《阿尔米纳：希腊与近东文明交汇的集散中心》，《光明日报》2020年5月3日。

[3] M. Y. Treister, "North Syrian Metalworkers in Archaic Greek Settlements?", *Oxford Journal of Archaeology*, Vol. 14, 1995, p. 160.

[4] 关于阿尔米纳发现的陶器及其他物品，参见李永斌《古风时代早期希腊与东方的文明交流图景》，《历史研究》2018年第6期。

| 第三篇 | 西方史学理论研究的新进展

直达位于奥隆特斯河自南向西转折处的阿米克平原。① 考古学家在阿米克平原发现了上百个古代城市的考古堆,说明这里在古代人口稠密并且非常富饶,为海外商人提供了非常理想的暂时停留地。但是,由于阿曼山的阻隔,致使阿米克平原上的阿尔米纳及其他的沿海港口,与东边内陆城市的交流并没有那么方便,在地理上反而与地中海和爱琴海海岛联系更为紧密。因此,阿尔米纳不仅是希腊与东方进行贸易和文化交流的中转站,而且也是希腊人在整个东地中海地区贸易交流网络中的一个重要连接点。

另一个能够明显体现公元前8世纪—前6世纪地中海共同体商贸和文明交流的古代定居点是瑙克拉提斯(Naukratis)。瑙克拉提斯位于东北非地中海沿岸的卡诺比斯河口(Canopic branch),可以由河运到达内陆,也可以通向地中海,处在埃及对内对外贸易路线的枢纽地带,是古风和古典时代希腊人在埃及的重要贸易港口。在亚历山大港建立之前,它不仅是希腊与埃及联系的重要连接点,也是埃及在地中海贸易体系中的重要枢纽。瑙克拉提斯作为地中海贸易路线中重要的一部分,其中的活跃者主要是埃及人、腓尼基人和希腊人。腓尼基人的红酒和黎巴嫩的雪松酒在公元前20世纪开始,就已经被运往埃及。② 尤其是腓尼基红酒,最受埃及贵族的欢迎。在公元前7世纪晚期,用来装红酒的腓尼基酒器在埃及的诸多地方都有发现。不仅如此,埃及的物品也出现在地中海的许多地方。在瑙克拉提斯的工匠会生产陶器,尤其是圣甲虫和小型雕像,并将它们运往东地中海的各处。③

从公元前7世纪开始,就有专业的商人前往并且长久居住在瑙克拉提斯,④ 这些商人可能来自希腊和腓尼基,以及与腓尼基人一道的塞浦路斯人。瑙克拉提斯是一个多民族活动的地方,除了希腊人、腓尼基人和埃及

---

① 在阿米克平原东部的考古堆中,发现两片属于克里特的陶器碎片。但是,为阿米克服务的港口阿尔米纳,最早的考古材料来自公元前8世纪。伍利认为,阿尔米纳从青铜时代开始就有希腊人定居了,之所以没有相应的考古发现,是由于奥隆特斯河道变化,将公元前8世纪之前青铜时代的建筑和遗迹冲刷到大海里了。参见 Leonard Woolley, "The Excavations at Al Mina, Sueidia [I & II]", p. 28。

② Astrid Möller, *Naukratis*: *Trade in Archaic Greece*, Oxford University Press, 2000, p. 29.

③ Alexandra Villing, *Naukratis*, *Egypt and the Mediterranean World*: *A Port and Trading City*, Project of The British Museum, p. 3. http://www.britishmuseum.org/naukratis [2019-08-30]

④ Alexandra Villing, *Naukratis*, *Egypt and the Mediterranean World*: *A Port and Trading City*, p. 5.

人，塞浦路斯人、波斯人、马其顿人以及其他民族也出现在瑙克拉提斯。根据考古材料和文献记述，这些人可能是商人、工匠、海员、神职人员、妓女、退役雇佣兵和旅行者。值得注意的是，瑙克拉提斯和阿尔米纳之间可能也有贸易往来。在瑙克拉提斯发现了生产小型雕像和圣甲虫的工厂，这些产品一部分供当地使用，一部分出口海外。① 在希罗多德的记载中，希腊人将葡萄酒和橄榄油放在陶器中运往埃及，埃及人则将这些陶器盛上清水，商人和旅行者带着这些陶器前往没有水的叙利亚。② 在阿尔米纳发现的埃及圣甲虫和护身符，可能是由腓尼基人从瑙克拉提斯带去的，但也不排除是由埃及来的商人直接带往阿尔米纳，然后销往东方内陆的。但不论这些产品是腓尼基人从埃及带来销往希腊，或是销往东方内陆，都能说明当时的贸易网络十分发达。

不论是以阿尔米纳为连接点的希腊与近东的贸易联系，还是以瑙克拉提斯港为接口的希腊与埃及的贸易联系，都是地中海贸易网络的组成部分。埃及在这一贸易网络中的枢纽位于瑙克拉提斯，③ 叙利亚及内陆东方在这一贸易网络中的枢纽则位于阿尔米纳。阿尔米纳和瑙克拉提斯所属的贸易网络，以及在这些贸易网络基础上形成的文明交流共同体，都体现了"地中海共同体"的一个重要特征，即基于商贸活动而进行的文明交流。

考古学界目前关于公元前 8 世纪—前 6 世纪地中海世界的商贸证据主要集中在东地中海沿岸。不过，也有少数考古发现证明了东地中海沿岸地区与更西部的地区有着直接或间接的贸易联系。在萨摩斯岛（Samos）南端的赫拉神庙，出土了大量东方和埃及的象牙和青铜制品，还有大量的塞浦路斯陶瓶，其分布时间从公元前 8 世纪末一直到公元前 6 世纪初。④ 考古学家在赫拉神庙中发现的青铜制品有不少明显是从叙利亚、腓尼基、塞浦路斯等地传来的，其时间基本在公元前 650 年左右。⑤ 最引人注目的是三件带雕刻图案的象牙梳子，考古学家认为是西班牙安达卢西亚地区瓜达

---

① Astrid Möller, *Naukratis: Trade in Archaic Greece*, p. 153.
② Herodotus, *Histories*, translated by A. D. Godley, William Heinemann, 1921, p. 9.
③ Alexandra Villing, *Naukratis, Egypt and the Mediterranean World: A Port and Trading City*, p. 4.
④ Edward Lipiński, *Itineraria Phoenicia*, Uitgeverij Peeters en Departement Oosterse Studies, 2004, p. 155. 关于腓尼基与地中海地区象牙贸易关系的整体考察，参见 Richard D. Barnett, "Phoenicia and the Ivory Trade", *Archaeology*, Vol. 9, No. 2, 1956, pp. 87 – 97。
⑤ Edward Lipiński, *Itineraria Phoenicia*, p. 156.

尔基维尔河（Guadalquivir）下游的腓尼基人作坊的产品。① 这里还发现了一个饰以四位裸体女神浮雕的马头雕像和一对属于一副马具中的眼罩。这两件物品上的阿拉米亚铭文表明，这是大马士革的哈扎尔（Hazael）国王授予某人的奖励。② 这就表明，这一时期，东起大马士革，西到安达卢西亚，整个地中海地区都处在一个复杂的贸易网络之中。

结　语

关于"地中海共同体"，我们可以总结如下：公元前 8 世纪左右，在腓尼基人、埃及人和希腊人的商贸活动的基础上，整个地中海地区形成了一个超越各族群组织之上的文明交流共同体，这个"地中海共同体"的大致范围包括整个希腊大陆和爱琴海诸岛屿、黑海沿岸的希腊殖民城市、小亚细亚、利凡特的广大地区、以埃及为代表的北非地区，以及腓尼基人活跃的地中海沿线各个城市，当然也包括西西里岛和南意大利地区的腓尼基人和希腊人殖民城市。③ 公元前 8 世纪左右的"地中海共同体"首先是一个贸易共同体，在复杂的贸易网络基础上，形成了一个文明交流的共同体。

我们在研究地中海地区的古代文明交流之时，可以将"地中海共同体"作为一种研究范式，但是还需要注意以下几个问题。第一，"地中海共同体"这一概念不仅仅只适用公元前 8 世纪这一时期，也适用于后来更长时段、更大空间范围内地中海的文明交流与互动。虽然最初提出"地中海共同体"这一概念的学者们所指称的时间范围是公元前 8 世纪左右，但是地中海世界的商贸和文明交流却一直延续，并且随着航海技术的改进和周边一些国家实力的增强而进一步加强。因此，公元前 8 世纪—前 6 世纪应该视为地中海共同体的形成阶段。随着地中海共同体的进一步发展，在

---

① 参见李永斌《古风时代早期希腊与东方的文明交流图景》，《历史研究》2018 年第 6 期。

② 对该铭文的释读和解释，参见 Israel Eph'al and Joseph Naveh, "Hazael's Booty Inscriptions", *Israel Exploration Journal*, Vol. 39, No. 3/4, 1989, pp. 192 – 200。

③ 笔者在另一篇文章中论及"地中海共同体"的基本情况，参见李永斌《地中海共同体视野中的荷马史诗与古代东方文学传统——以"宙斯受骗"为中心的考察》，《历史教学》2019 年第 14 期。

地中海共同体：古代文明交流研究的一种新范式

不同的历史时期，地中海共同体所涉及的地理范围也有所变化，甚至可以说一直在变化。直接论及"地中海共同体"的学者们关注的公元前8世纪—前6世纪地中海共同体的文明交流，主要还集中在东部地中海。到罗马帝国时期，文明交流互动的范围就真正扩大到了整个地中海世界，甚至超出了地中海的范围，包括西亚地区和不列颠地区都受到地中海地区商贸活动的影响。罗马时期的地中海共同体，不仅是文明交流的共同体，更是政治发展意义上的共同体。罗马帝国的形成，可以看作是地中海世界被成功整合为一个政治共同体的过程，而这种帝国组织形式的政治共同体，又为地中海世界经济、社会、商贸、文化等多方面的一体化提供了前所未有的便利和安全保障。

第二，公元前8世纪—前6世纪，地中海沿岸大多数地区仍以本地农业为主要的经济活动形式，商贸活动和文明交流在这一时期的历史发展中并不占主导地位。古代希腊的工商业和航海业比较发达，但本地农业仍然是主要的社会与经济基础。希腊城邦的社会与政治力量的主体是自由农民，而不是手工业者和商人。[①] 在古代埃及社会，农业的地位和重要性也远远高于商业活动。由于尼罗河谷是适于耕作的宝地，只要尼罗河保持正常的水位，整个国家的供给就不成问题。埃及人虽然很早就与周边的民族有交往，但这种交往的目的主要是为了获取原料和一些贵重物品，如金属、宝石、油料、酒料等。[②] 早期阶段的地中海共同体主要是一种文明交流意义上的共同体，并没有改变当时社会发展的基本形态，也没有改变牵涉其中的各个文明所独具的基本特征。不过，我们也应该注意到，从公元前8世纪开始的希腊殖民运动，已经开始有了政治组织方面向着共同体发展的趋势，这种趋势的缓慢发展，最终在罗马帝国时期达到顶峰。

第三，就公元前8世纪—前6世纪的地中海世界来说，各文明之间的独立性和差异性仍然远远大于共性，局部的交流远远多于整体性的交流。"共同体"是一个学术名词，表达的是某些方面的联系和共性，这些联系和共性与网络理论所探讨的联系和共性有着同样的对象。比如，从希腊到西西里的阿波罗崇拜网络、从赫拉克勒斯到马尔卡特（Melqart）的英雄崇

[①] 黄洋：《古代希腊土地制度研究》，复旦大学出版社1995年版，第3页。
[②] 金寿福：《永恒的辉煌：古代埃及文明》，复旦大学出版社2003年版，第3—6页。

拜网络、^①整个地中海范围内的圣所网络、^②古代地中海在税收管理上的相互依赖，^③这些都是具体的文明交流事项，体现了某些文化和观念方面的流动和共性。但是，这一时期的地中海共同体，并不是一个浑然一体的整体。正如前文所述，地中海范围内存在着诸多贸易网络，这些贸易网络共同构成了以商贸和文明交流为基本特征的地中海共同体。在这诸多贸易网络中，主要参与者各有侧重，有的以希腊为中心，有的以埃及为中心，有的是以希腊—埃及为主要交流路线，有的是以希腊—小亚细亚为主要交流路线。从整体上来说，这一时期地中海世界各文明之间的交流仍然处在早期阶段，更多的还是局部的、相对短途的交流，大范围的长途贸易和文明交流主要是由这些局部的交流衔接和交织而成的，而不是一蹴而就形成的一个整体。因此，以"地中海共同体"为研究范式的古代文明交流研究，还是要强化对各个文明区域的具体研究，才能在此基础上对文明交流做出更具体、更细致的探讨。本文即是在这方面的初步尝试，期待学者们在相关问题上有更深入的研究。

（原载《史学理论研究》2020 年第 6 期）

---

① Irad Malkin, *A Small Greek World: Network in the Ancient Mediterranean*, pp. 97 – 142.
② Ann C. Gunter, *Greek Art and the Orient*, Cambridge University Press, 2009, p. 152.
③ Nicholas Purcell, "The Ancient Mediterranean: The View from the Customs House", in W. V. Harris, ed., *Rethinking the Mediterranean*, pp. 200 – 234.

当代西方情感史学的由来与理论建构

赵 涵

(武汉大学历史学院)

近二十年来,情感史(History of Emotions)在西方史学界异军突起。情感史,顾名思义以历史上个人和集体的情绪或情感为研究对象。一方面,情感史学家承认人类的情感因其生物学特征而具有普遍性,他们吸收认知心理学的研究成果,视情感为一种认知的过程和人类行为的原始动机。另一方面,学者们从建构主义理论出发,主张情感是社会和文化的建构物,因此具有特殊性和可塑性。基于这些认识,史学界对情感史研究达成了一项重要共识,即情感不仅影响历史,也有着自己的历史。情感史学家着重关注四类问题:过去的人如何体验、理解、表达和利用情感?经济、政治、社会、文化、信仰和性别等因素如何影响和塑造情感?个人和集体情感如何影响历史?特定的情感在历史上经历了怎样的变迁?时至今日,情感史研究已取得丰硕成果,在传统的史学领域,情绪、感受和心境等因素也日益受到重视。一些学者开始讨论历史学是否正在发生一场"情感转向"(emotional turn)。[1]

近年来,情感史开始受到国内的关注,但相关引介缺少对其演变过程

---

* 本文是国家社会科学基金项目"大革命危机下的英文社会情绪研究(1789—1815年)"(项目编号:19ZDA235)的阶段性成果。

[1] Jan Plamper, *The History of Emotions: An Introduction*, trans. Keith Tribe, Oxford University Press, 2015, p.298; Jan Plamper, "The History of Emotions: An Interview with William Reddy, Barbara Rosenwein, and Peter Stearns", *History and Theory*, Vol.49, No.2, May 2010, pp.237–265.

的梳理，对一些关键概念的解释与翻译亦存在偏差。[①] 情感史研究在我国尚处于起步阶段，在开展系统和具体的实证研究以前，厘清情感史的学术脉络、准确理解该领域的理论成果，就显得尤为必要。本文尝试对情感史的起源、发展和理论建构进行回顾与评述，以便为推动国内该领域研究的开展提供助益。

一 情感史的发端与"情感的文明化"

作为一门新兴的史学分支，情感史经历了一段长期和颇为曲折的发展过程。现代历史学家对情感的探讨可以上溯至20世纪初，其中荷兰史学家约翰·赫伊津哈（Johan Huizinga）于1919年出版的《中世纪的秋天》一书堪称情感史研究的开山之作。赫伊津哈将情感作为考察14至15世纪法国与荷兰社会、文化和思想的重要维度，尝试勾勒出这一时期西欧人的情感倾向和性格特征。在他看来，中世纪人的"每一种体验都是那样直接和绝对，一如孩童对忧伤和快乐的感觉"；他们的情绪不受束缚，"既容易泛滥也容易点燃，令现代人难以想象"。这种激情"在中世纪的每一个生活场景中燃烧"：在支持法王查理六世的游行中，巴黎市民"呼天抢地，挥泪如雨，表达着无尽的忠诚"；君王们常率性而为，有时甚至像儿童一样意气用事，"用自己的性命和功名去冒险"。他们的嫉妒与贪婪、骄傲与耻辱、忠诚与仇恨，经常成为影响政治走势的重要因素。中世纪的生活因强烈的对比心态而充满戏剧性，造就了人们热烈而极端的情绪。[②] 赫伊津哈将中世纪与现代、情感与理性相对立的观点，对情感史产生了深远的影响。他认为中世纪的人缺乏理智，如孩童般不加掩饰地宣泄情绪，相比之下现代人能自觉有效地克制情感冲动。换言之，"现代化"在某种意义上

[①] [美]王晴佳：《当代史学的"情感转向"：第22届国际历史科学大会和情感史研究》，《史学理论研究》2015年第4期；[德]乌尔特·弗雷弗特：《书写情感的历史》，《世界历史》2016年第1期；孙一萍：《情感有没有历史？略论威廉·雷迪对建构主义情感研究的批判》，《史学理论研究》2017年第4期；孙一萍：《情感表达：情感史的主要研究面向》，《史学月刊》2018年第4期；[美]王晴佳：《为什么情感史研究是当代史学的一个新方向？》，《史学月刊》2018年第4期。

[②] Johan Huizinga, *The Autumn of the Middle Ages*, trans. Rodney J. Payton and Ulrich Mammitzsch, University of Chicago Press, 1996；[荷]约翰·赫伊津哈：《中世纪的秋天》，何道宽译，广西师范大学出版社2009年版，第1、3、6—9、11—12、15、24页。

就是人们学会控制情绪的过程。这一观点经德国社会学家诺贝特·埃利亚斯（Norbert Elias）的发展，成为20世纪西方学者研究情感史的主要范式。

埃利亚斯出生于1894年，为躲避纳粹的迫害，他于1933年离开德国并先后定居巴黎和伦敦。1939年他在瑞士出版《文明的进程》，但未获学界重视。直到该书1968年在德国出版，特别是在70年代被翻译成英文、法文后，才在国际学术界引起巨大反响。埃利亚斯从长时段的维度探讨西方文明的演进，尤其关注社会生活和心理特征在文明化进程中的变迁和作用。他认为中世纪人"粗鄙、残忍，既暴躁易怒，又纵情欢乐"；与现代人相比，他们表达情绪"更加直接、公开、无所顾忌"，显得"幼稚和孩子气"。[1] 文明化进程的一个重要方面就是抑制、调节和隐藏情感，该进程始于欧洲的封建宫廷，因为"在狭小的宫廷圈子里，尤其因为女宾主的在场，更加平和的言行成为应尽的义务"。[2] 近代专制国家的出现从根本上瓦解了武士贵族的政治优势，随之改变的是他们野蛮的品性和对暴力的迷恋。随着社会禁忌逐渐内化为自我强制的规定，自控成为情感生活的一部分，上流人士的言行举止和情感表达开始受到约束并变得文雅。这种源于宫廷的文明化机制对社会所有阶层产生了影响，因为日渐强大的政府"迫使人们在和平的环境里共同生活"，这就要求人们具备一种"自我控制的情绪模式"，使个人言行与他人相协调。[3]

埃利亚斯视"情感的文明化"为西方现代化进程的重要方面，尽管人们控制情绪的水准常有波动和倒退，但这一"情绪模式"大致是沿直线发展的。[4] 他强调社会结构和规范与情感模式间的互动关系。他认为，在近代人们开始对裸露身体、违反用餐礼仪、随地吐痰、虐待动物、公开的酷刑等曾经习以为常的行为报以羞耻和厌恶之情，并不是因为这些情绪的生理机制发生了变化，而是因为新的社会条件和戒律引发了"羞耻和难堪阈值的前移"，情感不仅是天生的，而且必然受到"特定社会条件"的影响

---

[1] Norbert Elias, *The Civilizing Process: Sociogenetic and Psychogenetic Investigations*, trans. Edmund Jephcott, Blackwell, 2000, pp. 168 – 169.

[2] Norbert Elias, *The Civilizing Process: Sociogenetic and Psychogenetic Investigations*, pp. 245 – 246.

[3] Norbert Elias, *The Civilizing Process: Sociogenetic and Psychogenetic Investigations*, p. 169.

[4] Norbert Elias, *The Civilizing Process: Sociogenetic and Psychogenetic Investigations*, pp. 208, 383 – 384.

并能"反作用于社会历史的发展进程"。① 这一论断既承认了情感的自然属性,又在某些方面与日后成为情感史理论基础之一的社会建构主义不谋而合,使特定社会文化下的"情感规范"成为日后情感史学家关注的重点。

尽管赫伊津哈和埃利亚斯关注历史进程中的情感因素,但那时的情感史远非一个独立的史学分支。最早呼吁对情感史进行深入研究的学者是法国史学家吕西安·费弗尔(Lucien Febvre)。1941 年,他在《经济和社会史年鉴》上发表《情感与历史:如何重建过去的情感生活》一文,号召学者们"对人类的基本情感及其表现形式开展一场大规模的集体研究",并且坚信这一"极具魅力"的研究将带来"惊喜"。② 费弗尔承认情感史研究"极其困难",不仅因为情感本身复杂易变,更重要的原因在于它不可避免地会受到社会和文化的影响,这意味着过去的人对情感的体验和解释与现代人往往并不相同。他指出"当代心理学家的理论和发现并不适用于历史上的情感",主张回到具体的历史情境和社会背景中,从行为书、法庭档案、绘画、雕塑、音乐和文学作品中探寻过去的人们对情感的描述和认识。③

尽管费弗尔视情感为人际交往和社会生活的基础,但他否认情感是"文明生活"的一部分,这一态度在很大程度上源于他对当时欧洲险恶政治形势的观察。德国纳粹政府通过大肆煽动种族仇恨和民族主义情绪获得了国民的狂热支持。这使费弗尔认识到情绪具有"传染性",使人群容易受到操纵并丧失理智。如果忽视对心理的研究,历史学家恐将无法理解观念和制度的历史,他号召历史学家对情绪或心理进行细致的考察,以期从历史中学习人类驯服这类激情的经验。

马克·布洛赫(Marc Bloch)也对人的内心世界予以关注。早在 1924 年,他在《国王神迹》中通过研究中世纪至近代早期英、法两国国王用手触摸为民众"治疗"瘰疬病的仪式和该仪式背后的社会心理,探讨了国王

---

① Norbert Elias, *The Civilizing Process: Sociogenetic and Psychogenetic Investigations*, pp. 86, 414, 135, 169.

② Lucien Febvre, "Sensibility and History: How to Reconstitute the Emotional Life of the Past", in P. Burke, ed., *A New Kind of History: From the Writings of Febvre*, trans. K. Folca, Harper and Row, 1973, pp. 12 – 26.

③ Lucien Febvre, "History and Psychology", in P. Burke, ed., *A New Kind of History: From the Writings of Febvre*, pp. 1 – 11, 19 – 23.

操纵和利用民众情感的方式，以及臣民对神圣王权"忠诚感"的演变。布洛赫从大众心态视角对长达八个世纪的西欧政治进行了考察，因此该书又被视为"心态史"（History of Mentalities）的滥觞。[1] 布洛赫在《封建社会》中指出"情绪的不稳定性"是中世纪人的基本特征，是导致"非理性"政治行为的重要原因。造成这种情感特征的原因不仅在于频繁的疫病、饥荒、自然灾害、暴力冲突使人们的日常生活处于"持久的不安全状态"之中，还在于当时尚未形成一套"使有教养之人抑制泪水和狂喜"的"道德和社会规范"。布洛赫认为不应对情感视而不见，因为"非理性"是"一切历史的基本要素"。[2] 因此，历史学家应打破对档案和论著等传统史料的过度依赖，从各类文字、图像和实物入手探究人的内心世界。

赫伊津哈、埃利亚斯、费弗尔和布洛赫等人被视为情感史的先驱。这些学者无一例外地将情感视为原始的、非理性的和有破坏性的事物。在他们看来，西方世界的现代化与情感的文明化齐头并进，情感的文明化体现在情感日益受到理性的约束。同一时期的西方学者也持有类似的观点。社会心理学家古斯塔夫·勒庞对群体心理的经典研究表明集体情绪具有潜在的破坏性，易使人群变得盲目、冲动、狂热和失去判断力。[3] 马克斯·韦伯通过分析新教徒的心理特征和情感倾向，指出路德宗"几乎从未改变对于冲动行为和幼稚情绪的自发的热情"，虔信派视"孩童般的宗教激情"为虔诚的标志，相信"预定论"的加尔文宗信徒因坚持严格的禁欲主义生活方式而具有某种"理性的"人格，它要求人们"克服人的自然状态"并且"避免感情用事"。[4] 心理分析学的创始人西格蒙德·弗洛伊德则指出，现代社会依靠宗教、法律、道德和科技等手段，实现了对人类激情和欲望的有效约束。[5]

---

[1] Marc Bloch, *The Royal Touch: Sacred Monarchy and Scrofula in England and France*, trans. J. E. Anderson, Routledge & Kegan Paul, 1989.

[2] Marc Bloch, *Feudal Society*, trans. L. A. Manyon, University of Chicago Press, 1961, p. 73; Stephen D. White, "The Politics of Anger", in Barbara H. Rosenwein, ed., *Anger's Past: The Social Uses of an Emotion in the Middle Ages*, Cornell University Press, 1998, pp. 127 – 128.

[3] Gustave Le Bon, *The Crowd: A Study of the Popular Mind*, Macmillan, 1896.

[4] Max Weber, *The Protestant Ethic and the Spirit of Capitalism*, trans. Talcott Parsons, Dover Publications, 2002, pp. 126, 135, 118 – 122.

[5] Sigmund Freud, *Civilization and Its Discontents*, trans. James Strachey, W. W. Norton & Company, 1989.

二 情感史研究的沉浮与推进

在较长的一段时间里，西方学界对费弗尔有关开展情感史研究的热情呼吁并未予以积极回应。史学家关注的重点向来是历史人物基于理性的思考和行动，而情感被认为不能作为严肃史学研究的对象和工具。[1] 源于法国年鉴学派的心态史学和美国的心理史学将目光投向人的内心世界；"新社会史"和"新文化史"的蓬勃发展丰富了史学研究的领域和方法，使情感等因素开始进入历史学家的视野。

以费弗尔和布洛赫为代表，年鉴学派从创立之初就表现出对"心态"的偏好。[2] 战后新一代"年鉴"史学家则从经济活动、社会生活和宗教信仰三个层面对大众心态进行了更深入的考察。[3] 罗伯特·芒德鲁（Robert Mandrou）在《现代法国导论：历史心理的研究》中指出，对上帝和大自然的敬畏使"恐惧"成为维系社会的情感纽带和引发宗教狂热的重要原因。[4] 乔治·杜比（Georges Duby）发现不同时期的法国人对布汶战役的记忆、想象与诠释既折射出当时的大众心态，也反映了彼时的政治和社会形势。[5] 杜比还透过历史人物、社会等级和建筑艺术，考察了中世纪的骑士

---

[1] Frank Biess, ed., "Forum: History of Emotions", *German History*, Vol. 28, No. 1, 2010, pp. 68, 70; Susan J. Matt, "Recovering the Invisible: Methods for the Historical Study of the Emotions", in Susan J. Matt and Peter N. Stearns, eds., *Doing Emotions in History*, University of Illinois Press, 2014, pp. 41 – 42.

[2] 此外，法国历史学家乔治·勒费弗尔（Georges Lefebvre）在 1932 年出版的《1789 年的大恐慌》中研究了法国大革命早期的社会恐慌和政治动荡。勒费弗尔并非严格意义上的"年鉴"学者，但他曾为《年鉴》撰文，并关注普通民众（特别是农民阶层）的社会生活，这与年鉴学派的主张不谋而合。Georges Lefebvre, *The Great Fear of 1789: Rural Panic in Revolutionary France*, trans. Joan White, Vintage Books, 1973.

[3] Jacques Le Goff, "Mentalities: A History of Ambiguities", in Jacques Le Goff and Pierre Nora, eds., *Constructing the Past: Essays in Historical Methodology*, Cambridge University Press, 1985, p. 169; Peter Dinzelbacher, ed., *Europäische Mentalitätsgeschichte: Hauptthemen in Einzeldarstellungen*, A. Kröner, 2008, p. xxi.

[4] Robert Mandrou, *Introduction à la France Moderne: essai de Psychologie Historique 1500 – 1640*, Albin Michel, 1961.

[5] Georges Duby, *The Legend of Bouvines: War, Religion, and Culture in the Middle Ages*, trans. Catherine Tihanyi, University of California Press, 1990.

精神、政治观念和宗教信仰，揭示了大众心态与社会现实互为表里的关系。①

第三代"年鉴"史学家雅克·勒高夫指出，想要全面地理解中世纪的西方社会，就必须探究当时的人如何"感知"中世纪的"物质、社会和政治现实"。他将大众心态置于和地理环境、社会结构、经济运行、宗教信仰同等重要的地位，使之成为中世纪"整体史"必不可少的部分。勒高夫认为"中世纪人的心态和情感被不安全感所支配"，这种"不安全感"使他们深陷对未知命运的"恐惧"之中，没有任何办法可以确保得救，频繁的自然灾害则进一步加深了人们对地狱的恐惧。② 菲利普·阿利埃斯（Philippe Ariès）因对亲子关系及其感情亲疏的细致考察而在情感史的发展中占有一席之地。他在《旧制度下的儿童与家庭生活》中指出，中世纪落后的生产力、危机四伏的生活环境、较短的人均寿命和居高不下的婴幼儿死亡率，使父母不愿对孩子过多地投入感情。随着社会经济的发展，特别是在启蒙思想的推动下，18世纪的欧洲父母才将童年视为重要的人生阶段，开始用"爱"来满足儿童的特殊心理需求。"爱"成为现代西方家庭的情感纽带，使"家"从单纯的"社会经济单位"扩展为私密的"情感单位"。阿利埃斯认为西方社会的亲情从淡漠逐渐走向亲密正是现代化进程的一个缩影。③ 埃玛纽埃尔·勒华拉杜里将心态史与微观史相结合，对中世纪晚期法国朗格多克和蒙塔尤地区居民的心态进行了考察。他发现蒙塔尤人"在灵魂深处对儿童，哪怕是对最小的婴儿也怀有一种十分强烈、发自内心和溢于言表的亲切感"。④

---

① Georges Duby, *Saint Bernard*: *L'art Cistercien*, Champs Flammarion, 1979; *William Marshal, The Flower of Chivalry*, trans. Richard Howard, Pantheon, 1985; *The Three Orders*: *Feudal Society Imagined*, trans. Arthur Goldhammer, The University of Chicago Press, 1980; *The Age of the Cathedrals*: *Art and Society*, *980 – 1420*, trans. Eleanor Levieux and Barbara Thompson, The University of Chicago Press, 1981.

② Jacques Le Goff, *Medieval Civilization 400 – 1500*, trans. Julia Barrow, Blackwell, 1992, pp. viii, 325.

③ Philippe Ariès, *Centuries of Childhood*: *A Social History of Family Life*, trans. Robert Baldick, Alfred A. Knopf, 1962.

④ Emmanuel Le Roy Ladurie, *Les Paysans de Languedoc*, Ephe, 1966; *Montaillou*: *Cathars and Catholics in a French Village 1294 – 1324*, trans. Barbara Bray, Penguin, 1990. 此处译文参考［法］埃玛纽埃尔·勒华拉杜里：《蒙塔尤：1294—1324年奥克西坦尼的一个山村》，许明龙、马胜利译，商务印书馆2016年版，第352页。

| 第三篇 | 西方史学理论研究的新进展

年鉴学派和心态史之于情感史的主要意义，在于将史学研究的对象从政治、经济等传统领域拓展到人的内心和精神层面，使包括情感在内的心理因素成为观察、分析和阐释历史的重要维度。史料的利用范围扩展到文学作品、小册子、布道文、账簿、歌谣、遗嘱、书信、日记、绘画、雕塑、建筑、音乐和仪式，使历史学家探索过去人的内心世界成为可能。但须指出，过分强调心态的社会或集体属性，常常使学者忽视了社会中不同群体和个人的情感多样性及其所具有的历时性差异。所谓"社会情感"是建立在对个人情感的观察和分析基础上的归纳与综合。此外，过分强调"社会结构"对情感的决定性作用，又使心态史忽视了情感对社会发展的潜在巨大推动力。① 总之，心态史更接近观念史或思想史（intellectual history），它较少关注情感本身的内涵、变迁、功能和影响。②

就在年鉴学派蓬勃发展之际，"心理史学"（Psychohistory）在大西洋彼岸悄然兴起。1957年，美国历史协会主席威廉·兰格（William L. Langer）在就职演讲中说道："（我们）迫切需要利用现代心理学的概念和成果来加深我们对历史的理解。"③ 与心态史相比，心理史更加积极、充分地利用心理学的理论和成果，侧重于探究历史人物的过往经历、精神状态和心理活动对历史事件与进程的影响。情感作为反映内心世界的镜子，自然成为该领域学者关注的重点。美国德裔心理学家埃里克·埃里克森（Erik Erikson）于1958年出版的《青年路德》堪称经典。作者利用"人格发展阶段"和"认同危机"等精神分析理论考察了宗教改革领袖马丁·路德探寻信仰的历程。正是路德在童年和青年阶段遭遇的一系列"情绪危机"——对父亲的恐惧和怨恨、对身份认同和命运归宿的困惑、遁入修道院后短暂的快乐和长期的焦虑、对教会腐败的愤怒和绝望——塑造了他独特的心理和人格，对其未来的行为产生了重大影响。④

---

① Patrick H. Hutton, "The History of Mentalities: The New Map of Cultural History", *History and Theory*, Vol. 20, No. 3, 1980, pp. 237 – 259.

② Peter Burke, *Varieties of Cultural History*, Cornell University Press, 1997, pp. 163 – 165, 171 – 172.

③ William L. Langer, "The Next Assignment", *The American Historical Review*, Vol. 63, No. 2, 1958, pp. 283 – 304.

④ Erik H. Erikson, *Young Man Luther: A Study in Psychoanalysis and History*, W. W. Norton & Company, Inc., 1962, pp. 255 – 256.

在兰格和埃里克森等人的引领下，美国的心理史学取得了丰硕成果。学者从历史人物的个人经历和心理活动中探寻历史事件背后的真相，研究对象包括甘地、希特勒、德皇威廉二世，美国总统如威尔逊、罗斯福、尼克松，思想家和学者如蒙田、尼采、罗素、弗洛伊德等各色人物。在战后反思大潮的推动下，集体心理史兴起。学者们聚焦滋生法西斯主义的"心理温床"，从专制主义传统、战前的社会心态、民众的生活状况、家庭教育和童年经历等角度，剖析德国民众复仇情绪和暴力倾向形成的原因。[1]精神分析强调潜意识对个人精神和行为的支配作用，又因潜意识形成于童年阶段，童年史和家庭史便成为个体心理史和集体心理史研究者共同关注的领域。劳埃德·德·莫斯（Lloyd de Mause）于1974年出版的《童年历史》是该领域的代表作。他认为社会进步的动力源自育儿方式的变革，总的趋势是亲子关系逐渐从冷漠走向亲密，即父母给予儿童更多的爱、同情、尊重和帮助。[2] 彼得·盖伊（Peter Gay）的五卷本《布尔乔亚经验》瞄准被史学界忽视且长期遭受恶评的19世纪欧洲资产阶级，透过微观幽闭的史料，从产房、床榻、起居室这些看似琐碎的生活空间中追踪维多利亚时期布尔乔亚的欢愉、焦虑、仇恨和暴力等最基本的感官经验和情感，力图拼接出这一阶层隐秘而丰满的精神世界。盖伊笔下的资产阶级审慎、内省、有责任感，同时情感细腻充沛，对生活充满热情。他们在公共领域自信地谈论政治和道德理念，在私人领域却常常因信仰和欲望的冲突而深

---

[1] Erik H. Erikson, *Gandhi's Truth: On the Origins of Militant Nonviolence*, W. W. Norton & Company, Inc., 1969; Gustave M. Gilbert, *The Psychology of Dictatorship: Based on an Examination of the Leaders of Nazi Germany*, The Ronald Press Company, 1950; Robert J. Lifton and Eric Olson, eds., *Explorations in Psychohistory: The Wellfleet Papers*, Simon and Schuster, 1975; Peter J. Loewenberg, *Decoding the Past: The Psychohistorical Approach*, Alfred A. Knopf, 1983; Peter J. Loewenberg, "The Psychohistorical Origins of the Nazi Youth Cohort", *The American Historical Review*, Vol. 76, No. 5, 1971, pp. 1457 – 1502; Robert G. L. Waite, "Adolf Hitler's Guilt Feelings: A Problem in History and Psychology", *The Journal of Interdisciplinary History*, Vol. 1, No. 2, 1971, pp. 229 – 249; Robert G. L. Waite, *The Psychopathic God: Adolf Hitler*, Basic Books, 1977; Robert G. L. Waite, *Vanguard of Nazism: The Free Corps Movement in Postwar Germany, 1918 – 1923*, Harvard University Press, 1969; Lloyd de Mause, "The Gentle Revolution: Childhood Origins of Soviet and East European Democratic Movements", *Journal of Psychohistory*, Vol. 17, No. 4, 1990, pp. 177 – 184; 另参见［美］查尔斯·斯特罗齐尔、［美］丹尼尔·奥弗编《领袖：一项心理史学研究》，梁卿、贾宇琰、夏金彪译，中央编译出版社2013年版。

[2] Lloyd de Mause, *The History of Childhood*, Harper and Row, 1974.

第三篇 西方史学理论研究的新进展

陷焦虑。[①]

心理史学进一步拉近了历史与情感的距离。但心理史学也存在诸多问题，最受诟病之处在于不少学者生搬现代科学的理论去嫁接和解释历史人物的心理与行为，使"心理史学对情感及其历史的论述充满了刺眼的时代误植"。[②] 对文化和时代差异的短视、对医学和心理学术语的生搬硬套，使一些心理史学者将历史事件的发生统统归因于个别历史人物的"俄狄浦斯情节"或他们身体和心理上的某种"病症"，使原本错综复杂的历史扁平化和简单化，使"本应因时因地而异的情感"变成"与历史无关的精神分析或心理学范畴"。[③] 此外，心理史学始终坚持某种普遍主义（universalism），即存在着一种放之四海而皆准的"情感结构"。在这种结构中，"爱与恨、分与合、集体与个人之间的辩证关系在任何一个社会中都能得到体现"；心理史学者认为"这种情感结构或源自长久的培养和母子间的紧密联系，或源于人内在的本能，它独立于一切社会结构"。[④] 因此，心理史学只关注作为一种心理驱动力的情感经历对个人未来的行为和思想的影响与塑造，对探究社会群体的情感特征和历史情感的变迁几乎无能为力。[⑤] 心理史学的这些缺陷，引出了一个对情感史生死攸关的问题：情感到底是先天的，还是由历史和文化塑造的？唯有回答这一问题，情感史才能获得更大的发展。

在二战后近半个世纪的时间里，年鉴学派和心理史学是涉足情感历史的两支主要力量。但我们不应忽视以爱德华·汤普森为代表的英国马克思主义历史学家对情感研究的关注。汤普森强调文化等非经济因素在阶级形成过程中的重要作用，他批评计量史学对反映真实生活的史料视而不见，对材料中透露出的普通民众的日常经验毫不关心。在他看来，阶级是"在

[①] Peter Gay, *The Bourgeois Experience: Victoria to Freud*, Oxford University Press, 1984–1998.

[②] Jan Plamper, *The History of Emotions: An Introduction*, p. 54.

[③] David E. Stannard, *Shrinking History: On Freud and the Failure of Psychohistory*, Oxford University Press, 1980.

[④] Charles Lindholm, *Generosity and Jealousy: The Swat Pukhtun of Northern Pakistan*, Colombia University Press, 1982, pp. 273, 267.

[⑤] Peter N. Stearns, "History of Emotions: Issues of Change and Impact", in Michael Lewis, Jeannette M. Haviland-Jones, and Lisa Feldman Barrett, eds., *Handbook of Emotions*, third edition, Guilford Press, 2008, p. 19.

人际关系中确实发生（而且能证明已经发生）的某种东西"；在这种关系中，当人们能从共有的经验中"感觉到并明确说出他们之间有共同利益，他们的利益与其他人不同（且常常对立），阶级就产生了"。既然阶级能被感觉，情感自然应受到重视。在对卫斯理宗的研究中，汤普森把卫斯理宗比喻为控制工人阶级的强大的"道德机器"；在工人信徒日常生活中，一面是他们在主日祷告时经历的战栗和狂喜；另一面则是因不守工作纪律而被罚下地狱的恐惧。这种让信徒既渴望又畏惧的情感体验，成为塑造和反映工人阶级意识的重要因素。[1] 汤普森对平民百姓的情感、习惯、道德和意识形态等文化因素的重视，为历史阐释开辟了新的路径，使史学研究从政治、法律、经济、外交的宏大叙事和统计数字，转向原先被遗忘的小人物的日常生活。尽管未对情感史的发展起到立竿见影的作用，但这条路径将史学研究引向了人的内心世界。

此外，西奥多·泽尔丁（Theodore Zeldin）的多卷本法国史聚焦1848年至1945年间法国人的"六类激情：抱负、爱、怒、骄傲、品味和焦虑"，分析了在个人主义盛行的现代社会里人们在私人生活中的情感特征。[2] 让·德卢米乌（Jean Delumeau）延续了心态史的研究路径，考察了从中世纪至近代早期欧洲人在家庭、社会、信仰生活中的恐惧情绪。他发现从18世纪开始，曾长期笼罩在恐惧之中的西欧人开始以更加自信和积极的心态应对自然和社会环境变化带来的挑战，曾经被用来驱散恐惧的各种宗教、迷信和节庆仪式不再流行。德卢米乌还探讨了弥漫于中世纪修道院中的"厌世"情绪如何经由僧侣的传播成为普遍的社会情绪，最终培养出欧洲人特有的"负罪心理"。[3] 德卢米乌的研究促使一些学者反思教会如何激发和利用民众的"宗教情感"实现道德、信仰和社会目标，以及不同时期基督徒的心理特征和精神状态，所涉情感包括羞耻、内疚、恐惧、忧

---

[1] E. P. Thompson, *The Making of the English Working Class*, Vintage Books, 1966, pp. 9 – 10, 350 – 400.

[2] Theodore Zeldin, *History of French Passions, 1848 – 1945*, Oxford University Press, 1979; Theodore Zeldin, "Personal History and the History of Emotions", *Journal of Social History*, Vol. 15, No. 3, 1982, pp. 339 – 347.

[3] Jean Delumeau, *Sin and Fear: The Emergence of a Western Guilt Culture, 13th – 18th Centuries*, trans. Eric Nicholson, Palgrave Macmillan, 1990.

郁、绝望和喜悦等。①

还有一批史学家从思想史、文学史和社会文化史的角度考察了18世纪英国等西欧国家的"善感文化"(sensibility)和"情感主义"(sentimentalism)。他们认为18世纪既是弘扬理性精神的启蒙时代,又是重视和崇尚情感的世纪。洛克、沙夫茨伯里、哈彻森、休谟和斯密等思想家不仅论证了人类的理解力源自包括情感在内的"感官经验",还发现情感的产生依靠人际交往中的情感转移与共鸣。善感之人为他人的快乐而感到高兴和满足,又常因目睹不幸而心生悲悯,拥有丰富、敏锐和怜悯的情感因此被视为美德,成为18世纪道德家与文学家颂扬和刻画的对象。在此背景下,感伤主义诗歌和小说迅速兴起并流行一时。对该领域的研究已经触及情感史的一些方面。相关成果证实感伤主义文学中的悲伤、怜悯、哭泣和泪水等情感因素与法国大革命的爆发、人权观念的诞生、浪漫主义的兴起和英国的政治社会改革运动等历史事件和进程之间存在密切联系,这些研究推动了情感史的兴起,类似的议题至今依然是情感史学家讨论的热点。②

另一些学者将目光投向荣辱观念和与之相关的情感。爱德华·缪尔(Edward Muir)从"情感文明化"的范式出发,通过考察文艺复兴时期意大利贵族为捍卫荣誉而参与的家族复仇行为,指出"情感历史上的一次重大转型"是贵族学会隐藏愤怒并成为举止文雅的廷臣。③ 还有学者从英雄

---

① Charles L. Cohen, *God's Caress: The Psychology of Puritan Religious Experience*, Oxford University Press, 1986; John Stachniewski, *The Persecutory Imagination: English Puritanism and the Literature of Religious Despair*, Clarendon Press, 1991; Piero Camporesi, *The Fear of Hell: Images of Damnation and Salvation in Early Modern Europe*, trans. Lucinda Byatt, Pennsylvania State University Press, 1991; Julius H. Rubin, *Religious Melancholy and Protestant Experience in America*, Oxford University Press, 1994.

② Robert Brissenden, *Virtue in Distress: Studies in the Novel of Sentiment from Richardson to Sade*, Macmillan, 1974; Janet Todd, *Sensibility: An Introduction*, Methuen, 1986; John Mullan, *Sentiment and Sociability: The Language of Feeling in the Eighteenth-Century Novel*, Clarendon Press, 1988; Northrop Frye, "Varieties of Eighteenth-Century Sensibility", *Eighteenth-Century Studies*, Vol. 24, No. 2, 1990 – 1991, pp. 157 – 172; Chris Jones, *Radical Sensibility: Literature and Ideas in the 1790s*, Routledge, 1993; Ann Jessie Van Sant, *Eighteenth-Century Sensibility and the Novel: The Senses in Social Context*, Cambridge University Press, 1993; Jerome J. McGann, *The Poetics of Sensibility: A Revolution in Poetic Style*, Clarendon, 1996; Lynn Hunt and Margaret Jacob, "The Affective Revolution in 1790s' Britain", *Eighteenth-Century Studies*, Vol. 34, No. 4, 2001, pp. 491 – 521; Lynn Hunt, *Inventing Human Rights*, W. W. Norton & Company, 2008.

③ Edward Muir, *Mad Blood Stirring: Vendetta and Factions in Friuli during the Renaissance*, Johns Hopkins University Press, 1993.

史诗和骑士文学中分析罗兰、亚瑟王和圆桌骑士的羞耻心和荣誉感,并将这两类情感视为塑造骑士身份和理解骑士精神的关键要素。① 在家庭史和性别史领域,爱德华·肖特(Edward Shorter)、汉斯·梅迪克(Hans Medick)等人围绕当代西方的亲情是否淡漠这一议题展开了激烈争论。② 20世纪80年代,在新文化史的推动下,性别史被进一步细分为性史、男性史、身体史等新领域,长期被忽视的少数族群和边缘文化亦受到史学家的关注。历史学家开始正视在不同地区、文化和阶层下,男女在生理、心理、思维等方面的差异,并将其作为观察和阐释历史的新途径。

三 情感史的理论建构与创新

情感史在21世纪初迅速兴起的原因是多方面的,它不仅凸显了情感自身的重要性,也与近几十年来国际学术潮流的变化密切相关。心理学在20世纪七八十年代经历的"情感转向",使情感"成为社会和行为科学中一个至关重要且时髦的主题"。③ 学者们证实情感作为一种认知行为兼具可塑性和能动性,它既是个体感知和表达自我的工具,也是社会交往和认同的纽带,因此人的判断和行为无不受到情绪的左右或驱使。基于这些认识,学者们围绕情感在政治竞选、社会动员、司法审判、商业投机、市场营销和新闻传播中的作用开展了颇为深入的研究。现代西方社会对"自我"的尊崇亦是情感备受关注的原因。"自我首先是情感的自我",人们重视内心的感受和情感的自由,他们希望自己的情感不受外界侵扰,还学会

---

① Robert L. Kindrick, "Gawain's Ethics: Shame and Guilt in Sir Gawain and the Green Knight", *Annuale Mediaevale*, Vol. 20, 1981, pp. 5 – 32; Loretta Wasserman, "Honor and Shame in Sir Gawain and the Green Knight", in Larry D. Benson and John Leyerle, eds., *Chivalric Literature: Essays on Relations Between Literature and Life in the Later Middle Ages*, Medieval Institute Publications, 1980, pp. 77 – 90; Mark Lambert, *Malory: Style and Vision in "Morte d'Arthur"*, Yale University Press, 1975; Eugene Vance, *Reading the Song of Roland*, Prentice-Hall, 1970.

② Edward Shorter, *The Making of the Modern Family*, Basic Books, 1975; Lawrence Stone, *The Family, Sex and Marriage in England, 1500 – 1800*, Harper & Row, 1977; Hans Medick and David Sabean, eds., *Interest and Emotion: Essays on the Study of Family and Kinship*, Cambridge University Press, 1984.

③ Klaus R. Scherer and Paul Ekman, eds., *Approaches to Emotion*, Erlbaum, 1984, p. xi.

了通过"共情"(empathy)去理解和尊重他人的情感。① 作为塑造自我的要素和展示个性的标记,情感始终是文学与艺术创作者刻画和传递的对象,并且日益成为心理学家和社会学家探究个体及其与社会关系的关键。在此背景下,"情商"理论在 90 年代诞生。情商反映了个体感知、理解和控制情绪的能力,是衡量个人素质和潜能的重要尺度。② 该观点被迅速推广普及,"情绪管理"不仅被视为提高情商和实现"自我优化"的途径,其策略也被众多商业机构和行政部门用于对员工的管理与培训。学界乃至社会对情感的关注无疑是情感史兴起的重要外因,它为史学家观察过去人的情感世界提供了新的方法、视角和契机。

但是,任何学科想要获得生命力必须依靠其自身理论上的完善与突破,情感史亦不例外。20 世纪末至 21 世纪初是情感史理论建构的关键时期,贡献突出者当属斯特恩斯夫妇(Peter Stearns & Carol Stearns)、威廉·雷迪(William Reddy)和芭芭拉·罗森维恩(Barbara Rosenwein)。这些学者将认知心理学和社会建构主义理论有机结合起来,不仅证实情感拥有自己的历史,还为观察、分析和评价历史上的情感提供了迄今最具影响力的理论框架。

20 世纪末,情感史因斯特恩斯夫妇的重要贡献而向前推进了一大步。1985 年,他们在《美国历史评论》上刊文,首次提出"情感规约"(emotionology)概念,并将其定义为"一个社会或社会中的特定群体对基本情感和正确表达这些情感所持的态度和标准,以及机构通过人的行为来展现和鼓励这些态度的方法"。情感和情感规约是截然不同但紧密联系的两个概念:前者是个人真实的情感体验,后者则指向被期望或被要求应当具有的情感。譬如"恐惧"是士兵在战场上常有的情感,"英勇无畏"则是情感规约,它是由军队这一"群体"或"机构"制定的有关军人体验和表达情感的规范,亦是为推行该规范所采取的行事方式。由于情感规约旨在塑造和影响人的情感体验和表达方式,并且能够反映特定历史条件下社会或集体共有的习俗、观念和准则,因此被斯特恩斯视为情感史研究的关键。

---

① [德]乌尔特·弗雷弗特:《书写情感的历史》,《世界历史》2016 年第 1 期。
② Peter Salovey and John D. Mayer, "Emotional Intelligence", *Imagination, Cognition, and Personality*, Vol. 9, No. 3, 1990, pp. 185 – 211; Daniel Goleman, *Emotional Intelligence: Why It Can Matter More Than IQ*, Bloomsbury, 1995.

斯特恩斯指出情感史研究有三个步骤：对爱、怒、嫉妒、恐惧的研究应从情感规约入手，因为它与情感体验相比更加有迹可循，且本身具有重要性；在第二步，史学家应尝试弄清一段时期里情感表达的变化趋势，并假定它和情感规约的变化趋势之间存在关联；第三步应考察人们为调和情感标准和情感体验所做出的努力。[1]

斯特恩斯尤其关注现代化进程与情感规约之间的关系。他在八九十年代出版了一系列论著，探讨了在西方家庭观念和生活方式不断更新、法律制度逐步健全、城市化进程加速、商业贸易发展、政治剧变和动荡等背景下，现代美国社会对爱、愤怒、嫉妒、恐惧等情感的态度嬗变。[2] 他指出，18世纪至19世纪美国男性在家庭和社会生活中发泄愤怒的行为越来越多地受到谴责；美国父母也开始认识到他们不仅应当克制自己的脾气，还应消除儿童的恐惧感，用"爱"和"快乐"替代"威胁"和"恐吓"逐渐成为现代家庭教育的共识。与此同时，嫉妒心也日益受到美国社会的质疑，反对嫉妒是当代美国情感规约的重要方面，然而嫉妒心非但未被消灭，还在一定程度上推动了现代化进程。典型的例证是现代商人擅于利用消费者的嫉妒和攀比心理逐利，从而促进了商业社会的发展。通过这些研究，斯特恩斯证明情感规约不是一成不变的，人口、经济和社会结构的变化常会伴随着情感规则和标准的深刻调整。

斯特恩斯在情感史的发展中具有承前启后的关键作用。所谓承前，在于他继承了埃利亚斯线性的、以文明化为主旨的情感史观。他还指出，情感史研究的目标之一是用史实证明群体抗争行为中的集体情绪的破坏性和非理性本质。这使其研究不论在观点上还是理论上都未能取得对赫伊津

---

[1] Peter N. Stearns and Carol Z. Stearns, "Emotionology: Clarifying the History of Emotions and Emotional Standards", *The American Historical Review*, Vol. 90, No. 4, 1985, pp. 813, 825. 必须指出，根据斯特恩斯给出的定义，"emotionology" 在本质上是有关情感体验和表达的"态度"（attitudes）、"标准"（standards）和"方法"（ways）。其他历史学家在使用斯特恩斯的"emotionology"一词时，也始终将其解释为某种"规范"或"标准"。笔者将"emotionology"译为"情感规约"，意指情感表达的规则与约定俗成的标准，更加符合斯特恩斯对这一概念的定义。

[2] Carol Z. Stearns and Peter N. Stearns, *Anger: The Struggle for Emotional Control in America's History*, University of Chicago Press, 1986; Peter Stearns, *Jealousy: The Evolution of an Emotion in American History*, New York University Press, 1989; Peter Stearns, *American Cool: Constructing a Twentieth-Century Emotional Style*, New York University Press, 1994; Peter Stearns and Jan Lewis, eds., *An Emotional History of the United States*, New York University Press, 1998.

哈、埃利亚斯和勒庞等人的实质性突破。但斯特恩斯的重要贡献在于启后。他长期致力于介绍和推广情感史,不仅出版了一系列实证研究成果,还主编了纽约大学出版社的情感史研究丛书,吸引了越来越多的学者参与其中。他的"情感规约"理论为研究情感史提供了方法并指出了方向,成为该领域的重要理论之一。从 20 世纪 90 年代起,"情感史"作为对该领域的称呼开始固定下来并使用至今。

情感史研究的另一位重要推动者威廉·雷迪,是美国杜克大学历史学与人类学教授。雷迪指出当时的人类学及其建构主义理论所遭遇的困境:不少学者将情感视为社会文化的建构物,从而丧失了对其进行是非判断或道德评价的立场,即便他们意识到一些情感生活方式有违人性或正义。在《反对建构主义》一文中,雷迪以人类学家贝内迪克特·格里马(Benedicte Grima)的研究为例,对这一困境进行了阐述。格里马发现"嘎姆"(gham)即一种类似于悲伤的情感,是巴基斯坦普什图族女性几乎唯一被允许在公共场合宣泄的情感。她们被要求在自己的婚礼上或者当亲友遭遇伤害时表达这种悲伤之情。在后一种场合,她们聚在一起哀哭,却对受伤者置之不理。普什图族女性的这两种情感表达方式明显有别于西方社会:在西方,新娘在婚礼上常沉浸在喜悦之中,而当亲友受伤时人们会给予同情和帮助。格里马据此认为情感不具有普遍性,它因地域文化的差异而呈现不同的特征。然而格里马又指出"嘎姆"是对女性的"压迫",因此对其大加鞭挞。[1] 在雷迪看来,格里马的批判与其文化相对主义立场相悖:如果情感、习俗和价值观念是由当地社会文化建构的,那么它在当地就具有合理性,人们也就无权对其说三道四,但格里马对"嘎姆"的批判又使她陷入西方优越论和民族中心主义。格里马的研究暴露出社会建构主义面临的理论和道德困境。一方面,社会建构主义者极易滑入文化相对主义的陷阱中,将情感视为因地而异的文化现象,这意味着不存在一种放之四海而皆准的评价尺度或价值观念,否定了对情感进行批判的可能。另一方面,情感沦为文化的被动塑造物,这不仅否定了情感和个体的能动作用,而且取消了情感具有历史的可能性。

---

[1] William M. Reddy, "Against Constructionism: The Historical Ethnography of Emotions", *Current Anthropology*, Vol. 38, No. 3, 1997, pp. 327 – 351; Benedicte Grima, *The Performance of Emotion among Paxtun Women*, The University of Texas Press, 1992, pp. 6, 163.

如何解决社会建构主义的困境？雷迪认为回答这一问题的关键在于弄清情感的本质：情感究竟是后天的、社会文化的产物，还是先天的、具有普遍性的事物？他并非让学者二择其一，而是在肯定社会文化对情感有巨大影响力的前提下，力图证明情感表达的某些方面具有普遍性特征，从而确立一个可以用于捍卫情感自由和正义的普遍性原则。在其1997年的论文中，雷迪在吸收约翰·奥斯丁（John Austin）的言语行为理论（Speech Act Theory）的基础上提出了"情感表达"概念，并将其定义为个人用言语表述和处理内心情感的过程。"情感表达"同时具备言语行为中的描述型（constative）和施为型（performative）特征。譬如，"我快乐"既可以是对内心情感的准确表述（描述型），也可能是不准确甚至虚假的表述（施为型）。准确表述内心情感是人之本能。但在施为型中，声称"我快乐"可能是为了在诸多情感中强调快乐的感觉，或是为了否认或掩盖心中的不快，这种情感表达能够重塑个人情感，其目的是为了实现个人目标或满足社会期望。如此一来，雷迪借"情感表达"实现了普遍主义与社会建构主义的和解，使学者从政治、伦理和道德层面评价情感成为可能：为什么人们拒绝真实地表达内心情感？心口不一是出于自愿还是迫于压力？回答这些问题成为反思和批判情感的起点，也成为建构情感史理论的突破口。

2001年雷迪出版《情感的导航：情感史的一个框架》一书。[①] 他吸收认知心理学的成果并将其与社会建构主义相结合，不仅完善了"情感表达"理论，而且围绕"情感表达"和"情感体制"（emotional regime）等概念搭建情感史研究的理论框架。认知心理学证实人的情感是一种认知行为，它的产生通常是个体在无意识的状态下将接收到的大量外界信息或

[①] 一些学者将雷迪的书名（*The Navigation of Feeling*）译为《情感指南》是不准确的。"Navigation"一词的本意是"驾驶"和"导航"等，并无"指南"（guide）之意。此外，该词与雷迪的"emotional navigation"概念中的"navigation"一词意义相同，他选用该词意在说明个体作为体验、理解和表达情感的主体能在一定程度上处理和控制自己的情感，该词既反映了人的能动性，也体现了社会因素对情感的影响，为观察和分析情感表达与情感体制提供了视角。雷迪明确指出，"我用'导航'是为了指代情感生活中的全部常规（tenor）"。所谓"全部常规"指的正是个体处理情感的行为的总和，因此如果将书名译成"指南"则会引起歧义。William M. Reddy, *The Navigation of Feeling: A Framework for the History of Emotions*, Cambridge University Press, 2001, pp. 109, 122.

"思考素材"在极短时间内进行"转译"的结果。情感表达也是转译的一部分,它是个体以具体目标为导向对内心情感有意识的语言表述。情感语言会以思考素材的形式再次被人脑接收,并和其他信息一道进入新一轮的转译,进而确认、强化或改变已有的情感。在战旗下宣誓会强化忠诚和无畏的情感,沮丧之人通过告诉自己"我很好"来重拾信心和快乐,便是情感表达重塑情感的例证。接收和转译信息是一个持续的、非线性的、平行处理且互相影响的过程,此过程称为超量学习(overlearning),经超量学习而积累在大脑中的知识记忆对情感和认知的形成起着至关重要的作用。认知心理学的上述发现被学界称为"情感研究的一场革命",它证实了情感和思维密不可分,打破了将情感与理性相对立的传统认识。[1]雷迪指出认知心理学之于情感史的意义有三:其一,它证实"情感大体上(但不完全)是习得的",既肯定了情感因生物学特征而具有普遍性,又强调了社会文化对情感的影响力;其二,情感不再是非理性的、须被约束的生理反应,其认知属性使它成为史学研究的对象;其三,它恢复了人的能动性,情感不再是文化的被动塑造物,而是个体用来认知和改变世界的力量。[2]

雷迪将人以具体目标为导向,或为应对与已有目标相冲突的任务而对情感表达进行"管理"或"改变"的行为形容为"情感导航"(emotional navigation),喻义人是情感的舵手,有权掌握情感表达的方向。情感导航是人的能动性的体现,"情感自由"则是个体进行情感导航的权利和前提。情感的社会建构属性决定了情感自由不可避免地会受到"情感体制"的约束,后者是社会或共同体中占据主导地位的群体为维护现有秩序或实现特定目标而制定的一整套体验和表达情感的规则,以及为贯彻这套规则而采取的仪式性和惩罚性措施。情感体制不仅是"一切稳定的政治体制的基础",而且在"特定机构(军队、学校、教会)、每年的特定时期、特定人生阶段"等具体层面对个人情感做出了规定。严苛的情感体制以限制"情感导航"和牺牲"情感自由"为代价,当个人目标和社会期望间的冲突越是难以调和,个人用于体验和表达真实情感的场所和办法即"情感避

---

[1] William M. Reddy, *The Navigation of Feeling: A Framework for the History of Emotions*, p. 31.
[2] William M. Reddy, *The Navigation of Feeling: A Framework for the History of Emotions*, p. xi.

难所"（emotional refuges）就越少，他们遭受的"情感痛苦"也就越重。①雷迪提出了评价情感及其体制的标准：个体在所处的情感体制中能否最大限度地拥有情感自由并免受情感痛苦。这一标准使学者能够对任何地域和历史时期的情感进行政治、伦理和道德层面的批判，同时避免滑入民族中心主义和西方优越论的陷阱中。

  雷迪将其理论应用于近现代法国情感史的研究。他首先探讨了在路易十四时期隐藏于"情感避难所"中的温暖、亲密和真诚的情感如何在18世纪演变为"情感主义"，并在大革命时期迅速公开化和激进化，形成了以热爱祖国、忠于革命、仇恨贵族和怜悯弱者为核心的情感体制。这一体制极为严苛，雅各宾政府强迫全体国民真诚地表达上述情感，由此导致的社会恐慌成为情感痛苦的真实写照。雷迪将1794年视为法国情感史的一个转折点。尽管学界对雷迪的研究不乏质疑之声，但无人否定他在建构情感史理论上的巨大贡献。普兰普尔对雷迪的研究如此评价："（该书）是迄今为止最为重要的情感史理论著作。他是极少数有能力对生命科学基础研究的论文质量进行判断的历史学家。同时他还通晓人类学研究成果。将这两种素养与他对18、19世纪法国史料长达数十年的研究相结合更是独一无二。"②

  在《情感的导航》问世一年后，美国罗耀拉大学欧洲中世纪史学家芭芭拉·罗森维恩发表《对历史情感的忧虑》一文，随即在学界引发巨大反响。罗森维恩将矛头对准情感史研究中的"宏大叙事"即情感的全部历史是情感日益受到约束的历史。埃利亚斯的情感文明化理论便是这种"宏大叙事"的典型。事实上，包括赫伊津哈、费弗尔、布洛赫、阿利埃斯、德卢米乌和斯特恩斯等人在内的20世纪大多数史学家都在不同程度上采用了这一研究范式，他们相信情感受文明和理性的约束是一个线性的过程，是西方现代化进程的重要方面。③这一观点体现了西方人对情感的传统认识与想象："情绪就像人体内的大量液体，它不断地上升和起泡，迫切地

---

① William M. Reddy, *The Navigation of Feeling: A Framework for the History of Emotions*, pp. 128 – 129.
② Jan Plamper, *The History of Emotions: An Introduction*, p. 261.
③ Barbara Rosenwein, "Worrying about Emotions in History", *The American Historical Review*, Vol. 17, No. 3, 2002, pp. 814 – 834.

等待被释放",换言之,如果情绪无法得到有效的疏导或控制,它就会像液体一样在压力下喷涌而出。罗森维恩形象地将其称为"液压模式"(hydraulic model),并指出认知心理学和社会建构理论为从根本上否定该模式提供了充分的依据:前者证实了情感不是一种如液体般在受到压力时便会迸发的生理反应,而是人脑进行理性思考和判断的结果;后者主张"情感取决于语言、文化行为、目标和道德观念",而且"每种文化对情感和行为都有各自的规定",证实了情感具有可塑性和差异性。① 这一观点也为学者透过历史情感分析人物思想和事件背后的动机,以及从更加微观具体的角度探索西方社会内部和以外地区的情感史提供了理论依据。

　　罗森维恩提出了自己的情感史理论框架:情感共同体(emotional communities)。情感共同体和"家庭、邻里、议会、行会、修道院、教区这些社会共同体别无二致",共同体成员基于相同或相似的利益而遵循同一种情感模式,该模式明确了所有成员应该如何正确地体验、表达和评价情感。不同的情感共同体之间并不存在无法逾越的鸿沟,"人们通过调整他们在不同环境中的情感面貌和对甘苦福祸的判断,能够不断地从一个共同体进入另一个共同体,比如从旅馆到法庭"。② 2006 年,罗森维恩在《中世纪早期的情感共同体》中对共同体的形态进一步补充:"想象一个大圆中有许多小圆,它们不规则地遍布其中,并不完全同心",大圆比喻占据支配地位的情感共同体,小圆则是次一级的共同体,后者遵循前者的情感模式,但可能对其中的某些方面进行强调或者弱化;小的情感共同体甚至可被细分为更小的单位,同时也可能存在其他大的情感共同体,它或独立于前一个大共同体,或与之相交。③ 那么如何确定情感共同体的情感模式?共同体推崇和反对什么情感,其成员又有哪些共有的情感特征?罗森维恩认为应首先确定史料的范围。既然凡是有着共同利益或目标的社会群体都可被视为情感共同体,那么就应从与这些社会群体相关的材料入手。接下来,再从这些文献中搜寻出所有涉及情感的词语,并用定性和定量的方法

---

① Barbara Rosenwein, "Worrying about Emotions in History", pp. 834 – 837.
② Barbara Rosenwein, "Worrying about Emotions in History", p. 842; Jan Plamper, "The History of Emotions: An Interview with William Reddy, Barbara Rosenwein, and Peter Stearns", p. 253.
③ Barbara Rosenwein, *Emotional Communities in the Early Middle Ages*, Cornell University Press, 2006, p. 24.

对其进行分析。所谓定性，指研究者须从具体的历史情境和文本出发分析这些词语的准确内涵，避免时代误植。所谓定量，指对各种情感词汇在不同语境下出现的频次进行统计，以此分析并确定该群体的情感特征。①

罗森维恩在《中世纪早期的情感共同体》中重点探讨了墨洛温王朝时期三个情感共同体的差异和变迁。在高卢罗马历史学家、图尔主教格里高利所描述的奥斯特拉西亚王后布伦希尔德（Brunhild of Austrasia）摄政时期的宫廷中，形成了以爱、同情和友善为核心的情感文化，其目的是巩固王后的统治，弥合和维系曾因兄弟反目、血亲复仇和宫廷斗争而充满动荡的家族关系。但这一情感共同体在613年纽斯特里亚国王克洛泰尔二世（Chlothar Ⅱ）率军击败奥斯特拉西亚并残忍处决布伦希尔德后即告瓦解，曾经充满女性色彩的亲密和外露的情感模式，被由男性主导且充满修道色彩的冷静、含蓄和程式化的情感模式所取代。在七世纪末，这一温和的情感模式也开始发生变化，彼时激烈混乱的派系争斗使贵族的文字和生活中充满了憎恶、愤怒、嫉妒和仇恨情绪。罗森维恩强调，这既是尔虞我诈的政治局势的产物，同时为权力争斗服务，具有明确的政治目标。②

罗森维恩的情感共同体理论与斯特恩斯的"情感规约"和雷迪的"情感体制"具有某种相似性，它们皆指向情感的社会属性，尤其关注社会群体共同分享或遵守的情感模式与规范。但罗森维恩认为，斯特恩斯从面向大众读者的现代行为手册和礼仪书中探寻情感规约的方法是错误的，这类印刷品中关于情感的建议往往并非情感规约的真实反映，忽视了对精英阶层和中世纪乃至更早时期情感的研究。③ 对于雷迪的"情感体制"，罗森维恩承认任何时期都有占主导地位的情感共同体和有约束性的情感规范，并坦诚自己"不介意将它们称之为情感体制"，但她认为这一概念"过于强势"，使情感体制和情感避难所之间不存在任何的缓冲地带。④ 共同体的情感模式并不需要以"现代国家的形成及其统治"为基础，它可以是群体在交往和协商过程中形成并自觉遵守的共识。罗森维恩给情感共同体这一概

---

① 托马斯·迪克森系统分析了情感词汇及其内涵在西方历史上的演变。Thomas Dixon, *From Passions to Emotions: The Creation of a Secular Psychological Category*, Cambridge University Press, 2003.
② Barbara Rosenwein, *Emotional Communities in the Early Middle Ages*, Chapters 4, 5, 6.
③ Barbara Rosenwein, "Worrying about Emotions in History", pp. 824-826.
④ Barbara Rosenwein, *Emotional Communities in the Early Middle Ages*, p. 23.

念以足够的弹性,使其能够应用于对不同时期的各类共同体如国家、宫廷、教会、修道院、政党、学校、法庭、军队、企业、邻里、家庭的情感模式的研究。她不仅指出了情感史的多样性和复杂性,而且证实了情感绝非幼稚和非理性的事物,进一步巩固了情感作为史学研究对象的地位。

面对罗森维恩对情感研究文明化理论的批判,斯特恩斯在2014年撰文予以回应。他承认传统的情感史观存在"明显的局限性",但明确指出罗氏的理论使一些学者只关注那些"更安全的"微观议题,放弃了对情感如何演变这类宏观问题的追问。斯特恩斯还指出,罗森维恩及其追随者暗示中世纪的情感标准与现代社会没有显著区别,这便否认了现代化这一重大历史进程对情感的演变存在任何影响的可能。他呼吁学者在承认情感史的复杂性和多样性的基础上,重启对情感与现代性关系的探讨。①

斯特恩斯与罗森维恩之间的争论,在某种程度上是情感的历史性与普遍性探讨的延续。彼得·伯克将分歧的双方称为"最高纲领派"(maximalists)和"最低纲领派"(minimalists)。二者的区别在于"前者认为在某个特定的文化中,具体情感或整套情感会随着时代发生根本性的变化,后者相信情感在不同时期基本上保持不变";罗氏理论导致的情感史研究的碎片化倾向,可能使她的追随者选择最低纲领;"最高纲领派"更具有创新性,但面临的难度也更大,"从现存的档案中找到对愤怒、畏惧和爱等情感的自觉态度的证据并不难,但从长时段中归纳出根本性的变迁,则须更加依赖推理或猜测"。②

一个值得注意的事实是,罗森维恩和雷迪在各自新近的著作中都采用了斯特恩斯所倡导的从长时段考察情感变迁的视角。在2016年出版的《时代情感:600—1700年的情感史》一书中,罗森维恩通过对英法两国一系列情感共同体的微观研究,串联起从西塞罗到霍布斯之间长达11个世纪的情感史,证实了情感模式或标准总是伴随着时代的更迭和共同体的重组而发生变化。但罗森维恩反对将中世纪和现代社会的情感文化相对立,她发现这些共同体对情感的基本认识都来自于西塞罗和奥古斯丁的情

---

① Peter N. Stearns, "Modern Patterns in Emotions History", in Susan J. Matt and Peter N. Stearns, eds., *Doing Emotions in History*, pp. 19, 22 – 24, 38.

② Peter Burke, "Is There a Cultural History of the Emotions?", in Helen Hills, ed., *Representing Emotions: New Connections in the Histories of Art, Music and Medicine*, Routledge, 2017, pp. 40 – 43.

感理论，及其在中世纪最重要的继承人阿尔昆和阿奎那。这使得这些共同体的情感文化在长达千年的变化和更替中依然具有某种统一性和延续性。[①] 雷迪在2012年出版的《浪漫爱情的形成：900—1200年欧洲、南亚和日本的爱欲与性》一书中指出，格里高利改革后的天主教会将爱情视为罪恶的、需要被消灭的性欲，这迫使抒情诗人、传奇作家和爱情的追求者在法兰西国王和贵族的宫廷中寻找情感避难所。这种源于宫廷的"浪漫爱情"，在本质上是对教会主导的情感体制的挑战。该研究反映了雷迪十多年来一直坚持的基本观点，即情感是"文化的建构物，它拥有悠久和复杂的历史"。[②]

斯特恩斯、雷迪和罗森维恩等人在情感史领域的不断尝试，既显示了情感规约、情感体制和情感共同体等理论的学术价值，也反映出情感史在理论、方法和内容上依然有巨大的探索空间。伯克认为情感史可以至少从五个方面加以推进。第一，考察过去人们对特定情感的态度，这类研究本质上是有关情感的思想史。第二，研究"情感的兴趣史"，即过去人们为何以及如何研究情感。例如，为什么16、17世纪的西方学者开始关注人类情感？为何18世纪启蒙思想家和文学家将情感提升到美德的高度？为什么福音派信徒特别重视宗教情感的体验与表达？第三，考察情感对象的变迁。以德卢米乌的研究为例，为什么地狱会取代大海、黑暗、天灾和土耳其人，成为近代早期法国农民恐惧的对象？第四，探究人类约束和管理情感的历史，即不同文化背景下的人们如何有选择性地约束和管理特定的情感。第五，关注在不同历史时期占据主导地位的情感以及时代情感的变迁。总的来看，伯克倡导的是一种包容开放、不拘一格的研究态度。

结 语

在斯特恩斯、雷迪、罗森维恩等人的推动下，情感史学的理论与方法不断完善，学者们或兼收并蓄或各奉一方，大量个案和专题研究得以呈现

[①] Barbara H. Rosenwein, *Generations of Feeling: A History of Emotions, 600 – 1700*, Cambridge University Press, 2016.

[②] William M. Reddy, *The Making of Romantic Love: Longing and Sexuality in Europe, South Asia, and Japan, 900 – 1200 CE*, University of Chicago Press, 2012, pp. 13 – 14.

在世人面前。近年来，情感史不仅成为西方权威史学刊物、出版社和学术会议的常见议题，它还进入大学课堂，成为历史学专业学生研习的对象。以英国玛丽女王大学情感史中心、澳大利亚研究委员会情感史卓越中心、德国马克斯·普朗克人类发展研究所情感史研究中心为代表的科研机构相继成立，为情感史的深入发展贡献着力量。曾经备受冷落的情感史，如今发展成为历史学与心理学、人类学、社会学、生命科学等多学科交叉，并与政治史、经济史、社会史、宗教史和文化史等传统史学领域有着紧密联系的新兴史学分支。

作为一门跨学科性突出的史学分支，情感史的勃兴离不开其他学科学者对情感的探索。历史学家是情感研究的后来者，他们对情感的疑虑和偏见不仅根植于将情感与理性相对立的传统观念，而且深受法国大革命、两次世界大战等因素的影响。因此他们一方面拒绝将情感作为严肃史学研究的对象和工具，另一方面又将情感的全部历史简单地归纳为人类用理性约束激情的历史。这种线性的、文明化的情感史观为赫伊津哈和埃利亚斯等人所主张，成为20世纪情感史研究的主要范式。尽管年鉴学派所倡导的心态史学和发源于美国的心理史学都将目光投向人的内心世界，但它们并未跳出情感与理性的二元对立，以及从感性走向理性这一传统叙事的窠臼。此外，二者的研究思路和对象也与情感史大相径庭。如果说心态史是透过集体情感观察全社会的观念、信仰乃至精神气质，心理史学则是通过分析过往经历和情感遭遇来解释个人日后的行为和思想，这些都与以情感为研究对象、关注情感与历史互动关系的情感史有着本质的区别。20世纪下半叶，情感研究在社会和生命科学领域的兴起，为情感史带来机遇的同时也设下了陷阱：过分强调情感的生物学属性，使一些学者相信人类过去乃至未来的情感与当代无异；文化相对论者则声称情感为文化的创造物，情感特征因地域不同而千差万别，这不仅否定了情感的能动性，还使学者丧失了对情感进行评价的立场与标准。这两类观点，连同以"文明化"为主旨的情感史观，都将使情感史研究失去意义，因此成为必须探讨破解的难题。进入21世纪的前后十年，斯特恩斯、雷迪和罗森维恩通过批判性地吸收社会建构主义理论和认知心理学的最新成果，提出了"情感规约""情感表达""情感体制""情感共同体"等全新理论，证实了情感作为理性思维的一部分不仅拥有自己的历史，还对历史发展具有推动作用。尽管具体内涵不同，这些理论均强调情感的社会与政治属性，为探究历史上特定人群共同分享或遵守的情感规范及其背后的社会认同和权力运作机制，以及个人、群体和机构为维护、贯彻或对抗该规范所采取的手段和造成的结果等关键性问题，提供了方法。

情感史勃兴最为重要的意义在于它将史学研究的对象从政治、经济、社会、宗教等领域拓展到人的内心层面，使情感、情绪、心境和感觉等因素成为观察和探究历史的重要维度。但又不同于经济史等传统门类，情感史可以被有效地整合进其他史学领域，这一优势是性别、身体、环境和空间等新兴史学分支所无法比拟的。情感时刻影响着人的判断和行为，而它的形成又依赖特定的文化、社会、经济和政治土壤。既然情感与理性并非对立，且情感与历史相互影响，我们便有理由反思一切历史事件或现象与人类情感的关系：法庭的审判与裁决、一国之内政与外交、各种"主义"的形成与创立、革命者和改革家的理念与实践、甚至高举理性旗帜的启蒙运动，它们在多大程度上是深思熟虑的产物，又在多大程度上受到情感驱使并旨在作用于人的情感？思考这些问题将有助于补充和修正我们对历史的既有认识。历史学是一门探究真相的科学，尽管社会文化和时空背景迥异，但我们应当去反思历史事件和现象背后的情感因素、人为因素和虚构成分。譬如法国大革命时期，英国民众对法国入侵的恐慌到底是一种对真实存在的威胁的反应，还是小皮特领导的托利党政府精心营造的社会和政治气氛？探讨此类问题，情感史大有可为。最后，在一些国际和地区热点问题中，情感因素引人注目。这些事件的发生和社会反响，正如社会心理学家所言，在很大程度上源于人们对过往经历和情感的记忆。[①] 从这个意义上说，探究情感的历史不仅有着重要的学术价值，而且具有一定的现实意义。

（原载《史学理论研究》2020 年第 3 期）

[①] David G. Myers, *Social Psychology*, 10th edition, McGraw Hill, 2009, p. 330.

方法·材料·视野:当代西方史学史研究的新趋向

张一博
(北京大学历史学系)

美国史家卡尔·贝克尔曾言:"历史最引人入胜之处,不在历史研究,亦不是历史本身,而是研究历史研究的历史。"① 史学史作为一门学科史,不仅承载着考察历史学演变的功能,而且是一门对历史研究进行反思的学问。19 世纪随着西方史学职业化的发展,史学史作为一个研究领域得以确立,并出现一些总结、概括前人史学研究的史学史著作,德国学者爱德华·富艾特(Eduard Fueter)的《近代史学史》与英国学者乔治·古奇的《十九世纪的历史学和历史学家》是其中的代表。② 但这些著作大多是基于对经典史家及其作品的考察,以期概括近代西方史学模式的形成和影响。百科全书或相关专业词典对某一词条的定义往往可以反映出时人对这一概念的普遍认知,若我们将 20 世纪 60 年代《观念史辞典》中赫伯特·巴特菲尔德所写的"史学史"词条同 2004 年丹尼尔·沃尔夫(Daniel Woolf)所写的同样条目相比较,便可对人们理解"史学史"概念的时代不同,窥见一二。巴特菲尔德梳理了自古代至今的历史作品及其所反映的历史观念,重在考察西方史学的变迁,其关注对象多为经典史家的

---

① Carl Becker, "What Is Historiography", *The American Historical Review*, Vol. 44, No. 1, 1938, p. 20.
② [英]乔治·皮博迪·古奇:《十九世纪历史学与历史学家》,耿淡如译,商务印书馆 1998 年版;Eduard Fueter, *Geschichte der neueren Historiographie*, Druck und Verlag von R. Oldenbourg, 1911。

方法·材料·视野：当代西方史学史研究的新趋向

经典作品。① 随着时代的变迁，学术观念、方法的更新，一些概念需要被重新定义和解释，2004年《观念史辞典》被重新修订，其中"史学史"词条由致力于推动史学史全球化的加拿大学者丹尼尔·沃尔夫撰写。与巴特菲尔德不同，沃尔夫提倡全球视野。他不仅关注西方史学的发展，非洲、古代印度、东南亚甚至美洲的传统史学也在他的考察范围之内。② 从两位史家所写的"史学史"词条，我们可以看出在近40年间，无论是研究视角还是研究方法，史学史研究都发生了天翻地覆的变化，那么为何会发生这些变化，当下的史学史研究又呈现出何种特征？

20世纪六七十年代兴起的后现代思潮席卷整个学术界，从人类学、社会学、政治学再到历史学无一不受其冲击。虽然现在看来，后现代思潮已经开始退却，但在后现代风暴的冲击下，人们开始审视一些在传统观念看来不证自明的东西。我们可以从两个层面理解后现代思潮对历史学的冲击：一方面，后现代思潮冲击了自近代以来形成的一些历史观念，它批判"宏大叙事"（master narrative）和"西方中心论"，并且受福柯微观权力学的影响，关注权力关系在历史话语建构中所起的作用；另一方面，在后现代思潮的影响下，历史研究出现了语言学转向，史学家认识到历史书写的背后存在一套叙事结构。③ 这两个层面的冲击在史学史研究中亦可看到，具体表现为：传统史学史的宏大叙事被打破，史学史研究的对象、范围、视角和材料也都发生了相应的变化。在这种情况下，史学史研究一方面越做越大，出现了"全球转向"，人们开始用全球视角看待史学观念的流变，各种类型的全球史学通史频出；另一方面，史学史研究又越做越小，它不再只是宏观综合，而是涉足各种专题研究，并与思想史、学术史甚至社会史相结合。总而言之，史学史研究在方法、材料和视野上都发生了很大变化，而这些变化不仅反映了历史学内部观念的变化，也折射出社会思潮的

---

① 李亦园主编：《观念史大辞典》（自然与历史卷），幼狮文化事业股份有限公司1987年版，第107—165页。
② Daniel Woolf, "Historiography", in Maryanne Cline Horowitz, ed., *New Dictionary of the History of Ideas*, Thomson Gale, 2005, pp. xxxv – lxxxviii.
③ 关于后现代思潮对历史学的冲击，参见［美］王晴佳、古伟瀛《后现代与历史学：中西比较》，山东大学出版社2006年版；彭刚主编：《后现代史学理论读本》，北京大学出版社2016年版，第1—17页。

变迁。[1]

一 社会史、文化史的挑战

早期的史学史研究通过研究史家的思想观念，探讨历史学自身的发展变化，我们可将其视为史学史研究的"内在理路"；而史学史研究的"外在理路"是指史学的变化并非仅仅是内部自然生长的结果，而是与外部环境，诸如社会变迁、邻近学科的冲击，交相互动所致，因此史学史研究会关注历史研究与社会变迁的关系。但无论是内在理路还是外在理路，他们的研究均遵循传统史学史的研究方法，即对经典史家的作品做文本考察。但20世纪60年代以来随着新史学思潮的兴起，史学史研究引入了社会史、新文化史的理念和方法：一方面，考察历史学家的职业生涯、社会背景、交往圈如何影响历史知识的生产；另一方面，考察知识生产与知识消费的互动，即读者的需求如何影响史学作品的生产，同时史学作品又是如何改变读者的观念的。对此，许多学者提出史学史研究的新路径，如德国史家吕迪格尔·布鲁赫（Rüdiger vom Bruch）提出的"作为社会史的历史编纂史"，弗兰奇斯卡·梅茨格（Franziska-Metzger）主张的"从文化史的视角研究史学史"就是对这种研究路径的概括。[2] 虽然社会史与新文化史之间存在一定的区别，前者侧重分析社会结构，后者更注重研究文本背后的象征意涵，早期受这两种思潮影响的史学史研究也呈现这些特征，但是近些年来两股思潮日趋合流，形成所谓的社会—文化史（socio-cultural history），即英国史家彼得·伯克所说的一种

---

[1] 国内外均有学者对史学史研究现状进行总结与反思。Georg Iggers, "Reflections on Writing a History of Historiography Today", in Horst Walter Blanke, Hrsg., *Dimensionen der Historik. Geschichtstheorie, Wissenschaftsgeschichte und Geschichtskultur heute*, Böhlau, 1998; S. 197–205；Franziska Metzger, *Geschichtsschreibung und Geschichtsdenken im 19. und 20*, Haupt Verlag, 2011, S. 34–41；邓京力：《史学史研究的当代趋向：史学比较与全球视野》，《学术研究》2008年第3期；范丁梁：《近二十年德国史学史研究之新气象》，《史学理论研究》2015年第4期。

[2] Rüdiger von Bruch„Historiographiegeschichte als Sozialgeschichte. Geschichtswissenschaft und Gesellschaftswissenschaft", in Wolfgang Küttler, Jörn Rüsen und Ernst Schulin, Hrsg., *Geschichtsdiskurs*, Bd. 1, Fischer Taschenbuch Verlag, 1993, S. 257–300；Franziska Metzger, *Geschichtsschreibung und Geschichtsdenken im 19. und 20*, S. 17–19.

"杂交类型"的历史学,[①] 史学史研究亦受其影响。

受社会史思潮的影响,史学史研究者将历史著作视为史学家有目的生产的产品,并将其放在社会结构的背景下去分析。早在 20 世纪 80 年代,德国史家沃尔夫冈·韦伯(Wolfgang Weber)便借助社会科学方法,研究历史学科内部的人际关系网络如何影响史学观念的生成与传播。韦伯通过考察 1800—1970 年间德国以师生关系为基础的历史学家的人际关系网络,解释了历史主义史学理念是如何在德国学术界推广传播的。[②]但由于史料的缺乏,重建人际关系网络面临着极大的困难,因此这种研究并未吸引更多效仿者。而从机构史、期刊史的角度来考察史学知识的生产与传播成为史学史研究的一大热点。早在 20 世纪 80 年代,便有学者开始考察史学职业化以来兴起的研究机构的历史,但是他们只是将关注点从史学家转移到史学机构上,在研究方法上与传统研究并无二致。[③]90 年代后,随着福柯的"微观权力学""知识考古学"在史学界影响的逐渐扩大,人们逐渐认识到权力不仅表现在政治层面,而且影响到社会的各个领域,即使是看似客观的知识生产也与权力存在共谋关系。受此观念影响,史学史家开始关注机构背后权力的运作。英文中的"discipline"不仅具有学科的意思,而且还有规训的意思,学科规范的制定,不仅是学科专业化的表现,更是一种规训史学家的方式。[④] 史学史家关注组织机构化与史学活动规范化之间的互动。一方面,机构对人员具有塑造作用,使其适应学科的要求,以此维护学科的连续性和稳定性。[⑤] 另一方面,历史学家的活动也对学科组织结构的形成与发展产生影响。历史学专

---

① [英]彼得·伯克:《什么是文化史》,蔡玉辉译,杨豫校,北京大学出版社 2009 年版,第 133—134 页。

② Wolfgang Weber, *Priester der Klio. Historisch-sozialwissenschaftliche Studien zur Herkunft und Karriere deutscher Historiker und zur Geschichte der Geschichtswissenschaft 1800 – 1970*, Peter Lang, 1984.

③ [美]彼得·诺维克:《那高尚的梦想:"客观性问题"与美国历史学界》,杨豫译,三联书店 2003 年;Reimer Hansen und Wolfgang Ribbe, Hrsg., *Geschichtswissenschaft in Berlin im 19. und 20. Jahrhundert: Persönlichkeiten und Institutionen*, Walter de Gruyter, 1992。

④ 参见[美]沙姆韦、梅瑟·达维多《学科规训制度导论》,刘健芝等编译《学科·知识·权力》,生活·读书·新知三联书店 1999 年版,第 12—42 页。

⑤ Lutz Rapheal, "Organisational Framework of University Life and Their Impact on Historiographical Practice", in Rolf Torstendahl, Irmline Veit-Brause, eds., *History-Making: The Intellectual and Social Formation of a Discipline*, Coront Books, 1996.

业期刊作为历史学者表达学术观点、赢得学术共同体承认的主要阵地，也受到了史学史家的关注。对于史学期刊的研究，早年多关注其推广与发行，分析它们的销量和不同专栏的发展。[1] 受福柯等人的影响，当下有关史学期刊的研究试图揭示期刊背后的权力关系，通过考察期刊发表文章的倾向，作者与编辑的背景，分析编辑与投稿人之间的互动如何影响史学的发展走向，如德国史家卢兹·拉斐尔（Lutz Raphael）的研究揭示了文章的接受与否、期刊专栏的设置这些表层现象背后所蕴含的学术理念，并试图回答文章的格式和结构这些看似技术层面的要求，是如何推动学术规范的塑造的。[2]

与社会史视野下的史学史研究不同，受新文化史影响的史学史研究更关注文本背后意涵的建构过程，其中在通过历史书写建构认同方面，表现得最为明显。受当下认同政治的影响，历史学家如何在其作品中建构自己的族群认同和文化认同问题成为当下史学史研究中的一个热点。有两种学术思潮促使史学史研究者去关注这一问题，其一为后殖民主义对西方知识传统中"自我"和"他者"建构的剖析，尤其以爱德华·萨义德的《东方学》一书最为著名；其二，身份认同（identity）在20世纪后期的人文社会科学的不同领域受到普遍关注，族群认同（ethnic identity）是其中的核心问题。在这两种思潮的激励下，史学史研究者开始关注历史作品如何通过"他者"塑造"自我"。1980年法国学者弗朗索瓦·阿尔托格（François Hartog）出版《希罗多德的镜子》一书，通过分析希罗多德对斯基泰人、埃及人和亚马逊女人族的"倒置"（inversion）描述，指出希罗多德建构了一种"他者"，成为希腊人认识自身文化特性的一面镜子。[3] 随后阿尔托格又出版了《奥德修斯的记忆》一书，进一步阐释这种解释框架。虽然阿尔托格的这种解释受到许多历史学家的诘难，但毋庸置疑，这

---

[1] Margaret F. Stieg, *The Origin and Development of Scholarly Historical Periodicals*, The University of Alabama Press, 1986.

[2] Lutz Raphael„ Anstelle eines 'Editorials' Nationalzentrierte Sozialgeschichte in programmatischer Absicht: Die Zeitschrift 'Geschichte und Gesellschaft. Zeitschrift für Historische Sozialwissenschaft' in den ersten 25 Jahren ihres Bestehens", *Geschichte und Gesellschaft*, 26 Jahrg., H. 1, Jan.-Mar., 2000, S. 5–37.

[3] François Hartog, *Le miroir d'Hérodote: essai sur la representation de l'autre*, Gallimard, 1980.

方法·材料·视野：当代西方史学史研究的新趋向

种研究框架影响了人们对历史作品的理解。① 历史书写中的他者研究如雨后春笋般地涌现，成为史学史研究的一大热点。史学史与认同政治的结合不仅体现在有关他者的研究中，而且还表现在历史人物形象和史学概念的流变之中。如斯特凡·戴维斯（Steffan Davies）分析了自席勒以来历代作家和史家如何根据时代的不同需求塑造华伦斯坦（Albrecht von Wallenstein）的形象，而这种塑造又是如何与德意志民族认同相勾连。在书中，戴维斯着重分析在德意志统一过程中，大德意志派历史学家与小德意志派历史学家如何通过研究华伦斯坦来表达自己的政治诉求。② 马丁·鲁尔（Martin A. Ruehl）则关注近代德国学术界对"文艺复兴"这一史学概念认识的变化，鲁尔将其放在德意志民族建构这一宏大背景中去讨论，分析不同时期的学者对"文艺复兴"的认识如何受现代性、民族建构的影响而发生变化③。

虽然社会史视野下的史学史与新文化史视野下的史学史在研究路径上存在差别，但从目前看，两者已经渐趋合流，一种社会—文化史的史学史研究已经开始出现。以史学作品的阅读史为例，史学史研究不仅研究具体文本的内容，还开始探讨文本生成过程中作者与读者以及市场的互动。史学史研究与书籍史相结合，学者们开始意识到读者不再是被动的受体，历史知识的传播也不是作者到读者的单向线性传递，而是一种双向互动的过程。如何从作者与读者互动的角度研究历史知识的生产和传播，成为当下史学史研究的一大热点。如丹尼尔·沃尔夫将视角转向读者，从公共图书馆、书籍市场的角度考察近代早期在英国兴起的阅读历史书这种潮流。④ 格里·伊恩齐蒂（Gary Ianziti）则从读者与作者互动的角度，分析预设读

---

① 阿尔托格的解释遭到了许多学者的质疑，如贝尔纳认为，希罗多德的目的并非是塑造他者，而是去寻找希腊文明的埃及和腓尼基起源。参见［英］马丁·贝尔纳《黑色雅典娜：古典文明的亚非之根》第 1 卷，郝田虎、程英译，吉林出版集团有限责任公司 2011 年版，第 82—83 页。

② Davis Steffan, *The Wallenstein Figure in German Literature and Historiography, 1790 - 1920*, Modern Humanities Research Association and the Institute of Germanic and Romance Studies, University of London, 2009.

③ Martin A. Ruehl, *The Italian Renaissance in the German Historical Imagination, 1860 - 1930*, Cambridge University Press, 2015.

④ Daniel Woolf, *Reading History in Early Modern England*, Cambridge University Press, 2000.

者如何影响布鲁尼（Leonardo Bruni）的历史书写的。①

二 史料范围的扩大

随着19世纪历史学成为一门独立学科，各种指导历史研究的方法论书籍相继出现，其中以德国史家伯伦汉（Ernst Bernheim）的《史学方法论》和法国史家朗格诺瓦（C. V. Langlois）、瑟诺博司（Charles Seignobos）的《史学原论》最为著名。朗格诺瓦和瑟诺博司在书的开篇便提出历史学是由史料构成的，无史料斯无历史矣，② 当时史料主要指文献材料。在客观史学原则的指导下，历史学形成了一套严格的史料鉴别方法。使用原始档案，如实书写历史，成为当时史学家的准则。受其影响，史学史研究者认为只有文献史料中才蕴含历史事实，同时他们更倾向于关注经典史家的权威作品，认为它们的真实性要高于其他作品。在后现代思潮的冲击下，史料开始被视为一种文本，而且所有文本都可被看作史料。在这种观念的影响下，近年来史学史研究试图扩大史料范围。一方面，研究者开始关注传统文献资料之外的史料所蕴含的历史意识；另一方面，研究者开始倾听那些曾经处于边缘地位的声音，少数族裔史家、女性史家、业余史家等边缘群体的著作被纳入史学史学者的视野之中。

早在20世纪80年代，诺维克在《那高尚的梦想》一书中使用了大量历史学家的书信、美国历史学会的档案等材料，来展现当时美国历史学界的图景，对于当时通常只使用史学著作作为研究材料的史学史界来说仿佛一股清流。近些年来，史学史研究的材料进一步扩充，不仅包括书信、日记，而且教科书、图像、流行小册子，甚至口述都成为当下史学史研究使用的材料。如德国中世纪史家汉斯·葛策（Hans-Werner Goetz）在考察中世纪盛期的历史意识时，从多样化的材料中发掘历史意识，他不仅关注中世纪的史学著作和神学著作，而且研究诗歌、图像中

---

① Gary Ianziti, *Writing History in Renaissance Italy: Leonardo Bruni and the Uses of the Past*, Harvard University Press, 2012.

② [法] 朗格诺瓦、[法] 瑟诺博司：《历史研究导论》，李思纯译，中国人民大学出版社2011年版，第3页。

所蕴含的历史意识。① 此外，葛策通过考察奥托（Otto von Freising）的《双城史》中所绘奥古斯都、查理曼和奥托一世的系列插画，分析当时人们的历史时间意识。② 美国史家安东尼·格拉夫顿（Anthony Grafton）的《什么是旧史学》一书将目光主要放在近代早期讨论"历史之艺"（ars historica）的小册子上，即当时人们讨论如何阅读、写作历史的读物。通过研究这些读物，他分析了近代早期历史观念的转型，即历史如何从修辞之艺转向批判之艺。③ 历史教科书作为一种传播历史知识的重要媒介，也进入史学史家的研究视野。人们认识到历史教科书不仅承载着传播知识的功能，而且还是塑造民族认同的工具，探讨如何通过历史教科书所构建的单一叙事来塑造学生的集体记忆和爱国情感，成为当下研究的一大热点。④ 史学史家不仅研究那些"信史"，曾经被视为"伪史"的作品也开始受到学者们的关注。⑤ 史学史研究中的文献中心取向开始动摇，人们开始发掘非书面材料中的历史观念，中世纪流传的口述传说受到学者们的关注。⑥

经典史家的史学作品曾经是传统史学史研究的核心材料，史学史家们通常对那些名家名作，尤其是男性历史学家的著作如数家珍，但却忽视了对像女性史家、少数族裔史家、大众史家等边缘史家群体是如何书写历史的研究。20世纪60年代随着民权运动的兴起，边缘群体的地位

---

① Hans-Werner Goetz, *Geschichtsschreibung und Geschichtsbewuβtsein im hohen Mittelalter*, Akademie Verlag, 2008, S. 31.

② Hans-Werner Goetz, "The Concept of Time in the Historiography of the Eleventh and Twelfth Century", in Gerd Althoff ect. eds., *Medieval Concepts of the Past: Ritual, Memory, Historiography*, Cambridge University Press, 2002, pp. 139 – 166.

③ Anthony Grafton, *What Was History? The Art of History in Early Modern Europe*, Cambridge University Press, 2007.

④ 当下历史教科书研究已成为史学史研究的一大热点，历史教科书作为一种"记忆之场"成为塑造集体记忆的重要工具，因此，学界对历史教科书的研究也多从历史记忆的角度进行研究。Mario Carretero, *Constructing Patriotism: Teaching History and Memories in Global Worlds*, Information Age Publishing, Inc., 2011; Laura Hein, Mark Selden, eds., *Censoring History: Citizenship and Memory in Japan, Germany, and the United States*, M. E. Sharpe, 2000; 孟钟捷、[德]苏珊·波普、[韩]吴炳守主编：《全球化进程中的历史教育：亚欧教科书叙事特征比较》，上海三联书店2013年版；刘超：《历史书写与认同建构：清末民国时期中国历史教科书研究》，社会科学文献出版社2016年版。

⑤ Katrina B. Olds, *Forging the Past: Invented Histories in Counter-Reformation Spain*, Yale University Press, 2015.

⑥ Shami Ghosh, *Writing the Barbarian Past: Studies in Early Medieval Historical Narrative*, Brill, 2016, pp. 222 – 236.

不断提高，他们不仅要在社会上发声，而且要在历史叙事中占据一席之地，这种诉求反映在历史研究中就是出现了各种形式的自下向上看的历史，如美国史研究中"复数的美国革命"便是其中一例。[1] 这种诉求也反映到史学史研究中，如何囊括那些长期被忽视、被边缘化的群体，如何展现历史书写中的多元叙事成为当下史学史研究中的一种新趋向，因此边缘群体的作品成为史学史研究的重要材料，历史学家试图从这些材料中发掘出多样化的历史叙事。以近代德国史学研究为例，传统史学史研究多关注以柏林大学为中心、奉行兰克史学方法的职业史家群体及其著述，忽视了同时期的其他历史书写者及其作品，如天主教史家、大众史学家以及犹太裔史家及其作品。20 世纪 90 年代以来，史学史家开始关注那些"历史书写的竞争性叙事"，[2] 如天主教史家如何在面向大众的历史书写中记述社会变迁等。[3] 近几年，一些学者开始讨论犹太人如何通过历史书写塑造犹太人的认同。[4] 受女权主义思潮的影响，曾经仅研究男性历史学家的史学史备受攻击，人们试图发掘那些被掩盖的女性史家在历史书写发展中的作用。早在 20 世纪 90 年代，美国女性史学者巴妮·史密斯（Bonnie Smith）便追溯了自 18 世纪以来女性史家写史的传统，指出这种传统是如何随着职业化的兴起而衰落的。[5] 此后，各种研究女性史家的论著频出，甚至引入种族视角关注少数族裔女性史家在史学职业化过程中的历史。[6] 2005 年出版了由玛丽·斯庞贝格（Mary Spongberg）等人主编的《女性历史书写指南》一书，该书仿照传统史学史指南的写法，但却是完全从女性视角出发，试图以女性为主体重构史学史。[7] 由此可见，关注女

---

[1] 李剑鸣：《意识形态与美国革命的历史叙事》，《史学集刊》2011 年第 6 期。
[2] Franziska Metzger, *Geschichtsschreibung und Geschichtsdenken im 19. und 20*, S. 37.
[3] Siegfried Weichlein„ Meine Peitsche ist die Feder, Populäre katholische Geschichtsschreibung im 19. und 20, Jahrhundert", in Wolfgang Hardwig und Erhard Schütz, Hrsg., *Geschichte für Leser Populäre Geschichtsschreibung in Deutschland im 20*, Franz Steiner Verlag, 2005, S. 227 – 257.
[4] Ulrich Wyrwa, Hrsg., *Judentum und Historismus, Zur Entstehung der jüdischen Geschichtswissenschaft in Europa*, Campus Verlag, 2003.
[5] Bonnie G. Smith, *The Gender of History: Men, Women, and Historical Practice*, Harvard University Press, 1998.
[6] Julie Des Jardins, *Women and the Historical Enterprise in American: Gender, Race, and the Politics of Memory, 1880 – 1945*, The University of North Carolina Press, 2003.
[7] Mary Spongberg, Ann Curthoys and Barbara Caine, *Companion to Women's Historical Writing*, Palgrave Macmillan, 2005.

性史家并非仅是对传统史学史的补充,而是要以女性为主体重新书写史学史。史学史研究者通过使用这些新材料,试图呈现历史叙事的多样化图景。

从史学史的研究材料中,我们可以看到传统史学史研究的背后存在一条明显的主线,即从历史到史学的线性发展,其中职业化史学成为这条发展脉络的高潮。在这种发展线索下,史学史研究更多关注职业史家,抑或采用一种"辉格史观"(Whig Interpretation)去评判过去的史家及其作品。但在后现代思潮的影响下,史学史研究的材料获得了极大的扩展,史学史家不再论证从历史到史学的单线发展,而是希望展现一种曲折、复杂的多元化图景。

三 从西方中心到全球视野

近代以来,许多欧洲学者为西方的崛起寻求理论依据,各种形形色色的"西方中心论"应运而生,这种优越感投射到历史研究中就形成了"非西方地区不存在历史"的偏见。在一些西方学者看来,中国、印度等地虽然写史传统悠久,但却缺乏历史意识。早在20世纪80年代,杜维运、许冠三等史学家就撰文反驳西方史家对中国传统史学的贬低和轻视,强调中国传统史学中的批判传统和历史意识。[1]

与中国、印度这些拥有悠久历史编纂传统的文明古国不同,非洲部分地区由于缺乏书面记载,因此被西方学者视为没有历史的大陆,如英国史家亚瑟·牛顿(Arthur Percival Newton)认为,非洲"没有历史,历史是从人类有文字记载时才开始的"。[2] 20世纪50年代,受民族解放运动的影响,一些非洲历史学家开始反思"非洲无史论",如由联合国教科文组织编纂的《非洲通史》以及非洲本土的伊巴丹学派便是这种思潮的代表。一方面,他们寻找西方殖民者到来之前的书面材料,指出从15世纪开始非洲就存在以文字为载体的历史记载,如当时在撒哈拉以南非洲土著人用阿

---

[1] [美]杜维运:《与西方史家论中国史学》,东大图书公司1981年版;Hsu Kwan-San, "The Chinese Critical Tradition", *The Historical Journal*, Vol. 26, No. 2, 1983, pp. 431–446.

[2] [布基纳法索]基·泽博主编:《非洲通史》第1卷,中国对外翻译出版公司2013年版,第7—8页。

第三篇 西方史学理论研究的新进展

拉伯文撰写的历史文献。另一方面,他们开始发掘非洲本土资源中反映的历史意识,其中口述传统受到众多非洲史学者的关注,而如何发掘非洲口述传统则成为史学史研究的重点。早在20世纪40年代,尼日利亚的肯尼斯·戴克(Kenneth Onwuka Dike)就在尼日尔河三角洲地区收集口述材料,以此为基础撰写博士论文。而后一些西方学者受其影响也开始关注口述材料,扬·范西纳(Jan Vansina)便是其中的代表。[①] 60年代范西纳出版了《口述史学方法论》一书,被翻译为英文、西班牙文、意大利文、阿拉伯文等,后又出版《作为历史的口述传统》一书,在国际学界广受关注。范西纳认为,口述资料是未被写出的信息,保存在一代代人的记忆中。尽管它是在当下被讲出的,但它包含来自过去的信息。[②] 像史诗、民谣、民间故事、目击者的叙述等,这些口述传统中也存在历史意识。虽然范西纳主张发掘非洲的口述传统,并将口述资料运用于非洲史研究之中,但是发掘口述资料只是为了证明非洲存在历史意识,或说仍然是在沿用对待书面资料的思维方式来研究口述传统。受后现代史学的影响,"历史表现""经验"成为热词,人们不仅关注于历史本身,更关注历史意识的形成过程。如何将古老的口述传统与后现代史学相结合,成为当下非洲史学史研究的一个重点。这种研究路径由非洲学者率先进行尝试,如20世纪90年代埃比戈贝里·乔·阿拉戈(Ebiegberi Joe Alagoa)出版的《非洲史学实践》一书。阿拉戈在介绍了非洲的口述传统、文献传统、伊斯兰传统和西方传统之后,对非洲史学的未来进行了展望,阿拉戈坚信口述传统与叙事主义历史哲学的结合,将成为非洲史学的新方向。[③] 如何从本土出发去倾听非洲史学中多元的声音,成为近些年研究非洲史学史的西方学者所热议的话题。2005年,约翰·菲利普(John Edward Philip)编辑出版了论文集《书写非洲历史》,其中不仅关注口述资料,而且对当时的阿拉伯文

[①] 根据范西纳的自传可知,范西纳对口述材料的关注受到戴克的影响,但我们并不能就此认为其史学思想只是受到戴克等非洲本土学者的影响,在其自传中还提到其他思想资源,例如欧洲中世纪研究对口述材料的关注。Jan Vansina, *Living With Africa*, University of Wisconsin Press, 1994, pp. 7, 41, 48.

[②] Jan Vansina, *Oral Tradition as History*, University of Wisconsin Press, 1985, pp. 11 – 12.

[③] [尼日利亚]埃比戈贝里·乔·阿拉戈:《非洲史学实践:非洲史学史》,郑晓霞、王勤、胡皎玮译,张忠祥、郑晓霞校,上海社会科学院出版社2016年版,第110—111页。

材料、殖民者记录等都有所涉及。①

　　史学史研究不仅开始关注非西方史学，而且受到全球化的影响，试图从全球视角考察史学史。自20世纪60年代以来，全球化可谓世界的主要发展趋势，这种趋势也反映到史学研究之中，开始出现大批从全球视角研究人类历史的著作。2008年，由伊格尔斯和王晴佳合著，穆赫吉参著的《全球史学史》，以"全球化"和"现代化"为主线，采用平行叙述的方法展现了自18世纪以来，西方、伊斯兰世界、印度、东亚世界各自的内在变化和相互关系。该书主要关注在西方史学近代化的冲击下，非西方国家如何基于传统和现实的需要有选择性地吸收和改造西方的史学思想。②该书一经问世，便受到学界的热议。2017年该书又出了修订版，一方面，扩展了拉丁美洲和非洲史学部分的内容，并增添了俄罗斯和南非史学；另一方面，回顾了近十几年的史学发展状况，增加了环境史等新内容。③自此以后，学界日益关注如何从全球视野书写史学史。丹尼尔·沃尔夫于2011年出版了《全球史学史》一书，该书将研究范围进一步扩大，追溯至前近代时期不同文明中历史意识的产生时期，试图通过描述人类既往的历史意识与历史知识的形成，描绘一幅历史意识在全球范围内交互发展、互动融合的多元化图景。④沃尔夫还在牛津大学出版社主持了一项更为庞大的项目，即五卷本的《牛津历史著作史》。2011年，这部由众多知名学者合作编纂的、内容涵盖全球的著作问世。该书以史学史全球化为其宗旨，由150篇专论构成，含括整个人类史学文化传统，甚至连一些在传统史学史研究中不受重视的地区的史学史也囊括其中。而且编者尽量不采用

---

① 口述传统是非洲史学史关注的重点，但并非全部。如何书写民族历史也是非洲史学史研究的重点，尤其是对20世纪60年代独立运动后非洲民族史学的研究。Boghumi Jewsiewicki, David Newbury, eds., *African Historiographies: What History for Which Africa?*, SAGE, 1986; Lidwien Kapteijns, *African Historiography Written by Africans, 1955–1973, the Nigerian Case*, Afrika-studiencentrum, 1977; Caroline Neale, *Writing Independence History: African Historiography, 1960–1980*, Greenwood, 1985; Toyin Falola, Saheed Aderinto, *Nigeria, Nationalism, and Writing History*, University of Rochester Press, 2010.

② ［美］格奥尔格·伊格尔斯、［美］王晴佳：《全球史学史：从18世纪至当代》，杨豫译，北京大学出版社2011年版。

③ Georg Iggers, Q. Edward Wang and Supriya Mukherjee, *A Global History of Modern Historiography*, Routledge, 2017.

④ Daniel Woolf, *A Global History of History*, Cambridge University Press, 2011.

传统的古代、中世纪、近代这种具有西方中心论色彩的历史分期模式，关注各地区的史学传统，主张一切历史文化都具有同等的价值。①

现如今，学者们不仅关注如何从本土视角出发，发掘非西方的史学传统，反思西方中心论宰治下的传统史学史研究，而且关注如何从全球视野考察史学知识的传播。若借用后殖民史家迪佩什·查克拉巴蒂（Dipesh Chakrabarty）的经典论断"把欧洲区域化"（Provincializing Europe），② 可以看到现今史学史研究正在经历一场"把欧洲史学范式区域化"的革命。这种变化是人们开始反思传统史学史研究的一种表现。如何在全球化时代下书写史学史，成为当今学界热议的话题。

结论：从历史编纂学到历史知识学

当我们从方法、材料和视野三个维度考察当下的史学史研究后，可以发现当下史学史研究经历了一种类似"范式转移"的变化。传统的史学史研究中所蕴含的宏大叙事被打破，史学史从历史编纂学的历史（the history of historiography）转向"历史知识学"（historiology）。相较于历史编纂学来说，历史知识学这一概念更具包容性和动态性，概念的边界也更为模糊和具有弹性。由于历史知识学这一概念内涵复杂，且不同学者对此定义不一，③ 对此我们可以从两个层面去理解，以期概括当下史学史研究的发展趋向。其一，不同于历史编纂学，历史知识学在研究对象上更具有包容性。传统的史学史研究仅关注史学作品，从历史编纂学（historiography）这一名称上我们便可看出它的文献中心倾向。④ 而历史知识学的研究对象

---

① ［美］安德鲁·菲尔德、［美］格兰特·哈代主编：《牛津历史著作史：从开端到公元600年》，陈恒、李尚君、屈伯文等译，上海三联书店2017年版，第1—20页。

② Dipesh Chakrabarty, *Provincializing Europe: Postcolonial Thought and Historical Difference*, Princeton University Press, 2007.

③ 不同学者对"historiology"的理解不同，本文所指historiology主要强调其历史知识学的层面，即对静态的历史编纂学的修正。而美国思想史家阿兰·梅吉尔（Allan Megill）则将其理解为史学理论，或历史书写的哲学，并提出四种不同类型的historiology，即分析型、诠释型、观念型和叙事-语言学型。Allan Megill, "Historiology/Philosophy of Historical Writing", in Kelly Boyd, ed., *Encyclopedia of Historians and Historical Writings*, Fitzroy Dearborn Publishers, 1999, pp. 539–543.

④ Historiography起源于古希腊语ιστοριογραφια，为历史（ιστορια）与书写（γραφια）的组合，因此在德语中该词（Historiographie）与历史书写（Geschichtsschreibung）通用。

方法·材料·视野：当代西方史学史研究的新趋向

为一切承载历史知识的载体，因此不仅史学作品而且图像、口述等蕴含历史意识的载体，均可作为它的研究对象。① 其二，若借用福柯的"知识考古学"，历史知识学则可看作一种历史知识的考古学。传统的史学史多研究史学家作品中所蕴含的史学思想，将史学著作看作静态的文本，忽略了史学著作作为一种产品，是如何被生产、传播和接受的过程。在福柯看来，知识的形成是一个动态的历史过程，而这一过程的背后其实存在权力的运作。历史知识作为一种被制造的知识，也存在从生产到接受的动态过程，而如何被生产，又在何种背景下被接受、被改造，这背后所蕴藏的权力关系，正是当下史学史研究的热点。

若我们概括当下史学史研究的新趋势，在方法上是史学史与社会史、文化史相结合，从静态的文本分析转向形象的塑造、知识的生产与消费等动态过程。在材料上，史学史研究的材料得到了进一步的扩充：史学史不仅研究史学名著，而且关注当时流行的小册子、通俗读物；不仅重视史学名宿而且视角向下去发掘那些大众史学家、女性史家、少数族裔史家等曾经的边缘群体。在视野上，史学史不再仅是以西方史学为中心，非西方的史学史开始受到重视，而且越来越具有全球视野。一言以蔽之，当下的史学史研究已从静态的历史编纂学转向更为动态和开放的历史知识学。

虽然在后现代思潮的冲击下，史学史研究的方法、材料与视野都发生了变化，但传统的史学史研究方法并未被完全抛弃。借用诺维克对20世纪70年代后美国史学发展趋势的论断，我们可以用"以色列没有国王"来形容当下的史学史研究现状，② 即在史学史研究中并未出现一种主导性的范式，传统的史学史研究与最新的史学史研究并存。近代德国史学中最为经典的"历史主义"论题，现如今仍有不少学者在进行探讨，像沃尔夫冈·凯莫哈（Wolfgang Kämmerer）关于梅尼克（Friedrich Meinecke）历史主义的研究，便是其中一例。③ 近些年，史学史著作所面向的读者群也进

---

① Q. Edward Wang, "How Do We Globalization the Study of Historiography? Reflections on the Legacy of Georg G. Iggers（1926 - 2017）", *Storia della Storiografia*, Vol. 73, No. 1, 2018, p. 22.

② 《士师记》中曾言"那个时代的以色列没有国王，各人自行其是、自以为是"。［美］彼得·诺维克：《那高尚的梦想："客观性问题"与美国历史学界》，第783页。［美］王晴佳：《"以色列没有国王"：当代史学的多元趋势》，《社会科学报》2011年2月17日。

③ Wolfgang Kämmerer, *Friedrich Meinecke und das Problem des Historismus*, Peter Lang, 2014.

| 第三篇 | 西方史学理论研究的新进展

一步扩大,不仅面向专业史家的史学史研究专著频出,而且还出现了一些面向初学者和普通知识分子的史学史入门读物,如德国出版的"大学袖珍读物"系列(Uni-Taschenbücher)便收录三本与史学史相关的普及读物,[①]法国出版的"我知为何?"(Que sais-je?)系列也收录了两本同名的史学史读物。[②] 相较于史学史研究专著,这类书籍更为通俗易懂。作为一种研究历史学的历史的反思性学问,史学史研究相较于其他历史研究更易于吸收新的理论,对于其他学科的研究方法也更具包容性。在西方目前的史学史研究中,呈现出一种兼具全球视野和地方特色的多元学术图景。

(原载《史学理论研究》2019 年第 4 期)

[①] Markus Völkel, *Geschichtsschreibung: Eine Einführung in globaler Perspektive*, Böhlau, 2006; Franziska Metzger, *Geschichtsschreibung und Geschichtsdenken im 19. und 20. Jahrhundert*, Haupt Verlag, 2011; Stefan Jordan, *Theorien und Methoden der Geschichtswissenschaft*, Ferdinand Schöningh, 2009.

[②] Charles-Olivier Carbonell, *L'historiographie*, Presse Universitaires de France, 1998; Nicolas Offenstadt, *L'historiographie*, Presse Universitaires de France, 2011.

西方物质文化史研究的兴起及其影响[*]

肖文超

(信阳师范学院历史文化学院)

近年来,西方史学研究出现了一种新趋向——由注重传统文本的研究模式转向到对物质载体研究。[①] 历史学家们越来越注重物质载体在社会文化史研究中所扮演的角色。一些历史学家试图用物质载体来替代传统的文本研究资源,力图超越自20世纪70年代末以来历史学研究的文化转向或语言学转向。将历史学与物质文化有机结合起来进行的研究,在西方史学界被称为"物质文化史"。[②] 为了与新文化史家所提出的物质文化研究内容相区分,本文将其称为"物质文化史"。西方物质文化史研究的兴起,不仅拓宽了传统文化史研究的领域与视野,而且也对新时期历史学的书写范式产生了深刻的影响。为了更好地理解与把握这一新兴的文化史研究领域,有必要对其进行深入研究与探讨。

一 西方文化史研究的物质转向

第二次世界大战后社会科学迅速崛起,给西方史学的发展带来了新的

---

[*] 本文是信阳师范学院"南湖学者"高层次人才奖励计划暨引进优秀博士科研启动课题经费(项目编号:905-15037)的阶段性成果。

[①] 本文中所提的物质载体不仅包括普通的物品,也包括大量的历史文化建筑遗存、景观以及相关的历史文物等,采用的是相对广泛的含义。

[②] 西方也有学者直接简称为"物质史"(history of things)。参阅 Steven Lubar and W. David Kingery, *History from Things: Essays on Material Culture*, Smithsonian Institution Press, 1993; Karen Harvey, ed., *History and Material Culture: A Student's Guide to Approaching Alternative Sources*, Taylor & Francis Ltd, 2009, p. 25.

机遇。历史学与社会科学的有机结合为社会史的兴起创造了有利条件。在 20 世纪 60—70 年代，我们可以发现众多历史学著作中使用了源自社会科学的分析与研究方法，关注客观的社会结构和社会变化的长期过程。史学家通常把这一阶段称为"新社会史"。从 20 世纪 70 年代末开始，西方史学再一次经历了文化或者所谓的"语言学"转向，逐步取代"新社会史"成为新的史学潮流，被称为"新文化史"。[①] 西方史学的文化转向，帮助历史学家们将现实生活中的人和围绕他们日常生活的事情带进了历史的书写与叙事范围之中。所谓的文化或语言学转向，要求历史学家们按照文本去理解过去的文化，但是这样做可能导致的一个直接结果就是历史学家们将绝大部分的注意力都集中在了一些主观性要素的研究上，反而对从事客观调查与研究的可能性造成了新挑战。[②]

毫无疑问，历史学的文化转向丰富和拓展了历史学研究的主题与范畴，一些新的研究主题开始进入历史学家们的研究视野，这是值得充分肯定的。按照英国新文化史学家彼得·伯克的说法，新文化史关注的主要研究领域大致包括五个方面：一是物质文化的研究，如食物、服装等；二是身体、性别研究；三是记忆、语言的社会历史；四是形象的历史；五是政治文化史。[③] 一般认为，新文化史是对传统社会史的扬弃与融合，是现代史学向人文主义史学传统的回归与发展。[④]

但是，需要指出的是历史学的文化转向也存在明显的缺陷。对于新文化史的研究者来说，他们也必须以现有的文本资源作为研究依托。一些文学理论家指出，如果文本不能清楚地反映现实，那么他们就会非常容易地认为历史学家的文本也是虚构的。对于大多数历史学家来说，这样的说法肯定是难以接受的。于是，在 20 世纪 90 年代末，一些历史学家开始逐渐疏远这种文化或语言学转向，甚至提出了"超越文化转向"

[①] 俞金尧：《新文化史是西方史学的第六次转折？——评周兵著〈新文化史：历史学的"文化转向"〉》，《史学理论研究》2013 年第 3 期。

[②] Hans Schouwenburg, "Back to the Future? History, Material Culture and New Materialism", *International Journal for History, Culture and Modernity*, Vol. 3, No. 1, 2015, pp. 59 – 72.

[③] 杨豫、李霞、舒小昀：《新文化史学的兴起——与剑桥大学彼得·伯克教授座谈侧记》，《史学理论研究》2000 年第 1 期。

[④] 梁景和、黄巍：《西方新文化史述略》，《首都师范大学学报》2010 年第 3 期。

的新说法。① 他们在对文化史家运用的文本以及其他学科（如社会学）研究中的文化偏好与倾向进行批判的同时，也在努力地寻找其他方法来超越这种文化上的转向。其中，最重要的一条就是希望能够抛开文本及其背后隐藏的话语，转向一种更为稳健的主题进行研究。最终，一些历史学家将自己的目光与注意力转到了对物质文化与物质世界的研究与探讨上——物质文化史研究应运而生。

（一）物质文化史研究的初兴阶段

历史学家与物质文化的最早接触在20世纪50年代就已经开始。当大多数专业历史学者没有注意到物质文化作为一种可用的研究资源所存在的历史学价值与意义时，一些从事古代中世纪史研究、与考古人类学领域相关的历史学者通常都会对物器物感兴趣。他们也会经常共同合作完成一些自己感兴趣的、相关的物质文化研究项目，进行多学科交叉的研究工作。② 他们创办了《物质文化杂志》(Journal of Material Culture)，组建了相关研究中心、召开学术会议，并在大学开设了相关专业课程。历史学家开始注重与物质文化领域相关学科的专家、学者们进行跨学科的接触、对话与交流，为物质文化史研究的发展奠定了早期基础。

（二）物质文化史研究的发展阶段

20世纪90年代之后，随着西方史学界"超越文化转向"的呼声越来越高，一系列关注文化史研究物质转向问题的论著才开始得以逐步出

---

① 参见 Victoria E. Bonnell and Lynn Hunt, eds., *Beyond the Cultural Turn*: *New Directions in the Study of Society and Culture*, University of California Press, 1999; Don Kalb and Herman Tak, eds., *Critical Junctions*: *Anthropology and History beyond the Cultural Turn*, Berghahn Books, 2005; Geoff Eley, *A Crooked Line*: *From Cultural History to the History of Society*, University of Michigan Press, 2008。

② 以英国历史学家霍斯金斯（William George Hoskins）为例，他在20世纪50年代就开始注重物质文化的多学科交叉研究，他的景观利用和改造分析研究方法影响了一代农业和经济史学家。他对在中部和东盎格利亚乡土建筑的实地研究揭示了在人口稠密的东盎格利亚地区的房屋建造格局中存在的空间分离模式，一种在人烟稀少地区直接进入私人空间的房屋格局。他认为这些空间组织符合保护隐私的愿望。后来的学者对霍斯金斯的一些结论尽管产生了质疑，但他对早期的乡土建筑的研究与分析依然处于重要地位。在20世纪后期，约翰·杰克逊（John B. Jackson）、约翰·斯蒂尔格（John Stilgoe）、梅宁（D. W. Mening）等对他的这些研究与分析方法进行了改进。霍斯金斯的代表作，参见 William George Hoskins, *The Making of the English Landscape*, Hodder and Stoughton, 1955; *Provincial England*: *Essays in Social and Economic History*, Macmillan, 1963。

版和发表。1993 年，斯蒂文·卢巴和大卫·格雷主编了第一部关于物质文化与物质史研究的论文集——《物质的历史：物质文化文集》。① 该文集汇编了 17 篇西方学者的学术论文，他们主要探讨的话题包括"物质文化的真相：史实还是虚构？""为什么我们需要物质？""物体是证据""物体是符号"等。学者们对这些问题的初步讨论为后期西方史学的物质转向提供了理论前提。1997 年，安·马丁与里奇·加里森主编的《美国物质文化》一书中收录了历史学者卡里·卡尔森的一篇名为《物质文化史：无人所知的学问》的论文，算是较早地将物质文化与历史学结合起来进行研究的一个范例。这篇论文之所以获得认同主要是在社会文化史进入历史学者们的研究视野后，历史学者才开始注重与研究那些非档案中记载的、被边缘化的人活动的历史痕迹。② 2008 年，艾瑞卡尔·拉帕博特在《维多利亚研究》杂志上发表《帝国财富、文化史与物质转向：一种回应》的文章，首次提到了文化史的物质转向问题。拉帕博尔认为，物质文化很难使得每一个英国人认识帝国或者帮助他们重建其认同。至少在某些情况下，大多数维多利亚帝国的物品包括商品让英国人充分认识到帝国主义是一项很有价值和有利可图的事业。③ 2009 年，西方史学界对物质文化史研究的第一批成果在凯伦·哈维主编的学术论文集《历史学与物质文化》一书中得以集中呈现与展示。④ 该论文集明确指出，今天的历史学家越来越注意那些超越文本的资源所具有的历史学价值，而且认为我们日常生活周围的那些物品可以帮助历史学家对过去形成新的解释。

除了肯定物质载体存在的历史学价值之外，西方史学家还就物质文化史研究的相关议题进行讨论。2009 年，《美国历史评论》第 5 期开辟高端

---

① Steven Lubar and David Kingery, eds., *History from Things: Essays on Material Culture*, Smithsonian Institution Press, 1993.

② Cary Carson, "Material Culture History: The Scholarship Nobody Knows", in Ann Smart Martin and J. Ritchie Garrison, eds., *American Material Culture: The Shape of the Field*, Henry Francis du Pont Winterthur Museum, 1997, pp. 401 – 428.

③ Erikal Rappaport, "Imperial Possessions, Cultural Histories, and the Material Turn: Response", *Victorian Studies*, Vol. 50, No. 2, 2008, p. 294.

④ Karen Harvey, ed., *History and Material Culture: A Student's Guide to Approaching Alternative Sources*.

访谈专栏，邀请了不同学科领域如伊斯兰教史、食品史、自然科学史以及考古人类学的五位专家学者就历史学与物质文化研究的方法论问题进行了积极对话。该期杂志探讨的主题包括"物质文化研究对文本的依赖程度如何？我们如何理解物品与物质世界？我们如何理解物质世界中人与物的关系？当一些物品不存在之时，我们如何去感知历史上的人与物的关系？"等系列重要问题。这期学术访谈中的一些核心议题与观点有助于厘定与物质文化史相关的概念、内涵、研究范畴等一系列问题，加深学术界对物质文化史研究的理解。①

（三）物质文化史研究的深化阶段

2010年之后，西方史学界的物质文化史研究进入了一个深化阶段。在此期间，西方史学家不仅充分肯定西方史学物质转向的意义，而且围绕物质文化史的研究对象、书写范式与跨学科转向等问题进行了讨论。生态学者托尼·班尼特和社会史家帕特里克·乔伊斯主编的《物质力量：文化研究、历史学与物质转向》一书，从历史哲学的角度对历史学物质转向的意义给予了系统阐释。同时，他们也认为文化、经济与社会通常是密切相连的，共同构成物质话语的关系网。通过人类行为这一中介，物质可以有效地重塑社会关系与行为。② 2012年，哈维·格林在《文化史》杂志发表的《文化史与物质转向》一文，直接将文化史的物质转向问题提升到了一个新的起点与高度。作者认为文化转向中存在一种物质元素，同时也伴随有一定程度上的物质转向。以历史学为基础的物质文化研究，是一个新兴的，也可能是短暂的现象，它就像"历史上存在的一种充满异国情调的花朵，显得独特而唯一"。③

与新文化史一样，西方史学的物质转向并不是一帆风顺的，批判之声也随之而起。以身体史研究为例，身体史的物质转向就受到了个别学者的

---

① Leora Auslander, Amy Bentley, Leor Halevi, H. Otto Sibum, Christopher Witmore, "AHR Conversation: Historians and the Study of Material Culture", *The American Historical Review*, Vol. 114, No. 5, 2009, pp. 1354–1404.

② Tony Bennett and Patrick Joyce, eds., *Material Powers: Cultural Studies, History and the Material Turn*, Routledge, 2010, p. 5.

③ Harvey Green, "Cultural History and the Material(s) Turn", *Cultural History*, Vol. 1, 2012, pp. 61–82.

批判。2014年,荷兰乌特勒支大学的爱丽丝·克勒韦尔与维尔敏·鲁贝格联合发表论文《超越文化史——物质转向、人类行为学和身体史》,作者一方面认为在人体行为学领域物质转向丰富了身体史的研究,例如更多注重物质实践、不同的行为表演者等。另一方面他们认为物质转向并不能解决身体史研究中的一些潜在问题,尤其是话语与实践的复杂关系,同时它也忽略了政治与女权主义者潜在的解构话语分析。[①]

西方史学的物质转向尽管不时有批评之声,但这并不影响西方史学家继续研究物质文化史的热情。2015年,西方学者主编的又一部全面反映与介绍物质文化史研究成果的重要论文集《书写物质文化史》正式出版。该书收录了来自不同领域的关注和研究物质文化史的25位学者的学术论文,他们分别从历史学、考古学、人类学、艺术学以及博物馆学等各个角度对物质文化史及其书写问题进行了综合论述。全书分为三大部分:第一部分"物质文化学科"致力于解释不同学科对物质文化研究的贡献,尤其关注文本和档案研究、考古学、人类学与艺术史领域。本部分主要观点认为文本资源与物体不应该有明显的区别,而是一种研究中的有益补充。考古学在助推历史学与物质文化的结合层面上显得非常重要,它提供了一种定量和定性的分析方法,可以更好地去理解空间和年代文本中物质承载的意义。第二部分"物质文化史"致力于研究历史学与物质文化的关系。该部分的主要目标是展示物质文化如何以一种新颖的方式重塑已经确立起来的历史叙事。第三部分"展示物质文化"致力于研究物品的呈现与保护问题。此外,该书还讨论了"如何书写物质文化史"等核心问题。从最初对"物质文化"与"物质史"概念的讨论,再到物质文化史的书写范式,从这个意义上来说,《书写物质文化史》的出版意味着西方学者们对物质文化史的研究与讨论已然达到了一个新的阶段。诚如编者在书中所言,"他们每个人对于什么是物质文化,物质文化如何与历史进行结合都提出了自己的新见解。"[②]

在人文社科领域对物质文化史的研究逐渐深入的同时,物质文化与自

[①] Iris Clever and Willemijn Ruberg, "Beyond Cultural History? The Material Turn, Praxiography, and Body History", *Humanities*, Vol. 3, No. 4, 2014, p. 546.

[②] Anne Gerritsen and Giorgio Riello, eds., *Writing Material Culture History*, Bloomsbury, 2015, p. 1.

然科学史的跨学科融合与转向问题近年来也受到了关注。2016年，安妮塔·圭里尼发表了《生命科学史的物质转向》一文，从自然科学史的角度讨论了生命科学史的物质转向问题。作者认为物质转向或者物质史在18世纪的生命科学史中表现得尤为突出。自20世纪90年代以来，对18世纪科学的再评估主要集中在医学与生命科学领域。18世纪的解剖学家和自然主义者研究、收集、仿造和再现了从人体到树的许多自然物。物质史生成了观察和触摸的感观史。① 此文的发表也表明，除了人文、社科学界之外，自然科学界也开始关注与研究物质以及物质所存在的世界，具有一定的转折意义。物质文化正在与越来越多的学科进行结合，跨学科的合作与研究正在成为物质文化史研究的一个新趋向。

二 物质文化史兴起的原因

西方史学的每一次进步与发展，与其本身不断地寻找新盟友有着密切的关系。张广智认为"依靠新盟友的不断加入、广泛开展跨学科历史研究，是西方史学不断推陈出新，向前发展的重要动力"。②

在超越文化转向的背景之下，历史学为何会选择物质文化作为它的新盟友呢？众所周知，今天绝大多数历史学家们更多的是依赖文本进行研究，对于客观存在的物质载体几乎没有给予足够的关注。这与历史学形成的传统研究习惯有着密切的关系。由于历史学长期以来就已经被认为是一门学科，从业者主要是以分析文本文件为主，通过产生更多的文本进行彼此间的交流。因此，档案文本等一手文献资料被认为是历史学家们的"第二家园"。在他们看来，文本是唯一可靠的有力证据。这就人为造就了历史学与艺术史等学科研究的传统边界。

在西方史家看来，艺术史主要是对精细艺术感兴趣，尤其是二维的工艺品，例如绘画、印刷品和图纸。三维的物体被留给了考古学与博物馆学领域。考古学研究主要是通过发现一些物质遗存（主要是文物）来完成，这些材料不是来源于布满灰尘的档案，而是来源于探索和挖掘埋在地下的

---

① Anita Guerrini, "The Material Turn in the History of Life Science", *Literature Compass*, Vol. 13, No. 7, 2016, p. 469.

② 张广智：《西方史学史》，复旦大学出版社2012年版，第356页。

| 第三篇 | 西方史学理论研究的新进展

文物。从 18 世纪后半叶开始,博物馆成为"文物的宫殿",博物馆馆长和修复专家按要求分类、保护和布置文物。在这样的背景之下,大多数专业的历史学家对物品(objects)或者文物(artefacts)是否具有史学价值甚至表示过直接怀疑,他们普遍认为"物质文化"与历史学研究不是直接相关的,大多数物质文化展示的是针对遥远的过去的调查研究或者是非西方社会的范畴。由于缺少直接文本,从事物质文化研究的基本是古典学者、考古人类学家、流行历史作家和收藏家等群体。

但是今天,"物质文化"在西方史学中的地位却出现了新的变化。一方面,在大西洋两岸和澳大利亚的大部分地区,历史学家们对物质文化的认识已经经历了一场重大的转变。这不仅只体现在历史学研究领域出版和发表的系列论著;另一方面学校学生们很容易就可以接触到文物,包括手稿和印刷品。历史教科书中也相应地出现了一些致力于"可视的"和"物质"文化的章节。这个转变的过程在西方史学家看来是"大马士革式的转变",[1] 足见这次转变本身所具有的重要意义与价值。

西方史学的"物质转向"在一定程度上表明物质文化已经成为新时期西方史学选择的新盟友。西方史学已经开始逐渐接受与认可物质文化存在的历史学价值与意义。其中的原因,大体上可以总结为三个方面。

第一,在历史学研究中物质载体的利用可以有效弥补传统文本研究中的主要缺陷。在 20 世纪 60 年代,历史学家们首次对日常生活史的研究表现出兴趣。日常生活史要求历史学家们"目光向下"。刘新成认为,"日常生活史倡导让史学向历来被忽视的人群敞开大门","在小人物群体中探寻历史动因"。[2] 所谓的"目光向下",本质上就是一种史学观念的转移,即从研究上层社会转移到下层社会史——尤其是关注与普通百姓密切相关的生活史。但是,在普通人物取代了国王和王后、首相和将军来作为历史的研究主题之后,那么可能会存在一个我们必须面对的现实问题,那就是研究普通百姓可能并没有大量遗留的书面文本资源。正所谓"巧妇难为无米之炊",没有资料,研究无从谈起。

因此,一些历史学家开始认为追溯普通百姓生活的方式之一就是研究

---

[1] Anne Gerritsen and Giorgio Riello, eds., *Writing Material Culture History*, p. 1.
[2] 刘新成:《日常生活史:一个新兴的研究领域》,《光明日报》2006 年 2 月 14 日。

他们遗留的物质器物。物品的购买、销售和利用（消费）对于普通百姓和贵族阶层来说都是一样的，通过对普通百姓遗留的物质器物进行历史解读，可以有效地破除传统文本研究资源缺乏的困局。凯伦·哈维与从事物质文化史研究的学者们在《历史与物质文化》一书中肯定了物质在史学中的潜在价值。① 从家具、衣服到建筑、景观，这些案例研究都有力支持和证明了"物品是历史证据"。② 凯伦·哈维认为如果有人知道如何处理的话，物品的利用同样很容易达到书面材料的重要程度。毕竟，这些物品与文本一样承载着意义，凯伦·哈维建议历史学家们需要用心去"读"它们。③ 随着物质资源被历史学家们广泛地运用，书面文本记载在历史学研究中占主导的地位事实上已经开始动摇，大量的物质载体、文化遗存或将成为历史学研究资源的重要补充。

第二，物质文化与历史学的结合进一步拓展了传统史学的研究领域。通过研究日常生活中的物质，历史学家们可以探索出更多新的研究领域，人们在过去如何穿着，他们的情感、品位、想象的方式，以及围绕他们的现实世界。在日常生活中，由于物品的购买、销售和消费，无论是对于普通百姓还是王公贵族来说，它们本质上都具有同等重要的地位。重视对消费问题的研究，客观上也直接推动了"消费史"的研究热。18世纪消费革命兴起之后，与之前相比，更多的商品被欧洲社会大众所消费。因此，在20世纪80—90年代，西方史学界一度兴起了所谓的消费研究热。这些研究领域主要包括意大利文艺复兴时期、早期近代的欧洲大陆，以及19—20世纪的西方大陆的消费模式。④

---

① 参见 Karen Harvey. ed., *History and Material Culture: A Student's Guide to Approaching Alternative Sources*, pp. 8 – 13。

② Jules David Prown, "The Truth of Material Culture: History or Fiction?", in *History from Things: Essays on Material Culture*, p. 3.

③ Hans Schouwenburg, "Back to the Future? History, Material Culture and New Materialism", p. 62.

④ 许多历史学家认为商品消费反映或改变了物品所有者的信仰体系，改变了部分历史学家对"商品世界"的传统关注。他们不再关注商品的制造与生产，而是更专注于消费者的精神世界。关于"消费革命"参见 Grant McCracken, *Culture and Consumption: New Approaches to the Symbolic Character of Consumer Goods and Activities*, Indiana University Press, 1988; Neil McKendrick, John Brewer, and John H. Plumb, *The Birth of a Consumer Society: Commercialization of Eighteenth Century England*, Europa, 1982; Timothy H. Breen, *The Marketplace of Revolution: How Consumer Politics Shaped American Independence*, Oxford University Press, 2004。

第三篇 西方史学理论研究的新进展

此时,物质世界不再是一个很特殊的研究领域,纺织品、服饰、家具、建筑遗迹等原本属于纯粹物质文化研究领域的课题开始在历史学研究中受到普遍重视。西方史学也正在积极地与之前没有被关注的学科领域如人文、社科尤其是自然科学领域进行更多的有机结合。其直接结果之一就是历史学科的传统边界被改变,更多的研究课题在传统边界被打破后得以产生。

第三,物质文化与历史学的结合有助于为理解过去的历史生成新的项目与观点。一般来说,我们理解过去的历史主要通过两个渠道:一是通过历史遗留的大量文献文本资源,例如战争的条约、协定以及商业经济条款等;二是历史遗留的大量物质文化遗产、景观以及考古遗迹等。当缺少足够的文本资源的情况下,物质遗存无疑将成为一个重要的补充和替代,为我们理解过去的历史开辟了一个新途径。

在美国,物质文化经常被用来去理解殖民地时期社会大众的日常生活,遂成为考古调查、博物馆学和历史学研究的重要领域。一些富有创新性的作品与项目在一些地方也被开发与设计出来,例如殖民化时期的威廉斯堡博物馆。在欧洲,设计史作为历史学的一个分支也成为物质文化的重要盟友,通过毕业生项目、会议和一些学术期刊可以明显发现一些艺术史与物质文化进行结合的课题。这些课题为我们理解过去的历史提供了新的视野。玛丽娜·莫斯科维茨在《后院及其周边:景观与历史》一文中认为,花园或者景观通常被普通人长期修改,反映了政治、经济和文化观念。通过仔细观察人类行为的改变(例如栅栏、道路和建筑物),强调了设计者和使用者的理念和政治议程,展示了这些人文景观与其他物质器物是如何像文本一样可以被读的。在 19 世纪末,美国的设计师们将殖民地景观按照不同的意图分成了若干区域,保留了那些支持家庭生活的结构,例如独户住房、教堂和学校,作为社会核心要素的小家庭这样的主要理念在这些人文景观中呈现出来。[①] 劳雷尔·乌尔里希在《朴素的时代:创建美国神话的物品和故事》一书中对女性遗留的一些物质器物进行了深入的分析,修正了对妇女在美国革命和 19 世纪美国本

---

① Marina Moskowitz, "Back Yards and Beyond: Landscapes and History", in Karen Harvey, ed., *History and Material Culture: A Student's Guide to Approaching Alternative Sources*, pp. 67–85.

土历史进程中的传统理解。①

同样,对消费实践和过去社会的日常生活感兴趣也一直是物质文化与历史学成功结合的关键所在。为了更好地理解人们的愿望和偏好,历史学家们重新评估了物质器物的重要性,这也扩大了历史学研究领域的范围,从日常生活、奢侈品到政治和贸易等。同时,博物馆和学术界的合作会允许学者们走到幕后,进入博物馆储物间,吸收博物馆专家的意见来推进新项目与新课题的研究。

西方历史学家认为,在追溯普通百姓的日常生活史方面,物质器物发挥的作用则表现得更加突出。法国历史学家达尼埃尔·罗什在《平常事情的历史》中就曾提出并认为日常物品可以作为理解过去的一种方式。他在书中这样写道:"我们对物质文明、物质文化和日常生活的历史感兴趣,主要有两个原因:首先,这是一种有助于更广泛地重新认识经济史与社会史的方法,也是我们重新发现问题的方法。这些问题促使欧美史学家们试图去理解占统治地位的消费经济和商业化经济的产生与发展……其次,这种精神与文化的历史希望使人理解各种生活现象。"②

总之,物质文化史由于传统史学研究过度注重文本的局限而受到西方史学家的普遍关注,成为新时期西方史学选择的重要盟友。在"超越文化转向"的呼声中,他们已经开始就其内涵、研究对象与书写方式等问题掀起了新一轮的讨论与研究。

三 "物质文化史"的内涵与主要书写范式

(一)"物质文化史"的内涵与研究范畴

在进一步探讨"物质文化史"的概念与内涵之前,首先必须要明确"物质文化"有争议的重要概念在不同的学科背景中,国内外学界对物质文化的理解有着不同的含义和范畴。国内有学者曾这样评介物质文化——"它不是一个新学科,而涉及几个学科领域,包括人类学、考古学、

---

① 参见 Ulrich laurel, *The Age of Homespun: Objects and Stories in the Creation of an American Myth*, Alfred A. Knopf, 2001。
② [法]达尼埃尔·罗什:《平常事情的历史》,吴鼎译,百花文艺出版社2005年版,第2页。

第三篇　西方史学理论研究的新进展

批评理论、社会学对于消费的研究，以及历史和文化史研究的变化，甚至包括科学史和科学学研究。它不算是新的研究对象，又不提供新的研究方法，倒是吸取别的学科的研究方法，更不是一种学院机构，比如像比较文学或社会学那样的科系，虽然考古学和人类学更接近物质文化的研究，但历史学、艺术史、城市研究、空间研究以及消费文化的研究都与之相重叠。"①

在西方学者的视野中，他们认为专业名词"物质文化"最早源于19世纪人类学家的工作，早期的人类学家曾发现了土著民族信仰系统的证据，这些证据主要体现在设计、制作与使用物品的过程中。通过分析与研究这些物质遗存，人类学家从中发现了许多超脱西方文化之外的元素。哈维·格林认为"物质文化主要是对建造与建构世界的一项研究，包括学校、乡土建筑、人与动物历史中的普通器物、自然景观与改造后景观的历史、人类与动植物之间的互动，摄影与大众传媒的一些素材、艺术作品以及技术含量较高的物品"。②

比较而言，国内学者更多是从跨学科的角度来界定"物质文化"的内涵与属性，国外学者则是从更广义的物质世界角度出发去理解"物质文化"的研究对象。那么，从历史学的角度又该如何来理解物质文化？如何界定物质文化史呢？目前，西方史学界也没有一个明确的界定。笔者认为所谓物质文化史，是相对于传统以文本为主要研究资源的物质文化史而言的，它是20世纪90年代以来，在超越文化转向的背景之下，西方史学家力图以广义的物质世界中的那些缺少文本记载，经常被历史学家们忽视或边缘化的物质载体为主要研究对象，摆脱传统史学研究本身过度注重文本的弊端而提出的一种史学新运动。物质文化史的研究对象主要是广义上的物质世界，涉及人文、社科以及自然科学等诸多学科领域。从普通的日常生活物品、食品、出土文物、工艺品到自然、人文景观，再到自然科学和宗教等都可以是其研究对象与范畴。具体来说，西方史学家在物质文化史的研究领域大体上包括五个方面：（1）日常生活物品的研究，如食品、玩具、服装和床等；（2）自然人文景观与历史遗迹的研究，如花园、博物馆

---

① 孟悦：《什么是"物质"及其文化？（上）——关于物质文化研究的断想》，《国外理论动态》2008 年第 1 期。

② Harvey Green, "Cultural History and the Material (s) Turn", p. 61.

和乡土建筑遗迹等；（3）工艺品与工业产品的研究，如绘画、瓷器、塑料等；（4）宗教物质文化的研究，如天主教、伊斯兰教等；（5）自然科学的物质文化史，如城市环境史、生命科学史等。尽管研究对象有所差异，但是总的来说，西方物质文化史研究的核心主要是围绕物质文化与人的关系而展开。

（二）物质文化史的书写方法与主要范式

在西方物质文化史研究中，历史学家们对物质文化采用的是一种相对广义的理解方式，有时候直接简单地称为"物品"。举例来说，家庭生活中我们所能接触到的物品，从瓷器、家具到服装、装饰品以及孩子们的玩具等都属于物品的范畴。那么，这些物品的使用与陈设可能与宾馆中摆设的同样物品有所不同。为什么这么说？因为它们具有的最大特点是其附加的记忆属性，人的记忆通过这些陈设的物品得以传承与表达。同样，对于生产、拥有、购买、赠送、使用和消费过这些物品的人来说，这些物品都附带了极其特殊的意义。"物质文化"不仅仅是物品的代名词，对于接触过它们的人来说，都充满了意义。

于是，探讨物品与人的关系及其存在的意义与价值就成为物质文化史书写的核心内容。在西方史学家看来，意义是一种非常抽象的概念，更多产生于物体与人之间的关系，这种关系不仅仅存在于人与人之间，更多地存在于公共与集体空间层面上。举例来说，当你看到一个家庭房间的地板上散落了一地的玩具之时，你可能马上会想到孩子们在这个房间里生活和玩耍。但是，房间里的这些玩具可能具有一种不同的意义，这些意义体现在不同的环节里，如拿玩具玩耍的孩子、购买玩具的父母、拿玩具当礼物的朋友、玩具生产商和销售商等。在这样一个特定的时空环境中，房间里的玩具更多地被认为是一种父母与孩子沟通感情的符号。对于孩子们来说，这些玩具在不同的阶段中也保留着自己的美好记忆。因此，散落在房间里的这些玩具不再仅仅是一种物品，更多地体现了我们日常生活中的情感、社会、文化与经济关系的构建。[①] 此外，我们也可以从中获知更多的关于制造和使用物品的人的价值观与信仰。物品本身也不再是历史的简单

---

① Anne Gerritsen and Giorgio Riello, eds., *Writing Material Culture History*, p. 2.

第三篇 西方史学理论研究的新进展

道具,而是通过它们来塑造人们日常生活的一种工具。需要指出的是,无论是分析玩具还是其他日常生活史中涉及的物品案例,物品仅仅可以作为我们理解过去的一种途径,不需要历史学家去解释为什么以及怎么样去使用它们。①

既然物质文化史是讨论物品与人的关系,那么历史学家该如何进行分析与研究呢?由于物质文化本身具有多元的跨学科属性,所以不可能有统一与普遍适用的研究方法。从事物质文化史研究的学者们对此是有共识的,他们普遍认为跨学科合作是研究物品的重要路径。诚如历史学家伯曼和图尔宾所言,"一个物品的意义是多元的、多层面的和交叉的,这涉及个体、美学、性别、文化、经济和观念"等领域。②

西方史学家认为物质文化史研究最主要的方法是,历史学家通过研究相关物品,提出更多有价值的历史问题,从而得到一些新的发现。例如,以孩子们的玩具为例,我们可以尝试提出以下问题:在过去,这个家庭里有玩具吗?如果有,那么过去的玩具与今天的玩具在功能上有何异同?父母与孩子们的关系怎么样等。在这个案例中,我们可以发现分析玩具已经成为揭示一个不同空间的强有力工具。当然,除了玩具外,西方历史学家也关注其他的一些物品,例如床、手铃、电灯泡以及墙纸等。③这些物品在书面的文本资源中是无法解决的。这些都不是静态的物品:在时空中它们承载的意义随着人类的变化而变化,它们本身就是一部需要历史学家们去书写的人—物关系史,是历史学家打开认识和理解过去的新途径。

西方史学界有诸多著作采取了这种研究范式,即对物质在特定时间与空间背景下的用途与意义进行系统而深入的研究。美国历史学家西敏司1985年出版的《甜与权力:糖在近代历史中的地位》就是这样一部典型的著作,其观点较为前沿且具有典型的代表性。西敏司认为糖和奴隶制度

---

① Anne Gerritsen and Giorgio Riello, eds., *Writing Material Culture History*, p. 2.
② B. Burman and C. Turbin, "Introduction: Material Strategies Engendered", *Gender & History*, Vol. 14, No. 3, 2002, p. 374.
③ 在《书写物质文化史》一书中,历史学家们关注了不同的研究对象。西方历史学家认为物质文化激发起了他们用历史学的视角去检视与理解经验、情感和认识的兴趣。参见 Anne Gerritsen and Giorgio Riello, eds., *Writing Material Culture History*, pp. 111 – 199。

推动了资本主义的传播,改变了欧洲人和美国人的饮食,为劳动人民提供了一种新的燃料以及为形成中的帝国提供了一种新商品。糖文化的重要性甚至影响了英国和美国的外交政策。① 然而,这里需要重点指出的是,糖尽管是西敏司研究的重要物质,但是作者却没有过多地关注制糖的实际过程。相反,他却从物质本身开始,认为糖不仅仅是一种商品,更是一种改变人们对他们自己观念、社会以及世界的力量,试图透过糖这个连接点来考察人类行为中自然秉性和社会秉性所扮演的不同角色,进而说明殖民地产品在世界资本主义增长过程中所具有的特殊重要性。②

杰弗里·米克尔的《美国塑料:一部文化史》也采用了类似的研究模式。米克尔研究了塑料的品种(明胶、胶木、尼龙等)并分析了实验室开发和工厂生产的过程。他介绍了关于产品的效用、营销策略以及对塑料的社会和文化反应的辩论。与那些"天然的消耗品"相比,塑料更有优势并具有耐久性和通用性,但是塑料却最终成为充满危险的,且永远不可能会被降解的化学物质。由于塑料这样一种物质连接了化学、艺术史、美学、传播理论和社会史诸多领域,因此《美国塑料:一部文化史》一书也成为反映和影响现代生活的物质文化历史的经典案例。③

哈维·格林的《木材:工艺、文化与历史》一书探索了木材在跨时代的世界文化中的地位。④ 该书描述了树木生长的方式、跨物种的物理性能和全球范围内物种的分化以及地理扩散。作者在书中讨论了木材在避难所、交通、战争、游戏、音乐、艺术、烹饪等方面的用途和活动。此外,本书也包括了其他主题,例如技术和收获方法、从树木到甲板之间木材形态的转换以及木材作为造船的原材料在近代欧洲和东亚的历史上的地位。尽管木材本身具有一些缺点——腐烂、尺寸不稳定、易燃,并且啮齿类动物和昆虫会将其啃噬,但是人们还是会选择使用木制品。其中的原因在哈维·格林看来主要包括两个方面:一方面是因为木材具有超越实用性的意义;另外一方面可能是因为木材短缺。因此,从这些意义上来说,木材不

---

① [美]西敏司:《甜与权力:糖在近代史上的地位》,王超、朱健刚译,商务印书馆2010年版,第10页。
② [美]西敏司:《甜与权力:糖在近代史上的地位》,第13页。
③ Jeffrey L. Meikle, *American Plastic: A Cultural History*, Rutgers University Press, 1995.
④ Harvey Green, *Wood: Craft, Culture, History*, Viking, 2006.

仅是一种物质文化而且还是一种文化的物质,对人类的历史具有悠久而深刻的影响。

当然,也有部分西方历史学家在探索物品与人的关系中走得更远,也希望能够突破传统的"西方中心论",将对物质文化史的研究拓展到更广阔的地理空间去。安妮·格里森和乔吉奥·雷诺认为历史学家们重视评价物品是一个新的起点,但不应该仅仅停留在微观史和下层史,更应该将注意力转向那些可以创建全球联系的物品身上。[1] 他们在《全球互动空间:全球史视野下的物质景观》一文中认为"物品的全球互动空间形成于物质与想象,产生于生产商、贸易商以及中间商的互动。""生产、想象与谈判的全球空间是近代早期全球空间布局的重要组成部分。"[2] 从表面来看,近代早期欧洲与亚洲之间的瓷器与棉纺织品贸易在全球层面上展示了一种贸易互动环节,但是从深层次来说,它们体现的是跨洋贸易中物品对于权力关系的重塑与被重塑过程。

此外,由于物质文化在人类学中有着深厚的历史根基,物质文化史也更加注重跨学科研究。以食品史为例,饮食文化研究的形式通常包括农业技术史和农业科技史,以及与生长、收获与消费食品有关的理念。目前食品史学家的著作主要是围绕跨文化和跨国家的单一食品类型展开调查,如玉米、香料、巧克力和咖啡。他们的研究基本都是以西敏司的模型为基础,关注物质和物质对文化以及帝国权力产生的影响。这些著作几乎都是跨学科的,涉及植物学、农学、人类学、环境学、社会学和经济学史等不同学科领域。几乎所有的学者都将食品与国际贸易联系起来,许多人将物品与殖民主义时代所涉及的跨文化交流联系起来。

当然,除了研究特定时空背景下人与物的关系、物品的用途及其承载的意义之外,也有部分从事物质文化研究的历史学者将物质作为历史学研究领域中的核心资源来看待,更关注物质本身的线性叙事,倾向于为物质做传记。这样的研究理路简化了过去,忽略了其内外矛盾以及细微之处,对于历史本身的复杂性则不予理会。这些作品更多侧重于食物、烹饪等研

---

[1] Anne Gerritsen and Giorgio Riello, eds., *Writing Material Culture History*, p. 6.
[2] Anne Gerritsen and GiorgioRiello, "Spaces of Global Interactions: The Material Landscapes of Global History", in *Writing Material Culture History*, pp. 111 – 130.

究领域。① 因此,在这种研究范式下产生的作品,由于缺乏有针对性的注释或者文献来源,往往受到一些专业历史学者的学术批判。但是,其在大众传媒中却受到积极评价,也受到了公众的普遍认可,因为它提高了日常生活史中的普通物质在人类历史进程中的地位。

为了让研究者有效地理解与把握物质文化史研究的基本理路与书写要领,2009 年凯伦·哈维根据自己多年从事物质文化史研究的经验在《历史学与物质文化》一书中宏观上总结了书写物质文化史的基本流程与方法。他认为物质文化史的书写与研究基本上分为三大步骤。

第一,我们应该尝试描述物品本身,包括它本身的物理构成。评估物品的构成、如何使用以及制造时间;制造的方法与程序、材质、型号、重量、设计以及风格等是一些评估中所需的核心要素。不同的物质文化形式要求不同的问题,如果可能的话,可以探求一下这种物品的当代价值。

第二,我们可以把物品放置于一个特定的历史时空背景之下,可以探索出谁拥有这种或者同样的物品,什么时间拥有以及它们被用来干什么。一个物品的物理属性知识与外部信息结合在一起,应该有助于我们理解它是如何被使用的。

第三,我们可以通过查找有记录的书面文件,包括一些可见的文献,全面探索出在特定的社会与文化背景下该物品所处的历史地位。在这个阶段,事实上在整个过程中,研究者都需要不断地去接洽与反思物品的物质属性。②

以上可见,由于物质载体本身可能具有的复杂的跨学科属性,再加之特定的时间与空间环境差异,西方学者对物质文化史的研究范式并不统一。诚如斯蒂文·卢巴和大卫·格雷所言:"西方史家不仅处理物质文化的方法不同,他们关于物体的设问以及给出的答案也是不同的。"③ 西敏司

---

① 此方面的研究成果诸如 Mark Kurlansky, *Salt*: *A World History*, Penguin, 2002; Mark Kurlansky, *Cod*: *A Biography of the Fish that Changed the World*, Penguin, 1997; Larry Zuckerman, *The Potato*: *How the Humble Spud Rescued the Western World*, North Point Books, 1998; Peter Laszlo, *Citrus*: *A History*, University of Chicago Press, 2007。

② Karen Harvey, ed., *History and Material Culture*: *A Student's Guide to Approaching Alternative Sources*, p. 15.

③ Steven Lubar and W. David Kingery, *History from Things*: *Essays on Material Culture*, pp. ⅷ - ⅸ.

的物质分析与研究模型尽管受到一些学者的模仿,但是对于物质文化史到底如何进行书写目前依然存在争议。凯伦·哈维提出的物质文化史的研究流程与范式或许可以为初学者提供借鉴与思考。

四 物质文化史兴起的影响与限度

物质文化史是在 20 世纪 90 年代西方史学界力图超越"文化转向"的背景下而产生的。它的产生融合了众多学科领域,涉及考古学、人类学、艺术学、博物馆学、文化学与社会学等。物质文化史的诞生给西方史学的发展带来了深刻的影响。[①]

一方面,它推动了历史学与物质文化相关各个学科的跨学科合作,拓展了历史学科的研究主题与领域——在微观史与下层民众史,尤其是日常生活史的研究上得到了进一步的深化。从事物质文化史研究的学者在关注与研究日常生活史时,不再仅仅满足于书面的文本记载,而是更多希望通过遗留的物质载体来探究普通百姓的日常生活,借以探讨日常生活中的物品背后承载的文化意义与价值。当然,他们也希望突破传统"西方中心论",从更广阔的地理空间来探究物质与人的关系。例如,加拿大历史学家卜正民的著作《维梅尔的帽子》尽管采用了全球史的研究方法,但是研究对象却是日常生活中的帽子这样一件普通的物品。作者对帽子的书写不仅涉及历史学,也涉及经济学、社会学、文化学与地理学等多学科知识。卜正民尽管以帽子为题,实际上他并没有将过多的注意力集中在对帽子的制造和消费等主要流程的书写上,而是通过对制造帽子的原材料来源的分析来反映全球成长中的贸易网络,以及人们攫取全球财富的迫切贪念对整个世界改造产生的影响。[②] 当然,这样的例子还有很多。

另一方面,物质文化史的产生直接挑战了传统的历史学科边界与书写方式。在多元跨学科合作的背景之下,历史学科的传统边界正在被打破。物质文化学科已经成为历史学家与其他历史学分支学科合作成果最丰硕的研究领域之一。这不仅包括历史学与其他人文、社会学科,也包括与自然

[①] Richard Grassby, "Material Culture and Cultural History", *Journal of Interdisciplinary History*, Vol. 35, 2005, pp. 591–603.

[②] [加]卜正民:《维梅尔的帽子》,刘彬译,文汇出版社 2010 年版,引言。

科学的有机融合。其中,生态环境史、医学史与城市史研究等都呈现出与物质文化融合的新趋势。克里斯·奥特的城市史研究是物质文化史的一个典型范例。奥特在历史研究中借用自然和环境科学的分析方法,认为物质是一种动力,可以从城市的新陈代谢中得以发现,尤其具有代表性的物质是水和肉。在他看来,水的出现是人类基础设施和政治决策的结果,肉的食用同样呈现出一段技术、政治、环境和生理学混合的历史。人们驯养动物是为了吃肉,但动物死亡之后会产生甲烷,并带来气候变化这样的环境问题。[①] 克里斯·奥特的城市史研究仅仅是一个案例,还有更多的新物质文化研究史学家同样倾向于从不同的学科中获取新的思想与方法,并将其融入历史学的研究,以期带来新的观点。

此外,历史学传统的书写与叙事范式也正在面临越来越大的挑战,导致以文本为主要研究资源的历史学传统研究与叙事地位正在开始动摇。物质文化史研究不仅是历史学家的专属研究领域,考古学家、人类学家、博物馆馆长、设计专家、电视艺术顾问等都可能对该领域感兴趣。他们都可以凭借自己的知识背景,通过多种方式与物质文化进行结合,进而通过物体去理解过去并对其做出相应的历史性解释。同样,由于物体本身可能涉及的跨学科属性,多学科的合作研究已经成为一种重要的发展趋向,而这也同时开启了非职业的历史学家与职业历史学家合作的进程。

当然,笔者也认为西方史学家从事的物质文化史研究,在实践与操作层面也存在一些局限性,需要引起学界的进一步关注与思考。第一,物质文化本身的限制。物质文化研究的前提就在于它的物质属性。只有物体存在,才能让历史学家获得解释的机会与可能。如果该物质不存在,研究就无从谈起,那么对于它的相关研究就会面临诸多现实困境,增加了理解上的困难。第二,特定时空环境的缺失。尽管一些物质载体我们可以找到,但是一旦离开了它存在的特定时空环境,也会造成研究与理解上的困难。但是,物体脱离环境又是一种常态,这也是历史学家们不得不面对的一个现实挑战。考古学家同样也认同物体所处特定环境的重要性。在博物馆里,工作人员通过科学的分类和保护,尽可能减少物体脱离环境带来的困

---

① Chiris Otter, "Locating Matter: The Place of Materiality in Urban History", in Tony Bennett and Patrick Joyce, eds., *Material Powers: Cultural Studies, History and the Material Turn*, pp. 38-59.

局。第三，实践操作层面的限制。可以说，从历史学的角度来研究物质文化，绝大部分需要依靠博物馆等有关机构的合作。但是，博物馆中的文物也不可能完全、随时对历史学家们开放，有一些文物甚至不可以随便触摸。尽管博物馆现在也对公众开放，欢迎研究者到后台去参观和研究，但预约等待的时间具有很大的不确定性。当然，围绕我们的物质文化也有一些自然和人文历史景观、建筑和日常生活中的用品，许多物品可以从一些文本资料中去发现，也可以通过各种目录书籍、词典以及网络资源获取。互联网的进步给历史学的发展带来了深刻的变革，同样也影响到了物质文化研究。历史学家可以通过互联网发现相关实物的图片，也可以通过博物馆的网站获取一些文物数据等。但是，要想将世界上不同的物品都汇聚在一起，这可能也需要浩大的数字化工程。从这个意义上来说，网络与文本仅仅是一种接触资源的途径，并不能取代历史学家与实物的直接接触。对于历史学家们来说，只有直接接触过的实物，才有可能形成更多的理性认识。

总之，物质文化史是一个新兴的且正处于初步探索中的研究领域。从目前来看，超越文本中心论是物质文化史研究的理论内核所在。探讨特定时空与背景下的物质与人的关系是其主要的书写范式。从本质上来说，它并不是对新文化史的完全突破，而是对文化史研究的进一步拓展与延伸，它也不能完全取代以文本为主要资源的传统史学研究模式，仅仅只能说是一种重要的、有益的补充。尽管物质文化史的研究尚不成熟，但是西方史学家对物质文化史的研究依然充满热情，他们在研究中所使用的研究模式与分析方法，可以为有志于研究该领域的学者提供进一步的引领与借鉴。在未来，西方史学中的这种物质转向能否被历史学家们所广泛接受，也有待于我们进一步观察。

（原载《史学理论研究》2017 年第 3 期）

西方食物史研究范式及其演变

付有强

(西华师范大学历史文化学院)

食物是人类赖以生存的重要物质之一,食物的历史或食物史(Food History)是探知"漫长的时间长河中食物及其所处社会与文化发生了怎样的变化,以及为什么会发生这些变化"的重要知识来源。[①] 在古代,西方的思想家便认识到食物对于人类社会的重要性,并对之加以记载和阐述。在古希腊,虽然某些思想家鄙视食物烹煮这样的日常劳作,认为它们远不如哲学思考重要,但还是有一些历史学家和地理学家详细地记录下不同文化中的饮食习惯。罗马时期,美食家阿匹修斯(Apicius)对地中海地区丰富的食物进行描述,留下了大量食谱;活跃于一至二世纪之间的希腊修辞学家和文法学家阿忒纳乌斯(Athenaeus)记录了当时宴饮的场景及食物的烹煮方式,并有《餐桌旁的诡辩家》(或译作《智者之宴》)传世。[②] 文艺复兴时期,人文主义学者对古典时代流传下来的烹饪文献进行甄别,以辨真伪。及至启蒙时代,启蒙哲人开始尝试撰写食物的民族历史,罗格朗·道西(Pierre Jean-Baptiste Legrand d'Aussy)的《法国人私生活的历史》(*Histoire de la vie privée des Français depuis*, 1782)和理查德·华纳(Richard Warner)的《古代烹饪史》(*Antiquitates Culinariae, or Curious Tracts on Culinary Affairs of the Old English*, London, 1791)便是其

[①] Peter Scholliers and Kyri W. Clafin, "Introduction: Surveying Global Food Historiography", in Kyri W. Clafin and Peter Scholliers, eds., *Writing Food History: A Global Perspective*, Berg, 2012, p. 1.

[②] Athenaeus of Naucratis, *Deipnosophists or Banquet of the Learned of Athenaeus*, trans. C. D. Yonge, London, 1854.

中的两项代表性成果。①

对食物的历史研究虽早已有之,但食物史作为严肃的学术研究,在西方的发展进程却极为缓慢,直到20世纪中期才确立起来。尽管历史并不漫长,但食物史研究迄今大致经历了三种范式:经济—社会史范式、文化史范式和全球史范式。本文将在综合利用西方现有研究成果的基础上,对食物史研究的这三种范式予以梳理、分析和评介,尽可能地展现这一年轻而重要的研究领域的全貌。

一 食物史研究的经济—社会史范式

在西方,德国学者自18世纪中期就开始从经济史的角度研究食物,主要论及食物的生产、消费、贸易、价格形成、运输成本和食物立法等问题。不过,在他们那里,食物消费这一重要问题并没有得到真正科学的分析。② 之后,新兴的统计学知识开始为研究者大量使用,以家庭预算形式呈现出来的具体消费记录受到关注。从经济学角度对食物消费进行量化考察,是当时的研究者经常使用的方法,它让那些试图从历史角度考察食物政治经济学的学者得以同过去的情况进行全面比较。1870年,古斯塔夫·施默勒(Gustave Schmoller)对中世纪晚期以来德意志肉类消费变化的考察,约翰内斯·康拉德(Johannes Conrad)就18世纪晚期柏林居民的营养状况与自己所生活的19世纪晚期所做的比较,在当时都是开拓性的研究。③ 早期的这些研究更多地受到经济学理论和方法的影响,其研究路径为后来年鉴学派的学者所借鉴和利用。

年鉴学派成立之初,马克·布洛赫和吕西安·费弗尔等第一代学者便意识到政治史的局限性,强调超越民族边界和突破学科界限的重要性,他们主张多学科的研究方法和国际视野,并重点关注经济史和社会史。这些

---

① Jeffrey M. Pilcher, ed., *The Oxford Handbook of Food History*, Oxford University Press, 2012, Introduction, pp. xvii – xviii.
② Hans J. Teuteberg, "The Diet as an Object of Historical Analysis in Germany", in Hans J. Teuteberg, ed., *European Food History: A Research Review*, Leicester University Press, 1992, p. 112.
③ Hans J. Teuteberg, "The Dies as an Object of Historical Analysis in Germany", pp. 111 – 112.

研究取向后来开始应运用于食物史的研究中。① 在年鉴学派几代学者的努力下，最终确立了食物史研究的经济—社会史范式。

一般而言，布洛赫并没有直接涉入食物史研究，但他对经济史的研究间接涉及食物史研究的一些重要议题。比如，在《封建社会》《法国农村史》等著作中，布洛赫的许多问题都是围绕历史上的物质生活、生活水平、人口趋势展开的，而食物的生产和消费就在其中扮演着重要角色。不仅如此，布洛赫还强调用社会史的方法研究历史，提倡研究"生活本身的历史"，即日常生活史。② 这一思路同样启发了从日常生活的角度研究食物史的学者。与布洛赫不同，费弗尔明确号召进行食物史研究。他对年轻学者布罗代尔论述土豆和玉米的"食物革命"的文章大加赞赏，并提请《年鉴》杂志的读者重新认识"法国历史之父"儒勒·米什莱（Jules Michelet）对咖啡与法国革命史关系的思考。在他的影响下，《年鉴》杂志的编辑们开始关注食物供应问题，并将历史上以及当代人对食物的寻求作为探讨的话题。费弗尔还号召对饮食习惯进行全面研究，引起了学界对这一问题的关注。③

作为年鉴学派第二代的灵魂人物，费尔南·布罗代尔为食物史研究的经济—社会史范式的确立做出了重要贡献，并为之提供相应的概念框架、方法和主题。首先，布罗代尔将"长时段"理论引入到食物史研究中，考察饮食体制的漫长演化和结构特征。"长时段"概念的引入，使食物及其涵盖的饮食习惯等问题获得了一种"历史性"，成为一个隐藏在社会制度和历史演进下的重要问题，但同时也对社会和历史的发展起到了推动作用。其次，从空间上看，布罗代尔对地中海世界的研究，为后来的研究者提供了一个区域框架，成为探讨地中海地区食物史的模板。④ 受其影响，意大利学者马西莫·蒙塔纳里后来对蛮族入侵时的文明和饮食制度冲突进

---

① Sydney Watts, "Food and the Annales School", in Jeffrey M. Pilcher, ed., *The Oxford Handbook of Food History*, p. 30.
② Jacques Revel, "Introduction", in Jacques Revel and Lynn Hunt, eds., *Histories: French Constructions of the Past*, The New Press, 1995, pp. 11–12.
③ Sydney Watts, "Food and the Annales School", p. 7.
④ 布罗代尔对食物史研究的相关影响，参见 Robert Forster and Orest Ranum, eds., *Food and Drink in History: Selections from the Annales Economies, Sociétés, Civilisations*, trans. Elborg Forster and Patricia Ranum, Johns Hopkins University Press, 1979。

行了考察。① 最后，布罗代尔在《15—18世纪的文明与资本主义》一书中，对所谓"准历史性"概念加以探讨，并将食物、住房、服饰等人类的物质需求置于"准历史性"的范畴之下，将它们同人口、技术、城镇或城市生活等结构性范畴相提并论。② 在布罗代尔的影响下，包括食物在内的物质文化，成为"物质生活史"的重要内容。

从某种程度上来说，布罗代尔的研究是对费弗尔工作的延续。费弗尔通过自己的研究，展示了如何将食物作为深入了解日常生活史的窗口。不过，布罗代尔对饮食偏好的心理层面并不感兴趣，他更加关注的是食物体制的经济结构。在布罗代尔对资本主义世界性交换的深入探讨中，玉米、稻米、小麦等主要食物的营养价值，香料、食糖、咖啡、茶叶、巧克力等新奢侈生活品的社会和经济影响，都不是孤立的现象，它们只有被置于一个更大的经济世界，被纳入到一个更为宏大的结构性叙事中才会有意义。③ 显然，布罗代尔重在考察食物史的历时性变异（diachronic variant），希望以之取代早期食物史中的共时性研究（synchronic studies），从而开启了食物史研究的新阶段。

20世纪六七十年代，食物与农民生活水平的关联性，以及与之相关的食物供应和粮食生产等问题，成为历史研究的焦点之一。作为年鉴学派第三代的旗手，埃马纽埃尔·勒华拉杜里率先在这方面做出示范。在《朗格多克的农民》一书中，勒华拉杜里不仅关注食物的摄入及营养与农民自身的再生产这样的日常生活史问题，更是将用于基本生存的食物即粮食与农业危机等重大问题结合。④ 为此，勒华拉杜里借助定量研究的方法，通过使用诸如什一税记录、工资簿、缴税收据、交租收据和收益记录等数据资料，力图揭示15世纪末至18世纪初朗格多克地区农业"发展与衰落"的周期。勒华拉杜里发现，传统所认为的农业危机是由气候变化及其所带来的农作物短期歉收所导致的论断并不正确。农业危

---

① Massimo Montanari, *Italian Cuisine: A Cultural History*, Columbia University Press, 2003, pp. 63–69.
② Fernand Braudel, *Civilization and Capitalism, 15th–18th Century*, Vol. 1, trans. Sian Reynolds, Harper & Row, 1981, p. 27.
③ Sydney Watts, "Food and the Annales School", pp. 10–11.
④ Eva Barlosius, "The History of Diet as a Part of the Vie Materielle in France", in Hans J. Teuteberg, ed., *European Food History: A Research Review*, pp. 95–96.

机在本质上是人口结构变化的必然结果,因为粮食生产以及随后的食品供应已经无法跟上人口增长的步伐,进而导致死亡率上升、劳动力锐减。①他进一步指出,粮食的生产特点和食品类型同样可以解释16世纪的法国缘何未能发生农业革命的原因。法国自16世纪开始进入人口加速增长的阶段,对满足基本生存的食品,即小麦的需求急剧上升。相应地,粮食的价格开始上升,大规模生产粮食变得有利可图。因而在整个16世纪,市场的趋势引导法国的农场主将精力和各种投资集中在获得最高利润的作物,即粮食生产上面,而畜牧业则趋于停滞。勒华拉杜里指出,农业革命在西欧的出现依赖于畜牧业的发展以及把牲畜的粪便用作肥料;同时城市人口对肉类和奶类等非粮食食品的需要则会进一步刺激畜牧业的发展。不过,法国由于16世纪人口的不断增长,对粮食的需求变得极为重要,这就致使农民无力扩大畜牧业,从而阻碍了法国获得农业革命的机会。②

在年鉴学派之外,还有一些学者采用经济—社会史范式研究食物史。这些学者在研究中更多地关注食物价格、人均食物消费量、家庭开支以及食物短缺等问题。在论证方面,他们更多地运用统计资料、预算数据、食物调查、热量摄入估算等能够量化的数据。③例如,美国经济史学家斯坦利·恩格尔曼和罗伯特·福格尔利用计量史学的方法,对美国内战前奴隶制种植园,特别是大型种植园中奴隶的饮食进行了考察。在《十字架上的时光:美国奴隶制经济学》一书的第四章,他们通过考察特定大型种植园中可供全体人员消费的食物总供给量,对奴隶和白人食物消费的情况作出对比,从而提出"内战前,奴隶饮食的营养价值相当地高"的观点。④这为读者提供了美国奴隶制种植园的另一种图景,也因此引发了激烈的争

---

① Stuart Carroll, "Emmanuel Le Roy Ladurie", in Kelly Boyd, ed., *The Encyclopedia of Historians and Historical Writing*, Vol. 1, Fitzroy Dearborn, 1999, p. 712.

② [法]伊曼纽埃尔·勒鲁瓦·拉迪里:《16世纪的法国农民》,伊曼纽埃尔·勒鲁瓦·拉迪里:《历史学家的思想和方法》,杨豫等译,上海人民出版社2002年版,第141页。勒鲁瓦·拉迪里,现在通常译为勒华拉杜里,所以笔者在正文中使用的是这一译名。

③ Peter Scholliers, "Twenty Five Years of Studying Un Phénomène Social Total", *Food, Culture & Society*, Vol. 10, No. 3, 2007, p. 451.

④ Robert William Fogel and Stanley L. Engerman, *Time on the Cross: The Economics of American Slavery*, Little, Brown, and Company (Inc.), 1974, pp. 10 – 11, 110 – 117.

论。① 墨西哥学者恩里克·弗洛雷斯卡诺（Enrique Florescano）则将年鉴学派的总体史传统运用到自己的研究中。他在《玉米价格与墨西哥农业危机》一书中，将18世纪墨西哥的玉米价格同本地的农业危机、社会动荡及最终的独立联系起来。② 与之类似，印度经济史学家K. N. 乔杜里试图效仿布罗代尔，为印度洋世界写出一部全面的区域食物史。③

尽管经济—社会史研究范式为食物史研究提供了有效且可行的路径，但也存在一些问题。例如，大多数的食物史研究，包括年鉴学派开展的系列研究，更多地强调定量研究而不是定性分析，但统计数据有时并不可靠，也会得出错误的结论。这种将食物史看作一系列统计调查的倾向，在当时便遭到了一些学者的反对。④ 此外，在经济—社会史研究范式下，食物史学者很少将短时段的食物政治同食物长期的经济、社会现实结合在一起加以研究。即便是年鉴学派的研究，首先重视的也是长时段的"结构"和中时段的"态势"。除个别学者，⑤ 很少有学者论及微观的食物史话题。

二　食物史研究的文化史范式

食物史研究的文化史范式将食物与文化变迁置于历史分析的中心，⑥主要包括两个方面的内容：一是传统文化史路径影响下的食物史研究，主要探讨食物或餐饮与礼仪及文明发展的关系；二是新文化史影响下的食物史研究，它更多地是从广义的视角审视食物与文化的关系，不仅考察食物的生理或营养层面，还关注围绕食物的生产和消费而发展起来的文化含义

---

① Herbert Gutman, *Slavery and the Numbers Game: A Critique of Time on the Cross*, University of Illinois Press, 1975.
② Refugio I. Rochin, "Mexico's Agriculture in Crisis: A Study of Its Northern States", *Mexican Studies*, Vol. 1, No. 2, 1985, pp. 255 – 275.
③ K. N. Chaudhuri, *Asia before Europe: Economy and Civilization of the Indian Ocean from the Rise of Islam to 1750*, Cambridge University Press, 1990.
④ Sydney Watts, "Food and the Annales School", p. 12.
⑤ Jacques Revel and Lynn Hant, eds., *Histories: French Constructions of the Past*.
⑥ Deborah Valenze, "The Cultural History of Food", in Ken Albala, ed., *Routledge International Handbook of Food Studies*, Routledge, 2013, p. 101.

与功能。①

从传统文化史的角度研究食物,可以追溯至19世纪初的德国。当时,卡尔·弗里德里希·冯·鲁莫尔(Karl Friedrich von Rumohr)、古斯塔夫·布卢姆罗德(Gustav Blumroeder)和尤金·巴伦·韦尔斯特(Eugen Baron Vaerst)等学者便对口味、宴席、餐桌礼仪等话题进行了最初的探讨,食物以及进食的文化内涵开始受到关注。在这些学者看来,进食习惯不仅是人类文明的一种表达形式,也是整个文明历史的组成部分。② 19世纪50年代以来,约翰尼斯·舍尔(Johannes Scherr)、卡尔·比德曼(Karl Biedermann)、古斯塔夫·弗里德里希·克利姆(Gustav Friedrich Klemm)、古斯塔夫·弗雷塔格(Gustav Freytag)、格奥尔格·路德维希·克里格(Georg Ludwig Kriegk)、约翰·扬森(Johann Janssen)、卡尔·兰普雷希特(Karl Lamprecht)等历史学家相继对昔日德意志的饮食习惯进行考察。他们通过挖掘和分析城市档案,对中世纪晚期和近代早期德意志的饮食习惯及其发生的变化进行考察。同一时期,其他一些学者对与食物联系在一起的物质文化,如餐桌和厨房用具、餐厅和餐桌装饰、主菜、开胃菜和甜点、用餐顺序、饮品和盛大宴会等进行了初步的研究,用以展示当时资产阶级的兴起及其所取得的文化成就。1901年,莫里斯·海涅(Moriz Heyne)出版了《古代至16世纪的德意志食物》(*Das deutsche Nahrungswesen: Von den ältesten geschichtlichen Zeiten bis zum 16. Jahrhundert*)一书,对直至现代早期的德意志饮食文化的变迁进行了系统考察,该书堪称这一方面的代表作。③

20世纪30年代末,德国学者诺伯特·埃利亚斯出版两卷本著作《文明的进程》。在该书的第一卷《礼仪的历史》中,埃利亚斯对餐饮礼仪和进餐礼仪进行了考察,他试图利用13世纪以来欧洲上层社会餐桌礼仪演进的历史,阐释现代早期欧洲国家形成的"文明进程"。④ 史蒂芬·门内尔是埃利亚斯的学生,他将埃利亚斯的理论用于解释法国和英国烹饪文化的

---

① Anna Meigs, "Food as a Cultural Construction", in Carole Counihan and Penny Van Esterik, eds., *Food and Culture: A Reader*, Routledge, 1997, p. 102.
② Hans J. Teuteberg, "The Diet as an Object of Historical Analysis in Germany", p. 109.
③ Hans J. Teuteberg, "The Diet as an Object of Historical Analysis in Germany", pp. 110 – 111.
④ Norbert Elias, *The Civilizing Process: Sociogenetic and Psychogenetic Investigations*, Vol. 1, *History of Manners*, trans. Edmund Jephcott, revised edition, Blackwell Publishing, 1994.

发展与变迁。在《各式饮食》一书中，门内尔对法国和英国当时刊行的烹饪书籍进行比较研究，进而指出两国烹饪书籍所体现的性别取向："法国的烹饪书是男性专业人士所写，并为男性专业人士服务的；而英国的烹饪书通常由女性编写，其阅读者多为乡村家庭主妇，她们对法国烹饪的创新多有抵触。"① 早期学者对饮食文化和饮食礼仪变迁的研究，成为传统文化史视野下的食物史研究的主要内容。

20世纪70年代，随着新文化史的兴起，人类学意义上的文化概念被引入历史研究中，文化的象征性和多元性成为历史学家分析研究对象的一个重要工具。② 在新文化史的影响下，食物背后的象征意义或者说符号意义受到特别关注。③ 法国年鉴学派第三代学者莫里斯·艾马尔（Maurice Aymard）在研究中强调了对食物本身的文化意义和象征意义进行分析的重要性。艾马尔指出，人类选择某种食物体现了特定的文化偏好和心理机制。为此，他发展了布罗代尔的"饮食体制"的概念，将其从经济史的范畴引入新文化史的范畴中。在艾马尔看来，"饮食体制"实际上包含了一整套与文化密切相关的价值规范和象征符号，它决定了人们对食物的选择以及饮食习惯。不仅如此，艾马尔还将食物作为历史研究中的一种"心理工具"（utilles mentaux），用来探讨食物和饮食背后的社会心理和集体记忆等问题。艾马尔借用了人类学家列维－斯特劳斯的一句名言，即"食物不仅是适于吃的，也是适于思考的"，以此来说明食物完全可以作为现在和过去之间的一种交流媒质，帮助我们理解过去的习惯、风俗、价值及规范。④ 艾马尔的研究拓宽了食物史研究的领域，也为新文化史视野下的食物史研究开辟了新的道路。

秉承艾马尔所倡导的食物史研究路径，让－路易·弗兰德林创新性地将"口味"（taste）这一概念用于食物研究中。一方面，弗兰德林将"口味"定义为一种身体官能，一个人借助它判断和感知各种气味，也将其视为"文

---

① Stephen Mennell, *All Manners of Food: Eating and Taste in England and France from the Middle Ages to the Present*, Basil Blackwell Ltd., 1985, pp. 64 – 101.
② Peter Burke, *What Is Cultural History?* Polity Press, 2004.
③ R. Kenji Tierney and Emiko Ohnuki-Tierney, "Anthropology of Food", in Jeffrey M. Pilcher, ed., *The Oxford Handbook of Food History*.
④ Sydney Watts, "Food and the Annales School", p. 39.

化、社会环境、空间和时间的支流",从而让口味成为一个历史话题;另一方面,弗兰德林通过挖掘烹饪文献,查阅历史词典和医学论文,揭示了口味是影响中世纪至18世纪欧洲饮食习惯和烹饪创新的一个因素。在发表于1983年《年鉴》杂志的一篇论口味的文章中,弗兰德林提出,喜爱黄油的口味不是一种偏好,而是源于生活的需要。在法国,食用黄油是从蛮族人那里传下来的一种游牧风俗,但到文艺复兴时期它却被视为一种贵族食品。因此,他指出,法国人有关黄油的口味是在近代被重新建构起来的。[1] 此外,他还提出,现代早期欧洲社会出现的喜爱"资产阶级牛肉"的风潮,成为社会地位差异的一种标杆,也表明嗜好"粗糙肉类"(尤其是牛肉)的资产阶级与喜爱野味的贵族在口味方面的鸿沟正在缩小。弗兰德林对欧洲社会喜爱特定口味原因的探究,证明了食物的选择和口味偏好并不是随意的,因为它们经常表露出各个社群不同的价值观念和喜好。[2]

马西莫·蒙塔纳里是运用新文化史范式进行食物史研究的另外一位重要学者。1996年,蒙塔纳里出版《食物文化》一书。在书中,蒙塔纳里不仅对从古代至现代早期的欧洲饮食习惯和食物生产方式的变迁进行了考察,还就气候、时尚、技术、宗教等文化因素对欧洲饮食习惯的变化所产生的影响进行了分析。[3] 2006年,蒙塔纳里出版论文集《食物即文化》,对"食物在塑造人们的价值观念和信仰体系中曾经和正在发挥的作用,以及文化因素反过来对人们对认知、准备、消费和品鉴食物会产生怎样的影响"进行考察。[4] 蒙塔纳里将食物史的每个方面都植根于一整套的文化假设和实践中,认为文化对食物从生产到消费的整个供给过程的每一步都产生了深刻影响。他对食物象征意义的关注、对观念和信仰体系历史的重视,为食物史的撰写提供了一种独特的跨学科模式。[5]

美国学者P. P. 弗格森追随语言学转向的潮流,对将食物烹饪作为文

---

[1] Jean-Louis Flandrin, "Le goût et al nécessité: Sur l'usage des graisses dans les cuisines d'Europe occidentales (XVIe – XVIIIe siècles)", *Annales*: *Histoire*, *Sciences Sociales*, Vol. 38, No. 2, 1983, pp. 369 – 401.

[2] Jean-Louis Flandrin, "Distinction through Taste", in Philippe Ariès and Georges Duby, eds., *History of Private Life*, trans. Arthur Goldhammer, Vol. 3, Belknap Press, 1989, pp. 265 – 307.

[3] Massimo Montanari, *The Culture of Food*, Wiley-Blackwell, 1996.

[4] Massimo Montanari, *Food Is Culture*, Columbia University Press, 2006, p. 12.

[5] Deborah Valenze, "The Cultural History of Food", p. 103.

化符号的话语特性进行了考察。在她看来,烹饪一如进食,将私密问题转变成公众问题,将个体性问题转变成集体性问题,将物质性问题转化为文化问题;它为各个社会提供了文化符号,使其能够思考它们所消费的食物或用其进行思考,进而将各种日常的实践定格为稳定的模式,并为集体认同的出现创造基础。借助皮埃尔·布尔迪厄的"文化场域"理论,弗格森对法国美食文献的发展进行追踪,展示了当时的厨师、美食评论家、小说家等是如何劝导新兴中产阶级接受一种以前属于贵族烹饪的饮食文化。弗格森认为,美食文献在当时不仅有助于提高其作者的专业地位,而且还有助于巩固法国的民族认同。但是,这种认同围绕巴黎的标准来界定这个国家,并根据其霸权主义的要求将世界其他地区纳入其中。[1]

此外,其他一些学者对食物、共餐与社会认同的建构进行了探讨,指出共餐的象征意义及其在构建社会认同中发挥的重要作用。关于共餐与集体认同的关系,人类学的奠基者之一、英国人类学家罗伯逊·史密斯在《闪米特人的宗教》一书中曾指出:"与人一起吃喝的行为本身就是一种象征,是对友谊和彼此间社会义务的确认……那些围坐在一起吃喝的人们就其社会效应而言是团结在一起的;那些不在一起进食的人们则形同路人,彼此间没有宗教上的同袍之谊,也不相互承担社会责任。"[2] 唐娜·加巴西亚、玛西·科恩·费里斯、弗雷德里克·欧派、阿尔君·阿帕杜莱等人,在关注通过共餐维持家庭和社群的传统仪式,进而塑造和维系了民族认同的同时,更加关注共餐在边缘化群体,甚至不同种族中所发挥的作用。他们发现,"一起炊煮、进食"的做法在被边缘化的群体中尤为重要。在下层阶级和其他边缘社群中,不同种族的人们一起进餐的现象也尤为普遍。因此,食物在某种程度上可以跨越种族的边界,有利于形塑各种不同的集体认同。[3]

---

[1] Priscilla Parkhurst Ferguson, *Accounting for Taste: The Triumph of French Cuisine*, University of Chicago Press, 2004, pp. 3, 83–109.

[2] W. Robertson Smith, *Lectures on the Religion of the Semites: The Fundamental Institution*, A. & C. Black Ltd., 1923, p. 269.

[3] 参见 Donna R. Gabaccia, *We Are What We Eat: Ethnic Food and the Making of Americans*, Harvard University Press, 1998; Marcie Cohen Ferris, *Matzoh Ball Gumbo: Culinary Tales of the Jewish South*, University of North Carolina Press, 2006; Frederick Douglass Opie, *Hogs and Hominy: Soul Food from Africa to America*, Columbia University Press, 2008; Arjun Appadurai, "How to Make a National Cuisine: Cookbooks in Contemporary India", *Comparative Studies in Society and History*, Vol. 30, No. 1, 1988, pp. 3–24。

总之，随着文化概念的变迁，文化史范式下的食物史研究逐渐从侧重饮食所体现出的礼仪、教养等层面，转向了对于食物和饮食背后的象征意义的深入发掘。同时，研究的材料也从一些经典著作和传统史料，逐渐转向了行为、文本、田野等人类学意义上的材料。食物丰富的象征意义、物质意义和文化意义得以展现，并成为诠释文化记忆和集体认同的极具价值的切入点。[①] 更为重要的是，在文化史范式的推动下，社会学、地理学、人类学、民族学的概念和方法越来越频繁地应用于食物史研究中，进一步突显了食物史研究的多学科取向，而食物史的研究也日益成为相对独立的学科领域。

三 食物史研究的全球史范式

直到20世纪90年代，西方的食物史研究多集中在民族国家的框架内，从全球史的视角进行食物史研究的尚不多见。但在此后，相关的著作开始明显增加，近年来更是获得了极大的发展。2015年，杰弗里·皮尔彻等人在《全球食物史》杂志的发刊词中宣称："在民族主义复兴运动和种族清洗甚嚣尘上之际，让民族烹饪的不自然性（它为各种具有煽动性的意识形态的合法性提供依据）大白于天下，是有道理的。"[②] 在皮尔彻等人看来，将民族国家作为食物史研究中的基本分析单位，存在诸多明显的局限。因为食物，作为一种文化中的产物，早已跨越了民族国家的边界。不论是美国的快餐文化还是中国的传统饮食，都在全球产生了巨大影响。唯有借助全球史的研究方法，才能更加深入地理解食物丰富的内涵。[③]

在借鉴全球史的研究方法上，食物史学者归纳了全球史研究的四种模式：1. 探索人类社会的普遍经验；2. 追踪物质、技术、观念和习俗的传播；3. 利用政治、经济或文化的联系，考察全球联系网络的创建；4. 着

[①] Jeffrey M. Pilcher, "Cultural Histories of Food", in Jeffrey M. Pilcher, ed., *The Oxford Handbook of Food History*, p. 91.

[②] Katarzyna J. Cwiertka, Megan J. Elias and Jeffrey M. Pilcher, "Editorial Introduction: Writing Global Food History", *Global Food History*, Vol. 1, No. 1, 2015, p. 6.

[③] Katarzyna J. Cwiertka, Megan J. Elias and Jeffrey M. Pilcher, "Editorial Introduction: Writing Global Food History", p. 6.

眼于文化遭遇,不仅将文化遭遇视为冲突,还将其视为文化认同形成并发生改变的进程。① 这四种全球史研究的模式,也成为构建全球史视野下食物史研究的主要框架。

第一,从人类普遍经验出发,进行全球食物史研究。纵观整个人类社会发展的历史,几乎所有社会都会围绕食物的生产和消费建立一整套详细的规则,而这些规则往往会揭示各个社会内部的结构和紧张关系。同时,在世界各地,食物的生产通常与当地的劳工制度和土地制度联系在一起,各个社会具体吃什么,往往取决于一些共同的因素,如自然环境和经济发展水平。此外,城市生活、固定的工作时间和餐厅用餐也是世界各地的人们的共同体验,它们对食物及其文化内涵都产生了影响。选择人类社会的这样一些普遍经验并在其基础上建构全球史,有着明显的优势。正如雷蒙德·格鲁所说,全球食物史有助于对"各个社会如何满足相似的需求"和"不同的社会体系如何应对类似的变化"等问题进行比较研究,也有助于展开经验性和开放性的食物史研究。②

阿兹黑德的《食盐与文明》就是以食盐这一人类社会普遍需要的调味品作为研究的切入点,考察了从史前至当代,人类社会围绕食盐的生产、流通、消费和征税而呈现出的某些相似之处。阿兹黑德在描述古罗马之前的欧洲、地理大发现之前的美洲和前殖民时代的非洲的食盐生产时发现:原始时代各个地区的食盐生产方法都很复杂;食盐在早期的食物烹煮中所发挥的基本功能也有差别。但是,他又指出,食盐好比言辞,在本质上是一种语义符号,可以传递一些普遍的含义。比如,从中世纪到现代早期,食盐所传递出的最明确的信息是社会权力和社会差距,这似乎是全球人类的共同经验。不仅如此,阿兹黑德还发现,在欧亚大陆不同国家和地区,不论是威尼斯、法国、奥斯曼帝国,还是印度和中国,它们都围绕食盐征税而发展出一整套相似的盐务管理体制。不过,由于各个国家或地区的盐务管理水平并不一样,这一相似性的背后又体现了当地政权的不同发展水平和执政效力。③

---

① Raymond Grew, "Food and Global History", in Raymond Grew, ed., *Food in Global History*, Westview Press, 1999, pp. 8 – 10.

② Raymond Grew, "Food and Global History", pp. 2, 8.

③ S. A. M. Adshead, *Salt and Civilization*, St. Martin's Press, 1992, pp. 3 – 46, 178.

第二，追踪特定食物（食材）及饮食习俗的传播，考察其所带来的全球性影响和地区差异。传播是历史变迁的一个重要因素，追踪特定食物（食材）由一个地方向另一个地方的传播和流动，有助于比较不同的文明或社群在面对和接受外来食物时所面临的不同机遇或挑战。阿尔弗雷德·克罗斯比的《哥伦布大交流》可谓这方面的代表作。在该书中，克罗斯比用了两章的篇幅考察哥伦布发现美洲大陆后新大陆与旧世界之间的物种交换。尽管物种大交换对于旧世界和新大陆均产生了巨大的影响，但带来了不同后果。显然，玉米、豆类、马铃薯等来自新大陆的粮食作物，在解决欧洲的人口压力和饥荒问题上起到了积极作用。而来自欧洲的牛、马、羊、猪等家畜在引入新世界后，却给当地的生态带来了破坏。克罗斯比的研究，为考察食物的全球性传播提供了经典范例。[1]

在传播框架内，各种植物、农业技术（例如灌溉、犁和动物养殖、拖拉机、化肥和转基因植物）的传播，宗教承载的食物偏好和禁忌，由旅行者、移民和商人传播的特定菜肴、烹饪方法和餐桌礼仪等，也成为考察的内容。阿德里安·卡尔顿在为《宝库山世界历史百科全书》撰写有关食物的条目时，便重点考察了食物的交换与传播。在阿德里安看来，"交换食物的行为将人类与其他物种联系在一起，将他们与跨越不同地理区域的其他人类联系在一起，并将他们同神圣存在的概念联系在一起"，使食物"在生物和文化层面上成为世界历史不可分割的一部分。"[2] 利兹·柯林汉姆的《帝国的味道：英国对食物的探求对现代世界的塑造》一书则展示了世界各地众多的植物和动物资源，是怎样借助大英帝国的贸易体系得以传播，并被用来养活普通的英国人，而普通英国人的欲望又对北美、非洲和大洋洲的移民群体的生活、环境乃至南亚和加勒比的种植园经济产生了重要影响。[3]

第三，利用政治、经济或文化的联系考察全球食物网络的创建。近年

---

[1] Alfred W. Crosby, *The Columbian Exchange: Biological and Cultural Consequences of 1492*, Greenwood Press, 1972, Chapters 3, 5.

[2] Adrian Carton, "Food", in William McNeill, et al., eds., *Berkshire Encyclopedia of World History*, Berkshire Publishing, 2005, pp. 757–763.

[3] Lizzie Collingham, *The Taste of Empire: How Britain's Quest for Food Shaped the Modern World*, Basic Books, 2017.

来，从贸易、帝国和思想流动的角度审视各种全球性联系网络，成为全球史著述探讨的核心。长时段和跨国贸易史、帝国史和全球思想史都为理解网络的多样性和复杂性提供了范例。与之相比，食物或许天然地涵盖了政治、经济与文化这三种因素，因为食物既可以是一种商品，也可以被用于构建政治认同，同时也蕴含着诸多文化上的选择和价值。当食物流动起来后，不论是通过远距离贸易还是移民的传播，一种复杂而多元的网络便会建立起来。

近年来，围绕不同历史时期各种食物的贸易而建立的网络及其意义，成为食物史研究中的重点。例如，G. J. 奥利弗、保罗·厄德坎普、宝拉·德沃斯、杰弗里·皮尔彻等人便分别探讨了希腊的葡萄酒、橄榄油贸易，罗马帝国的谷物流通，中世纪欧洲的香料需求及地理大发现之后横跨大西洋的肉类和谷物出口等问题，以及这些食物在建构贸易网络，增进区域性或全球性联系上所起到的作用。[1] 值得关注的是，一种特殊的食物茶叶，在东方与欧洲乃至世界的商业联系中扮演了极为重要的角色，它不仅将东西方连接起来，还塑造了西方国家彼此之间的关系，并对当地的社会生活产生了重要影响。马克曼·埃利斯、克里斯·尼尔斯特拉兹、萨拉·罗斯等人的著述，便对茶叶在复杂的网络联系中的作用进行了深入探讨。[2] 当然，食物在全球网络中只是一种载体，其背后的语言、宗教、移民甚至权力等文化、社会因素，才是联系、维持和改变全球性网络的更为关键的因素。

第四，从文化遭遇的角度研究食物的全球历史。文化遭遇本身具有双重含义，一方面它可以指文化间的冲突或碰撞，另一方面它也有不同文化之间互相借鉴和调和的意味。杰弗里·皮尔彻在《玉米卷星球：一部墨西

---

[1] G. J. Oliver, *War, Food, and Politics in Early Hellenistic Athens*, Oxford University Press, 2007; Paul Erdcamp, *The Grain Market in the Roman Empire: A Social, Political and Economic Study*, Cambridge University Press, 2005; Paula de Vos, "The Science of Spices: Empiricism and Economic Botany in the Early Spanish Empire", *Journal of World History*, Vol. 17, No. 4, 2006, pp. 399 - 427; Jeffrey M. Pilcher, "Empire of the 'Jungle': The Rise of an Atlantic Refrigerated Beef Industry, 1880 - 1920", *Food, Culture, and Society*, Vol. 7, No. 2, 2004, pp. 63 - 78.

[2] Markman Ellis, Richard Coulton, Matthew Mauger, *Empire of Tea: The Asia Leaf That Conquered the World*, Reaktion Books Ltd., 2015; Chris Nierstrasz, *Rivalry for Trade in Tea and Textiles: The English and Dutch East India Companies (1700 - 1800)*, Palgrave Macmillan, 2015; Sarah Rose, *For All the Tea in China: How England Stole the World's Favorite Drink and Changed History*, Viking, 2010.

哥食物的全球史》中，考察了美国快餐文化与墨西哥民族食物玉米饼之间的文化遭遇，最终的结果是美式墨西哥卷饼和脆皮玉米饼的诞生。而这里面既有传统饮食文化与工业化的快餐文化之间的冲突，也体现了两者之间的协调与通融。① 与之类似，《全球犹太饮食文化史》一书考察了犹太人在全球"流散"过程中，其民族食物是如何与不同的当地食物发生冲撞和融合，从而在强化犹太认同和社群情感、提供归属感和团结上发挥的作用。②

在从文化遭遇视角探讨食物的全球史时，学者们还会对食物如何发挥其作为文化符号和（社会地位）差异标志的功能加以考察。朱莉·麦金太尔对全球化时代葡萄酒作为"围绕食物而形成的全球—地方辩证法中各种联系、共生和对立"的主要符号进行了考察。③ 此外，鉴于食物是全球与地方融合的灵敏指针，探讨特定的食物在文化遭遇的过程中如何适应新的社会环境或为当地精英、餐馆老板、移民、广告商及国际社会机构所改造，也成为食物史研究的一个全新且有效的视角。丽贝卡·斯庞对"19至20世纪之间，交通革命和全球旅游业大发展背景下，各地民族餐馆如何重新界定风味美食，以迎合各类旅行者对异国情调的追求及对家乡美食的怀念"的现象进行了考察。④

总之，食物研究的全球史范式是在当代社会对全球化现象给予更多关注、以民族国家为分析单位的研究显露出越来越多的局限的背景下兴起的。它力图将人类社会不同时段、各个地区，特别是之前常常为西方学者所忽视的东亚、南亚和中东等地区的食物的历史囊括到研究中来。同时，需要指出的是，全球史范式往往从广义视角来界定食物，一些能为人类摄入并提供刺激的物品，如茶叶、咖啡乃至烟草等，都被纳入食物研究的范畴。

---

① Jeffrey M. Pilcher, *Planet Taco: A Global History of Mexican Food*, Oxford University Press, 2012, Preface, p. xiv.
② Hasia R. Diner and Simone Cinotto, eds., *Global Jewish Foodways: A History*, University of Nebraska Press, 2018, Foreword, pp. xi – xii.
③ Julie McIntyre, "Worlds in Wine Glass: Rethinking the Global and the Local", *Global Food History*, Vol. 5, No. 1 – 2, 2019, pp. 1 – 4.
④ Rebecca L. Spang, "All the World's a Restaraunt: On the Global Gastronomies of Tourism and Travel", in Raymond Grew, ed., *Food in Global History*, pp. 79 – 91.

第三篇　西方史学理论研究的新进展

结　语

　　食物是日常生活的必需品,是经济、社会结构不可或缺的组成部分,也是各种文化活动的重要指针。在西方,学界对于"如何认识食物在不同社会中的地位"这一问题的思考,始于经济史和社会史领域,经济—社会史范式一度主导着早期的食物史研究。之后,"文化转向"极大地影响了食物史研究,使得文化史研究范式开始在食物史研究中发挥重要作用。全球化引起的关注和反思则为食物研究的全球史范式提供了机遇,成为当前食物史研究的主流。总体而言,食物史研究的这三种范式大致前后延续,却并非对等式并列,而是存在一些细微差别。经济—社会史范式更多将食物作为日常生活或基本消费的一部分;在食物史研究的文化史范式中,食物与文化变迁被置于历史分析的中心,可谓饮食史研究的重要发展或突破。在全球史范式中,不仅人类社会不同时段、各个地区,特别是之前常常为西方学者所忽视的东亚、南亚和中东等地区的食物的历史受到了关注和考察,一些能为人类摄入并提供刺激的物品也被纳入食物史研究的范畴。

　　总之,作为历史研究的重要组成部分,西方食物史研究的范式及其演变大体反映了西方历史研究所关注的重心及兴趣点的变化。食物史研究的这三种研究范式各具特色,它们之间不是一种相互取代的关系,而是互为补充。不过,无论是哪一种研究范式,其根基都建立在对新史料的发掘和新方法的运用上。此外,正如彼得·斯格利尔斯等人指出的那样,"未来的食物史研究无疑属于跨学科性质的"。[①] 从其他学科的洞见中获取灵感,与社会学家、人类学家、地理学家或其他学科的学者协同从事食物史研究,虽然存在一定的困难,却也提供了一种前景和可能。相信跨学科研究不仅能为食物史学者提供富有成效的理论框架和方法论基础,也能为未来的食物史研究指明方向。

（原载《史学理论研究》2021 年第 4 期）

[①] Kyri W. Claflin and Peter Scholliers, "Conclusion: Contours of Global Food Historiography", in Kyri W. Claflin and Peter Scholliers, eds., *Writing Food History: A Global Perspective*, p. 214.

第四篇

西方帝国史研究的回顾与反思

历史学"全球转向"影响下的"新帝国史"

刘文明

(首都师范大学历史学院)

一般认为,帝国史作为一个专门的史学研究领域出现于19世纪末的英国,1883年约翰·罗伯特·西利(J. R. Seeley)出版的《英格兰的扩张》一书标志着帝国史的诞生。1953年约翰·加拉格尔(John Gallagher)和罗纳德·罗宾逊(Ronald Robinson)发表《自由贸易的帝国主义》一文,对帝国史研究视角进行了一次重要修正。在20世纪50—70年代民族独立运动和去殖民化浪潮的影响下,帝国史研究在西方学术界走向衰落并逐渐为"区域研究"所取代。80年代之后,随着全球化的发展和冷战的结束,帝国史研究出现了复兴,并在后殖民理论、新社会史、新文化史、全球史等思潮影响下,出现了不同于传统帝国史书写的"新帝国史"。

全球化和全球史作为影响帝国史研究的重要因素,不仅推动了帝国史的复兴,而且促使帝国史研究出现了"全球转向",全球史理论和方法在帝国史中的运用成为"新帝国史"的一个重要特征。本文将从"新帝国史"的兴起谈起,对20世纪80年代以来历史学"全球转向"影响下的帝国史复兴及"新帝国史"研究做初步的考察。

一 帝国史的复兴与"新帝国史"

第二次世界大战之后,随着民族独立运动的兴起和殖民帝国的瓦解,

---

* 本文是国家社会科学基金重大项目"西方史学史谱系中的文明史范式研究"(项目编号:19ZDA237)的阶段性成果。

> **第四篇** 西方帝国史研究的回顾与反思

"帝国"和"帝国主义"在这股大潮中成为批评对象,人们通常把研究帝国史看成认同或同情帝国主义。因此从20世纪50年代起,帝国史陆续从欧美大学的教学甚至研究机构中去除,代之而起的是"区域研究"或"第三世界研究",也有一些帝国史家转向原宗主国历史的研究。这样,作为整体的帝国史基本上分解成了两个领域,即原宗主国的历史和原殖民地新兴国家的历史,帝国史为民族国家史的潮流所淹没。

然而,自20世纪80年代以来,帝国史在欧美史学界开始出现复兴,"帝国"一词在学术界和大众媒体中的使用频率越来越高,相关的学术著作和大众读物不断涌现。进入21世纪,帝国史研究呈现一片"繁荣"景象,并且开始摆脱传统帝国史的研究视角和书写方式而出现了"新帝国史"。

何谓"新帝国史"?史学界对此有不同的看法。从学术史来看,最初提出"新帝国史"概念的学者都有英帝国史的学术背景,因此这一概念在很大程度上是相对于传统英帝国史而言的。但是,后来有一些学者将"新帝国史"概念用于法国、西班牙、德国的殖民帝国,也有少数学者将之用于欧洲之外的"帝国"。

"新帝国史"是相对于传统帝国史而言的,因此我们有必要对传统帝国史的特点作一简要回顾。总的来说,在20世纪80年代之前,基本上把帝国史看作宗主国的扩张及其殖民地的历史,以宗主国为中心展开,关注点主要包括四个方面:一是欧洲国家扩张的原因和动机,主要从宗主国的政治、经济、社会、宗教等方面来分析;二是帝国建立的过程,主要包括欧洲的探险者、航海者、传教士、殖民公司、移民等"发现"和"开拓"殖民地的过程;三是帝国的统治和组织,包括殖民地政府的组织、宗主国制度和法律扩展到殖民地等;四是帝国的成本和收益,即拥有大量殖民地的帝国给宗主国和宗主国各阶层带来了什么。[①] 因此,这种以宗主国为中心侧重于政治、经济和军事的帝国史书写,完全把殖民地及其人民置于被动、次要和附属的角色,同时也忽视了文化、性别、种族等其他因素。

凯瑟琳·威尔逊在其主编的《新帝国史:1660—1840年不列颠及其帝国中的文化、认同和现代性》(2004年)中,收录了属于"新帝国史"范

---

① David K. Fieldhouse, "Can Humpty-Dumpty Be Put Together Again? Imperial History in the 1980s", *Journal of Imperial and Commonwealth History*, Vol. 12, No. 2, 1984, pp. 9 – 23.

畴的 16 篇论文，从中可以看出，帝国内部的差异、文化、身份认同和权力关系是"新帝国史"的重要概念。后来她进一步解释"新帝国史"，认为它是由历史研究和批判实践构成的一种跨学科形式，采用了女权主义、文学、后殖民和非西方的视角，并利用当地知识来重新评估权力与维持现代性观念之间的关系。这种历史研究不仅仅关注社会底层，也反思西方观念下长期忽视下层及非西方群体的学科规则和范式，并对其进行干预，目的在于从概念上重新思考帝国意味着什么，并通过这一途径来重构关于帝国的叙事。[①] 斯蒂芬·豪在其主编的《新帝国史读本》（2010 年）中也对"新帝国史"概念做了探讨。他认为，尽管学者们对"新帝国史"有不同界定，但可以找到其间共同的内涵："他们意指以文化和话语的观念为中心的帝国史研究取径，极为关注性别关系和种族想象，强调殖民主义文化对宗主国及被殖民者的影响，并倾向于进一步探讨殖民统治正式结束后的持续影响。他们对知识、身份认同和权力之间的关系，包括关于历史学家自身定位的一种高度明确的自我意识，提出问题或假设。"[②] 杜尔巴·高希认为，"新帝国史"是"对旧帝国史的一种修正，关注点在于文化、性别和种族，而不是高端政治、经济或军事扩张"。[③] 这一表述简明扼要地指出了新旧帝国史的区别。不过，上述学者对"新帝国史"的理解，更多地表现出"文化转向"而非"全球转向"的思考视角。因此，帝国史的"全球转向"及其表现出来的新特点，正是本文希望探讨的问题。

帝国史为何在 20 世纪 80 年代之后得到复兴并发展出"新帝国史"？这与 20 世纪 80 年代以来欧美史学界所处的社会和学术环境有着密切关系，也可以说它是在各种新学术思潮影响下整个史学变革中的一部分。这些新学术思潮包括后殖民理论、新社会史和庶民研究、女权主义与性别史、新文化史、全球史等，它们为帝国史焕发出新的活力提供了理论和方法论的基础。由于本文关注点和主题在于"全球转向"影响下的帝国史，因此，关于上述其他思潮对帝国史的影响不作探讨。

[①] Kathleen Wilson, "Old Imperialisms and New Imperial Histories: Rethinking the History of the Present", *Radical History Review*, Issue 95, 2006, pp. 211 – 234.

[②] Stephen Howe, *The New Imperial Histories Reader*, Routledge, 2010, p. 2.

[③] Durba Ghosh, "Another Set of Imperial Turns?", *The American Historical Review*, Vol. 117, Issue 3, 2012, pp. 772 – 793.

| 第四篇 | 西方帝国史研究的回顾与反思

  历史学的"全球转向"也像"文化转向"一样对帝国史研究产生了巨大影响,成为催生"新帝国史"的重要因素。可以说,当代全球化的发展成为唤起帝国史复兴的现实基础,而全球史的发展则为新帝国史的兴起提供了一些理论和方法的借鉴。首先,20 世纪末的全球化趋势,意味着人口、商品、资本、信息的快速全球流动,意味着跨国公司和国际非政府组织的蓬勃发展,同时也意味着以民族国家为单位来思考相关问题会暴露出视野上的局限性。例如,如何理解当代国际社会中的跨国"流散社群"?如何理解日益相互依赖的跨区域贸易关系?如何实现大范围不同民族和谐共处的"多元文化主义"?对于这些全球化过程中需要回答的问题,一些历史学家在力图从全球史视角做回答的同时,也想到了昔日的帝国。克里尚·库马尔指出:"帝国至少作为一个反思的对象,又重新受到青睐,因为它以一种实用的方式重现了一种形式,这种形式包含了我们今天所关注的许多特性。……帝国可以成为一面棱镜,通过它来审视当代世界的许多紧迫问题——甚至是一个新世界秩序诞生的阵痛。无论我们走向何方,我们似乎都会遇到在历史上的帝国中有先例可循的问题和情况。"[①] 因此,全球化背景下帝国史这种以史鉴今的功用,是帝国史复兴的一个重要现实基础。

  其次,帝国扩张和帝国主义行为是理解历史上全球化的一条重要途径,帝国由此成为全球史学者关注的一个重要领域。随着欧洲扩张,到 20 世纪 30 年代,世界上 85% 的领土直接或间接地处于帝国的控制之下。而与这一进程相一致的是交通和通信技术的发展,人口、货物和信息以前所未有的速度在世界各地流通,这些反过来也在帝国的扩张中起了重要作用。从历史学视角看,要理解和分析这种全球化进程,就需要突破民族国家史的框架。这样,帝国由于其空间上的跨区域性、政治上的多民族性、经济上的区域一体化、文化上的多元共存,成为全球化背景下历史学者探讨区域史或全球史的一个重要突破口。A. G. 霍普金斯说:"世界上最紧迫的问题都是发生在民族国家这个层次以下或以上的问题。……后殖民时代的重大问题在很大程度上是过去三个世纪中统治世界大部分地区的帝国的

---

  ① Krishan Kumar, *Visions of Empire: How Five Imperial Regimes Shaped the World*, Princeton University Press, 2017, p. 3.

遗产，如果不承认这一点就无法理解这些问题。"①

再次，对帝国史学者来说，全球史为帝国史研究提供了有用的视角和方法。例如，全球史学者把欧洲帝国扩张置于全球情境中来理解，认为帝国的扩张不仅是帝国实力的表现，在很大程度上也受到欧洲之外因素的影响，比如来自非洲、亚洲和美洲的原材料和劳动力推动了欧洲的资本积累和工业化。全球史研究中的网络分析也成为帝国史研究中的一种重要方法。这种方法把帝国看作一个由宗主国和各殖民地构成的联系网络，而且它与相关外部世界构成一个具有关联性的整体，通过考察帝国网络来理解帝国本土和各殖民地之间的相互影响。这避免了以往帝国史研究中简单地从宗主国与殖民地、统治与被统治的二元模式来理解帝国。

由上可见，20世纪80年代以来帝国史得到复兴并发展出"新帝国史"，虽是各种社会和学术思潮影响的结果，但全球化和全球史无疑是其中非常重要的影响因素。

二 "全球转向"影响下的"新帝国史"

阿西娜·赛利亚图在回顾英帝国史研究的学术史之后，曾对帝国史发展的新动向做了如下概括："历史学行业的新动向，在帝国主义研究中找到了一方沃土。其间，混杂身份得以考察，文化因素得到优先关注，以揭示自帝国建设伊始出现的底层歧视、种族歧视和性别歧视。相关研究主题涵盖丰富，包括全球性、地方性、网络以及宗主国与帝国之间私人身份和集体身份的流动性等，展现了一个宽泛的知识光谱，这一知识光谱既涉及帝国经历，又涵盖历史方法论。"②这一概括反映了帝国史研究在"文化转向"和"全球转向"影响下出现的新特点："新帝国史"既是从文化、性别、种族、身份认同、流动、全球性、网络等视角来研究帝国史的新领域，也是从这些概念出发来研究帝国史的新方法。

20世纪80年代以来，在"全球转向"影响下的帝国史研究已取得不

---

① A. G. Hopkins, "Back to the Future: From National History to Imperial History", *Past & Present*, No. 164, 1999, pp. 198–243.

② [希腊]阿西娜·赛利亚图：《民族的、帝国的、殖民的和政治的：英帝国史及其流裔》，《全球史评论》第10辑，中国社会科学出版社2016年版，第50页。

| 第四篇 | 西方帝国史研究的回顾与反思

少成果,总体来说包括以下四个方面。第一,从关联、互动和整体的视角把帝国置于一个更大的全球化背景下来理解。整体观和互动观是全球史研究最基本的视角,全球史学家把帝国这一历史现象放在一个更广阔的情境中,在不忽视帝国扩张内在动力的同时,注重从帝国与外界的互动来理解其兴衰。例如,C. A. 贝利的《帝国子午线:1780—1830 年的英帝国与世界》(1989 年)在分析英帝国的扩张时,将亚洲与英国作为一个相关的整体来看待,认为英帝国的建立正是以莫卧儿、萨法维、奥斯曼帝国的衰落为前提的。因此,贝利提出:"1780 年至 1830 年间不列颠的新帝国,只有在同时考虑了大不列颠的社会变化和殖民地或其周围准独立(quasi-independent)国家的发展后,才能被理解。……最重要的是,英帝国不仅必须被视为美洲、亚洲或非洲历史上的一个关键相位(phase),而且也必须被视为英国民族主义本身产生的关键相位。"[①] P. J. 该隐和 A. G. 霍普金斯合著的《英帝国主义》(初版于 1993 年)也将英帝国主义置于全球化的情境中来研究,认为"帝国是全球化的力量,它所产生的冲击远远超出其自身领土的边界。帝国扩张的全球化后果遍及世界并持续影响到去殖民化时期。"[②] 他们提出,"绅士资本主义"是英国不断对外扩张的重要推动力。因此,该书把绅士资本家、英国本土、英帝国和全球化联系在一起,从经济利益驱动和大范围互动的视角分析了英帝国的兴衰,于尔根·奥斯特哈默称这一思路是"把帝国史视为一种通向连贯的全球史视野的路径"。[③] 约翰·达尔文在《未终结的帝国:不列颠的全球扩张》(2012 年)中声称:"英国的扩张史是英帝国与其他地区经历的一系列遭遇的历史,以接触交流为始,以建立殖民社会为终,这就是帝国的构建过程。"[④] 因此,他把英帝国的扩张放在全球情境中,看作英国与外界相遇、接触、占领和统治的过程。

[①] C. A. Bayly, *Imperial Meridian: The British Empire and the World 1780-1830*, Longman, 1989, p. 15.

[②] P. J. Cain and A. G. Hopkins, *British Imperialism: 1688-2015*, 3rd edition, Routledge, 2016, p. 705.

[③] [德] 于尔根·奥斯特哈默:《20 世纪的帝国史研究谱系》,《全球史评论》第 10 辑,第 6 页。

[④] [英] 约翰·达尔文:《未终结的帝国》,冯宇、任思思译,中信出版社 2015 年版,第 12 页。

历史学"全球转向"影响下的"新帝国史"

第二，从宏观历史比较的视角对帝国史进行研究。比较方法在帝国史研究中的运用早已有之，例如艾森斯塔得的《帝国的政治体系》（1963年）、迈克尔·多伊尔的《帝国》（1986年）。随着全球史的兴起，宏观历史比较方法得到发展，以彭慕兰的《大分流：欧洲、中国及现代世界经济的发展》为代表的一些著作表明，全球史中比较方法的运用对于"新帝国史"研究具有借鉴意义。多米尼克·列文的《帝国：俄罗斯帝国及其竞争对手》将俄罗斯帝国史置于广阔的国际情境中与其他帝国进行比较，尤其是与竞争对手英帝国、哈布斯堡帝国和奥斯曼帝国进行比较，包括从政治、经济、军事、地缘政治、人口、文化和意识形态等因素来衡量各国的强弱，由此来探讨俄罗斯帝国的兴衰。[①] 简·伯班克和弗雷德里克·库珀在《世界帝国史：权力与差异政治》中声称："我们探究的是不同帝国运转的多种方式，并观察它们经历岁月置身种种境况中所做出的无数努力的程度与局限性。"[②] 因此，他们将古代罗马和汉朝以来世界上主要帝国的历史，在比较视野下从帝国统治的政治差异、中间人、政治想象、权力武库、扩张动力等方面探讨了各个帝国不同的特征。克里尚·库马尔的《帝国愿景：五个帝国政权如何塑造世界》也主要采用比较方法探讨了奥斯曼、哈布斯堡、俄罗斯、不列颠和法兰西帝国，目的是"通过比较一群不同的帝国来揭示它们在意识形态和身份认同上的共同特征——尤其是统治民族的身份认同，他们是如何从其在帝国中所扮演的角色中获得自我意识的"。[③]

第三，从网络视角来理解和分析帝国各地之间的相互联系和影响。全球史学者在考察全球化的发展时，往往把不同民族、不同文明、不同地区之间的互动理解为一种网络化的发展，麦克尼尔父子在《人类之网：鸟瞰世界历史》中就描绘了一幅人类历史网络化的图景。在"全球转向"背景下，网络成为理解帝国史的重要概念和分析工具。托尼·巴兰坦指出："帝国不仅由连接各殖民地与宗主国的诸多网络和交流组成，而且其结构

[①] Dominic Lieven, Empire: *The Russian Empire and Its Rivals*, John Murray, 2000.
[②] ［美］简·伯班克、［美］弗雷德里克·库珀：《世界帝国史：权力与差异政治》，柴彬译，商务印书馆2017年版，第2页。
[③] Krishan Kumar, *Visions of Empire: How Five Imperial Regimes Shaped the World*, p. xii.

第四篇 西方帝国史研究的回顾与反思

本身也依赖于各殖民地之间一系列至关重要的横向联系。"[1] "网络的隐喻也让我们注意到殖民地之间至关重要但通常被忽视的横向联系。英帝国就像一张蜘蛛网,依赖于殖民地间的交流。"[2] 因此,艾伦·莱斯特在《帝国网络:在19世纪南非和英国建立身份认同》中,通过考察19世纪英国对南非东开普殖民地的统治,从帝国网络和殖民主义话语构建的角度,探讨了英国殖民者的身份认同。他认为,南非英国人的相关殖民话语及其身份认同,并不仅仅是在东开普殖民地,而是在一个把各个殖民地及宗主国连接起来的网络中形成的。"无论从物质上还是精神上,帝国每一个场所都连结在一起。特别是在帝国危机时期,人们思考构建科萨人的殖民表征,是根据澳大利亚殖民者对土著人的形象、新西兰殖民者对毛利人的描绘、印度官员的'印度'观念、西印度种植园主对前奴隶的描绘,尤其是英国资产阶级对劳动阶级及其他国内'庶民'群体的看法。就大多数殖民地的英国人而言,这种与帝国从属民族的相互认知,本身就有助于产生一种作为英国流散社群的集体意识。"[3] 托尼·巴兰坦的《东方主义与种族:英帝国中的雅利安主义》也从帝国网络视角探讨了雅利安主义的出现及其在英帝国各地的传播。他说:"本研究不再局限于关注一个民族或文明,而是将大英帝国视为一个'关系束'(bundle of relationships),它通过流动和交换体系将不同的区域、社群和个人联系起来。"[4] 此外,在佐伊·莱德劳(Zoë Laidlaw)的《殖民联系(1815—1845年):资助、信息革命和殖民政府》(2005年)、凯瑞·沃德(Kerry Ward)的《帝国的网络:荷兰东印度公司的强制移民》(2009年)、盖里·麦基(Gary B. Magee)和安德鲁·汤普森(Andrew S. Thompson)主编的《帝国与全球化:不列颠世界中人员、商品和资本的网络(1850—1914年)》(2010年)等著作中,网络分析都成为帝国史研究的重要工具。

---

[1] Tony Ballantyne, "Rereading the Archive and Opening Up the Nation-State: Colonial Knowledge in South Asia (and Beyond)", in Antoinette Burton, ed., *After the Imperial Turn: Thinking with and through the Nation*, Duke University Press, 2003, p. 112.

[2] Tony Ballantyne, *Orientalism and Race: Aryanism in the British Empire*, Palgrave Macmillan, 2002, p. 15.

[3] Alan Lester, *Imperial Networks: Creating Identities in Nineteenth-Century South Africa and Britain*, Routledge, 2001, p. 189.

[4] Tony Ballantyne, *Orientalism and Race: Aryanism in the British Empire*, p. 1.

第四,从关联、互动的视角将个人生活经历置于帝国框架中来书写,即全球史的宏观视野与书写个体的微观路径相结合。这种帝国史研究往往以个人传记为基础,将个体的人生经历和命运置于帝国这个宏大背景下来理解和分析。例如,琳达·科莉在《俘虏:1600—1850年的不列颠、帝国和世界》一书中试图"通过被俘的个人及其故事来考察和重新评估更广泛的国家、帝国和全球的历史",[1] 因此,她通过对北非和地中海、北美大陆、南亚和中亚三个区域中被俘的英国人的描述,"将大规模、全景和全球的历史与小规模、个体和特定的历史结合起来",[2] 寻求宏观史与微观史的结合。这种通过书写小人物来反映大帝国的方法,在她的《伊丽莎白·马什的磨难:世界历史中的一位妇女》中表现得更为突出。该书以生活于18世纪中后期的英国妇女伊丽莎白·马什的艰辛经历为中心,讲述了三个层面的故事。首先是关于伊丽莎白的一生,她的足迹遍及欧非美亚四大洲。其次讲述了她的大家族成员,他们在促成伊丽莎白大范围流动中扮演了重要角色。再次,这是一个全球性的故事。伊丽莎白生活在一个全球联系增强而又动荡的时期,这种全球局势塑造和扭曲了她的人生历程。"所以,本书描绘了一个生活中的世界和一个世界中的生活。这也是为何要改造和重新评价传记,把传记作为加深我们对全球史理解的一种途径。"[3] 因此,科莉在该书中,通过把伊丽莎白个人命运与当时的英帝国及全球化联系起来,"试图在个人历史和世界历史之间转换,以便使它们同时出现"。[4] 艾玛·罗斯柴尔德的《帝国的内在生活:18世纪史》也是以小见大的帝国史杰作,该书以苏格兰约翰斯通家族的四姐妹七兄弟为中心讲述了一段18世纪的英帝国史。约翰斯通家族的成员及其奴仆的活动空间范围极广,足迹遍及不列颠、法国、西班牙、印度等地。因此,艾玛说:"在现代晚期的微观史研究中,新的可能性是通过个体自身的联系史,把微观史和宏观史联系起来。我试图在约翰斯通家族的故事中探索的正是这种可能性:

---

[1] Linda Colley, *Captives: Britain, Empire, and the World, 1600 – 1850*, Pantheon Books, 2002, p. 12.
[2] Linda Colley, *Captives: Britain, Empire, and the World, 1600 – 1850*, p. 17.
[3] Linda Colley, *The Ordeal of Elizabeth Marsh: A Woman in World History*, Pantheon Books, 2007, p. xix.
[4] Linda Colley, *The Ordeal of Elizabeth Marsh: A Woman in World History*, p. xxxi.

第四篇 西方帝国史研究的回顾与反思

从一个家族的历史开始,通过一个接一个的相遇,最后到一个帝国的或启蒙的或思想的更大社会的历史。"[1] 克莱尔·安德森的《庶民生活:1790—1920年印度洋世界中的殖民主义传记》,"探讨了19世纪与印度洋刑罚殖民地有关的处于社会边缘的男人和女人的生活片段。它从庶民史的角度审视了殖民主义,并将罪犯流放置于一个广阔的全球情境之中",[2] 也体现了一种见微知著的帝国史。

结　语

20世纪80年代以来,随着全球化的发展和新的社会及学术思潮的兴起,在"文化转向"和"全球转向"这两大潮流影响下,帝国史在复兴过程中出现了"新帝国史"。"文化转向"影响下的"新帝国史"关注文化、性别、种族和身份认同,而"全球转向"影响下的"新帝国史"则更注重全球视角和比较方法,强调互动、关联、流动和网络在理解帝国中的作用,并且把"庶民"的日常生活置于宏观帝国框架和网络中来理解,形成了将个人微观史与全球宏观史结合起来研究的新尝试。可以说,"新帝国史"这些特征,是在全球化背景下对传统帝国史过分注重政治、经济和军事并以宗主国为中心的反思和修正,在很大程度上克服了民族国家史视角下帝国史研究中的不足。

"新帝国史"作为一个专门的研究领域,是在英帝国史研究的基础上发展起来的,相关的概念和方法理应限于分析英帝国,充其量可移植于分析具有相似特征的欧洲殖民帝国。然而,由于"帝国"概念的滥用,[3] 少数西方学者也将"新帝国史"相关概念和方法运用于非欧洲国家的历史研究,这在很大程度上形成了一种"伪"帝国史,由此妨碍了作为一个专门研究领域并具有自身学术传统的帝国史的发展。因为,当"帝国"概念脱

---

[1] Emma Rothschild, *The Inner Life of Empires: An Eighteenth-Century History*, Princeton University Press, 2011, p. 7.

[2] Clare Anderson, *Subaltern Lives: Biographies of Colonialism in the Indian Ocean World, 1790–1920*, Cambridge University Press, 2012, p. 1.

[3] 学术界关于"帝国"概念的讨论,参见刘文明《"帝国"概念在西方和中国:历史渊源和当代争鸣》,《全球史评论》第15辑,中国社会科学出版社2018年版。

离它产生的历史情境而广泛用于指称世界历史上的大国时，这一概念便失去了它原本的含义，概念借用基础上的"帝国史"或者说由此衍生出来的"伪"帝国史，便会对本原意义的"帝国史"造成干扰，甚至瓦解"帝国史"作为一个历史学专门领域或分支学科的学术合理性。

（原载《史学理论研究》2020年第3期）

从"王朝"到"帝国"的转移
——西方学术范式中"历史中国"的意涵变化

李友东

(天津师范大学历史文化学院)

20世纪50—70年代,西方学术界曾基于"以社会为中心"的学术取向,相对忽视对"国家"与"帝国"的研究。但20世纪70年代以后,随着认识到"社会"无法脱离"帝国"以及相应政治制度的影响;[1] 同时随着现代化理论、后现代主义、全球史和后殖民主义等各种学派对于"帝国"的关注,世界历史领域中出现了"帝国转向","历史中国"的叙事也发生相应变化。值得注意的是,"帝国"概念自身就具有一种"荒唐的杂乱现象",[2] 故有必要对这种学术范式的转移加以认识。

一 "帝国"概念的跨语际反思

所谓概念,指的是对某一类具有共同特征事物的概括。逻辑上,可以将概念分为内涵和外延两部分。内涵指的是概念蕴含的意义与属性,而外延则是指根据这种意义与属性,可以划归于概念的经验案例。这种对概念

---

[1] Josep M. Colomer, "Empires Versus States", *Oxford Research Encyclopedia of Politics*, 2017. https://www.doi.org/10.1093/acrefore/9780190228637.013.608 [2020-01-04]

[2] [日]杉山正明:《蒙古颠覆世界史》,周俊宇译,生活·读书·新知三联书店2016年版,第187页;饶淑莹:《论"帝国"概念的历史沿革及其启示》,《俄罗斯研究》2007年第1期;刘文明:《"帝国"概念在西方和中国:历史渊源和当代争鸣》,《全球史评论》第15辑,中国社会科学出版社2018年版。

的逻辑分析,若放置到跨语际实践中来考察,情况会变得更加复杂。以"帝国—empire"这样的跨语际对译概念为例,中西方不同的概念属性及其意涵,是如何在彼此之间历时性地建立等值关系的?怎么能够相互理解?其语际相互作用背后隐藏着什么样的思考范式?"当人们从西方跨向东方,或者从东方跨向西方时,这一问题就变得尤其尖锐了。"①

就古汉语"帝国"的本意来讲,其原本是指皇帝所居住的都城,如宋代周邦彦在《看花回》词之二中有"雪飞帝国,人在云边心暗折"之句,这里的"帝国"指的是"京都"。"帝国"内涵的变化,最初与中国清末的外交实践有关。1890年,清政府使节薛福成率领外交使团到达欧洲,他基于中国的实际经验,将"帝国"理解为"有皇帝的大国"。"泰西立国有三类:曰蔼姆派牙(引者注:即empire的音译),译言王国,主政者或王或皇帝"。但薛福成也注意到这种"王国"的独特之处,英伦国主的"君权"在本国国土内,因为"以数百年来为其民所限制,骤难更张也";但在它所拥有的印度殖民地那里,却可以"君权较重"。②严复在翻译"empire"(1901—1902年)时,用的是音译词"英拜儿",但旁边又加注释解释道:"近人译帝国。"③严复所指"帝国"与"empire"对译的做法,究竟是最初见于教会汉语的译法,还是经日语而进入汉语,现在还搞不清楚。但"帝国"从一个古汉语复合词,经过复杂转化,用于翻译欧洲相应概念后,其基本义已发生改变,则毋庸置疑。

就《现代汉语词典》的"帝国"定义来说,"一般指版图很大或有殖民地的君主国家,如罗马帝国、英帝国。没有帝王而向外扩张的国家,有时也称为帝国,如希特勒统治下的德国叫第三帝国"。这个释义可分为两个层次:基本义("一般指……")是薛福成式的、基于"君主"理解帝国的思路;而次要义("有时也称……")兼顾"没有帝王却扩张"理解帝国的思路。但更需注意的是,在"帝国"概念的具体举例中,并无一个与中国有关,其非常明确地是指中国以外的世界古今帝国,并未列举任何与"中华帝国"或与中国朝代有关的如"秦帝国""汉帝国"事例。从

---

① 刘禾:《跨语际实践》,宋伟杰等译,生活·读书·新知三联书店2008年版,第360、2页。
② 薛福成:《出使英法义比四国日记》,中国旅游出版社2016年版,第38、188页。
③ 刘禾:《跨语际实践》,第368页。

| 第四篇 | 西方帝国史研究的回顾与反思

《现代汉语词典》历次版本对"帝国"词条释义与举例的坚持来看,[①] 这并非偶尔为之,而是有着深刻考量的。

英语中"empire"的常见释义与汉语"帝国"存在很大不同。英文empire,来自拉丁语imperium,具有"命令、统治、支配"之意,它又衍生出古法语empire,后使用于现在的法语及英语中。法语的empire,"是一个即便皇帝不存在亦可行的概念",英、法、葡萄牙、西班牙、荷兰等近世新兴国家,"本来就是因为拥有海外领土才成为'帝国'的"。也因此与帝国主义这个概念具有天然的亲缘关系。[②] 这可以解释,为什么现代英语词典将"empire"多解释为:(1)"由单一个人、政府或者国家统治的一组国家";(2)"一个像帝国一样被统治的公司或者组织"。[③] 两相比较,中英文"帝国"的语义差异是比较明显的。在中文语境下,其基本义侧重于指"有君主"("帝")的版图较大或有殖民地的国家;而在英文语境下,其基本义则侧重于强调"empire"乃是指对一组国家的统治。有无"帝"并不重要。

除去这种一般性的中西方对"帝国"的解释外,还有多种对"帝国"的学术解释。在不同学术语境下,帝国的类型可以划分出几十种之多。例如,如依照结构、形态来分,可分为十种不同的帝国意涵;按照规模,则可分为五种帝国类型;按照区域分,则可分为八种。[④]

显然,从世界历史的实际来看,"帝国"的确是一个"混乱"的概念,而"帝国—empire"的对译,也不像我们想象的那么透明和简单。这也要求史家更加自觉地审视自己的语言和表达习惯。

[①] 如1978年12月第1版(中国社会科学院语言研究所词典编辑室编:《现代汉语词典》,商务印书馆1978年版,第229—230页。以下题录信息除页码外,均基本相同,不再赘引)、1983年第2版的《现代汉语词典》(第233页),到2005年第5版(第300页)、2012年第6版(第287页)、2016年第7版(第287页),一直坚持这一"帝国"释义及举例未变。1996年第3版(第277页)、2002年第4版(第277页)的"帝国"释义中,在前基本义外,又新加一义:"比喻经济实力强大的企业集团"。但此后版本均删除此义。

[②] [日]杉山正明:《蒙古颠覆世界史》,第191—195页。

[③] 参见科林斯词典(https://www.collinsdictionary.com/dictionary/english/empire)、剑桥词典(https://dictionary.cambridge.org/dictionary/english/empire)、梅林 - 韦伯斯特词典(https://www.merriam-webster.com/dictionary/empire)。

[④] [日]杉山正明:《蒙古颠覆世界史》,第207—220、226—227、236—237页。

二　西方学界"中华帝国"逐步取代"王朝中国"的趋势

（一）王朝作为中国历史的叙事框架

古代中国对自身历史的书写，是以朝代或皇朝为单位的"正史"形式进行的。从班固《汉书》断代为史确立了"皇朝史"的编纂方式后，至清乾隆四年，《明史》修成，又诏增《旧唐书》《旧五代史》，称二十四史。但清末民初时，以二十四史为代表的朝代史学，因为只知"有朝廷而不知有国家"，无法区分"君史"与"民史"，而受到以梁启超为代表的新史学的挑战。[①] 加之五四运动后，白话文的使用让正史的文言文叙事既不适合读者阅读，也不适合学者写作，"正史"体裁最终从历史写作实践中退出。但以"朝代"框架写作中国历史的做法，却在中西方历史写作中长期存在。在西方学界，约在20世纪90年代以前，也基本是按照王朝史学来叙述中国历史的。

这方面的著作不少，如费正清在《东亚文明：传统与变革》一书中，将"中华帝国"与中国人的"天下"观念等同起来。"中国是中国人自己对祖国的称谓，'天下'即指'世界'，常用作'中华帝国'的别称"。费正清按照大一统"天下"的观念，将中华帝国分为：帝国的初创（秦）——帝国的复兴（隋唐）——帝国的延续与晚期（元明清）。在"中华帝国"框架内，有一系列王朝循环。"在此种循环中，各连续王朝不断重复地演绎着令人烦恼的相同的故事：英雄的创业期，王朝鼎盛期，然后是长期的衰落，直到最后的总崩溃。"王朝循环的积极因素在于"它已经成为指导基本技术、经济、社会，及文化发展的一种肤浅的政治模式"。费正清还特别强调了两点。第一，元朝、清朝，虽然是"异族征服"的两个王朝，却因为它们"都如出一辙地利用了传统的政治制度，通过庞大的中国官僚政治来支撑皇帝的集权统治"，因而，能"以帝国合法当权者的角色，无限地统治着人口众多的中央王国"。第二，"中华帝国"在对内对外关系中并非是一种"帝国主义"，传统上中国与其他各国统治者之间的

[①] 梁启超：《新史学》，商务印书馆2014年版，第85页。

第四篇　西方帝国史研究的回顾与反思

宗主—附庸关系是一种"文化主义"。"这不能算作侵略性的帝国主义，相反，它应是一种防御意义上的文化主义。"①

在《全球通史》一书中，斯塔夫里阿诺斯注意到中国的"周期性改朝换代的模式"，即"皇朝"循环现象："皇朝的兴亡递嬗已成为中国历史的特点；它引起的不是革命，而仅仅是统治家族的更换"。帝国的定义也主要是因为"组织得很严密的帝国结构"，并"一直持续到1912年最后一个皇朝被推翻时才告终。它包括一个独揽大权的皇帝、一个秩序井然的有效的官僚机构、军用驰道网和北方的长城；所有这些使中国受到了世界上最稳定、最持久的统治"。②

出版于1986年的《剑桥中国史》，也是按照中国朝代来划分各卷的。从这套书来看，它倾向于将王朝和帝国并用，而"帝国"专指设立"皇帝"制度的大一统的中央集权国家，例如《剑桥中国秦汉史》中，"秦、前汉、新和后汉诸王朝的最早几个统一的中华帝国"。"复合词'皇帝'，大致可以译成英文'august emperor'。……在中文中作为 emperor 的标准同义词，一直沿用到今天。""具有更重要的实际意义的一件事是把中央集权的行政新体制扩大到了'天下'。"而到"汉代把一个长达两千年基本上保持原状的帝国理想和概念传给了中国。……属于皇帝一人及其官员的中央集权政府已经变得值得尊重了……这个形式的政体毫无疑问地几乎一直保持到了19世纪之末"。③《剑桥中国史》的这种分期法显然来自中国传统王朝断代史（正史）框架，并成为欧美学术的标准。

就这个时期西方学者理解的历史中国而言，虽然也称"中华帝国"，但其基本意涵是指一个由皇帝统治的统一中央集权国家。其独特之处在于，一是保持连续性发展，二是在对内管理上实行中央集权制度，三是在对外交往中维持文化主义的、而非侵略式的朝贡体系。但更重要的是这种对历史中国的理解，来源于中国传统史学的"王朝"叙事框架。

---

① ［美］费正清等：《东亚文明：传统与变革》，黎鸣等译，天津人民出版社1992年版，第21、70—71、153、195—196页。
② ［美］斯塔夫里阿诺斯：《全球通史1500年以后的世界》，吴象婴等译，上海社会科学院出版社1999年版，第72—73页。
③ ［英］崔瑞德、［英］鲁惟一编：《剑桥中国秦汉史》，杨品泉等译，中国社会科学出版社1992年版，第1、50—51、98页。

(二)"帝国"取代"王朝"

大约20世纪90年代以后,西方学界中国历史叙事的王朝框架受到挑战,一种新含义的"帝国"概念登上舞台。在西方学界看来,中国历史的王朝框架有其弊端:一是只关注政权的兴衰,却掩盖了潜在的社会进化趋势;① 二是在中国历史并无实际变化时,用王朝更替赋予了某种变化,同时还给予中国历史并不存在的某种连续性。② 脱离"王朝"框架的尝试,在20世纪七八十年代比较明显,西方学者开始从其他角度来理解中国历史发展的模式。如伊懋可从社会—经济体系的角度来认识中国历史;③ 谢和耐根据政治模式的延续和重大转变,如"宫廷文明"或"贵族城市制度"来认识。④ 但这些模式因只提供某种基于中国的理解,并无助于将中国历史放置于更广泛的世界历史框架内进行比较而饱受批评。在这种情况下,西方学界开始尝试运用新式的"帝国"概念于中国历史。

1. 现代化视角下的"中华帝国"与后现代主义批评

现代化理论之所以关注"帝国",是因从欧洲历史经验看,nation⑤对于推动现代化至关重要。而empire恰好又是nation的前身。例如,戴维·赫尔德概括了从"传统"到"现代"的国家体系(state systems)演进:传统的纳贡帝国、封建主义—分权体系、等级身份国家、绝对主义国家和现代民族国家,这大约是基于欧洲经验最简洁的总结。⑥ 在西方现代国家起源的研究中包含了某种前提,即民族国家(nation-state)是唯一的"现代"国家,"现代"国家的起源完全是盎格鲁—欧洲的。⑦ 显然,现代化

---

① Alice Lyman Miller, "Some Things We Used to Know about China's Past and Present (But Now, Not So Much)", *Journal of American-East Asian Relations*, Vol. 16, No. 1-2, 2009, pp. 41-68.

② Angela A. Lee, "Periodization and Historical Patterns in Chinese History", *Education About Asia*, Vol. 21, No. 1, 2016.

③ Mark Elvin, *The Pattern of the Chinese Past: A Social and Economic Interpretation*, Stanford University Press, 1973.

④ Jacques Gernet, *A History of Chinese Civilization*, Cambridge University Press, 1996.

⑤ nation是世界历史中又一个"混乱的概念",一般译为"民族"或"国民"。这里为避免引起歧义,保持原样不译。

⑥ C. Pierson, *The Modern State*, Routledge, 2004, p. 31.

⑦ Laura Doyle, "Dialectics in the Longer Durée: The IIPEC Model of Inter-Imperial Economy and Culture", *Globalization*, Vol. 11, No. 5, 2014, p. 691.

| 第四篇 | 西方帝国史研究的回顾与反思

理论对"帝国"的关注,是因它可以解释民族国家起源。

当西方现代化理论把历史中国放在这种 empire-nation 的演进框架中寻找"现代性"时,往往侧重于寻找"中华帝国"内部的竞争性关系,即寻找以族群对立关系为基础的 nation 的起源。有国外学者认为,最早在宋代就见到了 nation 的起源。基于"抗金"的民族中心主义把国家和人民联系在一起。国家试图将对祖国的忠诚观念向下灌输到农民群体中。但西方学者也承认,"中华帝国"的不同在于,在中国的王朝更替中胜利者能够建立压制国家间竞争的集权政体,结束帝国的分裂,而地方性国家永远无法获得任何持久的主权地位。[1] 因为无法说清历史中国的民族认同究竟是来自依托族群冲突的 nation,还是来自对中华文明的文化认同,西方学者遂认为中国只有一种相对不成熟和不连贯的民族主义。[2]

但也正因现代化理论声称在"中华帝国"内部找到了某种"现代性",自然也就招致以批评"现代性"为己任的后现代主义的批评。后现代主义的着力点主要集中于两个方面。一是强调"中华帝国"的文化认同是统治精英意志、权力建构的产物,是根据权力政治建构的。[3] 中国传统的王朝历史是由与官方利益一致的文人所书写的,历史中国的向心性和亲和性是塑造的,这有助于使帝国制度和朝代合法化。[4] 二是解构这种文化认同,这在本质上是后现代主义的一种"去领域化(de-territorialization)"的方法。它或是将"中华帝国"解构为拥有独特经济、方言和文化的各历史区域;或是从领土和认同等出发将"中华帝国"解构为核心区与边缘区。[5] 后现代主义指斥以"现代"中国疆域来看"古代"中国历史,是一种历史后设观察,是将中国的"民族国家"不断往历史深处追溯,"是在时间上

---

[1] Prasenjit Duara, "De-Constructing the Chinese Nation", *The Australian Journal of Chinese Affairs*, No. 30, 1993, pp. 1 – 26.

[2] Peter C. Perdue, "A Frontier View Of Chineseness", in Giovanni Arrighi, Takeshi Hamashita and Mark Selden, eds., *The Resurgence of East Asia: 500, 150 and 50 Year Perspectives*, Psychology Press, 2003, p. 55.

[3] Neil Renwick and Qing Cao, "China's Political Discourse towards the 21st Century: Victimhood, Identity, and Political Power", *East Asia*, Vol. 17, No. 4, 1999, pp. 111 – 143.

[4] Ja Ian Chong, "Popular Narratives versus Chinese History: Implications for Understanding an Emergent China", *European Journal of International Relations*, Vol. 20, No. 4, 2014, pp. 939 – 964.

[5] Alice Lyman Miller, "Some Things We Used to Know about China's Past and Present (But Now, Not So Much)", pp. 41 – 68.

不断向前移动的受边域束缚的地理实体"。①

但现代化—后现代视角下对"中华帝国"的观察，却始终无法解释为何"中华帝国"能始终保持历史的延续性。"当罗马帝国和其他古代或中世纪的帝国最终崩溃时，为什么中华帝国仍然存在？"②

2. 全球史视角下的"中华帝国"与后殖民主义批评

另一种将"帝国"引入历史中国叙事的是全球史。20世纪70年代后，全球史中出现了一种泛化帝国的现象。全球化论者将"古代帝国"与现代资本主义"帝国"泛化等同起来。如德里克认为，与列宁将殖民主义定义为资本主义的发展阶段不同，殖民主义可以扩大到指"区域"之间的关系，指一个民族（nation）对另一个民族（nation）或将要成为民族的社会的政治控制。③ "早期和晚期的帝国都是相似的，它们都以军事力量和征服人民为前提，通过贸易、殖民、采矿、税收和贡品的结合来积累财富。"④ 全球化论者将世界体系论上推至古代社会和帝国，认为10世纪至今，长期经济增长建立在通过强大霸权维持的创新、和平和稳定的循环基础上，重要的商业交流和跨国分工创造了早期的经济世界体系。⑤ 全球史认为"帝国"不会灭绝。通过复制、进化和改造，帝国"拥有强大的来世，且在某些情况下，会变得更加强大"。⑥ 在这种泛化的帝国叙事框架下，世界历史就成了一部西欧帝国最终战胜其他帝国的胜利史。⑦

全球史范式试图通过将历史中国泛化为"帝国"，而实现中国历史的"世界历史化"，这与柯文（Paul Cohen）三十多年前提出的"从中国内部发现历史"的想法完全相反。⑧ 基于这种新看法，"历史中国"被视作在"征服、胁迫和战略谋划"基础上建立的"中华帝国"，其"扩张"正是

---

① 黄宗智主编：《中国研究的范式问题讨论》，社会科学文献出版社2003年版，第12页。
② Mark Elvin, *The Pattern of the Chinese Past: A Social and Economic Interpretation*, p. 7.
③ Arif Dirlik, "Rethinking Colonialism: Globalization, Postcolonialism, and the Nation", *Interventions*, Vol. 4, No. 3, 2002, pp. 428-448.
④ Barbara Bush, *Imperialism and Postcolonialism*, Routledge, 2014, p. 9.
⑤ Barbara Bush, *Imperialism and Postcolonialism*, pp. 9-10.
⑥ Susan E. Alcock, "The Afterlife of Empires", in Susan E. Alcock, et al., *Empires: Perspectives from Archaeology and History*, Cambridge University Press, 2001, p. 370.
⑦ Barbara Bush, *Imperialism and Postcolonialism*, p. 13.
⑧ Arif Dirlik, "The Historiography of Colonial Modernity: Chinese History between Eurocentric Hegemony and Nationalism", *Journal of Modern Chinese History*, Vol. 1, No. 1, 2007, pp. 97-115.

> 第四篇 西方帝国史研究的回顾与反思

全球进程的一部分。① 由此导致对中国各"王朝"的看法,特别是对各强大历史王朝的看法发生改变。这里略举几例。例如,"秦国……建立起了第一个统一的中华帝国";"中国的帝王统治者取得的主要功绩——征服、建立和巩固帝国——以及拓展疆域至'外中国',即由非中国族裔人居住的遥远的被征服地区"。② 对宋的看法为:在11、12世纪,宋朝的中华帝国发展了强大的政治和军事系统,并从事海洋探险和经济创新。③ 对元明清三代的看法为:"元帝国"将中国融入了真正的世界体系,为了将其影响力扩展到中亚和东南亚,并且为了支持这些目标,动员了大量军队和庞大的舰队。"明帝国"则是更大的包括美洲在内的世界体系的一部分,对已知世界的认识的扩大也导致明帝国试图通过利用其海上力量,在这种新的格局中提高自己的地位。"清帝国"则是清朝皇帝建立的一个庞大的、以亚洲为基础的大陆体系,他们试图引导他们的帝国度过危险时期,而中国本土只是这个帝国的一部分。④

全球史对历史中国的泛帝国化,招致了关注帝国与"殖民地"关系的后殖民主义的批评,包括"中华帝国"在内的诸多帝国都成了其批判的对象。后殖民主义所关注的是帝国权力在促进世界各区域互动与联系的同时,也给殖民地居民带来了创伤与痛苦。⑤ 后殖民主义批判其他非西方"帝国"在历史上也曾殖民,强调"中华帝国"与其他帝国并无两样。"18世纪的世界包括许多殖民地冲突的战场,这些冲突是由从中国到埃塞俄比亚到瑞典和俄罗斯的一系列帝国挑起的。"⑥

显然,全球史以及后殖民主义泛化帝国的做法,最大的误区是未能在基于军事和政治需求驱动的古代"帝国",与近现代之后主要基于资本主义经济利益驱动的现代帝国之间加以区分。对中国历史也颇多错误理解之

---

① Peter C. Perdue, *China Marches West: The Qing Conquest of Central Eurasia*, Harvard University Press, 2009, pp. 6 – 11.
② [美]霍华德·斯波德克:《全球通史从公元前500万年至今天》,陈德民译,上海社会科学院出版社2018年版,第217页。
③ Barbara Bush, *Imperialism and Postcolonialism*, pp. 9 – 10.
④ Charles Horner, *Rising China and Its Postmodern Fate: Memories of Empire in a New Global Context*, University of Georgia Press, 2010, pp. 11 – 12.
⑤ 张旭鹏:《超越全球史与世界史编纂的其他可能》,《历史研究》2013年第1期。
⑥ Laura Doyle, "Inter-Imperiality: Dialectics in a Postcolonial World History", p. 162.

处。"'帝国'变得更接近镇压、压榨、歧视、战争、流血,乃是西欧向海上发展以后的事。……这种以此来回溯遥远的历史,还大谈各种故事的态度或行为,是否应该说是近现代的任性自大,或者几乎是缘自欧洲型文明主义的一种诈术呢?"①

总起来看,到20世纪90年代,"历史中国"在西方学术范式中,已被放在一个以西方"帝国"概念为零点的坐标系中来观察:纵轴的一端是现代化,另一端是后现代;横轴的一端是全球史,另一端是后殖民主义。这造成了一种西方学界各种理论"围观"并"凝视"历史中国的奇景。

三 应以何种视角看待世界历史里的中国

20世纪90年代以后,西方学界在关于历史中国的研究中完成了一种从中国"王朝"框架向西方"帝国"范式的转移。对此,一种看法认为这是历史中国在世界历史中遭遇的"概念化窘境";② 另一种看法则认为这是在"普世史"的世界历史写作中,作为地区的历史中国遭遇到的偏见。③ 但综合起来,这一现象的本质是如何寻找一种合适的学术范式,将中国历史纳入世界历史中去理解的问题。对此,笔者谈三点看法。

第一,在世界历史中克服西方中心论,不能单纯依靠西方学术范式的自我反思。虽然当下西方学界试图通过将中国历史"世界历史化",来解决完全依靠欧美历史经验建构世界历史模式所出现的理论偏差与种种问题,但源自欧洲历史和社会科学经验的学术范式所占据的主导地位阻碍了这种认识。④ 无论是以中国为中心理解中国历史,或是让中国历史世界化,都最终成了一种消化中国历史于西方学术范式的学术尝试。从其多种理论范式的实践来看,并不成功。只有对中国历史进行彻底的再研究,寻求超

---

① [日]杉山正明:《蒙古颠覆世界史》,第241页。
② Luo Xu, "Reconstructing World History in the People's Republic of China since the 1980s", *Journal of World History*, Vol. 18, No. 3, 2007, pp. 325–350.
③ Xin Fan, "The Making of an Alienated Past: The Study of Ancient World History in Twentieth-Century China", doctoral dissertation, Indiana University, 2013. http://search.proquest.com/docview/1461435426/abstract/56EDDD9C9AE14361PQ/2 [2020–01–05]
④ Timothy Brook and Gregory Blue, *China and Historical Capitalism: Genealogies of Sinological Knowledge*, Cambridge University Press, 2002, p. 1.

| 第四篇 | 西方帝国史研究的回顾与反思

越主要基于西方经验的现有历史分析范畴,才有可能完善和发展当前世界历史模式,走出西方中心论的窠臼。

第二,仍需要继续坚持与弘扬中国学界在世界历史研究、比较历史研究中所一贯提倡的历史事实与因果逻辑相统一的唯物史观研究原则。只有在唯物史观指导下,从探索因果必然性出发,从理解国家、上层建筑的公共职能最终一定要适应其现实的生产生活方式的公共利益与公共需要这一因果必然性出发,将欧洲"帝国—民族国家"经验与中国从王朝到现代国家的历史经验,共同容纳于一个具有因果必然性规律的世界历史模式中,才能真正地解决中西方历史概念与范式的不相容问题。

第三,在具体的历史写作中,倘若暂时无法找到一种更好的范式对接中西方不同学术范式,可以先申明中外概念的差异,并保持不同历史观念的共存。这也是一种客观、务实和科学的态度。这在过去中国的世界历史编纂中有过一定的实践,也体现了编著者对于中外历史发展不同特点的谨慎关注。例如,在周一良、吴于廑的世界通史中,称亚述、波斯、贵霜、罗马等为帝国,但称呼秦汉则为"秦汉中国"。[①] 又如在吴于廑、齐世荣主编的《世界史》中,也是如此处理。"明代中国正由盛转衰,郑和西航不但后继无人,而且也绝不能引发商业革命。印度莫卧儿帝国虽方兴未艾,地跨欧亚非的奥斯曼帝国虽正处于全盛期,但从它们的社会经济结构中也还看不出新时代的征兆。"[②] 这种"王朝"与"帝国"概念的并用,显然是一种务实与科学的态度。

总之,在世界历史范围内使用跨语际的概念时,史家应谨慎对待其意涵与外延历史经验中的差别,并适当辨析。因为概念并非是一种简单的形容词式的限定,它还将干涉人们如何理解自身的文化背景,以及选择何种框架将中国历史与世界历史对接,故需慎重对待与思考。

(原载《史学理论研究》2020年第3期)

[①] 周一良、吴于廑主编,齐思和分卷主编:《世界通史》上古部分,人民出版社1973年版,第419页。

[②] 吴于廑、齐世荣主编,刘祚昌、王觉非分卷主编:《世界史近代史编》上卷,高等教育出版社1992年版,第2页。

英帝国史研究的"后殖民转向"[*]

魏孝稷

(安徽大学历史系)

1883 年，正值英帝国的扩张达到高潮的时刻，约翰·西利出版了经典著作《英格兰的扩张》，推动了英帝国史研究的出现。[①] 显然，英帝国史学的产生是英帝国扩张的产物，它在很大程度上是为殖民主义辩护的一种意识形态，激励英国人担负起全球性帝国统治者的责任。[②] 但是，随着英帝国的解体，英帝国史学也走向了衰落，甚至到 20 世纪 70 年代，帝国史学已经成为历史学科中最死气沉沉的研究领域。[③] 然而，到了 20 世纪 80 年代，英帝国史学受到人类学、生态学、女性主义、文学理论及后殖民理论的影响，一些历史学家从关注政治、经济和军事扩张转向了关注文化、认同、生态环境、性别、种族以及殖民知识，极大地拓展了帝国史的研究空间，使帝国史研究又出现了生机，这种史学思潮被总称为"新帝国史"。[④] 其中后殖民理论的影响可谓最大，有学者把用后殖民视角研究帝国史的取向叫作"后殖民转向"。美国学者戴恩·肯尼迪提到，所谓"后殖民转向"意味着历史学"从强调物质力量的解释（如军事对政治的影响或全球

---

[*] 本文是国家社会科学基金重大项目"西方史学史谱系中的文明史范式研究"（项目编号：19ZDA237）的阶段性成果。

[①] J. R. Seeley, *The Expansion of England: Two Courses of Lectures*, Macmillan and Co., 1883.

[②] Dane Kennedy, "Imperial History and Post-colonial Theory", *The Journal of Imperial and Commonwealth History*, Vol. 24, No. 3, 1996, p. 345.

[③] Frederick Cooper, "Postcolonial Studies and the Study of History", in Ania Loomba, Antoinette Burton, et al., eds., *Postcolonial Studies and Beyond*, Duke University Press, 2005, p. 401.

[④] Stephen Howe, ed., *The New Imperial Histories Reader*, Routledge, 2010, p. 2.

贸易体系对财富生产的制约）转向强调文化和意识形态因素"。① 具体来说，后殖民史学研究的基本内容，一是讨论"差异性"话语表述与帝国统治的权力关系；二是被殖民者、有色人种、工农阶级、妇女等帝国底层群体的主体性问题。

一 "差异性"话语与帝国统治的文化权力

尽管在萨义德出版《东方学》之前就有学者讨论殖民主义及其知识形态的问题，② 但是，正是萨义德系统地反思了西方在对"非西方世界"进行殖民征服过程中形成的知识与殖民统治之间的关系。在萨义德看来，殖民主义和帝国主义不仅通过政治、经济、军事的权力统治被征服地区，还受到知识、文化、意识形态"强烈的支持和驱使"。③ 萨义德批判的重点正是西方描述东方而形成的一门学科——"东方学"及其相关的知识。传统上，东方学家和帝国史学者认为，西方人研究东方的语言、历史、艺术、宗教和社会生活，建立了东方学这一门精深的学科，是为了西方人能够准确地认识东方，甚至是为了替东方人保存整理东方的文化。萨义德改变了人们对东方学的看法，他指出，只有把东方学当作一种话语来考察，才能理解这一具有庞大体系的学科，西方人通过东方学和相关的知识建构了一个想象的异域，或者说，制作了一个"东方"，借以获得自身的力量和自我身份。④ 因此，东方主义话语"存在着一种权力关系，支配关系，霸权关系"。⑤ 而这种权力的实现依赖东西方"差异性"的话语结构，也就是说，在东方主义的话语结构当中，存在一个本质对立的西方和东方，西方是进步的、民主的、理性的、节制的、男子气概的；东方是落后的、专制

---

① Dane Kennedy, "Postcolonialism and History", in Graham Huggan, ed., *The Oxford Handbook of Postcolonial Studies*, Oxford University Press, 2016, p. 479.

② Bernard Cohn, *An Anthropologist among the Historians and Other Essays*, Oxford University Press, 1986.

③ ［美］爱德华·W. 萨义德：《文化与帝国主义》，李琨译，生活·读书·新知三联书店2003年版，第10页。

④ ［美］爱德华·W. 萨义德：《东方学》，王宇根译，生活·读书·新知三联书店2007年版，第4页。

⑤ ［美］爱德华·W. 萨义德：《东方学》，第8页。

的、非理性的、纵欲的、女性气概的。东方主义话语中的"强弱""优劣"对立关系构成了西方支配东方的话语秩序。①

在萨义德那里,东方主义话语是互文性的,文学作品、新闻报道、政论、人类学、旅行记、地理学、科学知识以及西方意识形态的根基——自由主义思想在内的所有不同形式的文本相互指涉,构成了关于东方的话语体系。② 不过,萨义德讨论最多的还是文学作品,所以,一些文学研究者率先将他的后殖民批评理论用于帝国的文学研究。而主流的帝国史学者一开始报以敌视的态度,但是,后殖民理论提供的新颖视角还是吸引了大批支持者。③ 后殖民理论与历史学的联姻迎来了新的前景。持后殖民立场的学者研究的殖民话语对象大体没有超出萨义德谈到的范围。但是,出于历史学研究的专业性和可操作性,历史学家往往从殖民话语的不同侧面进行反思,具体包括东方学、地理学和人类学等不同学科的学术史、旅行记中的他者形象、科学和医学话语、自由主义意识形态等。④ 相关研究可谓汗牛充栋,限于篇幅,这里只能介绍部分代表性著作。

阿拉伯人出身的萨义德批判的东方学主要是西方人生产的关于伊斯兰世界的知识,尽管他的《东方学》也涉及了印度学(Indology),但略而不详,这给一些学者反思印度学和汉学(Sinology)等其他分支学科提供了思路。1990年,罗纳德·因登出版的《想象的印度》一书就带有强烈的萨义德风格。⑤ 他在书中系统分析了启蒙运动以后一代又一代的印度学家关于印度的表述。他认为,西方的印度学家用几个本质化的概念来定义印度社会的特征,即种姓制、印度教、乡村血缘社会和专制主义王权,从而把印度想象成一个缺乏个人主义、政治自由、科学等西方特性的落后社会,且没有能力认识自己的落后本性,只有依靠英国人的统治才能获得进步。因此,欧洲的学者与殖民者以及西方的商人阶级依据这种印度学话语进行联合统治。与萨义德不同的是,因登还认为可以利用印度人自己的能

---

① [美] 爱德华·W. 萨义德:《东方学》,第49页。
② [美] 爱德华·W. 萨义德:《东方学》,第30—31页。
③ Dane Kennedy, "The Imperial History Wars", *Journal of British Studies*, Vol. 54, No. 1, 2015, p. 9.
④ 除了这些严肃的知识以外,广告宣传之类的话语也可以是后殖民史学研究的对象。参见 Anne McClintock, *Imperial Leather: Race, Gender and Sexuality in the Colonial Contest*, Routledge, 1995。
⑤ Ronald B. Inden, *Imagining India*, Indiana University Press, 2000.

动性，比如印度学者的本土研究实现对印度的准确认识。印度裔学者贾韦德·马吉德具体关注了 18 世纪末 19 世纪早期的几位印度学家，如威廉·琼斯（William Jones）、托马斯·摩尔（Thomas Moore）和詹姆斯·密尔（James Mill）等学者，强调他们虽然打造了不同版本的印度形象，比如琼斯的印度形象是正面的、密尔的印度形象非常负面，但是他们生产的有关印度的知识都成为英国人统治印度的基本教材。① 赴美的中国学人顾明栋写出了当今仅有的一本讨论"汉学主义"的专著《汉学主义》来反思汉学，② 在书中他承认汉学主义与东方主义有一些共同的基本原理，但主张汉学主义和东方主义及后殖民主义是不同的。因为，在他看来，东方主义或隐或显地为殖民统治铺路，但是在历史上西方从未征服过中国，所以，他提出，汉学主义"是一种西方中心主义的意识形态、认识论方法论和西方视角指导下所进行的有关中国的知识生产"，其潜在的逻辑是"跨文化研究中的文化无意识"。③ 国内学者也参与了汉学主义的争论，不过，总体上没有引起学术界太多关注。④

    一些后殖民史学者注意到，殖民主义时期的人类学和东方学的作用是一样的，目的是直接为殖民统治服务。人类学学科的特点是利用文化、部落、族群、宗教等概念把一个个复杂的整体社会划分为不同的单位，因此，对于殖民者来说，人类学的话语有利于殖民者分而治之的统治策略。尼古拉斯·德克斯就指出，英国人提出的印度"种姓制度"一方面是为了缔造殖民者和被殖民者之间的"差异"；另一方面，通过扭曲和简化印度复杂的、不断变化的社会关系，分裂印度社会以有利于殖民统治。⑤ 贾南德拉·潘迪认为，印度社会中的教派主义和宗教冲突是英国殖民者建构并加以制度化的产物。⑥ 非洲史学者发现非洲殖民地也存在类似的经历，勒

---

    ① Javed Majeed, *Ungoverned Imaginings: James Mill's "The History of British India" and Orientalism*, Oxford University Press, 1992.
    ② Ming Dong Gu, *Sinologism: An Alternative to Orientalism and Postcolonialism*, Routledge, 2013. 中文版参见 [美] 顾明栋《汉学主义：东方主义与后殖民主义的替代理论》，商务印书馆 2014 年版。
    ③ [美] 顾明栋：《汉学主义：东方主义与后殖民主义的替代理论》，第 20—21 页。
    ④ [美] 顾明栋、周宪主编：《"汉学主义"争论集萃》，中国社会科学出版社 2017 年版；顾明栋：《汉学主义：东方主义与后殖民主义的替代理论》，第 19 页。
    ⑤ Dirks Nicholas, "Castes of Mind", *Representations*, No. 37, 1992, pp. 56 – 78.
    ⑥ Gyanendra Pandey, *The Construction of Communalism in Colonial North India*, Oxford University Press, 1990.

罗伊·韦尔等学者发现非洲的部落认同在前殖民时期并不稳定,殖民统治使部落认同强化,这为后来非洲一系列的部落冲突埋下祸根。[1]

进入19世纪后,自由主义思想逐渐成为西方主流的意识形态,自由主义思想家也成为建构殖民话语的主导性力量。他们建构了一套"文明使命"(civilizational mission 或 civilizing mission)话语,长期构成殖民主义意识形态的核心。在著名的印度学者阿希斯·南迪看来,"如果从殖民主义中减去'文明使命',殖民主义就根本不存在了。"[2] 乌代·辛格·梅塔论述了自由主义与帝国统治的共谋关系。他在《自由主义和帝国》一书中考察了与英印殖民当局有直接关联的几位自由主义思想家边沁、詹姆斯·密尔、托马斯·马考莱和约翰·密尔关于帝国统治的主张,发现这些自由主义思想家将西方和非西方放在一个"自由"的宏大叙事当中,宣称未进化到"文明"阶段或尚处在"儿童"状态的殖民地人民应该像孩子依赖父母一样受到高级文明的监管。[3] 梅塔进一步指出,自由主义在这里通过裁判其他民族的经历并借以干涉他们的生活以达到将帝国统治合法化的目的。[4] 而珍妮弗·皮茨的研究表明,不是所有的自由主义者都是帝国主义者,她认为早期的自由主义者亚当·斯密、边沁都反对在海外建立殖民地,到了詹姆斯·密尔父子那里自由主义发生了一个转向,成为支持帝国主义的意识形态。[5] 殖民主义的"科学"话语与"文明使命"话语常常是相伴而生的,吉安·普拉卡什认为,科学文化权威在印度的形成始于19世纪初期引入的"文明使命"话语。[6] 很显然,作为一套殖民话语体系,两者不能

---

[1] Leroy Vail, ed., *The Creation of Tribalism in Southern Africa*, University of California Press, 1989.

[2] Ashis Nandy, *The Intimate Enemy: Loss and Recovery of Self under Colonialism*, Oxford University Press, 1983, p. 11.

[3] Uday Singh Mehta, *Liberalism and Empire: A Study of British Liberal Thought*, University of Chicago Press, 1999.

[4] Uday Singh Mehta, *Liberalism and Empire: A Study of British Liberal Thought*, p. 191.

[5] Jennifer Pitts, *A Turn to Empire: The Rise of Imperial Liberalism in Britain and France*, Princeton University Press, 2005. 关于"文明使命"话语的研究还可参见 Catherine Hall, *Civilizing Subjects: Metropole and Colony in the English Imagination, 1830–1867*, University of Chicago Press, 2002; Levin, Michael, *J. S. Mill on Civilization and Barbarism*, Routledge, 2004; Carey A. Watt and Michael Mann, eds., *Civilizing Missions in Colonial and Postcolonial South Asia: From Improvement to Development*, Anthem Press, 2011。

[6] Gyan Prakash, *Another Reason: Science and the Imagination of Modern India*, Princeton University Press, 1999, p. 3.

截然分开。大卫·阿诺德的研究发现，英国殖民者贬斥印度传统医学，将印度文化与印度次大陆的自然环境同样看作病原体的来源，以此抬高西方医学的"科学性"和"进步性"，向印度人宣示"如何将高级文明传播到印度"。[1] 无疑，这种"科学"话语建构的目的是为英国统治打造道德正义性。

当然，后殖民理论虽然启发了许多历史学家，但历史学家还是与纯粹的理论保持了应有的距离，也避免了后殖民理论的某些缺陷。比如，约翰·麦肯齐批评萨义德的理论带有极端的非历史倾向，同样将"西方"本质化，没有考虑到西方知识内部的多样性和复杂性。[2] 托马斯·特劳特曼对萨义德理论的僵化也表示不满，他说东方学不是铁板一块，也不一定与权力相关。特劳特曼梳理了1750年到1900年欧洲学者的梵语研究和雅利安种族研究，认为这些学者大体上分为"崇印派"（Indomania）和"憎印派"（Indophobia），前者包括威廉·琼斯、马克斯·穆勒（Max Müller），后者包括詹姆斯·密尔和罗伯特·莱瑟姆（Robert Latham）等学者。[3] 托马斯·梅特卡夫在前人研究的基础上综合研究了英印统治意识形态的变迁和复杂性，总结说"英国人对印度的看法从来没有呈现出一种单一而连贯的思路，相反，他们用以维持帝国在印度统治的理念与思路总是充斥着矛盾与多变"。同时他也承认，整个英印统治时期，影响统治意识形态最大的仍然是制造"差异"话语。[4]

二 帝国底层的反抗意识与主体性

萨义德关注的核心议题是"表述"与话语支配的关系。在他笔下，西

---

[1] David Arnold, *Colonizing the Body: State Medicine and Epidemic Disease in Nineteenth-Century India*, University of California Press, 1993, p. 98.

[2] John M. Mackenzie, "Edward Said and the Historians", *Nineteenth-Century Contexts*, Vol. 18, No. 1, 1994, pp. 9 – 25.

[3] Thomas R. Trautmann, *Aryans and British India*, University of California Press, 1997. 关于雅利安人话语与东方主义的关系还可参见 Tony Ballantyne, *Orientalism and Race: Aryanism in the British Empire*, Palgrave, 2002。

[4] 参见［美］托马斯·R. 梅特卡夫《新编剑桥印度史·英国统治者的意识形态》，李东云译，云南人民出版社2015年版，第2页。

方的东方主义话语构成了话语霸权,东方是沉默的,自身无法表述,只能通过西方人来认识自己,他还曾明确地说,"现代东方,参与了其自身的东方化"。① 东方或者帝国底层的人民能否表述自身? 他们能否拥有主体性? 后殖民理论表现出多元的形态,印度的"底层研究"和霍米·巴巴的混杂性理论为后殖民批评提供了另一种思路。相关的研究和理论成为刺激后殖民史学发展的重要来源。

"底层研究"学派的出现源于一些印度本土的历史学家对精英主义叙事的不满。该学派的旗帜性人物拉纳吉特·古哈(Ranajit Guha)在1982年出版的《底层研究》创刊号上发表了纲领性的文章,批评了印度史书写中的两种精英主义倾向:一种是把印度的民族主义运动和现代化看作是印度精英学习西方和殖民体制的后果;另一种则视为少数英雄反抗殖民统治的伟大业绩。古哈认为,这种叙事有意忽略了"人民的政治",即以广大劳动者构成的底层阶级和群体的思想和活动。它与精英政治平行,是一个"自主"领域,它存在于前殖民时期,在殖民时期发展成新的形态。他还指出,印度的精英和底层阶级在民族主义动员方面是截然不同的,精英的动员墨守成规,采用妥协和非暴力的手段,而底层的动员则更具有暴力性,1919年的反罗特拉运动、1924年的曹里曹拉事件、1942年"撤出印度"和1946年的印度皇家海军起义,都表现出与精英政治,特别是甘地及国大党领导的民族主义运动不同的底层主体性。② 在这种"从底层发现历史"的史学理念指导下,"底层研究"学派书写了大量殖民时期印度农民、工人、士兵等底层群体的反抗史,在一定程度上"重构"了底层的自主性意识。③ 20世纪80年代末,印度的"底层研究"思潮已经在西方,甚至拉美地区产生广泛影响。④

---

① [美]爱德华·W. 萨义德:《东方学》,第418页。

② [印]拉纳吉特·古哈:《论殖民地印度史编撰的若干问题》,刘健芝、许兆麟选编:《庶民研究》,中央编译出版社2002年版,第3—11页。

③ 参见 Ranajit Guha, ed., *Subaltern Studies*, Vols. 4, Oxford University Press, 1982 – 1989。代表性专著有 David Hardiman, *Peasant Nationalists of Gujarat: Kheda District, 1917 – 1934*, Oxford University Press, 1981; Ranajit Guha, *Elementary Aspects of Peasant Insurgency in Colonial India*, Oxford University Press, 1983; Dipesh Chakrabarty, *Rethinking Working-Class History: Bengal 1890 to 1940*, Princeton University Press, 1989。

④ 张旭鹏:《"庶民研究"与后殖民史学》,《史学理论研究》2006年第4期。

| 第四篇 | 西方帝国史研究的回顾与反思

然而，正当"底层研究"在西方获得与日俱增的影响力时，该学派却转向迎合西方的后殖民思潮，受福柯、萨义德的影响越来越大，原来的马克思主义史学立场被取代，他们把研究重点从殖民地底层人民的反抗与"自主性"转向对殖民主义的意识形态批评。① 这也造成"底层研究"学派的分裂，苏米特·萨卡公开批评拥抱后殖民理论的底层研究造成"底层"的衰落甚至缺席，又回到他们曾经批判的精英主义史学。② 当底层研究与萨义德式的后殖民研究渐趋合流，不再重点关注底层人民的反抗政治时，另一位后殖民理论学者霍米·巴巴提出的混杂性理论再次将人们的目光移向底层的主体性与反抗主题。③ 霍米·巴巴批评萨义德把殖民权力全部看成是殖民者的，忽略被殖民者的反抗策略，认为这是一种历史和理论的简单化。④ 他否定萨义德论述的殖民者与被殖民者间单向的权力关系，认为被殖民者通过"模拟""混杂化"等策略，表面上模仿殖民者，实际上破坏了殖民权威，瓦解了殖民秩序，表现出主体的抵抗。⑤ 霍米·巴巴的混杂性理论给一些帝国史学者带来新的灵感。

保罗·吉尔乔伊在《黑色大西洋——现代性与双重意识》一书中探讨了黑人的文化混杂和主体性议题，他提到，黑人通过奴隶贸易等形式与白人社会接触，黑人与白人文化产生了文化混杂，出现了霍米·巴巴所说的"中间状态"。因此，黑人形成了"双重意识"，他们一方面捍卫西方的价值，另一方面保持黑人的集体认同，对故乡非洲十分着迷，同时对西方文化展开激烈的批评。⑥ 吉尔乔伊通过阐释黑人的主体意识，反思西方的现代性叙事，主张应该把黑人的历史、奴隶制整合到现代性叙事当中，最终

---

① 张旭鹏：《"庶民研究"与后殖民史学》，《史学理论研究》2006 年第 4 期。
② Sumit Sarkar, "The Decline of the Subaltern in Subaltern Studies", in Vinayak Chaturvedi, ed., *Mapping Subaltern Studies and the Postcolonial*, Verso, 2000, p. 307.
③ 1988 年，古哈和斯皮瓦克从《底层研究》前五卷中选出代表性的若干文章以《底层研究选本》在西方出版，萨义德为之撰写长序，显示前期的"底层研究"与后殖民理论虽平行发展却存在认知上的亲近性。参见 Ranajit Guha and Gayatri Chakravorty Spivak, eds., *Selected Subaltern Studies*, Oxford University Press, 1988。
④ 参见 [英] 罗伯特·扬《白色神话：书写历史与西方》，赵稀方译，北京大学出版社 2014 年版，第 201 页。
⑤ 霍米·巴巴除了提出"混杂化"和"模拟"两个独创性的概念之外，还提出了"矛盾性""第三空间""中间状态"等一系列相近的概念。参见 Homi K. Bhabha, *The Location of Culture*, Routledge, 1994。
⑥ Paul Gilroy, *The Black Atlantic: Modernity and Double Consciousness*, Verso, 1993.

颠覆在主导种族和主流话语中流行的中心—边缘关系,从而实现重构现代思想史。①

印度裔女性历史学家杜尔巴·高希关注的是殖民时期印度女性与白人男性的跨文化婚姻现象。她意在回应斯皮瓦克有关"底层能说话吗"的问题,但她不同意斯皮瓦克的否定性答案。高希在殖民地档案、政府文件和家庭遗嘱等历史文献中找到大量与英国男人结为伴侣或者保持情人关系的女性,发现这些拥有跨文化背景的印度女性策略性地利用混杂身份,比如,使用欧洲人的名字,但用当地语言书写;声称自己是基督徒,但要求举行印度教徒或穆斯林的丧葬仪式;在她们的家庭中使用欧洲的瓷器和印度的铜器,穿戴本土和欧洲的服装等手段,来实现自身的利益,从而塑造女性的主体性地位。②

一些帝国史学者在研究殖民地的主体性问题时超出种族、女性、底层群体的范围,他们还从后殖民视角考察殖民地对宗主国的深刻影响,甚至提出"去中心化帝国"的命题。③ 确实,后殖民视角有助于重构中心和边缘的关系,重建宗主国与殖民地历史之间的联系。安·劳拉·施拖勒和弗雷德里克·库珀曾精辟地论述过宗主国与殖民地之间的双向作用。他们指出,"欧洲的殖民地从来都不是可以按照欧洲的形象打造或者为了欧洲的利益而可以随意塑造的空白之地;欧洲的宗主国也不是自给自足的实体……欧洲是由它的帝国事业所造就的,正如殖民地是在与欧洲的冲突中发展一样。"④ 安托瓦内特·伯顿对帝国女性史的研究颇具代表性。她在《历史的重担》一书中分析了维多利亚和爱德华时代的英国女权主义者如何构建和利用印度女性的刻板印象来支持她们自身解放的努力。⑤ 伯顿的

---

① Paul Gilroy, *The Black Atlantic: Modernity and Double Consciousness*, p. 45.
② Durba Ghosh, "Decoding the Nameless: Gender, Subjectivity, and Historical Methodologies in Reading the Archives of Colonial India", in Kathleen Wilson, ed., *A New Imperial History: Culture, Identity, and Modernity in Britain and the Empire, 1660 – 1840*, Cambridge University Press, 2004, pp. 297 – 316.
③ Durba Ghosh and Dane Kennedy, eds., *Decentring Empire: Britain, India and the Transcolonial World*, Orient Longman, 2006.
④ Ann Laura Stoler and Frederick Cooper, eds., *Tensions of Empire: Colonial Cultures in a Bourgeois World*, University of California Press, 1997, p. 1.
⑤ Antoinette Burton, *Burdens of History: British Feminists, Indian Women, and Imperial Culture, 1865 – 1915*, University of North Carolina Press, 1994.

研究表明帝国本身也改变了宗主国的政治文化。无疑,重新书写帝国中心与底层或者边缘单向度的关系,转换旧帝国史书写中宗主国向殖民地传播文明的叙事范式,是后殖民史学的一大贡献。

三 后殖民理论衰落后的后殖民史学

萨义德曾告诫说,后殖民理论如果不能继续发展,就可能过早陷入"休止"状态。[①] 事实是,进入 21 世纪,后殖民理论最具创造力的时代已经过去,有影响力的作品锐减。而且,它一直遭受来自左右两种力量的批评。右翼学者指责《东方学》包含反西方的倾向。[②] 左翼学者阿吉兹·阿罕默德在 20 世纪末就批评后殖民理论学者所持的文化决定论和"无限文本主义"存在缺陷,并指出他们看不到西方人的东方主义偏见本质上不是话语而是资本主义支配的后果。[③] 另一位左翼学者维维克·基伯 2013 年出版一本集中批评"底层研究"学派的著作《后殖民理论与资本的幽灵》,指出作为后殖民研究的"底层研究"系统地误解了资本主义在全球特别是印度的发展史,并警告,他们低估资本主义的能力不但容忍自由资产阶级的霸权,甚至助长了它。[④] 最根本地,后殖民研究不过是象牙塔的学问,严重脱离现实,成为知识分子自娱自乐的工具。尤其是当美军入侵阿富汗和伊拉克,"新帝国主义"的讨论再次回到人们的视野时,[⑤] 作为批评帝国主义的后殖民理论根本无力干涉现实中西方的新帝国主义政策。因此,2007 年,《美国现代语言协会会刊》以"后殖民理论终结了吗"为题举行

---

① 参见[英]巴特·穆尔-吉尔伯特《后殖民理论:语境、实践、政治》,陈仲丹译,南京大学出版社 2007 年版,第 171 页。

② [美]爱德华·W. 萨义德:《东方学》,第 425 页。

③ [印]阿吉兹·阿罕默德:《在理论内部:阶级、民族与文学》,易晖译,北京大学出版社 2014 年版。

④ Vivek Chibber, *Postcolonial Theory and the Specter of Capital*, Verso, 2013. 基伯的批评引起"底层研究"学派的回应,参见 Rosie Warren, ed., *The Debate on Postcolonial Theory and the Specter of Capital*, Verso, 2017.

⑤ Vivek Chibber, "The Return of Imperialism to Social Science", *European Journal of Sociology*, Vol. 45, No. 3, 2004, pp. 427 – 441;[英]大卫·哈维:《新帝国主义》,初立忠、沈晓雷译,社会科学文献出版社 2009 年版。

一个圆桌会议，讨论后殖民理论面临的挑战。① 后殖民理论是否终结的问题仍在讨论，但不可否认的是，相比 20 世纪后期的兴盛，近二十年来后殖民理论明显衰落了。②

后殖民理论虽然已经衰落，但后殖民史学仍然保持着活力。这可以说明后殖民话语分析的方法被历史学家所接受，正像西蒙·基坎蒂（Simon Gikandi）所说的，后殖民理论的"终结"不是意味着"死亡"而是"完成"。③ 相关的研究成果更是层出不穷。帕尔格雷夫麦克米伦出版社从 1991 年开始出版"剑桥帝国和后殖民史"丛书，据其官方网站统计，到现在已经出版 108 本专著，只有 4 本是 2000 年前出版的，其中包含大量运用后殖民方法研究的著作。④ 最近的后殖民史学研究也表现出不同的特点。有的研究显示出长时段综合性的特征，普拉莫德·纳亚尔考察英国人从 16 世纪与印度人最初接触到 20 世纪早期 400 年的时间里观察、探索、统治印度以及殖民统治末期与印度谈判的几种话语，时间跨度更长，涉及的殖民知识范围更广，几乎运用了所有非虚构的文献资料。⑤ 帝国在东亚的扩张成为后殖民史研究的学术热点。乌尔里克·希利曼分析英国在东亚扩张中对迫切认识中国的知识渴望，以及形成的中国知识在英中权力关系中的应用。⑥ 陈松川关注第一次鸦片战争前夕，以怡和洋行为代表的英国商人集团在中国收集情报的情况，以及以出版英文报刊的形式与中国政府展开的舆论战，指出他们在舆论战中以发动战争相威胁客观上促成第一次鸦片

---

① Patricia Yaeger, "Editor's Column: The End of Postcolonial Theory? A Roundtable with Sunil Agnani, Fernando Coronil, Gaurav Desai, Mamdou Diouf, Simon Gikandi, Susie Tharu, and Jennifer Wenzel", *Publications of the Modern Language Association of America*, Vol. 122, No. 3, 2007, pp. 633 – 651.

② 巴加特 – 肯尼迪最近在一篇文章中也承认，后殖民理论公认地衰落了。参见 Monika Bhagat-Kennedy, "Nation After World: Rethinking 'The End of Postcolonial Theory'", *Interventions: International Journal of Postcolonial Studies*, Vol. 20, No. 3, 2018, pp. 335 – 344。

③ Patricia Yaeger, "Editor's Column: The End of Postcolonial Theory? A Roundtable with Sunil Agnani, Fernando Coronil, Gaurav Desai, Mamdou Diouf, Simon Gikandi, Susie Tharu, and Jennifer Wenzel", p. 635.

④ https://www.palgrave.com/gp/series/13937 ［2020 – 03 – 01］

⑤ Pramod K. Nayar, *Colonial Voices: The Discourses of Empire*, Wiley-Blackwell, 2012.

⑥ Ulrike Hillemann, *Asian Empire and British Knowledge: China and the Networks of British Imperial Expansion*, Palgrave Macmillan, 2009.

第四篇 西方帝国史研究的回顾与反思

战争的爆发。① 还有一些学者从殖民地精英的角度探讨殖民主义话语的影响，这正是萨义德所忽视的。西奥多·库迪切克探讨19世纪英国本土和帝国的自由主义知识分子对大不列颠的历史想象，指出英国的自由帝国主义意识形态在宗主国衰落却在殖民地印度获得回响，而印度知识分子依据自身的文化背景和利益改写了自由主义的进步叙事。②

值得注意的是，原本对后殖民话语保持距离的旧帝国史也出现了与新帝国史合流的趋势。比如，帝国史家 C. A. 贝利对后殖民史学持保留意见，却写出令后殖民史学者艳羡的著作。③ 他的《帝国与情报》考察18世纪80年代到19世纪60年代东印度公司雇用间谍、记者、博学的幕僚共同组成的情报网络，还谈到殖民当局如何理解和误解情报人员提供的信息，以便更好地实施统治。毫无疑问，有关情报信息与帝国统治的讨论属于后殖民话语分析的典型话题。④ 2012年，贝利在另一本书中同样探讨抵抗意识与主体性的关系，认为殖民时期印度受过英式教育的自由主义者不仅抵抗殖民统治，还在思考如果成为一个全球共和国（英帝国的变体）的公民，如何获得"美好生活"的问题。⑤

总之，历史学家将后殖民理论引入历史研究领域获得了极大的成功。戴恩·肯尼迪提到，经过二三十年的接触与碰撞，历史学家对后殖民理论的态度已经从原来的疏离和抵触转变为容忍甚至偏好，后殖民转向使帝国史研究成为历史学最具活力的研究领域之一。⑥ 为什么后殖民史学能够取得这样的成就？这是因为后殖民史学揭示了殖民主义除政治、经济和军事之外的另一种面向，即文化、话语和意识形态，开拓了新的研究空间，为

---

① Song-Chuan Chen, *Merchants of War and Peace: British Knowledge of China in the Making of the Opium War*, Hong Kong University Press, 2017.

② Theodore Koditschek, *Liberalism, Imperialism, and the Historical Imagination: Nineteenth-Century Visions of a Greater Britain*, Cambridge University Press, 2011.

③ ［希腊］阿西娜·赛利亚图：《帝国的、民族的、殖民的、政治的：英帝国史及其流裔》，《全球史评论》第10辑，中国社会科学出版社2016年版，第32页。

④ C. A. Bayly, *Empire and Information: Intelligence Gathering and Social Communication in India, 1780—1870*, Cambridge University Press, 1996.

⑤ C. A. Bayly, *Recovering Liberties: Indian Thought in the Age of Liberalism and Empire*, Cambridge University Press, 2012.

⑥ Dane Kennedy, "Postcolonialism and History", in Graham Huggan, ed., *The Oxford Handbook of Postcolonial Studies*, p. 467.

我们揭示西方将自己的力量投射到非西方世界的文化动力。而且，后殖民史学"发现"了农民、工人、妇女、有色种族这些底层沉默者的历史，重构了中心和边缘的关系，给予边缘者以主体地位。正因为如此，后殖民学者秉持"去中心化帝国""地方化欧洲""把欧洲作为他者"等史学理念，[1] 致力于摒弃欧洲的殖民主义话语来实现学术的非殖民化，极大地改变了我们对历史的理解。

（原载《史学理论研究》2020 年第 3 期）

---

[1] Dipesh Chakrabarty, *Provincializing Europe: Postcolonial Thought and Historical Difference*, Princeton University Press, 2000; Radhika Mohanram, *Imperial White: Race, Diaspora, and the British Empire*, University Of Minnesota Press, 2007.

帝国和帝国主义概念辨析

周 芬 张顺洪

（中国社会科学院研究生院世界历史系
中国社会科学院历史理论研究所）

"帝国"和"帝国主义"这两个概念，在学术界应用得比较广泛，但在不同学者笔下，其含义有所不同。这两个概念，特别是"帝国"概念，在使用上存在着泛化的倾向，在一定程度上妨碍了人们正确地理解历史。今天，一些西方学者使用这两个概念时，甚至具有很强的针对中国的意识形态偏向。对这样的问题，中国学术界还不够重视，有的学者尚缺乏应有的学术辨别意识和理论自觉性。这里，笔者不拟对国内外学术界长期以来关于帝国和帝国主义问题的研究做综述性考察，[①] 而是针对现实学术问题，直接展开讨论。当然，在讨论过程中，我们将在必要时引述或论及学界有关看法。本文意在简明地阐述对"帝国"和"帝国主义"概念的理解及其在世界历史中的实际含义，并提出在什么情况下，我们可以或不应使用这两个概念，抛砖引玉，以求教于学界同仁。

[①] 中外学术界长期以来研究帝国和帝国主义这两个主题的著述可以说汗牛充栋。例如，仅英帝国史专业的有关著述就极为丰富，伦敦大学图书馆还专门设立了英帝国史藏书部，关于英帝国史的著作不断出版。除各类多卷本档案集外，最近的一部多卷本英帝国史著作是《牛津英帝国史》（*The Oxford History of the British Empire*），共 5 卷，1998—2000 年间出版，前 4 卷按年代安排，但各卷内容类似专题研究文集，第 5 卷是关于"史学理论"的。这只是英国一个国家的殖民帝国史，关于世界近现代西方其他殖民帝国以及以帝国相称的世界古代中世纪大国的研究著述也极为丰富。例如，关于古代罗马帝国的著述就很多，如早在 18 世纪后期，英国著名历史学家爱德华·吉本就推出了多卷本《罗马帝国衰亡史》。

一 如何理解"帝国"

对帝国史的研究，近现代学术界早已有之。但 20 世纪末期，特别是东欧剧变后，帝国史研究却成为一种新的学术潮流。有学者指出，随着冷战的结束，分析家们着力探索"新时代"出现的世界政治的整体结构，结果使帝国概念成为学术界关注的一个主要问题。[1] 据国外学者 2006 年统计，亚马逊网站书目中，含有"帝国"一词的就有 10513 本；美国连锁书店巴诺书店网站列出的书目中，包含"帝国"一词的有 10210 本。[2] 中国亦有学者指出，20 世纪 80 年代之后，帝国史研究出现了复兴，并在新社会史、新文化史、全球史等思潮影响下，出现了不同于传统帝国史叙述的"新帝国史"。[3] 这些年来帝国史成为学术研究的一个热门。

帝国这一概念是早已存在的，并为现代学术界广泛应用，但对什么是帝国却有不同理解。关于帝国的定义，这里略举几例。《辞海》的"帝国"条目作了如下定义："通常指以皇帝为最高统治者的君主制国家"；"也指某些占有殖民地的帝国主义国家"。[4]《辞海》的解释区别了两类不同的帝国，含义也是比较明确的。张世平在《帝国战略：世界历史上的帝国与美国崛起之路》中引述了《兰登书屋辞典》对帝国的定义："在一位帝王或其他强势君主或政府统治下的多个国家或民族的集合，其版图通常大于王国。"[5]《牛津英语词典》对帝国的解释是："由单一君主或统治权力管辖的一个大的国家群体。"[6] 这两种定义都没有明确区别世界古代中世

---

[1] James N. Rosenau, "Illusions of Power and Empire", *History and Theory*, Vol. 44, No. 4, 2005, p. 73.

[2] Alexander J. Motyl, "Is Everything Empire? Is Empire Everything?", *Comparative Politics*, Vol. 38, No. 2, 2006, p. 229.

[3] 刘文明：《历史学"全球转向"影响下的"新帝国史"》，《史学理论研究》2020 年第 3 期。

[4] 辞海编辑委员会编：《辞海》（1979 年版）缩印本，上海辞书出版社 1980 年版，第 353 页。

[5] 张世平：《帝国战略：世界历史上的帝国与美国崛起之路》，解放军出版社 2011 年版，"前言"，第 1 页。

[6] Maurice Waite, ed., *Paperback Oxford English Dictionary*, seventh edition, Oxford University Press, 2012, p. 232.

>   **第四篇** 西方帝国史研究的回顾与反思

纪时期的帝国和世界近现代时期殖民帝国的差异；而且根据这样的解释，人类社会在古代中世纪就可能有了帝国。国外有学者认为，与民族国家相比，帝国是大的政治单位，是扩张性的政治实体，当他们纳入新的民族时，仍然维持差异与等级体系；帝国这一概念意味着在同一政治实体中对不同民族用不同方式进行统治。① 哈特和奈格里在探讨现代帝国问题时认为，"帝国是一个政治主体，它有效地控制着这些全球交流，它是统治世界的最高权力"；"与帝国主义相比，帝国不建立权力的中心，不依赖固定的疆界和界限。它是一个无中心、无疆界的统治机器"。他们还提出："帝国的概念的基本特征是没有边境，它的规则是没有限定。"② 这样的解释有点缥缈，不易理解；这样的帝国具有某种"无形的"特征。学术界对帝国概念的解释很多，这里不一一列举。

与对帝国的解释多样性密切相关，帝国史研究中存在着一种值得注意的现象，就是将帝国泛化。牛津大学研究帝国史的学者约翰·达尔文甚至提出："吸引人的说法是，世界的历史是一部帝国史，是帝国的历史。"③ 国际学术界往往将奴隶社会时期和封建社会时期出现的一些地域性大国称作帝国；甚至不大的国家，也称作帝国。例如，《帝国衰亡史》一书就考察了 16 个古代帝国，包括古代埃及、亚述、波斯、雅典、迦太基、中国汉朝、罗马、美洲的玛雅等；④《古代和中世纪早期的欧亚帝国：希腊—罗马、内亚和中国之间的接触与交流》一书，也将中国封建王朝，如汉朝、唐朝称为帝国，与同时代其他所谓的帝国并列。⑤ 中国有的古代史专家也使用了帝国概念，称中国古代封建王朝为帝国，如秦帝国、汉帝国、明帝国、清帝国。

---

① Jane Burbank and Frederick Cooper, *Empires in World History: Power and the Politics of Difference*, Princeton University Press, 2010, p. 8.
② [美]迈克尔·哈特、安东尼奥·奈格里：《帝国》，杨建国、范一亭译，江苏人民出版社 2005 年版，"序言"，第 1—4 页。
③ John Darwin, *After Tamerlane: The Rise and Fall of Global Empires, 1400–2000*, Penguin Books, 2008, p. 491.
④ [美]科马克·奥·勃里恩：《帝国衰亡史——十六个古代帝国的崛起、霸业和衰亡》，邵志军译，中国出版集团、现代出版社 2013 年版。
⑤ Hyun Jin Kim, Frederik Juliaan Vervaet and Selim Ferruh Adali, eds., *Eurasian Empires in Antiquity and the Early Middle Ages: Contact and Exchange Between the Graeco-Roman World, Inner Asia and China*, Cambridge University Press, 2017.

的确，帝国概念使用比较宽泛，实际上的含义也有差异。可以说，在世界历史研究中，这个概念指代着两种形式不同、性质有异的帝国。第一类主要是由君主或皇帝统治的帝制国家，这样的国家一般地域比较广阔，不应该把它们与城邦国家或较小的王国等同；城邦国家地域很小，王国一般地域也比较小，由国王或君主或贵族集团统治，有时从属于某个帝国。这类帝国就是古代中世纪历史上逐渐形成的地域大国，我们完全可以不视它们为帝国，在历史叙述中也尽可能地不称它们为帝国。第二类是存在于世界近现代历史中的殖民帝国，主要由西方列强通过殖民扩张建立，如西班牙美洲殖民帝国、英国的海外殖民帝国；西方其他国家，如葡萄牙、法国、荷兰等，也建立过海外殖民帝国。

具体而言，第一类是历史上奴隶社会时期和封建社会时期的帝国，主要是实行君主制或者说君主专制或帝制的国家，是地域和影响都较大的奴隶制国家或封建制国家。笔者认为这样的国家不是真正意义上的帝国，它们是历史上出现的大国，是地区历史发展到一定程度、一定阶段的产物。只是许多历史上存在过的大国由于这样那样的原因，没有能够延续下来，甚至有的昙花一现就消失在历史长河中。世界历史上这样的大国——"帝国"不少，如古代埃及帝国、阿卡德帝国、亚述帝国、波斯帝国、亚历山大帝国、罗马帝国，甚至后来的阿拉伯帝国、奥斯曼帝国等。这样的古代中世纪的"帝国"，多半有一个地域中心，向周边扩展，地区之间往往长期存在着各种联系与互动，甚至彼此有征伐，逐渐形成大国。这种大国形成的过程一般表现为人类社会发展进程中一种"自然演进"的过程，是人类社会不断从低级阶段走向高级阶段进程中逐步形成的。在这个进程中，作为国家的经济政治实体，一般规律是由小向大演进，小国逐渐成为大国，当然中间可能会发生曲折。从原始社会的氏族、胞族、部落、部落联盟，逐渐形成地域较小的古代国家；地域小国长期交流互动、碰撞融合，逐渐形成更大范围的国家。这是人类社会历史发展的一种"自然演进"的趋势。中国古代历史的发展就很有代表性，学术界有"邦国—王国—帝国"三阶段说，也有"古国—古王国—王国"三阶段说。[①] 这表明，从上古开始，在漫长的历史发展进程中，中国就存在着一个"从小向大"演进

---

① 参见朱乃诚《五帝时代与中华文明的形成》，《中原文化研究》2020年第4期。

第四篇 西方帝国史研究的回顾与反思

的趋势。

古代中东地区也呈现出这种发展趋势。例如，有学者专门考察了古代埃及，从原始社会的部落发展到"帝国"的历程。① 有学者认为，在第十八王朝和第十九王朝时期（约公元前16世纪至公元前12世纪），古代埃及发展成为"世界上第一个大帝国"。②

古代中东地区小国向大国演进，除埃及外，西亚两河流域也是如此。首先形成的是规模狭小的城邦国家。两河流域中下游地区是世界上最早进入文明社会的地区之一。这里的苏美尔人在公元前3000多年就建立了一系列城邦国家。城邦国家逐渐向王国演进，如形成了乌尔第一王朝、第二王朝。约公元前24世纪，两河领域出现了强大的阿卡德王国，有学者称这个王国为"人类历史上第一个帝国"——阿卡德帝国。③ 而两河流域后起的大国——亚述帝国，则被有的学者称为"人类历史上第一个真正的帝国"；④ 约公元前10世纪至公元前7世纪，亚述疆域地跨亚洲和非洲。中东地区第一个地跨亚非欧三大洲的大国是波斯帝国（公元前550年至公元前330年），可以说是世界历史上第一个超级大国。公元前330年，波斯帝国灭亡，被亚历山大帝国取代，而亚历山大帝国很快解体。中东地区的这些地域性大国，都没有形成一个"定型的"、长期统一的大国。中东地区后来出现的大国，如阿拉伯帝国、奥斯曼帝国等，也都没有能够形成一体化的地域性大国。直到今天，中东地区仍然是"小国林立"。

世界古代中世纪的一些大国，被学术界长期以来称为"帝国"。这样的称呼在一定意义上已约定俗成，我们很难在实际的学术表述中加以回避，一时难以完全放弃不用，但要做到胸中有数。这些所谓的帝国，实际上是历史上形成的地域性大国，只是绝大多数大国没有能够维持下来。对中国古代封建王朝，我们一般情况下就不要称为帝国，以避免学术概念和

---

① ［法］亚历山大·莫瑞、［法］G. 戴维：《从部落到帝国——原始社会和古代东方的社会组织》，郭子林译，大象出版社2010年版。
② ［美］温迪·克里斯坦森：《古代埃及帝国》，郭子林译，商务印书馆2015年版，第49页。
③ ［美］科马克·奥·勃里恩：《帝国衰亡史——十六个古代帝国的崛起、霸业和衰亡》，第1页。
④ ［美］科马克·奥·勃里恩：《帝国衰亡史——十六个古代帝国的崛起、霸业和衰亡》，第55—74页。

思想上的混乱。如果要用"帝国"概念，就需要明确限定和说明。其他处于奴隶社会和封建社会时期的"帝国"，也应如此对待。我们要尽可能地以"某某国"或"某某王朝"代替"帝国"概念。

小国向大国的"自然演进"，在世界其他地区也发生过。例如，较小地域范围内的这种"自然演进"在大不列颠岛上就发生过。英国历史上曾经出现过小国林立的现象。公元7世纪至9世纪，就存在过七个国家，称为七国时代。这还只是在英格兰地区，且今日英格兰有的地方还不在这七国范围之内。一定意义上讲，此时的"英国"在英格兰，不包括今天的威尔士地区和苏格兰地区；威尔士直到16世纪才与英格兰最终合并，苏格兰到18世纪初才最终与英格兰合并，形成统一的王国。到这个时期，大不列颠岛才真正形成一体化的地域性"大国"；像这样形成的大国，不应称为帝国或视为帝国，与英国当时已通过海外扩张建立起来的殖民帝国不可相提并论。中国历史上的封建王朝是东亚的地域性大国，它完全不能、也不应与欧洲列强殖民扩张建立的海外殖民帝国相提并论。

第二类帝国，就是指15、16世纪开始逐渐形成的殖民帝国，主要由欧洲列强建立，是与资本主义的兴起和扩张紧密联系在一起的。这些帝国主要包括西班牙、葡萄牙、英国、法国、荷兰等国的海外殖民帝国。本文认为，这类帝国才是真正意义上的帝国；我们通常讲的帝国就应指这样的殖民帝国。这类殖民帝国不是一个国家。英国是一个国家，西班牙是一个国家，它们是宗主国，在海外占领了许多殖民地，形成了殖民帝国。这是世界近现代历史上帝国的真正含义。宗主国对广大殖民地进行掠夺，奴役殖民地人民。这类帝国不是地域相连的不同地区，不是在长期交流互动碰撞融合的基础上逐渐形成的，而是殖民主义者完全通过武力侵占他国或侵占土著人民的家园形成的。这类殖民帝国后来逐渐解体；第二次世界大战后，在民族解放运动的冲击下，广大殖民地纷纷独立，这类殖民帝国终于退出历史舞台。

这里我们不妨简单地讲几句，为何世界历史上形成的地域性大国，即所谓的"帝国"，绝大多数最终解体了。中东历史上形成过一系列地域性大国，但最终都没有形成一体化大国。欧洲历史上也曾出现一些大国或"帝国"，如"查理曼帝国""神圣罗马帝国""拿破仑帝国"，却都没有形成一体化的欧洲地域性大国。欧洲至今仍然是"小国林立"；欧盟还只是一个比较松散的国家联盟。中国是世界历史上大国形成后得到巩固和发展的最典型的实例，也是世界历史上经过"自然演进"而逐渐形成大国的范例，为人类社会发展提供了宝贵的历史经验。今天有的地域大国，如美国和加拿大，就不是通过"自然演进"形成的，从源头上讲是殖民扩张的结果；美国和加拿大这两个地域大国是欧洲人通过殖民扩张跨洋占领美洲印第安人的家园逐步形成的。关于世界历史上一系列大国不断解体的原因，仍然需要史学工作者进行深入的探研。这属于另一个主题，这里就不展开讨论了。

二　如何理解"帝国主义"

关于帝国主义，《不列颠百科全书》的定义是："国家扩大势力和版图的政策、行为和主张，特别是通过直接占领领土或对其他地区进行政治和经济控制来实现。"① 《牛津英语词典》对帝国主义的解释是："一种通过诸如建立殖民地的方式或通过军事力量扩大国家支配地位和影响的政策。"② 这两种定义都比较宽泛，使其历史含义超越了资本主义时期，即意味着在古代也存在着帝国主义。国际学术界也确实有学者持这种认识。例如，美国学者腾尼·弗兰克就撰有专著《罗马帝国主义》；③ 也有学者专门考察了西亚两河流域古代国家亚述的"帝国主义化"。④ 自从 19 世纪末帝国主义形成后，国际学术界关于帝国主义的著述就不断出现。进入 21 世纪也有不少新作出版和发表，关于帝国主义的理解和定义也有差异。这里不能一一对比或综述，仅举两例。《新美帝国主义：布什的反恐战争和以血换石油》认为："帝国主义是一国对别国进行军事和经济征服的企图。"⑤ 关于新美帝国主义，作者指出："小布什的外交和军事政策中体现

---

① 《不列颠百科全书》（国际中文版）第 8 卷，中国大百科全书出版社 2002 年版，第 334 页。
② Maurice Waite, ed., *Paperback Oxford English Dictionary*, p. 362.
③ 参见 [美] 腾尼·弗兰克《罗马帝国主义》，宫秀华译，上海三联书店 2012 年版。
④ Bleda Düring, *The Imperialisation of Assyria: An Archaeological Approach*, Cambridge University Press, 2020.
⑤ [英] 瓦西利斯·福斯卡斯、[英] 比伦特·格卡伊：《新美帝国主义：布什的反恐战争和以血换石油》，薛颖译，世界知识出版社 2006 年版，第 13 页。

出的现阶段新美帝国主义的重要内容,是把以前的新美帝国主义——也就是艾奇逊—尼兹的获得全球优势的'轮轴—辐条'模式极端化。美国今天在东欧、巴尔干和大中东地区的扩张和扩大影响力,不论有没有北约参加,有没有英国帮助,都只不过是在这种有60年历史的思想基础上进行的同样模式的极端化扩张。美国正试图把欧亚和世界上更多的战略地区及国家纳入其监控之中,主要是正在扩大的欧盟和日本。"① 这样的表述凸显了作者的观点:帝国主义是进行军事和经济征服的主张和行动。《新帝国主义》一书重点考察了资本掠夺和美国侵略扩张行为,并对之进行揭露和批判,但对帝国主义没有明确定义,有关帝国主义的表述也是不够清晰的。作者提出,自第二次世界大战后,"美帝国主义就一直在各种帝国的模糊概念里面来回摇摆"。② 也许正因为如此,作者才没有给帝国主义下一个明确的定义。作者在书中使用了"资本主义的帝国主义""剥夺性积累的帝国主义""新自由主义的帝国主义""新保守主义的帝国主义""野蛮的军国主义的帝国主义"等表述。可见,作者对帝国主义并没有一个确定的理解。作者在书中也坦陈:"'新帝国主义'似乎是只在重复已经逝去的帝国主义,尽管时间与地点均已完全不同。这一命题是否已经足够概念化还仍然需要进行评估。"③

确实,国际学术界关于帝国主义的著述颇丰,关于帝国主义的理解和解释也有差异。《辞海》采纳了列宁对帝国主义的定义,认为帝国主义是"垄断资本主义"或"现代资本主义",是"资本主义发展的最高和最后阶段"。④ 本文认为《辞海》的定义是合理的。在《帝国主义是资本主义的最高阶段》中,列宁对"帝国主义"进行了全面的阐述,对理解什么是帝国主义提供了理论指南。列宁对帝国主义的各种表现深入考察之后指出:"如果必须给帝国主义下一个尽量简短的定义,那就应当说,帝国主义是资本主义的垄断阶段。这样的定义能包括最主要之点,因为一方面,

---

① [英] 瓦西利斯·福斯卡斯、[英] 比伦特·格卡伊:《新美帝国主义:布什的反恐战争和以血换石油》,第43页。
② [英] 大卫·哈维:《新帝国主义》,初立忠、沈晓雷译,社会科学文献出版社2009年版,第5页。
③ [英] 大卫·哈维:《新帝国主义》,第147页。
④ 辞海编辑委员会编《辞海》(1979年版)缩印本,第353页。

第四篇　西方帝国史研究的回顾与反思

金融资本就是和工业家垄断同盟的资本融合起来的少数垄断性的最大银行的银行资本；另一方面，瓜分世界，就是由无阻碍地向未被任何一个资本主义大国占据的地区推行的殖民政策，过渡到垄断地占有已经瓜分完了的世界领土的殖民政策。"列宁接着指出："如果不忘记所有定义都只有有条件的、相对的意义，永远也不能包括充分发展的现象一切方面的联系，就应当给帝国主义下这样一个定义，其中要包括帝国主义的如下五个基本特征：（1）生产和资本的集中发展到这样高的程度，以致造成了在经济生活中起决定作用的垄断组织；（2）银行资本和工业资本已经融合起来，在这个'金融资本的'基础上形成了金融寡头；（3）和商品输出不同的资本输出具有特别重要的意义；（4）瓜分世界的资本家国际垄断同盟已经形成；（5）最大资本主义大国已把世界上的领土瓜分完毕。帝国主义是发展到垄断组织和金融资本的统治已经确立、资本输出具有突出意义、国际托拉斯开始瓜分世界、一些最大的资本主义国家已把世界全部领土瓜分完毕这一阶段的资本主义。"①

笔者认为列宁对帝国主义的定义是科学的，是符合世界历史发展客观实际的。列宁的帝国主义论揭示了垄断资本主义的本质和资本主义发展的历史趋势。一个世纪以来，世界历史已经发生巨大变化，但列宁的帝国主义论仍然闪烁着科学和真理的光辉。

在学术研究中使用帝国主义概念，本文认为可以有两种含义。一是列宁关于帝国主义的定义。这是帝国主义一词的根本含义。中国学术界应该坚持列宁对帝国主义的定义。对帝国主义的另一种解释或理解，就是帝国主义也可以指15、16世纪以后，西方列强在海外实行殖民扩张建立殖民帝国的政策、行为和主张。这个时期的帝国主义与殖民主义是不可分割的；国际学术界就有学者将西方列强殖民扩张行为与主张视为推行帝国主义。本文认为是可以在这个意义上使用帝国主义概念的。这种早期的帝国主义是资本主义兴起和发展的产物，也是资本主义本质的体现。但是，在这个意义上使用帝国主义概念，则帝国主义不是指资本主义发展的一个特

---

① ［俄］列宁：《帝国主义是资本主义的最高阶段》，《列宁专题文集·论资本主义》，人民出版社2009年版，第175—176页。

定阶段，而主要是指资本主义国家的殖民扩张和掠夺的政策、主张和行为。① 这样理解的帝国主义是与列宁定义的帝国主义不同的。正如有学者指出的，两种对帝国主义的定义可以大致概括为"政策论"和"阶段论"："前者主张帝国主义是资本主义国家的一种对外扩张政策或手段；后者认为帝国主义是资本主义最新发展阶段的指称。"② 至于被学术界称为"帝国"的世界古代中世纪时期的国家，尽管也存在征战、奴役和压迫，但我们不宜泛称它们推行了帝国主义。本文认为帝国主义本质上属于资本主义，从广义上讲，帝国主义伴随着资本主义兴衰的整个历史过程；从狭义上讲，帝国主义就是发展到垄断阶段的资本主义。而垄断阶段的资本主义又存在不同的发展阶段，如私人垄断资本主义、国家垄断资本主义、国际垄断资本主义。

那么，现阶段是否依然存在帝国主义？根据列宁的定义，当今世界仍然存在帝国主义。一个世纪以来，垄断资本主义仍然存在，并且经历着新的发展变化。只要垄断资本主义存在，帝国主义就存在。当今世界处于垄断资本主义阶段的国家，仍然在国际格局中占主导地位，在国际事务中存在着这样那样的帝国主义表现，我们通常称为霸权主义、强权政治等。但帝国主义相比一个世纪以前，已经发生了重大变化。十月革命后帝国主义的发展变化，是一个重大的研究主题。国内外学术界对这个主题已有不少研究，但对不断演变中的帝国主义，中国学术界还需进行更加深入系统的考察。本文仅做如下几点简单的阐述。

---

① 一些西方学者往往这样理解帝国主义。例如，英国学者霍布森在1902年出版《帝国主义研究》一书，指出帝国主义的一些特征，并对帝国主义进行批评，但他并不认为帝国主义是资本主义发展的一个特定阶段，而认为帝国主义主要是大国的一种政策。英国学者 P. J. 凯恩和 A. G. 霍普金斯合著的《英帝国主义》，考察了 1688—1990 年英国的帝国主义。在书中，作者并没有给帝国主义明确的定义。该书主要考察了 1688 年之后英国"绅士资本主义"的特点、绅士资本家们对英国政治和帝国政策的影响以及英国的帝国政策与帝国演变的历史。从全书看，这两位学者主要视帝国主义为一种政策，而不是资本主义发展的特定历史阶段。他们笔下的英国"绅士资本家"主要是拥有雄厚资本的土地贵族、金融家、大商人、各种服务行业的大亨，如保险公司老板等；大多数英国高级官员包括外交官和殖民官员也是绅士资本家，而工业资本家们则不属于"绅士资本家"。P. J. Cain and A. G. Hopkins, *British Imperialism: Innovation and Expansion 1688 - 1914*, Longman, 1990; P. J. Cain and A. G. Hopkins, *British Imperialism: Crisis and Deconstruction 1914 - 1990*, Longman, 1993.

② 朱亚坤：《何谓"帝国主义"？语境、面向与反思——主要基于对列宁帝国主义论的评析》，《国外理论动态》2019 年第 4 期。

第四篇　西方帝国史研究的回顾与反思

十月革命胜利后，世界格局发生重大变化，帝国主义也必然相应地发生变化。第一，划时代的变化是世界上出现了第一个社会主义大国苏联，从此世界格局中再也不是帝国主义国家一统天下。二战后，世界上出现了一系列新生的社会主义国家。目前，虽然苏联解体，但中国作为社会主义大国屹立在世界舞台上。第二，在20世纪，随着民族解放运动的蓬勃发展，越来越多的殖民地获得独立，帝国主义国家从领土上瓜分和重新瓜分世界已经不可能了。特别是二战后，民族解放运动取得前所未有的胜利，殖民帝国纷纷解体，广大殖民地半殖民地获得独立，成为新兴的发展中国家。东欧剧变后，美国等发达资本主义国家实力暂时相对有所增强，以美国为首的发达资本主义国家发动了一系列战争，但也不可能像昔日那样，建立直接统治的殖民帝国了。第三，随着广大发展中国家的不断兴起，特别是社会主义中国的日益发展，帝国主义的实力总体上逐渐相对削弱，帝国主义受到进步力量越来越大的制约。当然，帝国主义依然存在。在国际金融领域，帝国主义还具有超强的实力；帝国主义在军事、意识形态等领域，也对广大发展中国家构成严重挑战。但是，可以说，在现阶段世界历史发展进程中，帝国主义总体上是在走下坡路。

国外有学者认为当前的帝国主义是"晚期帝国主义"。[1] 这是值得关注的一种新的理论探索。有学者指出：晚期帝国主义理论"捍卫并发展了列宁帝国主义论"，"既坚持列宁帝国主义论的核心观点，即帝国主义是垄断资本主义的最高阶段，又坚持了列宁分析帝国主义时所使用的具体的历史的辩证方法"。[2]

这里需要说明的是，从学术探讨角度来看，本文不赞成国内外一些学者将列宁定义的帝国主义称为"古典帝国主义"，而将当今帝国主义称为

---

[1] 参见牛田盛《晚期帝国主义：资本主义世界秩序的历史终点》，《世界社会主义研究》2020年第6期。这篇文章介绍美国学者约翰·贝拉米·福斯特关于晚期帝国主义的理论。福斯特在2019年提出：当前的帝国主义是晚期帝国主义，晚期帝国主义阶段既是经济停滞时代，也是美国霸权衰落和全球代谢断裂时代；晚期帝国主义具有普遍垄断金融资本、生产全球化、新形式的价值转移等特点，并面临着前所未有的经济、军事和环境挑战；晚期帝国主义比过去更具有侵略性，在意识形态上诉诸新自由主义甚至法西斯主义，代表了资本主义世界秩序的历史终点。

[2] 牛田盛：《晚期帝国主义：资本主义世界秩序的历史终点》，《世界社会主义研究》2020年第6期。

"新帝国主义"。① 列宁所处时代的帝国主义与今天的帝国主义一脉相承，只是不断地发生变化，而且还会继续发生变化。同时，我们也不赞成一些学者简单地把列宁的帝国主义理论称为"传统帝国主义理论"，而把今天一些学者提出的帝国主义理论称为"马克思主义新帝国主义理论"。② 国内外学术界现在也频繁使用"文化帝国主义""生态帝国主义""数据帝国主义"等概念。这些概念中的帝国主义显然不是指资本主义发展的一个特定阶段，而主要是指垄断资本主义在某个领域的表现。这些概念中的帝国主义与列宁定义的帝国主义是不同的。

三　西方帝国和帝国主义话语体系中的意识形态偏向

目前，西方学界的帝国和帝国主义话语体系中存在着一种明显的针对中国的意识形态偏向。西方学术界过去已有研究把中国称为帝国。但是，东欧剧变后，国际学术界出现了一种新的学术倾向，就是将中国明朝，特别是清朝视为帝国，与西方近现代殖民帝国相提并论，着意渲染中国也实行过"殖民主义""帝国主义"。美国新清史学派的一些著作也存在这种明显的倾向性。中国已有学者注意到："大约20世纪90年代以后，西方学界中国历史叙事的王朝框架受到挑战，一种新含义的'帝国'概念登上舞台。"③

这里就西方学术界将明清王朝视为帝国略举几例。简·伯班克、弗里

---

① 关于新帝国主义，李玉峰早在2005年就发表文章《"新帝国主义论"研究综述》（《毛泽东邓小平理论研究》2005年第5期），对新帝国主义思潮及有关研究进行了介绍。作者认为："所谓新帝国主义不过是帝国主义的新时代。"当然，二战后帝国主义是一直存在的。不过，20世纪80年代末90年代初东欧剧变后，在世界事务中帝国主义显然有抬头之势。这种势头反映在意识形态上，就出现了帝国主义的新思潮。1994年，西方左翼学者弗兰克·菲雷迪出版《帝国主义的新意识形态》一书。他指出：1991年海湾战争后，英美两国出现了一种明确颂扬帝国征服的倾向。"帝国主义一词在半个世纪里第一次以积极的意义而公开使用"（Frank Furedi, *The New Ideology of Imperialism*, Pluto Press, 1994, p.99）。21世纪初，关于西方新帝国主义的一些新论著出版，如瓦西利斯·福斯卡斯、比伦特·格卡伊的《新美帝国主义：布什的反恐战争和以血换石油》、大卫·哈维的《新帝国主义》等。
② 关于传统帝国主义理论与新帝国主义理论的区别，参见蒋天婵《"双重逻辑"与马克思主义新帝国主义理论》，《东南大学学报》2020年第3期。
③ 李友东：《从"王朝"到"帝国"的转移——西方学术范式中"历史中国"的意涵变化》，《史学理论研究》2020年第3期。

第四篇 西方帝国史研究的回顾与反思

德里克·库珀的《世界历史中的帝国：力量与差异政治》，把东方封建王朝与西方殖民帝国相提并论，认为中国是一个"帝国的力量"。该书"委婉"地将中国在新疆面临的问题与当今美国在阿富汗面临的问题相提并论；将经过几千年文明演进逐渐形成的大国中国，与通过殖民扩张侵夺他人家园短时间内形成的大国美国相提并论。①

菲利普·费尔南德兹-阿迈斯托写道："明清时期中国不仅致力于经济扩张和发展对外贸易，还致力于殖民活动，并积极向土著传播汉族习俗"；"按大多数标准来说，清是18世纪世界上成长最快的帝国"。②

柯克·W. 拉森撰写《传统、条约与贸易：清帝国主义与朝鲜》，在书名中就直接用了"清帝国主义"这一概念。③《亚洲研究杂志》刊发的书评讲道："正如柯克·W. 拉森自己承认的，他不是第一个提出清的政策是帝国主义的，但这本书却比此前所有著作讲得更为系统，并把这种解释发展成为条理清晰的阐述。"④

约瑟夫·麦凯宣称："在明朝，帝国主义是真实的，却还是有限的。强制和暴力只是有时候作为权力政治操控的工具。……相比之下，清国显然是个帝国，而且的确也热心帝国事业。……它进行了广泛的殖民扩张。这主要是通过武力征服和强制手段实现的。"⑤

劳拉·霍斯泰特勒直接把其著作命名为《清朝的殖民事业》，副标题是"早期现代中国的民族志和制图学"。在前言中，作者坦陈研究目的之一是："通过明确揭示清朝的地域勘测和民族调查在许多方面与欧洲殖民列强的做法类似，对仍然太过流行的中国孤立论和中国例外论神话提出异议。"⑥

---

① Jane Burbank and Frederick Cooper, *Empires in World History: Power and the Politics of Difference*, pp. 453–459.
② [美] 菲利普·费尔南德兹-阿迈斯托：《世界：一部历史》（第2版）下册，叶建军、庆学先等译，北京大学出版社2010年版，第627、798页。
③ Kirk W. Larsen, *Traditions, Treaties, and Trade: Qing Imperialism and Choson Korea, 1850–1910*, Harvard East Asia Center, 2008.
④ Richard S. Horowitz, "Review: Kirk W. Larsen, *Traditions, Treaties, and Trade: Qing Imperialism and Choson Korea, 1850–1910*", *The Journal of Asian Studies*, Vol. 68, Issue 1, 2009, pp. 270–271.
⑤ Joseph Mackay, "Rethinking the IR Theory of Empire in Late Imperial China", *International Relations of the Asia-Pacific*, Vol. 15, 2015, p. 71.
⑥ Laura Hostetler, *Qing Colonial Enterprise: Ethnography and Cartography in Early Modern China*, University of Chicago Press, 2001, Preface and Acknowledgements, pp. xvii–xviii.

一些西方学者刻意把明清时代的中国说成"帝国",其潜台词是明确的,即世界所有的殖民帝国在二战后都解体了,而中国这个曾经的"帝国"却还没有解体。

英国的帝国史专家约翰·达尔文在《帖木儿之后:1400 至 2000 年全球帝国的兴衰》一书中也视清朝为"帝国"。达尔文指出,"也许更令人吃惊的是中国保持了庞大的亚洲内陆帝国:满洲、蒙古、新疆和西藏";今天的中国很大程度上与 19 世纪 30 年代庞大的清帝国边界相同。世界历史是一部帝国史,而帝国都是要终结的;"历史上一个不言自明的道理是没有任何帝国是永恒的。崩溃的原因是很多的"。① 该书最后一章的标题是"帖木儿的阴影",英文版本章首页是五星红旗飘扬的天安门城楼照,照片下方的文字是:"天安门广场:帝国依旧在"。由此,可以清楚地看出,约翰·达尔文从学术上分裂中国、解构中华民族的意识形态意图。这部著作也流露出西方学术界某种势力的"良苦用心"。② 该书获得 2008 年英国沃尔夫森历史奖,并被翻译为多种文字出版。

由此可见,将中国明清王朝,特别是清王朝,贴上"帝国"标签,并宣称明清王朝推行过"帝国主义",并不是西方个别学者偶尔的看法,而是一批学者的看法。这已成为西方学术界一种有影响的思潮,是值得人们特别注意的。

西方学术界一些学者这样做的目的是明确的:一是意在渲染"中国威胁论";二是意在挑拨中国与一些邻国的关系;三是意在制造和激化中国内部的民族矛盾。深层的目的是为西方国家干涉中国内政、分裂中国、西化中国的长远战略服务。

与历史研究领域出现的针对中国的意识形态思潮相呼应,西方舆论界、国际问题研究等领域的一些研究也着力渲染中国是"帝国",宣扬"中国新帝国主义论"。例如,荷兰学者 2020 年发表文章,刺目的标题就是《帝国前哨:中国特色的基地政治》,"讨论"中国在吉布提建立军事

---

① John Darwin, *After Tamerlane: The Rise and Fall of Global Empires, 1400 – 2000*, pp. 496, 493.
② 关于约翰·达尔文等学者的以上观点,参见张顺洪《中国的世界历史学发展方向问题》,《历史研究》2013 年第 3 期。

> 第四篇　西方帝国史研究的回顾与反思

基地等问题。[1]"中国新帝国主义论"的宣扬者大肆渲染"中国经济侵略论""中国政治专制模式输出论""中国文化渗透论""中国生态环境威胁论""中国科技安全威胁论"等。"中国新帝国主义论"已受到中国学术界的揭露和批评。有学者指出："'中国新帝国主义论',是西方舆论界对发展起来的中国的扭曲认识。它把新时代中国对外交往的进程看成经济侵略、政治模式输出、文化渗透、生态环境和科技安全威胁的过程,严重曲解中国与世界的关系。"[2] 这样的学术揭露和批评是正确的,也是必要的。我们要以科学的态度,在深入研究的基础上,与西方学术界展开争鸣,以提高中国学术话语在国际学术领域中的影响。

　　如前所述,中国学术界也有一些研究把中国明清等封建王朝称为"帝国",这种做法是不恰当的,已有学者指出这一点。例如,李扬帆就认为:"称传统中国为'中华帝国'是对中国王朝的误读,无论是英文的'empire',还是古汉语的'帝国',用来称呼中国王朝都是误称(misnomer)。"[3] 但中国仍然有一些研究称中国封建王朝,包括明清王朝为帝国。中国学术界应该深入思考这个问题,不能随意使用"帝国"一词来指称中国的封建王朝。显然,帝制时代的"帝国"与"殖民帝国"不是一回事,存在实质性的区别。如果我们泛泛地讲帝国而不加以说明,从科学性上讲,是不准确的;从意识形态上讲,则可能会被国际某种势力所利用。本文建议,中国学术界对中国历代封建王朝,一律不称"帝国",而称为"某某朝代"或"某某王朝",如秦代、秦朝或秦王朝,汉代、汉朝或汉王朝,唐代、唐朝或唐王朝,明代、明朝或明王朝,清代、清朝或清王朝,等等。这些已经是约定俗成的概念,是完全可以使用的;或者通过更加深入的探讨,构建新的科学的概念体系。总之,我们要特别注意避免称明清王朝为帝国。与此同时,对西方学术界和舆论界宣称今日中国推行帝国主义的错误思潮,我们也要从历史的和现实的客观事实出发,进行学术上的揭露和批驳。

---

[1] Danny Pronk and Myrthe van der Graaf, "Outpost of Empire: Base Politics with Chinese Characteristics", *Clingendael Institute*, April, 2020.
[2] 张继龙:《驳西方"中国新帝国主义论"》,《马克思主义研究》2020年第5期。
[3] 李扬帆:《"中华帝国"的概念及其世界秩序:被误读的天下秩序》,《国际政治研究》2015年第5期。

结　语

　　学习和研究世界历史，确定概念的准确含义是非常重要的。随着对外学术交流的增长，随着大量国外学术著作的汉译出版，西方学术概念和学术思潮对中国学术界产生着不小的冲击。国内的一些学者也往往自觉不自觉地照搬了一些西方学术概念或提法。这就有可能加剧一些错误史观或思潮在中国学术界的流行，妨碍人们正确地认识历史。中国史学界要留意以下三个基本问题。一是对西方新的史学观点保持审辨态度，不可轻易视其为学术创新，而要以唯物史观为理论武器，进行分析辨别。二是对西方史学界提出的概念，要反思、消化吸收，不能照搬。西方学术界的一些概念，如果我们要拿来使用，就需要明确界定。长期以来，欧美学术研究在国际学术界占有一定的优势，影响也比较大，中国学术界如世界史学界使用的不少概念就是由欧美学术界"引进"的。今天为中国学术界使用的诸多概念，如"阿富汗战争""海湾战争""伊拉克战争"等，实际上也是有问题的；用这样的概念，这些战争看上去与欧美国家没关系，而实质上是它们发动的具有侵略性的战争。历史学是一门科学，中国史学工作者在借用欧美学术概念时，要特别注意斟酌审辨。三是中国史学界要更有意识地着力构建具有中国特色、自成体系、科学的话语体系。概念是话语体系中的重要组成部分，把概念准确地界定清楚，有利于推进中国历史学话语体系的建设。

（原载《史学理论研究》2021年第2期）

第五篇

亚非国家历史理论研究的新探索

从"东洋史"到"东亚史"
——韩国学界近三十年的历史叙事反思*

[韩] 安洙英　姜伊威

(上海师范大学人文学院世界历史系
复旦大学文史研究院)

2007 年,韩国政府决定在高中历史课中设立"东亚史"课程,根据这一历史教育改编方案,"东亚史"从 2012 年起成为一门选修课。自此,在韩国历史教育界实施了 50 年之久的国史与世界史的二分法,变成了"世界历史的理解""东亚史"和"韩国文化史"三个科目。将学界和教育界的情况分而观之,韩国历史学界在 20 世纪 50 年代以后一直维持着韩国史、东洋史、西洋史的"三分科体制";① 教育界则以此为基础,形成国史和世界史的二元体制。教育界的这种二分制度一直持续到 21 世纪初,此后出现了独立编纂东亚史教科书的主张。这也是半个世纪以来,东亚史被首次正式提上议程,这意味着历史教育的结构性变化。

在韩国政府明确规定高中课程必须同时开设韩国史、东亚史和世界史之后,学界和教育界展开了广泛讨论。东北亚历史财团等机构主持召开了相关会议和工作坊,讨论"东亚史"课程的性质、内容和构成方式,并积极展开东亚史相关研究。在这一过程中,教育领域的变化明显早于学界,他们集中讨论了如何接受和反映东洋史的以往研究成果;如何以新的观点超越欧洲中心主义和国家中心主义,从而体现"相对化视

---

* 本文是国家社会科学基金重大项目"20 世纪的历史学和历史学家"(项目编号:19ZDA235)的阶段性成果。

① 韩国学界以"三分科体制"(3 분과체제)来描述本国历史教育中韩国史、东洋史、西洋史三分的学科制度。

角的东亚史认识"。① 而学界不少人认为，2007年韩国政府设立"东亚史"，不是纯粹的学术行为，而是为了面对东亚各国间的历史矛盾。② 但总体上，大部分学者还是对其必要性和及时性给予肯定。他们认为，新设的"东亚史"课程对韩国的历史学研究和历史教育具有转折性意义，③ 启发了韩国历史学界通过新的历史视野来超越三分科体制及其体现的民族主义、现代主义和欧洲中心主义。④

中国学界也关注到韩国"东亚史"课程的开设，并作出积极评价。吴炳守认为，这一变化将东亚史从世界史分离，成为独立的课程；东亚史课本采用了包括本国历史在内的区域史形式；与过去的通史教育相比，东亚史课本采取了专题导向的教学方式。⑤ 然而，也有论者批评说，韩国的"东亚史"课程"没能真正摆脱以韩国为中心的视角，其积极影响仍然有限"，且中韩之间的历史争端及中国的形象描写过于负面。⑥ 但是，"东亚史"课程的开设，不仅削弱了过去以韩国史为中心的历史观，而且增进了学生对周边国家的理解，培养了"东亚人"的地区认同，因此，总体上得到了中国学者的肯定评价。⑦

本文旨在概括韩国历史学界在东亚史正式纳入韩国历史教育体系之前进行的一系列讨论。20世纪90年代以后，把东亚作为一个地区单位思考的学术倾向在韩国明显抬头，而"东亚史"也被视为一种有意义的历史认识方式和叙述单位。"东亚史"课程开设后，东亚史的构成和研究方法的

---

① 柳镛泰：《한국의 동아시아사 인식과 구성－동양사연구 60년을 통해서 본 동아시아사》，《歷史教育》107辑，2008年，10，123；黄智淑：《상대화 시각의 동아시아사 인식과 교육 방안》，《歷史教育研究》5辑，2007年。

② 安秉佑：《고등학교 동아시아사 개설의 배경과 내용》，《歷史教育》78辑，2007年；李東郁：《동아시아사 과목의 성격과 교재구성방향》，《歷史와 교육》7号，2013年。

③ 金炅贤：《특집서문：동아시아사의 방법과 서술：세계사 및 한국사와의 연계방안》，《東北亞歷史論叢》40号，2013年，7—8页。

④ 金基凤：《한국 역사학의 재구성을 위한 방법으로서 동아시아사》，《東北亞歷史論叢》40号，2013年，24—25页。

⑤ 吴炳守：《韩国对东亚史的探究冀望良好的区域秩序》，《陕西教育（行政）》2013年第6期。

⑥ 詹德斌：《从周边看中国——韩国〈东亚史〉教科书中的当代中国形象》，《社会科学》2014年第10期。

⑦ 刘宝全：《초국가사（超國家史）방법론과 동아시아사의 서술》，《아시아문화연구》42卷，2016年，68页。

讨论丰富起来，启发韩国历史学界改变观点和转换思路。因此，通过概括东亚史的形成脉络以及韩国学界近三十年来的相关讨论，可以一窥韩国史学界的整体变化方向。

一　韩国史学界引进东亚史的背景

韩国的现代历史学形成于日本殖民统治时期，因此，确立"国史"（the National History，这里指韩国史）是当时的时代要求。申采浩被称为"近代韩国史之父"，他在殖民统治下，以民族主义意识将历史定义为"我与非我的斗争"，确立了民族主义历史学，以体现韩国史的主体性，"国史"和"世界史"成为"我者和他者"的对立。①

在1945年摆脱日本殖民统治以后，韩国将本国史从世界史中分离出来。这一方面是模仿日本的分科形式，另一方面也是出于1945年后对国史教育的迫切需求。民族主义史学在摆脱日本殖民统治后进一步发展，确立了可以清算日本殖民史学的韩国史范式。为了代替日本的帝国主义、殖民主义史学，并反驳前者定义的韩国历史之他律性、停滞性等理论，新的韩国史研究盛行起来。这种研究力图证明，韩国历史的发展是基于内在的因素和动力。"内在发展论"在三十余年里传遍韩国学界，为克服日本殖民史学、构建新的韩国历史作出了贡献。②

韩国在国史研究领域的确取得了可观成绩，人们普遍将之归因于20世纪70年代兴起的民族主义叙事。③但是，韩国的本国史研究一直以来局

---

① ［韩］申采浩:《总论》,《朝鲜上古史》,韩国著作权委员会,1997年,4—5页。
② 本国史与世界史的隔阂，在多数非欧美国家的历史教育和研究领域都存在，中国、日本概莫能外。以教学而言，这种隔阂造成的后果是本国史学生往往对于外国史知之甚少，反之亦然；即便是在美国，如夏继果指出的，全球史也是作为"教学领域"而出现的，后来才影响到研究领域。对于历史研究来说，本国史和世界史之间的张力更为复杂，尤其是非西方国家一边试图在本国寻找自发的历史动力，一边又在西方文明史的话语框架中难以跳脱出来。以中国而言，除了众所周知的"冲击—回应论"与"在中国发现历史"两种理路的矛盾外，早期的"五朵金花"问题、"李约瑟难题"和"韦伯情结"，都是在本国历史动力和世界史叙事主纲中彷徨的体现。在这一点上，韩国对东亚史乃至全球史的寻求，与中国学界的基本动因一致。参见李伯重《资本主义萌芽情结》,《读书》1996年第8期；夏继果:《全球史研究：互动、比较、建构》,《史学理论研究》2016年第3期。
③ 白永瑞:《自國史와地域史의疏通：東아시아人의歷史敍述의省察》,《歷史學報》196輯, 2007年,105页。

| 第五篇　亚非国家历史理论研究的新探索

限在本国史内部追踪和解释现代性的起源和启动原理上,这导致历史研究过度沉陷于"一国史"视角,忽略了韩国历史在世界和东亚的大背景下展开研究,本国史与东亚史、世界史之间没有形成有机的联系。

国史与东亚史(区域史)、世界史脉络之间的断裂,其实一直被韩国学界质疑和批评。① 朴元熇认为,韩国历史是东亚历史的一部分,很大程度上受到国际因素的影响,而历史学家们却只通过韩国对外关系史这一狭小视角来看待邻国及世界,失去了客观和平衡的视野。② 车美姬强调,古代韩国的历代王朝都处于由中国主导的东亚秩序之中,国际关系与国内问题紧密相连的历史由此展开,而且近现代史也是东亚三国的历史相互交织在一起,仅在一国的范围内叙述本国史是有局限的。由此,她指出,韩国史只有在东亚乃至世界史的脉络中才能得到完整的理解,但是在韩国的国史教育中,民族主义下的救亡叙事占主导地位,未能与东亚史、世界史有机地连接起来。③

因此,许多韩国学者指出,与本国史相比,外国史、世界史的研究和教育一直被相对忽视。而且,学界也有众多声音认为,现有的世界史叙述过分偏向欧洲中心论,因此,有必要改变世界史的观点和内容,以韩国人的视角审视并重构世界史。20世纪80年代以后,韩国的世界史教科书努力摆脱欧洲中心主义,亚洲史的篇幅逐渐被扩大和重视。④ 总而言之,反省韩国史和世界史的脱节、反省欧洲中心主义和本国中心主义,是韩国"东亚史"课程设立背后的主要因素。

此外,韩国学界关于"东亚"讨论的迅速活跃也其来有自。20世纪末冷战的终结及国际局势的变化,使人们重新意识到"东亚"概念的重要性。在东亚地区,人员的流动及贸易等民间交流活跃起来,韩中、韩越建交,外交关系恢复正常。因此,重新思考"东亚"的条件已经具备,韩国国内正式探索"东亚"的研究应运而生。⑤ 从20世纪90年代开始,"东

---

① 车美姬:《한국 중·고등학교의 국사교육》,교육과학사,2010年,47—50页;白永瑞:《自國史와 地域史의 疏通》,105页。
② 朴元熇:《「동아시아사로서의 한국사」구성을 위한 再論》,《韓國史學報》34號,2009年,243页。
③ 车美姬:《한국 역사교육에서 고등학교〈동아시아사〉의 의미》,《이화사학연구》48卷,2014年,145页。
④ 车美姬:《한국 역사교육에서 고등학교〈동아시아사〉의 의미》,161页。
⑤ 朴尚洙:《韓國의 '동아시아'론,어디서 와서 어디로 가고 있나?》,《내일을 여는 역사》77号,2019年,84—87页。其中代表性的史学著作是白永瑞:《동아시아의 귀환:중국의 근대성을 묻는다》,창작과비평사,2000年。

亚"成为韩国知识界的热点话题,人文学者和社科学者进行了多维度的探讨。在白乐晴的倡导和影响下,创批学派(Changbi Group)[①]提出的"为了追求韩半岛的统一探索东亚"的观点,在韩国的"东亚讨论"中发挥了很大的影响力。他们认为,东亚处于"西方资本主义竞争对立的场所",其矛盾最终导致了朝鲜半岛的分裂。在创批学派看来,朝鲜半岛的分裂不仅是自身的民族问题,更是世界体制及东亚范围的矛盾体现。自此至21世纪,创批学派通过提出"复合共同体论"等观点来展望脱离国民、国家单位的东亚地区共同体的未来。[②]

21世纪以后,得益于韩国学术振兴财团、东北亚历史财团(前高句丽研究财团)等研究机构的设立,通过共同研究和各种合作取得的成果显著增加,关于东亚的讨论进一步扩大。[③] 到2010年初,东亚近代论及东亚讨论已建立起较牢固的基础,不再仅仅是一种流行话语,而是一个明确的学说。[④] 这为韩国历史学界以及整个人文社科学界确立了一种新的思维传统,勾勒出以东亚为主体的想象空间。

另外,东亚三国围绕历史书写问题,在2005—2010年前后出现了较为激烈的纷争,这也影响到"东亚史"课程的设立。韩国政府在决定设立东亚历史课程的过程中,提出"有必要克服东亚国家间最近的历史矛盾,以建立共同历史认识"。[⑤] 实际上,开设"东亚史"课程的目标之一就是摒弃对邻国的排他主义意识形态、探索解决中日韩三国的历史矛盾、谋求三国之间的共同历史认识。[⑥]

二 东亚史作为历史论述的"去中心化"方法

欧美学界在过去30年间提出了全球视角的新方法论,其中最为突出

[①] 创批学派是20世纪90年代以后以"创作与批评"出版社(창작과 비평)为中心形成的人文学者群体,主要包括白乐晴、崔元植、白永瑞等。他们在韩国学界一般被视为进步知识分子,主导了"东亚论"在韩国的形成,主张将东亚视为一个"替代性共同体"。
[②] 参见《창작과 비평》1993年特刊。
[③] 河世凤:《동아시아 역사상, 그 구축의 방식과 윤곽》,《歷史學報》200辑,2008年,7—8页。
[④] 王贤钟:《동아시아 비교사의 방법과 의미》,《歷史批評》195号,2013年,328页。
[⑤] 郑娟:《고등학교 "동아시아사"의 성격과 내용체계》,《東北亞歷史論叢》19号,2008年,13—14页。
[⑥] 郑娟:《고등학교 "동아시아사"의 성격과 내용체계》,16页。

| 第五篇 | 亚非国家历史理论研究的新探索

的是全球史。虽然马歇尔·霍奇森（Marshall Hodgson）、杰里·H. 本特利（Jerry H. Bentley）、布鲁斯·马兹利什（Bruce Mazlish）等学者在论点上各有差异，但都批判以往以国别史为基础的世界史认识，都拒绝"欧洲中心主义"式的自我中心（egocentric）历史观。这种新的方法出自对"欧洲中心论"的自我反省，力图摆脱以欧洲为中心的一元论世界史认识，探索新的有效方式，取代以欧洲扩张史为中心的世界史叙述。

韩国学术界从21世纪初开始密切关注欧美历史学界的全球史趋向，并积极向国内学术界进行引介。① 随着对本特利、阿里夫·德里克（Arif Dirlik）、大卫·克里斯蒂安（David Christian）、迪佩什·查克拉巴蒂（Dipesh Chakrabarty）等人的全球史著作被大量翻译和介绍，② 一些研究者最近开始关注全球史的新观点，将世界史视为"不同文化区域在多元中心的世界里互动和扩散的过程"。③ 柳镛泰以此为基础，提出世界史是"各自独立的地区文明的出现和发展，相互间的关联逐渐密切的过程"，"虽然近代以后其关联得到了飞跃性的增强，地区文明也随之变形，但仍然保持近代以前所形成的各自独有性，成为多元世界史的土壤"。④ 韩国一边从在欧美学界的去中心思维方式中获得启发；一边反思韩国现有历史学对现代化叙事和民族主义的偏重，力图探索一种新的历史写作范式和视角。在这个过程中，东亚史作为"另类的"历史叙述和认识方法被关注。"超越民族国家"成为一种潮流；对于"本国中心主义"，也出现了"摆脱单一国史范式"之说。在这一背景下，李荣熏、林志弦等学者提出从文明史的角度重构韩国史，甚至提出"民族主义是叛国""国史解体"等极端主张。⑤

---

① 车河淳：《새로운 세계사의 조건》，《西洋史论》92卷，2007年；赵志衡：《새로운 세계사와 지구사-포스트모던 시대의 성찰적 역사》，《歷史學報》173辑，2002年；赵志衡：《지구사란 무엇인가?》，《西洋史论》92卷，2007年；赵志衡：《지구사의 미래와 역사의 재개념화》，《歷史學報》200辑，2008年；金元洙：《글로벌 히스토리(Global History)와 역사들의 지평을 넘어서》，《西洋史论》92卷，2007年；林志弦：《'지구사' 연구의 오늘과 내일》，《歷史批評》83号，2008年。

② 赵志衡：《지구사의 도전:어떻게 유럽중심주의를 넘어설 것인가》，서해문집，2010年。

③ 赵志衡：《새로운 세계사와 지구사:포스트모던시대의 성찰적 역사》，《歷史學報》173辑，2002年，335—369页；赵志衡：《지구사의 미래와 역사의 재개념화》，《歷史學報》200辑，2008年，201—230页；金元洙：《글로벌 히스토리(Global History)와 역사의 지평을 찾아서》，《西洋史论》92卷，2007年，271—293页。

④ 柳镛泰：《다원적 세계사와 아시아 그리고 동아시아》，335页。

⑤ 李荣熏：《민족사에서 문명사로의 전환》，林志弦、李成市编：《국사의 신화를 넘어서》，휴머니스트，2004年；林志弦：《민족주의는 반역이다》，소나무，1999年；金基凤：《동아시아공동체 만들기》，푸른역사，2006年。

研究范式的改变，是基于历史学自身的变化。正如金基凤所说，随着民族主义时代的消逝和全球化时代的到来，新的时代精神要求重构历史学。然而，许多人仍然坚持认为，全盘否定国别史既不可取，也不现实；区域史可以作为"另一部历史"，来补充当前以国家为中心的历史图景、弥补传统历史书写所缺失的部分。这一趋势得到了更多的认可，因为大多数学者都承认，民族历史叙事在我们现在的历史学中具有坚定的地位，完全忽视或废除民族历史是不恰当的。[①]

因此，中国史研究者柳镛泰建议，将东亚史作为"国别史与世界史的中间阶段的区域史"，并提出，"只有拥有独立文明的区域史，我们才能捕捉到以国别史或以国家为主的世界史中容易忽视的脉络。以此为基础，才能正确理解东亚和其他地区的相互关系。只有这样，一部世界史才能不倾向于欧洲中心主义，本国史才不会陷入情绪化的本国中心主义。"[②] 类似地，白永瑞重视"东亚作为国别史和区域史之间的沟通之道"，并认为作为独立历史叙述单元的东亚，将启发历史学家克服欧洲中心主义和本国中心主义。[③] 研究欧洲史学史的金基凤认为，东亚史尤其可以作为一个有用的梯子，将韩国史中的狭窄视野扩展到文明史的层次。[④] 换言之，对目前的韩国历史学界来说，东亚史能够替代本国中心主义的国别史范式，但形式应是将韩国史与东亚史融合并联系起来，而不是将韩国史完全排除在外。

关于欧洲中心主义，车美姬等认为，在当前韩国的世界史书写中，欧洲文明与亚洲文明拥有相同比重，但欧洲文明是单个文明，亚洲文明实际上却包含着多个文明。这种书写将近现代的欧洲帝国霸权倒溯至上古及中世纪，并不妥当。[⑤] 因此，尹世哲主张："从世界史的角度来看，前现代的亚洲历史包括东亚、西亚、南亚、东南亚和中亚等几个文明圈，每一个文明都有独特身份，把每个文明都看成与欧洲文明的对等才

---

① 柳镛泰：《다원적 세계사와 아시아 그리고 동아시아》，金汉宗等：《역사교육과 역사인식》，책과 함께，2005年，338页。
② 柳镛泰：《다원적 세계사와 아시아, 그리고 동아시아》，339；柳庸泰：《환호 속의 경종:동아시아 역사인식과 역사교육의 성찰》，휴머니스트，2006年，481—482页。
③ 白永瑞：《自国史와 地域史의 疏通》，116页。
④ 金基凤：《한국 역사학의 재구성을 위한 방법으로서 동아시아사》，23页。
⑤ 车美姬：《한국 역사교육에서 고등학교〈동아시아사〉의 의미》，140页。

恰当。"因此,"与欧洲文明相对应的、单一的'亚洲文明'概念不能成立。"①

柳镛泰也指出,此前韩国的世界史研究及教育以欧洲社会的发展阶段为标准,统一采用了古代、中世纪、近代、现代的四个时代的历史分期,这是以欧洲为中心的认识产物;在更根本的角度上,这既是基于以欧洲为中心的一元化世界史认识,又是以目的论为前提,将近代资本主义和民族国家作为历史终点。② 也就是说,韩国的世界史叙述采用了"欧洲已完成了近代,近代起源于欧洲"的历史认识论,并以此分期。这种世界史下的东亚,强调的是"东亚国家经历了殖民、半殖民统治,近代民族国家的形成并不顺利,历史发展在时间上落后,直到第二次世界大战结束并从殖民、半殖民统治中独立之后,才确立民族国家体系",这导致的结果是,人们不仅认为东亚在近代中处于落后状态,而且在前现代的历史上也落后于欧洲。③

20世纪后期亚洲的经济成功,无疑促进了韩国历史学界探索"去西方中心主义"的世界史研究。而更深层次的根源在于学者们对近代工业和社会体系的局限性之反思。因此,"去欧洲中心主义"的世界史,不仅仅是"欧洲"或"亚洲"的空间问题,更是从现代工业社会转移到某种另一类(后现代)社会的、关于社会形态的问题。④ 因此,柳镛泰主张:"我们应该设想并创造的世界史,不是面向资本主义一体化的目的论的故事,而是拥有独特性质和趋向的各地区文明,一边认可与对方的差异,一边进行互动和交流的故事。"⑤ 这种新的世界史认识方式,将东亚作为独立的地区和中心之一,可以解决"东亚劣于欧洲"的认识问题。

在这样的反省背景下,日本的宫嶋博史和韩国的裵亢燮等学者主张,中国史、日本史、韩国史以及其他非西欧地区的历史,可以存在不为西方中心主义主导的"内在理解"。他们强调:"每个地区历史独特而固有的层

---

① 尹世哲:《세계사와 아시아사: 세계사 내용 선정상의 몇가지 문제》,《歷史教育》32辑,1982年,14—20页;柳镛泰:《다원적세계사와 아시아 그리고 동아시아》,339—340页。
② 柳镛泰、许元:《교육과정 속의 역사, 세계사, 아시아사》,《歷史教育》82辑,2013年,205页。
③ 柳镛泰:《한국 역사교과서 속의 동아시아 국민국가 형성사》,《환호 속의 경종: 동아시아 역사인식과 역사교육의 성찰》,휴머니스트,2006年,445—446页;车美姬:《한국 역사교육에서 고등학교〈동아시아사〉의 의미》141,146—147页。
④ 柳镛泰:《다원적 세계사와 아시아 그리고 동아시아》,333—334页。
⑤ 柳镛泰:《다원적 세계사와 아시아 그리고 동아시아》,337页。

面都需要从内部进行分析。"① 在批判欧洲中心主义的基础上，宫嶋博史强调东亚独立发展，展开了东亚论述。他设定东亚独有的"近代"，与欧洲的近代并无可比性。宫嶋的核心理论是亚洲的"小农社会论"，②他认为这是中、日、韩三国共同结构的基础，特别是"儒教近代"的共时性，重新定义了三国历史中的"近代"。③

由宫嶋提倡的这种"东亚近代论"及相关著述在韩国被多次翻译，引起共鸣。然而，韩国史学家王贤钟在对宫嶋学说的梳理基础上指出，宫嶋将焦点放在东亚三国的共同结构上，"缺乏对近代以后在东亚发生的帝国主义霸权结构的批判"。他还说："虽然想要摆脱民族国家、国民国家等讨论的框架是明显的优点……舍弃国家和阶级的问题，对于'如何看待东亚'问题，却不能提出现实性的视角。"这一批评与前述韩国学者对"国史解体"论述的反驳是站在同一立场上的，即指出了这种超越民族国家框架视角缺乏政治效用，在现实中存在局限。④

三 重构韩国历史学三分科体制与反思东洋史

在后现代主义、去欧洲中心主义视角的影响下，韩国史学界对世界史的认识出现了各方面的变化。随之，近代历史学在韩国确立以后一直固守的韩国史、东洋史、西洋史三分科体制框架，以及由此导致的韩国历史研究现状，受到了激烈批判。

最重要的是，三分科体制本身就是日式东方主义的产物，是日本帝国殖民统治权力的移植品。因此，分科体制作为制度权力的存在，被认为是当前韩国历史学的根本性问题。⑤ 金基凤指出，这一体制在根源上立足于日本帝国主义及其背后的现代化叙事。尤其值得关注的是，作为现代日本历史学中的独特学科，东洋史旨在削弱中华思想在朝鲜乃至东亚历史中的

---

① 宫嶋博史：《일본의 역사관을 비판한다》，창비，2013年，128—129页；宫嶋博史：《머리말》，동아시아는 몇 시인가?，宫嶋博史、裵亢燮编：《너머북스》，2015年，85—88页。
② 宫嶋博史：《진상원译：《동아시아 소농사회의 형성》，《人文科学研究》5辑，1999年，157—166页。
③ 宫嶋博史：《나의 한국사 공부》，너머북스，2013年，322—323页。
④ 王贤钟：《동아시아 비교사의 방법과 의미》，327—348页。
⑤ 白永瑞：《'동양사학'의 탄생과 쇠퇴》，《창작과비평》126号，2004年，100页。

267

| 第五篇 | 亚非国家历史理论研究的新探索

比重,是区别于"支那史"的新的历史学领域。① 通过创立"东洋"概念,日本给自己创造出了"现代性认同感",日本通过东洋史这一史学基础,一边将作为亚洲人的他们自己与西方进行比较,一边测定自己的现代性。在日本帝国主义中,"日本把西方和东方当作两种他者,以打造现代而东方的日本式民族国家。"② 以日式东方主义为基础的"东洋"概念的提出,是基于对西方帝国主义的对抗和模仿。而且,东方和西方的区分过于随意,无法跳脱欧洲中心主义所设定的"殖民现代性的翻译"。③

京城帝国大学(今首尔大学)在日本殖民统治时期建校,其历史系基本沿袭日本帝国大学的三分科体制和基本框架,由国史(即日本史)、朝鲜史、东洋史构成,没有西洋史。④ 1945 年以后,韩国成立了由西洋史部、朝鲜史部、东洋史部三个部门组成的"历史学会",这明显复制了日本的历史学制度。尽管大多数韩国历史学家认为三分科体制存在问题,但并未找到更好的解决方案。⑤ 同样,尽管中学历史教育发生了前述变化,但在高校和研究机构中,至今仍然保持韩国史、东洋史、西洋史这样的分科体系。对此,金基凤提出尖锐批评:"在韩国历史学中,三分科体制既是一种话语权力,也是一种学术权力,由此形成的韩国历史研究的学术共同体及学术环境,一直横穿或结合这一分类体系的历史书写,没有将它承认为科学的历史研究。"⑥

在这样的现实下,东亚史的引进似乎是一种可行方案和契机,能够有效地解构现有学术权力,动摇三分科体制笼罩下的韩国历史学界,使其产生根本性变化。东亚史的新领域如何区别于传统东洋史的学术范畴和二者的方法区别,也就自然成了进一步的问题。首先,从以往韩国历史认识和

---

① 金基凤:《한국 역사학의 재구성을 위한 방법으로서 동아시아사》,19—20 页;金基凤:《글로벌 시대 한국 역사학의 해체와 재구성》,8 页。

② Stefan Tanaka, *Japan's Orient: Rendering Pasts into History*, University of California Press, 1993, p. 8.

③ 金基凤:《글로벌 시대 한국 역사학의 해체와 재구성》,《韓國史學史學報》32 号,2015 年,7、20 页。

④ 朴光贤:《식민지조선에서 동양사학은 어떻게 형성되었는가?》,都冕会、尹海东编:《역사학의 세기:20세기 한국과 일본의 역사학》,휴머니스트,2009 年;白永瑞:《'동양사학'의 탄생과 쇠퇴》,104 页。

⑤ 辛珠柏:《사학과 3분과 체제와 역사학》,辛珠柏编:《한국 근현대 인문학의 제도화:1910-1959》,혜안,2018 年,第 252—294 页;朴元熇:《「동아시아사로서의 한국사」구성을 위한 再論》,243 页。

⑥ 金基凤:《글로벌 시대 한국 역사학의 해체와 재구성》,9 页。

历史教育的语境来看，东洋史就是除了韩国历史之外的亚洲历史。相比之下，东亚史同时包括韩国史和区域史，并力图构成世界史的一部分。以往的韩国史、东洋史、西洋史体制是以空间为基准的并列分类方式，但韩国史—东亚史—世界史则是同心圆式的扩大。① 因此，有论者称东亚史是交涉和交叉的历史，能够打破韩国史和东洋史的边界，并有望成为重构21世纪韩国历史学的方法。②

与此同时，东洋史研究者也批判性地分析该领域的发展脉络，追问韩国东洋史学研究的方式、结构和惯例、过去与现状。"东亚史"课程在公共教育体系中的引入，也加速了东洋史的变革，诸多东洋史研究者和机构在已有制度和框架下，不遗余力地进行变革和转型，以顺应时代的要求和新挑战。许多人不断反思这门学科本身及其过去，学术发表和学术会议都展示深刻的反思和对新方向的探索。

在韩国东洋史研究的范畴方面，李成珪指出，1945年后的20年间，在韩国学界进行的东洋史研究大部分是以韩国为中心的外交史或交流史。因此，在他来看，20世纪40至60年代的东洋史研究更像是处于"韩国史的外缘"形态。③ 这一时期的代表学者有金庠基及弟子高柄翊、全海宗等，他们重点研究韩国的古代外交史和韩中关系史。他们的研究后来又发展成为韩、中、日三国的比较史研究。金庠基（1901—1977年）的代表作是《东方文化交流史论考》和《东方史论丛》，他主要利用先秦文献和今文资料，论证韩国民族的原流，即"东夷族"的根源和迁徙。④ 全海宗（1919—2018年）的研究则分析了中国朝贡体制中的朝鲜与明清王朝的政治、文化关系，代表作有《亚洲文化的比较史研究》和《东亚史的比较研究》。⑤ 高柄翊（1924—2004年）在元朝的整体结构中阐明了蒙元与高丽

---

① 柳镛泰：《한국의 동아시아사 인식과 교육-동양사 연구 60년을 통해서 본 동아시아사 -》，《歷史敎育》107辑，2008年。
② 金基凤：《한국 역사학의 재구성을 위한 방법으로서 동아시아사》，23页。
③ 李成珪：《총설 한국 동양사 연구 60년: 중국사에서 동아시아사로, 다시 아시아사로》，《한국의 학술연구: 역사학》，韩国学术研究院，2006年，259—280页。
④ 金庠基：《东方文化交流史论考》，을유문화사，1948年；金庠基：《东方史论丛》，서울대출판부，1974年。
⑤ 全海宗：《동아문화의 비교사적 연구》，일조각，1976年；全海宗：《동아사의 비교연구》，일조각，1987年。

第五篇　亚非国家历史理论研究的新探索

的关系，代表作是《亚洲的历史像》《东亚交流史的研究》《东亚史的传统》《东亚的传统与近代史》和《东亚的传统与变容》。①

对于东洋史研究者来说，这种倾向有其时代合理性。金庠基慨叹日本研究者歪曲了韩国的对外关系史，因此，最先致力于中韩外交关系及文物交流研究，旨在阐述通过相互交流促成的韩国文化的发展及其系统，以及其中产生的认同性。② 同理，高柄翊早期研究西域历史，后转向韩国对外关系研究，是因为意识到"韩国史学界的内在条件，即迫切需要研究与自身紧密相关的历史"。③ 另外，一直致力研究唐代均田制问题的全海宗也表示："当前，韩国历史图景的鼎立达到高涨，由此切身感受到研究韩中关系史的必要性。"④ 在当时的时代条件下，韩国东洋史研究者不得不对本国史的重建保持关注，普遍投身于韩国与外国的交流史研究中。

到20世纪60年代中期，韩国学界对于这一趋向的批判逐渐抬头。许多人意识到，仅通过关系史或交流史，很难理解东方社会和文化传统的性质及其内在发展。1966年韩国东洋史学会创立，1969年东洋史学系从首尔大学史学系分立出来，正是这一反省的体现。此后，东洋史研究中最为突出的变化是对中国史的关注占据了压倒性地位。在这一方面，最积极者是闵斗基（1932—2000年），他的领域为中国近代史研究。⑤ 当首尔大学东洋史学系成立时，选择了"Department of Asian History"的英文名，将广义的"亚洲"定为其范围，但实际上，它开设的课程仅限于中国史，全职教授也只有两名中国史专业人员。

事实上，除了交流史研究之外，中国史在整个东洋史领域几乎占据垄断地位，这一现象可以说是从20世纪50年代至今的一种常态。在早期的概论性著作《东洋史概说》中，作者李东润在序言中就东洋史的范围进行了论述，称"东洋史一般是与国史、西洋史一起构成世界史的一个部门"。但实际上，这本书几乎完全以中国史为纲。这可能因为李东润认为："在

---

① 高柄翊：《아시아의歷史像》，서울大學校出版部，1969年；高柄翊：《東亞史交涉史의研究》，서울大學校出版部，1970年；高柄翊：《東亞史의傳統》，一潮閣，1976年；高柄翊：《東아시아의傳統과近代史》，三知院，1984年；高柄翊：《동아시아의傳統과變容》，문학과지성사，1996年。
② 金庠基：《東方史論叢》，《序文》。
③ 高柄翊：《东亚交涉史의研究》，서울대출판부，1970年，《序》，4页。
④ 全海宗：《韓中關係史研究》，일조각，1970年，《序》，13页。
⑤ 高柄翊：《序》，闵斗基：《中國近代史研究》，일조각，1973年。

从"东洋史"到"东亚史"

究明东方人的生活过程时,中国的社会结构是所有问题的根源。"① 此后出版的各种概论性著作同样多以中国史为主,包括曹佐镐的《东洋史大观》(1956年)及申采湜的《东洋史概论》(1993年)等,② 这两本书很难称得上是彻底的亚洲史,更像是扩写了的中国史。

四　探索构成东亚史叙述体系的新思路

早期以交流史或中国史为基础的东洋史,都没有把"亚洲"或者"东亚"作为独立的历史研究单位,而且这种倾向持续至今,被诟病是东亚史研究的主要局限。在 21 世纪的第二个十年,韩国或中韩日三国共同出版的东亚史著作,都重视"国家间的交流",也将比较史和(包括交流和互动)关系史作为区域史的构成要素。③ 但尹海东等指出,比较史或交流史反而更加强了民族国家的历史学范式,"其方法论本身很难构建出真正的区域史",主张有必要建立一种体系和框架以超越现有观点。④ 东亚史仍然缺乏一个统一的逻辑和明确的结构,这一点一直受到学界批评。迄今为止,东亚史强调的"统一的亚洲史""比较视角下的亚洲区域史"只停留在口号上,未能真正勾画出新鲜而具体的历史图景。⑤

事实上,多数东亚论述仍然无法跳出民族国家的视角局限。国别史传统太过强大,针对东亚的历史研究很难脱离"国别史集合"的形式。正如李成珪和朴元熇等指出的,虽然少数研究者明确意识到,"东亚"这一区域概念,而以往的东洋史或对外关系史著作并没有完整的叙事体系,只是单数论文的组合,对东亚历史的意义和结构难以展开明确论述。⑥ 河世凤

---

① 李东润:《東洋史概説》,東亞文化社,1953 年,6 页。
② 曹佐镐:《東洋史大觀》,명문당,1986 年修订版;申采湜:《東洋史概論》,삼영사,2018 年修订版。
③ 柳镛泰、朴晋雨、朴泰均:《《함께 읽는 동아시아근현대사》,창비》,2010 年。在该书中,作者以"关联和比较的区域史"的方法论为基础记述了东亚近现代史。中、日、韩三国学者共同编写的历史读本《超越国境的东亚近现代史》的下卷按专题探讨东亚民众的生活与交流。
④ 尹海东:《트랜스내셔널 히스토리의 가능성》,《근대역사학의 황혼》,책과함께,2010 年。
⑤ 柳镛泰:《한국의 동아시아사 인식과 구성》,131—132 页。
⑥ 朴元熇:《「동아시아사로서의 한국사」를 위한 마지막 제언》,《歷史學報》216 辑,2012 年,34—35 页;李成珪:《총설 한국 동양사 연구 60년》,278 页;柳镛泰:《한국의 동아시아사 인식과 구성》,127,129—130 页。

| 第五篇　亚非国家历史理论研究的新探索

指出,将描写中国、日本、韩国的个别历史的论著,随意冠以"东亚史"之名,这种做法已然泛滥。韩国历史研究界所讨论的"东亚",只是在诸多国别史上划清了东亚这一界线,但并没有解释为什么要划清这个界线。①

综上,对于东亚史的必要性,尽管韩国历史学界已有共识,但尚未出现明确的方法论和认识框架。因此,具有这种问题意识的研究者们,正着眼于"如何"(how)追求真正以东亚为叙述单位的历史研究。近来的趋势正越发乐观:研究者们对更完整的"东亚历史"的研究日趋活跃,对超越两国关系史范畴的"国际关系及国际秩序"的研究或比较研究,在成果数量和视角创新上都有所进益,给这一领域带来新的启发和活力。下面仅举几例。金基赫考察了横贯中日韩三国的近代国际关系,在相当程度上突破了两国关系史叙述框架下的局限。② 白永瑞是形成东亚视角及重构东亚史的代表性学者,他提出"双重周边的视角":一是在以西方为中心的世界史展开过程中,被迫走上非主体化道路的东亚这一周边的视角;二是在东亚内部的位阶秩序中,处于边缘视角的问题意识。③ 这种周边视角后来也被其他研究者所继承,如任城模等关注从边疆史视角下构建东亚史的意义,并揭示周边所具有的多层次性和多元性。④ 白永瑞的研究也在中文世界获得了反响。⑤ 俞长根在东亚的特殊语境下探讨清朝的扩张,明确地体现了以小国和少数民族为主体的"周边视角"。⑥ 姜抮亚则对强调边疆、主权的东亚史表示怀疑,主张应该以"全球历史的一部分"为思路重构东亚史。⑦

此外,最近跨国史(transnational history)在韩国历史学界受到巨大关注,它为克服东亚史研究中的局限提供了可能性。跨国史也是 21 世纪以

---

① 柳鏞泰:《한국의 동아시아사 인식과 구성》,129—130 页。
② Key-hiuk Kim, *The Last Phase of the East Asian World Order*, University of California Press, 1980.
③ 白永瑞:《自国史와 地域史의 疏通》。
④ 任城模:《주변의 시선으로 본 동아시아》,《歷史批評》79 号,2007 年,151—170 页。
⑤ 参见孙雪岩《试析韩国学者白永瑞的"东亚论述"》,《山东师范大学学报》2009 年第 2 期;孙歌:《横向思考的东亚图景——评白乐晴〈分断体制·民族文学〉与白永瑞〈思想东亚:韩半岛视角的历史与实践〉》,《开放时代》2011 年第 6 期。
⑥ 俞长根:《동아시아 근대에 있어서 중국의 위상》,河政植,俞长根编:《근대동아시아 국제관계의 변모》,혜안,2002 年,25—47 页。
⑦ 姜抮亞:《이주와 유통으로 본 근현대 동아시아경제사》,《歷史批評》79 号,2007 年。

来，韩国学界，特别是韩国近现代史研究领域中最受关注的、引起最多争论的关键词。它启发研究者以超越本国的国际联系来看待韩国历史，尤其关注与东亚周边国家的关联性。因此，2010年之后，脱离民族主义范式、立足于跨国视角的研究明显增加。①

在韩国，最为明显的跨国史研究体现在对殖民地时期的研究中。尹海东是这方面的代表性学者。他认为，作为一种研究方法，跨国史既可以为现代史和殖民史提供新的认识视角，又可以表现殖民统治本身的历史。帝国主义统治不是单方面的，而是包括压迫、矛盾、抵抗、合作、同化与交流等不同主体间的相互作用。殖民地越是深入地融入帝国，不同民族之间的互动就越复杂，产生的问题也就越尖锐。对殖民地的同化政策，以及打着"东亚协同体""大东亚共荣圈"等旗号的各种东亚联盟，无一不体现出近代帝国主义统治下，各种相互作用的复杂微妙的问题。②

如果说以往的东亚史是以国家、政府、精英之间的关系为中心书写的，那么最近的研究则更加关注在"帝国与殖民地"或者"中心与周边"之间所发生的劳动力、资本、思想、文化等方面的相互交流。例如，姜抮亚考察了在韩国的广东商人对甲午战争的看法，发现他们作为商业侨民，认为"战争是国家的事，而商人只以保护产权为重"。③ 金荣洙展示了1911年为防范"满洲"鼠疫而加强的在韩华人管制政策对劳动市场的影响。④ 在跨国史影响下，一个显著倾向是关注迁移和移居，聚焦从朝鲜出去的朝鲜人、进入朝鲜的外国人，特别是中国侨民和在朝日本人。⑤ 另外，

---

① 关于其学术趋势，参见都冕会《[총설] 내재적 발전론의 전제와 새로운 역사연구 방법론의 정착》，《歷史學報》231辑，2016年，3—19页；裵亢燮：《[총설] 한국 근현대사 연구의 새로운 모색들-가능성과 문제점》，《歷史學報》239辑，2018年，3—23页。

② 尹海东：《트랜스내셔널 히스토리（Transnational History）의 가능성-한국근대사를 중심으로》，《歷史學報》200辑，2008年，36—37页。

③ 姜抮亚：《20세기 廣東 화교자본의 환류와 대중국 투자》，《東洋史學研究》127辑，2014年，181—227页；姜抮亚：《청일전쟁시기 華商 同順泰號의 영업 활동》，《中國近現代史研究》64辑，2014年，87—115页。

④ 金永秀：《식민지 조선의 방역대책과 중국인 노동자의 관리》，《醫史學》23卷3号，2014年，401—427页。

⑤ 参见权赫泰、李定恩、赵庆喜编《주권의 야만: 밀항,수용소,재일조선인》，한울아카데미，2017；李昌益：《재일한국인 개념의 일고찰-渡日의 역사성과 호칭을 통해-》，《大邱史學》114卷，2014年，45—68页；崔永镐：《한반도 거주 일본인의 귀환과정에서 나타난 식민지 지배에 관한 인식》，《東北亞歷史論叢》21号，2008年，263—303页。

| 第五篇 | 亚非国家历史理论研究的新探索

一些研究提倡以网络框架来勾连近代以后东亚各国国民移居、买卖、沟通等跨国情景，使近代东亚史成为"相互交织而无边界的空间史"，而不是诸国史的简单拼凑。① 总之，跨国史作为新的方法论，是想象一种超越国家框架存在的区域共同体，并且假设经济、文化、自然地理等多种层次的交流而形成的东亚，从而阐明在以国家为中心的历史叙述中被忽视的面貌，为韩国的历史学界赋予了重要动力。② 金承郁对这一范式的潜力表示认可，他强调指出，为了使东亚史不单纯地停留在国别史的组合上，必须捕捉到在该地区展开的"超国界空间"。③ 同样，白永瑞也认为，不要把"东亚"当作国家间的关系而实体化，而是要通过将"东亚"理解为个别生活者进行相互交流的关系框架，这样才能将本国中心主义相对化。④

更重要的是，跨国史的观点启发韩国历史学者力图克服国别史的两个局限：强大的"民族独立"叙事传统和"内在发展论"的局限。⑤ 但是，也正如廉馥圭等指出的那样，考虑到"内在发展论"是韩国近三十年历史学的主导性思潮，跨国史和传统史学观点之间存在巨大鸿沟，因此很多问题还在争议中。⑥ 金仁杰批评了跨国史思潮："一味超越民族主义视野，意味着他们对现实中的各种矛盾视而不见。民族国家仍然是对生活的探索和实践的基本单位，现在对其进行解构，至少时机还不成熟。"⑦ 如果说跨国史追随者对民族主义、一国史研究提出了批评，那么金仁杰等人则是对这种批评进行了反批评，"民族"与"跨国"两者间仍有难以解决的强烈

---

① 尹海东：《트랜스내셔널 동아시아의 근대적 변용 - 한국사를 중심으로》，《歷史學報》221 輯，2014 年，61—85 页。

② 关于跨国史的主要论述及其史学意义，参见 Akira Iriye, *Global and Transnational History: The Past, Present, and Future*, Springer, 2012。

③ 金承郁：《'동아시아사'의 공간적 맥락 - 교과서 서술과 관련하여》，《中國學報》67 号，2013 年，205 页。

④ 白永瑞：《주변에서 동아시아를 본다는 것》，《주변에서 본 동아시아》，문학과 지성사，2004 年，14—15 页；白永瑞、李长莉：《再造东亚史学》，《读书》2005 年第 4 期。

⑤ 尹海东：《트랜스내셔날 히스토리（Transnational History）의 가능성-한국근대사를 중심으로》，《歷史學報》200 輯，2008 年，33—65 页；朴元熇：《「동아시아사로서의 한국사」구성을 위한 再論》，256—257 页。

⑥ 廉馥圭：《식민지 인식의 비동시성의 동시성과 극복을 위한 모색》，《歷史學報》231 輯，2016 年，47—76 页。

⑦ 金仁杰：《한국사 총설：새로운 시도의 어려움》，《歷史學報》223 輯，2014 年，3—26 页。

张力。①

五　关于东亚区域史的构成原理和范围的讨论

东亚史作为统一历史的基础是什么？我们需要何种面貌的东亚？这是一个普遍被提出的问题。儒家文化常常被作为首选答案。韩国学者之间，每每谈到作为"文化共同体"的东亚，儒家文化都是必不可少的关键词。②高柄翊发现，东亚各国的政治史存在若干平行现象，譬如国家体制和社会秩序的规划，都以朱子学为基础。③ 高柄翊将东亚史的地理基础设定为中日韩和越南，它们都以中国文化为母体。④ 闵斗基则在高柄翊的基础上，将视野扩大到中国西藏和现在的蒙古国，根据政治和文化的相互关联程度，将高柄翊所设的范围定为东亚的"中心"，后者则定为"周边"，而前者又被分为"唯一的中心"（中国）和"小中心"（韩国、日本、越南）。⑤

西嶋定生的"东亚世界"和费正清的"中华文化圈"论述也在韩国引起反响。西嶋认为，韩国、日本、越南共享汉字文化，接受儒教、律令制、大乘佛教，与中国相连，构成一个文化圈，他将此设定为"东亚文化圈"。⑥ 费正清将朝鲜、日本、越南、柬埔寨、暹罗等所属的"中华文化圈（the Sinic Zone）"定义为"东亚"。二者的"东亚"不仅在地域范围上相似，而且都格外重视中国文化的中心作用及其对周边的影响。⑦ 西嶋和费正清的概念在韩国学界有着广泛影响，特别是西嶋的"汉字文化圈"一说在韩国被广泛接受，很多韩国学者积极讨论"东亚论"和"儒家近代论"。韩国的东亚史教科书至今都在相当程度上依赖西嶋的东亚概念，以

---

① 参见裵亢燮《[총설] 한국 근현대사 연구의 새로운 모색들-가능성과 문제점》。
② 参见成均館大學校東아시아儒教文化圈教育研究團編《동아시아 유교문화의 새로운 지향》, 청람미디어, 2004 年, 14 页。
③ 高柄翊:《유교이념과 정치적 平衡》,《東아시아의 傳統과 近代史》, 38—48 页; 高柄翊:《근대 아시아 전환기의儒教》,《東아시아 文化史論告》, 서울대학교출판부, 1997 年, 319—350 页。
④ 高柄翊:《서문》,《東亞史의 傳統》。
⑤ 闵斗基:《동아시아의 실체와 그 전망》,《시간과의 경쟁》, 연세대학교출판부, 2001 年, 34—40、61—62 页。
⑥ 西嶋定生『東アジア世界と册封体制——六一八世紀の東アジア』, 岩波書店, 1962 年。
⑦ John K. Fairbank, *The Chinese World Order*, Harvard University Press, 1968.

| 第五篇 | 亚非国家历史理论研究的新探索

中、日、韩、越作为教学主体。①

然而，从 21 世纪起，部分韩国学者开始批判西嶋和费正清的主张。② 尤其值得关注的是，郑多函、尹海东等学者对西嶋定生及其韩国追随者们的批评，特别是"东亚文明发展并保持东亚的价值观和思想，这是它们区别于其他世界的一个特殊特征"这一观点。在尹海东等学者看来，这种说法过于本质主义。西嶋等在朝鲜时代的"儒家传统"基础上提出"东亚现代性"，以反对围绕"西方现代性"及其霸权的本质主义认识；然而，与后者一样，他们也是将东亚及其"独特的"和"固有的"特性作为一种本质存在。这种思维方式只不过是为了回应强调"西方现代性"的原教旨主义而形成的另一种强调"儒学/东亚"的原教旨主义思想，最终会导致另一种中心主义叙事。③ 郑铉柏等也强调，应意识到这种逻辑的展开可能带来的危险。他们告诫，不可为了抵抗西方中心的历史叙述，而在西方之外再寻一个"另类的中心和普世价值"，从而陷入另一自我中心的陶醉中。这只是同样的剧本更换了演员。④ 旅日韩国学者李成市批判说，"东亚世界论"这类叙述，往往以几个主要要素为中心来设定共同文化圈，这不过是在欧洲一体性的前提下类推的产物。⑤

总之，近期的批评者认为，东亚范畴不应被想象成一个超越性的、固定的文化空间，而应被重建为一个共同体概念，由特定的历史空间中呈现的经验交织而成。他们认为，构成东亚的要素始终在形成、变化和发展的动态过程中，应该随着国家间关系结构的不断变化而重新发现，而不是基于本质论的理解。⑥

---

① 李成市：《일본 역사학계의 동아시아세계론에 대한 재검토》，《歷史學報》216 辑，2012 年，72 页。
② 参见朴元熇《「동아시아사로서의 한국사」 구성을 위한 再論》，256 页；林荣泽：《동아시아의 중국중심주의와 그 극복의 과제》，《동북아역사재단 국제학술회의: '중심과 주변' 에서 본 동아시아》，동북아역사재단，2007 年，613—617 页。
③ 郑多函：《1945년 이후의 조선시대사 연구와 유교근대론》，《코기토》83 号，2017 年，7—57 页；尹海东：《동아시아사로 가는 길: 방법론적 동아시아사》，64—65 页。
④ 郑铉柏：《트랜스내셔널 히스토리의 가능성과 한계》，《歷史敎育》108 辑，2008 年，193 页；郑多函：《1945년 이후의 조선시대사 연구와 유교근대론》；吴炳守：《中·西에 가린 동아시아: 중국 중등학교 역사교육과 동아시아 인식》，《東北亞歷史論叢》19 号，2008 年，60—62 页。
⑤ 李成市：《일본 역사학계의 동아시아세계론에 대한 재검토》，57—80 页。
⑥ 朴慧井：《지구사적 관점으로 본 동아시아사의 방법과 서술》，《東北亞歷史論叢》40 号，2013 年，110 页。

不过，在今日学术界，不同的研究者对东亚区域的构成和边界有不同的认识，因此很难确定一个让所有研究者一致认可的东亚范围。[①] 如今，韩国学界普遍承认，东亚概念的边界确实是随着时代而变化的，所以应该灵活理解；"东亚世界"并不是一个固定的区域世界，它甚至是一个可以根据研究者或学术界目前的立场和观点自由建造的空间。[②] 因此，朴元熇提出一个建议，将东亚的最小范围暂定为"汉字文化圈"或"儒家文化圈"，并根据时代环境和视角变化保持它的弹性。[③]

结　论

21世纪初，韩国将东亚史正式引入中学教育课程，是时代变化和学术趋势的结果。东亚史作为一种历史叙述范畴，其意义应该在不同的历史语境和史学史脉络中理解——包括后现代主义的传播、对全球史视角的关注、对历史学的本国中心主义和民族主义偏重的反思、对现有的世界史和东洋史所具有的现代中心主义和西方中心主义的批评，以及另类历史叙述的探索。自20世纪后期开始，世界史学界积极提出新的视角，力图摆脱现代历史学中的各种"中心主义"思维。韩国学界也由此受到启发，反思本国历史研究对欧洲中心论和民族主义的过度依赖。更为直接的是，自20世纪90年代以来，围绕东亚的各种论述成为整个韩国学术界的主导性话题之一而得到发展，把东亚史作为一个历史叙述单位进行阐释和研究的讨论变得明显和活跃。综上言之，历史学界内部开始倾向于追求去中心的、多元历史观，并要求对现有三分科体制的反思，以及重构以往的东洋史叙述。这些变化推动了韩国历史学界对东亚史的讨论，使其内容更加丰富。

2002年，中、日、韩三国成立了由学者、教师和市民团体代表组成的历史辅助教材共同编写委员会，于2005年编写并发行了《东亚三国的近

---

① 朴元熇：《「동아시아사로서의 한국사」구성을 위한 再論》，246页。
② 二谷贞夫：《일본 세계사 교육의 동아시아사》，《東北亞歷史論叢》19号，2008年，40—40页；尹海东：《'동아시아사로서의한국사'를 보는 방법》，《東北亞歷史論叢》40号，2013年，59页。
③ 朴元熇：《「동아시아사로서의 한국사」구성을 위한 再論》，247页。

第五篇 亚非国家历史理论研究的新探索

现代史》，这是东亚第一本由各国共同撰写的历史教科书。[①] 此后，三国学者又轮流在三国召开了十多次学术会议，最终于 2013 年推出了《超越国境的东亚近现代史》。[②] 在这两本书的撰写过程中，三国学者之间虽然存在本国中心主义叙述难以克服的问题、国家和个人从什么立场看待历史认识方式的差异、叙述内容和水平等记述方法论的差异等，[③] 但这次共同历史教材的编撰，既是学者、教师、社会活动家通过和平的历史认识来对抗东亚历史纷争的努力成果，也是为历史观的沟通与合作而做出的尝试，意义深远。[④] 中国学者步平全程参与了这两本书的组织和编纂过程。他认为，这种尝试可以摆脱以本国为中心的历史认识，为建立全球化时代的历史认识和与之相适应的思维做出巨大贡献。[⑤]

东亚历史学家们想要塑造面向未来的历史观的意识和反省，这与本文所梳理的韩国政府开设"东亚史"课程，以及历史学家们积极改变传统认识体系和方式的讨论，是一脉相承的。最重要的是，研究者不断尝试跨越国界的思考、讨论，以形成一部东亚区域的历史，从而建立一个"记忆共同体"，这一努力本身就引发了观点上的转变，即将传统上的"他者"视为"自我"来思考，且能够让我们创造一种同时克服民族主义、现代主义以及西方中心主义的历史观。

（原载《史学理论研究》2021 年第 5 期）

---

① 中文版为《东亚三国的近现代史》为书名（社会科学文献出版社 2005 年版）；日语版以《未来をひらく》（《开创未来的历史》）为书名，加上"東アジア3国の近现代史"（东亚三国的近现代史）为副标题（高文研，2005 年）；韩语版以《미래를 여는 역사》（《开创未来的历史》）为书名（한겨레출판，2005 年）。中日韩三国总共发行 30 万册以上，它的英文版由美国夏威夷大学出版社出版。China-Japan-Korea Common History Text Tri-National Committee，*A History to Open the Future*：*Modern East Asian History and Regional Reconciliation*，trans. University of Hawaii at Manoa School of Pacific and Asian Studies A History to Open the Future Translation Team，University of Hawaii School of Pacific and Asian Studies，2015.

② 中文版为：中日韩三国共同历史编纂委员会：《超越国境的东亚近现代史》（上下卷），社会科学文献出版社 2013 年版。韩语版为：한중일3국공동역사편찬위원회，아시아평화와역사교육연대：《한중일이 함께 쓴 동아시아 근현대사》，1，2 卷，휴머니스트，2012。

③ 林中铉：《공동 교과서를 통해 본 대화와 갈등》，《歷史教育研究》6 号，2007 年，229—269 页。

④ 金正贤：《동아시아사 교육의 연구동향 분석》，《東北亞歷史論叢》53 号，2016 年，271—272 页；金正仁：《동아시아 공동 역사교재 개발，그 경험의 공유와 도약을 위한 모색》，《歷史教育》101 辑，2007 年，61—62 页。

⑤ 步平：《东亚历史的书写能否跨越国境——读〈超越国境的东亚近现代史〉》，《中华读书报》2013 年 6 月 26 日。

越南古代史家对本国古史的书写和构建初探*

成思佳

（郑州大学马克思主义学院越南研究所）

本文所谓的越南古史，即越南上古时期的历史，大致可以从公元前三世纪晚期（即中国秦代）一直上溯至远古时期。由于这一漫长的历史时期无文字可考，并非信史，可资利用的各类史料极为有限，主要依靠神话传说故事来进行建构，不少学者亦将其称为"传疑时代"，意在"以疑传疑"。[①] 由于越南古史涉及其民族和国家起源问题，历来为治越南史之学者所关注和重视，形成了大量相关的研究成果。[②] 仅就目前的成果而言，学

---

* 本文是国家社会科学基金重大项目"中越书籍交流研究（多卷本）"（项目编号：20&ZD333）的阶段性成果。

① 戴可来：《越南历史述略》，《印支研究》1983年第1期。

② 其中代表性的有 Henri Maspero, "Le royaume de Van-Lang", *Bulletin de l'Ecole française d'Extrême-Orient*, Tome 23 1923, pp. 1 – 10; Léonard Aurousseau, "La première conquête chinoise des pays annamites", *Bulletin de l'Ecole française d'Extrême-Orient*, Tome 23 1923, pp. 136 – 264;［越南］陶维英：《越南古代史》，刘统文、子钺译，商务印书馆1976年版；杉本直治郎「秦漢両代における中国南境の問題」、『史学雑誌』、1950年第11期；藤原利一郎「安陽王と西嘔」、『古代文化』、1967年第2期；饶宗颐：《安南古史上安阳王与"雄王"问题》，《南洋学报》1969年第24卷；陈荆和「安陽王の出自について」、『史学』、1970年第4期；[安南] 文新、阮灵、黎文兰、阮董之、黄兴：《雄王时代》，梁红奋译，云南省历史研究所1980年版；徐中舒：《〈交州外域记〉蜀王子安阳王史迹笺证》，徐中舒：《徐中舒历史论文选辑》，中华书局1998年版，第1391—1403页；Keith W. Taylor, *The Birth of Vietnam*, University of California Press, 1983；戴可来、于向东：《越南早期传说与古代史迹》，戴可来、于向东：《越南历史与现状研究》，香港社会科学出版社2006年版，第47—64页；于向东、刘俊涛：《"雄王"、"雒王"称谓之辩管见》，《东南亚研究》2009年第5期；Nguyễn Duy Hinh, *Văn Minh Lạc Việt*, Nhà xuất bản Văn Hoá Thông Tin, 2013; Vũ Duy Mn chủ biên, *Lịch sử Việt Nam：Từ Khởi Thủy Đến Thế Kỷ X*, Tập 1, Nhà xuất bản Khoa Học Xã Hội, 2017。

第五篇　亚非国家历史理论研究的新探索

界对越南古史的研究主要集中在雄王和安阳王两大问题上,其核心内容则是要探讨雄王和安阳王是否为真实的历史人物,他们所建立的统治形态是否属于国家政权。但是,值得注意的是,20 世纪以来诸学人所关注和研究的越南古史在很大程度上可谓是越南古代①的诸史家不断书写和构建的一个产物,要真正理解越南古史及其相关记载,就势必对其构建和演变的历史过程进行考察。就目下而言,学界对该问题的认识相对薄弱,仅有叶少飞和徐方宇两位学者分别对越南古代历史起点的历史书写②和雄王形象演变的历史书写③进行了一些探讨,尚未有关于越南古代史家书写和构建其古史的专论出现。究其原因,学界对该问题的研究长期受到史料方面的局限,尤其是越南现存最早的史书——《大越史略》在成书时间和史料价值上一直存在较大的争议,使得是书与越南其他史籍(如陈普的《越志》、黎文休的《大越史记》等)的先后关系难以蠡定,由此限制了学界对该问题的认识。近期,笔者在北京师范大学图书馆发现了一个长期为学界所忽视的清代曹寅收藏的《大越史略》抄本,并考证该本是现存唯一的未经《四库全书》编者改订的《大越史略》版本,由此初步解决了学界对《大越史略》存在的若干争议,亦为考察越南古史的构建和演变提供了某种可能。④ 基于此,本文拟结合新发现的《大越史略》抄本和其他越南古代主要的代表性史籍,对越南古代史家书写和构建其古史的历史进程进行考察,以期推动学界对越南古史的认识和理解。

---

① 关于"越南古代"的界定,中外学界存在着不同的观点。大体而言,至少有以下两种看法:第一种观点认为越南古代的历史最早可以追溯至上古时期,且一直延续到 1858 年法西联合舰队进攻越南岘港之前(参见 Trương Hữu Quýnh chủ biên, Đại Cương Lịch sử Việt Nam, Tập 1, Nhà xuất bản Giáo Dục, 1998);第二种观点认为越南古代与世界历史整体发展的历史进程基本同调,即越南古代历史应大致终结于 16 世纪前后,16 世纪郑阮分治以后越南则进入"现代早期"(亦有学者将其译为"近世")(参见 Anthony Reid, ed., Southeast Asia in the Early Modern Era: Trade, Power, and Belife, Cornell University Press, 1993)。由于笔者倾向于第一种观点,因此,在本文中将 1858 年以前的越南历史均视为越南古代历史的范畴。
② 叶少飞:《越南古史起源略论》,《东南亚南亚研究》2013 年第 2 期。
③ 徐方宇:《越南雄王信仰研究》,世界图书出版公司 2014 年版。
④ 关于此新发现的《大越史略》抄本的整体情况和史料价值,分别参见成思佳《现存最早的越南古代史籍——〈大越史略〉若干问题的再探讨》,《中国典籍与文化》2017 年第 3 期;成思佳:《现存最原始的越南陈朝史籍文本:北京师范大学藏抄本〈大越史略〉考论》,"中越关系研究:历史、现状与未来"国际研讨会论文集,广州,2018 年 5 月。

一 从无到有：陈朝史家对越南古史的
最初书写与构建

公元 968 年，丁部领最终平定割据今越南北方各地的"十二使君"，定都华闾，国号"大瞿越"，建立了越南历史上第一个自主王朝——丁朝（968—980 年）。此后，丁氏向中国宋廷朝贡请封，宋太祖则分别册封丁氏父子（指丁部领和丁琏）为交趾郡王和静海军节度使，由此确立了中越传统宗藩关系。至此，越南结束了长达千余年的郡县时期（越南史学界称"北属时期"），开启建立自主王朝的新时期。[①] 由于长期受到古代汉文化的影响与浸润，越南统治阶层在构建其自主王朝国家的过程中大量仿效和吸收了中国的文物制度。根据越南史籍的记载，丁部领建国后仿效中国"起宫殿，制朝仪，置百官，立社稷"；[②] 前黎朝（980—1009 年）更是学习同时代的宋朝制度，有"改文武臣僚僧道官制及朝服，一遵于宋"[③] 的记载。除了对中国政治制度进行学习和仿效外，越南亦继承了中国的修史传统，开始记述和编撰本国的历史。从现有的史料来看，古代越人的修史活动最早可以追溯到李朝（1010—1225 年）初年，李太祖时就有"诏修玉牒"的记载。[④] 根据潘辉注考证，李太祖诏修的玉牒名为《皇朝玉牒》，共一卷，于天顺十七年（1026 年）修撰。[⑤] 此外，还有学者提出：李朝杜善曾编撰过一部两卷本的《史记》。[⑥] 但根据叶少飞的研究可知，该书很有

[①] 参见戴可来《略论古代中国与越南之间的宗藩关系》，《中国边疆史地研究》2004 年第 2 期。

[②] （佚名）《大越史略》卷上，李永明主编《北京师范大学图书馆藏稿抄本丛刊》第 39 册，国家图书馆出版社 2011 年影印本，第 492 页。

[③] ［安南］吴士连、范公著、黎僖等：《大越史记全书（上）》本纪卷 1，东京大学东洋文化研究所附属东学中心刊行委员会 1984 年点校本，第 199 页。

[④] ［安南］吴士连、范公著、黎僖等：《大越史记全书（上）》本纪卷 3，第 215 页。玉牒虽为皇族族谱，但亦属古代传统汉文史籍之一种，唐人李周翰在为萧统《文选》作注时就曾指出："玉牒、金册，并国史也。"参见萧统选编《六臣注文选》卷 35，浙江古籍出版社 1999 年影印本，第 633 页下栏。

[⑤] ［安南］潘辉注：《历朝宪章类志·文籍志》卷 42，南越古籍译述委员会 1974 年影印本，第 3 页。

[⑥] Trần Văn Giáp, *Tìm hiểu kho sách Hán Nôm*, Tập 1, Nhà xuất bản Văn Hóa, Hà Nội, 1984, p. 36.

第五篇 亚非国家历史理论研究的新探索

可能是"后人托名杜善所辑的一部神怪书籍",既非越南李朝的古籍文本,亦非真正意义上的史书。①

目前,越南已知最早的官修正史是陈朝(1225—1400 年)初年史家黎文休所作的《大越史记》。黎文休(1230—1322 年),号修贤,陈朝初年进士,历任翰林院侍讲、兵部尚书、国史监修等职,封仁渊侯。② 根据吴士连的记述,黎文休应是在陈太宗的授意下开始编撰是书的。③ 到陈圣宗绍隆十五年(1272 年),该书最终完成并上进给朝廷,凡 30 卷。④ 另外,根据流寓中国的越人黎崱所作的《安南志略》可知,陈朝初年先有陈普作《越志》,后有黎休修《越志》。⑤ 学界一般认为,《安南志略》所述的陈普和黎休即为《大越史记全书》中所载的陈周普和黎文休。过去,不少学者认为,陈普所作《越志》可能即《大越史略》,黎休所修的《越志》即黎文休的《大越史记》。⑥ 但是,根据笔者对新近发现的北京师范大学图书馆馆藏抄本《大越史略》的研究可知,《大越史略》的成书时间应在 1299—1388 年,⑦ 明显晚于黎文休的《大越史记》,不大可能是更早的陈普的《越志》。由此看来,在陈朝初年,越南国内至少出现了两种史籍:其一是陈普的《越志》;其二是黎文休在陈普《越志》基础上所作的《大越史记》。由于此二书目前均已散佚,且尚未见到陈普奉朝命修撰《越志》的记载,因而该书究竟为官修还是私撰尚不能确定。因此,黎文休的

---

① 叶少飞:《黎文休〈大越史记〉的编撰与史学思想》,《域外汉籍研究集刊》2016 年第 2 期。
② Trần Văn Giáp, *Tìm hiểu kho sách Hán Nôm*, Tập 1, Nhà xuất bản Văn Hóa, Hà Nội, 1984, p. 36.
③ [安南]吴士连、范公著、黎僖等:《大越史记全书(上)》卷首,第 55 页。
④ [安南]吴士连、范公著、黎僖等:《大越史记全书(上)》本纪卷 5,第 348 页。
⑤ [安南]黎崱:《安南志略》卷 15,中华书局 2000 年点校本,第 353—354 页。
⑥ 成思佳:《现存最早的越南古代史籍——〈大越史略〉若干问题的再探讨》,《中国典籍与文化》2017 年第 3 期。
⑦ 关于《大越史略》的成书时间,笔者先是据陈太宗庙号的出现时间和新发现的北师大抄本《大越史略》中《皇朝纪年》年表考证该书的成书时间应在 1277—1388 年(参见成思佳《现存最早的越南古代史籍——〈大越史略〉若干问题的再探讨》,《中国典籍与文化》2017 年第 3 期),后来,随着笔者对北师大抄本《大越史略》中所存在的诸陈朝避讳字的研究日益深入,又结合这些避讳字的存废时间进一步考证《大越史略》的成书时间应在 1299—1388 年(参见成思佳《现存最原始的越南陈朝史籍文本:北京师范大学藏抄本〈大越史略〉考论》,"中越关系研究:历史、现状与未来"国际研讨会论文集,广州,2018 年 5 月)。

《大越史记》应是目前已知的越南最早的官修正史。

虽然黎文休的《大越史记》现已散佚，但是迟至后黎朝初年，越南史官吴士连在编撰《大越史记全书》时仍能看到是书，并将该书的部分内容和黎文休的一些重要史论和史评吸收进《大越史记全书》之中而保存至今。[①] 根据吴士连在《大越史记全书》中的相关记述可知，黎文休《大越史记》所书越史的时间段限最早起于南越武帝赵佗，终于李朝末代女皇李昭皇，尚未述及中国秦代以前越南古史的内容。[②] 再者，根据《安南志略》的记载，由于黎文休的《大越史记》应是在陈普《越志》基础上完成的，因此《越志》所书的时间段限很可能与黎书相当，亦未述及越南古史的内容。由此看来，至少到陈朝初年，越南古代史家，尤其是当时的史官仍然将中国秦汉时期割据岭南的南越赵氏政权作为其国家历史的起源和开端，尚未开始书写和构建南越国之前越南古史的内容。

到陈朝中后期，这种情况逐渐发生了改变，越南史家开始尝试追溯和书写南越王国以前更为久远的历史，即本文所谓的越南古史。从现有的资料来看，最早对越南古史进行追溯的越人可能是黎崱，[③] 他在《安南志略》中曾对越南古史进行了一番简单的描述：

> 昔未有郡县时，雒田随潮水上下，垦其田者为雒民，统其民者为雒王，副王者为雒将，皆铜印青绶。蜀王尝遣子，将兵三万降诸雒，因据其地，自称安阳王，而王赵佗举兵袭之。有神人名皋通，下为安阳王辅佐，治神弩，一发杀万人。赵佗知不可敌，因住武宁县，遣太子始诈降，以图之。后通去，语王曰："能持予弩则兴，否则亡"。安阳王有女名媚珠，见太子始，悦之，遂与相通。媚珠取弩视之，阴易弩机。赵佗进兵，安阳王败，持避水犀入海，赵佗奄有其地。[④]

从黎崱的这段描述来看，他认为越南在"昔未有郡县时"，曾先后经

---

① [安南] 吴士连、范公著、黎僖等：《大越史记全书（上）》卷首，第55页。
② [安南] 吴士连、范公著、黎僖等：《大越史记全书（上）》卷首，第55页。
③ 黎崱，生卒年失考，字景高，号东山，原为越南陈朝宗室章宪侯陈键幕僚，后随陈键投降元军，定居中国并编撰了《安南志略》。参见 [安南] 黎崱《安南志略》，第1—2页。
④ [安南] 黎崱：《安南志略》卷1，第29页。

283

第五篇 亚非国家历史理论研究的新探索

历了诸雒王、雒将和蜀王子安阳王两大统治时期,由此第一次勾勒了越南古史的基本叙事框架。根据黎崱在文中的自述,他的这段文字应引自《交州外域记》。① 通过对比《水经注》中所保留的《交州外域记》的相关引文来看,② 黎崱这段描述确实基本因袭了《交州外域记》的记载,但亦略有差异,即关于安阳王最后的结局,《水经注》引文中言"安阳王下船,迳出于海",③ 而《安南志略》中则记"安阳王败,持避水犀入海"。查阅相关资料可知,安阳王持避水犀入水的说法可能最早见诸沈怀远的《南越志》,有所谓"安阳王御生文犀入水走,水为之开"④ 的说法。即黎崱在书写和构建越南古史的过程中,很可能亦部分参考了《南越志》的记载。当然,由于黎崱是降元入华的越南士人,其所作的《安南志略》亦是在中国国内完成的。因此,从严格意义上来说,《安南志略》实为一部中国古籍,其中对越南古史的书写和构建究竟对当时的陈朝史家产生了多大的影响尚不能确定。

从现有的资料来看,越南陈朝史家正式书写和构建其古史的实践应始于《大越史略》。《大越史略》是已知现存最早的越南古代编年史,其作者失详。根据笔者的最新研究可知,《大越史略》与《安南志略》的成书时间⑤较为接近,大致成书于1299—1388年,相当于越南陈朝统治的中后期,是介于黎文休的《大越史记》和吴士连的《大越史记全书》之间的一部越南通史性著述。⑥ 在该书之中,越南陈朝的史家在赵氏本纪之前首次增补了名为"国初沿革"的部分来书写和构建越南古史:

---

① 《交州外域记》一书现已散佚,关于该书的相关情况,参见饶宗颐《安南古史上安阳王与"雄王"问题》,《南洋学报》1969 年第 24 卷。
② 徐中舒:《〈交州外域记〉蜀王子安阳王史迹笺证》,徐中舒:《徐中舒历史论文选辑》,第 1391—1400 页。
③ 徐中舒:《〈交州外域记〉蜀王子安阳王史迹笺证》,徐中舒:《徐中舒历史论文选辑》,第 1400 页。
④ 中国社会科学院历史研究所《古代中越关系史资料选编》编辑组编:《古代中越关系史资料选编》,中国社会科学出版社 1982 年版,第 13 页。
⑤ 根据武尚清的研究可知,《安南志略》的成书时间应在 14 世纪 30 年代。参见黎崱《安南志略》,第 2 页。
⑥ 参见成思佳《现存最早的越南古代史籍——〈大越史略〉若干问题的再探讨》,《中国典籍与文化》2017 年第 3 期;成思佳:《现存最原始的越南陈朝史籍文本:北京师范大学藏抄本〈大越史略〉考论》,"中越关系研究:历史、现状与未来"国际研讨会论文集,广州,2018 年 5 月。

越南古代史家对本国古史的书写和构建初探

  昔黄帝既建万国，以交趾远在百粤之表，莫能统属，遂界于西南隅，其部落十有五焉，曰交趾、越裳氏、武宁、军宁、嘉宁、宁海、陆海、汤泉、新昌、平文、文郎、九真、日南、怀欢、九德，皆禹贡之所不及。至周成王时，越裳氏始献白雉，春秋谓之阙地，戴记谓之雕题。至周庄王时，嘉宁部有异人焉，能以幻术服诸部落，自称碓王，都于文郎，号文郎国。以淳资为俗，结绳为政，传十八世，皆称碓王。越勾践尝遣使来喻，碓王拒之。周末为蜀王子泮所逐而代之。泮筑城于越裳，号安阳王，竟不与周通。秦末赵佗据鬱林、南海、象郡以称王，都番禺，国号越，自称武皇。时安阳王有神人曰皋鲁，能造柳弩，一张十放，教武皇军万人。武皇知之，乃遣其子始为质，请通好焉。后王遇皋鲁稍薄，皋鲁去知。王女媚珠又与始私焉。始诱媚珠求看神弩，因毁其机，驰使报武皇。武皇复兴兵攻之，军至，王又如初，弩折，众皆溃散，武皇遂破之。王衔生犀入水，水为之开，国遂属赵。①

  与《安南志略》相类似，《大越史略》中的这段"国初沿革"的描述仍然主要取材于中国典籍的记载，如越裳氏献白雉主要出自《尚书大传》，嘉宁和文郎国的说法则源自《林邑记》等。② 但是，与黎崱简单因袭《交州外域记》和《南越志》的做法不同，《大越史略》的作者开始尝试对相关史料进行取舍和加工，书写和构建出了一套与中国典籍记载不尽相同的越南古史叙事。具体而言，则主要表现在以下几个方面：第一，或许是为了追求与中国历史相比肩，《大越史略》的作者第一次明确地将越南历史的上限追溯到中国上古的黄帝时期，构建了一段从黄帝一直持续到秦末的越南古史；第二，为了增加越南古史的可信性和合理性，《大越史略》的作者开始将中国历史与越南古史对照起来进行书写，即以黄帝对照交趾十

---

① 由于现存《大越史略》诸本存在一定的差异，此处引用的"国初沿革"部分是笔者以新近发现的北师大抄本《大越史略》抄本为底本，对照其他版本校合而成的，特此说明。
② 参见中国社会科学院历史研究所《古代中越关系史资料选编》编辑组编《古代中越关系史资料选编》，第2、5页。

第五篇　亚非国家历史理论研究的新探索

五部，周成王对照越裳氏献白雉，周庄王对照碓王[①]建立文郎国，周朝末年对照安阳王取代末代碓王，秦末对照赵佗击败安阳王等；第三，将中国古籍中有关"雒王"（亦称为"骆王"或"雄王"）、[②]"古文狼国"（亦称为"古文郎国"）[③]和"越裳氏"[④]的传说与一些中国郡县越南以后形成的地名（如嘉宁县、九真郡、日南郡等）杂糅起来，最终形成了"交趾初有十五部落，后嘉宁部有异人自称碓王，建文郎国，传十八世，皆称碓王"的建国传说。

通过以上论述不难看出，越南史家对本国古史的书写和构建在陈朝时期确实经历了一个从无到有的发展过程。从现有的史料来看，至少在陈朝初年，以陈普和黎文休为代表的一些越南史家可能尚未形成书写和构建越南古史的认识和自觉，因此仅将越南历史的开端追溯到中国历史上曾割据岭南地区的南越赵氏政权，将赵佗称帝视为越南国统之始。到陈朝中后期，以《大越史略》的作者为代表，一些史家开始出现书写和构建较南越国更为久远的越南古史的倾向，由此利用中国史籍中的若干零星记录，初步构建出了国初有15部落、碓王建文郎国、蜀王子泮安阳王取碓王而代之等古史内容。当然，值得注意的是，不论是黎崱的《安南志略》还是佚名的《大越史略》，都还没有将这段古史作为越南正史来进行书写和记载，如《安南志略》中对古史的记述是附于"越王城"（传说该城为安阳王都

[①]《大越史略》中的"碓王"，即越南后世史籍中的"雄王"，学界一般认为"碓王"是由中国古籍《交州外域记》中所载的"雒王"演变而来，是"雒"字的讹误，即"碓王"之说或为从"雒王"到"雄王"的一种过渡阶段（参见饶宗颐《安南古史上安阳王与"雄王"问题》，《南洋学报》1969年第24卷）。另外，亦有学者提出"碓王"由"雄王"演变而来的说法（参见刘瑞《"雄王"、"碓王"之"雄"、"碓"考辨——从南越"雄鸡"木简谈起》，《民族研究》2006年第5期）。但不论是哪种说法，"碓王"无疑都是二者之间的一种过渡形式。当然，如果仅以越人所作诸史志文献来看，从《安南志略》中的"雒王"，到《大越史略》中的"碓王"，再到《舆地志》和《大越史记全书》中的"雄王"来看，由"雒"演变或讹误为"雄"的说法可能更为合理。

[②] 中国史籍中有关雒王、骆王和雄王的传说，分别收录于《交州外域记》《广州记》和《南越志》三部书中。参见饶宗颐《安南古史上安阳王与"雄王"问题》，《南洋学报》1969年第24卷。

[③] 中国史籍中有关古文狼国或古文郎国的诸条传说主要散见于《林邑记》《水经注》《通典》《旧唐书》《太平寰宇记》等诸书。参见中国社会科学院历史研究所《古代中越关系史资料选编》编辑组编《古代中越关系史资料选编》，第5—6页。

[④] 中国史籍中关于越裳氏的传说主要收录于《尚书大传》中。参见中国社会科学院历史研究所《古代中越关系史资料选编》编辑组编《古代中越关系史资料选编》，第2页。

城，亦称螺城）条目之内的，实为对越王城的解释和说明，黎崱也并没有如对赵氏、丁氏、黎氏、李氏和陈氏那样为雒王和安阳王建立世家列传；再如《大越史略》虽然将"国初沿革"附于南越赵氏之前，但亦未如赵氏、丁氏、黎氏和李氏那样给雒王和安阳王设立帝王本纪。

二 文学入史：后黎朝史家对越南古史的丰富与发展

在陈朝的部分史家尝试于史册之中书写和构建相对明晰且传承有序的越南古史的同时，更有一些陈朝的文人士大夫通过收集和编撰民间传说和神话故事集的形式来丰富和发展越南古史中的某些具体片段。从现有的资料来看，陈朝时期出现的这类文学作品可能至少有三种：其一，陈人李济川于宪宗开佑元年（1329年）编撰的《粤甸幽灵集》，凡一卷，共28传，其中有《校尉英烈威猛辅信大王传》（即李翁仲传）、《果毅刚正王传》（即高鲁传）和《佑圣显应王传》（即山精传）三传涉及越南古史；[1] 其二，相传由陈人陈世法编撰的《岭南摭怪》，凡二卷，共23传，其中有《鸿庞氏传》《木精传》《董天王传》《槟榔传》《一夜泽传》《蒸饼传》《西瓜传》《白雉传》《李翁仲传》《越井传》《金龟传》《伞圆山传》12传涉及越南古史；[2] 其三，陈人胡宗鷟的《越南世志》，该书目前已佚，但查潘辉注的《历朝宪章类志》可知，该书凡二卷，卷一载鸿庞氏18世谱，卷二载赵氏世编，从潘氏的记述来看，该书的卷一亦涉及越南古史的内容。[3]

与《安南志略》和《大越史略》相比，这类文献的时间线索并不十分明确，反而重视对某一具体人物、群体或事件的夸张和神化的描述，并非是真正意义上的史学著述，而是带有浓厚的民间神话传说色彩的文学作品。比如潘辉注在《历朝宪章类志》中就没有将此三书归入经史类文献之

---

[1] 李济川：《粤甸幽灵集录》，陈庆浩、郑阿财、陈义主编：《越南汉文小说丛刊》第2辑第2册，台湾学生书局1992年点校本。

[2] 陈世法等：《岭南摭怪》，戴可来、杨保筠点校：《岭南摭怪等史料三种》，中州古籍出版社1991年点校本；戴可来、于向东：《越南早期传说与古代史迹》，戴可来、于向东：《越南历史与现状研究》，第47—64页。

[3] 参见［安南］潘辉注《历朝宪章类志·文籍志》卷45，第87页。

| 第五篇 | 亚非国家历史理论研究的新探索

中,而是将其放在了传记类文献之中加以著录;① 再如参照中国传统的经史子集四部分类法编撰而成的《越南汉喃文献目录提要》则将至今尚存的《粤甸幽灵集》和《岭南摭怪》二书归入"集部—小说—传奇"之类,亦不认为其是史学著述。② 过去,不少学者都认为,有关越南古史的种种传说(如雄王、安阳王等)可能都是先于越南民间流传,后来逐渐影响到越南官方及其史家的。③ 但是,根据笔者最新考证的《大越史略》成书的时间区间来看,该书的成书时间与《粤甸幽灵集》等三书的成书时间是极为接近的,甚至有《大越史略》早于此三书出现的可能性存在。由此看来,至少在陈朝时期,越南史家及其史学著述和文学士人及其文学作品对越南古史的书写和构建活动可能大体上是同时出现的,很难蠡清二者到底是谁先影响到谁的,只能说越南古史在陈朝时期被逐渐构建出来应是二者长期相互作用和影响的历史结果。

到后黎朝④(1428—1527年)建立以后,这种史学著述和文学作品长期相互作用的情况一度发生了很大的变化。众所周知,陈朝灭亡后,越南相继经历了胡朝(1400—1407年)和属明(1407—1427年)两个历史时期,国家陷入了长期的动荡和战乱之中,使得大量的文献材料,尤其是长期局限在上层流传甚至可能是藏之秘阁的史籍文本大多毁于动乱和战火。⑤ 比如,到后黎朝洪德年间吴士连编撰《大越史记全书》时,他所知道的越南前代史籍仅有黎文休的《大越史记》和胡宗鹜的《越史纲目》两部,所

---

① [安南]潘辉注:《历朝宪章类志·文籍志》卷45,第87—89页。
② 刘春银、王小盾、陈义主编:《越南汉喃文献目录提要》,"中研院"中国文哲研究所2002年版,第904、907页。
③ 徐方宇:《越南雄王信仰研究》,第54—60页。
④ 由于越南历史上的后黎朝曾一度为莫朝所取代,因此实际被分为两段,本文所述之后黎朝主要指的是莫朝建立前处于统一时期的后黎朝,其时间段限从1428年一直持续到1527年。莫朝之后的后黎朝则在本文中被称为中兴黎朝,其时间段限从1533年一直持续到1788年,在此特别予以说明。
⑤ 越南历史上似乎有秘藏本国史籍的传统,例如根据吴士连在《大越史记全书》中所述,黎圣宗光顺年间曾"诏求野史及家人所藏古今传记",并令儒臣予以编次,但书成上进以后便"藏之东阁",连曾参与编撰的史官吴士连也不得观看(参见吴士连、范公著、黎僖等《大越史记全书(上)》卷首,第55页);再如根据《大南实录》的记载可知,潘辉注完成其巨著《历朝宪章类志》以后,遂将此书进献朝廷,明命帝亦下令将该书藏于秘阁而长期不为外人所见(参见阮朝国史馆编撰《大南正编列传二集》卷18,《大南实录(二十)》,庆应义塾大学言语文化研究所1981年影印本,第7799—7800页)。

能读到和参考的则仅有黎氏《大越史记》而已，黎崱在《安南志略》中提及的陈普的《越志》和后来辗转流入中国的《大越史略》则均不为吴氏所知。① 与史学著述相比，由于文学作品更为亲民且更少受到政治的束缚，遂流传较广，得以更多的保存下来，比如我们之前提到的《粤甸幽灵集》和《岭南摭怪》均在越南国内流传至今，《越南世志》虽已散佚但仍有序文留存。由于前代相关史籍的大量散佚，如《粤甸幽灵集》和《岭南摭怪》这类载有越南古史神话传说的前朝文学作品遂开始成为后黎朝史官书写和构建越南古史的基本素材。

从现有的资料来看，后黎朝时期最早进行这类尝试的应为阮廌。阮廌（1380—1442年），又名黎廌，号抑斋，是陈朝后期名相、宗室陈元旦②的外孙，因追随黎利参加蓝山起义而成为后黎朝的开国功臣之一，历仕黎太祖和黎太宗两朝。③ 除了在政治上有所建树外，阮廌亦是越南古代著名的史地学家，其所著的《舆地志》是越南现存最早的地志类书籍，有"安南禹贡"之称。④ 他在《舆地志》一书中曾对越南古史有一段简单记述：

> 先君泾阳王生有圣德，受封粤南，为百粤祖……雄王绍统建国，曰文郎国，分国中为交趾、朱鸢、武宁、福禄、越裳、宁海、阳泉、陆海、武定、怀欢、九真、平文、新兴、九德凡十五部……⑤

与《大越史略》中的论述相比，阮廌对越南古史的认识已经发生了不小的变化。第一，他首次将"泾阳王"引入了越南史家的视野，将"泾阳王"称为"先君"，视为百粤之祖，自然亦是越南之祖；第二，他首次使用了"雄王绍统建国"的说法，即将越南国统的起源由南越武帝赵佗提前

---

① ［安南］吴士连、范公著、黎僖等：《大越史记全书（上）》卷首，第55页。
② 越南陈朝时期，为防止外姓大臣篡权，曾长期任用同姓宗室为宰相。分别参见桃木至朗『中世大越国家の成立と変容』、大阪大学出版会、2011年、292頁；成思佳：《越南古代的上皇现象研究（968—1759）》，硕士学位论文，郑州大学，2015年，第60—61页。
③ 成思佳：《略论阮廌的生平及其著述》，《黑龙江史志》2015年第7期。
④ ［安南］陶维英：《越南历代疆域》，钟民岩（戴可来）译，商务印书馆1973年版，第10页。
⑤ ［安南］阮廌：《舆地志》，杨伯恭编《抑斋遗集》卷6，越南国家图书馆藏本，第1—2页。此处所用"……"两处实为书中对泾阳王和雄王的一些解释，从笔法上来看应是后世所加注释，并非出自阮廌本人的手笔，故在此省略不用。

第五篇 亚非国家历史理论研究的新探索

到了雄王建国的时代；最后，他认为越南上古时期的 15 部落不是先于雄王（即《大越史略》中的"碓王"）出现的，而是雄王建立文郎国后自行划分的结果。通过与上述诸文献对比可知，阮廌对越南古史的这段记述与《岭南摭怪》中《鸿庞氏传》的内容最为接近。① 因此，阮廌可能是后黎朝最早的将前代与古史相关的文学作品（如《岭南摭怪》）的记述引入史地类著述的学者。由于阮廌并非是普通的学者或史家，而是后黎朝时期较为有影响力的政治家和思想家，因此他的这一做法很可能在后黎朝上下产生了较为广泛的影响，由此催生了后来吴士连对越南古史的重新书写和构建。

吴士连②是越南后黎朝时期著名的史官，其于黎圣宗洪德十年（1479年）受命编撰《大越史记全书》，凡 15 卷，是为现存最早的越南官修正史。③ 根据吴士连的自述可知，他所撰是书主要是在黎文休的《大越史记》和潘浮先的《大越史记》④ 的基础之上"校正编摩"而成的，与此二书最大的不同之处就是"增入外纪一卷"，即"鸿庞、蜀王外纪"。⑤ 由此看来，吴氏的《大越史记全书》除了对黎、潘二人所作"旧史"进行重新编校外，主要的创新之处就是加入了"鸿庞、蜀王外纪"一卷，继《大越史略》之后正式对越南古史进行了新的历史书写和构建。与《安南志略》《大越史略》《舆地志》的记载相比，吴士连《大越史记全书》中关于越南古史的书写要详尽且繁复的多。从现存《大越史记全书》的内容来看，吴士连所书的越南古史的直接史源应主要是陈朝遗存下来的《粤甸幽灵集》和《岭南摭怪》这类民间神话故事集。具体以此二书而言，则主要有

---

① ［安南］陈世法等：《岭南摭怪》，戴可来、杨保筠点校：《岭南摭怪等史料三种》，第 9—11 页。
② 吴士连，生卒年失考，彰德祝里乡人，后黎朝文宗年间进士，至黎圣宗时期官至礼部右侍郎、朝列大夫、国子监司业兼史官，越南古代著名的史家。参见姚楠主编《东南亚历史词典》，上海辞书出版社 1995 年版，第 209 页。
③ ［安南］吴士连、范公著、黎僖等：《大越史记全书（中）》本纪卷 13，东京大学东洋文化研究所附属东洋学中心刊行委员会 1984 年点校本，第 706 页。现存最早的《大越史记全书》版本实为中兴黎朝正和年间的刻本，先后经历了范公著、黎僖等越南后黎朝数代史官的多次编订和续写，凡 24 卷，其中前 15 卷大致相当于吴士连编撰的《大越史记全书》。
④ 潘浮先的《大越史记》是后黎朝初年为越南陈朝所修的断代史，在内容上接续黎文休的《大越史记》，因此亦名为《史记续编》。参见潘辉注《历朝宪章类志·文籍志》卷 42，第 9 页。
⑤ ［安南］吴士连、范公著、黎僖等：《大越史记全书（上）》卷首，第 55—57 页。

《粤甸幽灵集》中《校尉英烈威猛辅信大王传》《果毅刚正王传》和《佑圣显应王传》三传的内容，《岭南摭怪》中《鸿厖氏传》《董天王传》《白雉传》《李翁仲传》《金龟传》《伞圆山传》六传的内容。中兴黎朝时期著名的史家吴时仕就曾指出："旧史（指《大越史记全书》）旁搜古传，织绘成文，务足数代世表，凡所取之摭怪、幽灵，犹北史之南花（华）、鸿烈也。"①

当然，值得注意的是，作为一名古代史家，吴士连也没有完全接受和因袭《粤甸幽灵集》和《岭南摭怪》这类文学作品中的相关记载，而是对其进行了他自认为的相对严谨的史学加工，删去了其中较为荒诞的部分（如《岭南摭怪》言雄王传18世，吴氏认为"恐未必然"，遂未书），② 构建出了一套当时越南官方阐释本国古史的话语体系。其一是正式修正了黎文休以来形成的越南历史起源于南越赵佗称帝的观点，③ 将越南历史及其国统正式上溯至泾阳王时代（大致与神农氏后裔帝宜的时代相当），泾阳王之后则相继有貉龙君、数代雄王和安阳王统治，由此书写和构建了一套传承相对有序的越南古史国统承继的时间线索。④ 其二是首次为越南古史中的诸帝王创立了本纪，具体又分为《鸿厖纪》和《蜀纪》。《鸿厖纪》起于泾阳王受封，终于末代雄王，即周赧王五十七年（前257年），下设《泾阳王》《貉龙君》和《雄王》三纪，分述与泾阳王、貉龙君、历代雄王、扶董天王、越裳氏和山精水精等相关的传说事迹；⑤《蜀纪》起于安阳王吞并文郎国，即周赧王五十七年，终于赵佗兼并安阳王的瓯貉国，即秦二世胡亥二年（前208年），下设《安阳王》一纪，分述与安阳王、金龟、李翁仲等相关的传说事迹。⑥ 其三是开始将部分古史神话传说视为信史，并在史论和史评中极力加以说明和论证，如吴士连在评论泾阳王和貉龙君的传说时，就曾将之与中国史籍中"吞玄鸟卵而生商，履巨人迹而兴周"

---

① ［安南］吴时仕：《越史标案》，越南汉喃研究院藏抄本，第2页。
② ［安南］吴士连、范公著、黎僖等：《大越史记全书（上）》卷首，第67页。
③ 成思佳：《现存最原始的越南陈朝史籍文本：北京师范大学藏抄本〈大越史略〉考论》，"中越关系研究：历史、现状与未来"国际研讨会论文集，广州，2018年5月。
④ ［安南］吴士连、范公著、黎僖等：《大越史记全书（上）》外纪卷1，第97—104页。
⑤ ［安南］吴士连、范公著、黎僖等：《大越史记全书（上）》外纪卷1，第97—100页。
⑥ ［安南］吴士连、范公著、黎僖等：《大越史记全书（上）》外纪卷1，第100—104页。

相比，认为这些"皆纪其实然也"；① 再如在论述安阳王时代的金龟传说时，他亦认为，"金龟之说信乎，有莘降神，石能言，容或有之。盖神依人而行，诧物以言也。国之将兴，神明降之，以监其德；将亡，神亦降之，以观其恶"。②

吴士连之后，到后黎襄翼帝洪顺年间，又有史官武琼③作《大越通鉴》（亦名为《越鉴通考》），凡 26 卷，"自鸿庞氏至十二使君别为外纪，自丁先皇至黎朝太祖大定之初年为本纪"。④ 由于该书目前已经散佚，因而很难直接获知该书所述越南古史的具体情况。但是，在武琼完成是书后不久，又有黎嵩⑤据是书内容写成总论一篇，名为《越鉴通考总论》。该篇总论尚存，其中有：

> 粤自鸿庞氏泾阳王继神农之后，娶洞庭君女……貉龙君继鸿庞之世，娶瓯貉氏女，而生有百男之祥……雄王嗣貉龙之统……继世子孙，并以雄王为号，祚十八世，岁经两千余年……安阳王西徙巴蜀，南灭雄王，都于螺城，保有瓯貉。得龟爪之弩，却秦人之兵，狃于战胜，安乐而骄，赵兵来攻，而边疆失守。⑥

从黎嵩据《大越通鉴》写成的这段史论来看，武琼和黎嵩对越南古史的书写和认识应基本不出吴士连《大越史记全书》的范围。由此看来，由于前代史籍散佚殆尽，到后黎朝时期，以阮廌和吴士连等为代表的一批越南史家，确实开始将李陈时期创作和积累的与古史相关的众多民间文学神话传说引入越南史书的编撰，正式将越南历史和国统的起源由南越赵佗时代上溯至泾阳王时代，并为越南古史中的诸帝王（泾阳王、貉龙君、雄王

---

① ［安南］吴士连、范公著、黎僖等：《大越史记全书（上）》外纪卷1，第98页。
② ［安南］吴士连、范公著、黎僖等：《大越史记全书（上）》外纪卷1，第103页。
③ 武琼（1452—1516年），字守璞，唐安慕泽人，黎圣宗洪德年间进士，至洪顺年间已官至兵部尚书、国子监司业，兼史官都总裁。参见 Đinh Xuân Lâm, Trương Hựu chủ biên, *Tự Điển Nhân Vật Lịch Sử Việt Nam*, p. 415.
④ Phan Huy Lê, "Đại Việt sử ký toàn thư-tác giả, văn bản tác phẩm", p. 32.
⑤ 黎嵩，生卒年失考，原名邦本，青廉安乐人，黎圣宗洪德年间进士，至洪顺年间已官至少保礼部尚书兼东阁大学士、国子监祭酒，知经筵事。参见 Trần Văn Giáp, *Tìm hiểu kho sách Hán Nôm*, Tập 1, p. 62.
⑥ ［安南］吴士连、范公著、黎僖等：《大越史记全书（上）》卷首，第84页。

和安阳王）创立了本纪，书写与之相关的各种传说事迹，由此进一步丰富和发展了越南古史的叙事体系和主要内容，成为后黎朝对本国历史书写的一种官方话语和阐释。

三 疑古存录：中兴黎朝、西山朝和阮朝史家对越南古史的修正与定型

自后黎朝威穆帝以来，越南国内围绕皇位继承问题展开了一系列的政治斗争和内战，黎朝皇权和中央权力逐渐下移，最终导致了黎圣宗时期效仿中国所建立的统治秩序和封建礼法的全面崩溃。尤其是到了中兴黎朝时期（1533—1788年），黎皇逐渐沦为政治傀儡，各种权力完全被中央的郑主和割据地方的阮主、衷主（即宣光武氏）、莫氏等瓜分。阮朝史官在《钦定越史通鉴纲目》中就曾感慨："夫黎自中兴以后，太阿倒持，下陵上替，厥有自来君臣之礼荡然矣，惟南郊祀天尊卑之分尚在。"[①] 也有日本学者将这种历史现象称为"黎朝朝廷的空洞化"。[②] 在这种大的历史背景下，吴士连等在《大越史记全书》中形成的对越南古史的书写和构建亦开始受到后世一些史家的质疑，由此在越南国内逐渐形成了一股疑古的史学风潮。从现有资料来看，最早对吴士连等所述古史进行质疑的是吴时仕。吴时仕（1726—1780年），字世禄，号午峰，曾官至礼部尚书，封延庆侯，是越南中兴黎朝时期的著名文人和史家。[③] 吴时仕对越南古史的质疑主要是以史论和史评的形式表现出来的，集中收录于其著述《越史标案》中，现举出其中较为典型的若干事例加以说明。

其一是质疑泾阳王所建的赤鬼国，认为"按我越启邦虽在义颉之后，而文字未行，记载仍阙，其世次年纪，政治风俗，传疑传信，总属无徵。……旧史（指《大越史记全书》）壬戌纪年何所起……赤鬼何名乃以建国，一般荒诞，尽属可删"；[④] 其二是质疑貉龙君和妪姬一胞生百卵、百男的事

[①] ［安南］潘清简等：《钦定越史通鉴纲目》正编卷31，越南国家图书馆馆藏刻本，第1页。
[②] 上田新也『近世ベトナム政治と社会』、大阪大学出版会、2019年、38—43頁。
[③] Đinh Xuân Lâm, Trương Hữu chủ biên, *Từ Điển Nhân Vật Lịch Sử Việt Nam*, p.423; Lâm Giang chủ biên, *Ngô Thì Nhậm Toàn Tập*, Tập V, Nhà xuất bản Khoa Học Xã Hội, 2006, pp.649-650.
[④] ［安南］吴时仕：《越史标案》，越南汉喃研究院藏书，第1—2页。

第五篇　亚非国家历史理论研究的新探索

迹，认为"或问百卵之胞，有诸曰：龙子生自不凡，卵生何足为怪。然亦不经之说也"；① 其三是质疑雄王时代之扶董天王和山精的事迹，认为"按天王破贼，山精争娶事，皆本《摭怪》润饰……岂可以一国信史抵一部志怪"；② 其四是质疑鸿庞氏的起止时间，认为"鸿庞之起壬戌终癸卯，而雄王之亡、安阳之兴确属周赧王之五十七年者，又以算计之泾雄之间凡二十代，二千六百二十二年，多少乘除，每君百二十岁，人非金石，安能寿尽钱铿，此尤不可晓者"；③ 最后，是对安阳王时代之金龟事迹的质疑，认为"然凭鸡与女而能堕城，万无是理明矣。龟脱爪之事何如，曰龟苟能言，既为完城，又何惜一爪不以与之，正恐无此龟耳"。④

从上述若干史论和史评的内容来看，到中兴黎朝时期，以吴时仕为代表的部分史家确实已经对吴士连等书写和构建的越南古史产生了一定的质疑和不满，认为其中仍然有很多荒诞不经的成分存在，因此发出了"岂可以一国信史抵一部志怪"的感慨。当然，值得注意的是，由于吴时仕的《越史标案》实为私人史学著述，并不能代表中兴黎朝的官方立场，因此，其史学观点在当时的影响程度可能还是极为有限的。在吴时仕去世后不久，中兴黎朝亦为西山起义军所灭，起义首领之一的阮文惠（亦称阮惠）就此建立了越南历史上的西山朝（1788—1802 年）。根据《吴家世谱》的记载，在西山朝与清廷交涉的过程中，吴时仕之子吴时任逐渐得到阮文惠的赏识和重用，一路官运亨通，官至兵部尚书、侍郎大学士等职。⑤ 到光中五年（1792 年），吴时任开始兼任国史署总裁，景盛五年（1797 年），则开始"奉监刊修国史"。⑥ 这里所谓的"国史"指的就是西山朝的官修正史《大越史记前编》，该书凡 17 卷，主要叙述了越南自鸿庞氏到属明时期的历史。⑦

通过对比可知，吴时任监修的《大越史记前编》与其父所著的《越史标案》在内容上是大体相当的，可谓是一部在《标案》原书基础之上润色

---

① ［安南］吴时仕：《越史标案》，第 4 页。
② ［安南］吴时仕：《越史标案》，第 4 页。
③ ［安南］吴时仕：《越史标案》，第 7 页。
④ ［安南］吴时仕：《越史标案》，第 10 页。
⑤ Lâm Giang chủ biên, *Ngô Thì Nhậm Toàn Tập*, Tập V, pp. 690 – 691.
⑥ Lâm Giang chủ biên, *Ngô Thì Nhậm Toàn Tập*, Tập V, p. 691.
⑦ 刘春银、王小盾、陈义主编：《越南汉喃文献目录提要》，第 29—30 页。

和扩展而来的史籍。① 与此相印证，在《吴家世谱》中则有"丁巳，奉监刊修国史，因以午峰公所著《标案》刻梓"②的记载，这里所谓的"《标案》刻梓"应并非吴时任将《标案》刻印出版之意，而是以《标案》为基础将之发展为《大越史记前编》再进行刻印的意思。由于吴时任将《越史标案》发展为西山朝的官修正史《大越史记前编》，就使得吴时仕对于越南古史的种种质疑从民间层面的"一家之言"上升成了国家层面的"权威观点"，进一步推动了当时越南国内疑古之风的发展。另外，吴时任在继承和因袭其父观点的同时，亦有补充和发展之处。如在述及泾阳王娶洞庭君女时，吴时任补充道："其失在好事者见柳毅传书传中说洞庭之女嫁泾川王次子，妄意泾川是泾阳，既有夫妇，便有父子君臣，因而织绘成文。"③ 当然，值得注意的是，吴氏父子虽然对前人建构的越南古史多有质疑，但在他们的著述中仍坚持了"疑古存录"的原则，即在进行质疑和批判的同时亦保留了从泾阳王到貉龙君，再到雄王、安阳王的古史叙事的基本框架和主要内容。

到阮朝（1802—1945年）嗣德年间，随着这股疑古之风的持续发展，史家遂开始正式尝试对古史的一些基本架构和内容进行删改和修订。众所周知，西山朝是越南历史上一个短命王朝，仅存在近14年便为阮主后裔阮福映所灭，阮福映即阮世祖嘉隆帝，由此建立了越南历史上最后一个自主王朝——阮朝。与越南历代王朝所不同的是，阮朝在建立以后并没有急于修撰前朝的史书，反而是较早的开始修撰与本朝相关的各类史籍。从嘉隆到嗣德初年，阮廷相继完成了《大南实录前编》《大南列传前编》《大南实录正编第一纪》等书，诸如《大南实录正编第二纪》《大南实录正编第三纪》《明命政要》《钦定大南会典事例》等书亦在紧张修撰之中。到嗣德八年（1855年），嗣德帝有感于"迩来国史之学未经著为功令，故士之读书为文惟知有北朝之史（指中国历史），本国之史鲜或过而文焉"的近况，认为"昧于古者，何以验今，籍谈忘祖，伯鲁将落，正今日学者之通病，学术未明，岂非旧史未备之故欤"，遂下诏决定编撰一部从上古到

---

① 分别参见［越南］吴时仕《越史标案》；西山朝国史馆撰：《大越史记前编》，北城学堂刻本。
② Lâm Giang chủ biên, *Ngô Thì Nhậm Toàn Tập*, Tập V, p. 691.
③ ［安南］西山朝国史馆撰：《大越史记前编》卷1，第2页。

第五篇 亚非国家历史理论研究的新探索

后黎朝的阮朝官修正史,名为《钦定越史通鉴纲目》。[1]

据嗣德八年所颁修史诏书来看,《钦定越史通鉴纲目》在体例上主要是依照宋儒朱熹的《通鉴纲目》编撰。[2]但是,当具体到一些史论和史评时,《钦定越史通鉴纲目》则更多地受到吴时仕、吴时任父子编撰的《越史标案》和《大越史记前编》的影响,其中一个重要表现就是《钦定越史通鉴纲目》转引了大量书为"吴(时)仕曰"的相关史论和史评。由于深受吴氏父子史学观点的影响,《钦定越史通鉴纲目》的史官亦继承了他们对越南古史书写的种种质疑。嗣德九年(1856年),《钦定越史通鉴纲目》总裁官潘清简[3]等联名上书,认为"鸿庞氏纪泾阳王、貉龙君之称,缘上古,世属渺茫,作者凭空撰出,恐无所取。又附于小说家柳毅传以为印证,夫泾阳属秦,洞庭属楚,与我何关。况怪诞之谈,不经殊甚,安所据而俨为建国立统之首君哉",遂请旨"奉拟越史建统应以雄王为始,其泾阳、貉龙之事别以传闻附注其下"。[4]

以本次上书为起点,遂在阮廷上下引起一番对越南古史问题的讨论。例如,邓国琅就曾上书反对,认为:"鸿庞氏纪泾阳王、貉龙君、雄王虽世代辽远,文字无传,纪事多属荒诞,然建都立国历有年所,均系我越之始君。故黎史臣吴士连撰《大越史记》系在洪德十年,当辰圣宗淳皇帝爱好文学,诏求野史及人家所藏古今传记以备参考,其此书段自鸿庞氏,以泾阳王为国统首君。当此儒臣辈出,济济跄跄,曾无一人言其是非。且自书成以后三百余年,经黎洪顺、景治年间两次简命儒臣撰述考订,其间博雅君子固不乏人,亦无别有改窜,则前此士连所著,想亦非是悬空撰出。兹若截起自雄王而泾阳、貉龙二君则止于雄王附注其事,恐非所以备世次而详源委。"[5]鉴于朝廷上下多有纷争,皇帝遂于嗣德九年下诏裁定,认为:"我越旧史所载泾阳、貉龙之事若存若亡,存而勿论可也,乃亦一例

---

[1] [安南]潘清简等:《钦定越史通鉴纲目》卷首,越南国家图书馆藏刻本,第1—2页。
[2] [安南]潘清简等:《钦定越史通鉴纲目》卷首,第2页。
[3] 潘清简(1769—1867年),字靖伯,号梁溪,其先祖为中国福建漳州人,后移居越南南方,为阮朝时期的大臣和史官,主持编撰《钦定越史通鉴纲目》等官修史书,因与法国殖民者签订第一次《西贡条约》,割让了越南南圻东三省而广受国人诟病,后因法国进一步入侵西三省而服毒自尽。参见姚楠主编《东南亚历史词典》,第461页。
[4] [安南]潘清简等:《钦定越史通鉴纲目》卷首,第3—4页。
[5] [安南]潘清简等:《钦定越史通鉴纲目》卷首,第7页。

大书。而所书又多牛鬼蛇神、荒诞不经之说，史家舍怪存常之义有如是乎。其《越史通鉴纲目》一部，准起雄王纪以表我越得统之始。至泾阳、貉龙二纪准分注于雄王下俾，合以疑传疑之义欤。"① 嗣德帝的这一裁定，是继西山朝编撰《大越史记前编》之后，越南中央王朝再次对史家质疑吴士连等所书越南古史的一种肯定，成为以潘清简为代表的阮朝诸史官在《钦定越史通鉴纲目》中正式修订越南古史基本架构和主要内容的"金科玉律"。

就《钦定越史通鉴纲目》的内容而言，阮朝史官主要对越南古史进行了以下三个方面的修订。第一，改变了自吴士连编撰《大越史记全书》以来在越南国内形成的从鸿庞纪到蜀纪，从泾阳王到貉龙君，再到雄王、安阳王的古史叙事的基本架构。改原本的《鸿庞纪》为《雄王纪》，确立越南得国统之始起于雄王，不再为泾阳王和貉龙君专门设立本纪，仅将其有限的传说事迹书于雄王本纪之中，雄王之后则仍由安阳王接续。② 第二，在《大越史记全书》和《大越史记前编》等前朝官修正史的基础之上，进一步对越南古史中的一些具体传说事迹进行删改：其一是删去了一些他们认为极为荒诞的内容，如在雄王纪中就直接删去了山精、水精争娶雄王之女的传说；③ 其二是继续坚持"质疑存录"的原则，将其他一些不经的成分写入《钦定越史通鉴纲目》的注释之中并加以质疑，如安阳王时期神龟的传说就被写入"灵弩"注中，并于其后指出"但事属荒诞，今削之"。④ 第三，增补了一些中国史籍中的记载，以此来说明其古史的可信性，如在雄王纪中就据金履祥的《纲目前编》增补了越裳氏于唐尧时往中国朝贡献金龟的记载。⑤ 由此看来，至少到嗣德时期，在中兴黎朝以来形成的"疑古"史学风潮的持续影响和作用下，阮朝官方对本国古史的认知和解读已经发生了很大的变化，尤其是到《钦定越史通鉴纲目》完成以后，逐渐形成了阮朝官方从雄王到安阳王的古史叙事体系，亦标志着越南古代史家对

---

① ［安南］潘清简等：《钦定越史通鉴纲目》卷首，第9页。
② ［安南］潘清简等：《钦定越史通鉴纲目》前编1，越南国家图书馆藏刻本，第1—8页。
③ ［安南］潘清简等：《钦定越史通鉴纲目》前编1，第7页。
④ ［安南］潘清简等：《钦定越史通鉴纲目》前编1，第16—17页。
⑤ ［安南］潘清简等：《钦定越史通鉴纲目》前编卷1，第5—6页。

本国古史的书写和建构的最终完成和定型。

结 论

综上所述，越南古代诸史家对其本国古史的书写和构建实际经历了一个从无到有、从简至繁、反复取舍、不断嬗变的复杂过程。具体而言，则可分为三个历史阶段。第一阶段，大致相当于越南陈朝时期。在此阶段内，越南古代史家对本国历史究竟起源于何时的认识开始发生变化，逐渐放弃了陈朝初年黎文休在《大越史记》中确立的南越赵佗称帝建国的观点，开始尝试搜集和利用中国典籍中的一些相关记载来追溯和构建南越国以前的历史，由此产生了《大越史略》中"国初沿革"部分对越南古史的初步书写和构建。第二阶段，大致相当于后黎朝时期。在此阶段内，由于陈朝时期的史籍大多散佚，以阮廌和吴士连为代表的一批后黎史家开始尝试将李陈时期遗留的若干载有古史民间神话传说的文学作品（如《粤甸幽灵集》《岭南摭怪》等）的内容引入史学著述，最终在黎圣宗洪德年间编撰的官修正史《大越史记全书》中形成了一套从泾阳王到貉龙君，再到雄王、安阳王的古史叙事体系。第三阶段，大致起于中兴黎朝时期，经西山朝，一直持续到阮朝。在此阶段内，后黎朝时期在神话传说基础之上构建的官方古史叙事体系开始遭到后世史家的不断质疑，由此在越南国内逐渐形成了一股"疑古"的史学风潮。在此背景下，以吴时仕、吴时任和潘清简等史家为代表，开始尝试对越南古史进行重新定位和修订，最终在阮朝官修正史《钦定越史通鉴纲目》中形成了从雄王到安阳王的古史叙事形式，标志着越南古代史家对本国古史的书写和构建最终得以定型。

越南古代诸史家在书写和构建本国古史的过程中，既受到中国传统史学的影响与浸润，亦受到越南自身民族思维和史学思想的影响，由此形成了一些共性的历史特征。就中国传统史学的影响而言，主要表现在以下几个方面。第一，由于上古时期遗存的史料极为匮乏，越南古代史家在书写和构建本国古史的过程中，均不同程度的借鉴了司马迁在《史记》中引传说入史作《五帝本纪》的史法，广泛搜罗和取材于中越两国流传和记载的各类神话传说故事，使得他们笔下越南的古史叙事或多或少的都带有一定的神话传说的性质和色彩。第二，由于越南古代史家普遍接受了太史公引传说入史的观念,随着越南本国民间关于其上古神话传说的日益丰富,更多情节更为细致的本土传说逐渐被引入史书,使得越南古史的叙事亦日渐详尽(比如与稍早的《大越史略》相比,《大越史记全书》中关于越南古史的叙述就要繁复很多),由此就形成了与中国古史叙事发展相类似的"层累地造就越南古史"的史学现象。第三,由于深受中国传统史学中正统论的影响,"国统"或"正统"观念亦为越南古代史家所普遍接受和认可,他们在构建本国古史时往往要追溯其国统或正统究竟起源于何时,如吴士连在《大越史记全书》中就主张越南国统起源于神农氏后裔泾阳王,即所谓的泾阳王得统说;而潘清简等在《钦定越史通鉴纲目》中则主张越南国统应始于雄王,即所谓的雄王得统说。

就越南自身民族思维和史学思想而言,则主要表现在以下几个方面。第一,除了中国传统史学的影响外,越南古代王朝国家的独立意识是驱使其史家书写和构建本国古史的重要政治和现实因素。比如,《大越史略》中对本国古史的最初书写就恰好发生在陈朝三次成功抗击蒙元入侵以后;再如,阮廌和吴士连等在《舆地志》和《大越史记全书》中所构建的古史叙事体系则与明宣宗最终弃守安南,黎利建立后黎朝不无相关,均处在越南古代王朝国家独立意识相对高涨的历史时期。第二,越南古史在发展中虽然一度形成了与中国相类似的"层累地造就越南古史"的史学现象,但到中兴黎朝以后,随着越南本国史学的不断发展,部分史家亦形成了其自身对古史的认识和理解,由此产生了一股相对独特的"疑古风潮"。其结果是越南古史叙事在进入近代前夕,非但没有如中国古史那样越推越远,反而由时代更为遥远的泾阳王退回到了雄王时代,即《钦定越史通鉴纲目》中改雄王为越南国统之始。第三,越南古代史家对本国古史的书写和构建亦日益呈现出本土化的叙事倾向。纵观全文不难看出,在越南古代史家书写和构建本国古史的初始阶段,其因袭和使用的主要是中国史籍的记载,如黎崱在《安南志略》中就基本因袭了《交州外域记》和《南越志》的说法;《大越史略》中"国初沿革"部分则杂糅了《尚书大传》《林邑记》等书的记载;进入后黎朝以后,阮廌、吴士连等史家则开始从《岭南摭怪》等越南本国文学作品中寻找古史素材,最终形成了以鸿庞氏纪和蜀纪为核心的更加本土化的古史叙事体系;到《钦定越史通鉴纲目》成书以后,这种本土化趋势得到进一步加强,连与中国关系密切的泾阳王、貉龙君也被排除出了越南国统的范畴。

从历史和现实角度来看,越南古代史家对本国古史的书写和构建产生了相对深远的作用和影响。首先,就越南古代社会发展的角度而言,其古代史家对本国古史的书写和构建为当时的诸自主王朝国家提供了一套相对完整的越史叙事的话语体系,有利于加深和强化古代越人(尤其是其文人士大夫阶层)对越南王朝国家的认同和效忠。其次,从越南近现代社会发展的角度而言,越南古代史家所书写的本国古史又逐渐成为越南构建其现代民族和国家的重要素材之一,尤其是古史叙事中的雄王"建国、卫国"的形象在近代以来得到不断地渲染和放大,由此在越南国内最终形成了国家和民间层面上的雄王信仰与崇拜。雄王是否为真实的历史人物?"文郎国"的真实形态如何?还需要深入研究,但正如于向东所说:"雄王祭祀与信仰,已构成越南民族精神生活的重要内容,关乎越南民族情感。"[1] 最后,从中越两国交往的历史而言,由于深受中国古代史学观点和相关史料的影响,越南古代史家所书写和构建的本国古史亦包含很多鲜明的中国历史和文化特征的元素(比如神农氏、柳毅传、蜀王子等)。即便是后来越南古代史家出现了一些淡化,甚至剥离部分中国元素的叙事倾向,但由于越南古史的基本素材和框架仍主要源于中国典籍,使得不少中国历史和文化元素始终在其古史叙事中占有不可或缺的地位,成为中越两国之间长期交往的一种必然产物和历史记忆。

(原载《史学理论研究》2021 年第 1 期)

---

[1] 于向东:《民族记忆与信仰:从古史传说的雄王到神殿祭拜的雄王——写在徐方宇〈越南雄王信仰研究〉出版之际》,徐方宇:《越南雄王信仰研究》,第 vi 页。

历史记忆、历史书写与民族认同
——以巴勒斯坦民族主义史学为例*

姚惠娜

(中国社会科学院世界历史研究所)

历史记忆和历史书写在巴勒斯坦民族认同形成过程中，发挥着强大的构建作用。服务于民族利益的历史书写，是巴勒斯坦人开展民族运动的重要举措之一。为建立自己的国家，巴勒斯坦人和犹太人围绕巴勒斯坦土地进行了上百年的争夺。在巴以冲突的环境下，历史书写不仅代表着过去，也塑造着过去。[1] 除了激烈的政治、军事和经济斗争外，双方学者竞相加入重新发现巴勒斯坦历史的队伍。他们以民族主义为指导书写当地历史，试图通过挖掘、整理民族记忆来构建民族认同，培养民族情感，增强民族凝聚力，论证建国的合法性，鼓舞群众，争取国际社会支持，并作为斗争的武器。因此，"巴勒斯坦和以色列的许多历史都不是作为纯粹的学术去研究和撰写，而是与各自的民族叙事相一致"。[2] "巴勒斯坦史是最极端化和政治化的史学之一，受到派系、以色列人、巴勒斯坦人及他们各自支持者的影响"。[3] 研究巴勒斯坦民族主义史学，不仅有助于我们更好地理解巴勒斯坦民族主义，而且也能深化学界对历史记忆与历史书写的认识。

对巴勒斯坦人在不同时期的历史书写与历史学家，国外学术界都有介

---

* 本文是国家社会科学基金项目"巴勒斯坦民族国家构建的进程与困境研究"（项目编号：13CSS014）的阶段性成果。

[1] Susan Slyomovic, "The Rape of Qula, a Destroyed Palestinian Village", in Ahmad H. Sa'di and Lila Abu-Lughod, eds., *Nakba: Palestine, 1948, and the Claims of Memory*, Columbia University Press, 2007, p. 27.

[2] Lauren Banko, "Occupational Hazards, Revisited: Palestinian Historiography", *Middle East Journal*, Vol. 66, No. 3, 2012, p. 441.

[3] Philip Mattar, ed., *Encyclopedia of the Palestinians*, Facts on File, 2000, Preface, p. vi.

绍和研究，并有相关工具书出版。[1] 巴勒斯坦人关于第一次中东战争与创伤记忆、村庄、土地等专题的历史书写及其与民族构建的关系，妇女的历史叙事、口述史的作用等问题，都受到不同程度的关注。[2] 近年来，国内学者也开始研究巴勒斯坦人的历史记忆与认同构建问题。[3] 在这些研究的基础上，本文尝试从历史记忆与历史书写的视角，探究巴勒斯坦民族主义史学的发展动机，分析它的作用，并进行学术评价。

一 巴勒斯坦民族历史书写与民族主义

与欧洲和犹太学者相比，巴勒斯坦学者较晚以民族主义为指导撰写当地历史。直到20世纪30年代初期，相关的历史著作才问世。[4] 这一方面是因为巴勒斯坦地区的边界在英国委任统治时期才最后划定；另一方面，相较于叙利亚、黎巴嫩和埃及等地，巴勒斯坦缺乏本土高等教育。当地知识分子数量较少，民族主义史学发展较慢，民族主义史观形成较晚。[5]

由于民族主义思潮的影响和推动，以及犹太复国主义的刺激，巴勒斯坦民族主义史学获得长足发展。犹太人认为巴勒斯坦是自己的故土，从19世纪末开始进入巴勒斯坦。犹太人将巴勒斯坦视为一块空地，强调他们返

---

[1] Tarif Khalidi, "Palestinian Historiography: 1900 – 1948", *Journal of Palestine Studies*, Vol. 10, No. 3, 1981, pp. 59 – 76; Beshara Doumani, "Rediscovering Ottoman Palestine: Writing Palestinians into History", *Journal of Palestine Studies*, Vol. 21, No. 2, 1992, pp. 5 – 28; Philip Mattar, ed., *Encyclopedia of the Palestinians*, Preface, pp. v – viii.

[2] Robert I. Rotberg, ed., *Israeli and Palestinian Narratives of Conflict: History's Double Helix*, Indiana University Press, 2006; Ahmad H. Sa'di and Lila Abu-Lughod, eds., *Nakba: Palestine, 1948, and the Claims of Memory*; Nur Masalha, *The Palestine Nakba, Decolonising History, Narrating the Subaltern, Reclaiming Memory*, Zed Books, 2012; Diana Allan, "Mythologising Al-Nakba: Narratives, Collective Identity and Cultural Practice among Palestinian Refugees in Lebanon", *Oral History*, Vol. 33, No. 1, 2005, pp. 47 – 56; Rochelle A. Davis, *Palestinian Village Histories: Geographies of the Displaced*, Stanford University Press, 2011; Rachel Maissy-Noy, "Palestinian Historiography in Relation to the Territory of Palestine", *Middle Eastern Studies*, Vol. 42, No. 6, 2006, pp. 889 – 905; Meir Litvak, "A Palestinian Past: National Construction and Reconstruction", *History and Memory*, Vol. 6, No. 2, 1994, pp. 24 – 56; Sonia El-Nimr, "Oral History and Palestinian Collective Memory", *Oral History*, Vol. 21, No. 1, 1993, pp. 54 – 61.

[3] 艾仁贵：《Nakba：现代巴勒斯坦的难民问题与创伤记忆》，《史学理论研究》2013年第2期；隆娅玲：《巴勒斯坦历史记忆中的认同建构》，《湖北第二师范学院学报》2019年第5期。

[4] Beshara Doumani, "Rediscovering Ottoman Palestine: Writing Palestinians into History", p. 10.

[5] Beshara Doumani, "Rediscovering Ottoman Palestine: Writing Palestinians into History", p. 9.

回巴勒斯坦不是占据其他人的土地,而是"没有土地的民族回到没有民族的土地"(for a people without a land, a land without a people)。① 为了反抗犹太人对巴勒斯坦这块土地的叙事霸权,巴勒斯坦知识分子将历史书写作为武器。特别是1948年第一次中东战争失败,给巴勒斯坦人造成巨大灾难。② 这种深重的民族挫败感,转化为巴勒斯坦人书写民族历史的强大动力。民族历史书写很大程度上成为他们反抗以色列占领的重要手段。在巴勒斯坦民族主义发展的不同阶段,民族史学发挥着不同的作用。

(一)用民族历史书写促进民族认同。英国委任统治时期(1922—1948年),巴勒斯坦人与犹太人的矛盾激化,并迅速反映在史学当中。巴勒斯坦知识分子积极在报纸、杂志上发表民族主义文章,提醒民众警惕犹太人的侵略,希望激发民族情感,凝聚社会力量。记者、律师、政治家和教师等群体最先感受到犹太复国主义的威胁,成为巴勒斯坦民族主义史学早期作品的主要书写者。③ 他们没有受过专业史学训练,其作品也并非严格意义上的学术著作。

巴勒斯坦知识分子把历史记忆视为"民族遗产",将其与民族认同紧密联系起来,以史为证,论证巴勒斯坦人的权利问题。他们改变传统伊斯兰史学的研究和书写方式,把巴勒斯坦和巴勒斯坦人作为历史书写单位,将巴勒斯坦人的起源追溯到伊斯兰教兴起以前,构建具有连续性的民族历史叙事。明确巴勒斯坦认同、号召与犹太复国主义者进行斗争,是巴勒斯坦民族主义史学的两大目标。④ 为此,巴勒斯坦学者出版了丰富多样的著述,例如通史、人物传记、多卷本工具书、历史地理学作品等。他们用书写城市和村庄历史的形式,保存巴勒斯坦人的地方记忆,挖掘巴勒斯坦的独特性,激发民族自豪感。艾斯阿德·曼苏尔(As'ad Mansur)对拿撒勒的研究,阿里夫·阿里夫(Arif al-'Arif)对耶路撒冷、加沙和比尔谢巴的

---

① Adam M. Garfinkle, "On the Origin, Meaning, Use and Abuse of a Phrase", *Middle Eastern Studies*, Vol. 27, No. 4, 1991, pp. 539–550.

② 第一次中东战争惨败,导致巴勒斯坦人丧失建立国家的历史机遇,近百万人的家园被毁灭,流离失所,沦为难民。巴勒斯坦人将这场战争称为"Nakba",即"浩劫",将1948年5月15日战争爆发的这一天称为"灾难日"(Nakba Day)。

③ Beshara Doumani, "Rediscovering Ottoman Palestine: Writing Palestinians into History", p. 10.

④ Beshara Doumani, "Rediscovering Ottoman Palestine: Writing Palestinians into History", pp. 10–17.

研究，伊赫桑·尼米尔（Ihsan al-Nimr）对纳布卢斯的研究，都是具有代表性的城市史著作。他们用历史论证巴勒斯坦自古以来连续不断的"阿拉伯属性"。这既是反驳犹太人的主张，也是泛阿拉伯主义观念在巴勒斯坦史学中的反映。①

巴勒斯坦人的历史教学受到民族主义史学影响。学校教科书成为民族主义史学传播的最大渠道。巴勒斯坦民族主义者认为，历史教育是培养民族认同最重要的途径，新一代巴勒斯坦人必须加强历史学习。在新型世俗阿拉伯学校，受民族主义影响的历史教师编撰教材，向学生传播民族观念。宣扬巴勒斯坦民族认同的史学教育威胁到英国人的利益。在整个委任统治期间，历史教学都是巴勒斯坦民族主义者与英国当局不断发生摩擦的根源。②

这个时期是巴勒斯坦民族主义史学发展的第一个阶段。随着巴勒斯坦民族主义兴起而出现的民族历史书写尚缺乏专业性，受到泛阿拉伯主义思潮影响。在面临犹太复国主义威胁的情况下，巴勒斯坦的民族历史书写确立了服务民族利益的目标，反过来促进了巴勒斯坦民族主义的发展。当前巴勒斯坦史学的所有重要趋势都可以追溯到这一阶段。③ 然而，第一次中东战争后，巴勒斯坦传统精英领导的民族主义衰落，知识分子四处流散，生活动荡，缺乏自己的学术机构和研究经费。民族斗争失败打击和抑制了巴勒斯坦民族主义史学的发展。

（二）发展民族史学，支持民族斗争。20世纪60年代中后期，以巴勒斯坦解放组织（巴解组织）为代表的现代巴勒斯坦民族运动兴起，特别是1968年巴解组织文化部成立，促进了独立的、专业化的巴勒斯坦民族主义史学发展。而阿拉伯世界在1967年第三次中东战争中惨败，泛阿拉伯主义思潮陷入低谷，对巴勒斯坦民族主义史学的影响式微。巴勒斯坦民族历史书写开始摆脱泛阿拉伯主义影响，更加关注巴勒斯坦的独特性。支持民族斗争、论证巴勒斯坦认同及其在阿拉伯民族内的地位，成为学者的主要目标。④

---

① Meir Litvak, "A Palestinian Past: National Construction and Reconstruction", p. 27.
② Tarif Khalidi, "Palestinian Historiography: 1900 – 1948", p. 64.
③ Beshara Doumani, "Rediscovering Ottoman Palestine: Writing Palestinians into History", p. 10.
④ Rachel Maissy-Noy, "Palestinian Historiography in Relation to the Territory of Palestine", p. 890.

巴勒斯坦民族主义史学专业化发展的重要标志就是各种研究机构的设立。1963年，瓦立德·哈立迪（Walid Khalidi）等人在黎巴嫩首都贝鲁特创建巴勒斯坦研究所（Institute for Palestine Studies，IPS）。在促使巴勒斯坦人形成自助思想方面，这个研究所起着重要作用。巴解组织1965年在贝鲁特成立巴勒斯坦研究中心（Palestine Research Center），作为官方研究机构。在约旦河西岸和加沙地带，得益于本土高等教育的发展，出现了专业研究机构和专职学者。比尔宰特大学的巴勒斯坦社会研究和文献中心（Center for Research and Documentation of Palestinian Society）就是其中具有代表性的机构。这些巴勒斯坦人自己的研究机构致力于保存巴勒斯坦的历史、政治和文化遗产，研究巴勒斯坦问题，培养青年学者，支持学术出版，促进了民族主义史学的专业化发展。具体表现为：1. 重视民族历史文献的搜集、整理和保存，出版档案汇编，丰富了巴勒斯坦历史研究的资料；2. 编撰出版民族史学工具书，如巴勒斯坦百科全书、巴勒斯坦各城市和乡村的历史等；3. 出版与巴勒斯坦研究有关的著作和期刊。巴勒斯坦研究所就致力于巴勒斯坦事务和阿以冲突问题的历史记录、档案保存和学术研究，以阿拉伯语、英语和法语出版学术著作。他们在华盛顿出版的《巴勒斯坦研究学刊》（*Journal of Palestine Studies*）和在拉姆安拉出版的《耶路撒冷季刊》（*Jerusalem Quarterly*）是研究巴勒斯坦问题的重要学术期刊。

（三）在国家构建进程中，发挥历史记忆和历史书写的作用。1994年巴勒斯坦民族权力机构建立后，把历史记忆作为塑造国民精神、促进国家认同的重要因素，从国家层面支持民族主义史学的发展。首先，挖掘和整理民族历史文化遗产，修复和保护历史遗迹。这成为巴勒斯坦民族权力机构旅游与文物部（Ministry of Tourism and Antiquities）的重要职责。大学和非政府组织等团体，也积极参与民族历史资料的搜集和保护。其次，推进民族历史教育，在基础教育中讲述具有连续性的民族历史，培养巴勒斯坦认同。[①] 再次，重视公共历史，兴建历史博物馆、纪念碑，在国家层面纪念"灾难日"，珍藏巴勒斯坦人的创伤记忆，展示民族解放运动的历史和成就。然而，巴以和平进程的停滞及双方关系的恶化，导致巴勒斯坦局势

---

① Nathan J. Brown, "Contesting National Identity in Palestinian Education", in Robert I. Rotberg, ed., *Israeli and Palestinian Narratives of Conflict: History's Double Helix*, pp. 225 – 243.

> 第五篇　亚非国家历史理论研究的新探索

动荡不安。在约旦河西岸和加沙地带，经费不足、历史资料和档案遭到破坏、查阅困难、学者行动受到以色列限制等不利条件，制约着史学研究。①

20世纪90年代后，巴勒斯坦移民学者对民族历史的研究进入爆发期。这既受到巴勒斯坦民族运动发展阶段的影响，也与这些学者参与民族运动或中东和平进程密切相关。美国哥伦比亚大学教授拉希德·哈立迪（Rashid Khalidi）和曾担任伦敦国王学院教授的耶齐德·萨伊格（Yezid Sayigh）就是典型代表。哈立迪作为巴勒斯坦代表团的顾问之一，参加了马德里和会及在华盛顿举行的巴以双边谈判。萨伊格是中东军事问题专家，在巴以和谈时率领巴勒斯坦代表团参加军备控制和地区安全多边工作组（1992—1994年），并作为巴解组织代表参加了1994年《加沙—杰里科协定》的谈判工作。政治活动一时分散了学者们的精力，但为研究提供了最鲜活的实践经验，深化了他们对相关问题的认识。

二　巴勒斯坦民族历史书写的关键叙事

为塑造民族精神、增强民族凝聚力和自信心，巴勒斯坦学者梳理本民族的独立发展脉络，再现祖辈的历史生活与成就，强调本地区的独特传统，以此强化巴勒斯坦人的民族认同。他们总结巴勒斯坦民族运动的经验教训，整合民族创伤记忆，鼓励巴勒斯坦人寻求新生，承担建立祖国的重任。这些历史研究和书写不可避免地与一些犹太学者的观点冲突。双方关于历史和历史权利的辩论成为塑造巴勒斯坦民族主义史学的一个主要因素。巴勒斯坦人对民族历史的研究和书写，以及他们对犹太学者观点的反驳，主要体现在下面四点。

（一）巴勒斯坦人的民族起源

美国布朗大学巴勒斯坦裔教授贝沙拉·杜马尼认为，对根源的确认和对认同的肯定是20世纪巴勒斯坦民族主义的两个关键因素。② 对民族起源的认识关系到民族认同形成，是民族构建过程中必须面对的问题。早期的

---

① Lauren Banko, "Occupational Hazards, Revisited: Palestinian Historiography", pp. 440 – 441.
② Beshara Doumani, *Rediscovering Palestine: Merchants and Peasants in Jabal Nablus, 1700 – 1900*, University of California Press, 1995, p. 61.

犹太复国主义作家，就通过否定巴勒斯坦人的存在，塑造当地原始落后、缺乏原住民的形象，以此证明他们主张在巴勒斯坦建国的合法性，并鼓励犹太移民去"拯救"巴勒斯坦。传统的犹太复国主义理论完全否认巴勒斯坦人作为一个民族的存在，进而否认巴勒斯坦人建立国家的权力。大卫·本－古里安是以色列第一任总理和最主要的政治家，他和同时代的犹太复国主义者都认为，不存在名副其实的巴勒斯坦人，巴勒斯坦阿拉伯人仅仅是阿拉伯人，他们的民族目标应该在其他阿拉伯国家实现。许多欧洲人也认为，在19世纪80年代初，第一批犹太人定居者到来之前，巴勒斯坦无人居住，是"空白的"，这与欧洲学者探索巴勒斯坦而忽视当地居民的书写密不可分；欧洲学者从19世纪开始关注作为"圣地"的巴勒斯坦，他们的作品在时间上主要集中于与欧洲历史直接相关的《圣经》时期和十字军时期；在地域上主要集中于耶路撒冷，忽视巴勒斯坦其他城市和农村地区；在内容上对当地人的历史缺乏兴趣，主要集中于旅行指南和历史地理。①

巴勒斯坦人将祖先追溯到当地已知的最早定居文明迦南人，证明在犹太移民到达之前，阿拉伯人就在这里长期生活。他们认为，公元前2500年左右从阿拉伯半岛迁来的迦南人，与公元前1500年左右从希腊群岛迁来的腓力斯人，共同构成现今巴勒斯坦阿拉伯人的核心祖先。委任统治时期的巴勒斯坦学者都有着相似的观点。② 亨利·卡坦（Henry Cattan）认为，"巴勒斯坦阿拉伯人是巴勒斯坦地区原有的居民，他们在伊斯兰教出现以前便居住在当地和中东其他地区"；"今天的巴勒斯坦人是腓力斯人、迦南人和其他各早期部落居民的后裔，巴勒斯坦人的血统中也注入了一些其他的种族成分，主要是希腊人、罗马人、穆斯林阿拉伯人和十字军"；到1948年被以色列人驱逐为止，他们一直是巴勒斯坦人口的主要成分。③ 巴勒斯坦研究所的标志就来自腓力斯人的神鸟图案。他们以此作为巴勒斯坦古代艺术和文化的象征，证明巴勒斯坦人在这块土地上生活了数千年。

---

① Beshara Doumani, "Rediscovering Ottoman Palestine: Writing Palestinians into History", pp. 7 - 8.
② Meir Litvak, "A Palestinian Past: National Construction and Reconstruction", p. 28.
③ ［巴勒斯坦］亨利·卡坦：《巴勒斯坦，阿拉伯人和以色列》，西北大学伊斯兰教研究所译，人民出版社1975年版，第21—22页。

也有学者把巴勒斯坦人的起源追溯到远古时期。

巴勒斯坦人把村庄历史书写作为论证他们在当地长期生活的重要举措。大量被连根拔起的巴勒斯坦人流离失所，对故土乡村的怀念眷恋，成为他们灾难记忆的一部分。对巴勒斯坦人来说，这些村庄虽然遭到破坏，但仍然是他们个人和民族身份的象征。比尔宰特大学的谢里夫·卡纳阿纳（Sharif Cana'ana），领导巴勒斯坦社会研究和文献中心，收集 1948 年之前巴勒斯坦村庄的历史、地理与人口数据，详细记载当地的社会、经济和文化生活。① 瓦立德·哈立迪主编的《在流亡以前：图说巴勒斯坦历史》②用将近五百幅精心挑选的照片展示巴勒斯坦的历史面貌。在《剩下的一切：1948 年以色列占领和缩减人口的巴勒斯坦村庄》中，记载了四百多个遭到以色列破坏的巴勒斯坦村庄。③ 一些村民协会及村民个人也编写了自己村庄的纪念书（village memorial book）。巴勒斯坦学者努尔·马萨勒哈认为，这些村庄史书写，保存着巴勒斯坦人的创伤记忆，也成为一种"文件证据"，证明他们在祖先的土地上生活，拥有对这块土地的合法权利。④

（二）巴勒斯坦人的民族认同

认同问题是巴勒斯坦历史研究中最重要的问题，⑤ 也是巴勒斯坦学者与犹太学者争论的焦点之一。传统犹太复国主义理论家和一些犹太裔学者都认为，在犹太复国主义出现之前，不存在任何巴勒斯坦认同，巴勒斯坦人的认同是受犹太复国主义刺激而产生。美国犹太裔中东学者丹尼尔·派普斯就认为，巴勒斯坦认同在 1920 年才形成，在此之前，不存在"巴勒斯坦阿拉伯人"；19 世纪末以前，生活在约旦河与地中海之间的居民，认

---

① Rochelle A. Davis, "Peasant Narratives: Memorial Book Sources for Jerusalem Village History", *Jerusalem Quarterly*, Issue 20, 2004, pp. 63 – 64.

② Walid Khalidi, *Before Their Diaspora: A Photographic History of the Palestinians 1876 – 1948*, Institute for Palestine Studies, 1984.

③ Walid Khalidi, *All That Remains: The Palestinian Villages Occupied and Depopulated by Israel in 1948*, Institute for Palestine Studies, 1992.

④ Nur Masalha, *The Palestine Nakba, Decolonising History, Narrating the Subaltern, Reclaiming Memory*, p. 210.

⑤ Rashid Khalidi, *Palestinian Identity: The Construction of Modern National Consciousness*, Columbia University Press, 1997, p. viii.

同的主要因素是宗教。①

努尔·马萨勒哈认为，巴勒斯坦的概念自古以来就有，并不是现代人的发明，也不是在与以色列对抗中构建的。《圣经》传说和巴以冲突扭曲了巴勒斯坦的多元文化。他所著的《巴勒斯坦：四千年的历史》借助最新的考古学资料，从古埃及和亚述文本的记录开始，探索青铜时代以来的巴勒斯坦和巴勒斯坦认同数千年的演变。②

拉希德·哈立迪认为，所有的认同都是由多重元素构建而成。在现代巴勒斯坦认同形成过程中，《圣经》时代、罗马、拜占庭、倭马亚、法蒂玛、十字军、阿尤布、马穆鲁克和奥斯曼时期的历史记忆，都构成了其中的有机组成部分，而"阿拉伯主义、宗教和地方忠诚"发挥了重要作用。③他的《巴勒斯坦认同：现代民族意识的构建》，通过深入研究1911年以后巴勒斯坦地区的新闻媒体，探讨巴勒斯坦认同的形成。他认为，受民族主义思潮影响，巴勒斯坦地区的人在19世纪末，就已经意识到自身独特的"巴勒斯坦属性"（Palestinianness）。这是巴勒斯坦人现代民族认同的起源。到20世纪20年代早期，巴勒斯坦人已经有了高度发展的民族认同感。

贝沙拉·杜马尼反对用传统和现代的二分法简单地划分巴勒斯坦历史。他认为，当地的社会经济转型不是由外界引入，但这也并不意味着与过去的急剧决裂。他所著《重新发现巴勒斯坦：1700—1900年纳布卢斯山地的商人和农民》改变把本地人口排除在外的巴勒斯坦历史叙事，将目光放在巴勒斯坦腹地的主要贸易和制造业中心纳布卢斯地区，着眼于商人、农民等土著群体，通过自下而上的视角，揭示他们的社会组织和文化生活在转型时期的弹性和适应能力。他对巴勒斯坦土著居民经济、社会和文化关系史的研究，是理解当代的巴勒斯坦认同政治的重要贡献。④ 因为，"促成巴勒斯坦团结和认同的经济力量、社会特征或更深层次的文化基础，支撑着成千上万流亡的难民，并促成了巴解组织领导下的民族运动

---

① Daniel Pipes, "The Year the Arabs Discovered Palestine", *Jerusalem Post*, September 13, 2000.
② Nur Masalha, *Palestine: A Four Thousand Year History*, Zed Books, 2018.
③ Rashid Khalidi, *Palestinian Identity: The Construction of Modern National Consciousness*, pp. 18 - 22.
④ Beshara Doumani, *Rediscovering Palestine: Merchants and Peasants in Jabal Nablus, 1700 - 1900*, p. 245.

> 第五篇 亚非国家历史理论研究的新探索

的出现"。[1]

罗斯玛丽·萨伊格通过采访黎巴嫩的巴勒斯坦难民,搜集口述史资料,研究在犹太复国主义兴起之前、第一次中东战争期间、流亡在外等阶段,巴勒斯坦人的生活变迁,以此为基础写成《巴勒斯坦人:从农民到革命者》一书。她的研究表明,家族、部落、村庄团结以及集体记忆,成为巴勒斯坦流亡难民的社会组织基础和自我认同来源,这些因素对巴勒斯坦民族主义发展同样具有重要作用。[2]

(三) 巴勒斯坦民族主义的产生和发展

研究巴勒斯坦民族主义,绕不开犹太复国主义。传统犹太复国主义理论家和部分犹太裔学者强调犹太复国主义在巴勒斯坦认同形成中的作用,认为巴勒斯坦民族主义仅仅是对犹太复国主义的回应。著名的英国犹太裔历史学家埃里克·霍布斯鲍姆就认为,"巴勒斯坦民族主义的产生,完全是由于犹太复国运动在此屯垦占领。"[3] 以色列学者梅厄·利特瓦克认为,20世纪巴勒斯坦民族主义史学的发展,就是巴勒斯坦人构建民族历史的过程。委任统治期间,反对犹太复国主义是巴勒斯坦民族主义存在的唯一原因。[4] 即便是同情巴勒斯坦人的犹太学者,也在某些方面支持犹太复国主义者的立场。以色列学者约书亚·波拉特的《1918—1929年巴勒斯坦—阿拉伯民族运动的出现》,[5] 被誉为研究英国委任统治时期巴勒斯坦人历史的最好作品。[6] 他全面分析巴勒斯坦民族运动的早期发展,赞誉并支持黎巴嫩裔学者乔治·安东尼斯对《侯赛因—麦克马洪通信》的研究,[7] 认为巴

---

[1] Beshara Doumani, "Rediscovering Ottoman Palestine: Writing Palestinians into History", p. 13.

[2] Rosemary Sayigh, *Palestinians: From Peasants to Revolutionaries*, Zed Books, 1979.

[3] [英] 埃里克·霍布斯鲍姆:《民族与民族主义》,李金梅译,上海人民出版社2006年版,第135页。

[4] Meir Litvak, "A Palestinian Past: National Construction and Reconstruction", pp. 24–56.

[5] Yehoshua Porath, *The Emergence of the Palestinian-Arab National Movement 1918–1929*, Frank Cass, 1974.

[6] Haim Gerber, *Remembering and Imagining Palestine: Identity and Nationalism from the Crusades to the Present*, Palgrave Macmillan, 2008, p. 35.

[7] George Antonius, *The Arab Awakening: The Story of the Arab National Movement*, J. B. Lippincott Company, 1939, pp. 164–183.

勒斯坦地区属于麦克马洪在通信中承诺的阿拉伯独立国家的领土范围,[①]这突破了传统犹太复国主义史学的固有观点。但波拉特认为,巴勒斯坦民族主义的形成是犹太复国主义这个外部压力的结果,抵抗犹太复国主义是巴勒斯坦民族主义行动的首要动力,促使巴勒斯坦阿拉伯人在政治上组织起来,并形成统一纲领。[②]

针对巴勒斯坦民族主义是对犹太复国主义挑战的回应这种观点,拉希德·哈立迪认为,这体现了一个古老的事实:被十字军征服的沉重历史,使巴勒斯坦人长期以来高度警惕圣地耶路撒冷和巴勒斯坦可能面临的外部威胁;巴勒斯坦现代民族主义就植根于这个传统,欧洲列强入侵和犹太复国主义只是这种威胁的最新例子。[③]

穆罕默德·穆斯利从奥斯曼帝国统治中寻找巴勒斯坦民族主义产生的根源。他认为巴勒斯坦人的"爱乡思想"发展成为具有特定意识形态和制度框架的成熟民族主义,是第一次世界大战后两个重要形势发展的结果:"在内部,是阿拉伯民族主义运动的分裂;在外部,与英国和法国分割叙利亚有关"。[④] 他的著作《巴勒斯坦民族主义的起源》,研究巴勒斯坦民族主义的社会基础,分析了从1856年到1920年巴勒斯坦的政治制度框架,详细介绍了奥斯曼主义和阿拉伯民族主义的思想,首次分析了它们与巴勒斯坦民族主义的关系。

巴勒斯坦学者承认犹太复国主义在巴勒斯坦民族主义产生和发展中的作用。巴勒斯坦学者 A. W. 卡雅利所著《巴勒斯坦现代历史》,没有探究巴勒斯坦民族主义的根源。[⑤] 他的分析框架假设,巴勒斯坦民族主义只是阿拉伯民族主义与巴勒斯坦人对犹太复国主义反应的混合体。[⑥] 这个分析受到很多巴勒斯坦学者的质疑。穆罕默德·穆斯利承认,"如果不了解巴

---

① Yehoshua Porath, *The Emergence of the Palestinian-Arab National Movement 1918 – 1929*, pp. 44 – 48.
② Yehoshua Porath, *The Emergence of the Palestinian-Arab National Movement 1918 – 1929*, pp. 63, 304.
③ Rashid Khalidi, *Palestinian Identity: The Construction of Modern National Consciousness*, p. 30.
④ Muhammad Y. Muslih, *The Origins of Palestinian Nationalism*, Columbia University Press, 1988, p. 216.
⑤ A. W. Kayyali, *Palestine: A Modern History*, Croom Helm, 1978.
⑥ Beshara Doumani, "Rediscovering Ottoman Palestine: Writing Palestinians into History", p. 13.

> 第五篇　亚非国家历史理论研究的新探索

勒斯坦人反对犹太复国主义的情况,就不可能分析巴勒斯坦民族主义的演变";但他认为,犹太复国主义并不是导致巴勒斯坦民族主义产生的主要因素,只是它发展的催化剂。① 穆斯利的观点代表了当代巴勒斯坦学者的普遍看法。② 拉希德·哈立迪同样认为,虽然犹太复国主义在塑造巴勒斯坦认同中起了作用,但"把巴勒斯坦认同视为主要是对犹太复国主义的回应,是一个严重错误"。③

耶齐德·萨伊格强调武装斗争在巴勒斯坦民族国家构建中的作用。他认为,武装斗争巩固和强化了巴勒斯坦民族认同,为建立准国家机构、培养新一代民族精英提供了政治、组织基础。萨伊格与巴解组织关系密切。他在撰写《武装斗争和寻求建国:1949—1993 年巴勒斯坦民族运动》时,除了参考巴解组织档案、官方出版物和各游击队组织的内部文件外,还对巴解组织官员进行了四百多次访谈。这本书深入研究了 20 世纪后半叶巴勒斯坦民族运动的发展演变,认为巴勒斯坦民族主义体现了族群民族主义和领土民族主义的共存与转化。④

(四) 巴勒斯坦人与第一次中东战争

第一次中东战争是当代中东最重要的事件之一,对巴以双方都产生了超越时间和地域的深远影响。对这场战争的历史书写也成为巴以两种历史叙事的斗争。⑤ 巴勒斯坦人在与以色列的政治和军事斗争中惨遭失败。探求巴勒斯坦人失败的原因,不仅影响到巴勒斯坦人的民族斗争,还关系着巴勒斯坦人返回家园的民族权利。在以色列传统史学的主流话语中,巴勒斯坦社会迅速崩溃,源于自身固有的功能缺陷,即社会原始,经济落后,政治发展水平低下,没有发展出"真正的"民族主义,最终导致巴勒斯坦

---

① Muhammad Y. Muslih, *The Origins of Palestinian Nationalism*, pp. 69, 86 – 87, 216 – 217.
② Meir Litvak, "A Palestinian Past: National Construction and Reconstruction", p. 25.
③ Rashid Khalidi, *Palestinian Identity: The Construction of Modern National Consciousness*, p. 20.
④ Yezid Sayigh, *Armed Struggle and the Search for State: The Palestinian National Movement, 1949 – 1993*, Oxford University Press, 1999.
⑤ Saleh Abdel Jawad, "The Arab and Palestinian Narratives of the 1948 War", in Robert I. Rotberg, ed., *Israeli and Palestinian Narratives of Conflict: History's Double Helix*, pp. 72 – 114.

人失败。①

拉希德·哈立迪认为，查找巴勒斯坦人惨败的原因，必须综合考察英国委任统治给巴勒斯坦人造成的特殊困境，以及巴勒斯坦社会和领导层中存在的结构性问题，正是这些问题导致他们无法更好地应对这些困境。②他在《铁笼：巴勒斯坦人的建国斗争》中指出，就实际社会指数而言，巴勒斯坦当时比其他阿拉伯社会更先进。但在英国当局的制度设计下，巴勒斯坦人无法建立起真正的代议制政府。英国人新建的宗教结构，赋予巴勒斯坦精英没有任何实质内容的优惠和特权，从而牵制了他们相当大的精力。巴勒斯坦人未能建立国家结构，政治力量缺乏组织性、凝聚力和一致性。这导致1936—1939年的巴勒斯坦大起义惨遭镇压，巴勒斯坦社会在1948年前后迅速解体。必须同时与英国和犹太人这两大强敌作战，更增加了巴勒斯坦人应对挑战的难度。伊萨·哈拉夫所著《巴勒斯坦的政治：1939—1948年阿拉伯派系斗争与社会解体》③则认为，巴勒斯坦阿拉伯人在建立主权国家时，主要面临组织上的困难。在急剧的社会经济变革中，政治领导阶层受到冲击，地位削弱，无法充分动员并领导民众打败敌人。激烈的派系斗争从整体上削弱了巴勒斯坦民族运动，而社会分裂加剧了巴勒斯坦阿拉伯人的困境。

第一次中东战争前后，巴勒斯坦阿拉伯人大规模逃亡。在约瑟·谢克特曼（Joseph Schectman）、利奥·科恩（Leo Kohn）、乔恩·金奇（Jon Kimche）和玛丽亚·瑟尔金（Maria Syrkin）等犹太学者的叙述中，除了那些"自愿"离开的人以外，大量巴勒斯坦人逃离家乡，是遵从阿拉伯领导人的撤离命令。犹太人并没有强迫巴勒斯坦人离开，相反还要求他们留下来，作为犹太国家的公民。巴勒斯坦人选择离开，就丧失了返回家园的权利。④

---

① Haim Gerber, "Zionism, Orientalism, and the Palestinians", *Journal of Palestine Studies*, Vol. 33, No. 1, 2003, pp. 23–41.

② Rashid Khalidi, *The Iron Cage: The Story of the Palestinian Struggle for Statehood*, Beacon Press, 2006, p. XLI.

③ Issa Khalaf, *Politics in Palestine: Arab Factionalism and Social Disintegration, 1939–1948*, State University of New York Press, 1991.

④ Steven Glazer, "The Palestinian Exodus in 1948", *Journal of Palestine Studies*, Vol. 9, No. 4, 1980, p. 97.

巴勒斯坦学者通过大量史料证明，巴勒斯坦人是被犹太人驱逐出境，并非自愿离开，他们应当拥有返回家园的权利。根据大英博物馆的档案，瓦立德·哈立迪指出，阿拉伯电台和报纸不仅没有命令巴勒斯坦人撤离，还要求他们坚守家园。犹太人的广播电台则不断对阿拉伯平民进行激烈的心理战。① 他认为，巴勒斯坦人外逃和流散的责任在犹太人。作为以色列建国计划的一部分，犹太人早就考虑将巴勒斯坦人"迁移"到其他阿拉伯国家。他们在1948年四五月执行的军事行动计划，目的就是破坏巴勒斯坦的阿拉伯社区，驱逐巴勒斯坦人。②

三　巴勒斯坦民族历史书写：学者和普通民众的共同参与

专业化的民族历史书写，无论是对西方、阿拉伯世界还是巴勒斯坦人自己来说，都是界定和阐释巴勒斯坦民族叙事的重要因素。民族起源、民族认同、民族主义的产生与发展、第一次中东战争及其带来的灾难等，是巴勒斯坦民族叙事的关键问题，也是犹太学者关注的重要内容。在两个民族争夺同一块土地的政治局势下，与犹太人争夺解释民族历史的主导权，成为巴勒斯坦民族史学的重要任务。

犹太复国主义者否认巴勒斯坦人的存在。他们的立场在某种程度上得到了"现代主义"民族理论的注解。这种理论强调民族（nation）的现代性，认为民族是"想象的共同体"。③ 巴勒斯坦学者则坚持认为，巴勒斯坦人从远古时代一直延续至今。在巴勒斯坦人民族起源问题上，他们的很多观点与"永存主义"或"原生主义"民族理论契合。"原生主义"民族理论认为，民族产生于原始的自然状态，在远古人类的血缘家族和小型部落的基础上扩展而成，具有原始的血缘性，并且在悠远的过去就与语言、习

---

① Walid Khalidi, "Why Did the Palestinians Leave, Revisited", *Journal of Palestine Studies*, Vol. 34, No. 2, 2005, pp. 42 – 54.

② Walid Khalidi, "Plan Dalet: Master Plan for the Conquest of Palestine", *Journal of Palestine Studies*, Vol. 18, No. 1, 1998, pp. 4 – 33.

③ ［美］本尼迪克特·安德森：《想象的共同体：民族主义的起源与散布》，吴叡人译，上海人民出版社2005年版，第6页。

俗、宗教、地域等密切相关。①"永存主义"民族理论认为，即使民族主义的意识形态是近代的，民族却始终存在于历史的每一个时期，很多民族甚至在远古时代就已经存在。②即使是那些承认本民族的现代性的巴勒斯坦学者，也强调巴勒斯坦人的历史性、族群基础及文化特征。这种观点具有"族群—象征主义"民族理论的特点。对巴勒斯坦人民族问题的争论反映了西方学术界民族理论研究的现状。虽然民族以及与之密切相关的民族主义在现代世界具有重要影响，但民族的概念是相关领域中最成问题和争议最大的术语。③在这种情况下，向世界证明巴勒斯坦人的民族属性，尤其需要民族史学发挥作用。

这种需要承担的任务，以及全球史学的发展趋势，共同决定了巴勒斯坦民族史学的鲜明特点：学者和大众共同参与历史书写；既重视精英群体的作用，也研究普通民众的文化心态；除政治问题外，还关注经济、社会、文化等层面；研究方法和成果形式多样。传统的巴勒斯坦民族史学，主要由学者书写，着力于政治史、事件史及人物传记等，研究对象主要是民族精英群体，研究方法以档案文献研究为主。除专著外，人物传记辞典、百科全书等形式的史学工具书，成为巴勒斯坦民族史学的一种重要成果形式。

20世纪以来，新史学逐渐取代传统史学，成为西方史学的主流。受新史学的影响，巴勒斯坦学者开始关注农民、城市贫民、妇女、难民、贝都因人等边缘群体，口述史是他们采用的主要研究方法。口述史具有"生动性、广泛性、民主性的特点"，"是一种'自下而上'的史学，一种普通民众而非精英人物的史学"。④在巴勒斯坦传统社会，普通民众的识字率低，无法书写自己的历史，口述史为他们提供了发声的途径。特别是在对

---

① 叶江：《当代西方的两种民族理论——兼评安东尼·史密斯的民族（nation）理论》，《中国社会科学》2002年第1期。

② ［英］安东尼·史密斯：《民族主义：理论、意识形态、历史》，叶江译，上海人民出版社2011年版，第53—55页。

③ ［英］安东尼·史密斯：《民族主义：理论、意识形态、历史》，第10页；［美］本尼迪克特·安德森：《想象的共同体》，第2—3页；［英］埃里克·霍布斯鲍姆：《民族与民族主义》，第1页；［英］厄内斯特·盖尔纳：《民族与民族主义》，韩红译，中央编译出版社2002年版，第7—10页。

④ 张广智：《"把历史交还给人民"——口述史学的复兴及其现代回响》，《学术研究》2003年第9期。

第五篇 亚非国家历史理论研究的新探索

巴勒斯坦难民的研究中，通过口述史，广大难民直接参与创伤记忆书写，将亲身经历融入集体记忆，成为巴勒斯坦认同的重要内容。① 口述史将人类学、社会学等社会科学的研究方法引入历史研究，改变了巴勒斯坦传统史学的面貌。

地方史尤其是村庄史，是巴勒斯坦民族史学中极富特色的内容。遭到以色列破坏的巴勒斯坦村庄，人口流失，失去了巴勒斯坦特性。研究人员、村民协会或村民个人，收集流散难民的口述史资料，以"村庄纪念书"的形式，保存他们的村庄记忆。这些村庄史记载了村民的谱系、村庄的政治状况、经济结构、教育文化及社会习俗等生活细节，展示了普通人眼中的巴勒斯坦历史。与传统地方史只关注精英人物不同，村庄史由巴勒斯坦难民直接参与书写，保存着在故乡生活过的第一代难民的乡村体验。② 这些村庄史是巴勒斯坦人保存民族记忆、维系民族认同的重要载体。

尽管大众对历史书写的参与日益增多，在巴勒斯坦历史研究中，传统精英家族出身的学者仍具有独特优势。由于部落和家族在社会生活中的特殊地位，早期的巴勒斯坦学者多出身于享有权力、地位和财富的传统精英家族，如大土地所有者、显贵、商业或宗教世家。他们不仅受到当地学术传统训练，还较早地接受了西方现代高等教育。家族背景使他们能够详细、深刻地认识当地的物质和社会文化环境。他们的家族文件，如族人的任命书、财产登记清单、销售票据、房地产记录等，是研究奥斯曼时期巴勒斯坦行政、社会、宗教和文化制度不可或缺的本土档案资料。家族地位也使他们容易获得奥斯曼法院记录等官方文献。这些都是受到新史学研究范式重视的原始材料。例如，出身于纳布卢斯的著名家族，为伊赫桑·尼米尔书写当地历史提供了极大便利。根据口述史资料、家族文件及伊斯兰法庭记录，他构建了纳布卢斯的历史，记述了当地遭受贝都因人袭击、内战、部落分化以及反抗中央政府的经历。③

传统精英家族出身的学者继承了家族精英对民族问题的思考。作为民

---

① Sonia El-Nimr, "Oral History and Palestinian Collective Memory", p. 55.
② Rochelle A. Davis, *Palestinian Village Histories: Geographies of the Displaced*, pp. 66 – 67; Beshara Doumani, "Rediscovering Ottoman Palestine: Writing Palestinians into History", p. 17.
③ Beshara Doumani, "Archiving Palestine and the Palestinians: The Patrimony of Ihsan Nimr", *Jerusalem Quarterly*, Issue 36, 2009, p. 6.

族精英群体，很多学者直接参加了民族运动，或参加了与以色列的和谈工作，掌握了丰富的材料和直接经验。这为他们深入巴勒斯坦社会生活和文化的细节，争取阐释民族历史的主动权奠定基础。耶路撒冷著名的宗教学者世家哈立迪家族就是这方面的典型。早在1911年，作为耶路撒冷地区代表，鲁希·哈立迪就在奥斯曼帝国议会呼吁，警惕犹太复国主义的威胁。[1] 瓦立德·哈立迪、拉希德·哈立迪等人，也都积极参与民族工作。罗斯玛丽和耶齐德母子所属的萨伊格家族，就有不少学者参与巴勒斯坦民族运动。例如，法耶兹（Fayez Sayigh）是巴勒斯坦全国委员会和巴解组织执委会成员，建立了巴勒斯坦研究中心。他的弟弟阿尼斯（Anis Sayigh）曾担任这个研究机构的领导人（1966—1974年），并主编了阿拉伯文版的《巴勒斯坦百科全书》。

移民学者是巴勒斯坦民族史学的重要研究者和书写者，在国际学术界的影响力更大。巴勒斯坦一些精英得到机会在美国、英国等西方国家接受专业学术训练，成为职业历史学家。虽然任职于西方国家或阿拉伯世界，取得其他国家的国籍，他们仍具有强烈的巴勒斯坦认同，并积极参与巴勒斯坦民族运动或中东和平进程。移民学者利用西方的史学研究方法和概念，从民族角度诠释巴勒斯坦历史，向世界解释巴勒斯坦人和阿拉伯人对巴勒斯坦问题的立场和观点，反驳犹太复国主义者和西方的主张。他们用西方的语言写作，享有突出的学术平台优势，研究成果更易得到国际学术界的认可。

移民学者积极推动国际学术界对巴勒斯坦的研究。美国巴勒斯坦研究的关键性基础就是由享有极高声誉的巴勒斯坦裔学者爱德华·萨义德奠定的。他在《东方主义》一书中开创了"殖民话语"分析方法。萨义德发表大量文章分析巴勒斯坦、以色列和中东地区的形势，强调"需要一种关于在中东所发生事件的巴勒斯坦式叙事，以抗衡那种对这些事件的亲以色列叙事"。[2] 由于萨义德积极为巴勒斯坦人的权利而著述，学术界和美国媒体改变了理解和表述中东形势的方式。[3] 为了纪念他，他生前任职的哥伦比亚大学设立了"现代阿拉伯研究爱德华·萨义德讲席教授"（Edward Said

---

[1] Rashid Khalidi, *Palestinian Identity: The Construction of Modern National Consciousness*, p. 31.
[2] ［英］瓦莱丽·肯尼迪：《萨义德》，李自修译，江苏人民出版社2006年版，第3页。
[3] ［英］瓦莱丽·肯尼迪：《萨义德》，第131页。

第五篇 亚非国家历史理论研究的新探索

Professor of Modern Arab Studies）职位。首位就任此职的学者是著名的巴勒斯坦裔历史学家拉希德·哈立迪教授，他曾任哥伦比亚大学历史系主任、北美中东学会（Middle East Studies Association，MESA）主席。他的著作《巴勒斯坦认同：现代民族意识的构建》，被著名中东问题专家威廉·匡特（William B. Quandt）誉为"对历史地理解巴勒斯坦民族主义具有重大贡献"，荣获北美中东学会的最高荣誉阿尔伯特·胡拉尼图书奖（Albert Hourani Book Award）。依靠在学术界的巨大影响力，拉希德·哈立迪推动哥伦比亚大学在 2010 年成立巴勒斯坦研究中心，这是美国学术界设立的首个此类机构。

结　语

在抵制西方帝国主义和殖民主义成为伊斯兰世界主要任务的 20 世纪，民族主义史学是穆斯林史学的主导趋势。[①] 巴勒斯坦史学具有 20 世纪穆斯林史学的共同特点。在巴勒斯坦人现代民族意识萌发伊始，当地知识分子就积极以民族主义史观书写历史，用民族主义史学教育新一代的巴勒斯坦人。在民族运动的推动下，巴勒斯坦民族主义史学不断走向专业化，成为界定和阐释巴勒斯坦民族叙事的重要工具。在巴勒斯坦人的历史叙事中，犹太人进入巴勒斯坦并建立以色列国家的整个过程，是殖民主义进入并征服奴役巴勒斯坦的过程，而对以色列及其他西方国家的反抗，是巴勒斯坦人反抗殖民统治的一部分。这种殖民主义话语，深刻地影响了巴勒斯坦的历史书写。[②]

民族认同是 20 世纪阿拉伯知识阶层话语的重要内容，也是许多著名阿拉伯历史学家的主要关注点。[③] 在巴勒斯坦，各个社会群体共同参与对民族认同的构建与书写。传统精英家族出身的学者在民族历史书写中具有

[①] ［美］格奥尔格·G. 伊格尔斯、［美］王晴佳：《全球史学史》，杨豫、王晴佳译，北京大学出版社 2019 年版，第 134 页。

[②] Nur Masalha, *The Palestine Nakba*, *Decolonising History*, *Narrating the Subaltern*, Reclaiming Memory, pp. 19 – 87.

[③] Youssef M. Choueiri, *Modern Arab Historiography*, *Historical Discourse and the Nation-State*, Routledge, 2013, p. 211.

独特优势，移民学者在国际学术界的影响力更大，而难民等普通民众通过"自下而上"的历史书写，将个体经历融入集体记忆。通过挖掘和呈现历史记忆，历史书写塑造了巴勒斯坦人的集体记忆，成为构建和维系巴勒斯坦认同的重要手段之一。民族认同主导下的历史书写，带动了巴勒斯坦史学的多样化发展，例如后殖民史学、口述史、乡村史、妇女史等分支领域都得到了不同程度的发展。

然而，以民族主义为指导的历史书写存在褊狭之处。巴勒斯坦的民族史学也有着类似的问题，例如刻意追溯民族的独立发展脉络和辉煌过去，在历史书写中剪裁史料等，这都影响到史学的客观性和公正性。民族主义是一把双刃剑，民族主义史学在塑造民族认同的同时，对民族国家构建也存在消极影响。巴以双方过分政治化的史学认识对青少年一代的历史教育有不小的负面影响，不利于促进两个民族的和平共处。[1] 巴勒斯坦部分学者也清醒地认识到民族主义史学存在的弊端。虽然受到民族主义思想的影响，但他们的研究努力追求学术的客观性。[2] 这有助于国际社会更好地理解巴勒斯坦人，并为巴以两个民族的学术沟通打下基础。

（原载《史学理论研究》2020 年第 3 期）

---

[1] Nathan J. Brown, "Contesting National Identity in Palestinian Education", in Robert I. Rotberg, ed., *Israeli and Palestinian Narratives of Conflict: History's Double Helix*, pp. 225 – 243; Sara Zamir, "Building a Reality of Peace and Reconciliation through School Textbooks: Lessons for the Israeli-Palestinian Case", *Israel Affairs*, Vol. 23, No. 3, 2017, pp. 566 – 567.

[2] Philip Mattar, ed., *Encyclopedia of the Palestinians*, Preface, pp. vi – vii.

书写"她"的历史

——非洲妇女史的兴起与发展[*]

郑晓霞

（上海师范大学非洲研究中心）

长期以来外界认为非洲黑人既无历史也无文明，只有黑暗和停滞。这种观点自 20 世纪 50 年代就受到批判，但是仍在西方传播——"非洲在与欧洲发生直接联系之前并没有历史。无法创造自己历史的非洲人民显然也没能力发展自己。因此他们不是正常的人类，不能自我发展，而必须通过他人'引导'才能进入文明；他人即欧洲人民"。[①] 自非洲大陆各国纷纷从殖民统治下获得独立并开始民族复兴之路以来，民族主义激起非洲人追溯本土历史的热情。70 年代以降，在全球史学向纵深发展的影响下，非洲史学也进入快速发展的阶段，在口述史、社会史、经济史、妇女史、环境史、城市史、生活史等方面都取得了不同程度的进展。

在非洲史学蓬勃发展、西方女性主义运动和理论的推动以及非洲妇女为自己的集体身份而努力发声之下，"非洲妇女，不管是作为历史的主体还是客体（或者较小程度上作为历史的书写者）在非洲史学中都不再是被遗忘的社会角色"，[②] 而开始进入史学家的研究范畴。近年来，国内史学界

---

[*] 本文是国家社会科学基金重点项目"20 世纪非洲史学与史学家研究"（项目编号：14ASS001）的阶段性成果。

[①] Basil Davidson, *Africa in History: Themes and Outlines*, revised edition, Collier Books, 1991, p. xxii.

[②] Nancy Rose Hunt, "Placing African women's History and Locating gender", *Social History*, Vol. 14, No. 3, 1989, p. 359.

对非洲史学的研究已有所发展,[①] 但是对撒哈拉以南非洲妇女史的研究还是寥寥无几。西方学界在20世纪中期开始就对非洲妇女研究产生兴趣,近三四十年来无论在深度还是广度上都有显著的进展。国内对非洲妇女史的研究起步相对较晚,一些研究主要始于20世纪90年代,研究缺乏深入性和连贯性,且迄今为止国内还没有任何这方面的相关专著。尽管如此,国内学者还是从多角度对非洲妇女研究进行尝试和探讨。[②] 本文旨在梳理非洲妇女研究的历史脉络,以填补国内的空白,同时也从侧面窥探非洲史研究的进展。

一 非洲妇女史研究兴起的原因

非洲殖民前的历史,尤其是从非洲妇女史角度书写的历史是非常匮乏的。尽管一些史学家利用妇女生活史和口述资料以填补书面出版资料上的欠缺,但是对研究更早期的非洲妇女史还是存在不足。第一批对非洲妇女

---

① 王建华:《当代非洲史学及其民族主义学派》,《西亚非洲》1988年第6期;舒运国:《非洲史研究入门》,北京大学出版社2012年版;张忠祥:《20世纪非洲史学的复兴》,《史学理论研究》2012年第4期;张忠祥:《口头传说在非洲史研究中的地位和作用》,《史学理论研究》2015年第2期;张忠祥:《20世纪70年代以来非洲史学的新进展——以医疗史研究为个案》,《史学集刊》2015年第4期;刘鸿武:《非洲实现复兴必须重建自己的历史——论B. A. 奥戈特的非洲史学研究与史学理念》,《史学理论研究》2015年第4期;刘鸿武、张佳梅:《尼日利亚古代文化艺术史述略》,《西亚非洲》1999年第2期;刘鸿武:《论黑非文化特征与黑非文化史研究》,《世界历史》1993年第1期;李鹏涛:《20世纪80年代以来英美学界的殖民时期非洲史研究评述》,《世界历史》2015年第5期;张永宏、王涛:《非洲历史的整合与分割——非洲史研究的当代走向》,《世界历史》2013年第4期;张瑾:《非洲经济史研究的历程和视角》,《学术探索》2015年第6期等。

② 洪永红:《1913年南非布隆方丹妇女运动初探》,《湘潭大学社会科学学报》1993年第4期,《从两次反通行证法看南非妇女运动》,《湘潭大学社会科学学报》1996年第1期;魏翠萍:《试论非洲妇女的社会地位及作用》,《西亚非洲》1994年第1期,《传统文化与非洲妇女人权》,《西亚非洲》1995年第5期;贺文萍:《和平发展与非洲的妇女解放》,《西亚非洲》1995年第5期;夏吉生:《非洲妇女在土地、财产继承和婚姻方面的法律地位问题》,《西亚非洲》1997年第4期,《跨入新世纪的非洲妇女》,《亚非纵横》2001年第3期;时春荣:《非洲妇女与"第二次解放运动"》,《西亚非洲》2007年第8期;魏晓明、李娜、吴霜:《在艰难中跃向平等——非洲女童教育现状分析》,《全球教育展望》2007年第3期;李伯军、石婷:《非洲妇女在武装冲突中遭受性暴力的人权保护法律问题及对策》,《广州大学学报》2012年第5期;李英桃:《和平进程中的非洲妇女安全:以布隆迪和利比里亚为例》,《国际安全研究》2014年第3期;和建花、丁娟:《非洲妇女参政配额制实施状况的研究与思考》,《山东女子学院学报》2015年第6期;张象主编:《彩虹之邦新南非》,当代世界出版社1998年版,该书中专门有一章对南非妇女运动的历史及妇女运动对反种族隔离制斗争的贡献作了比较详尽的阐述。

| 第五篇 | 亚非国家历史理论研究的新探索

史产生兴趣的西方学者始于 20 世纪中期。在非洲各国纷纷独立并进行民族复兴的历史转折时期，零星出现了一些研究非洲妇女的作品。[①] 直至 60 年代，研究非洲妇女问题的主要还是人类学家，且研究内容主要围绕生产与生育问题展开，关于妇女角色的讨论主要夹杂在婚姻习俗或生育仪式、巫术和家务劳动等的描述中。

1935 年法国泛非主义者和人类学家波尔姆首次在非洲桑加对多贡人进行为期 9 个月的民族志调查，由此对非洲产生了浓厚的兴趣。1945 年她又与丈夫再次在上几内亚地区（Upper Guinea）[②] 调查稻农情况，进一步加深了对非洲的研究热情。1963 年她主编的《热带非洲妇女》[③] 代表了早期对非洲妇女的全面概述，成为非洲妇女史研究的分水岭。书中六篇由女性人类学家撰写的介绍和文章，论述了非洲不同国家和社会背景下妇女的日常生活和面临的问题。该书不仅丰富了非洲研究的文献，也为了解妇女在非工业化非洲社会中的角色打开大门。南希·哈夫金和埃德娜·贝主编的《非洲妇女：社会和经济变化中的研究》[④] 是第一部研究东非和西非妇女的跨学科论文集，从历史学、人类学、社会学和经济学角度阐述殖民主义导致东西非妇女在经济和政治地位上的改变。该书包含了许多在非洲妇女史研究方面比较突出的学者的文章，而这些学者主要是欧美等国关注非洲史和非洲社会经济的历史学家和人类学家。[⑤] 该书最值得关注的是对早期男

[①] Mary Smith, *Baba of Karo: A Woman of the Muslim Hausa*, Faber & Faber, 1958; Denise Paulme, ed., *Femmes d'Afrique Noire*, Mouton, 1960, 其英译版为 *Women of Tropical Africa*, trans. by H. M. Wright, University of California Press, 1963; H. J. Simons, *African Women: Their Legal Status in South Africa*, C. Hurst, 1968; Suzanne Comhaire-Sylvain, *Femmes de Kinshasa Hier et Aujourd'hui*, Mouton, 1968 等。

[②] 主要指覆盖东几内亚、塞拉利昂、利比亚，一直延伸到科特迪瓦西北部地区的大平原。

[③] Denis Paulme, *Women of Tropical Africa*, trans. by H. M. Wright, University of California Press, 1963.

[④] Nancy J. Hafkin & Edna G. Bay, eds., *Women in Africa: Studies in Social and Economic Change*, Stanford University Press, 1976.

[⑤] 美国女历史学家艾丽斯·伯杰（Iris Berger）、英国出生后在纽约州立大学工作的人类学家詹姆斯·布雷恩（James L. Brain）、美国历史学教授乔治·布鲁克斯（George E. Brooks）、美国女历史学家玛格利特·珍·海（Margaret Jean Hay）、美国女政治学家芭芭拉·路易斯（Barbara C. Lewis）、美国史学家利思·穆林斯（Leith Mullings）、尼日利亚女历史学家卡梅内·奥孔涅（Kamene Okonjo）、美国女历史学家克莱儿·罗伯森（Claire Robertson）、美国黑人女历史学家菲洛米娜·基奥玛·斯特迪（Filomina Chioma Steady）、美国女历史学家玛格利特·斯特罗贝尔（Margaret Strobel）和朱迪思·范·艾伦（Judith Van Allen）等。

性学者研究的批判，而且涉及的主题非常广泛。

20世纪60—70年代，非洲妇女史研究开始逐步兴起。尽管兴起的原因有诸多方面，其中最主要的因素有：西方女性主义运动和理论的繁荣、非洲史学的复兴以及非洲妇女的觉醒。

第一，非洲妇女史的发展与西方女权主义运动和理论的发展息息相关。

19世纪末，受法国大革命自由平等思潮的影响，西方掀起了妇女运动的第一次浪潮。第一波女性主义运动发生于1840—1925年间，其目标主要是争取获得与男性平等的政治权利。女性在选举权、受教育权、就业方面取得了极大的成就。女性运动的第二次浪潮发生在20世纪60—70年代，最早兴起于美国，主要目标是批判性别主义、性别歧视和男权。此次运动促使形成女性研究热潮。有学者认为女性研究本身就是女性主义运动在学术领域的延伸。[1] 20世纪90年代以来，女性主义与后现代主义融合，开始进入第三次浪潮——后现代女性主义发展时期，强调差异基础上的性别平等，主张女性应有自己的特性、话语权以及女性的思维模式。在三次女性主义运动浪潮中，第二次运动直接推动非洲妇女史研究的发展和兴起，引领西方与非洲本土学者关注并研究被历史遗忘的非洲妇女。1977年许多西方女性主义学者参与并成立非洲妇女研究和发展联盟（Association of African Women for Research and Development），期望通过学术和妇女运动为非洲女性主义发展开辟道路。[2] 同时第二波女性运动中出现的旨在区别生理性别与社会性别的"社会性别"（gender）理论，[3] 也为非洲妇女研究提供了新的理论视角。

第二，非洲史学的发展是非洲妇女史兴起的必要前提。

在全球史学发展的推动下，非洲史学也具有自己独特的发展道路。非洲史学的发展主要经历了传统史学、殖民史学、民族主义史学和修正史学

---

[1] 李银河：《女性主义》，山东人民出版社2005年版，第15—35页。

[2] Mama Amina, *Women's Studies and Studies of Women in African During the 1990s*, working paper series 5/96, Codesria, p. 6.

[3] Joan W. Scott, "Gender: A Useful Category of Historical Analysis", *The American Historical Review*, Vol. 91, No. 5, 1986, pp. 1053 – 1075.

| 第五篇 | 亚非国家历史理论研究的新探索

四个阶段。① 20世纪20年代非洲各国民族主义运动的出现,改变了历史学术氛围。随着民族主义者开始取得胜利,非洲历史学家拒绝西方强加在他们身上的观点和限制,试图创建一个"新历史"——一个属于非洲人自己的更加丰富的历史。从20世纪中叶开始,在摆脱了外国统治的束缚后,非洲史作为公认较新的学术领域进入了快速发展阶段。一批非洲本土历史学家的著作相继问世,非洲史学流派开始形成,这些都标志着非洲史学的复兴。② 在非洲新兴的本土大学接受教育和培训的本土学者帮助解决了当时的民族志和帝国主义的偏见问题,同时非洲国家的独立也使研究的重点从在非洲生活的白人转移到对本土非洲人的研究上,这就使非洲妇女成为史学研究的主体之一。随着史学家们对新的研究方法产生兴趣,例如非洲口述史等的兴起,③ 部分解决了妇女研究史料匮乏的问题。20世纪上半叶,史学界经历了由传统的"科学历史学"向"新史学"的过渡。到了20世纪70—80年代,"新社会史"在"新史学"中日趋风行。"新社会史"强调在历史过程中社会普通群体的行为和意识的作用,扭转了传统史学只注意研究占人口2%的上层人物的偏向,主张研究被压迫者和下层民众,如奴隶、穷人和妇女。同时,新社会史所提倡的研究方法,诸如运用人类学、社会学等方法分析教区记录、税务账、法庭档案、结婚登记簿以及其他可利用的史料等,④ 对非洲妇女史料的发展影响极大。例如试图恢复非洲妇女话语权的《妇女书写非洲》四卷本,⑤ 就是结合了口述和各种文字资料,包括诗歌、歌曲、演讲、神话故事、书信、自传、回忆录、杂志、小说等。非洲妇女史正是吸收了"新社会史"的这些理论和方法,运

---

① 张忠祥:《20世纪70年代以来非洲史学的新进展——以医疗史研究为个案》,《史学集刊》2015年第4期,第7页。
② 张忠祥:《20世纪非洲史学的复兴》,《史学理论研究》2012年第4期。
③ Jan Vansina, *Oral Tradition*, Aldine, 1965; David Henige, *Oral Historiography*, Longman, 1980; Paul Irwin, *Liptako Speaks: History from Oral Tradition in Africa*, Princeton University Press, 1980.
④ 侯建新:《西方妇女史研究述评》,《天津师大学报》1991年第5期。
⑤ M. J. Daymond, Dorothy Driver, Sheila Meintjes, eds., *Women Writing Africa: The Southern Region*, Vol. 1, The Feminist Press at CUNY, 2003; Esi Sutherland-Addy, Aminata Diaw, eds., *Women Writing Africa: West Africa and the Sahel*, Vol. 2, The Feminist Press at CUNY, 2005; Amandina Lihamba, Fulata L. Moyo, Mugayabuso M. Mulokozi, Naomi L. Shitemi, eds., *Women Writing Africa: The Eastern Region*, Vol. 3, The Feminist Press at CUNY, 2007; Fatima Sadiqi, Amira Nowaira, Azza El Holy, Moha Ennaji, eds., *Women Writing Africa: The Northern Region*, Vol. 4, The Feminist Press at CUNY, 2009.

用多种形式的史料和研究方式，从而获得了迅速发展，成为当代非洲史学研究中不可或缺的一部分。

第三，非洲妇女史的兴起是非洲妇女觉醒的必然结果。

非洲民族独立运动中妇女的参与、非洲妇女受教育的经历以及非洲女权主义促使非洲妇女的觉醒，使非洲妇女走上历史的舞台。妇女觉醒促使妇女采取集体行动，让妇女挣脱社会既定的性别角色和劳动分工的束缚，从而争取与男性同等的权利。非洲妇女为摆脱殖民主义和父权制的压迫以及为争取妇女权利的运动过程中逐步意识到女性需要自己的话语权，从而推动了非洲妇女史的发展。

非洲以民族独立为目标的民族解放运动发端于第一次世界大战结束后不久，但民族解放运动的高潮发生在第二次世界大战之后。妇女是非洲民族解放运动中不可或缺的主角之一，实际上妇女是非洲大部分地区动员群众支持解放运动的核心力量。她们不仅参加集会、组织支持民族独立运动，她们还赞美、动员支持者并成为其中一员。例如，在肯尼亚茅茅运动、葡属非洲殖民地、津巴布韦和纳米比亚等国家的解放运动中，妇女都起到了重要的作用。尽管各国民族主义运动对妇女权利的处理方式不同，例如在阿尔及利亚和坦桑尼亚，妇女是独立战争的成员之一，但是民族主义运动并没有解决她们特殊的需求；在莫桑比克，解放运动同时也处理妇女权利问题，但是在解放后却被搁置；在几内亚和马里，妇女权利成为独立运动进程中的目标之一；在喀麦隆，妇女本身参与解放运动，推进自己的性别和其他议程；在乌干达，民族主义运动促使妇女竞选公职、争取投票权，在政治上代表自己的权利，[1] 但是各国多少都涉及妇女权利问题，使非洲妇女的政治权利意识得以增强。同时解放运动中妇女的反抗游行、妇女组织甚至妇女直接参与武装斗争的经历使她们的政治意识和集体身份意识得到空前的发展。许多妇女组织不再仅是男性组织的附属，她们还组织反抗性别歧视、性别阶级和妇女在社会中的次等地位。正是这些原本对父权极为顺从的通常与土地打交道的非洲妇女，成为非洲妇女史的转折点，使非洲妇女首次成为历史中

---

[1] Aili Mari Tripp, Isabel Casimiro, Joy Kwesiga, and Alice Mungwa, *African Women's Movements: Transforming Political Landscapes*, Cambridge University Press, 2009, pp. 35 – 36.

| 第五篇 | 亚非国家历史理论研究的新探索

"合格的演员"。①

为推动妇女职业化的殖民教育政策使妇女受教育的数量和质量都有所提升,而教育进一步促进非洲妇女的觉醒。传教士和殖民教育的目标主要是使非洲妇女成为"西化"或受过教育的非洲男性合格的妻子,因此女子教育的内容主要是育儿、卫生、家务、营养以及其他家庭活动。非洲女子教育灌输的性别、家庭生活、道德、劳动分工等观念都带有浓重的西方色彩,并没有考虑非洲妇女自身的实际情况和需求。② 到 1980 年,非洲不同宗主国教育模式的遗留影响越发凸显:在前英国殖民地,小学阶段男女童入学比例为 100∶90,前比利时殖民地的比例是 100∶74,前法国殖民地是 100∶61,前葡萄牙为 100∶56。③ 尽管这些教育是为了保持非洲妇女的顺从和去政治化,妇女却因此拓宽视野,获得参与政治活动以及寻求就业和创业等机会。那些早期有机会上初高中、大学甚至在国外学习的女性,部分获得经济上的独立,通常会参与各种面向宗教、职业、福利和发展问题的地方或全国性的妇女组织,其中一些甚至成为领导者。④ 一些受教育的妇女当选为某些机构,如学校等的负责人。这类职位为女性进入决策机构打开了大门。例如,1955 年乌干达的尤妮斯·卢贝加(Eunice Lubega)成为东非第一位获得大学学位的非洲妇女,后来成为第一个负责乌干达妇女协会的非洲妇女,该协会是乌干达第一个倡导妇女权益的组织。这些组织通过育儿、健康教育、扫盲和其他类似的服务使精英妇女与基层妇女产生联系,从而加强集体身份意识。教育甚至让一小部分精英妇女在独立前能领导妇女运动。殖民时期新生的妇女运动反之又推动女子教育,在某些

---

① Catherine Coquery-Vidrovitch, *African Women*: *A Modern History*, trans. by Beth Gillian Raps, Westview Press, 1997, pp. 195 – 196.

② Hilary Callan and Shirley Ardener, eds., *The Incorporated Wife*, Croom Helm, 1984; Vandra Lea Masemann, "The Hidden Curriculum of a West African Girls' Boarding School", *Canadian Journal of African Studies*, Vol. 8, No. 3, 1974, pp. 479 – 494; Nancy Hunt, "Domesticity and Colonialism in Belgian Africa: Usumbura's Foyer Social, 1946 – 1960", *Signs*, Vol. 15, No. 3, 1990, pp. 447 – 474; Nancy Rose Hunt, *A Colonial Lexicon of Birth Ritual*, *Medicalization*, *and Mobility in the Congo*, Duke University Press, 1999.

③ Claire Robertson, "Women's Education and Class Formation in Africa, 1950 – 1980", In C. Robertson and I. Berger, eds., *Women and Class in Africa*, Africana Publishing Company, 1986, pp. 92 – 113.

④ Ifi Amadiume, *Daughters of the Goddess*, *Daughters of Imperialism*: *African Women Struggle for Culture*, *Power and Democracy*, Zed, 2000; K. Ona Jirira, "Gender, Politics and Democracy: Kuvaka Patsva (Reconstructing) the Discourse", *Safere*, Vol. 1, No. 2, 1995, pp. 1 – 29.

情况下还能游说政府增加女子教育的机会。例如，20世纪40—50年代尼日利亚女子教育的扩张使许多妇女有机会成为教师、教育官员以及其他公务员。尤其是家政培训让妇女有机会涉及更多新的小规模的企业，成为女裁缝、面包师、供应商或餐馆、咖啡店和旅馆运营商，这些女企业家的子女后来也相当有影响力。[1] 这些妇女成为非洲人的行为榜样，从而让许多父母鼓励他们的女儿上学。教育和培训促进女子身心全面发展的同时，更是给妇女提供了为自己的利益发声以及书写自己故事的机会，在社会中拥有自己的话语权。因此殖民和传教士教育，尽管其带有对妇女歧视的蕴涵以及为受过良好教育的非洲人提供"合适"的妻子为目标，还是为非洲妇女提供了机会，直接促使非洲妇女的觉醒。

女权主义是非洲妇女史的重要组成部分。非洲女权主义出现的原因之一是因为女权主义话语的主要理论和范式构建来自以欧洲为中心的经验，而西方白人女权主义在种族和妇女交叉之地并没有考虑非洲妇女面临的特定问题。非洲女权主义并非完全排斥白人女权主义的观点，而是以西方女权主义为借鉴，从自身才智和渴望出发，创建了本土背景和经验下的女权主义。非洲女权主义反映了不同非洲国家的女性现实。[2] 非洲女权主义自身有许多分支，包括母亲主义（Motherism）、女性主义（Femalism）、蜗牛式女权主义（Snail-Sense Feminism）[3]、妇女主义（Womanism）、思迪瓦主义（Stiwanism）[4]、商谈女权主义（Nego-Feminism）[5] 以及非洲人妇女主义（African Womanism）。[6] 非洲女权主义发轫于20世纪初期，作为一种运动

---

[1] LaRay Denzer, "Domestic Science Training in Colonial Yorubaland, Nigeria", In Karen Tranberg Hansen, ed., *African Encounters with Domesticity*, Rutgers University Press, 1992, pp. 116 – 139.

[2] Josephine Ahikire, "African feminism in context: Reflections on the legitimation battles, victories and reversals", *Feminist Africa*, Issue 19, 2014, pp. 7 – 19.

[3] 所谓蜗牛式女权主义，是 Akachi Adimora-ezeigbo 提出来的理论，提倡尼日利亚妇女在艰难的父权社会中对付男性时要像蜗牛一样谨慎而缓慢行动。

[4] Stiwanism 的英文全称是 Social Transformation in Africa Including Women，即非洲社会变革要包含妇女之意。该理论乃 Omolara Ogundipe-Leslie 所创。

[5] Nego-Feminism 中的 Nego 代表 negotiation 或 no ego 之意，指女权主义者为了得到自由必须进行商谈或一定的妥协。

[6] Naomi Nkealah, "(West) African Feminisms and Their Challenges", *Journal of Literary Studies*, Vol. 32, No. 2, 2016, pp. 61 – 74.

第五篇 亚非国家历史理论研究的新探索

兴起于20世纪60年代妇女参与民族解放斗争期间,[①] 尤其是在阿尔及利亚、莫桑比克、几内亚、安哥拉和肯尼亚等地,妇女与男性同胞为国家主权和妇女权利并肩作战。[②] 妇女武装斗争和激进运动的经历鼓舞她们在公共领域中展现积极的姿态。在具有里程碑意义的联合国妇女十年(1975—1985年)期间当代非洲女权主义得以固化,使非洲激进女权主义运动和思想席卷整个非洲大陆甚至传播海外。此后非洲女权运动扩展到政策、立法、学术以及文化等领域。她们既开展基层运动,也在思想学界采取行动;既解决像扶贫、预防暴力和争取生育权等事关"面包和黄油"的生存问题,也处理例如生活方式、流行文化、媒体、艺术等精神建设问题。她们一方面要打破父权制编造的神话,同时又挑战和解决种族主义的性别刻板印象。非洲女权主义既是妇女觉醒的结果,也是妇女觉醒的原因,直接促使妇女在实践和思想上的成长。

二 非洲妇女史研究的发展

随着欧美女权主义运动的推动和丹麦经济学家埃斯特尔·博塞拉普的《妇女在经济发展中的角色》[③] 一书的出版,西方和非洲学者对非洲妇女史研究的兴趣开始爆发。埃斯特尔·博塞拉普的研究领域主要是经济和农业发展,在该书中,她从经济角度出发,分析了一系列农业社会中(包括非洲)妇女的地位,并得出结论性观点:由于殖民统治的父权定位,殖民主义使非洲妇女地位大幅下降。这一著作和观点也成为之后许多非洲妇女研究的基础。此后几部人类学著作(或多或少带有历史性)以及少量关注妇女史、妇女社会角色以及妇女参与到非洲历史主要大事

[①] 初期的女权主义运动家有譬如被称为"非洲的维多利亚女权主义者"的塞拉利昂妇女权利活动家阿德莱德·凯斯利-海福德(Adelaide Casely-Hayford),为泛非主义和女权主义贡献良多;夏洛特·麦特斯特(Charlotte Maxeke)于1918年在南非成立了班图妇女联盟,而胡达·撒拉威(Huda Sharaawi)在1923年成立埃及女权主义联盟等。

[②] 在反抗殖民主义和父权制斗争中著名的代表性人物就有肯尼亚活动家、政治家和作家弗吉尼亚·万布伊·奥蒂埃诺(Virginia Wambui Otieno),南非反种族隔离斗士莉莲·恩戈伊(Lillian Ngoyi),南非国大元老沃尔特·西苏鲁(Walter Sisulu)的遗孀爱尔伯蒂娜·西苏鲁(Albertina Sisulu),尼日利亚妇女权利和社会活动家玛格丽特·艾柯坡(Margaret Ekpo)等。

[③] Ester Boserup, *Women's Role in Economic Development*, St. Martin's Press, 1971.

件的专著和论文随之出版。"经济和劳动（生产和生育）""婚姻、家族、家庭关系和法律""政治角色和活动""宗教、仪式和思想意识"成为学者们关注的维度。①

尽管当代非洲妇女史不断涌现新的研究方向，但是自 20 世纪 70 年代中期以后构成非洲妇女史研究的主题主要有三个。虽然每个时期之间总会存在重叠，而且时间分界也并非绝对，但还是可以进行大致的划分：20 世纪 70 年代研究的兴趣点在于"被遗忘的女英雄"，80 年代和 90 年代早期是"下层阶级的女演员"，90 年代以后女性成为"性别化的主体"。②

（一）被遗忘的"女英雄"——精英妇女研究

20 世纪 60 年代末 70 年代初，怀着民族主义的强烈情感，非洲学者燃起重新挖掘非洲历史的激情，对非洲过去的历史成就感到自豪。这种自豪感让史学家们开始研究在非洲历史传统的政治结构中发挥重要作用的"女王"。这里的"女王"不仅指国王的伴侣或者母亲，而是泛指相对独立和有特权的妇女，包括在政治圈中有重要地位的女性。

研究女王的学者譬如有研究早期非洲史，特别是安哥拉、大西洋奴隶贸易、妇女和奴隶的美国历史学家约瑟夫·米勒，对 17 世纪敢于抵抗葡萄牙人并与之共谋的安哥拉女王恩津加（Nzinga）的研究。③ 分别在苏格兰和美国获得历史学硕士博士学位的尼日利亚女历史学家博兰勒·阿韦主要关注传统约鲁巴政治体系中的女性政治领导者。④ 加纳女历史学和人类

---

① Nancy Rose Hunt, "Placing African Women's History and Locating Gender", *Social History*, Vol. 14, No. 3, 1989, p. 360.
② Iris Berger, "African Women's History: Themes and Perspectives", *Journal of Colonialism and Colonial History*, Vol. 4, No. 1, 2003, p. 5.
③ Joseph Miller, "Nzinga of Matamba in a New Perspective", *Journal of African History*, Vol. 16, No. 2, 1975, pp. 201 – 216.
④ Bolanle Awe, "The Lyalode in the Traditional Yoruba Political System", In Alice Schlegel, ed., *Sexual Stratification: A Cross-Cultural View*, Columbia University Press, 1977, pp. 144 – 159. 博兰勒其他作品还有："Nigerian Women and Development in Retrospect", In Jane I. Parpart, eds., *Women and Development in Africa: Comparative Perspective*, University Press of America, 1989, pp. 313 – 333; "Writing Women into History: The Nigerian Experience", In Karen Offen, Ruth Roach Pierson, Jane Rendall, eds., *Writing Women's History*, Palgrave Macmillan UK, 1991; "The Role of Nigerian Women in Management in the 90s", *Management in Nigeria*, Vol. 26, No. 6, 1990; *Nigerian Women in Historical Perspective*, Sankore Publishers, 1992。

| 第五篇 | 亚非国家历史理论研究的新探索

学家艾格尼丝·艾杜强调19世纪阿散蒂女王的核心角色,[1] 而这一角色一直以来被英国殖民当局和男性史学家所忽略。

有关非洲妇女参与到民族主义运动的研究强调了另外一种"女王"角色——民族女英雄。例如,研究西非民族主义运动中的女英雄康斯坦丝·卡明斯·约翰(ConstanceCummings-John)和阿德莱德·凯斯利·海福德(Adelaide Casely-Hayford)[2]、20世纪50年代中期坦桑尼亚达累斯萨拉姆妇女音乐组织领导者比比·提提·穆罕默德(Bibi Titi Mohamed)在组织城市啤酒酿造者和其他妇女成立坦噶尼喀非洲民族联盟(TANU)妇女分支中所做的贡献[3]以及尼日利亚南部妇女在殖民时期利用政治影响和经济权力作出的贡献[4]等。

此外由于受经济独立的影响,一些学者开始探索妇女的经济活动,特别是西非成功的女商人。许多作品热情地描述了在纺织、渔业或棕榈油贸易领域半文盲或靠自学成功的妇女以及拥有卡车,建造起欧式房子并把儿子送往国外接受教育的"商人公主"。[5] 这些研究展示了女性在家庭中的地位和经济自主权以及妇女在更广泛的社会政治和经济中"被隔离但几乎平等"的角色。

---

[1] Agnes Akosua Aidoo, "Asante Queen Mothers in Government and Politics in the Nineteenth Century", In Filomena Steady, ed., *The Black Woman Cross-Culturally*, Schenckman, 1981, pp. 65 – 77.

[2] LaRay Denzer, "Towards a Study of the History of West African Women's Participation in Nationalist Politics: The Early Phase, 1935 – 1960", *Africana Research Bulletin*, Vol. 6, No. 4, 1976, pp. 65 – 85; LaRay Denzer, "Constance A. Cummings-John: Her Early Political Career in Freetown", *Tarikh*, Vol. 7, No. 1, 1981, pp. 20 – 32; LaRay Denzer, "Pan-African Influences on Cummings-John's Career", In Robert Hill, ed., *Pan African Biography*, Crossroads Press, 1987; Rina Okonkwo, "Adelaide Casely Hayford Cultural Nationalist and Feminist", *Phylon* (1960 –), Vol. 42, No. 1, 1981, pp. 41 – 51; Adelaide Cromwell Gulliver, *Victorian Feminist: Adelaide Smith Casely-Hayford*, Cass, 1986.

[3] Susan Geiger, "Umoja wa Wanawake wa Tanzania and the Needs of the Rural Poor", *African Studies Review*, Vol. 25, No. 2/3, 1982, pp. 45 – 65.

[4] Cheryl Johnson, "Grass Roots Organizing: Women in Anti-colonial Activity in Southwestern Nigeria", *African Studies Review*, Vol. 25, No. 2/3, 1982, pp. 137 – 157; Nina Mba, *Nigerian Women Mobilized: Women's Political Activity in Southern Nigeria, 1900—1965*, University of California / Institute of International Studies, 1982; Judith Van Allen, "Sitting on a Man: Colonialism and the Lost Political Institutions of Ibo Women", *Canadian Journal of African Studies*, Vol. 6, No. 2, Special Issue: *The Roles of African Women: Past, Present and Future*, 1972, pp. 165 – 181.

[5] George Brooks, "The Signares of Saint-Louis and Goree: Women Entrepreneurs in Eighteenth-Century Senegal", In Nancy J. Hafkin and Edna G. Bay eds., *Women in Africa: Studies in Social and Economic Change*, Stanford University Press, 1976, pp. 19 – 44; Cheryl Johnson, "Madam Alimotu Pelewura and the Lagos Market Women", *Tarikh*, Vol. 7, No. 1, 1981, pp. 1 – 10.

关注精英妇女是早期非洲史学的政治历史自豪感所推动的结果，也是传统史学主要关注上层精英和政治史的一种体现。这种自豪感也促使一些非洲本土女学者的投入。尽管这些研究并不能体现非洲普通妇女的生活经历，但它们却是非洲妇女史研究的良好开端。

（二）下层阶级的演员——作为受害者的非洲妇女

随着非洲史学从民族主义热情和对"辉煌历史"的重构转向关注国家政治经济建设，到了20世纪70年代末80年代初，对女精英的研究热度也开始慢慢消退，研究者们越来越关注作为受害者的女性角色，包括妓女、女佣、女巫、女工、女奴和农业妇女等。这些妇女史学家深受马克思主义的影响，特别关注阶级以及生产和生育问题。他们把性别不平等与殖民主义联系一起，同时也对非洲社会内部的性别不平等产生浓厚兴趣，并以当地父权结构和殖民主义来解释妇女的地位。南非妇女史研究开拓者之一的女学者贝琳达·波佐利把这一现象称之为"父权制大杂烩"。[1]

研究非洲城市的学者为非洲城镇妇女勾勒了一幅暗淡的前景图：殖民地城镇的女性只有通过非法的、不道德的或两者兼而有之的活动才能获得经济上的独立，尤其是非正规经济部门中的啤酒酿造者和妓女。由于殖民当局对妇女行为道德上的偏见以及他们出于规范劳动力市场的需求，妇女参与啤酒酿造和销售都属于非法。然而，酿啤酒是无法就业的妇女在城市里得以生存的一个关键途径。[2] 这些研究反映了非洲城市化和劳动力市场的特殊需求，同时也反映了研究主题从殖民前的历史向殖民后历史的微妙转变。美国女历史学家伊利斯·伯杰从早期对殖民前东非妇女的宗教角色的研究（1976年）转向对南非工厂女工（1986年）的研究就可窥见一斑。[3] 伯杰的主要研究

---

[1] Belinda Bozzoli, "Marxism, Feminism and South African Studies", *Journal of Southern African Studies*, Vol. 9, No. 2, 1983, pp. 139 - 171.

[2] Claire Robertson, "Developing Economic Awareness: Changing Perspectives in Studies of African Women, 1976 - 1985", *Feminist Studies*, Vol. 13, No. 1, 1987, p. 117.

[3] Iris Berger, "Rebels or Status-Seekers: Women as Spirit Mediums in East Africa", In Nancy J. Hafkin and Edna G. Bay, eds., *Women in Africa: Studies in Social and Economic Change*, pp. 157 - 181; Iris Berger, "Sources of Class Consciousness: South African Women in Recent Labor Struggles", In Robertson Claire and Iris Berger, eds., *Women and Class in Africa*, Africana Publishing Company, 1986, pp. 216 - 236.

领域是非洲史和妇女史,她一直保持对非洲妇女的研究热情,笔耕不辍,把大量的精力投入到尤其是南非妇女史和南非史的研究。[1]

到20世纪70年代末,文献中出现了另一新趋势——"单就女性本身无法构成研究分析的合理范畴,还必须考虑其他的因素,如阶级、年龄、民族身份或宗教以及男女差异"。[2] 由此,历史学家开始把非洲妇女史研究与阶级形成、城市无产阶级的出现和奴隶或社会中较低地位的人等结合在一起,越来越多的研究开始围绕非洲妓女和女奴这两大主题进行。

一些研究以特定城市区域的妓女史(特别是内罗毕、金沙萨和约翰内斯堡)作为理解城市或乡村生活变化的交叉点。性交易被看作没有技术的非洲女工的一种主要就业方式。美国佛罗里达大学非洲史女教授路易斯·怀特[3]和南非本土史学家查尔斯·范·昂赛雷恩[4]是这个领域里较突出的历史学家,尽管历史研究很大程度上受人类学家[5]以及社会学家[6]对殖民时期妇女的研究所影响。路易斯·怀特笔下描述的妓女并非是简单的受害者。实际上妓女在困难的环境下成为创造自己生活的独立主体。怀特描述了卖淫妇女的经济效用以及在没有皮条客的情况下可能出现的各种交易形式。最初时期非洲妓女与领薪女工的角色是等同的。殖民时期

---

[1] 伯杰有关非洲妇女史的专著主要有:Iris Berger, Claire Robertson, eds., *Women and Class in Africa*, Holmes & Meier Pub, 1988; Iris Berger, *Threads of Solidarity: Women in South African Industry, 1900 – 1980*, Indiana University Press, 1992; Iris Berger, E. Frances White, *Women in Sub-Saharan Africa: Restoring Women to History*, Indiana University Press, 1999; Iris Berger, *Women in Twentieth-Century Africa*, Cambridge University Press, 2016。

[2] Margaret Jean Hay, "Queens, Prostitutes and Peasants: Historical Perspectives on African Women, 1971 – 1986", *Canadian Journal of African Studies*, Vol. 22, No. 3, Special Issue: *Current Research on African Women*, 1988, p. 434.

[3] Luise White, "A Colonial State and an African Petty Bourgeoisie: Prostitution, Property and Class Struggle in Nairobi, 1936 – 1940", In Fred Cooper, ed., *Struggle for the City*, Sage, 1983, pp. 167 – 194.

[4] Luise White, "Prostitution, Identity, and Class Consciousness in Nairobi During World War II", *Signs: Journal of Women in Culture and Society*, Vol. 11, No. 2, 1986, pp. 255 – 273, 她主要研究非洲肯尼亚、赞比亚和津巴布韦地区;Charles Van Onselen, "Prostitutes and Proletarians, 1886 – 1914", In Van Onselen, ed., *Studies in the Social and Economic History of the Witwatersrand*, Vol. 1, Longman, 1982。

[5] Janet M Bujra, "Women Entrepreneurs of Early Colonial Nairobi", *Canadian Journal of African Studies*, Vol. 7, No. 2, 1975, pp. 213 – 214; "Production, Property, Prostitution. Sexual Politics in Atu", *Cahiers d'etudes africaines*, Vol. 17, No. 65, 1977, pp. 13 – 39; Janet MacGaffey, "How to Survive and Get Rich Amidst Devastation: The Second Economy in Zaire", *African Affairs*, Vol. 82, No. 328, 1983, pp. 351 – 366.

[6] Sharon Stichter, "Women in the Labor Force in Kenya, 1895 – 1964", Discussion Paper 258, Institute for Development Studies, University of Nairobi, September, 1977.

内罗毕妓女为许多外来男工提供性之外的服务，如提供休息场所、早餐和洗衣服务等。然而随着殖民主义越来越具有剥削性，工人和妓女的实际工资变得越来越少，到了30年代末逐步趋同于欧美模式，即只提供性服务。

20世纪80年代非洲妇女史研究的另一个热门主题是奴隶。显而易见，奴隶贸易和家务奴隶的存在对非洲妇女产生了广泛的影响。美国女历史学家克莱尔·罗伯森和史学家马丁·克莱因编辑的《妇女和奴隶》，[1] 开创性地提出性别对奴隶制的影响，同时也打破了所有妇女都是"被迫害者"的观念。它体现了存在于妇女当中的阶级隔离。[2] 受该书影响，许多学者试图在非洲背景下定义"奴隶"，但是却发现很难界定"奴隶"和"妻子"的区别，因为两者之间存在重叠。例如，在19世纪受奴隶贸易破坏的中非和南部非洲，男人把女奴当妻子以及卖掉妻子当奴隶的行为改变了妻子和奴隶的角色，并使所有妇女成为弱势群体。[3]

当然，20世纪60—70年代也有一些研究针对妇女受害者的角色，而80年代也有学者关注女精英的生活。[4] 然而整体上研究主体从强调特权妇女到受害者和被剥削者的转变，反映了非洲史学研究的重心从上层转移到下层，从少数精英转移到普通民众。

（三）性别化的主体：跨学科多元化的研究视角

如果说20世纪70—80年代的研究以人类学、历史学和社会学为主，那么90年代后非洲妇女史研究则呈现出多学科交叉的特点——社会学、人类学、经济学、语言学、考古学、生物学、医学等多个学科交叉合作，研究的领域进一步深化与多元，主题涉及妇女健康、性行为、同性恋、教育、经济活动、政治参与、宗教活动等。

---

[1] Claire C. Robertson & Martin A. Klein, eds., *Women and Slavery in Africa*, University of Wisconsin Press, 1983.

[2] Nancy A. Hewitt, "Beyond the Search for Sisterhood: American Women's History in the 1980s", *Social History*, Vol. 10, No. 3, 1985, pp. 299 – 321.

[3] Marcia Wright, "Bwanikwa: Consciousness and Protest Among Slave Women in Central Africa, 1886 – 1911", In Claire C. Robertson & Martin A. Klein, eds., *Women and Slavery in Africa*, pp. 246 – 267; Marcia Wright, *Women in Peril: Life Stories of Four Captives*, Neczam, 1984.

[4] Cynthia Brantely, "Mekatalili and the Role of Women in Giriama Resistance", In Donald Crummey, ed., *Banditry, Rebellion and Social Protest in Africa*, James Currey, 1986, pp. 333 – 350.

> **第五篇** 亚非国家历史理论研究的新探索

妇女健康，特别是妇女生育健康一直是多学科视角下，尤其是社会学和生物医学领域的关注点。特定的性别传统，如婚姻制度（早婚、一夫多妻、隐居、夫兄弟婚）以及其他的一些文化传统如女性割礼等影响产妇发病率和死亡率以及生育行为。同时，由于非洲大陆上艾滋病的泛滥，公共健康问题越来越引起重视，有关妇女艾滋病的经历和反应成为快速发展的研究领域，其中领军人物有美国医疗史学家兰德尔·帕卡德和美国女人类学家谢丽尔·麦柯迪等。①

20世纪90年代，学术界出现了对20世纪知识分子和政治传统把性问题边缘化的批判。这些批评与学术界涌现的"后"主义（后现代主义、后殖民主义、后结构主义）交织在一起。② 在美国人类学和社会学家邓巴·穆迪关于南非黑人矿工的工作生活、性行为以及矿工中的同性行为的研究基础上，③ 一群年轻的历史学家开始研究男性气质和同性恋问题，④ 为非洲性研究领域打开了大门。研究者把社会性别（gender）看成父权制下的社会建构，在这个框架下，性被当作妇女受压迫和性别不平等的因素之一。研究者把女性主义理论与殖民后婚姻、种族、性行为、文化研究等分析联系在一起来处理今日非洲复杂的性行为问题，同时也把抵抗和赋权作为分

---

① Randall Packard, *White Plague, Black Labor: Tuberculosis and the Political Economy of Health and Disease in South Africa*, University of California Press, 1989; Sheryl McCurdy, "Urban Threats: Manyema Women, Low Fertility and Venereal Diseases in British Colonial Tanganyika, 1926 – 1936," In Dorothy Hodgson and Sheryl McCurdy, eds., *"Wicked" Women and the Reconfiguration of Gender in Africa*, Heinemann, 2001; Francine Van den Borne, *Trying to Survive in Times of Poverty and AIDS: Women and Multiple Partner Sex in Malawi*, Het Spinhuis, 2005; Margaret A Rugadya, Hema Swaminathan, Cherryl Walker, eds., *Women's Property Rights, HIV and AIDS & Domestic Violence: Research Findings from Two Districts in South Africa and Uganda*, Human Sciences Research Council, 2009; Mark Hunter, *Love in the Time of AIDS: Inequality, Gender, and Rights in South Africa*, Indiana University Press, 2010; Sanyu A. Mojola, *Love, Money, and HIV: Becoming a Modern African Woman in the Age of AIDS*, University of California Press, 2014.
② Musisi Nakanyike, "Gender and Sexuality in African History: A Personal Reflection", *Journal of African History*, Vol. 55, No. 3, 2014, pp. 304 – 305.
③ Dunbar Moodie, Vivien Ndatshe and British Sibuye, "Migrancy and Male Sexuality on the South African Gold Mines", *Journal of Southern African Studies*, Vol. 14, No. 2; Dunbar Moodie, *Going for Gold: Men, Mines and Migration*, University of California Press, 1994.
④ Lisa Lindsay & Stephen Miescher, eds., *Men and Masculinities in Modern Africa*, Heinemann, 2003; Lisa Lindsay, *Working with Gender: Wage Labor and Social Change in Southwestern Nigeria*, Heinemann, 2003; Robert Morrell, ed., *Changing Men in Southern Africa*, Zed Books, 2001.

析女性性行为的重要因素。① 非洲性行为研究者认为，殖民主义侵略把性区分为"正常的"（异性恋、一夫一妻）和"不正当的""不道德的""危险的"（同性恋、一夫多妻、婚外恋和妓女）两个类别。史学里也充满了有关殖民政策对个人性行为产生分裂影响的研究记录。这种分裂削弱了已有的社会界定，形成了殖民统治下所认为的"不正常"的性行为。总之，史学总体上认为霸权殖民上层建构形成了殖民地独特的性欲望和性经验。②

教育是殖民主义影响非洲社会的另一重要因素。殖民前非洲社会的教育作为概念性和实用性的目的旨在适应社会和物质环境的需要。虽然殖民前在不同社会和政治环境中存在性别阶级，但是妇女却以不同的知识水平在不同领域里占据领导位置，如宗教信仰体系、母系政治体系、秘密组织以及通过日常活动参与到农业、家庭管理、贸易和卫生保健等领域。而殖民时期的教育受殖民主义影响，其目的发生了改变。例如，殖民时期津巴布韦妇女教育的目标就是让妇女成为合格的家庭主妇和维持生活的农夫。③ 关于非洲殖民后妇女和教育的研究主要关注性别歧视在小学、中学和高等教育等各个阶段所产生的影响。④ 不同地区在入学率、毕业率、学业水平、课程内容等方面都存在性别差异。同时学者们还分析了女子教育恶化的因素，如：早婚、早育、家务和农活的压力、某些职业的性别化以及潜在的

---

① Akosua Adomako Ampofo, Josephine Beoku-Betts Wairimu Ngaruiya Njambi & Mary Osirim, "Women's and Gender Studies in English-speaking sub-Saharan Africa", Gender and Society, Vol.18, No.6, 2004, p.695; Lloyda Fanusie, "Sexualtiy and Women in African Culture", In Mercy A. Oduyoye, Musimbi R. A. Kanyoro, eds., The Will to Arise: Women, Tradition, and the Church in Africa, Wipf and Stock Publishers, 1992, pp.135 – 154; Anne Nachisale Musopole, "Sexualtiy and Religion in a Matriarchal Society", In Mercy A. Oduyoye, Musimbi R. A. Kanyoro, eds., The Will to Arise: Women, Tradition, and the Church in Africa, Wipf and Stock Publishers, 1992, pp.195 – 205; Jennifer Cole, Lynn M. Thomas, eds., Love in Africa, University of Chicago Press, 2009.

② Musisi Nakanyike, "Gender and Sexuality in African History: A personal Reflection", The Journal of African History, Vol.55, No.3, 2014, p.306.

③ Rudo B. Gaidzanwa, "Gender Analysis in the Field of Education: A Zimbabwean Example", In Ayesha Imam, Amina Mama, and Fatou Sow, eds., Engendering African Social Sciences, CODESRIA Book Series, 1997.

④ M. N. Bloch, J. A. Beoku-Betts, B. R. Tabachnick, eds., Women and Education in Sub-Saharan Africa: Power, Opportunities, and Constraints, Lynne Rienner Publishers, 1998; Lumumba N'Dri T. Assie, Women and Higher Education in Africa: Reconceptualizing Gender-based Human Capabilities and Upgrading Human Rights to Knowledge, Ceparred, 2007; Mutindi Mumbua Kiluva-Ndunda, Women's Agency and Educational Policy: The Experiences of the Women of Kilome, Kenya, State University of New York Press, 2000; Benedicata Egbo, Gender, Literacy and Life Chances in Sub-Saharan Africa, Cromwell Press Ltd., 2000; Joy Kwesiga, Women's Access to Higher Education in Africa: Uganda's Experience, Fountain Publication, 2002; Meghan Healy-Clancy, A World of Their Own: A History of South African Women's Education, University of Virginia Press, 2014.

第五篇 亚非国家历史理论研究的新探索

失业风险等。新自由主义的影响,特别是结构调整计划也与妇女教育息息相关。比较一致的意见认为结构调整计划减弱了国家给市民提供基础教育的能力,中小学教育不断私有化以及严重的政府资金的削减让许多穷人的孩子离开了学校,而这对妇女和女童的影响尤其严重。①

妇女与经济也是90年代后发展迅速的研究领域。② 一部分学者关注妇女在正规和非正规经济部门的角色转变,而另有部分学者把注意力投向结构调整计划对非洲妇女就业产生的影响。在殖民后时期非正规部门成为日益重要的社会经济和政治现象。比起其他经济领域,越来越多的研究关注妇女在非正规部门的工作。③ 这是对经济危机和结构调整计划后非洲男女在

---

① N'Dri Assie-Lumumba, "Educating Africa's Girls and Women: A Conceptual and Historical Analysis of Gender Inequality", In Ayesha Imam, Amina Mama, and Fatou Sow, eds., *Engendering African Social Sciences*, CODESRIA Book Series, 1997; Florence E. Etta, "Gender Issues in Contemporary African Education", *Africa Development*, Vol. 19, No. 4, 1994, pp. 57-84; Rudo B. Gaidzanwa, "Gender Analysis in the Field of Education: A Zimbabwean Example", In Ayesha Imam, Amina Mama, and Fatou Sow, Dakar, eds., *Engendering African Social Sciences*, CODESRIA Book Series, 1997; Rosalia Katapa & Magdalena Ngaiza, "Debt in Tanzania: Are Women Silent or Concerned?, In *Visions of gender theories and social development in Africa: Harnessing Knowledge for social justice and equality*, AAWORD Book Series, 2001; Joy Kwesiga, *Women's Access to Higher Education in Africa: Uganda's Experience*, Fountain, 2002; Marjorie Mbilinyi, "Searching for Utopia: The Politics of Gender and Education in Tanzania", In Marianne Bloch, Josephine A. Beoku Betts, and B. Robert Tabachnick, eds., *Women and Education in sub-Saharan Africa: Power, Opportunities, and Constraints*, Lynne Rienner, 1998; Ruth N. Otunga, "School Participation by Gender: Implications for Occupational Activities in Kenya", *Africa Development*, Vol. 22, No. 1, 1997, pp. 39-64.

② Molara Ogundipe-Leslie, *Re-creating Ourselves: African Women & Critical Transformations*, Africa World Press, 1994; Grietjie Verhoef, "The Role of Women in the South African Economy", *South African Journal of Economics*, Vol. 64, No. 3, 1996; Margaret C. Snyder, *Women in African Economies: From Burning Sun to Boardroom*, Fountain Publishers, 2000; Daniela Casale, "What Has the Feminisation of the Labour Market 'Bought' Women in South Africa? Trends in Labour Force Participation, Employment and Earnings, 1995-2001", *Journal of Interdisciplinary Economics*, Vol. 15, No. 3/4, 2004; Michael Kevane, *Women and Development in Africa: How Gender Works*, Lynne Rienner Publication, 2004; Gracia C. Clark, *African Market Women: Seven Life Stories from Ghana*, Indiana University Press, 2010; M. Turshen, *African Women: A Political Economy*, Palgrave Macmillan, 2010.

③ Kate Meagher, "Crisis, Informalization and the Urban Informal Sector in Sub-Saharan Africa", *Development and Change*, Vol. 26, No. 2, 1995; Jane Seruwagi Nalunga, *Women Employees in the Informal Sector, Kampala, Uganda*, Organization for Social Science Research in Eastern and Southern Africa, 1998; Aba Amissah Quainoo, *Financial Services for Women Entrepreneurs in the Informal Sector of Ghana*, World Bank, Africa Region, 1999; Rodreck Mupedziswa, Perpetua Gumbo, *Women Informal Traders in Harare and the Struggle for Survival in an Environment of Economic Reforms: Research Report No. 117*, Nordic Africa Institute, 2000; OA Akinboade, "A Review of Women, Poverty and Informal Trade Issues in East and Southern Africa", *International Social Science Journal*, Vol. 57, No. 184, 2005; Gayatri Singh, "Paradoxical Payoffs: Migrant Women, Informal Sector Work, and HIV/AIDS in South Africa", *New Solutions: A Journal of Environmental and Occupational Health Policy*, Vol. 17, No. 1, 2007; Mary Njeri Kinyanjui, *Women and the Informal Economy in Urban Africa: From the Margins to the Centre*, Zed Books, 2014.

非正规部门工作不断增加的一种反应。非正规经济一方面提高了妇女的经济地位,而另一方面对部分女性而言却意味着更大的工作负担和压力,因为女性在工作领域面临与男性不同的挑战,如缺乏信贷、缺乏财产、低水平的社会资本和警察骚扰等。全球化对妇女就业的影响也非常大。① 大部分学者认为全球化以及国际货币基金组织施加的结构调整计划导致劳动力市场里低层职业的女性化、从事性工作的女性增加、女性工作量加大以及女性贫困进一步增加。一些学者也指出全球化给非洲妇女既带来利益也带来问题。美国黑人经济学和女性学者西尔万·博科和同事编著的《非洲发展中的妇女:21世纪全球化和自由化的挑战》② 就分析了全球化和结构调整计划对非洲妇女经济活动的影响,其主要目标是为了评价这些推动力如何促使妇女对非洲发展做出贡献。

社会性别、女权主义与政治也是学者比较关注的主题之一。③ 尽管习

---

① Akosua Darkwah, "Trading Goes Global: Market Women in an Era of Globalization", *Asian Women*, Vol. 15, 2002, pp. 31 – 49; Yassine Fall, "Globalization, Its Institutions and African Women's Resistance", In Yassine Fall, ed., *Africa: Gender, Globalization and Resistance*, AAWORD Book Series, 1999; Kaendi Munguti, Edith Kabui and Mabel Isoilo, "The Implications of Economic Reforms on Gender Relations: The Case of Poor Households in Kisumu Slums", In Aicha Tamboura Diawara, ed., *Gender, Economic Integration, Governance and Methods of Contraceptives*, AAWORD Book Series, 2002 等。

② Sylvain H. Boko, Mina Baliamoune-Lutz, and Sitawa R. Kimuna, eds., *Women in African Development: The Challenge of Globalization and Liberalization in the 21st Century*, Africa World Press, 2005.

③ 专著方面主要有 Ifi Amadiume, *Male Daughters, Female Husbands: Gender and Sex in an African Society*, Zed Books, 1987; Gwendolyn Mikell, *African Feminism: The Politics of Survival in Sub-Saharan Africa*, University of Pennsylvania Press, 1997; Oyeronke Oyewumi, *The Invention of Woman: Making an African Sense of Western Gender Discourses*, University of Minnesota Press, 1997; Dorothy L. Hodgson, Sheryl McCurdy, eds., *"Wicked" Women and the Reconfiguration of Gender in Africa*; Goetz Anne Marie and Hassim Shireen, eds., *No Shortcuts to Power: African Women in Politics and Policy Making*, Zed Books, 2003; Oyeronke Oyewumi, *African Women and Feminism: Reflecting on the Politics of Sisterhood*, Africa World Press, 2004; Gretchen Bauer and Hannah E. Britton, eds., *Women in African Parliaments*, Lynne Rienner Pub, 2006; Catherine M. Cole, Takyiwaa Manuh, Stephan F. Miescher, eds., *Africa After Gender?*, Indiana University Press, 2007; Kathleen M. Fallon, *Democracy and the Rise of Women's Movements in Sub-Saharan Africa*, Johns Hopkins University Press, 2008; AM Tripp, I Casimiro, J Kwesiga, A Mungwa, *African Women's Movements: Transforming Political Landscapes*, Cambridge University Press, 2009; Aili Mari Tripp, *Women and Power in Postconflict Africa*, Cambridge University Press, 2015; Gretchen Bauer, Josephine Dawuni, eds., *Gender and the Judiciary in Africa: From Obscurity to Parity?*, Routledge, 2015; Balghis Badri, Aili Mari Tripp, eds., *Women's Activism in Africa*, Zed Books, 2017;该领域还有许多国别研究以及期刊论文就不一一列举。

| 第五篇 | 亚非国家历史理论研究的新探索

惯法、成文法和宗教法在许多东部和中部非洲国家仍然对妇女保持歧视，[①]包括南非、卢旺达和乌干达等许多国家在内在教育、健康和平权等方面都推进了对女性有利的政策。[②] 20世纪90年代以来，撒哈拉以南非洲女性代表权的增长一直是令人震惊的。1990—2010年间，妇女在非洲议会议员的数量上翻了三倍。根据各国议会联盟（Inter-Parliamentary Union）2016年2月的数据，非洲妇女在国民议会中的平均席位为23.3%，略高于世界平均水平的22.6%。影响非洲妇女参政议政因素有很多，包括"左倾"政党、殖民主义、外国援助、国际组织、经济发展、妇女在社会结构中的地位变化、政治文化、制度因素——如选举制、配额制、妇女的集体行动等。[③]

围绕宗教对非洲妇女角色和地位影响的研究也是学者关注的维度之一。[④]宗教构成非洲人民日常生活的一部分。同样地，社会特有的性别习俗也根

[①] Aili Mari Tripp, "Women's Movements, Customary Laws and Land Rights in Africa: The Case of Uganda", *African Studies Quarterly*, Vol. 7, No. 4, 2004, pp. 1 – 19.

[②] Grethen Bauer and H. E. Britton, "Women in African Parliaments: A Continental Shift", In G. Bauer and H. E. Britton, eds., *Women in African Parliaments*, Lynne Rienner, 2006, pp. 1 – 44; A. Huggins and S. K. Randell, "Gender Equality in Education in Rwanda: What Is Happening to Our Girls?", Paper presented at the South African Association of Women Graduate Conference on "Drop-outs from School and Tertiary Studies: What is Happening to Our Girls?" Cape town, May, 2007.

[③] Sarah Bush, "International Politics and the Spread of Quotas for Women in Legislatures", *International Organization*, Vol. 65, No. 1, 2011, pp. 103 – 37; Staffan Lindberg, "Women's Empowerment and Democratization", *Studies in Comparative International Development*, Vol. 39, No. 1, 2004, pp. 28 – 53; Mi Yung Yoon, "Explaining Women's Legislative Representation in Sub-Saharan Africa", *Legislative Studies Quarterly*, Vol. 29, No. 3, 2004, pp. 447 – 68; Aili Mari Tripp, "Regional Networking as Transnational Feminism: African Experiences", *Feminist Africa*, Issue 4, 2005, pp. 46 – 63; F. Steady, *Women and Collective Action in Africa: Development, Democratization, and Empowerment*, with Special Focus on Sierra Leone, Palgrave Macmillan, 2005.

[④] Barbara Callaway and Lucy Creevey, *The Heritage of Islam: Women, Religion and Politics in West Africa*, Lynne-Rienner, 1994; Ifi Amadiume, *Re-Inventing Africa: Matriarchy, Religion and Culture*, Zed Books, 1997; Sondra Hale, *Gender Politics in Sudan: Islamism, Socialism, and the State*, Westview Press, 1997; Barbara L. Muthoni Wanyeki, ed., *Women and Land in Africa—Culture, Religion and Realizing Women's Rights*, Zed Books, 2003; Ousseina D. Alidou, *Engaging Modernity: Muslim Women and the Politics of Agency in Postcolonial Niger*, University of Wisconsin Press, 2005; Tumani Mutasa Nyajeka, *The Unwritten Text: The Indigenous African Christian Women's Movement in Zimbabwe*, Africa University Press, 2006; Mary Wren Bivins, *Telling Stories, Making Histories: Women, Words, and Islam in Nineteenth-century Hausaland and the Sokoto Caliphate*, Heinemann, 2007; Neil Macmaster, *Burning the Veil: The Algerian War and the 'Emancipation' of Muslim Women, 1954 – 1962*, Manchester University Press, 2009; Margot Badran, *Gender and Islam in Africa: Rights, Sexuality, and Law*, Stanford University Press, 2011; Pade Badru, Brigid M. Sackey, eds., *Islam in Africa South of the Sahara: Essays in Gender Relations and Political Reform*, Scarecrow Press, 2013; Mercy Amba Oduyoye, *Beads & Strands: Reflections of an African Woman on Christianity in Africa*, Orbis Books, 2013.

植于宗教和哲学传统。当代非洲的社会文化是分别根植于非洲、阿拉伯和西欧的三大文化融合的结果,而连接三大文化的主要工具分别是非洲本土宗教、伊斯兰教和基督教。① 其中代表西方文明阵营的学者认为,传统非洲宗教和相关信仰阻碍了妇女赋权;② 而由非洲女权主义和激进神学家主导的阵营则认为,特别是与伊斯兰教和基督教有联系的非洲妇女在接受文化方面相对处于弱势。③ 早在阿拉伯和欧洲入侵前,非洲就已有发展良好的本土宗教。传统非洲人的信仰与生活紧密交织,其区别不易察觉。传统非洲宗教对妇女的限制较少,尽管古代非洲也有一定的性别上的劳动分工,然而两性的功能被认为是互补的,并不存在阶级上的区别。④ 这就意味着古代非洲的大部分地区,女性与男性在社会中一样占据重要的地位,拥有同样的权力和权威。然而阿拉伯人及其伊斯兰教对许多非洲本土的规范、传统实践和信仰并不认可,尤其是在家庭和公共领域里的性别关系。因此,早在第一个欧洲人到达非洲大陆一千多年前,伊斯兰教在他们征服的非洲大陆上成功改变了两性关系,特别是在蒙巴萨和桑给巴尔地区。受影响的规范和实践中就包括了两性服饰、两性角色和妇女权利等。⑤ 而基督教和欧洲殖民主义在非洲有许多重合之处,两者存在许多共同的目标,

---

① Ambe J. Njoh, Fenda A. Akiwuni, "The Impact of Religion on Women Empowerment as a Millennium Development Goal in Africa", *Social Indicators Research*, Vol. 107, No. 1, 2012, p. 2. 从地理位置上看,自塞拉利昂向西,沿利比里亚、科特迪瓦、布基纳法索、贝宁、尼日利亚、乍得、南苏丹、埃塞俄比亚、厄立特里亚边界划线,这条线以北为穆斯林为主,以南的国家基督徒占多数(除索马里和吉布提以外)。而利比里亚、科特迪瓦、多哥、贝宁、喀麦隆、中非、马达加斯加以非洲传统宗教为主。

② Jacqueline Adhiambo-oduol, "Transforming Tradition as a Vehicle for Women's Empowerment: A Critical Dimension for Poverty Eradication", Prepared under Topic 2: Empowerment of women as a transformative strategy for poverty eradication, for the United Nations Division for the Advancement of Women (DAW) Expert Group Meeting on "Empowerment of Women throughout the Life Cycle as a Transformative Strategy for Poverty Eradication", 26 – 29 November 2001, New Delhi, India.

③ A. J. Njoh, *Tradition, Culture and Development in Africa: Historical Lessons for Modern Development Planning*, Ashgate, 2006; R. Uchem, "Overcoming Women's Subordination in the Igbo African Culture and in the Catholic Church", *Critical Half: Annual Journal of Women for Women International*, Vol. 1, No. 1, 2003, pp. 27 – 31; Ifi Amadiume, *Re-Inventing Africa: Matriarchy, Religion and Culture*.

④ Niara Sudarkasa, "The Status of Women in Indigenous African Societies", *Feminist Studies*, Vol. 12, No. 1, 1986, pp. 91 – 103.

⑤ Ambe J. Njoh, Fenda A. Akiwuni, "The Impact of Religion on Women Empowerment as a Millennium Development Goal in Africa", *Social Indicators Research*, Vol. 107, No. 1, 2012, pp. 5 – 6.

例如殖民者和基督教传教士都把教化所谓的"黑色大陆"上的居民作为主要目标。为了改变殖民前的性别关系，基督教传教士以精挑细选的圣经文本，如亚当和夏娃之类的圣经故事作为布道的基础，从而加强妇女的文化附属，也有效地在非洲人中间巩固了"女性次于男性的信念并让妇女接受了她们被压迫的地位"。[①] 在外来宗教改变或破坏传统非洲妇女的角色地位的同时，非洲妇女同样也利用宗教运动提高自身的地位。她们加入各种宗教教派，利用宗教提供的教育机会扩展视野，甚而成为本教派的领导者，从而引领自己的姐妹进一步提高社会、政治和经济地位。

20世纪90年代后至今，非洲妇女研究在深度和广度上的拓展既是对非洲社会男女平权的呼应和体现，也是非洲史学不断发展的结果。

三 非洲妇女史研究的特点

多维度的非洲妇女史和性别研究反映了非洲社会的多重性和多样性。非洲各国女性经历的巨大差异使对非洲妇女史研究的概括面临巨大的挑战，但非洲社会组织的某些共同特性和经历，如奴隶贸易、殖民主义、基督教和伊斯兰教的传播、种族隔离、去殖民化和独立运动、现代化进程、全球化等因素必定影响女性的生活，使之呈现一定的共性。自20世纪70年代非洲妇女史研究的兴起之后，其发展方式几乎与欧美妇女史并行，但同时也反映了特定的非洲史的发展趋势。[②]

梳理非洲妇女史的发展过程，我们可以发现下列几个特征。首先，研究内容和研究观念上发生了转变。与其他国家的妇女史发展脉络相似，非洲妇女史从一开始研究精英妇女——国王的母亲或配偶、商人公主以及民族和解放运动中的女性，在马克思女权主义等影响下逐步对工农阶级的妇女产生兴趣，到后来专注于非洲历史背景下的性别研究。早期的研究者倾向于把妇女受压迫和不平等的地位归结为殖民主义的影响，而新的研究者倾向于归结为本土和外来父权主义的相互作用，认为新的压迫模式是殖民

[①] Rose Uchem, "Overcoming Women's Subordination in the Igbo African Culture and in the Catholic Church", *Critical Half: Annual Journal of Women for Women International*, Vol. 1, No. 1, 2003, p. 26.

[②] Iris Berger, "Feminism, Patriarchy, and African Women's History", *Journal of Women's History*, Vol. 20, No. 2, 2008, p. 131.

者和非洲男性长者共谋的结果。最近的研究继续以新的方式挑战主流学界，提出以妇女为中心的修正主义来论述例如非洲民族主义涌现等重要主题，强调妇女作为母亲、性和分娩等主体身份，而不是把她们当作其他社会经济变化中的应变量。[1] 受非洲史学发展的影响，妇女史研究也从早期比较单一的学科，主要是人类学、考古学、史学和社会学，向多学科发展，研究理论、方法和视角也呈现多元化。

其次，非洲妇女从无声的他者进入学界主流。非洲妇女史，尤其是殖民前的历史在某种程度上忽视了女性书写女性的内容，文本中极少有女性声音的出现，包括西方和非洲本土的学者。殖民时期的性别政策以及殖民教育的理念在殖民地形成了一个男性特权阶层，在实际上抹杀了女性任何有意义的存在。[2] 殖民教育的不平衡和不平等造成了非洲妇女很迟才进入学术领域。另外，由于独特的男性文化阶层早一步在非洲形成，而这一男权主义的文化圈加上非洲传统的父权制对女性作者无形中造成的压迫，导致非洲女性成为无言的他者。由于早期研究中很少有非洲本土女性视角，因此许多对女性的解读存在误差。[3]

妇女教育的发展让越来越多的本土妇女进入学术领域，非洲民族解放、妇女运动中又涌现了一批女权主义学者。[4] 同时专门研究非洲妇女的杂志，如第一本覆盖整个非洲大陆的性别研究杂志《女权主义非洲》(*Feminist Africa*) 的出现，给女性学者提供了研究的平台。

20世纪60—80年代非洲妇女史研究主要以西方学者（包括女学者）和非洲男性学者为主体，例如前文提到过的美国女历史学家艾丽斯·伯

---

[1] Iris Berger, "Feminism, Patriarchy, and African Women's History", p.131.

[2] Adu A. Boahen, *African Perspectives on Colonialism*, The Johns Hopkins University Press, 1987; Gail P. Kelly & Carolyn M. Elliott, eds., *Women's Education in the Third World: Comparative Perspectives*, State University of New York Press, 1982; Victor C. Uchendu, *Education and Politics in Tropical Africa*, Transaction Publishers, 1979.

[3] Claire Robertson, "In Pursuit of Life Histories: An Analysis of Bias", *Frontiers A Journal of Women Studies*, Vol.7, No.2, 1983, pp.63–69.

[4] 例如，研究黑人女作家、女权主义理论、法属文学、性别和人权的尼日利亚女学者奥维奥玛·纳梅卡（Obioma Nnaemeka）；尼日利亚女权主义学者阿明娜·马马（Amina Mama），南非作家、政治活动家并获得1991年诺贝尔文学奖的内丁·戈迪默（Nadine Gordimer）、南非著名的穆斯林妇女权利活动家、穆斯林女权主义者和记者沙米玛·谢赫（Shamima Shaikh）；斯瓦士兰激进女权主义者、社会学家、作家、教育家帕特里夏·麦克法登（Patriacia Mcfadden）等。

> **第五篇** 亚非国家历史理论研究的新探索

杰、克莱尔·罗伯森等在非洲妇女史研究方面影响较大。许多西方史学家之所以对非洲妇女产生兴趣,一方面是由于新社会史和妇女史学发展的影响,更重要的原因是这些史学家原本的研究领域就是非洲史,因此对非洲妇女史的研究只是其研究领域中的一小部分而已。还有部分研究非洲妇女的西方女学者本身就是激进的女权主义者,如美国康奈尔大学非洲发展所的女学者朱迪思·范·艾伦(Judith Van Allen);还有些女学者本身是非洲裔,如美国黑人女历史学家菲洛米娜·基奥玛·斯特迪(Filomina Chioma Steady);当然还有部分学者以研究妇女史为主。

直到20世纪80年代以后非洲本土女学者的队伍才开始形成和壮大,让她们有机会从自己的角度考察非洲社会和历史。比较突出的有肯尼亚历史学家塔比瑟·卡诺构(Tabitha Kanogo)[1]、肯达·穆托吉(Kenda Mutongi)[2],还有上文提到过的尼日利亚史学家博兰勒·阿韦(Bolanle Awe)、加纳史学家艾格尼丝·艾杜(Agnes Akosua Aidoo)等。但是她们的作品主要在非洲本土出版,在欧美学界的影响力较弱。整体上非洲本土女性学者数量远低于男性,而研究非洲妇女史的本土学者在人数和影响力上也不如西方。

最后,口述资料在研究中的大量使用。女性在非洲口述传统中独具特色。妇女不仅作为口头讲述的执行者而且也是知识的生产者,尤其是口头

---

[1] 其主要代表作有:*Squatters and the Roots of Mau Mau*:*1905 – 1963*, Ohio University Press, 1987; "Women and Politics of Protest: Mau Mau", In Sharon Macdonald, ed. , *Images of Women in Peace and War*, MacMillan, 1987; "Mission Impact on Women in Colonial Kenya", In Fiona Bowie, Deborah Kirkwood, Shirley Ardener, eds. , *Women and Missions: Past and Present: Anthropological and Historical Perceptions*, Berg Publishers, 1993; "Women's Movement and Visions in Kenya: What Lessons from the Past?", In Neuma Aguiar, ed. , *DAWN Alternatives: Women's Visions and Movements*, Vol. II, Brazil Editora Roa dos Tempos LTDA, 1991; "Women and the Environment in History" in Shanyisa R. Khasiani, ed. , *Groundwork: African Women as Environmental Managers*, ACTS Press, Nairobi, 1992; "Women, Patriarchy and Production in Kenya", *Fems Microbiology Reviews*, Vol. 14, No. 1, 1997; *African Womanhood in Colonial Kenya, 1900 – 1950*, James Currey Publishers; Ohio University Press; East African Educational Publications, 2005。

[2] 其主要代表作有:"'Worries of the Heart': Widowed Mothers, Daughters and Masculinities in Maragoli, Western Kenya, 1940 – 60", *The Journal of African History*, Vol. 40, No. 1, 1999, pp. 67 – 86; "'Dear Dolly's' Advice: Representations of Youth, Courtship, and Sexualities in Africa, 1960 – 1980", *The International Journal of African Historical Studies*, Vol. 33, No. 1, 2000, pp. 1 – 23; *Politics of the Womb: Women, Reproduction, and the State in Kenya*, University of Chicago Press, 2007。

文学中的说教、道德规范和基础教育等内容。女性不仅是信仰、文化思想和个人或集体历史的参与者和传播者,而且也是创作者。① 非洲口述传统中活跃的、强大的、与社会有关的女性存在为非洲历史研究,特别是妇女史研究提供了丰富的资料来源。

非洲口述史的新发展对妇女史的研究产生了重要影响。非洲妇女的历史研究必须以口述资料为基础这一点已被广泛认可,特别是对研究殖民前以及殖民时期的妇女尤其重要。针对非洲口述传统内容和形式的研究揭露了妇女在口述中扮演的主体角色;而研究中对口述资料的采用进一步促进了非洲妇女研究的发展。例如《卡罗的巴巴》②、《宗教和世俗意识形态中的妇女》③、《赞美黑人妇女》三卷本、④《流浪的女儿》⑤ 等就使用了大量的口述材料。

如果说20世纪中叶前非洲妇女史研究还很稀微,那么70年代后涌现的丰富研究表明非洲妇女不再是被历史遗忘的角色。非洲妇女史的发展既是新史学与非洲史学兴起的结果,也是非洲妇女运动和理论发展的产物。非洲妇女史的研究涉及非洲的政治、经济、法律、财产、文化、艺术、教育、家庭、婚姻、生育等多方面问题,为更全面了解非洲大陆提供了新的视角。缺少妇女研究的非洲史学是不完整的,只有把妇女还给非洲历史,也把历史还给非洲妇女,才能充分了解非洲妇女的过去与现在,了解非洲的性别关系,从而进一步促进非洲史学的发展。

(原载《史学理论研究》2017年第2期)

---

① Ruth Finnegan, *Oral Literature in Africa*, Open Book Publishers, 2012, p. 103.
② Mary Smith, *Baba of Karo: A Woman of the Moslem Hausa*, Faber & Faber, 1958.
③ Margaret Strobel, "Women in Religion and Secular Ideology", In Margaret Jean Hay & Sharon Stichter, eds., *African Women South of the Sahara*, Longman, 1995.
④ Simone Schwarz-Bart, Andre Schwarz-Bart, Rose-Myriam Rejouis, Val Vinokurov, Stephanie K. Daval, *In Praise of Black Women*, Volume 1: *Ancient African Queens*, University of Wisconsin Press, 2001; Volume 2: *Heroines of the Slavery Era*, University of Wisconsin Press, 2002; Volume 3: *Modern African Women*, University of Wisconsin Press, 2003.
⑤ Lauretta Ngcobo, ed., *Prodigal Daughters: Stories of South African Women in Exile*, University of KwaZulu-Natal Press, 2012.

"黑色大西洋"：近年来国外学界有关非洲在大西洋史中的地位与作用的研究

李鹏涛

（浙江师范大学非洲研究院）

大西洋史研究兴起于 20 世纪 80 年代，主要关注 15 世纪末至 19 世纪上半叶欧洲、北美洲、南美洲以及非洲之间的历史交往。跨大西洋交往的产生与发展推动了大西洋两岸文化、社会、政治和经济变迁，"一个地区的历史变迁在其他地区产生回响，对于数千英里以外的地区产生影响"，正是在这一意义上，大西洋开始变成一个"世界"。① 到 19 世纪上半叶，跨大西洋联系逐渐被全球体系所取代。在这三百多年时间里，跨大西洋联系在很大程度上塑造和影响了欧洲、美洲以及非洲的经济发展方向、文化认同和宗教习俗，并且导致政治版图的剧烈变化。

历史性地来看，欧洲力量在大西洋世界形成过程中至关重要。欧洲人主导着跨大西洋航行，他们将疾病传播到美洲并造成土著人口大量死亡，他们对于美洲进行殖民征服，而后将黑人奴隶从非洲贩卖到美洲，并且迫使黑人奴隶及其后代在美洲从事经济作物种植。按照"世界体系论"的观点，大西洋联系在很大程度上推动了近代早期欧洲经济迅速发展以及军事实力增强，而非洲大陆及其民众在这一世界体系中只是作为被动地接受

---

① Walter Hawthorne, *From Africa to Brazil*: *Culture*, *Identity and an Atlantic Slave Trade*, *1600 to 1830*, Cambridge University Press, 2010, p. 6. 近年来国内学界开始关注大西洋史，参见施诚《方兴未艾的大西洋史》，《史学理论研究》2015 年第 4 期；魏涛：《大西洋视野下的美国早期史——马库斯·雷迪克访谈录》，《史学理论研究》2017 年第 3 期；艾仁贵：《港口犹太人对近代早期跨大西洋贸易的参与》，《世界历史》2017 年第 4 期；[法] 保罗·布特尔：《大西洋史》，刘明周译，东方出版中心 2015 年版。

"黑色大西洋"：近年来国外学界有关非洲在大西洋史中的地位与作用的研究

者，对于历史变革的影响是微乎其微的。① 然而，一个不容忽视的基本事实是，直至1820年以前，跨大西洋人口流动的2/3是非洲人，非洲人口、文化以及观念对大西洋历史联系的形成产生了关键性影响。②

20世纪90年代以来，非洲文化学者保罗·吉尔罗伊（Paul Gilroy）提出"黑色大西洋"（Black Atlantic）概念，强调大西洋联系尽管是由种族暴力所推动的，但这并不只是跨大西洋的人口被迫或者自愿迁徙的过程，同时也是持续的文化变迁进程。③ 这一概念在非洲史学家和关注非洲联系的美洲史学家中间引发强烈共鸣，一系列研究在强调大西洋联系的形成过程对非洲大陆民众以及在美洲的非洲移民造成严重暴力的前提下，愈益关注非洲人通过塑造经济、社会、政治以及特定文化来推动大西洋联系的形成。④ 本文试图梳理近年来国外学界有关非洲在大西洋史中的地位与作用的相关研究进展，以期有助于我们深入认识大西洋奴隶贸易与奴隶制，全面理解非洲与美洲之间的历史联系以及非洲在世界历史进程中的贡献。

一 研究进展

非洲史研究作为一门学科兴起于20世纪50年代，但是直到20世纪90年代才开始集中关注和研究非洲的大西洋联系。这一状况的出现，与非洲史研究的学科发展进程密切相关。20世纪20年代兴起的泛非主义强调跨越地理界限的黑人种族联系，通过种族话语来表达非洲和加勒比地区黑人文化的一致性，W. E. B. 杜波依斯（W. E. B. Du Bois）、马克斯·加维（Marcus Garvey）等泛非主义者强调整个"尼格罗种族"的文化认同。这一泛非主义观念对当时的非洲研究者产生深刻影响，例如，1941年非洲学

---

① Walter Rodney, *How Europe Underdeveloped Africa*, Bogle-L'Ouverture, 1973; Immanuel Wallerstein, *The Modern World System: Capitalist Agriculture and the Origins of the European World in the Sixteenth Century*, Academic Press, 1974.

② G. Ugo Nwokeji&David Eltis, "The Roots of the African Diaspora: Methodological Considerations in the Analysis of Names in the Liberated African Registers of Sierra Leone and Havana", *History in Africa*, Vol. 29, 2002, p. 365.

③ Paul Gilroy, *The Black Atlantic: Modernity and Double-Consciousness*, Harvard University Press, 1995.

④ Walter Rathbone, "The Idea of the Atlantic World from an Africanist Perspective", in William H. Worger, et al., *A Companion to African History*, Wiely-Blackwell, 2018, p. 354.

第五篇 亚非国家历史理论研究的新探索

家梅尔维尔·赫斯科维茨（MelvilleHerskovits）出版的《黑人历史的神话》一书，探讨黑人种族的跨大西洋文化连续性。随着第二次世界大战后国际格局的剧烈变迁，种族主义观念遭受批判，而地区研究日渐兴起，非洲史研究作为一门专门学科发展起来，地域划分取代了种族标准，非洲史和非洲裔美洲移民历史逐渐发展成为迥然不同的学科。非洲史研究虽然涉及大西洋贸易以及近代早期非洲国家形态问题，但是在当时非洲国家独立的背景下，非洲大陆内外的非洲史学家们试图描述不受外界支配的、独立的非洲史，从而为非洲独立国家建构提供合法性基础，并且驳斥有关非洲历史的"欧洲中心论"、种族主义和殖民主义观念。当时的非洲史研究重点讨论非洲文明和非洲社会在遭遇欧洲殖民统治的过程中呈现出的能动性、奴隶贸易对非洲社会的严重剥夺、欧洲殖民统治剥削性与残暴性等话题，基本上关注的是非洲大陆，因而"切断了非洲人与大陆以外兄弟姐妹的联系"，[①]极大地限制了非洲史的研究范围。

到20世纪七八十年代，殖民档案的开放，再加上当时非洲国家发展面临一系列现实问题，推动非洲史研究者更加关注非洲现实问题，而不再是大西洋贸易以及古代非洲的国家形态问题。对于那些试图重构非洲特定社会、国家或者地区历史复杂性的非洲史学家来说，即便是得出整个非洲大陆层面的结论已经十分困难，更不用说将分析框架扩展至非洲大陆以外。尽管非洲史研究充分认识到非洲奴隶及其后裔在新大陆历史进程中所扮演的角色，但是往往将这些问题视作美国史、拉美史以及加勒比史的研究领域。尽管一些非洲史学家已经关注非洲在大西洋联系形成过程中的作用，例如约瑟夫·米勒关于葡属南大西洋贸易网络的著名研究，但是这类研究在当时还相对较少。[②]

这一状况在20世纪90年代发生深刻变化。首先，冷战结束以来，全球化日益加速，跨国文化交往、经济流动和移民迁徙日益受到关注，这一

[①] Patrick Manning, "Africa and the African Diaspora: New Directions of Study", *The Journal of African History*, Vol. 44, No. 3, 2003, pp. 489–490; Philip D. Curtin, *Atlantic Slave Trade: A Census*, University of Wisconsin Press, 1969.

[②] Joseph C. Miller, *Way of Death: Merchant Capitalism and the Angola Slave Trade, 1730–1830*, University of Wisconsin Press, 1988.

"黑色大西洋"：近年来国外学界有关非洲在大西洋史中的地位与作用的研究

现实因素推动关于非洲移民的学术研究。① 其次，非洲史学家试图突破前殖民时代非洲史研究所面临的书面文献严重匮乏的限制，尽管非洲史学家试图通过口述资料与书面文献的结合来研究非洲古代史，然而这类研究极为耗时并且所取得成果仍然较少。正是在这一背景下，非洲史学家尝试另辟蹊径，希望借助于研究跨大西洋联系来理解大西洋沿岸非洲的历史。② 再者，非洲史研究与美洲史研究之间的相互交流与对话。奴隶制和奴隶贸易是美洲早期史研究中的核心话题之一，因而将美洲史研究和非洲史研究联系起来，美洲史研究者主要关注美洲本土的奴隶制以及大西洋奴隶贸易，而非洲史研究者则强调黑人奴隶的非洲来源及其复杂影响。近年来美洲史研究和非洲史研究者之间交流与合作日益增多，从而极大地推动研究者关注非洲在大西洋史中的地位与作用。最后，近年来巴西等拉美国家的非洲史研究也极大地推动了关于大西洋史的全新认识。奴隶制和奴隶贸易成为巴西等拉美国家近现代历史的核心话题之一。自20世纪80年代以来，巴西高校关注非洲裔巴西人历史与文化研究和非洲研究，尤其是卢拉（Lula da Silva）总统任内重视发展与非洲国家的联系，将非洲史和非洲裔巴西人历史列为义务教育阶段的基本学习内容，巴伊亚联邦大学（Universidade Federal da Bahia）和米纳斯吉拉斯联邦大学（Universidade de Minas Gerais）发展成为非洲研究重镇，从而推动巴西史学家关注南大西洋奴隶贸易在整个大西洋奴隶贸易中的重要地位，重新认识非洲在大西洋奴隶贸易过程中的重要作用。③

---

① Judith Byfield, "Introduction: Rethinking the African Diaspora", *African Studies Review*, Vol. 43, No. 1, 2000, p. 1; Michael Gomez, *Reversing Sail: A History of the African Diaspora*, Cambridge University Press, 2005.

② Robert M. Baum, *Shrines of the Slave Trade: Diola Religion and Society in Precolonial Senegambia*, Oxford University Press, 1999; Toby Green, *The Rise of the Trans-Atlantic Slave Trade in Western Africa, 1300 – 1589*, Cambridge University Press, 2012; Sandra E. Greene, *Gender, Ethnicity and Social Change on the Upper Slave Coast: A History of the Anlo-Ewe*, Heinemann, 1996; Walter Hawthorne, *Planting Rice and Harvesting Slaves: Transformations along the Guinea-Bissau Coast, 1400 – 1900*, Heinemann, 2003; David Lishilinimle Imbua, *Intercourse and Crosscurrents in the Atlantic World: Calabar-British Experience, Seventeenth-Twentieth, Centuries*, Califonia Academic Press, 2012; Joseph C. Miller, *Kings and Kinsmen: Early Mbundu States in Angola*, Clarendon Press, 1976; Rebecca Shumway, *The Fante and the Transatlantic Slave Trade*, University of Rochester Press, 2011.

③ Stephen D. Behrendt, "The Transatlantic Slave Trade", in Mark M. Smith, Robert L. Paquette, eds., *The Oxford Handbook of Slavery in the Americas*, Oxford University Press, 2010, p. 264.

第五篇 亚非国家历史理论研究的新探索

20世纪90年代以来，非洲史学家日益反思非洲在大西洋史中的地位与作用，这也是美洲史研究和非洲史研究相互交流的结果。近年来相关研究进展主要体现如下。

第一，近年来一些重要论著相继问世。20世纪90年代以来，非洲史学家尤其强调非洲人在大西洋历史上的能动性。约翰·桑顿（John Thornton）的研究颇具代表性。桑顿批评"依附论"和"世界体系论"过于强调欧洲在大西洋史之中的主导地位，而忽视了大西洋世界之中无数普通非洲人的经历。桑顿尤其强调，非洲人在塑造大西洋联系方面的历史贡献体现在食物、语言以及宗教习俗等诸多方面。[1] 桑顿的观点引发激烈争论，批评者质疑他过于关注非洲人的历史能动性，而不只是首先关注奴隶制和奴隶贸易的暴力与强制性。保罗·洛夫乔伊（Paul Lovejoy）强调奴役和主动性的复杂关系，以及非洲人在大西洋世界之中的重要性。[2] 另外，近年来一些重要刊物大量刊登有关非洲人在大西洋史之中重要地位的学术论文。例如《奴隶制与废奴》（Slavery & Abolition）杂志侧重刊登从奴隶制角度来理解非洲人经历的研究成果，《葡萄牙—巴西评论》（Luso-Brazilian Review）以及《大西洋研究杂志》（Journal of Atlantic Studies）关注非洲奴隶在大西洋世界的经历，近年来《非洲史杂志》（Journal of African History）也大量刊登有关非洲在大西洋联系中的地位与作用的研究成果。[3] 此外，近年来数部有关大西洋历史的大型参考书相继出版，其中也涉及非洲社会在跨大西洋联系中的重要性。如托马斯·本杰明（Thomas Benjamin）和约瑟夫·米勒（Joseph Miller）在强调帝国控制重要性的同时，也着重分析非洲人在塑造大西洋社会方面的历史作用。本杰明的这本书是由单个研究者撰写的大西洋史，它试图在欧洲扩张和非洲人的能动性之间实现平衡。米勒主编的这部参考书重点关注前殖民时代非洲社会和奴隶贸易的历史，该书分不同主题由知名专家撰写，可以作为深入认识非洲人在大西洋世界

---

[1] John Thornton, *Africa and Africans in the Making of the Atlantic World*, 1400–1800, Cambridge University Press, 1998; *A Cultural History of the Atlantic World*, 1250–1820, Cambridge University Press, 2012.

[2] Paul E. Lovejoy, ed., *Identity in the Shadow of Slavery*, Continuum, 2009.

[3] Patrick Manning, "African and World Historiography", *The Journal of African History*, Vol. 54, No. 3, 2013, pp. 319–330.

历史贡献的入门读物。[①]

　　第二，一系列原始文献陆续整理出版。早在1967年，菲利普·柯廷（Philip Curtin）已经出版有关非洲移民的研究成果。[②] 近年来，一些研究者也新发掘出非洲本土的资料用于研究非洲与大西洋世界的历史联系。[③] 不过，对于大西洋史研究而言，最重要的是戴维·埃尔蒂斯（David Eltis）和戴维·理查德森（David Richardson）主持的"跨大西洋奴隶贸易数据库"（Transatlantic Slave Trade Database），又称"航程"（Voyages）数据库。该数据库最初以磁盘形式问世，后又开发出网络版（http://www.slavevoyages.org）。"航程"数据库收录了1514—1866年35000次大西洋奴隶贸易航程数据，学界估计这约占大西洋奴隶贸易整体规模的77%。该数据库揭示出非洲不同地区输出非洲奴隶数量，以及美洲不同地区所接受的奴隶数量，使研究者得以估计大西洋奴隶贸易的总体规模，并且推动研究深入具体的港口层面，同时也推动研究者关注大西洋奴隶贸易与同一时期面向其他地区的奴隶贸易之间的联系，从而极大地推动了有关非洲奴隶人口规模、死亡率、能动性以及族群文化等相关问题的研究。[④]

　　这一数据库极大地推动了研究者探讨非洲在大西洋联系中的作用，使得研究者意识到研究美洲奴隶制不能只关注非洲奴隶的性别、阶级以及种族身份，更需要关注他们的非洲根源。研究者也不再只是对抵达里约热内

[①] Thomas Benjamin, *The Atlantic World: Europeans, Africans, Indians and Their Shared History, 1400 – 1900*, Cambridge University Press, 2009; Joseph C. Miller, ed., *The Princeton Companion to Atlantic History*, Princeton University Press, 2015.

[②] Philip D. Curtin, ed., *Africa Remembered: Narratives by West Africans from the Era of the Slave Trade*, University of Wisconsin Press, 1967.

[③] Emily Lynn Osborn, *Our New Husbands Are Here: Households, Gender and Politics in a West African State from the Slave Trade to Colonial Rule*, Ohio University Press, 2011.

[④] David Wheat, "The First Great Waves: African Provenance Zones for The Transatlantic Slave Trade to Cartagena De Indias, 1570 – 1640", *The Journal of African History*, Vol. 52, No. 1, 2011, pp. 1 – 22; Daniel B. Domingues da Silva, "The Atlantic Slave Trade from Angola: A Port-by-Port Estimate of Slaves Embarked, 1701 – 1867", *International Journal of African Historical Studies*, Vol. 46, No. 1, 2013, pp. 105 – 120; Daniel B. Domingues da Silva, *The Atlantic Slave Trade from West Central Africa, 1780 – 1867*, Cambridge University Press, 2017; Alex Borucki, et al., "Atlantic History and the Slave Trade to Spanish America", *American Historical Review*, Vol. 120, No. 2, 2015, pp. 433 – 461; Jane Hooper, David Eltis, "The Indian Ocean in Transatlantic Slavery", *Slavery&Abolition*, Vol. 34, No. 3, 2013, pp. 353 – 375.

卢、巴伊亚、牙买加、南卡罗来纳以及美洲其他地区的非洲奴隶做出笼统描述,而是详尽分析非洲具体地区的奴隶所带来的特定的文化因素,研究上几内亚、下几内亚、中非西部以及东南非洲的文化传统及其在美洲的重塑。这一数据库包含大量的奴隶个人资料档案,尤其是直接来自非洲的奴隶档案往往标注了他们所在的族群或者语言,这有助于弄清非洲奴隶的非洲来源地以及他们将何种文化因素带到美洲。

第三,研究方法日益多样。研究非洲人在大西洋世界的历史,这需要广泛运用包括考古学、历史语言学、口头传统以及物质文化研究等跨学科研究方法。[①] 学者们将"航程"数据库与其他一些档案文献加以比对,从而形成有关大西洋史的复杂认知。这些档案文献包括种植园奴隶主的财产清单、逃跑奴隶的悬赏文告和逮捕书、天主教会档案(尤其是关于洗礼、婚姻以及死亡的记录清单)、国际法庭档案以及宗教审判记录等。这些档案分布于法国、葡语南美洲和西班牙语南美洲以及加勒比地区,这些地区也成为大西洋史研究的重点地区。例如,沃尔特·霍索恩(Walter Hawthorne)通过将"航程"数据库与种植园财产清单以及天主教洗礼和宗教审判记录加以比对,研究18世纪下半叶至19世纪初来自上几内亚的奴隶在巴西马兰尼昂等地的历史,从而判断出抵达巴西的奴隶是从西非比绍(Bissau)和卡谢乌(Cacheu)港口上船的。[②]

传记转向(biographical turn)和微观史研究的兴起是近年来大西洋史研究的重要趋势。有关大西洋奴隶贸易的档案数据库极大推动奴隶贸易的量化研究,但同时容易陷入的误区是,相关研究很容易将这些遭受奴役的非洲人单单视作被动的受害者,而不是鲜活的个体。正是在这一背景下,研究者日益强调非洲奴隶传记的重要性,因为这些传记推动史学家在强调奴隶制的暴力与强制性的同时,也关注作为个体的非洲奴隶的生活史。这些微观研究通过描述18、19世纪作为个体的非洲奴隶在大西洋世界之中的活动轨迹,从而全面展现大西洋社会、经济和文化联系的形成,尤其是

---

① James H. Sweet, "Reimagining the African-Atlantic Archive: Method, Concept, Epistemology, Ontology", *The Journal of African History*, Vol. 55, No. 2, 2014, pp. 147 – 159.
② Walter Hawthorne, *From Africa to Brazil: Culture, Identity and an Atlantic Slave Trade, 1600 – 1830*, Cambridge University Press, 2010.

"黑色大西洋"：近年来国外学界有关非洲在大西洋史中的地位与作用的研究

大西洋世界奴隶制的兴衰、殖民化以及奴隶劳动对旧世界的重塑。[①] 近年来一些研究者在综合考虑上述两方面观点的基础上，强调大西洋世界之中的非洲认同是复杂的、重叠的、不断变化的，"非洲（身份认同）在大西洋世界得以存在，但是根据特定的社会文化现实可以是含混的、隐蔽的或者甚至被抹去的"。[②] 这方面的典型是罗宾·劳和保罗·洛夫乔伊有关马哈迈贺·巴夸夸（Mahommah Baquaqua）的案例研究。巴夸夸大约于19世纪20年代出生于西非的贝宁，被捕后作为奴隶在巴西工作，他于1847年逃往纽约并获得人身自由，在1854年出版个人传记，这是已知的由巴西奴隶所撰写的关于奴隶贸易的文献。[③]

同样值得关注的是，詹姆斯·斯威特（James Sweet）通过研究在葡萄牙里斯本发现的大量宗教裁判卷宗，细致地还原出一位名叫多明戈·阿尔瓦雷斯（Domingos Alvares）的非洲人的生平经历。多明戈曾沦为奴隶，而后凭借精湛医术赢得大量追随者，不仅是在非洲大陆，在巴西以及葡萄牙也是如此。多明戈后来被葡萄牙政府视作"巫师"而饱受折磨。这些研究反映出非洲知识在大西洋世界的重要性，同时也揭示出族群、宗教和种族身份界限并非僵化的。多明戈在多重身份认同之间不断变换，折射出大西洋奴隶制的复杂性。[④] 这类研究通过研究传记和自传揭示出，非洲奴隶及其后裔在遭受种族压迫的同时也试图利用这一体系，从而塑造自身的生活以及他们所遭遇的其他人的生活。[⑤]

[①] Lisa A. Lindsay, John Wood Sweet, *Biography and the Black Atlantic*, University of Pennsylvania Press, 2014; Paul Lovejoy, "'Freedom Narratives' of Transatlantic Slavery", *Slavery&Abolition*, Vol. 32, No. 1, 2006, pp. 91–107.

[②] James H. Sweet, "Mistaken Identities? Olaudah Equiano, Domingos Alvares and the Methodlogical Challenges of Studying the African Diaspora", *American Historical Reviews*, Vol. 114, No. 2, 2009, p. 305.

[③] Robin Law, Pal Lovejoy, eds., *The Biography of Mahommah Gardo Baquaqua*: *His Passage from Slavery to Freedom in Africa and America*, Markus Wiener, 2007.

[④] Joao Jose Reis, *Diving Slavery and Freedom*: *The Story of Domingos Sodre, an African Priest in Nineteenth-Century Brazil*, Cambridge University Press, 2008.

[⑤] Walter Hawthorne, "Gorge: An African Seaman and His Flights from 'Freedom' Back to 'Slavery' in the Early Nineteenth Century", *Slavery&Abolition*, Vol. 31, No. 3, 2010, pp. 411–428; Randy J. Sparks, *The Two Princes of Calabar*: *An Eighteenth-Century Atlantic Odyssey*, Harvard University Press, 2009.

二 代表性观点

(一) 非洲奴隶贸易与大西洋世界的形成

非洲奴隶贸易和奴隶制构成了跨大西洋联系的基础。大西洋奴隶贸易与非洲奴隶制的研究,涉及世界历史上最大规模的人口流动,它对美洲、非洲和欧洲产生截然不同的影响,塑造着不同地区的历史发展进程。无论是南美洲还是美国,非洲裔都是规模极大的群体,吸引大量研究者关注这一群体的起源、经历以及对当今美洲社会的影响,这一研究对于美国、巴西等国都具有极重要的现实意义。近年来非洲奴隶贸易研究强调"全球的、帝国的以及跨地区"的空间并非静止的,而是受到来自安哥拉、巴西、古巴、葡萄牙以及美国等不同社会动力的深刻影响。[①] 自 20 世纪 90 年代以来,非洲奴隶贸易和奴隶制研究取得重要进展,尤其是社会史研究取向日益明显,强调"自下而上地"研究非洲在大西洋贸易中的能动性,这体现在奴隶贸易的起源、规模、跨区域比较研究、奴隶贸易的废除及其影响等诸多方面。

第一,近年来的大西洋奴隶贸易研究不再只是关注西非沿海地区、"中段航程"(Middle Passage)或者抵达新大陆的非洲奴隶,也开始关注作为大西洋奴隶贸易起点的非洲内陆地区。这些研究强调,奴隶贸易不只是将非洲黑奴从沿海贩卖到美洲、亚洲或者地中海世界,而且也包含了非洲大陆急剧的动荡、创伤与文化变迁。大西洋奴隶贸易时期,大量非洲人也被贩卖到非洲大陆其他地区,尤其是 19 世纪大西洋奴隶贸易受阻之后。[②] 例如,玛丽安娜·P. 坎迪多(Mariana P. Candido)在关于本格拉(Benguela)奴隶贸易的研究中强调,本格拉作为安哥拉及其周边地区与美洲奴隶贸易的中心,它的历史与大西洋世界紧密联系,跨大西洋奴隶贸易对非洲的影响并不仅仅是人口流失,它还改变了非洲社会习俗与道德观

[①] Andrew Zimmerman, "Africa in Imperial and Transnational History: Multi-Sited Historiography and the Necessity of Theory", *The Journal of African History*, Vol. 54, No. 3, 2013, p. 336.

[②] Pier M. Larson, *History and Memory in the Age of Enslavement: Becoming Merina in Highland Madagascar, 1770–1822*, Heinemann, 2000; G. Ugo Nwokeji, *The Slave Trade and Culture in the Bight of Biafra: An African Society in the Atlantic World*, Cambridge University Press, 2010.

念，推动奴隶劳动制在殖民城镇中心的扩张以及跨文化港口城镇的形成，并且加剧了非洲内陆社会的碎片化。①

第二，奴隶贸易和奴隶制的废除及其影响。以往研究较多关注经济因素和国家力量，强调英国在大西洋奴隶贸易终结方面的作用。然而，近年来一些研究者批评，以往有关大西洋奴隶贸易终结的解释通常关注的是欧洲因素，而非洲人只是作为废奴事业的消极接受者或者积极反对者。② 事实上，当时的非洲状况对理解跨大西洋奴隶贸易的终结十分关键，例如，罗奎那多·费雷拉（Roquinaldo Ferreira）强调 19 世纪 20 至 80 年代中非地区的社会动力在大西洋世界废除奴隶贸易的过程中起到重要作用。③

第三，近年来相关研究还关注非洲奴隶反抗及其影响，这些研究强调非洲人针对欧洲奴役的反抗，包括暴力和非暴力形式。以往有关非洲奴隶反抗的研究通常只是关注美洲的非洲奴隶反抗，尤其是种植园奴隶反抗，然而非洲奴隶反抗也发生在"中段航程"的运奴船上。尽管只有 1/10 的运奴船发生过反抗，但是这导致的影响不容忽视，尤其值得注意的是离开塞拉利昂、洛佩斯角（Cape Lopez）以及塞内冈比亚（Senegambia，地理意义上的塞内冈比亚大致相当于塞内加尔河和冈比亚河之间）的运奴船更容易发生奴隶反抗。这一现象不能单纯归因于欧洲奴隶贩子的管理不善，而是与塞内冈比亚和上几内亚所遭受的严重的社会和政治衰败密切相关。④

第四，近年来相关研究还深入剖析奴隶贸易的微观运作过程。随着奴隶贸易研究与社会史研究的结合，家庭史、性别史视角下的大西洋奴隶制研究日益流行。近年来非洲史学家强调，大西洋奴隶贸易之所以以

---

① Mariana P. Candido, *An African Slaving Port and the Atlantic World: Benguela and Its Hinterland*, Cambridge University Press, 2013.

② Robin Law, "Africa in the Atlantic World, c. 1760 - c. 1840", in Nicholas Canny, Philip Morgan, eds., *The Oxford Handbook of the Atlantic World: 1450 - 1850*, Oxford University Press, 2011, p. 595; Adiele E. Afigbo, "Africa and the Abolition of the Slave Trade", *The William&Mary Quarterly*, Vol. 66, No. 4, 2009, p. 707.

③ Roquinaldo Ferreira, *The Cost of Freedom: Central Africa in the Era of Abolition, c. 1820 - c. 1880*, Princeton University Press, 2019.

④ David Richardson, "Shipboard Revolts, African Authority and the Atlantic Slave Trade", *The William&Mary Quarterly*, Vol. 58, No. 1, 2001, pp. 69 - 92.

| 第五篇 | 亚非国家历史理论研究的新探索

非洲男性为主要对象，不仅是因为美洲对非洲男性奴隶的需求，同时也由于非洲本土的历史进程。分析非洲人沦为奴隶的过程，离不开对非洲文化和政治经济框架的关注，这涉及非洲本土的劳动力分工、奴隶制以及非洲社会的性别观念转变。[1] 詹姆斯·斯威特强调大西洋奴隶贸易中的非洲男性奴隶占大多数，尤其是在矿业和畜养牲畜领域甚至占到90%以上，严重影响到非洲人口的再生产，因此大西洋奴隶贸易急剧改变了这些非洲奴隶的社会生活和性关系。[2] 研究者还从史料来源方面反思大西洋史研究中性别视角缺失的成因，在跨大西洋奴隶贸易数据库中所记录的36002次奴隶贸易航程中，只有3938次记录有关于船上女奴隶的数量，几乎所有已知的"中段航程"幸存者描述都是非洲男性奴隶留下的。[3]

保罗·洛夫乔伊和戴维·理查德森在有关比夫拉湾的案例研究中强调，比夫拉湾在18世纪初还处在大西洋经济边缘，但是到19世纪中叶已经成为面向美洲的奴隶输出地以及大西洋经济中心之一。比夫拉湾的这一转变与英国资本推动密切相关，英国资本通过接受当地债务人质（debt pawnship）制度，从而为奴隶贸易提供充分的资金支持，极大地推动了这一地区的奴隶贸易发展。[4] 关于非洲社会赎卖被抓获奴隶的研究揭示出非洲社会围绕着奴隶制的激烈斗争，也反映出输出奴隶的非洲社会围绕着奴

---

[1] G. Ugo Nwokeji, "African Conceptions of Gender and the Slave Traffic", *The William&Mary Quarterly*, Vol. 58, No. 1, 2001, pp. 47 – 68.

[2] James H. Sweet, "Defying Social Death: The Multiple Configurations of African Slave Family in the Atlantic World", *The William&Mary Quarterly*, Vol. 70, No. 2, 2013, pp. 251 – 272; Julie Hardwick, et al., "Introduction: Centering Families in Atlantic Histories", *The William&Mary Quarterly*, Vol. 70, No. 2, 2013, pp. 205 – 224.

[3] Jerome S. Handler, "Survivors of the Middle Passage: Life Histories of Enslaved Africans in British America", *Slavery&Abolition*, Vol. 23, No. 1, 2002, pp. 25 – 56; Paul E. Lovejoy, " 'Freedom Narratives' of Transatlantic Slavery", *Slavery&Abolition*, Vol. 32, No. 1, 2011, pp. 91 – 107; Randy M. Browne, John Wood Sweet, "Florence Hall's 'Memoirs': Finding African Women in the Transatlantic Slave Trade", *Slavery &Abolition*, Vol. 37, No. 1, 2016, pp. 206 – 221.

[4] Paul Lovejoy, David Richardson, "Trust, Pawnship and Atlantic History: The Institutional Foundations of the Old Calabar Slave Trade", *American Historical Review*, Vol. 104, No. 2, 1999, pp. 333 – 355; "The Business of Slaving: Pawnship in Western Africa, c. 1600 – 1810", *The Journal of African History*, Vol. 42, No. 1, 2001, pp. 67 – 89.

役（enslavement）的合法性和道德性问题所展开的激烈争论。①

（二）非洲联系对美洲文明的影响

阿尔弗雷德·克罗斯比（Alfred Crosby）的《哥伦布交流》一书在非洲史学界引发热烈讨论，一些非洲学家批评克罗斯比忽视了非洲人、非洲动植物以及非洲疾病在重塑大西洋生态与社会方面的角色。② 概括而言，非洲联系对美洲的影响体现在农牧业知识、疾病与医药、音乐文化、宗教习俗等诸多方面。

第一，农牧业知识。以往通常认为非洲人在大西洋世界只是被迫提供劳动力，近年来非洲史研究对这一观念提出挑战，强调非洲农业品种和农业技能对美洲农业发展的贡献。例如，水稻、珍珠粟（pearl millet）、高粱、几内亚木薯（guinea yams）、豇豆（cowpeas）、树豆（pigeon peas）、秋葵和大蕉等农作物是由非洲人从非洲引入美洲的。非洲人还将特定的非洲农业技能运用到北美洲的蔗糖、玉米、小米和木薯生产过程中。③ 非洲史学家还研究沃洛夫（Wolof）、曼丁哥（Mandingo）和富拉尼（Fulani）等群体对南美洲和加勒比地区牛畜养殖业的影响。④ 这方面较著名的是朱迪斯·卡尼（Judith Carney）等人提出的"黑人水稻"（Black Rice）理论。卡尼认为，在 18 世纪卡罗来纳和佐治亚南部低地地区以水稻为基础的种植园体系建立过程中，来自上几内亚的黑人水稻种植技术至关重要。正是黑人奴隶把包括水稻播种、耕作以及碾米在内的整套农业知识体系从非洲传播至美洲。水稻种植揭示出非洲人在遭受奴役的同时，也改变了美洲当

---

① J. Lofkrantz, "Ransoming Policies and Practices in the Western and Central Bilad al Sudan, c. 1800 – 1910", Ph. D. thesis, York University, 2008; O. Ojo, "In Search of Their Relations, to Set at Liberty as Many as They Had the Means: Ransoming Captives in Nineteenth-Century Yorubland", *Nordic Journal of African Studies*, Vol. 19, No. 1, 2010, pp. 58 – 76; Jennifer Lofkrantz, "Slavery, Freedom and Failed Ransom Negotiations in West Africa, 1730 – 1900", *The Journal of African History*, Vol. 53, No. 1, 2012, pp. 25 – 44.

② Judith A. Carney, Richard Nicholas Rosomoff, *In the Shadow of Slavery: Africa's Botanical Legacy in the Atlantic World*, University of California Press, 2009.

③ Frederick C. Knight, *Working the Diaspora: The Impact of African Labor on the Anglo-American World, 1650 – 1850*, New York University Press, 2010.

④ Andrew Sluyter, *Black Ranching Frontiers: African Cattle Herders of the Atlantic World, 1500 – 1900*, Yale University Press, 2012.

地的生产知识体系。卡尼还将这一理论运用到美洲其他地区，包括巴西的马拉尼昂（Maranhao）。①

戴维·埃尔蒂斯等人对"黑人水稻"理论提出质疑，强调塑造美国水稻种植体系的是欧洲人，而不是非洲奴隶，尽管非洲奴隶将一定技术带到美洲，其中一些有助于水稻种植，但是"掌握着权力和资本并且进行试验的欧洲种植者占据主导地位"。西非史学家沃尔特·霍索恩对"黑人水稻"理论做出修正。他认为，在跨越大西洋的漫长交往与迁徙过程中，水稻生产与消费既有变化也有延续。非洲人并未将一种毫无变化的水稻知识体系全面照搬至美洲，而气候和地理环境影响到水稻种植时机、区域以及方式，水稻种植技术既不是"黑的"，也不是"白的"，而是"棕色的"（brown）。②

第二，疾病与医疗。很多研究表明非洲医药在早期大西洋社会中的重要性。除了上文提及的詹姆斯·斯威特关注多明戈·阿尔瓦雷斯的经历之外，巴勃罗·戈麦斯关注非洲人在早期加勒比世界的知识生产与医疗活动中的重要性。③也有学者关注近代早期的葡萄牙人接受安哥拉和几内亚比绍的非洲医学知识。④另外，在有关大西洋世界的生物交换的讨论中，以往较多关注欧洲白人将天花、麻疹、百日咳、流行性感冒等疾病带到美洲新大陆，并且导致美洲印第安人口锐减。著名史学家约翰·麦克尼尔则强调，来自非洲的黄热病对美洲的政治进程产生极为深刻的影响，例如它有助于17世纪的西班牙人抵挡住英国对巴西东北部的入侵，并且影响到19世纪拉美殖民地的独立进程。⑤

---

① Judith A. Carney, "'With Grains in Her Hair': Rice in Colonial Brazil", *Slavery&Abolition*, Vol. 25, No. 1, 2004, pp. 1 – 27; "Rice and Memory in the Age of Enslavement: Atlantic Passages to Suriname", *Slavery& Abolition*, Vol. 26, No. 3, 2005, pp. 325 – 347.

② 关于"黑人水稻"理论及其在美国史学界所引发的激烈争论，参见 *American Historical Review*, Vol. 115, No. 1, 2010, pp. 125 – 171.

③ Pablo F. Gomez, *The Experiential Caribbean: Creating Knowledge and Healing in the Early Modern Atlantic*, University of North Carolina Press, 2017.

④ Kalle Kananoja, "Bioprospecting and European Uses of African Natural Medicine in Early Modern Angola", *Portuguese Studies Review*, Vol. 23, No. 2, 2015, pp. 45 – 70; Philip J. Havik, "Hybridising Medicine: Illness, Healing and the Dynamics of Reciprocal Exchange on the Upper Guinea Coast（West Africa）", *Medical History*, Vol. 60, No. 2, 2016, pp. 181 – 205.

⑤ John R. McNeill, *Mosquito Empires: Ecology and War in The Greater Caribbean, 1620 – 1914*, Cambridge University Press, 2010.

第三，音乐。音乐是非洲对大西洋世界的重要贡献之一。西非人是美洲早期殖民时代耶稣传教会（Jesuit Missions）的重要参与者，他们的音乐极大影响到蓝调音乐的出现，塑造了美国南部班卓琴（banjo）和桑巴音乐，并且影响到20世纪非洲流行音乐。也有一些研究关注乐器的历史，例如劳伦特·杜波依斯（Laurent Dubois）对班卓琴与非洲乐器之间的关系进行了深入分析。① 近年来音乐史研究者还关注巴西桑巴、巴萨诺瓦（Basa Nova）等音乐形式与非洲音乐之间的内在联系，强调作为巴西流行音乐核心的"艾克斯"（axe），源于约鲁巴文化中有关自然界的"生命力"概念。② 另外，很多研究关注"重返"非洲的音乐对西非音乐风格和形式，尤其是非洲大众音乐所产生的深刻影响，例如，最早"重返"非洲的乐器长凳鼓（gumbe drums）对赤道几内亚、塞拉利昂和几内亚比绍流行音乐产生深刻影响。③ 古巴音乐也对20世纪50年代塞内加尔的穆巴拉克斯（mbalax）音乐和刚果的伦巴（rumba）音乐产生深刻影响。④

第四，文化与宗教习俗。索顿认为沿海的西非和中非西部地区存在上几内亚、下几内亚以及中非西部地区等文化区域，不同文化区域对美洲产生不同影响。对非洲人的文化活力的重新关注，再加上对于不同时空条件下非洲奴隶构成变化的深入分析，推动非洲史学和美洲史学家强调非洲族群和文化在美洲环境下的移植与存在。⑤ 宗教习俗充分体现出非洲人在大西洋世界形成过程中的影响，尤其表现为巴西东北部的非洲裔宗教康多布雷（Candomble）以及古巴的桑特利亚（Santeria）。⑥ 在有关约鲁巴文化认同产生根源的案例研究中，研究者认为约鲁巴文化和美洲的康多布雷文化

---

① Laurent Dubois, *The Banjo: America's African Instrument*, Harvard University Press, 2016.
② Clarence Bernard Henry, *Let's Make Some Noise: Axe and the African Roots of Brazilian Popular Music*, University Press of Mississippi, 2008.
③ Rachel Jackson, "The Trans-Atlantic Journey of Gumbe: Where and Why Has It Survived?", *African Music*, Vol. 9, No. 2, 2012, pp. 128 – 153.
④ Richard M. Shain, "Roots in Reverse: Cubanismo in Twentieth Century Senegalese Music", *International Journal of African Historical Studies*, Vol. 35, No. 1, 2002, pp. 83 – 101; "The Re (Public) of Salsa: Afro-Cuban Music in Fin-de-Siècle Dakar", *Africa*, Vol. 79, No. 2, 2009, pp. 186 – 206.
⑤ Paul E. Lovejoy, David V. Trotman, eds., *Trans-Atlantic Dimensions of Ethnicity in the African Diaspora*, Continuum, 2003.
⑥ J. Lorand Matory, *Black Atlantic Religion: Tradition, Transnationalism and Matriarchy in the Afro-Brazilian Candomble*, Princeton University Press, 2005.

的关系与其说是"树干"与"树根"关系,不如说是彼此关联的"孪生兄弟"。① 南大西洋世界的历史联系,更多的是非洲—美洲的双边关系,而不是欧洲—非洲—美洲的三角关系。非洲与美洲的联系尽管处于欧洲帝国框架之内,却呈现出与北大西洋迥异的图景,正如巴西史学家罗奎那多·费雷拉所指出,"巴西历史是安哥拉历史不可分割的一部分,反之亦然"。②

(三) 非洲裔美洲移民文化的起源

20 世纪三四十年代,非洲研究开创者梅尔维尔·赫斯科维茨(Melville Herskovits)强调非洲文化在美洲的继续存在,而社会学家 E. 富兰克林·弗雷泽(E. Franklin Frazier)则认为"中段航程"和种植园奴隶制导致全新的非洲裔美洲人或者黑人身份认同。这场赫斯科维茨—弗雷泽辩论提出了非洲奴隶转变为非洲裔美洲人的身份认同问题。③ 正是在这场辩论的基础上,西德尼·明茨和理查德·普利兹于 20 世纪 70 年代提出"克里奥化"(creolization)概念,强调应当关注非洲裔美洲文化的变迁与创造的过程,而不是其起源。④ "克里奥化"概念在此后 20 年里一直主导着关于非洲裔美洲文化的解释,大量研究讨论奴隶制对非洲习俗传播的影响,强调重点是创造性和具体情境。⑤

到 20 世纪 90 年代,非洲史学家对"克里奥化"概念提出挑战,批评它夸大了撒哈拉以南非洲的文化多样性,也过高估计了大多数运奴船上的黑人奴隶的族群多样性,同时淡化了非洲奴隶在美洲新大陆重构具有凝聚力的族群文化的可能性。非洲史学家认为,美洲史所讨论的"克里奥化"

---

① J. Lorand Matory, "The English Professors of Brazil: On the Diasporic Roots of the Yoruba Nation", *Comparative Studies in Society and History*, Vol. 41, No. 1, 1999, pp. 97 – 98.

② Roquinaldo Ferreira, *Cross-Cultural Exchange in the Atlantic World: Angola and Brazil during the Era of the Slave Trade*, Cambridge University Press, 2012, p. 246.

③ Richard Price, *Travels with Tooy: History, Memory and the African American Imagination*, University of Chicago Press, 2008, p. 287.

④ Sidney W. Mintz, Richard Price, *The Birth of African-American Culture: An Anthropological Perspective*, Beacon Press, 1992.

⑤ Kamau Brathwaite, *Folk Culture of the Slaves in Jamaica*, New Beacon, 1981; Margaret E. Crahan, Franklin W. Knight, eds., *Africa and the Caribbean: The Legacies of a Link*, Johns Hopkins University Press, 1979; Monica Schuler, "*Alas, Alas, Kongo*": *A Social History of Indentured African Immigration into Jamaica, 1841 – 1865*, Johns Hopkins University Press, 1980.

"黑色大西洋"：近年来国外学界有关非洲在大西洋史中的地位与作用的研究

实际上早在非洲大陆已经发生。① 非洲史学家尝试将非洲纳入大西洋史之中，从而深化和拓展了对克里奥化以及非洲裔美洲文化形成的理解。伊拉·柏林（Ira Berlin）在有关北美奴隶制的研究中提出"大西洋克里奥"（Atlantic creole）概念，主要指最早的一批"契约奴隶"（Charter Generation），他们通过与大西洋文化的接触而形成一种混合的身份认同，这要早于抵达美洲之前，有别于后来的"种植园奴隶"。② 琳达·海伍德（Linda Heywood）和约翰·桑顿也认为刚果（Kongo）和安哥拉的克里奥人是17世纪上半叶英国和荷兰殖民地文化的主要创造者。基督教刚果王国和葡属殖民地安哥拉长期存在的欧洲影响催生出克里奥文化，而这一文化被移植到美洲并为来自西非的奴隶所效仿。③

近年来关于非洲裔美洲文化认同的讨论围绕着"族群"或者"民族"认同展开，例如安哥拉、几内亚和约鲁巴等。北美早期史研究围绕着伊博（Igbo）身份认同问题存在巨大分歧。文森特·卡雷塔（Vincint Carretta）甚至质疑奥兰达·阿奎亚诺（Olaudah Equiano）这位18世纪大西洋世界著名历史人物实际上并不是在伊博兰出生的，"可能是发明出来的非洲认同"。④ 这里涉及变化的、多元的大西洋世界中的非洲身份认同的稳定性问题。围绕着"克里奥化"抑或非洲"文化存留"的辩论，其核心问题是如何描述非洲人在大西洋世界的文化适应过程：一些学者认为大多数非洲人在抵达美洲时唯一的共同点是遭受奴役，这一观点强调的是非洲人的创造性，关注非洲人创造全新的、富有活力的非洲裔美洲文化，尽管遭受着残酷奴役。⑤ 另一些学者则强调非洲和美洲之间更持久的联系，"非洲文化并

---

① Alexander X. Byrd, *Captives and Voyagers: Black Migrants across the Eighteenth-Century British Atlantic World*, Baton Rouge, 2008, pp. 28 – 30, 38, 121; James Sidbury, Jorge Canizares-Esguerra, "Mapping Ethnogenesis in the Early Modern Atlantic", *The William&Mary Quarterly*, Vol. 68, No. 2, 2011, pp. 181 – 208.

② Ira Berlin, *Many Thousands Gone: The First Two Centuries of Slavery in North America*, Belknap Press, 1998, p. 39.

③ Linda M. Heywood, John Thornton, *Central Africans, Atlantic Creoles and the Foundation of the Americas, 1585 – 1660*, Cambridge University Press, 2007, p. 237.

④ Vincent Carretta, *Equiano, the African: Biography of a Self-Made Man*, The University of Georgia Press, 2005.

⑤ Ira Berlin, *Many Thousands Gone: The First Two Centuries of Slavery in North America*.

非侥幸存活下来,而是到达了美洲"。① 他们强调非洲语言、宗教、音乐和审美观念的延续性,例如,迈克尔·戈麦斯(Michael Gomez)关注美国黑人奴隶身份认同经历了从族群到种族的转变过程,强调非洲文化在这一过程中成为他们应对新世界的精神动力。②

非洲学家还强调,非洲人在大西洋世界并非自东向西地单向流动,非洲人在同欧洲和美洲的交往过程中接触到全新观念与商品,同时也在适应大西洋世界的政治、经济、社会和文化框架。非洲人有些情况下甚至是作为水手、商贩、官员和士兵将观念和商品从美洲带回非洲大陆。③ 罗宾·劳(Robin Law)和克里斯汀·曼恩(Kristin Mann)在描述巴西和非洲之间联系时使用"大西洋社会"(Atlantic community)的概念,他们关注被从几内亚贩卖到巴西巴伊亚(Bahia)地区的非洲奴隶,以及获释的非洲奴隶从巴西回到下几内亚部分地区,这两个群体都通过跨大西洋联系来界定自身的身份认同,这些非洲奴隶珍视来自下几内亚的约鲁巴服饰,因为这来自他们或者父母的故土。而从巴西返回非洲的获释奴隶也青睐于美洲服饰、家居风格以及宗教文化,从而创造出独特的巴西生活方式,这对下几内亚政治、文化和经济产生深刻影响。④

(四)大西洋联系对非洲社会的影响

大西洋贸易导致非洲被纳入欧美所主导的世界体系之中,造成非洲人口遭受严重损失。近年来非洲史研究强调,这一跨大西洋联系不仅导致非洲人口的巨大损失,而且对非洲社会产生结构性影响,这体现在社会组织形态、宗教习俗以及农作物种植等诸多方面。

首先,在大西洋贸易过程中,非洲不同地区之间的联系逐渐建立。例如,罗宾·劳研究指出,黄金海岸的欧洲人雇佣冈比亚和奴隶海岸的奴隶,而奴隶海岸的欧洲人也会雇佣来自黄金海岸的奴隶。这样做主要是因

---

① John Thornton, *Africa and Africans in the Making of the Atlantic World*, p. 320.
② Michael A. Gomez, *Exchanging Our Country Marks: The Transformation of African Identities in the Colonial and Antebellum South*, University of North Carolina Press, 1998.
③ Mariana P. Candido, "Different Slave Journeys: Enslaved African Seamen on Board of Portuguese Ships, c. 1760 – 1820s", *Slavery&Abolition*, Vol. 31, No. 3, 2010, pp. 395 – 409.
④ Robin Law, Kristin Mann, "West Africa in the Atlantic Community: The Case of the Slave Coast", *The William& Mary Quarterly*, Vol. 56, No. 2, 1999, pp. 314 – 315.

为远离家乡的奴隶不容易逃跑。大西洋贸易中，欧洲奴隶贩子还会雇佣自由的非洲人，例如在奴隶海岸，欧洲人发现当地人没有航海传统，因此雇佣黄金海岸的非洲人来驾驶独木舟，这些撑独木舟的人很多在合同完成后留在了奴隶海岸。另外，1787年英国建立弗里敦殖民地后，也吸引了来自利比里亚的克鲁人大量前来充当水手。[1]

其次，大西洋奴隶贸易对大西洋沿岸非洲社会经济的复杂影响。大西洋沿岸非洲不同地区、不同群体被纳入大西洋贸易的程度是不均衡的。大西洋贸易对威达、拉各斯、卢安达和本格拉等城镇的重要性是显而易见的，但是很多内陆地区的参与程度是较低的。尽管如此，内陆地区的市场也在逐渐扩大，导致家庭经济集约化、生产专业化以及特定商品标准化。[2] 奴隶贸易对非洲的经济影响，不仅体现为贸易规模，而且表现为贸易性质以及对非洲社会经济其他领域的影响。大西洋奴隶贸易的主要商品不只是非洲当地统治精英所享用，而且在内陆市场上广泛使用。例如，贝币（cowries shells）从印度洋打捞上岸后被带到非洲，成为奴隶海岸以及西非内陆地区的主要流通货币，推动了非洲内陆地区的交换经济。而火器进口在很大程度上改变了非洲战争形态，使得获取或者控制沿海贸易成为重要的军事目标。[3] 大西洋奴隶贸易使得西非"奴隶边界"上的西非社会不仅得以存活下去，而且持续繁荣，巴兰塔人（Balanta）改变定居模式和庄稼种植技术以回应奴隶劫掠。[4] 作为奴隶贸易交换物的铁器，对于原本没有铁器的西非沿海森林地带的生态环境产生深刻影响，使得当地森林遭到大规模砍伐，并且推动以新大陆农作物种植为基础的农业变革。[5]

再次，大西洋奴隶贸易使得西非逐渐被纳入大西洋"共同体"之中。大西洋体系并不是非洲奴隶被贩卖至美洲的单向流动，经过三个世纪的漫

---

[1] Robin Law, "Africa in the Atlantic World, c. 1760 – c. 1840", p. 594.

[2] Akinwumi Ogundiran, "Material Life and Domestic Economy in a Frontier of the Oyo Empire during the Mid-Atlantic Age", *International Journal of African Historical Studies*, Vol. 42, No. 3, 2009, pp. 351 – 385.

[3] Robin Law, "Africa in the Atlantic World, c. 1760 – c. 1840", pp. 586 – 588.

[4] Walter Hawthorne, "Nourishing a Stateless Society during the Slave Trade: The Rise of Balanta Paddy-Rice Production in Guinea-Bissau", *The Journal of African History*, Vol. 42, No. 1, 2001, pp. 1 – 24.

[5] Chris Evans, Goran Ryden, "'Voyage Iron': An Atlantic Slave Trade Currency, Its European Origins and West African Impact", *Past&Present*, No. 239, 2018, p. 64.

长交往,在西非沿海地区出现"欧化"人口,其中既包括欧洲人和非洲人的后代,也包括已经接受了欧洲文化的非洲人,他们通常被称作"非洲—欧洲人"。这些人不仅认同于欧洲文化,而且维持着跨大西洋的家庭和社会网络,他们在一定程度上是大西洋"共同体"的一部分。① 琳达·海伍德强调,在奴隶贸易时代中非地区的社会生活中,非洲人和葡萄牙人的密切关系影响到当地的宗教生活和文化习俗,例如命名方式、音乐传统、饮食文化、服饰风格和房屋构造。到18世纪,葡属安哥拉已经形成一种独特的"克里奥文化",这不仅影响到当地非洲文化与社会,而且安哥拉的葡萄牙移民及其文化也经历了非洲化过程,葡萄牙人很快适应了非洲文化环境,而中非人则是有选择地将欧洲文化吸纳进入他们的文化之中。②

三 总体评价

(一) 研究意义

第一,关注非洲在大西洋史中的地位与作用,有助于纠正大西洋史研究中的"欧洲中心论"。这些研究关注非洲人在整个的帝国结构之中的地位。正如有学者所指出,甚至在葡属非洲殖民地这样较为严苛的帝国架构之下,非洲人仍然有一定程度的自主流动性。③ 强调非洲人所创造的联系,这有助于我们超越帝国框架来理解大西洋世界的形成,因此有助于将大西洋真正视作一个研究单元。④ 跨大西洋奴隶贸易的强制迁徙流动的残酷现实,使得研究者容易忽视非洲人在构建和塑造大西洋联系方面所扮演的角

---

① Robin Law, "'The Port of Ouidah in the Atlantic Community, 17th to 19th Centuries", in Horst Pietschmann, ed., *Atlantic History: History of the Atlantic System, 1580 – 1830*, Vandenhoeck&Ruprecht, 2002, pp. 349 – 364.

② Linda M. Heywood, John Thornton, *Central Africans, Atlantic Creoles and the Foundation of the Americas, 1585 – 1660*, Cambridge University Press, 2007; Kalle Kananoja, "Helalers, Idolaters and Good Christians: A Case Study of Creolization and Popular Religion in Mid-Eighteenth Century Angola", *International Journal of African Historical Studies*, Vol. 43, No. 3, 2010, pp. 443 – 465.

③ Eric Morier-Genoud, Michel Cahen, "Introduction: Portugal, Empire and Migrations——Was There Ever an Autonomous Social Imperial Space?", in Eric Morier-Genoud, Michel Cahen, eds., *Imperial Migrations: Colonial Communities and Diaspora in the Portuguese World*, Palgrave Macmillan, 2012, pp. 1 – 30.

④ Randy J. Sparks, *Where the Negroes Are Masters: An African Port in the Era of the Slave Trade*, Harvard University Press, 2014.

色。非洲因素在构建早期的全球联系方面的重要性并不仅仅局限于美洲新大陆的移民,而是与非洲社会的政治、文化和经济历史密不可分。因此,大西洋史研究需要把非洲视作其中一部分,从而理解大西洋世界的复杂特征。① 沃尔特·罗德尼在《欧洲如何导致非洲的不发达》中强调欧洲殖民统治与剥削是非洲不发达的主要原因。这一观点不可避免地着重强调非洲人作为消极受害者的身份。与之相反,非洲史学家让-法朗索瓦·巴亚特(Jean-François Bayart)则认为,非洲人长期控制着自身命运,甚至是在暴力征服情况下也是如此。例如,非洲精英与欧洲人在商业贸易和殖民统治方面实现合作,因为这能够为他们带来财富与权力。②

第二,关注非洲在大西洋史中的地位与作用,有助于我们全面认识非洲史的内涵与外延。非洲史并不只是非洲大陆的历史,同时应当是非洲大陆内外的非洲人的历史。通过研究非洲在大西洋史之中的地位与作用,有助于我们深入认识非洲史和非洲移民史之间的紧密联系。例如,研究者借助于美洲国家收藏的档案数据来分析19世纪贝宁北部朱古(Djougou)地区的历史,西非社会中的性别比例以及贝宁湾的奴隶出口的族群分布等问题。③ 事实上,近年来非洲史学家开始关注不同条件下的跨文化交流与联系,不仅是跨大西洋的,而且还包括印度洋的,以及非洲内部的,从而发掘出更多的流动性与文化变革的案例,这些研究不再将非洲视作孤立的大陆,而是现代世界不可分割的一部分。④ 一些非洲史学家和考古学家批评"前殖民"概念过分夸大殖民主义对非洲的历史影响,他们提出"中世纪非洲"(Medieval Africa)概念,强调公元1000年至1800年的非洲并非欧洲殖民者所描述的"孤立的""黑暗的"大陆,非洲不同地区与大西洋、印度洋以及阿拉伯世界保持着密切联系。关注非洲的大西洋联系,驳斥了

---

① Toby Green, "Beyond an Imperial Atlantic: Trajectories of Africans from Upper Guinea and West-Central Africa in the Early Atlantic World", *Past&Present*, No. 230, 2016, p. 122.

② Jean-François Bayart, *The State in Africa: The Politics of the Belly*, Longman, 2009.

③ David Geggus, "Sex Ratio, Age and Ethnicity in the Atlantic Slave Trade: Data from French Shipping and Plantation Records", *The Journal of African History*, Vol. 30, No. 1, 1989, pp. 23 – 44; Patrick Manning, *Slavery, Colonialism and Economic Growth in Dahomey, 1640 – 1960*, Cambridge University Press, 1982, pp. 335 – 343.

④ John Parker, Richard Rathbone, *African History: A Very Short Introduction*, Oxford University Press, 2007, pp. 84 – 85.

所谓的非洲人与欧美地区的联系只是作为奴隶劳动力来源的论调。这些研究揭示出跨大西洋贸易和迁徙对大西洋世界的文化、经济和政治形态都产生深刻影响,而非洲大陆以及其他地区的非洲人在塑造这一变迁过程中扮演了重要角色。[1]

第三,关注非洲在大西洋史中的地位与作用,有助于我们从更长的时段来理解非洲大陆的历史变迁。[2] 自20世纪80年代以来,随着殖民档案的开放,重新解读殖民时期历史成为非洲史研究的重点,而前殖民时代历史研究逐渐被边缘化。这种对殖民时代以来非洲历史的过分关注,导致关于前殖民时代非洲历史的简单化认知,并且有意无意地忽视了前殖民时代与殖民时代之间的历史联系。非洲史学家理查德·里德(Richard Reid)将这一倾向概括为"唯今主义",认为这将导致研究者所关注的历史时段被严重缩短。[3] 研究非洲在大西洋史中的地位与作用,有助于打破"殖民时代之前""殖民时代"和"后殖民时代"的时段划分,从而更深入地理解非洲历史发展的连续性与断裂性。而且,把19世纪末殖民统治确立作为非洲史的分水岭,导致葡属非洲殖民地历史研究遭到忽视。[4]

(二)存在的问题

第一,关注非洲在跨大西洋历史交往过程中的地位与角色,其基本前提是充分认识大西洋奴隶制的残暴恐怖。研究非洲在大西洋联系建立过程中所扮演的角色,并不等于抛弃帝国研究框架,更不是否认非洲奴隶贸易和奴隶制的残酷性。社会史和文化史研究转向很容易忽视权力政治和暴力,然而,跨大西洋的文化混合以及族群的起源并非平等的民族之间的对等交换,集体身份认同正是在这些权力等级中出现的,这是大西洋史研究

---

[1] Rebecca Shumway, "From Atlantic Creoles to African Nationalists: Reflections on the Historiography of Nineteenth-Century Fanteland", *History in Africa*, Vol. 42, 2015, p. 156.

[2] Patrick Manning, "Africa and the African Diaspora: New Directions of Study", *The Journal of African History*, Vol. 44, No. 3, 2003, p. 505.

[3] Richard Reid, "Past and Presentism: The 'Precolonial' and the Foreshortening of African History", *The Journal of African History*, Vol. 52, No. 2, 2011, p. 148.

[4] Jessica A. Krug, *Fugitive Modernities: Kisama and the Politics of Freedom*, Duke University Press, 2018, p. 20.

不能回避的历史主题。①

第二,我们在关注大西洋沿岸非洲与美洲之间联系的同时,不能将大西洋视作一个封闭单元,我们同时必须关注非洲不同地区之间以及非洲与世界其他地区之间的联系。很多研究者主张进行非洲奴隶制与奴隶贸易的比较研究,将大西洋奴隶贸易与非洲奴隶制、跨撒哈拉沙漠的地中海奴隶制以及面向阿拉伯半岛的奴隶贸易进行综合比较研究。②

第三,尽管近年来的大西洋史研究已经大体厘清跨大西洋奴隶贸易的规模,但是当时非洲社会的相关记载与数据的严重缺失,极大地影响到我们评估大西洋贸易对非洲当地历史发展的影响。而且,近年来国外学界有关非洲在大西洋史中的地位与作用的研究通常关注特定的非洲地区,往往以某个港口或者地区作为研究中心,而比较研究相对较少。

总而言之,近年来国外学界有关非洲在大西洋史中的地位与作用的研究强调非洲社会在跨大西洋的社会、经济和文化联系中的历史能动性,极大地修正了大西洋史研究中存在的"欧美中心论"。这些研究着重分析非洲社会所塑造的跨大西洋联系,有助于我们跳出帝国的框架来理解大西洋历史和非洲历史,使得我们注意到以往被忽视或者被边缘化的历史,从而有助于深入认识非洲在世界历史进程中的贡献。

(原载《史学理论研究》2020 年第 1 期)

---

① James H. Sweet, "The Quiet Violence of Ethnogenesis", *The William&Mary Quarterly*, Vol. 68, No. 2, 2011, p. 212.
② Patrick Manning, "Slavery and Slave Trade in West Africa", in Emmanuel Akyeampong, ed., *Themes in West Africa's History*, James Currey, 2006, pp. 99 – 117.

中国历史研究院
Chinese Academy of History

新时代历史理论研究前沿丛书

第五卷

历史理论研究的新问题·新趋向

夏春涛 主编

中国社会科学出版社

加快构建新时代历史理论
研究"三大体系"
（代序）

一

五卷本《新时代历史理论研究前沿丛书》终于问世了！这是历史理论研究所建所后首次推出的集体研究成果，是《史学理论研究》改刊三年来刊发优秀论文的集中呈现，从一个侧面反映了我们的建所思路和成长轨迹。

历史理论研究所的建所方案经过多方论证、再三斟酌，最终由中央审定。该所名为历史理论研究所，不是史学理论研究所，如此取舍是含有深意的。一是突出强调了唯物史观的指导地位，强调要旗帜鲜明地坚持唯物史观。我们所说的历史理论主要指马克思主义历史理论，即唯物史观，本所下设九个研究室，马克思主义历史理论研究室排列第一。二是解决了概念之争。顾名思义，历史理论指阐释客观历史本身的相关理论，史学理论指历史学发展过程中形成的相关理论，两者内容有交叉，但主体不一。关于"历史理论""史学理论"概念的异同、大小，学界看法并不一致。研究所名称的确定给出了明确答案，即"历史理论"概念大于或优先于"史学理论"概念。我们要与中央保持一致，有不同意见可以保留，仍可以深化思考，但不必拘泥于概念之争。[①]

历史理论研究所诞生于新时代，是应运而生。中国历史研究院由六个

---

① 目前，"历史理论""史学理论"两个概念实际上仍在交叉使用。例如，历史理论研究所所刊名为《史学理论研究》，2022年9月完成换届选举的全国性学术团体名为"中国史学会史学理论分会"，这是延续历史，而变更名称洵非易事，须走较为繁杂的报批程序。学界时下召开的相关学术会议大多仍约定俗成，冠名为"史学理论研讨会"。我们似应在概念使用上力求统一，避免掰扯不清的困扰。

加快构建新时代历史理论研究"三大体系"（代序）

研究所组成，除中国社会科学院原有的五个相关研究所外，历史理论研究所是唯一新建的研究所。中央为什么要专门成立历史理论研究所？我想，这大体可以从三个方面来理解。

一是在全社会牢固树立正确历史观。

新中国诞生给中国历史学带来的最大变化是明确了唯物史观的指导地位，确立了人民的主体地位，澄清了若干重大理论问题，尤其是科学解答了历史学为谁著书立说这一根本性、原则性问题，进而为研究工作树立了正确导向，极大地推动了新中国历史学的繁荣发展。改革开放以来，历史学在蓬勃发展的同时，也面临挑战——随着社会经济成分、组织形式、就业方式、利益关系和分配形式的多样化趋势的发展，以及东西方各种思想文化的碰撞、交汇，我国社会思想呈现出多样、多元、多变的特点，唯物史观遭冷落、质疑和冲击的现象日渐显现出来。有人矫枉过正，出于对过去一度盛行的极"左"思潮的抵触心理，说了一些过头话。也有人蓄意挑战主流意识形态，不时发出一些噪音杂音，随意涂抹、肆意歪曲历史尤其是中共党史，借谈论历史来否定现实，散布错误的历史观，形成历史虚无主义思潮，产生恶劣影响。

历史观涉及对是非、正邪、善恶、进步与落后的评判，与价值观密不可分。否定历史发展的主题主线、主流本质，颠倒是非、正邪、善恶、荣辱，就会使人丧失对历史的敬畏之心，模糊对方向、道路等原则问题的认识，导致价值观扭曲。价值观一旦混乱，我们这样一个大党大国就会成为一盘散沙，社会上道德失范、诚信缺失现象就会滋蔓，乃至乱象丛生，其后果将是灾难性的。一言以蔽之，历史虚无主义思潮一旦泛滥，就会肢解我们的自信，消磨我们的意志，腐蚀我们的精神。党的十九大报告明确提出"引导人们树立正确的历史观、民族观、国家观、文化观"。[①] 由此观之，加强历史理论研究，巩固唯物史观的指导地位，引导人们树立正确历史观尤其是正确党史观，已是刻不容缓。坚持以唯物史观为指导，是坚持正确的政治方向、学术导向、价值取向的重要前提，是当代中国历史研究区别于欧美国家历史研究的根本标志。

---

① 习近平：《决胜全面建成小康社会夺取新时代中国特色社会主义伟大胜利——在中国共产党第十九次全国代表大会上的报告》，人民出版社2017年版，第43页。

二是以史为鉴，为当代中国发展进步提供学术尤其是理论支持。

改革开放以来，经济学、法学、政治学、社会学等学科基础理论研究与应用对策研究并重，积极参与当代中国的社会变革与发展，成为万众瞩目的显学。历史学与时俱进，也取得累累硕果，但相比之下，总体上参与有限、发声有限。这与历史学本质上属于基础理论研究有关，也与其研究滞后有关。平心而论，我们的历史研究存在两个缺陷，不能很好地顺应大势。其一，与现实脱节。有人自诩"清高"，搞所谓"纯学问"，有意识地远离现实、回避政治。其实，历史是一条奔腾不息的河流，不可能抽刀断水；昨日中国是今日中国的延续和发展。研究历史，不能就历史论历史，不能也不可能脱离现实，遑论历史学原本带有鲜明的意识形态属性。其二，重考证、轻理论，研究呈现"碎片化"、条块分割。有人专注细枝末节研究，研究题目小、研究范围窄，死守自己的"一亩三分地"，一谈到理论或现实问题便张口结舌，茫然莫知置对。考据是治史的基本功，没有考证便无信史可言，但不能"只见树木不见森林"，不能无视或忽视宏观理论思考。

中国特色社会主义已进入新时代，当代中国正进行着伟大的理论与实践创新，迫切需要历史学发挥鉴古知今、资政育人的作用。"明镜所以照形，古事所以知今。"① 新中国的前途为什么是社会主义而不是资本主义？为什么说中国特色社会主义是实现中华民族伟大复兴的必由之路？为什么说中华民族伟大复兴的历史进程不可逆转？以中国式现代化全面推进中华民族伟大复兴，如何深刻领会中国式现代化的中国特色和本质要求？中国式现代化道路的原创性贡献是什么？回答此类重大理论问题，都必须从历史上来追根溯源。当代历史学若想真正成为显学，具有生命力、体现影响力，就必须顺应时代需要，力戒那种选题无足轻重、搞烦琐考证、内容空洞的学究式学院式研究，有意识地加强历史与现实的对话，积极回应重大现实问题，立时代之潮头，通古今之变化，发思想之先声。② 这也是我国

---

① 《三国志》卷 59《吴书·孙奋传》，中华书局 1982 年版，第 1374 页。

② "立时代之潮头，通古今之变化，发思想之先声"语出习近平总书记致中国社会科学院中国历史研究院成立的贺信，是党中央对广大历史研究工作者提出的殷切希望，而我们做得远远不够，应努力争取更大作为。西方学界很重视研究、思考那些宏大理论问题，重视提出新概念新表述，以迎合本国的内外政策。举凡"历史终结论""文明冲突论"等，均为融合政治学、历史学等学科作出的新概括新阐释，弗朗西斯·福山和他的老师塞缪尔·亨廷顿都是西方名噪一时的历史哲学家。

加快构建新时代历史理论研究"三大体系"（代序）

史学的一个优良传统。司马迁以"通古今之变"相期许写《史记》，司马光为资政著《资治通鉴》，均具有鲜明的现实关怀。北宋大儒张载"横渠四句"有云："为天地立心，为生民立命，为往圣继绝学，为万世开太平。"① 身处新时代，我们的胸襟应当不比古人逊色，理应具有强烈的使命和担当意识。

三是加快构建新时代中国历史学"三大体系"。

目前，我国经济总量稳居世界第二，日益走近世界舞台中央，为维护世界和平、促进共同发展做出巨大贡献，而历史学的发展总体上与我国综合国力和国际地位还不太相称，未能居于国际学术界中央，在国际上的声音还比较小。笔者1994年在哈佛大学访学时，哈佛—燕京学社主任、明清小说研究专家韩南（Patrick Hanan）教授在交谈时善意地表示："谈到人文和社会科学方面，目前世界上重要的学术思想主要来自英、美、德、法等西方国家。然而在将来，重要的学术思想同样很有可能来自中国、日本等国家。"比照现实，我们做得远远不够。

历史研究是一切社会科学的基础，历史理论则是历史研究的指南和灵魂。中国历史研究院中国历史学学科体系、学术体系、话语体系研究中心设在历史理论研究所。② 党的二十大报告在阐述"推进文化自信自强，铸就社会主义文化新辉煌"时，再次郑重强调"加快构建中国特色哲学社会科学学科体系、学术体系、话语体系"。③ 加快构建新时代中国历史学学科体系、学术体系、话语体系，必须加快构建新时代历史理论研究的学科体系、学术体系、话语体系。要继续以开放胸怀加强中外学术交流与合作，既"请进来"，更要"走出去"。要以我为主，努力提出具有原创性、主体性的学术思想，努力打造自己的学术特色和优势。要增强学术自信，摒弃学术上的"崇洋"心理，对西方的后现代主义史学、公民社会理论以及

---

① 张载：《张载集》，章锡琛点校，中华书局1978年版，第396页。
② 该中心成立于2019年6月，至今已多次开展活动：2019年11月，与中国社会科学院国际中国学研究中心联合举办"'海外中国学研究'学科建设研讨会"；2020年11月，主办"'中国历史学话语体系建设'学术研讨会"；2021年9月，参与承办"社科论坛"（史学·2021）"新时代中国历史学'三大体系'建设国际学术研讨会"。另以"研究中心"成员名义相继发表学术论文10篇，《中国历史学"三大体系"建设研究》一书正在策划出版中。
③ 习近平：《高举中国特色社会主义伟大旗帜为全面建设社会主义现代化国家而团结奋斗——在中国共产党第二十次全国代表大会上的报告》，人民出版社2022年版，第43页。

全球史、"新清史"、新文化史、情感史研究等，我们要有鉴别和取舍，决不能被别人牵着鼻子走，决不能邯郸学步、鹦鹉学舌。特别是中国史研究，其学术根基、学术中心理应在中国。我们要有这种自信、底气和气魄，主动引领学术潮流、推进学术创新，积极掌握学术话语权。

总之，历史理论研究所是时势的产物。新时代是历史学可以也必须大有作为的时代，是历史理论研究受到空前重视、享有前所未有发展机遇的时代。我们要把握机遇，乘势而上。

二

按照中央审定的建所方案，历史理论研究所下设九个研究室，依次是：马克思主义历史理论研究室、历史思潮研究室（又称"理论写作组"）、中国史学理论与史学史研究室、外国史学理论与史学史研究室、国家治理史研究室、中华文明史研究室、中国通史研究室、中外文明比较研究室、海外中国学研究室。排在前面的四个研究室，其名称均有"理论"二字。从中国社会科学院层面讲，本所是唯一一个以"理论"二字命名的研究所。这种定位是荣誉，更是一种使命和责任。

这九个研究室即九个学科，构成完整的历史理论研究学科体系，史学理论研究仅是其中的一个分支，在学科设置上真正实现了各历史学科的融合。我将其特点概括为"打通古今中外，注重大历史、长时段研究"。[①]

马克思主义历史理论研究室排列第一，是学科建设的重中之重。其主旨是以唯物史观为指导，加强理论思考与研究，以总结历史经验、揭示历史规律、把握历史趋势。党的十九届六中全会审议通过的《中共中央关于党的百年奋斗重大成就和历史经验的决议》堪称历史理论研究的典范：作为科学历史观，唯物史观科学诠释了人类社会发展规律和历史现象，以此为指导来总结百年党史所形成的历史观便是正确党史观；以3.6万字来总结百年党史，进行长时段、贯通式研究与思考，生动体现了大历史观。唯物史观被确立为指导思想后，究竟给中国历史学带来哪些深刻变化？对中国历史进程产生哪些深刻影响？在极"左"思潮泛滥的年代，我们在理解

[①] 参见《史学理论研究》2019年第3期"卷首语"。

和运用唯物史观上存在哪些偏差？这一历史很值得好好总结。2021年，本所申报的《中国马克思主义史学家口述访谈录》《中国马克思主义历史理论发展史研究》，分别被列为国家社科基金重大专项课题、重点课题。

从事马克思主义历史理论研究，须具备相应的理论素养，用马克思主义中国化的最新理论成果——习近平新时代中国特色社会主义思想来指导研究，努力做到既不丢老祖宗，同时又能讲新话。对唯物史观及时做出新阐释新概括是一个具有战略意义的重大课题。坚持唯物史观与发展唯物史观是辩证统一的关系，发展是最好的坚持。马克思主义深刻改变了中国，中国也极大丰富和发展了马克思主义。与时俱进是马克思主义的理论品质，党的百年奋斗史就是一部不断推进理论创新、实践创新的历史，坚持理论创新是党百年奋斗的十条历史经验之一。从毛泽东、邓小平、江泽民、胡锦涛到习近平，在唯物史观上都是坚持与发展、继承与创新相统一。譬如，"五种社会形态"理论是唯物史观的一个最基本观点，我们党将之作为指南而不是教条，科学分析中国具体国情，据此提出新的原创性理论作为科学决策的遵循：创立新民主主义革命理论，指出近代中国的社会性质是半殖民地半封建社会，其前途是社会主义；创立中国特色社会主义理论体系，指出我国正处于并将长期处于社会主义初级阶段；习近平同志提出"新发展阶段"说，进一步发展了社会主义初级阶段理论。党带领人民筚路蓝缕攻坚克难，跨越资本主义发展阶段，成功走出中国革命和中国特色社会主义这两条新路，使中国阔步走向繁荣富强，与我们党创造性地运用"五种社会形态"理论密不可分。"理论是灰色的，而生活之树常青。"需要进一步思考的是，唯物史观诞生在大机器生产时代，而现在已处在后工业时代，是大数据、人工智能时代，由此引发的变化是深刻的、全方位的，生产力、生产关系的内涵必然会随之发生变化。再如，人民是历史的创造者，这是唯物史观的基本原理。人民在我国的主体地位始终没有变也不能变，而"人民"概念的内涵以及当代中国阶级、阶层的构成，与过去相比确已发生深刻变化，江泽民同志敏锐注意到这一新变化，在2001年"七一"讲话中分析指出我国已出现六个新的社会阶层。[①] 在百年

[①] 他们是民营科技企业的创业人员和技术人员、受聘于外资企业的管理技术人员、个体户、私营企业主、中介组织的从业人员、自由职业人员。参见江泽民《在庆祝中国共产党成立八十周年大会上的讲话》，人民出版社2001年版，第31页。

光辉历程中，我们党是如何既坚持唯物史观，同时又丰富和发展了唯物史观，赋予其新的历史内涵？就此进行系统总结和研究对推进理论创新大有裨益。

历史思潮研究室的旨趣是关注历史思潮演变，及时就当下社会上的热点话题做出回应，释疑解惑，正本清源，宣传、阐释正确历史观，解析、批驳历史虚无主义错误思潮。该研究室又名"理论写作组"，写理论文章是主业，带有时效性，出手要快。要加强两方面素养。一是理论素养。建所之初，我分析了研究队伍存在的短板，其中一个短板是"只会讲老话（马克思主义基本原理），不会讲新话（马克思主义中国化最新成果），甚至是老话讲不好、新话不会讲"。补短板须加强理论学习，我们专为本所青年学习马克思主义中国化经典文献开列了书单。二是专业素养。宣传要以研究为依托，以深厚的学术积淀作为支撑，深入才能浅出。再就是要注意两点：其一，严格区分政治原则问题、思想认识问题、学术观点问题，既敢于斗争，又要把握好分寸，不能无端上纲上线。其二，善于用学术话语来表达政治话语。写理论文章不是贴标签、喊口号、表决心，不能居高临下板着面孔说教，要具有感染力和说服力，努力收到春风化雨、润物无声的社会效果。2021年，本所申报的《历史虚无主义思潮解析和批判》被列为国家社会科学基金重大专项课题，计划写三卷。

中国史学理论与史学史研究、外国史学理论与史学史研究是中国社会科学院的传统优势学科。近二三十年来，这种优势在不知不觉中削弱，研究成果萎缩，研究队伍青黄不接，由盛转衰趋势明显。这也是全国范围内带有普遍性的现象。这两个学科被列为本所重点学科，须尽快止跌回升。从学术史角度看，这两个领域是块"熟地"，以往研究虽已取得骄人成绩，名家辈出、成果丰硕，但毋庸讳言，仍存在不足。一是深耕式、开拓创新性的研究相对较少，粗放式、低水平重复的研究较多。一些著述偏重于介绍、描述，缺乏思想性。二是有些学者画地为牢，专注中国古代史学理论或外国史学理论研究，唯物史观被边缘化。其实，我们研究中外史学理论，主旨是推陈出新，通过兼收并蓄、博采众长，致力于丰富和发展当代中国的马克思主义历史理论。要着力在古为今用、洋为中用上下功夫。本所新近申报了两个国家社会科学基金重大专项课题，分别是《"中国之治"的历史根源及思想理念研

加快构建新时代历史理论研究"三大体系"（代序）

究》以及六卷本《西方历史理论发展史》课题。①

与历史思潮研究相似，国家治理史研究属于新兴学科。本所的国家治理史研究室是国内首个专门的研究机构。党的十八届三中全会提出推进国家治理体系和治理能力现代化这一重大战略课题。提高国家治理体系和治理能力现代化水平是实现中国式现代化的题中应有之义，其途径之一是总结、反思我国古代漫长的治国理政实践，从中获取有益借鉴。《中国历代治理体系研究》是我们在建所当年承担的首个重大项目，属中国历史研究院交办课题。我们随即组成课题组，设立中央与地方、行政与监督、吏治与用人、礼治与法治、思想与文化、民本与民生、边疆治理、民族治理、宗教治理、环境治理、基层秩序 11 个子课题，用三年多时间完成近一百万字的书稿撰写，结项评审等级为"优秀"。目前书稿已完成第三次修订，处在出版前的审稿阶段。

中国通史研究室、中华文明史研究室、中外文明比较研究室、海外中国学研究室，均有别于通常的专题或专史研究，要求研究者是通才，具有大历史视野和世界眼光，学养深厚、思辨能力强，能登高望远，深入思考、科学解读一些前沿性重大问题，以便从中汲取历史智慧，增强历史自觉，坚定文化自信、道路自信。例如，通过深入研究中华文明的发展历程、特质和形态，为今天的人类文明新形态建设提供理论支持——倘若按照西方"文明三要素"标准，中华文明仅有3300年历史；我国于2002年启动的中华文明探源工程提出了文明定义和认定进入文明社会标准的中国方案，实证了我国百万年的人类史、一万年的文化史、五千多年的文明史。这是很了不起的学术贡献，为相关研究提供了范例。本所这四个研究室起步晚、起点低，缺乏学术积累，须苦修内功、奋起直追。

概括地说，历史理论研究所在学科设置上打通古今中外，实现了各相关历史学科的融合发展，体现了前沿性、战略性、理论性。基于这一学科布局，要努力做到"两个结合"：基础理论研究与应用对策研究相结合，历史研究与现实问题研究相结合。"三大体系"建设是一个整体，学科体系相当于学科的顶层设计，学术体系是学科体系的支撑，话语体系是学术

---

① 2022年11月30日，全国哲学社会科学工作办公室公示了国家社会科学基金中国历史研究院重大历史问题研究专项2022年度重大招标项目立项名单。本所申报的《"中国之治"的历史根源及思想理念研究》《西方历史理论发展史》获得立项。

体系的外在表达形式，而贯穿其中的核心要素是人才。说到底，学科靠人来建设，学术带头人有权威、形成研究梯队，推出一批高质量、有影响的研究成果，就构成学术体系，支撑起学科建设；权威学者及论著所阐释的成系统的观点、思想、理论等，被学界奉为圭臬，便构成话语体系。因此，衡量"三大体系"建设之成效，关键看是否出成果、出人才。这无捷径可走，从个人角度讲，归根到底靠潜心治学。从研究所角度讲，加快构建新时代历史理论研究"三大体系"、引领全国历史理论研究，除组织实施课题、主办各种专题学术研讨会、积极利用中国史学会史学理论分会这一平台开展活动外，另一重要途径是办好所刊《史学理论研究》。

三

《史学理论研究》创刊于1992年，原由中国社会科学院世界历史研究所牵头主办，2019年第3期起，正式转为历史理论研究所所刊。为顺应振兴新时代历史理论研究的需要，我们举全所之力办刊，依据中央核准的建所方案成立专门的编辑部（以前是研究室兼职编稿），并果断改季刊为双月刊；在办刊风格上与历史理论研究所的学科布局和建所思路对接，在论文选题上精心策划，在栏目设置上推陈出新，并致力于制度化、规范化管理和运作。一分耕耘，一分收获。改刊后，该刊论文转载量、转载率和综合指数排名均显著提升。以2021年论文转载量为例，合计《新华文摘》5篇（2篇全文转载），《中国社会科学文摘》5篇，中国人民大学复印报刊资料24篇。

这套五卷本《新时代历史理论研究前沿丛书》主要从改刊三年来发表的论文中编选而成。遗憾的是，限于主题和篇幅，不少优秀论文未能一并辑录。这五卷按主题编排，依次是《唯物史观与历史研究》《马克思主义史学与史家》《中国史学理论与史学史》《外国史学理论与史学史》《历史理论研究的新问题·新趋向》，集中体现了我们的建所及办刊思路，展示了全国学界同仁的最新研究成果。

在建所半年后举办的中国社会科学院暑期专题研讨班上，我在历史学部发言时坦陈："建所了，牌子挂起来了，并不代表立刻就能按照上级要求发挥应有的作用，两者之间存在很大距离。我们要做的，就是百倍努

力,尽量缩小这个距离,缩短这个周期。"现在回想起来,不免有几分感慨。这一路走来,激励、支撑我们砥砺前行的是一种精神。姑妄言之,可称为"建所精神",其内涵为"团结,务实,奋进"六字。

建所第一步,是把近代史研究所、古代史研究所、世界历史研究所的三拨人整合在一起,接着是面向社会招聘人员。我们起始就强调,新所要树立新风气,大家共同营造风清气正的环境。近四年来,本所没有人事纠葛,没有意气之争,大家有话好好说,有事好商量,形成合力。"兄弟同心,其利断金",是为团结。本所核定编制80人,应聘者纷纷。我们一开始就明确,进人不是"拉壮丁",不能一味追求数量,应首重质量,宁缺毋滥。至于学科布局,我们意识到,在人员不足、人才匮乏情况下,九个研究室不可能齐头并进,应有所侧重;具体到每个具体学科,不求四面开花,应集中力量找准突破口,争取逐渐形成自己的研究特色和优势。是为务实。我们在建所之初仅有两人,连公章都没有,千头万绪,一切从零开始。我们起始就确立"边建所、边搞科研"的工作思路,迎难而上。本所是中国社会科学院最年轻的研究所,至今建所不到四年,在职人员平均年龄不到40岁,朝气蓬勃。目前,我们已大体完成建所任务,搭建起作为一个研究所的完整架构,科研稳步推进并取得显著成绩。本所综合处兼具科研处、人事处、党办、办公室的职能,在岗人员仅五人,爱岗敬业,表现出色。是为奋进。建所不易,亲身参与建所是荣幸更是责任,大家很辛苦,同时又很享受这个过程,展现出好的精神面貌。

有了这种精神,历史理论研究所未来可期。新时代是历史理论研究大有作为的时代,曾有一位前辈学者感叹:历史理论研究的春天到来了。让我们以此共勉,抓住机遇,不负韶华,不辱使命,加快构建新时代历史理论研究"三大体系"。

夏春涛
2023年3月6日

目 录
CONTENTS

第一篇　如何书写具有中国特色的文明史

大历史观视域下的文明史书写　　　　　　　　于　沛／3
文明史研究的中国视野　　　　　　　　　　　朱孝远／11
以唯物史观为指导书写具有中国特色的文明史　吴　英／22
为他者书写文明史　　　　　　　　　　　　　吴晓群／34

第二篇　全球史研究的回顾与展望

全球史在德国的兴起与现状　　　　　　　　　陈　浩／47
全球史在日本的兴起、实践及其特点　　　　　康　昊／66
全球史研究：对民族—国家话语的反思与构建　曹小文／82
"新全球史"：马兹利什对当代全球化的思考　刘文明　汪　辉／103

第三篇　全球思想史再思考

全球思想史：语义与文化迁移研究的视角
　　　　　　　　　　　　　［法］米歇尔·埃斯巴涅／121
关于全球思想史的若干思考　　　　　　　　　李宏图／132

目 录

"全球史"和"思想史"如何相遇？　　　　　　　周保巍 / 142
"语境"取向与全球思想史　　　　　　　　　　　章　可 / 154
思想史书写的德国脉络　　　　　　　　　　　　范丁梁 / 163

第四篇　中国区域国别研究的理论与方法

试论中国的区域国别研究：路径选择与专业书写　　吴小安 / 175
我们需要什么样的区域国别研究
　　——基于美国实践的省思　　　　　　　　　张　杨 / 187
国别思维与区域视角　　　　　　　　　　　　　程美宝 / 199
区域国别视野下的中国东南亚史研究　　祝湘辉　李晨阳 / 213

第五篇　中国古代国家治理的学术反思

"大一统"与"中国""天下"观比较论纲　　　　　杨念群 / 227
中国式法治
　　——中国治理原型试探　　　　　　　　　　刘　巍 / 252
从国家治理的角度思考中国历史上的"华夷"与"大一统"
　　　　　　　　　　　　　　　　　　　　　　贾　益 / 282
"官不下县"还是"权不下县"？
　　——对基层治理中"皇权不下县"的一点思考　高寿仙 / 300
盛衰之理：关于清朝嘉道变局性质的不同阐释及其反思
　　　　　　　　　　　　　　　　　　　　　　朱　浒 / 314

第六篇　多维视域下的口述历史

21世纪中国大陆口述史规范的三种模本　　　　　周新国 / 335
固化、中介与建构：口述历史视域中的记忆问题　左玉河 / 341
口述史再思考　　　　　　　　　　　　　　　　钱茂伟 / 350

"史实"与"故事"的再辨析   谢嘉幸 / 356
多轮访谈：口述历史访谈的突出特征   王瑞芳 / 366
当代西方口述史学的六大理论转向   杨祥银 / 375

第七篇　近年来的历史理论研究综述

2019年历史理论研究综述   夏春涛 / 391
2020年历史理论研究综述   夏春涛 / 415
2021年历史理论研究综述   夏春涛 / 443

后　记   / 471

第一篇

如何书写具有中国特色的文明史

大历史观视域下的文明史书写[*]

于 沛
（中国社会科学院世界历史研究所）

第二次世界大战后，世界格局的深刻变化催生了全球史的兴起，推动了含有全球史意蕴的人类文明史研究的迅速发展。在西方，除威尔·杜兰特的11卷《世界文明史》（1935—1968年）外，皮特·N.斯特恩斯、威廉·H.麦克尼尔、费尔南·布罗代尔等人，也都有世界文明史的研究性著作问世。[①] 在中国，同样有多种文明史研究成果出版，[②] 其中马克垚主编的三卷本《世界文明史》影响较大。当今世界正经历百年未有之大变局，新冠病毒感染疫情全球大流行使这个大变局加速演进，不可避免地加强了各民族之间的相互联系和相互依赖。为应对人类共同面临的挑战，加强人类

---

[*] 本文是国家社会科学基金重大项目"20世纪历史学和历史学家"（项目编号：19ZDA235）的阶段性成果。

[①] 这些著作主要有［美］爱德华·伯恩斯的《西方文明史》（1941年）、［美］威廉·H.麦克尼尔的《西方文明史手册》（1949年）、［美］爱德华·伯恩斯和菲利普·拉尔夫的《世界文明史》（1955年）、［美］威廉·H.麦克尼尔的《西方的兴起》（1963年）、［法］费尔南·布罗代尔的《文明史纲》（1963年）、［法］马文·佩里主编的《西方文明史》（1986年）、［美］斯特恩斯等的《全球文明史》（1992年）、［英］菲利普·费尔南德兹－阿迈斯托的《文明》（2001年）、［美］斯特恩斯的《世界历史上的西方文明》（2003年）等。这些著作大多已有中文版。

[②] 这些著作主要是郭圣铭：《世界文明史纲要》，上海译文出版社1989年版；沈坚主编：《世界文明史年表》，上海古籍出版社2000年版；李世安主编：《世界文明史》，中国发展出版社2000年版；马克垚主编：《世界文明史》，北京大学出版社2004年版；井卫华等主编：《西方文明史概述》，中国电力出版社2004年版；李穆文主编：《世界文明史》，西北大学出版社2006年版；张启安等主编：《西方文明史》，西安交通大学出版社2009年版；邓红风主编：《西方文明史》，中国海洋大学出版社2005年版；赵立行：《世界文明史讲稿》，复旦大学出版社2007年版；周巩固主编：《世界文明史》，陕西师范大学出版社2012年版；朱亚娥主编：《世界文明史》，中华工商联合出版社2017年版；等等。

第一篇　如何书写具有中国特色的文明史

文明史研究尤有必要,有论者提出文明史是"当代史学的首要课题",[①] 不无道理。

一

"文明"这一概念的歧义性,决定了人们对"文明史研究"的理论、原则和方法的认识同样也会歧义纷呈,但这不是本文要讨论的问题。不过,这并不妨碍笔者对何谓文明和文明史研究给出一个基本的说明,否则,所谓"大历史观视域下的文明史书写"便无从谈起。

首先,"文明史"是人类社会发展过程中取得的一系列物质和精神文化成果的历史;而非仅仅是启蒙运动时期出现"文明"概念之后才有的一种历史。"文明是在一定历史阶段,用于克服生存问题的社会工具总和,包括经济方式、有影响力的社会关系、政治上的社交举止、移民体系结构、教育体系,同时也包括宗教、价值体系和美学。总之,文明史是涵盖社会实践的一个非常广泛的概念。"[②] 西欧国家多以"文明国家"自居,认为欧洲文明才是人类真正的文明,欧洲标准就是世界标准。这是以欧洲为中心剪裁人类历史的偏见,不过这一认识即使在西欧,现今也遭到越来越多人的质疑或摒弃。

法国启蒙运动思想家米拉波、伏尔泰、孟德斯鸠、卢梭等人较早使用"文明"概念,主要是指人、社会和国家的进步状态。18世纪末19世纪初,"文明"概念的广泛流行,不仅推动了"文明史"研究,而且使其成为在历史研究中越来越具有普遍意义的一个概念。萨缪尔·亨廷顿说:"人类的历史是文明的历史。不可能用其他任何思路来思考人类的发展。这一历史穿越了历代文明,从古代苏美尔文明和埃及文明到古典文明和中美洲文明,再到基督教文明和伊斯兰文明,还穿越了中国文明和印度文明的连续表现形式";"在整个历史上,文明为人们提供了最广泛的认同"。[③]

---

① 姜义华:《信史立国》,上海人民出版社2012年版,第67页。
② [德]哈拉尔德·米勒:《文明的共存——对亨廷顿"文明冲突论"的批判》,郦红等译,新华出版社2002年版,第31页。
③ [美]塞缪尔·亨廷顿:《文明的冲突与世界秩序的重建》,周琪等译,新华出版社1998年版,第23页。

亨廷顿的观点在英语和非英语国家都有一定的代表性。

当代中国学者的主流观点认为：文明是"人类在认识世界和改造世界的活动中所创造的物质的、制度的和精神的成果的总和。文明是社会历史进步和人类开化状态的基本标志";① 是人类摆脱愚昧，走向自身全面解放的历史发展阶段和发展程度的表达。有论者基于此提出："文明史也就是世界通史。过去的世界通史强调的是短时段的东西，政治事件、伟大人物，后来又加上了经济形势、文化情况等比较稳定的东西。文明史不同于世界史，就是它所研究的单位是各个文明，是在历史长河中各文明的流动、发展、变化。把文明作为研究单位，我们就要区别不同的文明，要划分文明的不同类型。"② 尽管如此，文明史和通史还是很难分开的，对文明史的研究，要采用社会科学和人文科学的所有方法。

马克思、恩格斯指出，"文明"与人类的物质生产、精神生产相联系，以生产力发展水平为标志，是标示社会开化、社会进步的概念，是指人类认识和改造世界活动的全部成果。他们在《神圣家族》（1844 年）、《共产党宣言》（1848 年）、《反杜林论》（1878 年）、《家庭、私有制和国家的起源》（1884 年）、《哥达纲领批判》（1891 年）等著作，以及一些书信中，对文明和文明时代、文明社会等都有精辟论述。马克思主义文明理论的核心，是强调"文明是实践的事情，是一种社会品质"，③ 科学阐述文明的实践性和社会性，以及二者在文明生成和发展中内在的逻辑联系。这一观点在当代国际学术界得到越来越多的认同。更多的人关注到"文明是人在一定历史和社会条件下……有一定目的的活动"，文明是"历史和社会环境的产物"。④

马克思主义哲学是实践的唯物主义，实践的观点是马克思主义哲学基本的首要的观点，马克思主义文明理论也如是。社会实践是文明生成、存在和发展的前提和基础。"文明"自生成之时起，就有实际的社会内容，只有具体的有社会内容的文明，而没有抽象的超社会之外的文明；文明时

---

① 《中国大百科全书》第 23 卷，中国大百科全书出版社 2009 年版，第 296 页。
② 马克垚主编：《世界文明史》上册，第 7 页。
③ 《马克思恩格斯全集》第 1 卷，人民出版社 1956 年版，第 666 页。
④ ［保］亚历山大·利洛夫：《文明的对话：世界地缘政治大趋势》，马细谱等译，社会科学文献出版社 2007 年版，第 5 页。

第一篇　如何书写具有中国特色的文明史

代是人类历史发展的一个阶段；对文明的历史研究，直接关涉人类文明的现实和未来。这些对科学认识文明和文明史，无疑有重要的指导意义。

二

近年，"大历史"在西方史坛盛行一时，西方史学家的大历史，是将自然史与人类史结合为一种单一且宏大的历史叙述。威廉·H. 麦克尼尔等西方史学家认为，这是一项可与牛顿的运动规律和达尔文的进化理论相媲美的伟大成就，是"世界史许多目标的自然延伸"。① 大卫·克里斯蒂安等西方史学家的大历史（big history），与美籍华人黄仁宇笔下的大历史（macro-history）不同，黄氏认为其"大历史"是相对于"micro-history"（小历史）而言，更多的是强调用"中前左后右"的综合方法去观察历史，而对"细端末节，不过分重视"。②"必须在长时间的范围内，综合考察决定历史走向的各种因素，通过分析和比较，来探究历史的真实面目"。③

2014 年，大卫·克里斯蒂安等人为大历史撰写了第一本高校使用的教材《大历史：虚无与万物之间》，明确提出"大历史考察的目的，不仅仅是人类甚或地球的过去，而是整个宇宙的过去。阅读本书，教师和学生都会回溯一段旅程，它始于 138 亿年前的大爆炸和宇宙出现。大历史吸收了宇宙学、地球和生命科学、人类史的成果，并且把它们组合成关于宇宙以及我们在其中之位置的普遍性历史叙事"。④ 这本教材提出历史叙述的新框

---

① ［美］大卫·克里斯蒂安等：《大历史：虚无与万物之间》，刘耀辉译，北京联合出版公司 2017 年版，第 3 页。大卫·克里斯蒂安等史学家的各种大历史著作竞相问世，在传统的人类文明史研究中独树一帜，一些重要作品已有中文译本。近年译成中文的英语著作主要有，［美］大卫·克里斯蒂安：《时间地图：大历史，130 亿年前至今》，晏可佳等译，中信出版社 2017 年版；［美］大卫·克里斯蒂安等：《大历史：虚无与万物之间》；［美］大卫·克里斯蒂安：《起源：万物大历史》，孙岳译，中信出版集团 2019 年版；［美］大卫·克里斯蒂安：《简明大历史》，杨长云译，中信出版集团 2019 版；［荷］弗雷德·斯皮尔：《大历史与人类的未来》，孙岳译，中信出版集团 2019 年版；［美］大卫·克里斯蒂安：《大历史：从宇宙大爆炸到我们人类的未来》，徐彬等译，中信出版集团 2019 年版。
② 黄仁宇：《中国大历史 放宽历史的视界》（增订纪念本），中华书局 2010 年版，第 224 页。
③ 倪端：《历史的主角：黄仁宇的大历史观》，新世界出版社 2012 年版，第 4 页。
④ ［美］大卫·克里斯蒂安等：《大历史：虚无与万物之间》，第 1 页。

架，即从宇宙大爆炸到互联网时代的138亿年的历史框架，强调"大历史的八大门槛"。"门槛"（threshold），是"复杂性渐强"的门槛，即大历史演进过程中的"八大突破"，依次是：大爆炸，宇宙的起源；星系和恒星的起源；新化学元素的创造；太阳和太阳系的出现；地球上生命的出现；智人的出现；农业和农业革命；通向现代性的突破，现代世界。

在一些西方史学家看来，20世纪中期以后，"大历史"理论的提出和多种著作的问世，表明这是"历史研究的革命性时刻"的到来。① 当人们思考这一"革命性时刻"何以到来时，自然会重温斯塔夫里阿诺斯的"新世界需要新史学"这一命题。他说："20世纪60年代的后殖民世界使一种新的全球历史成为必需，今天，20世纪90年代以及21世纪的世界同样要求我们有新的史学方法。60年代的新世界在很大程度上是殖民地革命的产物，而90年代的新世界……是'科技的神奇影响力'的结果。科技渗透到了我们生活的方方面面。"② 21世纪已经过去了二十多年，如今科技不仅仅"渗透"人类生活的各个领域，而且正在加快重塑世界。"今天人类还处于旧日文明崩解之时，新的价值体系亟待构建。科技文明代替了过去的农业文明与工业文明，这一个新的文明，以人为本，以知识为用。"科技文明是"正在开展的文明"，③ 将极大改变人类的生产生活方式，对世界的未来产生深远影响。

中国"五千年连绵不断伟大文明与一个超大型现代国家重叠"，是一个"古老文明与现代国家形态几乎完全重合的国家"，中国是"不断产生新坐标的内源性主体文明"，"有能力汲取其他文明的一切长处而不失去自我，并对世界文明做出原创性的贡献"。④ "当代中国正经历着我国历史上最为广泛而深刻的社会变革，也正在进行着人类历史上最为宏大而独特的实践创新……这是一个需要理论而且一定能够产生理论的时代，这是一个需要思想而且一定能够产生思想的时代。"⑤ 当代中国历史科学站在一个新

---

① ［美］大卫·克里斯蒂安等：《大历史：虚无与万物之间》，第2页。
② ［美］斯塔夫里阿诺斯：《全球通史》上册，董书慧等译，北京大学出版社2005年版，第17—18页。
③ 许倬云：《历史大脉络》，广西师范大学出版社2009年版，第414—415页。
④ 张维为：《中国超越》，上海人民出版社2014年版，第112—113页。
⑤ 习近平：《在哲学社会科学工作座谈会上的讲话》，《人民日报》2016年5月18日。

的历史起点上,立足中国、关怀人类;从历史长河、时代大潮、时代风云的内在关联中,从历史逻辑、实践逻辑、理论逻辑的辩证结合中,探究历史规律的"大历史观"应运而生。

这样的"大历史观",与大卫·克里斯蒂安、黄仁宇等人的"大历史"截然不同。如果说马克思主义历史观是世界观和价值观的辩证统一,"是从对人类历史发展的考察中抽象出来的最一般的结果的概括",[①] 它始终站在现实历史的基础上,研究人类历史发展的一般规律,那么,"大历史观"则是以唯物史观为理论基础,无论"对人类历史发展的考察",还是从中得出的"最一般的结果的概括",都赋予其时代的、民族的和学科发展的新内容,而不仅仅是历史认识领域时空的扩大或延长。从这个意义上可以说,"大历史观"是唯物主义历史观与时俱进的新的增长点。它旗帜鲜明地坚持以马克思主义为理论指导,在马克思主义中国化最新理论成果的统领下,广泛汲取中国传统史学、外国史学(包括"大历史"等在内的西方史学)的积极成果,使之在实践中不断丰富和完善,成长为构建中国历史学"三大体系"的核心内容。

三

"大历史观"是马克思历史理论中国形态的具体内容之一,是从唯物史观出发,强调它是社会存在的反映;而不是从直观反映论出发,认为它是所谓"客观历史"的直观反映。马克思说:"从前的一切唯物主义——包括费尔巴哈的唯物主义——的主要缺点是:对对象、现实、感性,只是从客体的或者直观的形式去理解,而不是把它们当作人的感性活动;当作实践去理解,不是从主体方面去理解。"[②] 大历史观把客体"当作人的感性活动,当作实践去理解",而不是超然于主体之外的"纯粹"的客体,这将充分实现认识主体在历史认识中的作用。"历史认识的过程,是认识主体对客体的一种观念的反映关系。历史认识不是一成不变地再现历史、机械地重构历史,而是主体对客体辩证的能动的反映。"[③] 这在文明史研究中

---

① 《马克思恩格斯选集》第1卷,人民出版社2012年版,第153页。
② 《马克思恩格斯选集》第1卷,第137页。
③ 于沛:《历史认识概论》,中国社会科学出版社2008年版,第72页。

尤其具有重要意义。

20、21世纪之交，美国史学家皮特·N.斯特恩斯等人在编撰自新石器时代到20世纪末的《全球文明史》时，提出其任务是"力求完成一部真正的，讨论这个世界主要文明的演进和发展……的世界史"，使人们懂得"为现实而研究过去"，以"帮助他们为迎接未来的挑战做好准备"。① 这大体反映了二战后，特别是20世纪80年代之后，随着经济全球化进程加快，世界各国对文明史研究提出新的诉求。这个过程与全球史的兴起大体同步。然而，由于历史观、人生观，以及历史认识价值判断标准的差异，全球文明史研究对一些基本问题的结论往往大相径庭。

世界上从来没有统一的文明史书写标准。中国学者在"大历史观"视域下的文明史书写，建立在马克思主义文明理论中国化最新成果的基础上。这正如习近平所指出：文明是多彩的，"人类在漫长的历史长河中，创造和发展了多姿多彩的文明。从茹毛饮血到田园农耕，从工业革命到信息社会，构成了波澜壮阔的文明图谱，书写了激荡人心的文明华章"；文明是平等的，"每一种文明都扎根于自己的生存土壤，凝聚着一个国家、一个民族的非凡智慧和精神追求，都有自己存在的价值。人类只有肤色语言之别，文明只有姹紫嫣红之别，但绝无高低优劣之分"；文明是包容的，"海纳百川，有容乃大。人类创造的各种文明都是劳动和智慧的结晶。每一种文明都是独特的……一切文明成果都值得尊重，一切文明成果都要珍惜"。② 这些对于"大历史观"视域下文明史的书写有重大的理论意义和指导意义。

首先，人类文明丰富多彩、平等包容，其历史的整体性、连续性和发展性的辩证统一，表明它的"历史—现实—未来"，是一个相互依存、互为因果的"大"的有机整体；作为不以人的意志为转移的历史规律的内容之一，这一有机体同样存在着内在的规律性运动。"无限的过去都以现在为归宿。无限的未来都是以现在为渊源。'过去'、'未来'的中间全仗有

---

① [美]皮特·N.斯特恩斯等：《全球文明史》，赵铁峰等译，中华书局2006年版，第1页。
② 《习近平谈治国理政》第1卷，外文出版社2014年版，第258—259页；《习近平谈治国理政》第3卷，外文出版社2020年版，第468页；《习近平谈"一带一路"》，中央文献出版社2018年版，第15—16页。

'现在'以成其连续,以成其永远。"[①] 历史是过去的现实,现实是未来的历史。毋庸讳言,我们的文明史研究要从"现在"出发,不脱离对中国和世界的现实思考;对现实思考的深度,决定了历史认识可以达到的深度,没有现实因素的历史认识,是不完整的历史认识。坚持"历史—现实—未来"的辩证统一,是实现文明史研究科学功能和社会功能的必然途径。其次,基于"大历史观"的文明史书写,要自觉坚持历史认识主体的科学性、时代性和民族性的辩证统一,这直接决定历史认识主体意识的实现程度。科学性、时代性和民族性结合得愈加完美,历史认识的主体意识也将实现得愈加充分。这对彻底摒弃文明史研究中的"欧洲中心主义""历史虚无主义"和"客观主义"等错误观念,具有重要的现实意义。让我们在建设中国特色社会主义的火热生活中书写文明史,创造人类平等相待、开放包容、互学互鉴、命运与共的新历史!

(原载《史学理论研究》2022年第1期)

[①] 《李大钊选集》,人民出版社1959年版,第94页。

文明史研究的中国视野*

朱孝远

（北京大学历史学系）

文明史编撰，要有中国视野和中国特色。中国视野就是用中国人的眼光看世界；中国特色，则是坚持历史唯物主义和辩证法，运用中国史学编纂的传统和方法，对世界各国的文明史进行研究和阐释。世界各地的学者都编纂文明史，也各具特色。中国学者背靠深厚的中国文化研究文明史，凭借的是中国的观察角度、中国的文化传统、中国的历史研究方法和中国的人文关怀传统。

一

15、16世纪，欧洲发生了一件大事，即近代民族国家兴起。从西方人的眼光看，首先看到了近代国家与中世纪封建国家的差异。他们认为，近代国家具有主权、领土完整，官僚机器、常备军、议会，英国、法国等一些国家，结束了封建割据，获得了全国性的政治统一。中国的学者在思考这个问题时，以为上述诸种特点，如主权、领土完整、官僚机器、常备军等，在中国秦汉时期就已经具备，很明显，那个时期的中国断然不是近代国家。从中国的角度去思考，就能够认识到仅从国家结构完善上来论述国家的近代性是不充分的。欧洲的近代国家与封建制度的崩溃和资本主义生产方式的兴起有关，也与民众政治参与的程度有关。从"民"这条思路去

---

* 本文是国家社会科学基金重大项目"西方史学史谱系中的文明史范式研究"（项目编号：19ZDA236）的阶段性成果。

> 第一篇　如何书写具有中国特色的文明史

理解，就有民意、民生、民权，近代国家对此加以尊重并予以维护。民族国家，当然还要有对大民族的文化认同。所有的士瓦本人、法兰克尼亚人、巴伐利亚人，都认为自己是德意志人，这就是民族的文化认同。同样，还要有近代民族文化兴起，那是知识精英（如莎士比亚）创作、国家支持、符合民意的文化。所以，在近代民族国家兴起的问题上，中国学者至少可以加上几条：资本主义的发展；工商业的发展；近代民族文化的形成；大的民族文化认同；人民参与政治程度增强；政治合法性上摆脱血缘和神授，转向维护民众和公共利益。这些内容综合起来，对近代民族国家的阐释就比较完整了。

在西方国家出版的文明史著作中，我们经常看到整合和张力这两个概念。中国学者对它们比较陌生，在写中华文明史时，似乎用不到这两个概念。往浅处想，这与西方文明的替代性演进方式有关。西方文明的发展常常是替代性的，发展过头了，需要矫枉过正，所以需要整合。例如，希腊是一种样子，罗马是另外一种样子，日耳曼人的王国又与前两者相当不同，后来，又出现了中世纪的神的时代、文艺复兴时期的人的时代和工业革命后的物的时代。西方文明的这种发展方式，与中国文明循序渐进的演进方式是相当不同的。

中国文明的发展，连续性成分居多。每分每秒都在调整，但是，基本的结构、框架变动并没有欧洲那样剧烈。欧洲文明与此不同，文明的演进分成几个步骤：首先是文明的稳定阶段，不久进入争论阶段，出现很多需要解决的问题；再接着，出现了实验阶段，大家发表观点，互相争论，落到实处就是做实验，积累经验，酝酿改革；然后，就进入改革或革命的阶段，暴风骤雨般把旧制度摧毁，建立新制度；革命之后，还有一个阶段，即整合阶段，就是把改革之前的合理因素和改革之后的合理因素整合到一起，扬其精华，去其糟粕，并在制度层面上把改革或革命的成果巩固下来。这个时期过去，新的文明出现，就进入稳定时期。这种演进方式，使西方人感到整合是必不可少的。

476 年西罗马帝国瓦解，欧洲曾经出现过一次规模较大的文明整合，触及一些深刻问题。一是希腊元素，感性，有创造力，但也很脆弱。二是罗马元素，强大的军队，强大的法律，结果却崩溃了。三是日耳曼元素，正处在部落联盟向国家转变时期的日耳曼人建立了很多小王国，逐渐发展出一些封建因素。四是基督教兴起。这四种元素的整合，看起来不是很成功。原因有三：一是四种元素的差异很大，不容易融合；二是这种整合是被动的，是西罗马帝国崩溃造成的，并非是一种主动的整合；三是西罗马帝国瓦解后政治分裂，没有强有力的政府来促进这种文明整合。从结果上看，西罗马帝国崩溃后，这四种元素基本上是独立发展，到公元800年左右才完成融合，建立起比较有规模的封建秩序。从西罗马帝国瓦解后三百多年的历史看，战争连绵不断，经济非常落后，城市文明变成农村文明，发达的工商业变成自然经济，这都与文明无法顺利整合有关。与之相比，文艺复兴时期提倡灵肉合一的整合就不一样了。那是一种主动的整合，结果比较成功。

近年来，中国学者在宗教改革史和德意志农民战争史研究方面取得一些成果，有一些问题研究得比较深入。西方学者研究宗教改革，注意力集中在研究宗教，也探讨宗教改革后产生的教派对德意志诸侯邦国产生的影响。我国学者有所不同，他们更注重德意志的近代化，研究核心是政府管理宗教事务。从近代化的角度去研究宗教改革，就有了对宗教改革的新的阐释。例如，把从教会、修道院里没收过来的资金转变成公库，用来救济穷人和病人；年轻妇女不再在修道院里修道了，她们回归家庭；宗教仪式简化，减轻了社会的负担，把几十个宗教节日取消，促进了工商业的发展。科学文化方面，大学引进了解剖学，引进了病理学，维登贝格大学就是这样做的，促进了近代医学的发展。这些发展有时要付出沉重代价。例如，1522年汉堡法庭宣判一名医生死刑，因为他为了完善妇产科医学，去观察妇女的生育过程，被抓起来，最后处以火刑。[①] 现在，解剖学确立，病理学确立，医学开始建立在科学的基础上。这些都是德意志的近代化。这些研究是很有意义的。

中国学者对德意志农民战争的研究成果集中在探讨运动的革命性上。与之不同的是，欧美学者研究德意志农民战争史，仅把这场战争视为宗教改革运动的一个组成部分。其中，闵采尔、盖斯迈尔等人，被认为是德国宗教改革运动中的激进派。东德的马克思主义史学家，研究闵采尔等革命

---

① M. J. Tucker, "The Child as Beginning and End: Fifteenth and Sixteenth Century English Childhood", in De Mause, ed., *History of Childhood*, The Psychohistory Press, 1974, p. 238.

者，重点放在他们在反封建斗争中的英勇表现。① 中国学者生活在社会主义国家，他们的研究重点放在建设方面，即1525年的革命者如何创建新制度，如何构建人民共和国的政治纲领。②

闵采尔和盖斯迈尔是恩格斯在《德国农民战争》中提到的两个人物，恩格斯还提到反映在闵采尔思想中的早期共产主义萌芽。中国学者研究这两个著名人物，发现他们的斗争目标是建立人民自己的国家。政治上，实行选举制度、任期制度，保障人民的利益；经济上，废除私有制，实现分配上的平等。盖斯迈尔写的《蒂罗尔宪章》，对政府如何管理商业、矿业、农业，以及如何改革货币，都写得明明白白。经济怎么搞，农业怎么搞，沼泽地怎么搞，商店怎么设置，货币怎么改良，都呈现出人民国家的特征；在分配制度上要求集体富有；在社会方面，要实施社会救济，帮助病人和穷人。③ 这些研究表明，德意志农民战争的革命性，不仅表现为反抗封建制度的坚决，更表现在建立人民共和国的政治目标。④ 可见，从中国立场出发，可以对西方文明史上许多争而不休的问题的研究有所推进。

二

重视史料是中国史学的一个传统。运用中国研究史学的方法，能够对文明史研究作出积极贡献。

程应镠曾经这样论述史料："史籍是我们现在研究国史的重要史料，除此之外，甲骨文、金文、石鼓文、历代碑刻、墓志、器物图录，都是史料。"⑤ 可见，史料的范围是非常广泛的。2008年，周施廷发表《宗教改革时期新教木刻宣传版画中所反映的路德形象》一文，对路德的政治立场

---

① Max Steinmetz, "Theses on the Early Bourgeois Revolution in Germany, 1476 – 1535", in Bob Scribner & Gerhard Benecke, eds., *The German Peasant War of 1525: New Viewpoints*, George & Unwin, 1979, pp. 9 – 10.

② 侯树栋：《德意志中古史：政治、经济社会及其他》，商务印书馆2006年版，第224—238页。

③ "Michael Gaismair's Territorial Constitution for Tirol", in Tom Scott, Bob Scribner, eds., *The German Peasants' War: A History in Documents*, Humanities Press, 1991, pp. 265 – 269.

④ 朱孝远：《神法、公社与政府：德国农民战争的政治目标》，北京大学出版社1994年版，第77—140、170—207页。

⑤ 程应镠：《史学通说》，《流金集》，上海古籍出版社1995年版，第171页。

进行研究。据作者研究，在文字记载的材料里，路德在政治上是相当保守的，但在图像材料中，路德常被描绘为农民战争的领袖，包含着不少激进的内容。她提出要用多种材料研究路德，既可以对以往根据文字文献把路德说成是保守者的观点进行商榷，也可以利用图像这种完全不同的原始材料，对德国宗教改革运动进行重新解读。① 运用中国的历史研究方法，结合文献材料和图像材料，找到两种材料之间的不同，分析不同的原因，能够对以往的解释提供新的见解，也能够开辟运用图像材料研究外国史的新天地。

重视史料、考证史料、研究历史、阐释历史、还原历史的真实，这些都是无可置疑的。但是，自 20 世纪初，德国、美国、意大利都出现了相对主义思潮，对史学的客观性进行全盘否定。譬如，德国在 1918 年第一次世界大战中军事失败后，就有人出来指责客观的历史学。他们认为：人们获得的历史知识并非真实的历史，既不能反映真实，也不能反映真理。例如，西奥多·莱辛（Theodor Lessing）宣称：历史根本不是一种科学，而是一种赋予无意义生命某种意义的创造性行为。所有有关过去的观点，都是那些追求未来的信仰和希望的人所创造的神话。科学的历史观念只是另一个这样的神话，因为只有自然界才能产生真理，其确定性能够用实验和数量来表达。② 在他们笔下，历史学如此这般被糟蹋，戕害了科学历史学的发展。

中国的历史研究，强调任何事情的发生，都要进行原因和后果的分析，都要对事物产生的背景进行深入考察。这种方法能够帮助我们澄清欧洲文明史上的一些问题。例如，古代希腊的艺术作品大多是雕刻而成的神像，而且被制作得精美绝伦、美轮美奂，有脱离现实的成分。如果问一位艺术史家，他会告诉你，这是古典希腊的艺术风格，是对天堂中理想原型的描绘，是古代希腊人的精神信仰和理想寄托。但如果问一位中国历史学家，答案就会不同。

在中国史学家眼里，古希腊的艺术品产生于一个烽火连天的乱世。公

---

① 周施廷：《宗教改革时期新教木刻宣传版画中所反映的路德形象》，《世界宗教研究》2008 年第 3 期。

② Ernst Breisach, *Historiography*: *Ancient*, *Medieval & Modern*, University of Chicago Press, 1983, p. 327.

元前12世纪，爱琴海文明遭到北方蛮族入侵的严重破坏。其后，希腊人在这块曾经有过丰硕文明的废墟上重建了灿烂的希腊文明，成为欧洲文明的真正始祖。进入奴隶社会后，希腊半岛上出现了两百多个奴隶制城邦国家，每一城邦以城市为中心连同城郊农村组成大小不等的国家，各自为政。其中最强大的是雅典和斯巴达。由于国穷民贫，为了生存和发展，各城邦国家之间不断发生战争，弱肉强食。为了保存自己，掠夺财富，城邦国家还实行了强国强兵政策。

在这种背景下，塑造神像用来维护希腊的国家统一，成为希腊艺术家的使命。古代希腊诸多城邦林立，要使处在战争状态的各个城邦的人都感到自己是希腊人，就不能塑造某个城邦的伟人，而要塑造各个城邦都公认的奥林匹斯诸神。如果艺术家只雕刻雅典名人，那么斯巴达人就不认可。如果歌颂斯巴达的英雄，那么雅典人也不高兴。那么，干脆雕刻神像好了，因为宙斯、赫拉等住在希腊北部高耸入云的奥林匹斯神山里，他们是整个希腊的文化象征。正是出于这个政治原因，希腊雕刻不仅以描绘宙斯、波塞冬、阿波罗等神灵的英俊为主，也雕刻以美丽著称的阿芙洛狄忒、雅典娜、赫拉。希腊艺术以神像为描述对象且又必须把神像雕刻得精美绝伦的谜团，在这里得到了一种解释，即实际上是用文化促成希腊统一的一种手段。

欧洲的另一个文化高潮是文艺复兴。文艺复兴的雕刻品与古希腊的雕塑非常相像。如果把米开朗基罗的《大卫》放到雅典博物馆去，毫无违和感。但是，尽管相像，两个时期的艺术品所蕴含的内容是相当不同的。古希腊人雕刻的是神像，而文艺复兴时期艺术家雕刻的是人像。古希腊作品反映的是如何去当英雄的主题，古希腊人常常梦见自己去遥远之处摘采金羊毛，或去海边屠杀毒龙。这里面体现的是对英雄的崇敬和对理想的追慕。

文艺复兴时期的艺术家有两个主题，既要弘扬人文主义新文化，又要批判封建时代的旧文化。以达·芬奇画作《蒙娜丽莎》为例，蒙娜丽莎的年龄是不确定的，既像是一位年轻的少女，又像一位保养得很好的少妇；她是否高兴也是不确定的，她在微笑，但更像是在郁闷；蒙娜丽莎的身份也是不确定的，她高贵如一位伯爵夫人，但其实是一个商人的妻子。达·芬奇用心良苦，他要在同一张画上反映出新与旧对立的主题，这种两重性就揭示了新与旧的对立。这种认识是注重因果的历史方法研究出来的，因为这种方法注重考察作品产生的历史背景，不会混淆两个时期艺术品的内涵。

三

中国史学家研究文明，注重研究人，研究物质文明和精神文明，也研究文明交往中的人类和谐。这些方法也可以运用到世界文明史的研究中去。

郑和是一位对世界文明作出过杰出贡献的人物，英国著名学者汤因比对他赞赏有加。在《人类与大地母亲——一部叙事体世界历史》中，他对郑和下西洋发出过如此感叹："永乐皇帝的海军将领——云南籍太监郑和，在1405—1433年间曾七下西洋。他到过波斯湾的咽喉之地霍尔木兹，到过亚丁，至少两次到过红海口；其船队的个别船只曾到过非洲东海岸，在这一系列船队中，中国船只的规模、数量以及船员的总数都是葡萄牙船队所不能比拟的。在第一次航行中（这次到达过印度），中国人派出62艘船，载有28000人……在15世纪后期葡萄牙航海设计家的发明之前，这些中国船在世界上是无与伦比的，所到之地的统治者都对之肃然起敬。如果坚持下去的话，中国人的力量能使中国成为名副其实的全球文明世界中的'中央王国'。他们本应在葡萄牙人之前就占有霍尔木兹海峡，并绕过好望角；他们本应在西班牙之前就发现并且征服美洲的。"①

这段话的前一部分是客观的历史陈述，但最后的两个"本应"却是作为一个西方人的汤因比发出的惋惜。问题在于：既然郑和的航海旨在传播友谊，既然他所到之处的统治者都对他"肃然起敬"，又如何能够判断他的出航目的一定在于"征服"：不仅是占有霍尔木兹海峡，还要绕过好望角；在西班牙人之前发现并征服美洲？

汤因比是文化形态学的创始人之一，读他的《人类与大地母亲——一部叙事体世界历史》第71章的路德新教部分，就知道他言辞确凿，没有

---

① [英] 阿诺德·汤因比：《人类与大地母亲——一部叙事体世界历史》，徐波等译，马小军校，上海人民出版社2001年版，第470页。

第一篇　如何书写具有中国特色的文明史

一句话是没有历史依据的。但是，在《历史研究》单卷插图本里，他却认为，历史学家会制造意义："历史学家在自己的历史研究中所考虑的客观是什么呢？首先，我们可以把这样一种看法当作公理，即人类事务的研究具有某种意义或者'制造'历史的意义。只要他在两个事件之间建立某种因果联系，他就开始'制造'过去的意义；也就是说，把过去整理成某种秩序井然的体系，以便人们能够理解。"[①] 从中可见，汤因比对郑和的研究，失误是在"制造意义"方面。在这里，他背离了历史的真实，用西方人的想象代替了客观的历史陈述。在中国史学家看来，这是错得非常离谱的。

因古代中世纪长期政治分裂、近现代社会又高度竞争的缘故，西方人具有把物质文明与精神文明对立起来的看法。在古代中世纪，有灵与肉、暂时与永恒、人间与天国的对立；在近现代，有精英文化与大众文化的对立。中国的历史发展与此不同，自秦汉以来，虽有分裂，但中国基本上是一个统一国家，从而形成了中国人的家国情怀。因为只有修身、养性、齐家，才能够治国平天下，也就是没有要把各种事物硬性地找一个相反面，再把它们对立起来的习惯。

与西方不同，中国文化是一种高情感的文化。什么东西都是有机的，什么东西都是有情的，"天人相合，天地有情"。天地怎么有情呢？天和地在一起，那就要生万物，就会生阴阳，就会生五行，所以，中国的本体论，是一种天人合一的本体论，以人为本，自然有情，人与自然之间是要取得和谐。同样，还要取得人与人的和谐，人与文化的和谐。在天地人那里，突出的还是个人字。天地生万物，人要孝敬天地，孝敬父母，这是中国的本体论，并没有把人与自然、人与人对立起来。

中国的认识论不是二元对立，而是要求二元中合、二元和谐。天与地要合一，人与事要合一，物质与精神也要合一。灵与肉要合一，怎么合一呢？我们说，孔子是大思想家，但是孔子确实是提出"食不厌精"的人。苏东坡是大文豪，但是东坡肉也是他研究出来的。所以，灵与肉完全是合一的。

[①] [英] 阿诺德·汤因比：《历史研究》（修订插图版），刘北城、郭小凌译，上海人民出版社2000年版，第426页。

中国文化是求真和强调现实的。认识论上求的真就是返璞归真，还自己的初心。这是中国人的心性，也是中国人要求实施的实践理性。

中国的美学是特别强调情境合一的，要产生一种情境，用美来陶冶性情，产生善，在中国善是怎么来的？是用美陶冶出来的。西方的美也有一种作用，用美来激励你当英雄，中国人认为一切世俗的劳动，一切与改善有关的劳动，都堪称是集体的劳动。因为，那是大家的工作，是整体的活动，功劳也不归功于个人。这就是中国人的利他主义。

这样的文化背景，使中国的史学家视国家统一、人类和谐为文明的进步。文明是历史进步的表现，其中有世界各个国家的贡献。这种追求世界大同的理念，与视文明为冲突、为战争来源的史观非常不同。强调文明的发展，强调社会的和谐，强调历史演进今古相承，古为今用，今胜于古，这都是中国史学的传统。这种观察历史的方法，也可以运用到对欧洲文明史的研究中去。

中国史学家认为，要实现和谐，国家制度的创新是关键。476年西罗马帝国瓦解后，日耳曼人在欧洲建立十来个小王国，但是，这些王国还比较落后，仅处在部落制度向国家转型的时期。政府统治靠的是以国王为核心建立起来的私人政治网络，没有固定的疆域，政治分裂，地方割据，也没有完善的政府机构。更为致命的是公私不分、以权谋私的现象十分常见，公权力常被用来服务于私人利益。11世纪，这些小王国瓦解，让位于英国、法国那样的领地国家。蛮族的王国为什么会走向衰败？而英、法这些国家为什么能够胜出？答案就存在于国家体制的优劣上。与蛮族王国相比，后来居上的英国、法国更加国家化、制度化、行政化、官僚化。国家规定公权不得私用，领土比较完整，不仅政治统一，而且机构齐备，国家掌管司法和税收，欧洲政治渐渐步入正轨。15、16世纪欧洲发展出民族国家，主权分散走向了主权完整，对个人的忠诚转变为对国家的忠诚，非专业化、非制度化的体制转变为专业化、制度化的国家体制，这说明国家制度的发展对于社会和谐是何等重要。

国家与社会之间实现和谐，政府管理公共利益是关键。在欧洲，由于长期政治分裂，社会生活与国家生活分离，公益活动掌握在自治社区、教会和地方领主手里，导致人民生活痛苦，禁欲主义流行，加剧了社会与国家的矛盾。文艺复兴初期，但丁、彼特拉克等人提倡美德，致力于用道德

第一篇　如何书写具有中国特色的文明史

建立社会秩序，收到一定效果。14、15世纪，佛罗伦萨城邦国家在"市民人文主义"的旗帜下，开始了政府管理"公共利益"，国家与社会关系得到大幅度改善。15、16世纪民族国家兴起以后，国家成为中心，开始了全面性的社会管理。启蒙运动后，民族国家进一步发展，加强了国家与社会和谐。第二次世界大战后，福利国家的形成重新塑造了国家与社会的一体化格局。

国家与自然生态的和谐，关键在于环境保护。国家与民族之间的和谐，关键在于积极、主动打造整个大民族的文化认同。中世纪德国的全名为"德意志民族的神圣罗马帝国"。这其实名不副实，被伏尔泰称之为"既非神圣，又非罗马，更非帝国"。① 以语言为例：各地德语的发音非常不同，有西部的"法国音"，南部的"意大利音"，东南部的"斯拉夫音"，只有中部在讲比较纯正的德意志语。后来德国利用文化和科学优势，在数学、物理学、光学、生物学、医学、哲学、音乐、文学方面走到世界前沿，同时，在环境保护和福利制度的建设方面也极有特色。德国不仅把语言统一了，也把德意志民族这个观念树立起来了。其正面经验是避免了民族分裂，积极地打造全国性的文化认同，增进国家凝聚力；反面经验是纳粹搞民族分裂和种族主义，把大批优秀科学家和文化精英驱逐出德国，德国的综合国力、科技实力、文化实力大为削弱，几乎一蹶不振。

从全球文明的角度来探讨文明，能够看到文明是治乱兴衰、强国富民的强大推动力。在人类历史上，强盛的国家都是文化强国。人类文明史的研究至关重要，因为它揭示出"文化兴，则国家强"的规律性。远古的人们通过"文字、城市、国家"告别了原始社会，今天的人们通过"文化、科学、创新"建造现代世界。没有文化，哪有思想；没有思想，哪有创见；没有创见，又哪有强国富民的大政方针？一部文明史，讲的都是文化兴国的道理。

文化是国家发展的大战略，把中国文化置于世界文化的整体格局中看，能够知道为中国找到一个世界发展中的有利位置是何等重要。在世界大文化格局下，国家是按照规则逐步发展起来的，正如一个齿轮咬住另一个齿轮，却又在运动之中有规则地行进。从这个意义上看，文化代表了一

---

① ［法］伏尔泰：《风俗论》中册，梁守锵译，商务印书馆1997年版，第150页。

种高层次的和谐、相容和包容。当今世界，谁具有文化上的引领性，谁就拥有建设现代国家的制高点。研究文明关乎国富民强并且触及国之根本，对此又有谁能够不参与、不投入呢？

（原载《史学理论研究》2022年第1期）

以唯物史观为指导书写具有
中国特色的文明史

吴 英

(中国社会科学院历史理论研究所)

21世纪以来,受西方史学思潮的影响,文明史研究在国内史学界受到关注并很快成为一个研究热点。文明史研究受到重视突出表现在如下几个方面:一是大量西方文明史著作被译成中文出版,影响到史学工作者,甚至普通读者对文明是如何发展的认知;① 二是在西方文明史研究的影响下,国内相继出版了一批中国学者撰写的文明史著作;② 三是国家社会科学基金2019年将有关文明史研究的课题"西方史学史谱系中的文明史范式研究"列为重大课题招标项目,最终由北京大学和首都师范大学的学者共同中标;四是习近平总书记就不同文明间如何相处提出了具有中国特色的解答,提出"文明交流互鉴""共商共建共享""人类命运共同体"等理论与观点。学者们在阐发习近平总书记的文明交往观点、批判西方学者的"文明冲突"等谬论方面发表了系列文章,助推了文明研究热潮。③ 不过,

---

① 21世纪以来有十余种西方学者写作的文明史著作被译成中文出版,影响较大的有[英]汤因比的《历史研究》、[美]麦克尼尔的《西方的兴起》、[法]布罗代尔的《文明史纲》、[美]斯特恩斯的《全球文明史》、[美]杜兰特的《世界文明史》等。

② 21世纪以来有近十部中国学者写作的文明史著作出版,影响较大的有马克垚主编的《世界文明史》(北京大学出版社2004年版)、彭树智的《文明交往论》(陕西人民出版社2002年版)等。

③ 《人民论坛》杂志2019年7月下旬刊的特别策划栏目以"中华文明特质与文明交流互鉴"为主题推出了系列文章,包括《文明交流互鉴与人类命运共同体建设》《马克思对文明发展规律的深刻揭示》《中华文明的演进历程及特点》《西方文明的演进历程及特点》《中华文明基本特质与不同文明的平等共处》《"文明冲突论"错在哪里》《文明互鉴是推进"一带一路"建设的重要力量》等文章。

中国学者也要清醒地看到,中国的文明史研究还不同程度地受西方文明史研究范式和方法的影响。如何书写具有中国特色的文明史,已成为中国史学界文明史研究面临的一个重大课题。本文试图提出一些浅见供研讨。

一 书写具有中国特色的文明史必须坚持以唯物史观为指导

中国历史学的最大特色是以唯物史观为理论指导,作为历史学分支领域的文明史研究自然应以唯物史观为指导。这种理论指导主要体现在四种分析方法上面。

一是以唯物史观为指导必须在文明史研究中坚持终极原因追溯法。唯物史观从人类必须吃喝住穿才能生存这一简单事实出发,将人类社会发展的终极原因归结为人们的物质生产实践活动,以及在物质生产实践活动中形成的物质生产能力。文明,一般被定义为人类创造的物质文明和精神文明成果的总和。学者们多是从列举这些成果来书写文明史的,但很少就物质文明与精神文明间的关系做探讨。一些西方学者甚至更强调精神文明的作用,像韦伯就将西欧地区率先向近代社会过渡的缘由归因于精神信仰层面的演变,即新教改革,未能追溯精神信仰层面演变发生的缘由。运用唯物史观进行研究,则需要追溯到物质文明的发展,尤其是在人们物质生产能力提高导致的一系列变化中去追索精神层面发生演变的终极原因。像马克思明确地将西欧率先向资本主义过渡的缘由归因于农业劳动生产力的提高。[①]

二是以唯物史观为指导必须在文明史研究中坚持结构层次分析法。唯物史观是将人类社会结构划分为三个层次,并阐明三个层次间的关系,即:生产力决定生产关系与经济基础(生产关系的总和)决定上层建筑。我们还以韦伯有关西欧率先向近代社会过渡给出的解释看,唯物史观认为,宗教信仰等精神文化属于上层建筑范畴,它需要由生产关系来解释它的产生与发展,其中关键是要从阶级结构演变的视角来阐明新教实际是资

[①] 马克思指出:"超过劳动者个人需要的农业劳动生产率,是全部社会的基础,并且首先是资本主义生产的基础。"《马克思恩格斯文集》第7卷,人民出版社2009年版,第888页。

第一篇 如何书写具有中国特色的文明史

产阶级的精神文化,它取代了代表封建统治阶级与天主教会利益的旧宗教。而这种以阶级关系表现的生产关系之所以发生演变,要归因于生产力的发展。

三是以唯物史观为指导必须在文明史研究中坚持依据生产方式划分历史发展阶段的分期法。西方学者书写的文明史在历史阶段划分上往往依照相对中性的标准划分出古代、中古、近代等阶段,往往将一些重大历史事件作为划分依据,至于这些历史事件是否真正代表了重大的社会历史转型,却并未给出有说服力的解释。而且,他们对文明史发展阶段的划分多是以西方历史演进中的重大事件为标志来划分,并未考虑非西方社会的状况,也就很难揭示整个人类社会历史发展的真实因果关系。所以,这种划分并不真正具有普遍的启示意义,人们也无法从中汲取经验与教训以推动自身社会的转型。而唯物史观则明确依照生产力和生产关系相结合的生产方式来划分发展阶段。无论是"三形态说"还是"五形态说",都清晰地揭示出生产力的发展是如何改变生产关系,并由此改变上层建筑的。这种明确揭示历史发展因果关系的阶段划分具有重要的启示意义,能够启发人们只有通过发展生产力才能真正变革生产关系,并由此改变上层建筑。

四是以唯物史观为指导必须在文明史研究中坚持依据生产力的发展水平来阐释文明体之间交往关系的演变。马克思明确指出:"各民族之间的相互关系取决于每一个民族的生产力、分工和内部交往的发展程度。"[①] 正是生产力的发展、剩余的增多,促使交换范围不断扩大,推动着各民族从相对孤立发展的状态演进到建立相对紧密联系的状态;正是生产力的发展推动产业结构升级,促使先发国家在全球建立起分工体系,而由此将世界区分为主要生产工业品的中心区国家与主要生产农矿等初级产品的边缘区国家,以后又叠加了处于中间地位的半边缘区国家;正是基于生产力的发展,使中国等后发国家能够实现赶超型发展,迎来中华民族伟大复兴的机遇。

针对目前西方文明史研究范式在文明史书写中占据主导地位的现状,我们必须坚持书写具有中国特色的文明史,而其中首先要坚持的就是以唯

---

① 《马克思恩格斯文集》第 1 卷,人民出版社 2009 年版,第 520 页。

物史观为指导。由此书写的文明史才能深刻揭示出文明演进的规律，也才能够指导人们如何去实现自身文明的发展。

二 书写具有中国特色的文明史必须坚持中国人的主体地位

目前，在文明史的书写中是以西方的文明史研究范式占据主导地位的。它一方面表现为西方历史在文明史书写中占据多数篇幅；另一方面表现在书写的内容，以及如何书写，是根据西方人的价值观与历史观来加以选择和构建的，从而导致西方人书写的文明史充分表现出西方人的主体地位。在第二次世界大战后，亚非拉民族国家纷纷独立并谋求发展，发展中国家要求在文明史书写中占有一定位置，从而导致对西方人的历史书写，尤其是文明史书写中充斥的"西方中心论"提出批评。与此同时，出于认识到再也不能忽视非西方的历史，西方学者中的有识之士也表达了对"西方中心论"的不满，他们倡导全球史的书写范式。不过，需要警惕的是，西方人主导的全球史书写虽然明确提出要克服"西方中心论"的错误倾向，但尚未能摆脱一些"西方中心论"的预设。因此，为从根本上克服"西方中心论"，我们必须书写具有中国特色的文明史，真正形成另一种可供选择的文明史书写范式，以使读者在两种文明史书写范式中依据自身的经验进行评判。当然，也只有这样才能使西方学者真正看到以他者视角写作的文明史，从而反思他们的文明史书写范式的局限。

要书写具有中国特色的文明史就必须凸显中国人的主体地位，必须以中华文明的价值观和历史观作为文明史书写的内容选择及编排的依据；对中华文明的本质特征和演进道路做出提炼与概括，并在此基础上，同西方文明以及其他文明的本质特征与发展道路做出比较研究，从而揭示人类文明的演进规律，并以此来指导不同文明的发展与不同文明间的交往。

中华文明在长期的历史演进中形成了自身独特的价值观和历史观，理应成为我们书写文明史的指导。例如，中华文明在大协作的农业生产中形成了崇尚和谐的"尚和"价值观，强调不同民族国家、不同文明之间应该和谐共处，而不主张民族国家和文明之间通过冲突，甚至战争来解决矛

第一篇 如何书写具有中国特色的文明史

盾。在这种价值观和历史观的指导下,书写文明史应该关注那些通过和谐共处、合作共赢带来益处的史实,并从反面揭示那些通过冲突和战争造成损失的史实。又如,中华文明很早就从民众反抗、推翻君权统治的史实中得出"民为贵、君为轻"的民本思想,强调统治者应该爱惜民力,不对民众肆意盘剥,以致引发反抗而失去君位。在这种价值观和历史观的指导下,我们书写文明史时就应该关注普通百姓的生产与生活,从中揭示文明发展、变迁的内在缘由。再如,中华文明从分裂和统一的利害比较中形成了统一有利于文明发展、分裂不利于文明发展的"大一统"观念。正是有赖于"大一统"的观念,中华文明得以保持长时期的国家统一和领土完整,成为全世界诸文明中唯一未曾中断、延续至今的文明。在"大一统"价值观和历史观的指导下,我们在书写文明史时就应对民族国家的统一给予正面的评价,对分裂给予负面的评价。还如,中华文明在与不同民族、不同文明的交往中形成了通过"美美与共""取长补短"式的共同发展,最终实现"天下大同"的价值观和历史观。在"天下大同"价值观和历史观的指导下,我们书写文明史应在文明之间的交往中着重关注那些通过文明交往和交流实现共同发展的史实,为当下中国提出的通过"共商共建共享"以构建"人类命运共同体"的理念提供历史的依据与证明。

正是由于中华文明在历史和现实中表现出的这些文明特质,诸多西方学者对中华文明在世界文明发展中的地位给予了积极评价。如研究世界诸文明的英国历史学家汤因比,[1] 研究诸大国兴衰的美国历史学家保罗·肯尼迪,[2] 研

---

[1] 汤因比早在20世纪70年代就在同日本著名文化人士池田大作的对话中谈到中华民族的崛起。他指出:"将来统一世界的人,就要像中国这位第二个取得重大成功的统一者一样,要具有世界主义思想。同时也要有达到最终目的所需的干练才能。世界统一是避免人类集体自杀之路。在这点上,现在各民族中具有最充分准备的,是两千年来培养了独特思维方法的中华民族。"(《展望二十一世纪:汤因比与池田大作对话录》,荀春生等译,国际文化出版公司1985年版,第295页)

[2] 保罗·肯尼迪在20世纪80年代预言了太平洋地区的崛起,而其中中国起着巨大作用,"当今众所周知的一个'全球性发展趋向'——太平洋地区的崛起。对这个趋向的继续发展做出肯定的预测是合理的,因为其发展的基础十分广泛。它不仅包括日本强大的经济,而且包括中华人民共和国这个急速变化着的巨人。"([美]保罗·肯尼迪:《大国的兴衰》,王保存等译,求实出版社1988年版,第538页)

究世界体系产生发展的美国历史学家沃勒斯坦[①]等人,都对中国在构建未来更公平的世界秩序中的作用给予积极评价,这无疑是源自他们对中华文明本质特征的体认。

当然,我们反对文明史书写中的"西方中心论",同样也要力避文明史书写中的"中国中心论"。一方面,每个文明书写的文明史都体现着该种文明的特质,因为他们都是依据自身的价值观和历史观来书写的,而他们的价值观和历史观不可能不受到自身文明的浸润和影响。因此,我们书写的文明史也会体现我们中国人的主体性,这是不可避免的。另一方面,我们还必须清醒认识到,中华文明是世界诸文明中的一种,中华文明的特质只是中华民族在自身生产、生活的长期历史积淀中形成的,具有它的特殊性。我们写作具有中国特色的文明史是要向世人揭示,完全能够依据自身文明的特质来写作不同于西方文明史的文明史,这样才能在文明史的书写上改变西方一家独大的偏颇局面,书写出多样的文明史、构建出不同的文明史书写范式,并由此在文明史的书写中交流互鉴、取长补短,也只有这样才能书写出更少偏见的、能够为更多文明接受的文明史。

三 书写具有中国特色的文明史必须对西方错误的文明史观予以坚决批判

西方人在书写他们的文明史过程中内含一些偏颇的观念,这些偏颇的观念服务于他们作为领先文明对待落后文明的态度或政策,甚至是在为他们的错误做法进行辩护。这些偏颇的文明观念和文明史书写影响着非西方人对文明是如何发展的和文明之间应该如何交往的认识,并在这些非西方文明的发展和同其他文明的交往实践中造成不良影响。因此,对西方文明史研究中出现的偏颇观点必须进行旗帜鲜明的批判。

[①] 沃勒斯坦在20世纪90年代对中国在建立新的更平等世界体系中的作用予以积极评价,"资本主义是一个不平等的体系……当21世纪中叶资本主义世界体系让位于后继的体系(一个或多个)时,我们将看看这后继体系是否会更平等。我们不能预测它会是一个什么样的体系,但能通过我们目前政治的和道德的活动来影响其结果。占人类四分之一的中国人民,将会在决定人类共同命运中起重大作用。"([美]伊曼纽尔·沃勒斯坦:《现代世界体系》第1卷,尤来寅等译,罗荣渠审校,高等教育出版社1998年版,中文版序言)

第一篇　如何书写具有中国特色的文明史

其一，批判文明基因论。西方社会学的创始人之一、德国社会学家韦伯应该是文明基因论的始作俑者。他在解释西欧为什么率先向资本主义过渡时归因于宗教改革，认为新教改革改变了过去人们上天堂还是入地狱由上帝决定的宿命论式的观念，而主张根据现实成就来决定上天堂还是入地狱，这样就激励人们通过创业来证明自己是上帝的选民，而不是上帝的弃民，由此促动了西欧向近代的转型。至于为什么西欧地区能够实现宗教改革，他认为，这是古代犹太文化中的畜群私有制和"个人主义"、希腊—罗马文化中的公民民主意识等因素的孕育所致。这实际是暗示西方文明自古就具有趋向发展的基因。至于非西方文明，韦伯则认为它们没有发展出类似于西方清教式的宗教，因此，也就无法像西方那样完成向资本主义的过渡。至于中华文明，韦伯专门出版了《儒教与道教》，[①]认为中国的"宗教"是保守的、服务于现政权的，反对变革，因此，中国没有发展出资本主义。也就是说，非西方文明缺少趋向发展的基因。

在 20 世纪 80 年代文化热的背景下，韦伯学说在中国学界产生了巨大影响，那些主张中华文明是一种闭塞、保守的"大河文明"，不利于现代化的发展，而西方文明是一种开放创新的"海洋文明"，有利于现代化的发展的观点颇具影响；极端者甚至喊出"中国需要作 300 年的殖民地"才能彻底改变中华文明消极性的口号。但中国人民在中国共产党的正确领导下，实行改革开放，艰苦奋斗，实现了经济腾飞。在中华文明复兴的事实面前，非西方文明不适合现代化发展的基因论走向衰落，主张儒家文化的一些特质（集体本位、尊重权威等）有助于后发国家实现现代化的理论在国际学术界流行起来。

由此可见，各种文明的发展都会有自己发展的高光时刻、也会有自己发展的低谷期。但这种起起落落并不是宿命论式的，而是要从各种文明在长期历史进程中形成的民族特性来予以解释，同时也要从文明交往过程中落后文明铆足劲奋起直追予以解释。

其二，批判"文明冲突论"。"文明冲突论"是由当代美国著名政治学家塞缪尔·亨廷顿提出的。亨廷顿立论的出发点是西方文明优越论，他指

[①] 该书在国内有多个中译本。可参见［德］马克斯·韦伯：《儒教与道教》，王容芬译，商务印书馆 2004 年版。

出:"西方是唯一在其他各个文明或地区拥有实质利益的文明,也是唯一能够影响其他文明或地区的政治、经济和安全的文明。其他文明中的社会通常需要西方的帮助来达到其目的和保护其利益。"但面对非西方社会现代化发展导致美国霸权逐渐衰落的现实,亨廷顿抛出了"文明冲突论"。他指出,冷战时期的主要冲突是以苏联为首的社会主义阵营同以美国为首的资本主义阵营之间的意识形态冲突,而冷战结束后的主要冲突是西方文明同非西方文明之间的冲突。而且,亨廷顿区分出两种形式的文明冲突,"在地区或微观层面上,断层线冲突发生在属于不同文明的邻近国家之间、一个国家中属于不同文明的集团之间……在全球或宏观层面上,核心国家的冲突发生在不同文明的主要国家之间。"至于哪些文明构成微观层面对西方文明的威胁,哪些文明构成宏观层面对西方文明的威胁,亨廷顿明确指出,"伊斯兰的推动力,是造成许多相对较小的断层线战争的原因;中国的崛起则是核心国家大规模文明战争的潜在根源"。[1] 这种明显以中国为敌的论调受到中国学者的猛烈批判,[2] 亨廷顿在他著作的中译本序言中特地向中国读者做出解释,说明他著作的真实用意并非要挑起中美之间的冲突,而是为了促进"中国和美国的领导人协调他们各自的利益及避免紧张状态和对抗升级为更为激烈的冲突甚至暴力冲突的能力"。[3] 但亨廷顿作为美国颇有影响力的政治学家,他公开宣扬"文明冲突论",无疑会对美国政治家制定对华政策、对美国民众的对华态度产生不良影响。

　　亨廷顿提出的"文明冲突论"是荒谬的。首先是该理论提出的时机,是在中国通过改革开放逐渐崛起、美国实力逐渐走向衰落的背景下提出的。亨廷顿在20世纪60年代即已凭借他的著作《变动社会中的政治秩序》[4] 成名,如果他真的认为不同文明必然会产生冲突的话,那为什么要到20世纪90年代才抛出这种理论?! 由此可见,他呼吁以美国为首的西方文明围堵、阻碍中华文明崛起以维护美国霸权的用心昭然若揭。其次,

---

[1] [美]塞缪尔·亨廷顿:《文明的冲突与世界秩序的重建》,周琪等译,新华出版社1998年版,第75、229、230页。
[2] 在知网"主题"搜索"文明冲突论",共有1016篇文章;在"篇名"下搜索"文明冲突论",共有598篇文章,其中大部分文章是批评性的。
[3] [美]塞缪尔·亨廷顿:《文明的冲突与世界秩序的重建》,第2页。
[4] Samuel Huntington, *Political Order in Changing Societies*, Yale University Press, 1968. 首个中译本是1989年上海译文出版社出版的。

第一篇 如何书写具有中国特色的文明史

亨廷顿是在明显屏蔽了有关不同文明之间相互帮助、交流互鉴的事实，而夸大了有关不同文明之间发生冲突，甚至战争的事实的基础上得出结论的，明显是从不完全归纳中得出的或然性结论，并不具有普遍意义。最后，从美国政府结盟的对象看，包括了许多被亨廷顿视为敌对文明的国家，像美国在中东地区这个伊斯兰文明的聚集地就同以沙特阿拉伯为首的海湾国家合作委员会诸国结盟，以围堵和遏制以伊朗为代表的其他一些伊斯兰国家的发展。由此可见，亨廷顿所谓的"文明冲突"实质乃是"利益冲突"。

其三，批判"文明终结论"。"文明终结论"是由当代美国社会学家弗朗西斯·福山提出的。福山认为，随着苏联解体、东欧剧变，西方的，尤其是美国的自由民主制度已经取得全球性胜利，并将成为世界制度的唯一模式。换言之，西方文明的自由民主制度已成为世界其他诸文明效仿的标准模式。他指出："自由民主制度作为一个政体……战胜其他与之相竞争的各种意识形态，如世袭君主制、法西斯主义以及近代的共产主义……自由民主制也许是'人类意识形态发展的终点'和'人类最后一种统治形式'并因此构成'历史的终结'。"他之所以会得出这样的结论，是因为福山认为，"只有民主才能调节现代经济所产生的错综复杂的利害冲突……市场本身并不能确定公共基础投资的恰当水平和地点，也不能调解劳工纠纷或航空运输的次数……这些问题每个都很重要，而且肯定会反映到政治制度中来。如果新制度要公正地调整这些相互冲突的利益，并且采用一种在国内主要阶层都取得共识的方法来调整，那么这种方法就必须是民主制度。"面对世界不同文明、不同国家选择不同政治制度的事实，福山求助于一种他所认为的人类普世的精神追求，即所谓"获得认可的欲望"来证明自由民主制度是具有普遍适用性的政治制度。他认为，"现代自由民主制度赋予并保护所有人的权利，这就算它对所有人的普遍认可"。正是人类这种"获得认可的欲望"，促使人们去选择现代自由民主制度，推动历史前进。福山武断地相信，所有那些目前尚未实行自由民主制度的国家，他称之为"处于历史部分"的国家，一定会过渡到"后历史部分"的状态，即像发达资本主义国家那样选择自由民主制度。他指出，"在历史部分的世界中，各国处在不同的发展阶段，由此形成的不同宗教、民族和意识形态相互冲突……强权政治规则在其中依然盛行……民族国家将继续是政治认可的中心"。但是,"如果随着时间的推移,越来越多具有多种文化和历史的社会都显示出相似的长期发展的模式;如果最先进的社会政体模式继续趋同;而且如果经济发展将继续导致人类的同质化……人类不是会盛开千姿百态美丽花朵的无数蓓蕾,而是奔驰在同一道路上的一辆辆马车……任何有理性的人看到后都不得不承认只有一条路,终点只有一个。"而且,福山认为,"最后之人"已经是一些由自由民主创造的"一种欲望和理性组合而成但却没有抱负的人",[①] 既然如此,这些人也就不会再有什么新的追求,以他们为历史发展动力的历史也因此而终结。尽管福山作为学者可能"真诚地"相信西方文明实行的自由民主制度真的是人类社会最终的制度形式,但作为美国颇有影响力的社会学家,他公开宣扬西方政治制度的优越性,无疑会促使美国政治家,甚至普通民众产生狭隘的排他性心理,进而对坚持中国特色社会主义发展道路的中国进行围堵和遏制。

福山提出的"文明终结论"是荒谬的。首先他的这种谬论在美国学术界都遭到严厉的批判。如前面提到的亨廷顿就批评福山的"历史终结论"是一种错觉,"冷战结束时的异常欢欣时刻产生了和谐的错觉,它很快就被证明是错觉。"[②] 美国学者库明斯认为,福山同历史上一切鼓吹历史将终结于某种制度的人一样缺乏起码的历史感,他在为霍普金斯和沃勒斯坦等人撰写的《转型时代》一书的前言中讽刺道:"但与福山不同,霍普金斯和沃勒斯坦知道,我们可以忘记历史,但历史不会忘记我们。"[③] 其次是福山提出的立论基础存在问题。福山认定人类有一种"获得认可的欲望",并将它说成是整个人类历史的动力和普世性的规律,而自由民主制度恰恰是最能满足这种欲望的制度,因此历史必将终结于此。我们不禁要问,这种欲望是怎样产生的,又将如何变化?唯物史观认为,存在决定意识,而存在就是人们的实际生活过程。人们的实际生活过程首先是从满足吃喝住穿等基本需求的劳动生产开始的,在基本需求获得满足后才会逐渐产生新

---

① [美]弗朗西斯·福山:《历史的终结及最后之人》,黄胜强、许铭原译,中国社会科学出版社2003年版,第1、13、127—128、230、314—315、381—382页。
② [美]塞缪尔·亨廷顿:《文明的冲突与世界秩序的重建》,第11—12页。
③ [美]特伦斯·霍普金斯、[美]伊曼纽尔·沃勒斯坦:《转型时代》,吴英译,庞卓恒审校,高等教育出版社2002年版,"前言"。

第一篇 如何书写具有中国特色的文明史

的欲望和需求。根据马斯洛的需求层次递进理论，获得认可（即福山的获得认可的欲望）是在基本物质需求满足之后产生的新需求，而且也并不是人们的最终需求，在满足认同和自尊层次的需求后，还有更高层次的追求自我实现的需求。怎么就能说人们在满足认可欲望后就会产生惰性，因而失去追求更高目标的动机，并因此导致历史终结呢？再次是历史终结论同现实的发展不相符合。就目前发达资本主义国家的发展而言是问题多多。像2008年的金融危机使得发达资本主义国家陷入长时间的停滞；这些国家的收入分配越来越不平等、富裕阶层收入占比不断提高、中产阶级的规模与收入在不断萎缩和下降，政府和一些民众将自身的问题归咎于全球化，由此在发达资本主义国家出现了逆全球化浪潮，像特朗普就公开提出"美国第一"的执政口号。面对发达资本主义国家的种种乱象，法国总统马克龙在2021年达沃斯论坛上宣称，由于"社会不平等危机、民主危机、民主制度的可持续性危机、气候危机，同开放市场连在一起的现代资本主义模式已经无法在这种环境下运转了"。[①] 在此前提下，福山怎么就断言历史已经终结了呢？与此同时，中国特色社会主义的发展却是充满活力。自改革开放以来，中国特色社会主义建设取得巨大成就，经济总量已跃居世界第二，并成为世界经济增长的主要引擎和最大贡献者。越来越多的人，包括那些因向资本主义转型而导致灾难性后果的苏联地区的人们，也包括那些对资本主义固有的顽疾越来越感到不满而寻求替代性模式的人们，更包括那些身负多重压迫仍处于水深火热之中并渴望改善自身状况的贫困落后国家的人们，都对中国寄予了很高期望。他们衷心地希望中国能为他们的发展、复兴开辟一条新的道路。由此可见，从西方学者对福山"历史终结论"的批判、从福山"历史终结论"的立论基础、从福山"历史终结论"同发达资本主义国家和中国特色社会主义发展现状的对照观察，"历史终结论"都是一种错误的理论，它自身可以终结啦！

今天，具有五千多年文明发展史、并已形成自身独特文明特质的中华文明站在了改变西方文明一家独大的历史转折点上。在不同文明交往层面，习近平总书记提出了具有中国特色的文明交往理念，像"合作共赢""共商共建共享""人类命运共同体"等，这同西方文明所秉持的"零和

[①] 《现代资本主义模式已经无法运转》，《参考消息》2021年2月28日。

博弈""以邻为壑""美国治下的霸权"等文明交往原则形成了鲜明对比，它们正在得到世界越来越多的文明，尤其是非西方文明的认同，像"构建人类命运共同体"已经写入联合国决议。新时代的历史学，尤其是文明史研究肩负的重任就是要写出具有中国特色的文明史，为我们现实中的文明交往理念和政策提供历史支撑和证明，因为这些理念是在中华文明五千多年的历史发展进程中形成的！

（原载《史学理论研究》2022年第1期）

为他者书写文明史

吴晓群

（复旦大学历史学系）

如果用世界图书馆书目worldcat搜索一下，我们会发现，冠以"文明"（civilization）之名的研究，数量极为庞大，各类语种的条目上百万。哪怕是剔除其中的重复性研究，仍然数量极大。所以，究竟是在什么意义上谈文明，是在什么设定下书写文明史，在当今学术界，恐怕仍是分歧大于共识的问题。

基于这样的现状，如何书写文明史就成为一个可讨论的话题。对于中国治西方史学的学者而言，如何通过梳理西方史学中两千多年来对于"文明"这一概念的历史书写方式，以一个东方的视角来反思西方史学界对于"文明"及"文明史"的定义、话语、内涵以及范式形成、意义变迁等，更是一个不得不直面的问题。

一　西方视域中的"文明"及"文明史"概念

从词源学上考察，"文明"一词，英文为civilization，法语为civilisation，德语为zivilisation，荷兰语为civilisatie，意大利使用但丁作品中的古语civiltà一词，等等，不过，它们都来源于拉丁词根"civi-"或"civ-"，原本指代与市民或城市生活相关的意思。到文艺复兴时期，欧洲新兴的市民阶层开始使用具有"礼貌"概念的"civilité"一词，用以同传统宫廷贵族常用来表达"宫廷礼仪"概念的"coutroisie"一词相对应，并在这一基础上使"civilité"一词衍生出形容"秩序井然的社会"的意义，成为"文明"这一概念的前身。

文明作为一个术语普及于法文之中，是在 1828—1830 年弗朗索瓦·基佐（François Pierre Guillaume Guizot）在索邦大学作有关欧洲文明史与法国文明史学术演讲之时。① 此后，"文明"一词迅速传遍欧洲，并逐渐成为学界的常用词汇。作为一个新词，其现代含义主要用以表达人类的一种生活状态，即指一种与野蛮状态相对立的另一种状态，带有较明确的道德价值判断。在近现代的历史图景中，西方对"文明"一词的使用，几乎同时也是文雅、进步、教化的同义词，与粗鲁、落后、未开化这些负面的词汇相对立，由此，明显地蕴含着一种"驱使其他群体脱离野蛮"的价值预期。

"文明"一词在19世纪开始以复数形式出现，这也正如布罗代尔所言："这种经过审慎思考得出的单复数之区分，进一步使问题高度复杂化。"②

在具体的有关文明史的书写中，我们看到，在古代中世纪史学中，从前学科化时代作为探寻智慧的方式之一，到神意历史的出现，西方史学家都将历史书写作为其表达自身及其周围世界的一种思想武器，无论是微观层面的编纂方法、修辞策略和虚构技巧，还是宏观层面的"道德观""命运观""天命观"以及"时代精神"等，都带有他们那个时代对于所谓"文明"的理解。

14—15 世纪的西方社会经历了决定性的转变，一方面，传统世界观的很多因素依然存在；另一方面，广泛的变革又重绘了世界图景。在新旧之间，西方的文明史书写越来越强调世俗的面向、科学的方法和进步的观念，形成了以欧洲为中心，并最终以民族国家为中心的组织原则。

从 16 世纪开始直到 17、18 世纪，对于"文明"的思考，西方学界贯穿一致的主要概念就是对权利的宣称。这样的一个逻辑是在对旧制度的反动上完成的，最后形成的是将法律作为一种共同的诉求，即对社会制度化的安排。但随之而来的是对文明的忧虑以及对直线式进步观的反思，于是，在具体的历史书写中，对"文明"这一概念的使用逐渐从单数变为复数，这就在时间性的文明内涵之中加入了空间性的定义。由此，带来的问

---

① ［法］基佐：《欧洲文明史：自罗马帝国败落到法国革命》，程洪逵、沅芷译，商务印书馆1998年版，第1—20页。

② ［法］费尔南·布罗代尔：《文明史》，常绍民等译，中信出版集团2017年版，第7页。

第一篇 如何书写具有中国特色的文明史

题则是应该如何评价其他文明？如何理解欧洲区域外的文明？

19世纪，帝国的形成给世界带来了新的结构和后果，20世纪晚期尤其是"9·11"事件之后，关于"文明冲突"的讨论喧嚣一时。如今，从全球的视角来看，以往那种文明与野蛮、进步与停滞，即西方与非西方的文明两分法已经受到严重挑战，非文明地区必须由文明国家引领才能进入文明的认识模式也受到质疑，这表现在历史书写的实践中则是以全球史、微观史、新史学、新文化史、性别史、家庭史、边疆史、环境史、大众文化史、社会观念史等面目出现的史学研究著作。

二 中文语境对"文明"的理解

以上提及的西方关于"文明"概念和文明史书写及范式的讨论，其间经历了多重变化，这不仅体现在史学思想上，同时直接反映在研究方法中。而对各种方法论的考察，也可反过来促进我们对西方文明史书写不同特征的深入理解。

那么，在中文的语境中，"文明"一词又意味着什么呢？首先，"文"是汉字的一个部首，本义为花纹、纹理。《说文解字》里说："文，错画也，象交文。"[①] 意思是说"文"字的本义是指"交错画的花纹"。

从字源演变与字形比较来看：

| 甲骨文 | 金文 | 小篆 | 楷体 |

从上列甲骨文的字形可见，此字象纹理纵横交错，"文"字像站立着的一个"人"，突出他的胸部，胸前"会有花纹"。它是个象形字，义指"文身"。金文的字形与甲骨文的字形完全一样。小篆的字形走上了线条

[①] 王平、李建廷：《说文解字》（标点整理本），上海书店出版社2016年版，第231页。

化，而"人"站立的样子没变，只是胸前的"花纹"消失了，这与汉字的发展趋向简化有一定的关系。楷体字形则沿袭了小篆的形体。

在现代汉语中，"文"字可与其他字结合，多用作"文字""文饰""文武""天文"等义。

至于"明"字，最早也可见于甲骨文中，本义为日月交辉而大放光明，《说文解字》中释义为"照也"，后延伸出照亮、点燃、公开的、天亮等含义。此外，也可以"无明"反推何为"明"。汉地所传之佛教中讲无明，即无知无识、缺乏智慧、没有开悟之意。要破除无明，就要抛弃虚妄的事和物，不执着于俗世，努力修行，从而得大智慧。

汉语中"文明"一词，最早出自《易经》，曰："见龙在田，天下文明。"可指文采光明，孔颖达疏："天下文明者，阳气在田，始生万物，故天下有文章而光明也。"① 也可谓文治教化、文教昌明之意，前蜀杜光庭《贺黄云表》云："柔远俗以文明，慑凶奴以武略"；② 司马光在《呈景仁》诗中："朝家文明所及远，于今台阁尤蝉联"；③ 元刘壎《隐居通议·诗歌二》："想见先朝文明之盛，为之慨然"；④ 汉焦延寿《易林·节之颐》："文明之世，销锋铸镝"；⑤ 前蜀贯休《寄怀楚和尚》诗："何得文明代，不为王者师"，⑥ 等等。

从词源和语义上的追溯来看，汉语中的"文明"一词与西语中的 civilization 一词似有些关联，但又不完全一致。而将 civilization 译作"文明"是借用了日本人的发明。总的说来，两个词语都普遍带有"教化""转化"之意，是一种价值判断。至于转化的手段和标准，则不尽相同，西方从古代希腊罗马开始，便明确地以自己为标准，以具体的技术增长为手段。而中国自古以来，虽也是以自身为衡量准绳，但设立了一个更为形而上的至高标准，即所谓"光明"或"昌明"，而论及手段时也因此显得比较笼统。

---

① 孔颖达：《周易正义》，北京大学出版社 1999 年版，第 20 页。
② 杜光庭：《广成集》卷 1，四部丛刊景明正统道藏本，第 7 页。
③ 司马光：《温国文正公文集》卷 3，四部丛刊景宋绍兴本，第 15 页。
④ 刘壎：《隐居通议》卷 7，清海山仙馆丛书本，第 15—16 页。
⑤ 焦延寿：《易林》卷 15，士礼居丛书景刻陆校宋本，第 5 页。
⑥ 释贯休：《禅月集》卷 13，四部丛刊宋钞本，第 5 页。

三 文明史书写可能展开的基本面向

从对中西方有关"文明"概念的梳理中，可见其中有一些共同的认识，但无论中西，在不同阶段也都存在着对于"文明"这一概念不统一的认识。在当今百年未有之大变局的全球转变期，我们迫切需要对世界历史有一个更深刻的认识，而这个认识首先就应该是从文明的维度来进行的。因为，无论是在全球史的框架下，还是在意识形态与宗教再度割裂世界的今天，文明间的冲突与交融都已成为每个国家及个体眼中可见的现实，因此，这更亟需从思想和历史的层面进行回顾与反思。

所以，在文明史的书写和研究中，如何看待文明的本质、内涵、要素及体现形式就成为其重要内容。特别是对中国治西方史学的学者而言，如何穿梭在两大文明体系之间，既要了解西方的学术脉络、问题意识和解决方案，又不忘自身的传统、思维特点和可能突破的方向，这的确是一个巨大的考验，但也是一个时不我待的历史契机。从具体的研究视角而言，我们或许可以先从下面几个基本方面来思考。

（一）关于"文明"的概念与文明史范式的检讨

从"文明"这个概念的提出、内容的涵盖面在中西不同历史语境中的理解，到现代普遍以文明—野蛮的二分法作为史学研究框架，直至从后现代观念来看待"文明"的多样性并进行反思和讨论，从而在过往不同文明的博弈中，找到关于文明的基本标准和内在特质，重新定义文明所应该具有的意义，并通过理论阐释与史实结合的研究与分析，为思考未来文明的样式提供鉴往知来的助力。

（二）将一系列历史书写者放在西方史学史的谱系中加以讨论

将历史书写者放在他所处的文化语境与时代背景下，探讨他所面临的问题以及可能做出的反应，将史学家的历史书写理解为他对自己那个时代和社会所面临问题的一种解答。这种梳理既能达成对史学范式的语境式理解，更能为我们提供一种反思的角度，使我们从整体性的文明视角看待西方的发展以及它的全球性扩张，从而破解以往国别史研究中的一些盲点和短视之处，前瞻性地提出新的研究方向和可能的研究领域。

（三）对历史书写者、书写方式及书写思想的比较研究

将古代希腊罗马、中世纪、近现代的西方史学与相应时段的东方史学（特别是中国史学）进行比较研究。通过对比不同文明中不同史学家的思想观念，对根本性问题进行解构和重构，理解不同史学家研究旨趣的变化、关注点，搞清楚他们对"文明"这一概念在不同时代的认知。这能为进一步跳出某个阶段固有的意识形态和价值观做准备，从而真正书写具有人类命运终极关怀的文明史。

（四）从一些根本性的观念入手加深对中西文明史进程的理解

比如文明与野蛮、自我与他者、战争与和平、民主与专制、宗教与世俗、何为正义、政体的选择、瘟疫与健康等，在对这些观念的探究中，既不能只靠跟踪和引进西方的各种研究范式和理论，也不能局限于各个国家的空间维度，而是要挖掘这些观念在理念及实践的层面是如何不断跨越其边界，同时它们又是如何作为其他观念和事物流动的触媒。换言之，我们应进行经典与现实、个别与多元、继承与创新之间的对话，从而构造一种既具有中国学者自身独特性又不失对人类命运终极关怀的文明史思考。

以上提及的几个方面，看似与以往的研究对象和研究领域并无不同之处，但因问题意识不同、研究诉求不同、想要突破的点不同，因此，在研究中所呈现的方式和针对的问题焦点也就会不同。通过这几方面的研究，我们可以考察不同时代的西方历史学家对于"文明"这一核心概念及其意义的理解和认识，揭示"文明"概念的普遍性与地方性、文明史题材选择的困难性与可能性，以及文明史方法论的局限性与开拓性，展望进一步研究的可能及方向。

四　存在的问题及可能的解决方案

作为另一个文明的他者，如果我们要对非自身的文明史进行解释，要具体实施以上几方面的研究，我们就必须直面且致力于拆除那些阻挡我们视线的一道道"墙"，这样才能推动这项开放性的事业。

第一篇 如何书写具有中国特色的文明史

从大方向来看，笔者认为目前国内的西方文明史书写存在两堵高墙。

第一，对史料发掘的力度不够。作为史学研究的基础，无史料即无史学。虽然作为他者，中国学者或许无法在第一时间第一现场拿到最新的西方史料，然而，因为研究视角的不同，我们仍然能够从已有的史料中爬梳找寻出某些被遮蔽的史实。但从既有的国内研究成果来看，除少数学者在新史料方面有所用力之外，大部分研究成果是在西方学者惯常使用的史料范围内做文章，重复研究多，看似繁荣，然则原创研究少，因而难有突破。

第二，既有研究视角较狭窄，理论分析路径较陈旧。今天中国学者关于西方文明史的既有研究成果，主题多集中在某一类或某一时段，有些时段或领域则较少研究，且采用的理论主要集中在那几种早在 20 世纪上半叶就已定型的分析工具上，缺乏理论创新自觉，也未形成有关文明史书写的成系统的方法论。由此，现有的文明史研究往往会落入某些陷阱之中，如"把文明史引入道德主义的泥潭""跌入精英主义史观的窠臼""走向过度的文化相对主义"等。[1]

针对以上两方面的问题，我们或许可从以下三个角度入手破解。

第一，研究主题可随史料的拓展而出新。比如，对中世纪早期各类史学作品中身份认同问题的研究，中国学者不应只关注传统的四大民族史（约尔达内斯的《哥特史》、格列高利的《法兰克人史》、比德的《英吉利教会史》和保罗的《伦巴德人史》），而应对城市编年史、城市教会史、地方上的圣人传记和修道院编年史等作品加以深入研究。因为，这些作品既展现了中世纪早期文明形态的多样性，也展现了背后共同体现出的基督教特征，十分值得深入细致的梳理和研究。

再以公众史学为例，众所周知，它一开始是由一批非职业的写作者进行的历史书写，其叙事往往会产生争议，彼此之间充满了各种歧视，且矛盾往往是横向的，因为记忆在不同团体中是不一样的。这种对于历史生成和传播过程的再思考，可视作一种以往不曾出现过的新史料，对这些新史料的发掘和利用，可以促进研究者思考一些超越传统史学问题意识的东西。对这些新史料的关注，不仅能增强公众和决策者的历史批判意识（这

---

[1] 参见李剑鸣《文明的概念与文明史研究》，《华中师范大学学报》2016 年第 1 期。

是公众史学的重点），同时也能使历史学家认识到自身的公共责任，产生为人民写史的历史责任感。

第二，研究主题也可因问题意识的不同而有不同的处理方式。比如，关于"civilization"（文明）中的"civil"（城邦、公民）的意蕴，如果说区别于蛮族、野蛮是西方古典文明在观照"他者"中的自我体认，是外部压力；那么"城邦、公民"则在地域性与群体性上有一种内生的文明驱动力。相应地，我们在研究西方古代史学家及其历史书写时，就可以从他们对自身文明的理解中去找寻城邦共同体、法律共同体以及信仰共同体构建的思想基础。

又如，对于近代早期的西方史学，以往因对民族国家兴起的兴趣，学界通常聚焦于欧洲一些主要国家的民族史学，而对于普遍历史、世界史关注不够。在民族史学中，又尤为关注法国史学，对于意大利史学和英国史学也有所论及，但对于其他地区则很少关注。如今，如果我们从他者书写文明史的角度出发，视野就会被打开。

第三，在西方传统的研究主题中主动以中国的视角切入。比如，我们可以将希罗多德的《历史》与司马迁的《史记》相比对，来考察中西在有意识的历史书写的早期，人类对文明史的书写方式有着何种类似的不确定性和丰富性。在力图理解希罗多德历史书写的内容、方式和基本诉求时，借鉴一个中国的古代文本来反思一种在西方已普遍为人们所接受的历史认知模式，从而不囿于西方史学传统的习惯和方法论，提出某种在西方希罗多德研究难题中的新解释。

又如，在肯定兰克的史学贡献时，我们也要批判他将西方霸权与历史学客观性诉求的结合。而且，我们应该清楚认识并明确指出，西方霸权思想实际上深深植根在19世纪的西方史学之中，许多史学概念中都隐藏着它的影子。总之，中国学者在进行文明史书写时需要以跨语境的方式进行反思与批判，这是一个既理论又现实的问题。

结语：文明互参的意义

综上，为他者书写文明史，并不是为了向国人强行解释那些看上去奇怪的异域之事，而是要彼此把对方当作思想的对象，当作另一种可参照的

第一篇　如何书写具有中国特色的文明史

经验或教训，重显我们因各自的异域想象，或因身处其中而被掩盖的一些事物。由此，"他们"与"我们"就可能既是各自眼中的他者，也是同一群人。这样的研究，一方面，可揭示西方历史书写中对于其自身文明起源特征的理解和追求；另一方面，则有利于反观自身，并增进对人类文明及文明史在共时性和历时性维度上的理解。

如果把人类视为地球上一个独特的物种，它从来没有像今天这样，不得不对其一体性有所自觉。由此，我们通过比较研究，通过以他者身份书写的文明史，来推进文明间的互融和互鉴，这既是一个应用层面的问题，更有着一个思想层面的觉悟。

重建他者的立场，我们可以更好地理解那一段历史，这不仅仅是出于对一个遥远的、古老的或不一样的世界抱有简单的好奇，而是认为那些有关文明的书写和理解从某种方式上与我们自身有关。通过具有多种意义的历史，我们想找到一些可以交集的框架，从而勾勒出某种线索，并理解某个领域的现实状态；同时，也不忘以批判的态度提出问题，建立新的思想对象。当我们向另一个时代或另一个世界的人提出问题时，就有可能会在思想上体验一次重大的收获，思考怎么用他者及过往的精神资源去修正并创造新的文明样式，从而为未来预写历史。

因此，为他者书写文明史，既不是为了卖弄异国情调，也不是为了提出某种可以直接拿来就用的模式，而是一种新的理论模式，是用于思考、为了思考的模式。这不是为了提供一种标准答案，其中包含的可能是一种对立互补的逻辑，甚至可能是一种模糊的逻辑。然而，从"他们"到"我们"之间的一次次往复，既是让我们与自身保持距离的一种手段，也是让我们与他们相互了解和学习的一种方式。

当然，以他者的身份书写文明史，这是一项以比较视角为先导进行的既有时间的贯穿性又具横向关联性的研究，无论对西方史学界还是对中国史学界来说都是一个挑战。对西方的挑战在于，他们需要真正虚心平等地接受他者的解读视角，并认真思考不同的问题意识所带来的认识上的突破；对中国史学家来说，这将会是一项集体反思的原创性研究。其挑战在于，如何让我们自己写出来的西方文明史既不像是完全翻译过来的著作，又必须接受西方史学家锐利目光的检视。换言之，即如何让"西方史学、中国眼光"这样的学术诉求在扎实且具说服力的论述中为我们所书写的他者承认。这两方面的工作恐怕都还需要经历一个漫长而艰辛的过程,对此,我们需要有足够的耐心和保持对话的信念。无论多么艰难,这都是我辈学者必须担当的使命,因为历史在继续,人类的历史远没有结束,也没有走在快要终结的路上。历史学家的任务不仅仅是梳理过往,还要据此阐明人们在一时一地没能看清楚的事物,显现多重的理解视角,从而为书写未来提供必要的助力。因此,为他者书写文明史便成为一种必需。

(原载《史学理论研究》2022年第1期)

第二篇

全球史研究的回顾与展望

全球史在德国的兴起与现状

陈 浩

(上海大学历史系)

民族国家叙事长期主导着德国的历史书写，这与德国历史学家对"特殊道路"（Sonderweg）问题的探索紧密相关。这种内源性的解释倾向，曾经让德国历史学界变得相对保守。两德统一之后，特别是新世纪以来，全球史在德国得到了快速发展，德国出现了各种有关跨国史和全球史的论坛、期刊、会议和项目。全球史致力于打破历史书写中的民族范式——包括民族国家范式和民族社会范式。以于尔根·奥斯特哈默（Jürgen Osterhammel）、康拉德（Sebastian Conrad）、夏德明（Dominic Sachsenmaier）、斯蒂芬·贝格尔（Stefan Berger）和马蒂亚斯·米德尔（Matthias Middell）等人为代表的一批德国全球史家，影响远远超出了德语世界，在国际上获得了赞誉。然而，由于英语的强势以及英语学术刊物所具有的权威性，所以全球史从一开始就打上了盎格鲁-撒克逊的印记，甚至有人将其称为英美国家的外销品。就这一点来看，了解全球史在德国的发展，对于中国无疑是有参考价值的。

一 全球史在德国的兴起

自19世纪以来，民族国家叙事就在德国的历史书写传统中得以牢固确立。19世纪与20世纪之交，德国史学界出现了以兰普勒希特（Karl Lamprecht）为代表的"文化史学派"，反对兰克及其追随者对政治史的一味强调，却忽视了社会、经济和文化因素。[①] 二战以后，以汉斯-乌尔里

---

① Karl Lamprecht, Deutsche Geschichte, 12 Bände, Hermann Heyfelder & Weidmannsche Buchhandlung, 1906–1911.

希·韦勒（Hans-Ulrich Wehler）和于尔根·科卡（Jürgen Kocka）为代表的历史社会科学学派，主张用社会科学的方法来研究历史。社会史学派将德国史学传统的民族国家叙事，扩大到了研究现代工业社会的结构和进程，譬如资产阶级史、劳工与工人运动史、政党史等。德国的社会史虽然已经摒弃了民族国家史学，但仍然是一种民族社会史学。20世纪90年代以后在德国兴起的跨国史研究，可以视为德国历史学界对美国全球史的一种回应。全球史则彻底打破了历史书写中的民族范式——不管是民族国家范式还是民族社会范式——将历史事件和进程放在全球语境中考察。

德语中的"全球史"写作 Globalgeschichte，是一个合成词，由 global 和 Geschichte 构成，前者意指"全球的"，后者指"历史"，实际上它是英语 Global History 的直译。毫无疑问，德国的全球史是从英美国家传入的舶来品。德国虽然没有书写"全球史"的传统，但却有书写"世界史"（Weltgeschichte）的传统。奥斯特哈默曾做过一个统计，2009年2月他在德国国家图书馆的目录中只能找到12种以"全球史"为题的文献，其中年份最早的是《比较》杂志1994年推出的全球史专刊，唯一的著作是贝利《现代世界的诞生》一书的德译本，但以"世界史"为题的则有2000余种，最早能追溯到18世纪。[1]

与其他国家的学术界一样，德语中也存在着全球史、世界史、普遍史、跨国史等概念的纠葛。上述概念的共性，是对民族国家史框架的超越。"普遍史"是以目的为导向、以目的论叙事来描述全人类的历史。与中国的"世界史"等同于"外国史"不一样，德语中的"世界史"与英语中的"世界史"类似，是指用一种去中心的（当然也是非欧洲中心的）视角，来研究不同时空内的社会和文化生活，并聚焦于诸如"文明""帝国"或"民族国家"等宏大单元的独特性和这些单元内部的身份认同，以及他们各自在面对生态和经济挑战时所采取的特殊手段。世界史也会考虑人群之间的互动，但并不认为其地位高于内部的发展。所以，如果没有比较，世界史就是一堆区域史的叠加。换句话说，如果没有比较的视角，"世界史"是没有意义的。[2]"跨国史"是指人群、知识、物品跨越定义各

---

[1] Jürgen Osterhammel, "Global History in a National Context: the Case of Germany", *Österreichische Zeitschrift für Geschichtswissenschaften*, Vol. 20, Issue 2 (2009), p. 43.

[2] Jürgen Osterhammel, "Global History in a National Context: the Case of Germany", p. 43.

自身份认同的社会边界的流动史。跨国史的预设实际上还是民族国家。①

奥斯特哈默认为，德国语境中的"全球史"有狭义和广义之分。狭义的全球史，是指广阔空间内持续、非线性的互动，以及它们所造就的宏大网络和制度（往往拥有自身的层级结构）的历史。广义的全球史，是指那些不用纯粹的民族史范式去研究历史，并对其他地区的历史感兴趣的路径——当然需要依靠大量的二手文献。全球史的研究是基于对欧洲中心主义的批判，并赋予世界上的所有人群以同样的"能动性"，同时并不忽视所谓的"西方"在所谓"现代"世界的形塑中所扮演的主导角色。全球史家并不认为民族国家史已经过时，也无意否定它的合理性，只是要强调"民族"和"民族国家"的历史性与偶然性。② 康拉德把全球史的研究路径分成三种：具有全球视野的历史；关于全球互联的历史；以全球性整合为背景的历史。③

德国史学界对全球史也不是一点批评的声音都没有。2001年底，于尔根·科卡在北京的一次学术报告中，将全球史与社会史和文化史并列为国际历史学科的三大新潮流，不过他似乎对全球史过度依赖二手文献颇有微词。④ 德国历史学者玛格丽特·佩尔瑙（Margrit Pernau）也批判全球史对二手文献——准确地说，是对用英语写成的二手文献——的过度依赖，认为这会使全球史这个学科的专业标准受到危害。⑤ 奥斯特哈默指出，德国偏保守的历史学界主流，对全球史几乎采取一种漠视的态度，他们只是喊喊"开阔视野"的口号。这既是好事，也是坏事。好的一面是，德国历史上的史学路线之争或许已经成为过去时了；坏的一面是，德国的全球史家可能会被限制在自己的一方天地中，很难对整个历史学科产生更大的影响。⑥ 实际上，德国史学界对奥斯特哈默本人和全球史的研究路径并不是没有批评，例如韦勒在接受德国《时代》周刊的采访时犀利地指出，德国

---

① Jürgen Osterhammel, "Global History in a National Context: the Case of Germany", pp. 43–44.
② Jürgen Osterhammel, "Global History in a National Context: the Case of Germany", pp. 43–44.
③ [德] S. 康拉德：《全球史导论》，陈浩译，商务印书馆2018年版，第4页。
④ [德] 于尔根·科卡：《社会史：理论与实践》，景德祥译，上海人民出版社2006年版，第237—244页。
⑤ Margrit Pernau, "Global History – Wegbereiter für einen Kolonialismus?", http://www.connections.clio-online.net/article/id/artikel-572 [2018-05-27]
⑥ Jürgen Osterhammel, "Global History in a National Context: the Case of Germany", p. 53.

没有什么全球史研究,只有奥斯特哈默把持下的一个小王国。韦勒认为,德国全球史的比较路径存在很大问题,19 世纪日本的武士与普鲁士和巴伐利亚的贵族毫无可比性。① 不过,总体而言,奥斯特哈默所担心的局面似乎并没有出现。

二 德国全球史的发展现状

进入 21 世纪以来,全球史在德国呈现迅猛发展的态势,德国史学界涌现出好几位世界知名的全球史家。排在这份名单首位的恐怕非于尔根·奥斯特哈默莫属。他的《世界的演变:19 世纪史》一书是欧洲最重要的全球史著作。② 除了奥斯特哈默以外,受到国际学界关注的德国全球史家还有柏林自由大学的康拉德、哥廷根大学的夏德明、波鸿大学的斯蒂芬·贝格尔和莱比锡大学的马蒂亚斯·米德尔等。本文希望通过对上述几位具有代表性的全球史家以及德国全球史的机构、刊物和丛书的介绍,让读者能对德国全球史的现状有一个大致的了解。

值得一提的是,德国的全球史家或者研究路径具有全球史特征的研究者并不局限于这五位。譬如,莱因哈特·温德特(Reinhard Wendt)对西方与其他地区(尤其是东南亚和大洋洲地区)文化互动历史的研究;③ 狄克·赫德(Dirk Hoerder)是全球移民史的开拓者和代表人物,他将迁徙的体系划分为五个大类,分别是白色大西洋体系、黑色大西洋体系、亚洲苦力、俄罗斯-西伯利亚体系和中国的闯关东;④ 柏林自由大学历史学家余凯思(Klaus Mühlhahn)在全球语境中对中国晚清至当代历史进行了研

---

① Hans-Ulrich Wehler, "Eure Rede sei: Ja, ja-nein, nein", Die Zeit. https://www.zeit.de/2011/36/Interview-Wehler/seite-2 [2019-05-31]。

② 德国总理默克尔将该书带在身边,作为度假之余的读物。在默克尔 60 岁的庆典上,奥斯特哈默更是被邀请做主讲嘉宾,成为总理府的座上宾。总理的青睐,使得奥斯特哈默的名声从学界扩及公众。

③ Reinhard Wendt, *Vom Kolonialismus zur Globalisierung. Europa und die Welt seit* 1500, Paderborn 2007.

④ Dirk Hoerder, *Cultures in Contact: World Migration in the Second Millennium*, Duke University Press, 2002, pp. 306-404.

究。① 限于篇幅，本文不能逐一详细介绍他们的学术成果。

近年来，中国学术界译介了奥斯特哈默的几部作品，例如《世界的演变：19世纪史》《亚洲的去魔化》《中国革命：1925年5月30日（上海）》等。② 从学术层面来看，奥斯特哈默的《世界的演变：19世纪史》一书包罗万象，俨然一幅19世纪的"清明上河图"，可与英国史学家C.A.贝利的《现代世界的诞生》相媲美。乔纳森·斯珀伯（Jonathan Sperber）将奥斯特哈默誉为"研究19世纪的布罗代尔"。③ 奥斯特哈默以宏大叙事的方式，研究了19世纪的时间、空间、边疆、革命、国家、工业、宗教、知识等命题。同时，他以怀疑和反讽的手法，解构了一些深入人心的刻板印象——例如把19世纪理解成资产阶级、民族国家、工业繁荣和人口爆炸的时代。但是，正如奥斯特哈默自己所坦率承认的，《世界的演变：19世纪史》仍然具有"欧洲中心主义"的色彩，他与贝利一样，认为欧洲在全球性世界的诞生中扮演了核心角色。

在书写19世纪之前，奥斯特哈默曾经出版过一部《亚洲的去魔化：18世纪的欧洲与亚洲帝国》，可以视为他写作的"19世纪前史"。④ 作者在书中勾勒了18世纪西欧知识界对亚洲认知的变迁：18世纪早期欧洲的知识分子对东方充满了想象，但是随着全球政治和经济中心的转移，亚洲的"魔力"逐渐消失，欧洲中心主义悄然兴起。18世纪晚期亚洲的去魔化进程与一种新的评价体系联系在一起，欧洲把东方幻想成一个童话般的世界，并以新的经验科学来对它进行研究。欧洲创造出的"殖民主义"与紧随而来的"殖民主义批判"，使得去魔化的亚洲最终变成被统治的亚洲，欧洲的傲慢和优势逐渐显现。据奥斯特哈默自己说，他写作《亚洲的去魔化》的动机，是受爱德华·萨义德的《东方主义》的激励。奥斯特哈默不

---

① Klaus Mühlhahn, *Making China Modern: from the Great Qing to Xi Jinping*, The Belknap Press, 2019.

② ［德］于尔根·奥斯特哈默：《世界的演变：19世纪史》，强朝晖等译，社会科学文献出版社2016年版；［德］于尔根·奥斯特哈默：《亚洲的去魔化：18世纪的欧洲和亚洲帝国》，刘兴华译，社会科学文献出版社2016年版；［德］于尔根·奥斯特哈默：《中国革命：1925年5月30日（上海）》，强朝晖译，社会科学文献出版社2017年版。

③ Jonathan Sperber, "The Braudel of the Nineteenth Century," H – German （Juni 2010）. http://www.h-net.org/reviews/showrev.php?id=29916 ［2018 – 05 – 27］

④ Jürgen Osterhammel, *Die Entzauberung Asiens. Europa und die asiatischen Reiche im 18. Jahrhundert*, C. H. Beck, 1998.

第二篇　全球史研究的回顾与展望

满萨义德对东方学家的人身攻击,指出该书最初的政治和道德动力——支持以色列、批判英国和法国的东方学研究是帝国主义的帮凶——在30年后的今天已经减弱。①

2018年中文学术界出版了两部德国中生代历史学家塞巴斯蒂安·康拉德的全球史著作,引起不小的反响。② 他在《全球史导论》中将全球史定义成一种视角——将现象、事件或进程放在全球背景中进行考察,并对全球史的理论、方法和边界作了详细讨论。康拉德就读于柏林自由大学,受业于于尔根·科卡门下。他在博士论文《寻找失落的国度:1945—1960年代西德与日本的历史书写》中,比较了日本和德国在二战后民族身份建构过程中历史书写所起的作用。③ 博士毕业后,康拉德先后在柏林自由大学、欧洲大学研究所(佛罗伦萨)担任教职。他于2006年出版教授资格论文《德意志帝国中的全球化与民族》,书中指出德国的民族主义早在一战之前就已经形成,它不是德意志历史内部的产物,而是德国对19世纪末全球网络化的一种反应。④ 2008年,康拉德出版《德国殖民史》,将德国殖民史放在全球背景之中,揭示出殖民秩序是如何突破边疆以及当地社会对殖民统治的反应,并探讨了殖民历史对德国社会的深刻影响。⑤ 康拉德于2010年回到母校柏林自由大学执教,创办了"全球史研究中心"(Center for Global History),与剑桥大学经济史中心、法国社会科学高等研究院、普林斯顿大学、东京大学等多所高校建立合作关系。⑥

---

① [德] 于尔根·奥斯特哈默:《亚洲的去魔化:18世纪的欧洲和亚洲帝国》,第567—569页。

② [德] S.康拉德:《全球史导论》,陈浩译,商务印书馆2018年版;[德] 塞巴斯蒂安·康拉德:《全球史是什么》,杜宪兵译,中信出版集团2018年版。

③ Sebastian Conrad, *Auf der Suche Nach der Verlorenen Nation. Geschichtsschreibung in Westdeutschland und Japan, 1945 - 1960*, Vandenhoeck & Ruprecht, Göttingen, 1999. 英译本参见 Sebastian Conrad, *The Quest for the Lost Nation: Writing History in Germany and Japan in the American Century*, University of California Press, 2010。

④ Sebastian Conrad, *Globalisierung und Nation im Deutschen Kaiserreich*, C. H. Beck, 2006. 英译本参见 Sebastian Conrad, *Globalisation and the Nation in Imperial Germany*, Cambridge University Press, 2010。

⑤ Sebastian Conrad, *Deutsche Kolonialgeschichte*, C. H. Beck, München, 2008. 英译本参见 Sebastian Conrad, *German Colonialism: A Short History*, Cambridge University Press, 2012。

⑥ http://www.geschkult.fu-berlin.de/en/e/fmi/institut/arbeitsbereiche/ab_conrad/index.html [2018-05-23]

2013年康拉德的《全球史导论》出版,该书是德语学术界第一部也是唯一一部全面剖析全球史理论与方法的入门读物。[①] 即便是在英语出版物中,也没有一部如此详细透彻的全球史导论类作品。2016年康拉德将德文版《全球史导论》改写成英文出版,定名 What Is Global History(《全球史是什么》)。[②] 他并不是简单地将德语译成英语,而是相当于重新写了一本书。《全球史是什么》与《全球史导论》固然有重合的地方,特别是第2、3章关于史学史和史学理论部分,但两者的其他章节完全不同。总的来说,《全球史是什么》是一部以问题为导向的著作,更多的是思考全球史研究中的"空间""时间"等概念,而《全球史导论》则是一部系统介绍全球史理论与方法的导论性读物。

中国学者对夏德明比较熟悉,不仅是因为他的本行是汉学研究,更重要的是他积极参与了全球史在中国学界的推广,与中国多所高校和研究所都有学术往来。夏德明早年在德国南部的弗莱堡大学读书,导师是德国著名历史学家沃夫冈·莱茵哈德(Wolfgang Reinhard),1999年完成了题为《欧洲知识在中国文化中的接受——以朱宗元为例》的博士论文。[③] 他在博士论文的基础上,出版了英文著作《一位足不出户之人的全球性纠葛》。[④] 夏德明在书中指出,朱宗元所处的17世纪,从全球范围来看,东方和西方都处于政治动乱和思想激荡之中。通过分析以朱宗元为代表的知识精英身上存在的冲突和矛盾,夏德明使我们看到了17世纪全球性基督教网络中个体人物的能动性。夏德明早年辗转于美国、中国和欧洲的科研单位,2015年受聘为德国哥廷根大学的汉学教授和东亚学系主任。夏德明研究的重点是历史上以及当下中国的跨国和全球性联系。此外,夏德明还对全球史在德国兴起的背景以及发展现状进行了系统的研究。[⑤]

斯蒂芬·贝格尔在科隆读大学,在牛津大学攻读博士学位,以德、英

[①] Sebastian Conrad: *Globalgeschichte*: *Eine Einführung*, C. H. Beck, 2013.

[②] Sebastian Conrad: *What Is Global History*? Princeton University Press, 2016. 此书除了汉译本外,还有土耳其语、俄语、葡萄牙语和爱沙尼亚语译本。

[③] Dominic Sachsenmaier, *Die Aufnahme Europäischer Inhalte in Die Chinesische Kultur durch Zhu Zongyuan* (ca. 1616-1660), Steyler, 2002.

[④] Dominic Sachsenmaier, *Global Entanglements of a Man Who Never Traveled*: *A 17th Century Chinese Christian and his Conflicted Worlds*, Columbia University Press, 2018.

[⑤] Dominic Sachsenmaier, *Global Perspectives on Global History*, Cambridge University Press, 2011,

| 第二篇 | 全球史研究的回顾与展望

两国左派政党的比较研究为论文题目,1990 年获得学位。[1] 博士毕业后,他先后任教于英国威尔士大学、格拉摩根大学和曼彻斯特大学。自 2011 年起,贝格尔担任德国波鸿大学的历史学教授。贝格尔主要是从全球史的角度研究民族史(以德国和英国为中心),[2] 并以比较方法研究劳工史和社会运动史,近年对工业遗产亦有所关注。[3] 在民族历史领域,他已经出版并参与主编了多部著作。[4] 贝格尔在《寻找正常性:1800 年以来德国的民族身份与历史意识》一书中,聚焦历史书写与德意志民族身份建构之间的关系。从普鲁士到纳粹德国,从东西分裂再到德国统一,贝格尔考察了近代德意志国家的民族身份、历史意识和历史书写之间的联系。他指出,两德的统一唤醒了德意志民族寻求"正常"民族国家身份的迫切需求,德国一些历史学家要求在历史书写领域实现从社会到民族的范式转变。[5]

与上述几位全球史家都是在联邦德国出生和求学不同,马蒂亚斯·米德尔(Matthias Middell)是原东德人,是土生土长的莱比锡人。他在莱比锡大学读书,毕业后一直在母校教书。米德尔 1989 年完成了以法国大革命为主题的博士论文。[6] 2002 年,他以 3 卷本的著作《专业化和职业化时代的世界史书写:以 1890—1990 年期间的莱比锡文化史和普世史研究所为例》获得教授资格。[7] 民主德国的教育背景丝毫没有妨碍他以国际学术视野从事史学研究,他的学术特色是跨国史,包括全球语境下的历史进化、革命的比较史和全球史,以及全球化时代历史书写的方法论。米德尔

---

[1] Stefan Berger, *Ungleiche Schwestern? Die Britische Labour Party und Die Deutsche Sozialdemokratie im Vergleich*, Dietz, 1997.

[2] Stefan Berger, *Friendly Enemies. Britain and the GDR, 1949 - 1990*, Berghahn Books, 2010.

[3] Stefan Berger, Christian Wicke, Jana Golombek, *Industrial Heritage and Regional Identities*, Routledge, 2018.

[4] Stefan Berger, *Inventing the Nation: Germany*, Arnold Publishers, 2004; Stefan Berger, Mark Donavan, Kevin Passmore, *Writing National Histories: Western Europe since 1800*, Routledge, 1999; Stefan Berger, *Writing the Nation: A Global Perspective*, Palgrave Macmillan, 2007.

[5] Stefan Berger, *The Search for Normality: National Identity and Historical Consciousness in Germany since 1800*, Berghahn Books, 1997.

[6] Matthias Middell, *Die Geburt der Konterrevolution in Frankreich 1788 - 1792*, Leipziger Universität Verlag, 2005.

[7] Matthias Middell, *Weltgeschichtsschreibung im Zeitalter der Verfachlichung und Professionalisierung, Das Leipziger Institut für Kultur - und Universalgeschichte 1890 - 1990*, AVA - Akademische Verlagsanstalt, 2005.

是一位十分活跃的历史学家，仅他参与主编的书籍就接近 20 种，涉及"欧洲"的发明、世俗化道路、民族历史书写等。① 他是莱比锡大学"全球学研究中心"的负责人，德国权威史学刊物《比较：全球史与比较社会研究杂志》（Comparativ. Zeitschrift für Globalgeschichte und Vergleichende Gesellschaftsforschung）的主编。米德尔最近在《全球史杂志》（Journal of Global History）上发表了一篇题为《全球史与空间转向：从区域研究的影响到全球化关键时刻的研究》的文章。② 该文凝练了米德尔近年来对传统的区域研究与全球史之间异同的思考。在此基础上，他于 2013 年出版了一部有关区域研究的反思性著作。③

在制度层面，德国有不少全球史的网站、期刊和研究机构。创建于 2004 年的网络论坛"联系：跨国别、跨区域和全球研究"（Transnational, Cross-regional and Global Connections）成为跨国别和全球史研究者的重要交流平台。④ 德国"世界体系历史协会"自 2000 年以来出版了《世界历史杂志》（Zeitschrift für Weltgeschichte），吸引了许多跨国别史研究者的投稿。⑤ 就连德国传统的社会史刊物《历史与社会》，近年来也开始发表更多研究西方以外的历史以及跨国史的文章。⑥

此外，德国不少大学，例如柏林自由大学、柏林洪堡大学、⑦ 莱比锡大学、哥廷根大学⑧等，都有全球学或全球史的研究中心。我们可以对德

---

① https://www.research.uni-leipzig.de/~sfb1199/staff-item/mmiddell/［2019-01-04］

② Matthias Middell and Katja Naumann, "Global History and the Spatial Turn: From the Impact of Area Studies to the Study of Critical Junctures of Globalization", *Journal of Global History*, Vol. 5, Issue 1 (2010), pp. 149–170.

③ Middell, Matthias, eds. *Self. Reflexive Area Studies*, Global History and International Studies 5, Leipziger Universitatsverlag, 2013.

④ https://www.connections.clio-online.net ［2019-04-10］关于同德国全球史研究相关的刊物、机构和丛书，夏德明有很好的总结，参见 Dominic Sachsenmaier, *Global Perspectives on Global History: Theories and Approaches in a Connected World*, pp. 163–165。

⑤ http://www.vgws.org/index.php?article_id=5 ［2018-05-10］

⑥ 《历史与社会》杂志现任主编是柏林自由大学历史学教授 Paul Nolte，杂志主页：http://www.v-r.de/de/geschichte_und_gesellschaft/m-1/500007/ ［2018-05-10］

⑦ 洪堡大学牵头的"全球学研究生项目"：http://www.global-studies-programme.com/ ［2018-5-12］

⑧ 哥廷根大学"全球与跨区域研究平台"：https://www.gts-goettingen.de/ ［2018-05-12］

国全球史研究的地域组织简单作一层级区分，以期在一定程度上把德国全球史学生态的内部差异性呈现出来。柏林和莱比锡属于第一梯队，这里有世界史编纂的传统，可上溯到兰克和兰普勒希特等史学大家；[①] 哥廷根、不来梅、汉堡、海德堡、波鸿等大学可视为第二梯队，有一批正当年的全球史家非常活跃；康斯坦茨大学的全球史几乎是在奥斯特哈默个人研究的推动下发展起来的，在他领导下的研究团队主要从事"18—20世纪的全球进程"的研究。

莱比锡大学的"全球与欧洲研究所"（Global and European Studies Institute），近二十年来一直是德国跨国别史和全球史研究的重镇。莱比锡大学具有悠久的史学传统——可以追溯到兰普勒希特开创的文化史和世界史研究。该校于1991年成立了"卡尔·兰普勒希特协会"（Karl - Lamprecht - Gesellschaft e. V.），会长是马蒂亚斯·米德尔教授。[②] 从2006年开始，莱比锡大学出版社推出"全球史与国际研究"（Global History and International Studies）系列丛书，由马蒂亚斯·米德尔、弗兰克·哈德勒（Frank Hadler）和伍尔夫·恩格尔（Ulf Engel）主编，致力于出版在跨国别和全球研究领域内的最新学术成果，以满足欧洲图书市场日益增长的需求。该套丛书至今已经出版六辑。其中既有专门以某一具体年份（1956年）为背景来描绘一幅全球冷战背景下的欧洲肖像，也有反思国际势力在非洲地区冲突中的调停机制，还有探讨社会主义国家应对饥荒的赈灾政策，最新一辑则是关于18世纪的全球联系与全球意识。[③]

德国全球史学界另一引人注目的项目是法兰克福康普斯出版社（Campus Verlag）从2007年开始出版的"全球史丛书"，由康拉德、安德烈

---

① 莱比锡学派的历时性发展是一个值得探讨的问题，在兰普勒希特到米德尔之间当然还有重要的一环，那就是东德的马克思主义史学范式。

② 莱比锡大学"全球与欧洲研究所"主页：http://gesi.sozphil.uni-leipzig.de/masters/。*Comparative: Zeitschrift für Globalgeschichte und Vergleichende Gesellschaftsforschung* 杂志主页：https://www.research.uni-leipzig.de/comparativ/index.php［2018-05-18］

③ Carole Fink, Frank Hadler, Tomasz Schramm, ed., *1956: European and Global Perspectives*, Leipziger Universitätsverlag, 2006; Ulf Engel, ed., *New Mediation Practices in African Conflicts*, Leipziger Universitätsverlag, 2012; Matthias Middell, Felix Wemheuer, ed., *Hunger and Scarcity under State - Socialism*, Leipziger Universitätsverlag, 2012; Matthias Middell, ed., *Self - Reflexive Area Studies*, Leipziger Universitätsverlag, 2013; Matthias Middell, ed., *Cultural Transfers, Encounters and Connections in the Global 18th Century*, Leipziger Universitätsverlag, 2014.

斯·艾克尔特（Andreas Eckert）和玛格丽特·佩尔瑙担任主编，已出版三十种。这套丛书的宗旨是聚焦于16世纪以来世界各地区的联系和文化接触，充分考虑到欧洲以外地区（美洲、非洲和亚洲）的历史，并将其作为研究欧洲历史的参照物。该丛书的第一种是全球史读本，第一次系统地向德国学术界介绍英美全球史研究的理论和方法，收录了贝利、彭慕兰、库伯、德里克等学者的文章。①

作为主编之一的安德烈斯·艾克尔特是洪堡大学非洲史教授，因此这套丛书中有六部是关于非洲研究的，内容涉及德国和大英帝国在非洲的殖民统治、1960—1975年德国对非援助、非洲海岸的环境史、非洲的抗疟疾运动和坦桑尼亚的殖民劳工史。② 有关亚洲的有八部：东亚国家将历史作为强化民族情感的资源和表述、俄国如何利用中东铁路殖民中国东北地区、日本通过世界博览会同西方的竞争、日本在中国台湾的殖民统治、瑞士自然科学家和荷兰帝国主义者在东南亚的活动、60年代日本的学生运动、亚洲的革命史，和19世纪日本的汉学传统面对全球化的反应。③ 关于

---

① Sebastian Conrad, Andreas Eckert und Ulrike Freitag, *Globalgeschichte. Theorien, Ansätze, Themen*, Campus Verlag, 2007.
② Ulrike Lindner, Koloniale Begegnungen. *Deutschland und Großbritannien als Imperialmächte in Afrika 1880 – 1914*, Campus Verlag, *2011*; Hubertus Büschel, *Hilfe zur Selbsthilfe. Deutsche Entwicklungsarbeit in Afrika 1960 – 1975*, Campus Verlag, *2014*; Felix Schürmann, *Der graue Unterstrom Walfänger und Küstengesellschaften an den Tiefen Stränden Afrikas（1770 – 1920）*, Campus Verlag, *2017*; Manuela Bauche, *Medizin und Herrschaft. Malariabekämpfung in Kamerun, Ostafrika und Ostfriesland（1890 – 1919）*, Campus Verlag, 2017; Sebastian Gottschalk, Kolonialismus und Islam. *Deutsche und Britische Herrschaft in Westafrika（1900 – 1914）*, Campus Verlag, 2017; Minu Haschemi Yekani, *Koloniale Arbeit. Rassismus, Migration und Herrschaft in Tansania（1885 – 1914）*, Campus Verlag, 2018.
③ Steffi Richter（Hg.）, *Contested Views of a Common Past：Revisions of History in Contemporary East Asia*, Campus Verlag, 2008; Sören Urbansky, *Kolonialer Wettstreit. Russland, China, Japan und die Ostchinesische Eisenbahn*, Campus Verlag, 2008; Daniel Hedinger, *Im Wettstreit mit dem Westen. Japans Zeitalter der Ausstellungen 1854 – 1941*, Campus Verlag, 2011; Nadin Heé, *Imperiales Wissen und Koloniale Gewalt. Japans Herrschaft in Taiwan 1895 – 1945*, Campus Verlag, 2012; Bernhard C. Schär, *Tropenliebe, Schweizer Naturforscher und Niederländischer Imperialismus in Südostasien um 1900*, Campus Verlag, 2015; Till Knaudt, *Von Revolution zu Befreiung. Studentenbewegung, Antiimperialismus und Terrorismus in Japan（1968 – 1975）*, Campus Verlag, 2016; Sven Trakulhun, *Asiatische Revolutionen. Europa und der Aufstieg und Fall Asiatischer Imperien（1600 – 1830）*, Campus Verlag, 2017; Michael Facius, *China Übersetzen. Globalisierung und Chinesisches Wissen in Japan im 19. Jahrhundert*, Campus Verlag, 2017.

拉丁美洲，有三部作品。① 其他书籍主题广泛，很难归类，例如有关于"第三世界"的发现、电报时代的全球化、全球劳工史，② 等等。

三　德国全球史的特点

迄今为止，国际上最有影响的全球史机构、论坛和刊物依然是在英语国家。全球史似乎成为一种英美国家的外销品，导论性著作的参考文献基本局限于英文作品。这一点可以从帕特里克·曼宁（Patrick Manning）的《世界史导航：全球视角的构建》一书的参考书目中看出来。③ 甚至德国全球史家的作品，参考文献绝大部分也是英文的。英语在全球史研究中的强势地位，有其内在的动因，但也与英语在学界使用语言中的核心地位以及英美专业刊物所具有的权威地位有关。④ 就英文作品在全球史研究中的霸权地位而言，全球史在德国的处境与中国有相似之处。

那么，德国的全球史研究跟美国的全球史研究相比较，有什么自身的特点或独特的价值呢？德国的全球史固然是从美国借鉴而来的，但是它也受自身所处政治和社会环境的形塑。夏德明对全球史在德国兴起的政治和社会条件有过深入的研究，他通过观察德国"历史学家大会"（Historikertag）自1988年以来历届议程中欧洲以外国家地区主题的增加，来确定德国史学界对世界历史的兴趣。⑤ 我们将全球史在德国兴起的背景概括为学术和社会两个层面。

---

① Nina Elsemann, *Umkämpfte Erinnerungen. Die Bedeutung Lateinamerikanischer Erfahrungen für die Spanische Geschichtspolitik Nach Franco*, Campus Verlag, 2011; Georg Fischer, Christina Peters, Stefan Rinke, Frederik Schulze (Hg.), *Brasilien in der Welt. Region, Nation und Globalisierung 1870 – 1945*, Campus Verlag, 2013; Georg Fischer, *Globalisierte Geologie. Eine Wissensgeschichte des Eisenerzes in Brasilien* (1876 – 1914), Campus Verlag, 2017; Stefan Rinke, *Im Sog der Katastrophe, Lateinamerika und der Erste Weltkrieg*, Campus Verlag, 2015.

② Christoph Kalter, *Die Entdeckung der Dritten Welt. Dekolonisierung und neue Radikale Linke in Frankreich*, Campus Verlag, 2011; Michaela M. Hampf, Simone Müller-Pohl (Hg.), *Global Communication Electric: Business, News and Politics in the World of Telegraphy*, Campus Verlag, 2013; Marcel van der Linden, *Workers of the World. Eine Globalgeschichte der Arbeit*, Campus Verlag, 2017.

③ ［美］帕特里克·曼宁：《世界史导航：全球视角的构建》，田婧、毛佳鹏译，商务印书馆2016年版。

④ Sebastian Conrad, *Globalgeschiche: Eine Einführung*, p. 58.

⑤ Dominic Sachsenmaier, *Global Perspectives on Global History*, pp. 127 – 131.

全球史在德国的兴起与现状

第一，在学术层面，柏林墙倒塌以后，比较史和跨国史在德国兴起。许多德国学者借鉴美国比较社会学的方法进行研究，并很快应用到史学领域，将德国或欧洲的历史经验与其他地区进行比较。譬如上文提到康拉德的博士论文，就是运用比较史的视角来研究日本和德国的战后历史书写在国家认同建构中所起的作用。自20世纪90年代以来，德国历史学家将自身置于一个以英语国家为主导的跨国学术话语之中。年轻一代的历史学家不用再以前辈的方式来思考社会和政治在历史上的作用。夏德明认为，他们实际上是一种被民主绑架了的历史意识的捍卫者，而且在冷战中占主导地位的、与纳粹历史作切割的意识形态倾向已经消失。[1] 但事实上，这种倾向在当下德国的历史书写中并没有彻底消失。总之，德国比较史和跨国史的兴起，可以视作德国史学界对全球史的一种回应。[2]

德国史学界曾对跨国史进行过一场大的辩论，持续5年之久。科卡2001年在《历史与社会》杂志上发起讨论，他提出的问题是：能否书写一种跨国的社会史？如果能，应该如何书写？[3] 在争论过程中，逐渐偏离了对社会史的聚焦，科卡最初提出的问题并未得到很好的回答。不过，这场辩论却在事实上对跨国史的定义作了厘清。最广义的"跨国史"，是指从民族国家史学的束缚中挣脱出来的一种历史书写，包括所有比较研究；更准确的"跨国史"定义是指所有的跨境联系；狭义的"跨国史"则主张跨国的联系必须要在"低级"的组织——例如区域性或民族性的社会——中体现出来。[4]

第二，在社会层面，正如康拉德在《全球史导论》中将全球史在美国兴起的条件之一归因于美国的移民一样，[5] 德国的外来移民也越来越多，特别是总数在三百万以上的土耳其裔移民，深刻地影响着德国的政治和社会进程。20世纪60年代联邦德国为了解决战后男性劳动力稀缺的问题，从土耳其及东欧国家引进了大量客籍工人（Gastarbeiter）。自此土耳其人

---

[1] Dominic Sachsenmaier, *Global Perspectives on Global History*, pp. 169 – 170.
[2] 何涛：《跨民族史：全球史在德国史学界的回应》，《首都师范大学学报》2008年第6期。
[3] Jürgen Kocka, "Einladung zur Diskussion", *Geschichte und Gesellschaft* 27 (2001), p. 463.
[4] Jürgen Osterhammel, "Global History in a National Context: the Case of Germany", pp. 53 – 54.
[5] Sebastian Conrad, *Globalgeschiche: Eine Einführung*, p. 55.

便在德国扎根，因高出生率，土耳其裔群体数量迅速增加。① 除土耳其移民之外，德国还有一定数量南斯拉夫、越南和南欧国家的移民。移民问题成为德国公共舆论和学术研究中的主题。社会史学家韦勒曾经发表一系列文章，认为伊斯兰社会与西方是无法融合的，这是由自启蒙以来的传统所决定的。② 韦勒的文章引起轩然大波，许多历史学家加入论战。总之，数量庞大的移民群体及其造成的社会结构的多元化，在事实上推动了德国历史书写的"国际化"。③

德国全球史不同于美国全球史的一个显著特点，是它得到德国殖民史研究的助力。德国的殖民历史虽然短暂（从19世纪80年代至"一战"结束），殖民范围也不算广泛，但是自20世纪90年代以来成为德国史学界的显学。殖民史成为德国历史学者和区域研究专家互动和谋求共同研究议程的为数不多的史学领域。④ 进入新世纪，德国民众对殖民史的兴趣与日俱增。为了迎合这一需求，德国的新闻媒体制作了大量电视节目，报道有关德国的殖民行为以及相关的主题。德国殖民史的研究热度，得到了一个事件的助推——德国政府对1904年德国殖民者在纳米比亚种族屠杀事件的反思。据统计，1904—1908年，德国殖民者在纳米比亚屠杀了约6.5万名赫雷罗（Herero）土著居民。⑤ 这一事件在德国政府和社会内部引起大范围的讨论，在大屠杀一百周年之际（2004年），德国发展部长公开为德国殖民者的屠杀行径道歉，并纪念纳米比亚屠杀中的受难者。

德国殖民史在公共舆论中的热度，使它在德国的历史记忆和政治文化语境中具有了更广泛的影响。德国历史学著作的普通读者对殖民史的需求陡增，于是与殖民相关的主题，例如帝国主义战争、意识形态或在殖民国家的发展规划等，都成为史学研究的热点。德国殖民史新的书写范式不同于传统的殖民史研究，它的主要动机是解构欧洲中心论和民族国家的书写传统。于是，后殖民主义的影响开始在德国的历史书写中显现。一些学者

---

① Hidir Gelik, *Einwanderung Zwischen Assimilation und Ghetto: Arbeitsmigration aus der Türkei in die Bundesrepublik Deutschland*, Free Pen Verlag, 2009.
② Han - Ulrich Wehler, "Muslime Sind Nicht Integrierbar", *Taz*, 10.9.2002.
③ Dominic Sachsenmaier, *Global Perspectives on Global History*, pp. 139 - 143.
④ Dominic Sachsenmaier, *Global Perspectives on Global History*, p. 146.
⑤ 参考英国广播公司的报道：http://news.bbc.co.uk/2/hi/africa/3565938.stm［2018 - 06 - 20］

全球史在德国的兴起与现状

致力于向德国学术界引进后殖民主义的研究视角,譬如爱德华·萨义德的"东方主义",后殖民理论颇受年轻学人的追捧。①

对殖民史持续增长的兴趣,隐含着一种从跨国视角重新书写德国历史的企图。这股热情也会使人冲昏头脑,例如有人提议对"殖民"范畴进行重新定义,将希特勒对东欧的占领也纳入殖民语境,甚至有人建议将其延伸到近代早期以来的德意志扩张史。② 殖民地与德国之间的互动关系,是殖民史研究中一个富有成果的领域,譬如康拉德的教授资格论文运用跨国的和全球的视角对德意志第二帝国进行研究,提出德国民族认同中的跨国和全球维度,使德意志帝国更具全球野心。③

我们把殖民史的研究热归纳为德国全球史的特征之一,更多的是将其与美国全球史进行比较的结果。如果将参照对象换成英国时,它的这种特征就不那么明显了。但即便与英国全球史比较,"德国全球史得到了殖民史研究的助力"这种观点还是能够成立的,只不过德国的殖民史研究在广度和深度上都不能同英国相媲美。毫无疑问,在如何把帝国殖民史提升到全球史高度的探索中,德国人远落后于英国人。与英国不同的是,"二战"后迁到德国的移民,基本上不是来自德国的前殖民地区,而是来自土耳其、俄国、巴尔干半岛和地中海欧洲国家。④ 也就是说,德国殖民史研究对全球史助力的路径与英国是不同的,它更多的是依托社会舆论来反思殖民传统。在学术层面,德国殖民史对欧洲中心主义和以民族国家为中心的假设形成直接挑战,这对跨国史和全球史的兴起是有所推动的。

德国全球史的另一个特点是,它从区域研究的积累中获益良多。德国的区域研究,尤其是东方学,历史悠久。"二战"后这些小学科处于分散状态,逐渐被边缘化,资源没有得到有效的整合。实际上,不少全球史家之前都是某一区域研究的专家,例如奥斯特哈默和夏德明是中国史专家,康拉德则是日本史专家。康拉德提到,在柏林工作的优势之一就是可以整

---

① Dominic Sachsenmaier, *Global Perspectives on Global History*, p.147.
② Dominic Sachsenmaier, *Global Perspectives on Global History*, p.147.
③ Sebastian Conrad, *Globalisierung und Nation im Deutschen Kaiserreich*, C. H. Beck, 2006.
④ Jürgen Osterhammel, "Global History in a National Context: the Case of Germany", p.52.

合众多的区域研究资源。① 2007年柏林自由大学启动了一项"24变1"的计划，把24个"小学科"（例如伊朗学研究所、汉学研究所、突厥学研究所，等等）的藏书进行整合，建设一个全新的人文学科图书馆。② 笔者2012年至2016年在柏林自由大学突厥学研究所攻读博士学位，见证了这一改革过程。记得2012年刚到柏林时，包括突厥学研究所在内的二十多个区域研究所分散在达勒姆（Dahlem）的不同建筑内，有时候为了找书需要在不同的研究所之间往返。2015年全新的"校园图书馆"（Campus Bibliothek）投入使用，一万平方米的空间，超过百万册的藏书，为学者和学生的查阅提供了方便。"大文科"图书馆的建设，不仅是图书资源的整合，更反映了柏林自由大学文科建设理念的转变：要走出传统的各自为政的区域研究，走向具有全球视野的大文科研究。

虽然当下德国全球史研究中的中坚力量多数出身于区域国别史研究，或者说是外国史专业，但很难说研究外国史的学者比研究德国史的学者更具有全球眼光。德国年轻一代全球史学者的治学范围多数不再以民族国家来划分，而更多是以一些跨国性论题为研究对象，例如思想史、环境史、知识史、移民史、城市史等。这可以从柏林自由大学"全球史研究中心"的研究人员对各自研究范围的说明上看出来。即使是深受区域研究影响的德国全球史中生代学者，他们的学术背景也不是那么泾渭分明。一个很好的例子是波鸿大学的斯蒂芬·贝格尔，作为全球史家的他，研究的还是德国史的传统问题——德国人的身份认同、德国政党史和德国冷战史，只不过是放在了与他国比较的视野之下。这批学者的共同点，可以概括为"立足德国，放眼全球"。反观中国也是如此，在全球史刚起步时，主要是世界史（外国史）学者在呼吁，现在则逐渐有（将来必然会有更多）研究中国史的学者参与其中，后者并不一定比前者更缺乏世界性眼光。

我们在分析德国全球史的特点时，当然要考虑到德国特殊的历史经验

---

① German Scholar Organization e. V. 的主编Sefan Collet 2016年8月在柏林对康拉德进行了专访。在访问中，康拉德提到了他2010年选择回国的背景。https://www.gsonet.org/login/member-area/interviews/interview-details/gespraech-mit-dem-rueckkehrer-prof-dr-sebastian-conrad-european-university-institute-florenz.html ［2018-05-22］

② 该计划的内容见：https://www.fu-berlin.de/sites/campusbib/bibliothek/Projekt-24in1/index.html ［2018-05-22］

（例如两德的分裂和统一）和特殊的史学传统（例如民族认同和民族史书写的全球视角之间的张力）。全球史在德国的兴起，至少没有遭遇到德国历史上常见的史学路线之争。近年来德国的全球史作品，深化了人们对现代世界是如何形成的认知，并为德国殖民、大战等重大历史事件寻找外部动因。当然，有些研究或许会带来一些争议，例如以全球史视野对纳粹或一战的解释。[①] 不过，这种趋势还需要进一步地观察。

结　语

全球史兴起于美国，多数学者倾向于把威廉·麦克尼尔1963年出版的《西方的兴起》视作全球史诞生的标志。[②] 一度曾是史学理论的输出国、至少是积极贡献者的德国，在面对全球史时则显得比较被动，其中的原因十分复杂。首先，长期占据德国史学争论中心位置的是所谓德国的"特殊道路"问题。与英法等国的现代化进程相比，德国是一个"迟到的民族"，即它的民族国家形成较晚，并且是"自上而下"进行的。德国的历史发展既有别于西方，又有别于东方，既有一个早熟、高效的职业官僚体制，也有自上而下的改革传统。[③] 自普鲁士晚期以来，德国知识界倾向于从内部根源视角探讨德国的现代化道路。"二战"后的史学家，也更多的是从德国历史内部探寻纳粹崛起的根源。夏德明指出，在"二战"后的一段时间里，有些德国历史学家曾经尝试从外部根源视角来解释纳粹的起源，例如格哈德·里特尔（Gerhard Ritter）将纳粹的崛起归咎于雅各宾派的大众民主和军国主义。

20世纪60年代历史社会学派形成后，他们勇于揭开民族历史的伤疤，

---

① 《美国历史评论》最新一期发表了伦敦政治经济学院德国史专家大卫·莫塔德尔（David Motadel）的一篇文章，题为《全球专制时刻与反帝运动》。文章讨论了20世纪30年代至40年代的全球专制浪潮，揭示了反殖民民族主义者与纳粹政权之间的复杂关系。在二战期间，有大量来自北非、中东、中亚和南亚的反殖民民族主义分子来到德国，使柏林成为全球性反帝运动的中心。参见 David Motadel, "The Global Authoritarian Moment and the Revolt against Empire", *The American Historical Review*, Vol. 124, Issue 3（2019）, pp. 843－877.

② William H. McNeill, *The Rise of the West: A History of the Human Community*, University of Chicago Press, 1963.

③ ［德］于尔根·科卡:《社会史：理论与实践》，第202、211页。

将纳粹置于德意志历史的脉络中寻求解释。① 这种内源性的解释倾向，曾经使德国史学界变得相对"保守"。这里所说的"保守"，是指历史社会学派研究问题的路径是内源性的，并不是一般语义所指的贬义。实际上，从 20 世纪德国史学的发展脉络来看，历史社会学派是对长期占据主流地位的历史主义史学的超越，是推动德国史学变革的重要动力，而不是让德国史学变得更保守。

其次，民族国家叙事始终是德国历史书写的主流，长期以来"历史"就是"德意志民族史"的代名词。任何一位立志成名的史学家，毕生一定要写出一部德意志通史来。② 这在德国历史学者的研究方向上也有所反映。根据 2006 年的统计数据，从全德大学历史系教授的研究方向看，有 95% 的历史学者是从事欧洲史研究的，其中 85% 的人是研究西欧史（绝大部分研究德国史），10% 是研究东欧史。③ 剑桥大学的德国史专家理查德·埃文斯（Richard Evans）曾说："世界上有许多德国史专家，但德国只有很少的世界史专家。"④

相较于英美国家的全球史，德国的全球史有其自身的特点，这说明全球史在不同地区有着不同的表现形式。德国全球史家往往都有区域史研究的背景，可以视为从边缘来书写全球史的范式。但德国全球史也面临着一些问题，例如它的影响力主要是在欧洲，甚至是局限于德语国家。德国的全球史要真正走向全球，面临的主要是语言问题。作为一种学术语言，德语的影响力在二战后大幅下降，当下能读懂德语的外国学者少之又少。如今，德国的全球史家更倾向于用英语写作，或即使是用德语写的书，也要译成英语并在英美著名的学术出版机构出版，才能得到更多国际同行的认可。

这里似乎存在一种悖伦，如果德国乃至世界上其他非英语国家的全球

---

① Dominic Sachsenmaier, *Global Perspectives on Global History*, *Theories and Approaches in a Connected World*, pp. 115 – 116.

② Stefan Berger, The Search for Normality: *National Identity and Historical Consciousness in Germany since 1880*, Berghahn Books, 1997.

③ Dominic Sachsenmaier, Global Perspectives on Global History, *Theories and Approaches in a Connected World*, pp. 122 – 123.

④ Richard Evans, *Fakten und Fiktionen: über die Grundlagen Historischen Erkenntnis*, Campus, 1998, pp. 172 – 173.

史家都不得不用英语来写作或作品非要翻译成英语的话,那么最后就只剩下一种"同质化"的全球史了。但目前似乎没有更好的办法,只有通过这种方式与英美学界进行不断的互动和自我调适,才能让德国的全球史在国际全球史生态中保持一种存在感。这对于全球史方兴未艾的中国学界而言或许是有所启发的。

事实上,不少德国的全球史学者都有在美国或欧洲其他国家的大学中求学、访学或教学的经历。奥斯特哈默一针见血地指出,德国高校教授职位难觅、公立大学薪水较低、教学任务繁重等因素是造成德国全球史家"跨国"职业生涯的主要原因。① 德国全球史家在英美学术界有所成就的也不在少数。例如,近年来风靡世界的全球史著作《棉花帝国》一书的作者斯文·贝克特(Sven Beckert)就是土生土长的德国人。② 但是,他长期在哈佛大学任教,甚至《棉花帝国》的德文版也是从英文翻译而来的,这样再将他归类为"德国的"全球史家,似乎就没有太大的意义了。

奥斯特哈默曾指出,寻找德国全球史的"德国性"是极其困难的,甚至是徒劳的。③ 我们并不是要在本文中刻意地提炼出德国全球史家作品中的"德国性",而是希望通过对德国全球史家和相关学术机构的介绍,勾勒出全球史在德国的发展脉络,以及全球史在德国语境中的独特表现。奥斯特哈默教授在与笔者的通信中指出,他本人并不赞同"全球史的德国传统"这样的提法,更不希望自己的作品被冠以"典型德国的"这样的修饰词。这正说明了德国全球史家的全球意识。总的来说,德国的全球史与英美国家的全球史并没有本质上的区别。德国学者也无意去追求一种"德国的"或"欧洲的"全球史范式。康拉德将德文版的《全球史导论》改写成英文版的《全球史是什么》,能在美国历史学界受到高度评价,也说明了德国全球史的全球性。

(原载《史学理论研究》2019年第4期)

---

① Jürgen Osterhammel, "Global History in a National Context: the Case of Germany", p. 41.
② Sven Beckert, *Empire of Cotton: A Global History*, Knopf, 2014.
③ Jürgen Osterhammel, "Global History in a National Context: the Case of Germany", p. 41.

全球史在日本的兴起、实践及其特点[*]

康 昊

（上海师范大学人文学院世界史系）

全球史与社会史、民族国家批判是日本历史学界当今三大学术潮流。[①] 关于全球史在日本兴起的过程，目前已有羽田正《日本的全球史与世界史》一文所作出的学术史梳理。羽田正将日本全球史研究的起点追溯到20世纪70年代以后沃勒斯坦世界体系论的影响，并指出全球史的真正兴起源于21世纪以后川胜平太、高山博的介绍，而后秋田茂和水岛司真正开始将全球史的研究方法付诸实践。[②] 他的这一学术史回顾基本可以肯定，但较为简略，缺乏系统性的线索梳理，尤其对全球史兴起的内在条件的阐述明显不足。相对于以英语为媒介的欧美全球史研究，日本的全球史近年来迅速发展，取得了引人注目的成果。由于日本的历史学界与中国学术界在问题意识和方法论上存在相似之处，日本的全球史研究对中国开展全球史研究无疑具有参考价值。因此，笔者试图从外因和内因两个方面，结合日本的亚洲史、海域史、本国史研究的历程，重新对全球史在日本兴起的原因及其发展过程、特点和借鉴意义做一次系统的、全面的考察。

---

[*] 本文是国家社会科学基金重大项目"20世纪的历史学和历史学家"（项目编号：19ZDA235）的阶段性成果。

[①] 桃木至朗「現代日本の世界史」、秋田茂編『「世界史」の世界史』、ミネルヴァ書房、2016年、374頁。

[②] 羽田正「日本におけるグローバル・ヒストリーと世界史」、羽田正編『グローバル・ヒストリーの可能性』、山川出版社、2017年、80—103頁。

一 全球史在日本兴起的背景

日本的世界史研究兴起于明治维新以后的近代，与国史、西洋史、东洋史三科并立体制几乎同时形成，1900年前后，"世界史"一词取代"万国史"登场。二战以后，日本文部省对战前教育体制进行改革，在中学教育范围内将东洋史、西洋史合并为世界史一科。1949年"世界史的基本问题"座谈会召开。20世纪50年代中后期，上原专禄等开始对以欧洲为中心的世界史认识提出批判，倡导包含本国史在内，多元、立体、复合的各区域世界相互关联的统一"世界史像"的构建。1970年，文部省发布新的学习指导要领，明确将大航海时代以前的世界分为东亚、西亚、欧洲文化圈。1999年，文部省则将文明、文化圈替换为"地域世界"一词，在要领中明确强调世界一体化和全球化。但总体而言，日本的世界史研究，以国别史为主导的弊端仍然存在，世界史教育的基本模式仍然是各国、各文明单独历史的总和，并以16世纪以后西方影响下的"冲击—回应"模式进行书写。[1]

全球史研究在日本的兴起，首先是受到欧美学术界的影响——虽然这并不是最主要的因素。欧美学术界的影响主要体现在两个方面：一是20世纪70年代以后沃勒斯坦（Immanuel Maurice Wallerstein）"世界体系论"的影响；二是在沃勒斯坦之后是贡德·弗兰克（Andre Gunder Frank）《白银资本》与彭慕兰（Kenneth Pomeranz）《大分流》两部著作的影响。关于沃勒斯坦"世界体系论"对日本的影响，康拉德（Sebastian Conrad）、山下范久、桃木至朗等已经作了介绍。[2] 彭慕兰"大分流"论对欧洲中心主

---

[1] 南塚信吾「近代日本の『万国史』」、桃木至朗「現代日本の世界史」、秋田茂編『「世界史」の世界史』、293—320、368—389頁；羽田正「日本におけるグローバル・ヒストリーと世界史」、羽田正編『グローバル・ヒストリーの可能性』、80—103頁；有田嘉伸、小畑晃一「上原専禄の世界史理論：世界史の認識方法を中心に」、『長崎大学教育学部紀要 教科教育学』第44号、2005年3月、1—13頁；遠山茂樹『戦後の歴史学と歴史意識』、岩波書店、1968年、194頁。

[2] 山下範久：「世界システム論」、秋田茂『「世界史」の世界史』、345—367頁；[德] S.康拉德：《全球史导论》，陈浩译，商务印书馆2018年版，第76页；桃木至朗「現代日本の世界史」、秋田茂『「世界史」の世界史』、第374頁。

义的批判则直接刺激了"全球史"一词在日本的盛行,促进了亚洲经济史和日欧比较研究的进展。①

相较于外因,日本学术界开展全球史研究的内在基础更值得关注。全球史研究在日本兴起的内因有三:第一是20世纪70年代以来日欧近世(early modern)比较研究与"勤勉革命论"的提出;二是80年代以来"亚洲间贸易论"或"亚洲经济圈论"的盛行;三是90年代以来海域亚洲史和东部欧亚史研究的进展。

20世纪70年代以来日欧近世比较研究,是日本较早在全球史领域做出的贡献。斋藤修、杉原薰等人通过70年代以来的一系列研究,在日欧比较的视野下,认为与西欧资源密集型、劳动节约型经济发展相对,东亚各国实现了劳动密集、能源节约型经济发展。"勤勉革命论"(Industrious Revolution)一般来说是由弗里斯(Jan de Vries)提出的学说,但1976年速水融曾经提出与弗里斯理论同名异质的学说。速水融的"勤勉革命论"归纳了16—17世纪日本向市场经济转变过程中人口增加、生产形态由复合大家族经营演变为家庭劳动力小农经营,耕作技术反而倒退的状况。这与弗里斯立足家庭消费开支的理论不同。斋藤修则将弗里斯的理论译作"家庭开支革命",在批判速水融的基础上进一步开展近世日欧比较,特别是在《原工业化的时代》一文中从贸易、都市、农村工业、农业四个维度比较了17—19世纪的西欧与18—19世纪的日本,认为虽然日欧的原工业化(proto-industrialization)存在相似之处,但是最终日本的农村工业仍处在小农社会阶段,农村工业化没有加速人口增长,自家生产和直接消费的比重占压倒性多数,速水融式的"勤勉革命"或弗里斯式的"家庭开支革命"都没有发生,与西欧贫富差距扩大的发展模式相对,江户日本是未扩大差距的增长模式。② 杉原薰则认为,在大幅城市化和地理分工前提下,通过劳动密集型的技术与劳动吸收制度而实现产量的提升,这种情况在近

---

① 秋田茂「グローバルヒストリーから見た世界秩序の再考」、『国際政治』第191号、2018年3月、1—15頁;秋田茂「グローバルヒストリー研究と南アジア」、『南アジア研究』第19号、2007年12月、132—137頁;秋田茂「グローバルヒストリーの挑戦と西洋史研究」、『パブリックヒストリー』第6号、2009年2月、34—42頁。

② 斎藤修「勤勉革命論の実証的研究」、『三田学会雑誌』第97巻第1号、2004年4月、151—161頁;斎藤修「前近代経済成長の2つのパターン—徳川日本の比較史的位置」、『社会経済史学』第70巻第5号、2005年1月、3—23頁。

世东亚并未出现。① 在彭慕兰提出"大分流"之后,斋藤修又进一步拓展比较视野,关注亚洲内部发展差异的"小分流",开展对日本、印度和英国经济的比较。② 斋藤修与杉原薰等的日欧经济比较研究与"大分流"模式相呼应,成为20世纪以后日本开展全球史的先决条件之一。

"亚洲间贸易论"及"亚洲经济圈"的出现,是最为重要的内在基础。这一概念试图去除沃勒斯坦世界体系解释模式当中的欧洲中心主义,将亚洲地区的内在联系和动力作为考察对象,着重探讨亚洲区域的相对独立性,探讨以海域亚洲世界为中心的广域网络。③ 其代表人物有杉原薰、滨下武志、川胜平太等。这一研究潮流兴起于1984年以"近代亚洲贸易圈的形成与构造"为主题的社会经济史学会大会。杉原薰在大会上提出了"亚洲间贸易论"（intra-Asian trade）。他以1880—1913年的印度、东南亚、中国、日本为研究对象,探讨亚洲地域间贸易（intra-regional trade）的相对独立性,认为亚洲内部存在生产消费的相互补充关系。同时,杉原认为亚洲内部的国际分工体制依赖于世界经济,亚洲经济存在独立性和从属性两个方面。④ 川胜平太与滨下武志、杉原薰的关注对象大致相似,但与重视西方冲击的杉原不同,前者更强调亚洲内部独特的历史联系,认为近代亚洲内部贸易是由亚洲固有的传统结构发展而来。川胜平太提出西欧工业革命的过程实质上是摆脱对亚洲依赖的"脱亚"过程。⑤ 滨下武志在《近代中国的国际契机》一书中以长时段考察东亚,强调以朝贡贸易关系为基础构成的中国对亚洲关系、亚洲内纽带的重要性,注重亚洲区域内既独立又相互联系的"朝贡贸易体系"和"区域经济圈",从亚洲区域国际秩序和贸易关系的内在变化中把握近现代。滨下还认为西方在进入亚洲后

---

① 杉原薫「東アジアにおける勤勉革命経路の成立」、『大阪大学経済学』第54巻第3号、2004年、336—361頁。
② 斎藤修「近世—近代比較経済発展論：アジアとヨーロッパ」、秋田茂編『アジアからみたグローバルヒストリー』、ミネルヴァ書房、2013年、25—62頁。
③ 秋田茂「グローバルヒストリーから見た世界秩序の再考」、『国際政治』第191号、2018年3月、1—15頁；秋田茂「『長期の18世紀』から『東アジアの経済的再興』へ」、秋田茂編『アジアからみたグローバルヒストリー』、1—22頁。
④ 杉原薫「アジア間貿易の形成と構造」、『社会経済史学』第51巻第1号、1985年1月、17—53頁。
⑤ 川勝平太「海洋アジアから見た歴史」、川勝平太、濱下武志編『海と資本主義』、東洋経済新報社、2003年、14頁。

第二篇 全球史研究的回顾与展望

也不得不面临朝贡关系带来的"冲击"。① 在滨下的叙述当中，朝贡体系的规则到 19 世纪仍然是国际新秩序的重要因素，东亚地区既有结构的连续性得以重构。② 杉原与滨下分别是日本的西洋史和东洋史研究的代表，两者在对西方冲击的评价方面虽然存在差异，但在对亚洲经济圈的内在机制的探讨方面却保持了一致的问题意识。"亚洲间贸易论"及"亚洲经济圈"的立场，可以说成了日本的全球史研究的基础。

20 世纪 90 年代以来的海域亚洲史和东部欧亚论的出现，也是一个重要的内在原因。日本自二战以前在推行"亚洲主义"的同时发展了对亚洲的研究，二战以后亚洲史在去意识形态化的前提下重启。90 年代以来，最为兴盛的是两个方面的视角。其一是海洋视角的海域亚洲史；其二是内陆视角，重视中亚、北亚及游牧民国家的东部欧亚史。关于海域亚洲史，日本学术界在吸收乔杜里（Kirti N. Chaudhuri）、瑞德（Anthony Reid）等关于东南亚史、印度洋世界史的成果的基础上，已经成为具有日本特点的代表性研究领域。其中，桃木至朗发起成立海域亚洲史研究会，并主编《海域亚洲史研究入门》一书，在布罗代尔《地中海与菲利普二世时代的地中海世界》的影响下，关注 9 世纪至 19 世纪长时段以海洋为媒介的亚洲贸易、交流网络及国际关系，对东洋史、大航海时代史的研究模式进行反思，提出构建"新历史学和海域亚洲史"，并特别强调不是"亚洲海域史"而是"海域亚洲史"。③ 同时，越来越多的学者开始接受并使用"海域亚洲"这一概念。特别是日本学者格外注重对东亚海域的研究，村井章介、荒野泰典早在 80 年代就提出要从亚洲史当中讨论日本史，而不是局限于日本的对外关系史，并编写《亚洲中的日本史》丛书。④ 村井章介从日朝、中日、东亚与东南亚的互联及比较的视野入手，提出关注跨境人、物移动的"境界人（边缘人，marginal man）论"。在村井章介的影响之

---

① 濱下武志「朝貢貿易システムと近代アジア」、『近代中国の国際的契機』、東京大学出版会、1990 年、38—44 頁；濱下武志「中国の銀吸収力と朝貢貿易関係」、濱下武志、川勝平太編『アジア交易圏と日本工業化：1500—1900』、リブロポート、1991 年、21—51 頁。
② ［德］S. 康拉德：《全球史导论》，第 72、249—253 页。
③ 桃木至朗編『海域アジア史研究入門』、岩波書店、2008 年。
④ 赵庆华：《全球史视野下日本学界的明清东亚海域史研究——中岛乐章先生访谈录》，《海交史研究》2020 年第 1 期；荒野泰典、石井正敏、村井章介編『アジアのなかの日本史』（全 6 卷）、東京大学出版会、1992—1993 年。

70

下，日本 137 位学者合作完成了重大科研项目"东亚海域交流与日本传统文化的形成"（2005—2009 年，即"宁波项目"）。此项目衍生出一系列重要研究成果，其中包括由羽田正主编的《从海洋看历史》，将东亚海域以宏观视角分为 1250—1350 年"开放的海域"、1500—1600 年"相互竞争的海域"、1700—1800 年"分立共存的海域"三个时段。[1] 该书堪称日本近年来海域亚洲史研究的总结之作。

注重内陆视角的东部欧亚史研究，实际上是对西嶋定生以来的册封体制论、东亚世界论方向性的调整。日本学术界自二战以前开始对中亚、西亚等地研究，但"东欧亚世界""东部欧亚""欧亚东部"等词汇的盛行是在 21 世纪以后。[2] 一般认为东部欧亚史是对东亚研究当中中亚、北亚视角不足的反思，但铃木靖民则主张不局限于帕米尔高原以东，而应该关注波斯、印度等地，提倡对"更广阔的东部欧亚"空间的关照，并从《梁职贡图》入手重构通过贸易与佛教联系起来的亚欧大陆东部中心、周边、边缘三层国际关系。[3] 山内晋次、吉川真司、河添房江等也是此概念的提倡者。另外，中亚史的森部丰、荒川正晴，蒙古史的杉山正明等，均以广域的欧亚视角展开研究，其中杉山正明注重作为陆上欧亚大帝国和海上帝国的蒙古帝国的特征，视其为世界历史的创造者。其学说也促使日本史学界思考蒙古帝国时代日本所处的位置。[4]

以上是对日本全球史研究兴起背景及原因的梳理。欧美学术界对全球史研究方向的提出，是日本学者关注全球史、开展全球史研究实践的外部刺激，但显而易见，在全球史概念盛行之前，日本学术界的跨国界、跨区域互联及比较研究已有深厚基础，特别是对亚洲经济圈，对海域亚洲或内陆亚洲的研究成果及其新理论、新研究范式的提出，为全球史概念在日本

---

[1] 羽田正編『海から見た歴史』、東京大学出版会、2013 年；羽田正：《从海洋看历史》，张雅婷译，广场出版 2017 年版。

[2] ［日］古畑徹：《何为东（部）欧亚史：近年来日本古代东亚史研究的新动向》，《南开史学》2019 年第 2 期；冯立君：《东亚抑或东部欧亚：隋唐东亚关系史研究的理论、范式与成果》，《江海学刊》2019 年第 2 期。

[3] 鈴木靖民「東アジア交流史と東アジア世界・東部ユーラシア世界」、『古代日本の東アジア交流史』、勉誠出版、2016 年、399—413 頁。

[4] 保立道久「大徳寺の創建と建武新政」、小島毅編『中世日本の王権と禅・宋学』、汲古書院、253—300 頁；康昊「南北朝期における幕府の鎮魂仏事と五山禅林」、『アジア遊学』第 245 号、2020 年 3 月、135—158 頁。

的推行扫除了障碍。日本的全球史研究是在日欧比较研究、亚洲经济圈、海域亚洲史及东部欧亚史研究的扎实根基之上发展出来的。接着,笔者将主要以水岛司、羽田正及秋田茂三位日本的全球史主要倡导者为例,简述全球史研究在日本的特点。

二 全球史的实践者:水岛司、羽田正和秋田茂

近年来,"全球史"一词在日本学术界逐渐成为热门,倡导这一概念的代表人物有南亚史学者水岛司、英帝国史及亚洲国际关系史学者秋田茂、伊斯兰史学者羽田正。可见,三位都可以视为亚洲史学者。笔者将以这三位学者的全球史思想及历史研究实践为线索,试图分析日本全球史研究的特点与目标。

首先,需要关注的是三位学者对全球史或"新世界史"设定的目标或发展方向。水岛司在2008年和2010年先后出版《全球史的挑战》和《全球史入门》两部著作,并在后者中提出了全球史研究的目标:第一,关注长时段的历史动向;第二,超越一国史,研究欧亚大陆、南北美大陆等大陆规模或东亚、东南亚、南亚海域的海域亚洲世界;第三,破除欧洲中心主义;第四,关注世界的相互联系、相互影响;第五,关注奴隶、移民和商人的贸易网络,关注跨地区问题,以及疾病、环境、生态等问题。[1] 水岛司还指出,应从亚洲视角讨论全球史,认为17世纪以后全球经济最大的变化就是亚洲交易圈和欧洲交易圈结合到一起,18—20世纪的亚洲也并非单单卷入欧洲为首的全球经济,而是在保持一定自身机理的状况下与全球经济密切相关。[2] 大约同时,秋田茂也在其论文中讨论了全球史研究的目标,他指出全球史应重点探讨的问题有:第一,古代至现代诸文明的兴亡;第二,近世亚洲帝国(明清、莫卧儿帝国、奥斯曼帝国等)与欧洲海洋帝国;第三,以华侨和印侨为主的亚洲商人网络与移民、劳动力移动等跨地区问题;第四,与西欧的新大陆扩张同步的生态环境变化;第五,近

---

[1] 水岛司『グローバル・ヒストリー入門』、山川出版社、2010年、1—7頁。
[2] 水岛司「グローバルエコノミーの形成とアジア」、秋田茂編『アジアからみたグローバルヒストリー』、63—81頁。

现代国际秩序的形成与演变。① 可以说，二者对全球史的目标设定是基本一致的。

秋田茂和羽田正还对日本的世界史学科的发展方向提出了设想。其中，秋田茂在与桃木至朗等合编的《"世界史"的世界史》中提出了世界史学科的六个目标：第一，当代历史学新潮流是全球史、海域史、环境史以及对东亚经济的关注；第二，持续批判欧美中心主义、东方专制主义，破除"停滞的亚洲"论；第三，批判民族国家；第四，吸收回应反现代、超现代、后现代思潮；第五，去中心化的历史叙述；第六，摆脱人类中心主义。② 羽田正认为世界史学科最大的问题仍然是欧洲中心史观及话语体系的强势残留，为构建新世界史，必须对"文明""文明圈"重新考察。羽田同时提出新世界史的构想，其中稳健的方法是苏拉马尼亚姆（Sanjay Subrahmanyam）"连结的历史"（connected histories），活用多语种材料，探讨全球历史的彼此相关性；激进的方法是打破区域与国别，以世界为单位叙述各国史或区域史。具体来说基本方针有二：一是注重人类集团的相关性，去中心化；二是发现共同点，以"地球居民"的视角开展研究。③ 归纳来说，日本学术界的全球史或新世界史设定的目标主要有三：第一是破除欧洲中心主义，具体来说是通过对亚洲经济圈、亚洲商人网络、亚欧政治及经济比较的途径，通过已经较为成熟的亚洲史研究路径实现对欧洲中心主义的批判；第二是空间上注重广大区域的互联、相关性及跨地区联系的人与物的网络，追求去中心化的历史叙述，具体来说主要是对已有较深厚传统的亚洲间贸易及海域亚洲史研究进行延伸；第三是时间上注重长时段的历史叙述。

在以上的目标设定之下，羽田正和秋田茂各自组建了全球史研究机构与学术团队，从 2010 年开始在国际合作下开展了一系列的全球史实践。其中，羽田正依靠日本学术振兴会（JSPS）研究据点形成事业"新世界

---

① 秋田茂「グローバルヒストリーの挑戦と西洋史研究」、『パブリックヒストリー』第 6 号、2009 年 2 月、34—42 頁。

② 『「世界史」の世界史』集委員会「総論われわれが目指す世界史」、秋田茂編『「世界史」の世界史』、391—427 頁。

③ 羽田正「新しい世界史とヨーロッパ史」、『パブリックヒストリー』第 7 号、2010 年 2 月、1—9 頁；羽田正「新しい世界史と地域史」、羽田正編『グローバルヒストリーと東アジア史』、東京大学出版会、2016 年、27 頁。

史、全球史共同据点的构筑"（2014—2018 年）组建东京大学全球史研究据点 GHC（Global History Collaborative），以东京大学东洋文化研究所为载体，以东京大学研究团队为主要班底，同时广泛招收访问学者与青年合作学者，并与普林斯顿大学、法国社会科学高等研究院、德国柏林洪堡大学、柏林自由大学开展合作，举办国际学术会议、讲座、青年学者报告会、小型研究会、暑期学校与工作坊；开展研究者互访派遣项目；并由合作单位轮流开展共同研究会。秋田茂依托大阪大学设立的先导研究机构（OTRI）全球史研究部门，以大阪大学的研究团队为班底，在与桃木至朗的合作下吸收大阪大学周边研究力量，举行小型研究会（截至 2021 年 1 月已举办 89 次）、国际学术会议和工作坊。秋田茂本人还是伦敦大学全球经济史研究交流项目（GEHN）的参与者及亚洲世界史学会（AAWH）的发起人之一。[1] 羽田正与秋田茂一东一西，互相呼应、密切交流，以团队活动的方式拓宽了全球史研究的渠道。

羽田正与秋田茂团队的学术成果主要分为三类：第一类是对全球史或新世界史研究的方法论进行探讨的著作；第二类是以全球史的视野开展的世界史编写实践；第三类是以全球史的方法写作的具体研究著作。第一类方法论著作的代表作有羽田正编《全球史的可能性》，为 2015 年东京大学全球史据点举行第一次夏季学校及研讨会论文集的扩展。该书介绍并比较了日本和欧洲的全球史研究。[2] 尔后，羽田正又著《全球化与世界史》一书，探讨全球史视野之下世界史学科的发展方向，倡导超越国家、族群的新世界史。[3] 该书为东京大学全球史据点"全球史系列丛书"第一卷，相当于总纲，其后八卷为具体研究，除第二卷《未解放者、未被解放者：废奴的世界史》（铃木英明著）之外，其余七卷尚未出版。关于其全球史的研究的具体实践尚需期待该系列下一阶段的成果。关于第二类世界史的编写实践，以秋田茂、桃木至朗领衔，大阪大学历史教育研究会编的《市民

---

[1] 秋田茂「グローバルヒストリーから見た世界秩序の再考」、『国際政治』第 191 号、2018 年 3 月、1—15 頁；秋田茂「グローバルヒストリー研究と南アジア」、『南アジア研究』第 19 号、2007 年 12 月、132—137 頁。

[2] 羽田正「グローバル・ヒストリーの豊かな可能性」、羽田正編『クローバル・ヒストリーの可能性』、山川出版社、2017 年、2—7 頁。

[3] 羽田正『グローバル化と世界史』、東京大学出版会、2018 年。

的世界史》为代表。该书以对欧洲中心主义的反思为目标,追求各区域世界、帝国与文明互联的历史叙述,并着重构建横向联系与比较的"同时代史",譬如专门探讨了世界史上的"14世纪的危机"及其解除、"17世纪的寒冷化"与东亚局势的变动等。①

第三类全球史视野下的具体著作较多,譬如国内已经翻译出版的羽田正《东印度公司与亚洲之海》,以及秋田茂著《大英帝国与亚洲国际秩序》及其编著《超越"大分流"》和《全球史与战争》等。羽田正的前书以东印度公司的衰落为主线,通过对亚洲海域及贸易商人横向的历史分析,以比较的视野考察印度洋海域和东亚海域的特点,兼顾西方人进入亚洲海域以后与亚洲固有秩序的互动关系,追求非欧洲立场的东印度公司历史叙述。②秋田茂编《超越"大分流"》意在批判19世纪"停滞的亚洲"印象,通过对亚洲工业化与近代农业开发影响的考察,探讨"大分流"以后的亚洲经济,认为在帝国主义世界秩序下的亚洲仍保持强大实力。《大英帝国与亚洲国际秩序》则探讨19世纪以后的亚洲经济,将英帝国放在与亚洲、世界的关系角度展开考察。秋田认为丧失了军事优越和"世界工厂"地位的英帝国仍作为金融、服务业规则的制定者试图维持国际经济秩序中的结构性权力,印度、中国、日本为首的亚洲工业化实质上与英国的结构性权力起到了"相互补充"乃至"相互依存"的效果。③《全球史与战争》则为大阪大学全球史部门编写的丛书之一,该书旨在关注战争与秩序形成、战争与历史认识或自我认同的形成与变化、武器军事技术的传播与秩序形成。秋田在编写中也注重对欧洲中心主义的批判,认为以伊比利亚各国为中心的"大航海时代"作为开端的全球史书写是西方中心主义的典型。因而,该书运用海域亚洲史的学术成果,认为13世纪以来亚洲商人的远距离贸易已十分发达,葡萄牙人对日本的"铁炮(火绳枪)传来"

---

① 大阪大学歴史教育研究会編『市民のための世界史』、大阪大学出版会、2014年。
② 羽田正『東インド会社とアジアの海』、講談社、2007年;羽田正:《东印度公司与亚洲之海》,毕世鸿、李秋艳译,北京日报出版社2019年版。
③ 秋田茂編『「大分岐」を超えて:アジアからみた19世紀論再考』、ミネルヴァ書房、2018年;秋田茂「イギリス帝国と国際秩序」、『イギリス帝国とアジア国際秩序:ヘゲモニー国家から帝国的な構造の権力へ』、名古屋大学出版会、2003年、1—30頁。

|第二篇| 全球史研究的回顾与展望

也与明朝海禁、倭寇等东亚固有的国际秩序有关。①

可见，上述日本的全球史研究成果确实是对前述全球史目标设定的践行。其对欧洲中心主义的批判程度有差异，但均以打破欧洲中心主义的世界史叙述为第一目标，注重将欧洲的影响放在亚洲既有的经济政治结构中探讨；在空间上，均以广阔的海域或内陆亚洲空间为舞台设定，探讨亚洲广阔区域的横向互联；在时间上则追求长时段的历史叙述。日本的全球史研究方兴未艾，将来尚有广阔的空间。但是，通过对以上的研究成果和学术脉络的分析，我们仍可以看出日本全球史研究的一些特点。

三 日本全球史的特点与问题

日本与中国同为亚洲国家，在历史研究的方法和问题意识上有诸多共通之处。这使得日本的全球史研究比之欧美，对于中国的全球史领域发展有着特别的参考价值。那么，日本全球史研究的特点是什么呢？应该说，日本全球史研究最主要的特点就是对亚洲视角的提倡，对全球史之中亚洲内部人员、物资、信息和经贸联系的重视。具体来说，日本全球史研究的亚洲视角体现在三个方面。

首先，日本的全球史研究者大多以亚洲视角的全球史构建作为基本的问题意识和目标。譬如，水岛司倡导从亚洲角度讨论全球史，秋田茂将对近世亚洲帝国和亚洲商人网络的研究视作全球史的重点探讨问题，并将批判东方专制主义，破除"停滞的亚洲"论视为世界史学科的主要目标之一。② 在涵盖各个领域的羽田正和秋田茂的全球史团队中，亚洲视角的主导性、亚洲史学者在方向上的引领作用是不言而喻的。特别是水岛司治印度史、南亚史，秋田茂继承杉原薫的亚洲间贸易论，羽田正本身为伊斯兰史学者，桃木至朗则为越南史学者、海域亚洲史倡导者，其全球史实践均

---

① 秋田茂、桃木至朗「序章」、秋田茂、桃木至朗『グローバルヒストリーと戦争』、大阪大学出版会、2016 年、1—22 頁。

② 水島司「グローバルエコノミーの形成とアジア」、秋田茂編『アジアからみたグローバルヒストリー』、63—81 頁；秋田茂「グローバルヒストリーの挑戦と西洋史研究」、『パブリックヒストリー』第 6 号、2009 年 2 月、34—42 頁。『「世界史」の世界史』編集委員会「総論われわれが目指す世界史」、秋田茂編『「世界史」の世界史』、391—427 頁。

是在亚洲研究的基础上发展而来。从事全球史研究的日本学者多旗帜鲜明地标榜"亚洲视角的全球史"而非"日本视角的全球史",譬如秋田茂直接以"亚洲视角"入题,编著《亚洲视角的全球史:从"漫长的18世纪"到"东亚经济的复兴"》一书。①

其次,日本全球史研究对亚洲视角的重视,与其近代以来的学科体系密不可分;海域亚洲史、亚洲经济圈、东部欧亚史等能够奠定日本全球史学科研究的基础,也是日本历史学学术传统的产物。如前所述,近代以来的日本历史学奉行日本史、东洋史、西洋史的三科并立体制,亚洲史作为区别于本国史的"他者",成为与西方并立的被观察对象。二战后,亚洲史研究在去政治化、去意识形态化的背景下重启,又涌现出家岛彦一、杉山正明、桃木至朗、滨下武志、羽田正等一批具有国际知名度的代表性学者;且在亚洲研究中,东洋史学科长期以来具有发达的汉文或汉学传统。日本学者相对欧美学者在汉文方面的优势,使其可以较快地进入以丰富汉文典籍为中心的中日朝贸易史、② 东南亚贸易与国际关系史等领域。日本较早地开启了对中国经济史、朝贡贸易体系的研究,对互市体制的研究,对中朝、中日贸易交流的研究,其后的东亚海域史研究、亚洲经济圈研究在此基础之上展开。另外,在熟练运用汉文史料的同时,日本学者对多语种语言能力的重视,扫清了全球史研究的障碍。譬如以杉山正明、森安孝夫、森部丰为代表的北亚、内亚史学者,具有多种亚洲语言方面的优势。日本的本国史(日本史)学者相对来说语言能力较弱,但近期也出现了以欧洲语言材料考察日本史的趋势。在这样的学术传统下,相对来说日本的本国史学者并未在全球史的实践中占据主导地位,而是由日本史以外的亚洲史学者领衔。

最后,日本全球史研究的亚洲视角具有强烈的现实关怀,与二战后东亚经济腾飞有直接关系。日本经济高度增长期(1955—1973年)、东京奥运会(1964年)以及"亚洲四小龙"活跃、中国崛起之后,日本学者重启对亚洲经济内在机制的关注,为"亚洲复苏"寻找历史根据,并发展出

---

① 秋田茂「『長期の18世紀』から『東アジアの経済的再興』へ」、秋田茂編『アジアからみたグローバルヒストリー』。

② 本文"中朝贸易"指近代以前中国与朝鲜半岛的经贸往来,"日朝贸易"指近代以前日本与朝鲜半岛的贸易。

| 第二篇 | 全球史研究的回顾与展望

"亚洲间贸易论""亚洲经济圈""海域亚洲史"等概念和理论,寻找亚洲的历史内在连续性,弱化了西方冲击论的影响。以秋田茂为代表的全球经济史学者,在强烈的现实关怀下,寻找以东亚经济为牵引的亚洲经济快速发展的历史起源,解释20世纪70年代以后"东亚经济奇迹"实现的原因。[1] 秋田指出其研究的目标之一是对日本经济及中国经济的崛起作出历史的分析和评价,在长时段的历史中思考当代东亚经济的发展方向。

以上从三个方面讨论了日本全球史研究重视亚洲视角这一主要特点。毫无疑问,尚处于探索阶段的日本全球史研究仍然存在一些问题。

首先,是应以何种路径打破欧洲中心主义或西方中心主义的问题。以秋田茂为代表的诸多日本全球史研究者都在回答"大分流"的问题,并提出"超越大分流"。羽田正也认为,现有的全球史叙述即便认为18世纪的欧洲不占优势,但仍认为19世纪欧洲成为胜者,"欧洲的奇迹"发生,这就仍未摆脱欧洲中心主义,以欧洲优越和欧洲特殊为前提的史观并未根本动摇。[2] 对此,秋田茂选择的回答方式是论证19世纪以后亚洲经济的活力。然而,已经有一些学者提出疑问。譬如四方田雅史就指出,"大分流"的发生是很难否定的事实,既然秋田茂等描绘了一幅充满活力的19世纪亚洲经济图像,这样的亚洲经济为何未能产生"现代经济的增长",且未能给出合理的解释。因而,四方田认为这样的研究根本谈不上"超越大分流",反而是以"大分流"为前提,寻求亚洲与西欧共通性的一种尝试而已。[3] 类似的,羽田正试图站在亚洲视角,从亚洲的内在逻辑当中理解东印度公司兴衰史的尝试,也未能彻底走出以欧洲为标准、以欧洲为参照物的书写模式。[4] 并且,一些研究存在将"全球史中的日本"矮化为"对西方关系史"中的日本的问题。西方成为"全球史中的日本"的参照对象甚

---

[1] 秋田茂「『長期の18世紀』から『東アジアの経済的再興』へ」、秋田茂編『アジアからみたグローバルヒストリー』、1—22頁;秋田茂「経済援助・開発とアジア国際秩序」、『アジアからみたグローバルヒストリー』、197—224頁。

[2] 羽田正「新しい世界史とヨーロッパ史」、『パブリックヒストリー』第7号、2010年2月、1—9頁。

[3] 四方田雅史「書評:秋田茂編著『「大分岐」を超えて:アジアからみた19世紀論再考』」、『経営史学』第54巻第2号、2019年9月、67—70頁。

[4] 向荣:《世界史视野中的亚洲海域——读羽田正〈东印度公司与亚洲之海〉》,《文汇报》2019年8月2日。

至标准。譬如，大部分通行的日本中世至近世史叙述，都将堺和长崎视作"对西方贸易的窗口"而忽视其中亚洲贸易的成分；在探讨日本的开国及近代化问题时，将其置于对西方的模仿、学习或"脱亚入欧"的框架下进行阐述的基本模式仍未得到根本改变。对此，滨下武志在20世纪90年代就已经提出，应该将日本的近代史放在以中国为中心的朝贡贸易关系中来考察。① 滨下所提出的视角应该引起日本史学界的重视；在日本近世史的研究中，过度地强调16世纪以来西班牙、葡萄牙带来的"伊比利亚冲击"，忽视东亚国际秩序的内部构造，将织田信长、丰臣秀吉的对外观和"中华皇帝构想"解释为西方冲击的产物，这样的问题仍普遍存在。②

以破除欧洲中心主义为前提，或试图证明亚洲与欧洲处于同等水准，或试图寻找日本历史中的西方因素，最终反倒再次落入欧洲中心主义的怪圈。重构亚洲视角，或如羽田正所述"地球居民"视角的去除欧洲中心主义的全球史，对于日本的全球史学者而言仍然是一个任重道远的课题。当然，批判欧洲中心主义不是要抹杀欧洲影响的重要性，而是要在充分讨论亚洲内部经济的连锁与国际秩序的原理和机制的前提下，再来关注并正确评价欧洲的加入所产生的影响。

其次，比起日本的亚洲史研究，日本的本国史研究（日本史）对全球史的关注稍显不足，本国史学者参与全球史实践的仍相对较少。从事全球史实践的日本史学者主要是对外关系史领域的研究者。日本史研究的主流学术团体（历史学研究会、日本史研究会、史学会、大阪历史学会等），鲜有以全球史为探讨对象的学术活动。这是将"自我"与"他者"强行区分开来的东洋史、西洋史、日本史三科并立体制带来的负遗产。

最后，在批判"冲击—反应"以及东西对抗的书写模式的同时，日本的一些全球史学者矫枉过正，容易出现过度强调亚欧之间相互协作、相互补充的一面，忽视其对抗或压榨的一面，从而丧失对殖民主义批判视角的问题。譬如秋田茂《大英帝国与亚洲国际秩序》一书，认为亚洲工业化实质上与英国的结构性权力"相互补充"，过度强调了英国与亚洲利益的一

---

① 濱下武志「中国の銀吸収力と朝貢貿易関係」、濱下武志、川勝平太編『アジア交易圏と日本工業化：1500—1900』、リブロポート、1991年、46頁。
② 康昊：《"伊比利亚冲击"与室町、织丰政权的"中华幻想"》，《世界历史评论》2020年第2期。

致性，强调英国的资本输出对日本和中国工业化作出的"贡献"，忽视了对抗关系和经济侵略的存在。① 主张英帝国与印度、中国、日本等处于"相互补充"的关系的话，就无法对 20 世纪 30 年代以后日本帝国主义对亚洲各国发动的侵略战争作出正确评价。这一问题在"亚洲间贸易论"的阶段就已经存在，并为中国学者所指出。② 正确地对殖民主义及日本帝国主义的亚洲侵略进行定位，是日本的全球史研究不可回避的一个重要问题。

结语：日本全球史研究与中国的互鉴

笔者从日本的全球史研究兴起的背景、研究成果及特点三个方面，对全球史研究在日本的发展脉络做了一个简要梳理。日本的全球史研究是在其海域亚洲史、亚洲经济圈与东部欧亚史研究等基础上，受欧美学术界影响发展出来的。也正因为这个原因，日本学者以"亚洲视角"为口号，注重亚洲经济与国际秩序的内在机制，着力关注以长时段内亚洲空间为主的广大区域横向互联，并以此作为打破欧洲中心主义的武器。

中国是较早开展全球史研究的国家之一，但全球史的概念和方法无疑来源于西方。于沛指出，全球化进程是由西方主导的全球化的过程，全球史也不是"全球"的全球史而是保留有西方中心论的全球史，是按照西方中心的史学观念和西方意识形态塑造的全球史。③ 日本历史学界在进入全球史研究领域之后即意识到这个问题，将破除欧洲中心主义或西方中心主义作为日本全球史研究的主要目标之一。这一点与中国学术界是共通的。羽田正倡导以"地球居民"视角书写去中心的世界史，秋田茂、桃木至朗也提倡去中心化的历史叙述乃至摆脱人类中心主义。发展中国特色的全球

---

① 秋田茂「終章」、『イギリス帝国とアジア国際秩序：ヘゲモニー国家から帝国的な構造的権力へ』、名古屋大学出版会、2003 年、287—300 頁；西村雄志：「書評：秋田茂著『イギリス帝国とアジア国際秩序：ヘゲモニー国家から帝国的な構造的権力へ』」、『アジア経済』第 44 巻第 12 号、2003 年 12 月、57—60 頁。

② 秋田茂「戦期間中国の工業化に対するイギリスの認識」、『イギリス帝国とアジア国際秩序：ヘゲモニー国家から帝国的な構造的権力へ』、236 頁；庄红娟：《"亚洲间贸易论"的局限性研究》，《国际贸易问题》2007 年第 2 期。

③ 于沛：《全球史：民族历史记忆中的全球史》，《史学理论研究》2006 年第 1 期。

史,绝非在打破欧洲中心之后建立一种自我中心,而是要注重西方与非西方各要素共同参与的全球化进程。张旭鹏认为,中国特色的全球史不是单纯地突出中国在全球史中的重要性,也不是在全球史中多增加中国的内容,而是在坚持不同国家、地区、文明之间联系与互动的基础上,强调一种去中心的全球史。① 从这一点上讲,中日两国全球史研究的目标具有一致性,具备充分合作互鉴的基础。

如前所述,日本全球史研究最主要的特点是对亚洲视角的重视和对亚洲空间的关注。这也是值得中国的全球史研究关注的地方。可以说,亚洲是当前全球史中最受青睐的书写对象之一,在大多数综合性与概述性著作中亚洲的角色都相当重要,"发现亚洲"是全球史的重要研究主题。② 特别是东南亚史的重要性日益受到关注。作为印度洋文明圈与环中国海文明圈的交汇之地,东南亚堪称前近代世界最大的贸易中心,是海上贸易网络的中心地,近代以来仍然是重要的贸易集散地。③ 开展全球史视野的广泛的亚洲史,特别是对东亚、东南亚海域或印度洋、西太平洋海域的研究,对批判和扭转西方中心主义具有十分重要的意义;同时,开展全球史视野下的亚洲史研究也是我们应对亚洲经贸往来日益加深、亚洲区域逐步回归世界经济中心这一现实状况的必然要求。中国与日本的全球史研究都应当摆脱单纯的中国与欧洲的对照视角,关注更为广阔的亚洲空间,注重对亚洲海洋、内陆及跨区域人和物的联系网络的关注,将亚洲作为具有历史关联的有机体进行考察。

(原载《史学理论研究》2021 年第 2 期)

---

① 张旭鹏:《全球史与民族叙事:中国特色的全球史何以可能》,《历史研究》2020 年第 1 期。
② [德]塞巴斯蒂安·康拉德:《全球史是什么》,杜宪兵译,中信出版集团 2018 年版,第 189 页。
③ 川勝平太「海洋アジアから見た歴史」、川勝平太、濱下武志編『海と資本主義』、4—6 頁。

全球史研究：对民族—国家话语的反思与构建[*]

曹小文

（首都师范大学历史学院）

全球史、全球史观在国际史坛兴起于 20 世纪 50 年代，与世界史近乎同义。20 世纪 60 年代以来，出现了各种各样的世界史著作，有些已有摆脱"西欧中心论"和"欧美中心论"的意识，尝试从全球文明史的视角来研究世界历史，威廉·麦克尼尔的《西方的兴起》的出版是全球史作为一个领域诞生的重要标志之一。20 世纪七八十年代出版的世界史著作，反映出西方学术界打破传统"欧洲中心论"和殖民话语的史学思潮，这一时期兴起的"全球化的历史"被认为是全球史的核心。[①] 20 世纪 90 年代，全球史研究依托较为宏大的研究视野和对"欧洲中心论"的批判意识，迅速发展。21 世纪以来的全球史研究，由于契合了中国改革开放向纵深发展的文化需求，在中国得到广泛而深入的传播。一般认为，全球史研究在中国史学界零星出现于 20 世纪 80 年代，兴起于 90 年代，受到普遍关注并逐渐形成新的研究领域则是在 21 世纪。这一时期，西方学术界关于世界史或全球史的各种观点迅速被译介、评析，深刻影响了中国全球史研究的发展。全球史研究的持续深化在中国学术界产生了广泛影响，形成一股强劲的学术潮流，在拓展当代中国史学的研究深度、克服碎片化研究倾向、推动历史学发生变革等方面发挥了重要作用。从总体上讲，虽与世界历史学

---

[*] 本文是国家社会科学基金项目"中国世界史书写与话语变迁研究"（项目编号：16BSS006）的阶段性成果。

[①] Bruce Mazlish, "Comparing Global History to World History", *The Journal of Interdisciplinary History*, Vol. 28, No. 3, 1998, pp. 385–395.

差不多同时"进入了全球文明史或整体历史（总体史）的时代",[①] 中国全球史研究却存在一个"不断被发现"的过程——从认为中国的世界史不包括中国史、全球史是与世界史根本不同的全新研究理念和编纂方法，到认为中国的世界通史研究也是全球史研究的一个重要组成部分，反映出中国学者对全球史研究的新认识。

从整体上看，全球史研究虽然在深化诸如对"西欧中心论"与传统民族—国家话语的批评，围绕全球史与帝国、殖民主义研究的争论，对全球化与本土化等问题的认识上取得了积极进展，但需要解决的根本问题却是重新检视民族—国家话语之于全球史构建的作用和意义，亦即全球史与民族—国家话语的关系问题。本文即围绕这一问题展开辨析，探讨当前西方全球史研究中存在的去资本主义化倾向和西方中心论倾向，阐述民族—国家话语在全球史研究中的地位和作用，并就如何探索具有中国特色全球史提出自己的思考。

一 打破传统民族—国家话语的世界历史编撰探索

本文所论全球史指的是人类社会发展进程中曾经发生的个体、群体、民族、国家、地区之间的横向关系以及与外部环境之间的相互联系，是人类社会从分散到整体的客观历史发展进程，特别是全球化的历史发展进程。全球化正在把世界联结成一个密不可分的有机整体，整体发展和一体化趋势已成为我们这个时代的显著特征。20世纪是全球化的世纪，全球化在使各个国家和地区相互依存程度不断加深的同时，也使所有国家、地区及其社会各层面的活动具有了空间上的全球性。事实上，只要是"睁眼看世界"的人都能够明显地感受到跨越地理界限的全球性力量和全球性问题，可以看到正在形成的全球性趋势。人们的世界观、历史观开始发生重大变化，并清楚地认识到，个体、社会群体、组织，甚至民

[①] 张广智、张广勇：《史学：文化中的文化》，上海社会科学院出版社2003年版，第52页。

族—国家①均处于联系密切的各种网络中。这些日益发展的全球化因素和不断涌现的生态环境、社会治理等全球性问题，除了在现实中发挥越来越重要的作用外，在文化上也要求重新整合历史知识，形成看待历史的新视角、新话语，赋予历史上的全球性力量和全球性联系以新的时代特征和思想内涵。因此，反映这些趋势和潮流的全球史研究日益发展。

20世纪50年代以来，全球史研究者开始有意识地打破源于西方的传统民族—国家研究范式，关注不同历史时期不同人群、社会、民族和文明之间的联系与互动，力求从人类史的整体视角出发重构世界历史，②将研究视野转向欧美发达国家以外的地区，转向跨地区、跨国家，乃至全球的广阔空间。因此，跨国视野成为全球史研究者的重要共识。从全球史研究与编纂层面看，自20世纪60年代开始，全球史研究领域产生了一些具有上述鲜明理论特征和自觉探索意识的代表性著作。英国学者巴勒克拉夫1964年出版《当代史导论》，提出了全球史观，并在《当代史学主要趋势》和《泰晤士世界历史地图集》等著作中作了系统阐释。③美国学者斯塔夫里阿诺斯1970年出版《全球通史》（迄今已有七个版本），将研究重点放在对人类历史产生重大影响的历史运动、历史事件及其相互关联和相互影响上。④美国学者杜赞奇1995年出版《从民族国家拯救历史》一书，将对民族国家的解构与对"线性史观"的批评相结合，力图发掘被传统民

---

① 关于近现代意义上的民族—国家的起源，一般认为始自1648年欧洲各国达成的《威斯特伐里亚和约》，它标志着民族—国家的诞生。第一次世界大战打破了威斯特伐利亚体系，"民族—国家"概念向欧洲之外扩散，在非洲、西亚、东亚以及太平洋地区开始出现"民族—国家"雏形。第二次世界大战后，世界民族解放运动高涨，到1984年底，全世界已有独立国家170个，大致奠定了当代世界的政治版图。鉴于民族—国家在殖民体系瓦解、崩溃过程中发挥的重要作用，有学者将20世纪称为民族—国家的历史（参见［日］入江昭：《全球史与跨国史：过去、现在和未来》，邢承吉、滕凯炜译，浙江大学出版社2018年版，"序"，第2页）。民族—国家话语则指在传统帝国衰亡、近代殖民体系兴衰瓦解，以及经济全球化、政治多极化和文化多样化过程中反映民族—国家发展历史的文化理念和价值取向。

② 刘新成：《全球史观与近代早期世界史编纂》，《世界历史》2006年第1期。

③ Geoffrey Barraclough, *An Introduction to Contemporary History*, C. A. Watts & Co. Ltd., 1964; *Main Trends in History*, Holmes & Meier, 1978; *The Times Atlas of World History*, Hammond, 1978.

④ ［美］斯塔夫里阿诺斯：《全球通史：1500年以前的世界》，吴象婴、梁赤民译，上海社会科学院出版社1999年版，第45—46页。

族—国家叙事掩盖的历史。① 进入 21 世纪，美国全球史学者帕特里克·曼宁的《世界史导航：全球视角的构建》和麦克尼尔父子合著的《人类之网：鸟瞰世界历史》均反映出摆脱以传统民族—国家为中心的历史叙事，强调跨国联系、跨国纽带和发掘社会空间的强烈意图。② 作为对全球史观的回应，德国史学界形成一股跨民族史研究热潮，重点关注跨民族的历史空间，强调各种社会历史现象之间的联系与互动。③ 以格布哈特《德意志史手册》为代表的德国通史清晰地反映出从传统的以国家和民族为主要认知视角的世界历史释读取向，向以整体的、跨民族和跨国家为审视视角的全球史取向转移的过程。④ 在法国，年鉴学派已经开始抛弃"历史为民族叙事服务"的观点，帕特里克·布琼主编的《法兰西世界史》更是将"民族国家不能构成充分阐释其自身历史的有效框架"的学术旨趣发挥到了极致。⑤ 这类全球史著作着力探研世界范围内的交互性"联系"与"互动"，反映了这样一个客观实际，即随着各民族各国各大洲之间的界限被打破，全球性成为现代世界区别于前现代世界的一个重要特征。与以往基于传统民族—国家话语的历史叙事相比，全球史研究呈现出以下三个特点。

一是研究空间由民族—国家为主体的地域转变为跨民族—国家、跨地区，乃至全球。在全球史视野下，人们尝试突破传统的以民族—国家为空间地域的世界历史释读框架，将认知重点从逐个考察各民族和各国家的纵向发展历程来认识世界，转向从整体上有重点地呈现跨国家、跨民族乃至跨地区的横向发展联系来重新书写世界。在这样的形势下，全球史被认为

---

① Prasenjit Duara, *Rescuing History from the Nation: Questioning Narratives of Modern China*, University of Chicago Press, 1995. 该书中译本《从民族国家拯救历史——民族主义话语与中国现代史研究》（王宪明译，中国社会科学出版社 2003 年版），将原副标题"Questioning Narratives of Modern China"（质疑现代中国叙事）译为"民族主义话语与中国现代史研究"。参见邱巍《解构民族国家叙事与重写历史——杜赞奇〈从民族国家拯救历史〉述评》，《中共浙江省委党校学报》2004 年第 2 期。

② ［美］帕特里克·曼宁：《世界史导航：全球视角的构建》，田婧、毛佳鹏译，商务印书馆 2016 年版，第 176—178 页；［美］约翰·R. 麦克尼尔、［美］威廉·H. 麦克尼尔：《人类之网：鸟瞰世界历史》，王晋新、宋保军等译，北京大学出版社 2011 年版，第 1—6 页。

③ 何涛：《跨民族史：全球史在德国史学界的回应》，《首都师范大学学报》2008 年第 6 期。

④ 邢来顺：《德国通史编纂的全球史转向——以格布哈特〈德意志史手册〉为例》，《史学理论研究》2017 年第 1 期。

⑤ 汤晓燕：《一部全新法国史对法国民族性认同的挑战——帕特里克·布琼主编的〈法兰西世界史〉及其引发的论战》，《史学理论研究》2019 年第 3 期。

是反映过去人类一体化进程的整体性发展存在，而全球史研究的基本理念则是倡导打破传统民族—国家的研究框架，将研究对象放置于更为广阔的相互联系的整体空间中考察，力求在跨国，有时是横跨大陆的空间内，研究涉及不同性质的社会和文化。① 这是全球史研究区别于以往世界史研究最明显的特征。

二是研究对象由民族—国家转变为从宏大历史主体到微观个体层面的"联系"与"互动"。目前的全球史研究，倡导将研究对象置于互动网络体系中，以互动来理解历史，也就是将"联系"与"互动"看作重新认识人类社会发展的基本理念，尝试将气候、环境、一切生物和微生物统一纳入人类"生物圈"来考察。这极大丰富和深化了当今世界史的内涵和外延。它研究的大规模移民、物种迁徙、疾病传播、长途贸易、技术转移、帝国扩张、军事战争、文化交流、宗教传播和环境变迁等都是不同地域、民族、文化的人们"联系"与"互动"的具体表现形式。这些研究对象既可以是宏观的思想理论，也可以是微观个体的实证考究，但都要求具有全球史观的独特视野。

三是研究方法、研究理念由注重纵向发展历程的考察转变为突出横向结构层次的挖掘。与以往注重纵向时间维度的世界史研究不同，全球史在空间上并不是要书写涵盖整个世界的历史，而旨在树立一种"全球性语境"的意识，在研究方法和研究理念上更倾向于改变局限于传统民族—国家历史的书写范式，摆脱传统民族—国家范式与欧洲中心主义视角的束缚。② 全球史，"不是指日益趋同，而是指日益相互依存、世界不同地区之间在不同分析层面上加强相互理解、互动和交流的历史"。③ 在研究方法上，全球史跨越学科领域，既注重把握整体、呼应全局，又注意局部互动、发现联系。从编写形式看，全球史似乎更青睐不同领域的专题史研究，从剑桥中国史系列到哈佛中国史系列无不如此。上述《法兰西世界

---

① Marco Meriggi, "Global History: Structures, Strategies, Open Problems", *Annals of the Fondazione Luigi Einaudi*, Vol. 52, 2018, pp. 35–44.
② 杨钊:《理论反思与研究深化——2018 年全球史著作盘点》，《中国图书评论》2019 年第 2 期。
③ Jürgen Kocka, "Global History: Opportunities, Dangers, Recent Trends", *Culture & History Digital Journal*, Vol. 1, No. 1, 2012, pp. 1–6.

史》将超过三万年的历史用 146 个年份串联起来，各章节之间并无任何连续性，被称为用时间编排的"百科全书"词典。① 再如，德国学者于尔根·奥斯特哈默的《世界的演变：19 世纪史》，将整个 19 世纪史不仅分成了包括时间、空间、定居与迁徙等 11 个层次，还阐述了能源与工业、劳动、网络、等级制度、知识、"文明化"与排异、宗教七个主题。② 美国学者理查德·W. 布利特的《20 世纪全球史》在不到 50 万字的篇幅里更是设置了 23 个专题。③

全球史研究呈现的上述三个特点，反映了当今世界发展的全球化趋势。然而，另一个不容否认的事实是，当今世界上的民族、国家并没有因全球性因素的增长、全球化的深入发展而式微，伴随世界范围内反全球化浪潮的兴起，它们更加呈现增强和凸显之势。跨国公司、国际组织和区域经济一体化的迅速发展使国家权力在表面上似乎受到一定程度的限制，但却使资本更加依赖强大的民族—国家的推动与支持，近代资本的殖民化扩张是这样，当前世界的多极化发展也是如此。纵观整个人类历史进程，国家的发展脉络依然是清晰可见的：从作为早期人类文明重要标志的国家的产生，到世界历史上帝国的出现，到近代意义上的民族—国家快速发展，再到经济全球化进程中民族—国家形态的新发展。这表明：只要民族国家存在，它始终会与人类文明历史的发展密不可分，民族—国家话语也始终是认识世界历史的一把钥匙。因此，深入分析、恰当认识民族—国家话语在当前全球史领域中的种种表现及其在全球史理论中的地位和作用，应为当前全球史研究的重要任务之一。

在民族—国家仍为国际政治行为主体的当下，书写不属于任何一个民族的历史的可能性值得怀疑，即便是对于全球史研究来说也是如此。二战后各国历史学家在全球史和后现代主义等史学思潮的影响下，在反对"欧洲中心论"基础上，纷纷尝试批判或摆脱传统民族—国家的话语叙事，这

---

① 汤晓燕：《一部全新法国史对法国民族性认同的挑战——帕特里克·布琼主编的〈法兰西世界史〉及其引发的论战》，《史学理论研究》2019 年第 3 期。
② [德] 于尔根·奥斯特哈默：《世界的演变：19 世纪史》，强朝晖、刘风译，社会科学文献出版社 2016 年版。
③ [美] 理查德·W. 布利特：《20 世纪全球史》，陈祖洲等译，江苏人民出版社 2012 年版，第 6 页。

第二篇 全球史研究的回顾与展望

种将国家历史和人类、自然等全球性的联系、交流与互动结合在一起的新的历史研究类型,确实给人们提供了一种"共享"全球性变化与发展的印象,除了要共同面对民族叙事在大众历史想象中的主导地位外,还不得不面对全球变暖、难民危机、流行病、战争和恐怖主义等诸多全球性问题的挑战。① 但很显然,民族—国家话语并没有在全球史研究中消失,相反,全球史研究早已经成为重新书写民族—国家历史的新领域,民族—国家话语体系因之也获得了新的学术生命力。正像入江昭所指出的,民族—国家"仍旧是理解历史一个关键性的解释框架,并且在可以预见的未来,它的重要性不会降低"。② 伊格尔斯和王晴佳认为,"尽管像欧盟那样的跨国政府已经创立,民族国家甚至还扩大了自己的功能"。③ 事实是,只要民族—国家继续存在,民族—国家的历史也就将继续在历史编纂中占据广阔空间。④ 从这个意义上讲,民族—国家无论是从研究范式上看,还是从研究内容上看,远没有退出全球史研究领域,而是与物种、战争、贸易、疾病、灾害、生态、气候、帝国、宗教等视角逐渐融合,形成诸如人口迁徙史、疾病史、灾害史、帝国史、海洋史、跨区域史、气候史、大历史等全球史研究新领域。

从当今全球史研究和撰述实践看,我们也不得不承认全球史研究中的民族立场和国家立场并不比其他历史著作中存在的倾向少。梅根·沃恩认为,国家是当前在新的全球叙事中尚未充分探索的主要领域,当人们寻求超越各个民族国家的历史时,国家在全球事务中的作用仍然至关重要。⑤ 即使是主张以新世界史或全球史研究取代民族国家和个体社会的本特利也不得不承认,民族国家和个体社会作为分析单位,依旧是和跨地区、大陆、半球、大洋和全球等框架一样,"能够为许多历史进程的分析提供合适的语境"。⑥ 美国学者斯文·贝克特在《棉花帝国:一部资本主义全球

---

① Richard Drayton and David Motadel, "Discussion: The Futures of Global History", *Journal of Global History*, Vol. 13, Issue 1, 2018, p. 13.
② [日] 入江昭:《全球史与跨国史:过去、现在和未来》,第4页。
③ [美] 格奥尔格·伊格尔斯、[美] 王晴佳:《全球史学史——从18世纪至当代》,杨豫译,北京大学出版社2011年版,第414页。
④ [德] 斯坦凡·贝格尔:《通往民族历史编纂学的全球史》,孟钟捷译,《学海》2013年第3期。
⑤ Maxine Berg, "Global History: Approaches and New Directions", Maxine Berg, ed., *Writing the History of Global: Challenges for the Twenty-First Century*, Oxford University Press, 2013, p. 17.
⑥ [美] 杰里·H. 本特利:《新世界史》,夏继果、杰里·H. 本特利主编《全球史读本》,北京大学出版社2010年版,第65页。

史》中充分阐述了国家在全球史中的地位和作用。在他看来，国家在推进棉花资本主义的同时，也在推进自身构建，而恰是因为国家在新一轮的全球化过程中不可或缺的重要作用，"全球棉花帝国比从前更加依赖于强大的民族国家与帝国"，虽然全球史叙事框架把研究对象带出国家史和地方史的局限，但并没有割裂新叙事与国家史和地方史之间的深刻联系，国家和国家行为仍是理解全球化的关键。[1] 全球史使民族—国家话语体系的意义变得更加复杂化，全球史的视角没有将民族—国家视为多余和过时，而是通过对全球史的书写来重塑民族—国家的存在形态和历史意义。

这种全球史研究只是将研究对象由传统世界史分析框架下的基本研究单位——民族—国家变成全球性的"联系"与"互动"，而研究者本身的民族—国家立场并没有发生根本变化，并且这些立场和诉求最终还是要在研究中体现出来。这恰是目前许多全球史研究者或忽视，或有意遮蔽，甚至讳莫如深的地方。今天，一些全球史研究者将大量精力投注于环境、气候、疾病、物种、商贸、文化、移民、宗教等领域，有意无意地剔除和屏蔽政治、意识形态等因素，这固然是在纠正"西方中心论"等弊端，但也在不同程度上遮蔽了处于世界体系边缘的国家和地区争取民族独立和国家富强的正当性与合理性。此类全球史话语不仅掩盖了中心国对边缘国的经济剥削和政治操控，而且也呈现出一种去国家化、去民族化的研究路径，被认为具有"把近代早期的全球交往与欧洲自身资本主义的发展割裂开来，甚至'去'资本主义，使资本主义的发展与近代以来的世界历史进程脱钩"的倾向。[2] 这种全球化中的"去"资本主义化倾向，在过去的20年里，使得人们不愿意谈论资本主义，更倾向于使用强调全球性联系和互动的话语，客观上淡化了这种关系的不平等性质，遮蔽了19世纪以来资本—帝国主义依靠暴力和血腥侵略所建立的全球殖民体系。当备受推崇的"联系""互动"和"交流"等词汇被频繁用来描述近代西方国家与非西方国家关系的"去资本主义化"时，其中的一个结果便是在一定程度上模糊了人们关于全球化进程中西方殖民体系对世界其他地区造成压迫与剥削的认知，遮蔽了全球史中的很多历史主体在本质上与资本主义民族—国家

---

[1] ［美］斯文·贝克特：《棉花帝国：一部资本主义全球史》，徐轶杰、杨燕译，民主与建设出版社2019年版，"中文版序一"，第3、5页。

[2] 俞金尧：《全球史理论和方法评析》，《史学理论研究》2016年第1期。

的一致性。由此,我们不难看到:以"互动""交流"为主题构建的全球史,始终无法完成打破民族—国家话语的"惊鸿一跳",相反却在最本质的意义上,自觉不自觉地书写着全球化进程中特定的资本主义民族—国家的历史。

二 非西方民族—国家的全球史编撰

正如世界多极化日益成为世界历史发展不可阻挡的趋势一样,文化多样性也愈发成为推动世界历史前进的潮流,成为推动经济全球化日益深入发展的重要力量。民族—国家在经济全球化中的重要性愈益凸显,世界经济发展重回"经济主权"时代,在文化上的独立意识和多样化发展愈发自觉,这在全球史研究方面引发了重要变化。目前,占据主导地位的西方全球史研究,特别是帝国史研究,[1]仍在对非西方国家的历史文化进行强力

---

[1] 关于帝国史与全球史的关系,[德]塞巴斯蒂安·康拉德的《全球史导论》《全球史是什么》、[美]帕特里克·曼宁的《世界史导航:全球视角的构建》等,都对帝国史在全球史中的地位和作用进行了探讨,他们认为帝国史已经成为全球史研究的分支领域或重要内容。[美]柯娇燕在《什么是全球史》一书中更是直截了当地将全球史学家的任务作了精炼的概括:"全球史学家立志寻找理解人类状况的钥匙:超越对过去几个世纪的曲解,透过帝国和霸权遗留下的表面结构洞察其本质,以此来理解在全部历史中塑造人类命运的力量,并且预测未来。"([美]柯娇燕:《什么是全球史》,刘文明译,北京大学出版社2009年版,第112页)由此可见,帝国史在全球史研究领域中的地位之重要。在全球史视野下,"帝国"这一来自西方的学术话语受到了无数人的追捧,帝国史范式被广泛运用于历史研究,形成了一股强劲的思潮。甚至在一些西方学者看来,"(帝国)这个词好像最近才从过往的历史中被找出来,如今却有可能取代国家",因为"帝国这一现象则超越了文化的边界","具有民族国家所无法比拟的全球性"([法]帕特里斯·格尼费、[法]蒂埃里·伦茨主编:《帝国的终结》,邓颖平、李琦、王天宇译,海天出版社2018年版,"序:永远的回归",第9、10页)。濮德培等新清史研究者都认为,曾经几近消失的"帝国"研究,"无论是作为地缘政治现实,还是学术研究对象,都出现前所未有的盛象"(Peter C. Perdue, "China and Other Colonial Empires", *The Journal of American-East Asian Relations*, Vol. 16, No. 1 - 2, 2009, pp. 85 - 103)。以上种种迹象表明,"帝国"已经成为西方全球史研究的重要内容。杰里·H. 本特利等全球史学者主张将帝国扩张的军事活动作为全球史研究的重要内容之一,并企图"以大范围对比的跨文化的系统分析"取代民族国家和个体社会等历史研究中最基本的分析单位([美]杰里·H. 本特利:《新世界史》,夏继果、杰里·H. 本特利主编《全球史读本》,第44页)。甚至有西方学者这样评价这一现象:"著名的帝国史学家已经成为全球史研究最狂热的倡导者。一些帝国史,尤其是大英帝国史与全球史关联如此之紧密,以致于真的很难把它们区分开来。"(Simon J. Potter, Jonathan Saha, "Global History, Imperial History and Connected Histories of Empire", *Journal of Colonialism and Colonial History*, Vol. 16, No. 1, 2015, pp. 1 - 36)在全球史研究浪潮中兴起的"帝国史"研究尽管不是全球史研究的唯一范式,却是重构世界史、解构现代主义的一种学术实践。

阐释和规训重塑，试图在世界政治经济新格局、新秩序下对世界历史进行解构、重构和再包装。比如，新清史学者声称以全球视角来重新探讨现代世界秩序的形成，试图构建出清朝的帝国本质及其浓厚的内陆帝国特色，从而得出清朝具有殖民主义特征的结论。[1] 新清史学者通过有意提前近代殖民主义产生和扩张的时间、拓展近代殖民主义活动空间，使得殖民主义的暴力、血腥，以及资本扩张所带有的"血和肮脏的东西"，一并成为各个民族，乃至世界历史发展的普遍存在。这样就可以将"帝国"理解成一种在民族和文化多样性条件下保证政治稳定的统治形态，而不仅仅是欧洲殖民者的罪孽，[2] 殖民行为也大可看作人类历史进程中的一种自然现象，是天经地义的了。这种帝国史研究的泛化与前述"去"资本主义化，共同构成了当今西方全球史研究中的两大强势话语。与此同时，国际史学界也显示出越来越多非西方民族—国家学者研究和编写全球史的新尝试，这在一定意义上改变了西方学者在全球史研究中占主导的局面，推动形成了全球史研究领域多中心、齐流并进的新态势。

全球史的形成，实质是生产力迅速发展基础上各民族普遍交往的结果，而各民族、国家之间的普遍联系，毫无疑问也就成为全球史研究的重要内容。全球史观不应该是以西方文化为唯一核心内容的历史观念，更不应为西方文化所独有，全球史分析并不意味着"必然就会成为帝国主义或者全球资本主义的意识形态工具"，[3] 它是历史认识的一种新方法、新视角，是呈现人类历史的一种历史编纂形式。一部全球史著作表现出怎样的意识形态倾向，关键要看是谁站在怎样的立场上来使用它。在全球化日益深入发展的今天，任何一个国家对本土价值的重建已经没有可能通过躲避或排斥经济全球化、现代化的浪潮和趋势来进行，对于各式各样的"中心

---

[1] 参见下列文章和著作：Michael Adas, "Imperialism and Colonialism in Comparative Perspective"; Peter C. Perdue, "Comparing Empires: Manchu Colonialism"; Nicola Di Cosmo, "Qing Colonial Administration in Inner Asia", *The International History Review*, Vol. 20, Issue 2, 1998, pp. 371 – 388, 255 – 262, 287 – 309; Peter C. Perdue, *China Marches West: The Qing Conquest of Central Eurasia*, Harvard University Press, 2005; Laura Hostetler, *Qing Colonial Enterprise: Ethnography and Cartography in Early Modern China*, University of Chicago Press, 2005。

[2] ［德］S.康拉德：《全球史导论》，陈浩译，商务印书馆2018年版，第217页。

[3] ［美］杰里·H.本特利：《新世界史》，夏继果、杰里·H.本特利主编《全球史读本》，第64页。

论"的批判和质疑,不可能通过思想上的"闭关自守"和强调纯而又纯的思想文化来完成,"不应该从所谓原生文化精髓开始,而应始于重建传统形式的地域归属感与'文明'被重塑的过程"。① 正如有学者指出:"发展中的落后民族在面对全球化所带来的挑战时,应该正视现实、积极参与到全球化的大潮中去,争取机会,加速发展,只有这样才能融入国际社会发展的主流,与整个世界的发展互动。"② 从这样一种理念、方法出发,不同的国家和民族、不同的历史思维和历史认识,会做出不同的价值判断,从而使全球史呈现出更加丰富多彩的内容。

众所周知,全球史研究自 20 世纪中期出现以来一直标榜并致力于反对"欧洲中心论",摆脱各种地域、种族、国家权力的偏见,书写处于多种文化统一过程之中的整个世界。③ 在一些全球史学者看来,欧洲中心主义、东方主义、种族主义和其他富于进攻性的民族中心主义的视角,都不可避免地歪曲其他民族和社会的形象,因而,全球史研究理应跳出将一些历史经历看作完全特殊的、无从比较的并与其他人的历史毫无关系的窠臼,在更大范围的历史语境中理解全人类的经历,即"以不同的视角审视世界,将我们对过去的诠释去中心化",客观地看待不同观点,"而不是强调这些观点之间的差异是固有的文化差异",④ 唯其如此,才有机会摆脱欧洲中心主义和其他民族中心主义历史观。⑤ 在此,康拉德对全球史研究中实现"去中心化"的途径提出了自己的认识:一方面要处理好根深蒂固地内植于知识生产学术机构中的"欧洲中心论"与不善交流的本土化范式之间的关系;另一方面要处理好各个民族—国家在其撰写的全球史中表现出的主体性与新型中心论之间的界限。在康拉德看来,"全球性"(globality)命题总是直接与利益、立场和权力关系挂钩,受制于知识生产的等级秩序,这也就意味着意识形态性与"全球性"无法彻底分开,很大程度上体

---

① [德] 塞巴斯蒂安·康拉德:《全球史是什么》,杜宪兵译,中信出版社 2018 年版,第 153 页。
② 孔令栋:《马克思的"世界历史"思想和经济全球化进程》,《史学理论研究》2002 年第 4 期。
③ 刘新成:《文明互动:从文明史到全球史》,《历史研究》2013 年第 1 期。
④ [德] 塞巴斯蒂安·康拉德:《全球史是什么》,第 152—153 页。
⑤ [美] 杰里·H. 本特利:《新世界史》,夏继果、杰里·H. 本特利主编《全球史读本》,第 65 页。

现在全球史研究的中心和视角上。因而，通过编写所谓"去中心"的全球史是不可能做到完全的中立和客观的，其实质也就只能是一种倡导所谓无中心的"西方中心论"。因为，以西方为主导支撑的"全球"一词的话语和概念掩盖了形塑现代世界的社会等级秩序与权力不均，以及深受权力不均与暴力影响的"去政治化"的事实。康拉德进而分析指出，之所以能够造成这种格局并不是这些术语和概念"具有内在的普世特质，它们的主导地位往往得力于强制与压迫，以及对其他概念的排挤"，所以他更强调"以开放的心态面对概念创新，以及源自非西方历史研究的新术语的引入"。①

学者们开始意识到非西方的视角对于描绘世界历史的可能性，并且纷纷为此作出积极尝试。越来越多的非西方国家学者围绕"如何界定人类历史的统一性""如何理解文化的多样性"等重要问题"进行持续的对话、交流甚至竞争"，②越来越多的"西方外部"国家源源不断地向世界提供不同的方案和智慧。他们"一方面试图找到一条使自己国家实现物质现代化的道路，另一方面，也在尝试在这个过程中寻找一种对现代世界的描述方式"。③非西方国家从20世纪50年代开始兴起的政治、经济与文化主体性意识觉醒的宏大潮流，在经济全球化趋势的影响下，不断对自身历史主体性与旧帝国秩序进行理论性思考与实践，④呈现出越来越自觉的全球史意识。在西方学者当中，斯塔夫里阿诺斯较早认识到这股宏大潮流的全球史意义，专门撰写了全球史经典名著《全球分裂：第三世界的历史进程》一书来探讨第三世界的兴起。⑤康拉德则从理论上探讨了非西方国家的历史研究在全球史领域明确反欧洲中心主义方面所具有的地位和优势。他认为："'西方'与其他地区的交互关系、非西方行为体所扮演的角色，会跟

---

① [德]塞巴斯蒂安·康拉德：《全球史是什么》，第159、169—170页。
② 董欣洁：《西方全球史的方法论》，《史学理论研究》2015年第2期。
③ 殷之光：《看不见的中东——一个从"反帝"视角出发的全球史叙事尝试》，《文化纵横》2017年第4期。
④ 殷之光：《宰制万物——来自帝国与第三世界的两种现代时间观及全球秩序想象》，《东方学刊》2020年第4期。
⑤ [美]斯塔夫里阿诺斯：《全球分裂：第三世界的历史进程》上下册，王红生等译，北京大学出版社2017年版。

南—南关系一样被认真对待。"① 目前,产生较大学术影响的主要有下面几个流派。

一是印度庶民学派。代表人物是拉纳吉特·古哈(Ranajit Guha)、萨义德·阿明(Shalid Amin)等人。该学派自20世纪80年代以来主要通过底层立场、跨学科方法和文本批判性的话语分析,努力构建一种在西方话语和模式之外的,能够展现第三世界历史发展差异性和多样性的非西方历史书写新范式。②面对风起云涌的全球史研究浪潮,印度学者提出"再不能不假思索地将欧洲人的概念移植到非西方语境之中",而是要"重新找回印度自身逻辑的权威,并以此界定印度及其他前殖民地国家的历史"。③印度庶民学派对于殖民主义史学的质疑与批判,以及以后殖民主义为研究视角的历史编纂实践,给学界提供了一个构建非西方史学新范式的典范。④"底层研究"系列丛书因而得以和爱德华·萨义德的《东方主义》相提并论,被认为不仅对改变西方、拉丁美洲和非洲的历史思想和写作有着重要意义,对中东和亚洲也有重要意义。⑤有国外学者将类似庶民学派等学术团体看作全球史领域批判"欧洲中心论"的先驱,⑥更有印度学者直接探讨了庶民学派和全球史的关系。⑦

---

① [德] S. 康拉德:《全球史导论》,第15页。
② 印度庶民学派开创的历史研究范式尽管与全球史研究并不完全等同,不能简单认为是一回事,但值得注意的是,印度庶民学派的历史研究与全球史研究之间存在的千丝万缕的关联,已经逐渐为中外学者所关注。比如,田颖慧认为,印度庶民学派是学术话语全球化的产物,是新兴起的世界知识分子的一个重要组成部分(参见田颖慧:《全球化视角下庶民学派的再审视》,硕士论文,河北师范大学,2014年)。邓欢以构建非西方史学新范式的印度庶民学派为重点,探讨了后殖民史学与全球史的关系(参见邓欢:《庶民学派:非西方史学新范式的构建——兼及后殖民史学与全球史关系论析》,《天津社会科学》2016年第2期)。
③ [德] 多米尼克·萨森迈尔:《全球史与西方史学批判》,孙岳译,刘新成主编:《全球史论集》,中国社会科学出版社2015年版,第42页。
④ 邓欢:《庶民学派:非西方史学新范式的构建——兼及后殖民史学与全球史关系论析》,《天津社会科学》2016年第2期。
⑤ [美] 格奥尔格·伊格尔斯、[美] 王晴佳:《全球史学史——从18世纪至当代》,第14—15页。
⑥ 参见 Dominic Sachsenmaier, "Global History and Critiques of Western Perspectives", *Comparative Education*, Vol. 42, No. 3, 2006, pp. 451 – 470; Angelika Epple, "New Global History and the Challenge of Subaltern Studies: Plea for a Global History from Below", *The Journal of Localitology*, Vol. 3, 2012, pp. 161 – 179。
⑦ Déborah Cohen, Urs Lindner, Sumit Sarkar and Emmanuel Renault, "Subalternité et Histoire Globale", *Actuel Marx*, No. 50, 2011, pp. 207 – 217。

二是尼日利亚伊巴丹历史学派。伊巴丹学派出现于20世纪50年代，其代表人物有著名历史学家肯尼斯·戴克（K. O. Dike）和阿德·阿贾伊（J. F. Ade Ajayi）。该学派主要致力于打破由欧洲史学派生的研究方法和概念框架，侧重本土化的研究方法，构建非洲的本土史学。这类学术思潮对国际学术新格局的形成具有重要作用，"对全球史学研究形态的转变更是难能可贵"，[①] 成为全球史研究领域的一支新兴力量。尽管非洲历史研究还存在很多显而易见的局限，但正如有学者指出的，其进步意义在于通过这些学者的努力，使得"欧洲中心论所鼓吹的把非洲视为没有历史的大陆的观点已经寿终正寝"，[②] 非洲历史日益成为全球史研究无法忽视的内容。伊巴丹学派的成就主要体现在大量学术著作的出版、理论观点上的突破和研究方法上的开拓，与坦桑尼亚的达累斯萨拉姆学派、塞内加尔的达喀尔学派共同成为"非洲史观"的代表性学派。[③] 值得注意的是，联合国教科文组织编写的八卷本《非洲通史》的绝大多数主编来自非洲的中南部，这表明非洲的专业学者在国际学界非洲历史研究中正在发挥着越来越重要的作用。[④] 对"非洲历史的重写"，强调应当脱离"欧洲扩张"框架，树立自身主体性，在某种程度上表明已经具有全球史视野的非洲史研究正日益成为新的发展趋向。

三是日本的全球史研究。日本学界的全球史研究体现出日本学者鲜明的民族—国家构建意识，具有较强的政治色彩。冈田英弘的《世界史的诞生：蒙古帝国的文明意义》强调消解传统历史书写中的东西方界限，试图从全球史的视野重新诠释东亚文明。以杉山正明为代表的日本全球史研究者的目的则更为明确，即："将现有的世界史叙事，悉数作一次拆解，然

[①] [德]多米尼克·萨森迈尔、孙岳：《全球史与西方史学视角批判》，《全球史评论》第9辑，中国社会科学出版社2009年版，第39页。

[②] [美]格奥尔格·伊格尔斯、[美]王晴佳：《全球史学史——从18世纪至当代》，第319页。

[③] 李安山：《非洲民族主义史学流派及其贡献》，《世界历史》2020年第1期。

[④] J. Ki-Zerbo, ed., General History of Africa, Vol. I: Methodology and African Prehistory, United Nations Educational, Scientific and Cultural Organization, 1981, pp. 1–3. 阿德·阿贾伊是八卷本《非洲通史》的主编之一，担任第六卷的写作任务。该书的总序强调从"内部角度来看待非洲历史，而不能再沿用外国的价值观念来衡量"，非洲史不能作为殖民体系的一部分，需要对欧洲叙述下的非洲进行祛魅。总之，"书写属于非洲自身的历史"等理念清晰地反映出伊巴丹历史学派的主张（参见J. 基－泽博《非洲通史》第1卷，中国对外翻译公司1984年版，第14、15页）。

第二篇 全球史研究的回顾与展望

后再加以重新组合,也是一种解决办法。这在日本若能实现,说不定反倒会出现一个更好的世界史图像,一个由日本发声的世界史。"这个新构建的"世界史",就是要对以往的"以西欧中心主义的西洋史为主,再加上从中国史出发的东洋史的基本结构"作彻底的改变。① 很显然,这也就是日本人心中的"全球史",羽田正将其归纳为"全球史"的日本视角。沟口雄三认为,把世界作为方法来研究中国,这样的世界归根结底只不过是欧洲而已,而以中国为方法研究世界,就是要呈现"把中国作为构成要素之一,把欧洲也作为构成要素之一的多元世界","就是要用这种连同日本一起相对化的眼光来看待中国,并通过中国来进一步充实我们对其他世界的多元性的认识。而以世界为目的就是要在被相对化了的多元性的原理之上,创造出更高层次的世界图景"。② 值得注意的是,日本讲谈社推出的21卷《兴亡的世界史》,以帝国为锚点,横向连接各个地区,构建出全球历史的四维图景,③ 其中文版首辑已推出九卷,与讲谈社《中国的历史》合为双璧,基本代表了日本全球史研究的最高水平。

上述各国的全球史探索表明,突破西方话语的束缚正在取得积极进展。值得注意的是,东西方学界仍有不少人看不到这些变化,顽固地坚持西方话语决定论。比如,一些西方学者对能否冲破西方话语藩篱问题讨论的结果是:历史学家们要么成功地,要么颇费周折地将他们的观点移植到西方理论和概念的基础上,虽然跨专业研究领域和学科之间的对话容纳了更多角度,但目前这些社会科学分析类别不可避免的是西方的。④ 具体到中国,尚有一部分学者一方面沉溺于西方话语中自怨自艾、不能自拔,认为"无法跳出世界历史的语境讨论中国,更无法在西方之外建构一个自给自足的中国";⑤ 另一方面还把非西方国家学者站在自己立场上开展的全球

---

① [日]杉山正明:《蒙古颠覆世界史》,周俊宇译,生活·读书·新知三联书店2016年版,第31—33页。
② [日]沟口雄三:《作为方法的中国》,孙军悦译,生活·读书·新知三联书店2011年版,第130—132页。
③ [日]慧田哲学:《一部摆脱西方视角的世界史:厘清中国在世界横向和历史纵向坐标上的位置》, https://www.sohu.com/a/427770186_237819 [2021-06-17]。
④ Alessandro Stanziani, "Empires, Colonies, Connexions: What Is Global History?", *Annales: Histoire, Sciences Sociales*, Vol. 73, Issue 1, 2018, pp. 215-217.
⑤ 党为:《美国新清史三十年:拒绝汉中心的中国史观的兴起与发展》,上海人民出版社2012年版,第230页。

史研究斥之为另外一种"中心论"。[①] 这种观点看不到全球史研究的发展变化,不承认世界政治经济新格局、新秩序给文化发展带来的决定性影响,抹杀了全球史研究背后的"主导全球政治经济体系的物质因素与结构因素",[②] 因此是没有前途的。这些观点事实上已经成为非西方民族—国家的全球史研究进一步发展的障碍。

各国兴起的全球史研究表明,越来越多的非西方学者正在尝试摆脱有关世界秩序的西方学说纠葛,即保有西方文明现代化的积极成果与抛弃西方殖民主义的两难处境,试图跳出以西方为主导的传统民族—国家话语,重新书写新的具有全球视野和品格的民族—国家史。这些非西方"历史学家对重新规划和重新定义国别史范式的参量产生了新的兴趣",[③] 形成构建非西方全球史的种种学术探索。全球史研究的这一新趋势,显示出西方话语越来越无法维系其霸权和垄断地位,日渐泯为众多知识构建话语和知识生产中心的一种,包括西方与非西方在内的多中心知识生产格局已经初露端倪。国际学术视野下的全球史研究,固然需要一个国家的学者撰写出尽可能客观、尽可能为各国学者所认可的全球史,更多的可能则是不同国家的全球史成果之间的交流与碰撞,在相互激荡中共同促进全球史研究的发展。事实上,这是一种无法阻挡的文化潮流,也是全球史编撰避免陷入"西方中心论"或者去中心化窠臼的唯一可行途径,它本质上是世界多极化发展在思想文化领域的真实写照。从整体上看,全球史研究是在包括西方与非西方不同国家、民族推出的全球史成果不断交流碰撞、激荡扬弃的基础上向前发展的,而单纯所谓"去"中心化的全球史研究,在某种意义上仍然是一种维护既有的"西方中心论"的话语决定论。

文化从来都是在相互借鉴和交流过程中融合发展的,作为"文化中的文化"的历史研究当然也不例外。具体说来,中国全球史研究要独立地对世界历史进行研究和思考,不可能去抵制全球化时代的到来,更不能去被动适应强势文化国家的全球化模式,将自己的头脑让与他人作思想的跑马场,希冀在别人的概念体系中完整地阐释自己的观点,而应该在全球化背

---

① 参见〔德〕塞巴斯蒂安·康拉德《全球史是什么》,第151—152页;〔美〕杰里·H. 本特利:《新世界史》,夏继果、杰里·H. 本特利主编《全球史读本》,第65页。
② 〔德〕塞巴斯蒂安·康拉德:《全球史是什么》,第155页。
③ 〔美〕格奥尔格·伊格尔斯、〔美〕王晴佳:《全球史学史——从18世纪至当代》,第410页。

景下，更好地探讨如何平衡拓展中国历史时空内涵与增进中国历史文化认同两者之间的关系，将西方和非西方的历史放到全球史进程中加以叙述和书写，自觉地构建有中国风格和特点的新的世界史理论体系和话语系统。这在某种意义上既能够拓展和丰富中国历史的内涵，又可恰当地对待基于19世纪西欧学术领域框架和价值基准的历史书写范式，以改变"全球史中的大多数话题是由西方历史学家书写的，90%的全球史的重要著作缺乏东方视角"的状况，[①] 探索全球化时代更趋真实的世界史图像。这样的全球史研究，应该成为构建当代中国历史学，乃至构建具有中国特色的哲学社会科学的重要内容。

三 探索构建中国特色全球史范式

一般而言，通史编撰水平集中体现着一个国家历史研究的最高水平。全球史编撰反映着一个国家的历史研究对本土化与全球化关系问题的把握，从较高层面上体现出整个国家理性思考世界历史发展大势的能力与水平，标志着这个国家和民族对世界历史进程的参与水平和融入程度，及其文化在世界学术发展中的话语权。这触及如何恰当处理文化的民族化与现代化、本土化与全球化的关系问题，是一个国家和民族在制定发展战略的过程中不能回避的重大现实问题，也是世界史和全球史中的一个重要理论问题。如何将中国通史编纂的优良传统与全球史书写结合，探索一种既能发挥两者所长，又能满足新时代所需的全球史，即具有中国特色的全球史范式，是摆在中国学者面前的新课题。

中国特色全球史的指导思想是马克思主义唯物史观。中国学者对全球史给予了足够的关注，并且将其作为历史研究与书写的重要方法，甚至重要范式加以探讨。它自觉地以唯物史观为理论基础，更加彻底地摒弃"西欧中心论"或"西方中心论"，既不脱离世界史坛的主潮，更不脱离中国史学的历史与现实，而是将当代中国社会发展纳入全球史的广阔背景中去认识和思考，并对其中的重大问题做出马克思主义的回答，又要实事求是体现出开放繁荣、共赢发展的人类命运共同体理念。这种客观审视全球史

[①] 周兵：《全球史书写亟需中国视角》，《文汇报》2014年3月3日。

研究中的国家、民族立场的观念，其实并不妨碍全球史研究过程中的科学性，相反正是由于在这方面具有清醒的认识和冷静的头脑，才更可能编写出经得起检验的全球史著作。

中国特色全球史应将资本主义主导的全球化与社会主义引领的历史大变革作为重点。迄今为止的全球史研究，还只是探讨了"以美国为中心的由西方主导的全球化过程"，这不是全球史的全部内容，而是"仍直接或隐含保留有'西方中心论'的全球史"，是资本主义主导下的全球史。[1]从马克思和恩格斯在《共产党宣言》中所阐释的关于资本主义和共产主义发展的世界历史理论，以及20世纪以来资本主义与社会主义的现实发展，全球范围内的"世界性交往"等具有世界历史意义的客观历史来看，这些内容书写了马克思主义的全球史的上篇。事实上，关于社会主义思想的产生、发展、传播；关于国际共产主义运动的历史，即苏联以及其他国家和地区社会主义的历史；关于科学社会主义在中国翻天覆地的实践等内容，在目前已有的全球史著作中，并未得到应有的重视，就更不用说系统、客观地阐述了。通常在西方话语的描述中，"马克思被赋予的角色是恐怖和古拉格的先知，而共产主义者被赋予的角色实质上即使不是恐怖和古拉格的先知，也是它们的卫士"。[2]这些现象已成为全球史研究进一步发展的阻力。具有中国特色的全球史不仅要重新书写以往全球史关注的人类文明互通互联的历史，而且还要关注世界社会主义500年的演变史、国际共产主义运动的发展史、社会主义与资本主义两种制度模式的合作斗争史等，尤其是应将资本主义主导的全球化与社会主义引领的历史大变革作为重点，这将构成马克思主义全球史的下篇。

中国特色全球史应该体现中国文化本位和中国立场。对于那种想当然地认为，通过全球史研究来发掘中国历史的空间内涵和多元族群，甚至企图构建推动中国历史发展的多个主体、多条主线来展现更加"客观真实"的中国历史的观点和做法，我们应该特别慎重。这些观点与做法，尽管在

---

[1] 于沛：《全球史：民族历史记忆中的全球史》，《史学理论研究》2006年第2期。
[2] ［英］埃里克·霍布斯鲍姆：《如何改变世界：马克思和马克思主义的传奇》，吕增奎译，中央编译出版社2014年版，第368页。

| 第二篇 | 全球史研究的回顾与展望

殖民地国家发挥了清除西方价值观念、挖掘自身历史等积极作用,[①] 但在中国,可能更多地表现为消弭中国历史上赓续不断的历史文化认同、共同价值理念和共同理想追求等。而这恰是中华民族在当代赖以生存并不断发展的文化基因、精神血脉。中华民族几千年来生生不息、一脉相承的价值追求和统一和平的政治理想,是书写中国特色全球史的根本立场。事实上,历史从未远离我们,"每一个国家过去的经验仍然深深地影响着人们今天的思考和行动方式……中国历史学家仍然能够尽量借助过去来影响他们在未来世界历史中的位置"。[②] 从总体上看,中国特色全球史,不仅仅是空间拓展与历史主体多元化的刻意发掘,更是一种基于对中华民族发展长河中重大问题的重新解读而丰富和发展了的历史时间的内涵积淀,发掘出中国之所以为中国、世界之所以为世界的历史演进和现实呈现,进而构建起中华民族记忆中的全球史。这才是当代中国史学应有的胸怀和气度,也可看作具有中华民族历史记忆的全球史研究的新目标和新追求。

中国特色全球史应该承继中国世界史的优秀史学遗产。在西方学者眼中,全球史与世界史并没有本质上的区别,二者之间是可以画等号的。不同的是,中国的"世界史"与西方的"全球史"是两个内涵和外延"颇为不同"、两者"应该而且也必须区分开来"等认识却是根深蒂固的。[③] 类似的观点,尽管在当前依旧大有市场,但已然有了很大改观。前有梁启超在 20 世纪初将中国史纳入世界历史的尝试,[④] 后有王国维、陈垣、陈寅恪、向达、齐思和、傅斯年对"塞外之史、殊族之文",尤其是西域的探研。[⑤] 吴于廑将世界通史界定为"对人类历史自原始、孤立、分散的人群

[①] 陈来:《中华文明的核心价值:国学流变与传统价值观》,生活·读书·新知三联书店 2015 年版,第 62 页。
[②] 王赓武:《更新中国:国家与新全球史》,黄涛译,浙江人民出版社 2016 年版,第 22 页。
[③] 刘文明:《全球史理论与文明互动研究》,中国社会科学出版社 2015 年版,第 5 页;"前言",第 1 页。
[④] 参见曹小文《新史学:20 世纪前后中国人心中的世界史——试论梁启超的世界史观》,《学术研究》2016 年第 2 期。
[⑤] 参见袁英光、刘寅生《王国维年谱长编》,天津人民出版社 1996 年版,第 272—301 页;陈垣《元西域人华化考》,《陈垣全集》第 2 册,安徽大学出版社 2009 年版,第 209—390 页;陈寅恪《陈垣元西域人华化考序》,《金明馆丛稿二编》,生活·读书·新知三联书店 2011 年版,第 269—271 页;向达《唐代长安与西域文明》,河北教育出版社 2007 年版;齐思和《匈奴西迁及其在欧洲的活动》,《历史研究》1977 年第 3 期;傅斯年《史学方法导论》,上海古籍出版社 2011 年版,第 38—39 页。

发展为全世界成一密切联系整体的过程进行系统阐述",而全球史理论与这一理论"正好属于同一理论层次",都具有世界通史编纂方法论性质。[①] 还有学者指出,全球史研究强调的对跨文化互动的研究与吴于廑的世界史体系构想中关于世界历史"横向发展"的思想相吻合。[②] 齐世荣也认为,世界通史编纂、世界通史体系研究是一门专门的学问,而全球史教材在某种程度上与我国的世界通史重合。[③] 这些认识从不同角度表明,中国的全球史研究和教学处于初步发展阶段的同时,也指出了中国的世界史研究对全球史研究的进一步发展具有的意义和价值。20 世纪 50 年代以来,雷海宗、周谷城、吴于廑等老一辈学者对宏观世界史的探索和理论思考,以及近年来得到重视的马克思世界历史理论,为建设具有中国特色的全球史学科奠定了坚实的学理基础。[④] 1991—1994 年出版的吴于廑、齐世荣主编的六卷本《世界史》被认为是中国运用"全球史观"撰写世界通史的代表性著作。[⑤] 中国社会科学院世界历史研究所组织编写的《世界历史》反映了我国世界通史研究的最新进展,"实践了全球史编纂的旨趣":既展现全球化是一个具有几千年行程的由分散走向统合的渐进性历史进程,又"凸显了整部《世界历史》的全球史特色"。[⑥] 近年来,有学者提出,中国史学界在全球史研究领域形成了吴于廑提出的整体世界史观、罗荣渠构建的现代化史观、彭树智和马克垚开拓的文明史研究三种研究路径,"是中国全球史理论与方法发展过程中的重大成果"。[⑦] 这些认识标志着中国的全球史研究的新进展、新趋势,同时也表明在进一步发扬中国世界历史的优良传统和优秀史学遗产方面还有大量的工作要做,而中国学者关于全球史研究的总结和辨析更应成为编撰中国特色全球史的理论出发点。

中国特色全球史研究的现实需求是认清中国在全球化新格局中的地位

[①] 刘新成:《论题:什么是全球史》,《历史教学问题》2007 年第 2 期。
[②] 俞金尧:《全球史理论和方法评析》,《史学理论研究》2016 年第 1 期。
[③] 梁占军:《一个新的世界史视角:全球史》,论坛文集编委会编《和谐·创新·发展——首届北京中青年社科理论人才"百人工程"学者论坛文集》,中国人民大学出版社 2007 年版,第 374 页。
[④] 刘文明:《全球史:新兴的历史学分支学科》,《人民日报》2012 年 3 月 1 日。
[⑤] 徐蓝:《20 世纪世界历史体系的多样性与编纂实践》,《史学理论研究》2005 年第 3 期。
[⑥] 曹小文:《20 世纪以来中国的世界通史编纂研究》,中国社会科学出版社 2015 年版,第 94、103 页。
[⑦] 董欣洁:《中国全球史研究的理论与方法》,《贵州社会科学》2018 年第 8 期。

第二篇 全球史研究的回顾与展望

和作用。具有中国特色的全球史要以中华文明的原创力和影响力为着眼点和出发点，探索中国史的世界历史意义，以及世界历史的中国阐述。如果说以往的全球史研究更多地着眼于中国融入世界进程的话，那么今后的全球史研究很有可能会更加自觉地探讨世界历史发展进程中的中国。有学者指出，"一带一路"正在开创全球化3.0版本，它"将打破在资本主义世界化进程中所造就出的既有世界中心—边缘结构"，① 区域全面经济伙伴关系关系协定（RCEP）签署落地等多边主义举措大大推动经济全球化发展，大大推动重塑新型全球化新格局。这从事实上印证了关于全球化是世界上几乎全部民族—国家共同参与的重大历史发展进程、"有一些重要的推动力来自其他地区，尤其是东亚"的观点。② 具有中国特点的全球史研究，事实上就是要构建充分反映这种社会生产力高度发展和科技进步必然趋势的全球化研究。

中国特色全球史要在马克思主义世界历史理论等"大历史观"③ 指导下，深入阐述当代中国面临的"世界百年未有之大变局"，既具有中国五千多年历史发展的纵向眼光，深入阐释坚持和发展中国特色社会主义的历史底蕴和现实基础；又具有全球联系的横向视野，充分展现在世界社会主义500年的发展长河中，社会主义与资本主义两种制度的合作与斗争，充分展现人类历史波澜壮阔的文明历程，为推进人类命运共同体建设贡献中国智慧。在充分辨析全球史研究与书写的实质、在充分吸收西方和非西方全球史研究的优秀成果基础上，中国学者应该认真总结马克思主义史学和中华优秀传统文化的珍贵遗产，特别是深入发掘中国历史编纂的"通史家风"和通史精神，书写富有中国特色、中国气派和中国风格的全球史著作。

（原载《史学理论研究》2021年第4期）

---

① 张康之、张桐：《评"世界体系"的经济主义取向》，《吉林大学社会科学学报》2016年第2期。
② ［美］格奥尔格·伊格尔斯、［美］王晴佳：《全球史学史——从18世纪至当代》，第1页。
③ 于沛：《从大历史观看人类命运共同体》，《求是》2019年第3期。

"新全球史"：马兹利什对当代全球化的思考

刘文明　汪　辉

（首都师范大学历史学院）

全球史在美国发展的过程中，学者们以不同的概念来称呼这个不同于传统世界史的新兴研究领域。大多数学者仍然使用"世界史"（world history）这一名称，但同时也认为它是一种"新世界史"（new world history），而另一些学者则称之为"全球史"（global history）。随后，又出现了"新全球史"（new global history）、跨国史（transnational history）等概念。因此，美国史学界对全球史并没有形成一个明确统一的概念，学者们从自身的学术传统和理解出发，从事着具有共同理念的各种全球史研究实践。其中，布鲁斯·马兹利什（Bruce Mazlish）对这一问题的思考值得我们关注。他认为"世界史""全球史"和"新全球史"是三个不同的概念，并由此大力倡导"新全球史"。国内学者对威廉·麦克尼尔、霍奇森、斯塔夫里阿诺斯、本特利等人的"世界史""新世界史"或"全球史"研究已有一些介绍和探讨，而对马兹利什主张的"新全球史"很少论及。本文便试图对马兹利什的"新全球史"概念及其研究主题，以及他为何提出这一概念的原因，进行初步探讨。

一　全球史的概念表述及研究视角

将马兹利什的"新全球史"置于美国全球史兴起的学术背景下来考察，有助于我们理解其"新全球史"所具有的学术价值及其在全球史兴起过程中的地位。

| 第二篇 | 全球史研究的回顾与展望

20世纪下半叶,当美国大学通识教育和历史研究分别淹没在西方文明史教学和区域研究之中时,少数富有开创精神的历史学者顺应全球化趋势,积极倡导世界史的研究和教学,批评美国历史研究和教学中的西方中心观,反对用传统的文明进步史观来组织和编纂世界史,呼吁建立具有全球视野和相互联系的世界史。这些学者包括威廉·麦克尼尔、马歇尔·霍奇森、列夫顿·斯塔夫里阿诺斯、杰里·本特利、布鲁斯·马兹利什等人。他们主张从跨国家和跨文化的视角来理解日益成为一个整体的世界,赋予传统的世界史概念以全球化背景下的新含义。对于这种新的世界史,学者们之间由于教育、经历和学术背景的差异,并没有形成一个统一的概念。许多人仍然沿用了"世界史",有人称"新世界史",也有人称"全球史",而马兹利什则在"全球史"的基础上提出了"新全球史"概念。这些学者用不同概念来表述自己所研究的对象和内容,反映出各自的研究视角、方法和主题,正是这些不同角度的研究推动了美国全球史的兴起。

威廉·麦克尼尔在探索中基本上使用了"世界史"这一概念。虽然麦克尼尔1963年的成名作《西方的兴起:人类共同体史》没有直接使用"世界史"作为书名,但是书中以不同文明互动为主线的宏大历史叙事,表明了其宏观世界史的研究思路,而这一思路在其后1967年出版的《世界史》中得到进一步发展。麦克尼尔书写世界史的基本路径,是把不同文明之间的互动作为理解和叙述世界历史变迁的核心工具。钱乘旦先生对此评价说:"在麦克尼尔眼中,文明是历史的行为主体,所以他的叙述是以文明为单位的,换句话说:如果把麦克尼尔的《世界史》比作一个舞台,那么舞台上的人物是'文明',故事发生在'文明'之间。"① 与麦克尼尔同在芝加哥大学工作的马歇尔·霍奇森在探索全球史研究和教学时,也使用了"世界史"这一名称。麦克尼尔在其回忆录中就提到,他与霍奇森的学术志向不谋而合,即书写一部真正的世界史。② 霍奇森于1944年发表的《世界史和世界观》一文,对以欧洲为中心的世界史观提出批评,并提出了一些克服的办法。1954年他发表《作为一种世界史方法的半球区际史》

---

① [美]威廉·麦克尼尔:《世界史》第4版英文影印版,北京大学出版社2008年版,"导读",第7页。
② [美]威廉·麦克尼尔:《追求真理:威廉·麦克尼尔回忆录》,高照晶译,浙江大学出版社2015年版,第75页。

一文,以世界史作为一个独立的研究领域,强调欧亚大陆的整体性及各地区之间的相互联系,并提出这种"半球区际史"方法是探讨世界史的重要途径。① 斯塔夫里阿诺斯是英语世界中最早使用"全球史"作为书名的人。1962年,他与几个学者共同编写了《人类全球史》一书,对整个人类历史作了概要性描述。后来他以这本教材为基础出版了《全球史:1500年以后的世界》和《全球史:1500年以前的世界》,这部全球通史以其"全球视野"而产生了巨大影响。

如果说威廉·麦克尼尔、霍奇森、斯塔夫里阿诺斯等人以"世界史"和"全球史"的名称开始了全球史的探索,那么杰里·本特利、布鲁斯·马兹利什等学者则是在20世纪80年代之后接过他们手中火炬的人,但却对这个火炬有不同的理解并使用了不同的名称。

本特利是《世界史杂志》的创办者之一,也是最早在美国开设世界史博士生培养项目的教授之一。他继承了麦克尼尔的"世界史"观念及互动视角,但同时也提出这种世界史是一种"新世界史"。他在2002年的《新世界史》一文中对"新世界史"概念及其研究主题做了概括。他提出,新世界史意味着一种历史研究的独特方法,这种方法就是跨越社会的边界对不同的历史经历进行明确比较,或者考察不同社会人们之间的互动,或者分析超越各社会的大规模历史模式和进程。其研究主题包括气候变迁、生物扩散、传染病传播、大规模移民、技术转让和传播、帝国扩张、跨文化贸易、思想观念的传播、宗教信仰和文化传统向外扩展等。② 这样,本特利把麦克尼尔的文明互动进一步发展细化为各种跨文化互动现象,而这种以跨文化互动为视角的"新世界史"成为美国全球史发展过程中一种重要研究路径和流派。

然而,马兹利什认为,仅仅用"世界史""新世界史""全球史"当中的某个概念不能全面反映人类全球化进程的历史,因此他在转向全球史

---

① Marshall G. S. Hodgson, "Hemispheric Interregional History as an Approach to World History", in Ross E. Dunn, ed., *The New World History: A Teacher's Companion*, Bedford/ St. Martin's, 2000, pp. 113 – 123.

② Jerry H. Bentley, "The New World History", in Lloyd Kramer, Sarah Maza, eds., *A Companion to Western Historical Thought*, Blackwell Publishers, 2002, p. 393;夏继果、[美]杰里·H. 本特利主编:《全球史读本》,北京大学出版社2010年版,第45页。

研究之后，首先对这些概念进行了探讨和辨析，并在此基础上提出了"新全球史"。他认为，在全球史研究中，概念非常重要，"它们决定了我们如何构想我们所从事的研究"。① 也就是说，有什么样的概念，就会有什么样的研究视角和主题。因此他在 1998 年发表了《全球史与世界史之比较》和《越界：普同史、世界史和全球史》两篇论文，对这些概念进行了辨析。2005 年，他又专门为《帕尔格雷夫世界史进展》一书写了"术语"一章，进一步阐述了他对"世界史"和"全球史"的理解。2009 年，马兹里什的《世界史、全球史和新全球史》一文对这三个概念的异同作了较为概括的说明。他认为，"世界史""全球史"和"新全球史"是既有联系又有区别的三个概念。他说："历史研究中试图理解全球化的努力大致被冠之于世界史、全球史和新全球史的名下。其间虽有很多分歧，但各路史学家均在力所能及的范围内试图超越欧洲中心论和民族国家的框架，在这点上是一致的。此外，尽管上述三种取向均将历史作为主要的学科载体，三者在研究方法上却都追求多学科和跨学科的探讨。总之，上述三种尝试本质上都有一个共同的视角，即三者均基于后殖民和后帝国主义的立场上，将全球化作为一种历史的过程加以关注。……但在我看来，上述世界史、全球史和新全球史可简单描述如下。世界史潜在地囊括了'一切'。……全球史关注世界史中涉及的一种全球进程，即随时随地都在发生的日渐增进的相互联系和彼此依赖。……新全球史的研究最初在全球史的主题下展开。其中的'新'字是在最近十年左右的时间内添加的，目的在于表明其研究的重点是全球化的当代表现，即全球化在 1945 年之后的表现。简而言之，此时的新全球史虽依然从属于全球史，但却有自身特殊的研究领域。因此，新全球史既为此前阶段的全球化研究进行了补充，同时也对后者提出了挑战。"②

在马兹利什看来，"世界史""全球史"和"新全球史"都是特定的概念，具有不同的内涵。世界史是一种可以包括世界各地的历史，全球史是全球化的历史，而新全球史则是 1945 年之后当代全球化的历史。他认

---

① Bruce Mazlish, "Comparing Global History to World History", *Journal of Interdisciplinary History*, Vol. 28, No. 3, Winter, 1998, pp. 385 – 395.
② ［美］布鲁斯·马兹利什：《世界史、全球史和新全球史》，刘新成主编：《全球史评论》第 2 辑，中国社会科学出版社 2009 年版，第 13—15 页。

为，全球史学者应该重点关注"新全球史"。马兹利什对"新全球史"的倡导，凸显了他不同于麦克尼尔、霍奇森、斯塔夫里阿诺斯、本特利等人审视世界历史进程的独特视角，尤其是他对当代全球化的关注，这一点恰恰是其他全球史学者关注不够或薄弱之处。马兹利什的"新全球史"作为一种研究路径极大地丰富了全球史的探索实践，对全球史的兴起和发展起了重要的推动作用。

二 "新全球史"的研究主题

马兹利什的"新全球史"具体来说是一个怎样的研究领域？他在《新全球史》一书中对此作了较为明确的阐述。他说："本书是对当今全球化进程的一项重要探讨。这一探讨是在跨学科的视野下进行的，其中以历史学视角为主。"① 由此可见，"新全球史"就是探讨"当今全球化进程"的历史。历史学界对于全球化的时间界定存在分歧，一些历史学家认为，如果当代全球化在以前其他历史时期也具有相似的特征，人们就可以把全球化进程追溯到史前时代，那时的狩猎者或采集者漫游到全世界，同时人们也可以类推到一些重要历史现象，如古代丝绸之路、近代早期新世界的探险等。例如麦克尼尔、斯塔夫里阿诺斯和本特利就是持一种宽泛的全球化观念，因此他们的全球史研究涉及的时间范围，包括了从古代到近现代的历史进程。但是，马兹里什认为，"全球化"这个概念"包括一系列的历史变迁，这些变迁导致一种更高程度的相互依赖和相互联系"。② 由此他把全球化分为两种，第一种是贯穿于整个人类历史的全球化，它始于人类的狩猎—采集者祖先，历经数千年迁徙到世界各地；第二种是当今的全球化，即新全球化。新全球史探讨的就是第二次世界大战之后的新全球化。至于新全球史研究的主要内容，马兹里什提出应该是"那些构成全球化的因素，那些说明日益增加的相互依赖和相互联系的原因和后果的因素"，③ 包括冷战与全球化、跨国公司、非政府组织、全球化过程中全球性与地方性的关系、全球文明、全球意识与全球人道观念等问题，这些都是新全球

---

① Bruce Mazlish, *The New Global History*, Routledge, 2006, p.1.
② Bruce Mazlish, *The New Global History*, p.1.
③ Bruce Mazlish, *The New Global History*, p.3.

史研究的主题。从这些主题可以看出,它们完全不同于麦克尼尔的"世界史"和本特利的"新世界史"。

马兹利什以其"新全球史"理念做了一些初步的实证研究,如研究消费主义、跨国公司、非政府组织、文明话语的演变、全球人道观念等,探讨这些现象在全球层面的形态和影响,以及它们与全球化的关系。这些主要体现在他合作主编的《概念化全球史》(1993年)、《全球史读本》(2005年)、《利维坦:跨国公司与新全球史》(2005年)和专著《文明及其内涵》(2004年)、《新全球史》(2006年)、《全球时代的人道观念》(2009年)、《反思现代性与全球化》(2013年)等著作中。他在认识当今全球化的基础上,尝试设想未来构建一种全球文明,实际上这也是其新全球史研究试图要阐述的一条主线。下面以马兹利什在其著作中集中探讨的几个问题为例,对其"新全球史"实践进行简要分析。这些问题也体现了其"新全球史"的重要研究主题。

首先,马兹利什探讨了全球文明构建过程中地方与全球之间的关系。地方与全球的关系是马兹利什试图构建一种全球文明时遇到的一个重要问题。一种全球文明意味着一些普遍的、放之四海而皆准的因素,但马兹利什在探索全球化及其未来走向时,却不得不面对一些地方的、特殊的因素,因此,他把这种地方与全球的关系看作当今全球化的核心问题。

马兹利什认为,地方与全球的关系问题以前一直存在,而且在不同阶段、不同语境中表现为不同形态,例如它可以表现为普遍与特殊之争、浪漫主义与世界主义之争、后现代性与现代性之争。到 20 世纪下半叶,经典社会学正式确立了全球与地方之间的二元对立关系,这时的地方可以是家庭、部落、民族乃至国家。其中民族国家与全球化的对抗关系可以视为近来地方与全球对立关系的一大体现。民族国家作为现代性的产物,对全球化表现为直接的、表面的抗拒,或者参与全球化但利用全球化为自身谋利。马兹利什以美国为例来说明一些民族国家以参与形式来强化国家意识,将全球化国家化。他提出,美国曾在全球化进程中起了推动作用,但是近年来,美国发现全球化与其所谓国家利益相悖,便阻挡、利用甚至误导全球化来为自己国家利益服务,还企图用一些全球化口号来掩盖其实际目的。[①]

[①] Bruce Mazlish, *Reflections on the Modern and the Global*, Transaction Publishers, 2013, pp. 101 – 109.

为此，马兹利什从三个方面阐述了如何化解地方与全球的对立关系。其一，地方必须让位于更大的地方，全球性高于地方性。因为地方常常表现出狭隘和局限，以自我为中心，只关心自己的需要和捍卫自身的利益。其二，应该消解地方与全球这个二元对立问题本身。马兹利什认为，全球化其实是另一种形式的地方化，这就好像国家一样，小地方构成国家，但国家并不否定小地方，反而利用小地方来巩固人们对国家的忠诚度，其实全球化也是如此。[1] 另外，全球化并不代表同质化，反而更凸显异质化、地方化，例如人们在世界杯比赛这一全球事件中感受到的是地方热情。所以，换个角度来看，把全球化看作某种形式的地方化可以解决很多问题，二者的对立关系就消失了。[2] 因此可以说，全球化时代不存在地方与全球的分歧，一切都在变得全球化，比如环境问题曾经是地方问题，但是20世纪70年代之后，环境问题变成全球问题。[3] 其三，全球与地方的关系可以解读为文明与文化的关系，进而从文明、文化两个概念及其关系着手来解决。马兹利什提出，"文化"概念起源于古罗马人的农耕观念，"文化"即为土地培育；而"文明"概念起源于古希腊和古罗马城市中人们的优越感，是一个与"野蛮"相对的概念。但是到18世纪，"文明"一词开始指代一种审慎的、机械的、普遍的思维方式，启蒙运动和法国大革命将这种思维体现出来，而"文化"则慢慢被视为扎根于某一民族血液、土地及其独特历史中的东西。这样，文化概念日益地方化，越来越看重特殊因素。[4] 在人类学中，文化成为地方的代表，而文明则可以具有普遍性和全球性。由此马兹利什提出，到了全球化时代，具有普遍意义的文明与全球化相结合，有可能构建一种全球文明，这一全球文明应以科学技术和理性为基础，它们客观且鲜有价值观念，可以被普遍接受，地方文化能够接受它们，全球文明由此有了实现的可能。[5] 因此在马兹利什看来，一个文明中涵盖多个文化，一个地球中有多个地方共存，这样在迈向未来的全球文明

---

[1] Bruce Mazlish, *The New Global History*, pp. 70 – 71.

[2] Bruce Mazlish, "A Tour of Globalization", *Indiana Journal of Global Legal Studies*, Vol. 7, No. 1, 1999, p. 2.

[3] Bruce Mazlish, *The New Global History*, pp. 76 – 78.

[4] ［美］布鲁斯·马兹利什：《文明及其内涵》，汪辉译，刘文明校，商务印书馆2017年版，第28—29页。

[5] ［美］布鲁斯·马兹利什：《文明及其内涵》，第135—136页。

中就解决了地方与全球的关系问题。

其次,跨国公司、国际非政府组织等是马兹利什"新全球史"关注的重要内容。马兹利什"新全球史"的研究主题不再是传统民族国家史的主题,而是全球化的重要行为体如跨国公司、国际非政府组织以及联合国等,这些自然成为他讨论的对象,其中还包括它们与全球化及民族国家的关系。

马兹利什对跨国公司的论述主要集中于《新全球史》第四章以及收录在《利维坦:跨国公司与新全球史》中的导言和一篇文章。[1] 在《新全球史》中,马兹利什对跨国公司的论述重点是其与民族国家的关系,以及其权力、含义等因素在全球化进程中的转变。他研究的中心不是跨国公司本身,而是从新全球史视角来考察跨国公司在社会和经济领域之外的影响,以及它的治理问题和它自身具有的政治力量。他认为在当今全球化时代,民族国家和跨国公司一同主宰着全球。[2] 那么怎样定义跨国公司呢?马兹利什提出,跨国公司是指同时在两个国家及两国以上拥有创造利润的资产公司,或者说至少在两个及以上的多国拥有生产设备、世界各地员工和在全球投资的公司。[3]

第一次世界大战时全球仅有 3000 家跨国公司,到 1969 年达到 7258 家,1988 年 18500 家,1992 年 30400 家,1999 年 59902 家,到 21 世纪初已有 63000 家跨国公司。[4] 马兹利什认为,跨国公司的壮大与全球化关系紧密。一方面,全球化推动跨国公司的发展。技术因素是跨国公司极大的推动力,如卫星技术使跨国交流大大便利化,交通技术的提升和改进使商品在全球快速流通成为可能。而且在一个跨国公司内部,世界各地的员工聚在一起,全球意识增强了员工对公司的忠诚度。另一方面,跨国公司的发展也在威胁着全球化。全球化在跨国公司面前显得脆弱,比如一些造成环境污染的跨国公司,全球流动会加剧全球环境问题。[5] 不过,这也推动

---

[1] Alfred D. Chandler, jr., Bruce Mazlish, Leviathans: *Multinational Corporations and the New Global History*, Cambridge University Press, 2005.
[2] Bruce Mazlish, *The New Global History*, p.34.
[3] Bruce Mazlish, *The New Global History*, pp.35-36.
[4] Bruce Mazlish, *The New Global History*, p.36.
[5] Bruce Mazlish, *The New Global History*, p.39.

"新全球史"：马兹利什对当代全球化的思考

了国际非政府组织的发展，从另一个层面推动全球化。所以，马兹利什提出应该谨慎对待全球化进程中这一新兴的利维坦（Leviathan）。在他的全球文明设想中，跨国公司既可以构成其经济基础，其经营者又成为统治阶层的一大来源，管理着全球部分政治力量，这些都是形成全球文明的积极因素。但是，如果跨国公司不稳定，会威胁到全球化的持续推进。因此，马兹利什对跨国公司的态度较为保守，认为全球化不应依赖跨国公司。但是他表示对全球化有信心，提出即便跨国公司拥有军事力量，也不可能完全支配世界，因为全球化的力量不可控制。[①]

马兹利什对国际非政府组织的论述不多，主要集中在《新全球史》第五章和第六章。马兹利什提出，国际非政府组织是全球化的主导因素，不可或缺，也是全球化的原因和结果，与跨国公司相对应而存在。国际非政府组织扮演的角色多种多样，但总的来说为全人类代言。[②] 1946年国际非政府组织这一名称正式出现，但在此之前类似的组织已经存在了。关于国际非政府组织确切的定义、历史渊源、与政府纠缠不清的关系等方面，他列举了一些说法，承认这些方面的研究难度巨大，仍需时间和深入探讨。不过他认为，二战以后的全球化使得国际非政府组织也有了新的属性，其新属性也必须在全球化背景下才能把握，因此他提出在新全球史中重新理解国际非政府组织，将其与"全球人道"（Global Humanity）以及全球治理（Global Governance）结合起来。

在全球文明形成过程中，国际非政府组织及其适于生长的社会是组织基础和理想的社会形态，但是马兹利什认为实现这样的社会形态困难重重。[③] 他指出，美国曾推动全球化，但是当全球利益与其国家理念和国家利益相悖时，美国就利用自身的实力和影响力来影响全球化，按照自己的信念和国家利益来塑造社会，结果引发国际社会冲突，破坏国家之间的信任，使得全球化倒退和陷入困境。因此他觉得全球文明的实现之路还很漫长。

最后，"全球人道"构成了马兹里什"新全球史"中一个非常重要的主题。除了全球化和全球文明的政治、经济以及组织维度，马兹利什对于

[①] Bruce Mazlish, *The New Global History*, p.41.
[②] Bruce Mazlish, *The New Global History*, p.42.
[③] Bruce Mazlish, *The New Global History*, p.56.

| 第二篇 | 全球史研究的回顾与展望

全球化的精神道德维度也作了探讨,试图在此基础上构建一个指向未来的"全球人道"观念。关于"全球人道",马兹利什并未给出确切的定义,但从三个角度论述了它的大致内涵。

第一,马兹利什把"全球人道"当作一种全球层次的道德。他提出,全球化是一种进步,随着社会进步,道德将得到提升。道德进步会产生一种更高层次的道德,它将超越地方差异,其具体形态就是"全球人道"。① 他认为,全球化之所以能够带来更高层次的道德,原因有三:其一,全球化中社会联系更加密切,同为人类的认知越来越深刻,这构成了国际社会中情感与关怀的基础。对一个群体遇到灾难的感同身受,不再有你我之分,因此全球化使人们对他人有了道德责任感,出现了更高的全球社会道德。其二,随着科学的发展,理性思维将有助于全球人道的形成。学科技术、信息革命、网络将每个人紧密联系起来,为人类成长为一个道德共同体提供了坚实的基础。同时,科学知识使人认识到自己的物种属性,即智人,这是人性的基础,这种认识促使人的自我意识觉醒,因此全球人道的构建成为可能。其三,全球文化的兴起推动全球认同的形成,如世界音乐,这种全球文化是更高层次道德的基础。②

第二,马兹利什把"全球人道"看作人类广泛联系而形成的一种全球意识。他从联系视角来解释全球化和"全球人道",认为二者都是体现社会联系的形式。③ 因为人的本质之一是社会性,即从出生之日起就开始寻求并建立社会联系。从古至今,历史上就存在各种形式的社会联系,而且历史就是各种联系的建立、断裂和扩张。④ 在人类历史进程中,城市出现后,社会联系在其内部形成各种形态、涵盖各个阶层的官僚体系,在区分城市内外的过程中诞生了文明,文明自身成为描述社会联系的概念。全球化作为一种力量是"全球人道"的推动因素。"全球人道"将力图超越传统的民族国家或者地方性观念,成为一种新的全球意识。⑤ 这种形态的"全球人道"出现于二战之后,比如纽伦堡大审判中首次提出了"反人类

---

① Bruce Mazlish, *The New Global History*, p. 80.
② Bruce Mazlish, *The New Global History*, pp. 81 – 90.
③ Bruce Mazlish, *Reflections on the Modern and the Global*, p. 127.
④ Bruce Mazlish, *Reflections on the Modern and the Global*, p. 128.
⑤ Bruce Mazlish, *Reflections on the Modern and the Global*, p. 119.

罪",将发动战争裁定为一种犯罪,对人的关怀达到了一个新高度。从那之后,你我皆为共同生活在同一个地球上的人类,逐渐成为一种全球意识。马兹利什认为,"全球人道"不同于人权,因为人权观念源于欧洲经验。对于非欧洲国家来说,人权观是欧洲国家借助经济、军事实力强加于自己的,所以与"全球人道"这种在当代全球化进程中形成的意识不同。因此,"全球人道"是全球化带来的人类广泛联系所形成的一种全球意识,是一种关于联系的理想,马兹利什对其充满希望。①

第三,马兹利什把"全球人道"看作一种普遍人性关怀。马兹利什专门将"人道"(Humanity)一词的首字母大写,使其成为一个具有特定内涵的专有名词。他在《全球时代的人道观念》中,特别辨析了它与小写h的"人文"(humanity)、"人类"(humankind)、"人道主义"(humanitarianism)等几个词的区别,通过比较来凸显"全球人道"的内涵。他认为,"人类"主要指涉人的生物属性,而"人文"在近代的历史才出现,其一部分含义指人类,另一部分含义指人类的品质,作为人应该具备的特点和属性,比如友爱、同情心、仁慈等,它的含义要复杂得多。② 关于"人道主义",马兹利什认为它是一种起源较晚的信念体系,西方声称其具有普遍性,其实带有欧洲或西方中心色彩。③ 从19世纪开始,人道主义开始与战争发生关联,并进一步与帝国主义联合,成为后者侵略扩张的借口。现在,人道主义已经无法适应今天全球化的社会结构,当今资本主义体制下,国家的权威在限制着人道主义的发挥。还有一些国家利用人道主义来谋取国家利益,比如美国打着人道主义的名义来攫取国家利益,这些都说明了人道主义的局限性,它是人类走向"全球人道"过程中所经过的一段充满瑕疵的阶段。④ 在马兹利什看来,上述三个词都与"人"(human)有关,都源于对"人"的认识,但其内涵在发展演变中走向了不同的方向并出现了偏差,导致自身存在一些局限和瑕疵。由此,他倡导"全球人道",并提出它是由"人文"发展而来,是"人文"经历一系列战争、挣扎而向

---

① Bruce Mazlish, *Reflections on the Modern and the Global*, p. 137.
② Bruce Mazlish, *The Idea of Humanity in a Global Era*, Palgrave Macmillan, 2008, p. 1.
③ Bruce Mazlish, *The Idea of Humanity in a Global Era*, p. 66.
④ Bruce Mazlish, *The Idea of Humanity in a Global Era*, pp. 66 – 75.

| 第二篇 | 全球史研究的回顾与展望

"全球人道"的转变,直至反人类罪出现,"全球人道"才真正形成。① 因此,通过将"全球人道"与其他几个相关概念的比较,通过着重阐述反人类罪的重要意义,马兹利什强调基本的人性是"全球人道"的基础。②

由上可见,马兹利什通过对第二次世界大战后全球化进程中有关问题的考察,提出在新全球化时代要消解地方与全球之间的矛盾,加强对跨国公司和国际非政府组织的研究,构建一种包括"全球人道"在内的全球文明,这些都构成了其"新全球史"的重要研究主题。

三 马兹利什倡导"新全球史"的原因

在解释为何将"新全球史"限定在二战之后的全球化这个问题时,马兹利什说:"不承认第二次世界大战后开始的全球化中新的东西,就是犯了这样的错误:以对较早先例和起源的探索(强调世界上完全没有新事物)来取代对当代相互关系情境中现象的分析和研究。"③ 也就是说,全球化的一些类似现象也可能早就出现了,但不能以这种曾经出现过的类似现象等同于新出现的事物,因为二战之后出现的全球化新现象是前所未有的。这种看法与他的一次学术经历和对二战后空间技术的认识有关。

20世纪60年代,马兹利什应邀参加一个研究项目,对当时美国太空计划的社会影响进行评估。作为这个研究项目的成果,马兹利什主编了《铁路与太空计划:历史类比视角的解释》一书。由此,他对当时的太空技术给人类社会和生活带来的影响有了比较深入的理解。正是基于这种经历,他回忆说:"在我看来,我们已经迈入太空这一事实具有重大意义。……太空曾经深深印在了我的脑海里。我开始以一种不同的视角来看待全球化,不同于那些从经济或文化视角来研究的人。在我看来,猛然和同时出现的一些因素虽深深植根于过去,却是前所未有的。第二次世界大战后由人造卫星带来的通信革命,使得跨国公司和非政府组织的快速发展成为可能。同时它也使其他一些事情成为可能:环保运动(在此我们把地

---

① Bruce Mazlish, *The Idea of Humanity in a Global Era*, p. 35.
② Bruce Mazlish, *The Idea of Humanity in a Global Era*, p. 95.
③ Bruce Mazlish, *The New Global History*, p. 2.

球看作一个整体而不是民族国家的集合)、人权运动、世界性音乐等。"①正是对这些"前所未有"现象的认识,马兹利什提出了他的"新全球史"概念。在他看来,当代太空技术的发展是全球史出现的一个重要基础,因为它使得人们真真切切地看到了"全球"并将他们联系在一起。他说:"全球史的起点在于我们时代的下列基本事实(尽管还可举出更多):我们深入太空,使我们日益感觉到生活在同一个世界——'地球号宇宙飞船'(Spaceship Earth)——正如从地球大气层之外看到的那样;外层空间的人造卫星使地球上的人们以前所未有的方式联系在一起;武器或民用设施形式的核威胁,表明疆域性国家不再足以保护其公民不受相关军事的或生态的'入侵';拒绝遵守既定规则造成的环境问题;日益支配我们经济生活的跨国公司。"② 在此,"地球号宇宙飞船"处于理解全球史起点中的首要位置。由此我们不难理解,马兹利什为何要把二战后的全球化进程作为"新全球史"来探讨。

马兹利什提出"新全球史"与20世纪下半叶的全球化大潮这一社会背景也有着密切关系。二战之后出现的人类第三次科技革命,基础科学的系统论、信息论、控制论和应用科学的信息技术、新能源技术、航空航天技术的飞速发展,这些都大大推进了全球化,同时也极大地改变了人们的生活。正如戴维·赫尔德等人在《全球大变革》中所指出:"1945年以来,全球流动和相互联系浪潮获得了新的生命力。……在几乎所有领域全球化的当代模式都不仅在量上超过了前面的各朝代,而且也表现出无可匹敌的质的差别……当代是各领域、各方面的全球化模式实现了历史性汇合与集中的独特时代,这些领域包括政治、法律和治理、军事事务、文化联系以及人口迁移,并且涉及到经济活动的各个方面以及各国都面临的全球环境威胁。而且,在这个时代,交通和通信设施出现了重大的创新,全球治理和管制的制度达到了前所未有的数量。"③ 当然,从学术界来说,首先

---

① Donald A. Yerxa, "From Psychohistory to New Global History: A Conversation with Bruce Mazlish", *Historically Speaking*, Vol. 5, No. 6, July/August, 2004, p. 5.

② Bruce Mazlish, "An Introduction to Global History", in Bruce Mazlish, Ralph Buultjens, eds., *Conceptualizing Global History*, Westview Press, 1993, pp. 1 – 2.

③ [英]戴维·赫尔德等:《全球大变革:全球化时代的政治、经济与文化》,杨雪冬等译,社会科学文献出版社2001年版,第589—590页。

第二篇 全球史研究的回顾与展望

对这些现象进行思考的是经济学家,然后发展到其他学科。马兹利什也切身感受到社会生活和学术活动中全球化的影响。马兹利什的妻子是一位发展经济学家。1988 年,她邀请马兹利什去参加一个讨论全球问题的研讨班,而正是这次研讨班上经济学家们对全球化和全球问题的讨论,引起了马兹利什对全球化的兴趣。他回忆说:"我由此明白了称之为'全球化'的事情正在发生。这似乎突然产生的意识占据了我长期以来对现代性感兴趣的首要位置,而现代性是描述我们最近历史特征的一条主要途径。这样,我开始对从历史视角来看待全球化产生了兴趣。"[1] 从此,他的学术兴趣出现变化,对当今全球化进程尤为关注,于是在关于全球史的争鸣中提出"新全球史"主张,并很快成为一个颇有影响的全球史学家。

马兹利什关注的是当代全球化,并且以冷战与全球化、跨国公司、非政府组织、全球性与地方性的关系、全球文明、全球人道等问题作为其新全球史研究的主题。他为什么要选择这些作为"新全球史"的主要内容?我们从 2005 年他与入江昭合编的《全球史读本》中可以看到这一思路。该书导言解释了什么是全球化,强调了二战后的新全球化,以及以此为研究主题的新全球史。其中指出:"传统的以民族国家为中心的框架,不能解释 20 世纪尤其是其最后几十年的历史。因为,有许多新现象突破了民族国家和地理的边界:通信和信息技术、移民(包括难民)、全球资本市场、非政府组织的发展、环境问题、人权的推进、跨国宗教、民族运动、恐怖主义等。这一切都是和民族国家一道把世界塑造成如今模样的全球力量。"[2] 因此,《全球史读本》中组织的文章也基本上按照这一思路来选择,总共包括 14 个专题:历史分期、时间和空间、信息革命、跨国公司、移民、消费主义、自然环境、人权、非政府组织、国际主义、全球文化、疾病的全球化、恐怖主义、综合与结论。

马兹利什的"新全球史"研究,体现出对人类社会的现实关怀及其对全球化进程走向的思考。相对而言,麦克尼尔、本特利等其他全球学者所关注的多是世界历史进程中古代和近代社会中的跨文化互动,而对现当代的探讨相对薄弱。因此有学者认为,他们对现当代全球化的历史关注不

---

[1] Donald A. Yerxa, "From Psychohistory to New Global History: A Conversation with Bruce Mazlish", p. 5.

[2] Bruce Mazlish, Akira Iriye, eds., The Global History Reader, Routledge, 2005, pp. 8 - 9.

够。伊格尔斯和王晴佳就这样评论道:"全球化的研究已经大量出现,但它们仍然主要出自社会学家、政治学家、人类学家,特别是经济学家的手笔。令人惊讶的是,史学家几乎对此漠不关心,其中也包括了《世界史杂志》和《全球史杂志》的作者们。"① 事实的确如此,除了本文提及的麦克尼尔、本特利等全球史学家,阿尔弗雷德·克罗斯比、菲利普·柯丁、帕特里克·曼宁、彭慕兰等人的全球史研究也莫不如此。马兹利什也坦言,历史学界对全球化这一影响人类历史走向的重要历史现象的关注远远不够。② 他分析了造成这种现象的原因,一些历史学家认为由于缺乏资料和时间的沉淀,现在对诸如跨国公司和国际非政府组织这些现象的研究还为时过早,历史学者距离这些事物的时间太近而不适合对其进行研究。③ 这实际上是一种当代人不宜治当代史的观点。对此,马兹里什在其著述中多次以希罗多德的《历史》为例来说明历史研究不应回避当代问题。他说:"在一些历史学家看来,当代史根本不是历史,他们觉得,长时段和传统视角的缺乏妨碍了其历史研究的可能性。但是,希罗多德就是从当代事件——希波战争开始,写成了一部'历史',即对他身边事件的'研究',这通常被认为是历史学科的开端。这样,他的记录和分析成为随后学者们研究'希腊史'的基础。"④ 这一方面表明了马兹利什力图弥补全球史研究中对当代史研究的不足,另一方面也是从史学史角度为其"新全球史"寻找一种学术依据。由上可见,马兹利什认识到第二次世界大战后,随着太空技术、信息技术、跨国公司和国际非政府组织的飞速发展,全球化进入一个新阶段,它所表现出来的新特征是以往人类社会所没有经历过的。因此,他用"新全球史"这一概念来表述二战后人类社会所经历的"新全球化"进程,并以此区别于其他学者的全球史研究。当然,这种区别主要表现在关注全球化的不同阶段和相应研究主题(内容)的差异,而不是要用"新全球史"这一概念来表明其他全球史学者的研究是"旧全

---

① [美]乔治·G.伊格尔斯、[美]王晴佳:《历史和史学的全球化:特征与挑战》,《史学史研究》2008 年第 1 期。
② Bruce Mazlish, "Comparing Global History to World History", *Journal of Interdisciplinary History*, Vol. 28, No. 3, Winter, 1998.
③ Bruce Mazlish, *The New Global History*, p. 2.
④ Bruce Mazlish, "An Introduction to Global History", *Conceptualizing Global History*, p. 2.

球史"。

不过，在笔者看来，"新全球史"这一概念也是值得商榷的。因为"新全球史"这一名称容易让人误解，以为它是对"旧"全球史的修正或发展，或者说在"旧"全球史的基础上提出了一套"新"的理论和方法。其实，马兹利什的"新全球史"与其他概念（世界史、新世界史、全球史等）是并列关系而不是修正关系，它是在对全球化进程及全球史具有不同理解并进行学术争鸣的基础上提出来的，是同时并存的全球史研究多元实践当中的一种，它们之间并不存在全球史理论上的新旧之分。[①] 因此，笔者认为，如果用"当代全球史"而不是用"新全球史"来表述二战之后具有新特征的全球化进程，可能更为恰当。不过，用某个概念来指称某种研究，概念只是"名"，我们更应该从它的"实"来判断其是否具有学术价值。无论马兹利什采用"新全球史"还是任何其他概念来表示他的全球史探索，他的研究实践都在全球史兴起发展过程中具有重要学术意义。

综上所述，马兹利什在全球化大潮的影响下开始从史学视角思考当代全球化问题，同时由于其偶然的学术经历而对第二次世界大战后的新全球化现象产生了浓厚兴趣，由此提出了"新全球史"的主张。他所倡导的"新全球史"以全球化、跨国公司、非政府组织、全球性与地方性关系、全球文明、全球人道等问题为研究主题，区别于其他全球史学者如威廉·麦克尼尔、本特利等人强调的跨文化互动研究，推动了全球史研究的多元实践和发展。

（原载《史学理论研究》2019 年第 1 期）

[①] 需要指出的是，杰里·本特利和赫伯特·齐格勒的中文版《新全球史》（北京大学出版社 2007 年版），英文名称为 *Traditions and Encounters: A Global Perspective on the Past*，本特利和齐格勒本人并没有使用"新全球史"这一概念。

第三篇

全球思想史再思考

全球思想史：语义与文化迁移研究的视角[*]

［法］米歇尔·埃斯巴涅

（巴黎高师历史系）

一

全球思想史研究有多种不同的路径，这里我想从文化迁移（Kulturtransfer, cultural transfer）的视角来讨论这一问题。文化迁移研究始于对海因里希-海涅文学作品的考察。在海涅的作品中，我们一眼便能看出其中的跨国、跨文化视角。1831年起，这位德国诗人便长居巴黎，直至1856年辞世。在长达四分之一世纪的时间里，他不断报道法国首都巴黎社会生活的各个方面，并将当时巴黎表面上的社会和政治紧张气氛展现给他的德国读者。[①] 海涅将他的新闻报道视作向德国展现法国的跨国桥梁，同时也将19世纪德国哲学的发展状况介绍给他的法国读者。[②] 为了向法国读者解释康德、黑格尔哲学的影响力，他借用圣西门主义者的把感觉论（Sensualismus）与对政治平等的诉求相结合的话语，作为介绍德国哲学的辅助工具。然而他不了解的是，19世纪20年代，一些著名的圣西门主义者就已

---

[*] 本文是作者根据其在莱比锡大学的莱布尼兹计划开幕演讲（2019年10月15日）的讲稿修订而成，原文为德文。译者李舒扬，德国图宾根大学德语语言和文学系研究生。

[①] 海涅自巴黎发回的报道主要收录在1833年出版的《法国状况》（*Französische Zustände*）和1854年的《卢苔齐娅》（*Lutezia*）中。这些报道多是对当时德国社会所效仿的法国七月王朝社会关系的历史分析。

[②] Heinrich Heine, *Zur Geschichte der Religion und Philosophie in Deutschland*, 出版社不详, 1835。

经前往柏林进行哲学"朝圣",并聆听黑格尔的讲座。如果不事先阐明这些背景,便很难阐释海涅的作品。如同我当年的同事米歇尔·韦尔讷(Michael Werner)先生在20世纪80年代文化迁移研究中的开创性工作,我也将海涅在德法文化中的双重角色作为我研究的出发点。①

海涅并非19世纪德法历史中的一个孤立角色,他更像是一位指路人,指引后世学者揭开历来被忽视的德国文化在19世纪法国历史中的作用。海涅的周围聚集了一批空想社会主义者和青年黑格尔派,其中莫泽斯·赫斯(Moses Hess)在1843年发表的著作《欧洲三头政治》中构想了一个欧洲体系。在此体系中,德国哲学似乎能够在法国的政治学和英国的经济学之中找到重要补充。19世纪上半叶,法国高等教育的掌舵人、法国学术传统的创建者维克托·古桑(Victor Cousin),曾致力于向法国移植德国大学的特色及德国哲学。这种"知识转移"一直持续到20世纪,②体现了跨越莱茵河两岸的学科交融。

如今巴黎北站每天人流不息,但极少有旅客知道,北站站房正是出自德国建筑师希托夫(Jakob Ignaz Hittorf)之手,今天巴黎市内诸多建筑都是他的作品。他最有力的竞争对手奥斯曼男爵(Baron Georges-Eugène Haussmann)也出生于德意志普法尔茨地区的教士家庭,巴黎今天的城市面貌便来自他们所提倡的德国建筑模式。除此之外,还必须提到当时巴黎德裔人口中来自德意志各邦国和东欧的犹太人,他们在法兰西第一帝国时期就获得了完整的公民权,③例如著名的源自法兰克福的罗斯柴尔德家族,同样来自德裔犹太人家族的富尔达家族等。为经济发展作出重大贡献的法国第一家铁路公司的成立,就离不开这些犹太裔银行家的资助。巴黎犹太移民社群,也涌现出众多著名作家和出版商。在19世纪大部分时期,诸如梅耶贝尔(Giacomo Meyerbeer)和奥芬巴赫(Jacques Offenbach)这样的犹太裔音乐家对于巴黎音乐界来说是不可或缺的。犹太裔医生、考古学家

---

① Michel Espagne und Michael Werner (Hrsg.), *Transferts. Les relations interculturelles dans l'espace franco-allemand*, Editions Recherche sur les civilisations, 1988; Michel Espagne, *Les transferts culturels franco-allemands*, Presses universitaires de France, 1999.

② Michel Espagne, *En deéá du Rhin. L'Allemagne des philosophes français au XIXe siècle*, Éditions du Cerf, 2004.

③ Michel Espagne, *Les juifs allemands de Paris à l'époque de Heine. La translation ashkénaze*, Presses universitaires de France, 1996.

和东方学家等不同领域的学者，也丰富了当时巴黎的学术生态。直到19世纪末，巴黎的犹太教堂仍以德语为交流语言。对这些不同文化群体的微观研究，早已成为文化迁移研究的重要组成部分。

迁移研究从一开始就是一种对比较方法的考察，一种对"混杂性"进行历史性把握的尝试。以前，我们比较两种文化时，需要将之视为相互平行和孤立的建构体，并列出两者之间的相似性和异质性，为的是下一步在两者之间建立一座抽象的桥梁。但这种共时性的处理方法阻碍了我们发现历史上更早的文化接触，而且历史学家历来多将自身的立足点即他们所处的历史大背景，用作"第三比较项"，来对比其他文化。那些比较欧洲各国教育体制的大量研究已证明，这种方法走进了死胡同。而"教养"一词所具有的不可翻译的特点，更有力地证明了对不同的教育体系进行对比的困难。比较社会史倾向于将不同的社会群体进行比较，却不关注群体的交集，而交集比相似和不同的堆砌更为重要。当我们把关注点转移到交集时，则需要阐明不同文化如何相互接近，这一点对文化迁移研究来说尤为重要。

除却对比较方法的批评，文化迁移研究的主导思想随时间推移不断获得新的定义。其中，较为重要的是摒弃了对"影响"这个概念的盲信。"影响"一词，从词源学的观点上看，指向某种能够使受影响的文化完全屈从的压倒性力量。与"影响"概念相反，文化迁移研究主要是采取社会学的研究方法、以阐释学的视角考察两个或多个文化空间的碰撞所导致的语义迁移与固化。语义变化是文化迁移研究的核心问题，对语义变化的认知不能低估。许多概念在历史上都曾对政治、社会层面产生巨大影响。许多概念即便不能马上转换成现实，它们仍然具有破坏或解放的一面。而历史上持续不断的再语义化现象，也需要我们去考虑概念的原始含义和引申含义之间的等值性问题。

文化迁移适合应用于人文学科研究领域，但它需要克服比较语言学和比较社会史中的一些问题。若只是将文化现象平行对照，对差异和相似的简单列举会导致人为的对立，这将阻碍我们发现具有创造性的文化交织现象。文化迁移研究也与后殖民主义相关，因为后者揭示了历史叙事中被压抑的他者与异质文化的联系。[1] 后殖民主义多以美国大学里的印度学术圈

---

① Pascale Rabault, *Théories intercontinentales. Voyages du comparatisme postcolonial*, Demopolis, 2016.

的立场为出发点,并在其解构主义实践中常常援引诸如德里达等人的"法国理论",还倾向于以一种没有区别的方式看待殖民关系,忽略殖民关系之外的压迫机制。

文化迁移研究和全球史之间有着无法忽视的密切关联。两门学科都致力于分析历史上那些影响深远的流动性及其对地区认同的影响。但是,文化迁移研究主要基于一种微观的全球性,而全球史如果只聚焦在某些中心视角上的话,恐怕它也将失去"全球"史的资格。需要强调的是,文化迁移研究虽然聚焦于历史上文化资本流通过程中所产生的语义变化,但绝不意味着忽视每段跨国历史中的经济因素。从丝绸之路、葡萄酒之路到香料、玉石甚至奴隶贸易的历史中可以看出,若没有商人和经济利益上的关系,文化迁移也无从谈起。虽然经济史倾向于将商品的流通视作如同银行转账一般价值中立,且仅仅从数量上切入,但值得注意的是,一瓶葡萄酒在波尔多和圣彼得堡会附加完全不同的意义,就像可可在非洲是农作物而在汉堡是被消费的进口商品那样,存在着属性上的差异。要衡量与探究这种变化,我们必须研究这些贸易路线的沿线不同的语境,即必须对文化传统和语言上的命名多加关注。

二

在文化迁移的视角下,也可以对多个不同的学科专业进行研究。其中,文学史属于比较重要的专业,其形成可以追溯到19世纪。当时,大多数欧洲国家都对古代以降的民族文学进行编辑、整理,对于那些已经或即将统一的国家而言,这是一种精神认同的体现。通过进一步研究,我们发现,法国文学酷似一座熔炉,在时间的横截面上可以找出西班牙、英国和德国文学的元素。19世纪一个极具争议的论题是,中世纪德国文学是否在修改法国或普罗旺斯文学模板中的母题后进行了创新?19世纪初期以来,法国大学的外国文学专业的发展史,能够很好地反映对民族文学的更深入把握与对其他国家精神产品进行探究之间的矛盾及反复。这种探究不仅是了解作品和对作品进行模仿,更在于研究其方法论和技法的传播。例如,加斯东·帕里(Gaston Paris)对法国南部文学的研究离不开弗雷德里希·迪茨(Friedrich Dietz)的《罗曼语族语法》一书法文译本的出版。所谓"罗曼语学"（Romania）可以说是德国的舶来品。一些当时刚刚宣告独立的较小的民族也需要自己的民族文学。民族文学多样性的设想即源于德国哲学家赫尔德。在这个意义上，爱沙尼亚的民族史诗《卡列维波埃格》（Kalevipoeg）的创作及其第一版中随附的德语译本，可以完全看作德语语文学的产物。[①] 爱沙尼亚人需要一部史诗，它就像《荷马史诗》一样由不同的片段组合而成，这一过程的方法论依据却是在爱沙尼亚之外产生的。

　　在众多人文学科中，某些学科，例如哲学声称其自身具有普适性，哲学原则上不与任何国家的语言背景挂钩，称之为某某国家哲学，但我们还是约定俗成地认可"古希腊哲学"或"德国哲学"的说法。若将目光投向19世纪法国学科专业的历史，不难发现，当时的法国哲学相当于进口版的德国哲学，当然经过翻译后，它从本质上发生了深刻的变化。法国哲学课程和新大学体系的奠基人维克托·古桑本人与黑格尔及谢林熟识，这成为他的教育改革者合法性的来源。但是，当他将法国1830年宪法看作黑格尔意义上的历史的终结时，[②] 意在强调哲学之于政治实践的重要性，而这种对哲学进行政治上的重新诠释贯穿于整个19世纪。康德哲学在法国的接受史为这种对德国哲学的政治解读提供了众多例证。在一个渐渐从教会枷锁中解放出来的社会中，康德的三大批判起到了道德上的指南作用，甚至成为当时文理中学高年级学生的圣典，取代了"教理问答手册"的地位。康德著作的翻译者之一，同时也是古桑早年的学生儒勒·巴尔尼（Jules Barni），在第二帝国时期曾被迫流亡瑞士，后来以共和主义者的姿态返回法国，并成为1870年普法战争后第三共和国政权的元老之一。康德哲学作为共和国的一种意识形态，并没有因为普法之间的战争而改变，而法国的政教分离原则也来自这些德国"进口货"。19世纪末的法国哲学家大多认为，康德哲学来到法国是为了在此作为批判主义继续发展。这种再诠释的模式来源于对费希特作为法国大革命传薪人的阐释。不深入探究这些背景，我们可能无法写就一本关于19—20世纪德国或法国的哲学课程史的著作。在此，文化迁移研究为理解人文学科的逻辑提供了一条有用

---

①　弗里德里希·莱茵霍尔德·克留茨瓦尔德（Friedrich Reinhold Kreutzwald，1803—1882年）将爱沙尼亚的民间传说和民歌收集汇编起来，以此为基础创作了被誉为爱沙尼亚民族史诗的《卡列维波埃格》。该书第一版以爱沙尼亚语和德语双语出版。

②　Victor Cousin, *Cours de philosophie*, 出版社不详，1828。

的途径。

艺术史同样是文化迁移研究中的一个重要领域。[①] 我们一开始便注意到阿比·瓦尔堡（Aby Warburg）对文艺复兴绘画中古典形式的接受和再阐释的研究，并借此阐明一种历时性的迁移。[②] 艺术史作为一门独立学科首先在德语世界和德国大学内得到发展。其中最需要以历史的视角解读的艺术作品多为意大利的油画和古希腊的雕塑。通常认为，温克尔曼（Johann Joachim Winckelmann）是艺术史学科的奠基人，他认为德国应当模仿希腊艺术，外来的艺术形式可以使德国艺术焕发新生。在他看来，孕育出政治自由的（古希腊）文化是值得模仿的。艺术史因此可以看作政治史的一部分，从而需要用历史的思维加以考察。如果缺乏历史的维度，形式的演变便无从把握。艺术科学虽然自建立之始就是一场与异质文化的对话，但我们仍需探究艺术品的分类法对德国哲学特别是谢林和黑格尔学说的借鉴。从弗朗茨·库格勒（Franz Kugler）到卡尔·施纳斯（Carl Schnaase）的艺术史都采用了黑格尔对外国艺术品的解释，即德国诠释学方法与异域艺术作品的紧密联合。

艺术和文化史从一开始便显示出极强的延续性，因为解读一件外国艺术作品意味着要沉入产生作品的世界中去。雅各布·布克哈特在试图理解文艺复兴时期艺术时发现，要理解当时的艺术就不能离开对文艺复兴时期文化的研究，他后来索性将自己的作品以文艺复兴的文化为题。这种研究方法对后世的艺术科学研究来说也富有指导性。笔者举一个经典的例子：卡尔·尤斯提（Carl Justi）通过多次访问西班牙，习得了当地的语言、历史尤其是文学史，并撰写了一部关于委拉斯开兹（Diego Velasquez）的大部头专著，而这部专著实际上囊括了17世纪西班牙"黄金百年"的历史。[③] 综上所述，在当代历史学家对雕塑艺术、书法和绘画艺术进行考察的时候，必须"继承"艺术史和文化科学的研究方法。

从艺术品的收藏中，我们可以看到一种"异质文化转向"，因为艺术

[①] Michel Espagne, *L'histoire de l'art comme transfert culturel. L'itinéraire d'Anton Springer*, Berlin, 2009.

[②] 瓦尔堡在1893年提交的关于波提切利名画《维纳斯的诞生》的博士论文中，就论及文艺复兴时期的艺术对古典题材的接受过程。

[③] Carl Justi, *Diego Velazquez und sein Jahrhundert*, 2 Bände Bonn, 1888.

全球思想史：语义与文化迁移研究的视角

品的收藏在实质上是对世界征服欲的抽象化。若非出于这种欲望，我们很难理解如今维纳斯雕像和别迦摩祭坛为何分别收藏于巴黎和柏林。当然，这并不是要为归还这些文物作辩护。在文化接收的语境下，这些文物获得了在其产生的语境中无法企及的价值。由于其自身存在改变了文化接收的语境，因此它们相应地成为场所的一部分。德累斯顿是《西斯廷圣母》最合适的收藏地，而巴黎也是启发了立体主义艺术的非洲面具的最佳居所。我们也不应忽视艺术史上发生在欧洲文化圈的混杂现象。"巡回展出"这一形式就是混杂现象带来的积极影响的最佳例证。艺术品常常往来于国家之间。布展既是事件也是再创作的过程，而推动这些发生的语义转变也是研究文化迁移的重要对象。

　　文化迁移研究的发展不应排除欧洲边界以外的科学领域。从这个角度看，东方学和非洲研究值得我们进一步观察。[①] 东方学形成于19世纪初的巴黎，它不仅是为促进对伊斯兰国家语言的理解和传教士及译员培训而设立的学科，更致力于从语文学上研究和收集阿拉伯、波斯和土耳其文学。东方学的产生显然是17世纪以来法国驻近东的外交官对东方手稿文献进行大量收集的必然结果。西尔维斯特·德·萨西（Silvestre de Sacy）曾致力于重新从历史语文学的领域处理三种主要的近东语言著作，[②] 而他的著作也成为歌德在创作《西东诗集》时的重要参考。文化迁移研究的材料不限于对波斯语、土耳其语作品的翻译，那些来自欧洲各地在巴黎学习东方学的学生之间的交流也归于此。不同欧洲国家与东方文化有着不同的关系。例如，东方学研究在德国主要是由神学学者展开，其中米夏利斯（Johann David Michaelis）曾在东方语言中寻找未曾被发掘的圣经传承。法国东方学研究则侧重于东方社会的状况。这里特别强调，东方学第一本专业学术期刊《亚洲学报》（*Journal Asiatique*）也是由全欧洲东方学学者共同编辑的。爱德华·萨义德对东方学提出疑问，认为东方学是将欧洲殖民权

[①] Michel Espagne, Pascale Rabault-Feuerhahn und David Simo（Hrsg.）, *Afrikanische Deutschland-Studien und deutsche Afrikanistik*, Königshausen & Neumann, 2015; Michel Espagne et Hans-Jürgen Lüsebrink（Hrsg.）, *Transferts de savoirs sur l'Afrique*, Karthala, 2015.

[②] Michel Espagne, Nora Lafi et Pascale Rabault-Feuerhahn（Hrsg.）, *Silvestre de Sacy. Le projet européen d'une science orientaliste*, Cerf - Alpha, 2014.

力期望中的东方形象强加于东方国家之上,这大体上是正确的。① 然而考虑到以下事实,我们可以对这种立场稍加修正:当时东方学的主要代表人物并未亲身参与殖民活动,相反地,他们的研究是为本国的文化增添一种新的观测维度。

非洲研究也是一门跨越国界的科学。② 诚然,当时非洲研究目的在于使非洲人更好地了解欧洲社会所取得的成就。许多传教士作为第一批非洲学研究者掌握了非洲语言,并用这些语言进行传教活动。非洲学学科发展的重要一步便是传教士与当地人的合作,共同将《圣经》翻译成非洲语言。这些传教士的翻译工作也是语言学的重要部分。为了翻译《圣经》,在一定程度上对非洲语言的抽象理解,以及对其语法结构的大致掌握是绝对必要的。被我们称之为非洲学研究者的传教士,必须在他着手翻译之前从不同方言的连续变化中找出一块切片,以此为基础建立该语言的标准方言。这种选择人为地创造出不同族群间的区别,并造成了深远的政治影响。即使非洲学学者试图根据印欧语系的语法模型来发展班图语系的比较语法,③ 他们仍旧尝试将欧洲的观点应用到非洲的空间中。由于非洲研究这门学科对非洲社会的语言、宗教和政治自我认同造成的深刻影响,因此我们也必须从文化迁移研究的维度去考察它。

三

在过去十年中,文化迁移研究在欧洲—北美的框架之外找到了新的领域,让我们看到在其他历史时段内文化迁移研究的可能性。众所周知,小亚细亚西海岸是古典历史学家和考古学家热衷的研究对象。荷马的出生地士麦那(Smyrna)就位于这一地区。这个港口城市自迈锡尼时代就是希腊文明的中心,在这个意义上,它曾是雅典的竞争对手。小亚细亚西海岸曾经是一座文化上的熔炉,通过赫梯人及其后裔和波斯帝国的代理人之间技术和艺术形式的交流,早期希腊文化获得了它的第一次繁荣。长期以来,

---

① Edward Said, *Orientalism*, Pantheon Books, 1978.
② Vgl. Sara Pugach, *Africa in Translation: A History of Colonial Linguistics in Germany and Beyond (1814-1945)*, University of Michigan, 2011.
③ Carl Meinhof, *Grundzüge einer vergleichenden Grammatik der Bantusprachen*, Reimer, 1906.

古代史学者认为维持希腊及之后的拉丁文化的纯洁性是他们的使命。但现在可以看到,士麦那的第一座雅典娜神庙是以波斯建筑模板为基础的。20世纪中期的土耳其考古学曾侧重于发掘希腊文化在安纳托利亚的遗产。而这门学科的建立者艾克雷姆·阿库加尔(Ekrem Akurgal),是在德国获得博士学位,其大部分著作也是用德语发表。① 这些著作的主题大多以"作为东方文化继承者的希腊文化"为主题。阿库加尔身上所体现的土耳其对德国人文科学的引进,证明了希腊文明与安纳托利亚文明相混杂的生命力。当时的土耳其总统凯末尔对此甚表欢迎,因为它将现代土耳其的历史上溯至赫梯帝国,而且也提高了土耳其西部历史的含金量。在现代早期,士麦那依旧是多元文化的交汇点,多民族混居(亚美尼亚人、犹太人、希腊人、阿拉伯人、突厥人)对该城市日常生活的影响仍需要进一步研究。

亚历山大时代及之后的一段时间,土耳其是连接欧亚大陆东西两端通路的中点站之一。无论将欧亚大陆东西两极间的这条通路称为佛教之路还是丝绸之路,我们面对的是一条长期被忽视、低估的交通轴线。相传为亚历山大大帝建立的撒马尔罕城,在它成为粟特商人的"首都"之前,便屹立于这条道路之上。它也曾是帖木儿帝国的都城。帖木儿本人是蒙古人,他在那里接受了突厥语言并继续向外扩张。他的孙子巴布尔后来接受了波斯语言,并在印度建立一个蒙古人的帝国。② 这条横贯欧亚大陆通道上的规则就是从一种文化向另一种文化的过渡。直到不久之前,学者们才意识到不能仅仅满足于从历史的角度研究丝绸之路上的各种语言和族群,而必须掌握在那里不断发生的语义迁移。以敦煌石窟中发现的卷轴为例,国际上诸多学者通过翻译和整理发现,这些卷轴使用了20多种居住在丝路沿线的民族语言进行书写。沿着这条通路,文化学者可以在亚洲发现古希腊世界神话主题的诸多变体。

这条道路也是亚欧大陆两端不同宗教流动的通道。众所周知,琐罗亚斯德教继承了古希腊哲学的某些方面并逐渐传入中亚。伊斯兰教的产生可

---

① Michel Espagne, "A Cross-cultural Perspective on Cross-cultural Antiquity. The Case of Ekrem Akurgal (1911–2002)", in Michel Espagne, Gül Gürtekin Demir and Stéphane Verger (Hrsg.), *Izmir from Past to Present: Human and cultural interactions*, Izmir, 2017, S. 251–261.

② Michel Espagne, Svetlana Gorshenina, Frantz Grenet, Shahin Mustafayev, Claude Rapin (Hrsg.), *Asie centrale. Transferts culturels le long de la Route de la soie*, Vendemiaire, 2016.

能也要归功于中亚的传统。公元 8 世纪传入中国的基督教聂斯脱利派，也是经由这条欧亚通路进行传播的。值得注意的是，丝绸之路对德国的东方学也产生了影响。柏林的人种学博物馆收藏一些从吐鲁番发掘的壁画，表明德国也曾于 1900 年前后对丝绸之路进行过所谓的"科学考察"。归根结底，文化迁移要在文化、艺术、语言和宗教史领域去探究充满活力的、具有创新意义的语义持续变化。①

中国五四运动后涌现的翻译潮也非常值得研究。文学批评家、古典诗词理论家王国维就翻译过叔本华的哲学著作，这说明对外来影响的吸收并不是作为一个整体直接被"拿来"，而是一个修订的过程。林纾翻译的小仲马代表作《茶花女》取得了巨大成功，原因在于使用了文言文而非白话文。20 世纪初以来，所有西方政治、美学和哲学术语都被翻译成中文，而这些翻译在许多情况下是以日语的翻译为中介，采用特定的汉语术语完成的。经克塞勒克发扬光大的跨国概念史，可以在中国人文学科的语义史研究中发挥更大的作用。②

让我们将目光转向长期受中国文化影响的越南。越南民族史诗《金云翘传》就是对中国故事进行的改编。③ 直到法国殖民势力和传教士引进拉丁字母为止，运用中文和使用汉字表记越南语言是受到良好教育的标志。文字的变更标志着越南打开大门吸收法国的舶来文化，这为现代传媒业的引入和识字率的增加创造了条件。继 20 世纪初废除科举制度和汉喃字的使用后，一种新的文化混合形态在越南开始产生。对于法国而言，也同样如此。例如，在法国南部卡马尔格地区的稻米种植和佛教在法国的发展中，可以看到越南文化的影响。④ 此外，法国人类学如何在对越南文化的观察中确立自身定位也值得考察。

在全球化的背景下，跨国历史研究方法得到极大丰富。就文化迁移研

---

① D. Durkin‑Meisterernst, S.‑C. Raschmann, J. Wilkens, M. Yaldiz, P. Zieme（Hrsg.）, *Turfan Revisited：The First Century of Research into the Arts and Cultures of the Silk Road*, Reimer, 2004.
② Michel Espagne und Li Hongtu, *Chine France-Europe Asie. Itinéraires de concepts*, Rue d'Ulm, 2018.
③ 《金云翘传》由越南阮朝诗人阮攸根据中国明末清初小说《金云翘》改编而成。
④ Michel Espagne, "Pour une histoire vietnamienne de la France", in Michel Espagne, Ba‑Cuong Nguyen et Thi‑Hanh Nguyen, *Hanoi‑Paris. Un nouvel espace des sciences humaines*, Éditions Kimé, 2020.

究而言，它对大部分人文学科门类均已产生影响，因为它既能够阐释那些学科产生的基础，又能够将那些学科应用于其他文化场域，而文化场域是无穷无尽的。尽管法国和德国千差万别，但两国的历史很大程度上仍建立在从对方"进口"文化的基石之上。这不是假设，而是真实的历史实际。我们也能从中亚、中国和东南亚相互交织的历史中观察到这一状况。最后，我希望对文化迁移的未来发展进行展望。无论以何种方式去扩展文化迁移研究，至少都需要对语言和特定的传承方式有一定的了解，因为文化迁移会在社会中产生流动、再诠释、意义迁移和再语义化的现象。文化迁移研究也不能抛弃对全球性的考察，但这种全球视角必须一步步地慢慢达到。总之，文化迁移研究尚在进行当中，这一艰苦与不断完善的过程，不仅能给我们带来新的材料，而且能为我们开拓出新的理论视角。

（原载《史学理论研究》2020年第5期）

关于全球思想史的若干思考*

李宏图

(复旦大学历史学系)

一

近十年来,全球史在历史研究领域异军突起,成为异常醒目的研究潮流。在这一研究中,很多学者从疾病、环境、商品等因素的全球性影响展开,也有学者从连接和比较的视角切入,将全球史看作一种相互之间的连接。在思想史研究领域,呼应着这一全球史研究的取向,一些学者提出思想史的国际转向,甚至直接使用全球思想史这一概念。[1] 由此可以看出,看似曲高和寡的思想史研究也开始进入以诸如商品、移民、疾病等因素为重要研究对象的全球史研究中。显然,思想史研究的加入,将会更加丰富对全球史的研究。

对全球思想史,目前还没有公认的统一的定义。学界的讨论包括:它是属于全球史的一部分,还是思想史研究领域中的"空间转向";是真正进行思想史的"全球"研究,还是滑向了"多元文化";是"国际转向"还是思想观念、文本和概念的空间扩展;是侧重于研究思想观念的流动,

---

* 本文是2016年教育部基地重大项目"概念的形成与思想的谱系:西方近代概念史研究(17—19世纪)"(项目编号:16JJD770016)的阶段性成果。

[1] David Armitage, "The International Turn in Intellectual History", in Darrin M. McMahon and Samuel Moyn, eds., *Rethinking Modern Europe Intellectual History*, Oxford University Press, 2014, pp. 232 – 252. 对于全球思想史这一概念,除了相关论文外,还有专门的论文集。Samuel Moyn and Andrew Sartori, eds., *Global Intellectual History*, Columbia University Press, 2013.

还是强调其联结与价值的共享;是着重思想观念的同质性,还是论辩其多样性;是单向度的西方对东方等空间性的流动与传播,还是双向甚至是多向的反应与接受。在我看来,不管其研究者的偏好和侧重于哪些内容,有一点是被大家广泛接受的,那就是需要对文本与概念的全球性流通和接受进行研究,从而思考其文本意义与概念内涵的全球性接受如何可能。

从全球思想史出发,要考察文本或概念在全球的流动,首先必须理解什么是文本这一基本问题,这也是一种进行研究的前置型条件和必不可少的内容。什么是文本这一问题看起来简单,但实际上是一个非常重要的问题,不理解这一内容,也就无从理解全球思想史所要涉及的很多其他问题。

一般而言,"文本"(text)指的是一定的符号或符码组成的信息结构体,即作者所使用语言而写就的产品。这个词来自拉丁语的动词"texere",意思是编织,因此,文本也可以被视为作者的编织。从这一含义出发,学者们探讨了如何进行编织的问题,即文本的形成。但长期以来,我们没有将这些经典思想家的著作称之为文本。在中国的文化传统中,称之为书或经,近代以来则称之为读本,或著作、作品。在历史研究中,这些只是作为文献或者资料与史料的概念而出现,而不是称之为文本。追溯起来,文本这一概念的创立及被广泛使用是在20世纪六七十年代。

20世纪60年代开始,在语言学转向的影响下,包括历史学在内的人文学科都出现了一些新的变化。呼应着这一转向,思想史研究从对经典思想家的著作研究变成对其"文本"的研究。但对于什么是文本,如何界定文本,不同的研究者对此有着不同的表述。思想史学家多米尼克·拉卡普拉认为:"'文本'这个术语表示什么意思?开始时它可能被视为语言处于某种境况中的一种使用方法,其标志是相互牵连,然而有时是在种种论辩式的倾向之间的一种密集的互动"。[1] 法国学者夏蒂埃则认为:"很明显,任何文本,即使是最具有文献性质,即使是最'客观的'(例如,由某个政府机构绘制的统计图表),都不可能与它所理解的现实之间存在某种透

---

[1] [美]多米尼克·拉卡普拉:《重新思考思想史和阅读文本》,多米尼克·拉卡普拉、[美]斯蒂文·L.卡普兰主编:《现代欧洲思想史:新评价和新视角》,王加丰等译,人民出版社2014年版,第34页。

明的关系。无论是文学文本还是文献文本都不可能否认它本身作为文本的性质,也就是说,这是一个根据各种范畴、感知、欣赏图式和追溯到其产生条件的各种运行规则而构成的系统。文本与现实之间的关系(研究者在把某个文本设立为超越它自身的一种指涉物时,或许可以把该文本本身视为真实)是依照每一种写作情况特有的各种论述模式和思想范畴建立起来的"。[1]

二

作为思想史研究的标志性人物,或者说作为经典文本的研究和诠释者,剑桥大学教授昆廷·斯金纳,对什么是文本给出了自己的理解。在斯金纳看来,文本包括这样几个要素。第一,是作者的意图和表达的意涵,即我们在理解文本时不仅要把握著作家言论的意涵,而且要了解该著作家言论背后意欲传递的意图。用斯金纳的话来表述就是:"我们不仅要了解人们的言说,而且要知道他们在言说时的行为。"[2] 因此,文本只不过是一种作者的言说行动。由此自然引申出第二项内容,即文本的组织方式,或者说作者如何运用修辞方式来组织文本:"为何该文本采用如此的组织方式,为何使用这样一套语汇,为何某些主张被特别提出来加以强调,为何该文本表现出自身的特性和形式。"[3] 第三,历史语境。无论是作者的意图还是言说性的修辞表达方式,都是和当时的历史语境密切关联,不存在一个不和当时的社会语境相关联的文本。斯金纳认为,"我们应当研究各种不同的使用词语及其功能的语境,以及使用这些词语所要达到的目的"。[4]

在斯金纳看来,社会语境可以帮助辨认作者可能传达的意涵。正如斯金纳所言,"任何言说必然是特定时刻特定意图的反映,它旨在回应特定的问题,是特定语境下的产物,任何试图超越这种语境的做法都必然是天

---

[1] [法]罗杰·夏蒂埃:《思想史还是社会文化史?法国的轨迹》,[美]多米尼克·拉卡普拉、[美]斯蒂文·L.卡普兰主编:《现代欧洲思想史:新评价和新视角》,第26页。

[2] [英]昆廷·斯金纳:《观念史中的意涵与理解》,丁耘、陈新主编:《思想史研究》第1卷,广西师范大学出版社2005年版,第71页。

[3] [英]昆廷·斯金纳:《观念史中的意涵与理解》,第72页。

[4] [英]昆廷·斯金纳:《观念史中的意涵与理解》,第74页。

真的"。① 在另外一篇文章中,斯金纳也这样概括:"我曾经提出,文本即行动,为了理解文本,我们所需要复原的一个事物是作者构写文本时所带有的意图,即作者在构写该文本时正在做的事情。但这并不是传统的诠释理论家及其反对者所共同认定的那种神秘的移情过程。因为行动也同样是文本。它们蕴含着惯例性意义,当我们熟知所涉及的相关语言时,无论它是一种自然语言,还是一种体态语言,对于这种惯例性意义,我们是可以读懂的。也就是说,当我们声称去复原蕴含在文本中的意图时,我们所从事的工作流程一点也不神秘,无非是将这些文本置于使它们能够被理解的各种论辩语境之中。"② 因此,"如果我们不能建构这样一种解释性语境,我们就不可能指望对该言说的重要性给出解释,也不可能说出其作者的真实意图"。③

从斯金纳的表述中可以看出,文本包括这样几个内容:作者、作者的意图、作者使用何种修辞方式来组织文本,以及语境。语境中包括作者的语境,或者说文本的语境以及阐释者的语境。伴随着 20 世纪六七十年代的语言学转向,思想史研究自然也受其影响,斯金纳自己也坦言受到了奥斯汀、维特根斯坦等人语言哲学的影响,他自己在论著中也多次提到和引用这些语言哲学家的成果来开拓自己独特的思想史研究范式。对此,同为剑桥学派的波考克也持相同的观点,并更加强调语言自身也成为一种语境,因而表达也就是语言指涉的最初形式。在本质上,文本即是动词的一种表现。④

当然也应该注意到,较为系统全面对文本进行论述的是法国哲学家和文学家罗兰·巴特,这体现在他的《从作品到文本》一文中。在罗兰·巴特那里,作品和文本从存在物和客体的意义上看似形态相同,但其性质却差异甚大。他认为,"与作品的概念相反……现在对新客体有了一种需要,

---

① [英]昆廷·斯金纳:《观念史中的意涵与理解》,第 77 页。
② [英]达里奥·卡斯蒂廖内、[英]依安·汉普歇尔-蒙克主编:《民族语境下的政治思想史》,周保巍译,人民出版社 2014 年版,第 194 页。
③ [英]达里奥·卡斯蒂廖内、[英]依安·汉普歇尔-蒙克主编:《民族语境下的政治思想史》,第 195 页。
④ Elizabeth A. Clark, History, *Theory*, *Text*: *Historians and the Linguistic Turn*, Harvard University Press, 2004, p. 139.

它通过放弃或颠倒原有范畴来获得。这个客体就是文本"。① 之后，罗兰·巴特又详细论述了文本的特性，从而回答了什么是文本。在他看来，文本应不再被视为一种确定的客体，它由语言来决定，以话语的形式存在。②从语言出发，罗兰·巴特进一步解析了文本的特性，"作品是适度的象征（其象征逐渐消失，直到停止），而文本从根本上讲就是象征。一部作品的组成部分的象征属性能被人设想、观照并接受，那么这部作品就是文本"，"文本总是还原成语言：像语言一样，它是结构但抛弃了中心，没有终结"。③ 既然文本是语言的运用，由于在作者写作之前，既有的语言结构已经存在，并且制约着作者对文本的写作，因此，作者的主体性地位也就随之被降低，转而代之的是强调阅读者的地位。他认为，"读者加倍地作用于文本就像人们玩游戏一样，他寻求一种再创文本的实践；但是，要保证这种实践免于成为一种消极的内在模仿（文本恰恰抵制这种模仿），他还得在音乐意义上'演奏'（play）文本"。④

值得注意的是，从思想史研究的维度来看，对文本的界定和阐释学理论紧密相连，因为只有在阐释中文本的特性才会得到体现，即文本不是静止的，而是在阐释中被界定的。由于阐释学是在《圣经》这一宗教圣典基础之上发展起来的，在这一发展过程中，出现了解释过程（interpreting）、翻译（translating）和说明（explaining），但还是保留了早期对说（saying）的强调。⑤ 一旦被放入阐释的过程中，侧重于社会观念史研究的学者则从读者的阅读来定义文本，而非简单地将文本视为作者的创造物。"当一位读者面对一个文本时，他如何构造其中的含义，他如何把该文本变为自己的东西？"⑥ 因此，"作品只有通过构成其意义的解释方式方才获得意义……任何文本都是某种阅读的产物，是其读者的一种建构"。⑦

---

① ［法］罗兰·巴特：《从作品到文本》，《文艺理论研究》1988 年第 5 期。
② ［法］罗兰·巴特：《从作品到文本》，《文艺理论研究》1988 年第 5 期。
③ ［法］罗兰·巴特：《从作品到文本》，《文艺理论研究》1988 年第 5 期。
④ ［法］罗兰·巴特：《从作品到文本》，《文艺理论研究》1988 年第 5 期。
⑤ ［英］达里奥·卡斯蒂廖内、［英］依安·汉普歇尔－蒙克主编：《民族语境下的政治思想史》，第 71 页。
⑥ ［法］罗杰·夏蒂埃：《过去的表象——罗杰·夏蒂埃访谈录》，李宏图、王加丰主编：《表象的叙述——新社会文化史》，上海三联书店 2003 年版，第 134 页。
⑦ 周兵：《新文化史：历史学的"文化转向"》，复旦大学出版社 2012 年版，第 251 页。

关于全球思想史的若干思考

在这些历史学家看来，阅读是人的一种文化实践活动，它既连接着阅读的对象文本，同时人作为阅读的主体，也在阅读过程中展开其活动，并赋予文本意义。所以，文本可以不变，但其意义却始终在变化。文本在阅读实践中所产生的不同意义，正体现了文化实践本身的能动性。因此，我们需要格外关注"文本世界"和"读者世界"之间如何结合，即审视文本的意义如何依赖于书的形式和环境，依赖于被读者或听众所接受和传递。同时，我们还需要研究不同的人在阅读同一文本时所赋予的不同意义，研究不同的人在阅读时所产生的不同反应。因此，文本的意义并非固定，而是在读者的理解与解释中发生着不断的变化。夏蒂埃因而认为，阅读是一种创造性的实践，读者在阅读中可以发明特定的意义，而这些意义是文本的作者没有归纳出来的。就此而言，阅读是一种回应，一种劳动，一种"偷猎"。[1]

因此，就文本和读者的关系而言，也正如托尼·贝内特所说，"阅读构成已将其存在转变为在历史上起作用的、文化上被接受的文本"[2]。他还指出，"实际上，我们应该知道，只有通过主观解释这样唯一的方法，我们才能把文本确定作为一定范围意义或者产生影响的本原……必须将文本的存在置于多样的阅读构成中，通过阅读构成其功能的现实和历史被不断调整。如果不是如此的话，寻求产生一种关于'某处'的知识就是一项徒劳的工作"[3]。

从上述不同学者的表述中，尽管思考和关注的重点差异较大，但可以归纳出，在全球思想史的研究中，文本无论是作为思想观念与概念的表述载体，还是作为社会实践性的语言的编织物，在全球性的流动和传播中，如果要正确地理解一个文本、一个概念，都需要首先理解这样一些基本要素：文本的作者、文本产生的语境、文本的修辞方式，以及读者的阅读活动。如果脱离了这些要素，例如剥离了文本的语境来讨论文本的流动和接

---

[1] Roger Chatier, *The Cultural Uses of Print in Early Modern France*, Princeton University Press, 1987, p.175.
[2] [法] 罗杰·夏蒂埃：《过去的表象——罗杰·夏蒂埃访谈录》，李宏图、王加丰主编：《表象的叙述——新社会文化史》，第134页。
[3] [英] 托尼·贝内特：《文本、读者和语境》，李宏图、王加丰主编：《表象的叙述——新社会文化史》，第187页。

受,那将无法获得对文本的充分理解,以及导致很多"误读"。同样,这也剥离了文本的特性,使其不成为文本。

三

在思想史学家看来,任何概念都和承载着这一概念的文本密不可分。在思想家写就的文本中,其使用的概念可能既是原先概念内涵的延续,也是对原先概念内涵的再界定与再概念化。因此,在全球思想史研究中,我们必须审慎地解析这一概念的谱系。例如,在19世纪欧洲思想家的文本和话语表达中,他们常常使用"文明"与"野蛮"这样的概念,借以在空间上将世界划分为两极世界,即欧洲是文明的,而非欧洲地区是野蛮的。今天,当我们阅读这些思想家的著作,以及使用文明与野蛮这一概念时,就需要在历史的语境中来思考这一概念的内涵、作者的意图,以及这些文本的意义。如果不假思索地接受这些概念,或者只是孤立地解析文本,并且在进步主义观念的思想框架中,接受从野蛮到文明、从停滞到进步这样一种思想观念,其实也就不自觉地接受了这些思想家使用这些概念时所包含的思想内涵和思想指向,即所谓的欧洲是文明进步的、其他地区则是野蛮和停滞的两分法,或者等级性文明观。同样,我们也不能因为这一组概念中隐含着等级性文明观而忽视其所包含的历史价值。对此,我们必须保持十分警醒。

由此出发,促使我们进一步思考,从近代以来,当我们在梳理与思考全球史特别是全球思想史这一研究领域时,全球思想史是否意味着只是欧洲思想的空间扩展,着重于考察自启蒙运动以来欧洲思想在全世界的扩展和接受。同样,是否现代概念的使用和文本的流动在任何地方和在任何时间性上都具有完整性和有效性,并在跨语言和跨文化边界的流动中实现了一种普遍性的承认?由此引申出,如何理解普遍性和独特性?全球思想史的提出是实现了普遍性的领域,还是反而强化了民族主义的疆界。[①] 我们还可以追问,如果不再将文本脱离其语境,开始将文本的语境和作者的意

[①] 李蕾(Leigh Jenco):《政治理论中的观念之空间化及其对思想史的贡献》,《思想史》第1辑,联经出版公司2013年版。

图，以及文本在思想谱系中的位置等因素，植入文本的结构与框架之中进行考察的时候，那么文本的这些特性就向人们提出了一个尖锐的问题，即接受者如何对待文本，传播者又是如何进行传播。以19世纪欧洲思想家提出的文明与野蛮概念为例，可以设想，当每个区域的人们在接受这一组概念的时候，是否可以接受隐含在这一组概念之后的文明等级观，以及西方与东方的两分法？因此，一旦将文本的这一内涵和特性呈现出来，人们不禁发问，文本的全球性接受是否可能？不同的"文明区域"如何面对"他者"？例如，斯金纳就曾以"国家"这一概念为例指出，探究国家的谱系就会发现"国家"一词从没有回答过任何众口一致的概念。随着国家谱系的展开，它所揭示的是概念的偶然性和可争论性，以及表明它并不存在任何本质或自然边界的可能性。

一旦思想史开始进行国际性转向，或者全球思想史研究范式出现，那么就不可避免要回答文本和概念如何超越民族国家的边界而流通，如何越过那个特定的双重历史语境（文本的历史语境和接受者当时的历史语境），和各自民族文化传统对此的约束，以及由此造成的是一个"全球"（globe），还是若干个不同的"全球"（globes），这的确是一个值得思考的问题。欧洲在长期的文化交流中，形成了同质性的文化空间。工业革命之后，由于工业化的原因，更加深了这一同质性（例如"欧洲化"这一概念的出现）。同样，在亚洲，儒家文化圈也是如此。到了19世纪，两个文化圈、两个不同文化特质的文化空间开始新一轮的交往。[1] 因此，从文本的传播和概念的流动出发研究这样的文化交往，可以思考在这一全球化过程中，是概念的普遍化（universalization），还是内涵的普遍性（universality）。[2] 马克思从全球化出发，在《共产党宣言》中将其称之为世界（world），认为全球性的交往将导致世界市场乃至世界文学的形成。[3] 总之，究竟这是一种概念自身的同一化，还是概念内涵的同质性形成？是概

---

[1] 安德鲁·萨托利在一篇论文中就使用了西方主义和儒家这组概念表达两种不同的文化特质。Andrew Sartori, "Intellectual History and Global History", in Richard Whatmore and Brian Young, eds., *A Companion to Intellectual History*, Blackwell, 2016, p.201.

[2] Christopher L. Hill, "Conceptual Universalization in the Transnational Nineteenth Century", in Samuel Moyn and Andrew Sartori, eds., *Global Intellectual History*, p.135.

[3] 马克思：《共产党宣言》第1章，人民出版社1978年版。

第三篇 全球思想史再思考

念在实践层面依据自身的历史语境发展独特性,还是根本就不认可与接受这种文本与概念的内涵?因此,就全球思想史或者思想的全球性(全球化)而言,我们需要仔细考察文本与概念的流转,以及在不同的文化语境(包括语言语境,文明的特质,空间特征等)中展开的路径,包括翻译、解释、再生产等接受过程,从而回答思想与文本在全球流动和接受的过程中,如何形成同质性和独特性,甚至是排异性,即使是对既有文本与概念的误读,也是一种再创造。

英国思想史学家蒙克曾经认为,"我们必须认识到,鉴别、搜罗各种政治观念、政治诠释或政治文化,并将其按照一定的顺序转变为一种书面化的系谱或序列,并赋予它们以重要的(或经典的)地位,这必然是一个偶然的、多样化的、始终具有文化特殊性的过程"。① 因此,在这里,最紧要的问题不在于迥然有别的民族传统对于"政治思想史"可能有什么贡献,而在于是否可能存在一种共享的关于"政治思想"的叙述和诠释。也正是在这一意义上,蒙克指出,"普世主义理想或许被证明只是镜花水月,因为它意味着将那些只能予以历史地理解的东西非历史化了"。② 目前,尽管看起来在普世主义和历史主义之间有着无法兼容的对立,民族的维度和全球的维度也会有严重的区隔,但我们仍然需要在作者、历史语境和文本与概念以及读者之间找寻一种通贯性,也要从民族文化自身出发的接受者中寻求与所接受的思想观念之间的某种契合,进行一种"创造性的转化",进而丰富原有文本的意义,最终超越民族性和普遍性的对立。

这就提醒人们,以往的研究大多在一个文化(或文明)的空间中对文本与概念的内涵进行研究,而现在需要将其扩展到不同的空间进行研究。如果说一个国家或者一种文化空间对概念的研究可以按照历时性的方式来展现,或者说是一种历史语义学讨论的话,那么现在全球思想史则将这一研究指向了空间语义学。由此,当某一文本与概念在全球范围内进行流通和传播的时候,我们就需要考察作者写作这一文本、使用这一概念的意图,以及他希望达到的效果。也就是说,他希冀在文本中,在对概念的界

---

① [英]达里奥·卡斯蒂廖内、[英]依安·汉普歇尔-蒙克主编:《民族语境下的政治思想史》,第6页。
② [英]达里奥·卡斯蒂廖内、[英]依安·汉普歇尔-蒙克主编:《民族语境下的政治思想史》,第3页。

定中表达出什么含义,因此我们就需要将文本和概念放在历史的语境来阐释,从而获得对文本或概念内涵的准确理解。这样的目的是要在此基础上进行创造性的转化,对作者的思想表达或者所提供的文本意义和概念定义进行再阐释和再定义,用概念史的术语来说就是再概念化。例如对于欧洲近代历史上流行的文明与野蛮这一组概念而言,我们可以接受和使用文明与野蛮的概念,但很显然,我们无法认同与接受隐含在这一文本和概念之中的文明等级观。因此,在借用这一概念的同时就需要对概念的内涵进行审慎的解析,并且可以重新定义,即概念可以不断被再定义和再概念化。诚如斯金纳所说,没有概念的历史,只有概念使用的历史。

这种阐释的路径和方式与通常人们所说的"误读"不同,也和简单地将文本放在不同的空间语境中不假思索地接受完全不同。可以说,阐释者在沿着历史的语境将原作者的文本意义或概念内涵析出之后,才可以决定如何进行重组性的再阐释。由此,我们既可以避免对文本肤浅的"误读",真正实现对原先文本与概念意义和内涵的再丰富、再添加,以及再构建。正是这样,在以文本和概念为核心的思想观念的全球性流通中,对文本和概念的再阐释和再定义尤为重要。站在全球思想史的维度上,重要的或许不是要重新创造出全新的概念,而是对既有概念或者文本的再阐释和再定义。对于一个肩负创新任务的政治家而言,他不一定非要创造出新的概念,而是可以借助或者承袭既定文本中的概念对之进行再定义,从而实现再概念化。也可以说,文本的不断阐释和概念的再概念化这一行动本身,就是一种政治创新。正是在这一意义上,文本与概念的旅行和流动没有结束的终点,有的只是不断地被再阐释和再定义。不仅如此,这一历史阐释也可以被视为自我反思和自我创造的体现。这也正是全球化时代中对文本和概念全球性流通和接受进行阐释的意义所在,以及研究全球思想史的价值体现。

(原载《史学理论研究》2020 年第 5 期)

"全球史"和"思想史"如何相遇?

周保巍

(华东师范大学政治学系)

一

作为整个人文社会科学"全球转向"的产物,"全球思想史"近十年来方兴未艾,并渐成思想史研究领域中一股蔚为大观的新潮流。[①] 但也正因为其"新","全球思想史"的研究范式目前仍处于一种"音调未定"的状态。对于"全球思想史"的当今实践者而言,在投身于任何具体的个案研究之前,他们将不得不追问这样一个核心问题:思想史何以全球?如何才能实现"思想史"和"全球史"的有机融合,并收到化盐于水、水乳交融的完美效果?而作为对这一核心问题的初步回答,在当前的国际学术界,"全球思想史"似乎已涌现出三种可能的研究进路:第一种是思想相遇的全球史,聚焦于思想、概念的跨文化、跨语际和跨民族的全球相遇、互动、翻译和传播,以及在此过程中所出现的误解、扭曲、征用、调适;第二种是全球性的思想史,聚焦于自古以来人们对于"全球"(global)、

[①] "全球思想史"(global intellectual history)是近十几年来欧美学术界兴起的一个新兴的交叉学科。之所以称为一门学科,是因为它已经涌现出诸多学科建制化的表现,例如前几年圣安德鲁斯大学"思想史研究院"创办的《全球思想史》杂志,又如《全球思想史》《全球概念史》这样聚焦于全球思想史方法论之读本的出现,以及一些以"全球思想史"为议题的高端学术会议的举办。例如 2016 年在德国埃尔福特举办的"全球思想史高层论坛",吸引了包括卡洛·金兹伯格(Carlo Ginsburg)、桑贾伊·苏拉马尼亚姆(Sanjay Subrahmanyam)、理查德·沃特莫尔(Richard Whatmore)、克努特·哈孔森(Knud Haakonssen)等全球史和思想史领域学者的参加。约翰·邓恩(John Dunn)还撰写了呼吁建立"全球政治思想史"的专题论文。

"全球性"(globality)、"全球秩序"的想象、认知和概念化,聚焦于人们的全球意识和全球观念的形成和演变,以及人们对于近世以来的各种"全球化"理论和实践的思想史反思;第三种是全球性事件的思想史,聚焦于世界历史上具有全球性结构(不一定是共时性的)和普遍化意义的历史事件及其思想诠释。例如,如何思考并解释当下"民粹主义"的全球性兴起,以及这种情况背后的全球结构性根源。[1] 当然,需要指出的是,考虑到"全球思想史"研究刚刚起步,也考虑到任何理论创新所具有的无限潜力,上述三种研究范式并没有穷尽"全球思想史"的所有可能性。也就是说,每个"全球思想史"的研究者仍可以从各自的研究领域和研究偏好出发,在这三种既有的研究范式之外,进一步发掘出"全球思想史"的可能性,从而逐步丰富并完善"全球思想史"作为一门新兴交叉学科的整体图景。

有鉴于此,从18世纪启蒙运动研究这一特定领域出发,我们似乎可以提出全球思想史研究的一种新进路,即全球状况下的思想史。在这种研究进路下,我们将充分利用全球史研究者近年挖掘出来的"全球18世纪"[2] 这一统括性的概念,并着重聚焦于新航路开辟以来所形成的全球状况、全球互动、全球相遇与思想、思想文本的生产之间的互动关系,从而试图追问:全球史学家所着力呈现和揭示的18世纪的这种全球状况、全球互动和全球相遇是如何塑造了启蒙思想和启蒙文本的生产?而18世纪的启蒙思想和启蒙文本又是如何反映并折射出这种全球状况、全球互动和全球相遇?这种追问不仅可以凸显出"全球史"和"思想史"在18世纪的深层勾连,从而为全球思想史研究开辟出一条全新的进路,而且还有助于深化并丰富我们对"启蒙运动"本身的理解。也就是说,启蒙运动虽然发生在欧洲,但它并非仅仅是欧洲自身的产物,而是"全球18世纪"以及由此所产生的全球状况、全球互动、全球流动和全球相遇的产物。[3]

---

[1] Samuel Moyn and Andrew Sartori, eds., *Global Intellectual History*, Columbia University Press, 2013; Margrit Pernau and Dominic Sachsenmaier, eds., *Global Conceptual History*, Bloomsbury, 2016.

[2] Felicity A. Nussbaum, ed., *The Global Eighteenth Century*, The Johns Hopkins University Press, 2003.

[3] Sebastian Conrad, "Enlightenment in Global History: A Historiographical Critique", *The American Historical Review*, Vol. 117, No. 4, 2012, pp. 999–1027.

| 第三篇 | 全球思想史再思考

二

  1791 年，当启蒙时代行将落幕之时，在总结并反思 18 世纪为何会涌现众多像《论法的精神》这样的巨著时，苏格兰历史学家詹姆斯·麦金托什（James Mackintosh）这样写道：相较于此前的时代，18 世纪的欧洲人"关于人性的知识有了海量的增加。许多晦暗不明的历史时期得到了探究，而此前地球上所未知的许多地区也得到了许多旅行家和航海家的访问和描述。可以这样说，现在，来自世界各地的各个知识流第一次汇聚到一起，而我们正站在这万川汇流的交汇点上"。① 麦金托什显然认为，在 18 世纪以前，像《论法的精神》这样的启蒙著作根本就不可能出现，因为"此前的时代"无法为它们提供任何可行的事实基础。在 18 世纪的启蒙思想家中，持有与麦金托什相同或相近观点的不乏其人。例如，早在 1777 年，在为庆祝《美洲史》出版而发给威廉·罗伯逊（William Robertson）的贺信中，埃德蒙·伯克提出，"就人性知识而言，我们现今具有巨大的优势。我们不需要走进历史以追溯人类发展的所有阶段……现在，伟大的人类地图正在徐徐展开，没有任何一种野蛮的阶段、没有任何一种文明的模式不是立刻尽收眼底"。② 在这里，无论是伯克，还是麦金托什，他们都不约而同地论及同一个问题，即为什么具有全球视野的百科全书式启蒙文本唯有在 18 世纪才成为可能？在他们看来，启蒙思想，以及作为启蒙思想之"母体"的"人的科学"，之所以在 18 世纪诞生，其根本性原因在于：在 18 世纪，来自"世界各地的各个知识流"才首次得以汇聚，而那些"站在这万川汇流的交汇点上"的知识精英们，也才得以无所拘束地遨游在"伟大的知识海洋"，③ 并第一次得以管窥那幅正在徐徐展开的"伟大的人类地图"。正如麦金托什阐明的那样：

---

  ① James Mackintosh, *Vindiciae Gallicae and Other Writings on the French Revolution*, Liberty Fund, 2006, p. 140.
  ② David N. Lvingstone and Charles W. J. Withers, eds., *Geography and Enlightenment*, Chicago University Press, 1999, p. 136.
  ③ Ann Tolbot, *The Great Ocean of Knowledge: The Influence of Travel Literature on the Work of John Locke*, Brill, 2010.

"全球史"和"思想史"如何相遇？

> 那些历史悠久的、规模宏大的亚洲帝国的面目已部分向我们敞开。这样，我们就可以鸟瞰整个人类社会：从火地岛人和塔西提人，到中国文明，从印度土著，到奥斯曼人。我们可以考察几乎每一种可以想象到的各式各样的人类品性、礼俗、意见、情感、偏见和制度……正是从所获得的这些巨量的知识中，立法者和政治家们，尤其是道德学家和政治哲学家们获得了最为重要的教益。①

值得注意的是，在这里，麦金托什将18世纪欧洲所发生的启蒙进程，尤其是那些立法者、政治家、道德学家和政治哲学家所获得的启蒙和教益，与欧洲人在全球范围内与火地岛人、塔西提人、印度人、奥斯曼人以及中国文明的"跨文化相遇"相联系，与这些"跨文化相遇"中所形成的"全球图景"，以及由此所见证的人类在"品性、礼俗、意见、情感、偏见和制度"方面表现出来的"每一种可以想象到的多样性"相联系。这显然也并非只是麦金托什的一家之言，因为在整个18世纪，这似乎已成为启蒙思想家的一种共识，诚如法国的启蒙思想家杜尔阁（Turgot）在《论普遍历史》中所总结的那样，"凡是让人们摆脱当下状况的事物，凡是让人们见证多变的生活场景的事物，都将拓展他们的观念范围，启蒙并激发他们，最终引导他们走向真与善"。② 也正是在这个意义上，我们才能理解塞缪尔·约翰逊（Samuel Johnson）对了解"人类生活的多样性"所表现出的那种"热切的、永无止歇的好奇心"，③ 才能理解伏尔泰在《百科全书》的"历史"词条中所提出的如下主张，"我们要求历史学家们指引读者去非洲，去波斯和印度沿岸，并期望他能就这些对于欧洲人来说是陌生的国家的风俗、习惯和法律，为我们提供一些专门的知识"。④

于是，正是出于见证并探究人类生活"多样性"的好奇心，出于洛克所说的"透过自家烟囱的迷雾向外看"⑤ 的热切欲望，欧洲人才急迫地走

---

① James Mackintosh, *Vindiciae Gallicae and Other Writings on the French Revolution*, p. 140.
② Anne-Robert-Jacques Turgot, *Turgot Collection Pocket Edition*, Ludwig von Mises Institute, 2011, p. 357.
③ James Boswell, *The Life of Samuel Johnson*, Oxford University Press, 1953, p. 888.
④ [法] 狄德罗：《狄德罗的〈百科全书〉》，梁从诫译，花城出版社2007年版，第256页。
⑤ John Locke, *An Essay on Human Understanding*, The Pennsylvania State University Press, 1999, p. 47.

出国门，在全球范围内流动，并与远方迥异的"他者"频繁地相遇、交往和互动的重要原因。例如，休谟就曾多次抱怨苏格兰对他而言"太狭窄了"，并在早年就立下"云游天下"的宏愿。① 而作为这种精神旨趣的一种折射，休谟还曾成功地塑造了"一个伟大的漫游者"的形象，他通过学习和旅行而"漫游过精神和物质世界中的每一个角落"。② 无独有偶，在斯威夫特的笔下，"格列佛"也一再地表达了其"难以餍足的访问外国的欲望"，以及对"游历世界的……那种急不可耐的焦渴"。③ 值得注意的是，在整个18世纪，休谟以及"格列佛"的这种欲望和旨趣并不特殊，也非孤例，某种意义上象征着整个欧洲人的生活方式及其精神气质在17、18世纪之交的根本转型。就像著名的思想史学家保罗·阿扎尔（Paul Hazard）在《欧洲心灵的危机》中指出：这是从"静止"到"运动"，从"安宁"到"躁动"的嬗变，并由此生成了18世纪欧洲人的那种"水银般的流动性"；于是，随着时代的更迭，在整个18世纪，"旅行已成为一种传播得越来越广、影响越来越大的时尚；探索之士走出自己的村落，告别自己的城市，甚至踏出自己的国境……古典时代的伟大人物都是定居在某处的，而后世的伏尔泰、孟德斯鸠、卢梭都成为居无定所的漫游者"。④

不过，值得注意的是，像伏尔泰、孟德斯鸠这样的"哲人—旅行家"的"远游"，并非仅仅是出于消遣，而更多的是为了研究"陌生的多样性"，是为了探究"陌生国家的风俗、习惯和法律"。就像蒙田所说，我们之所以要出国游历，并非像法国的旧贵族那样，所关注的只是"圣洛东达神殿有多少台阶，利维亚小姐的短裤有多么豪奢"这些琐屑无益之事，而是应该"发现不同国家的秉性和习俗，并借它们来砥砺并打磨我们的智慧"。⑤ 斯威夫特也借"格列佛"之口宣称，每个旅行家的"首要学习任务"，是致力于描述"当地居民的风俗习惯"。⑥ 卢梭也指出，对于旅行者而言，重要的不是去游山玩水，不是去"研究岩石和植物"，不是去"摹画一些简

---

① G. Y. T. Greig, ed., *The Letters of David Hume*, Vol. 1, The Clarendon Press, 1932 p.18.
② David Hume, *An Enquiry Concerning the Principles of Morals*, Hackett, 1983, p.107.
③ Jonathan Swift, *The Gulliver's Travels*, Oxford University Press, 2005, pp71, 141.
④ ［法］保罗·阿扎尔：《欧洲思想的危机》，方颂华译，商务印书馆2019年版，第5—6页。
⑤ Michel de Montaige, *Essays*, Penguin, 1993, p.58.
⑥ Jonathan Swift, *The Gulliver's Travels*, Oxford University Press, 2005, p.249.

陋的房屋，去辨认或抄录一些碑铭"，而应该去"考察人民及其风俗"。①

正是抱着这样的目的，孟德斯鸠广泛地游历了荷兰、英国、意大利、德意志和匈牙利；休谟不仅常驻法国，还游历过荷兰、德意志、奥地利和意大利，而狄德罗和边沁甚至还远游至俄罗斯。当然，并非所有的哲人都有与远方的"他者"进行亲自接触的机会。对于像康德这样终生未出哥尼斯堡的人，他又是通过何种手段去获得这种"跨文化相遇"的机会，进而汲取其关于人类生活"多样性"的知识呢？无论是格陵兰人、霍屯督人、牙买加人，还是俄罗斯人和中国人，他们都曾活灵活现地呈现于康德的笔端。就像其传记作家阿尔森·古留加所言，"康德虽然足不出户，但他却似乎漫游了环球，远涉重洋，跨越荒漠"。② 其间的"奥秘"便在于，在哥尼斯堡这样一个被誉为"北方威尼斯"的波罗的海明珠城市，一个人即便足不出户，也可以获得成为一个"世界公民"必不可少的"世界知识"。这一点正如康德所自陈的那样，"只要是一个像普列格河畔的哥尼斯堡这样的城市——一个大城市，国家的中心和政府机关所在地，拥有一个（致力于科学文化的）大学，又有这样的海上贸易位置，它通过一条发源于该国内部而又与语言习俗不同的遥远邻国交界的河流促进着交往——这个城市就可以看作一个扩展人类知识和世界知识的适宜之地，在此，不需旅行也能得到这些知识"。③ 康德虽因"足疾"和"晕船"的原因而无法长途旅行，但这并不妨碍他通过阅读大量的游记而进行"精神上的漫游"，因为就像康德自己所说，"扩大人类学知识的范围和手段包括旅行，但也可以只是阅读游记"。④

在这一点上，斯密与康德可谓异曲同工，因为尽管斯密"一辈子只出过一次国"，最远的也只是到了"法国和日内瓦"，但通过大量地阅读游记，他却可以写下有关"印度、中亚、美洲和非洲的事情"。⑤ 对斯密游记类藏书的考察，也证实了这一点。据统计，在斯密所藏的大量游记类图书

---

① [法]卢梭：《爱弥儿》，李平沤译，商务印书馆2003年版，第698页；《论人类不平等的起源》，李常山译，商务印书馆1996年版，第175页。
② [苏]阿尔森·古留加：《康德传》，贾泽林等译，商务印书馆1982年版，第30页。
③ [德]康德：《实用人类学》，邓晓芒译，上海人民出版社2005年版，第3—4页。
④ [德]康德：《实用人类学》，第2页。
⑤ [美]詹姆斯·布坎：《真实的亚当·斯密》，金辉译，中信出版社2007年版，第2页。

147

中，涉及北美的约有 56 种，涉及美洲大陆的约有 6 种，涉及阿拉伯世界的约有 7 种，涉及中国的约有 7 种，涉及印度（或东印度）的约有 36 种，涉及土耳其的约有 10 种。① 这些藏书不仅展示了斯密对于非欧洲世界的广泛兴趣，也彰显了当时欧洲文人界一种普遍的知识取向。就像第三代莎夫茨伯里伯爵所指出的那样，与我们的前辈们沉迷于骑士传奇相比，18 世纪的欧洲人更感兴趣的是各种游记作品，以及其中所展现的各种礼俗，印第安人的战争，以及"印加人或伊洛魁人的历史"；正是这些作品"占据了我们的闲暇时光，并成为装饰我们图书馆的主要读物"。② 通过这种阅读，通过汲取由布干维尔（Bougainville）、詹姆斯·库克等人"环球航行"带回来的关于殊方异域的信息和知识，使得像康德这样足不出户之人，也能够建立自己的"世界图景"。不仅如此，通过这些游记，18 世纪的知识分子甚至还可以重建"伟大的人类地图"，并在此过程中，在自己的精神世界中不断地重演各种"跨文化相遇"的戏剧性场景。正如 1704 年面世的一部大型游记汇纂的"编者前言"所阐明的那样，正是因为有了这些游记，人们足不出户便可以"巡游海陆，访问所有的国家，并与所有的民族交谈"。③

三

18 世纪，全球尺度上的跨文化相遇和跨文化互动，以及由此所形成的全球交涉（global engagement），在某种意义上已不再是一种反常或例外，而是成为一种日常和常规。④ 正是在这样的背景之下，到了 18 世纪中后期，随着欧洲贸易帝国在全球范围内的扩张，以及随之而来的商品、人员和信息的全球流动，在"大西洋世界"中的某些商业都市（它们常常也是港口城市），成为各种形式的跨文化相遇的核心场域，成为来自世界各地

---

① Shinji Nohara, *Commerce and Strangers in Adam Smith*, Springer, 2018, p. 23.
② Third Earl of Shaftesbury, *Characteristics of Men, Manners, Opinions, Times*, Cambridge University Press, 1999, pp. 153 - 154.
③ P. J. Marshall and Glyndur Williams, *The Great Map of Mankind*, Harvard University Press, 1982, p. 48.
④ Philip J. Stern, "Neither East nor West, Border, nor Breed, nor Birth: Early Modern Empire and Global History", *Huntington Library Quarterly*, Vol. 72, No. 1, 2009, p. 124.

的各种知识和信息流的"交汇点",成为展示人类生活样式之多样性的"博览会",最终成为"启蒙的温床"。但是,我们尚需进一步追问的是:18世纪全球范围内的跨文化相遇,以及由此所见证的人类生活样式的多样性,到底是在何种意义上促成了"启蒙"的诞生呢?

首先,正是人类生活的多样性,催生了以心灵的"普遍骚动"和"普遍的亢奋"为特征的启蒙心智。休谟曾指出,如果说所有的"哲学"都源于由陌生和差异所引发的好奇和惊诧,那么,人们所熟知的、单调的、一成不变的对象只会泯灭好奇心,扼杀探究的欲望,从而让心灵陷入一种了无生气的怠惰状态。[1] 斯密也认为,"单一的对象"只会让心灵变得"麻木"和"愚钝",而对于"无限多样的对象"的沉思,则会让人的理解力和判断力变得"异常的敏锐和深广"。[2] 在这个意义上,正是18世纪全球范围内频繁的跨文化互动,以及其间所呈现出来的各种礼俗、法律、宗教、政制和意见的差异与陌生感,活跃了人们的想象,激发了人们的好奇心和探究欲,并由此诞生了一种以心灵的"普遍骚动"和"普遍的亢奋"为特征的启蒙心智。也正是这个意义上,蒙田非常看重"美洲的发现"给欧洲带来的精神刺激,因为对于大部分人而言,其心灵只有在"一些外来事物"的刺激下才能"加速运转"。[3] 就此而言,"文艺复兴"不仅仅得益于"古典文化"(古希腊和古罗马的文化)的再发现,而且还得益于与"新世界"的相遇。这一判断同样适用于启蒙运动。因为,就像布封所说的那样,美洲、大洋洲以及由此而来"野蛮人"的"发现",对于17、18世纪的启蒙哲人而言,绝对是"一个真正的奇观",它"扩大了思考的领域",并由此激发了人们对于文明进程即"文明的"欧洲人到底是如何从其"野蛮的"祖先那里发展而来的相关思考,洛克提出,"全世界最初都像美洲"。[4] 更为重要的是,新旧大陆的跨文化相遇,不仅为启蒙思想家有关"人的科学"的理论构建提供了新素材,而且还带来了精神上的升华和着魔,库克船长的第一位传记作家安德鲁·科皮斯(Andrew Kippis)指

---

[1] [英]休谟:《宗教的自然史》,徐晓宏译,上海人民出版社2003年版,第6—7页。
[2] Adam Smith, *The Wealth of Nations*, Bantam Classic, 2003, pp. 987-989.
[3] Michel de Montaige, *Essays*, p. 251.
[4] Anthony Pagden, *The Enlightenment and Why It Still Matters*, Oxford University Press, 2013, p. 167; P. J. Marshall and Glyndur Williams, The Great Map of Mankind, p. 258.

出,库克船长的航行"为人们诗性想象的漫游开辟了新空间"。① 其实,早在17世纪中后期,英国"王政复辟"时期一位诗人就曾这样写道,"当听到海外发现任何新王国时,其光芒和荣耀立即让我兴奋不已。它激发了我,并让我心智大开。我仿佛走进了这个新王国,我看到了它的商品,它的奇珍异宝,它的泉流,它的牧场,它的财富,它的居民……"② 孟德斯鸠笔下的郁斯贝克(Usbek),也淋漓尽致地向我们展示了由这种跨文化的相遇所激发出来的心灵亢奋,"一个伊斯兰教徒头一回看到一座基督教城市,真可谓大开眼界。首先是举目所见的事物,如不同的建筑物,不同的衣着以及不同的主要风俗习惯,自不必说,就是种种微不足道的小事物,也使我感到奇特,难以形诸笔墨"。③ 于是,在17、18世纪之交的欧洲,在与跨文化相遇有关的各种叙事中,这些新鲜事物无一例外地让欧洲的思想界感到"非常兴奋",而这正是"启蒙"得以发生的重要的心智前提之一。

其次,人类生活的多样性也促发了比较、批评和自我反思。按照康德的经典定义,"启蒙"意味着"敢于认知",而所谓的"启蒙时代",也就是"一个真正的批评时代"。④ 但是,"批评"的发生,不仅仅取决于人们的勇气和胆量,而且关涉人们的眼界和能力,关涉使"批评"得已发生的结构性环境。因为"批评"的发生,往往预设了一个可见的标准,预设了一个可以参照和可以效法的更好的"他者"的存在。这就意味着,"批评"以及由此所发生的"启蒙",往往不是在一个封闭的、一元化的文化环境中发生,而是在一个开放的跨文化相遇的语境中发生。例如,在欧洲的启蒙思想史上,蒙田1562年在鲁昂与巴西的图皮南巴人(Tupinamba)即所谓的"食人族"的第一次"跨文化相遇",便激发了他对"文明"和"野蛮"的思考,激发了他对于欧洲人自身生活方式的反思和批判。因为在蒙田看来,"我们可以称这些民族为野蛮民族,但这只是与理性规则相比,而不是与我们相比,因为我们在各方面的野蛮有过之而无不及"。⑤ 当然,在各种跨文化相遇中,以"他者"、以镜像所收获的并不总是自我评

---

① P. J. Marshall and Glyndur Williams, *The Great Map of Mankind*, p. 52.
② P. J. Marshall and Glyndur Williams, *The Great Map of Mankind*, p. 60.
③ Montesquieu, *Persian Letters*, Oxford University Press, 2008, p. 30.
④ Anthony Pagden, *The Enlightenment and Why It Still Matters*, p. 11.
⑤ Michel de Montaige, *Essays*, p. 114.

判，有时也许是自我庆贺。例如，1775年与法国的跨文化相遇，就让约翰逊情不自禁地发出这样的感慨，"我呆在法国所获得的唯一教益，便是发现我对自己的国家更为满意了"。① 对于约翰逊而言，由于"缙绅们"在所有的国家都相差无几，"唯有穷人的体面生活，才是文明的真正标志"，而在所有的同等国家中，英国穷人的衣食条件无疑是最好的。② 数年之后，一位名为约翰·安德鲁（John Andrew）的英国人也表达了类似的意见，"一位明智的英国人从访问外国所得到的最大好处，便是他由此认识到他自己国家的无可比拟的优越性"。正是从这样的高度出发，卢梭才指出，"假如这些新的赫拉克勒斯们，从这些可资纪念的游历中回来之后，根据他们亲眼见过的事物，依照本人的意思，写成一部关于自然、伦理或政治的历史，我们就会亲眼看到，一个新的世界从他们笔下出现，这样，我们也就可以学会认识我们的世界"。③

最后，正是18世纪频繁的跨文化相遇中见证的多样性，培育了启蒙知识分子全球性的整体视野，如斯密所说的"宏大的眼光"，④ 赫尔德所说的"鹰隼般的视野"，⑤ 以及休谟所说的"一种更为广大的观点"，⑥ 从而有助于消解各民族的偏狭之见，促进宽容和世界主义。蒙田曾呼吁法国的读书人不要"故步自封，视野不出自己鼻子的范围"，而是要游目骋怀，以天地为家，以人类为友，以"大千世界"为书，⑦ 塞缪尔·约翰逊也主张"要用远大的眼光来瞻顾人类，从中国一直到秘鲁"。⑧ 唯有如此，人们才能避免偏狭的"钟楼精神"，⑨ 才不会沦为康德所称的那种"独眼巨人"，⑩ 才能在与"他者"相遇的过程中，学会"从他人的地位上来思

---

① James Boswell, *The Life of Samuel Johnson*, p. 965.
② James Boswell, *The Life of Samuel Johnson*, p. 446.
③ ［法］卢梭：《论人类不平等的起源》，第176—177页。
④ Adam Smith, *Wealth of Nations*, p. 749.
⑤ Emma Rothschild, *Economic Sentiments: Adam Smith, Condorcet, and the Enlightenment*, Harvard University Press, 2002, p. 47.
⑥ David Hume, *The History of England*, Vol. 5, Liberty Fund, 1983, p. 11.
⑦ Michel de Montaige, *Essays*, pp. 63 - 64.
⑧ Felicity A. Nussbaum, ed., *The Global Eighteenth Century*, p. 106.
⑨ ［美］罗伯特·达恩顿：《华盛顿的假牙：非典型性18世纪指南》，杨孝敏译，商务印书馆2014年版，第79页。
⑩ ［德］康德：《实用人类学》，第129页。

考",才能做到"同情之了解"并心生"宽容"。例如,在游历过普鲁士之后,针对当时英国所流行的说法即普鲁士是一个"被暴政所败坏的奴役之国",休谟认为,"德意志无疑是一个非常美丽的国家,其民众都显得勤勉而诚实,假如获得统一,它必将成为这个世界上所曾见过的最强大的国家。与法国相比,这里的平民百姓——几乎到处都是如此——受到了更好的对待,而且生活更显安闲。实际上,这里的老百姓并不比英国的老百姓差,尽管在这方面英国人总是乐于自我矜夸。旅行的最大益处就在于:没有什么比它更能消除偏见了"。① 在卢梭看来,与异国他乡之士通信和交往的最大好处,便是可以防止民族偏见,"因为他们没有我们的民族偏见,而我们会面对他们的民族偏见,这样,我们就可以用一种偏见去反对另一种偏见,从而两者皆免"。② 正是基于跨文化相遇所具有的这种"解蒙去蔽"之效,休谟指出,考虑到人类理性的脆弱,也考虑到人类意见的不可抗拒的侵染性,我们唯有"开阔我们的视野","让各种迷信相互对抗,陷它们于相互的争吵之中",哲学和启蒙才有取胜的可能。③ 当然,视域的扩大和对多样性的见证,虽然会消解"偏见",但并不意味着道德"普遍性"的坍塌。正如医生、博物学家和哲学家哈勒(Albercht von Haller)所说,"再没有什么比熟悉不同国家的不同礼俗、法律和意见,更有利于消除偏见了。但是,这种多样性只会让我们抛弃掉那些分裂我们的东西,并让我们把人类所共通的东西视为自然的声音"。④

四

在某种意义上,18 世纪许多启蒙思想家的经典著作,例如伏尔泰的《风俗论》、孟德斯鸠的《论法的精神》、斯密的《国富论》,都是欧洲 18 世纪跨文化相遇的产物,都是为了直面跨文化相遇中见证的人类生活多样性,以及其所提出来的认知和道德挑战,都是为了"科学地"解释这种多

---

① G. Y. T. Greig, *The Letters of David Hume*, pp. 121, 125 – 126.
② [法]卢梭:《爱弥儿》,第 725 页,译文根据英译本略有改动。
③ David Hume, *Dialogue Concerning Religion and Other Writings*, Cambridge University Press, 2007, p. 136.
④ Ulrich Im Hof, *The Enlightenment*, Blackwell, 1994, p. 234.

样性，以及其背后所蕴含的普遍性法则。以《国富论》为例，斯密关于"国民财富"的探讨，便起源于跨文化相遇过程中所见证的国民财富和生活水准方面的惊人"差异"：为什么欧洲当时最卑不足道的一个日工（也就是严复所谓的"有化之佣"），其衣食条件竟然要远远优越于那些掌握着成千上万人生杀予夺之大权的北美土著首领和非洲的王子（也就是严复所谓的"无化之王"）？为什么欧洲近几百年来会有持续的经济增长，而大多数非西方国家却陷入停滞倒退？为什么在当时的欧洲，英国和荷兰的经济最发达，而葡萄牙和西班牙虽然富有美洲的金矿，但在欧洲却成为"仅次于波兰的两个最贫穷的国家"？要成功地解释人类经济生活中这些让人心生困惑的多样性和惊人的差异，斯密必须阐明财富增长的"秘密"，即到底是什么因素决定了国民财富的增长？以我的理解，这才是《国富论》的问题意识和真正的思想起源。

不仅如此，18世纪启蒙思想家所写的许多虚构作品，例如孟德斯鸠的《波斯人信札》、约翰逊的《拉塞拉斯王子漫游记》，以及斯威夫特的《格列佛游记》，也都是在讲述全球范围内的跨文化相遇，以及在此过程中所发生的"自我启蒙"的故事。就像约翰逊笔下的拉塞拉斯王子，他之所以要放弃"幸福谷"里富贵安逸的生活，并义无反顾地踏上颠沛流离的航程，就是为了要摆脱那种由"乏味的单调"所形成的精神"囚禁"，就是为了要发现并见证"人类的各种境况"和"所有的生活样式"，在此过程中逐步"消除自己因年龄或地域所产生的各种偏见"，进而正确地"评估每种生活境况的祸福"，从而最终能够"做出自己深思熟虑的生活选择"。[①] 就此而言，对于生活在21世纪的我们而言，18世纪的"启蒙"并未走远，也从未完成。尤其是在"全球化"遭遇重大挫折的当下，大到国家，小至个人，都更加需要以坚定的步伐走出壁垒森严的"自我"城堡，走向远方并与"他者"相遇。在这个意义上，跨文化相遇的故事显然仍将在全球的范围内不断上演，而"启蒙"仍然将向每一个人发出它强有力的召唤。

（原载《史学理论研究》2020年第5期）

---

① Samuel Johnson, *The History of Rasselas, Prince of Abissinia*, Oxford University Press, 2009.

"语境"取向与全球思想史

章 可

(复旦大学历史学系)

在时下全球史研究关注的对象中,思想观念的跨地域乃至全球流动是较为特殊的。它既包括思想家和书籍、文本的流动,与常见的关注"人"与"物"之流动的全球史研究不无相似,同时也涉及较抽象的思想观念本身在跨地域传播和流动过程中所体现的丰富样态。随着国内外近年来相关研究的不断涌现,如今即使是最乐观的学者,也很难认为思想的跨国、跨语言流动是简单的"复制"或"重复"过程,换句话说,思想在不同情境中的"地方性"受到越来越多的重视。

2019年1月,已经95岁高龄的约翰·波考克在《全球思想史》学刊发表论文,目的是回应另一篇由洛佩兹撰写的评论《追寻全球》,而后者实际上是塞缪尔·莫恩和安德鲁·萨托利主编、颇有影响的《全球思想史》(Global Intellectual History)一书的书评。[①] 在高谈"全球"转向的大潮中,波考克反其道而行之,其文主旨是阐述语境的非全球性。[②]

自20世纪末以来,"语境"取向和"全球"转向可以说是英语思想史学界最具影响的两股潮流,各自探讨者均不乏其人。在越来越多思想史学者"转向全球"的当下,"语境"取向是否仍值得坚持,如何看待两者之间的关系?作为倡导"语境"取向的剑桥学派代表人物之一,波考克的表

[①] Rosario Lopez, "The Quest for the Global: Remapping Intellectual History", *History of European Ideas*, Vol. 42, No. 1, 2016, pp. 155 – 160; Samuel Moyn and Andrew Sartori, eds., *Global Intellectual History*, Columbia University Press, 2013..

[②] J. G. A. Pocock, "On the Unglobality of Contexts: Cambridge Methods and the History of Political Thought", *Global Intellectual History*, Vol. 4, No. 1, 2019, pp. 1 – 14.

态本身就极具意味,它体现出学术实践已经在理论和方法层面催生出许多急需厘清和应对的问题。本文希望结合相关文献和全球史的背景展开探讨。

一

按照彼得·伯克的研究,语境主义在20世纪70年代以来的兴起,并不是某个学术领域内的单一事件,而是广泛存在于考古学、法学、文学、艺术史、神学等各个学科当中,它所涉及的是对概念、文本、知识产生环境和场景的还原与重构。[1] 它在思想史研究中逐步走向前台,自然和剑桥学派学者的工作密切相关。

然而,剑桥学派学者最初对政治思想史中语境问题的研究,主要关注的是英文、拉丁文等欧洲语言的文本,从时间段上看,多数探讨的是尚未建立世界性民族国家体系的前现代时期。对于最近一个多世纪的民族国家时代,尤其是西方和非西方世界之间的思想传播与流动,在一开始并非他们思考的重点。值得注意的是,后来语境取向在思想史研究中的流行,恰好处于一个民族国家史学大行其道的时代。

无论对于西方还是非西方的学者,对思想所处语境的注重并不自然地意味着他们寻求对国族或语言边界的突破,相反,它常常导致对此类边界的强化,也就是说,这种研究取向带来的结果往往是,人们更加强调某一民族、某种语言内思想演变的特殊性。专攻日本政治思想史的克里斯·琼斯就曾指出,思想史的语境取向在某些时候成为另一种版本的欧洲中心主义和种族中心主义,或者说,被一些研究欧美政治思想的学者利用,成为保守主义的武器。[2] 对政治观念得以产生的"原初性语境"的强调,助长了新的偏狭主义(parochialism)的形成,它使得观念在非西方世界的传播和展现被忽视,在一种人为构建的"中心—边缘"体系中被边缘化。

事实上,这种新的本位主义或国族中心主义并不仅存于欧美,近年来

---

[1] Peter Burke, *What Is the History of Knowledge?* Polity Press, 2016, pp. 64–65.
[2] Chris Goto-Jones, "The Kyoto School, the Cambridge School, and the History of the Political Philosophy in Wartime Japan", *Positions: East Asia Cultures Critique*, Vol. 17, No. 1, 2009, pp. 14–15.

第三篇　全球思想史再思考

跨国思想史或全球思想史研究经常招致的批评就是，它会产生"固化"或者"实体化"的危险。[1] 换言之，如果说把西方思想在全球的传播视为同一概念的不断重复，会被批评为欧洲中心主义，而反过来，对概念的"去中心化"研究却使它在不同语言或地域中"分化"成不同概念，要将它们在更宽广的"全球语境"下重新同化则变得越来越难。例如"自由主义"在英国、法国、印度、中国等，被认为有着各自不同的涵义，其差异性之大，使得寻求其共同性成为复杂的学术命题。

对于非西方世界或者非概念原生地而言，叙述思想史变得饱含张力，即一方面要在外来概念的涵义框架中研究本地思想，另一方面需揭示本地思想和语境的特殊性。这种建立自身思想谱系的努力不断地创造着昆廷·斯金纳所说的"神话型态"，仿佛这些思想观念本身就如此这般存在，[2] 仿佛各民族历史上的前人都在自觉地从事着这些新概念的表述。这样，过多的"地方性"思想谱系涌入概念之中，像"人文主义"这样的概念被认为在欧美、在非西方的各种文明中都有不同的表述和发展脉络，形成高度碎片化的形态。[3]

矛盾和张力不仅存在于西方与非西方之间，也存在于古今之间。波考克敏锐地指出，"全球史"（global history）和"全球的历史"（history of the global）并不等同。[4] 如果人们追求的只是地理空间上全球的思想历史，那么只要分地区、分国别各自书写不同语境中不同思想发展历程，然后拼合在一起即可［波考克更倾向于将这种称为"世界历史"（world history）］。但是，今日更多学者的研究目标实际上是"思想的全球历史"，意在用超越古今之分和国族之别的普遍性框架对人类历史上的思想发展进行解释。然而，语境总是与特定的时空相关，语境取向的天然要求是反对简单的"以今度古"，试图还原特定时空条件下思想观念发展的最初环境，因此它和前者在方向上并不一致，甚至有可能背道而驰。在很多学者看

---

[1]　David Armitage, "The International Turn in Intellectual History", in Darrin McMahon and Samuel Moyn, eds., *Rethinking Modern European Intellectual History*, Oxford University Press, 2014, p. 242.

[2]　章可：《论阿米蒂奇与思想史研究的"国际转向"》，《史林》2015年第3期。

[3]　Tony Davies, *Humanism*, Routledge, 1997, pp. 130 - 131; Maryanne Horowitz, ed., *New Dictionary of the History of Ideas*, Vol. 3, Thomson Gale, 2004, pp. 1021 - 1035.

[4]　J. G. A. Pocock, "On the Unglobality of Contexts: Cambridge Methods and the History of Political Thought", p. 7.

来,"现代性"兴起之前的古代世界,并不具备今日的这种"全球性",如果强行以后来的概念框架去进行解释,很多时候并不能真正增进人们对古代思想的了解。

此外,语境本身还有内外之分,这也缘于西方思想史研究中一直存在的"内在理路"和"外部环境"这两种不同解释取向。① 对于全球思想史来说,语境绝不仅仅只由概念、思想和文本构成,历史学家艾玛·罗斯柴尔德曾指出,研究19世纪以来的跨国思想史,更需注重观念的社会经济语境。新的印刷和通信技术的出现、殖民"治理"的推广、书籍的流传和转运、移民现象的增多甚至个人旅行的流行等,这些外在于抽象观念的社会环境变化,都是不可忽视的因素,且相对于本国内的思想变迁,这些因素对思想跨国流动产生的影响更为显著。②

总体而言,语境取向在各国各地区思想史研究中的推广,很多时候会带来对思想观念之"地方性"和"情境性"的强调,从而把人们的眼光更多限制在某种语言、某个民族、某片地域内部的思想表述上,对书写超越民族国家的"思想的全球历史"构成了挑战。即使许多学者关注思想跨地域、跨语际的流动和转换,其结果也可能是进一步强化了不同民族国家思想语境的边界。

二

大卫·阿米蒂奇曾认为,面临"国际"转向的思想史研究,需要一种新的对语境的理解,他提出不要只将语境理解成"当代的政治文化"或者单纯的"语言的语境",它可以是灵活和多元的,可以有宽窄大小之分,甚至不同的语境之间可以有交错和重叠。③

语境这个概念,英文中context既可以指语词、话语所处的上下文或关

---

① Donald Kelley, "Intellectual History in a Global Age", *Journal of the History of Ideas*, Vol. 66, No. 2, 2005, p. 155.

② Emma Rothschild, "Arcs of Ideas: International History and Intellectual History", in Gunilla Budde, Sebastian Conrad and Oliver Janz, eds., Transnationale Geschichte: Themen, *Tendenzen und Theorien*, Vandenhoeck & Ruprecht, 2006, pp. 220 – 222.

③ David Armitage, "The International Turn: A Reply to My Critics",《思想史》第1辑,第400页。

联结构,也可以指事物所在的情境或前后脉络。按照彼得·伯克对 context 这个概念自身历史的追索,它源自拉丁文的 contexere 和 contextus,原义为"交织、编织",也可以在比喻的意义上形容某种联系。19 世纪以来,受到德意志学术的影响,英文中开始使用 context 一词来指文化语境或情境。[1]在 20 世纪下半叶,各种学科内用来表述"特定情境或脉络"的词,有 situation、circumstance 等,并不止 context 一个。[2] 至于剑桥学派,尤其是昆廷·斯金纳的思想史研究对观念和文本所处语境的强调,既继承自前辈史学家如巴特菲尔德和拉斯莱特,也受到维特根斯坦等语言哲学家的影响。无论如何,今日习见的语境概念,本身也是在特定时空结构和学术脉络中形成的。

在思想史中,概念或文本的语境并不是唯一的,同样,语境取向也不是思想史研究唯一的进路和灵丹妙药。波考克自己早在 50 年前,就提醒过人们,"观念只有被置于特定的社会政治语境中才能被研究"这个论断有成为口号和教条的危险,[3] 也就是说,这一旦成为教条,则会使人忽视观念的另外一面。其实,无论在哪个时代,观念本身天然地就具有一种"去语境化"的倾向,[4] 它不会总停留在某一种对话或者书写情境里,不会总停留在某一语言或国族的范围之内,只要人的相互交流发生,观念总会迈出"去语境化"的那一步。语境其实只是看待观念形成的一个视角。

在中文学界,黄俊杰曾讨论过跨文化思想交流中的语境转换问题。他认为,原生于某地的一个概念或文本,在传播到另一地时,首先被异域的解读者"去脉络化"或"去语境化",而后又在新的文化和思想环境中被"再脉络化"或"再语境化",获得了新的涵义或新的形式,从而逐渐融入后一环境,产生新的价值。在他看来,东亚范围内,古代中国的文本和

---

[1] Peter Burke, "Context in Context", *Common Knowledge*, Vol. 8, Issue 1, 2002, pp. 158 – 160.

[2] Alessandro Duranti and Charles Goodwin, eds., *Rethinking Context: Language as an Interactive Phenomenon*, Cambridge University Press, 1992, p. 19.

[3] J. G. A. Pocock, "Machiavelli, Harrington and English Political Ideologies in the Eighteenth Century", in *Politics, Language and Time*. Atheneum, 1971, p. 105.

[4] Martin Jay, "Historical Explanation and the Event: Reflection on the Limits of Contextualization", *New Literary History*, Vol. 42, No. 4, 2011, p. 557.

观念在日、韩等地传播就经历了这样的过程,①而研究者最应注意的是这"两化"的过程中失去和新增加的内容。

黄俊杰强调的"去语境化"和"再语境化"过程,主要指在传播的接受方即异域的解释者那里发生的变化。他认为"去语境化"的结果,是原有概念和文本成为一些"完全不具情境性"(unsituatedness)的事物,从而能够"再语境化"。

但是,如果我们将视野扩大到更广阔的范围,例如东西方之间甚至是全球,许多思想观念的传播并不是简单地从甲地到乙地,而是存在多线的分叉和交织,同样一个概念和文本可能会有多地、多语言的接受者。即使在同一地,接受者也可能不止一个。在不同的"去语境化"和"再语境化"过程中,那些处于中间的所谓的"完全不具情境性"事物很可能是不同的,换句话说,它仍然是被特定的语言和文化的语境所决定。如果仅把目光聚焦于接受者的主动阐释和改造,"不具情境性"或"非情境性"是很难成立的。

所以,"去语境化"并不只发生在观念流动的接受方那里,在观念自身表达的原初形式中,就已经内在地包含了"去语境化"。黄氏自己承认,他所使用的这组术语来自保罗·利科,而在利科那里,"去语境化"和"再语境化"就是针对文本自身的自主性和开放性特质而言,不是针对接受者。②思想观念的这种"去语境化"倾向毫无疑问是全球思想史得以成立的基础,它促使观念能够跨越语境、在更大范围内流动,也确保了人们可以对不同语言或社会政治语境中的观念进行比较。

语境是思想的面向之一。概念、思想和文本当然处于具体的语境当中,但它在传播和流动中,基于其本身和新接受者的"去语境化"和对"非情境物"的共同认知,产生意义的传递,类似过程不断反复发生,最终交织成巨大的意义网络。

---

① 黄俊杰:《东亚文化交流中的"去脉络化"与"再脉络化"现象及其研究方法论问题》,《东亚观念史集刊》第 2 期,中国台湾政治大学出版社 2012 年版,第 55 页。
② 黄俊杰:《东亚文化交流中的"去脉络化"与"再脉络化"现象及其研究方法论问题》,第 62 页;Paul Ricoeur, *Hermeneutics and the Human Science*, edited and translated by John Thompson, Cambridge University Press, 1981, p. 139。

第三篇 全球思想史再思考

语境不能包含非语境的意义"网络",反过来看,意义的"网络"也不能完全同化甚至取代语境。尽管当下的全球思想史研究特别关注历史上不同国家、民族、语言世界之间的思想接触和流动,经常强调甚至是有意夸大这种接触的意义,但我们或许还得承认,这种接触、碰撞、融合最初大多只发生在某一个整体的边缘地带,历史上这种接触频繁发生,但它能否产生更大的甚至全局性的效应,还需要其他条件的综合作用。

进一步说,它会如何影响整体?以语言的语境为例,波考克在2019年的论文中反复提到,每一种语言世界中的思想演变,都有它的"自我指称性"。[①] 而且,这种"自我指称"的活动会随着该语言世界与外部的交流互动而相应增长,它具有强大的自生性。换句话说,思想的跨语言流动——例如近现代以来大量的翻译活动——无法轻易地抹平不同"语言语境"之间的差异。

近代以来,随着欧美殖民势力的不断扩张,包括中国在内的非西方国家接受了大量的西方思想观念,这可以说是全球思想史上最重要的变革之一。在中国,从19世纪末到20世纪上半叶,诸如各种"主义"之类的新词汇、新话语表述方式如潮水般涌现,并迅速占据主流,这带来了整体性的语言语境或脉络的改变。更重要的是,这些新话语以"自我指称"开始建立中文世界和中国自身的思想谱系,从而创造了一套新的中国思想史脉络。

波考克早在1964年就曾经发表过研究中国古代政治哲学的学术论文,[②] 尽管他时至今日仍然不通中文。有学者已指出,至少从波考克的例子看,剑桥学派并不是只关心欧美近代思想的大西洋中心主义者。[③] 波考克长久地保持着对非西方世界政治思想的关注,对不同语言世界的观念接

[①] J. G. A. Pocock, "On the Unglobality of Contexts: Cambridge Methods and the History of Political Thought", pp. 6 – 7.

[②] J. Pocock, "Ritual, Language, Power: An Essay on the Apparent Political Meaning of Ancient Chinese Philosophy", *Political Science*, Vol. 16, No. 1, 1964, pp. 3 – 31.

[③] Knud Haakonssen and Richard Whatmore, "Global Possibilities in Intellectual History: A Note on Practice", *Global Intellectual History*, Vol. 2, No. 1, 2017, p. 18.

触也颇有兴趣。在新西兰任教期间,他还主编出版过一本研究原住民毛利人(Maori)与新西兰政治的著作。总体而言,他承认全球范围内政治思想的历史是"复数的历史",存在着许多各自有着不同发展脉络和语境的思想史。

如何看待近代以前各个民族思想的"全球性",这是全球思想史讨论的焦点之一。剑桥学派的另一位代表学者约翰·邓恩在近期指出,应强调全球化时代与其之前的政治思想的差别,为此他阐述了近代以前各民族思想的"偏狭性"和"孤立性"。[①] 波考克不同意邓恩的这种态度,他本人更看重的是古代各民族思想的自主性和自我指称性。在此他借用了"轴心时代"这个概念,但他所指的不是雅斯贝斯所说的公元前800年至公元前200年这个特殊的时代,而是时间范围更广大的泛指不同语言世界内的思想文化并行发展这一现象。

在波考克看来,轴心时代可以和全球化时代并行不悖,各种不同语言内的思想观念仍然有自己的语境,以不同的方式发展,正如公元前的希腊、犹太、印度、中国等文明以自己的方式发展出独特的思想学说。它们之间会产生联系,思想史研究因此成为一种复数化的行动,它可以研究同一语言世界内基于"自我指称性"的思想观念演变,也可以研究不同语言内思想和文本的相互联系,两者并不矛盾。[②]

从波考克的论点出发,我们能够理解,思想史研究的语境取向和全球视野并不会构成冲突。对全球思想史而言,思想的语境本身就是灵活的、不断伸缩变化的。在笔者看来,更重要的是既认识到思想所处的具体语境,也要看到非语境化的意义"网络"或"互联性",这两者的共存与互动,才是思想全球化的准确面貌。语境和网络并不一定要以民族国家或者语言的天然界限为界限,对更多语境的探索可以让人们看到网络和互联的更大可能性。

[①] John Dunn, "Why We Need a Global History of Political Thought", in Bela Kapossy, Isaac Nakhimovsky, Sophus Reinert and Richard Whatmore, eds., *Markets, Moral, Politics: Jealous of Trade and the History of Political Thought*, Harvard University Press, 2018, pp. 285–311.

[②] J. G. A. Pocock, "On the Unglobality of Contexts: Cambridge Methods and the History of Political Thought", pp. 10–12.

| 第三篇 | 全球思想史再思考

洛夫乔伊有句名言，"观念是世上流动性最大的东西"，但观念的流动往往不像物品的流动有那么多实迹可寻，因此更容易被人忽视，思想观念的相互联系总是以一种比人们想象中更重要的方式影响历史的发展。生活在当下，强大的民族国家叙事是人们必须面对的现实，但同时每个人也生活在一个更大的非情境性的意义网络之中，这两者如何建立起来，又如何相互影响，或许这正是全球思想史研究的目标之一。

（原载《史学理论研究》2020 年第 5 期）

思想史书写的德国脉络[*]

范丁梁

(华东师范大学历史学系)

一

德国史学在第一次世界大战后失去了在全球史学中的中心地位。这之后,它对学科新思潮的应对速度整体上就一直滞后于法国、英国和北美。不管是社会史的勃兴,还是新文化史的转向,抑或全球史的浪潮,都在德国表现出"姗姗来迟"和"独树一帜"的特点。但与其说这反映了学科氛围和职业倾向中的保守立场,不如说体现了典型历史写作形式抉择与本国历史经验的紧密捆绑,以及学科现状所根植的国家传统和时代精神。对于德国史学来说,19世纪历史书写的主要议题是"通向民族国家之路",塑造了其对民族国家的强烈亲和性和对政治外交史的高度关注。而到了20世纪,其历史书写的核心任务则必然转向对"通向纳粹主义之路"的反思,历史学家必须为此提供有说服力的、可以达成基本合意的解释,其视野因此集中在本国的政治、军事、外交、社会经济结构、民族文化传统上。因为这两个民族国家史的议题不但有面向过去的解释维度,而且还有面向未来的定向维度,所以在各自时代不断吸引着历史学家的关注。

因此,直至20世纪80年代,德国史学的主要研究方式仍然是内向性的,核心解释原则仍然是内源性的。即便是"历史社会科学"学派,它反

---

[*] 本文是国家社会科学基金重大项目"20世纪的历史学和历史学家"(项目编号:19ZDA235)的阶段性成果。

对历史主义传统,倡导运用社会学、政治学等学科的理论方法进行批判性的整体社会史研究,以便从结构和社会层面出发描绘德意志历史发展的"独特道路",这样的做法完全出于非民族主义的意愿,反而强化了民族历史的书写。在这种情况下,思想史研究的发展在德国经历了一段非常曲折的路程,它对全球转向的态度更是以一种充满疑虑和保留的方式表现出来。如果从学科记忆和学科形象出发,我们可以发现德国的历史经验和史学传统在深刻地形塑着德国学者对思想史和全球思想史的兴趣。

二

德国传统的思想史研究(包括史学、哲学和日耳曼文学等领域)有两个类型:第一类是观念史(Ideengeschichte),第二类是精神史(Geistesgeschichte)。观念史通常探讨可清晰辨认的观念所经历的发展阶段。其方法论的出发点是:观念,尤其是哲学和政治观念,可以从历史语境和历史人物中抽离出来,得到关于其起源和发展的整体面貌;它们的发展往往是内发性的,不受制于其他的历史发展;观念有自己的生命。精神史则试图在更广阔的时代背景中考察精神思想,这里所指的精神很多时候非常接近于意识或者心态。其方法论的出发点是:思想总是与时代交织在一起并且是时代精神之表征,历史语境和不同观念之间的共存关系非常重要。

20世纪初,观念史成为德国人文社会科学中的重要议题,历史学家纷纷对政治观念展开了讨论。他们探讨社会主义、自由主义、唯物主义等思想潮流,[1] 探讨不同时期、不同派别、不同人物的政治思想。[2] 在这一领域,尤以弗里德里希·梅尼克(Friedrich Meinecke)的贡献最大,他也因

---

[1] Friedrich Muckle, *Die Geschichte der sozialistischen Ideen im 19. Jahrhundert* (2 Bde.), B. G. Teubner, 1909; Otto Warschauer, *Zur Entwicklungsgeschichte des Sozialismus*, F. Vahlen, 1909; Oskar Klein-Hattingen, *Die Geschichte des deutschen Liberalismus* (2 Bde.), Buchverlag der Hilfe, 1911–1912; Walter Sulzbach, *Die Anfänge der materialistischen Geschichtsauffassung*, G. Braun, 1911.

[2] Max H. Meyer, *Die Weltanschauung des Zentrums in ihren Grundlinien*, Duncker & Humblot, 1919; Heinrich von Srbik, *Metternich, der Staatsmann und der Mensch* (2 Bde.), Bruckmann, 1925; Karl Vorländer, *Von Machiavelli bis Lenin. Neuzeitliche Staats- und Gesellschaftstheorien*, Quelle & Meyer, 1926; Siegfried Kaehler, *Wilhelm von Humboldt und der Staat. Ein Beitrag zur Geschichte deutscher Lebensgestaltung um 1800*, Oldenbourg, 1927.

此被视为德国政治观念史的创始人。梅尼克认为,历史生活最有价值的承载者不是时代精神或物质兴趣,而是个体和观念。① 因此他相信,对于政治思想的研究应该脱离"观念的精神史来源",聚焦于"伟大人物、具有创造力的思想家们"。② 这种观念史在20世纪二三十年代遭到了精神史的猛烈抨击。后者指责前者以一种非常偏狭的方式将思想"孤立化"了,③ 思想史要追求的应该是思想生活的普遍史,是"站在文化客体化背后的整体"。④ 当然,精神史的这种宣言并不是说要完全取消对个别观念的关注,而是强调个体必须在整体和互相关联中得到认识,个别只有对理解整体有所助益时才体现出其价值。与观念史相比,精神史的支持者集中在文学和哲学领域,几乎没有波及历史学,因为它的理念与当时仍占据统治地位的历史主义史观相去甚远。在魏玛共和国和纳粹时期,精神史的主旨因为有助于一种"德意志精神"、一种所谓的"族民共同体"、一种"生存斗争"诉求的塑造,所以受到广泛欢迎。而与之相应的是,1933年后,观念史的写作在德国史学中消失了。⑤ 二战后,德国思想史的这两种类型都遭到了批判。观念史被认为是抽象的、诠释性的、唯心主义的,有时甚至是特意顺时而为的,因此不值得再被探讨;而精神史则被认为镶着民族主义的翅膀,有向纳粹主义意识形态靠拢的嫌疑,同样陷入了合法性危机。很显然,战后初期的时代氛围极大地阻碍了联邦德国思想史的理论发展和研究实践。

20世纪60年代中期开始,联邦德国社会发展的方方面面都出现结构性变化,其历史学也终于迎来代际的更替和学科思维风格的变革,但这种变革最终的结果是社会史获益,思想史受损。社会史和思想史虽然都曾经

---

① Friedrich Meinecke, "Antrittsrede in der Preu Bischen Akademie der Wissenschaften", *Friedrich Meinecke. Werke*, Bd. 7: *Zur Geschichte der Geschichtsschreibung*, Oldenbourg, 1968, S. 2.

② [德]弗里德里希·梅尼克:《世界主义与民族国家》,孟钟捷译,上海三联书店2007年版,第13、47页。

③ Erich Seeberg, "Theologische Literatur zur neueren Geistesgeschichte", *Deutsche Vierteljahrsschrift für Literaturwissenschaft und Geistesgeschichte*, Vol. 3, H. 3, 1925, S. 464.

④ Hanns Wilhelm Eppelsheimer, "Das Renaissance-Problem", *Deutsche Vierteljahrsschrift für Literaturwissenschaft und Geistesgeschichte*, Vol. 11, H. 4, 1933, S. 496.

⑤ Paul Nolte, "Sozialgeschichte und Ideengeschichte. Plädoyer für eine deutsche 'Intellectual History'", *Transatlantische Ambivalenzen. Studien zur Sozial- und Ideengeschichte des 18. . bis 20. Jahrhunderts*, De Gruyter, 2014, S. 399f.

第三篇 全球思想史再思考

是德国史学中的边缘学科，但双方却没有因此产生更深刻的关联。1900年前后，欧美各国史学几乎同时发生革新运动，政治史书写的绝对领导地位被社会史和思想史所冲击。法国年鉴学派从20世纪20年代起就将地理空间的、经济的、社会的结构与集体心态结合在一起，关注集体的思维形式和无意识的日常思想，但这种情况在德国并未出现。德国社会史的崛起，伴随着对思想史的贬低。左翼历史学家埃卡特·克尔（Eckart Kehr）1933年在芝加哥发表演讲，猛烈抨击他的博士导师梅尼克和德国的思想史研究。克尔认为观念史是根植于德国特有之社会条件的产物，梅尼克只不过是在一个恰当的时机用观念史为"精神上群龙无首的市民阶层"找到了一条摆脱困境之路，但这条路长远看来也是一条死胡同。[①] 这篇演讲在20世纪60年代中期被"历史社会科学"学派的创始人之一韦勒（Hans-Ulrich Wehler）重新发掘出来。韦勒赞同克尔对观念史的看法，认为观念史背后是"完全非历史的认识论幻想"，是"对社会现实的投降"。[②] 他将观念史在魏玛共和国的繁荣归因于它对一个处在战败阴影和全面危机中的国家所具有的"减压功能"，它试图以对伟大思想家的聚焦来取代对大众生活和集体现象的关注。[③]

"历史社会科学"学派倡导"整体社会史"，将重点放在以机构制度和社会群体为焦点的经济政治史和政治社会史上。但他们所代表的社会史对观念史的敌意，其主要原因更多不是研究对象和研究方法的分歧，而是与德国特殊的现实和传统联系在一起。一方面，这是由二战后"民主化"精神导向下历史研究旨趣的时代变化所导致的。正如左翼社会史学家、梅尼克的学生、"历史社会科学"学派的精神导师之一汉斯·罗森贝格（Hans Rosenberg）在描述自己研究取向的转变时指出，观念史个体精英化的研究类型已经变得僵化，所以对文化生活的审视方式要从"贵族式"变为"民

[①] Eckart Kehr, "Neuere deutsche Geschichtsschreibung (1933)", *Der Primat der Innenpolitik. Gesammelte Aufsätze zur preußisch-deutschen Sozialgeschichte im 19. und 20. Jahrhundert*, herausgegeben und eingeleitet von Hans-Ulrich Wehler, De Gruyter, 1965, S. 261.

[②] Hans-Ulrich Wehler, "Einleitung", in Eckart Kehr, Der Primat der Innenpolitik, S. 24.

[③] Hans-Ulrich Wehler, "Probleme der modernen deutschen Sozialgeschichte (1975)", *Historische Sozialwissenschaft und Geschichtsschreibung. Studien zu Aufgaben und Traditionen deutscher Geschichtswissenschaft*, Vandenhoeck & Ruprecht, 1980, S. 131.

思想史书写的德国脉络

主式",即从观念史转向社会史。① 另一方面,这是德国史学范式"超然于历史主义"的另一种表现,因为观念史中蕴含着一种对研究对象设身处地的、历史主义式的移情,在20世纪70年代开始掌权的新一代左翼社会史学家看来,这有着浓厚的保守倾向和为德意志历史辩护的趋势。

在联邦德国,尽管也有提奥多·席德尔(Theodor Schieder)这样的历史学家屡次劝告同仁不要忽视对政治思想史的关切②,但收效甚微。1971年,他不得不感叹:"历史学和公众意识中对精神史的偏爱,已经在一种经常未加思索的诋毁中败退下来。"③ 20世纪70年代末,德国学界主流几乎完全剥夺了思想史研究在德国史学中的身份地位。总体而言,当时在德国关心思想史研究的人,大多是哲学家和神学家,也有个别社会学家和政治家,而对思想史感兴趣的历史学家则往往以一种更边缘化或者隐匿化的方式进行研究。例如被认为是一匹"孤狼"的恩斯特·诺尔特(Ernst Nolte),他关于法西斯主义思想的比较研究长期得不到认可。④ 又如犹太裔历史学家汉斯-约阿希姆·舍普斯(Hans-Joachim Schoeps),他曾致力于精神史的复兴,但很长一段时间在联邦德国史学的学科记忆中都没有姓名。⑤ 托马斯·尼培代(Thomas Nipperdey)的例子更值得注意。他在德国史学史中往往被标签为"历史社会科学"学派最重要的竞争对手,他的《德意志史:1800—1918年》与韦勒的《德意志社会史》被视为构建德国历史主叙事的两种路线。但是,尼培代至今未曾出版的博士论文则以《黑格尔早期著作中的正立性和基督教主义》为题。在很多论文和小书中,他

---

① Hans Rosenberg, "Vorwort", *Politische Denkströmungen im deutschen Vormärz*, Vandenhoeck & Ruprecht, 1972, S. 10.

② Theodor Schieder, "Politische Ideengeschichte und Historiographie", *Geschichte in Wissenschaft und Unterricht*, Vol. 5, 1954, S. 362 – 373; Theodor Schieder, "Politische Ideengeschichte", *Historische Zeitschrift*, Vol. 212, H. 3, 1971, S. 615 – 622

③ Theodor Schieder, "Politische Ideengeschichte", S. 616.

④ Ernst Nolte, *Der Faschismus in seiner Epoche. Action française*, *Italienischer Faschismus*, *Nationalsozialismus*, Piper, 1963.

⑤ 舍普斯在自己的纲领性著作《精神史是并且将是什么?论时代精神研究的理论和实践》(1959年)中区分了精神史与观念史。他将精神史的对象限定于"时代精神及其转变",其主角不应该是伟大的思想家,而是"小人物的生活感受",所以其史料应该是百科全书、日记书信、报纸杂志等。Hans-Joachim Schoeps, *Was ist und was will die Geistesgeschichte? Über Theorie und Praxis der Zeitgeistforschung*, Musterschmidt, 1959, S. 11, 59, 60ff.

的关注点都在思想史上。① 正如他自己所言,他试图把"社会史与思想、理论、神学、世界诠释的历史",更进一步地说,就是"与精神史"联系在一起。② 不过,他的这一取向在很长一段时间里也没有引起其他同仁的关注。

研究者今天在探讨思想史的各国脉络时,经常会提及德国的概念史(Begriffsgeschichte)传统。概念史最重要的创新和对德国思想史研究最重要的贡献在于对语言的"发现":其将语言视为一种表现历史真实、反映社会结构的独立范畴,因此概念成为探讨政治和社会意识的关键钥匙。但不可忽视的是,概念史在诞生之初从未想过要走进思想史的大门。因为在其看来,思想史对概念的个别化、孤立化处理,会阻碍对思想之理念和社会关系的重构。更重要的是,因为概念史的灵感来自德国社会史,它是社会史在思想研究领域的挚友,它的研究旨趣首先源自社会史对前现代社会的关切,所以其目的是勾连语言与现实,勾连概念与社会结构。概念史的重要推动者莱因哈特·科泽勒克(Reinhart Koselleck)常常被拿来与昆廷·斯金纳相比较,但他本人却鲜少谈论德国的概念史与其他欧美国家的思想史之间的共性。相反,科泽勒克曾多次明确指出:虽然概念史自有其方法,但它不是"自为目的",它其实作为社会史研究的"助手"而存在;概念是社会结构的指示器(但不是社会意识、意识形态或者心态心志的指示器);概念史为社会史提供指标和要素,就此而言,它可以被定义为社会史研究的组成部分,一个"在方法上独立自主的组成部分"。③

1979 年,恩斯特·舒林(Ernst Schulin)在分析思想史的各国境遇时指出,当英美的思想史研究和法国的心态史蓬勃兴起时,这个领域在德国

---

① Thomas Nipperdey, "Die anthropologische Dimension der Geschichtswissenschaft", *Gesellschaft, Kultur, Theorie. Gesammelte Aufsätze zur neueren Geschichte*, Vandenhoeck & Ruprecht, 1976, S. 33 – 58; Thomas Nipperdey, *Reformation, Revolution, Utopie. Studien zum 16. Jahrhundert*, Vandenhoeck & Ruprecht, 1975; Thomas Nipperdey, *Religion im Umbruch. Deutschland* 1870 – 1918, C. H. Beck, 1988.

② Thomas Nipperdey, "Vorwort", *Reformation, Revolution, Utopie*, S. 7.

③ Reinhart Koselleck, "Einleitung", in Otto Brunner, Werner Conze und Reinhart Koselleck (Hrsg.), *Geschichtliche Grundbegriffe. Historisches Lexikon zur politisch-sozialen Sprache in Deutschland*, Klett-Cotta, 1972, S. XIII – XXVII; Reinhart Koselleck, "Begriffsgeschichte und Sozialgeschichte", *Vergangene Zukunft*, Suhrkamp, 1979, S. 107 – 129.

跌到了谷底。① 20世纪80年代中期,"历史社会科学"学派出版了四卷本论文集《德国的社会史》,全面而系统地梳理社会史与其他史学分支和研究对象的关系。② 在这个广阔的讨论谱系中,政治史、经济史、文学史、城市史、家庭史、日常生活史、宗教史、心态史、大众文化史、概念史等领域都有一席之地,唯独没有思想史。在当时的德国史学中,不仅没有一个虽然边缘化但保有独立地位的思想史,甚至连在政治史中被零散地、不成系统地加以探讨的政治思想史都近乎消失了。

三

在一篇写于1995年的文章中,保罗·诺尔特(Paul Nolte)曾向德国史学界呼吁,"观念史是时候在丰富多彩的历史学中再次占有相称地位了"。③ 在某种程度上,诺尔特预言了接下来的发展趋势。1996年,献给库尔特·克鲁克森(Kurt Kluxen)的祝寿文集以《观念史的新路径》为名。④ 1997年,更重要的转折点到来了,德国科学基金会开始资助为期六年的重点项目"作为现代欧洲社会形塑力量的观念——一种新精神史的拟设",其目的是"对德国传统的观念和精神史进行翻新,并以此找到与国际历史和文化科学中的典范之间的连结"。⑤ 包括乌特·弗赖维特(Ute Frevert)、卢茨·拉斐尔(Lutz Raphael)、安瑟姆·多林-曼陀菲尔(Anselm Doering-Manteuffel)、沃尔夫冈·哈特维希(Wolfgang Hardtwig)、冈戈尔夫·许宾格(Gangolf Hübinger)和保罗·诺尔特等人在内的众多历史学

---

① Ernst Schulin, "Geistesgeschichte, Intellectual History und Histoire des Mentalités seit der Jahrhundertwende", *Traditionskritik und Rekonstruktionsversuch*, Vandenhoeck & Ruprecht, 1979, S. 144–162.

② Wolfgang Schieder und Volker Sellin (Hrsg.), *Sozialgeschichte in Deutschland. Entwicklungen und Perspektiven im internationalen Zusammenhang* (4 Bde.), Vandenhoeck & Ruprecht, 1986/1987.

③ Paul Nolte, "Sozialgeschichte und Ideengeschichte. Plädoyer für eine deutsche 'Intellectual History'", S. 414.

④ Frank-Lothar Kroll (Hrsg.), *Neue Wege der Ideengeschichte. Festschrift für Kurt Kluxen zum 85. Geburtstag*, Schöningh, 1996.

⑤ "Ausschreibungstext des Schwerpunktprogramms: Ideen als gesellschaftliche Gestaltungskraft im Europa der Neuzeit – Ansätze zu einer neuen 'Geistesgeschichte'", in Lutz Raphael und Heinz-Elmar Tenorth (Hrsg.), *Ideen als gesellschaftliche Gestaltungskraft im Europa der Neuzeit. Beiträge für eine erneuerte Geistesgeschichte*, Oldenbourg, 2006, S. 525.

第三篇　全球思想史再思考

家,参与了该项目。1998 年,多林—曼陀菲尔、拉斐尔和迪特里希·拜劳(Dietrich Beyrau)与在史学书籍出版领域长期享有盛名的奥登伯格出版社(R. Oldenbourg Verlag)合作,① 创办了"秩序体系:现代观念史研究"丛书,关注启蒙运动以来欧洲思想、政治、文化和社会变迁之间的交互作用。2001 年,德国三大史学期刊之一的《历史与社会》以"新观念史"为主题出版了专刊。② 这之后,德国的思想史研究——包括理论方法的思考和具体对象的探索——终于出现了繁荣的景象。③

在这场思想史的翻新运动中,有一个关键概念成为德国历史学家切入该领域的利器,这就是"秩序"。④ 无论是在"秩序体系"丛书中,还是在各种专著中——例如诺尔特的《德国社会的秩序》(2000)、拉斐尔的《公正与秩序》(2000)、约尔格·巴贝罗夫斯基(Jörg Baberowski)和多林—曼陀菲尔的《随恐怖而来的秩序》(2006)等——秩序的理念、构想、模式和体系成为新思想史的关注焦点。⑤ 这种聚焦不但决定了研究对象的选择,而且意味着研究进路的特征:新思想史的最终旨趣不再是伟大的思想理念本身,甚至不再是它的产生过程,而是思想对社会的构造作用和形塑力量;思想不再是空中楼阁之物,它会作用于社会真实,并最终以实体

---

① 2013 年,奥登伯格出版社下属的科学分社和学术分社被德古意出版社(De Gruyter)收购,该系列丛书的出版权也随之转移。

② *Geschichte und Gesellschaft. Zeitschrift für Historische Sozialwissenschaft*, Vol. 27, H. 1, . 2001.

③ Lutz Raphael und Heinz – Elmar Tenorth (Hrsg.), *Ideen als gesellschaftliche Gestaltungskraft im Europa der Neuzeit*; Barbara Stollberg – Rilinger (Hrsg.), *Ideengeschichte*, Franz Steiner Verlag, 2010; Martin Mulsow und Andreas Mahler (Hrsg.), *Texte zur Theorie der Ideengeschichte*, Reclam, 2014; D. Timothy Goering (Hrsg.), *Ideengeschichte heute. Traditionen und Perspektiven*, transcript, 2017.

④ 当然,这并不是说所有的思想史研究都以此为主题,也有其他别具一格的研究路径。例如马丁·穆尔索(Martin Mulsow)就致力于探索前现代时期的"知识"本身,将目光放在前现代时期欧洲与其他地区之间一种"纠缠的""胶着的"思想交流,如埃及、拜占庭、意大利和德意志对于赫尔墨斯主义的态度;印度尼西亚和欧洲对于炼金术的看法等。Martin Mulsow, *Die unanständige Gelehrtenrepublik. Wissen, Libertinage und Kommunikation in der Frühen Neuzeit*, Metzler, 2007; *Prekäres Wissen. Eine andere Ideengeschichte der Frühen Neuzeit*, Suhrkamp, 2012; "Elemente einer globalisierten Ideengeschichte der Vormoderne", *Historische Zeitschrift*, Vol. 306, H. 1, 2018, S. 1 – 30.

⑤ Paul Nolte, *Die Ordnung der deutschen Gesellschaft. Selbstentwurf und Selbstbeschreibung im 20. Jahrhundert*, C. H. Beck, 2000; Lutz Raphael, *Recht und Ordnung. Herrschaft durch Verwaltung im 19. Jahrhundert*, Fischer Taschenbuch – Verlag, 2000; Jörg Baberowski und Anselm Doering – Manteuffel, *Ordnung durch Terror. Gewaltexzesse und Vernichtung im nationalsozialistischen und im stalinistischen Imperium*, Dietz, 2006.

化的形式表现出来。正是在这一点上，德国的新思想史抛弃了与梅尼克或者舍普斯的传统勾连，它像概念史一样，无论是在私人交往还是学科理念上，都与社会史贴得更近。

思想史写作传统的断裂和社会史研究的强势影响，使德国的新思想史研究在21世纪有着自己的鲜明特点。这些特点具有与全球思想史暗合的部分。尤其是，全球思想史注重将研究对象——无论是作为产品的"思想"，还是作为生产者和传播者的"人"——空间化、语境化、地方化和去典范化，德国新思想史亦是如此。它不再探索观念或者心态的某种普遍的民族国家特性，而关注话语之产生和接受的区域特征，其中既有民族国家内部的区域特征，也有跨越民族国家的区域特征。但这种特质并不是从全球史中获得的，而是从社会史中获得的。这是新思想史不断领会和追随社会史研究中的区域化倾向的结果。与此同时，更重要的是，德国新思想史有一些疏离全球思想史的倾向。全球思想史往往表现为过程主义，一旦观念的旅行完成，一旦观念的谱系和网络得到再现，一旦来自异国他乡的观念在本土重新焕发生机，一旦观念完成了地方化，全球思想史的写作通常就抵达了终点。但新思想史却更关注观念接下来的境遇，即在地方特性中考察观念的社会干预和社会形塑。就此而言，全球思想史在一定程度上变成了一种先导性的历史。

思想史之全球取向在德国的这种境遇，与全球史思潮本身在德国史学中的遭遇密切相关。德国史学界尽管也有一些优秀的全球史作品，但总体而言，历史书写的全球视角更多的是作为一种理念、纲领和方法论被论述，而没有在广阔的研究实践中得到应用。即便是于尔根·奥斯特哈默（Jürgen Osterhammel）这样被视为德国全球史领军人物的历史学家，也并不把全球史视为一种要"置换"民族史的潮流。在描述人文社会科学领域最新的"全球化"取向时，他认为广泛使用的"Globalisierung"一词并不精确，更合适的词应该是"Globalifizierung"。在德语中，-isierung 和 -fizierung 这两个后缀都可以表示一种变化的过程化，但后者更强调这种变化是在一个强烈的外力作用下实现的。奥斯特哈默所使用的全球化概念要表明概念使用者自身的意图和局限。在他看来，"全球化"不是对历史发展的单纯描述，而是"跨国认知视角对现有话语语境的侵入和接管"；它并不意味着一种激动人心的"全球转向"，它是逐步增强的，但也并非势不可挡，它在最初产生的问题要远比给出的答案多。他甚至认为，与其他全球史分支相比，全球思想史是"浅表"的；因为思想不像经济市场、人口流动或者国际秩序那样，可以反映宏大的历史结构，它所依附的微观性和个体性，导致它其实无需探讨像"真正全球化的潜在表现和早期形式究竟何时开始"这样的全球史关键问题。①

奥斯特哈默的观点当然有其可遭质疑之处，但他的立场典型地反映出德国学界主流的态度：与关心思想的交流相比，他们更关心思想的作用。事实上，伴随着信息技术的发展和知识流通的加速、学科专业化标准下知识同质性的增强、知识与思想生产秩序的全球标准化，总而言之，伴随着一个全球知识市场和思想语境的逐渐形成，当思想全球流通的路径和时间都在不断缩短时，可以发现：越是处理晚近的内容，全球思想史研究中的"全球"一词就越发从研究方法之导向转变为研究意识之背景，它正在逐渐变成一种思想史研究的"常量"。就此而言，德国思想史的研究取向或许能够为我们提供一些别样的思考线索。

（原载《史学理论研究》2020 年第 5 期）

---

① Jürgen Osterhammel, "Globalifizierung. Denkfiguren der neuen Welt", *Zeitschrift für Ideengeschichte*, Vol. 9, H. 1, 2015, S. 8, 15f.

第四篇

中国区域国别研究的理论与方法

试论中国的区域国别研究：
路径选择与专业书写

吴小安

（华侨大学华侨华人与区域国别研究院）

方法论与理论是相互对应的。对于学术研究而言，方法论首先是关于学科的，是被学科和学术的专业规范所规定的。任何学科的方法论，都被各学科的学术史、理论范式、概念模式、问题视角和资料收集处理分析等规定。无论是学科的方法论，还是理论的方法论，都是人类、社会与自然的面向，都拥有鲜明的文明和学术的传统特征，虽然充满了学人能动的个性与独特的创造力，但都不是信马由缰和自话自说的，而是有一定的学界系统、学科训练、证据资料和专业操守。

中国的区域国别研究有理论与方法论吗？什么是中国区域国别研究的理论与方法论？其鲜明特征、创造性及独特的国际学术影响力表现在哪？弄清这些核心问题是非常有意义的，至少会让我们保持清醒，不会被误导，不致陷入某种本末倒置的伪命题和智识陷阱。

中国学界长期以来把引进、翻译国外人文社会科学重要成果当作研究本身（包括直接或间接的解读、消化与批判）；中国的对外研究习惯以单一的、教科书式的叙述和"列国志"式的普及为主，缺乏双向的、系列多元的深入专题研究；中外学科训练、话语权、研究水平和对话交流仍然处于严重不对称、不平衡的状态。中国区域国别研究的重磅推出表明了一个结构性的转变：以前我们一直向外面世界学习，如今则需要开始真正地走出去做研究；不仅我们的学人要走出去，进行深入研究和向外发声，我们的学术成果也要获得国际学术界的认可。

本文围绕中国的区域国别研究是什么、为什么等核心问题展开讨论。

具体来讲，涉及以下问题：国际上的区域研究已相当成熟，当下中国的区域国别研究到底有没有意义，有什么意义？国际区域研究的哪些经验与教训值得我们借鉴和吸收？中国区域国别研究的起点相对较晚，是否能够跳过或者超越国际区域研究的基本阶段？如果不能，在新的历史背景和条件下，中国到底应该怎样脚踏实地进行区域国别研究？相对于学术史与世界文明史，区域国别研究的问题与实质是什么？对于中国来讲，对外研究、外国研究、国际中国研究、华侨华人研究和新亚洲研究，与区域国别研究有什么关联（作为研究范式的关联与作为研究领域或主题的关联）？对中国人文社会科学，特别是新文科而言，区域国别研究意味着什么？对外国语大学、外国语学院而言，区域与国别研究意味着什么？为什么会有如此百家争鸣、百花齐放的路径？这是一个现实的、重大的中国智识现象。

一　当前中国区域国别研究存在的问题

（一）区域国别研究中的概念辨析

要真正理解区域国别研究，首先就要明确分辨其中的几对概念。

其一，区域与区域研究是两个性质根本不同的概念。区域作为地理文化概念是泛指，无论境内还是海外都能适用。区域研究则是特定的范式，有特定时间与空间的规定。

其二，作为国别研究的国别与作为区域研究的国别同样是两个不同性质的概念。虽然两者是共生共存的，但前者是一般性的泛指，后者则是指在区域研究中作为基本分析单位的民族国家。

其三，区域国别研究，或者国别区域研究，固然是域外研究或外国研究，但是域外研究或外国研究，却不等同于区域研究。作为范式的中国区域国别研究与国际上的区域研究大致相同。这是中国区域国别研究概念的模糊之处，或者说是有意模糊之处。实际上，中国区域国别研究在本质上应该与国际上的区域研究涵义相同（虽然范式不同），只是使用了"区域国别研究"（有的用"国别区域研究"）这一名称。这反映了中国学界的学术生态与标新立异、百花齐放的现象。需要明确的是，"区域与国别"或者"国别与区域"研究的提法，与"区域国别"研究或者"国别区域"研究的提法，应该是大不相同的：前者已经明显地带有权宜、实用、包容的工具性质，或者是机械、片面的理解，而非出于作为同类国际研究范式的智识考量。这应该是与"区域国别"研究提法有意模糊的明显不同之处。

其四，中美两国区域研究的异同点。中美区域研究都是在世界大变局的战略交汇点发生的，都是在作为全球强国地位发生结构性变化的情况下发生的，都是在变动新形势下国内与国外战略迫切需求下发生的。中国的区域国别研究，某种意义上属于国际上盛行的，但有不同时间节点、国家利益、内涵和性质、面向和发展阶段的学术研究与学科范式。中国的区域国别研究，既涵盖非西方的发展中国家和地区，又涵盖西方的发达国家和地区，就是最有力的证明。美国区域研究的焦点是中间地带，即广大的亚非拉地区；中国的区域国别研究，如同术语的模糊提法一样，重点与焦点依然模糊，或者有意模糊。其实，中国周边地区（包括海洋边界）、"一带一路"沿线地区、欧美等西方发达地区这三大板块，应该是中国区域国别研究的关注重点。

（二）两个不平衡、不对称

首先，译介与原创成果的不平衡、不对称。翻译与介绍，始终是国际区域研究和人文社会科学研究的一项重要的、基础性的学术工程，始终是人类文明交流互鉴的重要组成部分，在中国也不例外。从目前国内社会科学和外国研究的现状来看，翻译、介绍的成果与国内学人原创性成果相比存在严重不平衡、不对称的情况。但是，翻译介绍终究不能代替区域国别研究。其次，国际与国内研究被接受程度的不平衡、不对称。国际上对中国的研究已经很深、很广；然而，被国际学界接受的中国自身的研究成果却非常少，形成严重不对称的局面。两个不平衡、不对称制约了中国自身的发展，使国内与国际学界对中国研究的数量与质量形成鲜明的反差。

另外，中国的区域国别研究主要是以中文为书写语言、以服务中国国家战略目标为目的，是中国风格、中国学派、中国模式的学术研究。然而，中国的区域国别研究，并不因此意味着是封闭的、内卷的；恰恰相反，中国的区域国别研究应该同样是国际区域研究的重要组成部分，是新时代和新国际关系背景下对国际区域研究的丰富和发展。

第四篇　中国区域国别研究的理论与方法

（三）学科建设和实际研究中存在的问题

在学科建设上，从大学专业转型视角看，以前是语言问题，现在是学科问题；以前中国大学中设外国语学院（school of foreign languages），不是外国研究院（school of foreign studies）；以前，外国语主要强调语言的学习，对外国文化、社会、历史主要强调背景知识的学习，而非学科专业训练，而今，不仅要学好语言，也要精通外国文化与社会历史，同时强调将学科的分析与研究作为学生培养和学科建设的重要环节。从国家政治层面看，以前是意识形态问题，现在主要是社会与文化问题，尤其是关于中国学派、中国风格和中国模式的标识问题。

另外，有些高校讨论设置区域国别研究的院所与学科，不能聚焦在学术与学科建设等问题上，反而对项目经费和学科平台建设牌照的"热情"更大。这种现象需要我们深刻反思。

在实际研究中，很多研究并不是从学理、学术史层面做专业阐述，论证区域国别研究的学科问题，一些区域国别研究的论述过于简短，与政论性文章相似，而这些论文的目的大多在于舆论宣传，并非真正的专业研究。毫无疑问，作为学术范式的区域国别研究，既不是"列国志"，也不是智库与报刊文章。这些诚然可以是区域国别研究的初级产品或副产品，却不能视为区域国别研究的主流。

二　区域研究的关联主题与历史发展阶段

讨论中国的区域国别研究，应该聚焦为什么、怎么样的重要问题。具体而言，在全球百年未有之大变局的背景下，全球中国、全球华人与中国周边，对我们的区域国别研究有重大意义，是与区域国别研究有重大关联的主题。

（一）全球中国

中国区域国别研究热潮的最大框架和依托是"全球中国"。全球中国，英文是 Global China，主要是一个当下进行时与未来时的概念，中文则有时表述为"中国与全球化""中国与世界"，有时用通俗易懂的一个词——

"中国梦"。实际上，全球中国是一个历史的、发展的、动态的和包容的概念：既包括中国的视角，又包括世界的视角，也包括中国与世界的相互关系；既包括现代中国的历史进程，又包括当下中华民族伟大复兴，也包括"一带一路"、中外文明互鉴与人类共同体的重要内涵。

全球中国，是西方等外部世界关注和理解当下中国和中国发展的进程；是中国崛起、中国全方位改革开放、中国经济融入世界、全球华人团结、中华民族共同体意识凝聚、中外文明交流互鉴融合，以及人类命运共同体建设越来越关切的进程；是中国开始第二个"百年"奋斗目标，中国人民追求美好幸福生活的正当愿望，是全面建成社会主义现代化强国和中华民族伟大复兴的进程。

全球中国，表现为中国与世界越来越紧密地联系融合在一起，中国越来越走近世界舞台的中央；表现为大量新一代留学生、中国游客和孔子学院；表现为大量中国出口和进口，中国经济结构转型与创新发展，中国社会结构变迁与现代化发展，中国对外开放的全面升级、国际化水平的提升；表现为大量外国资本和外国移民持续进入中国，以及中国移民大量回流，等等。

全球中国，与全球化密切相关，更与改革开放至今中国的发展、变迁密切相关。全球中国，是坚持中国共产党领导与坚持人民至上、坚持独立自主与坚持理论创新、坚持中国道路与胸怀天下、坚持敢于斗争与坚持统一战线等十条宝贵历史经验的辩证统一。

全球中国，同时与近20年国际中国研究密切相关。国际中国研究应该指的是关于中国与中国外延的研究，是全球中国发展的必然产物，其含义包括海外学人关于中国的研究和中国学人关于中国研究的国际化。目前，后者与前者相比，要逊色一些。无论如何，国际中国研究，应该是全球中国这个概念普及的重要推手。在国际学术界，中国人文社会科学研究共享主要是关于中国的，无论以中文、英文或其他语种出版的，无论中国学人还是外国学人书写的，或者翻译成外文的中国学派或中国学人的论著。中国学人的或者中国学派的研究论著，能否被研究对象国或被国际学术界承认，能否产生积极的反响，从而成为国际学界关于某一区域国别研究中不可缺少的组成部分，应该成为衡量中国学派、中国风格的区域国别研究的试金石。

（二）全球华人

全球华人，既是全球中国的重要议题，也是全球移民的专门课题。华侨华人是全球华人的重要组成部分，也是全球移民的重要组成部分。

全球华人，是指在新世纪、新时代、新形势背景下的海内外华人，既有全世界范围的地理维度指涉，又有中华民族族群和文化的整体指涉，同时具有鲜明的时代特征。全球华人的议题，既关系到中国与世界的关系，又关系到中华民族共同体意识的构建和中外文明交流。中国和中国人，中华民族与中华文明，始终是我们讨论参照和关联的主线与大背景。这是中国区域国别研究的另一大特色。历史上大规模的对外移民潮，华侨华人与中国持续不断的连接通道，革命与民族救亡、侨汇与现代化建设、引进来与走出去，事关中华民族伟大复兴的事业，都与全球华人的重大战略议题密切相关。

实际上，全球华人与华侨华人是两组相互呼应、密切关联的族群共同体。说是族群共同体，是因为同宗、同源、同文、同种、同命运；说是不同的两组，是指海内与海外两个不同的层面。全球华人与华侨华人中的华人又有不同的概念涵义：前者是族群文化的概念，与"中华"对应考察会更明确；后者是政治法律属性的概念，与"华侨"对应界定会更清晰。狭义的华侨华人则是专指海外华人，是全球华人的重要组成部分。

海外华人包括华侨、华人、新移民。实际上，在族群意义上的新移民同样可以称为华人。华侨华人与新移民，分别代表着不同的移民来源地、时间点、流出国家和地区。新移民不是改革开放前出国、已经成为华侨华人的中国移民，而是改革开放后出国留学的新一代移民。新移民有两大特点：其一，近20年来很多外籍新移民回流中国，成为各行各业的专业人士与创业精英；其二，新移民同时包括近20年来在中国走出去大背景下，以海外投资、经商创业、定居为目的的新世纪中国新一代移民。这一批移民，不仅大规模流向西方发达国家，而且流向亚洲、非洲和拉丁美洲等发展中国家。

无论华侨华人还是新移民，他们都是中国革命、现代化、改革开放与中外文明交流的重要桥梁与使者，也是中国区域国别研究的重要对象。如果说，冷战与现代化是第二次世界大战结束后美国区域研究兴起的时代背景,那么,"一带一路"的倡议举措,同样应该是中国当下新一轮区域国别研究热潮的重大国际背景。

(三) 中国周边

如果说,欧美地区与中国周边是中国区域国别研究的两极,那么,非洲和拉丁美洲则是中国区域国别研究中具有重要意义的"中间地带"。中国是边界线最长、邻国最多的国家,中国周边具有历史变迁与结构性当代发展的鲜明反差。对中国而言,一方面,历史上周边国家与中国边疆问题、少数民族问题、华夷秩序、东亚国际关系的朝贡体系密切相关;另一方面,周边又与中国国际地位和当代亚洲国际关系的革命性变迁密切相关。

近现代历史上,亚洲的国际关系格局至少发生了三次革命性重组:第一次是19世纪中叶两次鸦片战争后,中国传统的朝贡体系崩溃、西方殖民主义霸权确立;第二次是20世纪中叶西方殖民主义体系瓦解、亚非拉新兴民族国家独立、美苏冷战;第三次是苏联解体、冷战结束、全球化与"全球南方",特别是全球中国的崛起。这三次国际关系的革命性重组,不仅深刻地改变了现代中国的历史发展轨迹,同时也深刻地改变了中国对外部世界的认识与理解。第一次是反对封建主义、对西方的认识与对南洋的大规模移民;第二次是以反对殖民主义和民族独立建国运动为中心的亚非拉第三世界国家互动与以意识形态为中心的"亚洲冷战";第三次是中国快速发展与世界越来越密切地联系在一起。

中国区域国别研究的历史与后两次国际关系的革命性变迁及世界秩序重组密切相关,也与国际上以美国为中心的区域研究的发展轨迹大致相似。中美区域研究产生的背景相似,都是在世界大变局的战略交汇点,都是在作为全球强国地位发生结构性变化的情况下发生的,都是为适应新形势下国内外战略需求发生的。不同的是,对全球中国而言,中国走出去与中国对全世界认知的需求,无论对中国周边、广大的亚非拉地区,还是西方国家,都是非常迫切、实实在在和更高层次、更高要求的。

(四) 区域研究的历史发展阶段

国际上的区域研究。国际区域研究产生于第二次世界大战之后,大致

> 第四篇 中国区域国别研究的理论与方法

经历了 20 世纪五六十年代的繁荣，七八十年代的衰落甚至危机，90 年代的调整与转型，以及 21 世纪之后的新生和发展。从发展时段来看，以冷战结束为界，之前为旧区域研究时期，之后为新区域研究时期。从更大知识谱系与更长历史发展视角来看，区域研究的大背景是东西方冷战与非西方的现代化，承接欧洲的殖民研究而来，逐渐发展为全球化研究，其共同的智识源泉是古典研究，而对立面是以文本与考据为基础的东方研究和以单一视角为依托的传统学科研究。

中国的区域研究。中国近代学术的对外开放与交流，也分为三个阶段：其一，鸦片战争后学习、翻译、引进西学，这一进程构成中国人文社会科学的重要支撑，一直持续至今；其二，中华人民共和国成立后，苏东与亚非拉成为研究重点，但这一过程是时断时续的，曾一度成为研究热点，后长期沦为边缘；其三，改革开放后，重新向西方学习，并开始关注周边，这一过程是当下重要的前进方向。应该指出的是，鸦片战争后中国知识界开始向西方学习的过程，并不能算是学术史意义上区域研究的开始，也许可以视为中国区域国别研究的前身。当前的区域国别研究不应视为第四个阶段，而应视为鸦片战争后，中国对外研究的巨大改变和跃升。在某种意义上，中国的区域国别研究几乎是与美国的区域研究同步开始的，时代背景也是相似的。不同的是，因为国情与学术传统的差异，中国与美国区域研究的性质、内容、侧重点存在着根本性的差异。20 世纪 80 年代之后双方是相向而行、相互呼应的，都十分重视和关注对方的研究。

谈到中国特色的区域国别研究，有两点必须明确：其一，区域与国别之间表达的是国际与区域（international and area）之间，是国际的与地区的、国际关系与地区问题的维度；其二，作为研究的切入，区域与国别之间是区域国别（areas and nation-states），是经验研究与内外、整体的视角关联。区域与国别之间，同时是全球化、跨国化、国际化、地区化的视角维度。

区域国别研究既是中国研究的特色发明，又是中国特色的研究创造。区域国别研究，或者国别区域研究，可以容纳所有的国别研究者，而不是部分容纳、部分排斥在外。从换位与重新定位视角来看，如果说区域研究（area studies）是以美国为中心的非西方研究和美国模式的国际研究范式，那么，中国的区域研究即使不能以中国为中心，也应该从中国视角出发。

这是一个不可动摇的基本原则。

学术研究或填补空白，或订正谬误；或丰富完善学说论点，或回应热点；或是老问题、新观点，或是旧材料、新方法，或是新材料、新观点，等等，无论怎么强调中国区域国别研究的文明特色，都必须有与学界对话的关怀指向，都应拥有自己元素的立场定位。我们不能脱离这些学术研究的专业基本点，高谈阔论中国区域国别研究的学术传统与特色。

三 中国东南亚研究与新亚洲研究

（一）中国东南亚研究

从学术史脉络上看，20世纪80年代以前，中国东南亚研究传统上一直被称为"南洋"研究。鉴于华人的庞大数量、经济地位、移民与贸易的悠久历史，以及从中国移民到居留地公民身份的结构性变迁，东南亚华人研究始终是中国东南亚研究最重要的组成部分。同样地，鉴于亚洲的冷战及东南亚华人与中国的关系，东南亚华人同样成为国际东南亚研究的重点，不仅视其为东南亚独立建国工程与公民权资格的重要议题，而且是东南亚冷战与现代化的重要工具。

中国东南亚研究的优势是中国与东南亚关系，包括政治、经济、社会、文化关系，特别是朝贡贸易、边界问题与中国移民等主题；是相关的东南亚中文资料记录，尤其是古代史研究；是有关华人学者对东南亚古代史的中文书写；是有关华人会馆与华人社区的档案资料与研究；是对中国东南沿海、西南边疆和南海的研究，甚至中西贸易交通史、季风亚洲海洋史研究，都必须关联和延伸到东南亚研究，等等。应该说，中国的东南亚研究在这方面的成绩是出色的。

在中国东南亚研究中，两种主要文本的专业书写与路径选择具有一定典型性。一是中文书写。至少在20世纪50年代前的东南亚华人学者用中文书写的东南亚研究，都应算是中国研究，不仅因为这一代学人是第一代中国移民，而且因为他们基本是以中国国家视角、中国身份认同书写的。二是外文书写与中文翻译，如第二次世界大战后，英国历史学家维克多·珀塞尔的《马来西亚华人》和《东南亚华人》、美国人类学家施坚雅的《泰国华人：分析的历史》、美国历史学家魏安国的《菲律宾生活中的华

第四篇　中国区域国别研究的理论与方法

人》等是非常重要的第一批专题性著作。至于20世纪80年代前后翻译的霍尔的《东南亚史》、温斯泰德的《马来西亚史》、卡迪的《战后东南亚史》、哈威的《缅甸史》，以及21世纪前后的《剑桥东南亚史》《马来西亚史》《东南亚的印度化国家》《东南亚贸易时代》《弱者的武器》《农民的道德经济学》《图绘暹罗》等一系列高水平的译著，应该是新时期中国东南亚研究迈上新台阶的重要标志。然而，这些依然是以翻译、引进、学习、介绍为主。

（二）新亚洲研究

如果说远东研究是殖民研究范式的标签，那么，亚洲研究则是远东研究的后世；如果说20世纪50年代兴起的亚洲研究是战后区域研究的样板，那么，近30年来的新亚洲研究则代表了全球政治格局变迁下亚洲研究的新形势、新面貌、新视角。同样地，反对帝国主义和殖民主义与新兴民族独立建国运动，使20世纪五六十年代的中国亚洲研究成为热点。但是，中国的区域研究更多地关注欧美日等西方发达国家，很少真正关注广大的亚非拉地区，更不要说亚洲研究本身。直到21世纪，这种现象在中国才开始有所改变，而新亚洲研究在亚洲其他地区比中国至少早出现20年。亚洲的新亚洲研究模式大致有如下几大类：其一，新加坡、中国香港、印度，以及部分马来西亚、泰国说英语地区的国际化模式；其二，中国、日本、韩国、越南等传统的东亚研究模式；其三，受欧美澳等西方教育、回归本国大学或在亚洲各地大学流动的学人模式；其四，其他亚洲本土国家和地区模式，包括东南亚、南亚、中亚、西亚等地区。

新亚洲研究既具有强烈的后冷战全球化时代特色，又具有强烈的本土民族国家身份认同。历史、语言文化、社会经济发展与国际化开放程度等因素，构成了新时期新亚洲研究的动力。新亚洲研究，不仅指亚洲研究在亚洲与在西方开始相提并论，更重要的是有关亚洲的经验和知识生产，将会丰富人类社会的知识宝库。新亚洲研究，不只是冷战时代的亚洲研究向全球化时代的亚洲研究转型，不仅为适应亚洲变化，而且是亚洲的场域越来越成为亚洲研究的重要中心（不再仅仅是研究的对象而已）。亚洲的学者特别是新一代的学者，越来越成为亚洲研究的生力军，特别是与国际对话的亚洲研究的生力军。

（三）中国区域国别研究的专业书写

中国区域国别研究讨论的立足点是中国本身，对照的国际学术实践包括美欧的区域研究。这个定位是基本。然而，鉴于中国是世界大国与文明古国，鉴于中国国情，从中国出发的另一个中层维度应该成为我们考察中国区域国别研究的试金石。这个标准是现实。这是因为对亚洲而言，对中国周边而言，特别是对中国东南亚研究而言，中国的亚洲研究，特别是新亚洲研究，无论哪个意义上，都是一个无法回避的重要参数。这个判断是基础。换言之，作为区域国别研究的范畴，中国的欧美研究固然非常重要，几十年来实际上是中国区域国别研究的重中之重，然而我们却无法加入欧美研究的对话中，并且亚非拉研究不足，特别是缺乏对中国周边的研究。应该清醒地认识到，长期以来，这种严重缺位、反差导致了中国区域国别研究的内在脆弱性。

在中国崛起、亚洲复兴和全球化进程中，中国区域国别研究、全球中国研究与新亚洲研究实际上是相互联动、密不可分的。在此背景下，虽然当前中国区域国别研究的兴起与第二次世界大战后美国作为全球强国地位确立后区域研究的发轫、时间点、范式是不同的，但其结构性背景与权力关系动力，应该有相似之处。随着大学日益国际化，学术刊物与学术出版日益国际化、数字化，新思想、新方法、新学科、新资料、新问题与新需求越来越相互交叉渗透，对中国新一代人文社科学者的要求越来越高。

因此，对专业书写与路径选择来说，需要特别明确以下三点。

其一，在区域研究范式中，民族国家作为基本分析单位，不仅是国家的疆界，而且是族群、语言与文化的标识边界。在区域研究书写中，国家、族群、语言、文化和历史疆界应该是基本不变的，变化的是研究视角和框架，新的研究视角和框架远远超过了以前民族国家疆界所规定的范畴，变成了跨地方、跨族群、跨文化、跨国家、跨地区、跨洲和跨海洋的多元互动与多元身份认同，并且这种新的多元互动与新的多元身份成为人类社会新的生活方式与发展动力。

其二，现代历史上，学术研究基本是以民族国家的本土语言为书写媒介，以各自国家为面向，以国家自身利益为主要宗旨。"地理大发现"与工业革命，使世界发展成为一个地理的、经济的和政治权力关系的整体框架。英帝国一个半世纪的重要历史遗产之一是使英语成为国际化语言，而战后美国一直是世界政治、经济和科技中心，进一步加强了英语作为国际化语言的主导地位。世界各国的学术研究与书写不仅要以本土语言为媒体和本土民族国家为面向，而且要超越本土民族国家的语言与疆界，或通过翻译等中介传播手段，面向全球与全人类。知识生产的智慧产权与专业市场面向，也不仅以民族国家为唯一标准，而是以更广泛的国际专业市场为面向和参照。

其三，中国区域国别研究的专业书写，有两个相互关联的重要面向非常关键：一是中长期研究的学术专业面向，而不仅是面向报刊媒体与政府职能机构；二是面向对象国家地区的国际化研究，而不仅是关起门来面向中国本土的专业市场。例如，南亚研究或欧洲研究，如果中国学人的研究分别在南亚、欧洲和国际南亚、欧洲学界被广泛引用，那么，我们讨论中国区域国别研究的专业书写应该就具备了良好的基本专业共识。

（原载《史学理论研究》2022 年第 2 期）

我们需要什么样的区域国别研究
——基于美国实践的省思*

张 杨

（浙江大学历史学院）

  时下国内学术界围绕区域研究的讨论已成热潮，其中不乏对美国相关研究的梳理，以期勾勒出中国自己的发展蓝图。[①] 尽管在不同语境、情境和环境下，学者们对区域研究的理解呈现出高度的差异性，但对这一概念的基本要素能够达成一定共识。简言之，区域研究是指以某一特定区域或文化为单位，利用多学科的知识和方法，通过田野调查和多元化的资料呈现，开展的系统性知识生产。关于区域研究的核心目标和基本功能，学术界内部的分歧较大。一般而言，学者们承认区域研究有很强的实用取向和咨政功能，是一个世界性大国必不可少的智识资源。

  尽管世易时移，美国区域研究的历史仍是最为切近的参照。区域研究在美国高校形成学术团体，完成学科建制，并在国际学术界获得优势地位，经历了很长的历程：先是私人组织发起，后有行政机构参与，区域研究建制实际上是由多元力量以"运动"的方式推进的。美国没有统一的文化体制或文化政策，但由私人基金会、学术共同体、商业精英和知识精英

---

* 本文是国家社会科学基金重大项目"知识外交与战后美国学术话语体系的全球建构研究"（项目编号：20&ZD243）的阶段性成果。

 ① 区域研究在不同国家和地区有不同的命名，如欧洲称为"东方学"，中国称为"区域国别学"，美国称为"区域研究"，但有时也叫"区域与国际研究"。区域研究并非一个学科，而是一种多学科复合体，有人认为是一种研究方法。文中为叙述方便，有时使用"学科"这种表述。2020 年初，《光明日报》组织了一次专题讨论，钱乘旦、张倩红和汪诗明提供了非常具有前瞻性的思考。参见钱乘旦等《构建中国特色的区域与国别研究》，《光明日报》2020 年 1 月 6 日；李晔梦：《美国区域研究的发展趋势》，《史学月刊》2021 年第 5 期。

组成的松散的"权势集团"非常热衷于文化战略规划。当美国政府意识到区域研究的重要性后,又以多个立法的方式确认了其国家利益攸关地位和资金保障。官私机制亦开始提供更为深思熟虑、更具指令性的战略指导。[①] 尽管20世纪70年代区域研究遭遇众多批判和重大冲击,但基本实现了学科建制时期的战略构想。迄今,区域研究的美国范式仍在全球发挥着影响力,其衍生效应更是不容忽视。

毋庸讳言,中国的区域研究刚刚起步,已有讨论主要集中于学科建制中的一些具体问题。然而,区域研究若想取径得法、履践致远,特别是若要不落窠臼、自成范式,一些更为根本的宏观定位与理论依据问题也必须纳入研究之中。中国范式的区域研究,如何结合自身文化传统、学术积累、社会意识、政治需求和时代背景,进行合理的学术定位?应该从哪些方向着手制定适当的国际议程?应该带有何种前瞻性的观念、思想去看待目标国家、地区乃至全球?本文就此进行初步探讨,亦期待学界对这一议题的持续关注。

一 学术定位:在学理与问题之间寻求平衡

在探讨区域研究学科建制时,一个无法回避的问题是其学术定位问题,即偏学理性构建(基础研究)还是偏问题构建(实用研究)。由于区域研究在诞生之初就极其鲜明地提出了跨学科方法,很多学者期待通过突破学科边界,产生创新性的知识产品,形成内在一致的区域研究学科理论,但其结果却不尽理想。后冷战时代,学术界对区域研究的批判多集中在它过于迎合现实需求和知识产品出现碎片化的现象,甚至所谓的跨学科事实上只停留在多学科的层面,没有基于跨学科的新理论创建和贡献。可见,很多学者十分期待区域研究的学理建设。

事实上,对美国区域研究项目的设计者、赞助者和实践者来说,并没有很深的打破学科界限的执念。很大程度上,学者仍以某个单一学科为支撑,寻求多学科的方法来解决现实问题,或者借用多方位的思考来复原目

---

① Volker R. Berghahn, *America and the Intellectual Cold Wars in Europe*: *Shepard Stone Between Philanthropy*, *Academy*, and *Diplomacy*, Princeton University Press, 2002, p. xviii.

标区域的全貌。换言之,区域研究本身是问题导向的,不以理论创新为核心诉求。1968年,美国亚洲研究协会在年度报告中总结了该协会3722名会员的研究领域。从专业方向来看,历史学家数量最多,有1079人;政治学和国际关系学学者731人;语言和文学专业343人;人类学255人;经济学168人;哲学和宗教159人;社会学122人;地理学113人;远东研究112人;艺术学72人;教育学34人;法学33人;图书馆学41人;新闻学15人;心理学21人;印度语言文学15人;自然科学7人;戏剧学10人;其他科学7人;未知385人。[1] 可见,美国区域研究在高校成功建制后,大多数学者仍保留明确的专业属性;当提及另一重身份时,则倾向于使用区域问题专家来指代。

然而,区域研究并非不追求学理上的贡献,只不过项目设计者将视野放在社会科学这个更大的思考范畴。区域研究的诞生本来就与其时盛行于美国的"行为科学运动"密切相关。[2] 行为科学致力于研究个人行为与人类关系,特别强调跨学科合作和社会调查。在"行为科学运动"影响下,原本"处于(高校)机构列表边缘地带"的新社会科学学科,如心理学、社会学和人类学走向了中央地带,[3] 也引发了私人基金会的极大热情。在私人基金会和知识精英看来,拓展有关人类行为的知识,是战后增进"人类福祉"的最大保障,其重要性不亚于自然科学创造的知识产品。美国需要"支持旨在增加有关影响和决定人类行动之相关知识的科学活动,并为推动个人和社会的最大利益而传播这种知识"。[4] 而区域研究在高校的建制,本质上是这一大的学术潮流的一部分。可以说,各种社会科学理论为

---

[1] The Association for Asian Studies, Inc., "At the Age of Twenty: Annual Report for 1967 - 1968", *The Journal of Asian Studies*, Vol. 28, No. 1, 1968, pp. 223 - 224.

[2] 战后美国"行为科学运动"(Behavioral Science Movement)的影响几乎遍及所有社会科学学科。其定义极其宽泛,但一般强调对研究对象进行科学探究:使用科学方法进行假设检验和数据收集,以便对演绎模型进行开发和测试。H. Rowan Gaither, Jr., *Report of the Study for the Ford Foundation on Policy and Program*, The Ford Foundation, 1949, p. 90; Jong S. Jun, "Renewing the Study of Comparative Administration: Some Reflections on the Current Possibilities", *Public Administration Review*, Vol. 36, No. 6, 1976, p. 642.

[3] Joel Isaac, "Theorist at Work: Talcott Parsons and the Carnegie Project on Theory, 1949 - 1951", *Journal of the History of Ideas*, Vol. 71, No. 2, 2010, p. 296.

[4] H. Rowan Gaither, Jr., *Report of the Study for the Ford Foundation on Policy and Program*, p. 93.

| 第四篇 | 中国区域国别研究的理论与方法

区域研究提供了基础方法,而区域研究则为行为科学提供了无限宽广的多样性社会和文化的实验场地。被视为美国区域研究"宪章"的霍尔委员会报告强调,社会科学研究理事会(SSRC)推动区域研究项目的一个目的是要推进社会科学发展。① 对于学术共同体本身来说,区域研究更重要的功能是提供了一个知识生产平台和测试程序,借此提出新问题,促进新方法论的产生。区域研究与人文社会科学总体上的学理性发展密不可分。

与之相关的还有区域研究培养理念的设定:是培养应用型人才,还是学术性人才。除了知识生产,区域研究在高校建制的另一个目标是教育和培训。美国的区域研究项目一开始主要用于培养应用型人才,即掌握目标国家(或地区)语言,并对当地社会文化有广泛了解的外交人员和商业领域的专业人才。战后初期成立的三大俄国研究中心——哥伦比亚大学的俄国研究所、哈佛大学的俄国研究中心和麻省理工学院的国际研究中心,很重要的功能是为美国国家安全和情报机构培训人员。② 但随着时间推移,官私机构的资助越来越指向学术人才的培养。美国官方资助"语言和区域中心"的主要立法是 1958 年《国防教育法》第六款。该法是在 1957 年"苏联卫星效应"影响下,联邦政府为保证美国在教育和科技领域的竞争优势而通过的旨在"加强基础教育"的立法。③ 在此背景下出台的政策,其视野不会仅限于解决短期的应用人才缺口。事实上,美国高校在具体落实该项政策时,明确区域研究中心的培养目标有三个:其一,为学术研究和教学、政府机构、商业和新闻业培养区域专家;其二,推动大学课程设置中不常见的学科的发展;其三,通过对外国文化的比较研究深化对美国

---

① Robert B. Hall, *Area Studies: With Special Reference to Their Implications for Research in the Social Sciences*, Edwards Brothers, Inc., 1947, p. 2.
② Matthias Duller, "History of Area Studies", in James D. Wright, ed., *International Encyclopedia of the Social & Behavioral Sciences*, 2nd Edition, Vol. I, Elsevier, 2015, p. 952; Robert B. Hall, *Area Studies: With Special Reference to Their Implications for Research in the Social Sciences*, pp. 10 – 11.
③ 1958 年《国防教育法》第六款规定,接受资助的"语言和区域中心"不仅要进行语言教学,而且要使美国能够"对使用这些语言的区域、地区或国家有充分的了解",还要进行历史学、政治学、语言学、经济学、社会学、地理学和人类学等领域的教学。National Defense Education Act of 1958, U. S. Statutes at Large, Public Law 85 – 864, pp. 1580 – 1605. http://tucnak.fsv.cuni.cz/~calda/Documents/1950s/Education_ 58. html [2021 – 12 – 20]。

文化的理解，扩大教学的范畴。① 可见，美国区域研究项目的教育目标更偏学术性人才的培养。

当然，区域研究发展的核心动力仍然是现实需求，但无论在哪个社会，这一需求不会长期存在。由于外部环境的变化，美国区域研究的资金链曾经几次断裂。到1980年，在全球经济联系日益紧密、冷战缓和的背景下，《国防教育法》第六款被纳入《高等教育法》。这意味着区域和国际研究更加强调高等教育使命，弱化了支持军事和安全需求的功能；② 同时，也意味着官方资助的急剧减少。即便如此，作为近30年大力扶助的结果，区域研究的美国范式已经成型。并且，通过突破学科界限，打破学术藩篱，区域研究推动了大众传播学、人类学、政治学等诸多新兴学科的发展，亦催生了诸如女性研究和民族研究这样"应用跨学科方法"的新研究方向。③ 迄今，以政治学、心理学、人类学等学科为代表的美国社会科学的研究均处于世界领先地位，对美国国际影响力的增强有极其重要的影响。由是观之，抓住变革时期的历史契机，做出适当的学术规划是极其重要的。

目前中国的区域研究正处于高校建制的关键时期，如果没有一个具有前瞻性的学术定位，便可能无法与更为广泛的社会科学发展目标整合起来。更重要的是，这样也无益于在研究方法、学术思想、分析框架、问题意识和研究议程等方面提供一个受到认可的中国方案。高校区域国别中心建立起来后，如何通过制度性安排与各学科建立联系，如何最大限度地激发跨学科方法的创新能力，如何使区域研究能够滋养更大范围内的社会科学知识生产，是需要深思熟虑的事情。

---

① Bureau of Intelligence and Research, External Research Division, "Area Study Programs in American Universities", 1959, U.S. Department of State, p.1.
② International Education Programs Service, "The History of Title VI and Fulbright. Hays: An Impressive International Timeline", U.S. Department of Education. http://www.ed.gov/about/offices/list/ope/iegps/index.html［2021-12-20］
③ Immanuel Wallerstein, "The Unintended Consequences of Cold War Area Studies", in Noam Chomsky, et al., *The Cold War and the University: Toward an Intellectual History of the Postwar Years*, The New Press, 1997, p.227.

第四篇 中国区域国别研究的理论与方法

二 国际定位：知识和人员跨国流动中的权力构建

　　由于研究对象的特殊性，区域研究获得有组织的推动和大规模的资助后，必然会引发极其显著的知识和人员跨国流动的现象。但现有思考大多停留在区域研究在高等教育体系内部组织化和制度化过程中产生的问题，似乎很少有人意识到这样一种以田野调查为主要方法的学术活动，会引发大规模的人际交流和知识传递，以及其间产生的诸多重要的学术权力和话语权力构建问题。从美国研究来看，区域研究项目从一开始就包含着知识跨国传播的国际战略考量。其产生的影响，不容小觑。事实上，几乎没有人否认区域研究与大国战略外向之间的关联。汉斯·摩根索认为，区域研究毫无疑问是美国在全世界范围内加速推进其外交政策的必然结果；学者们不仅致力于研究由某些地区、国家或组织引发的问题，而且致力于向外传播这些科学知识。[①] 无论如何，国内学术界和战略界加强对区域研究项目之国际定位的思考，正当其时。

　　以福特、洛克菲勒和卡耐基为代表的美国私人基金会，是美国区域研究高校建制的主要赞助者，同时也是区域研究国际化的重要推动者。三大基金会的理念原本就是"自由"国际主义的，力主美国承担战后世界的领导责任，主张"不惜任何代价加强自由人民的力量……向欠发达地区的人民输出知识、指导和资本"。[②] 洛克菲勒基金会多次强调，某一区域研究中心在美国建立起来后，应立刻转而发展相应的海外中心。[③] 美国官方则从教育交流和文化冷战两个层面开启了海外知识输出活动。1961年，美国国会通过《富布赖特-海斯法》（*Fulbright-Hays Act*），正式授权行政机构

[①] Immanuel Wallerstein, "The Unintended Consequences of Cold War Area Studies", pp. 206 – 207.

[②] H. Rowan Gaither, Jr., Report of the Study for the Ford Foundation on Policy and Program, pp. 26 – 27.

[③] Charles B. Fahs, "Brief on Language and Area Studies in the U. S.", Dec. 3, 1946, Rockefeller Archive Center, Rockefeller Foundation records, administration, program and policy, RG 3.2, series 900, box 31, folder 165, p. 2; Rockefeller Brothers Fund, Prospect for America: The Rockefeller Panel Reports, Doubleday, 1961, pp. xx – xxi.

"向外国推行促进知识、加强全世界教育、科学和文化的项目"。① 在很大程度上,美国官方视《富布赖特-海斯法》为《国防教育法》第六款的配套政策,分别指向海外和国内区域研究的能力建设。②

在美国官私组织看来,推动这场规模堪称宏大的跨国知识传播运动,至少有三重理据。其一,培养对美国"世界领袖"身份的广泛认同。战后美国的对外教育和文化活动,特别着力于把自身打造为知识的前导,进而助益于美国的身份塑造。这一点在区域研究项目的国际化进程中体现得尤为明显。美国新闻署在实施海外美国学项目时,确认其目标是通过支持美国题材的学术尊享地位,"增进对美国文明的信任","克服对美国领导世界能力的质疑"。③ 福特基金会在谈到资助区域和国际研究项目的目的时表示,基金会已经认识到有必要提高美国在国际事务中履行其责任的能力,尤其是在帮助新兴国家的社会和经济发展方面的能力。④ 以20世纪五六十年代美国的东南亚研究为例,学者们关注的研究议题主要是东南亚的社会变革、国家构建、经济发展和政治制度化,而各大高校则借助东南亚研究中心开启了双向交流活动。大量美国学者将在东南亚高校任职和田野调查两项使命整合起来,东南亚地区则有为数众多的学生到美国求学。美国知识权威地位在此进程中逐渐确立。有学者认为,东南亚"区域研究"最早正是在美国的帮助下由这些海归学子创建的。⑤

其二,培养所谓"愿景认同"。作为"西方文明"的一部分,美国必

---

① 这里是指"广义的区域研究",包括两部分:即外国区域研究和国内区域研究(美国学),有时也包括国际研究和跨文化研究。Walter Johnson, *American Studies Abroad: Progress and Difficulties in Selected Countries*, A Special Report from the United States Advisory Commission on International Educational and Cultural Affairs, U. S. Government Printing Office, 1963, pp. 5 – 6.

② International Education Programs Service, "The History of Title VI and Fulbright – Hays: An Impressive International Timeline".

③ United States Information Agency, "Regional Analytical Survey for the Western Europe Area", Sep. 15, 1967, *Database: U. S. Declassified Documents Online (USDDO)*, CK2349196076, pp. 44 – 45; Leo Marx, "Thoughts on the Origin and Character of the American Studies Movement", *American Quarterly*, Vol. 31, No. 3, 1979, p. 400.

④ Joel L. Fleishman, J. Scott Kohler and Steven Schindler, *Casebook for the Foundation: A Great American Secret*, Public Affairs, 2007, p. 73.

⑤ Vedi R. Hadiz and Daniel Dhakidae, eds., *Social Science and Power in Indonesia*, Equinox Publishing (Asia) Pte. Ltd., 2005, p. 12; 张杨:《冷战与亚洲中国学的初创——以费正清和亚洲基金会活动为个案的研究》,《美国研究》2018年第4期。

| 第四篇 | 中国区域国别研究的理论与方法

然会承袭西方国家在前殖民地的负面形象。因此,美国在对外信息与教育交流活动中不断强调,要将美国的政策意图"有效传递"到有重要影响力群体的思想和情感中,进而影响这些政府的行动和民众的态度;要使亚洲人民相信美国与他们有共同的愿景,并且有意愿和能力帮助他们实现自己的合法愿景。[1] 区域研究项目在争取新兴国家学术领袖和舆论领袖方面有突出的作用。《富布赖特-海斯法》规定下的博士论文海外研究项目、教师海外研究项目、团体项目海外计划和外国课程顾问项目,全面支持区域研究学者进行田野调查活动。[2] 以美国学为主的富布赖特奖学金项目,其目的之一是向世界各国提供美国的文化使者,并将外国学者和有发展潜力的学生带到美国,"以构建一个世界观适合西方民主国家的领导群体"。[3] 另有各种基金会项目和各行政机构的外包项目,支持国际学术研讨会、海外区域中心、著作出版等活动。[4] 毋庸置疑,围绕区域问题展开学术合作,是打破文化歧见的最佳方式之一。

其三,培养"反共"共识。美国区域研究的盛衰与冷战进程密切相关。尽管有学者反对"冷战社会科学"这一命题,但区域研究在美国的兴起,的确得到冷战需求的大力推动;而冷战结束,促进区域研究计划形成的战略考虑也随之消失。实际上,美国官私组织在冷战缓和年代已经失去了资助区域研究的动力。在冷战尖锐对峙时期,美国国家安全机构对区域

---

[1] Department of State, "Guidelines for U. S. Policy and Operations in Southeast Asia", May 1, 1962, Database: *Declassified Documents Reference System*(*DDRS*), CK3100484769, p. 10; "Asia and the United States", Presented by Dr. Haydn Williams, President, The Asia Foundation at the Asilomar Conference, Pacific Grove, California, May 6, 1966, Columbia University Archives, Central Files, Asia Foundation Files, 1954 – 1969, Box 590; "Renewal of Project DTPILLAR Approved for FY 1966", Nov. 12, 1965, Annex: "Request for CA Project Renewal", p. 2, CIA FOIA, Collection: Nazi War Crimes Disclosure Act, Vol. 3, 0014.

[2] International Education Programs Service, "The History of Title VI and Fulbright – Hays: An Impressive International Timeline".

[3] Masao Miyoshi & H. D. Harootunian, eds., *Learning Places*: *The Afterlives of Area Studies*, Duke University Press, 2002, p. 3.

[4] Youth and Leadership in the Developing Nations, Summary Report on a Conference sponsored by the International Education Subcommittee, Foreign Area Research Coordination Group, intro, University of Arkansas Libraries, Special Collections Division, Bureau of Educational and Cultural Affairs Historical Collection (CU), Box 328, Folder: MC 468 Youth and Leadership in the Developing Nations, 1967, 328 – 4.

研究项目的使用是极其功利性的。如迪安·腊斯克所说，反击共产主义在亚洲的"侵略"，不仅需要培训美国战士，更需要向亚洲盟友开放美国的"培训设施"，以训练更多的"反共斗士"。① 美国国防部资助的人类学和社会学方向的区域研究项目，大多为找出欠发达社会冲突和危机的根源，以应对"共产主义支持下的民族解放战争"。② 更加意味深长的是，战后众多新兴国家正处于重建民族国家叙事的关键时期，这一重建将在很大程度上影响各自国家未来的道路选择。因此，美国冷战机构挑选了一些特定的区域研究项目，希望其能有助于"为亚洲国家（地区）的民族主义目标创设适当的历史情境"。③

不可否认的是，美国官私机构不仅资助区域研究的知识生产，而且推动了美国范式区域研究的全球复制，使之成为20世纪美国知识迁移这一宏大历史场景的一部分。许多国家和地区的区域研究，以及和区域研究有关的单一学科，在学缘构成、组织创建、研究议程和学科思想方面深受美国范式影响。与此同时，美国区域研究及其跨国传播，对目标国家和地区造成了冲击，引发了负面效应。一些后殖民理论家甚至担心，美国构建的区域叙事替代了当地叙事，成为美国全球霸权的重要组成部分。美国区域研究国际化战略究竟对世界学术共同体、单个国家，以及国际秩序产生了怎样的影响，还需进一步分析。但对现阶段的中国来说，制定区域研究的国际化战略是当务之急。当前，已经有一些中国高校在海外建立了区域研究中心，但数量不多，投入亦有限，多为获取学术资源，加强人文交流。这一现实与中国现有国力和国际发展并不匹配。

三 观念与视域：融入统一而有机的历史进程

区域研究引发的诸多争议中，一个根本性的、首先面临的问题是：我

---

① Vedi R. Hadiz and Daniel Dhakidae, eds., *Social Science and Power in Indonesia*, p. 11.

② Behavioral Sciences and the National Security, together with part IX of the hearings on Winning the Cold War: The U. S. Ideological Offensive, by the Subcommittee on International Organizations and Movements of the Committee on Foreign Affairs, House of Representatives, Jan. 25, 1966, 89th Congress, 2nd Session, p. 3.

③ "Request for Funding from PRF: XXVII International Congress of Orientalists", Mar. 23, 1966, Hoover Institution Archives, The Asia Foundation Records, Box P-330, Folder: U. S. & Intl. Conference, Prof. /Scient Orientalists Intl. Congress and Symposium on Chinese Art 8/12/67 I.

> **第四篇** 中国区域国别研究的理论与方法

们以何种世界观和认知方式来指导区域研究。或者说,中国范式的区域研究如何在满足现实需要的同时,顺应历史潮流,契合时代大势,进而回应目标地区的知识期待?我们很难不借鉴包括美国区域研究在内的已有知识成果;但又与其有着截然不同的文化传统、社会环境、政治意识和时代背景。因此,完全沿用既有的研究范式,嫁接前人的学术议程,进入他人的话语体系,显然是极不可取的。

美国区域研究的生成与创制,得失兼有,但总体上满足了官方、社会精英、学术界的观念和理想,形成了内在一致而又充满张力的知识体系。大多数学者关注到,区域研究在高校制度化的时代背景是美国海外兴趣和利益的增强,社会主义国家的涌现,以及非殖民化运动和新兴国家国族构建正当其时。这是美国遭遇的"百年未有之大变局",首先投射在区域研究项目上的现实影像是自我认知,这是始终未曾间断过的美国国家构建的重要组成部分。洛克菲勒基金会直接用"拓宽文化视野"来概括区域研究的宏观指向,即通过整合从世界各地人类最好的思想和创造性工作中学到的东西来丰富自己的文化,并宣称"我们必须使世界文化成为我们自己的(文化组成部分)"。[①] 前文亦提到,区域研究的教育功能是充实美国大学中有关他者文化的课程设置,通过对外国文化的比较研究,深化对自身文化的理解。区域研究事实上成为新形势下美国塑造民族自我意识的重要途径,在很大程度上,也是通过对外部世界的认知来构建自己作为全球大国国家身份的重要途径。[②]

然而,一个难以回避的现实是,区域研究作为民族国家主导的知识生产方式,很难超越固有的文化立场和价值观念。自 20 世纪 70 年代以来,美国范式的区域研究遭到激烈批判。后殖民理论家指责其通过坚持既定的西方概念工具,以帝国主义的视角再现他们研究的地区。[③] 虽然不断有美国学者试图冲破"西方中心主义"的藩篱,却很难摆脱二元对立的思维方

[①] Charles B. Fahs, "Widening Our Cultural Horizons", Nov. 12, 1954, Rockefeller Archive Center, Rockefeller Foundation Records, Administration, Program and Policy, RG 3.2, series 900, box 31, folder 166, pp. 1 – 2.

[②] Christina Klein, *Cold War Orientalism: Asia in the Middlebrow Imagination, 1945 – 1961*, University of California Press, 2003, p. 9.

[③] Matthias Duller, "History of Area Studies", *International Encyclopedia of the Social & Behavioral Sciences*, 2nd Edition, Vol. I, pp. 953 – 954.

式。学者创作中的问题意识一般都来自主体文明,间或带有一种"救赎"心态,很难真正理解"他者"社会的真实样貌。一个经典的案例是战后20年间美国学者从现代化视角出发对非西方国家的叙事重构。20世纪60年代,现代化理论成为区域研究学者广泛接受的理论假设。在"区域研究+现代化理论"模式下,非西方国家被视为一个线性发展的、具有潜在普遍意义的合理化和进步进程的产物,而美国(西方)的发展模式是值得这些国家仿效的对象。[1] 区域研究因此在很大程度上成为构建和维护这一新叙事,以及论证美国研究有效性的工具,[2] 如"冲击—反应"论、传统与现代社会、大分流等理论假设,其背后的思维方式和价值观念都是西方式的。

当然,始终有另外一条区域研究的发展路径可供选择。早在20世纪60年代中期就有学者呼吁打破二元对立,摒弃文明优劣之分,"在一个因科技冲击而变得愈益统一起来的世界,我们必须学会将这一幅人类文明铺展开来的画卷视为统一而有机的进程"。[3] 与此同时,各种学术背景影响下的亚洲本土学者开始著书立说,越来越强调亚洲人自身的研究视角,对旧有的"西方中心观"构成了挑战。[4] 只不过,在学术话语权仍掌控在西方国家的情况下,这些努力如同投石入海。

20世纪与21世纪之交,中国开始有序推进区域国别研究培育计划。有学者认为,冷战结束后,全球化问题凸显,全球主义和跨国主义兴起,区域研究这一关注地区特征的领域逐渐"落伍了"。事实上,关注民族国家发展历程和现代化进程的区域研究"旧范式"的确已经过时。包括美国在内,许多国家都在探讨新范式的可能路径。美国社会科学研究理事会早在20世纪80年代已经建立起区域比较研究(CAS)委员会。当前,从比

---

[1] Paul Drake and Lisa Hilbink, "Latin American Studies: Theory and Practice", in David Szanton, ed., *The Politics of Knowledge: Area Studies and the Disciplines*, University of California Press, 2003, p. 10.

[2] Pinar Bilgin, "Review: Is the 'Orientalist' Past the Future of Middle East Studies?", *Third World Quarterly*, Vol. 25, No. 2, 2004, p. 425.

[3] *Proceedings of the 26th International Congress of Orientalists*, New Delhi, 4 – 10th, Jan. 1964, Vol. I, Organising Committee, XXVI International Congress of Orientalists, p. 46; From Our Special Correspondent, "Delhi Impresses Orientalists", *Times*, Jan. 6, 1964, p. 9.

[4] Goh Beng-Lan, ed., *Decentring and Diversifying Southeast Asian Studies: Perspectives from the Region*, Institute Southeast Asian Studies, 2011, pp. 46 – 47.

较视野来考察跨区域问题正成为欧美学界的主要趋势。[①] 区域研究仍是美国观察、认知和影响世界不可或缺的方式。只不过,在全球化和权力分散化的国际形势下,其认识论和方法论不再适用,甚至遭到激烈批判。

新旧范式鼎革之际,中国的举措恰逢其时。近年来,中国活跃在国际经贸和文化领域,跨区域"流动"的中国元素愈益增多。相对于欧美国家,中国有天然的身份优势,与知识空间的"全球南方"[②] 有相似的历史体验和现实需求。中国范式的区域国别研究,其固有的认识论应当是"去西方中心主义",可以同其他区域和国家共享和共情。从这个角度来看,"人类命运共同体"这一全球价值观的提出对区域研究有重要启示意义。中国范式的区域国别学,要强调共同体意识,从全球视角看区域问题,也要从区域实证来解释全球现象;要通过学科交融和文化交流来促进学术话语能力的增强;要高屋建瓴,真正做到使区域叙事融入统一而有机的全球化进程。

(原载《史学理论研究》2022 年第 2 期)

[①] Matthias Duller, "History of Area Studies", *International Encyclopedia of the Social & Behavioral Sciences*, 2nd Edition, Vol. I, pp. 953 – 954; Ariel I. Ahram, Patrick Kollner and Rudra Sil, eds., *Comparative Area Studies: Methodological Rationales and Cross – Regional Applications*, Oxford University Press, 2018, p. 11.

[②] 有学者指出,在知识领域,由于西方对社会科学知识流动的控制和影响,存在一个"全球南方"。Kathinka Sinha – Kerkhoff and Syed Farid Alatas, *Academic Dependency in the Social Sciences: Structural Reality and Intellectual Challenges*, Manohar, 2010, p. 18.

国别思维与区域视角[*]

程美宝

(香港城市大学中文及历史学系)

用什么人文地理单位来研究人的活动最为合适？毫无疑问，"区域"和"国别"是其中一对具有人文意义的地理单位。对研究者来说，两者在很多情况下都是有效的分析框架和话语；对"被研究者"或当事人来说，区域或国别与他们有什么关系视乎这些单位会给他们什么机遇和掣肘。当某些地方因各种相通或互利的因素而形成或被界定为一个区域时，当国别的分野成为窒碍人们在某个区域内游走的因素时，则区域和国别对当事人来说都是有关系的，也正因如此，这两个单位自然也成为研究者的出发点。

长期以来，从华人的视角出发，"华南—南洋"[①] 自成一域，闽粤人群活跃此间，不会时常感受到现实的异邦或己国的存在，自身亦会借着文字、礼仪和宗教在所属社群中建立对"中华"的认同。这种情况，即便到了 20 世纪初，中国政体由帝制转为共和，仍继续以"帝国"和"民族—国家"并存的话语在某些范畴内延续至今。最常见的例子就是，直至今天仪式专家在撰写文书时，仍有不少以干支与公元并列表示时间，用他们以为的清代地方行政体系表示地方。[②] 可以说，在这个广大的区域里，人们

---

* 本文是中国香港特别行政区研究资助局优配研究金计划"小提琴、夏威夷滑音棒结他及班祖的粤化：西洋乐器在粤剧棚面的应用与调适"（项目编号：CityU 11600720）的阶段性成果。

① 我们还可以考虑王赓武提出的"中国之南"在漫长的历史过程中所具备的多重涵义。Wang Gungwu, *China Reconnects: Joining a Deep-rooted Past to a New World Order*, World Scientific Publishing Co. Pte. Ltd., 2019, Chapter VI, "China's South".

② 这里说"他们以为的"，是因为我们在许多打醮或丧事仪式中，都会看到道士用"省府州县"的序列来书写地名。这样的写法往往是不符合历史事实的，却表达了他们对历史的理解和帮助死者魂归"故里"的用意。

在日常生活中不一定时刻感受到国别,但在很多场合中有意无意地表达着"中国认同"。我们或许可以借用吴小安《区域与国别之间》的"之间"这个概念,去理解在南洋、泛太平洋,以至更广阔的世界中活跃的华人,如何在区域与国别之间经营自己的空间。①

在回答这些问题之前,我们必须先处理两个问题,一是何谓区域或什么构成一个区域,二是中国性是什么或怎样做中国人。关于这两个问题,在过去半个世纪已有相当多的研究成果。如果让笔者选取几把重要的钥匙,去打开这两道探问之门,笔者认为有助回答"何谓区域"的钥匙是施坚雅(G. William Skinner)从古典经济学出发构建的市场和社会结构发展出来的模型及由此延展的巨区划分。此外,近年斯科特(James Scott)著作中提及的范申德尔(Willem van Schendel)提出的"佐米亚"(Zomia)引起一些中国研究者的注意,也开拓了另一个有助于我们突破国别藩篱的思考维度,去想象各种"之间"的状态。至于解决"中国性"问题的钥匙,笔者认为最具启发性的是华德英(Barbara Ward)基于结构主义发展出来的意识模型。在中文世界,有关施坚雅市场结构的讨论在 20 世纪 90 年代遍地开花,介绍佐米亚的论述近年也方兴未艾,但华德英的意识模型却未得到足够的重视。② 笔者不打算在本文再展开基础性的介绍,而是通过一个笔者比较熟悉的课题——粤语的声影世界和相关人群的活动(一个在中国和东南亚研究中也许被认为属于"边缘"的范畴),夹叙夹议地阐述这些分析模型和概念如何为我们思考"区域与国别之间"的问题提供帮助。

一 "区域"的范围:延展与边界

何谓"区域"? 20 世纪 80 年代初,中国"六五"期间哲学社会科学规

---

① 从其书名的英译可见,吴小安讨论的"区域研究"更接近英语世界的"area studies";而本文所论的"区域研究取向",更接近的英语同义词是"regional approach"。此外,吴小安讨论的更多是从研究者身份出发的研究范式问题,与本文的关怀亦略有差异。

② 参见刘志伟、孙歌《在历史中寻找中国:关于区域史研究认识论的对话》,东方出版中心 2016 年版,第 17—20、107—120 页。至于从中国研究出发的有关斯科特和范申德尔的论述,参见何翠萍等《论 James Scott 高地东南亚新命名 Zomia 的意义与未来》,《历史人类学学刊》第 9 卷第 1 期,2011 年 4 月;刘志伟:《丛书总序·天地所以隔外内》,吴滔等主编:《南岭历史地理研究》第 1 辑,广东人民出版社 2016 年版。

划重点研究项目"中国经济史"中设置"区域经济史研究"子项目,可说是近半个世纪中国区域研究取向的里程碑。[①] 在这个项目的带动下,以"区域取向"为名的研究很快流行起来。研究者们往往在每个区域(当时通常在省一级)开展某种地方史研究。然而,在"区域史"这把大伞底下,研究的问题和方法千差万别。许多人做的研究是列举区域特征,因而被批评说无非是"中国通史教科书的地方性版本"。

真正为中国区域史研究提供分析模型的,是施坚雅运用中心地理论的多层级嵌套的六边形模型分析四川市场体系的研究。施坚雅的学说在20世纪80年代初首次引入中国,但他在60年代已在英文世界出版的《中国农村的市场和社会结构》一书则到1998年才首次出版中文全译本。之后,在国内各种相关学术场合或论著中,都曾不同程度地提到"施坚雅模型"。在那些旨在批判"施坚雅模型"的作品中,许多往往只是对其计算出的市场数量、如何划定巨区的边界、应使用圆形还是六边形来绘制模型、抽象模型与现实是否相符等问题提出异议。较深入的讨论,如王庆成和史建云者,则比较少见。

如果我们把眼光转到海外,便会察觉在20世纪八九十年代,一些研究中国的学者,开始在以"施坚雅模型"为出发点的前提下,或将之细致化,或提出超越古典经济市场体系的模型,来理解中国。1995年出版的《扎根乡土:华南的地域联系》,编者萧凤霞与科大卫在"导言"中便阐明,他们主张的区域研究,既从施坚雅的讨论出发,也企图超越施坚雅。他们说:

> 本文集的作者都从一个共识出发,就是以区域取向来研究中国的历史过程是必须的。区域取向在施坚雅的研究中至为重要,其所强调的是国家与市场所发挥的整合功能,如何与地域差异毗邻并置。在亚

[①] 这个项目涵盖时间(断代)和空间(区域)两个维度。空间研究是将不同的区域分配给相关大学负责。由此,南京大学负责江南(长江下游地区),厦门大学负责福建,中山大学负责广东。应该指出的是,冀朝鼎早在20世纪30年代便完成的英文论文"Key Economic Areas in Chinese History as Revealed in the Development of Public Works for Water-control"(冀朝鼎:《中国历史上的基本经济区与水利事业的发展》,朱诗鳌译,中国社会科学出版社1981年版)所划出的作为研究中国经济史基础的"基本经济区",尽管从国家的视角出发,但也建立起一种跨越行政界限的区域概念。

第四篇 中国区域国别研究的理论与方法

洲研究学会的主席就职发言中，施坚雅总结自己的观点谓：不论朝代更替的年序看起来多单一和统一，中国历史总是被区域系统特有的结构性转变所模塑。本文集进一步提出，如果我们把区域视为一个有意识的历史建构，并且可以从创造这个历史建构的人的文化表达来加以捕捉的话，则施坚雅的研究取向会变得更有层次。我们认为，市场网络和行政结构并非形塑文化感情的独立变数，而是在区域认同的形成过程中，与文化意涵相互交织的。①

《扎根乡土》这部英文论文集，也许至今仍未得到中文学界足够的关注。但进入21世纪后，许多基于文献深耕和田野考察所得的研究，都有与施坚雅模型对话，而这些研究提出的许多进一步的问题，与"导言"中几个面向——市场网络、行政阶序、文化认同——的关系，其实并无二致。研究者发现，在历史过程中逐步形成的社会结构、个人与群体的文化身份与阶层认同，推动着宏观的经济体系甚至自然地貌的产生与变迁，反之亦然。萧凤霞后来进一步发挥社会学家菲力普·阿布拉姆斯（Philip Abrams）提出的以"结构过程"（structuring）来解开"结构"（社会学）与"变迁"（历史学）这对看似截然二分的概念的对立，指出个人透过他们有目的、有意识的行动（即人的能动性），织造了关系和意义的网络，而这些网络又进一步帮助或限制人自己的行动，这是一个无休止的过程。② 刘志伟其后以"结构过程"为出发点，从宗族、神明、户籍、族群等几个方面，解释珠江三角洲土地开垦中形成的"沙田—民田"的空间格局，不仅是土地自然形态的差别，"更是在地方社会历史发展过程中形成的一种经济关系，一种地方政治格局，一种身份区分，一种'族群'认同标

---

① Helen F. Siu, David Faure, "Introduction", in David Faure and Helen F. Siu, eds., *Down to Earth: The Territorial Bond in South China*, Stanford University Press, 1995, p. 1.
② 参见 Helen F. Siu, "Reflections on Historical Anthropology", in Helen F. Siu, *Tracing China: A Forty-Year Ethnographic Journey*, Hong Kong University Press, 2016, pp. 9–29; Philip Abrams, "History, Sociology, Historical Sociology", *Past and Present*, No. 87, 1980, pp. 3–16. 菲力普·阿布拉姆斯在这篇文章第7—8页中，对"人的能动性"（human agency）这个问题有非常精辟的论述。

记"。①

以市场网络和文化认同多于以行政秩序来划出区域范畴作为研究的出发点，也可见于郑振满对福建莆田平原的研究和陈春声关于粤东韩江三角洲的案例。郑著揭示了地方认同感和地方事务的运作如何被层层的社区体系塑造；这些社区体系是在从北宋到清代漫长的历史过程中形成的，其间不同形式的地方组织和祭祀中心——水利机构、里甲、里社、村庙、宗族、村落联盟，相互取代、合并、交织。② 陈著则论述客家人的身份认同如何从17至20世纪逐渐演化，在300年左右的历史过程中，韩江三角洲的一系列事件——明末动乱、清初迁海、编纂家谱制造出祖先来源的"信史"、汕头作为条约口岸在19世纪60年代的兴起等因素，相互交错，触发不同方言群体间的流动和碰撞，导致了19世纪20世纪之交客家人意识的产生。③

上述20世纪八九十年代逐步发展的"区域研究"，诚然跨越了行政边界，更靠近施坚雅"巨区"的讨论，但正因如此，也都没有迈出以朝代为纬的"中华帝国"的范围，尽管研究者不论在珠江、韩江流域，抑或莆田平原，都不会忽略他们研究的"村民"足迹遍布"中华帝国"之外的事实。④ 这一方面是由于八九十年代从地方社会发掘的文献材料和田野考察已经足够让这些研究者深耕细作，实验重新书写"中国史"尤其是社会经济史的论述；另一方面由于语言的限制和学科分类，使中国史学者和东南亚史或世界史学者之间颇有藩篱，而治"华侨"或"海外华人"史者，也往往聚焦于海外文献，并倾向于用"侨乡"或"原乡"等类目，将这类地方社会过度特殊化。

区域作为当事人活动的空间和研究者思考的范畴，如何能延展到国别之外？在这个问题上，滨下武志提出了很多"跨国"而非"国际"的区域

---

① 刘志伟：《地域社会与文化的结构过程：珠江三角洲研究的历史学与人类学对话》，《历史研究》2003年第1期。
② 郑振满：《乡族与国家：多元视野中的闽台传统社会》，生活·读书·新知三联书店2009年版。
③ 陈春声：《地方故事与国家历史：韩江中下游地域的社会变迁》，生活·读书·新知三联书店2021年版。
④ 参见郑振满《从民间社会理解中国与"全球化"》，《历史教学》（下半月刊）2021年第9期；刘志伟：《海上人群是中国海洋历史的主角》，《历史教学》（下半月刊）2021年第9期。

研究取向思考模型，可供我们思考。早在20世纪80年代，滨下武志便强调在"国家"与"国际"之间，须把握具有复合和多重色彩的实态"地域圈"内在联系的重要性。他指出，施坚雅具有全国性视角的"市场圈"理论，更多以市场圈的内涵（向心性、构造性）为中心，而他自己更强调市场圈的外延（离心性、相互关联性）。他提到的中国地域市场的三种基本关系——"沿岸贸易中的南北关系""内陆关系中的东西关系"，尤其是"周边的华南、东南亚关系"——便属于这种对市场圈外延的关怀的延伸。① 滨下武志同时提出，在欧美各国进入亚洲水域之前，亚洲内部已形成以多个朝贡体系为中心的域内经济关系。② 在接下来的研究和观察中，他又把注意力投放到亚洲的"海域"上，一方面勾画出"海洋利用的五层结构"；另一方面又圈出层层叠合的十个海洋世界。③ 近年，他又提出"知域"（知识空间尤其是"民智"，即相对于学者和思想家的民间知识）的概念，来理解中国与亚洲世界的层级与秩序。④

二 由"知域"而"声域"：粤语商品市场圈的外延性

滨下武志从朝贡体系（话语）出发，将"区域"的范围延展到"中华帝国"以外，画出具有分析性意义的"亚洲地域圈和海洋圈"，同时指出新加坡、马六甲、琉球、中国香港等地在近代亚洲人、财、物的流动中发挥了重要的"中枢地"作用。⑤ 这些中枢地俨如骨节般结线成网，使得这个广阔的区域范围不至于"漫无止境"。这种基于历史上的人、财、物在区域间流通而绘画的图像式思维，给笔者许多启发去思考近年集中研究

---

① ［日］滨下武志：《中国近代经济史研究：清末海关财政与通商口岸市场圈》，高淑娟、孙彬译，江苏人民出版社2008年版，第341、345、390—392页。
② ［日］滨下武志：《近代中国的国际契机：朝贡贸易体系与近代亚洲经济圈》，朱荫贵、欧阳菲译，中国社会科学出版社1999年版。
③ ［日］滨下武志：《中国、东亚与全球经济——区域和历史的视角》，王玉茹等译，社会科学文献出版社2009年版，第95、104页。
④ ［日］滨下武志、张婧：《关于"知域"的思考：对话"知域"和"地域"》，《华文文学》2012年第2期。
⑤ ［日］滨下武志：《近代中国的国际契机：朝贡贸易体系与近代亚洲经济圈》，"中文版前言"，第7页。

的以粤剧、粤曲、粤乐的流动现象为中心的粤语声域（Cantonese soundscape，更常见的翻译是"声景"）的形成过程。这类研究一般被归入戏剧曲艺、语言甚或文学的范畴，但当我们将这些无形的声音视作依附于人和物等媒体的商品或服务，明白它涉及许多人、财、物的流动时，便会发现用一个跨越国别的、外延的区域性思考，对理解这种特定的商品或服务的流通、其中表达的文化认同和地理方位观念，以及如何框定这个声域范围，是十分有用的。在这里笔者且狗尾续貂，在滨下武志提出的市场圈外延、层级结构，尤其是近年提出的知域的思考模型上，加上声域这个关怀，绘出一幅"以粤班流动为例的粤语声域示意图"，作为本文的讨论个案。①

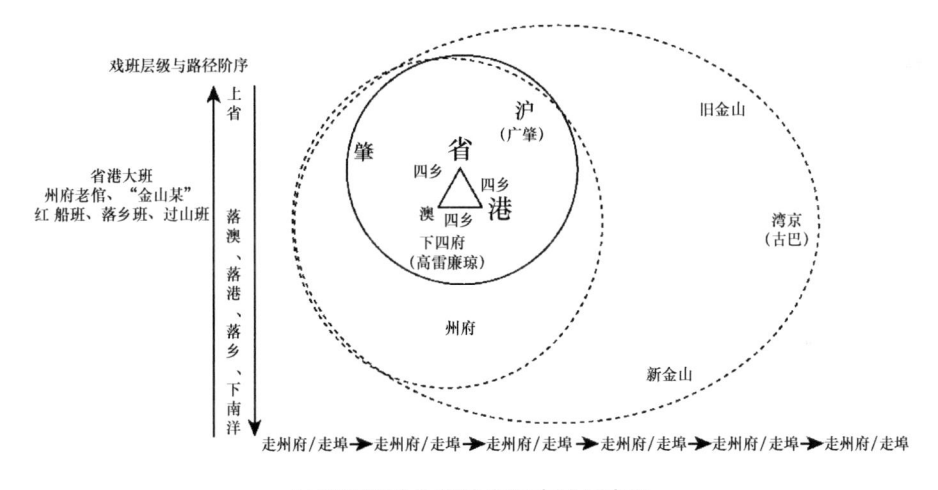

以粤班流动为例的粤语声域示意图

面对不同领域的读者，此处有必要解释一下本文所谓粤班作为一种"商品"的意涵及与本文讨论相关的思考。跟中国所有戏曲一样，粤剧从来都不只是现代人所谓的表演艺术，而更多的是一种商品与服务。戏班中人要吃饭，戏是要"卖"的。过去，因为这种商品需要通过人来传播，人（表演者）本身便是商品的现场制造者，商品的流动也等于人的流动，流动的范围越广，市场便越能最大化。在 19 世纪下半叶城市的室内剧场和

---

① 本文通篇使用"粤班"一词，因为过去两广地区的戏班，唱的是中州话（又称戏台官话），涵义与"粤剧"不同。全面改用粤语演出的粤剧要到 20 世纪二三十年代才相对定型。

20世纪现代影音载体出现之前,尤其如此。但戏班流动的范围,受文化和历史因素等许多条件的制约。过去大部分的戏是演来酬神的,因此戏班的流动尤其是在乡村社会,往往与庙宇的神诞和醮仪周期相关。① 在珠江三角洲,戏班从一个演出地点(大多是乡村社区的庙宇前的空地,往往也是圩市所在或附近)到另一个地点,乃通过红船在水道上行走,而大型戏班的班主(或公司)则往往坐镇省城(广州),接洽来自各乡的生意。这些戏班因此又称为"红船班"或"落乡班"。19世纪中后期,国内外陆续出现新埠头,将戏班的流动从四乡(红船)经轮船延伸至海外;另一方面,城市人口的增长,也足以支持室内剧场的出现,养活一些相对固定的戏班。19世纪50年代至20世纪初,建立戏院供粤班演出的城市便至少有香港、澳门、广州、上海、旧金山、新金山(泛指澳大利亚墨尔本等地)、湾京(即古巴首都夏湾拿)及南洋各埠。② 粤班市场圈沿着粤人的活动轨迹扩张,这就是滨下武志所说的"市场圈的外延"。

然而,正如商品也有层级之别一样,在各地流动或停驻的粤班,也有质量高低之分,而这种高低之分与地域层级之别又有一定的关系,这就是为什么在这张声域图中要用不同字号来表示各地在戏班人员心目中的重要性。其中,香港和省城(广州)的字号最大,象征着20世纪上半叶"省港大班"难以匹敌的地位。滨下武志指出了香港在近代亚洲史上人、财、物的流动中所发挥的"中枢地"作用;冼玉仪也强调香港在太平洋世纪(Pacific Century)发挥的中间地带和节点的角色。③ 的确,后来的历史充分表现出香港生产粤语影音商品的龙头作用。另外,在20世纪中期以前,

---

① 关于华南和南洋地区打醮和酬神演戏的活动,参见田仲一成、蔡志祥、陈守仁、容世诚等人的研究。

② 参见吴雪君《香港粤剧戏园发展(1840—1940)》,容世诚主编:《戏园·红船·影画:源氏珍藏"太平戏院文物"研究》,香港文化博物馆编制2015年版;曾金莲:《晚清澳门中国戏院初探》,程美宝、黄素娟主编:《省港澳大众文化与都市变迁》,社会科学文献出版社2017年版;程美宝:《清末粤商所建戏园与戏院管窥》,《史学月刊》2008年第6期;程美宝:《近代地方文化的跨地域性——20世纪二三十年代粤剧、粤乐和粤曲在上海》,《近代史研究》2007年第2期。有关美国19—20世纪的粤剧与戏院的情况,参见 Wing Chung Ng, *The Rise of Cantonese Opera*, Hong Kong University Press, 2015; Nancy Yunhwa Rao, *Chinatown Opera Theater in North America*, University of Illinois Press, 2017。

③ 参见 Elizabeth Sinn, *Pacific Crossing: California Gold, Chinese Migration, and the Making of Hong Kong*, Hong Kong University Press, 2013。

省港两地"声气"相通,在声色娱乐和物质消费上有着共同的趣味;同时又由于两地政治社会制度不同,但往返交通便利,促使人们游走两地,从差异(或曰"比较优势")中取得较大的利益。这些都是造就"省港大班"的重要条件。此外还需要点出的是,"省"具备了一个"港"没有的"原生性"地位,就是一切粤语商品的"标准音"其实是18世纪至19世纪开始被视为省城白话标准音的"西关音"。这种具有文化意涵的西关音,是广州、香港及其他粤人聚居的埠头共享的"城市之声",也成为20世纪二三十年代粤班逐渐用粤语取代"官话"唱戏时统一采用的语音。①

明白了"省港"在上图的中心位置后,再逐一说明其他各地的地位。澳门虽小,但它是东西洋贸易最早的中国站点之一,地位与一般乡镇不可同日而语,加上地理位置接近,与省港两地结成一个三角关系——"驰名省港澳"曾几何时是常见的广告用语——但澳门的规模注定它只能是个最后的选择。② 在省港澳周围大大小小的乡镇,称为"四乡",其中不少经济实力雄厚,是戏班的重要金主。四乡一旦不买戏,戏班没有"落乡班"可做,都扎堆在城市便难以为继。"沪"字在图中比"省港"二字小,但比"澳"大,因为它粤商云集,至20世纪二三十年代后更是制作唱片和电影的重镇。图中特意在"沪"字下面加上"广肇"二字,是因为上海的粤人在晚清便建立了"广肇公所"。所谓"广肇",指清代的广州府和肇庆府,也就是广东省粤语人口最集中的两个府。肇庆位于广东西部,是明代两广总督府所在(清初移至广州)。再往西便是高州、雷州、廉州,以及琼州(海南岛),这四个时人合称为"下四府"的地区,语言混杂,在彼地演出的戏班中也有粤班,又称"过山班"。当省港大班已发展出比较符合都市品味的风格时,过山班以武打取胜,往往保留更多古老传统。

图中用"州府"一词表示第一环虚线圈的范围。"州府"是中国的地方行政名称,却被华人用来称呼当时由欧人管治的南洋地区,包括海峡殖民地、马来联邦、马来属邦、越南的堤岸和菲律宾等地,与"下四府"相

---

① 关于以西关音作为标准音及其对歌乐的影响,参见程美宝《城市之声西关音:由省至港及沪》,《中国语文通讯》第99卷第1期,2020年1月。

② 随着中国的上海、广州、香港分别于1937年11月、1938年10月及1941年12月沦陷,中国澳门因葡萄牙属中立国,成为省港及邻近地区华人的避难所。原来主要活跃于省港两地的戏班,此时纷纷移驻澳门,但战后便陆续散班离澳。

映成趣。因此，在南洋等地出身的演员叫"州府老倌"，一旦表现出色，便会被省港大班延聘。而在第二环虚线范围尤其是金山（一般专指旧金山）演出过的伶人，会以"金山某"为艺名，俨如"金山客"一样矜贵。至于在新金山和湾京，也有粤班演出，但极少会被认为能与省港大班甚至州府老倌相媲美。

这幅图的几个圈，大体表达了从省港出发的粤语声域市场圈的外延情况。实线圈表示中国；较密的虚线显示的是闽粤人群自明代以来便活跃的区域，用"州府"称呼，多少意味着这是自己的地方；而最外一个较疏的虚线圈所表示的范围，华人大抵不会认为这些地方是自己的。此外，动词的运用也说明了方位、层级和亲疏关系。长期以来，去省城是"上"或"晋"；去澳门、香港、四乡是"落"；去南洋是"下"；而从省港等大码头出发到南洋和金山再在彼地各埠头间巡回演出，则称为"走州府""走埠"。这幅图用形状和线条来表示空间关系，用时人的话语来表示层级或阶序高低，将18世纪中期至20世纪中期大概两百年左右的历史压缩在一个平面和同一套语言上，正与《扎根乡土》中提出的主张相呼应：区域是有意识的历史建构，市场网络和行政结构在区域认同的形成过程中与文化意涵相互交织。

三 微观世界的飞地：国别的藩篱与对国家的想象

诚然，这张粤语声域图只能粗略显示以经济活动为基础的市场圈的外延状况，也正因如此，除了中国以实线圈显示之外，其他国别的存在，并没有呈现出来。事实上，如果国别的存在是指边界和对出入境的管制的话，在20世纪50年代之前，国别在第一、二圈的范围内，是不太明显的。不过，到了第三圈的范围，尤其是推行"排华法"的北美，国别的藩篱很早便存在。饶韵华在其有关北美唐人街粤剧的专著中，专辟两章讨论19世纪末至20世纪上半叶，美国"排华法"和各种入境条例如何令戏班人员难以定居或入境时遭到为难而需要到处游走的处境。[①] 充满悖论的是，

---

① Nancy Yunhwa Rao, *Chinatown Opera Theater in North America*, ch. 2 and 3.

这种国别藩篱也造就了以市场最大化为原则的经济区域的扩张——去北美演出的戏班人员，因受入境政策限制，不能在一埠停留太久，为了达至最佳效益，都会多走几个埠头或城镇才回国。

对于华人尤其是闽粤人民来说，第二圈的"州府"世界历史较为悠久，明显比第三圈的"金山"世界有更多的游走空间。到了20世纪，当中华从"帝国"蜕变为共和国，南洋也成为人们有意识地缔造"新"中华的飞地。由沪上粤商主导约于1909年创立的精武体育会的活动形式和话语，便是其中一个例子。精武体育会总会设于上海，在汉口、广州等地发展分会。1920年，核心成员陈公哲等五人，从香港出发到新加坡、吉隆坡、槟城、棉兰、爪哇三宝垄、泗水等地宣传。[①] 在此次称为"五使下南洋"的活动后，南洋多处先后成立了精武会。这些由当地粤、闽、客籍商人支持的精武会，通过一系列模仿建立现代民族国家认同的手段——练国术、操国乐、编演国旗舞，设会徽、会歌、会旗、会服——使海内外精武会至少在表面上呈现出一种统一的面貌，并让当地基层的华人有机会投入集体，通过身体和感官的训练，体验也"体现"现代中华。

在南洋精武的话语体系中，海峡殖民地、马来联邦和属邦、荷属印度尼西亚，不是域外或海外，而是州府、南洋、南溟。因此，聘自华北的武师尤其是霍元甲之子霍东阁到荷属精武开班授武时，被比喻为北溟之鲲鹏来到"环境卑劣""质性萎靡"的南溟，给当地人（包括华人和马来人）启蒙，"固不问其为同我族类否也"。[②] 旧有的天下观，还活在民国时期的话语中。

人类学家华德英在其对香港新界滘西一位钟姓渔民研究的基础上，丰富了克洛德·列维-斯特劳斯（Claude Levi-Strauss）"自觉意识模型"的讨论，为我们处理"何谓中国（人）"的问题提供了一个十分有效的思考模型。滘西的地理位置和钟先生的社会地位同样处于"边缘"，对某些研究者来说，可能不够代表性，不足以讨论"何谓中国（人）"的问题。然

[①] 关于精武体育会的历史及20世纪20年代"五使下南洋"的细节，参见黎俊忻《近代中国武术组织与民族主义：以精武体育会、中央国术馆为中心（1909—1953）》，博士学位论文，中山大学，2016年；黎俊忻：《新马粤侨武术与体育运动研究（1874—1953）》（未刊稿）。

[②] 何心平：《勘南溟》，《南溟精武大事记》，"言论"，第1页（此书出版地不详，出版年不详，记事至1926年。此份材料亦蒙黎俊忻博士惠示）。

而，华德英正是基于这"边缘"的田野个案，提炼出更精致的"他们的自觉意识模型"，将之细分为"他们的近身模型""他们的理想观念模型"和"他们的观察者模型"，并且将"他们的观察者模型"进一步分为"内部"和"外部"。[①] 必须注意的是，这里"他们的"三字，一定不能略掉，因为这个意识模型要我们直面的正是当事人的想法。

南洋特别是南溟精武会的例子，不但让我们通过文献（主事者的出版物）理解有资本和人脉并具备书写能力的人的理念，因其会员来自各阶层，也让我们较有可能理解识字能力有限的人的想法。[②] 这些身在南洋的人士位处"边缘"，固然清楚与自己直接相关的家庭和家族的圈子，也意识到自己身处的异邦政权的存在；与"他者"相处时，亦有内（如同样被归类为华人的以语言、籍贯划分的群体）、外（马来人和其他当地人、英国人、荷兰人等）之别。同样重要的是，他们也具备一个"理想观念模型"，有"中国人或中国文化应该是怎样的"想法，这种想法通过习俗、神明崇拜、教育、戏曲等多种方式形塑。到了20世纪，又加入了现代民族—国家的元素，像精武会这类团体，就是政府以外积极参与形塑"现代中国"理想观念的能动者。华德英这种多重的自觉意识形态模型，有助我们从当事人的视角出发，突破狭义的国别的局限，思考国家作为一种意识形态或理想观念的形成过程。

我们或许比较容易从"域外有域"的方向去扩充这幅声域图，但图既是用来简明示意的，则"域内有域"的情况便难以嵌入了，只能在此处补充说明。所谓"域内有域"，其一，指某个区域中的城镇，我们也许可以用施坚雅的中间集镇或中间市场来理解。以加拿大为例，19世纪中期至20世纪有很多规模较小的城镇，如埃德蒙顿（Edmonton）和卡尔加里（Calgary，又称为卡技利）等，华人人数不多，但都有粤剧演出和粤曲社团。[③] 其二，指在各层级的集镇或城市中建立的会馆、庙宇、学校、会堂、戏院、游乐场等华人社区空间，还有各色批发零售商店及书报社，后者往

---

① Barbara Ward, *Through Other Eyes: Essays in Understanding "Conscious Models" - Mostly in Hong Kong*, The Chinese University Press, 1985.
② 笔者曾在2013年3月随黎俊忻博士在新加坡拜访精武会会员，他们部分来自劳工阶层，在言语间流露出作为精武会成员能在工余时练功习武的自豪感。
③ 张劳坤仪:《粤剧在北美的跨国性》，余少华等主编:《中国戏曲志》（香港卷），即出。

往也是银信（汇款）和消息流通的中转站。① 其三，还有一处不可忽略的场所，是离开城镇和市场颇远的矿场。华人经营的矿场主为慰劳矿工，会延聘平日在城市戏院和游乐场活动的戏班到矿场演出。这种情况，在马来西亚、澳大利亚和加拿大都有。② 这些微观层面的空间，既是"帝国"和民国时期的中国政府难以企及的，也是东南亚的殖民地政府不太干预的，却是经年累月通过感官方式传播和创造华人认同感的所在。

四 "之间"是江湖：让区域视角解放国别思维

走笔至此，可以借用范申德尔在讨论佐米亚（Zomia）一文中提出的思考方向，总结本文。在该文中，范申德尔认为我们有必要重新检视社会生活的空间性（the spatiality of social life）。一直以来，社会科学把空间看成是"不证自明、毫无疑问、与理论无涉"的，只是历史发生的所在。范申德尔认为，我们应把空间看成一个变化的过程，故而提出"过程地理"的研究取向。其实，人文地理学家早已提出，用来表示空间的各种地理尺度（如地方、国别、区域、全球）本身就是一种社会建构。范申德尔认为，要丰富地理尺度的理论，首先，要在社会经济因素以外，考虑社会文化和话语（discursive）的因素；其次，研究者往往集中注意都市、国别和全球等尺度，而忽略国别与全球之间的尺度，例如，世界区域（world regions）这个尺度便尤其值得探讨；最后，他进而引用了阿帕杜赖（Arjun Appadurai）的一句话"世界可能包含了许多区域，但区域也在想象它们自己的世界"，并提倡建立一个新的"社空词库"（sociospatial lexicon），去发展和理解新的地理尺度；而要探讨区域间的相互联系，最佳的办法莫过

---

① 有关华侨汇款的网络机制，参见［日］滨下武志《资本的旅行：华侨、侨汇与中华网》，王珍珍译，社会科学文献出版社2021年版，第146—163页。
② 澳大利亚的情况参见 Joanne Tompkins, Liyang Xia, "Mid–Nineteenth-Century Cantonese Opera Performances in the Victorian Goldfields", in Gilli Bush–Bailey, Kate Flaherty, eds., *Touring Performance and Global Exchange 1850–1960: Making Tracks*, Routledge, 2021；马来西亚的情况参见王胜泉《朱庆祥的艺术与生活》，明报出版社有限公司2010年版，第9页。1927年生于怡保的朱庆祥20世纪四五十年代在马来西亚从事戏班拍和，他家住怡保，但经常到其他"埠仔"如安顺、金宝、美罗、槟城和马六甲演出。

于从物与人在跨国或跨区的流动开始。① 这应该就是他说的如何将隐喻性的空间和物质性的空间联系起来的两个向度了。本文着意用时人的用语和空间感来绘画这幅"粤语声域示意图",就是受到上述范申德尔观点的启发。

为什么国别与全球之间的尺度会被忽视呢?这可能是因为在现实中,随着第二次世界大战后东南亚民族国家的崛起,加上亚太地区冷战的地缘政治作祟,这些"之间"地带一直在萎缩。研究者绝大部分是民族国家的产物,他们本该有的区域视野,也往往为国别的思维所束缚,而未能对其研究对象有足够的同情之理解。笔者在另一篇文章中,描述了一个失明歌者从肇庆辗转到四乡、广州、港岛西环,最终流落到九龙的历程,并借用了他的话,指这个流转的空间就是他闯荡的"江湖"。② 在这二三百年间,粤语声域的"江湖",逐步发展成一个以"省港澳+沪"为核心,向南洋和金山辐射的一个域外有域、域内有域的有着很多"之间"地带的"超巨区"。但从种种情况看来,这个超巨区已逐渐萎缩,"之间"也随着越趋狭隘的国别意识的强化,一个个地消失。研究者有必要更新地理观念,以区域的视角,从人、物、财的流动来理解这个逐渐消失的世界,才有可能让思想空间和日常生活的"江湖"得以活现在研究之中。

(原载《史学理论研究》2022 年第 2 期)

---

① Willem van Schendel, "Geographies of Knowing, Geographies of Ignorance: Jumping Scale in Southeast Asia", *Environment and Planning D: Society and Space*, Vol. 20, 2002, pp. 647 – 668.

② May Bo Ching, "Itinerant Singers: Triangulating the Canton – Hong Kong – Macau Soundscape", in Eric Tagliacozzo, Helen F. Siu, Peter C. Perdue, eds., *Asian Inside Out: Itinerant People*, Harvard University Press, 2019.

区域国别视野下的中国东南亚史研究*

祝湘辉　李晨阳

（云南大学一带一路研究院　云南大学缅甸研究院）

中国是记载古代东南亚史料最多的国家，历代保存下来的正史、地方志、档案等史料浩如烟海。当时统治王朝强调"华夷之辨"，将东南亚诸国视为"蛮夷"之地，试图将其纳入朝贡体系。直到晚清，随着与中国交往的增加，东南亚作为一个区域才重新进入中国的视野，各地书局相继出版了《越南地舆图说》《缅述》《黄辀日记》等涉及东南亚的书籍，体现了中国人对东南亚观念的更新。陈序经说："欲研究东南亚各国历史，尤其是古代东南亚，非用中国资料。"[①] 霍尔说："要获得关于这一地区原始历史的任何知识，中文资源是必不可少的。"[②] 然而，这些并非严格意义上的东南亚史学术研究。

中国真正的东南亚史研究始于 20 世纪三四十年代。第一阶段东南亚研究者首先转向了传统书籍，皓首穷经地梳理和考证古籍，全面挖掘有关东南亚的史料，并重新进行校注和诠释。新中国成立后的 20 年间，中国东南亚史研究以翻译国外东南亚书籍和考证南海、华侨等个别问题为主，研究范围有限。改革开放后，中国东南亚史研究进入第二阶段转型期，学界开始大量引入新理论和范式，拓宽了东南亚史研究的题材和领域。进入 21 世纪后，随着中国区域国别研究的兴起，东南亚史经历了第三阶段的理

---

* 本文是国家社会科学基金中国历史研究院重大历史问题研究专项（项目编号：2021MZD013/21@WTA005）的阶段性成果。

① 陈序经：《陈序经东南亚古史研究合集》上卷，海天出版社 1992 年版，第 7 页。

② D. G. E. Hall, "Recent Tendencies in the Study of the Early History of South – East Asia", *Pacific Affairs*, Vol. 39, Issue 3 – 4, 1966 – 1967, p. 346.

第四篇 中国区域国别研究的理论与方法

论探讨和学科实践，走向了与区域国别研究结合之路。

目前评论中国东南亚史研究的成果主要有史耀南的《中国对东南亚史的研究》、戴可来和王介南的《中国十年来对东南亚的研究》、贺圣达的《中国东南亚史研究的成就和展望》、袁丁的《评中国有关东南亚的研究》、陈奉林的《近十年来国内东南亚殖民主义史研究述评》、梁志明和李一平的《中国东南亚史学研究的进展与评估》，以及范宏伟的《新世纪以来关于冷战时期中国与东南亚关系史研究现状分析》。这些作品全面梳理了以往中国学界对东南亚史研究的主要成果，指出了研究问题、范式和路径的变迁。本文在前人成果的基础上，进一步在区域国别视域下，剖析不同思潮、理论和方法之短长，透视区域国别理论与实践的相互影响和能动作用，以不同时期中国东南亚史研究的代表性著述为例，构建中国东南亚史的发展进程。

中国东南亚史的研究成果很多，难以全部进行考察，因此需对其范围作出限定：本文着重考察研究东南亚区域和国别的论著，简化专门史作品，排除古籍资料、游记、传记等记叙性作品。即便如此，由于篇幅所限，笔者仍不得不放弃对部分优秀文献的梳理。

一 传统考据时代与东南亚史研究的边界

20世纪三四十年代，李长傅、岑仲勉、陈序经、冯承钧等学者以挖掘和考证中国古籍为主，辅以西方资料，集中论证中国—东南亚关系史和华侨华人史相关问题。[1]

学者们探讨了东南亚史研究的边界。冯承钧认为："今之所谓南洋，包括明代之东西洋而言，东西洋之称，似首见《岛夷志略》著录，然至明代始盛行。大致以马来半岛与苏门答刺以西，质言之，今之印度洋为西洋，以东为东洋，昔日大食人亦以此两地为印度与中国之分界。然在元以

---

[1] 李长傅：《南洋各国史》，国立暨南大学海外文化事业部1935年版；李长傅：《南洋史纲要》，商务印书馆1938年版；冯承钧：《中国南洋交通史》，商务印书馆1937年版；黎正甫：《中暹关系史》，文通书局1944年版；王婆楞：《中缅关系史纲要》，正中书局1945年版；王任叔：《印尼社会发展概观》，生活书店1948年版；夏光南：《中印缅道交通史》，中华书局1948年版。

前则概名之曰南海或西南海。"① 在元明时期，当今的东南亚地区涵盖了东洋和西洋部分地区。陈显泗认为："至清初，乃有南洋及东南洋之名；清中叶以后，今日的东南亚地区概称为南洋。今天的东南亚，就是历史上的南海（一部分）、东洋和南洋，在这个地域内的国家，就是我们东南亚史研究的范围。"②

"东南亚"在第二次世界大战中作为盟军战区之一，在战后成为一个政治、地理和历史概念，被学术界广泛采用。中国学者也接受了这一概念。在吴小安看来，从"南洋"到"东南亚"，不仅是名称的变化，而且代表了两种不同取向、不同历史时代、不同国际政治霸权、不同身份认同和学术传统。南洋研究以中国和华侨华人为中心，而东南亚研究呈现出非常浓厚的政治与意识形态色彩，表现为非殖民主义、冷战、发展与现代化，等等。③

不过，阿米塔·阿查亚质疑，今天被称为东南亚的这片区域并不是第二次世界大战后西方的发明。他表明，尽管早期东南亚各民族并不将自己视为东南亚的一部分，但长期的历史联系已然将东南亚融合为一个整体。④ 阿查亚试图淡化东南亚的地理特征，强调东南亚各民族自古具有共同的思想、相似的生活方式和长期文化纽带，因而形成了一致性和区域性特征。

有一点可以确认，在对东南亚国家早期起源的研究中，中国古籍和学者的书写发挥了重要作用。中国古籍和学者对该区域的解释、创造和传播，经过伯希和、马司帛乐和戈岱司等西方学者的介绍，回流到东南亚，推动了东南亚区域认同的形成。缅甸的蒲甘、柬埔寨的吴哥、泰国的素可泰和爪哇的满者伯夷等古代王国进入了现代民族国家的叙事中。依靠中国古籍关于本民族起源和迁徙的记录，殖民地历史学家重构了被欧洲殖民之

---

① 冯承钧：《中国南洋交通史》，第1页。
② 陈显泗：《台湾的东南亚历史研究述评》，《印度支那》1987年第4期。
③ 吴小安：《从"南洋研究"到"东南亚研究"：一位中国学者的观察与思考》，李晨阳、祝湘辉主编《〈剑桥东南亚史〉评述与中国东南亚史研究》，广东世界图书出版公司2010年版，第411—412页。
④ Amitav Acharya, *The Quest for Idenity: International Relations of Southeast Asia*, Oxford University Press, 2000, p.5.

前的历史，使本民族能够重新审视被殖民者贬低的过去，增强本民族自豪感，以对抗欧洲文化的入侵。他们在中国古籍中找到了悠久的王朝世系、辉煌的文治武功和引以为豪的文化遗产。独立后的东南亚新兴国家利用这些知识重建了民族谱系。长期以来，中国学者和古籍帮助东南亚各民族唤醒集体记忆，对其国家构建发挥了重要作用。

二 传统路线延续与新理论、范式的引进

从20世纪50年代到70年代，中国东南亚史学者延续了早期路线，重点翻译国外史学著作、研究华侨问题和国别史料汇编。如姚楠校注的《缅甸史》、陈序经的《陈序经东南亚古史研究合集》。总体而言，这一时期的东南亚史研究打上了深刻的时代烙印，多数成果以内部研究、讲义和时事读物为主，对策性较强，集中在东南亚民族解放运动、中国与东南亚关系史等领域。

改革开放以来，中国东南亚史研究进入新的发展时期。在20世纪80年代，中文古籍、史料整理和校注方面也有一些新作问世，如江应樑的《百夷传校注》、苏继庼的《岛夷志略校释》、夏鼐的《真腊风土记校注》、谢方的《东西洋考》。韩振华的《我国南海诸岛史料汇编》搜集了图书、地图、档案、方志、报刊和调查资料，融合了1982年以前有关南海诸岛的所有资料。黄国安等著《中越关系史简编》阐述了古代交趾与中国的交往，以及从公元10世纪中叶至20世纪70年代末中越关系的变迁。陈显泗等合编的《中国古籍中的柬埔寨史料》搜集自东汉至明清100多种古籍中有关柬埔寨的记载。郑鹤声、郑一钧的《郑和下西洋资料汇编》根据郑和下西洋的文物和调查资料，认为郑和不仅到过西洋，也到过东洋即婆罗国以东地区。① 可见，东南亚史学经历了前一时期的断层和跌宕后，重新复

---

① ［英］哈威：《缅甸史》，姚楠译注，商务印书馆1943年版；陈序经：《陈序经东南亚古史研究合集》；钱古训著，江应樑校注：《百夷传校注》，云南人民出版社1980年版；汪大渊著，苏继庼校注：《岛夷志略校释》，中华书局1981年版；周达观著，夏鼐校注：《真腊风土记校注》，中华书局1981年版；张燮：《东西洋考》，谢方点校，中华书局1981年版；韩振华：《我国南海诸岛史料汇编》，东方出版社1988年版；黄国安等：《中越关系史简编》，广西人民出版社1986年版；郑鹤声、郑一钧编：《郑和下西洋资料汇编》，齐鲁书社1980年版。

苏和延续。尽管缺乏突破，但为后续东南亚史学的转向奠定了基础，提供了新的灵感来源。

20世纪80年代是一个承上启下的时期，东南亚史的研究重点转移到与现实相关的问题上，注重以史为鉴，古为今用。中国学者正本清源，驳斥东南亚史中流传已久的谬见。杜玉亭、陈吕范的《忽必烈平大理国是否引起泰族大量南迁》，陈吕范的《素可泰访古——再论忽必烈平大理国是否引起泰族大量南迁》《泰族起源问题研究》，提出南诏大理国的文物具有彝族和白族特色，大理和素可泰属于两种完全不同的文化，确证了南诏、大理国非泰族所建，推翻了一百多年前由拉古柏里假设、流传甚广的"泰族建南诏王国说"。[①] 蒙文通的《越史丛考》驳斥了越南史学家陶维英提出的楚、越同族之说，"楚、越畛域既殊，楚、越亦不同祖，又据诸书所载，楚、越人民亦不得为同族也"。[②]

从20世纪90年代起，中国学者主动吸收新的理论和范式，出版了一系列东南亚通史、国别史和华人华侨史著作。新的著作超越了早期对东南亚史描述性的书写，利用科学研究方法，探索其发展的规律和机制。这一时期的学者更注重审视和反思传统研究的主题和思路。梁志明的《殖民主义史·东南亚卷》系统论证了殖民主义对东南亚历史发展的影响，以及东南亚殖民地社会的特点。汪新生的《现代东南亚政治与外交》探讨了战后东南亚各国发展道路和现代化进程。何平的《东南亚的封建—奴隶制结构与古代东方社会》指出古代东南亚在原始社会解体后形成的并非典型的奴隶制社会，而是封建制因素与奴隶制因素相伴而生的社会。贺圣达等人的《战后东南亚历史发展（1945—1994）》将战后东南亚历史划分为西方议会民主制时期、集权型时期和调整变革时期，现代化进程与社会秩序稳定呈正相关关系，稳定和渐进改革的东南亚国家取得了更明显的发展效绩。梁英明等合著的《近现代东南亚（1511—1992）》强调16世纪欧洲殖民者到来后，东南亚"内部的联系空前增加了"，贸易和市场将东南亚与全球

[①] 杜玉亭、陈吕范：《忽必烈平大理国是否引起泰族大量南迁》，《历史研究》1978年第2期；陈吕范：《素可泰访古——再论忽必烈平大理国是否引起泰族大量南迁》，《东南亚》1986年第1期；陈吕范：《泰族起源问题研究》，国际文化出版公司1990年版。

[②] 蒙文通：《越史丛考》，人民出版社1983年版，第12页。

第四篇 中国区域国别研究的理论与方法

网络联结在一起，从而为东南亚带来了近代性和现代性。[1] 中国学者注意到东南亚地区的整体性特征，并从地理结构、民族迁徙和生产力发展的角度解释早期东南亚发展的一致性。随着大陆东南亚缅、泰、越族的崛起和海岛东南亚伊斯兰教的传入，东南亚走上了多元、复杂的发展道路。西方殖民统治、华人移居东南亚，进一步加深了其多元化程度，形成民族和宗教的"马赛克"社会。在国别史方面，陈显泗的《柬埔寨两千年史》运用中国古代文献和柬埔寨学者的文献，论述了史前时期到独立时期的柬埔寨史。王任叔的《印度尼西亚古代史》引用大量古籍、考古发掘、碑铭，证明了印尼民族与亚洲大陆的民族起源于同一民族共同体，拔罗婆字体或纳加里字体书写的梵文碑铭证明古代印尼曾出现了印度化国家；《印度尼西亚近代史》展示了近代印尼人民反抗殖民者斗争和民族解放运动进程。贺圣达的《缅甸史》采用中国古籍和西方学者的有关记载，发掘缅甸历史发展各个阶段的内在联系，对早期国家、英国对缅甸殖民统治的特点和民族解放运动都提出新的探讨。金应熙主编的《菲律宾史》阐述了从旧石器时代到民族独立运动时期的菲律宾历史。[2]

在东南亚文化史方面，梁志明的《古代东南亚印度化问题刍议》在肯定印度文化对东南亚古代文明影响的同时，强调东南亚自身的文化特征，批驳了简单将古代东南亚看作"印度化国家"的观点。贺圣达的《东南亚文化发展史》指出早期东南亚文化由于其原始性，具有较高的一致性。随着生产力发展和对外交往的增加，海岛东南亚和大陆东南亚之间，以及各地区内部之间的差异日益增大。童恩正的《南方文明》认为亚洲栽培稻起源于中国长江以南，东南亚早期文明中的许多因素，与越人文化及百越民族南下有关联。这推翻了稻作、动物驯养和青铜器都起源于东南亚，东南

---

[1] 梁志明主编：《殖民主义史·东南亚卷》，北京大学出版社1999年版；汪新生：《世纪的回顾 现代东南亚政治与外交》，广西人民出版社1998年版；何平：《东南亚的封建—奴隶制结构与古代东方社会》，云南大学出版社1999年版；贺圣达等：《战后东南亚历史发展（1945—1994）》，云南大学出版社1995年版；梁英明等：《近现代东南亚（1511—1992）》，北京大学出版社1994年版。

[2] 陈显泗：《柬埔寨两千年史》，中州古籍出版社1990年版；王任叔：《印度尼西亚古代史》，中国社会科学出版社1987年版；王任叔：《印度尼西亚近代史》，北京大学出版社1995年版；贺圣达：《缅甸史》，人民出版社1992年版；金应熙主编：《菲律宾史》，河南大学出版社1990年版。

亚为"东亚古代文化中心"之说。王介南的《中国与东南亚文化交流志》阐述了中国与东南亚文化交流的特点和趋势,认为稻谷由中国传入东南亚,棉花由东南亚通过两条途径传入中国,勾勒了中国与东南亚物质文化交流的路线。邓殿臣的《南传佛教史简编》采用了东南亚语和僧伽罗语资料,将斯里兰卡、缅甸、柬埔寨、泰国、老挝等纳入"南传上座部佛教文化圈",分析了各国南传佛教间的传承关系。①

尽管这一时期中国学者强调东南亚文化多样性和整体区域史观,但综合而言,中国东南亚史学者的视角是以民族国家为指向,以国家认同为基础。民族国家是近代西方政治最突出的特征,由于西方的扩张和影响,这一概念被自觉或不自觉地运用到区域国别的研究中,东南亚研究也难逃此窠臼。与此同时,西方学者已将目光投向"次区域",如缅北克钦山区、婆罗洲中部雨林带、吕宋岛北部山区等。部分学者将研究重心转向了佐米亚(Zomia)这一处于低地平原主导的国家之外的边缘地区。佐米亚的政治特征是它的"非国家空间"、独特的地理环境和逃避国家统治的群体。西方学者想象了印度东北部、孟加拉东部与缅甸西北部交界这一与"中心区域"相对的"边缘区域",并构建了该区域的知识话语体系。佐米亚范式部分解释了东南亚高地民族反对其所属国家主导的民族国家构建现象。将关注目光投向佐米亚这类边缘区域,有助于我们打破民族国家的单一视角,克服狭隘的区域史观。不过,韩恩泽等中国学者也注意到,佐米亚在20世纪上半期以来成了现代国家渗透的目标,主权野心、现代化、技术力量和国家构建都破坏了以往无政府的空间。佐米亚被分解为不同国家的组成部分,现代民族国家改变了当地人们的"不可读"状态。②

---

① 梁志明:《古代东南亚印度化问题刍议》,《南亚东南亚评论》第4辑,北京大学出版社1990年版;贺圣达:《东南亚文化发展史》,云南人民出版社1996年版;童恩正:《中国南方农业的起源及其特征》,《童恩正文集·学术系列·南方文明》,重庆出版社1998年版;王介南:《中国与东南亚文化交流志》,上海人民出版社1998年版;邓殿臣:《南传佛教史简编》,中国佛教协会1991年版。

② Enze Han, "Neighborhood Effect of Borderland State Consolidation: Evidence from Myanmar and Its Neighbors", *The Pacific Review*, Vol. 33, No. 2, 2020, pp. 305 – 330.

三　跨学科和多领域导向的东南亚史

21世纪以来，中国学者使用了新理论和模型，既推进国别研究和专门史研究，又促进了区域研究和综合性整体研究。年鉴学派和后殖民主义史学理论等扩大了中国东南亚史的视野，比较研究、定量分析、口述调查等跨学科方法对东南亚史的书写产生了影响，思想史、女性史、口述史和环境史等受到关注。

这一时期华人华侨研究取得了一些新进展。东南亚华人族群、华侨民族主义、基督教与华人、华人迁移史、华人对东南亚国家发展的贡献及影响等议题进入学者们的研究视野。庄国土认为"东南亚华人族群"是东南亚本地的多元族群之一，不再是中华民族的组成部分，具有其自身族群性；随着华族政治地位改善和土著经济地位上升以及族群交流频繁，华族与土著关系将趋于和谐。张坚总结了20世纪初东南亚华侨民族主义的目标和内在动力。朱峰从文化适应的角度，探讨近代移民东南亚的华人基督徒在文化交流与冲击中建立新的身份认同、宗教社区与族群传统的过程。高伟浓认为近代中国超负荷人口载量、经济衰败、政治迫害等导致华人向东南亚迁移；华侨的经济行为自成一体，具有高度的原发性。国别华人华侨史研究也获得相应发展，缅甸、新加坡、马来西亚等地的华人华侨成为研究焦点。[1]

东南亚国别史、中国与东南亚关系史研究在这一时期有了纵深发展，《越南历史与现状研究》《越南通史》《军人政权与缅甸现代化进程研究》《中缅关系史》《中泰关系史》等相继出版。[2] 这一些学者坚守在国别领

---

[1] 庄国土等：《二战以后东南亚华族社会地位的变化》，厦门大学出版社2003年版；厦门大学南洋研究院：《东南亚华人口述历史丛编》，广西师范大学出版社2018年版；张坚：《东南亚华侨民族主义发展研究（1912—1928）》，广西师范大学出版社2008年版；朱峰：《基督教与海外华人的文化适应——近代东南亚华人移民社区的个案研究》，中华书局2009年版；高伟浓：《世界华侨华人通史·东南亚卷》，中国华侨出版社2019年版；徐善福、林明华：《越南华侨史》，广东高等教育出版社2011年版；范宏伟：《缅甸华侨华人史》，中国华侨出版社2016年版；林远辉、张应龙：《新加坡马来西亚华侨史》，广东高等教育出版社2016年版。

[2] 戴可来、于向东：《越南历史与现状研究》，香港社会科学出版社2006年版；郭振铎、张笑梅主编：《越南通史》，中国人民大学出版社2001年版；李晨阳：《军人政权与缅甸现代化进程研究（1962—2006）》，香港社会科学出版社有限公司2009年版；余定邦：《中缅关系史》，光明日报出版社2000年版；余定邦、陈树森：《中泰关系史》，中华书局2009年版。

域，尽可能接近研究对象国文本和田野资源，对对象国历史进行精细化研究。尽管学界的兴趣越来越转向广泛的整体区域，国别研究者面临着艰难时期，但他们的叙事摆脱了基于对象国政治制度、宗教信仰、经济社会和传统习俗等就事论事的窠臼，引入了政治地理、民族主义和现代化等主题，体现了国别视角下东南亚史研究的趋势和指向，无疑丰富了新一代东南亚研究者的专业知识，重新唤起了研究者对国别研究的兴趣。

跨学科方法在东南亚史研究中也被采用。包茂红分析了东南亚环境史作为一门新兴跨学科领域在东南亚史研究中的地位、研究现状和发展方向，以及战后菲律宾森林经济与生态发展矛盾的历史，用跨学科方法解释了菲律宾森林滥伐的原因和影响。范若兰从女性主义出发，聚焦于东南亚国家女性参与政治的路径，探讨父权制和性别秩序对东南亚女性推动政治民主化的影响。[1] 跨学科方法为我们研究东南亚史的一些问题提供了新的解释。环境和生态对东南亚国家形成和历史发展进程产生了重大影响，而该影响长期被东南亚研究者忽视了。东南亚地处热带，这种环境决定了东南亚农业模式和人口结构。热带森林植被繁茂、土地长期休耕、人口密度低导致主要依赖贸易和商业的城市出现较晚，这可以解释古代东南亚国家形成迟缓、王国中心易于崩溃或转移的原因。西方殖民者的到来，带来了新的开发模式和商业渗透，大规模毁林造田，推广水稻和橡胶种植，促进了集约型农业增长和人口稠密的定居社会出现，并不断将生产向边疆扩张。快速的环境变化对东南亚区域内贸易、社会和文化融合以及政治发展路径产生了巨大的冲击。

东南亚文化史在这一时期再次成为关注点。贺圣达、梁志明、曹云华、周伟民、唐玲玲等学者从区域文化视角出发，探讨东南亚国家文化的共性、特色及变迁。[2] 他们将东南亚定义为具有共同文化特征和历史经验

---

[1] 包茂红：《东南亚环境史研究述评》，《东南亚研究》2008年第4期；包茂红：《森林与发展：菲律宾森林滥伐研究（1946—1995）》，中国环境科学出版社2008年版；范若兰：《移民、性别与华人社会：马来亚华人妇女研究（1929—1941）》，中国华侨出版社2005年版；范若兰：《东南亚女性的政治参与》，社会科学文献出版社2015年版。

[2] 贺圣达：《东南亚历史重大问题研究——东南亚历史和文化：从原始社会到19世纪初》，云南人民出版社2015年版；梁志明等：《东南亚古代史》，北京大学出版社2013年版；曹云华：《变异与保持——东南亚华人的文化适应》，中国华侨出版社2001年版；周伟民、唐玲玲：《中国与马来西亚文化交流史》，海南出版社2008年版。

的独特区域,一方面承认东南亚文化的多样性,另一方面探索其文化、宗教和政治组织方面的共性。综合而言,在寻找塑造东南亚早期历史的总体框架时,中西方学者采取了不同路径。中国学者从文化角度强调东南亚整体史观,以"通东南亚古今之变"。西方学者强调文化范式对理解东南亚的至关重要地位,利用"曼陀罗"等文化人类学概念,试图解释东南亚政治和历史演变过程。

这一时期中国学者强调东南亚区域的本土性和一致性。同样作为东南亚之外的他者,西方学者创造了"曼陀罗""银河政体"和"尼加拉"等概念描述古代东南亚国家结构和国家间体系。① 沃尔特斯将曼陀罗概念推广到对蒲甘、吴哥、素可泰和占城等王朝的叙事中,在中国东南亚学界产生巨大影响力。借助对19世纪巴厘岛社会组织的观察和构思,克利福德·格尔茨提出了本土文化导向的"尼加拉"范式,即由国王、神灵、仪式造就的古代东南亚"神王秩序"。这其实是曼陀罗的升级版。

西方学者们发明了这些概念并沉浸其中。在他们看来,这些概念反映了古代东南亚国家传统秩序的实质,区别于世界其他地区。首先,它们是一种继承自古印度的"本土"模式,因此"保护"了东南亚研究免受以欧洲为中心的概念影响。其次,它们来源于人类学和社会学,更具有人文主义倾向,而减少了国家政治色彩,这增加了其学术吸引力和解释力。实际上,它们并非本土概念,只是西方学者从当地原始资料中发掘的词语,但赋予其新的含义。这些模式延续了西方对东南亚地区的东方主义想象和建构。时至今日,孙来臣提醒东南亚史学者避免"以中国为中心、片面看待东南亚、夸大中国影响"的"中国中心主义"。② 在学习西方理论、范式和方法的同时,我们同样要关注中西方东南亚史叙事中的想象和构建成分。

---

① "曼陀罗"(Mandala)在梵语中是"圆圈"之意,奥利弗·沃尔特斯(Oliver Wolters)用这一概念描述古代东南亚政治结构:国王统治集中于首都周边地区,离首都越远则统治权力越弱,曼陀罗具有非中央集权、领土范围变化的特征。"银河政体"是斯坦利·坦拜雅(Stanley Tambiah)以从文明中心散发的银河系结构描述拥有霸权但并非实施直接统治的东南亚古代王国。"尼加拉"(Negara)在印尼语中是"国家"或"政治权力机构"之意,克利福德·格尔茨(Clifford Geertz)以巴厘岛为例证明了古代东南亚国家特征,当地政权并不实施专制、征服或有效治理,相反专注于举行盛大传统仪式,又称"剧场国家"(Theater State)。

② 孙来臣:《中国东南亚研究评述》,《南洋问题研究》2010年第4期。

四 走向新区域国别研究之路

当前,区域国别研究已成为学界关注的焦点。然而,区域国别研究如何融入史学,如何推动跨学科对话,如何夯实其作为一门基础性学科的地位,是我们面临的紧迫问题。区域国别研究是传统学科对国外研究的地域延伸和综合应用,因此,东南亚史研究也可以理解为中国史学对东南亚地区的延伸。东南亚史研究作为跨学科的学术领域,也具有明显的区域国别特征。

"旧"区域国别研究的起源可以追溯到殖民时代。欧洲殖民官员通过实地考察收集详尽的数据,与探险家的游记和记述,成为最初区域国别的书写方式。第一次世界大战后奥匈帝国、奥斯曼土耳其等古老帝国的崩溃促成了拥有本土语言、文化和政治特征的新民族国家建立。第二次世界大战后大批亚非拉殖民地纷纷独立,美苏冷战加剧,地缘政治格局发生新变化,理解和研究不同国家和区域已关系到大国的国家利益。冷战期间,以美国为代表的西方区域国别研究迅速发展。到20世纪90年代,区域国别研究开始衰落。冷战结束并不是区域国别研究退潮的唯一原因,随着全球化的发展,区域特殊性不再是理解的障碍,也降低了其重要性。"9·11"事件后二十余年内,美国再次加大了区域国别研究的力度。建立于殖民需求和冷战霸权争夺基础上的区域国别研究,我们称之为"旧"区域国别研究。

中国推进区域国别研究时自身面临的环境已然发生了变化。西方殖民者对弱小民族鲸吞掠夺、丛林法则盛行的殖民世界已演变为后殖民世界,知识生产中心不再固定于西方,东南亚和其他非西方地区从研究对象转变为知识生产者,通信技术进步、基础设施完善和全球网络扩张深刻改变了民族国家的重要性。与此同时,区域国别研究与国家利益之间产生了更密切的联系。随着中国日益发展和"走出去"步伐加大,对区域国别研究的需求比以往任何时期都更加强烈。

全球化不会导致各地区各国文化的同质化,区域间、国家间和群体间的差异将持续存在。宏大学科理论并不适用世界所有问题。区域国别研究的问题和方法必须适应不同国家和社会独特的政治发展水平、文化模式或社会组织水平。区域国别研究提倡对特定国家和区域的"深层经验知识",鼓励理论、方法多元化和跨学科研究,契合了中国在面对来自不同区域和国家的不同问题时,采取精细化、分层次和个性化应对措施的需要。建立在这一基础上的研究,我们可以称之为"新"区域国别研究。

在一些国家的学术体系中,区域国别研究很早就被纳入历史学科之中。东南亚史研究应将区域国别研究与史学研究方法结合起来,为史学提供非西方的知识,验证和补充史学理论,并以理论指导进一步的实证研究。

早期中国东南亚史学者注重国别研究,此后日益强调该地区的整体性。进入21世纪以来,区域国别视角成为东南亚史研究中日益突出的特征。一般而言,中国东南亚史的研究重点放在东南亚地区和国家的研究及文献上,更具有区域国别导向。相比之下,西方学者对跨时空的普遍理论原则更感兴趣,更具有大学科导向。今天中国学者也越来越重视跨学科方法,寻求融合科学和人文路径,探索区域国别和史学之间的交叉点。一些学者呼吁,区域国别研究通过培养"学术理论和洞察力"和"方法论上的自觉性"来满足其理论潜力和拓展研究的需要。

东南亚研究作为一个区域研究具有"外生性",研究该地区的主要是中国和西方学者。西方对东南亚研究拥有历史上的霸权地位,中国正在迎头赶上。除新加坡,整个东南亚的历史研究并没有蓬勃发展起来。这影响了该领域的研究范式和方法。中国学者面对殖民主义史学和当地民族主义史学,选择了重建而非构建东南亚史,这对于"维护东南亚史"至关重要,尤其是当地民族主义史学试图提升东南亚独立自主意识,却又无法与殖民主义史学切割,反而求助于西方虚构的神话时,中国学者的研究起到了辨别谬误、回归本真的作用。随着东南亚史学走向新区域国别研究之路,中国关于东南亚的区域知识将不断提升,问题导向将更加明确,研究边界也将不断扩展。

(原载《史学理论研究》2022年第2期)

第五篇

中国古代国家治理的学术反思

"大一统"与"中国""天下"观比较论纲[*]

杨念群

(中国人民大学清史研究所)

近年来,"大一统""中国""天下"这三个概念在中国历史研究中备受瞩目。如果从内涵与外延加以观察,三者既有联系又有区别。一般而言,对"中国"涵义的阐释多从追溯文明起源的角度入手,结合考古新发现,阐释华夏民族的诞生和迁徙发展的过程,以及少数族群逐渐融进以华夏为核心的多元民族共同体的历史轨迹。对"天下"观的研究,则多集中在古人对周边世界的想象与构造。相较而言,"中国"与"天下"这两个概念很难对应于一种具体的实践行为。而"大一统"观在其发明之初就是为帝王获取"正统"地位服务的,其中包含着更为复杂的思想与行动内涵。换言之,"大一统"不仅是一种思想形态,更是一种具体的政治实践活动。因此,理解"大一统""中国""天下"这三个观念的异同,理应成为当前历史研究的核心议题。本文拟以此为切入点,作一些初步分析。

一 界定"中国"不易

"中国"和"天下"无疑是近年来学术界热议频度最高的两个概念,特别是有关"中国"的讨论,近期出现了大量的相关研究著作,从最原始的考古发现到近代有关"中华民族"观念的分析,都与"何谓中国"这

---

[*] 本文曾提交2020年10月在北京召开的由中国社会科学院历史理论研究所中华文明史研究室主办之"文明视域下的中国治理——以礼治与法治及其相互关系为主轴"学术讨论会,特此说明。

议题相关。① 尽管各种观点众说纷纭，但是"中国"这个概念似乎并未清晰可见，反而更加模糊难辨。这其中的道理何在？

先秦时代的"中国"大致是一个依靠地理方位和礼仪文化区分族群边界的概念。其范围指的是以周王室为核心的"诸夏"侯国及其活动区域，那些地处偏远地带的诸侯如楚、越、吴，只能算是"蛮夷"。在不同历史时期，"中国"特性的某一面相就会凸显出来。比如在西周早期，王室往往强调以姬姓宗族关系的远近为标准，来确认诸侯的"中国"身份；而在战国晚期，则又相对突出以遵守文化礼仪的程度，而不是族群差异来辨析其"中国"身份。不过，在先秦大多数情况下，"诸夏"只有在与"蛮夷"对峙之时，才能凸显其代表"中国"的意义。

检视先秦典籍，每当搜索到"中国"时，大多与"蛮夷"或相关词语成双成对混搭在一起同时出现，这是因为"中国"多指诸夏人群分布的地区。秦以前，"中国"范围基本限于黄河与淮河流域大部，秦、楚、吴、越并不在"中国"范围之内。在空间分布上，"诸夏"代表的"中国"与周边分布的"夷狄"多呈地理对峙格局。由此可知，"中国"主要指称诸夏列邦及其活动范围。据学者统计，先秦典籍中关于中国的称谓，即谓"诸夏"之领域，凡145次，远远超过标举其他涵义的次数。在文化意义上，"中国"的形成源自与异族文化的对立，由此才相对构成了对自我的认同，确立本族之文化特色。②

易言之，"夷狄"就像"诸夏"的一面镜子，没有它作参照，就无法显现"中国"的形象，二者互为镜像。以下几段著名言论，均可证明"诸夏"只有在与"夷狄"对照时才能彰显"中国"的涵义。如《论语·八佾》云："子曰：'夷狄之有君，不如诸夏之亡也。'"③ 这是明确以"诸夏"和"夷狄"相对峙。又如《论语·卫灵公篇》所云："言忠信，行笃敬，虽蛮貊之邦，行矣。言不忠信，行不笃敬，虽州里，行乎哉？"④ 这里

---

① 主要研究成果有：葛兆光《宅兹中国：重建有关"中国"的历史论述》（中华书局2011年版）、许倬云《说中国：一个不断变化的复杂共同体》（广西师范大学出版社2015年版）、许宏《何以中国：公元前2000年的中原图景》（生活·读书·新知三联书店2016年版）、黄兴涛《重塑中华：近代中国"中华民族"观念研究》（北京师范大学出版社2017年版）。
② 王尔敏：《中国近代思想史论》，社会科学文献出版社2003年版，第371—372页。
③ 杨伯峻译注：《论语译注》，中华书局1980年版，第24页。
④ 杨伯峻译注：《论语译注》，第162页。

把"州里"与"蛮貊"置于内外对立的地位,喻示的是"诸夏"之区与"蛮夷"之域的差异。《孟子·梁惠王章句上》云:"然则王之所大欲可知已。欲辟土地,朝秦楚,莅中国而抚四夷也。"①《左传》云:"德以柔中国,刑以威四夷。"②《史记·魏世家》云:"其后绝封,为庶人,或在中国,或在夷狄。"③《史记·楚世家》中楚君熊渠说:"我蛮夷也,不与中国之号谥。"④ 这样的言论可谓数不胜数。

如果参照中国古代周天星区与地理区域相互对应的天文分野学说来观察"中国"观念的变化,就更加明晰可辨。源起自《周礼》的星占理论构造出的"在天成象,在地成形"的宇宙观,天地之间互为映像,地理区域与星宿分布一一对应。因此,与星宿对应的区域大小反映的不仅是古人地理世界的认知状况,更是一种政治观念的表达。正是这种相互映照的认知框架,使得古人对"中国"的理解长期限于相对狭小的空间之内。汉代自《淮南子·天文训》及《史记·天官书》始将二十八宿分别对应东周十三国及汉武帝十二州地理系统,此说逐渐风靡,成为影响深远的经典分野体系。

然而,无论是十三国还是十二州地理系统,就整体格局而言,传统分野体系所涵盖的区域范围基本限于"诸夏"规定范围内的"中国",并不包括周边四夷及邻近国家。

"分野止系中国"的概念一直延续至唐宋时期,反映的是"中国即世界"甚至"中国即天下"的理念。即使具有恢宏开放气度的唐代,仍有士人如李淳风认为周边四夷乃人面兽心之辈,不可与华夏同日而语。真正把星野学说扩及边疆地区如朝鲜、安南等国家还要迟至明清时期。⑤

"诸夏"与"夷狄"的对峙既然成为界定"中国"概念的一个前提条件,那么就存在一个地理空间伸缩性大小的问题。在先秦,这个伸缩标准可以灵活变通,对此认识孔孟之间有较大差异。孔子主张淡化二者界限,

---

① 杨伯峻译注:《孟子译注》,中华书局2010年版,第15页。
② 杨伯峻编著:《春秋左传注》(修订本),中华书局2009年版,第434页。
③ 《史记》卷44《魏世家》,中华书局1959年点校本,第1835页。
④ 《史记》卷40《楚世家》,第1692页。
⑤ 邱靖嘉:《"普天之下":传统天文分野说中的世界图景与政治涵义》,《中国史研究》2017年第3期。

夷夏可以互通互变，夷狄可进为中国，中国亦可退为夷狄。孟子则坚持夷狄大多冥顽不化，必须实施单向的灌输教化，才能改变其气质，这就是所谓的："吾闻用夏变夷者，未闻变于夷者也。"① 梁启超曾明言："故言史学者，当从孔子之义，不当从孟子之义。"② 孔孟夷夏观的分歧，说明"中国"概念经常处于自我封闭和多元开放的交替演化状态。汉唐曾展示了包容宏大的帝国气象，孟子自闭式的夷夏观自然被边缘化，宋代严厉识别种族界限，"夷夏之辨"占据上风，刻意把少数族群贬斥为需要汉人教化的野蛮对象，孟子夷夏观随此风气之转移渐有复兴迹象。③

宋代以后，"用夏变夷"的思想慢慢演化为"汉化论"。从文献学的角度看，先秦和宋明时期，凡是谈论"中国"的言论基本上把少数族群排斥在外。因为除了汉唐及元清这几个朝代外，有关"中国"的主流舆论都没有跳脱"夷夏"对立的视角，"中国"就是一个理学士人集中进行"种族主义"想象的概念，比较容易给人造成"种族优越论"的极端印象。"汉化论"只是该传统思路的现代变种而已。

"汉化论"以汉人历史为中心的解释模式，基本来源于孟子的"夷夏观"，认定文明的吸纳和传播只具有单向传播的性能。具体而言，只能借助"诸夏"礼仪文明去改造落后的"蛮夷"，绝不可能出现倒置的情况。孟子的这个观点往往容易被现代民族主义者所继承和利用。

美国"新清史"的某些学者把清朝与"中国"区别开来，就是借用了宋明时期"夷夏"互不通融的思维方法。部分"新清史"学者指出，"满洲"统治东北及西北的模式与汉人王朝迥然不同，宋明因与辽金和"满洲"长期敌对，根本没有实际统治过关外的北方地区。在某种意义上，这些区域不属于"中国"的确是一个历史事实。据此，他们提出了以下颇具冲击力的疑问：可否不经质疑地直接将清朝等同于"中国"？难道不该将其视为一个"满洲帝国"，而"中国"仅是其中的一部分？这是从狭义上理解"何谓中国"的一个有名例子。不应否认的是，这种对清朝的认识恰

---

① 杨伯峻译注《孟子译注》，第 114 页。
② 梁启超：《新史学》，汤志钧、汤仁泽编：《梁启超全集》第 2 集，中国人民大学出版社 2018 年版，第 503 页。
③ 参见罗志田《夷夏之辨与道治之分》，王守常、汪晖、陈平原主编：《学人》第 11 辑，江苏文艺出版社 1997 年版，第 75—106 页。

恰根源于宋明儒学的"中国观"。

受宋明夷夏之辨的影响，一些当代中国学者仍然沿用"汉化论"裁量历史，经常不假思索地为自己挖掘逻辑陷阱，贸然跃入其中，反而给论辩对手的批评制造了口实。宋明时期，因为受到北方异族军事力量的持续压迫，并未实现地理与政治疆域的真正"大一统"，理学士大夫阶层不得已才转而强调对"中国"身份的认同，作为号召抵拒北方异族的旗帜。他们只是在心理上通过把异族妖魔化获得某种满足和自尊。夷夏对立观念在晚清一度被革命党当作反满的思想利器，在当代则为清朝不是"中国"的观点提供了历史依据。

夷夏之间相互仇视所造成的心理困境，最终还是因为清朝皇帝的介入才得以化解。清帝在论述华夏与夷狄关系时仍然尊奉先秦古义，如雍正引孟子"舜为东夷之人，文王为西夷之人"这句经典语录作为满人入主大统的根据。区别在于，清帝辨析"夷夏"之别，并非在意其是否为"中国"身份，而是喜欢从"大一统"的角度论证清朝夺取天下的理由。值得注意的是，清帝很少使用"中国"这个概念，即便在官方文书中偶尔出现"中国"字样，也多是从"统一"疆域的角度谨慎加以表述，如雍正比较"满洲"与"中国"的关系时就称："不知本朝之为满洲，犹中国之有籍贯。"①

籍贯是统一的地域性概念，而非区分夷夏的种族记号。清帝使用"中国"这个名称，并非为了论证自己拥有像宋明士人那样的"中国"身份，而是要突出满人所扮演的天下一统角色。在汉人经典中，"中国"身份往往代表着某种特定的种族优越感，而清帝在颁布谕旨时使用更为频繁的是"大一统"而非"中国"，其深层考量是通过标示"中国"的"地区性"，而非特指汉人的单一聚居地，借此抗拒和修正宋明以来的"夷夏观"。即使像《大义觉迷录》这样的官方文本，雍正虽然在多处提到"中国"，但恰恰是在与"大一统"对立的层面上加以表述的。由于曾静刻意以"中国人"自居，斥满人为"夷狄"，采用的还是宋明的夷夏之辨思想。故雍正每次提到"中国"，语气中总流露出把它当作负面概念加以批评的意思。

---

① 《大义觉迷录》，中国社会科学院历史研究所清史研究室编：《清史资料》第4辑，中华书局1983年版，第4页。

乾隆亦和雍正一样,当他强调"东夷西戎,南蛮北狄,因地而名,与江南河北,山左关右何异?孟子云,舜为东夷之人,文王为西夷之人。此无可讳,亦不必讳"时,仍不忘针对汉人"未闻以夷狄居中国治天下者"的偏见发出批评的声音,他直接用"夫天下者,天下人之天下也,非南北中外所得而私",表达对汉人私占"中国"解释涵义的不满。① 从其语气可大致推知,"中国"身份被汉人有意垄断而残留下的心理阴影,在清帝的头脑中似乎仍挥之不去。

这里还可举两个例子说明清帝心目中的"中国"仍与汉人生活的地域密切相关,如皇太极曾指责明朝不秉公办事时说:"明既为中国,则当秉公持平,乃他国侵我,则置若罔闻。"② 这显然还是把自己摆在与代表"中国"的明朝为敌的"夷狄"位置上。其中仍隐含着对汉人使用"中国"概念时所表达的优越心理的反感,流露出与之对抗的微妙情绪。

即使入主中原后,清帝仍然沿袭宋明"中国"仍指中原地区的基本定位。如雍正说:"自我朝入主中土,君临天下,并蒙古极边诸部落俱归版图,是中国之疆土,开拓广远,乃中国臣民之大幸。"③ 这里的"中国"范围指的是满人入关前汉人统治区域,所以他才夸耀清朝把"中国"的原有版图扩及蒙古等明朝无法统治之地,基本采取的仍是"中国"与"夷狄"对立的旧思路。"新清史"正是在这条思维延长线上判断"清朝"不是"中国",其观点并非空穴来风。

大体而言,清朝初期官书里的"中国"一词往往更多出现在与外国谈判边界、拟定条约的时候。康熙朝与俄国签订《尼布楚条约》时,条约文本中凡与俄国对称,一律用"中国"表述,以表明清朝拥有正统主权。但对内标榜治国武功时,清帝更喜用"大一统"这个概念,明显区别于宋明士人的表达习惯。鸦片战争以后,当清帝与外国交涉时,也会偶尔使用"中国"一词,其意与康熙时的语气相近,都是为了显示自己对于广袤疆域拥有绝对主权。这里所指的"中国"更像是"大一统"的另外一种表达

---

① 郭成康:《清朝皇帝的中国观》,刘凤云、刘文鹏编:《清朝的国家认同——"新清史"研究与争鸣》,中国人民大学出版社 2010 年版,第 236—237 页。
② 《清太宗实录》卷 18,天聪八年三月,中华书局 1985 年版,第 235 页。
③ 《清世宗实录》卷 86,雍正七年九月癸未,中华书局 1985 年版,第 148—149 页。

形式。①

　正是因为"中国"自带特定的种族对抗蕴义，如果作为研究历代王朝演化的基本分析"单元"，往往会受到某个特殊群体（主要是宋明理学士人）思想视野的制约，也许只适用于某个特殊历史阶段的解释，却难以说明清朝作为异族何以能入主大统的复杂历史原因。近世学人对此有近似的看法，如梁启超就直接批评宋代的"夷夏观"，认为"后世之号夷狄，谓其地与其种族，《春秋》之号夷狄，谓其政俗与行事"，宋学解《春秋》之义为"攘夷"是错误的读法，主张回到孔子有关夷夏相互可以进退的原始态度。他说："然则《春秋》之中国夷狄，本无定名，其有夷狄之行者，虽中国也，然而夷狄矣；其无夷狄之行者，虽夷狄也，彬然而君子矣。然则藉曰攘夷焉云尔，其必攘其有夷狄之行者，而不得以其号为中国而恕之，号为夷狄而弃之，昭昭然矣！"②

　不少研究者业已指出，因为"中国"的边界一直在不断发生移动，难以确定其准确范围，且这种移动性不仅体现在地理空间方面，而且涉及文化心理的变迁和适应问题，不宜笼统而言。③ 近年中国学界陆续出现几种新的诠释方法，这些方法并非纠缠于"何谓中国"这个话题，而是另辟蹊径，试图绕开"内涵分析"的陈旧框架，尝试变换出新的解释角度。其中，比较有影响的大致包括以下几种观点："从周边看中国""华夏边缘说"和"东亚连带论"。

　"从周边看中国"的主要倡导者葛兆光坚持认为，"中国"作为"民族国家"的形成进程，在宋代就已经开始启动。由于受到北方异族的挤压，宋代士人逐渐形成了明晰的边界意识和内聚式的"文化认同感"。正是因为有异族作为"他者"式的参照，宋代已经初步构成了具有现代民族国家观念的空间主体性，这种类似国际关系意识的形成并不一定与西方的"近代性"有关。④

---

① 郭成康：《清朝皇帝的中国观》，刘凤云、刘文鹏编：《清朝的国家认同："新清史"研究与争鸣》，第222页。
② 梁启超：《〈春秋中国夷狄辨〉序》，汤志钧、汤仁泽编：《梁启超全集》第1册，第251页。
③ 罗志田：《夷夏之辨的开放与封闭》，《中国文化》1996年第14期。
④ 葛兆光：《宅兹中国：重建有关"中国"的历史论述》，第25—26页。

这种论述表面上是想把宋朝的"中国观"赋予类似"民族国家"的性质,其潜藏的用意是与西方争夺现代国家诞生的东方话语权。这种通过明晰界定与异族边界的关系,以凸显宋代作为"中国"主体的思路,与宋朝士人的"夷夏观"其实并无根本区别。宋儒亦是迫于北方外部压力才主张夷夏不可通约、相互隔绝,进而确立疆域边界的,这完全是被迫无奈的选择,并非主动构造的结果。通过周边异族的存在和不断与之发生对抗来定义宋朝的"国家"性质,难以避免一个问题,那就是夷夏之争并不是一种现代民族意义上的冲突,如果把古代族群拥有的边界意识完全等同于现代民族自觉意义上的国家观念,显然有时代错位的感觉。

王明珂提出,要准确回答"何谓中国"问题,就必须深入研究异民族的"历史心性"。他试图以羌族为例,重构华夏边缘族群的历史记忆与自我认同。具体而言,就是通过追溯弟兄与祖先神话的传播方式,探讨"中国"在周边族群记忆中的蕴意。广义上讲,这也是"从周边看中国"的观察视角。

王明珂曾经形容,一个"圆圈"之所以成立,正是因为观察者首先看到的是圆形的边界,才最终形成了一个"圆圈"的印象和认识。他进一步以凹凸镜作比喻称,移动此透镜,观察镜面上的表相变化,发现其变化规则,以此我们就能知道此镜的性质(如凹镜或凸镜),以及约略知道镜下之物的状貌。[1] 凹凸镜的观察方法有助于理解"华夏边缘"的形成历史,却终究无法替代对"中国"内部自身历史特质的把握和认知。他讲述的边缘人群华夏化的经历,如吴太伯故事在羌族地区的播散,恰恰说明对华夏中心在边缘地区传播样态的把握,仍取决于我们对中国历史核心问题的认识程度。[2]

另一个观察"中国"的视角可以称之为"东亚论"或"东亚连带论",这种观点大致表现为三种类型。一是儒学的视角,以高度抽象的方式把中国、朝鲜半岛和日本通过"儒学"的框架统一为一个整体,突出论证儒学中最基本的抽象价值在上述地区拥有的普遍性。20世纪80年代流

---

[1] 王明珂:《反思史学与史学反思:文本与表征分析》,上海人民出版社2016年版。第288—289页。

[2] 王明珂:《华夏边缘:历史记忆与族群认同》,社会科学文献出版社2006年版,第163—184页。

行的"儒家第三期发展说"与"东亚四小龙"崛起源于儒学价值的论断,就基本源于这个理论假设。其最大问题是把儒学价值从历史脉络中完全抽离,试图延续中国作为东亚文明领袖的历史幻觉,似乎朝贡体系的幽灵仍然会以儒教的形式继续在当代东亚地区游荡不息,并发挥至关重要的主导作用。德里克对此曾有精彩的批评,他形容这套理论是"制造儒学"。①

第二种类型是把东亚视为一个赶超和对抗西方以求实现现代化的特殊区域,这是日本在明治以后一直以曲折方式追求的思路。在这个思路中,"中国"作为一个落后国家被纳入到以日本为领袖的"东亚现代化"秩序之中,成为东亚整体对抗西方的一个"地区性单元"。"中国"叙述就这样被"东亚"概念消解掉。孙歌曾经指出,日本通过论述东亚,为现代化在东亚的形态找到某种表现形式,进而形成了潜在的共识,但也面临着谁代表东亚的问题,其中蕴藏着争夺东亚现代化主导权的思想暗战,同时也容易唤醒中国人对日本侵华时期推行"大东亚共荣圈"理论的惨痛记忆。②

与之相关,"东亚论"的第三种类型就是关于战争的创伤记忆,这构成了东亚整体论述的心理背景。由于这个"战争记忆"视角建立于中、日、韩(朝鲜半岛)三个民族国家的组合框架之内,如何诠释和消解战争的痛苦常常演变为一种政治博弈,或者强化了"东亚视角的抽象性",使得本来与"中国"历史最为贴近的"东亚"在我们的精神与思想世界中无法找到确切位置,从而导致大量具体个案研究缺乏有效转化为中国知识界思想资源的媒介。③

二 论述"天下"之难

与"中国"不同,"天下"在源起时就是一个广义上的空间概念。在金文和《诗经》《尚书》中,"天下"与"四方"是可以相互替代的,而

---

① 参见[美]阿里夫·德里克《后革命氛围》,王宁等译,中国社会科学出版社1999年版,第227—262页。
② 孙歌:《东亚视角的认识论意义》,孙歌:《我们为什么要谈东亚:状况中的政治与历史》,生活·读书·新知三联书店2011年版,第19—20、24—25页。
③ 孙歌:《东亚视角的认识论意义》,孙歌:《我们为什么要谈东亚:状况中的政治与历史》,第18—23页。

"中国"更倾向于突出其"中心"的意思。《诗经》云:"民亦劳止,汔可小康;惠此中国,以绥四方。""中国"与"四方"并列而书,"中国"指王都与诸夏国,"四方"相当于殷商、东夷和原来宗周的同盟国。① 胡厚宣发现,"四方"的涵义就是中国四周诸国的总称。而作为"四方"中心的"中国",在殷代是商邑,在周代是镐京或者洛邑,即首都的意思,至多意味着王畿附近的地方。② 若从空间立论,"天下"的涵盖范围广于"中国",但"中国"作为中心确有统摄"四方"、吸纳天下资源的意思。今人赵汀阳将"天下观"概括为一种"旋涡模式",大致与此古义相合。③

"天下"大于"中国"在邹衍发明"九州"之义时已经说得十分明白,如《史记·孟子荀卿列传》所引称:"以为儒者所谓中国者,于天下乃八十一分居其一分耳……中国外如赤县神州者九,乃所谓九州也。于是有裨海环之,人民禽兽莫能相通者,如一区中者,乃为一州。如此者九,乃有大瀛海环其外,天地之际焉。"④ 这是司马迁较早转述的邹衍"九州论"大义。

有学者认为"九州"应该是"四方"(五方)结合体的别名,或者是"四方"观念的直接残存形态。汉武帝时期的"天下观"是一个"中国+蛮夷"的世界。⑤ 无独有偶,我们在雍正的表述中发现一段话,它与邹衍对"天下"与"中国"关系的理解非常相近,都判定"天下"大于"中国"。雍正说:"九州四海之广,中华处百分之一,其外东西南朔,同在天覆地载之中者,即是一理一气。"⑥

这从侧面印证,清帝并不认为"中国"是描述"大一统"最合适的地理和政治文化单位。对比明太祖即位前的檄文和即位后的诏敕所称:"自

---

① 杨向奎:《大一统与儒家思想》,北京出版社 2016 年版,第 6—7 页。
② 胡厚宣:《论殷代五方观念及中国称谓之起源》,《甲骨学商史论丛初集》,河北教育出版社 2002 年版,第 280—281 页;[日] 安部健夫:《中国人的天下观念——政治思想史试论》,宋文杰译,《西北民族论丛》第 15 辑,社会科学文献出版社 2017 年版,第 183 页。
③ 赵汀阳:《天下的当代性:世界秩序的实践与想象》,中信出版社 2016 年版,第 73—88 页。
④ 《史记》卷 74《孟子荀卿列传》,第 2344 页。
⑤ [日] 安部健夫:《中国人之天下观念:政治思想史试论》,宋文杰译,《西北民族论丛》第 15 辑,第 209—210 页。
⑥ 《大义觉迷录》,中国社会科学院历史研究所清史研究室编:《清史资料》第 4 辑,第 55 页。

古帝王临御天下，中国居内以制夷狄，夷狄居外以奉中国，未闻以夷狄居中国治天下者也。"① 就会明白，明太祖的"天下"范围仅指排斥异族的"中国"，与汉朝初年包容夷狄的"天下观"截然不同。清帝对"天下"的认识反而更加接近汉朝对"大一统"的解释。

我们通常所说的"天下"，实际源起于《禹贡》中的地理观。《禹贡》有"九州""五服"的划分，"九州"分区偏于自然地理的格局，以名山大川为标志，划天下为九大区域，即冀、兖、青、徐、扬、荆、豫、梁、雍九州，详载各州物产与到达王都的路线，叙述多偏于自然环境和条件的描述。汪之昌有言："《禹贡》特《尚书》百篇之一……则以大书山川为各州标识，使人一望而知也。"②"五服"以王都四面五百里为甸服，每隔五百里，往外增扩一个圈层，形成甸服（中心统治区）、侯服（诸侯统治区）、绥服（绥抚地区）、要服（边远地区）、荒服（蛮荒地区）。③

由于《禹贡》成书年代在战国时期，各国分裂割据，每个诸侯都不可能实际控制自身境外的广大领土。九州制的布局基本上是南三北六，说明北方政治单位多于南方，这与当时南方尚处于蛮荒状态有关。有人已提出疑问：《禹贡》对南海的地理"载之甚略"，"岂非以其阔远而不胜纪乎？抑其无与中国生民之休戚而略之乎？"④

故而，以"九州"为基础的天下观仅仅是士人对周边世界的想象。"五服制"则像是一种政治隐喻。随着秦朝建立郡县制，历代王朝不断开疆拓土，"九州"版图所设计的想象世界也在逐步演变为现实。不过有一点必须澄清，地理版图的扩张与对其实施的控制程度并不是一回事，中央对边远地带的占有往往采取羁縻形式，而不是复制内地的郡县制行政管理。圈层内外的区分基本上是以向中央交纳赋税还是仅纳贡品划界。譬如说："九州各则其壤之高下以制国用，为赋入之多少，中邦诸夏也，贡篚

---

① 《明太祖实录》卷26，吴元年十月丙寅条，"中研院"历史语言研究所1962年影印本，第402页。
② 汪之昌：《禹分九州以山川为疆界论》，谭其骧主编：《清人文集地理类汇编》第2册，浙江人民出版社1986年版，第155页。
③ 周振鹤：《中国历史政治地理十六讲》，中华书局2013年版，第78页。
④ 毛晃：《禹贡指南》，李勇先主编：《禹贡集成》第1册，上海交通大学出版社2009年版，第31页。

有及于四夷者，而赋止于诸夏也。"①

《禹贡》只记载中央诸夏的赋税收入，忽略其他诸服的情况。在这点上，"九州"概念与"中国"略为相近，如《法言·问道》称："或曰：'孰为中国？'曰：'五政之所加，七赋之所养，中于天地者为中国。'"②这句话是想说明，"中国"不仅居于天地的中心，而且还应该以财赋收入的范围作为边界。至于"五政之所加"与政治实际控制能力所及到底有多大关系，表达较为模糊。

我们只有领会"五服制"圈层图景中包含的文化意涵，才能理解九州地理版图背后的深意。如《国语》中谈"五服制"基本上还是一种诸夏与夷狄共享空间的叙说框架。《国语·周语》云："夫先王之制，邦内甸服，邦外侯服，侯、卫宾服，夷、蛮要服，戎、狄荒服。甸服者祭，侯服者祀，宾服者享，要服者贡，荒服者王。"③ 意在强调统治秩序应该由王都一层层往外推展。显然，这里谈论的不是实际行政控制，而是按文化传播的程度划分亲疏。

还有一种说法是按流放人犯的远近判断五服的距离。有记载云："中国之人有积恶罪大而先王不忍杀之者，则投之于最远之地，故于要荒二服取其最远者言之，以见流放罪人于此者，其为蛮夷之地。"按流罪远近测量蛮夷教化的程度也是一种地理观。按此估计，有人认为五服之名与其每服之内远近详略的安排都是"天下之实迹也"，"故于侯服则言其建国小大之制，至于要荒则言其蛮夷远近之辨，与夫流放轻重之差，皆所以纪其实也"。④

"九州"疆域观也是一种经学意义上的想象设计，古文经学与今文经学的理解颇有差异。两者比较，今文经学展示的疆土范围只有方三千里，基本与古"中国"的地境叠合，古文经学则把四夷的地盘也包括在内，标识的是方万里的范围。⑤ 与"中国"相比较，"九州""五服"更关注层序

---

① 傅寅：《禹贡集解》，李勇先主编：《禹贡集成》第 1 册，第 283 页。
② 转引自钱锺书《管锥编》第 4 册，生活·读书·新知三联书店 2001 年版，第 465 页。
③ 尚学锋、夏德靠译注：《国语》，中华书局 2007 年版，第 5 页。
④ 傅寅：《禹贡集解》，李勇先主编：《禹贡集成》第 1 册，第 292 页。
⑤ [日] 渡辺信一郎：《中国古代的王权与天下秩序——从日中比较史的视角出发》，徐冲译，中华书局 2008 年版，第 52 页。

格局下的共容共处，而不是对峙抗衡。"天下"观有时也与"中国"的涵义重叠，韩国学者金翰奎曾统计《史记》《汉书》《后汉书》三史中所列"天下"总数为3375例；单指中国的有2801例，达83%；指中国加上其他异民族之"天下"的有64例，只占1.9%。①

需要说明的是，最早的"天下"表述也蕴涵着排斥夷狄的意思，只是表达得不明显也不坚决。如，司马迁在《史记·天官书》中就有"内冠带，外夷狄，分中国为十有二州"的说法，把夷狄与十二州的范围关联在一起观察。② 拒斥夷狄的意思并不明显。有人认为在《禹贡》中，蛮夷或戎狄并没有方向感，《禹贡》之蛮，似为外族的通称，故五服之中，四方皆有之，非专指某地之人。两汉以后典籍，逐渐以蛮夷戎狄严整地分配至四方，以后多沿两汉旧说，而掩盖了古义。③

居于"中国"范围之外的"夷狄"如果渐染文风，亦可转变为"华"，不是那么严格地按地域划分文化与种族的优劣，更不是那么规整地筑起一个中央的圈子，四周围绕着蛮夷戎狄，两者截然对峙，老死不相往来。特别是魏晋至宋朝这段时期，钱锺书曾云，汉人自称"华"而把鲜卑视为"胡虏"，魏鲜卑又自称"华"，把柔然看作"夷虏"，先登之齐鲜卑又视晚起之周鲜卑是"夷狄"，北齐人自称"华"，目南朝为"夷"，后来南宋时北方的金人对蒙古，俨然自命"汉节""华风"等都是例子。④

宋朝以前对种族关系的理解更接近于"天下"观念，不太突出"中国"的涵义。因为在不同族群的眼里，华夏的边界一直在不断游移迁徙，不一定总是处于一个固定地点。统治者只是在无法形成疆域一统的情况下，才会强调"中国"与汉人在诸民族中的核心位置，并对种族界限严加区隔。马端临《文献通考》坚持《禹贡》规定的九州范围就在长城以内地区，目的是区别于元朝的"大一统"观念，其实是暗中为宋朝虽疆域狭小却拥有德性之正统的困局辩护。明代张志复的《皇舆考》，万历时王士性

---

① ［日］渡边信一郎：《中国古代的王权与天下秩序——从日中比较史的视角出发》，徐冲译，第13页。
② 《史记》卷27《天官书》，第1342页。
③ 袁钟妮：《自〈禹贡〉至两汉对于异民族之观念》，《禹贡半月刊》第1卷第3期，1934年2月。
④ 钱锺书：《管锥编》第4册，第464页。

的《广志绎》，顾炎武的《天下郡国利病书》《肇域志》，顾祖禹的《读史方舆纪要》，均持以上观点。

到清朝乾隆年间，随着清军击败准噶尔，版图归于一统，"九州"范围开始重新加以设定。乾隆在《题毛晃〈禹贡指南〉六韵》的"自注"里说："今十二州皆中国之地，岂中国以外，不在此昭昭之内乎？……而今拓地远至伊犁、叶尔羌、喀什噶尔，较《禹贡》方隅几倍。徒其地，皆在甘肃之外，将以雍州两星概之乎？抑别有所分属乎？"[①] 乾隆认为，那些"境为亘古所未通，事属生民所未有"的地界，并不在古九州的想象范围之内，但在清朝应有所修正。因为"自昔所称今有龙堆，远则葱岭，无所以界别区域者，今则建官授职，因地屯田，耕牧方兴，边氓乐业。其境且远及两万余里"。在这种情况下，如果还坚持宋明以来的"九州观"，"仍以九州为纲，则是赢出之地，多于正数，转失分纲之本意矣"。[②]

这样看来，"天下"比"中国"应该具有更为广阔的空间延展性，然而"天下"作为一种分析单位也是有其一定局限性的，主要是因为它基本上仍属于一个士人想象的政治地理概念，与实际历史图景尚有相当大的距离。

三　"大一统"观之重要性何在？

与"中国""天下"持续被关注的热度相比，"大一统"在历史研究中一度处于缺席状态。以往对"大一统"个别零星的研究主要集中于经书诠释和思想史的脉络梳理，很少把它当作一种统治思想和治理实践相结合的古代政治文化现象予以全面分析，观察视野受到严重阻碍。[③]

"大一统"与"中国""天下"的区别在于，它不像"夷夏观"这般

[①] 董诰等编：《御制诗四集》卷17，文渊阁《四库全书》总第1307册，北京出版社2012年版，第533页。

[②] 《皇朝文献通考》卷269《舆地考一》，转引自赵刚《早期全球化背景下盛清多民族帝国的大一统话语重构——以〈皇朝文献通考·舆地考、四裔考、象纬考〉的几个问题为中心》，杨念群主编《新史学》第5卷，中华书局2011年版，第32页。

[③] 比如杨向奎先生曾撰写过《大一统与儒家思想》，从先秦儒家一统思想的源起一直叙述到康有为的今文经学及其大同思想，并对大一统观念与儒学各家各派之间的关系作了细致的梳理和分析。

强调"诸夏"与"四夷"之间的对立,也不像"九州""五服"那样局限在想象古代王朝的统治秩序,而更多是把疆域治理与政教关系的构造结合起来,形成了更为细密深邃的政治主张。

"大一统"思想较为晚出,孔子言及天子和诸侯的关系时,声明礼乐征伐如果出自天子,则属"天下有道";如果礼乐征伐之权落入诸侯甚至大夫陪臣之手,则会陷入天下无道的状态。[1] 这种判断已经初步蕴含了"大一统"思想。战国晚期《春秋公羊传》正式揭橥"大一统"之义云:"(隐公)元年,春,王正月。元年者何?君之始年也……王者孰谓?谓文王也。曷为先言王而后言正月?王正月也。何言乎王正月?大一统也!"[2] 明确把"大一统"当作王者获取"正统性"的思想与实践基础。鲁隐公作为鲁国国君,其记载继位年号需将"王"字冠于月份之前,"王"即指周文王,这是奉周王为"大一统"之主,昭示自己为其诸侯之意。

"正统"顾名思义是帝王专享的概念,历代帝王无论出身贵族还是平民,在登基之初必须勉力论证自身权力获得了天意的支持,同时还要经受世人对其执政得失的评价,以检验其统治是否具有足够的世俗正当性,否则就难逃王朝解体的命运。秦朝建立后不久迅速走向溃灭,就被后世史家看作是"正统性"缺失的典型表现。

天意影响和人心规训相互角力,考验着中国帝王是否具备均衡治理王朝的能力。从西汉开始直到明代,"正统论"的主题和内涵发生了从依赖外力支配逐渐转入内心自省的剧烈变化,深刻影响了中国传统政治的特性。

"正统"之义取天地事物归于一,本于"一统"的观念。但"一统"有大小之别,"正统"首先描摹出的是一个空间疆域不断扩张延展的状态。孟子、荀子都表达过"天下"定于"一"的思想。当梁襄王召见孟子时曾突然发问:"天下恶乎定?"孟子的回答是:"定于一。"朱熹将其解释成:"必合于一,然后定也。"[3]《荀子·仲尼篇》说:"文王载百里地而天下

---

[1] 杨伯峻译注:《论语译注》,第174页。
[2] 十三经注疏整理委员会整理:《春秋公羊传注疏》,北京大学出版社2000年版,第6—12页。
[3] 杨向奎:《大一统与儒家思想》,第69页。

一。"① 明确指出"天下一"是地理空间的范围。

至秦汉时期,论者更明确以"大一统"说"正统",李斯称誉秦始皇"足以灭诸侯,成帝业,为天下一统,此万世之一时也"。② 秦始皇召集群臣"海内为郡县,法令由一统",李斯即以"郡县"这个政治地理概念回答说:"今海内赖陛下神灵一统,皆为郡县。"③ 这也是从疆域治理的角度立论。饶宗颐认为:"夫一统之事,始于秦,而从空间以言'天下一统'之称,恐亦导源于此。"④ 王吉上汉宣帝疏,更是把"一统"所包含的空间扩展这层意思升格为"大一统"之义,说:"《春秋》所以大一统者,六合同风,九州共贯也。"⑤

同样是诠释《春秋》大义,董仲舒强调,《春秋》"谓一元之意,一者万物之所从始也,元者辞之所谓大也。谓一为元者,视大始而欲正本也"。⑥ 这段话释"元"为"一","一"即为"大",还是从空间看正统的意义。再如,他向汉武帝申说一系列建议,包括正君心、正朝廷、正百官、正万民,落脚点仍是"正四方",表示"四方正,远近莫敢不一于正,而亡有邪气奸其间者"。⑦ 意即所有的政治道德教化问题都必须在四方归一的基础上才能得到解决,故颜师古注说:"一统者,万物之统皆归于一也。"⑧

汉代纬书同样把疆域归属作为"一统"的前提,帝王从上天得到的神秘"符验",需对应于获取的地理区域以为验证。《春秋感精符》云:"地为山川,山川之精上为星,各应其州城分野为国,作精神符验也。"⑨《易纬乾凿度》则说:"王者,天下所归,四海之内,曰天下。"又说:"统者在上,方物常在五位,应时群物遂性。"⑩ 圣王受命时得到的"河图",上

---

① 王先谦:《荀子集解》,中华书局1988年版,第109页。
② 《史记》卷87《李斯列传》,第2540页。
③ 《史记》卷6《秦始皇本纪》,第236、239页。
④ 饶宗颐:《中国史学上之正统论》,上海远东出版社1996年版,第4页。
⑤ 《汉书》卷72《王贡两龚鲍传》,中华书局1962年点校本,第3063页。
⑥ 《汉书》卷56《董仲舒传》,第2502页。
⑦ 《汉书》卷56《董仲舒传》,第2502—2503页。
⑧ 《汉书》卷56《董仲舒传》,第2523页。
⑨ 《春秋感精符》,[日]安居香山、[日]中村璋八辑:《纬书集成》,河北人民出版社1994年版,第739页。
⑩ 《易纬乾凿度》,[日]安居香山、[日]中村璋八辑:《纬书集成》,第60页。

面显示出的其实也是一幅地图,意指新王应该拥有天下的地理疆域方位。《春秋命历序》云:"河图,帝王之阶图,载江河山川州界之分野。后尧坛于河,作握河记。逮虞舜、夏、商,咸亦受焉。"①

"正统"的另一个要义是时间的"一统",这点在《春秋公羊传》中表达得十分清楚。如前所引该书"隐公元年"一段话云:"元年,春,王正月。元年者何?君之始年也……曷为先言王而后言正月?王正月也。何言乎王正月?大一统也!"② 它主要想表达的意思是时间统一于王者。

董仲舒进一步发挥此义说:"正者,正也,统致其气,万物皆应,而正统正,其余皆正,凡岁之要,在正月也。"③ 其阐明的是,"正月"这个时间点是"正统"之始。

"大一统"至少在以下几个方面为帝王君临天下制定规则。

第一,"大一统"是中国古代政教关系形成的起点,也可以说是中国"正统论"发明的首义。真正的"大一统"是空间与时间的完美结合,东汉何休注《春秋公羊传》就把这层意思表达了出来,他说:"统者,始也,揔系之词。夫王者,始受命改制,布政施教于天下,自公侯至于庶人,自山川至于草木昆虫,莫不一一系于正月,故云政教之始。"④

"统"有开始之意,何休所说山川草木与正月的关系指的就是时间与空间开始有效地结合了起来。董仲舒概括"大一统"之义时说:"春秋大一统者,天地之常经,古今之通谊也。"⑤ "大一统"分别包含了"空间"(天地)和"时间"(古今)两个维度。帝王不但统领着广大的自然地理疆域,同样也统治着人间社会,通过规定时间起始及其运行准则建构出一套政教秩序。

第二,"大一统"倡言"王者无外"的理想,通过创制"三世说",把"诸夏"与"夷狄"置于一种动态演变的论说框架之中,突破了"华夷之辨"限定的种族区隔界限。《春秋公羊传》继承的是孔子"夷夏可以互变"的思想,与孟子严分夷夏的主张有别。故《春秋公羊传》虽诞生于

---

① 《春秋命历序》,〔日〕安居香山、〔日〕中村璋八辑:《纬书集成》,第886页。
② 十三经注疏整理委员会整理:《春秋公羊传注疏》,第6—12页。
③ 苏舆撰、钟哲点校:《春秋繁露义证》,中华书局1992年版,第197页。
④ 十三经注疏整理委员会整理:《春秋公羊传注疏》,第11—12页。
⑤ 《汉书》卷56《董仲舒传》,第2523页。

战国乱世,却为未来世界构造了一统天下的未来图景。这一构想经何休对"公羊三世说"的发挥得以发扬光大。

何休"三世说"以"传闻世"为"据乱世","所闻世"为"升平世","所见世"为"太平世"。通过这三个阶段的递进演化,"诸夏"与"夷狄"之关系慢慢呈现出开放交融的态势。据乱世"内其国而外诸夏",这是周王室处理内部事务的时期;升平世"内诸夏而外夷狄",这时候"中国"与"夷狄"严分界限,处于敌对状态;太平世则达到了王者无外而夷狄进于爵的阶段,最终实现了大同理想境界。正如杨向奎所言:"三世有别,所传闻世,虽主一统而实不一统,夷夏有别,保卫中国乃是大一统的先决条件,以'中国'为中心,而诸夏而夷狄,然后完成大一统的事业。"①

在某些论述中,"大一统"的论述是与"天下观"重叠在一起的。根据"三世说"的安排,未来大同天下的远景就是"大一统"实现的表现。梁启超阐述的"大三世"与"小三世"的划分就是从"大一统"向"天下"大同的方向转换的一种看法,"小三世"中的"太平世"就相当于"大一统"的实现,因为清朝"北尽蒙古,西尽西藏,南尽交阯,皆定于一"。这只是在"中国"范围内底定"大一统"空间规模,所以只能称"小三世"中的"太平世"。与"大三世"相比,这种"大一统"仍属于"据乱世"阶段,只有从中国乃至亚洲一隅放大扩及五大洲,才算是实现了真正的太平盛世。正所谓:"必越千数百年后地球五洲皆合为一,然后'大一统'局乃成,此谓之'大三世'。"②

"大一统"观突破了"中国"与"夷狄"相对峙的诠释理路,"三世说"体现出的历史规划图景,其宏阔深邃远超"中国"论述的想象力。与此同时,凡是有关"中国"的政治文化构想也被容纳进了"大一统"的阐释框架,成为讨论政教关系的起点和前提。

第三,"大一统"观念既包含着空间与疆域拓展的意蕴,同时也强调任何军事扩张行动都必须具备足够的道德合法性。借此昭示"大一统"与"大统一"之差异,界分"王道"与"霸道"之别。

---

① 杨向奎:《大一统与儒家思想》,第 73 页。
② 《湖南时务学堂答问》,汤志钧、汤仁泽编:《梁启超全集》第 1 册,第 339—340 页。

秦朝虽然在整合广大疆域方面实现了"大统一"目标，却因缺乏德性支持而迅速败亡，故不时被摒除出"正统"之列，后人阐述"大一统"的性质时经常引以为戒。如，明朝人张志淳曾区分"大统""一统""正统"之义云："能合天下于一，谓之大统；合而有道，谓之正统；虽能合天下，而不以道，若秦、晋、隋，只谓之大统、一统可也。"① 按此标准，秦朝自然不可视之为"大一统"，类推下去，元朝应承"大统"之名，却难入"正统"之序，理由是"彼于道甚逆，而以势一之故也"，意思是单靠疆域一统的暴力强势占据天下，是不足以称"正统"的。②

还有人区分出有正统而不必一统者、有一统而不必正统者，以及既非正统亦非一统者等若干不同情况。与此相对应，明代加上汉唐是"一统而兼正统"，其他政权如元代只有"一统"而非"正统"，坚持"一统"之说者往往凭借"势"，强调"正统"之义者大多依据"理"。一般来说，"理定可以胜势，势定不可以胜理"。结论当然是"主于理而已矣，势云乎哉"，其基本态度还是以是否拥有"正统"之"理"为"大一统"最终成立与否的判定标准。③

当然，对"大一统"内涵的理解在各朝各代均有不同，所持标准也常有变化，如有人习惯以族群认同划分"一统"与"分裂"之局，有人则更看重疆域扩张与维系的完整性，以之作为"一统"的首要条件。还有人强调道德涵育对于"大一统"形成的关键性作用。更有人把"统"细分为"正统""霸统""僭统""余统""变统"五种，分别指认汉、唐、明为正统，秦为霸统，晋、隋、宋为僭统，后汉、东晋、南宋为余统，元为变统。其他分裂各朝均不入此"五统"之列。④

还有人否定把宋人"道统"作为衡量正统与否的观点，认为朱熹之后"道统"已无人继承，许衡仕元"欲以明道，不免枉寻直尺之讥"，难以

---

① 张志淳：《正统》，陈福康辑录、整理、标点：《历代正统论百篇：饶宗颐〈国史上之正统论〉史料部分别增补》，商务印书馆2020年版，第44页。
② 张志淳：《正统》，陈福康辑录、整理、标点：《历代正统论百篇：饶宗颐〈国史上之正统论〉史料部分别增补》，第44页。
③ 文德翼：《正统论》，陈福康辑录、整理、标点：《历代正统论百篇：饶宗颐〈国史上之正统论〉史料部分别增补》，第70页。
④ 徐师曾：《世统纪年序》，陈福康辑录、整理、标点：《历代正统论百篇：饶宗颐〈国史上之正统论〉史料部分别增补》，第55页。

承担"万世之道统"的责任。①

宋元以后,以华夏为中心区分内外正统的观点时刻弥漫在一些明朝士人的议论当中,如王廷相就把宋元明的"正统性"进行了分类。在他看来,统一华夷或可称为"大统",但有"正""变"之分。只有如三代、汉唐和明代这样的王朝,因为"居中国而统及四夷"才当得起"顺也,正也"的名号。至于元朝,因为是从北方之地"入中国而统及四夷",则属于"逆也",理应归之于"变统"。还有一种情况是宋朝与辽金等夷狄共处同一空间,"统中国不尽而与夷狄并长",所以可称之为"小正统"。②

另一位明代文人钟羽正则只认汉唐宋为正统,在他的眼里,东周君、蜀汉刘备、晋元帝、宋高宗是"正而不统"。秦始皇、晋武帝、隋文帝,是"统而不正"。他的看法是,即使"统而不正",但欲天下太平无论如何都需要有一个皇帝,不能虚而不设,这些非正统的帝王也就自然有其存在合理性了。③ 以此标准类推,蜀汉、东晋、南宋均属"正而不统",西晋、隋朝则属"统而不正"。④

与明人相比,清朝帝王与士人均特别强调混一天下为"正统"成立的第一要素,而相对忽略"正""偏"对峙的蕴意。如有人认为,"一统"的含义乃是"已混天下于一,而无正、偏之可言也"。⑤ 在该含义下,该作者罗列出唐、虞、夏、商、周、秦、西汉、东汉、晋、隋、唐、宋、元、明和清等数朝。清代是最后一个拥有"一统"资格的朝代。

与"一统"相对照,为什么会出现"正统"与"偏统"之别?那是因为"正"是与"偏"相比较而言,在蜀汉、前五代、后五代这些天下分裂的时刻,无疑需要甄别"正统""偏统",而在"大一统"时期如清朝,就不存在"正统"还是"非正统"的问题。所以,当论及帝王之统时,应

---

① 方凤:《读三史正统辨》,陈福康辑录、整理、标点:《历代正统论百篇:饶宗颐〈国史上之正统论〉史料部分别增补》,第51页。

② 王廷相:《慎言》,陈福康辑录、整理、标点:《历代正统论百篇:饶宗颐〈国史上之正统论〉史料部分别增补》,第50页。

③ 钟羽正:《正统论》,陈福康辑录、整理、标点:《历代正统论百篇:饶宗颐〈国史上之正统论〉史料部分别增补》,第63页。

④ 郑郊:《正统论》,陈福康辑录、整理、标点:《历代正统论百篇:饶宗颐〈国史上之正统论〉史料部分别增补》,第84页。

⑤ 廖燕:《三统辨》,陈福康辑录、整理、标点:《历代正统论百篇:饶宗颐〈国史上之正统论〉史料部分别增补》,第132页。

采取论"位"不论"德"的态度,以避免对"正统"的论述聚讼纷纭。①

清人倾向于在"一统"规模的大小上做文章,故有如下议论云:"夫正统者,所以正天下之位,一天下之心也。一则无取偏安,正则深恶僭窃,故其为说也,上有所承、下有所受,为一例;居中夏,为一例;有道德,为一例。"并引司马光之言为佐证云:"苟未能混一天下,此三端者皆不可承统也。"这是明显以"一统"为首要标准。②

以是否占据广大空间为"正统"基本原则,在清朝士人的言论中相当普遍,如有人云:"举中国之大全而受之,堂堂乎得之正而享之久者,乃可以奉为'正统'而无疑矣。其余,凡偏安之朝,虽蜀汉之正,仅称三国;割据之国,虽元嘉之始,终等齐、梁。皆谓之余分闰位可也。"这明显是把南宋作为偏统,与清朝的"大一统"相对照比拟。③

还有一种说法更直截了当,认为只要是偏安的政权都无"正统"可言,批评朱熹以蜀汉刘备为"正统"的目的是维护南宋偏安格局的合理性,譬如说:"紫阳生南宋之世,高宗南渡中兴与蜀同,故其书宗习凿齿。平心论之,似均未协于史法也。"真正实现"大一统"的理由只有一个,那就是:"夫必合万国而君之,乃得谓之王。王者大一统,反是则皆为割据,皆为偏安也。"所以历史上符合"大一统"要求的只有周、秦、汉、晋、隋、唐、宋、元、明、清这几个朝代。④

还有人直接认为,"统"是不言而喻的,因为"统之为言,犹曰有天下而能一云尔。有天下而一,与有天下而不能一"这样的论述在史书中记载得很明确,不言自明,而"正"则众说纷纭,不可轻易论定。⑤

在此值得辨析的是,强调空间疆域的"一统"并不意味着清帝忽略对"道统"的继承性,如有一段清人所引乾隆帝谕旨云:"天之生人,贤愚不

---

① 廖燕:《三统辨》,陈福康辑录、整理、标点:《历代正统论百篇:饶宗颐〈国史上之正统论〉史料部分别增补》,第132页。
② 胡承诺:《兼采篇》,陈福康辑录、整理、标点:《历代正统论百篇:饶宗颐〈国史上之正统论〉史料部分别增补》,第104页。
③ 王汝骧:《读魏叔子正统论》,陈福康辑录、整理、标点:《历代正统论百篇:饶宗颐〈国史上之正统论〉史料部分别增补》,第123页。
④ 方潜颐:《三国编年问答》,陈福康辑录、整理、标点:《历代正统论百篇:饶宗颐〈国史上之正统论〉史料部分增补》,第199页。
⑤ 储欣:《正统论》,陈福康辑录、整理、标点:《历代正统论百篇:饶宗颐〈国史上之正统论〉史料部分别增补》,第107页。

分畛域，惟有德可主天下。如嫡子不堪承位，则以支庶之贤者入继正统。中国，天之嫡子；外夷，天之庶子。我朝有德，当为天下主。本奋迹于东胡，而又何讳哉？"① 这段话明显是说满人帝王虽为夷狄，与汉地君主相比，其身份犹如一家之内的嫡庶之别，并非势不两立的异族仇人，故满人同样有资格继承大统。

第四，"大一统"不仅是思想意识的单纯呈现和表达，也是复杂的政治践履过程，还是一整套治理技术和统治经验的实施方式。故不可局限于思想史内在意义的讨论，必须同时深入探究其具体的外化实践活动及其表现形态。

"大一统"是个"动词"，与之相比，无论"天下"还是"中国"都像是"名词"。梁启超在讲"天下"这个词时，一定要在前面加个"治"字，他解释道："《春秋》之治天下也，天下为公，选贤与能，讲信修睦，禁攻寝兵，勤政爱民，劝商惠工，土地辟，田野治，学校昌，人伦明，道路修，游民少，废疾养，盗贼息。"② 这里的"天下"就是被当作"名词"使用的，而前面的"治"字是"动词"，后面的那些经世内容必须靠"治天下"才能真正实现。所谓"治天下"就是"大一统"作为践履行动的动态表现。

以清朝为例，清朝皇帝说"君临天下"时，总会接着阐述一些具体的事实予以说明，往往排在第一位的就是不厌其烦地述说清朝实现了前古未有的"大一统"业绩。"天下"只是一种构想，一种美好的象征，必须通过"大一统"实践才能真正实现。

清朝最为引人注目的思想变动，在于提出了一种新的地缘政治构想方案。一个突出的例子是，清朝在真正实现了疆域"大一统"后，清帝虽继承了以往的星象分野学说，但开始突破"诸夏""中国"的地域限制，把星象与地理的对应范围延伸到了更为广大的边疆地区。

明代虽已有"分野既明，疆域乃奠"的说法，亦有"画分野以正疆域"的意识，清代因为疆域拓展到了东北、西北、西南更为广大的地区，

---

① 许起：《圣襟开豁》，陈福康辑录、整理、标点：《历代正统论百篇：饶宗颐〈国史上之正统论〉史料部分别增补》，第256页。
② 梁启超：《〈春秋中国夷狄辨〉序》，汤志钧、汤仁泽编：《梁启超全集》第1册，第251页。

故星象分野的格局自然大有变化。邱靖嘉发现,东北方向,传统星野分区只及于辽东,清朝疆域已达松花江、黑龙江流域及库页岛等地,《大清一统志》即以之划归燕—幽州分野区。北部蒙古原非中国之地,故长期不在分野之内,清朝蒙古 51 旗则被纳入赵—冀州及燕—幽州分野区;西藏、新疆则属秦—雍州分野区,甚至台湾也被划入到扬州分野区。因此,只有到了清代,传统的星象分野地理与真正的疆域一统格局才最终达致高度契合。①

清朝统治集团通过军事征伐和羁縻控制相结合的手段,实现了南北疆域统一,他们对"大一统"内涵的理解已经完全不同于汉人王朝。到了乾隆时代,清朝对疆域面积的占有和实际控驭展现出了一种前所未及的"绩效"特点,乾隆帝曾经得意地概括为"十全武功"。

后人对这些战争的评价有高有低,如平准之役就被公认为是成本低廉的高效军事行动,清军采取"因粮于敌"的策略,进兵途中就地取材,以免消耗太多军粮,使得进军速度不因粮草的供给而受到耽搁。乾隆帝也曾多次表示,平准战争规模虽大,但还是尽量做到不增加民众的赋役负担,给这场战争赋予了为和平而战的道德意义。

相反,在川藏交界处进行的大小金川之役则被史家讥讽为劳师糜饷,得不偿失,如狮子搏兔。从边疆一统的角度评估其战略选择,屡次凭数万之师累年攻打一个弹丸之地,似有失策的嫌疑。然而从边疆一统版图的奠定这个角度观察,却又可能得出另一番评价,这次战役至少基本底定了西南边陲,为推进当地与内地的融合开辟了道路。

清朝的疆域治理成就一直为前代所不及,但清朝对边疆地区的征伐显然不同于西方帝国主义的殖民征服,在完成土地占领后,清廷采取行政渗透与尊崇地方习俗相混合的统治方略,在许多方面继承了辽金元时期的"二元治理模式"。清朝皇帝一身兼有多重世俗和宗教身份,建立了年班朝觐等具有文化象征意义的多样化交往机制。

紫禁城曾是汉人王朝的首都,清帝登基并理政其中,表示与汉人政权之间保持着连续继承关系,在避暑山庄接受蒙古王公和藏区喇嘛的朝贡膜

---

① 邱靖嘉:《"普天之下":传统天文分野说中的世界图景与政治涵义》,《中国史研究》2017 年第 3 期。

拜,又喻示着清朝皇帝与关外其他少数族群频繁发生着亲密互动,彰显了前朝从未有过的"宫廷—园林二元理政"制度,这显然是紫禁城相对单一的功能所无法替代和涵盖的。如果把皇帝假设成一名不断操演宫廷礼仪戏剧的顶级演员,那么清帝则扮演着历朝皇帝所欠缺的多元象征角色。①

从治理实践的角度观察,"大一统"还是一套文本建构和历史书写技术,是清廷"阐教同文"政策的有机组成部分。

康雍乾时期,清朝通过一系列方志典籍等编纂活动,如《盛京通志》《皇清开国方略》《满洲源流考》《满洲实录》等,从文本纂修上刻意塑造"大一统"的政治书写规范。特别是通过对地方志编纂意义的转换,把属于局部历史风貌和记载的文献,转化成符合"大一统"话语表达架构的全局性文献。《盛京通志》的编纂就是个鲜明的例子。在康雍时期,《盛京通志》主要是为纂修《大清一统志》收集东北地区的史料,因为盛京与东北是清朝统治的发祥之地,编修一部地方志似乎理所当然。但是,乾隆时期对《盛京通志》的定位,其意义却升格到了塑造清朝"法祖"政治理念和开国历史的共同记忆的高度。"盛京"不再是一种单纯的地理区域概念,而被转化为政治概念上的一个象征符号,赋予了更加厚重的文化涵义。《盛京通志》也不再是一方风土文献的存留,而是关乎一朝统胤所系的"钜典"。②

乾隆帝汇集全国精英文人编纂《四库全书》,同时把卷帙浩繁的《大藏经》翻译成满文,这项工程几乎与《四库全书》的纂修同步进行。《四库全书》的编纂与《大藏经》的满语翻译均是从整体上构建多民族政治文化共同体的尝试,昭示着内地与藩部"正统观"的树立基本同步。

除此以外,乾隆帝还亲自撰写《御批通鉴纲目》,评点各类史事人物,树立统一的历史评判标准,各地的地方志纂修在内容和体例上也逐渐趋于一体化,这些举措都是实施"大一统"文治政策的重要步骤。与之相配合,《四库全书》对违碍书籍的甄别删选,完全可以看作是一套文化意识形态地图的精心绘制过程。清代文字狱的频繁发生,不可归结为一般性的

---

① 关于清朝园林理政模式与传统宫廷理政的区别,参见杨念群《南海子:清朝园林理政模式的起点》,《中国社会科学报》2020年8月31日。
② 张一弛、刘凤云:《清代"大一统"政治文化的构建——以〈盛京通志〉的纂修与传播为例》,《中国人民大学学报》2018年第6期。

舆论控制，而是清朝试图建立起一套兼容不同族群的"大一统"文化认知体系。

与清朝"大一统观"相比较，宋明士人热衷于鼓吹以汉人为中心的"夷夏之辨"历史观，实际上是在疆域狭小状态下作出的无奈反应，这种历史观极端崇奉种族对立原则，违背夷夏之间可以相互转换的先秦古训，如此表述并不符合"正统观"的常态，只能视之为暂时和局部的变态表现。至少汉唐"正统观"并未有明显排斥异族的倾向，唐代帝王血统里就掺杂着夷狄的成分，在此开放语境中谈论夷夏之辨显然是荒诞的。清朝奄有最广大的疆土，为避免被讥讽为蛮武有力却缺乏教养，就必须彻底清除汉人通过南宋或晚明历史记忆重构身份认同的文化心理优势。

需要注意的是，清帝以"大一统"之名不断整合异见的同时，其荼毒压抑私言的情形日趋峻烈。比如在编纂《四库全书》过程中对"夷""虏""胡"等字样的删改，大规模波及对多元文化论点的剿杀，许多优秀的著述作品从此湮灭无闻，遂造成长时间万马齐喑的黑暗局面。

清代"大一统"观念不仅具有其独特性，而且犹如一个巨大的磁场，几乎具有收编删改知识界各类异见的超强吸纳能力。它不但构造出清朝上层政治秩序和地方治理模式，而且也形塑着中国人的日常心理状态。这种影响虽经过晚清革命的剧烈冲击却至今犹存不灭。

"大一统"观不但锻造了中国人对整体政治稳定性的需要远大于追求个人心灵自由的认知心态，而且成为近代民族主义者抵抗西方最值得信赖的思想资源。令人深思的是，为什么只有"大一统"具有如此超强的制度、身体和心理规训能力？而其他的思想观念却没有或者只具备相对孱弱的规范力？直到今天，"大一统"仍是中国人凝聚民族向心力或进行社会动员的最实用口号，这与西方民族主义社会动员所依据的思维模式颇为不同，其成败得失确实需要我们认真加以反省。

（原载《史学理论研究》2021年第2期）

中国式法治

——中国治理原型试探[*]

刘 巍

(中国社会科学院历史理论研究所)

近代以来,随着西力东侵,西学西政东渐,国人乃有开放心胸吸纳民主法治之态势,同时亦对传统政治及法律体系有严苛的批评乃至历史性的否定。所谓"礼"与"法"、"礼治"与"法治"、"德治"与"法治"、"人治"与"法治"等的分辨与争议,就伴随着这一历史进程。最近学术界渐重中华法系的"礼法"特色[①]与"传统法"地位,[②] 但是对中国治理之整体内涵与历史精神,以及其所涉及的礼法关系,尚需深入研究。

而展开研究的第一步,也是至为关键的环节,就是必须对早期中国治理的原初形态加以系统的梳理。"作始也简,将毕也巨",如江河之泛滥,源头浑浊末流清澈,是不可能的事。本文试图尽量避免挪用后设的观念去选取意向性材料,而努力从最基本的事实与趋向上来钩沉本相、推寻原始。当然,概念工具的采择是不可避免的,不过我们必须声明,不得已的倾向性决定是基于辩证的讨论而非单纯的立异。

晚近以来,国人述法律法制法治本源,多推本于刑之缘起。而论刑之发生,又多归结于"兵刑不分"或"刑出于兵"诸说,推绎之极,则蚩尤

---

[*] 本文是中国历史研究院重大项目"中国历代治理体系研究"(项目编号:LSYZD2019005)的阶段性成果。

① 参见俞荣根《礼法传统与中华法系》,中国民主法制出版社2016年版。

② 参见马小红《礼与法:法的历史连接(修订本)》,北京大学出版社2017年版。

为法神，皋陶复为蚩尤，① 兵也刑也法也不知界限何在，无有底止，似此可谓以偏概全似是而非之说。寻其缘由，大要有二：一则预设偏执之法律法制法治观念，以衡中国之古法古制古治原始，二则肢解、拘泥且敷衍东汉许慎"法"字训诂以裁前古。二者互为因缘，愈说愈歧。请从后者说起。《说文解字》廌部云："灋：刑也。平之如水，从水；廌，所以触不直者；去之，从去。（方乏切。）法，今文省。佱，古文。"②"刑"字，段玉裁正为"荆"，《注》云："荆者，罚罪也。《易》曰：利用荆人，以正法也。引申为凡模范之称。木部曰：模者，法也。竹部曰：范者，法也。土部曰：型者，铸器之法也。"③ 则许君训"法"字本义确实偏重罚罪方面，但他用字遣词，同时又兼顾了引申义"模范之称"。孙诒让述之云："法本为刑法，引申之，凡典礼文制通谓之法。"④ 皆得许君意旨。然罚罪刑法之训，实为晚出之说，若专以此偏执之义说古代法律法制法治，殊不可通。不局限于"刑法"的"典礼文制"，乃为中国自古相传治理模式原型之内涵本相。在此意义上，难以名称，强命之，似非"中国式法治"莫属。

相较而言，《尔雅》之训更为近古。

《释诂》云：

典、彝、法、则、刑、范、矩、庸、恒、律、戛、职、秩，常也。（郭注：庸、戛、职、秩，义见《诗》《书》，余皆谓常法耳。）

柯、宪、刑、范、辟、律、矩、则，法也。（郭注：《诗》曰："伐柯伐柯，其则不远。"《论语》曰："不逾矩。"）

辜、辟、戾，辠也。（郭注：皆刑罪。）

《释言》云：

坎、律，铨也。（郭注：《易·坎卦》主法。法、律皆所以铨量轻

---

① 参见武树臣《中国法律文化大写意》，北京大学出版社 2011 年版，该书第二章"寻找最初的独角兽——对'廌'的法文化考察"，尤其是第 157 页。
② 许慎：《宋本说文解字》，国家图书馆出版社 2017 年版，第 190 页。
③ 许慎著、段玉裁注：《说文解字注》，上海古籍出版社 1988 年版，第 470 页上栏。
④ 孙诒让：《周礼正义》，汪少华整理，中华书局 2015 年版，第 77 页。

第五篇 中国古代国家治理的学术反思

重［也］。)①

如《尔雅》经注所述，"刑"之古训为"常"为"法"（即郭注所谓"常法"），若"典、彝、法、则、刑、范、矩、庸、恒、律、夏、职、秩""柯、宪、刑、范、辟、律、矩、则"皆为经典表述法律之用辞，且不拘泥"刑罪"为说，可谓要而当矣。我们说，自古以来中国治理之原始典型为"中国式法治"，正名之初，首当及此。

而最初的"法治"可以说是以上天以圣王为法象之模范政治，虽不必以"法"称，但确有法意，而表述为"典"，"典刑"，"洪范"（《诗》《书》所称），"汤之典刑"（《孟子》所述），"文王之法"，"周公之典"，"先王之制"（《左传》《国语》等所纪），等等是也。概括言之，五帝三王之治为"中国式法治"之原型。

这是取其古义通义，而非限于"刑法"之类的狭义、偏义。我们的"法治"概念自是针对了近代以来以挞伐传统政治为绝对命令的偏执之论，但是并非排斥认真吸纳西法善治的开放努力。事实上，有学者已经注意到，中国近代伟大的启蒙者严复于《法意》中早就指出，"西文'法'字，于中文有理、礼、法、制四者之异译，学者审之"，以及"西人所谓法者，实兼中国之礼典"等博通之论。② 严复《法意》原文，经校正。追溯原始，明末清初的西方传教士等实有开启西"法"东渐之功。例如，他们"将固有汉字'法学'在'勒义斯'的意义上加以界定和运用本身就表明，这些语词蕴含的概念已完全超出了中国传统的刑名之学或律例之学的范畴，只是由于种种复杂原因而令这些作品湮没不彰，极少流传。……西方法学首次用中国语言、中国文字、中国方式予以表达，亦即开启了西方法学的中国化进程……"③ 我们当然也可以说，"法""法学""法治"等的译法和概念承用于今，反映了中华"法"文化的深厚渊源与强大包容性。本文正是试图在古今通融之意义上去回访中国的早期政治文明。初步考察之下，"中国式法治"之原型，大体包括下述诸端。

---

① 周祖谟：《尔雅校笺》，云南人民出版社2004年版，第6、28、195页。
② 参见马小红《礼与法：法的历史连接（修订本）》，第57、121页。
③ 参见王健《西方法学邂逅中国传统·序》，知识产权出版社2019年版，第5—6页。

一　法天为治

"仲尼祖述尧、舜"（《礼记·中庸》）[1]而称"大哉！尧之为君也！巍巍乎！唯天为大，唯尧则之"！（《论语·泰伯》）尧之为君，其巍巍伟大本乎"则""天"，孔子深得此义。司马迁述《五帝本纪》，为中华文明史书写开辟新纪元，《太史公自序》述其作意有云："维昔黄帝，法天则地，四圣遵序，各成法度；唐尧逊位，虞舜不台；厥美帝功，万世载之。作《五帝本纪》第一。"[2]就把这一层揭示得更清楚了：一方面，天地为帝王之"法""则"，而上古尊天尤过于地；另一方面，圣王之治，又成为后世遵循之"法度"。《纪》中云"（帝尧）乃命羲、和，敬顺昊天，数法日月星辰，敬授民时。……于是帝尧老，命舜摄行天子之政，以观天命"。[3]就是顺天法天本天意为治，以此为例，可概其余。近代梁任公于《志三代宗教礼学》一文中发明中国"天教"甚详，[4]后在《先秦政治思想史》中则分述为"具象的且直接的天治主义"与"抽象的天意政治"，颇为扼要。[5]经典述本天为治之理，以《皋陶谟》最为系统：

> 无旷庶官，天工，人其代之。天叙有典，敕我五典五惇哉！天秩有礼，自我五礼有庸哉！同寅协恭和衷哉！天命有德，五服五章哉！天讨有罪，五刑五用哉！政事懋哉！懋哉！天聪明，自我民聪明；天明畏，自我民明威。达于上下，敬哉有土！（《尚书·皋陶谟》）

"典"也，"礼"也，"德"也，"刑"也，凡"政事"之纲纪、"庶官"之职守，莫不推本于"天叙""天秩""天命""天讨"；而最为难得的是径将天意归结为"民"心。"天聪明，自我民聪明；天明畏，自我民

---

[1] 《礼记正义》卷53，北京大学出版社2000年版，第1703页下栏。为省篇幅，以下凡引及《十三经注疏》，皆出此版，不另说明。

[2] 《史记会注考证》卷130，泷川资言考证、杨海峥整理，上海古籍出版社2016年版，第4324页。

[3] 《史记会注考证》卷1，第22、32页。

[4] 梁启超：《梁启超全集》第9集，汤志钧、汤仁泽编，中国人民大学出版社2018年版。

[5] 参见梁启超《先秦政治思想史》，商务印书馆2014年版，第29、31页。

明威"。借皋陶之口,以天之名义,将圣贤法治的基本内涵及其必以尊重民意为媒介的大道理向执政者("有土")作最为庄严的宣示。孟子引"《泰誓》曰:'天视自我民视,天听自我民听。'"(《孟子·万章上》)①《左传》襄公三十一年鲁穆叔曰:"《大(太)誓》云:'民之所欲,天必从之。'"②《昭公元年》郑子羽亦引之。《国语·周语》单襄公、《国语·郑语》史伯又一再引之,至伪古文《尚书·泰誓》云:"天矜于民,民之所欲,天必从之。"③(周初之《召诰》已云:"天亦哀于四方民,其眷命用懋,王其疾敬德。")发挥的是同一正道大义。像《皋陶谟》里这样整饬系统的见解,虽出于后世录史者追述之辞,但基本思想应远有渊源。

李约瑟认为,中国缺乏罗马传统的"法"的观念,也缺乏古犹太教里面"神"的观念。他进而说我们中国"法"的观念与西方不一样,中国没有产生寻找法则、寻找终极根源的习惯。许倬云部分同意李氏的观察,也强调中国之"道与法的观念与欧洲的观念很不相同"。关于中国"法"的观念,许氏云:"我们常常说要效法某人,效法这个'法'的定义比法律的'法'来得早,先秦最先使用'法'这一字的时候,是指模仿的意思。"④的确,"法"之"模仿的意思"较为早出;但我们必须指出,从历史上来看,"模仿"的对象最重要的是"天"。对执政者来说,他们只有很好地学习"天",才有资格成为后世模仿的对象,而法律法制法治的最悠久的本源也就是"天"。在这一点上,即使持有"道"本"道"尊观念的道家或"理一""理"本观念的理学家都没有也不可能排除"天道""天理"观念,都不能不依托于道根与理原之"天"。"天"才是中国法律与治道的"终极根源"。

从现代政治思想的角度,我们对天意在民的观念较容易欣赏;从重审中国历代治理精神的视域来看,那些把先民凝聚为一个可大可久的政治文化共同体的一统观念,似更为重要。而这,又直接关联到本天法天为治的经验与模式。钱穆对此作了很好的概括,他从《尚书》中总结出两个内在联结的政治思想:一是以"天子"为"天下共主"的观念;二是"天下

---

① 《孟子注疏》卷9下,第302页上栏。
② 《春秋左传正义》卷40,第1293页上栏。
③ 《尚书正义》卷11,第325页上栏。
④ 许倬云:《历史分光镜》,陈宁、邵东方编,上海文艺出版社1998年版,第344—346页。

一家"的观念。

西周《尚书·召诰》云：

> 皇天上帝，改厥元子，兹大国殷之命。惟王受命，无疆惟休，亦无疆惟恤。呜呼！曷其奈何弗敬？……王其疾敬德！相古先民有夏，天迪从子保，面稽天若，今时既坠厥命。……我不可不监于有夏，亦不可不监于有殷。……今王嗣受厥命，我亦惟兹二国命，嗣若功。

钱穆释之曰：

> 中国人在那时已经有一个世界一统的大观念，普天之下有一共主。此一个共主，当时称之为"天子"，即是上帝的儿子。亦称"王"，王者往也，大家都向往他。中国古代有夏，夏王便是上帝的儿子，天下统一于夏王室之下。后来商、周迭起，可知周亦不能永此统治，将来还要有新王朝代之而起。中国古人此种观念之伟大，实是历久弥新。……
>
> 若使科学再发达，而终于没有一个"天下一家"的观念，那岂不更危险？纵使宗教复兴，但以往各宗教信仰上对内对外各项斗争，也没有统一过。只有中国，唐、虞、夏、商、周一路下来，是一个大一统的国家，地广人多，四千年到现在。推溯到我们古人早有此一种政治观点，确是了不得。说来似平常，但从政治观可推广到整个人生观，乃至整个宇宙观，中国此下思想学术俱从此发端。①

钱氏之见并不夸张。当"大传统"影响到"小传统"，当普天之下皆向往"一统"，皆以"一家"为归宿，则自然而然会产生巨大的凝聚力和坚韧的心理定势，终究会克服暴乱、分裂的倾向。这不能不说是中华民族历久不衰的一大政治文明基因。再推原而论之，有"天"的信仰，才会有"天下"的观念；有父母孩子的伦理，才会有"一家"的意识、"天子"的观念，以及"天子"为"民之父母"的思想；有天意在民的观念，才会

---

① 钱穆：《中国史学名著》，九州出版社2011年版，第11—12、17—18页。

| 第五篇 | 中国古代国家治理的学术反思

有真命"天子"为"天下"之"王"的思想。本天法天的观念与家族观念相结合，天下主义与民本主义相结合，是这种独特的政治文明基因的奥秘。原始要终，分析到最后，都会归结到天上人间彻上彻下为"一家"的天人合德的治理模式。

《洪范》，晚近多被判定为战国晚出的文献，最近的研究则逐步恢复其为周初之原典。洪范，今语直译为大法。传统上被视为"大法九章"（《汉书·五行志》《汉书·律历志》）。箕子以为"天乃锡（赐）禹洪范九畴，彝伦攸叙"。在第五畴"建用皇极"之"皇极"即最高法则中，云：

> 会其有极，归其有极。曰：皇，极之敷言，是彝是训，于帝其训。凡厥庶民，极之敷言，是训是行，以近天子之光。曰：天子作民父母，以为天下王。

我们认为这里典型地表述了中国原初本天、法天为治之模式。若《洪范》诚为《左传》文公五年、成公六年、襄公三年及《说文》等文献所称引之"《商书》"，① 则"天子作民父母"之说法颇为早出。② 如是，则有上下双重亲子关系：就"帝"/"天"与"天子"/"王"之关系而言，人间之执政者为上天之子；就人间之执政者与"庶民"之关系而言，"天子"应为"民"之"父母"，乃得为"王"者。我们并不否认"在《洪范》的规范系统中，民本主义的色彩很淡，而皇权主义的色彩较浓"，③ 我们也承认历史上即使有帝王君主之杰出者，在他们以"民之父母"的姿态以宽仁亲和为怀或秉公执法以待"庶民"时仍不免是"作威作福"的；但

---

① 参见刘起釪《古史续辨》，中国社会科学出版社1991年版，第313页。
② 西周中期燹公盨铭文有"天令（命）禹……降民监德，乃自乍（作）配乡（飨）民，成父女（母），生我王，乍（作）臣……"的记载，颇可证此说之有本。裘锡圭认为："'成父母，生我王'，是说天为下民生王，作民之父母。《洪范》：'曰天子作民父母，以为天下王。'与此文若合符节。"冯时也指出："禹修德而王天下，故成民之父母。《尚书·洪范》：'天子作民父母，以为天下王。'《诗·小雅·南山有台》'乐只君子，民之父母。乐只君子，德音不已。'皆此之谓。"参见周宝宏《近出西周金文集释》，天津古籍出版社2005年版，第240、248页。
③ 参见陈来《古代宗教与伦理——儒家思想的根源》，生活·读书·新知三联书店2009年版，第225页。

是我们还是认为，若看不到"天下共主""天下一家"等天人合一观念所系之治理模式在传成一个历史悠久的大国家大民族中的伟大作用，也是闭目塞听的。在这个意义上，《尚书》等文献所反映的正是远有渊源的史实。

二 明德为则

我们已经看到，在先民的政治意识中，在他们意念之天上人间连体一气的大家庭中，天子即王朝的执政者在宇宙秩序和国家社会秩序中占据枢纽的地位。因为他们兼有长子（对"上帝"／"天"而言）与父母（对"民"而言）的双重身份。他们要善尽其职责，也须遵守法则，"上下"对于他们最大的要求就是"有德"，这既是天之律令（"天命有德"，消极地说，可谓神意法；积极地说，可谓"天德"政治），也是庶民归往与否的先决条件（"王"之定义，消极地说可谓民之压力；积极地说可谓民意法——权且分析言之，在中国古代"天意"与"民心"实是扭结在一起的）。如果他们很自觉地意识到这一点并兢兢业业修行之，这就是德性彰明的大善了。上面描述的可以说就是历史上艳称的"德治"之关键。不过我们也不要偏忽了，它只是先民治理典型之一个环节与侧面，尽管非常重要。

众所周知，至少至西周文武周公时代，已经有非常成熟的"明德慎罚"（《尚书·康诰》）、"王其疾敬德"（《尚书·召诰》）的政治思想与治理实践。此不烦重述，而"明德为则"为中国式法治一大端，则犹待彰显。

太史公述五帝三王德法之治，最为明晰。司马迁言必称五帝之盛德。其叙黄帝，首举"修德振兵"；记"（帝颛顼）高阳有圣德焉"；述帝尧"能明驯德"、帝舜"让于德"，"（尧）命十二牧论（舜）帝德，行厚德，远佞人，则蛮夷率服"。极称"天下明德，皆自虞帝（舜）始"。他又合纪五帝云："自黄帝至舜、禹，皆同姓，而异其国号，以章明德。"五帝之治，一言以蔽之，可谓"明德"之治，最为后世善治之纲纪与法度。

史迁述三代更迭系乎积德失德之经验教训颇为周详，此亦不烦屡述；而揭示古来明德为法之旨，尤为深切著明，却往往为人所忽。《史记·夏本纪》本《尚书》述皋陶"九德"之类"美言"及功德诸端后云："皋陶于是敬禹之德，令民皆则禹。不如言，刑从之。舜德大明。"太史公又述皋陶之"扬言"曰："念哉，率为兴事，慎乃宪，敬哉！"皋陶"作士以理民"，其职为"士"（今或谓之法官），宜有此以（禹之）"德"为（"民"之）"则"，进而以"刑"卫"德"之箴言。"则"也，"宪"也，皆谓法也。不仅如此（也不必拘泥职官为说），德则为法宪，实为古治之通义也。故《史记·殷本纪》又云：

> 帝太甲既立三年，不明，暴虐，不遵汤法，乱德，于是伊尹放之于桐宫。三年，伊尹摄行政当国，以朝诸侯。帝太甲居桐宫三年，悔过自责，反善，于是伊尹乃迎帝太甲而授之政。帝太甲修德，诸侯咸归殷，百姓以宁。

何谓"汤法"？史公所述，实本孟子。《孟子·万章上》云："太甲颠覆汤之典刑，伊尹放之于桐。三年，太甲悔过……"可见，"典刑"即"法"，"汤之典刑"即"汤法"；亦为史文前述所云"汤德至矣，及禽兽"之类的"汤德"。此由"帝太甲修德"改弦更张，由犯法而一转为循德，可证也。[①]《史记·殷本纪》又叙殷王盘庚事迹云：

> 盘庚乃告谕诸侯大臣曰："昔高后成汤，与尔之先祖俱定天下，法则可修。舍而弗勉，何以成德！"乃遂涉河南，治亳，行汤之政，然后百姓由宁，殷道复兴。诸侯来朝，以其遵成汤之德也。

"汤之政"与"汤德""汤法""汤之典刑"当为异辞而同指，此最可证开国圣君之德行往往被后世尊为"法则"之历史成例。遵修之者治，违犯之者乱。《诗·大雅·抑》"罔敷求先王，克共明刑"。所谓"先王"之"明刑"，即先王之法度，这是从正面称之；《尚书·无逸》周公所谓"变乱先王之正刑"，"正刑"亦为法度之称，这是从反面斥之。

[①] 有学者认为："所谓'汤法'、'汤之典刑'，亦即'汤刑'，均指商奴隶制国家的法律刑典。"参见胡庆钧主编《早期奴隶制社会比较研究》第八章"商代法律制度"，中国社会科学出版社1996年版，第187页。此说于《孟子》《史记》皆不得其旨，可谓两失之。

一至于周，史公又极称文王之功德：①

> 西伯曰文王，遵后稷、公刘之业，则古公、公季之法……西伯盖即位五十年。其囚羑里，盖益《易》之八卦为六十四卦。诗人道西伯，盖受命之年称王，而断虞芮之讼。后十年而崩，谥为文王。改法度，制正朔矣。追尊古公为太王，公季为王季：盖王瑞自太王兴。（《史记·周本纪》）

一朝王业，一代圣王开之。王者之德为王朝法宪法度法则之所系，无论"则""法"还是"改法"、立法，王者之德实为后世法制之枢纽。备享盛誉若文王者，大树德行为法宪，书写良法美治之极则，彪炳史册，悬为至高至善之典制理型。所以《诗·周颂·我将》"仪式刑文王之典"，《左传》昭公六年引作"仪式刑文王之德"。"文王之典"即为"文王之德"，"典"言其王朝之法制，"德"言其王者之内涵，纪述角度不同，其实一也，皆为后世"仪式刑"，即应当师法效法的法度。一若《孟子》所称"汤之典刑"，《史记》谓之"汤法"。"则"也，"宪"也，"典"也，"刑"也，"典刑"也，"明刑"也，"正刑"也，皆谓法也。要而言之，实以"德"为中心意义。此等之德治不可谓之法治乎？

若有人以为《史记》等所称述，于文献上过于晚出，则请证之以周代之金文。西周早期康王时大盂鼎铭，述"王"者之言有云：

> 今我唯即井（型）廩（禀）于文王正德……今余唯令女（汝）盂召（绍）荣，敬擁（雍）德巠（经）……令女（汝）盂井（型）乃嗣祖南公。②

有学者以今语译之曰："今我以文王的正德为典范效法而禀受之……

---

① 上古"功"与"德"合一，不如后世若"立德""立功""立言"之类区分之严。《左传》昭公元年："刘子曰：'美哉禹功！明德远矣。'"
② 中国社会科学院考古研究所编：《殷周金文集成（修订增补本）》（第2册），中华书局2007年版，第1517页。

今我命令你盂辅助荣谨敬地协和道德及准则……命令你盂效法你的嗣祖南公。"① 对本文来说，此铭至关重要处、对南宫家族意义深远的，至少有两个层次：从王法的角度来说，"文王正德"为至尊之法宪；从家法的角度来说，"嗣祖"之"德经"为必遵之法度。此铭最为典型地反映了周代之法治必以明德为则的向度，于国于家，无一例外，于王于公，贯彻上下。

春秋初年的青铜器秦公镈铭文，亦云：

> 秦公曰：不（丕）显朕皇祖受天命，鼄（肇）又（有）下国，十又二公……余虽小子，穆穆帅秉明德，叡（睿）尃（敷）明井（刑）……②

秦国地处偏远，中原多视其为戎狄之邦。此铭虽语涉僭妄（称"受天命"），但是颇知"明德"为法——即文中之"井（刑）"——的道理，而谨敬自勉。正可觇有周明德为则之法治的播远效应了。春秋晚期滕国司马楙编镈铭文，更有这样的说辞："朕文考懿叔，亦帅刑法则先公正德，俾作司马于滕。"有学者以为，"法"字"作为动词'效法'来使用的古文字资料，此处为最早"。③ 此说确否尚待考，但是"先公正德"为"帅刑法则"之对象的观念，与"文王正德"为典刑法宪的观念一脉相承，我们以为这是以德则为宪政的治理模式的体现，应该说是不过分的。而"法则"与"正德"（犹言"明德"）之间竟有如此深厚的历史渊源，这是我们在探讨中国治理之原型模式时特别需要注意的。

我们看到，"明德"为"则"的治道，不仅为王朝之最高统治者王者所秉持、自我约束，亦为贵族所习得与规范；它也施及庶民下层。可以说，普天之下，明德为法。

西周《尚书·召诰》云：

> 其惟王位在德元，小民乃惟刑用于天下，越王显。

---

① 马承源主编：《商周青铜器铭文选（三）》，文物出版社1988年版，第40页上栏。
② 中国社会科学院考古研究所编：《殷周金文集成（修订增补本）》（第1册），第318页。
③ 参见王沛《刑书与道术——大变局下的早期中国法》，法律出版社2018年版，第295页。

曾运乾释之曰："言王位居元首，德称其位，小民自仪刑于下，而发扬王之光显矣。"① 前引西周中期公盨铭文，又有"民好明德""民唯克用兹德"等彰显"懿德""好德"诸训，② 则不仅集中反映了周代德治之内涵，而且显示了其贯彻上下的推行力度。我们可以看到，为达致孔子所称"民德归厚"之效，为政者需要付出怎样的努力。《孟子·告子上》引《烝民》之诗，并孔子之解经语，道：

> 《诗》曰："天生蒸民，有物有则。民之秉彝，好是懿德。"孔子曰："为此诗者，其知道乎！故有物必有则；民之秉彝也，故好是懿德。"

处于战国时代的孟子，援经探讨的是"仁义礼智"的终极根源（必本于"天"）。先王之德则，几经创造性转化而成人心深处的道德律令，反映了"德"之内在化的历史进程，却也可见德法之治的深远影响了。

当然，与"小民"相较，执政者的德范更为重要，处于立法者的地位。"孝"为西周金文中常见称述之德。《诗·大雅·下武》亦云："王配于京，世德作求。永言配命，成王之孚。成王之孚，下土之式。永言孝思，孝思维则。"以成王之孝顺为楷式，立"孝"以为法则，衍为《诗》教，德法之治道亦可见矣。唯先民尚以为人间之法度虽寄身于圣王，推本溯源则仍本乎皇天上帝，如《诗·大雅·皇矣》云："帝谓文王：'予怀明德……不识不知，顺帝之则。'"《洪范》以"正直""刚克""柔克"为"三德"，箕子亦以为括此在内的"洪范九畴"为"天乃锡（赐）禹"，可谓同一意趣。则皇天上帝为最高的立法者与审判者。这就为不如人意的现实政治树立了榜样，也提供了批判性的法原，体现了先民的政治智慧。

三 以礼为法

在关于中国政治文明之缘起形态的探讨中，与"德则"密切相关而内

---

① 曾运乾：《尚书正读》，中华书局1964年版，第198页。
② 释文参见周宝宏《近出西周金文集释》，第201页。

| 第五篇 | 中国古代国家治理的学术反思

涵更为丰富、治理范围更为广泛且更能彰显中国文化特色的是"礼法"。

《史记·乐书》，录《乐记》云：

> 故礼以导其志，乐以和其声，政以壹其行，刑以防其奸。礼乐刑政，其极一也，所以同民心而出治道也。……礼节民心，乐和民声，政以行之，刑以防之。礼乐刑政四达而不悖，则王道备矣。

以"礼乐刑政"分疏"治"，让我们想起前引《尚书·皋陶谟》以"典""礼""德""刑"分论"政事"，反映了不同历史时期的中国论政模式，颇有理致。以四者之"达而不悖"，为"王道"之内涵，可谓深得"治道"之要矣。而"礼"为最尊，盖乐可附礼而礼可兼乐也。《太史公自序》引其"先人"之说："尧、舜之盛，《尚书》载之，礼乐作焉。"[①]追溯已远。晚清礼学大师孙诒让更由周公而推原于"五帝""三王"："盖自黄帝、颛顼以来，纪于民事以命官，更历八代，斟酌损益，因袭积累，以集于文武，其经世大法，咸粹于是（指《周礼》——引者按）。"[②]孙氏本刘歆、郑玄之说，以《周官》为周公制作，实未必然。但是，周公以盛德而摄王政，集上古礼治之大成，其制礼作乐、规模礼法，范围宏远，确乎从古未有之圣也。

学者或以"周公'制礼作乐'的说法最早见于《礼记》的《明堂位》，亦见于汉儒的《书传》"。[③] 然《左传》所述更为近古，文公十八年纪鲁"季文子使太史克对（鲁宣公）"之言（括号内并录杜预注）云：

> 先君周公制周礼曰："则以观德，（则，法也。合法则为吉德。）德以处事，（处，犹制也。）事以度功，（度，量也。）功以食民。（食，养也。）"
>
> 作誓命曰："毁则为贼，（誓，要信也。毁则，坏法也。）掩贼为藏。（掩，匿也。）窃贿为盗，（贿，财也。）盗器为奸。（器，国用也。）主藏之名，（以掩贼为名。）赖奸之用，（用奸器也。）为大凶

[①] 《史记会注考证》卷130，第4321页。
[②] 孙诒让：《周礼正义·序》，汪少华整理，第1页。
[③] 陈来：《古代宗教与伦理——儒家思想的根源》，第246页。

德，有常无赦。（刑有常。）在九刑不忘！"（誓命以下，皆《九刑》之书，《九刑》之书今亡。）

这段话极为重要，我们以为深得周公制礼、周代礼法的纲领。杨伯峻认为不能以"除《考工记》外，或成于战国"的晚出《周官》当《周礼》，其说平允；但仍以"《周礼》，据文，当是姬旦所著书名或篇名，今已亡其书矣"（他将"誓命"亦作如是观），却不免失之于文献主义了，[①]一若杜预将"九刑"释为"《九刑》之书"，所失正同。其实"周礼"为周公制作实体之礼法，"九刑"为捍卫此礼法之众多实刑之统称。岂得谓文书章程乎？一旦违礼则有众多常刑伺候，"礼"之"法"威岂不彰彰明哉！《左传》此段上文云："先大夫臧文仲教行父事君之礼，行父奉以周旋，弗敢失队（坠），曰：'见有礼于其君者，事之，如孝子之养父母也；见无礼于其君者，诛之，如鹰鹯之逐鸟雀也。'"从周公到臧文仲，"有礼"/"无礼"之辨；"事""养"（"功以食民"之"食"即"养"）/"诛""逐"之间，最可觇有周"礼法"之本相。西汉贾谊的名论"夫礼者禁于将然之前，而法者禁于已然之后"（《汉书·贾谊传》）未免将礼法之界限划分得过于绝对，出礼则刑，距离在咫尺之间。所以，我们不能同意有些学者机械地对立理解礼法关系，以为后者才有国家力量所捍卫的强制性而前者非是。

再可注意者，"周礼"内涵颇为丰富，可以包括"则""德""事""功"诸方面，而终极宗旨则甚为明确，即以"食民"即"养""民"为归宿。臧文仲教行父之"礼""君"如"养父母"之见，自不如周公制礼之意为深远，此乃德位高下区别所致，于礼宜然。

尤可注意者，为"礼"与德则之关系。下文云"孝敬、忠信为吉德，盗贼、藏奸为凶德"，本周公"誓命"之针对"大凶德"而施"常"刑，而将"德"区分为"吉德""凶德"。杨伯峻引《左传》文公六年"道（导）之礼则"，训"则以观德"之"则"为"礼则"，实与杜注训"则"为"法也"可互通，均指向"周礼"之法则"吉德"、刑惩"凶德"的治理精神。所以从治理体系的角度来说，"礼治"实可兼包"德治"，而

[①] 杨伯峻编著：《春秋左传注（修订本）》，中华书局1990年版，第633—634页。

"德治"又具有枢纽的地位。其间的关系,可谓礼非德不生,德非礼不成。如郭沫若云:

> 从《周书》和周彝来看,德字不仅仅包括着主观方面的修养,同时也包括着客观方面的规模——后人所谓的"礼"。礼是后起的字,周初的彝铭中不见这个字。礼是由德的客观方面的节文所蜕化下来的,古代有德者的一切正当行为的方式汇集下来便成为后代的礼。[①]

"礼"字是否如此晚出,是可以讨论的。但是德礼之间应有这个向度的内在关联。在这方面,周公本人无疑是"古代有德者"制礼立法的伟大典范。而"后代的礼"仍可以周礼为楷则。其详情苟细,刘师培《中国历史教科书》所述颇为扼要。他说:"盖周公以礼治民,故民亦习于礼仪,莫之或越,则谓周代之制度,悉为礼制所该,可也。礼之最大者有四:一曰冠,二曰婚,三曰丧,四曰祭。"祭礼又分:郊禘、社稷、山川、祖庙、杂祭诸礼。四大礼之外,礼典尚多,有:养老、大射、宾射、燕射、诸侯相朝大飨、聘飨、迎宾、投壶、燕、乡饮、大饮诸礼。又有:拜跪、迎送揖让、授受、坐立、语言、趋行、饮食、执挚、彻(撤)俎、脱屦、设尊、酬币、侑币等礼俗。周代天子之礼,包括:即位、视朝、听朔、合诸侯、巡狩、布宪令诸礼。[②] 周礼繁复,从近代的眼光看,颇有其弊,主要表现在阶级制度上的不平等。刘氏也有很好的概括:

> 周代臣民,权利虽优,然周代最崇名分,以礼为法,以法定分。故西周之时,区阶级为五等:一曰天子,二曰诸侯,三曰卿大夫,四曰士,五曰庶人。所享利权,因之大异,故"礼不下庶人,(《礼经》之成于周代者四,《仪礼》十七篇,皆为士礼。)刑不上大夫。"名位不同,礼亦异数。以礼仪之繁简,定阶级之尊卑,故周代之礼,各依

[①] 郭沫若:《先秦天道观之进展》,参见《青铜时代》,《郭沫若全集·历史编》第1卷,人民出版社1982年版,第336页。

[②] 刘师培:《中国历史教科书》,《仪徵刘申叔遗书14》,万仕国点校,广陵书社2014年版,第6525—6543页。

等级，不可或越。此则西周极不平等之制度也。①

"以礼为法，以法定分"一语，尤为精辟。

然"礼法"之大者，从长时段的发展眼光来看，更有其伟大的文明价值与历史意义。

《礼记·中庸》录孔子述及周公之礼制云：

> 武王末受命，周公成文武之德，追王大王、王季，上祀先公以天子之礼。斯礼也，达乎诸侯、大夫，及士、庶人。父为大夫，子为士，葬以大夫，祭以士。父为士，子为大夫，葬以士，祭以大夫。期之丧，达乎大夫。三年之丧，达乎天子。父母之丧，无贵贱，一也。

朱子《四书章句集注》，极赞周公"制为礼法，以及天下……推己以及人也"。② 从中可见，"礼法"贯彻上下之普遍，不必拘泥所谓"礼不下庶人"为说也。

晚近史学大家王国维《殷周制度论》结合新材料，阐发周代之礼治精神更为系统扼要："周人以尊尊、亲亲二义，上治祖祢，下治子孙，旁治昆弟，而以贤贤之义治官。"而礼治之目标，是在道德团体之抟成："其旨则在纳上下于道德，而合天子、诸侯、卿、大夫、士、庶民以成一道德之团体。周公制作之本意实在于此。"可谓融德治为礼治。王氏述此，亦未忘忽了"庶民"，相反还大发尊重"民彝"之义，曰："周之制度、典礼，乃道德之器械，而尊尊、亲亲、贤贤、男女有别四者之结体也，此之谓民彝。其有不由此者，谓之非彝。"王氏揭示阐发周代之礼治，重"道德"、尊"民"意，既原本古制古义，又富于时代气息，可谓学思兼备。

又如王氏所揭示，以周治为代表的中国古代国家治理之精神，有一使"政治""道德""法制""教化"合一之模式："古之所谓国家者，非徒政治之枢机，亦道德之枢机也。使天子、诸侯、大夫、士各奉其制度典礼，以亲亲、尊尊、贤贤、明男女之别于上，而民风化于下，此之谓

---

① 刘师培：《中国历史教科书》，《仪徵刘申叔遗书14》，第6455页。
② 朱熹：《四书章句集注》，徐德明校点，上海古籍出版社、安徽教育出版社2001年版，第31页。

'治'；反是，则谓之'乱'。是故，天子、诸侯、卿、大夫、士者，民之表也；制度典礼者，道德之器也。周人为政之精髓，实存于此。"

好像是一个铜板的两面，"礼法"之弊在于分别之极，极而至于等级之压制；而"礼法"之长，在于"和而不同"，和合之极为统一的共同体之凝成。

周代礼治的一个伟大历史遗产，是一个大一统的政治格局和文化心理趋向传统。

王国维探其根源云："是故有立子之制，而君位定；有封建子弟之制，而异姓之势弱，天子之位尊；有嫡庶之制，于是有宗法、有服术，而自国以至天下合为一家；有卿、大夫不世之制，则贤才得以进；有同姓不婚之制，而男女之别严。且异姓之国，非宗法之所能统者，以婚媾甥舅之谊通之。于是天下之国，大都王之兄弟甥舅；而诸国之间，亦皆有兄弟甥舅之亲；周人一统之策实存于是。此种制度，固亦由时势之所趋；然手定此者，实惟周公。"[①]

王氏所说，是否真正达致历史与逻辑相统一的程度，是可以讨论的，但大体可从。"自国以至天下合为一家"一句，实堪为中国能够绵延悠长且如滚雪球般积体庞大之特色之写照。"有子曰：'礼之用，和为贵。先王之道斯为美！'"（《论语·学而》）千载之下，可信斯言之确。

家族主义是礼治的重要内涵，也是古代中国法制的根底，是中华民族凝聚力的一大渊源。实为从王法到家法，彻上彻下之"礼法"的核心。君为"民之父母"，这是为君者的伦理。"故圣人耐以天下为一家，以中国为一人者，非意之也，必知其情，辟于其义，明于其利，达于其患，然后能为之。"（《礼记·礼运》）"以天下为一家，以中国为一人"不仅是写在经典文本上，也见之于历代贤明执政者的思想与施政中。而这种家族主义不仅是政治性的，更是社会性的，是身、家、国、天下一以贯之。于此，周公之"封建"与"定宗法"已经树立规模。如钱穆说："周公封建之大意义，则莫大于尊周室为共主，而定天下于一统。……周公封建之能使中国渐进于一统之局，尤贵在其重分权而不重集权，尊一统又更尚于分权，周

[①] 上引王氏之说，参见王国维《殷周制度论》，《观堂集林（外二种）》（上），彭林整理，河北教育出版社2001年版，第299、288—289、302、301、300页。

公封建之为后儒所崇仰者正在此。不尚集权而使政治渐进于一统，其精义则在乎礼治。故封建之在古人，亦目之为礼也。……周公封建之主要义，实在于创建政治之一统性，而周公定宗法之主要义，则实为社会伦理之确立。而尤要者，在使政治制度，俯就于社会伦理而存在。故政治上之一统，其最后根底，实在下而不在上，在社会而不在政府，在伦理而不在权力也。而就周公定宗法之再进一层而阐述其意义，则中国社会伦理，乃奠基于家庭。而家庭伦理，则奠基于个人内心自然之孝弟。自有个人之孝弟心而推本之以奠定宗法，又推本之以奠定封建；封建之主要义，在文教之一统；故推极西周封建制度之极致，必当达于'天下一家，中国一人'。太平、大同之理想，皆由此启其端。故论周公制礼作乐之最大最深义，其实即是个人道德之确立，而同时又即是天下观念之确立也。"

周公之"礼法"，又规划了中国治理精神之尚"文"取向。钱穆又以前引《中庸》之纪，为未尽周公"制为礼法"（本文用前引朱子语）之美，而特别推崇"周公之宗祀文王（而非武王——引者按），尊奉以为周室受命之始祖"之创制："由是言之，中国此下传统政制之必首尚于'礼治'，必首尚于'德治'，又必首尚于'文治'（而非武治——引者按），此等皆为此下儒家论政大义所在，而其义皆在周公制礼之时，固已昭示其大纲矣。"①

这些都是中国能久能大而具有文明特色的历史渊源。

四 以刑卫法

近来学者考究法制缘起，或必于"刑"中追溯原始，此一偏也；或将"刑治"置于熟视无睹、不议不论之列，而单举"礼法"之制，此又一偏也。其实"刑"与"礼"相对而相系相反而相成，如前述或有不以"以刑卫礼"称之而难符者，而"礼"以德则为尚，德礼即为大法，是故"刑"与"法"亦相关而不混，则不以"以刑卫法"名之而难通。上古之先民，大概早就知道"两手都要硬"的道理了。

---

① 上引钱氏之说，参见钱穆《周公与中国文化》，《中国学术思想史论丛（一）》，九州出版社2011年版，第144—146、147—150页。

第五篇 中国古代国家治理的学术反思

太史公《史记·五帝本纪》纪黄帝之定"天下"云：

> 轩辕之时，神农氏世衰。诸侯相侵伐，暴虐百姓，而神农氏弗能征。于是轩辕乃习用干戈，以征不享，诸侯咸来宾从。而蚩尤最为暴，莫能伐。炎帝欲侵陵诸侯，诸侯咸归轩辕。轩辕乃修德振兵，……以与炎帝战于阪泉之野。三战，然后得其志。蚩尤作乱，不用帝命。于是黄帝乃征师诸侯，与蚩尤战于涿鹿之野，遂禽杀蚩尤。而诸侯咸尊轩辕为天子，代神农氏，是为黄帝。天下有不顺者，黄帝从而征之，平者去之，披山通道，未尝宁居。

古者兵刑不分。《国语·鲁语上》录臧文仲与僖公之言："大刑用甲兵，其次用斧钺；中刑用刀锯，其次用钻笮；薄刑用鞭扑，以威民也。"《汉书·刑法志》采之，近人杨鸿烈"兵刑一体说"、[①] 顾颉刚"古代兵、刑无别"诸说论之甚明，[②] 考古材料亦多证其确，真可谓"其所繇来者上矣"（班固语）！然今人或从"作乱"之蚩尤，而不从黄帝之"征""伐"，推究中华法律之缘起，可谓不揣其本而齐其末矣。然上古之事，难以详说，请据可征之文献上下推寻。

《左传》昭公六年纪"三月，郑人铸刑书。叔向使诒子产书"，有云：

> 夏有乱政，而作禹刑；商有乱政，而作汤刑；周有乱政，而作九刑：三辟之兴，皆叔世也。

叔向反对子产之所为，引《诗》曰："仪式刑文王之德，日靖四方"及"仪刑文王，万邦作孚"。让他师法文王之德行典法，而不可从"叔世"之刑："民知争端矣，将弃礼而征于书，锥刀之末，将尽争之。"如此必遭败乱。叔向之训诫，维护"礼"法而反对"刑""辟"（即"刑书"、刑法），用心良苦。他所称述的"大刑""汤刑""九刑"，亦成为后世称述三代刑法、近人甚至据以为三代成文法的文献根据。但是，他对古代礼法与末世刑

[①] 参见杨鸿烈《中国法律思想史》，商务印书馆2017年版（本书据商务印书馆1936年版排印），第192—196页。

[②] 参见顾颉刚《史林杂识初编》，中华书局1963年版，第82—84页。

法多作了意向性的过度诠释,未必属实。他说刑辟兴于末世之说就不可靠,前引"周公制周礼"而"作誓命"云违犯之者"在九刑不忘",就是周公之制而非末世之滥刑。事实上,在西周立国之初,《尚书·康诰》就纪周之最高执政者,自觉择取殷代刑法制度之适当者而合理施用刑罚了:

> 王曰:"呜呼!封。敬明乃罚。……若保赤子,惟民其康乂。非汝封刑人杀人,无或刑人杀人;非汝封又曰劓刵人,无或劓刵人。……外事,汝陈时臬,司师,兹殷罚有伦。……汝陈时臬,事罚,蔽殷彝,用其义刑义杀,勿庸以次汝封。……朕心朕德,惟乃知。凡民自得罪,寇攘奸宄,杀越人于货,暋不畏死,罔弗憝。"

"明罚"与"明德"可谓周政一体之两面,合而言之,即"明德慎罚"。"罚"之正当性或用"天罚"来表述,实际上均是通过"刑"来施行的,"刑"治绝不在可有可无之位置。所以,《康诰》不仅记录了有周之立国者如何斟酌损益殷代之刑罚,而且竟将周代之刑治追溯于文王:

> 王曰:"封。元恶大憝,矧惟不孝不友?……惟吊兹,不于我政人得罪,天惟与我民彝大泯乱,曰:乃其速由文王作罚,刑兹无赦。"

从上下文看,很清楚,文王速行"天罚""刑兹无赦"的对象是比"元恶大憝"更当惩治的"不孝不友"者,这很可反映周政以刑卫法,实际以刑卫德礼之则的实质。王国维说:"此周公诰康叔治殷民之道。殷人之刑惟'寇攘奸宄',而周人之刑则并及'不孝不友'……是周制刑之意,亦本于德治、礼治之大经,其所以致太平与刑措者,盖可睹矣。"① 正是有见于此。

周政之以"刑兹无赦"捍卫"孝友"的德礼刑法合一之治,或可称以德礼之治统法治的基本架构,对后世的影响是极大的。孔门儒家之以礼统法的思想基调实渊源于此。而后世"出礼入刑""与礼相应"的历史努力

---

① 参见王国维《殷周制度论》,《观堂集林(外二种)》(上),第302页。

第五篇 中国古代国家治理的学术反思

亦莫不可追溯于此。① 而瞿同祖等的研究也证明历代的法制是必须优先维护礼教的。② 随着新出材料的涌现，新近的研究越来越证明，即使号有"暴秦"之称的秦朝在这一点上也如出一辙。

从这个意义上看，叔向用"文王之德"述之，虽抓住了要害，但也不可太过绝对。前引《诗·周颂·我将》"仪式刑文王之典"大概也不能将文王之"刑"排除了。《左传》昭公七年纪楚芊尹无宇之言："周文王之法曰：'有亡，荒阅'，所以得天下也。"盖述文王诸如此类的法政也。

还有一点，值得注意。如果不死于字词之下，此处当为"刑罚"一词的较早经典出处。但有学者以为"刑"之"刑罚、用刑等义项"及其用法较为晚出，到东周以后，才流行。③ 如此论断，失之太晚。

西周宣王时兮甲盘铭文有云：

> 王令甲政（征）嗣（治）成周四方责（积），至于南淮尸（夷）。淮尸（夷）旧我帛晦人，毋敢不出其帛、其责（积）、其进人。其责（积），毋敢不即次，即市。敢不用令（命），鼎（则）即井（刑）撲伐。其唯我者（诸）侯、百生（姓），厥贮（贾），毋不即市，毋敢或入蛮宄贮（贾），鼎（则）亦井（刑）。④

有学者以今语译此铭前段："王令兮甲征收天下贡于成周的赋税，到达了南淮夷。淮夷从来是向我贡纳财赋的臣民。不敢不提供赋税、委积和力役。不准不向司市的官舍办理货物存放和陈列市肆的手续。"最值得注意的，是下面关于西周刑治的内容。如果不遵王命，触犯王法，"则即刑扑伐"。"诸侯百姓的货物亦不能不就市纳税，如敢有妄入盗窃货物的，则

---

① 参见梁治平《寻求自然秩序中的和谐——中国传统法律文化研究》，商务印书馆2013年版，第21页。他本王国维说进而指出："这正是后来'出于礼则入于刑'之礼法的原始模型。"此一看法有理。但是他又说"礼既是道德，又是法律"，等等，稍嫌笼统混淆。

② 参见瞿同祖《瞿同祖法学论著集》，中国政法大学出版社1998年版。

③ 参见王沛《刑书与道术——大变局下的早期中国法》，第62、138、142页。作者缘此而将《康诰》之"刑人"硬说成"以法度治人"，即将"刑"释为"法度"而非"刑罚"，作者全不理会古典"天罚"与"刑"治之关联，割裂文脉，强为之说，武断甚矣。又参见该书第146—147页。

④ 中国社会科学院考古研究所编《殷周金文集成（修订增补本）》，第5483页。

亦施以刑法。"学者将铭文之"井（刑）"字释为"施以刑法"，甚确。①我们认为，这是文献中较早而又非常确凿表述刑法与刑罚的文献，已在西周宣王时。与之相较，若《尚书·多方》"天惟时求民主，乃大降显休命于成汤，刑殄有夏"，与上引《康诰》之文"天惟与我民彝大泯乱，曰：乃其速由文王作罚，刑兹无赦"中"刑"字的用法，从上古兵刑不分的角度来看，要比金文的用法还要早。

我们还可以看到，"我诸侯百姓"即西周之贵族，一旦冒犯王法，一律严施刑法刑罚，概莫能外。然则后世《礼记·曲礼上》撰集所谓"刑不上大夫"之说，亦不可以作必然观了。可见西周以刑卫法之治，治理的范围从德礼延伸至贡纳，非常广泛；治理的对象，从殷民到淮夷还包括"我诸侯百姓"，非常普遍。《诗·小雅·北山》"溥天之下，莫非王土；率土之滨，莫非王臣"（"溥天之下"，《左传》昭公七年引作"普天之下"）不是此种治理精神所达致的道一同风之心理反应的真实映照吗？

天之令（命）为法，圣王之德范为法，上下之礼则为王法、家法，时王之令（命）亦为法。刑为维护捍卫此诸法之法器，法为行刑之依据，两者之间有不可离散之关系。但亦有极分明之界限。若《易·蒙卦》"《象》曰：利用刑人，以正法也"，《易·噬嗑卦》"《象》曰：雷电，噬嗑；先王以明罚敕法"，均言及"刑""罚"与"法"之密切而不可混同之关系。

关于这一点，《尚书·吕刑》析之最晰，惜乎人多忽略而每每加以混淆之。《尚书·盘庚上》"盘庚敩于民，由乃在位以常旧服、正法度"，已有明确的"法度"观念。《尚书·大诰》"爽邦由哲，亦惟十人迪知上帝命，越天棐忱，尔时罔敢易法"，所称则为"天命""天法"。至《尚书·吕刑》则深涉乎"刑"与"法"的关系了。《史记·周本纪》载：周穆王时"诸侯有不睦者，甫侯言于王，作修刑辟。……命曰《甫刑》。"《甫刑》即今《尚书·吕刑》，从中反映出强烈的以刑（应该是"祥刑"而非"虐刑"）明法的倾向，是中国法律史上的一件大事。太史公笼统称之曰"作修刑辟"，其实"刑"与"法"大有分辨。欲明此义，先当区隔"虐刑"与"德刑"或曰"祥刑"之别。经文云："若古有训，蚩尤惟始作

---

① 参见马承源主编《商周青铜器铭文选（三）》，第305—306页。有学者将此铭之"井（刑）"臆解为"效法"，失之远矣。若如其说，"效法""扑伐"，甚为不辞。参见王沛《刑书与道术——大变局下的早期中国法》，第141页。

第五篇 中国古代国家治理的学术反思

乱,延及于平民;罔不寇贼,鸱义奸宄,夺攘矫虔。苗民弗用灵,制以刑,惟作五虐之刑曰法,杀戮无辜。爰始淫为劓、刵、椓、黥。越兹丽刑并制,罔差有辞。"伪《孔传》云:"三苗之君习蚩尤之恶,不用善化民,而制以重刑。惟为五虐之刑,自谓得法。""自谓得法"之训,甚得经义。即是说经文作者并不认可此等"虐刑"为"法"也。① 则经典所述周穆王心中之"法"的观念已经相当持重。"上帝监民,罔有馨香,德刑发闻惟腥。皇帝哀矜庶戮之不辜,报虐以威,遏绝苗民,无世在下。"待上帝看不下去,出手以"德刑"(犹言正义之刑)惩治之乃罢。"皇帝……乃命三后,恤功于民。伯夷降典,折民惟刑。"伯夷与禹、稷并称"三后","折民惟刑",《汉书·刑法志》引作"悊民惟刑"。"悊"今读"哲";段玉裁读为"制民惟刑"。从上下文来看,两通,而以班固读法为美。盖刑法之作用虽在制服凶恶,而意义却在使民明智向善也。"伯夷降典",伪《孔传》训说为"伯夷下典礼教民而断以法"。其实伯夷所降之"典""刑"亦正自"皇帝"上天而来,如上文之"德刑",确有"法"意,而不必牵合"典礼"为说。"典"到底是什么呢?注家纷纭,未必得其确解。我们认为是天赐的法度法则,也可说即后世所谓广义的"法"。经文又云:"士制百姓于刑之中,以教祇[祗]德。"这是让典狱之官司法之臣(今言法官)用此"典刑"(可言"德刑")治理"官伯族姓"(见后之经文),以此来"教"对皇天上帝或对皇天上帝之法度典刑的敬德,此实为以刑明德或以刑卫法之说也。(我们又看到了所谓"刑不上大夫"说之不可尽通)下文"穆穆在上,明明在下,灼于四方,罔不惟德之勤。故乃明于刑之中,率乂于民棐彝",都是此义,并将治教之范围扩大到"民"了。再下文"惟敬五刑,以成三德。……有邦有土,告尔祥刑。……受王嘉师,监于兹祥刑",都是点题的话,叮咛反复,一言以蔽之,不是出于蚩尤、苗民之"虐刑",只有"教德""成德"之"德刑""祥刑"才是真正的法度。故与其说是"刑法",不如说是"德法"。实与"周公制周礼"刑惩"凶德"的礼法之治一脉相承。我们看到,它与后世法家所尚之

---

① 有学者却认为:"所谓'五虐之刑'的刑,也不是单纯的五刑,即五种刑罚的意思,而是'包含有五种酷刑的法律'。此处的刑依旧是指法律、法度、法则的意思。'五虐之刑曰法',本身就说明了'刑曰法',即法度的意思。"参见王沛《刑书与道术——大变局下的早期中国法》,第182页。此种解读,断章取义,不可从。

"刑法"之距离真不可以道里计也。①

后来伪古文《尚书·大禹谟》中的"帝曰：'皋陶，惟兹臣庶，罔或于〔干〕予正。汝作士，明于五刑，以弼五教，期于予治。刑期于无刑，民协于中，时乃功，懋哉！'"一语，为后世儒者称颂不绝之"明刑以弼五教，而期于无刑"（用朱子语②）之明刑弼教说，盖即远本于《吕刑》之刑法思想。

以刑卫法，以刑教德，出礼则刑，治教合一。这是周代刑治之精神，却不独为周所独享。《左传》昭公十四年叔向引"《夏书》曰：'昏、墨、贼、杀。'皋陶之刑也。"皋陶为"士"，为刑官法官之鼻祖，但是《皋陶谟》核心精神却是述"九德"、本"天"心"民"意、叙"五典五惇""五礼有庸""五服五章""五刑五用"。纵职有所专，而思接天人。虽不必语语皆出皋陶当时，却真为上古法治之好写照了。

《后汉书·陈宠传》纪东汉时，陈宠向章帝上疏有云：

> 臣闻先王之政，赏不僭，刑不滥，与其不得已，宁僭不滥。故唐尧著典，"眚灾肆赦"；周公作戒，"勿误庶狱"；伯夷之典，"惟敬五刑，以成三德"。由此言之，圣贤之政，以刑罚为首。

陈氏之言："圣贤之政，以刑罚为首。"若不以偏执之眼光视之，亦可谓善述上古法治之扼要。不过他实意主宽仁，反对滥刑。《后汉书》陈氏本传又纪云：

> 宠又钩校律令条法，溢于《甫刑》者除之。曰："臣闻'礼经三百，威仪三千'，故《甫刑》大辟二百，五刑之属三千。礼之所去，刑之所取，失礼则入刑，相为表里者也。……宜令三公、廷尉平定律令，应经合义者，可使大辟二百，而耐罪、（据上文注：'耐者，轻刑之名也。'——引者按）赎罪二千八百，并为三千，悉删除其余令，

---

① 孙星衍曾作《李子法经序》说："法家之学自周穆王作《吕刑》后，有春秋时《刑书》、《竹书》及诸国刑典，未见传书，惟此经为最古。"转引自杨鸿烈《中国法律思想史》，第76页。孙氏以《吕刑》为"法家之学"之原始，颇失之于断限不明。
② 参见杨鸿烈《中国法律思想史》，第186页。

第五篇 中国古代国家治理的学术反思

与礼相应,以易万人视听,以致刑措之美,传之无穷。"

虽然陈宠之努力"未及施行",但是以《吕刑》为典范的法治仍然活跃在追求美善之治的人们心中,不独后汉为然。陈氏以"威仪"为刑法,与"礼经"相对成文,甚有独到见地。而"礼之所去,刑之所取,失礼则入刑,相为表里者也"之说,对礼刑关系之揭示可谓深切著明,也不失为对礼法之治的中肯概括,给后人以无尽的启发。

五 人治为要

近代以来,西方之民主法治渐为国人所钦慕与采纳,传统与现代之间乃有"人治"与"法治"之辨。开放与吸收,有不得不然之势;出主而入奴,亦多似是而非之说。其实法治之建立,最赖乎守纪而明德之立法者,或称法治之缺位与难树基址者,深究之到底是否人治之不得力为患呢?钱穆说:"……制度必须与人事相配合。……制度是死的,人事是活的,死的制度绝不能完全配合上活的人事。就历史经验论,任何一制度,绝不能有利而无弊。任何一制度,亦绝不能历久而不变。"[1] 历史离不开制度的运转,更是人事活动的展开,所以我们必须注意中国治理早期形态之人治纲维。

无论如何,中国自古之重人治,重执政者的主导作用、重贤能政治、重民意之向背,占据到了政治生活之纲纪地位,不可不述。舍此而言中国治理之大体,尽成空中楼阁矣。

第一,要提到的是,中国自古以来对"老成人"的倚重。

《尚书·盘庚上》纪盘庚说:"古我先王,亦惟图任旧人共政。"他又引"迟任有言曰:'人惟求旧,器非求旧,惟新'"而训诫朝臣"汝无侮老成人,无弱孤有幼"。对"老成人"政治作用的看重和体恤,已是商代的一项宝贵政治经验了。反之,背离这一政治原则,使得殷商尝到不能承受之败亡结局。《诗·大雅·荡》"文王曰:咨!咨女殷商。匪上帝不时,殷不用旧。虽无老成人,尚有典刑。曾是莫听,大命以倾。文王曰:咨!

---

[1] 钱穆:《中国历代政治得失·序》,九州出版社2011年版,第1—2页。

咨女殷商。人亦有言：'颠沛之揭，枝叶未有害，本实先拨。'殷鉴不远，在夏后之世！""虽无老成人，尚有典刑"，从此成为经典名言，如《荀子》等均引及之（见《荀子·非十二子》）。从诗文来看，"老成人"与"典刑"同为政治之纲纪（即诗后文所谓"本实"），而地位似尚在后者之上。而这显然成为"殷鉴"的关键一环。《抑》诗揣摩文王之口气极为逼真，从周初之史迹来看，周武王虚怀向箕子（或为"老成人"）咨访治国大道，而得闻"洪范九畴"（堪称"典刑"），正可为之范例，而武王应是坚定秉承了父训的。不仅如此，周公向康叔也郑重叮嘱道："往敷求于殷先哲王，用保乂民。汝丕远惟商耇成人，宅心知训。"（《尚书·康诰》）对于饱有经验智慧的老者的重视同样情见乎词，更不用说所谓"商耇成人"还是胜国之亡臣了。咨访"老成人"一举，积久成为一项后世遵循不替的治国大法。《国语·晋语》纪叔向见范宣子曰："闻子与和未宁，遍问于大夫，又无决，盍访之訾祏？訾祏实直而博，直能端辨之，博能上下比之，且吾子之家老也。吾闻国家有大事，必顺于典型，而访咨于耇老，而后行之。"①仍然是"典刑"（即"典型"）与"耇老"并举，而史文实主"老成人"为说也。《盐铁论·遵道第二十三》"文学"引"《诗》云：'虽无老成人，尚有典刑。'言法教也。"②则主"典刑"为说。义各有当。

"老成人"在政治生活中的地位往往甚于"法教"，这是上古"人治"的重要内涵。其道理安在？《逸周书·大［文］匡解》有云："明堂，所以明道。明道惟法，法人惟重老，重老惟宝。"③后世常常称说"徒法不能以自行"（《孟子·离娄上》）"老人是宝"等典训，古人早就知道了。

但"老成人"与"典刑"（"法教"）两者之间实有不可分割之关系，王者之典刑，就是"法教"的楷模。所以，第二，必须注意到上古另一个重要的政治原则：对"先王"的师法，是"人治"之洪宪。

前引《康诰》周公敦敦教导康叔注重的不限于"老成人"："今民将在祇遹乃文考，绍闻衣德言。往敷求于殷先哲王，用保乂民。汝丕远惟商耇成人，宅心知训。别求闻由古先哲王，用康保民，弘于天，若德裕乃

---

① 徐元诰：《国语集解（修订本）》，王树民、沈长云点校，中华书局2002年版，第424页。
② 王利器：《盐铁论校注（定本）》卷5，中华书局1992年版，第292页。
③ 黄怀信、张懋镕、田旭东：《逸周书汇校集注（修订本）》，黄怀信修订，李学勤审定，上海古籍出版社2007年版，第367—368页。

身，不废在王命。"（《尚书·康诰》）更有包括"殷先哲王"在内的"古先哲王"，都是取法的标准，是为"人治"而兼"德治"者也。《诗·大雅·抑》也说："女虽湛乐从，弗念厥绍。罔敷求先王，克共明刑。肆皇天弗尚，如彼泉流，无沦胥以亡"。此则将是否遵则"先王"之"明刑"提到了生死存亡的高度。

所以在经典中，效法先王之记载不胜屡举。有纪法则先王之"德"的，如"不显维德，百辟其刑之。於乎！前王不忘"（《诗·周颂·烈文》），"考朕昭子刑，乃单文祖德"（《尚书·洛诰》）；有纪法则先王之"典"的，如"仪式刑文王之典，日靖四方"（《诗·周颂·我将》）；有纪当则先王之"法"的，如"夫先王之法志，德义之府也。夫德义，生民之本也"（《国语·晋语》），"《诗》云：'不愆不忘，率由旧章。'遵先王之法而过者，未之有也"（《孟子·离娄上》），等等。《易传》纪"先王"行事尤详：《易·比卦》"《象》曰：地上有水，比；先王以建万国，亲诸侯"。《易·豫卦》"《象》曰：雷出地奋，豫；先王以作乐崇德，殷荐之上帝，以配祖考"。《易·观卦》"《象》曰：风行地上，观；先王以省方观民设教"。《易·噬嗑卦》"《象》曰：雷电，噬嗑；先王以明罚敕法"。《易·复卦》"《象》曰：雷在地中，复；先王以至日闭关，商旅不行，后不省方"。《易·无妄卦》"《象》曰：天下雷行，物与无妄；先王以茂对时育万物"。《易·涣卦》"《象》曰：风行水上，涣；先王以享于帝立庙"。凡此种种，"先王"虽效法卦象而有所作为，而本身又为执政者师法的对象。《易传》所述，颇可见"先王"作为政治法象对象之无可替代位置，此等之刻画，自出于儒者之描摹，但亦颇可反映上古"先王"治国理政的范围、方面之大要了。

在执政者的政治素养中，"德"无疑又居于中心的位置。"人治"而兼"德治"的最伟大典型，其实正是无冕之王周公。执政者之道德素养，再怎么强调也不过分。即以周代之礼治而论，它的达成实原本于创制者如周公之德行。关于这一点，还是王国维最识其要："原周公所以能定此制者，以公于旧制本有可以为天子之道，其时又躬握天下之权，而顾不嗣位而居摄，又由居摄而致政，其无利天下之心？昭昭然为天下所共见。故其所设施，人人知为安国家、定民人之大计，一切制度遂推行而无所阻矣。"① 若无此德，则其一切创制设计规模大略皆失其依据。这应该是后世儒家主张"德治"的一个历史根源。所以荀子才会这般推崇"大儒之效"（《荀子·儒效》），而揭示"人治"之精义，亦最精辟："有治人，无治法……故法不能独立，类不能自行，得其人则存，失其人则亡。法者，治之端也；君子者，法之原也。"（《荀子·君道》）

第三，在中国上古之"人治"范畴内，除了王者处于政治主体的实际位置，"先王"占据提供理想政治范式的法原地位，"老成人"起很大的咨鉴作用外，还有一个角色，不可或缺，即王国维所谓"以贤贤之义治官"的官治。通过"推贤举能"以及各种各样的"礼贤"方式，获取治世之才，达到主上"无为而治"的理想境界。"子曰：'无为而治者，其舜也与！夫何为哉？恭己正南面而已矣。'"（《论语·卫灵公》）

在"贤治"之中，职官的分工配合又是非常重要的。《汉书·百官公卿表》于秦汉之前叙历代职官多本经典，有不可尽据者，如以《周官》所纪为"周官"，但是他说历官"各有徒属职分，用于百事"，确很重要。《汉书·艺文志》又有著名的"九流出于王官"说，推寻诸子缘起——源本诸官，近代以来备受胡适等反驳。王官与诸子是否有如此机械的一一对应关系自可以讨论，但是设官分职为自古以来政治生活之大要，《汉志》所叙诸官多有渊源，而诸子宗旨，据太史公父子的概括"夫阴阳、儒、墨、名、法、道德，此务为治者也"（《史记·太史公自序》），则其间是否无一点关系，颇可反省。无论如何，经典多见从设官分职角度阐述政治理想治道治术者，此实为理解上古治理精神一要项。《周礼》虽伪而不可废，也是抓住了这一关键之故。是为"人治"而兼涉"礼治"者也。经典中论君民上下各有所职，相协而治，可觇"人治"精神之美旨而非暴戾者，以《左传》襄公十四年所纪师旷对晋侯之言最有义理，引之以终此节：

> 天生民而立之君，使司牧之，勿使失性。有君而为之贰，使师保之，勿使过度。是故天子有公，诸侯有卿，卿置侧室，大夫有贰宗，士有朋友，庶人、工商、皂隶、牧圉皆有亲昵，以相辅佐也。善则赏

---

① 参见王国维《殷周制度论》，《观堂集林（外二种）》（上），第300页。

之，过则匡之，患则救之，失则革之。自王以下各有父兄子弟，以补察其政。史为书，瞽为诗，工诵箴谏，大夫规诲，士传言，庶人谤，商旅于市，百工献艺。故《夏书》曰："遒人以木铎徇于路，官师相规，工执艺事以谏。"正月孟春，于是乎有之，谏失常也。天之爱民甚矣，岂其使一人肆于民上，以从（纵）其淫，而弃天地之性？必不然矣。

近代以来，国门洞开，国人见识增广而意气发扬。重读经典，颇见其"理想化古代"之幻，反思"落后挨打"之所以然，固有之历史、政治与文化遗产颇有不能不弃之如敝屣之贱。少数大师通儒若王国维、梁启超、钱穆等能通知古制、古人之精神风范有历久而不可废者。若"黄金古代"，虽敷衍且有后人之想象成分，岂尽是往昔之噩梦，而非为中国历史文化之价值渊源？

最近之学术界颇知爱重中国固有之价值与文化，纷纷援用西人"轴心时代"之论述话语，以增重中国早期文明的分量。或从"天人之际"角度探讨"中国轴心突破及其历史进程"；[1] 或从"古代宗教与伦理"方面探讨"中国前轴心时代"（"前孔子时代"）"儒家思想的根源"。[2] 大概由于将视野设定在"哲学突破"或"思想的根源"，所以无论是敷衍"轴心时代"还是上溯之"前轴心时代"，都深深受制于"轴心时代"理论。

其实在孔子之前至少还有周公，在"诸子时代"之前还有圣王圣贤之制礼作乐时代、创法立制时代。在此上古时代，他们通过治国理政，已经表现出了高度的政治文明、道德修养和文化水准。"中国历代治理体系研究"课题提供给我们相对开阔的视野，去重访早期中国的治理精神。其中，以"法天为治""以德为则""以礼为法""以刑卫法""人治为要"诸方面为根本原则与内涵，每一部分都对后世产生深远的影响，对中国的长治久安来说，起到了大宪大法的重要作用。我们用"中国式法治"来称

---

[1] 参见余英时《论天人之际——中国古代思想起源试探》，联经出版事业股份有限公司2014年版。

[2] 参见陈来《古代宗教与伦理——儒家思想的根源》，生活·读书·新知三联书店2009年版。作者又有后续时代的讨论，参见陈来《古代思想文化的世界——春秋时代的宗教、伦理与社会思想》，生活·读书·新知三联书店2009年版。

呼它，就是希望大家注意到中国治理之原初形态之政治原则、政治构成和系统性状。这对于认识中华文明史的早期成熟水平是有意义的，对考察它对后来的影响及知古鉴今，或亦不无裨益。

最后必须指出，本文钩沉分析的"天治""德治""礼治""刑治""人治"诸端，每一方面均不可或缺；而其中最有涵盖性的，还是"礼治"。这当然不是我们浅薄的智力所能承当的，指出这一点的，是继周公以后中国历史上另一位伟大人物——孔子，以及由他所衍生的儒家学派。

（子曰：）明乎郊社之礼、禘尝之义，治国其如示诸掌乎！（《礼记·中庸》）

孔子曰："夫礼，先王以承天之道，以治人之情。……是故夫礼，必本于天，殽于地，列于鬼神，达于丧祭、射御、冠昏（婚）、朝聘。故圣人以礼示之，故天下国家可得而正也。"（《礼记·礼运》）

道德仁义，非礼不成；教训正俗，非礼不备；分争辨讼，非礼不决；君臣、上下、父子、兄弟，非礼不定；宦学事师，非礼不亲；班朝治军，莅官行法，非礼威严不行；祷祠祭祀，供给鬼神，非礼不诚不庄。是以君子恭敬撙节退让以明礼。（《礼记·曲礼上》）

子张问："十世可知也？"子曰："殷因于夏礼，所损益，可知也；周因于殷礼，所损益，可知也；其或继周者，虽百世，可知也。"（《论语·为政》）

孔子以前，早有"礼治"之实，而未可由之概括竟尽，故我们称为"中国式法治"；孔子之后，则非"以礼统法"而不能究竟中国治理之历史，诸如此论，可待另文，先引孔门论礼诸语，以终斯篇。

（原载《史学理论研究》2020年第5期）

从国家治理的角度思考中国历史上的"华夷"与"大一统"*

贾 益

(中国社会科学院民族学与人类学研究所)

在关于历史上中国统一多民族国家和中华民族多元一体格局形成与发展的研究中,"大一统"和"华夷"的关系是最为核心的问题之一。对此,有学者概括为:"中国古代由众多民族发展、确立为统一国家的过程,也就是'大一统'与'夏夷之防'矛盾对立统一的过程。"并指出:"2000年间,历代关于民族问题有过种种议论与对策,时移势异,各不相同,但基本精神总离不开在'大一统'思想主导下强调'夏夷有别'。"① 在中国古代民族关系发展和中华民族凝聚力形成的过程中,"大一统"思想作为一个有着丰富内涵的政治思想体系,逐渐发展为中华整体的观念。② "大一统"的政治和理念,因此成为中国统一多民族国家巩固与发展的历史和心理基础。在关于中国古代国家治理的研究中,"大一统"同样受到重视。有学者指出,"秦汉以后,实现大一统国家的治理方式,是历代统治者追求的治理目标","大一统……既是历代封建王朝治理国家的一个重要工具,也是国家治理自身的重要内容"。③ 可以说,自秦汉以来,"大一

---

* 本文是国家社会科学基金项目"三大体系"专项"新时代中国特色民族学基本理论与话语体系研究"(项目编号:19VXK04)的阶段性成果。

① 陈连开:《中华民族研究初探》,知识出版社1994年版,第77、80页。

② 卢勋等:《中华民族凝聚力的形成与发展》,民族出版社2000年版,第557页。该书第七章"大一统思想和中华整体观念的形成"由刘正寅撰写。

③ 卜宪群:《谈我国历史上的"大一统"思想与国家治理》,《中国史研究》2018年第2期。关于"大一统"国家的边疆与民族治理,卜宪群也有初步说明。参见卜宪群《德法相依 华夷一家——我国历史上的国家治理(三)》,《学习时报》2019年12月13日。

从国家治理的角度思考中国历史上的"华夷"与"大一统"

统"既表现为一套政治文化,也是一套国家治理体系。作为政治文化,"大一统"是历代国家治理的目标和价值观;作为治理体系的"大一统",则是以中央集权为基础发展出的一系列制度、政策等。"大一统"政治文化和政治过程的互动,促成中国历史上统一国家的不断发展;而"大一统"的观念,直到近代仍然产生影响,成为当时人解决国家建构和民族关系问题的重要思想基础。①

另外,也有学者指出,"大一统"是"王政在具体实施过程中展现出的复杂治理技术和与之配行的政治文化观念"。② 以清朝为例,其"大一统"不能简单理解为地域扩张或自上而下对各民族地区实施行政化的管理过程,还应当认识到它是对不同的族群文化采取吸收融汇乃至兼容并蓄的政策。③ 实际上,"华""夷"的分类与区隔、华夷关系的调节与华夷秩序的安排,同样是中国古代国家治理的重要内容,体现在"华夷之辨""夏夷之防""华夷无间""华夷一体""华夷一家"等政治原则中,也贯穿于和亲联姻、遣使会盟、册封朝贡、羁縻互市等具体政策和制度的实施过程中。"大一统"的治理目标和手段,无疑规范、影响着这些治理内容;而历史上"华""夷"关系的变化,又往往在"大一统"的具体观念内涵及其治理手段上对其产生重要影响。可以说,理解"大一统"与历史上"华夷"关系的演变互动,是研究中国历代民族治理的基本前提。本文拟在既有研究基础上,为此问题的深入探讨提供一个思考脉络。

一 "大一统"的治理目标理念与"夷夏之防"和"华夷一统"

现存的文字记载表明,在中国古代文明形成初期,便对不同文化基础

---

① 杨念群:《论"大一统"观的近代形态》,《中国人民大学学报》2018年第1期。
② 杨念群:《我看"大一统"历史观》,《读书》2009年第4期。
③ 杨念群:《重估"大一统"历史观与清代政治史研究的突破》,《清史研究》2010年第2期。

上形成的民族之别有所认识。① 商、周国家形成，尤其是周朝建立后，形成以王畿为"中国"、抚绥四方诸侯的观念和制度。随着"中国"内涵扩大为指代黄河中下游一带及雏形中的华夏民族，"四方"也涵括了不同的地理单元和民族。在周天子以"王一人"一统"天下"的观念之下，"中国"与"四方"构成的"天下"，皆归一统。从这个意义上，可以说"华夷一统"在周代即有表现。② 这从"溥天之下，莫非王土。率土之滨，莫非王臣"，③ 以及分"海内"（包括"夷狄"）为甸服、要服、荒服等记载中，亦可看出。而西周时期所形成的"天下""中国""四方"等观念，也逐渐演变为春秋战国时期"大一统"和"华夷"观念的认识基础。

公元前 8 世纪后，西周在犬戎攻击下被迫东迁，王室衰微，诸侯之大者纷纷称霸，齐桓公首先以"尊王攘夷"的旗号号召天下。"攘夷"之所以成为称霸这一政治需要的重要合法化基础，一方面是四方"蛮夷戎狄"势力兴起的结果，另一方面也体现出"诸夏"民族意识的增强。在这样的背景下，"华夷之辨"与"华夷"之间的关系乃是春秋各诸侯国政治实践和各派思想争议的重点。就诸侯各国的实际政治而言，自我认同为"夏"的诸侯，在"攘夷"之外，逐渐认识到"和戎狄"为"国之福";④ 而四方自我认同为"夷狄"的楚、吴、越、秦等国，也在"尊王""争霸"的过程中逐渐与华夏相通相融。在政治思想上，孔子代表的儒家思想，虽强调"裔不谋夏，夷不乱华"，⑤ 但仍将区分华夷之最高标准解释为是否行用夏（周）礼，称"夷狄之有君，不如诸夏之亡也"，且认为夷狄是可以以周礼教化的。《论语·子罕》记载："子欲居九夷，或曰：'陋，如之何？'子曰：'君子居之，何陋之有？'"⑥ 无论如何，春秋时期的"华夷之辨"，仍然是以周天子"一统"为出发点来考虑的。

---

① 相关记载可参见田继周《先秦民族史》（四川民族出版社 1988 年版）中传说时代和夏、商时期的相关章节。关于中国历史上民族的形成，学术界有着不同的观点。但在近代以后的中国历史研究中，通常将古代具有某些共同民族特征的人群，即在一定文化基础上形成一定认同意识，并且形成某种人群区分边界的人们共同体，都称为"民族"。本文也沿用此约定俗成的用法。
② 卢勋等:《中华民族凝聚力的形成与发展》，第 560 页。
③ 《毛诗正义》，李学勤主编:《十三经注疏》（整理本），北京大学出版社 2000 年版，第 931 页。
④ 《春秋左传正义》，李学勤主编:《十三经注疏》（整理本），第 1036 页。
⑤ 《春秋左传正义》，第 1827 页。
⑥ 《论语集释》，《新编诸子集成》，中华书局 1990 年版，第 147、604—605 页。

从国家治理的角度思考中国历史上的"华夷"与"大一统"

进入战国时期,诸侯争霸的结果是形成了几个比较大的诸侯国,周天子已经完全失去"一统"之号召力,而原有被认为是"夷狄"的诸侯国,已经成为华夏的一部分。"天下""一统""华夷"等观念和认识,遂产生了自周天子"一统"之后的另一番新面目。

首先,政治和地理空间认知有所变化。《战国策》记载,赵国马服君对都平君田单说:"……古者四海之内,分为万国。城虽大,无过三百丈者;人虽众,无过三千家者,而以集兵三万距,此奚难哉?今取古之为万国者,分以为战国七,能具数十万之兵……"① 由此可窥见,当时的人们已经明确认识到:周天子以一国领天下万国的格局,已经转变为四海之内七国论长雄之形势。事实上,由于七国在疆域上的开拓,当时人对七国范围的地理界定已经远超周天子实际所领"天下"范围。此外,经过长期的交融,七国在文化上已经被视为华夏(中国),均为"冠带之国,舟车之所通,不用象译狄鞮";② 与之相对的,则是分在四方之东夷、南蛮、西戎、北狄,他们因"言语不通,嗜欲不同"而与"中国"共同形成"五方之民"的格局。③ 从"五方之民"格局的表述来看,虽然"四海"内外、"九州"内外仍是区分"华夷"的基本地理认识,但总的来说,当时人一般是将"五方之民"共同纳入"天下""四海"等地理和政治格局中考虑的。

其次,天下统一的政治理想逐渐明晰。战国诸子虽然各有主张,但在天下统一这一点上,却有相似之处。孟子虽认为梁襄王"不似人君",但当他被其猝然而问"天下恶乎定"时,仍毫不犹豫地说"定于一"。④《吕氏春秋》则称:"天下必有天子,所以一之也。天子必执一,所以抟之也。一则治,两则乱。"⑤ 而"定于一"之天下,也包含"华夷"。战国秦汉时期成书的《春秋公羊传》以阐释《春秋》"微言大义"的方式,开篇即表明:"何言乎王正月?大一统也。"所谓"大一统",一般即解释为以一统为大。"一统"之范围,《公羊传》做如下解说:"曷为外也?《春秋》内

---

① 《战国策笺证》,上海古籍出版社2006年版,第1086页。
② 《吕氏春秋集释》,《新编诸子集成》,中华书局2009年版,第460页。
③ 《礼记正义》,李学勤主编:《十三经注疏》(整理本),第467页。
④ 《孟子正义》,《十三经清人注疏》,中华书局1987年版,第71页。
⑤ 《吕氏春秋集释》,第469页。

第五篇 中国古代国家治理的学术反思

其国而外诸夏,内诸夏而外夷狄。王者欲一乎天下,曷为以外内之辞言之?言自近者始也。"① 意即,所谓"内外",是治政的自近及远,而非天下有"外内"之分。

再次,出现了对天子一统下"同服不同制"的天下秩序的设计。将天下各国、各诸侯、各群人以天子为中心,做由近及远的同心圆式区分,规定其对天子的义务,即畿服制,自西周以来就有,春秋至战国秦汉诸书如《尚书·禹贡》《礼记》《逸周书》《国语》《周礼》《荀子》等均有记载,服数不一。此一"先王"之制的意旨,见于《荀子》:"诸夏之国同服同仪,蛮、夷、戎、狄之国同服不同制……夫是之谓视形势而制械用,称远近而等贡献,是王者之至也。"② 战国时众家所论之畿服制,尤其是儒家之说,有借"先王"之制而设计天下秩序的需要。结合《礼记》等书的记载,儒家对"大一统"的制度设计,除王权至上、天下"同服"之外,还有"修其教,不易其俗。齐其政,不易其宜"③ 的一面。

秦之一统,不仅实现了对诸夏领域的一统,而且南平百越,北击匈奴,并南越、西南夷、西戎,建立起空前广大的统一多民族国家;制度上也将秦政,即中央集权的郡县制度,推广至所有统治区域,并推行书同文、车同轨、行同伦,战国后期以来的"大一统"政治理想成为现实。秦朝很快灭亡,经楚汉争霸、汉高祖铲除诸王,短暂的分封局面结束。但是,汉初政治又面临东方同姓诸侯不行汉法、北方匈奴为敌和承秦之法治而无礼(德)治等问题。文帝、景帝之时,遂有贾谊、申公等人主张"改正朔、易服色",以儒家之礼义制度,巩固"大一统"之政治。④ 武帝即位,举贤良之士征求对策,称"朕获承至尊休德,传之亡穷,而施之罔极,任大而守重,是以夙夜不皇康宁,永惟万事之统,犹惧有阙"。⑤ 可见,"传之无穷""施之罔极"之"大一统"政治理想至此已经成为帝王

---

① 《春秋公羊传注疏》,李学勤主编:《十三经注疏》(整理本),第11、462—463页。一般认为《公羊传》成书于战国至西汉时期,此处所引文字,从其体现的观念上看,颇近于战国时期天下统一于一王的理想,与西汉初期儒生所关心的"倒悬"问题不同。
② 《荀子集解》,《新编诸子集成》,中华书局1988年版,第329—330页。"仪",王念孙解为制度,而非风俗;"至",或解为"志识",王念孙曰"至"当为"制"。
③ 《礼记正义》,第467页。
④ 陈苏镇:《汉代政治与〈春秋〉学》,中国广播电视出版社2001年版,第125—149页。
⑤ 《汉书》卷56《董仲舒传》,中华书局1962年版,第2495页。

孜孜以求的政治和治理目标。

在思想文化上，董仲舒发扬《春秋公羊传》的"大一统"思想，称"《春秋》大一统者，天地之常经，古今之通谊也"。① 更是将"大一统"放到至高无上的位置，可以说正符合了汉武帝追求一统政治的目标。武帝之"独尊儒术"，事实上是以儒家的"德治"做统一思想的工具，以儒补法，巩固"大一统"的儒法国家基础。在此意义上，公羊学"大一统"的思想契合了汉武帝及其后西汉王朝的实际，其学说因此成为两汉时期主流的意识形态。

秦汉以来"大一统"观念形成以后，历朝历代，无论是统一时期还是分裂时期，皆以天下一统为正流，以天下分异为歧路。在中国统一多民族国家的历史发展进程中，"大一统"以统治精英的政治理想为依归，"深入人心，变成我国民族间之凝聚力"。② 无论是哪个民族的统治者，都以"大一统"为价值依归，将其作为建立和维护政权的主要目标。

在"大一统"的这一总目标下，历代的"夷夏之防"和"华夷一统"实际上成为一体两面之关系，这体现为以下三点。

第一，强调"夷夏之防"还是"华夷一体"，取决于不同力量对比下的策略选择。汉初，"匈奴侵甚"，汉朝以和亲岁贡为羁縻手段。儒士贾谊认为这是"入贡职于蛮夷也""为戎人诸侯也"的"倒悬"状态，故上"三表五饵"之策，以"厚德怀服四夷，举明义，博示远方"，复使天下归于天子为"天下之首"、"蛮夷"为"天下之足"的正常状态。③ 武帝之时，欲伐匈奴，严夷夏之防；及至后世，匈奴衰弱，为汉属国，夷夏之防的观念又转向夷夏一统。故东汉有郑玄注"天子"云："今汉于蛮夷称天子，于王侯称皇帝。"④ 公羊家何休更发挥三世说，将华夷一统的过程嵌入其中，即"于所传闻之世……内其国而外诸夏""于所闻之世……内诸夏而外夷狄""至所见之世……夷狄进至于爵，天下远近大小若一"。⑤ 此后，儒家所阐发的华夷等级分服而治与"天下远近大小若一"两种略有差

---

① 《汉书》卷56《董仲舒传》，第2523页。
② 杨向奎：《大一统与儒家思想》，北京出版社2011年版，序言第1页。
③ 《新书校注》，《新编诸子集成》，中华书局2000年版，第153、135、128页。
④ 《礼记正义》，第143页。
⑤ 《春秋公羊传注疏》，第31—32页。

异的观念,成为历代最常引用的处理"华夷"关系的思想资源。

第二,历史上分裂时期和统一时期各政权提出的"华夷之辨"和"华夷一体"等主张,是不同条件下维护统治合法性、争居正统要求的组成部分。东汉之后的魏晋南北朝,是长期分裂战乱的时期,也正是在这一时期,各分立政权为维护自身统治的合法性,都以"正统"自居。而正统的重要内容,一是"统一天下""四海宾服",这在当时事实上不可能,但皆为各民族的统治者所标举;一是以己为中国、以敌国为"夷狄"的华夷之辨。至隋唐一统天下,唐太宗遂倡"自古皆贵中华,贱夷狄,朕独爱之如一"之民族观。[①] 五代以后,两宋偏安,儒者发挥"大一统"为正统之义,以为宋虽非"大一统"国家,却因文化"道统"所在而实为正统,辽、金、西夏等则为"夷狄"。辽、金、西夏等政权的统治者,也都自称"中国",以己为正统。元明清时期,又形成了中国历史上的"大一统"局面。元代统治者以天下共主自居,不辨华夷。元末朱元璋在反对元朝统治时,以"驱除鞑虏,恢复中华"为号召,但稳定统治之后,又恢复以"华夷无间""皆朕赤子"的观念安定天下。清朝建立了巩固的统一多民族国家,为稳固统治,更形成以推重"大一统"政权为核心、以政权承绪关系为主线、取消华夷之别为特征的正统论。[②]

第三,在地方和边疆治理中,以"大一统"的中央集权制度为前提,表现出严夷夏之防与重华夷之变等不同的政策导向。

二 "大一统"下的"一道同风"与"因俗而治"

中国自秦汉以来建立的中央集权的统一王朝,毫无例外都是多民族国家,包括各地方割据政权也大多是多民族的。历史上各个政权对于不同文化区域和民众,往往是在中央集权的国家体制下,采取一些较为灵活的治理方式。秦汉国家建立后,在郡县(郡国)的框架下,对周边民族根据情况采取了不同的统治方式,如有"蛮夷"之县,设道以统治之,在法律上给予其一定宽容度;西汉平南越和西南夷后,在其地设立郡县,但仍令其

[①] 《资治通鉴》卷198《唐纪十四》,太宗贞观二十一年,中华书局1956年版,第6247页。
[②] 卢勋等:《中华民族凝聚力的形成与发展》,第671页。

君长治之，因其故俗，不征赋税；汉武帝击破匈奴，将其分为五属国以领之，又设"护乌桓校尉"以监领匈奴左地。魏晋南北朝时期，在因故俗治之、封首领王侯、设官员监护等政策基础上，南朝有左郡左县之设，以当地民族首领为太守、县令等职；北朝有胡汉分治之制。隋唐统一之后，以民族首领为地方行政官员之职的羁縻府州大面积推广，各项相关措施也逐渐完备。宋辽金西夏时期，羁縻府州制得以延续。元统一天下，在对各地方以其旧俗而治理的大前提下，施行了制度化的土官制度，依据不同民族对元朝的忠顺程度、势力大小等，评品定级，给予职衔，任用其头领管理地方之事。清代的各项民族政策，可谓集前朝之大成，在边疆民族地区采用盟旗制、伯克制、土司制等不同方式进行治理，但总的来说，仍属于中央集权下的地方行政，其设立废止、官制、官员任用、适用法律等均受中央节制。

此外，历代王朝也设立了管理"四夷"事务的中央机构。《汉书》载，"典客，秦官，掌诸归义蛮夷""典属国，秦官，掌蛮夷降者"，[①] 汉初沿用，武帝后设大鸿胪"掌诸侯及四方归义蛮夷"。[②] 另外，自西汉创立的尚书系统中，客曹尚书亦为管理"夷狄"事务的重要部门。南北朝以降，尚书台逐渐成为正式行政管理机构。隋唐设六部尚书，其中礼部的礼部、主客等属司掌"出蕃册授""诸蕃朝见之事"。[③] 宋辽金西夏时代，各国皆有礼部；辽朝在中央和地方专设北面官和南面官，对境内各族各因其俗而治。元朝统一后，在中央设立针对蒙古人的国子监和翰林院、管理回回历法的回回历法司、管理伊斯兰教事务的回回掌教哈的所，以及专管释教权力和吐蕃地区的宣政院。明朝除礼部外，还特设"四夷馆"，负责文书翻译事务。清朝出于其与蒙古的特殊关系，专设理藩院管理外藩事务，以尚书领之，雍乾以后，还负责八旗游牧地和回部事务。

从国家法律层面，历代除对羁縻州县、土司等民族首领在法律上采取优容宽贷政策之外，还专门针对不同风俗人群制定或施行特殊的法律。《唐律疏议》中有"诸化外人，同类自相犯者，各依本俗法；异类相犯者，

[①] 《汉书》卷19《百官公卿表》，第730、735页。
[②] 《后汉书》志25《百官二》，中华书局1965年版，第3583页。
[③] 《新唐书》卷46《百官一》，中华书局1975年版，第1194、1195页。

以法律论"的规定。① 沈家本称:"唐有同类、异类之分,明删之,则同类相犯亦以法律论矣。今蒙古人自相犯,有专用蒙古例者,颇合《唐律》,各依本俗法之意。"② 已明其演变和意旨。清代此种"各依本俗法"颇多,有针对蒙古族制定的《蒙古例》,针对青海藏族的《番例》,以及《回疆则例》《苗例》,还有通例性质的《理藩院则例》。这些法规不单纯是行政性的规章则例,而是包含有刑事和行政法规在内的综合性法规。③

总的来看,历代针对各民族的"以夷治夷"之法,尤其较为制度化的各项政策,无论是汉之属国、唐之羁縻府州、元以来之土司制,皆是划入版图、纳入中央集权制度下的灵活治理方式。历朝专门针对不同民族、文化、宗教所设置的中央机构和官吏,则是中央集权制度的框架之下,为维护统治、对特殊领域进行有效治理而采取的措施,而相应特殊法律的安排和施行也是"一体遵行"前提下,原则性与灵活性相结合的立法和司法实践。

从这些政策发展的历史脉络来看,各统一王朝对前朝制度皆有所借鉴、发展,而且随着社会的发展,治理手段和治理强度也不断完善和增强。西汉置匈奴属国后,沿袭了前期对匈奴的和亲、互市等"羁縻"手段,同时对匈奴各首领封王赐爵。至唐朝贞观年间,将突厥、西北诸蕃及其他"内属蛮夷"的部落"列置州县。其大者为都督府,以其首领为都督、刺史,皆得世袭。虽贡赋版籍,多不上户部,然声教所暨,皆边州都督、都护所领,著于令式"。④ 总体而言,令其"善守中国法,勿相侵掠"。⑤ 此外,还有定期入贡等义务,并给予册封信物等。元代草创之土官制度(后又称土司制度),在任命、升迁、管理民族首领等方面又更加严密,最著者是土官品级之规定,有宣慰、宣抚、安抚、招讨、长官等官名,土官可在此序列中升转,如流官之治。明代土官设置更为严密:土官文武分途,各有品级,以加强中央管控;土官袭职须由朝廷勘验印符;在不少地方,亦在土司中参用流官。清代之土官制度又有完备,尤其是承袭

---

① 刘俊文:《唐律疏议笺解》卷6《名例》,中华书局1996年版,第478页。
② 沈家本:《历代刑法考(律令卷)》,商务印书馆2017年版,第783页。
③ 苏亦工:《明清律典与条例》,中国政法大学出版社2000年版,第79页。
④ 《新唐书》卷43下《地理七下》,第1119页。
⑤ 《资治通鉴》卷193《唐纪九》,太宗贞观四年,第6077页。

之法,将印信号纸统一格式,勘验过程更为正规。随着中央控制的加强,自明以来,尤其清朝,又有各种限制土司权力的做法,如划定疆界、缩小权力、众建分封乃至改土归流等。

随着统一多民族国家的发展,中央管理机构的变迁体现出专门化的趋势,其管理也更加深入。礼部和鸿胪寺,其主要职能是礼制的施行和宾使迎往,"夷狄"之使节、贡献、盟会只是其职能的一部分,而南北面官、宣政院、理藩院之职能则更有针对性。元代以后,随着统一多民族国家的发展,宣政院成为专管藏传佛教以及西藏地方的中央机构。至清代的理藩院,更逐渐成为与六部并行之机构,设尚书、侍郎、郎中、主事、笔帖式等官,"官制体统""与六部相同",理藩院尚书"照六部尚书,入议政之列",[①] 其职能也涉及朝觐、封赏、会盟、驻防、驿站、贡赋、耕牧、刑罚、文书、翻译等,可以说涉及满、蒙古、藏、回部事务的方方面面。

在古代中国,治理中的"齐其政"和"修其教"是并行的。思想的统一、礼义文化的教化始终是历朝历代为巩固自己的统治、实现"一统"和稳定所依靠的重要手段,也是郡县官员抚绥地方的重要职责。对于"四裔"地区,也须在"夷夏之防"的前提下,于"武功"之后,或与"武功"并行德化之治。正如明太祖所谓:"武功以定天下,文教以化远人,此古先哲王威德并施,遐迩咸服者也。"[②] 对边疆民族地区,"惟以兵分守要害,以镇服之,俾之日渐教化,则自不为非。数年后,皆为良民"。[③] 除了皇帝以德化"怀柔远人"、笼络"夷狄"之外,具体实施教化的手段在儒学兴起之后,更多以教授"礼义"的学校为重点。早在汉代,即有儒者在西南地区兴办私学。唐太宗击破突厥颉利可汗之后,依彦博之策,"救其死亡,授以生业,教之礼义",欲其"数年之后,悉为吾民"。[④] 盛唐时代,在国子学中广泛招收四方子弟,教以"中国"之学。宋则在熙州、广州等地设"蕃学",以"中国文字"和佛经等教授"蕃人"。明代,与土

[①] 《清圣祖实录》卷4,顺治十八年八月戊申,中华书局1986年影印本,第83页。
[②] 《明太祖实录》卷36上,洪武元年十一月丙午,"中研院"历史语言研究所1962年影印本,第667页。
[③] 《明太祖实录》卷43,洪武二年七月丁未,第853页。
[④] 《资治通鉴》卷193《唐纪九》,太宗贞观四年,第6067页。

司制度配合,"谕其部众,有子弟皆令入国学",① 接受儒家教育,并在土司地区设立学校,"宣慰、安抚等土官,俱设儒学"。② 清朝实行的则是针对不同民族的教育政策:八旗以"骑射"为根本,亦重儒学;南方土司地区以"文教为先",在其地设义学、社学、书院等,广招土司子弟入府州县学,并在学校科举中专设土司名额。除此之外,清代雍正、乾隆以后直至清末,还颁布以封建正统道德为核心的"圣谕",定期宣讲,以示化民成俗之意,要求各八旗和州县一体遵行,后来又令颁发土司各官。在实际执行中,亦将"圣谕"作为"化导"少数民族的重要手段。

历代统治者施行的德化政策,其目的在于"醇化风俗",达成"九州共贯""六合同风""一道同风"的"大一统"目标。但在"大一统"的国家治理中,"因俗而治"也是一个必不可少的成分,这在古代国家治理实践中存在一定的必然性。就古代国家的治理能力而言,无论是在行政技术还是在组织能力方面,都需要以"德化"政策来补充治理的不足,但"德化"本身是一个长期的过程,故虽有"六合同风"的目标,实际仍只能行"修其教不易其俗"之实。秦以急政而亡,汉儒发明服制说、三世说,或排列文明之等级秩序,或将"天下远近大小若一"放至将来,作为反省秦政的重要资源。宋明以来,理学中又出现了"理一分殊"这样的观念,成为国家治理中"大一统"思想原则性和灵活性辩证关系的哲学基础。③

明清以来,统治者在保持边疆稳定、调节各民族关系的手段和观念中,一方面是强化中央集权和教化,另一方面也在民族和边疆治理中使用了更为灵活的"华夷"话语,其核心即是对周边民族的"生/熟"分类。④ 例如,清朝官员对台湾少数民族("番")的认识,便是将其分为"生番"和"熟番","内附输饷者曰熟番,未服教化者曰生番",⑤ 对"生番""熟番"和"民人",应分别定不同之"课则"以治理之。其分类治理的目的

---

① 《明史》卷316《贵州土司》,中华书局1974年版,第8186页。
② 《明史》卷75《职官四》,第1852页。
③ 张晋藩等阐述了"理一分殊"和中庸思想对中华法制传统原则性与灵活性结合这一特点的影响,颇有启发意义。参见张晋藩、陈煜《辉煌的中华法制文明》,江苏人民出版社、江苏凤凰美术出版社2015年版,第103—106页。
④ 周星:《古代汉文化对周边异民族的"生/熟"分类》,《民族研究》2017年第1期。
⑤ 周钟瑄:《诸罗县志》,《台湾文献丛刊》第141种,台湾银行1962年版,第154页。

是"欲其渐仁摩义,默化潜移,由生番而成熟番,由熟番而成士庶",① 可见其分类界限也不是绝对的。对"番"依据其不同风习进行分类统治和"教化",实际上是更为精细的管理方式,更有利于统治秩序之稳定,也有利于朝廷为稳定治理而在"民人""生番""熟番"之间做利益和资源的分配。而分类界线的不固定性和"生—熟—士庶"的转换通道,亦为进一步巩固"一道同风"预留了空间。直至晚清,改良派中比较开明的郭嵩焘在评论沈葆桢的"开山抚番"政策时,仍以"盖自天地有生以来,种类各别,不能强也"为依据,强调"开辟郡县,仍须审量村、社以立法程,分别民、番以定课则",不失为比较稳妥有效的治理之策。②

另外,随着中国统一多民族国家的扩大与民族交往交流交融的增强,各民族的统一实践、不同的国家治理经验、多元化的管理制度也都推动了中国"大一统"的巩固,体现出各民族多元一体、共同创造中国古代国家治理之道的内在逻辑。

三 各民族的紧密联系与"大一统"的巩固

在中国历史的长期发展过程中出现过各种各样的统一政权和地方性政权,其中由汉族以外民族建立的政权不在少数。民族政权因其地理和文化上的特殊性,形成与汉族统治王朝不同的特点,无疑也是中国统一多民族国家发展的重要组成部分。同时,这些政权之间长期、紧密的互动和联系,不仅使得"大一统"的外延不断扩大,统一规模和深度得以伸展,也使得"大一统"的观念内涵和治理方式更为丰富,进一步巩固了多元一体的统一格局。中国历史上多元互补的经济和社会发展特点、局部统一造成的交流交往交融的扩大,以及"大一统"在范围与观念上的扩展,共同推动了从局部统一走向大统一的历史发展趋势。从国家治理的角度,可以从局部统一为更大范围统一奠定基础、各民族对"大一统"观念的接受,以及元朝和清朝统一与中华一体国家治理格局的形成等几个方面分别阐明。

---

① 中华书局编辑部、李书源整理:《筹办夷务始末》卷94,同治十三年五月,中华书局2008年版,第3778页。
② 郭嵩焘:《复沈葆桢》,梁小进主编:《郭嵩焘全集》第13册,岳麓书社2012年版,第245页。

（一）民族政权的局部统一为更大范围的统一奠定了基础

中国历史上存在过的局部统一政权，以各地区经济、文化上的相对独立性为基础，将分散的部落组织统一起来，形成适合于各自经济和社会发展特点的政权组织，这实际上促进了当地经济社会的发展；又由于这些政权建立以后，和周边各政权形成或对峙或依附的关系，亦促进了各民族之间的密切交往，推动了原本就存在的经济、社会和文化互动。例如，匈奴强大以后，虽与西汉王朝之间有侵扰、战争，但也建立了和亲与互市关系，民间贸易大量增加，北方的马匹等牲畜进入中原农业区，提高了生产力和军事水平；中原农业区的粮食和手工业品也大量运至北方，甚至成为草原游牧社会的生活必需品。由于经济上互补关系的存在，中国历史上农业区、游牧区和高寒草原，以及南方山岳地带的经济文化交流是长期大量存在的，也是统一多民族国家形成的重要经济基础。而地区性统一政权建立之后，对地方经济的开发，与中原地区联系的加强，以及在主观和客观上对各民族各地区间经济文化交流的推动作用等，无疑也是不容忽视的。

同时，在北方游牧区内、长城之外，亦存在着大量的农耕生产。在长期的历史发展和交流中，北方民族政权所辖的游牧区，如今天的东北、内蒙古、宁夏、甘肃河西、新疆等地区，都出现了大片农业区，结果是"结束了中原农业区和北方游牧区南北对峙的历史"。[①] 在这一漫长的历史过程中，各北方民族政权的组织也必须适应这一生产方式的变化，统合两种生产方式所形成的不同社会形态，以维护自己的统治。例如，鲜卑在进入河套地区后，大量采用汉法、汉制，吸收汉文化，很快稳固了自己的统治；辽朝的南北面官制同样起到了整合力量、使国家得以迅速发展的作用。实际上，历史上入主中原的民族政权，大多是因为一方面继承了"大一统"的政治观念和中原农业社会发展出的中央集权的郡县制度，另一方面也保留了统合自身政治力量的特色，才使得其统治更加稳固。而且，很多来自民族政权的治理经验，也为"大一统"的巩固提供了借鉴和制度模型。

秦汉之际，北方匈奴统一了草原地区。在此之前，秦始皇在我国历史

[①] 费孝通主编：《中华民族多元一体格局》（修订本），中央民族大学出版社2003年版，第272页。

上的农业区建立了中央集权制的统一国家。这两个历史传统都被以后的各个政权继承下来：三国、晋、宋、明继承了农业区统一的传统，鲜卑、柔然、突厥、回鹘、契丹等继承了游牧区统一的传统。局部的统一，为进一步大范围的统一创造了条件，而汉、唐、元、清这样含括华夷的"大一统"王朝的出现，又完成和巩固了这种统一。"中国历史上长期存在过的两个统一——农业区的统一和游牧区的统一，终将形成混同南北的一个大统一，这是中国历史发展的必然性所决定的。"①

（二）"大一统"观念为中华各族所接受

各政权之间的密切互动，包括战争，也形成了政治组织形式和政治观念方面的趋同和互补。陈育宁等总结了历史上民族性地方政权的类型，包括与中原王朝对峙后归附臣属或建立友好和亲关系者，如匈奴与汉、唐与吐蕃；与中原王朝长期对峙后，入主中原建立地方政权者，如建立北朝的鲜卑；内附中原王朝内迁后建立地方政权者，如契丹建辽朝、女真建金朝、党项建西夏等；与统一中央王朝并立者，如北元蒙古政权；统一王朝下有一定自主性的地方民族政权（同时也是地方行政建置之一）；中央王朝监护下的藩属国，如唐代渤海国、南诏国、回纥政权等。② 这些不同性质的政权，无论大小，都与中原或统一王朝建立了和亲、朝贡等关系，促进了彼此之间的政治经济文化交流。政治组织方面，入主中原者或归附中原王朝者，皆取中原之法以治之。即便是藩属性质或对峙的政权，也大量吸收中原王朝的礼仪制度，借以巩固自身政权，例如南诏之官制，即按唐之三省六部制设立"六曹""九爽"等职官；与唐对峙的吐蕃王朝，也吸收儒家的礼治思想，建构自己的王权统治。③ 政治观念方面，在各民族政权争取统治合法性的过程中，"大一统"逐渐被接受并且扩大了内涵。

魏晋以后，"五胡"势力陆续在中原地区建立政权，先秦两汉以来逐步形成的包括天命、华夏、中原、"大一统"、华夏文化等综合因素的正统

---

① 费孝通主编：《中华民族多元一体格局》（修订本），第262页。
② 陈育宁主编：《中华民族凝聚力的历史探索——民族史学理论问题研究》，云南人民出版社1994年版，第180—187页。
③ 朱丽双：《吐蕃崛起与儒家文化》，《民族研究》2020年第1期。

观,遂成为其建构自身统治合法性的重要基础。[1] 其中最为显著的,一是炎黄族源的构造,一是对"华夷一体"和"天下一统"的强调。例如,匈奴自称或被认为是夏后氏之苗裔,鲜卑慕容称黄帝后裔,鲜卑宇文部则自称炎帝后裔,炎帝后裔之说甚至延续至辽代契丹起源的传说。这些系统客观上反映出"入主中原的北方诸族归属华夏一统的向往和主观认同"。[2] 后秦苻坚完成对北方统一之后,称"混六合为一家,视夷狄为赤子",[3] 且积极伐晋,以完成"天下一轨"、建"大同之业"。自晋以后至于南北朝,这些北方民族政权以建立"大一统"为己任,展开兼并统一战争,使政治上的割据逐渐走向统一;通过汉文化的学习和吸收,南北之间的文化差异也逐渐消失,为更大范围的统一奠定了基础。[4]

在宋与辽、金、西夏等民族政权的对峙中,宋人虽强调夷夏之辨,以维护自己的正统,但同时宋儒亦称:"正者,所以正天下之不正也;统者,所以合天下之不一也。"[5] 以天下之"合一"为正统的基本标准。而与宋鼎足之辽、金等,更扩大了传统意义上"中国"的内涵。辽自兴宗、道宗以来,往往自称"奄有"中国、区夏,并认为"吾修文物彬彬,不异中华";[6] 金朝自称"中国"更为普遍,其统治者在汉文化和儒家思想方面的修养更为精深,及至海陵王,更以"天下一家,然后可以为正统"为志。[7] 辽、金自称"中国",使"中国"一词的含义扩大到其统治的广大东北和西北地区,不再局限于长城以南。[8] 而两朝对于华夷同风、华夷无间思想的推行,则进一步加深了各民族对"大一统"的认同。

(三) 元朝和清朝的统一与华夷一体的治理格局

元代和清代入主中原建立"大一统"王朝,其所以不同于前代者,不

---

[1] 彭丰文:《试论十六国时期胡人正统观的嬗变》,《民族研究》2010年第6期。
[2] 张云:《少数民族与中国历史上的大一统》,《学海》2008年第5期。
[3] 《资治通鉴》卷103《晋纪二十五》,孝武帝宁康元年,第3267页。
[4] 刘正寅:《试论中华民族整体观念的形成与发展》,《民族研究》2000年第6期。
[5] 欧阳修:《居士集》卷16《正统论三首》,《欧阳修全集》上,中国书店1986年版,第116页。
[6] 洪皓:《松漠纪闻》,翟立伟标注,吉林文史出版社1986年版,第22页。
[7] 《金史》卷129《李通传》,中华书局1975年版,第2783页。
[8] 罗贤佑:《论"中国"观的扩大与发展》,《纪念王锺翰先生百年诞辰学术文集》,中央民族大学出版社2013年版,第776页。

从国家治理的角度思考中国历史上的"华夷"与"大一统"

仅有王朝版图的扩大,也在于其继承和发展了宋辽金以后合天下为一体、各民族共为"中国"("中华")的"大一统"观念,而开一新的"华夷一统"政治格局和多元一体治理体系。有学者甚至将元之一统与秦之建立并立,称后者为"统一多民族的'天下一体'的开始",前者为"统一的多民族'中华一体'的开始"。①

元世祖忽必烈即位建元,即称:"朕获缵旧服,载扩丕图,稽列圣之洪规,讲前代之定制。建元表岁,示人君万世之传;纪时书王,见天下一家之义。法《春秋》之正始,体大《易》之乾元。"② 表明自身继承中国历史"大一统"的正统地位。而郝经、许衡等发展出的"能行中国之道,则中国主也"的新型华夷正统观,亦成为"元王朝官方和士大夫都能接受的正统观念"。③ 在"大一统"的政治格局下,为了巩固其对广大疆域和多民族的统治,元朝不仅进一步加强了中央集权,也在地方行政治理上有所创置。继承宋金制度而来的行省制,尽管在初设之时,具有强烈的民族统治色彩,但对于地方和不同民族的有效治理以及中央集权而言,是颇为有力的工具,因此成为明清以来地方行政之定制。④ 同样,元朝所创的土官制度,也为明清两代所继承。

清代的"大一统",体现为疆域和政治上的空前统一,正是在这个意义上,"清代以前,不管是明、宋、唐、汉各朝代都没有清朝那样统一"。⑤ 清代《钦定皇朝通典》称:"洪惟我圣朝应天开基……举凡前代之所为劳师设备,长驾远驭,兢兢防制之不暇者,莫不备职方而凛藩服,东瀛西濛,环集辐凑,固已无边之可言……汉唐以来所谓极边之地,而在今日则皆休养生息,渐仁摩义之众也,既已特设驻札驻防办事诸大臣统辖而燮理之矣。外此有朝献之列国,互市之群番,革心面内之部落……咸奉正朔,勤职贡,沐浴于皇仁,煇赫于圣武,输诚被化,万世无极。"⑥ 以"无边"

---

① 张博泉:《中华一体的历史轨迹》,辽宁人民出版社1995年版,第112页。
② 《元史》卷4《世祖纪一》,中华书局1976年版,第65页。
③ 李治安:《元初华夷正统观念的演进与汉族文人仕蒙》,《学术月刊》2007年第4期。
④ 张帆:《元朝行省的两个基本特征——读李治安〈行省制度研究〉》,《中国史研究》2002年第1期。
⑤ 周恩来:《关于我国民族政策的几个问题》,民族出版社1980年版,第18页。
⑥ 《钦定皇朝通典》卷97《边防一》,《景印文渊阁四库全书》第643册,台北商务印书馆股份有限公司1986年版,第908—909页。

"无极"等极致之辞,说明其齐一天下、超越前代的"大一统"业绩。同时,清朝统治者明确其"一切生民,皆朕赤子,中外并无异视"的原则,[①]发挥"华夷一家"理论,扩展"大一统"之内涵,以此构建自己的王朝合法性。在制度上,清朝进一步加强了中央专制集权;地方行政治理除完善行省制度外,在京畿和边疆地区设"相当于省一级的特别行政区","形成完备的行政管理体制和制度,为大一统国家服务"。在文化上,"兴黄教,即所以安众蒙古","利用宗教实现统一目的";编修汉、满、蒙古等文字的文献集成与大型图书,展示国家之一统。[②] 可以说,中国历史上统一多民族国家治理格局与治理体系,到清朝发展到比较完备的程度。

结　语

"大一统"成为中国历史上国家治理的总目标,有其地理、经济和文化背景,同时也建立于秦汉以来统一多民族国家建立和维护的历史基础之上。历史上的统一多民族国家,以中央集权和郡县制度为制度框架,以"大一统"思想为认同核心,实现和巩固了对广土众民国家的治理,如汉、唐、元这样的"大一统"国家,更成为历朝历代不移之正统王朝。而历史上无论是哪个民族建立的政权,包括分裂时期的各个政权,在追求"大一统"目标的推动下采用的有效治理方式,也成为治理统一国家的经验借鉴。正因为如此,统一成为千百年来中国各族人民最核心的观念,也是中国历史发展的主线。

同时,多民族国家的治理实践,以及历代统治者在"大一统"思想下对一体两面的"夷夏之辨"与"华夷一体"观念的权变运用,亦使得因俗而治的灵活治理方式长期以来在广大的范围内发挥着重要作用。实际上,传统思想中中庸之道反对绝对僵化的哲学思想,以及治理方式的因时因地而用,保证了"大一统"的稳定与延续。

在长期的历史发展过程中,"我国的各民族之间既有矛盾斗争,又互相联系和日益接近;既有各自民族的特点,又日益形成着它们间在经济、

[①] 《清圣祖实录》卷69,康熙十六年十月甲寅,第888页。清代统治者关于"华夷之辨"服从于"大一统"的主张,参见张双志《清朝皇帝的华夷观》,《历史档案》2008年第3期。

[②] 张云:《少数民族与中国历史上的大一统》,《学海》2008年第5期。

政治、文化上的共同点;既分别存在和建立过不同的国家政权,又日益趋向于政治的统一和建立统一的国家"。① 正是各民族在"大一统"治理目标下,不断扩大和巩固统一的政治与治理格局,使得中国历史长期连续发展的进程,形成了"政治的统一和建立统一的国家"的趋向,这也是近代以来中华民族共同体意识自觉与建立统一多民族国家的历史根基。

(原载《史学理论研究》2020年第5期)

---

① 翁独健主编:《中国民族关系史纲要》,中国社会科学出版社1990年版,第3页。

"官不下县"还是"权不下县"?
——对基层治理中"皇权不下县"的一点思考

高寿仙

(北京行政学院校刊编辑部)

一 "皇权不下县"的含义与争论

对于帝制中国的乡村治理,特别是国家权力在乡村社会中的地位和作用,学术界一直存在着相互歧义的看法,大致可以区分为"乡村自治"和"乡村控制"两大类。前者可以著名社会学家、人类学家费孝通为代表,他于20世纪40年代后期发表系列文章,对中国乡土社会进行了深入的描述和分析。他在《基层行政的僵化》一文中指出,中国自秦始皇废封建、置郡县以后,就建立了中央集权的行政制度,但专制政治受到两道防线的严厉限制:一是政治哲学里的无为主义,其作用类似于西方的宪法,实际是用无形的牢笼把权力软禁起来了;二是行政机构在范围上受到严重限制,中央所派遣的官员到知县为止。通过这种思想和制度限制,实际上就把"集权的中央悬空起来,不使它进入人民日常有关的地方公益范围之中"。费氏把这种政治结构称为"双轨政治",一轨是自上而下的专制皇权的轨道,另一轨是自下而上的绅士自治的轨道。在"双轨政治"格局下,即使是最接近民众的地方官,其职责也"近于闲差",其任务"不过于收税和收粮,处理民间诉讼";"人民对于'天高皇帝远'的中央权力极少接触,履行了有限的义务后,可以鼓腹而歌,帝力于我何有哉"![1]

"乡村控制"论的代表性学者,当首推历史学家、政治学家萧公权。

---

[1] 参见费孝通《乡土重建》,观察社1948年版,第42—49页。

他在1960年出版的《中国乡村：论19世纪的帝国控制》①中指出，"在中国的集权独裁主义的帝制体系中……从中心发出的力量，在到达周边地区时威力会降低"。对于乡村来说，"尽管皇帝们想要把控制延伸到帝国的每一个角落，但乡村地区却这样存在着局部的行政真空。这个真空是行政体系不完整的结果，却给人一种乡村'自主'的错觉"。而且，帝国统治者并没有坐视这种行政体系的不完善存在，"自古代起，中国乡村就存在着地方性的分组和分级，并且有政府的代理人"，到清代县以下的基层行政体系"可以说面面俱到，设计非常精巧"。他从治安监控、乡村税收等方面，考察了清代保甲、里甲、社仓、乡约等基层行政组织的功能和效果，分析了村庄和宗族这两大主要乡村组织的性质与作用，最终得出这样的结论："地方自治的概念与乡村控制的体系是不相干的。村庄里展现出来的任何地方上自发或社区性的生活，能够受到政府的包容，要么是因为它可以用来加强控制，要么是认为没有必要去干涉。在政府眼里，村庄、宗族和其他乡村团体，正是能够把基层控制伸入到乡下地区的切入点。"②

可以看出，对于中国帝制时代乡村治理的机制和性质，两位学者的看法虽然不无共同之处，但就基本立场而言显然是截然相反的。其后相关研究成果日益增多，但这种观点分歧并未得到消弭，近些年围绕"皇权不下县"展开的争论就是其余波之一。作为学术命题的"皇权不下县"，最早见于"三农"问题专家温铁军1999年发表的论文《半个世纪的农村制度变迁》；他在次年出版的专著《中国农村基本经济制度研究》中，对前文观点做了重申和补充。两处所论均只有寥寥数百字，但其含义是比较完整的，大致包含"官不下县"与"权不下县"两层意思。关于前一方面，温氏指出，"自秦置郡县以来，历史上从来是'皇权不下县'"；"自秦代建立'郡县制'以来2000多年里，政权只设置到县一级，国家最低管理到县级"。关于后一方面，温氏认为，县以下的农村基层长期维持着"乡村自治"，"政府既不必要对全体农民征税，也不必要直接控制农民"。他还进一步解释说，"乡村自治"就是"乡绅自治"，而乡绅是指地主阶级，

---

① Kung-Chuan Hsiao, *Rural China: Imperial Control in the Nineteenth Century*, Seattle: University of Washington Press, 1960.

② 参见萧公权《中国乡村：论19世纪的帝国控制》，张皓、张升译，联经出版事业股份有限公司2014年版，第3—7、591—596页。

他们"是农村实际上自然产生的、起管理作用的社区精英"。①

温氏提出这个命题,意在反思现实而非学术构建,但这个说法非常鲜活生动,为认识和改革现实中的乡村治理体系提供了一个很有针对性的参照框架,很快得到广泛关注和引用,在社会学、政治学、历史学等领域都有一些反响。不少社会学者和政治学者,在探讨当代基层社会与基层治理问题时,实际上已把"皇权不下县"视作一个既定的历史模式。比如,姚洋在讨论改革开放以来的制度变迁时,认为虽然中国是最早建立起统一和完整的中央集权体制的国家,但"皇权不下县"让县以下的农村地区成为自治和自为的松散社会。②李志明在分析国家权力在乡村空间上的运作过程时,直接使用了"'皇权不下县':1949年以前的乡村治理"这样一个标题,认为虽然传统中国是中央集权制的国家,但是它充分允许了地方社会的自主性,传统的乡村社会是个松散的自然社会,连接国家秩序和乡土秩序的是乡绅阶层,但乡绅往往会偏重乡村一方,因为他们的利益主要在地方上。③陈义平等在讨论基层民主建设时,认为在传统中国,皇权止于县政,即所谓"皇权不下县",乡村实行自治,家族和乡绅是乡村的两种主导力量,负责农业生产、文化教育以及社会治安的维护。④此类言论随处可见,这里只是随手摘引几例,可见在这些学科中,"皇权不下县"成为一种颇为流行的"规范认识"。

在历史学界,对于此说虽然也不乏赞同者,但相对来说批评声音更加强烈,以致有社会学者发出"尤其是一些史学研究者,试图推翻'皇权不下县'的理论判断"的感慨。⑤最早对此说提出系统批评的当为秦晖,他认为温铁军所说"国权不下县"不够全面,完整的概括应当是:"国权不下县,县下惟宗族,宗族皆自治,自治靠伦理,伦理造乡绅。"秦氏利用

---

① 参见温铁军《半个世纪的农村制度变迁》,《战略与管理》1999年第6期;《中国农村基本经济制度研究——"三农"问题的世纪反思》,中国经济出版社2000年版,第411—412页。
② 姚洋:《作为制度创新过程的经济改革》,格致出版社、上海人民出版社2008年版,第17页。
③ 李志明:《空间、权力与反抗——城中村违法建设的空间政治解析》,东南大学出版社2009年版,第71—73页。
④ 陈义平、徐理响主编:《当代中国的基层民主建设》,安徽人民出版社2014年版,第38页。
⑤ 赵晓峰、赵祥云等:《变亦有道:21世纪早期关中小农经济与社会变迁研究》,陕西人民出版社2017年版,第234页。

走马楼吴简考察了乡村社会状况，发现当地姓氏杂居程度很高，完全没有聚族而居的宗族化迹象；倒是"国家政权"在县以下的活动与控制十分突出，不仅有发达的乡、里、丘组织，而且常设职、科层式对上负责。他据此做出如下推论："只要处在帝国官府的控制下，那里的乡村仍然是编户齐民的乡村，而不是宗族的乡村"，非宗族化的吏民社会或编户齐民社会，"才是帝制下'传统国家'存在的逻辑基础"。秦氏还进一步提出"国权不下县"还是"国责不下县"的问题，认为"传统乡村自治"论这套说法"在逻辑上完全混乱"，就算他们所说都是真的，"证明的不过是'国责不下县''农权不上县'而已"。①

不过，同样对"皇权不下县"说持怀疑态度的胡恒，却认为像秦晖等这样"以历史时期基层社会的各类非正式组织的存在来反驳'皇权不下县'，其实并不能从根本上动摇其理论根基"。在胡氏看来，"'皇权不下县'中的'皇权'二字是取其狭义定义，专就国家正式委派的职官和行政机构而言的，而不是指广义的皇权及其衍生物，那是无所不在的。它真正的理论根基在于区分皇权对县以上和县以下不同的治理模式，县以上通过建立科层式的官僚机构进行直接统治，而对县以下借助三老等乡官或里甲、保甲等带有职役性质的基层组织进行间接统治，从而缓解了传统社会资源不足的困境，并因介入力度较弱而为宗族、士绅留下了运作空间"。②胡氏试图将"皇权不下县"中的"皇权"，限制在是否设置正式职官这样一个狭义范围上，固然有助于防止相关讨论散漫化和空洞化，但未必完全切合"皇权不下县"论的本意。如前所述，"皇权不下县"包括"官不下县"与"权不下县"两个方面，而且从费孝通和温铁军的论述看，他们更为看重的或许还是后一方面。如果在讨论皇权是否下县时，只关注县以下是否有职官而不论是否为自治，恐怕也就大大缩小了这个命题的学术意义。

---

① 参见秦晖《传统中华帝国的乡村基层控制：汉唐间的乡村组织》，黄宗智主编：《中国乡村研究》第1辑，商务印书馆2003年版；秦晖《权力、责任与宪政——关于政府"大小"问题的理论与历史考查》，《社会科学论坛》2005年第2期。

② 参见胡恒《皇权不下县？——清代县辖政区与基层社会治理》，北京师范大学出版社2015年版，特别是第九章"清代佐杂的新动向与乡村治理的实际——质疑'皇权不下县'"。该章先以论文形式发表于杨念群主编《新史学》第5卷《清史研究的新境》（中华书局2011年版），其要点还曾以《"皇权不下县"的由来及其反思》为题，发表于《中华读书报》2015年11月4日。

从上述争论看,大家对何为"皇权"以及怎样才算"下县",理解并不相同,也难以达成共识,甚至有些争论只是自说自话,并未构成同一层面上的理论交锋。笔者以前曾从专制国家与乡村社会、地方精英与乡村控制、地缘关系与血缘关系三个方面,对传统中国的乡村控制体系做过简略概述,[①] 本文在前文基础上,围绕皇权是否下县问题略作申论。

二 "官不下县"下的以民治民

温铁军虽然提出"皇权不下县",但并未对其进行系统的分析阐释,也没有提及此说的理论渊源。但通过其简略论述,可以看出其与费孝通所说"双轨政治"基本相同,或者可以说是对费氏观点的一个高度凝练的形象化概括。费氏对"双轨政治"做过较为详细的阐述,提供了一个认识传统乡村社会和政治结构的重要视角,但也存在需要进一步思考和澄清之处。从字面上说,"双轨政治"可以从两个维度加以理解:一是专制皇权和绅士自治在层级上的纵向连接,二是专制皇权和绅士自治在空间上的横向并存。那么,费氏是在哪个维度上定位"双轨政治"呢?费氏指出,在传统政治结构中,"自上向下的单轨只筑到县衙门就停了,并不到每家人家大门前或大门之内的";在县衙门以下的乡村,"一到政令和人民接触时……转入了自下而上的政治轨道"。在这种情况下,"中央所做的事是极有限的,地方上的公益不受中央的干涉,由自治团体管理",这些自治团体"享受着地方人民所授予的权力,不受中央干涉"。令他深感遗憾的是,20世纪30年代推行保甲制度后,"把自上而下的政治轨道筑到每家的门前",这样便在乡村中形成了"官方"和"民方"两套重叠的制度,逐渐导致"政治双轨的拆除"和"基层行政的僵化"。[②]

可以看出,费氏所说的"双轨政治",并非同时存在于乡村这个场域:民国年间推行新的保甲制度以前,乡村只有自下而上的一轨;而推行新的保甲制度造成的"双轨",则只是一种暂时性的混乱现象,很快就会变成自上而下的一轨。这其中有两个问题需要探讨:一是政权止于县级,亦即

---

① 参见高寿仙《略论传统中国的乡村控制与村社结构》,《北京行政学院学报》2001年第5期。

② 参见费孝通《乡土重建》,第46—53页。

"官不下县",是不是贯穿整个帝制时代的普遍现象?二是"官不下县"是否等于"权不下县",县衙只能依靠自治团体而无法直接落实政策目标?

关于第一个问题,学者们的质疑可以归纳为两个方面。第一个质疑认为县以下存在官方或半官方的乡里组织,这类组织就是"下县的皇权"。①众所周知,从秦到清的两千多年间,乡里制度发生了从"乡官制"向"职役制"的转变。在从秦到唐的"乡官制"时期,县以下确有分区管理的常设官吏。以汉代为例,县以下存在两种组织体系:一是民政性质的"乡",视规模大小设有秩或啬夫"掌一乡人",此外设三老"掌教化",游徼"掌徼循,禁司奸盗";二是治安性质的"亭",设亭长"主求捕盗贼"。其中除三老系从地方长老中选任,其他均为有俸官吏,如秩是"郡所署,秩百石",啬夫是"县置",亭长"承望都尉"。② 汉代以后乡里设置屡有变化,但乡官制大致延续到唐代才出现重大变化。唐代百户为里,五里为乡,唐初曾"每乡置长一人,佐二人",③ 但很快罢置,而"里"成为乡里组织的核心,"诸里正,县司选勋官六品以下,白丁清平强干者充"。④ 此后"乡职渐微,自是凡治其乡之事,皆类于役"。⑤ 到了宋代,县以下已不存在完整的行政机构,乡、里、都、保等头目也已完全没有"官"的身份。⑥ 此后无论元代的里社,还是明清的里甲、保甲、乡约、乡地,等等,其头目均属职役性质。

"官不下县"受到的另一质疑,是明清出现州县佐贰下沉分辖的现象。魏光奇在考察清代"乡地"时,注意到雍乾以后出现以州县佐贰杂职统辖乡役组织的制度,"实际上意味着在州县之下划分了行政区(尽管职能单一),设置了国家正式官员,所谓'皇权不下县'的体制因此被打开了缺口"。⑦ 胡恒承袭这一思路,以丰富翔实的资料,系统梳理了清代佐杂分区

---

① 参见张德美《皇权下县:秦汉以来基层管理制度研究》,清华大学出版社2017年版;鲁西奇:《"下县的皇权":中国古代乡里制度及其实质》,《北京大学学报》2019年第4期。
② 参见《后汉书》志28《百官五》,中华书局1965年版,第3624页。
③ 杜佑:《通典》卷33《职官十五·州郡乡官》,中华书局1988年版,第924页。
④ 杜佑:《通典》卷3《食货三·乡党》,第63—64页。
⑤ 《钦定皇朝文献通考》卷21《职役考一》,《景印文渊阁四库全书》第632册,台北商务印书馆股份有限公司1986年版,第441页。
⑥ 参见刁培俊《由"职"到"役":两宋乡役负担的演变》,《云南社会科学》2004年第5期;《宋朝的乡役与乡村"行政区划"》,《南开学报》2008年第1期。
⑦ 魏光奇:《清代"乡地"制度考略》,《北京师范大学学报》2007年第5期。

管辖乡村的类型,指出自雍正中期开始,原本驻扎在县城的佐贰官纷纷进驻乡村要地,并分管一定区域;本与知县异地而治的巡检司等杂职官分管一定辖区,并逐步具备了较完整的行政职能;驻于县城的典史也分管了城郭及其周边的区域。在他看来,清代佐杂的这一新动向,说明清代乡村并非是一个皇权远离、绅权统治的区域,当然也就"否定了'皇权不下县'有关县以下不存在行政机构这一理论根基"。① 张海英则对明清江南市镇管理进行了细致考察,发现存在不同层次、不同类型的管理模式,其中绝大多数市镇由所属州县直接管理,或由县级以下的巡检司管理,也有的由县级行政管理人员坐镇管理,或由政府设立府厅级别的官员负责管理。她据此认为,"中国古代国家权力的直接延伸,绝非只达到县一级为止,而是毫无疑问地延伸到了县以下";同时又指出,这些制度安排属于"权宜之计","并没有纳入正规固定的官僚行政体系之中"。②

  上述两个方面的质疑,有助于更加全面地认识"皇权不下县"问题,但未必能从根本上动摇其"理论根基"。事实上,关于县以下存在一些职官,温铁军并非全无察觉,他曾提到民国年间县以下设立的区、乡公所,但认为那是"派驻性质的","并不设财政,不是一级完全政府"。③ 胡恒对此说提出疑问,认为"这样的'全能政府'是不曾普遍存在的",就连今天的乡镇政府也未必达到这种程度。④ 胡氏的质疑自有其道理,但温氏之说亦自有其逻辑,他关注的核心是县以下官僚机构是否属于"派驻性质"。就第一个方面来说,有些学者将宋代以降的乡村职役视为"行政组织"或"行政区划"固属不当,⑤ 若以温氏的标准衡量,宋代以前的乡官也未必属于"一级完全政府"。就第二个方面而言,清代佐杂虽然出现分区管乡的趋势,恐怕还远未达到一级政府的程度。对此质疑者亦有自觉,所以魏光奇称其"职能单一",张海英谓之"权宜之计"。陆悦在书评中也谈到,胡恒用佐杂质疑"皇权不下县",与用乡里组织质疑此说其实面

---

① 参见胡恒《皇权不下县?——清代县辖政区与基层社会治理》,特别是第一、二章。
② 张海英:《"国权":"下县"与"不下县"之间——析明清政府对江南市镇的管理》,《清华大学学报》2017年第1期。
③ 温铁军:《半个世纪的农村制度变迁》,《战略与管理》1999年第6期。
④ 胡恒:《皇权不下县?——清代县辖政区与基层社会治理》,第316页。
⑤ 参见刁培俊《宋朝的乡役与乡村"行政区划"》,《南开学报》2008年第1期。

"官不下县"还是"权不下县"？

临同样的问题，所说"县辖政区"在面积上和职能上都不完整，也没有得到官方认可。① 目前学界流行的看法，是认为国家权力向乡村渗透始于清末新政，上述学者的研究，在时间上和空间上缩小了"皇权不下县"说的适用范围，促使大家更加关注中国历史的内在发展脉络，但对于"皇权不下县"说本身恐怕并未形成根本性冲击。

不过，费孝通和温铁军意旨所在，显然并不止于"官不下县"，而是将"官不下县"等同于"权不下县"，或者说他们更看重的是"权不下县"。从理论自洽上说，他们的观点若想成立，就必须证明历史上那些乡官或职役发挥不了落实皇权的作用；如果在"官不下县"的条件下，通过半官方基层组织便能达到"皇权下县"的目的，单纯关注县以下是否设有正式官职显然并无多大意义。对于帝制时代的乡里组织，温氏并未提及，费氏对此也未给予太多关注，但他提到作为其中一种的"乡约"。他形象地描述说："在自治组织里负责的，那些被称为管事和董事等地方领袖并不出面和衙门有政务上的往来……衙门里差人到地方上来把命令传给乡约。乡约是个苦差，大多是由人民轮流担任的，他并没有权势，只是充当自上而下的那道轨道的终点。他接到了衙门里的公事，就得去请示自治组织里的管事，管事如果认为不能接受的话就退回去。命令是违抗了，这乡约就被差人送入衙门，打屁股，甚至押了起来。这样，专制皇权的面子是顾全了。另一方面，自下而上的政治活动也开始了。地方的管事用他绅士的地位去和地方官以私人的关系开始接头了。"②

从费孝通的描述可以看出，他认为乡约之类的乡役，只是没有任何权势的苦差，其功能只是将官府命令传达给绅士，本身并无能力将官府命令在乡村贯彻落实。费氏所述是其在云南的调查印象，但不能视为帝制时期的常态现象。像汉代的乡啬夫，"职听讼，收赋税"，③ 实为一乡之长，游徼、亭长则负责维持治安，都发挥着实实在在的作用。即使宋代以降的"职役"，也绝非只是官府命令的传声筒，而是官府"以民治民"的有力工具。明太祖为防止吏胥侵渔百姓，设置粮长以督收赋税，他向廷臣说

---

① 参见陆悦《县以下代表皇权的人员？——胡恒〈皇权不下县?〉读后》，《法律史评论》第9卷，法律出版社2017年版。
② 费孝通：《乡土重建》，第47—48页。
③ 《汉书》卷19上《百官公卿表第七上》，中华书局1962年版，第742页。

明:"此以良民治良民,必无侵渔之患矣。"① 对于明太祖推行的里甲制,时人也给予高度评价:"国初里甲之编,均其户口,可举纲以知目。首长之役,择其望族,如以臂而运指,意甚善也。"② 清人刘淇亦谈道:"县何以里,里何以长也? 所以统一诸村,听命于知县,而佐助其化理者也。每县若干里,每里若干甲,每甲若干村,如身之使臂,臂之使指,节节而制之,故易治也。"③ 陈盛韶也指出:"为政之道,以官治民难,以民治民易。联甲法行,民自清理,固易易也。"④ 这些说法体现的是制度设计的理想,实际运作肯定会有各种问题,但毫无疑问,这些乡役在征派赋役、维持治安等方面发挥了重要作用。⑤ 不过,费氏的描述在一定程度上反映了晚清以降绅权膨胀的事实。当时很多地方的乡约、保长的任免权操纵在绅士手中,这些人只能完全听命于绅士,"纯系士绅的代理人"。⑥

三 "官不下县"下的官绅共治

在费孝通和温铁军看来,由于"天高皇帝远""皇权不下县",县以下便成为"绅士自治"的社会领域。在论述"双轨政治"时,费氏曾特别说明,所谓"自上而下的政治轨道"指的就是绅士:"这轨道并不在政府之内,但是其效力却很大的,就是中国政治中极重要的人物,绅士。"⑦ 绅士之所以能发挥这种政治和社会作用,是因为他们与政权系统存在密切关系:"绅士是退任的官僚或是官僚的亲亲戚戚。他们在野,可是朝内有人。

---

① 《明太祖实录》卷68,洪武四年九月丁丑条,"中研院"历史语言研究所1962年版,第1279页。

② 顾炎武:《天下郡国利病书·山东备录上》,黄坤等校点,上海古籍出版社2012年版,第1664页。

③ 刘淇:《里甲论》,《魏源全集》第17册,岳麓书社2004年版,第123页。

④ 陈盛韶:《问俗录》卷6《鹿港厅·罗汉脚》,《四库未收书辑刊》第10辑第3册,北京出版社2000年版,第282页。

⑤ 关于这个方面,已有大量研究成果予以说明,这里不再赘述。相关成果难以枚举,请参见赵秀玲《中国乡里制度》,社会科学文献出版社1998年版;王爱清《秦汉乡里控制研究》,山东大学出版社2010年版;萧公权《中国乡村:论19世纪的帝国控制》;李怀印《华北村治——晚清和民国时期的国家与乡村》,岁有生、王士皓译,中华书局2008年版。

⑥ 参见朱德新《二十世纪三四十年代河南冀东保甲制度研究》,中国社会科学出版社1994年版,第111—114页。

⑦ 费孝通:《乡土重建》,第49页。

他们没有政权,可是有势力,势力就是政治免疫性。"① 当时吴晗曾与费孝通讨论"绅权"问题,他认为"官僚,士大夫,绅士,是异名同体的政治动物","官僚是和绅士共治地方的,绅权由官权的合作而相得益彰"。② 两位学者对绅士身份的描述差异不大,但对其在地方社会中的角色和作用则各有偏重,吴氏强调"官绅共治",而费氏强调"绅士自治"。

两位学者的观点差异,除了受学科背景影响外,可能也与重点关注的时段不同有关。吴晗是历史学家,尤以研究明史著称,他对于绅士的认识更多来自历史资料的阅读;费孝通是社会学家,长期致力于社会调查,他对于绅士的认识更多来自现实社会的观察。但这其中有一个问题,就是晚清以来,政府权威日益衰落,绅权大幅伸张,甚至出现了绅士主导下的基层社会"自治",③ 因而费氏所观察到的社会现象能否视为帝制中国的常态现象?弗兰兹·迈克尔曾评论说:"民国时期的'绅士'曾是费孝通在若干领域研究的对象。然而费孝通也试图用他关于民国时期的研究来解释帝国时代的绅士……这些关于民国时代有选择的描述与来自中国古籍的某些随想结合,并不能代表对帝国时代绅士的研究。"④ 瞿同祖对清代士绅与地方行政问题做过深入考察,得出与吴晗相似的结论,即认为士绅和官吏隶属于同一个集团,其权力都是直接源于传统的政治秩序,"尽管有正式权力和非正式权力的差别,实际上是同一个权力集团在控制社会","士绅是与地方政府共同管理当地事务的地方精英"。⑤

或许是为了突显"双轨政治"之间的独立和分离,费孝通强调作为地方领袖的绅士"并不出面和衙门有政务上的往来",当衙门向乡约下达命令而绅士不愿执行时,他也是"以私人的关系"与地方官交涉。费氏这种说法有其历史根据,就明清时期的一般情况看,绅士确实很少担任基层组

---

① 费孝通:《论绅士》,吴晗、费孝通等:《皇权与绅权》,观察社1949年版,第9页。
② 吴晗:《论绅权》,吴晗、费孝通等:《皇权与绅权》,第49—50页。
③ 参见李严成《晚清政府职能萎缩与绅士基层"自治"》,《湖北大学学报》2005年第1期;杨国强《论晚清中国的绅士、绅权和国家权力》,《华东师范大学学报》2011年第1期;王先明《绅董与晚清基层社会治理机制的历史变动》,《中国社会科学》2019年第6期。
④ 费兰兹·迈克尔:《导言》,张仲礼:《中国绅士——关于其在19世纪中国社会中作用的研究》,李荣昌译,上海社会科学院出版社1991年版,第7页注释1。
⑤ 参见瞿同祖《清代地方政府》,范忠信、晏锋译,法律出版社2003年版,第282—283页。

织首领,在与地方官员沟通事务时大多也是"以私人的关系"进行,特别是在只涉及个人或局部事务的场合。不过还应看到,绅士与地方官员之间也存在大量的公开交往与互动,明末清初甚至形成"邑有公事,常集诸绅会议"的风气。① 毛亦可对此进行了较为系统的考察,指出17世纪绅士经常通过"公议"和"公呈"参与地方政治。所谓"公议",是指由地方官或乡绅等发起,召集乡绅、生员、里老等社会成员参加,就一项或若干项地方公共事务进行商讨的会议;所谓"公呈",则是由若干乡绅、生员或里老联合署名,呈递给各级官府,向之发出呈请的公文。这种现象在17世纪十分活跃,18世纪初受到一些限制,但很快恢复并一直延续到19世纪末,并最终成为清末建立地方咨议局的重要制度资源。② 官绅等人就某些地方事务举行"公议",正是"官绅共治"理念的一种集中体现。

需要说明,在晚清出现半官方或官僚化的"局绅""绅董"③ 以前,绅士基本上是以个人身份介入地方政务的,当时并未形成制度化的"官绅共治"。即使在地方"公议"最为活跃的晚明时期,什么事情应当公议、由谁发起公议、谁应参加公议,也没有形成一定之规。只有与绅士相关性较大且涉及面较广的事务,才有可能吸引较多绅士参加。明朝末年,苏州府拟推行均田均役,遭遇很大阻力,钱谦益致信常熟知县,建议"与其独裁之,不若公议之也",其中谈道:"今将通县优免数目,本邑乡绅举贡等项若干,客户若干,别户若干,据现造册籍,先送阖邑缙绅公议,或免或否,各各公同注定。一则为通邑清役,一则为父母分怨,料缙绅必不辞也。"④ 通过这段话可以看出,是"独裁"还是"公议"由县官主导,而缙绅是否参与全凭自愿。正因绅士介入地方政务属于个人性质,也不宜将其视为社区利益的当然代表。费孝通在描述地方自治时谈到,地方社区里

---

① 参见夫馬進「明末反地方官士變」、『東方學報』第52册、1980年。
② 参见毛亦可《公议与公呈——十七世纪中国绅士里老的地方政治参与》,北京大学历史学系博士后研究工作报告,2019年。
③ 晚清时期,为了筹款、赈灾和推行各种新政,各地广泛设立被称为"局"的半官方或官僚组织,绅士在其中发挥重要作用,这些被吸纳进各种"局"的绅士称为"局绅""绅委""绅董"等。参见魏光奇《清末民初地方自治下的"绅权"膨胀》,《河北学刊》2005年第6期;冯峰《"局"与晚清的近代化》,《安徽史学》2007年第2期;王先明《绅董与晚清基层社会治理机制的历史变动》,《中国社会科学》2019年第6期。
④ 钱谦益:《牧斋初学集》卷87《与杨明府论编审》,《续修四库全书》第1390册,上海古籍出版社2002年版,第457页。

人民因为各种需要而自动组织成"自治团体",它们"享受着地方人民所授予的权力"。① 但胡庆钧同样根据自己对云南农村的实地调查,认为绅士"不是基于社区人民的同意信托,经过自由的推选。一个绅士的为好为歹,作正作劣,完全根据个人的修养与训练,而不会受社区人民或者团体的约束"。② 瞿同祖也认为,士绅并非"地方百姓选举的代表","他们只不过凭借自己的特权地位而被(习惯上)接纳为地方社群的代言人而已";士绅对地方政务的介入"主要是基于个人标准,其效力也主要依赖于特定士绅个人所具有的影响力"。③ 这些说法揭示了"绅权"的本质特征。

提倡"绅士自治"的学者,尽管也知道绅士的作用并非总是正面的,但他们通常更加强调"士绅与本地百姓是休戚与共的"。瞿同祖对此表示怀疑,认为"只有在不损及自己切身利益的情况下,士绅才会考虑社区的共同利益,并在州县官和地方百姓之间进行调停"。④ 就笔者阅读相关史料的感受而言,觉得瞿氏的判断符合绅士群体的总体特征,当然这并不排除少数绅士为了地方公益而愿意在一定限度内牺牲个人利益。从相关史料看,绅士与地方官员在什么事务上能够合作、合作能否取得实际成效,在很大程度上取决于该事务对于绅士利益有何影响。由于灾荒容易引发社会动荡,这是绅士和地方官员都不愿看到的,所以他们在灾荒赈济方面比较容易相互合作。毛亦可据《祁忠敏公日记》统计,祁彪佳以乡绅身份参加过27次地方公议,其中22次与赈济灾荒有关,参与者少则十数人,多达百余人,其中大多数公议都有地方官员参加。⑤ 在同样涉及社会安危的地方防御中,绅士群体也发挥了较大的积极作用,特别是在动荡不宁的明末清初和晚清时期。⑥ 但在地方政务中最为重要的钱粮征收上,一方面地方官员不得不依赖于绅士的合作,另一方面又经常面临绅士恃势逃税的麻

---

① 参见费孝通《乡土重建》,第47—49页。
② 胡庆钧:《论绅权》,吴晗、费孝通等:《皇权与绅权》,第123页。
③ 瞿同祖:《清代地方政府》,第337页。
④ 瞿同祖:《清代地方政府》,第307页。
⑤ 参见毛亦可《公议与公呈——十七世纪中国绅士里老的地方政治参与》,第120、172—173页。
⑥ 参见高寿仙《明代农业经济与农村社会》,黄山书社2006年版,第203—208页;瞿同祖《清代地方政府》,第312—314页;[美]孔飞力《中华帝国晚期的叛乱及其敌人:1796—1864年的军事化与社会结构》,谢亮生、杨品泉等译,中国社会科学出版社1990年版,第三章。

烦。晚明时期，绅士利用优免特权逃避赋役成为严重的社会问题。① 经过清初"奏销案"的打击，这一问题在一定程度上得到缓解，但无法从根本上消除，而绅士"包揽钱粮"也一直是困扰地方官员的痼疾。② 总体来看，在县以下的乡村社会，绅士与地方官员"各自以不同的方式行使着自己的权力"，"形成了二者既协调合作又相互矛盾的关系格局"。③

结　语

温铁军提出的"皇权不下县"，简洁生动地揭示了传统中国基层治理的特点，很快成为一句被广泛引用的流行语。但学者们对这句话的理解不尽相同。一些学者认为，这句话只是说明国家正式的行政机构和官职只到县一级，并无皇权不能渗透到县以下的乡村社会的意思；更多学者认为除了这层意思外，它还意味着县以下属于由绅士主导的"乡村自治"的领域。前者可称为"官不下县"论，后者可称为"权不下县"论。鉴于温铁军的论述太过简洁，对于"皇权不下县"的内涵，可以结合费孝通所说的"双轨政治"加以理解。笔者认为，他们提出这类说法，关注重点在于"权不下县"，"官不下县"只是前提，"权不下县"才是本质，目的是为他们希望重建的"乡村自治"提供历史依据。

在评论"皇权不下县"时，如果局限于"官不下县"这个层面，这一说法应无疑问。尽管从汉到唐曾实行"乡官制"，清代州县佐杂出现了下沉分辖的趋势，但它们都不是一级正式的行政机构。不过，如果将"官不下县"等同为"权不下县"，则这一说法就很难成立。当时的统治理念是"以民治民"，通过设立里甲、保甲、乡约并利用村庄、宗族等基层组织，县级政府就可以把权力延伸到乡村社会；而绅士在乡村社会中发挥的作用，也不宜被单纯地理解为"自治"，而是绅士与官府的"共治"，当然

---

① 参见张显清《明代缙绅地主浅论》，《中国史研究》1984年第2期；《明代官绅优免和庶民"中户"的徭役负担》，《历史研究》1986年第2期。
② 参见张仲礼《中国绅士——关于其在19世纪中国社会中作用的研究》，第40—46页；萧公权《中国乡村：论19世纪的帝国控制》，第148—165页；山本英史「清初における攬の展開」、『東洋学報』第59卷第1・2合号、1977年；山本英史「衿による税糧攬と清朝国家」、『東洋史研究』第48卷第4号、1990年。
③ 瞿同祖：《清代地方政府》，第282页。

这种"共治"并不意味着双方总是能够协调一致，而是处在既合作又矛盾的变动状态。可以说，中国帝制时代的乡村秩序，表现为皇权支配下的"多元竞合"的状态，官员、绅士、职役以及普通百姓，都会不可避免地参与或卷入这个庞杂的社会体系，并根据自己拥有的资源和所处的境遇采取相应的策略，在其中发挥或大或小的作用。① 官员和绅士凭借国家权力或身份特权，自然而然地在其中占据着优势和主导地位，从而形成"官不下县"条件下"官绅竞合"的"共治"格局，但两者之间并没有明确的权力界线，也难以辨别出国家与社会的分野。

需要指出的是，费孝通强调"双轨政治"下的"绅士自治"，是以晚清以来"权在绅而不在官"② 的社会现实为依据的，只是不能将这种现象视为整个帝制时期的常态。此外，费孝通和温铁军强调"天高皇帝远""皇权不下县"，也不是为了做历史学的研究和考证，而是为了探寻民国以来乡村治理困境的根源，并希望通过在一定程度上恢复"乡村自治"以完善乡村治理机制。从这个意义上看，他们的说法具有相当的历史合理性，因为与民国以来国家政权深入乡村的程度相比，此前的乡村确实具有很强的"自治"色彩，尽管我们只能将这种"自治"理解为"自我管治"（self-control）而不能理解为"自治权"（autonomy）。我国目前正在大力推进基层治理现代化，需要充分发挥社会自治的基础性作用。除了在实践中探索和创新外，还应系统总结中国传统基层治理的经验教训，逐步找到适合各地特色的自治模式。

（原载《史学理论研究》2020 年第 5 期）

---

① 寺田浩明认为明清时期的社会秩序建立在"不确定的权利"的基础之上，他将这种秩序状态比喻为身处其中的人们推来挤去的"拥挤列车"。参见［日］寺田浩明《"拥挤列车"模型——明清时期的社会认识和秩序结构》，《权利与冤抑：寺田浩明中国法史论集》，王亚新等译，清华大学出版社 2012 年版。

② 刘蓉：《复温邑宰书》，沈云龙主编：《近代中国史料丛刊》第 75 辑，文海出版社 1973 年版，第 588 页。

盛衰之理：关于清朝嘉道变局性质的不同阐释及其反思[*]

朱 浒

（中国人民大学清史研究所）

大体相当于19世纪上半叶的清代嘉庆、道光两朝，通常被视为清中期，也往往被合称为"嘉道"时期。按照长久以来的习惯划分，这一时期的前四十余年属于中国古代史，最后十年则是中国近代史的开端。由于兼跨两大体系，所以嘉道时期在许多通论性著述中都少不了一席之地。然而，与其之前号称"盛清"的时期、之后陷入剧烈动荡的19世纪下半期相比，嘉道时期显得颇为平淡。更糟糕的是，因中国古代史和近代史学科体系的分野，使得该时期又呈现了鸡肋式的尴尬：在古代史那里，这一时期似已少有值得多加叙述的新鲜内容；在近代史那里，这一时期不过是叙述中国步入近代时期需要略加交代的背景而已。因此，在很长时间里，对于嘉道时期，除了白莲教战争、和珅倒台、天理教起事、鸦片战争等个别事件外，其他能够给人以较深印象的内容寥寥无几。

约自20世纪90年代始，关于嘉道时期的研究似乎迎来了发展契机。在19世纪下半期和18世纪得到大力挖掘之后，学界越来越广泛地意识到，19世纪上半期也是一个颇为重要的时段，存在较多研究空白的洼地。特别是进入21世纪以来，嘉道时期的不少内容都得到了进

---

[*] 本文是国家社会科学基金专项项目"明清时期中国社会的进步与发展"（项目编号：20@WTH022）的阶段性成果。

一步开掘。① 相比早先的论述，晚近研究在论题的广泛性、内容和资料的丰富性上确实远远过之。然而，这些研究要么是从属于政治史、经济史、思想史和社会史等专题门类，要么是事件史、人物史等方面的实证研究，始终很少有人起而阐述将嘉道时期作为研究断限的理由和标准，更少有人去阐明自身研究在该时期社会变迁中的定位。这样一来，虽然相关实证研究愈发深入、细致，但许多选题的意义却只能以填补空白为立足点，令人感觉这样的研究走向似乎难免陷入"碎片化"困境。

那么，关于嘉道时期的研究能够走出"碎片化"困境吗？嘉道时期有没有所谓"主体性"问题，②或者说具有特定研究价值呢？这就需要对以往研究的认识前提和认知取向进行反思了。不过，要系统开展这种反思和分析，我们的眼光就不能拘泥于当下，而需要回溯得更远。这是因为，要评价晚近研究有没有实现认识论和方法论上的突破，就要全面检视以往阐释嘉道变局的思路与模式，以及其对后来造成的或隐或显的深远影响。大体上，迄今对于嘉道变局的主导性阐释可以归纳为三种模式，即："王朝周期变动观""社会形态发展观"和"传统社会转型观"。可以说，也只有彻底检讨这三种模式的特性及得失，才能准确辨析当下所谓"碎片化"研究困境的实质，才有可能重新认识嘉道变局的特定进程及其实践逻辑，也才有可能重新探讨嘉道时期的历史定位问题。

---

① 海外英语学界对这一趋势的揭示和概括，主要反映在 2011 年 Late Imperial China（Volume 32, Number 2, December 2011）上刊登的两篇讨论乾嘉转变意义的论文中，即 Matthew W. Mosca（马士嘉），"The Literati Rewriting of China in the Qianlong-Jiaqing Transition"；William T. Rowe（罗威廉），"Introduction: The Significance of the Qianlong – Jiaqing Transition in Qing History"。在汉语学界，这一趋势最明显的体现，是以嘉道时期为断限的专题论著接连出版，如罗检秋的《嘉庆以来汉学传统的衍变与传承》（中国人民大学出版社 2006 年版）、张艳丽的《嘉道时期的灾荒与社会》（人民出版社 2008 年版）、倪玉平的《清朝嘉道财政与社会》（商务印书馆 2013 年版）和张瑞龙的《天理教事件与清中叶的政治、学术与社会》（中华书局 2014 年版）等。而林满红的《银线：19 世纪的世界与中国》一书，其前身是作者于 1998 年在哈佛大学完成的博士学位论文，2006 年出版英文版，2011 年译为中文出版，可视为兼跨两个谱系。

② 有关嘉道时期的"主体性"问题的意识，参见高波《"嘉道的主体性"与"在清朝发现历史"——评张瑞龙〈天理教事件与清中叶的政治、学术与社会〉》，《中华文史论丛》2016 年第 2 期。

| 第五篇 | 中国古代国家治理的学术反思

一 治乱的谱系:"王朝周期变动观"视域下的认知

第一种关于嘉道时期社会变迁性质的阐释,也是最早出现的看法,可称之为"王朝周期变动观"视域下的认知。这种看法是基于中国传统王朝的演化系谱来看待嘉道时期社会变迁的。其基本架构的要点有二:其一是将嘉道变局视为王朝周期性的盛衰变动阶段,其二是认定该时期国势衰败是王朝自身运转机制的演变结果。也正是在这种意义上,在那些持有此类看法的著述中,被用来描述历代王朝下滑轨迹时屡见不鲜的"中衰"一词,也频繁地成为指称嘉道时期的特色词汇。

就目前所见,这种阐释很可能在清末就已出现。之所以说是有可能,是因为表露此种看法的、由汪荣宝和许国英编纂的《清史讲义》一书,虽然正式出版于1913年,但据称其主体大致早在1909年(宣统元年)便已完成。该书的编纂体例,大体是按照传统王朝兴、盛、衰、亡的叙述套路,将清朝的历史分为四个阶段。继全盛时期之后的第三阶段被称为忧患时期,这一时段正是由嘉庆、道光两朝所构成。至于该时期的主体走势,则被编者概括为一派衰败之相,其表现是:"内则教徒、苗族,相继煽乱""外则欧人东渐之势力,日以扩张",于是导致"专制帝国之命运,盖骎骎告终矣"。①

汪荣宝、许国英所编《清史讲义》中这种将清史分期且将嘉道时期作为衰落阶段的做法,在民国时期,更是大行其道。尤其是那些以清史为主体内容的著述,就笔者所见范围而言,基本都是遵循"王朝周期变动观"来观察清朝盛衰转折的。由于以往对此类著述注意较少,以下对相关情况稍作梳理。

华鹏飞于1912年出版《清史》一书,第四章为"清之盛衰交替时期",其下又将嘉庆、道光两朝史事以"仁宗时之祸乱""宣宗时之内政与内患"的标题加以概述。该书且明言:"乾隆中叶以后,满清盛极而衰之局势已经开始,及至仁宗即位,其情形尤觉显著,所以嘉庆一朝,变乱

---

① 汪荣宝、许国英编纂:《清史讲义》,知识产权出版社2014年版,"绪论"。

盛衰之理：关于清朝嘉道变局性质的不同阐释及其反思

之事，接踵而起"，"清室在乾隆中叶以前，足称鼎盛时代，由乾隆中叶以至嘉庆间，已有衰微之象，及至道光则颓势毕露，几于无可振作了。"① 刘法曾于1914年所作《清史纂要》一书亦将清史分为四个阶段，即："崛兴时期""极盛时期""衰弱时期""改革及灭亡时期"。其所归纳的第三阶段的主线是："嘉庆而降，内乱频兴，外侮复亟，道光和约，国势陵夷，咸丰嗣立，太平军起，是为衰弱时期，亦可名曰忧患时期。"因是之故，该书开列第三阶段的第一个主标题即为"嘉庆之中衰"。② 就笔者目力所及，这也是清史著作中首次使用"中衰"一词来指涉嘉道时期。与该书大体相同的著述，还有陈怀约于民国初年成书的《清史要略》。是书亦将嘉道时期列入"衰弱时期"，且视嘉庆帝为"守文之中主"，并称此种中主之才"仅能削平祸乱，国势卒因以衰弱不复振"。③

在另一部分清史著述中，虽然没有遵照首尾连贯的分期做法，但其行文中对嘉道时期的衰落定性仍清晰可见。这方面较早的例子，是日本人稻叶君山于1914年推出的《清朝全史》。全书共分84章，虽叙事漫衍，然其中仍有"创业期""盛运期"的提法，及至述及嘉道两朝时，则全为衰败基调。④ 与之类似的作品，还有黄鸿寿于1915年完成的《清史纪事本末》一书。是书共80卷，亦为分类叙事之作，然从书中"乾隆极盛"与"嘉庆中衰"的标题，不难窥见作者对于清代盛衰转折的基本看法。⑤ 与前两书相比，两位清史大家萧一山和孟森后出的著述虽然更为精当、系统，但观点上并无本质差异。萧一山于1923年完成的巨著《清代通史》中，亦将"乾隆之鼎盛"与"嘉庆之中衰"作为凸显清代盛衰之变的主题。萧氏并于书中明言，此种变化乃是"满盈招损，盛极必衰"，而嘉庆帝不过"中主之才，颇事粉饰，而运命已衰，盖已不可收拾矣"。⑥ 孟森于20世纪30年代在北京大学讲授清史课程，后结集为《清史讲义》一书，其中将雍正、乾隆两朝题为"全盛"，而承下者则为"嘉道守文"。该书亦比照

---

① 华鹏飞：《清史》，中华书局1912年版，第392、400页。
② 刘法曾：《清史纂要》，中华书局1914年版，第2页。
③ 陈怀：《清史要略》，陈怀《清史两种》，胡珠生点校，上海社会科学院出版社2006年版，第76页。据学界推测，陈怀此书的写作大概始于清末，但完成于民初。
④ ［日］稻叶君山：《清朝全史》，但焘译，中华书局1931年版。
⑤ 黄鸿寿：《清史纪事本末》，上海书店1986年影印本，第2—3页。
⑥ 萧一山：《清代通史》第2册（中卷），中华书局1986年版，第259、270页。

第五篇 中国古代国家治理的学术反思

三代以来历朝沿革,称:"世宗、高宗两朝,为清极盛之时","然日中则昃,衰象亦自高宗兆之。"①

除了以清史为主题的著述外,民国时期还有一批中国通史类著述,在述及嘉道时期时,同样相当明显地表现出了"王朝周期变动观"。这类著述中的第一部,应是王桐龄所著《中国史》一书。这是因为,该书虽于20世纪20年代末出版,其基础则为1912年成稿的《中国史讲义》。该书在论述清代盛衰之变时称:"清室全盛时代,实在高宗之时,然衰亡之机已伏于当日。"随之对"嘉道两朝之内治"的评价是,"嘉庆一朝,教匪扰攘,满兵不竞,绿营腐败,积习已成","宣宗在位三十年……吏治日偷,民生日困,势穷事极,酿成兵祸,外扰海疆,内兴赭寇,遂以开千古未有之变局"。②由此可见,传统王朝的盛衰周期仍是该书看待清史的主导思路。另一部是吕思勉在1923年出版的《中国大历史》,该著亦将"清朝的中衰"作为乾嘉之际社会变化的主题,并且也称"清朝的国运,乾隆时要算极盛,而衰机亦伏于此时"。③并且,吕思勉的这种看法,在1945年完成的《中国通史》中依然未变:"清朝的衰机,是潜伏于高宗,暴露于仁宗,而大溃于宣宗、文宗之世的。"④

20世纪三四十年代,同样有几部较有影响的中国通史著作,可以列入此种阐释的阵营。例如,在章嵚于1933年出版的《中华通史》中,章氏将清代中期命名为"清中世八十年间由盛转衰"。该书对于此时期的衰势勾勒出了这样的主线:"清当乾隆之末,盛治渐衰;至嘉庆朝,各地变乱之迭作……至于道光之世,回部、湘瑶,又多不靖。"⑤余逊于1935年出版的《中国通史》中,同样将清代中期的主题定为"清政中衰与内乱四起"。该书认为,乾隆时代在"表面看来,几乎是太平盛世",但清代的"渐趋衰落,却种源于此时",至嘉庆朝,乾隆帝"所种的恶因,次第发泄,变乱继作"。⑥钱穆于1940年出版的名著《国史大纲》,对于清代中

---

① 孟森:《清史讲义》,浙江人民出版社1998年版,第199页。
② 王桐龄:《中国史》下册,江西人民出版社2008年版,第457、518、522页。
③ 吕思勉:《中国大历史》下册,湖南文艺出版社2011年版,第573页。
④ 吕思勉:《吕著中国通史》,华东师范大学出版社1992年版,第479页。
⑤ 章嵚:《中华通史》下册,东方出版社2013年版,第257页。
⑥ 余逊:《中国通史》,江西高校出版社2010年版,第308页。

期的走势，同样持有"乾嘉盛极转衰"的看法。按照钱穆的说法，"康熙与乾隆，正如唐贞观与开元、天宝也"，"然到乾隆中叶以后，清室即入衰运"。① 缪凤林于1943年完成的《中国通史要略》中亦宣称："清代极盛于乾隆之六十年，嘉道以降，则为中衰之世。然一切衰象……实皆伏于乾隆中叶以后"；"嘉道以降之外患，亦与内乱相表里；而其爆发，则始于道光二十年中英之鸦片战争。"②

1949年之后，这种基于王朝变迁系谱的阐释虽日趋衰落，仍偶有所见。这一时期仍持此种看法的最重要著述，乃邓之诚所著《中华二千年史》。该书写作虽始于中华人民共和国成立之前，但明清部分于1955年方得完成。其对嘉庆及道光朝世局给定的总标题为"清之中衰"，中衰之表征又列为四大项：一为"政治之昏浊"，二为"财用之耗竭"，三为"风俗之敝"，四为"道光之衰运"。而此种种衰敝，皆伏因于乾隆之时。③ 在中国台湾地区，继续持此种看法者稍多。例如，傅乐成于1960年出版的《中国通史》称："清的乾隆，正如唐德开元、天宝一样，是由极盛转趋衰落的时期"，"乾隆以后，清帝国便在一连串的内乱下，步入衰运。"因此，该书在述及"清帝国的乱亡"时，便以"嘉道时期的内乱"作为起点。④ 黎杰曾于1964年撰就《清史》一书，其中将乾嘉之际称为"清之盛衰交替时期"，并以"仁宗时之祸乱"和"宣宗时之内政与内患"为嘉道时期的世局主题。⑤

此后，以这种阐释为主线的著述日少。最为晚近的典型例子，大概是中国台湾学者陈捷先在1990年出版的《明清史》。该书在采用"清代的中衰"对清代中期进行定性时，对中衰世局作了这样的概括："康雍乾三朝是清代文治武功鼎盛的时代；可是到了乾隆中期以后，皇帝的勤政已不如从前，政事日渐荒怠，政风也显著败坏，加上军政、学风、经济与社会等种种问题发生改变，清代中衰的现象开始出现了。"⑥ 据此，该书亦可归入

---

① 钱穆：《国史大纲》，商务印书馆2011年版，第865页。
② 缪凤林：《中国通史要略》，东方出版社2008年版，第372、377—378页。
③ 邓之诚：《中华二千年史》第3册，中国社会科学出版社2011年版，第1767—1799页。
④ 傅乐成：《中国通史》，中信出版社2014年版，第604—605、615页。
⑤ 黎杰编著《清史》，海侨出版社1964年版，第7—8页。
⑥ 陈捷先：《明清史》，三民书局1990年版，第402页。

"王朝周期变动观"的阵营。虽然进入 21 世纪后,几乎没有出现与陈捷先此书类似的著述,但是后文将会说明,此种阐释思路其实并未绝迹,而是被吸纳进了其他解释模式之中。

二 封建社会的瓦解:"社会形态发展观"视域下的认知

第二种关于嘉道变局的主要阐释,也是 1949 年以后在中国内地最为通行的看法,乃是从"社会形态发展观"出发的认知。这种认知的路径基础,是马克思主义史学传统关于社会形态发展一般规律的学说。虽然不同的研究者在具体着眼点上有所不同,但按照这种认知的逻辑思路,清代中期的盛衰之变本质上属于社会形态范畴的变化。具体而言,这一变化乃是封建社会走向衰落和解体的表征,而变化源动力又取决于生产关系及阶级关系发生的基础性变动。

此种阐释大体上成型于 20 世纪五六十年代。由尚钺担任主编、于 1954 年出版的《中国历史纲要》,是较早阐述此种看法的代表作。该书称:"十八世纪末与十九世纪初年的中国,在满清的腐朽统治下,已由世界上经济和文化先进的国家降落到社会经济落后和衰弱的国家","在这种情况下,昏聩愚昧的满清统治者,对内仍然坚持着对人民的残酷的民族与阶级的双重压迫,对外却表现着腐朽无能。"[①] 紧随其后,李洵在 1956 年出版的《明清史》一书中,对此种看法做了更进一步的清晰表述。是书首先强调了生产关系的变化,认为"十八世纪末到十九世纪初中国国内经济的基本情况是:封建经济的完整体系已开始瓦解,而资本主义结构却一天天地成长起来";继而又指出,与此相对应,"社会的阶级矛盾和民族矛盾日趋尖锐,全国各族人民的反清起义广泛地开始了,成为清王朝衰落的根本原因"。[②]

由翦伯赞主编、于 20 世纪 60 年代出版的《中国史纲要》一书,因其流传范围和时间远超他书,从而成为传播此种阐释最力的著述。该书论及

[①] 尚钺主编:《中国历史纲要》,人民出版社 1954 年版,第 425—426 页。
[②] 李洵:《明清史》,人民出版社 1956 年版,第 243、247 页。

清中期的变化时称:"乾隆末年,土地集中的现象极为严重,统治阶级奢侈腐化,大小官吏贪污成风,在全国范围内,阶级矛盾和民族矛盾日益尖锐,农民起义不断爆发,清王朝长期积弱的局面开始形成了。"[1] 在谈到中国近代的开端时,该书又对嘉道时期的社会状况进行了这样一番概括:"鸦片战争前四、五十年中,清朝政治日趋腐败。乾隆末年和嘉庆年间,官吏贪污成风,财政支绌,军备废弛,国势衰弱。同时,土地兼并剧烈、地主剥削加重,更多的农民破产流亡,社会危机愈益严重。"[2] 这种对嘉道时期的概括,也成为后来诸多中国近代史教科书所遵循的通例。

20世纪70年代,由于众所周知的原因,中国大陆学界基本未再出现有关嘉道时期社会转折的探讨。但值得一提的是,三联书店于1974年翻译出版了苏联学者齐赫文斯基(С. Л. Тнхвинский)主编的《中国近代史》一书。该书原版出版于1972年,中国方面翻译此书,本意是为了批判苏联修正主义。然而,该书有关嘉道变局的认识其实与前述中国内地学界五六十年代的看法并无二致。其表述是:"十八世纪末十九世纪初,清帝国的政治经济发展显现出封建制度开始解体的征兆。封建制度的解体表现在官营生产趋于没落上;随着封建制度的瓦解,大型民营企业发展起来,城市手工业进一步专业化,商品经济扩大,城乡商业资本和工商业资本的作用加强了。在农村,封建制度解体的过程使土地高度集中到满洲封建主、特别是中国封建主手中。这一过程的另一表现是农民大批丧失土地,变为缴纳分成地租的佃户,富农经济使用雇佣劳动。"[3] 显然,这里同样将嘉道时期的变化主线归结为封建社会开始解体的征兆。

20世纪80年代以后,在一大批史学工作者的努力下,此前发展十分薄弱的清史学科成为一个方兴未艾的研究领域,大批珍贵资料得到整理,有价值的成果纷纷涌现。特别是多部清代断代史成果的问世,是清史研究得到全面推进的显著反映。而在如何看待嘉道变局的问题上,中国大陆史学界通过许多坚实的研究,大大丰富了"社会形态发展观"的实证内容,从而较此前更为有力地弘扬了此种阐释。

---

[1] 翦伯赞主编:《中国史纲要》第3册,人民出版社1963年版,第292页。
[2] 翦伯赞主编:《中国史纲要》第4册,人民出版社1964年版,第1页。
[3] [苏联]齐赫文斯基主编:《中国近代史》上册,北京师范大学历史系等翻译小组译,生活·读书·新知三联书店1974年版,第84页。

辽宁人民出版社于 1980 年推出的《清史简编》，是改革开放后出现的第一部清史断代史著作。该书认为，嘉道时期，"商品经济的日益繁荣，刺激了资本主义萌芽的滋长，从封建社会内部不断冲击自然经济，清王朝赖以存在的经济基础的裂痕，已经越来越大了"；另一方面，"土地高度集中，流民大量出现，劳动人民日益贫困化，资本主义萌芽的滋长受到阻碍，社会生产力遭到严重破坏；吏治腐败，武备废弛，对外丧失抵御资本主义列强入侵的能力，对内激起各族人民不断的反抗斗争，清王朝的封建统治出现了全面的危机"。①

由戴逸任主编的《简明清史》，是 20 世纪 80 年代以后影响很大的清史著作。该书在 1984 年出版的第 2 册中，阐述了对嘉道变局的看法。与以往相比，该书对生产力方面的内容有了较多注意，如指出"土地集中、人口激增、耕地不足的突出矛盾"，是"清朝中叶直至近代社会动荡不安的一个重要原因"，以及"清代中叶以后，灾区日广，人口日多，流民遍地，社会矛盾十分尖锐"，等等。但总的说来，该书主导思路仍可归入"社会形态发展观"，因其对嘉道时期的定性是："十八世纪下半期，清王朝经历了康雍乾统治的鼎盛时期之后，由盛转衰，逐渐走下坡路。社会矛盾进一步激化，统治机构更加腐朽……从前，人民群众分散的、零星的反抗活动，日益汇合成汹涌澎湃的反封建斗争的巨流。"②

另一部在 20 世纪 80 年代面世的重要清史著作，是由郑天挺主编、于 1989 年出版的《清史》一书。该书认为，乾隆中叶以后是清朝由盛转衰的开始，其根本原因在于"社会矛盾的趋向尖锐和封建统治危机的逐渐出现"。该书明确指出："在封建社会固有规律的支配下，这一时期，特别是乾隆中叶以后，各种社会矛盾日趋尖锐，封建统治危机四伏，这主要表现在人口的激增形成了巨大的社会压力；土地兼并加剧和高利贷盘剥，给人民带来极大痛苦；政治腐败和财政的严重拮据，人民负担加重；大兴文字狱和大规模禁毁图书，钳制人民的言论思想。乾隆中叶以后的一系列各族人民起义，就是这些社会矛盾的总爆发"；嘉道时期，"乾隆中叶以后出现的各种衰败现象这时都在进一步发展，各种社会矛盾和封建统治的危机进

---

① 辽宁《清史简编》编写组编：《清史简编》，辽宁人民出版社 1980 年版，第 373、398 页。
② 戴逸主编：《简明清史》第 2 册，人民出版社 1984 年版，第 344、362、382 页。

盛衰之理：关于清朝嘉道变局性质的不同阐释及其反思

一步加深"。①

1991年，辽宁人民出版社推出了中华人民共和国成立以来第一部大型清代通史著作——十卷本的《清代全史》。其中，专门论述嘉道时期的是喻松青、张小林主编的第6卷。书中的基本观点，与1980年出版的《清史简编》大略相同。该书指出，"嘉庆朝和道光朝实质是中国封建社会的最后两个王朝"，"嘉庆朝……既有盛世之余辉，也呈露了衰世之迹兆，是清朝由盛而衰的转折时期"，此时的封建统治日益衰落，但社会经济方面，"已有多种行业出现和孕育了商业资本支配生产和资本主义萌芽"。② 2003年，由朱诚如主编的另一套大型清朝通史著作，即12卷14册的《清朝通史》出版。对于嘉道时期的社会变迁，该书依然是从社会形态发展的角度来论述的。书中称，"嘉道时期封建社会的衰落疲败有历史的必然性"，其根本原因在于，"由社会经济发展迟滞导致的严重财政危机，由官吏的贪污苟且导致的吏治全面败坏，由长期的武备不修导致的军备废弛，由民生凋敝导致的民族矛盾、阶级矛盾的激化，由西方殖民势力东来导致的外部危机"。③

无独有偶，改革开放以后出版的几部影响较大的中国通史类著作，在论及清中期社会变迁时，同样是持"社会形态发展观"的看法占据压倒优势。当初由郭沫若启动的《中国史稿》，在1995年推出了以清代为中心内容的第7册。对于清中期出现的变动，该书将之定性为"封建制度腐朽和阶级矛盾尖锐化"，认为"康乾'盛世'到乾隆后期开始走下坡路，阶级矛盾日益尖锐，人民反抗频繁。当时人口激增，由乾隆初年约一亿五千万，到末年突破三亿大关，而生产却远远不能相应增长，也在一定程度上成为社会动荡不安的因素"。④ 1996年推出的、由白寿彝担任总主编的《中国通史》，是一部规模庞大的通史类著作。该书第十卷论及清代中期时，以"嘉道渐衰"为标题，对此一时期社会发展脉络做出了如下概括："自乾隆末年至嘉庆、道光时期，在清朝统治下的封建社会中，土地高度集中，财政极度匮乏，吏治极端腐败，军备严重废弛……随之而来的，则

---

① 郑天挺主编：《清史》上册，天津人民出版社1989年版，第433、461页。
② 喻松青、张小林主编：《清代全史》第6卷，辽宁人民出版社1991年版，第1、5页。
③ 朱诚如主编：《清朝通史·综述分卷》，紫禁城出版社2003年版，第30、322页。
④ 《中国史稿》编写组编：《中国史稿》第7册，人民出版社1995年版，第565、583页。

是在全国范围内阶级矛盾、民族矛盾的迅速激化。"①

在"社会形态发展观"的序列中,最后值得一提的著作是发端于范文澜、最终由蔡美彪主持完成的12卷本《中国通史》。该书于2009年全部出齐,是一部备受关注的重磅之作。虽然该书并未将嘉道两朝作为独立单元来论述,但其对该时期的把握明显基于社会形态的发展视角。该书言及清中期的盛衰之变时指出:"清王朝沿着由盛而衰、外盛内衰的道路演变。社会各阶级的矛盾日益激化。"继而强调,这种衰落绝非仅限于清中期的问题,而是因为"历史发展到清朝,中国已经处于封建社会的末期。这个社会的经济基础,已经是极其衰朽,不能适应社会生产力向前发展的要求。……代表新的生产力和生产关系的资本主义的萌芽,不能不受到严重的阻碍。整个社会经济,陷在发展迟缓的状态中"。② 因此,这部通史的出版,也表明"社会形态发展观"对嘉道时期的阐释,在21世纪依然具有很大的影响力。

三 旧秩序的衰落:"传统社会转型观"视域下的认知

第三种关于嘉道变局的阐释,大致可以称为"传统社会转型观"视域下的认知。这种阐释的认知前提,是基于传统社会向现代社会转型的理论模式。虽然在关于转型动力的问题上,此类阐释在内部动力还是外部动力起主导作用的认识上迄今亦未达成一致,但其总体思路还是十分明确的。那就是,清中期盛衰之变的实质,是传统中国社会无法再按照自身惯性继续运行下去,从而走向近代转型的起点。另外,需要说明的是,此种阐释最早起源于海外中国史学界,中国大陆学界大约在20世纪八九十年代以后,才开始出现该类型的明确表述。

就目前所见,较早明确表达此种阐释的研究,应为美国学者孔飞力(Philip A. Kuhn)于1970年出版的《中华帝国晚期的叛乱及其敌人:1796—1864年间的军事化与社会结构》(*Rebellion and Its Enemies in Late*

---

① 白寿彝总主编:《中国通史》第10卷《中古时代·清时期》(上),上海人民出版社1996年版,第222页。
② 蔡美彪等:《中国通史》第10册,人民出版社2009年版,第94、256页。

Imperial China: *Militarization and Social Structure*，1796-1864)。他认为，所谓中国的"近代"，是指"历史动向主要由中国社会和中国传统以外的力量所控制的时代"，在这样一个时代，"我们从中看到的'衰落'不再是简单的清王朝的衰微和伴随它的社会弊端，而是一个把中国历史不可改变地导离它的老路，并在社会和思想的构成中引起基本变革的更为深刻的进程。这样一个进程不同于朝代循环，其不同之点在于中国的政权和社会再也不能按照老的模式重建起来了"。① 根据这种认识，孔飞力又进一步论述道，在清代中期，"新的力量已起着削弱传统中国社会的作用"，此时的中国"经受了种种持久且在扩散的弊端，这些弊端全然超出了王朝衰落的限度，将不可避免地决定它的前途"。②

孔飞力的上述看法，在1978年出版的《剑桥中国史》第10卷［该卷译成中文后，以《剑桥中国晚清史，1800—1911》（上卷）名义出版］中得到了更充分的发挥。该卷由费正清（John K. Fairbank）、刘广京担任主编，其作者多为美国中国学界的中坚人物，故而在很大程度上可谓是美国中国学界主流观点的体现。该书第二章明确宣称："到了十九世纪初年，中国正处于政治、经济和文化都开始发生质变的阶段。这种质变通常被看做是'现代化'，它不仅是受到欧洲文明的直接或间接影响的结果，而且是中国内部社会演化的结果。中国人口和领土的增大所造成的它本身社会经济的发展过程，其力量不在外来压力之下，它们决定了中国向现代转变——这种转变至今仍在继续中——的基础。"③ 第三章中又指出："对清王朝衰落的历史过程的意识和认为1775—1780年是清代历史走下坡路的转折点这一普遍情绪，在十九世纪初年官吏们和学者们所写的政治与社会评论中比比皆是"，"当时人士往往用'公'与'私'的两分法来解释他们社会上正在发生的事"，但是"这种化公为私的后果看来比这些观察者们认识到的更要深刻"，这是因为"在要跨入近代的时候，商业化和贪污腐

---

① ［美］孔飞力：《中华帝国晚期的叛乱及其敌人：1796—1864年的军事化与社会结构》（修订版），谢亮生、杨品泉、谢思炜译，中国社会科学出版社1990年版，第2—3页。该书英文初版由Harvard University Press于1970年推出。

② ［美］孔飞力：《中华帝国晚期的叛乱及其敌人：1796—1864年的军事化与社会结构》（修订版），第6页。

③ ［美］费正清、刘广京编：《剑桥中国晚清史，1800—1911》（上卷），中国社会科学院历史研究所编译室译，中国社会科学出版社1985年版，第41页。

败、日益加剧的社会复杂性以及颓废堕落等,都是正在改变中国社会及其内部权力分配的力量"。①

在孔飞力和《剑桥中国晚清史》那里,对清中期社会变化动力的观察更多强调内部因素。而在晚近时期,对此种动力机制的阐述则更趋向于综合内外部的力量。这方面较早的表述,来自华裔旅美学者徐中约。在2000年出版的《中国近代史:1600—2000,中国的奋斗》(第6版)(*The Rise of Modern China*)中,他宣称:"西方的入侵可以被视为一种催化剂,促使传统中国转化为近代中国。但是,如果对原先的机制缺乏相当了解的话,我们就很难理解这种转化的效果。"对此,作者还给出了进一步的阐述。在他看来,"所有这些征兆——行政的无能、知识分子的不负责任、普遍的腐败、军队战斗力的衰退、人口增长的压力和国库的空虚——都反映了所谓'王朝轮回'之现象的内部运作。确实,到1800年时,统治力量已盛极而衰,使国家暴露在内乱外祸的双重灾难面前",与此同时,"西方国家的政府和私商已不再容忍中国体系的束缚了……此后中西关系的进程便是一种持续的冲突,最终导致了清帝国的屈辱"。②

作为海外学界"中国近代早期论"代表人物的美国学者罗威廉(William T. Rowe),在2009年出版的《中国最后的帝国:大清王朝》(*China's Last Empire: The Great Qing*)中,亦对清中期社会变迁的动力机制给出了综合性看法。罗威廉在该书中指出:"在18—19世纪之交,清帝国自身的衰竭已变得明显(清朝的统治者与人民自己也惊觉地注意到这些发展),这使得中国与西欧(重点符号为引者所加)19世纪的分流,不止于相对落后于欧洲的问题,也包括了内在的、完全的失能问题。"进而更认为:"世纪之交的清帝国危机,是三个同时发生的困境所造成的'完美风暴':西方扩张的外来冲击、由长期社会经济问题累积而成的长期危机,以及与我们熟悉的朝代循环模式相关的严重政府失能。"③ 从罗威廉以及前述徐中约处都可以看出,王朝周期变动的惯性,已经被化约为导致社会转型的内

---

① [美]费正清、刘广京编:《剑桥中国晚清史,1800—1911》(上卷),第171—172页。
② 徐中约:《中国近代史:1600—2000,中国的奋斗》(第6版),计秋枫、朱庆葆译,世界图书出版公司2008年版,第3、100、105页。
③ [美]罗威廉:《中国最后的帝国:大清王朝》,李仁渊、张远译,台大出版中心2013年版,第156页。

盛衰之理：关于清朝嘉道变局性质的不同阐释及其反思

部变化动力之一。然而，这种内外力的综合作用又是如何体现出来的呢？迄今尚未见到清晰的阐述。有鉴于此，罗威廉的这个说法也只能视为一种权宜之计。此外尤为值得一提的是，由于该书是哈佛大学出版社推出的《帝制中国史》（History of Imperial China）系列中的最后一册，也是21世纪以来西方中国史学界第一部清史通论性著作，综合了近数十年来欧美清史学界的最新研究成果，所以其表述具有很强的代表性。

在中国大陆学界，较早运用现代化视角看待嘉道变局的代表性学者是吴承明。不过，与海外学者不同的是，吴承明认为该时期的转折应视为中国现代化进程的一次挫折。他在20世纪90年代后期发表的一系列相关文章，都被收入2001年出版的《中国的现代化：市场与社会》一书。作者在序言中称，他自1981年起转而从事市场和商业史研究，大约从90年代开始"用市场和商业来研究现代化因素的产生和发展"，并试图"用这种市场分析，连同各时期专制统治和保守势力在政治、经济、社会、文化上的反动措施……来解释我国现代化因素发生甚早，但发展迟缓、徘徊难进的过程"。[①] 按照他的看法，18世纪后中国现代化因素没有能够顺利发展，其中具有极大影响的一个原因，就是19世纪上半期出现了一次经济周期范畴的巨大市场衰退（由于此次衰退在道光年间表现得最为显著，故吴氏呼之为"道光萧条"）。[②]

吴承明的这一命题，在进入21世纪后得到了相当广泛的传播，更有不少学者给予了相当积极的响应。尤其是经济史名家李伯重，通过揭示灾荒和环境变动等方面的内容，对"道光萧条"进一步丰富与完善。[③] 其后，李伯重参与编写由张岂之任主编的《中国历史新编》一书时，又将这一命题的基本思路纳入其中。是书中，嘉道时期的变动主线被明确地概括为"嘉道萧条"。在具体内容上，是书在简略陈述乾隆末年至嘉道时期"土地兼并严重，吏治败坏，各种矛盾尖锐，社会趋于动荡，衰相渐现"等方面的老问题后，着重指出："19世纪初期是全球性气候剧变时期。1791—

[①] 吴承明：《中国的现代化：市场与社会》，生活·读书·新知三联书店2001年版，第8—9页。

[②] 吴承明：《中国的现代化：市场与社会》，第27、238—240页。

[③] 李伯重：《中国的早期近代经济——1820年代华亭—娄县地区GDP研究》，中华书局2010年版，第55—57页。

1850年的半个多世纪是中国气候史上一个寒冷时期。气候条件转为恶劣,对经济生产有重要的负面影响。气候剧变期恰好与'嘉道萧条'期相重合,开启了19世纪的社会经济危机。"[1] 因为此书是普通高等教育"十一五"国家级规划教材中的一部,这就意味着,由吴承明开启的从现代化路径看待嘉道盛衰之变的视域,终于在教科书体系中有了一席之地。

最后应该指出,21世纪以来,不少以嘉道时期为时限的专题研究,或明或暗都以"传统社会转型观"为思考起点。这方面的一个典型例子是林满红《银线:19世纪的世界与中国》一书,其核心内容虽然是探讨拉丁美洲独立运动对中国白银收支的影响,但其更为根本的关怀,是"揭示在中国从盛清到近代的巨大转变中,白银是一个关键而又没有被充分意识到的问题"[2]。另一个显著事例是张瑞龙对天理教事件与嘉道之际学术转向的关系展开探讨时,明确宣称自己所关心的中心议题其实是"中国学术思想由传统向近代思想转变的起点"[3]。在数量众多的各类专题论文中,这种不言而喻的思考起点更是屡见不鲜,无须赘述。

四 再观嘉道的新视角:从实践出发的历史社会学

以上检视大致厘清了关于嘉道变局的三种阐释模式的源流与面相。从中可见,这三种模式主导下的历史叙事,有着各不相同的论证取向、侧重内容和书写方式。无论早先还是晚近出现的许多实证性专题研究,在认识前提下基本处在这些阐释模式的笼罩之下。在这种意义上,前面提到当下所谓"碎片化"困境的说法,无疑是一种皮相之见。因为那些看似各自埋头于从实证出发的诸多研究,其思考前提往往是在旧有阐释模式内部打转,也就根本谈不上反思这些阐释的认知局限问题。那么,这些既有模式究竟存在怎样的认知局限,又如何才能有效克服这些局限呢?

就"王朝周期变动观"而言,这是一种源自本土悠久传统的思路,在

---

[1] 张国刚、张帆、李伯重:《中国历史新编·古代史》下册,高等教育出版社2014年版,第457页。

[2] 林满红:《银线:19世纪的世界与中国》,江苏人民出版社2011年版,第20页。

[3] 张瑞龙:《天理教事件与清中叶的政治、学术与社会》,中华书局2014年版,第268页。

盛衰之理：关于清朝嘉道变局性质的不同阐释及其反思

清末民国时期一度成为认知嘉道时期的风行路径。然而，此种认知仍将清朝作为传统王朝，全然以治乱结果为评判标准，形成了两个难以克服的弱点：其一是基于"因衰致亡"的逻辑，对嘉道变局的基本走向只能画出一条日渐沉沦的下行线，而难以顾及其中同时演化出来的上行线；其二是在此种认知指引下，对嘉道时期的观察只集中在上层社会结构中的重大事件、精英人物身上，而很少顾及下层社会结构和基层社会进程的脉络。尽管在嘉道变局中决不能忽视王朝周期的变动所具有的惯性力量，但是将这种力量作为唯一的主导线索，无疑是一种过于简单化的处理手法。这就无怪乎以"王朝周期变动观"为纲领的那些著述，后来大多落入默默无闻的境地。而此种认知能够留下的最显著痕迹，也就是"中衰"与嘉道时期的结合了。

随着马克思主义史学体系的完善，"社会形态发展观"成为中国历史体系的主流话语，对许多历史时期的解释都具有逻辑自洽性。但是，这种话语用来说明嘉道时期的根本特征、概括相关历史实践时，出现了一定的矛盾之处。其表现之一是，在中国古代史体系努力论证嘉道前期就出现了封建社会的解体迹象和"资本主义萌芽"时，近代史体系却要大力阐明鸦片战争后封建社会的延续及其在中国各方面的深厚作用。其表现之二是，古代史体系认为嘉道前期中国内部已经出现带有社会形态更替征兆的因素，可是近代史体系又把中国近代实现社会形态变化的主要动力归结为外力的冲击。无疑，正是由于这样的认知矛盾，才造成嘉道时期被古代史和近代史体系所撕裂，成为几乎毫不相关的两截。当然，"社会形态发展观"指导下的有益探索是不容低估的，如"资本主义萌芽论"事实上揭示了中国社会内部新生产力因素的成长问题，而以鸦片战争为标志的外力冲击也的确是不容回避的因素。因此，如何以政治经济史为主干来统摄嘉道时期的社会历史进程，如何全面把握内因和外因的互动，仍然是值得发扬的思路。

从"传统社会转型观"出发对嘉道变局的认知，使得整个研究界面得到极大拓展，越来越广泛的社会变迁内容都被纳入研究者的视野，至今依然在学界很有吸引力。然而，由于社会转型理论主要是基于西欧经验构建起来的，所以随着研究的深入，此种路径日益显现出与中国历史经验相契合的困难。一是这种认知往往将"传统"与"现代"的界分标准生搬硬套，其显著体现就是所谓"近代早期论"在嘉道时期的应用，而其背后仍是那种急于以西欧经验解释社会发展的倾向。二是由于此种认知缺乏辩证思维，故而在宏观与微观、上层与下层、整体与局部、内因与外因等一系列二元关系的把握上，难免存在着非此即彼、以偏概全的认识误区。另外，由于辩证思维的缺失，还使许多研究陷入循环论证的怪圈而不能自拔，如探讨政治演变时强调其经济和社会因素，探讨经济演变时强调其政治和思想文化因素，探讨思想文化演变时又强调其政治和经济因素，等等。总而言之，在"传统社会转型观"的框架内，嘉道变局中内因与外因的关系问题、量变与质变的关系问题，都是以往许多以其为指导的实证研究所难以回答、也缺乏充分反思的问题。

从上面的分析可以看出，在这三种模式带有各自不同的认知局限背后，还存在着一个更高层次的共性局限。那就是，它们对嘉道时期历史面相的描绘，都是从某种预设出发而拼接出来的图景。这表现在，以"王朝周期变动观"为指引的历史书写，只会看到嘉道时期处于王朝衰败期的一系列内忧外患事件；以"社会形态发展观"为指南的研究，主要致力于挖掘诸如"资本主义萌芽"等显示新旧社会形态更替征兆的内容；而在"传统社会转型观"范围内的研究，其目力总会聚焦在那些似乎能够与现代性匹配的新成分、新因素和新动向。由此可见，虽然角度各有特色，但它们都是透过各自的分光镜来观察嘉道时期的。

接下来的问题是，超越以往的阐释来重新认识嘉道时期的历史面相，又如何可能呢？对此，黄宗智提出的"从实践出发的历史社会学"，是一个非常值得借鉴的视角。这一视角的突破意义在于："只有着眼于实践过程，我们才能避免理念化了的建构的误导，尤其是意识形态化了的建构的误导。同时，着眼于实践中未经表达的逻辑，正是我们用以把握不同于现有的理论框架的新的概念的一条可能道路。"[①] 根据黄宗智的解释，这种"从实践出发的历史社会学"之所以不会成为一种新的"理念化了的建构"，主要是因为其要求贯彻"从实践中来，到实践中去"的认识论思路，从而形成在理论与实践之间有可靠逻辑的历史认知。

[①] 黄宗智：《怎样认识中国？走向从实践出发的历史社会学》，"《中国乡村研究》创刊周年座谈会"会议论文，北京，2004年。

盛衰之理：关于清朝嘉道变局性质的不同阐释及其反思

在笔者看来，从这种实践视角出发来重新研究嘉道变局，是一个值得尝试的思路。具体而言，其着手点就在于能否准确把握与"变"相关联的、更完整的历史进程。至于这种把握与以往阐释的不同，主要体现在以下三个方面。

首先，这种把握要求重新思考有关"变"的标准。从前面的论述可知，以往模式正是基于"理论化了的建构"来观察嘉道变局的，必然也以自身预设的标准来认定社会变动的迹象。这种做法的明显局限，便是不得不费力寻找能够合乎要求的历史内容，于是便出现了总也成长不起来的"资本主义萌芽"，或者是始终走不出来的"近代早期"状态。更重要的是，对于嘉道时期的许多历史当事人来说，他们所感受到的变化主要也并非这些内容。因此，我们当然要重视历史当事人的立场，去追问这样的问题：不同社会群体对于变化有怎样的不同感受？这些群体各自感受到的变化主要包括哪些内容？他们用以判断"变"的标准又是什么呢？这些标准与那些后见之明的标准又有怎样的不同和意义呢？可以肯定，只有解答了这些问题，才能避开以往在探讨变局时的先入之见。

其次，这种把握要求以更具整合性的思维来认识"变"的线索。对于嘉道变局的演化线索，以往三种阐释模式所秉持的都可谓是单线性思维。这是因为，"王朝周期变动观"主要着眼于国家政治的衰败过程，"社会形态发展观"侧重于揭示以生产关系和阶级关系演变为核心的政治经济史，"传统社会转型观"则致力于以社会经济史为主体的微观结构和底层长期进程。事实上，宏观结构与微观结构、国家与社会之间当然不是两条平行线，它们之间的交集与互动才构成了一个完整的历史演变进程。学界已有研究表明，嘉道时期在诸多领域中发生的变动具有某种共时节奏，如属于长时段领域的环境恶化趋势，中时段领域的世界体系演变，短时段领域的各种社会动荡。因此，要完整理解清朝由盛转衰背后的社会演变线索，就必须深入探究这些不同维度的变动之间的联动关系，也就必须具备更具整合性的思维。

最后，这种把握要求以更具综合性的眼光来看待"变"的整体格局。对于嘉道时期的历史进程，以往三种阐释模式的主旨都是就"变"论"变"，即重点揭示嘉道时期"变"的一面。然而，它们苦心建构起来的这幅变局面相，根本不被中国近代史体系所认可，于是便出现了各说一段且各说各话的尴尬局面。其主要原因在于，以往阐释在看待历史进程的整体格局时，急于凸显"变"的一面，而忽略了"不变"的另一面。其实，就整个嘉道时期而言，"变"的内容要远远少于"不变"的内容；而从全局出发，充分认识"不变"的范围和体量，才能更为准确地理解"变"的内涵与意义。因此，只有厘清"变"与"不变"之间的复杂关系，才能更为完整地看待该时期"新陈代谢"式的整体演变格局，才有可能弥合长期存在于嘉道变局和近代变局之间的分歧与纠结。

总而言之，本文的中心任务是去发现、剖析以往嘉道变局研究中的方法论症结及其性质。如前所述，学界以往阐释嘉道变局的主要框架，基本上不外乎"王朝周期变动观""社会形态发展观"和"传统社会转型观"这三种模式。本文的分析表明，如果意识不到这三种阐释模式在方法论上的局限性，无论怎样精深的实证研究，一旦涉及关于嘉道变局的整体认知，总会自觉或不自觉地落入既有模式的笼罩。因此，在笔者看来，从反思以往研究的提问方式出发，在转换研究视角的基础上重塑问题意识，很可能具有更加紧迫的意义。当然，现在就断言运用"从实践出发的历史社会学"视角能够更精当地阐发嘉道变局的含义，肯定言之过早。但是，基于对"理论化了的建构"的自觉警醒，这种实践视角必然有助于更为准确地勘察嘉道变局的具体历史进程，更为全面地理解嘉道时期在18世纪的"盛清"和19世纪后半期的乱局之间的特定地位。就此而言，本文的主旨在于研究前提下的反思与研究思路的开拓。而在这种反思和开拓的基础上所开展的实证研究，至少可以保证后来者不会继续落入以往的窠臼。

（原载《史学理论研究》2021年第2期）

第六篇

多维视域下的口述历史

21世纪中国大陆口述史规范的三种模本

周新国

（扬州大学社会发展学院）

20世纪80年代，中国大陆口述史开始起步。起步阶段的主要工作是介绍西方口述史相关著作，只有少部分专家开展口述史访谈实践。三四十年过去了，如今从城市到乡村、从单位到个人，广大口述史工作者将国家记忆和民族、民众记忆融为一体，正在构建中国口述史的百花园。伴随着中国口述史研究的起步和发展，口述史的规范化工作也从无到有。进入21世纪以来，各类口述史工作规范纷纷出现，推动了中国口述史工作规范的本土化。本文着重对笔者所见的、由相关机构主导制定的、具有代表性的三种口述史工作规范化的模本做一分析，以求正于学界。

一 中国大陆口述史工作规范的三种模本

最早进行口述史工作规范探索的应该是中华口述历史研究会。该研究会成立于2004年，次年便制定口述史工作规范，即《中华口述历史研究会口述史工作实务细则（草案）》。这是目前所见中国大陆口述史工作规范的较早模本，内容包括工作守则、技术标准和法律规范等。该模本曾被推介于该会与中国地方志指导小组办公室共同举办的全国地方志系统口述史专题培训班，以及相关省市政协、博物馆举办的口述史工作培训班，并在报刊上有过介绍，对21世纪中国大陆口述史规范化发挥了一定指导作用、奠定了重要基础，以下简称"中华口述历史研究会模本"。

第二种工作规范由中国国家图书馆制定。2012年，国家图书馆启动了"中国记忆"项目。该项目以我国传统文化遗产、现当代重大事件、各领域重要人物为专题，形成了专题口述记忆，并于线上发布。2016年，在该项目下国家图书馆又启动了"中国图书馆界重要人物专题"口述史项目。国家图书馆在其主导的口述史项目中所制定的工作规范对中国国家记忆项目和全国图书馆口述史规范工作起了巨大推动作用，以下简称"国图模本"。

第三种工作规范由国家文化部非物质文化遗产司制定。2015年，该司推出《国家级非物质文化遗产代表性传承人抢救性记录工作规范（试行稿）》，该规范以一些开展过抢救性记录的单位和地方的实践成果为基础，经过多次征求专家意见反复修改而成，为开展国家级非遗传承人的口述采访工作提供了基本的操作规程和标准，并使记录的成果具备统一的规范格式和体例，对推动全国各省、市、自治区开展非遗传承人的口述史工作起了重要指导作用，以下简称"文化部非遗模本"。

二 三种模本的基本特点

目前所见的三种口述史规范模本都是在一些基层单位和个人实践基础上，经过征求专家意见反复修改而成，它们有四个共同特点。

一是起点高，使命感强。中华口述历史研究会模本是在明确的为推动中国大陆口述史工作规范化的使命意识驱使下制定的。此后，2012年国家图书馆的"中国记忆"项目宣布："图书馆是人类文明的传承之所，抢救记忆，保存记忆，是历史和时代交给我们——图书馆人的使命"，"图书馆，应该成为记忆资源的汇聚之地、创造之地、传承之地"，通过图书馆来保存记忆，具有极大的历史意义，能"给我们的时代，为我们的后代，构建一个共同记忆的栖息之所，中华文明的永续传承之地"。为将这一项目有序推进，特别制定了规范化的工作流程。[①] 2015年形成的文化部非遗模本是列入《文化部"十二五"时期文化改革发展规划》的重要任务，该模本明确要求"各地在开展国家级代表性传承人抢救性记录的过程中要认真按照本工作规范的要求开展记录的各项工作；其他，如省级代表性传承

[①]《全国图书馆界共同开展记忆资源抢救与建设倡议书》，"新时代中国马克思主义口述历史的新趋向"学术研讨会论文，南京，2021年4月，第113—114页。

人的抢救性记录也可参照本工作规范",明确宣布"在'十三五'期间,全面完成国家级代表性传承人的抢救性记录工作",为全国开展抢救非遗传承人记录的工作开创新规范。①

二是采访工作规范,内容具体。中华口述历史研究会模本包括四大工作原则与四类具体操作规范。首先是口述史工作守则、工作纪律、学术要求与法律规范四项原则,而四类具体操作规范,则是将口述史采访分为"准备阶段""访谈阶段""整理编辑阶段"与"归档存档阶段",四个阶段共计19项具体工作规范,便于操作。国图模本和文化部非遗模本与中华口述历史研究会模本大致相近,但在内容上则更细化具体,更符合各自实际情况。其中,国图模本对前期准备阶段细化为八项,即:工作团队与设备、预访谈、访谈提纲、访谈计划、访谈准备、访谈、技术要求、其他文献收集;文化部非遗模本则将记录准备工作更细化为:确定记录对象、组建记录工作小组和设备,其中对设备特别强调为摄像机、录音设备、照相机、监视器、后期非线编辑设备、辅助设备等;对采访工作则细化为:已有资料的调查搜集、抢救性采集和技术标准等。

三是后期整理编辑,归档存档规范。中华口述历史研究会模本对后期整理编辑概括为九项工作,其中整理编辑六项、存档归档三项。国图模本写为"资料整理与加工",具体为六项工作,即:1. 口述史资料记录标识号;2. 视频、音频、照片整理;3. 口述史文稿整理;4. 制作口述史成片;5. 其他文献的保存与备份;6. 形成工作卷宗。文化部非遗模本的整理编辑则分为:搜集资料整理、采集资料整理、原始资料复制备份、制作文献片、制作综述片、形成工作卷宗、复制保存建档七项。三者相比,"非遗传承人"强调制作文献片,突出"非遗传承人"的口述采访的特点。

在后期整理和归档存档阶段,国图模本增列了审核,包括资料提交、审核内容与形式、审核报告、项目延期或终止以及成果的使用。文化部非遗模本则列为验收内容、验收人、验收形式、验收报告和资料提交等五项。上述要求皆符合各自特点和实际,共同促成了口述史工作规范的全面适用。

---

① 《国家级非物质文化遗产代表性传承人抢救性记录工作规范(试行稿)》,"新时代中国马克思主义口述历史的新趋向"学术研讨会论文,第127页。

四是附录实用,具有重要参考价值。中华口述历史研究会模本附录部分提供了采访协议书的样本和法律规范样本;国图模本附录部分有18个附件,包括申请书、合作协议书、工作团队人员信息表、工作人员保密协议、设备达标、设备信息、口述史采访参考提纲、口述史采访人和访谈人伦理声明、拍摄工作建议、访谈工作记录者、授权书、口述史访谈技术标准、收集文献清单、资料分类保存目录命名方法示例、口述史料清单、字幕标准等。文化部非遗模本附录部分则包含十几项,即:传承人基本信息登记表、工作方案及预算表、抢救性记录工作小组成员表、工作人员保密协议、搜集资料清单、资料搜集与使用授权书、伦理声明(传承人)、伦理声明(记录者)、著作权授权书、资源采集、收藏与使用协议、传承人口述访谈问题、拍摄日志、场记单、采集及整理资料清单、验收报告。附录部分在法律和某些工作细节上做出的规定具有重要价值。

三 中国大陆口述史规范化模本的影响和作用

21世纪以来中国大陆口述史的三种工作规范化模本的出现不是偶然的,它们是从事口述史工作的各位同仁在口述史工作的实践中逐步探索形成的,也是海内外口述史工作者互相切磋的结果。

早在2004年首届中华口述史高级论坛暨学科建设会议期间,与会专家不约而同地提出了中国大陆口述史工作规范化建设的问题。朱佳木在开幕词中指出:"由史学界召开这个口述史高级论坛,回顾和展望中国大陆口述史工作,交流近年来的口述史工作经验,研究口述史学科分类和学科建设问题,讨论并设法制定口述史工作规范、标准和原则,是非常必要的,对于我国口述史发展及其学科建设是有划时代意义的。"[①] 程中原指出:"确定中国大陆口述史工作规范、标准是一个逐步完善的过程。"[②] 左玉河认为:"在这次高级论坛后,中华口述历史研究会的主要任务之一,就是尽快制定出一套关于口述史采访、出版、研究的规范、章程和工作规程。这项基础性工作,是做好口述历史研究的基础和保障。"[③]

[①] 周新国主编:《中国口述史的理论与实践》,中国社会科学出版社2005年版,第4页。
[②] 周新国主编:《中国口述史的理论与实践》,第277页。
[③] 周新国主编:《中国口述史的理论与实践》,第114—115页。

在这次会议上，左玉河提出了他个人的访谈与受访人应签订的协议书的样本，扬州大学口述史研究所提供了口述史工作规范的文本，供与会代表讨论。这是目前所见的较早的口述史工作规范，在此基础上出台了中华口述历史研究会模本。

此后，中华口述历史研究会先后在武汉、成都、厦门和中山市召开了研讨会，并在厦门与香港、澳门、台湾学者召开口述史研讨会，推动了中国口述史工作的发展。各地各部门，从单位到个人开展了大量的采访工作，出现了各种口述史工作规范化的文件，有简有繁、有博有约，其中北京、天津、浙江、福建、广东、四川、江苏等省市推出了多种类型的工作规范，其内容均包括工作守则、法律规范、伦理要求、采访工作、整理归档等方面。2009年厦门会议期间，国家图书馆的田苗等人提出了开展中国口述史工作设想，随后启动了"中国记忆"项目。他们结合项目要求，总结了各地口述史工作的经验，系统地归纳吸收了此前形成的口述史工作规范，形成了国图模本。可以说，21世纪以来的中国大陆口述史工作规范的三种模本前后相继、各具特色，是中国大陆口述史工作规范的代表，对中国大陆口述史规范化发展起了巨大推动作用。

21世纪以来，中国大陆口述史规范化工作不断推进，各类口述史成果迭出，涌现不少影视作品形式的口述史记录，如中央电视台的《大家》《大国工匠》《国家记忆》《超级工程》等节目，以及省市电视台的口述史栏目，如西藏电视台的《西藏百万农奴翻身口述》、新疆电视台的《新疆生产建设兵团口述史》、南京电视台的《南京大屠杀幸存者口述》等。

与此同时，一批口述史著作也相继问世。代表性著作有：国家图书馆"中国记忆"项目中的《风雨平生：冯其庸口述自传》《我的抗联岁月：东北抗日联军战士口述史》，定宜庄的《老北京人的口述历史》，王文章主编的"中国民间艺术传承人口述史丛书"，中国社会科学院当代中国研究所组织采访的系列作品如《吴德口述：十年风雨纪事——我在北京工作的一些经历》，王俊义和丁东主编的《口述历史》，左玉河主编的"中华口述历史丛书"，江苏省政协文史委员会主编的《南京长江大桥：亲历、亲见、亲闻实录》，朱庆葆等主编的《我的高考：南京大学1977、1978级考生口述实录》，胡波主编的《孙中山研究口述史》，孙丽萍主编的《口述大寨史：150位大寨人说大寨》，熊月之撰稿的《姜义华口述历史》，彭剑整理的《章开沅口述自传》，等等。

在各地开展的口述史工作中，还保存了大量的口述史原始资料。如，侵华日军南京大屠杀遇难同胞纪念馆保存的幸存者口述、江苏徐州淮海战役纪念馆保存的《淮海战役亲历者口述史》、扬州大学整理的《铁血夕阳红——扬州抗战老兵口述史访谈录》，以及国家社会科学基金重大项目"抗日老战士口述史资料抢救整理"等，以上项目为进一步开展有关研究奠定了重要基础。

口述史工作的规范化直接影响到口述历史成果的质量，是一项极其重要的工作。中华口述历史研究会模本、国图模本和文化部非遗模本为口述采访提供了工作规范和技术要求，奠定了口述史研究的前期基础，保障了口述史研究的顺利开展，具有重要的价值和意义。今后，口述史的工作规范化应当继续在口述史工作的实践中、在与海内外学者的交流中不断加以丰富和完善，使其得到提高和发展。

（原载《史学理论研究》2021 年第 5 期）

固化、中介与建构：口述历史视域中的记忆问题

左玉河

（中国社会科学院历史理论研究所）

口述历史是用口述访谈的方式、以影像和文字为载体采集和保存记忆的工作，它的主要任务是采集、保存、传承历史记忆，在探寻记忆真实性中无限逼近历史真实。口述历史是记忆留存的方式，是传承和建构历史记忆的工具。因此，记忆是口述历史的核心，口述历史必须着力探究记忆的采集、保存及遗忘问题。

一 流动性与固态化：口述历史是记忆外化、固化和物化的过程

口述历史直接应对的是个体记忆，口述访谈采集和保存的主要是个人记忆。当历史事件发生后，那些经过大脑记忆和过滤机制而被保留的信息，构成了个人记忆。这种存储在大脑里的记忆，随时可以提取采集。当其未被提取并呈现时，属于无意识的内隐记忆。内隐记忆通过语言叙述出来，就形成了外显记忆。这种外显记忆是通过口述访谈方式提取并记录下来的记忆。对当事的口述者（统称当事人）亲身经历记忆进行有意识的采集，是口述访谈的主要工作。口述访谈所要采集的是当事人直接经历而形成的记忆，是"三亲"（亲历、亲见、亲闻）形成的直接记忆，而不是"如是我闻"式的间接记忆，更不是转述的他人记忆。

口述历史的主要任务，是将当事人直接记忆采集起来并将其外化为间接记忆。当事人的直接记忆以口述访谈方式呈现出来后，就变成脱离当事

第六篇 多维视域下的口述历史

人直接记忆而独立存在的间接记忆。口述访谈对当事人记忆的采集过程，是有意识地将当事人的直接记忆外化为间接记忆的过程，是将内隐记忆转变为外显记忆的过程。

记忆是灵动的，会随着时间推移和空间变动而呈现不同形态，因而具有明显的流动性和不稳定性。正因为记忆具有流动性和不稳定性，故以记忆为核心的口述历史的真实性自然受到质疑。记忆的流动性及不稳定性，恰好突显出口述历史的特有价值。因为口述历史不仅仅具有自觉采集和保存记忆的功能，更具有将这种流动的、不稳定的直接记忆加以固态化的作用。口述历史使流动的直接记忆变成物化的口述音像史料，亦即口述文本。这种物化的口述文本，实际上就是固化的历史记忆。所以，口述历史的突出功能，在于将流动的不稳定的记忆加以固定化和稳定化，转变为外显的稳定的固化的历史记忆。流动记忆固化的主要途径，就是口述访谈。口述历史是以口述访谈的方式，将流动的直接记忆采集并保存起来，形成以音像和文字为载体的固化记忆。固化记忆的表现形态，是物化的口述文本。口述文本是个体记忆的物化形态，是流动记忆的承载物。这种固化的承载物，包含着当事人的直接记忆，是流动记忆转化而成的固化记忆形态。将流动形态的直接记忆转化为物化形态的固态记忆，是口述历史的主要工作。

以口述访谈方式采集而成的口述文本，是对流动记忆的固化和物化。口述历史是将无意识的内隐的流动的直接记忆，有意识地外显为固态化记忆的过程。口述历史访谈形成的固化记忆取代了当事人流动的直接记忆，使流动记忆转变为固化形态的记忆。这种固化记忆，可以脱离当事人的个体生命而稳定持久地存留并传承下来。口述历史采集记忆的过程，是对当事人的直接记忆加以提取和采集，形成固化记忆并以固化记忆的形态存储起来的过程。从流动的不稳定的大脑记忆库中提取出来的直接记忆，以音像文字的形态加以外化固化，形成口述文本，并以音像文字的物化形态保留下来。这正是口述历史的独特之处。从这个意义上看，口述历史是记忆外化、固化和物化的过程。

二 记忆中介：回忆是由记忆中介
　　 唤醒记忆的过程

记忆是口述历史的核心，记忆呈现及其固化是通过口述访谈实现的，而口述访谈则需要当事人以回忆方式呈现历史记忆。但当事人的回忆是不会自动呈现的，必须通过记忆中介加以唤醒。记忆中介是唤醒记忆的工具，其作用在于刺激当事人的直接记忆，唤起当事人对往事的回忆。询问及文字图像、音像记录、实物遗址等，都可以成为唤醒记忆的中介物。当事人通过记忆中介唤醒对"过去"的回忆，进而将关于"过去"的记忆叙述出来。口述访谈实际上是通过记忆中介物的刺激而唤起当事人记忆的工作。

询问是唤起当事人记忆的常用方式。口述历史访谈的询问不同于新闻采访的提问。口述访谈者对当事人的询问，是有明确目标和周密计划的自觉活动，是围绕访谈主题而设计具体问题并围绕这些问题展开的询问。口述访谈前有周密的访谈计划，有充分的前期资料调研准备，有细致而明确的具体问题。围绕主题设计并提出问题，是口述访谈的核心环节。口述访谈过程中的询问，是以提出问题的方式唤起当事人的记忆。通过以问题为媒介向当事人进行询问，勾起当事人对往事的回忆。因此，访谈者设计问题之目的，在于唤起当事人对"过去"的回忆，唤醒并重现相关的历史记忆。访谈者所周密设计和耐心询问的问题，带有明显的导向性，引导着当事人唤醒和呈现记忆的方向及内容。

口述访谈是围绕事先准备好的具体问题展开的。访谈者所设计的具体问题，是唤起记忆的必要中介。记忆是在访谈者与当事人进行的问答式询问中唤醒的，是在双方交谈中呈现出来的。回忆过程是当事人唤醒并提取记忆内容的过程。当事人在访谈过程中回答访谈者提出问题的过程，就是唤起和呈现回忆的过程。当事人在问答式询问中挖掘记忆、唤醒记忆、呈现记忆并建构"当下"的新记忆。访谈者通过提出设定的具体问题，唤醒并引导着当事人回忆其往事。口述访谈的时空场景及询问问题的方式直接影响着当事人唤起记忆及呈现记忆的质量，这便要求访谈者必须掌握口述访谈技巧。访谈者要以适当而巧妙的方式提出问题，不断启发和引导当事人调取自己的记忆，使其回忆逐渐清晰化和系统化。访谈者提出的问题，促使当事人不断追忆过去的经历，不断将记忆碎片连缀起来，形成较为完整的经验叙述。回忆在追问中深入，记忆在叙述中呈现。访谈者与当事人在提问与回答的互动中完成对记忆的唤醒与采集。

图像、日记等历史活动后的历史遗物，包含着特定的历史信息，是唤起当事人记忆的重要中介。历史残留物具有承载、刺激历史记忆的功能，故口述访谈必须注意搜集并利用这些残留物，发掘蕴含其中的记忆、故事、情感及意义。访谈者向当事人展示与访谈主题相关的图像文献，能够唤起当事人对往事的回忆，往往成为口述访谈的最佳切入点。当事人围绕着这些图像文献进行回忆，讲述和解读图文背后的往事，形成关于过去记忆的历史叙事。以图文勾起的回忆为契机，当事人进行延伸性回忆，重返过去的历史场景，重建关于过去事件的历史情景，讲述与历史事件相关的故事，实现了流动记忆的固化。

历史活动后的空间遗址及纪念物，既有象征和指涉的意味，又有塑造和传承记忆的功效。它是记忆的寄托物和记忆物化的载体，同样是唤起回忆的重要中介物。回忆不是机械的呈现，而是对铭刻在历史遗迹上过往记忆的唤起，是对历史事件精神内涵的再现。空间遗址是唤起当事人回忆的重要元素，可以提供关于事件的记忆线索。访谈者在访谈过程中，以历史遗址为记忆之场，营造记忆再现的历史现场，建构一种"记忆的剧场"，让当事人重新置身于历史的空间，勾起当事人对历史的回忆，再现过去的情景，重现历史遗址的当下意义。当事人在事件发生的特定时空中穿行，以历史遗址为中介物进行回忆，重建过去事件的历史场景，讲述发生在此地的历史故事。

三　当下与过去：回忆是"当下"记忆的建构

记忆是沟通过去与现在的桥梁，是站在"当下"对历时久远的"过去"事件的重现。这种重现是通过回忆方式完成的。回忆特有的滞后性和反思性，决定它必然具有当下性，而回忆的当下性决定了回忆的建构性。回忆是"当下"对"过去"记忆的重新建构，口述历史是发掘和保存建构性记忆的过程。

固化、中介与建构：口述历史视域中的记忆问题

回忆的本质是"当下"对过去的重构和重塑。当事人回忆过去采取的是"当下"立场，是在当下的语境中的历史回望。口述者对"过去"记忆呈现什么、呈现多少、以怎样的方式呈现，都受到"当下"的操控。"当下"对"过去"的操控，是用当下的立场、当下的观念和当下的意识重构"过去"记忆。因此，个体记忆所唤起的"过去"记忆，并非原本的"过去"，而是"当下"意义的"过去"，是"当下"环境过滤后有所选择的"过去"。

当事人在历史发生时的身份、地位及所处的语境，直接决定原初记忆内容。当事人"当时"的身份、地位和经历不同，在事件中扮演的角色和发挥的作用不同，对事件的认知和理解不同，留下的最初记忆自然有所不同。这便导致不同的当事人对相同事件的回忆有所不同，从而出现差异性叙述。当事人"当下"的身份、地位及环境的差异，同样导致其在"当下"对"过去"回忆及叙述的差异。相同的"过去"投射到不同当事人身上的结果是有差异的，不同的当事人形成的关于"过去"的记忆在"当时"和"当下"自然会因差异而多样。因此，当事人"过去"和"当下"经历及地位的差异，必然导致对"过去"记忆的不同和叙述的差异。

不同当事人形成不同的记忆并出现差异性的叙述，甚至出现完全相反的记忆和叙述，源自回忆的当下性和建构性。回忆是站在"当下"回望"过去"。当事人所呈现出来的记忆，是受"当下"境况影响而建构起来的"当下"记忆。当事人只会记住对自己刺激较大的"过去"情景。不同的当事人对相同事件的不同回忆，是建构性的差异，相同当事人在不同境况下的不同记忆及呈现出来的差异性内容，又何尝不是建构性的差异？这些情况都表明，当事人的记忆是受"当下"环境制约的，是"当下"建构的记忆。

既然当事人"当下"的记忆与叙事并非纯粹对"过去"的客观再现，而是基于"当下"回溯"过去"的结果，那么，当事人所呈现的"过去"并非全部真实，而只能是部分真实。当事人当下唤醒而呈现的记忆虽然是"当下"建构的记忆，但不意味着都是虚假的，其中必然包含部分真实。"当下"记忆虽然是重构的记忆，但确实是以当事人真实的记忆内容为基础建构的，必然包含部分真实的"过去"，是"当下"环境对"过去"记忆的部分再现。当事人呈现出来的记忆内容，部分是自己亲历亲见的真实

过去，但确实包含得自传闻的非真实的"过去"。回忆的当下性和建构性，决定了口述访谈必须关注记忆的"当下"建构问题。"当下"讲出来的故事并非都是真实的"过去"，而是站在"当下"立场上重构的仅有部分真实的"过去"。尽管"过去"记忆只有部分的真实，但"当下"的记忆却是真实的建构。

口述历史访谈中当事人的回忆过程，实际上是对记忆进行二次建构的过程。二次建构的过程，同样是把对历史的回忆变成对事件认知行为的过程。回忆不仅仅要"复刻提取历史"，更是要主动地"思考历史"。口述历史呈现出来的记忆，是经过"当下"修饰后的记忆，必定掺杂了当事人的价值观。凡是带有评价性的回忆都是"当下"立场上的历史评判，是用"当下"的语言和观念对"过去"的叙述和重构，反映的是"当下"的立场和价值，不可能完全恢复到"过去"的历史场景。"当下"建构的记忆，无法保留原有的"过去"模样；"过去"是被"当下"建构出来的"过去"。当事人的记忆因为历时久远而不可避免地经过了遗忘筛选、拼接重组，只能是"过去"记忆的"当下"再现，包含有部分真实和部分虚假。这样，记忆"再现"的事件与历史的"真实"之间，横亘着复杂的主观建构环节。因此，口述历史是"当下"记忆建构的过程，口述访谈所采集的历史记忆，是"当下"建构起来的关于"过去"的历史记忆。

四 记忆与遗忘：口述历史是矫正错置抵抗遗忘的过程

人的记忆经常出现变形、错置和遗忘等情况。这些情况源自两个方面：生理因素和社会因素。记忆的生理机制和心理机制，决定了记忆在存储和呈现过程中必然会发生各种各样的"故障"，导致记忆的扭曲、偏差和遗忘。而记忆的当下建构机制，同样导致了记忆在存储和呈现过程中出现错乱、变形和偏差。所有的记忆都是人的记忆，所有的记忆呈现都是通过人的叙述完成的，故以记忆为基础所叙述的"过去"都是主观建构的，蕴含着当事人的"当下"认知。当事人在口述访谈过程中，将事件发生后得知的信息掺杂到"当下"对"过去"的回忆之中，形成记忆误植。随着时间和空间的变迁，当事人后来的记忆和先前的记忆之间发生混淆及彼此覆盖的现象，导致记忆的错觉、变形、扭曲及叙述的重复、掩饰和歪曲，是口述访谈中普遍存在的正常现象。

记忆的对立面即为遗忘，记忆与遗忘是一枚硬币的两面。有记忆必定意味着有遗忘。遗忘塑造了记忆，理解记忆的关键在于理解遗忘。口述访谈采集记忆的过程，本质上是抵抗遗忘的过程。遗忘和记忆既是人的生理机能，更是社会选择的机能。从人的生理机能和记忆机制看，遗忘是正常的自然现象，记忆反而是自觉的人为现象。遗忘与记忆均体现了大脑的选择功能：过滤后留下的信息成为记忆，未通过筛选的信息就被遗忘。但口述历史视野中的遗忘，是自觉的主动选择性遗忘：对己有利的信息就选择记住，或铭记在记忆深处；对己有害的信息就选择遗忘，将其尘封到记忆深处。人就是在遗忘中记忆，同样在记忆中遗忘：遗忘那些对自己有害的信息，记忆那些对自己有益的信息。因此，遗忘既是人的生理机能和自然现象，也是人的自觉选择的社会现象。

作为社会现象的选择性遗忘，是出于当下的需要有意识地切断与过去联系的过程。这种切断过去的做法是有选择的，而选择的标准是"当下"的利害及社会需求。记忆的本质是选择性遗忘，而遗忘的本质则是选择性的记忆，两者都体现了人的社会选择性。口述历史面对的是"当下"记忆的社会建构和选择性遗忘，而不仅仅是生理和心理机制上的记忆与遗忘。当事人的"过去"哪些被记忆、哪些被遗忘，固然有生理机制作用的影响，但更重要的是个人选择和社会建构的结果。处于社会关系中的个人，其个人选择实际上就是社会选择，个人的记忆建构同时也是社会的集体建构。口述历史视野下的记忆和遗忘，必定是选择性遗忘和选择性记忆，是社会建构和社会选择的结果。

遗忘分为真实的遗忘与虚假的遗忘。因生理和心理机制导致的遗忘，是真实的自然遗忘；而因个人利害及社会原因导致的所谓遗忘，则是虚假的社会遗忘。虚假遗忘是被社会因素抑制的内隐的潜存的遗忘。也就是说，并不是真的不记得（自然遗忘），而只是不愿意记起、回忆和叙述的潜存记忆，实际上并没有真正地被遗忘。这种虚假遗忘，是尘封在记忆深处不愿唤醒的潜存记忆。它之所以不愿被唤醒，显然是受到各种社会现实利害因素的制约。口述历史面对的更多是这种社会性的虚假遗忘，是这种不愿呈现的潜存记忆。

第六篇 多维视域下的口述历史

虚假遗忘是选择性的社会遗忘，往往与创伤性记忆密切相关。大屠杀、大灾害等"过去"的记忆，是典型的创伤性记忆。与创伤性记忆相对的是社会性的虚假遗忘。对于灾难、死亡、饥饿等黑暗的"过去"，当事人采取遗忘和回避态度是必要的生存需要；面对灾难事件采取选择性沉默，是必要的自我保护方式。当事人口述访谈中的"沉默"及"不知道"回答之背后，是选择性的社会性的虚假遗忘。虚假遗忘是有意识的社会遗忘，是当事人主动切断与痛苦和悲惨"过去"联系，将创伤性记忆有意压制而成的选择性遗忘。犹太人大屠杀口述访谈中的回避和沉默，是典型的选择性的虚假遗忘。

口述历史是采集记忆的工作，但面对创伤性记忆必须保持克制。当事人在口述访谈中对"过去"灾难的回忆无疑是痛苦的，可能会造成情感上的二次伤害。为了避免"过去"对自己的二次伤害，当事人往往以虚假遗忘的方式选择沉默，以沉默的方式应对访谈者的询问。这样，口述访谈者进行创伤性记忆采集时，面临着艰难选择：是继续唤起创伤记忆对其进行二次伤害，还是认同当事人的沉默而终止乃至放弃访谈？当事人同样会面临两种选择：一是以遗忘的方式"寻求伤口的闭合"，有意识地遗忘不堪回首的"过去"，让心灵的创伤随着时间的流逝逐渐愈合；二是以铭记的方式"保持伤口的敞开"，为了铭记往事以警示后人，避免类似的悲剧重演，勇敢而痛苦地回忆往事，以个人的二次伤害为代价将所遭受的伤害和痛苦铭记下来。大屠杀的幸存者、大灾难的受害者、被摧残的弱势群体等，都面临沉默与铭记的艰难选择：回忆还是遗忘？沉默还是诉说？

从个体创伤愈合的角度看，应该让当事人选择沉默，忘却"过去"的苦难记忆，拒绝回忆并避免因回忆导致的二次伤害，让历史悲剧造成的创伤逐渐平复。但从铭记历史教诲后人的角度看，应该鼓励当事人忍痛诉说，将自己亲历的那些历史往事倾诉出来，控诉施暴者的罪恶行为。通过这种创伤性记忆的重现和倾诉，当事人遭受的痛苦和长期压抑的情绪，在回忆和倾诉中得到适当释放，其精神创伤能够得到安抚。

不过，当事人选择"遗忘"苦难"过去"，是当事人的基本权利。受伤害的当事人选择回避和沉默，以虚假遗忘的方式不愿接受访谈，是可以理解的。谁记得太多，谁就感到沉重。访谈者必须尊重当事人的选择。避免在口述访谈中对当事人进行二次伤害，是口述历史必须坚守的伦理底线。口述历史对创伤者的访谈,要以当事人的选择和意愿为准;不顾当事人的痛苦并违背其意志,强迫当事人诉说或沉默都是违背口述伦理的。

总之,记忆是口述历史的核心。口述历史以访谈方式将流动的记忆固化为音像口述史料,实现了流动记忆的外化、固化和物化。记忆的外化、固化是通过口述访谈实现的,口述访谈则以当事人的回忆方式展开,而回忆又是由记忆中介唤起的。当事人通过记忆中介唤起"过去"的记忆,呈现"当下"建构的记忆。当下建构的记忆是以真实存在的记忆为基础的,故包含着部分的真实。回忆本质上是"当下"对"过去"的建构,口述历史就是发掘和保存建构性记忆的过程。当下建构的记忆必然是有误差的记忆,口述历史又是减少和矫正误差的工作,是保存记忆、对抗遗忘的工作。既然记忆和遗忘都是社会选择的结果,那么口述历史视野下的记忆和遗忘必定是选择性记忆和选择性遗忘。面对创伤性记忆,口述访谈者必须坚守伦理底线,尊重当事人的遗忘选择。

(原载《史学理论研究》2021年第5期)

口述史再思考[*]

钱茂伟

(宁波大学人文与传媒学院)

经过 40 年的发展,中国口述史学科在理论与实践上均取得了可观成绩。将口述史建成独立学科,是很多学人的共同想法。要实现这一共同想法,就要对以下问题进行再思考:口述史应该是怎样一门学科,口述史应采取什么模式,口述史的类型该如何划分,它最大的服务人群是哪些?

一 口述历史是历史的音像再现

目前的口述史研究往往被视为文献史学,提及口述史,人们的第一反应是整理成稿、公开出版的口述史作品,这是一大误区。笔者认为,应该跳出文献史学思维,回归录音、录像本位来思考口述史。事实上,口述史的第一形态是声音文本,其它均属延伸加工。人类的思维表达,主要是口述与笔书两种方式,口述是声音的直接表达,笔书是符号的间接表达。两者所用工具不同,一是借人类自身器官进行,一是借外在的工具(笔)与符号体系(文字)进行。口述历史,是通过"口述"表达的"历史"。它对应的是"文献历史",即通过"文献"来表达的"历史"。口述,是一个"生活世界"概念;历史,是"文本世界"概念。口述必须录音录像,留下固定的录音录像文本,才能称为口述历史。口述史的第一功能是"声音史",是"历史的声音再现"。

---

[*] 本文是国家社会科学基金重大项目"当代中国公众历史记录理论与实践研究"(项目编号:19ZDA194)的阶段性成果。

口述史的最大功能是"留声"，可以留下当事人对过往记忆的认知声音，它有声音的真实性与可欣赏性。文字是无声的，无法体现历史当事人的物理声音。口述史可以保存人类的物理声音，可以原汁原味地展现一个人的语气腔调。与笔书的标准化相比，口语是非常个性化的，可以说一个人就有一套话语体系。口述是通过人之"口"直接表达出来的内心想法，是差异化的真实心声。保存人类声音的另一好处是，后人能听到前人的声音，更有一种亲切感与体验感。由此说明，历史学是珍惜人类失去的记忆之学，口述史是直接保留人类声像的最佳方式。

口述史的长处在于将"生活世界"与"文本世界"巧妙地结合起来，降低了文本化的门槛。在生活世界，说话与倾听是人类思想交流的第一方式，同时生活中的语言交流也是小时空传播的媒介。在近代录音技术发明以前，人类只能通过文字符号来表达，利用文本使话语思想得到超时空流传。文字文本因凝固可识读，是可以实现大空间传播的媒介，所以受到后人的重视。人类相当长时间处于纯口语社会，这就是史前史阶段。进入文字发明后的文明社会，也就进入了口语、笔书并存的社会。当代社会虽进入了信息社会，但仍存在口语与笔书两大领域。多数人只会使用口语，只有少部分人会使用笔书。也就是说，"口述"永远是人类第一层面的表达方式，文字是第二层面的表达方式。

让口述史回归声音史，才能体现出口述史的独特价值。否则，将口述史的重点放在转录成篇、编辑成文，就与文字作品无异了，口述的"个性"就消失了。影像文本与文献文本，风格不同。口述史由声音而文字，核心观点会得到保留，但不少鲜活的细节会被省略。让口述史回归声音与图像，可以保留文字文本之外的另一种真实。

留下大量音像历史文本，是20世纪以来全新的面貌。聆听音像故事也有两种方式，一是消费性地听，二是生产性地听。有了音像口述史，就可以进行音像史学研究了。目前的口述史出路有两种导向，一是以出版文献口述史为目标，二是以制成音像口述史为目标。前者的重心是文献口述史，会忽视音像口述史；后者则以音像口述史为目标，会忽视转化成文献口述史。其结果，前者会出版口述史作品，而后者以音像数据库建设为目标。文献口述史仍是传统模式，音像口述史才是全新的模式。未来的音像口述史数据库的出路，首先是"在线故事分享"，其次是部分转化成文字版本。从网络的角度来说，做口述史是"倾听生命故事"。

二 口述史分类应以人为本

口述史是当代历史记录活动，人人可以参与，门槛较低。因为人人参与，所以会有不同学科与不同领域的特质。公众可分为精英与大众两大类，相应地也就有精英口述史与大众口述史之分。其中，"大众口述史"尤其值得关注。在现实生活中，个人从属于不同的群体与集体组织，所谓群体是按民间社会原则组合而成的人群，所谓集体是按国家行政力量组合的人群。口述史既可以成为不同群体的口述史，也可成为不同集体的口述史。

口述史的分类方法，不同于传统组织本位的政治史、经济史、军事史等的条块式分类。口述史的基础是个人史，所有的口述史都要靠特定的人来讲述，因此它会按人来分类，以人的生活史为核心，展开方方面面的叙述。公众的核心是人人，是以人为中心的观察方式，所以个人史会包括三大方面的内容：一是个人的经历，二是交往圈的记忆，三是对所处时代的个人感悟与观察。这些是个人史不同于传记之处。个体又是群体与集体动物，个体与其他个体可以组合成不同的群体，不同的群体有不同的类型。陈旭清等人将口述史分为四类：以事件为中心、以人物为中心、以组织为中心、以时间为断限。这四类又可进一步归纳为纵向与横向两类。[1]

人又分属不同的学科与行业，从而有不同的学科与行业口述史。口述历史是新兴的历史学研究方法与学科领域，这应是海内外口述史界的共识。说方法，是就口述史路径而言；说领域，是从口述史的内容入手。口述史本身是再现历史的方法，可与不同的专门领域结合，从而产生不同的专门性口述史。可以根据历史建构单位的不同，建构出不同类型的口述史。可以有多种划分法，可按学科划分，也可按行业来划分。进一步按时间与时空划分，则分类会更细。因此，与其说它们是分支学科，不如说是口述历史的不同类型。

---

[1] 陈旭清、马文利：《试论口述史研究的分类——以 NGO 口述史研究为例》，《晋阳学刊》2008 年第 2 期。

口述史还可分音像口述史与文献口述史两大类。国内图书音像领域使用的是主题分类法，音像口述史也借用了这种分类方法。例如，崔永元口述历史研究中心图书馆将所收录的音像口述史作品分为七大系列：电影人口述史、抗美援朝口述史、抗战军人口述史、民营企业口述史、西南联大口述史、新中国建立和早期建设参与者口述史、知青口述史。

从已经出版的文献口述史成果看，主要涉及两大人群。一是行业人群记忆。如：城市边缘群体口述史、汽车人口述史、归侨口述史、老兵口述史、行会口述史、工商业人口述史、渔民口述史、移民口述史、知青口述史、建设兵团口述史、东北建设者口述史、老党员口述史、市民口述史、村民口述史、慰安妇口述史、劳模口述史、非政府组织人口述史、传承人口述史，等等。二是学科人群记忆。如：史学工作者口述史、自然科学人口述史、科幻人口述史、电影人口述史、媒体人口述史、高校人口述史，等等。

口述史的分类，可以理解为口述史的分支建设问题。将口述史的主题归类出来，可以引导人们从事相关主题的口述史，并对其进行规范化。学科分支化建设，除了要将口述史规划为不同分支外，更要在相关技术建设方面下功夫，要进一步项目化、流程化、技术化、产品化。

三 口述史学最能成为服务大众历史记录的学科

口述史学是实现公众历史记录的基本途径。进入新时代，我们要解决历史学服务大众问题，让史学成为服务全体人民的学科，才有全新的出路。口述历史使公众与史学得以沟通，提供了最彻底的实践方案，这表现为人人参与、人人入史、人人分享三大精神的贯彻。在相当长时期内，历史的世界是一个文献世界。不识字、不会写作，就无缘进入文献世界。口述史为普通人参与历史的叙述创造了条件，让普通人得以开口述说往事，从而间接进入文本世界。有别于擅长写作的文化人，普通人有自己日常口语化的话语体系，他们表达思想的方式是用口说话。他们主要活动于生活世界，缺乏文本意识。要解决他们的文本盲点，须在其口述优势上发力。主动采访可让他们有机会留下历史文本。普通人多是没有"历史"的群体。口述可以使他们的人生更为自觉，由"社会人生"进入"文化人生"

阶段。

口述历史让普通人也有机会成为历史人物。历史是人的历史，但在相当长时期内，"人"仅仅指大人物，小人物基本被边缘化。现在，作为史学研究对象的"人"的范围不断扩大，小人物也成为"人"，于是人物史的内涵也更丰富了。当我们提倡"人人入史"时，许多史家的第一反应是，这是不可能的，也缺乏典型性，历史研究的对象会碎片化。我们要说的是，选择"典型性"确实是研究者面对的常态，但不同层面会有不同的典型性选择方式，两者的规则是不同的。直接从生活世界选择典型对象，选择余地更大，更为方便。

公众口述历史改变了历史学偏好国家政治的格局。习惯了国家精英历史的人们，面对普通人的历史记录，第一反应往往是没有记录的价值。国家政治史的强势，导致日常生活史的弱势。整个社会形成了一种普遍的观念，只有军国大事、帝王将相的故事才是值得记录与讲述的，而其他普通人的故事、日常生活是不值得讲述的。这种主流史学价值观导致民间百姓生活史记录被边缘化。如果将"历史"定义为"国家历史"，确实如此。不过，若能进一步增加"公众历史"，想象空间当会更丰富。公众史的主轴是生活史，人在地球上的活动过程便是广义的生活史。公众史研究人的经历及心路历程，梳理人的记忆。做口述史可获得历史发展的过程细节资料，让那些只有大脑记忆而没有文本记忆的普通人拥有文本记录。大脑记忆必须表达出来，才有公共文化意义，否则就是私用之物，最终与草木同腐。

口述历史使普通人的人生故事得以记录与传播。口述史的最大获益群体是哪些人？从总体来看，口述史的最大获益群体应是大众，因为精英多少有些文本留下来，而大众多没有留下文本。两千多年来的传统史学，只解决了精英的历史记录问题，没有解决大众的历史记录问题。口述史的出现，可让大众建立起文本系统，将彻底改写历史书写上这种畸轻畸重的格局。人人入史的结果，将会生产出浩如烟海的公众史数据。这些公众史数据，可以自用，也可他用；可以小范围内分享，也可大范围分享；可以知识消费性地用，也可知识生产性地用。

新时代的文化建设要解决大众历史文化保存问题。"新时代"也可以理解为"公众时代"，与之适应的史学形态是公众史学。既能服务精英又能服务大众的、以人为本的史学就是公众史学。史学服务大众，不完全是历史研究成果的通俗传播问题，更重要的在于提供大众参与入史的机会。只有解决了大众的参与、书写、服务问题，历史学才能适应现代公众社会。通过文本的转化，文本记忆可以留存下来，为生活世界所用，历史故事可以继续服务后人。由服务小众到服务大众，这是一大趋势。由"官用"而"民用"，这是中国现代历史学转型的方向所在。

结　论

口述史之"史"是"历史文本"，口述史是通过口述＋录制方式建构的历史文本。口述史是较新的事物，不在现有学科范围内。在实现历史记录的四大形态中，它属于音像记录，可称为"历史的音像再现"。音像作品的分类目前尚不成体系，崔永元口述历史研究中心分类探索是值得关注的。从转化成文献的口述史作品来看，目前的群体作品主要是两大类型，一是行业人群记忆，二是学科人群记忆。口述史采集的重点是人生经历与经验。口述史的发明，不仅对精英阶层有用，而且有利于大众。相对而言，口述史的意义对于大众而言更为重大，因为大众进入文本记录的机会过少，留下历史记载的概率太低。有了口述史与音像史，他们进入文本世界的机会大大提升。如此，口述史方能成为服务广大人民群众的历史学科。

口述史采访是一种有意识地搜集过往记忆的活动。人的存在离不开记忆，记忆是历史学关注的核心话题，公众口述史主要是搜集、整理、研究大脑过往历史记忆的学科。口述史学与影像史学是解决人类内在思想与外在变化的两门方法性、形态性学科。在一定程度上说，公众口述史是不分学科的，任何学科、领域的人都可以来做。在文献史学之外，发展口述史学、影像史学，可使历史学成为全新的融媒体学科，更加适应数字时代的发展要求。

（原载《史学理论研究》2021年第5期）

"史实"与"故事"的再辨析

谢嘉幸

(中国音乐学院)

在历史叙事中,历史事实与历史故事看起来泾渭分明,其实经常会发生认识上的混淆以及实际上的交合或冲突。近年来,史学界已经注意到这个问题,但仍然不甚明晰产生这一现象的根本原因。在口述史研究中也存在类似现象。本文以口述史为例,探求历史事实与历史故事时而交汇一体、时而相互冲突的成因,认为历史事实与历史故事各有其功能和底线,二者并行不悖。

一 口述的"史实"与口传的"故事"

口述史(Oral History)与口传史(Oral Tradition)的区别,近年来在口述史学者的研究中,至少在概念层面已逐渐明晰。口述史记录亲历者的诉说,其有效期在亲历者开始记事到无法记事之间,学界认为这一有效期一般为70年;口传史或者说口碑史叙述的不是叙述者的亲历,而是神话、史诗、宗教故事、民间传说,乃至上辈或祖辈留下的传闻,比如家族故事等。因此,口述史与口传史或口碑史有着完全不同的指向。然而,这两个从表面上看似很容易区分的概念,在实际研究中却经常会被混为一谈。先来看以下表述:

> 近些年来,作为传递信息的"口述",成为了当今尤为重视的"口碑史学"。而属于"口碑史学"范畴的"音乐口碑史学"也备受重视,成为当今学界的一个热门"话题"。在我国音乐学的研究中,

"史实"与"故事"的再辨析

历史上一直非常重视对"口述史料"的发掘，这在一定程度上给我们的研究带来很大的影响，也导致当今对"音乐口述史"这门新兴"事物"的研究热潮。①

此处"口碑史"与"口述史"的混合表述，显然不是因为概念上辨析的困难，而是因为在口述史实践中特别是人类学田野工作中经常出现两者混淆的现象。以对彝族社会中"毕摩"的考察为例：

> 毕摩作为彝族社会中主要从事祭祀仪式的祭司，他们是彝族乡村社会的知识阶层、也是精神的领袖。"毕"在彝语中意为吟诵、朗读之意，因此，毕摩通晓彝文、熟知天文历法、经文、谱牒、伦理、史诗、神话传说等彝族传统文化的典籍，他们理所当然地成为了彝族传统文化的代言人、传承人和传播者。②

很显然，这一田野考察案例既涉及与祭祀相关的一系列"口传"活动，也涉及受访者个人生活经历的"口述"记忆。

当然，这一辨析绝不仅仅关涉两个概念含义本身，还涉及口述史学乃至历史学中两个非常重大的主题——历史事实与历史故事。这两者的区别是明显的。笔者对口述史中两者的区别有过如下表述：

> 历史事实是一种确定的客观事实，尽管其中也包含着多样的评价，尽管历史事实不能直接呈现，却要受到历史史料的确证。口述史首先属于历史事实探究，是以亲历，也即个体在场为前提的，亲历既构成了历史事实部分，也检验着特定的历史故事。
>
> 历史故事是特定民族文化历史，特定话语的产物，服务于特定群体的理想、目标、价值观与行为规范。比如神话、传说。历史故事，其实就是特定话语的形象化身。为维护自身的特定价值观，有时也往

---

① 田可文：《青年学子对音乐口述史理论的解读与挖掘——"青年论坛"主持人语》，《歌海》2019年第1期。

② 申波：《阐释与"误读"——从彝族"苏尼"单面鼓音乐考察引发的田野思考》，《内蒙古大学艺术学院学报》2013年第4期。

第六篇　多维视域下的口述历史

往也会有意无意地忽略或扭曲历史事实,以美化或进一步完善其历史故事。①

换句话说,"史实"涉及的是客观事实,而"故事"探究的是在客观事实背后特定历史、特定文化所维系其生存的信仰、价值观以及特定的话语表达体系。体现在口述史的"田野"中,就是既要关注亲历者讲述的"历史事实",又要关注口传者表达的、世代口耳相传的"历史故事"。

二　客观事实也需要"故事"

对于客观事实的认定,仍然需要"故事",这或许是许多研究者没有想到的。在口述史采录整理过程中提起"故事",通常联想到的是"非虚构写作"。表面上看,这种"非虚构写作"仅仅是为了保证在传播中口述内容的可读性,但也确实有一些访谈者在整理撰写口述实录时不顾事实地"妙笔生花",引起学界广泛的质疑:这种写作符合真实吗?是否融入了撰写者或整理者太多主观的因素?等等。这里要强调的是,即使追求事件的"真实","故事"也是不可或缺的。

对于事实真实性的追求与确认,最严苛的莫过于法学界,因为法学界探讨的问题都"人命关天"。然而正是这个领域率先提出了"故事模型理论"。这一理论是在20世纪90年代,由美国里德·黑斯蒂(Reid Hastie)等人提出来的。它主张在法庭审判中,法律对证据的判定必须依托于"故事",用符合逻辑的故事来判定证据提供的线索。"故事模型理论"包含三个部分:"(A)通过故事构造评估证据;(B)通过学习裁决范畴属性表述集中裁决选项;以及(C)通过把故事分类到最适合的裁决范畴达成裁决。"② 对于如何构造最佳"故事",作者给出了三个原则,即:全面性、一致性和唯一性。也就是说,越全面、越能自圆其说、越"唯一"的故

---

① 谢嘉幸:《话语博弈——音乐口述史的内在张力及其多种类型辨析》,《云南艺术学院学报》2019年第2期。
② [美]里德·黑斯蒂:《陪审员的内心世界:陪审员裁决过程的心理分析》,刘威、李恒译,北京大学出版社2006年版,第233页。

事,其解释力就越高。①

我国学者卓立在辨析历史故事和历史事实本质差异时,指出:"历史故事描述过程,历史事实描述状态。历史故事是为了建立连续性,试图在语言中再现过去事件的过程本身,所以它关注动机和原因,无法忽略事件中的人及其思想;历史事实的目标则是历史记述的确定性,它试图搜集事件的自然轨迹,关注的是不同陈述之间是否冲突的真伪核查,而不是建立连续的故事。"②

本文无意探讨"故事模型理论"涉及的法学问题,也不打算深入辨析两者区别。笔者认为,法学界的"故事模型理论"可以用于口述史,即使仅仅是基于探明历史事实的视角;而卓立所言的"历史故事"其实仍然是"历史事实"的一部分。在口述史领域,为了确认口述者叙述的"真实性",除了对受访者叙述的鉴别外,"故事"的构造也是必需的。

三 口述史背后也有"故事"

如"故事模型理论"所强调的那样,口述史本身也是需要"故事"来架构的。在整理完善口述史料过程中,无论亲历者本人还是参与后期整理编撰的采访者,都需要用合乎逻辑的"故事"将亲历者零散的记忆"加工"成完整的叙事。但是,口述史研究并不能止步于此。口述事实背后,其实还有另一层甚至多层的"故事"需要研究者去探寻。口述史家陈墨首先强调了口述史作为文本背后的第一层故事。他转引了费孝通的一段话:

> 一个人写出来的东西,怎么才算真正看懂呢?光是看我写的文章,我出的书,你能看出观点,找到根据,知道我的主张,你觉得看懂了,可能只懂了一部分……只有了解观点、根据、主张是怎么来的,看见了文字后面的东西,才能说得上真懂了,才会有真正深刻的理解。③

---

① [美]里德·黑斯蒂:《陪审员的内心世界:陪审员裁决过程的心理分析》,第239—240页。
② 卓立:《历史故事与历史事实的本质差异》,《中国社会科学报》2018年11月20日。
③ 张冠生:《田野里的大师》,海豚出版社2013年版,"后记",第232页。

第六篇　多维视域下的口述历史

据此，陈墨认为"口述历史采访，就是了解学术思想'文字后面'的重要路径"。① 但他的追索不止于此，他说："凡亲自做过口述历史的人都知道，口述历史活动旨在采集人类个体记忆，而个体记忆的采集活动，本质上是一种心理领域的作业，我称之为对人类的'心灵考古'。"②

那么，什么是陈墨所指的"心灵考古"呢？什么是亲历者口述之"历史事实"背后的另一层"故事"？民族音乐学家沈洽认为："口述史需要有编年史的框架支撑，没有'史骨'（大事记、编年史均可）的介入，口述史是一堆肉，没有意义。"③ 沈洽指出的"史骨"，除大事记、编年史外，显然还包含了贯穿于个人传记中的那种可称为"精神"的"故事"。笔者在为著名作曲家施万春口述史《惊日响鞭——施万春民族音乐创作之旅》所作的序言中写道：

> 每一个人都有自己心中的圣地，青木关就是我们兄弟姐妹心中的圣地。从小就听我爸妈谈青木关，谈父亲怎么把《在那遥远的地方》唱到音乐院。今天终于来到青木关……这里见证了那一代人的心迹……我忽然发现，文化其实是在细微中传承着。施万春、李西安他们这代人出生在抗日战争时期，虽然没有经历过那如火如荼的战争，但承继着那种精神……
>
> "夏天农闲的时候，在场院里，民间有的会吹唢呐，会吹笙，会拉胡琴。这些人都聚到一块搞吹歌。我听到的都是河北吹打。我的三爷爷就会吹箫，还会吹唢呐。我爷爷会唱河北梆子和一些老的民歌……父亲会拉京胡，唱京戏。他自拉自唱。"这给我们的又是什么样的感觉？然而当你读到"我一听是爷爷的声音，顿时心里就温暖了……那天，爷爷把我抱回了家，我更加体会到，爷爷是世界上最疼我的那个人"，你一定就会明白了，总有一种爱使人世间的善良、宽厚、质朴得以延续，总有一种温馨，借着乐声，诉说着一个民族的

---

① 陈墨：《口述史学研究：多学科视角》，人民出版社2015年版，第29页。
② 陈墨：《口述史学研究：多学科视角》，第26页。
③ 丁旭东：《"口述音乐史"学术实践的六个操作关键》，《中国音乐》2018年第1期。

"史实"与"故事"的再辨析

故事。①

很显然,笔者这里所叙述和引用的并不仅是施万春传记中的"历史事实",也即口述史的第一层"故事",这一层已由传记本身完成,而是去发现施万春一生背后的"精神故事"。第一个故事力求探寻从抗战传承下来的、施万春传记背后的几代人的"精神故事";第二个故事则是民族的故事,也就是施万春从小在传统音乐的环境与祖父的爱中,感到"总有一种温馨,借着乐声,诉说着"的那个"故事"。正是这两个背后的"故事",成就了他"青松岭""开国大典""节日序曲"等家喻户晓的音乐。这里既有"口传"也有"口述"。

按卓立的说法,故事的连续性"有两种路线:一种是还原的路线,它是向结构单元还原,相当于以点为基础,通过建立点的确定性,再汇集成系统的确定性;另一种路线是统觉(apperception)路线,它以整体形态为中心,直接捕捉事物的实存形态"。② 以此来看前述的"序言",在第一个故事里,总共有五个人物,笔者、笔者的父母,笔者的老师李西安、施万春。后四者就读于不同时代的同一个学校——重庆国立音乐院,即中央音乐学院的前身。笔者父母的故事得自笔者父母,施万春的故事得自李西安老师,这些故事属于"口传史"。抗战精神通过"黄河大合唱"把他们联系起来了。第二个故事主要有四个人物,施万春和他的父亲、爷爷、三爷爷,这些故事都是施万春口述的,属于"口述史",他在自己的创作中传递了父辈的音乐和爱则是这些音乐作品背后的"故事"。当然,无论是口传的"故事"还是口述的"故事",都是可以也应该用"故事模型理论"及其原则来检验的,只是由于篇幅所限,此处无法细述两个"故事"的全部证据。

四 口述史中"史实"与"故事"的冲突

先说一个中国古代的故事。公元前548年,齐国权臣崔杼杀了齐庄

---

① 刘红庆:《惊日响鞭——施万春民族音乐创作之旅》,齐鲁书社2014年版,"序",第2—3页。
② 卓立:《历史故事与历史事实的本质差异》,《中国社会科学报》2018年11月20日。

公。对于这一事实,齐太史秉笔直书如实记录。崔杼勃然大怒,杀了太史。随后,太史的两个弟弟继续如实记载,又被崔杼杀了。太史的第三个弟弟仍不放弃,崔杼只好把他放了。这是一个典型的"史实"与"故事"冲突的例子:崔杼忌讳的"史实"显然违背当时还占主导地位的"故事",即臣不可弑君,因此,企图通过杀太史来篡改这一"史实"的历史记载,但最终未能抹去这段"史实"。在这个感人故事的背后,是春秋战国时期礼崩乐坏、"故事"正在发生更迭的大背景。

再看一个当代的事件。2015年,阿列克谢耶维奇的《切尔诺贝利的回忆:核灾难口述史》获得诺贝尔文学奖。1986年,苏联的切尔诺贝利发生严重的核泄漏事故,阿列克谢耶维奇冒着核辐射的危险深入到切尔诺贝利,采访这场灾难中的受害者。该书正是基于这些采访,用口述史的方式写成。她在书中记述了这样一个事实:

> 事故发生后的最初几天,图书馆里所有关于辐射、关于广岛和长崎的书,甚至就连有关 X 射线的书都消失了。有人说这是从上面传达下来的命令,如此一来,人们就不会恐慌了。你找不到任何公布医疗信息的公告栏,也找不到任何能够帮助你获得相关信息的渠道。①

与中国古代齐国崔杼不同的是,出于某种理由,这里要掩盖的是正在发生的灾难,而普通民众的生命却被儿戏般地抛弃了。灾难口述史对于灾难的陈述,直接揭示了灾难"史实"与其背后的"故事"及其价值观的冲突。

五 人类社会"故事"的演进

尤瓦尔·赫拉利认为,大约在七万年前,人类开始运用"想象"来讨论"虚构的事物",正是这些"虚构事物"的讨论,使人类最终从动物群中脱颖而出形成人类社会。② 一起讨论的"虚构事物"正是人类原始社会

---

① [白俄]阿列克谢耶维奇:《切尔诺贝利的回忆:核灾难口述史》,王甜甜译,凤凰出版社 2011 年版,第 70 页。
② [以]尤瓦尔·赫拉利:《人类简史:从动物到上帝》,林俊宏译,中信出版社 2014 年版,第 25—26 页。

发生的"故事",人类社会以此创造了自身的秩序、规则和丰富多彩的话语体系,并在此基础上逐步发展起来。

原始社会"故事"的核心是图腾崇拜,图腾崇拜通常被看成宗教的起源。随着人类社会的发展,尤其是"农业革命"的出现,氏族社会原有的"故事"已无法满足社会发展的需求。各部族之间及部族内部的暴力冲突使得氏族社会由血缘维系的"温情脉脉"及自发民主的"其乐融融"被打破,出现了东西方各自不同的"礼崩乐坏"的社会混乱状态。为适应这一变化,公元前800年至前200年之间,人类思想发生了一次被雅斯贝斯称为"轴心时代"的大跃迁,在地球的不同区域——主要是西方、印度和中国——同时出现了持续两千多年且直至今日依然影响人类文明的主要文化形态。基督教、伊斯兰教、佛教等宗教学说,以及儒家、道家等思想学说,都是在"轴心时代"产生并存续发展的。[1]"轴心时代"的人类"故事"显然发生了重大的变化。有学者认为,"轴心时代"最重要的贡献是它告别了多神论的原始宗教,而向一神论的高级宗教跃进。这一过程的推动力来自"轴心时代"所取得的"哲学的突破",新的宗教秩序由此建立。[2] 正如雅斯贝斯所言,身处"轴心时代"的人类"开始意识到整体的存在、自身和自身的限度,人类体验到世界的恐怖和自身的软弱。他探询根本性的问题。面对空无,他力求解放和拯救"。[3]

在很长的一段时期,历史事实与历史故事是合二而一的。换言之,历史故事等同于历史事实,很少有人质疑历史故事的客观性。或者说,人们关注的是"故事"在社会运行中所发挥的作用与有效性,其有效性则是通过信仰来实现的。然而,这一情况在大约五百年前发生了变化,变化的原因就是被多数科学家认可的"科学革命"。宗教故事与科学事实发生冲突不可避免。最典型的例子是伽利略因出版《关于托勒密和哥白尼两大世界体系的对话》,宣传和捍卫哥白尼学说而被罗马宗教裁判所审判。尽管伽利略与宗教的关系十分复杂,但伽利略最重要的革命性观点是"人们应当

---

[1] [德]卡尔·雅斯贝斯:《历史的起源与目标》,魏楚雄、俞新天译,华夏出版社1989年版,第7—15页。
[2] 彭磊:《轴心时代的宗教与哲学演进之关系——以印度和希腊为范式的分析》,《江西金融职工大学学报》第19卷增刊,2006年6月。
[3] [德]卡尔·雅斯贝斯:《历史的起源与目标》,第8页。

从自然界中,而不是从书本中去寻找真理,科学的结论要经受实验的验证,经过实验证明的科学结论就是不以人的意志为转移的"。①

科学革命改变了人类"故事"的"写作"方式,即人类"故事"是需要"实证"的,既不能由神秘的图腾禁忌来简单裁决,也不能由宗教信条来硬性规训。除了自然科学,在人文学科中无论是"轴心时代"开始从宗教分离出来的哲学,还是前面所提及的历史学等人文学科都是如此。马克思和年鉴学派的诸多代表人物的研究都体现了这一点。布罗代尔的长时段理论把自然、生态、物质、文明和社会心态放在历史的最深层次,认为它们对历史的发展起着决定作用。②而"马克思的影响经久不衰的秘密,正是他首先从历史的长时段出发,制造了真正的社会模式"。③由此可见,科学革命之后人类的"故事"书写已经不仅仅记录史实,而是力求通过科学的方式去挖掘历史事件背后的根本动因。

科学革命使人类的"故事"发生了根本性的变革,即以科学实证为基础,而不仅仅以信仰为基础。因此,无论氏族社会的图腾崇拜还是"轴心时代"的各类宗教都受到了空前的挑战。然而,支撑当代人类社会运转的基础并不是科学取代宗教,而是图腾、宗教及科学这三类"故事"的混合。用马克思的话来说就是,社会存在决定社会意识。既要看到民族国家通过内外暴力争斗而形成的暴力权威,以及通过市场经济而形成的资本权威仍然是当今人类的两大社会结构力,又要看到第四次科学革命所促成的知识权威正在日益发挥作用;④既要从氏族"故事"中去挖掘人类早期的记忆,又要从民族国家的"故事"中去探寻人类情感的生成;既要从人类整体的宏观叙事中把握历史发展的脉络,又要从个体的生存中探求人类生活的细节。

那么,口述史与历史故事又是怎样的一种关系呢?通过对人类"故事"演进的简略梳理,可以清晰地看到,正是科学革命之后的人类"故

---

① 吕增建、王大明:《在科学与神学之间——略论伽利略的科学思想与宗教信仰》,《自然辩证法研究》2009 年第 12 期。

② 孙晶:《布罗代尔的长时段理论及其评价》,《广西大学学报》2002 年第 3 期。

③ [法]费尔南多·布罗代尔:《资本主义论丛》,顾良、张慧君译,中央编译出版社 1997 年版,第 202 页。

④ 谢嘉幸:《论知识权威》,《粤海风》1999 年第 3 期;谢嘉幸:《论不可交换价值》,《系统辩证学学报》2004 年第 2 期。

事"书写,才凸显了人类历史书写"个体性"的重要性。一方面,文明的竞争某种角度而言是"故事"的竞争;另一方面,"故事"的见证与再创造,又少不了个体的参与。个体既是历史事实的直接见证者,也是历史故事具体的创造者。无论集体的记忆、民族的记忆还是国家的记忆,都是建立在鲜活个体记忆基础之上的,而集体的"故事"、民族的"故事"与国家的"故事"也同样如此。正是从这个意义上说,只有赋予个体见证历史事实创造历史故事的权利,才能讲好中国故事,才能把文化自觉落到实处。

(原载《史学理论研究》2021年第5期)

多轮访谈：口述历史访谈的突出特征

王瑞芳

（河南大学历史文化学院暨当代中国研究所）

口述历史旨在以访谈方式采集、整理与保存口述者的历史记忆，并呈现口述者亲历的历史真实。口述历史工作的核心是口述历史访谈。所谓口述历史访谈，就是访谈者对口述者围绕相关问题进行的面对面的采访过程。它对整个访谈过程有着很高的学术要求。从口述历史访谈主题的确定、访谈问题的设计、访谈对象的选定、访谈计划的案头准备，直至整个访谈过程及访谈结束后的文字整理加工等，都有一套严格的操作规程。在操作过程中，访谈者与口述者之间围绕着访谈主题及相关问题进行面对面的沟通讨论，以谈话的方式追寻并发掘口述者记忆深处的历史真实，并以录音录像的方式将整个访谈内容和访谈过程记录保存下来。正是依据这些音像文本资料，访谈者在访谈结束后对访谈内容进行整理转化，将音像文本资料加工转化为口述文本资料，从而形成一个完整轮次的口述访谈过程。笔者根据长期从事口述历史访谈的经验深切体悟到，在充分准备基础上的口述历史访谈是非常重要的，但仅仅进行单个轮次的口述访谈是远远不够的，要想实现口述访谈目标并圆满完成访谈任务，尤其是要想采集并获得真实可信的口述史料，必须进行第二轮甚至第三轮访谈。因此，多轮访谈不仅是口述历史研究的客观需要，而且是口述历史访谈的基本特点和根本标志，也是口述访谈区别于新闻媒体采访和社会田野调查的突出特征。

多轮访谈：口述历史访谈的突出特征

一

口述历史访谈与新闻访谈和田野调查在访谈目标设定、访谈对象确定及访谈程序等方面，既有相似之处，又有较大区别。唐纳德·里奇明确指出，新闻记者做专题采访通常具有特定目的，通常他们不会花时间去引导双方的谈话，更没有时间聆听长篇大论。他们也采用录音采访，但在文章刊出或是广播完毕后，他们从不长期保留原始的录音带和笔录。因此，访谈要成为口述历史，必须是经过录音、做过特别处理后保存在档案馆、图书馆或其他收藏处，或者经过几乎是逐字重制的方式出版。口述历史的特性是：能提供一般研究使用、能重新加以阐释、能够接受鉴定的确认。[①] 这样就将历史学家的口述访谈与新闻记者的新闻采访严格区别开来。不仅如此，历史学家的口述访谈与社会学家（包括人类学家及民族学家等）的田野调查同样有着较大区别。除了访谈目标设定及技术手段的差异之外，其根本区别就在于是否进行多轮访谈。新闻采访和田野调查的访谈不像历史学家的口述访谈那样特别重视真实可信性，故其访谈多为单轮次访谈，不做或很少对访谈者进行回访并进行多轮访谈。

口述历史访谈过程有着一套严格的学术规程，访谈者必须按照这套学术规程进行规范化的口述访谈工作。这套规程，要求访谈者结合历史研究目的确定口述访谈主题；要求访谈者根据访谈主题设计要询问的具体问题；要求根据主题和问题寻找合适的当事人作为访谈对象；要求访谈者做好充分的前期案头工作；要求访谈者了解作为口述者的当事人的经历、访谈主题相关知识、掌握访谈的基本技巧、制定详细的访谈计划等。由于口述访谈必须通过设计问题来反映访谈主题，通过所设计的具体问题来挖掘并呈现口述者头脑中的历史记忆，故口述访谈问题设计得越详细、越具体，就越容易取得预期效果。当口述访谈的这些前期准备工作做好之后，访谈者需要与口述者在约定的时间和场所，根据访谈计划并围绕所设计的具体问题，进行面对面的对话，并将谈话内容全程录音录像。当访谈者与

[①] [美] 唐纳德·里奇：《大家来做口述历史：实务指南》（第2版），王芝芝、姚力译，当代中国出版社2006年版，第8—9页。

第六篇 多维视域下的口述历史

口述者通过多次采访完成访谈提纲设计的具体问题之后，这个轮次的口述访谈便告结束，随后进入访谈者根据访谈音像资料进行文字整理加工阶段。这样的口述访谈过程，便是一个完整轮次的口述访谈过程。这个访谈过程是口述历史访谈中常见的单轮次的首轮访谈。目前口述历史学界所进行的口述访谈，多限于这种单轮次的首轮访谈。

然而，访谈者在口述历史单轮次访谈后会发现，单靠这种首轮访谈是难以达到口述历史访谈目标和任务的。

首先，口述者在访谈中，有可能出现明显的错谬现象。在首轮访谈过程中，访谈者围绕访谈主题设计的问题，口述者做了明确回答。但当访谈者对照相关文献整理录音录像时可能会发现，口述者对某些事情的回忆和讲述明显是错误的，时间、地点、人物及具体情景与文献记载有很大出入，并且核对文献后可以判断其为错误的；或者，口述者讲述的事情与其他当事人对同件事情的讲述内容有很大出入。这些出入较大的内容，有些可以用文献材料确凿地证明就是口述者讲错了；有些虽暂时无法判断其是否讲错，但因与其他当事人口述内容存在严重分歧，必然需要向口述者作进一步核对。无论是确定口述者讲错了，还是其口述内容与文献及他人口述内容存在分歧，都要求访谈者用文献资料或他人口述资料对该访谈内容加以印证，甚至作出必要的、约定俗成的补充修改。而访谈者所作的这些补充修改，必须得到口述者的认可和确定方有效力。这种情况便要求访谈者必须对口述者进行回访，就首轮访谈中出现的这些错谬及存在的分歧问题，与口述者进行讨论并得到其确认。

其次，口述者在访谈过程中，有可能回避访谈者提出的重要问题。在首轮访谈过程中，访谈者围绕访谈主题设计的具体问题，口述者没有进行正面回答，而是采取回避、敷衍和搪塞的态度，有意或者无意地将访谈者设计的问题予以回避和转移。访谈者精心设计而被口述者漠视、回避和转移的这些具体问题，对于整个口述访谈主题和访谈任务的实现是不可缺少的问题，是必须通过口述者的回答才能弄清的核心问题，是根本不能回避的。这种情况便要求访谈者必须对口述者进行回访，通过新一轮访谈继续向口述者询问，并获得其明确答复。

再次，口述者在访谈中，有可能敷衍性程式化地回答访谈者提出的重要问题。在首轮访谈过程中，口述者尽管对访谈者提出的问题作了某种程度的回应,但这种回应多是程序化、表面的、常识性的、空洞的、简略的、简短的回答,显然是轻描淡写、避重就轻、敷衍性地回答访谈者提出的具体问题。口述者尽管讲述了访谈者提出的相关问题,但有所保留和隐瞒,并没有将自己真正经历并知晓的历史真相都讲出来,对相关问题根本没有叙述透彻,没有讲得清楚明白。口述者的回答呈现出表面化、笼统化和肤浅化的特性,并没有讲出事情的具体细节;故事的生动性和鲜活性远远不够,并没有将事情的真实情况全面、准确而详细地呈现出来。这种情况便要求访谈者同样必须进行回访,通过新一轮访谈中继续询问同样的问题,请口述者继续就相关问题进行详细而深入的讲解,对已有讲述内容加以补充和深化。

最后,尽管访谈者在首轮访谈之前围绕主题设计了所要询问的比较详细的具体问题,但通过首轮访谈会发现,原来的访谈设计中仍然遗漏了很多重要的访谈内容,有许多重要问题没有设计在具体访谈提纲之中。同时,口述者在首轮访谈过程中因提供了更多关于访谈内容的新线索,使访谈者意识到必须增加询问许多新问题,才能深化对相关事情的了解。这些原本没有设计到访谈提纲中的新问题,无疑是需要在新一轮访谈中重点予以关照的。访谈者需要将这些新补充的问题继续向口述者进行询问,请口述者加以补充回答。

口述历史首轮访谈中出现的上述四种情况,都要求访谈者必须进行新一轮访谈。访谈者在进行第二轮访谈之后,仍然可能还存在上述四种情况,故要求进行第三轮甚至第四轮访谈。当通过多轮访谈而使上述四种情况明显减少或基本消失之时,才是口述历史访谈工作真正完成之日。

二

真实是口述历史的灵魂。口述历史是以挖掘历史记忆的方式追求客观的历史真实,其特点是以口述者的历史记忆为凭据再现历史真实。口述历史的真实性主要取决于历史记忆的真实,而历史记忆储存及其呈现方式的局限,则影响了口述历史的真实性。口述访谈的成功与否,决定于能否获得历史的真实;而能否获得历史真实,取决于作为当事人的口述者能否将其存储的历史记忆呈现出来;口述者能否将历史记忆呈现出来,则取决于

| 第六篇 | 多维视域下的口述历史

其能否克服诸多影响历史记忆呈现的因素而将历史记忆真实地讲出来；口述者能否将历史记忆中的真实讲述出来，很大程度上取决于口述者对访谈者的信任程度。因此，口述历史的真实度，取决于访谈者与口述者之间的信任度；口述历史访谈的成败，同样取决于两者之间能否建立必要的信任关系。

既然口述访谈质量的高低，与口述者对访谈者的信任度成正比，那么访谈者在访谈中建立与口述访谈对象的信任关系，无疑是提高口述访谈质量的关键所在，也是口述历史能否成功的关键所在。受访的历史当事人面对陌生的访谈者，凭什么将自己所亲身经历的历史真相讲出来？口述者在首轮访谈过程中讲出来的故事究竟有多少是真实的？访谈者如果不能获得口述当事人的充分信任，口述者怎么可能与你合作完成口述访谈？他又怎么能够将所经历的故事如实地告诉你呢？口述访谈的丰富实践证明，访谈者如果不能获得口述者的充分信任，是很难获得可信的口述历史真相的。因此，获得作为当事人的口述者的充分信任，是访谈者获得真实的口述历史内容的必要前提。口述历史对访谈者最大的要求，是与口述者建立必要的信任关系。

访谈者如何与口述者建立密切的信任关系？人与人的信任是建立在逐步相知的感情基础上的。从陌生的访谈者到较熟悉的朋友，进而成为知己朋友，就是双方建立信任的过程。这个过程是一个循序渐进的变化过程，是需要访谈者与口述者双方在首轮访谈中逐渐熟悉而初步建立信任关系后，在随后的多轮访谈中保持并加以强化的。访谈者与口述者在首轮口述访谈中相互认识、增进好感并加强理解，通过培养感情而逐渐建立相互信任的关系。而访谈者与口述者之间建立必要的信任关系，是需要一个互相了解的较长时间的，绝非进行单轮次访谈就能建立起来。首轮访谈为两者建立起码的信任关系奠定了必要的基础，但多数情况下并未能真正确立起充分的信任关系。作为口述历史主导者的访谈者，为了获得作为当事人的口述者的必要信任，也是为了符合口述访谈的道德和法律规范，必须严格遵守口述历史访谈的纪律和规则，严格保护口述者的个人隐私，必须承诺并做到守口如瓶，未经口述者允许绝不能将口述访谈内容对外透露。严格尊重口述者的权益并保护其隐私，才能消除当事人进行口述访谈时的诸多顾虑，逐步获得口述者的信任，进而让口述者敞开心扉，讲出他所知道的

多轮访谈：口述历史访谈的突出特征

亲身经历的历史故事，将历史记忆更准确更完整地呈现出来。

大体上来说，口述访谈的过程是访谈者与口述者围绕相关历史问题进行交流的过程，也是双方逐渐建立信任关系的过程。在首轮访谈过程中，两者建立起初步的信任关系，这种信任随着交往时间的增长而愈加强化，逐渐呈现为正比例关系。口述历史的首轮访谈过程中，访谈者与口述者双方都处于相互了解、相互观察和相互磨合过程中。口述者对访谈者提出的具体问题，往往采取试探性回答，很难有深入而坦率的谈话。因双方还没有建立起充分的信任关系，故口述者对自己所知道的事情必然有所保留和隐瞒，不太可能将自己头脑深处潜藏的历史记忆详细、完整而准确地讲述出来。口述者在多数情况下不仅有所保留和有所隐瞒，而且会出现敷衍应付、有意回避的情景。口述历史访谈的实践充分表明，口述者在首轮访谈中针对访谈者提出的问题，因为是在双方信任度不够的情况下进行讲述的，故势必会有隐瞒、回避，这种隐瞒和回避甚至是口述者有意为之，带有明显的敷衍倾向，往往可能是为了完成所谓的访谈任务而被动地回答，只是交差应付而已。这种情况是人之常情，无需过多苛责。而当经过首轮访谈的相互试探和互相了解之后，由于访谈者与口述者通过一段时间的访谈交往逐渐建立了信任关系，口述者逐渐能够真正地敞开心扉，将自己知道的真相毫无顾忌地讲出来，将自己亲身经历的事情完整准确地加以讲述。首轮访谈在通常情况下是访谈者与口述者建立初步信任关系的过程，而两者之间比较密切而充分的信任关系，则多数情况下需要通过继续交往、观察并在第二轮访谈后才能确立。因此，访谈者与口述者建立信任关系的客观需要，决定了必须进行多轮访谈。

口述历史访谈中经常会出现这样的情景：当口述访谈进行到第二轮（或第三轮）双方建立比较密切的信任关系后，口述者会主动要求重新讲述首轮访谈中曾经讲过的问题，因为他觉得首轮访谈时自己对所讲问题的真相有所隐瞒和回避，并没有将自己知道的情况完全而准确地讲出来；或者有意识地讲错了，或者有意回避了敏感的问题。甚至会出现这样的情况：当双方建立信任关系后，访谈者在第二轮（或第三轮）访谈过程中向口述者提出首轮访谈中的同样问题时，口述者会作出完全不同的回答，会讲出与首轮访谈不同的版本，并且讲述的内容更加完整更加准确，甚至口述者强调以这轮讲述的内容为准。这样看来，当访谈者与口述者之间建立信任关系后，口述者才会真正地敞开心扉、畅所欲言。这种建立在双方信任关系基础上的口述访谈，才是真正意义上的口述访谈，这样的口述访谈才是真正获得历史真相的有价值的口述访谈。而这种口述访谈效果，通常不是在首轮访谈中就能出现的，往往需要首轮访谈后的多轮访谈才能实现。这无疑彰显出口述历史多轮访谈的学术价值。

无论从口述历史的法律规范的角度，还是从口述音像文本整理转化为文字文本的角度，口述历史访谈工作绝非仅仅进行首轮访谈就算完结。口述访谈之后音像资料整理过程中，需要口述者继续核实访谈内容；访谈资料从音像转为文字后的删改过程中，需要口述者对这些整理后的文本进行确认，文字的加工说明及增删修补同样需要口述者的认可和同意。如果口述者因故不能阅读访谈者整理出来的文字转化稿，就需要访谈者将其向口述者念读出来，让口述者听明白，看看访谈者整理出来的文字与自己访谈中讲述的意思是否一致，有没有转化意思的误会，整理的文字是否符合口述者讲述的本意和表达的本意。口述者对访谈文本认同授权和签字的过程，同样是口述历史访谈规范化操作不能缺少的环节。这种确认过程，既是对作为口述历史访谈合作者的口述者的起码尊重，也是访谈者需要严格遵守的口述历史操作规范。故多轮访谈是口述历史访谈的客观需要，也是与新闻采访和田野调查的根本区别。

三

多轮访谈的过程，既是访谈者与口述者逐渐建立密切的信任关系的过程，也是双方进行深度访谈的过程。第二轮访谈主要围绕首轮访谈中出现的上述四种情况逐次展开：一是纠正口述者在首轮访谈中明显讲错的问题；二是追问并希望口述者详细回答首轮访谈中有意或无意回避的问题；三是请口述者重新回答首轮口述访谈中轻描淡写而未讲透的问题；四是请口述者回答首轮访谈中遗漏缺失的新问题。口述是流动的，口述者新一轮访谈中讲述的内容必然会与首轮访谈不同，即便是讲述同一件事也会衍化出不同的版本，这是因双方信任度加强而必然出来的情况。这种情况，就要求访谈者在多轮访谈中强化追问意识并着力于深层次的口述访谈，以逼近历史真相。

多轮访谈：口述历史访谈的突出特征

第二轮访谈是在双方更为信任的合作关系基础上进行的口述访谈。既然访谈者通过首轮访谈与口述者逐渐建立了信任关系，那么在新一轮访谈中就需要对口述者进行必要的深度访谈。访谈者要鼓励和启发口述者发掘历史记忆，更深层地讲述历史故事；要敢于和善于质疑口述者所回答的问题，要有刨根问底的追问精神和必要的怀疑精神；要敢于和善于以研究专家的身份对口述者讲述内容进行追问、反问甚至质疑，在双方切磋讨论中加强对相关问题的认知。第二轮访谈过程中，访谈者除了询问围绕访谈主题而增加的诸多新问题之外，还需要继续追问首轮访谈中提出的相同问题，并善于对这些曾经询问过的问题进行深度追问，发现其中的差别，并探寻这种差别背后的诸多原因。口述历史访谈追求的是无限逼近历史的真相，而历史真相是不会自动呈现出来的，是需要通过挖掘口述者的历史记忆才能逐步呈现的。口述者的历史记忆有一个逐步唤醒的过程，唤醒后的历史记忆要呈现出来，是要克服诸多困难的。因此，口述者历史记忆的呈现，是需要访谈者进行不断的鼓励、不断的追问才能深入挖掘出来的。访谈者要有必要的敏锐性和好奇心，要有不断追问的自觉性和主动性，要有刨根问底不断探寻新知的追问之心，要善于观察口述者回答的每个细节，通过捕捉各种信息进行不断追问。正是在多轮次的深度访谈过程中，访谈者与口述者共同合作，以深入发掘历史记忆的方式无限逼近历史真实。

即便是口述者与访谈者在多轮访谈过程中建立了密切的信任关系，受生理、心理而导致的记忆消退等客观因素的影响，口述者的历史记忆也不是那么容易能准确完整地呈现出来的。为了获得比较可信的口述访谈史料，让口述者将记忆深处中的历史真实逐渐呈现出来，需要访谈者不断与口述者沟通情感，启发口述者进行不断回忆，重回历史场景，打捞已经逝去但仍然保存在头脑中的历史记忆。口述访谈中往往会出现这种状况：即使口述者无意作伪造假，而是抱着实话实说的真诚，但因为其当时的见闻条件、历史记忆在一定程度上的必然失真，以及不可能不加进去的主观因素等，口述者对历史事件的忆述也不可能符合已逝的客观真实。这种情况表明，口述者的历史记忆是需要在多轮访谈中逐渐呈现的，其本身的失真及错误同样需要在多轮访谈中加以克服。

多轮访谈既是访谈者与口述者建立互相信任关系的过程，也是双方围绕着相关问题进行互动交流的过程。从某种意义上说，这个互动交流的过程，就是独特的口述历史研究过程。访谈者所作的访谈前期准备工作属于口述历史研究，其所进行的多轮访谈过程同样属于口述历史研究；访谈者在多轮访谈中对口述者进行追问的过程属于口述历史研究，其根据访谈音像文本而对访谈内容进行的文字整理及向口述者返回及审读确认的过程，同样是口述历史研究的过程。同样道理，口述者在多轮访谈过程中进行的回忆属于口述历史研究，口述者不断回答问题的过程同样属于口述历史研究；口述者在多轮访谈中不断与访谈者进行讨论并回答和补充问题的过程属于口述历史研究，而其对访谈音像整理文本的补充修正和确认，又何尝不是口述历史研究？因此，口述历史研究是访谈者与口述者围绕相关主题而进行的合作过程，贯穿于口述访谈之前期准备、多轮访谈过程、深度访谈展开、访谈影像之文字转化和整理及确认的全过程之中。

总之，口述历史必须高度重视多轮访谈，并将其视为口述历史的标志性特征。访谈者在做好前期案头准备后就可以进行口述访谈，但口述访谈绝不是仅仅进行单轮访谈就能完成的，更不是仅仅在口述访谈结束后将音像文本整理成文字稿就完结的。首轮口述访谈后的整理过程和口述访谈深化过程，必须高度重视并牢牢抓住多轮访谈这个中心环节。首轮访谈中所涉及的时间、地点、人物等内容有可能错误，必须用文献资料进行校正和补充；首轮访谈中某些问题没有讲透或避而未谈，需要继续追访才能解决；在首轮访谈中发现了许多访谈前没有注意的新问题，需要通过第二轮访谈来加以解决和深化，访谈者与口述者进行口述访谈而必需的信任关系，需要在多轮访谈中逐步确立。因此，首轮访谈之后进行多轮访谈，是口述历史访谈的客观要求。口述历史访谈必定要进行多轮访谈，而唯有进行多轮次访谈才能真正实现口述历史之目标。多轮访谈是口述历史访谈的基本特点和根本标志，也是它区别于新闻媒体采访和社会田野调查的突出特征。

（原载《史学理论研究》2021 年第 4 期）

当代西方口述史学的六大理论转向

杨祥银

（中国人民大学历史学院）

20世纪70年代末以来，由于受到记忆研究、叙事理论、交际研究、女性主义理论、情感研究与空间理论等各种学术思潮与理论转向的冲击与影响，一些更具理论导向的西方口述历史学家呼吁重新思考口述历史的实践与解释方式。在这种背景下，一系列深具理论意识与跨学科特征的新问题与新视角脱颖而出，即：当代西方口述史学开始出现所谓的理论转向，其中主要包括"记忆转向""叙事转向""关系转向""女性主义转向""情感转向"与"空间转向"。

一 记忆转向

综观当代西方口述史学七十多年的发展历程与趋势，口述史学界对于记忆问题的关注焦点与理解视角发生了巨大变化。从20世纪70年代初开始，依托于记忆与回忆的口述历史不断遭到那些奉行客观主义与实证主义的传统文献历史学家的质疑与批判，其矛头直指记忆的主观性与不可靠性。他们认为受访者在回忆时，无论其记忆如何清晰、鲜明和生动，都不可避免地受到各种内外因素的影响，比如受访者的记忆力、岁月流逝、价值立场、怀旧情绪、生命经历、感情因素以及健康原因，等等。而这些因素极有可能导致受访者在口述时出现遗忘、错记、说谎乃至虚构等诸多情况。在众多批评者当中，以帕特里克·弗雷尔的观点最为尖锐。在《口述历史：事实与虚构》一文中，他严正指出："关于口述历史的准确性、直接性与真实性的所有宣称都遭受到最为严重的质疑，我们正在进入想象、选择性记忆、事后虚饰和完全主观的世界。"① 而为回应这些实证主义历史学家的抨击,早期口述历史实践者予以坚决反驳,并发展了一套评估口述历史记忆真实性与可靠性的实践指南。

不过,也有少数学者例外,他们比较早地改变对于实证主义历史学家批评的态度与回应策略,并提出以一种新的观点与视角来看待口述历史中的记忆问题,即口述史学开始出现所谓的"记忆转向"。从后实证主义立场出发,他们主张"记忆的不可靠性"正是口述历史的优势与资源所在,并非缺点和问题。而且,他们认为记忆的主观性不仅能够了解历史经历的意义,同时也能够为理解过去与现在、记忆与个人认同及个体记忆与集体记忆之间的关系提供线索和启示。美国口述历史学家迈克尔·弗里斯科在1972年指出:"记忆是口述历史的对象,而不仅仅是方法。随后出现的值得思考的问题则主要聚焦于过程和变化:在经历成为记忆的过程中发生了什么?在经历成为历史的过程中又发生了什么?……而诸如此类的问题却是特别适合或者唯一只能通过口述历史才能洞悉的。"②

在一些倡导对口述史学进行深层次理论研究的学者的推动下,从20世纪70年代末开始,西方口述史学界开始逐步形成共识,即对于历史解释和重建来说,"不可靠的记忆"可能是一种财富,而不是一个问题。③ 在这方面,最具代表性的是两位意大利口述历史学家路易莎·帕萨里尼和阿利桑乔·波特利的研究。在1979年发表的《意大利法西斯主义下的工作意识形态与共识》一文中,帕萨里尼认为除了加强口述资料的事实性应用之外,还需要充分挖掘口述资料的独特性。在她看来,口述历史原始资料不仅包含事实性陈述,而且很大程度上还是文化的表达与再现,因此除字面叙述之外,还包含记忆、意识形态与潜意识欲望等维度。④ 同年,波特利发表《什么令口述历史与众不同》一文,明确挑战众多批评者对于记忆

---

① Patrick O'Farrell, "Oral History: Facts and Fiction", *Oral History Association of Australia Journal*, No. 5, 1982 - 1983, pp. 4, 9.

② Michael Frisch, "Oral History and Hard Times: A Review Essay", *Oral History Review*, Vol. 7, 1979, p. 75.

③ Alistair Thomson, "Fifty Years On: An International Perspective on Oral History", *The Journal of American History*, Vol. 85, No. 2, 1998, p. 584.

④ Luisa Passerini, "Work Ideology and Consensus under Italian Fascism", *History Workshop*, No. 8, 1979, p. 84.

可靠性问题的质疑,进而提出口述性、叙事形式、主体性和记忆的"与众不同的可信性"等口述历史特质,以及访谈者与受访者之间的关系应当被视为口述历史的优势,而不是缺点。基于此,波特利指出:"口述证词的重要性可能不在于它紧贴事实,而在于与事实的背离,正如所呈现的想象、象征与欲望。因此,并不存在'错误的'口述资料……口述历史的多样性由这样一个事实构成,即'错误的'叙述在心理上仍然是'真实的',而这种真实可能与事实上可靠的叙述同等重要。"①

此后,以罗纳德·格里(Ronald J. Grele)、帕萨里尼、弗里斯科与波特利为代表的口述历史学家在具体的个案中继续深化对于记忆问题的研究,并强调口述历史有助于理解特定环境中的个体记忆、主体性、社会认同,以及它们与更为广泛的社会背景和公共记忆之间的互动关系。在她们看来,记忆有助于我们理解过去经历与现实生活之间的互动关系,而且它"远远不仅仅是一种消极的容器或储存系统,也不仅仅是一个有关过去的图像库,而是一种积极的塑造力量;即它是动态的——它试图象征性遗忘的同它所记住的是同样重要的"。② 正因如此,越来越多的口述历史学家都意识到口述历史不仅要尽量客观地描述过去发生的真实经历,更要发挥记忆的主观性特质,即从历史当事人或者目击者的口述访谈中更为深刻地认识与理解过去。

当然,经由口述历史访谈过程的记忆呈现终归需要通过口述、文字抄本、录音或录影等媒介形式加以表达,而对口述历史访谈过程的叙事关注则促使西方口述史学发生同"记忆转向"紧密联系的"叙事转向"。

二 叙事转向

在20世纪六七十年代西方史学"叙事转向"及相关理论的影响下,西方口述史学界也日益意识到应该利用相关理论与方法来研究口述历史本

---

① Alessandro Portelli, "What Makes Oral History Different", in *The Death of Luigi Trastulli and Other Stories: Form and Meaning of Oral History*, State University of New York Press, 1991, pp. 51–52.

② Raphael Samuel, "Preface: Memory Work", in *Theatres of Memory: Past and Present in Contemporary Culture*, Verso, 2012, p. xxiii.

身所具有的两种基本特质:"口述性"与"叙事性"。① 简单而言,口述史学的"叙事转向"促使研究者超越对于口述内容的片面关注,继而关注口述历史访谈中访谈者与受访者的叙事(提问)形式、叙事(提问)策略和叙事(提问)风格如何影响口述历史内容的呈现与诠释,进而深入理解叙事背后所体现的社会文化与意识形态等因素。

在美国,该领域的开拓者是格里,他于 1975 年提出应该将口述历史访谈作为一种"会话叙事"(conversational narrative)来理解。他指出,对口述历史访谈结构的分析有助于理解历史文本的语言、社会与意识形态结构,而这些结构的分析则有赖于从"会话叙事"的视角来理解口述历史访谈。② 在他看来,"考虑到历史学家/访谈者的积极参与……同时考虑到所有言语交际所强加的逻辑形式,访谈只能被描述为一种会话叙事:因为访谈者与受访者之间的关系,我们称其为会话……我们创建的结果是一种会话叙事,而它也只能通过理解包含在这种结构中的各种关系来理解。"③

显然,对口述历史访谈深层次关系与结构的分析,有助于理解与解释作为访谈结果的历史叙事的生产过程及其意义建构。在格里的"会话叙事"概念及交际研究理论的影响下,20 世纪 70 年代末以来,E. 卡尔佩珀·克拉克、迈克尔·海德与伊娃·麦克马汉等人不断提出和强调应该从交际研究理论出发来理解口述历史。他们主张将口述历史的会话叙事看成一种"诠释行为",而诠释学才是连接交际研究理论家与历史学家的重要纽带。在他们看来,口述历史访谈的意义呈现及访谈者与受访者之间的共时关系如何影响未来的理解,都将取决于双方如何能够实现"诠释性会话"(hermeneutical conversation)。④ 在其团队合作研究的基础上,伊娃·麦克马汉进一步将哲学诠释学应用于口述历史访谈分析,并且提出将访谈

---

① Alessandro Portelli, "On the Peculiarities of Oral History", *History Workshop*, No. 12, 1981, pp. 97 – 99.

② Ronald J. Grele, "Oral History as Evidence", in Thomas L. Charlton, Lois E. Myers, and Rebecca Sharpless, eds., *Handbook of Oral History*, Altamira Press, 2006, p. 60.

③ Ronald J. Grele, "Movement Without Aim: Methodological and Theoretical Problems in Oral History", in Ronald J. Grele, ed., *Envelopes of Sound: The Art of Oral History*, Praeger Publishers, second edition, 1991, pp. 135 – 136.

④ E. Culpepper Clark, Michael J. Hyde, and Eva M. McMahan, "Communication in the Oral History Interview: Investigating Problems of Interpreting Oral Data", *International Journal of Oral History*, Vol. 1. No. 1, 1980, pp. 30 – 38.

作为一种"言语行为"来理解，进而探讨这些"言语行为"所具有的特定规则与准则，以及背后所潜藏的社会文化与意识形态因素。① 后来，麦克马汉继续发展上述概念与理论，并提出一种"会话分析框架"，该概念主要用来理解与分析意义在口述历史访谈中被协调的具体方式。②

在意大利，对促进口述史学"记忆转向"起到重要作用的帕萨里尼和波特利同样是"叙事转向"的重要推动者。在其名著《大众记忆中的法西斯主义：都灵工人阶级的文化经历》中，帕萨里尼强调要从口述历史与生活故事叙事的沉默、遗忘与矛盾中理解其背后的社会心理与文化意义，而不是片面地将其解读为受访者的不善言辞。③ 同样，基于口述历史的"口述性"与"叙事性"特质，波特利也强调应该利用叙事理论来分析口述历史访谈，并将故事讲述视为一种文化实践。他指出："大部分口述叙事者、民间故事讲述者和工人阶级史学家都有一种在叙事形式中埋伏他们的观念的习惯，因此，他们的话语充斥着不可言说、象征意义、暗示与模糊不清等可能性。"④ 而在1997年出版的《瓦莱·朱利亚冲突：口述历史与对话艺术》一书中，波特利更加关注口述历史访谈的对话性质、叙事形式与主体性等问题。⑤

在英国，对于口述史学的"叙述转向"产生重要影响的有伊丽莎白·托金、玛丽·张伯伦、保罗·汤普森和林恩·阿布拉姆斯四位学者。在1992年出版的《叙述我们的过去：口述历史的社会建构》一书中，托金分析了口述历史访谈中的叙事结构、叙事时间，以及叙事与社会环境之间的相互关系等问题，强调口述叙事既是社会建构也是个体表演。⑥ 由张伯

---

① Eva M. McMahan, "Speech and Counterspeech: Language – in – Use in Oral History Fieldwork", *Oral History Review*, Vol. 15, No. 1, 1987, pp. 185 – 207.

② Eva M. McMahan, "A Conversation Analytic Approach to Oral History Interviewing," in Thomas L. Charlton, Lois E. Myers, and Rebecca Sharpless, eds., *Handbook of Oral History*, pp. 336 – 356.

③ Luisa Passerini, *Fascism in Popular Memory: The Cultural Experience of the Turin Working Class*, Cambridge University Press, 1987.

④ Alessandro Portelli, "Introduction," in *The Death of Luigi Trastulli and Other Stories: Form and Meaning of Oral History*, p. xii.

⑤ Alessandro Portelli, *The Battle of Valle Giulia: Oral History and the Art of Dialogue*, University of Wisconsin Press, 1997.

⑥ Elizabeth Tonkin, *Narrating Our Pasts: The Social Construction of Oral History*, Cambridge University Press, 1992.

伦与汤普森主编并于1998年出版的《叙事与类型》一书探讨了口述历史、生活故事、自传与家庭寓言中所呈现的叙事形式、叙事结构及影响叙事结果的语言、社会与意识形态因素。[1] 作为当代西方口述史学理论较新的代表性作品，阿布拉姆斯于2010年出版的《口述史学理论》一书设有专章"叙事"，讨论口述历史的叙事问题，其中包括基本的叙事概念、叙事结构分析，以及影响叙事的社会性别、族裔与创伤等因素。[2]

三 关系转向

伴随着"叙事转向"所引发的对于口述历史生产过程中访谈者与受访者之间互动关系的重视与反思，当代西方口述史学的发展也逐渐呈现出明显的"关系转向"，即口述历史访谈双方各自的主体性意识，以及相互关系如何影响口述历史的生产过程与解释结果。

20世纪70年代以来，在抛弃纯粹的实证主义与完全的客观主义之后，西方口述史学界基本上认可和赞同口述历史是访谈双方互动对话、意义诠释乃至相互妥协的竞争性合作结果。为了理解与分析该结果的产生过程及影响因素，弗里斯科发明和阐述了"共享的权威"（shared authority）的概念，这一概念广受学界认可与引用。按他的设想，最佳的口述历史访谈是一种动态的和对话的关系，它鼓励访谈双方在相互平等且又认同差异的基础之上进行更为积极的会话叙事与意义诠释，即充分呈现与展示各自所拥有的叙述和解释权威。[3] 当然，正如有学者所指出的，在实践过程中不仅很难维持一种"共享的权威"，而且弗里斯科也没有具体阐明如何在访谈过程中真正实现共享。[4]

不过，这个概念却成为众多口述历史学家的重要分析手段，其意义也逐渐演变为更具过程导向的"共享权威"（sharing authority），即通过考察

---

[1] Mary Chamberlain and Paul Thompson, eds., *Narrative and Genre: Contexts and Types of Communication*, Routledge, 1998.

[2] Lynn Abrams, *Oral History Theory*, Routledge, 2010, pp. 106 - 129.

[3] Michael Frisch, A Shared Authority: *Essays on the Craft and Meaning of Oral History and Public History*, State University of New York Press, 1990.

[4] Lorraine Sitzia, "A Shared Authority: An Impossible Goal?", *Oral History Review*, Vol. 30, No. 1, 2003, pp. 87 - 102.

与分析那些影响口述历史访谈过程与造成历史解释差异的特定因素，进而争取各自在口述历史生产过程中的话语权与解释权。① 这个概念主要被用来发现、分析及合理化口述历史过程中经常出现的两个问题：受访者的表演性与访谈双方的"解释冲突"。受访者的表演性一方面反映在叙事风格与特征上，更为重要的是体现在受访者叙事内容的高度预演性，而所有这些有意或无意的表演都是其生活经历与身份认同的重要表征。② 所谓的"解释冲突"是指受访者与访谈者在解释口述内容时发生的分歧，在实际过程中，因为受访者处于相对劣势的位置，作为访谈者的研究者通常更加容易控制与决定最终的解释权。正如凯瑟琳·博兰德在其经典论文《"那不是我说的"：口述叙事研究中的解释冲突》中所指出的，如果她没有将其著作送给她的祖母或询问她的看法的话，她可能已经忽视了自己对于文本的过分介入问题。而其感叹是源于她对其祖母口述历史的当代女性主义解读并没有得到她祖母的认可，因为她祖母告诉她，这已经不再是自己的故事，而已经完全变成她的故事。③

概括而言，以"共享的权威"或"共享权威"等概念为代表的对于口述历史关系的探讨不仅有助于发现与挖掘访谈者与受访者的创新性角色与主体性意识，而且有助于反思那些影响访谈关系与造成解释冲突的更为深层次的自我、社会、政治与文化等多元因素。

四 女性主义转向

1976年，美国妇女史学家琼·凯利-加多发表《性别的社会关系》一文，认为传统的妇女史研究只是单纯地将妇女填补到历史中去，没有将妇女置于更为广泛的社会、经济、政治与文化脉络中进行研究，更没有将女性与男性的认识结合起来进行考察。她指出："性别关系是社会性的，

---

① Alistair Thomson, "Introduction: Sharing Authority: Oral History and the Collaborative Process", *Oral History Review*, Vol. 30, No. 1, 2003, pp. 23 – 26.
② Della Pollock, ed., *Remembering: Oral History Performance*, Palgrave Macmillan, 2005.
③ Katherine Borland, " 'That's Not What I Said': Interpretive Conflict in Oral Narrative Research", in Sherna Berger Gluck and Daphne Patai, eds., *Women's Words: The Feminist Practice of Oral History*, Routledge, 1991, pp. 63 – 75.

而不是自然的。"① 真正推动西方妇女史研究"社会性别转向"的是美国妇女史学家琼·斯科特，她在1986年发表的《社会性别：一个有用的历史学分析范畴》一文中完整地阐释了社会性别的概念、发展过程与理论特征。她指出："社会性别也被用来表示两性的社会关系。它的使用明确拒绝了生物学解释……相反，社会性别成为表示'文化建构'的一种方式——关于女性和男性适当角色的观念完全是由社会创造的。"更为重要的是，斯科特还强调："社会性别是基于两性差异的社会关系的一种构成要素，也是表征权力关系的一种主要方式。"②

与此同时，西方妇女史学界也开始反思妇女史研究存在的主要弊端，即：将女性看成是一个整体，忽视了女性之间的差异，以及女性遭受压迫和剥削等不平等关系的不同方式与原因。斯科特就明确提出应该将"差异"作为女性主义和女性主义史学的分析范畴。③ 正是在这种背景下，越来越多的学者认为并不存在单一性的"女性"概念或范畴，同时强调文化的多元性（种族、族裔、阶级、性取向、宗教信仰等）及女性内部的差异性，并质疑与批判所谓的"姐妹情谊"不过是另外一种形式的跨文化父权制。

正是在上述以"社会性别"与"差异"为核心概念的女性主义理论的影响下，当代西方口述史学呈现出明显的"女性主义转向"，即这些理论如何影响口述历史生产过程与解释所涉及的各种问题与关系？从20世纪80年代晚期和90年代初期开始，在各种跨学科思潮与理论的影响下，西方女性口述历史进入一个全面的理论反思时代，即女性口述历史实践与研究如何真正体现其女性主义特征、视角与目标。凯瑟瑞·安德森与苏珊·阿米蒂奇等学者在1987年指出，为了更好地让女性讲述其真实的生活经历与感受，口述历史学家应该发展一种跨学科的女性主义方法论。④ 1990

---

① Joan Kelly – Gadol, "The Social Relation of the Sexes: Methodological Implications of Women's History", Signs: Journal of Women in Culture and Society, Vol. 1, No. 4, 1976, pp. 809 – 823.

② Joan W. Scott, "Gender: A Useful Category of Historical Analysis", The American Historical Review, Vol. 91, No. 5, 1986, pp. 1056, 1067.

③ Joan Wallach Scott, "Introduction", in Joan Wallach Scott, ed., Feminism and History, Oxford University Press, 1996, pp. 1 – 13.

④ Kathryn Anderson, Susan Armitage, Dana Jack and Judith Wittner, "Beginning Where We Are: Feminist Methodology in Oral History", The Oral History Review, Vol. 15, No. 1, 1987, pp. 103 – 127.

年，苏珊·盖格提出了衡量女性口述历史是否具有女性主义目标的四个标准：1. 社会性别是否一个核心分析概念；2. 女性研究所关注的问题域是否体现和创造了历史和具体情况下的经济、社会、文化、民族和种族（族裔）现实；3. 通过确立或促成一个新的知识库（knowledge base）来理解女性生活和更为广泛的社会世界的性别化因素，从而纠正了关于"什么是'正常的'"男性中心主义观念和假设；4. 它们接受女性对于她们的认同、经历与社会世界的自我解释，因为这些解释包含和反映了重要的真实，而不是出于概括目的将它们归类和贬低为仅仅是主观的。[①] 在女性主义口述历史研究领域，最具代表性的研究成果是肖娜·格拉克与达芬尼·帕泰主编的《女性的话语：口述历史的女性主义实践》。该书试图解构或抛弃早期女性口述历史的核心宣称——女性口述历史是由女性所做的关于女性的口述历史，其目的在于女性话语的呈现。基于此，两位主编认为，女性或女性主义口述历史这一概念应该更为准确地理解为口述历史的女性主义实践，即强调不管是从访谈者、访谈对象或访谈主题来说，女性并不是女性口述历史的唯一焦点。[②]

简言之，口述历史的女性主义实践要求实践者或研究者能够从社会性别视角与差异理论出发，思考口述历史生产过程及其解释所涉及的各种问题与关系。概括而言，其研究与反思集中于以下几个方面：1. 口述历史访谈的客观性：经历抑或论述；2. 口述历史访谈过程的复杂性与多元性；3. 如何倾听：记忆、语言、叙述与表演；4. 谁的声音与历史：共享权威；5. 赋权与倡导：口述历史的民主化和解放性力量何以可能？当然，这些问题也是口述历史学界所共同面临的，不过口述历史的女性主义实践为深化这些问题的研究做出了独特贡献。[③]

[①] Susan Geiger, "What's So Feminist About Doing Women's Oral History?", *Journal of Women's History*, Vol. 2, No. 1, 1990, p. 170.

[②] Sherna Berger Gluck and Daphne Patai, eds., *Women's Words: The Feminist Practice of Oral History*, Routledge, 1991.

[③] Katrina Srigley, Stacey Zembrzycki, and Franca Iacovetta, eds., *Beyond Women's Words: Feminisms and the Practices of Oral History in the Twenty-First Century*, Routledge, 2018.

第六篇　多维视域下的口述历史

五　情感转向

近二三十年来，以历史上个人和集体的情感或情绪为主要研究对象的情感史在西方史学界蓬勃发展。2010 年，英国历史学家扬·普兰佩尔在与三位西方情感史研究先驱的访谈中更是提出史学研究正在发生一场"情感转向"。①

伴随着上述西方口述史学的"记忆转向""叙事转向"及更为广泛的史学领域的"情感转向"，西方口述史学界也开始注重对口述历史访谈中明显具有主观性特征的喜怒哀乐等情感或情绪信息的挖掘与记录，并发挥口述历史的特质与功能以加强对情感问题的研究，即所谓的"情感转向"。

实践与研究显示，口述历史学家经常面对这样的受访者，他们在回忆与叙述过去的经历时会出现快乐、悲伤、高兴、生气、镇定、恐惧、友好、仇恨、痛苦、激奋与失望等兼具生理与心理反应的情感或情绪。那么，我们应该如何解读这些复杂多样的情感并理解它们的意义，以及口述历史从中发挥什么作用，这些问题便是当代西方口述史学"情感转向"的主要研究议题。在《盟军轰炸下的法国儿童（1940—1945 年）：口述历史》一书中，林德赛·多德就精辟地分析了口述历史与情感之间的关系。她指出："口述历史是获取主观的过去经验的一种手段……口述历史揭示了人们归因于自己过去行为的动机和结果，以及他们对自己认为当时知道或正在做的事情的评价。此外，它是在历史书写中'重新引入情感性'——人们的感受、信仰、希望和恐惧——的绝佳工具……当然，人文科学的情感转向已经将情感作为理解社会、文化和政治变化的一个重要范畴……情感嵌于自传记忆之中，并在访谈期间和之后得以表达和体验。通过重视、分析和理解它们与自我和社会的关系，通过将恐惧、仇恨或爱视为人类活动的驱动力，情感已经成为一个强大而不可或缺的分析范畴。"②以澳大利亚世代口述历史项目中的一个访谈为例，凯蒂·霍尔姆斯考察了

---

① Jan Plamper, "The History of Emotions: An Interview with William Reddy, Barbara Rosenwein, and Peter Stearns", *History and Theory*, Vol. 49, No. 2, 2010, p. 237.

② Lindsey Dodd, *French Children under the Allied Bombs, 1940 – 1945: An Oral History*, Manchester University Press, 2016, pp. 34 – 35.

口述历史学家应该如何处理访谈过程中受访者的痛苦情感的表达。她认为，为了理解口述历史访谈中的情感表达，不仅需要关注生活史访谈中的回忆过程，还必须通过事件发生的时间和讲述的时间之间，以及访谈本身存在的主体间性之间的一系列纠缠关系来看待这个过程，即发生在受访者与访谈者之间的移情与反移情。① 约翰·加布里埃尔和珍妮·哈丁则以英国"伊斯灵顿失落的行业"（the Lost Trades of Islington）社区口述历史项目为例，通过对这个项目所记录的口述历史叙事的分析，认为社区居民的工作是"一种深刻的情感体验"的方式，无论这些情感体验是积极的还是消极的，抑或介于两者之间。她们进一步指出，口述历史访谈充满情感和感受，它们能够展示地方依恋的复杂性，以及记忆、怀旧、地点、思想、意义与情感之间的复杂性与动态关系。②

需要强调的是，当代西方口述史学的"情感转向"在某种程度上是对其过分倚赖口述历史转录（抄本）这一传统实践的批判与反思。口述历史转录的弊端相当明显，它会造成许多内在意义的扁平化，尤其容易导致大量内嵌于口述历史音视频中的情感信息的剥离、丢失与变异。正因如此，西方口述史学界一直在积极寻找和探索如何利用最新技术实现对蕴含丰富情感信息的音视频资料的充分呈现与利用，进而为更加深入地研究口述历史中的情感维度提供条件与可能。

六 空间转向

20世纪60年代以来，国际人文社会科学领域经历了一场意义深刻与影响深远的范式革新，空间问题重新进入众多学科的研究视野，即所谓的"空间转向"。在米歇尔·福柯（Michel Foucault）、亨利·列斐伏尔（Henri Lefebvre）、戴维·哈维（David Harvey）与爱德华·苏贾（Edward W. Soja）等学者的推动下，空间问题重获重视并在概念诠释以及理论与方法论建构上不断取得突破。在此背景下，来自哲学、社会学、人类学、历史

---

① Katie Holmes, "Does It Matter If She Cried? Recording Emotion and the Australian Generations Oral History Project", *Oral History Review*, Vol. 44, No. 1, 2017, pp. 56–76.

② John Gabriel and Jenny Harding, "Reimagining Islington: Work, Memory, Place and Emotion in a Community Oral History Project", *Oral History*, Vol. 48, No. 2, 2020, pp. 31–44.

| 第六篇　多维视域下的口述历史

学与叙事学等领域的学者日益将空间视为重要的研究范畴与维度，他们从不同的角度断言："空间是一种社会建构，它与对人类主体不同历史的理解和文化现象的生产密切相关。"[①]

在"空间转向"大潮流的影响下，西方口述史学界也日益关注和重视涉及诸如社区、乡村（村落）、城市（城镇）、街道、公园、学校、农场、劳工营、集中营与建筑等特定空间主题的口述历史计划，并深入探讨口述历史中的空间关系及关系背后的身份认同。概括而言，当代西方口述史学的"空间转向"主要体现在两个方面：1. 利用口述历史来促进对某一地点或场所等特定空间的解释与理解；2. 借助以地图为基础的地理信息系统并辅助最新的数字技术实现口述历史资源的空间化呈现与传播。

就第一个方面而言，这种研究路径主要考察口述历史如何被用来记录人们在特定空间中的生活经历与历史记忆，以及他们对于该空间的社会、文化与情感联系，进而探究人们记忆中的空间关系及其所呈现的空间感（场所感或地方感）、认同感与归属感。克莉斯汀·兰多夫探讨了口述历史在保存布罗肯·希尔（Broken Hill）的历史与记忆中的重要作用，通过对该城市的社会文化史及自然环境与人造环境等信息的挖掘与记录，作者强调了城市口述历史的重要性，以及它在保持社区的地方感和认同感方面所可能发挥的作用。[②] 阿勒西娅·布兰琪·杜·布莱则以澳大利亚珀斯市卡拉曼达（Kalamunda）的社区成员口述历史计划为例，考察口述历史如何被用来从文化和情感地理学的角度来表达和解释一个地方。作者指出，口述历史记录了有助于人们形成地方感的记忆及揭示地方意义和重要性的信息，而这些记忆与信息可以用来解释地方的历史。[③] 克里斯汀·罗宾斯和马克·罗宾斯将历史研究中的"空间转向"应用于口述历史研究，并采用纵向的、基于景观的分析来考察与得克萨斯州南部罗布斯敦移民农场劳工营（Robstown Migrant Farm Labor Camp）有联系的人们的生活经历和记忆。

[①] Barney Warf and Santa Arias, "Introduction: The Reinsertion of Space into the Social Sciences and Humanities", in Barney Warf and Santa Arias, eds., *The Spatial Turn: Interdisciplinary Perspectives*, Routledge, 2009, pp. 1 - 2.

[②] Christine Landorf, "A Sense of Identity and a Sense of Place: Oral History and Preserving the Past in the Mining Community of Broken Hill", *Oral History*, Vol. 28, No. 1, 2000, pp. 92 - 102.

[③] Alethea Blanche du Boulay, "The Role of Oral History in Interpreting a Place", *Thesis of Master of Philosophy*, Curtin University, 2015.

劳工营居民的口述历史显示，他们会利用这些空间来实现自己的目的。因此，这些口述历史说明了劳工营是如何被体验、想象和重新想象的，它不仅仅是作为一个协商的社会和文化场所，而且是作为一个与其他物质和象征空间有着强烈相互关系的场所。基于上述分析，她们指出，口述历史有助于捕捉人们记忆中的空间关系与解析意图和经验之间的紧张关系，进而帮助我们构建更加复杂甚至不和谐的历史景观。① 在《城市记忆与规划：口述历史的应用》一文中，图林·尤鲁则试图利用口述历史方法来研究个人与空间在其文化和历史演进中的相互关系。作者指出，口述历史为聆听空间的声音提供了机会，同时也提供了一种新的方式去发现它独特而不同的特征，给使用者以归属感和地方依恋感。②

口述历史资源的空间化呈现与传播则主要借助以地图为基础的地理信息系统并以最新的数字技术为辅助，进而催生了诸如口述历史应用程序、口述历史数字地图或数字人文地图等新兴传播媒介与平台。在这方面具有开创意义的是克利夫兰州立大学公共历史与数字人文科学中心开发的免费移动应用程序"Cleveland Historical"。该程序通过分层的、以地图定位为基础的多媒体信息展示，让用户能够探索与浏览塑造该城市历史的人们、地方与重要历史瞬间的故事，从而使克利夫兰州的历史触手可及。简单而言，用户可以在手机等移动设备上下载该程序，通过点击地图上相应的地点即可以呈现与该地方相关的各种历史信息。③ 正如该程序主要设计者马克·特博所说，基于口述历史与数字人文学科理论与实践的交叉应用，该程序提出了一种强调动态的、分层的和背景化的讲故事活动的管理模式，其中尤其强调口述历史的音视频元素对于数字历史解释计划的重要性。④ 除"Cleveland Historical"之外，较具代表性的口述历史应用程序或数字地

---

① Christine Reiser Robbins and Mark W. Robbins, "Spatial Relations in Oral History: The Robstown Migrant Labor Camp beyond the Federal Period", *Oral History Review*, Vol. 42, No. 2, 2015, pp. 255 – 276.

② Tülin Selvi ünlü, "Urban Memory and Planning: Investigating the Use of Oral History", *European Planning Studies*, Vol. 27, No. 4, 2019, pp. 802 – 817.

③ http://clevelandhistorical.org; https://itunes.apple.com/us/app/id401222855 [2021 – 04 – 18].

④ Mark Tebeau, "Listening to the City: Oral History and Place in the Digital Era", *Oral History Review*, Vol. 40, No. 1, 2013, p. 25.

图还包括"New Orleans Historical""City of Memory""Story Mapper"与"[murmur]",等等。

综观上述当代西方口述史学发展的六大理论转向,至少可以获得三点启示。首先,我们应该超越将口述史学视为历史学分支学科的习惯性学科定位,以更为开放与包容的态度来理解口述史学本身所具有的多元属性、多元特征与多元功能。基于此,笔者更倾向于从更为广泛的意义来定位口述史学,即:它是一种以人类历史活动的主体——"活生生的人"——为核心对象的研究方法与学科领域。其次,我们应该充分发挥理论转向所带来的方法论意义,进而努力改善和提升口述历史的实践方式与水平。上述六大理论转向可以说是对影响口述历史生产过程与解释结果的记忆、叙事、关系、性别、情感与空间等多元维度的深层解析,它们可以让实践者在口述历史选题与访谈,以及口述历史资料的整理、编辑、保存与传播上做出更为充分而有效的方法论调整。最后,我们应该警惕口述史学研究中的"理论过度"(surfeit of theory)问题。弗里斯科就认为,有关主体性(主观性)和叙事的理论争论有时候已经代替"真实文化与生活"的联系,并且警示用理论侵吞经历的危险,主张应该利用理论来理解经历与促进变革。[①]

(原载《史学理论研究》2021 年第 5 期)

[①] 转引自 Alistair Thomson, "Fifty Years On: An International Perspective on Oral History", *The Journal of American History*, Vol. 85, No. 2, 1998, p. 587。

第七篇

近年来的历史理论研究综述

2019 年历史理论研究综述[*]

夏春涛

（中国社会科学院历史理论研究所）

历史理论研究所是中国社会科学院中国历史研究院唯一新建的研究所，旨在加强历史理论研究，下设马克思主义历史理论、中国史学理论与史学史、外国史学理论与史学史、历史思潮、中国通史、国家治理史、中华文明史、中外文明比较、海外中国学九个研究室，在学科设置上打通古今中外，注重大历史和长时段研究。为便于大家及时掌握学科研究动态，准确把握学科发展方向，加快推进学科体系建设，历史理论研究所拟按照九个学科（研究室）的设置，逐年就历史理论领域的研究状况写一综述，包括就其中的热点问题进行评析。因时间仓促，2019 年度综述重点聚焦马克思主义历史理论、中国史学理论与史学史、外国史学理论与史学史等学科，不面面俱到；作为首篇综述，稚嫩之处在所难免。希望通过不断摸索，大家群策群力，把这项工作越做越好。

一 马克思主义历史理论研究

2019 年 1 月 3 日，习近平总书记在致中国历史研究院成立贺信中指出："希望中国历史研究院团结凝聚全国广大历史研究工作者，坚持历史唯物主义立场、观点、方法，立足中国、放眼世界，立时代之潮头，通古今之变化，发思想之先声，推出一批有思想穿透力的精品力作，培养一批

---

[*] 本文初稿由杨艳秋、吴英、张德明、谢辉元、张旭鹏、李桂芝、高希中、谭星、董欣洁、张艳茹等人提供，左玉河、张德明修改统稿，夏春涛修改定稿。

|第七篇| 近年来的历史理论研究综述

学贯中西的历史学家,充分发挥知古鉴今、资政育人作用,为推动中国历史研究发展、加强中国史学研究国际交流合作作出贡献。"① 这不仅成为中国历史研究院最根本的遵循,也成为新时代中国历史研究的指南。

《历史研究》2019 年第 1 期推出"新时代中国历史研究"笔谈,邀请历史学工作者根据贺信精神畅谈对历史研究的看法。史学界在认真学习贺信精神的同时,对中国历史研究的发展充满信心,认为中国历史研究新的春天已经到来,并展望了新时代的史学研究方向。如张海鹏认为,要集中精力探讨中国历史学的学科体系、学术体系和话语体系建设,组织力量编写出符合新时代要求的奠基性史学著作,同时把培养史学思想家提上日程。② 中国历史研究院院长高翔强调:"真正的史学研究必须有思想、有灵魂、有立场,照抄照搬、拾人牙慧是没有出息的做法。只有坚持独立思考、坚持用中国的话语阐释人类历史,我们才能更好地与国际主流学术展开对话和交流。"③ 他还指出:"史学研究应该站在时代的制高点上,反观人类历史,把握人类历史发展规律,从对历史的深入思考中汲取智慧,发挥史学传承文明、启迪未来、知古鉴今、资政育人的作用。"④

基于习近平总书记关于历史科学和中华优秀传统文化的重要论述,高希中认为应该加强中国优秀传统文化的创造性转化和创新性发展研究,从中国本土历史文化中挖掘和提炼中国自身的历史思想、历史理论和历史智慧,展现中国历史的文化根脉、思想根源和精神气韵。这不仅能够推动当今历史研究的发展,而且能为治国理政提供历史智慧,为世界其他国家提供中国文化的借鉴。⑤ 姜华有认为,历史思维是习近平治国理政的重要思想方法。习近平治国理政的历史思维坚持历史唯物主义,科学看待历史,正确评价历史,善于借鉴历史。学习掌握习近平治国理政的历史思维,对于树立历史眼光,借鉴历史经验,化解当今国家治理中的复杂矛盾和问题,具有重要指导作用。⑥

---

① 《习近平致中国社会科学院中国历史研究院成立的贺信》,《人民日报》2019 年 1 月 4 日。
② 张海鹏:《学习习近平总书记贺信加强中国历史学学科体系建设》,《历史研究》2019 年第 1 期。
③ 高翔:《推动新时代中国史学繁荣发展》,《人民日报》2019 年 1 月 15 日。
④ 高翔:《新时代史学研究要有更大作为》,《人民日报》2019 年 11 月 4 日。
⑤ 高希中:《中国优秀传统文化不容否定》,《史学理论研究》2019 年第 3 期。
⑥ 姜华有:《习近平治国理政的历史思维研究》,《科学社会主义》2019 年第 5 期。

马克思主义历史理论的内涵非常丰富，也存在较大争议，学术界对此进行了深入探讨。于沛指出："马克思主义历史理论内容十分丰富，包括唯物史观基本原理、历史认识论及方法论，以及马克思主义经典作家关于历史过程、历史事件和历史人物研究的重要思想等。新中国的史学理论研究，首先是马克思主义历史理论研究，这是中国史学理论研究的基础，指引着中国历史科学的现实和未来。新中国历史学迈出的第一步，是从马克思主义史学理论研究和建设开始的。"① 他还对马克思的"世界历史"理论做了分析，指出："马克思的'世界历史'理论，是他在19世纪创立唯物史观的过程中形成的，其内容和这一新的世界观的阐发密切地结合在一起。马克思认为，共产主义只有作为世界历史性的内容，才有可能实现。人的解放程度，与历史完全转变为世界历史的程度是一致的。世界历史形成的根源、前提和动因，首先是社会生产力的发展，以及它所导致的分工和交往的发展。世界历史不是过去一直存在的，作为世界历史的历史是结果。"② 张玉翠总结了国内学界近十年的马克思主义历史认识论研究，指出："有的学者将马克思历史认识论作为对抗西方分析历史哲学、后现代主义等理论学说冲击的堡垒；有的从不同角度对马克思主义历史认识论进行研究，以期推进马克思主义理论研究的新进程；还有的从理论运用方面将马克思主义作为解决历史认识论问题的依据。"③

中国学界研究马克思主义历史理论，自然要结合中国历史状况加以考察，故格外重视马克思主义历史理论在中国的发展问题。2019年是新中国成立70周年，学者们对新中国成立以来马克思主义历史理论的发展进行了总结。瞿林东从马克思主义史学的广泛传播、反思、新前景等角度讨论了新中国史学发展的三大跨越，认为新中国史学在马克思主义理论指导下，在理论认识的深化、研究领域的开拓、成果的积累、队伍的壮大、国际影响力的提升等诸多方面，都取得辉煌的成就。④ 于沛在深入研究马克思历史理论在中国形态的构建过程后认为："马克思历史理论的中国形态，

---

① 于沛：《批判与建构：新中国史学理论研究的回顾与思考》，《历史研究》2019年第4期。
② 于沛：《马克思"世界历史"理论与十九世纪》，《史学理论研究》2019年第3期。
③ 张玉翠：《近十年国内历史认识论研究述评》，《史学月刊》2019年第6期。
④ 瞿林东：《传播·反思·新的前景——新中国70年史学的三大跨越》，《中国史研究动态》2019年第4期。

是指从中国的特点出发，而非'抽象的空洞的'马克思历史理论。马克思历史理论中国形态的构建过程，亦即马克思历史理论中国化、民族化、实践化的过程。构建马克思历史理论中国形态的实践，贯穿于整个马克思主义史学发展的学术史。"① 张艳国回顾马克思主义史学理论在中国的发展后指出："自从马克思主义传入中国，在唯物史观指导下，中国史学经历了一次革命性变革，其标志就是运用唯物史观理论与方法，构建中国马克思主义史学理论话语和学科体系。总体上看，百年来中国现代史学发展成就最大、最重要的成果当属中国马克思主义史学理论建设。"② 卜宪群则总结说：新中国成立 70 年来，史学工作者自觉将唯物史观与中国历史实际相结合，在创建中国马克思主义历史学理论体系、揭示中国历史发展的独特道路、探索中国历史上的重大问题、阐释中国历史发展规律、服务党和国家事业等问题上，取得突出成就，也留下一些教训。③

马克思主义历史理论在中国的发展，不等于马克思主义史学中国化。针对有的学者提出的"马克思主义史学中国化"概念，孙太白提出了不同意见。他认为："中国马克思主义史学，同样是马克思主义中国化的产物，是中国的马克思主义史家们运用唯物史观长期钻研史料、与中国史实相互结合的学术集成。历史学是一门实证学科。就其实证性而言，是无法实现中国化的。"因此，可以提马克思主义中国化或马克思主义历史理论中国化，但"马克思主义史学中国化"的提法不妥当。④ 郑大华考察了近代中国革命进程中马克思主义史学的民族化转向，指出："马克思主义史学的中国化进程从开端、拓展到深化的推进，以及七七事变后要求历史研究为抵抗日本帝国主义侵略服务、为中华民族伟大复兴服务的历史要求，促进了马克思主义史学在坚持和发展'中国化'的基础上，开始向'民族化'

---

① 于沛：《马克思历史理论中国形态的构建（1949—2019）》，《社会科学战线》2019 年第 7 期。
② 张艳国：《中国马克思主义史学理论在探索中前进》，《中国社会科学报》2019 年 9 月 27 日。
③ 卜宪群：《新中国七十年的史学发展道路》，《中国史研究》2019 年第 3 期。
④ 孙太白：《"马克思主义史学中国化"的提法不妥当》，《中国社会科学报》2019 年 7 月 1 日。

转向。"① 左玉河分析了中国社会史论战与马克思主义史学的关系，认为这场论战扩大了唯物史观传播的广度和深度，催生了中国马克思主义史学，出现了第一批马克思主义史学典范之作（郭沫若、吕振羽等人的著作），形成了中国马克思主义史学研究的新范式（探究历史现象背后的原因、动力及历史的连续性，发现历史发展的规律）等，对20世纪中国历史学产生了深远影响。② 陈峰则指出："20世纪80年代关于'史学危机'的讨论，深刻反思了新中国成立以来马克思主义史学的缺失，对历史研究的理论、方法、内容和作用都产生了全新认识，呼唤出史学改革的全面展开，成为马克思主义史学走向现代化的一个起点。"③

马克思主义历史理论的研究主体是马克思主义史家，考察马克思主义史学发展史，必然要重视研究马克思主义史家。李大钊、侯外庐、吕振羽、范文澜、翦伯赞等马克思主义史家与中国马克思主义史学的关系，自然成为学界研究的热点。吴兴德考察了李大钊社会形态观的形成及其与唯物史观的关系，指出："确立马克思主义信仰后，李大钊在开展史学理论研究和教育时，集中介绍和评判西方史学思想中的社会形态理论，借此宣传马克思主义的唯物史观和阶级斗争学说，论证社会主义革命的必然性。在此过程中，李大钊的社会形态观也得到进一步丰富和发展。"④ 周鑫考察了侯外庐与马克思主义史学的关系，认为："侯外庐从翻译和研究《资本论》中所获益的，不仅仅是其对于马克思主义理论的熟知与理解，更在于思维能力与研究方式的训练，以及将马克思主义理论运用于中国实践的能力的提升，也为侯外庐驾轻就熟地研究思想史与社会史提供重要的方法论支撑。"⑤ 徐国利以吕振羽、范文澜和翦伯赞的中国通史编纂与理论为中心，探讨了马克思主义史学家对古代史学通史家风的批判性继承问题。⑥

---

① 郑大华：《近代中国革命进程中马克思主义史学的民族化转向》，《史学月刊》2019年第7期。
② 左玉河：《政治性与学术性：中国社会史论战的双重特性》，《史学月刊》2019年第7期。
③ 陈峰：《走出"史学危机"：20世纪80年代中国马克思主义史学的反省与重塑》，《史学月刊》2019年第8期。
④ 吴兴德：《李大钊社会形态观的形成及其与唯物史观的关系》，《史学史研究》2019年第2期。
⑤ 周鑫：《侯外庐与中国马克思主义史学研究综述》，《湖北文理学院学报》2019年第7期。
⑥ 徐国利：《马克思主义史学家对"通史家风"的批判继承——以20世纪上半叶吕振羽、范文澜和翦伯赞的中国通史编纂与理论为中心》，《史学理论研究》2019年第2期。

赵庆云的《20世纪中国马克思主义史家与史学》一书从史家史学、理论探讨、学术活动三个方面，考察了20世纪马克思主义史学发展的相关问题。① 他的另一部著作《创榛辟莽：近代史研究所与史学发展》则从中国社会科学院近代史研究所这个深具典型意义的史学研究机构切入，探讨了"十七年"间（1949—1966）史学发展的具体状况。② 20世纪三四十年代，马克思主义史学阵营围绕唯物史观的理解与运用、古史分期、历史人物评价等问题，对郭沫若史学做出了评论。何刚对此进行了分析，指出它是中国马克思主义史学蓬勃生命活力的生动写照。③ 此外，2019年是白寿彝诞辰110周年，刘家和、瞿林东、陈其泰等人在《史学史研究》及《史学理论与史学史学刊》上发表相关纪念文章，述及白寿彝对中国马克思主义史学的贡献。

外国马克思主义史学家同样引起国内学者的关注。初庆东对英国共产党历史学家小组的活动及其所发挥的作用进行了考察，他指出第二次世界大战结束以后，英国马克思主义历史学家以英国共产党历史学家小组为阵地，运用马克思主义理论解释英国历史，力图恢复英国人民激进的政治传统，为英国共产党和工人运动服务，为赢得"思想领域内控制权的斗争"而不懈努力。在争夺思想控制权的斗争中，历史研究发挥着重要作用。④ 梁民愫考察了英国马克思主义史学家罗博瑟姆的女性主义史学叙事，认为："罗博瑟姆试图把马克思主义历史理论与女性主义史学实践有机地结合起来，其马克思主义女性主义史学的叙事范式与内涵主旨都格外突出，彰显了鲜明的英国马克思主义女性主义史学特征。"⑤ 英国教授里格比（S. H. Rigby）著《马克思主义与历史学：一种批判性的研究》（吴英译，译林出版社），对马克思主义的生产力决定论、历史唯物主义进行了全面探讨。克里斯·威克姆（Chris Wickham）编《马克思主义与21世纪史学编

---

① 赵庆云：《20世纪中国马克思主义史家与史学》，北京师范大学出版社2019年版。
② 赵庆云：《创榛辟莽：近代史研究所与史学发展》，社会科学文献出版社2019年版。
③ 何刚：《二十世纪三四十年代马克思主义史学阵营对郭沫若史学的评论》，《中共党史研究》2019年第1期。
④ 初庆东：《英国马克思主义史学家群体的史学观念与实践——以英国共产党历史学家小组为中心》，《史学理论研究》2019年第2期。
⑤ 梁民愫：《英国马克思主义史学家希拉·罗博瑟姆的女性主义史学叙事》，《史学理论研究》2019年第4期。

纂》（段愿译，中国人民大学出版社），则收录了八位英国史学家撰写的关于马克思主义与历史研究的文章。

值得说明的是，尽管马克思主义历史理论研究取得了较大进展，但中国马克思主义史学理论及史学史研究的薄弱状况并未得到根本改变。正如参加《中共党史研究》编辑部与华东师范大学历史学系联合举办的"第一届马克思主义史学史研究组稿工作坊"的学者所言："目前历史学界很不重视马克思主义史学及其历史研究，尚不能客观、冷静而平等地对待马克思主义史学，研究队伍的规模很小，尤其是新中国成立后的马克思主义史学史研究几乎处于学术空白状态，导致马克思主义史学史研究不断'下沉'。当前马克思主义史学史研究主要局限于几个重要史家的史学文本及其学术思想的梳理和评析，作为'事件'的马克思主义史学史研究则不多见。"[①]

二 唯物史观研究与历史虚无主义辨析

唯物史观是马克思主义历史理论的核心，自然引起学界的高度关注和深入探讨。关于唯物史观的内涵，吴英认为："由于多种历史因素的影响，我们对唯物史观基本概念和原理的界定存在某些偏颇，亟须纠正。从社会形态、生产力决定生产关系、存在决定意识三个方面考察马克思主义哲学界对唯物史观基本概念和基本原理的界定同史学界运用这些界定考察历史和现实进程所产生的抵牾，由此提出，史学界应同马克思主义哲学界合作，在对经典作家的论述进行更深入和系统解读的基础上，结合历史与现实的经验事实，重新建构唯物史观的解释体系，以提高唯物史观的解释力。"[②] 围绕唯物史观之"唯物"概念，赵磊认为，事实这个范畴首先是感性的，是人们通过感官所能够感觉到的客观现象，事实包含了真相，但不等于真相。[③] 这种认识是对人们观察所认定的事实概念的更新，颇具

[①] 吴志军：《"第一届马克思主义史学史研究组稿工作坊"综述》，《中共党史研究》2019年第8期。

[②] 吴英：《在史实的检验中重建唯物史观的解释体系》，《上海师范大学学报》（哲学社会科学版）2019年第6期。

[③] 赵磊：《唯物史观何以"唯物"》，《社会科学研究》2019年第6期。

第七篇　近年来的历史理论研究综述

新意。

自然力与社会生产的关系是学界关注的重要问题。孙要良指出，自然力过好或过差都不利于资本主义的形成，而在资本主义生产方式已经确立的条件下，优越的自然环境客观上则有利于提高资本的生产率。[1] 他的专著《资本逻辑视野中的历史唯物主义》（中国社会科学出版社）以《1861—1863 年经济学手稿》为依托文本，不仅对唯物史观自然力问题做了深入剖析，还以资本逻辑为新的视角重新审视了历史唯物主义的一些传统概念、范畴、原理，富有启发性。张一兵则以为，马克思的原始文献中没有提出社会存在决定社会意识的说法，而是谈的社会定在决定社会意识。[2] 这种见解值得注意，应该深入发掘。此外，陈元明对唯物史观中"决定"涵义的探析、马建青对历史唯物主义的"历史"概念的考察，都有代表性。[3]

马克思主义经典文献研究仍然是考察唯物史观形成与发展历程的主要途径。李厚羿著《唯物史观的肇基之所》（首都经济贸易大学出版社），通过对《神圣家族》《1844 年经济学哲学手稿》和《德意志意识形态》的文本分析，揭示了这三部经典著作对马克思、恩格斯在唯物史观创建过程中的贡献。任帅军、杨寄荣对《神圣家族》和《德意志意识形态》中的历史唯物主义理论做了比较研究，认为两者存在着密切的内在关联性，即经历了从对思辨唯心主义的批判到历史唯物主义的建立之过程。[4] 田鹏颖、姜耀东则从恩格斯晚年的五封书信入手，认为恩格斯这时期的工作是在唯物史观的基本思想上全面理解马克思，在方法论上科学发展了马克思，在基本观点上捍卫了马克思。[5]

唯物史观方法论的研究同样引起学界关注。焦佩锋的《唯物史观与当

---

[1] 孙要良：《历史唯物主义视野中的资本逻辑与自然力——基于马克思〈1861—1863 年经济学手稿〉》，《北京大学学报》（哲学社会科学版）2019 年第 5 期；《唯物史观视野中的自然力与社会生产——基于马克思的〈1861—1863 年经济学手稿〉》，《北方论丛》2019 年第 5 期。

[2] 张一兵：《马克思历史唯物主义中的社会定在概念》，《哲学研究》2019 年第 6 期。

[3] 陈元明：《唯物史观中"决定"的涵义探微》，《社科纵横》2019 年第 3 期；马建青：《历史唯物主义的"历史"概念》，《安徽师范大学学报》（人文社会科学版）2019 年第 5 期。

[4] 任帅军、杨寄荣：《〈神圣家族〉与〈德意志意识形态〉中的历史唯物主义》，《华南理工大学学报》（社会科学版）2019 年第 6 期。

[5] 田鹏颖、姜耀东：《恩格斯对唯物史观的捍卫与发展——基于恩格斯晚年五封书信》，《马克思主义研究》2019 年第 10 期。

代历史主义》（人民出版社）与董振华的《创新实践与唯物史观形态研究》（人民出版社）两部著作，从不同方面深化了对唯物史观的研究。桑明旭认为，历史唯物主义存在着三个根本性方法，即把对象理解为感性活动、把思想理解为阶级思想、把原则理解为研究结果，它们分别对应马克思主义哲学、政治经济学和科学社会主义，是其中的基础性方法。[①] 吴晓明则指出：唯物史观的普泛性影响很大程度滞留于原则或原理的表面，即使在许多唯物史观的赞同者那里也是如此，但实际上唯物史观的阐释原则一刻也离不开它的具体化运用。[②]

唯物史观在中国的传播及其发展，是学界关注的重点问题。陈先达《历史唯物主义与当代中国》（中国人民大学出版社）一书，从历史唯物主义的本质与功能、历史唯物主义与中国道路、历史唯物主义与中国文化三个方面，系统探讨了唯物史观在中国的运用和发展问题。张旭鹏阐释了马克思主义史学理论的兴起与唯物史观在中国的接受的密切关系，指出："唯物史观在中国的确立，一个重要的原因是它能够有效地解释中国历史的发展并为中国的未来指明方向。唯物史观重视社会在历史研究中的作用，并在逻辑上优先考虑与经济活动有着直接联系的社会因素。""唯物史观在探询社会发展的一般规律、寻找社会演进的根本原因上具有无可替代的价值。中国社会主义革命的胜利，则在现实层面上印证了这一道理，从而使之更具合理性。"[③] 乔治忠则强调："自1919年五四运动以来，马克思主义唯物史观一直处于不断发展壮大之中。特别是在延安时期，唯物史观获得较为系统的发展，培养了一大批思想坚定、学术精深的马克思主义史学家。新中国成立后，他们成为新的史学理论推行和建设的中坚力量。"[④] 如何推动学者们自觉地在历史研究中运用好唯物史观，仍是学界目前面临的重大问题。

坚持以唯物史观为指导进行历史研究，就必须对违背唯物史观的历史虚无主义思潮进行深入批判和评析。习近平总书记指出："历史虚无主义

---

① 桑明旭：《历史唯物主义的三个根本性方法》，《青海社会科学》2019年第1期。
② 吴晓明：《唯物史观的阐释原则及其具体化运用》，《中国社会科学》2019年第10期。
③ 张旭鹏：《新中国70年来的史学理论研究》，《武汉大学学报》（哲学社会科学版）2019年第5期。
④ 乔治忠：《略谈新中国70年来史学理论研究》，《中国社会科学报》2019年10月21日。

的要害,是从根本上否定马克思主义指导地位和中国走向社会主义的历史必然性,否定中国共产党的领导。要警惕和抵制历史虚无主义的影响,坚决抵制、反对党史问题上存在的错误观点和错误倾向。"[1] 为此,《史学理论研究》2019 年第 3 期作为历史理论研究所所刊的第一期,专门组织了一组"历史虚无主义解析"专栏文章,分别是夏春涛《历史虚无主义思潮的产生背景、主要特征及其危害》、左玉河《"魔鬼"还是"天使":帝国主义侵华"有功"论辨析》、吴英《驳中国非社会主义论》、高希中《中国优秀传统文化不容否定》及韩炯《因果解释的迷失:历史虚无主义的方法论基础批判》,从学术和理论层面深入解析历史虚无主义思潮,深化了对历史虚无主义错误本质的认识。

于沛从历史的真理性和客观性入手,认为历史虚无主义以"解密历史""还原历史"为名,对客观历史事实"解构""拆解""摧毁"和"重新定位",将历史碎片化,将历史事件、历史人物抽象化,去"重写"所谓"价值中立"的历史,违背了历史的真理性和客观性:"尽管历史虚无主义表现形式和内容不一,但都有明确的政治诉求,都是唯心史观在当代中国现实生活中的具体表现。"[2] 杨军则揭示了历史虚无主义的三个新表现:"借助大众娱乐恶搞、消费历史,扰乱社会公众的历史认知""以'精日'言行颠覆历史记忆、消解民族尊严""以'纪念'改革开放之名歪曲改革开放的性质、否定社会主义建设成就"。[3] 陈元明的著作《历史虚无主义对西南地区大学生思想的影响研究》则以西南地区大学生群体为研究个案,采用定性与定量相结合的方法,较为系统、深入地研究了历史虚无主义思潮泛起和蔓延的背景、历程及其核心观点、实质。[4]

夏春涛分析了历史虚无主义思潮的产生背景和主要特征,将其危害概括为三个方面:传播错误的历史观,颠覆了历史,否定了现实;严重扭曲

---

[1] 中共中央党史研究室编:《历史是最好的教科书——学习习近平同志关于党的历史的重要论述》,中共党史出版社 2014 年版,第 8 页。
[2] 于沛:《批判与建构:新中国史学理论研究的回顾与思考》,《历史研究》2019 年第 4 期。
[3] 杨军:《历史虚无主义的三个表现》,《人民论坛》2019 年第 2 期。
[4] 陈元明:《历史虚无主义对西南地区大学生思想的影响研究》,当代中国出版社 2019 年版。

了价值观；严重败坏了学风。① 他还在某次会议中提出，警惕和抵制历史虚无主义，首先要把概念搞清楚，避免泛化。有论者将历史虚无主义追溯到民国初期宣扬"全盘西化"的文化虚无主义。还有人说，十年动乱时期"四人帮"搞影射史学是十分典型的历史虚无主义。夏春涛认为，这是"左"的错误倾向的表现，而我们今天所说的历史虚无主义主要指右的错误倾向，特指改革开放之后兴起的错误思潮，其要害是否定四项基本原则，重点是否定中国共产党的领导和我国社会主义制度。高炳亮认为，历史虚无主义"抢夺马克思主义历史观的话语权和领导权、用错误的民族观取代马克思主义民族观、用错误的国家观取代马克思主义国家观、用错误的文化观取代马克思主义文化观"，严重地销蚀人们在改革开放以来逐渐建立起来的道路自信、理论自信、制度自信和文化自信，对党在意识形态领域的领导权和话语权构成了极大的挑战和破坏。② 谢礼圣则认为：由于历史虚无主义在历史本体论上固守偏执的唯心主义立场、在历史认识论上带有强烈的不可知论色彩、在历史价值论上鼓吹历史评价的多元性，因此终将陷入虚幻的价值虚无主义。他指出："历史虚无主义消解了历史进步的观念，加剧了历史认知的碎片化，助推了历史的娱乐化，阻碍了不同文明的交流互鉴。"③

如何坚持唯物史观并遏制历史虚无主义思潮？学界在学理、思想和宣传等方面提出了建议。张政文从历史书写和历史阐释的角度提出，必须以正确的历史观为价值诉求，充分整合并吸纳中国传统与西方现代的优秀理论资源，以科学的态度、方法和标准展示史实的真实现场，澄明思想的演进谱系，回归历史的真实性、真理性、知识性，从而在当代历史书写中真正消除历史虚无主义，重建阐释的知识图谱。④ 张有奎认为，针对认知类型的历史虚无主义，解决的主要路径在于加强马克思主义历史观和方法论的认知教育；针对价值类型的历史虚无主义，解决的主要路径在于加强马

---

① 夏春涛：《历史虚无主义思潮的产生背景、主要特征及其危害》，《史学理论研究》2019年第3期。
② 高炳亮：《历史虚无主义的问题、危害及应对策略》，《理论与评论》2019年第3期。
③ 谢礼圣：《历史虚无主义的理论谬误、消极影响及遏制途径》，《马克思主义与现实》2019年第3期。
④ 张政文：《历史虚无主义阐释观的迷失与阐释的知识图谱重建》，《中国社会科学》2019年第9期。

克思主义理想信念的认同教育;针对政治类型的历史虚无主义,解决的主要路径在于依法严厉打击。① 冯兵、关浩淳提出,"要坚持实事求是的思想精髓,一切从史料出发",要求研究者要尊重材料、尊重历史和当时的客观实际,不能本着为我所用的目的去"割裂史料"、任意解释历史事实;对历史虚无主义的批判不能只停留在空洞的口号上、利用意识形态化的言语来批判,写出材料扎实、逻辑严密而有说服力的历史作品更是批判历史虚无主义的有力手段。② 高希中对克服文学史研究中的虚无主义提出两条建议:坚持历史主义原则,具体问题具体分析;正确看待中华优秀传统文化的价值,坚定文化自信。③ 丁辉、陈奕锟主编的《历史虚无主义研究与批判》一书,从虚无主义在西方和东方的演化历程、历史虚无主义的理论逻辑和在现实中的影响等方面进行考察,主张以发现其理论软肋、解构其理论内核,完成对历史虚无主义思潮的批判。④

三 中国史学理论与史学史研究

2019 年是新中国成立 70 年,中国史学理论与史学史研究领域推出了一些有价值的反思性成果。刘家和《史苑学步:史学与理论探研》(北京师范大学出版社),内容涉及中国古代史学与经学、比较研究与史学、史学的体与用、历史理性与逻辑理性等问题。卓立回顾了改革开放 40 年来的史学理论研究进程,认为其主要成就是历史认识论的理论范式。他主张走出历史认识论,认为马克思历史理论能为后认识论的史学理论提供助益。⑤ 乔治忠指出,民国时期的史学家被夸饰为几近完美的学术大师,并称那样的"大师"以后不会再出现了,这种认识违背了历史事实,包含有非学术的情绪。⑥ 庞卓恒认为中国古史分期讨论存在一大教训,即不从马克思原著全面理解马克思揭示的规律和原理,而是人云亦云地相信某些被

---

① 张有奎:《三种类型的历史虚无主义及其批判》,《马克思主义与现实》2019 年第 1 期。
② 冯兵、关浩淳:《史学研究的历史虚无主义现象及其批判》,《史学集刊》2019 年第 6 期。
③ 高希中:《如何克服我国文学史研究中的虚无主义倾向》,《红旗文稿》2019 年第 3 期。
④ 丁辉、陈奕锟主编:《历史虚无主义研究与批判》,格致出版社 2019 年版。
⑤ 卓立:《走出历史认识论——改革开放四十年史学理论话语范式的局限与出路》,《中国社会科学评价》2019 年第 2 期。
⑥ 乔治忠:《中国近代史学研究值得反思的一个问题》,《河北学刊》2019 年第 5 期。

认为简单明了的论断就是"规律"或"原理",而那些"规律"或"原理"就连各派分期论者彼此之间也无法互相说服,更无法令"圈外"学者赞同,由此产生一个极其严重的后果,即20世纪90年代后几乎再也见不到人们谈论唯物史观的历史分期问题。①

学界围绕史学理论研究本身的学术体系和话语体系也进行了积极探索。陈其泰在论及中国古代史学科建设时强调,要以发展的马克思主义为指导,同时加强理论创新、拓展新的研究领域和方法。围绕中国史学史体系构建问题,他指出,历史编纂是中国史学最为优长和最具特色所在,应当加强历史编纂学史的研究。② 杨艳秋认为,史学史是对历史学进行反思的学科,我们要在检讨与自省中完善自身学科体系,在与其他史学学科的交流对话中共同发展,在史学评论尤其是当代史学评论中引导史学的自我反省与批判,由此构建21世纪的中国史学史。③ 刘开军则认为,中国古代史学形成了一套"言之成理"的理论话语体系,它从先秦酝酿,到明清时期成熟,具有鲜明特色。④ 廉敏从古今比较视角考察了当前史学理论发展存在的问题,指出:"现行若干史学概念无法反映中国传统史学;中国传统史学的整体性反衬出当前史学理论的碎片;当前史学理论缺乏一个足以媲美中国传统史学中'史义'的对应概念。这些问题既阻隔了中国史学的古今联系,又不利于中国史学理论走出一条反映中国事实的道路。"⑤ 此外,王学典有关历史理论对历史研究重要性的思考,张涛对历史证据与理论关系的剖析,沈培建对后现代主义对中国学术负面影响的分析,都富有启发意义。⑥

---

① 庞卓恒:《古代史分期大讨论:一大成就和一大教训》,《史学理论研究》2019年第4期。
② 陈其泰:《新时代中国古代史学科建设问题》,《历史研究》2019年第1期;《历史编纂学史与史学史学科关系辨析》,《南开学报》(哲学社会科学版)2019年第1期。
③ 杨艳秋:《进路:"反思"特质的中国史学史研究》,《四川师范大学学报》(社会科学版)2019年第5期。
④ 刘开军:《中国古代史学理论话语体系的形成刍议》,《四川师范大学学报》(社会科学版)2019年第5期。
⑤ 廉敏:《古今比较对于史学理论发展的意义——对当前史学理论若干问题的思考》,《晋阳学刊》2019年第5期。
⑥ 王学典:《历史研究为什么需要"理论"?——与青年学生谈治学》,《思想战线》2019年第5期;张涛:《论历史证据的理论负载》,《江海学刊》2019年第5期;沈培建:《后现代主义及其史观对中国学术研究的负面影响》,《中国史研究动态》2019年第1期。

第七篇　近年来的历史理论研究综述

近年来,学术研究本土化越来越得到学界的认同,成为中国学术界引人注意的方向性变化。对于本土化趋势的动因,郭震旦将其归纳为三个方面:中国崛起为学术本土化提供了强大动力;知识论的发展破除了西方理论的神话,为本土化的产生提供了理论支撑;意识形态的积极推动。[①] 中华民族历史悠久,有着源远流长的史学传统和深厚深沉的历史意识。中国历史应由中国学者自己书写,中国历史学者要发出自己的声音,越来越成为学界的共同呼声。马敏以现代化理论为例谈及该问题,他认为源起于西方的现代化理论,主要是对西方国家发展经验的概括和总结,具有很大的局限性和浓厚的西方中心主义色彩,我们可以借鉴和参考,但绝不可以盲目照搬,必须实现突破和超越。第一,持续推进现代化理论的"本土化"与"中国化"。第二,进一步聚焦生产力和科技发展在现代化中的核心作用。第三,正确理解现代化史范式与革命史范式的关系。第四,积极面对新时代、新使命的挑战。[②] 此外,越来越多的学者开始重视从中国本位出发研究历史。王学典指出,许多学者认为,研究中国历史,不能将西方理论和经验生搬硬套用于中国历史研究。在诸如中国社会形态这些重大问题的讨论中,从中国本位出发已渐成主流。把"中国史"从外来研究模式中搭救出来,脱掉长期穿在中国历史躯体上不合身的"西装",可以说是近年中国史学界的一个重大进步。"中国史重返故土"的历程在未来若干年将会在更深程度和更广范围内展开。[③] 由此可见,学界在研究中越发有意识地打破"西方中心论",积极贯彻中国本土思想,体现中国本土的思想文化观念。

在中国史学史研究上,陈其泰和张峰回顾中国史学史走过的70年历程,将70年的发展划分为三个阶段:"文化大革命"前十七年是史学史研究的探索与奠基阶段;1978年至1999年是史学史研究的开拓奋进阶段;2000年至2019年是史学史研究蓬勃发展的阶段。他们总结了史学史研究

[①] 郭震旦:《音调难定的本土化——近年来若干相关问题述评》,《清华大学学报》(哲学社会科学版)2019年第1期。

[②] 马敏:《努力构建中国特色现代化史理论体系——新中国史学发展70年的一个侧面》,《历史研究》2019年第4期。

[③] 王学典:《中国历史学的再出发——改革开放40年历史学的回顾与展望》,《中国高校社会科学》2019年第1期。

70年取得的成就，认为主要包括以下几个方面：理论探索对史学史学科发展的有力推动；贯通研究与断代研究相结合；研究领域的不断拓展；近现代史学史研究方兴未艾；资料建设和研究方法的创新。① 田志光等研究了两宋史家的修史观，指出："宋代史学编修在继承前代的同时，又面临复杂的政治、社会情况，史家修史观有了新的发展，如受社会矛盾、民族矛盾等影响，强化史学资治功用贯穿两宋始终；理学兴起，使宋代史家重视突出义理史观；党争政争以及皇权、相权对修史影响更加强烈等。"② 姜萌从吕思勉对傅斯年与顾颉刚的批评分析了影响民国史家书写"民族问题"的三个因素，即族群认识差异、概念含义混乱和现实需求。③ 李政君考察了中国史学近代转型视域下的"社会史"书写及其演变，指出：近代中国史学中的诸种"社会史"，多将社会视为一个整体探究其演变特点，这反映了中国史学的政治史书写传统的社会化、世俗化转向。与之相关的史学社会科学化，同样经历了从辅助"史料考订"到进行"历史解释"的演变。④ 周少川则关注了陈垣对20世纪中国史学的贡献，指出："在20世纪新史料大发现的潮流激励下，陈垣形成了重视史料、扩充史料，搜集、整理、考辨史料的系列思想和方法，其创立的史源学尤为突出。他以近代科学精神指导历史考证，通过缜密精审的考证过程解决大量历史疑案。"⑤

2019年还出版了一些探讨中国史学史相关问题的学术著作。董成龙著《武帝文教与史家笔法》（华东师范大学出版社），解读了司马迁《史记》中高祖立朝至武帝立教的大事因缘。胡逢祥等著《中国近现代史学思潮与流派（1840—1949）》（商务印书馆），以中国近现代史学思潮与流派的演变为主线，详考近现代史学思潮之流变，述论其对史学发展之影响，揭橥史学研究诸要素的兴衰递变，铺述史家流派相关活动及成果。乔治忠著《中国史学史的考析与评判》（生活·读书·新知三联书店），选取关乎中国史学史研究有所发现、有所创新的学术论文，意在展现作者有关中国传

---

① 陈其泰、张峰：《70年来中国史学史研究的进展》，《史学理论研究》2019年第4期。
② 田志光、王柚程：《两宋史家的修史观及其时代特征》，《史学史研究》2019年第4期。
③ 姜萌：《影响民国史家书写"民族问题"的三个因素》，《史学史研究》2019年第4期。
④ 李政君：《中国史学近代转型视阈下的"社会史"书写及其演变》，《近代史研究》2019年第4期。
⑤ 周少川：《与时共奋：陈垣对20世纪中国史学的贡献与影响》，《史学史研究》2019年第2期。

第七篇 近年来的历史理论研究综述

统史学中具有官方史学与私家史学两大组成部分的主张,对中外史学的异同进行系统比较,对中国史学界的一些定论提出了新看法。周文玖《史家、史著与史学:中国史学史探研》(社会科学文献出版社)是本文集,收录作者近年来发表的 34 篇文章。台湾学界有多部史学史著作出版,如刘龙心的《知识生产与传播——近代中国史学的转型》(三民书局)、吴振汉的《明清之际的史家与明史学》(远流出版社)等。

学界对中国通史编纂的理论方法问题,也进行了探讨。在唯物史观指导下,以中国历史实际为研究起点,摆脱西方理论话语的笼罩,构建中国通史的学术体系和话语体系,成为颇受关注的课题。主持中国社会科学院重大项目《中华思想通史》的王伟光指出:"构建中华思想史当代中国马克思主义学派,是中华思想史研究的一项重要任务。必须站在时代高度,把握时代主题,梳理、提炼中华优秀思想的脉络和精华;一以贯之地把历史唯物主义的立场、观点和方法贯穿到中华思想史研究的全过程……既要继承传统更要勇于创新,既要立足中国又要放眼世界,从主流意识形态的视角,挖掘出蕴含在中华优秀传统思想中的主流精华,为中国特色社会主义现实服务。"[①] 杨艳秋则指出:"中国思想通史必须贯彻马克思主义社会形态理论、社会存在决定社会意识理论,运用阶级分析理论及方法,彰显出马克思主义思想史研究的人民性。唯物史观的思想观念源于现实生活过程的原理,为思想史的研究、撰写提供了科学的本体论与方法论。"[②] 宋月红指出,国史通史的撰写,既需要吸收、借鉴修史的传统学理,更需要继承、发展治史的现代学理,其出发点和落脚点在于科学认识、研究及阐释"新中国",即要为国家写史、为人民立传。[③] 张光华则从读者群体的角度来探讨 20 世纪通史编纂,他指出:"通史的读者,按接受意愿、接受能力、群体的稳定性等差异,可以分为普通民众、专业学生和专业学者三个不同群体。根据不同需要,通史可相应地分为民众型、教材型和学术型三个类别。三种类型的通史在基本原则上是相同的,所区别的主要在形式上,包括语言风格、文体的使用、篇幅大小、理论与材料等等,都要做出

---

① 王伟光:《构建中华思想史当代中国马克思主义学派——关于研究编撰中华思想通史的若干问题》,《中国社会科学》2019 年第 11 期。
② 杨艳秋:《唯物史观与马克思主义中国思想史研究》,《光明日报》2019 年 8 月 14 日。
③ 宋月红:《论国史通史研究和编纂的学理基础与方法》,《河北学刊》2019 年第 4 期。

相应的处理，以适应不同群体的需要。如此才能最大限度地发挥史学的社会效益。"①

四 外国史学理论与史学史研究

2019 年，研究者对新中国成立 70 年来外国史学理论与史学史研究进行了回顾与评价。陈启能对历史理论与史学理论的概念进行辨析，认为历史理论是指客观历史过程中的理论问题，史学理论则是指同历史学有关的理论问题，这种在 20 世纪 80 年代作出的划分在世界各国很少见。他回顾了中国社会科学院史学片尤其是世界历史研究所加强史学理论研究的情况，强调了史学理论对历史学发展的重要性。② 需要指出的是，关于"历史理论"与"史学理论"概念的异同、大小，学界的看法并不一致。我们认为，历史理论研究所的建所方案是由中央核定的，这一所名表明了中央的态度，即认为"历史理论"概念大于"史学理论"概念。我们要与中央保持一致，有不同意见可以保留，但不必再做争论。张广智从三个方面总结了新中国 70 年来中国的西方史学史研究的发展成就，"1. 中国的西方史学史的学科建设大致经历了从萌发、奠立到发展的过程，由'自在的'初级阶段进入了'自为的'全面发展的阶段；2. 在 20 世纪两次引进西方史学高潮的推动下，中国的西方史学史研究从译介、评述再到研究，其总体学术水平在不断地深入；3. 西方史学史编纂的不断拓展"。③

当前西方史学理论研究的特点之一是思辨的历史哲学或历史理论的回归。思辨的历史哲学主要是对历史发展规律的总结和探讨，一般也称为历史理论。但从 20 世纪中期开始，思辨的历史哲学开始衰落，被分析的历史哲学和叙述的历史哲学所取代。最近几年，思辨的历史哲学或历史理论有回归趋势，一些历史学家开始重新反思人类历史的发展前景和未来可能。任教于荷兰莱顿大学的匈牙利学者佐尔坦·西蒙（Zoltán Boldizsár Simon）2019 年出版了《历史在千年未有之变革时代：21 世纪的理论》一

---

① 张光华：《20 世纪通史编纂的类型与读者群体》，《南开学报》（哲学社会科学版）2019 年第 1 期。
② 陈启能：《"史学理论"刍议》，《史学理论研究》2019 年第 4 期。
③ 张广智：《漫谈 70 年来中国的西方史学史研究》，《史学理论研究》2019 年第 4 期。

第七篇 近年来的历史理论研究综述

书,分析和考察了21世纪以来人类历史的变化趋势,他认为那种认为过去、现在和未来在一条前后连贯的时间线上的观点已经过时。当前,在环境、生态和核战争的威胁下,人类历史正经历着一个前所未有的变革时代,如何在未来为人类的命运进行谋划就显得至关重要。[①] 邓京力等著《近二十年西方史学理论与历史书写》(中国社会科学出版社),力图从整体上揭示1990年代以来西方史学理论所发生的重大变化、提出的新问题,把握其间所涉及的关键因素,并从中国史学的立场审视其对于重建历史学的理论基础与历史书写的新趋向所具有的价值意义。王晴佳则探讨了"后人类史学"问题,认为其会对历史书写及历史研究方法产生巨大冲击,并称:"近年新兴科技领域的长足进展和人类生态环境的恶化,更加促使史家重新思考人类自身的发展及其与自然、地球的关系。环境史、动物史和'大历史'等史学流派的出现和流行,便在很大程度上反映了新的历史思维和观念。"[②] 他还关注了近年颇为热门的情感史研究,指出:"情感史研究意义在于将原来被人忽视的感性的因素,重新纳入历史研究的范围,由此对丰富和拓展历史学的领域,做出了比较突出的贡献。情感史研究者不但以历史上的情感为研究对象,也从情感、感性的角度,重新分析和描述历史上的一些重大事件。"[③]

历史时间(Historical Time)是当前西方史学理论界的一个热点问题,主要研究过去、现在和未来这三种时间向度之间的关系,以及这些相互关系背后所体现出的历史意识的变化。法国学者劳伦·奥利维尔(Laurent Olivier)和爱沙尼亚学者马利克·塔姆(Marek Tamm)共同主编了《再思历史时间》一书。该书考察了西方的历史时间体制从以未来为导向、进步和线性的时间观念,向以当下为导向的"当下主义"的转变。当下主义是当前西方的一种历史时间体制,它不以过去为重,但对未来也缺乏足够的信念,只关注于当下。该书反思了当下主义给历史研究所带来的认识论上

[①] Zoltán Boldizsár Simon, *History in Times of Unprecedented Change: A Theory for the 21st Century*, Bloomsbury, 2019.

[②] 王晴佳:《人写的历史必须是人的历史吗?"后人类史学"的挑战》,《史学集刊》2019年第1期。

[③] 王晴佳:《拓展历史学的新领域:情感史的兴盛及其三大特点》,《北京大学学报》(哲学社会科学版)2019年第4期。

的变化,对当前现实政治的影响,比如民粹主义的回潮等,同时也分析了历史时间研究中的多重时间性的问题。① 普林斯顿大学历史系教授克里斯托弗·克拉克(Christopher Clark)出版了《时间与权力:德意志政治中对历史的展望,从三十年战争到第三帝国》一书。该书是将法国历史学家弗朗索瓦·阿尔托格提出的"历史性体制"这一理论应用于具体研究的一个范例。作者以德国历史上的四个政治人物,即普鲁士大选帝侯腓特烈·威廉、普鲁士国王腓特烈二世、俾斯麦和希特勒为例,分析了在德国历史上不同的政治家是如何利用时间问题为其政治服务的。这里面既有以未来为导向的时间意识,也有以过去为导向的时间意识,同时也有包含了多种时间意识的时间观念,这些不同的时间意识表现了政治统治所期望达到的意愿和权力,对于我们认识历史时间问题很有助益。②

2019年,全球史是中国学者关注的热点研究领域。关于全球史的专题研究不断深化,如全球史视野中的"中西之争""全球史视野下的翻译史研究""全球史视野下的土耳其革命与变革""全球史视野中的英国经济社会史研究""全球史研究的动物转向""全球史视野下的郑和下西洋"、大数据技术在全球史研究中的应用、跨国史视野下的宗教改革运动、全球史在德国的兴起与现状等。关于全球史的理论探讨受到中国学者重视,什么是全球史、全球史方法如何推动民国史研究、全球史观下如何构建民族史学话语体系、思想史的"全球转向"、全球史写作中的时空结构、全球史的书写与世界公民意识的培养等问题,都有学者撰文讨论。③《全球史杂志》(*Journal of Global History*)2019年刊登论文探讨的论题,包括"全球史中的食物""1953—1972年联合国教科文组织资助出版的世界历史杂

---

① Laurent Olivier, Marek Tamm, eds., *Rethinking Historical Time*: *New Approaches to Presentism*, Bloomsbury Academic, 2019.

② Christopher Clark, *Time and Power*: *Visions of History in German Politics*, *from the Thirty Years' War to the Third Reich*, Princeton University Press, 2019.

③ 参见[美]哈里·李伯森《什么是全球史?——新讨论与新趋势》,《社会科学战线》2019年第3期;王立新:《民国史研究如何从全球史和跨国史方法中受益》,《社会科学战线》2019年第3期;李慧:《全球史观下民族史学的话语体系建构研究》,《贵州民族研究》2019年第3期;邓京力、林漫:《论思想史的"全球转向"》,《郑州大学学报》(哲学社会科学版)2019年第4期;李剑鸣:《全球史写作中的时空结构——从奥斯特哈默的〈世界的演变:19世纪史〉谈起》,《经济社会史评论》2019年第4期;王立新、岳秀坤:《全球史的书写与世界公民意识的培养》,《世界历史评论》2019年春季号;等等。

409

志"、倡导"人文社会科学的跨学科全球史"等。

由此可见,中外全球史的发展都在实证研究和理论研究两方面不断推进和细化。《全球史杂志》提出的倡导"人文社会科学的跨学科全球史",实际上是在长期实证研究的基础上,向包括布罗代尔在内的西方学界探索宏观历史的发展脉络的复归,强调全球史的跨学科性,是将历史学的范围扩大到包括整个人文社会科学。国内学界也有学者提出了全球史进一步发展的思路:"全球史所强调的人类交往,应当放在与生产的对应关系中来理解,生产和交往在每一阶段的发展总和,都构成世界历史演进中的一个特定阶段,各种地方社会的具体化情境,实际上就是生产和交往在各个时空结合点上达到的水平和程度,而这些具体化情境则是各种社会关系网络与交流空间范畴得以存在的现实基础。"[①]

在西方史学史研究领域,《史学理论研究》2019年第1期开设了《中国西方史学史研究的回顾与展望》专栏,集中刊发了孟钟捷、李宏图、邓京力、吴晓群等人从研究范式、社会语境及跨文化等方面对该话题的探讨。国内学者们还从多个角度对西方史学史研究进行了考察,内容涉及历史编纂与书写、史学研究转变、著名史学家等,如徐波的《传统事例史的兴衰与近代早期西方史学的转变》(《史学史研究》2019年第1期)、李隆国的《外圣内王与中古早期编年史的叙述复兴》(《史学史研究》2019年第3期)、邹薇的《文艺复兴时期英国史学特点探析》(《史学理论研究》2019年第4期)、张文涛的《论阿克顿的历史哲学》(《史学理论研究》2019年第3期)及李永明的《试论修昔底德的史学致用思想》(《史学理论与史学史学刊》2019年上卷)。张一博总结了当代西方史学史研究的新趋向,指出:"就研究方法而言,社会史、文化史视角促使研究者关注历史知识是如何生成的。从研究材料看,受后现代思想影响,材料进一步扩充,学者们开始发掘非传统史料中的历史意识。史学史研究不再仅研究史学名宿的经典作品,大众史家、女性史家等边缘群体的作品也开始受到学者们的关注。在研究视野上,对欧洲中心论的批判促使西方学者关注非西方史学,进而将全球视野引入史学史研究之中。"[②] 此外,王华考察了太平

[①] 董欣洁:《全球史研究打破"欧洲中心论"》,《中国社会科学报》2019年10月28日。
[②] 张一博:《方法·材料·视野:当代西方史学史研究的新趋向》,《史学理论研究》2019年第4期。

洋史的研究发展与转向,指出:"20世纪90年代以来,全球史、海洋史等新的史学研究范式对太平洋史研究带来冲击,催生出以'太平洋世界'路径为代表的整体、开放的'太平洋的历史',传统的民族国家史学模式遭遇严峻挑战。两种路径在并立之中渐显交融之势,太平洋史研究逐渐走向成熟。"[1]

2019年,西方妇女与社会性别史研究依然活跃,研究更趋深入。基于这一领域几本重要国外刊物的发文情况,有两个主题需要关注。第一,学者们更加重视政治维度的研究。《妇女史杂志》(Journal of Women's History)2019年第2期的主题是"殖民时期的亲密关系与性别化的暴力"。这一主题既是对妇女与暴力主题的持续关注,也是将其与殖民主义、后殖民主义、帝国等结合,注重政治维度对妇女和性别的影响。这一研究趋势既是当前史学前沿方法在这一领域的反映,也是妇女与社会性别史研究融入主流史学以及被更多史家接受的必经之路,说明它已经从妇女的史学变为以妇女和性别为视角的史学分支。这期文章共有10篇,涉及殖民时期的拉美、北美和印度,时间跨度从17世纪到20世纪末。另外,《符号:文化和社会中的妇女》(Sign: Journal of Women in Culture and Society)杂志2019年第3期的主题是"性别和全球权力的兴起",主旨是从跨国视角阐述权力在性别政治中的重要作用。两本杂志的专刊主题虽有不同,但都是强调政治维度的研究。第二,性别与性学的研究。性史研究是20世纪七八十年代伴随同性恋运动而兴起的一个史学分支,从20世纪90年代末开始,学界以"性、性存在和性别"为关键字的研究开始兴盛,至今依然是学界的热点之一。《性别与历史》(Gender & History)2019年第2期的论坛主题就是"性别与性学",目的是探究性学中的新发展方向,涉及性别史、性存在史、科学史、医学史、法律史和身体。学者们探讨了"标准"、性别角色、年纪和健康的身体等重要概念在医学背景下概念化的过程,以及性别化暴力在医学和犯罪学背景下的表现形式。这5篇文章为《导论:反思性别化的性史》《吸引的年代:年龄、性别和现代男同性恋史》《暴力的妇女:德国魏玛时期的图像证据、性别和性史》《恼人的普及:论性"科学知识"的性别化传播路径》和《"强迫体格健壮"的历史化过程:

---

[1] 王华:《太平洋史:一个研究领域的发展与转向》,《世界历史》2019年第3期。

性史与同性恋残疾研究的相遇》。

国内学者对妇女与社会性别史的研究依然有限,但推出了一些值得注意的成果。如戴蓓芬的《福柯主体理论及其女性主义应用》(清华大学出版社)、朱晓佳的《性别差异伦理学——伊丽格瑞的女性主义伦理学研究》(中国社会科学出版社)、汤晓燕的《写意政治:近代早期法国政治文化中的性别、图像与话语》(浙江大学出版社)等。

环境史研究是近年来中外学界关注的热点问题。刘合波考察了冷战环境史研究的问题,指出:"开展跨国研究、强调环境问题与冷战态势的互动性研究、借助冷战史研究中使用的档案文献进行研究,是冷战环境史学的新趋向。在研究内容上,现有研究主要关注冷战时期各国国防建设带来的环境变迁、战争与环境和地区局势的互动关系、中苏经济建设产生的环境问题及其影响、美国在第三世界的技术推广、环境与地缘政治之间的联系。但是,既有研究也存在资料发掘不够深入、过度拔高环境在冷战中的地位和作用等问题。"[1]钟孜则关注了法国环境史研究的新趋向,他指出"环境转型"研究是当前法国环境史学界最为前沿的研究领域之一,其核心目标是要回答20世纪60年代以来法国社会所发生的"环境转型"的特点、动力和历史根源问题。关注环境问题的社会氛围、法国环境史学的扎实基础、相关史料的逐步开放以及学者们的不懈反思和探索,是"环境转型"研究能够破壳而出的几个关键因素。[2]

2019年,日本的史学理论与史学史研究领域取得不少成果,主要集中于四个方面:新研究视角及研究方法的探讨、近代历史学发展历程研究、战后历史学研究、天皇制研究再探讨。在新研究视角及方法探讨方面,有两部著作值得关注。一是大门正克的《立足于日常世界的历史学:新自由主义时代》(『日常世界に足場をおく歴史学:新自由主義時代のなかで』、本の泉社),作者是近年来日本史学理论与史学史研究领域颇为活跃的学者,该书体现了其一直以来的研究思考,包含呼吁重视社会史、民众史研究的意识。二是桂岛宣弘的《以思想史读史学概论》(『思想史で読む史学概論』、文理閣),结合思想史对日本修史及史学研究中的诸多问题

---

[1] 刘合波:《史学新边疆:冷战环境史研究的缘起、内容和意义》,《世界历史》2019年第2期。

[2] 钟孜:《"环境转型"研究:法国环境史研究的新趋向》,《世界历史》2019年第3期。

进行了探讨。

近年来，日本学界对战前的近代史学及战后的历史学研究的探讨颇为关注。吉川弘文馆出版了不少相关书籍，2019年出版了两部近代史家传记：《三宅雪岭》（中野目徹『三宅雪嶺』）、《阪谷芳郎》（西尾林太郎『阪谷芳郎』）。日本学界2019年度研究战后历史学的著作和论文也有不少，如《石母田正和战后马克思主义史学：以亚洲生产方式论争为中心》（原秀三郎述、磯前順一・磯前礼子編『石母田正と戦後マルクス主義史学：アジアの生産様式論争を中心に』、三元社）等。在对天皇制研究的观点、理论及方法进行再探讨方面，代表性著作为宫地正人的《天皇制和历史学：史学史的分析》（『天皇制と歴史学：史学史の分析から』、本の泉社）和外池昇的《天皇陵："圣域"的历史学》（『天皇陵：「聖域」の歴史学』、講談社）等。此外，日本学者佐藤正幸的《历史认识的时空》（上海三联书店）也在国内翻译出版。

中国学界对日本史学理论与史学史的关注有所增加，特别是《史学理论研究》杂志连续刊载几篇相关论文，涉及日本明治维新史编纂与叙述中的史观问题、二战前日本的国史研究流派及村冈典嗣思想史学。[1] 张跃斌则关注了半藤一利的昭和史叙事，指出："半藤一利的历史认识属于中间派，其对一些右翼史观的批判，其反对战争、反对修改和平宪法的态度，在日本社会发挥了一定的积极作用。同时，其避重就轻的历史反思表现出一定程度的狭隘民族主义情绪，也对日本的舆论氛围造成了消极影响。"[2]

值得注意的是，2019年，中国学界翻译出版多部欧美学界的史学史与史学理论著作，有利于国内学者了解西方的相关最新研究动态。如美国学者阿兰·梅吉尔等的《历史知识与历史谬误——当代史学实践导论》（北京大学出版社）、恩斯特·布赖萨赫的《西方史学史——古代、中世纪和近代（第3版）》（北京大学出版社）、海登·怀特的《叙事的虚构性——有关历史、文学和理论的论文（1957—2007）》（南京大学出版社）、伯纳德·贝林的《时而艺术——史学九章》（中国政法大学出版社），英国学者

---

[1] 参见李文明《日本明治维新史编撰与叙述中的史观问题》，《史学理论研究》2019年第1期；张艳茹：《管窥二战前日本的国史研究流派——以〈日本近代史学事始〉为线索》，《史学理论研究》2019年第2期；王萌：《村冈典嗣思想史学探析》，《史学理论研究》2019年第2期。

[2] 张跃斌：《半藤一利的昭和史叙事评析》，《世界历史》2019年第5期。

第七篇 近年来的历史理论研究综述

约翰·布罗的《历史的历史——从远古到20世纪的历史书写》(广西师范大学出版社)、彼得·伯克的《历史学与社会理论(第2版)》(上海人民出版社),以及法国学者弗朗索瓦·阿尔托格的两部著作《历史性的体制——当下主义与时间经验》(中信出版社)与《灯塔工的值班室》(中信出版社)。[1]

综上所述,2019年国内学界对历史理论的研究有了较快发展,取得较大成绩,但仍存在不少值得注意的问题。一是学界围绕唯物史观的研究日渐走向深入的同时,存在着学院化和学理化倾向,在结合具体历史和实际来阐述、发展唯物史观理论上有待加强。二是在史学理论与史学史学科中,史学史研究远比史学理论研究发达,而且在史学理论这个研究领域中,更偏重历史学学科理论的考察,对客观历史理论问题的研究则明显不足。三是学界对中外史家自身的反思性研究薄弱,既有研究多着眼于史学著作、史学思潮、史家生平,对史家主体的反思性关注较少,留有较大的研究空间。四是单纯就历史论历史,对现实问题不太关注;只会讲老话(唯物史观)、不会讲新话(马克思主义中国化最新成果),甚至是老话讲不好,新话不会讲;在"立时代之潮头,通古今之变化,发思想之先声"上不够自觉主动。新时代是历史学可以也必须大有作为的时代。我们要乘势而上,努力振兴历史理论研究,科学、正确地解读历史,在全社会积极引导人们树立正确的历史观;深入总结历史的经验教训,积极回应重大理论与现实问题,为当代中国发展进步提供智力支持;主动引领学术潮流,推进学术创新,加快构建中国特色历史学学科体系、学术体系、话语体系,着力彰显历史学的中国特色、中国风格、中国气派。

(原载《史学理论研究》2020年第2期)

---

[1] 参见 https://mp.weixin.qq.com/s/xKdrTgbAtoQwstgeX4ND5g。

2020 年历史理论研究综述[*]

夏春涛

（中国社会科学院历史理论研究所）

  2020年是"十三五规划"收官之年，是中国社会科学院（中国历史研究院）历史理论研究所建所的第二年，是国内历史理论研究稳步推进、呈现出生机活力的一年。一年来，在防控突如其来的新冠肺炎疫情的背景下，召开线上学术会议作为一种新形式，逐渐为大家所熟悉和接受。历史理论研究受到空前重视，尽管中外学术交流因疫情影响暂时停滞，但国内学术氛围仍较为活跃和浓厚，由历史理论研究所牵头，召开了"新时代史学理论与史学史研究的新进展"（第23届全国史学理论研讨会，成都）、"如何构建具有中国特色的史学理论体系"（中国社会科学院史学理论研究中心2020年度工作会议，北京）、"中外文明比较视野中的现代化研究"（北京）等系列学术研讨会。对前沿性重大问题的研究有所深入，学科体系建设有所推进，推出了一批重要研究成果，呈现出一些研究新特点、新趋势。

一　马克思主义历史理论研究

  作为中国历史研究院唯一新建的研究所，历史理论研究所之所以不叫史学理论研究所，其名称是中央审定的，含有深意，突出了研究的主体性（马克思主义历史理论即唯物史观），是为了纠正近些年来唯物史观被边缘

---

[*] 本文根据中国社会科学院历史理论研究所各研究室提交的2020年度"学科研究新进展"，由徐志民草拟初稿，夏春涛修改定稿。

| 第七篇 | 近年来的历史理论研究综述

化的偏向。新中国成立给历史学带来的最大变化,是明确了唯物史观的指导地位,确立了人民的主体地位,澄清了若干重大理论问题,尤其是科学解答了历史学为谁著书立说这一根本性、原则性问题,进而为研究工作树立了正确导向。在中国特色社会主义进入新时代的今天,唯物史观的指导地位绝对不能动摇,相关研究只能加强不能削弱。不过,谈到历史理论、史学理论这两个概念,我们多少有点尴尬:现有学会及举办会议的名称大多为"史学理论";有些会议或论著中,对这两个概念是混用的。按照中央审核的建所方案,《史学理论研究》拟改为《历史理论》,考虑到更改刊名须层层报批,手续多、周期长,也考虑到《史学理论研究》已形成品牌效应,我们暂时未予更改。对于这两个概念的区别以及强调历史理论研究的主旨,我们要有清晰认识。

2020年,马克思主义历史理论研究稳步推进,在马克思主义历史理论的基本原理、马克思主义史学发展史等方面,形成了一些讨论热点与关注焦点,对一些理论问题的反思和研究有所突破。

马克思主义历史理论基本原理的研究,主要是对马克思主义经典文献、经典命题的分析与诠释。周嘉昕指出《1844年经济学哲学手稿》的总体理论框架,虽是费尔巴哈式的人本主义,但马克思已意识到费尔巴哈人本主义的缺陷,逐渐"走向从生产方式出发把握社会历史现实的历史唯物主义"。[①] 孙琳分析了《1857—1858年经济学手稿》中"具体到抽象"和"抽象到具体"两条道路的理论价值,提出"从'具体到抽象'的方法是合理的抽象方法,其结果是作为'理论抽象'的理论实践的结果——唯物史观","从'抽象到具体'的方法是合理的具体方法,其结果是作为'理论具体'的理论实践的结果——政治经济学批判";二者"都是具有科学性的理论实践……前者是广义的、一般的唯物史观,后者是狭义的、具体的唯物史观"。[②] 孙赫认为《1861—1863年经济学手稿》"创立了科学的生产劳动理论,丰富与发展了唯物史观关于资本主义生产劳动问题

[①] 周嘉昕:《〈1844年经济学哲学手稿〉与历史唯物主义的形成——从鲁宾〈论马克思的生产与消费〉一文谈起》,《社会科学》2020年第7期。

[②] 孙琳:《历史辩证法是唯物史观活的灵魂——〈1857—1858年经济学手稿〉辩证思想解析》,《山西师大学报》2020年第1期。

的研究"。① 张懿认为马克思的"跨越卡夫丁峡谷"论说"探讨了东方落后国家如何不经历资本主义阶段直接跃向社会主义社会的可能性,肯定了'单线论'和'多线论'的有机融合,极大地拓展了唯物史观的视野"。② 谢江平指出马克思"论证了人类社会超越'动物世界'的可能性,从而将价值评判融入历史评判之中,真正做到了对达尔文进化论历史观的超越"。③ 这些研究表现出较为明显的批判反思意识,是对既往研究的一种推进。

2020年是恩格斯诞辰200周年,学界涌现出不少探讨恩格斯对唯物史观贡献问题的成果。西方学界曾有恩格斯与马克思在历史观上存在对立的说法,张新对此进行反驳,提出恩格斯不仅对唯物史观的创立具有独特贡献,而且推进了唯物史观的系统化,至其晚年更对唯物史观作了创新性发展。④ 王海锋指出恩格斯晚年对唯物史观的重要贡献,是对马克思哲学思想做出"系统化"阐释和"体系化"表达。⑤ 覃正爱和郭江勇提出恩格斯是唯物史观原理的"联合表述者",是唯物史观理论体系的"建构者"和"补充完善者"。⑥ 冯景源论述了恩格斯晚年在马克思主义理论战线上"拨乱反正"的贡献。⑦ 总的来说,学界充分肯定恩格斯对唯物史观的贡献,特别是他对唯物史观创立,以及晚年对唯物史观丰富和发展方面的贡献。

唯物史观在中国的传播、演变、创新与发展,既是学界长期关注的重要内容,也是其与中国实际相结合而不断前进的必然结果。田守雷分析了五四时期的"劳工神圣"思潮与唯物史观传播的关系,指出认同"劳工神圣"者虽未必接受唯物史观,但"劳工神圣"思潮确实促进了唯物史观在

---

① 孙赫:《马克思〈1861—1863年经济学手稿〉对唯物史观的运用与发展——以对斯密生产劳动理论的批判为视角》,《世界哲学》2020年第1期。
② 张懿:《历史唯物主义的失灵还是证实?——对学界"'跨越卡夫丁峡谷'失灵论"的批判性考察》,《西南交通大学学报》2020年第1期。
③ 谢江平:《达尔文历史观的近唯物主义解释——进化论与唯物史观关系再思考》,《学术界》2020年第7期。
④ 张新:《论恩格斯对唯物史观的杰出贡献》,《山东大学学报》2020年第4期。
⑤ 王海锋:《晚年恩格斯与马克思哲学的"体系化"——基于唯物史观的学术史考察》,《华中科技大学学报》2020年第3期。
⑥ 覃正爱、郭江勇:《恩格斯对唯物史观的贡献新论》,《江汉论坛》2020年第2期。
⑦ 冯景源:《继承马克思:恩格斯晚年的理论贡献》,《东南学术》2020年第4期。

中国的传播。① 金梦指出在1927年大革命失败后掀起的第二次唯物史观热潮中，中国的马克思主义者"实现了由机械的经济史观向辩证唯物的历史观的转变"。② 金民卿介绍了1949年前后毛泽东对唯物史观的运用和发展，包括丰富和发展社会革命学说、唯物史观的国家学说、社会主义学说。③ 吴浩和蔡敏敏考察了1949年以来中国史学界对唯物史观的理论认知与思考。④ 田鹏颖和綦玮阐述了当代中国马克思主义对唯物史观的创造性发展，主要体现为创新人民中心论、创新政党决定论、创新"双重革命"论、创新命运共同论等。⑤ 这些成果反映了唯物史观在中国的丰富与发展，显示了唯物史观研究的与时俱进。

习近平关于历史科学的重要论述，就是唯物史观在中国创新发展的最新体现。《史学理论研究》2020年第4期推出"习近平论历史科学"专栏文章。其中，杨艳秋分析指出，新时代史学的"时代精神"包括"发思想之先声"的文化时代观、传承与创新的文化古今观、"交流与互鉴"的文明中外观、答"时代课题"的学术实践观、构建"人类命运共同体"的世界史观。⑥ 蔡青竹比较深刻与清晰地诠释了习近平对唯物史观的丰富与发展，认为习近平关于历史科学的系列重要论述，充分体现了唯物史观科学性与价值性的高度统一，对历史问题和历史规律更加深刻、理性的思考，以及驾驭历史规律、引领时代发展的宝贵品格。⑦ 对习近平关于历史科学的重要论述进行学术考察与理论阐释，是近年来学界研究的热点。

学界在唯物史观指导下，重新将目光转向中国古代土地制度、近代人物评价、社会性质与历史分期等重大历史理论问题。例如，《中国社会科

---

① 田守雷：《"劳工神圣"与唯物史观在中国的传播》，《太原理工大学学报》2020年第1期。
② 金梦：《"革命逻辑"的彰显：中国马克思主义者对唯物史观的阐释转变（1927—1937）》，《思想理论教育导刊》2020年第4期。
③ 金民卿：《新中国成立前后毛泽东对唯物史观的运用和发展》，《近代史研究》2020年第4期。
④ 吴浩、蔡敏敏：《当代中国史学界对唯物史观的理论认知与思考历程》，《史学理论研究》2020年第5期。
⑤ 田鹏颖、綦玮：《当代中国马克思主义对唯物史观的创造性发展》，《中国人民大学学报》2020年第2期。
⑥ 杨艳秋：《论习近平的时代思考——把握新时代史学的时代精神》，《史学理论研究》2020年第4期。
⑦ 蔡青竹：《论习近平对唯物史观的坚持和发展》，《史学理论研究》2020年第4期。

学》2020年第1期推出"唯物史观视阈下的中国古代土地制度变迁"笔谈文章,探讨战国至明清时期与土地制度变迁密切相关的重要问题。臧知非在侯外庐的"土地国有制"说基础上,提出汉初土地制度虽然"进入了私有制发生和发展的时代",但"其时之土地私有制是隶属于土地国有制的"。周国林指出魏晋南北朝时期土地制度的演变,"以地主土地所有制与自耕农小块土地所有制之间的矛盾为主线"。耿元骊认为隋唐时期的社会结构、基层社会经济运行,与秦汉以来对土地"私有权"的保障,"大体上具有同一个宏观时代的性质"。李华瑞考察了宋代的土地政策和抑制兼并问题,指出"抑兼并的思想在两宋时期是时代的主流",但"从消减贫富分化的两极对立而言,则收效甚微"。赵思渊和刘志伟认为明清时期的土地制度"始终未能摆脱以王朝国家的户籍赋役体制为基础的格局,土地所有权的法权形态始终以在户籍中登记的赋税责任为基本依据"。[①] 这组文章一定程度上反映了新时代以来以唯物史观为指导的中国古代土地制度研究的前沿水平。

《史学理论研究》2020年第6期推出一组"圆桌会议"文章,就如何以唯物史观为指导评价近代历史人物展开讨论。张海鹏指出评价民国历史人物,必须明确"民国是从清朝灭亡到中华人民共和国成立之间的过渡时代"这一历史前提,参照"近代中国经历从'沉沦'到'谷底'再到'上升'的基本规律",在"反帝反封建"的基本框架下进行分析。耿云志认为研究历史人物应关注"历史人物生活的背景","准确把握住人物一生的追求","关注重要的人际关系","突出重大史实,做必要的心理分析",正确运用阶级分析方法。郑师渠提出评价思想上具有"流质多变"特点的人物,应以"坚持唯物史观及其阐明的关于近代中国社会发展规律的科学认知"为前提,同时坚持"严格的历史性"底线,保持客观学术立场。朱英以近代商人有无政治思想和政治追求、"大商人"与"中小商人"的划分及评价、商人在抵制洋货运动中的表现等为中心,反思了学界

---

① 参见臧知非《战国秦汉土地国有制形成与演变的几点思考》;周国林《魏晋南北朝时期土地制度演变的轨迹》;耿元骊《隋唐土地制度变迁与时代分期》;李华瑞《宋代的土地政策与抑制"兼并"》;赵思渊、刘志伟《在户籍赋税制度与地权市场运作中认识明清土地制度》,《中国社会科学》2020年第1期。

| 第七篇 | 近年来的历史理论研究综述

对近代中国商人的评价。① 本组文章是相关作者在多年学术探索与积淀基础上的经验之谈，说理充分，论证周详，体现了唯物史观在历史研究中的生命力。

试图突破以往有关中国古史分期的论说，重新界定中国社会性质与历史分期，也是本年度学界研究的重点。徐义华"从宗族演变的角度对中国历史进行考察"，将中国古史分为氏族社会、贵族社会、豪族社会、宗族社会四个时期。② 李治安提出了战国至清代社会性质的"新表述"，即："帝制地主形态"，认为"唯有'地主'，能够较好概括多重土地所有、兼蓄工商业以及'贫富无定势'等社会经济基本内容；唯有'帝制'，能简要涵盖亲民直辖、'官无常贵'和帝有天下等行政支配定律及宗法因素"。③ 但是，这些观点作为"一家之言"需接受学界与历史的检验，毕竟中国社会性质是个极其复杂的问题。李红岩解剖了"托派"关于中国社会性质的观点，指出托洛茨基没有直接说中国是资本主义社会，中国"托派"则将之扩展为中国已经是资本主义社会，但未否认中国社会的封建性。④ 夏春涛在主持撰写的研究报告《中国封建社会的主要特点》（集体讨论与研究，赵庆云执笔）中指出，中国是否存在封建社会是个学术问题，更是个政治问题；否认中国经历过封建社会，"半封建社会"说便不能成立，"反帝反封建"的革命任务和新民主主义理论就会被颠覆，中国革命的合法性，建立新中国、中国共产党执政的合法性以及中国道路的开辟，都将失去历史依据，因而必须坚持中国存在封建社会一说，旗帜鲜明地坚持马克思主义社会形态理论。⑤

唯物史观的指导地位不容置疑，但民国时期关于唯物史观的认识各有不同。陈峰分析了陶希圣对唯物史观认知的多重来源，认为他与马克思主

---

① 参见张海鹏《唯物史观与民国历史人物评价思考》；耿云志《关于历史人物研究的若干问题》；郑师渠《唯物史观与近代历史人物的评价——以梁启超为中心》；朱英《关于客观评价近代商人的几个问题》，《史学理论研究》2020 年第 6 期。
② 徐义华：《中国古史分期问题析论》，《中国史研究》2020 年第 3 期。
③ 李治安：《从"五朵金花"到"皇权""封建"之争》，《中国经济史研究》2020 年第 5 期。
④ 李红岩：《托派的中国社会性质论》，《史学理论研究》2020 年第 4 期。
⑤ 2020 年 6 月 23 日，夏春涛在《（新编）中国通史》纂修工程第五次理论务虚会上的专题发言。

义史家的最大分歧"在于对社会形态理论和阶级斗争观点的态度"。① 陈峰和殷飞飞考察了陈啸江关于社会史的理论及成果,认为陈啸江代表了"民国时期唯物史观史学的非主流趋向"。② 李政君分析了张荫麟对唯物史观的认知与演变,认为他在生命后期对唯物史观表现出相当程度的认同。③ 成长于民国时期的"旧史家"经历新中国社会主义建设的洗礼后,逐渐转向马克思主义史家。刘春强认为夏鼐在新中国成立后对唯物史观的运用,实际上是其在民国时期学术研究的延续和发展。④ 武晓兵分析了李光璧在1949年后从擅长考证转移到在史料基础上运用唯物史观阐释历史的历程。⑤

马克思主义史家的成长之路和学术观点,不仅受到学界关注,而且可为探寻新时代史学繁荣发展提供参考与启示。王兴考察了20世纪三四十年代中国马克思主义史家对中国古史的构建问题,提出"重视考古材料,将实物材料与社会经济形态理论、传说记载相结合,从而致力于建立科学、可信、系统的中国'古史'"是其主要特点。⑥ 叶毅均分析了20世纪20年代中期及以后范文澜如何从一位书斋式的学人,"变成一名积极行动的中国共产党党员",进而"蜕变为一位强调史学为政治服务的马克思主义史家"。⑦ 何宛昱比较了陈翰笙和英国历史学家托尼有关中国农村经济问题的研究,指出托尼主张以渐进改良道路解决中国农村问题,在当时中国的历史条件下走不通。⑧

准确界定中国马克思主义史学的研究对象与内容,加强相关史料搜集与整理,并建立相对独立的学科体系,是推进中国马克思主义史学研究的

---

① 陈峰:《正统之外的典范:民国学者陶希圣对唯物史观的认知与运用》,《史学月刊》2020年第6期。
② 陈峰、殷飞飞:《民国时期唯物史观史学的非主流趋向:以中山大学陈啸江为中心的探讨》,《人文杂志》2020年第1期。
③ 李政君:《张荫麟对唯物史观的认知及其演变》,《齐鲁学刊》2020年第6期。
④ 刘春强:《"以考古经世":唯物史观与历史语言研究所时期夏鼐的考古学研究》,《史学理论研究》2020年第3期。
⑤ 武晓兵:《主流史学的追随者李光璧的学术经历及其治史取向》,《太原师范学院学报》2020年第1期。
⑥ 王兴:《20世纪三四十年代中国马克思主义史家历史撰述中的"古史"建构》,《中国史研究》2020年第3期。
⑦ 叶毅均:《走向马克思主义史学之路——范文澜前传》,三民书局2020年版。
⑧ 何宛昱:《陈翰笙与托尼的中国农村经济问题研究》,《史学理论研究》2020年第1期。

基础性工作。民国时期特殊的社会历史背景，使得如何界定当时的马克思主义史家群体，成了一个较为复杂的理论问题。张越在反思如何继续深化民国时期马克思主义史学研究时，提出了四个需要注意的问题，其一就是对"中国马克思主义史学家群体"的界定。[1]胡逢祥提出推进中国马克思主义史学史研究，应"在更宽广的视野内扩展文献史料的工作范围"，"注意搜寻那些长期遭受忽略或因各种历史原因被置于边缘的相关史学文献"。[2]乔治忠提出应把中国马克思主义史学史建成"相对独立的学术体系"，"防止将唯物史观从整个马克思主义学说体系中任意割裂和肢解，防止将唯物史观的学术理论与政治任务做绝对化的分割"。[3]张艳国回顾了百年来中国马克思主义史学在探索中前进的历程，分析了寓于其中的宝贵经验，指出这些经验对于创新发展中国马克思主义理论体系具有重要的学术意义和实践价值。[4]

在肯定唯物史观是史学研究的基本理论与方法、扬弃进化史观的叙事模式，以及指导中国现代史研究取得突出成绩的基础上，[5]也有学者提醒对如何运用马克思主义经典理论应进行必要反思。例如，吴英以中国学者运用恩格斯的《家庭、私有制和国家的起源》相关理论研究中国历史问题为例，指出把经典作家针对特定地区或社会的经验概括视为放之四海皆准的规律，直接套用在中国历史分析中，不仅不能有效解释中国历史问题，反而会带来诸多困惑，这是我们应当汲取的教训。[6]反思既往研究，总结经验教训，也是马克思主义历史理论与中国具体实践相结合后不断创新发展的重要原因。

---

[1] 张越:《如何继续深化新中国成立前的马克思主义史学家研究》，《中共党史研究》2020年第3期。

[2] 胡逢祥:《扩展文献视野推进中国马克思主义史学史研究的深广度》，《中共党史研究》2020年第3期。

[3] 乔治忠:《中国马克思主义史学史研究的若干理念问题》，《学术研究》2020年第11期。

[4] 张艳国:《植入与生长：在探索中前进的中国马克思主义史学理论》，《史学理论研究》2020年第4期。

[5] 赫治清:《唯物史观是史学研究基本理论和方法》，《史学集刊》2020年第1期；谢辉元:《进化史观与中国马克思主义史学撰述的诞生》，《中国史研究》2020年第3期；赵庆云:《南京史料整理处与现代史研究》，《晋阳学刊》2020年第4期。

[6] 吴英:《对经典作家的论述应力戒教条式地应用：从〈家庭、私有制和国家的起源〉说起》，《中国史研究动态》2020年第6期。

总之，马克思主义历史理论研究在基本原理及其中国化、马克思主义史家和史学等方面有所进展，提出一些创新性观点，但整体而言仍有一些需要注意的问题。第一，马克思主义历史理论基本原理及其中国化的研究，多出自哲学、社会学等领域，历史学界的成果不是很多，这在一定程度上造成理论探索与实证研究的脱节。第二，马克思主义历史理论指导下的中国历史问题研究，虽出现一些高质量研究成果，但这些成果多是学术期刊引导或提出选题的结果，如何进一步提高学者在相关研究上的积极性和主动性，值得思考。第三，在马克思主义史学史研究上，以具体史家研究居多，宏观性、理论性的探索稍显不足。因此，加强马克思主义历史理论及其中国化的研究，提升马克思主义史学史研究的水平与层次，是需要重点思考的问题与努力方向。

二 中国史学理论与史学史研究

2020年，中国史学理论与史学史研究在稳步前行中继续寻求突破，在重大理论问题的探讨上，集中体现在对汉民族形成问题讨论的回顾与反思方面。张越再次分析1954—1956年间中国史学界关于汉民族形成问题争论的来龙去脉，认为范文澜的《试论中国自秦汉时成为统一国家的原因》一文所引发的"汉民族形成问题争论"，从表面上看是对汉民族形成于何时的不同看法的交锋，实际上是怎样处理理论和中国历史实际之间关系的问题，在更深层面上还涉及研究与撰述中国历史（尤其是中国民族史）以及现实民族政策的制定、民族识别工作的展开等一系列重大问题，而范文澜当年所强调的"历史的具体事实正是有和无的根据"等学术原则，不仅没有过时，而且是今天学者在借鉴国外相关理论和讨论中国民族史问题时应该铭记与深思的。[1] 回顾"汉民族形成问题争论"始末，对当前中国民族史、史学史研究具有启发意义。

如何认识和评价中国史学发展特点，彰显了学界对史学理论的高度重视和深入思考。瞿林东特别强调中国史学连续性发展的特点，分析了这一特点的形成原因及其所产生的深远历史影响。他认为中国文明的连续性发

---

[1] 张越：《范文澜与"汉民族形成问题争论"》，《中国社会科学》2020年第7期。

展孕育了中国史学的连续性发展,而中国史学的连续性发展以丰富的、多种表现形式的历史撰述,雄辩地证明与阐说了中国文明不曾中断的历史事实,从精神和情感层面揭示了中国历史上各族间历史文化认同之趋势的存在与发展,以及中国之所以成为统一多民族国家的历史必然性,为史学自身积累了厚重的思想遗产和学术话语,成为当今历史学话语体系建构的历史渊源。①

中国史学史研究当前面临的问题是如何在已有成就的基础上开创新局,这就是学者所关注的"中国史学史研究的再出发"。姜萌重新梳理了中国史学史研究百年历程,将其分为萌生时期、文献学时期、意识形态化时期、唯物史观时期和会通时期,提出推动中国史学史研究健康发展的三点思考:一是关注史学理论的更新开拓;二是强化既有范式的深化与发展;三是提高研究者特别是新生代研究者的素养,以及对固有的思维、观念和范式进行反向或多向反思。②

中国史学史学科体系的探索,不仅是学界关注的焦点,而且新见迭出。赵梅春从历史本身认识的发展过程与史学社会作用的发展过程两个方面,揭示中国史学发展的历程、阶段性特点、面貌和规律,推动了中国史学史研究与撰述的发展。③ 向燕南从学科设置、历史认识论、历史研究方法三个方面对史学史在历史学整个学科中的地位进行反思,认为建立史学史学科的自觉有助于推进对历史的求真。④ 乔治忠对史学理论与史学史学科二者之间的关系进行理论思考,认为史学史研究的可靠成果,是史学理论研究的基础,揭示史学发展的规律是史学史研究与史学理论研究共同的任务,将二者结合在一起探索,大有学术开拓、理论创新的广阔前景。⑤《河北学刊》2020年第1期发表了一组"对民国时期中国史学史学科发展

---

① 瞿林东:《中国史学之连续性发展的特点及其深远的历史意义》,《河北学刊》2020年第4期。
② 姜萌:《范式转移与继往开来:中国史学史研究一百年》,《清华大学学报》2020年第2期。
③ 赵梅春:《中国史学史学科新体系的建立及其影响》,《河北学刊》2020年第2期。
④ 向燕南:《是学科基础也是学科方法:史学史学科地位解析》,《史学理论研究》2020年第5期。
⑤ 乔治忠:《论史学理论与史学史之间的关系》,《史学理论研究》2020年第1期。

的再审视"的专题文章,①从不同角度对中国史学史学科形成阶段的发展特点进行探讨和总结。

中国史学史学术体系的研究,主要从阐释学、中外史学交流两个视角进行。晁天义对阐释学与历史研究的关系进行理论分析,认为阐释学为历史研究提供了重要的认识论和方法论启示,如何立足当代中国历史研究的理论与实践,在坚持唯物史观的前提下努力汲取中西方阐释学的丰富资源,加快构建具有中国特色的历史阐释学,是当前中国历史学学术体系建设的重要内容。②张广智主编的《近代以来中外史学交流史》,阐述了近代以来域外史学传入中国及其所产生的影响和中国史学输出域外及其所产生的影响,清晰展现了近代以来中外史学交流的历史进程,为中外史学史研究与交流作出了开创性贡献。③

从中国史学的叙事传统与话语风格,探寻如何构建新时代中国史学话语体系,也是学界关注的一个焦点。赵梅春认为20世纪中国史学话语体系经历了从传统史学话语体系向新史学话语体系、新史学话语体系向马克思主义史学话语体系的转变,在构建新时代中国史学话语体系时,如何认识中国历史,如何处理历史与现实、理论与实际、继承与创新的关系,以及如何对待西方史学话语体系等,是需要特别关注的问题。④刘开军强调概念化是史学从实践层面走向理论阐释的一个重要环节,厘清史学概念史上新旧概念的缘起与流变,无异于是对古代史学话语变迁的一次深度梳理。⑤朱露川指出应深入发掘和系统研究中国史学的叙事传统与理论成就,在批判继承中突显自身的叙事传统、风格和话语。⑥

中国古代史学批评继续受到学界关注和探讨。瞿林东主编的七卷本

---

① 参见张越《再论初创时期的中国史学史学科》;朱洪斌《中国史学史经典范式的传承、演变及创新——重读刘节先生〈中国史学史稿〉》;王传《论民国时期中国史学史的学科建设与著述特点》,《河北学刊》2020年第1期。
② 晁天义:《阐释学对历史研究的启示》,《史学理论研究》2020年第3期。
③ 张广智主编:《近代以来中外史学交流史》,复旦大学出版社2020年版。
④ 赵梅春:《20世纪初以来中国史学话语体系的变迁》,《河南师范大学学报》2020年第3期。
⑤ 刘开军:《中国古代史学概念的界定、意蕴及其与史学话语的建构》,《江海学刊》2020年第5期。
⑥ 朱露川:《论中国古代史学话语体系中的"叙事"》,《四川师范大学学报》2020年第5期。

第七篇 近年来的历史理论研究综述

《中国古代史学批评史》,[①] 首次对中国历史上的史学批评现象、观点和代表性成果进行系统研究和阐释,具有三个特点:第一,探析中国古代史学批评史发展的全貌及其规律;第二,通过对中国古代史学批评史料的搜集、梳理、分析、归纳,展开纵向探讨与横向剖析;第三,分时段深入探究史学批评,发掘新史料,提出新问题,推动中国历史学话语体系建设。《史学理论研究》2020 年第 2 期围绕"中国古代史学批评的深层探讨",推出一组"圆桌会议"文章,从中国古代史学批评在中国史学发展中的作用、与传统史学理论的关系、与西方史学批评的比较、与史学话语体系构建的联系等视角,探讨中国古代史学批评的内在价值、研究方法和中国特色。[②] 王记录、丁文认为刘知幾从史法和史义两个层面看待经史关系,以经史互释的方法进行史学批评,消解了经学的神秘化和神圣化,实现了经学的理性回归,彰显了史学的社会价值。[③]

历史编纂学的关注点,越来越多地转向史料来源和史书编纂过程的探讨。赵四方对《史记》中《十二诸侯年表》重新考察,在与《史记》相关篇目的互证中,认为两者在历史编纂和历史叙事上相辅相成。[④] 陈君考察了《汉书》文本的形成与早期传播,努力探求文本背后知识与权力复杂而微妙的关系,尝试获得关于《汉书》的一种系统性和整体性理解。[⑤] 苗润博将《辽史》放在整个中国古代正史文本生成、流变的大背景下,系统考证《辽史》各部分史料的来源、生成过程、存在问题及史料价值,力图呈现《辽史》本身的生命历程,凸显其所具有的普遍性与特殊性意义。[⑥] 陈新元通过考证《元史》列传史料来源,揭示元朝中前期纂修的《经世大典·臣事》是《元史》列传部分的主要史料来源之一这一事实。[⑦] 段润秀

[①] 瞿林东主编《中国古代史学批评史》,湖南人民出版社 2020 年版。
[②] 参见瞿林东《为什么要研究史学批评》;陈安民《"实"与"信":中国古代史学批评的"求真"指向》;刘开军《"考索之功"与史学批评》;朱志先《中国传统史学理论与明代史学批评的互动关系》;邹兆辰《史学批评与史学话语体系的构建》,《史学理论研究》2020 年第 2 期。
[③] 王记录、丁文:《在史法与史义之间:刘知幾的经史观与史学批评》,《河北学刊》2020 年第 5 期。
[④] 赵四方:《结构、文本、叙事:〈十二诸侯年表〉与〈史记〉编纂新论》,《史学理论研究》2020 年第 3 期。
[⑤] 陈君:《润色鸿业:〈汉书〉文本的形成与早期传播》,北京大学出版社 2020 年版。
[⑥] 苗润博:《〈辽史〉探源》,中华书局 2020 年版。
[⑦] 陈新元:《〈元史〉列传史源新探》,《中国史研究》2020 年第 2 期。

从文化认同视角考察清代的《明史》纂修过程，进而探究清初至中叶文化认同与官修《明史》之间的互动关系及影响，揭示了这一时期史学活动与社会政治之间相得益彰的密切关系。①

在史学史研究中，章学诚研究属老题新做。例如，章益国的《道公学私：章学诚思想研究》，审视了章学诚研究的旧范式，以"道公学私"命题为中心重建章学诚诠释的新坐标，从而对章学诚史学思想的核心观念如"史意""六经皆史""圆神方智""通""史德"等在移步换景中进行重新解释，一定程度上颠覆了百年来学界"常规的章学诚形象"；通过对章学诚的不同诠释，进而引发对整个传统史学的新认识，也是本书的一大亮点。②崔壮从师法"古人之遗意"的视角，对章学诚在方志与纪传体史书编纂领域的理念和设想进行较为全面的考察；路新生尝试对《文史通义》进行历史美学解读等，均属章学诚史学研究的某种突破。③

顾颉刚及古史辨派研究是中国近代史学史研究的重要内容。李政君的《变与常：顾颉刚古史观念演进之研究（1923—1949）》对顾颉刚古史观念在其学术发展各个阶段的"变"与"常"进行了深入探讨，指出至1949年前顾颉刚的古史观念并未发生根本性改变。④王红霞从文本依据、为学理念、致知门径等方面，分析经学与顾颉刚疑古辨伪思想之间的内在关联，意在探讨中国史学走向现代化进程中对传统经学的创造性转换。⑤

总之，中国史学理论与史学史研究在2020年继续开展重大历史理论问题探讨，重点回顾和反思中国史学史学科的发展之路，探索中国史学史未来发展方向和路径，或从新资料、新视野尝试突破以往研究范式和认识，对于中国史学理论与史学史的创新发展具有推动意义。不过，本年度中国史学理论与史学史研究仍存在一些不足，如重复性研究依然不少，贯通性研究相对不足，整体性研究和中外比较研究尚需继续开拓。

---

① 段润秀：《文化认同视角下的清代〈明史〉修纂研究》，人民出版社2020年版。
② 章益国：《道公学私：章学诚思想研究》，北京大学出版社2020年版。
③ 崔壮："古人之遗意"与章学诚的史学革新论，《清史研究》2020年第1期；路新生：《〈文史通义〉与历史美学》，《清华大学学报》2020年第2期。
④ 李政君：《变与常：顾颉刚古史观念演进之研究（1923—1949）》，中国社会科学出版社2020年版。
⑤ 王红霞：《顾颉刚疑古辨伪思想的经学背景》，《河南师范大学学报》2020年第2期。

三　外国史学理论与史学史研究

中国学界关于外国马克思主义史学研究，在20世纪八九十年代掀起过小高潮，但随着唯物史观指导地位弱化和西方史学思潮涌入而日渐趋冷，知网检索发现2020年仅有两篇代表性文章。一是初庆东考察了第一代英国马克思主义史学家道娜·托尔的史学研究及其影响，指出托尔虽是语言专业出身，但对历史抱有浓厚兴趣，为英国工人运动领袖汤姆·曼写传记，同时翻译马列经典著作；她积极推动组建英国共产党历史学家小组，深刻影响了克里斯托弗·希尔、爱德华·汤普森等年轻一代英国马克思主义史学家的史学研究，为英国马克思主义史学发展奠定了基础。[1] 二是梁民愫考察了爱德华·汤普森与英国马克思主义史学"文化转向"的关系，指出汤普森在反思"经济基础—上层建筑"模式的基础上，通过文化唯物主义的研究路径，借助对斯大林主义历史阐释和资产阶级史学思潮的辨析批判，重构工人阶级历史"经验"，阐释平民文化学说和英国马克思主义史学的理论命题。在新社会史和新文化史视域中，汤普森实现了英国马克思主义史学研究的"文化转向"，并对国际新社会史研究产生重要影响。[2] 但是，相比此前的英国马克思主义史学研究热，目前的研究有所减弱，这是需要注意的。

与之相反，外国史学理论与史学史研究的重点，越来越集中于历史时间、全球史、思想史和概念史等领域。德国学者阿莱达·阿斯曼在《时间的紊乱：现代时间体制的兴衰》中，指出现代社会塑造的现代时间体制在当下已经出现问题，具体表现为"过去"作为一种时间意识，开始以记忆、怀旧的形式重新进入"现在"；而"未来"失去了期待和展望的功能，其原因在于当代西方社会和文化主流价值的丧失，以及西方人对宏大叙事的摒弃；提出了修正现代时间体制的方案。[3] 德国学者于尔根·科卡

---

[1] 初庆东：《道娜·托尔与英国马克思主义史学》，《史学理论研究》2020年第4期。
[2] 梁民愫：《爱德华·汤普森和英国马克思主义新社会史学的"文化转向"》，《上海师范大学学报》2020年第6期。
[3] Aleida Assmann, *Is Time out of Joint?: On the Rise and Fall of the Modern Time Regime*, Cornell University Press, 2020.

回顾了西方人对时间概念的思考，认为现代历史意识的产生在于认识过去、现在、未来这三种时间维度的区别，强调"以史为鉴"在当代依然有价值，人们依然可以从过去汲取有效的经验。① 张旭鹏认为现代时间体制虽然存在着某种不足，比如过于相信理性和迷恋进步，但当前人类所面临的一些全球性危机，以及由此所产生的对未来日益加重的不确定感，还是需要人们重建现代历史意识，重新确立以未来为导向的历史观。②

全球史与地方性、民族性的关系以及海洋史，成为学界关注的一个焦点。美国学者詹姆斯·利夫西在《地方化全球史》中，将法国南部的朗格多克省放在漫长的18世纪中加以考察，指出以往认为近代早期欧洲农业社会静止的观念是错误的，强调朗格多克省的农民与奥斯曼土耳其帝国有着频繁的商业往来，他们积极参与早期的全球化，为法国大革命后现代资本主义在朗格多克省的确立奠定了基础。③ 张旭鹏以中国的全球史研究为例，分析了全球史与民族叙事或民族国家历史的关系，指出两者不是对立的，而是合作与共生的关系。当前的全球史已经超越了早期那种追求总体性和统一性的模式，而是愈发重视其与地方性的关系。若建立具有中国特色的全球史，就要发掘中国全球史研究中的民族叙事。④ 海洋史是当前全球史研究的一个新领域，王华以近代对华海洋动物毛皮贸易为中心，考察了北美太平洋海岸、夏威夷和中国之间多角贸易的形成，认为海洋动物毛皮贸易是全球贸易网络的最后一块关键性拼板，促进了近代世界贸易新体系的构建。⑤

在思想史和概念史方面，学界的研究也有所推进。例如，《史学理论研究》2020年第5期，推出一组题为"全球思想史再思考"的"圆桌会议"文章，五位中外学者分别从文化迁移、思想史的文本和语境、全球18

---

① ［德］于尔根·科卡：《历史学家与未来》，杨晶晶、修毅译，《史学理论研究》2020年第4期。

② 张旭鹏：《历史时间与现代历史意识的重建》，《光明日报》2020年3月20日；张旭鹏：《历史时间的内涵及其价值》，《北方论丛》2020年第1期。

③ James Livesey, *Provincializing Global History: Money, Ideas, and Things in the Languedoc, 1660–1830*, Yale University Press, 2020.

④ 张旭鹏：《全球史与民族叙事：中国特色的全球史何以可能》，《历史研究》2020年第1期。

⑤ 王华：《经济全球化视野下的近代对华海洋动物毛皮贸易》，《清华大学学报》2020年第4期。

第七篇 近年来的历史理论研究综述

世纪、德国思想史的研究脉络等视角,对全球思想史的特点、价值和意义进行重新诠释。① 具体而言,全球思想史倡导跨语境和跨国家的研究路径,主张从长时段和大范围的角度考察思想或观念的全球流动,以及在这一过程中出现的思想互动、碰撞、迁移、纠缠等现象。方维规出版了《什么是概念史》一书,以德国的概念史为例,探讨概念史的理论设想、具体实践和发展变化,认为历史基本概念不仅是社会和历史发展的表征,也是直接影响历史变化的因素。该书的一个贡献在于考察了概念史在东亚尤其是中国的发展,强调中国概念史的研究尤其要重视跨语境的研究方法,梳理和分析不同的概念在西方、日本和中国的传播,以及在这一过程中所发生的概念语义的变化。②

2020年度西方史学理论与史学史的综合性代表作,当属王晴佳与张旭鹏合著、社会科学文献出版社推出的《当代历史哲学和史学理论:人物、流派、焦点》。该书从"人物、派别、焦点"三个方面入手,对20世纪80年代以来西方史学理论和历史哲学的代表人物、主要研究领域和研究潮流、未来的研究趋向等进行了较为系统的梳理,颇具前沿性。该书描述的这些史学新潮,也反映了当代史学所面临的挑战,而深入思考和应对这些挑战将有助我们共同面对人类的未来。

纵观本年度的西方史学理论与史学史研究,可见历史时间、全球史依然是国际学界的研究重点。中国学界在追踪国外研究重点和热点的同时,也就这些问题作出回应,提出自己的观点。需要指出的是,对外国史学理论与史学史的研究不能局限在西方或欧美,还应关注诸如印度、中东、拉丁美洲、非洲的史学理论和史学史,尽量展现史学研究的多种样态,从中汲取有益经验。更为重要的是,中国学界在参与国际对话、提出原创性理论与观点方面还有待提高。我们研究古代和国外的史学理论,说到底是古为今用、洋为中用,旨在推陈出新。新时代是一个呼唤历史理论研究大有作为的时代,时代出题、史家作答,我们要有这种使命感和紧迫感,立时

---

① 参见[法]米歇尔·斯图巴涅《全球思想史:语义与文化迁移研究的视角》,李舒杨译;李宏图《关于全球思想史的若干思考》;周保巍《"全球史"与"思想史"如何相遇?》;章可《"语境"取向与全球思想史》;范丁梁《思想史书写的德国脉络》,《史学理论研究》2020年第5期。
② 方维规:《什么是概念史》,生活·读书·新知三联书店2020年版。

代之潮头、通古今之变化、发思想之先声；要把握互联网、人工智能、大数据所带来的变化，与时俱进，及时概括提炼，努力推进理论创新。

四 历史思潮研究

2020年，无论学界还是民众更加关注历史的经验教训，一些民众追看历史剧，一些学者从"史剧"与"史观"的角度参与"公众史学"讨论等，可谓各种历史思潮激荡，反映了多元复杂的历史观。作为中国首部公共史学教材——《公共史学概论》出版，从公共史学的含义、理论基础和学科框架，以及通俗史学、口述史学、影像史学、物质文化遗产保护与开发、非物质文化遗产保护与开发、数字公共史学的基本理论和实践经验等方面，系统展示了公共史学的学术积累与发展成果。① 谭星指出公众史学是连接史学和社会的桥梁，以史学研究成果服务社会，从而使历史研究的学术价值在社会中得以呈现。公众史学不能排斥专业探讨，要培养公众的历史感，提高历史作品的可读性与趣味性，保持公众史学的公众性，从而达到专业性与公众性的统一。②

民粹主义是19世纪从俄国兴起的一股社会思潮，带有明显的反全球化、反体制、反精英的特征，而其在历史研究领域的反映受到学界越来越多的关注与担忧。德国学者米勒在《什么是民粹主义》一书中，定义了民粹主义的核心要素，即：反对多元主义、垄断对人民的定义、剥夺持反对意见者的人民资格。③ 民粹主义在历史研究领域主要存在两种倾向：一是泛化历史学概念，将所有涉及过去的研究都称为历史研究；二是不认为历史学者是重大历史问题的主体研究者，反而强调"高手在民间"。葛剑雄指出"高手在民间"的含义应是民间也有高手，而非民间才有高手。历史研究核心价值观应由历史学家记录和研究，而历史民粹主义的危害在于依靠所谓"民间高手"研究历史。④

对历史虚无主义的现象、本质、目的、动向的深入揭批，仍是学界研

---

① 姜萌主编《公共史学概论》，高等教育出版社2020年版。
② 谭星：《提升公众史学的专业性和公众性》，《中国社会科学报》2020年11月25日。
③ ［德］扬-维尔纳·米勒：《什么是民粹主义》，钱静远译，译林出版社2020年版。
④ 葛剑雄：《警惕"历史热"背后的史学民粹化倾向》，《探索与争鸣》2020年第9期。

究的重点。李士珍归纳了近代外国侵华史研究的虚无主义表现，诸如以"促进中国近代化"言论代替西方侵略的史实，以"推动中国文明进步"言论取代西方侵华的殖民主义目的，故意将中国边疆地区历史"去中国化"等；提出必须坚持辩证唯物主义和历史唯物主义，牢牢把握国际意识形态斗争的叙事主导权，开展历史、哲学、美学、东西方文化等通识教育，增强反对历史虚无主义的鉴别力和免疫力。① 孙洲认为当历史为娱乐所左右，历史就失去了应有的凝重和庄严。② 谢茂松指出历史虚无主义的目的就是否定中国革命，因而我们需要再度深刻认识中国革命的反帝反封建性质。③ 卢毅、罗平汉针对中共党史研究中存在的错误倾向，以实证研究澄清了对长征、抗战、延安整风、土地改革、社会主义改造的一些错误认识。④

一些学者从唯物史观、全球化的视域解析历史虚无主义的根源，强调必须以马克思主义为武器批驳历史虚无主义。赵雪、韩升指出历史虚无主义思潮是文化帝国主义的现代权力在世界范围内的历史性展开，人类文明只有在交流中平等相待，在借鉴中相互促进，才能真正守护历史"本然"的内在超越性，从而走出历史虚无主义的精神困局与价值荒漠。⑤ 韩升指出历史虚无主义呈现为一种遮蔽历史整体性的碎片化叙事，不但陷入带有强烈主观化的历史言说之中，而且割断了过去—现在—未来的有机联系，必然造成人在世俗化的自我放逐中迷失生活意义。只有从"现实的个人"及其物质生产实践出发，才能揭示人与历史的复杂关系，才能构建起符合社会发展规律和人民价值诉求的历史话语形态。⑥ 徐家林认为历史虚无主义思潮的生成和发展有其深刻的思想和社会根源，强调对历史虚无主义思

---

① 李士珍：《警惕近代外国侵华史研究中的历史虚无主义》，《世界社会主义研究》2020 年第 7 期。
② 孙洲：《当代中国历史书写"泛娱乐化"现象的批判与纠治》，《思想教育研究》2020 年第 7 期。
③ 谢茂松：《要持续反复地深入批判历史虚无主义》，《人民论坛》2020 年第 3 期。
④ 卢毅、罗平汉：《历史的细节与主流——中共党史研究中的历史虚无主义辨析》，陕西人民出版社 2020 年版。
⑤ 赵雪、韩升：《全球化视域内历史虚无主义思潮的生成与批判——兼论世界文化的现代秩序》，《内蒙古社会科学》2020 年第 6 期。
⑥ 韩升：《唯物史观视域内历史虚无主义的现代性批判》，《马克思主义与现实》2020 年第 2 期。

潮进行根本批判的理论武器是马克思主义。① 马振江提出运用马克思主义理论对历史虚无主义进行批判，必须坚持历史客观性原则和以人民为主体的价值观，彻底揭露历史虚无主义否定社会发展规律和历史辩证法、否定人民群众主体论和阶级分析法的错误历史观及方法论，才能抵御和克服历史虚无主义对当代中国主流意识形态的侵蚀。②

文化虚无主义是历史虚无主义的一个重要分支，是对中华优秀传统文化和"四个自信"特别是文化自信的侵蚀，因而对其进行分析批判也是学界关注的重点领域。高翔指出中国历史文化具有一脉相承的优秀传统，不仅赋予中华文明旺盛的生命力，而且是中华民族走向伟大复兴的强大精神力量。③ 王炳权认为文化虚无主义是文化领域长期存在的一种错误思潮，它以娱乐化、非主流化甚至反智化的面目出现，企图动摇中华文化根基，瓦解文化自信，是一种更深层次的虚无主义；强调既要加强党对文化建设的领导、巩固文化阵地，又要弘扬中华优秀传统文化、增强文化软实力。④

随着现代科技发展，特别是微博、微信等互联网新媒体的普及，网络成为文化虚无主义的新平台。李春艳、刘旺旺指出，文化虚无主义在网络空间呈现出用虚拟文化代替现实文化、用现代文化销蚀传统文化、用西方文化衡量中国文化的特征。治理网络化文化虚无主义需要妥善处理科技进步与文化发展、现实文化与网络文化、制度规约与文化传承的关系，以有效抵御文化虚无主义在网络空间的滋生与栖息，营造风清气正的网络文化空间。⑤

历史虚无主义原本诞生于西方，自然也受到西方学者的关注。美国学者唐纳德的《荒诞的幽灵：现代虚无主义的根源与批判》一书指出，应从认知论、宇宙论与语义学的层面深层次思考历史虚无主义的认知维度，认

---

① 徐家林：《历史虚无主义思潮的生成及其批判》，《马克思主义研究》2020年第2期。
② 马振江：《对历史虚无主义"虚无"的批判——兼论历史唯物主义在新时代的坚持和发展》，《马克思主义研究》2020年第2期。
③ 高翔：《中国历史文化具有一脉相承的优秀传统》，《人民日报》2020年10月26日。
④ 王炳权：《警惕文化虚无主义的内在破坏力》，《前线》2020年第8期。
⑤ 李春艳、刘旺旺：《当前中国文化虚无主义的网络表征及其治理》，《江汉论坛》2020年第12期。

真总结历史虚无主义的教训，才能从本质上剖析历史虚无主义。① 刘森林、邓先珍选编的《虚无主义：本质与发生》一书，为历史虚无主义问题译文集，致力于还原现代虚无主义自德国、俄国发生并在世界范围内传播的轨迹，追究虚无主义思潮的本质并对其进行批判。② 其实，历史虚无主义对国家主流意识形态安全的挑战，已引起全社会的高度关注和学界的深入批判。③ 左玉河提出在批判历史虚无主义时，也要注意历史虚无主义与历史理论创新之间的根本差异。④

2020年的历史思潮研究虽涉及公众史学、民粹主义在历史领域的反映等多个方向，但重点仍是历史虚无主义辨析。历史虚无主义虽经学界从各个层面进行批驳，但犹如"百足之虫，死而不僵"，甚至通过文学演绎或网络新媒体"借尸还魂"，这也是历史虚无主义研究热度不减的重要原因之一。但是，历史思潮研究不能局限于历史虚无主义研究，应有更加广泛的内容。例如，大数据时代提出史学研究前路与方向的数字史学、信息史学，以及围绕重大历史问题的认识分歧、历史研究者的主体之争、贴近民众的史剧与史观等，都是历史思潮研究应该关注的重要领域。

五　其他相关研究

根据中央审定的历史理论研究所学科设置，我们重点就国家治理史研究、中华文明史研究、中国通史研究、中外文明比较研究、海外中国学研究的情况，分别予以评析。

（一）国家治理史研究

2020年的国家治理史研究，集中于三个方面。一是关注和回应重大现

---

① ［美］唐纳德·A.克罗斯比：《荒诞的幽灵：现代虚无主义的根源与批判》，张红军译，社会科学文献出版社2020年版。
② 刘森林、邓先珍选编《虚无主义：本质与发生》，邓先珍等译，华东师范大学出版社2020年版。
③ 王岩岩、路丙辉：《历史虚无主义思潮对我国主流意识形态安全的挑战及应对》，《南京航空航天大学学报》2020年第1期；甘喆：《党的十八大以来国内历史虚无主义思潮研究综述》，《江南社会学院学报》2020年第3期。
④ 左玉河：《历史虚无主义认识论误区的学理辨析》，《江淮文史》2020年第1期。

实问题。特别是突如其来的新冠肺炎疫情，引发学者重新思考疫情与环境的关系。中国历史研究院组织学者撰写提交《中国古代疫情控制举措及启示》等多篇研究报告，为疫情防控建言献策。余新忠考察了明清以来的疫病应对，就此进行了历史反思；韩毅指出，宋代官府是防治瘟疫的核心力量，建立了以各级官吏为主、社会民众力量为辅的疫病防治体系。① 其实，国家治理史研究的现实关怀远不止疫情防控，涉及社会生产生活的方方面面。譬如，有学者谈历代宗教治理的得失，或研究近代以来长三角东部城镇河流污染及治理，或对中国古代自然资源与环境保护概况进行阐释。② 高寿仙从基层治理的视角出发，主张中国帝制时代县以下的乡村社会，既不是纯粹的"官治"，也不是纯粹的"绅治"，而是"官不下县"条件下的"官绅共治"。③

二是重点考察中央与地方的关系。中国人民大学召开"'大一统'与治理现代化"学术研讨会，围绕"大一统"与国家治理，从国家、民族、边疆、理论、现实等多个视角展开讨论。贾益指出，"大一统"思想是中央集权制度下各种因俗而治的治理方式的依据。④ 章成分析了伊犁将军长庚在清末新政时期推动的新疆设督讨论，认为清廷虽延续了治疆旧制，但重新布置了疆省的权力格局。⑤ 王晓鹏指出南海作为中国边政的重要组成部分，清代对其管控提升到前所未有的高度，并使其成为"内—疆—外"治理模式中的重要一环。⑥ 李光伟指出清政府在西南边疆财政治理行动的失败表明，良好的制度设计有赖于人事的贯彻执行，制度革新能否协同配套，往往考验执政者的政治智慧和治理能力。⑦

---

① 余新忠：《明清以来的疫病应对与历史省思》，《史学理论研究》2020年第2期；韩毅：《宋代瘟疫防治及其特点》，《社会科学战线》2020年第6期。
② 参见张践《中国历代宗教治理的得失镜鉴》，王利华《思想与行动的距离——中国古代自然资源与环境保护概观》，《史学理论研究》2020年第2期。
③ 高寿仙：《"官不下县"还是"权不下县"？——对基层治理中"皇权不下县"的一点思考》，《史学理论研究》2020年第5期。
④ 贾益：《从国家治理的角度思考中国历史上的"华夷"与"大一统"》，《史学理论研究》2020年第5期。
⑤ 章成：《清季新疆设督与治疆思路考析》，《近代史研究》2020年第4期。
⑥ 王晓鹏：《清代"内—疆—外"治理模式与南海海疆治理》，《社会科学战线》2020年第5期。
⑦ 李光伟：《清中后期西南边疆田赋蠲缓与国家财政治理》，《史学月刊》2020年第2期。

三是展现了"单兵作战"向"集团作战"的发展趋势。夏春涛主持的《中国历代治理体系研究》《中国历史上国家治理的思想体系研究》两项课题就是代表。这两项课题涉及中国历代治理的各个层面，共时性考察同一时代国家治理制度的体系结构，历时性考察各类制度及其整体框架结构的发展演变。课题组提炼总结历代政权兴衰隆替、成败存亡的内在规律，揭示隐藏在历史周期律背后的国家治理逻辑。《史学理论研究》2020年第2、5期开辟"中国历代治理体系研究"专栏，发表了《中国历代治理体系研究》课题组的两组文章，是从大一统、法治、疫情、环境、宗教等视角开展研究的先期成果。

（二）中华文明史研究

2020年9月28日，习近平总书记在中央政治局第23次集体学习时指出，此次集体学习以"我国考古最新发现及其意义"为题，目的是更好认识源远流长、博大精深的中华文明，坚定文化自信。[1] 高翔认为，坚定文化自信最根本的是认同我们的历史文化，必须以优秀的考古和历史研究成果增强中华文明的吸引力、感染力。[2] 这显示早期中华文明史研究已经上升为国家层面的重大课题。学界在本年度对中华文明史的研究有三个关注点。

一是文明起源的标志。王巍提出文明起源的四项标准：生产力获得发展，出现社会分工；社会出现明显的阶级分化，出现王权；人口显著增加和集中，出现都邑性城市；出现王所管辖的区域性政体和凌驾于全社会之上、具有暴力职能的公共权力——国家。[3] 这四项标准突破了过去的文明起源"要素说"，至于如何与考古发现相对应，尚有讨论的余地。

二是中华文明之起源及其动力和途径。中华文明起源目前有两大观点：多元说和中心论。李新伟强调文明起源的去"中原中心论"；陈胜前

---

[1] 习近平：《建设中国特色中国风格中国气派的考古学 更好认识源远流长博大精深的中华文明》，《求是》2020年第23期。

[2] 高翔：《加强考古和历史研究 阐扬中华历史文化》，《中国社会科学报》2020年12月17日。

[3] 王巍：《中华5000多年文明的考古实证》，《求是》2020年第2期。

认为中国境内存在多种文明模式，故中华文明是多元融合的产物。① 但是，传世文献中的三代文明都产生于中原，更早的五帝时代也主要活动于此，过度地去"中原中心论"，势必使文献中的三代文明成了无源之水。因此，王巍、韩建业等学者坚持文明起源的中原中心或领先地位。② 至于中华文明起源的动力和途径，李禹阶指出巫师对公共资源的占有，促进了早期分层社会向早期国家的转型。③ 江林昌认为中华文明与西方文明的差异之一，是文明起源中盛行原始巫术、原始宗教等，并称为中华文明起源的中国模式。④ 韩建业认为战争极大地推动了早期文明的形成与发展，徐义华则强调血缘在早期文明中具有重要作用。⑤

三是集中反思早期中华文明研究的方法论。易建平强调史学理论的创新应该遵循"先破后立"的学术范式，新概念必须服从形式逻辑。⑥ 陈淳审视中华文明探源的科学方法问题，强调术语概念的重要性。⑦ 徐良高认为二重证据法或三重证据法本质上是历史学家利用历史文献记载、人类学知识作为模式来解读某些考古发现，建构某种历史叙述的研究方法，若把这种方法的建构结果视为历史的真相，则会使文献记载与考古发现之间陷入循环论证之中。⑧ 这说明中华文明史研究依然存在不少问题，需要我们打破学科壁垒，实现融合发展，提供更多令人信服的研究成果。

（三）中国通史研究

2020 年中国通史研究最具代表性的工作，是新时代重大史学和文化工程《（新编）中国通史》启动。高翔主持召开多次《（新编）中国通史》

---

① 李新伟：《从广义视角审视"最初的中国"》，《中国社会科学报》2020 年 5 月 11 日；陈胜前：《多元文明融合基础上兴起的三代文明》，《中国社会科学报》2020 年 9 月 30 日。
② 王巍：《中原地区文明起源的考古呈现》，《中国社会科学报》2020 年 9 月 30 日；韩建业：《文明化进程中黄河中游的中心地位》，《中国社会科学报》2020 年 11 月 2 日。
③ 李禹阶：《中国文明起源中的巫及其角色演变》，《中国社会科学》2020 年第 6 期；李禹阶：《中国文化特质与独特道路的史前聚落呈现》，《中国社会科学报》2020 年 9 月 30 日。
④ 江林昌：《中华文明起源的中国模式》，《中国社会科学报》2020 年 9 月 30 日。
⑤ 韩建业：《龙山时代的文化巨变和传说时代的部族战争》，《社会科学》2020 年第 1 期；徐义华：《略论中国早期国家的血缘与地缘关系》，《中原文化研究》2020 年第 1 期。
⑥ 易建平：《中国古代社会演进三历程理论析论》，《中国社会科学》2020 年第 11 期。
⑦ 陈淳：《科学方法、文明探源与夏代信史之争》，《广西师范大学学报》2020 年第 3 期。
⑧ 徐良高：《由文献记载与考古发现关系再审视看二里头文化研究》，《中原文化研究》2020 年第 5 期。

纂修工作会议，邀请各卷主编及相关领域专家学者，围绕相关重大历史和理论问题展开讨论。在充分研讨如何认识和看待马克思主义社会形态理论、如何在《（新编）中国通史》纂修工作中坚持运用马克思主义社会形态理论的基础上，深入探讨中国奴隶社会、中国封建社会的特点等，为后续理论问题探讨和写作奠定基础。《（新编）中国通史》的主旨是跳出西方中心论的窠臼，构建有中国特色的历史学学科体系、学术体系、话语体系，打造历史研究的中国学派。

"通史家风"是中国史学优良传统之一，而追求通识是中国传统史学与马克思主义史学内在的一个结合点，对"通史家风"的总结与理论思考成为学界关注的热点。瞿林东指出"通史家风"旨在于"通"，这是中国史学的一个特点，也是一个优点。[1] 陈其泰认为由于中华民族走过连续发展、气势恢宏的道路，古代先民发达的历史智慧，西汉时期昂扬蓬勃的时代精神，加上司马迁本人的雄奇创造力，才产生了"通古今之变"这一揭示历史学根本任务和核心观念的思想。[2] 王记录指出"通史家风"的主旨是"通古今之变"，且围绕"通古今之变"形成别具一格的理论体系。[3] 李振宏认为"通史家风"的本质是"通识"，其核心在于思维的整体性，而当前中国史学发展所需要的仍是这种重视通识的优良传统。[4]

近代以来的通史编撰，既有对中国传统史学和通史编纂理论的批判继承，也有在马克思主义社会形态理论基础上的创新与发展，均受到学界关注。徐国利认为，钱穆、吕思勉、张荫麟、翦伯赞、范文澜、吕振羽等人所著中国通史，都注意继承中国传统通史编纂的理论方法，但其继承可分为"非实质性继承"与"实质性继承"两类。[5] 邢战国指出，周谷城所著《中国通史》一方面运用马克思主义社会形态理论，注重从社会经济角度考察历史；另一方面深受进化论影响，将生存竞争与种族竞争作为考察历

---

[1] 瞿林东：《论"通史家风"旨在于"通"》，《史学月刊》2020年第7期。
[2] 陈其泰：《中华民族壮阔历史道路所凝成的杰出思想》，《史学月刊》2020年第7期。
[3] 王记录：《"通史家风"与"断代为史"：在古今之变与王朝正统之间》，《史学月刊》2020年第7期。
[4] 李振宏：《通史·通识·整体性：当下史学需要通识性眼光》，《史学月刊》2020年第7期。
[5] 徐国利：《张荫麟的新中国通史撰著对中国传统史学的实质性继承》，《上海交通大学学报》2020年第1期。

史的重要视角，蕴含明显的非马克思主义因素。① 陈峰认为，白寿彝主编的多卷本《中国通史》虽以马克思主义社会形态理论作为基本线索，但注意到社会转型时期"多种生产关系并存"的历史特点，克服了以往公式化和简单化之弊；而2018年版《中国大通史》的分期依据是占主导地位的社会结构和生产方式。这两种通史模式的探索和尝试，力图在理论框架上有所突破，但相较于范文澜、郭沫若等主编的通史，在系统性方面稍显不足。②

（四）中外文明比较研究

2020年的中外文明比较研究，主要集中于该领域的理论分析与探讨。刘家和指出，古代西方的理性结构包括逻辑理性、自然理性、实践理性、道德理性、审美理性，但缺少历史理性，其理性结构以纯粹理性为主导，逻辑理性居于统治地位；中国的理性结构包括历史理性、自然理性、道德理性，有逻辑思想，但未发展出逻辑理性，其中历史理性占支配地位；这种理性结构的不同是中西思维不同的根本原因。③ 王成军指出，刘家和的比较史学实践具有方法论层面的示范意义。④ 穆斯塔法·塞尔达尔·帕拉伯耶克指出，比较历史分析通过比较来处理不同案例，找出它们之间的相似与差异，并运用这一方法检验假设、揭示案例的特殊性和提出独特的研究问题。⑤

通过文明比较研究考察中国史与世界史，分析中外史学史、文化史、政治史等，是学界关注的重点。夏伯嘉指出，当今国际史学界的一大潮流是国别史和世界史相结合，强调中国史与世界史的沟通不能仅限于中国与欧洲各国的比较，也应将中东、印度等其他国家和地区纳入视野。⑥ 邓锐

---

① 邢战国：《周谷城〈中国通史〉研究三题》，《社科纵横》2020年第6期。
② 陈峰：《反省与创造：改革开放以来中国特色马克思主义史学的构建》，《四川师范大学学报》2020年第5期。
③ 刘家和：《理性的结构：比较中西思维的根本异同》，《北京师范大学学报》2020年第3期。
④ 王成军：《比较史学何以成为可能——刘家和先生比较史学理论和方法初探》，《古代文明》2020年第1期。
⑤ ［土耳其］穆斯塔法·塞尔达尔·帕拉伯耶克：《比较历史分析及其在国际关系学中的运用》，刘城晨译，《国外理论动态》2020年第3期。
⑥ 夏伯嘉：《比较历史研究：中国史与世界史的融通之道》，《历史研究》2020年第4期。

第七篇 近年来的历史理论研究综述

指出，宋代和作为西方史学近代化起源的文艺复兴一样，出现了历史观与史学方法的革新，由此可见中西史学近代化过程中的一致性与中国史学近代化的内在动力。① 何朝晖指出，中西比较方法越来越多地运用于中国古代书籍史研究，但要规避简单移植西方书籍史理论、不对等比较、本土意识欠缺等陷阱和误区。② 伊恩·卢瑟福的《赫梯文本与希腊宗教：接触、互动与比较》，提供了使用比较数据的方法论范式。③ 需要注意的是，中外文明整体性的比较研究及其他相关研究仍较为薄弱，须加大研究力度。

（五）海外中国学研究④

2020 年的海外中国学研究颇为活跃，重点是探讨海外中国学研究的理论方法和梳理相关成果与译著。在理论方法层面，初步建立了批评的中国学。张西平指出，批评的中国学不仅包括纠正西方汉学家知识上的错误，更要走出西方汉学研究范式，重建中国学术的叙述方式。他提出要以跨学科的研究方法评判海外研究成果，坚持一个完整的中国观，而不是汉学和中国学分离的中国观。⑤ 褚艳红提出探索海外中国学体系建设的可能路径，强调坚持中国文化的主体性。⑥ 徐志啸认为，海外汉学研究需要注意两个问题：一是客观看待国外的汉学家与汉学成果；二是对汉学成果本身的特色或价值，要有判断力。⑦ 汪荣祖认为，目前海外中国史研究存在"离谱的误读""严重的曲解""荒唐的扭曲""不自觉的偏差""颠倒黑白的传

---

① 邓锐：《中西比较视域中的宋代史学近世化：基于历史观与史学方法的考察》，《史学理论研究》2020 年第 1 期。
② 何朝晖：《中西比较视域下的中国古代书籍史研究》，《大学图书馆学报》2020 年第 1 期。
③ Ian Rutherford, *Hittite Texts and Greek Religion: Contact, Interaction, and Comparison*, Oxford University Press, 2020.
④ 目前学界对海外中国学与海外汉学的界定较为模糊，有时经常混用。一般而言，汉学多是针对中国传统学术的研究，而中国学的范围更为宽泛，包括关于古代、近代及当代中国有关问题的研究。为叙述方便，本文统一使用海外中国学的概念，但对原文使用"汉学"概念的则保持原貌。
⑤ 张西平：《建立一种批评的中国学》，《国际汉学》2020 年第 1 期；张西平：《改革开放以来中国海外汉学（中国学）研究的进展与展望（1978—2019）》，《国外社会科学》2020 年第 1 期。
⑥ 褚艳红：《他山之石与中国故事——我国海外中国学研究的历史发展和理论探索》，《国外社会科学》2020 年第 2 期。
⑦ 徐志啸：《关于汉学研究的思考》，《国际汉学》2020 年第 2 期。

记""居心叵测的翻案"六大问题。杨天石就蒋介石研究作了回应。①

海外中国学研究相关成果的介绍与梳理，是学界关注的一个重要方向。顾钧、胡婷婷编的《民国学者论英美汉学》，收录了民国学者对英美汉学界的中国史学、地理、文学、艺术等研究的追踪和评介文章。② 马军等人对 2000—2015 年海外与港台地区中国抗战史研究中的新理论、新观点与新资料进行考察，力求突破海外抗战史研究的"欧洲中心论"，唤醒海外学界对中国战场的重视。③ 张德明梳理了费正清对国统区社会生活的描写，为抗战史研究提供新视角与新内容。④ 尹锡南介绍了当代印度汉学家对中国历史研究的概况，丰富了海外汉学的国别成果。⑤ 徐志民考察了日本的近代中国留日学生研究，指出宏观选题微观化和微观选题精细化趋向，限制了日本学者的研究视野和关注范围，容易忽略对近代中国留日现象本质的探讨。⑥ 中国人民大学出版社"海外中国研究文库"、江苏人民出版社"海外中国研究丛书"、广东人民出版社"西洋镜"等，均推出系列海外中国研究译著，此处不再赘述。

本年度的海外中国学研究吸引了不同学科的不少学者关注，学术交流范围不断扩大，呈现多视角、多维度、多层次的新趋势，但也面临着不少问题。一是不加区别地看待国外学者的中国学研究成果，其实不同国家的不同研究者对中国学的关注点不同，研究内容与研究范式也不尽相同。二是目前海外中国学研究尚未形成"学科"意识或自觉，加之涉及历史、文化、宗教诸多方面，导致相关研究过于碎片化。三是国内的海外中国学研究虽有强化研究理论与方法的意识，但这方面的成果远远不够，尚未形成真正体现中国学者学术自信的理论成果。这些都是海外中国学研究需要努力克服的问题和值得注意的学术方向。

---

① 汪荣祖：《海外中国史研究值得警惕的六大问题》，《国际汉学》2020 年第 2 期；杨天石：《关于汪荣祖教授严厉批评我的一段话》，http://m.thepaper.cn/kuaibao_detail.jsp?contid=8160007&from=kuaibao［2020—07—08］；汪荣祖：《为评陶涵蒋传回应杨兄天石》，《历史评论》2020 年第 3 期。
② 顾钧、胡婷婷编《民国学者论英美汉学》，开明出版社 2020 年版。
③ 马军等：《海外与港台地区中国抗战史研究理论前沿》，上海社会科学院出版社 2020 年版。
④ 张德明：《费正清对抗战时期国统区的认识》，《中国地方志》2020 年第 3 期。
⑤ 尹锡南：《当代印度汉学家的中国历史研究》，《国际汉学》2020 年第 2 期。
⑥ 徐志民：《日本的近代中国留日学生研究》，《近代史研究》2020 年第 1 期。

第七篇 近年来的历史理论研究综述

综上所述，2020 年的历史理论研究成果丰硕，取得了明显进步，但也存在一些长期以来未被克服的"顽疾"与问题。一是历史理论研究保持了稳中求进的总态势，但各分支学科之间，以及各分支学科内各领域发展进度不平衡。马克思主义历史理论、中国史学理论与史学史、外国史学理论与史学史、历史思潮等研究成果较为丰富，受学界和社会关注度高；其他相关研究的五个学科之间发展也不平衡，与现实关联度高的学科发展更为迅速。二是历史理论及相关研究仍以介绍为主，深入分析的较少，与中国现状结合进行分析的少之又少，但历史理论研究不能仅限于介绍，应本着古为今用、洋为中用的原则，为中国史学研究与发展提供经验借鉴。三是历史理论或史学理论研究较少，史学史或学术史研究较多；理论性思考较少，实证性研究较多；有的学科定位准确、分野清晰，而有的尚未找准学科定位，存在研究内容与学科领域的偏差。因此，历史理论研究从深度上，应力戒简单重复或泛泛而谈，要在既有研究基础上深入思考，不断提升理论研究的水平与层次；从广度上，不能局限于史学史或学术史的梳理与介绍，不宜局限于某个领域的专精研究，要探索打通古今中外的重大理论与现实问题；从高度上，要加快构建中国特色历史理论"三大体系"，继续推进历史理论研究创新发展，为党和国家重大决策、路线、方针提供理论阐释，为全面建设社会主义现代化国家提供历史智慧。

（原载《史学理论研究》2021 年第 2 期）

2021 年历史理论研究综述[*]

夏春涛

(中国社会科学院历史理论研究所)

  2021 年是历史理论研究取得重大进展和突破、令人振奋的一年。以习近平总书记在庆祝中国共产党成立一百周年大会上发表重要讲话、党的十九届六中全会审议通过《中共中央关于党的百年奋斗重大成就和历史经验的决议》为契机,坚持唯物史观和正确党史观、树立大历史观蔚然成风,有力助推了历史理论研究。中国社会科学院历史理论研究所建所第三年,"边建所,边搞科研"的建所思路收到显著成效,已搭建起作为一个研究所的完整架构,引领全国历史理论研究的作用日益显现,为今后发展打下了根基、构筑了平台。从全国范围看,相关研究越发受到重视,"历史虚无主义思潮解析和批判""中国马克思主义史学家口述访谈录""马克思主义历史理论发展史研究"被列为国家社科基金重大专项课题或重点课题,激浊扬清、正本清源成为主流;学科建设呈现新面貌,传统的史学理论与史学史研究稳步推进,历史思潮、国家治理史等新兴学科、交叉学科研究势头强劲,基础理论研究与应用对策研究并重渐成风气,推出一大批有影响的研究成果,且青年学人表现踊跃,以往历史理论研究被忽视、研究队伍青黄不接的现象大为改观;"新时代中国历史学三大体系建设"国际学术研讨会(北京)、第 24 届全国史学理论研讨会(桂林)等成功举办,线上与线下相结合办会常态化。2021 年是收获的一年。

---

 [*] 本文根据中国社会科学院历史理论研究所九个研究室提交的 2021 年度"学科研究新进展",由徐志民草拟初稿,夏春涛修改定稿。

第七篇　近年来的历史理论研究综述

一　马克思主义历史理论研究

2021年，马克思主义历史理论研究进展明显，借助党史学习教育的东风，与中共党史相关的重大理论问题成为研究热点，唯物史观研究稳步推进，马克思主义史家与史学研究不断深化。

习近平总书记"七一"重要讲话，党的十九届六中全会审议通过的《中共中央关于党的百年奋斗重大成就和历史经验的决议》，均从理论上对党的百年奋斗历程作了深刻总结和阐释。学界在"七一"前后集中推出论著，既烘托了庆祝党百年华诞的舆论氛围，又推进了相关研究。

一是百年党史主题主线、主流本质研究。树立正确党史观和历史观，必须准确把握百年党史的主题主线、主流本质。夏春涛结合反帝反封建这一中国近代史的发展主线进行分析，认为百年党史的主题是实现中华民族伟大复兴，主线是独立自主走自己的路，主流是始终引领发展进步，本质是与人民心连心、同呼吸、共命运。[①] 夏春涛、陈甜围绕党引领中华民族伟大复兴，按照重大事件的时序回顾党的百年光辉历程，论证党是中华民族伟大复兴的主心骨和领路人。[②] 李捷从中国近代历史主题的产生、展开及其成为不可逆转的历史进程三个方面，阐释了为何实现中华民族伟大复兴是中国近代以来全部历史主题。[③] 李红岩从"人民选择即历史选择""人民选择的过程也是有所抛弃的过程""人民选择了中国共产党"三方面，论述了为什么说中国特色社会主义道路是人民的选择。[④] 丰子义从"历史发展普遍规律""世界历史""社会基本矛盾"和"实践观点"四个角度，阐释了党的历史命运和中国道路的紧密联系。[⑤]

二是马克思主义中国化与中国道路研究。马克思主义是党的指导思想，同时，中国实践又推动了马克思主义中国化，形成中国化的马克思主

[①] 夏春涛：《从中国近代史看百年党史的主题主线、主流本质》，《近代史研究》2021年第4期。

[②] 夏春涛、陈甜：《中国共产党引领中华民族伟大复兴》，《史学理论研究》2021年第3期。

[③] 李捷：《实现中华民族伟大复兴：中国近代以来全部历史的主题》，《近代史研究》2021年第4期。

[④] 李红岩：《人民选择与中国共产党》，《史学理论研究》2021年第3期。

[⑤] 丰子义：《从唯物史观看中国道路的百年历程》，《北京师范大学学报》2021年第4期。

义理论。王伟光分析了二者之间双向互动的辩证关系，提出党创造的"21世纪当代中国马克思主义唯物史观，为全世界被压迫民族和国家争取独立、解放和社会现代化发展，提供了中国理论、中国方案和中国模板"。①金民卿总结了党百年来推动理论创新的历史进程和辉煌成就，将新时代学习党史的重要任务归纳为："追随党的理论创新进程，学习党的理论创新成果，汲取党的理论创新智慧，更好地为实现中华民族伟大复兴的中国梦而不懈奋斗。"②张海鹏、杨凤城、罗平汉等论述了党百年来把马克思主义基本原理与中国实际相结合，不断推进理论和实践创新，使中华民族实现从站起来、富起来到强起来的历史过程。③罗文东阐述了党百年来坚持和发展唯物史观的基本经验，即"掌握历史规律，筑牢信仰之基"；"掌握社会矛盾，把稳思想之舵"；"掌握群众观点，疏浚力量之源"。④

三是百年党史中其他重大理论问题研究。以重大理论问题为切入点考察百年党史，是推进党史研究的重要途径。夏春涛从百年党史视角综合考察前两个"历史决议"产生的历史背景及主要内容，分析其历史价值和当代启示；认为学习这两个《决议》，重在学习贯穿其中的马克思主义立场、观点、方法，旗帜鲜明地反对历史虚无主义，为树立正确党史观鼓与呼。⑤金民卿将中国共产党成立在中华民族复兴史上的意义概括为：使中华民族伟大复兴获得了科学思想指导和强大民族文化自信、先进政党领导和历史主体合力、正确道路的指引、先进制度的保障。⑥张太原梳理了百年来党对"理想社会"的追求及其成就，指出在新的历史发展阶段，党将"全体人民共同富裕取得更为明显的实质性进展"作为远景目标，势必会再创新

---

① 王伟光：《中国共产党百年历程与唯物史观在中国的伟大胜利》，《马克思主义研究》2021年第8期。
② 金民卿：《百年大党理论创新的历史进程与辉煌成就》，《史学理论研究》2021年第3期。
③ 张海鹏：《中国共产党与中国历史道路的选择》，《近代史研究》2021年第3期；杨凤城：《马克思主义中国化与中国道路百年探索》，《历史研究》2021年第2期；罗平汉：《中国共产党与中国现代化》，《历史研究》2021年第2期。
④ 罗文东：《中国共产党对唯物史观的创造性运用和发展》，《史学理论研究》2021年第3期。
⑤ 夏春涛：《从百年党史看两个"历史决议"的伟大意义》，《毛泽东研究》2021年第3期。
⑥ 金民卿：《中华民族复兴史上具有根本转折意义的大事变》，《近代史研究》2021年第3期。

的发展奇迹。① 何友良考察了"苏维埃革命"在百年党史中的地位，认为后继的历史发展在基本原则和精神上对苏维埃革命有清晰的传承脉络。② 此类论文对深化相关理论问题的思考是有益的。

唯物史观是科学的历史观。深化对唯物史观基本原理的认识，有助于正本清源，在历史研究中坚持正确的立场、观点和方法。2021年，学界就相关问题展开探讨，这种现象让人倍感振奋和欣慰。

一是关于"五形态"论和"三形态"说的研究。《史学理论研究》以"唯物史观与五种社会形态理论"为题，于是年第4期推出一组文章。王伟光认为，"五形态"论是人类社会历史发展的普遍规律，但普遍规律并不是否定历史发展的多样性和特殊性，二者是辩证统一的关系；我们不能因为多样性和特殊性的存在，就否定"五形态"论的科学性。乔治忠认为，"五形态"论是马克思恩格斯发现的人类历史发展的客观规律；"三形态"说只是马克思恩格斯在个别语境下，针对不同问题的随机阐发，并不能代替"五形态"论。吕薇洲、刘海霞认为，"五形态"论揭示了资本主义社会产生、发展及其必然被社会主义社会取代的历史必然性，不能被"三形态"说替代。谭星分析指出，"三形态"说忽视了以生产力和生产关系构成的生产方式对宏观社会性质的决定性影响，也不能精确地说明社会类型的复杂结构，因而以"三形态"说质疑"五形态"论的观点不成立。③

二是恩格斯对创立唯物史观之贡献的研究。这是学界长期关注的一个重要问题。李彬彬从思想层面进行分析，认为恩格斯在英国通过调查研究获得的经验材料以及由此形成的思想观点，为马克思批判青年黑格尔派提供了经验基础和实证论据。④ 吕世荣把恩格斯对唯物史观的贡献概括为三个方面：1. 在系统论述"两种生产"理论的基础上，论述人类社会发展的一般规律，完善唯物史观的一般规律理论；2. 以"两种生产"理论为

---

① 张太原：《百年来中国共产党对理想社会的追求》，《历史研究》2021年第2期。
② 何友良：《苏维埃革命与中国共产党百年历程》，《近代史研究》2021年第3期。
③ 王伟光：《立足中国社会形态演变坚持五种社会形态理论》；乔治忠：《马克思主义揭示的历史发展规律》；吕薇洲、刘海霞：《社会形态更替的"五形态"论与"三形态"说》；谭星：《"五形态"论与"三形态"说论争辨析》，《史学理论研究》2021年第4期。
④ 李彬彬：《恩格斯在唯物史观创立中的思想贡献——以〈神圣家族〉为中心》，《山东社会科学》2021年第7期。

方法，分析了原始社会氏族制度的本质及其演进的过程，完善了马克思主义的原始社会理论；3. 系统论述了国家的起源、本质及发展趋势。① 上述研究说明，恩格斯在创立唯物史观方面发挥了不可或缺的重要作用。

三是关于"历史决定论"内涵的研究。如何理解马克思关于"历史科学"论述中的"决定论"内涵，关乎能否正确理解唯物史观。王峰明分析说："马克思的历史决定论旨在阐明存在于生产力与生产关系、经济基础与上层建筑之间的适合（适应）与被适合（被适应）的关系，这是一种'趋势决定'而非'起源决定'。"蒋迪认为，马克思的"历史决定论"是指某个历史事件有很大的发生概率，而不是必然发生。赵磊、赵晓磊认为，马克思把"社会形态的发展理解为一种自然史的过程"，为历史决定论奠定了科学依据。② 以上讨论对深化研究是有益的。

2021年度，学界还进行了必要的学术反思。杨艳秋回顾了马克思主义社会形态理论在中国马克思主义史学不同发展阶段的体现及特点，指出中国马克思主义者结合中国历史发展实际，提出了具有中国特色的"五种社会形态"，发展了马克思主义社会形态理论；在新的时代条件下，我们依然要重视唯物史观的基本原理与中国历史实际的结合。③ 赵庆云论述了将概念史方法引入中国马克思主义史学研究的价值，认为这有助于"探究史学与世变的关系，寻绎马克思主义史学的发展历程，进而揭示概念所蕴含的社会思想内容，把握概念所辐射的社会历史面相，促进对马克思主义理论的理解"。④ 陈峰指出，域外学者的相关研究对中国马克思主义史学的产生和发展曾产生强大的形塑作用，因此，应加强对中国马克思主义史学域外渊源的研究。⑤ 黄令坦分析了毛泽东史学思想的时代背景、理论渊源、实践基础和个人禀赋，认为诸多因素共振使毛泽东发展了历史唯物主义。⑥

---

① 吕世荣：《恩格斯〈家庭、私有制和国家的起源〉一书的历史性贡献》，《马克思主义研究》2021年第7期。
② 王峰明：《马克思的"历史决定论"刍议》，《山西师大学报》2021年第1期；蒋迪：《马克思"历史科学"的决定论内涵——基于历史的规定性与描述性双重研究方法的讨论》，《东南学术》2021年第4期；赵磊、赵晓磊：《唯物史观：历史决定论抑或历史目的论》，《社会科学研究》2021年第5期。
③ 杨艳秋：《马克思主义社会形态理论与中国史学》，《史学集刊》2021年第4期。
④ 赵庆云：《马克思主义史学史视域下的概念研究》，《史学集刊》2021年第4期。
⑤ 陈峰：《中国马克思主义史学的域外渊源再估量》，《史学集刊》2021年第4期。
⑥ 黄令坦：《毛泽东史学思想形成的历史条件》，《毛泽东邓小平理论研究》2021年第4期。

马克思主义史学与非马克思主义史学的关系，是考察马克思主义史学地位和影响的重要内容。陈其泰分析了中国马克思主义史学与"新历史考证学"的关系，认为二者虽风格殊异，但在确立重视史实和"求真"的治史宗旨上是相通的，而且二者对彼此的优秀史学成果也多有肯定。① 张越梳理了民国史家对唯物史观和马克思主义史学的评论，认为马克思主义史学研究的宏观格局、理论阐释、叙事特点以及革命史话语体系对传统认知的颠覆，被许多民国史家重视，但其公式化教条化倾向、入世精神等，造成了非马克思主义史家对唯物史观史学的毁誉不一。②

以唯物史观为指导，加快构建中国历史学学科体系、学术体系和话语体系，近年来颇受学界重视。董欣洁梳理了中国马克思主义世界史话语的发展历程，认为将民族性和世界性较好地融为一体是其基本特点。③ 赵庆云考察了新中国成立后"十七年"研究的起步和初创历程，认为其所遇窒碍主要在于"共和国史与政治的深切纠葛，使得其作为历史学次学科的基本学科规范与学术品格难以得到必要保证"。④ 2021年9月，由中国社会科学院主办、历史理论研究所承办、中国历史研究院中国历史学学科体系学术体系话语体系研究中心协办的"新时代中国历史学三大体系建设"国际学术研讨会在北京召开，百余名中外学者围绕主题展开研讨，产生较大反响。海外学者包括欧美学者和亚非拉发展中国家的学者，均对会议主题表示赞赏，对当代中国建设成就包括抗疫工作予以肯定。

不同时期的马克思主义史家取得了哪些成就、还存在哪些不足、有哪些值得汲取的经验教训，是引起较多关注的问题。罗志田认为，范文澜通过对"汉民族形成"问题的思考，提出中国历史研究必须以"历史的具体事实"为依据，不能"把西欧历史的特殊性当作普遍性"。⑤ 任虎指出，《中国通史简编》在编撰之初深受《联共（布）党史简明教程》影响，后

---

① 陈其泰：《马克思主义史家与历史考证》，《中国史研究》2021年第2期。
② 张越：《民国史家对唯物史观和马克思主义史学的评论和认识》，《史学集刊》2021年第4期。
③ 董欣洁：《中国马克思主义史学的世界史话语》，《江海学刊》2021年第4期。
④ 赵庆云：《"十七年"共和国史研究的起步与初创——以近代史所为中心的考察》，《历史教学问题》2021年第1期。
⑤ 罗志田：《走向特殊规律：范文澜关于"汉民族形成"的思考》，《天津社会科学》2021年第5期。

来范文澜逐渐纠正这一问题，并在一定程度上克服了对唯物史观的教条化认知。① 李勇分析了 20 世纪 50 年代郭沫若的历史研究保持史料与理论平衡的问题，批驳了港台地区某些学者对郭沫若史学的贬损，认为其原因是受文献不足和意识形态影响。② 靳宝阐述了白寿彝为实现"建设有中国民族特点的马克思主义史学"学术目标所付出的努力和取得的成绩。③ 张喆考证出中国社会性质论战中的重要文献之一《中国经济的性质》的作者是中共早期领导人之一祝百英，并论述了祝百英在中国经济史、经济学和马克思主义哲学等方面的贡献。④ 刘春强指出，唯物史观形塑了夏鼐的史学研究特色，而夏鼐的学术经历也丰富了马克思主义史学的发展路径。⑤

总之，以庆祝中国共产党百年华诞为契机，2021 年马克思主义历史理论研究主要围绕党史研究的理论问题而铺展，形成一些新的研究热点，有力推进了相关研究。不过，以下几个问题值得思考。一是在建党百年时间节点过后，如何继续保持相关研究的热度，而不是一阵风。二是唯物史观研究虽得到推进，但主要成果并非出自史学界，应努力推动理论研究与实证研究的有效结合。三是马克思主义史家与史学研究虽不断深化，但存在就史事论史事、就史家论史家的局限，应进一步拓宽研究视野，进行大历史、长时段研究。

二 中国史学理论与史学史研究

2021 年度，中国史学理论与史学史研究稳步推进，主要集中在中国早期社会性质、历史理论和常用历史概念的辨析、历史叙述与史学批评、断

---

① 任虎：《论〈联共（布）党史简明教程〉对范文澜〈中国通史简编〉的影响》，《史学理论研究》2021 年第 3 期。
② 李勇：《20 世纪 50 年代郭沫若史学观念中的史论关系》，《史学理论研究》2021 年第 4 期；李勇：《驳郭沫若史学在台港地区遭遇的贬损——以马彬、许冠三和金达凯为例》，《史学月刊》2021 年第 2 期。
③ 靳宝：《"建设有中国民族特点的马克思主义史学"——以白寿彝〈中国史学史〉第一册为中心的考察》，《四川师范大学学报》2021 年第 5 期。
④ 张喆：《中国社会性质论战中一位中共早期领导人考述——从〈中国经济的性质〉作者谈起》，《历史教学问题》2021 年第 1 期。
⑤ 刘春强：《走向马克思主义：唯物史观与夏鼐学术风格的养成》，《晋阳学刊》2021 年第 5 期。

第七篇　近年来的历史理论研究综述

代性的史学史研究等几个方面。

为配合《（新编）中国通史》工作，厘清中国早期社会性质及相关理论问题，《史学理论研究》是年第 2 期推出以"马克思主义社会形态理论与中国早期社会性质研究"为题的一组文章。其中，徐昭峰、赵心杨结合考古材料，指出夏代已产生内外服制政治制度的萌芽，是共主制下的族邦联盟，商代大部分的族邦已进入国家阶段，是共主制下的邦国联盟，但夏、商时期并不存在普遍的奴隶制。任会斌主张"殷商社会性质研究不着急有一非此即彼的概念性结论"，强调要重视考古学的研究成果。宁镇疆指出考察周代社会性质时，应关注低贱者服事的"职事共同体"及礼俗环境。谢乃和从封建的政治、经济与社会文化形态方面进行论证，认为夏商周为封建社会。李学功认为，古代中国进入文明阶段之初是一种存在奴隶制奴役方式但发展不充分的族社组织形态，是一种初期封建社会固有的、榨取劳动者剩余劳动的组织形式。①

中国社会科学院历史理论研究所课题组经过研究，将中国封建社会的主要特点概括为：大土地所有制与农民小生产相结合；以中央集权为核心的政治体制；以官僚制度为核心的治理体系；形成了深入人心的大一统理念与儒家意识形态；创造了开放包容与璀璨无比的文化；王朝更替中的社会持续发展。"封建社会"这一概念的提出及广泛运用，是唯物史观与中国实际相结合的产物，也是历史理论与革命理论相互融会的成果。②

《中国史研究动态》2021 年第 3 期推出一组笔谈文章，主题是"中国古代社会性质的再研究"。罗诗谦指出，学界关于夏商奴隶社会说、"无奴"说尚未形成定论，夏商两代的社会性质属于亚细亚生产方式类型的奴隶制。③ 李岩指出，学界普遍认为中国古代民族地区进入阶级社会较晚也不发达，但在进入阶级社会前，大多存在奴隶；少数民族地区进入阶级社

---

① 徐昭峰、赵心杨：《夏商国家社会形态及其相关问题》；任会斌：《殷商社会性质问题讨论的回顾与反思》；宁镇疆：《由臣、隶等低贱阶层说周代的社会性质》；谢乃和：《夏商周三代社会形态为封建社会说》；李学功：《闻道与问道：中国古代社会形态问题研究的思考》，《史学理论研究》2021 年第 2 期。

② 历史理论研究所"中国封建社会的主要特点"课题组：《试论中国封建社会的主要特点》，《史学理论研究》2021 年第 4 期。

③ 罗诗谦：《夏商奴隶社会说》，《中国史研究动态》2021 年第 3 期。

会后，经历了过渡时期以及氏族制、奴隶制和封建制并存的时期。① 徐义华认为，不同于古希腊、罗马，中国早期社会缺乏稳定的奴隶来源，也没有适合使用奴隶的产业结构，以血缘方式组织社会，缺乏容纳奴隶的空间，也没有形成与奴隶群体相应的制度、法律和思想意识。② 上述论文不同程度体现了"再研究"的意涵，有助于进一步深化研究和思考。

重要概念的界定和源流考镜，是本年度学界关注的一个焦点。例如，廉敏、黄畅考释"历史理论"一词的源流，指出"历史理论"一词源起于古希腊语的"历史"与"理论"。③ 杨念群通过对"大一统""正统""天下""中国"等概念的辨析，指出"'大一统'观不但锻造了中国人对整体政治稳定性的需要远大于追求个人心灵自由的认知心态，而且成为近代民族主义者抵抗西方最值得信赖的思想资源"。④ 晁天义认为，"'大一统'的本义与引申义虽有联系但内涵不同，前者是指'尊崇一个以时间开端为标志的统绪'，后者则是指'大规模（或大范围）的统一'。"⑤

基于不同历史条件和学术语境，学界分析了"大一统"观的思想内涵和深远影响。李振宏、苏小利考察了战国时期一度流行的"天下为天下人之天下"思想，指出这一思想既出于战国时期社会管理的需要，也是民本思想的表达；既是贵公思想的表达，也是公天下，有德者居之之意，还有批评无道之君的含义。⑥ 张大可认为，司马迁"大一统"历史观的核心内涵是家国一体，皇帝集权。⑦ 路高学认为，先秦道家为秦汉"大一统"的建立与巩固提供了形而上的理论根基。⑧ 王文光、文卫霞分析了"大一统"思想中正统观念对铸牢中华民族共同体意识的积极作用，刘骏勃考察了清

---

① 李岩：《我国民族地区的奴隶制问题》，《中国史研究动态》2021年第3期。
② 徐义华：《从奴隶社会的运行机制看中国奴隶社会问题》，《中国史研究动态》2021年第3期。
③ 廉敏、黄畅：《"历史理论"一词源流考——对中西历史思想交流中一个关键概念的考索》，《晋阳学刊》2021年第5期。
④ 杨念群：《"大一统"与"中国""天下"观比较论纲》，《史学理论研究》2021年第2期。
⑤ 晁天义：《"大一统"含义流变的历史阐释》，《陕西师范大学学报》2021年第3期。
⑥ 李振宏、苏小利：《"天下为天下人之天下"说辨析》，《陕西师范大学学报》2021年第5期。
⑦ 张大可：《论司马迁的大一统历史观》，《红河学院学报》2021年第9期。
⑧ 路高学：《先秦道家对秦汉大一统的理论贡献——以"一"为中心》，《天津大学学报》2021年第6期。

第七篇 近年来的历史理论研究综述

代"大一统"观念对"六通"疆域书写的深远影响,贾益强调"多元一体"是中国历史发展的主线。① 这些成果都强调了"大一统"思想对中国历史发展及其书写的深刻影响。

历史书写仍为颇受关注的重要议题。张士民考察了中国古代史学思想和历史书写特点,即从《尚书》以殷鉴与德教为撰述旨趣,到《春秋》明大义、表历史认同,再到《国语》嘉言善语、明德鉴戒,最后《史记》充实且明确史家之责;认为这样的历史意识正是"遗传的历史意义"。② 张利军指出,清华简《厚父》为《书》类文献,其祖本可能是史官书写王言的实录,其内容有助于时人及后世认识夏史,对认识商代史学功能具有重要意义。③ 孙骁和王丹认为,随着中原王朝不同时期国力兴衰与治边政策的变化,史家对于边疆族群的书写呈现出"夷夏有别"与"用夏变夷"观念的交替转换。④

为推动史学批评之风,《廊坊师范学院学报》编辑部邀请《中国古代史学批评史》(瞿林东主编,七卷本,湖南人民出版社 2020 年版)的部分作者,以笔谈形式就中国古代史学批评进行讨论,呼吁"增强理论意识"。⑤ 史学批评的目的在于推动史学反思,不断提升史学理论的水平及其指导历史研究的功用。张宇基于宋代理学家参与论史活动后,理学的一些概念、范畴和方法被运用于历史评论的事实,认为这推动了宋代历史评论的发展。⑥ 陈新认为,史学理论的对象分为主体的人与客体的经验和结构,史学理论的价值在于让我们成为反思者,达成自我认识。⑦

运用考古材料进行史学研究、促进历史学与考古学的融合发展,属老

---

① 王文光、文卫霞:《中国古代大一统思想中正统观念与中华民族共同体意识研究》,《思想战线》2021 年第 3 期;刘骏勃:《从九州为纲到政区为纲——清代"大一统"观念对"六通"疆域书写的影响》,《历史教学》2021 年第 3 期;贾益:《"多元一体"是中国历史发展主线》,《历史评论》2021 年第 1 期。
② 张士民:《中国史学思想和历史书写特点刍议》,《学术界》2021 年第 8 期。
③ 张利军:《历史书写与史学功能——以清华简〈厚父〉所述夏史为例》,《史学理论研究》2021 年第 3 期。
④ 孙骁、王丹:《从殊俗到慕化:汉晋时期的西南边疆族群历史书写》,《云南社会科学》2021 年第 6 期。
⑤ 阎静、朱露川、李凯、吴凤霞、廉敏、毛春伟:《深入史学研究增强理论意识——谈中国古代史学批评史撰述》,《廊坊师范学院学报》2021 年第 2 期。
⑥ 张宇:《宋代历史评论的理论提升》,《中国社会科学报》2021 年 5 月 31 日。
⑦ 陈新:《史学理论的性质、对象、价值与方法》,《史学月刊》2021 年第 1 期。

问题引起新思考。杨博指出，考古学和历史学是历史科学两个独立的主要组成部分，既要带着具体的历史问题处理考古材料，也要尽可能地在历史背景之下理解考古材料。①徐良高指出，新时代的中国上古史研究应以考古学为本位，结合可信度和准确性经过严格论证的文献史料、人类学与其他多学科成果，才能增强历史可信度，丰富历史内涵。②两人在考古百年之际，再次呼吁中国古代史研究与考古发掘相互补充、融合发展。

本年度中国古代史学史研究既有对史家的研究，也有对修史制度的考察；既有对史学思想的关注，也有对史学发展史的探究，总体上以断代性的史学史研究为主。乔治忠认为，史学的产生逐渐促成后世以记史、修史为职责的史官，而不是因为有了史官导致史学的产生。③张艳萍指出，《书》与《鲁春秋》是在史官记录的基础上撰述而成，并非史官直接记述的成果。④汪高鑫、王子初认为，周代是先秦史官制度日趋成熟时期，而在周代史官制度的实践中，培育了独具特色的史官精神，即参与建设和维护礼乐文明的经世精神、追求史实之真与道义之真的求真精神和彰显人文价值的理性精神。⑤

先秦之后的史学研究，本年度集中于唐代与清代。例如，瞿林东指出，《新唐书》并没有着意否定刘知幾《史通》与韩愈《顺宗实录》，但对唐代的史学评价事实上存在着相互抵牾之处，反映了著者认识上的混乱。⑥张峰认为，唐代史学在广泛汲取前代史学精华的同时，又注入了时代活力，呈现出反思、总结与创新的特点。⑦牛润珍、管蕾认为，清代史官议叙制度吸引了大批士人主动投身到修史活动中，有效保障了清代大规模官方修史的顺利进行，并由此带来士人职业观念上的积极变化。⑧

总之，2021年度的中国史学理论与史学史研究在稳步推进的同时，具

---

① 杨博：《探索未知揭示本源——历史学与考古学研究的融合发展》，《中国史研究》2021年第3期。
② 徐良高：《以考古学构建中国上古史》，《中国社会科学》2021年第9期。
③ 乔治忠：《中国史学的起源及早期发展考析》，《史学月刊》2021年第1期。
④ 张艳萍：《〈书〉与国史〈春秋〉的生成》，《文史哲》2021年第5期。
⑤ 汪高鑫、王子初：《周代的史官制度与史官精神》，《史学史研究》2021年第3期。
⑥ 瞿林东：《〈新唐书〉怎样评价唐代史学》，《河北学刊》2021年第1期。
⑦ 张峰：《唐代史家与历史编纂的创新》，《史学理论研究》2021年第5期。
⑧ 牛润珍、管蕾：《清代史官议叙制度考略》，《史学史研究》2021年第1期。

有更多的时代特点。一是贴近现实，服务大局。例如，围绕中国早期社会性质的讨论，相当程度上就是为《（新编）中国通史》提供理论准备。中国古代史研究与考古史料的结合，既是学科融合发展的客观需要，也是对习近平总书记和党中央高度重视考古工作的学术回应。二是重回原点，梳理概念。"历史理论""大一统"等皆是常用词汇，但随着概念史、传播学等不同学科方法的影响，重新梳理与辨析这些常用概念的流变，或将有助于我们从不同侧面理解复杂的历史面相。三是批评较少，反思不足。中国史学理论与史学史研究本应有更多的理论资源和学术方法，但实际上史学批评成果不多，或许与目前史学界批评之风不盛有关。以长时段、大历史的学术眼光，从事通史性的史学理论与史学史研究，是未来需要努力的方向。

三　外国史学理论与史学史研究

2021年仍在肆虐的新冠疫情虽然阻滞了不少近距离、面对面的学术交流，但学界利用网络新技术继续关注对方的研究，通过"云端"会议或微信、邮件等保持交流探讨。因此，本年度的外国史学理论与史学史研究仍取得了积极成果。具体而言，主要集中于西方马克思主义史学和一些代表性的研究领域，如概念史、思想史、全球史、医疗社会史和外国史学史。

西方马克思主义史学在20世纪八九十年代颇受关注，到21世纪逐渐走向低谷。如何"重建"历史唯物主义、恢复西方马克思主义史学的地位，已成为西方学界的一股思潮。沈江平梳理了西方学界"重建"历史唯物主义的诸种思潮，认为这些思潮"在一定程度上拓展了理论研究的方法视域和问题视域"。他指出，无论如何"重建"历史唯物主义，"都必须以承认历史唯物主义的科学性和价值性为前提，以恪守理论的基本要义和核心观点为基础"，否则便是"对历史唯物主义的背离和否弃"。[①] 李高荣分析了西方学界"重建"历史唯物主义思潮的发展过程及特征，认为它们都表现出逐渐偏离正统历史唯物主义核心论断的趋势。[②] 因此，我们对西

---

① 沈江平：《历史唯物主义"重建"思潮的评判与展望》，《山西师大学报》2021年第3期。
② 李高荣：《历史唯物主义的五种西方重构模式解析》，《马克思主义哲学研究》2020年第2期，社会科学文献出版社2021年版。

方学界所谓"重建"历史唯物主义,要保持清醒和理性的认识。

本年度西方马克思主义史学研究的代表性成果,主要是梁民愫出版了研究英国马克思主义史家霍布斯鲍姆的专著,汪荣祖梳理了西方马克思主义史学发展史。前者系统考察了霍布斯鲍姆的史学著述、史学思想和学术地位,概括了英国马克思主义历史学派的共性思想和本质特征,展现了20世纪英国史学的思想流变与学术景观。后者指出马克思主义在西方资本主义国家受到敌视,但在学界一直是不容忽视的学说;认为西方马克思主义史学经历挫折,并未走向式微,唯物史观仍然是历史研究难以忽视的理论,西方马克思主义史学也必将通过顺应时代实现发展。[1] 就中国学界而言,如何以中国经验完善唯物史观,则有赖于中国学者的努力。

从跨文化和跨国视角研究思想或概念的传播、流动与融合,成为学界关注的一个重点。与传统的跨文化研究更多关注西方思想或概念在全球范围内的传播不同,当前的研究更关注西方与非西方之间思想和观念的互动与融合。美国的《观念史杂志》推出一组文章,既强调翻译在国与国交往中的重要性和必要性,也指出翻译所带来的外交上的误读问题,以及翻译背后体现的权力问题。[2] 张旭鹏认为,随着历史研究中"跨国转向""全球转向"的兴起,人们愈发关注观念的流动,以及观念在进入不同空间时产生的种种与原初内涵迥异的变化。[3]

概念史研究方面,方维规出版《历史的概念向量》一书,考察了概念的跨文化、跨语际、杂合,以及东亚的鞍型期等诸多议题,并从概念史角度分析了知识形态和知识的变化,进而突出了概念的动态特征。[4] 年旭考

---

[1] 梁民愫:《英国学派与历史学家:霍布斯鲍姆的马克思主义史学》,社会科学文献出版社2021年版;汪荣祖:《西方马克思主义史学的过去、现在和未来》,《文史哲》2021年第1期。

[2] Lisa Hellman and Birgit Tremml‐Werner, "Translation in Action: Global Intellectual History and Early Modern Diplomacy"; Sophie Holm, "Multilingual Foreign Affairs: Translation and Diplomatic Agency in Eighteenth‐Century Stockholm"; Lisa Hellman, "Drawing the Lines: Translation and Diplomacy in the Central Asian Borderlands"; Birgit Tremml‐Werner, "A Question of Political Correctness: Translating Friendship across Time and Space"; Michael Facius, "Terms of Government: Early Modern Japanese Concepts of Rulership and Political Geography in Translation", *Journal of the History of Ideas*, Vol. 82, No. 3, 2021.

[3] 张旭鹏:《观念与空间:跨国视域中观念的流动与变迁》,《中国社会科学院研究生院学报》2021年第5期。

[4] 方维规:《历史的概念向量》,生活·读书·新知三联书店2021年版。

第七篇 近年来的历史理论研究综述

察了明清鼎革后日本、朝鲜不同的"中华观":日本为重构"神州"概念,提出"中华移易"说,进行"尊己自华"宣传;朝鲜则从"地望中华"角度,依托"夷夏之防"理念,通过维护清的"中华神州"地位,有力回击日本的"自华"与"斥中"。从双方"中华观"的碰撞中,可见日朝两国知识界"中华观"演变的复杂样态。①

全球史研究方面,本年度侧重探讨全球史与民族国家史的关系、全球微观史,并延伸至冷战史、中外关系史等领域,实现了全球史作为一种方法和视角的独特价值。康昊认为,关注亚洲空间、亚洲海域,强调亚洲经济及国际秩序内部机制的重要性,是日本全球史研究最显著的特点。② 全球微观史是在历史学"全球转向"的大背景下,由全球史与微观史互相融合而形成的一个新兴的历史学分支学科。尹灿指出,引入微观史的研究理念可以拓展全球史的学术视野,助力全球史实现超越"欧洲中心论"研究范式、认识全球化微观动力和突破同质化研究模式等三大学术目标。③ 李伯重强调从全球史视角重新审视中外关系史研究,提出应从中国某些地区与外部世界某些地区之间的交往、同等重视交往正负两方面情况、考察中外交往网络的相互关系三个方面寻求突破。④ 王栋、殷晴飞梳理了冷战史从国际史向全球史的转变,强调将冷战置于现代化与全球化的长时段中加以审视。⑤

在新冠疫情影响下,医疗社会史成为本年度中外学者关注的一个热点。美国学者辛迪·埃尔姆斯梳理了当代人如何纪念18世纪的普罗旺斯大瘟疫,并结合描绘大瘟疫的图像阐释了这些图像如何展现马赛公民美德和医学职业,认为图像记忆对于我们今天书写新冠疫情具有重要意义。⑥ 孙志鹏、李思佳考察了近代日本鼠疫的防控与治理,指出日本政府通过户口调查、健康诊断、医生上报、民众揭发等方式搜寻、管控鼠疫患者,构

---

① 年旭:《明清鼎革后日朝通信使笔谈中的"中华"观碰撞》,《世界历史》2021年第2期。
② 康昊:《全球史在日本的兴起、实践及其特点》,《史学理论研究》2021年第2期。
③ 尹灿:《微观史视角下全球史学术内涵的拓展》,《重庆科技学院学报》2021年第3期。
④ 李伯重:《全球史视野中的中外关系史》,《中国社会科学报》2021年4月26日。
⑤ 王栋、殷晴飞:《从冷战国际史到冷战全球史:国内冷战史研究范式的多样化趋势》,《华东师范大学学报》2021年第3期。
⑥ Cindy Ermus, "Memory and the Representation of Public Health Crises: Remembering the Plague of Provence in the Tricentennial", *Environmental History*, Vol. 26, No4, 2021.

建了一套利用公共卫生制度进行社会管理的方法，进而使防疫成为一种日常生活政治。① 刘金源以1832年英国医学界对霍乱病原学的争论为切入点，分析了医学界不同群体的话语权之争，以及疫情之下的社会分裂，指出人类对于流行病的认知与探索将永无止境。② 冯燚分析了1889—1892年伊朗恺加王朝因抗疫不力导致社会抗议运动的激化，认为抗议运动为1906年宪政革命爆发奠定了基础。③ 以上研究均带有医疗社会史研究的趋向，具有强烈的现实关怀。

本年度的外国史学史研究出现两大变化。一是外国史学史研究的发展趋势、关注领域和研究方法出现新变化。王晴佳根据外国史学史研究的发展趋势，建议从三个方面进行研究，即超越"欧洲中心主义"，落实全球化视野；将关注焦点从史家的论著扩展到整个有关过去的知识；检讨和应对科学技术的新进展对未来历史书写的潜在影响。④ 史学史研究不仅关注史学著作背后的史学思想，而且开始关注其生成史，并借助史源学研究史学著作的史料观成为当下研究的一大特点。例如，刘军借助史源学方法考察洛布本《地理志》残篇，由此折射近现代古典学术中古代著作家辑佚文本形成的复杂过程。⑤ 在研究方法上则推陈出新，引入了记忆研究、性别研究、图像学、数字史学等新方法。⑥

二是非西方国家和地区的史学受到更多关注，从而拓宽了研究范围，呈现多线和纵深的发展态势。譬如，成思佳考察了越南古史编纂与中国史学传统之间的关系；王子奇认为克里斯多夫·戈沙提出越南现代化始于法

---

① 孙志鹏、李思佳：《近代日本的鼠疫防控及社会管理》，《经济社会史评论》2021年第3期。
② 刘金源：《疫情之下的社会分裂——英国医学界关于1832年霍乱的病原学之争》，《史学集刊》2021年第4期。
③ 冯燚：《论1889—1892年瘟疫大流行与伊朗社会抗议运动》，《史学集刊》2021年第4期。
④ 王晴佳：《史学史研究的性质、演变和未来：一个全球的视角》，《河北学刊》2021年第5期。
⑤ 刘军：《洛布本〈地理志〉残篇55b的史源学考察》，《史学史研究》2021年第2期。
⑥ 刘颖洁：《从哈布瓦赫到诺拉：历史书写中的集体记忆》，《史学月刊》2021年第3期；林漫：《男性史：当代美国性别史的新视角》，《史学月刊》2021年第5期；王加华：《让图像"说话"：图像入史的可能性、路径及限度》，《史学理论研究》2021年第3期；顾晓伟：《从媒介技术角度重新理解西方历史书写的秩序》，《中国社会科学评价》2021年第1期。

国殖民者入侵之前，突破"西方中心论"，对当代越南史研究有借鉴意义。[1] 安洙英、姜伊威反思20世纪90年代以来韩国东亚史研究的变迁，考察了中日韩三国史学在此过程中的对比和关联，以及东亚史书写和民族国家论述之间的张力。王立新认为西方的传统印度历史叙事与新印度历史叙事，都受到西方史学传统的国家史观的影响。梁道远介绍了阿拉伯史学家伊本·艾西尔的生平与时代，并对其代表作《历史大全》进行评述。孔妍对阿拉伯世界著名的编年史阿卜杜·拉赫曼·杰巴尔提史学著作三部曲作了系统分析，认为其具有重要的史料价值。刘鸿武、刘远康指出，近年来南非史学在延续其自由主义和激进社会史传统的同时，正逐步向新文化史、环境史、性别史、休闲史等新领域发展，但也面临诸多现实挑战，如黑人历史学家长期缺席、历史教育陷于停滞和后现代思潮冲击等。[2]

概括地说，本年度外国史学理论与史学史研究有三大成绩：一是西方马克思主义史学理论研究仍备受关注，并不断推出较为深入的研究成果；二是思想史与概念史、全球史、医疗社会史等成为热点领域，推出一系列重要学术成果，为国内相关领域研究提供了借鉴；三是非西方国家和地区的史学理论和史学史受到高度关注，既反映了"西方中心论"日趋没落，也丰富了该学科内涵。需要注意的是，我们也要警惕所谓"重建"历史唯物主义的"陷阱"和反唯物史观的动向；面对研究新成果，如何基于中国学者的立场作出回应，展开相应的学术对话，仍是今后研究的重点。

四 历史思潮研究

2021年是建党百年，也是金田起义170周年、辛亥革命110周年、九

---

[1] 成思佳：《越南古代史家对本国古史的书写和构建初探》，《史学理论研究》2021年第1期；王子奇：《克里斯多夫·戈沙的越南史研究叙论》，《史学理论研究》2021年第1期。

[2] ［韩］安洙英、姜伊威：《从"东洋史"到"东亚史"——韩国学界近三十年的历史叙事反思》，《史学理论研究》2021年第5期；王立新：《国家史观视域下新印度史学的叙事建构：从雅利安文明到莫卧儿帝国》，《世界历史》2021年第2期；梁道远：《阿拉伯编年史家伊本·艾西尔及其所处的时代》，《北方论丛》2021年第2期；孔妍：《埃及编年史家杰巴尔提及其史学"三部曲"》，《北方论丛》2021年第2期；刘鸿武、刘远康：《近年来南非史学研究述评》，《历史教学问题》2021年第2期。

一八事变90周年、太平洋战争爆发80周年、《关于建国以来党的若干历史问题的决议》问世40周年。重要历史节点多，各种历史思潮激荡碰撞，主要集中于党史学习教育和"软性历史虚无主义"批判。口述史学、公众史学等研究也折射出相关历史思潮。中国共产党史、新中国史、改革开放史、社会主义发展史学习，特别是党史学习教育，是本年度学界关注的焦点。[①]

各种重要学术期刊纷纷推出庆祝中国共产党成立100周年的专栏文章。例如，《中国社会科学》2021年第7期推出一组以"中国共产党100年的理论与实践"为题的文章；《历史研究》2021年第2期推出题为"中国共产党与中国历史道路"的一组笔谈文章；《近代史研究》2021年第3期推出"庆祝中国共产党成立100周年"和"中国共产党百年历史研究"两组专题文章；《史学理论研究》2021年第3期"圆桌会议"栏目以"庆祝中国共产党成立一百周年"为主题。这些系列专题文章反映了学界党史理论研究的最新水平，将党史学习教育和研究推向了深入。

所谓"软性历史虚无主义"，指收敛锋芒，借助网络新媒体，以学术名义、娱乐形式等隐秘婉转地散播历史虚无主义。何文校提出对"软性历史虚无主义"的破解之道：强化国情教育以破解构境式虚无的"选材"迷局，释放青年力量打破异轨式虚构困境，抢占网络舆论制高点，把控互联网赋权"微变量"。孙新概括出历史虚无主义"泛娱乐化"趋向的三个特点：一是传播主体呈现多元化、去中心化特征；二是善于利用党和国家开展的重大历史事件、历史人物的纪念活动的时机；三是利用新媒体以碎片化、跳跃性为特征的"浅层阅读"缺陷塑造错误历史认知。张博提出要警惕"娱乐包装"下的"软性历史虚无主义"，郑志康提醒注意历史虚无主

[①] 习近平《论中国共产党历史》一书由中共中央党史和文献研究院编辑，收录习近平40篇相关文稿；陆续出版的"四史"学习教材和研究著作颇为可观，包括《百年党史：决定中国命运的关键抉择》《中国共产党简史》《中华人民共和国简史》《社会主义发展简史》《改革开放简史》等。习近平：《论中国共产党历史》，中央文献出版社2021年版；张神根、张倔：《百年党史：决定中国命运的关键抉择》，人民出版社2021年版；本书编写组：《中国共产党简史》，人民出版社、中共党史出版社2001年版；本书编写组：《中华人民共和国简史》，人民出版社、当代中国出版社2001年版；本书编写组：《社会主义发展简史》，人民出版社、学习出版社2001年版；本书编写组：《改革开放简史》，人民出版社、中国社会科学出版社2021年版。

义话语叙事的柔性转向,切莫被其蒙蔽双眼。①

近几十年来,把洪秀全和太平天国"妖魔化"、一味美化曾国藩和湘军的声音日渐增多,形成一种社会思潮。天安门广场人民英雄纪念碑的第二块浮雕是金田起义,这代表了党和政府对太平天国的评价。夏春涛撰文指出,金田起义属官逼民反,其正义性不容否认。他梳理了百余年来太平天国史学史的演进,分析了出现否定洪秀全和太平天国思潮的具体原因及其实质,并就如何避免太平天国研究从显学沦为冷门绝学谈了自己的思考。②

《史学理论研究》2021年第1期"圆桌会议"栏目,以"唯物史观与太平天国研究"为题推出一组文章,就树立正确历史观、摆脱神化或"妖魔化"太平天国的简单化模式展开讨论,引起学界关注。崔之清比较了洪秀全、曾国藩对晚清危局及其出路的认知与抉择,认为洪的认知比曾深刻,他拯救的对象是中国,其道路是发动自下而上的武装起义,最终目标是实现大同社会。姜涛认为,太平天国于晚清社会的最大贡献是"在其占领地区相当彻底地破坏了清王朝的地方统治秩序,摧垮了已成社会痼疾的旧有官僚体制"。华强、包树芳、吴善中等均认为上帝教是农民群众表达自己政治诉求和政治理想的宗教,不是邪教。顾建娣考察了唯物史观在中国的早期传播与太平天国史研究的理论转型。刘晨认为太平军的军纪整体上优于清军、团练。③

口述史是近年来兴起的一种史学研究范式,本年度在理论总结与思考上有较大进展。《史学理论研究》2021年第5期"圆桌会议"栏目推出以"多维视域下的口述历史"为题的系列文章。其中,周新国回顾了21世纪中国大陆口述史规范的三种模本,指出这为口述采访提供了工作规范和技

---

① 何文校:《软性历史虚无主义的实践新样态》,《马克思主义研究》2021年第3期;孙新:《如何看待近年来历史虚无主义的新动向》,《中国党政干部论坛》2021年第6期;张博:《警惕"娱乐包装"下的软性历史虚无主义》,《毛泽东邓小平理论研究》2021年第3期;郑志康:《历史虚无主义的话语转向及其应对》,《思想教育研究》2021年第3期。

② 夏春涛:《太平天国再评价——金田起义170周年之反思》,《中国社会科学》2021年第7期。

③ 崔之清:《晚清危局及其出路——洪秀全、曾国藩的认知与抉择》;姜涛:《太平天国:造反者的失败事业》;华强、包树芳:《历史虚无主义和〈太平杂说〉》;吴善中:《亦论上帝教不是"邪教"》;顾建娣:《唯物史观在中国的早期传播与太平天国史研究的理论转型》;刘晨:《太平军军纪再审》,《史学理论研究》2021年第1期。

术要求，保障了口述史研究的顺利开展，具有重要价值和意义。左玉河认为，口述历史是记忆外化、固化和物化的过程，回忆是由记忆中介唤醒记忆的过程，是对当下记忆的建构，而口述历史是矫正措置抵抗遗忘的过程。钱茂伟认为在文献史学外，发展口述史学、影像史学，可使历史学成为全新的融媒体学科，更加适应数字时代的发展要求。谢嘉幸对口述的"史实"与口传的"故事"作了辨析，认为"故事"附加了个体性的史实。杨祥银介绍了当代西方口述史学的六大理论转向，即记忆转向、叙事转向、关系转向、女性主义转向、情感转向、空间转向，提出既要注意理论转向带来的方法论意义，又要警惕口述史学研究中的"理论过度"问题。[①]

关于口述史研究的回顾与总结，年内也推出一些成果。梁晞、王毅梳理了近十年我国抗战口述档案研究；熊威在概述中国口述史研究的基础上，分析了口述史的研究现状与未来走向。钱茂伟指出口述史开创了公众参与历史研究的渠道，认为公众史学是史学发展的一种趋势。李娜主编《公众史学》第4辑，收录历史与记忆、公众史学与环境、图像、前沿与反思、理论探索等方面的多篇论文。[②] 影像史学作为公众史学的一门分支，发展迅速，本年度也受到较多关注。[③]

本年度历史思潮研究大体具有以下几个特点：一是贯通历史与现实，如党史学习与研究热潮、批驳太平天国研究中的历史虚无主义，坚持唯物史观和正确党史观；二是口述史研究异军突起，这既得益于近些年口述史的发展，也得益于中国口述史研究会的换届和研究力量的增强；三是历史思潮呈现多元化。需要注意的是，随着中国消除绝对贫困、迈向共同富

---

① 周新国：《21世纪中国大陆口述史规范的三种模本》；左玉河：《固化、中介与建构：口述历史视域中的记忆问题》；钱茂伟：《口述史再思考》；谢嘉幸：《"史实"与"故事"的再辨析》，杨祥银：《当代西方口述史学的六大理论转向》，《史学理论研究》2021年第5期。

② 梁晞、王毅：《近十年来我国抗战口述档案研究述评》，《山西档案》2021年6月18日知网首发；熊威：《中国口述史研究的现状与走向》，《殷都学刊》2021年第3期；钱茂伟：《当代公众历史记录：由人的生活存在而文本存在》，《河南师范大学学报》2021年第2期；钱茂伟、桂尚书：《口述史是当代公众记录的基本路径》，《史学月刊》2021年第9期；李娜主编：《公众史学》第4辑，浙江大学出版社2021年版。

③ 参见施琪航《公众影像史学作品的时态范型》，《南都学坛》2021年第4期；冯晖：《公众史学研究与平民手机摄影》，《中国摄影报》2021年6月8日；王记录、高聪慧：《融媒体与公众史学》，《河南师范大学学报》2021年第5期。

裕，如何从历史上发掘共同富裕的思想资源、开展共同富裕研究，值得重视。① 如何推动中华优秀传统文化的创造性转化、创新性发展，实现马克思主义与中国具体实际相结合、与中华优秀传统文化相结合，需要深入研究。高希中反思历史人物评价标准，认为重新审视道德标准背后所蕴含及承载的文化精神尤为必要。② 如何保持党史学习与研究的热度和持续性，促进公众史学、影像史学、信息史学等新兴史学领域的持续发展，也是历史思潮研究需要关注的问题。

五 其他相关研究

根据中国社会科学院历史理论研究所学科设置，国家治理史研究、中华文明史研究、中国通史研究、中外文明比较研究、海外中国学研究属于历史理论研究的分支学科。以下就2021年度各领域的研究情况简要加以评析。

（一）国家治理史研究

2021年度国家治理史研究主要集中在三个方面。一是聚焦对党执政经验的总结与思考。曲青山认为总结党局部执政和建立新中国后执政的经验，特别是改革开放和党的十八大以来执政的新鲜经验，对于全面建设社会主义现代化国家、实现中华民族伟大复兴的中国梦，对于国家长治久安、人民幸福安康，对于中国共产党长期执政，对于推进人类文明进步事业，具有十分重要的意义。③ 阚道远、肖泳冰认为，坚持党的领导是中国社会变革和治理得以成功的根本。④ 郭定平提出为加强治理型政党建设，

---

① 高翔：《如何理解共同富裕自古以来就是中国人民的夙愿》，《人民日报》2021年11月12日。
② 高希中：《历史人物评价标准之争与中国历史观重构——以1959年"曹操论战"为中心》，《中央社会主义学院学报》2021年第5期。
③ 曲青山：《中国共产党执政的历史经验》，《历史研究》2021年第2期。
④ 阚道远、肖泳冰：《中国社会百年变革与治理：中国共产党的历史贡献》，《史学理论研究》2021年第3期。

党治国理政必须走制度化、法治化、规范化道路。① 还有学者聚焦专题研究，考察了党在乡村治理、基层治理、法治建设上取得的显著成效。②

二是以史为鉴，研究中国古代治理体系，为今天国家治理提供启迪和智慧。历史理论研究所共承担两个相关课题，"中国历代治理体系研究"是其一，从环境、边疆、民族、宗教治理以及中央与地方、行政与监督、民本与民生、基层秩序十个方面，考察中国历史上相关制度的产生、演变及影响。目前课题已进入尾声，在经过三轮修改后，形成八十余万字书稿。另一个课题为"中国历史上国家治理的思想体系研究"，主要聚焦"大一统"、民本、德主刑辅、吏治、改革思想等，已写出初稿。此外，沈刚撰文指出，秦初的中央集权制由于行政技术手段滞后、合格吏员短缺、疆域辽阔等，导致中央威权有限，因而采取了一系列措施塑造中央权威。孙闻博聚焦与秦君关系密切的政策、口号、名号、信物，探讨秦统一历史进程中君主权力的巩固与发展，以考察早期国家治理的运行逻辑。③

三是着眼于国家与地方互动关系，关注地方社会与基层治理。鲁西奇兼顾国家制度与乡村实态两个层面，系统考察了中国古代乡里制度。④ 窦竹君从基本路径、组织机制、运作机制和保障机制入手，研究传统中国的基层社会治理，涉及一些理论思考。⑤《中国史研究动态》2021年第2期以"中国古代基层治理的新探索"为题推出一组笔谈文章，多角度探讨古代乡村社会的权力结构、治理方式及文化取向。郭亮从家国关系探析近代以来的基层治理变迁，认为新时代的乡村治理要妥善处理好国家治理能力增长与基层活力保持之间的平衡关系，探索基层自治、德治与法治在新的社会条件下的有效融合机制。⑥

---

① 郭定平：《百年中国共产党的独特性再认识——基于治理型政党的视角》，《四川大学学报》2021年第2期。
② 张师伟：《中国共产党基层组织在乡村协商民主治理格局的中心角色与领导作用》，《学海》2021年第5期；高其才：《走向乡村善治——健全党组织领导的自治、法治、德治相结合的乡村治理体系研究》，《山东大学学报》2021年第5期，等等。
③ 沈刚：《制造权威——从秦简看秦代国家对中央威权的塑造》，《古代文明》2021年第2期；孙闻博：《初并天下——秦君主集权研究》，西北大学出版社2021年版。
④ 鲁西奇：《中国古代乡里制度研究》，北京大学出版社2021年版。
⑤ 窦竹君：《传统中国的基层社会治理机制》，中华书局2021年版。
⑥ 郭亮：《家国关系：理解近代以来中国基层治理变迁的一个视角》，《学术月刊》2021年第5期。

（二）中华文明史研究

2021年10月17日，习近平总书记致信祝贺仰韶文化发现和中国现代考古学诞生100周年，使学界深受鼓舞，围绕中华文明史起源与发展、历史学与考古学的融合发展、人类文明新形态等问题，学界进行了深入思考。

中华文明的起源、重点遗址和夏文化是学界关注的焦点。韩建业认为，早期中国文明发源于距今8200年至7000年之间的裴李岗时代。刘俊男认为，从大约距今18000年至4000年之间，长江中游地区自彭头山文化、高庙文化至大溪文化、屈家岭文化、石家河文化，一直是中国的经济、文化、宗教等领先地区之一，是华夏文化的最早发祥地。关于中华文明早期阶段的重要遗址，陈雍认为良渚文化已进入文明门槛，具备国家特征。① 魏继印认为新砦文化是二里头文化的前身，可视为禹后期和启时期的早期夏文化，而王湾三期文化很可能是东夷伯益族群的文化。② 这是考古学将文化与族群对应研究的最新成果。

回顾考古学与历史学之间的关系、思考两者融合发展之路，是本年度的一个研究热点。针对当前学界要不要保持考古学"纯洁性"的讨论，朱凤瀚指出，对出土文献的释读和考古学研究能够更典型地体现中国考古学与文献史学不可分割的关系，更鲜明地展现作为文明古国的中国之考古学的特色。③ 刘庆柱、韩建业都将中国考古学定位于历史学，并视之为中国特色考古学的重要标志和突出特点。④ 卜宪群指出，历史学与考古学融合发展，不是合二为一，而是一种交互模式、辩证关系，为更好地认识源远流长博大精深的中华文明作出贡献。⑤

---

① 韩建业：《裴李岗时代与中国文明起源》，《江汉考古》2021年第1期；韩建业：《裴李岗时代的"族葬"与祖先崇拜》，《华夏考古》2021年第2期；刘俊男：《论中国早期文化互动及华夏民族多元一体格局的早期演进》，《中原文化研究》2021年第5期；陈雍：《解读良渚文明：中国早期国家形态特征及其研究路径》，《南方文物》2021年第1期。
② 魏继印：《早期夏文化和夏初历史》，《中原文化研究》2021年第1期。
③ 朱凤瀚：《关于中国特色考古学的几点思考》，《历史研究》2021年第1期。
④ 刘庆柱：《中国特色考古学解读：百年中国考古学史之思考》，《考古学报》2021年第2期；韩建业：《中国特色考古学的主要内容》，《考古》2021年第4期。
⑤ 卜宪群：《推进历史学与考古学融合发展》，《人民日报》2021年11月7日。

习近平总书记在"七一"重要讲话中提出"人类文明新形态"论断，被学者视为人类文明发展史上一次伟大的"术语革命"或"话语革命"，引起热议。① 冯俊指出，人类文明新形态最突出的特点是物质文明、政治文明、精神文明、社会文明、生态文明协调发展。管宁认为，文明新形态是源于传统而又超越传统的崭新创造，表现出更新传统文化、超越传统社会主义和西方现代化模式的原创性特征，是中华民族深层文化力量的当代延伸，既规约了中国道路的发展方略与走向，也构筑了文明新形态的物质基础与实践逻辑。②

（三）中国通史研究

2021年度，中国历史研究院牵头的《（新编）中国通史》列为国家"十四五规划"重大文化工程，促进了学界对中国通史理论问题以及中国历史宏大叙事的研究，以往重专题轻通识、重实证轻理论的偏向有所改观。

吕思勉、范文澜的通史编撰及历史价值受到学界关注。单磊分析指出，吕思勉在撰述中国通史时对赵翼的史学成果多有借鉴，但他在科学精神、历史观、民族国家意识、体系性、古为今用等方面又超越了借鉴对象。刘开军认为，吕思勉既能以通史家的眼光和格局观察三千年史学的流转，也能从史学史中汲取作史的智慧，寻得新通史的做法，因而建树颇丰。赵庆云指出，范文澜以底层劳动人民为本位立场来系统叙述中国历史，打破了王朝体系和以帝王将相为中心的书写路径，至今仍有独特价值和理论启发。③

探讨通史编纂的理论方法是一个热点问题。任虎认为，范文澜编撰《中国通史简编》时将《联共（布）党史简明教程》作为重要理论资源和

---

① 田鹏颖：《把握人类文明新形态的坐标意义》，《光明日报》2021年8月16日；陈金龙：《人类文明新形态的基本特征》，《东南大学学报》2021年第5期。
② 冯俊：《中国式现代化新道路展现人类文明新形态》，《中国社会科学报》2021年10月19日；管宁：《人类文明新形态的民族文化叙事》，《学习与探索》2021年第9期。
③ 单磊：《吕思勉中国通史撰述对赵翼史学成果的借鉴与超越》，《历史教学问题》2021年第3期；刘开军：《通史家的史学世界：吕思勉中国史学史撰述评议》，《河南师范大学学报》2021年第3期；赵庆云：《"我们党对自己国家几千年历史有了发言权"——范文澜的中国通史编纂事业》，《历史评论》2021年第1期。

参考对象,构建中国通史编纂体系,影响了此后中国通史书写模式。冯天瑜认为,《联共(布)党史简明教程》的"五种社会形态单线直进说"将复杂的历史进程简单化、规制化,导致中国历史分期陷入混乱,束缚了人文社会科学健康发展。① 关于《联共(布)党史简明教程》对中国通史编纂的影响,至今仍存有争议,有必要组织相关讨论,以凝聚共识、正本清源。断代史的研究和编纂也需要通史思维。虞和平分析编纂民国通史的基本要义,认为既要揭示其整体面貌和变迁脉络,也要揭示其特殊现象和时代特性,服务时代和国家的需要。②

《(新编)中国通史》成败的关键,在于是否有通贯的基本线索和理论框架。通史贵在"通",无论纵通、横通还是会通,都需要一个统率全书的理论框架,需要前后贯通、浑然一体的理论解释,否则必定导致系统性的缺失。《(新编)中国通史》理论研究小组编写的《重大历史理论问题研究报告》共论及 20 个问题,把马克思主义"五种社会形态"理论贯穿《(新编)中国通史》始终,为整个通史注入了灵魂。

(四) 中外文明比较研究

中外文明比较研究的内容、范畴、层次,在 2021 年度均有所扩展和深化,突出表现为运用唯物史观和马克思主义中国化最新成果开展研究的著述增多。

中外古代文明比较研究是学界关注的焦点。刘俊男认为,中国早期文明与西亚、埃及等早期文明具有大体相同的演进脉络,中国城邦的水平不逊于西亚,时间则早于西亚。李禹阶认为,早期中国与埃及的历史发展道路的重大差异,来自两种文明生态环境的区别。陈民镇认为,有必要区分奴隶制和奴隶社会,指出不同文明的起源和发生有各自特点,同时也有大致相当的节律。马新、陈树淑指出,罗马以角斗为代表的身体对抗实质是血腥的绞杀,汉朝的竞技性活动只是社会娱乐活动的一部分,两者的不同

---

① 任虎:《论〈联共(布)党史简明教程〉对范文澜〈中国通史简编〉的影响》,《史学理论研究》2021 年第 3 期;冯天瑜:《复现中国史分期本真——兼评〈联共(布)党史简明教程〉单线历史模式》,《江汉论坛》2021 年第 3 期。

② 虞和平:《中华民国通史编撰体系的回顾与检讨》,《史学理论研究》2021 年第 2 期。

是由各自文明发展道路和文明基因传承决定的。①

文明比较研究有何意义？阎雨指出，中外文明比较是一种史论结合的比较研究，通过对多种文明的历史与现实研究，有助于提炼深化文明演进规律，推动世界文明的共同繁荣。黄洋认为，文明比较研究有助于促进中国史和世界史的融通，从而充分汲取人类文明的精华，进一步繁荣发展和复兴中华文明。郑飞指出，韦伯比较儒家文明与其他各大文明的理论与方法，不仅反映他的宏阔视野，而且具有在古今中外背景下彰显中华文明特殊性的实质意义。②

中外史学比较也受到较多关注。刘嘉仁、商嘉琪介绍说，在"中西文明比较研究"学术研讨会上，与会学者强调中西文明比较研究符合中国史学传统，认为比较的最终目的是解决问题，而不是比较孰优孰劣。③王振红认为，中西史学比较的本质与目标是于古今嬗变、中西互镜中，把握、阐明中西史学的主脉与精神，构建更符合普遍性而又吻合自身传统的"自我"。④

需要指出的是，中外文明比较研究的成果主要散见于各种论著，国内还没有本学科专业期刊和学会，但2021年度有两个值得关注的情况：一是武汉大学文明对话高等研究院主办的《文明对话论丛》推出了第1辑《我们的文明观》，成为一个新的学术交流平台；二是历史理论研究所中外文明比较研究室于是年11月13日举办第二届全球文明史研讨会，反响良好。

---

① 刘俊男：《生业与文明：中国南、北及西亚上古社会组织演进比较》，中国社会科学出版社2021年版；李禹阶：《早期中国的环境限制、神祇崇拜与文明特质——基于古埃及的比较研究兼论东方"亚细亚生产方式"中文明形态的多样性》，《人文杂志》2021年第1期；陈民镇：《文明比较视野中的奴隶制与奴隶社会》，《中国史研究动态》2021年第3期；马新、陈树淑：《汉朝与罗马娱乐生活之比较——兼论汉朝与罗马文明基因之差异》，《济南大学学报》2021年第5期。

② 阎雨：《世界文明发展比较概论》，知识产权出版社2021年版；黄洋：《从古代文明的比较研究探寻中国史和世界史的融通》，《光明日报》2021年7月26日；郑飞：《韦伯：文明比较视野下的中国研究》，《江海学刊》2021年第1期。

③ 刘嘉仁、商嘉琪：《文明的统一性与多样性——"中西文明比较研究学术研讨会"综述》，《史学史研究》2021年第2期。

④ 王振红：《章学诚"别识心裁"说再议——兼论中西史学比较的本质与目标》，《史学史研究》2021年第2期。

第七篇 近年来的历史理论研究综述

（五）海外中国学研究

本年度的海外中国学研究①相当活跃，研究成果丰硕，主要集中于海外中共党史研究、海外中国学研究的学术反思，再就是出版了一系列海外中国学研究丛书。

海外中共党史研究最为"抢眼"。李媛使用科学计量分析工具CiteSpace5.6.R4对"Web of Science核心合集"中的海外中国共产党研究的文献数据进行发掘和分析，提供了一种重要的方法启示。②《国外社会科学》2021年第2、3期以"海外中国共产党研究的回望与前瞻"和"中外学者看中国共产党百年"为题，分别刊发两组文章，介绍海外中共党史研究的最新进展。徐志民考察了中共与日共的早期关系史。③ 石川祯浩著《"红星"——世界是如何知道毛泽东的？》，以及周锡瑞著《意外的圣地：陕甘革命的起源》，是本年度海外中共党史研究的代表性成果。④

对海外中国学研究的学术反思方面，侯且岸回顾了美国汉学的演变过程、主要特点和学科变化，认为汉学研究的深入必须回到中国学术传统，坚持"修学好古、实事求是"，坚持"理在事中""原始察终"的认识论和方法论。任增强认为，应将海外中国学与传统汉学的发展置于长时段、世界多国度与多元文化的坐标系下。张西平认为海外中国学研究亟需一部通史性教材，而王战、褚艳红的《世界中国学概论》某种程度上弥补了这一缺憾。⑤

---

① "Sinology"一般翻译成"汉学"，指海外学者对中国传统学术的研究；"中国学"（China Studies）的研究范围比"中文/华文研究"（Chinese Studies）、"汉学"更为广泛，举凡与古代、近代及当代中国有关的课题，都属于中国学研究。目前，学界对海外中国学与海外汉学的界定较为模糊，有时经常混用。为叙述方便，本文统一使用"海外中国学"概念，对原文使用"汉学"概念的则保持原貌。

② 李媛：《基于开源情报的海外中国共产党研究的文献计量学分析》，《国外社会科学前沿》2021年第5期。

③ 徐志民：《中共与日共早期关系考（1921—1931）》，《史学月刊》2021年第7期。

④ ［日］石川祯浩：《"红星"——世界是如何知道毛泽东的？》，袁广泉译，北京大学出版社2021年版；周锡瑞：《意外的圣地：陕甘革命的起源》，石岩译，香港中文大学出版社2021年版。

⑤ 侯且岸：《美国汉学史研究之反思》，《国际汉学》2021年第3期；任增强：《在"美国中国学之外"：再论海外中国学的范式问题》，《济南大学学报》2021年第3期；张西平：《对"欧美汉学通史"的一种追求》，《寻根》2021年第3期；王战、褚艳红：《世界中国学概论》，上海社会科学院出版社2021年版。

海外学者在本年度出版了一系列中国学研究著作，譬如，美国"哈佛燕京学社专著系列"，英国"牛津早期帝国研究系列"，德国"柏林中国研究"，以及日本学界的相关研究成果。其中，美国杨百翰大学历史系助理教授大卫·乔纳森·费尔特分析了秦汉建立时期与分裂时期的空间复杂性和中国世界观的形成。① 滨田麻矢以梁启超的《少年中国说》为研究缘起，探讨20世纪中国女性象征意义的演变。② 值得注意的是，非洲中国学研究也有较大进展。尼日利亚学者查尔斯·奥努奈居，从中国共产党的百年奋斗成就和历史经验出发，向非洲展示全面真实的中国共产党形象。③

就研究主体而论，美国、日本、德国等传统的海外中国学研究重镇继续保持研究的领先地位，同时非西方国家和地区的中国学研究进步明显；海外中国学界从关注清史，逐渐转向"内亚"框架下的宋史和明史。就国内的海外中国学研究而论，仍存在明显不足。海外中国学学科边界模糊，涉及历史学、语言学、宗教学等诸多学科，亟需打破学科壁垒；如何既破解"西方中心论"，又避免陷入"中国中心论"，与海外学者平等对话，亟需思考。此外，该领域研究总体上存在"三多三少"现象，即宏观性成果较多、微观性研究不足，专题性研究较多、通史性成果较少，史实性成果较多、理论性研究较少。在研究上实现大的突破，将是国内海外中国学研究的努力方向。

综上所述，历史理论研究在2021年取得重大进展和突破，是收获的一年，令人振奋的一年。但这些成绩丝毫不值得沾沾自喜，繁荣发展历史理论研究，依然任重道远。简要地说，学界粗放式、低水平重复性的研究较多，深耕式、开拓创新性的研究较少；大历史观尚未真正树立起来，各守一隅、在研究上搞条块分割的现象仍较普遍；面对新时代加强历史理论研究的重要性紧迫性，学界老中青三代客观上都面临学术调整甚至学术转

---

① D. Jonathan Felt, *Structures of the Earth：Metageographies of Early Medieval China*, Harvard University Asia Center, 2021.
② 滨田麻矢『少女中国：書かれた女学生と書く女学生の百年』、岩波書店、2021年。
③ Charles Onunaiju, *A Century of the Communist Party of China：Why Africa Should Engage in Experience*, Abuja, 2021.

型的问题,以顺应时势发展的需要;全国研究力量的整合、合作尚处在起步或摸索阶段;研究队伍青黄不接、后劲不足的状况远未得到根本扭转;推动学术研究大繁荣大发展的体制机制创新尚未真正破题。形势喜人,形势逼人。2022年,我们整装再出发。

(原载《史学理论研究》2022年第2期)

后　　记

历史理论研究所诞生在新时代，是应运而生，肩负着引领、指导全国历史理论研究的重要使命。其建所方案，包括由9个研究室构成的学科布局，是由中央亲自审定的，体现了中央对新时代历史研究的深谋远虑和殷切期望。

如何把握机遇、乘势而上，大力繁荣发展新时代历史理论研究？我们在建所伊始便着力思考、积极谋划，并达成共识，其主要途径之一就是办好所刊《史学理论研究》。为此，我们举全所之力办刊，迅速组建专门的编辑部，果断改季刊为双月刊；在办刊风格上，积极与历史理论研究所学科布局、建所思路相衔接，精心策划论文选题，在栏目设置上推陈出新。在《史学理论研究》2019年第3期"卷首语"中，我们有感而发，强调"这是一个新起点，承载着新要求，要有新气象"，将办刊主旨概括为三个方面：一是大力推进理论研究，积极回应重大理论与现实问题；二是为加快构建中国特色历史学学科体系、学术体系、话语体系鼓与呼；三是提倡贯通式、大历史、长时段研究。

《史学理论研究》由夏春涛所长担任主编，杨艳秋、左玉河、吴英为副主编，徐志民为编辑部主任。自接手改刊以来，刊发了不少好文章，集中体现了我们的建所及办刊思路，展示了全国学界同仁历史理论研究的最新成果，赢得学界关注和好评。于是，便有了将相关论文结集出版的想法。

此项工作由夏春涛所长主持。2022年3月9日，首次召开专题会议，商讨编书事宜，决定交由《史学理论研究》编辑部具体落实。随后，夏春涛先后三次召集编辑部人员开会：3月30日，研讨这5卷本丛书的编书提纲，决定按专题编排；4月6日，研讨这套丛书的具体分卷目录；4月13

后　记

日，确定该丛书名为"新时代历史理论研究前沿丛书"，并讨论修改5卷本具体目录。6月28日，召开所长办公会，其议程之一是研究该丛书出版事宜。7月3日，审核该丛书申请出版资助的经费预算及封面设计。7月6日，所学术委员会决定推荐该丛书出版，出具具体意见。

该丛书按专题编为5卷，依次是：第一卷"唯物史观与历史研究"，第二卷"马克思主义史学与史家"，第三卷"中国史学理论与史学史"，第四卷"外国史学理论与史学史"，第五卷"历史理论研究的新问题·新趋向"。具体分工如下：

序　言　夏春涛

第一卷　尹媛萍

第二卷　敖　凯

第三卷　张舰戈

第四卷　李桂芝

第五卷　徐志民

在编书过程中，杨艳秋、左玉河、吴英等同志参与研讨，提出重要建议，给予了大力支持。夏春涛作为丛书主编，主持确定丛书名称、各卷主题、编排提纲，增删或调整各卷篇目，督促各卷编书进度，关注申请出版资助以及与出版社接洽等事宜。

徐志民带领《史学理论研究》编辑部同仁承担了这5卷的具体编辑工作。各卷具体负责人精心挑选篇目，认真组织编排，反复编辑校对，并按照出版社要求核实相关信息，进行必要的技术处理与文字修改。编辑部的宋成同志提供了技术支持。中国历史研究院通过评审，决定对该丛书给予出版资助。中国社会科学出版社王茵副总编辑给予大力支持，编辑吴丽平、刘芳、张湉、胡安然等同志加班加点、认真编辑，为这套丛书的顺利出版提供了有力保障。在此，谨向收入本丛书的所有论文作者，向所有关心、支持历史理论研究所发展的领导和同志们，表示诚挚谢意。

《史学理论研究》编辑部

2023年3月9日